权威性 科学性 准确性 实用性

2020

长三角年鉴

Yangtze River Delta Yearbook（2020）

孙克强 / 主编

长三角与长江经济带研究中心
长　江　经　济　网　　主办
长三角城市经济协调会办公室
南京艺术学院紫金文创研究院　　协办

江苏人民出版社

《长三角年鉴》编纂指导委员会

（排名不分先后）

长三角城市经济协调会

长江三角洲城市经济协调会的前身是1992年建立的长江三角洲15个城市协作部门主任联席会议制度。为推动和加强长江三角洲地区经济联合与协作，促进长江三角洲地区的可持续发展，由区域内的上海、无锡、宁波、舟山、苏州、扬州、杭州、绍兴、南京、南通、泰州、常州、湖州、嘉兴、镇江（按城市笔画为序）15个城市，经过沟通协商，于1997年升格为长江三角洲城市经济协调会。在2003年8月第四次会议上，台州市被接纳为正式成员。2010年3月26日，第十次会议正式吸收合肥、盐城、马鞍山、金华、淮安、衢州为会员。2013年4月13日，第十三次市长联席会议正式吸收芜湖、连云港、徐州、滁州、淮南、丽水、宿迁、温州8个城市为会员。常务主席方是上海市，常设联络处设在上海市人民政府合作交流办公室。

长江经济网：WWW.yangtze.org.cn

长江经济网由长三角联合网升格而成，主要面向长江经济带地区的政府部门、高等院校、研究机构、金融机构、企业集团、产业园区及海内外关心长江经济带发展的各类机构，为他们提供关于长江经济带地区专业的、一线的、动态的经济信息、形势分析、统计数据、文献资料等。

长江经济网具有五大功能：（1）长江经济带地区最具权威的专业门户网站；（2）覆盖上海、江苏、浙江、安徽、江西、湖南、湖北、贵州、云南、四川、重庆沿江区域；（3）聚焦长江沿岸地区的经济发展与最新动向；（4）定期发布长三角地区和长江经济带的经济形势分析与预测报告；（5）建立大容量的长江文献统计数据库。

《长三角年鉴》编辑部

江苏省南京市

南京简称宁，江苏省省会，是我国东部地区重要的中心城市、长三角城市群中唯一的特大城市和长三角辐射带动中西部地区发展重要门户城市。全市总面积 6587 平方公里，辖 11 个区和 1 个国家级江北新区，100 个街（镇），常住人口超过 850 万人。

南京积极抢抓“一带一路”、长江经济带等国家战略深入实施机遇，聚力“创新名城 美丽古都”建设，不断提升省会城市功能和首位度，经济社会快速发展。2019 年，地区生产总值比上年增长 7.8%，超过 1.40 万亿元人民币（超 2000 万美元），促进工业稳增长和转型升级，实施技术改造成效明显，获国务院通报表扬。

古　城

南京是中国四大古都之一，拥有近 2500 年的建城史和 450 多年的建都史，素有“六朝古都”“十朝都会”之称。南京历史底蕴深厚，名胜古迹众多，拥有世界文化遗产明孝陵和人类非物质文化遗产云锦织造、金陵刻经等，还有秦淮河、中山陵、鸡鸣寺等一大批名胜古迹，现正积极参与“中国明清城墙”和“海上丝绸之路”两个联合申遗项目。南京明城墙现完整保存 25.1 公里，是世界现存规模最大、保存原真性最好和最长的古代城墙。

南京是一座文学之城，文化资源丰厚，文学成就卓越，文化名人荟萃，是王羲之、顾恺之、李白、汤显祖、曹雪芹等文学艺术家生活与创作的地方，向中国乃至世界贡献了一批又一批传世名著。2019 年，南京成为中国首个获联合国教科文组织“创意城市网络 · 文学之都”。

夫子庙

明孝陵石象路

阅江楼

鸡鸣寺

绿　城

南京位于长江下游，属亚热带季风气候，雨量充沛，四季分明，地形以低山丘陵为主。南京自然生态优美，巍巍钟山矗立城中，滚滚长江穿城而过，与秦淮河、玄武湖、古城墙交相辉映，山水城林融为一体，郁郁葱葱的城市森林和星罗棋布的街心公园点缀其间，建成区绿化覆盖率达 45.16%，扬子江生态文明创新中心的“生态眼”系统，率先实现长江大保护的智慧监测、动态感知。南京是全国优秀旅游城市、国家森林城市、国家生态市、全国文明城市，连续 11 年入选中国“最具幸福感城市”，曾获联合国人居奖特别荣誉奖、“国际花园城市”金奖等荣誉。梧桐树是南京的一张绿色名片。

江北国际健康城是融医疗、教育、研究、康复、养老为一体的综合性健康园区。此为其中的生物医药谷。

全球第一家以及最大的专业集成电路制造服务企业——台积电落地南京

科教城

南京大学

东南大学

自古以来，南京人才荟萃、名家辈出，被誉为“天下文枢”。金陵制造局是中国近代工业发端的重要标志，紫金山天文台被誉为“中国现代天文学的摇篮”。如今，南京是中国的科教重地、人才高地，拥有53所普通高等院校，其中有12所入选“双一流”；在校大学生87.79万人，每万人在校大学生和研究生数量均居全国第二；拥有80多位两院院士、120多个国家级研发平台和一批大院大所；中科院在南京设有分院、6个研究所和中国科学院大学南京学院。

当前，南京正在建设具有全球影响力的创新名城，重点打造综合性科学中心和科技产业创新中心“两个中心”。海内外高端创新资源加速向南京集聚，其中包括未来网络国家重大试验设施、剑桥大学设立的科创中心等。在长三角城市群科技创新驱动力城市排名中，南京综合得分位居第二、仅次于上海，其中科技创新绩效指数位居第一。在《自然》杂志评选的全球科研城市50强中排名第8位。

枢纽城

南京历史上就是连南接北、承东启西的交通要冲，1800年前就已成为商旅往来的通海港口。600多年前，中国航海家郑和率2万多人的庞大船队从南京启程，先后“七下西洋”，大大促进了中国与南亚、东非等30多个国家和地区的经贸文化交流，比哥伦布首次远航早了近百年，为中国打开了通往世界的大门。

如今，南京是“一带一路”交汇点重要枢纽城市、中国重要的综合交通枢纽城市，各种运输方式一应俱全，拥有千万级国际机场、亿吨级深水江海港、国家级高铁枢纽。南京是国家互联网骨干直联点城市，已率先启动5G试点，智慧城市建设水平位居全国前列，正在打造东部地区信息数据中心。

鼓楼广场

南京是中国除北京之外的第二个奥运城市，自举办2014年南京青年奥林匹克运动会之后，又分别举办了2017年世界轮滑锦标赛和2018年世界羽毛球锦标赛、2019年国际篮联篮球世界杯等重大国际赛事，城市体育影响力指数排名全球第11名。

目前，南京与全球230多个国家和地区建立经贸联系，与五大洲95个境外城市建立友城关系，科技部发布的“魅力中国——外国人才眼中最具魅力城市”评选结果中，南京位列第七。

产业城

南京是中国近代工业的重要发祥地，创造了新中国工业史上的多个第一。目前，南京的主导产业方向是“4+4+1”，即4个先进制造业，4个现代服务业和一批未来产业。人工智能、集成电路、新能源汽车是南京着力培育的产业地标，新型显示、物联网、信息通讯设备、智能电网、新材料和节能环保6个产业年营收规模均超千亿元人民币。

南京拥有3个国家级开发区以及15个功能完备、服务高效的综合性高新园区。江北新区是江苏唯一的国家级新区，是国家重点打造的对外开放合作重要平台，重点打造芯片之城、基因之城、新金融中心，中国（江苏）自贸试验区南京片区获批设立。大众创业、万众创新氛围日益浓厚，在2017年和2018年福布斯发布的“中国大陆最佳商业城市排行榜”中，南京均位列前五，全面实施优化营商环境100条，在2019中国城市营商环境指数评价第5位。

南京眼

2020南京创新周

浙江省杭州市

2019年，杭州市委、市政府高举习近平新时代中国特色社会主义思想伟大旗帜，深入学习贯彻习近平总书记考察浙江、杭州重要讲话精神，践行“八八战略”，持续推进“干好一一六、当好排头兵”，加快建设社会主义现代化国际大都市，各项工作取得新成效。

全市地区生产总值15373亿元，比上年增长6.8%，其中第一产业增加值326亿元，第二产业增加值4875亿元，第三产业增加值10172亿元，分别增长1.9%、5.0%和8.0%。三次产业结构调整为2.1 ∶ 31.7 ∶ 66.2。全市人均地区生产总值152465元（按年平均汇率折算为22102美元）。财政总收入3650.0亿元，增长5.6%；一般公共预算收入1966.0亿元，增长7.7%。全年社会消费品零售总额6188亿元，增长8.8%。固定资产投资增长11.6%，其中基础设施投资增长5.2%，交通投资增长16.9%；高新技术产业投资增长8.4%。货物进出口总额5597亿元，增长6.7%。其中，出口3613亿元，增长5.7%；进口1984亿元，增长8.5%。全年跨境电商进出口总额952.1亿元，增长28.8%。其中，出口658.8亿元，进口293.3亿元，分别增长26.4%和34.6%。数字经济核心产业增加值3795亿元，增长15.1%，占地区生产总值的24.7%。7月6日，中国世界文化遗产提名项目“良渚古城遗址”列入“世界遗产名录”。

经济高质量发展。杭州市稳企惠企组合拳持续发力。全面落实减税降费政策，为企业减负585亿元。实施“融资畅通工程”，面向中小微企业的金融综合服务平台上线。新引进20亿元以上产业项目69个，“152”项目工程落地率为72.5%。“新零售示范之城”建设加快，社会消费品零售总额增长8.8%，网络零售额增长16%。全年旅游休闲产业增加值1191亿元，增长12.1%。旅游总人数20813.7万人次，增长15.1%；旅游总收入4005亿元，增长18.3%。服务贸易出口124.9亿美元，增长19%。成功举办第五届中国“互联网+”大学生创新创业大赛，新增大学生创业企业2390个。加大市场主体培育，新设29.8万个。阿里巴巴集团、吉利控股集团、海亮集团进入2019年“世界500强”。

“全国数字经济第一城”建设提速。集成电路产业取得突破，阿里巴巴集团投资设立的平头哥半导体有限公司发布AI芯片，中欣晶圆大尺寸半导体硅片项目投产。海康威视获批国家视频感知新一代人工智能开放创新平台。国家（杭州）新型互联网交换中心揭牌。组织开展制造业数字化改造行动，实施智能制造攻关项目139个、推广项目1093个，新增“上云”企业超过1.5万个，23个企业被认定为全省数字化车间或智能工厂。深入推进城市大脑建设，加快从治堵向治城拓展，148个数字驾驶舱和48个应用场景同步推进。“便捷泊车”“舒心就医”“畅快出行”应用上线，基本实现“先离场后付费”“先看病后付费”“20秒入园”。

营商环境优化。杭州市推行“一窗通办、一网通办、同城通办”模式，实现企业开办“一日办结”“零费用”。企业简易注销登记审批时间缩短至20天。一般企业投资项目从备案到验收“最多90天”。585项公民个人事项实现“一证通办”。“杭州办事服务”APP上线即办事项310项。81项“一件事”全面实现多部门联办、“网上办”和“掌上办”。省级以上平台新增工业用地全部实现“标准地”出让，盘活批而未供、供而未用、低效利用土地9066.67公顷。中国（浙江）自由贸易试验区杭州联动创新区获批。杭州综合保税区获批运行。杭港高端服务业示范区落户。世界旅游联盟总部项目启动建设。阿里巴巴eWTP秘书处挂牌。

良渚古城遗址公园（盛淑彦　摄）

淳安县下姜村（杭州市文化广电旅游局　供稿）

城乡面貌改善。杭州市启动全市国土空间总体规划编制，出台《杭州市关于加强钱塘江两岸规划统筹管理的实施意见》。钱塘新区产城融合加速，湘湖与三江汇流区规划管控加强，城西科创大走廊引领科技创新作用日益增强，大城北规划建设全面实施，西湖景区品质进一步提升，杭州富春湾新城、临安滨湖新城、桐庐富春未来城、建德高铁新区、淳安高铁新区建设加快。杭州萧山国际机场三期工程加快推进。铁路杭州西站枢纽暨湖杭铁路开工建设，地铁5号线、16号线和铁路杭州南站建成。望江路过江隧道、留石快速路北延、之浦路三期等项目建成通车。亚运村全面建设，主体育馆、游泳馆、综合训练馆主体结构封顶。地下综合管廊国家试点项目投用。4个"飞灰"处置项目投运，天子岭餐厨垃圾处置项目二期建成。产业振兴行动计划启动，余杭现代农业产业园列入国家级创建名单。新启动建设精品村72个、风情小镇7个、精品示范线8条，新打造AAA级村落景区59个，美丽乡村覆盖面46.2%。小城镇三年整治提前完成，梅城等27个美丽城镇建设全面开展。

群众获得感增强。杭州市圆满完成十件民生实事项目。落实稳就业举措，城镇新增就业33.95万人。全面实施"美好教育"行动，制定出台《教育现代化2035行动纲要》，公办民办小学同步招生。杭州市之江医院建成启用，杭州康复医院开工建设，在全国率先推行医保电子病历。完善多元住房保障体系，推出公共租赁房5369套，实施货币补贴保障家庭2.1万户，新开工蓝领公寓1.9万套、人才专项租赁房6604套。市域社会治理"六和塔"工作体系加快构建，15个县级社会矛盾纠纷调处化解暨综治中心建成运行。全国街道服务管理创新实验区建设取得新成果。基层整合审批服务执法力量改革试点积极推进。全市法院受理一审物业纠纷案件比上年下降42%。强化安全风险管控，安全生产事故、道路交通事故、火灾死亡人数分别下降38.5%、21.9%和62.5%。全力应对超强台风"利奇马"，灾后重建顺利进行。推进平安杭州建设，深化"扫黑除恶"专项斗争，打击电信网络诈骗等突出违法犯罪，人民安全感更有保障。

中共杭州市委党史研究室（杭州市人民政府地方志办公室）

2019年9月27日，杭州市湖滨步行街全新亮相
（杭州市商务局　供稿）

杭州亚运会主题口号视觉呈现图
（杭州亚组委　供稿）

钱塘江畔（王苗　摄）

安徽省合肥市

合肥市委、市政府坚持以习近平新时代中国特色社会主义思想为指导，深入贯彻落实习近平同志考察安徽重要讲话指示精神，在省委、省政府的坚强领导下，保持战略定力，精心谋划部署，果断采取行动，奋力攻坚克难，全面做好“六稳”工作，落实“六保”任务，在大战大考中交出了一份高质量发展的优异答卷，为长三角地区经济发展和社会稳定作出了积极贡献。全市经济总量达10045.72亿元，顺利破万亿，首次跻身全国城市20强、省会城市10强。一般公共预算收入增长2.3%，规模以上工业增加值增长8.3%，固定资产投资增长4.7%，社会消费品零售总额增长3.1%，进出口总额增长16.4%，城镇登记失业率为3.06%，城乡居民人均可支配收入增长7.2%。合肥市常住人口达936.99万人，较10年前净增191.2万人，跃居长三角城市第6位。

创新能力实现新跃升。国家实验室建设工作取得决定性进展，能源、环境、大健康、人工智能研究院组建运行，聚变堆主机关键系统、未来网络实验设施等大科学装置加快建设，26个协同创新平台集聚效应持续增强。新增国家高新技术企业789户、累计突破3300户，每万人发明专利拥有量超过34件。中国（合肥）知识产权保护中心正式成立，“抓抗促”科技成果交易会成功举办。综合性国家科学中心重大创新成果不断涌现，嫦娥奔月、天问探火、九章计算处处闪耀合肥元素，量子显微、托珠单抗等科技成果加速从实验室跑向应用场。

产业发展取得新成果。聚焦“芯屏汽合”“集终生智”，创新实施重点产业“链长制”，战新产业增加值增长16.4%，占规模以上工业比重达51.6%。京东方面板出货全球领先，长鑫存储实现量产，维信诺柔性显示产线点亮，联宝科技率先跨越千亿，联合利华成为全球“灯塔工厂”，中国声谷实现“双千”目标。蔚来中国、欧菲光产业园、神州数码等项目落户合肥。新增3个国家制造业单项冠军、15户国家专精特新“小巨人”企业，2家企业获中国工业大奖。数字化智能化改造提速，万家企业登云。新增上市公司12家，其中科创板上市7家、位居省会第一。世界制造业大会江淮线上经济论坛、世界显示产业大会、国际新能源汽车展在肥成功举办。

中安创谷

交通网络实现新联接。“一环八射多联”立体交通网络加快构建，新合肥西站全面建设，商合杭、合安高铁全线通车，沿江高铁等前期加快推进，高铁里程达524公里，居长三角第一，与4个直辖市、18个省会城市互通高铁，实现1小时到南京，2小时到武汉、上海，3小

新桥机场

时到杭州和郑州，4小时到北京和福州，合肥高铁当日往返通勤圈已经形成并不断扩展；新建续建国省干线公路259公里，引江济淮累计完成投资433亿元，启动新桥机场改扩建。轨道交通完成投资170亿元，5号线南段开通运营，实现4线联运、9线在建，单日最高客运量突破123万人次。成功创建"国家公交都市"。

中国（安徽）自贸区揭牌

生态环境增添新绿意。纵深推进巢湖综合治理，15个国考断面水质全部达标，南淝河、白石天河、兆河水质稳定改善，十五里河水质达到Ⅲ类，巢湖水质稳定在Ⅳ类以上。全市PM2.5、PM10浓度分别下降17%、13.8%，空气质量优良率达85%，提高14.6个百分点。工业地块土壤修复加快推进。新增绿化面积1000多万平方米。成功申办第十四届中国国际园博会，启动建设骆岗生态公园，建成城市公园5个、小公园小游园63个。依托长三角G60科创走廊环境产业示范园区、环境产业技术创新联盟，组织开展标准制定推广、新产品新技术推介、融资需求对接。与六安市联合开展杭埠河联合巡查，探索推进跨区域生态补偿机制。

对外合作开创新局面。长三角一体化加速推进，落实五个区块链接，与上海杨浦区开展全面合作，合杭梦想小镇开园运行，推动筹建"长三角新能源汽车产业链联盟""长三角主要城市中心城区高质量发展联盟"。共建G60科创走廊生物医药、金融科技等5个合作园区。扎实推进长三角"感存算一体化"超级中试中心等一批重点合作事项。合肥都市圈引领区域发展，合肥芜湖实现高铁直达，合新六城际前期稳步推进，由合肥出发的高速公路已覆盖合肥都市圈内所有市、县。成立都市圈工业产业（链）联盟，合六、合淮等产业走廊效应日益显现。皖北结对共建园区目标考核蝉联全省第一。安徽自贸试验区合肥片区正式运行，签约入驻项目超200个，总投资突破1000亿元。服务贸易试点市、跨境电商综试区、进口贸易示范区有序推进。中欧班列开行568列，居长三角第二、全国第八。

公共服务达到新水平。持续推进31项民生工程、20项为民办实事项。新增城镇就业12.1万人。建成幼儿园63个、中小学53个，新增学位2.4万个、7.5万个。组建4个普通高中教育集团。六中、九中新校区加快建设，一六八陶冲湖校区改（扩）建顺利完成，特教中心新校区、技师学院投入使用，合肥幼专梅冲湖校区开工建设。市一院门诊综合楼、滨湖医院感染病院区开诊，市公共卫生中心、空港医院等顺利推进。村级文化服务中心建成率达96%。成功举办牡丹奖曲艺大赛、市十二届运动会，第五届全国智力运动会花落合肥。跻身国家首批文旅、体育消费试点城市。城市社区养老服务设施实现全覆盖。既有住宅加装电梯174部、棚改安置房建成2.15万套、老旧小区改造103个，惠及10.8万人。扫黑除恶工作位居全国第一方阵，信访维稳、安全生产形势总体向好。

量子创新院

蔚来汽车10万辆下线

清华安全院

巢湖

江苏省常州市

2019年，全市经济社会发展总体平稳、稳中有进、进中提质。一是经济运行保持平稳。完成地区生产总值7400.9亿元，增长6.8%，居全省第三；规模以上工业增加值增长9.1%，居全省第二；固定资产投资增长5.6%；进出口总额2330.8亿元，增长2.8%，其中出口1738.8亿元，增长5.2%；实际使用外资26.3亿美元；社会消费品零售总额2401.7亿元，增长7.9%，居全省第三。二是质量效益显著提升。一般公共预算收入590亿元，增长5.3%，居全省第二，税比85%，居全省第三；高新技术产业产值占规模以上工业产值比重达46.24%；规模以上工业企业利润总额增长8.5%；单位GDP能耗下降4.52%。三是新旧动能加快转换。科技进步贡献率达64.7%；新增高新技术企业421家；万人发明专利拥有量36.58件，同比增加3.82件；高新技术产业投资增长9.8%。四是人民生活持续改善。全体居民人均可支配收入达49840元，居全省第四，增长8.5%；居民消费价格上涨3%；城镇登记失业率控制在3%以内。十件民生实事项目全面完成。

稳增长、调结构，经济运行稳中提质。着力扩大有效投资，扎实开展"重大项目攻坚年"活动，新增签约重大突破项目19个，其中合全药业等4个项目超100亿元或10亿美元，坤泰车辆系统、恒立液压高精密液压铸件等55个项目正式投运。持续优化外资结构，新增省级跨国公司地区总部和功能性机构3家。智能制造装备产业集群入选首批国家战略性新兴产业集群，工业强基工程项目数保持全国地级市第一。加快发展旅游业，溧阳李家园村、金坛仙姑村入选首批全国乡村旅游重点村，全年接待游客7947.1万人次、旅游总收入1197.6亿元。创新发展现代金融，入选全国财政支持深化民营和小微企业金融服务综合改革试点城市。提升发展现代农业，在全省率先全域创成国家农产品质量安全市，立华牧业成为全省畜禽养殖企业上市第一股，新北区入选国家农业绿色发展先行区。高质量完成全国第四次经济普查任务。

强主体、优平台，创新能力持续增强。强化企业创新主体地位，出台为全市创新产品提供"首张订单"等支持政策，获评工信部专精特新"小巨人"企业2家，新增国家制造业单项冠军6个，5家企业获4项国家科学技术奖，新增省级以上企业研发机构79家，64家企业入列苏南国家自主创新示范区优秀创新载体。加快推进平台载体建设，常州科教城实施新一轮高质量发展计划、荣膺2019年中国创新园区第1名，江苏中关村位列省级高新区第一；新增省市共建重大科技载体平台5个，新增省市联合创新中心10家；武进区国家双创示范基地获国务院督查激励，钟楼区等6家单位获批省双创示范基地。加强人才引育，每万名劳动者中高技能人才数连续六年全省第一。持续推动两化融合，新增省五星级上云企业15家、省级智能车间28家。加强知识产权工作，新增中国驰名商标6件，武进高新区获批国家知识产权示范园区。

京杭大运河

抓改革、促开放，发展活力不断增强。鼓励支持民营经济发展，在全省率先开展"两个健康"先行区试点。全面深化"放管服"改革，市级政务服务大厅事项在全省率先实现"应进尽进"，所有镇（街

华为云工业互联网创新中心

天目湖

道)、村(社区)建成为民(便民)服务中心;加快推进“一网通办”,“12345”平台满意度全省第一;严格落实减税降费等政策措施,全年新增减免税费166.1亿元。新设市场主体9.69万户,总量突破60万户。深入实施国资国企改革,推进常州日报社和常州广播电视台房产整合。深化农业农村改革,武进区农村土地制度“三项改革”试点经验为新修订的《土地管理法》提供了案例。推动开发园区加快转型,实施常州经开区管理体制优化调整。中以常州创新园、中德(金坛)创新产业园、中欧(常州)检验检测认证产业园获评首批省国际合作园区。大力优化外贸结构,持续提升口岸功能,常州、武进综合保税区被赋予海关特殊监管区域企业增值税一般纳税人资格试点。

提能级、塑特色,城乡建设协调推进。加快交通基础设施建设,常泰长江大桥主体工程开工建设,溧宁高速、德胜河魏村枢纽改扩建工程全面开工,苏南沿江城际铁路、苏锡常南部高速、常宜高速、溧高高速加快建设,锡溧漕河常州段航道整治工程竣工验收,轨道交通1号线、茅山旅游大道、新机场路快速化改造一期等建成通车。深入实施“交通畅行”工程,交通“健康指数”列全国同类城市前列。常州机场年旅客吞吐量突破400万人次,常州港联合上海港开通海铁联运班列。加快建设大运河文化带,寺墩遗址、唐氏民宅入选全国重点文物保护单位,溧阳沙涨村、武进杨桥村入选中国历史文化名村。落实《常州市住宅物业管理条例》,创新打造“红色物业·先锋管家”为民服务项目。加快全域美丽乡村建设,获评首批省级特色田园乡村4个、全省第一。深入开展农村人居环境综合整治,规划发展村生活污水处理项目覆盖率达90%,成为全省首批“四好农村路”示范市,“1号公路”瓦屋山风情道获评“全国美丽乡村路”。

重精准、求长效,生态环境持续改善。始终坚持生态优先、绿色发展,深入推进长江大保护,狠抓中央和省级环保督察反馈问题整改,污染防治攻坚取得明显成效。实施烟花爆竹禁放工作首战告捷,扩大高污染车辆限制通行区域,加大非法成品油整治力度,完成重点治气工程1654项,整治“散乱污”企业(作坊)7030家,依法关停化工企业65家。加强长江、太湖和农村水污染防治,创新开展“五好河道”样板建设,新增污水日处理能力7.9万吨,全市域基本消除黑臭水体。31个国省考断面达标率达96.8%,优Ⅲ比例为83.9%。加大环卫基础设施投入,新增危废焚烧年处置能力2.5万吨,获评省城镇污水处理提质增效示范城市。基本完成第二次全国污染源普查。深入推进“生态绿城”建设,创成全国绿化模范城市。

补短板、办实事,民生福祉逐步提高。加大援企稳岗力度,新增城镇就业11万人,扶持创业1.6万人。持续推进精准脱贫,按市定标准累计脱贫率达100%。进一步完善社会保障,基本养老保险实现市级统筹,大病保险提标扩面。持续改善城镇人居环境,棚户区改造新开工1.96万套,基本建成1.26万套。坚持教育优先发展,新增学位1.89万个,荣获省首批“职业教育改革成效明显设区市”。深入推进“健康常州”建设,健康医疗大数据试点、分级诊疗制度完善和家庭医生签约服务等成效明显,完成3000户困难老年人家庭适老化改造。扎实推进文体惠民,基层综合性文化服务中心实现全覆盖,荣获省“书香城市”建设示范市,滑稽戏《陈奂生的吃饭问题》荣获全国“五个一工程奖”。深化全域文明城市建设,社会文明程度测评指数全省第一。扎实开展安全生产专项整治,没有发生较大以上生产安全事故。深入开展互联网金融专项整治,完成政府隐性债务压降目标。纵深推进“扫黑除恶”专项斗争,“打财断血”绩效居全省前列。

石墨烯科技产业园

常州地铁1号线建成通车

句容福 JURONG 句容旅游 JURONG TOURISM

江苏省句容市

山水田园福地　宜居宜游名城　福地句容欢迎您

句容蕴含丰富的旅游资源，“南道北佛”茅山、宝华山远近闻名，红色文化、高效农业等多种旅游资源独具特色；目前句容拥有国家5A级景区1家、4A级景区2家，全国休闲农业与乡村旅游五星级园区2家，省级旅游度假区1个，江苏省三星级乡村旅游点33家，先后获得“中国优秀旅游城市”“国家级生态示范区”等荣誉，并且成为江苏省首批全域旅游示范区。

句容的美，美在青烟萦绕的茅山。茅山，道教上清派发源地，国家5A级景区，自然风光瑰丽多姿，九峰、十九泉、二十六洞、二十八池等胜景令人心驰。句容的美，美在香火鼎盛的宝华。宝华山，佛教律宗第一名山，国家4A级风景区，“林麓之美、峰峦之秀、洞壑之深，烟霞之胜”四大奇景让人神往。句容的美，美在碧波千里的赤山湖。赤山湖，国家湿地公园，被誉为“鸟的天堂”。山水相依，景色宜人，一年四季水天一色，白鹭翩飞，是南京都市圈内最大的“天然氧吧”。

《美丽句容3》　卢家首

茅山远眺　张冬青

宝华山千华古村

岩藤农

丁庄葡萄

句容精品旅游休闲度假线路

第一条春季赏花游：2—3月，到贾纪山公园欣赏梅花盛开、宝华山观赏“植物界的大熊猫”宝华玉兰、白兔伏热花海看各类鲜花竞相绽放。3—4月，来后白岩藤农场看郁金香绚烂如霞、天王看樱花花开满树。4—5月，来天王花果原香观赏粉红色的芝樱花海，仿佛置身浪漫唯美的梦幻仙境。

第二条运动休闲游：赤山湖湿地公园环太湖国际自行车赛永久赛道体验公路自行车、后白花海路慢道骑行、白兔龙山湖体验水上高尔夫、边城高骊山体验户外登山，最后到边城仑山湖国际路亚基地体验垂钓的乐趣。

第三条美丽乡村游：茅山镇丁庄村去品尝香甜可口的葡萄，前往“江苏省最具魅力休闲乡村”后白西冯村去品香甜的瓜果、游后白绿道，赏万顷花田、天王戴庄有机文化体验园体验种植的乐趣，最后到华阳街道新坊老鹅一条街品尝鲜美的农家老鹅。

句容，有清澈的水、温柔的风。

句容，有“春有草莓夏有桃，秋有葡萄冬有枣”的四季鲜果。

句容，有是樱花满浮山、菊海映岩藤的林海花田。

句容，有一路一景、美不胜收的彩虹“福道”。

山水田园福地　宜居宜游名城　福地句容欢迎您。

伏热花海

芝樱小镇

句容福道

《美在后白》+童趣 61-8

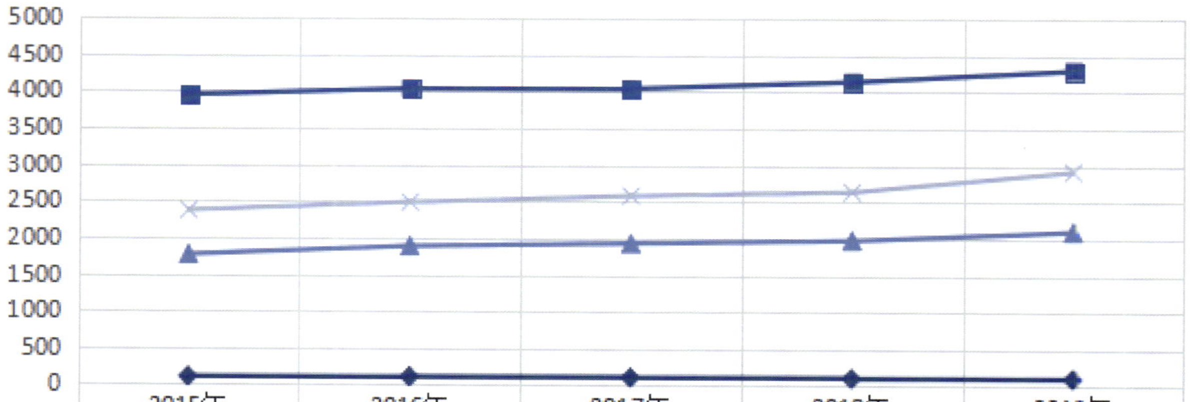

	2015年	2016年	2017年	2018年	2019年
上海市	109.82	114.34	110.78	104.78	103.88
江苏省	3952.47	4039.75	4045.16	4141.71	4296.28
浙江省	1771.36	1890.43	1933.92	1975.89	2097.38
安徽省	2376.05	2489.76	2582.27	2638.01	2915.7

上海市 江苏省 浙江省 安徽省

2015—2019 年长三角三省一市第一产业产值曲线

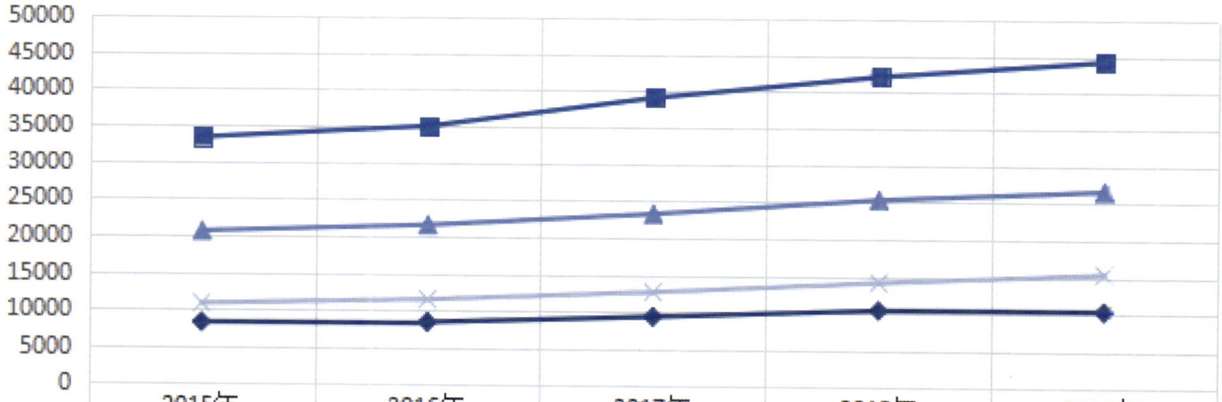

	2015年	2016年	2017年	2018年	2019年
上海市	8259.03	8406.28	9330.67	10360.78	10299.16
江苏省	33371.77	35041.53	39124.11	42129.37	44270.51
浙江省	20606.55	21571.25	23246.72	25308.13	26566.6
安徽省	10838.34	11517.48	12681.24	14094.44	15337.9

上海市 江苏省 浙江省 安徽省

2015—2019 年长三角三省一市第二产业产值曲线

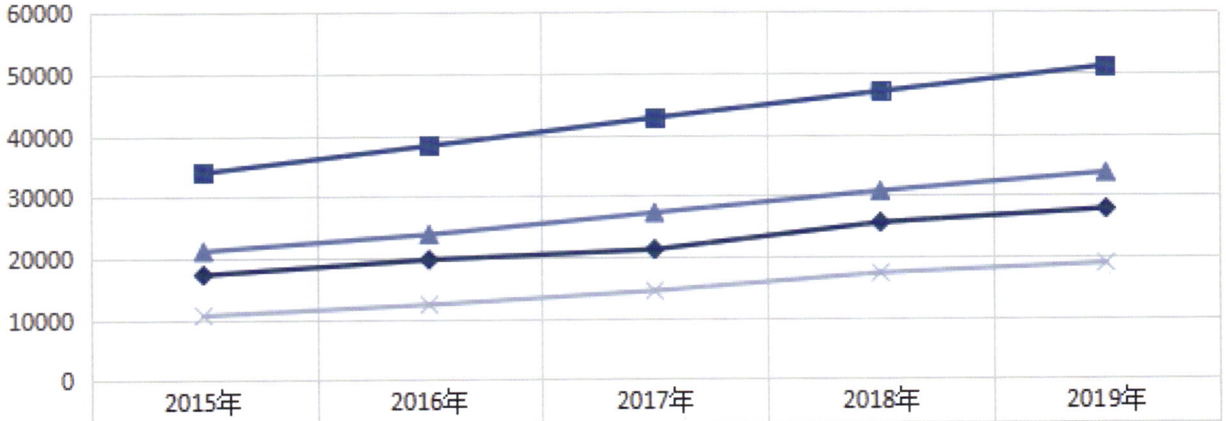

	2015年	2016年	2017年	2018年	2019年
上海市	17274.62	19662.89	21191.54	25546.26	27752.28
江苏省	33931.69	38269.57	42700.49	46936.47	51064.73
浙江省	21129.81	23792.36	27222.48	30718.83	33687.76
安徽省	10616.78	12300.46	14412.71	17278.47	18860.38

上海市 江苏省 浙江省 安徽省

2015—2019 年三省一市第三产业曲线图

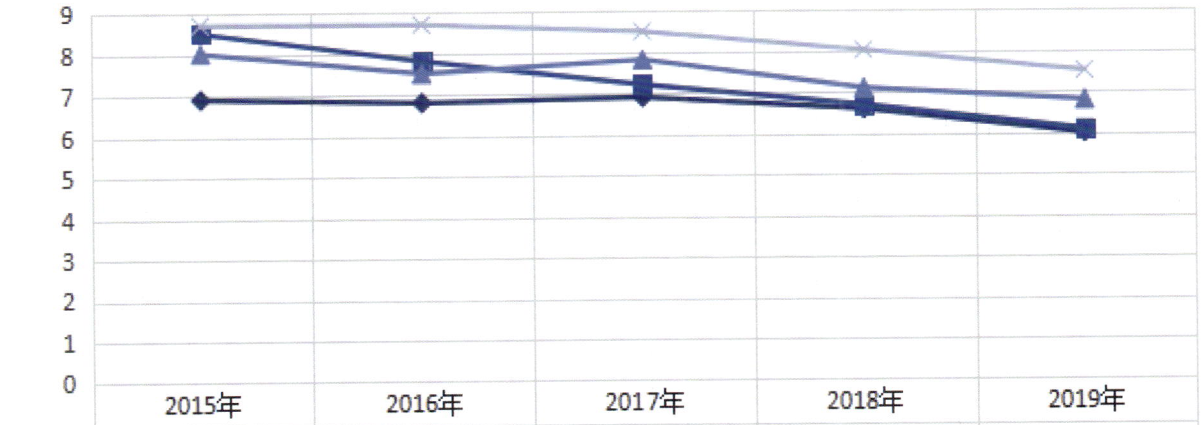

	2015年	2016年	2017年	2018年	2019年
上海市	6.9	6.8	6.9	6.6	6
江苏省	8.5	7.8	7.2	6.7	6.1
浙江省	8	7.5	7.8	7.1	6.8
安徽省	8.7	8.7	8.5	8.02	7.5

上海市 江苏省 浙江省 安徽省

2015—2019 年长三角三省一市 GDP 增速

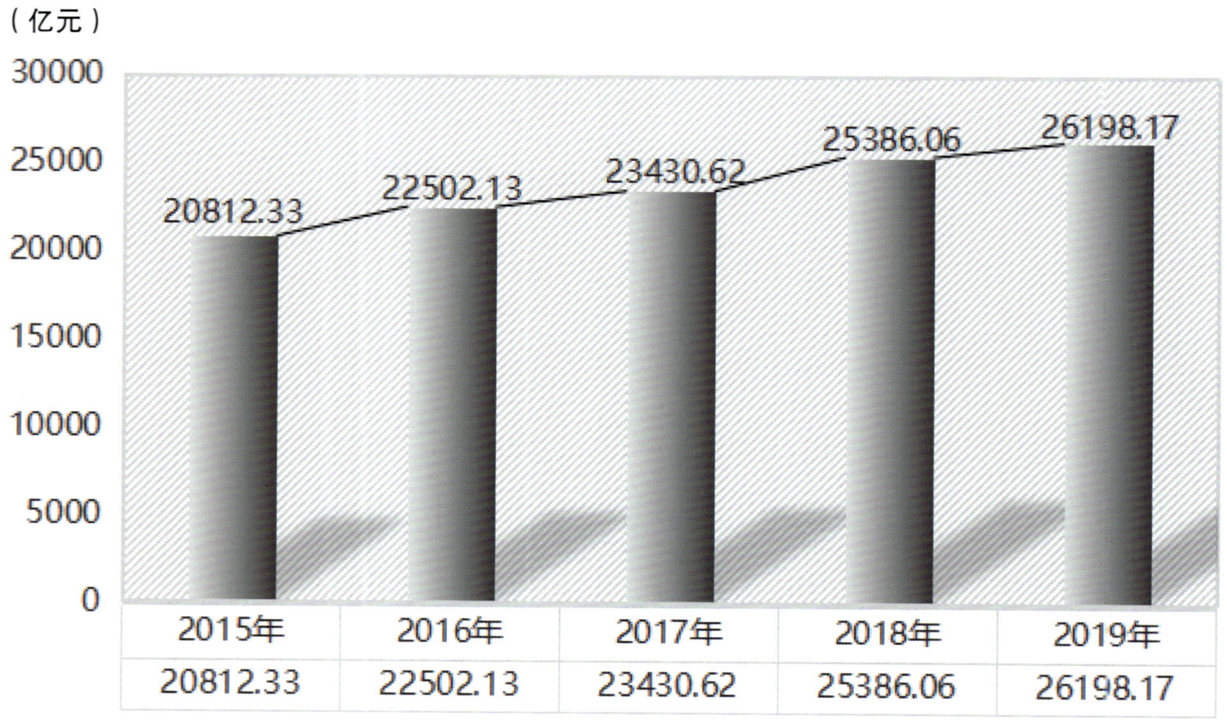

2015—2019 年长三角地区财政预算收入情况

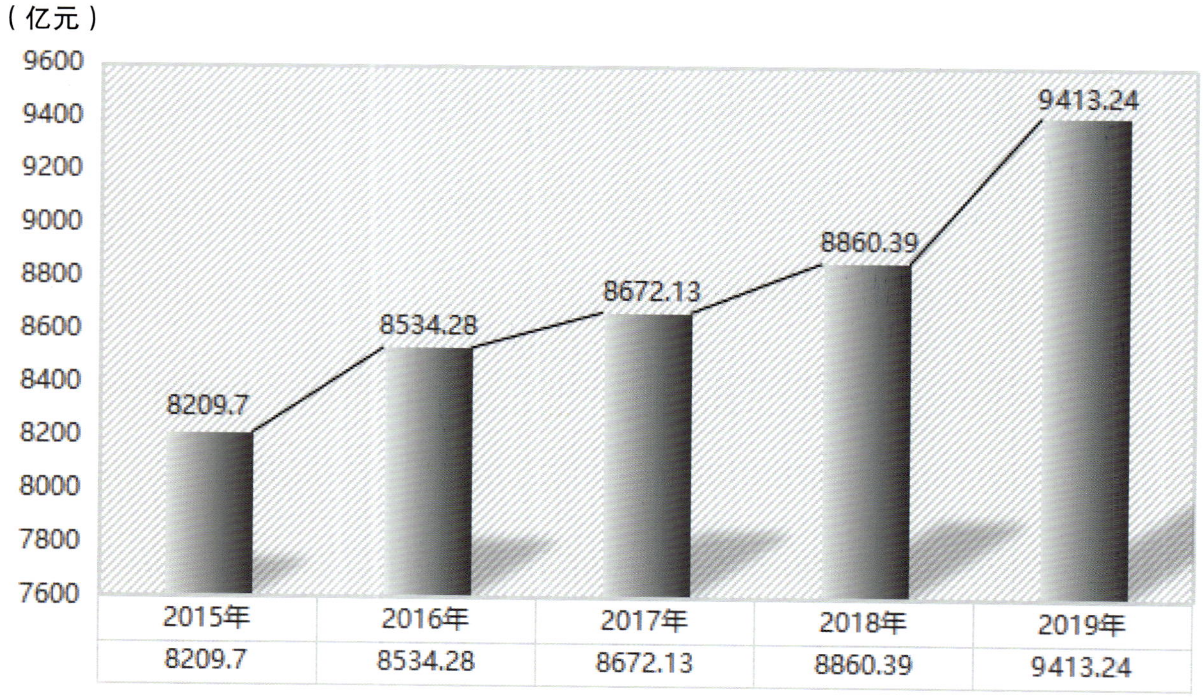

2015—2019 年长三角地区第一产业产值柱形图

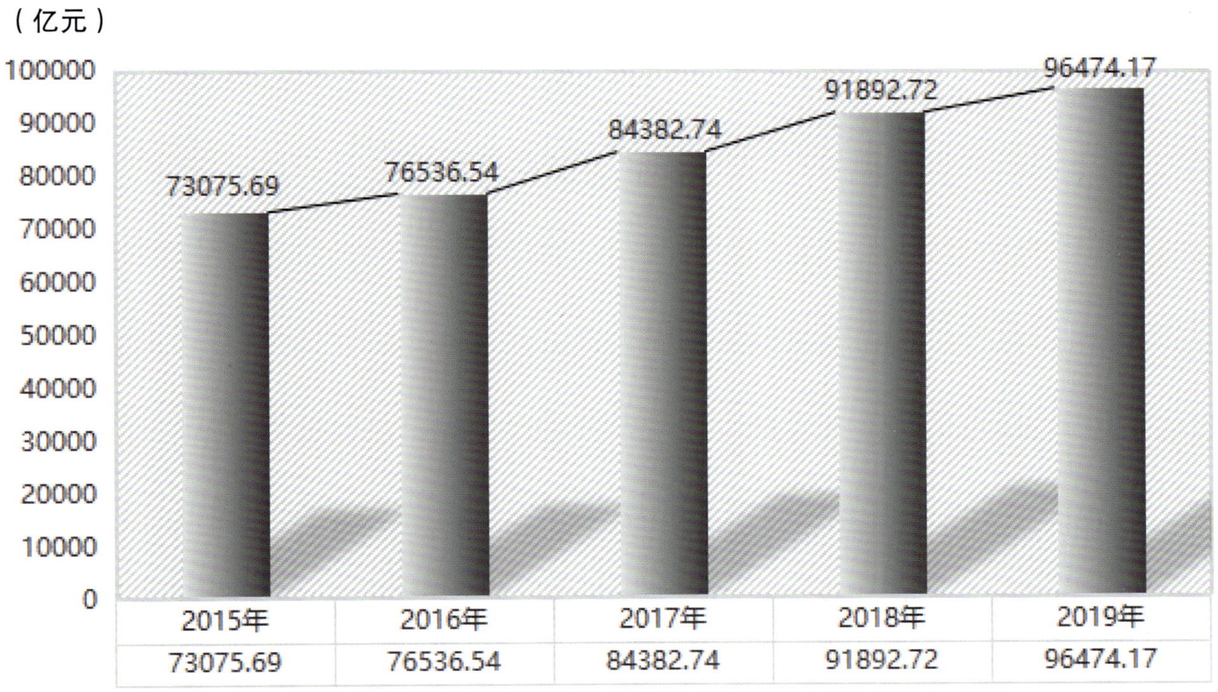

2015—2019 年长三角地区第二产业产值柱形图

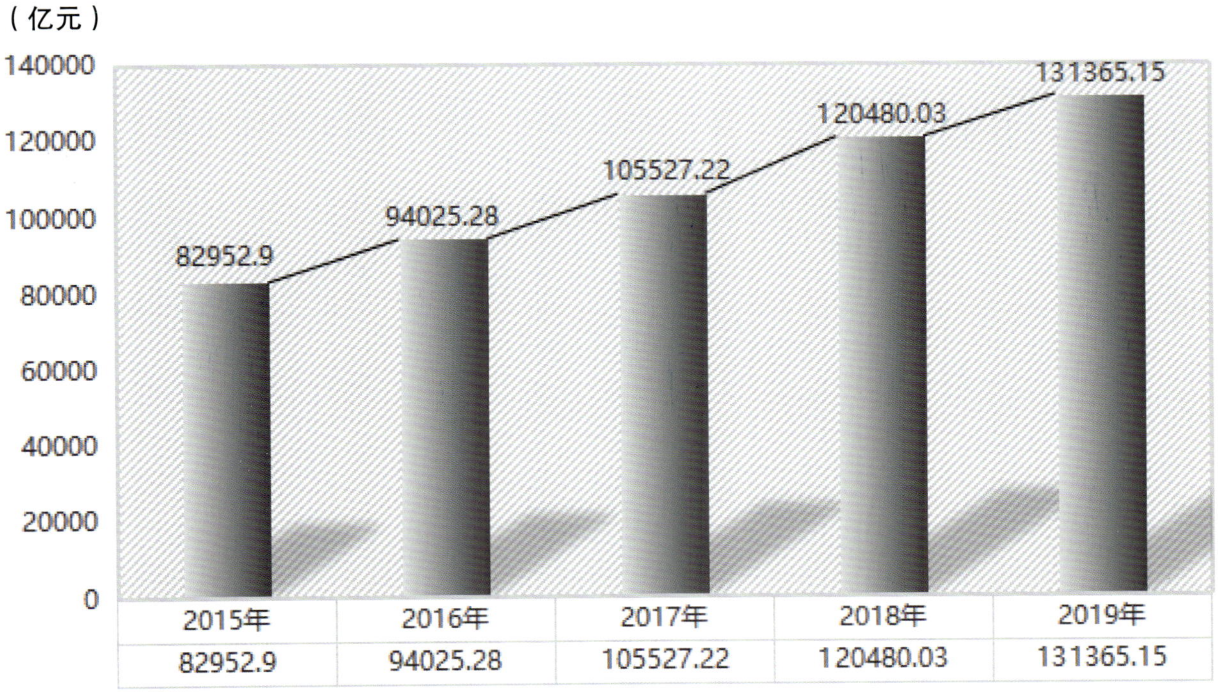

2015—2019 年长三角地区第三产业产值柱形图

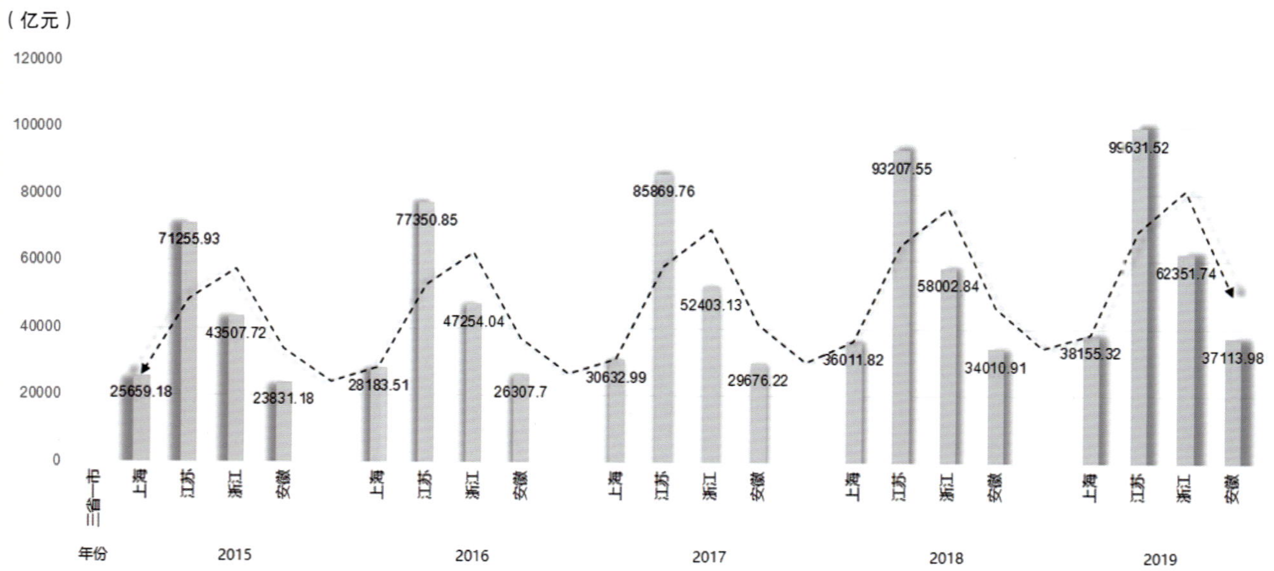

2015—2019 年长三角三省一市地区生产总值

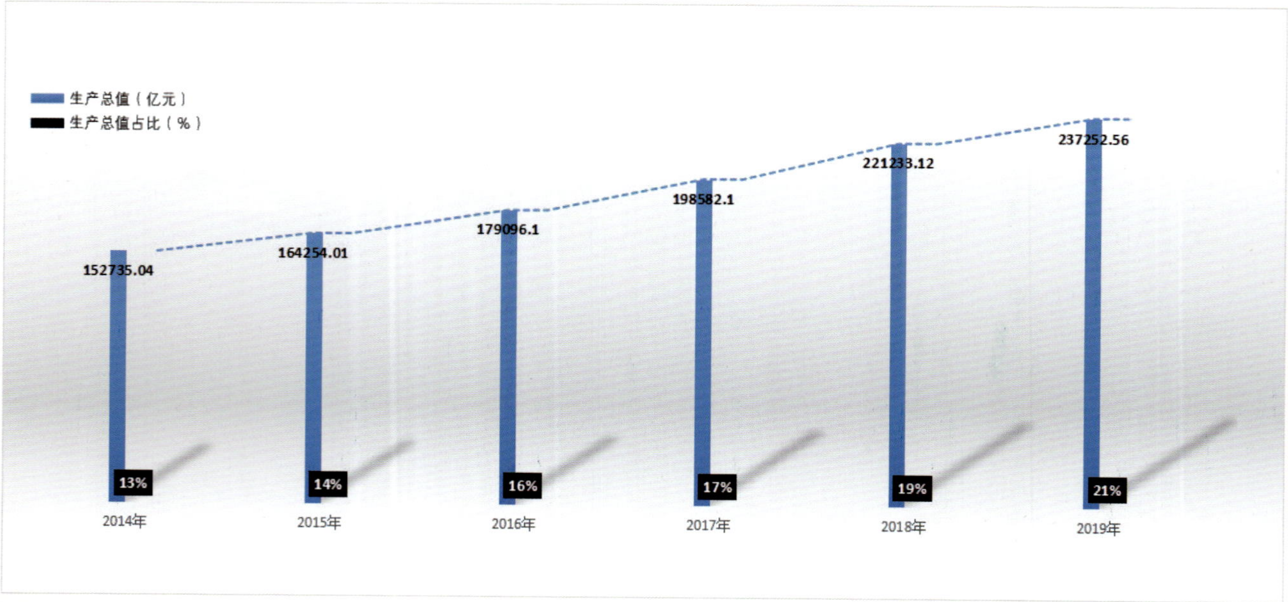

2014—2019 年长三角三省一市地区生产总值柱形图

编写说明

近年来，长江三角洲地区的发展引起了人们的广泛关注，以长江三角洲的发展为对象的研究活动正在迅速兴起。为组织和协调区域内的重要学术研究力量，进一步加强对长江三角洲地区的跟踪报道与深入研究，从2005年12月起，我们分别与上海社会科学院、江苏省社会科学院、浙江省社会科学院和安徽省社会科学院的部分研究人员决定共同研究长三角地区经济、社会、文化与生态等方面的问题，并从2006年开始，共同组织编写与出版《长三角年鉴》。

在对长三角地区的定义上，学术界与实际工作部门的同志曾经有多种不同的解释。一种观点认为，"长三角"主要是指上海市全境与江苏省的苏南及苏中8个市以及浙江省的7个城市，共16个城市。这被称为"小长三角"。一种观点认为，"长三角"主要是指上海市与江苏省、浙江省三个省、市、区的全部行政区域。这被称为"长三角"。一种观点认为，"长三角"主要是指上海市、江苏省、浙江省与安徽省三省一市。这被称为"大长三角"。

本年鉴中使用的"长江三角洲地区"原来主要是指上海市、江苏省、浙江省三个省市行政区域，后来又加上安徽省的全部行政区域，即使用的是"大长三角"的概念。

《长三角年鉴》重点分析长三角地区年度经济社会发展的基本情况与基本成就。但在年鉴的部分内容中也使用了前几年的发展数据，主要用于说明事情发展变化的过程，便于使用者从历史变化的角度对长三角地区的发展有一个整体认识。部分数据使用了相关地区的政府工作报告和年度统计公报中的材料。

《长三角年鉴》主要开设以下栏目：长三角区域概况，重点介绍和分析本区域的自然条件与自然状况、气候与行政区划等方面的基本情况；长三角地区经济社会发展总报告，介绍和分析长三角地区总体发展情况，长三角地区三次产业结构和市县发展情况，同时对一年中上海市、江苏省、浙江省和安徽省及各省辖市经济社会发展的主要进展与主要成就进行分析和研究；长三角地区区域经济社会发展报告，重点分析和研究一年来上海市、江苏省、浙江省和安徽省及各省辖市经济社会发展基本情况；长三角地区经济社会发展专题报告，重点是从长三角整体的角度对区域内年度经济与社会发展的主要方面进行分析和总结；长三角地区经济社会发展重要指标，用经济发展数据和社会发展数据介绍、分析和研究长三角地区总体和各市县综合实力，居民收入，经济国际化水平，社会财富等；重要文献，主要介绍一年中上海市、江苏省、浙江省和安徽省政府制定和实施的重要文件；大事记。

《长三角年鉴》采用篇章编纂法编写，篇下设章，篇和章的标题分别使用不同字体和字号以示区别，篇目标明于页眉，以便于检索。

编　者

2020 年 12 月

长江三角洲政区示意图

山东省
河南省
湖北省
江西省
福建省
黄海
东海
江苏省
安徽省
浙江省
上海市
连云港市
徐州市
宿迁市
盐城市
淮安市
淮北市
宿州市
亳州市
蚌埠市
阜阳市
淮南市
扬州市
泰州市
滁州市
南通市
合肥市
南京市
镇江市
常州市
六安市
马鞍山市
苏州市
无锡市
芜湖市
铜陵市
安庆市
宣城市
湖州市
嘉兴市
池州市
舟山市
黄山市
杭州市
绍兴市
宁波市
衢州市
金华市
台州市
丽水市
温州市
图例
省、直辖市政府驻地
地级市政府驻地
省、直辖市边界
地级市边界
海岸线

目　　录

特　载

扫码阅读

长江三角洲区域一体化发展规划纲要

前　言

2018 年 11 月 5 日，习近平总书记在首届中国国际进口博览会上宣布，支持长江三角洲区域一体化发展并上升为国家战略，着力落实新发展理念，构建现代化经济体系，推进更高起点的深化改革和更高层次的对外开放，同“一带一路”建设、京津冀协同发展、长江经济带发展、粤港澳大湾区建设相互配合，完善中国改革开放空间布局。

长江三角洲（以下简称长三角）地区是我国经济发展最活跃、开放程度最高、创新能力最强的区域之一，在国家现代化建设大局和全方位开放格局中具有举足轻重的战略地位。推动长三角一体化发展，增强长三角地区创新能力和竞争能力，提高经济集聚度、区域连接性和政策协同效率，对引领全国高质量发展、建设现代化经济体系意义重大。为深入贯彻党的十九大精神，全面落实党中央、国务院战略部署，编制本规划纲要。

规划范围包括上海市、江苏省、浙江省、安徽省全域（面积 35.8 万平方公里）。以上海市，江苏省南京、无锡、常州、苏州、南通、扬州、镇江、盐城、泰州，浙江省杭州、宁波、温州、湖州、嘉兴、绍兴、金华、舟山、台州，安徽省合肥、芜湖、马鞍山、铜陵、安庆、滁州、池州、宣城 27 个城市为中心区（面积 22.5 万平方公里），辐射带动长三角地区高质量发展。以上海青浦、江苏吴江、浙江嘉善为长三角生态绿色一体化发展示范区（面积约 2300 平方公里），示范引领长三角地区更高质量一体化发展。以上海临港等地区为中国（上海）自由贸易试验区新片区，打造与国际通行规则相衔接、更具国际市场影响力和竞争力的特殊经济功能区。

本规划纲要是指导长三角地区当前和今后一个时期一体化发展的纲领性文件，是制定相关规划和政策的依据。规划期至 2025 年，展望到 2035 年。

第一章　发展背景

改革开放特别是党的十八大以来，长三角一体化发展取得明显成效，经济社会发展走在全国前列，具备更高起点上推动更高质量一体化发展的良好条件，也面临新的机遇和挑战。

第一节　发展基础

经济社会发展全国领先。深入实施“八八战略”等重大战略部署，勇挑全国改革开放排头兵、创新发展先行者重担，经济社会发展取得举世瞩目的成就，成为引领全国经济发展的重要引擎。经济实力较强，经济总量约占全国1/4，全员劳动生产率位居全国前列。社会事业加快发展，公共服务相对均衡，社会治理共建共治共享格局初步形成，人民获得感、幸福感、安全感不断增强。

科技创新优势明显。科教资源丰富，拥有上海张江、安徽合肥2个综合性国家科学中心，全国约1/4的“双一流”高校、国家重点实验室、国家工程研究中心。区域创新能力强，年研发经费支出和有效发明专利数均占全国1/3左右，上海、南京、杭州、合肥研发强度均超过3%。科创产业紧密融合，大数据、云计算、物联网、人工智能等新技术与传统产业渗透融合，集成电路和软件信息服务产业规模分别约占全国1/2和1/3，在电子信息、生物医药、高端装备、新能源、新材料等领域形成了一批国际竞争力较强的创新共同体和产业集群。

开放合作协同高效。拥有通江达海、承东启西、联南接北的区位优势，口岸资源优良，国际联系紧密，协同开放水平较高。拥有开放口岸46个，进出口总额、外商直接投资、对外投资分别占全国的37%、39%和29%，自由贸易试验区探索形成了国际贸易“单一窗口”等一批可复制可推广经验，首届中国国际进口博览会成功举办。统一市场体系联建共享，“一网通办”、“最多跑一次”、“不见面审批”等改革成为全国品牌，营商环境位居前列。设立长三角区域合作办公室，建立G60科创走廊等一批跨区域合作平台，三级运作、统分结合的长三角区域合作机制有效运转。

重大基础设施基本联通。交通干线密度较高，省际高速公路基本贯通，主要城市间高速铁路有效连接，沿海、沿江联动协作的航运体系初步形成，区域机场群体系基本建立。电力、天然气主干网等能源基础设施相对完善，防洪、供水等水利基础设施体系基本建成，光纤宽带、4G网络等信息基础设施水平在全国领先。

生态环境联动共保。绿水青山就是金山银山理念深入人心，“千村示范、万村整治”工程谱写美丽中国建设新篇章，新安江流域生态补偿形成可复制可推广经验，全国森林城市、环保模范城市和生态城市较为密集，河长制湖长制率先施行并在全国推广。空气、水、土壤污染联防联治联动机制逐步完善，太湖、淮河等流域合作治理取得明显成效。333条地表水国考断面中水质Ⅲ类及以上占77%，41个城市细颗粒物(PM2.5)平均浓度较2015年下降19%。

公共服务初步共享。公共服务体系相对完善，依托名牌高校成立了4家跨区域联合职业教育集团，城市医院协同发展联盟成员已覆盖长三角30个城市112家三甲医院，养老服务协商协作机制初步建立。跨区域社会保障便利化程度明显提高，目前参保患者跨省异地就医直接结算近23.6万人次、结算医疗费用约54亿元。

城镇乡村协调互动。城镇体系完备，常住人口城镇化率超过60%，大中小城市协同发展，各具特色的小城镇星罗棋布，城镇之间经济社会联系密切。上海中心城市辐射带动作用较好发挥，南京、杭州、合肥、苏锡常、宁波等城市群建设成效明显，同城化效应日益显现。城乡发展比较协调，城乡居民收入差距相对较小，城乡要素双向流动，形成了可复制可推广的乡村成功发展模式。

第二节　机遇挑战

重要机遇。当今世界面临百年未有之大变局，全球治理体系和国际秩序变革加速推进，世界新一轮科技革命和产业变革同我国经济优化升级交汇融合，为长三角一体化发展提供了良好的外部环境。中国特色社会主义进入新时代，我国经济转向高质量发展阶段，对长三角一体化发展提出了更高要求。"一带一路"建设和长江经济带发展战略深入实施，为长三角一体化发展注入了新动力。党中央、国务院作出将长三角一体化发展上升为国家战略的重大决策，为长三角一体化发展带来新机遇。

主要挑战。国际上保护主义、单边主义抬头，经济全球化趋势放缓，世界经济增长不确定性较大，长三角一体化发展面临更加复杂多变的国际环境。区域内发展不平衡不充分，跨区域共建共享共保共治机制尚不健全，基础设施、生态环境、公共服务一体化发展水平有待提高；科创和产业融合不够深入，产业发展的协同性有待提升；阻碍经济社会高质量发展的行政壁垒仍未完全打破，统一开放的市场体系尚未形成；全面深化改革还没有形成系统集成效应，与国际通行规则相衔接的制度体系尚未建立。这些都给长三角一体化发展带来新的挑战。

第三节　重大意义

实施长三角一体化发展战略，是引领全国高质量发展、完善我国改革开放空间布局、打造我国发展强劲活跃增长极的重大战略举措。推进长三角一体化发展，有利于提升长三角在世界经济格局中的能级和水平，引领我国参与全球合作和竞争；有利于深入实施区域协调发展战略，探索区域一体化发展的制度体系和路径模式，引领长江经济带发展，为全国区域一体化发展提供示范；有利于充分发挥区域内各地区的比较优势，提升长三角地区整体综合实力，在全面建设社会主义现代化国家新征程中走在全国前列。

第二章　总体要求

第一节　指导思想

以习近平新时代中国特色社会主义思想为指导，全面贯彻党的十九大和十九届二中、三中全会精神，坚持党中央集中统一领导，按照党中央、国务院决策部署，统筹推进“五位一体”总体布局，协调推进“四个全面”战略布局，坚持稳中求进工作总基调，坚持新发展理念，坚持推动高质量发展，坚持以供给侧结构性改革为主线，坚持深化市场化改革、扩大高水平开放，加快建设现代化经济体系，着力推动形成区域协调发展新格局，着力加强协同创新产业体系建设，着力提升基础设施互联互通水平，着力强化生态环境共保联治，着力加快公共服务便利共享，着力推进更高水平协同开放，着力创新一体化发展体制机制，建设长三角生态绿色一体化发展示范区和中国(上海)自由贸易试验区新片区，努力提升配置全球资源能力和增强创新策源能力，建成我国发展强劲活跃增长极。

第二节　基本原则

——坚持创新共建。推动科技创新与产业发展深度融合，促进人才流动和科研资源共享，整合区域创新资源，联合开展卡脖子关键核心技术攻关，打造区域创新共同体，共同完善技术创新链，形成区域联动、分工协作、协同推进的技术创新体系。

——坚持协调共进。着眼于一盘棋整体谋划，进一步发挥上海龙头带动作用，苏浙皖各扬所长，推动城乡区域融合发展和跨界区域合作，提升区域整体竞争力，形成分工合理、优势互补、各具特色的协调发展格局。

——坚持绿色共保。践行绿水青山就是金山银山的理念，贯彻山水林田湖草是生命共同体的思想，推进生态环境共保联治，形成绿色低碳的生产生活方式，共同打造绿色发展底色，探索经济发展和生态环境保护相辅相成、相得益彰的新路子。

——坚持开放共赢。打造高水平开放平台，对接国际通行的投资贸易规则，放大改革创新叠加效应，培育国际合作和竞争新优势，营造市场统一开放、规则标准互认、要素自由流动的发展环境，构建互惠互利、求同存异、合作共赢的开放发展新体制。

——坚持民生共享。增加优质公共服务供给，扩大配置范围，不断保障和改善民生，使改革发展成果更加普惠便利，让长三角居民在一体化发展中有更多获得感、幸福感、安全感，促进人的全面发展和人民共同富裕。

第三节　战略定位

全国发展强劲活跃增长极。加强创新策源能力建设，构建现代化经济体系，提高资源集约节约利用水平和整体经济效率，提升参与全球资源配置和竞争能力，增强对全国经济发展的影响力和带动力，持续提高对全国经济增长的贡献率。

全国高质量发展样板区。坚定不移贯彻新发展理念，提升科技创新和产业融合发展能力，提高城乡区域协调发展水平，打造和谐共生绿色发展样板，形成协同开放发展新格局，开创普惠便利共享发展新局面，率先实现质量变革、效率变革、动力变革，在全国发展版图上不断增添高质量发展板块。

率先基本实现现代化引领区。着眼基本实现现代化，进一步增强经济实力、科技实力，在创新型国家建设中发挥重要作用，大力推动法治社会、法治政府建设，加强和创新社会治理，培育和践行社会主义核心价值观，弘扬中华文化，显著提升人民群众生活水平，走在全国现代化建设前列。

区域一体化发展示范区。深化跨区域合作，形成一体化发展市场体系，率先实现基础设施互联互通、科创产业深度融合、生态环境共保联治、公共服务普惠共享，推动区域一体化发展从项目协同走向区域一体化制度创新，为全国其他区域一体化发展提供示范。

新时代改革开放新高地。坚决破除条条框框、思维定势束缚，推进更高起点的深化改革和更高层次的对外开放，加快各类改革试点举措集中落实、率先突破和系统集成，以更大力度推进全方位开放，打造新时代改革开放新高地。

第四节　发展目标

到2025年，长三角一体化发展取得实质性进展。跨界区域、城市乡村等区域板块一体化发展达到较高水平，在科创产业、基础设施、生态环境、公共服务等领域基本实现一体化发展，全面建立一体化发展的体制机制。

城乡区域协调发展格局基本形成。上海服务功能进一步提升，苏浙皖比较优势充分发挥。城市群同城化水平进一步提高，各城市群之间高效联动。省际毗邻地区和跨界区域一体化发展探索形成经验制度。城乡融合、乡村振兴取得显著成效。到2025年，中心区城乡居民收入差距控制在2.2∶1以内，中心区人均GDP与全域人均GDP差距缩小到1.2∶1，常住人口城镇化率达到70%。

科创产业融合发展体系基本建立。区域协同创新体系基本形成，成为全国重要创新策源地。优势产业领域竞争力进一步增强，形成若干世界级产业集群。创新链与产业链深度融合，产业迈向中高端。到2025年，研发投入强度达到3%以上，科技进步贡献率达到65%，高技术产业产值占规模以上工业总产值比重达到18%。

基础设施互联互通基本实现。轨道上的长三角基本建成，省际公路通达能力进一步提升，世界级机场群体系基本形成，港口群联动协作成效显著。能源安全供应和互济互保能力明显提高，新一代信息设施率先布局成网，安全可控的水网工程体系基本建成，重要江河骨干堤防全面达标。到2025年，铁路网密度达到507公里/万平方公里，高速公路密度达到5公里/百平方公里，5G网络覆盖率达到80%。

生态环境共保联治能力显著提升。跨区域跨流域生态网络基本形成，优质生态产品供给能力不断提升。环境污染联防联治机制有效运行，区域突出环境问题得到有效治理。生态环境协同监管体系基本建立，区域生态补偿机制更加完善，生态环境质量总体改善。到2025年，细颗粒物（PM2.5）平均浓度总体达标，地级及以上城市空气质量优良天数比率达到80%以上，跨界河流断面水质达标率达到80%，单位GDP能耗较2017年下降10%。

公共服务便利共享水平明显提高。基本公共服务标准体系基本建立，率先实现基本公共服务均等化。全面提升非基本公共服务供给能力和供给质量，人民群众美好生活需要基本满足。到2025年，人均公共财政支出达到2.1万元，劳动年龄人口平均受教育年限达到11.5年，人均期望寿命达到79岁。

一体化体制机制更加有效。资源要素有序自由流动，统一开放的市场体系基本建立。行政壁垒逐步消除，一体化制度体系更加健全。与国际接轨的通行规则基本建立，协同开放达到更高水平。制度性交易成本明显降低，营商环境显著改善。

到2035年，长三角一体化发展达到较高水平。现代化经济体系基本建成，城乡区域差距明显缩小，公共服务水平趋于均衡，基础设施互联互通全面实现，人民基本生活保障水平大体相当，一体化发展体制机制更加完善，整体达到全国领先水平，成为最具影响力和带动力的强劲活跃增长极。

第三章 推动形成区域协同发展新格局

发挥上海龙头带动作用,苏浙皖各扬所长,加强跨区域协调互动,提升都市圈一体化水平,推动城乡融合发展,构建区域联动协作、城乡融合发展、优势充分发挥的协调发展新格局。

第一节 强化区域联动发展

提升上海服务功能。面向全球、面向未来,提升上海城市能级和核心竞争力,引领长三角一体化发展。围绕国际经济、金融、贸易、航运和科技创新"五个中心"建设,着力提升上海大都市综合经济实力、金融资源配置功能、贸易枢纽功能、航运高端服务功能和科技创新策源能力,有序疏解一般制造等非大都市核心功能。形成有影响力的上海服务、上海制造、上海购物、上海文化"四大品牌",推动上海品牌和管理模式全面输出,为长三角高质量发展和参与国际竞争提供服务。

发挥苏浙皖比较优势。强化分工合作、错位发展,提升区域发展整体水平和效率。发挥江苏制造业发达、科教资源丰富、开放程度高等优势,推进沿沪宁产业创新带发展,加快苏南自主创新示范区、南京江北新区建设,打造具有全球影响力的科技产业创新中心和具有国际竞争力的先进制造业基地。发挥浙江数字经济领先、生态环境优美、民营经济发达等特色优势,大力推进大湾区大花园大通道大都市区建设,整合提升一批集聚发展平台,打造全国数字经济创新高地、对外开放重要枢纽和绿色发展新标杆。发挥安徽创新活跃强劲、制造特色鲜明、生态资源良好、内陆腹地广阔等优势,推进皖江城市带联动发展,加快合芜蚌自主创新示范区建设,打造具有重要影响力的科技创新策源地、新兴产业聚集地和绿色发展样板区。

加强区域合作联动。推动长三角中心区一体化发展,带动长三角其他地区加快发展,引领长江经济带开放发展。加强长三角中心区城市间的合作联动,建立城市间重大事项重大项目共商共建机制。引导长三角市场联动发展,推动跨地域跨行业商品市场互联互通、资源共享,统筹规划商品流通基础设施布局,推动内外贸融合发展,畅通长三角市场网络。加强长三角中心区与苏北、浙西南、皖北等地区的深层合作,加强徐州、衢州、安庆、阜阳等区域重点城市建设,辐射带动周边地区协同发展。探索共建合作园区等合作模式,共同拓展发展空间。依托交通大通道,以市场化、法治化方式加强合作,持续有序推进G60科创走廊建设,打造科技和制度创新双轮驱动、产业和城市一体化发展的先行先试走廊。深化长三角与长江中上游区域的合作交流,加强沿江港口、高铁和高速公路联动建设,推动长江上下游区域一体化发展。

第二节 加快都市圈一体化发展

推动都市圈同城化。以基础设施一体化和公共服务一卡通为着力点,加快南京、杭州、合肥、苏锡常、宁波都市圈建设,提升都市圈同城化水平。统一规划建设都市圈内路、水、电、气、邮、信息等基础设施,加强中心城市与都市圈内其他城市的市域和城际铁路、道路交通、毗邻地区公交线路对接,构建快速便捷都市通勤圈。实现都市圈内教育、医疗、文化等优质服务资源一卡通共享,扩大公共服务辐射半径,打造优质生活空间。推动中心城市非核心功能向周边城市(镇)疏解,在有条件的地方打造功能疏解承载地。推动都市圈内新型城市建设,打造功能复合、智慧互联、绿色低碳、开放包容的未来城市。

推进都市圈协调联动。加强都市圈间合作互动,高水平打造长三角世界级城市群。推动上海与近沪区域及苏锡常都市圈联动发展,构建上海大都市圈。加强南京都市圈与合肥都市圈协同发展,打造东中部区域协调发展的典范。推动杭州都市圈与宁波都市圈的紧密对接和分工合作，实现杭绍甬一体化。建设宁杭生态经济带，强化南京都市圈与杭州都市圈协调联动。加强淮河生态经济带、大运河文化带建设，发展环太湖生态文化旅游，促进都市圈联动发展。加强都市圈间重大基础设施统筹规划，加快大通道、大枢纽建设，提高城际铁路、高速公路的路网密度。加快建立都市圈间重大事项协调推进机制，探索协同治理新模式。

第三节　促进城乡融合发展

提高城乡基础设施联通水平。加快覆盖城乡的公路、电力、天然气、供水、信息、物流和垃圾污水收集处理等基础设施建设，形成联通中心城市、县城、中心镇、中心村的基础设施网络。推动中心区农村公路提档升级、电网升级改造、天然气管网延伸布局、宽带网络建设应用、垃圾污水集中处置，鼓励有条件的县市区建设统一的供水管网，加强农村饮水安全设施建设，提高城乡基础设施互联互通和便捷高效水平。加大苏北、浙西南、皖北等城乡基础设施投入和支持力度，加强大别山革命老区对外联通通道建设，实施农村基础设施补短板工程，提高区域交通通达能力和其他基础设施综合配套水平。

推动城乡公共服务一体化。统筹推进城乡公共服务一体化发展，推动城乡公共服务便利共享，提升农村基本公共服务水平。完善统一的城乡居民基本医疗保险和基本养老保险制度，提升农村居民保障水平。优化农村基础教育学校布局，建立城乡教育联合体，推动城乡校长教师轮岗交流，提高农村基础教育整体水平。鼓励县级医院与乡村医疗卫生机构组建县域医疗服务共同体，推动城市大医院与县级医院建立对口支援、巡回医疗和远程医疗制度。加大农村医务人员培训力度，提高农村医疗服务能力。推行城乡社区服务目录制度，促进城乡社区服务标准衔接和区域统筹。

全面推进人的城镇化。加快以人为核心的综合配套改革，破除制约人全面发展的体制机制障碍，提升人的城镇化水平。深化户籍制度改革，构建城乡居民身份地位平等的户籍登记制度。推进城镇基本公共服务常住人口全覆盖，提高城市包容性，有序推进农业转移人口市民化。完善适应上海超大城市特点的户籍管理制度和南京、杭州特大城市的积分落户制度，提升中心区其他城市人口集聚能力，全面放开Ⅱ型大城市、中小城市及建制镇的落户限制，有序推动农村人口向条件较好、发展空间较大的城镇、特色小镇和中心村相对集中居住和创业发展。推动城乡人才双向流动，鼓励和引导城市人才回乡创业兴业。

提升乡村发展品质。大力实施乡村振兴战略，推动农村一二三产业深度融合，提高农民素质，全面建设美丽乡村。加强农产品质量安全追溯体系建设和区域公用品牌、企业品牌、产品品牌等农业品牌创建，建立区域一体化的农产品展销展示平台，促进农产品加工、休闲农业与乡村旅游和相关配套服务融合发展，发展精而美的特色乡村经济。推广浙江“千村示范、万村整治”工程经验，加快农村人居环境整治，打造农村宜居宜业生产生活生态空间。加强独具自然生态与地域文化风貌特色的古镇名村、居住群落、历史建筑及非物质文化遗产的整体性保护，全面繁荣乡村文化。建立健全党组织领导的自治、法治、德治相结合的乡村治理体系，促进农村社会全面进步。提高农民文化素养，提升农村现代文明水平。

第四节　推进跨界区域共建共享

推动省际毗邻区域协同发展。加强跨区域合作，探索省际毗邻区域协同发展新机制。推动宁波前湾沪浙合作发展区、嘉兴全面接轨上海桥头堡建设，打造上海配套功能拓展区和非核心功能疏解承载地。加强浙沪洋山区域合作开发，共同提升国际航运服务功能。支持虹桥—昆山—相城、嘉定—昆山—太仓、金山—平湖、顶山—汊河、浦口—南谯、江宁—博望等省际毗邻区域开展深度合作，加强规划衔接，统筹布局生产生活空间，共享公共服务设施，强化社会治安协同管理，加强重大污染、安全事故等联合管控与应急处置,共同推动跨区域产城融合发展。

共建省际产业合作园区。加强省际产业合作,有序推动产业跨区域转移和生产要素双向流动。推广上海临港、苏州工业园区合作开发管理模式,提升合作园区开发建设和管理水平。继续推进皖江城市带承接产业转移示范区、连云港东中西区域合作示范区、江苏沿海地区发展。加快推进沪苏大丰产业联动集聚区、上海漕河泾新兴技术开发区海宁分区、中新苏滁现代产业合作园、中新嘉善现代产业合作园等一批省际合作园区建设,推动产业深度对接、集群发展。

联合推动跨界生态文化旅游发展。加强跨界江河湖荡、丘陵山地、近海沿岸等自然与人文景观保护开发,在共同保护中开发,在共同开发中保护,形成自然生态优美、文化底蕴深厚、旅游资源充分利用的生活休闲开敞空间。统筹规划建设长江、淮河、大运河和新安江上下游两岸景观,加强环太湖、杭州湾、海洋海岛人文景观协同保护,强化跨界丘陵山地的开发管控和景观协调,加快江南水乡古镇生态文化旅游和皖南国际文化旅游发展,加强浙皖闽赣生态旅游协作,共同打造长三角绿色美丽大花园。

第四章　加强协同创新产业体系建设

深入实施创新驱动发展战略，走“科创＋产业”道路，促进创新链与产业链深度融合，以科创中心建设为引领，打造产业升级版和实体经济发展高地，不断提升在全球价值链中的位势，为高质量一体化发展注入强劲动能。

第一节　构建区域创新共同体

联合提升原始创新能力。加强科技创新前瞻布局和资源共享，集中突破一批卡脖子核心关键技术，联手营造有利于提升自主创新能力的创新生态，打造全国原始创新策源地。加强上海张江、安徽合肥综合性国家科学中心建设，健全开放共享合作机制。推动硬X射线自由电子激光装置、未来网络试验设施、超重力离心模拟与实验装置、高效低碳燃气轮机试验装置、聚变堆主机关键系统综合研究设施等重大科技基础设施集群化发展。优先布局国家重大战略项目、国家科技重大专项，共同实施国际大科学计划和国际大科学工程。加快科技资源共享服务平台优化升级，推动重大科研基础设施、大型科研仪器、科技文献、科学数据等科技资源合理流动与开放共享。

协同推进科技成果转移转化。充分发挥市场和政府作用，打通原始创新向现实生产力转化通道，推动科技成果跨区域转化。加强原始创新成果转化，重点开展新一代信息技术、高端装备制造、生命健康、绿色技术、新能源、智能交通等领域科技创新联合攻关，构建开放、协同、高效的共性技术研发平台，实施科技成果应用示范和科技惠民工程。发挥长三角技术交易市场联盟作用，推动技术交易市场互联互通，共建全球创新成果集散中心。依托现有国家科技成果转移转化示范区，建立健全协同联动机制，共建科技成果转移转化高地。打造长三角技术转移服务平台，实现成果转化项目资金共同投入、技术共同转化、利益共同分享。

共建产业创新大平台。瞄准世界科技前沿和产业制高点，共建多层次产业创新大平台。充分发挥创新资源集聚优势，协同推动原始创新、技术创新和产业创新，合力打造长三角科技创新共同体，形成具有全国影响力的科技创新和制造业研发高地。发挥长三角双创示范基地联盟作用，加强跨区域“双创”合作，联合共建国家级科技成果孵化基地和双创示范基地。加强清华长三角研究院等创新平台建设，共同办好浦江创新论坛、长三角国际创新挑战赛，打造高水平创新品牌。

强化协同创新政策支撑。加大政策支持力度，形成推动协同创新的强大合力。研究制定覆盖长三角全域的全面创新改革试验方案。建立一体化人才保障服务标准，实行人才评价标准互认制度，允许地方高校按照国家有关规定自主开展人才引进和职称评定。加强长三角知识产权联合保护。支持地方探索建立区域创新收益共享机制，鼓励设立产业投资、创业投资、股权投资、科技创新、科技成果转化引导基金。在上海证券交易所设立科创板并试点注册制，鼓励长三角地区高成长创新企业到科创板上市融资。

第二节　加强产业分工协作

共同推动制造业高质量发展。制定实施长三角制造业协同发展规划，全面提升制造业发展水平，按照集群化发展方向，打造全国先进制造业集聚区。围绕电子信息、生物医药、航空航天、高端装备、新材料、节能环保、汽车、绿色化工、纺织服装、智能家电十大领域，强化区域优势产业协作，推动传统产业升级改造，建设一批国家级战略性新兴产业基地，形成若干世界级制造业集群。聚焦集成电路、新型显示、物联网、大数据、人工智能、新能源汽车、生命健康、大飞机、智能制造、前沿新材料十大重点领域，加快发展新能源、智能汽车、新一代移动通信产业，延伸机器人、集成电路产业链，培育一批具有国际竞争力的龙头企业。面向量子信息、类脑芯片、第三代半导体、下一代人工智能、靶向药物、免疫细胞治疗、干细胞治疗、基因检测八大领域，加快培育布局一批未来产业。

合力发展高端服务经济。加快服务业服务内容、业态和商业模式创新，共同培育高端服务品牌，增强服务经济发展新动能。围绕现代金融、现代物流、科技服务、软件和信息服务、电子商务、文化创意、体育服务、人力资源服务、智慧健康养老九大服务业，联合打造一批高水平服务业集聚区和创新平台。在研发设计、供应链服务、检验检测、全球维修、总集成总承包、市场营销、制造数字化服务、工业互联网、绿色节能等领域，大力推动服务业跨界发展。在旅游、养老等领域探索跨区域合作新模式，提高文化教育、医疗保健、养老安老等资源的供给质量和供给效率。积极开展区域品牌提升行动，协同推进服务标准化建设，打造一批展示长三角服务形象的高端服务品牌。

引导产业合理布局。坚持市场机制主导和产业政策引导相结合，完善区域产业政策，强化中心区产业集聚能力，推动产业结构升级，优化重点产业布局和统筹发展。中心区重点布局总部经济、研发设计、高端制造、销售等产业链环节，大力发展创新经济、服务经济、绿色经济，加快推动一般制造业转移，打造具有全球竞争力的产业创新高地。支持苏北、浙西南、皖北和皖西大别山革命老区重点发展现代农业、文化旅游、大健康、医药产业、农产品加工等特色产业及配套产业。充分发挥皖北、苏北粮食主产区综合优势，实施现代农业提升工程，建设长三角绿色农产品生产加工供应基地。建设皖北承接产业转移集聚区，积极承接产业转移。推动中心区重化工业和工程机械、轻工食品、纺织服装等传统产业向具备承接能力的中心区以外城市和部分沿海地区升级转移，建立与产业转移承接地间利益分享机制，加大对产业转移重大项目的土地、融资等政策支持力度。

第三节　推动产业与创新深度融合

加强创新链与产业链跨区域协同。依托创新链提升产业链，围绕产业链优化创新链，促进产业链与创新链精准对接，打造产业链为基础、创新链为引领的产业升级版。聚焦关键共性技术、前沿引领技术、应用型技术，建立政学产研多方参与机制，开展跨学科跨领域协作攻关，形成基础研究、技术开发、成果转化和产业创新全流程创新产业链。支持龙头企业跨区域整合科研院所研究力量，鼓励科研人员深度参与产业创新活动。成立区域产业联盟。综合运用政府采购、首台套政策、技术标准等政策工具，加快科研成果从样品到产品、从产品到商品的转化。

共同培育新技术新业态新模式。推动互联网新技术与产业融合，发展平台经济、共享经济、体验经济，加快形成经济发展新动能。加强大数据、云计算、区块链、物联网、人工智能、卫星导航等新技术研发应用，支持龙头企业联合科研机构建立长三角人工智能等新型研发平台，鼓励有条件的城市开展新一代人工智能应用示范和创新发展，打造全国重要的创新型经济发展高地。率先开展智能汽车测试，实现自动驾驶汽车产业化应用。提升流通创新能力，打造商产融合产业集群和平台经济龙头企业。建设一批跨境电商综合试验区，构建覆盖率和便捷度全球领先的新零售网络。推动数字化、信息化与制造业、服务业融合，发挥电商平台、大数据核心技术和长三角制造网络等优势，打通行业间数据壁垒，率先建立区域性工业互联网平台和区域产业升级服务平台。

第五章 提升基础设施互联互通水平

坚持优化提升、适度超前的原则，统筹推进跨区域基础设施建设，形成互联互通、分工合作、管理协同的基础设施体系，增强一体化发展的支撑保障。

第一节 协同建设一体化综合交通体系

共建轨道上的长三角。加快建设集高速铁路、普速铁路、城际铁路、市域(郊)铁路、城市轨道交通于一体的现代轨道交通运输体系，构建高品质快速轨道交通网。围绕打通沿海、沿江和省际通道，加快沪通铁路一期、商合杭铁路等在建项目建设，推动北沿江高铁、沿江高铁武合宁通道、沪通铁路二期、沪苏湖、通苏嘉甬、杭临绩、沪乍杭、合新、镇宣、宁宣黄、宁扬宁马等规划项目开工建设，推进沿淮、黄山—金华、温武吉铁路、安康(襄阳)—合肥、沪甬、甬台温福、宁杭二通道的规划对接和前期工作，积极审慎开展沪杭等磁悬浮项目规划研究。以都市圈同城化通勤为目标，加快推进城际铁路网建设，推动市域铁路向周边中小城市延伸，率先在都市圈实现公交化客运服务。支持高铁快递、电商快递班列发展。

提升省际公路通达能力。加快省际高速公路建设，对高峰时段拥堵严重的国省道干线公路实施改扩建，形成便捷通达的公路网络。加快推进宁马、合宁、京沪等高速公路改扩建，提升主要城市之间的通行效率。完善过江跨海通道布局，规划建设常泰、龙潭、苏通第二、崇海等过江通道和东海二桥、沪舟甬等跨海通道。滚动实施打通省际待贯通路段专项行动，取消高速公路省界收费站，提升省际公路通达水平。

合力打造世界级机场群。编制实施长三角民航协同发展战略规划，构建分工明确、功能齐全、联通顺畅的机场体系，提高区域航空国际竞争力。巩固提升上海国际航空枢纽地位，增强面向长三角、全国乃至全球的辐射能力。规划建设南通新机场，成为上海国际航空枢纽的重要组成部分。优化提升杭州、南京、合肥区域航空枢纽功能，增强宁波、温州等区域航空服务能力，支持苏南硕放机场建设区域性枢纽机场。完善区域机场协作机制，提升区域航空服务品质。加强航空货运设施建设，加快合肥国际航空货运集散中心、淮安航空货运枢纽建设，规划建设嘉兴航空联运中心。统筹空域资源利用，促进民航、通用航空融合发展。深化低空空域管理改革，加快通用航空发展。

协同推进港口航道建设。推动港航资源整合，优化港口布局，健全一体化发展机制，增强服务全国的能力，形成合理分工、相互协作的世界级港口群。围绕提升国际竞争力，加强沪浙杭州湾港口分工合作，以资本为纽带深化沪浙洋山开发合作，做大做强上海国际航运中心集装箱枢纽港，加快推进宁波舟山港现代化综合性港口建设。在共同抓好长江大保护的前提下，深化沪苏长江口港航合作，苏州(太仓)港建设上海港远洋集装箱运输的喂给港，发展近洋航线集装箱运输。加强沿海沿江港口江海联运合作与联动发展，鼓励各港口集团采用交叉持股等方式强化合作，推动长三角港口协同发展。加快建设长江南京以下江海联运港区、舟山江海联运服务中心、芜湖马鞍山江海联运枢纽、连云港亚欧陆海联运通道、淮河出海通道，规划建设南通通州湾长江集装箱运输新出海口、小洋山北侧集装箱支线码头。完善区域港口集疏运体系，推进重点港区进港铁路规划和建设。加强内河高等级航道网建设，推动长江淮河干流、京杭大运河和浙北高等级航道网集装箱运输通道建设，提高集装箱水水中转比重。

第二节 共同打造数字长三角地区

协同建设新一代信息基础设施。加快构建新一代信息基础设施，推动信息基础设施达到世界先进水平，建设高速泛在信息网络，共同打造数字长三角。加快推进 5G 网络建设，支持电信运营、制造、IT

等行业龙头企业协同开展技术、设备、产品研发、服务创新及综合应用示范。深入推进IPv6规模部署,加快网络和应用升级改造,打造下一代互联网产业生态。统筹规划长三角数据中心,推进区域信息枢纽港建设,实现数据中心和存算资源协同布局。加快量子通信产业发展,统筹布局和规划建设量子保密通信干线网,实现与国家广域量子保密通信骨干网络无缝对接,开展量子通信应用试点。加强长三角现代化测绘基准体系建设,实现卫星导航定位基准服务系统互联互通。

共同推动重点领域智慧应用。大力发展基于物联网、大数据、人工智能的专业化服务,提升各领域融合发展、信息化协同和精细化管理水平。围绕城市公共管理、公共服务、公共安全等领域,支持有条件的城市建设基于人工智能和5G物联的城市大脑集群。加快长三角政务数据资源共享共用,提高政府公共服务水平。支持北斗导航系统率先应用,建设南京位置服务数据中心。推进一体化智能化交通管理,深化重要客货运输领域协同监管、信息交换共享、大数据分析等管理合作。积极开展车联网和车路协同技术创新试点,筹划建设长三角智慧交通示范项目,率先推进杭绍甬智慧高速公路建设。全面推行长三角地区联网售票一网通、交通一卡通,提升区域内居民畅行长三角的感受度和体验度。加强长三角数字流域和智能水网建设。推动智慧广电建设,加快广播电视技术革新与体系重构。加强智慧邮政建设,支持快递服务数字化转型。

合力建设长三角工业互联网。积极推进以“互联网+先进制造业”为特色的工业互联网发展,打造国际领先、国内一流的跨行业跨领域跨区域工业互联网平台。统筹推进省际之间工业互联网建设,推动企业内外网改造升级,积极参与国家标识解析与标准体系构建。加快建设以跨行业跨领域跨区域平台为主体、企业级平台为支撑的工业互联网平台体系,推动企业上云和工业APP应用,促进制造业资源与互联网平台深度对接。全面建立工业互联网安全保障体系,着力推动安全技术手段研发应用,遴选推广一批创新实用的网络安全试点示范项目。

第三节 协同推进跨区域能源基础设施建设

统筹建设油气基础设施。完善区域油气设施布局,推进油气管网互联互通。编制实施长三角天然气供应能力规划,加快建设浙沪联络线,推进浙苏、苏皖天然气管道联通。加强液化天然气(LNG)接收站互联互通和公平开放,加快上海、江苏如东、浙江温州LNG接收站扩建,宁波舟山LNG接收站和江苏沿海输气管道、滨海LNG接收站及外输管道。实施淮南煤制天然气示范工程。积极推进浙江舟山国际石油储运基地、芜湖LNG内河接收(转运)站建设,支持LNG运输船舶在长江上海、江苏、安徽段开展航运试点。

加快区域电网建设。完善电网主干网架结构,提升互联互通水平,提高区域电力交换和供应保障能力。推进电网建设改造与智能化应用,优化皖电东送、三峡水电沿江输电通道建设,开展区域大容量柔性输电、区域智慧能源网等关键技术攻关,支持安徽打造长三角特高压电力枢纽。依托两淮煤炭基地建设清洁高效坑口电站,保障长三角供电安全可靠。加强跨区域重点电力项目建设,加快建设淮南—南京—上海1000千伏特高压交流输电工程过江通道,实施南通—上海崇明500千伏联网工程、申能淮北平山电厂二期、省际联络线增容工程。

协同推动新能源设施建设。因地制宜积极开发陆上风电与光伏发电,有序推进海上风电建设,鼓励新能源龙头企业跨省投资建设风能、太阳能、生物质能等新能源。加快推进浙江宁海、长龙山、衢江和安徽绩溪、金寨抽水蓄能电站建设,开展浙江磐安和安徽桐城、宁国等抽水蓄能电站前期工作,研究建立华东电网抽水蓄能市场化运行的成本分摊机制。加强新能源微电网、能源物联网、“互联网+智慧”能源等综合能源示范项目建设,推动绿色化能源变革。

第四节　加强省际重大水利工程建设

以长江为纽带，淮河、大运河、钱塘江、黄浦江等河流为骨干河道，太湖、巢湖、洪泽湖、千岛湖、高邮湖、淀山湖等湖泊为关键节点，完善区域水利发展布局。长江沿线，重点加强崩塌河段整治和长江口综合整治，实施海塘达标提标工程，探索建立长三角区域内原水联动及水资源应急供给机制，提升防洪（潮）和供水安全保障能力。淮河流域，启动实施淮河入海水道二期等淮河治理重大工程，保障淮河防洪排涝安全。太湖流域，实施望虞河拓浚、吴淞江整治、太浦河疏浚、淀山湖综合整治和环太湖大堤加固等治理工程，开展太湖生态清淤试点，形成太湖调蓄、北向长江引排、东出黄浦江供排、南排杭州湾的流域综合治理格局。以巢湖、洪泽湖、高邮湖、淀山湖、华阳湖等湖泊为重点，完善湖泊综合管控体系，加强湖泊上游源头水源涵养保护和水土保持，强化水资源保护与水生态修复。加快实施引江济淮工程，完善引江济太运行机制。

第六章　强化生态环境共保联治

坚持生态保护优先，把保护和修复生态环境摆在重要位置，加强生态空间共保，推动环境协同治理，夯实绿色发展生态本底，努力建设绿色美丽长三角。

第一节　共同加强生态保护

合力保护重要生态空间。切实加强生态环境分区管治，强化生态红线区域保护和修复，确保生态空间面积不减少，保护好长三角可持续发展生命线。统筹山水林田湖草系统治理和空间协同保护，加快长江生态廊道、淮河—洪泽湖生态廊道建设，加强环巢湖地区、崇明岛生态建设。以皖西大别山区和皖南—浙西—浙南山区为重点，共筑长三角绿色生态屏障。加强自然保护区、风景名胜区、重要水源地、森林公园、重要湿地等其他生态空间保护力度，提升浙江开化钱江源国家公园建设水平，建立以国家公园为主体的自然保护地体系。

共同保护重要生态系统。强化省际统筹，加强森林、河湖、湿地等重要生态系统保护，提升生态系统功能。加强天然林保护，建设沿海、长江、淮河、京杭大运河、太湖等江河湖岸防护林体系，实施黄河故道造林绿化工程，建设高标准农田林网，开展丘陵岗地森林植被恢复。实施湿地修复治理工程，恢复湿地景观，完善湿地生态功能。推动流域生态系统治理，强化长江、淮河、太湖、新安江、巢湖等森林资源保护，实施重要水源地保护工程、水土保持生态清洁型小流域治理工程、长江流域露天矿山和尾矿库复绿工程、淮河行蓄洪区安全建设工程、两淮矿区塌陷区治理工程。

第二节　推进环境协同防治

推动跨界水体环境治理。扎实推进水污染防治、水生态修复、水资源保护，促进跨界水体水质明显改善。继续实施太湖流域水环境综合治理。共同制定长江、新安江—千岛湖、京杭大运河、太湖、巢湖、太浦河、淀山湖等重点跨界水体联保专项治理方案，开展废水循环利用和污染物集中处理，建立长江、淮河等干流跨省联防联控机制，全面加强水污染治理协作。加强港口船舶污染物接收、转运及处置设施的统筹规划建设。持续加强长江口、杭州湾等蓝色海湾整治和重点饮用水源地、重点流域水资源、农业灌溉用水保护，严格控制陆域入海污染。严格保护和合理利用地下水，加强地下水降落漏斗治理。

联合开展大气污染综合防治。强化能源消费总量和强度“双控”，进一步优化能源结构，依法淘汰落后产能，推动大气主要污染物排放总量持续下降，切实改善区域空气质量。合力控制煤炭消费总量，实施煤炭减量替代，推进煤炭清洁高效利用，提高区域清洁能源在终端能源消费中的比例。联合制定控制高耗能、高排放行业标准，基本完成钢铁、水泥行业和燃煤锅炉超低排放改造，打造绿色化、循环化产业体系。共同实施细颗粒物(PM2.5)和臭氧浓度“双控双减”，建立固定源、移动源、面源精细化排放清单管理制度，联合制定区域重点污染物控制目标。加强涉气“散乱污”和“低小散”企业整治，加快淘汰老旧车辆，实施国Ⅵ排放标准和相应油品标准。

加强固废危废污染联防联治。统一固废危废防治标准，建立联防联治机制，提高无害化处置和综合利用水平。推动固体废物区域转移合作，完善危险废物产生申报、安全储存、转移处置的一体化标准和管理制度，严格防范工业企业搬迁关停中的二次污染和次生环境风险。统筹规划建设固体废物资源回收基地和危险废物资源处置中心，探索建立跨区域固废危废处置补偿机制。全面运行危险废物转移电子联单，建立健全固体废物信息化监管体系。严厉打击危险废物非法跨界转移、倾倒等违法犯罪活动。

第三节 推动生态环境协同监管

完善跨流域跨区域生态补偿机制。建立健全开发地区、受益地区与保护地区横向生态补偿机制，探索建立污染赔偿机制。在总结新安江建立生态补偿机制试点经验的基础上，研究建立跨流域生态补偿、污染赔偿标准和水质考核体系，在太湖流域建立生态补偿机制，在长江流域开展污染赔偿机制试点。积极开展重要湿地生态补偿，探索建立湿地生态效益补偿制度。在浙江丽水开展生态产品价值实现机制试点。建设新安江—千岛湖生态补偿试验区。

健全区域环境治理联动机制。强化源头防控，加大区域环境治理联动，提升区域污染防治的科学化、精细化、一体化水平。统一区域重污染天气应急启动标准，开展区域应急联动。加强排放标准、产品标准、环保规范和执法规范对接，联合发布统一的区域环境治理政策法规及标准规范，积极开展联动执法，创新跨区域联合监管模式。强化环境突发事件应急管理，建立重点区域环境风险应急统一管理平台，提高突发事件处理能力。探索建立跨行政区生态环境基础设施建设和运营管理的协调机制。充分发挥相关流域管理机构作用，强化水资源统一调度、涉水事务监管和省际间水事协调。发挥区域空气质量监测超级站作用，建设重点流域水环境综合治理信息平台，推进生态环境数据共享和联合监测，防范生态环境风险。

第七章 加快公共服务便利共享

坚持以人民为中心,加强政策协同,提升公共服务水平,促进社会公平正义,不断满足人民群众日益增长的美好生活需要,使一体化发展成果更多更公平惠及全体人民。

第一节 推进公共服务标准化便利化

建立基本公共服务标准体系。全面实施基本公共服务标准化管理,以标准化促进基本公共服务均等化、普惠化、便捷化。统筹考虑经济社会发展水平、城乡居民收入增长等因素,逐步提升基本公共服务保障水平,增加保障项目,提高保障标准。开展基本公共服务保障区域协作联动,确保覆盖全体居民。

提升公共服务便利化水平。创新跨区域服务机制,推动基本公共服务便利共享。建立异地就医直接结算信息沟通和应急联动机制,完善住院费用异地直接结算,开展异地就医门急诊医疗费用直接结算试点工作。加强基本公共卫生服务合作,推动重大传染病联防联控。推进社会保险异地办理,开展养老服务补贴异地结算试点,促进异地养老。实施民生档案跨区查档服务项目,建立互认互通的档案专题数据标准体系。探索构建长三角区域基本公共服务平台,促进居民异地享受基本公共服务并便捷结算,推动实现资源均衡分布、合理配置。

第二节 共享高品质教育医疗资源

推动教育合作发展。协同扩大优质教育供给,促进教育均衡发展,率先实现区域教育现代化。研究发布统一的教育现代化指标体系,协同开展监测评估,引导各级各类学校高质量发展。依托城市优质学前教育、中小学资源,鼓励学校跨区域牵手帮扶,深化校长和教师交流合作机制。推动大学大院大所全面合作、协同创新,联手打造具有国际影响的一流大学和一流学科。鼓励沪苏浙一流大学、科研院所到安徽设立分支机构。推动高校联合发展,加强与国际知名高校合作办学,打造浙江大学国际联合学院、昆山杜克大学等一批国际合作教育样板区。共同发展职业教育,搭建职业教育一体化协同发展平台,做大做强上海电子信息、江苏软件、浙江智能制造、安徽国际商务等联合职业教育集团,培养高技能人才。

打造健康长三角。优化配置医疗卫生资源,大力发展健康产业,持续提升人民健康水平。推动大中城市高端优质医疗卫生资源统筹布局,采取合作办院、设立分院、组建医联体等形式,扩大优质医疗资源覆盖范围。共建以居民健康档案为重点的全民健康信息平台和以数字化医院为依托的医疗协作系统,实现双向转诊、转检、会诊、联网挂号等远程医疗服务。逐步建立统一的急救医疗网络体系,实现急救信息共享和急救网络连通。依托优质医疗资源、现代医药产业、养老产业,制定区域产业资本和品牌机构进入当地养老市场指引,培育养老从业人员专业化市场,支持民营养老机构发展。建设一批国际知名的健康医疗服务、养生养老基地。推动跨区域体育资源共享、信息互通、项目合作和人才交流培养,建立长三角体育产业联盟,推动群众体育、竞技体育和体育产业协调发展。

第三节 推动文化旅游合作发展

共筑文化发展高地。加强文化政策互惠互享,推动文化资源优化配置,全面提升区域文化创造力、竞争力和影响力。加强革命文物保护利用,弘扬红船精神,继承发展优秀传统文化,共同打造江南文化等区域特色文化品牌。构建现代文化产业体系,推出一批文化精品工程,培育一批文化龙头企业。继续办好长三角国际文化产业博览会，集中展示推介长三角文化整体形象。加强广播电视产业跨区域合作发展。推动美术馆、博物馆、图书馆和群众文化场馆区域联动共享，实现城市阅读一卡通、公共文化服务一网通、公共文化联展一站通、公共文化培训一体化。加强重点文物、古建筑、非物质文化遗产保护合作交流，联合开展考古研究和文化遗产保护。

共建世界知名旅游目的地。深化旅游合作，统筹利用旅游资源，推动旅游市场和服务一体化发展。依托长江、沿海、域内知名河流、名湖、名山、名城等特色资源，共同打造一批具有高品质的休闲度假旅游区和世界闻名的东方度假胜地。联合开展旅游主题推广活动，推出杭黄国际黄金旅游线等精品线路和特色产品。依托高铁网络和站点，推出“高铁＋景区门票”、“高铁＋酒店”等快捷旅游线路和产品。整合区域内红色旅游资源，开发互联互通的红色旅游线路。建设旅游信息库，建立假日旅游、旅游景区大客流预警等信息联合发布机制。探索推出“畅游长三角”、“惠民一卡通”、“旅游护照”等产品，改善游客旅游体验。

第四节　共建公平包容的社会环境

推进社会治理共建共治共享。加强和创新社会治理，提高社会化、法治化、智能化、专业化水平，共同建设平安长三角。制定出台区域社会治理地方性法规和政府规章，建立覆盖全体居民的公共法律服务体系。加强城市管理和社会治安防控体系建设，建立城市公共安全风险防控标准体系和规划体系。健全区域性重大灾害事故联防联控机制，完善总体应急预案及相关专项预案。加强跨地区跨部门的业务协同、信息共享、应急演练，推进重点城市和都市圈防灾减灾救灾一体化、同城化。建立健全基层社会治理网络，全域推广网格化服务管理。建立健全安全生产责任体系和联动长效机制，有效防范和坚决遏制重特大安全生产事故发生。深化文明城市、文明乡镇、文明村庄创建，倡导文明礼仪新风，共同提升区域文明程度。

合力营造良好就业创业环境。健全就业创业服务体系，促进人力资源高效配置，提高就业创业水平。制定相对统一的人才流动、吸引、创业等政策，构建公平竞争的人才发展环境。实施有针对性的项目和计划，帮助高校毕业生、农民工、退役军人等重点群体就业创业。联合开展大规模职业技能培训，提高劳动者就业创业能力。加强劳动保障监察协作，强化劳动人事争议协同处理，建立拖欠农民工工资“黑名单”共享和联动惩戒机制。成立区域公共创业服务联盟，开展长三角创新创业大赛，打造公共创业服务品牌。推动市级层面开展“双结对”合作，共促创业型城市（区）建设。

打造诚信长三角。推动诚信记录共享共用，健全诚信制度，建立重点领域跨区域联合奖惩机制，不断提升各类主体的诚信感受度。加强信用建设区域合作，优化区域整体信用环境。聚焦公共服务、食品药品安全、城市管理、全域旅游、生态环保、安全生产等领域，实行失信行为标准互认、信息共享互动、惩戒措施路径互通的跨区域信用联合惩戒制度。建设长三角公共信用信息共享平台，与全国信用信息共享平台实现信息交换共享。推动信用服务领域供给侧改革，培育一批专业化、特色化信用骨干服务机构，打造一批区域性信用服务产业基地。

第八章　推进更高水平协同开放

以“一带一路”建设为统领，在更高层次、更宽领域，以更大力度协同推进对外开放，深化开放合作，优化营商环境，构建开放型经济新体制，不断增强国际竞争合作新优势。

第一节　共建高水平开放平台

协力办好中国国际进口博览会。高水平举办中国国际进口博览会，打造规模更大、质量更优、创新更强、层次更高、成效更好的世界一流博览会。加强综合服务、专业贸易等线下展示交易平台建设，联合打造海外投资和专业服务平台。强化进口博览会参展商对接服务，推进招商引资项目协同，共同策划和开展贸易投资配套活动。加强进口商品通关便利化协同，强化安保、环境、交通等各项保障。加强长三角地区各类品牌展会和相关贸易投资活动协调联动，提升整体效果和影响力。

打造虹桥国际开放枢纽。推动虹桥地区高端商务、会展、交通功能深度融合，建设中央商务区和国际贸易中心新平台，进一步增强服务长三角、联通国际的枢纽功能。全面提升虹桥综合交通枢纽管理水平，完善联通浦东机场和苏浙皖的轨道交通体系，优化拓展虹桥机场国际航运服务功能。加快建设虹桥进口商品展示交易中心、虹桥海外贸易中心、长三角区域城市展示中心、长三角电子商务中心等功能性平台，聚焦发展总部经济、创新经济、商务会展等现代服务业。加快提升教育、医疗、文化等优质公共服务能力，提高对国际人才和企业的综合服务水平。

共同构建数字化贸易平台。积极对接全球电子商务新模式新规则新标准，联合加强数字化贸易平台建设，加强跨境电商国际合作，推动国际贸易制度创新、管理创新、服务创新。加快上海、南京、杭州、合肥、宁波、苏州、无锡、义乌跨境电子商务综合试验区建设，合力打造全球数字贸易高地。加快义乌国际贸易综合改革试验区建设。推动外贸业务流程改造和各环节数据共享，促进贸易监管数字化转型、便利化发展。

加强国际合作园区建设。“引进来”和“走出去”并重，加快推进国际产业双向合作，实现互利共赢、共同发展。依托上海国际大都市和南京、杭州、合肥等中心城市，高水平打造国际组织和总部经济聚集区。依托经济技术开发区、高新技术产业开发区等各类开发区，加快建设中韩(盐城)产业园、中意宁波生态园、中德(合肥)合作智慧产业园及太仓、芜湖、嘉兴等中德中小企业合作区。加快推进中国(宁波)“16＋1”经贸合作示范区建设，深化与中东欧国家的投资贸易合作。依托重大国际产能合作项目和对外投资聚集区，稳步推进建设中阿(联酋)产能合作示范园、泰国泰中罗勇工业园、莫桑比克贝拉经贸合作区等一批境外园区，支持国内企业组团出海。支持企业按市场化法治化原则在拉美、非洲、中东欧等地区科学合理地建设境外园区，打造一批高水平国际研究机构和海外产业创新服务综合体。

第二节　协同推进开放合作

推动重点领域开放合作。进一步扩大制造业、服务业、农业领域对外开放，逐步放宽市场准入，不断提升协同开放合作水平。降低汽车、飞机、船舶、装备、电子信息、新材料、新能源等行业进入门槛，积极招引全球500强和行业龙头企业，共同开拓建立全球创新链、产业链、供应链。加快金融市场对外开放，逐步放宽银行业外资市场准入。加大交易所债券市场对外开放，支持境外机构在交易所发行人民币债券，引入境外机构投资者直接投资交易所债券，研究推进基于沪港通的债券市场互联互通。积极引进境外专业服务行业，有序推进服务贸易创新发展试点，完善跨境交付、境外消费、自然人模式下服务贸易准入制度，提升服务贸易自由化便利化水平。加快服务外包产业转型升级，建设具有国际竞争优势的服务外包产业高地。适度增加国内紧缺农产品进口，积极引进国际现代农业先进生产技术和经营管理方式，不断提升农业国际竞争力。

共同提升对外投资合作水平。稳步扩大对外投资，进一步优化结构、拓展布局、创新方式、提升水平，共同推动对外投资可持续高质量发展。加强优势产能、油气矿产开发等领域国际合作，扩大商务服务、先进制造、批发零售、金融服务、境外并购等对外投资，提升工程承包合作水平，加快技术、装备、服务和标准走出去。加强国际对接合作，在对外投资相对密集国家和地区，布局建设一批集物流集散、加工制造、展示展销、信息资讯等多功能于一体的境外系列服务站。依托长三角一体化对外投资合作发展联盟，携手打造面向全球的综合服务平台，鼓励企业联合走出去。共同推进境外安全保障体系建设，增强风险防范能力。

深化国际人文合作。加强多层次多领域国际人文交流，着力打造国际人文交流汇聚地。办好世界互联网大会、世界智能制造大会、世界制造业大会、联合国世界地理信息大会、第十九届亚运会等重大国际会议展会，开展系列重大国际文化、旅游、体育赛事等活动。联合开展具有长三角品牌特色的海外经济文化交流活动，推动优秀文化、文学作品、影视产品走出去。深化科技、教育、医疗等国际合作，提升国际友城合作水平，加强高端智库国际交流。发挥华侨华商资本、人脉等资源优势，扩大民间交往、深化民心沟通。

第三节　合力打造国际一流营商环境

加快大通关一体化。深化口岸合作，加强协调对接，提升通关一体化水平。加快建设具有国际先进水平的国际贸易“单一窗口”，推动港航物流信息接入，实现物流和监管等信息的全流程采集。建立进出口商品全流程质量安全溯源管理平台，开发信息化电子标签，整合生产、监测、航运、通关数据共享和业务协同，实现全链条监管。统筹区域内中欧班列资源，提高班列双向常态化运行质量效益。

共同打造国际一流市场环境。全面对接国际高标准市场规则体系，打造稳定、公平、透明、可预期的市场环境。提升外商投资管理和服务水平，全面实施外商投资准入前国民待遇加负面清单管理制度，放宽外资准入限制，健全事中事后监管体系。共同加强国际知识产权保护，加大侵权违法行为联合惩治力度，协同开展执法监管。建立健全外商投资企业投诉工作机制，保障外国投资者和外商投资企业合法权益。

完善国际人才引进政策。加大国际人才招引政策支持力度，大力引进海外人才，提升国际高端要素集聚能力。推动国际人才认定、服务监管部门信息互换互认，确保政策执行一致性。总结推广张江国家自主创新示范区国际人才试验区经验，稳步开展外国人永久居留、外国人来华工作许可、出入境便利服务、留学生就业等政策试点。推进国际社区建设，完善国际学校、国际医院等配套公共服务，提高国际人才综合服务水平。

第九章　创新一体化发展体制机制

坚持全面深化改革，坚决破除制约一体化发展的行政壁垒和体制机制障碍，建立统一规范的制度体系，形成要素自由流动的统一开放市场，为更高质量一体化发展提供强劲内生动力。

第一节　建立规则统一的制度体系

健全政策制定协同机制。建立重点领域制度规则和重大政策沟通协调机制，提高政策制定统一性、规则一致性和执行协同性。全面实施全国市场准入负面清单，实行统一的市场准入制度。加强政策协同，在企业登记、土地管理、环境保护、投融资、财税分享、人力资源管理、公共服务等政策领域建立政府间协商机制，根据达成一致的意见形成协同方案，由各级政府依据协同方案制定相关政策措施。建立统一规则，规范招商引资和人才招引政策。提高政策执行的协同性，强化环境联防联控、食品安全监管、知识产权保护等领域的执法联动。

建立标准统一管理制度。加强长三角标准领域合作，加快推进标准互认，按照建设全国统一大市场要求探索建立区域一体化标准体系。协同建立长三角区域标准化联合组织，负责区域统一标准的立项、发布、实施、评价和监督。在农产品冷链物流、环境联防联治、生态补偿、基本公共服务、信用体系等领域，先行开展区域统一标准试点。推进地区间标准互认和采信，推动检验检测结果互认，实现区域内重点标准目录、具体标准制定、标准实施监管三协同，建立层次分明、结构合理的区域协同标准体系。

第二节　促进要素市场一体化

共建统一开放人力资源市场。加强人力资源协作，推动人力资源、就业岗位信息共享和服务政策有机衔接、整合发布，联合开展就业洽谈会和专场招聘会，促进人力资源特别是高层次人才在区域间有效流动和优化配置。加强面向高层次人才的协同管理，探索建立户口不迁、关系不转、身份不变、双向选择、能出能进的人才柔性流动机制。联合开展人力资源职业技术培训，推动人才资源互认共享。

加强各类资本市场分工协作。加快金融领域协同改革和创新，促进资本跨区域有序自由流动。完善区域性股权市场。依法合规扩大发行企业债券、绿色债券、自贸区债券、创新创业债券。推动建立统一的抵押质押制度，推进区域异地存储、信用担保等业务同城化。联合共建金融风险监测防控体系，共同防范化解区域金融风险。鼓励地方政府联合设立长三角一体化发展投资专项资金，主要用于重大基础设施建设、生态经济发展、盘活存量低效用地等投入。支持符合监管政策的地方法人银行在上海设立营运中心。支持上交所在长三角设立服务基地，搭建企业上市服务平台。

建立城乡统一的土地市场。推动土地要素市场化配置综合改革，提高资源要素配置效能和节约集约利用水平。深化城镇国有土地有偿使用制度改革，扩大土地有偿使用范围，完善城乡建设用地增减挂钩政策，建立健全城镇低效用地再开发激励约束机制和存量建设用地退出机制。建立城乡统一的建设用地市场，探索宅基地所有权、资格权、使用权“三权分置”改革，依法有序推进集体经营性建设用地入市，开展土地整治机制政策创新试点。用好跨省补充耕地国家统筹机制，支持重点项目建设。按照国家统筹、地方分担的原则，优先保障跨区域重大基础设施项目、生态环境工程项目所涉及新增建设用地和占补平衡指标。

完善跨区域产权交易市场。推进现有各类产权交易市场联网交易，推动公共资源交易平台互联共享，建立统一信息发布和披露制度，建设长三角产权交易共同市场。培育完善各类产权交易平台，探索建立水权、排污权、知识产权、用能权、碳排放权等初始分配与跨省交易制度，逐步拓展权属交易领域与区域范围。建立统一的技术市场，实行高技术企业与成果资质互认制度。加强产权交易信息数据共享，建立安全风险防范机制。

第三节　完善多层次多领域合作机制

建立健全重点领域合作机制。加强地方立法、政务服务等领域的合作，形成有效的合作体制机制，全面提升合作水平。建立地方立法和执法工作协同常态化机制，推动重点区域、重点领域跨区域立法研究，共同制定行为准则，为长三角一体化发展提供法规支撑和保障。共同推进数字政府建设，强化公共数据交换共享，构建跨区域政务服务网，加快实现民生保障和企业登记等事项“一地受理、一次办理”。建立健全长三角一体化发展的指标体系、评价体系、统计体系和绩效考核体系。

建立各类市场主体协同联动机制。充分发挥市场机制的作用，进一步释放市场主体活力和创造力。深化国资国企改革，积极稳妥推进国有企业混合所有制改革，加强国资运营平台跨区域合作。优化民营经济发展环境，鼓励民营经济跨区域并购重组和参与重大基础设施建设，促进民营经济高质量发展。支持浙江温州、台州开展跨区域发展政策协同试验，为民营经济参与长三角一体化发展探索路径。鼓励行业组织、商会、产学研联盟等开展多领域跨区域合作，形成协同推进一体化发展合力。

建立区域间成本共担利益共享机制。充分发挥区域协调机制的作用，提升一体化发展水平。探索建立跨区域产业转移、重大基础设施建设、园区合作的成本分担和利益共享机制，完善重大经济指标协调划分的政府内部考核制度，调动政府和市场主体积极性。探索建立区域互利共赢的税收利益分享机制和征管协调机制，促进公平竞争。探索建立区域投资、税收等利益争端处理机制，形成有利于生产要素自由流动和高效配置的良好环境。

第十章　高水平建设长三角地区生态绿色一体化发展示范区

加快长三角生态绿色一体化发展示范区建设,在严格保护生态环境的前提下,率先探索将生态优势转化为经济社会发展优势、从项目协同走向区域一体化制度创新,打破行政边界,不改变现行的行政隶属关系,实现共商共建共管共享共赢,为长三角生态绿色一体化发展探索路径和提供示范。

第一节　打造生态友好型一体化发展样板

探索生态友好型高质量发展模式。坚持绿色发展、集约节约发展。沪苏浙共同制定实施示范区饮用水水源保护法规,加强对淀山湖、太浦河等区域的保护。建立严格的生态保护红线管控制度,对生态保护红线以外区域制定严格的产业准入标准,从源头上管控污染源。共同建立区域生态环境和污染源监控的平台,统一监管执法。提升淀山湖、元荡、汾湖沿线生态品质,共建以水为脉、林田共生、城绿相依的自然生态格局。切实加强跨区域河湖水源地保护,打造生态品牌,实现高质量发展。

推动改革创新示范。积极探索深入落实新发展理念、一体化制度率先突破、深化改革举措系统集成的路径,充分发挥其在长三角一体化发展中的示范引领作用。坚持把一体化发展融入到创新、协调、绿色、开放、共享发展中,实现共商共建共治共享共赢;打破行政壁垒,聚焦一体化制度创新,建立有效管用的一体化发展新机制;系统集成改革举措,增强改革的系统性、整体性、协同性,放大改革效应,为长三角地区全面深化改革、实现高质量一体化发展提供示范。

第二节　创新重点领域一体化发展制度

统一规划管理。创新规划编制审批模式,探索建立统一编制、联合报批、共同实施的规划管理体制。统一编制长三角生态绿色一体化发展示范区总体方案,按程序报批实施。地方依据总体方案共同编制国土空间规划和控制性详规,联合按程序报批。各类专项规划由沪苏浙共同编制、共同批准、联合印发。逐级落实划定生态保护红线、永久基本农田保护线、城镇开发边界和文化保护控制线,建立覆盖全域的"四线"管控体系。加快建立统一的规划实施信息平台,推进各类规划实施的有效衔接和信息共享。

统筹土地管理。加强土地统一管理,探索建立跨区域统筹用地指标、盘活空间资源的土地管理机制。建立统一的建设用地指标管理机制。建立建设用地收储和出让统一管理机制,统筹平衡年度土地收储和出让计划。依法推进农村集体经营性建设用地使用权出让、租赁、入股,实行与国有土地同等入市、同权同价,盘活区内土地存量。

建立要素自由流动制度。统一企业登记标准,实行企业登记无差别办理。为区内企业提供全生命周期服务,允许区内企业自由选择注册地名称,建立区内企业自由迁移服务机制。加强区内企业诚信管理,建立公共信用联合奖惩机制。打破户籍、身份、人事关系等限制,实行专业技术任职资格、继续教育证书、外国人工作证等互认互准制度。建立技术创新成果市场交易平台,制定统一的成果转移转化支持政策,实现区内技术创新成果转化的市场化配置。

创新财税分享机制。理顺利益分配关系,探索建立跨区域投入共担、利益共享的财税分享管理制度。推进税收征管一体化,实现地方办税服务平台数据交互,探索异地办税、区域通办。研究对新设企业形成的税收增量属地方收入部分实行跨地区分享,分享比例按确定期限根据因素变化进行调整。建立沪苏浙财政协同投入机制,按比例注入开发建设资本金,统筹用于区内建设。

协同公共服务政策。加强与国家基本公共服务标准和制度衔接，研究编制区内基本公共服务项目清单，建立部分基本公共服务项目财政支出跨区域结转机制。建立区内公共服务便捷共享制度，推进实施统一的基本医疗保险政策，逐步实现药品目录、诊疗项目和医疗服务设施目录的统一。探索组建跨区域医疗联合体，建立区内居民在医疗联合体范围内就医的绿色通道。完善医保异地结算机制，逐步实现异地住院、急诊、门诊直接结算。统筹学区资源，逐步实现教育均等化。鼓励老人异地养老，实现市民卡及老人卡互认互用。鼓励知名品牌养老服务机构在区内布局设点或托管经营，建立跨区域养老服务补贴制度。建立居民服务一卡通，在交通出行、旅游观光、文化体验等方面率先实现"同城待遇"。按可达性统筹120服务、110服务范围，统一使用021电信区号。

第三节　加强改革举措集成创新

系统集成重大改革举措。党的十八大以来党中央明确的全面深化改革举措，允许在区内系统集成，集中落实，建设改革新高地。率先推动实施高质量发展的指标体系、政策体系、标准体系、统计体系、绩效评价及政绩考核体系。复制推广沪苏浙改革创新试点经验，加快上海和浙江自由贸易试验区、上海全球科创中心建设、浙江国家信息经济示范区、嘉善县域科学发展示范点、江苏国家新型城镇化综合改革试点、苏州工业园区构建开放型经济新体制综合试点试验等制度创新成果的集成落实。

全面强化制度政策保障。成立高层级决策协调机制、高效率的开发建设管理机构、市场化运作的开发建设平台公司，负责示范区改革创新和开放建设的统筹协调。在政府债务风险可控前提下，加大对地方政府债券发行的支持力度，中央分配新增地方政府债券额度向示范区倾斜。支持开展土地综合整治，在基本农田总量不减、质量不降、结构优化的前提下完善空间布局。制定实施特殊的人才政策，按照党中央、国务院统一部署探索统筹使用各类编制资源的有效途径，赋予更大用人自主权。

第四节　引领长三角地区一体化发展

加快复制推广示范区一体化发展制度经验，按照中心区、全域、全国推广层次，定期形成推广清单并按程序报批。充分发挥示范区引领带动作用，提升上海虹桥商务区服务功能，引领江苏苏州、浙江嘉兴一体化发展，构建更大范围区域一体的创新链和产业链。充分发挥示范区人才高地的溢出效应，实现各类高端人才与周边区域的流动共享。依托示范区高品质的生态和人居环境，为周边区域集聚企业、加快经济发展提供有力支撑。

第十一章　高标准建设上海自由贸易试验区新片区

加快中国(上海)自由贸易试验区新片区建设,以投资自由、贸易自由、资金自由、运输自由、人员从业自由等为重点,推进投资贸易自由化便利化,打造与国际通行规则相衔接、更具国际市场影响力和竞争力的特殊经济功能区。

第一节　打造更高水平自由贸易试验区

强化开放型经济集聚功能。在上海大治河以南、金汇港以东以及小洋山岛、浦东机场南侧区域设置新片区,先行启动面积控制在120平方公里以内。重点发展跨国公司地区运营管理、订单中心、结算中心等总部经济,积极发展生物医药、集成电路、工业互联网、高端装备制造业等前沿产业,大力发展大宗商品、金融服务、数字贸易等新型国际贸易,推动统筹国际业务、跨境金融服务、前沿科技研发、跨境服务贸易等功能集聚。

实施特殊开放政策。对标国际上公认的竞争力最强的自由贸易园区,选择国家战略需要、国际市场需求大、对开放度要求高但其他地区尚不具备实施条件的重点领域,实施具有较强国际市场竞争力的开放政策和制度,加大开放型经济的风险压力测试。推进投资贸易自由化便利化,实现区内与境外之间的投资经营便利、货物自由进出、资金流动便利、运输高度开放、人员自由执业、信息快捷联通,打造更具国际市场影响力和竞争力的特殊经济功能区。

第二节　推进投资贸易自由化便利化

实行投资自由。借鉴国际上自由贸易园区的通行做法,实施外商投资安全审查制度,进一步减少投资限制。实施更加便利的商事制度,完善外资企业投资服务体系,放宽外资企业注册资本、投资方式等限制,促进各类市场主体公平竞争。

实行贸易自由。取消不必要的贸易监管、许可和程序要求,实行高标准的货物贸易便利化和服务贸易自由化。对境外抵离海关围网区域的货物,探索实施以安全监管为主、更高水平贸易自由化便利化监管模式,提高口岸监管服务效率,增强国际中转集拼枢纽功能。推进服务贸易自由化,加快文化服务、技术产品、信息通讯、医疗健康等资本技术密集型服务贸易发展,创新跨境电商服务模式,鼓励跨境电商企业在区内建立国际配送平台,允许具有境外职业资格的金融、建筑、规划、专利代理等服务领域专业人才经备案后为区内企业提供专业服务。

实行资金自由。在风险可控的前提下,按照法律法规规定,借鉴国际通行的金融监管规则,进一步简化优质企业跨境人民币业务办理流程,推动跨境金融服务便利化。探索区内资本自由流入流出和自由兑换。支持区内企业参照国际通行规则依法合规开展跨境金融活动,在依法合规、风险可控、商业可持续的前提下支持金融机构为区内企业提供跨境金融服务。

实行国际运输自由。提升拓展全球枢纽港功能,在沿海捎带、国际船舶登记、国际航权开放等方面加强探索,提高对国际航线、货物资源的集聚和配置能力。进一步完善启运港退税相关政策,优化监管流程,扩大中资方便旗船沿海捎带政策实施效果,研究在对等原则下外籍国际航行船舶开展以洋山港为国际中转港的外贸集装箱沿海捎带业务。推动浦东机场与"一带一路"国家(地区)扩大包括第五航权在内的航权安排,吸引相关国家(地区)航空公司开辟经停航线。

实行人员从业自由。放宽现代服务业高端人才从业限制,在人员出入境、外籍人才永久居留等方面实施更加开放便利的政策措施。建立外国人在区内工作许可制度和人才签证制度，提高外籍高端人才参与创新创业的出入境和停居留便利化程度。为外籍人才申请永久居留提供便利。探索实施外籍人员配额管理制度，为区内注册企业急需的外国人才提供更加便利的服务。

提升网络信息服务能力。建设完备的国际通信设施，加快5G、云计算、物联网等新一代信息基础设施建设，提升区内宽带接入能力、网络服务质量和应用水平。

第三节　完善配套制度和监管体系

创新税制安排。探索实施具有国际竞争力的税收制度安排。对境外进入海关围网区内的货物、海关围网区内企业之间的货物交易和服务实行特殊的税收政策。扩大新片区服务出口增值税政策适用范围，研究适当的支持境外投资和离岸业务发展的新片区税收政策。在新片区集成电路、人工智能、生物医药等重点产业领域的关键环节，研究税收支持政策。

建立健全风险安全监管体系。以风险防控为底线，分类监管、协同监管、智能监管为基础，全面提升风险防范和安全监管水平。高标准建设智能化监管基础设施，实现监管信息互联互认共享。强化边界安全，守住“一线”国门安全、“二线”经济社会安全。加强信用分级管理，按照“守法便利”原则，把信用等级作为区内企业享受优惠政策和制度便利的重要依据。对金融、知识产权、生产安全、人员进出、反恐怖、反洗钱等重点领域，实施严格监管、精准监管、有效监管。

第四节　带动长三角地区新一轮改革开放

定期总结评估新片区在投资管理、贸易监管、金融开放、人才流动、运输管理、风险管控等方面的制度经验，制定推广清单，明确推广范围和监管要求，按程序报批后有序推广实施。加强自由贸易试验区与海关特殊监管区域、经济技术开发区联动，放大自由贸易试验区辐射带动效应。

第十二章　推进规划实施

加强党对长三角一体化发展的领导，明确各级党委和政府职责，建立健全实施保障机制，确保规划纲要主要目标和任务顺利实现。

第一节　加强党的集中统一领导

坚定不移加强党的全面领导，增强“四个意识”，坚定“四个自信”，做到“两个维护”。充分发挥党总揽全局、协调各方的领导核心作用，把党的领导始终贯穿长三角一体化发展的全过程。切实加强党对长三角一体化发展的领导，涉及的重大事项决策、重大规划制定和调整必须报党中央、国务院审定。充分发挥党的各级组织在推进长三角一体化发展中的领导作用和战斗堡垒作用，激励干部担当作为，全面调动各级干部干事创业的积极性、主动性、创造性，为实现规划纲要目标任务提供坚强的领导保障。

第二节　强化组织协调

长三角一体化发展是新时代党中央、国务院确定的重大战略。各级党委和政府要认真贯彻党中央、国务院战略部署，履行好本级党委和政府职责，激发各类主体的活力和创造力，组织动员全社会力量落实规划纲要，形成推动长三角一体化发展的强大合力。成立推动长三角一体化发展领导小组，统筹指导和综合协调长三角一体化发展战略实施，研究审议重大规划、重大政策、重大项目和年度工作安排，协调解决重大问题，督促落实重大事项，全面做好长三角一体化发展各项工作。领导小组办公室设在国家发展改革委，承担领导小组日常工作。

第三节　健全推进机制

上海市、江苏省、浙江省、安徽省作为推进长三角一体化发展的责任主体，要明确工作分工，完善工作机制，落实工作责任，制定具体行动计划和专项推进方案，把规划纲要确定的各项任务落到实处。要完善三级运作、统分结合的长三角区域合作机制。建立市场化、社会化推进机制，设立一批跨区域一体化运作的轨道交通、发展银行和社会组织管理等专业推进机构。各有关部门要按照职责分工，加强对规划纲要实施的指导，在相关专项规划编制、重大政策制定、重大项目安排、重大体制创新方面予以积极支持。

第四节　建立1＋N规划政策体系

领导小组办公室要会同三省一市和有关部门，依据本规划纲要，抓紧组织编制基础设施互联互通、科创产业协同发展、城乡区域融合发展、生态环境共同保护、公共服务便利共享等专项规划，组织制定实施长三角生态绿色一体化发展示范区总体方案、中国(上海)自由贸易试验区新片区建设方案，研究出台创新、产业、人才、投资、金融等配套政策和综合改革措施，推动形成1＋N的规划和政策体系。

第五节　抓好督促落实

在推动长三角一体化发展领导小组的直接领导下，领导小组办公室要加强规划纲要实施的跟踪分析、督促检查、综合协调和经验总结推广，全面了解规划纲要实施情况和效果，适时组织开展评估，协调解决实施中存在的问题，及时总结可复制可推广的政策措施。重大问题及时向党中央、国务院报告。完善规划实施的公众参与机制，广泛听取社会各界的意见和建议，营造全社会共同推动长三角一体化发展的良好氛围。

第一篇

概　况

扫码阅读

第一章 自然地理

(一) 位置

长江三角洲地区区域面积 35.8 万平方千米;包括上海市、江苏省、浙江省、安徽省全域(面积 35.8 万平方千米)。以上海市,江苏省南京、无锡、常州、苏州、南通、扬州、镇江、盐城、泰州,浙江省杭州、宁波、温州、湖州、嘉兴、绍兴、金华、舟山、台州,安徽省合肥、芜湖、马鞍山、铜陵、安庆、滁州、池州、宣城 27 个城市为中心区(面积 22.5 万平方千米)。以上海青浦、江苏吴江、浙江嘉善为长三角生态绿色一体化发展示范区(面积约 2300 平方千米);位于中国长江的下游地区,濒临黄海与东海,地处江、海交汇之地,沿江沿海港口众多,是长江入海之前形成的冲积平原。

1. 上海市地处中国东部、长江入海口、东临东海,北、西与江苏、浙江两省相接,界于东经 120°52′—122°12′,北纬 30°40′—31°53′之间。战国时,上海是春申君的封邑,故别称申。晋朝时,因渔民创造捕鱼工具“扈”,江流入海处称“渎”,因此松江下游一带称为“扈渎”,后又改“沪”,故上海简称“沪”。

2. 江苏省,简称“苏”,是中华人民共和国省级行政区。省会南京,位于长江三角洲地区,中国大陆东部沿海,地跨北纬 30°45′—35°08′,东经 116°21′—121°56′,与上海市、浙江省、安徽省、山东省接壤。江苏跨江滨海,湖泊众多,地势平坦,地貌由平原、水域、低山丘陵构成;东临黄海,地跨长江、淮河两大水系。

3. 浙江省,简称“浙”,是中华人民共和国省级行政区。省会杭州,位于长江三角洲地区,中国东南沿海,浙江界于东经 118°01′—123°10′,北纬 27°02′—31°11′之间,东临东海,南接福建,西与安徽、江西相连,北与上海、江苏接壤,境内最大的河流钱塘江,因江流曲折,称之江,又称浙江,省以江名,简称“浙”。浙江省总面积 10.55 万平方千米。

4. 安徽省,简称“皖”,省名取当时安庆、徽州两府首字合成,是中华人民共和国省级行政区。省会合肥。位于长江三角洲地区,中国华东地区,介于东经 114°54′—119°37′,北纬 29°41′—34°38′之间,东连江苏,西接河南、湖北,东南接浙江,南邻江西,北靠山东,总面积 14.01 万平方千米。

(二) 地貌

前四千至五千年之前,长江三角洲是一个三角形港湾,长江河口好似一只向东张口的喇叭,水面辽阔,潮汐作用显著。在海水的顶托下,长江每年带来的 4.7 亿吨泥沙大部分沉积下来,在南、北两岸各堆积成一条沙堤。北岸沙堤大致从扬州附近向东延伸至如东附近,沙堤以北主要是由黄河、淮河冲积成的里下河平原。南岸沙堤从江阴附近开始向东南延伸,直至上海市金山区的漕泾附近,并与钱塘江北岸沙堤相连接,形成了太湖平原。

里下河平原位于长江北岸,面积约 1.4 万平方千米,为一碟形洼地。洼地中心湖荡连片,主要有射阳湖、大纵湖等。长江三角洲上散布着一系列海拔 100—300 米的残丘,大部由泥盆系砂岩和石炭、二迭系灰岩构成,少数由燕山期花岗岩和粗面岩组成。面积约为 5 万平方千米。这里地势低平,海拔基本在 10 米以下,零星散布着一些孤山残丘,如高邮神居山、仪征的白羊山、常州溧阳的南山、无锡的惠山、苏州的天平山、常熟的虞山、松江的佘山和天马山等。其中常州溧阳的南山海拔 508 米,为吴越第一峰;它们或兀立在平原之上,或挺立于太湖之中,有的成为游览区,有的成为花果山。长江三角洲的地理顶点在江苏省仪征市真州镇一带。长江三角洲地区的最低点在江苏省高邮市一带(平均海拔 2 米),最高点高于 1000 米,高于 1000 米的有位于杭州天目山以及黄山。

1. 上海市是长江三角洲冲积平原的一部分,平均高度为海拔 2.19 米左右。海拔最高点是位于金山区杭州湾的大金山岛,海拔为 103.70 米。

西部有天马山、薛山、凤凰山等残丘，天马山为上海陆上最高点，海拔高度 99.8 米，立有石碑“佘山之巅”。海域上有大金山、小金山、浮山(乌龟山)、佘山岛、小洋山岛等岩岛。

在上海北面的长江入海处，有崇明岛、长兴岛、横沙岛 3 个岛屿。崇明岛为中国第三大岛，由长江挟带下来的泥沙冲积而成，面积为 1041.21 平方千米，海拔 3.5 米—4.5 米。长兴岛面积 88.54 平方千米，横沙岛面积 55.74 平方千米。

2. 江苏省地形以平原为主，江苏陆地面积为 103229.17 平方千米，其中，平原面积占比 86.89％，达 89706.03 平方千米，丘陵面积 11916.16 平方千米，山地面积 1606.98 平方千米，比例居中国各省首位，主要由苏北平原、黄淮平原、江淮平原、滨海平原、长江三角洲平原组成。

江苏是中国地势最低的一个省区，绝大部分地区在海拔 50 米以下，低山丘陵集中在西南部，占江苏总面积的 14.3％，主要有老山山脉、云台山脉、宁镇山脉、茅山山脉、宜溧山脉。连云港云台山玉女峰为江苏最高峰，海拔 625 米。

3. 浙江省山地和丘陵占 74.63％，平坦地占 20.32％，河流和湖泊占 5.05％，耕地面积仅 208.17 万公顷，故有“七山一水二分田”之说。

浙江地形自西南向东北呈阶梯状倾斜，东北部是低平的冲积平原，东部以丘陵和沿海平原为主，中部以丘陵和盆地为主，西南以山地和丘陵为主。大致可分为浙北平原、浙西南的丘陵和盆地，浙东南的沿海平原及滨海岛屿等六个地形区。

面积 495.4 平方公里的舟山岛(舟山群岛主岛)为中国第四大岛，在《大清一统舆图》上，中国最大的岛屿是东北一隅的库页岛，比台湾岛、海南岛、崇明岛加在一起还要大。1860 年，沙皇俄罗斯通过《中俄北京条约》逼迫清朝政府割让该岛。从此，这个历史上的中国第一大岛变成了俄罗斯第一大岛，中国第一大岛从库页岛变成台湾岛，原来的中国的第五大岛舟山岛变成中国第四大岛。

浙北地区水网密集的冲积平原，浙东地区的沿海平原和丘陵，浙中地区的盆地，浙西南地区的丘陵和山地，舟山市的海岛地貌，各类地貌齐全。西南多为千米以上的群山盘结，其中位于龙泉境内的黄茅尖，海拔 1929 米，为浙江省最高峰。地形以平原、丘陵、盆地为主。四大平原有杭嘉湖平原(杭州、嘉兴、湖州)、宁绍平原(宁波、绍兴)、金丽衢平原(金华、丽水、衢州)、温台平原(温州、台州)。

4. 安徽省平原、台地(岗地)、丘陵、山地等类型齐全，可将全省分成淮河平原区、江淮台地丘陵区、皖西丘陵山地区、沿江平原区、皖南丘陵山地五个地貌区，分别占全省面积的 30.48％、17.56％、9.99％、24.91％和 16.70％。安徽有天目一白际、黄山和九华山，三大山脉之间为新安江、水阳江、青弋江谷地，地势由山地核心向谷地渐次下降，分别由中山、低山、丘陵、台地和平原组成层状地貌格局。山地多呈北东向和近东西向展布，其中最高峰为黄山莲花峰海拔 1873 米。山间大小盆地镶嵌其间，其中以休歙盆地为最大。

(三) 水文

长江三角洲地区是中国河网密度最高的地区，平均每平方千米河网长度达 4.8—6.7 千米。平原上共有湖泊 200 多个。长江三角洲河川纵横，湖荡棋布，农业发达，人口稠密，城市众多。在中国经济中占有重要地位，号称中国的“金三角”。由于地势低洼历史上，洪涝灾害异常严重。为了改变这种状况，国家投资兴修水利工程，西挡淮水，东挡海潮，开挖运河，增强排灌能力，使这个十年九涝的多灾区变成江淮流域的重要粮食生产基地。

长江三角洲地区主要有江苏的太湖、洪泽湖、金牛湖、石臼湖、固城湖、高邮湖、骆马湖、邵伯湖、登月湖，浙江的西湖、东湖、南湖、东钱湖、千岛湖和安徽的巢湖、太平湖、花亭湖、升金湖、天井湖、平天湖、雨山湖等湖泊，除淮河、长江、钱塘江、京杭大运河等重要河流以外，还有上海的黄浦江、吴淞江、蕴藻浜，江苏的秦淮河、苏北灌溉总渠、新沭河、通扬运河，浙江的瓯江、灵江、苕溪、南江、飞云江、鳌江、曹娥江、浙东运河，安徽的青弋江、水阳江、秋浦河、皖江、新安江、滁河、漳河、淠河、颍河、涡河、东淝河、南淝河、裕溪河、柘皋河、杭埠河、濉河、史河等水系。

1. 上海市内水资源流量主要由黄浦江及其他市内河道流量构成。黄浦江年均径流量为300多立方米/秒,年均流量100亿立方米,加上其他市内河道流量,上海市内水资源年均径流量合计为145亿立方米。由于一些外生因素的影响,每年水量变化较大,一般大致在50至230亿立方米的区间内波动。

2. 长江横贯江苏省东西433千米,京杭大运河纵贯南北718千米,海岸线长957千米。江苏地处江淮沂沭泗五大河流下游,长江横穿江苏南部,江水系江苏最可靠的水资源。境内有太湖、洪泽湖、高邮湖、骆马湖、白马湖、石臼湖、微山湖等大中型湖泊,以及大运河、淮沭河、串场河、灌河、盐河、通榆运河、苏北灌溉总渠和通扬运河等各支河,河渠纵横,水网稠密。

中国五大淡水湖,有两个位于江苏省,太湖2250平方公里,居第三;洪泽湖2069平方公里,居第四,此外还有大小湖泊290多个,其中50平方公里以上的湖泊12个。

3. 浙江境内有西湖、东钱湖等容积100万立方米以上湖泊30余个,海岸线(包括海岛)长6400余公里。自北向南有苕溪、京杭运河(浙江段)、钱塘江、甬江、灵江、瓯江、飞云江和鳌江等八大水系,钱塘江为第一大河,上述8条主要河流除苕溪、京杭运河外,其余均独流入海。

4. 安徽省共有河流2000多条,河流除南部新安江水系属钱塘江流域外,其余均属长江、淮河流域。长江自江西省湖口进入安徽省境内至和县乌江后流入江苏省境内,由西南向东北斜贯安徽南部,在省境内416千米,属长江下游,流域面积6.6万平方千米。长江流经安徽境内400千米,淮河流经省内430千米,新安江流经省内242千米。

安徽省共有湖泊580多个,总面积为1750平方千米,其大型12个、中型37个,湖泊主要分布于长江、淮河沿岸,湖泊面积为1250平方千米,占全省湖泊总面积的72.1%。淮河流域有八里河、城西湖、城东湖、焦岗湖、瓦埠湖、高塘湖、花园湖、女山湖、七里湖、沂湖、洋湖等11个湖泊,长江流域有巢湖、南漪湖、华阳河湖泊群、武昌湖、菜子湖、白荡湖、陈瑶湖、升金湖、黄陂湖、石臼湖等10个湖泊。其中巢湖面积770平方千米,为安徽省最大的湖泊,全国第五大淡水湖。

第二章 气候

长江三角洲地区主要为亚热带季风气候,年均气温、年均最高和最低气温都显著增加,增温率都是冬季和春季较高,夏季最低。大城市站增温率明显高于小城镇和中等城市站,城市化效应对大城市气温基本上都是增温作用,其中对平均最低气温的增温率及贡献率最大,对平均最高气温都最小。长江三角洲气温变化趋势和增温率、城市化效应的增温率及增温贡献率与其他地区具有较好的一致性。

(一) 上海市

上海属亚热带季风性气候,四季分明,日照充分,雨量充沛。上海气候温和湿润,春秋较短,冬夏较长。2013年,全市平均气温17.6℃,日照1885.9小时,降水量1173.4毫米。全年60%以上的雨量集中在5月至9月的汛期。

(二) 江苏省

江苏位于亚洲大陆东岸中纬度地带,属东亚季风气候区,处在亚热带和暖温带的气候过渡地带。一般以淮河、苏北灌溉总渠一线为界,以北地区属暖温带湿润、半湿润季风气候;以南地区属亚热带湿润季风气候。江苏拥有1000多千米长的海岸线,海洋对江苏的气候有着显著的影响。在太阳辐射、大气环流以及江苏特定的地理位置、地貌特征的综合影响下,江苏基本气候特点是:气候温和、四季分明、季风显著、冬冷夏热、春温多变、秋高气爽、雨热同季、雨量充沛、降水集中、梅雨显著,光热充沛。

江苏受季风影响,春秋较短,冬夏偏长,南北温差明显。春季平均起始时间为3月31日,平均长度为68天左右;夏季平均起始时间为6月7日,平均长度为104天;秋季平均起始时间为9月19日,平均长度为61天;冬季平均起始时间为11月19日,平均长度为134天。江苏的北部和南部在季节起止时间上有比较明显的差别,一般淮北地区和苏南地区会相差一周左右的时间。

江苏年平均气温在13.6—16.1℃之间,分布为自南向北递减,年平均气温最高值出现在南部的东山,最低值出现在北部的赣榆。冬季的平均气温为3.0℃,各地的极端最低气温通常出现在冬季的1月或2月,夏季的平均气温为25.9℃,各地极端最高气温通常出现在盛夏的7月或8月,春季平均气温为14.9℃;秋季平均气温为16.4℃,春秋两季的气候相对温和。

江苏年降水量为704—1250 mm,江淮中部到洪泽湖以北地区降水量少于1000 mm,以南地区降水量在1000 mm以上,降水分布是南部多于北部,沿海多于内陆。年降水量最多的地区在江苏最南部的宜溧山区,最少的地区在西北部的丰县。与同纬度地区相比,江苏雨水充沛,南北差异不大,年际变化小。

全年降水量季节分布特征明显,其中夏季降水量集中,基本占全年降水量的一半,冬季降水量最少,占全年降水量的十分之一左右,春季和秋季降水量各占全年降水量的20%左右。夏季6月和7月间,受东亚季风的影响,淮河以南地区进入梅雨期,梅雨期降水量常年平均值大部地区在250 mm左右;一般在江淮梅雨开始之后的一周左右,江苏淮北地区进入"淮北雨季",此时往往是江苏暴雨频发,强降水集中的时段。

(三) 浙江省

浙江属亚热带季风气候,季风显著,四季分明,年气温适中,雨量丰沛,空气湿润,雨热季节变化同步,气候资源配制多样,年平均气温15—18℃,最冷月为1月份,平均气温3—9℃,7月份为最热月,平均气温26—28.8℃,沿海部分地区最热月在8月份,5月、6月为集中降雨期。浙江省年平均雨量在1200—2000毫米,年平均日照时数1710—2100小时。

（四）安徽省

安徽省在气候上属暖温带与亚热带的过渡地区。在淮河以北属暖温带半湿润季风气候，淮河以南属亚热湿润季风气候。其主要特点是：季风明显，四季分明，春暖多变，夏雨集中，秋高气爽，冬季寒冷。安徽又地处中纬度地带，随季风的递转，降水发生明显季节变化，是季风气候明显的区域之一。

春秋两季为由冬转夏，和由夏转冬的过渡时期。全年无霜期 200—250 天，10 ℃活动积温在 4600—5300 ℃左右。年平均气温为 14—17 ℃，1 月平均气温零下 1—4 ℃，7 月平均气温 28—29 ℃。全年平均降水量在 773—1670 毫米，有南多北少，山区多、平原丘陵少的特点，夏季降水丰沛，占年降水量的 40％—60％。

第三章 自然资源

(一) 土地资源

长江三角洲地区生态系统类型复杂,地表覆盖多样。主要土地利用类型共有 6 大类 14 小类,分别是耕地(包括水田和旱地)、林地(包括有林地、灌木林地、疏林地、其它林地)、草地(包括高覆盖度草地、中覆盖度草地和低覆盖度草地)、水域(包括河流、湖泊、水库、坑塘、海涂和滩地)、建设用地(包括城镇用地、农村居民点用地和公交建设用地)和未利用地(包括裸土地和裸岩石用地)等。

1. 上海市

上海市土地资源总面积 836974.67 公顷,耕地资源总面积 193095.27 公顷。地带性土壤为西南部零散山丘上残积弱富铝化母质发育的黄棕壤,湖沼平原、滨海平原由不同母质发育成隐域性土壤水稻土、灰潮土,三角洲平原、滩涂发育有滨海盐土。

2. 江苏省

江苏耕地面积 6870 万亩,人均占有耕地 0.86 亩。全省海域面积 3.75 万平方公里,共 26 个海岛。沿海未围滩涂面积 5001.67 平方公里,约占全国滩涂总面积的 1/4,居全国首位。

江苏湿地资源丰富,江苏湿地面积为 282.19 万公顷,其中自然湿地 195.32 万公顷,人工湿地 86.87 万公顷。湿地的分布,沿海以近海与海岸湿地为主,苏南以湖泊、河流、沼泽类型为主,里下河地区以河流湖泊为主,苏北以人工输水河与运河为主。

3. 浙江省

浙江省境内耕地 2980.03 万亩,占 18.83%;园地 943.52 万亩,占 5.96%;林地 8530.94 万亩,占 53.91%;草地 155.76 万亩,占 0.97%;城镇村及工矿用地 1333.49 万亩,占 8.43%;交通运输用地 319.07 万亩,占 2.02%;水域及水利设施用地 1289.53 万亩,占 8.15%;其他土地 273.53 万亩,占 1.73%。

浙江省的土壤以黄壤和红壤为主,占浙江省面积 70%以上,多分布在丘陵山地,平原和河谷多为水稻土,沿海有盐土和脱盐土分布。

4. 安徽省

安徽省土地总面积 1401.26 万公顷,占全国总面积的 1.46%,其中:平原 346.08 万公顷,丘陵 404.48 万公顷,山区 411.52 万公顷,圩区 112.97 万公顷,水面 58.66 万公顷,洼地 52.56 万公顷。按地形和功能可划分为五个生态区:(1) 淮北与沿淮生态平原区;(2) 江淮丘陵岗地生态区;(3) 皖西山地生态区;(4) 沿江平原生态区;(5) 皖南山地生态区。

全省农用地 1123.3 万公顷,建设用地 159.87 万公顷,未利用地 118.09 万公顷。农用地中,耕地 408.47 万公顷,园地 21.36 万公顷,林地 517.25 万公顷,牧草地 3.77 万公顷,其他农用地 150.84 万公顷。

(二) 矿产资源

长江三角洲地区的矿产资源主要分布于安徽、江苏、浙江三省,其中江苏、安徽的矿产资源相对丰富,有煤炭、石油、天然气等能源矿产和大量的非金属矿产,另有一定数量的金属矿产。浙江的矿产资源以非金属矿产为主,多用于建筑材料的生产等用途。上海矿产资源相当贫乏,基本无一次常规能源,所需的能源都要靠其他省市的支援。但是,具有一定数量和较高质量的二次能源生产,产品主要是电力、石油油品、焦煤和煤气(包括液化石油气)。其他可以利用开发的能源还有沼气、风能、潮汐及太阳能。

1. 上海市

上海境内缺乏金属矿产资源，建筑石料也很稀少，陆上的能源矿产同样匮乏。70年代以来开始在近海寻找油气资源，在多口钻井中获得工业原油和天然气。

据初步估算，东海大陆架油气资源储量约有60亿吨，是中国近海海域最大的含油气盆地。附近的南黄海，经过调查和勘探，也发现油气资源，估算有2.9亿吨储量。东海海水中化学资源丰富，在长江口浅海底下，还发现一些矿物异常区，有锆石、钛铁砂、石榴石、金红石等重要矿物。

2. 江苏省

江苏地跨华北地台和扬子地台两大地质构造单元，有色金属类、建材类、膏盐类、特种非金属类矿产是江苏矿产资源的特色和优势。截至2018年4月，江苏发现的矿产品种有133种，探明资源储量的有68种，其中铌钽矿、含钾砂页岩、泥灰岩、凹凸棒石粘土、二氧化碳气等矿产查明资源储量居中国前列。

3. 浙江省

浙江省境内矿产种类繁多，有铁、铜、铅、锌、金、钼、铝、锑、钨、锰等，以及明矾石，萤石、叶蜡石、石灰石、煤、大理石、膨润土、沸石等。明矾石矿储量居世界第一(60%)，萤石矿储量居中国第二。

浙江省境内已发现矿产113种。截至2009年底浙江省统计矿产资源储量的矿产93种(不包括油气、放射性矿产)。浙江省列入统计的矿区有2392个，比上年减少302个，其中固体矿产矿区2343个，地热矿泉水矿区49个。

非金属矿产丰富，部分矿种探明资源储量位居全国前列。以探明资源储量而言，明矾石、叶蜡石居全国之冠，萤石、伊利石、铸型辉绿岩居全国第二，饰面闪长岩第三，沸石、硅灰石、透灰石、硼矿、膨润土、珍珠岩等列前十名之内。多数矿床规模大，埋藏浅，开采条件好。

金属矿产点多面广，但规模不大。浙江省铁、铜、钼、铅、锌、金、银、钨、锡矿产较多，但多数为小型矿床或矿点，仅少数矿产地达到大中型规模，且矿石组成复杂，共伴生多种元素。

浙江省域成煤地质条件差，煤炭资源贫乏；陆域尚无发现油气资源，但海域油气前景看好。

4. 安徽省

安徽省矿产种类较全，截至2011年，全省已发现的矿种为158种(含亚矿种)。查明资源储量的矿种126种(含普通建筑石料矿种)，其中能源矿种6种，金属矿种22种，非金属矿种96种，水气矿产2种，探明储量的67种，煤、铁、铜、硫、磷、明矾、石灰岩等38种矿产储量居全国前10位。现已探明煤炭储量250亿吨，铁矿储量29.9亿吨，铜矿储量384.9万吨，硫铁矿储量5.64亿吨，分别居全国第7位、第5位、第5位和第2位。

(三)生物资源

长江三角洲地区维管束植物3200多种，分属205科，1006属，约占中国维管束植物科的60.3%、属的31.7%、种的11.7%。其中蕨类植物34科、71属、240种，种子植物171科、938属。种子植物中裸子植物7科、17属、21种，被子植物164科、921属、2900余种，约占中国种子植物科的51.4%、属的31.8%、种的12.2%。特别在皖南丘陵山区中保存了丰富的古老科、属、种孑遗植物。

1. 上海市

上海市境内天然植被残剩不多，绝大部分是人工栽培作物和林木。天然的木本植物群落，仅分布于大金山岛和佘山等局部地区，天然草本植物群落分布在沙洲、滩地和港汊。栽培的农作物共有100多个种类，近万个品种。蔬菜多达400多种，居全国之冠，瓜果和观赏花卉品种也很多。

动物资源主要是畜禽品种，野生动物种类已十分稀少。水产资源丰富，共有鱼类177属226种，其中淡水鱼171种，海水鱼55种。

2. 江苏省

江苏森林面积156万公顷，林木覆盖率22.8%，活立木总蓄积量9609万立方米，国有林场76个、面积 10.67 万公顷。

江苏重点国家保护植物有金钱松、银缕梅、宝华玉兰、天目木兰、琅琊榆、香樟、青檀、榉树、香果树、银杏、短穗竹、秤锤树、明党参、珊瑚菜、独花兰、莼菜、野菱、野大豆、水蕨、中华水韭等,计 20 种,分属 17 科 19 属,其中中国特有种 13 种。全省共建立林木种质资源原地保存地 46 处,面积 1.29 万公顷,主要分布在自然保护区和森林公园内,保护种质资源树种 1063 种,如金钱松、宝华玉兰、南京椴、楸树、青檀、黄连木、银杏、银镂梅等。

江苏共有野生动物 604 种,其中兽类 79 种,爬行类 56 种,两栖类 21 种,鸟类 448 种。鸟类主要是野鸡、野鸭,沿海有丹顶鹤、白鹤、天鹅等珍稀飞禽,沿海地区还建有世界上第一个野生麋鹿保护区。植物资源非常丰富,约有 850 多种,尚有可利用和开发前途的野生植物资源 600 多种。水生动物资源极为丰富。东部沿海渔场面积达 10 万平方公里,其中包括著名的吕四、海州湾、长江口、大沙等四大渔场,盛产黄鱼、带鱼、鲳鱼、虾类、蟹类及贝藻类等水产品。内陆水面有 2600 多万亩,养殖面积 1140 万亩。有淡水鱼类 140 余种,是中国河蟹、鳗鱼苗的主要产地。被称为"长江三鲜"的鲥鱼、刀鱼、河豚,"太湖三白"的白鱼、银鱼、白虾,都是水中珍品。

3. 浙江省

浙江省植被资源在 3000 种以上,属国家重点保护的野生植物有 45 种。树种资源丰富,素有"东南植物宝库"之称。

浙江林地面积 667.97 万公顷,其中森林面积 584.42 万公顷。森林覆盖率为 60.5%,活立木总蓄积 1.94 亿立方米。森林面积中,乔木林面积 420.18 万公顷,竹林面积 78.29 万公顷,国家特别规定灌木林面积 85.95 万公顷。

浙江的森林覆盖率、毛竹面积和株数位于中国前茅。其中竹林面积占中国的 1/7,竹业产值约占中国的 1/3,森林群落结构比较完整,具有乔木林、灌木林、草本三层完整结构的面积占了乔木林的 54.2%,只有乔木层的简单结构的面积仅占乔木林的 1.5%。森林的健康状况良好,健康等级达到健康、亚健康的森林面积比例分别为 88.45%和 8.23%。森林生态系统的多样性总体上属中等偏上水平,森林植被类型、森林类型、乔木林龄组类型较丰富。

野生动物种类繁多,有 123 种动物被列入国家重点保护野生动物名录。野生动物有兽类 80 多种,鸟类 300—400 种,其国家一级保护动物 22 种,二级保护动物 103 种,省级保护动物 44 种。

4. 安徽省

安徽省有维管束植物 3200 多种,分属 205 科,1006 属,约占全国维管束植物科的 60.3%、属的 31.7%、种的 11.7%。其中蕨类植物 34 科、71 属、240 种,种子植物 171 科、938 属。种子植物中裸子植物 7 科、17 属、21 种,被子植物 164 科、921 属、2900 余种,约占全国种子植物科的 51.4%、属的 31.8%、种的 12.2%。皖南丘陵山区中保存了丰富的古老科、属、种孑遗植物。

安徽省野生动植物资源丰富、种类繁多。有高等植物 4245 种,占全国种数的 14.2%,其中国家一级保护植物 6 种,二级保护植物 25 种。脊椎动物 44 目 121 科 742 种,占全国种数的 14.1%,其中国家一级保护野生动物 21 种、二级保护的 70 种,世界特有的野生动物扬子鳄和白鳍豚就产在安徽中部的长江流域。

(四) 海洋资源

1. 上海市

上海市江海岸线长 449.66 千米,其中大陆岸线 172.31 千米岛屿岸线 277.35 千米。有大于 500 平方千米的海岛 13 个,总面积为 1339 平方千米。上海市大陆岸线已开发利用和规划的约 130 千米占岸线长度的 71%,其中深水岸线已全部开发利用,主要为港口和临港工业;未开发利用的岸线占 29%,其中杭州湾北岸中段约 30 千米,为中水岸线。浦东国际机场与临港新城之间约 20 千米,为快速淤涨海岸,边滩宽阔,已在围海造陆。长江口三岛的岸线开发程度很低,线利用以生态保护、绿化和观光旅游为主,其定位是一致的。崇明岛规划为港口和临港工业的岸线集中在南岸,度约 33 千米,该岛岸线总长的约 17%。水岸线基本上充分规划;长兴岛的岸线开发利用规划以造船和港机业为主,水岸线可以得到充分利用;横沙岛的部分深水岸线也规划为港口岸线。

上海市所辖海域海岸滩地分布广泛,面积大小相差悬殊,开发类型和开发程度存在明显的差异。滩地总面积 645.74 平方千米,个最大滩地位于九段沙滩地东部,面积 106.13 平方千米。上海滩地位置、大小和形状处于不断变化之中,江口门处尤其明显。据滩地分布面积、开发现状、地理位置和演化趋势,个后备土地资源潜力的滩地区是崇明岛东部滩地区、九段沙滩地区、横沙岛东滩地区、长兴岛滩地区和南汇嘴海岸滩地区,占整个上海市滩地面积的 83.7%。

上海海域拥有丰富的海洋生物资源,中包括:浮游植物 456 种,浮游动物 342 种,近底栖生物 276 种,潮间带生物 131 种,鱼卵仔鱼 60 种。但是,随着开发力度的加大,渔业资源的种类和数量都明显下降,水产品的总渔获量大幅度下降,捕、捞强度的加剧及海洋污染的存在对渔业资源造成显著影响。典型渔业资源有中华绒螯蟹、鳗鲡苗等以及中华鲟等珍稀动物资源情况不容乐观,也表现为近年来长江口门以内区域浮游生物种类下降明显。底栖生物种类和密度下降显著。浮游植、物密度明显增加。浮游动物密度和生物量略有增加。

2. 江苏省

江苏位于我国大陆东部沿海中心地带,管辖海域为黄海南部及东海的北端海域,管辖海域面积约为 34766.15 平方公里,海岸线长 954 公里,占全省土地面积 37%。江苏海岸类型有基岩海岸、砂质海岸和淤泥质海岸等,以粉砂淤泥质海岸为主。近海是水浅底平型海床,浅海面积占全国浅海面积的五分之一。在江苏沿海中部,分布有全国首屈一指的海底沙脊群——辐射状沙洲,面积约 1268.38 平方公里。江苏海洋资源种类繁多,拥有港航、土地、生物、旅游、盐化工和油气资源。江苏沿海有港航资源 10 多处。沿海滩涂面积约 5100 平方公里。南黄海石油地质储量约 70 亿吨。近海还拥有全国八大渔场中的海州湾渔场、吕泗渔场、长江口渔场和大沙渔场。海洋资源综合指数列全国第四。

江苏沿海共有 26 个海岛,包括平岛、平岛东礁、达山岛、车牛山岛、秦山岛、兴隆沙等,其中达山岛、麻菜珩、外磕脚为国家领海基点海岛。

3. 浙江省

浙江省海洋资源十分丰富,海岸线总长 6486.24 公里,占中国的 20.3%,居中国首位。其中大陆海岸线 2200 公里,居中国第 5 位。

有沿海岛屿 3000 余个,水深在 200 米以内的大陆架面积达 23 万平方公里,海域面积 26 万平方公里。面积大于 500 平方米的海岛有 3061 个,是中国岛屿最多的省份,其陆域面积有 1940.4 万公顷,90%以上无人居住。

浙江岸长水深,可建万吨级以上泊位的深水岸线 290.4 公里,占中国的 1/3 以上,10 万吨级以上泊位的深水岸线 105.8 公里。东海大陆架盆地有着良好的石油和天然气开发前景。港口、渔业、旅游、油气、滩涂五大主要资源得天独厚,组合优势显著。有港口 58 个,泊位 650 个,年吞吐量 2.5 亿吨。海岸滩涂资源有 26.68 万公顷,居中国第三。舟山是浙江唯一的海岛市,是国家重点开发区域之一。

浙江海域辽阔,气候温和,水质肥沃,饵料丰富,适宜多种海洋生物的栖息生长与繁殖。生物种类繁多,素有“中国鱼仓”美誉。

浙江可供海水养殖的品种:石斑鱼、鲍鱼、扇贝、海参、鳗鲡、褐菖鲉、黑鲷、真鲷、鲈鱼、鮸状黄姑鱼、黄条鰤、河豚、卵形鲳鲹、鲻鲮鱼、海鳗、中华乌塘鳢、中国对虾、日本对虾、斑节对虾、长毛对虾、刀额新对虾、脊尾对虾、梭子蟹、青蟹、海马。

第四章 行政区划

长三角的行政区划由上海市、江苏省、浙江省和安徽省三省一市构成,其中江苏省、浙江省和安徽省共设40个省辖市。

第一节 上海市行政区

上海市,别称沪或申。全市总面积6340.50平方千米。辖黄浦、徐汇、长宁、静安、普陀、虹口、杨浦、闵行、宝山、嘉定、浦东、金山、松江、青浦、奉贤、崇明16个市辖区,106个街道、107个镇、2个乡(合计215个乡级行政单位)。市政府驻黄浦区人民大道200号。

截至2019年6月30日,本市16区共有106个街道、106个镇和2个乡。其中黄浦、虹口和杨浦三区内都是街道,本市仅有的2个乡在崇明区。

表1 上海市各区街道、乡镇、居委会、村情况表

区名称	街道数	镇数	乡数	居委数	村委数
黄浦区	10			177	
徐汇区	12	1		303	
长宁区	9	1		185	
静安区	13	1		267	1
普陀区	8	2		259	7
虹口区	8			207	
杨浦区	12			301	
闵行区	4	9		449	118
宝山区	3	9		391	103
嘉定区	3	7		214	143
浦东新区	12	24		986	362
金山区	1	9		107	124
松江区	6	11		266	85
青浦区	3	8		142	184
奉贤区	2	8		128	175
崇明区		16	2	81	269
合计	106	106	2	4463	1571

表 2 上海市行政区划名称表

区名称	数量			街道、镇、乡名称
	街道	镇	乡	
黄浦	10			外滩街道、南京东路街道、半淞园路街道、小东门街道、老西门街道、豫园街道、打浦桥街道、淮海中路街道、瑞金二路街道、五里桥街道
徐汇	12	1		湖南路街道、天平路街道、枫林路街道、徐家汇街道、斜土路街道、长桥街道、漕河泾街道、康健新村街道、虹梅路街道、田林街道、凌云路街道、龙华街道、华泾镇
长宁	9	1		华阳路街道、新华路街道、江苏路街道、天山路街道、周家桥街道、虹桥街道、仙霞新村街道、程家桥街道、北新泾街道、新泾镇
静安	13	1		江宁路街道、静安寺街道、南京西路街道、曹家渡街道、石门二路街道、天目西路街道、北站街道、宝山路街道、芷江西路街道、共和新路街道、大宁路街道、彭浦新村街道、临汾路街道、彭浦镇
普陀	8	2		长寿路街道、曹杨新村街道、长风新村街道、宜川路街道、甘泉路街道、石泉路街道、真如镇街道、万里街道、长征镇、桃浦镇
虹口	8			四川北路街道、北外滩街道、欧阳路街道、广中路街道、凉城新村街道、嘉兴路街道、曲阳路街道、江湾镇街道
杨浦	12			定海路街道、大桥街道、平凉路街道、江浦路街道、控江路街道、殷行街道、长白新村街道、延吉新村街道、五角场街道、四平路街道、新江湾城街道、长海路街道
闵行	4	9		江川路街道、古美街道、新虹街道、浦锦街道、莘庄镇、七宝镇、浦江镇、梅陇镇、虹桥镇、马桥镇、吴泾镇、华漕镇、颛桥镇
宝山	3	9		吴淞街道、张庙街道、友谊路街道、庙行镇、罗店镇、大场镇、顾村镇、罗泾镇、杨行镇、月浦镇、淞南镇、高境镇
嘉定	3	7		嘉定镇街道、新成路街道、真新街道、马陆镇、南翔镇、江桥镇、安亭镇、外冈镇、徐行镇、华亭镇
浦东	12	24		潍坊新村街道、陆家嘴街道、塘桥街道、周家渡街道、东明路街道、洋泾街道、上钢新村街道、沪东新村街道、金杨新村街道、浦兴路街道、南码头路街道、花木街道、川沙新镇、合庆镇、曹路镇、高东镇、高桥镇、高行镇、金桥镇、张江镇、唐镇、北蔡镇、三林镇、惠南镇、新场镇、大团镇、周浦镇、航头镇、康桥镇、宣桥镇、祝桥镇、泥城镇、书院镇、万祥镇、老港镇、南汇新城镇
金山	1	9		石化街道、枫泾镇、朱泾镇、亭林镇、漕泾镇、山阳镇、金山卫镇、张堰镇、廊下镇、吕巷镇
松江	6	11		岳阳街道、中山街道、永丰街道、方松街道、九里亭街道、广富林街道、九亭镇、泗泾镇、泖港镇、车墩镇、洞泾镇、叶榭镇、新桥镇、石湖荡镇、新浜镇、佘山镇、小昆山镇
青浦	3	8		夏阳街道、盈浦街道、香花桥街道、赵巷镇、徐泾镇、华新镇、重固镇、白鹤镇、朱家角镇、练塘镇、金泽镇
奉贤	2	8		西渡街道、奉浦街道、南桥镇、庄行镇、金汇镇、柘林镇、青村镇、奉城镇、四团镇、海湾镇
崇明		16	2	城桥镇、堡镇、庙镇、中兴镇、新河镇、三星镇、向化镇、绿华镇、建设镇、陈家镇、竖新镇、港西镇、港沿镇、新海镇、东平镇、长兴镇、新村乡、横沙乡
合计	106	106	2	

第二节　江苏省行政区

江苏省，简称苏，省会南京(省政府驻南京市鼓楼区北京西路68号)。2019年末，全省常住人口8070.0万人。辖13个地级市，55个市辖区、22个县级市、19个县(合计96个县级行政区划单位)，503个街道、718个镇、39个乡、1个民族乡(合计1261个乡级行政区划单位)，7321个居委会、14203个村委会。

县级以上行政区划及驻地一览

南京市(玄武区)	辖11个市辖区		
玄武区(梅园新村街道)	秦淮区(五老村街道)	建邺区(沙州街道)	鼓楼区(宁海路街道)
浦口区(江浦街道)	栖霞区(仙林街道)	雨花台区(雨花街道)	江宁区(东山街道)
六合区(龙池街道)	溧水区(永阳街道)	高淳区(淳溪街道)	
无锡市(滨湖区)	辖5个市辖区，代管2个县级市		
梁溪区(崇安寺街道)	锡山区(东亭街道)	惠山区(长安街道)	滨湖区(蠡湖街道)
新吴区(新安街道)			
江阴市(澄江街道)	宜兴市(宜城街道)		
徐州市(云龙区)	辖5个市辖区、3个县，代管2个县级市		
鼓楼区(牌楼街道)	云龙区(黄山街道)	贾汪区(大泉街道)	泉山区(泰山街道)
铜山区(铜山街道)			
新沂市(新安街道)	邳州市(炮车街道)		
丰县(中阳里街道)	沛县(汉源街道)		睢宁县(睢城街道)
常州市(新北区)	辖5个市辖区，代管1个县级市		
天宁区(青龙街道)	钟楼区(北港街道)	新北区(河海街道)	武进区(湖塘镇)
金坛区(西城街道)			
溧阳市(溧城镇)			
苏州市(姑苏区)	辖5个市辖区，代管4个县级市		
姑苏区(苏锦街道)	虎丘区(东渚街道)	吴中区(长桥街道)	相城区(澄阳街道)
吴江区(松陵街道)			
常熟市(虞山街道)	张家港市(杨舍镇)	昆山市(玉山镇)	太仓市(娄东街道)
南通市(崇川区)	辖3个市辖区、2个县，代管4个县级市		
崇川区(虹桥街道)	港闸区(永兴街道)	通州区(金新街道)	
启东市(汇龙镇)	如皋市(如城街道)	海门市(海门街道)	海安市(中城街道)
如东县(城中街道)			

连云港市（海州区）	辖3个市辖区、3个县		
连云区（海州湾街道）	海州区（朐阳街道）	赣榆区（青口镇）	
东海县（牛山街道）	灌云县（侍庄街道）	灌南县（新安镇）	
淮安市（淮安区）	辖4个市辖区、3个县		
淮安区（淮城街道）	淮阴区（长江路街道）	清江浦区（城南街道）	洪泽区（高良涧街道）
涟水县（涟城街道）	盱眙县（盱城街道）	金湖县（黎城街道）	
盐城市（盐都区）	辖3个市辖区、5个县，代管1个县级市		
亭湖区（东亭湖街道）	盐都区（盐渎街道）	大丰区（丰华街道）	
东台市（东台镇）			
响水县（响水镇）	滨海县（坎南街道）	阜宁县（阜城街道）	射阳县（合德镇）
建湖县（塘河街道）			
扬州市（邗江区）	辖3个市辖区、1个县，代管2个县级市		
广陵区（汶河街道）	邗江区（邗上街道）	江都区（仙女镇）	
仪征市（真州镇）	高邮市（高邮街道）		
宝应县（安宜镇）			
镇江市（京口区）	辖3个市辖区，代管3个县级市		
京口区（正东路街道）	润州区（七里甸街道）	丹徒区（宜城街道）	
丹阳市（曲阿街道）	扬中市（三茅街道）	句容市（崇明街道）	
泰州市（海陵区）	辖3个市辖区，代管3个县级市		
海陵区（城中街道）	高港区（口岸街道）	姜堰区（三水街道）	
兴化市（昭阳街道）	靖江市（靖城街道）	泰兴市（济川街道）	
宿迁市（宿豫区）	辖2个市辖区、3个县		
宿城区（双庄街道）	宿豫区（豫新街道）		
沭阳县（沭城街道）	泗阳县（众兴镇）	泗洪县（大楼街道）	

行政区划变更情况

2019年1月16日，省政府（苏政复〔2019〕9号）批复同意调整南京市高淳区部分行政区划：撤销漆桥镇、东坝镇、椏溪镇、固城镇，设立漆桥街道、东坝街道、椏溪街道、固城街道。

2019年2月22日，省政府（苏政复〔2019〕21号）批复同意变更镇江市京口区和润州区部分行政区域界线：将焦北滩区域界线分别沿长江中心线向东、夹江水域中心线向东南延伸，相交于“京口丹徒线”。将焦山段界线由焦山以南变更至焦山以北。行政区域界线变更后，焦北滩区域整体纳入镇江市润州区行政区域范围，焦山及部分水域纳入镇江市京口区行政区域范围。

2019年10月8日，省政府（苏政复〔2019〕55号）批复同意变更泰州市姜堰区部分行政区划：撤销三水街道、桥头镇，设立新的三水街道；撤销梁徐镇，设立梁徐街道，将原梁徐镇4个村委会划归罗塘街道管理；设立天目山街道；撤销兴泰镇、溱潼镇，设立新的溱潼镇。

2019年10月8日，省政府(苏政复〔2019〕54号)批复同意将泰州市姜堰区华港镇划归泰州市海陵区管辖。

2019年11月21日，省政府(苏政复〔2019〕63号)批复同意变更扬州市江都区和泰州市海陵区部分行政区划：将扬州市江都区浦头镇引江新村东野、永兴2个村民小组划入泰州市海陵区行政区域，由泰州市海陵区寺巷街道大王居委会管理。

2019年12月18日，省政府(苏政复〔2019〕71号)批复同意变更扬州市邗江区部分行政区划：撤销双桥乡、城北乡，设立双桥街道、城北街道。

2019年12月18日，省政府(苏政复〔2019〕72号)批复同意变更灌云县部分行政区划：撤销灌云县小伊乡、南岗乡，设立小伊镇、南岗镇。

第三节　浙江省行政区

浙江省，简称浙，省会杭州(省政府驻杭州市西湖区省府路8号)。2019年末，全省常住人口5850万人。辖11个地级市，37个市辖区、20个县级市、32个县、1个自治县(合计90个县级行政区划单位)，482个街道、619个镇、245个乡、14个民族乡(合计1360个乡级行政区划单位)，5001个居委会、20402个村委会。

县级以上行政区划及驻地一览

杭州市(江干区)	辖10个市辖区、2个县、1个县级市		
上城区(望江街道)	下城区(文晖街道)	江干区(采荷街道)	拱墅区(拱宸桥街道)
西湖区(灵隐街道)	滨江区(西兴街道)	萧山区(北干街道)	余杭区(临平街道)
富阳区(富春街道)	临安区(锦城街道)		
建德市(新安江街道)			
桐庐县(城南街道)	淳安县(千岛湖镇)		
宁波市(鄞州区)	辖6个市辖区、2个县、2个县级市		
海曙区(鼓楼街道)	江北区(中马街道)	北仑区(新碶街道)	镇海区(招宝山街道)
鄞州区(首南街道)	奉化区(锦屏街道)		
余姚市(兰江街道)	慈溪市(白沙路街道)		
象山县(丹东街道)	宁海县(跃龙街道)		
温州市(鹿城区)	辖4个市辖区、5个县、3个县级市		
鹿城区(五马街道)	龙湾区(永中街道)	瓯海区(娄桥街道)	洞头区(北岙街道)
瑞安市(安阳街道)	乐清市(城东街道)	龙港市(镇前路)	
永嘉县(北城街道)	平阳县(昆阳镇)	苍南县(灵溪镇)	文成县(大峃镇)
泰顺县(罗阳镇)			
嘉兴市(南湖区)	辖2个市辖区、2个县、3个县级市		
南湖区(东栅街道)	秀洲区(新城街道)		
海宁市(海州街道)	平湖市(当湖街道)	桐乡市(梧桐街道)	

嘉善县(罗星街道)　海盐县(武原街道)

湖州市(吴兴区)　辖2个市辖区、3个县

吴兴区(八里店镇)　南浔区(南浔镇)

德清县(武康街道)　长兴县(龙山街道)　安吉县(昌硕街道)

绍兴市(越城区)　辖3个市辖区、1个县、2个县级市

越城区(塔山街道)　柯桥区(柯桥街道)　上虞区(百官街道)

诸暨市(暨阳街道)　嵊州市(剡湖街道)

新昌县(南明街道)

金华市(婺城区)　辖2个市辖区、3个县、4个县级市

婺城区(白龙桥镇)　金东区(多湖街道)

兰溪市(兰江街道)　义乌市(稠城街道)　东阳市(江北街道)　永康市(东城街道)

武义县(壶山街道)　浦江县(浦阳街道)　磐安县(安文街道)

衢州市(柯城区)　辖2个市辖区、3个县、1个县级市

柯城区(信安街道)　衢江区(樟潭街道)

江山市(双塔街道)

常山县(天马街道)　开化县(华埠镇)　龙游县(龙洲街道)

舟山市(定海区)　辖2个市辖区、2个县

定海区(昌国街道)　普陀区(东港街道)

岱山县(高亭镇)　嵊泗县(菜园镇)

台州市(椒江区)　辖3个市辖区、3个县、3个县级市

椒江区(海门街道)　黄岩区(西城街道)　路桥区(路北街道)

温岭市(太平街道)　临海市(古城街道)　玉环市(玉城街道)

三门县(海游街道)　天台县(始丰街道)　仙居县(南峰街道)

丽水市(莲都区)　辖1个市辖区、6个县、1个自治县、1个县级市

莲都区(万象街道)

龙泉市(龙渊街道)

青田县(鹤城街道)　缙云县(五云街道)　遂昌县(妙高街道)　松阳县(西屏街道)

云和县(浮云街道)　庆元县(松源街道)

景宁畲族自治县(红星街道)

行政区划变更情况

2019年8月16日,《民政部关于同意浙江省设立县级龙港市的批复》(民函〔2019〕83号):经国务院批准,同意撤销苍南县龙港镇,设立县级龙港市,以原龙港镇的行政区域为龙港市的行政区域,龙港市人民政府驻镇前路195号。龙港市由浙江省直辖,温州市代管。8月27日《浙江省人民政府关于撤销苍南

县龙港镇设立县级龙港市的通知》(浙政发〔2019〕19 号):龙港市政府于 9 月 25 日正式挂牌成立。

2019 年 2 月 1 日,《浙江省人民政府关于杭州市上城区人民政府驻地迁移的批复》(浙政函〔2019〕15 号):同意杭州市上城区人民政府驻地从清波街道惠民路 3 号迁移至望江街道望潮路 77 号。杭州市上城区人民政府于 3 月 25 日发布迁址公告。

2019 年 12 月 12 日,《浙江省人民政府关于台州市路桥区人民政府驻地迁移的批复》(浙政函〔2019〕144 号):同意台州市路桥区人民政府驻地由路北街道金水路迁移至桐屿街道文化路 705 号。台州市路桥区人民政府于 2020 年 4 月 30 日发布公告:自 2020 年 5 月 6 日起正式在新址办公。

2019 年浙江省行政区划变更情况

(一) 撤销苍南县龙港镇,设立县级龙港市

经国务院批准,同意撤销苍南县龙港镇,设立县级龙港市,以原龙港镇的行政区域为龙港市的行政区域,龙港市人民政府驻镇前路 195 号。龙港市由浙江省直辖,温州市代管。

(2019 年 8 月 16 日民函〔2019〕83 号批复)

(二) 青田县部分行政区划调整

同意撤销祯埠乡建制,设立祯埠镇,以原祯埠乡的行政区域为祯埠镇的行政区域。调整后,祯埠镇辖 8 个行政村,镇政府驻祯埠村。

同意调整船寮镇管辖范围,划出仁川、雷石、西村 3 个行政村。调整后,船寮镇辖 1 个居民区、37 个行政村,镇政府驻黄言村。

同意调整瓯南街道管辖范围,划出上岸、白浦、陈学 3 个行政村。调整后,瓯南街道辖 2 个社区、18 个行政村,办事处驻景云小区 1 幢 1 号。

同意撤销石溪乡建制,设立三溪口街道。调整后,三溪口街道辖 14 个行政村(原石溪乡的 8 个行政村、船寮镇划出的 3 个行政村及瓯南街道划出的 3 个行政村),办事处驻溪口村 1 号。

(2019 年 1 月 10 日浙政函〔2019〕3 号、2019 年 1 月 11 日丽政函〔2019〕3 号批复)

(三) 杭州市上城区人民政府驻地迁移

同意杭州市上城区人民政府驻地从清波街道惠民路 3 号迁移至望江街道望潮路 77 号。

(2019 年 2 月 1 日浙政函〔2019〕15 号批复)

(四) 淳安县王阜乡人民政府驻地迁移

同意淳安县王阜乡人民政府驻地由郑中村迁移至王阜村。

(2019 年 4 月 4 日浙政函〔2019〕43 号批复)

(五) 宁波市奉化区部分行政区划调整

同意撤销莼湖镇、尚田镇建制,设立莼湖街道、尚田街道。

(2019 年 6 月 6 日浙政函〔2019〕61 号、2019 年 7 月 1 日甬政发〔2019〕35 号批复)

(六) 诸暨市部分行政区划调整

同意撤销王家井镇和街亭镇建制,在其行政区域和暨阳街道划出的部分区域(三江新村、城新村、新光村、暨南村)内设立暨南街道。调整后,暨南街道辖 1 个社区、1 个居民区、42 个行政村,办事处驻暨南

路7号;暨阳街道辖21个社区、22个居民区、21个行政村,办事处驻地不变(浣纱北路48号)。

同意撤销大唐镇和草塔镇建制,在其行政区域内设立大唐街道。调整后,大唐街道辖7个社区、1个居民区、28个行政村,办事处驻开元东路75号。

同意撤销店口镇、阮市镇建制,合并设立新的店口镇。调整后,新的店口镇辖9个社区、34个行政村,镇政府驻中央路388号。

同意撤销江藻镇和直埠镇建制,合并设立姚江镇。调整后,姚江镇辖1个社区、24个行政村,镇政府驻学院路200号。

(2019年6月18日浙政函〔2019〕64号批复)

(七)嵊州市部分行政区划调整

同意撤销石璜镇、雅璜乡、通源乡建制,合并设立新的石璜镇。调整后,新的石璜镇辖1个居民区、27个行政村,镇政府驻石璜村镇东路25号。

同意撤销谷来镇、王院乡、竹溪乡建制,合并设立新的谷来镇。调整后,新的谷来镇辖1个居民区、27个行政村,镇政府驻谷来二村振兴路119号。

同意撤销金庭镇、北漳镇建制,合并设立新的金庭镇。调整后,新的金庭镇辖1个居民区、22个行政村,镇政府驻金庭村临江东路2号。

同意撤销贵门乡和里南乡建制,合并设立新的贵门乡。调整后,新的贵门乡辖24个行政村,乡政府驻贵门村12号。

(2019年7月18日浙政函〔2019〕80号批复)

(八)同意绍兴市上虞区部分行政区划调整

同意撤销崧厦镇、沥海镇建制。在原崧厦镇、沥海镇、行政区域内分别设立崧厦街道、沥海街道。

(2019年10月15日浙政函〔2019〕118号、2019年11月1日绍政函〔2019〕68号批复)

(九)绍兴市越城区部分行政区划调整

同意撤销皋埠镇 、陶堰镇、马山镇和孙端镇建制。在原皋埠镇 、陶堰镇、马山镇和孙端镇和行政区域内分别设立皋埠街道、陶堰街道、马山街道、孙端街道。

(2019年10月15日浙政函〔2019〕119号、2019年11月1日绍政函〔2019〕66号批复)

(十)绍兴市柯桥区部分行政区划调整

同意撤销钱清镇、杨汛桥镇、马鞍镇建制。在原钱清镇、杨汛桥镇、马鞍镇行政区域内分别设立钱清街道、杨汛桥街道、马鞍街道。

(2019年10月15日浙政函〔2019〕120号、2019年11月1日绍政函〔2019〕67号批复)

(十一)杭州市西湖区翠苑街道办事处驻地迁移

同意西湖区翠苑街道办事处驻地由翠苑二区11—1号迁移至黄姑山社区万塘路69号。

(2019年12月10日杭政函〔2019〕111号批复)

(十二)台州市路桥区人民政府驻地迁移

同意台州市路桥区人民政府驻地由路北街道金水路迁移至桐屿街道文化路705号。

(2019年12月12日浙政函〔2019〕144号批复)

(十三)新昌县部分行政区划调整

同意撤销回山镇、双彩乡建制,合并设立新的回山镇。调整后,新的回山镇辖32个行政村,镇政府驻进镇路1号。

同意撤销大市聚镇、新林乡建制,合并设立沃洲镇。调整后沃洲镇辖1个居民区、24个行政村,镇政府驻新街218号。

同意撤销小将镇、巧英乡建制,合并设立新的小将镇。调整后,小将镇辖22个行政村,镇政府驻小将中路88号。

同意撤销澄潭镇、梅渚镇建制,在此区域内设立澄潭街道。

(2019年12月26日浙政函〔2019〕147号、2019年12月30日绍政函〔2019〕89号批复)

第四节 安徽省行政区

安徽省,别称皖,省会合肥(省政府驻合肥市包河区中山路1号)。2019年末,全省户籍人口7119.4万人,常住人口6365.9万人。全省辖16个地级市,44个市辖区、9个县级市、52个县(合计105个县级行政区划单位),259个街道、968个镇、262个乡、9个民族乡(合计1498个乡级行政区划单位),3444个居委会、14529个村委会。

县级以上行政区划及驻地一览

合肥市(蜀山区)	辖4个市辖区、4个县,代管1个县级市		
瑶海区(明光路街道)	庐阳区(亳州路街道)	蜀山区(三里庵街道)	包河区(骆岗街道)
巢湖市(半汤街道)			
长丰县(水湖镇)	肥东县(店埠镇)	肥西县(上派镇)	庐江县(庐城镇)
芜湖市(鸠江区)	辖4个市辖区、3个县,代管1个县级市		
镜湖区(张家山街道)	弋江区(中南街道)	鸠江区(官陡街道)	三山区(龙湖街道)
无为市(无城镇)			
芜湖县(湾沚镇)	繁昌县(繁阳镇)	南陵县(籍山镇)	
蚌埠市(蚌山区)	辖4个市辖区、3个县		
龙子湖区(东升街道)	蚌山区(天桥街道)	禹会区(金域社区)	淮上区(小蚌埠镇)
怀远县(城关镇)	五河县(城关镇)	固镇县(城关镇)	
淮南市(田家庵区)	辖5个市辖区、2个县		
大通区(大通街道)	田家庵区(公园街道)	谢家集区(平山街道)	八公山区(新庄孜街道)
潘集区(田集街道)			
凤台县(城关镇)	寿县(寿春镇)		
马鞍山市(雨山区)	辖3个市辖区、3个县		
花山区(解放路街道)	雨山区(雨山街道)	博望区(博望镇)	
当涂县(姑孰镇)	含山县(环峰镇)	和县(历阳镇)	

淮北市（相山区）	辖3个市辖区、1个县		
杜集区（高岳街道）	相山区（相南街道）	烈山区（杨庄街道）	
濉溪县（濉溪镇）			
铜陵市（铜官区）	辖3个市辖区、1个县		
铜官区（西湖镇）	义安区（顺安镇）	郊区（桥南街道）	
枞阳县（枞阳镇）			
安庆市（宜秀区）	辖3个市辖区、5个县，代管2个县级市		
迎江区（龙狮桥乡）	大观区（十里铺乡）	宜秀区（大龙山镇）	
桐城市（文昌街道）	潜山区（梅城镇）		
怀宁县（高河镇）	太湖县（晋熙镇）	宿松县（孚玉镇）	
望江县（华阳镇）	岳西县（天堂镇）		
黄山市（屯溪区）	辖3个市辖区、4个县		
屯溪区（阳湖镇）	黄山区（甘棠镇）	徽州区（岩寺镇）	
歙县（徽城镇）	祁门县（祁山镇）	休宁县（海阳镇）	黟县（碧阳镇）
滁州市（南谯区）	辖2个市辖区、4个县，代管2个县级市		
琅琊区（滁阳街道）	南谯区（乌衣镇）		
天长市（天长街道）	明光市（明光街道）		
来安县（新安镇）	全椒县（襄河镇）	定远县（定城镇）	凤阳县（府城镇）
阜阳市（颍州区）	辖3个市辖区、4个县，代管1个县级市		
颍州区（清河街道）	颍东区（河东街道）	颍泉区（中市街道）	
界首市（东城街道）			
临泉县（城南街道）	太和县（城关镇）	阜南县（鹿城镇）	颍上县（慎城镇）
宿州市（埇桥区）	辖1个市辖区、4个县		
埇桥区（埇桥街道）			
砀山县（砀城镇）	萧县（龙城镇）	灵璧县（灵城镇）	泗县（泗城镇）
六安市（金安区）	辖3个市辖区、4个县		
金安区（望城街道）	裕安区（平桥乡）	叶集区（史河街道）	
霍邱县（城关镇）	舒城县（城关镇）	金寨县（梅山镇）	霍山县（衡山镇）
亳州市（谯城区）	辖1个市辖区、3个县		
谯城区（花戏楼街道）			
涡阳县（城关街道）	蒙城县（城关街道）	利辛县（城关镇）	

池州市(贵池区)	辖1个市辖区、3个县		
贵池区(江口街道)			
东至县(尧渡镇)	石台县(仁里镇)	青阳县(蓉城镇)	
宣城市(宣州区)	辖1个市辖区、4个县,代管2个县级市		
宣州区(济川街道)			
宁国市(西津街道)	广德市(桃州镇)		
郎溪县(建平镇)	泾县(泾川镇)	绩溪县(华阳镇)	旌德县(旌阳镇)

行政区划变更情况

2019年7月12日,《民政部关于同意安徽省撤销广德县设立县级广德市的批复》(民函〔2019〕70号):经国务院批准,同意撤销广德县,设立县级广德市,以原广德县的行政区域为广德市的行政区域,广德市人民政府驻桃州镇爱民路99号。广德市由安徽省直辖,宣城市代管。广德市政府于8月28日正式挂牌成立。

2019年11月20日,《民政部关于同意安徽省撤销无为县设立县级无为市的批复》(民函〔2019〕125号):经国务院批准,同意撤销无为县,设立县级无为市。以原无为县的行政区域为无为市的行政区域,无为市人民政府驻无城镇二坝路1号。无为市由安徽省直辖,芜湖市代管。无为市政府于12月26日正式挂牌成立。

2019年12月27日,《安徽省民政厅关于同意铜陵市义安区政府驻地由五松镇迁移至顺安镇的函》:同意将铜陵市义安区政府驻地由五松镇人民大道99号迁移至顺安镇和谐路399号。

滁州市琅琊区人民政府办公地点于2019年4月12日搬迁至琅琊新区欧阳修大道99号。

第五章　人口

第一节　上海市人口

上海常住人口总数稳定在 2400 万人左右，2019 年全市常住人口总数为 2428.14 万人，较上年增加 4.36 万人。2017 年，上海常住人口数量负增长，此后连续两年常住人口数量增加。

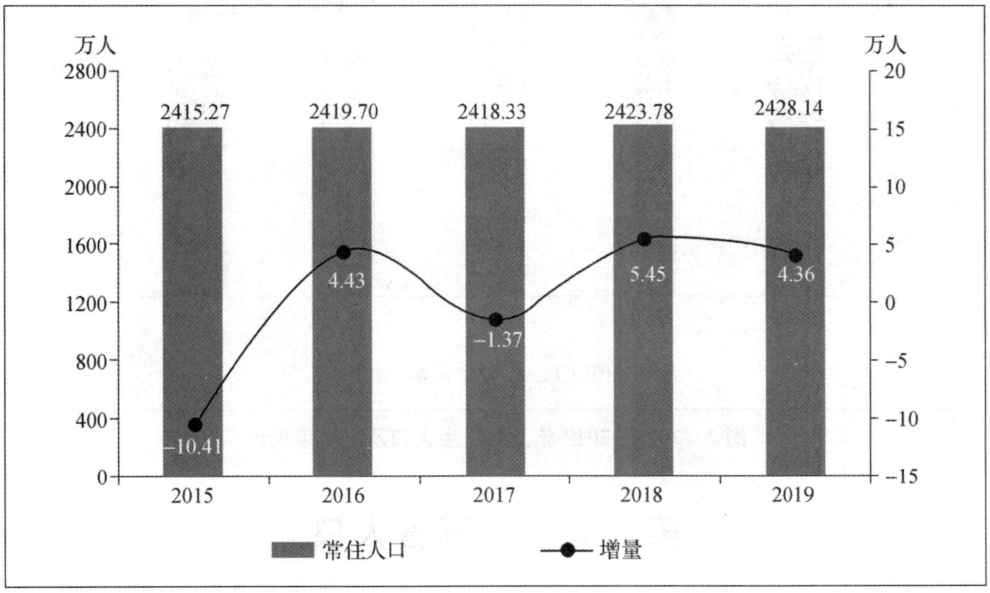

图 1　2015—2019 年上海常住人口数量统计

2019 年，户籍常住人口 1450.43 万人，较上年增加 2.86 万人，占常住人口的比重为 59.7%。外来常住人口 977.71 万人，较上年增加 1.5 万人，占常住人口的比重为 40.3%。

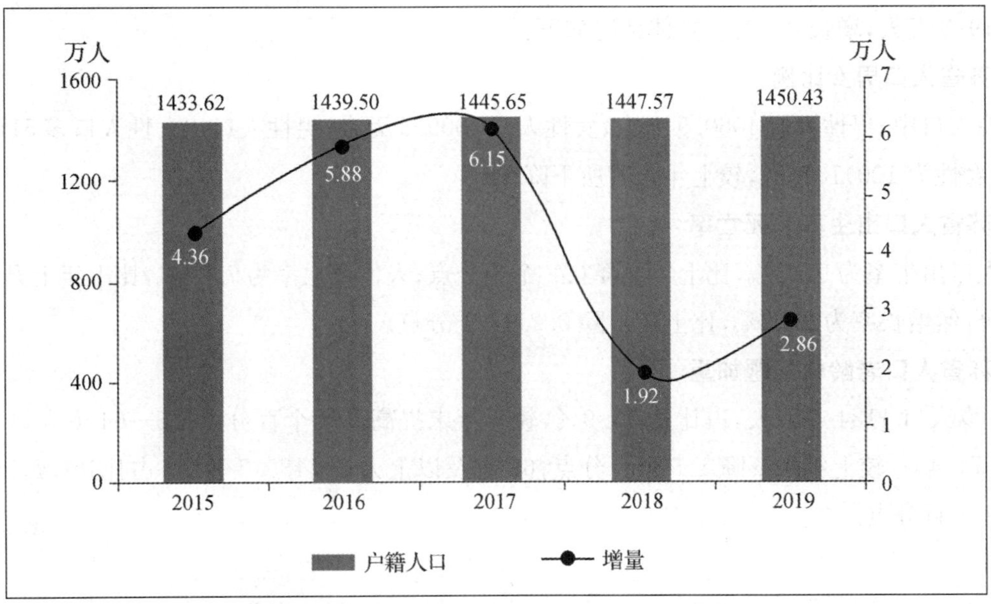

图 2　2015—2019 年上海常住户籍人口数量统计

2019年,常住人口出生16.9万人,较上年减少0.5万人,出生率为7.0‰,较上年下降0.2个千分点;死亡13.3万人,死亡率为5.5‰;常住人口自然增长率为1.5‰;常住人口出生性别比为105。全年户籍常住人口出生9.2万人,出生率为6.3‰;死亡12.5万人,死亡率为8.6‰;户籍常住人口自然增长率为-2.3‰。

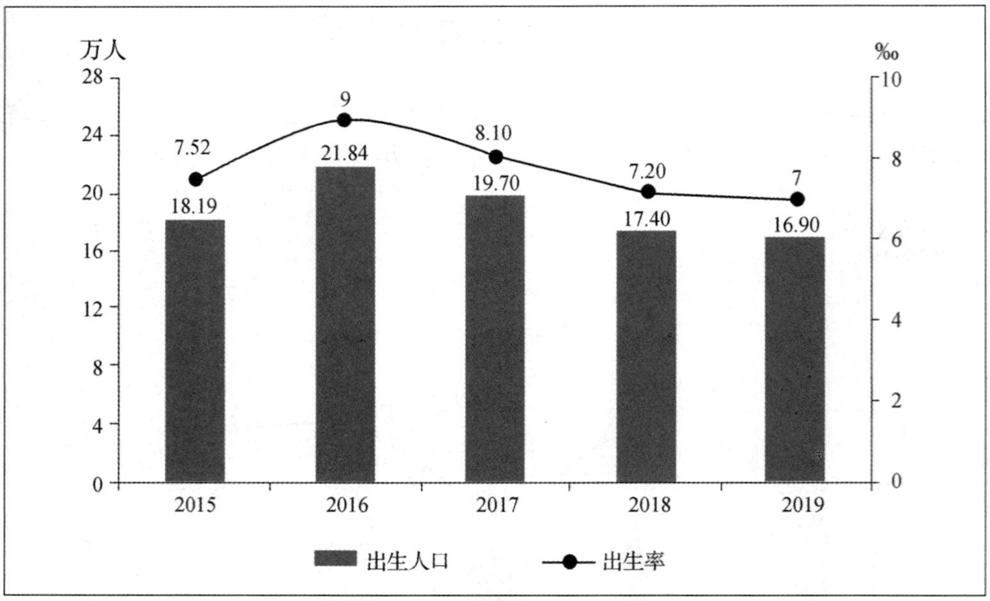

图3　2015—2019年上海出生人口及出生率统计

第二节　江苏省人口

一、总人口

近几年来,江苏省人口总数一直处于增长状态。据统计,2019年末全省常住人口8070.0万人,比上年末增加19.3万人,增长0.2%。具体情况如下:

1. 江苏省人口男女比例

在常住人口中,男性人口4060.5万人,女性人口4009.5万人;男性人口比女性人口多51万人,男女性别比(以女性为100)101.27,较上年末有所下降。

2. 江苏省人口出生率和死亡率

全年人口出生率为9.12‰,比上年下降0.2个千分点;人口死亡率为7.04‰,比上年上升0.01个千分点;人口自然增长率为2.08‰,比上年下降0.21个千分点。

3. 江苏省人口老龄化问题加重

0—14岁人口1124.6万人,占比达13.9%,较上年末提高0.2个百分点;15—64岁人口5759.9万人,占比达71.4%,较上年末下降1.5个百分点;65岁及以上人口1185.5万人,占比达14.7%,较上年末提高1.3个百分点。

二、人口情况

2019 年，江苏省常住人口 8070.0 万人，比 2018 年增加 19.3 万人。

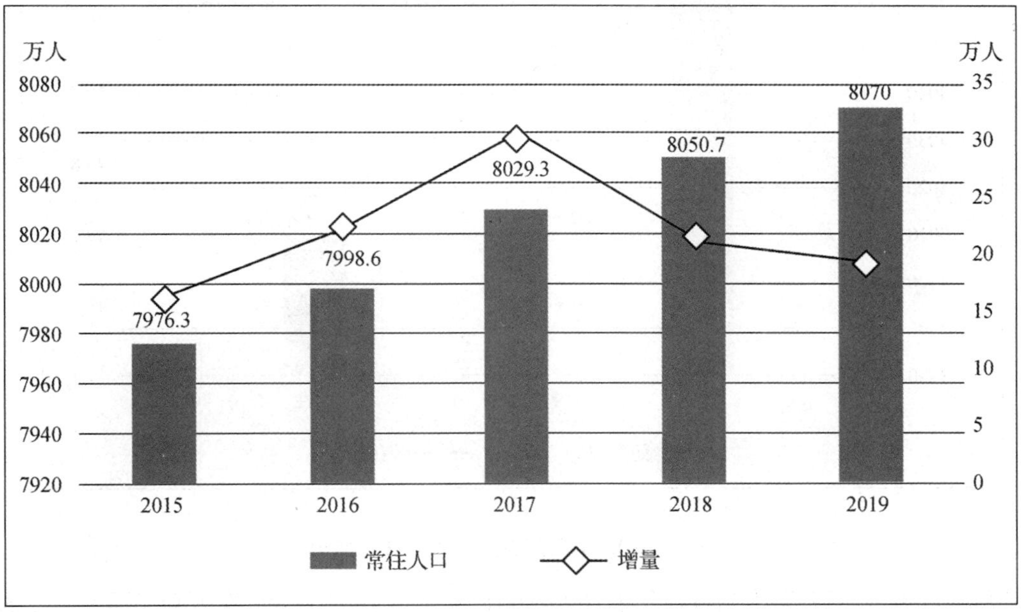

图 4 2015—2019 年江苏省常住人口有人口增量情况分析

2019 年，江苏省男性人口 4060.5 万人，女性人口 4009.5 万人；男性人口比女性人口多 51 万人。

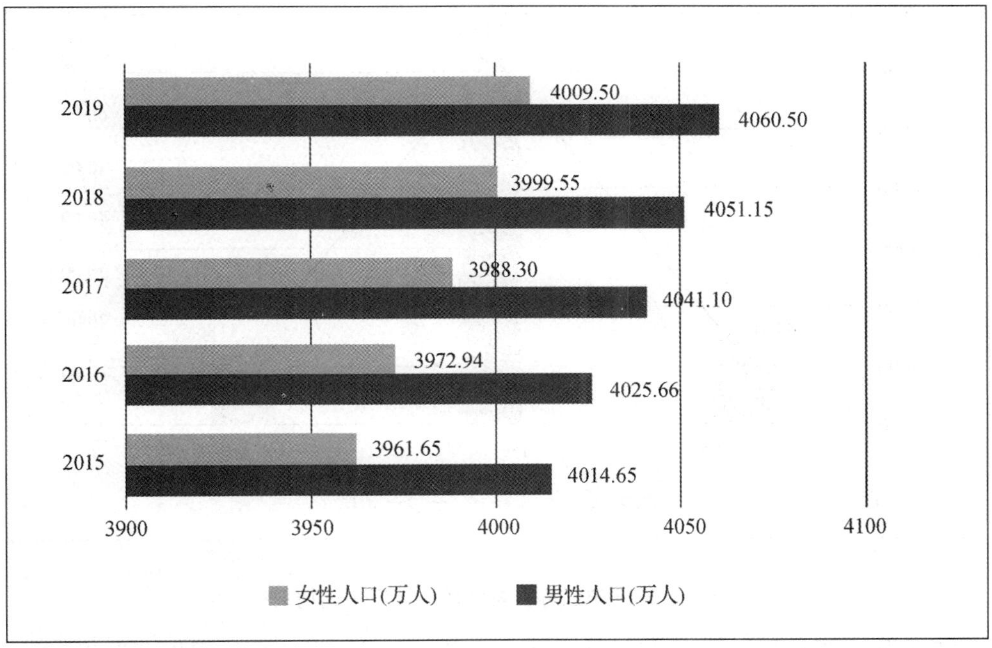

图 5 2015—2019 年江苏省男女人口情况对比

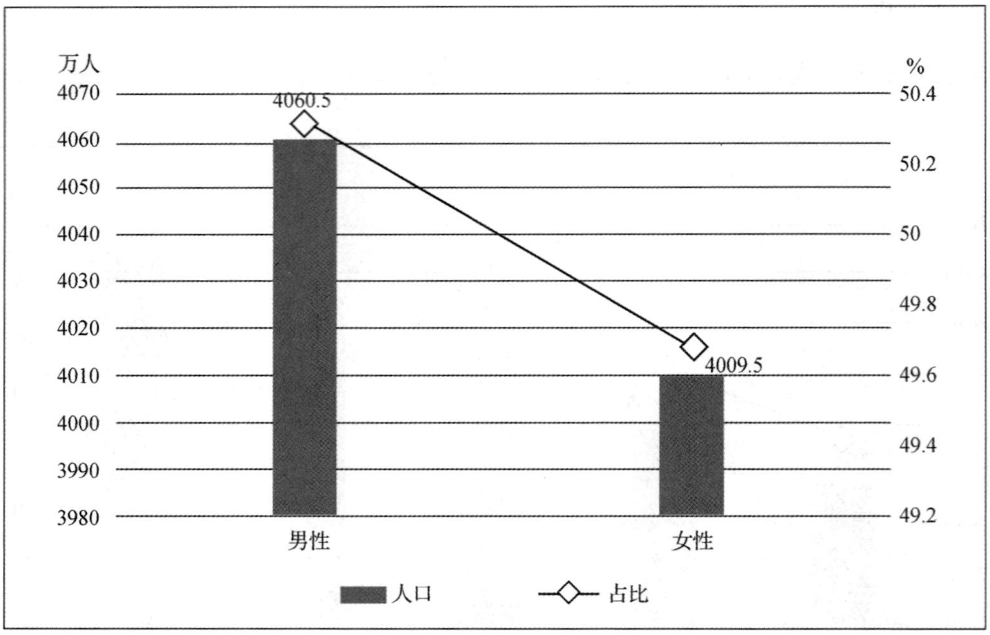

图 6　2019 年江苏省男女人口占比情况

2019 年,江苏省 0—14 岁人口 1124.6 万人,占比达 13.9%;15—64 岁人口 5759.9 万人,占比达 71.4%;65 岁及以上人口 1185.5 万人,占比达 14.7%。

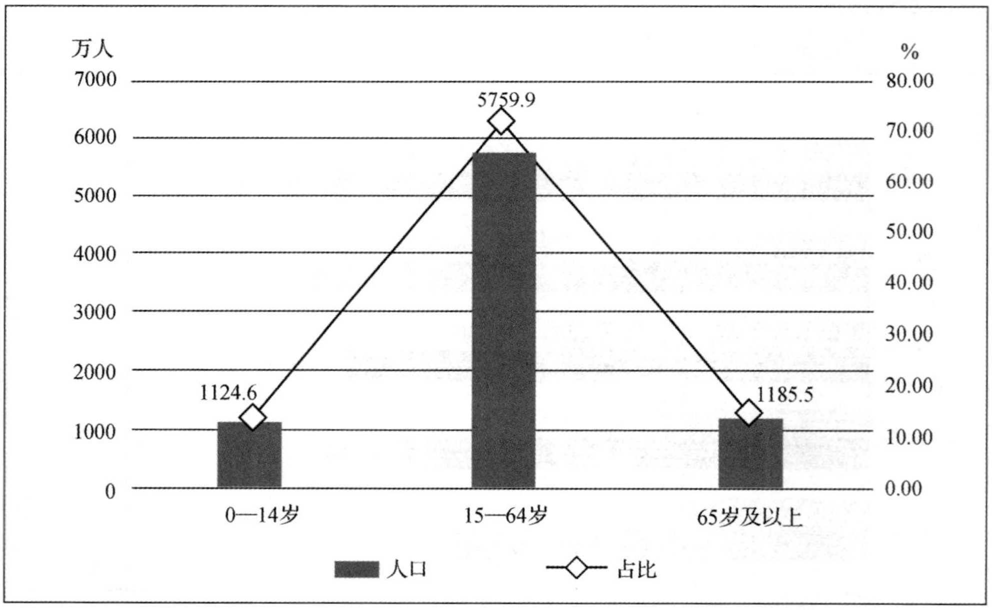

图 7　2019 年江苏省各年龄段人口占比情况

2019 年,江苏省人口出生率为 9.12‰,人口死亡率为 7.04‰,人口自然增长率为 2.08‰。

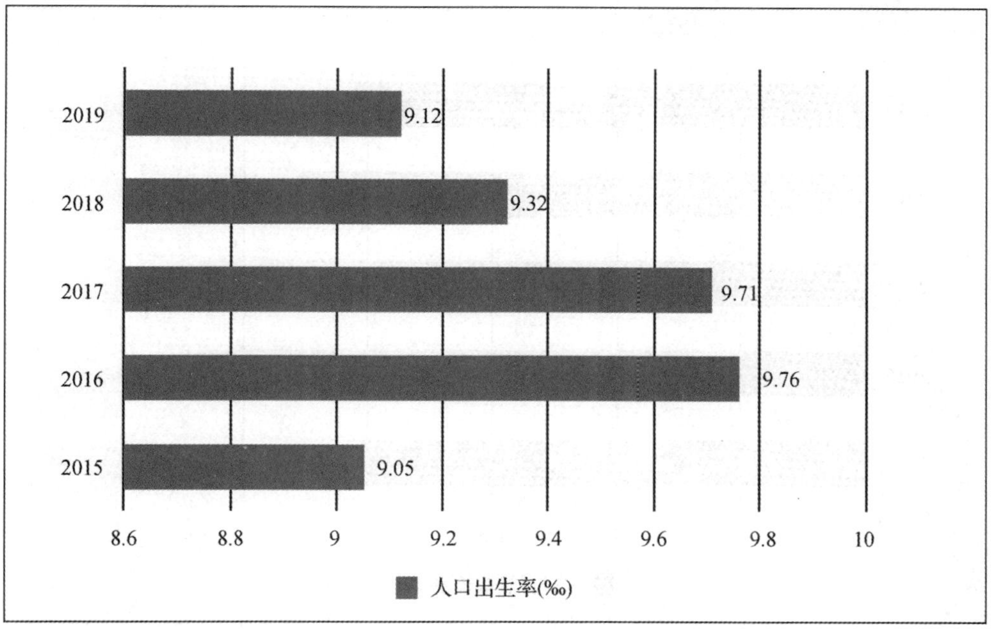

图 8 2015—2019 年江苏省人口出生率情况

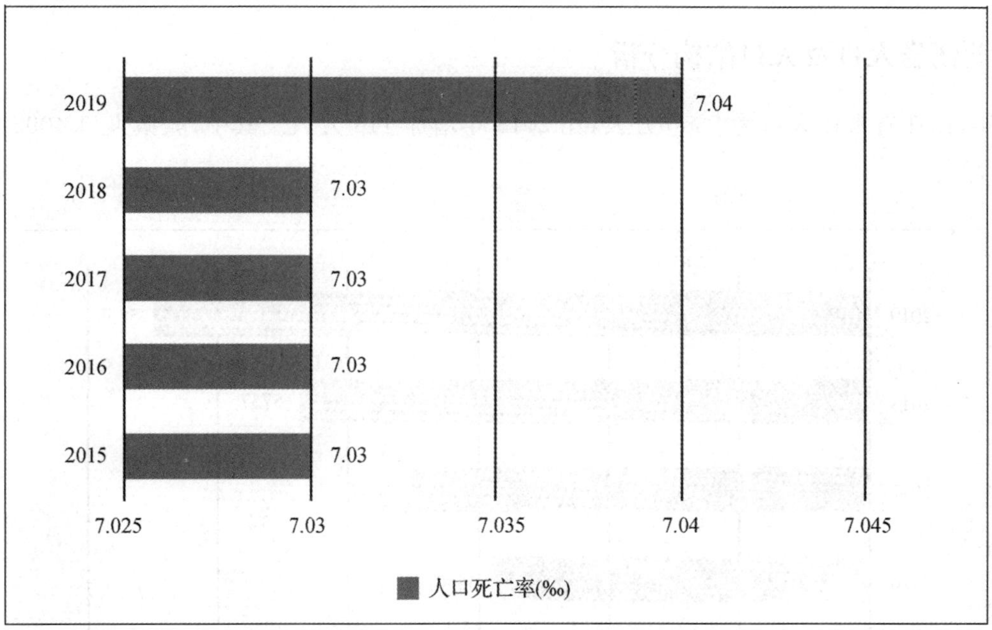

图 9 2015—2019 年江苏省人口死亡率情况

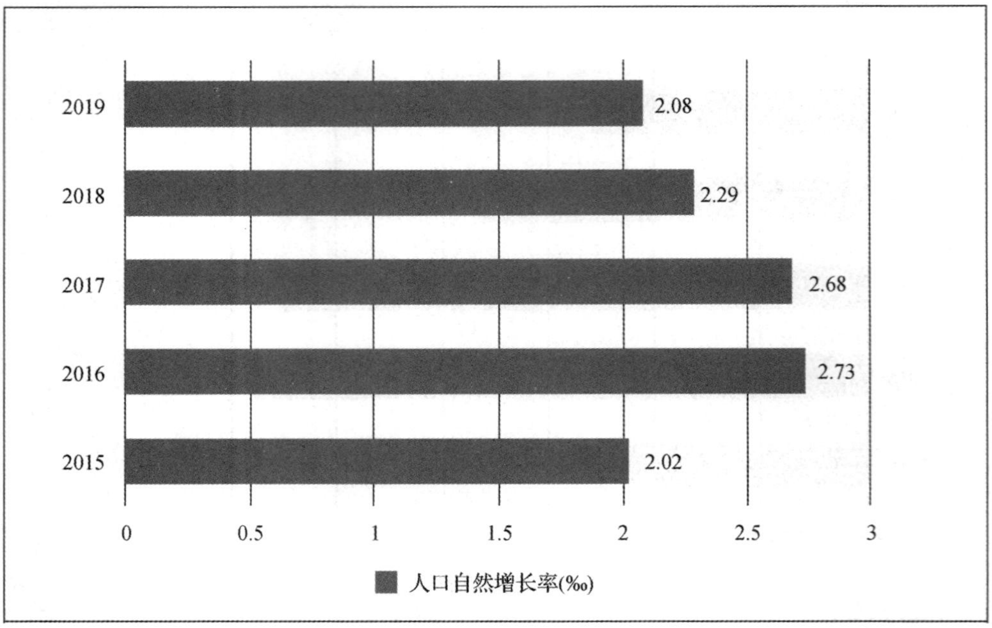

图 10　2015—2019 年江苏省人口自然增长率情况

第三节　浙江省人口

一、浙江省人口及人口结构分析

2019 年，浙江省常住人口为 5850 万人，比 2018 年增加 113 万人。其中，城镇人口 4095 万人，农村人口 1755 万人。

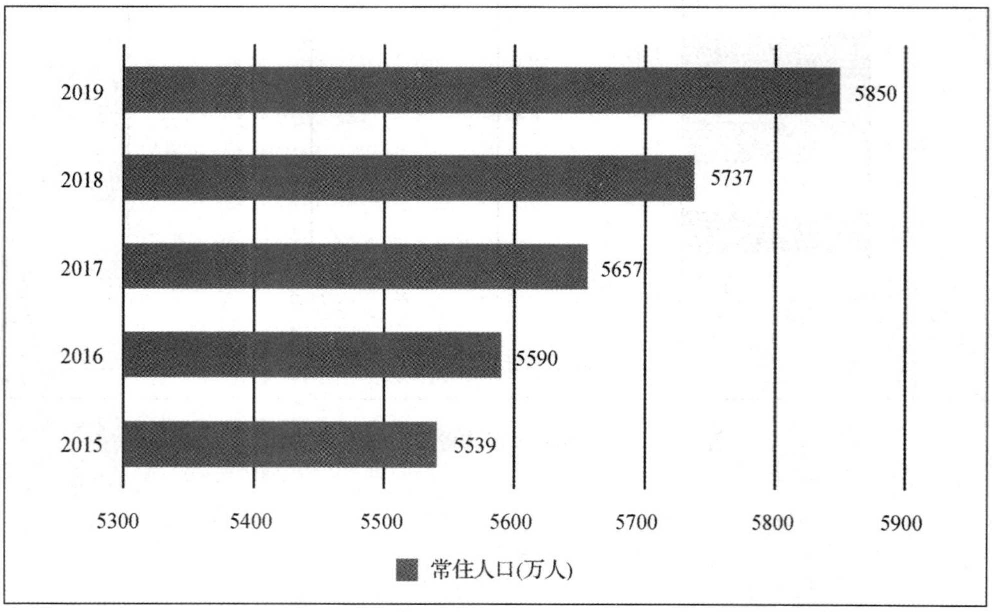

图 11　2015—2019 年浙江省常住人口数量统计

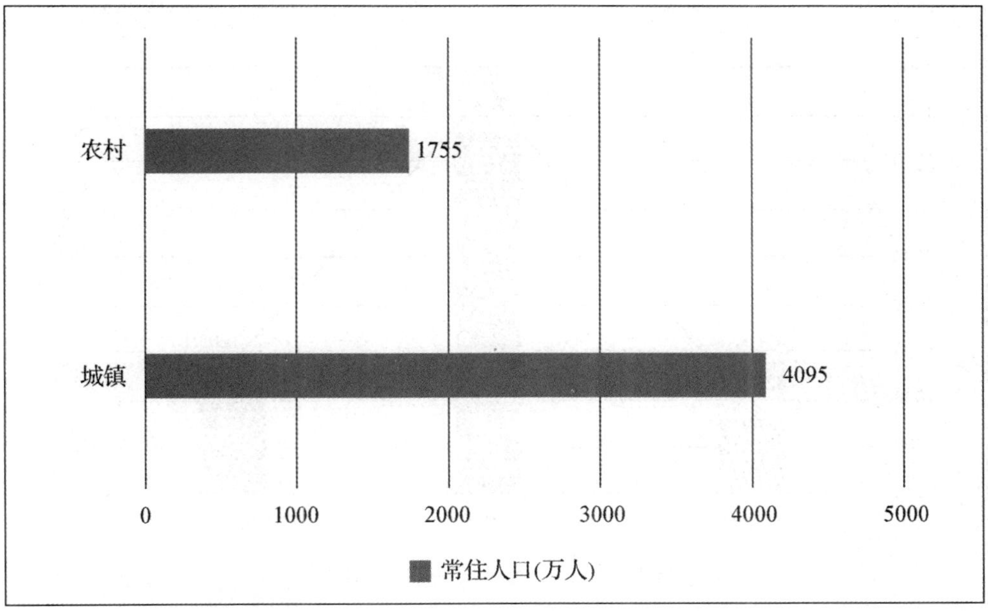

图 12 2019 年浙江省城乡常住人口情况

2019 年,浙江省常住人口中,男性为 3004.7 万人,占总人口的 51.4%;女性为 2845.3 万人,占总人口的 48.6%。

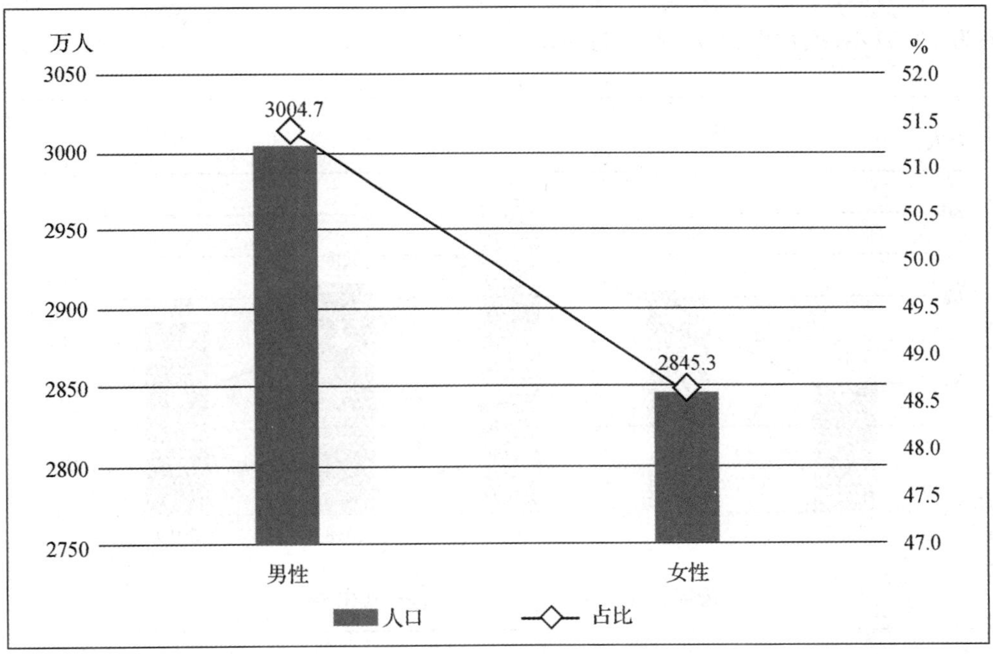

图 13 2015—2019 年浙江省男女人口占比情况

2019 年,浙江省 0—15 岁的人口为 824.9 万人,占总人口的 14.1%;16—59 岁的人口为 3820.0 万人,占总人口的 65.3%;60 岁及以上的人口为 1205.1 万人,占总人口的 20.6%。

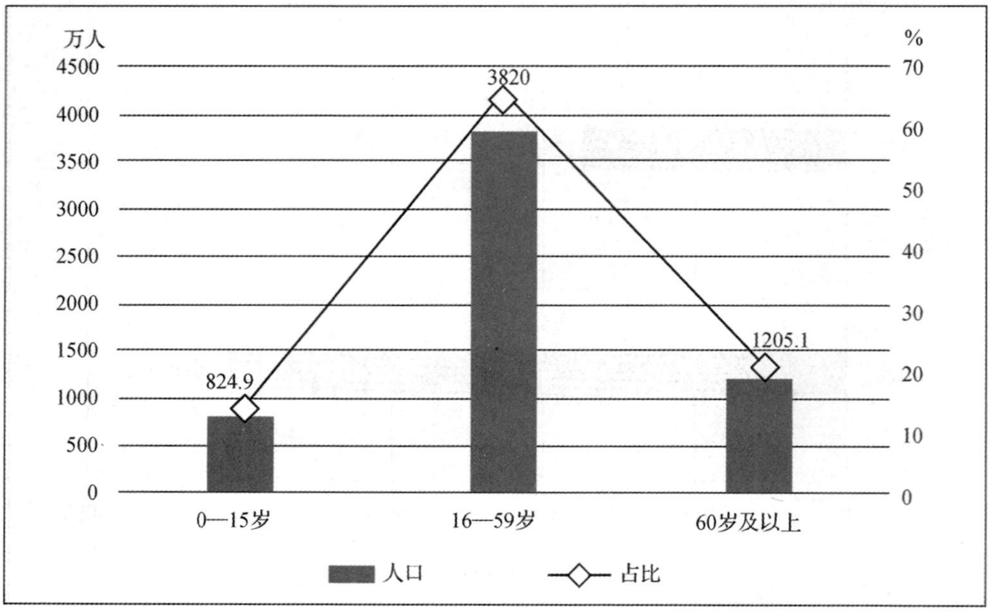

图 14　2019 年浙江省各年龄段人口占比情况

二、浙江省出生人口、人口出生率、死亡率及自然增长率分析

2019 年,浙江省出生人口 60.9 万人,减少 1.9 万人。死亡人口 32.0 万人,自然增加人口 28.9 万人。出生率为 10.51‰,死亡率为 5.52‰,自然增长率为 4.99‰。

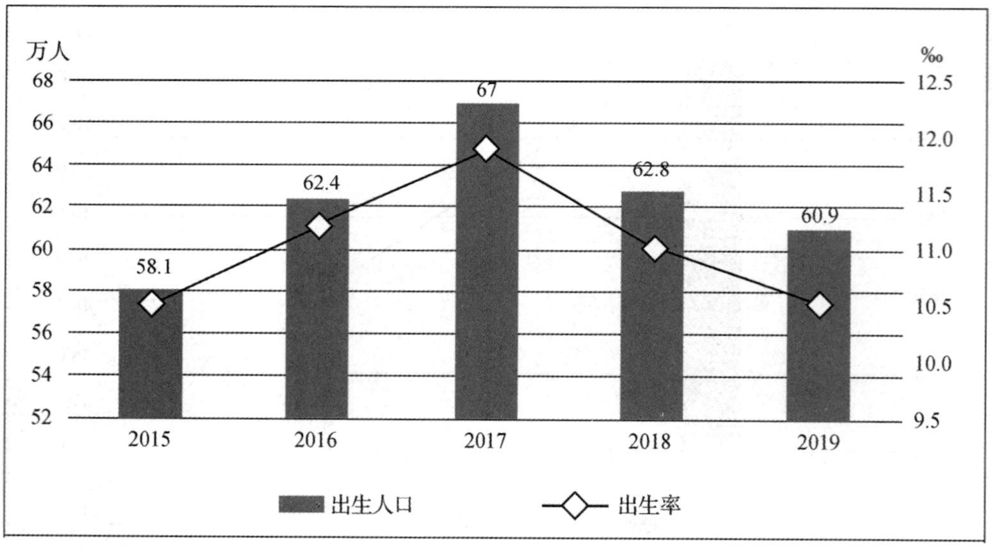

图 15　2015—2019 年浙江省出生人口及人口出生率情况分析

2019 年浙江省出生人口为 60.9 万人,减少 1.9 万人。死亡人口为 32.0 万人,自然增加人口为 28.9 万人。出生率为 10.51‰,死亡率为 5.52‰,自然增长率为 4.99‰。

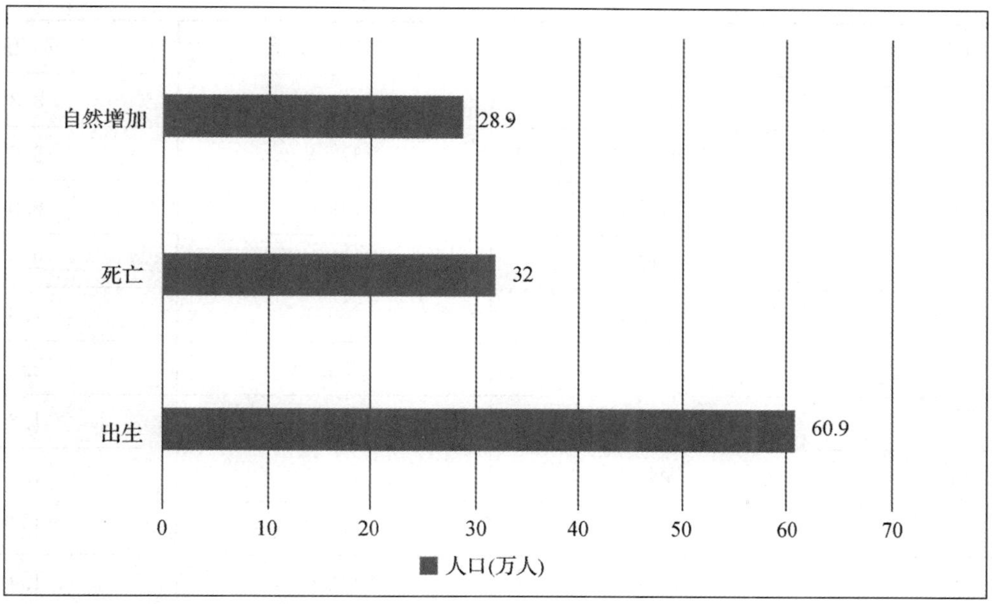

图 16 2019 年浙江省出生人口、死亡人口及自然人口对比分析

第四节 安徽省人口

一、人口总体情况

2019 年末,安徽省常住人口 6365.9 万人,比上年增加 42.3 万人,增长 0.67%,同 2010 年安徽省第六次全国人口普查的 5950.1 万人相比,共增加 415.8 万人,年均增加 46.2 万人,年平均增长率为 0.75%。

2019 年,阜阳市、合肥市常住人口超 800 万人,分别为 825.9 万人、818.9 万人。合肥市常住人口规模同阜阳市差距缩小。宿州市、亳州市常住人口超 500 万人,分别为 570 万人、526.3 万人。黄山市常住人口最少,达 142.1 万人。

与上年相比,合肥市常住人口增量最大,达 10.2 万人。其次为阜阳市,常住人口增量 5.2 万人。六安市、滁州市、安庆市、芜湖市常住人口增量超 3 万人。

表 3 2019 年安徽省各市常住人口数量排行榜

排名	地区	常住人口(万人)	增量(万人)
—	全省	6365.9	42.3
1	阜阳市	825.9	5.2
2	合肥市	818.9	10.2
3	宿州市	570.0	1.9
4	亳州市	526.3	2.6
5	六安市	487.3	3.6
6	安庆市	472.3	3.2

续表

排名	地区	常住人口(万人)	增量(万人)
7	滁州市	414.7	3.3
8	芜湖市	377.8	3.0
9	淮南市	349.0	0.0
10	蚌埠市	341.2	2.0
11	宣城市	266.1	1.3
12	马鞍山市	236.1	2.4
13	淮北市	227.0	1.6
14	铜陵市	164.1	1.2
15	池州市	148.5	1.1
16	黄山市	142.1	1.4

二、人口分析

2019 年,安徽省户籍人口 7119.4 万人,比上年增加 36.5 万人;户籍人口城镇化率为 34.65%,比上年提高 2 个百分点。

2019 年,安徽省常住人口 6365.9 万人,增加 42.3 万人。其中,城镇常住人口 3552.8 万人,常住人口城镇化率为 55.81%,提高 1.12 个百分点。乡村常住人口 2813.1 万人,占常住人口的比重为 44.19%。

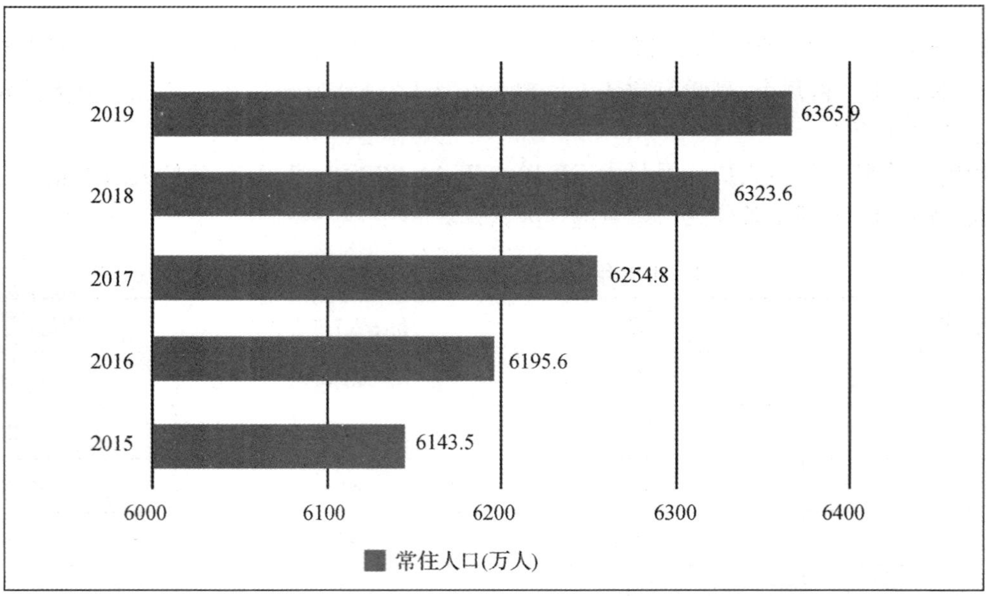

图 17　2015—2019 年安徽省常住人口数量统计

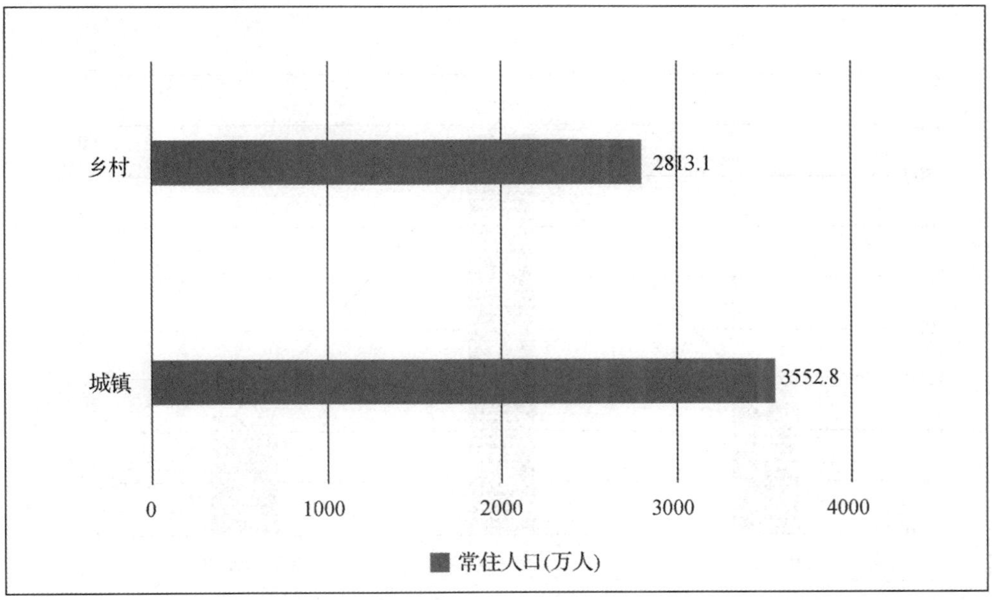

图 18 2019 年安徽省城乡常住人口情况

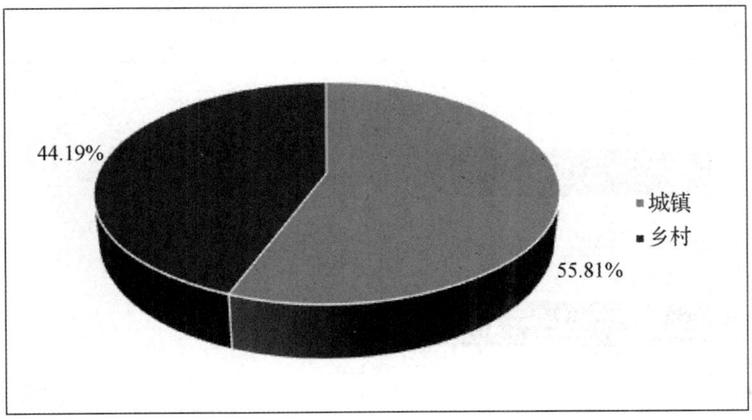

图 19 2019 年安徽省城乡常住人口占比情况

2019 年,安徽省 0—15 岁常住人口 1275.7 万人,占常住人口的比重为 20.04%;16—59 岁常住人口 3918.2 万人,占比为 61.55%;60 周岁及以上常住人口 1172.0 万人,占比为 18.41%。其中,65 周岁及以上常住人口 886.8 万人,占比为 13.93%。

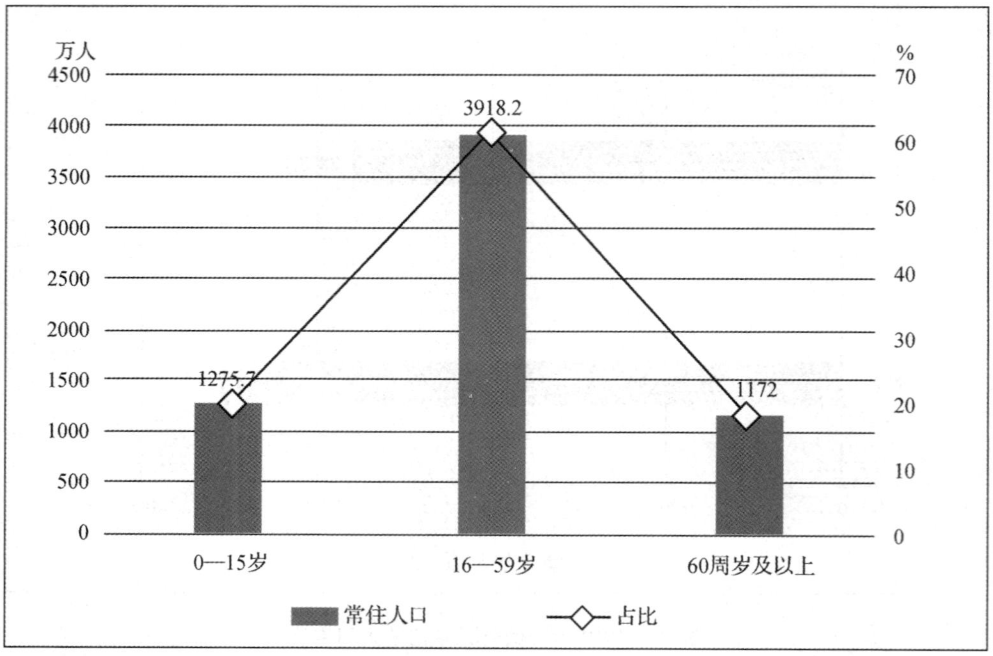

图 20　2019 年安徽省城乡常住人口及占比情况

2019 年，安徽省人口出生率为 12.03‰，比上年下降 0.38 个千分点；死亡率为 6.04‰，上升 0.08 个千分点；自然增长率为 5.99‰，下降 0.46 个千分点。

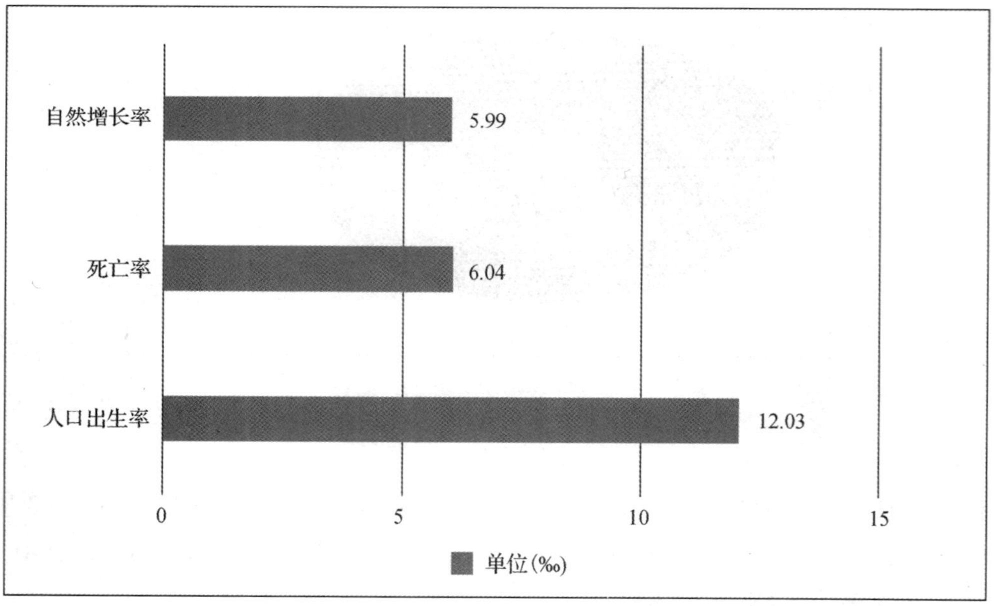

图 21　2019 年安徽省人口出生率、死亡率及自然增长率分析

第二篇

长三角地区经济社会发展总报告

扫码阅读

第一章　长三角地区生产总值

综合来看，2019 年在世界经济增长趋缓、国内经济下行压力加大的背景下，中国经济巨轮坚定前行，高质量发展蹄疾步稳，充分彰显了中国经济稳定向好的基本面和中国特色社会主义制度优势，也充分展示了大国经济持续发展的韧性、潜力和活力。

第一节　长三角地区生产总值总体情况

2019 年，长三角地区共实现生产总值 237253 亿元，在长江经济带的占比超过半壁江山，达 51.9%；长江经济带共实现生产总值 457805.7 亿元，占全国整体水平的 46.2%。具体而言，生产总值总量过万亿元的地区分别有上海、南京、无锡、苏州、杭州、宁波。长三角地区生产总值平均增速为 6.8%，低于长江经济带 0.4 个百分点，高于全国平均水平 0.7 个百分点。

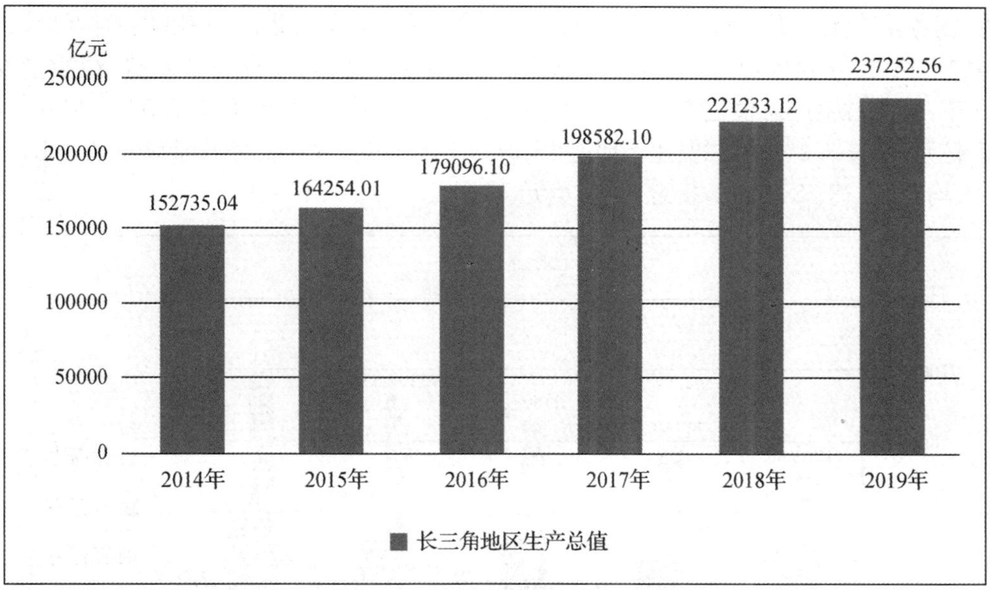

图 1　2014—2019 年长三角地区生产总值总体情况

第二节　上海市、江苏省、浙江省和安徽省地区生产总值情况

2019 年，长三角地区三省一市 GDP 总量依次为江苏（99631.52 亿元）、浙江（62351.74 亿元）、上海（38155.32 亿元）、安徽（37113.98 亿元）。

2019 年，上海全市生产总值 38155.32 亿元，按可比价格计算，比上年增长 6.0%。其中，第一产业增加值 103.88 亿元，下降 5.0%；第二产业增加值 10299.16 亿元，增长 0.5%；第三产业增加值 27752.28 亿元，增长 8.2%。第三产业增加值占全市生产总值的比重为 72.7%，比上年提高 1.8 个百分点。

从主要行业看，上海市 2019 年金融业增加值 6600.60 亿元，比上年增长 11.6%；房地产业增加值 3300.72 亿元，增长 5.1%；交通运输、仓储和邮政业增加值 1650.44 亿元，增长 3.6%；批发和零售业增加值 5023.23 亿元，增长 2.4%；工业增加值 9670.68 亿元，增长 0.4%。

2019 年,江苏省的社会经济整体呈现出了良好的增长态势,全年地区生产总值达 99631.5 亿元,按可比价格计算,比上年增长 6.1%。其中,第一产业增加值 4296.3 亿元,增长 1.3%;第二产业增加值 44270.5 亿元,增长 5.9%;第三产业增加值 51064.7 亿元,增长 6.6%,三次产业增加值比例调整为 4.3∶44.4∶51.3,第三产业在江苏省经济增长中的占比不断上升。

随着创新驱动发展战略深入实施,江苏省以智能化、绿色化、高端化为方向,大力发展先进制造业和战略性新兴产业以及制造业智能化改造,支撑工业经济发展的新兴动能加快成长。2019 年,全年公示高新技术企业数 10689 家,建成国家级高新技术特色产业基地 162 个,江苏省高新技术产业产值比上年增长 6.0%,占规模以上工业总产值的 44.4%,与上年相比提升了 0.7 个百分点。

2019 年,浙江省生产总值(GDP)为 62352 亿元(合 9039 亿美元),按可比价格计算,比上年增长 6.8%,增速好于年初确定的预期目标(6.5%左右),高于全国。其中,第一产业增加值 2097 亿元,增长 2.0%;第二产业增加值 26567 亿元,增长 5.9%;第三产业增加值 33688 亿元,增长 7.8%。三次产业增加值结构调整为 3.4∶42.6∶54.0,第三产业比重比上年提高 1.0 个百分点(根据我国 GDP 核算制度和第四次全国经济普查修订结果,2018 年浙江 GDP 为 58003 亿元,三次产业增加值结构为 3.4∶43.6∶53.0)。人均 GDP 为 107625 元,折合 1.56 万美元。

2019 年,面对更加复杂严峻的外部经济环境,安徽全省上下在省委、省政府的坚强领导下,认真贯彻落实党中央、国务院决策部署,坚持创新发展理念,坚持推动高质量发展,坚持以供给侧结构性改革为主线,全面落实"六稳"工作要求,经济运行保持总体平稳、稳中有进、进中向好的态势,高质量发展取得新成效。2019 年,安徽省生产总值达 37114 亿元,按可比价格计算,比上年增长 7.5%。其中,第一产业增加值 2915.7 亿元,增长 3.2%;第二产业增加值 15337.9 亿元,增长 8%;第三产业增加值 18860.4 亿元,增长 7.7%。人均 GDP 达 58496 元,折合 8480 美元。

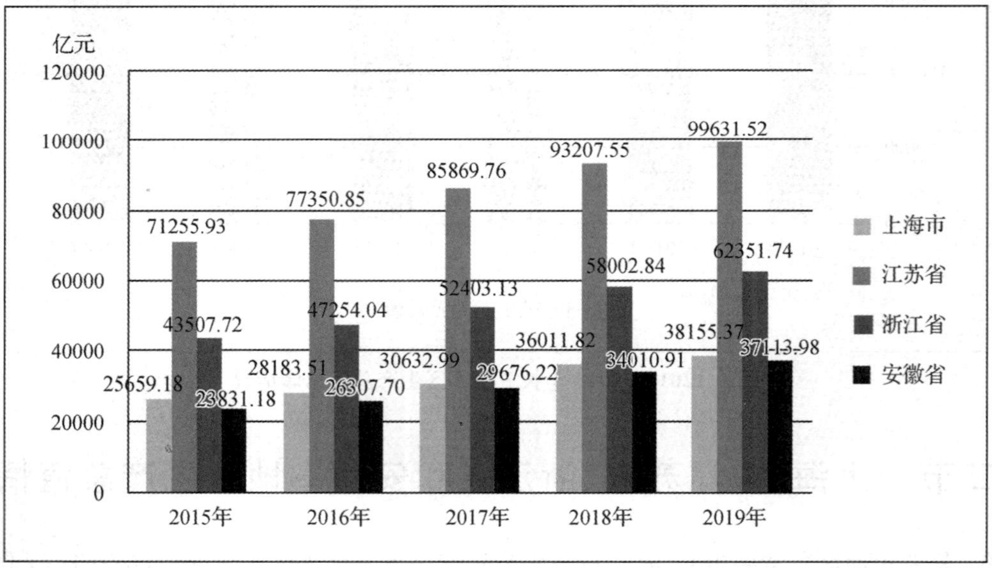

图 2　2015—2019 年上海、江苏、浙江和安徽地区生产总值情况

2019 年,三省一市 GDP 增速在 6.0%—7.5%之间,上海增速 6.0%,较上年下滑 0.6 个百分点;江苏增速 6.1%,较上年回落 0.6 个百分点;浙江增速 6.8%,较上年下滑 0.3 个百分点;安徽增速 7.5%,较上年回落 0.5 个百分点。

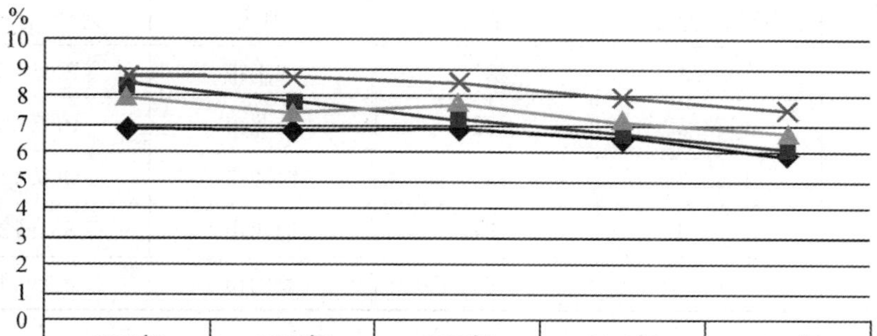

	2015年	2016年	2017年	2018年	2019年
上海市	6.9	6.8	6.9	6.6	6
江苏省	8.5	7.8	7.2	6.7	6.1
浙江省	8	7.5	7.8	7.1	6.8
安徽省	8.7	8.7	8.5	8.02	7.5

图 3　2015—2019 年上海、江苏、浙江和安徽 GDP 增速情况

第三节　长三角地区各省辖市地区生产总值情况

2019 年，长三角 40 个地级市地区生产总值前五名排次与上年有所变化，宁波超无锡进入前四，其余城市排名也略有变化。前五名依次是苏州市(19235.80 亿元)、杭州市(15373.05 亿元)、南京市(14030.15 亿元)、宁波市(11985.12 亿元)和无锡市(11852.32 亿元)。

表 1　2019 年长三角地区各省辖市地区生产总值情况

地区	总值(亿元)	排名	地区	总值(亿元)	排名
苏州市	19235.80	1	泰州市	5133.36	16
杭州市	15373.05	2	金华市	4559.91	17
南京市	14030.15	3	镇江市	4127.32	18
宁波市	11985.12	4	淮安市	3871.21	19
无锡市	11852.32	5	芜湖市	3618.26	20
合肥市	9409.40	6	连云港市	3139.29	21
南通市	9383.39	7	湖州市	3122.43	22
常州市	7400.86	8	宿迁市	3099.23	23
徐州市	7151.35	9	滁州市	2909.06	24
温州市	6606.11	10	阜阳市	2704.98	25
扬州市	5850.08	11	安庆市	2380.52	26
绍兴市	5780.74	12	马鞍山市	2110.97	27
盐城市	5702.26	13	蚌埠市	2057.17	28
嘉兴市	5370.32	14	宿州市	1978.75	29
台州市	5134.05	15	亳州市	1749.00	30

续表

地区	总值(亿元)	排名	地区	总值(亿元)	排名
六安市	1620.13	31	淮南市	1296.17	36
衢州市	1573.52	32	淮北市	1077.94	37
宣城市	1561.34	33	铜陵市	960.17	38
丽水市	1476.61	34	池州市	831.73	39
舟山市	1371.60	35	黄山市	818.04	40

第四节　长三角地区各县(市)地区生产总值情况

2019年，长三角地区各县(市)地区生产总值前十名与去年排序有所变化，义乌和海门市有所上升，前两名与后面排序差距较大。各县(市)地区生产总值较去年均有不同程度的增长。

表2　2019年长三角地区各县(市)地区生产总值情况

地区	总值(亿元)	排名	地区	总值(亿元)	排名	地区	总值(亿元)	排名
昆山市	4045.06	1	靖江市	979.57	23	玉环市	617.50	45
江阴市	4001.12	2	桐乡市	968.17	24	睢宁县	612.67	46
张家港市	2547.26	3	邳州市	959.70	25	长丰县	601.42	47
常熟市	2269.82	4	沭阳县	950.17	26	嵊州市	589.15	48
慈溪市	1898.64	5	兴化市	871.82	27	建湖县	565.96	49
宜兴市	1770.12	6	东台市	841.49	28	射阳县	563.87	50
义乌市	1421.14	7	高邮市	818.73	29	阜宁县	555.06	51
海门市	1352.40	8	肥西县	803.86	30	象山县	548.59	52
太仓市	1324.97	9	仪征市	791.72	31	海盐县	539.65	53
诸暨市	1312.36	10	沛　县	777.96	32	德清县	537.01	54
如皋市	1215.20	11	平湖市	765.77	33	涟水县	532.27	55
乐清市	1209.93	12	宝应县	732.91	34	东海县	526.29	56
余姚市	1166.26	13	临海市	711.92	35	天长市	524.15	57
启东市	1157.50	14	宁海县	701.08	36	平阳县	510.29	58
海安市	1133.20	15	长兴县	693.28	37	泗阳县	501.44	59
丹阳市	1121.99	16	新沂市	686.40	38	泗洪县	495.45	60
温岭市	1105.13	17	句容市	661.48	39	滨海县	492.33	61
泰兴市	1083.90	18	肥东县	655.68	40	扬中市	487.83	62
如东县	1053.40	19	苍南县	652.21	41	无为县	487.00	63
海宁市	1026.57	20	东阳市	638.45	42	巢湖市	475.04	64
溧阳市	1010.54	21	永康市	629.56	43	安吉县	469.59	65
瑞安市	1003.96	22	嘉善县	626.81	44	丰　县	468.23	66

续表

地区	总值(亿元)	排名	地区	总值(亿元)	排名	地区	总值(亿元)	排名
濉溪县	460.99	67	怀宁县	300.34	97	歙　县	193.11	127
庐江县	457.82	68	舒城县	299.44	98	太湖县	189.17	128
太和县	454.44	69	凤台县	299.30	99	金寨县	187.66	129
新昌县	451.46	70	繁昌县	298.48	100	望江县	185.09	130
当涂县	445.29	71	固镇县	297.49	101	郎溪县	180.12	131
永嘉县	444.52	72	天台县	291.03	102	霍山县	161.08	132
怀远县	437.19	73	灵璧县	282.20	103	枞阳县	158.58	133
盱眙县	418.56	74	阜南县	278.23	104	常山县	150.37	134
颍上县	411.76	75	南陵县	272.74	105	开化县	146.80	135
凤阳县	397.55	76	全椒县	267.50	106	龙泉市	142.55	136
桐庐县	386.39	77	三门县	265.74	107	青阳县	134.98	137
响水县	385.78	78	泗　县	261.97	108	泾　县	126.26	138
兰溪市	385.69	79	武义县	261.53	109	遂昌县	124.66	139
蒙城县	383.56	80	淳安县	254.50	110	岳西县	122.40	140
建德市	383.24	81	和　县	253.22	111	松阳县	115.55	141
灌南县	381.65	82	仙居县	249.20	112	磐安县	115.44	142
桐城市	380.87	83	五河县	248.79	113	嵊泗县	114.03	143
萧　县	378.60	84	岱山县	248.30	114	泰顺县	110.60	144
临泉县	369.73	85	青田县	243.48	115	休宁县	109.69	145
宁国市	367.32	86	砀山县	240.77	116	文成县	104.91	146
涡阳县	362.67	87	明光市	235.27	117	绩溪县	87.93	147
灌云县	359.19	88	宿松县	233.13	118	云和县	82.93	148
界首市	342.86	89	缙云县	232.03	119	庆元县	78.38	149
金湖县	325.12	90	龙游县	231.95	120	祁门县	76.01	150
利辛县	324.58	91	浦江县	230.16	121	景宁自治县	69.00	151
广德县	321.17	92	霍邱县	217.77	122	旌德县	52.57	152
芜湖县	315.40	93	寿　县	212.78	123	黟　县	42.74	153
来安县	311.18	94	潜山县	207.87	124	石台县	27.98	154
定远县	311.00	95	东至县	202.68	125			
江山市	303.41	96	含山县	195.32	126			

第二章　长三角地区第一产业发展情况

第一节　长三角地区第一产业发展总体情况

2019 年,长三角地区第一产业产值较上年有所增长,第一产业产值为 9413.24 亿元,较上年名义增长 6.2%。

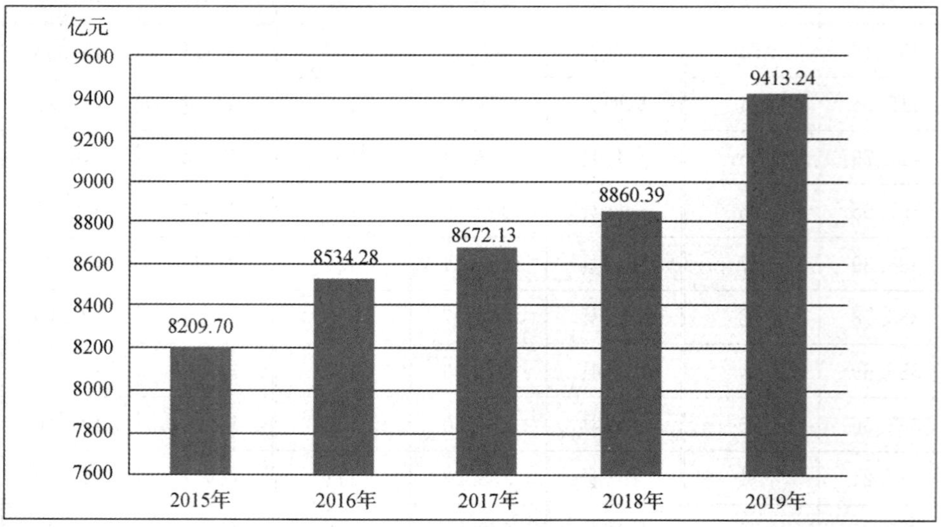

图 1　2015—2019 年长三角地区第一产业产值情况

第二节　上海市、江苏省、浙江省和安徽省第一产业发展情况

2019 年,长三角三省一市第一产业增加值分别为:江苏 4296.28 亿元,比上年增长 3.7%;安徽 2915.7 亿元,比上年增长 10.5%;浙江 2097.38 亿元,比上年增长 6.1%;上海 103.88 亿元,比上年下降 0.8%。

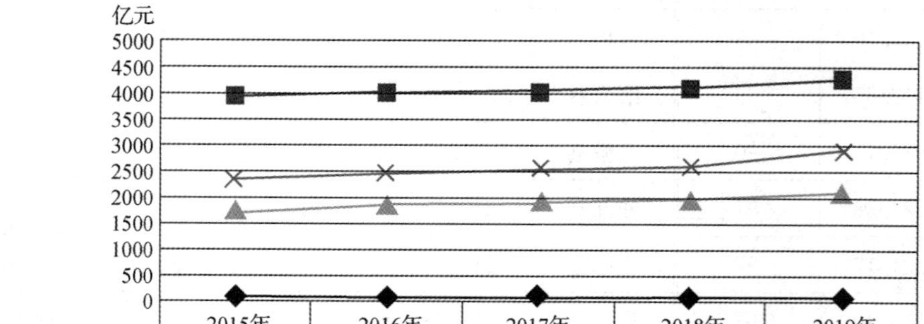

	2015年	2016年	2017年	2018年	2019年
上海市	109.82	114.34	110.78	104.78	103.88
江苏省	3952.47	4039.75	4045.16	4141.71	4296.28
浙江省	1771.36	1809.43	1933.92	1975.89	2097.38
安徽省	2376.05	2489.76	2582.27	2638.01	2915.70

图 2　2015—2019 年上海、江苏、浙江和安徽第一产业产值情况

第三节　长三角地区各省辖市第一产业发展情况

2019年，长三角三省一市农业生产保持稳定，种植结构优化，经济作物面积增加。40个地市的第一产业产值大都保持稳定增长。排在前五位的是徐州市（682.83亿元）、盐城市（619.90亿元）、南通市（428.84亿元）、淮安市（386.21亿元）和连云港市（362.70亿元）。

表1　2019年长三角地区各省辖市第一产业产值情况

地区	总值（亿元）	排名	地区	总值（亿元）	排名
徐州市	682.83	1	绍兴市	208.40	21
盐城市	619.90	2	苏州市	196.70	22
南通市	428.84	3	常州市	157.00	23
淮安市	386.21	4	温州市	151.72	24
连云港市	362.70	5	宣城市	149.80	25
阜阳市	350.43	6	芜湖市	146.57	26
杭州市	325.70	7	舟山市	146.40	27
宿迁市	324.59	8	金华市	145.82	28
宁波市	322.27	9	镇江市	140.42	29
扬州市	292.80	10	湖州市	133.80	30
泰州市	292.50	11	淮南市	130.09	31
合肥市	291.86	12	无锡市	122.51	32
南京市	287.82	13	嘉兴市	120.89	33
宿州市	287.51	14	丽水市	100.04	34
台州市	282.08	15	马鞍山市	94.10	35
滁州市	249.39	16	衢州市	86.51	36
亳州市	238.19	17	池州市	83.89	37
蚌埠市	234.32	18	淮北市	72.83	38
六安市	217.08	19	黄山市	61.76	39
安庆市	216.08	20	铜陵市	52.73	40

第四节　长三角地区各县（市）第一产业发展情况

2019年，长三角地区各县（市）第一产业产值情况见下表，大部分县（市）第一产业产值总量上升，排名前十位的依次是邳州市、兴化市、沛县、东台市、沭阳县、睢宁县、射阳县、丰县、高邮市、新沂市。

表2 2019年长三角地区各县(市)地区第一产业产值情况

地区	总值(亿元)	排名	地区	总值(亿元)	排名	地区	总值(亿元)	排名
邳州市	149.73	1	海门市	63.90	32	金湖县	44.38	63
兴化市	128.12	2	萧　县	63.24	33	凤阳县	41.30	64
沛　县	113.60	3	定远县	63.05	34	岱山县	39.52	65
东台市	109.51	4	灌南县	62.70	35	嵊州市	39.19	66
沭阳县	106.46	5	五河县	60.52	36	常熟市	38.92	67
睢宁县	106.43	6	蒙城县	60.02	37	巢湖市	38.51	68
射阳县	95.31	7	灵璧县	59.22	38	明光市	38.18	69
丰　县	90.84	8	阜南县	57.45	39	淳安县	38.14	70
高邮市	86.15	9	颍上县	57.26	40	砀山县	38.08	71
新沂市	85.67	10	霍邱县	57.09	41	玉环市	37.11	72
如东县	84.60	11	泗　县	56.85	42	天长市	36.10	73
临泉县	81.41	12	庐江县	56.31	43	江阴市	36.08	74
泗洪县	81.36	13	慈溪市	55.72	44	凤台县	35.91	75
启东市	79.60	14	肥西县	55.00	45	建德市	35.54	76
宝应县	79.49	15	建湖县	54.99	46	苍南县	35.45	77
东海县	78.90	16	太和县	54.22	47	长兴县	35.03	78
温岭市	77.70	17	利辛县	52.42	48	嵊泗县	33.95	79
象山县	77.22	18	溧阳市	52.14	49	三门县	33.43	80
灌云县	75.10	19	无为县	51.21	50	舒城县	33.24	81
如皋市	72.40	20	涡阳县	51.15	51	南陵县	32.66	82
固镇县	72.14	21	宜兴市	49.92	52	当涂县	32.60	83
怀远县	71.21	22	寿　县	49.92	53	太仓市	32.59	84
盱眙县	68.66	23	濉溪县	49.01	54	东至县	31.58	85
滨海县	67.39	24	丹阳市	48.71	55	桐城市	31.24	86
泗阳县	66.49	25	临海市	48.02	56	昆山市	30.34	87
海安县	66.10	26	句容市	47.90	57	望江县	29.81	88
肥东县	65.94	27	余姚市	47.74	58	界首市	29.18	89
涟水县	65.68	28	诸暨市	47.70	59	张家港市	28.82	90
阜宁县	65.65	29	响水县	46.60	60	枞阳县	28.40	91
泰兴市	65.41	30	宁海县	46.27	61	太湖县	28.36	92
长丰县	64.17	31	宿松县	45.07	62	安吉县	27.72	93

续表

地区	总值(亿元)	排名	地区	总值(亿元)	排名	地区	总值(亿元)	排名
和　县	26.77	94	乐清市	20.36	115	平湖市	12.55	136
潜山市	26.36	95	泾　县	18.77	116	青阳县	12.39	137
兰溪市	26.09	96	平阳县	18.61	117	遂昌县	11.94	138
靖江市	25.70	97	歙　县	18.34	118	磐安县	11.73	139
全椒县	25.64	98	海宁市	18.27	119	缙云县	11.43	140
瑞安市	25.10	99	郎溪县	17.91	120	繁昌县	11.14	141
桐庐县	25.03	100	东阳市	17.54	121	浦江县	10.26	142
广德县	24.24	101	霍山县	17.40	122	青田县	9.57	143
来安县	24.09	102	海盐县	17.21	123	泰顺县	9.48	144
桐乡市	23.51	103	永嘉县	16.07	124	文成县	9.34	145
宁国市	23.50	104	岳西县	15.68	125	永康市	8.24	146
德清县	23.43	105	仙居县	15.62	126	常山县	8.00	147
嘉善县	23.25	106	扬中市	15.57	127	旌德县	7.85	148
仪征市	23.03	107	武义县	15.49	128	祁门县	7.13	149
江山市	22.70	108	龙泉市	15.26	129	庆元县	6.85	150
怀宁县	22.68	109	天台县	14.76	130	景宁自治县	6.42	151
义乌市	22.58	110	休宁县	13.86	131	云和县	4.85	152
新昌县	22.10	111	开化县	13.65	132	石台县	4.75	153
含山县	21.86	112	龙游县	13.64	133	黟　县	3.94	154
金寨县	20.83	113	绩溪县	13.31	134			
芜湖县	20.38	114	松阳县	13.17	135			

第三章　长三角地区第二产业发展情况

第一节　长三角地区第二产业发展总体情况

2019 年,长三角三省一市工业运行总体平稳,并且与国民经济整体保持同步,实现中高速增长。江苏、浙江、安徽三省工业增加值增长相对较快,上海的工业效益和投资增速相对较高。长三角地区工业增加值增长情况与全国相似,工业出口受到较大冲击,但工业效益和投资情况都好于全国。第二产业产值达到 96474.17 亿元,名义增长 5.0%。

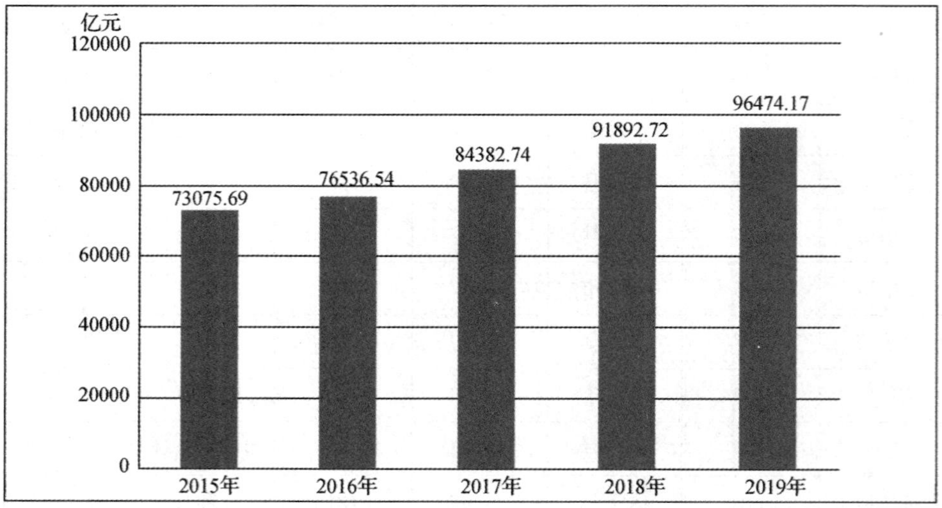

图 1　2015—2019 年长三角地区第二产业产值情况

第二节　上海市、江苏省、浙江省和安徽省第二产业发展情况

2019 年,长三角三省一市第二产业增加值分别为:江苏 44270.51 亿元,比上年增长 5.9%;安徽 15337.90 亿元,比上年增长 8.0%;浙江 26566.6 亿元,比上年增长 5.9%;上海 10299.16 亿元,比上年增长 0.5%。

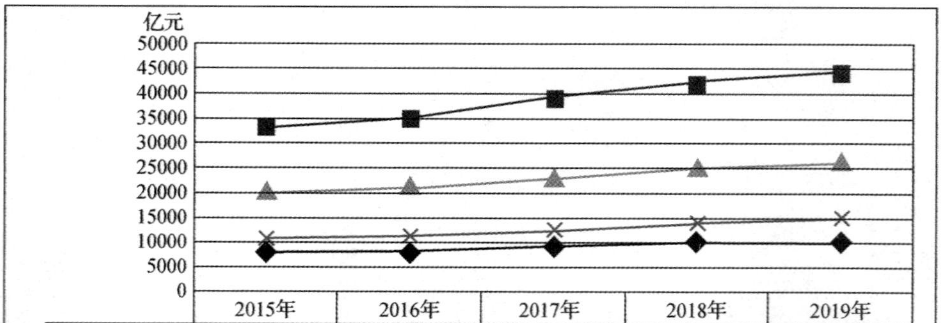

	2015年	2016年	2017年	2018年	2019年
上海市	8259.03	8406.28	9330.67	10360.78	10299.16
江苏省	33371.77	35041.53	39124.11	42129.37	44270.51
浙江省	20606.55	21571.25	23246.72	25308.13	26566.60
安徽省	10838.34	11517.48	12681.24	14094.44	15337.90

图 2　2015—2019 年上海、江苏、浙江和安徽第二产业产值情况

第三节　长三角地区各省辖市第二产业发展情况

2019年，长三角三省一市工业生产小幅增长，企业经营效益良好。40个地市的第二产业产值均有不同程度的增长，排在前五位的依次是苏州市(9130.18亿元)、宁波市(5782.92亿元)、无锡市(5627.88亿元)、南京市(5040.85亿元)和杭州市(4875.07亿元)。

表1　2019年长三角地区各省辖市第二产业产值情况

地区	总值(亿元)	排名	地区	总值(亿元)	排名
苏州市	9130.18	1	湖州市	1595.40	21
宁波市	5782.92	2	滁州市	1427.61	22
无锡市	5627.88	3	连云港市	1363.15	23
南京市	5040.85	4	宿迁市	1324.35	24
杭州市	4875.07	5	安庆市	1069.66	25
南通市	4602.10	6	马鞍山市	1033.32	26
常州市	3529.17	7	阜阳市	1033.22	27
合肥市	3415.32	8	蚌埠市	845.87	28
嘉兴市	2892.55	9	宣城市	738.36	29
徐州市	2886.17	10	宿州市	710.34	30
温州市	2811.93	11	衢州市	651.12	31
扬州市	2778.21	12	亳州市	621.84	32
绍兴市	2770.77	13	六安市	585.39	33
泰州市	2525.98	14	丽水市	571.34	34
盐城市	2371.59	15	淮南市	527.57	35
台州市	2339.90	16	舟山市	475.53	36
镇江市	2004.79	17	淮北市	460.64	37
金华市	1833.03	18	铜陵市	444.79	38
芜湖市	1756.87	19	池州市	367.36	39
淮安市	1617.18	20	黄山市	283.35	40

第四节　长三角地区各县(市)第二产业发展情况

2019年，长三角地区各县(市)第二产业产值情况见下表，总量较上年均有不同程度的增加，排名前十位的依次是昆山市、江阴市、张家港市、慈溪市、常熟市、宜兴市、海门市、余姚市、太仓市和诸暨市。

表 2　2019 年长三角地区各县(市)第二产业产值情况

地区	总值(亿元)	排名	地区	总值(亿元)	排名	地区	总值(亿元)	排名
昆山市	2072.49	1	长兴县	355.64	32	泗阳县	215.66	63
江阴市	2042.02	2	兴化市	346.55	33	安吉县	211.83	64
张家港市	1308.48	3	永康市	341.96	34	宁国市	210.38	65
慈溪市	1146.40	4	肥西县	341.96	35	射阳县	207.17	66
常熟市	1123.23	5	玉环市	339.85	36	界首市	202.81	67
宜兴市	924.22	6	嘉善县	330.96	37	滨海县	201.40	68
海门市	695.70	7	海盐县	324.97	38	兰溪市	200.44	69
余姚市	664.08	8	天长市	324.97	39	桐城市	197.27	70
太仓市	651.10	9	沛　县	324.39	40	太和县	194.84	71
诸暨市	646.85	10	临海市	323.96	41	永嘉县	191.73	72
海安市	611.00	11	东台市	312.90	42	泗洪县	186.90	73
如皋市	597.40	12	德清县	310.18	43	巢湖市	184.70	74
丹阳市	588.57	13	句容市	286.77	44	建德市	184.53	75
启东市	581.30	14	嵊州市	283.67	45	怀远县	183.94	76
海宁市	581.06	15	东阳市	283.10	46	响水县	179.03	77
乐清市	557.41	16	苍南县	267.79	47	桐庐县	177.60	78
泰兴市	556.20	17	新沂市	265.42	48	凤阳县	176.03	79
靖江市	540.91	18	扬中市	262.31	49	丰　县	173.94	80
如东县	523.00	19	长丰县	244.62	50	繁昌县	172.50	81
溧阳市	513.96	20	无为县	240.73	51	灌南县	171.70	82
桐乡市	510.50	21	睢宁县	240.34	52	颍上县	170.34	83
温岭市	503.56	22	建湖县	237.73	53	芜湖县	167.77	84
平湖市	468.53	23	象山县	237.43	54	萧　县	162.51	85
瑞安市	460.11	24	阜宁县	234.74	55	怀宁县	160.42	86
仪征市	423.03	25	濉溪县	233.34	56	庐江县	159.09	87
义乌市	418.03	26	当涂县	230.56	57	盱眙县	159.05	88
高邮市	405.86	27	肥东县	229.39	58	广德县	154.62	89
沭阳县	395.81	28	平阳县	228.84	59	来安县	153.62	90
邳州市	390.74	29	新昌县	223.80	60	凤台县	152.28	91
宁海县	363.61	30	涟水县	223.44	61	江山市	136.12	92
宝应县	360.29	31	东海县	215.75	62	舒城县	135.61	93

续表

地区	总值(亿元)	排名	地区	总值(亿元)	排名	地区	总值(亿元)	排名
金湖县	135.39	94	潜山市	93.13	115	龙泉市	52.05	136
涡阳县	134.89	95	临泉县	88.94	116	泾　县	49.92	137
武义县	132.53	96	东至县	86.54	117	岳西县	48.91	138
灌云县	127.47	97	阜南县	84.55	118	遂昌县	48.49	139
固镇县	122.33	98	金寨县	80.77	119	松阳县	46.97	140
岱山县	120.31	99	望江县	79.21	120	磐安县	45.05	141
天台县	119.66	100	泗　县	78.61	121	云和县	44.65	142
南陵县	117.97	101	砀山县	78.49	122	休宁县	43.10	143
全椒县	116.87	102	淳安县	77.96	123	绩溪县	39.94	144
三门县	115.44	103	含山县	76.95	124	枞阳县	38.66	145
仙居县	109.02	104	太湖县	73.64	125	泰顺县	37.10	146
蒙城县	106.44	105	歙　县	72.84	126	庆元县	29.55	147
缙云县	106.21	106	灵璧县	69.05	127	祁门县	24.39	148
青田县	104.54	107	明光市	69.00	128	文成县	24.29	149
龙游县	99.54	108	霍山县	68.47	129	旌德县	21.12	150
定远县	99.31	109	常山县	63.02	130	嵊泗县	19.55	151
浦江县	97.69	110	寿　县	59.66	131	景宁自治县	17.04	152
利辛县	97.68	111	青阳县	57.02	132	黟　县	13.71	153
郎溪县	97.44	112	五河县	55.58	133	石台县	6.52	154
宿松县	95.94	113	霍邱县	52.59	134			
和　县	93.92	114	开化县	52.42	135			

第四章　长三角地区第三产业发展情况

第一节　长三角地区第三产业发展总体情况

2019 年,长三角地区服务业继续呈现较快的增长势头。全年长三角地区第三产业增加值平均增长 7.5%,较上年增速略有下降,但仍较同期地区经济增速高近 1 个百分点。除安徽外,2019 年长三角各省市第三产业增速均快于第一产业和第二产业,是拉动地区经济增长的重要产业动力。安徽的第三产业比重首次超过第二产业,这意味着长三角地区三省一市均已形成“三、二、一”型产业结构,第三产业增加值在地区生产总值中的比重超过 50%。

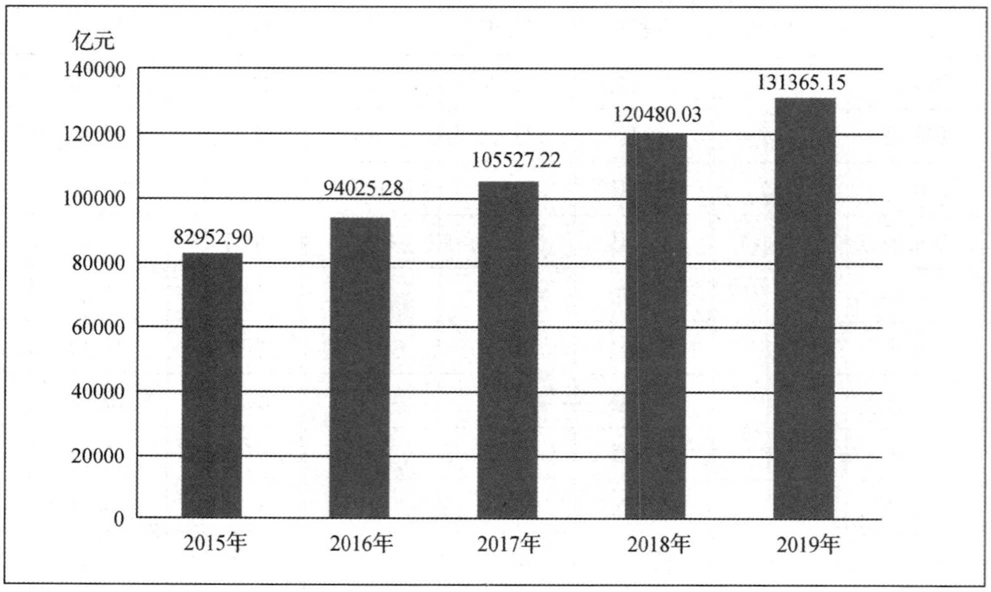

图 1　2015—2019 年长三角地区第三产业产值情况

第二节　上海市、江苏省、浙江省和安徽省第三产业发展情况

2019 年,长三角三省一市第三产业发展情况良好,占 GDP 比重有不同程度的增长,增加值分别为:江苏 51064.73 亿元,比上年增长 6.6%;安徽 18860.38 亿元,比上年增长 7.7%;浙江 33687.76 亿元,比上年增长 7.8%;上海 27752.28 亿元,比上年增长 8.2%。

2019 年,长三角地区服务业几大传统行业(批发和零售业,交通运输、仓储和邮政业,住宿和餐饮业,金融业,房地产业)增速普遍低于服务业总体增速,尤其是浙江出现两位数下降。但与此同时,以数字经济、互联网信息技术等为代表的信息传输、软件和信息技术服务业普遍呈现高速增长态势。上海、江苏、浙江、安徽的信息传输、软件和信息技术服务业比上年分别增长 14.8%、18.8%、22.0%和 22.7%。

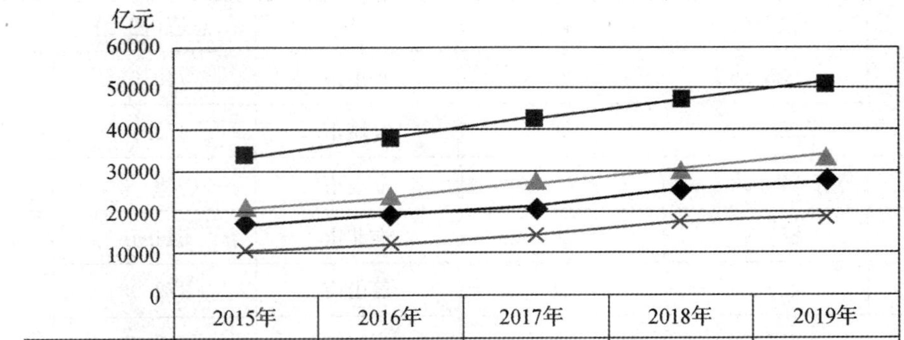

	2015年	2016年	2017年	2018年	2019年
上海市	17274.62	19662.89	21191.54	25546.26	27752.28
江苏省	33931.69	38269.57	42700.49	46936.47	51064.73
浙江省	21129.81	23792.36	27222.48	30718.83	33687.76
安徽省	10616.78	12300.46	14412.71	17278.47	18860.38

图 2　2015—2019 年上海、江苏、浙江和安徽第三产业产值情况

第三节　长三角地区各省辖市第三产业发展情况

2019 年，长三角地区 40 个地级市第三产业产值持续增长，排序前五名的依次是杭州市(10172.28 亿元)、苏州市(9908.92 亿元)、南京市(8701.48 亿元)、无锡市(6101.93 亿元)、宁波市(5879.93 亿元)。

表 1　2019 年长三角地区各省辖市第三产业产值情况

地区	总值(亿元)	排名	地区	总值(亿元)	排名
杭州市	10172.28	1	金华市	2581.06	14
苏州市	9908.92	2	台州市	2512.07	15
南京市	8701.48	3	嘉兴市	2356.88	16
无锡市	6101.93	4	泰州市	2314.88	17
宁波市	5879.93	5	镇江市	1982.11	18
合肥市	5702.22	6	淮安市	1867.82	19
南通市	4352.45	7	芜湖市	1714.82	20
常州市	3714.69	8	宿迁市	1450.29	21
温州市	3642.46	9	连云港市	1413.44	22
徐州市	3582.35	10	湖州市	1393.23	23
绍兴市	2801.56	11	阜阳市	1321.33	24
扬州市	2779.07	12	滁州市	1232.07	25
盐城市	2710.77	13	安庆市	1094.78	26

续表

地区	总值(亿元)	排名	地区	总值(亿元)	排名
马鞍山市	983.56	27	舟山市	749.67	34
宿州市	980.90	28	宣城市	673.18	35
蚌埠市	976.98	29	淮南市	638.52	36
亳州市	888.97	30	淮北市	544.48	37
衢州市	835.88	31	黄山市	472.93	38
六安市	817.66	32	铜陵市	462.65	39
丽水市	805.23	33	池州市	380.48	40

第四节　长三角地区各县(市)第三产业发展情况

2019年,长三角地区各县(市)第三产业产值情况见下表,排名前十的次序与上年基本相同,只有诸暨市超过海门市进入前十。依次是昆山市、江阴市、张家港市、常熟市、义乌市、宜兴市、慈溪市、太仓市、乐清市和诸暨市。

表2　2019年长三角地区各县(市)第三产业产值情况

地区	总值(亿元)	排名	地区	总值(亿元)	排名	地区	总值(亿元)	排名
昆山市	1942.23	1	沭阳县	447.90	20	长兴县	302.60	39
江阴市	1923.02	2	如东县	445.70	21	宝应县	293.13	40
张家港市	1209.96	3	溧阳市	444.44	22	长丰县	292.63	41
常熟市	1107.67	4	桐乡市	434.15	23	宁海县	291.20	42
义乌市	980.53	5	海宁市	427.23	24	平湖市	284.70	43
宜兴市	795.98	6	邳州市	419.24	25	永康市	279.37	44
慈溪市	696.52	7	东台市	419.08	26	建湖县	273.24	45
太仓市	641.29	8	靖江市	412.96	27	嘉善县	272.59	46
乐清市	632.16	9	肥西县	406.90	28	嵊州市	266.28	47
诸暨市	617.81	10	兴化市	397.15	29	睢宁县	265.90	48
海门市	592.80	11	肥东县	360.35	30	平阳县	262.84	49
如皋市	545.30	12	苍南县	348.98	31	射阳县	261.39	50
温岭市	523.87	13	仪征市	345.66	32	阜宁县	254.67	51
瑞安市	518.75	14	沛　县	339.97	33	巢湖市	251.83	52
启东市	496.60	15	临海市	339.94	34	涟水县	243.15	53
丹阳市	484.72	16	东阳市	337.81	35	庐江县	242.42	54
泰兴市	462.29	17	新沂市	335.31	36	玉环市	240.54	55
海安市	456.10	18	句容市	326.96	37	永嘉县	236.72	56
余姚市	454.44	19	高邮市	326.72	38	象山县	233.94	57

续表

地区	总值(亿元)	排名	地区	总值(亿元)	排名	地区	总值(亿元)	排名
东海县	231.64	58	灌南县	147.25	91	宿松县	92.12	124
安吉县	230.04	59	金湖县	145.35	92	枞阳县	91.52	125
泗洪县	227.19	60	江山市	144.59	93	岱山县	88.47	126
滨海县	223.54	61	广德县	142.31	94	潜山市	88.37	127
泗阳县	219.29	62	淳安县	138.40	95	太湖县	87.18	128
蒙城县	217.11	63	阜南县	136.22	96	金寨县	86.06	129
扬中市	209.96	64	来安县	133.47	97	东至县	84.56	130
新昌县	205.56	65	宁国市	133.44	98	开化县	80.73	131
太和县	205.38	66	五河县	132.68	99	常山县	79.35	132
丰　县	203.45	67	和　县	132.53	100	望江县	76.07	133
德清县	203.39	68	舒城县	130.59	101	龙泉市	75.24	134
临泉县	199.38	69	青田县	129.37	102	霍山县	75.21	135
海盐县	197.48	70	明光市	128.08	103	文成县	71.28	136
无为县	195.06	71	芜湖县	127.25	104	青阳县	65.57	137
盱眙县	190.85	72	泗　县	126.50	105	郎溪县	64.77	138
颍上县	184.15	73	全椒县	124.99	106	遂昌县	64.23	139
桐庐县	183.76	74	仙居县	124.56	107	泰顺县	64.02	140
当涂县	182.14	75	砀山县	124.20	108	嵊泗县	60.53	141
怀远县	182.04	76	浦江县	122.20	109	磐安县	58.66	142
凤阳县	180.22	77	南陵县	122.11	110	岳西县	57.81	143
濉溪县	178.65	78	龙游县	118.77	111	泾　县	57.56	144
涡阳县	176.63	79	怀宁县	117.23	112	松阳县	55.42	145
利辛县	174.48	80	三门县	116.87	113	休宁县	52.73	146
建德市	163.18	81	繁昌县	114.84	114	景宁自治县	45.55	147
天长市	163.09	82	缙云县	114.38	115	祁门县	44.49	148
响水县	160.15	83	武义县	113.52	116	庆元县	41.98	149
兰溪市	159.17	84	凤台县	111.11	117	绩溪县	34.68	150
灌云县	156.62	85	界首市	110.87	118	云和县	33.43	151
天台县	156.61	86	霍邱县	108.09	119	黟　县	25.09	152
灵璧县	153.93	87	寿　县	103.20	120	旌德县	23.60	153
萧　县	152.85	88	固镇县	103.02	121	石台县	16.72	154
桐城市	152.36	89	歙　县	101.93	122			
定远县	148.64	90	含山县	96.51	123			

第五章 长三角地区财政收入情况

第一节 长三角地区财政收入情况

2019 年，长三角地区一般财政预算收入稳定增长，三省一市合计收入达 26198.17 亿元。

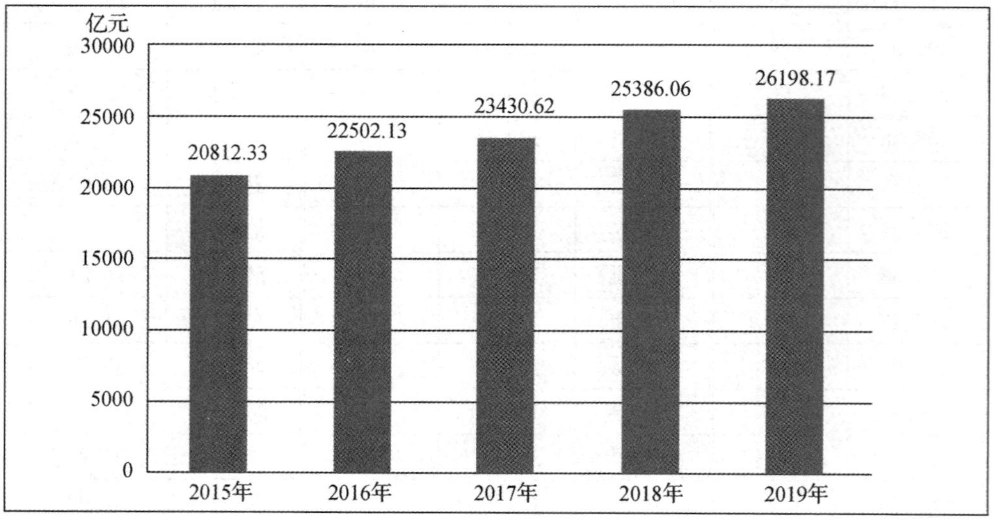

图 1 2015—2019 年长三角地区财政预算收入情况

第二节 上海市、江苏省、浙江省和安徽省财政收入情况

2019 年，江苏完成一般公共预算收入 8802.36 亿元，同口径增长 2.0%。其中，税收收入 7339.6 亿元，增长 1.0%。上海完成一般公共预算收入 7165.10 亿元，比上年增长 0.8%。其中，增值税 2766.85 亿元，增长 5.4%；企业所得税 1452.11 亿元，减少 4.4%；个人所得税 603.73 亿元，减少 21.6%；契税 315.18 亿元，增长 10.6%。浙江实现一般公共预算收入 7048 亿元，比上年增长 6.8%。其中，税收收入 5898 亿元，增长 5.6%。安徽完成一般公共预算收入 3183 亿元，比上年增长 4.4%。其中，增值税 942.3 亿元。

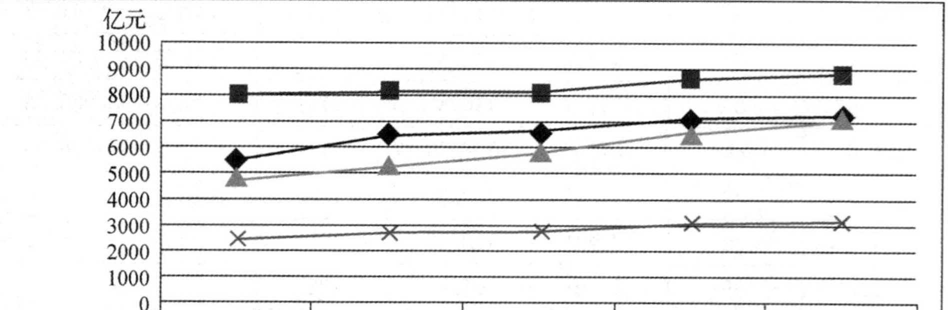

	2015年	2016年	2017年	2018年	2019年
上海市	5519.50	6406.13	6642.26	7108.15	7165.10
江苏省	8028.59	8121.23	8171.53	8630.16	8802.36
浙江省	4809.94	5301.98	5804.38	6598.08	7048.00
安徽省	2454.30	2672.79	2812.45	3048.67	3182.71

图 2 2015—2019 年上海、江苏、浙江和安徽一般财政预算收入情况

第三节　长三角地区各省辖市财政收入情况

2019年，长三角地区各省辖市财政金融运行平稳，一般财政预算收入保持增长，排名前五的依次为苏州市(2221.81亿元)、杭州市(1965.97亿元)、南京市(1580.03亿元)、宁波市(1468.51亿元)、无锡市(1036.33亿元)。

表1　2019年长三角地区各省辖市财政收入情况

地区	总值(亿元)	排名	地区	总值(亿元)	排名
苏州市	2221.81	1	淮安市	257.31	21
杭州市	1965.97	2	连云港市	242.44	22
南京市	1580.03	3	滁州市	214.61	23
宁波市	1468.51	4	宿迁市	212.60	24
无锡市	1036.33	5	阜阳市	200.63	25
合肥市	745.99	6	宣城市	165.07	26
南通市	619.26	7	蚌埠市	163.28	27
常州市	590.03	8	马鞍山市	158.35	28
温州市	578.97	9	舟山市	154.86	29
嘉兴市	565.69	10	丽水市	139.83	30
绍兴市	528.37	11	衢州市	137.12	31
徐州市	468.32	12	安庆市	137.01	32
台州市	438.50	13	宿州市	130.17	33
金华市	411.30	14	六安市	126.19	34
盐城市	383.00	15	亳州市	126.11	35
泰州市	365.67	16	淮南市	109.41	36
扬州市	328.79	17	黄山市	81.07	37
芜湖市	321.79	18	铜陵市	77.58	38
湖州市	316.07	19	淮北市	75.49	39
镇江市	306.85	20	池州市	63.59	40

第四节　长三角地区各县(市)财政收入情况

2019年，长三角地区各县(市)一般财政预算收入情况见下表，大部分县(市)较上年有所增长，排在前十位的依次为昆山市(407.31亿元)、江阴市(256.58亿元)、张家港市(247.00亿元)、常熟市(203.02亿元)、慈溪市(201.69亿元)、太仓市(162.97亿元)、宜兴市(123.85亿元)、余姚市(107.23亿元)、义乌市(101.22亿元)、乐清市(99.69亿元)。

表 2　2019 年长三角地区各县(市)财政收入情况

地区	总值(亿元)	排名	地区	总值(亿元)	排名	地区	总值(亿元)	排名
昆山市	407.31	1	如东县	57.70	32	当涂县	30.13	63
江阴市	256.58	2	玉环市	53.92	33	凤台县	29.32	64
张家港市	247.00	3	安吉县	53.56	34	射阳县	28.60	65
常熟市	203.02	4	句容市	53.50	35	芜湖县	28.55	66
慈溪市	201.69	5	海盐县	52.28	36	丰　县	28.43	67
太仓市	162.97	6	东台市	52.00	37	兰溪市	28.28	68
宜兴市	123.85	7	肥西县	50.71	38	阜宁县	27.70	69
余姚市	107.23	8	仪征市	50.37	39	广德县	27.13	70
义乌市	101.22	9	沭阳县	47.90	40	武义县	27.03	71
乐清市	99.69	10	象山县	46.26	41	泗洪县	26.32	72
海宁市	97.02	11	肥东县	45.84	42	无为县	25.99	73
诸暨市	89.81	12	嵊州市	45.76	43	泗阳县	25.75	74
平湖市	88.45	13	沛　县	45.00	44	宝应县	24.87	75
泰兴市	80.59	14	新昌县	43.66	45	东海县	24.06	76
桐乡市	79.65	15	邳州市	42.87	46	颍上县	23.93	77
瑞安市	79.64	16	苍南县	42.46	47	怀远县	23.77	78
温岭市	78.27	17	长丰县	41.55	48	灌南县	23.52	79
海门市	71.02	18	兴化市	39.76	49	界首市	23.28	80
启东市	70.65	19	永嘉县	39.53	50	滨海县	23.20	81
溧阳市	70.27	20	睢宁县	38.04	51	巢湖市	23.16	82
如皋市	70.01	21	平阳县	38.03	52	涟水县	22.95	83
东阳市	69.90	22	天长市	37.72	53	灌云县	22.59	84
嘉善县	67.79	23	高邮市	36.80	54	金湖县	22.48	85
宁海县	66.02	24	新沂市	35.55	55	蒙城县	22.43	86
临海市	65.99	25	扬中市	34.01	56	天台县	22.33	87
长兴县	65.83	26	桐庐县	33.77	57	萧　县	22.24	88
德清县	65.66	27	繁昌县	32.25	58	响水县	22.00	89
海安市	62.66	28	建德市	31.10	59	来安县	21.94	90
丹阳市	62.01	29	宁国市	30.90	60	和　县	21.88	91
永康市	59.93	30	太和县	30.38	61	淳安县	21.09	92
靖江市	57.71	31	建湖县	30.16	62	仙居县	21.09	93

续表

地区	总值(亿元)	排名	地区	总值(亿元)	排名	地区	总值(亿元)	排名
南陵县	21.07	94	利辛县	15.72	115	龙泉市	9.79	136
全椒县	21.05	95	舒城县	15.47	116	文成县	9.63	137
青田县	21.02	96	泾　县	15.29	117	潜山县	9.06	138
凤阳县	20.86	97	固镇县	14.67	118	休宁县	8.91	139
郎溪县	20.73	98	金寨县	13.76	119	枞阳县	8.89	140
濉溪县	20.68	99	怀宁县	13.10	120	宿松县	8.39	141
江山市	20.54	100	阜南县	13.10	121	绩溪县	8.19	142
庐江县	20.42	101	五河县	13.04	122	松阳县	7.89	143
定远县	19.60	102	歙　县	12.76	123	溧泗县	7.80	144
浦江县	19.29	103	泗　县	12.25	124	景宁自治县	6.98	145
盱眙县	19.09	104	砀山县	12.22	125	望江县	6.49	146
桐城市	18.99	105	含山县	12.14	126	云和县	6.43	147
龙游县	18.93	106	常山县	11.79	127	旌德县	6.41	148
三门县	18.17	107	灵璧县	11.75	128	太湖县	6.09	149
涡阳县	18.02	108	遂昌县	10.96	129	岳西县	5.71	150
岱山县	17.60	109	磐安县	10.64	130	庆元县	5.48	151
霍邱县	17.35	110	东至县	10.45	131	祁门县	5.23	152
临泉县	17.16	111	霍山县	10.37	132	黟　县	3.98	153
缙云县	16.65	112	泰顺县	10.10	133	石台县	1.93	154
寿　县	16.27	113	青阳县	10.02	134			
明光市	15.92	114	开化县	9.95	135			

第六章　长三角地区城镇居民可支配收入情况

第一节　上海市、江苏省、浙江省和安徽省城镇居民可支配收入情况

2019 年,长三角地区城镇居民人均可支配收入保持持续增长,上海市城镇居民可支配收入达 73615 元,位列地区第一,增长 8.2%,扣除价格因素,实际增长 5.6%;其次是浙江省,城镇居民人均可支配收入 60182 元,增长 8.3%,扣除价格因素,实际增长 5.4%;江苏第三,城镇居民人均可支配收入 51056 元,增长 8.2%;安徽省城镇居民人均可支配收入 37540 元,增长 9.1%,扣除价格因素,实际增长 6.2%。

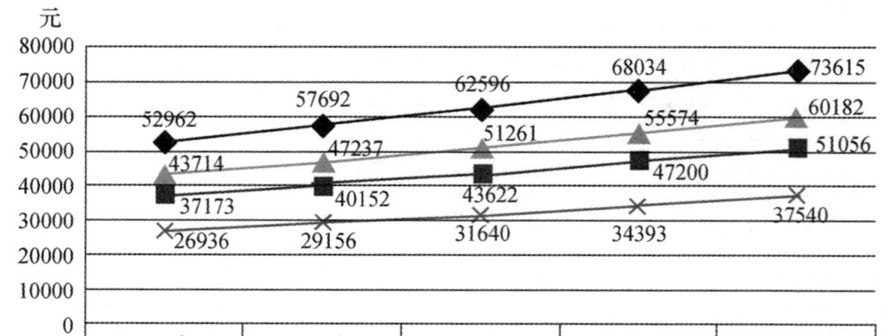

	2015年	2016年	2017年	2018年	2019年
上海市	52962	57692	62596	68034	73615
江苏省	37173	40152	43622	47200	51056
浙江省	43714	47237	51261	55574	60182
安徽省	26936	29156	31640	34393	37540

图 1　2015—2019 年上海、江苏、浙江和安徽城镇居民人均可支配收入情况

第二节　长三角地区各省辖市城镇居民可支配收入情况

2019 年,长三角地区各省辖市城镇居民人均可支配收入情况见下表,排名前五位的分别是苏州市(68629 元)、杭州市(66068 元)、宁波市(64886 元)、南京市(64372 元)、绍兴市(63935 元)。

表 1　2019 年长三角地区各省辖市城镇居民可支配收入情况

地区	总值(元)	排名	地区	总值(元)	排名
苏州市	68629	1	舟山市	61479	8
杭州市	66068	2	温州市	60957	9
宁波市	64886	3	台州市	60351	10
南京市	64372	4	金华市	59348	11
绍兴市	63935	5	湖州市	59028	12
嘉兴市	61940	6	常州市	58345	13
无锡市	61915	7	镇江市	52713	14

续表

地区	总值(元)	排名	地区	总值(元)	排名
南通市	50217	15	黄山市	36658	28
马鞍山市	49010	16	徐州市	36215	29
泰州市	47216	17	淮南市	35826	30
衢州市	46933	18	连云港市	35390	31
丽水市	46437	19	淮北市	34727	32
扬州市	45550	20	滁州市	34091	33
合肥市	45404	21	安庆市	34041	34
芜湖市	42064	22	池州市	33747	35
宣城市	39975	23	阜阳市	32844	36
铜陵市	39256	24	宿州市	32643	37
淮安市	38952	25	亳州市	32409	38
盐城市	38816	26	六安市	31788	39
蚌埠市	37028	27	宿迁市	30614	40

第三节　长三角地区各县(市)城镇居民可支配收入情况

2019年,长三角地区各县(市)城镇居民人均可支配收入见下表,排名前十位的依次为义乌市、玉环市、江阴市、张家港市、昆山市、常熟市、太仓市、诸暨市、海宁市和瑞安市。

表2　2019年长三角地区各县(市)城镇居民可支配收入情况

地区	总值(元)	排名	地区	总值(元)	排名	地区	总值(元)	排名
义乌市	77150	1	平湖市	62943	16	嵊泗县	54801	31
玉环市	71344	2	余姚市	61988	17	岱山县	54562	32
江阴市	69342	3	嵊州市	61271	18	桐庐县	54279	33
张家港市	69243	4	宁海县	61016	19	溧阳市	53478	34
昆山市	69168	5	桐乡市	60880	20	建德市	52899	35
常熟市	68962	6	新昌县	60167	21	丹阳市	52508	36
太仓市	68204	7	长兴县	59848	22	海门市	51870	37
诸暨市	67862	8	德清县	59431	23	句容市	51017	38
海宁市	65526	9	永康市	58877	24	苍南县	50803	39
瑞安市	64721	10	象山县	58747	25	平阳县	50767	40
乐清市	64442	11	宜兴市	58515	26	靖江市	50725	41
慈溪市	63964	12	扬中市	57829	27	永嘉县	49489	42
海盐县	63733	13	安吉县	56954	28	江山市	49465	43
嘉善县	63287	14	东阳市	56245	29	天台县	48984	44
温岭市	62948	15	临海市	55915	30	三门县	48875	45

续表

地区	总值(元)	排名	地区	总值(元)	排名	地区	总值(元)	排名
龙泉市	48439	46	无为市	38332	83	东至县	32123	120
浦江县	48326	47	南陵县	37901	84	新沂市	32069	121
遂昌县	48254	48	开化县	37762	85	全椒县	31973	122
龙游县	48242	49	建湖县	37558	86	利辛县	31756	123
如皋市	47982	50	长丰县	36641	87	砀山县	31502	124
青田县	47954	51	邳州市	36419	88	霍山县	31420	125
如东县	47844	52	凤台县	36118	89	濉溪县	31379	126
启东市	47430	53	和　县	35911	90	灌南县	31170	127
淳安县	47056	54	绩溪县	35570	91	明光市	30865	128
海安市	46958	55	来安县	35219	92	萧　县	30840	129
泰兴市	46915	56	东海县	34922	93	定远县	30372	130
仪征市	46427	57	沛　县	34920	94	沭阳县	30269	131
缙云县	45586	58	含山县	34743	95	望江县	30173	132
兰溪市	44711	59	庐江县	34549	96	临泉县	30136	133
云和县	44155	60	青阳县	34543	97	阜南县	30123	134
宁国市	44067	61	怀宁县	34474	98	泗阳县	29964	135
仙居县	43940	62	宝应县	34455	99	睢宁县	29923	136
广德市	43225	63	界首市	34364	100	舒城县	29707	137
兴化市	42856	64	射阳县	33901	101	石台县	29580	138
武义县	42813	65	滨海县	33782	102	泗　县	29571	139
文成县	42116	66	休宁县	33648	103	灵璧县	29461	140
磐安县	41736	67	歙　县	33561	104	丰　县	29437	141
东台市	41374	68	祁门县	33460	105	泗洪县	29303	142
当涂县	41017	69	桐城市	33394	106	灌云县	29291	143
肥西县	40667	70	固镇县	33284	107	太湖县	29096	144
泰顺县	40622	71	潜山市	33191	108	涡阳县	28767	145
庆元县	40496	72	太和县	32800	109	旌德县	28714	146
松阳县	40432	73	天长市	32723	110	枞阳县	28492	147
高邮市	40203	74	蒙城县	32557	111	宿松县	28331	148
景宁自治县	40014	75	泾　县	32529	112	岳西县	28312	149
金湖县	39677	76	黟　县	32508	113	霍邱县	27973	150
常山县	39654	77	五河县	32504	114	凤阳县	27921	151
芜湖县	39348	78	阜宁县	32480	115	巢湖市	27678	152
盱眙县	39297	79	颍上县	32458	116	金寨县	27440	153
繁昌县	39236	80	怀远县	32440	117	寿　县	26964	154
郎溪县	39010	81	涟水县	32327	118			
肥东县	38346	82	响水县	32313	119			

第七章 长三角地区农村居民可支配收入情况

第一节 上海市、江苏省、浙江省和安徽省农村居民人均可支配收入情况

2019 年，长三角地区城乡居民收入差距进一步缩小，农村居民人均可支配收入增速高于城镇居民可支配收入，上海市农村居民可支配收入达 33195 元，位列第一，增长 9.3%，扣除价格因素，实际增长 6.6%；其次是浙江省，农村居民人均可支配收入 29876 元，增长 9.4%，扣除价格因素，实际增长 6.0%；江苏第三，农村居民人均可支配收入 22675 元，增长 8.8%；安徽省农村居民人均可支配收入 15416 元，增长 10.1%，扣除价格因素，实际增长 7.1%。

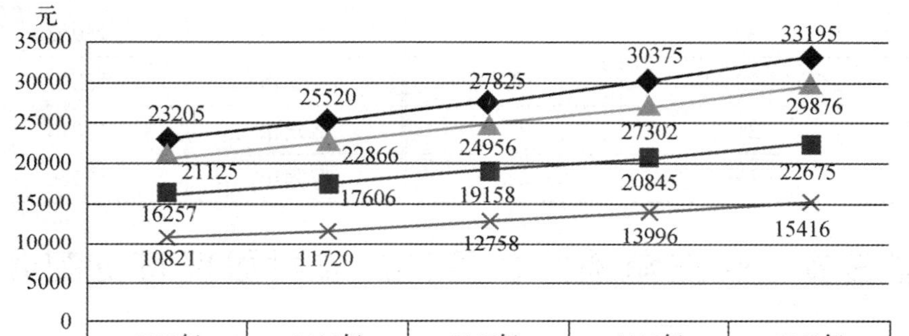

	2015年	2016年	2017年	2018年	2019年
上海市	23205	25520	27825	30375	33195
江苏省	16257	17606	19158	20845	22675
浙江省	21125	22866	24956	27302	29876
安徽省	10821	11720	12758	13996	15416

图 1　2015—2019 年上海、江苏、浙江和安徽农村居民人均可支配收入情况

第二节 长三角地区各省辖市农村居民人均可支配收入情况

2019 年，长三角地区各省辖市农村居民人均可支配收入情况见下表，排名前五位的均是浙江省辖市，分别是嘉兴市(37413 元)、舟山市(36784 元)、宁波市(36632 元)、杭州市(36255 元)、绍兴市(36120 元)。

表 1　2019 年长三角地区各省辖市农村居民可支配收入情况

地区	总值(元)	排名	地区	总值(元)	排名
嘉兴市	37413	1	绍兴市	36120	5
舟山市	36784	2	苏州市	35152	6
宁波市	36632	3	湖州市	34803	7
杭州市	36255	4	无锡市	33574	8

续表

地区	总值(元)	排名	地区	总值(元)	排名
常州市	30491	9	淮安市	18567	25
台州市	30221	10	宿迁市	18121	26
温州市	30211	11	连云港市	18061	27
金华市	28511	12	宣城市	17542	28
南京市	27636	13	黄山市	16970	29
镇江市	26785	14	蚌埠市	16666	30
衢州市	24426	15	池州市	16099	31
南通市	24303	16	铜陵市	15791	32
马鞍山市	23473	17	滁州市	14487	33
扬州市	23333	18	安庆市	14347	34
泰州市	23116	19	淮南市	14250	35
芜湖市	22745	20	亳州市	14102	36
合肥市	22462	21	淮北市	14052	37
盐城市	22258	22	六安市	13244	38
丽水市	21931	23	宿州市	13213	39
徐州市	19873	24	阜阳市	13079	40

第三节　长三角地区各县(市)农村居民可支配收入情况

2019 年,长三角地区各县(市)农村居民人均可支配收入见下表,排名前十位的均为浙江县(市),依次为义乌市、诸暨市、海宁市、桐乡市、慈溪市、嘉善县、海盐县、平湖市、岱山县和余姚市。

表 2　2019 年长三角地区各县(市)农村居民可支配收入情况

地区	总值(元)	排名	地区	总值(元)	排名	地区	总值(元)	排名
义乌市	39529	1	嵊泗县	35492	15	永康市	30831	29
诸暨市	39380	2	乐清市	35478	16	新昌县	30755	30
海宁市	38739	3	张家港市	35453	17	扬中市	30636	31
桐乡市	38197	4	玉环市	35340	18	宜兴市	30434	32
慈溪市	38081	5	长兴县	35274	19	临海市	30131	33
嘉善县	38057	6	太仓市	35198	20	建德市	28669	34
海盐县	37801	7	宁海县	33864	21	溧阳市	28292	35
平湖市	37219	8	温岭市	33842	22	丹阳市	27807	36
岱山县	36903	9	瑞安市	33497	23	海门市	26858	37
余姚市	36811	10	安吉县	33488	24	三门县	26601	38
江阴市	36095	11	象山县	33435	25	当涂县	26563	39
德清县	36013	12	嵊州市	32131	26	江山市	26391	40
昆山市	35779	13	桐庐县	31940	27	如皋市	25714	41
常熟市	35576	14	东阳市	31727	28	东台市	25479	42

续表

地区	总值(元)	排名	地区	总值(元)	排名	地区	总值(元)	排名
靖江市	25317	43	金湖县	20414	81	灌南县	16128	119
青田县	25222	44	无为县	20187	82	东至县	16076	120
平阳县	24957	45	天长市	20181	83	凤台县	16019	121
龙游县	24856	46	阜宁县	20030	84	泾　县	15684	122
芜湖县	24684	47	景宁自治县	20005	85	全椒县	14743	123
南陵县	24674	48	广德县	19907	86	霍山县	14737	124
天台县	24644	49	邳州市	19896	87	绩溪县	14461	125
永嘉县	24550	50	宁国市	19747	88	蒙城县	14460	126
繁昌县	24543	51	武义县	19656	89	来安县	14361	127
苍南县	24320	52	磐安县	19461	90	界首市	14259	128
句容市	24223	53	滨海县	19396	91	旌德县	14061	129
肥西县	24076	54	松阳县	19371	92	濉溪县	14012	130
肥东县	23594	55	文成县	19128	93	定远县	13541	131
龙泉市	23459	56	开化县	19001	94	砀山县	13506	132
如东县	23354	57	新沂市	18876	95	枞阳县	13495	133
浦江县	23306	58	庆元县	18856	96	明光市	13436	134
泰兴市	23221	59	泰顺县	18805	97	太和县	13372	135
仙居县	22962	60	东海县	18782	98	舒城县	13267	136
仪征市	22459	61	盱眙县	18727	99	潜山县	13237	137
常山县	22149	62	响水县	18562	100	灵璧县	13232	138
启东市	22135	63	沭阳县	18389	101	涡阳县	13230	139
巢湖市	22106	64	丰　县	18273	102	颍上县	13213	140
建湖县	22090	65	泗阳县	18138	103	萧　县	13161	141
高邮市	21941	66	睢宁县	18029	104	利辛县	13082	142
宝应县	21929	67	泗洪县	17713	105	望江县	13006	143
海安县	21912	68	涟水县	17335	106	岳西县	12861	144
兰溪市	21874	69	黟　县	17093	107	宿松县	12860	145
兴化市	21824	70	郎溪县	16972	108	凤阳县	12764	146
长丰县	21515	71	青阳县	16945	109	太湖县	12727	147
射阳县	21512	72	桐城市	16894	110	泗　县	12675	148
缙云县	21489	73	怀远县	16893	111	临泉县	12573	149
淳安县	21074	74	灌云县	16856	112	阜南县	12451	150
庐江县	21012	75	固镇县	16843	113	霍邱县	12402	151
和　县	20815	76	歙　县	16817	114	金寨县	12351	152
遂昌县	20749	77	休宁县	16765	115	寿　县	12199	153
含山县	20668	78	五河县	16753	116	石台县	11596	154
沛　县	20496	79	祁门县	16746	117			
云和县	20467	80	怀宁县	16305	118			

第三篇

长三角地区自由贸易区和都市圈建设

扫码阅读

第一章　长三角地区自由贸易区建设

第一节　上海自由贸易区建设

一、概况

中国(上海)自由贸易试验区[China (Shanghai) Pilot Free Trade Zone],简称上海自由贸易区或上海自贸区,是中国政府设立在上海的区域性自由贸易园区,位于浦东境内,属中国自由贸易区范畴。2013年9月29日,中国(上海)自由贸易试验区正式成立,面积28.78平方千米,涵盖上海市外高桥保税区、外高桥保税物流园区、洋山保税港区和上海浦东机场综合保税区4个海关特殊监管区域。2014年12月28日,全国人大常务委员会授权国务院扩展中国(上海)自由贸易试验区区域,将面积扩展到120.72平方千米。

上海自由贸易试验区范围涵盖上海市外高桥保税区、外高桥保税物流园区、洋山保税港区、上海浦东机场综合保税区、金桥出口加工区、张江高科技园区和陆家嘴金融贸易区7个区域。

截至2014年11月底,上海自由贸易试验区一年投资企业累计2.2万多家、新设企业近1.4万家、境外投资办结160个项目、中方对外投资额38亿美元、进口通关速度快41.3%、企业盈利水平增长20%、设自由贸易账户6925个、存款余额48.9亿元人民币。

2015年,上海自由贸易试验区已成为世界自由贸易区联合会荣誉会员。

"2016年世界自由贸易大会"于2016年11月8—10日在中国澳门特别行政区隆重举行,本届大会的主题是:中国自由贸易区战略下的"一带一路"合作机会。

二、历史沿革

2013年3月底,国务院总理李克强在上海调研期间考察了位于浦东的外高桥保税区,并表示鼓励支持上海积极探索,在现有综合保税区基础上,研究如何试点先行在28平方千米内建立一个自由贸易园区试验区,进一步扩大开放,推动完善开放型经济体制机制。李克强总理所指28平方千米即为上海综合保税区范围,其中包括2005年与浙江跨区域合作建设的洋山保税港区、1990年全国第一个封关运作的上海外高桥保税区(含外高桥保税物流园区)以及2010年9月启动运营的上海浦东机场综合保税区。

1990年4月18日,党中央、国务院宣布开发开放上海浦东。我国第一个海关特殊监管区域——上海外高桥保税区设立,浦东新区开始成为连接国际商贸的关键节点。

2005年6月21日,国务院批准浦东进行综合配套改革试点。

2012年,上海口岸外贸货物吞吐量累计达3.6亿吨,同比增长5.9%,上海港继续保持货物和集装箱吞吐量世界第一大港地位。外高桥港区完成1536万标准箱,连续八年蝉联全国国际船舶吞吐量最高的港区。

2013年8月,国务院正式批准设立中国(上海)自由贸易试验区。该试验区成立时,以上海外高桥保税区为核心,辅之以机场保税区和洋山港临港新城,成为中国经济新的试验田,实行政府职能转变、金融制度、贸易服务、外商投资和税收政策等多项改革措施,并将大力推动上海市转口、离岸业务的发展。

2013年9月18日,国务院下达了《关于印发中国(上海)自由贸易试验区总体方案》的通知。该方案就总体要求、主要任务和措施、营造相应的监管和税收制度环境、扎实做好组织实施等主要环节作出了明确的要求。

《中国(上海)自由贸易试验区总体方案》包括:在上海自贸区先行先试人民币资本项目下开放,并逐步实现可自由兑换等金融创新;未来企业法人可在上海自贸区内完成人民币自由兑换,个人则暂不施行;上海自贸区也很可能采取分步骤推进人民币可自由兑换的方式,比如先行推动境内资本的境外投资和境外融资;上海自贸区在中国加入环太平洋伙伴关系协议(TPP)谈判中也将起到至关重要的作用,并有望成为中国加入 TPP 的首个对外开放窗口。

2013 年 9 月 29 日,上海自由贸易区正式挂牌成立,当天国家有关部门及上海市领导为第一批入驻自贸试验区的企业和金融机构代表颁发了证照。首批入驻自贸试验区包括 25 家企业和 11 家金融机构,其中 11 家金融机构包括工行、农行、中行、建行、交行、招行、浦发及上海银行 8 家中资银行,花旗、星展 2 家外资银行,交银金融租赁 1 家金融租赁公司。

2014 年 6 月 28 日,国务院批准了《中国(上海)自由贸易试验区进一步扩大开放的措施》。31 条措施涉及服务业领域 14 条、制造业领域 14 条、采矿业领域 2 条、建筑业领域 1 条。在服务业扩大开放方面,在去年 23 条服务业扩大开放措施的基础上,又新增 14 条开放措施,突出了航运贸易等自贸试验区主导产业;在制造业和采矿业扩大开放方面,突出了研发;在建筑业扩大开放方面,体现了基础设施建设对外资的开放。这将有利于自贸试验区抓住国际产业重新布局的机遇,发挥好促进我国产业发展转型升级和培育国际经济合作竞争新优势的"试验田"作用。

2014 年 7 月 25 日,上海市人大常委会第十四次会议高票通过《中国(上海)自由贸易试验区条例》。这是我国第一部关于自由贸易试验区的地方性法规,《条例》定位为综合性立法,集实施性法规、自主性法规、创制性法规的性质于一身,堪称自贸试验区建设的"基本法"。《条例》共 9 章 57 条,从管理体制、投资开放、贸易便利、金融服务、税收管理到综合监管、法治环境等方面,对推进自贸试验区建设进行了全面的规范,将于 8 月 1 日起正式实施。

2014 年 9 月 26 日,自贸试验区管委会举行了知识产权局成立仪式暨知识产权管理和保护研讨会。

2014 年 9 月 27 日,上海市公安局自由贸易试验区分局正式揭牌成立。市委常委、市委政法委书记、副市长姜平和,市公安局局长白少康共同出席揭牌仪式并为分局揭牌。新成立的上海市公安局自由贸易试验区分局为市公安局直属正处级机构,行使相当于地区公安分局的执法权限,并享有市公安局部分行政审批权限。

2014 年 10 月 30 日,微信平台"上海自贸区销售中心"正式开启。

2014 年 11 月 13 日,国家版权贸易基地(上海)揭牌仪式暨 2014 中国(上海)自由贸易试验区文化授权交易会开幕式在上海自由贸易试验区举行,这标志着长三角区域第一家国家级的版权贸易基地在自贸区成立。

2014 年 12 月 19 日,中国证监会正式发文批准上海国际能源交易中心开展原油期货交易。上海国际能源交易中心全面做好原油期货上市交易的规则制定、系统完善、仿真交易等各项准备工作,确保原油期货平稳推出和安全运行。

上海国际能源交易中心股份有限公司是经中国证监会批准,由上海期货交易所出资设立的面向全球投资者的国际性交易所,于 2013 年 11 月 6 日在中国(上海)自由贸易试验区内注册,同年 11 月 22 日正式揭牌成立,注册资本 50 亿元。

2015 年 1 月 29 日,中国政府网发布《国务院关于推广中国(上海)自由贸易试验区可复制改革试点经验的通知》(以下简称《通知》),对中国(上海)自由贸易试验区可复制改革试点经验在全国范围内的推广工作进行了全面部署。

《通知》明确,上海自贸试验区可复制改革试点经验,原则上,除涉及法律修订、上海国际金融中心建设事项外,能在其他地区推广的要尽快推广,能在全国范围内推广的要推广到全国。有关部门结合自身深化改革的各项工作,已在全国范围复制推广了一批经验和做法。在此基础上,进一步在全国范围内复制推广五方面的改革事项 28 项。

2015 年 4 月 20 日，国务院印发《进一步深化中国（上海）自由贸易试验区改革开放方案》，方案提出了 25 项主要任务和措施。

2015 年 4 月 22 日，人民银行上海总部发布《关于启动自由贸易账户外币服务功能的通知》，正式宣布上海市开展自贸试验区分账核算业务的金融机构可按相关要求向区内及境外主体提供本外币一体化的自由贸易账户金融服务，标志着自由贸易账户币服务功能的正式启动。

2015 年 5 月 20 日，设立于上海自贸区的亚洲艺术品金融商学院通过上海市教育管理部门审批，获得办学许可，这也是上海自贸区内成立的首个艺术品金融类人才培养机构。

亚洲艺术品金融商学院是由创始人范勇携手中国人民大学艺术品金融研究所，整合纽约证券交易所一些上市公司、纽约苏富比公司和苏富比艺术学院等多家资源共同创办。首任院长由此前先后在复旦大学、同济大学、中国人民大学以及上海社会科学院担任过党委书记的程天权担任。原全国人大财经委副主任王连洲为该院发起校董，帮助完善商学院的国际化建设。

2015 年 10 月 6 日，商务部新闻发言人沈丹阳在例行新闻发布会上表示，上海自贸试验区成立两年来在四个方面取得了显著成效：以负面清单管理为核心的外商投资管理制度基本建立；以贸易便利化为重点的贸易监管制度有效运行；以资本项目可兑换和金融服务业开放为目标的金融制度创新有序推进；以政府职能转变为核心的事中事后监管制度初步形成。

沈丹阳说，上海自贸试验区建设取得了积极进展，具体包括以下九个成效：

一是外商投资和境外投资备案管理制度改革成效明显。

二是企业准入“单一窗口”制度进一步完善。

三是贸易便利化水平不断提升。

四是贸易功能不断深化。

五是本外币一体化运作的自由贸易账户功能进一步拓展。

六是跨境人民币结算、跨国公司总部外汇资金集中运营、本外币双向资金池等金融创新进一步深化。

七是一批面向国际的金融交易平台已正式运行。

八是人才创业环境进一步优化。

九是自贸试验区与自主创新示范区联动发展加快。

自由贸易区响应世界经济发展新形势，正在筹备发起世界自贸区联合会。中国（上海）自由贸易试验区已成为世界自由贸易区联合会成员，世界自由贸易区联合会将有利于提升世界各自由贸易区的整体自由化水平，积极推动世界范围内建立自由贸易区，促进世界各国对外贸易额的大幅度提升，辐射五大洲国家的全球自由贸易区网络，使大部分对外贸易、双向投资实现自由化和便利化。

2019 年，上海市委市政府印发《关于支持浦东新区改革开放再出发实现新时代高质量发展的若干意见》，要求浦东勇当新时代全国改革开放和创新发展的标杆。

2019 年 7 月，推出“一业一证”改革，把一个行业准入涉及的多个审批事项整合为一张“行业综合许可证”。

三、地理环境

上海自贸区在上海市浦东新区内，位于上海市东部，长江三角洲东缘。范围涵盖上海市外高桥保税区、外高桥保税物流园区、洋山保税港区和上海浦东机场综合保税区 4 个海关特殊监管区域。扩展区域包括陆家嘴金融片区、金桥开发片区和张江高科技片区。其中，陆家嘴金融片区共 34.26 平方千米，东至济阳路、浦东南路、龙阳路、锦绣路、罗山路，南至中环线，西至黄浦江，北至黄浦江；金桥开发片区共 20.48 平方千米，东至外环绿带，南至锦绣东路，西至杨高路，北至巨峰路；张江高科技片区共 37.2 平方千米，东至外环线、申江路，南至外环线，西至罗山路，北至龙东大道。

四、区域格局

(一) 综述

上海自贸区范围涵盖上海市外高桥保税区、外高桥保税物流园区、洋山保税港区和上海浦东机场综合保税区4个海关特殊监管区域。2014年12月28日,全国人大常务委员会授权国务院扩展中国(上海)自由贸易试验区区域,将面积扩展到120.72平方千米。

(二) 综合保税区

综合保税区包括外高桥保税区、外高桥保税物流园区、洋山保税港区、浦东机场综合保税区4个海关特殊监管区域,总面积为28.78平方千米。外高桥保税区于1990年设立,是中国第一个保税区,也是目前中国国内经济规模最大、业务功能最丰富的海关特殊监管区;外高桥保税物流园区于2004年设立,是中国第一个保税物流园区;洋山保税港区于2005年底设立,是中国第一个实行"区港一体"封关运作的特殊监管区域;浦东机场综合保税区于2009年设立,实行保税物流区域与机场货运区一体化运作模式。

1. 外高桥保税区是全国第一个保税区,于1990年6月经国务院批准设立,规划面积10平方千米。经过20多年的发展,外高桥保税区已成为国内经济规模最大、业务功能最丰富的海关特殊监管区域,也是全国第一个"国家进口贸易促进创新示范区"。外高桥保税区做大做强酒类、钟表、汽车、工程机械、机床、医疗器械、生物医药、健康产品、化妆品、文化产品十大专业贸易平台,其中文化贸易平台被文化部授予全国首个"国家对外文化贸易基地"。

2. 外高桥保税物流园区是我国第一个保税物流园区,于2003年12月经国务院批准设立,封关面积1.03平方千米。作为全国首个实施"区港联动"的试点区域,可同时享受保税区、出口加工区相关政策和上海港的港航资源。依托"区区联动""进区退税"等政策优势,保税物流园区与外高桥保税区相辅相成、联动发展,是现代国际物流发展的重要基地。

3. 洋山保税港区是我国第一个保税港区,于2005年6月经国务院批准设立,2012年1月批准扩区,规划总面积14.16平方千米,由小洋山港口区域、陆域部分和连接小洋山岛与陆地的东海大桥组成。洋山保税港区实行"区港一体"监管运作,是上海国际航运发展综合试验区的核心载体,集聚了包括通信及电子产品、汽车及零部件、高档食品、品牌服装等的分拨配送中心,基本形成了面向欧美的分拨配送基地、大宗商品产业基地、面向国内的进口贸易基地以及航运龙头企业集聚地。

4. 浦东机场综合保税区于2009年7月经国务院批准设立,规划面积3.59平方千米。浦东机场综合保税区实行保税物流区域与机场西货运区一体化运作,具有浦东机场亚太航空复合枢纽港优势,是上海临空服务产业发展的先导区。目前已引进包括电子产品、医疗器械、高档消费品等全球知名跨国公司空运分拨中心以及百多个融资租赁项目,UPS、DHL和FedEx三大全球快件公司均入区发展,一批重点功能性项目已启动运作,机场综合保税区已逐步形成空运亚太分拨中心、融资租赁、快件转运中心、高端消费品保税展销等临空功能服务产业链。

(三) 金融片区

陆家嘴金融片区包含陆家嘴金融贸易区、世博前滩地区。陆家嘴金融片区是上海国际金融中心的核心区域、上海国际航运中心的高端服务区、上海国际贸易中心的现代商贸集聚区。这里将探索建立与国际通行规则相衔接的金融制度体系,与总部经济等现代服务业发展相适应的制度安排,持续推进投资便利化、贸易自由化、金融国际化和监管制度创新,加快形成更加国际化、市场化、法治化的营商环境。世博前滩地区是上海新一轮发展的重点区域,正在打造总部经济、航运金融、文化体育旅游业、高端服务业集聚区。

（四）开发片区

金桥开发区于1990年成立，经过20多年的持续开发，已经成为上海的先进制造业核心功能区、生产性服务业集聚区、战略性新兴产业先行区和生态工业示范区。这里将以创新政府管理和金融制度、打造贸易便利化营商环境、培育能代表国家参与国际竞争的战略性新兴产业为重点，不断提升经济发展活力和创新能力。

（五）高科技片区

张江高科技片区是上海贯彻落实创新型国家战略的核心基地。这里将推动上海自贸试验区建设与张江国家自主创新示范区建设深度联动，提升张江园区创新力，重点在国家科学中心、发展“四新”经济、科技创新公共服务平台、科技金融、人才高地、综合环境优化等重点领域开展探索创新。

五、规模功能

2013年，上海综合保税区将推进国际贸易结算中心、融资租赁、期货保税交割功能、扩大保税船舶登记试点规模、研究建立具有离岸特点的国际账户等十项功能先行先试，即：深化国际贸易结算中心试点运作、融资租赁功能全面发展、以期货保税交割功能促进大宗商品产业集聚、扩大保税船舶登记试点规模、推动机场区港一体化迈出实质性步伐、做大洋山保税港区国际中转集拼业务、全面推进亚太营运商计划、探索“前店后库”联动模式、试点全球维修检测业务、研究建立具有离岸特点的国际账户。

中国（上海）自由贸易试验区是中国大陆境内第一个自由贸易区，是中国经济新的试验田，力争建设成为具有国际水准的投资贸易便利、货币兑换自由、监管高效便捷、法制环境规范的自由贸易试验区。上海自贸区的政策与经验强调复制性和推广性。

六、绿卡申请

2017年4月12日，外籍人才凭上海自贸试验区管委会出具的《中国（上海）自由贸易试验区外籍高层次人才申请在华永久居留推荐函》即可到市出入境管理局申请办理外国人永久居留证，其外籍配偶和未成年子女可随同申请，审批时限也将缩短。

这也是公安部支持上海科创中心建设出入境政策“新十条”中第一条“对符合认定标准的外籍高层次人才，经上海张江国家自主创新示范区或上海自贸试验区管委会推荐，可直接申请在华永久居留”政策的正式落地。

为了加快推进这项永久居留政策的落地，浦东新区人力资源和社会保障局与市出入境管理局多次对接，积极制定外籍高层次人才的认定标准及认定流程，目前该认定标准和认定流程已获公安部批准。即日起，上海自贸试验区区域内的高等院校、科研院所、企业等单位可向其所在片区管理局提出申请，推荐符合认定标准的外籍高层次人才。

七、制度建设

（一）投资管理制度

一是制定和完善负面清单。在2013版负面清单的基础上，2014年6月修订出台2014版负面清单，将外商投资准入特别管理措施由190条减少到139条，调整率达26.8%，进一步提高了开放度和透明度，进一步衔接了国际通行规则，为中美BIT谈判提供参考，得到国内外各方的积极评价。

二是实施外商投资备案管理和境外投资备案管理制度。负面清单以外领域的外商投资项目核准制和企业合同章程审批制全部改为备案制。同时，建立以备案制为主的境外投资管理方式，试验区管委会可在5个工作日内办结备案手续。

三是深化商事登记制度改革。工商部门实施注册资本认缴制等改革,区内新设公司注册资本的申报出资、认缴年限等未出现异常情况。实施了企业准入"单一窗口"制度,企业准入由"多个部门多头受理"改为"一个部门、一个窗口集中受理"。质监部门推出了组织机构代码实时赋码。税务部门推出10项"办税一网通"创新措施,实现税务登记号码网上自动赋码。

四是落实服务业扩大开放措施。总体方案确定的服务业23项开放措施全面实施,并且建立了相应的监管制度和监管措施,目前已有283个项目落地。今年国务院又批准了新一轮31项扩大开放措施。

(二) 监管制度创新

一是创新"一线放开、二线安全高效管住、区内自由"监管制度。海关推出"先进区、后报关"、"批次进出、集中申报"等23项监管服务创新举措。检验检疫推出"通关无纸化""第三方检验结果采信"等23项改革措施。海事推出了船舶安全作业监管、高效率船舶登记流程等15项新制度。同时,海关、检验检疫联动实施"一次申报、一次查验、一次放行"监管试点,并在一线出境、二线入区环节实现通关单无纸化。

二是启动实施国际贸易"单一窗口"管理制度。借鉴国际通行规则,建立贸易、运输、加工、仓储等业务的跨部门综合管理服务平台。

三是探索建立货物状态分类监管制度。对保税货物、非保税货物、口岸货物进行分类监管,提高通关速度,控制监管风险。目前,海关已制订监管方案和操作规范,确定试点企业。

(三) 金融制度创新

在坚持宏观审慎、风险可控的前提下,人民银行、银监会、证监会、保监会推出了51条创新举措,在自由贸易账户体系、投融资汇兑便利、人民币跨境使用、利率市场化、外汇管理改革五个方面形成了"一线放开、二线严格管理的宏观审慎"的金融制度框架和监管模式,为国家金融改革做好"压力测试"。

一是金融创新措施不断推出。"一行三会"积极推动资本项目可兑换、人民币跨境使用、利率市场化、外汇管理改革等方面的先行先试。中国人民银行出台了分账核算、外汇管理等7个细则文件。银监会出台了简化准入、风险评估等4个实施细则。证监会、保监会也出台了相关操作办法,进一步推进了金融服务业的开放。

二是金融服务功能不断增强。87家有金融牌照的机构和一批金融服务企业已入驻区内,启动实施一批服务实体经济和投资贸易便利化的金融创新业务。同时,面向国际的金融市场平台建设正在有序推进,上海国际能源交易中心、国际黄金交易中心已批准成立。

三是建立完善金融监管和防范风险的机制。"一行三会"驻沪机构和上海市政府建立监管协调机制和跨境资金流动监测机制,中国人民银行上海总部和试验区管委会建立"反洗钱、反恐融资、反逃税"监管机制。同时,进一步完善金融宏观审慎管理措施和切实加强机构风险管理自我责任。

(四) 政府管理创新

加快转变政府职能,由注重事前审批转为注重事中事后监管,形成6项制度为主体的事中事后监管制度框架,加强对市场主体"宽进"以后的过程监督和后续管理。

一是建立安全审查制度。重点是建立在外资企业准入阶段协助国家有关部门进行安全审查的工作机制。目前已经制定形成试验区安全审查办法。

二是建立反垄断审查制度。重点是探索在经营者集中、垄断协议、滥用市场支配地位等方面参与反垄断审查的制度安排。目前已经制定发布自贸试验区三个领域反垄断的工作办法,形成了自贸试验区反垄断审查联席会议制度方案。

三是健全社会信用体系。4 月 30 日正式开通上海市公共信用信息服务平台。依托这一平台积极推动自贸试验区子平台建设，完善与信用信息、信用产品使用有关的一系列制度。目前，自贸试验区子平台已完成归集查询、异议处理、数据目录管理等功能开发工作，同时探索开展事前诚信承诺、事中评估分类、事后联动奖惩的信用管理模式。

四是建立企业年度报告公示和经营异常名录制度。企业年检制改为年度报告公示制度后，企业通过信用信息公示系统向工商部门报送年度报告，特定企业还须提交会计师事务所出具的年度审计报告。目前，一批未按期限年报公示的企业已被纳入首批经营异常名录。

五是健全信息共享和综合执法制度。在信息共享方面，重点是建设试验区信息共享和服务平台。目前，平台已初步实现各管理部门监管信息的归集应用和共享，促进跨部门联合监管。在综合执法方面，重点是建立各部门联动执法、协调合作机制，包括相对集中行使执法权、建设网上执法办案系统、建设联勤联动指挥平台。

六是建立社会力量参与市场监督制度。重点是通过扶持引导、购买服务、制定标准等制度安排，支持行业协会和专业服务机构参与市场监督。目前，自贸试验区《促进社会力量参与市场监督的若干意见》正在征求意见。

针对《总体方案》明确的 23 项服务业扩大开放措施，国家主管部门和上海市已出台 14 个操作管理配套文件，从投资者条件、企业设立程序、业务规则、监督管理、违规处罚等方面，对扩大开放行业明确具体监管要求，建立相应的监管制度。

（五）法制环境建设

在国家层面，已暂时调整实施了 3 部法律、17 部行政法规、3 部国务院文件、3 部国务院批准的部门规章的有关内容。上海市人大制定实施了《中国（上海）自由贸易试验区条例》，对自贸试验区建设涉及的制度创新内容和具体改革举措，以地方性法规的形式进行了全面规范。

八、办法清单

2018 年 10 月 9 日举行市政府新闻发布会，吴清副市长介绍了本市最新制定的《中国（上海）自由贸易试验区跨境服务贸易负面清单管理模式实施办法》和《中国（上海）自由贸易试验区跨境服务贸易特别管理措施（负面清单）》（以下简称《实施办法》和《负面清单》）。

（一）《中国（上海）自由贸易试验区跨境服务贸易负面清单管理模式实施办法》主要内容

《实施办法》共 15 条，主要内容包括：

1. 明确了跨境服务贸易的定义。《实施办法》将“跨境服务贸易”的概念界定为“由境外向自贸试验区内开展服务交易的商业活动”，并通过列举的方式将跨境交付、境外消费、自然人流动这三种模式予以涵盖。

2. 确立了跨境服务贸易管理与开放的基本原则。《实施办法》提出自贸区跨境服务贸易的管理与开放遵循“大胆闯、大胆试、自主改”的要求，坚持法治理念、坚持制度创新、坚持放管结合，为建设“五个中心”，服务“一带一路”建设和联动长江经济带提供支持，确保自贸区跨境服务贸易管理与开放于法有据、风险可控。

3. 建立了负面清单管理模式。负面清单依据现行法律、法规、规章和国家有关规定编制，根据国民经济行业分类，统一列明跨境服务贸易领域对境外服务和服务提供者采取的，与国民待遇不一致、市场准入限制、当地存在要求、资质许可等特别管理措施。对列入负面清单的跨境服务贸易行为，由各部门按照相应法律法规规定实施管理；在负面清单以外则按照境外服务及服务提供者与境内服务及服务提供者待遇一致的原则实施管理。

4. 明确部门管理职责。《实施办法》科学、合理地配置了跨境服务贸易监管的部门职责,明确由自贸试验区推进工作领导小组统筹协调跨境服务贸易扩大开放与事中事后监管;各行业主管部门依法履行监管职责,完善本行业跨境服务贸易管理措施;自贸试验区管委会负责会同相关部门实施负面清单;外汇、税务、出入境、通信、海关等部门配合事中事后监管的具体实施。《实施办法》还提出要发挥本市服务贸易发展联席会议功能,建立跨部门联动制度,提升协同监管水平。

5. 明确规定试点开放领域应当配套风险防范制度。《实施办法》明确本市积极推进自贸试验区跨境服务贸易对外开放,推动适时修订"负面清单"。同时明确,对于进一步开放试点领域,自贸试验区管委会应会同相关管理部门探索建立相应事中事后监管制度,建立风险防控机制,防范产业、数据、资金、人员等方面的安全风险。

(二)《中国(上海)自由贸易试验区跨境服务贸易特别管理措施(负面清单)》主要内容

根据国际通行自由贸易协定中负面清单的内容形式,《负面清单》在结构上分为"编制说明"和"特别管理措施列表"两部分内容。

"编制说明"主要对跨境服务贸易定义进行界定;对"负面清单"所列特别管理措施为不符合国民待遇等原则的措施予以界定;对负面清单的适用范围(自贸试验区范围内)、法规依据和行业分类标准予以说明;对清单中未列出的与国家安全、公共秩序、文化、金融、政府采购等方面相关的特别管理措施,明确按照相关规定执行;香港、澳门、台湾地区的服务和服务提供者参照境外服务和服务提供者执行,CEPA(内地与港澳关于建立更紧密经贸关系的安排)、ECFA(海峡两岸经济合作框架协议)及我国签订的自由贸易协定中对跨境服务贸易有更优惠开放措施的,按照相关协议规定执行。

"特别管理措施列表"本着与外商投资准入负面清单相衔接的原则,根据《国民经济行业分类》(GB/T4754—2017),以表格形式进行编写,共梳理出159项特别管理措施,涉及13个门类31个行业大类。

九、相关政策

为适应在中国(上海)自由贸易试验区进一步扩大开放的需要,国务院决定在试验区内暂时调整实施一部分规定,允许外商进入盐业、高铁、石油开发等领域。

国务院决定在试验区内暂时调整实施《中华人民共和国国际海运条例》《中华人民共和国认证认可条例》《盐业管理条例》以及《外商投资产业指导目录》《汽车产业发展政策》《外商投资民用航空业规定》规定的有关资质要求、股比限制、经营范围等准入特别管理措施。

2014年9月17日,根据2014年8月1日起实施的《中国(上海)自由贸易试验区条例》有关规定,《中国(上海)自由贸易试验区相对集中行政复议权实施办法》和《中国(上海)自由贸易试验区管理委员会行政规范性文件法律审查规则》于2014年10月1日起正式施行。

2015年1月7日,上海市商务委官网发布《关于在中国(上海)自由贸易试验区开展平行进口汽车试点的通知》,正式在上海自贸区启动平行进口汽车试点。

2015年1月13日,工信部通信发展司发布《关于在中国(上海)自由贸易试验区放开在线数据处理与交易处理业务(经营类电子商务)外资股权比例限制的通告》。通告指出,在自贸区内在线数据处理与交易处理业务(经营类电子商务)的外资股权比例可至100%。

2015年2月15日,上海自贸区平行进口汽车试点正式开闸,这意味着此前处于灰色地带的平行进口汽车可以阳光化销售。

2013年12月2日,据中国人民银行网站消息,中国人民银行提出《中国人民银行关于金融支持中国(上海)自由贸易试验区建设的意见》。金融支持具体内容包括四方面:一是探索投融资汇兑便利化;二是扩大人民币跨境使用;三是稳步推进利率市场化;四是深化外汇管理改革。

2015 年 10 月 23 日，国务院常务会议确定在上海自贸试验区逐步提高人民币资本项下可兑换程度，同时研究启动合格境内个人投资者(QDII2)境外投资试点，拓宽境外人民币投资回流渠道以及支持依法设立境外股权投资基金等。

第二节　江苏自由贸易区建设

2019 年 8 月 2 日，国务院同意设立中国(江苏)自由贸易试验区。

中国(江苏)自由贸易试验区[China (Jiangsu) Pilot Free Trade Zone]，简称江苏自贸区，位于江苏省南京市、苏州市、连云港市境内，涵盖南京片区、苏州片区、连云港片区，总面积 119.97 平方千米。

一、相关政策

国务院关于印发 6 个新设自由贸易试验区总体方案的通知

国发〔2019〕16 号

各省、自治区、直辖市人民政府，国务院各部委、各直属机构：

现将《中国(山东)自由贸易试验区总体方案》《中国(江苏)自由贸易试验区总体方案》《中国(广西)自由贸易试验区总体方案》《中国(河北)自由贸易试验区总体方案》《中国(云南)自由贸易试验区总体方案》《中国(黑龙江)自由贸易试验区总体方案》印发给你们，请认真贯彻执行。

国务院

2019 年 8 月 2 日

(此件公开发布)

中国(江苏)自由贸易试验区总体方案

建立中国(江苏)自由贸易试验区(以下简称自贸试验区)是党中央、国务院作出的重大决策，是新时代推进改革开放的战略举措。为高标准高质量建设自贸试验区，制订本方案。

总体要求

(一) 指导思想

以习近平新时代中国特色社会主义思想为指导，全面贯彻党的十九大和十九届二中、三中全会精神，统筹推进“五位一体”总体布局和协调推进“四个全面”战略布局，坚持稳中求进工作总基调，坚持新发展理念，坚持高质量发展，以供给侧结构性改革为主线，主动服务和融入国家重大战略，更好服务对外开放总体战略布局，解放思想、大胆创新，把自贸试验区建设成为新时代改革开放的新高地。

(二) 战略定位及发展目标

以制度创新为核心，以可复制可推广为基本要求，全面落实中央关于深化产业结构调整、深入实施创新驱动发展战略的要求，推动全方位高水平对外开放，加快“一带一路”交汇点建设，着力打造开放型经济发展先行区、实体经济创新发展和产业转型升级示范区。经过三至五年改革探索，对标国际先进规则，形成更多有国际竞争力的制度创新成果，推动经济发展质量变革、效率变革、动力变革，努力建成贸易投资便利、高端产业集聚、金融服务完善、监管安全高效、辐射带动作用突出的高标准高质量自由贸易园区。

区位布局

(一) 实施范围

自贸试验区的实施范围为119.97平方千米，涵盖三个片区：南京片区39.55平方千米，苏州片区60.15平方千米(含苏州工业园综合保税区5.28平方千米)，连云港片区20.27平方千米(含连云港综合保税区2.44平方千米)。

自贸试验区土地开发利用须遵守土地利用、生态环境保护、城乡规划法律法规，符合土地利用总体规划和城乡规划，并符合节约集约用地的有关要求；涉及海洋的，须符合《中华人民共和国海域使用管理法》《中华人民共和国海洋环境保护法》等法律法规有关规定。

(二) 功能划分

南京片区建设具有国际影响力的自主创新先导区、现代产业示范区和对外开放合作重要平台；苏州片区建设世界一流高科技产业园区，打造全方位开放高地、国际化创新高地、高端化产业高地、现代化治理高地；连云港片区建设亚欧重要国际交通枢纽、集聚优质要素的开放门户、“一带一路”沿线国家(地区)交流合作平台。

主要任务和措施

(一) 加快转变政府职能

1. 打造国际一流营商环境。推进“证照分离”改革全覆盖，持续推动“多证合一”。推进“2个工作日内开办企业、3个工作日内获得不动产登记、30个工作日内取得工业建设项目施工许可证”改革。加强商事审判队伍建设，发展国际商事仲裁、调解等司法替代性解决机制。强化竞争政策的基础性地位。

2. 推进行政管理职能与流程优化。江苏省能够下放的经济社会管理权限全部下放给自贸试验区。推进综合行政执法体制改革。全面推行“互联网+政务服务”模式。深化“不见面审批(服务)”改革和办税缴费便利化改革。探索高新技术企业认定流程和方式改革。

3. 创新事中事后监管体制机制。建立健全以信用监管为核心、与负面清单管理方式相适应的事中事后监管体系。配合做好外商投资安全审查工作。落实市场主体首负责任制，在安全生产、资源节约、环境保护等领域建立市场主体社会责任报告制度和责任追溯制度。

(二) 深化投资领域改革

1. 深入推进投资自由化便利化。全面落实外商投资准入前国民待遇加负面清单管理制度。探索建立外商投资信息报告制度。深入实施公平竞争审查制度，实现各类市场主体依法平等准入。对符合条件的外资创业投资企业和股权投资企业开展境内投资项目，探索实施监管新模式。探索允许外商投资企业将资本项目收入划转或结汇并依法用于境内股权投资。支持外商独资设立经营性教育培训和职业技能培训机构。支持外商投资设立航空运输销售代理企业。统一内外资人才中介机构投资者资质要求，由自贸试验区管理机构负责审批，报省级人力资源社会保障部门备案。

2. 完善投资促进和保护机制。建立健全外商投资服务体系，完善外商投资促进、项目跟踪服务和投诉工作机制。鼓励自贸试验区在法定权限内制定外商投资促进政策。推广市场化招商模式，成立企业化招商机构。实施重大外资项目“直通车”制度。建立完善地方政府招商引资诚信制度。

3. 提高境外投资合作水平。创新境外投资管理，将自贸试验区建设成为企业“走出去”的窗口和综合服务平台。支持建设国家级境外投资服务中心。投资境外非贸易类实体项目的自贸试验区内企业因外保内贷履约形成对外债务时，应办理外债登记，并纳入全口径跨境融资宏观审慎管理。支持依法依规开展人民币海外基金业务。

4. 大力发展总部经济。进一步完善总部经济促进政策，打造总部经济群。推进企业跨境财务结算中心集聚发展，开展跨国公司总部外汇资金集中运营管理。跨境财务结算中心经批准可以进入境内银行间外汇市场交易。支持符合条件的跨国企业集团设立跨境人民币资金池，集中管理集团内人民币资金。

（三）推动贸易转型升级

1. 提升贸易便利化水平。加快建设具有国际先进水平的国际贸易“单一窗口”。推动数据协同、简化和标准化，实现铁路、海关、口岸等相关部门的信息互换、监管互认和执法互助。探索食品、农产品检验检疫和追溯标准国际互认机制。扩大第三方检验结果采信商品和机构范围。优化口岸通关流程，推进货物平均放行和结关时间体系化建设。创新出口货物专利纠纷担保放行方式。支持银行为真实合法的贸易结算提供优质服务。

2. 创新贸易综合监管模式。探索与自贸试验区外机场、港口、铁路以及海关特殊监管区域的联动发展。支持自贸试验区内企业开展跨境电商进出口业务，逐步实现自贸试验区内综合保税区依法依规全面适用跨境电商零售进口政策。支持国际邮件互换局（交换站）和国际快件监管中心建设。完善进口商品质量安全风险预警与快速反应监管体系。支持自贸试验区的汽车整车进口口岸建设。支持依法依规建设首次进口药品和生物制品口岸。搭建生物医药集中监管和公共服务平台。开展进境生物材料风险评估，优化对细胞、组织切片等基础性原料的检疫准入流程。优化生物医药全球协同研发的试验用特殊物品的检疫查验流程。支持在海关特殊监管区域和保税监管场所设立大宗商品期货保税交割库，开展期货保税交割、仓单质押融资等业务。允许海关接受软件报关。

3. 推动服务贸易创新发展。建立完善服务贸易创新发展跨部门协调机制，探索服务贸易行政审批及服务事项集中办理改革。探索建设服务贸易境外促进中心，构建中小微服务贸易企业融资担保体系。打造以数字化贸易为标志的新型服务贸易中心。推动中医药服务贸易创新发展。推进人民币在服务贸易领域的跨境使用。

（四）深化金融领域开放创新

1. 扩大金融领域对内对外开放。支持依法依规设立中外合资银行、民营银行、保险、证券、公募基金、持牌资产管理机构等法人金融机构。支持设立保险资产管理公司。支持发展离岸保险业务。探索投融资汇兑便利化。探索自贸试验区内上市公司外资股东直接参与上市公司配售增发业务，支持外籍员工直接参与境内上市公司股权激励计划。加强对重大风险的识别和系统性金融风险的防范。强化反洗钱、反恐怖融资、反逃税工作。

2. 强化金融对实体经济的支撑。在有效防范风险的基础上，稳妥有序开展供应链金融业务，探索债券、股权融资支持工具试点。支持开展外债注销登记下放给银行办理试点。扩大资本项目收入结汇支付便利化试点规模。依法依规创新绿色金融产品和服务。鼓励保险公司创新产品和服务，为能源、化工等提供保障。

3. 推进金融支持科技创新。研究设立跨境双向股权投资基金。支持开展政府投资基金投向种子期、初创期科技企业的退出试点，探索政府投资基金退出机制和让利机制。研究开展合格境内投资企业（QDIE）政策试点。支持自贸试验区内基金小镇依法依规开展私募投资基金服务。

（五）推动创新驱动发展

1. 支持制造业创新发展。发展前瞻性先导性产业。建设下一代互联网国家工程中心。建设国家集成电路设计服务产业创新平台、国家健康医疗大数据中心。推进5G试商用城市建设，打造国家级车联网先导区。在风险可控、依法依规前提下，积极开展高技术、高附加值、符合环保要求的旧机电产品维修和再制造，探索开展高端装备绿色再制造试点。开展医疗器械注册人制度试点，允许自贸试验区内医疗器械注册人委托江苏省医疗器械生产企业生产产品。

2. 推动现代服务业集聚发展。打造健康服务发展先行区。在相关制度安排框架下，允许港澳台服务提供者按规定设立独资医疗机构。加快质子放射治疗系统、手术机器人等大型创新医疗设备和创新药物审批。探索开展前沿医疗技术研究项目、重大新药创制国家科技重大专项成果转移转化试点。推动邮轮、游艇等旅游出行便利化。促进文物及文化艺术品在自贸试验区内的综合保税区存储、展示等。打造品牌化、市场化、国际化的展会平台。

3. 构建开放创新载体。建设高水平产业创新平台,鼓励外资设立研发中心,建设国别合作创新园区、协同创新中心、海外创新机构,构建开放创新生态系统。推进国家级开发区等开放创新平台与自贸试验区互动发展。

4. 完善知识产权保护和运用体系。推进知识产权保护中心建设。完善知识产权金融创新体系,创新知识产权融资产品。完善知识产权评估机制、质押融资风险分担机制和方便快捷的质物处置机制。探索推进职务发明创造所有权、处置权和收益权改革。支持国外知识产权服务机构在自贸试验区依法探索设立办事机构,开展相关业务。

5. 优化创新要素市场配置机制。探索国际人才管理改革试点,为在自贸试验区工作和创业的外国人提供入出境、居留和永久居留便利。开辟外国人才绿色通道,探索开展职业资格国际互认,探索放宽自贸试验区聘雇高层次和急需紧缺外籍专业人才条件限制。开展外国高端人才服务"一卡通"试点,建立住房、子女入学、就医社保服务通道。允许外籍及港澳台地区技术技能人员按规定在自贸试验区工作。支持完善人才跨境金融服务。创新国有建设用地开发利用及监管模式。

(六) 积极服务国家战略

1. 推动"一带一路"交汇点建设。支持在自贸试验区内建立多式联运中心,探索建立以"一单制"为核心的便捷多式联运体系。授予自贸试验区铁路对外开放口岸资质。支持规划建设铁路集装箱中心站。建设大宗商品集散中心。促进国际运输便利化,加快海外物流基地建设。搭建新亚欧大陆桥陆海联运电子数据交换通道。加强与"一带一路"沿线国家(地区)口岸执法机构的机制化合作。推动将中欧班列(连云港)纳入中欧安全智能贸易航线试点计划。将外资经营国际船舶管理业务备案下放至江苏省。加强"一带一路"国际产能合作,支持自贸试验区内企业与相关国家的机构合作,参与建设境外经贸合作区、产能合作区等。

2. 推动长江经济带和长江三角洲区域一体化发展。加强与长江经济带和长江三角洲有关省市合作。加快建设扬子江生态文明创新中心。支持完善长江"生态眼"多源感知系统。在自贸试验区打造高水平国际化协同创新共同体,共同培育先进制造业集群和科创高地。加快建设现代产业集聚区,主动服务长江三角洲区域重点产业的优化布局和统筹发展。

二、实施范围

中国(江苏)自由贸易试验区涵盖南京片区、苏州片区、连云港片区,总面积119.97平方千米。

(一) 南京片区

片区面积:共39.55平方千米。

四至范围:东至长江、横江大道、浦滨路,南至虎桥路、西江路,西至环山路、沿山大道、浦乌路,北至锦绣路、凯天路、浦东路。

(二) 苏州片区

片区面积:共60.15平方千米。

四至范围:东至园区行政区划界线的沪宁高速公路至强胜路段、尖浦河的强胜路至园区行政区划界线、星港街,南至园区行政区划界线的尖浦河至胜浦路段、中新大道的胜浦路至唯胜路段、听涛路、吴淞江、港田路、东方大道、钟园路、苏州大道东、金鸡湖、西沈浒路、槟榔路、苏慕路、苏惠路,西至园区行政区划界线的强胜路至新开河段、吴淞江西侧、苏嘉杭高速、星兰街,北至扬清路南侧、亚太纸业北侧、市公路管理站东侧、娄江、至和西路、渔泾河、蠡塘路北侧、娄东路东侧、至和东路、珠泾路、杏林街、吉田建材北侧、唯胜路东侧、亭平路、园区13号河道东侧。

（三）连云港片区

片区面积：共 20.27 平方千米。四至范围：东至庙岭、新光路，南至陇海铁路、港城大道、东方大道，西至海滨大道、玉竹路，北至 242 省道、海岸线。

三、功能划分

南京片区：建设具有国际影响力的自主创新先导区、现代产业示范区和对外开放合作重要平台。

苏州片区：建设世界一流高科技产业园区，打造全方位开放高地、国际化创新高地、高端化产业高地、现代化治理高地。

连云港片区：建设亚欧重要国际交通枢纽、集聚优质要素的开放门户、“一带一路”沿线国家（地区）交流合作平台。

四、战略定位

中国（江苏）自由贸易试验区以“着力打造开放型经济发展先行区、实体经济创新发展和产业转型升级示范区”为战略定位，经过 3—5 年改革探索，对标国际先进规则，形成更多有国际竞争力的制度创新，建成投资贸易便利、高端产业集聚、金融服务完善、监管安全高效、辐射带动作用突出的高标准高质量自贸园区。

第三节　浙江自由贸易区建设

一、概况

中国（浙江）自由贸易试验区[China (Zhejiang) Pilot Free Trade Zone]，简称浙江自贸区或浙江自贸试验区，是中国政府在浙江舟山群岛新区设立的区域性自由贸易园区。它是中国唯一一个由陆域和海洋锚地组成的自由贸易园区，也是中国立足环太平洋经济圈的前沿地区，与“一带一路”倡议下的沿线国家建立合作的重要窗口。

浙江自贸试验区总面积 119.95 平方千米，涵盖舟山离岛、舟山岛北部、舟山岛南部三个片区，区位优势独特、港口岸线资源丰富、产业基础雄厚，将重点开展以油品为核心的大宗商品中转、加工贸易、保税燃料油供应、装备制造、航空制造、国际海事服务、国际贸易、保税加工等业务。

2020 年 9 月 21 日，国务院发布《中国（浙江）自由贸易试验区扩展区域方案》，浙江自贸试验区宁波片区、杭州片区、金义片区正式挂牌。

二、自贸区范围

自贸试验区的实施范围为 119.95 平方千米，由陆域和相关海洋锚地组成，涵盖三个片区：舟山离岛片区 78.98 平方千米（含舟山港综合保税区区块二 3.02 平方千米），舟山岛北部片区 15.62 平方千米（含舟山港综合保税区区块一 2.83 平方千米），舟山岛南部片区 25.35 平方千米。

三、发展定位

新设的自贸试验区，将继续依托现有经国务院批准的新区、园区，继续紧扣制度创新这一核心，进一步对接高标准国际经贸规则，在更广领域、更大范围形成各具特色、各有侧重的试点格局，推动全面深化改革扩大开放。

围绕国家能源保障安全，推进以油品全产业链为核心的大宗商品投资便利化贸易自由化，提升大宗商品全球配置能力，成为中国东部地区重要海上开放门户示范区、国际大宗商品贸易自由化先导区和具有国际影响力的资源配置基地，建成自由贸易港区先行区。

四、特色优势

拥有独特的区位优势与岸线资源、良好的大宗商品产业发展基础、便利的综合交通运输体系以及优越的自然生态及人居环境，具备“一带一路”“长江经济带”“浙江舟山群岛新区”“舟山江海联运服务中心”“自由贸易试验区”等多重国家战略的叠加效应。

五、建设规划

舟山成为我国继上海浦东、天津滨海、重庆两江后的又一个国家级新区，也是首个以海洋经济为主题的国家级新区。作为我国唯一的群岛型设区市，舟山区位、资源、产业等综合优势明显，是浙江海洋经济发展的先导区和长江三角洲地区海洋经济发展的重要增长极。

上海自贸试验区经过两年半的运作，已经形成一批可推广、可复制的经验，舟山新区应全面学习消化落实。同时，要发扬“大胆闯、大胆试、自主改”的精神，注重打通瓶颈，把试点经验转化为面上的经验，让上海自贸区的改革成果扩大。

舟山新区建立自由贸易港区的目标定位，主要是立足国内、面向国际，在投资开放性、贸易便利性、金融要素流动性、功能集成化等方面，形成开放度最高的自由贸易园区基本框架。

第一，在特定领域和特色产业上对标国际最高水准，建立一系列流动性、便利性制度平台，打造一批具有国际影响力的标杆性功能平台，形成开放型经济的品牌效应。

第二，打造自贸区国际大宗商品交易市场。在有效监管的前提下，逐步将产能预售、长期合约等交易形式纳入交易范围，准予试点保税仓单融资、多币种结算、非保税货物交易等业务，推出自贸大宗价格指数。同时，支持国际知名期货交易所在自贸区内设立保税交割仓库，构成完整的大宗商品交易体系，力争成为全球主要大宗商品的交易中心、物流中心、信息中心和定价中心。

第三，培育跨境电子商务平台。探索建立相适应的海关监管、检验检疫、退税、跨境支付、物流等支撑系统，支持跨境电商在保税备货、直邮中国等模式基础上开展保税集货、出口方向等模式，支持引进跨境零售网商直接开展国际市场在线销售和采购，实现规模化、多元化发展。

第四，打造融资租赁资产交易平台。依托央行、商务部融资租赁征信系统和交易系统，完善平台运作模式，探究境内外融资租赁资产的物权、债权和股权的交易，带动融资租赁上下游产业的拓展和延伸，力争建设成为具有全球影响力的交易中心。

六、主要建设措施

关于支持中国(浙江)自由贸易试验区油气全产业链开放发展的若干措施

建设中国(浙江)自由贸易试验区(以下简称浙江自贸试验区)是党中央、国务院作出的重大决策，是新时代推进改革开放的战略举措。党的十九大报告强调要赋予自贸试验区更大改革自主权。为贯彻落实党中央、国务院决策部署，发挥好自贸试验区改革开放试验田作用，支持浙江自贸试验区围绕战略定位深入开展差别化探索，加强改革系统集成、协同高效，推动油气全产业链开放发展，进一步提高建设质量，制定以下措施：

(一) 引进油品贸易国际战略投资者

1. 积极整合各种资源，发挥国际知名交易所作用，引入纽约、伦敦、新加坡、迪拜等地经验丰富的交易所作为战略投资者，并引进国际油品贸易商资源。

2. 充分发挥各类企业积极性，招引油品贸易相关的中央企业、地方国有企业、民营企业在浙江自贸试验区集聚。

(二) 加快推进石化炼化产业转型升级

1. 加快舟山绿色石化基地建设,利用国际先进的化工生产技术,聚焦高端化学品和化工新材料,发展化工下游精深加工产业链。加速油气进口、储运、加工、贸易、交易、服务全产业链发展。

(三) 进一步完善油气全产业链,打造液化天然气接收中心

1. 支持打造液化天然气(LNG)接收中心,为国内天然气供应提供保障。以国土空间规划及海岸带综合保护与利用规划为空间布局依据,按照全国海洋经济发展"十三五"规划、国家天然气"十三五"规划、全国LNG码头布局规划等规划,开展LNG接收中心功能定位论证和前期研究工作。提升航道管理技术水平,推进LNG罐箱水上运输,提高LNG船舶通航能力。在安全论证的基础上,支持并积极开展LNG罐箱多式联运工作。统筹管网规划布局,加强与国家天然气管网体系对接。

2. 支持制定浙江自贸试验区船用LNG加注管理办法和操作规范,试点开展船用LNG加注业务。

(四) 提升油品流通领域市场化配置能力

1. 支持浙江自贸试验区适度开展成品油出口业务,允许浙江自贸试验区内现有符合条件的炼化一体化企业开展副产的成品油非国营贸易出口先行先试,酌情按年度安排出口数量。

2. 支持浙江自贸试验区搭建成品油内贸分销网络,探索完善成品油流通领域事中事后监管模式。

(五) 健全船用低硫燃料油供应市场

1. 支持浙江自贸试验区建设船用低硫燃料油生产基地,允许通过保税混兑等方式丰富低硫保税油供给。

2. 创新大宗商品保税混兑政策,制定浙江自贸试验区大宗商品物理混兑贸易管理办法,开展保税状态下油品、铁矿石等大宗商品物理混兑,切实降低企业成本,满足市场需求。

(六) 支持航运业务创新发展

1. 创新国际船舶供应与保税货物管理业务模式,推行通关便利化改革,提升国际海事服务竞争力。制定浙江自贸试验区国际航行船舶物料供应管理办法。探索对保税仓库内专用于供应国际船舶的保税货物试行"批次进出、集中申报"的出库分送集报模式。允许经主管部门认定的外供企业在相关锚地开展国际船舶供应业务,对其在保税仓库内的食品、船用备件、物料等外供产品,允许在规定时间内集中申报、统一核销。

2. 支持以舟山江海联运服务中心为载体,充分发挥海、陆、空等多种运输方式组合效应,创新多式联运模式。在有效监管、风险可控的前提下,统筹研究在宁波舟山港实施启运港退税政策的可行性。

(七) 推动大宗商品期现市场联动发展

1. 支持浙江自贸试验区与上海期货交易所等国内期货现货交易平台合作,共同建设以油品为主的大宗商品现货交易市场。制定浙江自贸试验区大宗商品现货交易市场管理办法,以"期现合作"为纽带,开展原油、成品油、燃料油等大宗商品现货交易。条件成熟时向铁矿石等大宗商品拓展,并与有对应品种的期货交易所开展合作。

2. 在风险防范措施完善的前提下,允许境内外行业内企业进入浙江自贸试验区大宗商品现货交易市场开展交易业务。

3. 建设国际能源贸易与交易平台,促进浙江自贸试验区加快发展国际油气贸易,打造天然气交易平

台,做大做强 LNG 国际贸易。做好与国内已有交易中心衔接,明确战略定位,实现协调发展。

(八)提升大宗商品跨境贸易金融服务与监管水平

1. 支持浙江自贸试验区内银行按照展业原则,探索开展油品贸易跨境人民币结算便利化试点。建立油品贸易跨境人民币结算优质可信企业“白名单”,支持优质可信企业凭支付指令直接办理油品贸易跨境人民币结算,支持参照国际惯例探索开展油品转口贸易跨境人民币结算。

2. 支持浙江自贸试验区内银行为自贸试验区企业开展高水平的贸易投资便利化跨境人民币结算创新业务。支持浙江自贸试验区内金融机构在宏观审慎框架下为优质可信企业办理本外币跨境融资相关业务;探索开展油品贸易企业本外币结算资金按实际需求进行兑换;探索拓宽油品贸易企业本外币结算资金使用渠道。

3. 支持浙江自贸试验区与上海自贸试验区联动发展。在浙江自贸试验区探索开展本外币合一账户试点。

4. 支持浙江自贸试验区内银行对守法经营、信用优良企业开展对外贸易优化服务,保障真实合法贸易资金的结算。

5. 支持资本项目外汇支付便利化,允许浙江自贸试验区内非投资性外资企业在真实、合规的前提下,按实际投资规模将资本项目外汇收入或结汇所得人民币依法用于境内股权投资。

6. 积极推进大宗商品贸易人民币结算。支持在浙江自贸试验区开展合格境外有限合伙人(QFLP)试点,允许以人民币进行大宗商品贸易结算的相关国家机构投资者在完成资格审批和外汇资金的监管程序后,将境外资本兑换为人民币资金投资于国内的私募股权投资基金(PE)以及创业投资(VC)市场。

7. 加强国家有关部门数据信息共享,在浙江自贸试验区建立企业、银行、政府部门和交易平台之间信息共享的第三方油品仓单公示系统。

8. 鼓励保险公司以油气为中心,积极探索有效方式,为油气勘探、炼化、运输、仓储等提供保障。

(九)实施有利于油气全产业链发展的财税政策

1. 对照国际通行税收政策,探索研究推动油气全产业链发展的政策措施。支持国际船舶供油业务发展和石油、天然气仓储项目建设,研究对船用低硫燃料油从燃料油中作技术区分并提高出口退税率。

(十)加强信息互联互通

1. 依托浙江国际贸易“单一窗口”,实现涉海、涉港、涉船监管数据共享,推动舟山江海联运服务中心信息平台与浙江国际贸易“单一窗口”信息交换共享。

2. 构建国际海事服务网络电子商务平台,推动北斗系统应用,建设跨境电子商务线上综合服务平台,打造海事服务互联网生态圈。

(十一)加强海洋生态文明建设

1. 以质量改善为目标、以风险防控为底线,切实加强海洋生态环境保护。把海洋生态文明建设纳入海洋开发总布局之中,坚持开发和保护并重、污染防治和生态修复并举,积极探索自贸试验区海洋绿色发展新模式,建立健全油气产业环境治理体系,提升溢油环境风险防范和应急处置等环境治理能力。加强海洋渔业资源保护,实现健康可持续发展。

七、区域方案

中国(浙江)自由贸易试验区扩展区域方案

建设自由贸易试验区是党中央、国务院作出的重大决策，是新时代推进改革开放的重要战略举措。中国(浙江)自由贸易试验区(以下简称自贸试验区)设立以来，建设取得阶段性成果，总体达到预期目标。为贯彻落实党中央、国务院决策部署，进一步扩展自贸试验区区域，制订本方案。

总体要求

(一) 指导思想

以习近平新时代中国特色社会主义思想为指导，全面贯彻党的十九大和十九届二中、三中、四中全会精神，统筹推进“五位一体”总体布局和协调推进“四个全面”战略布局，坚持稳中求进工作总基调，坚持新发展理念，坚持高质量发展，以供给侧结构性改革为主线，主动服务和融入国家重大战略，建设更高水平开放型经济新体制，以开放促改革、促发展、促创新，把自贸试验区建设成为新时代改革开放新高地。

(二) 功能定位及发展目标

坚持以“八八战略”为统领，发挥“一带一路”建设、长江经济带发展、长三角区域一体化发展等国家战略叠加优势，着力打造以油气为核心的大宗商品资源配置基地、新型国际贸易中心、国际航运和物流枢纽、数字经济发展示范区和先进制造业集聚区。

赋予自贸试验区更大改革自主权，深入开展差别化探索。对标国际先进规则，加大开放力度，开展规则、规制、管理、标准等制度型开放。到 2025 年，基本建立以投资贸易自由化便利化为核心的制度体系，营商环境便利度位居全国前列，油气资源全球配置能力显著提升，国际航运和物流枢纽地位进一步增强，数字经济全球示范引领作用彰显，先进制造业综合实力全面跃升，成为引领开放型经济高质量发展的先行区和增长极。到 2035 年，实现更高水平的投资贸易自由化，新型国际贸易中心全面建成，成为原始创新高端制造的重要策源地、推动国际经济交往的新高地，成为新时代全面展示中国特色社会主义制度优越性重要窗口的示范区。

区位布局

(一) 实施范围

自贸试验区扩展区域实施范围 119.5 平方千米，涵盖三个片区：宁波片区 46 平方千米(含宁波梅山综合保税区 5.69 平方千米、宁波北仑港综合保税区 2.99 平方千米、宁波保税区 2.3 平方千米)，杭州片区 37.51 平方千米(含杭州综合保税区 2.01 平方千米)，金义片区 35.99 平方千米(含义乌综合保税区 1.34 平方千米、金义综合保税区 1.26 平方千米)。

自贸试验区的开发利用须遵守土地、无居民海岛利用和生态环境保护、规划相关法律法规，符合国土空间规划，并符合节约集约利用资源的有关要求；支持按照国家相关法规和程序，办理合理必须用海。

(二) 功能划分

宁波片区建设链接内外、多式联运、辐射力强、成链集群的国际航运枢纽，打造具有国际影响力的油气资源配置中心、国际供应链创新中心、全球新材料科创中心、智能制造高质量发展示范区。杭州片区打造全国领先的新一代人工智能创新发展试验区、国家金融科技创新发展试验区和全球一流的跨境电商示范中心，建设数字经济高质量发展示范区。金义片区打造世界“小商品之都”，建设国际小商品自由贸易中心、数字贸易创新中心、内陆国际物流枢纽港、制造创新示范地和“一带一路”开放合作重要平台。

主要任务和措施

（一）建立以投资贸易自由化便利化为核心的制度体系

1. 进一步提升贸易便利化水平。进一步丰富国际贸易"单一窗口"功能，将服务贸易出口退（免）税申报纳入"单一窗口"管理。深化服务贸易创新试点，推动服务外包向高技术、高品质、高效益、高附加值转型升级，加快信息服务、文化贸易、技术贸易等新兴服务贸易发展，探索以高端服务为先导的"数字＋服务"新业态新模式。推进进出口产品质量溯源体系建设，拓展可追溯商品种类。扩大第三方检验结果采信商品和机构范围。

2. 推进投资自由化便利化。探索建立大数据信息监管系统，部分领域在风险可控的前提下，市场主体在领取营业执照的同时，承诺并提交有关材料后，即可依法开展投资经营活动。对外商投资实行准入前国民待遇加负面清单管理制度，支持建立国际投资"单一窗口"，在区内研究放宽油气产业、数字经济、生命健康和新材料等战略性新兴产业集群市场准入。将国际快递业务经营许可审批权下放至浙江省邮政管理局。

3. 推动金融创新服务实体经济。开展本外币合一银行账户体系试点，提升本外币银行账户业务便利性。开展包括油品等大宗商品在内的更高水平贸易投资便利化试点，支持企业按规定开展具有真实贸易背景的新型国际贸易，支持银行按照"展业三原则"，依法为企业提供优质的金融服务。探索开展境内贸易融资资产转让业务和不良资产对外转让业务。探索符合贸易新业态新模式特点的跨境外汇结算模式，支持外贸健康发展。吸引跨国公司地区总部、结算中心、贸易中心和订单中心在自贸试验区落户。支持设立民营银行，探索股债联动，支持科技型企业发展。

4. 进一步转变政府职能。深化"最多跑一次"改革，依法经批准将下放至地级及以上城市的省级管理权限下放至自贸试验区。按照"整体智治"现代政府理念，建设数字政府，完善"互联网＋政务服务"、"互联网＋监管"体系，加快政府数字化转型，健全事中事后监管服务，完善中央与地方信息共享机制，促进市场主体管理信息共享。深化资源要素市场化改革，开展国家级改革试点，推动土地、能源、金融、数据等资源要素向自贸试验区倾斜。完善外国人来华工作许可制度和人才签证制度区内配套措施。探索取消施工图审查（或缩小审查范围）、实施告知承诺制和设计人员终身负责制等工程建设领域审批制度改革。

（二）高质量建设现代化开放型经济体系

1. 打造以油气为核心的大宗商品全球资源配置基地。聚焦能源和粮食安全，研究建立能源等大宗商品政府储备和企业储备相结合的政策保障体系，更好发挥企业储备在保障粮食安全方面的作用。

支持开展油气储备改革试点，支持承接更多政府储备任务，大力发展企业储备，增加储备品种，增强储备能力，成为保障国家能源和粮食安全的重要基地。探索地下空间利用的创新举措。推动建设用地地上、地表、地下分别设立使用权，探索利用地下空间建设油气仓储设施，促进空间合理开发利用。以油气、化工品等为重点，积极开展原油、汽油、液化气等储备业务，建设化工品国际贸易中心和分拨中心，打造成为国家级油气储备基地。支持浙江自贸试验区围绕油气全产业链深入开展差别化探索。参照国际通行规则，探索研究推动浙江自贸试验区油气全产业链发展的政策措施，增强国际竞争力。

积极拓展与其他国家的农产品贸易合作，大力发展进境牛肉等高端动物蛋白加工贸易产业。建设进口粮食保税储存中转基地，支持以大豆为突破口，创新粮食进口检疫审批制度，允许对非关税配额粮食以港口存放方式办理检验检疫审批，进口后再确定加工场所（具有活性的转基因农产品除外）。鼓励粮食进出口企业与运输企业建立长期稳定合作关系，降低国际粮食运输费用。探索开展远洋渔业引进外籍船员试点。

第四节　安徽自由贸易区建设

一、概况

中国(安徽)自由贸易试验区(简称安徽自贸区)位于安徽的区域性自由贸易园区,成立于2020年9月24日。

中国(安徽)自由贸易试验区的实施范围为119.86平方千米,涵盖三个片区:中国(安徽)自由贸易试验区合肥片区64.95平方千米(含合肥经济技术开发区综合保税区1.4平方千米),中国(安徽)自由贸易试验区芜湖片区35平方千米(含芜湖综合保税区2.17平方千米),中国(安徽)自由贸易试验区蚌埠片区19.91平方千米。

二、历史沿革

2014年2月9日,安徽省商务厅厅长曹勇接受新安晚报记者专访时表示,将以合肥、芜湖、马鞍山三市打包申报设立安徽(合芜马)自由贸易实验区。

2017年1月,安徽省政府正式向国务院提交了关于申建自贸试验区的请示,拟建立以合肥、芜湖、马鞍山综合保税区为主体,合芜蚌国家自主创新示范区为平台的安徽自贸试验区。

2020年9月21日,国务院新闻办公室举行新闻发布会,安徽省人民政府副省长章曦介绍安徽自由贸易试验区总体方案,并答记者问。

2020年9月21日,国务院发布《中国(安徽)自由贸易试验区扩展区域方案》。

2020年9月24日,中国(安徽)自由贸易试验区正式揭牌。

三、地理格局

(一)合肥片区

合肥片区总面积64.95平方千米(含合肥经济技术开发区综合保税区1.4平方千米),重点发展高端制造、集成电路、人工智能、新型显示、量子信息、科技金融、跨境电商等产业,打造具有全球影响力的综合性国家科学中心和产业创新中心引领区。合肥片区四至范围是:东至皖山路、长江西路等;南至深圳路、派河路等;西至方兴大道、铭传路等;北至白莲岩路高压廊道、机场高速等。

(二)芜湖片区

芜湖片区35平方千米,重点发展智能网联汽车、智慧家电、航空、机器人、航运服务、跨境电商六大产业。芜湖片区四至范围是:东至经二次路、清水河路、徽州路、宁芜铁路线、松花江路;南至韦一次路、赤铸山路、港一路、港湾路;西至长江、长江路、千岛湖路;北至芜湖市行政区界线、衡山路、万春路、规划道路。

(三)蚌埠片区

蚌埠片区19.91平方千米,重点发展硅基新材料、生物基新材料、新能源等产业,打造世界级硅基和生物基制造业中心、皖北地区科技创新和开发发展引领区。蚌埠片区四至范围是:东至蚌埠港、胜利西路、长青路等;南至乾和路、迎河路等;西至合徐高速公路等;北至蚌埠港。

四、总体方案

中国(安徽)自由贸易试验区总体方案

建立中国(安徽)自由贸易试验区(以下简称自贸试验区)是党中央、国务院作出的重大决策,是新时代推进改革开放的重要战略举措。为高标准高质量建设自贸试验区,制订本方案。

总体要求

(一)指导思想

以习近平新时代中国特色社会主义思想为指导,全面贯彻党的十九大和十九届二中、三中、四中全会精神,统筹推进“五位一体”总体布局和协调推进“四个全面”战略布局,坚持稳中求进工作总基调,坚持新发展理念,坚持高质量发展,以供给侧结构性改革为主线,主动服务和融入国家重大战略,建设更高水平开放型经济新体制,以开放促改革、促发展、促创新,把自贸试验区建设成为新时代改革开放新高地。

(二)战略定位及发展目标

以制度创新为核心,以可复制可推广为基本要求,全面落实中央关于深入实施创新驱动发展、推动长三角区域一体化发展战略等要求,发挥在推进“一带一路”建设和长江经济带发展中的重要节点作用,推动科技创新和实体经济发展深度融合,加快推进科技创新策源地建设、先进制造业和战略性新兴产业集聚发展,形成内陆开放新高地。

赋予自贸试验区更大改革自主权,深入开展差别化探索。对标国际先进规则,加大开放力度,开展规则、规制、管理、标准等制度型开放。经过三至五年改革探索,形成更多有国际竞争力的制度创新成果,为进一步扩大对外开放积累实践经验,推动科技创新、产业创新、企业创新、产品创新、市场创新,推进开放大通道大平台大通关建设,努力建成贸易投资便利、创新活跃强劲、高端产业集聚、金融服务完善、监管安全高效、辐射带动作用突出的高标准高质量自由贸易园区。

区位布局

(一)实施范围

自贸试验区的实施范围119.86平方千米,涵盖三个片区:合肥片区64.95平方千米(含合肥经济技术开发区综合保税区1.4平方千米),芜湖片区35平方千米(含芜湖综合保税区2.17平方千米),蚌埠片区19.91平方千米。

自贸试验区的开发利用须遵守土地利用、生态环境保护、规划相关法律法规,符合国土空间规划,并符合节约集约用地的有关要求。

(二)功能划分

合肥片区重点发展高端制造、集成电路、人工智能、新型显示、量子信息、科技金融、跨境电商等产业,打造具有全球影响力的综合性国家科学中心和产业创新中心引领区。芜湖片区重点发展智能网联汽车、智慧家电、航空、机器人、航运服务、跨境电商等产业,打造战略性新兴产业先导区、江海联运国际物流枢纽区。蚌埠片区重点发展硅基新材料、生物基新材料、新能源等产业,打造世界级硅基和生物基制造业中心、皖北地区科技创新和开放发展引领区。

五、主要任务和措施

（一）加快转变政府职能

1. 打造国际一流营商环境。深入实施送新发展理念、送支持政策、送创新项目、送生产要素和服务实体经济"四送一服"工程。开展强化竞争政策实施试点，创造公平竞争的制度环境。以全国审批事项最少、办事效率最高、投资环境最优、市场主体和人民群众获得感最强为目标，营造"四最"营商环境。构建"互联网+营商环境监测"系统。推行"全省一单"权责清单制度体系。进一步深化工程建设项目审批制度改革。探索建立运用互联网、大数据、人工智能、区块链等技术手段优化行政管理的制度规则。

（二）深化投资领域改革

1. 深入推进投资自由化便利化。在科研和技术服务、电信、教育等领域加大对外开放力度，放宽注册资本、投资方式等限制。简化外商投资项目核准程序。支持外商独资设立经营性教育培训和职业技能培训机构。允许注册在自贸试验区内符合条件的外资旅行社从事除台湾地区以外的出境旅游业务。

2. 强化投资促进和保护。鼓励自贸试验区在法定权限内制定外商投资促进政策。推广市场化招商模式，探索成立企业化招商机构。建立外商投资全流程服务体系，实施重大外资项目包保服务机制。健全外商投诉工作机制，保护外商投资合法权益。

3. 提升对外投资合作水平。完善境外投资政策和服务体系，为优势产业走出去开拓多元化市场提供优质服务。在符合现行外汇管理规定的前提下，鼓励金融机构提高对境外资产或权益的处置能力，支持走出去企业以境外资产和股权、采矿权等权益为抵押获得贷款。支持合肥、芜湖中德合作园区建设，探索建立国际园区合作新机制。

（三）推动贸易高质量发展

1. 优化贸易监管服务体系。加快建设具有国际先进水平的国际贸易"单一窗口"。优化海关监管模式，综合运用多种合格评定方式，实施差异化监管。完善和推广"海关 ERP 联网监管"，大力推进网上监管，开展"互联网+核查"、"线上+线下"核查等创新试点。深入推进第三方检验结果采信。优化鲜活农产品检验检疫流程，简化动植物检疫审批程序，实施全程网上办理。完善进出口商品质量安全风险预警和快速反应监管体系。支持内销选择性征收关税政策在自贸试验区内的综合保税区试点。支持在自贸试验区内的综合保税区和保税监管场所设立大宗商品期货保税交割库。

2. 培育发展贸易新业态新模式。支持合肥、芜湖跨境电商综合试验区建设。支持合肥、芜湖片区开展跨境电商零售进口试点。依法依规开展跨境电商人民币结算，推动跨境电商线上融资及担保方式创新。鼓励建设出口产品公共海外仓和海外运营中心。探索建设国际邮件、国际快件和跨境电商进出境一体化设施。积极开展进口贸易促进创新工作。进一步完善高端装备制造产品售后维修进出口管理，适当延长售后维修设备和备件返厂期限。对符合条件的入境维修复出口免于实施装运前检验。支持设立国家数字服务出口基地，打造数字化制造外包平台。

3. 提升国际贸易服务能力。支持建设合肥国际航空货运集散中心、芜湖航空器维修保障中心。支持自贸试验区符合条件的片区，按规定申请设立综合保税区。支持建设汽车整车进口口岸、首次进口药品和生物制品口岸。优先审理自贸试验区相关口岸开放项目。加快建设多式联运基地，高标准对接国际多式联运规则，支持多式联运经营企业布局境外服务网络。

（四）深化金融领域开放创新

1. 扩大金融领域对外开放。落实放宽金融机构外资持股比例、拓宽外资金融机构业务经营范围等措施，支持符合条件的境内外投资者依法设立各类金融机构。研究开展合格境外有限合伙人（QFLP）政策试点。探索开展离岸保险业务。完善自贸试验区内技术等要素交易市场，允许外资参与投资。促进跨境投融资汇兑便利化。开展资本项目收入支付便利化改革试点。探索通过人民币资本项下输出贸易项下回流方式，重点推动贸易和投资领域的人民币跨境使用。

2. 推进科技金融创新。加强国家科技成果转化引导基金与安徽省科技成果转化引导基金合作。支持自贸试验区符合条件的商业银行在依法依规、风险可控的前提下，探索设立金融资产投资公司。支持在自贸试验区内依法合规设立商业银行科技支行、科技融资租赁公司等专门服务科创企业的金融组织，在政策允许范围内开展金融创新，积极融入长三角区域一体化发展。鼓励保险公司发展科技保险，拓宽服务领域。支持条件成熟的银行业金融机构探索多样化的科技金融服务模式。支持自贸试验区内金融小镇依法依规开展私募投资基金服务。鼓励社会资本按市场化原则探索设立跨境双向股权投资基金。支持合肥片区积极推动金融支持科技创新发展。

3. 建立健全金融风险防控体系。加强对重大风险的识别和系统性金融风险的防范。强化反洗钱、反恐怖融资、反逃税工作，防范非法资金跨境、跨区流动。提升金融执法能力，有效打击金融违法犯罪行为。

（五）推动创新驱动发展

1. 建设科技创新策源地。健全支持基础研究、原始创新的体制机制，推动建成合肥综合性国家科学中心框架体系，争创国家实验室，探索国家实验室建设运行模式。支持做好合肥先进光源、大气环境立体探测、强光磁等重大科技基础设施预研究工作，组建环境科学研发平台和未来技术综合研究基地。支持提升拓展全超导托卡马克、同步辐射光源、稳态强磁场等大科学装置功能，加快聚变堆主机关键系统综合研究设施建设。支持建设能源研究院、人工智能研究院，筹划组建大健康研究院。支持建设微尺度物质科学国家研究中心、合肥先进计算中心和国家重点实验室等，高质量建设一批省级实验室、技术创新中心。支持开展免疫细胞、干细胞等临床前沿医疗技术研究项目。推动国家重大科研基础设施和大型科研仪器向相关产业创业者开放。

2. 促进科技成果转移转化。打造“政产学研用金”六位一体科技成果转化机制。支持参与建设相关国家技术创新中心。支持建设关键共性技术研发平台，产学研合作、信息发布、成果交流和交易平台。鼓励建设国际化创新创业孵化平台。支持模式国际化、运行市场化、管理现代化的新型研发机构建设。深化科技成果使用权、处置权和收益权改革，支持有条件的单位参与开展赋予科技人员职务科技成果所有权或长期使用权试点。支持建立科技融资担保机构。探索有条件的科技创新企业规范开展知识产权证券化试点。完善知识产权评估机制、质押融资风险分担机制以及方便快捷的质物处置机制，完善知识产权交易体系。结合自贸试验区内产业特色，搭建针对性强、便利化的知识产权公共服务平台，设立知识产权服务工作站，培养知识产权服务人才，构建一体化的知识产权信息公共服务体系。支持建设安徽科技大市场，提升安徽创新馆运营水平。

3. 深化国际科技交流合作。支持重要国际组织在合肥综合性国家科学中心设立总部或分支机构，在世界前沿关键领域参与或按程序报批后发起组织国际大科学计划和大科学工程。鼓励建设国际联合研究中心（联合实验室）等国际科技合作基地，探索建立符合国际通行规则的跨国技术转移和知识产权分享机制。支持境内外研发机构、高校院所、企业在自贸试验区设立或共建实验室、新型研发机构，实施高等学校学科创新引智计划，建设引才引智示范基地。

4. 激发人才创新创业活力。建立以人才资本价值实现为导向的分配激励机制，探索和完善分红权激励、超额利润分享、核心团队持股跟投等中长期激励方案。对顶尖科技人才及团队采取“一事一议”方式给予支持。支持与境外机构合作开发跨境商业健康保险产品，探索开展商业健康保险跨境结算试点。

（六）推动产业优化升级

1. 支持高端制造业发展。支持将生物医药、高端智能装备、新能源汽车、硅基新材料等产业纳入新一批国家战略性新兴产业集群。支持合肥片区建设工业互联网标识解析二级节点，建设国家新一代人工智能创新发展试验区。鼓励国家先进制造产业投资基金对自贸试验区内新能源汽车、新型显示、机器人等产业，按商业化、市场化原则进行投资。支持组建硅基生物基产业创新中心。在条件成熟的区域内，探索实施有关支持政策，推广使用聚乳酸等可降解塑料制品。鼓励自贸试验区内企业购买和引进海外研发、测试设备及重大装备。对自贸试验区内符合条件的从事集成电路、人工智能、生物医药、民用航空等关键领域核心环节生产研发的企业，积极认定高新技术企业。

2. 培育布局未来产业。支持超前布局量子计算与量子通信、生物制造、先进核能等未来产业。支持量子信息、类脑芯片、下一代人工智能等新技术的研发应用。加快推进靶向药物、基因检测等研发产业化，支持开展高端医学影像设备、超导质子放射性治疗设备、植入介入产品、体外诊断等关键共性技术研发。重点发展第三代半导体、金属铼等前沿材料产业，培育发展石墨烯产业，推动科技成果转化与典型应用。促进云计算、大数据、互联网、AI、5G与实体经济、制造业的系列化融合应用。大力推动数字商务新模式、新业态发展，探索建立反向定制（C2M）产业基地，鼓励先进制造业与现代服务业深度融合。

（七）积极服务国家重大战略

1. 推动长三角区域一体化高质量发展。对接上海、江苏、浙江自贸试验区，推动长三角地区自贸试验区协同发展，共同打造对外开放高地。继续推进皖江城市带承接产业转移示范区发展，建设皖北承接产业转移集聚区，支持共建产业合作园区，探索建立跨区域利益分享机制。支持开展港口合作，打造芜湖—马鞍山江海联运枢纽和合肥江淮联运中心。鼓励参与芜湖至上海“点到点”航线经营的各船运公司互换仓位，提高航线服务保障能力。开展会展合作，支持办好世界制造业大会、世界显示产业大会、中国（安徽）科技创新成果转化交易会等高端展会平台。加强自贸试验区与马鞍山郑蒲港新区、经济技术开发区等区域联动，放大辐射带动效应。

2. 推动长江经济带发展和促进中部地区崛起战略实施。支持安徽自贸试验区与长江经济带、中部地区其他自贸试验区联动发展。支持长江中上游地区集装箱在自贸试验区内中转集拼业务发展。加快引江济淮工程建设，提升自贸试验区对长江经济带发展的航运支撑能力。推广新安江流域生态补偿机制、林长制改革经验，探索在长江流域上下游之间开展生态、资金、产业、人才等多种补偿。探索政府主导、企业和社会各界参与、市场化运作、可持续的生态产品价值实现路径。

3. 积极服务“一带一路”建设。与“一带一路”沿线国家和地区共建科技创新共同体，支持参与沿线国家基础设施建设。为企业开展国际产能和装备制造合作提供便利，加快培育国际经济合作和竞争新优势。共商共建一批重大合作项目。拓展提升中欧班列（合肥）功能和覆盖范围，根据市场需要提高集装箱办理站能力，推动将中欧班列（合肥）纳入中欧安全智能贸易航线试点计划。鼓励建设中东部地区连接中亚、欧洲的铁水联运大通道，推动建立多式联运体系。

六、2020年9月获批以来建设进展及成效

建设自贸试验区是以习近平同志为核心的党中央在新时代推进改革开放的一项重要战略举措。2020年9月24日，安徽自贸试验区正式揭牌运营。省委、省政府高度重视、高位推进，全面贯彻落实习近平总书记考察安徽重要讲话指示精神和关于自贸试验区建设重要指示批示精神，安徽自贸试验区按照李锦斌书记指示要求，奋力打好“思想引领主动战、制度创新纵深战、统筹协调整体战、协同高效联合战”，以开局就发力、起步就冲刺的劲头，实现了一个月内基本成型、两个月内步入轨道、三个月内形成阶段性成果，区内已经新设立企业3857家，签约入驻项目341个，协议引资额2922亿元；制度创新加快推

进，初步形成制度创新举措31项，助推全省进出口突破5000亿元大关，2020年底达到5406亿元、同比增长14.1%，增速居全国第6位；实际利用外资183.1亿美元、同比增长2.1%。

一是着力推进营商环境优化提升。营商环境是自贸试验区的核心竞争力之一。我们加快赋予各片区更大改革自主权，推动制订自贸试验区赋权特别清单，对片区有需求、省级能下放的赋权事项，将按程序全部下放到三个片区，目前拟下放89项。我们积极开展创优营商环境提升行动，完善7×24小时不打烊"随时办"服务机制。合肥片区实现企业开办全程电子化办结率为100%、智能审批办件率为100%；芜湖片区设立综合服务中心，集成14个部门首批217项审批事项，初步实现"综合窗口一次办成、企业就近可办、部门权属不变"；蚌埠片区将经营许可与营业执照合并办理，率先推行"一照通"。

二是着力推进科技创新成果转化。科技创新是安徽自贸试验区的最大特色和优势。围绕"政产学研用金"全链条制度创新，依托安徽创新馆打造科技大市场，深化科技成果转化体系建设，推动科技成果、企业需求、专家团队、技术经纪人等资源互通共享。比如，在科技成果运用上，改变传统补贴模式，探索通过政府采购，为科技成果落地提供应用场景。创新"线上平台＋线下专业化服务"的技术转移新模式，有效链接高校院所和企业需求。围绕人才服务，合肥片区创新提升"一网通"国际人才服务体系，将58项人才配套综合服务一网通办，服务外籍专家4000余人次。

三是着力推进先进制造业和战略性新兴产业集聚发展。探索推进传统产业转型升级和战略性新兴产业发展壮大新模式，是安徽自贸试验区的主攻方向之一。我们聚焦三个片区的核心优势产业，以龙头企业带动全产业链发展。一批先进制造业和战略性新兴产业的重大项目签约入驻，比如，蔚来中国总部入驻合肥片区，建立研发、销售、生产基地，打造以合肥为中心的中国总部运营体系，将加速新能源车产业集聚发展。京东全球航空货运超级枢纽港落户芜湖片区，将带动建设面向全球的航空货运枢纽、打造多式联运物流体系。中建材、凯盛科技等龙头企业在蚌埠片区投资又新设了一批项目，拉长做强硅基产业链。

四是着力推进投资贸易自由化便利化。投资贸易的自由化便利化是自贸试验区的重要内容，也是我们探索的重点领域。在跨境电商领域，通过"清单核放、汇总统计"、跨境电商风险管控智能化、跨境电商转关无纸化等改革事项，大大提升通关效率，3万小包的清关时间从3—5天压缩为2个小时。通过创新综保区"外发加工"模式，联宝科技等可以将产品核心组装环节委托综保区外企业进行生产，有效提升企业整体产能效益。2020年，联宝科技销售收入突破1000亿元，成为合肥首家"千亿企业"；进出口额达到85亿美元，同比增长13%，是安徽体量最大的进出口企业。通过保税集团监管模式，为试点公司年节约保税物资占压资金2000万元，订单响应时间从3天缩短为0.5天。

五是着力推进金融开放创新。推动扩大金融领域对外开放，提升自贸试验区金融服务质效。芜湖片区建立基于大数据分析的"银行＋征信＋担保"的中小企业信用贷款新模式，运用大数据信用评级信息为中小企业提供信用贷，累计为981家中小企业提供信用贷款45.52亿元。创新"人民币境外放款输出＋出口贸易回流"模式，降低企业汇兑成本。截至2020年底，芜湖片区跨境人民币收支突破10亿元，奇瑞汽车成为全省首个使用"跨境双向人民币资金池"企业。合肥片区开展资本项目外汇改革试点，为2家企业合计提升外债额度8400万美元，有效拓展融资空间。

六是着力推进服务国家战略。结合自身产业特点和区位优势服务国家战略，是自贸试验区差异化探索的重要命题。比如，在探索服务长三角一体化发展方面，与沪苏浙自贸试验区建立合作交流机制。借力第三届中国国际进口博览会平台，在上海举办安徽自贸试验区首场推介会，现场签约项目30个，投资总额279亿元。合肥片区联合上海市杨浦区、江苏省常州市武进区、浙江省嘉兴市南湖区合作开展长三角双创券通用通兑，打通科技创新券跨省"消费瓶颈"。芜湖片区签约落地中远海运安徽仓储基地，将有效利用上海优质物流运营资源。在服务"一带一路"建设方面，合肥中欧国际货运班列覆盖面进一步扩大，开行线路增至33条，直达10个国家的35个节点城市，2020年累计开行班列568列。

第二章　南京都市圈建设

南京都市圈是以南京为中心的经济区域带，位于中国东部、长江中下游沿江城市地带核心地区，地跨苏皖两省，是中国第一个规划建设的跨省都市圈。南京都市圈成员为南京、镇江、扬州、淮安、马鞍山、滁州、芜湖、宣城和常州的溧阳、金坛，包含33个市辖区、11个县级市和16个县，总面积6.6万平方千米。截至2019年，常住人口3545.96万人，地区生产总值39997.54亿元。

南京都市圈连南接北、承东启西，地理位置特殊，城市类型丰富，是长三角带动中西部地区发展的重要传导区域，在国家长江经济带发展战略中具有重要地位。南京都市圈基础产业实力雄厚、金融体系完整、科教优势明显、文化底蕴深厚，是国家重要的基础产业、制造业、旅游业、金融业、科教和文化中心，历史上是吴楚文化的交汇地带、南北文化的交融区域，同时也是近代文明兴起之地，集历史、近代、现代特色文化于一身，融吴楚文脉、南北文化、中西文明于一体，具有兼容并蓄、富有活力和创新精神的多元文化特征。

1986年，国家计划委员会研究报告提出南京组织跨省经济圈试点；同年，"南京区域经济协调会"第一次会议召开，南京经济区成立。2000年7月，江苏省提出打造以省会南京为中心的南京都市圈。2003年1月，江苏省政府批准《南京都市圈规划(2002—2020)》，并荣获该年度国家建设部优秀城市规划设计一等奖。2021年2月，国家发展改革委员会关于同意南京都市圈发展规划的复函发布，成为中国第一个由国家发改委正式批复规划的都市圈。

第一节　南京都市圈的区位与成员城市

南京都市圈是中国第一个自我认知探索形成的跨省协作的都市圈，中国都市圈的先行者，是江苏省委、省政府提出着重建设的三大都市圈之一，其范围锁定在南京周边100公里左右，由于驱车往来只需1个多小时，故又被称为"南京一小时都市圈"。"南京都市圈"不是行政区划意义上的城市概念，而是一个被发达的交通网络紧密联系起来的城市群落。

南京都市圈是一个跨省城市群，地跨苏皖两省，在吸收部分江苏城市外，又纳入部分安徽城市，其实质是以南京为中心形成一个经济区域带，在这个区域带里共同发展，共同做强做大，即以一个城市为龙头来带动一大批城市及周围城镇发展。

第二节 产生背景

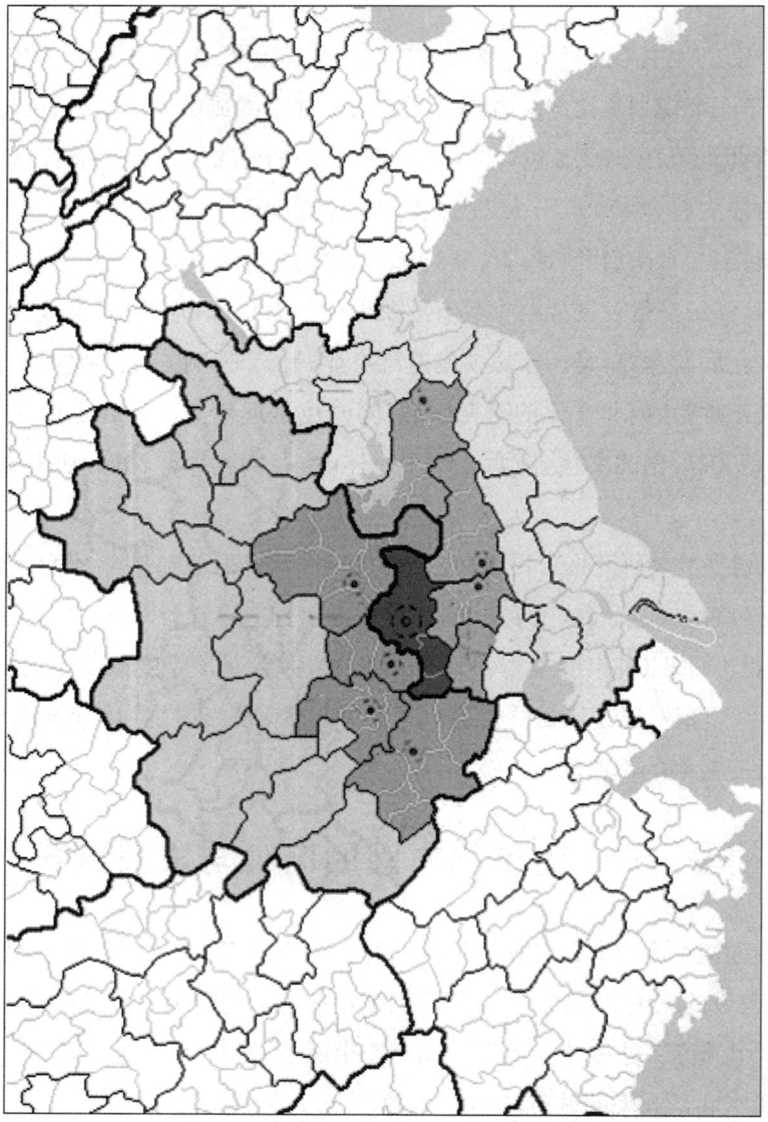

图 1 南京都市圈在苏皖两省的区位

随着经济全球化和区域一体化的深入推进,长三角城市群和皖江城市带等区域发展战略的深入实施以及都市圈城镇的快速发展和重大基础设施的建设,长三角区域空间格局重组进程明显加快,南京与周边城市同城化和一体化发展诉求日趋强烈。

南京都市圈源于国家计划委员会一份关于中国大都市圈的研究报告。这份报告提出:南京可以联合安徽几个城市和扬州、镇江、淮安共同构造一个长江中下游大都市圈。报告认为,以南京为中心的都市圈地区具有相对完整的大工业体系,这里距上海有一定距离,又与安徽的经济往来密切,从人口、地理位置、经济总量等方面都具备形成大都市的条件。

南京都市圈内各城市在产业分工、城市功能、技术水平、市场化建设等越来越多的领域和层面上显现出区域合作与发展的迫切愿望,同城化的诉求越来越强烈。南京作为都市圈的中心城市和江苏省的省会城市,其科教和人才资源丰富,高新技术产业和金融、物流、电子商务等现代服务业优势明显。但南京土地资源稀缺,劳动力价格较高,导致传统产业生产成本居高不下,而以都市型经济为主的经济结构则导致农副产品自给率低，而周边城市的要素成本较低，在土地供给、劳动力价格、农业经济、生态资源等方面具有较大优势，与南京具有较强的互补性。

第三节 发展历史

1986年，国家计划委员会的研究报告建议南京组织跨省经济圈试点；同年，“南京区域经济协调会”第一次会议召开，南京经济区的成立为日后南京都市圈的发展埋下了伏笔。

2000年7月，江苏城市工作会议提出打造以省会南京为中心的经济联合体——南京都市圈。

2001年3月21日，在江苏省计划委员会的召集下，江苏省的南京、镇江、扬州和安徽省的芜湖、马鞍山、滁州6个城市计委负责人首度就“南京都市圈”建立和发展问题进行了研讨。六城市达成共识：“南京都市圈”范围锁定在南京南边100公里左右，即1小时车程以内，以南京为核心城市，其余五城市为“中间传导”，并确定了今后以政府引导与市场相结合的方式来实现“圈内资源共享，提高整体竞争力”的目标。此后，六城市频繁商讨的议题包括：如何消除政策障碍、行政及市场壁垒、如何真正实现资源共享、相互开放市场、科技人才流动、产业密切合作以及跨区域的基础设施共建等等。

2002年3月，南京、镇江、扬州、芜湖、马鞍山、滁州六城市计委负责人汇集江城芜湖，就启动共建“南京都市圈”展开具体的规划研究。“南京都市圈”实现的是一个开放型的城市一体化进程，这在中国尚为首次尝试，也是当时中国唯一的跨省都市圈。

2003年1月15日，江苏省政府批准了《南京都市圈规划(2002—2020)》，并荣获了该年度国家建设部优秀城市规划设计一等奖。

2004年6月，中国·南京重大项目投资洽谈会首次由南京都市圈六城市(南京、镇江、扬州、芜湖、马鞍山、滁州)联办。在1300多亿元的项目总投资中，给其他5个市带来的项目投资总额超过了700亿元。

2005年5月，中国南京重大项目投资洽谈会除主办城市南京外，周边的江苏镇江、淮安以及安徽芜湖、马鞍山、滁州、宣城、淮南7个城市参与联办，形成“一加七”模式，共同发布了总投资额达1500多亿元人民币的368个重点招商项目，吸引了海内外众多客商前来洽谈，也初显了南京都市圈经济联动的活力。

2006年底，南京都市圈八市经济总量超过7300亿元，成为全国重要的区域经济平台。

2007年4月28日下午，在南京都市圈市长论坛上签署了《南京都市圈共同发展行动纲领》，明确都市圈的发展目标是区域经济联合体，确定了在交通、物流、金融、市场、产业、公共服务等九个方面的合作重点。

2007年12月8日，第五届南京都市圈发展论坛在扬州举行，江苏省副省长参加会议并讲话。

2008年4月29日，南京都市圈交通发展论坛上，南京、巢湖、马鞍山、滁州、芜湖、扬州、镇江、淮安八市的交通局签署框架协议，“十一五”期间将对8个市之间所有的公路收费站进行“精简”式整合，市域内公路收费站全部外移，而跨区域同一公路原则上将只设一个收费站。

2008年11月28日，第六届南京都市圈发展论坛在滁州市举行。苏、皖两省专家、学者及滁州、南京、扬州、镇江、芜湖、马鞍山、巢湖等都市圈城市的政府官员和相关部门负责人，围绕“合作分工、共建共享、创新发展”主题进行了深入探讨。

2010年4月29日，来自南京都市圈八市的市长会聚南京举行第四届南京都市圈市长峰会，会上启动了“南京都市圈农副产品信息交换平台”，并签署了5项合作协议。

2010年5月24日，国务院颁布《长江三角洲地区区域规划》，规划中明确提出要加快南京都市圈建设，编制南京都市圈区域规划。

2010年11月28日，“2010年南京都市圈发展论坛”在南京举行。本次论坛由南京市人民政府、南京财经大学、安徽省社科院和江苏城市发展研究院主办，江苏省副省长何权、南京都市圈各城市政府负责人、苏皖两省发展改革系统负责人以及国家宏观院和苏皖两地有关专家学者参加了会议。论坛围绕

“南京都市圈与长三角经济区互动发展研究”这一主题展开深入研讨。

2011 年 4 月 26 日下午，由南京、镇江、扬州、淮安、芜湖、马鞍山、滁州、巢湖八市人民政府共同举办的第五届南京都市圈市长峰会在南京紫金山庄会议中心举行。本届市长峰会是“2011 中国·南京重大项目投资洽谈会”的重大专场活动之一。会议以“加强规划衔接，共绘发展蓝图”为主题，旨在开启编制南京都市圈区域规划，使南京都市圈一体化建设上升为国家战略。国家发改委及江苏、安徽两省发改委领导，南京市常务副市长沈健，副市长陈刚，市政府秘书长魏克，都市圈各市市长及各市有关部门负责人出席了会议。

2011 年 7 月，第五届长三角南京都市圈建设论坛在南京召开，会上八市签署南京宣言：到 2015 年基本建成以南京为中心、内接都市圈七城市、外连全国各中心城市的现代化轨道交通网和以禄口国际机场为中心，服务都市圈区域，通往全国、亚太和欧美的现代化航空运输网。

2012 年 4 月 26 日，第六届南京都市圈市长峰会在南京金陵会议中心举办，会上市长们签署了《共同编制南京都市圈区域规划合作协议》，并且宣布该规划将于 2012 年 5 月底前完成初稿，争取年底前上报国务院。

2013 年 8 月 3 日，南京都市圈第一届党政领导联席会议暨南京都市圈城市发展联盟成立大会在南京举行，此次名为“南京都市圈第一届党政领导联席会议暨南京都市圈城市发展联盟成立大会”，来自苏皖八市的党政一把手均出席。这是都市圈成立以来规模最大、规格最高的一次大会，会上确立的一系列合作新机制将南京都市圈推上了新起点，会上宣城正式成为南京都市圈新成员。

2014 年 5 月 11 日，南京都市圈第二届党政领导联席会议在安徽芜湖召开，来自江苏南京、镇江、扬州、淮安和安徽芜湖、马鞍山、滁州、宣城的党政主要领导参加会议。地区经济司副司长黄进发同志作为特邀代表参会并致辞。会议总结回顾了第一届南京都市圈党政领导联席会议以来的工作，提出了下一步工作思路，审议通过了《南京都市圈近两年工作推进纲要》。会上，还专题介绍了南京承办第二届青年奥林匹克运动会的筹备情况，八市市长签署了《南京都市圈八市共襄“青奥”备忘录》。

2014 年 8 月，江苏省人民政府发布《宁镇扬同城化发展规划》，这是江苏省首个区域同城化发展规划。

2015 年 3 月，南京市委办公厅和南京市政府办公厅联合下发《健全南京都市圈协同发展机制改革实施方案》。

2018 年 12 月 21 日，南京都市圈党政领导联席会议在南京召开，南京都市圈八市及常州市（特邀）、溧阳市（特邀）党政主要领导、国家发改委规划司、江苏省发改委领导及八市发改、经信、科技、交通、规划、卫计、商务、环保、旅游、教育、文化、地铁、宁镇扬三市住房等单位负责人参加了会议，南京市委副书记、市长蓝绍敏主持会议。经联席会议共同商议，已初步同意将溧阳吸纳为南京都市圈成员地区。

2019 年 5 月 30 日，南京都市圈城市人大常委会主任协商联席会第一次会议在南京召开，共同签署了建立南京都市圈城市人大常委会协商合作机制的协议。协议的签署和共同宣言的发表，标志着南京都市圈城市人大常委会主任协商联席会议机制正式建立。

2019 年 6 月 19 日，蚌埠市发改委主任陶广生、副主任杨祖彬一行赴南京发改委对接蚌埠市整体加入南京都市圈有关事项，南京市发改委主任许明、副主任蒯旭光参加座谈交流。

2019 年 6 月，中国十大最具发展潜力都市圈排名，南京都市圈排名中国第五，仅次于上海、北京、深莞惠、广佛肇四大都市圈。

2020 年 4 月，国家发改委印发《2020 年新型城镇化建设和城乡融合发展重点任务》的通知，其中明确提到“支持南京等都市圈编制实施发展规划”。

2020 年 12 月 5 日，江苏、安徽两省九市党政一把手齐聚镇江，召开 2020 南京都市圈党政联席会议，审议通过《南京都市圈城市发展联盟章程（修订稿）》，正式宣布吸纳常州市溧阳市、金坛区加入都市圈。先后签订《共同打造高质量发展区域增长极框架协议》《共建宁淮宣生态经济带框架协议》《宁马城际共建合作协议》《南京都市圈人力资源和社会保障一体化发展合作协议》等 12 项协议。

2021 年 2 月，国家发展改革委关于同意南京都市圈发展规划的复函发布，成为中国第一个由国家发改委正式批复的都市圈规划，从国家层面确定了南京跨省发展的方向。

第四节　行政区划

表 1　都市圈行政区

市	市辖区	县级市	县
南京	玄武区、秦淮区、鼓楼区、建邺区、雨花台区、浦口区、六合区、栖霞区、江宁区、溧水区、高淳区		
镇江	京口区、润州区、丹徒区	丹阳市、扬中市、句容市	
扬州	邗江区、广陵区、江都区	仪征市、高邮市	宝应县
淮安	清江浦区、淮阴区、淮安区、洪泽区		涟水县、盱眙县、金湖县
马鞍山	博望区、花山区、雨山区		当涂县、含山县、和县
滁州	南谯区、琅琊区	天长市、明光市	全椒县、来安县、定远县、凤阳县
芜湖	镜湖区、弋江区、鸠江区、湾沚区、繁昌区	无为市	南陵县
宣城	宣州区	宁国市、广德市	郎溪县、泾县、绩溪县、旌德县
常州	金坛区	溧阳市	
总计	33 市辖区	11 个县级市	16 个县

表 2　都市圈各城市基本信息

	面积(平方千米)	建成区面积(平方千米)	常住人口(万人)	地区生产总值(亿元)
南京	6587.02	822.97	850.00	14030.15
镇江	3847.00	227.11	320.35	4127.32
扬州	6591.21	245.62	454.90	5850.08
淮安	10072.00	198.00	493.26	3871.21
马鞍山	4049.00	100.00	236.10	2111.00
滁州	13398.00	151.56	414.70	2909.10
芜湖	6026.00	208.11	377.80	3618.26
宣城	12340.00	125.67	266.10	1561.30
溧阳	1535.87	33.10	76.40	1010.54
金坛区	975.46	35.00	56.35	908.58
总计	65421.54	2147.14	3545.96	39997.54

第五节 人口

截至2019年,南京都市圈常住人口为3545.96万人。

第六节 战略定位

南京都市圈“承东启西、承南接北”,地处中国重要的沿海和沿江发展轴线的交汇点,是东部与中部枢纽地位;都市圈核心城市南京是国家重要的经济、金融、科教、文化、信息和航运中心,南京都市圈地跨江苏苏南、苏中、苏北,对促进苏中地区快速崛起并融入苏南板块、进一步加快苏北地区发展等全省区域共同发展战略具有重大意义。

南京都市圈历史上是吴楚文化的交汇地带、南北文化的交融区域,同时也是近代文明兴起之地,集历史、近代、现代特色文化于一身,融吴楚文脉、南北文化、中西文明于一体,具有兼容并蓄、富有活力和创新精神的多元文化特征;南京都市圈地处长江三角洲的北翼,基础产业实力雄厚、金融体系完整、科教优势明显、文化底蕴深厚,是国家重要的基础产业、制造业、旅游业、金融业、科教和文化中心。

都市圈的战略定位为:辐射中西部的国际性重要门户;国际先进制造业中心和现代服务业基地;泛长三角转型与合作发展示范区;具有较强竞争力的国家级都市圈。推动都市圈的经济、市场发展一体化,培育平等、互利的发展环境;针对市场、产业、基础设施、城市化等方面的共同发展制定相应策略,扩大区域合作,创造多种灵活的合作方式,形成区域一体化发展格局;大力发展循环经济,走新型工业化道路,促进都市圈区域可持续发展;以长江为纽带、沿江城市为依托,联合培育都市圈信息生产和信息服务中心,构建国际性的沿江先进制造业集群和以历史文化、山水城林为特色的城市带。

表3 南京都市圈各个城市的城市定位

	城市定位	城市掠影
南京	南京定位于具有国际影响的金融商务中心、科技创新中心和影视、文化创意中心;联动海陆空港及信息港,打造航运物流中心,引领宁镇扬同城化,带动南京都市圈发展。	 南京
镇江	镇江发挥港口和产业优势,建设全国重要的先进制造业和战略性新兴产业基地以及区域性物流中心。	 镇江

续表

	城市定位	城市掠影
扬州	扬州依托产业基础，推动转型升级与承接苏南产业转移相结合，建设长三角北翼重要的先进制造业和现代服务业基地。	 扬州
淮安	淮安依托产业基础和历史文化资源，建设区域性商贸物流中心、先进制造业基地和现代农业生产基地，成为都市圈北翼带动苏北地区崛起的新兴增长极和淮河流域中心城市。	 淮安
马鞍山	马鞍山打造皖江城市带承接产业转移龙头城市，建成都市圈的核心增长极和区域中心城市。	 马鞍山
芜湖	芜湖建设全国重要的先进制造业基地、现代物流商贸中心、皖江地区金融中心以及长江流域重要的现代化滨江大城市。	 芜湖

续表

	城市定位	城市掠影
滁州	滁州着力打造承接产业转移的新型载体，建成都市圈重要的先进制造业基地、现代农业生产基地和新兴旅游宜居城市。	 滁州
宣城	宣城建成都市圈重要的新型加工制造基地、旅游休闲度假基地、优质农产品加工供应基地和苏浙皖边界地区重要的交通物流枢纽。	 宣城

第七节　发展目标

一、总体目标

根据规划，到 2015 年，南京都市圈要基本建成中国重要的高新技术与战略性新兴产业基地、长江国际航运物流中心、区域性金融商务集聚区；初步建成区域“协同创新”体系；建成对外便捷共享、区内无缝对接的交通网络体系，到 2015 年基本形成较为完善的都市圈高速和快速公路网络，到 2020 年基本形成都市圈轨道网络；到 2020 年，基本实现基础教育和基本医疗卫生体系均衡发展，建成基本均等、统筹统建的公共服务体系；到 2030 年，建成对中西部地区具有较强辐射带动力的门户地区和具有较强竞争力的国家级都市圈。

二、经济目标

近期(2002—2005 年)，都市圈省内部分实现全面小康，人均 GDP 要达到 2.4 万元；远期(2006—2020 年)，建成经济发达、社会文明、空间集约、生态优良、经济社会一体化的现代化都市圈，省内部分人均 GDP 要达到 11.2 万元。

三、社会目标

近期：恩格尔系数为 38%(江苏省内 35%)，高等教育毛入学率为 25%(江苏省内 30%)，宽带网入户率为 35%(江苏省内 45%)，每千人拥有卫生技术人员 5 人以上(江苏省内 6 人以上)，人口自然增长率小于5‰(江苏省内小于3‰),人均期望寿命大于75岁,城镇登记失业率控制在4%左右(江苏省内约3%),城市最低生活保障覆盖率达100%。建成大型综合医院与各类专业性医院相结合的都市圈共享的医疗服务体系;建设都市圈大型综合性体育设施和体育专项场馆,具备举办全国运动会的能力。

远期:建成华东地区乃至全国的重要会展中心、长江下游的医疗服务中心;大型体育设施达到承办相当于亚运会规模的国际性大型运动会的能力;创建具有国际影响力的大学园区,建成国家教育科研基地;建设大型文化设施,成为长江中下游区域文化中心;传承都市圈独特文化与山水城林景观,建设成为独具特色的文化型都市圈。

四、环境目标

城镇与产业发展要加强生态建设和环境保护;利用高新技术改造传统产业,发展循环经济;区域生态环境得到改善,资源利用效率显著提高,可持续发展能力不断增强。

以保护长江、京杭运河等区域供水水源,南水北调取水水源及输水廊道水质为重点,以建立都市圈整体执法监督和环境管理体制为保障,以改善城镇环境质量和保护人民群众健康为根本出发点,全面控制污染物排放总量,维护生态平衡,促进区域经济、社会、环境的协调发展。

五、城市化目标

"做强、做优、做美、做特"各级城市,重点"做大"核心城市,择优培育重点中心镇,全面提高城镇发展质量,完善都市圈的城镇空间结构。

强化核心城市的主导地位,加快都市圈沿江城市带规划和建设的整体协调,有序培育城镇发展轴和通道地区的特色中小城市,进一步提高都市圈城市化水平,将都市圈建成国内城市化和经济社会最发达的区域之一。

近期总人口2600万人,城市化水平达52%左右(江苏省内58%),城市人均住房建筑面积18平方米(江苏省内20平方米),人均公共绿地8平方米(江苏省内12平方米);远期总人口3200万人,城市化水平达66%左右(江苏省内74%)。

第八节　发展规划

一、结构布局

(一)结构

形成一个核心、两个圈层的空间结构,重点发展一带一轴三通道。

一个核心:包括南京主城和以主城为核心、半径约30公里范围的城镇和潜在的城镇发展地区,即规划中的南京都市发展区。该区域是南京城市功能重组和集聚新兴城市功能的重点区域。

两个圈层:包括核心圈层和紧密圈层。

核心圈层:与核心城市联系紧密、接受核心城市强烈辐射,城市间相互作用最强、最广泛的区域。规划范围包括核心城市和距核心城市中心约50公里范围内的城市(镇)和区域,包括南京市、仪征市、句容市、马鞍山市、滁州市区、来安县、全椒县。

紧密圈层:与核心城市联系密切,接受核心城市的辐射,圈层地带节点城市具有相当的发展规模,且相互之间具有较强的经济社会联系的功能地域。规划范围为核心圈层外围、距核心城市中心约100公里范围内的城市(镇)和区域,包括扬州市、镇江市、芜湖市、滁州市的北部、巢湖市的北部、淮安市的南部地区。

一带一轴三通道:沿江城市带包括南京、扬州、镇江、马鞍山、芜湖5个设区市以及仪征、江都、当涂、和县等县(市)。城镇发展轴:北从金湖、盱眙开始,经天长、南京、溧水至高淳。三条通道:南京至句容并延伸到苏锡常都市圈环太湖地区、宜(兴)溧(阳)金(坛)丘陵山区通道,南京至滁州、明光、凤阳通道,南京至全椒、合肥通道。

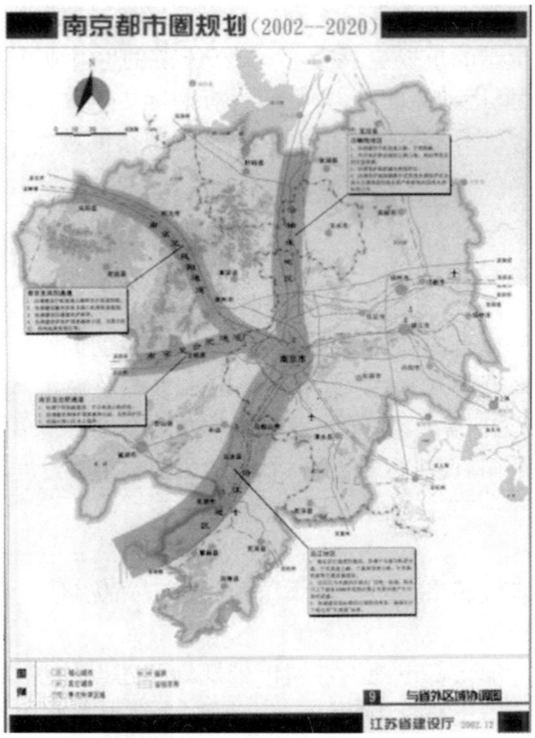

图 2　南京都市圈交通规划图

(二)布局

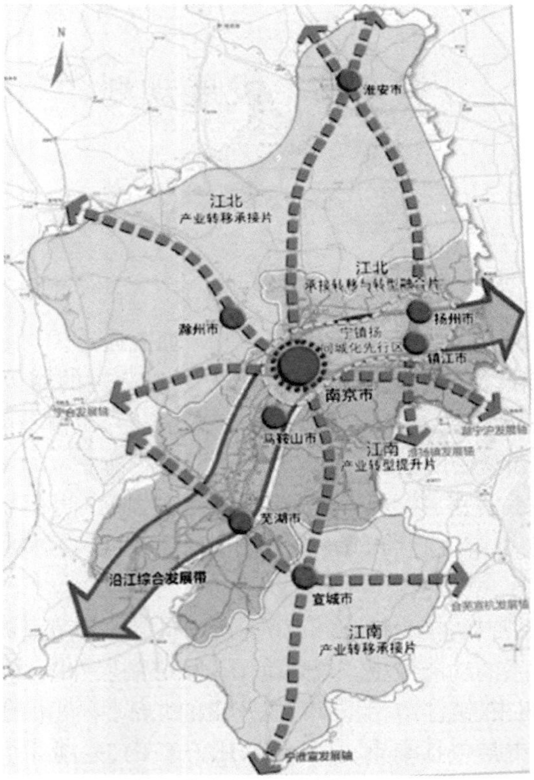

图 3　南京都市圈空间格局图

在总体布局上，将构建“一核一带一区四片”，具体而言：

一核：南京作为都市圈发展核心引擎，将发挥省会城市以及南京都市圈核心城市的优势，积极发展服务经济，争创国家中心城市。

一带：沿江综合发展带，连接南京、镇江、扬州、马鞍山、芜湖等沿江中心城市，打造沿江产业城镇集聚带，成为辐射长江中上游地区的重要延伸通道。

一区：宁镇扬同城化先行区。

四片：江南产业转型提升片（南京、芜湖、马鞍山）、江北承接转移与转型融合片（南京、芜湖、马鞍山的江北地区）、江南产业转移承接片（宣城市）、江北产业转移承接片（滁州、淮安、扬州北部地区）。

四大功能区域：优化提升区域包括南京城区、江宁区、镇江城区、丹徒区、扬中市、马鞍山市区和芜湖市区等。

重点拓展区域包括浦口区、六合区、广陵区、江都区、邗江区、仪征市、滁州市区、全椒县、来安县、天长市、淮安市区、涟水县、当涂县、和县、含山县、无为县、繁昌县、芜湖县、宣城市区、郎溪县、广德县、宁国市等。

适度开发区域包括溧水区、高淳区、句容市、丹阳市、宝应县、高邮市、盱眙县、金湖县、洪泽县、南陵县、凤阳县、明光市、定远县、绩溪县、旌德县、泾县。

生态保护区域指山体、湖泊、河流等重要生态功能区，包括长江、大运河、洪泽湖、石臼湖、高邮湖、白马湖、邵伯湖、固城湖、老山、茅山、琅琊山、第一山等。

二、跨界新城

临港新城：将依托岸线港口资源，共建江南龙潭—下蜀滨江新城及江北六合—仪征跨界新城。江南龙潭—下蜀滨江新城包括南京龙潭、镇江下蜀以及宝华东北部片区，重点建设长江国际航运物流中心核心区、临港先进产业集聚区和现代化新城。江北六合—仪征跨界新城包括六合的龙袍、东沟以及仪征的青山、真州，打造江北沿江现代化工贸新城。

临空新城：以南京禄口国际机场为核心，以禄口—柘塘—博望新城和湖熟—郭庄新城为重点。禄口—柘塘—博望新城包括禄口、横溪、铜山、柘塘、博望等，打造全国航空物流主枢纽及以临空型产业、战略性新型产业为重点的新型产业集聚区，同时积极培育休闲旅游、高档居住等功能。湖熟—郭庄新城包括江宁湖熟与句容郭庄，将发挥城际枢纽及邻近禄口国际机场的区位优势，吸引现代服务业和先进制造业集聚发展。

科学城：将推进仙林—宝华科学城建设，具体包括仙林大学城和句容宝华西部片区。

产业新城：包括南京—宣城产业新城、苏滁现代产业园、南京—淮安产业新城等。

三、空间组织

加强各行政区域、各景区景点的协调，结合资源特点进行旅游布局和开发，形成点、线、面结合，有利于组织都市圈旅游线路的大旅游空间布局。重点建设沿长江旅游带、沿城镇发展轴线旅游带、沿运河旅游带、环南京休闲度假旅游带，进一步密切与苏锡常都市圈环太湖地区旅游发展的联系。

沿江地区的旅游开发应突出密集的城市人文优势，发挥众多过江通道及周边地区潜在的旅游价值，保护风景旅游岸线，发挥沿江港口的旅游联动作用，大力发展观光旅游、都市旅游、文化旅游、商务旅游，将南京都市圈沿江旅游带建设成为我国重要的旅游目的地之一。

沿城镇发展轴线旅游带的开发应结合旅游对地方经济的带动作用，突出丰富的自然资源、地方特色农副产品等资源优势，大力发展休闲度假旅游、农业观光旅游、地方特色旅游等，促进沿城镇发展轴线生态旅游开发与沿江人文旅游开发的联动。

沿运河旅游带是江苏大运河旅游带的核心和精华，应突出沿运河地区丰富的历史文化和特有的民俗风情，挖掘扬州、镇江、高邮等历史文化名城在京杭运河历史上高品位的人文胜迹，从地域上、文化上、主题上整合沿线的旅游产品，形成独特的竞争优势，成为都市圈开拓国际旅游市场的重要品牌。

环南京休闲度假旅游带要结合当前短距离休闲度假旅游的兴起，加快整合南京都市圈核心圈层以及镇江、扬州的部分地区的相关旅游资源，集中发展休闲度假旅游品牌产品。

进一步密切南京旅游圈与苏锡常都市圈旅游核心区域环太湖地区旅游发展的联系，加快建设南京至环太湖地区的旅游专用道路，增加沪宁线区域性快速通道，快速便捷地联系南京、苏锡常两大都市圈重点旅游区域。

四、国家战略

2021 年 2 月，国家发展改革委关于同意南京都市圈发展规划的复函发布。南京都市圈规划推动基础设施一体高效、创新体系协同共建、产业专业化分工协作、公共服务共建共享、生态环境共保共治、城乡融合发展，把南京都市圈建设成为具有全国影响力的现代化都市圈，助力长三角世界级城市群发展，为服务全国现代化建设大局作出更大贡献。

南京创治会重点专场活动之一的第六届南京都市圈市长峰会上，围绕“共同的规划、共同的明天”主题，与会都市圈七市负责人共商推进都市圈融合式发展、一体化发展大计，并共同签署了《共同编制南京都市圈区域规划合作协议》。在 2012 年 5 月底前，该规划将完成初稿，并送各市征求意见；2012 年 7 月底前，组织专家评审；2012 年 9 月底前，都市圈七市政府将联合向江苏、安徽两省政府上报；2012 年底前，由江苏、安徽两省政府联合上报国务院。

打造南京都市圈是国务院颁布的长三角规划当中的一项重要内容。历届市长峰会主题的确定和内容安排，都是围绕“共建、共享、同城化”的目标，如 2009 年突出交通基础设施与旅游一体化，2010 年提出相邻地区融合发展，2011 年提出发展规划对接。2012 年，南京都市圈市长峰会的一项重要内容就是合作编制都市圈规划，力争使南京都市圈建设上升为国家战略。

《共同编制南京都市圈区域规划合作协议》将南京都市圈的建设定位为承接放大长三角辐射的门户枢纽、长江流域先进制造业中心和现代服务业基地、中国转型发展与承接产业转移相结合的示范区和具有较强竞争力的国家级都市圈。《规划》根据都市圈的自然地理格局、空间开发基础及适宜性，确定“一核一带两区”的总体空间格局。其中，“一核”指由宁镇扬组成的同城化都市核心区，是区域综合服务功能集聚中心；“一带”指沿江综合发展带，是产业城镇集聚带和区域发展引擎；“两区”指江南产业转型提升区和江北产业转移承接区。

在“一核一带两区”空间格局的基础上，《规划》还确定了重点推进高新技术与战略性新兴产业、临港基础产业以及现代服务业与现代农业的产业体系，营造适宜人才创新创业的工作和生活环境，加速集聚创新型、创业型和营销型高端人才；建立创新源、创新成果应用、创新成果产业化转化的创新空间，设立国家科学城，加速提高科技产品营销水平，提升政产学研合作效能。

同时，《规划》还对都市圈内的基础设施建设、社会发展与公共服务、资源与生态环境等提出了具体的目标及要求。其中，构建联系南京与核心交通圈层各节点城市之间的八大内部通道，形成周边城市至南京中心城区半小时购物、1 小时通勤交通圈，成为各方关注的焦点。而交通可达性的改善，也加快了都市圈内大型公共设施互补共享工程的建设，教育、医疗、社保等领域都有望在未来实现全方位对接。不仅如此，《规划》还提出了打造“一带两片十二团块”的生态空间架构，充分结合现有地形、水系、植被等自然资源特征，完善区域生态廊道和绿道网络，提高不同生态功能板块之间的连通性。

第九节　交通运输

一、公路

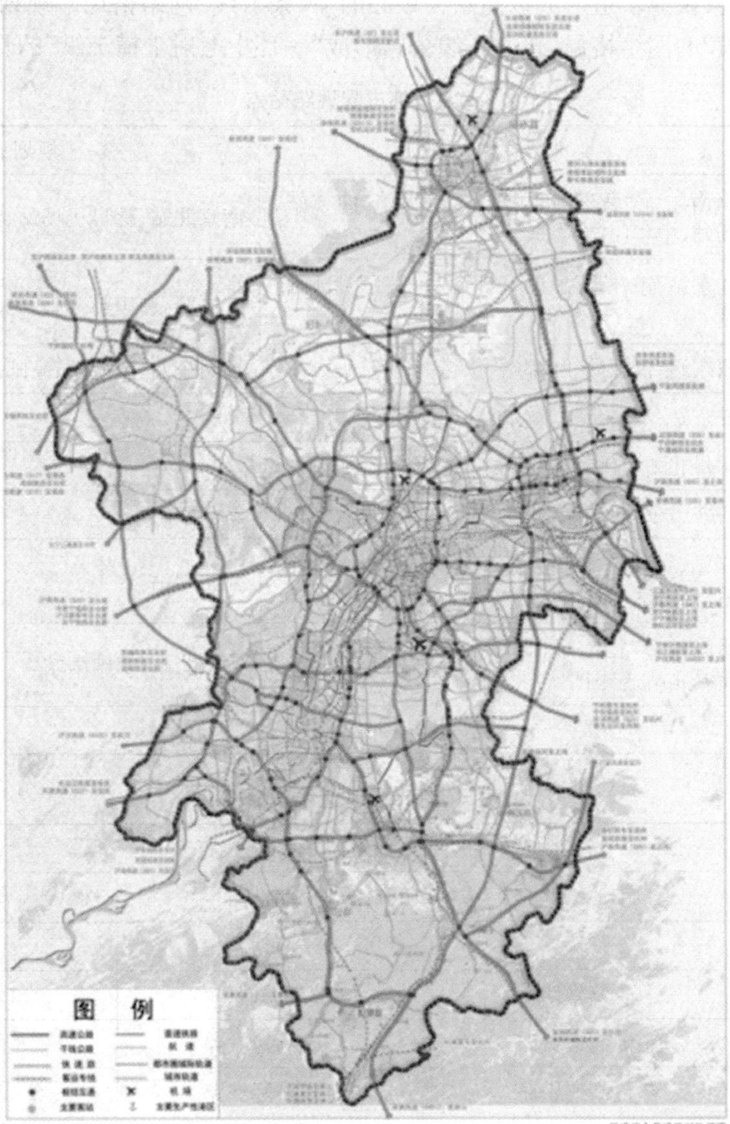

图 4　南京都市圈交通布局示意图

2011 年末，七城市境内公路里程共 66219.52 公里，其中高速公路 1735.84 公里，约占江苏、安徽两省高速公路总里程的 25%。七城市拥有民用汽车 211.02 万辆，占两省总和的 21.6%；拥有私人汽车 163.82万多辆，占两省总和的 35.2%。

2012 年，南京与都市圈各市全部实现高速公路连通，快速干线公路覆盖所有县级城市，以沿江通道作为主通道，以沪宁合、淮宁宣、滁宁杭、淮扬镇、巢马溧、宁盐高速公路作为辅通道，构成“一主五辅”的综合交通骨架。具体规划为：2012 年前，建成江六、南京绕越、溧马、芜太等高速公路，全面完成宁镇、宁滁、宁杭、宁宣、浦泗、淮江等干线公路改造，“十二五”开工建设宁巢、宁宣高速。

截至 2017 年底，南京长江四桥、南京扬子江隧道、溧芜高速公路、溧马高速公路、江六高速公路等重点项目已陆续建成通车,都市圈高速公路骨干网络正在加快形成。122省道宁句公路、104国道江宁段、江北段、宁滁快速通道、扬滁公路南京段等城际高等级公路建设也在加快推进。

二、铁路

南京都市圈铁路客运专线系统形成“一环十射三纵三横”的网络格局;普速铁路系统形成“一环八射一纵两横”的网络格局;快速轨道形成以南京为核心的“八条射线”网络格局。规划都市圈高速公路形成“两环十三射五纵六横”的网络格局,普通干线公路形成“一环十七射十横十纵”的骨架网络格局。

表4　都市圈铁路站点

城市	主要火车站	规划火车站
南京	南京站、南京南站、南京东站、江宁站、溧水站、仙林站、六合站、林场站、中华门站	南京北站、禄口机场站、溧水西站、高淳站
镇江	镇江站、镇江东站、镇江南站、镇江西站、丹阳站、丹阳北站、句容西站	大港站、衡山站
扬州	扬州站、扬州东站、仪征站、江都站	扬州东站、宝应站、高邮高铁站、高邮界首站
淮安	淮安站、淮安东站、淮安南站、涟水站	
滁州	滁州南站、滁州北站、全椒站、明光站、定远站、凤阳站	
马鞍山	马鞍山站、马鞍山东站、当涂站	新马鞍山站
芜湖	芜湖站、弋江站、芜湖东站、南陵站、繁昌西站、湾沚南站、芜湖北站、无为站	新芜湖站
宣城	宣城站、郎溪南站、广德南站、广德站、泾县站、旌德站、绩溪县站、绩溪北站、宁国站	宣城北站、宁国南站
溧阳	溧阳站	

表5　都市圈铁道线路情况

分类	铁道线路		
普速铁路	京沪铁路	宁芜铁路	宁启铁路
	新长铁路	宁西铁路	淮南铁路
	皖赣铁路	宣杭铁路	
高速铁路	京沪高速铁路	沪宁高速铁路	沪汉蓉高速铁路
	宁杭高速铁路	宁安城际铁路	连镇高速铁路
	江苏南沿江城际铁路	北沿江高速铁路	宁淮城际铁路
	宁宣城际铁路	宣绩高速铁路	商杭高速铁路

三、航运

南京都市圈水运资源丰富,是港口口岸资源丰富的地区。南京都市圈范围内港口码头数量众多,其中南京港、镇江港被列为全国沿海主要港口,芜湖港、马鞍山港被列为国家内河主要港口,在区域经济发展中有着重要的地位和作用。南京都市圈构建以长江航道为主体,以高等级内河航道为骨干,其他航道为补充的通江达海的内河干线航道网络,主要承担都市圈大宗散货、集装箱和进出口物资运输,形成“六纵七横”的航道网布局。

表 6　南京都市圈主要港口介绍

	港口简介	港口掠影
南京港	南京港是亚洲第一大内河港口，也是长江流域水陆联运和江海中转的枢纽港，经济地位突出，交通条件优越，处于铁路、公路、管道、航空和水运的交会点。南京港早在三国时期就成为军港和商港，自元代起是南粮北运起运港口之一，也是郑和下西洋的基地港。今天的南京港已成为我国华东地区及长江流域江海换装、水陆中转、货物集散和对外开放的多功能江海型港口。南京港立足华东地区和长江流域、面向世界，成为现代化、多功能的江海型主枢纽港，并与上海国际航运中心协同发展，成为中国国家长江航运中心和国家现代物流中心。	 南京港
镇江港	镇江港位于京杭大运河与长江十字交汇处。上距南京 87 公里，下距长江入海口 279 公里，是中国的主要港口之一，是长江三角洲地区对外开放的重要贸易口岸之一，港口分为高资港区、龙门港区、镇江港区、谏壁港区、大港港区、高桥港区、扬中港区。镇江港主要为镇江市、江苏省的经济发展和对外贸易服务，为镇江市沿江经济带的开发服务，为长江中上游地区大宗原材料和外贸物资中转运输服务。	 镇江港
扬州港	扬州港建于京杭大运河与长江北岸交汇处，为国家一类开放港口，是中国沿海地区重要港口。截至 2015 年，扬州港拥有各类码头泊位 39 个，其中万吨级码头泊位 13 个，千吨级码头泊位 17 个，形成了以六圩港区为龙头，仪征港区、江都港区为两翼的港口群，间接腹地辐射苏、鲁、皖、川、鄂、赣、沪等省市，通达世界十多个国家和地区。扬州港占地 480 亩，占用岸线 1.8 公里，现有码头泊位 8 个，其中万吨级泊位 3 个，客运泊位 1 个，拥有库场 20 余万平方米，装卸运输设备 100 多台(辆)，最大起重能力 60 吨。	 扬州港
淮安港	淮安港处于江苏省“四沿战略”中的沿江、沿海、沿东陇海三个产业带的中心位置，在“苏中崛起”“苏北振兴”中发挥重要作用。截至 2015 年，淮安港已形成拥有 7 个港区(包括金湖港区、盱眙港区、洪泽港区、涟水港区)、545 个码头泊位、码头总长度 1.99 万米、最大靠泊能力 2000 吨、货物吞吐量 3606 万吨的港口群，在能源、建材等大宗物资运输方面发挥着重要作用。	 淮安港

续表

	港口简介	港口掠影
马鞍山港	马鞍山港是中国重要的钢铁基地，马鞍山地区具有明显的区域优势和良好的港口条件，沿江近海，疏运便利、承东启西、经济腹地广阔，是安徽的东大门，皖江的第一站。马鞍山港是一个以服务于钢铁、电力工业为主，并为马鞍山市及皖东、皖中地区内外物资运输服务的多功能综合港口，是城市和腹地经济发展的重要交通枢纽，对完善和拓展城市功能，发展外向型经济，以及对上海经济区的协调发展，具有重要的战略地位。	 马鞍山港
芜湖港	芜湖港地处中国东部沿海经济发达地区和西部内陆地区的结合部，是长江水运第五大港、煤炭能源输出第一大港和安徽省最大的货运、外贸、集装箱中转港，国家一类口岸，年通过能力5000万吨。截至2015年，芜湖港有码头55座，库场面积60多万平方米，拥有各类装卸设备200台(套)。芜湖港已和世界上几十个国家和地区建立了业务往来，主营货物装卸、仓储、中转服务、多式联运、集装箱装卸运输、物流配送、电子商务、实业投资。	 芜湖港
滁州港	滁州港是安徽省八大区域性重要港口之一，地处江淮要冲、长江三角洲边缘，属东南沿海与中西部内陆地区的衔接部，建港条件较好，货源充足。近年来，已成为滁州市乃至皖东地区经济发展的重要依托和平台。	 滁州港
宣城港	宣城港规划范围为水阳江、芜申运河、汪联河、郎川河、新郎川河、浑水河、梅渚河、毕桥河、南漪湖、青龙湖水库等航道岸线及相关水域、陆域，规划货运泊位159个、旅游客运泊位74个。规划到2030年，港口吞吐量达到3500万吨，集装箱吞吐量达到5万标箱。	 宣城港

四、航空

南京都市圈现拥有南京禄口国际机场(4F)、扬州泰州国际机场(4C)、淮安涟水机场(4C)、芜湖宣州机场(4C)四座民用机场，其中南京禄口国际机场、扬州泰州国际机场、淮安涟水机场均为国家一类航空口岸。

南京主城到禄口机场的地铁 S1 号线已于 2014 年 7 月 1 日开通运营。

五、轨道交通

图 5　南京地铁线路远期规划图

轨道交通建设分城圈、郊圈、核心圈、紧密圈及以远四个层次来建设。城圈即主城，规划中有 15 条地铁线；郊圈指都市发展区半径 30 千米，主要是地铁的延线及江北、江西部经济发展的转换地带、南方与北方经济发展的交融区域，具有战略性的江宁、仙林内部地铁；核心圈指的即是宁镇扬马滁等半径在 100 公里左右的，有宁高线、宁句线、宁仪线、宁扬线、宁马线、宁滁线、宁和线；紧密圈及以远指半径为 200 公里左右的，京沪高铁、沪宁城际、宁常城际、宁杭城际、宁安城际、宁合客运、宁淮城际、宁通城际。待这些城际铁路建成后，南京到镇江、扬州、淮安、马鞍山、滁州、巢湖、宣城、芜湖、合肥的时间将分别缩短至 19 分钟、30 分钟、60 分钟、16 分钟、19 分钟、48 分钟、25 分钟、30 分钟、47 分钟。

表 7　南京都市圈轨道交通情况

城市	名称	类别	运营线路	线路里程(公里)
南京	南京地铁	地铁	南京地铁 1 号线 南京地铁 2 号线 南京地铁 3 号线 南京地铁 4 号线 南京地铁 10 号线 南京地铁 S1 号线 南京地铁 S3 号线 南京地铁 S7 号线 南京地铁 S8 号线 南京地铁 S9 号线	378
	南京有轨电车	轻轨	南京河西有轨电车 南京麒麟有轨电车	17
淮安	淮安有轨电车	轻轨	淮安现代有轨电车 1 号线	20
芜湖	芜湖轨道交通	单轨	芜湖轨道交通 1 号线 芜湖轨道交通 2 号线	47

表 8 南京都市圈过江通道情况

建成	在建
南京长江大桥(1968 年 9 月通车)	五峰山长江大桥(预计 2020 年建成)
芜湖长江大桥(2000 年 9 月 30 日通车)	龙潭过江通道(预计 2022 年建成)
南京八卦洲长江大桥(2001 年 3 月 26 日通车)	仙新路过江通道(预计 2022 年建成)
润扬长江公路大桥(2005 年 4 月 30 日通车)	和燕路过江通道(预计 2022 年建成)
南京大胜关长江大桥(2005 年 10 月 7 日通车)	马鞍山长江公铁大桥(预计 2024 年建成)
南京大胜关长江大桥(2011 年 1 月 11 日通车)	南京地铁 4 号线长江隧道(预计 2024 年建成)
南京应天大街长江隧道(2010 年 5 月 28 日通车)	
南京栖霞山长江大桥(2012 年 12 月 24 日通车)	
马鞍山长江大桥(2013 年 12 月 31 日通车)	
南京地铁 10 号线长江隧道(2014 年 7 月 1 日运营启用)	
南京地铁 3 号线长江隧道(2015 年 4 月 1 日运营启用)	
南京定淮门长江隧道(2016 年 1 月 1 日通车)	
芜湖长江公路二桥(2017 年 12 月 30 日通车)	
芜湖长江三桥(2020 年 6 月 28 日通车)	
南京江心洲长江大桥(2020 年 12 月 24 日通车)	

第十节 经济发展

南京都市圈由以江苏省南京市为中心、联系紧密的周边城市共同组成。规划范围拓展到南京、镇江、扬州、淮安、芜湖、马鞍山、滁州、宣城八市全域及常州市金坛区和溧阳市。2019 年末,常住人口约 3500 万人。2019 年,人均 GDP 达到 11.3 万元,接近高收入国家水平。

南京都市圈的发展基础较好,经济实力雄厚,在汽车及零部件、装备制造、信息技术、航运物流等领域形成一批国际竞争力较强的产业集群,城镇体系完备,以南京为中心的通勤圈、产业圈、生活圈正在形成,产业人口梯度分布、优势互补、协同发展的空间结构更加清晰,城乡发展协调性稳步提高。

这其中,都市圈中心城市南京,作为第二经济大省的省会和长三角地区的特大城市,高教资源和产业基础雄厚。其中,在科教资源方面,作为中国高等教育资源最集中的五大城市之一,南京的科教综合实力仅次于北京、上海,居全国第 3 位,拥有南京大学、东南大学等一众实力雄厚的高校。

从 2017 年南京开始推动“创新名城”建设,不断将科教资源优势转化为创新优势。“十三五”期间,南京全社会研发投入占 GDP 比重从 2.95%提升至 3.8%,高新技术企业数量增长 4.1 倍。南京全年净增高新技术企业 1871 家,总数达 6551 家,增长 39.98%。全年分别新增创业板、科创板上市企业 3 家、5 家,新增上市企业 12 家,上市公司总数达 126 家。

近年来,随着科技创新成为发展的基本动力,大学、科研机构、文化基础设施集聚的城市,既有的技术资源、科技基础优势发挥出来。南京高校实力雄厚,近几年充分发挥科教资源优势,大力打造科创名城,发展新兴产业。

根据数据显示,2019 年南京都市圈区域 GDP 约 4 万亿元,占全国经济总量的 4%。其中核心城市南京以 14030 亿元稳居第一位,扬州、镇江位列二三名。都市圈城市中,芜湖、滁州、马鞍山经济总量均位于安徽省前列。近三年的增速均高于深圳、上海和北京三个城市。随着产业快速发展,南京的首位度和竞争力也在不断提升，人口集聚速度也将加快。

在南京都市圈中，南京的中心性十分突出，对周边地区的带动力很强，与周边的中小城市形成很好的产业协作。

随着南京都市圈的建设，都市圈内轨道交通、市域铁路等交通基础设施网络不断完善，都市圈内的人流、物流、信息流等要素流动更加便利，相互之间的产业分工和协作不断深入。尤其是在大城市南京的带动下，周边充分承接南京的资金、人才、产业等要素的外溢，产业快速发展。

以安徽滁州为例，近年来，紧挨着南京的滁州通过深度参与长三角地区合作与分工，加速融入南京都市圈。目前，滁州已经形成智能家电、电子信息、汽车及零部件等产业集群，聚集了博西家电、康佳、创维等品牌企业。

根据滁州市统计公报，2020 年全年实现 GDP 3032.1 亿元，按可比价格计算，同比增长 4.4%，高于全省 0.5 个百分点，总量居全省第 3 位，增速居全省第 1 位。

南京都市圈的一大特点就是跨省，南京都市圈范围内历史上经贸交流十分密切，加快都市圈的建设，打破行政边界，加速一体化发展。

展望未来，规划提出，到 2025 年，南京都市圈人均 GDP 超过 15 万元，基础设施一体化程度大幅提高，阻碍生产要素自由流动的行政壁垒和体制机制障碍总体消除，成本分担和利益共享机制更加完善，同城化建设水平全国领先。

在产业方面，要发挥南京科教资源优势，集成跨学科、跨领域的科学研究力量，聚焦人工智能、集成电路、生命健康、量子信息、航天科技、资源环境等前沿领域，加强科技创新前瞻布局，突出关键共性技术、前沿引领技术、现代工程技术、颠覆性技术创新，形成若干全球领先的重大原创成果。

在产业协作上，南京都市圈将以资源整合、分工协作、链接融合为重点，推动中小城市融入中心城市产业布局，有序引导中小城市承接产业转移，推动制造业规模化、特色化、集群化发展。

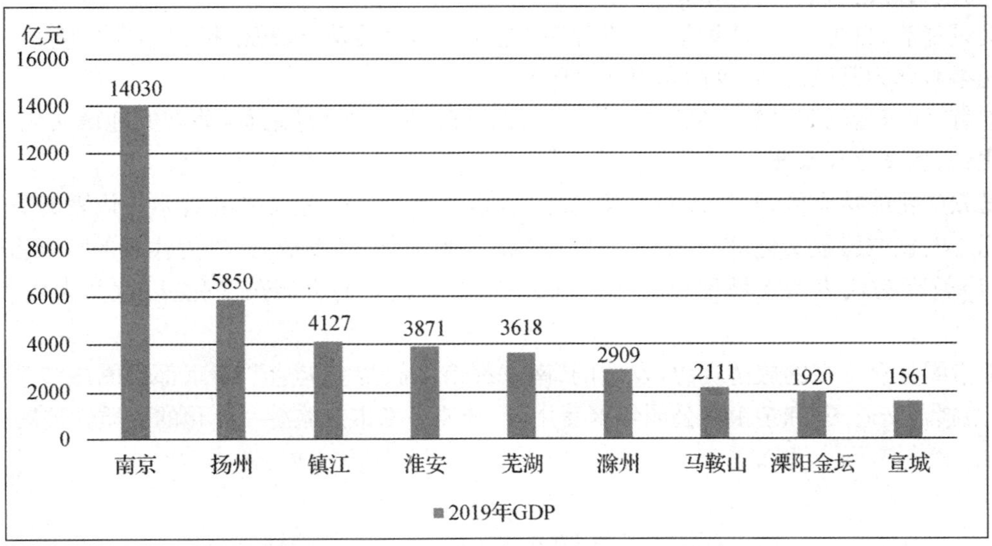

图 6　都市圈各市地区生产总值(单位:亿元)

作为南京都市圈的中心城市，南京的引领作用十分关键。规划提出，南京要发挥我国东部地区重要中心城市的龙头作用，提升城市创新、产业支撑、资源组织、融通辐射和服务保障能力，强化辐射服务功能，引领都市圈更高质量同城化发展。

随着都市圈同城化推进，南京与周边城市共同推进产业链协同发展。充分发挥南京科学技术研究和各城市产业发展优势，围绕信息技术、汽车、智能装备、生物医药、新材料、节能环保、现代农业等产业，构建基础研究、技术开发、成果转化和产业化一体的全流程创新链。

以市场需求和专业化分工为导向,细化都市圈各市产业承接和优化调整目录,加快形成错位分工、交叉渗透、跨界融合的都市圈产业生态系统,保障都市圈产业链完整性和供应链安全性。以实体经济为着力点,推进新兴产业规模化和传统产业高端化,协同打造国际先进制造业基地。

第十一节　历史文化

金陵文化(南京文化)以国家历史文化名城古都南京为中心。东晋至南朝的300年不仅使得长江流域历史性地成为中国经济的重心,也在中原主流文化与南方文化融合的基础上形成了金陵文化,其显性特征是南北交汇、兼容并蓄、开放包容,可谓独树一帜。金陵文化主要包括六朝文化、明文化和民国文化,而这三大历史文化又可统属于"都城文化"。但是主流的都城文化并不排斥其他文化,如盛极一时的秦淮文化,不仅反映了红粉文化、市井风情,而且还包含了民族气节和爱国精神。

淮扬文化的中心城市是国家历史文化名城扬州。维扬地区河多水多,船多桥多,呈现出古、文、水、绿、秀的地域风貌,在南北文化交流中形成了清新优雅与豪迈超俊相结合的显性特征。淮扬文化中的历史文化遗产主要有龙虬庄遗址、九里一千墩汉墓群、瓜洲古渡、文昌阁、御码头、隋炀帝陵、大明寺等;扬剧、木偶戏、扬州弦词、扬州清曲、扬州漆器、扬州玉器等为世人所熟知。

镇江文化(京口文化)地处金陵文化、吴文化和维扬文化的接合部,融汇吴文化和中原文化,可以概括为"多元积淀型",具有兼容并包、多元多样的特点。

淮安文化地处楚汉文化、淮扬文化接合部和中国南北文化的接合部。明清时期,淮安因中枢漕运、集散淮盐、河道治理地位显赫而成为"运河之都",京杭大运河贯穿淮安,兼有南北文化特点的运河文化也随之而生。

马鞍山素有"金陵屏障、建康锁钥"之称。万里长江自天门山起折为北上,"碧水东流至此回",江南变为江东,马鞍山由此得名为"江东第一城"。

滁州吴风楚韵,自古有"金陵锁钥、江淮保障"之称,"形兼吴楚、气越淮扬""儒风之盛、夙贯淮东"之誉。早在先秦时期为棠邑之地(今南京市六合区)。

芜湖素有"江东名邑""吴楚名区"之美誉,近代为"江南四大米市"之首,芜湖的地域文化重要内涵包括徽商文化、宗教文化和茶文化。

宣城是徽文化的核心区,徽文化的发祥地之一,其主要的特征有以绩溪徽菜为代表的徽菜文化;以敬亭山为标志的宣城诗歌文化;以宣纸宣笔为代表的书画文化;以查济、江村为代表的宣城古建筑文化;以开元寺、广教寺为代表的宣城佛教文化;以敬亭绿雪为代表的宣城茶文化;以宣酒为代表的宣城酒文化。

南京都市圈具有丰富的旅游资源,发放的"南京都市圈旅游一卡通""南京都市圈旅游消费一本通""南京都市圈旅游交通图"和宁镇扬公园年卡互用等,加速了都市圈旅游一体化的实质性进展。

第四篇

长三角地区区域经济社会发展报告

扫码阅读

第一章　上海市经济社会发展报告

2019年，全市在以习近平同志为核心的党中央坚强领导下，以习近平新时代中国特色社会主义思想为指导，全面贯彻落实党的十九大和十九届二中、三中、四中全会精神，深入贯彻落实习近平总书记考察上海重要讲话精神，坚决贯彻落实党中央、国务院和中共上海市委、市政府的决策部署，当好新时代全国改革开放排头兵、创新发展先行者，坚持稳中求进工作总基调，坚持新发展理念，坚持以供给侧结构性改革为主线，推动高质量发展，继续打好三大攻坚战，着力提升城市能级和核心竞争力，全市经济社会延续了总体平稳、稳中有进、进中固稳的发展态势，改革开放全面深化，社会民生持续改善。

至年末，全市常住人口总数为2428.14万人。其中，户籍常住人口1450.43万人，外来常住人口977.71万人。全年常住人口出生16.9万人，出生率为7.0‰；死亡13.3万人，死亡率为5.5‰；常住人口自然增长率为1.5‰；常住人口出生性别比为105。全年户籍常住人口出生9.2万人，出生率为6.3‰；死亡12.5万人，死亡率为8.6‰；户籍常住人口自然增长率为−2.3‰。

全市户籍人口平均期望寿命达83.66岁。其中，男性81.27岁，女性86.14岁。

第一节　上海市2019年经济发展情况

（一）综合经济

全年实现上海市生产总值（GDP）38155.32亿元，比上年增长6.0%。其中，第一产业增加值103.88亿元，下降5.0—%；第二产业增加值10299.16亿元，增长0.5%；第三产业增加值27752.28亿元，增长8.2%。第三产业增加值占上海市生产总值的比重为72.7%，比上年提高1.8个百分点。按常住人口计算，上海市人均生产总值为15.73万元。

在上海市生产总值中，公有制经济增加值18328.67亿元，比上年增长6.1%；非公有制经济增加值19826.64亿元，增长5.8%。非公有制经济增加值占上海市生产总值的比重为52.0%。

全年战略性新兴产业增加值6133.22亿元，比上年增长8.5%。其中，工业增加值2710.43亿元，增长3.3%；服务业增加值3422.79亿元，增长13.3%。战略性新兴产业增加值占上海市生产总值的比重为16.1%，比上年提高0.4个百分点。

表1　2019年上海市战略性新兴产业增加值及其增长速度

指标	绝对值（亿元）	比上年增长（%）
战略性新兴产业增加值	6133.22	8.5
工　业	2710.43	3.3
服务业	3422.79	13.3

全年新设立各类市场主体43.15万户，比上年增长7.9%。其中，新设企业36.76万户，增长11.6%；新设个体工商户6.35万户，减少9.2%；新设农民专业合作社349户，减少15.1%。日均新设企业1476户，增长12.0%。至年末，上海市共有各类市场主体270.43万户，比上年末增长5.8%。其中，企业220.77万户，增长6.5%；个体工商户48.59万户，增长2.9%；农民专业合作社1.07万户，减少2.4%。

全年地方一般公共预算收入7165.10亿元，比上年增长0.8%；非税收入占全市一般公共预算收入比重为13.2%。地方一般公共预算支出8179.28亿元，下降2.1%。全年税务部门组织的税收收入完成13697.99亿元（不含关税及海关代征税），下降0.9%。

表 2　2019 年上海市地方一般公共预算收支及其增长速度

指标	绝对值(亿元)	比上年增长(%)
地方一般公共预算收入	7165.10	0.8
增值税	2766.85	5.4
个人所得税	603.73	−21.6
企业所得税	1452.11	−4.4
契税	315.18	10.6
地方一般公共预算支出	8179.28	−2.1
一般公共服务支出	365.08	−2.6
公共安全支出	413.34	5.0
教育支出	995.70	8.5
社会保障和就业支出	999.77	7.4
卫生与健康支出	493.44	6.0
节能环保支出	184.07	−21.1
城乡社区支出	1634.92	−21.7

全年全社会固定资产投资总额比上年增长 5.1%。其中,第二产业投资增长 11.6%;非国有经济投资增长 3.9%。

表 3　2019 年上海市全社会固定资产投资增长速度

指标	比上年增长(%)
全社会固定资产投资总额	5.1
按经济类型分	—
国有经济	7.9
非国有经济	3.9
#私营经济	−17.3
股份制经济	9.2
外商及港澳台经济	20.8
按产业分	—
第一产业	90.4
第二产业	11.6
第三产业	3.8
按行业分	—
#工业	11.3
交通运输、仓储和邮政业	−10.7
信息传输、软件和信息技术服务业	14.8
金融业	20.9
教育	−16.4
卫生和社会工作	4.6
文化、体育和娱乐业	32.5

表 4　2019 年上海市居民消费价格指数

指标	指数(以上年价格为 100)
居民消费价格指数	102.5
食品烟酒	105.0
衣　着	103.2
居　住	101.9
生活用品及服务	100.9
交通和通信	97.8
教育文化和娱乐	101.2
医疗保健	103.3
其他用品和服务	103.3

(二) 产业发展

全年全市实现农业总产值 280.74 亿元,比上年下降 4.8%。其中,种植业 143.48 亿元,下降 4.9%;林业 18.06 亿元,增长 17.1%;牧业 48.42 亿元,下降 17.5%;渔业 53.89 亿元,下降 0.2%;农林牧渔专业及辅助性活动 16.90 亿元,增长 9.6%。

全年全市农作物播种面积 26.43 万公顷,比上年减少 7.4%。其中,粮食播种面积 11.74 万公顷,减少 9.6%。粮食产量 95.90 万吨,比上年下降 7.6%;生牛奶产量 29.74 万吨,下降 11.1%;水产品产量 32.47 万吨,增长 5.3%。

至年末,全市有效期内绿色食品企业数共 654 家,产品 1132 个,全年获证产量 104.78 万吨,地产农产品绿色食品认证率达 20%;农产品地理标志共 14 个。

至年末,全市累计建成市级蔬菜标准园 198 家;纳入统计范围的农民专业合作社 2757 家,其中市级农民合作社示范社 124 家,国家级农民合作社示范社 86 家;农业产业化重点龙头企业 269 家,其中市级以上龙头企业 88 家,国家级龙头企业 24 家;经农业农村部门认定的家庭农场 4347 家,其中市级示范家庭农场 76 家。

表 5　2019 年上海市主要农副产品产量

产品名称	单位	全市产量	比上年增长(%)
粮　食	万吨	95.90	−7.6
蔬　菜	万吨	259.15	−9.0
生猪出栏	万头	117.82	−20.9
生牛奶	万吨	29.74	−11.1
家禽出栏	万羽	844.46	−14.2
水产品	万吨	32.47	5.3

全年实现工业增加值 9670.68 亿元,比上年增长 0.4%。全年完成工业总产值 35487.05 亿元,下降 0.3%。其中,规模以上工业总产值 34427.17 亿元,下降 0.3%。在规模以上工业总产值中,国有控股企业总产值 13501.66 亿元,增长 1.3%。

全年节能环保、新一代信息技术、生物、高端装备、新能源、新能源汽车、新材料等工业战略性新兴产业完成工业总产值 11163.86 亿元,比上年增长 3.3%,占全市规模以上工业总产值比重达 32.4%。

全年六个重点工业行业完成工业总产值23279.15亿元，比上年增长0.1%，占全市规模以上工业总产值的比重为67.6%。

表6　2019年上海市六个重点行业工业总产值及其增长速度

指标	绝对值(亿元)	比上年增长(%)
六个重点行业工业总产值	23279.15	0.1
电子信息产品制造业	6140.93	−2.1
汽车制造业	6409.57	−4.4
石油化工及精细化工制造业	3923.83	8.6
精品钢材制造业	1169.87	−2.5
成套设备制造业	4315.06	1.3
生物医药制造业	1319.88	7.3

全年规模以上工业产品销售率为99.9%。全年燃料油产量360448吨，比上年增长84.0%；新能源汽车产量8.30万辆，增长29.6%；3D打印设备产量780台，增长34.9%。

表7　2019年上海市主要工业产品产量及其增长速度

产品名称	单位	产量	比上年增长(%)
燃料油	吨	360448.00	84.0
钢材	万吨	1819.69	−4.3
商品混凝土	万立方米	4651.35	11.7
合成纤维单体	万吨	207.95	2.1
汽车	万辆	274.90	−7.7
新能源汽车	万辆	8.30	29.6
运动型多用途乘用车(SUV)	万辆	94.51	14.2
3D打印设备	台	780	34.9
电力电缆	万千米	268.55	−3.4
智能手机	万台	4173.06	−11.4
服务器	万台	19.93	4.9
智能电视	万台	134.09	−2.6

全年规模以上工业企业实现利润总额2906.25亿元，比上年下降13.7%；实现税金总额2253.73亿元，下降8.1%。规模以上工业企业亏损面为21.1%。

全年实现建筑业总产值7812.65亿元，比上年增长10.5%；房屋建筑施工面积50918.88万平方米，增长7.0%；竣工面积9231.95万平方米，增长16.0%。

全年实现批发和零售业增加值5023.23亿元，比上年增长2.4%。

全年实现商品销售总额12.08万亿元，比上年增长1.1%。其中，批发销售额10.85万亿元，增长0.5%。

全年实现社会消费品零售总额13497.21亿元，比上年增长6.5%(见表8)。其中，无店铺零售额2403.19亿元，增长13.0%。网上商店零售额1896.51亿元，增长15.8%，占社会消费品零售总额的比重为14.1%。

表8　2019年上海市社会消费品零售总额及其增长速度

指标	绝对值(亿元)	比上年增长(%)
社会消费品零售总额	13497.21	6.5
批发和零售业	12306.97	6.8
住宿和餐饮业	1190.25	4.3
国　有	57.05	12.5
私　营	2555.94	2.3
股份有限公司	896.36	1.6
港澳台商投资	2665.47	12.8
外商投资	3024.41	13.7
无店铺零售额	2403.19	13.0
网上商店零售额	1896.51	15.8

全年完成电子商务交易额33186.10亿元,比上年增长14.7%。其中,B2B交易额19997.6亿元,增长7.8%,占电子商务交易额的比重为60.3%;网络购物交易额(含服务类交易)13188.50亿元,增长27.0%,占电子商务交易额的比重为39.7%。

至年末,全市已开业城市商业综合体达277家。其中,商场商业建筑面积10万平方米以上的有69家。全年全市城市商业综合体实现营业额1972亿元,比上年增长14.6%。

全年全市新集聚商业零售品牌首店986家,其中全球首店及亚洲首店、全国首店及大陆首店、华东区域首店、全市首店占比分别为2%、22%、13%和63%。

全年实现交通运输、仓储和邮政业增加值1650.44亿元,比上年增长3.6%。

全年各种运输方式完成货物运输量109608.51万吨,比上年增长2.1%。旅客发送量22237.84万人次,增长3.4%。

表9　2019年上海市货物运输量与旅客发送量及其增长速度

指标	单位	绝对值	比上年增长(%)
货物运输量	万吨	109608.51	2.1
铁　路	万吨	471.79	0.7
水　运	万吨	69980.95	4.6
公　路	万吨	38750.00	−2.1
机　场	万吨	405.78	−2.8
旅客发送量	万人次	22237.84	3.4
铁　路	万人次	12833.85	4.6
港　口	万人次	115.04	−27.2
公　路	万人次	3167.07	0.5
机　场	万人次	6120.85	3.4

(三)交通旅游业

全年上海港口货物吞吐量达72031.32万吨,比上年下降1.4%;集装箱吞吐量4330.26万国际标准箱,增长3.1%。集装箱水水中转比例达48.3%,其中国际中转比例10.8%,分别比上年提高1.5和2.0个百分点。上海浦东、虹桥两大国际机场全年共起降航班78.5万架次,增长1.7%;进出港旅客达12179.14万人次,增长3.5%。其中,国内航线进出港旅客7985.70万人次,增长4.2%;国际及地区航线进出港旅客4193.44万人次,增长2.3%。

全年上海港接待国际邮轮靠泊259艘次。其中,以上海为母港的邮轮226艘次。邮轮旅客吞吐量189.35万人次,比上年下降31.2%。邮轮母港旅客吞吐量占95.6%。

有序推进10号线二期、14号线、15号线、18号线4条地铁项目建设。至年末,全市轨道交通运营线路17条,长度达704.91公里,运营车站415个。至年末,地面公交运营车辆达1.79万辆。其中,国Ⅴ及以上和零排放公交车13614辆,占全部公交运营车辆的76.1%。公交运营线路达1575条,线网长度8997公里;运营出租车4.0万辆,客运量5.63亿人次。全年公共交通客运总量60.12亿人次,日均1647万人次,比上年增长2.7%。其中,轨道交通客运量38.84亿人次,增长4.7%;公共汽电车客运量20.85亿人次,下降0.8%。

至年末,全市拥有各类民用汽车441.55万辆,比上年末增长12.2%。其中,私人汽车339.90万辆,增长12.5%。

全年完成邮政业务总量770.04亿元,比上年下降6.2%;电信业务总量2244.05亿元,增长56.7%。邮政业全年完成邮政函件业务4.57亿件、包裹业务210.94万件、快递业务31.33亿件;快递业务收入1288.84亿元。

全年实现旅游产业增加值2309.43亿元,比上年增长7.6%。

至年末,全市已有星级宾馆195家,旅行社1758家,A级旅游景区(点)113个,红色旅游基地34个(见表10)。

表10 2019年上海市旅游设施情况

指标	单位	绝对值
星级宾馆	家	195
五星级	家	71
四星级	家	61
旅行社	家	1758
经营出境旅游业务的旅行社	家	297
A级旅游景区(点)	个	113
5A级景区(点)	个	3
4A级景区(点)	个	62
红色旅游基地	个	34
全国红色旅游基地	个	12
旅游咨询服务中心	个	63
旅游集散中心站点	个	9

全年接待国际旅游入境者897.23万人次,比上年增长0.4%(见图1)。其中,入境外国人692.12万人次,增长0.9%;港、澳、台同胞205.11万人次,减少1.3%。在国际旅游入境者中,过夜旅游者734.69万人次,减少1.0%。全年接待国内旅游者36140.51万人次,增长6.4%,其中外省市来沪旅游者17186.41万人次,增长6.0%。全年入境旅游外汇收入83.76亿美元,增长13.6%;国内旅游收入4789.30亿元,增长7.0%。

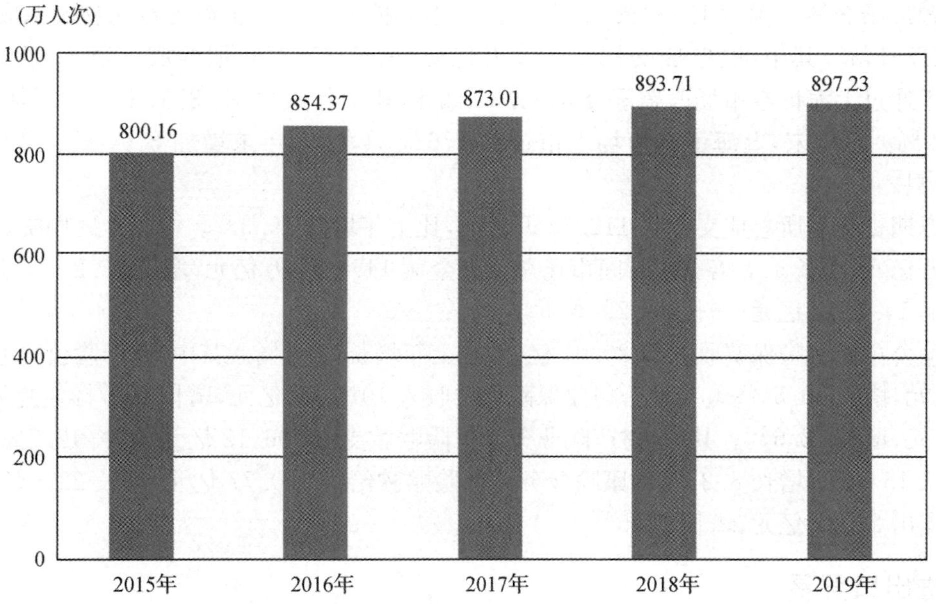

图 1　2015—2019 年上海市国际旅游入境人数

（四）金融业

全年实现金融业增加值 6600.60 亿元，比上年增长 11.6%。

金融中心开放创新深入推进。全年持牌金融机构新增 54 家，"沪伦通"、沪深 300ETF 期权及股指期权、长三角一体化 ETF、天然橡胶期权等金融创新产品成功推出。

至年末，全市中外资金融机构本外币各项存款余额 132820.27 亿元，比年初增加 11679.94 亿元；贷款余额 79843.01 亿元，比年初增加 5609.84 亿元。

表 11　2019 年上海市中外资金融机构本外币存贷款情况

指标	绝对值(亿元)	比年初增减额(亿元)
各项存款余额	132820.27	11679.94
住户存款	33295.40	4712.03
非金融企业存款	56339.73	2708.56
财政性存款	2774.37	267.99
机关团体存款	14111.15	731.10
非银行业金融机构存款	19695.91	2599.70
各项贷款余额	79843.01	5609.84
住户贷款	25280.22	2059.18
非金融企业及机关团体贷款	50030.78	3361.87
非银行业金融机构贷款	427.18	81.77
人民币个人消费贷款	22393.43	1486.73
住房贷款	14351.73	1037.72
汽车消费贷款	4227.64	101.23

全年金融市场交易总额达1934.31万亿元,比上年增长16.6%。上海证券交易所总成交额283.48万亿元,增长7.1%。其中,股票成交额54.38万亿元,增长35.3%;债券成交额6.41万亿元,增长25.0%。全年通过上海证券市场股票筹资5145.33亿元,比上年减少15.8%;发行公司债34986.49亿元,增长37.9%。至年末,上海证券市场上市证券17623只,比上年末增加3554只。其中,股票1615只,增加121只。

全年上海期货交易所总成交金额112.52万亿元,比上年增长19.3%。中国金融期货交易所总成交金额69.62万亿元,增长1.7倍。银行间市场总成交金额1454.31万亿元,增长15.2%。上海黄金交易所总成交金额14.38万亿元,增长33.2%。

全年保险公司原保险保费收入1720.01亿元,比上年增长22.4%。其中,财产险公司原保险保费收入643.39亿元,增长10.5%;人身险公司原保险保费收入1076.62亿元,增长30.7%。全年保险赔付支出654.90亿元,增长12.6%。其中,财产险业务原保险赔款支出306.12亿元,增长12.7%;寿险业务原保险给付225.15亿元,增长8.3%;健康险业务原保险赔款给付100.77亿元,增长22.6%;意外险业务原保险赔款支出22.87亿元,增长15.5%。

(五)进出口贸易

全年上海口岸货物进出口总额84267.90亿元,比上年下降1.2%,继续位居世界城市首位。其中,进口35453.00亿元,下降2.6%;出口48814.90亿元,下降0.2%。全年上海关区货物进出口总额63457.78亿元,比上年下降0.9%。其中,进口26221.24亿元,下降2.8%;出口37236.54亿元,增长0.4%。

全年上海市货物进出口总额34046.82亿元,比上年增长0.1%。其中,进口20325.91亿元,下降0.1%;出口13720.91亿元,增长0.4%。高新技术产品出口占全市比重为41.2%。按市场分,对欧盟进口4905.14亿元,增长5.8%;出口2370.55亿元,下降2.6%;对美国进口1735.37亿元,下降10.3%;出口2793.71亿元,下降10.9%;对东盟进口2893.38亿元,增长14.5%;出口1808.00亿元,增长6.7%;对日本进口2351.38亿元,下降1.1%;出口1357.95亿元,下降4.2%。与“一带一路”沿线国家和重要节点城市货物贸易额占全市比重达22.4%。

表12 2019年上海市货物进出口总额及其增长速度

指标	绝对值(亿元)	比上年增长(%)
上海市货物进出口总额	34046.82	0.1
上海市货物进口总额	20325.91	−0.1
国有企业	2981.21	−17.1
外商投资企业	13307.76	1.8
私营企业	3862.24	9.5
一般贸易	11481.21	1.5
加工贸易	2242.62	−0.9
机电产品	9705.41	1.7
高新技术产品	6315.68	8.5
上海市货物出口总额	13720.91	0.4
国有企业	1565.02	2.1
外商投资企业	8530.16	−3.8
私营企业	3471.90	10.0

续表

指标	绝对值(亿元)	比上年增长(%)
一般贸易	6396.12	1.0
加工贸易	4798.34	−8.4
机电产品	9488.11	0.1
高新技术产品	5647.20	−1.7

表13　2019年上海对主要国家和地区货物进、出口总额及其增长速度

国家和地区	出口额(亿元)	比上年增长(%)	进口额(亿元)	比上年增长(%)
美　国	2793.71	−10.9	1735.37	−10.3
欧　盟	2370.55	−2.6	4905.14	5.8
东　盟	1808.00	6.7	2893.38	14.5
日　本	1357.95	−4.2	2351.38	−1.1
中国香港	1411.56	6.8	107.31	−4.8
韩　国	485.82	7.1	1236.93	−5.5
中国台湾	700.64	37.4	1435.28	11.3
俄罗斯	187.56	0.1	159.28	4.8
“一带一路”沿线国家	3330.00	5.9	4312.80	12.1

全年新设外商直接投资项目6800项，比上年增长21.5%；合同金额502.53亿美元，增长7.1%；全年外商直接投资实际到位金额190.48亿美元，增长10.1%。全年制造业外商直接投资实际到位金额17.12亿美元，下降2.0%，占全市实际利用外资比重为9.0%；第三产业外商直接投资实际到位金额172.86亿美元，增长11.6%，占比为90.7%。“一带一路”沿线国家在沪投资合同金额占全市比重达8.2%。至年末，在上海投资的国家和地区达188个，在上海落户的跨国公司地区总部累计达到720家。其中，亚太区总部116家；外资研发中心461家。年内，新增跨国公司地区总部50家。其中，亚太区总部28家；外资研发中心20家。

全年备案和核准对外直接投资项目845项，比上年增长6.7%；对外直接投资中方投资额139.94亿美元，下降17.1%。签订对外承包工程合同金额125.44亿美元，增长5.4%；实际完成营业额94.01亿美元，增长24.7%；派出人员9226人次，增长5.3%。对外劳务合作派出人员19843人次，增长102.3%。

全年全市共举办各类展会及活动1043个，总面积1941.67万平方米，比上年增长3.3%。其中，举办国际展310个，展览面积1502.65万平方米，增长7%；举办国内展496个，展览面积272.71万平方米，增长7.2%；举办活动237个，活动面积166.31万平方米，下降24.8%。

成功举办第二届中国国际进口博览会。共有181个国家、地区和国际组织参会，3800多家企业参展，展览总面积达36万平方米，比首届增加6万平方米。按一年计累计意向成交711.3亿美元，比首届增长23%。

上海自贸试验区临港新片区正式设立，落实国务院批准的总体方案，出台管理办法，完善体制机制，制定实施特殊支持政策，推动重大改革优先在新片区试点、重大项目优先在新片区布局、重大政策优先在新片区适用。新片区新设企业4025家，签约重点项目168个、总投资821.9亿元。

投资环境进一步优化。市场准入管理新体制不断完善。《市场准入负面清单(2019年版)》正式印发实施,共列入事项131项,相比2018年版减少了20项,放开一批有含金量的措施,移出部分不符合清单定位的措施,持续推动缩短负面清单长度。服务"一带一路"的桥头堡作用持续发挥。目前,浦东企业在新加坡、捷克等32个"一带一路"沿线国家投资近454个项目,中方投资额达74.2亿美元。

金融市场体系日益完备。自由贸易账户功能不断拓展,实现本外币一体化管理,成为境外融资、结售汇便利化等许多重要金融改革的基础。截至12月底,累计开立FT账户13.1万个,全年跨境人民币结算总额38112亿元,比上年增长49.4%,占全市39.0%;跨境人民币境外借款总额42.63亿元,增长6.9倍。

政务服务更加高效透明。商事登记制度改革不断深化,在超市、药店、便利店等14个行业全覆盖实现"一业一证"改革,平均办理时间缩短约90%。注重放管结合,建立健全事中事后监管机制,加强协同监管、集约监管、信用监管,目前发出《行业综合许可证》40张,确保行业健康发展。

表14　2019年中国(上海)自由贸易试验区主要经济指标及其增长速度

指标	单位	绝对值	比上年增长(%)
一般公共预算收入	亿元	588.60	−9.2
外商直接投资实际到位金额	亿美元	79.63	17.6
全社会固定资产投资总额	亿元	725.68	13.7
规模以上工业总产值	亿元	4652.35	−2.5
社会消费品零售额	亿元	1602.90	5.8
商品销售总额	亿元	43008.39	4.5
服务业营业收入	亿元	5787.30	9.9
外贸进出口总额	亿元	14841.80	4.4
出口额	亿元	4493.50	3.8
期末监管类金融机构数	个	921	3.8

第二节　上海市2019年社会发展情况

(一)城市建设

全年城市基础设施建设投资比上年下降2.6%。其中,电力建设投资下降21.2%;交通运输投资下降13.5%;公用事业投资下降14.6%;邮电通信投资增长33.9%;市政建设投资增长23.9%。

表15　2019年上海市城市基础设施投资增长速度

指标	比上年增长(%)
城市基础设施投资	−2.6
电力建设	−21.2
交通运输	−13.5
邮电通信	33.9
公用事业	−14.6
市政建设	23.9

至年末，全市公交专用道路长度395.8公里。完成黄浦江两岸45公里岸线景观灯光提升改造。完成120.5公里架空线入地及合杆整治。完成126.3公里燃气隐患管网改造及15.8万户立管改造。

全市自来水供水能力为1250万立方米/日，与上年持平。全年供水总量为29.79亿立方米，比上年下降2.5%；售水总量为23.99亿立方米，下降1.5%。其中，工业用水量、生活用水量分别为4.04亿立方米、19.95亿立方米，分别下降6.7%和0.4%。全年全市用电量1568.58亿千瓦时，增长0.1%。至年末，全市家庭液化气用户215万户，下降10.3%；家庭天然气用户733万户，增长4.8%。

表16　2019年上海市公用事业主要指标及其增长速度

指标	单位	绝对值	比上年增长(%)
自来水日供水能力	万立方米	1250	平
自来水供水总量	亿立方米	29.79	−2.5
自来水售水总量	亿立方米	23.99	−1.5
工业用水	亿立方米	4.04	−6.7
用电量	亿千瓦时	1568.58	0.1
城乡居民生活用电	亿千瓦时	245.04	0.6
液化气销售总量	万吨	33	4.7
天然气销售总量	亿立方米	94	10.3

全年完成房地产开发投资额比上年增长4.9%。其中，住宅投资增长4.1%；办公楼投资下降0.5%；商业营业用房投资下降0.9%。商品房施工面积14802.97万平方米，增长0.9%；竣工面积2669.67万平方米，下降14.3%。商品房销售面积1696.34万平方米，下降4.0%。其中，住宅销售面积1353.70万平方米，增长1.5%。全年商品房销售额5203.82亿元，增长9.5%。其中，住宅销售额4457.16亿元，增长15.4%。全年二手存量房买卖登记面积2099.00万平方米，增长36.0%。

大力推进旧区改造，完成中心城区成片二级旧里以下房屋改造55.3万平方米、受益居民2.9万户；完成1184万平方米三类旧住房综合改造，受益居民约20万户；完成104万平方米各类里弄房屋修缮改造；完成624幢既有多层住宅加装电梯计划立项，完工运行131台。新建和转化租赁房源10.1万套，新增代理经租房源12.8万套。全年新增供应各类保障房6.3万套。

全年实现信息产业增加值4094.60亿元，比上年增长10.1%。其中，信息服务业增加值2863.12亿元，增长15%。

至年末，千兆接入能力覆盖家庭数达到959万户，比上年末增加59万户。光纤到户能力覆盖家庭数达959万户，比上年末增加3万户。家庭宽带用户平均接入带宽达181米，比上年末增加42米。4G用户数达3583万户，比上年末增加331万户。城域网出口带宽21860GB，比上年末增加5768GB；互联网国际出口带宽4777GB，比上年末增加1213GB。IPTV用户数达557万户，比上年末增加159万户。全国首次跨省5G视频通话实现互联，年内完成建设16672个5G宏基站，14614个5G室内小站，实现5G网络中心城区和郊区重点区域全覆盖。以行业示范应用带动5G产业链、业务链、创新链融合发展，在智能制造、健康医疗、智慧教育等十大领域推进234项5G应用项目。加快部署新型城域物联专网，至年末，智能传感终端累计超过50万个。

政务服务“一网通办”实现新突破。“一网通办”总门户接入事项达到2261个，线上办事651万件。审批事项提交材料和办理时限分别平均减少52.9%和59.8%，全市通办事项和业务流程再造事项分别新增177个和105个。

(二)教育

2019年,全市共有普通高等学校64所,普通中等学校929所,普通小学698所,特殊教育学校31所。普通高等学校在校生数有所增加,毕业生数有所减少。全市共有49家机构培养研究生,全年招收全日制研究生5.60万人,在校全日制研究生16.49万人,毕业全日制研究生4.52万人。九年义务教育入学率保持在99.9%以上,高中阶段新生入学率达99.7%。

2019年,全市共有民办普通高校19所,在校学生11.62万人;民办普通中学133所,在校学生8.68万人;民办小学111所,在校学生10.56万人。全市共有成人中高等学历教育学校24所,成人职业技术培训机构726所,老年教育机构287所。全市共有校外教育机构23所。其中,青少年活动中心(含少年宫)19所,少年科技站3所,少年之家1所。

表17　2019学年上海市各级各类学校学生情况及其增长速度

类别	在校学生数(万人)	比上学年增长(%)	毕业学生数(万人)	比上学年增长(%)
普通高等学校	52.63	1.6	13.17	−0.6
普通中等学校	69.70	2.5	16.67	0.6
普通中学	61.04	3.5	13.82	1.5
高中	15.94	−0.4	5.16	−0.6
初中	45.10	5.1	8.66	2.7
中等专业学校	5.70	−4.6	1.95	−6.0
职业学校	1.97	−1.1	0.64	4.4
技工学校	0.99	6.4	0.26	−5.6
普通小学	82.63	3.3	14.54	−3.2
特殊教育学校	0.48	10.3	0.07	0.6

(三)科学研究

全年研究与试验发展(R&D)经费支出约1500亿元。全市科技小巨人和小巨人培育企业共2155家,技术先进型服务企业216家。年内新认定高新技术企业5950家,有效期内高新技术企业数累计达12848家。全年共落实高新技术企业减免所得税额167.24亿元,享受企业数3339家。落实技术先进型企业减免所得税额6.60亿元,享受企业数169家。全年共认定高新技术成果转化项目822项,比上年增长25.3%,认定数量创历史新高。其中,电子信息、生物医药、新材料、先进制造与自动化等重点领域项目占86.0%。至年末,共认定高新技术成果转化项目12940项。

全年专利申请量17.36万件,比上年增长15.5%。其中,发明专利7.14万件,增长13.8%;实用新型专利8.06万件,增长15.9%;外观设计专利2.16万件,增长20.5%。全年专利授权量为10.06万件,比上年增长8.8%。其中,发明专利2.27万件,增长6.6%;实用新型专利6.16万件,增长10.9%;外观设计专利1.62万件,增长4.3%。全年PCT国际专利申请量为0.32万件,比上年增长28.0%。至年末,全市有效发明专利达12.98万件,比上年增长12.9%,有效发明专利五年以上维持率为80.9%,位于全国第三;每万人口发明专利拥有量达53.5件,增长12.7%。

全年商标申请量为43.88件,比上年增长7.3%,位于全国第六;商标注册量为36.10万件,同比增长23.8%,位于全国第六。至2019年末,商标有效注册量达147.26万件,增长28.1%,位于全国第五;商标活跃度(每新增1户市场主体同时新增注册商标)达到0.84件,增长15.1%;商标集聚度(每万户市场主体等的平均有效注册商标拥有量）达到5450件，增长21.3%。全年经认定登记的各类技术交易合同36324件，比上年增长67.9%；合同金额1522.21亿元，增长16.8%。

科创板在上海证券交易所成功开板运行，受理205家企业上市申请，70家企业成功上市，筹资额达824亿元。

长三角科技资源共享服务平台正式开通，集聚了2422家服务机构31165台（套）大型科学仪器设施。

（四）文化艺术

年内成功举办第十二届中国艺术节、第二十二届国际电影节等重大文化活动。第二十一届中国上海国际艺术节推出七大板块350余项活动，42台96场参演剧目中全球首演7台、亚洲首演6台、上海原创8台；500余个演艺项目达成交易意向。

现代公共文化服务体系率先基本建成。“文化进地铁”推出19列地铁文化列车、20余场文化长廊、100场音乐角演出；“文化进机场”在浦东和虹桥机场艺术馆推出4场展览。深化“建筑可阅读”等品牌，黄浦、静安等6个中心城区开放历史建筑1237处，设置建筑二维码1827处，推出327种建筑可阅读文创产品和87条建筑微旅行线路，全年接待游客1830万人次。建成程十发美术馆、上音歌剧院等文化设施，完成隧道调频广播工程、市级广播电视发射塔基础设施运维工程。全年共出版报纸7.84亿份、各类期刊0.74亿册、图书5.33亿册；摄制完成102部影片。

（五）医疗卫生

至年末，全市共有医疗卫生机构5610所，卫生技术人员21.33万人。全年全市医疗机构共完成诊疗人次2.82亿人次；上海地区婴儿死亡率3.06‰；上海地区孕产妇死亡率为3.51/10万，其中户籍人口孕产妇死亡率为2.25/10万。

表18　2019年上海市卫生机构基本情况

指标	单位	绝对值
卫生机构数	所	5610
#医院	所	387
门诊部	所	1067
社区卫生服务中心（不含分支机构）	所	246
疾病预防控制中心	所	19
卫生监督所	所	17
卫生技术人员数	万人	21.33
执业（助理）医师	万人	7.77
医院执业（助理）医师	万人	4.88
注册护士	万人	9.71

“量质并举”推进家庭医生“1+1+1”签约服务，签约居民756万人，常住居民签约率超过30%，签约居民年内门诊就诊70%在签约医疗机构组合内，55%在社区卫生服务中心内，签约社区就诊率达46%，比上年提高1个百分点。

儿科医疗服务能力进一步增强，全市提供儿科诊疗服务的医疗机构增加到276家，其中提供儿童常见病、多发病诊疗服务的社区卫生服务中心增加到125家。首批28家综合医院儿科门急诊建设基本完成。上海儿童医学中心新增500张儿科床位投入使用。全年累计抢救危重孕产妇652例、危重新生儿4638例,抢救成功率分别为99.2%和90.3%。

顺利完成市政府实事项目“新建10个医疗急救分站”,全市急救分站增至174个,急救平均反应时间缩短至12.4分钟。超额完成市政府实事项目,建成85家智慧健康驿站。大力推动医疗机构间医学影像检查资料和医学检验结果互联互通互认,37家市级医院之间率先实现35项医学检验和9项医学影像检查项目互联互通互认,并逐步向区级公立医疗机构扩展。医保异地门诊费用直接结算覆盖三省一市主要医疗机构,长三角全部41个城市实现医保“一卡通”,覆盖医疗机构超过5000家。

(六)体育

年内成功举办国际国内重大赛事163场。成功举办F1第1000站、国际篮联篮球世界杯上海赛区比赛和第十五届世界武术锦标赛。上海城市业余联赛共开展赛事活动近6000场,参赛市民330万余人次。在第四届全国智力运动会上共获得12枚金牌、9枚银牌、6枚铜牌,实现金牌数与奖牌数双料第一,连续四届蝉联金牌榜第一;在全国第二届青运会上获得73枚金牌、72枚银牌、76枚铜牌;上海男排实现联赛五连冠;上海绿地申花足球俱乐部获得中国足协杯冠军。完善崇明体育训练基地功能,建成市民体育公园一期(足球公园)。在公园、绿地和社区中新建改建112条市民健身步道、76个市民球场、345个市民益智健身苑点。

(七)就业与社会保障

全年新增就业岗位58.91万个(其中战略性新兴产业16.84万个)。全年新安置就业困难人员53579人,新消除零就业家庭391户。全年帮扶引领成功创业11339人。其中,青年大学生6966人;帮助8698名长期失业青年实现就业创业。全年共完成职业培训106.64万人。其中,农民工职业培训44.67万人。高技能人才占技能劳动者比例达到34.18%。至年末,全市城镇登记失业人员19.34万人,城镇登记失业率为3.6%,城镇调查失业率稳定在4.3%以内。

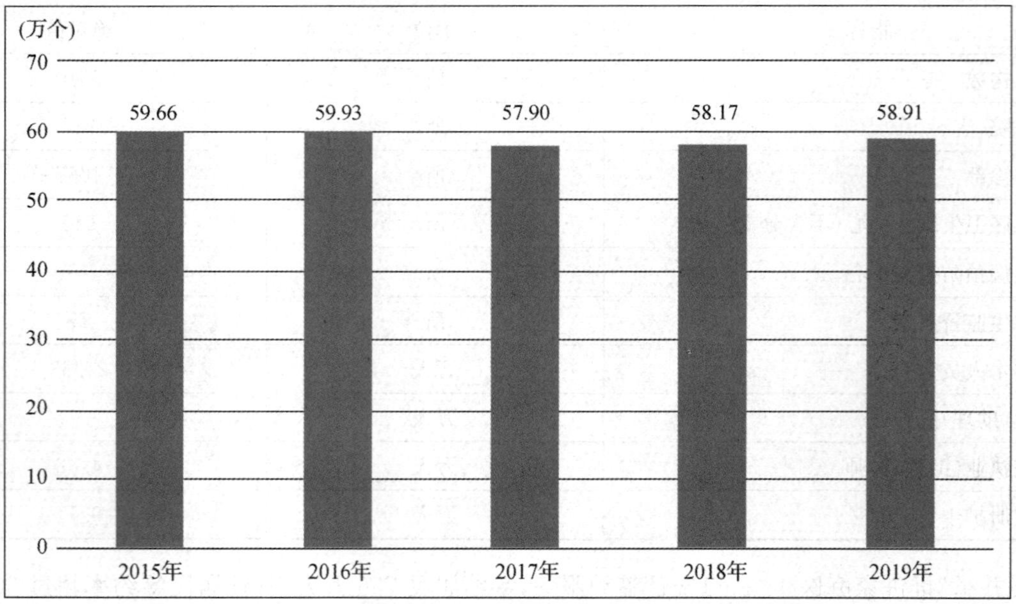

图2 2015—2019年上海市新增就业岗位情况

据抽样调查,全年全市居民人均可支配收入69442元,比上年增长8.2%,扣除价格因素,实际增长5.6%。其中,城镇常住居民人均可支配收入73615元,增长8.2%,扣除价格因素,实际增长5.6%;农村常住居民人均可支配收入33195元,增长9.3%,扣除价格因素,实际增长6.6%。全市居民人均消费支出45605元,比上年增长5.2%。其中,城镇常住居民人均消费支出48272元,增长4.9%;农村常住居民人均消费支出22449元,增长12.4%。

至年末,城镇居民人均住房建筑面积37.2平方米。

至年末,全市共有1589.57万人(包括离退休人员)参加城镇职工基本养老保险,有77.10万人参加城乡居民基本养老保险。月最低工资标准从2420元提高到2480元,小时最低工资标准从21元提高到22元。

至年末,全市共有1540.69万人(包括离退休人员)参加职工基本医疗保险,有349.83万人参加城乡居民基本医疗保险。

加快建设社区嵌入式养老设施,实现综合为老服务中心街镇全覆盖。年内,新增社区综合为老服务中心88家、老年人日间服务中心83家和社区老年助餐场所217个。新建养老床位7202张,改建1485张老年认知障碍照护床位,改造89家郊区农村薄弱养老机构。长期护理保险服务惠及49.3万老年人。至年末,全市部门共有养老机构724家,床位15.16万张。其中,由社会投资开办359家,床位6.65万张。全市建有社区老年人日间服务中心720家,社区老年人助餐服务场所1020个。

落实残疾人集中就业企业社会保险费补贴政策,对648家企业发放1.12亿元社保补贴,惠及残疾职工1.3万人。全年发放残疾人两项补贴8.15亿元。其中,困难残疾人生活补贴2.96亿元,惠及9.03万残疾人;重度残疾人护理补贴5.19亿元,惠及21.81万残疾人。

全年各级政府支出城镇居民最低生活保障金19.18亿元、农村居民最低生活保障金3.3亿元、特困供养金0.8亿元、粮油帮困0.81亿元。

(八)生态环境

全年全社会用于环境保护的资金投入1079.25亿元,相当于上海市生产总值的比例为2.8%。

全年环境空气质量(AQI)优良率为84.7%;二氧化硫年日均值7微克/立方米,可吸入颗粒物(PM10)年日均值45微克/立方米,细颗粒物(PM2.5)年日均值35微克/立方米,二氧化氮年日均值42微克/立方米,一氧化碳年日均值0.7毫克/立方米,臭氧日最大8小时滑动平均值达标率为92.9%。年末,城市污水处理厂日处理能力达834.3万立方米,比上年末提高2.6%。全市生活垃圾末端处理能力达40200吨/日,其中焚烧19300吨/日、填埋15350吨/日、湿垃圾处理能力5550吨/日。全年干垃圾清运量647.18万吨,下降17.5%;湿垃圾处理量272.03万吨,增长88.8%;可回收物收运量147.79万吨,增长4.3倍;有害垃圾处理量219吨,增长5.0倍;生活垃圾无害化处理率达100%。大力推进生活垃圾全程分类,建成两网融合回收点1.5万个、两网融合回收站201个、两网融合回收场10个,建成8个垃圾资源化利用设施。

全年完成新建绿地1321.02公顷,新建林地11.3万亩,新建城市绿道210.14公里,新建立体绿化40.63万平方米。黄浦江滨江绿道45公里核心段贯通,外环绿道浦西段基本贯通,持续推进建设市级重点生态廊道17条(片)。全市森林覆盖率达17.6%。至年末,人均公园绿地面积达到8.4平方米,城市公园数达352座,林荫道达245条,湿地保有量46.46万公顷。

全年共发生生产安全死亡事故427起、死亡452人,分别比上年下降22.6%和26.3%。其中,工矿商贸事故185起,死亡200人;生产经营性道路交通死亡事故228起,死亡234人;生产经营性火灾死亡事故7起,死亡11人;水上交通死亡事故5起、死亡5人;农业机械死亡事故1起,死亡1人;渔业船舶死亡事故1起,死亡1人。全年亿元生产总值生产安全事故死亡人数为0.014人,工矿商贸企业从业人员10万人死亡率为1.498/10万。

全市食品监测总体合格率为98.1%。市民食品安全知识知晓率得分为86.2分,市民食品安全满意度得分为83.9分。全年共接到集体性食物中毒报告3起,中毒人数65人(无死亡),中毒发生率为0.27例/10万人,未发生重大食品安全事故。全年共收到食品类投(申)诉、举报和咨询71915件,比上年减少41.5%。共查处食品安全违法案件7981起,罚没金额1.34亿元。

第三节 上海市 2019 年重点工作

(一)全力实施“三大任务、一大平台”,实现改革开放新作为

上海自贸试验区临港新片区正式设立。落实国务院批准的总体方案,出台管理办法,完善体制机制,制定实施特殊支持政策,推动重大改革优先在新片区试点、重大项目优先在新片区布局、重大政策优先在新片区适用。新片区新设企业 4025 家,签约重点项目 168 个、总投资 821.9 亿元。深化自贸试验区“三区一堡”建设,赋予浦东新区更大改革自主权,进一步推动浦东新区改革开放和高质量发展。

在上海证券交易所设立科创板并试点注册制顺利落地。全力支持、全面配合做好相关工作,优化金融生态环境,实施促进科创企业发展的“浦江之光”行动。受理 205 家企业上市申请,70 家企业成功上市,筹资额达 824 亿元。

长三角一体化发展国家战略全面实施。制定落实长三角一体化发展规划纲要、打造虹桥国际开放枢纽等实施方案,启动建设长三角生态绿色一体化发展示范区。开工建设交通、能源、信息等一批基础设施合作项目,提升 G60 科创走廊能级,强化生态环境共保联治,实现长三角医保门诊费用直接结算全覆盖。积极参与长江经济带生态环境保护。扎实开展东西部扶贫协作和对口支援。

第二届中国国际进口博览会圆满成功。贯彻“越办越好”的总要求,以一流的城市环境、一流的服务保障确保进口博览会规模更大、质量更优、创新更强、层次更高、成效更好。按一年计,累计意向成交 711.3 亿美元,比首届增长 23%。放大中国国际进口博览会溢出带动效应,成功举办上海城市推介活动,实现保税展示展销常态化。

重点领域改革开放不断深化。启动实施区域性国资国企综合改革,完成一批国企市场化专业化重组。优化民营企业发展环境,制定鼓励设立总部、加强金融服务等政策措施。在全市实施“证照分离”改革。探索海关智能化监管通关新模式。新设外资项目数量、合同外资金额、实到外资金额分别增长 21.5%、7.1%和 10.1%,跨国公司地区总部、外资研发中心分别新增 50 家和 20 家。

(二)加快建设“五个中心”“四大品牌”,全力促进经济平稳增长

“六稳”工作扎实推进。制定实施投资促进、工业稳增长、促消费、稳外贸等政策措施,强化招商稳商安商工作。特斯拉新能源汽车投产,阿尔茨海默症治疗新药上市,工业投资增长 11.3%、连续 21 个月保持两位数增长。开工建设轨道交通机场联络线、崇明线、S3 公路、沿江通道浦东段等重大项目,建成周家嘴路越江隧道等重要基础设施。推进土地资源高质量利用,低效建设用地减量 15.3 平方千米。

“五个中心”功能全面提升。推出“沪伦通”、沪深 300 股指期权等金融创新产品,野村东方证券、安联保险、摩根大通等对外开放项目落地,持牌金融机构新增 54 家,金融市场交易总额 1934.3 万亿元、增长 16.6%。金融风险有效防控。电子商务交易额增长 14.7%,口岸贸易总额继续位居世界城市首位。浦东国际机场卫星厅投入使用,上海港集装箱吞吐量达到 4330.3 万标准箱、连续 10 年世界第一。深化科技体制机制改革,推动在国家层面制定集成电路、人工智能、生物医药“上海方案”,制定实施智慧城市、数字经济等政策措施,超强超短激光、转化医学设施等大科学设施建成运营,海底科学观测网、高效低碳燃气轮机试验装置等重点项目开工建设,量子研究中心、清华国际创新中心、国际人类表型组研究院等新型研发机构相继成立,中以创新园开园运营。

“四大品牌”建设加快推进。制定实施服务业扩大开放、高质量发展等政策措施。培育发展先进制造业集群,创建人工智能创新应用先导区。率先开展境外旅客购物离境退税“即买即退”试点,支持首店经济、夜间经济、海派特色小店、老字号品牌发展。率先基本建成现代公共文化服务体系,成功举办第十二届中国艺术节、第二十二届国际电影节、第三十届旅游节等重要节展,开工建设大歌剧院、国际马术中

心，建成程十发美术馆、上音歌剧院等文化设施。创建中国邮轮旅游发展示范区，黄浦江游览游客年接待量突破500万人次。

实施军民融合发展纲要，国防动员、人民防空、双拥优抚等工作继续加强，退役军人服务保障体系初步形成。

（三）着力破解“老小旧远”等民生难题，切实保障和改善民生

养老服务增量提质。加快建设社区嵌入式养老设施，实现综合为老服务中心街镇全覆盖，新增老年人日间服务中心83家和助餐场所217个。新建养老床位7202张，改建认知障碍照护床位1485张，改造农村薄弱养老机构89家。长期护理保险服务惠及49.3万老年人。

托幼服务加快发展。大力建设普惠安全、托幼一体的托育服务体系，新开办托育机构231个、幼儿园37所。进一步加强小学生校内课后服务，开设小学生爱心暑托班556个。

旧区改造大力推进。完成55.3万平方米、2.9万户中心城区成片二级旧里以下房屋改造，完成1184万平方米旧住房综合改造、104万平方米里弄房屋修缮保护，新增供应各类保障房6.3万套。新建和转化租赁房源10.1万套，新增代理经租房源12.8万套。落实房地产市场调控一城一策常态长效机制，房地产市场保持平稳健康发展。

乡村振兴战略深入推进。完成村庄布局规划编制，建成9个乡村振兴示范村。推动1.28万户农民相对集中居住，完成涉及7万户的村庄改造和9万户的农村生活污水处理设施改造。促进农业提质增效，地产绿色农产品认证率超过20%。深化农村综合帮扶，发展壮大农村集体经济。

就业和社会保障持续加强。完善创业扶持、技能培训、就业援助等稳就业措施，完成100.7万人次补贴性职业技能培训，帮助8698名长期失业青年就业创业。新增206个户外职工“爱心接力站”。合并实施生育保险和职工基本医保。提高养老金、低保、最低工资等保障标准。实施猪肉等农产品保供稳价措施，及时向低保人员等33万名困难群众发放价格临时补贴。

教育、卫生、体育等社会事业稳步推进。编制实施教育现代化2035规划，加快应用型高校建设和职业教育发展。制订实施健康上海行动计划，启动区域性医疗中心建设，实现市级医院44项检验检查结果互联互通互认，落实国家药品集中采购和使用试点任务，全面取消公立医疗机构医用耗材加成。建成市民体育公园一期，新建改建健身步道112条、市民多功能运动场76片、益智健身苑点345个，成功举办第十五届世界武术锦标赛等重大赛事。

（四）加强城市精细化管理、社会治理和生态环境保护，持续打造更有序、更安全、更干净的城市

城市精细化管理成效持续显现。推进城市运行“一网统管”，启动建设城市运行管理平台系统。提高文明施工等管理标准，完成120.5公里架空线入地及合杆整治，93.4%的街镇实现无违建创建。深入开展道路交通违法行为综合整治。完成56个交通拥堵节点改造，实现258条公交线路到站信息实时预报。完成黄浦江45公里岸线的景观灯光提升改造。

垃圾分类成为新时尚。着力实施生活垃圾管理条例，基本形成垃圾全程分类收运体系，大力推进垃圾资源化利用设施建设，居民区分类达标率从15%提高到90%，全市平均每天分出的可回收物增长431.8%、湿垃圾增长88.8%、干垃圾减少17.5%、有害垃圾增长504.1%，垃圾填埋比例从41.4%下降到20%。垃圾分类推进快、成效大，靠的是全市动员、全民参与，要为全市人民点赞，向全市人民致敬！

社会治理创新取得新进展。建立社区治理分类施策机制，完善社区工作者管理办法。构建应急管理工作新格局，开展消防安全、校园安全、空中坠物隐患等专项整治，推动危化品企业落实安全风险承诺公告措施，完成15.8万户住宅的老旧燃气立管改造。加快推进智慧公安建设，深入开展“扫黑除恶”专项斗争，社会保持和谐稳定。

污染防治攻坚战扎实推进。完成3851台燃油燃气锅炉低氮改造，继续推进集装箱海铁联运，实施轻型汽车国六b排放标准。推进苏州河环境综合整治四期工程建设，完成白龙港污水处理厂提标改造和1434个住宅小区雨污混接改造，劣Ⅴ类水体占比从18%下降到7.8%。新建林地11.3万亩、绿地1321公顷、城市绿道210.1公里、立体绿化40.6万平方米。

（五）深化“放管服”改革，进一步优化营商环境

营商环境改革取得新成效。实施新一轮优化营商环境改革108项措施，深化工程建设项目审批等改革，试点证明事项告知承诺制，企业办事环节和时间进一步压减，企业注销时间缩短三分之一以上，助力我国营商环境国际排名从46位进一步提升到31位。

政务服务“一网通办”实现新突破。制定实施公共数据开放办法，建成数据共享交换平台和经济社会发展综合数据平台一期。“一网通办”总门户接入事项达到2261个，线上办事651万件。“双减半”“双一百”年度任务超额完成，审批事项提交材料和办理时限分别平均减少52.9%和59.8%，全市通办事项和业务流程再造事项分别新增177个和105个。政务服务“好差评”制度实现全覆盖。完成第四次经济普查。

政府作风持续改进。扎实开展“不忘初心、牢记使命”主题教育，深入开展“基层减负年”活动，解决一批基层和群众反映强烈的问题，形成一批制度性成果。严格落实中央“八项规定”精神，大力整治形式主义、官僚主义等问题，市政府系统全市性大会减少31%，规范性文件等压减30%，督查检查考核事项减少81%，议事协调机构精简62%，论坛活动精简66%。厉行节约，市级部门一般性支出压减10%以上，项目预算公开实现部门全覆盖。依法行政、审计监督、廉政建设进一步加强。

第二章　江苏省 2019 年经济社会发展报告

2019 年，全省坚持以习近平新时代中国特色社会主义思想为指导，深入贯彻党的十九大和十九届二中、三中、四中全会精神以及习近平总书记重要指示要求，全面落实党中央、国务院和省委、省政府各项决策部署，坚持稳中求进工作总基调，深入贯彻新发展理念，统筹做好稳增长、促改革、调结构、惠民生、防风险、保稳定各项工作，扎实推进供给侧结构性改革，全力推动高质量发展走在前列，经济运行总体平稳、稳中有进，产业发展基础稳固，结构调整稳步推进，民生福祉不断增强，生态环境持续改善，高水平全面建成小康社会取得新进展，“强富美高”新江苏建设迈出新步伐。

一、江苏省 2019 年经济发展概况

（一）综合经济

1. 经济总量

经济总量再上新台阶。全年实现地区生产总值 99631.52 亿元，按可比价格计算，比上年增长 6.1%。其中，第一产业增加值 4296.28 亿元，增长 1.3%；第二产业增加值 44270.51 亿元，增长 5.9%；第三产业增加值 51064.73 亿元，增长 6.6%。全省人均地区生产总值 123607 元，比上年增长 5.8%。劳动生产率持续提高，平均每位从业人员创造的增加值达 209837 元，比上年增加 13790 元。产业结构加快调整，全年三次产业增加值比例调整为 4.3∶44.4∶51.3，服务业增加值占 GDP 比重比上年提高 0.9 个百分点。

经济活力增强。全年非公有制经济实现增加值 74125.9 亿元，占 GDP 比重达 74.4%，较上年提高 0.9 个百分点；私营个体经济增加值占 GDP 比重达 51.2%，民营经济增加值占 GDP 比重达 55.9%。2019 年末，全省工商部门登记的私营企业 312.0 万户；全年新登记私营企业 49.1 万户，注册资本 170616.8 亿元。年末个体户 685.8 万户，全年新登记 129.4 万户。区域协调发展有力推进，扬子江城市群对全省经济增长的贡献率达 78.4%；沿海经济带对全省经济增长的贡献率达 16.5%。新型城镇化建设步伐加快，年末城镇化率达 70.61%，比上年提高 1 个百分点。

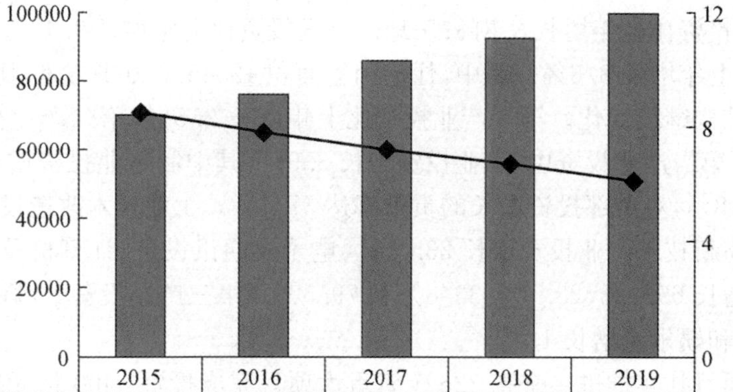

	2015	2016	2017	2018	2019
地区生产总值(亿元)	70116.38	76086.17	85900.94	92595.4	99631.52
增幅(%)	8.5	7.8	7.2	6.7	6.1

图 1　2015—2019 年江苏省地区生产总值及增长速度

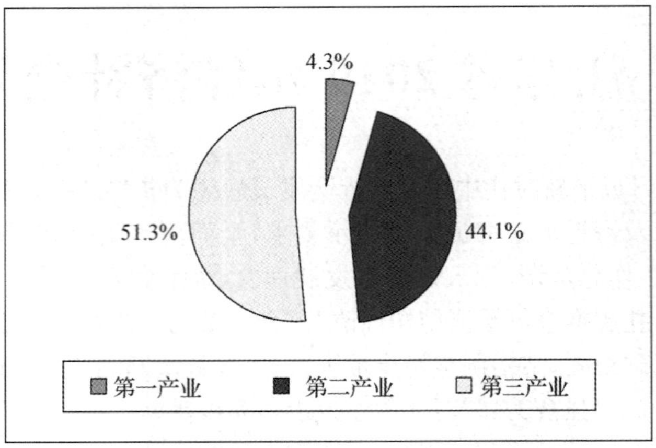

图2 2019年江苏省三次产业结构图

2. 财政收支

财政收入稳定增长。全年完成一般公共预算收入8802.4亿元,比上年增长2.0%;其中,税收收入7339.6亿元,比上年增长1.0%;税收占一般公共预算收入比重达83.4%,比上年下降0.8个百分点。

支出结构持续改善。全年一般公共预算支出12573.6亿元,比上年增长7.9%。一般公共预算支出中,教育支出2217.7亿元,比上年增长7.9%;公共安全支出855.9亿元,增长3.6%;卫生健康支出905.7亿元,增长7.1%;社会保障和就业支出1416.1亿元,增长7.6%;住房保障支出476.8亿元,增长7.5%。

3. 物价指数

物价水平总体稳定。全年居民消费价格比上年上涨3.1%,其中城市上涨3.1%,农村上涨3.4%。分类别看,食品烟酒类上涨7.1%,衣着类上涨2.8%,居住类上涨1.9%,生活用品及服务类上涨2.3%,教育文化和娱乐类上涨2.6%,医疗保健类上涨1.0%,其他用品和服务类上涨4.2%;交通和通信类下跌1.1%。食品中,粮食上涨1.1%,食用油上涨1.8%,鲜菜上涨3.8%,畜肉类上涨28.0%,蛋类上涨5.9%,鲜瓜果上涨12.6%;水产品下跌0.9%。工业生产者价格有所走低。全年工业生产者出厂价格下降1.1%,工业生产者购进价格下降2.8%。

4. 固定资产投资

投资增速稳步提升。全年固定资产投资比上年增长5.1%。其中,国有及国有经济控股投资增长13.1%;港澳台及外商投资增长4.3%;民间投资增长3.0%,民间投资占全部投资比重达69.6%。分类型看,项目投资比上年增长3.2%;房地产开发投资比上年增长9.4%。全年商品房销售面积13972.9万平方米,比上年增长3.6%。其中,住宅销售面积12545.0万平方米,比上年增长4.2%。

投资结构继续优化。第一产业投资比上年增长9.5%,第二产业投资增长3.4%,第三产业投资增长6.3%。第二产业投资中,工业投资增长3.9%,其中制造业投资增长4.6%;制造业投资占项目投资比重为59.8%,对全部投资增长的贡献率达37.3%。工业技术改造投资增长8.6%,占工业投资比重达63.3%。高新技术产业投资增长23.3%。电子及通讯设备、计算机及办公设备、医药、仪器仪表制造业投资分别增长69.0%、23.7%、33.8%和79.5%。第三产业投资中,科学研究和技术服务业增长8.6%,文化、体育和娱乐业增长13.9%。

重点项目扎实推进。全省226个省重大项目完成投资5400亿元以上,200个补短板重大项目完成投资3600亿元以上。加快完善现代综合交通运输体系,徐宿淮盐铁路、连淮铁路建成通车,苏北五市全部进入"高铁时代";南沿江城际铁路、盐通高铁、连徐高铁等加快建设,常泰、龙潭等过江通道和宁淮城际铁路开工建设,沪通长江大桥、五峰山长江大桥顺利合龙,连云港港30万吨级航道二期和南京禄口机场、苏南硕放机场改扩建等工程进展顺利。水利基础设施和应急能力进一步提升,夺取了抗旱抗台抗洪胜利。

（二）农林牧渔业

农业生产能力增强。全年粮食总产量3706.2万吨，比上年增产45.9万吨，增长1.3%。其中，夏粮1356.6万吨，增长2.3%；秋粮2349.6万吨，增长0.7%。粮食亩产459.1公斤，比上年增加13.5公斤，增长3.0%。种植业结构不断调整。全年粮食播种面积538.1万公顷，比上年减少9.4万公顷；棉花种植面积1.2万公顷，减少0.5万公顷；油料种植面积28.3万公顷，增加2.0万公顷；蔬菜种植面积142.4万公顷，减少0.1万公顷。

林牧渔业生产总体平稳。全年造林面积4.4万公顷，比上年增长7.0%。全年猪牛羊禽肉产量270.8万吨，比上年下降15.9%；禽蛋产量212.3万吨，增长19.3%；牛奶总产量62.4万吨，增长24.6%。水产品总产量484.8万吨(不含远洋捕捞)，下降1.7%，其中，淡水产品348.5万吨、海水产品136.3万吨，分别下降1.6%、2.2%。

现代农业深入推进。全省新建高标准农田350万亩，农业机械化水平达86%，农业科技进步贡献率达69.1%。全省高效设施农业面积占比达20.3%；有效灌溉面积达419.7万公顷，新增有效灌溉面积1.7万公顷，新增节水灌溉面积5.2万公顷；新增设施农业面积4.5万公顷。年末，农业机械总动力5114.0万千瓦，比上年增长1.4%。

（三）工业和建筑业

工业生产运行平稳。全年规模以上工业增加值比上年增长6.2%，其中轻工业增长6.4%，重工业增长6.1%。分经济类型看，国有工业增长18.2%，集体工业增长0.2%，股份制工业增长8.5%，外商港澳台投资工业增长2.2%。在规模以上工业中，国有控股工业增长4.3%，民营工业增长9.5%。

先进制造业发展较快。全省高技术产业增加值比上年增长6.8%，增速高于规模以上工业0.6个百分点，对规上工业增加值增长的贡献率达23.8%；装备制造业增加值比上年增长6.0%，对规上工业增加值增长的贡献率达46.5%。分行业看，电气机械、医药、专用设备等先进制造业增加值分别增长16.9%、19.0%、8.2%。代表新型材料、新型交通运输设备和高端电子信息产品的新产品产量实现较快增长。城市轨道车辆、光缆、太阳能电池、碳纤维及其复合材料等新产品产量比上年分别增长87.7%、5.7%、26.8%和8.5%。

工业企业经营基本稳定。全年规模以上工业企业实现营业收入比上年增长3.5%，利润比上年下降5.4%。规模以上工业企业营业收入利润率、成本费用利润率分别为5.7%、6.0%。规模以上工业企业资产负债率为52.9%，总资产贡献率为9.3%。全年规模以上工业企业产销率达98.5%。

建筑业稳定发展。全年实现建筑业总产值33103.6亿元，比上年增长7.3%；竣工产值24459.2亿元，增长8.5%；竣工率达73.9%。全省建筑业企业实现利税总额2402.9亿元，增长5.2%。建筑业劳动生产率为36.3万元/人，增长8.1%。建筑业企业房屋建筑施工面积255297.7万平方米，增长2.5%；竣工面积77899.5万平方米，增长4.1%，其中住宅竣工面积57633.1万平方米，增长5.9%。

（四）服务业

1. 国内贸易

消费品市场基本稳定。全年社会消费品零售总额比上年增长6.2%。按行业分，批发和零售业零售额增长5.9%；住宿和餐饮业零售额增长8.7%。全省限额以上社会消费品零售总额比上年下降1.2%。从消费品类值看，基本生活类消费增长平稳，限额以上饮料类、烟酒类、服装鞋帽针纺织品类和日用品类商品零售额分别增长3.4%、4.1%、1.6%和8.0%。部分消费升级类商品零售额增长较快，限额以上中西药品类、化妆品类、书报杂志类分别增长10.6%、8.2%、19.8%。汽车类下降1.6%；石油制品类下降1.9%。网上零售占比提升。全年限额以上批发和零售业通过公共网络实现零售额1391.7亿元，占比达10.4%,比上年提高0.8个百分点;限额以上住宿和餐饮业实现网络餐费收入16.2亿元,占比达2.0%,比上年提高0.1个百分点。

2. 交通运输、邮电

交通运输基本平稳。全年货物运输量比上年增长4.6%,旅客运输量下降0.9%;货物周转量比上年增长4.3%,旅客周转量比上年增长2.6%。全省机场飞机起降56.1万架次,比上年增长8.7%;旅客吞吐量5844.0万人次,增长13.2%;货邮吞吐量64.2万吨,增长7.5%。规模以上港口货物吞吐量26.3亿吨,比上年增长12.8%。其中外贸货物吞吐量5.2亿吨,增长7.0%;集装箱吞吐量1872.6万标准集装箱,增长4.1%。年末,全省高速公路里程4865.0公里。铁路营业里程3539.0公里,铁路正线延展长度6252.9公里。民用汽车保有量1919.2万辆,增长7.6%;净增136.0万辆。私人汽车保有量1646.2万辆,增长7.1%;净增108.5万辆。其中,私人轿车保有量1131.3万辆,增长6.0%;净增64.5万辆。

邮政电信快速发展。全年邮政行业业务总量1426.9亿元,比上年增长35.9%;电信业务总量7546.6亿元,增长56.8%。邮政行业业务收入813.8亿元,比上年增长25.8%;电信业务收入978.0亿元,增长3.0%。年末,固定电话用户1329.1万户;移动电话用户10166.0万户,比上年末增加371.9万户;电话普及率达126.3部/百人。年末,长途光缆线路总长度3.9万公里;互联网宽带接入用户3585.7万户,新增233.9万户。

3. 旅游业

旅游业较快增长。全年实现旅游业总收入14321.6亿元,增长8.1%。入境过夜旅游者399.5万人次,下降0.3%。其中,外国人266.5万人次,增长0.7%;港澳台同胞133.0万人次,下降2.3%。旅游外汇收入47.4亿美元,增长2.0%。接待国内游客8.8亿人次,增长7.6%,实现国内旅游收入13902.2亿元,增长8.2%。

4. 金融、证券和保险业

金融信贷规模扩大。年末,全省金融机构人民币存款余额152837.3亿元,比年初增长9.4%,增加13089.6亿元。其中,住户存款比年初增加6967.3亿元,非金融企业存款比年初增加5167.0亿元。金融机构人民币贷款余额133329.9亿元,比年初增长15.2%,增加17346.8亿元。其中,中长期贷款比年初增加9076.1亿元,短期贷款比年初增加6484.1亿元。

证券交易市场保持稳定。年末,全省境内上市公司428家,省内上市公司通过首发、配股、增发、可转债、公司债在上海、深圳证券交易所筹集资金3385.2亿元。企业境内上市公司总股本3857.9亿股,比上年增长6.0%;总市值42987.7亿元,比上年增长34.4%。全省共有证券公司7家,证券营业部947家;期货公司9家,期货营业部177家;证券投资咨询机构3家。全年证券市场完成交易额32.1万亿元。分类型看,证券经营机构股票交易额18.7万亿元,比上年增长38.9%;期货经营机构代理交易额13.5万亿元,比上年下降11.9%。

保险行业较快发展。全年保费收入3750.2亿元,比上年增长13.1%。分类型看,财产险收入940.9亿元,增长9.6%;寿险收入2215.3亿元,增长11.6%;健康险收入508.8亿元,增长28.8%;意外伤害险85.2亿元,增长9.1%。全年赔付额998.6亿元,比上年增长0.2%。其中,财产险赔付534.5亿元,增长4.3%;寿险赔付294.4亿元,下降17.3%;健康险赔付144.8亿元,增长38.7%;意外伤害险赔付25.0亿元,增长4.7%。

(五)开放型经济

1. 对外贸易

进出口保持基本稳定。全省完成进出口总额43379.7亿元,比上年下降1.0%。其中,出口27208.6亿元,增长2.1%;进口16171.1亿元,下降5.7%。从贸易方式看,一般贸易进出口总额22393.6亿元,增长 4.9%；占进出口总额比重达 51.6%，超过加工贸易 14.0 个百分点。从出口主体看，国有企业、外资企业、私营企业出口额分别下降 22.0%、增长 0.4%、增长 13.7%。从出口市场看，对美国、欧盟、日本出口比上年分别下降 11.5%、增长 6.2%、增长 4.1%，对印度、俄罗斯、东盟出口分别增长 0.3%、9.9%和 17.7%。从出口产品看，机电、高新技术产品出口额分别增长 1.9%、下降 1.8%。对“一带一路”沿线国家出口保持较快增长，出口额 7284.2 亿元，增长 12.8%；占全省出口总额的比重为 26.8%，对全省出口增长的贡献率为 147.3%。

表 1　2019 年江苏省进出口贸易主要分类情况

指标	绝对数(亿元)	比上年增长(%)
出口总额	27208.6	2.1
一般贸易	14464.3	7.9
加工贸易	10306.8	0.7
工业制成品	25454.8	1.9
初级产品	368.3	−4.4
机电产品	17955.6	1.9
高新技术产品	9946.6	−1.8
国有企业	2330.6	−22.0
外商投资企业	14863.2	0.4
私营企业	9618.6	13.7
进口总额	16171.1	−5.7
一般贸易	7929.3	−0.2
加工贸易	5993.0	−14.0
工业制成品	13013.1	−6.9
初级产品	2262.1	2.7
机电产品	9375.3	−8.1
高新技术产品	6594.0	−9.5
国有企业	1484.4	11.1
外商投资企业	11004.6	−9.2
私营企业	3436.6	−0.5

2. 利用外资

全年新批外商投资企业 3410 家，比上年增长 1.9%；新批协议注册外资 626.0 亿美元，比上年增长 3.4%；实际使用外资 261.2 亿美元，比上年增长 2.1%。新批及净增资 9000 万美元以上的外商投资项目 377 个，比上年增长 6.8%。全年新批境外投资项目 827 个，中方协议投资额 89.5 亿美元。加快推进“一带一路”交汇点建设，全年新增“一带一路”沿线对外投资项目 289 个，比上年增长 23.0%，中方协议投资额 34.3 亿美元。

二、江苏省2019年社会发展概况

(一) 人口、人民生活

人口总量保持增长。年末，全省常住人口8070.0万人，比上年末增加19.3万人，增长0.2%。在常住人口中，男性人口4060.5万人，女性人口4009.5万人；0—14岁人口1124.6万人，15—64岁人口5759.9万人，65岁及以上人口1185.5万人。全年人口出生率为9.12‰，比上年下降0.2个千分点；人口死亡率为7.04‰，比上年上升0.01个千分点；人口自然增长率为2.08‰，比上年下降0.21个千分点。

居民收入稳定增长。全省居民人均可支配收入41400元，比上年增长8.7%。其中，工资性收入23836元，增长8.6%；经营净收入5636元，增长4.6%；财产净收入4372元，增长16.7%；转移净收入7556元，增长7.7%。按常住地分，城镇居民人均可支配收入51056元，增长8.2%；农村居民人均可支配收入22675元，增长8.8%。城乡居民收入差距进一步缩小，城乡居民收入比由上年的2.26∶1缩小为2.25∶1。全省居民人均生活消费支出26697元，比上年增长6.8%。按常住地分，城镇居民人均生活消费支出31329元，增长6.3%；农村居民人均生活消费支出17716元，增长6.9%。

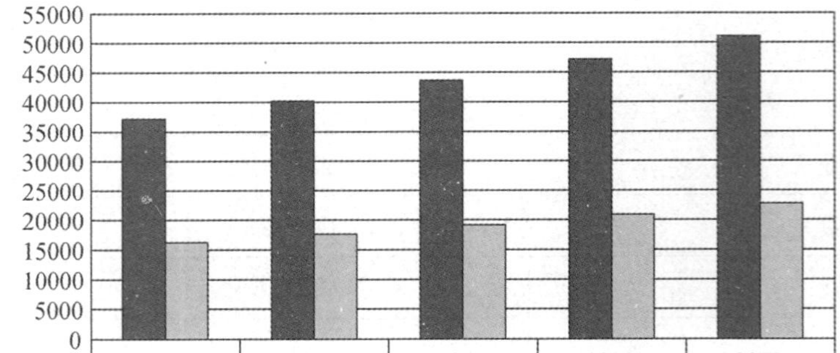

	2015	2016	2017	2018	2019
■ 城镇居民人均可支配收入(元)	37173	40152	43622	47200	51056
■ 农村居民人均可支配收入(元)	16257	17606	19158	20845	22765

图3　2015—2019年江苏省城乡居民收入对比一览

(二) 就业和社会保障

1. 就业

就业形势持续向好。年末，全省就业人口4745.2万人，第一产业就业人口734.5万人，第二产业就业人口2012.0万人，第三产业就业人口1998.7万人。城镇就业人口3282.7万人，城镇新增就业148.3万人。失业保持较低水平。年末，全省城镇登记失业率为3.03%，比上年提高0.06个百分点。全年新增转移农村劳动力22.0万人，转移率达76.1%，比上年末提高0.9个百分点。城镇失业人员再就业94.8万人，比上年增长6.0%。

2. 社保体系更加完善

社会保障体系更加完善。稳步实施全民参保计划，参保覆盖面持续扩大。年末，全省城乡基本养老、基本医疗、失业、工伤、生育保险参保人数分别为5754.3万人、7848.8万人、1794.2万人、2015.0万人和1868.8万人，比上年末同口径分别增加112.6万人、127.1万人、42.4万人、156.4万人和174.3万人。企业退休人员基本养老金人均增长5.5%。为352.5万贫困人口参加基本医疗保险提供10亿元资金补助，大病保险受益人数和保障资金增幅均达60%左右，医保市级统筹制度基本建立。

（三）教育和科学技术

1. 教育事业

教育事业全面发展。全省共有普通高校142所。普通高等教育招生58.5万人，在校生187.4万人，毕业生48.9万人；研究生教育招生7.4万人，在校生21.5万人，毕业生5.0万人。高等教育毛入学率达60.2%，比上年提高3.3个百分点；高中阶段教育毛入学率达99%以上。全省中等职业教育在校生62.2万人（不含技工学校）。特殊教育学校招生0.3万人，在校生1.9万人。全省共有幼儿园7608所，比上年增加386所；在园幼儿253.9万人，比上年减少1.7万人。学前三年教育毛入园率达98%以上。

2. 科技与创新

科技创新能力增强。全省专利申请量、授权量分别达59.4万件、31.4万件，其中发明专利申请量17.2万件；发明专利授权量4.0万件；PCT专利申请量6635件，增长20.6%。万人发明专利拥有量30.2件，比上年增加3.7件；科技进步贡献率达64%，比上年提高1个百分点。全省企业共申请专利47.2万件。全年共签订各类技术合同5.0万项，技术合同成交额达1675.6亿元，比上年增长45.4%。省级以上众创空间790家。全年全省共有55个项目获国家科技奖，获奖总数位列全国各省第一。

高新技术产业加快发展。组织实施省重大科技成果转化专项资金项目102项，省资助资金投入9.4亿元，新增总投入86.0亿元。公示高新技术企业数10689家，企业研发经费投入占主营业务收入比重提高1.6%；国家级企业技术中心达到117个，位居全国前列。全省已建国家级高新技术特色产业基地162个。

科研投入力度加大。全社会研究与试验发展（R&D）活动经费占地区生产总值比重达2.72%，研究与试验发展（R&D）人员58.0万人。全省拥有中国科学院和中国工程院院士102人。各类科学研究与技术开发机构中，政府部门属独立研究与开发机构达474个。建设国家和省级重点实验室183个，科技服务平台275个，工程技术研究中心3679个，企业院士工作站349个。

（四）文化、卫生和体育

1. 文化事业

公共文化服务水平提升。城乡公共文化服务体系不断完善。全省共有综合档案馆113个，向社会开放档案98.9万件。共有广播电台8座，中短波广播发射台和转播台21座，电视台8座，广播综合人口覆盖率和电视综合人口覆盖率均达100%。全省有线电视用户1543.2万户。全年生产故事电影院片48部；出版报纸20.2亿份，出版杂志1.1亿册，出版图书7.4亿册。

2. 卫生事业

卫生事业稳步推进。年末，全省共有各类卫生机构34797个。其中，医院1941个，疾病预防控制中心118个，妇幼卫生保健机构115个。各类卫生机构拥有病床51.6万张，其中医院拥有病床40.7万张。共有卫生技术人员63.1万人，其中执业医师、执业助理医师25.0万人，注册护士28.0万人，疾病预防控制中心卫生技术人员0.7万人，妇幼卫生保健机构卫生技术人员1.3万人。

3. 体育事业

体育事业蓬勃发展。在重大国际比赛（世界杯、世锦赛）中获得世界冠军14人次（13项次），亚军12人次（8项次），季军2人次（2项次），新增世界冠军6人；在国内一类赛事中获得金牌143人次（37项次），银牌51人次（25项次），铜牌91人次（29项次）。

（五）城乡统筹发展

城乡区域协调发展取得新成效。坚持把实施乡村振兴战略作为新时代“三农”工作总抓手，深入推进十项重点工程，农业农村保持良好发展势头。新建高标准农田350万亩，农业机械化水平达86%；农业综合生产能力持续增强，粮食总产量达741亿斤；农业科技进步贡献率达69.1%，高于全国9.9个百分点。持续深化农村改革，70%村(居)基本完成集体产权制度改革。农村人居环境持续改善，无害化卫生户厕普及率达95%，新铺设农村供水管网2500公里，新改建农村公路5887公里、桥梁2208座，10万户苏北农房改善年度任务全面完成。高质量推动长三角区域一体化发展，全面实施《规划纲要》，大力推进产业创新、基础设施等“六个一体化”，生态绿色一体化发展示范区启动建设。大运河文化带和大运河国家文化公园建设迈出坚实步伐，开工建设中国大运河博物馆。深入实施“1+3”重点功能区战略，出台推动南北共建园区高质量发展的政策措施，扎实推进苏南、苏中、苏北联动发展。加快完善现代综合交通运输体系，徐宿淮盐铁路、连淮铁路建成通车，苏北五市全部进入“高铁时代”；南沿江城际铁路、盐通高铁、连徐高铁等加快建设，常泰、龙潭等过江通道和宁淮城际铁路开工建设，沪通长江大桥、五峰山长江大桥顺利合龙，连云港港30万吨级航道二期和南京禄口机场、苏南硕放机场改扩建等工程进展顺利。南京禄口机场旅客吞吐量突破3000万人次，跻身大型国际机场行列。

(六) 生态建设和节能减排

污染防治力度加大。全省PM2.5平均浓度43微克/立方米、同比下降6.5%，空气质量优良率达71.4%，均超额完成国家考核目标；104个国考断面水质优Ⅲ类比例77.9%、同比提高8.7个百分点，国考省考断面和主要入江支流断面全部消除劣Ⅴ类，长江、淮河等重点流域水质明显改善，太湖治理连续12年实现“两个确保”，13个设区市及太湖流域县(市)建成区基本消除黑臭水体，近岸海域优良海水面积比例同比提高41.2个百分点；土壤污染防治工作有力推进。化学需氧量、二氧化硫、氨氮、氮氧化物四项主要污染物减排和碳强度下降全面完成国家下达的任务。农村人居环境持续改善，无害化卫生户厕普及率达95%，10万户苏北农房改善年度任务全面完成。建成国家生态园林城市9个，国家生态工业园区22个，国家生态文明建设示范市县16个。

节能减排成效显著。加快淘汰低水平落后产能，全年压减水泥产能333万吨、平板玻璃产能1410万重量箱，全面完成“十三五”任务。全年关闭化工企业735家。绿色江苏建设有力推进。全年高耗能行业投资同比下降10.4%，其中化学原料和化学制品制造、有色金属冶炼和压延加工、火力发电投资分别下降28.3%、23.0%、32.4%。规模以上工业企业新能源发电量为641.7亿千瓦时，同比增长18.4%。

(七) 安全生产

深刻吸取响水“3·21”等重特大事故教训，全面开展安全生产专项整治，深入推进各领域安全隐患大排查大整治，全年生产安全事故起数、死亡人数分别下降15.6%和18.1%。

三、2019年开展的主要工作

(一) 经济发展取得新成绩

针对经济下行、中美经贸摩擦、产业结构深度调整等带来的困难和挑战，采取有力有效措施，扎实做好“六稳”工作，努力保持经济平稳健康发展，加快实现由大到强、由高速增长向高质量发展转变。

(二) 产业结构优化提升

坚持巩固、增强、提升、畅通方针，持续深化供给侧结构性改革，加快产业向全球价值链中高端攀升。大力发展13个先进制造业集群，有6个入围全国制造业集群培育对象、占全国的1/4。依法依规关停各类“散乱污”企业4000余家、处置“僵尸企业”223家，钢铁、水泥等行业完成“十三五”去产能任务。着力工业化和信息化融合发展，建成一批智能工厂、智能车间、工业互联网平台和标杆工厂。深入实施生产性服务业“双百”工程和互联网平台经济“百千万”工程，规上服务业营业收入增长8%、利润增长7.5%，服务业占GDP比重达51.3%。

（三）发展动能加快转换

深入实施创新驱动发展战略，加快突破关键核心技术，着力推动科技与经济结合、成果向产业转化。全社会研发投入超过2700亿元，占GDP比重达2.72%，其中企业研发投入占比超过80%。高新技术企业达2.4万家，净增近6000家；万人发明专利拥有量达30.2件，同比增加3.7件。科技进步贡献率达64%，区域创新能力位居全国前列。未来网络试验设施、高效低碳燃气轮机试验装置、纳米真空互联实验站等重大创新平台建设取得新的进展，创建国家首个车联网先导区，国家级孵化器数量及在孵企业数均保持全国第一。新产业新业态新模式蓬勃发展，大众创业、万众创新深入推进。数字经济规模达4万亿元，商务服务业、软件和信息技术服务业、互联网和相关服务业营业收入分别增长9.4%、18.8%和23.4%。全年新登记市场主体184.1万户、平均每天5044户，其中企业54.3万户、平均每天1488户。

（四）三大攻坚战取得关键进展

深入抓好中央环保督察及“回头看”反馈问题整改，认真落实全国人大常委会水污染防治法执法检查整改要求，深入推进长江经济带生态环境污染治理“4+1”工程。长江沿线取缔非法码头117个、清理岸线31公里、植树造林16.2万亩，9个特色示范段建设取得阶段性成效。全省PM2.5平均浓度为43微克/立方米、同比下降6.5%，空气质量优良率达71.4%，均超额完成国家考核目标；104个国考断面优Ⅲ比例达77.9%、同比提高8.7个百分点，国考省考断面和主要入江支流断面全部消除劣Ⅴ类，长江、淮河等重点流域水质明显改善，太湖治理连续12年实现“两个确保”，13个设区市及太湖流域县（市）建成区基本消除黑臭水体，近岸海域优良海水面积占比提高41.2个百分点；土壤污染防治工作有力推进。化学需氧量等四项主要污染物减排和碳强度下降全面完成国家下达的任务。新增国家生态园林城市4个，总数和新增数量均为全国第一。深入开展经济、金融、社会、科技等领域风险隐患排查化解，牢牢守住不发生区域性系统性风险底线。巩固和提升“两不愁三保障”成果，深入实施脱贫致富奔小康工程，55.15万建档立卡农村低收入人口实现年收入6000元目标，97个省定经济薄弱村全部达标，12个省级重点帮扶县（区）摘帽退出。东西部对口支援和扶贫协作工作扎实开展。

（五）改革开放迈出新的步伐

坚持以“一带一路”交汇点建设统领向东向西双向开放，启动实施“五大计划”专项行动，对沿线国家和地区贸易增长9.4%、占比提高2.3个百分点。中哈物流合作基地、上合组织连云港国际物流园、淮海国际陆港建设加快推进。有效应对中美经贸摩擦带来的困难和挑战，进出口总额基本保持稳定，其中出口增长2.1%；实际使用外资稳中提质，总量达257亿美元，其中制造业、战略性新兴产业分别增长18%和32%，占比达49%和61%，同比分别提高6个和12个百分点。涵盖南京、苏州、连云港三个片区的江苏自贸试验区正式获批设立，全省各级各类开发园区提档升级步伐进一步加快。高水平举办第二届江苏发展大会暨首届全球苏商大会、世界物联网博览会、世界智能制造大会，精心组织参加第二届中国国际进口博览会。深入推进“放管服”改革，加快五级政务服务体系建设，92.5%的审批事项可在网上办理；政务服务事项全部入驻政务大厅，90%以上实现“一窗”分类综合受理。出台优化营商环境行动方案和促进民营经济高质量发展30条政策措施，社会信用体系加快建设，在全国工商联发布的万家民营企业评价营商环境报告中，我省位居前列。国资国企、财税金融、社会事业等重点领域改革扎实推进。政府部门、国有企业拖欠民营企业和中小企业账款清偿率超过90%、超额完成国家确定的50%以上目标。

（六）人民生活持续改善

把老百姓过上好日子作为一切工作的出发点和落脚点，着力解决人民群众的操心事、烦心事、揪心事。全面落实大规模减税降费政策，全年新增减税降费超过2200亿元，惠及全省350万家企业、2700万人以上。采取多种措施保民生保重点,公共财政一般性支出压减10%以上,民生支出增长8.5%。城镇和农村居民人均可支配收入分别达到5.1万元和2.3万元,同比增长8.2%和8.8%。加大援企稳岗力度,全年城镇新增就业148.3万人,超额完成120万的目标任务,城镇登记失业率、调查失业率分别为3%和4.4%,均低于全国平均水平。全力抓好猪肉等主要农副产品保供稳价,发放价格临时补贴8.5亿元,居民消费价格上涨3.1%。进一步织密扎牢社会保障网,企业退休人员基本养老金人均增长5.5%,为352.5万低收入人口和医疗救助对象参加基本医保提供10亿元资金补助,大病保险受益人数和保障资金增幅分别达到57.7%和59.3%,医保市级统筹制度基本建立。扎实办好十项民生实事,教育、卫生健康、文化、旅游、广播电视、体育、殡葬等事业加快发展,基层基本公共服务功能标准化配置实现度达90%以上。持续推进社会治理创新,建立健全风险研判、评估、责任和防控"四项机制",着力解决信访突出问题,强化食品药品疫苗安全监管,纵深推进扫黑除恶专项斗争,社会总体保持和谐稳定,人民群众安全感达98.3%。深刻吸取响水"3·21"等重特大事故教训,全面开展安全生产专项整治,深入推进各领域安全隐患大排查大整治,全年生产安全事故起数、死亡人数分别下降15.6%和18.1%。

第一节　南京市2019年经济社会发展报告

2019年,全市上下坚持以习近平新时代中国特色社会主义思想为指导,全面贯彻习近平总书记关于江苏工作的重要讲话和指示精神,深入落实省委、省政府和市委、市政府重大决策部署,坚持稳中求进工作总基调,自觉践行新发展理念,以供给侧结构性改革为主线,牢牢把握高质量发展根本要求,对标找差、创新实干,高质量建设"强富美高"新南京迈出新的步伐。

一、南京市2019年经济发展概况

(一)综合经济

1. 经济总量

全年实现地区生产总值14030.15亿元,比上年增长7.8%。分产业看,第一产业增加值289.82亿元,增长0.7%;第二产业增加值5040.86亿元,增长6.7%;第三产业增加值8699.47亿元,增长8.6%。按常住人口计算,人均地区生产总值为165681元(按年平均汇率折算为24017美元)。三次产业增加值结构调整为2.1∶35.9∶62.0。

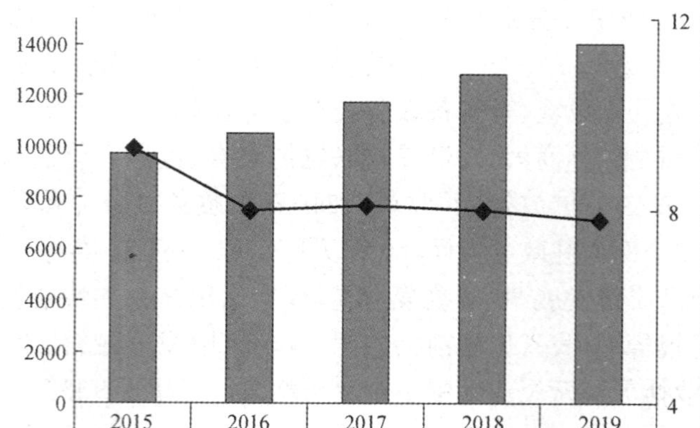

	2015	2016	2017	2018	2019
地区生产总值(亿元)	9720.77	10503.02	11715.1	12820.4	14030.15
增幅(%)	9.3	8	8.1	8	7.8

图4　2015—2019年南京市地区生产总值及增长速度

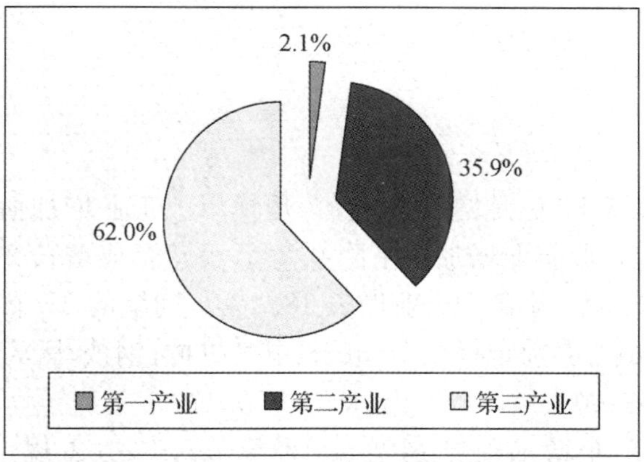

图5 2019年南京市三次产业结构图

2. 财政收支

全年一般公共预算收入1580.03亿元，增长7.5%。其中，税收收入1373.83亿元，增长10.6%，税比86.9%。一般公共预算支出1658.60亿元，增长8.2%。民生支出1275.90亿元，占一般公共预算支出比重为76.9%，教育、社会保障和就业、医疗卫生与计划生育、节能环保支出分别增长14.2%、12.8%、22.4%、11.6%。

3. 物价指数

全年城市居民消费价格比上年上涨3.1%。分类别看，食品烟酒类上涨7.3%，衣着类上涨2.3%，居住类上涨1.7%，生活用品及服务类上涨1.5%，交通和通信类下降2.1%，教育文化和娱乐类上涨4.4%，医疗保健类上涨0.7%，其他用品和服务类上涨4.3%。全年工业生产者出厂价格下降2.1%，工业生产者购进价格下降1.6%。

4. 固定资产投资

全年全社会固定资产投资比上年增长8.0%。国有经济和非国有经济投资分别增长13.7%、2.8%，民间投资增长3%，民间投资占全社会固定资产投资比重为47.1%。第一产业、第二产业、第三产业投资分别增长38.3%、5.7%、8.8%。分领域看，工业投资增长10.2%，其中高技术制造业、工业技改投资分别增长48.2%、9.9%，占工业投资比重分别为45.2%、71.4%。基础设施投资增长19.1%，占全社会投资比重达20.3%。教育、卫生社会工作、水利环境公共设施管理业投资分别增长36.2%、18.7%和20.8%。

（二）农业

全年农林牧渔业总产值472.50亿元，比上年增长4.8%，增幅较上年提升0.8个百分点。其中，农业产值240.77亿元，增长0.8%；林业产值20.17亿元，增长9.8%；牧业产值24.35亿元，下降4.6%；渔业产值153.89亿元，增长9.5%；农林牧渔服务业产值33.33亿元，增长21.3%。

全年粮食总产量96.56万吨、下降9.7%，亩产481公斤、增长2.2%。油料总产量3.58万吨、增长7.3%，亩产165.10公斤、增长2.1%。蔬菜总产量279.91万吨、下降1.6%，亩产2328公斤、增长0.8%。水产品总产量16.59万吨，其中特种水产品比重78%。畜牧生态健康养殖比重100%。都市现代农业稳步发展，设施农业和高标准农田比重分别为22%和77%，农业机械化水平达89.5%。新建产学研合作示范基地14个，现代农业科技综合或推广示范基地25个。南京国家农高区获国务院批复。

出台南京市乡村振兴战略实施规划，全市所有涉农街道、626个行政村、近7000个自然村全部实现垃圾分类，成功建成省级首批特色田园乡村4个，新建成美丽宜居乡村180个，美丽宜居乡村建设达标率位居全省首位。新建农村公厕649座，完成1.6万座户厕无害化改造、450公里农村公路提档升级和43座农路桥梁改造。建成创意休闲农业景点（区）500多个，精品民宿400家，床位数超过5000个，打造美丽乡村精品旅游线路8条。

(三) 工业和建筑业

1. 工业

全年全部工业增加值4215.77亿元增长6.9%。规模以上工业增加值3092.26亿元,增长7.0%。规模以上工业中,国有及国有控股企业增加值下降0.2%,民营企业增长20.3%,外商及港澳台企业增长7.0%。大中型企业增长3.9%,小微型企业增长18.2%。列统的37个行业大类中,有22个行业增加值实现增长。按累计增加值排名前十行业中,电子、电气机械、钢铁、医药、通用设备、非金属制品6个行业分别增长20.2%、31.8%、10.4%、29.7%、11.5%、10.4%。

高技术制造业、装备制造业增加值分别增长18.5%、9.3%,占规上工业比重分别为20.7%、45.3%,比上年同期分别提高3.3个、4.7个百分点。新型电子、绿色智能汽车、高端智能设备、生物医药与节能环保新材料四大先进制造业合计实现增加值2179.90亿元、增长9.9%,占规上工业比重为70.5%,比上年同期提高2.7个百分点。

规模以上工业销售产值增长4.7%,其中出口交货值增长11.4%。分行业看,计算机、通信和其他电子设备制造业、电气机械和器材制造业、通用设备制造业、医药制造业出口交货值分别增长13.2%、26.7%、19.5%、62.4%。

全年集成电路产量增长36.5%,电子计算机整机增长13.5%,光电子器件增长26.3%,光缆产量增长33.6%,城市轨道车辆增长87.7%,工业机器人增长8.9%。

2. 建筑业

全年具有资质等级的总承包和专业承包建筑业企业完成建筑业总产值4235.95亿元,比上年增长10.5%;其中,本市建筑业企业在外省完成建筑业总产值1534.40亿元、增长11.6%。全年建筑业竣工产值累计完成2702.70亿元、增长14.8%,房屋施工面积27479.2万平方米、增长1.6%。

(四) 服务业

1. 国内贸易

全年实现社会消费品零售总额6135.74亿元,比上年增长5.2%。从行业看,批发和零售业消费品零售额5533.59亿元,增长5.2%;住宿餐饮业零售额602.15亿元,增长5.6%。从城乡看,城镇消费品零售额5929.10亿元,增长5.1%;农村消费品零售总额206.64亿元,增长8.8%。限额以上贸易单位零售额中,书报杂志类增长14.1%,家用电器和音像器材类增长13.4%,化妆品增长5.8%,日用品类增长18.5%,家具类增长13%,粮食食品类增长0.6%,烟酒类增长11.1%。受电商网购经济带动,限额以上批发零售业、住宿餐饮业通过公共网络实现零售额占限上总额比重达15.5%。

全年批发和零售业增加值比上年增长3.2%;交通运输、仓储和邮政业增加值增长4.4%;住宿和餐饮业增加值增长6.6%;金融业增加值增长8.5%;房地产业增加值增长6.3%;信息传输、软件和信息技术服务业增加值增长15.0%。

全年规模以上服务业实现营业收入5694.6亿元,比上年增长12.5%,增速较上年同期提升1.2个百分点,其中高技术服务业、科技服务业营业收入分别增长15.2%、14.5%。分行业看,信息传输软件和信息技术服务业增长19.5%、交通运输仓储和邮政业增长13.3%、科学研究和技术服务业增长11.1%、租赁和商务服务业营业收入增长3.8%。在互联网企业的带动下,规模以上互联网和相关服务、软件和信息技术服务等新兴行业营业收入分别增长26.0%和22.4%。

2. 交通运输和邮电

全年货物运输总量41034.31万吨,比上年增长6.4%。货物周转量3398.38亿吨公里,增长8.6%。全年旅客运输总量15902.15万人次,比上年增长0.1%。旅客运输周转量512.88亿人公里,增长4.5%。

年末，全市机动车保有量(不包含拖拉机)281.21万辆，比上年末增加8.40万辆，增长3.1%。民用汽车269.94万辆，比上年末增加11.7万辆，增长4.5%，其中本年新注册26.46万辆。私人汽车211.19万辆，增加3.94万辆，增长1.9%；私人汽车中轿车149.16万辆，增加0.77万辆，增长0.5%，其中本年新注册13.73万辆。

全市已开通地铁运营线路10条、378公里，开通有轨电车运营线路2条、16.86公里，6条过江通道、9条轨道交通同步推进。全年地铁实现客运量11.52亿人次，同比增长3.3%。优化调整公交线路113条，加大公交换乘优惠力度。

全年完成邮电业务总量(按2010年价格计算)603.68亿元，比上年增长28.2%。其中，邮政业务总量203.45亿元，增长26.0%；电信业务总量400.23亿元，增长33.6%。全年完成邮电业务收入(按现价计算)271.68亿元，比上年增长8%。其中，邮政业务收入122.44亿元，增长11.0%；电信业务收入149.24亿元，增长5.7%。全年完成国际国内快递业务量88279万件，比上年增长15.2%。年末，拥有移动电话用户1307.86万户，比上年增长1.9%。其中，4G移动电话用户1119.5万户，增长8.5%；固定电话用户201.42万户，下降5.5%；互联网用户1645.94万户，其中互联网宽带接入用户536.81万户、增长9.1%。

3. 旅游业

全年实现旅游业总收入2784.95亿元，比上年增长13.2%。其中，旅游外汇收入9.42亿美元，增长6.7%；国内旅游收入2719亿元，增长13.2%。接待海内外旅游者总人次14682万人次，增长9.5%。其中，接待入境过夜旅游者85.31万人次，增长4.6%。年末，共有国家全域旅游示范区2个(江宁区、秦淮区)；国家等级旅游景区51家，其中4A级(含)以上高等级景区26家；国家、省级旅游度假区4家；拥有星级宾馆饭店70家，其中五星级酒店20家；拥有各类旅行社740家，其中具有组织出境游资质旅行社65家。

4. 金融和保险

年末，金融机构本外币各项存款余额35536.08亿元，比上年增加1007.34亿元，比上年增长2.9%。其中住户存款8299.64亿元，比年初增加1190.67亿元；非银行业金融机构存款5197.18亿元。金融机构本外币各项贷款余额33585.88亿元，比年初增加4428.62亿元，比上年增长15.6%。其中住户贷款11448.33亿元，比年初增加2220.10亿元；非金融企业及机关团体贷款21948.50亿元，比年初增加2227.03亿元。全年新增上市公司7家，总数达到117家。拥有新三板企业180家、法人证券公司2家；法人期货公司5家；银行业金融机构53家；保险机构总数107家。

全年实现保费收入762.83亿元，比上年增长26.4%。分类型看，寿险收入458.93亿元，增长29.9%；财产险收入188.2亿元，增长16.0%；健康险收入96.28亿元，增长36.9%；意外险收入19.42亿元，增长10.7%。

5. 房地产业

全年房地产开发投资2501.26亿元，比上年增长6.2%。其中，住宅投资1735.85亿元，增长10.2%。加快建设百水、绿洲和孟北等保障房片区，完成棚户区改造393万平方米，新开工保障性住房590万平方米、竣工263万平方米。

(五) 开放型经济

1. 对外贸易

全年累计实现进出口总额4828.15亿元，比上年增长11.8%。其中，出口总额3006.85亿元、增长20.2%，进口总额1821.30亿元、增长0.3%。

从市场结构看，全市对欧、美、日、韩、东盟等传统市场进出口增长7.2%，占全市的65.2%，其中对美进出口增长10.3%；对拉美、非洲、中东等新兴市场进出口增长21.0%，占全市的16.0%，其中对非洲和东欧分别增长24.3%和32.8%;对"一带一路"市场进出口增长23.5%,占全市的25.5%。

从商品构成看,全年机电产品进出口增长11.0%,高新技术产品进出口增长1.6%。从贸易方式看,一般贸易进出口增长16.2%,加工贸易进出口增长6.7%。从企业主体看,国有企业进出口增长1.3%,外商投资企业进出口增长2.1%;民营企业进出口增长40.1%。

2. 利用外资

全年吸收外商直接投资新设立企业557家,比上年增长26.9%。新增合同利用外资85.21亿美元。经商务部确认实际到账外资41.01亿美元,增长6.4%。其中,第二产业使用外资17.29亿美元,其中制造业使用外资16.55亿美元,增长47.3%;第三产业使用外资23.72亿美元,其中科研技术服务增长9.8倍。

全年新增境外投资项目127个,中方协议投资额14.57亿美元。新签对外承包工程合同额31.60亿美元、增长15.3%,完成营业额34.50亿美元,其中在一带一路沿线国家完成营业额18.2亿美元,占全市总量的52.8%。全年服务外包执行额173.30亿美元。

二、南京市2019年社会发展概况

(一)人口、人民生活

年末,全市常住人口850.00万人,比上年末增加6.38万人,增长0.8%。其中城镇人口707.20万人,占总人口比重(常住人口城镇化率)83.2%。常住人口中,0—14岁人口97.12万人,占比达11.4%;15—64岁人口645.3万人,占比达75.9%;65岁及以上人口107.58万人,占比达12.7%。全年常住人口出生率为9.34‰,死亡率为5.2‰,自然增长率为4.14‰。年末,全市实有人口1031.22万人,比上年末增加42.98万人,增长4.3%。其中户籍总人口709.82万人,比上年末增加12.88万人,增长1.8%;流动人口321.40万人,比上年末增加30.10万人,增长10.3%。

全年全体居民人均可支配收入57630元、增长8.9%。其中工资性收入36044元,增长9.0%;经营净收入6330元,增长7.1%;财产净收入5965元,增长7.8%;转移净收入9290元,增长10.5%。按常住地分,城镇居民人均可支配收入64372元,突破6万元大关,增长8.5%;农村居民人均可支配收入27636元,增长9.4%。

全体居民人均消费支出33005元,增长7.5%。分城乡看,城镇居民人均消费支出35933元,增长7.1%;农村居民人均消费支出19980元,增长8.2%。全体居民恩格尔系数为25.6%,比上年下降0.1个百分点,其中城镇为25.2%,农村为28.6%,分别比上年下降0.1个、0.5个百分点。全体居民人均住房面积44.7平方米,比上年增加1.3平方米,其中城镇为40.3平方米,农村为64.5平方米,分别比上年增加0.2平方米、6.9平方米。

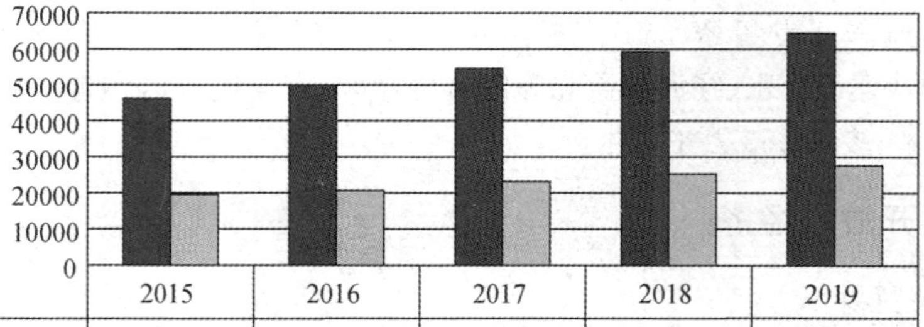

	2015	2016	2017	2018	2019
■ 城镇居民人均可支配收入(元)	46104	49997	54538	59308	64372
■ 农村居民人均可支配收入(元)	19483	20704	23133	25263	27636

图6 2015—2019年南京市城乡居民收入对比一览

（二）就业

全年城镇新增就业 32.52 万人。年末，城镇登记失业率为 1.75%。培育自主创业者 3.88 万人，大学生创业 6619 人，扶持农民自主创业 6018 人，创业带动就业 19.76 万人。

（三）社会保障

年末，城镇职工社会保险五大险种累计参保人数为 1690.49 万人次，其中企业职工基本养老保险参保 325.72 万人次、城镇职工基本医疗保险参保 455.58 万人、失业保险参保 308.64 万人、工伤保险参保 301.74 万人、生育保险参保 298.81 万人。在省内率先实现医疗保险市级统筹，对 12 万困难群众医保个人缴费部分给予全额减免，大病报销比例提至 60%以上。被征地人员社会保险参保率达 100%。企业退休人员养老金标准提高到每月 3063 元，低保标准增至每月 900 元。累计发放困难群众临时价格补贴 2200 余万元。

年末，拥有各类养老机构 295 家，养老总床位数 6.76 万张；农村敬老院 45 家，床位 1.01 万张。每千名老人拥有养老床位数 42.1 张。全年新增社区居家养老服务中心 124 个，累计达 1335 个，破解大城市养老难题经验在全国推广。

（四）教育和科学技术

1. 教育事业

全市在宁普通高等学校 53 所（不含部队院校），在校学生（不含研究生）73.54 万人，比上年增加 1.38 万人。在宁高校及研究生培养机构在学研究生 14.25 万人，比上年增加 1.24 万人。普通中学 246 所，在校学生 26.07 万人，比上年增加 1.55 万人；中等职业学校 22 所，在校学生 6.05 万人，比上年减少 0.23 万人。小学 373 所，在校学生 44.66 万人，比上年增加 2.45 万人。幼儿园 987 所，在园儿童 25.68 万人，比上年增加 1.16 万人；新改扩建省优标准幼儿园 47 所。义务教育学校标准化达标率达 94.8%，小学“弹性离校”参与学生同比翻番，教育现代化水平连续四年位居全省第一。

2. 科学技术和创新

创新名城建设成效显著。全年新增高新技术企业 1562 家、增长 50.1%，总量达 4680 家；入库科技型中小企业 6685 家，比上年翻一番；新增备案新型研发机构 102 家，累计备案 210 家，累计孵化引进科技企业 3000 多家；建成运营城市“硅巷”61.6 万平方米。拥有省级以上工程技术研究中心 403 家、新增 49 家，省级以上科技公共服务平台 85 家，省级以上重点实验室 89 家，其中国家重点实验室 29 家。全年培育引进 66 名科技顶尖专家，121 名创新型企业家，833 名高层次创业人才。新增就业参保大学生 39.13 万人、增长 14.6%。

全年共有 29 个项目获国家科学技术奖。专利申请量 103024 件、增长 4.0%，其中发明专利申请 42545 件、增长 4.7%；专利授权量 55004 件、增长 24.8%，其中发明专利授权 12392 件、增长 11.7%。拥有有效发明专利 58431 件、增长 17.4%。万人有效发明专利拥有量 69.26 件、增长 16.0%。PCT 专利申请量 1754 件、增长 89.4%。全年共签订技术合同 28562 项，技术合同成交额 591.25 亿元，增长 47.0%。

（五）文化、卫生和体育

1. 文化事业

年末，全市累计建成镇（街道）文化站 100 家，城乡社区综合性文化服务中心建成率达 100%。累计建成“农家书屋”465 家。已备案的各类博物馆、纪念馆 58 家，市级以上文物保护单位 516 处，其中全国重点文物保护单位 55 处 112 点，省级文物保护单位 114 处 126 点，市级文物保护单位 347 处 353 点。省级以上非物质文化遗产项目75个,其中国家级非物质文化遗产11项,省级非物质文化遗产64项。年末,有线电视用户(均为数字电视用户)185.14万户,高清电视用户82万户。每万人拥有公共文化设施面积超过3250平方米。

2. 卫生事业

年末,拥有卫生机构2571个(不含农村社区卫生服务站、村卫生室),其中,医院、卫生院264个,妇幼保健院(所、站)14个,专科疾病防治院(所、站)5个。各类卫生机构拥有病床5.90万张,其中医院、卫生院5.41万张。各类卫生机构共有卫生技术人员9.39万人,其中执业(含助理)医师3.57万人,注册护士4.2万人。累计建成农村社区卫生服务站、村卫生室672个。新建18个紧密型医联体。

3. 体育事业

成功举办篮球世界杯等12项精品赛事,有序推进2020年世界田联室内锦标赛筹备工作,南京城市体育影响力指数排名全球第11名、依然位列国内城市第二位。

(六)城乡建设

推动区域协调发展,城乡功能品质加快提升。落实落细长三角区域一体化发展战略,成立领导推进小组,制订南京实施方案,加快区域和城乡协调发展。城市格局进一步拓展。国土空间总体规划编制取得阶段性成果,"多规合一"深入实施。加快江北新主城建设,54个教育、医疗项目同步推进,"三横两纵"快速路网初步形成。编制完成紫东地区近期发展纲要。支持六合、高淳加快高质量发展,开发区对口合作等机制得到落实。交通体系进一步完善。宁淮铁路开工建设,4条高速公路、6条过江通道、9条轨道交通等重大基础设施有序推进,南京港口型(生产服务型)国家物流枢纽获批。打通断头路、治理交通拥堵深入开展。城乡环境进一步改善。完成主城10个片区、93个老旧小区环境综合整治,实施580个片区雨污分流建设,新建299公里绿道、新改建16处游园绿地。一体推进农村垃圾分类、污水治理和厕所革命,4个村庄入选省级特色田园乡村。高分通过国家卫生城市复审。区域联动进一步强化。推进南京都市圈、宁杭生态经济带建设,启动共建宁淮特别合作区和宁滁、宁马跨界一体化示范区,促成三省一市共建长三角科创圈创新平台。

(七)节能减排和生态环境

全年规模以上工业综合能源消费量3898.90万吨标准煤,比上年增长1.8%。全年工业消耗煤炭2930.60万吨,较上年同期实绩数下降2.6%,削减量78.38万吨。其中,电力行业煤炭消费量下降1.6%,削减24.78万吨;非电行业煤炭消费量下降3.8%,削减53.60万吨。全年全社会用电量621.53亿千瓦时、增长2.5%,其中工业用电量327.26亿千瓦时、下降1.2%。

大力实施长江生态修复和保护,拆除取缔违规占用岸线项目84个,退出长江干流生产岸线18公里,沿江1公里范围内新增造林6200亩。完成主城10个片区、93个老旧小区环境综合整治,实施580个片区雨污分流建设,新建299公里绿道、新改建16处游园绿地。全年新增造林面积3.27万亩,林木覆盖率达31.30%,建成区绿化覆盖率达45.16%。22个省以上地表水考核断面水质优良比例100%,7个省控入江支流断面全面消除劣Ⅴ类。落实治气40条攻坚措施,累计完成大气污染防治重点工程项目148项、VOCs重点行业综合治理项目112项,全年空气优良率达69.9%,PM2.5平均浓度40.0微克/立方米,比2015年下降29.8%。修复污染地块11个。

(八)安全生产

全年发生生产安全事故594起,死亡292人,同比分别下降8.2%、16.6%。未发生较大以上事故,连续多年未发生10人以上重大事故。

三、2019年开展的主要工作

（一）落实“六稳”政策措施，实体经济提质增效

坚持稳调并举，实施工业企业技术装备投入普惠性奖补等政策，优化招商引资组织方式，开展外贸稳增长“破冰”“破零”行动，推动经济稳中有进、进中提质。产业发展基础更加厚实。出台集成电路、新能源汽车、人工智能、软件和信息服务等产业地标行动计划，高技术制造业增加值增长20%，集成电路收入增长40%，软件业务收入增长11%。促进工业稳增长和转型升级、实施技术改造成效明显，获国务院通报表扬。推动先进制造业与现代服务业深度融合，服务业增加值增长9%，规模以上服务业营业收入增长13.8%，新增跨国公司地区总部或功能性机构6家。南京国家农高区获国务院批复，国家农创园签约项目108个，休闲农业实现综合收入85亿元。项目招引建设力度加大。“招商突破年”首战告捷，实际利用内资2567亿元、外资41亿美元。签约亿元以上项目2055个，投资额达1.69万亿元。两岸企业家紫金山峰会、智能制造大会等搭建了合作平台。508个省、市重大项目完成投资3000亿元以上，工业投资增长10%，技改投资占比达63%以上。内外需求协调拉动。商圈消费引领工程深入实施，养老、文旅等服务消费加快发展，秦淮、江宁入选首批国家全域旅游示范区。壮大外贸新业态，服务贸易进出口增长12%，服务外包示范城市综合评价列全国第一。服务企业精准有效。全面落实大规模减税降费政策，新增减税357亿元、降费72亿元。新增市场主体22.2万户，累计140万户。设立民营企业纾困与发展基金，发挥转贷互助基金作用。新增上市公司7家，总数达117家。

（二）打好政策“组合拳”，创新名城效应加速释放

推动落实“一号文件”，制定实施33个配套细则，全方位激发创新活力。创新主体持续壮大。实施厚植“科创企业森林计划”，新增“独角兽”企业2家、“瞪羚”企业87家。推进“两落地一融合”，新增备案新型研发机构102家，累计孵化引进科技企业3000多家。成功举办“南京创新周”，深入开展“生根出访”，启动“百校对接计划”，累计46家国内外知名企业在宁建设高端研发机构、32家企业在海外设立研发机构。新增就业参保大学生39.13万人，其中硕博人数为上年的两倍。创新载体加快突破。探索高新园区“1＋N”管理体制，南京高新区在省级评价中进至第二位。网络通信与安全紫金山实验室成功发布全球首个大网级网络操作系统，扬子江生态文明创新中心设立并实体运行，临床医学研究中心培育计划全面启动。61.6万平方米城市“硅巷”建成运营。创新生态持续优化。建立顶尖科研人才双聘、人才薪酬评价等机制，完善人才安居工程实施办法。市级科技创新基金与社会资本合作成立29支天使子基金，发放科技贷款230亿元。5995家企业享受研发费用加计扣除238.6亿元，增长81.4%。

（三）推动区域协调发展，城乡功能品质加快提升

落实落细长三角区域一体化发展战略，成立领导推进小组，制订南京实施方案，加快区域和城乡协调发展。城市格局进一步拓展。国土空间总体规划编制取得阶段性成果，“多规合一”深入实施。加快江北新城建设，54个教育、医疗项目同步推进，“三横两纵”快速路网初步形成。编制完成紫东地区近期发展纲要。支持六合、高淳加快高质量发展，开发区对口合作等机制得到落实。交通体系进一步完善。宁淮铁路开工建设，4条高速公路、6条过江通道、9条轨道交通等重大基础设施有序推进，南京港口型（生产服务型）国家物流枢纽获批。打通断头路、治理交通拥堵深入开展。城乡环境进一步改善。完成主城10个片区、93个老旧小区环境综合整治，实施580个片区雨污分流建设，新建299公里绿道、新改建16处游园绿地。一体推进农村垃圾分类、污水治理和厕所革命，4个村庄入选省级特色田园乡村。高分通过国家卫生城市复审。区域联动进一步强化。推进南京都市圈、宁杭生态经济带建设，启动共建宁淮特别合作区和宁滁、宁马跨界一体化示范区，促成三省一市共建长三角科创圈创新平台。

(四)发挥改革牵引作用,开放平台建设实现新突破

扎实推进年度297项重点改革任务,迅速展开中国(江苏)自贸试验区南京片区"1+9"制度创新,发展动力和活力持续迸发。供给侧结构性改革不断深化。实施工业企业资源集约利用绩效评价,倒逼133家警示类、276家落后整治类企业转型升级。全面推进化工行业安全环保整治提升,制定落实"一企一策"方案,关停化工生产企业8家。重点领域改革深入实施。深化"放管服"改革,打造"宁满意"品牌,建立政务服务"好差评"制度。创新"一件事"改革,推出关联事项"一次办"场景300个。经营性国有资产证券化水平实现新提升。农村产权制度等改革稳步推进。信用体系建设走在前列,江宁集成改革形成特色。江北新区和江宁区入选全省社会主义现代化建设试点。自贸区建设快速起步。南京片区揭牌以来,新增注册企业4518家,跨境金融、区域环评能评、信用承诺审批等特色改革举措落地实施。剑桥大学南京科技创新中心奠基,华为江苏鲲鹏生态产业园落户。开放功能得到新提升。禄口机场新开通4条国际客运航线,年旅客吞吐量突破3058万人次。国家级南京临空经济示范区获批设立,空港保税物流中心(B型)通过省级验收。

(五)坚持标本兼治,三大攻坚战取得关键进展

进一步综合施策,着力突破难点问题。污染防治攻坚成效明显。认真抓好中央环保督察"回头看"、省环保督察反馈问题整改落实,推进南京长江经济带"2+2+17+1"问题整改,完成1811家"散乱污"企业整治任务。落实治气40条攻坚措施,PM2.5平均浓度同比下降3.6%。深入实施水环境整治提升三年行动计划,完成91条河道治理任务,水污染防治工作成效获全国人大执法检查组认可。全市完成造林3.2万亩。建设长江(南京段)生态环境智慧感知平台,开展入江排口排查整治。防范化解重大风险稳步推进。持续开展打击非法集资拉网式排查、互联网金融专项整治。坚持法治化、市场化原则,稳控重点民营企业资金链风险。健全政府性债务管理机制。建立和完善促进房地产市场平稳健康发展的长效机制,完善住房保障政策体系。精准脱贫成果有效巩固。坚持"一村一法、一户一策",加大"三保障"力度,对12万困难群众医保个人缴费部分给予全额减免,农村低收入人口和经济薄弱村、欠发达村全部脱贫摘帽。对口帮扶、支援和合作成效明显。

(六)提升制度化保障水平,改善民生更具实效

坚持在发展中保障和改善民生,改革发展成果更多更公平惠及群众。抓好创业就业和社会保障。实施全民创业行动和大学生创业引领计划,培育自主创业3.9万人,带动就业19.8万人。率先在省内实现医疗保险市级统筹。全市低保标准增至每月900元。完成棚户区改造393万平方米,新开工保障性住房590万平方米、竣工263万平方米。优化公共服务供给。教育现代化水平连续四年位居全省第一,学前教育新增学位1.5万个,义务教育学校标准化达标率达94.8%,小学"弹性离校"参与学生同比翻番,新开办高中5所。新建18个紧密型医联体,成为全国社区医院建设试点城市。新增社区居家养老服务中心124个、助餐点120个,破解大城市养老难题经验在全国推广。完成"住宅式"墓地清理整治,提升殡葬设施供给。每万人拥有公共文化设施面积超过3000平方米。成功举办篮球世界杯等国际赛事。加强和创新社会治理。全域推进全要素网格化治理,新增2个全国社区治理和服务创新实验区,基层治理"两赋两强""掌上云社区"以及矛盾不上交等经验形成示范效应。纵深开展"扫黑除恶"专项斗争,入选十大国内最有安全感城市。建成四级退役军人服务保障体系,积极创建全国双拥模范城"九连冠"。扎实开展安全生产大排查大整治。深刻汲取响水"3·21"事故教训,落实国务院安全生产专项督导边督边改和省安全生产巡查问题清单整改要求,健全安全生产责任制、城市安全运行保障机制,深入开展安全生产专项整治行动,未发生较大以上事故,生产安全事故起数、死亡人数实现"双下降"。同时,民族、宗教、外事、对台事务、港澳、侨务、参事、地方志等工作取得新成绩,老龄、妇女、青少年、科普、仲裁、残疾人、红十字、慈善、关心下一代等事业取得新成效。

第二节　无锡市 2019 年经济社会发展报告

2019 年，面对国内外风险挑战明显上升的复杂局面，全市上下以习近平新时代中国特色社会主义思想为指引，紧扣当好全省高质量发展领跑者的目标定位，坚持稳中求进工作总基调，全面贯彻新发展理念，扎实做好“六稳”工作，加大逆周期调节力度，全力推进“强富美高”新无锡建设，全市经济社会呈现出持续健康发展的良好姿态，高质量发展迈出新步伐。

一、无锡市 2019 年经济发展概况

（一）综合经济

1. 经济总量

全市经济发展稳步推进，实现地区生产总值 11852.32 亿元，按可比价格计算，比上年增长 6.7%。按常住人口计算人均生产总值达到 18 万元。

全市第一产业实现增加值 122.50 亿元，比上年下降 2.4%；第二产业实现增加值 5627.88 亿元，比上年增长 7.6%；第三产业实现增加值 6101.94 亿元，比上年增长 6.0%；三次产业比例调整为 1.0∶47.5∶51.5。

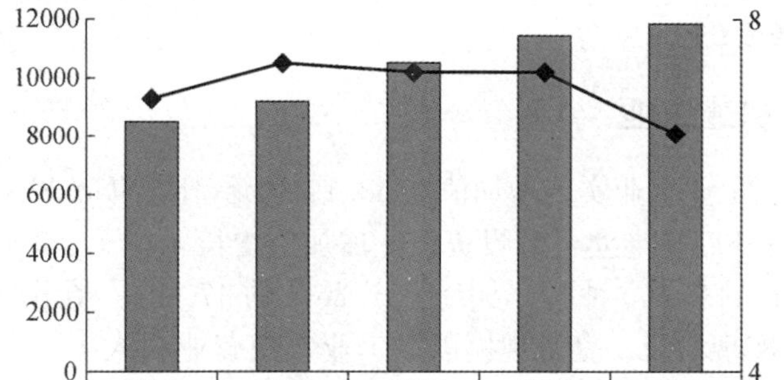

	2015	2016	2017	2018	2019
地区生产总值(亿元)	8518.26	9210.02	10511.8	11438.62	11852.32
增幅(%)	7.1	7.5	7.4	7.4	6.7

图 7　2015—2019 年无锡市地区生产总值及增长速度

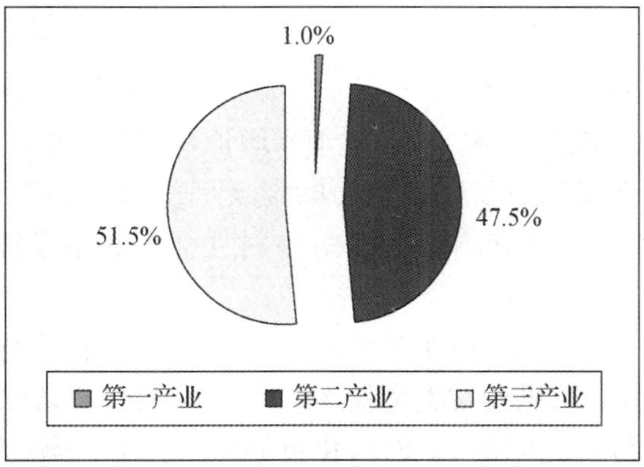

图 8　2019 年无锡市三次产业结构图

2. 财政收支

全市一般公共预算收入达 1036.33 亿元，比上年增长 2.4%。财政支出结构继续调整，一般公共预

算支出1117.58亿元,比上年增长5.8%。

3. 物价水平

全年市区居民消费价格指数(CPI)为102.9,比上年提高0.6个百分点。其中,服务项目价格指数为102.1,消费品价格指数为103.5。

4. 固定资产投资

全年固定资产投资完成3595.94亿元,比上年增长6.1%。其中,第一产业投资完成12.28亿元,比上年增长105.9%;第二产业投资完成1531.85亿元,比上年增长10.2%;第三产业投资完成2015.81亿元,比上年增长0.3%。

(二)农业

全年粮食总产量54.75万吨,比上年下降3.6%。油料总产量6844吨,比上年增长43.5%,其中油菜籽5919吨,比上年增长55.5%。茶叶总产量6820吨,比上年增长3.8%。水果总产量20.57万吨,比上年增长9.6%。

全年粮食种植面积为79.51千公顷,比上年减少4.83千公顷;油料种植面积为2.89千公顷,比上年增加0.74千公顷;蔬菜种植面积41.57千公顷,比上年减少2.06千公顷;水果种植面积14.10千公顷,比上年增加0.57千公顷。

主要畜产品中,肉类总产量8918吨,比上年下降55.4%,其中猪肉4547吨,比上年下降67.9%;禽蛋总产量1.17万吨,比上年下降14.0%;奶牛存栏860头,比上年下降69.3%。全年水产品产量11.98万吨,比上年下降2.0%。

(三)工业和建筑业

全市规模以上工业企业实现增加值3753.19亿元,比上年增长7.8%。分经济类型看,内资企业增加值增长10.1%,外商及港澳台商投资企业增加值增长4.8%。全市统计的327种主要工业产品中,产品产量比上年增长的有155种,占全市统计产品数的47.4%。在全市跟踪统计的30种重点产品中,有14种产品的产量实现增长。全市规模以上工业实现营业收入18033.91亿元,比上年增长5.4%;工业产销率为98.3%,比上年下降0.3个百分点。

全年建筑业完成增加值594.09亿元,比上年增长5.4%;实现建筑业总产值1038.20亿元,比上年增长18.7%。施工房屋建筑面积4764.94万平方米。1个建设工程项目获国优奖。35个建设工程项目获江苏省优质工程"扬子杯"奖。

(四)服务业

1. 国内贸易

全年实现社会消费品零售总额3983.41亿元,比上年增长8.5%。其中,批发和零售业零售额3668.72亿元,比上年增长8.5%;住宿和餐饮业零售额314.69亿元,比上年增长8.5%。按经营地统计,城镇社会消费品零售总额3396.96亿元,比上年增长8.3%;乡村社会消费品零售总额586.45亿元,比上年增长9.3%。

在限额以上批发和零售业零售额中,汽车类增长4.7%;石油及制品类增长17.1%;粮油、食品类增长2.1%;中西药品类增长3.0%;通讯器材类增长33.9%;服装、鞋帽、针纺织品类增长7.9%;五金、电料类增长12.4%;建筑及装潢材料类增长13.8%;化妆品类增长15.0%;金银珠宝类增长16.8%;书报杂志类增长21.4%。

2. 交通、邮电业

年末,公路总里程7590.81公里,其中高速公路273.88公里。全社会拥有车辆224.30万辆,比上年增长11.1%。其中,汽车208.76万辆,比上年增长8.6%。私人汽车拥有量达到172.25万辆,比上年增长6.8%。城市轨道交通运营线路总长58.83公里,全年运营总里程555.94万列公里,线网客流总量10966.42万人次。营运公交线路293条,线路总长5822公里,全年公交运客总量3.54亿人次。市区营运巡游出租汽车4040辆。

全年完成客运量8622.94万人次,比上年增长2.1%。完成货运量19587.30万吨,比上年增长5.0%。完成港口吞吐量28756.92万吨,比上年增长23.7%。空港旅客吞吐量797.49万人次,比上年增长10.6%。

全年邮电业务总量419.66亿元,发送函件2109.66万件。全年规模以上快递服务企业业务量完成8.17亿件,比上年增长59.6%。率先建成国内高标准全光网城市,覆盖用户956.33万户,城域网出口带宽6.3T。建设4G基站累计达到42841个。年末,移动电话用户1024.10万户,其中4G手机用户达到870.01万户。固定互联网宽带接入用户326.14万户,移动互联网宽带接入用户837.14万户。

3. 旅游业

全年共接待国内游客10236.93万人次,比上年增长4.3%;接待旅游、参观、访问及从事各项活动的入境过夜旅游者60.96万人次,比上年增长4.0%。旅游总收入达2062.90亿元,比上年增长5.7%。全市拥有年接待游客10万人以上的景区52个,国家5A级景区4家,国家4A级景区26家,3A级景区14家,2A级景区8家。省星级乡村旅游区(点)117个。全市星级宾馆34家,其中五星级宾馆11家,四星级宾馆9家。全市拥有旅行社241家,其中出境游组团社33家。

4. 金融、保险业和证券

年末,金融机构各项本外币存款余额达17605.46亿元,比上年增长9.6%;各项本外币贷款余额13556.67亿元,比上年增长12.0%。存款中,非金融企业存款余额7567.43亿元,比上年增长7.4%;住户存款余额6316.12亿元,比上年增长12.8%。贷款中,非金融企业及机关团体贷款10195.21亿元,比上年增长9.0%;住户贷款3356.93亿元,比上年增长22.5%。全年现金净投放192.21亿元。

全年实现保费收入431.23亿元,比上年增长15.2%。其中财产险收入102.45亿元,比上年增长6.5%;人寿险收入328.78亿元,比上年增长18.2%。保险赔款支出68.86亿元,比上年增长1.0%。保险给付支出31.85亿元,比上年下降2.4%。

全年证券市场完成交易额3.27万亿元,比上年增长37.0%。本年新增境内外上市公司8家,累计146家。全市证券交易开户总数159.05万户,托管市值2358.37亿元,增长20.4%。全市共有证券公司2家,证券营业部157家。全年新三板企业挂牌5家,累计挂牌273家。

5. 房地产业

全年房地产业实现增加值814.42亿元,比上年增长5.9%。房地产开发投资完成1358.29亿元,比上年增长3.3%。商品房施工面积6353.18万平方米,比上年增长6.0%;竣工面积1326.27万平方米,比上年增长74.1%。全年商品房销售面积1380.42万平方米,比上年增长0.4%;商品房销售额1929.41亿元,比上年增长21.9%。

(五)开放型经济

1. 对外贸易

按美元计,全年实现对外贸易进出口总额924.30亿美元,比上年下降1.1%。其中,进口总额369.70亿美元,比上年增长0.8%;出口总额554.60亿美元,比上年下降2.3%。一般贸易实现出口额288.64亿美元,占出口总额的比重为52.0%。按人民币计,全年实现对外贸易进出口总额6366.63亿元,比上年增长3.3%。其中,进口总额2545.48亿元,比上年增长5.3%;出口总额3821.15亿元,比上年增长2.1%。

2. 利用外资

全年新设外资项目282个，新增协议注册外资53.5亿美元，比上年下降48.9%。实际使用外资36.2亿美元，比上年下降2.6%。战略性新兴产业实际使用外资占实际使用外资比重77%。全年完成协议注册外资超3000万美元的重大外资项目50个。至年底，世界500强企业中有103家在无锡市投资兴办了201家外资企业。

3. 服务外包产业

全市服务外包产业接包合同总额129.68亿美元，比上年下降8.8%，执行金额107.41亿美元，比上年下降4.2%；离岸合同总额88.46亿美元，比上年下降14.4%，离岸执行金额74.21亿美元，比上年下降8.5%。

4. 对外经济合作

全年备案投资项目116个，中方协议投资额达到14.5亿美元，比上年下降5.0%，其中1000万美元以上项目20个。

二、无锡市2019年社会发展概况

(一) 人口、人民生活

年末，全市户籍人口502.83万人，比上年增长1.13%。全年出生人口37981人，出生率为7.60‰；死亡人口32074人，死亡率为6.41‰，人口自然增长率为1.18‰。户籍人口城镇化率为76.97%。全市常住人口659.15万人，比上年增长0.26%，其中城镇常住人口508.2万人，比上年增长1.34%，常住人口城镇化率为77.10%。

全体居民人均可支配收入54847元，比上年增长8.9%。城镇常住居民人均可支配收入61915元，比上年增长8.6%；农村常住居民人均可支配收入33574元，比上年增长9.1%。全体居民人均生活消费支出33840元，比上年增长7.1%。城镇常住居民人均生活消费支出37433元，比上年增长6.9%；农村常住居民人均生活消费支出23026元，比上年增长7.3%。

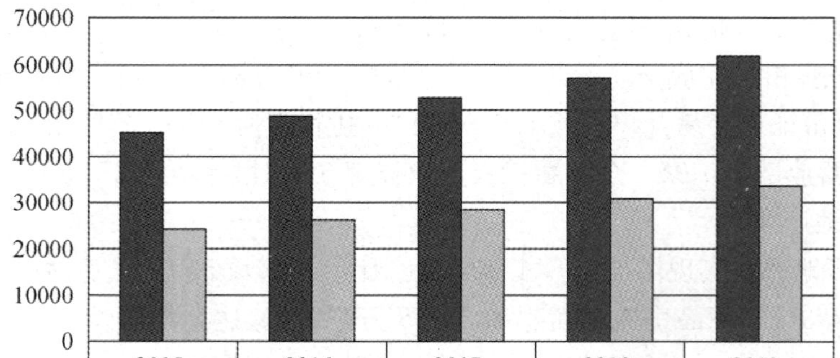

	2015	2016	2017	2018	2019
■ 城镇居民人均可支配收入(元)	45129	48628	52659	56989	61915
■ 农村居民人均可支配收入(元)	24155	26158	28358	30787	33574

图9　2015—2019年无锡市城乡居民收入对比一览

(二) 就业与社会保障、福利

1. 就业

全年城镇新增就业15.42万人，其中，各类城镇下岗失业人员实现再就业9.37万人，援助就业困难人员再就业3.46万人。全市城镇登记失业率为1.75%。

2. 社会保障

全市企业职工基本养老保险人数(含退休人数)达370.49万人,净增缴费人数12.47万人。全市参加城镇职工基本医疗保险人数达374.78万人,扩面15.90万人。全市参加失业保险职工人数为231.16万人,参加工伤保险人数233.16万人。全市参加生育保险人数236.52万人,扩面12.66万人。市区月低保标准提高至960元。年末,在领失业保险金人数为2.8万人。

城乡居民最低生活保障对象14744人,全年共发放低保金1.31亿元。实施城乡医疗救助24.06万人次,支付救助金7840.32万元;实施临时救助15082人次,发放救助金1675.33万元。全市享受国家抚恤补助的重点优抚对象17222人。保障性安居工程建设有序推进,全市新开工保障性住房26567套,基本建成4797套。

全年累计抽检监测各类食品4.65万批次,每千人抽检率达7.08批次,食品监测合格率为98.15%。

(三)教育和科学技术

1. 教育事业

全市共有普通高校12所。普通高等教育本、专科招生3.78万人,在校生11.14万人,毕业生3.08万人;研究生教育招生0.29万人,在校生0.85万人,毕业生0.21万人。全市中等职业教育在校生达6.6万人(含技校)。九年义务教育巩固率为100%,高中阶段教育毛入学率为100%,普及高中阶段教育。特殊教育招生269人,在校生1449人。全市共有幼儿园508所,比上年增加72所;在园幼儿20.46万人,比上年增加0.51万人。

2. 科学技术

全市共有国家级工程技术研究中心6家,省级以上重点实验室9家,省级以上企业重点实验室7家;国家级国际合作基地8家,省级国际技术转移中心2家。全市自主培育国家特聘专家4人,累计94人;年末在无锡创新创业国家特聘专家268人。

全市高新技术产业产值占规模以上工业总产值比重达45.59%,高新技术产业产值同比增长8.86%。发明专利申请量15925件,比上年下降19.2%;发明专利授权量4298件,比上年下降13.4%。万人有效发明专利拥有量达43件。全市获国家、省科技计划到位经费5.4亿元,比上年增长28.6%,其中获国家科技经费1960万元。

全市共有国家级产品质量监督检验中心13个,国家级型式评价实验室1个,国家级检测重点实验室6个,国家级产业计量测试中心1个。全年省级监督抽查该市产品1272批次,强制性产品认证获证企业1268家,法定计量技术机构3家,强制检定计量器具58.13万台(件)。全年新增主导和参与制(修)订国际、国家、行业标准79项。

(四)文化、卫生和体育

1. 文化事业

年末,共有艺术表演团体72个,文化馆8个,公共图书馆8个,文化站82个,博物(纪念)馆58个。全市人民广播电台节目8套,电视台节目9套,无锡有线电视总用户已达152.6万户。电视人口总覆盖率和广播人口覆盖率均达100%。全市档案馆8个,已向社会开放档案26.65万卷(件、册)。

2. 卫生事业

全市拥有卫生医疗机构2770个,其中综合医院78家,社区卫生服务中心(卫生院)111家,社区卫生服务站(村卫生室)712家,护理院46家,疗养院6家。年末,全市共有卫生技术人员5.93万人,其中执业(助理)医师2.32万人。拥有医疗床位5.06万张,其中医院、社区卫生服务中心(卫生院)4.94万张。全市各级医疗机构全年完成诊疗5920.30万人次,比上年增长5.96%。

3. 体育事业

年末,全市人均公共体育设施面积1.7平方米,每万人拥有社会体育指导员35人,国民体质合格率达95.6%。省内首批创建全国全民运动健身模范市,成功举办无锡马拉松、斯诺克世界杯、环太湖国际公路自行车赛等一批国际赛事。获得中国体育旅游精品项目7个,城市智慧体育综合服务平台上线体育场馆253家。全年无锡籍运动员在全国以上各级各类比赛中共取得65个冠军。全市体育彩票销售达到33.4亿元。

(五)城乡建设

统筹城乡区域发展,功能品质同步提升。研究制订长三角区域一体化发展规划纲要无锡行动方案,积极参与上海大都市圈空间协同规划。国土空间总体规划编制全面启动,锡澄、锡宜协同发展区规划编制完成。南沿江铁路和苏锡常南部高速、宜长高速、常宜高速等重大交通基础设施建设有序推进。锡澄城际轨道交通工程、宜马快速通道、宜兴丁蜀通用机场和高浪路快速化改造一期工程开工建设。地铁1号线南延线开通试运营,3号线一期工程全线"轨通"。运河东路大修、缘溪道、万顺道等重点道桥项目建成通车。望虞河除险加固工程基本完工。太湖梅梁湖生态清淤试点、锡澄片骨干河网畅流活水工程等重点水利项目开工建设。城市大数据中心二期正式上线。建成5G基站2600座。完成88万平方米宜居住区(旧住宅区)建设和132.2万平方米棚户区(危旧房、城中村)改造。推进优美环境合格区建设,"小飞龙"、建筑渣土、共享单车、"三乱"广告等市容顽症得到有效治理。市区完成28条主要道路包装出新、26条背街小巷整治,新增机动车泊位7.7万个,新改建公厕488座。《无锡市生活垃圾分类管理条例》正式施行。提前一年基本完成农村集体产权制度改革。建成集体"三资"监管信息化平台。

组织实施现代农业高质量发展行动计划,划定2.07万亩永久基本农田储备区,落实生猪稳产保供政策,新增"百企建百园"项目21个,农业园区面积比重达52%,高标准农田比重达80%,种植业绿色优质农产品比重超过60%。无锡荣获全国"平安农机"示范市称号。江阴创成国家农产品质量安全县。锡山现代农业产业园通过国家认定。惠山区获评全国特色农产品优势区。再次举办"中国农民丰收节"省级主场活动。粮食安全责任制省级考核获评优秀。

在全省率先启动"一推三治五化"农村人居环境整治提升集中行动,70个村庄获批成为全省首批农村人居环境整治综合示范村,累计建成市级美丽乡村示范村85个。107个农房建设试点村全部启动建设。宜兴被命名为全国"四好农村路"创建示范县。完成违建别墅问题清查整治阶段性任务和"大棚房"问题专项清理整治。

(六)环境保护

全面推进绿色发展,生态建设力度加大。关停燃煤热电机组5台,整治燃煤锅炉76台、工业窑炉41台,单位地区生产总值能耗下降4%以上。开展长江、太湖排污口排查整治,加强沿江地区生态保护修复,推进河湖"两违""三乱"专项整治,与苏州共同实施望虞河联合河长制行动,太湖水环境综合治理工程·大拈花湾项目奠基,国、省考断面优Ⅲ比例达81.4%、同比提高17个百分点,长广溪入选全省首批"生态样板河湖"。组织实施1324项大气污染防治重点项目,完成重点行业挥发性有机物治理项目238个。推进5个污染地块治理修复工作。锡东、惠联垃圾焚烧发电厂提标扩容项目开工建设,惠联餐厨废弃物和蓝藻藻泥市政污泥处置项目建成投运。完成造林绿化1.2万亩。修复湿地面积8000亩以上,自然湿地保护率稳步提升。开展"绿刃2019"环保专项行动,关停取缔"散乱污"企业(作坊)2485家。铁腕整改中央环保督察及"回头看"反馈的突出问题。实施《无锡市生态补偿条例》。锡山区获评国家生态文明建设示范区。基本完成第二次全国污染源普查。

（七）生产安全

全年发生各类事故463起，死亡275人。亿元GDP生产安全事故死亡率为0.023人/亿元。

三、2019年开展的主要工件

（一）积极应对风险挑战，经济保持稳健增长

全面落实国家减税降费政策，减免规模达286亿元。固定资产投资增长6.1%，其中工业投入增长10%。18个独立实施的省级重大项目投资完成率达155%，位居全省第二。新招引总投资10亿元以上重大产业项目49个，其中50亿元以上项目8个。华虹集成电路一期建成投片，刷新全球同类项目建设速度，中环领先大硅片、海力士二工厂、联动天翼新能源一期等重大项目提前竣工投产。进出口总额（按人民币计）增幅高于全国、全省1.5个、4.5个百分点。实际使用外资36亿美元，新招引协议注册外资3000万美元以上项目50个。建立无锡综合金融服务平台。制造业贷款占比达26.16%，高于全省平均11.77个百分点，继续位居全省第一。全市银行业金融机构不良贷款率下降至1%。政府性债务规模、债务率和债务成本实现"三下降"，债务综合监管系统在全省推广。城镇新增就业15.2万人，扶持自主创业2.99万人，城镇登记失业率为1.75%，就业满意度全省第一。圆满完成第四次全国经济普查任务，全市净增规上工业企业444家、服务业企业168家。入围中国企业500强14家、制造业企业500强30家、服务业企业500强15家，均居全省第一。居民消费价格指数涨幅控制在省定范围内。

（二）深入推进产业强市，新的动能加速形成

优化调整现代产业发展政策，市本级兑现落实现代产业发展资金31.5亿元。预计物联网产业营业收入增长16%以上，获批建设全国首个国家级车联网先导区。集成电路产业产值和软件产业销售收入继上年突破千亿元大关后，分别增长8%和15%，江苏省产研院智能集成电路设计技术研究所签约落户。大数据和云计算产业业务收入增长30%左右，2家企业入选"2019中国大数据企业50强"。生物医药产业产值增长17%左右，我市与哈佛医学院开展深度合作，无锡国际生命科技创新园正式开园。100个智能化建设重点项目完成投资超过200亿元，新增国家级智能制造项目3个、省级示范智能车间29个。远东电缆、天江药业分别获评江苏省质量奖和质量管理优秀奖。深化工业企业资源利用绩效评价，淘汰落后造纸产能3.4万吨、印染产能3500万米，关停化工生产企业107家。规上服务业营业收入增长12%。新增省级跨国公司地区总部4家。无锡被授予"中国快递示范城市"称号，成为全国首批城乡高效配送试点城市。江阴获评国家农村电商综合示范县。4家企业被认定为国家文化出口重点企业。无锡国家数字电影产业园获批省电影产业创新实验区。惠山古镇景区升格为5A级，无锡融创文旅城建成投运，小娄巷历史文化街区开街运营，江南古运河旅游度假区夜经济发展成效明显，全市旅游总收入增长10%。成功举办2019世界物联网博览会、第十一届中国（无锡）国际新能源大会等展会。新承担国家和省各类科技计划项目219项。高新技术企业数量增加到2794家，"雏鹰""瞪羚"及准"独角兽"入库企业分别达到807家、563家和39家。与中船重工702所签订"一所一策"战略合作协议，深海装备无锡研发基地等8个重大创新平台入围省市共同推进的重大科技创新建设项目。4家新型研发机构签约落地。新增省级企业工程技术研究中心54家和省级众创空间8家、众创社区4家。江大科技园获批成为全国创业孵化示范基地。无锡入选国家知识产权运营服务体系建设重点城市，万人有效发明专利拥有量超42件。深入实施"太湖人才计划"，成功举办2019高层次人才创新创业无锡交流大会，引进创新创业领军团队6个，引进各类人才7.2万人，新增院士工作站22家。

(三)深化改革扩大开放,动力活力持续增强

制订出台进一步优化营商环境的实施方案。建成覆盖市县乡村四级的线上线下政务服务体系。90%以上政务服务事项实现"一窗"综合受理。电子营业执照在205个涉企事项办理中实现"一次验证、全网通用"。"多规合一"业务协同平台完成试运行。无锡跻身全国社会信用体系建设示范城市,江阴在县级城市信用监测排名中位列全省第一。完成政府机构改革任务,无锡经济开发区正式挂牌。实施新一轮市对区财政体制优化调整方案。市属国企资产规模达5300亿元、位居全省第二,年营业收入首次突破千亿元、增长28.7%,完成混合所有制项目46个,资产证券化率超25%。锡商银行获批筹建,成为全省第二家民营银行。上海商业储蓄银行内地首家分行落户无锡,填补我市台资银行的空白。与上交所、深交所、江苏高投签订战略合作协议,新增境内外上市公司8家,其中科创板2家。复制推广自贸区改革试点经验88项,深化综保区海关特殊监管区域企业增值税一般纳税人试点,获批开展全球检测维修业务。进出口平均通关时间分别压缩41%和75%。新认定3家省级公共海外仓,总数居全省第一。完成第二届进博会参展采购任务。新备案对外投资项目105个。柬埔寨西港特区入驻企业增加至165家。无锡一棉、阳光集团埃塞俄比亚纺织基地项目正式投产。中阿产能合作示范园龙道博特轮胎制造基地项目一期厂房竣工。苏南硕放机场完成旅客吞吐量797.5万人次、增长10.6%,货邮吞吐量14.5万吨、增长17.2%,新开通名古屋、首尔等航线,冰鲜水产品进口口岸通过国家验收。成功举办博鳌亚洲论坛无锡开放合作恳谈会、第二届江苏发展大会无锡行暨第四届全球锡商大会和国际赏樱周暨中日樱花友谊林32周年纪念活动。

(四)优化公共服务供给,民生福祉日益增进

"阳光扶贫"监管系统升级扩围。市区城镇低保标准、企业退休人员人均养老金、居民基础养老金和被征地农民政府保养金分别提高到每人每月960元、2888元、500元和980元。市区中低收入居民疾病医疗自费支出救助责任保险制度覆盖60万户。村级医疗互助制度覆盖城乡居民196万人。长期护理保险制度惠及1万人以上。居家养老援助受益群体增加9.2万人,无锡获评全国居家和社区养老改革优秀试点地区,入选全国首批城企联动普惠养老试点城市。临时救助标准、孤儿养育标准、残疾儿童康复救助标准全省第一。儿童福利院易地新建项目开工建设。新增住房保障家庭3450户,配售经济适用房2200余户,廉租房租金补贴发放1300余户。136个教育重点项目建设稳步推进。新增省优质幼儿园12所。义务教育学校标准化建设达标率全省领先。荣获基础教育国家级教学成果一等奖3项,获奖数全国地级市第一。省锡中、天一中学、南菁高中入选省高品质示范高中首批建设立项学校,立项数全省第一。新增4所省现代化示范性职业学校和优质特色职业学校。江南大学宜兴校区开工建设。东南大学国家示范性微电子学院揭牌,国际校区启动首期工程。无锡太湖学院通过教育部本科教学评估。南京信息工程大学滨江学院无锡校区二期工程建成投用。无锡职业技术学院入选中国特色高水平高职学校建设计划A类。推进学校食堂治理改革,实现公办幼儿园和义务教育学校食堂食材集中采购配送。加大教职工编制区域统筹调配力度,保障义务教育发展用编需求。瑞金医院无锡分院开业。江南大学附属医院和市儿童医院、急救中心、妇幼保健院项目有序推进,市精神卫生中心二期项目开工建设。完成基层医疗机构提档升级16家。国家基本公共卫生服务项目省级绩效考核位列第一。积极开展药品和医用耗材带量采购,减轻群众医药费负担3.5亿元。疾病诊断相关分组付费国家试点工作扎实推进。无锡在全省妇女儿童发展重点目标监测评估中位居全省第一。成功承办第二届江南文脉论坛。组建无锡市民族乐团。新增3处国保单位,完成龙光塔等40处文物修缮工程。行政村(社区)综合性文化服务中心实现全覆盖。无锡马拉松晋级世界田径银标赛事,2019世界跆拳道大满贯赛事圆满收官。深刻汲取"10·10""10·13"事故教训,全面启动城市公共安全和企业安全生产专项整治行动。加强食品药品安全监管,获评全国70个城市消费者满意度测评第一名。部署加强老旧电梯安全监管。纵深推进"扫

黑除恶”专项斗争，稳步实施“雪亮工程”二期和“慧眼工程”建设，全面落实信访工作“三化解一规范”专项行动，社会大局保持和谐稳定。健全退役军人服务保障体系，争创全国双拥模范城“八连冠”成效显著。对口帮扶延安、阿合奇、霍城等地工作成效明显，无锡海东扶贫协作项目入选全国消费扶贫典型范例。机关事务管理工作多次获上级部门肯定。民族、宗教、外事、对台事务、港澳、侨务、档案史志、科普等工作取得新成绩，工会、妇女、青少年、老龄、残疾人、红十字、慈善、关心下一代等事业有了新发展。

第三节　徐州市 2019 年经济社会发展报告

2019 年，面对复杂严峻的国内外宏观经济形势，全市上下在市委、市政府的坚强领导下，以习近平新时代中国特色社会主义思想为指导，全面贯彻党的十九大和十九届二中、三中、四中全会及习近平总书记视察徐州重要指示精神，坚持稳中求进工作总基调，自觉践行新发展理念，扎实推进淮海经济区中心城市建设，全市经济运行总体平稳、质量效益持续提升，综合实力迈上新台阶，转型升级、改革开放、人民生活、社会事业发展等各领域取得新进展，高质量发展取得新成效。

一、徐州市 2019 年经济发展概况

（一）综合经济

1. 经济总量

经济运行保持平稳。2019 年，全市地区生产总值(GDP)突破 7000 亿元，达到 7151.35 亿元，按可比价计算，比上年增长 6.0%。其中，第一产业增加值 682.80 亿元，增长 2.4%；第二产业增加值 2886.18 亿元，增长 7.0%；第三产业增加值 3582.37 亿元，增长 6.0%。全市人均地区生产总值 81138 元，比上年增长 5.6%。全社会劳动生产率持续提高，全年平均每位从业人员创造的增加值达 147984 元，比上年增加 9025 元。

产业结构持续优化。全市三次产业结构调整为 9.5 ∶ 40.4 ∶ 50.1，第三产业增加值比重超过二产 9.7 个百分点。全市规模以上工业中，高新技术产业产值比上年增长 8.7%，占规模以上工业总产值比重达 40.1%；战略性新兴产业产值比上年增长 12.8%，占规模以上工业总产值比重达 40.6%。

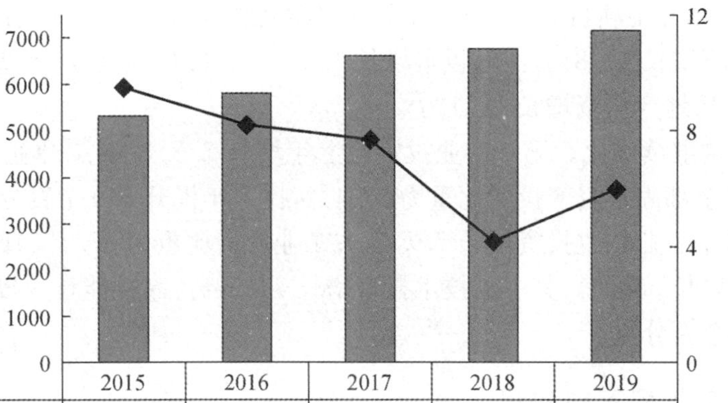

	2015	2016	2017	2018	2019
地区生产总值(亿元)	5319.88	5808.52	6605.95	6755.23	7151.35
增幅(%)	9.5	8.2	7.7	4.2	6

图 10　2015—2019 年徐州市地区生产总值及增长速度

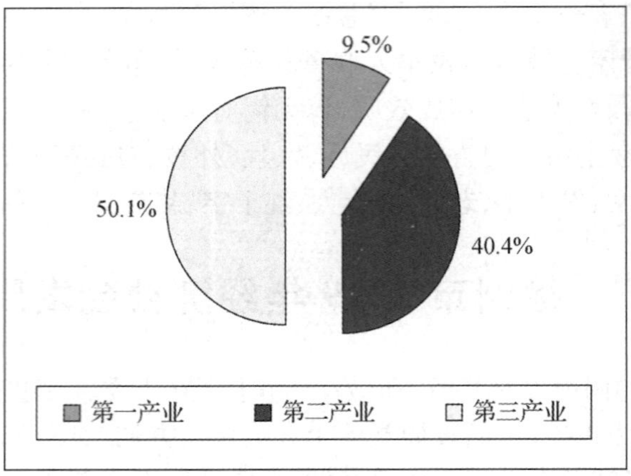

图11　2019年徐州市三次产业结构图

2. 财政收支

财税收支总体平稳。受减税降费政策影响,全市实现一般公共预算收入468.32亿元,比上年下降11.0%,同口径增长4.6%。国税、地税和财政部门分别实现一般公共预算收入325.48亿元、49.45亿元和93.39亿元。完成税收收入373.80亿元,下降10.3%,占一般公共预算收入比重为79.8%;主体税种中,增值税、企业所得税和城市维护建设税分别完成189.25亿元、38.99亿元和34.46亿元,分别增长9.2%、0.7%和8.0%,契税完成28.89亿元、下降24.4%。全年一般公共预算支出882.21亿元,比上年增长0.2%。其中,一般公共服务支出79.94亿元,增长3.2%。

3. 物价指数

价格指数平稳上涨。全年城市居民消费价格比上年上涨3.3%。分类别看,食品烟酒类上涨7.7%,衣着类上涨0.4%,居住类上涨2.4%,生活用品及服务类上涨1.3%,交通和通信类下降0.4%,教育文化和娱乐类上涨2.8%,医疗保健类上涨0.8%,其他用品和服务类上涨3.7%。2019年全市工业生产者出厂价格指数累计持平,涨幅比上年下降3.0个百分点;工业生产者购进价格指数累计上涨2.4%,涨幅比上年回落2.4个百分点。

4. 固定资产投资

固定资产投资平稳增长。2019年,全市完成固定资产投资比上年增长7.0%。全年在建项目4051个,其中本年新开工项目3297个。分所有制类型看,项目投资中国有经济控股投资增长5.2%;外商及港澳台商投资增长11.8%;民间投资增长1.3%。分投资领域看,制造业投资增长5.3%,基础设施投资下降3.2%,房地产投资增长19.1%。

投资结构继续优化。第一产业投资比上年增长2.2%;第二产业投资增长4.8%;第三产业投资增长8.1%,占全部固定资产投资比重为54.4%,比上年提升2.0个百分点。第二产业投资中,工业投资增长4.8%,其中工业技改投资增长7.7%,占工业投资比重为57.4%,比上年提高2.8个百分点。高新技术产业投资增长36.9%,其中高技术投资增长44.5%。高耗能行业投资下降9.6%,占工业投资比重同比降低1.2个百分点。

(二)农业和农村建设

农业生产保持稳定。全年实现农林牧渔业总产值1181.72亿元,比上年增长6.0%。全年粮食总产量501.54万吨,增长3.5%,粮食亩产439公斤,增加17公斤;其中夏粮产量210.78万吨,增长3.1%;秋粮产量290.76万吨,增长3.8%。棉花总产量1.20万吨,增长16.4%;油料产量13.18万吨,增长7.0%;水果(含瓜果类)产量147.90万吨,增长26.9%;蚕茧产量0.47万吨,增长3.9%。全年猪牛羊禽肉产量75.08万吨,下降0.7%;禽蛋产量32.74万吨,下降3.7%;水产品产量16.08万吨,下降4.7%。

现代农业加快推进。全年新增设施农业面积 6.88 千公顷，设施农业面积累计达 148.31 千公顷，比上年增长 4.9%；新增设施渔业面积 0.26 千公顷，累计达 6.83 千公顷；新建高标准农田 34 千公顷，累计建成 400.1 千公顷；新增有效灌溉面积 0.67 千公顷，累计达 536 千公顷；新增节水灌溉面积 4 千公顷，累计达 362.6 千公顷；年末农业机械总动力 749.25 万千瓦，增长 1.8%。

农业产业化水平不断提升。全市新增国家级农业龙头企业 1 家、总数达 6 家，省级农业龙头企业 76 家、市级 278 家。市级以上农业龙头企业销售收入 1105.79 亿元，比上年增长 2.0%，带动农户 273.4 万户。全年稻麦秸秆还田面积达 602.83 万亩；累计建设秸秆收储中心和临时堆放点 1300 处，年收储能力达 110 万吨，比上年提高 10%。全市土地承包经营权流转面积达 370.16 万亩；家庭农场、农民合作社分别达 1.08 万家和 1.36 万个。

（三）工业和建筑业

工业生产平稳向好。全年规模以上工业增加值比上年增长 8.2%，其中轻工业增长 2.5%，重工业增长 11.8%。分经济类型看，股份制工业增长 10.5%，国有控股工业增长 7.7%，民营工业增长 13.4%。重点培育的六大优势产业产值增长 15.7%，占规模以上工业总产值比重为 88.1%；其中，装备制造、煤盐化工、冶金和建材产业产值分别增长 15.4%、22.1%、71.6%和 32.3%，能源和食品加工产业产值分别下降 18.3%和 1.8%。

新兴产业较快发展。全市规模以上工业中，新兴产业、高端产业保持较快增长。2019 年，战略性新兴产业产值占全部规模以上工业总产值比重比上年提高 2.9 个百分点；全市重点发展的四大战略性新兴产业产值增长 13.8%，占全部规上工业比重达 36.1%；其中生物医药与大健康、集成电路与 ICT、装备与智能制造产业分别增长 19.0%、19.8%和 20.8%。新产品产值增长 16.4%，快于全部规模以上工业总产值、增速 1.7 个百分点。

建筑业发展稳中有缓。全年实现建筑业总产值 1512.05 亿元，比上年下降 2.7%。全年房屋建筑施工面积 10029.45 万平方米，其中新开工面积 4008.83 万平方米。全年建筑业竣工产值 1116.45 亿元，下降 3.4%。

（四）服务业

1. 国内贸易

消费品市场保持稳定。全年实现社会消费品零售总额 3246.25 亿元，比上年增长 4.7%。按经营单位所在地分，城镇消费品零售额 2670.93 亿元，增长 4.6%；农村消费品零售额 575.32 亿元，增长 4.9%。按消费形态分，批发业实现零售额 526.85 亿元，增长 4.6%；零售业零售额 2456.13 亿元，增长 4.7%；住宿业零售额 44.63 亿元，增长 1.2%；餐饮业零售额 218.64 亿元，增长 4.7%。在限额以上商品中，书报杂志类、中西药品类、化妆品类、电子出版物及音像制品类、通讯器材类等升级类商品分别实现零售额分别比上年增长 7.5%、3.7%、0.3%、6.6%和 0.1%。石油及制品类、汽车类商品分别实现零售额 91.01 亿元和 300.39 亿元，分别下降 2.5%和 9.9%。

2. 交通、邮电

综合交通网络日趋完善。全市年末公路总里程 16792.77 公里，比上年增长 1.1%，其中高速公路 463.93 公里；输油管道里程 7072.6 公里。全年公路货运量 22613 万吨，比上年增长 6.8%；水运货运量 6707 万吨，增长 3.9%。分别完成公路、水运货物周转量 571.56 亿吨公里和 250.95 亿吨公里，分别增长 6.5%和 3.7%；完成港口吞吐量 4011.47 万吨，增长 27.8%，徐州港集装箱吞吐量 6.07 万 TEU；管道货物运输量 14764.8 万吨，管道货物周转量 714.90 亿吨公里；航空货物运输量 1.21 万吨，增长 19.9%；全年公路旅客运输量 9434 万人次，公路旅客周转量 60.76 亿人公里，分别下降 5.3%和 4.6%；观音机场航空旅客运输量 300.59 万人次，增长 19.3%；徐州直属站铁路客运发送量 2704.96 万人次。年末，全市机动车总计173.60万辆,比上年增长9.2%,其中民用汽车保有量151.40万辆、增长10.8%。私人汽车保有量139.51万辆,增长11.1%,其中私人轿车85.07万辆、增长12.1%。

邮政电信业较快发展。全年邮政行业业务总量和业务收入(不包括邮政储蓄银行直接营业收入)分别完成77.45亿元和36.41亿元,比上年分别增长17.9%和7.0%。邮政寄递服务业务量累计完成1.78亿件;邮政寄递服务业务收入累计完成3.21亿元,增长46.3%。全市快递服务企业业务量累计完成2.84亿件,增长8.3%;业务收入累计完成20.04亿元,下降0.7%。全年完成电信业务总量和电信业务收入619.41亿元和68.94亿元,比上年分别增长62.5%和4.6%。年末,全市固定电话用户总数84.54万户,下降10.6%;移动电话用户961.25万户,增长6.4%。互联网宽带接入用户337.2万户,增长7.5%。

3. 旅游业

旅游行业健康发展。全市共有国家A级旅游景区64家,省级旅游度假区3家,星级酒店37家,旅行社212家,乡村旅游示范区41家。共接待国内外游客6356.46万人次,比上年增长10.0%;旅游总收入854.16亿元,增长10.2%。接待入境过夜旅游者19.32万人次,增长5.4%,其中,外国人15.65万人次,增长9.1%;旅游外汇收入5711.97万美元,增长5.2%。接待国内游客6337.14万人次,增长10.0%。

4. 金融、证券和保险

金融市场运行稳健。年末,全市金融机构人民币各项存款余额8036.56亿元,比年初增加927.28亿元,比上年增长13.1%,其中住户存款4023.66亿元、增长11.6%。金融机构人民币各项贷款余额5777.28亿元,比年初增加850.46亿元,比上年增长17.6%。按贷款期限分,中长期贷款3597.82亿元,增长23.3%;短期贷款1707.37亿元,增长11.2%。

资本市场保持稳定。年末,全市共有证券公司(分公司)3家,证券营业部39家,期货经纪公司1家,期货营业部5家。全市共有上市公司11家,其中境内10家、境外1家;"新三板"挂牌企业22家;区域股权交易市场挂牌企业890家、新增225家。新发企业债券规模21亿元,累计发行490.5亿元;新发行银行间各类债务融资工具194.84亿元。

保险业务增势良好。新增保险机构5家,年末保险机构达72家。全年保费总收入244.40亿元,比上年增长10.9%。其中,寿险保费收入173.22亿元,增长8.5%;财产险保费收入71.18亿元,增长17.1%。全年累计赔付和给付支出63.15亿元、增长3.1%,其中赔付额47.02亿元、增长14.5%。在赔付额中,财产险赔付36.75亿元,增长10.7%。保险深度和保险密度分别为3.4%和2769元/人。

5. 房地产业

房地产市场较快发展。全年房地产开发投资中住宅开发投资增长21.4%,其中,办公楼投资下降11.0%,商业营业用房投资增长11.1%。全年商品房施工面积6630.97万平方米,增长13.5%;新开工面积2050.16万平方米,下降1.3%;竣工面积657.24万平方米,下降14.2%。全年商品房销售面积1474.07万平方米,增长17.6%,其中住宅1371.25万平方米,增长18.1%;商品房销售额1177.31亿元,增长36.4%,其中住宅1102.92亿元,增长39.8%。

(五)开放型经济

1. 对外贸易

外贸进出口发展向好。全年实现进出口总额931.88亿元,比上年增长20.4%,其中出口总额777.88亿元,增长21.9%。按美元计价的进出口总额实现135.2亿美元,增长15.1%,其中出口总额112.9亿美元,增长16.3%。全市服务贸易进出口总额18.65亿美元,占对外贸易比重为12.1%。出口结构有所优化,一般贸易出口额703.3亿元,增长22.2%,占出口总额比重为90.4%;加工贸易出口额60.1亿元,下降0.5%。机电产品出口额338.5亿元,增长22.5%;高新技术产品出口额37.7亿元,增长 104.0%。分出口市场看，对东南亚国家联盟出口 180.1 亿元，增长 77.5%；对欧盟出口 126.4 亿元，增长 45.7%；对拉丁美洲出口 44.2 亿元，增长 31.5%；对日本出口 20.8 亿元，增长 7.4%；对非洲出口 47.5 亿元，增长 9.1%；因受中美经贸摩擦影响，对美国出口 97.7 亿元，下降 21.3%。对"一带一路"沿线国家出口保持较快增长，出口额 367 亿元、增长 70.7%，占全市出口总额的比重为 47.2%。

2. 对外经济

对外经济合作发展良好。全年实际使用外资 20.9 亿美元，比上年增长 10.1%。新批外商投资企业 212 个、新批协议外资 54.16 亿美元；新批及净增资 3000 万美元以上的项目 104 个，其中 1 亿美元以上的项目 15 个。期末实有"三资"企业数 857 个，比上年增长 10.9%。新签对外承包工程合同额、新签对外承包工程完成营业额分别为 1.8 亿美元和 1.9 亿美元；新批境外投资项目 28 个、增加 7 个，境外投资中方协议投资额 2.04 亿美元，比上年增长 1.8%。

3. 开发区建设

开发区经济稳定发展。全市共有省级以上开发园区 16 个，其中国家级开发区 2 个。全年开发区业务总收入 1.30 万亿元，比上年增长 16.8%；一般公共预算收入 251.4 亿元，增长 6.4%。全市开发区实现进出口总额 108.16 亿美元，增长 19.3%，占全市总量的 80.0%；其中，出口总额 88.06 亿美元，增长 24.9%，占全市总量的 78.0%；实际到账注册外资 16.8 亿美元，增长 5.1%，占全市总量的 80.4%。

二、徐州市 2019 年社会发展概况

（一）人口、人民生活

人口总量保持稳定。年末，全市常住人口 882.56 万人，比上年末增加 2.36 万人，增长 0.3%。在常住人口中，0—14 岁人口 180.64 万人、15—64 岁人口 589.59 万人、65 岁及以上人口 112.33 万人。全年人口出生率为 11.92‰，比上年提高 0.11 个千分点；人口死亡率为 7.76‰，提高 0.14 个千分点；人口自然增长率为 4.16‰，下降 0.03 个千分点。年末，全市户籍人口 1041.73 万人；其中男性人口 539.35 万人、女性人口 502.39 万人；户籍人口出生率为 10.2‰，死亡率为 5.3‰。

居民收入持续增长。全年全市居民人均可支配收入 29736 元，比上年增长 8.6%。其中，城镇居民人均可支配收入 36215 元，增长 7.8%；农村居民人均可支配收入 19873 元，增长 9.2%。城乡收入比由上年的 1.84∶1 调整为 1.82∶1，收入差距进一步缩小。全市居民人均生活消费支出 18048 元，增长 7.3%。其中，城镇居民人均生活消费支出 20805 元，增长 6.9%；农村居民人均生活消费支出 13850 元，增长 7.4%。全市居民恩格尔系数为 29.7%，比上年下降 0.3 个百分点，其中城镇为 29.5%、农村为 30.3%。

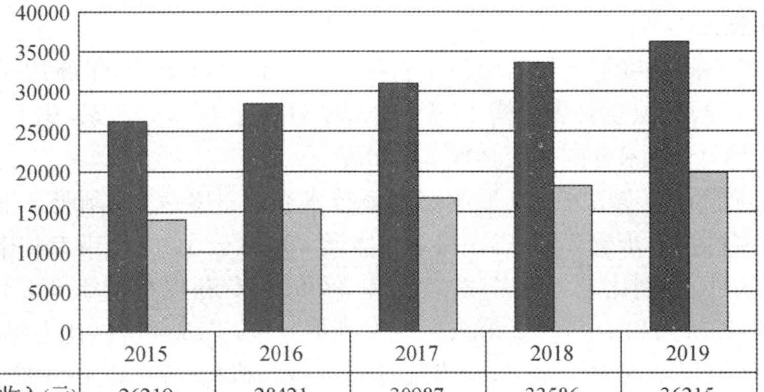

	2015	2016	2017	2018	2019
■城镇居民人均可支配收入(元)	26219	28421	30987	33586	36215
■农村居民人均可支配收入(元)	13982	15274	16697	18206	19873

图 12 2015—2019 年徐州城乡居民收入对比一览

(二)就业和社会保障

就业情况总体稳定。年末,全市就业人口483.4万人,其中,第一产业106.8万人、第二产业172.7万人、第三产业203.9万人。全年城镇新增就业11.25万人;城镇失业人员再就业12.18万人,城乡就业困难人员就业3.06万人;新增农村劳动力转移5.62万人。城镇登记失业率为1.75%,比上年下降0.03个百分点。新增大学生创业人数3202人。全年城乡劳动者就业技能培训人数4.58万人,全年创业培训1.83万人。新增高技能人才1.69万人。规模以上企业劳动合同签订率达99.2%,已建工会企业集体合同签订率达96.0%。社会保障体系不断完善。职工养老保险(含离退休人员)、城乡居民养老保险参保人数分别达206.01万人和331.30万人,比上年分别增长6.1%和1.6%,城乡基本养老保险覆盖率达97.75%;城镇居民医疗保险、职工医疗保险参保人数分别达791.28万人和159.65万人,城镇基本医疗保险覆盖率达98.8%。全市城乡低保月标准一体化提高到610元,最低生活保障救济人数12.88万人;全年实施直接医疗救助24.22万人次,支出救助金10.17亿元。年末,各类养老机构达255家,养老床位7.26万张,千名老人拥有养老床位达到43.15张、比上年增加4.45张。

养老服务和社区治理成效明显。全年新建成街道老年人日间照料中心20个、老年中央厨房4个、社区老年人助餐点22个、城乡社区标准化居家养老服务中心分别为153个和176个,新改扩建城乡社区综合服务中心269个。

住房保障工程稳步实施。公共租赁住房累计达到17220套;城镇常住人口保障性住房覆盖率为28.3%;通过实物保障和租赁补贴累计保障住房困难家庭1848户,累计保障新市民(人才)4529户、9647人次。

(三)教育与科技创新

1. 教育事业

教育事业全面发展。年末,全市拥有各级各类学校2339所,比上年增加18所,在校学生208.30万人、毕业生48.90万人、专任教师10.28万人,分别增长3.9%、4.6%和6.7%。普通高等院校10所,招生7.48万人,在校学生20.66万人、增长8.8%,毕业生5.61万人、增长6.3%;其中,成人高等学校在校学生5.58万人、毕业生1.86万人,研究生教育招生0.55万人、在校生1.61万人、毕业生0.40万人。中等职业教育在校生8.53万人,毕业生2.30万人。普通高中在校生11.91万人、增长7.1%,毕业生3.72万人。全市共有初中268所,在校学生40.39万人,比上年增长17.3%;小学930所,在校学生94.67万人,比上年下降1.0%;特殊教育学校13所,在校学生0.37万人;幼儿园(含民办)1008所,在园幼儿31.77万人。九年义务教育巩固率保持在99.9%。

2. 科学技术

科技创新空间持续扩大。省级以上科技创新平台230个,当年新增13个;省级以上孵化器达到54个,新增6个。国有独立科研机构18个;民营型科技企业10708家,比上年增长0.2%。技术市场签订技术合同1318个,技术合同成交金额38.08亿元。

科技创新能力逐步增强。新增国家高新技术企业313家,高新技术企业总数达到738家。全市科技成果获国家科技进步奖2项;省级科学技术奖23项(公示)。全市专利申请量33655件,其中发明专利申请量17175件,分别比上年增长29.7%和38.6%;专利授权量12603件,其中发明专利授权量2448件,分别增长12.1%和16.7%。万人发明专利拥有量达13.58件,比上年增加3.79件。

质量强市取得新成效。年末,全市共有质量检验机构193家、国家级产品质量监督检验中心4个、国家公证实验室1个、省级产品质量监督检验中心6个。全年监督抽查产品22种1566批次,平均抽样合格率91.3%,比上年提升0.4个百分点。企业获批强制性产品认证证书1829张,比上年增长8%。共有法定计量技术机构7个,其中省级计量中心1个;全年强制检定计量器具34万台(件),比上年增长

6.3%。获批建设2项省级标准化项目，制(修)订国家标准35项和行业标准7项、地方标准3项。全市质量管理体系证书达2463张。

(四) 文化、卫生和体育

1. 文化事业

公共文化服务水平稳步提高。年末，全市文化系统共有艺术表演团体8个、文化馆11个、博物馆18个、美术馆3个、公共图书馆11个。公共图书馆总藏量3864.85千册，电子图书藏量6715.25千册；综合档案馆11个，向社会开放档案13.05万件。有线广播电视实际用户88.9万户。共有电影放映单位54家、广播电台8座、中短波广播发射台和转播台3座、电视台8座，广播和电视综合人口覆盖率均为100%。全市现有市级以上文物保护单位307处，其中全国重点文物保护单位9处，省级34处。拥有9个国家级、68个省级非物质文化遗产名录项目和8位国家级、28位省级非遗代表性传承人。

2. 卫生事业

卫生健康事业取得积极成效。年末，全市共有各类卫生机构4594个，其中医院、卫生院339个，卫生防疫防治机构12个，妇幼保健机构14个。各类卫生机构拥有病床6.10万张，比上年增长4.1%。其中，医院、卫生院床位5.67万张，增长4.5%。每千人拥有医疗机构床位数6.91张，比上年增加0.25张。共有各类卫生技术人员7.08万人，比上年增长5.0%。其中，执业(助理)医师2.86万人、增长10.8%，注册护士3.22万人、增长1.4%；每千人拥有执业(助理)医师数3.24人、增加0.31人，每千人拥有注册护士数3.64人，增加0.04人。卫生防疫防治机构卫生技术人员421人，妇幼卫生保健机构卫生技术人员1420人。全市三级医院数量达20家，其中三甲医院10家。全市家庭医生全人群签约率39.18%，重点人群签约率65.45%，其中建档立卡低收入人口签约率达100%。

3. 体育事业

全民体育蓬勃发展。年末，全市共有体育场馆56所，游泳馆32所，市属体育社会组织208个，晨晚练健身站点达6163个。社会体育指导员39555人，其中国家级301人、一级911人。当年注册国际级裁判8人，国家级裁判员34人；当年注册一级运动员57人，二级运动员132人，注册运动员2450人，向省优秀运动队输送18人。获得省级以上比赛奖牌527.5个，其中金牌185.5个、银牌171个、铜牌171个。

(五) 城乡建设

城乡发展协调并进。扎实推进淮海经济区中心城市建设，强化以城带乡、城乡互动，城乡区域协调发展的新格局加速形成。中心城市功能大幅增强。高质量编制金融服务中心、大郭庄片区、北部生态新城规划，在全省率先启动国土空间规划编制。

轨道交通1号线正式运营，迎宾大道高架建成通车，徐宿淮盐铁路开通运行，高铁站东站房投入使用，徐连高铁建设进展顺利。淮海国际博览中心开工建设，大龙湖国际会议中心主体封顶，淮海经济区金融服务中心稳步推进。实施棚户区改造1700万平方米，60个棚改遗留项目全部拆除，实现节约建设成本、盘活土地资源、改善群众居住条件"一举多得"。成功举办首届城市绿色发展国际论坛，向全球发布生态修复"徐州标准"，入围全国首批"无废城市"试点，高分通过中国国际园林博览会申办专家评审，在全国地级市率先出台生态修复专项规划和三年行动计划。淮海经济区十市产业协同发展、生态修复和环境保护等15个专题合作协议签署施行，徐宿快速通道正式通车，徐宿、徐萧、贾汪至台儿庄等跨省毗邻公交开通运行，住房公积金互认互贷启动实施。县域经济发展态势良好。五县(市)和铜山、贾汪区经济总量占全市比重提高到70%，工业开票销售收入增长20.5%，增速快于全市5.1个百分点；固定资产投资增长7.3%，占全市比重提升1.6个百分点。沛县、贾汪区分别跻身国家生态文明建设示范县和"两山"实践创新基地，铜山区、邳州市入选国家农村产业融合发展示范园，新沂市获批省生态园林城市，丰县、睢宁县顺利达到省级贫困县"摘帽"标准。乡村振兴战略扎实推进。

启动“三乡工程”,努力推动资源要素向农村汇聚。粮食生产实现“十六连丰”,19个农业产业集群建设进展顺利,创建省级现代农业产业示范园2家,新挂牌蔬菜外延基地7家。农村人居环境整治全面展开,新改建农村公路1346公里、桥梁169座,农村生活垃圾实现应收尽收,村级生活污水治理覆盖率提高到46%,新建改造农村水冲公厕1076座、户厕6.68万户,创建美丽宜居乡村228个。“马庄经验”全面推广,新时代文明实践中心建设全域推进。62.78万建档立卡低收入人口全部脱贫,269个省定市定经济薄弱村集体经营性收入全部达标,5626户四类重点对象危房改造全部竣工,完成省定2.5万户农户居住条件改善任务,精准脱贫攻坚战取得决定性胜利。

(六)环境保护

环境治理成效显著。全市林木覆盖率为30.51%,比上年提高0.21个百分点。全市自然保护区6个,自然保护区面积46.06千公顷。空气质量明显改善,市区环境空气质量达到二级以上的天数为216天(实况数据,下同),优良率达59.2%;市区PM2.5浓度为57 $\mu g/m^3$,比上年下降3.4%。水环境治理持续领先,地表水国考断面优于Ⅲ类水质的比例为77.8%、省考以上地表水断面水质优良(达到或优于Ⅲ类)比例为83.3%,无劣Ⅴ类水断面。

(七)安全生产

安全生产形势良好。全年各类生产安全事故581起,死亡257人,按可比口径计算,比上年分别下降21.5%和27.8%。亿元GDP生产安全事故死亡人数0.036人,比上年下降32.3%。

三、2019年开展的主要工作

(一)经济保持平稳增长

坚持把稳增长作为首要任务,全力落实“六稳”举措,经济保持平稳健康发展势头,全年实现地区生产总值(预计,下同)7100亿元左右、增长6%左右;认真落实国家减税降费政策,同步提升财税质量,一般公共预算收入完成468.3亿元、下降11%,同口径增长4.6%。主要经济指标运行在合理区间。固定资产投资增长7%,规模以上工业增加值增长7.2%,保持稳步回升态势。进出口增长15%,实际使用外资增长10%,增幅居全省前列。社会消费品零售总额增长5%左右。经济运行质量持续改善。工业和服务业应税销售收入分别达5041亿元、8073亿元,增长15.4%和12.4%。工业用电量增长4.4%,增幅居全省第2位。高新技术产业投资增长33%,产值增长8.2%,占全市工业产值比重增加到39.9%,新认定高新技术企业312家。金融机构存贷款余额分别为8100亿元、5745亿元,增长14%和18%,增幅居全省前列。发展新动能快速成长。实施减税降费降低企业成本103.9亿元,推行支持民营经济健康发展32项99条具体举措,市场主体活力持续激发,新增企业主体5.16万户。分梯度抓好企业培育,新增“四上”企业891家,其中规模以上工业企业288家。服务外包合同额、执行额分别增长32%和23%。

(二)产业结构不断优化

坚持不懈调结构促转型,推动产业发展迈上中高端,以优异成绩跻身全国老工业城市和资源型城市产业转型升级示范区。新兴产业培育力度加大。制定四大战略性新兴主导产业发展意见及专项扶持政策,新兴产业发展立起了“四梁八柱”,产值增长8.9%,占全市工业产值比重提高到38%。扎实推进国家服务业综合改革试点,现代服务业投资增长8.5%、增加值增长6%左右,电子商务交易额突破2500亿元。传统产业改造有序实施。四大行业转型升级取得重大进展,设备改造和布局优化顺利推进,钢铁、焦化、水泥产能置换和兼并重组实现根本性突破,落后热电机组关停改燃有序推进,中新钢铁二期等三个总投资250亿元的重组转型项目开工建设。化工产业安全环保整治提升全面启动,关停淘汰落后低效企业48家。产业项目建设成效显著。认真落实“六项制度”，新签约、新开工、新投产项目分别为705个、607个和482个，产业项目“765计划”基本完成。205个市级重大产业项目完成投资1148.1亿元、增长16.3%，5000万元及以上在库项目1149个，较上年增加285个。创新支撑能力明显增强。积极创建国家创新型城市，“一城一谷一区一院”四大创新平台建设取得新进展，新增国家级科技企业孵化器3家，新获批省级企业工程技术研究中心11家。大力度引进高层次领军人才，入选省人才项目数量创历史新高，出台大学生、高技能人才引进和返乡人员创业扶持政策，淮海人力资源服务产业园开园运营，各类创新创业人才加速集聚。徐州经济技术开发区和邳州、新沂经济开发区成功创建国家级知识产权试点园区，徐州高新区获批省级服务外包示范区。

（三）改革开放深入推进

以啃硬骨头的担当深化改革，以抢抓机遇的作为扩大开放，以勇争一流的追求优化环境，发展的内生动力和整体活力日趋增强。改革攻坚取得新突破。供给侧结构性改革深入推进，113项补短板工程顺利实施。市县政府机构改革全面完成，生产经营类事业单位改革、市级机关事业单位所属企业改革基本到位。五大国有企业集团完成重组整合，徐工混改有序推进。“放管服”改革不断深化，“一网通办”“一窗分类综合受理”进展有序，数字化多图联审全面推开。市区3家农商行风险化解和改革重组工作取得明显进展。双向开放打开新局面。淮海国际陆港核心区规划上报省政府审批，铁路货运中心一期项目开工建设。徐州号中欧班列开行总量提升至全国第9位，徐州综保区业务快速增长，双楼内河港海关监管平台全面运营，观音机场客运量突破300万人次，获批国家跨境电商综合试验区、国家电商示范基地，陆海内外联动、东西双向互济开放格局初步形成。营商环境实现新提升。开展“提升年”各项工作，“八大专项行动”和“五查五整治”深入推进。建立健全“有求必应、无事不扰”工作机制，设立企业服务中心，实现企业诉求兜底受理。全面建立市县镇三级包挂服务企业机制，为中小微企业提供金融信贷172亿元，政府部门和国有企业偿还民营中小企业欠款6.29亿元。开展营商环境专项巡察，解决突出问题835个。

（四）群众生活持续改善

始终把人民群众对美好生活的向往作为政府工作的根本追求，持续推进幸福徐州“大家庭”建设，再次获评“中国最具幸福感城市”。民生福祉不断提升。城乡居民人均可支配收入分别达36200元、19800元，增长7.8%和9.1%，农民收入增幅位居全省前列。46项为民办实事项目如期完成，城镇新增就业11.25万人，发放稳岗补贴8600万元、就业困难人员社会保险补贴1.4亿元，城镇登记失业率控制在1.75%。企业职工和城乡居民基础养老金分别实现“十五连调”和“八连调”，城乡低保标准普涨到610元。社会大局保持稳定。“四位一体”社会治理体系初步形成，网格化服务管理中心实现全域覆盖，“扫黑除恶”专项斗争取得重大战果，全市社会治安形势明显好转，入选“中国最安全城市”。市县领导带头包案纾解民忧，大龙湖街道安置小区、状元楼产权证办理等262件信访积案得到彻底解决。安全生产形势总体平稳，安全事故起数、死亡人数实现双下降。生态环境整体向好。颁布实施大气污染防治条例，全面落实扬尘管控，35蒸吨及以下燃煤锅炉全面清零，市区优良天数216天，PM2.5浓度降至56 $\mu g/m^3$、同比下降5.1%。不断提升黑臭水体治理成效，创新实施“河长＋检察长”治河护河，9个国考断面水质全部达标，奎河水环境综合整治提升工程正式开工，丁万河、潘安湖入选省首批生态样板河湖，大沙河入选全国首批示范河湖建设名单。重金属减排专项整治全面开展，重点地块治理修复有序推进。公共服务明显优化。大力增加教育资源供给，新改扩建中小学44所、幼儿园55所，招聘教师7871名。徐州一中新校区竣工验收，江苏师大科文学院一期建成使用，五大区域职教集团加快建设。在全国率先探索成立医疗事业集团，市第一人民医院新院建成运营，北区股份制医院即将投用，新增省级示范村卫生室262个。职工基本医疗保险市级统筹全面启动，实现长三角跨省异地就医门诊刷卡直接结算。深入推进全国居家和社区养老服务、城企联动普惠养老两项改革试点，新改扩建100个标准化社区居家养老服务中心。积极发展文化体育事业，国际马拉松赛、“丝路汉风”国际武术大赛成功举办。巩固军政军民团结，全市武装工作迈出新步伐。人防、民族宗教、档案、外事、侨务、台湾事务、统计、审计、气象、青少年、妇女儿童、广播电视、机关事务管理等各项事业取得新的进步。

在全力推动经济社会健康发展的同时，政府自身建设也取得了新进展。一年来，我们以开展“不忘初心、牢记使命”主题教育为重大契机，进一步提高政治站位，主动检视问题不足，即知即改尽心落实，深入推进学习政府、法治政府、服务政府和廉洁政府建设。特别是自觉接受市人大、政协和社会各界监督，下大气力整治形式主义和官僚主义，以市政府名义召开的会议、下发的文件均下降30%以上，承办的351件人大代表建议、374件政协委员提案全部高质量办结，政府服务水平持续提升，党风廉政建设不断深化，各级干部干事创业的积极性主动性进一步增强。

第四节　常州市2019年经济社会发展报告

2019年，全市上下认真落实中央和省委决策部署，坚持稳中求进工作总基调，深入贯彻新发展理念，深化供给侧结构性改革，全面深化改革开放，以“种好幸福树、建好明星城”作为高质量发展的工作抓手和奋斗指向，全市经济社会运行平稳，高质量发展各项工作取得积极进展。

一、常州市2019年经济发展概况

（一）综合经济

1. 经济总量

全年实现地区生产总值(GDP)7400.9亿元，按可比价计算增长6.8%，增速居全省第三。分三次产业看，第一产业实现增加值157亿元，下降2%；第二产业实现增加值3529.2亿元，增长8.4%；第三产业实现增加值3714.7亿元，增长5.8%。三次产业增加值比例调整为2.1∶47.7∶50.2。全市按常住人口计算的人均地区生产总值达156390元，按平均汇率折算达22670美元。民营经济完成增加值4822.4亿元，按可比价计算同比增长7.1%，增幅高出全市平均水平0.3个百分点；民营经济对全市经济增长的贡献率达67.6%，拉动经济增长4.6个百分点。

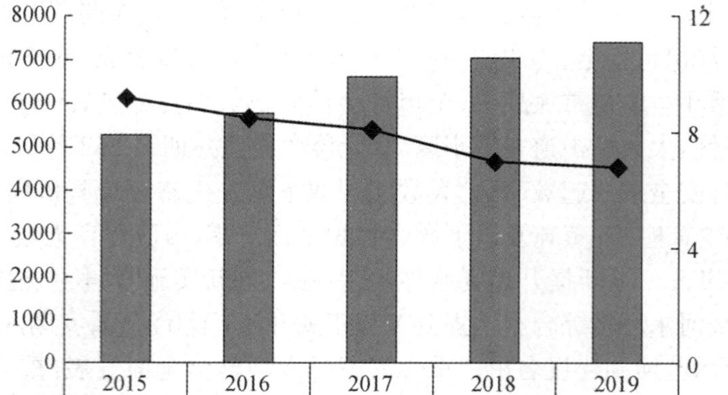

	2015	2016	2017	2018	2019
地区生产总值(亿元)	5273.15	5773.86	6618.42	7050.27	7400.90
增幅(%)	9.2	8.5	8.1	7	6.8

图13　2015—2019年常州市地区生产总值及增长速度

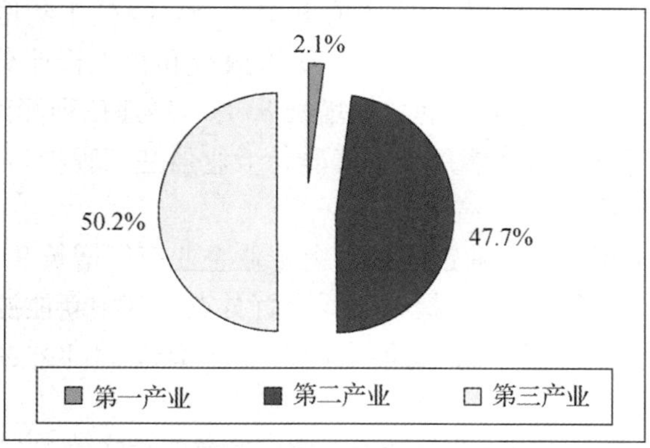

图 14　2019 年常州市三次产业结构图

2. 财政收支

财政收入平稳增长。全年完成一般公共预算收入 590 亿元，增长 5.3%，增幅高于全省平均 3.3 个百分点，居全省第二。一般公共预算收入中税收收入 501.6 亿元，增长 2.5%，占一般公共预算收入的比重为 85%，税收占比全省第三。其中，增值税 220.9 亿元，增长 1.4%；企业所得税 80.4 亿元，下降 0.9%；个人所得税 23.4 亿元，下降 29.7%；契税 57.2 亿元，增长 44.3%。全年一般公共预算支出 653.7 亿元，增长 9.9%。民生领域支出增长较快，节能环保支出 27.2 亿元，增长 54.6%；社会保障和就业支出 82 亿元，增长 22.1%。

3. 物价水平

物价水平温和上涨。全年居民消费价格总指数为 103。八大类消费品和服务项目价格“七涨一跌”：食品烟酒类上涨 6.4%，衣着类上涨 3.1%，居住类上涨 1.2%，生活用品及服务类上涨 2.9%，教育文化和娱乐类上涨 3.3%，医疗保健类上涨 1.3%，其他用品和服务类上涨 4.4%，交通和通信类下跌 0.6%。

4. 固定资产投资

固定资产投资总体平稳。全年固定资产投资比上年增长 5.6%，其中工业投资增长 2.2%，服务业投资增长 8.7%。投资结构不断改善，高技术制造业投资占工业投资比重达 30.9%，比上年提高 10.8 个百分点。

（二）农业与农村经济

农业经济保持平稳。全年农林牧渔业完成现价总产值 265.8 亿元，按可比价比上年下降 1.9%。其中农业产值 144.9 亿元，下降 3.6%；林业产值 1.9 亿元，增长 13.6%；牧业产值 17.4 亿元，下降 5.4%；渔业产值 77.4 亿元，增长 0.1%；农林牧渔服务业产值 24.2 亿元，增长 5.3%。全年粮食播种面积 143.5 万亩，比上年减少 20.8 万亩，下降 12.7%；粮食总产 69.6 万吨，下降 11%。粮食亩产 484.9 公斤，比上年增加 9.1 公斤，较全省平均水平高 25.8 公斤，亩产水平位列全省第四；其中水稻亩产 627.5 公斤，比上年增加 3.9 公斤，较全省平均高 29.4 公斤。

现代农业高效发展。农业现代化不断推进，圆满创成国家农产品质量安全市，是全省唯一获此殊荣的设区市。创成省级现代农业产业示范园 4 个，十大农产品知名品牌和 5 个农产品特色品牌影响力日益扩大，长荡湖大闸蟹、溧阳青虾两个品牌入围首批中国农业品牌目录 2019 农产品区域公用品牌目录。农业供给侧结构性改革扎实推进，全市高标准农田面积占耕地面积比重为 67.7%、高效设施农业面积比重为 23.7%、高效设施渔业面积比重为 39.4%；美丽牧场加快建设，建成行业领先的病死畜禽无害化处理中心和处理体系，建成精美小菜园 300 多个；全市秸秆综合利用率、畜禽粪污综合利用率均达 96.8%。

（三）工业、建筑业

工业经济稳中提质。全年规模以上工业增加值按可比价计算增长 9.1%，增速列苏南第一、全省第二。规模以上工业总产值增长9.6%,七大行业产值五增二降,建材、生物医药、机械、冶金、电子行业产值分别同比增长23.2%、14%、12.8%、11%、5.6%,纺织服装和化工行业分别下降6.7%和0.9%。企业效益稳步增长,全年规模以上工业企业利润总额增长8.5%,增速位列苏南第一、全省第三。常州智能制造装备产业集群入选首批国家战略性新兴产业集群。工业强基工程项目累计16个、国家制造业单项冠军累计12个,数量均居全省第一。

十大产业链稳步发展。全年十大产业链规模以上工业企业产值增长9.5%,对工业产值增长的贡献率为43.2%,占工业产值的比重为43.4%,提升1.4个百分点。其中新能源产业链增长23.4%、新能源汽车及汽车核心零部件产业链增长18.9%、智能电网产业链增长14.2%、新医药及生物技术产业链增长13.9%。

建筑业产值较快增长。全年资质以上建筑业企业完成建筑业总产值1906.8亿元,增长18.6%,其中建筑工程产值1586.9亿元,增长22.2%。房屋施工面积12458.8万平方米,增长12.2%;房屋竣工面积3754.3万平方米,增长17.7%。建筑业按施工产值计算的全员劳动生产率为33.1万元/人,增长8.9%。

(四)服务业

1. 国内贸易

消费规模持续扩大。全年实现社会消费品零售总额2815.7亿元,增长7.8%。从消费形态看,批发业实现零售额394.7亿元,增长12.6%;零售业实现零售额2137.6亿元,增长6.5%;住宿业实现零售额27.4亿元,增长7.5%;餐饮业实现零售额256亿元,增长11.1%。从经营地看,城镇消费品零售额2604.9亿元,增长7.9%;农村消费品零售额210.9亿元,增长6.4%。

2. 交通运输和邮电

交通运输保持平稳。年末,全市公路总里程8961.6公里,其中高速公路306公里。全年营业性客运量6182.2万人,比上年增长2.2%,货运量16516.9万吨,增长5.4%。公路客运量4063万人,比上年下降0.6%,公路旅客周转量29.8亿人公里,下降0.8%;公路货运量13760万吨,增长5.3%,公路货物周转量150.6亿吨公里,增长5%。铁路客运量1626.6万人,增长6.9%;铁路货运量155.6万吨,增长19.7%。民用航空旅客吞吐量405.2万人次,增长21.8%,货邮吞吐量3.3万吨,增长18%。港口货物吞吐量7568万吨,下降25.6%,其中常州港货物吞吐量5353万吨,增长10.1%,集装箱吞吐量32万标箱,增长2.6%。年末,全市民用汽车拥有量143.6万辆,其中个人汽车120.6万辆。

邮政通信快速发展。全年邮政业务总量76.4亿元,比上年增长23.6%;全年邮政业务总收入56.2亿元,增长17.8%,其中快递业务收入40.6亿元,增长17.7%。邮政业全年发送特快专递2.7亿件,增长17.5%。全年通信业务收入63.2亿元,增长3.6%。年末,全市固定电话用户90.8万户;移动电话用户667.6万户,其中4G用户达到548.1万户;互联网用户258.9万户,其中宽带网用户256.8万户。

3. 金融、保险和证券

金融市场运行稳健。全年实现金融业增加值565.7亿元,增长9.2%。年末,金融机构本外币存款余额11176.9亿元,增长10.8%,其中住户存款4367.7亿元,非金融企业存款4399.3亿元,分别增长12.3%、14.7%。金融机构本外币贷款余额8593.5亿元、增长13.6%,其中住户贷款2743.4亿元,非金融企业及机关团体贷款5846.1亿元,分别增长22.9%、9.6%。

保险业务稳步发展。年末,全市保险公司共77家,其中产险公司29家,寿险公司48家。全年保费总收入290.8亿元、增长10.2%,其中人寿险223.6亿元、增长10.5%,财产险67.2亿元、增长9.2%。全年保险赔(结)款支出70.9亿元、增长2%,其中人寿险34.1亿元、增长3.1%,财产险36.8亿元、增长1.1%。

证券交易总体放缓。年末,全市证券营业部74个,资金账户总数96.1万户。证券市场全年各类证券交易总额12225.4亿元,比上年下降15.3%,其中A股交易额10609.4亿元,增长15.4%;B股交易额4.3亿元，下降99.6%；基金成交额877.9亿元，下降47.5%；债券成交额733.8亿元，下降71.8%。新增上市企业3家，总数61家；新增新三板挂牌企业10家，总数109家。

4. 旅游业

旅游产业加快发展。全年接待游客7966.9万人次，实现旅游总收入1197.6亿元，均增长10%；接待国内游客7947.05万人次，国内旅游收入1178.09亿元，均增长10%。全市拥有国家A级旅游景区32家，其中5A级3家，5A级景区数量位居全省第三；4A级10家；三杰纪念馆、革命烈士纪念地和茅山宝盛园3家景区成功创建国家3A级旅游景区。茅山旅游度假区正式启动国家级旅游度假区创建，溧阳李家园村和金坛仙姑村成功入选国家乡村旅游重点村名录，武进城西回民村成功入选江苏省乡村旅游重点村名录。2019年，常州被列为"中国高铁文旅十佳城市"。

5. 房地产业

房地产开发投资高位运行。全年房地产开发投资增长49.9%，其中住宅投资增长57.6%。商品房新开工面积1162.1万平方米，增长15.9%，其中住宅、商业营业用房新开工面积866.4万平方米、60.2万平方米，分别增长11.8%、19.6%。年末，商品房待售面积398万平方米，下降3.6%，其中住宅待售面积77.8万平方米，下降25.6%。

（五）开放型经济

1. 对外贸易

对外贸易结构优化。按人民币计价，全年完成进出口总额2330.8亿元、增长2.8%，其中出口1738.8亿元，增长5.2%；进口592.1亿元，下降3.5%。从出口市场来看，对欧盟、东盟、拉美出口分别为355.4亿元、252.6亿元、118.7亿元，同比分别增长16.6%、14.8%和8.9%。一般贸易保持主导地位，全年一般贸易出口1439.4元，增长7.1%，高于全市出口增幅1.9个百分点，占出口总值的比重达82.8%。全年高新技术产品出口增长26.2%，对"一带一路"出口增长10.1%，机电产品出口增长7%。新获评国家级外贸转型升级基地1家，获批省级公共海外仓1家，2家企业获批商务部轨道交通进境维修资格。

2. 利用外资

利用外资稳步推进。全年实际使用外资26.3亿美元，增长0.6%。全年新增总投资超亿美元项目41个、总投资超5亿美元项目8个，新增4个世界500强投资项目，新增省级跨国公司地区总部和功能性机构3家。十大产业链制造业项目新增协议外资额、实际利用外资额分别占全市制造业的84.7%、80.3%。

3. 开放开发水平提升

对外经济合作稳步发展。全年新增境外投资项目85个，中方协议投资额8.5亿美元。国际产能和装备制造合作项目46个，中方协议投资额7.3亿美元。"一带一路"投资项目29个；累计中方投资额2.8亿美元，增长187.9%。

4. 开发区提档升级

开发区加快发展。全年开发区完成一般公共预算收入342亿元，实际到账外资23亿美元，进出口总额1765.7亿元。各开发区排位不断提升，常州经开区跃升至省级经开区第9位，首次跻身前十强；金坛经开区、钟楼经开区升至第16位和23位，分别比上年上升了25位和21位；常州高新区、武进高新区在国家级高新区中综合排名分别为第24位、39位，分别提升4位、6位；江苏中关村高新区跃居省级高新区第1位；中以常州创新园、中德（金坛）创新产业园、中欧（常州）检验检测认证国际合作产业园获评首批江苏省国际合作园区，获评数位居全省第一。

5. 外事活动保持活跃

对外交往持续深化。全年接待外宾224批1767人次，其中外国驻华使领馆团组24批118人次，友城友协团组 45 批 425 人次,港澳团组 25 批 604 人次,经贸团组 77 批 252 人次。2019 年,常州市与澳大利亚温德姆市、以色列内坦亚市建立友好城市关系,溧阳市与乌克兰特鲁斯卡韦茨市,金坛区与日本筑上町建立友好城市关系获批。截至年末,全市共缔结国际友好城市 53 个。

二、常州市 2019 年社会发展概况

(一) 人口、人民生活

人口规模保持稳定。年末,全市常住人口 473.6 万人,其中城镇人口 347 万人,城镇化率达 73.3%。全市户籍总人口 385 万人、增长 0.7%,其中男性 188.8 万人、增长 0.5%,女性 196.2 万人、增长 0.9%。户籍人口出生率为 7.8‰,死亡率为 6.6‰,人口自然增长率为 1.2‰。

居民收入稳步增长。全年居民人均可支配收入 49840 元,增长 8.5%。按常住地分,城镇常住居民人均可支配收入 58345 元,增长 8%;农村常住居民人均可支配收入 30491 元,增长 8.8%,城乡居民收入比为 1.91∶1。全市居民人均生活消费支出 28669 元、增长 6.7%,其中城镇居民人均生活消费支出 32263 元、增长 6.3%,农村居民人均生活消费支出 20492 元、增长 7.2%。城镇居民恩格尔系数为 26.2%,农村居民恩格尔系数为 29.6%。

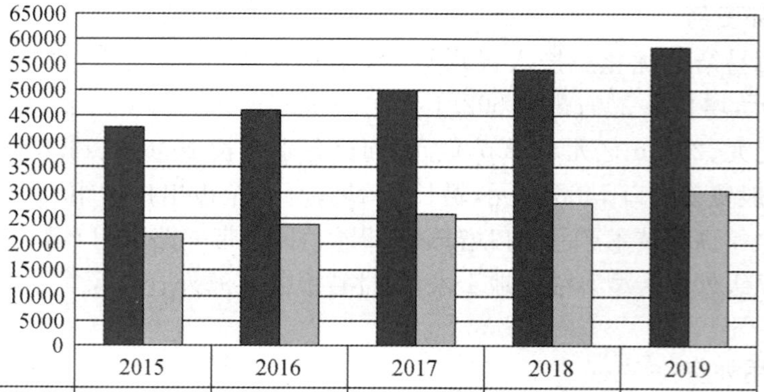

	2015	2016	2017	2018	2019
■ 城镇居民人均可支配收入(元)	42710	46058	49955	54000	58345
■ 农村居民人均可支配收入(元)	21912	23780	25835	28014	30491

图 15　2015—2019 年常州市城乡居民收入对比一览

(二) 就业与社会保障

1. 就业形势良好

就业创业形势稳定。全年城镇新增就业 11.3 万人,失业人员实现再就业 6.2 万人,扶持创业 1.9 万人,创业带动就业 8.3 万人。年末,城镇登记失业率控制在 3%以内。

2. 住房保障体系不断完善

住房保障覆盖面持续扩大。全年棚户区改造新开工 19587 套(户),基本建成 12618 套(户)。继续扩大住房保障覆盖面,将人均月收入在 3630 元(含)以下且金融资产不超过规定标准的住房困难家庭纳入住房保障范围,在中心城区低收入住房困难家庭应保尽保的基础上,为新就业和外来务工人员(引进人才)提供公租房保障,住房保障工作经验被中央电视台《新闻联播》报道。

3. 社会保障水平进一步提高

社会保障体系更趋完善。年末,全市企业职工基本养老保险参保人数 162.5 万人,比上年增长 5.8%;城镇职工基本医疗保险参保人数 221.5 万人,增长 4.8%;城镇失业保险参保人数 131.6 万人,增长 8.2%。

4. 社会福利事业持续推进

城乡低保标准提高到每人每月 850 元，全市 10784 户、15489 人纳入低保范围，其中城镇低保对象 4026 户、5467 人，农村低保对象 6758 户、10022 人，累计发放保障金 1.25 亿元。“三项融合”健康养老模式受到国家肯定，全市拥有各类养老机构 111 个，养老机构床位数 26915 张，住养人数 14159 人。全年发行福利彩票 10.6 亿元。全市拥有法律援助中心 7 个，接受法律咨询 2.5 万人次，社会矛盾纠纷调处成功率为 99.5%。

（三）教育和科学技术

1. 教育事业

教育现代化加快推进。全市拥有各级各类学校 766 所，九年义务教育巩固率为 100%，高中阶段教育毛入学率为 100%。教育资源供给持续优化，实施新建、改扩建教育重点项目 50 个，建成投用学校 27 个，新增学位 18900 个；增加普通高中招生计划 2887 人；加大高教资源建设，南京航空航天大学天目湖校区竣工投用。基础教育优质化水平不断提升，新增省、市优质幼儿园 27 所，市新优质学校 23 所，优质学校比例达 86%以上，在优质学校就读学生比例达 91%以上；新组建义务教育集团 44 个，优质教育资源覆盖面进一步扩大；新增省高品质示范高中建设学校和建设培育学校 5 所，数量全省第一；全市本一达线率超过全省 26.6 个百分点，位居全省前列。职业教育质量不断提升，新增产教融合型“省级现代化实训基地”4 个、“省级中职现代化专业群”5 个、“五年制高职现代化专业群”3 个，数量位居全省前列；新增“省现代化示范性职业学校”3 所、“省职业学校智慧校园”3 所，占比全省第一；3 所职业院校入选教育部、财政部认定的“双高计划”。

2. 科技创新

创新能力不断提高。全年完成专利申请 47849 件，其中发明专利 11759 件；专利授权 24858 件，其中发明专利授权 2581 件；万人有效发明专利拥有量 36.6 件。全年新增高新技术企业 421 家，累计 1760 家，列全省第四；5 家企业获 4 项国家科学技术奖，创历史新高。争取苏南国家自主创新示范区建设专项资金 6230 万元；64 家企业获评苏南自主创新示范区优秀创新载体，获评潜在“独角兽”企业 4 家，列全省第三；“瞪羚”企业 55 家，列全省第二。人才引进量质并举，全年引进各类人才 7 万名，引进并培育高层次人才 6600 名。全年吸引进站博士后 67 名，在站博士后 172 人，在站率为全省第一。全年新增高技能人才 1.6 万名，每万名劳动者中高技能人才达 1212 名，连续六年居全省第一。

创新平台加快建设。全年新增省级以上企业研发机构 79 家，全市企业研发机构累计达 1612 家，其中省级以上 674 家。新增孵化器 9 家，累计 119 家；省科技企业孵化器绩效评价工作中，常州获评 A 类 13 家，列全省第二。争取省创新能力建设专项经费 6175 万元，列全省第二。常州科教城荣膺 2019 年中国创新园区第一名。

（四）文化、卫生和体育

1. 文化事业

公共文化服务水平提升。年末，全市艺术表演团体 11 个，群众艺术馆、文化馆 8 个，博物馆 28 个；公共图书馆 7 个，图书总藏量 507.3 万册，全年总流通 333.2 万人次；自办广播节目 7 套，电视台节目 7 套，有线电视用户 84.6 万户。艺术精品亮点纷呈，滑稽戏《陈奂生的吃饭问题》荣获全国“五个一工程奖”（位列戏曲类全国第一）；锡剧《卿卿如晤》、儿童剧《青铜葵花》同时入选第四届江苏省文华奖大奖，入选大戏数量位列全省第一，创历年最好成绩。公共文化服务提档升级，完成 997 个村（社区）综合性文化服务中心，实现全市镇（街道）、村（社区）基层综合性文化服务中心全覆盖；第六届“文化 100”大型惠民活动组织全市文化文艺工作者 5000 余人次，举办惠民演出超过 520 场次，走进 100 多个乡镇社区，免费发放惠民演出票 23000 余张，惠及市民游客超过 100 万人次；扎实推进农村文化“三送”工程，全年送戏超千场、送电影超12000场、送书6万多册。

2. 卫生事业

卫生事业稳步发展。年末,全市各级各类医疗卫生机构1458个,拥有总床位2.83万张,卫生技术人员3.71万人,其中执业(助理)医师1.48万人、注册护士1.64万人,全市每千人拥有执业(助理)医师3.13人。持续推进健康常州建设,城乡居民健康素养综合水平列全省第三,成为全国健康城市建设示范市。在全省率先建成省预防接种信息系统,89个标准化儿童预防接种门诊建设全面完成。建成紧密型医联体20个,共建专科型医联体105个,建成217个家庭医生工作室。市儿童医院成为省级新生儿危急重症救治中心,市七院、溧阳市人民医院成为三级医院,溧阳市、武进区成为省基层卫生十强县区,19家区域中心卫生院全部达到二级综合医院建设水平,10家基层卫生院创成二级医院。获国家自然基金项目19项、省自然基金项目4项、省医学新技术引进奖23项、市一院获省科学技术二等奖1项,保持全省领先。

3. 体育事业

体育事业稳步发展。年内等级运动员发展198人,等级裁判员发展914人。年末,全市拥有体育场地13350个,其中体育场33个,体育馆34个,室内外游泳馆(池)140个,乒乓球房(馆、场)1750个,健身房(馆)592个,篮球场(含三人制篮球场)3361个,城市健身步道854个,全民健身路径4239个。年内新增公共体育设施面积118万平方米。年内承办国际级比赛12项、国家级比赛22项、省级比赛16项。年内共113名运动员获得全国比赛及全国以上大赛冠军,其中3名运动员获得世界冠军。赵帅获世界跆拳道锦标赛冠军,姜佳音获2019年国际篮联三人篮球世界杯赛女子组冠军,吴照华获第15届世界武术锦标赛武术套路男子刀术冠军。

(五)城乡建设和公用事业

城乡建设不断加快。常宜、溧高、苏锡常南部高速公路、溧宁4条高速公路全面加快建设;常泰长江大桥、魏村枢纽正式开工建设;德胜河航道整治工程、沪武高速公路太仓至常州段扩建工程、无锡至宜兴高速公路扩建工程前期工作按时序推进。新机场路快速化改造一期、河滨东路、三堡街西延、茶花路跨运河桥梁等建成通车;光华路大修工程年底实行分路段开放交通;皇粮浜生态绿道(河滨东路南侧段)顺利建成。开展农村公路"一县一品牌、一区一特色"创建,全市达到省级"四好农村路"示范县市域范围全覆盖,建成全省首批示范市,"1号公路"瓦屋山风情道获评"全国美丽乡村路"。

公交服务水平提升。年末,全市公交线路352条,公交营运车辆2650辆,营运出租汽车3678辆。轨道交通1号线建成通车。新增有桩公共自行车1.9万辆,新增公共停车泊位1.16万个。交通"健康指数"列全国同类城市前列。

公用事业不断发展。全年全社会用电量505.8亿千瓦时,比上年增长3.3%,其中城乡居民生活用电50.8亿千瓦时,增长1.1%。全年城区自来水供水3.7亿立方米,管道燃气供气量14.3亿立方米,污水处理3.2亿立方米。全年生活垃圾清运量197.8万吨,生活垃圾无害化处理率达100%。

(六)生态环境与城市绿化

生态绿城建设深入推进。建成区绿地总面积10727.1公顷,比上年增长2.4%。建成区绿化覆盖率达43.25%。全年累计增核4000亩、扩绿2500亩、连网50公里,创成全国绿化模范城市。特色田园乡村和全域美丽乡村建设持续推进,溧阳市礼诗圩等4个试点村庄被正式命名为江苏省第一批次特色田园乡村,数量居全省第一;首批"两区十点"美丽乡村示范项目全面完成主体核心区建设,3个村庄获评"中国美丽休闲乡村"。

污染防治力度加大。全年完成重点治气工程1654项,扩大高污染车辆限制通行区域,基本完成重点行业深度脱硝工程,7030家"散乱污"企业(作坊)全部完成整治,加大非法成品油整治力度,依法关停化工企业65家，市区空气PM2.5平均浓度同比下降8.1%。新建污水主管网216公里，新增污水处理能力7.9万吨/日，完成65个黑臭水体治理，全市域基本消除黑臭水体。31个国省考断面达标率为96.8%，同比提高9个百分点；优Ⅲ水质比例达83.9%，同比提高23.3个百分点，改善幅度全省第一。化学需氧量、氨氮、总氮、总磷、二氧化硫、氮氧化物、挥发性有机物等水、大气污染物排放进一步削减。

三、2019年主要工作

1. 众志成城抗击疫情汛情

坚持人民至上、生命至上，举全市之力展开疫情大防控、生命大救援，用不到一个月时间实现本地确诊病例零新增，再用不到一个月时间实现确诊患者全治愈、零病亡。坚持联防联控、群防群控、智防智控、闭环管控，因时因势推动应急防控向常态化防控有序转换，牢牢守住“外防输入、内防反弹”防线。抗疫斗争中，全市上下众志成城、团结抗疫，涌现出许多感人事迹和先进典型，108名医务工作者驰援湖北，47名先进个人和16个先进集体获省级以上表彰。面对史上超长梅雨期、2.8倍于常年的降雨量，科学调度、有效应对，确保了河湖安澜、百姓安康。

2. 千方百计稳定经济增长

精准出台“惠企20条”“稳增长26条”“支持企业家创新创业30条”等政策措施，省内率先推出“复工通”“快贷通”等举措，争分夺秒复工复产，2月底规上工业企业复工率达100%，全年工业用电总量全省第三、增速苏南第一。全力以赴保市场主体，推动减税降费、减租降息等政策直接惠及各类市场主体，新增减免税费210亿元。推动金融服务实体经济，金融机构本外币贷款余额首次突破1万亿元。全力以赴稳就业，新增就业11万人，城镇登记失业率控制在4%以内，智慧“五云”就业服务新体系获国务院通报表扬。全力以赴稳外贸稳外资，进出口总额逆势增长3%左右，实际使用外资增长15%左右。薛家“外资小镇”经验获部省级部门肯定。多措并举促消费，社会消费品零售总额增速全省第二，统筹3亿元资金支持文商旅发展，入选首批国家文化和旅游消费试点城市，成功举办2020中国马拉松精英排名赛。全力以赴保粮食安全，“米袋子”“菜篮子”实现保供稳价，生猪产能持续恢复，居民消费价格涨幅控制在3%以内。

3. 危中寻机集聚发展动能

扎实开展“重大项目强化攻坚年”活动，新增入库项目104个，其中总投资100亿元或10亿美元项目4个，180个市重大结转项目完成投资846亿元，竣工项目52个。出台企业上市发展新政，实施上市后备企业“双百行动”，新增过会企业16家、上市企业10家，创历史新高，累计上市企业达71家。加速壮大“253”十大先进制造业产业集群，生物医药、绿色精品钢行业实现两位数增长，9家企业入围中国民营企业500强。深入实施创新驱动核心战略，支持引建重大科技创新平台，省中以产业技术研究院等项目加快建设，科教城荣膺2020卓越创新创业园区。召开新基建发展推进大会，签约项目总投资超1000亿元，5G信号实现城区全覆盖。突出发展集成电路产业，一批企业发展势头强劲。大力发展工业互联网，新增上云企业3600家、省级示范智能车间31个。加快培育高新技术企业集群，高企申报通过率、申报数量增幅、培育入库数增幅均居全省第一，公示认定高企1148家、总数突破2400家，中天钢铁、武进不锈钢分获第六届中国工业大奖和提名奖，新誉集团获省长质量奖，新增国家专精特新“小巨人”企业10家、“独角兽”企业2家。招引顶尖人才11名、领军型创新创业人才项目239个，在首届全国职业技能大赛上获金牌数居全省第二、奖牌数居全省第一。大力发展基金产业，“龙城金谷”引进投资机构40多家。

4. 聚焦重点推进城乡建设

大力推进高铁新城规划建设，聘请一流团队编制空间规划、产业规划，新龙湖国际金融广场等重点项目开工建设，一批现代金融、总部经济项目签约落地。全面推进老城厢复兴发展，实施青果巷二期、南市河历史文化街区等6个历史文化修缮项目，高质量推进13个老旧小区改造和14条道路提升工程。轨道交通2号线全线“轨通”“电通”。扎实推进城市精细化管理，下放部分城区建设管理权限，解决“看得见的管不着、管得着的看不见”问题,开展市容环境整治,高架沿线面貌有了较大改观。着力强化交通枢纽战略支撑,编制中轴枢纽综合交通规划,积极争取常泰铁路纳入长三角多层次轨道网规划,溧高、常宜高速建成通车,常泰长江大桥、南沿江城际铁路等项目加快建设。在全省率先推进全域美丽乡村建设,农村人居环境整治三年行动顺利完成,100 项农业农村重大项目完成投资 60.6 亿元。加强农田水利建设,新沟河延伸拓浚工程正式竣工,新增高标准农田 6.7 万亩。溧阳创成国家全域旅游示范区,太湖湾旅游度假区升格为国家级。

5. 坚持不懈优化营商环境

扎实推进“放管服”改革,优化营商环境 208 条年度重点改革举措全面完成,民营经济高质量发展“六大工程”全面实施,大力倡导“店小二”“急郎中”服务理念,向首批 374 位企业家发放常商服务卡。在全省率先推出政务服务“秒批秒办”,工业项目审批平均用时 22 个工作日,企业平均开办时间压缩 40%以上,不动产登记交易平均办理时限压缩 50%,水电气接入报装全流程压缩 60%,“畅通办”品牌逐步打响。推进高水平对外开放,获批国家跨境电商综合试验区,3 家园区被认定为全省首批国际合作园区,数量居全省第一。中关村高新区位列省级高新区综合排名第 1 位。

6. 全力以赴改善生态环境

以前所未有的力度推进长江大保护,沿江 1 公里范围内化工生产企业签约关停 31 家、安全拆除 20 家,连片复绿 2000 亩。完成长江流域重点水域禁捕退捕任务,渔民转产就业率、社保安置率均达 100%。强化精准治污、系统治污,完成治气工程 1237 项,治水工程 430 项,整治“散乱污”企业 343 家,新增污水日处理能力 20 万吨,市区优良天数比上年增加 50 天、空气优良率提高 13.5 个百分点,国省考断面水质优Ⅲ比例达 84.4%。中央环保督察“回头看”、省环保督察反馈问题完成整改。新增国家级绿色工厂 3 家、绿色园区 1 家。溧阳创成全国“绿水青山就是金山银山”实践创新基地。

7. 精准发力补齐民生短板

深入排查解决突出民生问题,制定三年行动计划和年度任务清单。民生实事项目全面完成。第五轮茅山老区“百千万”帮扶工程扎实推进,脱贫攻坚成果进一步巩固。对口支援的陕西安康实现全域脱贫摘帽。“大板房”专项整治全面推进,28.2 万平方米异地置换房启动建设。普通高中招生“常武一体”、义务教育“公民同招”等重大改革稳妥实施,新增中小学、幼儿园学位 2.8 万个。公共卫生体系加快完善,建成发热门诊 36 个、核酸检测机构 26 家。兜牢基本民生底线,加大大病保险和医疗救助力度,发放价格临时补贴 4975 万元、失业保险 3.9 亿元、失业补助金 8418.9 万元。开展全国居家和社区养老服务改革试点,接受居家养老援助上门服务的老年人占比达 18.6%。常州文化广场建成开放。

8. 标本兼治强化社会治理

坚决贯彻习近平总书记“两个不放松”“务必整出成效”重要指示要求,扎实开展 31 个行业领域安全生产专项整治、违法违规“小化工”百日专项整治,全面压实党政领导、属地管理、部门监管、企业主体、员工岗位“五个责任”,全面加强安全基础保障能力建设,扎实做好省委危化品安全生产专项巡视反馈意见整改落实工作,各类生产安全事故起数和死亡人数分别下降 68.1%、59.6%。统筹推进“三中心合一”,网格化社会治理“常州标准”加快形成,“扫黑除恶”专项斗争取得重大成果,社会大局保持安全稳定。

第五节　苏州市 2019 年经济社会发展报告

2019 年,全市上下以习近平新时代中国特色社会主义思想为指导,认真贯彻落实党的十九大和十九届二中、三中、四中全会精神,坚持稳中求进工作总基调,自觉践行新发展理念,突出抓好“六稳”工作,扎实推动高质量发展。全市经济社会发展总体平稳、稳中提质,经济质效持续优化、创新动能加快释放、生态环境稳步改善、民生福祉不断提升,高质量发展迈出新步伐、取得新进展。

一、苏州市 2019 年经济发展概况

（一）综合经济

1. 经济总量

全市实现地区生产总值 19235.8 亿元，按可比价计算比上年增长 5.6%。其中第一产业增加值 196.7 亿元，下降 6.6%；第二产业增加值 9130.2 亿元，增长 5.1%；第三产业增加值 9908.9 亿元，增长 6.3%。按常住人口计算，人均地区生产总值 17.92 万元（折合汇率 2.6 万美元），比上年增长 5.2%。三次产业结构比例调整为 1.0∶47.5∶51.5。

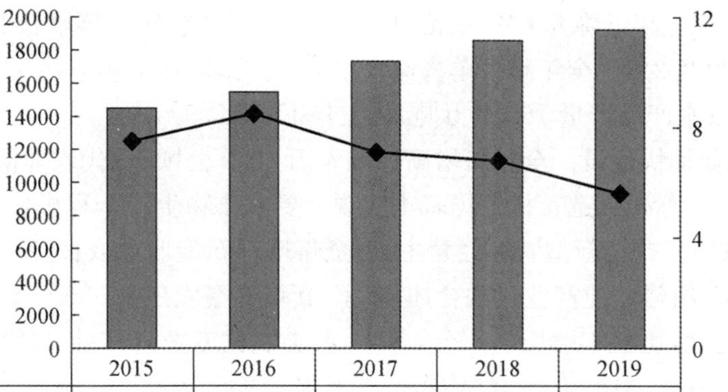

	2015	2016	2017	2018	2019
地区生产总值(亿元)	14504.07	15475.09	17319.51	18597.47	19235.80
增幅(%)	7.5	8.5	7.1	6.8	5.6

图 16　2015—2019 年苏州市地区生产总值及增长速度

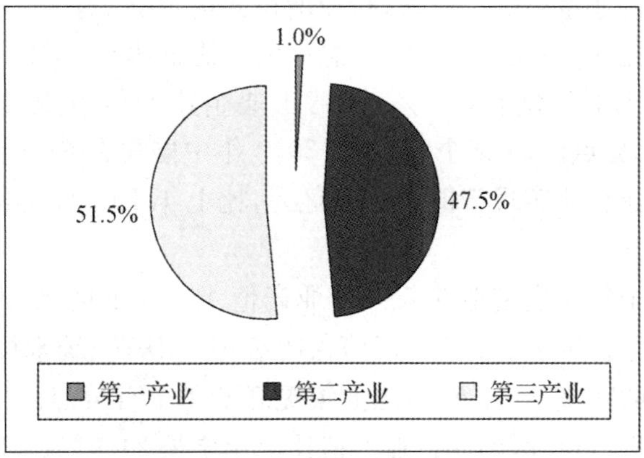

图 17　2019 年苏州市三次产业结构图

2. 财政收支

全年实现一般公共预算收入 2221.8 亿元，比上年增长 4.8%。其中税收收入 1991 亿元，增长 3.2%，占一般公共预算收入的比重达 89.6%。全年一般公共预算支出 2141.5 亿元，比上年增长 9.7%，其中城乡公共服务支出 1686.2 亿元，占一般公共预算支出的比重达 78.7%。

3. 物价水平

物价水平基本稳定。市区居民消费价格总水平比上年上涨 3%，其中食品烟酒类价格上涨 6.4%；衣着类价格上涨 4.3%；居住类价格上涨 2.9%；生活用品及服务类价格上涨 2.5%；交通和通信类价格下跌 1.0%；教育文化和娱乐类价格上涨 0.7%；医疗保健类价格上涨 0.7%；其他用品和服务类价格上

涨5.1%。

4. 固定资产投资

固定资产投资量增质升。全年完成固定资产投资4933.1亿元,比上年增长8.3%,其中工业投资1199.2亿元,增长8.8%;服务业投资3731.1亿元,增长8.1%。完成民间投资2887.3亿元,占固定资产投资的比重达58.5%。开展"千企技改升级"行动,全年完成工业技术改造投资和高新技术产业投资879.4亿元和499亿元,分别比上年增长2.9%和11.9%,占工业投资的比重分别达73.3%和41.6%。完成新兴产业投资985.5亿元,增长7.5%,占固定资产投资的比重达20%。

(二)农业和农村建设

农业生产总体平稳。全年实现农林牧渔业总产值356.6亿元,比上年下降5.7%。夏粮总产量21.61万吨,比上年下降9.4%;秋粮总产量65.57万吨,比上年增长2.3%;夏粮、秋粮亩产分别比上年提高1.9%和2.2%。全年猪牛羊禽肉产量2.15万吨,比上年下降44.1%;禽蛋产量0.65万吨,比上年下降29.7%;水产品产量16.53万吨,比上年下降15.5%。

现代农业加快建设。全年新增高标准农田6000公顷、现代农业园区2800公顷、标准化池塘改造面积1573公顷。苏州入选首批全国基本实现主要农作物生产全程机械化示范市。年末,全市农业机械化水平达90.1%。扶持新型农业经营主体,全年培育新型职业农民3073名,新增市级以上农业产业化龙头企业18家、组建农业产业化联合体28家、新增共享农庄14个。全年县级以上农业龙头企业实现销售收入1470亿元,比上年增长5.8%。年末,各类农民专业合作社2243家、家庭农场432家,农村集体总资产(清产核资后)3180亿元,村均年可支配收入936万元。

(三)工业和建筑业

工业生产稳中提质。全年实现规模以上工业总产值33520.5亿元,比上年增长1.4%。规模以上工业35个行业大类中有21个行业生产保持增长,行业增长面达60%,有11个行业产值超一千亿元,其中前六大行业实现产值21220亿元,占规模以上工业总产值的比重达63.3%。从经济类型看,民营工业企业实现产值12681.5亿元,比上年增长4.1%;民营工业企业产值占规模以上工业总产值的比重达37.8%,比上年提高1.8个百分点。26家企业入围"2019年中国民营企业制造业500强",入围数量列全国第一。外商及港澳台工业企业实现产值19987亿元,比上年下降0.3%,占规模以上工业总产值的比重达59.6%。

先进制造业发展壮大。全年实现制造业新兴产业产值18000.1亿元,占规模以上工业总产值的比重达53.6%,比上年提高1.2个百分点。新一代信息技术、生物医药、纳米技术、人工智能四大先导产业产值占规模以上工业总产值的比重达21.8%,比上年提高6.1个百分点。生物医药产业集群入选国家战略性新兴产业集群发展工程,全年医药制造业产值比上年增长24.9%。高新技术产品产量增长较快,新能源汽车产量比上年增长17.5%,光学仪器产量增长55%,太阳能电池产量增长13.9%,环境污染防治专用设备产量增长30.8%。全年新增省级智能工厂5家、省级智能车间182家,累计分别达8家、444家。

建筑业发展良好。全年完成建筑业总产值2679.6亿元,比上年增长11.1%,其中建筑安装工程产值2662.8亿元,比上年增长11.3%。竣工产值1821.5亿元,比上年增长6.7%,竣工率达68%。全年资质以上建筑业企业房屋施工面积12304万平方米,比上年增长18.1%,其中新开工面积4280.6万平方米,比上年增长5.1%。年末拥有总承包和专业承包资质建筑企业1308家,实现利税172亿元,比上年增长5.8%。建筑业全员劳动生产率41万元/人,比上年提高4.6%。建筑业企业在外省完成建筑业产值779.4亿元,比上年增长5.3%。

（四）服务业

1. 国内贸易

市场消费增势稳定。全年实现社会消费品零售总额7813.4亿元，比上年增长6%。按消费行业统计，批发和零售业零售额7150.5亿元，增长5.9%；住宿和餐饮业零售额662.9亿元，增长7%。按经营地统计，城镇消费品零售额7274.1亿元，增长6%；乡村消费品零售额539.3亿元，增长5.9%。限额以上批发和零售业商品零售额中，日用品类、服装鞋帽针纺织品类商品零售额分别比上年增长7.3%和8.8%。线上消费增长较快。全年电子商务网络零售交易额2625.1亿元，比上年增长27%。限额以上批发和零售业通过公共网络实现商品零售额553.4亿元，比上年增长6.5%。

2. 交通运输、邮电业

交通服务能力优化提升。年末，市区轨道交通（含有轨电车）运营线路总长度210.1公里，全年运营总里程1817万列公里，线网客流总量36644万人次。全市公路总里程1.2万公里，其中高速公路608公里，公交专用道路达到274.7公里。全市新辟、优化调整公交线路178条，其中省际公交线路7条。市区公共汽车运营车辆5995辆，公交线路总数达465条，总客运量5.32亿人次。全年铁路客运量9763.67万人次、客运周转量207亿人公里，分别比上年增长3.5%和4.9%。铁路货运量189.23万吨、货运周转量11.9亿吨公里，分别比上年增长7.6%和6.8%。公路、水路客运量2.96亿人次，客运周转量120.24亿人公里，分别比上年下降0.5%和0.8%。公路、水路货运量1.72亿吨，货运周转量284.5亿吨公里，分别比上年增长6.7%和6.2%。苏州港货物吞吐量和集装箱吞吐量分别为5.23亿吨、626.7万标箱，分别比上年下降1.8%和1.4%。

汽车保有量稳步增加。年末，全市汽车拥有量突破400万辆，达417.74万辆，其中私家客车348.18万辆，分别比上年增长6.8%和6.2%。

邮政物流快速增长。全年邮政业务收入252.6亿元，比上年增长39.1%。发送快递17.3亿件，增长39%；实现快递业务收入216.85亿元，增长39.2%。

3. 金融、保险和证券

信贷规模再创新高。年末，金融机构总数为875家。金融机构人民币存款余额31652.1亿元，比年初增加3085.8亿元，比年初增长10.8%；金融机构人民币贷款余额30116.7亿元，比年初增加3512.4亿元，比年初增长13.2%。金融机构人民币贷款首次突破3万亿元，成为全国首个人民币贷款超过3万亿元的地级市。

保险业务稳步增长。年末，保险公司主体86家，保险公司分支机构863家。全年实现保费收入710.5亿元，比上年增长12.8%；保险赔付支出186.5亿元，比上年增长2.9%。

资本市场不断壮大。全年新增上市公司21家，累计达153家，其中境内A股上市公司120家，累计募集资金3031亿元。科创板上市企业6家，数量列全国第3位。年末，证券机构托管市值总额6479亿元，各类证券交易额5.3万亿元，期货市场交易额4.1万亿元。

4. 旅游业

旅游产业繁荣有序。全年实现旅游总收入2751亿元，比上年增长5.8%。全年接待国内外游客13609万人次，比上年增长4%。年末，全市共有5A级景区6家（11个点）、4A级景区34家、五星级饭店24家和四星级饭店26家。苏州博物馆、拙政园、狮子林实施分时预约。吴江同里国家湿地公园入选全国精品自然教育基地。

5. 房地产业

房地产市场保持平稳。全年完成房地产开发投资2686.5亿元,比上年增长5%,其中住宅投资增长4.6%。房屋新开工面积2761.2万平方米,比上年下降1.4%;房屋施工面积12148万平方米,比上年增长4.2%;房屋竣工面积1283.7万平方米,比上年下降14.8%;商品房销售面积2178.2万平方米,比上年增长9.2%,其中住宅销售面积1983.6万平方米,比上年增长10.9%。

(五) 开放型经济

1. 对外贸易

对外贸易克难前行。全年实现进出口总额3190.9亿美元,比上年下降9.9%,其中出口1920.4亿美元、下降7.2%,进口1270.5亿美元、下降13.7%。分注册类型看,外商投资企业实现进出口2297.5亿美元,占进出口总额的比重达72%;民营企业实现进出口724.9亿美元,占进出口总额的比重达22.7%。从出口市场看,对美国出口473.6亿美元,比上年下降18.1%;对欧盟出口396.6亿美元,下降3.6%;对东盟出口212.6亿美元,增长8.0%;对"一带一路"沿线国家和地区出口430.6亿美元,增长1.1%。外贸结构不断优化,全年一般贸易出口681.5亿美元,占全市出口的比重达35.5%,比上年提高2.2个百分点。服务贸易进出口218.99亿美元,跨境电商进出口13.68亿美元。全年服务外包接包合同额122.77亿美元,服务外包离岸执行额50.25亿美元,均比上年增长4.1%。

2. 利用外资和对外经济合作

双向开放扩围提速。中国(江苏)自由贸易试验区苏州片区成功获批并高效推进建设。"引进来"方面,全年新设外商投资项目994个,新增注册外资113.4亿美元,比上年增长5.3%。实际使用外资46.2亿美元,比上年增长2.0%,其中战略性新兴产业实际使用外资占比59.4%,较上年提升15.2个百分点;服务业实际利用外资占比达44.2%,较上年提升0.5个百分点。新设具有地区总部特征或共享功能的外资企业30家,累计超过320家。"走出去"方面,全年境外投资项目中方协议投资额30.15亿美元,比上年增长12.4%。实现海外高科技并购资金7.1亿美元,占中方境外投资额的比重提升至23.5%。新增11家境外研发中心,年末达93家。全年对"一带一路"沿线国家和地区新增投资项目79个,中方协议投资额9.96亿美元。

二、苏州市2019年社会发展概况

(一) 人口、人民生活

人口规模平稳增长。年末,全市常住人口1075万人,比上年增长0.3%;其中城镇人口827.7万人,城镇化率达77%,比上年提升0.9个百分点。年末户籍人口722.6万人,户籍人口出生率为8.68‰,户籍人口自然增长率为2.37‰。

居民收入稳步提升。根据抽样调查,全市常住居民人均可支配收入60109元,比上年增长8.4%,其中城镇常住居民人均可支配收入68629元,增长8.1%;农村常住居民人均可支配收入35152元,增长8.4%。居民人均消费支出35414元,比上年增长6.3%,其中城镇居民人均消费支出39648元,增长6%;农村居民人均消费支出23012元,增长6.6%。

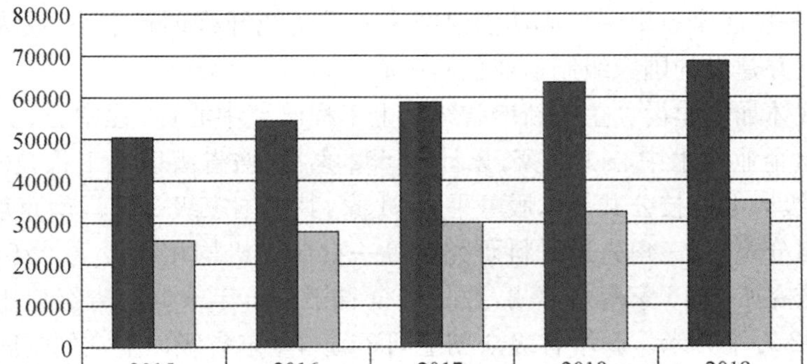

	2015	2016	2017	2018	2019
■ 城镇居民人均可支配收入(元)	50390	54400	58806	63481	68629
■ 农村居民人均可支配收入(元)	25580	27750	29977	32420	35152

图 18　2015—2019 年苏州市城乡居民收入对比一览

（二）就业与社会保障

1. 就业

积极扩大就业创业。全年新增就业 17.32 万人，开发公益性岗位 8953 个，城镇就业困难人员实现就业 3.52 万人。提供高校毕业生岗位 18.5 万个，苏州籍应届高校毕业生就业率达 98.71%。全年扶持成功创业 2.01 万人，其中引领大学生创业 2257 人，扶持农村劳动力自主创业 2906 人。城乡劳动者职业技能培训 4.44 万人。

2. 社会保障

社会保障不断推进。全市最低工资标准为 2020 元/月，城乡居民基础养老金标准分别提高至每人每月 520 元、380 元，城乡最低生活保障标准提高至每人每月 995 元，失业保险金最低标准提高至每人每月 1493 元。全市有 1.27 万户、共计 1.88 万人享受低保，全年发放低保金 1.95 亿元。年末，全市基本养老保险缴费人数 554.87 万人，比上年增加 12 万人；城镇职工基本医疗保险参保人数 760.89 万人，比上年增加 23.81 万人；失业保险、工伤保险、生育保险参保人数分别为 518.2 万人、606.11 万人、543.57 万人。全年新增日间照料中心 105 家，新建公共场所母乳哺育室 79 家。年末，全市共有各类社会服务机构 2209 家，其中养老服务机构 175 家、儿童服务机构 8 家。成立全球首个红十字国际学院。

（三）教育与科技创新

1. 教育事业

教育资源供给持续扩大。全年建成投用中小学、幼儿园 80 所，新增学位 7.3 万个。年末，拥有各类学校 815 所，其中普通高等学校 26 所；在校学生 154.52 万人，其中普通高等学校在校学生 24.9 万人；毕业生 31.3 万人，其中普通高等学校毕业生 6.74 万人；拥有专任教师 9.91 万人。线上教育中心项目实现全市覆盖。苏州被列入国家智慧教育示范区培育建设名单。深入实施名城名校融合发展战略，南京大学、西北工业大学在苏州新建校区，苏州大学未来校区、西交利物浦大学太仓校区、昆山杜克大学二期开工建设。

2. 科技事业

科技创新成果丰硕。全年研究与试验发展(R&D)经费支出占地区生产总值的比重达 3.64%。财政性科技投入 181.6 亿元，比上年增长 19.2%，占一般公共预算支出的 8.5%。全年实现高新技术产业产值 16599.6 亿元，占规模以上工业总产值的比重达 49.4%，比上年提高 1.7 个百分点。全年认定国家高新技术企业 3160 家、累计达 7052 家,认定“瞪羚”企业 361 家。5 家企业被认定为首批国家级专精特新企业,数量位居全省第一。成功创建国家先进功能纤维创新中心,成为江苏省第一个、全国唯一由民营企业成立并建设的国家级制造业创新中心。

科创载体加快建设。全年新增省级以上工程研究中心(工程中心、实验室)16 家,累计达 107 家;新增省级以上企业技术中心 163 家,累计达 632 家;新增省级以上工程技术研究中心 131 家,累计达 852 家;年末省级以上科技公共技术服务平台 31 家,其中国家级 2 家。南京航空航天大学苏州研究院、赛迪研究院苏州分院、长三角先进材料研究院等一批研发机构相继设立。江苏省产业技术研究院新布局建设的专业研究所有 16 家落户苏州,数量居全省第一。年末拥有省级以上科技企业孵化器 118 家,孵化面积 397.92 万平方米。新增省级众创空间 34 家,年末省级以上众创空间达 264 家。各类众创空间孵育创新团队 4000 余个。

专利工作成效显著。中国(苏州)知识产权保护中心获批运行,获批在全国率先开展知识产权侵权纠纷检验鉴定技术支撑体系建设试点。全年新增国家知识产权示范企业 18 家,年末达 44 家。全年专利申请量 162984 件,其中发明专利申请量 43371 件;专利授权量 81145 件,其中发明专利授权量 8339 件。年末,全市有效发明专利拥有量 6.3 万件,比上年增长 11%,万人有效发明专利拥有量达 58.66 件,比上年增加 5.66 件。第二十一届中国专利奖该市获奖 32 项,居全省首位。

人才引育力度加大。年末,全市各类人才总量 293.44 万人,其中高层次人才 26.98 万人、高技能人才 64.8 万人。新增国家级重大人才引进工程入选者 12 人,累计达 262 人,其中创业类人才 135 人。新增省“双创人才”112 人,累计达 985 人。年末,全市共有 11 家国际创客育成中心、4 家国内创客育成中心。构建“外地加速孵化、本地落地转化”的招才引智新模式。设立西安交大博士后创新创业长三角基地。举办第十一届苏州国际精英创业周、跨国技术转移与国际人才对接大会。

(四)文化、卫生、体育

1. 文化事业

文化建设有声有色。全年文化产业实现主营业务收入 6060 亿元,比上年增长 5.9%。“文化苏州云”平台正式上线,苏州第二图书馆开馆,新建图书分馆 36 家、24 小时自助图书馆 33 家、网上借阅社区投递服务点 13 处。年末,全市有市、区级公共图书馆 11 个,市、区级文化馆 11 个。《苏州通史》《苏州志略》出版发行。全年新增全国重点文物保护单位 2 个、江苏省文物保护单位 18 个。张家港黄泗浦遗址获评“2018 年度全国十大考古新发现”,桃花坞·唐寅文化片区基本建成,可园修复项目荣获联合国科教文组织亚太地区文化遗产保护奖。苏剧《国鼎魂》摘得第十六届文华大奖。成功举办首届中国苏州江南文化艺术·国际旅游节、第八届中国苏州创博会,成功组织第四届中法文化论坛“苏州日”主宾城市活动、苏州文化旅游(巴黎)推介会。

2. 卫生事业

医疗卫生服务升级。年末,全市拥有各类医疗卫生机构 3720 家,其中医院 221 家、卫生院 94 家。新建、改(扩)建基层医疗卫生机构 20 家。拥有卫生机构床位数 7.17 万张,其中医院病床 6.06 万张、卫生院 0.86 万张;拥有卫生技术人员 9.1 万人,其中执业医师和执业助理医师 3.55 万人、注册护士 4.04 万人。引进高水平临床医学专家团队 12 个,年末达 65 个。全年医疗机构共完成诊疗服务 1.03 亿人次。市第九人民医院建成投用。实现与上海、浙江跨省(市)异地就医门诊费用直接结算。吴江医保全面融入苏州。

3. 体育事业

体育事业蓬勃发展。全年新增健身步道 270 公里,新建多功能运动场、笼式足球场、笼式篮球场共 25 片。全市已建成各类体育公园 65 个。市运河体育公园、苏州体育博物馆建成开放。新增世界冠军 1 项次,苏州运动员参加全国冬季运动会首获金牌。参加江苏省第一届智力运动会,金牌、总分双获第一。举办中国足协超级杯、环金鸡湖国际半程马拉松、太湖马拉松等精品赛事,成功申获 2021 年“苏迪曼杯”

世界羽毛球混合团体锦标赛举办权，成为 2023 年亚足联亚洲杯承办城市之一。全年体育彩票销售 43.28 亿元，继续保持全省第一。

（五）城乡建设

城乡建设增活力。扎实推进国土空间总体规划(2035)编制工作，“多规合一”空间规划信息平台荣获中国地理信息产业优秀工程金奖。主动融入长三角区域一体化发展大局，制订实施苏州行动计划，启动建设长三角生态绿色一体化发展示范区。基础设施加快完善，沪通铁路长江大桥主跨顺利合龙，江苏南沿江城际铁路施工全面展开，太仓港疏港铁路专用线开工建设。苏同黎、南湖路快速化改造和太仓港集装箱四期码头、独墅湖第二通道、桐泾路北延等工程建设进展顺利，太仓岳鹿路对接上海工程建成通车。轨道交通 3 号线开通运营，5 号线全线车站完成主体结构施工，6 号线、S1 线加快建设，7 号线、8 号线顺利开工。省四好农村路示范市建设成果得到巩固提升。大运河苏州段堤防加固工程扎实推进，望虞河西岸控制工程、东太湖综合整治后续工程全面完工。1000 千伏特高压淮上线苏通管廊工程建成投运。新增人防设施 130 万平方米。加快 5G 试点建设，建成 5G 基站 5461 个。编制完成历史文化名城保护专项规划(2035)，持续实施平江片区示范工程等古城保护项目，按期完成中心城区架空线整治年度任务，苏州市入选全国城镇老旧小区改造试点。

乡村振兴有力推进。农村土地“三权分置”改革深入实施，承包地确权登记颁证工作全面完成，吴中区入选全国农村集体产权制度改革试点典型，新增昆山市农村闲置宅基地盘活利用等 3 项国家试验试点。苏绣小镇典型经验在全国得到推广。乡村振兴建设引导基金规模达到 90 亿元，清产核资后农村集体总资产达到 3180 亿元。“三资”监管平台和农村产权线上交易平台实现互联互通。农业现代化稳步推进，新增高标准农田 9 万亩、现代农业园区 4.2 万亩、标准化改造池塘 2.4 万亩。新增“苏州水八仙”等 7 个农产品区域公用品牌，吴中“洞庭山碧螺春”产区获评中国特色农产品优势区。昆山市、吴江区成为国家农产品质量安全县。新增市级农业产业化联合体 28 家、共享农庄 14 个，培育新型职业农民 3073 名。

（六）环境保护

环保力度进一步加大。全年环保投入 684 亿元，比上年增长 3%。推进 711 项治气工程项目，完成燃煤锅炉整治、堆场扬尘治理、挥发性有机物综合治理等年度任务。削减非电行业煤炭消费总量 513.8 万吨，完成省下达的目标任务。整治“散乱污”企业 6709 家，完成 72 家化工生产企业关闭退出。清理取缔非法码头 268 家。城市新增垃圾分类小区 2002 个、垃圾分类行政村 236 个。建成危险废物集中焚烧处置项目 4 个，新增危险废物年焚烧处置能力 10.31 万吨。全市生活污水处理能力达 362 万吨/日，城镇生活污水处理率达 97.8%，比上年提高 1.8 个百分点。全年实施森林抚育面积 3893.3 公顷，年末全市陆地森林覆盖率达 30%。建成长江生态景观防护林带 507.8 公顷，新增受保护湿地 1466.7 公顷，市区新增及改造绿地面积 350 万平方米。

环保成效进一步显现。全年市区 PM2.5 平均浓度 39 微克/立方米，市区空气质量优良天数比例为 77.8%。完成 3000 公顷太湖网围清拆和阳澄湖生态修复一期工程，全年国考、省考断面水质优Ⅲ比例为 87.5%和 86%，分别比上年提高 18.8 和 10 个百分点，通江支流优Ⅲ比例达 100%。河湖长制工作入选全国主题教育攻坚克难案例。

三、2019 年开展的主要工作

1. 经济发展增实力

实现地区生产总值 1.93 万亿元，增长 6%。一般公共预算收入 2221.8 亿元，增长 4.8%。社会消费品零售总额 6090 亿元，增长 6%。投资保持较快增长，完成固定资产投资 4920 亿元，增长 8%，其中工业投资 1200 亿元,增长 8.9%。工业经济稳中向好,规模以上工业总产值 3.34 万亿元,工业增加值率提高 0.5 个百分点;新兴产业产值占规上工业总产值比重达 53.4%,提高 1 个百分点;新一代信息技术、生物医药、纳米技术应用、人工智能四大先导产业产值占比达 21%,生物医药产业入选国家战略性新兴产业集群。深化制造业与互联网融合发展试点,新增省级工业互联网平台 9 个、特色基地 2 家,启动建设国家级工业互联网平台应用创新体验中心。服务业质效提升,实现增加值 9700 亿元,增长 7.5%。旅游总收入增长 8%,文化产业营业收入增长 5.9%。获评省级生产性服务业集聚示范区 4 家,新增服务业创新型示范企业 33 家、总部企业 19 家,数字经济规模突破 2000 亿元,国家超级计算昆山中心建成运行,我市荣获"中国软件特色名城"称号。扎实推进供给侧结构性改革,关停低端落后及过剩产能企业(作坊) 1819 家,"补短板"项目完成投资任务。建立和实施差别化用地、用能、信贷和排污政策,工业企业综合评价实现全覆盖。全面落实减税降费政策和惠企减费举措,减轻企业成本负担 620 亿元。高水平完成第四次全国经济普查工作。

创新驱动发展战略深入实施。全社会研究与试验发展经费支出占地区生产总值比重达 3.25%。认定国家高新技术企业 3160 家、省民营科技企业 2142 家、"瞪羚"企业 368 家。高新技术产业产值占规上工业总产值比重达 48%。新增国家级企业技术中心和工业设计中心各 2 个。由盛虹集团牵头组建的先进功能纤维创新中心成为我省首个国家级制造业创新中心。新建 14 家市自主品牌大企业和领军企业先进技术研究院,5 家企业通过首批国家级专精特新企业认定。苏州大学附属第一医院获批设立国家血液系统疾病临床医学研究中心,成为江苏地方首个国家临床医学研究中心。市产业技术研究院、深时数字地球研究中心等加快建设,南京航空航天大学苏州研究院、赛迪研究院苏州分院、长三角先进材料研究院等一批重大研发机构相继设立。精心组织第十一届苏州国际精英创业周等活动,新增高层次人才 2.4 万人、高技能人才 6.4 万人。中国(苏州)知识产权保护中心获批运行,万人有效发明专利拥有量达 58.3 件。

2. 改革开放增动力

政府机构改革任务如期完成,第二批 7 个经济发达镇改革通过省评估验收。昆山市、苏州工业园区入选省社会主义现代化建设试点。"放管服"改革持续推进,营商环境不断优化,新增市场主体 43.2 万户,累计达 188 万户。创新服务保障民营企业发展举措,建立服务企业沙龙、微信群联系、信息直报三项机制。全面实行"证照分离"改革,依申请类政务服务事项 95%实现不见面审批,开通"12345"苏州企业服务专线。全面推行以"双随机、一公开"为基本手段的新型监管机制,实现"进一次门、查多项事"。优化提升市级政务云,加快推动政务数据整合共享。金融机构新增人民币贷款 3522 亿元,贷款余额达 3.01 万亿元,银行业贷款不良率为 0.65%。实施金融服务实体经济融资畅通工程,获批设立全国首家小微企业数字征信实验区,普惠型小微企业、民营企业贷款余额分别比年初增长 33%和 14%,苏州综合金融服务平台累计为企业解决融资需求超 6600 亿元。新增上市企业 21 家,创历年新高,其中科创板上市企业 6 家,数量位居全国城市第 3 位。我市企业债券工作创新和风险防范成效明显,获国务院督查激励表彰。国资国企改革加快推进,新设混合所有制企业 18 家。

开放型经济量稳质优。积极应对中美经贸摩擦,对外贸易总体稳定,进出口总额达到 3141 亿美元,国家级开放创新试点成效显著,跨境电商交易额、服务贸易进出口额分别增长 10%和 8%。做好第二届中国国际进口博览会有关工作,我市采购成交额等指标全省第一。新设外资项目 994 个,新引育具有地区总部特征或共享功能的外资企业 30 家,全市实际使用外资达到 46.2 亿美元。中国(江苏)自由贸易试验区苏州片区获批建设并实现良好开局,中德(太仓)创新合作加快推进。深化通关一体化改革,国际贸易"单一窗口"货物申报等主要业务应用率达 100%。以"一带一路"为重点加快走出去步伐,全市完成境外中方协议投资额 29 亿美元,江苏(苏州)国际铁路物流中心口岸建设稳步推进。太仓港集装箱吞吐量达 515 万标箱。外事、对台、港澳、侨务工作得到加强。

3. 城乡建设增活力

扎实推进国土空间总体规划(2035)编制工作,"多规合一"空间规划信息平台荣获中国地理信息产业优秀工程金奖。主动融入长三角区域一体化发展大局,制订实施苏州行动计划,启动建设长三角生态绿色一体化发展示范区。基础设施加快完善,沪通铁路长江大桥主跨顺利合龙,江苏南沿江城际铁路施工全面展开,太仓港疏港铁路专用线开工建设。苏同黎、南湖路快速化改造和太仓港集装箱四期码头、独墅湖第二通道、桐泾路北延等工程建设进展顺利,太仓岳鹿路对接上海工程建成通车。轨道交通3号线开通运营,5号线全线车站完成主体结构施工,6号线、S1线加快建设,7号线、8号线顺利开工。省四好农村路示范市建设成果得到巩固提升。大运河苏州段堤防加固工程扎实推进,望虞河西岸控制工程、东太湖综合整治后续工程全面完工。1000千伏特高压淮上线苏通管廊工程建成投运。新增人防设施130万平方米。加快5G试点建设,建成5G基站5461个。编制完成历史文化名城保护专项规划(2035),持续实施平江片区示范工程等古城保护项目,按期完成中心城区架空线整治年度任务,我市入选全国城镇老旧小区改造试点。

乡村振兴有力推进。农村土地"三权分置"改革深入实施,承包地确权登记颁证工作全面完成,吴中区入选全国农村集体产权制度改革试点典型,新增昆山市农村闲置宅基地盘活利用等3项国家试验试点。苏绣小镇典型经验在全国得到推广。乡村振兴建设引导基金规模达到90亿元,清产核资后农村集体总资产达3180亿元。"三资"监管平台和农村产权线上交易平台实现互联互通。农业现代化稳步推进,新增高标准农日9万亩、现代农业园区4.2万亩、标准化改造池塘2.4万亩。新增"苏州水八仙"等7个农产品区域公用品牌,吴中"洞庭山碧螺春"产区获评中国特色农产品优势区。昆山市、吴江区成为国家农产品质量安全县。新增市级农业产业化联合体28家、共享农庄14个,培育新型职业农民3073名。

4. 生态环境增魅力

统筹打好蓝天、碧水、净土保卫战,环境质量持续好转。加强环境突出问题整治,中央环保督察及"回头看"等反馈问题均按进度要求完成整改。推进711项治气工程项目,完成燃煤锅炉整治、堆场扬尘治理、挥发性有机物综合治理等年度任务,PM2.5平均浓度每立方米39微克,空气质量优良天数比率为77.8%。实施"水十条"、太湖治理、阳澄湖生态优化行动等重点项目575个,完成4.5万亩太湖网围清拆和阳澄湖生态修复一期工程,国考省考断面水质优Ⅲ比例分别达87.5%和86%、提高18.8个和10个百分点。我市水污染防治工作得到全国人大执法检查组充分肯定,河湖长制工作入选全国主题教育攻坚克难案例。推进重点行业企业用地土壤污染状况调查,加快原苏化厂二期等污染地块土壤修复。深化"两减六治三提升"专项行动,削减非电行业煤炭消费总量478万吨,整治"散乱污"企业6709家,完成72家化工企业关闭退出、1个化工集中区取消定位。清理取缔非法码头268家。深入实施垃圾处置重点工程,新增危险废物年焚烧处置能力9.8万吨,新增垃圾分类小区1868个、行政村230个。实施生态环境机构监测监察执法垂直管理制度改革,严厉打击各类环境违法行为。

城乡面貌不断改善。全力保护修复长江生态,完成长江苏州段沿岸造林绿化8071亩,市区新增及改造绿地350万平方米,全市陆地森林覆盖率达30%。新增受保护湿地2.2万亩,吴江同里国家湿地公园通过试点验收。编制发布苏州生态涵养发展实验区规划。城乡河道水质继续改善,整治农村黑臭河道178条。完成海绵城市试点区项目建设26个。扎实开展城中村、老旧小区和"两扫""两小"整治行动,市容市貌持续提升。加强美丽镇村建设,加大农村人居环境整治力度,优化提升被撤并镇的镇区67个,新建三星级康居乡村350个、康居特色村10个、省级特色田园乡村试点6个。

5. 公共服务增能力

持续扩大教育服务供给,建成投用中小学幼儿园80所,增加学位7.3万个,普通高中继续扩招。名师公益线上教育实现全市覆盖,入选国家智慧教育示范区建设项目。课后延时服务惠及21.6万名中小学生。加强校外培训机构长效治理,开展城镇小区配套幼儿园治理和无证幼儿园清理。成功承办全国第六届中小学艺术展演活动。深化名城名校融合发展战略,南京大学、西北工业大学在苏新建校区,苏州大学未来校区、西交利物浦大学太仓校区、昆山杜克大学二期工程开工建设。职业教育卓越提升行动深入开展。深入实施健康苏州系列行动计划，加快医疗卫生资源补缺补短，市第九人民医院建成投用，苏大附一院二期、市中医院二期等工程扎实推进，新建、改扩建基层医疗卫生机构20家，新增慢病社区防治站105家。完善分级诊疗制度，新增医联体26个、专科专病联盟20个、远程医疗协作网4个，全科医生达到每万人4.18名。提高职工生育保险、大病保险及高血压、糖尿病患者等医保待遇，持续推进长期护理保险国家试点工作。启动基本医疗保险市级统筹，吴江医保全面融入苏州市区。我市与上海、浙江跨省异地就医门诊费用实现直接结算。大力发展文化事业，"文化苏州云"平台上线，苏州第二图书馆启用，346个行政村(社区)综合性文化服务中心实施标准化建设。成功举办首届中国苏州江南文化艺术·国际旅游节，苏剧《国鼎魂》摘得第十六届文华大奖。《苏州通史》《苏州志略》出版发行。新增国家文物保护单位2个，可园修复项目荣获联合国教科文组织亚太地区文化遗产保护奖。持续开展体育惠民行动，新增健身步道270公里，市运河体育公园、苏州体育博物馆建成开放。成功申获2021年"苏迪曼杯"世界羽毛球混合团体锦标赛举办权，成为2023年"亚洲杯"足球赛承办城市。

广泛开展新中国成立70周年庆祝活动，全市人民爱国热情空前高涨。深化文明城市长效管理，加强新时代文明实践中心建设，社会文明程度不断提高。创新基层社会治理，健全网格化联动机制，深化全科社工、智慧社区、协商共治、社区服务社会化等改革试点工作，城乡社区"三社联动"覆盖面超过70%。深入推进社会治安防控体系建设，扎实开展"扫黑除恶"专项斗争，严厉整治非法金融活动，持续开展打击黄赌毒、盗抢骗等违法犯罪专项行动，圆满完成各项重大活动安保任务，社会治安持续向好。妥善处置群众信访诉求，化解信访矛盾。大力支持驻苏部队建设，提高优抚对象抚恤和生活补助标准，强化退役军人服务中心建设，实现市及市以下服务保障体系全覆盖。姑苏区获评全国全面停止军队有偿服务工作先进单位。苏州市民族团结进步工作、民政工作获国务院表彰。深入实施安全生产全行业全领域大排查大整治行动，认真开展安全生产巡查，巩固提升"331"专项整治成果，安全生产事故起数和死亡人数分别下降17.1%和16.5%。

6. 民生保障增合力

多措并举加大民生投入，城乡公共服务支出占一般公共预算支出比重达78.7%。城乡居民人均可支配收入分别达6.86万元和3.5万元、增长8%和8.1%。39项市级实事项目全部完成。更大力度推动就业创业，新增就业17.3万人，扶持成功创业2万人，培训城乡劳动者4.4万人，发放稳岗补贴4.7亿元。苏州籍高校毕业生就业率达98.7%，城镇登记失业率保持在2%以内。居民基础养老金标准稳步提高，最低生活保障标准提高到每人每月995元。优化升级临时救助政策，全面落实"单人保"政策，临时救助困难群众5051户次。发放临时物价补贴2.4亿元，惠及困难群众28.2万人。推进区域性养老服务中心建设，新增养老机构床位1072张、日间照料中心105家。吴中区获评全省首个国家智慧健康养老示范区。新建公共场所母乳哺育室112家。推进残疾人"幸福亮居"工程，为680户低保重度残疾人家庭实施无障碍改造。拓展公共法律服务，法律援助案件达到1.66万件。公益慈善事业蓬勃发展，全球首个红十字国际学院在苏成立。建立房地产市场长效机制，出台调控政策并取得成效。增加保障性住房供给，开工建设棚户区改造安置住房3.2万套。新增缴存住房公积金职工78.1万人，覆盖面提高4.2个百分点。优化公交线网，新辟优化公交线路178条，其中省际公交线路7条，实现新能源公交内环高架内全覆盖。新建公共自行车站点300个、投放自行车2万辆。深入实施优质粮食工程，粮油产销存各环节监管进一步加强。深化食品药品安全放心行动，食品安全电子追溯体系建设有序推进。拙政园等景区实行分时预约，旅游市场秩序更加规范。加强价格监控，加大猪肉收储和供应力度，居民消费价格涨幅为3%。

第六节　南通市 2019 年经济社会发展报告

2019 年，面对国内外风险挑战明显增多的复杂局面，全市上下深入学习贯彻习近平新时代中国特色社会主义思想，对标争当“一个龙头、三个先锋”新使命，在省委、省政府和市委、市政府的正确领导下，坚持稳中求进工作总基调，积极抢抓三大国家战略特别是长三角区域一体化发展机遇，统筹推进“六个高质量”发展，经济运行总体平稳，综合实力显著增强，民生福祉日益改善，生态环境持续改善，高水平全面建成小康社会取得新进展，“强富美高”新南通建设迈出新步伐。

一、南通市 2019 年经济发展概况

（一）综合经济

1. 经济总量

全年实现地区生产总值 9383.4 亿元，按可比价格计算，比上年增长 6.2%。其中，第一产业增加值 428.8 亿元，增长 2.7%；第二产业增加值 4602.1 亿元，增长 6.9%；第三产业增加值亿元 4352.5，增长 5.7%。全市三次产业结构为 4.6：49.0：46.4。“两新”产业保持增长，高新技术产业产值增长 4.1%，占全部规模工业的比重为 40.3%；新兴产业产值增长 1.6%，占全部规模工业的比重为 30.8%。高新技术产业投资增长 22.9%，占全部固定资产投资的比重为 21.9%；限额以上批发零售企业网络零售额增长 30.9%，占限额以上零售额的比重为 3.2%；高技术产品出口增长 9.9%，占全部出口比重为 14.3%。人均 GDP 达到 128295 元，增长 6.1%，按 2019 年平均汇率计算，人均 GDP 为 18598 美元。

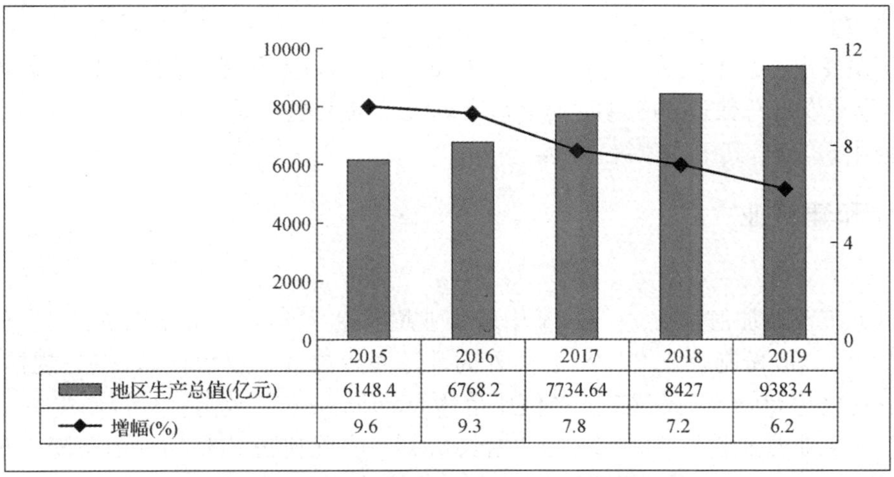

图 19　2015—2019 年南通市地区生产总值及增长速度

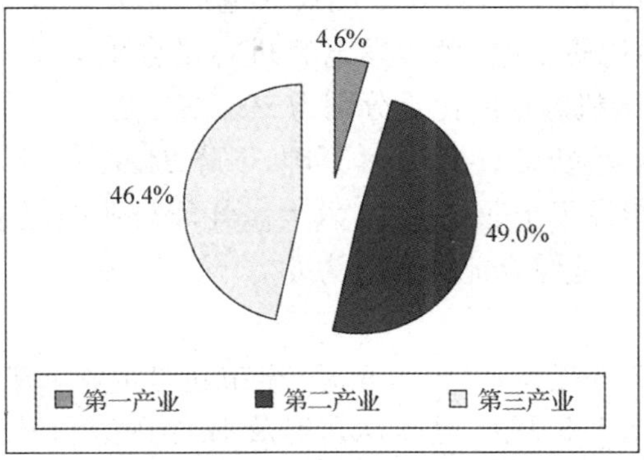

图 20　2019 年南通市三次产业结构图

2. 财政收支

全年一般公共预算收入619.3亿元,增长2.2%,其中税收收入507.6亿元,增长0.7%,税收占比82%。税收收入中,增值税下降0.9%,改征增值税增长7.8%,企业所得税增长4%,个人所得税下降18.7%,契税增长1.9%。全年一般公共预算支出972.8亿元,增长10.9%。一般公共预算支出中民生支出768.4亿元,占一般公共预算支出的比重达79%,比上年提高1个百分点。

3. 物价指数

市区居民消费价格总指数为103.2,物价总水平比上年增长3.2%,其中服务项目价格上涨1.9%,消费品价格上涨4.0%。八大类消费价格均呈上涨态势。

4. 固定资产投资

全市固定资产投资额增长6.6%。分产业看,工业投资增长5.9%,服务业投资增长7.6%,基础设施投资增长6.8%。分投资主体看,国有投资、港澳台及外商投资分别增长12.1%和11.6%;民间投资占全部投资的比重为76.5%。高新技术产业投资增长22.9%。

(二)农林牧渔业

全市农林牧渔业总产值789.3亿元,按可比价计算,增长3.6%。其中,农业产值335.3亿元,增长0.7%;林业产值3.5亿元,增长0.9%;牧业产值144.4亿元,增长8.4%;渔业产值212.1亿元,增长2.7%;农林牧渔服务业产值94.0亿元,增长9.6%。

全年粮食种植面积801.0万亩,下降0.3%;棉花种植面积8.2万亩,下降22.8%;油料种植面积105.7万亩,增长7.1%;蔬菜种植面积207.1万亩,增长0.4%。全市粮食总产量338.8万吨,增产1.9万吨、增长0.6%。其中,夏粮产量119.2万吨,增产0.9万吨、增长0.7%;秋粮产量219.5万吨,增产1.0万吨、增长0.5%。

现代农业加快发展。新增设施农业面积4.9万亩。年末,农业机械总动力417.4万千瓦,比上年增长0.8%。全年家庭农场总数达4435家,其中新增省级示范家庭农场38家,累计150家。全市建成农业产业化龙头企业523家,其中国家级10家。

(三)工业和建筑业

1. 工业

全市规模以上工业增加值增长7.2%,其中轻工业增长3.7%,重工业增长9.3%。分经济类型看,国有企业增长21.6%,股份制企业增长8.9%,外商及港澳台投资企业增长3.5%。规模以上工业企业中民营工业企业占比达80.7%,民营工业产值比重达66.6%。

全市规模以上工业营业收入8024.2亿元,增长3.4%;实现利润456.2亿元,下降9.6%。亏损企业亏损总额73.5亿元,增长36.2%。列统的34个行业大类中,26个行业工业产值增长,增长面达76.5%

全市拥有发电装机容量1185.3万千瓦,其中燃煤火电厂装机739.5万千瓦,占全市总装机容量的62.4%;风力发电、光伏发电、生物质发电、燃气发电装机容量分别为246.3万千瓦、132.8万千瓦、8.5万千瓦、46.3万千瓦,占全市总装机容量的比重分别为20.8%、10.2%、0.7%和3.9%。

全市规上工业非电行业煤炭消费量减少65.3万吨,下降24.7%。万元GDP能耗稳步下降,完成全市节能强度控制目标。全市规模以上工业企业中,六大高耗能行业能耗下降1.8%,快于规上工业能耗降幅0.9个百分点,占规模以上工业综合能耗比重为62.3%。

2. 建筑业

全市实现建筑业增加值755.6亿元,增长5.5%。全市建筑企业承建施工面积9.29亿平方米,增长6.1%。年末,全市建筑队伍人数195万人,建筑队伍遍及47个国家和地区,出国人数0.67万人;全市拥有特级资质建筑企业24家,拥有一级建造师9594人。全年新入围鲁班奖7项,累计获110项,居全国地级市之首。

(四)服务业

1. 国内贸易

全年社会消费品零售总额3260.2亿元,增长5.6%。分城乡看,城镇消费品零售额2422.4亿元,增长4.8%;农村消费品零售额837.8亿元,增长7.8%。分行业看,批发和零售业消费品零售额2967.6亿元,增长5.3%;住宿和餐饮业消费品零售额292.6亿元,增长7.9%。

限额以上贸易单位商品零售额中,汽车类零售额比上年下降2.4%,石油及制品类增长6.2%,粮油、食品类增长2.7%,饮料类增长6.9%,烟酒类增长6.1%,服装鞋帽针织纺品类下降1.4%,日用品类下降14.4%,金银珠宝类增长10.2%,家用电器和音像器材类下降8.0%。

2. 交通运输和邮电

全年货物运输量24584.0万吨,比上年增长5.7%,旅客运输量7428.2万人次,下降3%。年末,全市公路里程19246公里,增长2.6%,其中高速公路487.5公里,增长45.8%。全年公路货运量14686万吨,增长6.8%;公路客运量6447万人次,下降5.3%。年末,铁路南通站始发列车39.5对,其中客车33.5对;全年铁路客运量632.7万人次,增长10.0%;货运量142.0万吨,增长19.1%。年末,兴东国际机场拥有国际航线10条、开通周航班量28班;国内航线37条,开通周航班量261班,完成旅客运输量348.5万人次,增长25.7%;全年民航货邮吞吐量5.9万吨,增长4.4%。全市机动车保有量207.6万辆,比上年末增加11.9万辆。其中,载客汽车169.5万辆,增加12.6万辆;载货汽车10.5万辆,增加0.9万辆;摩托车25.8万辆,减少1.7万辆。全市个人汽车保有量达161.5万辆,比上年增加12.2万辆。

南通港全年货物吞吐量33620.4万吨,增长25.9%,其中进港19602.1万吨,增长23.8%;外贸吞吐量5005.5万吨,下降17.4%。集装箱吞吐量154.2万标准箱,增长59.3%,其中外贸航线34.2万标准箱,下降5.3%。

年末固定电话用户152.9万户,比上年减少15.3万户,其中城市电话用户99.2万户,减少4.6万户;住宅电话用户86.2万户,减少5.8万户。年末移动电话用户892.0万户,净增30.5万户。互联网用户1065.7万户,新增91.2万户,其中固定宽带互联网用户328.7万户,增加34.3万户;无线宽带互联网用户737.1万户,增加56.9万户。

3. 金融、保险和证券

年末本外币存款余额13725.3亿元,比年初增加1511.1亿元,其中住户存款余额7135.5亿元,增加804.3亿元。本外币贷款余额10211.9亿元,增加1320.4亿元。

全年发放住房公积金贷款96.3亿元,比上年增长29.4%;提取公积金109.2亿元,增长20.6%。全年新增公积金开户人数14.6万人,至年末已开户职工人数115.3万人。

年末,全市拥有保险机构81家,保险行业从业人员5.2万人。全年保费收入312.5亿元,比上年增长4.0%,其中财产险收入70.7亿元,增长5.2%;人身险收入241.8亿元,增长3.6%。

年末,全市上市公司44家,比上年新增3家,其中境内上市公司35家,比上年新增2家。上市公司通过首发、配股、增发、可转债、公司筹集资金150.5亿元。企业境内上市公司年末总股本343.3亿股,市价总值3148.5亿元。

4. 旅游业

年末,全市拥有旅游星级饭店54家,旅行社203家,A级旅游景区(点)53处,省星级乡村旅游区81家。全年接待海内外旅游者总人数5271.1万人次,比上年增长10.2%。其中,国内旅游者5251.2万人次,增长10.2%;旅游住宿设施和居民家中接待过夜海外旅游者19.9万人次,增长1.7%。全年实现旅游总收入782.7亿元,比上年增长10.4%,其中外汇收入1.4亿美元,增长3.8%;国内旅游收入765.4

亿元,增长10.4%。

5. 房地产业

全年房地产开发投资914.4亿元,增长20.4%。商品房施工面积5734.82万平方米,增长0.3%,其中普通商品房施工面积4304.1万平方米,增长0.9%。全市商品房竣工面积974.0万平方米,下降12.6%,其中普通商品房竣工面积692.4万平方米,下降17.4%。商品房销售面积1744.5万平方米,增长0.7%,其中普通商品房1571.2万平方米,增长0.1%。

(五)开放型经济

1. 对外贸易

全年进出口总值2519.9亿元,下降0.9%,其中出口总值1715.1亿元,增长2.3%;进口总值804.8亿元,下降7.1%。年末与南通市建立进出口贸易关系的国家和地区203个,比上年减少1个。全市有进出口业绩的企业6905家,增长5.9%。

2. 对外经济合作

全年新批外商投资项目267个,下降9.18%,其中三千万美元以上项目120个,下降14.3%;新批协议注册外资74.3亿美元,增长6%;实际到账注册外资26.7亿美元,增长3.2%。

全年新批设立境外企业58家,中方协议投资额9.4亿美元。新签对外承包劳务合同额17.1亿美元,下降1.1%;完成对外承包劳务营业额17.6亿美元,下降0.8%;新派劳务人员8050人次,下降9.7%;年末在外劳务人员1.9万人,下降18.0%。

二、南通市2019年社会发展概况

(一)人口、人民生活

年末,全市常住人口731.8万人,其中城镇人口498.4万人,增长1.6%,城镇化率达68.1%,比上年提高1个百分点;年末户籍人口759.8万人,比上年减少2.7万人。全市人口出生率为5.85‰,人口死亡率为8.60‰,人口自然增长率为−2.75‰。

城乡居民收入稳步增加。全体居民人均可支配收入40320元,比上年增长8.8%。按常住地分,城镇居民人均可支配收入50217元,增长8.4%;农村居民人均可支配收入24303元,增长8.6%。全体居民人均消费支出24956元,比上年增长6.7%。按常住地分,城镇居民人均消费支出29964元,增长6.0%;农村居民人均消费支出16849元,增长7.8%。

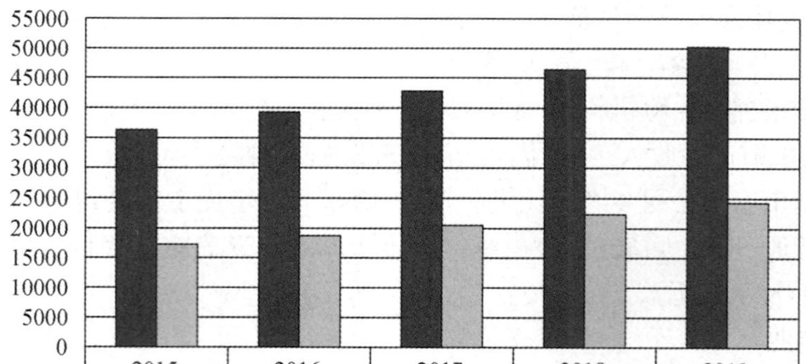

	2015	2016	2017	2018	2019
■城镇居民人均可支配收入(元)	36291	39247	42756	46321	50217
□农村居民人均可支配收入(元)	17267	18741	20472	22369	24303

图21 2015—2019年南通市城乡居民收入对比一览

年末，城镇居民家庭每百户拥有电冰箱 121.5 台，空调 242.3 台，移动电话 266.3 部，家用电脑 81.6 台，家用汽车 60.1 辆。农村居民家庭每百户拥有电冰箱 131.0 台，空调 184.6 台，移动电话 258.8 台，家用电脑 54.0 台。

年末，全市城镇居民人均住房建筑面积 49.2 平方米，比上年末增长 1.2%；农村居民人均住房面积 62.8 平方米，比上年末增长 1.3%。

（二）就业与社会保障

全年新增城镇就业人数 11.5 万人，新增转移农村劳动力 1.24 万人。全年提供就业岗位 31.2 万个。年末从业人员达 452.0 万人，其中第一产业 80.0 万人，第二产业 211.1 万人，第三产业 160.9 万人。劳动生产率持续提高，平均每位从业人员创造的增加值达 206910 元，比上年增加 14743 元。

年末，全市参加城镇职工基本养老保险人数 166.9 万人，比上年末增加 7.4 万人；全市城镇职工基本养老保险离退休人数 73.1 万人，较上年增加 4.3 万人。城乡居民养老保险参保人数 135 万人；参加失业保险人数 119.1 万人，比上年末增加 7.19 万人；参加工伤保险人数 136.78 万人，比上年末增加 5.58 万人。

年末，参加基本医疗保险人数 722.99 万人，比上年末增加 5.48 万人。其中，参加职工基本医疗保险人数 226.09 万人，比上年末增加 15.45 万人；参加城乡居民基本医疗保险人数 496.90 万人，比上年末减少 9.97 万人。

年末，全市拥有各类养老机构 249 家，总床位数 78761 张，其中养老机构床位数 51509 张，农村敬老院 90 家、床位 23361 张。年末，农村“五保”对象 21510 人，集中供养 6821 人，农村五保集中供养率达 31.7%。全年结婚登记 56241 对。

（三）教育与科技

1. 教育

全市拥有普通高等学校 8 所，年末在校学生 11.5 万人；成人高校 2 所，在校学生 2.9 万人；中等职业教育学校 28 所，在校学生 7.7 万人；普通高中 46 所，在校学生 8.4 万人；普通初中 164 所，在校学生 16.2 万人；小学 330 所，在校学生 35.9 万人；特殊教育学校 7 所，在校学生 0.2 万人；各级各类幼儿园 548 所，在园儿童 18.0 万人。

2. 科技

全年专利申请量 36976 件，下降 30.0%；专利授权量 19837 件，下降 19.3%。其中，发明专利申请量 9267 件，下降 5.8%；发明专利授权量 2278 件，增长 1.7%；万人发明专利拥有量 29.8 件，增长 9.4%。年末，全市拥有高新技术企业 1706 家；新建省级企业重点实验室 3 家，省级工程技术研究中心 21 家，省级院士企业研究院 1 家；新建市级工程技术研究中心 79 家。全年有 35 项科技成果获国家及江苏省科技进步奖，其中国家级特等奖 1 项，二等奖 2 项；省级一等奖 4 项，二等奖 9 项，三等奖 19 项。年末，全市共建成科技孵化器 53 家，其中国家级 15 家、省级 32 家。全社会研发投入占 GDP 的比重达 2.5%。

（四）文化、卫生与体育

1. 文化

年末，全市拥有文化馆 9 个，文化站 101 个，公共图书馆 10 个。全市拥有博物馆(纪念馆)23 个，年末人均拥有公共文化设施面积 0.37 平方米。各级文物保护单位 236 处，其中全国重点文物保护单位 11 处，省级文物保护单位 28 处。市级以上非物质文化遗产 125 项，其中国家级 10 项，省级 53 项。全市拥有广播电视台 7 个，年末有线电视用户 198.1 万户，其中数字电视用户 188.9 万户，高清电视用户 60.8 万户。全市拥有文化产业示范园区(基地)66 个，其中国家级 2 个，省级 5 个。

2. 卫生

年末,全市拥有卫生机构1822个(不含农村社区卫生服务站、村卫生室)。其中,医院、卫生院312个,妇幼保健院(所、站)9个,专科疾病防治院(所、站)1个。全市卫生机构床位数4.6万张,卫生技术人员5.0万人。其中,执业医师和执业助理医师2.1万人,注册护士2.2万人。全市拥有疾病预防控制中心(站)9个,卫生技术人员467人;卫生监督所7个,卫生技术人员211人;乡镇卫生院83个,床位0.8万张,卫生技术人员0.8万人。

崇川区、港闸区和开发区共建成城市社区卫生服务中心21个,以街道(镇)为单位建成率达100%。全市累计建成农村社区卫生服务站、村卫生室1535个,行政村覆盖率达100%。

3. 体育

全年成功承办了10项次全国赛事、10项次省级赛事。全市新增晨晚练健身点562个,各级各类全民健身活动参与群众超过169.33万人次。体育彩票全年销售额17.26亿元。

(五)城乡建设

着力强化统筹,城乡建设效应更好显现。突出"四化"同步,提高城乡协调发展水平。加强城市建设管理。深入推进"三城同创",成功举办2019中国森林旅游节,获批全国绿化模范城市,国家生态园林城市通过验收。聚焦打造城市精致空间,全力推动濠河风景区整治提升,实现步道成环、水景通透、绿意盎然、路网通畅。扎实抓好城建"四十大"重点项目,城山路改造提升和世纪大道、洪江路"白改黑"等工程竣工,啬园路隧道建成通车。轨道交通1号线盾构贯通里程过半。大力推进城市"微治理","三清一靓"等专项整治行动扎实开展。积极推动乡村振兴。突出抓好现代农业经营方式创新,新建高标准农田40.9万亩,粮食生产再获丰收;建成新型合作农场220家,新建省级示范家庭农场38家;新增现代农业科技综合示范基地3个、全国"一村一品"示范村镇3个,13家企业入选全国农业产业化龙头企业500强。

扎实开展"百村示范、千村整治"工程,新建省级农村人居环境整治综合示范村83个,完成农村改厕超过15万座,新增生态河道716条,村庄保洁基本全覆盖。提高城乡统筹水平。落实国家新型城镇化试点建设任务,推进3个经济发达镇新一轮行政管理体制改革。启动109个"多规合一"实用性村庄规划编制。农村土地承包经营权确权登记率、集体经济组织成员身份确认率分别达95.6%、99.8%。完成农村公路提档升级520公里、桥梁改造226座,成为"四好农村路"省级示范市。通吕运河水利枢纽试运行。

(六)环境保护

全年市区新增绿地400公顷,城市绿化覆盖率达44%;日供水能力达到200万立方米,水质综合指标合格率达100%;市区燃气普及率、用水普及率、生活垃圾无害化处理率均达100%。全年市区新增路灯、景观灯44550盏,城市道路亮灯率达99.7%,农村自来水普及率达100%。

全市共新建(改造)燃煤火电、热电机组脱硫设备10套、脱硝设施10套、除尘改造10套,锅炉平均脱硫效率达90%以上、综合脱硝效率达75%以上,烟尘排放基本达到重点区域特别排放限值。全市各地根据实际划定了禁燃区范围。

环境质量保持稳定,环境空气主要污染物年平均值为:二氧化硫10微克/立方米,二氧化氮32微克/立方米,可吸入颗粒物57微克/立方米,PM2.5浓度为37微克/立方米,其中二氧化硫、二氧化氮和可吸入颗粒物年均值符合国家空气质量二级标准,PM2.5年均值超过国家空气质量二级标准;全年空气质量指数达到良好以上的天数达295天,占全年有效监测天数的80.8%。长江南通段主流水质符合国家地面水质环境质量Ⅲ类水质标准,饮用水源地水质达标率为100%。区域环境噪声平均值为57.7分贝,交通干线噪声平均平均值为67.7分贝,均符合国家环境噪声质量标准。

（七）安全生产

全年共发生各类安全生产事故 469 起，死亡 287 人，比上年分别下降 11.0%和 20.1%。其中，工矿商贸企业（含建筑业）发生生产安全亡人事故 132 起，死亡 138 人。全年未发生一次死亡 3 人（含 3 人）以上安全生产事故。全市共发生火灾 1039 起，死亡 8 人，受灾 166 户，过火面积 23153.4 平方米，直接经济损失 1030 万元。全市共发生一般以上道路交通事故 1238 起，死亡 422 人、受伤 1021 人，直接经济损失 338.5 万元。

三、2019 年开展的主要工作

（一）着力以稳促进，经济质量效益进一步提升

全力抓好“六稳”，推动发展提质增效。大力创新政策供给。优化调整产业转型升级“24 条”和专项资金管理办法，制定支持企业技术改造和市区都市工业综合体建设等政策意见。出台科技创新“20 条”，5 项科技成果获国家科学进步奖，新增省级以上研发机构 57 家，高新技术企业突破 1700 家。出台高层次人才倍增、产业人力资源集聚和江海英才“一卡通”服务 3 项新政，新增省“双创” 团队和人才数分列全省第一、第二。建立省级以上开发园区“双考核”“双挂钩”制度。协调拉动需求增长。举办新一代信息技术博览会、船舶海工投资洽谈会、台商转型升级峰会等重大招商活动，新引进超亿美元外资项目 43 个、超 50 亿元内资项目 18 个，实际利用外资 26.7 亿美元。积极应对中美贸易摩擦，新增境外投资项目 58 个，对“一带一路”沿线国家和地区出口增长 5.5%。制定推进外贸新业态发展政策措施，市场采购贸易增长 15%，获国务院批准设立跨境电子商务综合试验区。反走私综合治理工作深入开展。加快提升产业能级。聚力培育“3+3+N”先进制造业集群，工业应税销售增长 13.4%、居全省第二，极地探险邮轮等 3 个全国首制船舶海工产品交付。打造新一代信息技术地标产业，推动半导体、工业机器人以及航空、船舶配套、生物医药等特色产业集聚，设立集成电路测试、两岸信息技术、长三角网络安全等专业园区，成为首批 5G 商用城市，新兴产业产值占规模工业比重达 30.8%。建筑业产值超过 9000 亿元。实施智能制造提升行动，新增省级以上智能车间（示范工厂）10 个，建成国家工业互联网标识解析二级节点。精准服务实体经济。建立“五个一”常态化服务企业机制，上线运行“政企通”APP。推进民营中小企业账款清欠工作。深入推动“5215”大企业培育，新增百亿级工业企业 1 家、制造业单项冠军 2 家、全国首批专精特新“小巨人”企业 3 家，新增规模以上企业 640 家、全省最多。新增直接融资 820 亿元、上市企业 4 家，成为全国第 5 个银行贷款余额超万亿元的地级市。

（二）着力聚焦重点，事关南通长远发展重大事项取得突破

坚持以改革创新破解难题，积蓄高质量发展动能。全力推动重大基础设施规划建设。自主开展规划研究，调动各方资源全力向上争取，推动北沿江高铁、南通新机场、通州湾新出海口等重大战略性工程列入《长江三角洲区域一体化发展规划纲要》。组建新机场（枢纽）和通州湾港口建设指挥部，高位推进前期工作，新机场选址基本稳定；修编南通港总体规划，制订通州湾新出海口建设方案，通海港区至通州湾港区铁路专用线一期工程开工；北沿江高铁工程可研报告通过行业审查。沪通长江公铁大桥合龙，宁启铁路二期、海启高速、锡通高速北接线通车，兴东机场新航站楼投入使用。扎实开展“重特大项目落地落实年”活动。健全市领导挂钩联系重大项目制度，突出抓好项目招引、转化和评估，完成省、市级重大项目投资 1100 亿元，新开工 10 亿元以上产业项目 139 个，累计在手百亿元以上产业项目超过 20 个，金光高档生活用纸、中天精品钢、桐昆聚酯一体化、正威新材料、招商局豪华邮轮、恒科纺织三期、华峰新材料、恒大新能源汽车等项目开工或签约。加快打造城市“创新核”和沿江生态带。中创区实现“三年见雏形”目标，会展中心交付使用，科创中心等完成主体结构工程，与北京大学、中北大学、中科院上海技物所

等合作共建研究院,引进上海电气研究院。整片打造五山及沿江地区生态示范段,累计修复腾出岸线5.5公里、增加森林面积6平方千米,初步绘就一幅面向长江、鸟语花香的生态文明画卷;编织全线贯穿、景观优美的沿江“生态绿腰带”,新建生态林6626亩,省委、省政府和国家发改委相继在我市召开长江大保护现场会。科学推进中心城区水环境治理。以水系为脉络,系统推进片区治水,扎实抓好“一控三自然”,创新运用拓扑导流、“两高一低”等新技术新措施,打通44条断头河,基本消除城市建成区黑臭水体,濠河及中心城区66平方千米内主要河道达到Ⅲ类水质。切实防范重大风险。严格落实政府性债务管控“三项机制”,建立债务综合监管系统,争取地方政府债券218.4亿元,实现债务规模和债务率“双控双减”。大力实施化工产业安全环保整治提升,对6家园区、472家企业逐个体检,制订“一园一策”“一企一策”处置方案,从紧推进三年行动计划,已关闭退出企业102家。

(三)着力强化统筹,城乡建设效应更好显现

突出“四化”同步,提高城乡协调发展水平。加强城市建设管理。深入推进“三城同创”,成功举办2019中国森林旅游节,获批全国绿化模范城市,国家生态园林城市通过验收。聚焦打造城市精致空间,全力推动濠河风景区整治提升,实现步道成环、水景通透、绿意盎然、路网通畅。扎实抓好城建“四十大”重点项目,城山路改造提升和世纪大道、洪江路“白改黑”等工程竣工,啬园路隧道建成通车。轨道交通1号线盾构贯通里程过半。大力推进城市“微治理”,“三清一靓”等专项整治行动扎实开展。积极推动乡村振兴。突出抓好现代农业经营方式创新,新建高标准农田40.9万亩,粮食生产再获丰收;建成新型合作农场220家,新建省级示范家庭农场38家;新增现代农业科技综合示范基地3个、全国“一村一品”示范村镇3个,13家企业入选全国农业产业化龙头企业500强。扎实开展“百村示范、千村整治”工程,新建省级农村人居环境整治综合示范村83个,完成农村改厕超过15万座,新增生态河道716条,村庄保洁基本全覆盖。提高城乡统筹水平。落实国家新型城镇化试点建设任务,推进3个经济发达镇新一轮行政管理体制改革。启动109个“多规合一”实用性村庄规划编制。农村土地承包经营权确权登记率、集体经济组织成员身份确认率分别达95.6%、99.8%。完成农村公路提档升级520公里、桥梁改造226座,成为“四好农村路”省级示范市。通吕运河水利枢纽试运行。

(四)着力攻坚短板,生态环境质量持续好转

统筹推进污染防治攻坚战和长江共抓大保护,中央环保督察及“回头看”反馈交办事项整改率超过90%,完成长江经济带生态环境突出问题整改12个。打好碧水蓝天净土保卫战。扎实推进河长制、断面长制、湾(滩)长制工作,实施水污染防治项目285个,31个省考以上断面优Ⅲ类比例达74.2%,长江南通段水质总体保持Ⅱ类,水质改善幅度进入全国城市前三十位。抓好“1+6”大气污染专项治理,落实扬尘管控、燃煤锅炉改造、VOC治理等措施,实现PM2.5浓度、优良天数比例“双达标”,空气质量保持全省最优。开展新一轮“散乱污”企业专项整治,取缔关闭1884家,提升、搬迁765家。推进“清废行动2019”、重金属防控区等专项整治,危废库存量削减72%。提高污染防治能力。制订实施环境基础设施三年建设计划,完成垃圾处置等重点项目22个,生活垃圾分类投放设施覆盖率达77%。狠抓村镇生活污水处理能力提升,完成24座乡镇污水处理厂提标改造,新建污水管网295公里。深入推进水务一体化改革,市、县全部组建水务公司并实体化运作。编制生态环境监测监控系统三年建设规划,化工园区自动监测系统全覆盖。完善生态文明制度。生态环境损害赔偿“南通模式”全国推广。环保信用参评企业增长22.6%。开展环保接待日活动,一批行业性环境问题得到解决。发挥“三代表一委员”作用,设立“回音壁”“致歉栏”等媒体曝光平台,全社会合力共治氛围进一步形成。畜禽养殖污染防治条例等地方法规正式施行。

（五）着力改善民生，群众获得感幸福感安全感不断增强

践行以人民为中心的发展思想，全面完成46项为民办实事项目，财政支出中民生投入占比达79%。深入推进富民增收和脱贫攻坚。实施“万人创业”“通籍人才归雁”和职业技能提升等行动计划，发放创业担保贷款2.3亿元、稳岗补贴9400万元，扶持群众创业2.1万人。大力推进精准脱贫，全面实施先诊疗后付费、重大疾病和意外伤害商业保险等健康扶贫措施，建档立卡低收入人口全部脱贫。加强困难群众临时生活救助和残疾人帮扶，新改造农村危房2545户。经济薄弱村扶持项目落实到位。扶贫协作、对口支援任务全面完成。大力发展社会保障和社会事业。企业职工基本养老保险参保新增12万人，长期照护保险城乡全覆盖。实现以县（市）区为单位城乡低保一体化，通州区社会保险与主城区并轨。深入推进教育现代化市级示范区建设，新增中小学幼儿园学位2.99万个，高考成绩保持全省领先，3所高职院校入选国家首批“双高”计划，“全国青少年校园足球改革试验区”建设获中央教育工作领导小组肯定。扎实推进医养结合、多元监管、紧密型医联体建设等国家级试点，获评全国普惠托育试点城市，信息化业务协同平台成为健康长三角一体化首个落地项目，与上海600多家定点医疗机构实现门诊刷卡直接结算。入选长三角养老一体化首批试点，每千名老人养老床位达35.5张。扶贫主题歌曲《蓝天下》等7部文艺作品获国家、省“五个一工程奖”，万人拥有公共文化设施面积达3737平方米。世界体育冠军增至21位。退役军人事务工作开局良好。兵员征集和国防动员演练任务圆满完成。不断强化安全生产和社会治理。制定《关于进一步加强安全生产工作的实施意见》，扎实开展危化品等重点行业领域大排查大整治、企业安全生产主体责任告知承诺等专项行动，启动安全生产专项整治，安全生产巡查实现全覆盖。开展私募基金专项治理，实施涉嫌非法集资银行账户监测查控，非法集资案件下降38%。扎实推进“扫黑除恶”专项斗争，统筹抓好网格化服务管理、社会治安防控、公共安全、信访积案化解、食品药品监管等工作，群众安全感、法治满意度保持全省前列，获评全国“七五”普法中期先进城市和全省法治政府建设示范市。民族团结进步创建获中央表彰，宗教等工作进一步加强。

（六）着力自我革命，政府职能和作风加快转变

在如期圆满完成机构改革的基础上，以刀刃向内的勇气抓好政府自身建设。认真开展主题教育。坚持用习近平新时代中国特色社会主义思想武装头脑、指导实践、推动工作，守初心、担使命、找差距、抓落实，强化了增强“四个意识”、坚定“四个自信”、做到“两个维护”的思想和行动自觉，提升了攻坚克难、干事创业的精气神，解决了一批事关发展全局和群众切身利益的实际问题。深入落实全面从严治党主体责任。认真贯彻《中国共产党党组工作条例》，严格执行中央八项规定及实施细则精神，政府系统党风廉政建设全面加强。坚决落实“基层减负年”各项要求，大力整治形式主义、官僚主义。深入抓好省委巡视、市委巡察反馈意见整改，主动接受各方面监督。定期向市人大报告工作、向市政协通报情况，全力办好市人大代表议案、市政协建议案，人大代表建议、政协提案办结率为100%、满意率为99.8%。持续加强行政效能建设。强化“放管服”改革，成立企业开办“一站式”服务专区，全面实行“证照分离、证照联办”，深入推进工程建设项目审批制度改革，设立市政务服务代办中心和24小时自助大厅，营商环境评价保持全省前列。充分发挥省、市委“三项机制”作用，建立市级政府部门不作为投诉处置机制，促进公职人员担当作为。

第七节　连云港市2019年经济社会发展报告

2019年，全市坚持以习近平新时代中国特色社会主义思想为指导，认真贯彻党的十九大、十九届二

中、三中、四中全会精神和习近平总书记重要指示精神，落实省委、省政府决策部署，紧紧围绕“高质发展、后发先至”主题主线，紧扣“八大突破”年度目标，积极应对国内外复杂形势，坚定信心、攻坚克难，统筹推进稳增长、促改革、调结构、惠民生、防风险、保稳定各项工作，经济发展稳中有进，转型升级步伐加快，改革开放持续深入，生态建设成效显著，民生福祉不断增进，各项事业实现新的进步。

一、连云港市2019年经济发展概况

（一）综合经济

1. 经济总量

经济总量持续扩大。全市实现地区生产总值3139.29亿元，按可比价格计算，增长6.0%。其中，第一产业增加值362.70亿元，增长3.6%；第二产业增加值1363.15亿元，增长8.0%；第三产业增加值1413.44亿元，增长4.7%。人均地区生产总值69523元，增长6.0%。

高质量发展步伐加快。一是产业结构优化，三次产业结构调整为11.6∶43.4∶45.0；二是消费是拉动经济增长“三驾马车”中的首要因素，消费贡献率为51.0%；三是创新成效显现，高新技术产业产值占规模以上工业比重达40.5%；四是绿色发展不断深化，全年规模以上工业综合能耗下降1.2%。

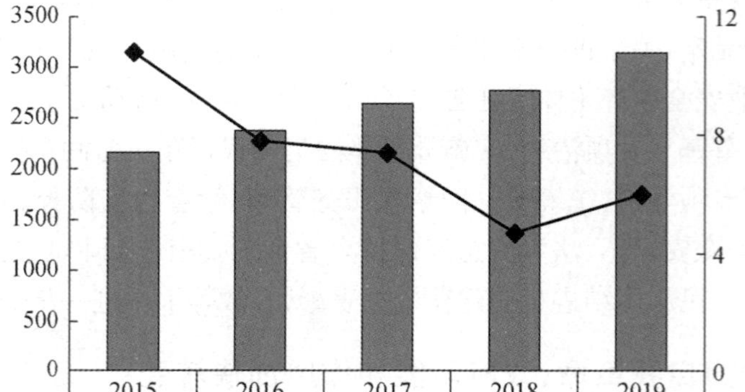

	2015	2016	2017	2018	2019
地区生产总值(亿元)	2160.64	2376.58	2640.31	2771.7	3139.29
增幅(%)	10.8	7.8	7.4	4.7	6

图22　2015—2019年连云港市地区生产总值及增长速度

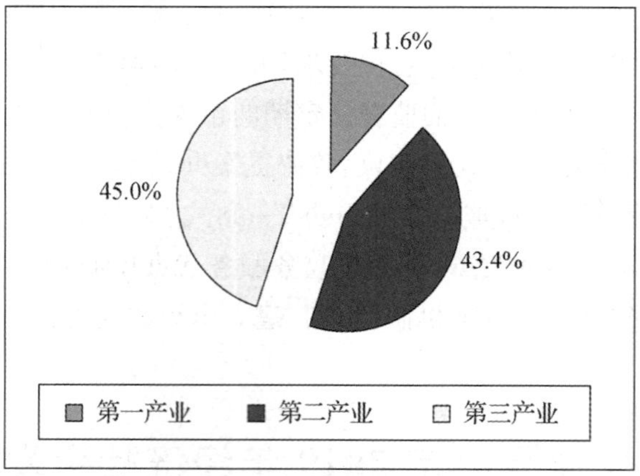

图23　2019年连云港市三次产业结构图

2. 财政收支

财政收入平稳增长。全市一般公共预算收入完成242.4亿元，增长3.5%，居全省第5位。剔除减税降费因素，同口径增长9.4%。其中，市区收入累计完成172.2亿元，增幅3.5%；三县收入完成70.2亿元，增幅3.5%。完成一般公共预算支出465.9亿元，增长11.1%，增幅比上年提高2个百分点。

3. 物价水平

物价水平总体稳定。全年城市居民消费价格比上年上涨3.0%。分类别看，食品烟酒类上涨9.9%，衣着类上涨1.3%，居住类上涨1.6%，生活用品及服务类上涨1.3%，教育文化和娱乐类上涨2.9%，医疗保健类持平，其他用品和服务类上涨2.7%，交通和通信类下跌0.2%。食品中，粮食上涨0.8%，食用油上涨3.2%，鲜菜上涨7.9%，畜肉类上涨28.4%，水产品上涨1.3%，蛋类上涨6.9%，鲜瓜果上涨12.0%。全年工业生产者出厂价格下降3.4%，工业生产者购进价格上升0.1%。

4. 固定资产投资

固定资产投资增长较快。全市固定资产投资1986.39亿元，增长6.8%，增幅居全省第四。其中工业投资完成1216.21亿元，增长15.0%，增幅居全省第一。

投资结构持续优化。全市第一、二、三产业分别完成投资39.88亿元、1214.63亿元、731.88亿元，三次产业占比结构为2.0∶61.2∶36.8。高新技术产业完成投资323.02亿元，增长15.3%，增速高于全部投资8.5个百分点；高新技术产业投资占全部投资额的比重16.3%，较上年提高1.2个百分点。民间投资完成1240.70亿元，增长15.4%；民间投资占全市投资的比重为62.5%，较上年提高4.7个百分点。

（二）农林牧渔业

农业生产能力增强。全市实现农林牧渔业总产值656.90亿元，可比价计算增长3.6%。其中，农业产值291.91亿元，增长1.3%；林业产值12.09亿元，增长4.9%；牧业产值105.90亿元，增长8.8%；渔业产值195.88亿元，增长4.3%；农林牧渔服务业产值51.07亿元，增长4.7%。

粮食生产稳中有增。全市粮食作物播种面积为758.84万亩，比上年微增0.18万亩，增长0.02%。粮食总产量366.56万吨，增长0.7%。其中，夏粮总产为143.20万吨，比上年增加2.08万吨，增长1.5%；秋粮总产为223.36万吨，比上年增加0.45万吨，增长0.2%。粮食作物亩产为483.06公斤，比上年增加3.22公斤，增长0.7%。其中，夏粮亩产为391.23公斤，比上年增加3.57公斤，增长0.9%；秋粮亩产为568.6公斤，比上年增加3.76公斤，增长0.7%。

现代农业加快发展。乡村振兴战略深入推进，特色农产品稳步增长，农业发展保持平稳，棉花、油料产量增幅均在20%以上。高效设施农业占比提高到20.9%。新增国家级农业龙头企业2家、省级农业龙头企业9家，创历年新高。省级农产品质量安全县实现全覆盖。稻渔综合种养，优质葡萄、淮山药、食用菌等特色产业发展向好，种养效益和农产品质量显著提升。

（三）工业和建筑业

1. 工业经济

工业经济换挡提速。全市规模以上工业完成增加值755.90亿元，增长9.5%，增幅居全省设区市第一位。全市在统的33个行业大类中，20个行业产值实现正增长，增长面为60.6%。六大主导行业完成产值2028.31亿元，增长9.7%，增速高于全市平均水平0.5个百分点。

战略性新兴产业迈向中高端。全市规模以上工业战略性新兴产业产值增长9.3%，高于全市平均水平，战略性新兴产业占全部规上工业产值比重为37.6%。启动建设“中华药港”，一大批医药产业项目加速集聚，成功举办第三届国际医药技术大会，恒瑞、豪森、天晴、康缘四大药企跻身中国医药创新力前五强,恒瑞医药成为国内医药第一股,市值接近4000亿元。新材料产业提质上量,太平洋石英高纯石英砂产能进入全球前三强,中复神鹰T1000超高强度碳纤维初步具备量产条件。精品钢基地扎实建设,亚新、镔鑫等冶炼企业规范运行,基本完成超低排放改造工程。

发展质效显著提升。全市规模以上工业企业实现利润总额245.31亿元,增长18.0%,增速位列全省第二。全市规上工业利润总额占全省比重达3.6%,高于营业收入,占全省比重1.4个百分点。资产规模稳步扩大。全市规模以上工业企业资产总计达3499.40亿元,增长6.3%,高于全省平均增速0.9个百分点。通过深化供给侧结构性改革和加快国家一系列减税降费政策的落地实施,全市工业企业的内部质态进一步提高。企业盈利能力增强,全市规上工业企业营业收入利润率达9.2%;规上工业企业资产负债率为57.2%,较同期下降1.3个百分点;每百元营业收入中的成本为74.5元,较同期下降1.9元。

2. 建筑业

建筑业增速回落。全市资质以上建筑业企业完成总产值545.56亿元,下降24.2%;房屋施工面积4028.68万平方米,下降32.2%;房屋竣工面积1695.22万平方米,下降28.8%。

(四)服务业

1. 国内贸易

消费品市场运行平稳。全市实现社会消费品零售总额1179.58亿元,增长5.2%。其中,批发业实现零售额232.81亿元,增长11.1%;零售业实现零售额785.96亿元,增长5.0%;住宿业实现零售额26.69亿元,下降14.5%;餐饮业实现零售额134.11亿元,增长1.6%。

基本生活类商品零售平稳增长。全市限额以上单位粮油、食品类商品零售额增长8.2%;饮料类降低0.5%;烟酒类增长1.2%;服装、鞋帽、针纺织品类增长10.2%;日用品类增长5.9%。这五类商品合计占限上批零业零售额的34.7%。

消费升级类商品销售进入过渡期。全市限额以上单位通讯器材类商品零售额增长5.2%;文化办公用品类商品下降7.5%;家用电器和音像器材类商品下降0.5%;体育、娱乐用品类商品增长2.7%;化妆品类商品增长0.8%;金银珠宝类商品增长5.0%;中西药品类商品增长21.6%;书报杂志类商品增长15.7%。

2. 港口、交通运输与邮电

打造综合交通枢纽。30万吨级港口航道二期工程连云港区段基本建成;连徐高铁开始铺轨,连淮铁路开通运营,高铁动车组开行至近百个城市;花果山国际机场全面开工建设;城市动车正式开行,实现与高铁枢纽无缝对接。

港口运输稳步增长。伴随着“一带一路”以及自贸区建设深入,连云港综合交通枢纽建设加快,港口生产稳步增长。货物吞吐量达24432万吨,增长3.7%,为近三年最高增长。完成外贸吞吐量达12923万吨,增长8.7%。集装箱吞吐量完成478.1万标箱,增长0.8%。客运总量首次跨上20万台阶达20.74万人次,增长7.5%。

铁路迈入“高速时代”。伴随着灌云和灌南铁路开通运营,全市铁路客运迈入“高速时代”,总体实现爆发性增长。全市境内铁路客运总量达654.6万人次,增长61.8%。铁路货运总量达5885.8万吨,增长7.5%。铁路货运总量占同期全省铁路货运总量比重达36.4%,占整个上海路局铁路货运比重为14.3%。

民航发展全面向好。连云港民航主要指标全部达到历史新高,机场航线达到40条,较年初新增8条,成功开通2条至日本国际航线。全年飞机起降18118架次,增长21.0%。全年旅客吞吐量192.3万人次,增长26.8%。

邮政通讯呈现积极变化。伴随着“互联网＋”发展进一步加快，邮政速递及信息通讯业呈现明显变化。全市邮政通讯业务收入达60.3亿元，增长10.6％；其中邮政业务收入21.6亿元，增长24.3％；信息通讯业务收入38.7亿元，增长4.2％。年末，全市电话用户达565.7万户，较年初增长4.6％，其中移动电话用户512.9万户，增长6.0％。互联网用户达568.4万户，增长9.1％，其中移动电话上网用户391.7万户，增长7.2％。

3. 旅游业

旅游业较快增长。全年实现旅游业总收入587.93亿元，增长10.6％，其中国内旅游收入582.05亿元，增长10.6％；旅游外汇收入3241.94万美元，增长9.9％。国内外旅游人数4202.74万人次，其中国内旅游人数4199.36万人次，增长10.4％；入境旅游人数3.38万人次，增长16.8％。

4. 金融和保险业

金融市场稳中向好。信贷规模继续扩大。年末，金融机构本外币存款余额3621.56亿元，增长11.0％；本外币贷款余额3460.22亿元，增长17.5％。银行住户存款余额1621.93亿元，增长13.0％。

保险业务收入再创新高。全市保险业务总收入113.76亿元，增长10.0％。其中，全年财产保险业务收入完成31.25亿元，增长12.1％；全市人寿保险业务收入达到64.73亿元，增长5.1％。

（五）对外经济

对外贸易趋于稳定。面对经济下行压力加大，国际贸易保护主义抬头等不利因素，全市深入推进“一带一路”建设，对外开放取得新进展。实际利用外资6.14亿美元，增长1.8％。实现进出口总额93.2亿美元，下降2.4％，其中出口总额38.9亿美元，下降6.5％。

自由贸易区获批建设。中国（江苏）自由贸易试验区连云港片区获批建设，连云港迎来了新一轮历史性发展机遇。自贸试验区建设迅速启动，在北京成功举办自贸区央企恳谈会，中哈陆海联运电子数据交换通道、海关多式联运监管新模式等16项制度创新成果初步形成。

连云港上合国际物流园加快发展。经过近六年的建设，上合组织（连云港）国际物流园服务功能日趋完善，已成为江苏沿海大开发和国家东中西区域合作示范区的重要组成部分。全市物流业总收入完成24788万元，增长17.9％；物流量完成2283万吨，增长55.9％。其中，内河港货物吞吐量1406万吨，增长9.5％；海河联运量1153万吨，增长36.3％；内河集装箱量2.7万标箱，增长87.6％。

二、连云港市2019年社会发展概况

（一）人口、人民生活

人口总量保持稳定。年末户籍人口534.4万人，比上年末增加0.07万人，增长0.01％。年末常住人口451.1万人，其中，城镇常住人口286.89万人，比上年末增加3.95万人，增长1.4％。常住人口城镇化率为63.6％，比上年提高1个百分点。

人民生活持续改善。坚持以人民为中心，办实事、惠民生，增强群众的获得感。全年全体居民人均可支配收入28094元，增长8.6％，其中农村居民人均可支配收入18061元，增长8.8％；城镇居民人均可支配收入35390元，增长8.1％，农村、城镇居民可支配收入增速均高于GDP增速。全年城镇居民人均生活消费支出21762元，比上年增长6.4％。农村居民人均生活消费支出12357元，增长7.0％。

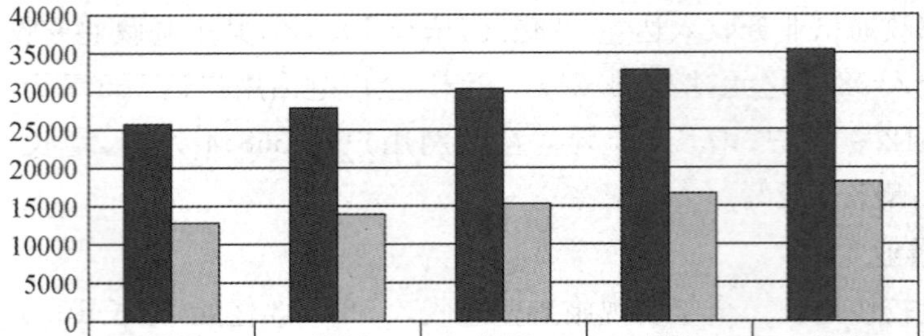

	2015	2016	2017	2018	2019
■ 城镇居民人均可支配收入(元)	25728	27853	30293	32749	35390
■ 农村居民人均可支配收入(元)	12778	13932	15273	16607	18061

图24　2015—2019年连云港市城乡居民收入对比一览

(二)就业、社会保障

就业创业形势稳定向好。全市新增城镇就业6.2万人,城镇登记失业率控制在3%以内。全市离校未就业高校毕业生实名调查登记率为100%。高校毕业生期末就业率稳定在98%以上。举办创业咖啡、创业大讲堂、创业沙龙等交流活动50余场次,在全社会营造了鼓励创业的良好氛围。全市积极落实鼓励全民创业新政"28条",全年发放各类创业扶持资金2.7亿元,帮扶自主创业1.78万人,带动就业6.34万人。全市新增省市级创业示范基地13家。

社会保障稳步推进。全市企业职工基本养老保险人数(含退休人数)达90.04万人,净增缴费人数2.37万人。全市参加失业保险职工人数45.32万人,参加工伤保险人数56.32万人。年末在领失业保险金人数5520人。企业退休人员月人均养老金增长6.7%,城乡居民基础养老金增长9.6%。

(三)教育与科技创新

1. 教育事业

教育事业协调发展。全市有普通高等院校5所(含独立院校1所)、成人高校1所。2019年,普通高等教育本专科招生1.58万人,在校生5.19万人,毕业生1.16万人;研究生教育招生464人,在校生842人,毕业生72人。全市中等职业教育在校生达4.5万人(不含技校)。九年义务教育巩固率为100%,高中阶段教育毛入学率为100%,普及高中阶段教育。特殊教育招生138人,在校生1261人。全市共有幼儿园618所,比上年增加22所;在园幼儿18.60万人,比上年减少3.5万人。出台基础教育高质量发展十条意见,大幅提升教师奖励性补贴,全市新增教师岗位1800多个。新海高中获批建设省高品质示范高中。江苏海洋大学成功创立,职业技术学院建成医药化工产教融合基地,财会学院通过高职办学评估。

2. 科学技术

创新驱动不断提速。高新技术产业产值占规模以上工业比重达40.5%,研发支出占GDP比重突破2%。深化科技体制改革,加快政府科技管理职能转变,充分发挥市场机制的基础作用,形成以企业为主体、市场为导向、产学研深度融合的科技创新体系。强化企业创新主体地位,新增国家级高新技术企业61家。获批国家"新药创制"重大专项27项,居全国地级市之首。科研载体加快推进,全年获批省工程技术研究中心5个、企业技术中心3个,院士工作站1个。

(四)文化、卫生与体育

1. 文化事业

文化事业蓬勃发展。全面建成1690个村(社区)综合性文化服务中心,按时实现省定城乡全覆盖的目标；推进县（区）文化馆、图书馆总分馆制建设，评比表彰20家优秀综合性文化服务中心，命名4个特色文化之乡、10个特色文化广场，基本实现覆盖城乡、便捷高效的现代公共文化服务体系。创编大型淮海戏《永远记住你》、旅游演艺与民族器乐剧《梦西游》、吕剧《英雄之铭》、京剧《德耀中华》、民族管弦乐音乐会、舞蹈《崴萨啰》等一批艺术作品，《就恋这把土》《英雄之铭》《情韵海州》《孤岛夫妻哨》4部作品获第四届省文华奖。新增市级非遗项目23个，市级项目代表性传承人43名，1人获批国家级非遗项目淮海戏代表性传承人。

2. 卫生事业

卫生健康事业发展取得积极成效。全市拥有卫生计生机构2740个，其中医院、卫生院（社区卫生服务中心）206个，疾病预防控制中心9个，妇幼卫生机构9个。各类卫生机构拥有床位2.81万张，卫生技术人员3.11万人，其中执业（助理）医师1.29万人，注册护士1.43万人。全市112家预防接种门诊全部建成标准化门诊，位居全省第一方阵；农村无害化卫生户厕普及率提升至97.4%，实现进位争先。卫生监督标准化试点工作高分通过省级验收，家庭医生签约服务做法被评为“江苏省家庭医生签约服务十大创新举措”，三个“千人计划”成为全省卫生人才强基工程典范，电子健康卡建设获评中国智慧健康医疗优秀成果。

3. 体育事业

体育事业稳步发展。完善城市“10分钟体育健身圈”，持续推进基层体育设施的换代升级，加强健身设施、器材的管理和维护，完成50个健身点，新增和升级460套健身器材（健身路径）和20个运动健身指导场站，进入器材招标阶段。积极筹办有影响力的国际赛事和全国赛事，“2019年连云港铁人三项亚洲杯赛暨一带一路国际铁人三项赛”在连岛景区举行。继续推广“全民健身大联动”等全民健身品牌活动以及广场舞、太极拳、健步走、健身秧歌等群众喜闻乐见项目，制订印发《2019年体育赛事活动计划》，举办2019年连云港首届户外嘉年华暨第三届连云港长城之巅越野赛、2019环湖半程马拉松赛等多项比赛活动。

（五）城乡建设

城乡统筹步伐加快，海滨特色日益彰显。全面启动连云新城建设，面向国际开展规划设计，蓝色海湾、滨海湿地、健康养生等项目加快实施，连岛5A景区获批建设。赣榆海洋科技馆、欢乐美食城项目全面推进，滨海风情日益浓郁。海州锦屏山环山路全线贯通，揽山入城步伐加快。直升机低空飞行项目投入运营，连岛和花果山实现空中摆渡。城市动车正式开行，实现与高铁枢纽无缝对接。城市功能有机更新。新改建便民道路60条。徐宿路建成通车。建成自行车道51公里。完成输变电工程40项。新（改）建城市供水管网34.4公里、燃气管道48.8公里，新增污水日处理能力10.7万吨，新建雨污分流管网86.7公里。建成海绵城市试点项目24个、地下综合管廊15.6公里。城市建成区垃圾分类设施覆盖率超60%。完成绿化造林30万亩，市区新增绿地280公顷。建成瀛洲、智汇湾等8个城市公园。完成老旧小区改造49个、棚户区改造1.7万套。

乡村振兴战略深入实施。粮食生产保持稳定，高效设施农业占比达20.7%，省级农产品质量安全县实现全覆盖。农产品出口额居全省第一。灌南裕灌、赣榆沃田跻身国家级农业龙头企业。统筹推进农民居住条件改善、特色田园乡村建设和农村人居环境整治，新建、改（扩）建农村公厕700座，无害化卫生户厕普及率达97.1%。行政村污水有效治理率达40%。农民住房条件改善工作完成省定目标。“四好农村路”实现全覆盖。1镇4村入选全国乡村治理示范镇村。

（六）环境治理和节能减排

系统推进生态环境治理，中央环保督察及“回头看”反馈事项得到有效整改，省级环保督察交办信访事项全部办结。东海建成循环经济产业园，废旧机动车拆解全部入园。依法强力推进石梁河采砂专项整治,拆解“三无”采运砂船1800余艘,一举终结无序采砂乱象,库区环境显著改善。清理整治河湖违法圈圩3.6万余亩、违法建设170万平方米,率先完成省定任务。环境质量稳中向好,PM2.5浓度持续下降,全年5个月达历史最好水平。22个地表水国省考断面全面消除劣Ⅴ类,15条入海河流水质全面改善,地表水环境质量改善幅度全国领先,近岸海域水质优良率达100%。清洁海岸志愿服务中心获“母亲河奖”,赣榆创成国家生态文明建设示范区,徐圩建成国家生态工业示范园区。连云港市成为第二批国家生态环境与健康管理试点城市。

全市划定28个自然保护地,调整优化生态红线区域62块,全面厘清生态本底、坚决守好绿水青山;启动蓝色海湾整治,持续治理废弃矿山,大力开展国家森林城市创建,新增造林30万亩、市区绿地280公顷,林木覆盖率、建成区绿化覆盖率分别达28.7%、41%,赣榆区创成“国家生态文明建设示范区”。

三、2019年开展的主要工作

——自贸试验区获批建设,肩负起国家赋予的建设亚欧重要国际交通枢纽、集聚优质要素的开放门户、“一带一路”交流合作平台的重大使命。连云港昂首站在了新时代改革开放最前沿,再次迎来崛起腾飞的重大历史性机遇。

——深入践行习近平生态文明思想,以空前力度打好污染防治攻坚战,以极大战略定力推进化工园区整治,坚持系统思维,冲破重重障碍,关闭不达标化工企业50家,累计处理物料7万吨,超期贮存危险废物实现清零。注重在“破旧”中“立新”,在落后产能加速出清的同时,规上工业增加值、工业投资增速全省第一,人居环境、生态环境、发展环境显著改善,经济发展与生态文明相辅相成、相得益彰的“连云港路子”越走越宽广。

——解放思想,迎难而上,制约石化基地建设的一大批瓶颈问题得到有效破解。30万吨级航道徐圩段全面启动,盛虹炼化、中化国际、卫星石化等重大项目强势推进,工地塔吊林立,现场热火朝天。徐圩新区在黄海之滨强势崛起,连云港向着世界级石化产业基地阔步迈进。

——勇于创新,开拓进取,着力把科技创新优势转化为产业竞争优势,承载着港城医药产业腾飞梦想的“中华药港”扬帆起航,36平方千米的“一区两园”全面铺开,一大批优质项目加速集聚,国际医药技术大会成功举办,四大药企位居中国医药创新力前五强。“中华药港”正在成为中国医药行业“新地标”。

——主动作为,创造机遇,成功争取上合组织国际圆桌会议在连云港举办。陆海联运通道建设迈出坚实步伐,“一带一路”标杆示范作用初步彰显。中哈物流基地、上合物流园加快发展,基础设施共建深入推进,物流信息实现跨境共享,上合组织国家出海口功能明显强化。

——不甘人后,勇于争先,商事制度改革、公立医院综合改革、东海农村电商发展等受到国务院督查激励,赣榆农业废弃物资源化利用模式被国务院肯定推广,全市各领域获得国家级奖励19项,这些典型成为我市推进“高质发展、后发先至”的生动写照。

——大众创业、万众创新活力迸发,自强不息的港城人民,怀着对美好生活的向往,站在互联网经济“风口”,发挥聪明才智,争做追梦路上的奔跑者。电商发展方兴未艾,东海水晶火遍直播界,赣榆海鲜又成新网红,快手活跃度全国前三的乡镇,两个在连云港。全市电商零售额420亿元,增长35%。“互联网+”加出创新创业新天地。

——加快打造神奇浪漫之都,大圣湖畔樱花烂漫,唐王坝前桃花盛开,孔雀沟中流苏飘香,花果山上“祥云”呈现,高铁“花果山”号驰骋四方,全球首架西游彩绘客机翱翔蓝天。连云连海连天下,连云港正浓墨重彩书写着“诗和远方”新篇章。

——聚焦人民群众对优质教育的热切期盼,认真落实教育优先发展战略,出台支持基础教育发展“十条”,教师待遇明显提升,新增中小学教师1800名,全社会对教育越来越重视,以教育远见支撑城市未来。淮海工学院创成江苏海洋大学,圆了港城人孜孜以求的“大学梦”。

第八节 淮安市 2019 年经济社会发展报告

2019 年，全市上下坚持以习近平新时代中国特色社会主义思想为指导，全面贯彻党的十九大和十九届二中、三中、四中全会精神，积极践行新发展理念，以供给侧结构性改革为主线，认真落实“六稳”政策措施，围绕市委“6+1”部署，统筹做好改革发展稳定工作，全市经济运行稳中有进，发展水平迈上新台阶，发展质量稳步提升，人民生活福祉持续增进，各项社会事业繁荣发展，生态环境质量总体改善，全面建成小康社会取得新的重大进展。

一、淮安市 2019 年经济发展概况

（一）综合经济

1. 经济总量

全市实现地区生产总值 3871.21 亿元，按可比价计算，比上年增长 6.6%。其中，第一产业增加值 386.20 亿元，增长 3.3%；第二产业增加值 1617.18 亿元，增长 7.1%；第三产业增加值 1867.83 亿元，增长 6.8%。三次产业结构比例为 10.0∶41.8∶48.2，第三产业增加值占 GDP 比重较上年提升 0.3 个百分点。人均 GDP 达 78542 元人民币，按可比价格计算，增长 6.4%，按当年平均汇率折算为 11386 美元。

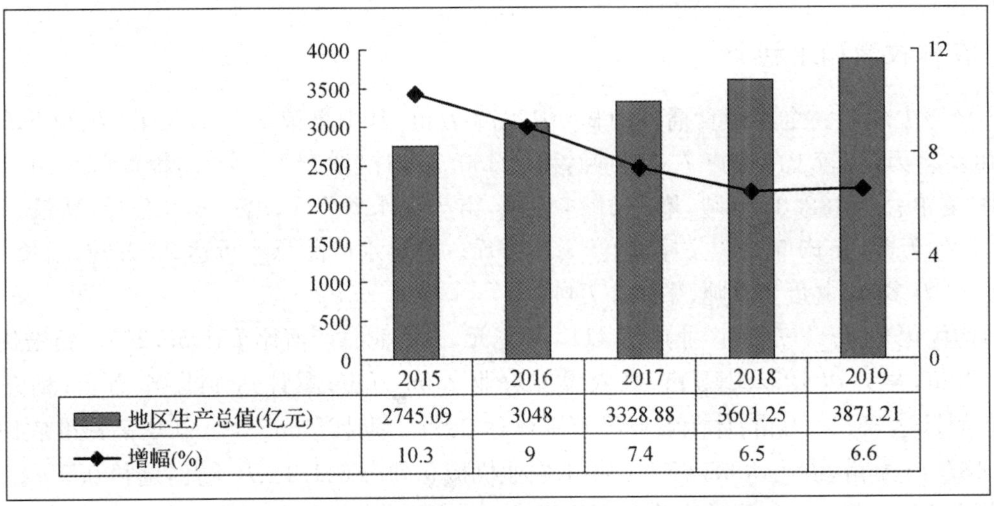

图 25　2015—2019 年淮安市地区生产总值及增长速度

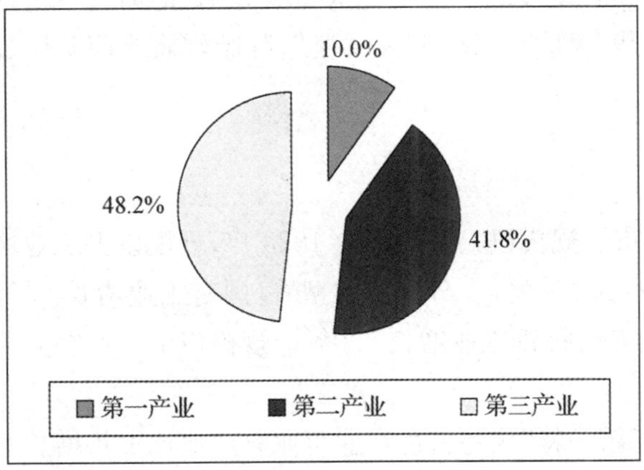

图 26　2019 年淮安市三次产业结构图

2. 财政收支

财政收支结构改善。全市实现一般公共预算收入257.31亿元,比上年增长4.1%,其中税收收入209.30亿元,增长2.9%,占一般公共预算收入比重达81.3%。一般公共预算支出529.13亿元,增长8.7%,其中民生类支出393.30亿元,增长11.0%,占一般公共预算支出比重达74.3%,较上年提升1.5个百分点。

3. 物价指数

消费价格温和上涨。居民消费价格比上年上涨2.7%。八大类商品及服务价格"七涨一跌"。其中,食品烟酒类比上年上涨7.9%,衣着类上涨2.5%,居住类上涨0.9%,生活用品及服务类上涨2.2%,交通和通信类下跌3.1%,教育文化和娱乐类上涨1.5%,医疗保健类上涨0.7%,其他用品和服务类上涨1.9%。食品价格中,鲜菜价格上涨3.9%,鸡肉价格上涨17.1%,虾蟹价格上涨4.1%,鸡蛋价格上涨4.4%,鲜瓜果价格上涨9.2%,猪肉价格上涨42.3%。

4. 固定资产投资

固定资产投资持续增长。全年规模以上固定资产投资比上年增长6.3%,其中工业投资增长5.9%;房地产开发投资下降8.2%;民间投资增长12.3%,高于全部规模以上投资增速6个百分点;高新技术投资占工业投资比重达25.2%,比去年提高11.6个百分点;基础设施投资增长15.2%,增速快于全部规模以上固定资产投资8.9个百分点。民生补短板投资重点突出,住宿餐饮、公共设施管理、教育等投资分别增长25%、8.4%和14.3%,均高于全部规模以上投资。

(二)农林牧渔和水利业

粮食产量历史新高。全年粮食播种面积1017.72万亩,其中夏粮475.31万亩,秋粮542.41万亩。粮食总产489.25万吨,较上年增产7.00万吨,亩产480.7公斤,增产8.7公斤,粮食总产、单产均创历史新高。其中,夏粮总产182.83万吨,增产1.74万吨,亩产384.7公斤,增产6.8公斤;秋粮总产306.43万吨,增产5.26万吨,亩产564.9公斤,增产9.5公斤。全年水产品总产量达28万吨,增长10.0%,年可供应肉类33万多吨、禽蛋9万吨、牛奶2万吨。

农业结构优化升级。"三特"产业产值411.70亿元,占农业总产值比重达59.2%。新增优良食味稻面积37.00万亩,累计达127.00万亩;高效设施农业2.56万亩,累计达141.07万亩;稻虾综合种养50.44万亩,累计达85.44万亩;休闲农业经营主体达36个,累计达665个。新增高标准农田40.00万亩,累计达487.73万亩,占比达68.65%。年末农业机械总动力641.11万千瓦,增长0.9%。

水利建设成绩显著。全年累计完成水利投资30.96亿元,连续9年投资总量超30亿元。淮河入海水道二期工程可研报告通过国家发展改革委委托的专家评估、淮河行蓄洪区及淮河干流滩区居民迁建工程启动实施。南水北调东线一期金湖站获"大禹奖",盱眙红旗水库除险加固工程获省水利厅优质工程奖。

(三)工业和建筑业

工业经济平稳增长。全市有规模以上工业企业1823户,规模以上工业增加值比上年增长7.5%,其中轻工业增长5.3%,重工业增长9.9%。分经济类型看,国有工业增长6.7%,集体工业增长9.8%,股份制工业增长8.1%,外商港澳台投资工业增长6.0%。规模以上工业企业营业收入增长4.8%,利润总额下降11.8%。

优势产业集聚发展。"三新一特"优势特色产业工业总产值比上年增长6.0%,占规模以上工业总产值比重44.2%。其中,新一代信息技术、盐化凹土新材料、新能源汽车及零部件、食品产业工业总产值分别增长 9.5%、0.4%、26.6%、3.9%。

建筑业稳步增长。全市具有资质等级的总承包和专业承包建筑业企业 608 户，全年完成建筑业总产值 1394.05 亿元，其中建筑工程产值 1345.28 亿元。实现建筑业增加值 320.56 亿元，比上年增长 6.9%。

（四）服务业

1. 国内贸易

消费市场繁荣稳定。全市实现社会消费品零售总额 1334.49 亿元，比上年增长 7.7%。按经营单位所在地分，城镇消费品零售额 1182.86 亿元、增长 5.3%，农村消费品零售额 151.63 亿元、增长 13.0%，农村消费增速明显快于城镇。按消费类型分，批发和零售业实现零售额 1203.70 亿元，增长 7.8%，住宿和餐饮业实现零售额 130.79 亿元，增长 6.0%。消费升级类商品销售增长较快，限额以上化妆品类增长 10.8%、体育和娱乐用品类增长 36.9%、书报杂志类增长 12.1%，增速分别快于社会消费品零售总额 3.1 个、29.2 个、4.4 个百分点。

2. 交通运输与邮电

交通投资再创新高。完成交通建设投资 134 亿元，比上年增长 9.8%，投资总额创历史新高。连淮扬镇、徐宿淮盐铁路完成线下主体工程，徐宿淮盐铁路完成铺轨，综合客运枢纽全面开工建设，宁淮铁路前期工作取得重大突破。348 省道洪泽绕城段、淮安区东段建成通车，420 省道金湖段、235 国道盱眙段等干线公路建设有序推进。京沪高速公路扩建淮安东、淮安两个互通开工建设。淮安港许渡作业区、城东作业区一期工程建成使用，新增港口吞吐能力 800 万吨。淮安机场二期扩建工程建成使用，金湖通用机场开工建设。

运输业稳定增长。完成公路水路货运量 1.29 亿吨，货运周转量 398 亿吨公里，比上年分别增长 1.9%、2.1%。港口集装箱吞吐量 20.2 万标箱，增长 17%，占全省内河运量 60%。淮安机场完成旅客吞吐量 151.6 万人次、货邮吞吐量 6286 吨，分别增长 18%、26%；新增柬埔寨、泰国等航线，通航城市增至 30 个。全市行政村双车道四级公路覆盖率大幅提升至 97.09%；新增 18 个乡镇开通镇村公交，镇村公交覆盖率达 100%。全市公路总里程达 1.34 万公里，其中高速公路里程 404 公里，一级公路里程 749 公里。

邮电通讯业快速发展。全年完成电信业务收入 32.67 亿元，比上年增长 22.7%；邮政业务收入 21.79 亿元，增长 17.32%。年末，固定电话用户 39 万户，下降 9.3%；移动电话用户 481.77 万户，增长 8.3%；互联网固定宽带用户 91 万户，增长 8.4%。

3. 旅游业

旅游业快速发展。全年实现旅游业总收入 470.08 亿元，比上年增长 13.8%。其中，国内旅游收入 465.66 亿元，增长 13.8%；旅游外汇收入 2386.66 万美元，增长 1.2%。全年接待境内外游客 3661.02 万人次，比上年增长 11.2%，其中国内游客 3658.47 万人次，增长 11.2%。接待入境过夜游客 2.55 万人次，下降 2.2%。全市共有国家 A 级旅游景区 35 家，其中 5A 级 1 家，4A 级 16 家；星级旅游饭店 23 家，其中五星级旅游饭店 1 家；旅行社 114 家，其中四星级旅行社 2 家、出境社 5 家；持有电子导游证导游 2190 人。

4. 金融

金融支撑强劲有力。年末，全市金融机构本外币存款余额 4137.49 亿元，比上年增长 12.5%，其中住户存款余额 1812.23 亿元，增长 12.5%。金融机构本外币贷款余额 3861.8 亿元，增长 16.6%；其中制造业贷款 275.78 亿元，比年初增加 13.75 亿元，对实体经济支持力度有所加大。

(五)开放型经济

1. 对外贸易

对外经济贸易加快拓展。全年外贸进出口总额 47.05 亿美元,其中出口 33.80 亿美元,比上年增长 0.4%。贸易结构持续优化,一般贸易进出口占比 56.3%;机电产品和高新技术产品出口分别增长 20.1%、55.1%,占全市出口总额的比重分别为 43.2%、12.9%,同比分别提高 7.0 个、4.5 个百分点;对“一带一路”沿线市场出口增长 23.7%,占全市出口总额的 30.5%。新设境外投资企业 11 家,外经营业额 1.73 亿美元,增长 10.0%。

2. 利用外资

利用外资稳中提质。全年新设外资项目 139 个,实际到账注册外资 10.49 亿美元,其中制造业实际利用外资占比达 41.4%。外资重大项目实现突破,全市新设总投资 3000 万美元以上外资项目 55 个,其中 1 亿美元以上项目 15 个。台资项目加快集聚,全市新设及增资台资项目 40 个,实际利用台资 1.62 亿美元。

二、淮安市 2019 年社会发展概况

(一)人口、人民生活

常住人口小幅增加。年末常住人口 493.26 万人,比上年增加 0.76 万人,其中城镇常住人口 313.22 万人,常住人口城镇化率为 63.50%。常住人口出生率为 9.98‰,死亡率为 7.5‰,人口自然增长率为 2.48‰。年末户籍人口 560.47 万人,其中男性 287.59 万人,女性 272.88 万人。

居民收入稳步增长。全体居民人均可支配收入 30192 元,比上年增长 9%;人均生活消费支出 16756 元,增长 7.2%。其中,城镇居民人均可支配收入 38952 元、增长 8.7%,人均生活消费支出 20327 元、增长 6.9%;农村居民人均可支配收入 18567 元、增长 8.8%,人均生活消费支出 12017 元、增长 7.2%。

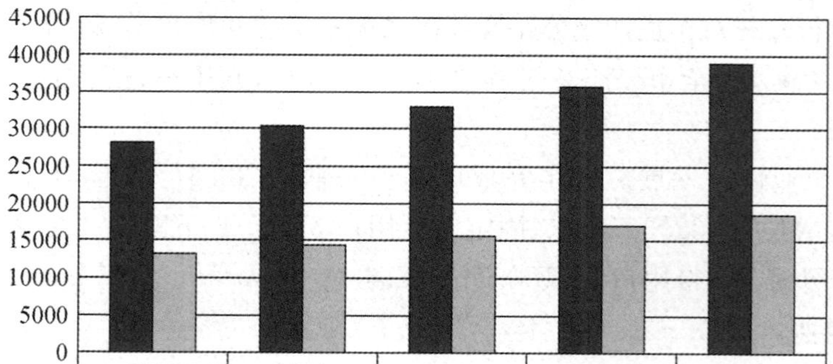

	2015	2016	2017	2018	2019
■ 城镇居民人均可支配收入(元)	28105	30335	32976	35828	38952
■ 农村居民人均可支配收入(元)	13128	14319	15601	17058	18567

图 27　2015—2019 年淮安市城乡居民收入对比一览

(二)就业与社会保障

就业形势总体稳定。全年城镇新增就业 8.26 万人,城镇失业人员再就业 5.96 万人,城乡就业困难人员就业 2.85 万人,年末城镇登记失业率为 1.75%,保持在较低水平。新增转移农村劳动力 2.72 万人,完成城乡劳动者就业技能培训 3.93 万人,创业培训 1.55 万人,扶持城乡创业 1.67 万人,创业带动就业 5.58 万人。

社保体系不断完善。年末城乡居民基本养老保险参保人数200.74万人。全市企业职工养老保险参保人数92.30万人，比上年增加1.01万人。工伤保险参保人数59.60万人，增加3.34万人。失业保险参保人数51.48万人。个体工商户、灵活就业人员企业职工养老保险参保人数38.8万人。全年共支付企业离退休人员养老金84.39亿元，养老金按时足额100%社会化发放。

（三）教育与科技创新

1. 教育

教育事业巩固发展。全市有各级各类学校952所、在校生93.03万人、专任教师6.3万人，分别比上年增加32所、0.87万人和0.29万人。其中，成规模幼儿园480所，在园幼儿17.08万人，教师0.97万人；小学241所，在校小学生34.93万人，教师2.33万人；初中167所，在校初中生17.99万人，教师1.55万人；普通高中34所，在校高中生7.91万人，教师0.71万人；中等职业学校15所，在校学生5.15万人，教师0.28万人；高校8所，在校大学生9.87万人，教师0.47万人；特殊教育学校7所，在校学生0.1万人，教师0.02万人。

2. 科技创新

创新创业环境优化。全市新增专利申请量13052件（其中发明专利申请量2554件，实用新型专利申请量9727件，外观设计专利申请量771件）。新增专利授权量7676件（其中发明专利授权量523件，实用新型专利授权量5710件，外观设计专利授权量1443件）。有效发明专利量为2561件，每万人有效发明专利拥有量达到5.2件。新获批省级众创社区1家、众创空间3家、星创天地2家，新建市级众创空间6家、科技企业孵化器1家。

科技创新实力增强。新获认定国家高新技术企业209家，年末有高新技术企业累计407家，评价入库科技型中小企业594家。新建国家级企业研发机构培育点2个，新获批省级企业工程技术研究中心5个，省级企业院士工作站1个，新建市级企业工程技术研究中心48家。

人才队伍发展壮大。全市人才总量58.7万人，其中专业技术人才33.38万人，当年新增1.83万人。高技能人才（具有高级工、技师或高级技师职业资格）16.59万人，当年新增2.51万人。共有省级以上技能大师工作室项目6个，高技能人才公共实训基地项目5个，省首席技师项目47个。共有海外留学回国人员444人，其中当年新增49人。有国务院特殊津贴专家116名、省级突出贡献中青年专家58名。国家级博士后科研工作站10家，省级博士后创新实践基地32家，比上年新增3家。

（四）文化、卫生和体育

1. 文化

文化事业繁荣发展。央视中秋晚会成功举办，淮安迎来海内外瞩目的高光时刻，让人充分感受到“缘来淮安，十分精彩”。全市新增公共文化设施面积42.14万平方米，人均拥有公共文化设施面积0.3平方米。全年提档升级294个基层综合性文化中心，达到全覆盖。全市有市级、县（区）级文化馆8个，公共图书馆9个（含少儿），美术馆2个，乡镇街道文化站94个，村（社区）基层综合性文化服务中心1606个。其中国家一级文化馆7个、公共图书馆7个。有线数字电视总户数65.26万户，有线数字电视村民小组接通率达100%。

2. 卫生

卫生资源不断增加。全市共有各类卫生机构（不含村卫生室）768个，其中疾病预防控制机构8个，卫生监督机构8个，综合医院40个，专科医院20个，中医院7个，妇幼保健机构8个，卫生院128个，社区卫生服务中心（站）75个。各类卫生机构实有病床30376张，其中医院19996张，卫生院8190张。共有卫生技术人员3.6万人，其中执业（助理）医师14579人，注册护士16468人，疾病预防控制机构卫生技术人员413人，卫生监督机构卫生技术人员171人，妇幼卫生保健机构卫生技术人员1957人。每千人常住人口拥有执业（助理）医师数、注册护士数、床位数分别为2.96人、3.34人、6.16张。

3. 体育

体育事业成果显著。成功举办第十二届万人自行车骑行、第十三届“长江经济带”全民健身大联动、2019中国龙舟公开赛(淮安站)、全国第二届青年运动会龙舟项目预赛、2019洪泽湖古堰半程马拉松赛等一系列高水平、大规模品牌赛事。建成体育公园37个,健身步道108公里。新增200余名二级社会体育指导员,年均完成体质测定3万人。

(五)环境保护

环境保护能力提升。全市累计建成国家级生态文明建设示范县1个,省级生态文明建设示范县区2个、示范乡镇60个、示范村27个。全市划定生态空间保护区域56块,总面积2139.62平方千米,占国土面积比例为21.34%。全市空气质量优良率达72.6%,高于全省平均值1.3个百分点;PM2.5为44微克/立方米,比上年下降10.2%。集中式饮用水源地水质达标率87.5%。市区环境噪声平均等效声级54.6分贝,声环境质量等级较好。单位GDP能耗下降率完成省定目标。

三、2019年开展的主要工作

一是全力保持经济平稳增长。重抓有效投入,扎实推进重特大项目攻坚年活动,创新建立项目长制和督查考核推进机制,新开工超亿元项目367个、新竣工243个,同比分别增加116个和42个,其中新开工超10亿元项目39个、新竣工8个,分别增加14个和3个,再创历史新高。时代芯存一期被国家工信部授予“工业强基存储器一条龙示范企业”称号,天士力帝益药业获评国家级绿色工厂,今世缘酒业等3户企业入选省自主工业品牌五十强,苏盐井神获评全国质量奖。保持外贸稳定,积极应对经贸摩擦,为对美出口重点企业提供点对点服务,组织企业参加境内外各类展会,协调落实“苏贸贷”优惠贷款超1亿元。稳定发展预期,新增减税降费46.8亿元,高新技术企业所得税减免等政策惠及企业逾千户,开展法润民企行动;综合金融服务平台接入金融机构33家、企业2万多户,制造业贷款、普惠型小微企业贷款余额分别增长4.2%和36.4%,浙商银行淮安分行开业,江苏银行淮安分行首家正式入驻市金融中心。加强用地保障,供应各类建设用地1.8万亩。提前完成洪泽区建设用地“双减量”试点任务,支持县区参与省域增减挂钩节余指标流转,探索建立增减挂钩节余指标市域流转平台。实现建筑业总产值1832亿元,增长4.5%。

二是全面加快乡村振兴步伐。粮食总产、单产双超历史,全年出栏生猪223.8万头,存栏68万头,总量趋于稳定。新增优良食味稻37万亩、高效设施园艺6.5万亩、稻虾综合种养50.4万亩,新培育规模休闲观光农业企业36户,创成国家级农业产业强镇2个。积极推进“淮味千年”区域公用品牌建设,盱眙龙虾、洪泽湖大闸蟹入选国家农业品牌目录,与淮安大米一同获批首届江苏省十强农产品区域公用品牌,成功举办第二届食博会,积极申创“美食之都”,有效促进农村一、二、三产业融合发展。探索出台新建农民集中居住区项目审批和招投标工作指导意见,用好用活省级专项资金、土地政策收益,新实施项目102个,涉及4.4万户,当年改善1.7万户住房条件,完成1410户省定建档立卡低收入户危房改造任务,金湖塔集等3个项目入选首批省级示范。投入30亿元实施六大类54项水利工程,新增高标准农田26.5万亩,建成农村公路536公里、桥梁100座,行政村双车道四级公路实现全覆盖。扎实推进农村人居环境整治,新改建农村户厕2.4万座,新增公厕590座,建成污水处理管网170公里,新建和改造规划保留村庄生活污水处理设施54个,生活垃圾集中转运处理率为100%,畜禽规模养殖场污染治理率为95.3%。涟水、盱眙创成国家卫生县城,马坝成为全国乡村治理示范镇,龟山村列入全国乡村旅游重点村名录,蒋坝入选省特色小城镇优秀案例,推进高沟镇扁担村等4个省级特色田园乡村建设试点,生态宜居的乡村环境正逐步形成。

三是大力提升城市建设管理水平。基础建设成效显著,建成高铁东站一期工程及综合客运枢纽、淮安运河大桥等交通新地标,加快推进京沪高速扩容和省道348、420等干线公路工程。公共配套不断完善，市金融中心一期交付，民防馆、水利科普馆对外开放，市公共卫生中心一期全面完工，白马湖森林公园、西游记文化体验园和华强方特文化创意基地等重大文旅项目有序推进。优化提升37个体育公园、文化体育广场，贯通108公里健身步道，新建便民公园绿地11个，新增市区停车泊位3万个。市容市貌日益改善，开展高铁、内环高架沿线环境综合整治，美化提升里运河沿线景观，古淮河国家湿地公园通过验收。新建雨污水管网264公里。新开工棚改住房1.5万套，提标改造老旧小区70个，完成40个小区二次供水改造，建成省级宜居示范居住区7个，参与住建部住房公积金资金管理业务标准研究制定。实施主城区环卫市场化，在382个居民小区推行垃圾分类。淮安精品月季获北京世园会最高奖。深入推进全国文明城市创建，加快补齐公厕、护栏、盲道等设施短板，提升重点街区、车站广场等环境面貌，强化超限超载、渣土抛撒等专项整治，加强市容环境法治化治理，城市文明程度显著提升。

四是持续打好三大攻坚战。有效控制重大风险，强化专项督导，将全市隐性债务融资主体纳入平台管理，债务率逐年降低，全面完成政府隐性债务化解年度任务。积极防范重点企业资金链断裂风险，建立破产处置协调联动机制。加强对小贷公司等地方金融行业从业机构监管，排查整治“套路贷”“现金贷”等非法金融业务。扎实推进污染防治，实施241项大气污染防治重点工程，主城区禁放烟花爆竹得到广大市民积极响应，狠抓重点区域微环境整治和扬尘污染管控。创新“三长一体”管护机制，提速实施控源截污、城乡污水处理等工程，完成清安河沿线非法排口封堵，严格落实水环境区域补偿制度，设立洪泽湖流域环境资源法庭，推动断面水质稳定达标。加大化工行业安全环保整治力度，关停退出化工企业35户。建立污染防治综合监管平台，全面整改落实中央环保专项督察“回头看”和省级环保督察反馈交办问题。深化阳光扶贫，细化落实“两不愁三保障”，剩余9万建档立卡低收入人口、28个省市定经济薄弱村达标出列，全市所有村集体经济收入超10万元，50%的低收入村集体经济收入达18万元，重点片区关键工程全面完成，51个农业产业富民项目建成运营，3个省重点帮扶县区提前一年达“摘帽”标准，与全省一道基本实现脱贫攻坚目标。

五是统筹发展各项社会事业。扩面提质公共服务，新改扩建中小学、幼儿园55所，扎实推进小区配建幼儿园、校外教育培训机构整治、规范办学行为等专项工作，组织参加全国、全省职业技能大赛创历史最好成绩。新创1所三级综合医院，完成预防接种综合管理信息系统和儿童预防接种门诊标准化建设。与南京等地组成跨区域医用耗材采购联盟，异地就医定点医院联网全覆盖。成功举办庆祝中华人民共和国成立70周年系列文艺活动、第二届中国(淮安)大运河文化带城市非遗展，新增3处国家级、10处省级文保单位。《留守村长留守鹅》获得省“五个一工程奖”，本土创作电影《黄花塘往事》在全国上映。承办一批国际国内品牌体育赛事。新建10个残疾人辅助性就业基地，实现5000名残疾人稳定就业，加强农村留守儿童和困境儿童关爱保护。不断深化社会治理，多元化社会共治格局进一步形成，“千村善治工程”试点建设基本完成。升级版技防城建设取得实质性进展，居民小区视频联网率达82.6%，技防乡镇、技防村居建成达标率分别达100%和97.2%，数据赋能警务实战工作走在全省前列，圆满完成中华人民共和国成立70周年大庆等重大活动安保任务。深入开展矛盾纠纷排查化解和信访积案攻坚，进京赴省非访数持续下降，阳光信访入选2019智慧江苏优秀案例，老兵调解、信访评议庭等经验在全国推广。“扫黑除恶”专项斗争取得压倒性胜利，摧毁黑社会性质犯罪组织8个，打掉恶势力犯罪集团31个，整治行业违法违规事项113项，得到中央督导组充分肯定，被选树为全省唯一的全国扫黑除恶重点培育市。深刻汲取响水“3·21”特大事故教训，扎实推进安全生产专项整治，抓好省巡查反馈问题整改，建立隐患排查整改公示、专家诊断检查等五项制度，推广危险化学品企业“423”分类分级监管模式，全面推进化工企业、工贸行业、道路交通、建筑施工、消防等重点领域安全隐患治理，事故起数和死亡人数连续18年双下降。持续开展食品安全“逢十行动”，促进食品小作坊提档升级，规范提升5159户小餐饮店。全面完成宗教督查整改工作。积极争创全国双拥模范城“五连冠”。援疆、援藏工作扎实推进，与铁岭市交流合作不断深化。高质量完成第四次经济普查。国家安全、机关事务管理、广播电视、供销、气象、地震、仲裁、档案、地方志等工作进一步加强，老龄、青少年、妇女儿童、慈善、红十字等各项事业取得新的进步。

第九节　盐城市 2019 年经济社会发展报告

2019 年，面对复杂严峻的宏观经济形势，盐城市坚持稳中求进工作总基调，践行新发展理念，紧抓长三角一体化发展战略机遇，积极推动高质量发展，以供给侧结构性改革为主线，狠抓“六稳”工作落实，全市经济社会运行总体平稳，发展质量稳步提升，产业发展基础稳固，结构调整稳步推进，民生福祉继续改善，高质量发展取得积极进展。

一、盐城市 2019 年经济发展概况

(一) 综合经济

1. 经济总量

经济保持稳定增长。全市实现地区生产总值 5702.3 亿元，按可比价计算，比上年增长 5.1%。其中，第一产业实现增加值 619.9 亿元，比上年增长 2.9%；第二产业实现增加值 2371.6 亿元，比上年增长 3.2%；第三产业实现增加值 2710.8 亿元，比上年增长 7.5%。产业结构持续优化，三次产业增加值比例调整为 10.9∶41.6∶47.5，第三产业比重比上年提高了 1.4 个百分点，人均地区生产总值达 79149 元(按 2019 年年平均汇率折算约 11473 美元)，比上年增长 5.3%。

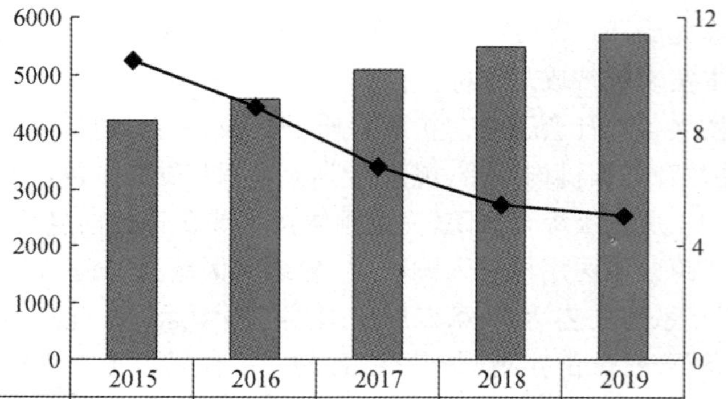

	2015	2016	2017	2018	2019
地区生产总值(亿元)	4212.5	4576.08	5082.69	5487.08	5702.3
增幅(%)	10.5	8.9	6.8	5.5	5.1

图 28　2015—2019 年盐城市地区生产总值及增长速度

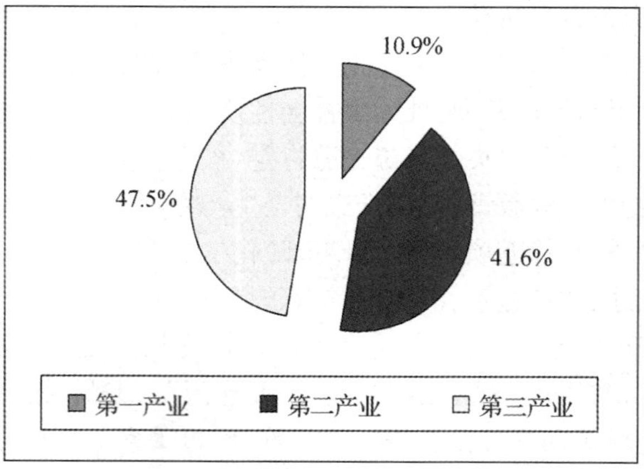

图 29　2019 年盐城市三次产业结构图

2. 财政收支

财政收支总体平稳。全市实现一般公共预算收入 383 亿元，比上年增长 0.5%，其中税收收入 295 亿元，比上年下降 3.3%，税收收入占一般公共预算收入比重达 77%。主体税种保持稳定，实现国内增值税 74.9 亿元、改征增值税 54.6 亿元、企业所得税 33.9 亿元、个人所得税 10.7 亿元。财政惠民力度不断加大，全市财政民生支出占一般公共预算支出比重达 78.6%，20 项民生实事完成投资 76 亿元。

3. 物价指数

物价水平温和上涨。全市居民消费价格总水平(CPI)同比上涨 3.3%。八大类商品价格“七涨一跌”，其中食品烟酒类上涨 6.4%，衣着类上涨 2.9%，居住类上涨 1.9%，生活用品及服务类上涨 3.5%，教育文化和娱乐类上涨 3.0%，医疗保健和个人用品类上涨 2.2%，其他用品和服务类上涨 6.1%，交通和通信类下跌 1.5%。全市工业生产者出厂价格指数(PPI)同比累计持平，工业生产者购进价格指数(IPI)同比累计下跌 0.1%。

4. 固定资产投资

投资结构更加优化。全市固定资产投资增长 4.9%，其中项目投资同口径增长 6.9%。投资结构进一步优化，全市第一产业投资同口径增长 2.5%，第二产业投资同口径增长 4.7%，第三产业投资同口径增长 5.3%。

工业投资质量提升。全市工业投资同口径增长 4.8%，高于全省平均水平 0.9 个百分点，其中高技术制造业投资占工业投资比重达到 19.3%，比去年同期提高 6 个百分点。工业技改投资同比增长 12.1%，比工业投资增速高 7.3 个百分点，占工业投资的比重为 57.2%，比去年同期提高 3.8 个百分点。高耗能行业投资一直处于负增长区间，全年高耗能行业投资同比下降 31.7%，占工业投资比重为 11.2%，比去年同期降低 6 个百分点。

民间投资快速增长。全市民间投资同口径增长 6.6%，占全部投资比重为 76.9%，比全年同期提高 1.2 个百分点，对全市投资增长的贡献率达 101.2%，拉动全市投资增长 5 个百分点。全市民间投资在结构上逐渐向信息技术类、社会民生类等领域倾斜。教育业民间投资增长 124.1%，交通运输仓储和邮政业民间投资增长 84.9%，科学研究和技术服务业民间投资增长 44.4%。

(二) 农林牧渔业

农业生产稳中趋缓。全市实现农林牧渔业总产值 1128.11 亿元，可比价增长 2.8%。全市粮食总产量达 712.3 万吨，比上年增加 7.99 万吨，增长 1.1%；粮食播种面积 1474.28 万亩，比上年减少 0.45 万亩。粮食亩产 483.15 公斤，比上年增加 5.56 公斤。棉花播种面积 0.38 万亩，比上年减少 0.66 万亩，总产 308 吨。全市油料作物播种面积 62.9 万公顷，比上年减少 1.16 万亩，油料总产量 12.97 万吨。

农业机械化规模扩大。全市农机总动力 723.79 万千瓦。大中型拖拉机、联合收割机、水稻插秧机保有量分别达 27372 台、25658 台和 19611 台。全市秸秆机械化还田面积 1027.95 万亩，全年农机化作业收入 46.37 亿元。

农业现代化进程加快。2019 年，全市累计新增设施农(渔)业 20.5 万亩。全市绿色优质农产品比重达 67.2%，比上年提高 5.2 个百分点，建成绿色食品原料标准化生产基地省级 75 个、部级 5 个。全市有省级农业产业化重点龙头企业 82 家，列全省第一。全市累计认定家庭农场共 5434 家，经营总面积达 127.4 万亩，创成省级示范家庭农场 57 个，累计达 203 个；市级示范农场 100 个，累计达 402 个。

(三)工业和建筑业

工业生产总体平稳。全市规模以上工业企业实现总产值4352亿元,比上年下降0.2%,规模以上工业增加值增长1.6%。民营工业好于面上。全市民营企业实现产值3015亿元,比上年增长3.0%,占规模以上工业比重69.3%。全市工业用电量215.2亿千瓦时,比上年增长1.3%。

支柱产业稳定发展。全市工业企业实现全口径开票销售5945.7亿元,比上年增长8.9%。汽车、机械、纺织、化工四大传统支柱产业实现工业开票销售3842.8亿元,占工业总量的64.6%,其中机械装备制造业实现开票2309.4亿元,增长25.3%;汽车产业实现开票577.6亿元。东风悦达起亚汽车公司整车出口3万辆,华人运通公司发布首款量产车型并启动工厂建设。非车产业实现开票销售5368.1亿元,比上年增长11.2%。

建筑业稳步增长。全市完成建筑业总产值1804.5亿元,比上年增长3.1%。其中,建筑工程产值1733.4亿元,比上年增长1.7%;安装工程产值53.2亿元,比上年增长88.6%。全市总承包一级及以上资质企业71家,完成建筑业总产值793.9亿元,增长8.6%。全市建筑业企业在外省完成产值为854.7亿元,比上年增长14.9%。

(四)服务业

1. 国内贸易

消费市场保持平稳。全市实现社会消费品零售总额1920.1亿元,比上年增长8.0%。分城乡看,乡村消费增速领先城镇,全年城乡分别实现社会消费品零售总额1793.1亿元和127.0亿元,比上年增长7.4%和16.6%。分行业看,批发、零售、住宿、餐饮业分别实现零售额191.7亿元、1525.4亿元、24.4亿元和178.6亿元,批发业下降3.6%,其他比上年分别增长10.5%、16.6%和0.3%。分规模看,限额以上零售额604.4亿元,比上年下降1.6%;限额以下零售额1315.7亿元,比上年增长13.0%。

消费升级步伐加快。在限额以上批发和零售业主要经营类别中,粮油类实现销售额77.0亿元,比上年增长29.1%;肉禽蛋类实现销售额17.1亿元,比上年增长8.9%;烟酒类103.6亿元,比上年增长5.4%;建筑及装潢材料类实现销售额82.1亿元,比上年增长34.9%;化妆品类25.1亿元,比上年增长45.9%。全体居民消费支出18734元,增长6.6%,其中食品烟酒支出5341元,增长7.5%;衣着支出1567元,增长2.5%;居住支出3706元,增长7.3%;交通通信支出2518元,增长5.0%;教育文化娱乐支出2851元,增长8.0%;医疗保健支出1293元,增长12.6%。

2. 交通运输和邮电业

运输能力逐步增强。截至2019年底,全市共有公路总里程20541.8公里,其中高速公路395.5公里、一级公路1661.1公里、二级公路2924.2公里、三级公路1576.8公里、四级公路13791.2公里,等外公路192.98公里,其中国道637.2公里、省道1071.9公里。全市拥有等级公路20348.8公里,公路网密度达121公里/百平方公里和28.8公里/万人。全社会客运量(不含铁路、民航)6111万人,比上年下降4.9%,客运周转量64.3亿人公里,比上年下降5.4%;全社会货运量(不含铁路、民航)1.84万亿吨,比上年增长3.0%,货运周转量495.6亿吨公里,比上年增长2.1%。全年保障航班1.91万架次,年旅客吞吐量209.0万人次,分别比上年增长13.1%、13.8%,货邮吞吐量8673.4吨,比上年增长31.7%,全年铁路客运量197万人次,比上年增长8.1%。

邮电业务平稳发展。全市完成邮电业务总量104.95亿元,比上年增长12.7%。邮政业务收入(不包括邮政储蓄银行直接营业收入)累计完成24.8亿元,比上年增长17.0%;快递服务企业业务量累计完成 16494.7 万件，比上年增长 17.7%，实现业务收入 13.6 亿元，比上年增长 21.1%。电信业务收入 56.6 亿元，比上年增长 1.8%。

3. 旅游业

旅游业蓬勃发展。全市共接待海内外游客 3710.6 万人次，比上年增长 11.1%，实现旅游总收入 421.9 亿元，比上年增长 12.7%，旅游外汇收入 8594.5 万美元，比上年下降 2.6%。全市大力推动绿色转型、绿色跨越，盐城黄(渤)海候鸟栖息地列入《世界遗产名录》，成为全国第 14 处、江苏唯一的世界自然遗产。盐都创成国家级生态文明建设示范区，东台、建湖入选全国绿色发展百强县。积极发展湿地生态旅游，大丰成为省首批全域旅游示范区，恒北村入选首批全国乡村旅游重点村。新创成 4 家国家 3A 级旅游景区，全市共有国家 4A 级以上景区 17 家，列全省第五。

4. 金融和保险

信贷规模持续扩大。全市共有银行业金融机构 43 家，年内新增 1 家，为渤海银行盐城分行。金融机构年末本外币存款余额 7038.2 亿元，比年初增长 9.6%，其中储蓄存款 3181.4 亿元，比年初增长 9.6%。金融机构年末本外币贷款余额 5871.1 亿元，比年初增长 17.3%，其中中长期贷款 3091.7 亿元，比年初增长 20.5%。

保险业健康发展。全市拥有各类专业保险机构 61 家，其中市级产险公司 22 家，寿险公司 39 家。保险分支机构及营销网点 645 个，保险从业人员 4.7 万人。全市实现保费收入 192.7 亿元，比上年增长 9.2%，其中财产险 46.1 亿元，比上年增长 12.0%；人身险 146.6 亿元，比上年增长 8.2%。全市各项赔偿和给付 52.6 亿元，比上年增长 0.1%。

5. 房地产业

房地产销售总体平稳。全市房地产开发投资 426.2 亿元，比上年下降 6.3%，其中住宅投资完成 344.5 亿元，比上年下降 4.5%。全市实现商品房销售面积 850.2 万平方米，比上年下降 7.1%，其中住宅 738.1 万平方米，比上年下降 9.0%；商品房销售额 595.6 亿元，比上年增长 5.1%，其中住宅销售额 511.9 亿元，比上年增长 3.0%。

（五）对外经济

对外经济贸易稳定增长。全市实现进出口总额 96.1 亿美元，比上年增长 0.7%，其中出口 64.1 亿美元，比上年增长 6.3%；进口 32.0 亿美元，比上年下降 9.1%。新批外商投资企业数 140 个，其中总投资 3000 万美元以上项目 47 个，比上年增长 2.2%。注册外资实际到账 9.2 亿美元，比上年增长 0.8%；协议注册外资 42.2 亿美元，比上年增长 112.6%。

二、盐城市 2019 年社会发展概况

（一）人口、人民生活

人口总量保持稳定。年末，全市户籍人口 821.35 万人，比上年末减少 3.38 万人，其中城镇人口 502.59 万人，乡村人口 318.76 万人。全年人口出生率为 7.23‰，死亡率为 3.74‰，自然增长率为 3.49‰。年末常住人口 720.89 万人，城镇化率达 64.9%，比上年提高 0.87 个百分点。

生活水平不断提高。全体居民人均可支配收入 32096 元，比上年增长 8.8%。城镇常住居民人均可支配收入 38816 元，比上年增长 8.1%；人均消费支出 20942 元，比上年增长 6.1%。农村常住居民人均可支配收入 22258 元，比上年增长 9.3%；人均消费支出 15501 元，比上年增长 6.8%。

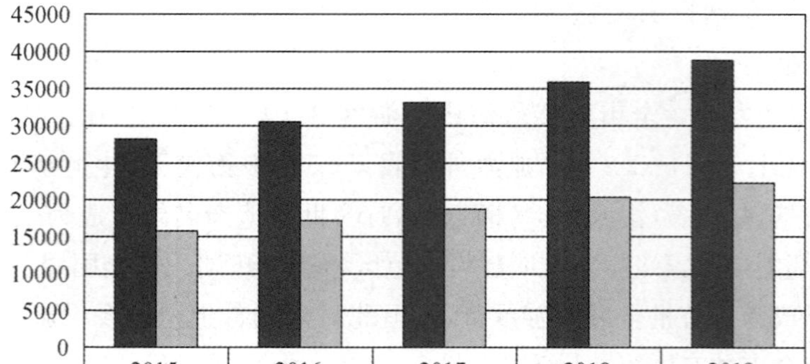

	2015	2016	2017	2018	2019
■城镇居民人均可支配收入(元)	28200	30496	33115	35896	38816
□农村居民人均可支配收入(元)	15748	17172	18711	20357	22258

图 30　2015—2019 年盐城市城乡居民收入对比一览

(二)就业与社会保障

1. 就业

城镇就业基本稳定。年末,全市从业人员 430 万人,比上年减少 1.8 万人,其中第一产业从业人员 95 万人,第二产业从业人员 158.5 万人,第三产业从业人员 176.5 万人。新增城镇就业人员 11.52 万人,城镇登记失业率保持 1.78%的较低水平。

2. 社会保障

社会保障日臻完善。全市共保障城乡低保对象 6.18 万户、10.71 万人,发放最低生活保障金 5.78 亿元,对全市 2.4 万名困难群众实施托底救助,支出托底救助资金 3692.4 万元。因灾致贫生活救助保险、重病支出型困难救助保险、特困人员护理困难救助保险惠及全市 3400 多户因病、因残、因灾、因祸、因学等导致支出型困难的家庭。全市建有公办养老机构 136 家,民办养老机构 61 家,城乡居家养老服务中心 2403 家。每千名老人拥有养老床位数 36.81 张,农村敬老院改造全部达到省定星级标准。

(三)教育与科学技术

1. 教育

教育事业协调发展。全市共有普通高校 6 所,招生 2.09 万人,在校生 6.74 万人,毕业生 1.71 万人;普通中专 3 所,在校生 3.06 万人;职业高中 9 所,在校生 2.25 万人;普通中学 292 所,在校生 32.66 万人;小学 335 所,在校生 44.99 万人。全市初中毕业生升学率为 99.5%,在校生年巩固率为 99.6%;小学毕业生升学率为 99.4%,在校生年巩固率为 99.8%;学龄儿童入学率为 100%。幼儿园在园幼儿 20.81 万人。全市共有教职工数 9.19 万人,其中专任教师 7.68 万人。

2. 科技

创新能力不断增强。全市科技研发投入占地区生产总值的比重为 2.16%,科技进步贡献率为 57.3%,比上年提高 1.2 个百分点,获批国家知识产权示范城市。全市新增高新技术企业 287 家,居苏北苏中第 2 位,国家高新技术企业数达 1185 家,成为苏北首个超 1000 家的设区市。全年专利申请数 25912 件,其中发明专利申请数 6056 件;全年专利授权数 15713 件,其中发明专利授权数 1454 件;有效发明专利量 6725 件,每万人发明专利拥有量 9.34 件。

（四）文化、卫生与体育

1. 文化事业

文化建设成果丰硕。文化惠民工程扎实推进。全年提升基层文化服务中心 674 个、文化站 10 个，新建或改建旅游厕所 119 座，建成阅读新空间 65 家、便民阅读设施 59 个。全年为群众送惠民演出 5000 场次以上、送展览 500 场次以上、送电影 22000 场次以上。艺术创作生产再获丰收。曲艺节目《爱我你就抱抱我》摘得第十八届“群星奖”，淮剧《小镇》传承版辉煌演出 200 场次，《送你过江》《十品半村官》双双获得第四届省文华大奖和第十一届省精神文明建设“五个一工程奖”。今年新创作剧本 45 部，创历年之最，5 个大戏作品获 2018 年度江苏省戏剧文学剧本奖。

2. 卫生事业

卫生体系更加健全。全市拥有卫生计生机构 3270 个，其中医院、卫生院（社区卫生服务中心）329 个，疾病预防控制中心 10 个，妇幼卫生机构 11 个。各类卫生机构拥有床位 4.03 万张，卫生技术人员 4.44 万人，其中执业（助理）医师 1.96 万人，注册护士 1.74 万人。

3. 体育事业

体育赛事蓬勃开展。举办首个全程马拉松赛事——2019 大洋湾盐城马拉松赛、2019 年“大洋湾”杯中国盐城黄海湿地公路自行车赛、2019 中华龙舟大赛（江苏·盐城站）和史上规模最大的市八运会等大赛。体育设施不断完善。全市 220 个老旧小区安装新的室外体育健身器材，市区新建 85 公里健身步道，全市健身步道总长度约 930 公里，位列全省前列。体育产业质效明显提升。亭湖黄尖体育旅游小镇入围省第三批体育健身特色小镇名单，金沙湖滑雪场、东台黄海国家森林公园、大洋湾生态旅游景区等 5 家单位获评 2019 江苏时尚体育好去处。阜宁县金沙湖淡水沙滩浴场被命名为 2019 年度长三角地区最佳体育旅游目的地。

（五）城乡建设

城乡建设成效显著。全市交通基础设施建设完成投资 187 亿元，陆、海、空齐头并进的现代化综合交通网络体系逐步形成。市区“一环五射”内环高架快速路网建成通车，内环高架三期如期建成，全市快速路网总里程达 90 公里。盐城拥有南洋国际机场、大丰港、滨海港 3 个国家一类开放口岸。高速铁路网建设全面推进，盐青高铁、徐宿淮盐高铁顺利开通，标志着盐城正式接入全国高铁网、全面迈进高铁时代。空港目前有 32 条在飞境内外航线，年旅客流量超过 200 万人次；盐城港“一港四区”累计建成 21 个万吨级以上码头泊位，货物通过能力突破亿吨。区域供水通达全市所有乡镇，全市自来水深度处理率达 94.43%，完成 10 座城市污水处理厂一级 A 提标改造工程，全市建制镇污水管网建设超过 300 公里。

（六）生态环境建设

生态环境持续改善。全市始终坚持生态优先、绿色发展新理念，生态环境得到持续改善。全市新增成片林 15.6 万亩，改造既有林 20 万亩，造林面积全省第一，城镇绿化覆盖率达 37.2%，创成国家森林城市。全年空气质量优良天数 285 天，PM2.5 年均浓度下降至 39.5 微克/立方米，PM2.5 平均浓度和优良天数比例位居全省前列。在全省率先完成全市域水源地达标整治任务，新水源地及跨区域引水工程建成供水，让盐城人民喝上了优质水、放心水。率先在全省实现市域生活垃圾全量焚烧，生活垃圾无害化收运处理率、规模畜禽养殖场治理率达 100%。全面推行“河长制”，对各类河道实施综合整治，市区 34 条黑臭水体完成整治任务，受到污染河流正重新变得清澈。

三、2019 年开展的主要工作

一是深入践行新发展理念、经济社会平稳健康发展。全市地区生产总值增长 5.8%，固定资产投资增长5.5%,社会消费品零售总额增长8%。减税降费80亿元,实现一般公共预算收入383亿元,增长0.5%。城乡居民人均可支配收入分别达38875元、22190元,增长8.3%、9%。居民消费价格指数涨幅控制在3.3%。注册外资实际到账9.15亿美元,外贸进出口总额96.6亿美元。全口径工业开票销售5946亿元。"十三五"规划主要指标进度符合预期,市八届人大三次会议确定的目标任务基本完成。

二是三大攻坚战取得关键进展、全面小康迈出坚实步伐。坚决打好精准脱贫攻坚战,7.6万建档立卡低收入人口全部脱贫,完成6个省定经济薄弱村、200个市定经济薄弱村达标任务,响水、滨海退出重点帮扶县,滨海荣获全国脱贫攻坚组织创新奖。打好污染防治攻坚战,积极整改中央和省环保督察反馈问题,市区实施高排放车辆限行管理,全年空气质量优良天数285天,PM2.5年均浓度下降至39.5微克/立方米。率先在全省实现市域生活垃圾全量焚烧,生活垃圾无害化收运处理率、规模畜禽养殖场治理率达100%,国省考断面水质全面达标,市区34条黑臭水体完成整治任务。打好防范化解重大风险攻坚战,政府性债务规模和债务率实现"双降"目标。扎实开展安全生产专项整治,坚决有力整改安全隐患。高水平全面建成小康社会取得新的进展。

三是顺利实施政府机构改革、加快建设服务型政府。按照优化协同高效原则,全面完成政府机构改革,市政府部门减少9个,公共服务和社会管理职能进一步强化。扎实开展"不忘初心、牢记使命"主题教育,坚决整改中央、省委巡视以及市委巡察反馈问题,强化机关作风建设,千方百计为基层减负,政府执行力和公信力进一步增强。严格依法行政,自觉接受监督,办理市人大代表议案建议184件、市政协委员提案428件,办结率达100%。深入推进"放管服"改革,城市智能门户"我的盐城"APP上线运行,营商环境进一步优化,有力推动了经济社会高质量发展。

四是创新发展引领产业转型升级。坚持创新驱动发展,实施产学研合作项目1165个,新建省级企业技术中心20家、工程(技术)研究中心27家,新增287家高新技术企业、累计达1185家,成为苏北首个超1000家的设区市。全社会研发投入占GDP比重达2.3%,科技进步贡献率为57.3%、提高1.2个百分点,获批国家知识产权示范城市。出台专门文件支持驻盐高校与地方协同创新,盐城工学院成立新能源学院和产业技术研究院,盐城师范学院成立湿地学院。推动重大项目攻坚,"两重一实"项目完成年度投资1150亿元,亿元以上产业项目新开工230个、竣工175个,宝钢、SKI动力电池等重特大项目稳步推进。战略性新兴产业发展壮大,远景能源、捷威动力等项目建成投产,华能海上风电技术研发中心正式运行,新能源、电子信息产业开票销售均突破500亿元。传统产业加快转型,实施千万元以上技改项目500个,新增规模企业上云512家。东风悦达起亚汽车公司整车出口3万辆,华人运通公司发布首款量产车型并启动工厂建设。现代服务业快速发展,新增省级生产性服务业领军企业1家、省级互联网平台重点企业3家,盐城电商快递产业园成为国家电子商务示范基地,盐南高新区创投中心获批国家小微企业"双创"示范基地。服务业增加值占GDP比重达46%。金融机构各项贷款余额比年初增加865亿元。现代农业提质增效,调减低效粮田70.3万亩,新增设施农(渔)业20.5万亩,新建万亩以上优质特色农产品基地52个。省级农业科技园区县(市、区)全覆盖,东台创成国家级现代农业产业园,大丰创成全国农产品质量安全县。新办规模农业龙头企业107家,农产品网络销售突破150亿元,成功举办2019海峡两岸(江苏)名优农产品展销会。"盐之有味"农产品区域公用品牌正式发布。严密防控非洲猪瘟等重大动物疫病,稳定生猪生产,保障市场供应。推进农村集体产权制度改革,亭湖和盐都、射阳基本完成国家和省级试点改革任务。

五是协调发展带动城乡面貌改善。统筹规划市域、市区、县城、镇街和乡村建设,引领城乡一体化发展。城市组团加快建设,南海未来城组团南海公园对外开放,大洋湾组团完成景区建设,高铁枢纽组团加快开发,先锋岛组团全面征地拆迁,斗龙港组团《只有爱》戏剧幻城项目成功试演,小马沟组团科创新城、盐龙体育公园加快实施。呼应群众期盼,全面启动、强力推进城北地区改造和串场河、通榆河、新洋港生态廊道规划建设。里下河洼地治理工程、城市防洪项目扎实推进。全市实施棚户区(危旧房)改造3.13万户、285万平方米,其中市区2.3万户、218万平方米,整治老旧小区11个,拆除违法建设41.4万平方米，整治新洋港违停船舶1600余条。强化城市精细化管理，落实“十没有、二十有”标准，完成户外广告整治，建成建管精细化示范街区20个，全国文明城市创建扎实推进。乡村振兴战略深入实施，完成“十镇百村”首批示范镇村建设，新开工新型农村社区197个，累计改善农民群众住房5.1万户。东台入选全国首批乡村治理体系建设试点县。开展农村人居环境“四治理、四提升”，建设无害化卫生户厕4.6万座，新建改造农村公厕760座，疏浚河道4607万方，创成省级特色田园乡村3个、美丽宜居村庄260个。建设美丽乡村旅游公路，新改建农村公路872公里、桥梁474座。盐都创成全国“四好农村路”示范县。

六是绿色发展彰显生态品牌魅力。大力推动绿色转型、绿色跨越，盐城黄(渤)海候鸟栖息地列入《世界遗产名录》，成为全国第14处、江苏唯一的世界自然遗产。成功举办2019黄(渤)海湿地国际会议，国际湿地城市创建通过国家林草局评估验收，大纵湖创成国家湿地公园。新增成片林15.6万公亩，改造既有林20万亩，造林面积全省第一，城镇绿化覆盖率达37.2%，创成国家森林城市。盐都创成国家级生态文明建设示范区，东台、建湖入选全国绿色发展百强县。积极发展湿地生态旅游，旅游总收入443亿元，大丰成为省首批全域旅游示范区，恒北村入选首批全国乡村旅游重点村。推动化工产业安全环保专项整治，关闭响水化工园区，取消阜宁高新区化工产业定位，完成50家化工生产企业关闭退出任务。“三项清理”取得积极进展，盘活存量土地2.3万亩、闲置资源510项。

七是开放发展提升区域竞争能力。更大力度开放沿海、接轨上海，盐城成为长三角区域一体化中心区城市。在上海开展系列招商推介活动，新开工来自长三角地区企业投资的亿元以上项目171个，建成上海市外蔬菜主供应基地37个。做强开放合作平台，中韩(盐城)产业园加快建设，复制推广自贸区改革经验116项，成功举办首届中韩投资贸易博览会。优化整合工业园区，认定首批11个市级工业园区。盐城经济技术开发区获批国家知识产权试点园区，东台、射阳、阜宁、大丰、亭湖经济开发区获批省级生态工业园区。强化基础设施支撑，盐徐高铁、高铁枢纽、高架三期同步通车，高架BRT环线开通运营，盐沪高铁基本完成线下工程，盐射高速、盐丰快速通道、大丰港铁路支线开工建设，镇村公交市域全覆盖。南洋国际机场融入全省航空网络，旅客吞吐量209万人次。开通全省唯一至韩日全货机航线。滨海港区20万吨级航道工程扎实推进，大丰港区新开通至韩国釜山港、新万金群山港国际集装箱直达航线。整合全市内河港口资源，组建江苏兴盐港航集团。国有企业改革全面深化，重组整合市属国企资产资源，主业主责更加明确，国有资本的行业分布日益清晰合理。主动开放市场，推动国有资本与民营企业加强合作，市场主体活力进一步激发。

八是共享发展惠及全市人民群众。坚持尽力而为、量力而行，全市财政民生支出占一般公共预算支出比重达78.6%，20项民生实事完成投资76亿元，超额完成年度任务。新增就业12万人，城镇登记失业率控制在3%以内。推动教育优质均衡发展，全市新建、改(扩)建中小学和幼儿园74所，主城区城乡77所公办小学新组建20个小学教育集团，推行义务教育学校属地化管理，13所普通高中由市集中统一管理，重组优化全市职业教育布局，实施课后延时服务、校内集中就餐、教室安装空调和体育设施对社会开放四项教育惠民工程。推进医药卫生体制改革，基本医疗保险和生育保险合并实施，组织开展全民健康体检，推进基本医疗保险长三角地区联网结算，接轨上海联网医疗机构数全省第一。实施县级医疗卫生机构三年行动计划，新增省示范乡镇卫生院19个、示范村卫生室180个，县域就诊率达92%。繁荣发展文化事业，改造村(社区)综合性文化服务中心674个，建设阅读新空间60个，新四军纪念馆展陈提升基本完成，市美术馆对外开放，建湖县荣获“中国民间文化艺术之乡”称号。大力推动全民健身，新增健身步道85公里，成功举办首届马拉松赛、中华龙舟赛、公路自行车赛、第八届运动会等赛事。社会保险扩面提质，新增参保30万人。深化平安盐城、法治盐城建设，抓好信访矛盾化解，深入开展“扫黑除恶”专项斗争和“黄海行动”“梳网清格行动”，人民群众安全感更有保障。支持驻盐部队建设，落实拥军优属政策，退役军人服务保障有力，全国双拥模范城创建扎实推进，军政军民团结更加巩固。民族团结进步活动广泛开展，宗教工作进一步加强。审计、市场监管、统计、供销社、公积金、防灾减灾等工作得到提升，外事、侨务、对台、档案、科协、地方志、妇女、儿童、青少年、老龄、慈善、残疾人、红十字等工作取得新的进展。

第十节　扬州市2019年经济社会发展报告

2019年,全市坚持以习近平新时代中国特色社会主义思想为指导,按照中央和省委、省政府决策部署,坚持稳中求进工作总基调,深入贯彻新发展理念,认真落实“六稳”要求,克难求进,奋勇争先,经济运行总体平稳,民生福祉不断改善,社会事业稳步推进,高质量发展迈出了坚实步伐。

一、扬州市2019年经济发展概况

(一)综合经济

1. 经济总量

综合实力持续增强。全年实现地区生产总值5850.08亿元,按可比价计算,增长6.8%,其中第一产业实现增加值292.80亿元,增长1.4%;第二产业实现增加值2778.21亿元,增长7.6%;第三产业实现增加值2779.07亿元,增长6.6%。人均地区生产总值为128856元,增长6.3%。结构调整扎实推进,三次产业结构调整为5∶47.5∶47.5,第三产业增加值占地区生产总值的比重比上年提高0.5个百分点。

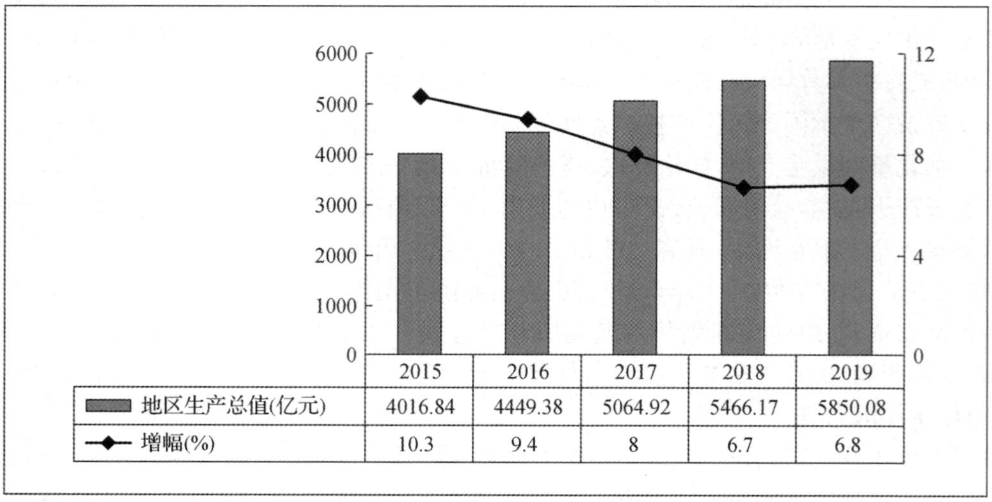

	2015	2016	2017	2018	2019
地区生产总值(亿元)	4016.84	4449.38	5064.92	5466.17	5850.08
增幅(%)	10.3	9.4	8	6.7	6.8

图31　2015—2019年扬州市地区生产总值及增长速度

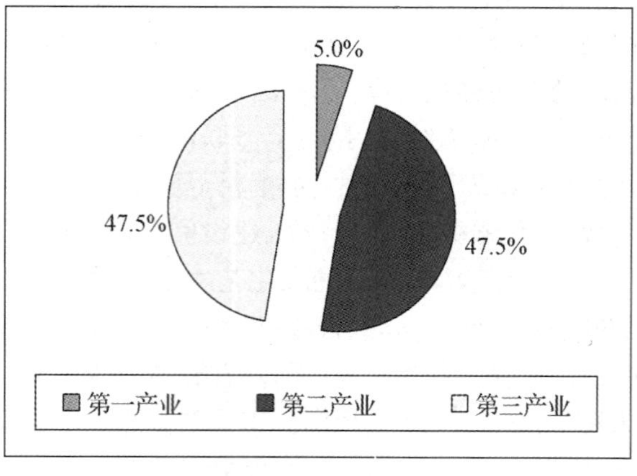

图32　2019年扬州市三次产业结构图

2. 财政收支

财政收入稳中趋降。全市一般公共预算收入 328.79 亿元，同比下降 3.3%。税收收入 263.81 亿元，同比下降 3.1%，税收占一般公共预算收入比重为 80.2%。主体税种中，增值税 127.93 亿元，同比下降 3.0%；企业所得税 33.78 亿元，同比下降 12.8%；个人所得税 9.1 亿元，同比下降 32%。

财政支出结构持续改善。全市一般公共预算支出 611.97 亿元，同比增长 8.6%，其中一般公共服务支出 73.7 亿元，增长 12.3%；公共安全支出 39.55 亿元，增长 2%；教育支出 97.33 亿元，增长 5.4%；科学技术支出 17.19 亿元，增长 12.3%；社会保障和就业支出 69.41 亿元，增长 2.9%；卫生健康支出 42.2 亿元，增长 7.2%；节能环保支出 27.2 亿元，增长 30.1%；农林水支出 52.87 亿元，增长 6.1%；交通运输支出 36 亿元，增长 44.7%；住房保障支出 24.05 亿元，增长 34.8%。

3. 物价指数

居民消费价格有所上涨。全年居民消费价格比上年上涨 3.0%，其中食品价格上涨 8.5%，非食品价格上涨 1.8%。八大类消费品及服务项目价格同比“七升一降”，其中食品烟酒类上涨 6.8%；教育文化和娱乐类上涨 4.9%；其他用品和服务类上涨 4.5%；衣着类上涨 3.3%；生活用品及服务类上涨 1.4%；居住类上涨 1.1%；医疗保健类上涨 0.4%；交通和通信类下降 2.5%。

4. 固定资产投资

固定资产投资增长稳定。全年固定资产投资同比增长 6.1%，其中第一产业投资比上年增长 0.4%，第二产业投资增长 3.2%，第三产业投资增长 10%。工业投资同比增长 3.4%；制造业投资同比增长 4.5%；房地产开发投资同比增长 12.1%；民间投资增长 3.9%，民间投资占全部投资比重达 77.4%。

重大项目扎实推进。举办“烟花三月”国际经贸旅游节、“名城扬州携手世界名企”合作恳谈会等招商活动，新引进重大产业项目 247 个，新落户世界 500 强及跨国公司项目 6 个；沈飞所协同创新研究院、中航机载系统共性技术中心等一批重大科创项目成功落地；中星北斗卫星遥感产业园、恒大新能源科技、中化三元锂电池、质子治疗中心及医疗产业等重特大项目签约落户；27 个项目进入省重大项目投资计划；新开工工业重大项目 56 个，其中先进制造业项目 46 个。

（二）农业

粮食生产基本平稳。全年粮食播种面积 579.30 万亩，同比下降 2.5%。其中，夏粮播种面积 264.44 万亩，下降 3.3%；秋粮播种面积 314.87 万亩，下降 1.8%。全年粮食亩产量 493 公斤，同比增长 1.9%。其中，夏粮亩产量 378 公斤，增长 2.1%；秋粮亩产量 590 公斤，增长 1.6%。全年粮食总产 285.60 万吨，同比下降 0.6%。其中，夏粮总产 99.81 万吨，下降 1.3%；秋粮总产 185.79 万吨，下降 0.2%。

主要畜禽品种存出栏有升有降。全年生猪出栏 72.82 万头，同比下降 37.7%；存栏 15.25 万头，同比下降 70.1%。家禽出栏 5053.37 万只，同比增长 35.6%；家禽存栏 1560.77 万只，同比增长 36.7%。

水产养殖规模有所减少。全年水产养殖面积 107 万亩，同比减少 5 万亩，下降 4.5%。实现水产品产量 39.59 万吨，同比持平，其中养殖产量为 36.85 万吨，同比增长 0.15%；捕捞产量为 2.74 万吨，同比下降 2.7%。

乡村振兴战略深入实施。全年新增高标准农田 18.3 万亩、高效设施农（渔）业 8.43 万亩；5 个现代化生猪产业集聚区加快建设；新创农产品“三品一标”32 个、农业产业化省级示范联合体 9 个。

（三）工业和建筑业

工业经济稳中有进。全市 3026 家规上工业企业增加值同比增长 8.5%，其中轻工业增长 8.8%，重工业增长 8.4%。按门类分，制造业增加值同比增长 9.0%，电力、热力、燃气及水生产和供应业增长 3.2%，采矿业增加值下降 6.6%。按经济类型分，国有工业增长 7.7%，集体工业增长 14.5%，股份制工业增长 7.7%,外商港澳台投资工业增长 12.7%。

先进制造业发展加快。先进制造业产值同比增长 8.5%,对全部规上工业总产值的贡献率达 75.3%,拉动全市产值增幅 5.6 个百分点。分产业来看,新型电力装备产业、生物医药和新型医疗器械产业、汽车及零部件(含新能源汽车)产业实现两位数增长,增幅分别达 13.1%、11.1%和 10.1%;食品产业同比增长 8.7%,高端装备产业增长 8.4%,电子信息产业增长 7.2%,海工装备和高技术船舶产业增长 5.5%。

工业企业利润下降。规模以上工业企业营业收入增长 0.5%,利润下降 17.2%;规模以上工业企业营业收入利润率、成本费用利润率分别为 4.3%、4.7%;规模以上工业企业资产负债率为 53.0%,总资产贡献率为 7.2%;全年规模以上工业企业产销率为 97.2%。

用电量稳步增长。全社会用电量 259.4 亿千瓦时,增长 4.2%。第一产业用电量 3.15 亿千瓦时,增加 10.9%;第二产业 174.99 亿千瓦时,增长 3.7%,其中工业用电 171.95 亿千瓦时,增长 3.8%;第三产业 40.21 亿千瓦时,增长 9.6%。城乡居民生活用电 41.05 亿千瓦时,增长 0.9%。

建筑业平稳发展。全年实现建筑业总产值 4228.6 亿元,增长 8%;建筑业增加值增长 4.7%。房屋建筑施工面积 28177.6 万平方米,下降 1.2%,其中新开工面积 10519 万平方米,下降 13%;竣工产值 3609.2 亿元,增长 13.9%;竣工面积 11751.4 万平方米,增长 10.3%。

(四)服务业

1. 国内贸易

消费品市场增势稳定。全市社会消费品零售总额 1655.9 亿元,同比增长 6.3%。按经营单位所在地分,城镇消费品零售额 1534.83 亿元,同比增长 6.4%;乡村消费品零售额 121.07 亿元,同比增长 6.2%。按行业分,批发业 165.12 亿元,增长 6.0%;零售业 1298.00 亿元,增长 10.6%;住宿业 20.60 亿元,增长 4.5%;餐饮业 172.18 亿元,增长 8.3%。

2. 交通运输和邮电

交通运输基本平稳。全市货运总量和货物周转量分别完成 1.41 亿吨和 413.32 亿吨公里,分别增长 5.2%、5.8%。客运量和旅客周转量完成 3101 万人和 27.91 亿人公里,分别下降 9.5%、6.7%。港口货物吞吐量 14132 万吨,增长 6.9%;集装箱吞吐量 50.8 万标箱,下降 0.3%。扬州泰州国际机场新开辟国内航线 1 条,国际航线 2 条,累计开通航线 45 条,其中国内 32 条,国际/地区 13 条;全年旅客吞吐量 238.4 万人次、增长 29.8%,货邮吞吐量 11136.8 吨、增长 18.8%。年末全市公路里程 9729.92 公里,高速公路里程 293.68 公里。截至 2018 年底,全市机动车保有量 980156 辆,其中汽车 771252 辆,私人轿车 478516 辆。

邮电通信业快速发展。全市邮政通讯业务收入 73.15 亿元,增长 9.1%,其中通讯业务收入 45.54 亿元,增长 4.3%;邮政业务收入 27.61 亿元,增长 18.2%。年末电话用户 625.1 万户,增长 2.8%,其中移动电话用户 531.7 万户,增长 4.5%。互联网宽带接入用户 171.6 万户,增长 11.5%。

3. 金融、保险和证券

金融信贷较快增长。年末金融机构人民币存款余额 6700.46 亿元,增长 11.7%,其中住户存款 3217.51 亿元,增长 12.5%;贷款余额 5374.85 亿元,增长 16.1%。个人消费贷款 1556.56 亿元,增长 14.8%。住房消费贷款 1397.89 亿元,增长 15.5%。

保险行业稳定发展。全市各类保险机构实现保费收入 178.81 亿元,增长 1.7%,其中财产险保费收入 41.01 亿元,增长 10.3%;人身险保费收入 137.80 亿元,下降 0.5%。保险赔款总支出 29.23 亿元,增长 10.0%,其中财产险支出 23.97 亿元,增长 6.2%;人身险支出 5.26 亿元,增长 31.2%。

证券市场稳定增长。全市证券资金账户数 72.89 万户,比上年增加 5.1 万户,增长 7.5%。证券交易额 11943.35 亿元,比上年增加 1992.94 亿元,增长 20%,其中股票交易额 8629.22 亿元,比上年增加

1915.19 亿元，增长 28.5%，占交易额的 72.3%；基金交易额 462.62 亿元，比上年减少 84.23 亿元，下降 15.4%，占交易额的 3.9%。

4. 旅游业

旅游业实现较快增长。全年接待境内外游客 7747.07 万人次，增长 10.0%；实现旅游业总收入 1010.2 亿元，增长 10.1%。接待国内旅游人数 7739.11 万人次，增长 10.0%，实现国内旅游收入 996.33 亿元，增长 10.1%。接待入境过夜旅游者 7.96 万人次，增长 4.2%，其中外国人 5.8 万人次，增长 12.3%；港澳台同胞 2.16 万人次，同比下降 12.6%。旅游外汇收入 8548.21 万美元，增长 2.5%。全市拥有国家 A 级景区 55 家，举办旅行社分会、世界运河大会暨世界运河城市论坛、运河文化嘉年华等活动；大运河国家文化公园建设推进会在扬州召开；中国大运河博物馆开工建设；省市共建的京杭运河扬州段绿色现代航运示范区启动建设；隋炀帝墓、仙鹤寺、西方寺大殿入选全国重点文保单位；荣获"世界美食之都""东亚文化之都"称号。

（五）开放型经济

1. 外贸增速放缓

全市实现进出口总额 113.05 亿美元，下降 5.7%，其中出口 83.6 亿美元，下降 2.1%；进口 29.4 亿美元，下降 14.8%。从出口行业看，十大出口行业累计出口 47.4 亿美元，占全市出口总额的 56.7%，其中化学化工实现出口 11.42 亿美元，同比下降 3.6%；纺织制品实现出口 7.54 亿美元，同比下降 5.5%；机动车辆与零配件实现出口 4.99 亿美元，同比增长 4.8%；船舶出口 4.51 亿美元，同比增长 29%。从出口主体看，民营企业实现出口 43.6 亿美元，占全市出口的 52.2%；外资企业出口 28.9 亿美元，占全市出口的 34.6%；国有企业出口 11.1 亿美元，同比增长 0.6%。从贸易方式看，一般贸易进出口额 86.5 亿美元，占全市货物贸易进出口额的比重为 76.5%，同比下降 5.1%；加工贸易进出口额 24.1 亿美元，同比增长 12.2%；其他贸易方式进出口额 2.46 亿美元。从出口市场看，全市对前十出口国家（地区）累计出口额 73.9 亿美元，占全市出口的 88.4%。其中，对美国出口同比下降 15.1%，占出口比重为 19.7%；对拉美、非洲、大洋洲等新兴市场出口保持较快增长，累计出口同比分别增长 16.3%、148.5%、8.6%；对"一带一路"沿线国家地区累计出口额 19 亿美元，同比下降 0.2%，占全市出口比重为 22.7%。

2. 利用外资

对外开放层次不断提升。全市实际到账外资 13.87 亿美元，同比增长 13.69%。新批外资项目 155 个，同比增长 14.81%；新增协议外资 35.09 亿美元，同比增长 39.56%。从行业分，服务业实际利用外资 8.8 亿美元，同比增长 40.11%，占全市实际利用外资的 63.44%；制造业实际利用外资 5.07 亿美元，同比下降 13.9%，占全市实际利用外资的 36.54%。以先进制造业为主的十大战略性新兴产业实际利用外资 7.99 亿美元，同比增长 89.16%，占全市实际利用外资的 57.6%，占比与去年同期提升 23 个百分点。全市对外投资总额 5.35 亿美元，其中对外承包工程企业完成营业额 3.66 亿美元，占全市比重为 68.4%。新批境外投资项目 39 个，中方协议投资额 1.36 亿美元，同比增长 83%。"一带一路"沿线国家投资项目 16 个，中方协议投资额 6830 万美元，占全市对外投资总量的 50.1%。

二、扬州市 2019 年社会发展概况

（一）人口、人民生活

人口总量保持稳定。全市总户数 147.72 万户，户籍人口 457.14 万人，其中男性 227.73 万人，女性 229.41 万人，男性占总人口的 49.82%，女性占总人口的 50.18%。年末常住人口 454.90 万人，比上年末增加 1.8 万人，同比增长 0.40%。0—14 岁人口 51.01 万人，15—64 岁人口 314.97 万人，65 岁及以上人口 88.92 万人。全年人口出生率为 7.00‰，同比下降 0.43 个千分点；人口死亡率为 7.60‰，同比下降

0.32个千分点;人口自然增长率为−0.60‰,同比下降0.11个千分点。常住人口城镇化率达68.20%。

居民收入稳步增长。全体居民人均可支配收入37074元,同比增长8.8%,其中工资性收入22152元,增长8.8%;经营净收入6164元,增长8.7%;财产净收入2964元,增长8.4%;转移净收入5794元,增长9.1%。城镇居民人均可支配收入为45550元,同比增长8.5%,其中工资性收入为27408元,比上年增长8.4%;经营净收入6463元,增长8.8%;财产净收入4437元,增长7.7%;转移净收入7242元,增长8.9%。农村居民人均可支配收入为23333元,同比增长8.7%,其中工资性收入13631元,比上年增长8.9%;经营净收入5680元,增长8.4%;财产净收入576元,增长9.3%;转移净收入3446元,增长8.6%。全体居民人均消费支出22460元,同比增长8.6%。城镇居民人均消费支出25696元,同比增长8.3%;农村居民人均消费支出17215元,同比增长8.6%。

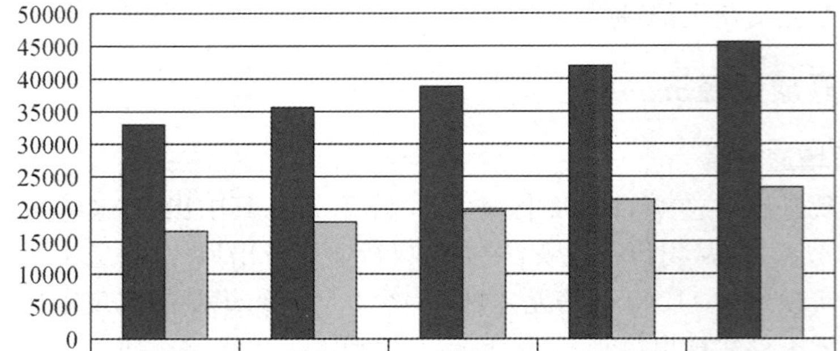

	2015	2016	2017	2018	2019
■城镇居民人均可支配收入(元)	32946	35659	38828	41999	45550
■农村居民人均可支配收入(元)	16619	18057	19694	21457	23333

图33　2015—2019年扬州市城乡居民收入对比一览

(二)就业、社会保障与福利

1. 就业

就业水平保持稳定。全市就业人口268.0万人,其中第一产业就业人口37.3万人,第二产业就业人口115.1万人,第三产业就业人口115.6万人。城镇新增就业人数8.74万人,新增转移农村劳动力人数1.58万人,完成就业技能培训6.28万人次,创业带动就业8.31万人,城镇登记失业率为1.75%。

2. 社会保障

社会保障体系进一步健全。年末,全市城乡基本养老、基本医疗、失业、工伤和生育保险参保人数分别为330.85万人、425.32万人、72.55万人、84.13万人和78.12万人。城乡居民基本养老保险基础养老金最低标准由每人每月135元提高到148元。城乡居民医保人均财政补助最低标准提高到每人每年550元。试点实施长期护理保险制度,新增颐养示范社区23个,建成区域性养老服务中心6个。

(三)教育与科技创新

1. 教育

教育事业全面发展。全市共有普通高校8所。普通高等教育招生3.22万人,在校生9.69万人,毕业生2.14万人。其中,研究生教育招生0.34万人,在校生0.99万人,毕业生0.2万人。高等教育毛入学率达64.5%,比上年提高4.3个百分点。高中阶段教育毛入学率达100%。中等职业教育在校生3.59万人(不含技工学校)。特殊教育招生0.015万人,在校生0.1万人。全市小学在校生21.9万人,普通中学在校生17.58万人。全市共有幼儿园369所,比上年增加15所;在园幼儿11.12万人,比上年增加0.17万人。学前三年教育毛入园率达99.4%。

2. 科技创新

科技创新能力持续增强。全市完成专利申请量33786件，专利授权量18736件，其中发明专利申请6806件；发明专利授权1345件；有效发明专利量6578件，每万人发明专利拥有量15.18件，同比增长22.0%；PCT专利申请103件；商标申请量17202件，同比增长4.98%，商标注册量14030件，同比增长26.53%；全市有效商标注册量75965件，同比增长18.11%；新增驰名商标2件，驰名商标总量达56件，新增地理标志8件，地理标志商标总量达23件。扬州大学主持的"新城疫新型疫苗创制应用"项目获国家技术发明二等奖、参与的"蛋鸭种质创新与产业化"项目获国家科学技术进步二等奖，4个项目获省科技奖一等奖，创历史新高。新增国家级孵化器3家、省级孵化器5家、省级众创空间10家。

高新产业加快发展。全年净增国家高新技术企业270家，806家企业通过国家科技型中小企业评价。全市研发投入占GDP比重达2.52%，较上年度提升0.07个百分点，高新技术产业产值占规模以上工业产值比重达47.2%左右，较上年度提升1个百分点。

（四）文化、卫生和体育

1. 文化

公共文化服务体系不断完善。全市共有文化馆、群众艺术馆7个，公共图书馆7个，博物馆16个，美术馆1个，综合档案馆7个，向社会开放档案8.92万卷、13.64万件。共有广播电台电视台5座，广播综合人口覆盖率和电视综合人口覆盖率均达100%。举办"我心目中的扬州"创作朗诵等文化惠民活动720场次，新建城市书房13个，获评省书香城市建设示范市。新增省级以上"五个一工程奖"4个。

2. 卫生

卫生事业稳步推进。年末，全市共有各类卫生机构1890个，其中医院76个，疾病预防控制中心7个，妇幼卫生保健机构8个。各类卫生机构拥有病床24994张，其中医院拥有病床17788张。全市共有卫生技术人员29406人，其中执业医师、执业助理医师12557人，注册护士12109人，包含医院卫生技术人员15688人，疾病预防控制中心卫生技术人员487人，妇幼卫生保健机构卫生技术人员1307人。

3. 体育

体育事业蓬勃发展。全票获得2022年世界田联半程马拉松锦标赛举办权；第十四届扬州鉴真国际半程马拉松赛成功举办，连续8年获评世界田联（原国际田联）金标赛事；扬州市第十三届运动会成功举办。

（五）城乡建设

城乡建设不断完善。启动市区市容环境整治提升三年行动，拆除违法建设5.77万平方米，出新36条路段城市家具。完成老旧小区整治29个，改造城中村15个。新（改）建农贸市场9个。新辟、调整公交线路30条，新（改）建公交站棚52座，购置新能源公交车322辆。新（改）建农村公路403公里，创成"四好农村路"示范乡镇7个。深入推进脱贫攻坚工作，全市建档立卡低收入农户脱贫率达99.9%。

（六）生态环境

生态环境明显优化。全年PM2.5平均浓度为43微克/立方米，同比下降6.5%，空气质量优良天数254天，优良天数比例为69.6%；9个国考断面水质达标率为88.9%、32个省考断面水质达标率为93.8%；土壤污染防治工作有力推进，化学需氧量、二氧化硫、氨氮、氮氧化物四项主要污染物减排和碳强度下降全面完成国家下达的任务。修复湿地4500亩，完成成片造林4.34万亩，市区新增绿地147.3万平方米。全市有林地面积900.16百公顷，森林覆盖面积1355.44百公顷，森林覆盖率为14.83%，林木覆盖率为23.44%。全年关闭化工企业112家。高耗能投资同比下降22.7%，在建项目较同期减少45个。

三、2019年开展的主要工作

1. 聚焦聚力新兴科创名城建设,着力推动经济高质量发展

狠抓重大项目建设。举办"烟花三月"国际经贸旅游节、"名城扬州携手世界名企"合作恳谈会等招商活动,新引进重大产业项目247个,新落户世界500强及跨国公司项目6个。沈飞所协同创新研究院、中航机载系统共性技术中心等一批重大科创项目成功落地。中星北斗卫星遥感产业园、恒大新能源科技、中化三元锂电池、质子治疗中心及医疗产业等重特大项目签约落户。27个项目进入省重大项目投资计划。新开工工业重大项目56个,其中先进制造业项目46个。固定资产投资增长6%,其中制造业投资占比达62%。强化创新驱动发展。"双创"工作取得新进展,第二批小微企业创业创新基地城市示范绩效评价全国第一。高新技术产业产值占规上工业产值比重为47%。全社会研发投入占GDP比重为2.52%。新增国家高新技术企业527家、国家级专精特新"小巨人"企业3家。新获批省级以上"三站三中心"58家。促成产学研合作项目550项。万人发明专利拥有量15件。新投入使用科技产业综合体67.4万平方米,入驻企业1209家。新增国家级孵化器3个、省级孵化器和众创空间15个。扬州国际创新中心、北大科技园成立运行。新引进创新创业领军人才(团队)116人。与扬州大学达成新一轮市校合作协议。新增在扬州就业创业大学生1.5万人。加快产业转型升级。以培育具有持久竞争力的"323+1"产业集群为抓手,加快推动汽车及零部件、高端装备、生物医药等产业做大做强。新增省级示范智能车间14家。规上工业增加值增长8%。战略性新兴产业增加值占GDP比重为17.5%。扬州、高邮获评省制造业创新转型成效明显地区。新增规上工业企业173家、服务业重点企业600家。新认定省级生产性服务业集聚示范区2家。软件和信息服务业主营业务收入增长16.2%。电商交易额1350亿元,高邮创成国家级电商进农村示范市。建筑业实现施工总产值4080亿元,获"鲁班奖"3个。

2. 全力以赴深化重点领域改革和对外开放,着力增强内生发展动力

深化供给侧结构性改革。持续抓好"三去一降一补",规上非电行业煤炭消费量削减15.2万吨。房地产市场保持健康发展。全面落实国家减税降费政策,减免税费174.4亿元。政府隐性债务化解、互联网金融风险专项整治、重大非法集资案件处置等工作扎实开展。完成7家市属国有企业混改。努力改善营商环境。扎实推进商事制度改革,全面推广电子营业执照,市本级"不见面审批"事项占比达98.1%。建成24小时智慧政务大厅。新登记市场主体6.79万户,总量突破50万户。1344个市本级行政审批服务事项承诺时限压缩至59.3%。工程建设项目审批制度改革加快推进。普惠型小微企业贷款增长16.6%。积极发展开放型经济。实际利用外资13.5亿美元,增长10.6%。出口85亿美元,实现正增长。对外投资总额超过5亿美元。开发园区规上工业增加值、一般公共预算收入分别增长8%、3%。在全省同类园区排名中,扬州高新区位居苏中苏北第一,7家省级以上开发区实现进位。

3. 积极有效抓好城乡协调融合发展,着力增强城市功能、提升乡村振兴水平

加快推进重大基础设施建设。连淮扬镇高铁扬州段完成铺轨达92%,北沿江高铁工可通过评审。扬泰国际机场新开通北京大兴等11条航线。京沪高速改扩建、龙潭过江通道工程开工建设。东部综合客运枢纽、五峰山过江通道公路接线、西外环公路新集至刘集段等项目加快推进。启动江平路、运河路、润扬路等快速化改造。瓜洲泵站建成投运,长江镇扬河段三期、长江崩岸应急治理、槐泗河干流整治工程全面完成,长江堤防防洪能力提升一期工程基本建成。着力优化城市环境功能。提请市人大常委会审议通过《关于打造永恒城市经典若干规矩的决议》,对重点区域规划建设实行科学管控。东南片区改造七大类56个项目加快实施。扬农化工宝塔湾厂区实现停产和转型发展。头桥水厂、四水厂深度处理项目建成投运。北山污水处理厂一期开工建设。生活垃圾焚烧发电厂三期、赵庄生活垃圾卫生填埋场二期主体竣工。启动市区市容环境整治提升三年行动,拆除违法建设5.77万平方米,出新36条路段城市家具。西部交通枢纽综合整治成效明显。完成老旧小区整治29个,改造城中村15个。新(改)建农贸市场9个。新辟、调整公交线路30条,新(改)建公交站棚52座,购置新能源公交车322辆。深入实施

乡村振兴战略。全国乡村产业振兴推进会在我市顺利召开。新增高标准农田18.3万亩、高效设施农(渔)业8.43万亩。粮食总产285.6万吨。5个现代化生猪产业集聚区加快建设。新创农产品“三品一标”32个、农业产业化省级示范联合体9个。扬州(高邮)国家农业科技园区考核全国第一，江都创成国家农产品质量安全区。扎实开展大棚房整治，96个违法违规项目全部整治到位。完成宝应、高邮、江都5个饮用水源地达标建设。全面推进河(湖)长制，河湖管护取得明显成效。基本完成农村户用厕所无害化改造。新(改)建农村公路403公里，创成“四好农村路”示范乡镇7个。深入推进脱贫攻坚工作，全市建档立卡低收入农户脱贫率为99.9%，沿河、沿江地区市级经济薄弱村集体经营性收入基本达45万元、55万元。

4. 持之以恒推进文旅融合发展，着力彰显历史文化名城优势

争当大运河文化带建设示范。举办首届大运河文化旅游博览会、世界运河大会暨世界运河城市论坛、运河文化嘉年华等活动。大运河国家文化公园建设推进会在扬州召开。中国大运河博物馆开工建设。省市共建的京杭运河扬州段绿色现代航运示范区启动建设。隋炀帝墓、仙鹤寺、西方寺大殿入选全国重点文物保护单位。推进文体事业繁荣发展。成功举办第十三届市运会、鉴真国际半程马拉松赛等赛事。举办“我心目中的扬州”创作朗诵等文化惠民活动720场次，新建城市书房13个，获评省书香城市建设示范市。新增省级以上“五个一工程奖”4个。推动文旅产业迈上新台阶。江都邵伯古镇、仪征捺山地质公园、高邮抗战最后一役文化园创成4A级景区。“三把刀”特色步行街创成省试点街区。东关街质态提升、南河下综合整治工程有序推进。旅游业总收入突破1000亿元，接待境内外过夜旅游者增长10%。外事工作成效明显，举办东盟与中日韩文化城市网络启动仪式，与法国奥尔良市制定发布国内首个国际城市间地方标准，科技、文化、美食、旅游等领域的对外合作实现新突破。

5. 坚定不移践行绿色发展理念，着力加强生态文明建设

扎实推进长江大保护。狠抓长江干流岸线利用项目清理整治和生态环境修复，化工污染治理、非法码头整治等重点任务按时推进。扎实做好大运河沿线违规项目治理及长江流域重点水域退捕禁捕工作。关停搬迁砂石码头和小船厂26家，取缔关闭散乱污企业644家，修复湿地4500亩。高宝邵伯湖退养还湖1.1万亩。完成成片造林4.34万亩，市区新增绿地147.3万平方米。坚决打好污染防治攻坚战。中央环保督察“回头看”和省警示片披露问题整改扎实有效。接受全国人大常委会《水污染防治法》执法检查，完成61项重点水污染防治工程。整治城市黑臭水体10条。推行大气国控站点复合“点位长”制，PM2.5年均浓度43微克/立方米，同比下降6.5%。完成农用地土壤污染状况详查。邗江创成国家生态文明建设示范区。积极推动节能降耗。大力实施主要污染物总量减排，开展重点用能单位“百千万”行动，实施节能改造项目106项。35蒸吨以下燃煤锅炉全面完成清洁能源替代或淘汰。

6. 高标高质做好民生工作，着力提升人民群众获得感、幸福感、安全感

全面完成市委、市政府“1号文件”确定的191项民生实事。就业创业和社会保障体系进一步健全。完成就业技能培训6.3万人次。新增城镇就业8.7万人，创业带动就业8.3万人，城镇登记失业率为1.75%。生育保险和职工基本医疗保险合并实施。城乡居民大病保险报销比例提高到60%以上。试点实施长期护理保险制度，新增颐养示范社区23个，建成区域性养老服务中心6个。教育卫生事业加快发展。开展城镇小区配套幼儿园治理工作。新(改、扩)建普惠性幼儿园7所、中小学4所。新创省优质幼儿园11所、省优质职业学校3所。技师学院新校区开工建设。市公共卫生中心顺利封顶，市第三人民医院改扩建工程建成使用。市、县两级“五大救治中心”实现全覆盖。获评全国基层中医药工作先进市，宝应创成省基层卫生十强县。社会治理成效显著。扎实开展“扫黑除恶”专项斗争，打掉涉黑性质组织8个、恶势力犯罪集团26个。建立市、县、乡“三级联动”城乡日常管理机制，推进基层网格化治理。“三社联动”创新项目获评全国民生示范工程。开展校车安全专项治理、渣土车违法治理和货车超限超载整治行动。国防动员和后备力量建设不断加强，双拥模范城创建工作扎实推进。退役军人组织管理和服务保障体系全面建成。台湾事务、侨务、信访、人防、气象、科普、档案、供销、民族宗教、仲裁、妇女儿童、残联、慈善、红十字等工作取得新成效。

7. 高度重视政府自身建设,努力打造人民满意的政府

扎实开展“不忘初心、牢记使命”主题教育,为推动高质量发展提供有力保障。顺利完成市县机构改革、综合执法改革试点、经济发达镇行政管理体制改革。创成省首批法治政府建设示范市。自觉接受市人大及其常委会法律监督、工作监督和市政协民主监督,办理市人大代表议案和建议 319 件、政协提案 430 件。主动公开政府信息 27 万余条。举办新闻发布会 193 场。《寄语市长》、12345 热线回复满意率分别达 99.5%、99.9%。建成大数据共享开放平台,归集数据资源 4.7 亿多条。认真抓好巡视巡察反馈问题整改。全面落实党风廉政建设责任制,营造风清气正、廉洁高效的政务环境。

按照中央和省统一部署,落实国务院安全生产督导组各项要求,全面开展安全生产专项整治行动,深入开展各领域隐患大排查大整治,加强危险化学品、建筑施工等 30 个重点行业领域安全监管,安全生产事故起数和死亡人数实现双下降。健全安全生产责任体系,制定领导干部安全生产责任制清单,建立并开展安全生产工作巡查。着力推进化工产业安全环保整治提升,关闭退出化工生产企业 112 家。成立市级危险化学品安全技术保障中心,实施城市安全发展行动计划 37 项,夯实安全基层基础。

第十一节　镇江市 2019 年经济社会发展报告

2019 年,面对复杂多变的宏观经济形势,全市上下紧紧围绕市委、市政府的各项决策部署,积极应对各种风险挑战,坚持稳中求进工作总基调,深化供给侧结构性改革,全面推进高质量发展,突出项目建设,统筹稳增长、调结构、促转型、惠民生等各项工作,国民经济和社会事业发展取得新成效。

一、镇江市 2019 年经济发展概况

(一) 综合经济

1. 经济总量

全年实现地区生产总值 4127.32 亿元,按可比价计算增长 5.8%,其中第一产业增加值 140.2 亿元,下降 0.6%;第二产业增加值 2004.79 亿元,增长 4.9%;第三产业增加值 1982.33 亿元,增长 7.2%。人均地区生产总值 128979 元,增长 5.5%。产业结构继续优化,三次产业增加值比例调整为 3.4∶48.6∶48.0,服务业增加值占 GDP 比重提高 0.1 个百分点。

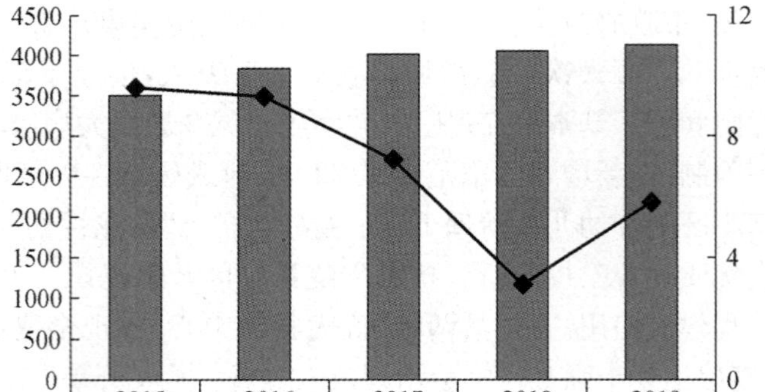

	2015	2016	2017	2018	2019
地区生产总值(亿元)	3502.48	3833.84	4010.36	4050	4127.32
增幅(%)	9.6	9.3	7.2	3.1	5.8

图 34　2015—2019 年镇江市地区生产总值及增长速度

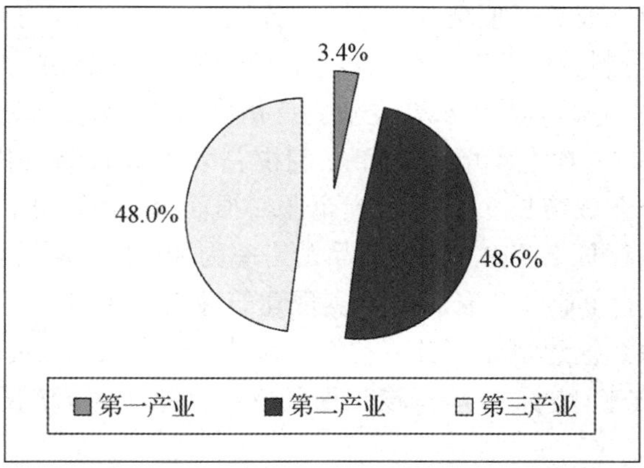

图 35　2019 年镇江市三次产业结构图

2. 财政收支

全年实现一般公共预算收入 306.85 亿元，比上年增长 1.8%，其中税收收入 239.01 亿元，下降 0.9%；非税收入 67.84 亿元，增长 12.6%。从主要税种看，增值税增长 1.9%，企业所得税增长 0.6%，个人所得税下降 30.4%。全年一般公共预算支出 466.20 亿元，增长 14.1%，其中教育支出 75.71 亿元，社会保障和就业支出 51.73 亿元，医疗卫生支出 29.4 亿元，环境保护支出 16.57 亿元。

3. 物价指数

全年居民消费价格(CPI)总指数为 103.0，比上年上涨 3.0%。消费品价格上涨 3.4%，服务价格上涨 2.3%。分类别看，八大类消费价格“七涨一降”：食品烟酒类上涨 6.3%，衣着类上涨 3.1%，居住类上涨 2.6%，生活用品及服务类上涨 2.4%，交通和通信类下降 2.0%，教育文化和娱乐类上涨 2.9%，医疗保健类上涨 0.3%，其他用品和服务类上涨 3.0%。

4. 固定资产投资

全年固定资产投资比上年增长 2.0%，其中国有及国有经济控股投资下降 5.3%，港澳台及外商投资下降 11.8%，民间投资增长 5.9%。分产业看，第二产业投资增长 1.7%，其中工业投资增长 1.7%；第三产业投资增长 3.2%。在全部固定资产投资中，工业技改投资增长较快，增长 6.1%。

（二）农林牧渔业

全年粮食作物播种面积 199.4 万亩，比上年减少 30.53 万亩(其中实施耕地轮作休耕 24 万多亩)，下降 13.3%。粮食总产量 95.43 万吨，比上年减少 11.86 万吨，下降 11.1%。其中夏粮总产量 25.19 万吨，减少 6.49 万吨，下降 20.5%；秋粮总产量 70.24 万吨，减少 5.37 万吨，下降 7.1%。全年油料总产量 4.06 万吨，比上年增长 25.0%。蔬菜总产量 94.78 万吨，增长 0.7%。

全年肉类总产量 6.39 万吨，比上年下降 6.1%，其中猪肉产量 2.65 万吨，下降 39.3%；禽肉产量 3.64 万吨，增长 64.9%。全年生猪出栏量 34.86 万头，下降 33.3%；家禽出栏量 2209.56 万只，增长 52.9%。水产品产量 9.5 万吨，比上年下降 0.7%。

年末拥有高标准农田 163.73 万亩，占比达 70.4%，比上年提高 4.85 个百分点，其中当年新建 11.28 万亩。全年新增高效设施园艺面积 1.64 万亩。10 家农业龙头企业上榜“2019 农业产业化龙头企业全国 500 强”。新建“1+1+N”新型农技推广团队 5 个，新增省级现代农业产业体系 6 个，实施“金山英才”现代农业领军人才平台项目 18 个。建设高效生态农业示范基地 15 个，粮食绿色高质高效示范片 33 个，扬中市被列为 2019 年部级粮食绿色高质高效示范县。

（三）工业、建筑业

全年规模以上工业总产值比上年增长 1.3%，其中大中型企业总产值增长 2.0%。分轻重工业看，轻工业总产值增长 0.4%;重工业总产值增长 1.5%。分经济类型看,国有企业总产值下降 3.0%;集体企业总产值下降 15.5%;股份制企业总产值增长 4.3%;三资企业总产值下降 4.4%。在规模以上工业企业中,民营企业总产值增长 3.3%,其中私营企业总产值增长 1.0%。

全年规模以上工业营业收入比上年增长 0.7%、利税总额下降 1.8%、利润总额增长 7.4%。亏损企业亏损额下降 6.6%,亏损企业数增长 5.2%,亏损企业亏损面 19.4%,比上年提高 0.5 个百分点。年末应收账款增长 1.3%,产成品存货下降 2.0%。产品销售率为 99.3%,增长 0.6%。

年末拥有资质以上建筑业企业 382 家。全年实现建筑业总产值 561 亿元,比上年增长 1.8%,其中工程产值 498 亿元,增长 1.1%。建筑业全员劳动生产率为 36.65 万元/人,增长 5.8%。建筑业企业房屋建筑施工面积 2009 万平方米,增长 4.7%;竣工面积 654 万平方米,增长 13.0%,其中住宅竣工面积 381 万平方米,增长 29.2%。

(四)服务业

1. 国内贸易

全年实现社会消费品零售总额 1433.72 亿元,比上年增长 5.4%。按经营单位所在地分,城镇市场零售额 1331.14 亿元,增长 3.8%;乡村市场零售额 102.59 亿元,增长 30.0%。按消费形态分,批发业零售额 203.65 亿元,增长 6.4%;零售业零售额 1036.58 亿元,增长 5.4%;餐饮业零售额 181.71 亿元,增长 8.9%;住宿业零售额 11.77 亿元,下降 38.4%。

从限额以上批发和零售业分类商品零售情况看,粮油食品、饮料烟酒类零售额 44.08 亿元,下降 19.9%;汽车类零售额 104.83 亿元,比上年增长 10.5%;石油及制品类零售额 73.57 亿元,下降 4.6%;通讯器材类零售额 1.31 亿元,下降 14.3%;日用品类零售额 13.86 亿元,下降 11.5%;家用电器和音像器材类零售额 22.05 亿元,下降 4.8%;化妆品类零售额 4.56 亿元,增长 15.0%;金银珠宝类零售额 15.71 亿元,增长 1.4%;文化办公用品类零售额 1.93 亿元,下降 38.9%;建筑及装潢材料类零售额 5.97 亿元,下降 20.3%。

2. 交通、邮电

全年公路客运量 2892 万人,比上年下降 2.5%;铁路客运量 1262.81 万人,增长 5.6%。公路旅客周转量 19.52 亿人公里,下降 2.7%。公路货运量 8485 万吨,增长 5.3%;水路货运量 1591 万吨,增长 0.5%;铁路货运量 213.11 万吨,增长 7.4%。公路货物周转量 94.51 亿吨公里,增长 5.0%;水路货物周转量 43.53 亿吨公里,增长 0.2%。全年完成港口货物吞吐量 34023 万吨,比上年增长 109.2%,其中长江港口吞吐量 32928 万吨,增长 114.8%;港口集装箱吞吐量 41.52 万标箱,下降 3.8%。年末民用汽车拥有量 64.7 万辆,其中个人载客汽车 54.7 万辆,分别比上年增长 6.8%和 1.7%。

全年邮政电信业务总量 287.35 亿元,比上年增长 55.1%,其中邮政业务总量 40.53 亿元,增长 50.6%;电信业务总量 246.82 亿元,增长 55.9%。邮政电信业务收入 56.93 亿元,比上年增长 13.3%,其中邮政业务收入 23.7 亿元,增长 37.5%;电信业务收入 33.23 亿元,增长 0.6%。年末固定电话用户 54.5 万户,下降 9.1%;移动电话用户 370.72 万户,增长 4.3%。年末互联网宽带接入用户 161.56 万户,增长 11.6%。

3. 旅游业

年末拥有 A 级景区 35 个,其中 5A 级景区 2 家,4A 级景区 7 家,3A 级景区 12 家。拥有省级旅游度假区 3 家,省星级乡村旅游区 86 家。拥有星级旅游饭店 25 家,其中五星级宾馆 3 家;拥有旅行社 120 家,其中星级旅行社 35 家。全年接待境内外游客 7128.63 万人次,比上年增长 8.8%;实现旅游业总收入 1024.59 亿元,增长 9.6%。接待国内游客 7120.71 万人次,增长 8.8%,实现国内旅游收入 1012.35 亿元,增长 9.6%。接待入境过夜游客 7.92 万人次,增长 4.5%,其中外国人 6.26 万人次,增长 5.4%;港澳台同胞 1.66 万人次,增长 1.4%。旅游外汇收入 1.01 亿美元,增长 7.1%。

4. 金融、保险和证券

年末金融机构人民币存款余额 5546.64 亿元，比年初增加 501.43 亿元，其中住户存款 2421.68 亿元，比年初增加 258.47 亿元；非金融企业存款 2031.42 亿元，比年初增加 180.52 亿元。年末金融机构人民币贷款余额 5256 亿元，比年初增加 798.2 亿元，其中短期贷款 1762.83 亿元，比年初增加 246.79 亿元；中长期贷款 3209.58 亿元，比年初增加 505.72 亿元。

全年新增上市挂牌企业 62 家，其中上交所科创板上市 1 家，新三板挂牌 2 家，江苏股交中心挂牌 59 家，新增股票融资 34.03 亿元。年末上市挂牌企业总数达 346 家，其中主板上市 19 家(境内 13 家，境外 6 家)，新三板挂牌 35 家，区域股交中心挂牌 292 家。

全年保费收入 140 亿元，比上年增长 9.2%，其中财产险收入 30.63 亿元，增长 10.2%；寿险收入 104.71 亿元，增长 8.6%；健康险和意外伤害险收入 4.66 亿元，增长 17.7%。全年赔付额 33.64 亿元，比上年下降 4.5%，其中财产险赔付 17.56 亿元，增长 3.7%；寿险赔付 13.85 亿元，下降 14.7%；健康险和意外伤害险赔付 2.23 亿元，增长 8.7%。

5. 房地产业

全年完成房地产开发投资 403.37 亿元，比上年增长 13.3%，其中住宅投资 339.52 亿元，比上年增长 20.7%。房地产开发企业房屋施工面积 3116.18 万平方米，比上年下降 4.5%，其中住宅施工面积 2431.3 万平方米，比上年下降 2.3%。商品房竣工面积 645.91 万平方米，比上年增长 12.3%，其中住宅竣工面积 516.82 万平方米，比上年增长 19.4%。商品房销售面积 584.12 万平方米，比上年增长 13.9%，其中住宅销售面积 553.03 万平方米，比上年增长 17.2%。商品房销售额 575.22 亿元，比上年增长 13.1%，其中住宅销售额 539.58 亿元，比上年增长 16.7%。

(五) 开放型经济

1. 对外贸易

全年实现进出口总额 112.03 亿美元，比上年下降 5.4%，其中出口总额 78.67 亿美元，下降 1.4%；进口总额 33.35 亿美元，下降 13.6%。从出口方式上看，一般贸易出口 62.51 亿美元，下降 1.6%；加工贸易出口 14.84 亿美元，下降 6.6%。分企业类型看，国有企业出口 3.33 亿美元，增长 47.1%；外商投资企业出口 32.63 亿美元，下降 6.1%；民营企业出口 41.94 亿美元，与上年持平。从主要出口产品看，机电产品出口 30.37 亿美元，下降 2.9%；纸及纸制品出口 8.02 亿美元，增长 11.6%。高新技术产品出口 8.9 亿美元，下降 4.5%。从出口市场看，对东盟组织出口 11.17 亿美元，增长 3.9%；对日本出口 5.72 亿美元，增长 9.8%；对香港出口 3.25 亿美元，增长 12.5%；对欧盟出口 11.06 亿美元，下降 1.0%；对美国出口 16.05 亿美元，下降 3.7%。

2. 利用外资

全年新批外商投资企业 119 家，新批协议外资 13.73 亿美元，比上年增长 38.0%；实际利用外资 6.6 亿美元，下降 24.0%。新批及净增资 1000 万美元以上项目 31 个，其中新批及净增资 3000 万美元以上项目 27 个。

3. 对外投资

截至年末，全市累计批准 252 家企业在 65 个国家和地区投资 332 个境外项目，中方协议投资 15.56 亿美元。全年新批及增资境外投资项目 28 个，与上年持平；中方协议投资 1.56 亿美元，增长 12.5%；新签订对外承包工程合同额 1.25 亿美元，增长 133.8%；完成营业额 3.74 亿美元，下降 12.9%。

二、镇江市2019年社会发展概况

(一)人口、人民生活

年末常住人口320.35万人,比上年增加0.71万人,其中城镇人口231.23万人,城镇化率为72.2%。全年常住人口出生率为8.2‰,死亡率为7.0‰,自然增长率为1.2‰。在常住人口中,65岁及以上人口占比达15.0%,比上年提高0.8个百分点。年末户籍人口270.16万人,比上年减少0.62万人,其中男性133.34万人,减少0.34万人;女性136.82万人,减少0.28万人。

全年常住居民人均可支配收入44259元,增长8.3%,其中工资性收入28190元,增长7.0%;经营净收入6161元,增长5.1%;财产净收入3971元,增长13.4%;转移净收入5937元,增长14.9%。常住居民人均消费支出25920元,增长6.4%。按常住地分,城镇常住居民人均可支配收入52713元、增长7.8%,城镇常住居民人均消费支出28925元,增长6.0%;农村常住居民人均可支配收入26785元,增长8.5%、农村常住居民人均消费支出19708元,增长6.7%。年末城镇居民现住房人均建筑面积50.9平方米,百户家庭拥有汽车59.7辆、电脑82.9台、手机267.5部;农村居民现住房人均建筑面积60.0平方米,百户家庭拥有汽车48.0辆、电脑49.7台、手机256.1部。

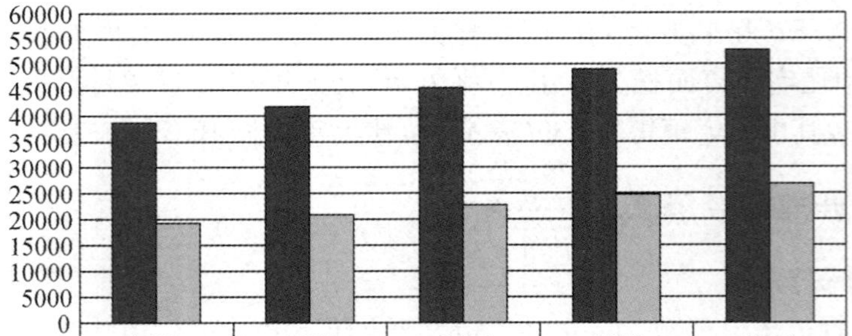

	2015	2016	2017	2018	2019
■城镇居民人均可支配收入(元)	38666	41794	45386	48903	52713
□农村居民人均可支配收入(元)	19214	20922	22724	24687	26785

图36 2015—2019年镇江市城乡居民收入对比一览

(二)就业与社会保障

1. 就业

年末从业人员194.9万人,比上年增加0.08万人,其中第一产业21.5万人、第二产业83.7万人、第三产业89.7万人。全年新增城镇就业7.84万人,城镇失业人员再就业人数3.26万人,新增转移农村劳动力0.58万人,城镇登记失业率为1.75%。全年新增登记注册私营个体从业人员13.35万人,其中私营企业3.79万人、个体工商户9.56万人。

2. 社会保障

全年一般公共预算民生类支出347亿元,占比达74.4%。年末企业职工养老保险、医疗保险、失业保险参保人数分别为85.44万人、101.05万人、54万人。城乡居民基本养老保险基础养老金最低标准提高到每人每月152元,企业退休人员基本养老金实现15连增,3.3万名企业养老保险退休人员享受免费体检。全市城乡低保标准提高至每人每月750元。新建8家街道老年人日间照料中心,实现以街道为单位全覆盖。新建15家标准化及以上社区居家养老服务中心,新增护理型床位1300余张。

（三）教育与科技创新

1. 教育

年末共有普通高校8所，本专科招生2.45万人，在校学生8.67万人，毕业生2.02万人；研究生教育招生0.46万人，在校学生1.34万人，毕业生0.31万人。中等职业学校（不含技工学校）10所，在校学生1.96万人。普通中学109所，在校学生10.74万人，毕业生3.26万人。小学113所，在校学生15.86万人，毕业生2.44万人。九年义务教育巩固率为100%，高中阶段教育毛入学率为100%。全市共有幼儿园265所，比上年增加12所；在园幼儿8.34万人，比上年增加0.37万人。

2. 科技

全年专利申请总量为23890件，发明专利申请7744件，专利授权量12639件，其中发明专利授权2283件，万人发明专利拥有量40.22件，比上年增加2.66件。全年组织申报高新技术企业608家，新增433家企业进入省高新技术企业培育库，新增省级以上科技计划项目立项超350项。新建省级众创空间4家，1家国家科技企业孵化器。新建省级企业工程技术研究中心14家、省级企业院士工作站1家、市级工程技术研究中心115家。获得2019年度国家技术发明二等奖2项，国家科技进步特等奖2项、二等奖1项，省科技进步一等奖9项、二等奖11项、三等奖10项。扬中国家智慧电气高新技术产业化基地正式获科技部认定，成为镇江首个国家高新技术产业化基地。江苏镇江国家农业科技园区通过科技部验收。

年末共有国家检测中心2个；法定计量技术机构6个，强制检定计量器具23.96万台（件），比上年增加0.2万台（件）。全年监督抽查产品19种，完成强制性产品认证的企业1065家，比上年减少324家。

（四）文化、卫生与体育

1. 文化

年末共有艺术表演团体5个，文化馆8个，公共图书馆9个，文化站59个，博物（纪念）馆14个，美术馆2个。年末有线电视总用户77.75万户，其中数字电视用户74.98万户。年末拥有省级以上重点保护文物单位67处，其中全国重点保护文物单位13处。全年共开展全民艺术普及活动626场，通过"淘文化网"送演出下乡57场。原创音乐剧《九九艳阳天》获江苏文华大奖。

2. 卫生

年末拥有各类卫生机构（医疗卫生机构）1013个，其中医院53个、卫生院41个，社区卫生服务中心33个，卫生防疫防治机构（疾病预防控制中心）7个，妇幼保健机构7个，村卫生室311个。卫生机构床位15844张，其中医院、卫生院13429张，社区卫生服务中心1453张。年末拥有卫生技术人员21691人，其中执业医师及执业助理医师8469人，注册护士9556人。医疗机构（医疗卫生机构）全年总诊疗2545.8万人次。疾病预防控制中心卫生技术人员327人，妇幼卫生保健机构卫生技术人员1555人。

完成省预防接种综合服务管理信息系统一期项目建设，64家基层医疗卫生机构建成标准化儿童预防接种门诊。成立南京医科大学镇江临床医学院、"金山博医"医生集团，建成农村区域性医疗卫生中心3个、社区医院5个，全市中医馆建成率达95%，新建中医阁142个。实现孕产妇产前筛查和免费新生儿疾病筛查全覆盖，公共场所母婴设施配置率达95%，养老机构实现基本医疗服务全覆盖。

3. 体育

全年新建10个乡镇（街道）多功能运动场、5个体育小公园、5个笼式足球场、80条健身路径、1个拆装式游泳池和1个板网球场。全年共组织开展有影响的全民健身活动和比赛200余场次。承办第十届环太湖国际公路自行车赛（句容赛段）、镇江国际马拉松等5项国际、国家级竞技类体育赛事；承办12项省级青少年竞赛，举办市级比赛24项次。全年参加省级以上竞赛共获得70枚金牌、36枚银牌、51枚铜牌。新增全国校园足球特色学校15所。

（五）城乡建设

重点工程如期推进。保障国家、省重大交通工程和在建续建项目，镇江五峰山长江大桥实现合龙、接线高速主线贯通，连淮扬镇铁路镇江段基本完成主体工程。推进宁镇扬基础设施一体化建设，全面实施宁句城际轨道、南沿江高铁工程。完成长江镇扬河段三期整治工程、长江崩岸应急治理工程，丹金溧漕河“五改三”跨河桥梁等项目稳步推进。

人居环境不断提升。推动“城市双修”，完成老北门、剪子巷等14个片区、50万平方米老旧小区改造，实施危房和空斗墙房屋解危7500平方米，打通大市口西南、西北片区瓶颈路段，完成演军巷、仙鹤巷道路微循环改造，西津渡创成国家级城市中央休闲区，获评全国海绵城市优秀试点。完成镇江高铁南站优化提升工程，改善群众乘车体验。升级智能公交系统，新增优化公交线路118条。“互联网＋停车”实现全覆盖，新增泊位1.1万个。修复缺损人行道78条、窨井盖8245个，及时消除安全隐患。加强垃圾分类工作，新增垃圾分类投放设施覆盖小区424个。丹阳生活垃圾焚烧发电厂建成投产，解决了“垃圾围城”问题。完成500千伏梦溪输变电工程、上党LNG储配站二期工程建设，大港水厂一期投产运行，新建和改造供水管网116公里、污水管网28.8公里、老旧燃气管道81.3公里。

整治农村人居环境，完成144个规划发展村庄生活污水治理任务，改造1.34万户农村无害化卫生户厕；提档升级农村公路120公里，改造农桥26座，丹阳“镜彩农路·丹凤朝阳”获评全省首批农路特色品牌；创成国家卫生镇3个、省级绿美村庄26个；扬中“八位一体”运行维护经验入选全国首批农村公共服务典型案例。

（六）生态建设

全年PM2.5年均浓度44.2微克/立方米，下降14.7%。空气优良天数达标率为69.6%。全市地表水国考、省考断面水质优Ⅲ比例分别为87.5%、94.7%。水污染防治和污染企业整治取得重大进展，全年实施水污染防治项目59项、太湖流域水污染防治工程34项，完成28条黑臭水体的整治。关停取缔“散乱污”企业909家，钢铁行业实现超低排放改造，完成VOCs治理项目167项。化工产业安全环保整治进一步提升，关停、转迁9家化工企业，取消丹徒经济开发区化工片区定位。长江岸线项目治理和苏南运河整治加快推进，长江和京杭运河干流水质稳定达到Ⅱ类和Ⅲ类水质。车船尾气和工地扬尘污染防治成果显著，淘汰国三以下老旧机动车525辆、老旧内河航运船舶16艘，新建9套港口岸电系统，111个重点建筑工地和43个重点混凝土企业安装扬尘在线监测系统，建成区道路机械清扫率达90.4%。

三、2019年开展的主要工作

一是保持狠抓项目的定力，产业强市扎实推进。

开展精准招商。围绕“陆海空新”等七大特色产业，扎实开展主题招商，举办海工船舶产业招商推介会、航空航天产业高质量发展合作恳谈会、港口物流招商推介会、乡村振兴产业项目推介会等30场招商活动，形成“条块联动抓招商、全员出击引项目”的良好格局。全年新签约亿元以上产业项目172个，制造业项目占比达85%，项目落地率、开工率同比提高25个百分点和18个百分点。总投资50亿元的国药（丹阳）器械产业园、30亿元的润祥LNG油气物流园等优质项目落地。

提升项目质量。突出项目为王，4个省重大产业项目投资超序时109个百分点，178个市重点产业项目完成年度投资计划。总投资160亿元的孚能科技制造基地签约97天后即全面开工，11个月一期工程竣工投产，刷新了“镇江速度”。总投资60亿元的北汽麦格纳新能源汽车项目一期工程顺利竣工，总投资95亿元的蜂巢易创汽车零部件项目进入动力设备调试阶段，总投资50亿元的好未来镇江教育基地运营中心投入运营。深化国家全域旅游示范区建设，句容创成省级首批全域旅游示范区，恒大童世界、魔幻海洋世界等项目有序实施，旅游总收入突破千亿元。镇江港吞吐量达3.29亿吨，同比增长114.8%。新增高标准农田面积11.28万亩，10家企业入选农业产业化龙头企业500强。

加强园区集聚。镇江经济技术开发区位列全省国家级开发区综合考评第六，镇江高新区通过国家双创升级特色载体验收，丹阳航空航天新材料产业园创成省级特色创新示范园区，镇江国家农业科技园区通过科技部验收，扬中高新区创成国家级高新技术产业化基地，京口工业园区形成百亿级高性能航空及车用铝合金新材料产业集群。丹徒世业洲入选全省体育健康特色小镇。完成工业企业资源集约利用综合评价工作，园区工业亩均销售同比提升7.5%。

优化营商环境。面对经济下行压力加大，无论是本土企业还是外地企业，无论是国有企业还是外企民企，都很不容易。始终把服务企业作为重中之重，落实减税降费政策，定期组织企业家座谈会、银企对接会等活动，帮助企业争订单、保市场、稳运行，全年降低企业成本110亿元。建立服务企业"一门帮办"制度，帮办代办服务3万余件，镇江供电公司、镇江海关等驻镇单位，简化审批程序、加强过程调度，全力服务企业发展。金融支撑更加有力，全省首创政府采购贷，新增上市挂牌企业62家，天奈科技率先在科创板上市；广大金融机构同政府、企业风雨同舟、克难共进，加大信贷投放力度，新增贷款达793亿元，同比增长17.7%，制造业贷款余额占比位居全省第二。

二是集聚改革创新的动能，转型升级步伐加快。

重点改革有力推进。深化"放管服"改革，优化业务流程，建立100件高频政务服务事项"一件事一次办"标准体系，办理用时压缩50%。推进工程建设项目审批制度改革，工程项目开工时限压缩45%。实施公共资源交易"不见面"开标项目167个，招投标实现全流程在线操作，开标时间压减60%。高效完成市县政府机构改革，机构设置和职能配置得到优化。深化国企改革，转让清退非主业子公司54家，智慧停车、百姓汇商贸等9家专业化公司正式运营，索普集团完成重大资产重组，太白集团实现资产证券化。

创新动能加快培育。实施高新技术企业培育"小升高"行动，认定高新技术企业419家。新增国家级制造业"双创"平台2家，国家级工业设计中心实现"零突破"，豪然喷射、鼎胜新材与省产业技术研究院共建企业联合创新中心。大全集团成为全国质量标杆典型企业，鱼跃医疗制氧机入选全国制造业单项冠军产品。举办高校院所对接活动20场，技术合同成交额达34亿元，同比增长50%，中船动力、镇江船厂入选全省首批成果转化示范企业。培育引进国家级人才11人、省级人才121人、市"金山英才"计划136人，培养引进本科以上人才1.7万人。

对外开放持续深化。积极应对中美贸易摩擦，大力开拓新兴市场，出口保持总体稳定，对"一带一路"沿线国家投资和贸易占比分别达80%和35%。帮办服务21个重点外资项目，制造业实到外资6.5亿美元。对外交流合作不断深入，同美国圣贝纳迪诺市和克利夫兰市、韩国富川市建立友好交流关系，开展与日本津市、美国坦佩市缔结友城关系纪念活动，举办德国曼海姆中国镇江文化周等节庆活动。

三是注重内涵提升的实效，城乡功能持续优化。

重点工程如期推进。保障国家、省重大交通工程和在建续建项目，镇江五峰山长江大桥实现合龙、接线高速主线贯通，连淮扬镇铁路镇江段基本完成主体工程。推进宁镇扬基础设施一体化建设，全面实施宁句城际轨道、南沿江高铁工程。完成长江镇扬河段三期整治工程、长江崩岸应急治理工程，丹金溧漕河"五改三"跨河桥梁等项目稳步推进。

人居环境不断提升。推动"城市双修"，完成老北门、剪子巷等14个片区、50万平方米老旧小区改造，实施危房和空斗墙房屋解危7500平方米，打通大市口西南、西北片区瓶颈路段，完成演军巷、仙鹤巷道路微循环改造，西津渡创成国家级城市中央休闲区，获评全国海绵城市优秀试点。完成镇江高铁南站优化提升工程,改善群众乘车体验。升级智能公交系统,新增优化公交线路118条。“互联网+停车”实现全覆盖,新增泊位1.1万个。修复缺损人行道78条、窨井盖8245个,及时消除安全隐患。加强垃圾分类工作,新增垃圾分类投放设施覆盖小区424个。丹阳生活垃圾焚烧发电厂建成投产,解决了“垃圾围城”问题。完成500千伏梦溪输变电工程、上党LNG储配站二期工程建设,大港水厂一期投产运行,新建和改造供水管网116公里、污水管网28.8公里、老旧燃气管道81.3公里。整治农村人居环境,完成144个规划发展村庄生活污水治理任务,改造1.34万户农村无害化卫生户厕;提档升级农村公路120公里,改造农桥26座,丹阳“镜彩农路·丹凤朝阳”获评全省首批农路特色品牌;创成国家卫生镇3个、省级绿美村庄26个;扬中“八位一体”运行维护经验入选全国首批农村公共服务典型案例。

管理机制逐步健全。严格落实国务院《政府投资条例》,规范政府投资项目生成机制。优化市区安置房统建统管机制,完善规划设计、用地保障、开发建设等环节。建立综合性收入自求平衡项目申报筛选机制,索普周边生态防护工程等首批36个项目加快实施。构建多部门联合整治机制,深化露天烧烤、电动车违规行驶等专项治理,顺利通过国家卫生城市复审和全国文明城市检查。贯彻落实中央部署要求,完成违建别墅清查整治和“大棚房”专项清理整治。

生态环境持续改善。把长江大保护摆在突出位置,坚决整改长江经济带生态环境突出问题,完成长江干流岸线清理整治项目94个,长江豚类省级自然保护区问题彻底解决,长江镇江段渔民退捕安置工作基本完成。协同推进蓝天、碧水、净土三大保卫战,持续开展东部和西南片区环境综合整治,钢铁、碳素、水泥行业完成超低排放改造,市区PM2.5平均浓度同比下降11.8%;推进“河(湖)长制”和河湖“两违三乱”整治,国、省考断面水质全部达标,建成区黑臭水体基本消除。推动绿色发展,新增国家级绿色工厂5家,关停并转化工企业9家,取缔“散乱污”企业909家。实施长江(镇江段)两岸造林绿化工程,完成2260亩生态景观防护林建设。成功举办第四届国际低碳(镇江)大会暨新能源产业主题峰会。丹阳创成国家级节水型社会达标县。加强与三峡集团等央企合作,污水处理提质增效、餐厨废弃物及生活污泥协同处置二期项目落地。

智慧城市开局良好。建成一个中心,智慧镇江大数据中心投入运行,完成28个部门57个信息化系统迁移,节约建设运维成本1.2亿元。搭建两个平台,智慧镇江综合运行监管平台和大数据共享交换平台建成运行,为29个部门提供数据共享服务10万次。用好三张网,充分发挥电子政务内网、外网和互联网作用,为数据传输提供技术支撑。建成四个数据库,人口库、法人库、电子证照库和地理空间库投入使用。做好五个整合,完成9个部门机房、12亿条数据、21个应用功能、相关管理人员和建设资金的整合,为智慧城市建设奠定良好基础。

四是加大民生改善的力度,治理水平不断提升。

扶持就业创业。出台促进就业实施意见,落实社保降费、就业补贴、稳岗返还等措施,新增城镇就业7.8万人,城乡零就业家庭保持动态清零。实施“创响镇江”行动,发放创业担保贷款3.1亿元,成功扶持1.34万人创新创业,带动就业6.17万人,句容创成全国返乡农民创业示范市。开展大规模职业技能培训,新增高技能人才1.18万人。加大企业用工监测,开通咨询、调解、导诉“三位一体”的劳动人事争议网上调解平台,全面落实治理拖欠农民工工资任务。

完善基本保障。企业退休人员基本养老金实现15连增,基本社会保险覆盖率稳定在98%以上。入选全国居家和社区养老服务改革试点,街道日间照料中心实现全覆盖,新增护理型床位1300余张。率先建成医保移动支付和医疗机构诊间结算平台,跨省异地联网定点医疗机构达40家。建立医保特药“三定”制度,累计增加抗癌药33种。推进药品带量采购,实施医用耗材全省联盟采购,有效降低群众负担。落实“两不愁三保障”,完成574户省级“四类重点对象”危房改造,204个经济薄弱村全部达标,1.1万余户、2万余名建档立卡低收入人口全部脱贫。城乡低保标准提高至每人每月750元,低保、重残人员实现全额代缴城乡居民养老保险费。

有效化解风险。加大一般公共预算支出压缩力度，统筹各项政府预算资金，综合运用盘活闲置资产、加强省市国企合作等手段，政府隐性债务风险指标控制在合理区间。持续开展“清风行动”和打击“套路贷”专项行动，构建涉众型金融风险监测预警体系，非法集资案件数同比下降17.9%。推进“扫黑除恶”专项斗争，侦破九类涉恶案件911起，查扣涉案资金3.6亿元；严厉打击盗抢骗等违法犯罪活动，公众安全感保持全省前列。开展安全生产隐患大排查大整治，狠抓安全生产执法查处，高危行业企业（园区）安全监管平台实现全覆盖，综合防灾减灾应急救援体系基本建立，事故起数和死亡人数保持“双下降”。建成非诉讼服务中心，矛盾纠纷依法有效化解。健全信息预警研判等工作机制，中央、省交办信访件全部办结。

优化服务供给。新（改、扩）建学校29所，惠及2.34万名学生；北大培文实验学校落户，苏州外国语镇江分校正式开班办学，新增智慧校园40所，教育督导考核保持全省前列，江苏科技大学荣获国家科技进步特等奖，镇江高职校荣获省技能大赛“十连冠”，与省教育厅签约共同支持江苏大学创建高水平大学。市医疗集团成立并实体化运营，组建8个市级专科专病联盟。开展中医巡诊巡讲224场，受益群众3万人次，新建中医阁142个。与南京医科大学合作共建镇江临床医学院。5个菜市场建成开业。社区工作者职业体系建设全面推行。深入推进军民融合、双拥“八创”工作，举办“镇江最美退役军人”评选活动，建成市县镇村四级退役军人服务保障体系。省级村（社区）综合性文化服务中心实现全覆盖，2个社区科普体验馆建成并正式开放。《镇江通史》启动编撰，地方史馆和方志馆正式开馆，李公朴故居完成修缮并对外开放。举办长江国际音乐节、金山文化旅游节等活动。丹阳创成全国青少年校园足球试点县，镇江籍运动员在亚洲击剑锦标赛等重大赛事上屡创佳绩。司法行政、侨务、行政学院、人口计生、民族宗教、机关事务等工作取得新成绩，防震、气象、供销、科普、老龄、妇女儿童、关心下一代、见义勇为、残疾人、慈善、红十字等事业取得新进展，国家安全、国防教育、人民武装、人民防空、援藏援疆援陕等工作取得新成效。

第十二节　泰州市2019年经济社会发展报告

2019年，全市以习近平新时代中国特色社会主义思想为指导，深入贯彻党的十九大和十九届二中、三中、四中全会精神，全面落实中央、省、市各项决策部署，坚持稳中求进工作总基调，坚持新发展理念，统筹做好稳增长、促改革、调结构、惠民生、防风险、保稳定各项工作，扎实推进供给侧结构性改革，全力打造江苏高质量发展中部支点城市，经济运行总体平稳，发展质量稳步提升，民生福祉不断增进，生态环境持续改善，高水平全面建成小康社会取得新进展。

一、泰州市2019年经济发展概况

（一）综合经济

1. 经济总量

全市实现地区生产总值5133.36亿元，按可比价计算，比上年增长6.4%。其中第一产业增加值292.50亿元，增长2.3%；第二产业增加值2525.98亿元，增长5.9%；第三产业增加值2314.88亿元，增长7.6%。按常住人口计算，人均地区生产总值110731元，增长6.6%。劳动生产率不断提升。全员劳动生产率为186498元，比上年增长7.2%。产业结构继续优化。全年三次产业增加值比重调整为5.7∶49.2∶45.1，服务业增加值占GDP比重比上年提高1.4个百分点。市场活力不断增强。年末全市共有私营企业12.95万户，全年新增2.51万户；共有个体经营户37.09万户，全年新增6.12万户。

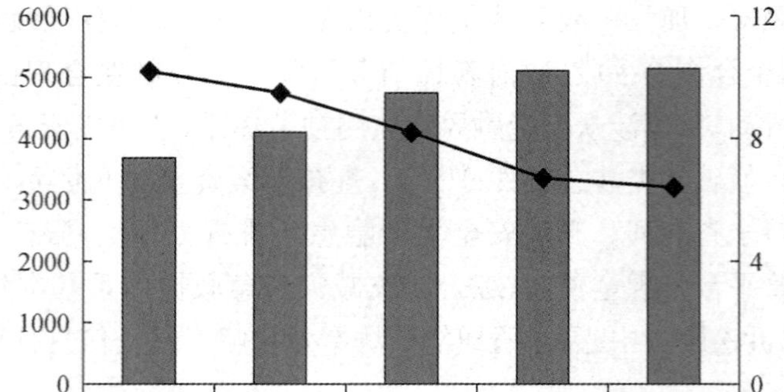

	2015	2016	2017	2018	2019
地区生产总值(亿元)	3687.9	4101.78	4744.53	5107.63	5133.36
增幅(%)	10.2	9.5	8.2	6.7	6.4

图 37　2015—2019 年泰州市地区生产总值及增长速度

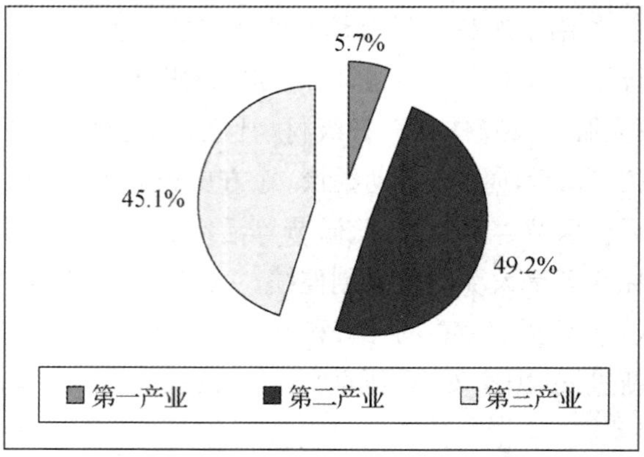

图 38　2019 年泰州市三次产业结构图

2. 财政收支

财政收支平稳增长。全年完成一般公共预算收入 374.58 亿元，比上年增长 2.2%，其中税收收入 287.48 亿元，下降 2.5%。税收收入占一般公共预算收入比重为 76.7%，比上年下降 3.7 个百分点。支出结构不断优化。全年一般公共预算支出 594.23 亿元，比上年增长 11.6%，其中一般公共服务支出增长 2.5%，科学技术支出增长 27.7%，社会保障和就业支出增长 45.3%，节能环保支出增长 35.0%，交通运输支出增长 41.9%。十三类民生支出比上年增长 16.4%，占一般公共预算支出的比重为 77.2%，比上年提高 3.2 个百分点。

3. 物价水平

价格水平总体稳定。全年居民消费价格比上年上涨 3.1%。分类别看，食品烟酒类上涨 7.0%，衣着类上涨 2.3%，居住类上涨 1.5%，生活用品及服务类上涨 3.2%，教育文化和娱乐类上涨 2.1%，医疗保健类上涨 1.2%，其他用品和服务业类上涨 4.6%。食品中，粮食上涨 3.1%，鲜菜上涨 5.8%，畜肉上涨 24.2%，水产品上涨 1.5%，蛋上涨 4.5%，鲜果上涨 10.9%。工业价格指数涨跌互现。工业生产者出厂价格保持微弱上涨态势，全年上涨 0.2%；工业生产者购进价格指数持续走低，全年下降 2.5%。

4. 固定资产投资

固定资产投资增长平稳。全年固定资产投资增长 6.0%，其中第一产业投资下降 82.2%，第二产业投资增长 6.2%，第三产业投资增长 6.5%。在二产投资中，工业投资增长 6.1%，其中医药制造业增长 31.1%，汽车制造业增长 15.2%，通信设备、计算机及其他电子设备制造业增长 42.2%，仪器仪表制造业增长 15.8%。在服务业投资中，信息传输、软件和信息技术服务业增长 13.7%，科学研究和技术服务业增长 60.1%，水利、环境和公共设施管理业增长 53.5%，文化、体育和娱乐业增长 60.8%。

投资结构不断优化。全年民间投资增长 11.1%，民间投资占全部投资比重为 85.9%。在工业投资中，高新技术产业投资增长 24.1%，占工业投资比重为 36.1%，比上年提高 4.8 个百分点；工业技改投资增长 6.3%。在服务业投资中，基础设施投资增长 14.0%。

（二）农林牧渔业

农业生产总体平稳。全年实现农林牧渔业总产值 481.48 亿元，按可比价计算，比上年增长 2.2%；实现农林牧渔业增加值 305.20 亿元，增长 2.4%。粮食生产稳定。全年粮食播种面积 374.12 千公顷，比上年减少 1.19 千公顷。粮食总产 280.55 万吨，减少 6.59 万吨，其中夏粮总产 104.65 万吨，减少 2.29 万吨；秋粮总产 175.9 万吨，减少 4.3 万吨。粮食亩产 499.93 公斤，增加 4 公斤。生猪产能下降。全年生猪出栏 140.59 万头，下降 45.4%。渔业生产基本稳定。全年水产品产量 36.95 万吨，下降 5.0%。

现代农业加快推进。农业设施提档升级。全年完成高标准农田建设 25 万亩，年末高标准农田比重达 76.1%；全年新增设施农业面积 6.69 万亩，年末设施农业面积 85.1 万亩。年末有效灌溉面积 412.91 万亩，比上年增加 1.31 万亩，增长 3%。农业机械化水平提升。年末全市农业机械总动力达 286.91 万千瓦，比上年增长 1%，农业综合机械化水平达 85%。绿色农业水平稳步提升。全年建成省级绿色防控示范区 14 个，化肥施用量比上年下降 2.5%，农药使用量下降 6.5%。

（三）工业和建筑业

工业生产平稳运行。全年规模以上工业增加值增长 6.4%，其中轻工业增长 6.0%，重工业增长 6.5%。分经济类型看，国有工业增长 9.7%，股份制工业增长 6.4%，外商和港澳台投资工业增长 2.6%。在规模以上工业中，民营工业增加值增长 6.7%，大中型工业增长 5.2%。支柱产业稳定支撑。全年船舶、医药、电气、化工等产业产值分别增长 18.3%、12.5%、7.9%和 4.8%。

先进制造业加快发展。全市高新技术产业产值增速快于规模以上工业产值增速 3.7 个百分点，高新技术产业产值占规模以上工业产值比重为 45.0%，比上年提高 1.5 个百分点。战略性新兴产业产值增速快于规上工业产值增速 12.9 个百分点，战略性新兴产业产值占规模以上工业产值比重为 28.6%，比上年提高 6.6 个百分点。规模以上工业中锂离子电池、光电子器件、太阳能电池等产品产量分别比上年增长 17.4%、12.2%、5.4%。

工业企业经营状况良好。全年规模以上工业利润比上年增长 4%，亏损企业亏损额下降 0.4%。年末企业资产负债率为 51.0%，比上年下降 1.1 个百分点。规模以上工业企业每百元营业收入中营业成本为 79.5 元，比上年减少 0.6 元。

建筑业平稳发展。全年完成建筑业总产值 3458.07 亿元，比上年增长 3.7%。年末全市具有资质等级的总承包和专业承包建筑企业 754 家，比上年增加 7 家，其中具有特级、一级和二级资质企业 318 家，比上年增加 10 家。年末建筑业从业人员达 114.94 万人，下降 1.7%。

（四）服务业

1. 国内贸易

消费品市场基本稳定。全年实现社会消费品零售总额 1348.94 亿元，比上年增长 5.2%。按经营单位所在地分，城镇消费品零售额 1236.99 亿元，增长 5.1%；乡村消费品零售额 111.95 亿元，增长 5.9%。从消费形态看，批发和零售业 1139.36 亿元，增长 3.6%；住宿和餐饮业 209.58 亿元，增长 14.7%。从限额以上单位看，全年限额以上社会消费品零售额 449.59 亿元，下降 0.2%，其中批发和零售业零售额 419.52 亿元，下降 0.4%；住宿和餐饮业零售额 30.08 亿元，增长 2.5%。

消费市场呈现多样化发展态势。限额以上零售额中,基本生活类商品消费下降,粮油食品、饮料、服装鞋帽针纺织品和日用品消费分别下降0.2%、2.5%、1.7%和2.8%。发展享受型消费出现分化,中西药品、建筑及装潢材料、书报杂志消费增长71.4%、31.0%和15.1%,而通讯器材、家用电器及音像器材、石油及制品、汽车等消费分别下降8.0%、7.4%、6.4%、4.9%。

2. 交通运输和邮电

交通运输基本平稳。全年旅客运输量比上年下降1.3%,旅客周转量下降2.7%,货物运输量增长4.1%,货物周转量增长5.2%。全年港口货物吞吐量3.06亿吨,增长16.9%,其中外贸吞吐量2779.55万吨,增长26.6%。年末全市公路里程1.01万公里,其中高速公路里程320.64公里。

居民汽车保有量稳步增长。年末民用汽车拥有量82.52万辆,本年净增5.69万辆;私人轿车拥有量51万辆,本年净增3.17万辆。

邮电业较快发展。全年邮政行业业务总量37.85亿元,比上年增长27.7%,其中快递业务量1.21亿件,增长23.0%;邮政行业业务收入25.19亿元,增长26.5%,其中快递业务收入14.95亿元,增长34.1%。全年电信业务总量281.92亿元,比上年增长7.2%;电信业务收入42.69亿元,增长3.4%。年末移动电话用户496.27万户,电话普及率达107.1户/百人;互联网用户197.43万户,增长10.1%。

3. 旅游业

旅游市场发展良好。全年接待国内旅游者3156.72万人次,比上年增长10.1%;接待入境过夜游客4.71万人次,增长3.1%。全年实现旅游总收入414.03亿元,增长10.2%;实现旅游外汇收入4802.15万美元,增长3.1%。

4. 金融、保险和证券

金融信贷规模不断扩大。年末金融机构人民币存款余额6879.13亿元,比上年增长12.4%,其中住户存款余额3263.96亿元,增长13.5%。金融机构人民币贷款余额5493.92亿元,增长14.8%,其中短期贷款余额2179.46亿元,增长18.6%;中长期贷款余额3015.92亿元,增长11.3%。全年制造业新增贷款24.51亿元。

保险业发展总体平稳。全年保费收入193.05亿元,比上年增长18.6%,其中人身险150.34亿元,增长20.1%;财产险42.71亿元,增长13.7%。全年赔付金额45.79亿元,下降1.6%,其中人身险19.47亿元,下降10.6%;财产险26.32亿元,增长6.3%。

证券交易恢复增长。全年证券交易额9811.17亿元,比上年增长92.6%,其中股票交易额5261.12亿元,增长43.0%;基金交易额174.06亿元,下降37.4%。

5. 房地产业

房地产市场健康发展。全年房地产开发投资352.58亿元,比上年下降0.3%,其中住宅投资284.96亿元,增长1.2%。商品房施工面积2597.89万平方米,增长1.4%。商品房新开工面积620.71万平方米,下降16.0%。商品房竣工面积544.45万平方米,增长44.1%。商品房销售面积659.59万平方米,下降6.4%。商品房待售面积238.95万平方米,下降15.7%。

(五)开放型经济

1. 对外贸易

对外贸易基本稳定。全年完成进出口总额144.66亿美元,比上年下降1.8%,其中出口95.32亿美元,与上年持平;进口49.34亿美元,下降5.1%。按贸易方式分,一般贸易出口56.61亿美元,增长1.4%;加工贸易出口36.86亿美元,下降5.0%;一般贸易进口33.17亿美元,下降3.6%;加工贸易进口11.38亿美元,下降1.9%。

按企业性质分,外商投资企业出口50.47亿美元,增长6.6%;民营企业出口43.13亿美元,下降6.2%;外商投资企业进口31.74亿美元,下降13.7%;民营企业进口16.33亿美元,增长17.0%。

按商品类别分，机电产品出口 53.13 亿美元，增长 5.6%；农产品出口 3.92 亿美元，下降 2.9%；机电产品进口 8.43 亿美元，下降 6.6%；农产品进口 10.02 亿美元，下降 17.1%。按出口地区分，对亚洲出口 45.12 亿美元，增长 2.4%；对欧洲出口 16.20 亿美元，下降 0.8%；对美国出口 14.72 亿美元，下降 20.6%。服务贸易出口增长较快。全年完成服务贸易出口 6.04 亿美元，比上年增长 20.7%。

2. 利用外资

外资利用有所回落。全年新批外商投资企业 126 家，比上年减少 3 个；完成新批协议注册外资 33.27 亿美元，增长 13.1%；全年新批及净增资 3000 万美元以上项目 56 个，比上年增加 2 个；实际到账注册外资 14.86 亿美元，下降 1.4%。全年新签对外承包工程合同额 3.2 亿美元，下降 41.8%；新签对外承包工程完成营业额 6.71 亿美元，下降 10.8%。

二、泰州市 2019 年社会发展概况

（一）人口、人民生活

人口基本稳定。年末户籍总人口 500.55 万人，当年出生人口 3.53 万人，人口出生率为 7.02‰，比上年下降 1.37 个千分点；死亡人口 4.34 万人，人口死亡率为 8.64‰，比上年上升 0.2 个千分点，人口自然增长率为－1.62‰。年末全市常住人口 463.61 万人，比上年增加 0.04 万人。年末常住人口城镇化率为 66.8%，比上年提高 0.8 个百分点。

居民收入稳定增长。全体居民人均可支配收入 37773 元，比上年增长 9.0%。从构成看，工资性收入 23354 元，增长 8.6%；经营净收入 5745 元，增长 8.2%；财产净收入 3553 元，增长 13.7%；转移净收入 5122 元，增长 8.9%。按常住地分，城镇常住居民人均可支配收入 47216 元，增长 8.7%；农村常住居民人均可支配收入 23116 元，增长 8.9%。城乡居民收入比由上年的 2.05∶1 缩小至 2.04∶1。

脱贫攻坚取得胜利。对照省定人均年收入 6000 元、市定人均年收入 7000 元标准，全市建档立卡低收入农户 70857 户、123452 人全部脱贫。年集体经营性收入低于省定 18 万元的 92 个村全部脱贫摘帽。

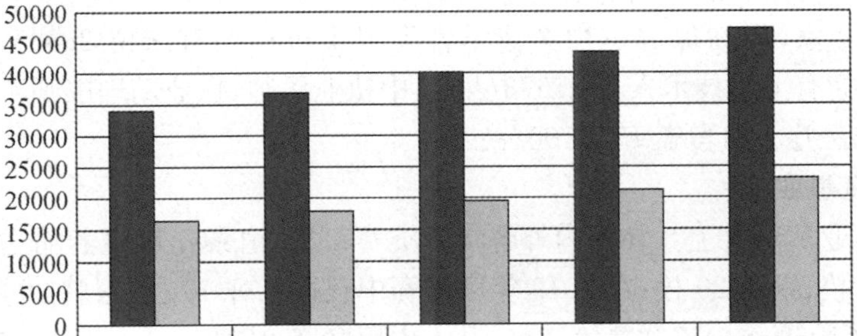

	2015	2016	2017	2018	2019
■ 城镇居民人均可支配收入(元)	34092	36828	40059	43452	47216
□ 农村居民人均可支配收入(元)	16410	17861	19494	21219	23116

图 39　2015—2019 年泰州市城乡居民收入对比一览

（二）就业与社会保障

就业水平基本稳定。年末全市就业人员 275 万人，比上年下降 0.2%。分三次产业看，第一产业就业人员 54.3 万人，下降 2.5%；第二产业 112.6 万人，增长 0.6%；第三产业 108.1 万人，增长 0.2%。三次产业就业人员比重调整为 19.7∶40.9∶39.3，第二产业和第三产业就业人员比重分别比上年提高 0.3 个、0.2 个百分点。全年城镇新增就业 10.68 万人，比上年增加 0.31 万人；年末城镇登记失业率为

1.76%,下降0.02个百分点。

社会保障水平不断提升。大力实施全民参保计划,参加城乡居民养老保险、企业职工养老保险人数分别达100.97万人、94.69万人,城乡基本养老保险参保率98.0%。民生保障取得新进展。全市城乡低保标准统一提高到每人每月680元,比上年增加30元,全年4.44万人得到最低生活保障救济。

(三)教育和科学技术

1. 教育事业

优质教育均衡发展。全年新创优质园3所,省优比例达84.47%,继续居全省第一。三星级以上优质高中实现全覆盖,四星级高中占比提高到54.5%。年末全市拥有幼儿园337所,在校幼儿11.22万人,学前三年教育毛入学率达98%以上;高中34所,在校学生6.76万人,高中阶段教育毛入学率达99%以上;普通高等学校7所,在校学生7.73万人,高等教育毛入学率达60.2%。年末全市拥有专任教师4.6万人,比上年增加1434人。

2. 科技创新

科技创新能力不断增强。全社会R&D经费支出占GDP比重2.6%,比上年提高0.04个百分点。全年获得国家科技发明奖1项,专利申请25021件,其中发明专利申请6279件;专利授权14872件,其中发明专利授权1003件;年末万人发明专利拥有量15.3件,比上年增加1.8件。全年新认定高新技术企业428家,新增省级以上工程技术研究中心19家、企业技术中心27家,年末高新技术企业达974家。

(四)文化、卫生和体育

1. 文化事业

文化事业蓬勃发展。文化产业不断壮大,文化产业增加值占GDP比重为3.86%。文化服务体系不断完善。年末全市拥有文化馆7个、公共图书馆7个、博物馆19个、美术馆3个,公共图书馆总藏量382万册、电子图书藏量342.2万册;有线电视入户率为90.0%,电视综合人口覆盖率为99.1%。

2. 卫生事业

卫生事业加快发展。年末全市拥有各类卫生机构2118家,其中医院87家,卫生院115家,卫生防疫防治机构10家,妇幼保健机构7家。各类卫生机构拥有床位29885张,其中医院、卫生院拥有床位28372张。拥有卫生技术人员31673人,其中执业医师、执业助理医师13309人,注册护士13263人。新型农村合作医疗人口覆盖率为100%。

3. 体育事业

体育事业蒸蒸日上。在国内外各级各类赛事中,由泰州市培养输送的优秀运动员共计获得金牌38枚、银牌18枚、铜牌20枚;在2019年度省赛中获得金牌46枚,银牌39枚,铜牌38枚。泰州远大足球俱乐部获得2019赛季中乙联赛第三名,升入中甲联赛,成功实现中冠、中乙、中甲"三连跳"。

(五)城乡统筹

城乡发展协调推进。城市发展加速融合提升。完成国土空间总体规划编制"双评估""双评价"等前期工作,探索推动高港区和医药高新区融合发展,优化市区财政管理体制。加快补齐城市功能短板,北沿江高铁、盐泰锡常宜铁路前期工作稳步推进,常泰过江通道全面开工,永定路西段快速化改造工程完工;成功加入世界卫生组织健康城市联盟,开工建设市中医院新院二期工程和妇幼保健院;全面启动省运会筹备,推进市体育公园等场馆建设,完成市体育中心田径场改造;泰州金融广场建成开放。持续深化全国文明城市创建,社会文明程度测评指数位居全省前列。举办中华人民共和国成立70周年、人民海军成立70周年庆祝活动,筹建大运河(泰州)文化旅游发展基金,开展文化惠民演出超过2000场。"品质泰州"建设取得新突破,评价指标体系获国家标准立项。

幸福宜居水平持续提高。开展“城建惠民”两年行动计划，强力整治东部、南部市场群，关停违规石材加工企业244家，拆除违法建设15.9万平方米；新辟优化公交线路6条，投放新能源公交车202辆、共享单车5000辆；新增公共停车泊位2858个，建成投用南园、三水湾等大型停车场；实施老旧小区“微整治”30个，新建改造农贸市场11家、公厕163个，新(扩)建游园26个；整治黑臭水体4条，完成46个小区雨污分流改造。

乡村振兴战略深入实施。推进国家农业可持续发展试验示范区建设，姜堰家庭农场服务联盟、泰兴洋宇循环种养模式等特色做法得到国务院领导肯定。调整优化农业结构，粮食总产量达56亿斤，建成高标准农田25万亩，畜禽生态健康养殖比重达83.6%；高港获批国家农产品质量安全县，姜堰大米成为国家地理标志农产品；推进华统、顶旺等养殖项目落户投产，生猪产能逐步恢复。加强新型农业经营主体培育，创成省级示范家庭农场49家，蘘洋食品成为国家重点农业龙头企业。全面完成村集体清产核资，“股权到人、固化到户”改革完成率为80%。开展农村人居环境整治，新增省级特色田园乡村3个，无害化卫生户厕普及率达95.4%，通过“四好农村路”省级示范市验收。严格落实耕地保护制度，完成72个“大棚房”问题项目、8个违建别墅问题整改。

（六）生态环境与节能减排

生态环境建设成效显著。全市空气质量综合指数4.35，其中PM2.5平均浓度为42.5微克/立方米，下降7.4%，空气优良天数比率达75.7%。全市县级以上集中式饮用水源水质达到或优于Ⅲ类比例均为100%。全市6个国考断面水质达到或优于Ⅲ类比例为100%；24个省考及以上断面水质达到或优于Ⅲ类比例为87.5%。

节能降耗取得进展。全年规上工业累计综合能耗905.3万吨标准煤，比上年下降2.6%；规上工业万元产值能耗0.1727吨标准煤，下降4.6%。全年单位GDP能耗下降6.0%。

（七）安全生产

安全生产形势总体平稳。深刻汲取响水“3·21”特别重大爆炸事故教训，牢固树立“全域安全”的责任意识，出台党政领导干部安全生产责任制实施办法，完善“1＋X”安全生产责任体系，试行事故企业公开道歉、风险较大场所所长制等举措，建成安全生产大数据平台。制订实施化工产业安全环保整治提升方案，推行危化品企业积分动态管理，严格落实危化品项目“三个一律不批”，关闭退出化工生产企业18家。部署开展24个重点行业领域安全生产专项整治，推进双重预防机制建设，实施“严打整治”行动，实行安全生产违法违规行为和安全隐患有奖举报，生产安全事故起数、死亡人数分别下降17.3%、16.6%。

三、2019年开展的主要工作

（一）经济运行总体平稳

惠企措施逐见成效。始终将稳定实体经济作为重中之重，出台聚焦企业关切进一步优化营商环境行动方案，创新设立“泰企云”涉企奖补申报管理平台，全面落实减税降费政策，降低实体经济企业成本95亿元。举办“泰州制造·央地合作”系列活动，组织100多家本土企业与央企开展专题对接，以政府信用为企业发展架桥铺路。推出金融支持制造业高质量发展20条，制造业贷款增长5%，普惠型小微企业贷款增加9000户。推行“亩产论英雄”工业用地效益提升综合机制，土地节约集约利用获奖单位数、用地指标奖励量均居全省首位。规上工业增加值增长6.1%，新增规上工业企业358家、市场主体8.2万户。

有效投入增势稳健。强化“抓经济必须抓项目”意识，实施项目大提升三年行动计划，总投资80亿元的长城整车制造、31亿元的乐叶5GW太阳能组件、15.3亿元的赛孚士抗体药物等项目开工建设，实际投资52亿元的新浦轻烃综合利用、15亿元的中江装配式建筑生产基地、11.7亿元的靖江港口集团智能重装等项目竣工投产。亿元以上项目新开工436个、新竣工344个,20个项目列入省重点工业投资计划。高新技术产业投资占比提高4.5个百分点,基础设施投资增速提高7.4个百分点。

开放开发破难前行。制定促进开放型经济高质量发展若干政策措施,新增有进出口实绩企业233家,实现进出口总额140亿美元;实际利用外资14.5亿美元,其中制造业占比达64%,战略性新兴产业占比提高10个百分点;新批境外投资企业36家,完成外经营业额9亿美元。海关、海事、边检为开放开发做出积极贡献。

风险防控扎实有力。切实担负起防范化解重大风险的政治责任,大力整治非法金融活动,线下投融资机构减少205家,P2P网贷机构线上业务全面退出;综合施策化解大额授信风险,不良贷款率、规上工业企业资产负债率分别下降0.28个、0.5个百分点;建成政府性债务综合监管系统,制定事业单位债务管理办法,设立国企债务风险防控应急资金池,超额完成年度化债目标。

(二)动能转换步伐加快

产业结构进一步优化。认真落实"八字方针",部署推进制造业高质量发展。"泰州医药健康产业创新中心"列入国家战略规划,获批江苏省质量奖2个,新增省示范智能车间10个、星级上云企业129家。扬子江药业连续五年位居中国医药工业百强企业榜首,罡阳股份成为国家制造业单项冠军示范企业,振华泵业获评国家"专精特新"小巨人企业。兴化创成省级全域旅游示范区,泰兴祁巷成为全国乡村旅游重点村。服务业增加值占比提高0.6个百分点。单位地区生产总值能耗下降3%以上。

创新支撑能力明显增强。充分发挥企业创新主体作用,新认定高新技术企业428家,新增省级以上工程技术研究中心19家、企业技术中心27家,太平洋精锻入围国家技术创新示范企业,6家企业成为省百强创新型企业。加大关键技术攻关和科技成果转化力度,91个项目进入省重点技术创新导向计划,18个产品列入省重点推广应用目录,获批首张国产特殊医学用途全营养配方食品注册证书。推动"科技人才80条"落地见效,成功举办"一赛两会"人才系列活动,新引进高层次人才2516名。高新技术产业产值占比达44.8%,万人发明专利拥有量15.3件。

重点领域改革不断深化。深入推进"放管服"改革,开展规划用地"多审合一、多证合一"改革,38个资质类许可业务实行告知承诺制,制定市本级行政许可容缺受理材料清单45个,压减涉企行政许可前置中介服务及收费13项。扎实推进金改试点,产融综合服务中心助力企业融资累计近300亿元,31家企业进入人民币跨境结算便利化试点,实质运营5支产业子基金,新增境内外上市企业5家,硕世生物成为苏中首家科创板上市企业。有序推进国企改革,完成行政事业单位53家直属企业、28处经营性资产划转,成立公用事业集团主导供水、燃气等设施建设运营,上线运行国有资产监管系统,加强股权投资管理和经营业绩考核,市属国企资产总额增长25%、营业收入增长40%。

(三)城乡发展协调推进

城市发展加速融合提升。完成国土空间总体规划编制"双评估""双评价"等前期工作,探索推动高港区和医药高新区融合发展,优化市区财政管理体制。加快补齐城市功能短板,北沿江高铁、盐泰锡常宜铁路前期工作稳步推进,常泰过江通道全面开工,永定路西段快速化改造工程完工;成功加入世界卫生组织健康城市联盟,开工建设市中医院新院二期工程和妇幼保健院;全面启动省运会筹备,推进市体育公园等场馆建设,完成市体育中心田径场改造;泰州金融广场建成开放。持续深化全国文明城市创建,社会文明程度测评指数位居全省前列。举办中华人民共和国成立70周年、人民海军成立70周年庆祝活动,筹建大运河(泰州)文化旅游发展基金,开展文化惠民演出超过2000场。"品质泰州"建设取得新突破,评价指标体系获国家标准立项。

幸福宜居水平持续提高。开展"城建惠民"两年行动计划,强力整治东部、南部市场群,关停违规石材加工企业244家，拆除违法建设15.9万平方米；新辟优化公交线路6条，投放新能源公交车202辆、共享单车5000辆；新增公共停车泊位2858个，建成投用南园、三水湾等大型停车场；实施老旧小区“微整治”30个，新建改造农贸市场11家、公厕163个，新(扩)建游园26个；整治黑臭水体4条，完成46个小区雨污分流改造。

乡村振兴战略深入实施。推进国家农业可持续发展试验示范区建设，姜堰家庭农场服务联盟、泰兴洋宇循环种养模式等特色做法得到国务院领导肯定。调整优化农业结构，粮食总产量达56亿斤，建成高标准农田25万亩，畜禽生态健康养殖比重达83.6%；高港获批国家农产品质量安全县，姜堰大米成为国家地理标志农产品；推进华统、顶旺等养殖项目落户投产，生猪产能逐步恢复。加强新型农业经营主体培育，创成省级示范家庭农场49家，骥洋食品成为国家重点农业龙头企业。全面完成村集体清产核资，“股权到人、固化到户”改革完成率达80%。开展农村人居环境整治，新增省级特色田园乡村3个，无害化卫生户厕普及率达95.4%，通过“四好农村路”省级示范市验收。严格落实耕地保护制度，完成72个“大棚房”问题项目、8个违建别墅问题整改。

生态环境状况稳定好转。切实履行环保督察整改的政治责任，中央环保督察交办问题市级销号率为91.2%。开展长江入河排污口排查整治全国试点，创新实施“健康长江泰州行动”，建成大数据平台和指挥中心，设立全国地级市首家遥感应用基地，组建首期规模10亿元的长江生态环保发展基金。狠抓突出环境问题治理，空气质量优良率达75.3%，国考断面全部达到或优于Ⅲ类水质，创成省城镇污水处理提质增效示范城市。深化生态环境改革创新，严格落实河(湖)长责任制，全面推行“专家治厂、科学治污”，海陵成为国家生态文明建设示范区。

安全生产形势总体平稳。深刻汲取响水“3·21”特别重大爆炸事故教训，牢固树立“全域安全”的责任意识，出台党政领导干部安全生产责任制实施办法，完善“1+X”安全生产责任体系，试行事故企业公开道歉、风险较大场所所长制等举措，建成安全生产大数据平台。制订实施化工产业安全环保整治提升方案，推行危化品企业积分动态管理，严格落实危化品项目“三个一律不批”，关闭退出化工生产企业18家。部署开展24个重点行业领域安全生产专项整治，推进双重预防机制建设，实施“严打整治”行动，实行安全生产违法违规行为和安全隐患有奖举报，生产安全事故起数、死亡人数分别下降17.3%、16.6%。

(四) 人民生活明显改善

富民增收力度加大。完善经济薄弱村挂钩帮扶机制，构建“三保险、四救助、一预警”医保扶贫体系，完成农村危房改造3847户，建档立卡低收入人口和经济薄弱村达到省定脱贫标准。落实援企稳岗、创业服务等政策，城镇新增就业10.7万人、创业9.5万人。实现养老、失业、医疗保险市区统筹，推进长三角地区跨省异地就医门诊直接结算“双向互通”，成为全省首家医保移动支付应用城市。城乡低保标准提高到每人每月680元，发放价格临时补贴8000万元。完成棚户区改造8162户、保障性住房建设5838套。

社会事业稳步发展。新(改扩)建幼儿园及中小学50所，义务教育学校建设达标率提高26个百分点，泰州中学入选首批省高品质示范高中建设立项学校，泰职院成为全国首批1+X证书制度试点院校，江苏牧院入围“双高计划”建设单位。启动市人民医院医联体和泰兴、兴化医共体建设，创新医保医师积分制管理，新增省级临床重点专科4个，儿童预防接种门诊全部建成达标，实现三级乙等综合医院全覆盖。实施长期护理保险制度，政府购买居家养老服务惠及16.2万人。成立退役军人党校、双拥学院和四级服务中心，发放抚恤补助资金3.7亿元。兴化长江引水工程开工建设。民族宗教、社会科学、广播电视、妇女儿童、残疾人、史志档案工作取得新进步，统计、气象、台湾事务、外事侨务工作取得新成绩。

社会保持安定和谐。率先开展市域社会治理现代化试点，探索“网格+警格”“一中心三平台”基层综合治理服务模式。实施信访“三化解一规范”专项行动，群众来访批次、人次分别下降29.3%、28.5%。开展普法志愿服务“718行动”，走访服务企业5182家。纵深推进“扫黑除恶”专项斗争，摧毁涉黑组织5

个、恶势力犯罪集团 17 个,破获涉黑涉恶案件 1107 起,万人刑事案件发案率保持全省最低,现行命案连续十年保持全破。省级食品评价性抽检合格率居全省首位。

第十三节　宿迁市 2019 年经济社会发展报告

2019 年,全市上下以习近平新时代中国特色社会主义思想为指引,围绕全面建成小康社会的奋斗目标,坚持稳中求进工作总基调,按照“六增六强”发展要求,统筹做好稳增长、促改革、调结构、惠民生、防风险各项工作,综合实力明显提升,结构调整稳步推进,民计民生不断改善,生态环境持续优化,高质量发展迈出新步伐。

一、宿迁市 2019 年经济发展概况

(一) 综合经济

1. 经济总量

经济总量再上新台阶。全市实现地区生产总值 3099.23 亿元,比上年增长 7.0%,比全省增速快 0.9 个百分点。其中,第一产业增加值 324.6 亿元,增长 2.4%;第二产业增加值 1324.35 亿元,增长 6.9%;第三产业增加值 1450.28 亿元,增长 8.3%。人均 GDP 达 62840 元,按平均汇率达 9109 美元。

产业结构明显优化。全市三次产业结构调整为 10.5∶42.7∶46.8。其中,第一产业增加值比重比上年下降 0.3 个百分点,第二产业增加值比重下降 0.8 个百分点,第三产业增加值比重提升 1.1 个百分点。

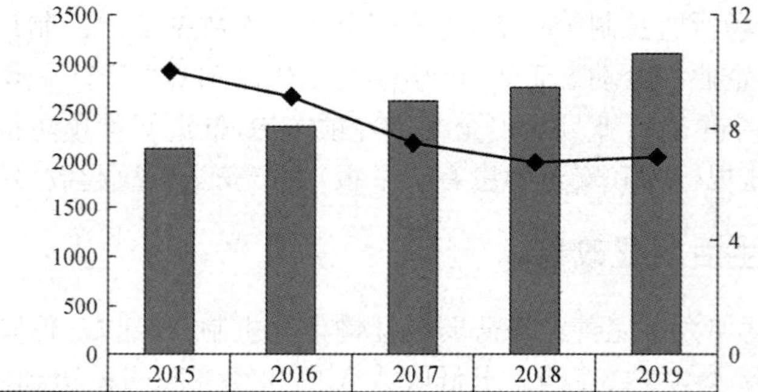

	2015	2016	2017	2018	2019
地区生产总值(亿元)	2126.19	2351.12	2610.94	2750.72	3099.23
增幅(%)	10	9.1	7.5	6.8	7

图 40　2015—2019 年宿迁市地区生产总值及增长速度

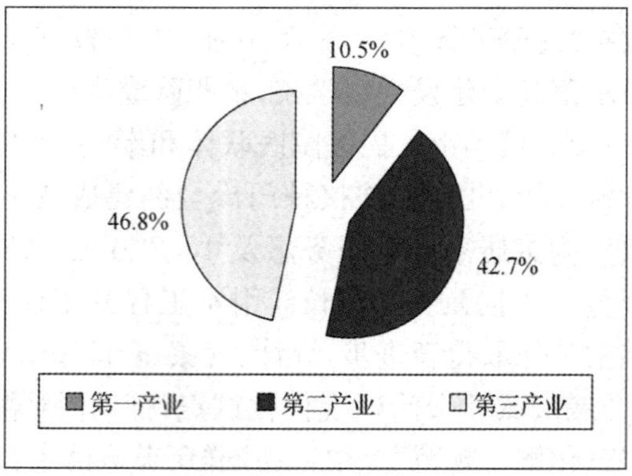

图 41　2019 年宿迁市三次产业结构图

2. 财政收支

财政收入稳步增长。全市实现一般公共预算收入 212.60 亿元，增长 3.1%。税收收入 178.65 亿元，增长 3.1%；税收占一般公共预算收入比重达 84.0%。其中，增值税 80.34 亿元，增长 6.1%；企业所得税 35.68 亿元，增长 16.8%；个人所得税 6.54 亿元，下降 18.5%。

民生支出持续增加。全年一般公共预算支出 505.75 亿元，比上年增长 16.6%。其中，一般公共服务支出 43.16 亿元，增长 15.4%；教育支出 84.33 亿元，增长 11.3%；社会保障和就业支出 59.87 亿元，增长 11.8%；卫生健康支出 45.99 亿元，增长 3.8%；农林水支出 86.56 亿元，增长 22.0%；住房保障支出 16.81 亿元，增长 28.6%。

3. 物价水平

消费价格涨势扩大。全年居民消费价格总水平(CPI)上涨 3.1%，比上年涨幅扩大 1.0 个百分点。八大类消费价格"七升一降"，其中"七升"为食品烟酒上涨 6.6%、衣着上涨 2.7%、居住上涨 2.3%、生活用品及服务上涨 3.6%、教育文化和娱乐上涨 1.0%、医疗保健上涨 1.4%、其他用品和服务上涨 5.7%；"一降"为交通和通信下降 1.4%。

4. 固定资产投资

投资保持平稳运行态势。全市在建项目 2394 个，其中新开工项目 2002 个。固定资产投资总体平稳发展，比上年增长 6.5%，分别高于全国和全省增速 1.1 个和 1.4 个百分点。分产业看，受房地产投资拉动，第三产业投资增速最快，增长 10.5%，高于全部投资增速 4.0 个百分点；第一产业投资增长 3.0%，第二产业投资增长 6.3%。

工业投资增速稳中有升。全市工业投资比上年增长 7.0%，高于全部投资增速 0.5 个百分点。其中，制造业投资增长 7.6%，比全部工业投资增速高 0.6 个百分点，制造业占全部工业投资的比重为 94.5%。

(二) 农林牧渔业

农业经济稳步发展。全市实现农林牧渔业增加值 336.84 亿元，可比价增长 2.7%，其中农业 215.77 亿元，林业 8.46 亿元，牧业 27.87 亿元，渔业 72.49 亿元，农林牧渔服务业 12.25 亿元，占比分别为 64.1%、2.5%、8.3%、21.5%和 3.6%。

粮食产量持续提升。全市粮食作物播种面积 896.07 万亩，比上年减少 2.07 万亩，下降 0.2%；亩均产量 455.53 公斤，比上年增产 9.07 公斤，增长 2.0%；总产量 408.17 万吨，比上年增产 7.15 万吨，增长 1.8%。夏粮种植面积、单产、总产实现三提升。夏粮面积 436.77 万亩，亩产 380.27 公斤，总产 166.08 万吨，比上年分别增长 0.2%、1.7%和 1.8%。秋粮种植面积下降，单产提升拉动总产增产。秋粮种植面积 459.30 万亩，比上年下降 0.6%；亩产 527.07 公斤，总产 242.08 万吨，分别比上年增长 2.4%和 1.8%。在全年粮食面积和总产中，夏粮、秋粮的种植面积和总产的比例分别为 48.7∶51.3 和 40.7∶59.3。

蔬菜瓜果供应平稳。全市蔬菜播种面积 137.38 万亩，比上年增加 1.01 万亩，增长 0.7%；蔬菜及食用菌产量 488.92 万吨，比上年增加 2.43 万吨，增长 0.5%。全年瓜果类播种面积 19.25 万亩，总产 49.23 万吨，比上年分别下降 3.7%和 3.0%。其中，西瓜种植面积 15.36 万亩，比上年减少 0.99 万亩，下降 6.0%；草莓种植面积 1.73 万亩，比去年增加 0.11 万亩，增长 6.9%。

畜牧业总体稳定。受非洲猪瘟以及环保整治双重影响，生猪市场供应大幅减少，生猪稳产保供成为全国性重点工作。全市生猪出栏 170.13 万头，比上年下降 25.5%；年末存栏 59.08 万头，比上年下降 57.9%。全市统筹兼顾，加强肉类替代产品生产供应，家禽、牛养殖形势较好。全市家禽出栏 6881.98 万只，比上年增长 15.6%；牛出栏 5.28 万头，比上年增长 4.4%。

生态渔业稳步推进。全市池塘标准化改造 5.8 万亩，发展稻渔综合种养 12.71 万亩，创建休闲渔业基地1个,建设良种培育基地0.8万亩,建成生态标准化示范场5个,推广池塘工业化生态养殖面积近0.8万平方米,新发展特色水产养殖10.4万亩,全市特色水产养殖面积占比达80.9%。全年水产品产量27.12万吨,比上年增长3.7%,其中养殖产量24.44万吨,比上年增长4.4%;捕捞产量2.68万吨,比上年下降2.2%。

现代农业稳步发展。特色板块经济加速扩张,六大百亿级产业体系和"12338+N"的特色产业空间格局初步形成。沭阳县入围全国现代农业产业园创建单位。产品供给质量逐步优化,"宿有千香"品牌初具影响,开设"宿有千香"品牌直营店3家;新增地理标志农产品5个,绿色优质农产品比重超60%。三产融合进程不断加快,环中心城区休闲农业产业带初具规模;全市淘宝镇、淘宝村数量分别居全国第12位和第7位。

(三)工业和建筑业

工业生产运行平稳。全市规模以上工业实现产值2477.04亿元,比上年增长12.2%;实现增加值769.3亿元,比上年增长7.7%。

企业效益增长平稳。全市规模以上工业实现营业收入2435.82亿元,比上年增长5.1%;实现利润总额222.99亿元,营业收入利润率为9.2%,高出全省平均水平3.5个百分点。

主导产业稳中有升。全市五大主导产业实现规模以上工业产值2128.10亿元,占全市产值的85.9%,增长10.3%。其中,绿色家居业增长最快,实现产值336.45亿元,增长21.3%,快于全市增速9.1个百分点;纺织服装业实现产值443.51亿元,增长16.2%;食品饮料实现产值469.9亿元,增长8.0%;新材料实现产值297.65亿元,增长6.9%;机电装备实现产值580.59亿元,增长4.1%。

主要产品产量有增有降。列入全市统计范围的工业产品共162个,其中46.9%的产品产量增长,增幅在30%以上的有44个,占27.1%。

建筑业平稳发展。全年列统总承包和专业承包建筑业企业395家,实现建筑业总产值677.53亿元,比上年下降0.8%;竣工产值488.22亿元,下降14.4%。房屋建筑施工面积5616.12万平方米,下降5.1%;房屋建筑竣工面积1814.61万平方米,下降26.8%,其中住宅竣工面积1262.87万平方米,下降26.9%。

(四)服务业

1. 国内贸易

国内消费运行平稳。全市实现社会消费品零售总额888.26亿元,比上年增长6.5%。按消费形态分,批发和零售业实现761.30亿元,增长6.7%;住宿和餐饮业实现126.97亿元,增长5.7%。按经营单位所在地分,城镇实现692.86亿元,增长6.0%;乡村实现195.41亿元,增长8.4%。

全年限额以上单位实现社会消费品零售额296.84亿元,比上年增长4.3%,其中粮油、食品类增长5.5%,书报杂志类增长16.9%,中西药品类增长22.6%。全市限上批发和零售业通过公共网络实现商品零售额增长29.6%。

2. 交通运输和邮电

交通运输业平稳增长。全市完成货运量6055万吨,比上年增长10.3%,其中公路货运4586万吨,增长10.2%;水路货运1469万吨,增长10.5%。实现货物运输周转量197.15亿吨公里,比上年增长10.2%。其中,公路货物周转量154.03亿吨公里,增长10.1%;水路货物周转量43.12亿吨公里,增长10.4%。完成港口货物运输吞吐量1526万吨,比上年增长25.5%。完成客运量7796万人,比上年增长2.1%;实现旅客运输周转量52.53亿人公里,增长2.6%。

邮政电信业发展较好。全年完成邮政业务总量81.81亿元,比上年增长61.7%;实现邮政业务收入27.15亿元,增长42.2%。快递业务量完成3.26亿件,增长56.9%;快递业务收入完成17.96亿元,增长54.8%。实现电信业务收入39.07亿元，比上年增长6.0%。年末全市各类电话用户544.71万户，比上年末增加22.27万户。其中，移动电话用户515.20万户，增加25.64万户；固定电话用户29.51万户，减少3.37万户。年末全市互联网宽带接入用户157万户，比上年末净增15万户。

3. 旅游业

旅游业稳定增长。全市接待国内外游客2787万人次，比上年增长12.0%；实现旅游总收入336亿元，增长14.0%。其中，旅游外汇收入1330.33万美元，下降4.2%。年末全市共有等级旅游景区47个，其中4A级景区数量达9家。4A级景区接待游客982.26万人次，增长4.6%。年末旅行社数量达到89家，比上年末增加2家。

4. 金融和保险业

金融业发展较快。全年金融业实现增加值202.63亿元，比上年增长16.5%。金融机构人民币各项存款余额3084.45亿元，比年初增加336.8亿元，增长12.3%。其中，住户存款余额1525.33亿元，比年初增加179.60亿元，增长13.3%。金融机构人民币各项贷款余额3082.20亿元，比年初增加504.48亿元，增长19.6%。其中，制造业贷款余额263.0亿元，比年初增长2.4%。全市新增直接融资293.77亿元，直接融资余额920.2亿元。

保险体系日趋完善。全市共有保险机构116家，比上年增加6家，其中人寿保险52家，财产保险64家。全年实现保费收入86.63亿元，较上年增长14.3%，其中财险保费收入36.57亿元，增长23.0%；人身险保费收入50.06亿元，增长8.6%。保险赔款总支出23.86亿元，增长13.7%。

5. 房地产业

房地产开发投资快速增长。全年房地产开发投资完成325.81亿元，比上年增长28.8%，其中住宅投资完成281.94亿元，增长36.5%。全市商品房施工面积3518.11万平方米，比上年下降2.3%。据网签数据显示，全市实现商品房销售面积858.80万平方米，比上年增长10.2%，其中住宅销售面积738.08万平方米，增长10.2%。

（五）开放型经济

1. 对外贸易

外贸平稳有序。全市实现进出口总额34.25亿美元，比上年下降4.9%，其中出口28.88亿美元，增长6.3%；进口5.38亿美元，下降39.2%。全年新批外商投资企业项目70个，比上年下降25.5%；完成协议注册外资14.80亿美元，增长40.1%。全市实际使用外资4.46亿美元，增长18.2%。

2. 园区建设

工业经济稳步增长。全市开发区有规模以上工业企业808家；完成规上工业产值1610.69亿元，比上年增长9.5%，占全市规上工业产值的65.0%。实现主营业务收入1541.70亿元，比上年增长5.9%，占全市规上工业主营业务收入的65.4%。

投资规模有所扩大。全市开发区完成固定资产投资增长8.4%，比全市固定资产投资增速高1.9个百分点；占全市投资总量的42.7%，比上年提升0.8个百分点。亿元项目明显增多。全市开发区亿元以上施工项目228个，比上年增加52个，其中新开工项目109个，增加28个。

外资外贸总体平稳。全市开发区实际利用外资实现4.15亿美元，比上年增长14.6%；本地企业进出总额实现28.00亿美元，比上年增长3.4%。

二、宿迁市2019年社会发展概况

（一）人口、人民生活

常住人口平稳增长。年末，全市户籍总户数153.66万户，户籍总人口592.36万人；常住人口

493.79万人,比上年增加1.2万人,增长0.2%,连续十年平稳增长。分年龄结构看,少儿(0—14岁)105.87万人,占比达21.4%,比上年提高0.5个百分点;劳动力人口(15—64岁)330.69万人,占比达67.0%,比上年回落0.7个百分点;老年人口(65岁及以上)57.23万人,占比达11.6%,比上年提高0.2个百分点。常住人口出生率为12.5‰,死亡率为7.1‰,人口自然增长率为5.4‰。全市城镇化率为61.1%,比上年提高1.1个百分点。

居民生活水平持续改善。全市居民人均可支配收入24938元,比上年增长8.8%。按收入来源分,工资性收入13198元,增长8.6%;经营净收入6669元,增长8.1%;财产净收入1099元,增长11.2%;转移净收入3972元,增长10.0%。按常住地分,城镇居民人均可支配收入30614元,增长8.3%;农村居民人均可支配收入18121元,增长8.9%。全市居民人均消费支出15413元,比上年增长7.4%,恩格尔系数为32.4%。

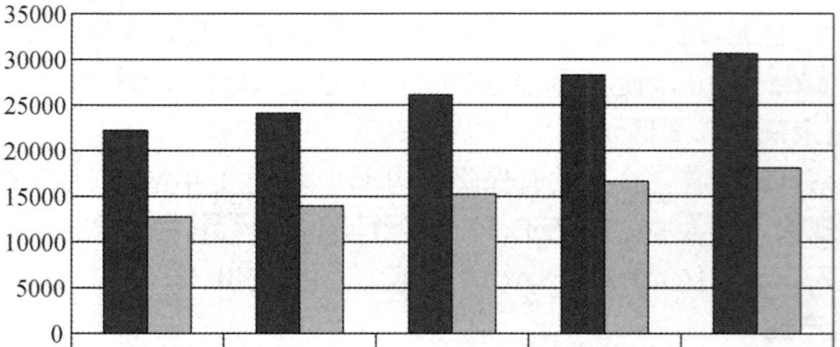

	2015	2016	2017	2018	2019
■城镇居民人均可支配收入(元)	22233	24086	26118	28281	30614
□农村居民人均可支配收入(元)	12772	13929	15268	16639	18121

图42 2015—2019年宿迁市城乡居民收入对比一览

(二)就业、社会保障

就业形势总体平稳。年末全市从业人员281.4万人,比上年减少1.3万人,下降0.5%。其中,一产82.7万人,比上年下降1.9%;二产96.9万人,比上年下降4.2%;三产101.8万人,比上年增长4.6%。

社会保障体系更加完善。稳步实施全民参保计划,参保覆盖面持续扩大。年末,全市城乡基本养老、失业、工伤保险参保人数分别为339.89万人、36.09万人、51.84万人,比上年末同口径分别增加16.13万人、0.99万人、2.74万人。职工"五险"新增参保41.6万人次,基本养老、医疗保险覆盖率分别达97.5%、98%。城乡低保标准提高到每人每月520元,农村"五保"、城市"三无"、城乡孤弃儿童、残疾儿童康复救助等保障标准稳步增长。

(三)教育和科学技术

1. 教育事业

教育事业加快发展。全市普通高等教育招生0.71万人,在校生2.49万人,毕业生0.45万人。普通高中教育招生3.14万人,在校生8.97万人,毕业生2.72万人。普通初中教育招生7.85万人,在校生20.59万人,毕业生5.24万人。小学教育招生9.58万人,在校生55.96万人,毕业生7.63万人。全市中等职业教育在校生5.4万人(不含技工学校)。特殊教育学校招生150人,在校生1100人。全市共有幼儿园478所,比上年增加16所;在园幼儿19.74万人,比上年减少1.21万人。高等教育毛入学率达58.1%,高中阶段教育毛入学率达99%以上,学前三年教育毛入园率达98%以上。

2. 科学技术

稳步推进科技创新。全市专利申请量12431件,专利授权量7890件。年末有效发明专利量1567

件，比上年增长27.4%，增幅居全省第2位。全市国家高新技术企业达336家，增长36.0%，增幅居苏北第一。认定国家科技型中小企业693家，增长85.0%；落实科技政策减免税5.49亿元，增长56.4%。

（四）文化和卫生

1. 文化事业

文化事业日趋繁荣。全市万人拥有公共文化设施面积0.29万平方米，比上年增长17.2%。乡镇（街道）基层综合性文化服务中心覆盖率、村（社区）基层综合性文化服务中心覆盖率均达100%。公共图书馆6个，总藏书量782.16千册，书刊文献外借909.87千册次。广播电台5座，电视台5座，发射台6座，广播综合人口覆盖率和电视综合人口覆盖率均达100%。

2. 卫生事业

医疗保障继续提升。年末全市共有各类卫生机构2424个，其中医院235个，疾病预防控制中心6个，妇幼卫生保健机构6个。各类卫生机构拥有病床29548张，其中医院拥有病床29154张。卫生技术人员36047人，其中执业医师、执业助理医师13929人，注册护士17260人，疾病预防控制中心卫生技术人员260人，妇幼卫生保健机构卫生技术人员430人。

3. 体育事业

成功举办中国生态四项公开赛、市第五届运动会等赛事，宿迁健儿在第二届全国青年运动会上斩获8枚金牌。

（五）城乡建设

城市建设展现新形象。成功获批国家生态园林城市、全国水生态文明城市、全国城市黑臭水体治理示范城市，以全省第一名成绩通过国家节水型城市复检，项王故里、中国酒都、水韵名城“三张名片”进一步擦亮。功能更加完善。关口、魏井、梨园3个城市之家竣工即将投用，新改建公厕43座，70座机关单位公厕对外开放，群众生活更加便利。新增新能源公交车80辆、公共停车泊位6139个，完成3000辆公共自行车更新升级、1.9万盏路灯节能改造，群众出行更加方便。西南片区水环境综合整治有序推进，市区新建改造雨污管网50公里，改造易涝片区10个，疏浚河道8条，城市水安全水环境进一步提升，告别部分区域“雨天看海”的历史。环境更加宜居。改造完成老旧小区6个、棚户区187万平方米，惠及群众5.1万人。建成虞姬公园、君悦绿地等15个公园绿地，90%以上的机关单位实现“敞院”开放。中心城市建成区绿地率、绿化覆盖率、人均公园绿地面积提高到41.1%、43.5%和15.5平方米，市民放松身心有了更多的好去处。

活力更加彰显。旅游业持续繁荣，成功举办骆马湖首届国际沙雕节、衲田花海音乐季等活动，接待国内外游客、旅游总收入分别增长12.1%、14.7%。电商产业发展不断提速，交易额突破1500亿元、增长22%。金融支撑更加有力，各项贷款余额突破3000亿元，贷款增速、民营企业贷款增速、小微企业贷款增速、贷存比实现四个“全省第一”。秩序更加规范。持续开展市容环境秩序集中整治系列行动，拆除整治小区违建11万平方米，烟花爆竹禁燃稳步实施。积极推进城市交通大脑建设，建成智慧绿路28条。

深入实施文明宿迁示范工程，社会文明程度测评指数保持全省前列，市民文明素养持续提升。县城建设齐头并进。三个县城按照中等城市的目标，持续发力，加快推进，呈现出发展迅猛、各具特色的态势，均通过国家卫生县城复审验收。沭阳县创成省级食品安全示范县，泗阳县、泗洪县获批省生态园林城市。

乡村振兴开拓新局面。坚持农业农村优先发展，持续优化生产、生活、生态空间。农业质态不断提升。花木、果蔬产业产值突破百亿元，宿迁市成为全国唯一拥有两个国家级农业产业园的地级市。新增高标准农田44万亩、生态高效农业面积26.34万亩，累计占比分别达64.6%、37.5%。德康、光明等一批国家级龙头企业成功落户,新培育国家级龙头企业1家。“宿有千香”品牌影响力不断提升,新增地理标志农产品5个,绿色优质农产品比重超60%。居住条件加快改善。接续实施农房改善三年行动计划,累计开工建设项目153个、搬迁10.3万户,11个项目入选全省首批示范创建项目、占全省的38%。

累计改善农村“四类重点对象”1.63万户,农房改善兜底保障水平进一步提升。空间治理成效显著。收回被侵占集体土地33.3万亩、集体经营性资产67.2万平方米,带动1289个村居平均增收11.2万元。

乡村环境持续优化。新建村污水处理设施200个,乡镇污水处理设施实现全覆盖,改造农村无害化卫生户厕16215户,新增“美丽宜居村庄”176个。公共设施逐步完善。完成农村公路提档升级713公里、安全生命防护工程1645公里,新改建农村公路危桥223座,提前一年完成省定行政村双车道四级公路覆盖率100%的目标。更新改造农村供水管网1821公里,惠及285个村居、46万余人。

(六)环境保护和节能减排

生态环境持续良好。持续实施“263”专项行动,全年PM2.5为53微克/立方米,比上年下降3.6%;空气质量达标率为64.6%,比上年提升1.0个百分点;PM2.5浓度、空气质量优良率改善幅度分别位居全省第四、第七位。30条城市水体消除黑臭,“一线一岸”整治基本完成,12个县级以上集中式饮用水水源地、7个国考断面水质达标率均为100%。

环保基础进一步夯实。持续推进百万亩生态林建设,新造生态林10.7万亩,完成杨树更新改造26.9万亩。生态修复工作有序开展,建成30条生态示范河道,完成骆马湖“退渔还湖”2.07万亩、洪泽湖湿地修复超过1万亩。新建改造城镇污水收集管网525.8公里,建成乡镇污水处理设施12个、村庄污水处理设施252个。完成10个乡镇垃圾分类运输体系建设,中心城区生活垃圾分类投放设施覆盖率、餐厨废弃物集中处理率分别达50%、85%。

三、2019年开展的主要工作

(一)全面小康社会建设实现新突破

综合指标达到预期。预计全面小康综合实现程度达92.11%,比2018年提高4.11个百分点;人民生活等五大类指标实现程度超过93%,各县区均突破90%大关。重点指标提前达标。29项指标提前完成目标任务。“两不愁三保障”有效解决,全市低收入人口和省定经济薄弱村脱贫率均实现100%,3个重点帮扶县全部退出。短板指标大幅提升。人均地区生产总值等短板指标实现程度持续攀升,人均公共文化财政支出等5项指标实现程度提高10个百分点以上。

(二)经济发展迈上新台阶

积极应对复杂多变的宏观形势和经济下行压力,经济运行呈现“稳中有进、稳中向好”的良好态势。总量实现突破。预计地区生产总值迈上3000亿元台阶,人均地区生产总值突破6万元;固定资产投资增长7%左右,社会消费品零售总额增长6.5%左右。指标提速进位。列统的16项主要经济指标中,预计地区生产总值、贷款余额等10项指标增幅位居全省前列,一般公共预算收入、工业用电量等7项指标增幅高于上年。收入稳步提升。在减税降费大背景下,实现一般公共预算收入212.6亿元、增长3.1%;税收占比达84%,居苏北第一。预计全体居民人均可支配收入24889元、增长8.6%,城镇居民、农村居民人均可支配收入分别增长8.3%、8.8%。

(三)重大产业项目建设取得新成效

大力实施“项目建设突破年”活动,全力以赴上项目、强动力、增后劲。项目招引成果丰硕。成功举办运河品牌电商大会、2019绿洽会以及北京、上海、深圳等27场招商推介活动,新签约亿元以上工业项目403个、增长39.5%，新签约10亿元以上项目数量、协议投资额分别增长135.5%、223.6%；4个超百亿元工业项目成功落地，实现历史性突破；实际使用外资4.5亿美元，增幅居全省前列。项目建设稳步推进。新开工亿元以上工业项目364个、增长53.6%；122个重大制造业项目竣工投产，完成投资408亿元；预计制造业投资增长8%，高于全部投资1个百分点。工业发展势头良好。产业规模不断壮大，预计规上工业总产值增长11.8%左右，规上工业增加值增长7.5%左右，工业开票销售收入增长15.3%。结构进一步优化，预计五大主导产业产值占规上工业总产值比重提高5个百分点。企业质态持续向好，深入实施"521"工程，完成兼并重组企业75家、设备投资超千万元技术改造项目340个，新增股改挂牌上市企业27家。斯迪克新材料公司成功登陆A股市场，填补了我市8年未有企业IPO的空白。载体支撑不断增强。宿迁经开区、泗洪开发区、宿城开发区在全省排名实现进位，6个共建园区考核全部进入省前十名。苏宿园区荣获南北共建园区排名"十连冠"，园区获批拓展15平方千米，苏宿合作迈入新阶段。

（四）重大基础设施建设翻开新篇章

坚持从打基础、利长远的关键性工程抓起，发展支撑力不断提高。昂首迈入高铁时代。徐宿淮盐高铁正式通车，宿迁人民期盼已久的"高铁梦"成为现实；高铁商务区建设全面启动，综合客运枢纽、迎宾大道和上海路快速化改造等项目建成投用。对外通道进一步打开。330省道泗阳段、溧河洼特大桥及接线工程等项目顺利完工，121省道、324省道等工程稳步推进。内部路网更加通畅。杨舍路北延、襄阳路等6条道路建成通车，西湖西路、青年路等5条道路完成改造，城市内畅外联能力进一步增强。功能配套持续提升。耿车220千伏输变电等重大电力工程建成投用，新增光纤宽带覆盖20万户。

（五）民生实事结出新硕果

将办好民生实事作为"一号工程"，全力推进100项民生实事项目，群众获得感持续增强。增收渠道不断拓展。实施"家门口就业"等工程，新增转移农村劳动力2.81万人，城镇登记失业率为1.78%、低于省定目标2.22个百分点。开展创业培训1.74万人次，扶持创业2.68万人次，带动就业13.4万人。公共服务持续优化。教育发展更加均衡，学校建设三年计划深入实施，全市17所学校完成建设；一本达线率比上年提高2.89个百分点、达22.02%，北大、清华录取学生24人、苏北第一；宿迁学院转制省属公办高校取得重大进展。医疗服务更加优质，市人民医院创成三甲综合医院、实现"零突破"，泗洪县公立第一人民医院及沭阳县韩山、马厂2所区域医疗卫生中心投入使用，人均基本公共卫生服务经费补助标准提高到75元。文体事业更加繁荣，开展文化惠民活动1200余场，提前一年实现基层综合文化服务中心全覆盖；编纂完成建市后第一部《宿迁市志》；成功举办中国生态四项公开赛、市第五届运动会等赛事，宿迁健儿在第二届全国青年运动会上斩获8枚金牌。市政府门户网站绩效评估位列全国第6。生态建设纵深推进。牢固树立"两山"理念，系统实施水、气、土整治，PM2.5浓度改善幅度位列全省第三，26个国、省考断面水质达标率达96.2%，达到或优于Ⅲ类比例达88.5%。深化生态修复，新造生态林10.7万亩，更新改造杨树25.99万亩。扎实推进垃圾分类，中心城区垃圾分类投放设施覆盖率达84%、生活垃圾无害化处理率达100%。全面完成"绿盾"行动任务、中央环保督察反馈问题及"回头看"交办信访件整改，河湖"清四乱"问题整改全部上报销号。骆马湖东岸保护范围线获得突破性调整，有效拓展了城市发展空间。社会治理更加有力。深入推进平安创建，扫黑除恶专项斗争成效显著，信访形势平稳向好，社会大局和谐稳定。86个民营乡镇公墓全部收归公有，有效解决了群众反映强烈的"墓葬贵"问题。在全省率先出台综合性社会信用法规，信用监测在全国排名上升至第12位。创成首批全省法治政府建设示范市、苏北唯一。全国道德模范实现"零突破"，10人入选"中国好人"。战胜新沂河超历史最高水位洪水，有效保障了流域百万群众安全。

(六) 城市建设展现新形象

成功获批国家生态园林城市、全国水生态文明城市、全国城市黑臭水体治理示范城市，以全省第一名成绩通过国家节水型城市复检，项王故里、中国酒都、水韵名城“三张名片”进一步擦亮。功能更加完善。关口、魏井、梨园3个城市之家竣工即将投用，新改建公厕43座，70座机关单位公厕对外开放，群众生活更加便利。新增新能源公交车80辆、公共停车泊位6139个，完成3000辆公共自行车更新升级、1.9万盏路灯节能改造，群众出行更加方便。西南片区水环境综合整治有序推进，市区新建改造雨污管网50公里，改造易涝片区10个，疏浚河道8条，城市水安全水环境进一步提升，告别部分区域“雨天看海”的历史。环境更加宜居。改造完成老旧小区6个、棚户区187万平方米，惠及群众5.1万人。建成虞姬公园、君悦绿地等15个公园绿地，90%以上的机关单位实现“敞院”开放。中心城市建成区绿地率、绿化覆盖率、人均公园绿地面积提高到41.1%、43.5%和15.5平方米，市民放松身心有了更多的好去处。活力更加彰显。旅游业持续繁荣，成功举办骆马湖首届国际沙雕节、衲田花海音乐季等活动，接待国内外游客、旅游总收入分别增长12.1%、14.7%。电商产业发展不断提速，交易额突破1500亿元、增长22%。金融支撑更加有力，各项贷款余额突破3000亿元，贷款增速、民营企业贷款增速、小微企业贷款增速、贷存比实现四个“全省第一”。秩序更加规范。持续开展市容环境秩序集中整治系列行动，拆除整治小区违建11万平方米，烟花爆竹禁燃稳步实施。积极推进城市交通大脑建设，建成智慧绿路28条。深入实施文明宿迁示范工程，社会文明程度测评指数保持全省前列，市民文明素养持续提升。县城建设齐头并进。三个县城按照中等城市的目标，持续发力，加快推进，呈现出发展迅猛、各具特色的态势，均通过国家卫生县城复审验收。沭阳县创成省级食品安全示范县，泗阳县、泗洪县获批省生态园林城市。

(七) 乡村振兴开拓新局面

坚持农业农村优先发展，持续优化生产、生活、生态空间。农业质态不断提升。花木、果蔬产业产值突破百亿元，我市成为全国唯一拥有两个国家级农业产业园的地级市。新增高标准农田44万亩、生态高效农业面积26.34万亩，累计占比分别达64.6%、37.5%。德康、光明等一批国家级龙头企业成功落户，新培育国家级龙头企业1家。“宿有千香”品牌影响力不断提升，新增地理标志农产品5个，绿色优质农产品比重超60%。居住条件加快改善。接续实施农房改善三年行动计划，累计开工建设项目153个、搬迁10.3万户，11个项目入选全省首批示范创建项目、占全省的38%。累计改善农村“四类重点对象”1.63万户，农房改善兜底保障水平进一步提升。空间治理成效显著。收回被侵占集体土地33.3万亩、集体经营性资产67.2万平方米，带动1289个村居平均增收11.2万元。乡村环境持续优化。新建村污水处理设施200个，乡镇污水处理设施实现全覆盖，改造农村无害化卫生户厕16215户，新增“美丽宜居村庄”176个。公共设施逐步完善。完成农村公路提档升级713公里、安全生命防护工程1645公里，新改建农村公路危桥223座，提前一年完成省定行政村双车道四级公路覆盖率100%的目标。更新改造农村供水管网1821公里，惠及285个村居、46万余人。

(八) 改革创新迈出新步伐

坚持需求导向、问题导向、效果导向，持续深化改革创新，不断释放发展活力。机构改革全面完成。市县级层面部门职能调整全部到位，政府工作协同和服务水平进一步提升。在全省率先开展县域综合行政执法体制改革，在全国率先建立“大数据+公益性”监管体系。“放管服”改革纵深推进。持续深化“2345”改革，企业注册登记压缩到0.5个工作日以内，不动产登记制度改革获批“城镇全覆盖的权籍调查”“信息共享集成”两项国家试点，工程建设项目平均审批时限在国家标准基础上提速40%。建立“联网+联动”审批机制，“不见面”审批和服务事项达90%以上。严格落实减税降费政策，新增减税31.8亿元、降费8.56亿元，涉企收费项目省内最少、标准省内最低。农业农村改革扎实开展。完善农村土地承包“三权分置”制度，累计流转农村承包地 292 万亩。全面实施农村集体产权制度改革，1354 个村居完成集体经济股份合作制改革。农村集体产权交易实现“应进必进”，完成交易额 26.2 亿元、全省第二。转让土地增减挂钩结余指标 2250 亩、全省第一。社会事业改革稳步实施。市级层面率先出台备案制教师管理办法，教师招聘、职称评定等改革实现突破。参与长三角地区异地就医直接结算试点，率先建立疑难病种直接转诊机制。深化国家级居家和社区养老服务改革试点，“没有围墙的养老院”建设模式得到国务院领导批示肯定。科技创新体系不断完善。15 个科技综合体投入运营，转化科技成果 228 项。新引进“两院”院士 3 人、高层次人才及团队 136 个。国家高新技术企业达 336 家、增长 36%，增幅居苏北第一。省企业重点实验室实现“零突破”。

（九）社会保障水平有了新提升

职工“五险”新增参保 41.6 万人次，基本养老、医疗保险覆盖率分别达 97.5%、98%。城乡低保标准提高到每人每月 520 元，农村“五保”、城市“三无”、城乡孤弃儿童、残疾儿童康复救助等保障标准稳步增长。加强大病救助、残疾人照护救助，持续完善“先诊疗后付费”、大病补充保险等制度。深入开展“全国双拥模范城”创建工作，建成市县乡村四级退役军人服务保障体系，退役军人权益得到更好维护。

（十）安全生产基础得到新巩固

深刻吸取响水“3·21”等重特大事故教训，按照党中央国务院和省委、省政府部署安排，全面落实安全生产责任，持续开展大检查大排查和安全生产巡查，深入推进安全生产专项整治，扎实推动化工产业安全环保整治提升，安全生产事故起数和死亡人数实现双下降。

第三章　浙江省2019年经济社会发展报告

2019年,面对国内外风险挑战明显上升的复杂局面,浙江坚持以习近平新时代中国特色社会主义思想为指导,全面贯彻党的十九大和十九届二中、三中、四中全会精神,坚持稳中求进工作总基调,坚持以供给侧结构性改革为主线,坚持"八八战略"再深化、改革开放再出发,深入实施富民强省十大行动计划,突出稳企业、增动能、保平安,聚焦聚力高质量发展、竞争力提升、现代化建设,全力做好"六稳"工作,扎实开展"三服务"活动,经济社会发展再上新台阶,发展质量稳步提升,人民生活福祉持续增进,各项社会事业繁荣发展,生态环境质量总体改善,"两个高水平"建设取得新进展。

据2019年全省5‰人口变动抽样调查推算,年末全省常住人口5850万人,比上年末增加113万人,其中男性人口3005万人,女性人口2845万人,分别占总人口的51.4%和48.6%。全年出生人口60.9万人,出生率为10.51‰;死亡人口32.0万人,死亡率为5.52‰;自然增长率为4.99‰。城镇化率为70.0%。

一、全省经济保持稳定发展

全年地区生产总值(GDP)62352亿元,比上年增长6.8%。其中,第一产业增加值2097亿元,第二产业增加值26567亿元,第三产业增加值33688亿元,分别增长2.0%、5.9%和7.8%,第三产业对GDP增长的贡献率为58.9%。三次产业增加值结构为3.4∶42.6∶54.0。人均GDP为107624元(按年平均汇率折算为15601美元),增长5.0%。

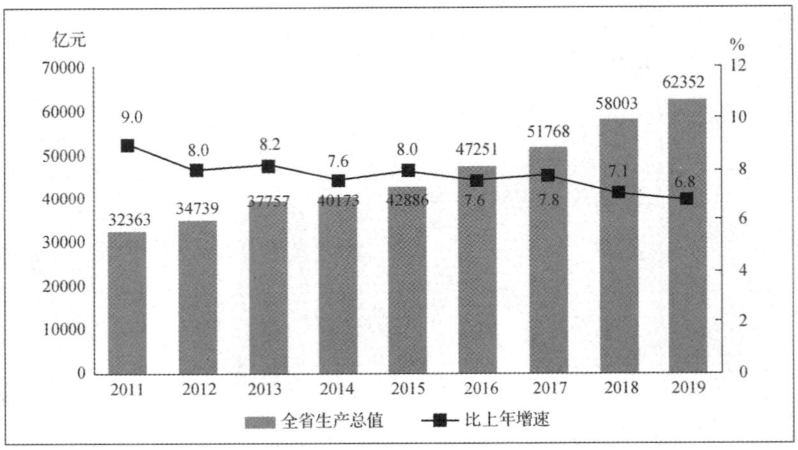

图1　2011—2019年浙江省地区生产总值及增长速度

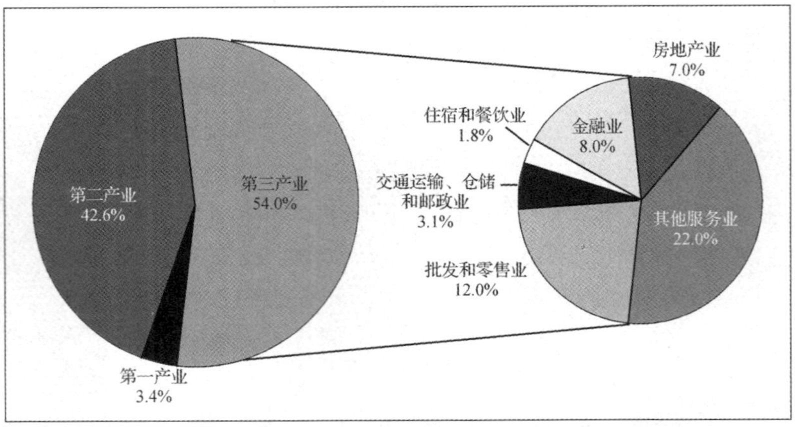

图2　2019年浙江省各产业增加值占地区生产总值比重

供给侧结构性改革继续深化。规模以上工业企业产能利用率为 81.3%。规模以上工业中，高耗能行业增加值增长 7.1%，按可比价计算占 35.3%。年末商品房待售面积比上年末下降 12.8%，其中商品住宅待售面积下降 17.8%。规模以上工业企业资产负债率为 55.1%，规模以上服务业企业资产负债率为 53.8%。全年规模以上工业企业每百元营业收入中的成本为 83.57 元，下降 0.38 元。交通、生态保护和环境治理业、科学研究和技术服务业投资分别增长 16.3%、19.5%和 99.1%。

新动能加快成长。全年以新产业、新业态、新模式为主要特征的“三新”经济增加值占 GDP 的 25.7%。数字经济核心产业增加值 6229 亿元，按可比价计算比上年增长 14.5%。在规模以上工业中，数字经济核心产业、文化、节能环保、健康产品、高端装备、时尚制造业增加值分别增长 14.3%、4.4%、5.7%、8.3%、5.2%和 4.2%；高技术、高新技术、装备制造、战略性新兴产业增加值分别增长 14.3%、8.0%、7.8%、9.8%，占比分别为 14.0%、54.5%、40.9%和 31.1%；人工智能产业增长 21.3%。在战略性新兴产业中，新一代信息技术、新能源、生物、新材料产业增加值分别增长 18.4%、11.9%、11.6%和 8.8%。网络零售额 19773 亿元，增长 18.4%；省内居民网络消费 9984 亿元，增长 18.5%。

表 1　2019 年浙江省规模以上工业分产业增加值及增速

产业	增加值(亿元)	比上年增长(%)
规模以上工业增加值	16157	6.6
高技术产业	2254	14.3
高新技术产业	8805	8.0
装备制造业	6612	7.8
战略性新兴产业	5024	9.8
数字经济核心产业制造业	2074	14.3
节能环保制造业	1709	5.7
健康产品制造业	714	8.3
时尚制造业	1252	4.2
高端装备制造业	3802	5.2
文化制造业	737	4.4

表 2　2019 年浙江省规模以上服务业企业主要行业营业收入情况

行业	营业收入(亿元)	比上年增长(%)
总计	18284	16.3
交通运输、仓储和邮政业	3858	12.0
信息传输、软件和信息技术服务业	8445	22.0
房地产业(除房地产开发经营)	576	8.2
租赁和商务服务业	2369	14.6
科学研究和技术服务业	1591	20.3
水利、环境和公共设施管理业	531	−3.7
居民服务、修理和其他服务业	222	27.2
教育	73	13.5
卫生和社会工作	236	9.0
文化、体育和娱乐业	383	−11.4

发展效率效益提升。全年全员劳动生产率预计为16.2万元/人,按可比价计算比上年提高5.7%;规模以上工业劳动生产率24.7万元/人,提高9.6%。财政总收入12268亿元,比上年增长4.8%;一般公共预算收入7048亿元,增长6.8%。其中,税收收入5898亿元,增长5.6%,占一般公共预算收入的83.7%。公共预算收入与经济增长基本同步,减税降费政策成效得到较好体现。一般公共预算支出10053亿元,增长16.5%,民生支出占财政支出的76.2%。规模以上工业企业利润总额4759亿元,增长5.4%,其中高新技术、装备制造、战略性新兴产业利润总额分别增长7.8%、7.3%、9.8%;营业收入利润率为6.35%,提高0.12个百分点。规模以上服务业企业营业收入18284亿元,比上年增长16.3%。规模以上服务业企业营业利润2465亿元,增长16.1%。

全年粮食播种面积977千公顷,比上年增长0.2%,总产量592万吨,下降1.2%;油菜籽播种面积117千公顷,增长11.3%;蔬菜646千公顷,增长1.1%;花卉苗木162千公顷,增长2.2%;中药材53千公顷,增长6.3%;果用瓜99千公顷,下降1.0%。

全年猪牛羊禽肉总产量94万吨,比上年下降9.9%;水产品总产量600万吨,增长0.8%,其中海水产品产量467万吨,下降0.4%;淡水产品产量133万吨,增长5.3%。年末生猪存栏427万头,下降17.3%;生猪出栏756万头,下降17.1%。

高标准建设现代农业园区和粮食生产功能区。累计创建省级现代农业园区59个、特色农业强镇113个,建成单条产值10亿元以上的示范性农业全产业链80条。严格保护好819万亩粮食生产功能区。新增"三品一标"农产品931个,新增绿色食品基地15.8万亩,现代农业园区、粮食生产功能区内无公害农产品整体认定22.9万亩,主要食用农产品中"三品"比率达55.6%以上。

全面创建新时代美丽乡村。实施乡村全域土地综合整治与生态修复1140万亩。新增农村生活垃圾分类处理建制村1775个,农村生活垃圾分类处理建制村覆盖率达76%,农村生活垃圾回收利用率达46.6%,资源化利用率达90.8%,无害化处理率达100%。新建和改造提升农村公路12000公里,新增珍贵树木2400万株。新增522万农村人口喝上了达标饮用水。现有农村公厕6.4万座。新增A级以上景区村庄3018个,其中3A级429个。新增中国历史文化名镇7个、名村16个。全国重要农业文化遗产8个。在建省级历史文化村落重点村、一般村746个。培育创建美丽乡村示范乡镇100个、特色精品村300个、高标准农村生活垃圾分类示范村200个、历史文化(传统)村落保护利用示范村20个。

全年培训农民56万人次,培训农村实用人才13万人、高素质农民2.4万人、基层农技人员知识更新5000人,高职扩招共录取农民和高素质农民3625人。

全年规模以上工业增加值16157亿元,比上年增长6.6%。其中,国有及国有控股企业增长4.7%,私营企业增长8.0%;外商投资企业增长2.1%,港澳台商投资企业增长6.1%。17个传统制造业增加值增长6.4%。规模以上工业销售产值71000亿元,增长3.7%,其中出口交货值11973亿元,增长1.3%。规模以上工业新产品产值率为38.2%,比上年提高2.4个百分点。平板电脑(59.2倍)、3D打印设备(18.3倍)、光纤(1.5倍)、城市轨道车辆(69.0%)、太阳能电池(26.7%)、工业机器人(8.7%)等产量快速增长。

表3 2019年浙江省主要工业产品产量

产品名称	单位	产量	比上年增长(%)
布	亿米	76.4	−1.4
化纤	万吨	2822.8	16.2
房间空调器	万台	1939.2	18.1
发电量	亿千瓦时	3351.0	−0.5
钢材	万吨	3468.2	3.2

续表

产品名称	单位	产量	比上年增长(%)
水泥	万吨	13399.9	8.6
发电机组	万千瓦	583.9	7.0
电工仪器仪表	万台	13709.6	52.1
光纤	万米	10671.5	153.2
光缆	万芯千米	3043.4	−24.9
光电子器件	亿只(片、套)	572.8	80.1
锂离子电池	万只	27717.5	0.8
太阳能电池	万千瓦	1957.9	26.7
集成电路	亿块	143.5	21.3
电子元件	亿只	978.7	2.8
微型计算机设备	万台	277.7	35.2
其中:平板电脑	万台	80.5	59.2倍
移动通信手持机(手机)	万台	4652.6	−12.5
其中:智能手机	万台	4359.2	−12.0
彩色电视机	万台	193.4	−73.2
其中:智能电视	万台	193.4	−73.2
汽车	万辆	99.2	−18.5
其中:新能源汽车	万辆	3.8	−17.2
工业机器人	套	10822	8.7
3D打印设备	台	1236	18.3倍
城市轨道车辆	辆	561	69.0

全年建筑业增加值3780亿元,占GDP的比重为6.1%。

全年固定资产投资比上年增长10.1%。非国有投资增长6.8%,占66.0%;民间投资增长7.2%,占61.5%。交通投资、高新技术产业投资、民间项目投资、生态环保和公共设施投资分别增长16.3%、21.8%、13.7%和4.1%。工业投资、制造业投资和装备制造业投资分别增长9.7%、12.9%和13.2%。省市县长项目工程开工建设335个,开工率为68.4%,超额完成目标要求。

全年房地产开发投资比上年增长7.4%,其中住宅投资增长8.0%,办公楼投资增长9.7%,商业营业用房投资下降0.6%。商品房销售面积9378万平方米,下降3.9%;商品房销售额14352亿元,增长1.9%。

全年社会消费品零售总额27176亿元,比上年增长8.7%。按经营地统计,城镇消费品零售额22432亿元,增长8.5%;乡村消费品零售额4744亿元,增长9.7%。按消费类型统计,商品零售额24205亿元,增长8.6%;餐饮收入额2972亿元,增长9.4%。

在限额以上批发零售贸易业零售额中,体育娱乐用品、书报杂志、通讯器材、日用品、家具类分别比上年增长54.0%、32.1%、23.6%、21.1%和17.5%;智能手机、可穿戴智能设备、新能源汽车、智能家用电器和音像器材类等新型消费商品零售额分别增长124.0%、85.1%、57.2%和42.6%。批零单位通过公共网络实现的商品零售额增长25.6%。

全省各类商品市场3783个,全年交易额为2.3万亿元,比上年增长5.1%。其中,十亿级市场274个,百亿级市场39个,千亿级市场2个。

全年居民消费价格比上年上涨 2.9%,其中食品类价格上涨 8.0%。商品零售价格上涨 2.5%。农业生产资料价格上涨 2.9%。工业生产者出厂价格下降 1.1%,工业生产者购进价格下降 2.9%。固定资产投资价格上涨 2.1%。

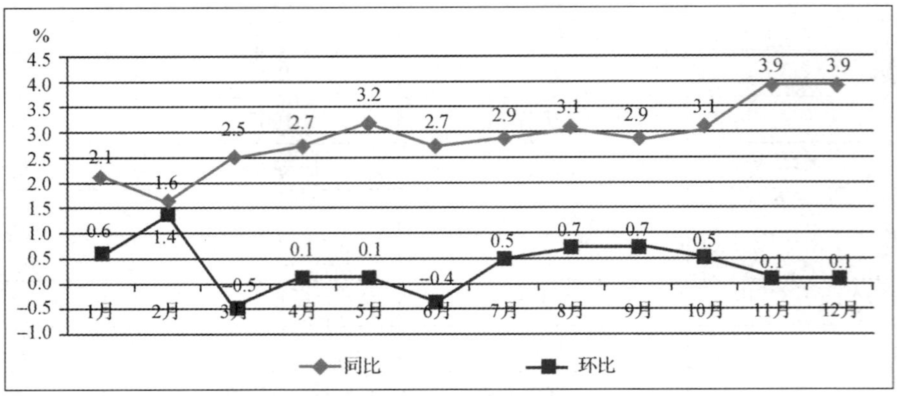

图 3　2019 年浙江省居民消费价格月度涨跌幅度

表 4　2019 年浙江省居民消费价格指数情况(上年=100)

指标	全省	城市	农村
居民消费价格指数	102.9	102.8	103.2
其中:食品烟酒	106.2	105.8	107.3
其中:食品	108.0	107.4	109.6
其中:粮食	100.2	100.3	99.9
衣着	101.8	101.5	102.8
居住	100.6	100.6	100.8
生活用品及服务	101.8	102.1	101.0
交通和通信	99.0	99.0	98.9
教育文化和娱乐	103.7	103.8	103.4
医疗保健	104.8	105.3	103.2
其他用品和服务	103.2	103.2	103.3

全年货物进出口总额 30832 亿元,比上年增长 8.1%。其中,出口 23070 亿元,增长 9.0%,出口占全国的 13.4%,份额比上年提高 0.5 个百分点;进口 7762 亿元,增长 5.8%。民营经济出口 18415 亿元,增长 11.5%,占出口总额的 79.8%,比重比上年提高 1.8 个百分点。机电产品出口 10131 亿元,增长 10.0%;高新技术产品出口 1605 亿元,增长 14.0%。对"一带一路"沿线国家合计进出口 10458 亿元,增长 16.7%,其中出口 7961 亿元,增长 16.8%。中欧(义新欧)班列开行 528 列。推动中国(浙江)自由贸易试验区扩权,2019 年自贸区固定资产投资 461.8 亿元,新增注册企业 6927 家,新增油品企业 2917 家。

表 5　2019 年浙江省货物进出口主要分类情况

指标	金额(亿元)	比上年增长(%)
货物进出口总额	30832	8.1
货物出口额	23070	9.0
其中:一般贸易	18250	7.6
加工贸易	1774	−5.3
其中:机电产品	10131	10.0

续表

指标	金额(亿元)	比上年增长(%)
高新技术产品	1605	14.0
货物进口额	7762	5.8
其中:一般贸易	5959	7.2
加工贸易	781	−3.9
其中:机电产品	1372	7.6

表 6　2019 年浙江省对主要市场货物进出口情况

国家和地区	出口额(亿元)	比上年增长(%)	进口额(亿元)	比上年增长(%)
欧　盟	5013	7.5	872	−3.7
美　国	3947	−4.9	320	−32.0
东　盟	2521	24.7	1277	12.3
日　本	873	4.2	723	−2.9
俄罗斯	652	10.5	160	24.0
韩　国	608	10.3	668	2.0
中国香港	272	9.4	53	90.6
中国台湾	249	17.4	535	−6.5

新批外商直接投资项目 3580 个，比上年增加 51 个；合同外资 436.5 亿美元，实际使用外资 135.6 亿美元，分别增长 17.5%和 8.7%。第二产业中，制造业实际使用外资 43.7 亿美元，增长 13.2%。第三产业投资项目 3002 个，比上年增加 62 个，占外商直接投资项目总数的 83.9%，合同外资 328.0 亿美元，实际使用外资 88.6 亿美元，分别增长 21.2%和 7.6%，占外资总额的比重分别为 75.1%和 65.3%。

全年经备案核准的境外企业和机构共计 763 家，比上年增加 26 家。境外直接投资备案额 830.8 亿元，下降 34.1%。国外经济合作完成营业额 545.7 亿元，比上年增长 5.2%。其中，对外承包工程完成营业额 464.6 亿元，下降 2.7%；新签合同额 363.5 亿元，增长 33.1%；共派出各类劳务人员 17602 人次，外派劳务人员实际收入 13.7 亿元。

全年交通运输、仓储和邮政业增加值 1962 亿元，比上年增长 6.0%。

全省公路总里程 12 万公里，其中高速公路 4643 公里。共有民航机场 7 个，全年旅客吞吐量 7015 万人，其中发送量 3600 万人。铁路、公路和水运完成货物周转量 12391 亿吨公里，比上年增长 7.4%；旅客周转量 1129 亿人公里，增长 2.3%。全省规模以上港口完成货物吞吐量 17.2 亿吨，增长 11.0%，其中沿海港口完成 13.5 亿吨，增长 8.3%。宁波—舟山港完成货物吞吐量 11.2 亿吨，增长 7.9%，集装箱吞吐量稳居全球第三，达 2753 万标箱，增长 4.5%。

表 7　2019 年浙江省交通客货运输量

指标	单位	绝对数	比上年增长(%)
货物周转量	亿吨公里	12391	7.4
其中:铁路	亿吨公里	235	6.4
公路	亿吨公里	2082	6.0
水运	亿吨公里	10074	7.7

续表

指标	单位	绝对数	比上年增长(%)
旅客周转量	亿人公里	1129	2.3
其中:铁路	亿人公里	743	7.0
公路	亿人公里	378	−6.1
水运	亿人公里	7	10.3
民航旅客吞吐量	万人	7015	7.3

截至2019年底,全省小型载客汽车保有量1486万辆,其中私家车(个人小型、微型载客汽车)保有量为1367万辆。

全年邮政业务总量3178亿元,比上年增长36.6%;电信业务总量6716亿元,增长63.8%。年末移动电话用户8736万户,比上年增加428万户,其中使用3G、4G、5G移动电话用户7072万户。固定互联网宽带接入用户2782万户,增加134万户,其中固定互联网光纤宽带接入用户2509万户,增加160万户。移动互联网用户7047万户,减少1089万户。全省快递业务量133亿件,比上年增长31.2%。

全年旅游总收入10911亿元,比上年增长9.0%;接待游客7.3亿人次,增长5.5%,其中接待入境过夜游客467.1万人次,增长1.9%。

年末全部金融机构本外币各项存款余额131299亿元,比上年末增长12.7%,其中人民币存款余额增长12.8%。住户本外币存款余额53733亿元,增长15.7%。全部金融机构本外币各项贷款余额121751亿元,增长15.1%,其中人民币贷款余额增长15.6%。年末主要农村金融机构(农村信用社、农村合作银行、农村商业银行)人民币贷款余额16472亿元,比年初增加2526亿元。

表8　2019年浙江省金融机构本外币存贷款情况

指标	年末数(亿元)	比上年末增长(%)
各项存款余额	131299	12.7
其中:住户存款	53733	15.7
非金融企业存款	45375	14.9
各项贷款余额	121751	15.1
其中:住户贷款	50584	18.9
非金融企业及机关团体贷款	70669	12.7

年末境内上市公司458家,累计融资11408亿元。其中,中小板上市公司142家,占全国中小板上市公司的15.1%;创业板上市公司89家,占全国创业板上市公司的11.3%。

全年保险业实现保费收入2627亿元,比上年增长15.6%。其中,财产险保费收入900亿元,增长8.9%;人身险保费收入1727亿元,增长19.4%。支付各类赔款及给付878亿元,增长15.2%。其中,财产险赔付支出580亿元,人身险赔付支出298亿元。

二、全省各项社会事业协调发展

根据城乡一体化住户调查,全年全省居民人均可支配收入为49899元,比上年增长8.9%,扣除价格因素增长5.8%。按常住地分,城镇和农村居民人均可支配收入分别为60182元和29876元,增长8.3%和9.4%,扣除价格因素分别增长5.4%和6.0%。全省居民人均可支配收入中位数为44176元,比上年增加4091元,增长10.2%。低收入农户人均可支配收入增长13.1%。

表9 2019年浙江省居民人均收支主要指标

指标	全省居民		城镇常住居民		农村常住居民	
	绝对数（元）	比上年增长（%）	绝对数（元）	比上年增长（%）	绝对数（元）	比上年增长（%）
人均可支配收入	49899	8.9	60182	8.3	29876	9.4
工资性收入	28511	8.6	33663	8.1	18480	9.4
经营净收入	8498	9.6	9115	9.6	7296	9.3
财产净收入	5708	8.8	8202	8.1	852	8.6
转移净收入	7182	8.8	9202	8.0	3248	10.4
人均生活消费支出	32026	8.7	37508	8.4	21352	8.3

全省居民人均生活消费支出32026元，比上年增长8.7%，扣除价格因素增长5.6%。按常住地分，城镇和农村居民人均生活消费支出分别为37508元和21352元，增长8.4%和8.3%，扣除价格因素分别增长5.4%和4.9%。

全年城镇新增就业125.7万人。年末城镇登记失业率为2.52%，比上年下降0.08个百分点。城镇调查失业率各季保持在4.2%—4.4%，四季度为4.3%。

年末每百户居民家庭拥有家用汽车44.9辆；拥有计算机72.3台，其中接入互联网的计算机62.5台；拥有移动电话245.0部，其中接入互联网的移动电话188.3部；拥有彩色电视机175.5台、电冰箱105.6台、洗衣机92.9台、空调195.8台、热水器104.0台。

年末全省参加基本养老保险人数4230万人，参加基本医疗保险人数5461万人，参加失业保险、工伤保险、生育保险人数分别为1562万人、2257万人和1561万人。城乡居民养老保险基础养老金月人均最低标准提高到155元，因工死亡职工供养亲属抚恤金月人均提高110元。

年末在册低保对象65.5万人（不含五保），其中城镇19.4万人，农村46.1万人。低保资金（含各类补贴）支出4.8亿元，比上年增长6.2%；城乡低保标准已实现一体化，平均每人每月814元。中央和省财政投入补助资金40.5亿元，新增各类机构养老床位数2.9万张。

全年发行各类福利彩票153.9亿元，比上年下降13.9亿元，筹集公益金45.0亿元。

年末全省共有小学3310所，招生65.6万人；在校生367.1万人，比上年增长1.8%，小学学龄儿童入学率为99.99%。小学生均校舍建筑面积9.9平方米；生均图书32.5册；每百名学生拥有计算机21.1台；小学体育运动场（馆）面积达标的学校比例为99.8%。共有初中1744所，招生55.0万人；在校生163.7万人，比上年增长1.4%，初中入学率为99.99%。初中生均校舍建筑面积20.8平方米；生均图书52.8册；每百名学生拥有计算机33.5台；初中体育运动场（馆）面积达标的学校比例为99.7%。全省各类中等职业教育学校245所（不含技工学校），招生19.9万人，在校生54.2万人；普通高中601所，招生27.3万人，在校生78.4万人，毕业生25.4万人。

全省共有普通高校109所（含独立学院及筹建院校）。研究生（含非全日制）、本科、专科招生比例为1∶5.3∶5.7；高等教育毛入学率为61.3%。全年研究生（含非全日制）招生31771人，其中博士生4032人，硕士生27739人。

义务教育中小学专任教师34.7万人，比上年增长2.6%。中等职业教育（不含技工学校）专任教师3.6万人，生师比15.2∶1；专任教师学历合格率为97.7%。双师型教师占专任教师和专业课教师的比例分别为45.9%和84.8%。普通高等学校专任教师中副高及以上职称教师所占比例为45.3%；具有硕士及以上学位教师比例为85.5%。

全省共有幼儿园8261所，在园幼儿193.7万人，比上年增长0.2%。幼儿园专任教师13.5万人，比上年增加0.6万人;幼儿教师学历合格率为99.99%。

全年全社会研究和试验发展(R&D)经费支出占生产总值的2.6%,比上年提高0.1个百分点。财政一般公共预算支出中科技支出516.1亿元,比上年增长35.9%。

有国家认定的企业技术中心121家(含分中心)。新认定高新技术企业4806家,累计有效高新技术企业16316家。新培育科技型中小企业12779家,累计63677家。全年专利申请量43.6万件;授权量28.5万件,其中发明专利授权量3.4万件,比上年增长4.3%。科技进步贡献率为63.5%。新增"浙江制造"标准565个。

年末全省卫生机构3.4万个(含村卫生室),其中医院1374个,卫生院1092个,社区卫生服务中心(站)4922个,诊所(卫生室、医务室)12312个,村卫生室11593个,疾病预防控制中心100个,卫生监督所(中心)102个。卫生技术人员52.1万人,比上年末增长7.0%,其中执业(助理)医师20.6万人,注册护士22.0万人,分别增长7.8%和9.1%。医疗卫生机构床位数35.0万张,增长5.5%,其中医院30.7万张,卫生院2.1万张。医院全年总诊疗29985万人次,增长6.0%。

全省预约诊疗服务平台预约请求量1087万人次,预约成功量734万人次,比上年分别增长22.3%和21.1%,日均预约成功量2.0万人次;新增注册用户212万人,增长19.6%,日均注册量为0.6万人次。全年新接入医院351家,累计接入医院850家。

年末全省共有公共图书馆103个,文化馆101个,文化站1375个,博物馆360个,隶属文化部门艺术表演团体58个。广播人口覆盖率为99.73%,电视人口覆盖率为99.82%。影视制作机构3291家,其中上市公司26家。电视剧制作45部1928集,动画片制作70部23405分钟,制作影片87部,电影票房收入50.2亿元,比上年增长2.5%。图书出版社15家;公开发行报纸107种,出版期刊235种。

全年浙江运动员在各类国际性、洲际性、全国性比赛中共获得世界冠军13个,世界杯分站赛、系列赛冠军33个,世界青年锦标赛冠军7个,亚洲冠军15个,亚洲青年锦标赛冠军13个,全国一类比赛冠军100个、二类比赛冠军119个。全国青年运动会冠军98个。

年末全省人均体育场地面积2.34平方米,经常参加体育锻炼(含学生)人数占总人口的41.8%,城乡居民国民体质合格率保持在93.4%以上。有省级全民健身中心7个、中心村全民健身广场(体育休闲公园)61个、社区多功能运动场296个。国家级体育后备人才基地18个,省级体育后备人才基地50个。国家级体育传统项目学校17个。省级青少年体育俱乐部413所。国家体育产业示范基地(运动休闲示范区)7个、体育旅游示范基地2个、国家级运动休闲特色小镇3个。省级运动休闲基地20个、运动休闲旅游示范基地30个。

全年销售体育彩票156.2亿元,比上年下降24.3%。

全年平均降水量为1950毫米(折合降水总量2024亿立方米)。全省水资源总量为1321亿立方米,人均水资源量为2259立方米。

全年完成造林更新面积14.3千公顷,比上年减少8.1%,其中人工造林6.2千公顷,迹地更新7.8千公顷。森林抚育面积81.3千公顷,完成义务植树2062万株。新植珍贵树木2400万株,重点建设珍贵彩色森林29.7万亩。根据2019年浙江省森林资源公告,全省森林覆盖率为61.15%(含灌木林)。完成水土流失治理面积为438平方千米。

年末有气象雷达观测站点10个,卫星云图接收站点15个,区域自动气象观测站3082个。全年霾平均日数37天,比上年增加15天。11个设区城市环境空气PM2.5年均浓度平均为31微克/立方米,比上年下降3.1%;日空气质量优良天数比例为76.7%—98.1%,平均为88.6%,比上年下降0.4个百分点。58个县级以上城市日空气质量优良天数比例为77.3%—100%,平均为94.0%,比上年下降0.2个百分点。

221个省控断面中,Ⅲ类及以上水质断面占91.4%,比上年提高6.8个百分点;满足水环境功能区目标水质要求断面占95.9%,提高6.3个百分点。按达标水量计,11个设区城市的主要集中式饮用水水源地水质达标率为98.8%，提高1.8个百分点；县级以上城市集中式饮用水水源地水质达标率为98.9%，提高1.9个百分点。按个数计，11个设区城市的主要集中式饮用水水源地水质达标率为95.5%，比上年提高5.0个百分点；县级以上城市集中式饮用水水源地水质达标率为96.7%，提高2.2个百分点。145个跨行政区域河流交接断面水质达标率为96.6%，比上年提高6.3个百分点。近岸海域共发现赤潮20次，累计面积约1857平方千米，其中有害赤潮4次，累计面积约255平方千米。与上年同期相比，赤潮发现次数增加2次，累计面积增加788平方千米。

全年城市(县城)污水排放量38.3亿立方米，比上年增长2.7%；污水处理量为37.0亿立方米，增长3.7%；污水处理率为96.48%，比上年提高0.85个百分点；城市(县城)生活垃圾无害化处理率为100%；用水普及率为100%；燃气普及率为99.93%；城市(县城)人均公园绿地面积14.07平方米。

累计建成国家生态文明建设示范市1个，国家生态文明建设示范县(市、区)18个，国家“绿水青山就是金山银山”实践创新基地7个，省级生态文明建设示范市5个，省级生态文明建设示范县(市、区)45个。

全年规模以上工业企业能源消费量比上年增长3.3%，单位工业增加值能耗下降3.1%。其中，千吨以上和重点监测用能企业能源消费量分别增长2.0%和2.5%，单位工业增加值能耗分别下降3.3%和3.5%。

全年发生各类生产安全事故(包括工矿商贸企业、道路运输、水上交通、渔业船舶、铁路交通、海上交通事故)1463起、死亡1292人、受伤593人，比上年分别下降35.7%、34.2%和24.8%。其中，道路运输共发生事故1110起、死亡897人、受伤487人，比上年分别下降37.2%、38.0%和28.4%。

三、2019年开展的重点工作

(一) 着力稳企业稳增长

民营经济持续健康发展。深入贯彻落实习近平总书记在民营企业座谈会上的重要讲话精神，深化“五个一百”活动，建立健全稳企业防风险工作机制。实施融资畅通工程，民营企业贷款余额、小微企业贷款余额分别增长10.6%、13.6%，企业融资难融资贵有效缓解。温州“两个健康”先行区建设积极推进。实施促进民营企业高质量发展31条，民营经济增加值增长9%、出口增长10%。

新一轮减税降费成效显著。全面落实增值税率下调、小微企业和科技型初创企业普惠性税收减免、困难企业社会保险费返还、电价和气价下调等政策措施。全年为企业减负2280亿元。基本完成清欠工作，清欠率居全国第一。

有效投资较快增长。深入实施投资新政，固定资产投资增长10.1%，交通投资、高新技术产业投资、民间项目投资分别增长16.3%、21.8%和13.7%。省市县长项目工程开工建设335个，开工率为68.4%。

外贸外资稳中有增。主动应对经贸摩擦，见事早、行动快，出台落实稳外贸20条政策措施，建立健全“订单+清单”监测预警系统。加快建设国际贸易“单一窗口”。出台扩大进口政策，积极参与第二届中国国际进口博览会。预计进出口总额突破3万亿元大关，其中出口增长8.5%、占全国份额从年初的12.9%提高到13.3%。实际利用外资134亿美元、增长7%。

消费稳中有升。社会消费品零售总额增长8.6%，网络零售增长18.1%，跨境零售增长35.3%。天猫“双11”全天成交额2684亿元。杭州、宁波、义乌跨境电商交易额分别增长45.3%、41.6%、28.3%，温州、绍兴获批跨境电商综合试验区。培育放心消费示范单位2.79万家、无理由退货承诺单位1.43万家，建设城乡放心农贸市场382家。

(二) 着力打好三大攻坚战

重大风险有效防控。把主动应对困难风险挑战作为第一工作取向，健全金融风险“天罗地网”监测防控体系,完善市场化法治化违约处置机制。有序化解部分民营企业流动性风险、“两链”风险、非法网络借贷风险、部分上市公司股权质押风险,稳步化解政府隐性债务风险,不良率降至0.91%,金融风险总体可控。

精准脱贫有力有效。低收入农户收入增长13%;低保标准实现城乡同标,最低生活保障标准达到每人每年7980元。因病致贫纳入社会救助范围。基本消除集体经济薄弱村。签订山海协作产业项目340个、450亿元。扎实做好东西部扶贫协作、对口支援和对口合作。

污染治理成效明显。做好中央环保督察、国家海洋督察和长江经济带环保检查问题整改,首个通过国家生态省建设试点验收。设区市PM2.5平均浓度为每立方米31微克,达到国家二级标准。省控断面Ⅰ—Ⅲ类水质占比达91%,大花园核心区和重点生态功能区的出境断面水质全部达标,县级以上集中式饮用水水源地水质达标率达96.7%。入海排污口自动在线监测实现全覆盖。完成千岛湖临湖地带综合整治,设立淳安特别生态功能区。推进重点污染地块治理修复和重金属污染防治,全面推进“垃圾革命”,新增危险废物利用处置能力83.7万吨/年。成功承办世界环境日全球主场活动。“蚂蚁森林”荣获联合国地球卫士奖。

(三)着力强创新增动能

科技新政人才新政扎实推进。研发投入增长14%,新增高新技术企业4700家、科技型中小微企业11000家。启动建设超重力离心模拟与实验装置,实施270项关键核心技术“卡脖子”攻关。之江实验室建设成效明显。成功主办全国“双创”活动周。中国(浙江)知识产权保护中心建成投用,新增发明专利3.4万件。新增两院院士7名。11个设区市全部实现人才净流入。

制造业转型升级明显提速。实施块状特色经济质量提升三年行动。新增“浙江制造”标准565个、“品字标”企业345家。建立“1+N”工业互联网平台体系,新增上云企业6万家,在役工业机器人达到8.9万台。创建省级产业创新服务综合体53家,新增小微企业园204个。淘汰企业落后产能1755家,整治“低散乱”企业26701家。规上工业增加值增长6.5%。

数字经济发展势头强劲。数字经济核心产业增加值增长15%,占地区生产总值比重达10%。率先开展5G商用,建设5G基站15770个。首个国家新型互联网交换中心试点落户浙江,获批国家数字经济创新发展试验区。

市场主体持续升级。阿里、吉利、物产、青山、海亮等5家企业入围世界500强。新增境内外上市公司47家,其中科创板上市8家,上市公司总数达578家。新增隐形冠军、单打冠军企业82家,“雄鹰行动”新培育企业68家。

(四)着力深化改革开放

“最多跑一次”改革纵深推进。全面实施“10+N”优化营商环境便利化行动。41件个人和企业全生命周期事项实现“一件事”全流程办理。政务服务事项掌上可办比例达80.5%,跑零次可办比例达97.4%,“一证通办”民生事项比例达91.4%。企业开办实现一日办结,一般企业投资项目实现竣工验收前审批“最多90天”。推进机关内部“最多跑一次”改革。推动普惠金融、税收征管、土地征收和事业单位、国有企业等改革,全社会活力进一步迸发。建成全省统一的公共信用信息平台和行政执法监管平台,积极推进“信用+”十大场景应用,“互联网+监管”走在全国前列。

“亩均论英雄”改革持续深化。开展亩均效益领跑者行动,全面实施亩均效益评价,规上工业亩均税收30.5万元、增长8.9%,亩均增加值122万元、增长16.5%。改造提升亩均税收1万元以下低效企业11453家。新批工业用地基本实现“标准地”出让。

对外开放进一步扩大。对“一带一路”沿线国家出口预计增长11%。宁波“一带一路”综合试验区、17+1经贸合作示范区和义乌国际贸易综合改革试验区建设扎实推进。捷克站、迪拜站和12个境外经贸合作区建设稳步推进，“义新欧”班列开行528列、增长65%。成功举办世界互联网大会、世界浙商大会、世界油商大会、世界青年科学家峰会，中国—中东欧博览会升格为国家级展会。

（五）着力落实国家战略举措

长三角一体化发展国家战略率先落实。率先编制实施推进长三角区域一体化发展行动方案，启动长三角生态绿色一体化发展示范区建设，务实推进重点领域合作和重大项目落地，形成全省域全方位参与态势。

中国（浙江）自由贸易试验区创新发展。浙石化一期项目建成投产。油气储备能力达到3100万方，保税燃料油供应突破400万吨。率先开展油品贸易跨境人民币结算便利化试点，结算额达到958亿元。

海洋经济发展示范区建设取得新进展。全面推进舟山江海联运服务中心建设，加快发展甬台温临港产业带，宁波舟山港货物吞吐量连续11年蝉联世界第一。海洋经济增加值增长10%。

（六）着力推进“四大”建设

大湾区建设明显提速。打造杭州钱塘新区、宁波前湾新区、绍兴滨海新区、湖州南太湖新区等高能级平台，首批7个“万亩千亿”新产业平台建设全面启动。

大花园建设全面开展。制定实施诗路文化带发展规划，推进浙东唐诗之路、钱塘江诗路、瓯江山水诗路、大运河（浙江）文化带建设，谋划建设十大名山公园和十大海岛公园，打响“百县千碗”品牌，“诗画浙江”影响力不断扩大。

大通道建设全面加快。建成铁路杭州南站，杭州湾大桥北接线二期、甬台温沿海高速公路复线如期通车。建成地铁103.6公里。全面取消高速公路省界收费站。宁波机场三期工程投运。萧山国际机场客流量突破4000万人次。

大都市区能级加快提升。开工建设一批标志性工程。加快建设杭绍甬一体化示范区，推动甬舟、嘉湖一体化发展。推进城市、乡镇、园区有机更新。开展首批24家未来社区试点，城镇老旧小区改造列入全国试点，完成“三改”1.5亿平方米、拆违1.3亿平方米。全面完成小城镇环境综合整治，推进30个传统开发区（园区）改造提升。龙港撤镇设市。

（七）着力实施乡村振兴战略

农村改革全面深化。深化“三权到人（户）、权跟人（户）走”改革，扎实推进资金进乡村、科技进乡村、青年回农村、乡贤回农村。启动创建国家乡村治理体系试点县10个、示范乡镇6个、示范村61个，加强民族乡村建设。高标准建设现代农业园区和粮食生产功能区，增加优质绿色农产品供给，打造丽水山耕、三衢味、景宁600等生态品牌。加强猪肉市场保供稳价工作。深化数字乡村建设，累计建成电商专业村1720个。

新时代美丽乡村全面创建。新增A级以上景区村庄3018个，其中3A级429个。新增中国历史文化名镇7个、名村16个。实施乡村全域土地综合整治与生态修复1140万亩。生活垃圾分类处理建制村覆盖率达76%，农村生活垃圾回收利用率达40%、资源化利用率达85%，全面实现无害化处理。新建和改造提升农村公路12000公里，新增珍贵树木2400万株。新增522万农村人口喝上了达标饮用水。

（八）着力推进文化浙江建设

精神文明建设扎实推进。全面开展新时代爱国主义教育，大力弘扬红船精神、浙江精神。深化新时代文明实践中心全国试点建设，文明城市创建深入推进。深化“最美浙江人”主题宣传，8名代表入选“最美奋斗者”。

文化事业加快发展。完成107个重点乡镇、1228个薄弱村公共文化服务标准化均等化建设任务。

新建农村文化礼堂3282个。新增全国重点文物保护单位50处。县级融媒体中心实现全覆盖。之江文化中心加快建设。送戏下乡2.5万场,送书下乡345万册。

文化产业提质增效。扎实推进之江文化产业带建设。4家企业跻身“全国文化企业30强”,3家企业成为国家文化和科技融合示范基地。国家级短视频基地落户杭州。深化文化旅游融合发展,加快国家全域旅游示范省建设。文化产业增加值4600亿元、增长10%。

(九)着力保障和改善民生

教育、医疗、体育事业持续发展。高规格召开全省教育大会,加快补齐教育短板。依法规范民办学校办学行为。开展3岁以下婴幼儿照护试点,全面实行小学放学后校内托管,开展青少年近视防控,普惠性幼儿园覆盖率达90%,“互联网+义务教育”中小学校结对1458所。全国首批区域医疗中心落户浙江。开展“互联网+医疗健康”示范省创建,“刷脸就医”“医后付”等智慧医疗项目加快推开,建成县域医共体161家,建立覆盖全省的城乡居民慢性病门诊保障制度。全民健身活动蓬勃开展,杭州亚运会、亚残会筹备有序推进。在全国残运会上取得金牌数、总奖牌数“双第一”。

就业、养老、社保、住房等保障能力加快提升。加强就业服务,实施就业创业促进工程,做好重点群体就业帮扶,完善公益性岗位托底安置机制,实施青年就业启航计划。城镇新增就业125.7万人,城镇失业人员再就业45.4万人,城镇调查失业率为4.3%。成功承办全国残疾人职业技能大赛并取得优异成绩。建成乡镇居家养老服务中心387个,新增机构养老床位3.7万张。基本医疗保险参保人数达到5461万人,基本养老保险参保人数达到4230万人。棚户区改造新开工22.2万套、建成11.95万套,提前完成国家棚改新三年攻坚任务。全面建成退役军人“五级五有”服务保障体系。

平安建设扎实推进。加强改进信访工作,深入开展“枫桥式公安派出所”创建活动,推广“龙游通”,完善基层治理四平台,扎实推进社会矛盾纠纷调处化解中心建设,全省信访量下降10.4%。纵深推进“扫黑除恶”专项斗争,严厉打击“套路贷”,打掉黑恶团伙1040个。全力以赴防御超强台风“利奇马”,扎实做好抢险救灾、灾后重建和防灾减灾能力提升工作。推进百项千亿防洪排涝工程。完成农村危房治理改造1.83万户。实施安全生产综合治理三年行动,打赢消防安全三年翻身仗,生产安全事故起数下降35.7%、死亡人数下降34.2%,火灾事故起数下降25%、死亡人数下降23.3%,道路交通事故起数下降12.2%、死亡人数下降15.8%。群众安全感满意率达97.1%。

(十)着力提高政府履职能力

增强“四个意识”、坚定“四个自信”、做到“两个维护”,高标准开展“不忘初心、牢记使命”主题教育。全面实施政府“两强三提高”行动计划,认真办理人大代表建议和政协委员提案。政府数字化转型取得突破性进展,加快创建掌上办事之省和掌上办公之省,浙里办用户超过3000万,浙政钉用户数达到123万。深入开展法治政府示范创建,行政复议机构和行政争议调解中心率先实现省市县三级全覆盖,创新“互联网+执法”机制。狠抓“基层减负年”各项任务落实,严格执行减轻基层负担20条,大力整治“文山会海”,压减会议41.8%、文件35.6%。完善集中财力办大事体制机制,一般性支出压减6.9%。

第一节　杭州市2019年经济社会发展报告

2019年,全市坚持以习近平新时代中国特色社会主义思想为指导,深入贯彻党的十九大、十九届二中、三中、四中全会精神,坚持新发展理念,坚持稳中求进工作总基调,坚持“干好一一六、当好排头兵”目标,全力推动稳增长、调结构、促改革、惠民生、防风险、保稳定,着力提升城市能级和核心竞争力,经济社会发展实现稳中有进、进中提质,“十三五”规划主要指标进度符合预期,高水平全面建成小康社会取得新进展。

年末全市常住人口 1036.0 万人，比上年末增加 55.4 万人，其中城镇人口 813.3 万人，占常住人口的 78.5%，比上年末提高 1.1 个百分点；人口出生率为 11.1‰，自然增长率为 6.0‰。全市户籍人口 795.4 万人，人口出生率为 11.65‰，自然增长率为 6.97‰。全市新增城镇就业人员 34.0 万人，安置失业人员再就业 6.4 万人。年末城镇登记失业率为 1.8%。

表 10　2019 年末杭州市常住人口数及其构成

指标	年末常住人口数(万人)	比重(%)
常住人口	1036.0	—
其中：城镇	813.3	78.5
乡村	222.7	21.5
其中：男性	530.7	51.2
女性	505.3	48.8
其中：0—14 岁	133.7	12.9
15—64 岁	769.7	74.3
65 岁及以上	132.6	12.8

一、杭州市 2019 年经济发展

全年地区生产总值 15373 亿元，比上年增长 6.8%，其中第一产业增加值 326 亿元，第二产业增加值 4875 亿元，第三产业增加值 10172 亿元，分别增长 1.9%、5.0% 和 8.0%。三次产业结构调整为 2.1∶31.7∶66.2。全市人均地区生产总值达 152465 元(按年平均汇率折算为 22102 美元)。

数字经济持续引领。数字经济核心产业增加值 3795 亿元，增长 15.1%，高于 GDP 增速 8.3 个百分点，占 GDP 的 24.7%。数字内容、软件与信息服务和电子商务分别增长 16.3%、15.7% 和 14.6%。

全年民营经济增加值 9378 亿元，占 GDP 的 61.0%，比上年提高 0.5 个百分点。年末，全市私营企业 63.2 万户，比上年末增长 14.0%；个体工商户 61.0 万户，增长 19.6%。

全年财政总收入 3650.0 亿元，增长 5.6%；一般公共预算收入 1966.0 亿元，增长 7.7%，其中税收收入 1791.2 亿元，增长 8.5%，占一般公共预算收入的 91.1%。一般公共预算支出 1952.9 亿元，增长 13.7%，其中民生支出 1535.3 亿元，增长 15.2%，占一般公共预算支出的 78.6%，比上年提高 1 个百分点。

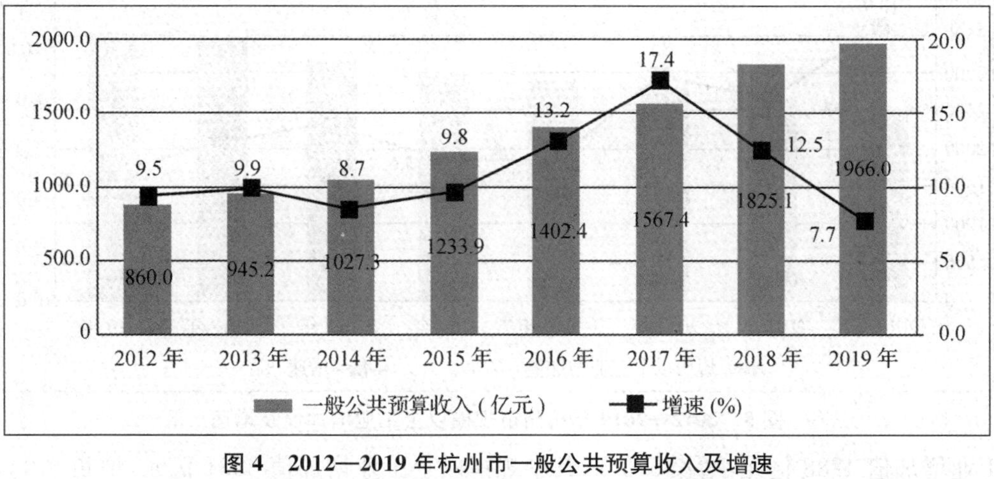

图 4　2012—2019 年杭州市一般公共预算收入及增速

全年市区居民消费价格比上年上涨 3.1%，其中医疗保健类价格上涨 7.0%、食品烟酒类价格上涨

6.3%。商品零售价格上涨3.1%。工业生产者出厂价格下降1.0%,工业生产者购进价格下降3.2%。

表11 杭州市区居民消费价格涨跌幅

项目	2018年(%)	2019年(%)
市区居民消费价格	2.3	3.1
食品烟酒	2.7	6.3
其中:粮食	0.7	1.1
鲜菜	8.6	3.4
畜肉类	−2.3	23.1
鲜瓜果	5.2	14.6
衣着	1.4	1.3
居住	3.7	0.9
生活用品及服务	0.6	3.0
交通和通信	1.3	−1.0
教育文化和娱乐	1.5	4.3
医疗保健	2.0	7.0
其他用品和服务	0.0	2.8

全年农林牧渔业增加值333亿元,增长2.1%,其中农业210亿元、林业48亿元、渔业31亿元,分别增长2.5%、3.9%和2.2%;农林牧渔专业及辅助性活动7.0亿元,增长9.2%;牧业37亿元,下降5.0%。

全年粮食总产量49.6万吨,蔬菜产量340.1万吨,水果产量82.6万吨,水产品产量21.4万吨,肉类产量19.6万吨。市级"菜篮子"基地541个,其中新建27个。新启动4个省级重点历史文化村、72个市级精品村、7个风情小镇、8条精品示范线建设。农家乐(民宿)接待游客8489.8万人次,实现经营收入80.8亿元,分别增长23.3%和18.5%。农村电商销售额142.6亿元,增长18.8%。

全年培训农村实用人才14426人。累计创建省级"田间学校"51家、市级农民教育培训实训基地67家。

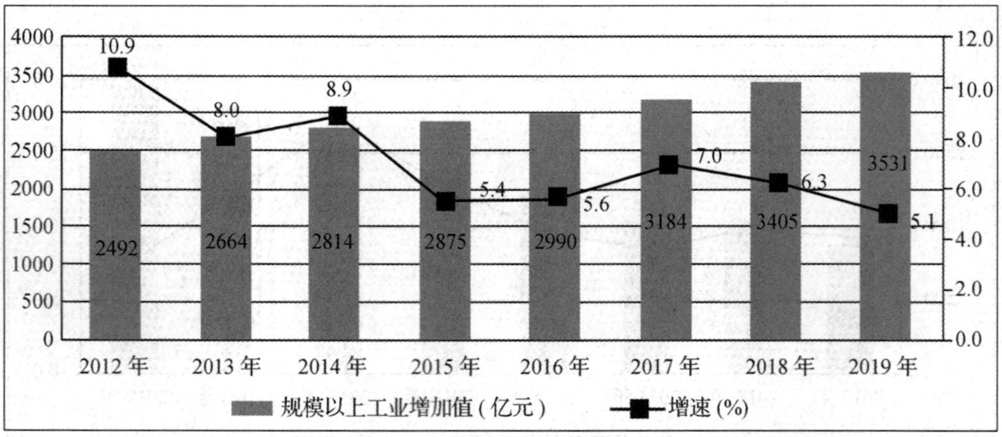

图5 2012—2019年杭州市规模以上工业增加值及增速

全年工业增加值4288亿元,增长5.3%,其中规模以上工业增加值3531亿元,增长5.1%。规模以上工业中高新技术产业、战略性新兴产业、装备制造业增加值分别增长8.5%、13.1%和7.8%,占规模以上工业的 61.7%、37.6%和 46.5%；八大高耗能行业增加值占比达 23.6%，下降 0.3 个百分点。出口交货值 1914 亿元，增长 0.3%，新产品产值率为 42.8%，工业产品产销率为 98.5%。规模以上工业企业实现利润 1087 亿元，增长 10.7%。规上工业全员劳动生产率为 35.2 万元/人，比上年增长 8.7%；规上工业单位增加值能耗下降 7.2%，降幅比上年扩大 1.3 个百分点。

全年建筑业增加值 588 亿元，增长 1.6%。

全年交通运输、仓储和邮政业增加值 398 亿元，增长 4.4%。

全年货运量 3.6 亿吨，增长 3.2%。客运量 2.1 亿人次，增长 3.8%。至年末，萧山国际机场开通航线 301 条，其中国际航线 63 条，港澳台航线 6 条。航空客运吞吐量达 4011 万人次，货物吞吐量 69.0 万吨，分别增长 4.9%和 7.7%。地铁客运量 6.3 亿人次，增长 19.3%。

年末社会机动车保有量 297.6 万辆，增长 3.3%。民用汽车保有量 269.0 万辆，增长 12.7%，其中私人汽车 216.2 万辆，增长 4.1%。

全年邮政企业和规模以上快递服务企业实现业务收入 402.3 亿元，增长 10.3%，其中快递业务收入 326.8 亿元，增长 10.2%。年末固定电话用户 233.1 万户；移动电话用户 1817.9 万户；宽带用户 554.5 万户。

表 12　2019 年杭州市各种运输方式完成货运量和客运量

指标	绝对数	比上年增长(%)
全社会货运量(万吨)	36384	3.2
铁路(万吨)	537	35.8
公路(万吨)	31732	3.7
水路(万吨)	4073	−4.0
航空(万吨)	41	9.8
全社会客运量(万人次)	20888	3.8
铁路(万人次)	8874	17.8
公路(万人次)	9360	−6.7
水路(万人次)	610	1.1
航空(万人次)	2044	4.5

全年金融业增加值 1789 亿元，增长 9.1%。

年末金融机构本外币存款余额 45287.0 亿元，增长 13.8%；贷款余额 42245.2 亿元，增长 15.4%。

表 13　2019 年末杭州市金融机构本外币存贷款余额及增速

指标	年末数(亿元)	比上年末增长(%)
各项存款余额	45287.0	13.8
其中：住户存款	11901.3	16.7
非金融企业存款	20280.3	16.5
各项贷款余额	42245.2	15.4
其中：住户贷款	16518.0	18.5
非金融企业及机关团体贷款	25375.5	13.6

续表

指标	年末数(亿元)	比上年末增长(%)
其中:短期贷款	8113.7	5.7
中长期贷款	14683.2	16.4
票据融资	1627.3	44.5

年末上市公司192家,其中境内上市146家;全年新增上市公司22家,IPO融资162.3亿元,增长64.6%。中小板上市公司34家,创业板上市公司43家。

全年保费收入846.3亿元,增长27.5%,其中财产险保费收入270.9亿元,增长14.5%;人身险保费收入575.4亿元,增长34.7%。支付各类保险赔款243.1亿元,增长19.9%,其中财产险162.1亿元,增长21.1%;人身险81.0亿元,增长17.4%。

全年固定资产投资增长11.6%,其中基础设施投资增长5.2%,交通投资增长16.9%;高新技术产业投资增长8.4%。从产业投向看,第二产业投资增长6.2%,其中工业投资增长5.6%;第三产业投资增长12.2%。

全年房地产开发投资增长10.7%,其中住宅投资增长12.6%,办公楼投资增长13.4%,商业营业用房投资下降5.9%。年末房屋施工面积11996万平方米,增长2.1%;新开工面积2435万平方米,下降10.1%;竣工面积1728万平方米,增长5.5%。商品房销售面积1514万平方米,下降9.7%。

表14　2019年杭州市房地产开发和销售主要指标

指标	实绩数	比上年末增长(%)
房地产开发施工面积(万平方米)	11996	2.1
其中:住宅(万平方米)	6263	1.7
房地产开发竣工面积(万平方米)	1728	5.5
其中:住宅(万平方米)	964	14.5
商品房销售面积(万平方米)	1514	−9.7
其中:住宅(万平方米)	1284	−3.4

全年批发和零售业增加值1225亿元,增长3.3%;住宿和餐饮业增加值234亿元,增长4.0%。

全年社会消费品零售总额6215亿元,增长8.8%,按消费类型统计,商品零售5505亿元,增长8.8%,餐饮收入710亿元,增长8.6%。限额以上批零单位可穿戴智能设备零售额增长38.4%,智能家用电器和音像器材增长21.7%;限额以上批零单位通过公共网络实现的商品零售增长20.0%,占限额以上批零单位商品零售总额的25.5%。

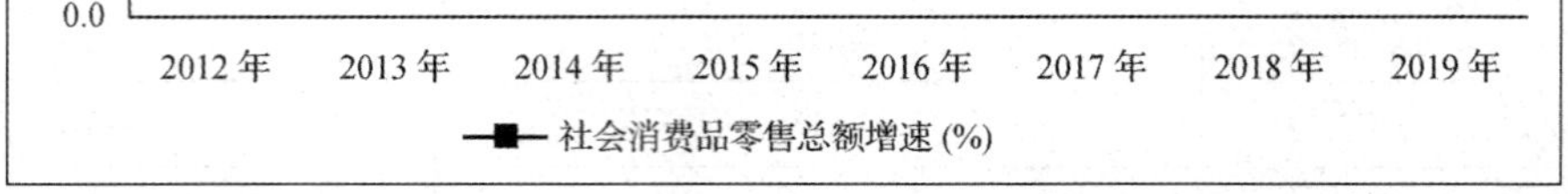

图6　2012—2019年杭州市社会消费品零售总额增速

全年货物进出口总额5597亿元，增长6.7%，其中出口3613亿元，增长5.7%；进口1984亿元，增长8.5%。高新技术产品出口569亿元，增长9.7%；机电产品出口1550亿元，增长6.1%。对“一带一路”沿线国家出口1177亿元，占出口总额的32.6%。服务贸易出口124.9亿美元，增长19.0%。

全年跨境电商进出口总额952.1亿元，增长28.8%，其中出口658.8亿元，进口293.3亿元，分别增长26.4%和34.6%。

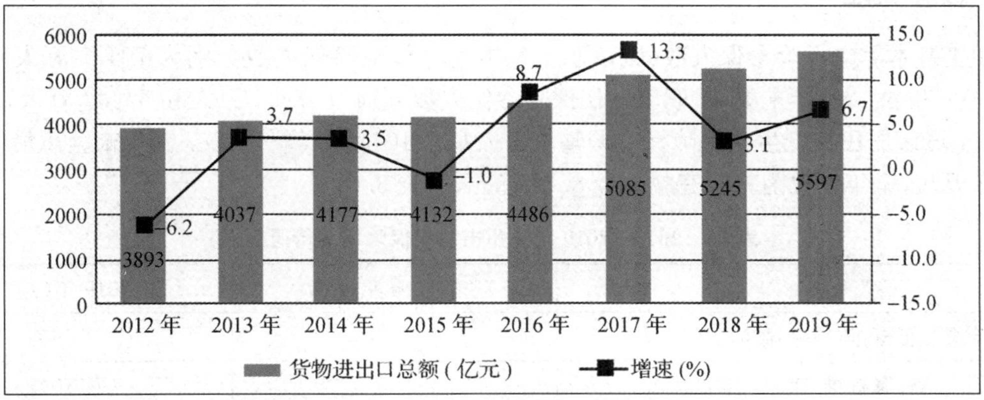

图7 2012—2019年杭州市货物进出口总额及增速

全年新引进外商投资企业736家，其中总投资3000万美元以上企业118家。实际利用外资69.4亿美元，增长1.7%，其中第二产业11.5亿美元，下降7.8%；第三产业57.9亿美元，增长3.8%。至年末，126家世界500强企业来杭州投资219个项目。

年末全市设立各类境外投资企业(机构)2237个，增长11.4%。对外承包工程和劳务合作营业额27.4亿美元，增长6.0%。离岸服务外包合同执行额71.9亿美元，增长3.9%。

二、全市各项社会事业协调发展

(一) 人民生活

全年全市居民人均可支配收入59261元，增长9.0%，扣除价格因素实际增长5.7%。按常住地分，城镇、农村居民人均可支配收入分别为66068元和36255元，增长8.0%和9.2%，扣除价格因素增长4.8%和5.9%。

全年全市居民人均消费支出40016元，增长7.1%。按常住地分，城镇、农村居民人均消费支出分别为44076元和26296元，增长5.9%和8.6%，扣除价格因素增长2.7%和5.3%。

表15 2019年杭州市城乡居民人均收支主要指标

指标名称	全体居民		城镇居民		农村居民	
	绝对数(元)	增速(%)	绝对数(元)	增速(%)	绝对数(元)	增速(%)
人均可支配收入	59261	9.0	66068	8.0	36255	9.2
工资性收入	34136	8.9	37845	7.9	21601	9.1
经营净收入	6584	8.2	5849	10.4	9067	6.4
财产净收入	8111	12.6	10045	10.6	1574	14.1
转移净收入	10430	7.4	12329	5.3	4013	14.8
人均消费支出	40016	7.1	44076	5.9	26296	8.6

年末城镇居民人均住房建筑面积38.2平方米,每百户居民家庭拥有家用汽车62.6辆、空调250.2台,分别增长4.9%和2.9%,每百户居民家庭拥有家用电脑89.8台,下降10.6%。农村居民人均住房建筑面积74.1平方米,每百户居民家庭拥有家用汽车52.7辆、空调211.4台,分别增长3.5%和2.4%,每百户居民家庭拥有家用电脑60.2台,下降14.5%。

(二) 社会保障

年末职工基本养老保险参保人数、城镇职工基本医疗保险参保人数分别为704.7万人和671.1万人,增长5.0%和6.1%;年末失业、职工工伤保险参保人数分别为486.7万人和556.7万人,增长5.9%和7.0%。主城区居民最低生活保障标准调整至每人每月1041元,增长9.0%。年末全市最低生活保障对象10.25万人,全年发放困难家庭救助金8.88亿元,增长3.6%。

表16 2018—2019年杭州市社会保障相关待遇标准

	2018年(元/月)	2019年(元/月)
失业保险金最低标准(市区城镇居民)	1608	1608
城乡最低生活保障标准(市区不含临安)	955	1041
城乡最低生活保障标准(桐庐、淳安、建德)	764	833
城乡最低生活保障标准(临安)	860	989
职工最低工资标准(市区)	2010	2010

(三) 社会福利

年末全市拥有城乡社区居家养老服务照料中心2898个。拥有各类福利院、敬老院320所,床位7.36万张,收养人员3.05万人。儿童福利机构8个,床位1040张。全年发行各类福利彩票30.27亿元,下降2.8%。

(四) 科学技术

全年发明专利申请量和发明专利授权量分别为43356件和11748件,增长18.7%和14.4%。累计拥有市级以上企业技术中心749家,其中国家级42家;国家技术创新示范企业11家,省级技术创新示范企业11家;科技企业孵化器178家,其中国家级41家,省级92家;众创空间180家,其中省级132家。全年签订技术合同总量15612项501.1亿元,分别增长12.7%和31.8%。

全年研究与试验发展(R&D)经费支出占地区生产总值比重达3.4%左右。财政一般公共预算支出中科技支出148.2亿元,增长25.4%。

(五) 教育

年末,全市拥有普通高等学校40所,在校学生51.9万人,增加2.2万人,其中研究生7.2万人,高等教育毛入学率为67.3%;普通高中87所,在校学生11.8万人,增加0.4万人;职高和中等专业学校37所,在校学生6.1万人,与2018持平;初中269所,在校学生24.4万人,增加0.9万人,初中毕业生升入各类高中比例为99.75%;小学489所,在校学生61.7万人,增加2.6万人;幼儿园1020所,在园幼儿35.0万人,增加0.7万人,学前三年幼儿入园率为99.1%。累计解决义务教育阶段外来务工人员子女入学28.7万人。各级各类中外合作办学项目70个,其中市属高校项目8个,高中段学校项目7个。

（六）文化旅游

全年文化创意产业增加值 3735 亿元，增长 15.6%。年末，全市拥有文化馆（不含省）14 个，公共图书馆 15 个（不含省）。博物馆、纪念馆 75 个，全国重点文物保护单位 48 处。全年制作电视剧 7 部 357 集，网络电视剧 6 部，网络电影 13 部，网络动画片 2 部。放映电影 274 万场次，电影票款收入 15.8 亿元。年末有线电视注册用户 298.1 万户。“杭州刺绣”等 24 个非遗代表性项目入选首批浙江省传统工艺振兴目录。

全年旅游休闲产业增加值 1191 亿元，增长 12.1%。旅游总收入 4005 亿元，增长 18.3%；旅游总人数 20813.7 万人次，增长 15.1%，其中接待入境过夜游客 113.3 万人次，增长 5.7%。年末，各类旅行社 895 家，增长 5.5%。星级宾馆 126 家，其中五星级 23 家。A 级景区 103 个，其中 5A 级 3 个。

（七）卫生健康

全年健康产业增加值 975 亿元，增长 12.5%。年末拥有各类医疗卫生机构 5925 个，其中医院 343 个，比上年末分别增长 10.2%和 8.5%。各类专业卫生技术人员 12.7 万人，其中执业（助理）医师 4.9 万人，注册护士 5.5 万人，分别增长 8.2%、8.9%和 10.2%。拥有床位 8.6 万张，其中医院床位 8.0 万张，分别增长 5.5%和 6.4%。全市医疗机构完成诊疗人数 14640.7 万人次，增长 5.5%。全市婴儿死亡率和 5 岁以下儿童死亡率分别为 1.65‰和 2.35‰。孕产妇死亡率为 2.75 人/10 万。

（八）体育

全年运动员获得国际性比赛奖牌 50 枚，其中金牌 23 枚，银牌 11 枚；全国性奖牌 410 枚，其中金牌 160 枚，银牌 114 枚。十四届全国冬季运动会跳台滑草体能大比武单项第一名。举办杭州马拉松、国际（杭州）毅行大会、首届中国—新西兰青少年高尔夫球团体对抗赛、2019 年杭州国际网球邀请赛等本土国际品牌赛事。

全年销售体育彩票 33.97 亿元，下降 21.8%。

（九）交通建设

全年境内公路总里程达到 16667 公里，其中高速公路 632 公里。年末主城区公共交通运营线路 402 条，其中新辟线路 15 条，优化线路 45 条。地铁运营里程 135.4 公里，在建里程 381 公里。

全市用电量 817 亿千瓦时，增长 2.5%，其中三次产业用电 679 亿千瓦时，增长 1.6%；城乡居民生活用电 138 亿千瓦时，增长 7.0%。

全市新建成停车泊位 100021 个，其中公共泊位 11271 个。

（十）环境保护

全年市区空气优良天数 287 天，优良率达 78.6%。市区 PM2.5 平均浓度 37.7 微克/立方米，同比持平。二氧化氮年均浓度值 41 微克/立方米，上升 2.5%；二氧化硫年均浓度值 7 微克/立方米，下降 22.2%。市控以上断面达标率为 98.1%，提高 1.9 个百分点。全市森林覆盖率达 66.84%。

全年共发生各类事故 229 起、死亡 190 人，分别下降 27.3%和 38.5%。

三、2019 年开展的重点工作

（一）着力稳企业稳增长，高质量发展迈出坚实步伐

稳企惠企组合拳持续发力。全面落实减税降费政策，为企业减负 585 亿元。实施“融资畅通工程”，

面向中小微企业的金融综合服务平台上线。开展“走亲连心三服务”,走访企业18万余家,协调解决问题2.6万余个。投资消费明显提振。新引进20亿元以上产业项目69个,“152”项目工程落地率达72.5%,固定资产投资增长11.6%。湖滨国家级步行街开街,“新零售示范之城”建设加快,社会消费品零售总额增长8.8%,网络零售增长16%。接待中外游客2亿多人次、增长15.1%,实现旅游总收入4005亿元、增长18.3%。出口结构不断优化。积极应对国际经贸摩擦,建立“订单+清单”预警预判监测系统,在全国首创“杭信贷”外贸融资新模式,“一带一路”市场出口份额提高到32.6%。深化国家服务贸易创新发展试点,服贸出口124.9亿美元、增长19%。新动能加快培育。深入实施“三名”工程,西湖大学、之江实验室、阿里达摩院、国科大杭州高等研究院等创新平台加快建设。中法航空大学奠基,浙大杭州国际科创中心、中科院肿瘤与基础医学研究所落户。成功举办第五届中国“互联网+”大学生创新创业大赛,新增大学生创业企业2390家。加大市场主体培育,新设29.8万户。阿里巴巴、吉利控股、海亮集团进入2019年“世界500强”。设立国内首个“工匠日”,杭州职校教师勇夺第四十五届世界技能大赛金牌。

(二)着力实施“三化融合”,全国数字经济第一城建设提速

数字产业化全国领先。集成电路产业取得突破,阿里巴巴平头哥发布AI芯片,中欣晶圆大尺寸半导体硅片项目投产。海康威视获批国家视频感知新一代人工智能开放创新平台。国家(杭州)新型互联网交换中心揭牌。中国空间技术研究院杭州中心签约落户。5G商用和产业化进度加快,建成基站数居国内城市首位。产业数字化持续升级。组织开展制造业数字化改造行动,实施智能制造攻关项目139个、推广项目1093个,新增上云企业超过1.5万家,23家企业被认定为全省数字化车间或智能工厂。城市数字化扩面提质。深入推进城市大脑建设,加快从治堵向治城拓展,148个数字驾驶舱和48个应用场景同步推进。便捷泊车、舒心就医、欢快旅游应用上线,基本实现“先离场后付费”“先看病后付费”“20秒景点入园”。

(三)着力打好三大攻坚战,发展短板加快补齐

金融风险防范化解有力有效。坚持以退出为主,精准拆弹,网贷风险出清加快。企业“两链”风险平稳下降。非法集资、金融诈骗等违法活动处置及时,追赃挽损力度不断加大。防范化解政府隐性债务风险成效明显。精准脱贫有力有效。扎实做好与贵州黔东南州、湖北恩施州对口帮扶工作,21个县脱贫出列。全市所有行政村总收入均达到30万元、经营性收入均达到10万元,经营性收入20万元以上村占比达70%以上。污染防治有力有效。新建改造污水处理配套管网150公里,创建美丽河湖30条(段),地表水省考断面达到或优于Ⅲ类水质比例为96.9%。淘汰(含转出)国三柴油车3.75万辆,PM2.5达标天数同比增加7天。新增城市绿地415万平方米。阿里巴巴“蚂蚁森林”项目获联合国最高环保荣誉“地球卫士奖”。

(四)着力抓改革促开放,营商环境进一步优化

“放管服”改革不断深化。推行“一窗通办、一网通办、同城通办”模式,实现企业开办“一日办结”“零费用”。企业简易注销登记审批时间缩短至20天。深化工程建设项目审批制度改革,一般企业投资项目从备案到验收“最多90天”。“移动办事之城”加快建设。585项公民个人事项实现“一证通办”。“杭州办事服务”APP上线即办事项310个。81项“一件事”全面实现多部门联办、“网上办”和“掌上办”。重点改革协同推进。市区财政事权和支出责任划分改革稳步推进。省级以上平台新增工业用地全部实现“标准地”出让,盘活批而未供、供而未用、低效利用土地13.6万亩。西博会举办体制成功转型。7个社区入选全省首批未来社区试点。对外开放力度加大。中国(浙江)自由贸易试验区杭州联动创新区获批。杭州综合保税区获批运行。杭港高端服务业示范区落户。世界旅游联盟总部项目启动建设。阿里

巴巴 eWTP 秘书处挂牌。“知味杭州”亚洲美食节、国际友城市长论坛和杭州国际日等重大活动成功举办。与意大利维罗纳市、萨尔瓦多首都圣萨尔瓦多市签署友好合作备忘录。

（五）着力加快城乡建设，市域面貌明显改善

重点区块开发提速。启动编制全市国土空间总体规划，出台《加强钱塘江两岸规划统筹管理实施意见》。钱塘新区产城融合加速，湘湖与三江汇流区规划管控加强，城西科创大走廊引领科技创新作用日益增强，大城北规划建设全面实施，西湖景区品质进一步提升，杭州富春湾新城、临安滨湖新城、桐庐富春未来城、建德高铁新区、淳安高铁新区建设加快。基础设施持续完善。萧山国际机场三期工程加快推进。铁路杭州西站枢纽暨湖杭铁路开工建设，地铁 5 号线、16 号线和铁路杭州南站建成。城市快速路加速成网，望江路过江隧道、留石快速路北延、之浦路三期等建成通车。绕城西复线、金建高速、千黄高速、沪杭甬杭州段改建提升等项目加快推进。亚运村全面建设，主体育馆、游泳馆、综合训练馆主体结构封顶。地下综合管廊国家试点项目投用。4 个飞灰处置项目投运，天子岭餐厨垃圾处置项目二期建成。乡村振兴扎实推进。部省共建乡村振兴示范市建设稳步实施。产业振兴行动计划启动，余杭现代农业产业园列入国家级创建名单。新启动建设精品村 72 个、风情小镇 7 个、精品示范线 8 条，新打造 3A 级村落景区 59 个，美丽乡村覆盖面达 46.2%。“大棚房”整治顺利完成。小城镇三年整治提前完成，梅城等 27 个美丽城镇建设全面开展。农村土地流转率突破 60%，大下姜乡村振兴联合体发展态势良好。

（六）着力增进民生福祉，群众获得感持续增强

为民办实事成效明显。农村饮用水达标覆盖 453 个行政村，新增受益人口 58.6 万人；提升改造农村生活污水终端设施，覆盖 730 个行政村，新增受益人口 56.6 万人。建成高品质“四好农村路”2035 公里，所有建制村实现“村村通客车”。“护校安园”专项行动覆盖全市 744 个小学（校区）。建成镇街级示范型居家养老服务中心 81 家。新建和提升改造健身绿道 517 公里，新建公共健身中心、广场、公园 18 处。高品质推进城中村改造，安置房开工 2612 万平方米、竣工 511 万平方米，回迁安置 1.85 万户。创建农村家宴放心厨房 100 家、名特优食品作坊 121 家、放心农贸市场 55 家。新生儿先心病早期筛查覆盖率达 90.2%。既有住宅加装电梯完工 553 处，累计完工 809 处、受益 9000 余住户。市区生活垃圾分类实现全覆盖。公共服务水平加快提高。落实稳就业举措，城镇新增就业 33.95 万人。全面实施“美好教育”行动，制定出台教育现代化“2035 行动”纲要，公办民办小学同步招生。杭州市之江医院建成启用，杭州康复医院开工建设，在全国率先推行医保电子病历。成功申办 2021 年国际足联俱乐部世界杯赛（杭州赛区）。落实房地产平稳健康发展长效机制“一城一策”方案，市场运行总体平稳。完善多元住房保障体系，推出公共租赁房 5369 套、货币补贴保障家庭 2.1 万户，新开工蓝领公寓 1.9 万套、人才专项租赁房 6604 套。社会治理不断加强。市域社会治理“六和塔”工作体系加快构建，15 个县级社会矛盾纠纷调处化解暨综治中心建成运行。全国街道服务管理创新实验区建设取得新成果。基层整合审批服务执法力量改革试点积极推进。加强住宅小区物业综合管理，全市法院受理一审物业纠纷案件下降 42%。强化安全风险管控，安全生产事故、道路交通事故、火灾死亡人数分别下降 38.5%、21.9%、62.5%。全力应对超强台风“利奇马”，灾后重建顺利完成。扎实推进平安杭州建设，深化“扫黑除恶”专项斗争，打击电信网络诈骗等突出违法犯罪，人民安全感更有保障。

（七）着力推动文化兴盛，城市文化软实力充分彰显

文化事业成果突出。优秀传统文化进一步传承弘扬，图书《精准脱贫的下姜模式》和电视剧《麦香》获第十五届全国“五个一工程奖”，杭州歌舞剧院舞剧《遇见大运河》向世界巡演。公共文化服务不断向基层延伸，新建农村文化礼堂 356 个、行政村覆盖率累计达 71.3%。文化产业蓬勃发展。大力推进大运河文化带、之江文化产业带建设，国家级短视频基地、北影（杭州）电影产业基地、中国（浙江）影视产业国

际合作区等落户，杭州演艺集团组建，文旅融合发展呈现新态势，文化及相关特色产业增加值增长13%。精神文明不断提升。举办庆祝中华人民共和国成立70周年系列活动。新时代文明实践中心建设成效明显。开展“我们的价值观”主题实践活动，赴黔支教的陈立群同志被中宣部授予“时代楷模”称号，金健勇、王丰华、张雪领、韦长春等先进典型成为学习榜样，杭州“最美现象”从“风景”变成“风尚”。

(八) 着力加强政府自身建设，治理能力和水平不断提升

政治建设全面加强。坚持学懂弄通做实习近平新时代中国特色社会主义思想，推动政府系统树牢“四个意识”，坚定“四个自信”，坚决做到“两个维护”，确保党中央和省、市委重大决策部署落地生根。依法行政积极落实。认真贯彻《监察法》，制定政府规章3件、修改16件、废止7件，提请市人大常委会审议法规议案3项，对市人大常委会审议意见建议复函20件，办理市人大代表建议460件，办理市政协提案524件。严格执行新《行政诉讼法》，行政机关负责人出庭应诉率达86.4%。政府数字化转型加快。“互联网+政务服务”跑零次等指标提前完成，全国重点城市网上政务服务能力排名第三。机关内部“最多跑一次”改革协同办事平台上线。作风建设不断深化。深入整治“六大顽疾”，市政府重点精简的“三类文件”发文数减少35%，全市性会议数量下降50%。坚持过“紧日子”，“三公”经费压减3.3%。保持反腐败高压态势，政治生态更加风清气正。

同时，国防动员和后备力量建设、双拥优抚、军民融合、外事、港澳台侨事务、民族、宗教、档案、地方志、气象、残疾人、慈善、红十字、爱国卫生、老龄、妇女儿童、关心下一代、社科等工作取得新进展。

第二节 宁波市2019年经济社会发展报告

2019年，面对错综复杂的外部环境和宏观经济下行压力，全市上下认真贯彻国家和省、市各项决策部署，坚持稳中求进工作总基调，全力做好“六稳”工作，深入实施“六争攻坚、三年攀高”行动，突出稳企业、增动能、保平安，全市经济运行总体平稳，稳中有进，产业发展回升向好，三大需求协调推进，发展活力不断激发，民生福祉持续增进，为高水平全面建成小康社会奠定了坚实基础。

年末，全市拥有户籍人口608.5万人，其中市区300.9万人。全年出生49464人，其中男性25772人，男女性别比为109∶100。人口出生率为8.17‰，自然增长率为2.14‰，连续22年低于5‰。年末，全市常住人口为854.2万人，城镇人口占总人口的比重(即城镇化率)为73.6%。

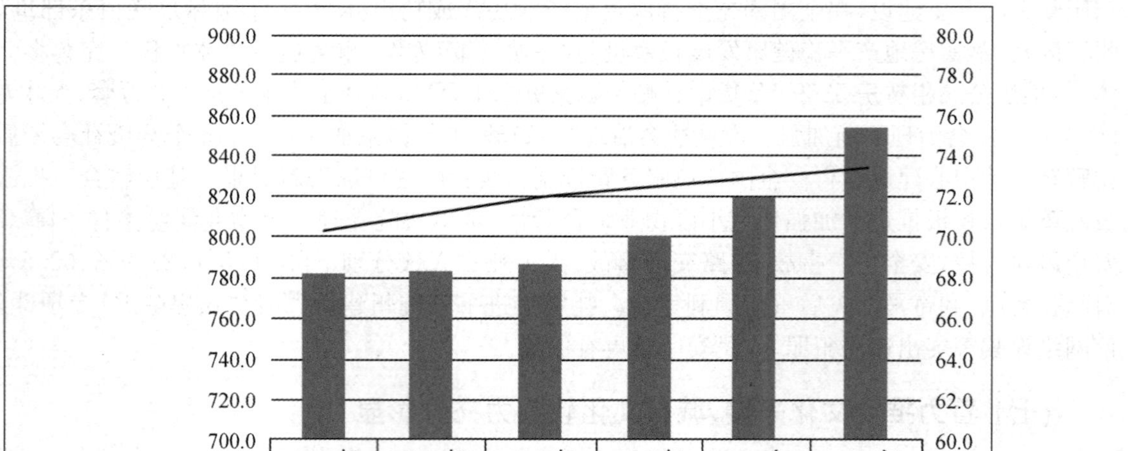

	2014年	2015年	2016年	2017年	2018年	2019年
常住人口(万人)	781.1	782.5	787.5	800.5	820.2	854.2
城镇化率(%)	70.3	71.1	71.9	72.4	72.9	73.6

图8 2014—2019年宁波市常住人口及城镇化率

一、全市经济保持稳定发展

全年实现地区生产总值11985亿元，按可比价格计算，同比增长6.8%。分产业看，第一产业实现增加值322亿元，增长2.3%；第二产业实现增加值5783亿元，增长6.2%；第三产业实现增加值5880亿元，增长7.6%。三次产业之比为2.7∶48.2∶49.1。按常住人口计算，全市人均地区生产总值为143157元(按年平均汇率折合20752美元)。

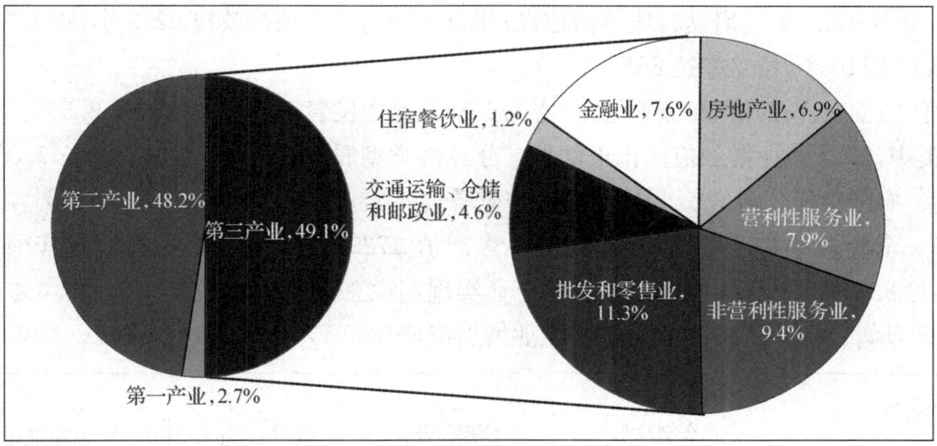

图9　2019年宁波市地区生产总值构成

全年完成财政总收入2784.9亿元，比上年增长4.9%，其中一般公共预算收入1468.5亿元，增长6.4%。全市完成一般公共预算支出1767.9亿元，增长10.9%，其中节能环保和科学技术支出分别增长57.4%和58.6%。

全年新增城镇就业人员25.4万人，6.8万名城镇失业人员实现再就业，其中困难人员2.4万人。年末城镇登记失业率为1.61%。

全年宁波市区居民消费价格同比上涨3.0%，涨幅均高于全国和全省平均水平0.1个百分点，在全国36个大中城市中列第10位。

全年工业生产者出厂价格同比下降2.1%，购进价格下降3.8%。12月宁波新建商品住宅销售价格环比上涨0.4%，同比上涨8.3%，同比涨幅在全国70个大中城市中排第27位。

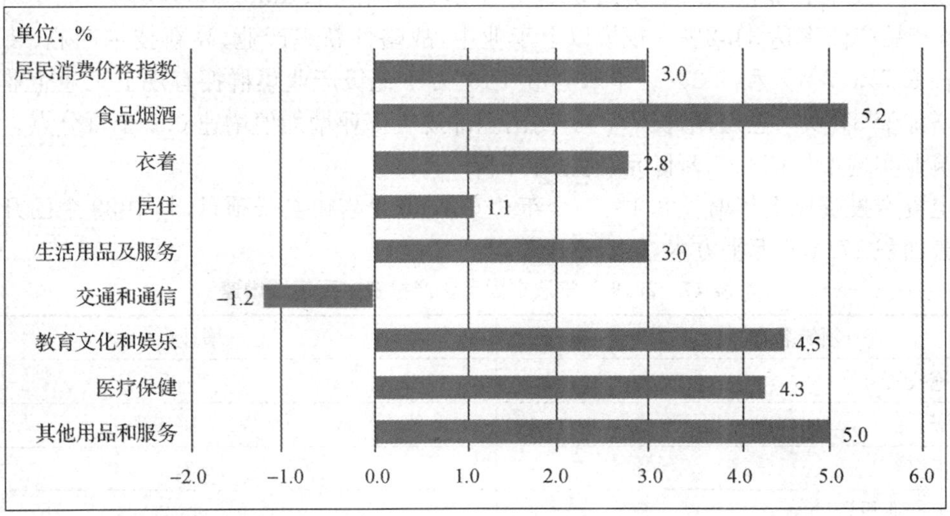

图10　2019年宁波市居民消费价格涨幅情况

全年完成农林牧渔业增加值 334.7 亿元，同比增长 2.6%。蔬菜、果用瓜播种面积分别增长 0.7%、3.1%，花卉苗木与上年基本持平。肉类总产量 9.6 万吨，下降 4.8%；禽蛋产量下降 5.0%；牛奶产量增长 3.1%；水产品总产量 100.5 万吨，增长 3.9%。全年新增市级农业龙头企业 11 家，累计达 294 家，其中农业产业化国家重点龙头企业 10 家。

继续实施“提升农村品质，建设美丽乡村”三年行动计划，创建省级美丽乡村示范县 1 个、美丽乡村示范乡镇 11 个、特色精品村 30 个，省级历史文化村落保护利用重点村 3 个。全年共投入“百千工程”资金 20.6 亿元，累计 1222 个村启动村庄整治建设；建设生活污水处理行政村 2232 个；年末农村生活垃圾分类处理行政村 2110 个，覆盖率达 85%。

全市规模以上工业增加值 3991.5 亿元，增长 6.4%，其中民营企业增加值增长 8.5%。分行业看，在 35 个行业大类中，29 个行业增加值同比正增长。分经济类型看，国有企业增加值增长 7.0%，股份制企业增长 10.0%，有限责任公司增长 5.1%，私营企业增长 7.3%，外商投资企业增长 0.5%，港澳台投资企业增长 7.4%。全年规模以上工业企业实现销售产值 17297.3 亿元，增长 3.2%，其中出口交货值 3293.2 亿元，增长 3.9%。全年规模以上工业企业实现利税总额 2065.4 亿元，下降 0.6%，其中利润总额 1298.5 亿元，增长 4.7%。全市规模以下工业增加值增长 8.5%。

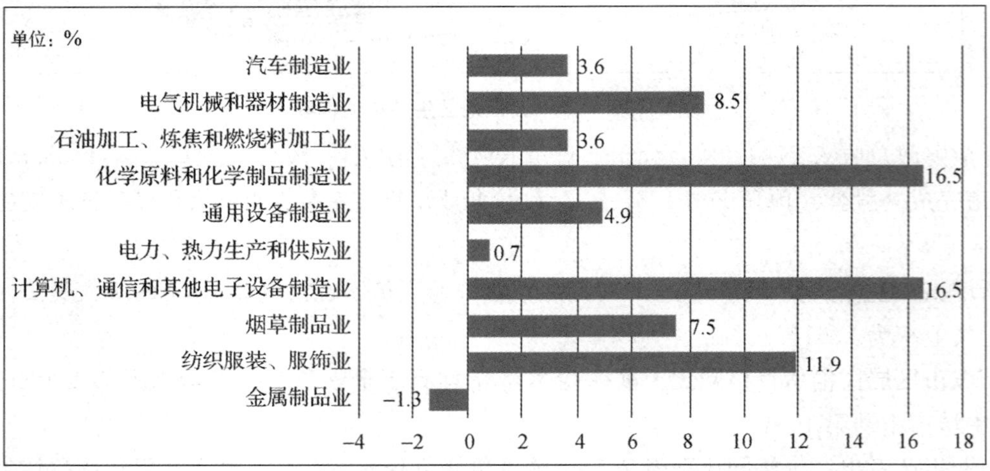

图 11　宁波市规上工业增加值总量前十行业增长情况

全年规模以上工业企业投入研发费用 336.8 亿元，比上年增长 13.7%；规模以上工业新产品产值增长 10.3%，新产品产值率达 34.2%。规模以上工业中，战略性新兴产业、高新技术产业、装备制造业增加值分别增长 8.7%、7.4%和 6.2%。年末全市“246”万千亿级产业集群拥有规上工业企业 5921 家，全年实现工业增加值 3170.7 亿元，增长 7.3%，高出全部规上工业增加值增速 0.9 个百分点。

全年建筑业实现增加值 625.8 亿元，比上年下降 1.1%。

全年固定资产投资比上年增长 8.1%。全年共安排 56 个省市县长项目，其中 39 个已开工建设。全年商品房销售面积 1714.6 万平方米，增长 5.6%。

表 17　2019 年宁波市固定资产投资主要领域增速

领域名称	增速(%)
基础设施投资	7.5
工业投资	10.5
房地产投资	7.3
高新技术产业投资	13.3
民间投资	6.1

完成东外环、环城南路东段、北环东路快速化改造，“口”字形城市快速路网全面形成。全年新增公园绿地50公顷，新建绿道165公里，东部新城生态绿道入选省十佳最美绿道。城市水务环境进一步优化，全年全市污水处理量7.2亿吨，COD减排总量14.6万吨。全市建制镇智慧城管建设运行全覆盖。全年完成“三改”建筑面积1386万平方米，拆除违法建筑面积1288万平方米。

全年批发和零售业完成商品销售总额2.98万亿元，比上年增长11.9%。全年完成社会消费品零售总额4473.7亿元，增长7.7%。分城乡看，城镇消费品市场实现零售额3792.2亿元，增长7.2%；农村消费品市场实现零售额681.5亿元，增长10.5%。完成限额以上社会消费品零售总额1563.7亿元，增长2.6%。在限额以上企业销售的商品类别中，粮油、食品类零售额增长4.7%，服装、鞋帽及纺织品类增长6.6%，家用电器和音像制品类下降4.5%，汽车类增长0.8%。年末全市限额以上贸易企业达4828家，全年实现营业收入21236.1亿元，实现利润总额325.2亿元。

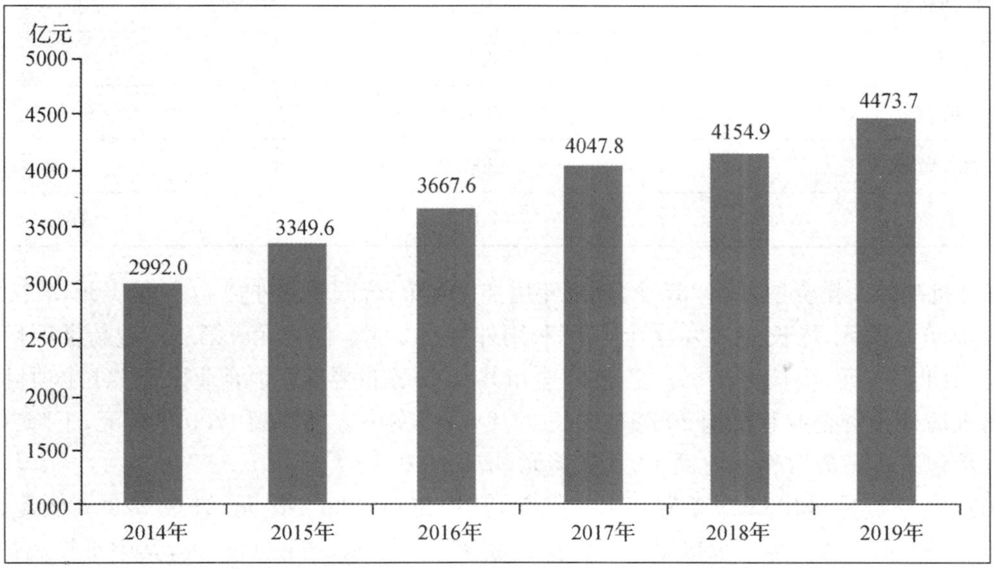

图12　2014—2019年宁波市社会消费品零售总额

全年完成网络零售额1934.5亿元，比上年增长20.1%。完成跨境电商进出口额1282.0亿元，增长17.2%，进口和出口额分别为206.1亿元和1075.9亿元，分别增长41.6%和13.4%。

全年实现旅游总收入2330.9亿元，比上年增长16.2%。接待国内游客1.4亿人次，增长12.2%；实现国内旅游收入2303.1亿元，增长16.4%。住宿设施接待入境过夜游客76.2万人次，实现入境旅游收入4.0亿美元。年末全市共有星级酒店102家，其中五星级21家；共有4A级以上景区34处，其中5A级2处。宁海县成功创建首批国家全域旅游示范区。

全年举办各类会展项目330个，比上年增加11个。其中，展览项目198个，展览面积213万平方米，展览面积2万平方米以上的展会数量达26个。成功举办首届中国－中东欧国家博览会暨国际消费品博览会。全球云计算大会（宁波站）更名为全球云计算大会（中国站），宁波作为中国唯一举办地。年度获“中国最具影响力会展城市”称号。

全年完成口岸进出口总额17086.4亿元，比上年增长6.7%。完成外贸自营进出口总额9170.3亿元，增长6.9%，其中出口5969.6亿元，增长7.6%；进口3200.6亿元，增长5.8%。外贸出口占全国比重为3.46%，比上年提高0.08个百分点。全年新增对外贸易经营备案登记企业5310家，累计达47280家；全年有进出口实绩企业21413家。民营企业（包括私营企业和集体企业）出口额占全市出口总额的74.1%，出口额增长12.2%；进口额占全市进口总额的55.6%，进口额增长8.0%。从产品结构看，机电产品出口额占全市出口总额的56.3%，比上年提高0.4个百分点。从贸易伙伴看，直接与宁波市开展贸易往来的国家和地区达225个，其中对欧盟和东盟的进出口额分别为1703.6亿元和877.5亿元，分别增长 3.7%和 20.5%,对美国的进出口额为 1422.9 亿元,下降 7.6%。全年完成对"一带一路"沿线 65 国进出口额 2633.6 亿元,增长 17.0%,其中对中东欧 17 国进出口额 284.8 亿元,增长 8.4%。

表 18　2019 年宁波市货物进出口主要分类情况

指标	金额(亿元)	增速(%)
货物进出口总额	9170.3	6.9
货物出口总额	5969.6	7.6
其中:一般贸易	5273.5	8.7
加工贸易	603.5	−3.6
其他贸易	92.7	32.1
货物进口总额	3200.6	5.8
其中:一般贸易	2667.9	9.7
加工贸易	300.8	−5.1
其他贸易	231.9	−16.2

全年累计批准外商投资项目数 737 个,比上年增加 114 个;合同利用外资 77.4 亿美元,增长 48.1%;实际利用外资 23.6 亿美元,增长 19.7%,累计实际利用外资达 574.5 亿美元。第二产业新批项目 135 个,实际利用外资 12.1 亿美元,增长 48.9%。至年末,全市共有 63 家世界 500 强企业投资 141 个项目。

全年新批境外投资企业和机构 206 家,增长 19.8%;备案中方投资额 17.0 亿美元,下降 58.9%。全年完成境外承包工程劳务合作营业额 17.5 亿美元,增长 4.0%。

全年国际服务贸易进出口总额为 951.9 亿元,其中出口 625.2 亿元,进口 326.7 亿元,分别增长 14.7%、12.7%和 18.7%。全年承接服务外包执行额 373.7 亿元,增长 11.0%,其中承接离岸服务外包执行额 188.8 亿元,增长 18.4%。年末全市服务外包企业 1622 家,从业人员 6.3 万人。

全年东西部扶贫协作落实财政援助资金 6.8 亿元,比上年增长 16.0%,安排帮扶项目 242 个,带动贫困人口 16.3 万人;全年山海协作产业合作项目 88 个,实到资金 34.2 亿元。

全年宁波舟山港货物吞吐量 11.2 亿吨,比上年增长 3.3%,连续 11 年蝉联世界首位。其中,宁波港域完成吞吐量 5.8 亿吨,增长 1.3%。宁波港域全年完成铁矿石吞吐量 8656 万吨,增长 2.8%;煤炭吞吐量 5291.6 万吨,下降 8.7%;原油吞吐量 6242.2 万吨,增长 2.4%。全年宁波舟山港集装箱吞吐量 2753.5 万标箱,增长 4.5%,全球第三大集装箱港的地位进一步巩固。其中,宁波港域完成集装箱吞吐量 2617.0 万标箱,增长 4.3%。年末,宁波舟山港集装箱航线总数达 244 条,其中远洋干线 110 条,近洋支线 82 条,内支线 20 条,内贸线 32 条。全年完成海铁联运 80.9 万标箱,增长 34.5%。

全市公路总里程达 11374.7 公里。首次实现内河集装箱历史性通航,全年已完成通行 14 航次。金甬铁路、杭甬复线宁波段一期等 5 个重大项目实现全面开工,栎社机场三期等 5 个重大项目建成投用。

全年全社会完成货运量 6.8 亿吨,比上年增长 11.3%,货物周转量 3976.9 亿吨公里,增长 10.6%。全年完成全社会客运量 1.15 亿人次,增长 4.4%。其中,公路客运量 3829 万人次,下降 0.8%;铁路客运量 6197.9 万人次,增长 7.9%;民航客运量首次突破 1200 万人次,达到 1241.4 万人次,增长 5.9%。

表 19　2019 年宁波市交通货运情况

指标	单位	绝对数	增速(%)
货运量	万吨	68406.9	11.3
其中:铁路	万吨	2835.0	5.4
水路	万吨	29797.9	13.2
公路	万吨	35757	10.3
民航	万吨	17.1	2.4
货物周转量	亿吨公里	3976.9	10.6
其中:水路	亿吨公里	3479.9	11.3
公路	亿吨公里	497.1	5.4

年末,全市共有公交运营车辆 10106 标台,同比下降 2.1%;运营线路 1153 条,下降 7.8%。地铁 3 号线一期、宁奉城际铁路首通段开通。全年轨道交通完成客运量 1.67 亿人次,增长 46.1%。年末,全市共有公共自行车 4.2 万辆,全年累计租车 2797.2 万辆次;共有出租车 6267 辆,累计运营里程 50474.5 万公里。

年末,全市银行业金融机构达 65 家,其中政策性银行 3 家,大型银行 6 家(含邮储银行),股份制商业银行 12 家,城市商业银行 13 家,外资银行 5 家,农村合作金融机构 9 家,新型农村金融机构 13 家,非银行金融机构 4 家。

表 20　2019 年宁波市金融机构本外币存贷款情况

指标	年末数(亿元)	增长(%)
本外币存款余额	20857.8	8.9
其中:住户存款	7566.9	13.6
非金融企业存款	7700.8	9.3
本外币贷款余额	22187.2	11.3
其中:住户贷款	7513.2	21.7
非金融企业及机关团体贷款	14568.2	7.2

全年证券成交总额 6.4 万亿元,比上年增长 36.5%,其中股票和基金成交额 4.0 万亿元,增长 52.3%。年末证券客户交易结算资金余额 150.5 亿元,增长 49.5%。期货代理交易量 6748.5 万手,增长 2.0%;代理交易额 4.2 万亿元,增长 1.1%。年末证券投资者开户数 215.7 万户,增长 7.7%。年末全市共有 22 家证券分公司,158 家证券营业部,1 家证券投资咨询公司,1 家期货公司,9 家期货分公司和 38 家期货营业部。继续推进“凤凰行动”宁波计划,年内新增境内上市公司 5 家,实现首发(IPO)融资 39.1 亿元,年末境内上市公司总数达 80 家。全年各类公司通过定向增发、公司债券等工具再融资 349.1 亿元。

年末,全市共有市级及以上产险机构 32 家、寿险机构 25 家、专业中介机构 102 家。实现保费收入 375.8 亿元,比上年增长 17.2%。其中,财产险保费收入 165.5 亿元,增长 8.3%;人身险保费收入 210.3 亿元,增长 25.4%。全年累计提供风险保障 23.9 万亿元,增长 21.1%。全年赔付支出 147.7 亿元,其中财产险赔付支出 108.6 亿元,人身险赔付支出 39.1 亿元。

二、全市各项社会事业协调发展

1. 科技创新

全年专利申请量7.0万件,其中发明专利1.8万件;专利授权4.7万件,其中发明专利5075件。新认定高新技术企业815家,累计2149家;新增国家级企业技术中心6家,累计30家;新增省高成长科技型中小企业268家,累计1133家;新增省级众创空间9家、省级孵化器1家、国家级孵化器1家。全市共认定登记技术合同3077项,比上年增长24.1%;完成技术交易额216.4亿元,增长57.5%。

2. 教育事业

年末,全市共有各级各类学校1975所,在校学生137.3万人。其中,高校15所,在校学生20.6万人;普通高中85所,在校学生8.9万人;中职学校36所,在校学生6.7万人;初中224所,在校学生21.4万人;小学427所,在校学生50.4万人。年末,全市共有全日制民办中小学(幼儿园)937所,在校(园)生28.8万人,占全市全日制中小学(幼儿园)在校(园)生数的24.7%。义务段有28.7万名外来务工子女就学问题得到妥善解决。

3. 人才开发

全年新增博士、博士后1017人,总量达7893人;新增高技能人才5.9万人,累计达48.4万人;新引进全职海内外院士8名,累计19名;新建院士工作站13家,累计147家;新增博士后科研工作(流动)站28家,累计189家;新建技能大师工作室10家,累计90家。

4. 文化建设

全市共有国家级非物质文化遗产代表性项目25项,省、市级非物质文化遗产代表性项目390项。歌剧《呦呦鹿鸣》获中宣部第十五届精神文明建设“五个一工程奖”。甬剧电影《典妻》荣获第二届中国戏曲电影展“优秀戏曲电影奖”。奉化南渡广济桥和余姚通济桥入选第八批全国重点文物保护单位,年末市域范围内的全国重点文物保护单位增至33处。奉化何家遗址和西门口汉唐遗址入选2019年度“浙江考古重要发现”。

5. 卫生事业

全市共有卫生事业医疗机构4530家,医院180家,其中三级甲等医院7家,三级乙等医院12家。全市实有病床4.3万张,拥有各类专业卫生人员8.8万人,卫生技术人员7.4万人,其中执业医师(含助理)3.0万人,注册护士3.1万人。按户籍人口统计,每千人床位数、卫技人员数、执业医师(含助理)数和注册护士数分别达到7.1张、12.2人、4.9人和5.2人。全市适龄儿童免疫规划疫苗接种率达96.1%,户籍人口孕产妇零死亡,婴儿死亡率为1.36‰。

6. 体育事业

全市首届全民运动会暨第十八届运动会成功举办,共设比赛项目86项,举办各级各类赛事3000余场,参与人次近200万。全年共举办60场国家级以上赛事;全市体育健儿夺得各类国际比赛金牌27枚、洲际比赛金牌8枚、国内大赛金牌126枚。奥体中心“三馆一园”正式投入运营。全年体育彩票销售额21.5亿元。

7. 居民收支

全市居民人均可支配收入56982元,比上年增长8.7%。按城乡分,城镇居民人均可支配收入64886元,增长7.9%,扣除价格因素影响,实际增长4.8%;农村居民人均可支配收入36632元,增长8.9%,实际增长5.7%。城乡居民人均收入倍差为1.77。全市居民人均生活消费支出33944元,增长5.4%。按城乡分,城镇居民人均生活消费支出38274元,增长4.3%;农村居民人均生活消费支出22797元,增长7.3%。

8. 社会保险

全市企业职工基本养老、医疗、失业、工伤和生育保险参保人数分别为468.2万人、426.6万人、

297.2 万人、375.5 万人和 276.1 万人，城乡居民基本养老保险、被征地人员养老保障、城乡居民医保分别为 113.8 万人、33.0 万人和 322.3 万人。全市累计发行社保卡 956.8 万张，社保卡金融账户激活率达 71.8%。

9. 民生保障

全市拥有养老机构 282 个，床位数 7.5 万张。全市共有最低生活保障对象 5.9 万人，低保资金实际支出 5.0 亿元。城区居民最低生活保障标准为每月 940 元。企业职工最低工资标准为 2010 元、1800 元和 1660 元。全年有 5.8 万名困难残疾人享受生活补贴，8.7 万名重度残疾人享受护理补贴。全市 796 名 0—6 岁残疾儿童得到基本康复服务与补贴。全市特困对象集中供养 2913 人，集中供养率为 83.1%。

10. 保障性安居工程

全市完成棚改投资 126 亿元，完成棚改面积 88.7 万平方米，新增保障住房困难家庭 9010 户，城乡一体化住房保障体系基本构建。

11. 慈善事业

全年市、县两级慈善机构募集善款 9.5 亿元，比上年增长 40.0%。救助支出 7.8 亿元，增长 23.8%，受助的困难群众达 51.9 万人次。年末，全市慈善机构累计募集善款已达 76.6 亿元，累计救助支出 60.4 亿元，受助 468.5 万人次。

12. 生态建设

全市中心城区空气质量优良天数比率为 87.1%；PM2.5 浓度为 29 微克/立方米。全年新增排污权交易 75 笔，交易金额 6610.9 万元，新增有偿使用 420 笔，金额 1.65 亿元。继续推进大气污染防治，全市完成 268 台燃气锅炉低氮改造和 15 个工业园区的治理；完成 2022 家涉气"散乱污"企业(作坊)的清理整顿和 216 家落后产能涉及企业的淘汰。全市地表水省控以上断面水质Ⅰ—Ⅲ类比例为 89.5%，功能达标率为 100%，全市 117 个县控以上监测断面水质类别均达到或优于Ⅴ类。13 个县级以上集中式饮用水源地水质达标率为 100%。积极推进生态文明示范区创建，北仑和宁海分别通过国家生态文明建设示范区及"绿水青山就是金山银山"实践创新基地创建，奉化区成功创建省级生态文明建设示范区。

13. "平安宁波"建设

全市共发生各类生产安全事故 181 起，死亡 150 人，比上年分别下降 34.7%和 33.6%。其中，道路运输领域共发生事故 132 起，死亡 75 人，分别下降 32.0%、44.0%；工矿商贸企业共发生事故 40 起，死亡 60 人，分别下降 45.2%、23.1%。全年共立案查处食品安全各类违法案件 2965 件，其中大要案 18 件，罚没款 3168.2 万元，移送公安机关涉嫌犯罪案件 23 件。全年人民调解组织共调处各类矛盾纠纷 9.2 万件，调解成功 9.1 万件，成功率达 99.1%，涉及赔付金额 21.4 亿元。

三、2019 年开展的重点工作

(一) 狠抓稳增长，经济保持平稳运行

支持企业稳定发展。主动为企业减负活血帮困，全面落实增值税率下调、小微企业和科技型初创企业普惠性税收减免、困难企业社会保险费返还、电价和气价下调等政策，坚决清理拖欠民营企业中小企业账款，全年为企业减负 473.4 亿元。实施融资畅通工程，缓解企业融资难融资贵，普惠小微贷款增长 28.1%，民营经济贷款比年初增加 332 亿元，企业贷款平均利率下降 0.15 个百分点。实施民营经济高质量发展 25 条，积极构建亲清政商关系，深入一线服务企业，全年为企业解决各类难题 2 万多个。促进外贸稳定增长。见事早、行动快，出台稳外贸"新十条"，实施"225"外贸双万亿行动，"订单＋清单"监测预警系统上线企业 13591 家，出口信用保险政策覆盖面达 30.3%。跨境电商进口交易额增长 42.6%，网购保税进口额保持全国首位。在第二届中国国际进口博览会上达成的意向采购额居全国交易团第 5 位。推进扩投资促消费。加强重大项目谋划推进，加大基础设施补短板力度，争取地方政府债券 123 亿

元,省市县长项目工程开工建设39个,固定资产投资增长8.1%,高于上年4.5个百分点,交通投资、高新技术产业投资分别增长12.5%、13.3%。实施农贸市场改造提升三年行动,启动改造提升132家,完成96家。出台促进消费、建设国际消费城市等政策,商品销售总额增长11.9%,网络零售额增长20.1%。

(二)狠抓强产业,实体经济发展壮大

推动制造业高质量发展。积极打造"246"万千亿级产业集群,绿色石化、汽车零部件入选国家先进制造业集群培育名单,新型功能材料入选国家战略性新兴产业名单。高技术制造业、战略性新兴产业增加值分别增长17.8%、8.7%。规上企业技术改造实现"三年全覆盖",智能化改造步伐加快,传统制造业水平指数位居全省第一。市场主体壮大升级,新增上市企业7家,入选全省首批"雄鹰行动"培育企业14家,新增国家专精特新"小巨人"企业5家、"品字标浙江制造"企业38家,净增"小升规"企业373家。5个建设工程获国家优质工程奖,装配式建筑新开工面积增长63%。推动数字经济加快发展。出台数字宁波建设规划和三年行动计划,举办首届世界数字经济大会,支持新一代人工智能、软件业和集成电路产业发展,加快5G应用和产业化,建成5G基站3000多个,软件业务收入增长25.1%,集成电路产业规上工业总产值增长17.7%,宁波工业互联网研究院产业园开工建设。推动现代服务业做大做强。服务业增加值增长7.6%,占地区生产总值比重达49.1%。金融机构本外币存贷款余额均超过2万亿元,保费收入增长17.2%,获批创建国家普惠金融改革试验区、国家文化与金融合作示范区。海铁联运箱量增长34.5%,机场旅客吞吐量超过1200万人次,快递业务量超过16亿件,入选交通强国建设试点单位、首批港口型国家物流枢纽,获评国家综合运输服务示范城市,建成全国首批多式联运示范工程。文化产业增加值增长15.4%,旅游总收入增长16.2%,宁海县成为首批国家全域旅游示范区。推动农业经济提质增效。农林牧渔业增加值增长2.6%,增幅创近八年来新高。抓好生猪稳产保供,全年出栏87.4万头,比计划增产8.4万头。高标准建设粮食生产功能区和现代农业园区,获评国家农产品质量安全市,新增农村产业融合发展先导区2个,余姚市成为国家特色农产品优势区。

(三)狠抓增动能,发展活力不断激发

强化创新驱动。出台国家自主创新示范区发展规划纲要,启动甬江科创大走廊建设。新培育省级产业创新服务综合体5家,新引进产业技术研究院8个,新增国家企业技术中心6家,新认定高新技术企业815家。攻克关键核心技术110项,获得国家科技进步一等奖1项、二等奖2项,国家技术发明二等奖2项,推广应用重点自主创新产品31个。财政科技支出增长58.6%,技术交易额增长57.5%。完善高端人才与基础人才、引进人才与本土人才并重的政策体系,新增各类人才21.9万人、全职院士8名,入选国家重点人才工程专家人数、省领军型创新创业团队数量、新引进大学生人数均创历年新高,中高端人才净流入率居全国城市前列。强化开放带动。全面融入参与长三角一体化发展和省"四大"建设,谋划建设前湾沪浙合作发展区,16项工作纳入长三角一体化发展规划纲要,沪嘉甬铁路完成工可编制,甬舟铁路初步设计通过预审,金甬铁路、杭甬高速复线宁波段一期全面开工,穿山港铁路开通投运。积极推动杭绍甬一体化、甬舟一体化发展,开通宁波至绍兴城际铁路和内河集装箱运输,谋划甬舟合作区。深入推进"一带一路"综合试验区、17+1经贸合作示范区建设,举办第二届世界"宁波帮·帮宁波"发展大会,获批浙江自贸区宁波联动创新区,梅山保税港区实现整体封关,江浙沪144小时过境免签政策落地实施。建立重大招商项目市级统筹推进机制,充分发挥商协会的桥梁纽带作用,实到内资1368亿元,引进(增资)境外世界500强投资项目8个。强化改革推动。以"最多跑一次"改革为牵引,全面实施"10+N"优化营商环境便利化行动。41件个人和企业全生命周期事项实现"一件事"联办,所有依申请政务服务事项网上可办,197个民生事项"一证通办",99%的事项"跑零次"可办。工程建设项目审批实现"最多90天",企业开办可一日办结,企业注销便利化改革全国领先。宁波口岸出口、进口整体通关时间分别压

缩53.9%和19.7%。深化“亩均论英雄”改革，整治提升低效企业862家，新建提升小微企业园28个，规上工业亩均税收、亩均增加值分别增长12.5%和13.7%。消化利用“批而未供”土地4.6万亩，处置“供而未用”土地2.5万亩，完成低效用地再开发2.3万亩。国有建设用地二级市场试点经验在全国推广。成立通商集团、文旅集团，推动组建水务环境集团，国有资本布局更加优化。

（四）狠抓补短板，三大攻坚战取得积极进展

有效防控重大风险。健全稳企业防风险工作体系，稳妥处置民营企业流动性风险、“两链”风险和上市公司股权质押风险，P2P网络借贷法人机构全部出清，不良贷款率降至1.06%。稳步化解政府隐性债务。启动“一城一策”试点，房地产市场运行平稳。有力开展精准扶贫。扎实推进东西部扶贫协作，加大资金支持、产业合作、消费扶贫和社会帮扶力度，开工建设扶贫产业合作园，建成消费扶贫综合体，全年落实帮扶资金6.8亿元，安排扶贫项目242个，在国家考核中获得“好”的等次。对口支援、山海协作深入开展。有序推进污染防治。抓好中央和省环保督察反馈问题整改，推进治气、治水、治土、治废攻坚。全市空气质量优良率达87.1%，PM2.5平均浓度下降至29微克/立方米，市控以上断面水质优良率达83.8%，“污水零直排区”覆盖85%以上的乡镇（街道）。在全省率先完成“千吨万人”以上饮用水水源保护区划分，北仑区获批国家生态文明建设示范区，宁海县成为“绿水青山就是金山银山”全国实践创新基地。

（五）狠抓提品质，城乡融合发展加速推进

加强市域统筹。构建集中财力办大事的财政政策体系，调整完善市与区县（市）财政和土地管理体制，启动市、县两级国土空间总体规划编制。统筹重大片区和重大项目建设，全面推进前湾新区、临空经济示范区、南湾新区、东钱湖区域和国际会议中心、展览中心等规划建设。江北膜幻动力小镇、鄞州四明金融小镇成为省级特色小镇。大力提升城市品质。完成东环、环城南路东段、北环东路快速化改造，“口”字形城市快速路实现闭环通车，新典桥、西洪大桥开工建设，鄞城大道、214省道全线贯通。轨道交通3号线一期、宁奉城际铁路首通段开通，总运营里程接近100公里。城市展览馆建成投用，海绵城市国家试点项目完工，“三江六岸”滨江休闲带建设取得新进展，东部新城生态走廊绿道入选省最美绿道，新增公园绿地50万平方米、绿道165公里。城镇老旧小区改造列为新一轮全国试点，完成改造235万平方米。启动城中村改造558万平方米，拆除违法建筑1289万平方米。小城镇环境综合整治全面完成。实施生活垃圾分类管理条例，推动全民参与垃圾分类，整体工作走在全国前列。推进城市精细化管理，非现场执法在全国推广，渣土处置难问题得到有效破解，城市洁化美化序化不断提升。加快乡村振兴。富民强村行动深入实施，低收入农户收入增长13.6%，基本消除年收入30万元且经营收入10万元以下的集体经济薄弱村。完成31.6万人的农村饮用水达标提标，新改建“四好农村路”313公里。建成美丽乡村示范镇12个、示范村54个、风景线15条、A级景区村庄274个，横坎头等3个村获评中国美丽休闲乡村。有序推进农村宅基地“三权分置”和闲置农房激活利用，农村集体产权制度改革取得阶段性成果。“村民说事”“农村小微权力清单”入选首批全国乡村治理典型案例，7个村获评全国乡村治理示范村，鄞州区、象山县成为全国乡村治理体系建设首批试点。

（六）狠抓惠民生，人民群众有更多获得感

稳就业成效明显。积极援企稳岗，实施“甬上乐业”计划，新增城镇就业25.4万人，城镇登记失业率为1.61%，成功创建国家级人力资源服务产业园，欠薪治理工作领先全国全省。社会保障水平稳步提升。深入实施居家养老服务条例，老年助餐服务覆盖75%的城乡社区，95%的养老服务机构实现医养结合，居家养老服务补助政策和老年人意外伤害保险制度分别惠及22万、35.9万老年人。将事实无人抚养儿童纳入福利保障范围，市、县两级未成年人救助保护中心实现全覆盖。退役军人“四级五有”服务保障体系全面建成。改革低保标准调整机制，在全省率先将重病、重残对象以单人户纳入低保。建成“残

疾人之家"152 个。健全城乡居民慢性病门诊保障制度，与上海等异地直接结算医院增加到 102 家，职工医保与生育保险制度合并实施，全国数字健康保险交易平台上线运营。公共服务不断改善。出台加快高水平大学建设、深化教师队伍建设改革、促进民办教育高质量发展等政策意见。新改扩建幼儿园、中小学校各 20 所，普惠性幼儿园覆盖率达 90.8%，小学放学后校内托管全面实施，江北区通过首批全国义务教育优质均衡发展区评估。宁波市成为国家产教融合型试点城市，宁波职业技术学院入选首批全国"双高"计划建设单位。宁波大学通过"双一流"建设中期评估，宁波教育学院转制为幼儿师范高等专科学校。通过国家卫生城市复审，在全国率先启动消除丙肝行动计划，组建县域医共体 25 个。市第一医院异地建设项目顺利推进，宁波市杭州湾医院全面运行。成功举办亚洲举重锦标赛、首届龙舟世界杯和首届全民运动会。群众身边的体育设施不断完善，建成体育公园 10 个，奥体中心投入运营，体育健儿在国内外赛事上再创佳绩。文化建设深入推进。弘扬社会主义核心价值观，深化文明城市创建，部署开展"五整顿两提升"，1 人获评全国道德模范、3 人获评省道德模范，"中国好人""浙江好人"获评人数居全省第一，奉化区、象山县成为全国新时代文明实践中心建设试点。全面加快文化事业和文化产业发展，开工建设文创港，歌剧《呦呦鹿鸣》获全国"五个一工程奖"，13 部作品获省"五个一工程奖"。平安建设得到加强。开展安全生产和消防安全整治百日大会战，深入整治危险化学品使用单位及小企业小加工作坊，加大道路交通安全综合整治力度，生产安全事故起数、死亡人数分别下降 34.7%、33.6%。纵深推进"扫黑除恶"专项斗争，严厉打击"套路贷"，打掉黑恶团伙 220 个。完善提升基层治理四平台，基本建成县级社会矛盾纠纷调处化解中心。扎实做好防灾减灾，取得防御超强台风"利奇马"的全面胜利。

第三节　温州市 2019 年经济社会发展报告

2019 年是中华人民共和国成立 70 周年，温州市坚持以习近平新时代中国特色社会主义思想为指导，深入贯彻习近平总书记寄予温州"续写创新史"的殷殷嘱托和去年 3 次对温州作出的重要指示批示精神，全面落实省委、省政府和市委各项决策部署，紧扣"奋战 1161，奋进 2019"年度工作主题主线，较好地完成了市十三届人大四次会议确定的各项目标任务，圆满完成了票决通过的十大民生实事项目。一年来，我们凝心聚力、锐意进取，干成了一批标志性、开创性、引领性的大事要事喜事，习近平总书记专门为 2019 世界青年科学家（温州）峰会发来贺信，成功跻身长三角一体化发展中心区城市，龙港获批撤镇设市，顺利完成市区义务教育办学体制改革和历史上力度最大的村社规模优化调整，培养出温州本土首位院士、首家世界 500 强企业。2019 年，温州市大胆探索、改革攻坚，形成了一批温州样本、温州典型、温州经验，新时代"两个健康"先行区创建多项首创性举措在全国推广，获批国家跨境电商综合试验区，设立全国首个地级市破产法庭，赢得"中国最具幸福感城市"称号，温州（鹿城）市场采购贸易方式试点拉动全省外贸出口增长 1.3 个百分点，近期国务院又批复同意设立温州综合保税区。地区生产总值、城乡居民收入等 18 项主要指标增速位居全省前三，呈现了稳中有进、逆势上扬的良好态势。

根据 5‰人口变动抽样调查样本数据推算，年末全市常住人口为 930 万人，比上年增加 5 万人，其中市区人口 305.2 万人；城镇化率为 70.5%，比上年提高 0.5 个百分点。年末全市户籍总人口 832.4 万人。从性别看，男性人口 430.9 万人，女性人口 401.5 万人，分别占总人口的 51.8%和 48.2%。

一、全市经济保持稳定发展

全市生产总值（GDP）6606.1 亿元，按可比价计算（下同），比上年增长 8.2%。分产业看，第一产业增加值 151.7 亿元，增长 2.1%；第二产业增加值 2811.9 亿元，增长 6.1%；第三产业增加值 3642.5 亿元，增长 10.1%。国民经济三次产业结构为 2.3∶42.6∶55.1，第三产业比重比上年提高 1.1 个百分点。按常住人口计算，人均地区生产总值 71225 元（按年平均汇率折算 10325 美元），增长 7.7%。

全年市区居民消费价格（CPI）比上年上涨 2.2%，其中医疗保健、食品烟酒、教育文化和娱乐、其他用品和服务、衣着、生活用品及服务类同比分别上涨 5.5%、5.3%、3.2%、2.0%、1.6%、0.4%；居住、交通和通信类同比分别下降 0.7%、0.5%。工业生产者出厂价格上涨 0.1%，工业生产者购进价格下降 2.0%。

全年新增城镇就业人数 11.9 万人，城镇失业人员再就业 1.5 万人。年末城镇登记失业人数 3.8 万人，城镇登记失业率为 1.8%。

规模以上工业企业产能利用率为 81.5%。规模以上工业中，八大高耗能行业增加值增长 7.1%。年末商品房待售面积比上年末下降 26.3%，其中商品住宅待售面积下降 16.7%。年末规模以上工业企业资产负债率为 50.6%，下降 0.7 个百分点。全年规模以上工业企业每百元营业收入中的成本为 82.4 元，下降 0.7 元。交通投资、生态环境和公共设施投资分别增长 14.2%、8.3%。

全年实现财政总收入和一般公共预算收入 936.9 亿元和 579.0 亿元，按可比口径分别增长 8.6%和 12.5%。全年完成一般公共预算支出 1084.1 亿元，增长 24.0%，民生支出占财政支出的 79.4%，比上年提高 2.7 个百分点。规模以上工业企业实现利润 272.3 亿元，增长 3.8%，其中战略性新兴产业、数字经济核心产业制造业利润总额分别增长 10.8%、57.3%。全年规上工业全员劳动生产率达 16.2 万元/人，比上年提高 13.4%。

全年完成农林牧渔业增加值 154.2 亿元，同比增长 2.2%。分行业看，种植业增加值 83.0 亿元，增长 2.9%；林业增加值 4.4 亿元，增长 2.3%；牧业增加值 18.8 亿元，下降 5.6%；渔业增加值 45.2 亿元，增长 3.7%；农林牧渔服务业增加值 2.8 亿元，增长 7.6%。

全年粮食种植面积 162.0 万亩，增长 1.1%；粮食产量 63.7 万吨，增长 0.9%。在经济作物中，蔬菜播种面积 103.9 万亩，同比增长 2.7%；油菜籽 10.0 万亩，增长 23.0%；中草药材播种面积 14.4 万亩，增长 7.8%；果用瓜 17.9 万亩，增长 2.2%；花卉苗木种植面积 5.8 万亩，增长 4.4%。

表 21　2019 年温州市主要农产品产量

指标	产量(万吨)	比上年增长(%)
水果	60.9	1.7
园林水果	31.8	2.2
蔬菜	165.4	2.2
油菜籽	1.3	29.4
糖料	3.4	−10.5
茶叶	0.7	3.1
中草药材	4.6	4.1

全年水产品总产量 62.0 万吨，同比增长 2.5%，其中海水产品产量 58.4 万吨，增长 0.8%。国内海洋捕捞产量 41.7 万吨，下降 3.6%；海水养殖产量 16.7 万吨，增长 13.6%。

全年培育市级以上产业平台 18 个，新增国家级特色农业强镇 1 个、省级田园综合体 2 个、省级农旅一体化发展平台项目 4 个和省级民宿集聚村 14 个。新建乡村振兴示范带 35 条，改造提升乡村振兴示范带 16 条，打造乡村振兴跨区域精品带 2 条。谋划西部生态休闲产业带项目 261 个，完成投资 150 亿元，推动社会资本下乡 257 亿元。全市完成异地搬迁 1.59 万人，帮扶低收入农户 1.67 万户。低收入农户医疗补充保险实现参保全覆盖，低收入农户家庭医生签约服务 16.1 万人。新增农村生活垃圾分类处理村 1028 个，覆盖面达 79.9%。创建省级美丽乡村示范县 1 个、示范乡镇 13 个、新时代美丽乡村 792 个。

全年实现工业增加值 2311.0 亿元，比上年增长 7.8%。规模以上工业企业 5336 家，实现工业增加值 1109.3 亿元，增长 7.6%，其中轻、重工业增加值分别为 398.7 亿元和 710.6 亿元，增长 4.9%和 9.1%。规模以上工业销售产值 5070.8 亿元，增长 6.5%，其中出口交货值 694.1 亿元，增长 3.3%。

表 22　2019 年温州市规模以上工业增加值

指标	单位数(家)	规上工业增加值	
		实绩(亿元)	比重(%)
总计	5336	1109.3	100.0
其中:轻工业	2439	398.7	35.9
重工业	2897	710.6	64.1
其中:国有企业	11	35.2	3.2
集体企业	12	2.3	0.2
股份合作制企业	102	7.5	0.7
有限责任公司	988	253.2	22.8
股份有限公司	116	133.7	12.1
私营企业	3989	597.2	53.8
港澳台投资企业	49	21.0	1.9
外商投资企业	69	59.3	5.3

规模以上工业中,高新技术产业、装备制造业、战略性新兴产业增加值分别比上年增长 7.7%、8.8%、6.8%,占规模以上工业的 56.8%、50.3%、18.5%。数字经济核心产业制造业、高端装备、环保、健康、时尚制造业增加值分别增长 9.0%、8.9%、7.9%、7.8%、6.6%。规上工业新产品产值增长 29.1%;新产品产值率为 36.9%,比上年提高 6.1 个百分点。

全年实现建筑业增加值 502.4 亿元,占 GDP 的比重为 7.6%。年末具有总承包和专业承包资质的建筑企业 896 家。

全年固定资产投资同比增长 10.3%。全市民间投资同比增长 7.4%,其中民间项目投资增长 19.5%,高新技术产业投资同比增长 23.8%,工业投资和服务业投资分别增长 11.0%和 10.2%。80 个全省集中开工项目全部进场施工,省"152"工程落地开工 38 个。

全市房地产开发投资同比增长 2.0%。房屋施工面积 5409.6 万平方米,其中住宅施工面积 3700.3 万平方米;商品房销售面积 1139.9 万平方米,其中住宅销售面积 917.7 万平方米。

全年社会消费品零售总额 3655.9 亿元,比上年增长 9.6%。按经营地统计,城镇消费品零售额 3070.1 亿元,增长 9.1%;乡村消费品零售额 585.8 亿元,增长 12.3%。按消费类型统计,商品零售 3107.9 亿元,增长 8.8%;餐饮收入 548.0 亿元,增长 14.0%。全市网络零售额 2152.2 亿元,增长 18.5%;居民网络消费额 1340.7 亿元,增长 19.9%。

在限额以上批发零售业商品零售额中,粮油食品类、家具类、中西药品类、文化办公用品类、服装鞋帽类分别比上年增长 64.6%、47.5%、22.3%、9.0%和 6.8%,汽车类增长 0.8%,石油及制品类下降 6.9%;新能源汽车、智能家用电器和音像器材类、可穿戴智能设备等新型消费商品零售额分别增长 705.0%、26.3%和 17.9%。

全年接待海内外游客 13728 万人次,比上年增长 15.2%;实现旅游总收入 1550.7 亿元,比上年增长 16.2%。其中,接待国内游客 13669.6 万人次,实现收入 1528.7 亿元,分别比上年增长 15.2%和 16.2%;接待海外游客 58.4 万人次,实现海外创汇 3.2 亿美元,分别比上年增长 5.1%和 9.3%。

全年货物进出口总额 1902.2 亿元,比上年增长 26.3%。其中进口 216.9 亿元,增长 6.0%;出口 1685.3 亿元,增长 29.4%,出口占全国 9.8‰,比上年提高 1.9 个千分点。民营企业出口 1575.2 亿元,增长 32.4%,占全市货物出口总额的 93.5%,比上年提高 2.1 个百分点。对"一带一路"沿线国家出口 721.3 亿元,同比增长 52.0%。通过市场采购贸易方式出口达 272.9 亿元(39.3 亿美元)。全市累计获自营进出口权企业达 2 万家,比上年末增长 14.4%,其中本年度自营出口超千万美元企业数达 516 家,比上年末增加111家，出口超5000万美元企业数57家。

表23　2019年温州市货物进出口主要分类情况

指标	实绩(亿元)	比上年增长(%)
货物进出口总额	1902.2	26.3
货物出口额	1685.3	29.4
一般贸易	1375.7	8.8
加工贸易	35.9	2.7
鞋类	312.0	9.1
服装及衣着附件	117.6	12.5
机电产品	788.0	31.1
高新技术产品	53.4	39.8
货物进口额	216.9	6.0
一般贸易	202.0	8.2
加工贸易	9.6	−19.4

全年实际利用外资总额7.58亿美元，同比增长45.0%。在“一带一路”沿线建成俄罗斯、越南、乌兹别克斯坦3个国家级境外经贸合作区，塞尔维亚、乌兹别克斯坦2个省级境外经贸合作区。全市境外投资中方投资总额达7.5亿美元，新批境外投资项目38个，其中“一带一路”沿线国家投资6.9亿美元，占全部境外投资比重达92.2%。

年末公路总里程14904公里，其中高速公路512公里，一级公路571公里，二、三级公路1933公里。年末实有公共汽(电)车营运车辆4110辆，年载客量4.42亿人次，年末实有出租车7415辆。

年末机动车保有量258.4万辆，比上年末增长5.9%；其中汽车保有量235.0万辆，增长7.5%；私人汽车保有量204.1万辆，增长7.4%，其中新能源汽车保有量2.39万辆，比上年末增长135.6%。全年公路和水路完成货物周转量476.2亿吨公里，比上年增长10.3%；旅客周转量89.7亿人公里，下降6.2%。铁路客运量2838.4万人次，增长6.8%；货运量447.6万吨，下降15.6%。航空旅客吞吐量1229.2万人次，增长9.6%；货邮吞吐量8.1万吨，增长1.1%。港口货物吞吐量7540.8万吨，下降8.5%；集装箱吞吐量80.2万标箱，增长19.1%。

全年电信业务总量1005.6亿元，电信业务收入120.3亿元。年末固定电话用户数128.6万户，移动电话用户数1216.5万户；固定互联网宽带接入用户404.7万户，移动互联网用户1065.4万户。

全市邮政业务总量(含快递)240.8亿元，比上年增长23.9%。全年函件1526.2万件，包裹19.9万件，汇兑2.8万笔，订销报纸9595.0万份，订销杂志319.5万份。全市快递业务量10.9亿件，增长18.6%。

全市电力系统最高负荷898.6万千瓦，增长4.3%。全年用电量441.1亿千瓦时，增长4.2%。其中工业用电量257.4亿千瓦时，增长2.9%；建筑业用电量11.1亿千瓦时，增长13.2%；服务业用电量71.1亿千瓦时，增长7.9%；居民生活用电量100.7亿千瓦时，增长4.2%。

年末金融机构本外币存款余额13379.7亿元，比上年末增长11.8%，其中人民币存款余额13156.4亿元，增长12.1%。年末住户人民币存款余额7601.8亿元，增长14.8%。年末金融机构本外币贷款余额11608.8亿元，增长15.5%，其中人民币贷款余额11529.6亿元，增长15.6%。

表 24　2019 年温州市金融机构人民币存贷款情况

指标	2019 年末数(亿元)	比上年末增长(%)
各项存款余额	13156.4	12.1
住户存款	7601.8	14.8
非金融企业存款	3010.8	16.3
各项贷款余额	11529.6	15.6
住户贷款	6214.1	13.5
非金融企业及机关团体贷款	5314.9	18.2

全年新增境内外上市公司 5 家，累计达 32 家；新增新三板挂牌(含报股转)企业 3 家，累计挂牌和报股转达 91 家；新增股份制改造企业 239 家，累计达 1499 家。全年证券交易额 25758 亿元，期货交易额 24842 亿元。全市民间融资综合年化利率指数(简称温州指数)为 15.7%，比上年下降 0.2 个百分点。

全年保险业保费收入 293.6 亿元，比上年增长 10.7%。其中，人身险保费收入 195.2 亿元，增长 10.6%；财产险保费收入 98.3 亿元，增长 11.0%。支付各类赔款及给付 83.1 亿元，比上年增长 11.8%。其中，人身险赔付 26.0 亿元，下降 5.7%；财产险赔款 57.0 亿元，增长 22.1%。

二、全市各项社会事业协调发展

1. 教育和科学技术

年末，全市共有小学 568 所，招生 11.05 万人，在校生 63.57 万人，小学学龄儿童入学率为 100%。小学生均校舍建筑面积 8.36 平方米。共有初中 339 所，招生 9.48 万人，在校生 27.88 万人。初中生均校舍建筑面积 18.24 平方米。全市各类中等职业教育学校 37 所，招生 3.16 万人，在校生 8.51 万人；普通高中 103 所，招生 4.31 万人，在校生 12.10 万人，毕业生 3.91 万人。全市共有普通高校 11 所(其中本科独立学院 2 所)，在校生 10.43 万人。义务教育中小学专任教师 5.96 万人，中等职业教育(不含技工学校)专任教师 0.50 万人。全市共有幼儿园 1405 所，在园幼儿 28.90 万人。

年末，全市拥有国家高新区 1 家、省级高新区 2 家；国家级“火炬计划”特色产业基地 5 个、省级高新技术特色产业基地 7 个；国家级科技创业服务中心(国家级孵化器)4 个、国家级大学科技园 1 家、国家级众创空间 21 个(其中星创天地 6 个)，省级科技创业服务中心(孵化器)9 个、省级众创空间 54 个(其中星创天地 10 个)、市级科技企业孵化器 10 家；省级产业创新服务综合体创建 11 家、培育 2 家；国家级企业技术中心 6 家，省级企业研究院 160 家(其中省级企业重点研究院 15 家)、省级高新技术企业研发中心 414 家、市级企业研发中心 1095 家。全年新增高新技术企业 550 家，有效高新技术企业 1814 家，新培育省级科技型中小企业 2213 家，累计达 8429 家。全年专利申请量、授权量分别为 52315 件和 37009 件，其中发明专利授权量为 3876 件，增长 13.5%。获国家科技进步奖二等奖 1 项；温州医科大学校长李校堃当选中国工程院院士；成功举办首届世界青年科学家峰会。

2. 文化、卫生和体育

年末，全市共有文化站 185 个，文化馆 12 个，博物馆 53 个，公共图书馆 13 个，电影放映单位 106 个，城市书房 88 家，百姓书屋 61 家，文化驿站 70 家，文化礼堂 2515 家。公共图书馆藏书 13774 千册，比上年增加 1330 千册。全年院线电影放映 137.3 万场次，观众 2058.1 万人次；农村数字电影放映 5.25 万场次，观众 600.6 万人次。年末拥有人类非遗代表性项目 4 个，国家级非遗代表性项目 34 个，省级非遗代表性项目 145 个，市级非遗代表性项目 747 个，国家级非遗代表性传承人 37 人，省级非遗代表性传承人 206 人，市级非遗代表性传承人 733 人。全市广播节目综合人口覆盖率达 98.7%，电视节目综合人口覆盖率达 99.1%。

全市共有医疗卫生机构 5794 家，其中医院 147 家，卫生院（社区卫生服务中心）265 家，村卫生室 2281 家，各类诊所（卫生所、医务室）2340 家，门诊部 378 家。年末医疗卫生机构床位数 44058 张，增长 3.8%；卫生技术人员 70241 人，增长 5.3%。其中，执业（助理）医师 30128 人，注册护士 29218 人，分别增长 6.1%和 6.6%。医院年诊疗 3880.8 万人次，增长 6.6%。孕产妇死亡率为 3.17/10 万，5 岁以下儿童死亡率为 2.97‰，婴儿死亡率为 2.01‰。

全市共有公共体育场馆 36 个，独立设置的业余体校 9 所，各类公共体育场所 25266 个。全年运动员在全国以上比赛获世界冠军 4 个。现有省级体育强镇 205 个，省级体育强县 11 个。全年新增公共健身设施 5028 个，年末拥有公共健身设施 25266 个。全年发行体育彩票 20.9 亿元。

3. 人民生活和社会保障

全市居民人均可支配收入 51490 元，比上年增长 9.7%，扣除价格因素增长 7.3%。按常住地分，城镇居民和农村居民人均可支配收入分别为 60957 元和 30211 元，增长 8.7%和 9.9%，扣除价格因素分别增长 6.4%和 7.5%。低收入农户人均可支配收入 10973 元，增长 13.5%。

全市居民人均生活消费支出 34107 元，比上年增长 9.3%，扣除价格因素增长 6.9%。其中，城镇居民和农村居民人均消费支出分别为 39804 元和 21301 元，增长 8.4%和 8.9%，扣除价格因素分别增长 6.1%和 6.6%。城乡居民恩格尔系数分别为 29.0%和 35.4%。年末全市居民人均住房建筑面积 51.5 平方米，其中城镇居民人均住房建筑面积 48.2 平方米，农村居民人均住房建筑面积 58.8 平方米。年末每百户城镇居民家用汽车拥有量 59.6 辆，每百户农村居民家用汽车拥有量 34.8 辆。

全市设乡 26 个，镇 92 个，街道 66 个。社区居委会（含居委会）632 个，村委会 3034 个。年末实有社会团体 3845 个、民办非企业单位 5642 个、基金会 61 个。

全年参加企业职工基本养老保险人数 315.9 万人，参加城乡居民基本养老保险人数 220.0 万人，参加城镇职工基本医疗保险人数 210.9 万人，参加城乡居民基本医疗保险人数 584.8 万人，参加失业保险 133.71 万人，参加工伤保险 277.19 万人，参加生育保险 132.7 万人。全市企业退休人员基本养老金月人均水平为 2687 元；全市城乡居民养老保险基础养老金最低月标准 175 元；全市社会保险基金（五大险种）支出总额 535.0 亿元。

年末全市在册低保对象 12.53 万人，其中城镇 1.05 万人，农村 11.48 万人，低保资金（含各类补贴）支出 8.58 亿元。新增各类养老机构床位数 0.53 万张，新增示范型居家养老服务中心 47 个。全年共办理结婚登记 49019 对、离婚登记 18376 对；办理收养登记 86 件、解除收养登记 4 件。

4. 生态建设、环境保护和其他社会事业

全年平均降水量为 1923.5 毫米（折合降水总量 226.66 亿立方米），全市水资源总量为 145.95 亿立方米，人均水资源量为 1573.6 立方米。

全市已建成国家生态文明建设示范县（市、区）1 个，省级生态文明建设示范县（市、区）3 个；自然保护区 4 个，其中国家级 2 个，省级 1 个，县级 1 个；国家"绿水青山就是金山银山"实践创新基地 1 个。

全年市区环境空气质量达到一级标准的有 127 天，达到二级标准的有 227 天。全年市区 PM2.5 年均浓度为 28 微克/立方米，比上年下降 1 微克/立方米；市区空气质量优良率为 97.0%，比上年提高 0.6 个百分点。全市地表水市控及市控以上站位 76 个，水质在Ⅰ至Ⅲ类的站位 50 个，县级以上集中式饮用水水源地水质达标率达 100%。市区区域环境噪声昼间等效声级平均值 54.8 分贝；交通噪声等效声级平均值 67.9 分贝。

全市规模以上工业单位增加值能耗下降 1.6%。

全市共发生各类生产安全事故 147 起、死亡 147 人，同比分别下降 38.2%和 27.6%，无发生较大以上生产安全事故。道路运输共发生事故 91 起、死亡 92 人，同比分别下降 39.3%和 28.1%。

三、2019年开展的重点工作

(一)创"两区"强动能,高质量发展迈出新步伐

"两个健康"先行区创建成果丰硕。80条新政、146项责任清单全面落地,先行区创建入选2019中国改革十大年度优秀案例。成功举办中国(温州)新时代"两个健康"论坛、首届温州民营企业家节,奏响"民营经济看温州"的时代强音。实施融资畅通工程、"白名单"企业帮扶制度,民营企业贷款余额和贷款利率实现"一增一降",银行贷款不良率降至0.94%。民间项目投资增长19.5%,高于全省平均5.8个百分点。新设企业5.7万户,成为全省第二个市场主体超百万城市。出台降本减负"新30条",深入开展"三服务""三助三红"和"两万两千"活动,化解涉企问题4489个,为企业减负228亿元。创新实施企业家参与涉企政策制定、重大涉企案件风险报告、企业家紧急事态应对等制度,创设民营经济学院、亲清政商学堂,推行"三清单一承诺",亲清新型政商关系在全国形成示范。

国家自主创新示范区建设提速提效。实施自创区八大攻坚行动,"一区五园"新落地重大科创项目51个,高新技术产业投资增长19.9%。编制环大罗山科创走廊建设规划,国科大、浙大等温州研究院实现实体化运行,瓯海国家大学科技园扩建开园,温州高新区全国排名前移9位,温州经开区跃升至全国第48位。全市新增高新技术企业552家、科技型中小企业2213家;新增省级产业创新服务综合体7家、省级以上工业设计中心13个,增量均为全省第一;规上工业研发费用占营业收入比重全省最高,预计R&D经费投入强度达2.2%左右。出台人才住房租售并举新政,新引进顶尖人才、领军人才数量翻番,在温就业高校毕业生增长65.4%,人才净流入率达3.45%。

产业转型升级提质增效。实施千企智能化改造,新增工业机器人1974台、省级数字化车间13个,技改投资增长15.5%,亩均增加值、传统制造业改造提升指数全省第二。制订实施五大战略性新兴产业培育计划,国家综合物流信息平台、北斗产业基地、中国眼谷等重大项目加快推进,战新产业增加值增长6.8%。成功举办国际工业与能源物联网创新发展大会,成为全国首批5G商用城市,数字经济发展综合评价提高到全省第三。新增上市报会企业14家、工业企业"小升规"1030家、上云企业1.4万家,新增"隐形冠军"企业数、"专精特新"培育企业入库数全省第一,规上工业增加值增长7.6%。新增省级服务型制造示范企业14家,17个项目入选省服务业重大项目计划。招引落地10亿元以上重大旅游项目5个,洞头、永嘉、文成创成全省首批全域旅游示范县(区),旅游总人数、总收入分别增长15.2%、16.2%。

平台承载能力切实增强。制订实施"3+12"重大产业平台建设推进方案。瑞安智能汽车关键零部件产业平台入选省"万亩千亿"新产业平台培育名单,中国温州安全(应急)产业园入围创建国家安全产业示范园,温州广告产业园区升级为国字号,永嘉获批省级经济开发区。落地开工省市县长工程项目38个,招引20亿元以上单体制造业项目6个、亿元以上制造业项目129个、"500强"项目36个、总部回归项目39个,实际利用外资7.6亿美元,回归税收38.9亿元,各类项目招引均创历史新高。新增省级特色小镇创建(培育)对象10个。竣工小微企业园21个,新入园企业1438家。开展"拓空间强保障"六大行动,整治低效用地3.02万亩,新增工业供地1.08万亩,围填海历史遗留问题处置及海域使用报批取得重大突破。获批政府债券额度319亿元,省重大产业项目入选数创历年新高,建设用地奖励指标超前四年总和。

(二)抓亮点树标杆,改革开放焕发新活力

"最多跑一次"改革走深走实。340个民生事项实现"一证通办",全市政务服务事项网上可办率达100%、掌上可办率达98.3%,"一件事"改革走在全省前列。开展国际化营商环境省级试点和"10+N"优化营商环境行动,企业投资项目审批全面实现"最多90天";创新推行"易企办",企业开办零费用、当日结。推进机关内部"最多跑一次",平均办事时限压缩42%。惠企政策"直通车"、为侨服务"全球通"

“商会通”、“大数据＋人民调解”等创新案例成效明显，政府数字化转型工作评估全省第一。

重点领域改革多点开花。龙港实现从中国第一座农民城到全国首个“镇改市”的历史跨越，成为我国新型城镇化改革标志性事件。温州金改深化方案获省政府批复，入选财政支持深化民营和小微企业金融服务综合改革全国试点，个人债务集中清理在全国率先破题。国家海洋经济发展示范区总体方案获批，国家海域综合管理创新试点扎实推进。谋划启动深化市级国有企业改革。乐清、平阳、泰顺3项改革入选农村改革试验区新一轮国家级试点，农村“三位一体”改革案例全国推广。

内外开放取得重大进展。出台“稳外贸八条”，全市进出口总额增长26.3%，增速全省第一。中国（浙江）自贸区温州联动创新区获批，全球商品贸易港建成开业，世界（温州）华商综合发展试验区近期有望成功落地。主动融入长三角一体化，6个重点事项列入国家规划纲要，发起设立长三角产业升级股权投资基金。与上海嘉定战略合作“十大举措”加速落地，温州（嘉定）科技创新园开园投用。山海协作再上台阶，东西部扶贫协作、对口支援和对口合作取得显著成效。

（三）强投入优品质，城乡建设展现新面貌

以大建大美提升城市品质。匠心打造70个市民体验项目，瓯江夜游、塘河夜画、三垟湿地花溪花岛、江心屿、五马街－禅街改造等标杆项目广受好评。298个“大建大美”项目实现开工，294个顺利落成。市区完成整村（区块）改造项目26个，2018年启动的城中村改造项目基本“清零”。棚改工作获国务院督查激励，新开工棚改安置房3.4万套、交付1.2万套。4个未来社区入选全省首批试点。建成城市道路99公里，打通“断头路”19条，建成公共停车位9735个；市区完成10条道路综合整治，新建BRT5号、6号线，快速公交线网总里程超400公里。

以大干交通健全“外快内畅”网络。甬台温高速复线灵昆至苍南段、绕城高速北段二期、龙丽温高速文瑞段和文泰先行段等建成通车，文成、泰顺实现高速梦，新增高速公路148公里，总里程跃居全省第三。溧宁高速文景段、金丽温高速东延线加快建设。杭温高铁全线铺开，市域铁路S1线全线运营、S2线全面进场，地铁M线报批进展顺利。机场综合交通中心、航空物流园、乐清湾港区C区一期顺利开工，温州港集装箱吞吐量增长19.1%，温州机场旅客吞吐量增速居全国千万级机场前列。

以铁腕治污打造宜居环境。强势推进环保督察反馈问题整改，绿色发展指数跃升至全省第三。高水平打赢“五水共治”翻身仗，整治污染企业1.35万家，创成省级美丽河湖11条，省控断面优良率提高到87.5%，创成全国水生态文明城市。制定出台城镇生活垃圾分类体系建设实施方案，创成高标准分类示范小区85个。启动生态环保基础设施提升三年行动和市区排水管网整治攻坚，建成“污水零直排区”145个、城镇污水配套管网410公里，完成6座城镇污水处理厂清洁排放技术改造。洞头蓝色海湾整治项目入选新中国70周年大型成就展，泰顺获评国家生态文明建设示范县。全市空气优良率达98.2%，入选中国气候宜居城市。

以“两带”建设振兴乡村。深入实施乡村振兴“六千六万”行动，推进西部生态休闲产业带项目180个，建成乡村振兴示范带35条，社会资本下乡227亿元。推出“瓯越鲜风”市域公用品牌，大力实施优粮提质工程，农业现代化发展指数全省排名前移6位。低收入农户人均可支配收入增长13.5%，村集体经济总收入和经营性收入分别增长39.3%、30.4%。创建省级美丽乡村示范乡镇13个、新时代美丽乡村792个、3A级景区村庄53个。创成小城镇环境综合治理省级样板乡镇44个。“大棚房”排查整治和违建别墅清查整治有力推进。新增农村饮用水达标提标受益人口88.5万人。建设提升“四好农村路”3300公里，瑞安创成全国示范县。南麂岛与大陆联网工程正式通电，结束建制镇电力孤网历史。

（四）惠民生保平安，民生福祉实现新改善

公共服务优化升级。新改扩建中小学校230所、幼儿园82所，38个未建公办幼儿园的乡镇全部开建，新增省教育基本现代化县4个。温医大7个学科进入ESI全球前1%，温大以省市共建方式步入省

重点建设高校行列，温州肯恩大学获批开展硕博教育，温职院、浙江工贸学院分别入选中国特色高水平高职学校、高水平专业群建设单位。率全国之先实施"明眸皓齿"工程，儿童青少年近视率和龋齿率分别下降1.45个、1.34个百分点。获批国家城市医联体试点，建成县域医共体19个，新(改、扩)建标准化乡镇卫生院38家。国家公共文化服务体系示范区创建扎实推进，新增农村文化礼堂633家，建成全国首家综合性国旗教育基地，县级融媒体中心实现全覆盖。温籍运动员在第二届全国青运会上取得历史最好成绩。社保覆盖面进一步扩大，最低生活保障标准提高到每人每年9648元。新增养老机构床位9853张，建成镇(街)养老服务中心70家。

平安建设深入推进。圆满完成中华人民共和国成立70周年大庆等重大安保任务，平安建设考核位列全省第二。"扫黑除恶"专项斗争成效显著，反电信网络诈骗、打私等工作走在前列，全面完成P2P非法网贷存量法人机构清零。创成省级"无欠薪县"5个，化解信访积案328个。组织安全生产七大攻坚战，安全生产事故数、火灾起数分别下降38.2%、34.4%。"除险安居"三年行动圆满收官，完成城乡危旧房治理5235幢，建成规范化避灾安置场所612个。全力以赴做好超强台风"利奇马"抢险救灾和灾后重建，系统谋划防汛防台抢险救灾能力提升50条，近期获批创建全国首个气象防灾减灾示范区。有效防控登革热、非洲猪瘟等重大疫情。省级食品安全县(市、区)全面创成。

国防建设、双拥优抚、人民防空等工作进一步加强，"四级五有"退役军人服务保障体系初步建成。民族宗教、对台、外事、侨务、档案等工作取得积极成效，工会、共青团、妇女儿童、残疾人、慈善、红十字、科普等事业加快发展。

(五) 强谋划强执行，政府自身建设得到新加强

坚持把政治建设摆在首要位置，切实落实全面从严治党要求，牢固树立"四个意识"，坚定"四个自信"，做到"两个维护"。高质量开展"不忘初心、牢记使命"主题教育，梳理形成52项"对标找差距、担当创一流"专项攻坚任务清单，推动政府工作上台阶、争先进、创一流，去年市政府工作报告确定的265项重点工作完成率达99%。坚决执行市人大及其常委会决议决定，自觉接受市人大法律监督和市政协民主监督，认真听取党外人士意见建议，办理人大代表建议552件、政协提案514件，办理满意率达99.5%。完成3部地方性法规和政府规章立法，法治政府建设荣获全省"四连优"。政府系统机构改革全面完成，事业单位分类改革稳步推进，率全省之先组建五大领域综合行政执法队，国家级机关事务标准化试点走在前列。组织开展"理旧账"专项行动，51个错综复杂的历史遗留问题得到妥善化解。认真贯彻"基层减负年"精神，市政府三类文件数量减少35%。严格落实中央八项规定及实施细则精神，"三公"经费支出持续下降。严厉查处侵害群众利益的不正之风和腐败问题714起，党风廉政建设和反腐败斗争取得积极成效。

第四节　嘉兴市2019年经济社会发展报告

2019年，嘉兴市深入学习贯彻习近平新时代中国特色社会主义思想，全面落实党的十九大和十九届二中、三中、四中全会精神，把握稳中求进工作总基调，坚持"八八战略"总纲，弘扬"红船精神"和新时代嘉兴人文精神，在市委坚强领导下，有效应对外部复杂环境，全面实施融入长三角一体化发展首位战略，按照"12410"总体思路谋划推进一系列重大举措，较好地完成了市八届人大四次会议确定的主要目标任务。全市实现生产总值5370.3亿元、增长7%，增幅高于全省，规上工业总产值突破1万亿元、列全省第三，一般公共预算收入增长9.1%，城乡居民收入分别增长7.8%和9.1%。

2019年末，全市户籍人口363.70万人，比上年末增加3.26万人。全市户籍人口出生率为8.65‰，死亡率为6.79‰，自然增长率为1.86‰。全年迁入人口4.00万人，迁出人口1.38万人，人口机械增长率为7.23‰。

据省统计局5‰人口抽样调查结果审定，2019年末，全市常住人口总量480.0万人，比上年末增加7.4万人，其中城镇人口达323.52万人，人口城镇化率达67.4%，比上年提高1.4个百分点。

一、全市经济保持稳定发展

全市生产总值(GDP)5370.32亿元，比上年增长7.0%。其中，第一产业增加值120.89亿元，增长2.1%；第二产业增加值2892.55亿元，增长5.9%；第三产业增加值2356.88亿元，增长8.5%。三次产业结构调整为2.2∶53.9∶43.9。按常住人口计算，全年人均生产总值112751元(按年平均汇率折算为16344美元)，增长5.4%。

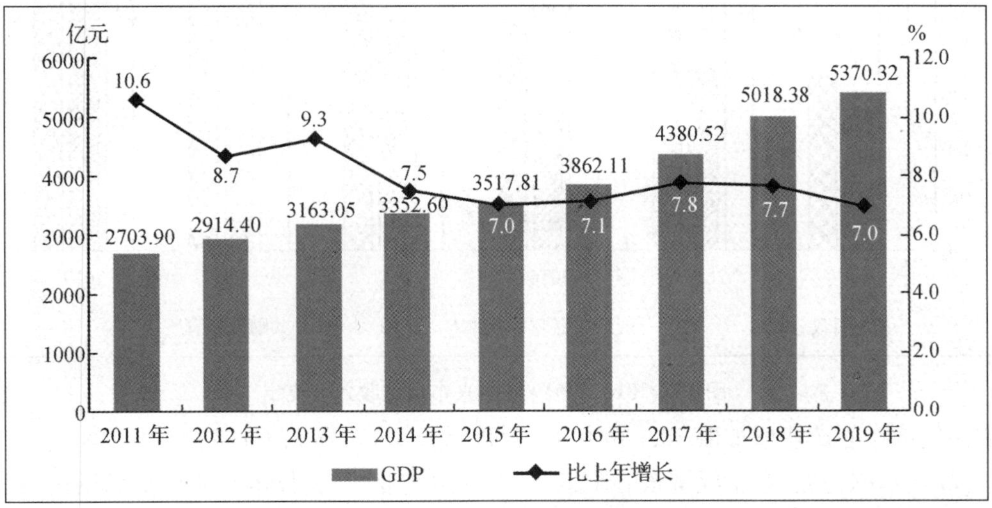

图13　2011—2019年嘉兴市地区生产总值及增速

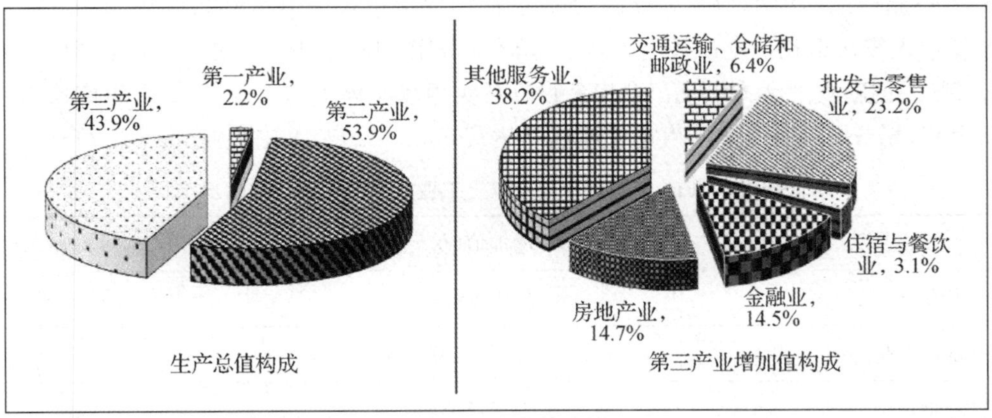

图14　2019年嘉兴市生产总值及第三产业增加值构成

全市财政总收入945.4亿元，比上年增长5.6%，其中一般公共预算收入565.7亿元，增长9.1%。各级财政用于民生支出620.13亿元，占一般公共预算支出的80.9%。

全市城镇新增就业人数15.89万人，城镇登记失业率为1.81%。

全市规模以上工业企业平均产能利用率为84.9%，高于全省平均2.6个百分点；“两退两进”等工作持续推进，全年整治“低散乱”企业(作坊)1.27万家，超额完成年度目标任务。年末，全市商品房待售面积229.12万平方米，比上年下降22.9%。其中，住宅待售面积59.67万平方米，同比下降39.2%。全市规模以上工业企业资产负债率52.4%，同比下降0.4个百分点。每百元营业收入中的成本85.45元，同比降低0.34元；切实落实减税降费政策，全市税务部门共落实各类税收减免268.75亿元，比上年增长32.7%。“凤凰行动”稳步推进，全市共新增股改企业1351家，超额完成目标任务。

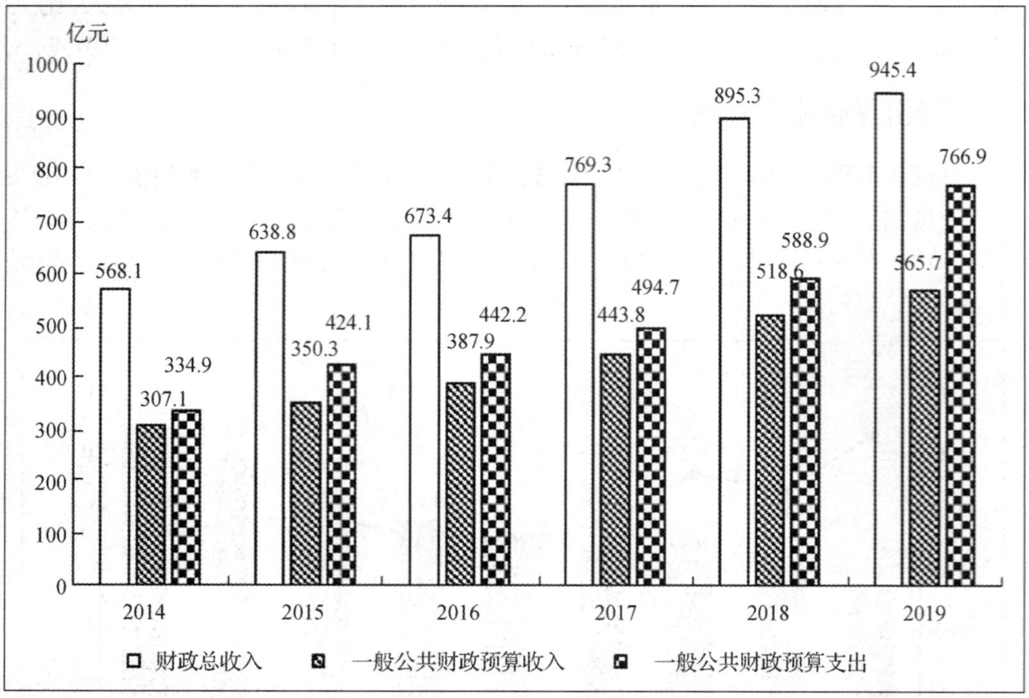

图 15　2014—2019 年嘉兴市财政收入与支出

全市数字经济核心产业增加值 438.26 亿元，现价增长 15.5%，占 GDP 比重为 8.2%。在全市规模以上工业中，高技术制造业、数字经济核心制造业、装备制造业、高新技术产业增加值增速均高于规上工业平均水平，分别增长 20.7%、17.7%、13.7%和 9.8%。新产品快速增长。全市规模以上工业新产品产值增长 8.2%；新产品产值率为 41.9%。新业态持续快速增长。全市网络零售额 1999.7 亿元，增长 21.0%。创新投入较快增长。全市规上工业企业研发费用 248.91 亿元，比上年增长 25.1%，占营业收入比重达 2.4%。创新发展活力显现。全市新设立各类市场主体 10.24 万户，比上年增长 3.2%，其中私营企业 2.8 万户，增长 9.4%。全市市场主体累计达到 55.52 万户，其中企业 18.12 万户。

表 25　2019 年嘉兴市规模以上工业重点产业增加值情况

领域名称	增加值(亿元)	增速(%)
高新技术产业	1206.04	9.8
战略性新兴产业	863.02	8.7
装备制造业	671.59	13.7
高端装备制造业	470.55	6.4
环保制造业	326.34	3.4
数字经济核心制造业	337.39	17.7
高技术制造业	235.91	20.7
时尚制造业	171.49	6.4
健康制造业	24.64	2.6

全市完成农林牧渔业增加值130.36亿元，增长2.3%。蔬菜播种面积124.19万亩，增长2.6%；果用瓜播种面积9.43万亩，下降9.3%；花卉苗木播种面积2.62万亩，增长10.0%；盆栽类园艺销售12253.7万盆，增长40.8%；园林水果产量36.35万吨，增长4.3%。年末全市生猪存栏12.85万头，下降30.7%，肉类总产量8.76万吨，增长2.3%；水产品总产量16.15万吨，增长2.5%。

累计创建省级现代农业园区6个、特色农业强镇10个，建成单条产值10亿元以上的示范性农业全产业链6条。严格保护好115.7万亩粮食生产功能区，完成提标改造6.7万亩。累计培育区域农产品公用品牌6个，其中"嘉田四季"公用品牌新增许可单位30家，累计已有51家企业(组织)，销售额达6亿元。新增绿色食品20个、地理标志农产品1个，主要食用农产品中"三品"比率达58.1%。全市农家乐休闲农业接待游客数4624.5万人次，营业收入29.66亿元，比上年分别增长7.0%和7.9%。

全市累计创建省级高标准农村生活垃圾分类示范村39个，建成省级农村生活垃圾减量化资源化处理试点村70个，农村生活垃圾分类处理行政村覆盖率达100%。累计建成优美庭院示范户22万户，建成省级美丽乡村示范镇29个、特色精品村96个，精品示范村(3A级景区村庄)45个，历史文化村落一般村37个，22条美丽乡村精品线初具形象。

全市完成农民培训66424人，其中农村实用人才培训6957人，新型职业农民2606人，新培育农创客268名。新增培育家庭农场732家，累计已有家庭农场4306家、经营面积49.1万亩。现有农民专业合作社1313家，市级以上农业龙头企业190家。

全市工业增加值2576.03亿元，比上年增长6.9%，占全市生产总值的48.0%。规模以上工业增加值2080.92亿元，增长6.8%，其中重工业增加值1177.49亿元，增长10.4%；轻工业增加值903.43亿元，增长2.7%。全市规模以上工业企业营业收入10277.03亿元，同比增长4.8%，利润总额597.75亿元，下降0.2%。其中，私营企业利润总额同比增长5.2%。全市32个行业大类中，31个行业盈利。规模以上工业产品销售率为97.7%，资本保值增值率为110.8%，成本费用利润率为6.14%。

全年建筑业增加值317.33亿元，比上年下降2.1%。

全市固定资产投资比上年增长11.3%。非国有控股固定资产投资增长6.4%，占全部固定资产投资额比重77.2%。重点领域投资加快。全市交通运输投资、高新技术产业投资、民间项目投资、生态环境和公共设施投资等四大领域投资增长均快于面上，分别比上年增长43.7%、35.8%、15.8%、12.1%。

全年房地产开发投资比上年增长2.9%，其中住宅投资增长1.8%。房屋施工面积5364.57万平方米，增长14.0%；房屋竣工面积626.80万平方米，增长51.4%；商品房销售面积1069.19万平方米，下降7.7%。

全市社会消费品零售总额2102.54亿元，比上年增长8.5%，扣除价格因素增长6.2%。从行业看，批发零售业零售额1838.44亿元，增长7.8%，住宿餐饮业零售额264.10亿元，增长13.1%。按经营地分，城镇消费品零售额1776.29亿元，增长8.3%；乡村消费品零售额326.25亿元，增长9.4%。年末，全市拥有各类实体交易市场288个，全年成交额2323.71亿元，比上年增长6.1%。

嘉兴市区居民消费价格(CPI)累计上涨2.9%，其中食品烟酒类价格上涨6.7%，服务项目价格上涨2.0%，工业品价格上涨0.4%。全市工业生产者出厂价格累计下跌1.3%，工业生产者购进价格累计下跌2.7%。

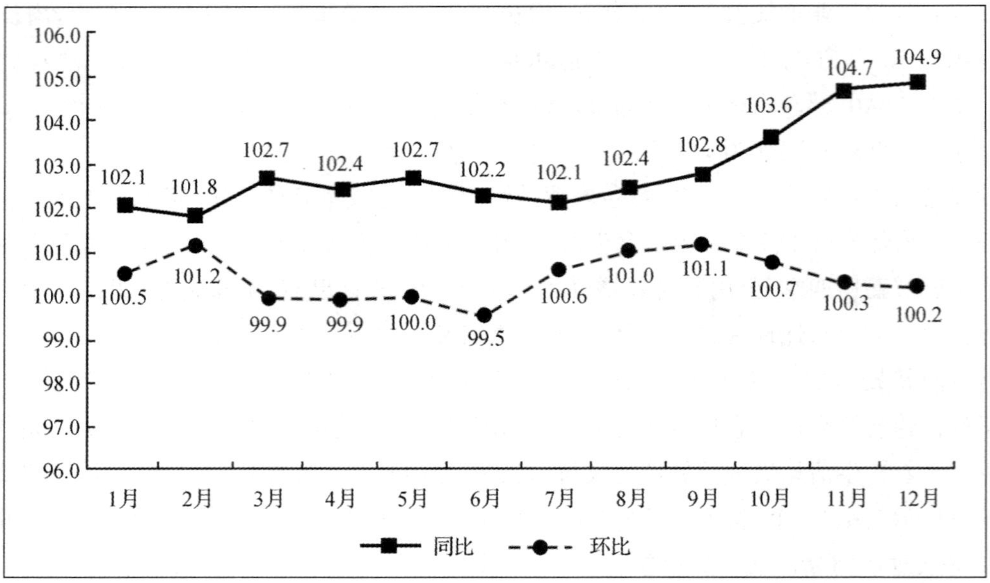

图 16　2019 年嘉兴市 CPI 分月环比、同比指数

表 26　2019 年嘉兴市区居民消费价格指数情况

指标	上月＝100	上年同月＝100	上年同期＝100
居民消费价格总指数	100.2	104.9	102.9
一、食品烟酒	100.2	113.2	106.7
粮食	99.3	99.4	99.1
鲜菜	103.4	118.1	108.2
畜肉	95.6	156	124.2
水产品	101.2	97.1	95.9
蛋	97.5	104.5	104.9
鲜果	95.1	95.7	112.3
二、衣着	100.5	106.7	101.2
三、居住	99.9	97.9	100.6
四、生活用品及服务	99.8	103.9	101.1
五、交通和通信	100.2	98.5	98.3
六、教育文化和娱乐	100.2	104.5	104.4
七、医疗保健	100.1	105.6	103
八、其他用品和服务	100.7	104.1	103.4

全市进出口总值 2832.15 亿元，比上年增长 0.4%，其中出口总值 2106.46 亿元，增长 4.4%；进口总值 725.69 亿元，下降 9.7%。出口结构进一步优化。机电产品、高新技术产品出口分别比上年增长 7.5%、15.3%，均快于全市出口平均增速；占全市出口总值比重分别为 39.0%和 8.1%，占比同比分别提高 1.1 个和 0.8 个百分点。

全市新批外商投资项目339个；合同利用外资72.59亿美元，比上年增长13.7%；实际利用外资41.25亿美元，增长31.4%（省口径）。全市制造业实际利用外资21.72亿美元，增长19.6%，占全市实际利用外资总额的52.7%；服务业实际利用外资19.34亿美元，增长47.4%，占全市实际利用外资总额的46.9%。高技术产业实际利用外资13.59亿美元，增长205.6%，占全市实际利用外资总额的32.9%。

全市引进世界500强、国际行业领先企业和总投资超亿美元项目83个（剔除重复），其中世界500强项目16个，国际行业领先企业14个，总投资（增资）超亿美元项目55个。

全市接待海内外游客1.2亿人次，旅游总收入1422.91亿元，分别增长12.4%和15.5%。其中，入境旅游人数57.11万人次，同比增长5.6%，旅游外汇收入3.12亿美元；接待国内游客1.19亿人次，增长12.4%，国内旅游收入1401.38亿元，增长15.6%。

2019年末，全市公路通车里程8288千米，增长0.6%。各种运输方式（不包括铁路，下同）货物周转量354.09亿吨，增长6.1%，其中公路148.48亿吨，增长4.9%；全年旅客周转量（营业性车辆）21.70亿人，增长1.9%。全年嘉兴港货物吞吐总量10913.05万吨，增长12.6%，其中外贸货物吞吐量1337.70万吨，增长7.9%；集装箱186.53万标箱，增长8.3%。

全市年末机动车总量达174.1万辆，其中汽车147.8万辆，增长11.0%；私人汽车127.2万辆，增长11.3%。

邮政业务总量154.95亿元，增长34.1%；电信业务总量574.32亿元，增长68.6%。年末城乡固定电话用户94.93万户，比上年末下降3.3%。移动电话用户705.40万户，下降2.0%。固定互联网用户187.09万户，下降2.7%。全市快递业务量7.19亿件，比上年增长33.7%。

年末，全市金融机构本外币存款余额9511.54亿元，比上年末增长14.6%，其中人民币存款余额9318.44亿元，增长15.0%。住户本外币存款余额4341.34亿元，增长15.8%。金融机构本外币贷款余额8117.48亿元，增长18.3%，其中人民币贷款余额8004.43亿元，增长18.2%。

年末，全市境内外上市公司55家，累计融资1114.10亿元。其中，中小板上市公司13家，占全省中小板上市公司的9.2%；创业板上市公司4家，占全省创业板上市公司的4.5%。

全市保险业保费收入185.31亿元，比上年增长9.2%。其中，财产险保费收入71.45亿元，增长10.9%；人寿险保费收入113.86亿元，增长8.2%。全年赔付额62.29亿元，增长6.3%。其中，财产险赔付金额40.72亿元，增长9.6%；人寿险赔付金额21.57亿元，增长0.6%。

二、全市各项社会事业协调发展

1. 教育和科学技术

全市拥有各类学校（含幼儿园）720所，在校生73.48万人。全市普通高等学校10所，在校生10.57万人，其中全日制普通高校4所，在校生5.67万人；普通高中36所，在校生5.28万人；初级中学130所，在校生11.07万人；小学150所，在校学生26.95万人。初中、小学入学率和巩固率均达100%。初中毕业生升高中段各类学校比例达99.04%。普通本专科招生2.69万人，比上年增长1.1%，毕业学生1.69万人，和去年持平。高等自学考试报考人数1.6万人，获得大专以上文凭人数1022人。农村各类文化技术培训116.9万人次，增长4.3%。全市各类民办学校51所，在校学生12.0万人，增长4.4%。

全市发明专利申请量和发明专利授权量分别为9006件和2313件。技术市场发展平稳，全年经认定登记技术交易金额127.5亿元，增长125.7%。全市年末国家级高新技术企业达1752家，省级科技型中小企业4643家，比上年增加1036家。

2. 文化、体育和卫生

年末,全市拥有文化艺术表演团体 19 个,艺术表演场所 25 个,文化馆 8 个,文化站 72 个,公共图书馆 6 个,图书总藏量 985.79 万册,图书馆总流通量 1789.57 万人次。全市电影院 67 家,广播电台 6 座,电视台 6 座,全市行政村有线电视联网率为 100%,广播和电视人口覆盖率均为 100%。

年末,全市人均公共体育设施面积 2.37 平方米,城乡居民国民体质合格率为 93.5%。全市共有公共体育场馆 20 个,全民健身中心 2 个、中心村全民健身广场 55 个、社区多动能运动场 63 个,城乡社区基本实现 15 分钟体育健身圈。成功举办 2019 嘉兴国际马拉松、市第九届运动会、第七届市民运动会等重大赛事(会),精心承办了 2019 亚洲草地掷球公开赛、"红动中国"全国定向系列赛(嘉兴站)、全民游泳健身主题系列活动(浙江省重点会场)暨中国·兴公开水域游泳比赛等大型赛事活动。全市体育彩票销售 14.96 亿元。

年末,全市共有医疗卫生机构 1642 个,各类卫生工作人员 36889 人,其中医生 13393 人,注册护士 15859 人,医疗床位 28578 张。平均每千人拥有医生 3.68 名,每千人拥有医院床位 7.86 张。全年门诊病人 4438 万人次,住院 91.65 万人次。全市人均预期寿命 82.47 岁。

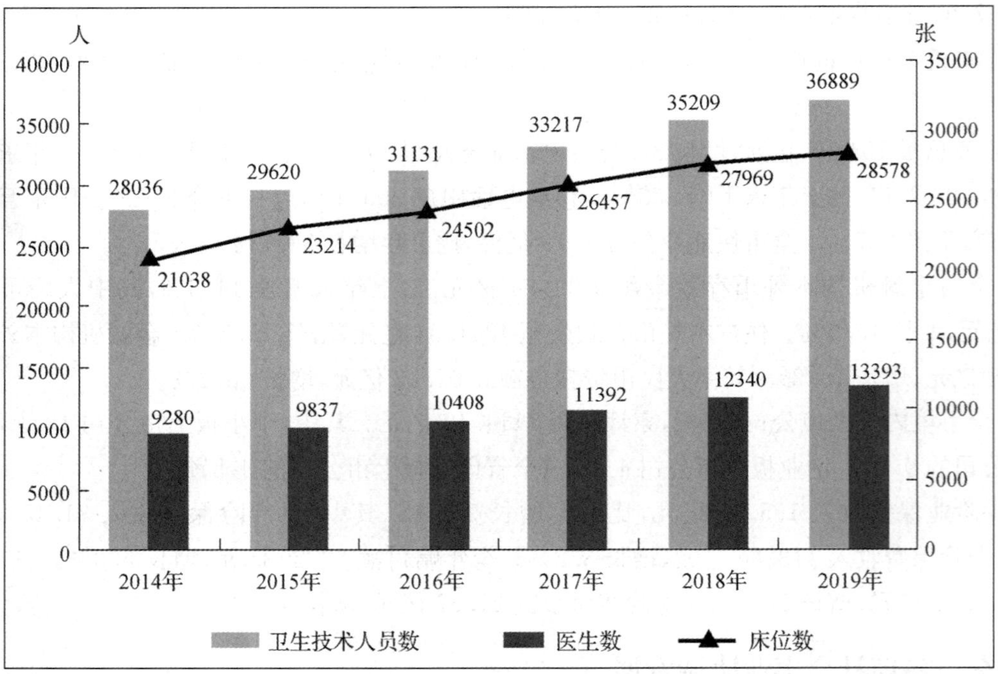

图 17 2014—2019 年嘉兴市卫生技术人员与床位数

全市无偿献血 59860 人次,献血量 2007 万毫升;无偿献血占临床用血比例达 100%。

全市镇、村合作医疗覆盖率均达 100%,镇初保达标率为 100%。全市农村自来水受益率为 100%,农村农户改厕率为 100%。

3. 人民生活与社会保障

全市城镇居民人均可支配收入 61940 元,较上年增长 7.8%,剔除价格上涨因素,实际增长 4.8%;农村居民人均可支配收入 37413 元,增长 9.1%,剔除价格因素影响,实际增长 6.0%。城镇居民人均生活消费支出 35435 元,增长 9.5%;农村居民人均生活消费支出 23824 元,增长 9.7%。城乡居民家庭恩格尔系数(即居民家庭食品消费支出占家庭消费总支出的比重)分别为 26.8%和 28.4%。年末,城镇居民人均住房建筑面积 41.90 平方米;农村居民人均住房建筑面积 73.23 平方米。

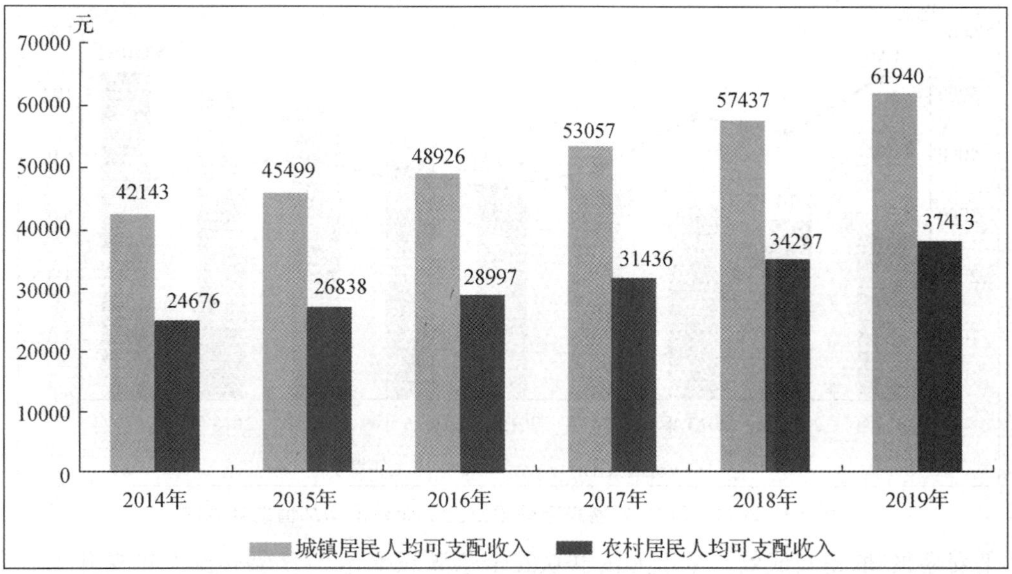

图 18　2014—2019 年嘉兴市城乡居民收入

全市城乡享受最低生活保障家庭 1.67 万户，比上年减少 0.12 万户；保障人数 2.63 万人。低保标准为每人每月 810 元，最低月工资标准 1800 元。全市投入城乡最低生活保障资金 2.01 亿元，增长 12.7%；城乡低保对象 18313 户，共发放最低生活保障金 19770.96 万元。全市基本养老、基本医疗保险参保人数分别达 328.38 万人和 413.32 万人，分别增长 3.3%、2.5%；失业保险参保人数达 149.04 万人，增长 3.5%。

4. 资源、环境和安全生产

全市建设用地供应总量 3470.8 公顷，比上年下降 16.0%。其中，工矿仓储用地 1059.73 公顷，下降 30.3%；房地产用地 902.13 公顷，下降 0.5%；基础设施等用地 1508.93 公顷，下降 11.6%。

城市污水年排放量 2.63 亿立方米，比上年增长 3.8%；城市污水处理量为 2.53 亿立方米，增长 6.0%；城市污水处理率为 96.41%，比上年提高 2.09 个百分点。城市生活垃圾无害化处理率达 100%，城市用水普及率达 100%，城市燃气普及率达 100%。人均公园绿地面积 15.67 平方米，建成区绿地率达 36.21%。

年末，全市水资源总量 33.21 亿立方米，总量较上年下降 9.0%；人均水资源量 702.7 立方米（按当年常住人口计算）；全市平均降水深 1505.3 毫米，下降 10.3%。73 个市控断面中，Ⅰ—Ⅲ类水质断面占 65.8%，比上年提高 24.7 个百分点；Ⅳ类水质断面占 31.5%，下降 24.7 个百分点；Ⅴ类水质断面占 2.7%。

市区城市环境空气 PM2.5 年平均浓度 35 微克/立方米，比上年下降 5.4%；日空气质量（AQI）优良天数比例达 80.0%，比上年上升 3.3 个百分点。

全市规模以上工业综合能源消费（等价值，下同）1542.85 万吨标准煤，较上年增长 3.1%，全市规模以上工业单位工业增加值能耗下降 3.5%。八大高耗能行业能耗总量 1156.01 万吨标煤，增长 3.4%，八大高耗能行业单耗下降 2.3%。

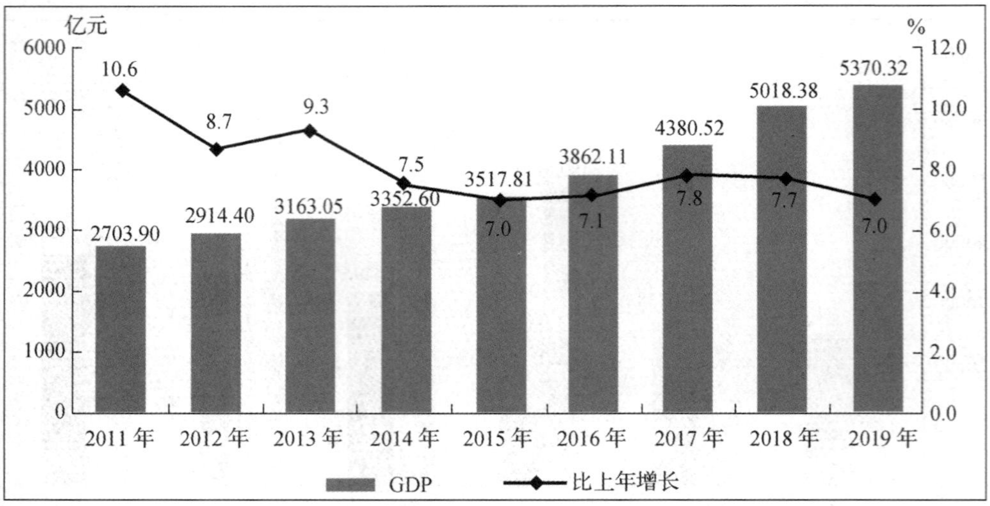

图 19　2011—2019 年嘉兴市规模以上工业单位增加值能耗降幅

建设"平安嘉兴"取得新成效。全市人民群众安全感满意率达 97.55%,比上年提升 1.2 个百分点。全市累计发生各类生产安全事故 148 起、死亡 126 人、受伤 70 人,同比分别下降 32.1%、23.6%和 31.4%。其中,道路运输安全事故 102 起、死亡 73 人、受伤 40 人,同比分别下降 37.0%、33.6%、42.9%;工矿商贸企业(包含建筑施工、特种设备、消防事故)共发生事故 46 起、死亡 53 人、受伤 30 人;渔业船舶和水上运输未发生安全生产事故。

三、2019 年开展的重点工作

(一) 推动国家战略再落实

全力抢抓长三角一体化发展国家战略机遇,出台实施"嘉兴行动计划",排定推进总投资 6600 多亿元的 30 项标志性工程。长三角生态绿色一体化发展示范区嘉善片区启动建设,中新嘉善现代产业园列入省首批"万亩千亿"产业平台培育名单,中意(嘉善)国际合作区启动规划,与青浦、吴江建立 35 项合作机制,204 个事项实现一体化自助通办。省全面接轨上海示范区加快建设,出台全省首个 G60 科创走廊规划,引进上海产业项目 235 个,新增沪嘉合作办学、办医项目 114 个。嘉杭、嘉湖等区域一体化积极推进,谋划建设湾北新区、杭海新城、秀水新区等重点板块,长三角毗邻区域开通 22 条公交线、打通 8 条断头路。东西部扶贫、对口支援高标准实施,山海协作"飞地消薄"实现结对县(市、区)全覆盖。

(二) 推动城市品质再提升

编制实施"一心二环九廊十湖"中心城市总体设计,备受各方关注、历时一年多形成的高铁新城"站城一体"综合规划正式公布。高铁新城核心区进入建设阶段,在浙江—新加坡经贸理事会上与新加坡企业联合体签订共建协议,上海城建、上海建工、华润集团等均在嘉兴设立长三角区域总部。中心城市品质提升"十大专项行动"深入推进,4 个城中村全面"清零",改造老旧小区 118 个,1468 户居民彻底告别"筒子楼""拎马桶",南湖湖滨、"月芦文杉"、子城等区块加快改造。综合交通战略规划编制完成,杭州湾大桥北接线二期建成通车,市区快速路加快建设,有轨电车、火车站枢纽、沪嘉城际先行工程集中开工,高铁南站扩容等项目前期积极推进,开通至北京等四个方向始发高铁,嘉兴港成为"亿吨大港"。

(三) 推动创新优势再厚植

出台实施科技新政 2.0 版和人才新政 18 条,研发投入强度达 2.95%,入选省"海外工程师""省千"

及领军型团队数分别列全省第一、二、三位，中高端人才净流入率居全国第四。推进科技企业"倍增行动"，新建产业创新服务综合体11家，新增高新技术企业523家、科技型中小企业1041家，均创历史新高。支持浙江清华长三角研究院做大做强，与中电科共建中国电子科技南湖研究院，搭建长三角全球科创路演中心，首届路演和创业者峰会签约项目613个、金额484亿元。发起成立长三角人才一体化发展城市联盟，建立航空航天、生命健康、半导体等5个特聘专家"百人会"，签约诺贝尔奖、图灵奖获得者和海内外院士64名。

（四）推动经济质效再提高

"双创"工作和工业转型升级获国务院表彰。推进"百年百项"、省市县长工程等重大项目，新开工亿元以上产业项目408个，固定资产投资增长11.3%。率先在全省出台22条稳外贸政策，出口增长4.4%，对"一带一路"沿线国家出口增长23.9%。开通"96871"、企业服务直通车等助企平台，为企业减负278.2亿元、占全国1.3%和全省11.1%。实施块状特色经济提升行动，新增小微企业园32个，整治"低散乱"企业1.2万家，腾退低效用地2.8万亩。成功承办第六届世界互联网大会，数字制造业增加值增速、工业应用指数、5G基站开通率均居全省第一，高新技术产业、装备制造业、战略性新兴产业增加值占规上工业比重分别达58%、32.3%和41.5%。推进210个服务业"百项千亿"项目，服务业增加值增长8.5%。

（五）推动改革开放再出发

全力打造营商环境最优市，"综合查一次"执法模式写入国务院《优化营商环境条例》。深入推进"最多跑一次"改革和政府数字化转型，企业开办"一日办结"、社会救助"一证通办"等5项改革在全省推广，"浙里办"掌上办事实现率全省第一，机关内部"最多跑一次"改革实现全覆盖。统筹抓好135项国家、省改革试点，农村集体产权制度改革等工作走在全国前列。加快建设省高质量外资集聚先行区，积极承接进博会溢出效应，列入浙江自贸区联动创新区，实际利用外资41.3亿美元、增长31.4%，总量跃居全省第二，引进超百亿元产业项目13个、世界500强外资项目10个、超亿美元外资项目55个，对外直接投资备案金额42.2亿美元。

（六）推动城乡融合再加速

全域列入国家城乡融合发展试验区，城乡居民收入比保持全省最低，在全省率先实现100%的村集体经济经常性收入100万元以上。深入实施"千万工程"，新增美丽乡村特色精品村40个、3A级景区村17个、精品线7条，新建"四好"农村路1218公里，生活垃圾分类处理实现建制村全覆盖，全面完成"大棚房"专项清理。大力推进农业经济开发区建设，完成23.5万亩土地综合整治。深化完善"三治融合"模式，乡贤回归及牵线引进项目57个、实到资金5.9亿元。

（七）推动生态建设再突破

启动创建国家生态文明建设示范市，以前所未有的力度治理污染，饮用水水源地、地表水水质和市区空气质量改善幅度均列全省第一。做好中央、省环保督察和长江经济带警示片曝光问题整改，组织开展"万人大排查、百日大整治"等专项行动，整治生态环境突出问题6059个。深化"蓝天、碧水、净土、清废"四大行动，全市空气质量优良率达87.2%，市控断面Ⅲ类以上水质比例达65.8%，累计建成"五废共治"项目34个，有望成为全省首个垃圾"零填埋"、总量"零增长"地市。推进市域外配水等重大工程，国家海绵城市试点通过验收。实施能源"双控"攻坚和减煤行动，单位GDP能耗下降4.8%。

(八) 推动百姓福祉再增进

把全部财力的80%用于改善民生,八个方面民生实事全面完成。做好重点群体就业帮扶和参保扩面,新增城镇就业15.9万人,户籍人员基本养老、医疗保险参保率分别达96.4%和99.6%。改造城镇棚户区和农村危旧房1.6万套,提前完成危旧房治理任务。实施秀州中学复兴工程,海盐县域义务教育优质均衡发展工作成为全国样板,嘉兴大学创建列入省"十三五"高校设置规划。基本医疗保险制度实现全市统一,市中医院改扩建等项目加快实施,人均预期寿命达到82.5岁。启动红色旅游标杆城市建设,率先在全国开展红色旅游资源普查,建成马家浜文化博物馆,基层公共文化服务评估连续6年列全省第一。承办第六届全国残疾人职业技能大赛,举办嘉兴国际马拉松等重大赛事。夺得全省首批一星平安金鼎,"扫黑除恶"专项斗争取得阶段性成果,安全生产重点领域综合整治持续深化,群众安全感满意率达97.6%。

(九) 推动政府建设再加强

高标准开展"不忘初心、牢记使命"主题教育,深化"两强三提高"行动和"三服务"活动,创新推出"双周学习"等制度,在建设忠诚型、学习型、研究型、实干型、服务型、清廉型"六型"组织上争当示范。建立市政府工作部门、县(市、区)政府工作例会制度,设立重点工作分解落实"四张清单"。全面完成市县政府机构改革,同步实施事业单位改革,扎实推进国资国企改革。积极开展法治政府示范创建,确定地方性法规、规章立法项目7件,办理人大代表建议222件、政协提案330件。全面落实"基层减负年"各项任务,着力整治形式主义、官僚主义,严肃查处了一批违纪违法案件。

第五节　湖州市2019年经济社会发展报告

2019年,面对国内外风险挑战明显上升的复杂局面,湖州市深入贯彻习近平新时代中国特色社会主义思想,在省委、省政府和市委的坚强领导下,坚持稳中求进工作总基调,以"两山"理念为引领,围绕市委"一四六十"工作体系,紧盯重大改革、重大事项,着力稳企业、增动能、保平安,统筹推进经济社会高质量赶超发展。扎实开展"不忘初心、牢记使命"主题教育,深入开展"服务企业、服务群众、服务基层"活动,在大抓落实、大干实事中践行初心和使命。2019年,湖州市主动融入长三角一体化发展和全省"四大"建设,正式设立南太湖新区,奋力推进"保五争三拼第一",21项重要指标增幅居全省前三位。全力开展民生痛点整治攻坚行动,全面小康指数跻身全国地级市前二十名,高水平全面建成小康社会取得了新的重大进展。实现平安湖州建设"十三连冠","中国治理的世界意义"国际论坛在湖州市成功举办,向世界展示了"中国之治"的"湖州样板"。

全市年末户籍人口267.57万人,其中男性131.95万人、女性135.62万人;城镇人口121.53万人;60岁以上人口69.38万人,占总人口的25.9%,占比提高0.4个百分点。全年出生人口2.31万人,出生率为8.63‰;死亡人口1.85万人,死亡率为6.93‰;人口自然增长率为1.70‰。全年新增城镇就业15.58万人,帮扶下岗失业人员再就业4.03万人;年末城镇登记失业率为1.86%。

一、全市经济保持稳定发展

全年实现地区生产总值(GDP)3122.4亿元,比上年增长7.9%。分产业看,第一产业增加值133.8亿元,增长2.8%;第二产业增加值1595.4亿元,增长7.6%,其中工业增加值1422.1亿元,增长8.5%;第三产业增加值1393.2亿元,增长8.7%。三次产业结构比例为4.3∶51.1∶44.6。按户籍人口计算的人均GDP为116807元,增长7.6%,折合16932美元;按常住人口计算的人均GDP为102593元,增长6.7%,折合14872美元。

表 27　2019 年湖州市分行业增加值

	增加值(亿元)	增速(%)
地区生产总值(GDP)	3122.4	7.9
第一产业增加值	133.8	2.8
第二产业增加值	1595.4	7.6
工业	1422.1	8.5
第三产业增加值	1393.2	8.7
交通运输仓储和邮政业	96.2	4.3
批发和零售业	384.2	5.3
住宿和餐饮业	75.3	5.2
金融业	231.6	13.8
房地产业	161.5	9.5
其他服务业	435.5	10.8

全年实现财政总收入 540.6 亿元，其中地方财政收入 316.1 亿元，分别比上年增长 10.2%和 10.1%。财政总收入占 GDP 的比重为 17.3%。地方财政收入中，税收收入 270.7 亿元，增长 12.4%，占比为 85.7%；从主要税种看，增值税、企业所得税、个人所得税分别为 108.9 亿元、70.9 亿元和 33.4 亿元，分别增长 3.1%、33.3%和 4.9%。全年财政支出 466.9 亿元，增长 17.4%，其中民生改善支出 343.3 亿元，增长 19.0%。

全年城市居民消费价格总水平比上年上涨 3.0%，其中服务项目价格上涨 2.1%，消费品价格上涨 3.7%。从八大类商品和服务价格看，食品烟酒上涨 5.7%，医疗保健上涨 4.9%，教育文化和娱乐上涨 4.1%，其他用品和服务上涨 2.3%，衣着上涨 2.2%，生活用品及服务上涨 2.1%，居住上涨 0.9%，交通与通信下降 0.1%。

表 28　2019 年湖州市城市居民消费价格比上年涨跌幅度

	涨跌幅度(%)
居民消费价格	3.0
食品烟酒	5.7
食　品	7.3
粮　食	−0.4
菜	1.4
畜肉类	23.9
水产品	−2.8
蛋　类	3.9
烟　酒	0.2

续表

	涨跌幅度(%)
衣　着	2.2
居　住	0.9
生活用品及服务	2.1
交通和通信	−0.1
教育文化和娱乐	4.1
医疗保健	4.9
其他用品和服务	2.3
服务价格	2.1
消费品价格	3.7

全年实现农林牧渔业总产值226.6亿元,比上年增长2.7%。其中,农业产值102.1亿元,增长1.8%;林业产值22.5亿元,下降0.2%;牧业产值20.3亿元,下降7.1%;渔业产值69.1亿元,增长7.0%。经济作物播种面积120.5万亩,其中蔬菜面积57.7万亩,花卉苗木面积35.4万亩。油菜籽产量2.4万吨;生猪出栏32.4万头,下降9.2%;肉类产量6.7万吨,下降6.7%;蚕茧产量0.5万吨,减少7.5%;家禽出栏2511.5万羽,增长0.1%;禽蛋产量2.6万吨,下降11.4%;水产品产量52.5万吨,增长12.8%。

年末,全市拥有现代农业示范园372个,其中省级111个;全年新建现代农业示范园34个,其中省级1个。年末拥有农业龙头企业271家;拥有绿色食品基地18.8万亩,绿色食品233只。

全年规模以上工业实现增加值888.7亿元,按可比价计算比上年增长8.4%,其中轻工业352.4亿元、重工业536.3亿元,分别增长8.0%和8.7%。33个大类行业中,有26个行业增加值实现增长,8个行业超过40亿元。其中,非金属矿物制品业110.0亿元,增长12.6%;纺织业79.9亿元,增长5.6%;通用设备制造业77.6亿元,增长12.7%;电气机械和器材制造业72.1亿元,增长18.6%;电力、热力的生产和供应业64.8亿元,下降2.5%;家具制造业64.8亿元,增长10.5%;化学纤维制造业48.8亿元,增长16.6%;化学原料和化学制品制造业43.9亿元,增长8.2%。从重点产业看,高新技术产业494.4亿元,增长10.4%,占比为55.6%;战略性新兴产业268.7亿元,增长10.7%,占比为30.2%;装备制造业240.1亿元,增长12.6%,占比为27.0%。

全年规模以上工业实现营业收入4916.9亿元,比上年增长5.3%;利税445.1亿元,其中利润299.3亿元,分别增长7.7%和13.6%。11个工业行业达到了“营业收入超100亿元、利税超10亿元”,实现营业收入3768.2亿元、利税总额337.0亿元,分别占全部规模以上工业的76.6%和75.7%。10个行业利税超过20亿元,其中非金属矿物制品业68.8亿元,增长7.8%;通用设备制造业44.3亿元,增长26.1%;电气机械和器材制造业36.1亿元,下降14.7%;家具制造业33.2亿元,增长20.2%;化学原料和化学制品制造业26.3亿元,增长8.3%;电力、热力的生产和供应业24.7亿元,增长17.3%;纺织业24.1亿元,下降1.8%;黑色金属冶炼和压延加工业22.9亿元,增长29.3%;木材加工和木、竹、藤、棕、草制品业22.1亿元,增长7.8%;化学纤维制造业20.9亿元,下降4.6%。

全年固定资产投资额比上年增长11.4%。民间投资增长9.9%,其中民间项目投资增长14.4%;交通投资增长20.0%;高新技术产业投资增长48.1%;生态环保与公共设施投资增长14.9%。

全年完成房地产开发投资586.3亿元,比上年增长12%。全年房屋施工面积3680万平方米,增长

34.2%，其中新开工面积1113.2万平方米，增长4.0%；商品房销售面积823.8万平方米，增长1.8%，其中住宅760.6万平方米，增长5.2%；商品房销售额984.1亿元，增长15.6%，其中住宅921.6亿元，增长19.8%。

全市拥有建筑企业362家，其中特级资质企业5家，一级资质企业33家。全年建筑企业完成建筑业增加值173.9亿元，占GDP比重达5.6%；房屋建筑施工面积4325.3万平方米，增长4.5%；竣工面积1692.3万平方米，增长4.7%。

全年实现社会消费品零售总额1429.3亿元，比上年增长10.2%。其中，批发零售业1234.2亿元，增长9.1%；住宿餐饮业195.1亿元，增长17.6%。限额以上批发零售贸易企业全年实现零售额402.4亿元，增长12.8%。其中，石油及制品类95.2亿元，增长3.5%；服装类31.0亿元，增长123.8%；粮油、食品类22.0亿元，增长16.3%；汽车类153.6亿元，增长4.1%；家用电器和音像器材类16.3亿元，增长0.5%；金银珠宝类8.8亿元，增长6.2%。

全年旅游总收入1529.1亿元，比上年增长12.7%。全年接待国内外旅游者人数13223.5万人次，增长11.7%。

全年实现外贸进出口总额940.2亿元，比上年增长6.3%。其中，出口838.6亿元，增长8.8%；进口101.6亿元，下降10.7%。按贸易方式分，一般贸易出口796.8亿元，增长8.8%；加工贸易出口35.3亿元，下降8.1%。按企业性质分，生产企业出口561.8亿元，增长5.6%；流通企业出口135.1亿元，增长36.3%；外资企业出口141.7亿元，增长1.2%。按主要产品分，机电产品出口291.4亿元，增长12.5%，纺织原料及纺织制品出口242.1亿元，增长8.5%。按主要市场分，非洲出口增长较快，达到25.3%；亚洲、欧洲、拉丁美洲、大洋洲分别增长20.8%、11.0%、9.1%、3.0%，北美洲下降6.5%。“一带一路”出口额248.4亿元，增长18.2%。

表29　2019年湖州市外贸进出口额

指标	绝对数(亿元)	增速(%)
进出口总额	940.2	6.3
出　口	838.6	8.8
一般贸易	796.8	8.8
加工贸易	35.3	−8.1
生产企业	561.8	5.6
流通企业	135.1	36.3
外资企业	141.7	1.2
亚　洲	263.3	20.8
非　洲	52.8	25.3
欧　洲	211.2	11.0
拉丁美洲	66.9	9.1
北美洲	222.4	−6.5
美　国	202.8	−7.3
大洋洲	21.9	3.0
机电产品	291.4	12.5

续表

指标	绝对数(亿元)	增速(%)
纺织原料及纺织制品	242.1	8.5
农副产品	33.1	-14.5
化工产品	103.5	5.2
高新技术产品	33.5	38.7
一带一路	248.4	18.2
进　口	101.6	-10.7

全年新批准及增减资利用外资项目295个。其中,外商投资企业191家,增资项目67个;总投资千万美元以上项目134个。全年合同外资48.3亿美元,比上年增长42.1%。全年实到外资19.0亿美元。其中,第一产业0.1亿美元,增长112.3%;第二产业7.7亿美元,增长12.1%;第三产业11.2亿美元,增长92.8%。

全市公路通车里程达到8065公里,其中高速公路368公里、一级公路564公里、二级公路652公里。全年完成客运量5645万人,比上年增长5.7%;客运周转量19.3亿人公里,增长4.5%。完成货运量21002万吨,增长11.8%,其中公路13183万吨,增长14.6%,水路7819万吨,增长7.4%;货运周转量199.5亿吨公里,增长6.9%,其中公路89.6亿吨公里,增长6.6%,水路109.9亿吨公里,增长7.3%。全年内河港口货物吞吐量11621万吨,增长10.8%,内河集装箱吞吐量52.7万标箱,增长10.1%。

全市汽车保有量达到88.7万辆,比上年末增加7.5万辆,增长9.2%;私人汽车保有量80.4万辆,增加6.6万辆,增长8.9%,其中轿车76.3万辆,增加6.0万辆,增长8.5%。全年小型汽车上牌量10.4万辆,增长1.0%。

全年邮政业务收入31.5亿元,其中快递业务收入25.0亿元,比上年增长21.9%。全年电信业务收入38.3亿元,增长5.0%;年末固定电话用户73.0万户,比上年减少4.3万户;移动电话用户463.3万户,其中4G用户315.4万户,增长8.7%;宽带用户204.2万户,增加11.1万户。

全市金融机构本外币存款余额5229.4亿元,比上年增长13.9%,其中住户存款2454.9亿元,增长15.2%;本外币贷款余额4840.2亿元,增长24.5%;年末金融机构不良贷款余额为14.45亿元,比年初减少3.15亿元;不良贷款率为0.51%,比年初下降0.21个百分点。

表30　2019年湖州市金融机构存贷款余额　　(单位:亿元)

指标	金额(亿元)	增速(%)
金融机构本外币存款余额	5229.4	13.9
住户存款	2454.9	15.2
金融机构人民币存款余额	5163.7	14.4
住户存款	2445.0	15.3
金融机构本外币贷款余额	4840.2	24.5
金融机构人民币贷款余额	4818.5	24.5
住户贷款	2004.2	28.3
短期贷款	595.3	21.2
中长期贷款	1408.9	31.6
非金融企业及机关团体贷款	2811.2	21.8

全年证券营业机构股票成交额5938.8亿元，比上年增长32.8%，其中代理A股成交5902.1亿元，增长33.4%。纳尼亚在香港创业板上市，实现首发融资0.8亿港元；长城科技、三星新材等4家上市公司通过资本市场平台实现再融资21.8亿元。全市拥有上市公司33家，其中境外9家，境内24家。

全年保险公司保费收入114.4亿元，增长9.5%。其中，财产险44.5亿元，增长7.2%；人身险69.9亿元，增长11.0%。各项保险赔款和给付支出39.1亿元，增长3.4%。其中，财险赔款27.3亿元，增长7.2%；人身险赔款和给付支出11.8亿元，下降4.5%。

二、全市各项社会事业协调发展

1. 教育和科技

全市拥有各级各类学校499所，全年招收学生12.40万人，在校学生45.19万人，毕业生11.34万人。高等教育毛入学率为62.31%，比上年提高1.19个百分点；初中毕业升高中段比例为99.24%，提高0.04个百分点；初中、小学入学率均为100%；十五年教育毛入学率为99.62%，提高0.03个百分点。全市各类学校拥有专任教师3.08万人，其中中小学专任教师2.15万人；每百名中小学生拥有专任教师6.8人。

表31　2019年湖州市学校基本情况

指标	学校数（所）	招生数（万人）	在校学生数（万人）	毕业生数（万人）	专任教师数（人）
合　计	499	12.40	45.19	11.34	30816
普通高校	3	0.97	2.88	0.77	1778
中等职业学校	13	1.00	2.81	0.95	2117
普通中学	119	3.92	11.61	3.60	10175
高中	28	1.41	4.17	1.43	4023
初中	91	2.51	7.45	2.16	6152
小学	128	3.22	17.28	2.52	9562

全年专利申请量23359项；专利授权量16419项，其中发明专利1256项。全年经认定登记的技术成交项目810项；技术成交金额74.0亿元，增长12.1%。全市拥有省级高新技术研究开发中心419家，比上年增加67家；拥有国家级高新技术企业938家，增加180家。

2. 文化、体育和卫生

全市拥有剧场2个、影剧院38个，文化馆、艺术馆6个。全年举办展览318个，组织文艺活动1565次；公共图书馆6个，总藏量339万册件；乡镇街道文化站70个；博物馆（纪念馆）31个；文物保护单位411个，其中国家级29个，省级54个。

全年新建城市书房13家、农村文化礼堂108个，组建成立湖州传媒集团。全年出版各类报纸13.8万份，其中湖州日报4.5万份，湖州晚报6.2万份，湖州广播电视报3.1万份。

成功举办市九运会和首届全民健身节。公共大型体育场馆低免开放15600余场次，其中免费开放2800场次，受益市民约52万人次。打造“极限之都 户外天堂”品牌，成功举办第二十届全国极限运动大赛、环太湖国际公路自行车赛、浙江省首届户外运动大会等7场系列赛事。完成体育彩票销售10.75亿元，地方纳税首次突破千万元。

全市拥有医疗卫生机构1506个，其中医院70家、卫生院（社区服务中心）87家、妇幼保健院3家、社区卫生服务站（村卫生室）708个；等级医院24家，其中三级医院8家；拥有医疗床位16925张，其中医院（含妇保院、卫生院）床位16519张；卫生技术人员25830人，其中执业医师8147人、执业助理医师1275人、注册护士10989人。全年婴儿死亡率、5岁以下儿童死亡率分别为1.65‰、2.40‰，分别比上年下降

0.08 和 0.47 个千分点。

3. 人口、就业、人民生活和社会保障

据 670 户城镇居民家庭抽样调查,全年城镇居民人均可支配收入达到 59028 元,比上年名义增长 8.5%。其中,工资性收入增长 8.4%,经营净收入增长 9.7%,财产净收入增长 5.8%,转移净收入增长 9.2%。人均生活消费支出 34916 元,增长 9.7%。据 580 户农村居民家庭抽样调查,全年农村居民人均可支配收入达到 34803 元,比上年名义增长 9.6%。其中,工资性收入增长 9.2%,经营净收入增长 9.6%,财产净收入增长 11.1%,转移净收入增长 12.4%。人均生活消费支出 22613 元,增长 9.1%。

全市参加城镇基本养老保险人数达到 161.71 万人,比上年增加 9.89 万人;参加城镇职工基本医疗保险人数 144.77 万人,增加 9.59 万人;参加失业保险人数 82.70 万人,增加 5.50 万人;参加工伤保险人数 112.73 万人,增加 17.54 万人;参加生育保险人数 80.06 万人,增加 4.38 万人。全市住房公积金正常缴存人数达到 43.88 万人,比上年增加 6.09 万人;全年归集住房公积金 65.69 亿元,增长 18.6%;当年发放个人住房贷款 34.71 亿元,增长 42.7%。

全年最低生活保障家庭 18250 户,人数 28222 人,其中农村 24601 人、城镇 3621 人;全市城镇和农村低保标准均为每人每月 810 元。全年销售社会福利彩票 10.4 亿元,筹集社会福利资金 2.8 亿元。

4. 城市建设和环境质量

湖州市融入长三角一体化发展和全省"四大"建设,正式设立南太湖新区。全力开展民生痛点整治攻坚行动,全面小康指数跻身全国地级市前二十名,高水平全面建成小康社会取得了新的重大进展。实现平安湖州建设"十二连冠"夺金鼎,"中国治理的世界意义"国际论坛在湖州成功举办,向世界展示了"中国之治"的"湖州样板"。

市区 PM2.5 平均浓度每立方米 32 微克,下降 8.6%,空气优良率达 76.7%,下降 0.8 个百分点。全市 13 个国家"水十条"考核断面全部达标,县控及以上断面水质全部达到或优于Ⅲ类。

三、2019 年开展的重点工作

(一) 经济发展稳中有进

民营企业健康发展。全力以赴稳企业,全面落实减税降费措施,走访服务企业 2.1 万多家次,排摸解决实际问题 2.7 万余个,为企业减负 152.3 亿元。强化要素保障,新供工业用地 1.95 万亩,居全省第 1 位,金融机构贷款余额增长 24.5%,1.3 万家企业通过绿色金融综合服务平台获得贷款授信 1404 亿元。推进市场主体优化升级,4 家企业入选省"雄鹰"培育企业,"金象金牛"企业达到 20 家,培育"瞪羚"企业 148 家,新增挂牌上市及过会企业 3 家,完成"个转企"2051 家、"小升规"389 家。推进质量标准品牌建设,新增"品字标"企业 29 家、"浙江制造"标准 54 个,38 个产品获得全国绿色产品认证。

产业质效加速提升。推进绿色智造城市建设,规上工业增加值增长 8.4%,其中战略性新兴产业、高新技术产业、装备制造业分别增长 10.7%、10.4%和 12.6%,数字经济核心产业增加值增长 13.6%。成功创建为国家工业资源综合利用基地,新增国家级绿色工厂 11 家、省级数字化车间和智能工厂 13 家,吴兴、德清、长兴被列为省制造业高质量发展示范区县创建单位。改造提升传统制造业,淘汰整治"低散乱"企业及作坊 4217 家。推动服务业创新融合发展,增加值增长 8.7%。加快滨湖旅游城市建设,安吉成为国家全域旅游示范县,全市过夜游客达到 4803.8 万人次。网络零售额完成 719.4 亿元,内河集装箱吞吐量突破 50 万标箱,金融业增加值达到 231.6 亿元。加快农业绿色高效发展,农业现代化发展水平连续六年居全省首位,获评国家农产品质量安全市,农业增加值增长 3%,居全省第 1 位,生猪增产保供工作稳步推进。

有效投资持续扩大。狠抓项目引进推进、投产达产,建立亿元以上重点项目库,固定资产投资增长 11.4%,其中工业投资增长 24.3%,增幅居全省第 1 位。整合招商资源,设立上海、北京、深圳招商引才中心，新引进亿元以上项目531个，其中50亿元以上项目13个。亿元以上项目开工建设537个、竣工投产369个，分别增长59.8%和75.7%。列入省重大产业项目40个、重点建设项目110个，均居全省第一位，省市县长项目达到36个，落地率居全省第3位，合丰泰显示面板等项目成功落户。11个万亩千亿大平台拓展提升空间1.9万亩，新建成小微企业园16家，德清工业园区升格为省级开发区，长兴新能源小镇通过省级验收命名。

创新驱动更加强劲。深入实施人才强市新政和科技新政，人才发展综合指数居全省第3位，创新潜力跃居全国第26位。组建长三角首个人才发展集团，新引进大学生及其他各类人才11.3万名，遴选资助“南太湖精英计划”人才项目279个，引进顶尖人才44名、领军人才196名，入选国家特聘专家11名。实施职业技能提升行动，新增高技能人才2.3万名，湖州市选手获得世界技能大赛银牌。新建成众创空间91家，新增高新技术企业179家、省科技型企业657家、省级产业创新服务综合体4家。德清成为国家新一代人工智能创新发展试验区，南浔智能机电高新技术产业园升格为省级高新区。厅市会商、政产学研合作等机制进一步完善。

（二）改革开放加快步伐

“最多跑一次”引领改革不断深化。持续打好利民、惠企、提速改革组合拳，湖州市在全省营商环境快速调查中综合排名保持在前三位。深化简政放权，取消97.8%的证明事项，“无证明城市”基本建成。政务服务事项掌上可办比例达到99.1%，跑零次可办事项比例达到95.3%，“一证通办”民生事项比例达到100%。企业开办实现一日办结，一般企业投资项目实现竣工验收前审批“最多90天”。省法治化营商环境试点、工程建设项目审批制度改革扎实推进。深化“亩均论英雄”改革，实现规上工业企业及占地3亩以上规下工业企业全覆盖，消化处置“五未”土地3.04万亩，亩均效益水平显著提高。新批工业用地实现“标准地”出让全覆盖。现代智慧城市建设和政府数字化转型扎实推进，湖州城市数字大脑运营中心建成使用，湖州市荣获全球智慧城市大会中国区信息惠民和城市服务奖。开展国有企业资产资源排查处置，市旅游集团和市产业集团实现整合重组。安吉县域践行“两山”理念综合改革创新试验区建设全面启动。

对内对外开放进一步扩大。制定实施推进长三角一体化发展行动方案，深度接轨沪杭，推动湖州嘉兴一体化发展，牵头组建G60科创走廊智能装备产业联盟。高质量外资集聚先行区加快建设，全市实到外资19亿美元，在中法两国元首的共同见证下，天能集团与法国帅福得集团签署合作协议。开展稳外贸攻坚行动，对1960家重点企业实施“订单＋清单”监测预警。支持企业巩固传统市场，开拓新兴市场，积极参加第二届中国国际进口博览会，全年完成进出口总额940.2亿元，其中出口838.6亿元，分别增长6.3%和8.8%。B型保税物流中心通过验收。反走私工作扎实推进。跨境电商交易额达到71亿元，增长70.2%；服务贸易总额达103.5亿元，增长19.9%。国际滨湖度假大会、外商直接投资峰会等成功举办。新增国际友城2个。

（三）三大攻坚战取得关键进展

污染防治扎实有效。推进生态样板城市建设，绿色发展指数居全省第二位。市区PM2.5平均浓度降至每立方米32微克，达到国家二级标准。建成污水零直排区580个，基本完成渔业养殖尾水全域治理任务，国家“水十条”考核断面全部达标，县控以上断面水质100%达到Ⅲ类以上。完成废弃矿山生态修复治理1.7万亩，完成绿化造林1.8万亩，建设珍贵彩色森林8.2万亩。德清、南浔分别创建为国家和省生态文明建设示范县区。“生态＋电力”示范城市建设经验在全国推广。

重大风险防控坚决有力。组建绿色金融纠纷调解中心，坚决打击恶意逃废债行为，银行不良贷款率进一步降低至0.51%，信贷资产质量居全省第一位。密切关注企业资金链、担保链问题，妥善化解重点企业流动性风险、上市公司股权质押风险。进一步加强政府性债务管理，政府隐性债务化解完成年度任务，市本级和各区县政府债务率均保持在95%以下的绿色安全区。

精准脱贫积极有为。落实村级集体经济三年强村计划，年经营性收入30万元以下的欠发达村全部“摘帽”，低收入农户人均可支配收入增长12.9%。高标准做好东西部扶贫协作、对口支援工作，吸纳建档立卡贫困人口来湖州市就业1.7万人，实施援建项目83个，2200万株扶贫茶苗完成移植栽种，南浔·广安东西部扶贫协作产业园开工建设。

(四)城乡发展协调共进

城市品质持续提升。开展国土空间规划编制试点，做好第三次全国国土调查工作。加快美丽宜居城市建设，推动中心城市与三县联动发展，实施城市建设“十个一”基本配置工作。全面推进南太湖新区建设，长东片区整体开发前期工作基本完成，湖长二通道、湖山大道北段建成通车。浙北医学中心全面竣工，市美术馆建成开放。强化城市精细化管理，基本无违建区县实现全覆盖。集中整治“准物业”小区和拆迁安置小区169个。完成市区公交体制改革，全市公交实现纯电动化、一票制和移动支付。申苏浙皖、申嘉湖高速公路市区段实施湖州牌照小客车免费通行政策。115个小城镇环境综合整治全面完成，首批美丽城镇启动建设。南浔頔塘社区入选省级未来社区建设试点。

乡村振兴保持领先。获批成为国家城乡融合发展试验区、部省共建乡村振兴示范省先行创建市和省数字乡村试点示范市。创新推出农业经营性项目“标准地”，开工千万元以上乡村产业项目104个。市级美丽乡村创建实现全覆盖，南浔区创建为省美丽乡村示范区。实施全域土地综合整治及生态修复项目21个，整治土地42万亩。城乡人居环境通过百日攻坚实现大提升，创建A级以上景区村庄224个，农村饮用水达标提标行动新惠及群众25.1万人。推进农村集体产权制度改革试点，村集体经济组织登记赋码工作全面完成，村集体资金、资产、资源盘活利用全面加强。

基础设施不断完善。枢纽门户城市建设步伐加快，沪苏湖高铁通过环评审批，湖杭高铁开工建设，商合杭高铁、杭州绕城高速公路西复线、杭宁高速公路改扩建等项目加快实施，申嘉湖高速公路鹿山至孝源段、京杭运河三级航道整治工程等项目建成使用。太嘉河及杭嘉湖地区环湖河道整治后续工程开工建设，苕溪清水入湖河道整治后续工程、安吉两库引水项目等有序推进，太湖水厂二期、东苕溪绿道全面建成。完成污水处理厂提标改造19座、配套管网建设164公里。

(五)民生获得感稳步增强

就业和社会保障水平持续提升。全力以赴稳就业，新增城镇就业15.6万人，登记失业率为1.86%，帮扶城镇失业人员、就业困难人员再就业4.7万人。推进社会保险精准扩面，在落实好社保费减征政策的同时，实现保障水平稳步提升。开展国家医保基金监管方式创新试点，医疗救助、大病保险和慢性病保障进一步加强，与上海、苏州等城市实现门诊就医医保异地直接结算。发行第三代社会保障卡。成为全国居家和社区养老服务改革试点城市，新增养老床位2856张。新建城镇保障性住房1.1万套，完成农村危房治理462户，新增住房公积金缴存职工14.4万人。

社会事业加快发展。全市新建、改扩建幼儿园14所，普惠性幼儿园覆盖率达90.7%，新增省义务教育标准化学校7所，实现小学和幼儿园放学后校内托管服务全覆盖。滨湖高中、华东师范大学湖州实验中学开工建设。浙江工业大学莫干山校区建成启用。取缔关停非法校外培训机构135家。深化公立医院综合改革，全面推进医共体建设，成为全国首个“无胶片”城市，国家卫生城市和全国基层中医药工作先进市通过复审。新建城市书房13家、农村文化礼堂108个，组建成立湖州传媒集团。成功举办市第九届运动会，实施“周三全民健身免费开放日”等体育惠民措施。退役军人服务保障体系更加完善，实现省双拥模范城“八连冠”。民族宗教工作进一步加强，妇女儿童、红十字、慈善、残疾人等事业提质发展，档案信息化工作在全国领先。

社会治理扎实推进。圆满完成中华人民共和国成立70周年维稳安保任务，社会大局保持和谐稳定，获评全国社会治理创新典范城市。推广乡村治理“余村经验”，夯实“基层治理四平台”，推动14个规模较小的社区撤并整合，为老旧小区解决办公用房3.3万平方米，建成幸福邻里中心56家。创新推出全国首条24小时防诈骗热线“2250000”，有效制止电信网络诈骗案件3900余起。扎实开展扫黑除恶攻坚年活动，摧毁黑恶势力犯罪团伙55个。加强社会信用体系建设，在全国地级市信用监测中，湖州市排名第二十二位。“厨房革命”全域推进，1.1万家餐饮单位纳入智慧监管，保健品市场乱象得到专项整治。开展安全生产大排查大整治，生产安全、火灾、道路交通事故起数下降19.6%、死亡人数下降16.3%。完成地质灾害隐患综合治理“除险安居”三年行动，成功抗击超强台风“利奇马”。

（六）政府自身建设切实加强

全面从严要求进一步落实。增强“四个意识”，坚定“四个自信”，做到“两个维护”，推动习近平总书记对湖州工作重要指示精神落地生根。强化审计监督和审计结果运用，开展政府投资项目概算审查，全面落实预算绩效管理，政府性资金收支监管进一步加强。完善工程建设招投标制度，严厉打击围标串标等违法行为，公共资源交易监管更加有力。

内部提效机制进一步完善。完成政府机构改革，部门间“最多跑一次”成为常态。成功打响“湖州365，天天在服务”品牌，“12345政府阳光热线”服务质量位居全国第二十五位。完善主要指标“保五争三拼第一”定期通报、重大改革重大事项进展情况打分评价等制度，政府系统大抓落实、争先进位的氛围更加浓厚。

法治政府建设进一步加快。入围全国法治政府建设示范市候选名单，获得法治浙江（法治政府）建设考评第一名。推动美丽乡村建设条例、乡村旅游促进条例完成立法，实施新一轮规范性文件全面清理工作。市、区县行政复议局全部设立，行政机关负责人出庭应诉率达93%。创新“互联网＋执法”机制，实施重点领域综合执法体制改革。注重听取咨询委员、法律顾问等各方面意见，建立重大行政决策全过程记录制度，开展政务公开标准化、规范化建设。办结市人大代表建议187件、政协提案313件。

第六节 绍兴市2019年经济社会发展报告

2019年，市委、市政府高举习近平新时代中国特色社会主义思想伟大旗帜，以“八八战略”为总纲，深入贯彻落实市委八届五次、六次全会精神，全面落实“六稳”工作要求，紧紧围绕年初确定的目标任务，找差距、抓落实，坚定不移推动经济社会高质量发展。全年经济高开稳走提质，社会民生平安和谐稳定。

据5‰人口抽样调查显示，年末全市常住人口505.7万人，比上年末增加2.2万人，增长0.4%。城镇化率达68.4%。

一、全市经济保持稳定发展

全市生产总值（GDP）5781亿元，按可比价格计算，比上年增长7.2%，增速高于全省平均0.4个百分点，居全省第五位。分产业看，第一产业增加值208亿元，增长2.3%；第二产业增加值2771亿元，增长7.0%；第三产业增加值2802亿元，增长7.8%。三次产业结构为3.6∶47.9∶48.5，三产比重首次超过二产。

全年财政总收入825亿元，比上年增长1.7%，其中一般公共预算收入528亿元，增长5.4%。一般公共预算支出641亿元，增长15.1%。其中民生支出503亿元，增长16.8%。

居民消费价格比上年上涨2.7%。八大类消费品价格指数“五涨一平两跌”，其中医疗保健、食品烟酒、教育文化和娱乐、其他用品和服务、生活用品及服务类上涨7.2%、6.3%、3.5%、2.0%、0.8%；衣着类同比持平；交通和通信、居住类下降0.8%、0.1%。工业生产者出厂价格下降1.9%，购进价格下降3.5%。

表 32 2019 年绍兴市居民消费价格指数

指标	上年＝100
居民消费价格指数	102.7
食品烟酒	106.3
食品	108.2
粮食	100.4
菜	104.2
畜肉类	130.4
水产品	97.2
干鲜瓜果类	113.3
茶及饮料	101.9
烟酒	101.1
在外餐饮	104.0
衣着	100.0
居住	99.9
生活用品及服务	100.8
交通和通信	99.2
教育文化和娱乐	103.5
医疗保健	107.2
其他用品和服务	102.0

全年新增市场主体 9.26 万户，其中企业 3.03 万户，比上年增长 7.3%；个体工商户 6.23 万户，增长 3.2%。“个转企”2707 家。年末，在册市场主体 62.15 万户，比上年增长 9.8%，其中企业 19.66 万户，增长 10.7%。注册资本(金)14321 亿元，增长 18.6%。

全年农林牧渔业总产值 316 亿元，按可比价格计算，比上年增长 2.5%。早稻种植面积 23.77 万亩，总产量 10.87 万吨，分别下降 1.8%和 3.4%。年末，生猪存栏 43.02 万头，比上年下降 18.9%。水产品产量 11.93 万吨，增长 3.0%。名优茶产量 1 万吨、产值 22.7 亿元，分别增长 12.5%、7.3%。

表 33 2019 年绍兴市农业生产情况

指标	单位	绝对数	比上年增长(%)
农林牧渔业总产值	亿元	316.18	2.5
农作物播种面积	千公顷	233.43	1.2
粮食作物播种面积	千公顷	120.87	1.0
主要农产品产量	—	—	—
粮食总产量	万吨	78.28	0.9
油料作物	万吨	3.32	25.9
棉　花	吨	382	－10.7
甘　蔗	万吨	1.71	－2.4

续表

指标	单位	绝对数	比上年增长(%)
水　果	万吨	59.30	−0.8
茶　叶	吨	41729	0.7
蚕　茧	吨	263	−25.9
水产品	吨	119336	3.0

全年实施粮食生产功能区提标改造3.76万亩，新创建粮食绿色高产示范片14个。年末共有农民专业合作社4369家、家庭农场2730家、省级以上农业龙头企业41家。

全面消除集体经济年总收入20万元、经营性收入6万元以下薄弱村。低收入农户人均可支配收入14403元，增长12.5%。实施“闲置农房激活计划”，带动农户就业16847人，村集体收入和农户农民财产性收入分别增加1.82亿元、2.59亿元，入选“2019年浙江省改革创新优秀实践案例”。

新认证绿色食品基地9800亩，绿色食品13只。有效期内绿色食品认证数量达114只，无公害农产品认证数量为498只，地理标志产品13只。选拔首批乡村振兴“领雁计划”人才105人，完成农民培训9.87万人次。畜禽粪污综合利用率为91.0%，农作物秸秆综合利用率为95.6%，农村清洁能源利用率为83.0%，农药废弃包装物处置率为100%，农村生活垃圾分类覆盖率为86.7%。

全年规模以上工业增加值1400亿元，比上年增长8.4%，高于全省平均1.8个百分点，增速居全省前三位。规上工业36个行业大类中，25个行业增加值实现增长，行业增长面达69.4%。增加值总量前十位行业中，非金属矿物制品业、化学纤维制造业、化学原料和化学制品制造业增长较快，增加值分别增长20.8%、17.3%、17.2%。

表34　2019年绍兴市主要工业产品产量

产品	单位	产量	比上年增长(%)
纱	万吨	17.65	−16.7
布	亿米	13.37	−0.6
印染布	亿米	203.99	17.2
领带	万条	4404.50	−18.7
袜子	亿双	31.10	−4.2
家具	万件	696.72	−18.2
染料	万吨	56.91	1.1
合成纤维聚合物	万吨	124.33	−7.7
化学药品原药	万吨	11.64	1.8
化学纤维	万吨	369.87	−3.2
塑料制品	万吨	133.80	12.8
水泥	万吨	1003.40	19.5
平板玻璃	万重量箱	852.45	3.1
钢材	万吨	216.54	15.4
滚动轴承	万套	72835	16.7
交流电动机	万千瓦	3471.45	6.6

续表

产品	单位	产量	比上年增长(%)
太阳能电池	万千瓦	23.81	-31.8
电光源	万只	10914	-20.0
汽车仪器仪表	万台	125.95	-9.4
黄酒	万升	30722.1	-9.0
伞	万把	11578	-8.8
珍珠饰品	亿元	3.31	-22.3

规上工业中高新技术、战略性新兴产业增加值比上年下降3.8%和4.1%，占规上工业比重分别为50.6%和41.9%；数字经济核心产业制造业增加值增长8.0%。规上工业五大传统制造业增加值增长11.5%。

年末，省级工业互联网平台创建名单14家，轴承云、袜业云列入省第一批工业互联网推广名单。上虞e游小镇、柯桥经济技术开发区等4家入围2019年度浙江省数字化示范园区，嵊州云电商产业园入围2019年度浙江省数字化试点园区。

全年固定资产投资比上年增长10.2%，增速比上年提升8.3个百分点。其中，民间项目投资、交通投资、生态环保和公共设施投资、高新技术产业投资均超过10%增长目标，分别增长22.6%、45.0%、17.2%、43.4%，居全省第二、第二、第一和第三位。

房地产开发投资825亿元，比上年增长3.4%。其中，住宅投资630亿元，下降0.6%。商品房销售面积1105万平方米，销售额1338亿元，分别比上年增长3.5%和10.6%。

全年社会消费品零售总额2207亿元，比上年增长10.0%，增速高于全省平均1.3个百分点，居全省第二位。限上单位分类商品零售额，穿类商品增长30.7%；吃类商品增长15.5%；石油及制品类、汽车类增长7.2%、2.8%；通讯器材类增长1.6%。新能源汽车、可穿戴智能设备等新型消费品零售额均增长2.6倍，智能家用电器和音像器材增长42.0%。网络零售额638亿元，居民网络消费695亿元，分别比上年增长20.0%和17.2%。跨境电商网络零售出口13亿元，增长45.0%。

表35　2019年绍兴市社会消费品零售总额

指标	绝对数(亿元)	比上年增长(%)
社会消费品零售总额	2207	10.0
按销售单位所在地分	—	—
城镇	1902	9.1
乡村	305	15.3
按行业分组	—	—
批发业	177	20.0
零售业	1804	8.0
住宿业	42	16.2
餐饮业	184	19.5

年末，纳入统计的商品交易市场396家，其中成交额超亿元市场65家，超十亿元市场22家，超百亿元市场7家。全年商品市场成交额3814亿元，比上年增长7.6%，其中消费品市场成交额2411亿元，增长10.0%；生产资料市场成交额1403亿元，增长3.6%。

全年货物进出口2459亿元，比上年增长9.8%。其中，出口2251亿元，增长10.0%；进口208亿元，增长7.1%。按贸易方式分，加工贸易进出口142亿元，一般贸易进出口2305亿元，其他贸易进出口12.1亿元。有进出口国家和地区215个。"一带一路"沿线国家进出口1047亿元，比上年增长17.2%，其中出口987亿元，增长17.3%。

表36　2019年绍兴市进出口主要分类情况

指标	绝对数(亿元)	比上年增长(%)
货物进出口总额	2459	9.8
货物出口额	2251	10.0
一般贸易	2152	10.3
加工贸易	99	4.8
纺织品及服装	1354	10.9
机电产品	431	4.7
化工及相关产品	172	2.8
农副产品	37	−18.8
高新技术产品	45	17.1
货物进口额	208	7.1
一般贸易	153	6.1
加工贸易	43.7	8.7

实现服务进出口总额141亿元，比上年增长12.0%，其中服务出口总额110亿元，增长16.1%；服务进口总额31亿元，与上年基本持平。对"一带一路"沿线国家和地区服务出口总额31亿元。

全年新批项目287个，比上年增长24.8%，合同外资(省口径)25.1亿美元，增长18.0%，合同外资(部口径)24.6亿美元，增长35.8%。实到外资(省口径)15.3亿美元，增长12.9%；实到外资(部口径)6.6亿美元。

全年货物运输总量1.53亿吨，比上年增长7.9%。其中，公路货物运输总量1.36亿吨，增长8.1%；水运货物运输总量1662万吨，增长6.2%。货物运输总周转量146.22亿吨公里，增长14.2%。其中，公路货物运输周转量111.24亿吨公里，增长16.9%；水运货物运输周转量34.98亿吨公里，增长6.1%。

旅客运输总量2108万人，比上年下降27.4%。其中，公路旅客运输总量2001万人，下降28.5%；水运旅客运输总量107万人，下降0.35%。旅客运输总周转量29.14亿人公里，下降2.3%。其中，公路旅客运输周转量29.10亿人公里，下降2.4%；水运旅客运输周转量428万人公里，增长3.2%。

年末，公路通车里程10222公里，比上年增长0.8%。

表37　2019年绍兴市公路、水路运输总周转量

指标	单位	绝对数	比上年增长(%)
公路运输总周转量	亿吨公里	114.15	16.4
公路货物运输周转量	亿吨公里	111.24	16.9
公路旅客运输周转量	亿人公里	29.10	−2.4
水路运输总周转量	亿吨公里	34.98	6.1
水运货物运输周转量	亿吨公里	34.98	6.1
水运旅客运输周转量	万人公里	428	3.2

杭绍甬高速先行段、杭州中环柯桥高架段、杭甬高速孙端互通等项目开工建设。杭绍台高速3—10标、杭州绕城西复线诸暨段实现主线贯通。萧甬线通勤列车实现与宁波贯通运营。杭甬运河宁波方向双层集装箱船舶实现通航，全年完成集装箱吞吐量7.1万标箱，比上年增长189%。

推进高水平“四好农村路”建设，完成低等路提升工程1230公里，创建美丽经济交通走廊405公里。新增ETC用户76万。

启用三区统一的公交智能调度系统和公交运行监测平台，推出“车来了”等线上查询服务。

全年建成投产220千伏诸中变110千伏送出工程、110千伏梁家（乐家）输变电工程等7项重点工程。全省率先建成23座综合供能服务站充电设施，累计建成充电站42座，充电量比上年增长8倍。

全年旅游总收入1307亿元，比上年增长10.4%。其中，国内旅游收入1302亿元，增长10.4%。接待游客11488万人次，增长5.5%。其中，接待国内游客11473万人次，增长5.5%。

年末，有A级景区81处，其中5A级景区1处，4A级景区18处，3A级景区34处，2A级景区27处，1A级景区1处。省AAA级景区村庄118家。

年末，金融机构本外币存款余额9582亿元，比上年末增长13.6%，其中住户存款4747亿元，增长15.5%。金融机构本外币各项贷款余额8568亿元，增长14.0%，其中中长期贷款余额4690亿元，增长18.9%；短期贷款余额3558亿元，增长6.4%。

全年保费收入174亿元，比上年增长9.5%，总赔付金额60亿元，增长9.9%。其中，财产险公司保费收入67亿元、增长4.1%，赔付金额42亿元、增长10.1%；人身险公司保费收入107亿元、增长13.3%，赔付金额18亿元、增长9.3%。

全年新增股份公司184家，新增A股上市公司1家。年末，共有上市公司76家。全年共融资52.17亿元。

二、全市各项社会事业协调发展

1. 教育和科学技术

年末，有普通高校11所，普通本专科在校生10.42万人。中等职业教育学校（含技工学校）18所，在校生4.76万人。新增“中本一体化”培养试点3个。普通高中51所，在校生9.12万人。初中138所，在校生13.71万人，初中毕业生升学率为99.3%。小学324所，在校生26.19万人，小学毕业生升学率为100%。幼儿园599所，在园幼儿14.08万人。专任教师5.77万人。绍兴文理学院更名为绍兴大学正式列入浙江省2019年提出设置申报高校范围。

新认定高新技术企业416家、省高成长科技型中小企业180家、省科技型中小企业1199家。新认定省重点实验室2家、省级企业研究院16家、省级高新技术企业研究开发中心49家。3项成果获国家科学技术奖，创历史最好成绩。新增浙江（绍兴）外国专家工作站10家，柔性引进海外工程师196人。新认定国家级“星创天地”4家、省级众创空间28家。新增省级产业创新综合体5家，共举办各类科技对接活动33场，达成意向项目合作131项，实现技术交易额56亿元。新引进上海大学、天津大学、东华大学等8家高校共建研究院以及国家技术转移东部中心绍兴分中心等2家著名技术转移机构。

年末，有专利授权26934件，其中发明专利授权3293件。高新技术产品出口比上年增长17.1%，增速高于全市出口7.1个百分点。

2. 文化、卫生和体育

年末，有国有艺术表演团体7个，全年演出1037场次，观众217万人次。国有剧院6个，全年演出541场次，观众33万人次。群艺馆、文化馆（站）114个，组织文艺活动次数8062次。公共图书馆7个，公共图书馆总藏量644万册。

越剧《苏秦》《鉴湖风云》《屈原》、绍兴莲花落《孝子的检讨》《越剧优秀剧目巡演》5个项目入选2019

年度国家艺术基金资助项目;越剧《苏秦》入选文化广电旅游部2019年度剧本扶持工程。大善寺塔、汉建初元年买地刻石入选第八批全国重点文物保护单位,全国重点文物保护单位数量增至32处。虞舜传说、绍派伤寒、绍兴舜王庙会3个项目进入国家级非遗项目评审。

年末,有卫生机构2698个(含村卫生室1111个),比上年末增加139个。其中,医院89个,卫生院及分院(社区卫生服务中心、站)669个。卫生机构床位数28581张,其中医院床位22001张。医生数16312人,注册护士数16679人。每万人拥有医疗床位63.82张,比上年增加2.71张;每万人拥有医生36.42人,比上年增加1.40人。

成功创建7个省级卫生镇,实现省级卫生乡镇全覆盖;31个国家卫生乡镇全部创建成功,1个国家卫生乡镇通过复评。家庭医生签约172.12万人,签约率达41.7%。65岁以上老人健康管理59.62万人,管理率达72.8%。完成妇女的免费"两癌"筛查22.55万人次。未发生重大医疗和公共卫生事件。

全年共举办国际性赛事21项、全国性赛事60项。其中,世界女子排球俱乐部锦标赛、绍兴国际马拉松赛等7项赛事成功入选《浙江省重点培育品牌体育赛事名录库(2019年)》。

全年共有12个项目入选全省体育产业发展专项项目库,获得补助资金740万元。体育彩票销售11.24亿元,筹集公益金总额2.87亿元。

年末,绍兴市人均体育场地面积达2.51平方米。全年开展各类全民健身活动超过2000场,体质监测7000余例。

全年绍兴籍健儿共获世界级金牌12人次、银牌6人次,亚洲级金牌7人次,全国级比赛金牌141枚,银牌114枚,铜牌67枚。谢震业获第二十三届亚洲田径锦标赛男子200米决赛金牌,并以19秒88的成绩打破亚洲纪录。

3. 人口、人民生活和社会保障

据居民收支与生活状况调查,全年全体居民人均可支配收入53839元,比上年增长9.0%。其中,城镇常住居民人均可支配收入63935元,增长8.3%;农村常住居民人均可支配收入36120元,增长9.1%。

表38 2019年绍兴市城乡居民收入增长情况

指标	全体居民		城镇居民		农村居民	
	绝对数(元)	比上年增长(%)	绝对数(元)	比上年增长(%)	绝对数(元)	比上年增长(%)
人均可支配收入	53839	9.0	63935	8.3	36120	9.1
工资性收入	30172	9.2	35449	8.4	20911	9.5
经营净收入	11750	8.1	12467	7.8	10491	8.2
财产净收入	5189	8.6	7552	7.3	1040	8.4
转移净收入	6728	10.3	8466	9.5	3678	10.2

全年居民人均生活消费支出31109元,比上年增长8.4%。其中,城镇常住居民和农村常住居民人均生活消费支出分别为35925元和22658元,分别增长7.8%和8.5%。

年末,全市居民人均住房建筑面积58.3平方米。其中,城镇常住居民人均住房建筑面积52.7平方米,农村常住居民人均住房建筑面积68.2平方米。

年末,每百户居民家庭拥有家用汽车56.0辆、计算机76.1台、移动电话250.9部、洗衣机98.2台、电冰箱(柜)109.9台、彩色电视机205.4台、空调222.9台、热水器102.0台。城镇常住居民恩格尔系数为27.1%,比上年下降0.08个百分点;农村常住居民恩格尔系数为30.1%,比上年下降0.02个百分点。

当年新增城镇就业人员27.46万人,城镇失业人员实现再就业11.68万人,城镇登记失业率为

2.05%,比上年下降0.2个百分点。

年末,基本医疗保险参保人数达到469.28万人,比上年末增长0.2%。基本养老保险参保人数364.15万人,比上年末增长1.9%;企业职工养老保险参保人数245.80万人,增长3.8%。城镇失业保险参保人数120.70万人,下降8.4%。

共建成乡镇(街道)级示范型居家养老中心80家,539家城乡社区居家养老服务照料中心实现公建民营,助餐、配送餐服务覆盖1290个城乡社区,助餐覆盖率巩固在50%以上,51家公办养老机构实现公建民营改革。

现有农村留守儿童2523人,均纳入有效监护范围。年末在册低保对象39649人,其中城镇5267人,农村34382人。低保资金(含各类补贴)支出3.30亿元。城乡最低生活保障标准为每人每月810元。全年救助临时困难群众4206人次,支出临时救助金515.41万元。

全年福利彩票销售12.81亿元,筹集公益金1.18亿元,公益金支出1.40亿元。

4. 资源、环境保护和社会安全

年末,有气象雷达观测站点2个,卫星云图接收站点5个,区域自动气象观测站271个。全年平均气温17.9 ℃,总日照时数1603.7小时。

全市平均降水量1844.9毫米,较多年平均降水量偏多25.6%,较上年降水量偏多18.3%。

全年共完成造林更新1.65万亩,其中平原绿化1.21万亩。新建省级森林城镇5个,成功创建国家森林乡村44个。新植珍贵树种161万株,建成珍贵树种示范点14个、局长示范林14片、示范单位15个。

完成水利建设投资51.8亿元。水利工程年供水量17.6亿立方米,下降3.0%。年末,已建成水库553座,比上年减少2座,水库总容量15.53亿立方米。农村饮用水达标提标23.91万人。河湖库塘清污(淤)量397.24万方,完成水土流失治理36.5平方千米。

全市空气质量综合指数3.86。空气质量优良天数比例达86.0%。PM2.5浓度36微克/立方米。

全市7个国家"水十条"考核断面均达到年度目标要求,Ⅰ—Ⅲ类水比例为100%;21个省对市"五水共治"考核断面Ⅰ—Ⅲ类水比例和功能区达标率均为100%;128个市级考核断面Ⅰ—Ⅲ类水比例和功能区达标率均为98.4%;交接断面考核保持优秀;县级及以上饮用水源水质达标率保持100%。

年末,拥有国家级生态乡镇(街道)63个,省级生态乡镇(街道)109个。

扎实推进" 无废城市"建设试点,获批成为全国"11+5"全省唯一试点城市。

年末,市区城区生活垃圾分类覆盖率达93.06%、县(市)城区生活垃圾分类覆盖率达85.20%,全市城镇资源化利用率为74.57%,无害化处理率基本达100%。

全年发生各类生产安全事故83起、死亡75人,比上年分别下降49.7%、45.7%。未发生生产经营性较大事故。

三、2019年开展的重点工作

(一)促进经济稳定增长

三大需求协同发力,固定资产投资增长10.2%,投资四个结构性指标均增长10%以上;出台商贸消费升级政策,社会消费品零售总额2207亿元、增长10%;开展稳外贸"百日攻坚"行动,外贸出口2251亿元、增长10%。建成柯桥"花香漓渚"田园综合体、诸暨国家现代农业产业园,启用"会稽山珍""鉴湖河鲜"公共品牌,引进"网易味央"生猪全产业链项目。工业转型升级势头稳健,规上工业增加值1400.4亿元、增长8.4%。纺织等五大传统产业增加值增长11.5%,获"中国黄酒之都""世界美酒特色产区"称号。实施数字经济"一号工程",开工建设长电科技、两岸集成电路创新产业园,集成电路、高端生物医药产业分别入选省"万亩千亿"新产业平台培育名单。海亮集团荣登"世界500强",上市公司总数居全国同类城市第4位。会展经济、电子商务、文创经济发展迅猛，服务业增加值2804亿元、增长7.8%。科创大走廊加快建设，科技创新"新昌模式"全省推广，引进高校共建研究院8家，新增高新技术企业385家、科技型中小企业1202家，科技进步监测评价列全省第2位。"招才引智专列"进入国内外34个城市，新增国家级省级领军人才102名，引进高校毕业生10.3万人，建成省级外国专家工作站10家。企业纾困有力有效，稳妥化解金盾集团、精功集团等风险，出清僵尸企业30家，存贷款余额增长13.8%、不良贷款率下降至1.11%。

(二) 促进城乡建设协调发展

启动国土空间总体规划编制，推动杭绍甬一体化示范区建设。杭绍甬智慧高速等跨区域交通基础设施项目进展顺利。镜湖核心区加快建设，镜湖医院、国际金融活力城、高铁北站TOD综合体项目顺利开工。完善古城保护利用机制，古城入口、蔡元培广场(纪念馆)、绍兴饭店二期等扎实推进。出台美丽城镇建设行动计划，完成"三改"1747万平方米，在全省率先实现"基本无违建"全覆盖。建成首批"五星达标"社区121个、"和美家园"社区13个。上虞鸿雁社区入选省首批未来社区试点。深化美丽乡村建设，升级农村公路417公里，1.4万个公厕纳入保洁体系，新增"五星达标"村519个、"3A示范"村51个。新获建设用地指标2万余亩。

(三) 促进文化体系积极重塑

扎实推进文创大走廊建设，84个重点项目完成投资142亿元。打造浙东唐诗之路精华地，编制天姥山景区规划，"诗画剡溪"持续打响。完善兰亭文化旅游度假区开发管理体制，开工建设野生动物园。大禹陵景区、阳明故里、越剧小镇等项目有序实施，迎恩门风情水街开街，实现旅游总收入1306.9亿元、增长10.4%。出台促进文化产业发展意见，成立市演艺集团，5部作品获省"五个一工程奖"。建成绍兴名人馆、清廉馆，新增农村文化礼堂275家、"城市书房"25家，乡镇文化分馆实现全覆盖。精心举办公祭民祭大禹陵典礼、兰亭书法节、阳明心学高峰论坛、南宋文化节、"水陆国际双马"、女排世俱杯和第九届市运会。

(四) 促进生态环境不断优化

实施空气质量达标进位行动，优良天数比例达86%，PM2.5全市平均浓度降至36微克/立方米。联防联治杭州湾、曹娥江流域污染，20家工业园区、23个乡镇建成省级"污水零直排区"，国考、省控断面实现Ⅰ—Ⅲ类水质全覆盖，创建"美丽河湖"18条(个)。水源地生态补偿标准大幅提高，新增农村饮用水达标提标23.9万人。完成1156宗企业用地土壤污染状况调查、35个农地超标点销号。城乡生活垃圾分类覆盖率分别为89.7%、86.7%。淘汰226家企业落后产能，整治"低散乱"企业1323家。会稽山国家森林公园获批，新昌成为全国"两山"实践创新基地，上虞建成省级生态文明建设示范区。

(五) 促进改革开放纵深推进

"最多跑一次"改革向基层延伸，镇街便民服务中心全面"无差别受理"。推进个人和企业全生命周期"一件事"改革，41件"一件事"实现线上线下办理，部门间办事压减材料40.4%。诸暨掌上执法应用试点全域推广，"越警管家"安心码应用领跑全省。创新容缺受理施工许可申请，一般企业投资项目竣工验收前审批"最多90天"基本全覆盖。制定促进民营经济高质量发展"1＋9"政策体系，企业减税降费172.5亿元。全省率先成立市级新闻传媒中心，组建国资运营公司、金融控股公司、原水集团和产业集团，市属经营性国有资产逐步纳入集中监管。"漓铁"改革基本完成。全国首个地级市基金债成功发行。推行"标准地"出让，规上工业企业亩均税收增长9.2%，单位工业增加值能耗降幅居全省第2位。"闲置农房激活"、供销社服务乡村振兴等成为全国样板。举办中日韩"一带一路"工商大会、中非经贸合作发展论坛绍兴峰会,实到外资15.3亿美元。制订深度接轨上海行动计划,成功举办系列“绍兴周”活动。

(六)促进人民生活持续改善

公共财政用于民生支出502.9亿元、增长16.8%。打好低收入农户增收攻坚战,人均可支配收入增长12.5%。新增城镇就业27.5万人。基本养老保险参保率达96.6%,基本医疗保险参保率达99.5%。建成36家镇街示范型居家养老中心、103家残疾人庇护中心。跨区医保直付范围持续扩大。退役军人服务保障“柯桥模式”成为全国亮点。新开工棚改1.5万套、交付1.3万套,治理危旧房540处,既有住宅加装电梯131台。创建全国义务教育优质均衡发展区,公办义务教育学校安装空调1.3万台,小学生放学后校内托管城区全覆盖。全国职业院校技能大赛金牌数再居全省第一。绍兴大学创建积极推进。医共体建设全面推开,基层就诊率达64%,“健康浙江”考核获优秀等次。举办国家综合性消防救援队伍比赛、中国红十字会应急救援综合演练。省级食品安全县创建实现“满堂红”。推进“枫桥式”司法所建设,开展信访“两减一创”行动,全面建成县级社会矛盾纠纷调处化解中心,圆满完成中华人民共和国成立70周年维稳安保任务,全年进京“零非访”。坚决扫黑除恶,严打电信诈骗,刑事治安警情7年来最低。打好交通安全大会战,生产安全事故起数、死亡人数分别下降49.7%和45.7%。国家安全、国防动员、人防等工作得到新加强,妇女儿童、慈善等事业取得新成绩。

(七)促进政府自身建设不断加强

认真开展“不忘初心、牢记使命”主题教育,深入开展“三服务”活动,走访企业7000余家、协调解决问题8200多个。坚持依法行政,实施法治政府建设补短提升工程,自觉接受人大法律监督、政协民主监督、社会舆论监督,强化审计监督。办复人大代表建议246件、政协提案428件。积极打造节约型政府,“三公”经费支出下降5%以上。

第七节　金华市2019年经济社会发展报告

2019年,面对国内外风险挑战明显上升的复杂局面,金华市高举习近平新时代中国特色社会主义思想伟大旗帜,全面贯彻党的十九大和十九届历次全会精神,坚决落实省委、省政府和市委决策部署,认真执行市人大及其常委会的决议,开展重点工作“晒拼创”和“对标比拼勇赶超”活动,全力打好“九场硬战”,攻坚克难、砥砺奋进,较好地完成了市七届人大四次会议确定的目标任务。先后获得国务院正向激励3项、省政府正向激励9项。高水平全面小康社会建设取得新进展。

年末,全市拥有户籍人口491.93万人,比上年增加2.97万人,其中男性人口249.17万人,女性人口242.76万人,男女性别比为1.026∶1。全市出生人口52031人,出生率为10.61‰;死亡人口30258人,死亡率为6.17‰;自然增长率为4.44‰。年末,全市常住人口562.4万人,城镇化率为68.7%。

一、全市经济保持稳定发展

全市地区生产总值(GDP)4559.91亿元,按可比价计算,比上年增长6.5%。其中,第一产业增加值145.82亿元,增长2.0%;第二产业增加值1833.03亿元,增长6.3%;第三产业增加值2581.06亿元,增长6.9%。三次产业对GDP增长的贡献率分别为1.0%、41.4%和57.6%。全市人均GDP(常住)为81224元(按年平均汇率折算为11774美元),增长5.9%。三次产业增加值结构为3.2∶40.2∶56.6。

全市财政总收入661.50亿元,与上年持平,其中上划中央财政收入250.20亿元,下降7.0%;一般公共预算收入411.30亿元,增长4.8%。全市一般公共预算支出664.50亿元,增长15.8%。财政支出更加关注民生,全年一般公共预算支出的77.5%用于保障和改善民生,其中城乡社区事务支出、社会保障和就业支出、节能环保支出、文化旅游体育与传媒支出、科学技术支出分别增长31.8%、28.0%、

22.8%、20.4%、17.3%。

市区居民消费价格总水平比上年同期上涨3.1%，涨幅比上年扩大0.8个百分点。所调查的八大类消费品及服务项目价格“七涨一跌”，其中食品烟酒价格上涨6.5%；衣着价格上涨0.5%；居住价格上涨1.7%；生活用品及服务价格上涨2.1%；教育文化和娱乐价格上涨3.7%；医疗保健价格上涨5.6%；其他用品和服务价格上涨3.1%；交通和通信价格下跌1.9%；商品零售价格指数上涨2.4%。全市工业生产者出厂价格下降0.7%，工业生产者购进价格下降2.1%，购销价格差1.4个百分点。

表39　2019年金华市各类价格指数

指标	上年＝100
居民消费价格总指数	103.1
食品烟酒	106.5
粮食	101.0
畜肉类	129.0
水产品	94.4
菜	103.9
衣着	100.5
居住	101.7
生活用品及服务	102.1
交通和通信	98.1
教育文化和娱乐	103.7
医疗保健	105.6
其他用品和服务	103.1
商品零售价格总指数	102.4

全市农林牧渔业增加值150.75亿元，比上年增长2.1%。全市农作物播种面积202.66千公顷，其中粮食播种面积77.51千公顷，总产量43.5万吨；棉花播种面积1.5千公顷，产量0.22万吨；蔬菜播种面积为50.28千公顷，产量118.67万吨；药材播种面积10.98千公顷，产量4万吨；果用瓜种植面积11.1千公顷，产量25.01万吨；花卉苗木种植面积21.35千公顷。

全市完成新造林5968亩、迹地更新1.7万亩、森林抚育11.7万亩、平原绿化1.89万亩(全市平原林木覆盖率达21%以上)，新植珍贵树274.6万株；新建(改造)浙中生态廊道彩色林带91.79公里，新增彩色林1.3万亩；完成森林通道建设194.2公里，折合绿化面积3726亩，完成通道沿线林相改造面积1.2万亩。全市省级以上生态公益林建设面积达487.8万亩。全市森林覆盖率达61.82%。

全市肉类总产量为14.23万吨，其中猪肉11.45万吨。全年生猪出栏140.06万头；家禽出栏1615.82万只；牛奶产量6.19万吨；水产品产量8.71万吨。全年化肥施用量(折纯)8.34万吨，下降9.1%；农村用电量60.8亿千瓦时，增长3.6%。

累计创建省级特色农业强镇4个，建成省级示范性农业全产业链9条。严格保护好89万亩粮食生产功能区，完成提标改造5.5万亩。新增区域名牌农产品8个，有效期内浙江名牌农产品23个。新增绿色食品基地2.27万亩，现代农业园区、粮食生产功能区内无公害农产品整体认定50万亩，主要食用农产品中“三品”比率达56%以上。

全市规模以上工业增加值854.88亿元,增长6.6%;销售产值4108.36亿元,增长5.0%。规模以上工业企业完成出口交货值1015.81亿元,占销售产值的比重为24.7%。全市规模以上工业中高新技术产业、装备制造业、战略性新兴产业、数字经济核心产业制造业等新兴产业增加值分别增长7.6%、11.7%、7.8%、16.2%。

供给侧结构性改革继续深化。规模以上工业中,高耗能行业增加值增长3.6%,占规上工业的31.7%,比重同比下降1.1个百分点。规模以上工业企业资产负债率为61.3%。全年规模以上工业企业每百元营业收入中的成本为85.90元。规模以上工业企业完成新产品产值1436.50亿元,增长12.4%,新产品产值率达34.2%;全年利税280.25亿元,其中利润162.49亿元,利润占利税比重为58.0%。

建筑业。全年建筑业增加值268.5亿元,占GDP的比重为5.9%。

投资。全市固定资产投资比上年增长10.3%,其中重点领域投资实现较快增长,民间项目投资、交通投资、生态环境和公共设施投资、高新技术产业投资分别增长11.1%、11.3%、13.5%、15.3%。民间投资占投资总额的61.7%。从投资结构看,第一产业投资下降74.4%,第二产业投资增长10.3%,第三产业投资增长10.4%,三次产业投资结构为0.03∶23.66∶76.31。

重点建设项目。全市省级重点建设项目90个,年计划投资261亿元,其中新增省重点项目32个,全年完成投资329亿元,为年度计划的126%,开工率为100%,竣工投产项目18个。列入市重点建设实施类项目共计279个,年计划投资667亿元,其中新增项目111个。全年完成投资868亿元,为年度计划的130%;开工项目276个,开工率为99%。

房地产业。全市房地产开发房屋施工面积为3020.67万平方米,比上年增长7.7%;竣工面积271.67万平方米,下降15.8%。全市商品房销售面积为551.63万平方米,增长3.6%,其中住宅销售面积499.41万平方米,增长7.4%。

全市社会消费品零售总额2425.59亿元,比上年增长7.7%。按城乡消费结构分,城镇社会消费品零售总额2038.07亿元,增长7.1%;乡村社会消费品零售总额387.52亿元,增长10.7%。按消费类型分,餐饮收入216.56亿元,增长8.9%;商品零售2209.03亿元,增长7.5%。

分商品类别看,通讯器材类、蔬菜类、家具类、体育娱乐用品类商品消费增长较快,分别增长149.5%、83.2%、35.1%、28.3%;烟酒类、汽车类商品消费分别增长10.5%、3.9%;服装类、石油类、家电类商品消费分别下降0.6%、3.3%、6.5%。

电子商务。全年网络零售3166.1亿元,增长16.4%,占全省网络零售额的16%,网络零售额居全省第二。居民网络消费1042.7亿元,增长19.3%。跨境网络零售出口402.1亿元,增长29.6%,占全省跨境网络零售出口的51.7%,列全省第一。全年培育农村电商示范服务点130个,培育电商专业示范村78个。

商品交易市场。全市共有各类市场340家,市场总成交额为3445.32亿元,其中实体市场335家,年成交额3421.97亿元;网上交易市场5家,年成交额23.35亿元。拥有年成交额超亿元的市场有91家,总成交额为3377.77亿元。十亿级市场28家,百亿级市场3家,千亿级市场1家。

货物贸易。全市完成货物贸易进出口总额4218.51亿元,增长11.9%,其中出口总额4033.83亿元,增长10.3%;进口总额184.68亿元,增长66.8%。全年有进出口实绩企业9859家,比上年净增1311家。全市与230个国家和地区建立了贸易关系,其中出口超10亿元的国家和地区80个。全年对“一带一路”沿线国家和地区出口1728.53亿元,总量居全省首位。

表 40 2019 年金华市货物进出口主要分类情况

指标	金额(亿元)	比上年增长(%)
货物进出口总额	4218.51	11.9
货物出口额	4033.83	10.3
其中:一般贸易	1611.66	4.2
加工贸易	65.07	−12.1
市场采购	2343.66	15.0
其中:机电产品	1615.25	12.3
高新技术产品	110.29	23.2
货物进口额	184.68	66.8
其中:一般贸易	118.29	86.6
加工贸易	13.61	−42.8
其中:机电产品	28.84	47.3
高新技术产品	10.38	5.5

表 41 2019 年金华市对主要市场货物出口情况

国家和地区	金额(亿元)	比上年增长(%)
欧盟(28 国)	577.84	7.1
东盟(10 国)	360.64	7.6
“一带一路”沿线国家(64 国)	1728.53	10.0
美 国	455.72	11.5
印 度	248.96	8.0
伊拉克	127.16	12.4
巴 西	105.43	8.3
沙特阿拉伯	100.82	52.6

服务贸易。全市服务贸易进出口总额为 279.16 亿元,占全市外贸总额的 6.2%,增长 8.0%,其中出口 214.66 亿元,增长 8.3%;进口 64.50 亿元,增长 7.2%。国际服务外包离岸合同执行额为 24.29 亿元,增长 16.9%。文化服务出口 1.0 亿元。运输服务、旅游服务两大重点领域进出口额和出口额分别占总额的 50.2%和 54.7%。阿尔及利亚、科威特、中国香港为金华市服务贸易出口前三大市场。

外商投资。全市新批外商投资企业 973 家;合同利用外资 40.89 亿美元;实际利用外资 2.63 亿美元,下降 17.5%。二产实际利用外资 1.46 亿美元,三产实际利用外资 1.15 亿美元。全市省级及以上开发区实际利用外资 1.8 亿美元,占全市总额的 68.4%。

对外经济合作。全市新批核准境外投资项目 39 个,境外投资总额为 26.66 亿美元,其中中方投资 11.64 亿美元,增长 606.3%。在“一带一路”沿线国家地区中,中方投资额为 10.98 亿美元,占全市总额的 94.9%。全市完成对外承包工程劳务合作营业额 3.76 亿美元。全年设立境外营销网络项目 37 个,中方投资额为 11.17 亿美元。

交通运输业。全市完成综合交通建设投资220.80亿元,完成年度确保任务的115%。其中,铁路建设完成投资92.20亿元,公路建设完成投资103.38亿元,物流站场建设完成投资24.90亿元,水运建设完成投资0.31亿元。全市境内公路总里程达到1.31万公里。年内公路旅客周转量39.09亿人公里,下降7.0%;公路货物周转量80.98亿吨公里,增长9.9%。

邮电业。全市邮电业务收入111.52亿元,增长6.6%,其中邮政业务收入31.31亿元,增长19.0%;电信业务收入80.21亿元,增长2.5%。年末移动电话用户达951.11万户,移动电话普及率为193.93部/百人;互联网宽带接入用户304.78万户。全市完成快递业务量59.2亿件,增长61.8%;快递业务收入224.53亿元,增长32.1%。

旅游业。全市共接待游客1.40亿人次,增长15.7%;旅游收入1579.77亿元,增长16.9%。其中,接待国内旅游者1.39亿人次、增长15.8%,国内旅游收入1543.01亿元、增长17.1%;接待入境旅游者88.93万人次、增长5.5%,旅游外汇收入5.32亿美元、增长6.2%。

金融业。年末,全市金融机构本外币各项存款余额9906.43亿元,增长13.9%。其中,住户存款5393.07亿元,增长16.1%;非金融企业存款2320.37亿元,增长15.0%;广义政府存款1745.37亿元,增长7.4%。金融机构本外币各项贷款余额8402.70亿元,增长14.2%。其中,住户贷款3945.70亿元,增长20.5%;非金融企业及机关团体贷款4447.70亿元,增长9.0%。

表42　2019年末金华市金融机构本外币存贷款情况

指标	年末数(亿元)	比上年增长(%)
各项存款余额	9906.43	13.9
其中:住户存款	5393.07	16.1
非金融企业存款	2320.37	15.0
各项贷款余额	8402.70	14.2
其中:住户贷款	3945.70	20.5

保险业。全市保险机构全年保费收入264.08亿元,增长6.2%,其中财产险保费收入89.90亿元,比上年同期增长5.5%;人寿险保费收入174.18亿元,增长6.5%。全年支付各类赔偿及给付86.7亿元,增长7.8%,其中财产险赔款53.09亿元,增长7.0%;人寿险赔款及给付33.60亿元,增长9.1%。

证券。全年证券交易额28947.33亿元。年末境内上市公司30家,累计融资46.44亿元。其中,中小板上市公司12家,占全省中小板上市公司的8.5%;创业板上市公司5家,占全国创业板上市公司的5.6%。

二、全市各项社会事业协调发展

1. 教育

全市共有各级各类全日制学校2046所(不含技工学校,下同),在校生111.69万人,教职工9.07万人。其中小学392所,在校生43.14万人;初中180所,在校生18.22万人;普通高中71所,在校生8.85万人;幼儿园1359所,在园幼儿26.39万人;特殊教育学校9所,在校生953人;中等职业学校25所,在校生5.51万人;全日制高校8所,在校生8.84万人,其中全日制在校研究生5505人,博士生201人;成人高校2所,在校生6472人。

全市学前三年幼儿入园率为99.7%,省等级幼儿园1263所,省等级幼儿园招生覆盖面为97%;全市107个乡镇建有105所公办中心幼儿园,建有乡镇中心幼儿园的乡镇比例为98.1%。十五年教育普及率为99.7%。小学入学率、巩固率分别为100%,初中入学率、巩固率分别为100%;初中毕业生升入高中段学校比例98.8%,初中毕业生升入普通高中与中等职业学校的比例为1∶0.87,普通高中教育与中等职业教育协调发展。高等教育规模不断扩大，结构更趋合理。

2. 科技

全市财政科技支出24.79亿元，增长17.3%。列入市级以上科技项目865项，其中省级以上科技项目594项（国家重点研发项目1项，省重点研发计划项目11项，省自然科学基金项目70项，公益类项目32项，省级新产品试制计划项目477项，省软科学研究计划项目3项），新到位上级科技资金1.12亿元。新立市级科技计划项目271项，其中工业类44项、农业类17项、社会发展类28项、公益类178项、农业科技成果转化项目4项。获专利授权27237件，其中发明专利1895件。新认定国家级高新技术企业337家，累计达990家。新认定省科技型中小企业1096家，累计达3920家。新认定市级以上研发机构172家。新建市级以上各类创新载体41家，目前全市累计拥有省级以上科技孵化器11家（国家级3家、省级8家），省级以上众创空间13家（国家级1家、省级12家），省级以上星创天地12家（国家级7家，省级5家）。

3. 品牌创建

全市新增发布“浙江制造”标准77项，累计发布“浙江制造”标准185项。主导或参与制（修）订国际、国家或行业标准73项，累计595项。规上企业采标率达67%。新增4个省级标准化试点项目，完成验收的国家级、省级标准化试点项目4个。产品质量监督抽查合格率达95.8%。特种设备定检率、登记率和操作人员持证上岗率达99%以上，每万台特种设备事故率为0起。计量器具强制检定45.88万台件。

4. 文化

全市拥有文化馆10个，公共图书馆11个。建成农村文化礼堂461家，制定全市文化系统农村文化礼堂建设服务菜单，提供点单式服务1788场次。创建省级文化强镇1个，省级文化示范村（社区）16个。积极实施文化惠民工程，完成送戏下乡3260场，“非遗文化礼堂百村行”活动100场，送书59.47万册、送展览讲座7450场、文化走亲（县级以上）140场。全市广播综合覆盖人口486.72万人，覆盖率达99.5%。电视综合覆盖人口488.2万人，覆盖率达99.8%

5. 体育

全市在训运动员10072人，增长13%；新增注册运动员1335人，增长31%；获得省级以上比赛金牌103块，其中全国赛事18块，省级赛事85块。新增市体育运动学校“训练分校”5个，“训练教学基地”16个、社会力量办竞技体育基地54家。

全市举办体育赛事活动近400场，参与运动员（含工作人员）近18万人，现场观众达150万人，拉动消费近2.5亿元。创建国家体育旅游精品景区1个，省级运动休闲基地2个，省级运动休闲旅游示范基地1个、优秀项目4个，市级体育产业（运动休闲）基地、示范基地13个，“体育＋”特色村（居）11家。全年销售体育彩票16.17亿元。

6. 卫生

全市共有医疗卫生机构4216家，其中医院145家；卫生院（含社区服务中心）156家；门诊部200家；专业公共卫生机构41家，其中妇保院10家，疾病预防控制机构10家，卫生监督检验机构10家，专科疾病防治院（所、站）4家；其他卫生机构21家；诊所、医务室、社区卫生服务站、村卫生室3653个。

全市共有实际开放床位数34340张。全市共有卫生技术人员48480人，其中执业医师和执业助理医师18901人，注册护士19667人。全市共有艾滋病实验室64个，其中初筛实验室60个，中心实验室1个，确诊实验室3个。

7. 人民生活

全市常住居民人均可支配收入48155元，增长8.6%。分城乡看，城镇常住居民人均可支配收入为59348元，增长8.1%；农村常住居民人均可支配收入为28511元，增长8.7%。从全体居民收入来源看，人均工资性收入26887元，增长8.5%；人均经营净收入8366元，增长9.2%；人均财产净收入6421元，增长

7.5%;人均转移净收入6481元,增长9.8%。全体居民人均生活消费支出30911元,增长8.0%,其中城镇常住居民人均生活消费支出37166元,增长7.7%;农村常住居民人均生活消费支出19933元,增长7.5%。

全市城镇新增就业17.22万人,新增就业人数比上年增长56.5%;城镇失业人员实现再就业48219人,再就业人数比上年增长28.05%;年末城镇登记失业率为1.77%,失业率比上年下降0.33个百分点。

年末每百户居民家庭拥有家用汽车47.9辆;拥有计算机63.7台,其中接入互联网的计算机52.4台;拥有移动电话230.5部,其中接入互联网的移动电话160.9部;拥有彩色电视机166.3台、电冰箱96.2台、洗衣机80.4台、空调135.3台、热水器87.4台。

表43 2019年金华市居民人均收入主要指标

指标	全体居民		城镇常住居民		农村常住居民	
	绝对数(元)	增长(%)	绝对数(元)	增长(%)	绝对数(元)	增长(%)
可支配收入	48155	8.6	59348	8.1	28511	8.7
工资性收入	26887	8.5	32835	8.0	16447	8.5
经营净收入	8366	9.2	8777	9.1	7645	9.0
财产净收入	6421	7.5	9466	6.7	1079	9.0
转移净收入	6481	9.8	8270	9.2	3340	9.5
生活消费支出	30911	8.0	37166	7.7	19933	7.5

8. 社会福利

年末,全市拥有各类社会福利单位183个,社会福利床位数37276张,收养各类人员1.3万人。农村五保对象集中供养率为77%。共有低保对象5.10万人,发放最低生活保障金3.27亿元。社区服务功能日益完善,建立乡镇(街道)社区服务中心147个、城市社区服务中心(站)394个、村级社区服务中心(站)2920(现有)/2850(应有)个、捐赠接收站(慈善超市)40个。

全市共有社会组织7375家,其中社会团体2275家,民办非企业单位5085家,基金会15家。全年发行各类福利彩票19.69亿元(含义乌),比上年减少0.99亿元,筹集公益金5.57亿元。

全市共有抚恤优待对象40833人,发放抚恤金40413.28万元,其中义务优待金发放3726户9863万元、困难补助经费313.42万元。发放自主就业一次性经济补助金4687.69万元。

9. 社会保障

年末,全市城镇职工养老保险参保人数246.25万人,失业保险参保人数98.01万人,工伤保险参保人数188.8万人;城乡居民养老保险参保人数149.74万人,被征地农民基本生活保障参保人数24.29万人。其中,正常缴费企业退休人员基本养老金月人均超过3015元。城乡居民养老保险基础养老金月人均最低标准提高到193元,因工死亡职工供养亲属抚恤金月人均提高110元。

全市基本医疗保险参保人数509.34万人,其中基本医疗保险一档(原职工基本医疗保险)参保人数171.97万人,基本医疗保险二档、三档(原城乡居民基本医疗保险)参保人数337.37万人。

10. 资源能源

年末全市有多普勒雷达站1个,风廓线雷达站2个,区域自动气象观测站329个。全年平均降水量1970.27毫米(折合降水总量215.11亿立方米),全市水利资源总量141.05亿立方米,人均水资源量2508.46立方米。

全年规模以上工业企业能源消费量比上年上升3.3%,单位工业增加值能耗下降3.1%。其中,重点监测用能企业能源消费量下降0.3%。

11. 生态文明

全市43个地表水断面、11个"水十条"国家考核断面、17个省控断面、10个市界出境断面、20个县市交接断面、8个县级以上集中式饮用水源地水质实现6个100%达标；市区PM2.5浓度降至32微克每立方米，AQI优良率达88.8%，空气质量六项指标首次实现全面达标；全市土壤污染地块安全利用率达100%。公众对金华市生态满意度得分为86.14。连续5年获得省"五水共治"最高奖，被授予"大禹鼎"银鼎。

全市城市污水排放量9870万立方米，比上年增长6.9%；城市污水处理量为9584万立方米，增长7.5%；城市污水处理率为97.1%。

全市新增农村生活垃圾分类处理优秀村666个，优秀村覆盖率为65%，行政村覆盖率为79%，垃圾回收利用率为42.37%，资源化利用率为85%，无害化处理率为100%。在建省级历史文化村落重点村15个、一般村45个。培育创建美丽乡村示范乡镇11个、特色精品村40个、农村生活垃圾示范村20个、历史文化保护利用示范村3个。中国美丽休闲乡村1个，新增浙江省最美田园8个。

全市人均公园绿地面积12.09平方米。金义都市区森林城市群获国家林业和草原局批复成为全国首个以地市为建设主体的国家级试点；东阳市和永康市成功创建"国家森林城市"；成功举办了"绿色中国行·关注森林城市——走进美丽金华"活动，并荣获2019绿色中国特别贡献奖；新增永康杨溪源省级湿地公园，省级湿地公园数量全省第一；新增国家自然教育基地2家、省级自然教育基地3家。

12. 安全生产

全市共发生各类生产 安全事故161起、死亡135人，受伤74人，分别下降42.3%、33.5%、51.3%。其中，生产经营性道路交通事故133起、死亡104人，分别下降44.4%和36.6%。

三、2019年开展的重点工作

（一）坚持抓主体、增动能，实体经济提质增效

重点细分行业引领工业转型。分行业制订三年行动计划，开展"八个一"扶持行动，智能门锁、光电、电动工具等首批八大重点细分行业规上工业产值占全市的40.2%，贡献率达67.7%。发布"浙江制造"标准77项，新增"品字标"企业57家，均居全省首位。成功举办第八届中国金点工业设计大赛。婺城汽车零部件制造业列入全省传统制造业改造提升试点。

新经济表现亮眼。承办全省工业互联网现场会，加入国家集成电路大基金，数字经济核心产业制造业增加值增速居全省第二。入选国家物流枢纽城市，出台现代物流业发展10条措施，快递业务量59.2亿件、居全国第二。推进工业企业电商统计调查国家试点，网络零售额3166亿元、增长16.4%。举办展会251场，办展面积240万平方米。首次举办中国(金华)数字娱乐产业博览会。横店影视文化产业集聚区获批并实体化运行。

招大引强取得新成效。成功举办第二届金华发展大会。签约20亿元以上项目27个，市县长项目落地25个，引进创驱驱动、天合光能、恒大康养、三思光电等一批重大项目。启动建设浙江省龙芯智慧产业园，引进落地项目45个。同方"金华造"计算机下线，填补了全省信息技术自主创新产业空白。固定资产投资增长10.3%，4个结构性指标全部增长10%以上。

平台承载力不断提升。谋划建设13个"万亩千亿"产业平台，婺城飞扬智能制造小镇、义乌云驿小镇入围第五批省级特色小镇创建名单。建成小微企业园112个，入驻企业5641家，金东、兰溪、浦江列入省小微企业园建设提升重点县。创建产业创新服务综合体29家。入选省全域土地综合整治与生态修复工程31个、数量居全省第二，垦造耕地1.2万亩，建成婺城石道畈等示范项目。盘活存量用地1.9万亩，完成低效用地再开发1.6万亩。

市场主体加速升级。总量增至109万户、跃居全省第二，其中企业33.5万家、增幅居全省第一。三美化工、博尼时尚、甬金科技上市，A股上市企业达30家，市值突破2000亿元。新增"小升规"入库企业598家、省"隐形冠军"企业6家。成功创建国家知识产权示范市，新增院士专家工作站28家，新引进研

发机构8家，新认定国家高新技术企业337家，新增省科技型中小企业1096家。

(二)坚持抓改革、促开放，发展活力不断增强

“最多跑一次”跑出新优势。“无证明城市”改革开全国先河，累计减免证明134万件，群众满意率达99.99%。政府数字化转型获评全国优秀实践案例，“互联网+监管”改革率先破题、成为全国样板，“无证明、无证件、无复印”办事大厅项目获得中国营商环境执行力奖。企业开办“零见面”改革经验全国推广。一般企业投资项目审批“最多90天”、竣工验收“最多30天”实现率均达100%。出生、退休等“一件事”改革走在全省前列。

要素配置市场化改革持续深化。在全省率先推出农业“标准地”，面积达34万亩。创新使用“标准地”数字地图招商，开展全省“标准地”事中事后监管试点，新增工业用地实现“标准地”全覆盖。

社会信用体系建设继续破题，信义贷、信义居等十大应用上线运行。深化“亩均论英雄”改革，实现3亩以上工业用地评价全覆盖。深化国资国企市场化改革，六大市属企业资产增长21%。

对外开放多点突破。实现外贸出口4034亿元、增长10.3%；进口185亿元、增长66.8%，增速居全省第一。加快建设义乌国际贸易综合改革试验区，启动建设中国(浙江)自由贸易试验区联动创新区。开行“义新欧”班列528列、增长65%，“金华—中亚”班列103列、增长84%。义甬舟海铁联运班列运送标箱11万个，增长25%。大力推进跨境电商综合试验区建设，1210业务量居全国第三批试点城市首位，与阿里巴巴共建eWTP全球创新中心。举办第五届全球跨境电商大会，跨境网络零售出口增长29.6%、占全省的51.7%。举办金华中非文化合作交流周暨中非经贸论坛，推进中非经贸文化合作交流示范区建设。

积极融入长三角。制订行动计划，发布“协同扩大开放30条”。金义科创廊道纳入长三角G60科创走廊总体规划。牵头组建新材料产业技术创新联盟、高校院所协同创新联盟。设立驻沪招商总部，婺城、浦江、武义、金华开发区等地在沪、杭设立8家异地研发中心。启用国际院士创新中心一期。全市106家定点医疗机构实现长三角异地门诊费用直接结算。

(三)坚持抓共建、强融合，都市区建设加快推进

全域同城化迈出新步伐。加快《金义都市区规划》《金义一体化规划》等编制工作。出台《加快建设全国性综合交通枢纽三年行动计划》，完成综合交通投资221亿元。金华铁路枢纽扩能改造工程纳入长三角一体化规划，金甬铁路、杭温高铁一期、义乌站枢纽扩建、金建铁路兰溪枢纽等铁路项目开工，金台铁路路基贯通，金义东市域轨道交通完成投资70亿元。杭金衢高速拓宽二期、义东高速东阳段顺利推进，金武、金兰快速路进度过半。市区西水东输二期和东阳、浦江向义乌供水工程通水，积极推进市区向义乌、兰溪供水以及磐安向永康供水。基本医疗保险实现全市统筹，参保率居全省首位。

重点区块建设扎实推进。加快金义都市新区高质量发展，金义综合保税区二期、科技孵化园、智能物流装备孵化园等项目开工建设。古子城成功创建国家4A级景区，“一街六馆”、酒坊巷、万佛塔公园建成开放。浙中总部经济中心一期、金华之光文化广场交付使用，亚运分村开工建设。三江六岸景观提升工程全面启动，金华人才公园开园。铁路文化公园等项目加快建设。3个省级未来社区建设试点扎实推进。

城市管理更加精细。全国文明城市创建再创佳绩。城市垃圾分类走在全省前列，形成金华经验。小城镇环境综合整治项目全部通过省级验收，启动美丽城镇建设。完成市区环卫体制改革，二环以内社区物业全覆盖，新增、规范停车泊位2.1万余个。

(四)坚持抓三农、优生态，和美乡村展现新貌

现代农业提质发展。生猪增产保供走在全省前列，自给率高于全省平均22个百分点。推动畜牧业

绿色发展，创建国家级畜禽养殖示范场21家、省美丽牧场152家。华东(金华)农产品物流中心投入使用。启用"金农好好"农产品区域公用品牌。新获绿色食品认证56个，居全省第一。深入推进农村产业融合发展，获评全国"一村一品"示范村镇2个。义乌、武义入选国家农村产业融合发展示范园。

和美乡村建设取得新进展。有序推进农村土地"三权分置"改革、农村集体产权制度改革，农村集体资产清产核资基本完成。省定集体经济薄弱村全部"消薄"，低收入农户人均可支配收入增长10.7%。浦江、磐安获评全国县域数字农业农村发展先进县，金东获评省新时代美丽乡村示范县。

"浙中大花园"建设初见成效。浙中生态廊道建设持续推进，都市区绿道闭合圈贯通292公里。全面推进"污水零直排区"建设，省控以上地表水断面水质全部达到或优于Ⅲ类，创建省级美丽河湖12条，连续5年夺取"大禹鼎"。空气质量六项指标首次实现全域达标，市区PM2.5平均浓度降至32微克每立方米，优良天数比例达88.8%。开展全国首个地级市国家森林城市群建设试点，荣获2019绿色中国特别贡献奖。义乌、磐安成为国家生态文明建设示范县，永康工业固废处置经验全省推广。全市实现旅游收入1580亿元、增长16.9%，双龙风景旅游区列入国家5A级景区创建名单。

(五) 坚持抓防范、保稳定，社会环境平稳有序

扶企助企精准有力。加大涉企服务力度，严格落实大规模减税降费政策，为企业减负196亿元。积极应对经济贸易摩擦，对美出口逆势增长11.5%，高于全国20个百分点。出台促进建筑业高质量发展政策。

金融生态健康向好。实施融资畅通工程，政策性融资担保机构实现市县全覆盖，金融机构新增贷款945亿元、创历年新高，年末存款余额9906亿元、增长13.9%。大力推进信用风险防控化解，金融机构不良贷款率降至1.24%。

平安金华建设成效明显。圆满完成中华人民共和国成立70周年大庆等安保任务。"扫黑除恶"专项斗争持续深入。全面推进"枫桥式公安派出所"创建，"雪亮工程"建设基本完成，重大经济犯罪侦破成果全国领先，刑事、治安案件分别下降26.9%、12.6%。安全生产形势不断改善，各类事故起数、死亡人数分别下降42.3%、33.5%，道路交通安全大会战成效明显。众志成城抗击超强台风"利奇马"。加强基层治理四平台建设，率先推行民情民访代办制，信访总量下降15%。

(六) 坚持抓民生、办实事，人民生活持续改善

社会保障不断强化。城镇新增就业17.2万人，城镇登记失业率为1.77%。基本养老保险参保率为98.8%，兰溪打造"医养护"一体化养老新模式。加强退役军人服务保障，省级双拥模范城实现"满堂红"。东西部扶贫协作、对口支援和对口合作扎实推进。

教育振兴全面发力。出台推进教育现代化系列政策，省基础教育重点县全"脱帽"。加强中小学校和幼儿园建设，全市财政教育支出126.7亿元，增长10.7%。金华一中、金外、浙师大附中等教育集团挂牌成立，义务教育集团化办学覆盖率达94%，居全省第一。入选全国教育现代化创新发展试验区，小学放学后校内托管服务经验全国推广。金华理工学院实质性筹建，金职院入选国家"双高计划"A档建设单位，广厦学院列入教育部本科层次职业教育试点。

医疗卫生服务不断优化。建成县域医共体14个，基层就诊人次增长率居全省第一。大力推进疫苗接种等十项医疗惠民举措。顺利通过国家卫生城市第三轮复审。获批疾病诊断相关分组付费等3项国家试点。"选缴保费法"大病保险制度为10万名患者减轻医疗负担12亿元。

八婺文化焕发活力。出台支持婺剧艺术发展政策，浙江婺剧团多次进京献演，亮相全国春晚和新年戏曲晚会。国家一级珍贵文物南宋"徐谓礼文书"公开展出。文化建设军地共建共享试点经验全国推广。实施"百分之一公共文化计划"。新增12处全国重点文物保护单位、居全省第一。义乌桥头遗址、武义溪里窑址入选省十大考古新发现。成功举办施光南音乐节、全国藤球锦标赛等系列活动。

第八节　衢州市 2019 年经济社会发展报告

2019 年，面对国内外风险挑战明显上升的复杂局面，衢州市坚持以习近平新时代中国特色社会主义思想为指导，全面贯彻落实省委、省政府的各项重大决策部署，大力实施“1433”发展战略体系，加快建设“活力新衢州、美丽大花园”，聚焦聚力高质量发展，扎实开展“三服务”活动，全市经济运行平稳，发展质量稳步提升，人民生活福祉持续增进，各项社会事业繁荣发展，生态环境质量持续改善。

年末户籍总人口 257.63 万人，其中男性人口 131.31 万人、女性人口 126.32 万人，分别占总人口的 51.0%和 49.0%。全年出生人口 2.35 万人，出生率为 9.13‰；死亡人口 1.64 万人，死亡率为 6.36‰；全年自然增加人口 0.71 万人，自然增长率为 2.77‰。据 5‰人口变动抽样调查推算，年末全市常住人口 221.8 万人，比上年末增加 0.9 万人，城镇化率为 60%。

一、全市经济保持稳定发展

全市生产总值 1573.51 亿元，按可比价格计算，比上年增长 6.7%。其中，第一产业增加值 86.51 亿元，增长 1.6%；第二产业增加值 651.12 亿元，增长 5.6%；第三产业增加值 835.88 亿元，增长 8.2%。在第三产业中，交通运输、仓储和邮政业增加值增长 2.9%，批发和零售业增加值增长 4.4%，住宿和餐饮业增加值增长 4.2%，金融业增加值增长 9.6%，房地产业增加值下降 0.5%。三次产业增加值结构为 5.5∶41.4∶53.1。全市人均生产总值按户籍人口计算为 61047 元，折合 8849 美元，比上年增长 6.7%；全市人均生产总值按常住人口计算为 71087 元，折合 10305 美元，比上年增长 5.9%。

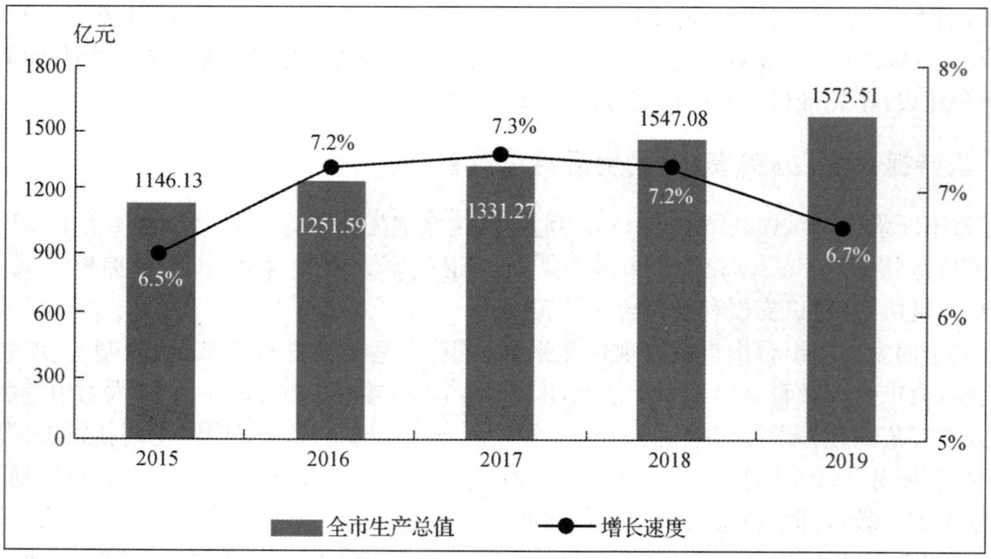

图 20　2015—2019 年衢州市 GDP 及其增长速度

市区居民消费价格全年同比上涨 3.0%。

表 44 衢州市区居民消费价格变动情况

指标	上年＝100
居民消费价格总指数	103.0
食品烟酒	107.4
粮食	99.0
鲜菜	105.4
畜肉类	127.7
水产品	99.7
蛋类	102.9
鲜果	121.3
衣着	100.6
居住	103.1
生活用品及服务	100.7
交通和通信	97.7
教育文化和娱乐	101.7
医疗保健	101.3
其他用品和服务	102.6

工业生产者出厂价格比上年下降3.3%，其中重工业产品出厂价格下降3.6%，轻工业产品出厂价格下降2.6%。工业生产者购进价格上涨0.9%，其中有色金属材料及电线类下降1.1%，燃料、动力类下降2.6%，化工原料类下降4.3%，木材及纸浆类下降10.6%，黑色金属材料类上涨21.2%。

全市城镇新增就业人数7.86万人，比上年增长43.7%。年末城镇登记失业人数1.10万人，比上年末下降6.8%，城镇登记失业率为2.03%，比上年末下降0.19个百分点。参加失业保险的人数35.41万人，增长10.1%；全年享受失业保险待遇人数0.90万人，增长9.8%。

全年数字经济核心产业增加值49.72亿元，按可比价计算比上年增长15.0%。在规模以上工业中，数字经济核心产业、文化、环保、健康、高端装备、时尚制造业增加值分别增长12.1%、17.2%、10.2%、0.8%、5.4%、5.2%；高技术、高新技术、装备制造、战略性新兴产业增加值分别增长19.9%、7.7%、6.3%、4.5%，占比分别为40.6%、43.3%、17.2%、23.6%。规模以上工业新产品产值率为32.04%。网络零售额246.5亿元，增长39.9%；居民网络消费205.0亿元，增长25.0%；跨境网络零售出口额4.6亿元，增长25.7%。

全年实现财政总收入223.36亿元，比上年增长8.0%，其中一般公共预算收入137.12亿元，增长7.0%。在一般公共预算收入中实现税收收入111.00亿元，增长3.9%，其中增值税48.21亿元，增长9.8%；企业所得税18.88亿元，增长18.5%；个人所得税3.63亿元，下降20.7%。一般公共预算支出449.00亿元，增长26.1%，民生支出占财政支出的75.7%。规模以上工业企业营业收入1842.48亿元，增长3.0%，其中建材行业营业收入增长15.2%。规模以上服务业企业营业收入141.04亿元，比上年增长0.6%，其中信息传输、软件和信息技术服务业营业收入29.34亿元，增长13.9%；数字经济服务业营业收入31.48亿元，增长13.5%。

全年实现农林牧渔业增加值88.42亿元，按可比价比上年增长1.7%。

全年农作物播种面积186881公顷，其中粮食播种面积87928公顷，油料播种面积31678公顷，蔬菜种植面积40519公顷，果用瓜种植面积5888公顷。

全年粮食总产量54.04万吨，比上年增长1.2%。油料产量6.14万吨，增长15.5%，其中油菜籽产量5.46万吨,增长16.2%。蔬菜产量113.76万吨,增长1.7%。食用菌产量9.3万吨,下降18.5%。果用瓜产量17.57万吨,下降0.4%。茶叶产量8425吨,下降5.3%。水果产量77.20万吨,下降2.4%,其中柑橘产量51.52万吨,下降3.3%。

全年肉类总产量18.19万吨,比上年下降2.2%,其中猪肉13.72万吨,下降2.3%。全年生猪出栏165.41万头,下降6.3%。家禽出栏3481.90万只,增长3.1%;禽蛋产量4.37万吨,增长14.7%。蜂蜜产量1.70万吨,增长20.8%;蜂王浆产量80.25吨,增长9.3%。牛奶产量2710吨,增长28.9%。水产品产量7.20万吨,增长3.7%。

全年开展省级农村垃圾减量化资源化处理试点村30个,建制村已全部实现生活垃圾集中收集有效处理;新增符合"四分四定"标准的分类村177个,累计达1112个,占建制村总数的75%。完成第四批历史文化村落保护利用项目43个,其中重点村7个、一般村36个;建设实施第五、第六批项目共91个,其中重点村12个、一般村79个;建设实施第七批重点村5个。

创建省级美丽乡村示范乡镇7个、特色精品村18个,省高标准农村生活垃圾分类示范村20个,省历史文化(传统)村落保护利用示范村3个。农家乐特色村193个,特色点(各类农庄、山庄、渔庄)247个,经营农户3055户,直接从业人员12893人,接待游客5412.11万人次,全年营业收入30.78亿元。

全年"千万农民素质提升工程"培训6.91万人,其中各类农村实用人才2.35万人。

全市共有规模以上工业企业单位991家,其中主营业务收入亿元以上的企业311家;大中型企业110家。

全年工业增加值528.99亿元,按可比价格计算比上年增长7.0%。规模以上工业企业全年完成产值1788.20亿元,增长2.2%,其中重工业1314.66亿元,增长1.4%;轻工业473.54亿元,增长4.6%。分经济类型看,国有控股企业增长1.8%,私营企业增长7.9%;外商投资企业下降11.9%,港澳台商投资企业增长34.2%。17个传统制造行业增加值增长6.1%。规模以上工业销售产值1754.48亿元,增长2.7%,产销率为98.11%,比上年增长0.5个百分点。全年完成工业出口交货值136.07亿元,下降6.9%。

在规模以上工业中,化工行业实现产值336.58亿元,下降4.7%;机械行业326.63亿元,比上年增长1.5%;黑色金属冶压业220.73亿元,下降1.0%;造纸行业181.31亿元,增长6.0%;电力生产供应业172.48亿元,增长8.7%;建材行业128.00亿元,增长16.8%;有色金属冶压业75.48亿元,下降21.5%;木材加工业43.25亿元,增长4.6%;饮料制造业37.63亿元,增长8.7%;农副食品加工业34.24亿元,增长3.9%;通信设备制造业30.13亿元,增长17.4%;纺织业30.02亿元,下降10.9%;食品制造业21.82亿元,增长0.4%。

表45　2019年衢州市主要工业品产量

指标	单位	绝对数	比上年增长(%)
纱	万吨	9.14	−6.3
轻革	万平方米	1235.27	0.9
人造板	万立方米	34.04	0.6
机制纸及纸板	万吨	193.58	11.3
硫酸(折100%)	万吨	18.02	−7.9
烧碱(折100%)	万吨	48.61	6.1
单晶硅	万吨	0.33	271.7
多晶硅	万吨	0.26	−22.5
太阳能电池	万千瓦	74.95	75.3

续表

指标	单位	绝对数	比上年增长(%)
饮料	万吨	42.27	9.6
塑料制品	万吨	8.23	3.1
电光源	万只	21186.50	－18.0
铜材	万吨	1.27	35.6
水泥	万吨	1863.42	3.5
硅酸盐水泥熟料	万吨	1268.51	3.4
气体压缩机	万台	10.56	－15.1
滚动轴承	万套	4083.90	2.9
变压器	万千伏安	2132.95	－2.3
粗钢	万吨	496.95	1.1
钢材	万吨	484.27	4.4

全年规模以上工业企业实现利税 171.04 亿元，下降 8.6%，其中利润 124.12 亿元，下降 8.4%。分行业看，化工行业实现利润 31.82 亿元，下降 19.2%；建材行业 22.34 亿元，增长 6.9%；机械行业 14.78 亿元，增长 6.7%；造纸行业 12.59 亿元，增长 41.0%；饮料行业 8.51 亿元，增长 23.8%；黑色金属冶压业 5.00 亿元，下降 68.0%；农副食品加工业 4.09 亿元，增长 12.4%；有色金属冶炼业 3.47 亿元，下降 47.7%；食品制造业 3.33 亿元，增长 29.2%。规模以上工业利润中，装备制造、战略性新兴产业利润总额分别增长 2.3%、2.0%，规模以上工业企业技术(研究)开发费用增长 25.4%。

全年建筑业实现增加值 123.01 亿元，按可比价格计算，比上年下降 1.3%。全市建筑业企业 383 家，其中具有一级资质企业 33 家，二级资质企业 101 家。全年建筑业实现总产值 373.6 亿元，超亿元产值企业 74 家。

全年固定资产投资比上年增长 7.3%。非国有投资下降 3.0%，占 63.3%；民间投资下降 4.1%，占 60.7%。交通投资、高新技术产业投资、项目民间投资、生态环保和公共设施投资分别增长 18.6%、33.3%、10.8%和 12.5%。工业投资、制造业投资分别增长 8.2%、15.2%。省市县长项目工程开工建设 20 个。

年内开化根缘小镇被正式命名为省级第三批特色小镇，成为全省旅游类首批命名特色小镇之一，实现衢州市省级特色小镇“零突破”；龙游超精密制造小镇获批第五批省级创建特色小镇；开化智驿小镇获省级培育小镇。至年末，全市共命名、培育和创建 29 个省、市级特色小镇，其中省级命名特色小镇 1 个，创建类特色小镇 7 个，省级培育类特色小镇 4 个。

全年完成房地产开发投资 220.45 亿元，比上年下降 13.0%，其中住宅投资 175.88 亿元，同比下降 17.8%。本年房屋施工面积 1068.45 万平方米，增长 15.7%；竣工面积 338.80 万平方米，增长 39.7%。商品房销售面积 209.34 万平方米，下降 22.8%，其中住宅销售 175.36 万平方米，下降 25.5%；商业营业用房销售 8.54 万平方米，下降 38.5%。商品房销售额 239.83 亿元，下降 20.0%，其中住宅销售额 217.22 亿元，下降 21.2%；商业营业用房销售额 10.50 亿元，下降 24.1%。

年内全市棚户区开工 7392 套，完成计划的 100.2%；基本建成保障性安居工程 3651 套，完成计划的 100.2%；竣工 922 套，完成计划的 111.9%；交付入住 2095 套，完成计划的 254.2%；发放家庭租赁补贴 2088 户，完成计划的 117.9%。

全年社会消费品零售总额 775.23 亿元，比上年增长 8.1%。按经营地统计，城镇消费品零售额 667.48 亿元，增长 8.3%；乡村消费品零售额 107.75 亿元，增长 6.5%。按消费类型统计，商品零售额

674.71 亿元,增长 8.1%;餐饮收入额 100.53 亿元,增长 7.6%。

实现限额以上社会消费品零售额 166.81 亿元,增长 1.2%。在限额以上批发零售贸易业零售额中,通讯器材类增长 91.4%,服装、鞋帽、针、纺织品类增长 15.0%,化妆品类增长 14.2%,粮油、食品类增长 14.0%,中西药品类增长 7.0%,石油及制品类增长 1.4%,汽车类下降 0.2%,家用电器及音像器材类和日用品类均下降 1.8%,五金、电料类下降 11.4%。

全年实现进出口总额 347.83 亿元,比上年下降 0.8%。其中,出口 239.61 亿元,增长 3.3%;进口 108.22 亿元,下降 8.9%。

全市有出口实绩的企业 943 家,比上年增加 29 家,其中当年新启动出口业务企业 167 家,减少 44 家。出口额在 100 万元以上企业 652 家,其中 1000 万元以上的企业 292 家,减少 1 家。

全市出口排前三位的市场依次是美国、欧盟、东盟。对美国出口 35.12 亿元,增长 1.5%;对欧盟出口 31.27 亿元,下降 3.2%;对东盟出口 28.57 亿元,下降 6.2%。对这三大主要市场出口额合计占全市出口总额的 39.8%。

在主要商品出口中,机电产品出口 62.93 亿元,比上年增长 6.0%;高新技术产品出口 10.60 亿元,增长 7.8%;化学工业及其相关产品出口 80.13 亿元,下降 1.1%;纺织原料及纺织制品出口 19.85 亿元,下降 1.9%。

全年新批外商投资企业 17 家,合同利用外资 11.94 亿美元,比上年增长 259.7%;实际利用外资 0.78 亿美元,增长 4.7%。

全年完成交通运输、仓储和邮政业增加值 52.75 亿元,按可比价格计算,比上年增长 2.9%。

全年各种运输方式完成货物运输量 13834.47 万吨,比上年增长 2.7%,其中铁路 317.42 万吨,增长 4.6%;公路 13509 万吨,增长 2.6%;水运 7.97 万吨,增长 103.1%;民航 839.40 吨,增长 11.9%。全年各种运输方式完成旅客运输量 4492.34 万人,比上年下降 2.8%,其中铁路 564.96 万人,下降 10.0%;公路 3886 万人,下降 2.0%;水运 0.97 万人,下降 55.1%;民航 40.41 万人,增长 61.0%。

年末民用汽车拥有量(不含摩托车)46.64 万辆,比上年增长 9.6%,其中载客汽车 41.44 万辆,载货汽车 5.04 万辆。私人汽车 42.35 万辆,增长 9.2%。全市摩托车拥有量 8.59 万辆。年末共有城乡公共汽车营运车辆 1461 辆,运送乘客 8617.95 万人次,其中城市公共汽车 782 辆,运送乘客 6092.17 万人次。年末共有出租汽车 848 辆。

年末各类公路里程 8515.70 公里,其中高速公路 422.37 公里,一般国道 370.82 公里,省道 191.57 公里,县道 2322.94 公里,乡道 1263.26 公里,村道 3944.74 公里。

全年邮政业务收入(不包括邮政储蓄银行直接营业收入)8.92 亿元,增长 20.9%;电信业务收入 21.40 亿元,下降 4.1%。全年邮政函件业务累计完成 208.1 万件,包裹业务 2.1 万件,报纸业务累计达 3601.1 万份,杂志业务累计达 144.0 万份。年末全市共有快递企业 65 家,全年实现业务收入 6.01 亿元,增长 22.2%;快递收件 9075.7 万件,增长 23.2%,其中国际收件 13.9 万件,下降 11.5%;快递派件 8248.8 万件,增长 25.3%。年末移动电话用户 245.35 万户,比上年增长 3.5%。互联网宽带接入用户 87.92 万户。

全年旅游总收入 595.78 亿元,比上年增长 12.0%,其中接待国内旅游 7869 万人次,增长 5.6%;国内旅游收入 595.37 亿元,增长 12.0%。住宿设施接待入境旅游者人数 12938 人,下降 4.1%;住宿设施接待入境游客收入 593.01 万美元,增长 1.1%。全市拥有星级饭店 28 家,星级饭店客房间数 4237 间。至年末,全市共有 A 级旅游景点 63 个,名胜风景区 4 个。

全年完成金融业增加值 111.70 亿元,按可比价格计算,比上年增长 9.6%。

年末金融机构本外币存款余额 2765.13 亿元,比上年末增长 13.3%,其中人民币存款余额 2736.10 亿元,增长 13.6%。年末金融机构本外币贷款余额 2554.75 亿元,增长 13.6%,其中人民币贷款余额 2546.73 亿元,增长 13.7%。年末住户本外币存款余额 1382.35 亿元,增长 17.8%;住户贷款余额

1430.37亿元，增长16.5%。

年末共有证券营业部22家，与上年持平，全年证券交易量4769.43亿元，比上年增长37.4%；实现佣金收入1.57亿元，增长32.9%；期末保证金余额15.82亿元，增长51.9%；托管市值279.11亿元，增长29.6%；实现利润0.69亿元，增长111.3%；新开证券账户32640个，增长15.2%。全市共有挂牌上市企业36家，其中主板上市企业6家。

年末共有保险机构40家，全年保费收入68.56亿元，比上年增长7.8%。其中，寿险保费收入44.93亿元，增长9.3%；财产险保费收入23.63亿元，增长5.1%。支付各类赔付额22.42亿元，增长10.3%，其中寿险业务赔付额7.06亿元，下降3.7%；财险业务赔付额15.36亿元，增长18.2%。

二、全市各项社会事业协调发展

1. 教育和科学技术

全市拥有普通高校2所，其中本科1所，专科1所，在校人数14609人。中等职业教育学校14所，在校生2.67万人。普通高中29所，在校生3.84万人。普通初中61所，在校生7.20万人。小学206所，在校生13.34万人。特殊教育7所，在校生573人。全市拥有幼儿园465所，在园幼儿7.17万人。

全市学前教育入园率为97.97%，小学入学率为100%，初中入学率为100%，初中毕业升高中段比例为97.88%，高中段毛入学率为98.07%，15年教育普及率为98.78%，三残儿童入学率为99.02%。

全市有普通高校专任教师770人；普通高中专任教师3427人，学历合格率为99.55%；初中专任教师5751人，学历合格率为100%；小学专任教师9054人，学历合格率为99.51%；幼儿园专任教师4624人，学历合格率为99.76%；中等职业教育专任教师1691人，学历合格率为97.75%；特殊教育专任教师201人，学历合格率为100%。

全市拥有国家级高新技术企业364家，市级高新技术企业家252家。国有独立研究开发机构19个，企业技术开发机构445个。全年专利申请量7629件；专利授权量4754件，其中发明专利授权量579件。

财政一般公共预算支出中，科学技术支出15.40亿元，比上年增长39.0%。

年末拥有产品质量检验机构90家，法定计量技术机构5个。全年强制检定计量器具31253件，其中贸易结算用计量器具5179件，安全防护用计量器具19634件。全市检验特种设备41572台件，其中锅炉760台，压力容器21961台，电梯9163台，起重机械6464台，场(厂)内机动车辆3187辆，大型游乐设施37台套。另有各类气瓶65万只，压力管道1725千米。还有各类许可证企业112家，其中特种制造单位30家，安装、改造、修理单位18家，检验单位13家，气瓶充装单位51家。

2. 文化、卫生和体育

年末共有专业艺术表演团体2个，艺术表演场所建筑面积8500平方米；公共图书馆7个，面积34316平方米，藏书量3155千册；博物馆6个，面积20065平方米；文化馆7个，面积22237平方米；文化站102个，面积109674平方米。有广播电台6座，广播节目综合人口覆盖率为100%；电视台6座，电视节目综合人口覆盖率为100%，数字电视用户数68.87万户。全年城市影院观看电影观众331.94万人次，票房收入1.07亿元。全市日均发行《衢州日报》5.2万份，《衢州晚报》4.9万份。年末有综合档案馆7个和国家专门档案馆1个，面积37487.97平方米，馆藏档案全宗1162个。全年查阅档案、资料1.64万人次、54532卷/件次。

年末共有卫生机构(含村卫生室)1796个，其中医院90个，基层医疗卫生机构1666个，专业卫生机构29个。卫生机构共有病床床位15597张，卫生技术人员19212人，其中医生7453人。孕产妇和5岁以下儿童死亡率分别为5.8/10万和3.26‰。农村卫生厕所普及率为99.98%。

全年举办市、县运动会443次，参加人次21.23万人。在全国及全省各类体育比赛中，全市共获金牌206枚、奖牌632枚。年内成功承办2019年灵鹫山第二届(国际)森林汽车穿越大赛、2019衢州TF铁人三项国际邀请赛、2019年“一带一路”衢州国际滑水挑战赛、2019年国际汽联亚太汽车拉力锦标赛—中国(龙游)拉力赛、第四届全国智力运动会、2019年江郎山新年登高活动、2019年全国男子举重锦标赛、2019年全国健美操锦标赛、2019年中国山地自行车公开赛总决赛、2019年全国国际跳棋锦标赛、2019年全国掷球(草地滚球)精英赛、2019年全国举重U系列女子冠军赛、2019衢州马拉松和2019年万人健步走活动等重大赛事活动。

全年销售体育彩票3.26亿元,比上年下降17.25%。

3. 人民生活和社会保障

全年全体居民人均可支配收入为35412元,比上年增长9.7%,扣除价格因素增长6.5%。按常住地分,城镇和农村居民人均可支配收入分别为46933元和24426元,增长8.8%和9.8%,扣除价格因素分别增长5.7%和6.6%。全体居民人均生活消费支出20635元,比上年增长10.1%,扣除价格因素增长6.9%。按常住地分,城镇和农村居民人均生活消费支出分别为26535元和15009元,增长9.3%和10.1%,扣除价格因素分别增长6.1%和6.9%。

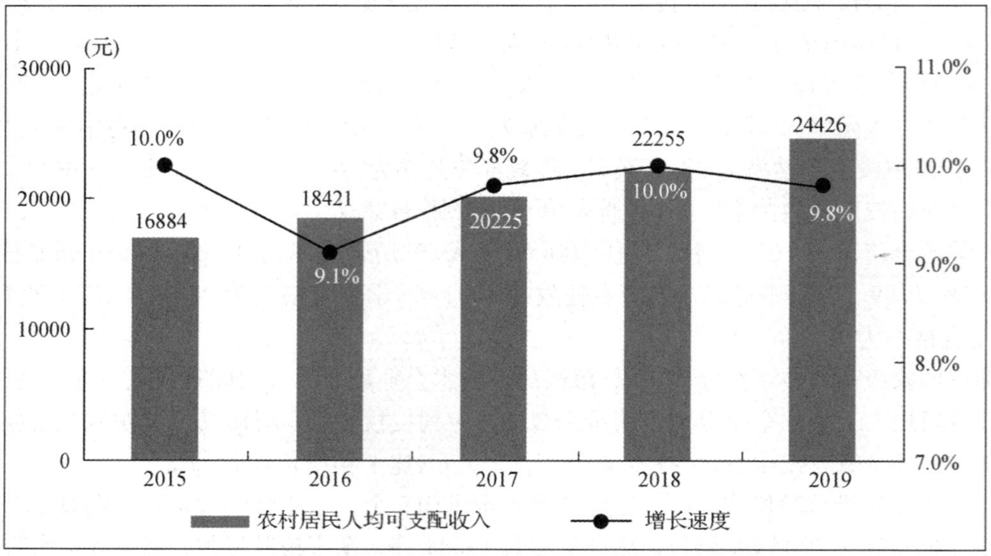

图21　2015—2019年衢州市农村常住居民人均可支配收入及其增长速度

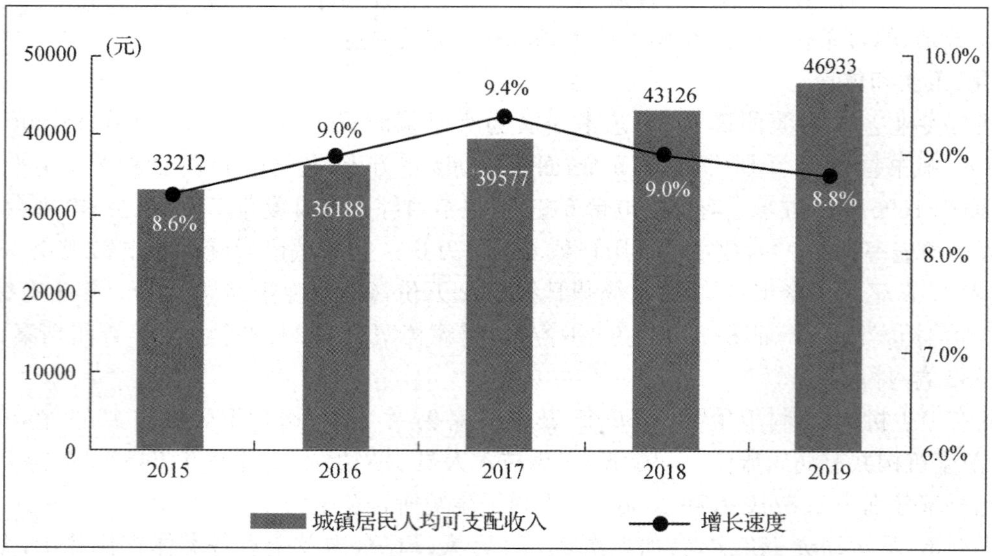

图22　2015—2019年衢州市城镇常住居民人均可支配收入及其增长速度

全市城镇居民人均住房建筑面积51.3平方米，农村居民人均住房建筑面积80.7平方米。

表46　2019年衢州市常住居民每百户主要耐用消费品拥有量

	单位	城镇居民	农村居民
洗衣机	台	96	82
电冰箱	台	106	106
空调器	台	194	124
摩托车	辆	6	15
家用汽车	辆	56	31
彩色电视机	台	160	158
移动电话	部	254	256
家用电脑	台	82	40

年末，全市参加基本养老保险的人数184.27万人，比上年末增长4.6%，其中企业职工参保人数80.00万人，增长7.6%；机关事业参保人数9.06万人，增长3.0%；城乡居民社会养老保险参保人数95.21万人，增长2.4%。参加基本医疗保险的人数242.36万人，增长0.7%，其中城镇职工基本医疗保险参保人数73.54万人，增长9.1%；城乡居民基本医疗保险参保人数168.82万人，下降2.6%。参加工伤、生育保险的职工分别为44.52万人和36.27万人，分别增长9.8%和4.9%。正常缴费企业退休人员基本养老金月均水平4005元；城乡居民养老保险基础养老金最低标准提高到155元。

年末拥有各类收养性社会福利单位197个，床位23335张，在院人数5971人。年末在册低保对象63469人，其中城镇2940人、农村60529人，最低生活保障标准每人每月770元。低保资金(含各类补贴)支出3.64亿元，比上年增长4%。全年支出医疗救助资金1.44亿元，比上年增长3.6%。

全市共销售福利彩票5.48亿元，筹集福彩公益金1.46亿元。

4. 资源、环境和社会公共安全

全年平均降水量为2180毫米。全市水资源总量为137.35亿立方米，人均水资源量为6192.5立方米。

全年完成造林更新面积1.68千公顷，比上年增加31%，其中人工造林0.99千公顷，迹地更新0.69千公顷。森林抚育面积4.39千公顷，完成义务植树275万株。新植珍贵树木286.4万株，重点建设珍贵彩色森林10.14千公顷。

全市地表水环境功能区达标率为100%，县级以上城市集中式饮用水水源地水质达标率为100%，全市跨行政区域河流交接断面水质达标率为100%。市区空气质量(AQI)优良天数比例为93.4%；市区PM2.5浓度平均值为每立方米33微克。市区区域环境噪声昼间52.3分贝，符合功能区要求。

全年万元GDP综合能耗比上年同期下降2.7%左右。全年规模以上工业企业能源消费量比上年增长6.4%，单位工业增加值能耗下降3.0%。

全年自然灾害受灾人口21.34万人，倒塌房屋771间，因灾死亡7人。农作物受灾面积29.95千公顷，绝收面积2.71千公顷。因灾害造成的直接经济损失12.72亿元，其中农业经济直接损失3.96亿元。

全年共发生各类事故(包括工矿商贸企业、道路运输、水上运输、农业机械、渔业船舶)111起，死亡85人，受伤65人，其中工矿商贸领域共发生事故20起、死亡19人，道路交通领域共发生事故91起、死亡66人。全年未发生较大事故，未发生造成人员伤亡或经济损失大于100万元的生产经营性火灾事故，水上运输、渔业船舶、铁路运输等行业领域未发生事故。

5. 城市建设

全市城区面积773.25平方千米，其中建成区面积139.11平方千米，城区人口约82.14万人(含暂住人口)。全市日供水能力60.75万立方米/日，全年供水总量约1.23亿立方米。全市用气人口80.45万人，燃气普及率达97.94%(按城区人口计算)，其中液化气供气量约2.2万吨，人工煤气供气量300万立方米，天然气供气量约2.19亿立方米。全市共有污水处理厂8座，日处理能力34.03万立方米，城市污水处理率达96.66%。城市生活垃圾处理率达100%。市区人均城市道路面积36.07平方米。全市建成区绿化覆盖率达40.80%，建成区绿地率达38.04%，全市人均公园绿地面积14.88平方米(城区范围)。

三、2019年开展的重点工作

(一) 创新发展的动能不断积蓄

实施"5459"大产业创新体系，积极培育高质量发展新引擎。传统产业加快提升。推进化工、钢铁、建材、造纸等产业高端化、智能化、绿色化改造，新增"浙江制造"标准10个、"品字标"企业13家、省级数字化改造试点示范企业9家，新培育"隐形冠军"企业3家、"单项冠军"企业1家。淘汰落后产能70家，整治"低散乱"企业431家，处置"僵尸企业"31家，盘活工业用地5280亩，规上工业亩均税收增长23.3%。全市制造业投资增长15.2%。衢州国家级经济技术开发区大幅进位52名、列全国第65位。新兴产业彰显活力。实施衢州—阿里第三轮战略合作，引进华为、浪潮、海康威视、中科广电等数字经济企业，设立信安数智公司。全市数字经济核心产业增加值增长15%，电商网络零售额增长39.9%。高新技术产业投资增长33.3%，新增国家高新技术企业98家、省科技型中小企业217家。华金新能源年产10万吨动力电池三元前驱体新材料项目投产，金瑞泓完全自主知识产权的"集成电路用12英寸硅单晶棒及正片"实现国内批量生产"零"的突破。创新能力得到增强。携手电子科大共建长三角研究院。浙大工程师学院衢州分院首批硕士研究生入学。东南数字经济研究院组建5个研发中心、集聚13个研究团队、引进120名高层次人才。创建浙江人才创业园。优化市内外创新平台运营管理体制。衢州空气动力装备、柯城区柑橘、衢江区高性能纸及纤维复合新材料3家产业创新服务综合体列入省级创建名单，龙游精密高端装备制造园区获批省级高新园区。营商环境持续优化。推进企业全生命周期便利化改革，企业开办全流程"一件事、一日结、零成本"，不动产登记、获得信贷、水电气网联合报装等做法全国领先。构建项目全过程管理体系，投资项目在线审批监管平台3.0上线运行，一般企业投资项目实现竣工验收前审批"最多90天"。创新开展组团联企服务，全面落实减税降费政策，土地使用税标准降至全省最低。组建区域产业基金和信用保证基金，推出用电营商环境综合责任险。全年为企业减负85.7亿元。积极创建国家"信用示范之城"，建立个人诚信"信安分"评价体系。市营商办被评为全国"人民满意的公务员集体"。

(二) 协调发展的势头不断提升

统筹都市版大花园和乡村版大花园建设，推动城市乡村、文化文明协调发展。城市功能加快完善。核心圈层、高铁新城、南孔古城建设全面提速，鹿鸣半岛酒店综合体、鹿鸣山文化院街、未来大厦、荷一路过江通道开工建设，体育中心、文化艺术和便民服务中心、古城双修"十大工程"加快实施，四省边际中心医院主体工程结顶。城市交通项目"大丰收"，市综合客运枢纽投入使用，完成西安门大桥、锦西大道、府东街改造，建成盈川东路、物流大道延伸工程，城市内环全线贯通。同步开展"城市版+乡村版"未来社区试点，礼贤未来社区列入省首批试点并开工建设。乡村振兴亮点纷呈。全面启动"衢州有礼"诗画风光带建设，实施重点项目78个，完成投资118亿元。大力推进农房整治风貌提升，整治"一户多宅"等农村违建25.6万宗、1183.2万平方米，拆后利用率达56%，"一米菜园"成为乡村特色风景。打造省级美丽乡村精品村125个，衢江区成为省新时代美丽乡村示范县。推广应用房地信息系统，农民建房审批更加规范便捷。全域土地综合整治走在全省前列，完成垦造耕地 2.8 万亩、复垦建设用地 6765 亩、建设高标准农田 14.9 万亩。部市共建农业绿色发展先行市扎实推进，建立市农村产权交易中心。全国首个阿里“村播”基地落户柯城。开化“山泉流水养鱼系统”被认定为中国重要农业文化遗产。文化文明绽放魅力。深入实施南孔文化复兴、文化惠民和公共文化服务“十百千”工程，启动南孔文化核心区建设，成立南孔文化发展中心，新建“南孔书屋”14 家，举行孔子诞辰 2570 周年大祭。承办四省边际城市群文博会，举办各类音乐文体活动近 800 场。新建农村文化礼堂 167 个。深化全国文明城市创建，加强城市精细化管理，整治市容环境、改善基础设施、提升文明素养。

（三）绿色发展的基础不断夯实

深入践行“两山”理念，进一步筑牢生态本底、促进生态富民。生态环境持续优化。全面完成中央环保督察整改任务。加快“污水零直排区”建设，县级以上集中式饮用水源地水质 100%达标，全市跨行政区域交接断面全部达到Ⅱ类水质，“五水共治”公众满意率全省第一、五夺“大禹鼎”。市区空气质量优良率为 93.4%，PM2.5 浓度均值 33 微克/立方米。市区、龙游、开化垃圾处理项目建成投运，江山生活垃圾焚烧发电项目顺利落地。开展“雷霆斩污”专项行动，有效遏制危固废非法处置现象。市高新园区“国家级园区循环化改造示范试点”以全国总分第一的成绩通过复核验收，并参加庆祝中华人民共和国成立 70 周年大型成就展。美丽经济蓬勃发展。深入开展全域旅游示范市创建和“全球免费游衢州”活动，江山市成为首批国家全域旅游示范区，开化根缘小镇被正式命名为省级特色小镇。奥陶纪极限运动乐园、中国运动汽车城等幸福产业项目引进落地，新田铺田园康养综合体、春风江山小镇、赛得健康小镇加快推进。成立“三衢味”品牌运营管理公司。实施民宿产业提升行动，新增省白金宿 1 家、金宿 3 家、银宿 16 家。试点示范稳步推进。钱江源国家公园体制试点通过第三方初评。承办全国“两山”实践创新基地和生态文明建设示范市（县）培训研讨班、全国中小河流系统治理培训班。深入开展国家绿色金融改革创新试验区建设，绿色信贷占全部贷款余额的 30.8%。大力实施融资畅通工程，民营企业贷款余额增长 14%。全市不良贷款率降至 0.75%，网贷平台清退销号全面完成。政府隐性债务有序化解，市属国有投资运营平台健康运行，市金控集团、交投集团、城投集团全部取得 AA 评级。

（四）开放发展的格局不断优化

抢抓机遇推进高水平开放，着力拓展发展空间。交通先导全面突破。杭衢铁路克服重重困难全线开工，衢宁铁路主体工程基本完成，浙西航空物流枢纽项目前期取得积极成果，杭金衢高速拓宽加快推进，351 国道、320 国道改造、205 国道改造动工建设，美丽沿江公路全线贯通。龙游县成功创建省“四好农村路”示范县。衢州港龙游港区、衢江港区开港运营，吞吐量突破 100 万吨。开化通用机场完成选址审批。衢州民航新开通大连、贵阳、成都、西安等城市航线，航点城市达到 11 个，全年旅客吞吐量增长 61%。开放协作持续拓展。深化山海协作升级版，积极融入杭州都市圈，衢甬、衢绍合作更加紧密。制订实施融入长三角区域一体化发展行动计划，衢州绿色科创走廊纳入 G60 科创走廊（浙江段）规划。组建京津冀、长三角、珠三角驻外联络机构，统筹资源打造开放前沿阵地。全市新引进亿元以上项目 80 个，实际到位市外资金 141.6 亿元。承办首届浙皖闽赣国家生态旅游协作区推进会，协作区秘书处落户衢州。联合杭州、黄山推广世界遗产精品游线，举办第二届“一带一路”国际经贸合作、浙商走进大花园等活动。对口支援、对口合作和东西部扶贫协作扎实推进，与新疆乌什、四川绵阳、泸州、乐山及吉林公主岭等区域协作取得新成效。城市品牌逐步打响。在西安、重庆、广州、大连等地举办城市品牌和旅游推介会。黄雅琼成为衢州城市形象大使。成功举办第四届全国智力运动会和全国智力运动博览会，竞得 2022 年亚洲拔河锦标赛承办权，中国户外极限运动公开赛总决赛、全国男子举重锦标赛等赛事为城市增添新活力。衢州首次跻身中国城市品牌百强榜，“南孔圣地·衢州有礼”影响力进一步扩大。

(五)共享发展的成果不断显现

坚持民生优先,财政支出增量71.7%用于改善民生。“最多跑一次”改革迭代升级。全力打造“无证明办事之城”“掌上办事之城”,全市民生事项100%实现“一证通办”,90%以上政务服务事项实现“掌上办”。深入推进个人全生命周期“一件事”改革,二手房交易“不见面”办理、医疗费用“一站式”结算等全国领先,“村情通”、教育“十个一”改革、“婚育户”联办、低保惠民联办等全省领跑。“最多跑一次”改革向公共场所扩面、向机关内部延伸,衢州高铁站整体提升后面貌焕然一新,组织人事业务“一件事”全省示范。公共服务加快提升。全市新改扩建幼儿园34所、义务教育学校50所,城南小学、白沙小学、东港小学、衢江育才中学等建成使用。普惠性幼儿园覆盖率达98.3%,“互联网+义务教育”中小学结对101所。高考成绩再创新高。职教改革走在全省前列,牵头成立浙闽赣皖四省边际职业培训联盟。教育小镇建设加快推进,中央美术学院附属衢州中学、北外国际外语特色实验学校成功落地。医联体、医共体建设扎实推进,优质医疗资源进一步向基层延伸。市妇保院迁建、市中医院扩建工程完工。打造15分钟幸福生活圈,新增健身驿站20个、居家养老服务中心7个。交通治堵取得新进展,新增公共停车位1364个、新建改建公交站台355个,上线应用“智慧交通”。民生保障持续加强。全面完成扶贫“消薄”任务,低收入农户人均可支配收入增长13.8%,城乡低保补助标准提高到770元/月。城镇新增就业7.9万人。扎实推进“无欠薪”行动,投诉结案率为100%。基本养老、基本医疗保险参保率分别达99.2%、99.6%,建立慢性病门诊保障制度,建成送药上山便民服务点29个,获批国家医保智能监控示范点。完成农民饮用水达标提标73.3万人。全市棚户区改造安置住房开工7392套、基本建成3739套。培育城乡放心农贸市场18家、放心消费示范单位1013家。非洲猪瘟得到有效防控。生态节地殡葬改革稳步推进。海关、邮政、气象、新闻出版、广播电视、退役军人等工作呈现新面貌,档案、地方志、妇女、儿童、老龄、残疾人等事业取得新进展,社会救助、社会福利、法律援助、慈善、红十字等事业取得新成效。社会治理不断完善。“扫黑除恶”专项斗争纵深推进,打掉涉黑涉恶团伙45个、破获刑事案件494起。健全应急管理体系,安全生产形势稳定,全市安全生产事故起数和死亡人数分别下降30.2%、34.1%。完善“基层治理四平台”,推进社会矛盾纠纷调处化解中心建设,省级以上信访积案100%化解。全市域开展全国社区治理和服务创新实验区试点。国家安全、国防动员、人民防空、民族、宗教、外事、侨务、对台等工作得到新加强。

(六)坚持依法行政,扎实推进政府数字化转型,深入实施“互联网+监管”“互联网+政务服务”,加快构建“事前舍得放、事中事后主动服务敢于监管”的治理新机制

持续激励干部“脑勤腿勤”、担当作为,全年记功嘉奖20家单位、38名个人,通报“十条军规”正面典型44个、反面典型15个。开展电视问政12期。始终坚持全面从严治党,认真抓好巡视、巡察、审计反馈意见整改,严格落实中央“八项规定”精神。狠抓“基层减负年”,整治“文山会海”,压减文件40.7%、会议35%。

第九节 舟山市2019年经济社会发展报告

2019年,面对国内外风险挑战明显上升的复杂局面,舟山市坚持以习近平新时代中国特色社会主义思想为指导,全面贯彻落实新发展理念,激情创业、拼搏赶超,聚焦高质量发展,主动调结构促转型,重大项目产能加快释放,全力打好“五大会战”、建设“四个舟山”,经济社会健康较快发展。

据全市5‰人口抽样调查推算,年末全市常住人口117.6万人,比上年末增加约0.3万人,城镇化率为68.6%,比上年提高0.5个百分点。

按户籍人口统计,全市家庭总户数37.4万户,户籍人口96.6万人。其中,男性人口为47.6万人,女

性人口为49.0万人，分别占总人口的49.2%和50.8%。全年出生人口5748人，出生率为5.95‰；死亡人口7172人，死亡率为7.42‰；自然增长率为－1.47‰。

表47　2019年末舟山市户籍人口数及其构成

指标	年末数(人)	比重(%)
全市总人口	965990	100
其中:男性	475633	49.24
女性	490357	50.76
其中:0—17岁(含不满18周岁)	112340	11.63
18—59岁(含不满60周岁)	574006	59.42
60周岁及以上	279644	28.95

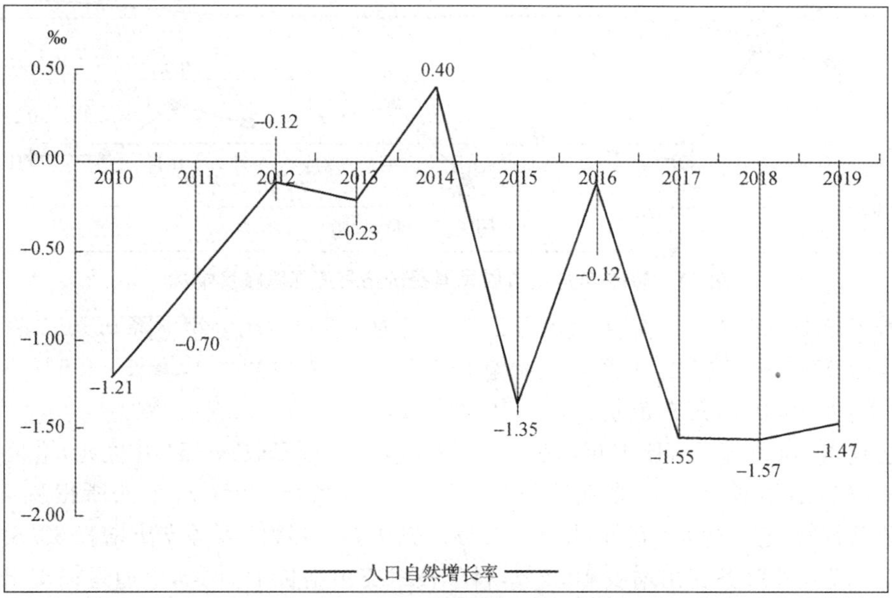

图23　2010—2019年舟山市人口自然增长率

一、全市经济保持稳定发展

全年地区生产总值(GDP)1371.6亿元，比上年增长9.2%。其中，第一产业增加值146.4亿元，第二产业增加值475.5亿元，第三产业增加值749.7亿元，分别增长1.6%、17.6%和5.7%。第一产业增加值占地区生产总值的比重为10.6%，第二产业增加值比重为34.7%，第三产业增加值比重为54.7%。按常住人口计算，人均GDP为11.7万元，按年平均汇率折算为1.7万美元，高于全国和全省平均水平。

全年居民消费价格(CPI)比上年上涨2.3%，其中食品类价格上涨5.9%。商品零售价格上涨3.7%。工业生产者出厂价格下降0.7%。

表48　2019年舟山市分大类居民消费价格比上年涨跌幅度

类别	比上年增长(%)
居民消费价格	2.3
食品烟酒	4.4
衣着	0.5

续表

类别	比上年增长(%)
居住	−0.1
生活用品及服务	4.4
交通和通信	0.7
教育文化和娱乐	3.0
医疗保健	2.8
其他用品和服务	3.7

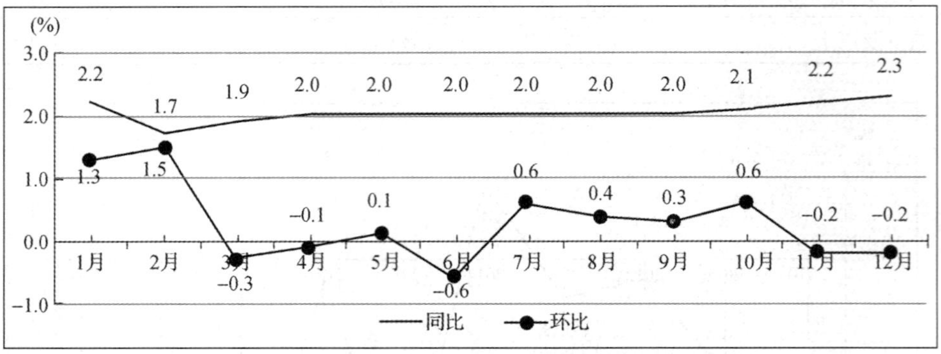

图 24　2019 年舟山市居民消费价格月度涨跌幅度情况

全年新增城镇就业 3.3 万人。年末城镇登记失业率为 1.76%,比上年下降 0.71 个百分点。

全年新设企业 9740 户,比上年下降 2.9%;新设个体工商户 14974 户,增长 44.6%。年末在册市场主体 12.6 万户,增长 10.0%,其中企业 4.5 万户,增长 14.7%。

全年财政总收入 230.6 亿元,比上年增长 5.6%;一般公共预算收入 154.9 亿元,增长 6.1%。其中,国内增值税 39.5 亿元,增长 3.9%;企业所得税 15.9 亿元,增长 13.0%;个人所得税 5.8 亿元,下降 16.0%。一般公共预算支出 323.4 亿元,增长 4.8%。其中,城乡社区事务支出增长 63.8%,卫生健康支出增长 11.9%,一般公共服务支出增长 10.5%,科学技术支出增长 10.0%,交通运输支出增长 9.5%。

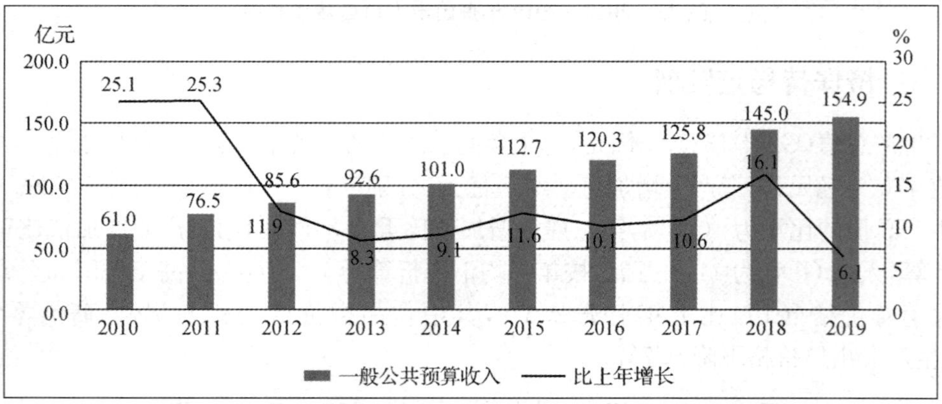

图 25　2010—2019 年舟山市一般公共预算收入及其增速

农作物播种面积 15.8 千公顷,比上年增长 2.5%,其中粮食播种面积 7.4 万亩,增长 1.9%。粮食产量 2.6 万吨,增长 1.7%;蔬菜种植产量 11.6 万吨,下降 8.1%;水果 7.4 万吨,下降 3.3%;茶叶 70 吨,下降 11.4%。年末生猪存栏 3.1 万头,下降 12.1%;家禽存栏 29.5 万只,增长 1.4%。全市肉类产量 5103 吨,比上年增长 0.2%,其中猪肉 3917 吨,增长 1.5%;禽肉 1015 吨,增长 0.6%。鸡鸭鹅蛋产量 979 吨,下降 22.1%。全年水产品总产量 175.6 万吨,增长 1.1%,其中远洋渔业产量 54.2 万吨,增长

10.3%。全市年末海水养殖面积4176公顷，下降5.1%。海水养殖产量28.5万吨，增长8.5%。

表49　2019年舟山市渔农业主要产品产量

农产品	产量(万吨)	比上年增长(%)	水产品	产量(万吨)	比上年增长(%)
粮食	2.6	1.7	水产品	175.6	1.1
晚稻	1.5	6.6	贝类、头足类	66.6	10.3
水果	7.4	−3.3	虾类	22.3	−1.0
蔬菜	11.6	−8.1	蟹类	13.2	−8.2
油菜籽	0.2	24.4	带鱼	8.7	−17.5

年末建成放心菜园、生态茶园、精品果园和绿色粮油基地“三园一基地”4375亩，建成高标准农田1.75万亩，提标改造粮食生产功能区1000亩。有效灌溉面积21.8万亩。累计土地流转面积7.9万亩，农地流转率为58.6%，比上年提高0.8个百分点。年末，全市有市级以上农业龙头企业80家、无公害农产品136个、绿色食品43个、有机食品认证13个。全市有无公害农产品产地86个，面积12万亩；省级无公害水产品基地37个。

重大工业项目建设投产有力拉动舟山市规上工业增加值增速持续加快。全年全市实现规模以上工业增加值293.7亿元，比上年增长43.2%。规模以上工业新产品产值284.4亿元，新产品产值率为30.2%，比上年提高10.7个百分点。全年全市规上工业企业实现营业收入843.6亿元，比上年增长13.9%；实现利税总额35.2亿元，比上年增长31.0%。

年末，全市具有资质等级的总承包和专业承包建筑业企业194家，比上年增加17家。全年建筑业增加值160.1亿元，占GDP的比重为11.7%。

全市固定资产投资比上年增长8.6%，其中民间项目投资增长15.3%，高新技术产业增长12.8%，生态环保和公共设施投资增长6.3%，交通投资下降8.9%。在固定资产投资中，第一产业下降40.4%；第二产业增长15.9%，其中工业增长16.8%；第三产业增长4.4%。

全年房地产开发投资比上年增长12.5%。商品房销售面积150.0万平方米，下降25.4%。商品房待售面积61.5万平方米，下降23.9%。

全年社会消费品零售总额580.6亿元，比上年增长8.2%。按经营地统计，城镇消费品零售额469.7亿元，增长8.2%；乡村消费品零售额111.0亿元，增长8.0%。按消费形态统计，商品零售额499.9亿元，增长8.2%；餐饮收入额80.8亿元，增长7.9%。

全市实现网络零售额70.6亿元，增长41.6%。居民网络消费额182.6亿元，增长16.5%。

全市批发业销售额比上年增长11.4%，其中限额以上批发业销售额增长10.8%。按商品分类看，有五大类商品实现销售额增速在30.0%以上，分别是木材及制品类增长2.0倍，化妆品类增长68.9%，煤炭及制品类增长54.4%，化工材料及制品类增长35.0%，饮料类增长33.0%。

年末已登记商品交易实体市场116家，其中消费品市场110个，生产资料市场6个。全年商品交易市场成交额为477.7亿元，比上年增长6.7%。亿元以上商品交易市场29个，比上年增加2个，年成交额485.3亿元，增长5.7%。

全年外贸货物进出口总额1371.1亿元，比上年增长20.7%。其中，出口501.2亿元，增长17.8%；进口869.9亿元，增长22.4%。大宗商品实现进出口额867.8亿元，增长18.2%，占全市进出口总额的比重为63.3%。其中，油品实现进出口702.3亿元，增长23.6%。服务贸易进出口192.1亿元，增长24.9%。其中，出口161.4亿元，增长25.9%；进口30.8亿元，增长19.9%。

表 50 2019 年舟山市外贸货物出口总额及其增长速度

指标	出口额(亿元)	比上年增长(%)
出口总额	501.2	17.8
其中:油品	186.5	7.2
水产品	79.5	−0.1
造船	96.2	20.0
修船	59.7	60.6
其中:一般贸易	156.2	6.9
加工贸易	121.7	24.0
其中:“一带一路”沿线国家	86.8	35.4
欧盟	83.5	1.3
巴拿马	79.1	10.3
香港	60.0	14.5
东盟	67.4	61.8
日本	32.3	−20.8

全年舟山口岸进出口货运量 15228 万吨,比上年增长 9.2%。其中,进口货运量 14546 万吨,增长 9.5%;出口货运量 682 万吨,增长 3.3%。

全年引进外资合同项目 78 个,实际利用外资 5.0 亿美元,比上年增长 20.0%。实际利用市外资金 510.3 亿元,增长 13.3%。

浙江自贸试验区积极推进油气全产业链发展,全方位落实先行先试任务,建设发展稳步推进。全年自贸区新增注册企业 6927 家,注册资本总额 1387.6 亿元。其中,新增油品企业 2917 家,比上年增长 46.0%,注册资本总额 942.0 亿元;新增外商投资企业 62 家,合同外资 17.1 亿美元,实际利用外资 3.8 亿美元。船用燃料油直供量 410.3 万吨,增长 14.2%;船用燃料油结算量 624.6 万吨,增长 12.2%。引进持牌金融机构 69 家,实现营业收入 39.2 亿元。跨境人民币结算额 960.4 亿元,增长 31.9%。

全年水路货运量 31623 万吨,比上年增长 13.9%,水路货运周转量 3564.1 亿吨公里,增长 7.1%;水路客运量 3234 万人,增长 10.7%,水路客运周转量 5.3 亿人公里,增长 8.0%。公路货运量 10354 万吨,下降 0.2%,公路货运周转量 185.7 亿吨公里,增长 5.3%;公路客运量 2450 万人,下降 5.2%,公路客运周转量 12.0 亿人公里,增长 6.8%。普陀山机场全年完成客运量 152.2 万人次,增长 25.8%;货邮运量(不包括行李)622.6 吨,增长 4.5 倍。年末,全社会民用车辆拥有量 22.3 万辆,比上年末增长 4.3%。其中,小型汽车 18.5 万辆,增长 9.2%;摩托车 2.4 万辆,下降 21.4%。

年末,全市有海上运输船舶 1562 艘,运力 769.3 万载重吨。其中,万吨级以上船舶 171 艘,运力 466.3 万载重吨。年末舟山海事局注册船员 4.4 万人,比上年末增长 2.9%。

全年舟山港域港口货物吞吐量 53596 万吨,比上年增长 5.5%。其中,外贸货物吞吐量 16034 万吨,增长 5.8%。从主要品种看,石油及天然气吞吐量 8810 万吨,增长 23.8%;金属矿石吞吐量 17566 万吨,下降 2.5%;粮油类吞吐量 727 万吨,增长 6.7%;煤炭及制品吞吐量 2675 万吨,下降 1.4%。全年集装箱吞吐量 136.5 万标箱,增长 8.7%。全市有生产性泊位 309 个,其中万吨以上深水泊位 80 个。

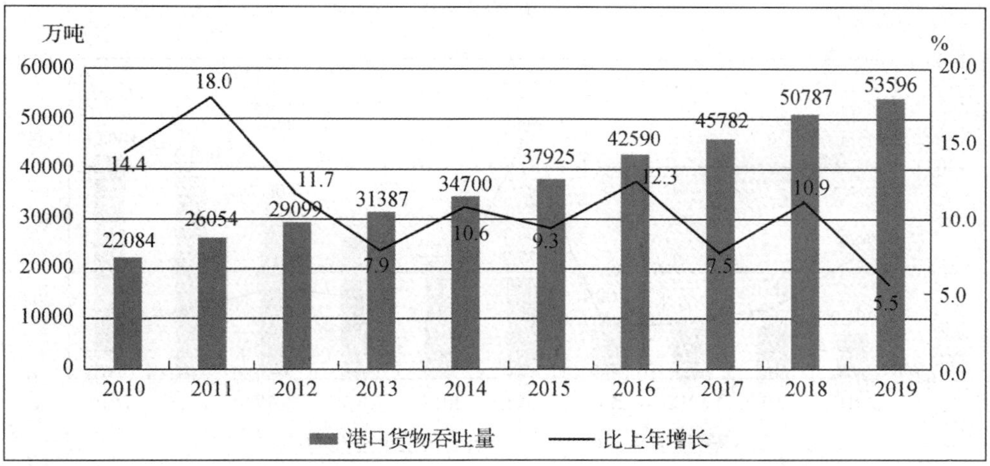

图 26 2010—2019 年舟山市港口货物吞吐量及其增速

全年邮电业务收入 16.5 亿元，比上年增长 5.9%。年末，全市固定电话用户 23.8 万户，比上年末增长 5.5%。移动电话用户 187.2 万户，增长 9.6%，其中使用 3G、4G 移动电话用户 160.0 万户。宽带网用户 58.0 万户。

全年实现旅游总收入 1054.6 亿元，比上年增长 11.9%。旅游接待人数 7051.8 万人次，增长 11.6%。其中，入境过夜人数 15.6 万人次，下降 12.0%。从主要景区看，普陀山景区接待游客 979.6 万人次，增长 7.1%；朱家尖景区接待游客 1096.7 万人次，增长 19.0%；嵊泗县接待游客 765.3 万人次，增长 11.2%。

年末，全市有旅行社 171 家，比上年减少 4 家。全市有星级宾馆 17 家，客房 2178 间，床位 3700 张。全市住宿设施客房出租率为 44.2%。全市有 A 级景区 40 个，其中 5A 级景区 1 个，4A 级景区 4 个。

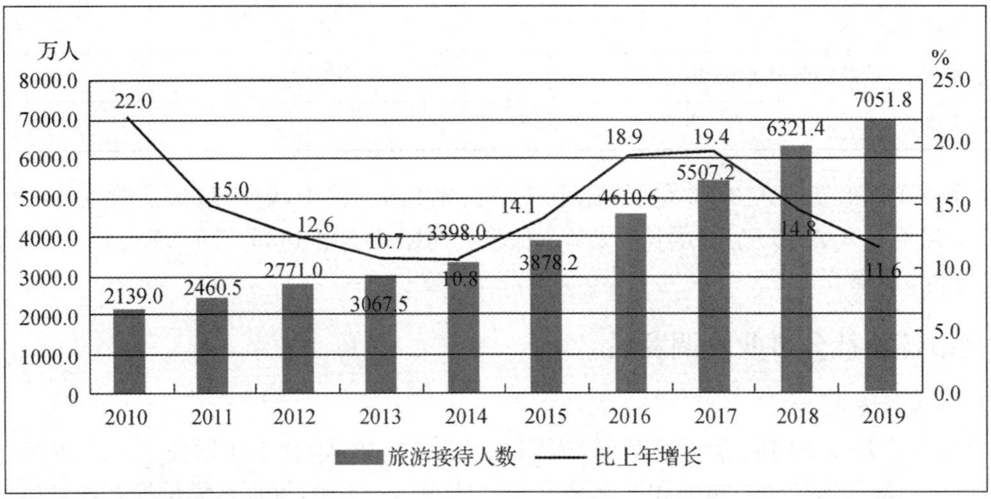

图 27 2010—2019 年舟山市旅游接待人数及其增速

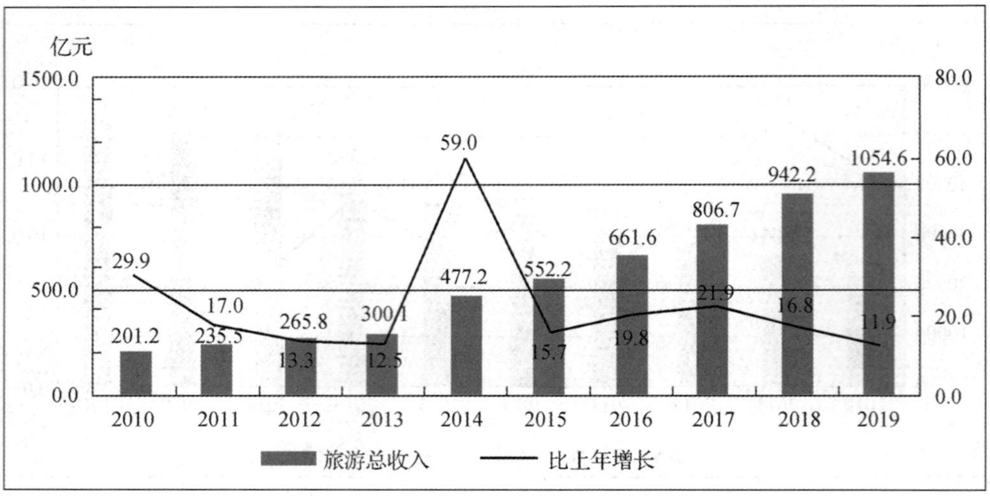

图 28　2010—2019 年舟山市旅游总收入及其增速

年末,全市有各类金融机构 72 家,其中银行业机构 28 家,保险业机构 24 家,证券业营业部 11 家,小额贷款公司 9 家。全部金融机构本外币各项存款余额 2282.1 亿元,比上年末增长 12.2%。全部金融机构本外币各项贷款余额 2435.7 亿元,增长 20.1%。金融机构融资总量余额 4824.0 亿元,比年初增加 1096.5 亿元。其中,市内银行融资总量余额 2694.5 亿元,比年初增加 437.8 亿元;市外金融机构融资余额 2129.5 亿元,比年初增加 658.7 亿元。

表 51　2019 年末舟山市金融机构存贷款及其增长速度

指标	年末数(亿元)	比上年末增长(%)
金融机构人民币存款余额	2221.3	11.8
住户存款	971.7	16.9
金融机构人民币贷款余额	2425.9	21.1
工业贷款	523.9	58.3
建筑业贷款	85.6	15.6
交通运输、仓储和邮政业贷款	228.8	7.1
个人贷款	677.0	14.9

全年保险业实现保费收入 37.6 亿元,比上年增长 4.8%。其中,财产险保费收入 14.6 亿元,增长 4.3%;人身险保费收入 23.0 亿元,增长 5.2%。保险公司赔款支出 14.9 亿元,增长 31.0%;保险公司给付支出 2.7 亿元,下降 0.7%。

二、全市各项社会事业协调发展

1. 教育和科学技术

年末,全市共有小学 54 所,全年招生 8774 人;在校生 50168 人,比上年增长 1.5%;小学学龄儿童入学率为 100%。小学生均校舍建筑面积 9.9 平方米,生均图书 36 册,每百名学生拥有计算机 21 台,小学体育运动场(馆)面积达标的学校比例为 100.0%。共有初中 29 所,招生 7482 人;在校生 21818 人,比上年增长 3.2%。初中生均校舍建筑面积 19.3 平方米,生均图书 56 册,每百名学生拥有计算机 36 台,初中体育运动场(馆)面积达标的学校比例为 100%。义务教育中小学专任教师 5770 人,比上年增长 1.9%。

全市各类中等职业教育学校 4 所，全年招生 2197 人，在校生 6478 人，毕业生 2485 人；普通高中 13 所，全年招生 3801 人，在校生 11230 人。全市共有普通高等院校 4 所，全年招生 11780 人，在校生 30630 人，毕业生 7907 人；成人高校 1 所，全年招生 612 人，在校生 2556 人，毕业生 461 人。中等职业教育专任教师 594 人，增长 0.7%。普通高等学校专任教师中副高职称以上教师所占比例为 42.0%，具有硕士以上学位教师比例为 56.5%。

全市共有幼儿园 125 所，全年招生 8714 人，在园幼儿 26651 人。3—5 周岁幼儿入园率为 99.97%。

全年财政一般公共预算支出中科技支出 7.5 亿元，比当年预算多支出 8.4%。

全年组织实施各级各类科技项目 692 项，其中国家级 49 项，省级 426 项。申请专利 3418 件，其中发明专利 1536 件；专利授权量 2027 件，其中发明专利授权量 580 件。年末，全市有高新技术企业 140 家，科技型中小企业 960 家。

年末，全市拥有各类注册商标 10436 件，其中中国驰名商标 12 件，中国地理标志（包括证明、集体）商标 19 件。

2. 卫生和文化体育

年末，全市共有卫生机构 718 个（含村卫生室），其中医院 34 个，社区卫生服务中心（卫生院）36 个，社区卫生服务站 141 个。卫生技术人员（含村卫生室）9846 人，其中执业医师 3393 人，注册护士 3878 人。医疗卫生机构开放床位 6281 张。全年累计报告传染病（甲乙丙类）15657 例，报告发病率为 1334.78/10 万人。5 岁以下儿童死亡率为 1.85‰，婴儿死亡率为 1.14‰。免费婚检率为 73.51%，孕产妇住院分娩率为 100%，一孩率为 64.7%，二孩率为 34.2%。

年末，全市有文化艺术表演团体 2004 个，艺术表演场所 6 处，文化馆 5 个，文化站 36 个，公共图书馆 5 个，藏书 234.5 万册。全市有线电视用户 33.9 万户，其中数字电视用户 31.6 万户。广播人口综合覆盖率为 100%，电视人口综合覆盖率为 100%。

全年新建全民健身路径 28 条、各类体育健身场所 23 个，开展群众体育活动 260 次，参加体育活动 15.2 万人次。在省级以上比赛获得奖牌 28 枚，其中金牌 16 枚，银牌 2 枚，铜牌 10 枚。

3. 人民生活和社会保障

全年全体常住居民人均可支配收入 53568 元，比上年增长 8.8%。城镇常住居民人均可支配收入 61479 元，增长 8.6%；城镇常住居民人均生活消费支出 36333 元，增长 7.4%。全年渔农村常住居民人均可支配收入 36784 元，增长 8.8%；渔农村常住居民人均生活消费支出 23891 元，增长 8.6%。城镇、渔农村居民收入比为 1.7∶1。城镇居民恩格尔系数为 29.9%，比上年下降 0.1 个百分点；渔农村居民恩格尔系数为 32.2%，比上年下降 0.3 个百分点。年末，城镇居民人均现住房建筑面积 37.71 平方米，渔农村居民人均现住房建筑面积 55.91 平方米。

全市参加基本养老保险人数 81.7 万人，基本医疗保险参保人数 100.4 万人，失业保险参保人数 24.6 万人，工伤保险参保人数 39.5 万人，生育保险参保人数 24.5 万人。

全市有敬老院 40 所，社会福利院 9 所，共有床位数 5412 张。城镇“三无”对象集中供养率为 84.7%，渔农村“五保”老人集中供养率为 84.8%。城乡居民得到政府最低生活保障人数 9783 人，其中城镇低保对象 1388 人，渔农村低保对象 8395 人。城乡低保对象最低生活补助标准每人每月 720 元。

4. 城市建设和新渔农村建设

以创建全国文明城市为抓手，舟山市始终把城市建设放在重要位置。全年城中村改造建筑面积 21.1 万平方米，旧住宅区改造建筑面积 53.8 万平方米，拆除违法建筑 76.1 万平方米。建成城市道路 11 条，新增公共停车位 4623 个。提升陆岛码头 15 座、公交候车亭 255 个。建成 8 个绿地公园，新增城市绿道 22.2 公里，获评国家园林城市、全国绿化模范城市。

美丽乡村建设稳步推进，创建省级特色精品村 12 个、A 级以上景区村 26 个、美丽宜居示范村 6 个，打造美丽乡村风景线 5 条。完成 243 个渔农村环境综合整治，农村生活污水标准化运维管理比例达

50%以上,改造提升农村公厕60座、户厕927座,建成渔农村生活垃圾分类处理村54个,实现农村生活垃圾分类处理行政村全覆盖。

5. 能源、环境和公共安全

全社会用电量65.5亿千瓦时,比上年增长17.7%。其中,工业用电26.0亿千瓦时,增长8.4%;城乡居民生活用电10.6亿千瓦时,增长4.2%。

全市县级以上城市集中式饮用水水源水质全部达标。全年PM2.5平均浓度为20.0微克/立方米,比上年减少1.0微克/立方米。日空气质量优良达标天数比例为96.7%,比上年提高1.1个百分点,居全国各城市前列。区域环境噪声平均等效声级51.5分贝。开展治水治污大会战,建成品质河道34条、"污水零直排区"31个。

全市达到一、二类海水水质标准的海域面积占38.4%,四类和劣四类海水海域面积占57.2%,比上年下降4.4个百分点,近岸海域环境功能区达标率达7.8%,比上年下降6.8个百分点。

全年全市共发生各类生产安全事故41起,比上年减少12起,安全事故死亡人数44人,亿元GDP生产安全事故死亡率为0.03,比上年降低0.01。

根据2019年度"平安浙江"建设人民群众安全感调查结果显示,舟山市人民群众安全感满意率为98.88%,参与率为74.32%,政法队伍满意率为93.33%。

三、2019年开展的重点工作

(一)促进经济实现较快增长

稳企业有效开展。扎实开展"三服务"。工业加快转型升级,船舶修造业企稳回升,3家重点船企成功重组,外轮修理业产值增长12.8%;机械制造业产值增长5.1%,水产品加工业稳步发展。深入实施融资畅通工程,民企贷款余额增长15.9%。有效化解企业"两链"风险,不良率由5.09%下降到1.32%。外贸实现逆势增长,实际利用外资首次突破5亿美元。

增动能成效明显。实施招商引资"一号工程"。深入谋划、招引、落地以先进制造业为主的重大产业项目,签约亿元以上项目60个,新引进世界500强投资项目7个。中石化LNG、浙能LNG、电子信息材料、海底电缆制造等一批重大项目落地。省市县长工程项目落地率为75%,137个省市重点项目超额完成年度投资任务。成功举办首届世界舟山人大会。重大产业项目加快建设。绿色石化基地一期全面达产,二期开工建设。新奥LNG实现规模化外送。数字经济融合发展。软件和信息技术服务业增长22.9%,新增规上数字经济核心企业10家。省海洋大数据中心落户。基本建成"移动支付之城"。现代服务业加快发展。港口货物吞吐量达5.36亿吨。举办国际海岛旅游大会,全年接待游客7052万人次,旅游收入突破千亿元,普陀山机场旅客年吞吐量突破150万人次。金融机构贷款余额增速位居全省前列。加快融资租赁产业集聚,投放额增长36.6%。深入实施放心消费行动,网络零售额增长41.6%。渔农业稳步增长。渔业总产量达175.6万吨。推进国家远洋渔业基地建设,国际水产品贸易中心投入运行,发布全国鱿鱼价格指数,远洋捕捞、加工、贸易交易实现"三个百亿"目标。定海省级现代农业园区基本建成,成功创建国家农产品质量安全区;普陀田园综合体成为农旅融合示范样板。

创业创新稳步实施。企业研发支出占比、高新技术产业增加值占比较快提升。新增高新技术企业49家、省科技型中小企业171家。新增产业创新研究院10家、省级产业创新服务综合体2家。实施省级以上科技项目475项。人才飞地在杭州开园。全市每万名从业人员人才数居全省前列。引育省部级以上高层次人才55人,引进紧缺高端人才116人,引进高校毕业生10764人,培养高技能人才6972人。

经济密度持续提升。深化"亩均论英雄"改革,创新"岸线效益论英雄"改革。强化自然资源和空间资源集约集聚利用,全面启动国土总体规划编制。注重招商选资,将亩均税收30万元、亩均投资400万元、亩均产值500万元、容积率1.5以上作为新增制造业项目的刚性要求。整治"低散乱"厂房,完成低效土地再开发5798亩。消化批而未供土地6243亩，处置闲置土地3217亩。

（二）加快实施国家战略

自贸试验区年度任务全面完成。加快“一中心三基地一示范区”建设，实现大宗商品交易额4793亿元，其中油品交易额3300亿元；船用燃料油加注410万吨，保持国内第一大加油港地位，跃升为全球第八大加油港；油品储存能力达2790万吨；实现农产品贸易交易额182.7亿元；跨境人民币结算额达960亿元。89项试点任务全部实施，27项制度创新成果全国复制推广。赋权《若干措施》获国务院批复。成功举办世界油商大会。

积极融入长三角一体化。经过争取，沪舟甬跨海通道、洋山区域合作开发等纳入长三角一体化发展规划纲要，小洋山北侧成陆工程开工建设。制订实施甬舟一体化行动计划。积极参与全省“四大”建设，列入义甬舟开放大通道重大支撑性项目15个。

舟山江海联运服务中心加快建设。开展沿江沿海港口合作，江海联运量占长江干线的15.5%。率先开展外锚地综合海事服务，实现外轮供货值22亿美元。

（三）不断提升城市品质

全民创城推进有力。全国文明城市创建成效明显，城市更加整洁有序、更有温度。加快老城区有机更新，完成402幢老旧住宅改造。打好城乡环境综合整治大会战，开展人力客运三轮车、洗车业、屋顶广告、“门前三包”等专项整治。推进城镇生活垃圾分类，团鸡山垃圾焚烧三期建成投运，成为全省首个生活垃圾无填埋城市。实施文明行为促进条例和物业管理条例，制定品质舟山城市建设标准，出台城市管理导则。

基础设施持续完善。全力打好综合交通大会战，建成富翅门、秀山、鱼山、新城、港岛等5座跨海大桥，舟岱大桥主塔封顶，东西快速路建成通车，海天大道全线提升，滨海大道基本贯通。整治改造一批断头路、瓶颈路、隧道等市政设施，建成城市道路11条。建成8个绿地公园，新增城市绿道22.2公里，获评国家园林城市、全国绿化模范城市。建成儿童公园。制订防洪排涝能力提升三年行动计划，开工建设水库、水闸、标准海塘项目29个，清淤疏通排水管网470公里。启动谋划水资源综合利用。500千伏联网工程竣工投产。

智慧城市稳步建设。智慧城管基本实现全域覆盖。智慧消防、水务、安监等建成。3920艘渔船完成北斗终端改造升级。

乡村振兴加快推进。深化“千村示范、万村整治”，建成美丽乡村精品村23个。新建村入选联合国人居署乡村规划中国案例，花鸟岛获评国家乡村旅游经典案例，东沙镇获评全国乡村治理示范乡镇。举办乡村振兴产业招商大会，岱山现代农业园区等一批项目开工建设。提升“四好农村路”116公里。生活垃圾分类处理实现建制村全覆盖。完成社区村体制改革，284个行政村全面实现“一村一经合社一本账”。推进宅基地“三权分置”改革，积极盘活闲置农房。创建省级善治示范村24个、民主法治村11个。完成“大棚房”清查整治。

环境质量走在前列。实施蓝天保卫战，PM2.5每立方米由22微克降至20微克。开展治水治污大会战，地表水监测断面和饮用水源地全部达标。获批白沙国家级海洋牧场示范区。连续10年美丽浙江建设考核优秀。完成生态环保和海洋督察年度整改。

（四）扎实推进重点改革

“最多跑一次”成为常态。实行出生、入学等51项“一件事”联审联办。企业投资项目审批“最多90天”，企业开办只需4小时。推动“最多跑一次”改革向公共服务领域延伸，普陀山景区实现“一票通”，社保民生事项实现“人机联办”。

营商环境不断优化。实施优化营商环境行动计划。率先开展“证照分离”改革。深化国际贸易“单一窗口”建设,在全国率先开展进口货物“两步申报”改革,通关时间和成本大幅缩减。

推进政府数字化转型。互联网＋政务、互联网＋监管位居全省前列,实现政务服务事项“网上可办”“掌上可办”,245项民生服务事项“一证通办”。“舟山大脑”六大基础平台上线运行。

(五) 持续改善民生福祉

社会保障不断加强。城镇登记失业率为1.76%。建成全省首个规模化失智症照料中心,新增示范型居家养老服务中心13家,每千名老人拥有社会养老床位数居全省前列。全市养老保险参保率提高到95.64%,3.2万名渔民养老待遇人均每月增加210元,企业退休人员养老待遇实现15连调。全民基本医保参保率达99.3%,大病医保起付标准降低到2.5万元,最高报销比例提高到70%;药品平均降价24%。8500余名孕产妇免费接受产前筛查与诊断,助听助明助行1247人。通过政府全额代缴,残疾人和低收入渔农户实现全员参保,惠及1.3万余名困难群众。实施保障性安居工程,竣工6341套、交付11022套。

社会事业加快发展。坚持教育均衡,各县(区)教育现代化发展水平均居全省前列,全面推行小学放学后托管服务,城区义务教育集团化取得新成效,24所乡村中小学实现“互联网＋教育”结对帮扶,率先实行银龄讲学支援计划。推进“健康舟山”,国家级卫生乡镇占比全省领先,6个重点海岛开设住院服务,110个基层远程医疗服务站点完成标准化建设,20个离岛健康小屋建成投用。全域推进现代公共文化体育服务体系建设,基层文化礼堂、体育广场覆盖率全省领先。民族、宗教、侨务、老龄、儿童、档案、史志、气象、红十字、慈善、志愿者、关心下一代等事业又有新发展,积极发挥工青妇等群团组织作用。做好退役军人工作,国防海防、民兵预备役、人民防空和双拥优抚等工作不断加强。东西部扶贫协作和对口支援、对口合作成效明显。

深入开展降成本。居民用气从每方3.6元降至2.95元。一般工商业电价每度下降7.48分。降低企业物流成本,下调10条重点航线车渡费,优惠集装箱车辆大桥通行。强化“菜篮子”“鱼篮子”市长负责制,蔬菜直采比例提升到42%,新增直供店12家,改造提升渔农村农贸市场和蔬菜基地,下调国有农贸市场摊位费,做好生猪稳产保供工作,CPI涨幅全省最低。

社会保持和谐稳定。强化海上安全、道路交通安全、消防安全,有效管控危化品、“两客一危一货”车辆和滨海海滩,积极应对自然灾害,全市生产安全事故起数、死亡人数和道路交通事故大幅下降,未发生火灾亡人事故。创建“东海渔嫂”品牌,“海上枫桥”、普陀社会治理综合服务中心模式在全省推广。深入推进人民信访“最多跑一地”。定海、嵊泗成功创建全省“无欠薪”县(区)。深入开展“扫黑除恶”专项斗争,严厉打击走私犯罪,平安指数、人民群众安全感满意率全省第一。

第十节　台州市2019年经济社会发展报告

2019年,面对错综复杂的国内外经济形势,台州市坚持以习近平新时代中国特色社会主义思想为指导,全面贯彻落实党的十九大和十九届二中、三中、四中全会精神,认真落实省委、省政府各项重大决策部署,以现代化湾区建设统领“再创民营经济新辉煌”和“新时代美丽台州建设”,着力深化供给侧结构性改革,统筹推进“五位一体”总体布局,努力克服超强台风“利奇马”带来的负面影响,全面推进高质量发展,全市经济社会保持平稳健康发展的良好态势,发展质量稳步提升,人民生活福祉持续增进,各项社会事业繁荣发展,生态环境质量持续改善,“两个高水平建设”取得新进展。

截至2019年11月23日,全市户籍总人口606.64万人,其中男性人口309.51万人,女性人口297.13万人,男女性别比为104.2∶100。全年共出生5.55万人,死亡3.68万人,人口出生率为9.16‰,死亡率为6.08‰,人口自然增长率为3.08‰。市区户籍人口163.31万人。据2019年浙江省5‰人口变动抽样调查,年末全市常住人口615万人,城镇人口比重为63.7%。

一、全市经济保持稳定发展

经济保持平稳运行。据初步核算，全年全市实现生产总值5134.05亿元，按可比价格计算，比上年增长5.1%。其中，第一产业增加值282.08亿元，增长1.0%；第二产业增加值2339.90亿元，增长3.6%；第三产业增加值2512.07亿元，增长6.9%。三次产业结构为5.5∶45.6∶48.9。按户籍人口计算，全市人均生产总值为84718元(按年平均汇率折算达12281美元)，比上年增长4.8%；按常住人口计算，全市人均生产总值为83555元(按年平均汇率折算达12112美元)，比上年增长4.8%。

市区实现生产总值1894.10亿元，按可比价格计算，比上年增长4.2%。按户籍人口计算，市区人均生产总值达到116270元(按年平均汇率折算达16855美元)，比上年增长3.6%；按常住人口计算，市区人均生产总值为95807元(按年平均汇率折算达13888美元)，比上年增长3.9%。

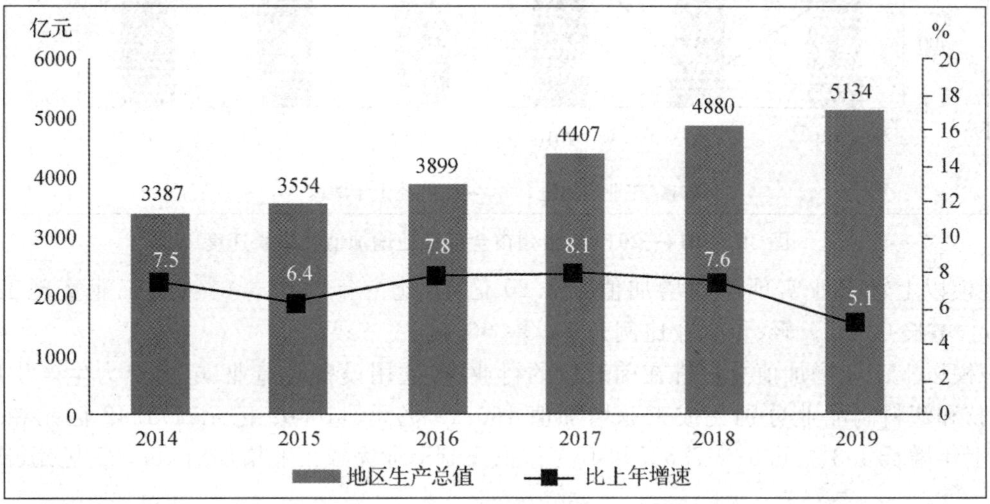

图29　2014—2019年台州市地区生产总值及增长速度

农业生产基本稳定。全市实现农林牧渔业总产值501.92亿元，按可比价格计算，比上年增长1.0%。其中，农业产值163.07亿元，增长2.5%；林业产值7.10亿元，增长3.5%；牧业产值28.87亿元，下降11.9%；渔业产值297.11亿元，增长1.1%；农林牧渔服务业产值5.77亿元，增长10.9%。

全年农作物总播种面积201.42千公顷，比上年增长1.1%。全年粮食作物播种面积82.58千公顷，比上年增长0.7%；粮食总产量50.25万吨，下降1.6%。全年非粮食作物播种面积118.84千公顷，比上年增长1.4%。全年蔬菜产量218.95万吨，比上年下降0.1%；油料产量1.31万吨，增长11.7%；水果产量148.20万吨，增长0.6%。

全年完成造林更新面积615公顷，其中人工造林面积287公顷。全市有森林面积601.94千公顷，森林覆盖率为61.37%。全市有自然保护区(含小区)35个，面积9.84千公顷。

全年水产品产量145.90万吨，比上年下降4.3%，其中海洋捕捞产量87.69万吨，下降6.3%；海水养殖产量49.03万吨，下降0.5%。

全市注册登记的农民专业合作社6864家，其中省级示范性专业合作社101家。全市共认证有机食品58个，绿色食品191个，国家无公害农产品308个，浙江省无公害农产品产(基)地308个。国家级农业龙头企业2家，省级农业龙头企业47家，市级农业龙头企业共有231家。

全市完成河湖库塘疏浚清淤150.55公里，其中市区81.83公里。治理水土流失面积48.70平方千米，新增防渗渠道89.53公里，新增节水灌溉面积1520公顷。年末，全市拥有农业机械总动力241.55万千瓦，全年农村用电量120.19亿千瓦时。

工业生产稳中有进。全市实现工业增加值1966.42亿元，按可比价格计算，比上年增长4.5%。全市规模以上工业企业(年主营业务收入2000万元及以上工业企业)家数为4278家,实现工业增加值1145.08亿元,比上年增长1.3%。

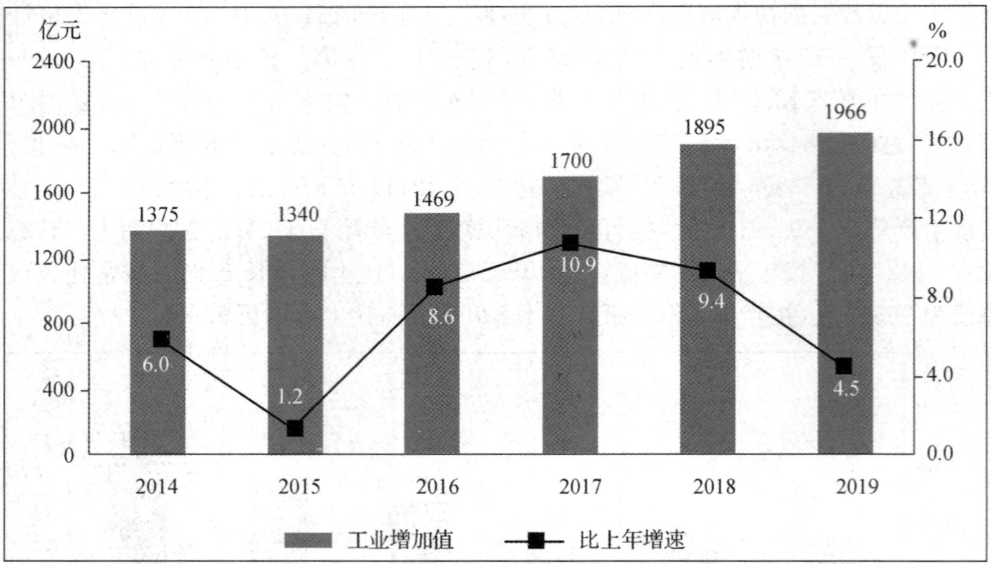

图30　2014—2019年台州市全部工业增加值及增长速度

全市规模以上轻工业实现工业增加值388.20亿元,比上年增长3.6%;重工业实现工业增加值756.88亿元,增长0.2%。轻、重工业比例为33.9∶66.1。

全市规模以上工业增加值总量排在前五位的行业中,通用设备制造业、电力热力生产供应业、医药制造业、橡胶和塑料制品业分别完成工业增加值160.49亿元、116.02亿元、114.42亿元和102.23亿元,分别比上年增长3.3%、5.3%、7.5%和4.7%;汽车制造业完成工业增加值158.25亿元,比上年下降4.7%。

全年规模以上装备制造业实现增加值576.23亿元,比上年增长0.7%;规模以上战略性新兴产业实现增加值249.32亿元,增长7.1%;规模以上数字经济核心产业实现增加值50.42亿元,增长1.7%。

表52　2019年台州市规模以上工业主要产品产量及增长速度

产品名称	单位	产量	比上年增长(%)
啤酒	万千升	30.94	−9.9
罐头	万吨	10.70	−8.0
冷冻水产品	万吨	24.48	10.0
电工仪器仪表	万台	261.32	4.9
家具	万件	3803.78	4.2
服装	万件	250.50	−7.3
皮革鞋靴	万双	21103.30	−6.0
化学药品原药	万吨	6.18	−13.8
塑料制品	万吨	183.63	2.8
白银(银锭)	千克	23815	26.6
铜材	万吨	15.37	3.5
金属切削机床	万台	2.99	−14.3

续表

产品名称	单位	产量	比上年增长(%)
交流电动机	万千瓦	1508.32	4.9
泵	万台	3840.86	8.6
水泥	万吨	506.07	4.8
电动自行车	万辆	124.75	4.5
汽车	万辆	36.45	−21.7
摩托车整车	万辆	81.51	2.5
民用钢质船舶	万载重吨	45.87	24.6
变压器	万千伏安	1521.92	18.8
家用冷柜	万台	127.16	13.2
家用电冰箱	万台	70.31	−24.9
彩色电视机	万台	191.11	−73.5
日用塑料制品	万吨	52.78	−1.7
眼镜成镜	万副	14218.31	−11.4
模具	万套	9.20	−4.4
阀门	万吨	24.70	−2.4

全市规模以上工业企业产品产销率为97.1%；新产品产值1864.40亿元，比上年增长0.3%；新产品产值率为36.76%，比上年提高0.8个百分点。

全市规模以上工业企业实现利税总额(不含台州电业局)497.31亿元，比上年下降1.6%，其中利润总额328.13亿元，增长2.2%。

全市实现建筑业增加值374.82亿元，比上年下降1.3%。资质以上建筑企业完成房屋建筑施工面积11653.18万平方米，房屋竣工面积2611.45万平方米。

固定资产投资稳步增长。全市固定资产投资施工项目3492个，其中本年新开工项目1336个。全年固定资产投资比上年增长10.7%，其中第一产业增长28.5%，第二产业增长3.2%，第三产业增长13.2%。固定资产投资中，工业性投资比上年增长3.7%；基础设施投资下降9.6%；民间投资增长23.0%。

重点工程建设扎实推进。温岭泽国至玉环大麦屿疏港公路、S326(60省道)三门段改建工程建成通车，浙江联塑科技实业有限公司年产塑料管材7.5万吨、塑料检查井15万套的生产基地(一期)、台州东部建材科技有限公司建筑工业化基地等项目建成投产；杭绍台铁路、金台铁路、市域铁路S1线一期、朱溪水库、方溪水库、台州市引水工程、台州市地下综合管廊项目加快推进；台州机场改扩建工程、杭绍台高铁温岭至玉环段项目、临海市大田平原排涝二期工程等项目开工建设。

全年房地产开发投资比上年增长19.9%。房屋施工面积4296.01万平方米，比上年增长13.3%；房屋竣工面积272.48万平方米，下降28.8%。全年商品房销售面积850.81万平方米，比上年下降8.8%，其中住宅销售面积629.90万平方米，增长2.9%。

全年交通运输、仓储和邮政业增加值为130.10亿元，比上年增长4.1%。

全年完成货物周转量1877.89亿吨公里，比上年增长2.6%；旅客周转量为69.26亿人公里，下降3.2%。全年台州港完成货物吞吐量4901万吨，其中外贸吞吐量531万吨；完成集装箱吞吐量42.8万标箱。民航完成旅客吞吐量138.13万人次，货邮吞吐量10279吨，分别比上年增长24.2%和35.6%。全年铁路发送旅客 1335 万人次,比上年下降 2.8%。

年末,全市公路总里程(含村道)13112 公里,其中,高速公路 446 公里。全市汽车保有量达 175.22 万辆,比上年增加 12.29 万辆。其中,私人汽车 159.82 万辆,比上年增加 11.44 万辆。

全年邮电业务收入 84.94 亿元,比上年增长 6.7%,其中电信业务收入 74.31 亿元,增长 4.5%。年末国际互联网宽带接入用户 253.23 万户,比上年增加 8.16 万户;移动互联网用户 711.38 万户,比上年增加 22.7 万户。年末移动电话用户为 960.57 万户,比上年增加 2.57 万户;城乡固定电话用户为 100.8 万户,比上年减少 6.9 万户。

全年快递服务企业完成业务量 8.25 亿件,比上年增长 17.3%;完成业务收入 44.07 亿元,增长 10.3%。

市场消费持续增长。全市实现社会消费品零售总额 2562.58 亿元,比上年增长 8.3%,扣除价格因素,实际增长 5.8%。按消费类型分,商品零售额 2263.42 亿元,增长 7.9%;餐饮收入 299.16 亿元,增长 11.2%。按经营地分,城镇零售额 2055.56 亿元,增长 8.4%;乡村零售额 507.02 亿元,增长 7.8%。限额以上批发零售企业中,体育娱乐用品类、化妆品类、粮油食品类、汽车类零售额分别比上年增长 96.0%、37.7%、32.6%和 7.9%;石油及制品类零售额比上年下降 2.7%。

全年新设市场主体 11.66 万家,其中新设企业 3.66 万家,新设个体工商户 7.95 万家。年末在册市场主体 62.24 万家,其中企业 19.49 万家,个体工商户 41.66 万家。

年末,全市拥有各类商品交易市场 440 家,成交额 1386 亿元,年成交额超亿元的市场有 136 家。全年网络零售额 1224 亿元,比上年增长 17.4%。全市已创设淘宝镇 39 个,淘宝村 263 个,电商产业园 22 个,活跃网络零售网店 5.70 万家,其中活跃天猫网店 5313 家。

全市居民消费价格总水平比上年上涨 2.9%,其中消费品价格上涨 3.6%,服务项目价格上涨 1.9%。工业生产者出厂价格比上年上涨 0.1%,工业生产者购进价格比上年下降 2.7%。

表 53　2019 年台州市居民消费价格比上年涨跌幅度

指标	全市(%)	市区(%)
居民消费价格	2.9	2.3
食品烟酒	6.6	5.8
食品	9.2	7.9
其中:粮食	−0.3	−0.8
鲜菜	8.0	8.6
畜肉类	32.3	30.3
水产品	−1.4	−2.9
烟酒	0.4	0.2
衣着类	1.7	1.1
居住	0.7	0.4
生活用品及服务	2.4	2.1
交通和通信	−0.7	−1.2
教育文化和娱乐	2.2	1.4
医疗保健	4.5	3.8
其他用品和服务	2.8	2.6

天台、仙居被列入首批省级全域旅游示范区，玉环漩门湾湿地景区成功获批国家4A级景区。全年共接待旅游总人数13169.58万人次，比上年增长11.3%，其中接待国内游客13155.70万人次，增长11.3%；接待入境旅游人数13.88万人次，按可比口径增长8.6%。全年实现旅游总收入1470.08亿元，增长13.0%，其中国内旅游收入1466.89亿元，增长13.0%；入境旅游收入4614.09万美元，增长11.3%。全市共有5A级旅游区2个，4A级旅游区15个，3A级旅游区64个，2A级旅游区12个。共有星级饭店34家，客房6128间，床位9510张。旅行社167家，其中星级品质旅行社67家。

出口规模保持稳定。全年外贸进出口总额1700.08亿元，比上年下降2.1%。其中，出口总额1565.15亿元，增长2.2%；进口总额134.93亿元，下降34.3%。全年外贸企业出口283.01亿元，比上年增长7.5%；三资企业出口127.05亿元，下降5.4%；生产企业出口1155.09亿元，增长1.8%。在出口总额中，一般贸易出口1487.98亿元，比上年增长6.1%；加工贸易出口76.95亿元，下降40.7%。全年高新技术产品出口106.97亿元，增长10.9%；机电产品出口867.05亿元，下降0.1%。全年对美国出口278.66亿元，下降12.6%；对欧盟出口417.86亿元，增长4.5%；对"一带一路"沿线国家出口582.82亿元，比上年增长7.9%。全年有进出口实绩企业6592家，其中有出口实绩企业6232家。全市进出口国家和地区为225个，出口国家和地区为221个。

全年新批外商投资项目78个，总投资12.67亿美元，比上年增长54.4%；合同利用外资14.91亿美元，增长195.1%；实际利用外资6.51亿美元，增长125.4%。

全年新批境外投资企业42家，中方投资额3.46亿美元。全市累计境外投资项目达702个，中方累计投资额达38.6亿美元。

全年服务贸易进出口总额85.5亿元，其中出口额51.2亿元。前三大出口领域分别为运输服务、建筑及相关工程服务、计算机和信息服务。全年服务外包离岸合同执行额9011美元，增长6.4%。

全年财政总收入729.83亿元，比上年下降2.1%，其中地方财政收入438.50亿元，增长1.7%。

年末全市金融机构本外币存款余额9457.39亿元，比上年末增长11.0%，当年新增存款934.14亿元。年末本外币住户存款余额5355.19亿元，比上年末增长16.3%，当年新增747.44亿元。年末金融机构本外币贷款余额8543.19亿元，比上年末增长16.2%，当年新增贷款1112.25亿元。年末金融机构本外币存贷款比率为90.3%，不良贷款率为0.82%。

全年新增上市公司2家（迈得医疗、台州水务），年末已有上市公司55家，其中中小板上市公司25家，累计融资总额达1038.73亿元。当年新三板挂牌企业数4家。年末有小额贷款公司30家，注册资本金总额37.11亿元，全年发放贷款49.75亿元。

年末有证券营业部112家，全年股票交易额2.22万亿元，比上年增长43.2%。

全年保险业实现保费总收入192.16亿元，其中财产险保费收入77.33亿元，人身险保费收入114.83亿元。全年各类赔款、给付支出81.92亿元，其中财产险支出64.13亿元，人身险支出17.79亿元。

二、全市各项社会事业协调发展

1. 科学技术和教育

科技创新加快推进。台州科技城科创综合区一期项目竣工，20个涉及数字经济、智能制造领域的项目入驻，清华长三角研究院台州创新中心、台州市椒江科创中心2家单位被确定为国家级科技孵化器。全市实现规模以上高新技术产业增加值669.53亿元，比上年增长2.7%。全市共有省级企业研究院122家，省级高新技术研发中心399家，新增国家重点扶持的高新技术企业191家、累计达940家、新增省级科技型中小企业753家、累计达4540家。共有市级以上众创空间68家，其中国家级3家，省级25家。全年申请专利35089件，专利授权26936件，其中发明3071件，比上年增长11.0%。全年共签订各类技术合同1467项，技术交易额73.08亿元。

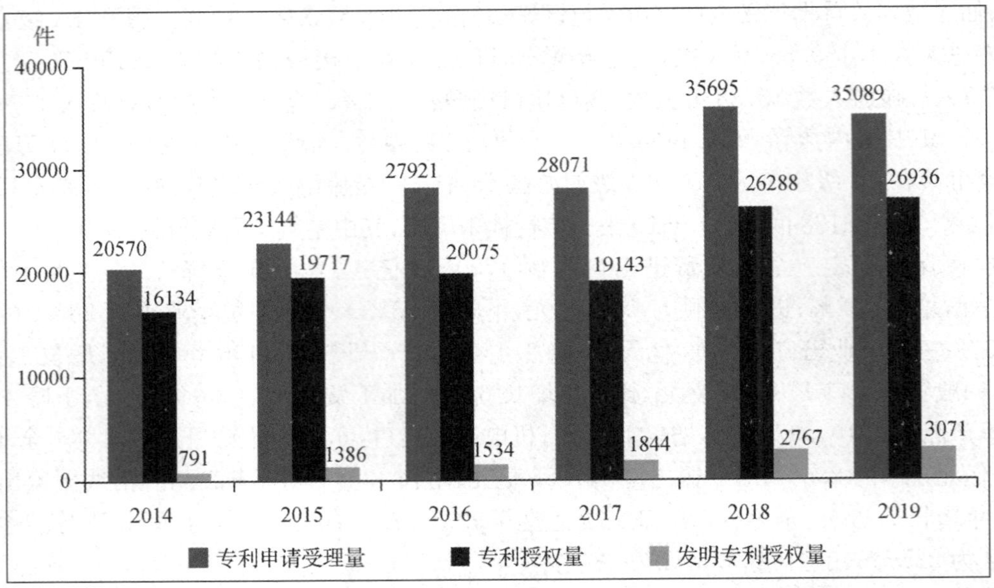

图31　2014—2019年台州市专利申请、授权量情况

全市有中国名牌产品19个,浙江名牌产品322个,地理标志保护产品12个。新增"品字标"认证企业44家,累计达119家。全市有542家单位取得食品生产许可证。年末有各类检验机构152家,其中国家级检测中心2家,省级质检中心12家。新增驰名商标2件,全市被国家工商总局认定的驰名商标累计达60件。

教育发展成效明显。温岭、玉环、仙居成功创建省教育基本现代化县(市)。镇海中学台州分校、华师大台州附中招生开学,台州第一技师学院、台州高新区文渊小学、北师大台州实验学校建成投用。全市有幼儿园1074所,在园幼儿19.22万人;普通小学367所,在校生43.65万人;初中207所,在校生21.86万人;高中74所,在校生9.69万人,中等职业学校22所(不含技工学校),在校生7.10万人,高中段在校生16.79万人,初升高比例为99.49%。全市特殊教育学校招生(不含随班就读)280人,在校生1417人。全市全日制普通高校招生13061人,在校生37349人,成人高校在校学生37985人。

2. 文化、卫生和体育

话剧《赤子》、乱弹现代戏《我的大陈岛》、歌曲《边关情思》等获浙江省第十四届精神文明建设"五个一工程奖"。年末,全市有文化馆10个,公共图书馆10个,博物馆49个,自办广播节目16套,自办电视节目16套。有线广播电视覆盖用户181.47万户,其中数字电视实际用户125.78万户。全年广播节目播出时间68804小时,电视节目播出时间64861小时。广播人口综合覆盖率和电视人口综合覆盖率均为100%。全市共建有农村文化礼堂1923家,和合书吧80家。拥有国家级非物质文化遗产项目15项,省级106项,市级341项。

城市医联体建设纳入国家试点,"健康一卡通"覆盖全市所有公立医院和乡镇卫生院,市级医院薪酬制度改革稳步推进。年末,全市有各类医疗卫生机构3651家,其中社区卫生服务机构320家。大力推动社会办医,全市共有民营医院90家。全市医疗卫生机构床位31017张,各类卫生技术人员47934人,其中执业医生和执业助理医生19258人,注册护士20442人。按常住人口计算,每千人拥有卫生技术人员7.79人,其中医生3.13人。全年总诊疗6990.93万人次。全市甲、乙类传染病发病率为176.02/10万。全市五岁以下儿童死亡率为3.86‰,其中,婴儿死亡率为2.50‰,户籍孕产妇死亡率为2.2/10万。全年有5.66万人次参加无偿献血。农村自来水普及率为100%,卫生户厕普及率为99.88%。

成功举办第十六届世界软式网球锦标赛、第三届浙江省海洋运动会、第五届台州国际马拉松赛等赛事。全市运动员参加国际国内各项赛事共夺得国际比赛金牌21枚、银牌10枚、铜牌4枚,全国、全省比赛金牌333枚、银牌296枚、铜牌325枚。全市共建有市、县级体育社团299个。全年销售各类体育彩票

10.94亿元。

3. 能耗、环境保护和安全生产

全市万元生产总值综合能耗比上年下降4.7%，主要污染物化学需氧量、氨氮、二氧化硫、氮氧化物排放量预计分别比上年下降8.8%、8.0%、4.09%和1.4%。全市省控以上断面Ⅰ—Ⅲ水质断面占比73.1%，地表水满足水域功能达标率为85.5%。城镇生活污水集中处理率为96.41%，城镇生活垃圾无害化处理率为100%。城市空气质量综合指数2.89，比上年下降0.3。市区PM2.5年均浓度为27微克/立方米，比上年下降2微克/立方米；市区环境空气质量达到二级标准以上的天数有342天，占全年总天数的93.7%。

全市共发生各类生产经营性安全事故81起，死亡80人，分别比上年下降51.2%和48.0%。

4. 就业、社会保障和人民生活

健全稳岗补贴制度，全年城镇新增就业人数33.77万人，帮助3.51万名城镇失业人员实现再就业。年末城镇登记失业率为1.7%。

推进全民参保计划，统一大病保险制度，大病保险基金实现市级统收统支。年末，全市城镇职工基本养老保险(含被征地农民)、基本医疗保险、工伤保险、生育保险和失业保险参保人数分别达256.63万人、163.85万人、218.41万人、107.39万人和100.06万人。全市有205.67万人参加城乡居民社会养老保险，有437.31万人参加城乡居民医疗保险。全年收缴各类保险基金335.02亿元，支出434.08亿元。

全市城乡居民最低生活保障人数为7.78万人，全年共投入低保资金4.26亿元。低保对象月人均补助为434元。全市共有各类养老机构313个，床位51746张，年末在院老人20262人。全市有城乡社区居家养老服务照料中心3446家。全年共支出医疗救助资金1.12亿元，医疗救助38.8万人次。全年发行各类福利彩票14.25亿元。市福利院开工建设。

全市全体居民人均可支配收入47988元，比上年增长9.1%，扣除价格因素实际增长6.0%。城镇常住居民人均可支配收入60351元，增长8.3%，扣除价格因素实际增长5.2%；农村常住居民人均可支配收入30221元，增长9.4%，扣除价格因素实际增长6.3%。城乡居民收入差距倍数为2.0。全体居民人均生活消费支出31768元，比上年增长8.0%。城镇常住居民和农村常住居民人均生活消费支出分别为37616元和23364元，分别增长7.2%和8.6%，扣除价格因素实际增长4.2%和5.5%。

年末城镇常住居民和农村常住居民人均现住房建筑面积分别为51.27平方米和59.57平方米。城乡居民每百户家庭家用汽车、空调等高档耐用消费品拥有量继续增加。

表54　2019年末台州市城乡居民每百户家庭主要耐用消费品拥有量

指标	单位	城镇常住居民	农村常住居民
洗衣机	台	100	85
电冰箱	台	107	106
空调器	台	215	135
摩托车	辆	11	14
家用汽车	辆	66	47
彩色电视机	台	190	178
固定电话	部	33	23
移动电话	部	257	244
家用电脑	台	96	58

三、2019年开展的重点工作

(一)稳企业稳增长,发展根基进一步夯实

面对经济下行压力,全力打好稳增长组合拳,有效遏制了经济增速下滑势头。深化"三服务"活动,完善企业帮扶制度,减轻企业负担280亿元。实施融资畅通工程,社会融资总量1243.4亿元,组建市担保公司,设立纾困基金13个。深化全域土地综合整治,工业用地供应1.6万亩。完成老旧工业点改造118个,建成和投运小微工业园113个。大力帮扶汽车、金属拆解等产业发展,整合重建电镀、铸造等产业链条,开展"好产品台州造"活动。大力推动物流运输"弃陆走水",港口集装箱吞吐量增长75.4%。培育放心消费单位3183家,社会消费品零售总额增长8.3%。加快全域旅游发展,神仙氧吧小镇成为省级特色小镇。被授予中国快递示范城市。深化农业"一区一镇一体"建设,创成省级特色农业强镇2个,"台九鲜"区域公用品牌成功发布,渔船渔港综合管理改革走在全国前列。黄岩获批国家农产品质量安全县,三门创成国家级渔业健康养殖示范县。实施稳外贸防风险"双十法",加强出口企业"订单+清单"监测预警,成为国家首批二手车出口试点地区,外贸出口额占全国的9.1‰。

(二)抓项目促转型,发展动力进一步增强

全力推进项目"双进",固定资产投资增长10.7%。开展招大引强百日攻坚,新签约5亿元以上产业项目225个。省"152"项目、市县长项目落地率分别达63%和45.9%,联化科技产业园、鞋业智造创新服务产业园等项目开工,彩虹无人机台州基地投运,首架台州造无人机交付试飞。沿海高速建成通车,实现县县通高速。杭绍台铁路、金台铁路、杭温铁路、市域铁路S1线、杭绍台高速等项目加快推进,台州机场改扩建、温玉铁路、铁路中心站等项目开工建设。盂溪水库下闸蓄水,大田平原排涝一期基本建成,集聚区海塘提标等工程开工建设。大力推进产业转型,七大千亿产业发展加快,通用航空列入省首批"万亩千亿"新产业平台培育,塑料制品、汽车零部件列入省级传统制造业改造提升试点,全省产业创新服务综合体建设现场推进会在台州市召开。数字经济核心产业增加值增长10.9%,台州工业互联网平台等5个项目成为国家制造业"双创"平台试点示范。温岭成为国家新型工业化示范基地。深化"2211"企业培育,新增国家高新技术企业191家,台州水务成功上市,迈得医疗首登科创板,上市企业达55家,新增品字标企业44家。新引进领军及以上人才数、新落地省级以上领军人才创业项目数均创新高。温岭创成省级"才创园"。

(三)强改革扩开放,发展活力进一步迸发

深化"最多跑一次"改革,实施"一件事"全流程办理,"一窗受理、集成服务"改革向基层延伸,率先创成全市域"无证明城市",常态化企业开办实现一日办结。扎实推进政府数字化转型,"掌上办公""掌上办事"加快应用。小微金改试验区通过评估,小微金改"台州模式"得到刘鹤副总理充分肯定,改革经验被全国多地复制。深化民间投资创新综合改革,民间投资增幅全省第一。市县乡机构改革全面完成,集聚区、开发区机构得到整合,市属国有企业改革进一步深化。获批设立自贸区联动创新区,境外并购产业合作园加快建设。出台长三角区域一体化发展台州行动计划,首届三门湾合作与发展论坛成功举办。东西部扶贫协作、对口支援和对口合作有效落实。

(四)重统筹美环境,发展品质进一步提升

扎实推进城市设计国家试点,中央商务区初步成型,商贸核心区形象日益丰满,"一江两岸"建设加快推进,大陈岛获批海峡两岸交流基地、中国华侨国际文化交流基地。开展城市基础设施破难攻坚,打

通市区断头路10条，新增停车位3.3万个，新建绿道111公里，市区天然气高压输配管网一期完工。推动城市有机更新，老旧小区改造稳步推进，既有住宅加装电梯工作启动实施，列入省首批未来社区试点2个，棚户区改造开工3.3万套。垃圾、公厕、物业"三大革命"成效显著，垃圾分类收集覆盖率超额完成省定目标，市区有机物循环利用中心、旺能三期垃圾焚烧等项目建成，新增垃圾日处置能力3050吨，新（改）建公厕454座，小区业委会成立率为92.8%。加强美丽城镇建设，小城镇环境综合整治任务提前一年完成，88.5%的乡镇（街道）达到基本无违建及以上标准。天台创成省"无违建县"。深入推进乡村振兴，实施片区化组团发展，建成新时代美丽乡村763个，全省深化"千万工程"、建设新时代美丽乡村现场会在台州市召开。黄岩获批全国农业绿色发展先行先试试点县，温岭、三门入选全国乡村治理体系建设试点县，临海列入全国农村综合改革标准化试点，玉环成为全国农村集体产权制度改革试点。县域城乡客运实现公交化运营，3个县（市）获评省级"四好农村路"示范县。做好行政村调整后半篇文章，消除集体经济薄弱村三年任务较好完成，低收入农户收入增长11.5%。抓好环保系列督察审计整改，坚决打好污染防治攻坚战，空气质量居全国重点城市前列，"污水零直排区"建设扎实推进，完成污水处理厂清洁排放提升改造28个，新增危废年处置能力5.9万吨。天台创成国家生态文明建设示范县。

（五）惠民生保平安，发展成果进一步共享

圆满完成十方面22个实事项目，民生支出增长18.2%。完善公共就业服务机制，新增城镇就业33.8万人。推进全民参保计划，医疗保险参保率居全省前列，城乡居民基础养老金标准提高16%。新增乡镇（街道）居家养老服务照料中心50个，建成"残疾人之家"125家。推进全国义务教育优质均衡县创建，新增省教育基本现代化县（市）3个。新（扩）建二级以上幼儿园37所，省义务教育标准化学校覆盖率达95%。高校毕业生留台率达36.6%，创历史新高。镇海中学台州分校、华师大附属台州学校招生开学，北师大台州实验学校建成投用，北大附中飞龙湖学校主体工程完工，台州学院申硕升格步伐加快。"健康台州"建设走在全省前列，引进上海中医药大学、中国医学科学院阜外医院等优质医疗资源，城市医联体建设纳入国家试点，建成县域医共体15家，基层就诊率达68.3%，"健康一卡通"覆盖全市公立医疗卫生机构，市妇女儿童医院正式投用。食品安全城市创建实现县域全覆盖。深化文化惠民活动，新建农村文化礼堂428家，市非物质文化遗产展示馆建成开馆，文化发展指数增幅居全省首位。临海、温岭成为国家新时代文明实践中心建设试点。平安建设实现"七连创"，重大活动维稳安保任务圆满完成，"扫黑除恶"工作走在全省前列，"无盗抢城市"创建成效明显，社会治安领域主要指标降幅全省第一，省级"无信访积案县（市、区）"实现满堂红。实施安全生产综合治理，打赢消防安全三年翻身仗，安全生产事故起数、死亡人数降幅均居全省第一。健全退役军人服务保障体系，第六次蝉联省级双拥模范城。再次荣膺全国最具幸福感城市。民族宗教、外事侨务、档案、气象等工作取得新成绩，老干部、妇女儿童、慈善等工作进一步加强。

第十一节　丽水市2019年经济社会发展报告

2019年是中华人民共和国成立70周年，是高水平全面建成小康社会的关键之年，也是丽水迈上高质量绿色发展新征程的开局起步之年。一年来，全市上下深入学习贯彻习近平新时代中国特色社会主义思想，认真落实省委、省政府及市委的各项决策部署，以"丽水之干"创新实践"两山"理念，坚持稳中求进、砥砺奋进，保持了较快速度的高质量绿色发展态势。全市地区生产总值达1476.61亿元，增长8.3%，增幅全省第二；一般公共预算收入139.83亿元，增长7.6%；城乡居民人均可支配收入分别为46437元和21931元，分别增长9.1%、10.1%，增幅均居全省首位。生态环境状况指数连续16年、生态环境公众满意度连续12年全省第一，水环境质量列全国333个排名城市第15位，空气质量列全国168

个排名城市第7位。年初确定的十方面民生实事顺利完成。

年末,全市户籍人口270.8万人,其中城镇人口85.1万人,乡村人口185.7万人;男性人口139.0万人,女性人口131.8万人,分别占总人口的51.3%和48.7%。全年出生人口29840人,出生率为11.03‰;死亡人口17239人,死亡率为6.37‰;自然增长率为4.66‰。

一、全市经济保持稳定发展

全年地区生产总值(GDP)1476.61亿元,比上年增长8.3%。其中,第一产业增加值100.04亿元,第二产业增加值571.34亿元,第三产业增加值805.23亿元,分别增长2.8%、8.6%和8.7%。三大产业对经济增长的贡献率分别为2.5%、43.4%和54.1%。三次产业结构为6.8∶38.7∶54.5。人均GDP为66936元(按年平均汇率折算为9703美元),增长7.6%。

全年市区居民消费价格总水平比上年上涨3.3%,其中消费品价格上涨3.5%,服务价格上涨3.1%,工业品价格下降0.1%。商品零售价格上涨1.9%。

表55　2019年丽水市市区居民消费价格指数情况

指标	上年=100
居民消费价格指数	103.3
其中:食品烟酒	107.3
其中:食品	109.5
其中:粮食	98.4
衣着	99.6
居住	102.7
生活用品及服务	98.2
交通和通信	97.0
教育文化和娱乐	105.1
医疗保健	104.6
其他用品和服务	103.6

全年财政总收入228.13亿元,比上年增长8.0%;一般公共预算收入139.83亿元,增长7.6%。其中,税收收入109.81亿元,增长4.5%,占一般公共预算收入的78.5%。公共预算收入与经济增长基本同步,减税降费政策成效得到较好体现。一般公共预算支出526.50亿元,增长21.9%。民生保障水平进一步提高,一般公共预算民生支出417.16亿元,增长22.1%。

全年城镇新增就业35662人,其中21003名城镇失业人员实现再就业,2992名就业困难人员实现就业。年末城镇登记失业率为1.87%,比上年下降0.04个百分点。

全年粮食播种面积70.48千公顷,比上年增长1.9%;粮食总产量36.20万吨,增长1.0%。油菜籽播种面积2.39千公顷,增长6.9%;蔬菜45.73千公顷,下降0.2%;花卉苗木1.21千公顷,下降2.3%;中药材5.38千公顷,增长10.9%;果用瓜3.06千公顷,下降0.3%。

年末生猪存栏34.64万头,比上年下降6.0%;年内生猪出栏57.46万头,下降0.9%。全年肉类总产量6.75万吨,下降0.4%。

表 56　2019 年丽水市主要农产品产量

产品名称	绝对数(万吨)	比上年增长(%)
粮食	36.20	1.0
油料	0.75	13.0
油菜籽	0.46	8.9
食用菌	4.57	−0.5
香菇	2.23	−8.0
蔬菜	120.82	−2.7
茶叶	3.58	1.5
水果	33.27	−2.9
柑桔	8.65	−13.3
肉类	6.75	−0.4
猪牛羊肉	5.41	−1.4
禽蛋	1.44	3.7
中药材	2.15	15.6

全年完成粮食生产功能区提标改造 50 个，累计建成粮食生产功能区 548 个，总面积 44.83 万亩。累计成功申报 7 个省级现代农业园区、7 个特色农业强镇，创成特色农业强镇 3 个，累计达 4 个。农业产业化组织 1989 家，农业龙头企业 427 家(县级以上)。全年新增土地流转面积 2.98 万亩，土地流转总量为 58.43 万亩。

新培育农产品旅游地商品生产经营主体 187 家、农产品旅游地商品 288 个，实现年营销额 59.3 亿元。全年新认证绿色食品 71 个，新认证无公害农产品 57 个，新增农产品地理标志 5 个。"丽水山耕"区域公用品牌背书农产品累计达 603 个。

年末，建制村全部实现生活垃圾集中收集有效处理。全年创建省级美丽乡村示范县 1 个、示范乡镇 12 个、特色精品村 33 个，累计创建省级美丽乡村示范县 3 个、示范乡镇 43 个、特色精品村 122 个。累计发展农家乐特色村 200 个，特色点(各类农庄、山庄、渔庄)295 个，经营农户 3765 户。全年农家乐(民宿)共接待游客 3609.5 万人次，增长 16.2%；实现营业收入 37.59 亿元，增长 23.7%。"千万农民素质提升工程"培训 7.1 万人，其中各类农村实用人才 1.4 万人，农村富余劳动力 0.5 万人，实现转移就业 0.5 万人，转移就业率为 86.4%。年末金融系统涉农贷款余额 1119.74 亿元，增长 16.7%。林权抵押贷款余额 66.06 亿元，增长 2.7%。

莲都古堰画乡正式命名为第三批省级特色小镇。年末，全市共有省级特色小镇 16 个，其中省级命名小镇 1 个，省级创建小镇 10 个，省级培育小镇 5 个。

全年规模以上工业增加值比上年增长 11.9%。销售产值增长 9.1%，其中出口交货值增长 6.5%。

规模以上工业中，高技术、高新技术产业、装备制造业和战略性新兴产业增加值分别增长 12.2%、10.2%、11.1%和 7.9%，占规上工业增加值的 5.0%、36.7%、25.8%和 18.0%。新产品产值率为 36.6%，比上年提高 1.1 个百分点。十七大重点传统制造业增加值增长 9.4%。

规模以上工业企业实现利润比上年增长 20.6%。其中，高新技术、装备制造和战略性新兴产业利润总额分别增长 11.5%、24.4%和 8.2%。全员劳动生产率 20.15 万元/人，比上年提高 10.4%。

全年建筑业增加值 122.69 亿元，占 GDP 的比重为 8.3%。

全年固定资产投资比上年增长 11.5%。非国有投资增长 18.4%，占 62.7%；民间投资增长

18.1%,占62.6%。高新技术产业投资增长53.3%,交通投资增长65.1%,生态环保和公共设施投资增长12.6%,项目民间投资增长12.5%。工业投资、制造业投资分别增长11.5%和17.5%。

全年房地产开发投资215.49亿元,比上年增长6.5%,其中住宅投资150.99亿元,增长10.0%。商品房销售面积250.46万平方米,下降20.9%;商品房销售额288.81亿元,下降1.4%。

全年社会消费品零售总额748.1亿元,比上年增长9.6%。按经营地统计,城镇消费品零售额582.0亿元,增长8.2%;乡村消费品零售额166.1亿元,增长14.6%。按消费类型统计,商品零售额633.1亿元,增长9.4%;餐饮收入额115.0亿元,增长10.6%。网络零售额344.3亿元,增长28.5%;居民网络消费253.6亿元,增长20.7%。

在限额以上批发零售贸易业零售额中,烟酒、文化办公用品、饮料、粮油食品、日用品类分别比上年增长48.8%、46.9%、46%、39.2%和25.1%;可穿戴智能设备、智能手机、智能家用电器和音像器材等新型消费商品零售额分别增长147.8%、92.3%和36.6%。批零单位通过公共网络实现的商品零售额增长29.6%。

年末已登记商品交易实体市场111个,交易额为381.50亿元,比上年增长10.9%。其中,1亿元以上市场50个,成交额353.98亿元;10亿元以上市场11个,成交额246.09亿元。

全年货物进出口总额294.93亿元,比上年增长19.4%。其中,出口267.37亿元,增长18.4%;进口27.56亿元,增长30.0%。其中,流通公司出口122.66亿元,增长27.9%;生产企业出口137.2亿元,增长12.9%。对亚洲、欧洲、北美洲出口分别增长19.0%、17.5%和15.7%,出口额占全市出口总额的82.7%。对"一带一路"沿线主要国家出口额102.3亿元,增长16.2%。

新设外商直接投资项目额29个,与上年持平;合同外资额2.86亿美元,比上年下降3.4%;实际利用外资额1.21亿美元,增长13.0%。

全年交通运输、仓储和邮政业增加值42.09亿元,比上年增长7.5%。

年末,全市公路总里程15686公里,其中高速公路419公里。公路和水运完成货物周转量93.87亿吨公里,比上年增长13.8%;公路和水运旅客周转量10.76亿人公里,增长0.4%。铁路客运量1162.57万人,增长5.2%;货运量226.54万吨,增长9.2%。

表57　2019年丽水市公路水运客货运输量

指标	单位	绝对数	比上年增长(%)
货物周转量	万吨公里	938717	13.8
其中:公路	万吨公里	922305	14.0
水运	万吨公里	16412	5.8
旅客周转量	万人公里	107578	0.4
其中:公路	万人公里	106840	0.3
水运	万人公里	738	7.4

年末,全市民用汽车保有量42.85万辆,比上年末增长8.9%,其中个人汽车39.60万辆,增长9.4%。民用轿车保有量39.67万辆,增长15.0%,其中个人轿车35.86万辆,增长9.5%。

全年邮政行业业务总量完成33.06亿元,比上年增长18.5%;业务收入(不包括邮政储蓄银行直接营业收入)完成13.83亿元,增长16.0%。年末,移动电话用户264.07万户,比上年增加1.05万户,其中使用3G、4G、5G移动电话用户217.13万户。固定互联网宽带接入用户93.17万户,增加4.84万户;移动互联网用户245.67万户,增加16.13万户。全市快递业务量达1.30亿件,比上年增长16.4%。

全年实现旅游总收入781.04亿元,比上年增长16.9%。其中,国内旅游收入780.70亿元,增长16.9%;旅游外汇收入494.44万美元,增长24.8%。

成功创建缙云仙都景区1家5A级旅游景区、缙云河阳古民居景区1家4A级景区，缙云机床小镇景区、松阳平田景区2家3A级景区；莲都区蘑幻菇林景区、莲都区鱼跃1919文化产业园景区2家2A级景区。年末，全市5A、4A级旅游景区分别达到1家和22家。

年末，全部金融机构本外币各项存款余额3039.86亿元，比上年末增长18.2%，其中人民币存款余额增长18.8%。住户本外币存款余额1898.00亿元，增长18.5%。全部金融机构本外币各项贷款余额2247.07亿元，增长16.1%，其中人民币贷款余额增长16.2%。年末主要农合金融机构人民币贷款余额536.28亿元，比年初增加104.96亿元。

表58　2019年丽水市金融机构本外币存贷款情况

指标	年末数(亿元)	比上年末增长(%)
各项存款余额	3039.86	18.2
其中:住户存款	1898.00	18.5
非金融企业存款	530.22	30.4
各项贷款余额	2247.07	16.1
其中:住户贷款	1373.74	14.2
非金融企业及机关团体贷款	871.99	19.3

年末境内上市公司3家，累计融资33.85亿元。其中，主板上市公司1家，中小板上市公司2家。

全年保险业实现保费收入56.15亿元，比上年增长8.3%。其中，财产险保费收入20.66亿元，增长10.1%；人身险保费收入35.50亿元，增长7.3%。支付各类赔款及给付18.44亿元，增长4.7%，其中财产险赔付支出11.99亿元，人身险赔付支出6.45亿元。

二、全市各项社会事业协调发展

1. 教育和科学技术

年末，全市共有幼儿园440所，在园幼儿7.54万人，增长0.3%。幼儿园专任教师0.53万人，幼儿教师学历合格率为99.96%。

全市共有小学205所，招生2.52万人；在校生15.83万人，比上年下降1.5%。初中76所，招生2.76万人；在校生8.35万人，增长1.5%。全市各类中等职业教育学校13所，招生1.04万人，在校生2.84万人。普通高中24所，招生1.23万人，在校生3.54万人，毕业生1.12万人。

全市共有普通高校3所(含独立学院及筹建院校)，高考录取率为95.98%，高等教育毛入学率为61.2%。

义务教育学校专任教师1.64万人，比上年增长2.5%。双师型教师占专任教师和专业课教师的比例分别为45.9%和82.9%。普通高等学校专任教师中具有硕士以上学位教师比例为40.5%。

新认定高新技术企业77家，累计353家。新培育科技型中小企业246家，累计1132家。全市专利申请量11555件，比上年下降11.3%；专利授权量7445件，增长1.0%。其中，发明专利申请量和授权量分别为1976件和275件，分别下降39.8%和27.8%。财政一般公共预算支出中科技支出11.43亿元，增长22.7%。新增"浙江制造"标准20个，累计52个；新增"品字标浙江制造"品牌企业9家，累计22家。

全年共有85家企业获得558张3C证书。法定计量技术机构9个，全年强制检定计量器具21.8万台件。593家企业获得了管理体系认证。

2. 卫生和文化体育

年末，全市卫生机构1646个(含村卫生室、诊所)，其中医院56个，乡镇卫生院186个，社区卫生服务中心(站)48个,诊所(卫生所、门诊部、医务室)575个,村卫生室739个。卫生技术人员20480人,比上年末增长4.1%,其中执业(助理)医师8305人,注册护士8477人,分别增长3.4%和5.1%。医疗卫生机构床位数14290张,增长6.1%。医院年诊疗1191.48万人次,增长6.1%。

全市公共图书馆10个,文化馆10个,文化站173个,博物馆19个。

全市综合档案馆10个,馆藏各类档案1724个全宗,共计104.2万卷168.4万件,其中已开放全宗1254个,共计27.9万卷。

全年成功举办全国首场50公里城市超级马拉松赛、全国轮滑锦标赛、首届丽水国际山地徒步大会等国际性、全国性大型赛事活动16场。丽水运动员参加全国及以上级别赛事共计获得金牌36个。全市体彩销售总额7.04亿元。

3. 人民生活和社会保障

全年全市居民人均可支配收入35450元,比上年增长9.9%,扣除价格因素增长6.4%。按常住地分,城镇常住居民和农村常住居民人均可支配收入分别为46437元和21931元,分别增长9.1%和10.1%,扣除价格因素分别增长5.6%和6.6%。

全市居民人均生活消费支出25718元,比上年增长9.4%,扣除价格因素增长5.9%。其中,城镇常住居民和农村常住居民人均生活消费支出分别为31876元和18141元,分别增长8.9%和9.1%,扣除价格因素分别增长5.4%和5.6%。

年末,城镇常住居民人均住房建筑面积49.4平方米,比上年末增加0.6平方米;农村常住居民人均住房建筑面积65.6平方米,增加1.0平方米。年末每百户城镇居民家用汽车拥有量38.4辆,每百户农村居民家用汽车拥有量20.9辆。

年末,全市参加企业基本养老保险人数80.21万人,比上年末增加5.59万人;参加城镇职工基本医疗保险人数47.34万人,增加2.95万人;参加失业保险人数27.39万人,增加2.27万人;参加工伤保险人数59.33万人,增加2.28万人;参加生育保险人数33.34万人。被征地农民基本生活保障累计参保人数3.24万人。正常缴费企业职工基本养老保险退休人员月人均养老金2331元;城乡居民养老保险基础养老金最低标准155元。

年末在册低保对象7.22万人,其中城镇0.29万人,农村6.93万人。城乡低保平均标准均为每人每月770元,均提高10.0%。新增各类机构养老床位数5923张,新建成乡镇(街道)级示范型居家养老服务中心45个,社区居家养老服务照料中心实现全覆盖。

全年发行各类福利彩票4.91亿元,筹集公益金1.36亿元。

全年新开工保障性安居工程住房21325套,竣工保障性安居工程住房5339套。

4. 资源、环境保护和社会安全

全年平均降水量为1853.3毫米,比上年增长26.7%。水资源总量234.19亿立方米,人均水资源量为10582.38立方米。全年完成更新造林面积3826.5公顷,其中人工造林755公顷,无林地和疏林地封育47公顷,迹地更新3061公顷。森林抚育面积22150公顷,完成义务植树436万株。全市森林覆盖率为81.7%。

全市年平均气温18.7度。市区PM2.5浓度平均为25微克/立方米,日空气质量(AQI)优良天数比例为98.1%。

全市96个地表水断面Ⅰ—Ⅲ类水质断面占99%,无劣Ⅴ类水质断面。县级以上城市集中式饮用水水源地水质达标率为100%。跨行政区域河流交接断面中,满足水环境功能区目标水质要求断面占100%。

全市城市污水处理率为97.23%,比上年提高1.46个百分点。城市生活垃圾无害化处理率为100%,城市用水普及率为100%,城市燃气普及率为99.57%。

全市建成区绿地面积4085.07公顷,其中公园绿地面积1316.06公顷,建成区绿地率为36.46%,人均公园绿地面积13.05平方米。

全年规模以上工业企业能源消费比上年增长6.4%，单位工业增加值能耗下降5.0%。

三、2019年开展的重点工作

（一）改革开放实现新突破

生态产品价值实现机制国家试点全面启动，写入国家长三角一体化发展规划纲要、省委十四届六次全会决定。创新构建生态产品价值核算、质量标准、市场交易体系，完成全国首个乡级和村级GEP核算评估试点，启动省级绿色发展标准化试点，成为全省唯一试行财政奖补挂钩生态产品质量和价值的地市。探索县级政府购买生态产品机制试点，生态强村公司助力乡村振兴起步良好。基于生态信用评价推出“两山贷”“生态贷”等金融惠民产品，累计发放贷款1.26万笔、12.82亿元。

机关内部“最多跑一次”改革获评“中国改革年度十佳案例”。涉及个人和企业41项全生命周期“一件事”实现全流程“最多跑一次”，开通为侨服务“全球通”。民生事项实现“一证通办”，企业开办“一日办结”，一般企业投资项目竣工验收前审批实现“最多90天”，新批工业用地基本实现“标准地”出让。全国城市信用监测排名从上年度52位提升到13位。

举办首届上海“丽水推介周”活动，实现各县（市、区）与上海“区—县”结对合作全覆盖。设立丽水（长三角）招商中心、旅游推广中心，引进项目17个、计划总投资超百亿。开通“上海—丽水”周末旅游专列、“丽水—宁波舟山港”海铁联运班列。与宁波共建全省首个市级山海协作产业园——九龙湿地生态旅游文化产业园，宁波杭州湾新区丽水工业园落地。新签订山海协作产业合作项目127个，实际到位资金172亿元。第二届世界丽水人大会签约项目202个、计划总投资1665.6亿元。世界园艺博览会丽水城市主题日、第二届世界青瓷大会、第二届华侨进口商品博览会、首届城乡联系国际论坛、国际食用菌大会、丽水“巴比松”国际研讨会、丽水摄影节、人才·科技峰会、超级马拉松等系列活动，办出了“丽水影响力”。龙泉青瓷、遂昌竹炭列入中欧地理标志产品互认互保清单。出口总额增长18.4%，跨境电商网络零售出口增长27.1%。

（二）产业培育呈现新态势

创新驱动力、项目拉动力持续提升。与清华长三角研究院、之江实验室、浙江大学、武汉大学、阿里集团等达成战略合作，在德国柏林设立首家离岸孵化器。规上工业企业研发经费增长57.1%，新增国家高新技术企业126家、省级企业研发机构28家，遂昌、云和、庆元各有1家产业创新服务综合体列入省级创建。引进各类急需紧缺人才2876名、高校毕业生15373人，实现人才净流入。固定资产投资增长11.5%、增幅全省第二。92个项目入选省“五个千亿”投资工程计划，新落地省市县长项目19个。完成特色小镇投资168.77亿元，古堰画乡正式命名为省级特色小镇。已落地总部经济项目95个，实现税收23.65亿元、增长93%。

丽水开发区产业主平台持续发力，新引进重大招商项目45个、计划总投资超过230亿元。成功落户光珀智能、中科院先进半导体研究中心等项目，与上海原能细胞达成战略合作，维康大健康产业园二期开工建设，初步形成半导体、医药健康产业板块。组建数字经济发展公司，杭州丽水数字大厦投入运营，数字经济核心产业增加值增长12.6%，新增上云企业1143家。龙泉汽车空调中小企业公共服务平台成为全国示范平台。纳爱斯列入全省首批“雄鹰行动”培育企业，凯恩、畅尔成为全省企业标准“领跑者”，起步公司实现上交所丽水企业债券发行“零突破”。全市新引进制造业大项目53个，新发布“浙江制造”标准20项，新增省级“隐形冠军”（培育）企业11家、规上工业企业193家，整治“低散乱”、淘汰落后产能企业分别完成年度任务的197%、145%，推动企业入园333家；规上工业增加值增长11.9%，增幅全省第二，其中战略性新兴产业、高新技术产业、装备制造业增加值分别增长7.9%、10.2%、11.1%；规上工业亩均增加值、亩均税收分别增长12.3%、7.1%,其中青田规上工业亩均税收连续4年排名全省县(市)前十。

“山”系产业品牌逐步打响。“丽水山耕”蝉联区域农业形象品牌排行榜首位,茶叶、稻米、香菇、黑木耳等大宗农产品农药化肥使用执行欧盟可落地标准,成为全国首个名特优新高品质农产品质量全程控制创建试点。新认定“庆元香菇”中国特色农产品优势区,“龙泉红”红茶入选全国名特优新农产品,新增农产品地理标志登记产品5个、国家重点农业龙头企业2家。实现山耕品牌经销授权省内地级市全覆盖。成功注册“丽水山居”集体商标,发布“丽水山居”放心民宿服务标准,实现民宿(农家乐)营业总收入37.6亿元、增长23.7%。以“丽水山景”为主打品牌加快发展全域旅游,缙云仙都率先成功创5A,缙云河阳古民居、松阳双童山晋升4A景区,景宁创成全省首批4A级景区城,遂昌王村口创成全省首批5A级景区镇,创成4A级景区镇5个、3A级景区村27个,全域旅游产业增加值占GDP比重达9.3%。

(三)生态治理取得新成效

丽水“花园云”启动运行。大气、水、土壤、污染源企业、污染源排放监控、固废危废监管、自然保护地、饮用水、公益林保护区等数字化生态地图覆盖全域,涉水涉气污染源监管、秸秆焚烧监管、市区空气质量车载移动监测等场景上线应用。

持之以恒抓好中央环保督察整改落实,涉及群众信访件整改率达99.6%。成为全国首个“天然氧吧城市”,创建清新空气示范区4个,云和在全国内地率先发布环境空气质量健康指数。在全省率先推行工业企业进退场“验地、验水”。完成48个挥发性有机化合物及臭气异味治理项目,实施餐饮单位油烟净化整改提标390家,PM2.5平均浓度从28微克/立方米降至25微克/立方米。国考断面Ⅰ—Ⅲ类水比例、跨行政区域河流交接断面出境水质达标率、县级以上集中式饮用水源地水质达标率均达100%,新创建“污水零直排区”34个,新增城镇污水管网179公里。基本实现市区生活垃圾、餐厨废弃物、污泥、医疗固废集中收集和统一处置,全市新增城镇污水处理能力1.5万吨/日、生活垃圾处置能力800吨/日、固废(危废)处置能力5.7万吨/年。

(四)大花园核心区建设展现新面貌

百山祖国家公园纳入我省国家公园“一园两区”框架,进入首批国家公园设立序列。启动编制“一带三区”规划,基本完成第三次国土调查。获批国家气象公园试点,云和梯田创成国家湿地公园。新发布大花园建设标准30个,26个省大花园建设重大项目完成年度投资计划的131.3%。新建瓯江绿道1095公里,连接村庄471个、2A级以上景区40个、民宿(农家乐)1107家,缙云、松阳2条绿道获评全省十大最美绿道。入选省级美丽河湖21条(个)、“最美田园”9个,新建美丽林相113.5万亩。

综合交通步入“快车道”,交通投资增长65.1%,增幅全省第一。丽水机场全面开工。杭丽铁路列入长三角地区交通更高质量一体化发展规划、全省大通道建设计划,衢丽铁路建设标准提升为双线200公里时速、先期工程先行开工,温武吉铁路启动项目预可研,衢宁、金台铁路建设进展顺利。景文高速、水东综合交通枢纽、瓯江航道整治项目扎实推进。

花园城市加快提质。完成城中村改造149.45万平方米、其中市区61.13万平方米,实现拆后空间利用94.73万平方米、其中市区64.59万平方米,“灵山社区”列入全省首批未来社区试点。江滨商务中心成功落地,完成高铁站前广场改造提升工程,超马赛道沿线绿化彩化成景。全市新增城市道路32.16公里、城市园林绿地96.6公顷、停车位8922个,分别完成年度任务的146%、164%、171.5%。新增五星级酒店1家、开工2家。遂昌连续2年入选全国绿色发展百强县,青田入围全国投资潜力百强县,云和、庆元获省重点生态功能区小城市培育试点考核优秀。完成小城镇环境综合整治三年行动任务,超三分之一乡镇获省级样板称号。

乡村振兴注入新活力。“大搬快聚富民安居”工程搬迁3.84万人,完成三年“消薄”任务,低收入农户收入增幅全省第一。《丽水市传统村落保护条例》开始实施。景宁民族地区城乡融合发展试点上升为国家级，松阳与联合国人居署开展乡村创新发展合作，缙云成为国家电子商务进农村综合示范县，龙泉农村人居环境整治获国务院办公厅督查激励通报，莲都获评全省新时代美丽乡村示范县。实施乡村全域土地综合整治与生态修复 16.7 万亩。基本完成农村存量公厕改造提升。新建和改造提升农村公路 1655.9 公里。新增 39.37 万农村人口喝上达标饮用水，达标人口覆盖率达 80.7%。完成行政村规模调整，创成省级善治示范村 209 个。莲都大港头村成为中国美丽休闲乡村，松阳平田村入选全国乡村旅游发展典型案例，遂昌红星坪村、龙泉溪头村成为国字号乡村旅游重点村，景宁伏叶村获评中国少数民族特色村寨。

（五）民生福祉获得新提升

民生保障提效。低保标准提高 10%，基本养老保险、基本医疗保险参保率分别达 97.5%、99.3%，困难群众大病报销取消封顶、起付线下调一半，市域内医保和医疗救助待遇“一站式”结算。城镇新增就业人员 35662 人，城镇登记失业率为 1.9%，新增省“无欠薪县”5 个。发放来料加工费 24.3 亿元，增长 10.2%。有意愿的低保人群胃癌免费筛查全覆盖，完成 2704 例可疑胎儿产前诊断心脏超声检查。新增乡镇街道级居家养老服务中心 45 个、嵌入式养老服务机构 10 家。建设残疾人之家 76 家。改造提升农村家宴放心厨房 98 家。公租房保障范围扩大至上年度城镇人均可支配收入水平以下住房困难家庭，棚户区改造新开工 21325 套、交付 6182 套，农村危旧房治理改造 2692 户、城镇危房改造 7.97 万平方米。

公共服务提质。高规格召开全市教育提质行动动员大会，出台配套政策 30 个。基础教育普及率与全省同步达到高收入国家水平，高考普通类一段上线率连续 2 年超全省平均水平。中小学“空调进教室”应装尽装，“一蛋一奶”营养餐覆盖所有城乡义务教育阶段家庭经济困难学生，开展小学放学后校内托管。引进德国柏林职业教育集团共建中德（丽水）职业教育基地，与华东师范大学合办九年一贯制学校。组建县域医共体 15 个，县域整合型医疗卫生服务体系基本形成，县级以上公立医院“刷脸就医”。文化发展指数稳居全省前三，建成市县乡村四级文明实践体系，完成“十百千”工程任务。影视剧《麦香》获全国“五个一工程奖”，遂昌智慧文化礼堂入选首批全国农村公共服务典型。新增国家重点文物保护单位 5 个，入围第一批国家革命文物保护利用片区分县 5 个。“弘扬践行浙西南革命精神”“乡村春晚”获省宣传思想文化工作创新奖。市图书馆新馆建成。

社会治理提能。首批夺取全省“一星平安金鼎”。经受住历史最大雨量梅汛期考验，全力抗击超强台风“利奇马”，实现新发地质灾害隐患点“即查即治”。生产安全事故起数、死亡人数分别下降 17.7%、21.1%。全域创成省级食品安全县。打掉黑恶团伙 27 个、“套路贷”团伙 20 个。金融机构不良贷款率为 0.81%，较年初下降 0.32 个百分点。发布《丽水市城市精细化管理标准》，7 个县（市）已创成基本无违建县。国防动员和后备力量建设、人防、“双拥”优抚工作进一步加强，社会救助、社会福利、公益慈善、妇女儿童、老龄、红十字等社会事业进一步发展，民族宗教、关心下一代等工作取得新进展，完成东西部扶贫协作和对口支援、对口合作工作任务。

（六）政风建设得到新加强

以“不忘初心、牢记使命”主题教育为契机，推进依法行政、从严治政。完成政府机构改革，实行市县政府重大行政决策目录化管理，抓好市直部门依法高效履职，对边界不清问题以案述职、场景化定责。全市各级政府发文、办会分别下降 39.4%、31.3%，关停各类政务新媒体账号 559 个。一般性支出压减 5.3%，“三公”经费下降 5.8%。办结基层、群众、企业反映问题 1.16 万个，办结率达 99.6%，为企业减负 63.65 亿元。廉政建设、审计监督进一步加强。

开展项目谋划“大比武”，新谋划 10 亿元以上项目 103 个。组织市区周边“找隐患、补短板、破难题”专项排查，针对影响美丽丽水形象的 20 个问题，推动建立长效管理机制。

第四章　安徽省2019年经济社会发展报告

2019年,是中华人民共和国成立70周年。面对风险挑战明显上升的复杂局面,全省上下坚持以习近平新时代中国特色社会主义思想为指导,全面贯彻党的十九大、十九届二中、三中、四中全会精神和党中央、国务院各项决策部署,抢抓推动长三角一体化发展、促进中部崛起等战略机遇,坚持稳中求进工作总基调,全面贯彻新发展理念,大力推动高质量发展,全省经济社会保持平稳健康发展,经济结构不断优化,发展质效稳步提升,三大攻坚战取得关键进展,人民生活明显改善,"十三五"规划主要指标进度符合预期,全面建成小康社会取得新的重大进展。

年末,全省户籍人口7119.4万人,比上年增加36.5万人;户籍人口城镇化率为34.65%,比上年提高2个百分点。常住人口6365.9万人,增加42.3万人;常住人口城镇化率为55.81%,提高1.12个百分点。全年人口出生率为12.03‰,比上年下降0.38个千分点;死亡率为6.04‰,上升0.08个千分点;自然增长率为5.99‰,下降0.46个千分点。

表1　2019年末安徽省常住人口及构成

指标	年末数(万人)	比重(%)
年末常住人口	6365.9	
其中:城镇	3552.8	55.81
乡村	2813.1	44.19
其中:0—15岁	1275.7	20.04
16—59岁	3918.2	61.55
60周岁及以上	1172.0	18.41
其中:65周岁及以上	886.8	13.93

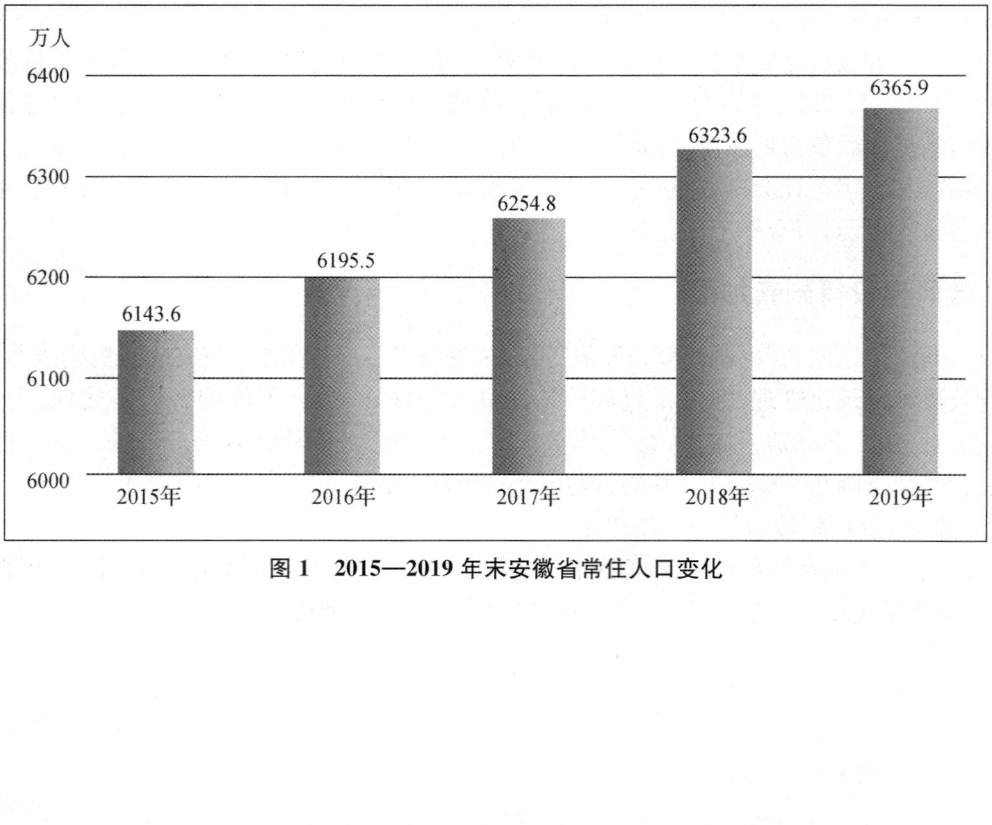

图1　2015—2019年末安徽省常住人口变化

一、安徽省2019年经济发展

综合实力进一步提升。全省生产总值增长7.5%以上，固定资产投资增长9%以上，社会消费品零售总额增长10.6%，进出口总额增长7%以上，规模以上工业增加值增长7.3%。粮食总产达810.8亿斤，实现“十六连丰”。新增减税降费813.6亿元，财政收入增长6.5%。居民消费价格涨幅2.7%。经济运行总体平稳、稳中有进、进中向好，“十三五”规划经济总量目标提前一年实现。

全年生产总值(GDP) 37114亿元，居全国第11位；按可比价格计算，比上年增长7.5%，居全国第7位。分产业看，第一产业增加值2915.7亿元，增长3.2%；第二产业增加值15337.9亿元，增长8%，其中工业增加值11454.9亿元，增长7.5%；第三产业增加值18860.4亿元，增长7.7%。三次产业结构由上年的7.8∶41.4∶50.8调整为7.9∶41.3∶50.8，其中工业增加值占GDP比重为30.9%。全员劳动生产率84645元/人，比上年增加7023元/人。人均GDP为58496元(折合8480美元)，比上年增加4418元。

经济新动能加快成长。规模以上工业中，高新技术产业、装备制造业增加值比上年分别增长13.7%和10.1%，占比分别为40.1%和32.2%。战略性新兴产业产值增长14.9%，其中新一代信息技术产业、高端装备制造产业、新材料产业、生物产业、新能源汽车产业、新能源产业、节能环保产业分别增长16.4%、11.6%、13.2%、21.4%、10.5%、17.7%和18.1%。24个战略性新兴产业集聚发展基地产值增长13.6%。全年快递业务量15.5亿件，快递业务收入138.4亿元，比上年分别增长37.6%和24.7%。全省877家开展网络零售业务的限额以上企业实现网上零售额641.9亿元，增长28.3%。

全年粮食产量4054万吨，比上年增产47万吨，增长1.2%。其中，夏粮1657万吨，增产49.5万吨，增长3.1%；秋粮2296万吨，增产9.1万吨，增长0.4%。油料产量161.4万吨，增长2.1%。棉花产量5.6万吨，下降37.6%。

表2　2019年安徽省主要农产品产量及增速

产品名称	绝对数(万吨)	比上年增长(%)
粮食	4054.0	1.2
油料	161.4	2.1
花生	70.6	−0.7
油菜籽	87.3	3.5
棉花	5.6	−37.6
烤烟	1.8	−9.7
蚕茧	2.6	−10.1
茶叶	12.2	8.5
蔬菜	2213.6	4.5
水果	706.3	9.7

年末，全省生猪存栏1091.8万头，比上年下降19.5%；全年生猪出栏2292.6万头，下降19.2%。主要肉类产量400.7万吨，下降4.7%，其中猪牛羊肉产量226.1万吨，下降16.2%。禽蛋产量168.7万吨，增长6.6%。牛奶产量33.8万吨，增长9.6%。

年末，全省农业机械总动力6650.6万千瓦，比上年增长1.6%。全年化肥施用量(折纯)298万吨，下降4.4%。农村用电量189.1亿千瓦时，增长4.6%。有效灌溉面积4562.7千公顷，新增24.4千公顷。

年末,全省规模以上工业企业19367户。全年规模以上工业增加值比上年增长7.3%,增速居全国第10位。其中,国有及国有控股企业增加值增长7.6%,股份制企业增长6.6%,外商及港澳台商投资企业增长14.6%。分门类看,采矿业增长1.6%,制造业增长7.7%,电力、热力、燃气及水生产和供应业增长8%。

规模以上工业中,40个工业大类行业有35个增加值保持增长。其中,煤炭开采和洗选业增长1.2%,黑色金属冶炼和压延加工业增长6.4%,电力、热力生产和供应业增长7.1%,非金属矿物制品业增长7.8%,化学原料和化学制品制造业增长10.4%,汽车制造业增长2%,通用设备制造业增长8.6%,电气机械和器材制造业增长11.4%,计算机、通信和其他电子设备制造业增长21.1%。工业新产品中,微型计算机设备、集成电路、移动通信手持机产量分别增长11.5%、14.6%和16.7%。

表3　2019年安徽省规模以上工业主要产品产量及增速

产品名称	单位	绝对数	比上年增长(%)
饮料酒	亿升	13.6	6.4
卷烟	亿支	1174.4	5.4
微型计算机设备	万台	2253.8	11.5
移动通信手持机	万台	81.7	16.7
集成电路	亿块	59.7	14.6
工业机器人	套	9521.2	−6.9
家用电冰箱	万台	2505.9	6.9
房间空调器	万台	3366.5	9.1
家用洗衣机	万台	2328.3	11.0
彩色电视机	万部	1941.9	−14.7
能源生产总量	万吨标准煤	7849.8	−2.5
原煤	万吨	10989.5	−2.5
发电量	亿千瓦时	2769.4	5.6
钢材	万吨	3158.4	5.5
十种有色金属	万吨	202.2	11.3
水泥	亿吨	1.4	10.3
平板玻璃	万重量箱	4244.5	26.7
化肥	万吨	269.4	15.2
合成洗涤剂	万吨	93.9	10.8
汽车	万辆	92.1	8.7
其中:新能源汽车	万辆	11.6	−0.9
电力电缆	百万米	1558.8	7.1

全年建筑业增加值3905.7亿元，比上年增长9.3%。年末具有资质等级的总承包和专业承包建筑业企业4574家，比上年增加594家。全年房屋建筑施工面积48611.4万平方米，比上年增加1853万平方米；房屋竣工面积15706.7万平方米，减少187.8万平方米。

全年批发和零售业增加值3429.2亿元，比上年增长5.7%；交通运输、仓储和邮政业增加值1973.9亿元，增长6.4%；住宿和餐饮业增加值759.4亿元，增长7.6%；金融业增加值2345.6亿元，增长8.7%；房地产业增加值2870.5亿元，增长3.9%；其他服务业增加值7305.9亿元，增长10.1%。以互联网信息技术、商务服务等新兴行业为代表的规模以上其他营利性服务业营业收入增长20.9%，其中互联网和相关服务业、软件和信息技术服务业、商务服务业、文化体育和娱乐业营业收入分别增长30.9%、22.7%、20%和12.7%。

全年货物运输量36.8亿吨，货物运输周转量10217.4亿吨公里。全年港口货物吞吐量5.5亿吨，增长8.5%。全年旅客运输量6亿人次，比上年下降6.4%。旅客运输周转量1212.1亿人公里，增长0.5%。全省民航机场旅客吞吐量1367.7万人次，增长11%，其中合肥新桥机场旅客吞吐量1228.2万人次，增长10.6%。

表4 2019年安徽省各种运输方式旅客运输量及增速

指标	单位	绝对数	比上年增长(%)
旅客运输量	亿人	6.0	−6.4
其中:铁路	亿人	1.3	8.6
公路	亿人	4.6	−10.1
水运	万人	222.1	−7.5
旅客运输周转量	亿人公里	1212.1	0.5
其中:铁路	亿人公里	821.1	4.8
公路	亿人公里	340.2	−9.7
水运	万人公里	3038.8	−22.3

表5 2019年安徽省各种运输方式货物运输量及增速

指标	单位	绝对数	比上年增长(%)
货物运输量	亿吨	36.8	—
其中:铁路	亿吨	0.8	−1.3
公路	亿吨	23.5	—
水运	亿吨	12.5	8.8
货物运输周转量	亿吨公里	10217.4	—
其中:铁路	亿吨公里	724.8	3.4
公路	亿吨公里	3267.6	—
水运	亿吨公里	6224.7	10.5

年末,全省民用汽车拥有量912.8万辆,比上年增长11.3%,其中私人汽车798.3万辆,增长12.1%。民用轿车拥有量514.7万辆,增长11.7%,其中私人轿车487.6万辆,增长12%。全年新增高速公路41公里、一级公路513公里、铁路营业里程517.7公里。年末,全省高速公路达4877公里、一级公路达5377公里、铁路营业里程达4716.2公里,其中高速铁路营业里程1852公里。

全年电信业务总量4006.3亿元,比上年增长77.4%;邮政行业业务总量440.8亿元,增长39.2%。年末,全省电话用户总数6415.1万户,其中移动电话用户5844.2万户。每百人拥有电话(含移动)106.7部,增加6.9部。年末基础电信运营企业计算机互联网宽带接入用户1864.7万户,增加202.3万户。

全年入境旅游人数655.8万人次,比上年增长8%。其中,外国人377.7万人次,增长6.7%;港澳台同胞278.1万人次,增长9.9%。国内游客8.2亿人次,增长13.6%。旅游总收入8525.6亿元,增长17.7%。其中,旅游外汇收入33.9亿美元,增长6.3%;国内旅游收入8291.5亿元,增长17.9%。皖南国际旅游文化示范区旅游收入4436.5亿元,增长17.2%。年末,全省有A级及以上旅游景点(区)607处。

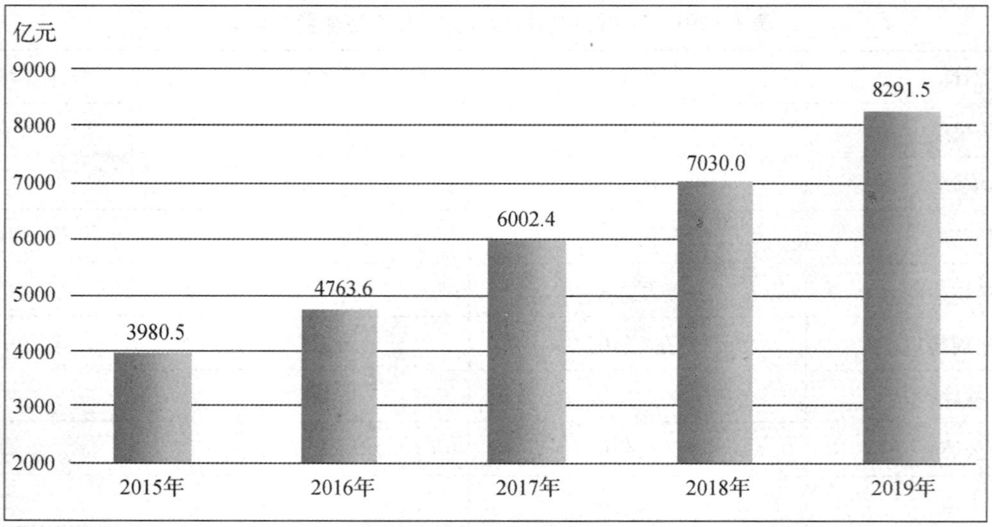

图2　2015—2019年安徽省国内旅游收入

全年房地产开发投资6670.5亿元,比上年增长11.7%。商品房销售面积9229.4万平方米,下降8.1%;商品房销售额6823.5亿元,下降3.6%;年末商品房待售面积1531.7万平方米,下降9%。

全年纳入省重点项目投资计划的续建和计划开工项目6493个,当年完成投资14617.7亿元。合肥第六代柔性有源矩阵有机发光显示器件(AMOLED)生产线、合肥联宝新增年产1000万台套智能产品、巢湖至马鞍山城际铁路等2700个项目开工建设,合肥第10.5代薄膜晶体管液晶显示器件(TFT—LCD)生产线、淮南中安联合煤制170万吨/年甲醇及转化烯烃、商合杭高铁(合肥以北段)等1534个项目竣工。省储备计划项目当年完成投资952.3亿元,提前开工485个,提前竣工6个。全省重点项目合计完成投资15570亿元,合计开工3185个,合计竣工1540个。

年末煤炭产能12696万吨;发电装机容量7394.5万千瓦,其中燃煤火电5135.8万千瓦、新能源和再生能源2065.7万千瓦。

全年社会消费品零售总额13377.7亿元,比上年增长10.6%,扣除价格因素实际增长7.7%。按经营地统计,城镇消费品零售额10748.2亿元,增长10.2%;乡村消费品零售额2629.5亿元,增长12.2%。按消费类型统计,商品零售额11900.7亿元,增长10.4%;餐饮收入1476.9亿元,增长11.9%。

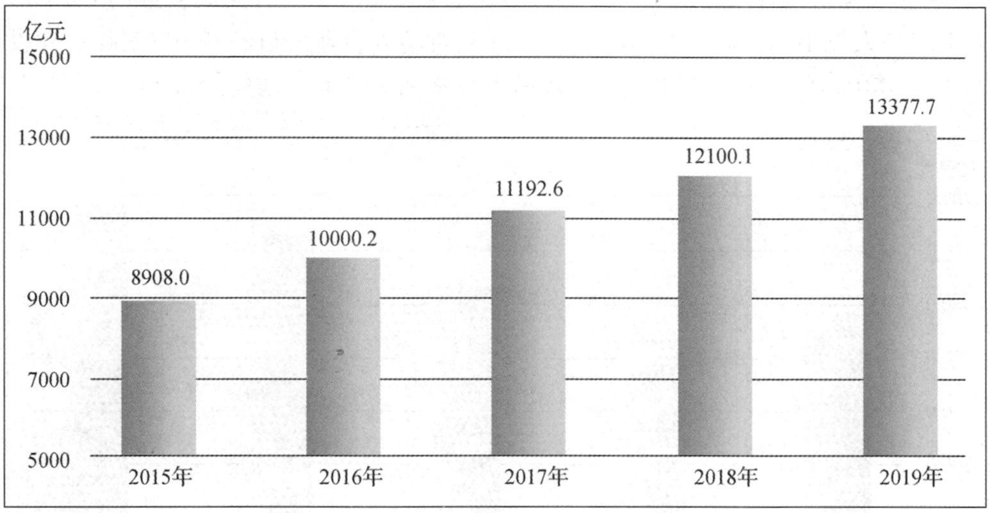

图 3　2015—2019 年安徽省社会消费品零售总额

限额以上企业商品零售额中，吃、穿、用类零售额比上年分别增长 13%、6.5%和 6.5%，粮油类增长 16.9%，肉禽蛋类增长 17.7%，服装类增长 7.7%，日用品类增长 11.2%，中西药品类增长 12.3%，家用电器和音像器材类增长 8.9%，家具类下降 4.8%，通讯器材类增长 13.1%，建筑及装潢材料类增长 10.2%，汽车类下降 0.2%，石油及制品类增长 14.3%。

全年进出口总额 687.3 亿美元，比上年增长 9.4%。其中，出口 404 亿美元，增长 11.6%；进口 283.3 亿美元，增长 6.3%。从出口商品看，机电产品、高新技术产品出口分别增长 10.5%和 6.7%。

表 6　2019 年安徽省出口主要分类及地区分布

指标	绝对数(亿美元)	比上年增长(%)
出口额	404.0	11.6
其中：机电产品	231.7	10.5
其中：高新技术产品	107.1	6.7
其中：一般贸易	288.6	15.8
加工贸易	97.6	1.0
其中：对亚洲	161.2	14.1
对欧洲	88.2	22.0
对北美洲	83.2	−0.5
对非洲	21.2	0.5
对拉丁美洲	41.9	17.9
对大洋洲	8.0	1.5

全省亿元以上在建省外投资项目 5295 个，当年实际到位资金 12537.2 亿元，比上年增长 5%。全年新备案外商投资项目 348 个，下降 8.2%；合同利用外资 236 亿美元，增长 2.9 倍；实际利用外商直接投资 179.4 亿美元，增长 5.5%。年末，来安徽投资的境外世界 500 强企业增加到 88 家，其中当年新引进 4 家。

全年对外承包工程新签合同金额21.4亿美元，比上年下降57.7%；完成营业额33.5亿美元，增长11%；当年外派劳务人员10182人，增长6.7%。全年新批境外企业(机构)87个，实际对外投资13.6亿美元，下降6.1%，其中对“一带一路”沿线国家和地区投资2.7亿美元，增长45.3%。

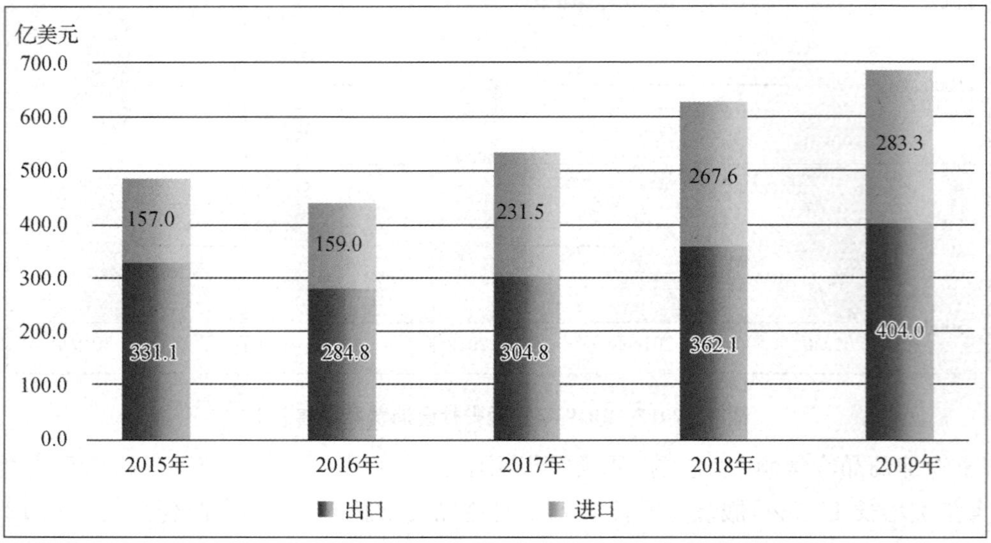

图4 2015—2019年安徽省进出口总额

全年财政收入5710亿元，比上年增长6.5%，其中地方财政收入3183亿元，增长4.4%。全部财政收入中，税收收入4571亿元，增长3.4%，其中增值税增长4.9%、企业所得税增长10.6%。财政支出7392亿元，增长12.5%。重点支出项目中，社会保障与就业支出增长13.6%，城乡社区事务支出增长15.8%，科学技术支出增长28.2%，教育支出增长9.8%。全年33项民生工程累计投入1215.3亿元。

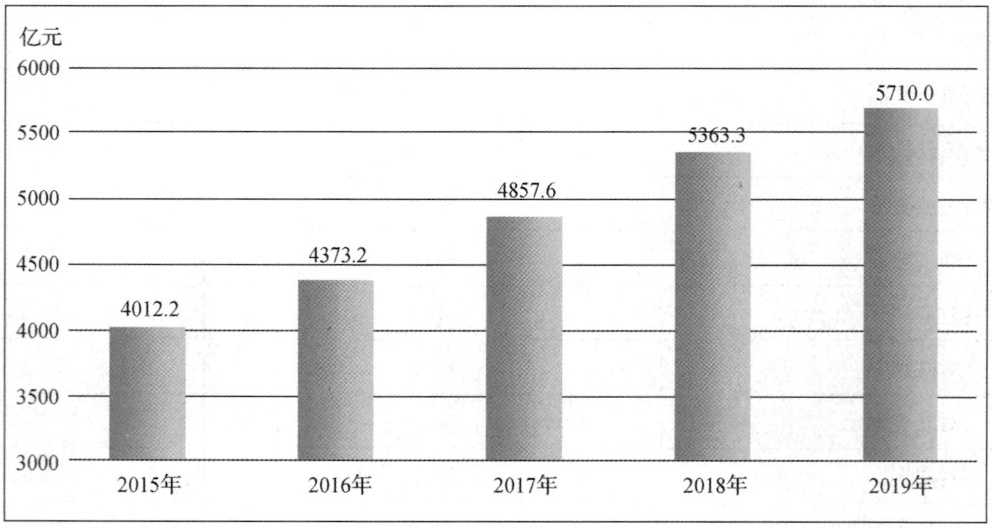

图5 2015—2019年安徽省财政收入

全年社会融资规模增量7255.4亿元，比上年增加1157.5亿元。年末，全省金融机构人民币各项存款余额54377.9亿元，比上年末增加3689.2亿元，增长7.3%；人民币各项贷款余额44289.3亿元，比上年末增加5301.9亿元，增长14.1%。

表 7　2019 年末安徽省金融机构人民币各项存贷款余额及增速

指标	年末数(亿元)	比上年末增长(%)
各项存款余额	54377.9	7.3
其中:非金融企业	15071.4	1.0
住户	26113.8	13.6
广义政府	10784.2	2.7
各项贷款余额	44289.3	14.1
其中:住户	18288.6	16.5
非金融企业及机关团体	25968.8	12.5
其中:境内短期	11724.6	11.3
境内中长期	29261.7	13.6

全年上市公司通过境内市场累计筹资 446.3 亿元,比上年减少 88.8 亿元。其中,首次公开发行 A 股 3 只,筹资 12.1 亿元;A 股再筹资(包括配股、公开增发、非公开增发、认股权证)276.6 亿元;上市公司通过发行可转债、可分离债、公司债筹资 157.6 亿元。年末,全省上市公司 105 家,上市公司市价总值 12809.3 亿元,比上年增长 63.5%。

全年保险业原保险保费收入 1348.7 亿元,比上年增长 11.5%。其中,财产险业务原保险保费收入 452.7 亿元,增长 10.7%;人身险业务原保险保费收入 896 亿元,增长 11.9%。赔款和给付 419 亿元,下降 0.1%。其中,财产险业务赔款支出 240 亿元,增长 7.7%;人身险业务赔款和给付支出 179 亿元,下降 8.9%。

长三角一体化发展战略扎实开局。安徽正式成为长三角重要组成部分,并被赋予打造具有重要影响力的科技创新策源地、新兴产业聚集地和绿色发展样板区的战略使命。安徽行动计划全面展开,牵头组建 G60 科创走廊新能源等 3 个产业联盟和长三角绿色农产品生产加工供应联盟,合肥与沪苏浙 9 个城市实现地铁“一码通行”,长三角全部 41 个城市实现医保“一卡通”,与上海市实现异地就医门诊费用直接结算。全省在长三角一体化高质量发展道路上阔步前行。

区域经济协调发展。合肥都市圈生产总值 23402 亿元,比上年增长 7.7%;皖江城市带承接产业转移示范区生产总值 24365.5 亿元,比上年增长 7.5%;皖北六市生产总值 10864 亿元,比上年增长 7.2%。

高质量发展迈出新步伐。新增高新技术企业 1200 家以上,战略性新兴产业产值增长 14.7%,高技术产业增加值增长 18.8%。入选全国第一批专精特新“小巨人”企业 19 家、居全国前列,海螺集团、铜陵有色首次双双跻身世界 500 强。合肥集成电路、新型显示器件、人工智能和铜陵先进结构材料入列第一批国家战略性新兴产业集群,合肥国家新一代人工智能创新发展试验区获批建设。供给侧结构性改革的成效不断显现,经济高质量发展的新动能日益增强。

科技创新策源地建设取得新进展。7 位科学家当选两院院士,人数为历年最多。8 项科技成果获国家科学技术奖,每万人发明专利拥有量 11.7 件,区域创新能力连续 8 年稳居全国第一方阵。全球率先达到 48 个量子比特的光与冷原子量子计算与模拟由中国科大实现,全国首块自主研制的 8.5 代超薄浮法玻璃基板在蚌埠下线,全国首次投产的自主研发动态随机存储芯片在合肥面世,中科院合肥物质科学研究院研发的特种缓冲吸能材料成功应用于“嫦娥四号”,标志着全省原创性、首创性科技成果和产品获得重大突破。

三大攻坚战取得关键进展。预计9个贫困县摘帽、64个贫困村出列、40万贫困人口脱贫的年度目标全面完成,贫困发生率从上年的0.93%降至0.16%。重点领域风险得到有效防控。单位生产总值能耗下降3%。全省PM2.5平均浓度46微克/立方米,为有监测记录以来最好水平。国考断面水质优良比例为77.4%,提高1.9个百分点。长江流域国考断面水质优良比例为85%,为国家考核以来最好水平。

基础设施体系不断完善。引江济淮工程全线推进。合肥新桥国际机场改扩建启动实施。池州长江公路大桥建成通车,合宁、合安、合芜高速公路改扩建实现八车道通行。合新、池黄、宣绩高铁及巢马、淮宿蚌城际铁路先行工程开工建设,商合杭高铁合肥以北段、郑阜高铁开通运营,全省成为全国第二个"市市通高铁"的省份。至此,安徽16个市全部迈入高铁时代!

民生福祉持续增进。城镇常住居民人均可支配收入增长9%以上,农村常住居民人均可支配收入增长10%以上,增幅均居全国前列。城镇新增就业71.03万人,调查失业率保持在5.5%以内。新开工保障性安居工程23.11万套、基本建成13.74万套,"十三五"规划105万套棚户区改造任务提前完成。城乡居民基本医保和大病保险保障待遇实现统一。城乡统筹的民生事业不断发展,社会治理体系加快完善,全省人民获得感、幸福感、安全感进一步提升。

年末,全省就业人员4384万人,比上年减少1.3万人。其中,第一产业1346.9万人,减少6.7万人;第二产业1261万人,减少2.3万人;第三产业1776.1万人,增加7.7万人。城乡私营企业从业人员和个体劳动者1571.14万人,增加161.12万人。全年城镇实名制新增就业71.03万人,失业人员再就业20.93万人。四季度城镇调查失业率为5.3%。全省农民工总量1977.4万人,其中外出农民工1399.2万人。

全年居民消费价格比上年上涨2.7%,其中食品烟酒价格上涨7.1%。商品零售价格上涨1.9%。工业生产者出厂价格上涨0.3%,工业生产者购进价格下降0.1%。固定资产投资价格上涨2.3%,农业生产资料价格上涨2.3%。

表8 2019年安徽省居民消费价格比上年涨跌幅度

指标	全省	城市	农村
居民消费价格(%)	2.7	2.7	2.8
其中:食品烟酒	7.1	6.9	7.4
衣着	2.1	2.3	1.5
居住	0.8	0.9	0.7
生活用品及服务	1.3	1.5	0.9
交通和通信	−2.5	−2.8	−1.7
教育文化和娱乐	2.2	2.4	1.9
医疗保健	1.5	1.8	1.0
其他用品和服务	3.0	3.0	3.0

全年固定资产投资比上年增长9.2%,增速居全国第8位。其中,技术改造投资增长14.4%,基础设施投资增长13.1%,民间投资增长10.2%。分产业看,第一产业投资下降26.2%,第二产业投资增长8.3%,第三产业投资增长10.9%。工业投资增长8.7%,其中制造业投资增长10.1%。

表 9　2019 年安徽省分行业固定资产投资增速

行业	比上年增长(%)
农、林、牧、渔业	−26.2
采矿业	17.5
制造业	10.1
电力、热力、燃气及水生产和供应业	−3.7
建筑业	−90.1
批发和零售业	−21.3
交通运输、仓储和邮政业	15.1
住宿和餐饮业	3.7
信息传输、软件和信息技术服务业	−8.6
金融业	−11.1
房地产业	12.8
租赁和商务服务业	−5.3
科学研究和技术服务业	−13.2
水利、环境和公共设施管理业	12.7
居民服务、修理和其他服务业	−35.3
教育	28.7
卫生和社会工作	19.6
文化、体育和娱乐业	4.2
公共管理、社会保障和社会组织	−59.0

二、安徽省 2019 年社会发展

全年全省常住居民人均可支配收入 26415 元，比上年增长 10.1%，扣除价格因素实际增长 7.2%。城镇常住居民人均可支配收入 37540 元，增长 9.1%，扣除价格因素实际增长 6.2%；人均消费支出 23782 元，增长 10.5%。其中，食品烟酒支出增长 11.2%，衣着支出增长 6.2%，居住支出增长 7.2%，生活用品及服务支出增长 10.9%，交通和通信支出增长 9.1%，教育文化娱乐支出增长 18.1%，医疗保健支出增长 16.8%。城镇常住居民恩格尔系数为 31.2%，比上年上升 0.2 个百分点。年末城镇常住居民人均住房建筑面积 41.8 平方米，比上年末增加 1.5 平方米。

全年农村常住居民人均可支配收入 15416 元，比上年增长 10.1%，扣除价格因素实际增长 7.1%。人均消费支出 14546 元，增长 14.1%。其中，食品烟酒支出增长 13%，衣着支出增长 32.7%，居住支出增长 9.9%，生活用品及服务支出增长 9.6%，交通和通信支出增长 9.8%，教育文化娱乐支出增长 15.7%，医疗保健支出增长 27.7%。农村常住居民恩格尔系数为 32.7%，比上年下降 0.3 个百分点。年末农村常住居民人均住房建筑面积 53.5 平方米，比上年末增加 1.1 平方米。

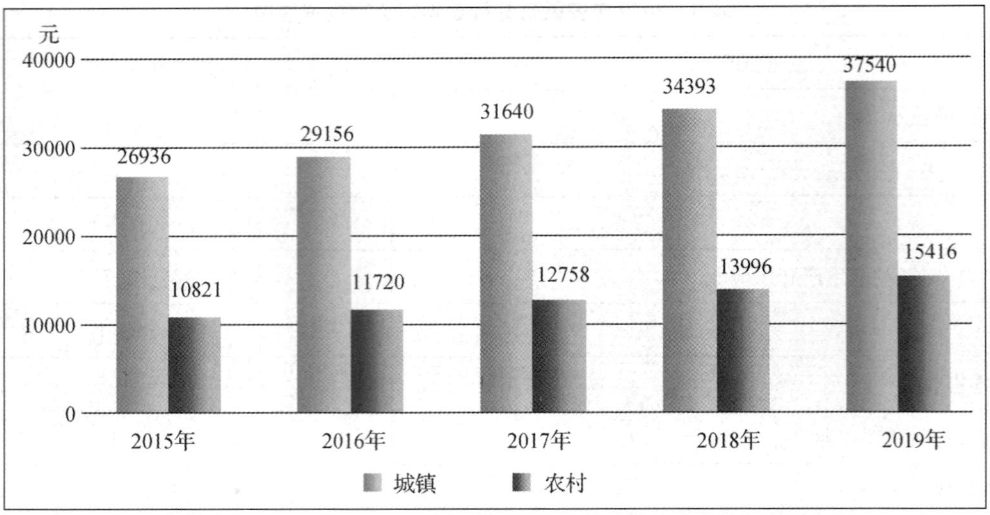

图 6　2015—2019 年安徽省城、乡居民人均可支配收入

年末,全省参加城镇职工养老保险人数为 1217.06 万人,城乡居民养老保险参保人数为 3501.72 万人。参加失业保险人数为 518.79 万人,全年为 14.49 万名失业人员发放了不同期限的失业保险金。全年参加工伤、生育保险人数分别为 639.96 万人和 622.28 万人,参加基本医疗保险人数为 6732.17 万人。

年末 36.7 万人享受城市居民最低生活保障,178.3 万人享受农村居民最低生活保障,农村"五保"供养 36.2 万人。全年民政部门临时救助 10.8 万人次。

年末,全省有研究生培养单位 21 个,普通高校 112 所。各类中等职业教育(不含技工学校)328 所。普通高中 667 所,高中阶段毛入学率为 89.6%。初中 2846 所,初中阶段适龄人口入学率为 99.8%。小学 7792 所,小学学龄儿童入学率为 99.97%。

表 10　2019 年安徽省各级各类教育发展情况

指标	招生数(万人)	在校生数(万人)	毕业生数(万人)
研究生	2.6	7.0	1.8
普通本专科	43.2	124.1	32.2
中等职业教育	30.2	75.1	26.8
普通高中	37.9	108.8	36.3
初中阶段	76.9	218.8	67.6
小学	79.6	462.1	75.4

年末,全省有各类专业技术人员 236.9 万人,比上年增长 2.7%。科研机构 6181 个,其中大中型工业企业办机构 1284 个。从事研发活动人员 23.2 万人。

全省有国家大科学装置 4 个;有省级以上重点实验室 185 个,其中国家重点实验室 11 个;有省级以上工程技术研究中心 599 家,其中国家级 9 家;有省级以上工程实验室 103 个,其中国家级 15 个;有省级以上工程研究中心 157 个,其中国家级 35 个;有省级以上高新技术产业开发区 20 个,其中国家级 6 个。有高新技术企业 6636 家,比上年净增 1233 家。

全年登记科技成果 16294 项,其中财政资金支持形成的科技成果 952 项。获得国家科技奖的科技成果 8 项,包括炎症巨噬细胞的活化、调控及效应机制,移动高清视频编码适配关键技术,工业园区有毒有害气体光学监测技术及应用等。全年申请专利 16.7 万件,授权专利 8.25 万件。年末,全省有效发明专利 7.48 万件。全年输出技术合同成交额 452.72 亿元,增长 40.9%;吸纳技术合同成交额 610.01 亿元，增长72.1%。

年末，全省有获得资质认定的检验检测机构1405个，国家质量监督检验中心23个；产品质量、体系认证机构32个（包含在皖分部、分公司），累计获得强制性产品认证的企业1628个；法定及授权计量检定技术机构204个，全年强制检定计量器具434.3万台（件）。年末，累计制定国际标准27项、国家标准2432项，制定、修订地方标准2503项；累计拥有国家地理标志产品78个、有效注册商标60.85万件。

全年省测绘档案资料馆为社会各界提供各种比例尺地形图54401幅、测绘基准成果1012点（次），航空航天遥感329.6万平方千米、数据量46284GB；完成国家基本比例尺地形图生产与更新33100幅、地理国情动态监测14万平方千米。

年末，全省有文化馆124个，公共图书馆125个，博物馆204个（含民营博物馆），乡镇街道综合文化站1438个。全国重点文物保护单位175处、合并国保项目4处，省级重点文物保护单位915处。国家级非物质文化遗产名录72项，省级名录479项。年末，全省广播电视台78座，中波发射台和转播台25座。广播节目综合人口覆盖率为99.87%，电视节目综合人口覆盖率为99.87%。有线电视用户794.46万户。全年出版报纸98种，总印数6.07亿份；期刊（杂志）180种，总印数0.4亿册；图书10532种，总印数3.29亿册。有各级国家综合档案馆124个，馆藏档案资料4507万卷（件、册），库馆总建筑面积64万平方米。

年末，全省有医疗卫生机构26436个，其中医院1241个、基层医疗卫生机构24558个、专业公共卫生机构545个、其他卫生机构92个。基层医疗卫生机构中，卫生院1381个，社区卫生服务中心（站）1858个，村卫生室15549个；专业公共卫生机构中，疾病预防控制中心119个，专科疾病防治院（所、站）42个，妇幼保健院（所、站）121个，卫生监督所（中心）113个。全省卫生技术人员36万人，其中执业（助理）医师13.7万人，注册护士16.3万人。乡村医生和卫生员3.5万人。医疗卫生机构床位34.9万张，其中医院、卫生院床位33.1万张。全年医疗卫生机构共诊疗3.4亿人次。

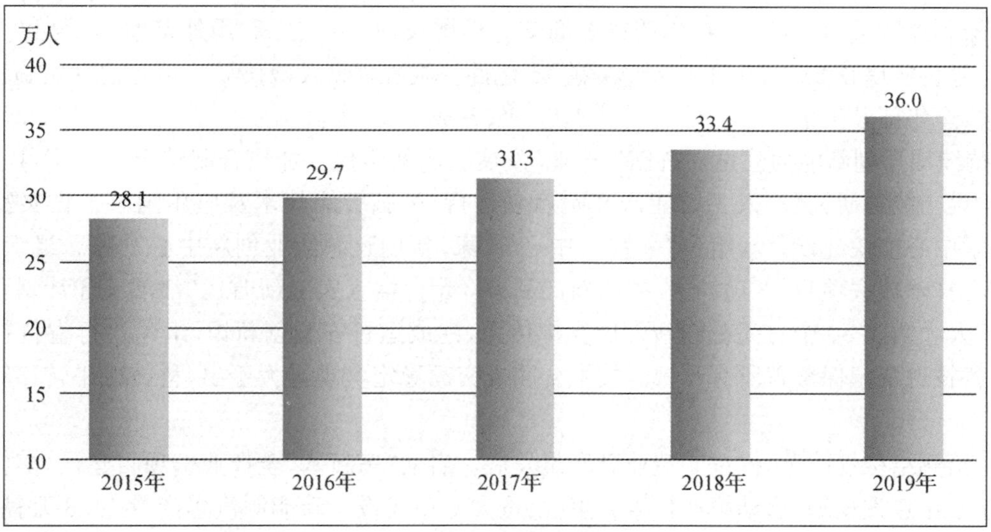

图7　2015—2019年安徽省卫生技术人员数

全年在国际国内重大比赛中，全省运动健儿共获得65枚金牌、59枚银牌、106枚铜牌。全年共举办百人以上的群众体育健身活动4262次，参加活动总人数414万人次。人均体育场地面积约为1.78平方米。全年销售体育彩票82.3亿元。

年末，全省有各类提供住宿的社会服务机构1927个，床位25.8万张，收养各类人员11.5万人；不提供住宿的社会服务机构8164个，其中社区服务中心1128个，社区服务站3100个。全年销售社会福利彩票69.18亿元，筹集社会福利资金19.89亿元。

全省已发现的矿种为128种（计算到亚矿种为161种）。查明资源储量的矿种108种（含亚矿种），其中能源矿种6种，金属矿种23种，非金属矿种77种，水气矿种2种。新增查明资源储量的大中型矿产地16处。

全年生态保护和环境治理业投资增长48.8%。

年末，全省有省、市、县级环境监测站87个。16个省辖市空气质量平均优良天数比例为71.8%，比上年下降5.4个百分点；有1个市空气质量达到二级标准。全省PM2.5年均浓度为46微克/立方米，比上年下降2.1%。已建成国家级自然保护区8个，省级自然保护区30个。当年人工造林面积51.2千公顷。

淮河干流安徽段水质以Ⅱ类为主，总体水质优。长江干流安徽段水质为Ⅱ类，总体水质优；主要支流总体水质良好。巢湖湖区整体水质轻度污染，主要环湖支流整体水质良好。新安江干、支流水质优良。全省城市集中式饮用水水源地水质达标率为97.8%。

全年规模以上工业综合能源消费量比上年增长4.6%，单位工业增加值能耗下降2.5%。

全年亿元GDP生产安全事故死亡人数为0.035人，比上年下降15.9%；工矿商贸就业人员十万人生产安全事故死亡人数1.347人，上升5.5%；煤矿百万吨死亡人数为0.036人，下降70.3%。全年发生道路交通事故10988起，发生火灾事故10036起。

三、安徽省2019年重点工作

（一）全面落实中央“六稳”工作要求，经济保持稳定健康发展。面对持续加大的经济下行压力，加强经济运行调节，出台实施促进经济持续健康发展“30条”等系列政策，落实更大规模减税降费政策。开展“四送一服”集中活动，帮助企业解决实际问题2.7万个。实施“三比一增”专项行动，新登记注册企业33.9万家、增长15.2%，全省企业总数达145.9万家，创历史新高。推动金融精准服务实体经济，社会融资规模新增7011亿元，小微企业贷款余额增长11%。新增境内外上市公司7家、“新三板”挂牌企业15家，省区域性股权市场挂牌企业增加到5291家，其中新设立科创专板挂牌企业2043家。对“一带一路”沿线国家和地区进出口增长14%，跨境电商交易额增长60%，实际利用外资增长3%以上。限额以上网上商品零售额增长28%，快递业务量突破15亿件。旅游总收入增长17.8%。启动实施稳投资十大重点工程包，全年新开工亿元以上重点项目3185个、建成1540个。

（二）持续加强创新能力建设，“科创＋产业”发展迈出新步伐。加快合肥综合性国家科学中心等创新主平台建设。能源研究院、人工智能研究院启动运行，类脑智能技术及应用国家工程实验室基本建成，离子医学中心加快建设。新组建“一室一中心”8家，新创建制造业创新中心9家。组织实施“卡脖子”关键核心技术攻关项目13项，开发省级新产品603个。深入实施新时代“江淮英才计划”，引进扶持高层次科技人才团队50个。完善创新发展支撑体系，建成运行安徽创新馆，组建运行省科技成果转化引导基金，科技融资担保覆盖所有县域。技术合同成交额稳定实现进大于出，科技成果转移转化活跃度日益增强。

深化供给侧结构性改革，推进制造业高质量发展。启动“高新基”全产业链项目建设，实施重大新兴产业基地新三年建设规划，启动第四批重大工程、重大专项建设。新能源汽车产量11.8万辆，占全国总产量的10%。“中国声谷”实现营业收入800亿元，增长23%。退出煤炭过剩产能165万吨。实施亿元以上重点技改项目1080项。中安煤化一体化项目建成投产。推广应用工业机器人5100台，新增智能工厂和数字化车间120个，“皖企登云”企业达5100家，传统产业智能化、网络化升级加快，数字经济发展势头良好。新增国家级工业设计中心5个，与现代供应链相衔接的新型服务业不断生成。

（三）大力实施长三角一体化发展战略，区域发展整体效能不断提升。按照长三角一体化发展国家规划纲要和安徽行动计划，着力扬皖所长，全面推进城乡区域、科创产业、基础设施、生态环境、公共服务、体制机制等领域的一体化。建设长三角科技资源共享服务平台。打通2条省际“断头路”，取消26个高速公路省界收费站，合肥区域性航空枢纽和国际航空货运集散中心建设付诸实施。成功举办长三角地区主要领导座谈会及系列活动，与沪苏浙签署 13 个合作协议，达成 118 个合作事项，其中 5 亿元以上产业类合作项目总投资 1189 亿元。

高质量推进“一圈五区”发展，全面推进美丽长江（安徽）经济带和淮河生态经济带建设。扩容升级合肥都市圈，加大对大别山革命老区和皖北地区振兴发展的支持，推进皖江城市带承接产业转移示范区转型升级，谋划皖北承接产业转移集聚区建设，提升皖南国际文化旅游示范区生态和文化竞争力。在国家战略引领下，各展所长、区域联动的发展格局加快构建。

（四）扎实推进三大攻坚战，全面建成小康社会的基础进一步巩固。以大别山等革命老区、皖北地区和淮河行蓄洪区为重点，尽锐出战脱贫攻坚年度战役。全面排查并总体解决“两不愁三保障”及饮水安全突出问题，完成中央脱贫攻坚专项巡视、国家考核反馈等问题整改。建设特色产业扶贫园区 3141 个，实施到村产业扶贫项目 2.24 万个。帮扶 4.27 万贫困人口实现就业。全面启动淮河行蓄洪区安全建设，完成 174 个庄台人居环境整治任务。全面完成“十三五”8.5 万人易地扶贫搬迁安置任务。已摘帽县后续帮扶和巩固提升措施得到加强。

加强污染防治和生态建设。整治“散乱污”企业 4549 家，完成 132 万千瓦煤电机组节能升级改造。城市黑臭水体消除比例超 90%。巢湖综合治理成效明显，主要污染物浓度明显下降。扎实推进“三大一强”专项攻坚行动，落实沿江“1515”岸线分级管控措施，中央生态环保督察反馈问题整改总体满足序时进度要求，国家长江经济带生态环境突出问题整改现场会在马鞍山成功举办。

坚决守住不发生系统性金融风险的底线。深入推进互联网金融风险整治，网贷在营机构数、存量业务规模分别下降 90%和 87%。压降地方法人金融机构不良资产，稳妥化解持牌金融机构风险、企业重大债务违约风险。依法打击非法集资。加强政府隐性债务动态监测，规范政府举债融资机制，政府债务风险继续下降。

（五）全面推进乡村振兴，农业农村优先发展呈现新局面。增加优质绿色农产品供给，稻渔综合种养 157 万亩，新培育“三品一标”农产品 1390 个。新增高标准农田 380.8 万亩。非洲猪瘟疫情得到有效防控，生猪稳产保供取得阶段性成效。启动实施农产品加工业“五个一批”工程，新增中国特色农产品优势区 3 个、产值超 50 亿元农产品加工园区 5 个。优化升级农村电商，农村产品上行网络销售额 536 亿元、增长 31.7%。秸秆和畜禽粪污综合利用居全国领先水平。启动农村集体产权制度改革整省试点，完成集体产权制度改革的村达 93.7%、实现分红的村村均累计分红 40.9 万元。实施“三变”改革的村达 52.8%、参改农户户均增收 1100 元。建成省级美丽乡村中心村 812 个，改造农村危房 5.01 万户，建成农村公路扩面延伸工程 2.5 万公里。完成新一轮农网改造升级，农村水电供区管理体制改革取得突破性进展，水电供区电网应急改造项目全部开工建设。农村生活垃圾无害化处理率达 68.2%。6 个县（市）入选全国乡村治理体系建设试点。面对近 40 年来最严重的伏秋冬连旱，制定实施有效措施，强化水资源供应和调度，确保了城乡居民饮水安全、规模养殖场供水安全、冬小麦等主要农作物的适时播种，最大限度降低了旱灾损失和影响。

（六）深度推进改革开放，发展动力活力持续增强。深化“放管服”改革，动态调整权责事项，省级行政权力事项、行政审批事项保持全国最少。省级政府透明度指数全国最高，政务服务事项办理基本实现“只进一扇门”“最多跑一次”，82%个人事项实现全程网办。推进“双随机、一公开”监管全覆盖，“互联网＋监管”系统建成运行。完善和深化编制“周转池”制度，为教育、卫生领域统筹编制 9 万名。完成 9 户省属企业规范董事会建设，马钢集团与中国宝武战略重组顺利实现。实施民营经济上台阶行动计划，设立运行民营企业纾困救助基金。启动新安江流域生态补偿机制“十大工程”，实施滁河流域生态补偿机制，完善河（湖）长制、林长制，全国首个林长制改革示范区落地安徽。

全力打造内陆开放新高地。合肥经开区综合保税区、铜陵（皖中南）保税物流中心（B 型）、芜湖跨境电商综合试验区获批建设，蚌埠港二类水运口岸实现对外开放。进口货物“两步申报”通关改革启动实施。芜湖、蚌埠至上海港口直达航线首次开通,芜湖港集装箱年吞吐量首次突破100万标箱。合肥中欧班列开行368列,发运列数和箱量分别增长102.2%和102.6%。皖港澳合作、对台工作、“侨梦苑”建设取得新进展。成功举办2019世界制造业大会、首届世界显示产业大会、中国安徽名优农产品暨农业产业化交易会。在世界制造业大会上,安徽共签约项目638个、投资总额7351亿元,分别增长46%和64%。特别是习近平总书记发来贺信,从国家层面赋予大会重要定位,必将引领安徽高质量发展、高水平开放跃上新台阶。

(七) 切实加强民生建设,社会大局保持和谐稳定。启动实施安徽教育现代化2035。新建、改(扩)建公办幼儿园537所,建成智慧学校2186所。启动本科教育“十大工程”和高峰学科建设计划,安徽艺术学院、马鞍山学院获批设立。高职扩招任务超额完成,90所职业院校入选国家“1+X”证书制度试点。新增技能人才33.15万人,安徽选手在世界技能大赛上首获金牌。加强援企稳岗和重点群体就业扶持,为2.04万户企业返还失业保险费33.42亿元。强化“三医”联动,37个县(市)紧密型县域医共体、4个市紧密型城市医联体启动建设,“智医助理”推广到55个县(市、区),“互联网+医疗健康”示范省获批建设。中药配方颗粒“走出去”取得重大突破。建立城乡居民基本养老保险待遇确定和基础养老金正常调整机制,建成36个智慧养老试点,3个市入选国家居家和社区养老服务改革试点。妥善保障215万城乡低保对象基本生活。全民健身活动深入开展。宗教事务规范管理深入推进。第四次经济普查高质量完成。妇女儿童、残疾人、红十字、慈善、志愿服务等事业取得新进步,气象、地震、援藏援疆等工作进一步加强。

文化事业繁荣发展。新增47处全国重点文物保护单位,25个县进入第一批国家革命文物保护利用片区。4部作品获全国“五个一工程奖”。哲学社会科学、参事文史、档案方志等工作得到加强。社会主义核心价值观建设蓬勃展开,“好人安徽”品牌越来越亮。李夏被授予“时代楷模”称号,3人当选全国道德模范,6名个人和小岗村“大包干”带头人集体荣膺新中国“最美奋斗者”,入列“中国好人榜”总数位列全国第一。一批又一批英雄楷模和先进典范在江淮大地不断涌现,挺起了安徽昂扬向上的风采和形象!

以“保安全保大庆保稳定”为重点,全面提升社会治理和平安安徽建设水平。坚持和发展新时代“枫桥经验”,创新多元矛盾纠纷预防化解机制,信访形势平稳向好。建立安全生产和应急管理新体制,持续加强风险隐患排查整治,建成并运行危险化学品、地质灾害安全监测信息系统,改革完善食品药品监管体制,安全生产形势持续稳定。健全社会治安防控体系,深入推进“扫黑除恶”专项斗争,人民群众安全感进一步增强。

贯彻新时代军事战略方针,大力推进国防动员能力建设,全面加强退役军人事务管理、人民防空、双拥优抚工作,启动建设军民融合产业示范基地,基本完成驻皖部队向军队资产管理公司移交资产任务,驻皖部队和民兵预备役人员为全省发展大局作出重要贡献。

(八) 扎实开展“不忘初心、牢记使命”主题教育,政府履职能力水平不断提高。聚焦“守初心、担使命,找差距、抓落实”总要求,把学习教育、调查研究、检视问题、整改落实贯穿主题教育全过程,深入开展“严规矩、强监督、转作风”集中整治形式主义官僚主义专项行动和“三个以案”警示教育,扎实推进“8+2”专项整治和集中治理,解决了一大批群众的操心事、烦心事、揪心事。全面完成省、市、县政府机构改革,完成承担行政职能事业单位改革。制定修改废止省政府规章10件,提请省人大常委会审议地方性法规12件。全面推行行政执法“三项制度”和行政规范性文件合法性审核机制。全省办理行政复议案件6876件、行政应诉案件7123件。自觉接受人大监督,依法执行人大决议决定,办理省人大代表建议1111件。主动接受政协民主监督,开展各类民主协商9项,办理省政协委员提案761件。深化廉政风险防控,强化审计监督,坚决惩治各类腐败行为。严格落实“基层减负年”工作举措,全面推行“四不两直”调研方式,省政府文件、全省性会议均减少三分之一以上,行政效能和政府公信力进一步提升。

第一节　合肥市 2019 年经济社会发展报告

2019 年，在省委、省政府和市委的坚强领导下，我们高举习近平新时代中国特色社会主义思想伟大旗帜，深入贯彻党的十九大和十九届二中、三中、四中全会精神，坚持稳中求进工作总基调，自觉践行高质量发展，较好完成了市十六届人大二次会议确定的各项目标任务。

2019 年，全市户籍人口 770.44 万人，比上年增加 12.49 万人，其中市区户籍人口 290.82 万人，增加 9.56 万人。全市常住人口 818.9 万人，比上年增加 10.2 万人；全年人口出生率为 12.65‰，比上年下降 0.55 个千分点；死亡率为 4.38‰，下降 0.03 个千分点；自然增长率为 8.27‰，下降 0.52 个千分点。常住人口城镇化率为 76.33%，比上年提高 1.36 个百分点。

表 11　2019 年末合肥市人口及构成

指标	年末数(万人)	比重(%)
年末户籍人口	770.44	—
年末常住人口	818.9	—
其中：城镇	625.1	76.33
乡村	193.8	23.67
其中：0—14 岁	127.8	15.60
15—64 岁	585.5	71.50
65 周岁及以上	105.6	12.90

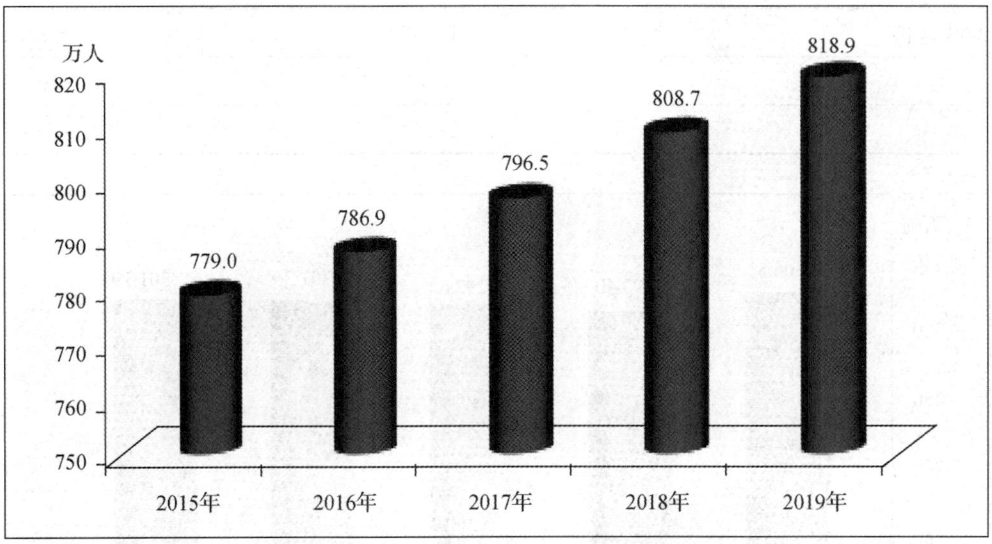

图 8　2015—2019 年末合肥市常住人口变化

一、合肥市 2019 年经济发展

全市地区生产总值 9409.4 亿元，增长 7.6%；财政收入 1432.4 亿元，增长 3.9%，其中地方财政收入 746 亿元，增长 4.7%；规模以上工业增加值增长 8.6%；固定资产投资增长 9.0%；社会消费品零售总额增长 8.7%；进出口总额 322.1 亿美元，增长 4.6%；城镇、农村居民人均可支配收入分别达到 45404 元、22462 元，分别增长 9.5%、10.2%；城镇登记失业率为 2.8%。落实国家重大政策措施真抓实干，战略性新兴产业培育、商事制度改革、财政预算管理、棚户区及农村危房改造和巢湖市农村人居环境整治、蜀山区土地节约集约利用、高新区打造区域“双创”示范基地等7项工作成效明显，获国务院通报激励。

全年农作物总播种面积为68.23万公顷，比上年增长0.6%。其中，粮食作物52.33万公顷，下降0.4%；棉花1.19万公顷，增长6.8%；蔬菜8.44万公顷，增长3.9%；瓜果0.93万公顷，增长6.7%；油料5.09万公顷，增长2.7%。

全年粮食总产量301.19万吨，稳定在300万吨以上；其中稻谷234.05万吨，下降1.7%。油料产量15.09万吨，增长1.4%。棉花产量0.9万吨，增长8.3%。蔬菜产量217.22万吨，增长4.2%。瓜果产量24.45万吨，增长7.5%。

年末，全市生猪存栏量50.35万头，比上年下降57.5%；出栏量203.63万头，下降24.1%。肉类总产量38.35万吨，下降12.0%，其中猪牛羊肉产量18.08万吨，下降23.4%。禽蛋产量19.42万吨，增长1.1%。牛奶产量9.47万吨，增长26.9%。

表12　2019年合肥市主要农产品产量及增速

产品名称	绝对数(万吨)	比上年增长(%)
粮食	301.19	−0.1
油料	15.09	1.4
其中：油菜籽	10.29	1.6
棉花	0.9	8.3
蔬菜	217.22	4.2
瓜果	24.45	7.5
肉类	38.35	−12.0
其中：猪牛羊肉	18.08	−23.4
牛奶	9.47	26.9
蛋类	19.42	1.1

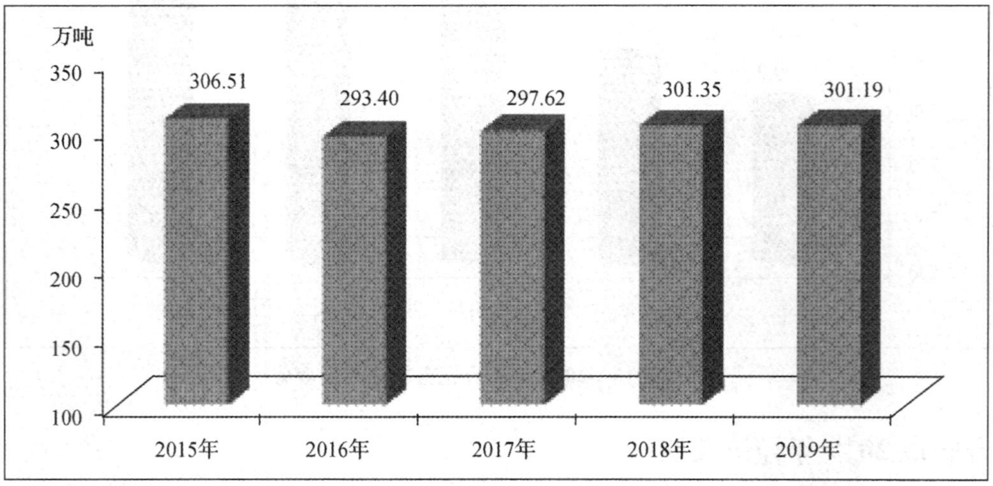

图9　2015—2019年合肥市粮食产量

年末农业机械总动力495.6万千瓦，比上年增长2.2%。农用拖拉机21.13万台，下降1.8%，其中大、中型拖拉机1.55万台，增长4.2%；联合收割机1.44万台，增长2.2%；排灌动力机械17.88万台，增长1.9%。全市水稻、油菜、小麦等八大主要农作物耕种收综合机械化水平达82.8%，比上年提高1.2个百分点。化肥施用量(折纯)23.37万吨,下降3.9%。农村用电量18.06亿千瓦时,增长5.5%。

全年农林牧渔业总产值494.49亿元,按可比价格计算,比上年增长1.5%。

年末,全市规模以上工业企业2265户。其中,产值超亿元企业736户,比上年减少1户;超50亿元企业24户,增加5户;超百亿元企业9户,增加3户,联宝电子成为我市首个年产值超700亿元企业。全年规模以上工业增加值比上年增长8.6%,其中国有企业增长9.8%、股份制企业增长7.9%、外商及港澳台商投资企业增长11.1%。

规模以上工业中,37个工业大类行业有21个增加值保持增长。六大主导产业增加值比上年增长12.0%,占规模以上工业的66.1%,比上年提高1.3个百分点,其中平板显示及电子信息产业增长23.4%、家用电器制造业增长9.4%。规模以上工业出口交货值比上年增长4.5%。

表13　2019年合肥市六大主导产业增加值增速

指标	比上年增长(%)
六大主导产业	12.0
汽车及零部件	0.0
装备制造	2.7
家用电器	9.4
食品及农副产品加工	3.9
平板显示及电子信息	23.4
光伏及新能源	16.7

规模以上工业统计的主要产品产量中,房间空气调节器、家用洗衣机比上年分别增长15.2%和10.0%,太阳能电池增长34.1%,微型计算机设备增长11.5%,集成电路增长14.6%,智能手环增长57.3%。

表14　2019年全市规模以上工业企业主要产品产量及增速

产品名称	单位	绝对数	比上年增长(%)
卷烟	亿支	286.68	5.4
农用化肥(折纯)	万吨	28.74	−5.8
合成洗涤剂	万吨	50.23	1.1
橡胶轮胎外胎	万条	2551.53	−11.2
塑料制品	万吨	87.15	7.9
钢材	万吨	152.43	−6.5
发电量	亿千瓦时	243.29	34.1
水泥	万吨	1650.24	5.2
汽车	万辆	44.94	0.9
其中:轿车	万辆	15.95	26.1
SUV	万辆	5.27	−44.2
其中:新能源汽车	万辆	6.21	−10.8
叉车	万辆	10.24	0.1
挖掘机	万台	0.43	−53.4
变压器	万千伏安	1763.71	16.5

续表

产品名称	单位	绝对数	比上年增长(%)
太阳能电池	万千瓦	1018.63	34.1
彩色电视机	万台	1376.74	−21.6
家用洗衣机	万台	2121.73	10.0
家用电冰箱	万台	1949.98	4.2
房间空气调节器	万台	1215.46	15.2
微型计算机设备	万台	2253.84	11.5
液晶显示屏	万片	24087.88	−4.5
工业机器人	套	1476.00	−8.5
集成电路	万块	581989.58	14.6
智能手环	万台	3547.64	57.3

规模以上工业企业实现利润314.58亿元,比上年增长4.7%;实现税金285.45亿元,增长1.0%。每百元营业收入中的成本为85.10元,较上年减少0.55元。资产负债率为58.9%,比上年下降0.9个百分点。

全年建筑业增加值1457.3亿元,按可比价格计算,比上年增长6.3%。纳入统计范围的具有建筑业资质等级的总承包和专业承包建筑施工企业1423户,比上年净增60户。房屋建筑施工面积24468.46万平方米,比上年增长1.7%;房屋竣工面积6253.04万平方米,增长2.1%。年末,建筑业从业人员84.31万人,比上年增长8.7%。

全年批发和零售业增加值969.70亿元,比上年增长4.5%;交通运输、仓储和邮政业增加值504.67亿元,增长6.5%;住宿和餐饮业增加值196.21亿元,增长8.7%;金融业增加值869.07亿元,增长7.3%;房地产业增加值878.0亿元,增长4.5%;其他服务业增加值2274.89亿元,增长10.7%。以互联网信息技术、商务服务等新兴行业为代表的规模以上其他营利性服务业营业收入增长14.2%,其中互联网和相关服务业、软件和信息技术服务业、商务服务业、文化艺术业营业收入分别增长42.4%、13.6%、13.1%和33.5%。

全年旅客运输量1.2亿人,下降3.1%;货物运输量4.23亿吨,增长7.0%。全年港口货物吞吐量5292.04万吨,增长10.6%,其中外贸货物吞吐量50.89万吨,增长19.8%。合肥新桥机场旅客吞吐量1228.2万人次,增长10.5%。

表15　2019年合肥市各种运输方式旅客和货物运输量及增速

指标	单位	绝对数	比上年增长(%)
旅客运输量	万人	11983.0	−3.1
其中:公路	万人	6652.0	−10.5
铁路	万人	4630.0	7.7
民航(含过港)	万人	662.0	9.0
水运	万人	39.0	30.0
货物运输量	万吨	42326.3	7.0
其中:公路	万吨	35858.0	5.0
铁路	万吨	230.6	67.3
民航	万吨	8.7	24.8
水运	万吨	6229.0	18.0

年末民用汽车拥有量217.57万辆，比上年增长12.2%，其中私人汽车186.86万辆，增长12.6%。民用轿车拥有量138.72万辆，增长11.8%，其中私人轿车128.33万辆，增长11.4%。

全年电信业务总量803.04亿元，比上年增长63.1%；邮政业务总量149.80亿元，增长44.8%。快递业务量6.52亿件，增长37.9%；实现快递业务收入59.70亿元，增长28.4%。年末，本地固定电话用户127.78万户，比上年增加9.86万户；移动电话用户1045.0万户，增加38.5万户；基础电信运营企业计算机互联网接入用户348.49万户，增加33.43万户。

全年国内游客14606.23万人次，比上年增长13.7%；国内旅游收入2036.43亿元，增长18.3%。年末，全市有星级饭店46家，其中五星级10家、四星级18家；A级及以上旅游景点(区)61处。

全年固定资产投资比上年增长9.0%。分产业看，第一产业投资下降23.0%；第二产业投资增长8.5%，其中工业投资增长10.2%；第三产业投资增长9.3%，其中基础设施投资增长11.0%，现代服务业投资增长10.3%。

全年计划总投资5000万元及以上施工项目数创历史最高水平，达到1635个，投资额比上年增长14.9%，占全部投资的55.2%，比上年提高2.8个百分点。其中十亿元以上项目219个，投资额增长12.0%，总量占全部投资的28.3%，比上年提高0.8个百分点。地铁3号线投入运行，引江济淮合肥段施工加快，长鑫存储设备购置集中到位，维信诺项目主体结构封顶，带动百亿元以上项目投资额增长17.9%。视涯全球最大的硅基OLED微显示器、长安二期等391个工业项目竣工投产，投资额增长28.7%，为全市工业经济注入了新动力。

全年房地产开发投资1556.08亿元，比上年增长1.9%，其中住宅投资1242.88亿元，增长6.6%。新建商品房销售面积1321.87万平方米，下降4.9%；商品房销售额1766.62亿元，增长4.7%；年末商品房待售面积226.29万平方米，增长18.3%。

表16　2019年合肥市房地产开发和销售主要指标完成情况

指标	单位	绝对数	比上年增长(%)
投资额	亿元	1556.08	1.9
其中：住宅	亿元	1242.88	6.6
房屋施工面积	万平方米	7874.20	−4.4
其中：新开工	万平方米	1619.72	−9.5
房屋竣工面积	万平方米	1481.60	4.4
商品房销售面积	万平方米	1321.87	−4.9
其中：住宅	万平方米	1155.72	4.7
商品房待售面积	万平方米	226.29	18.3
其中：住宅	万平方米	47.18	18.0
商品房销售额	亿元	1766.62	4.7
其中：住宅	亿元	1628.00	12.9

全年社会消费品零售总额3234.51亿元，比上年增长8.7%。按经营地统计，城镇消费品零售额3141.82亿元，增长8.6%；乡村消费品零售额92.69亿元，增长11.9%。按消费类型统计，商品零售额2809.74亿元，增长7.6%；餐饮收入424.76亿元，增长16.5%。

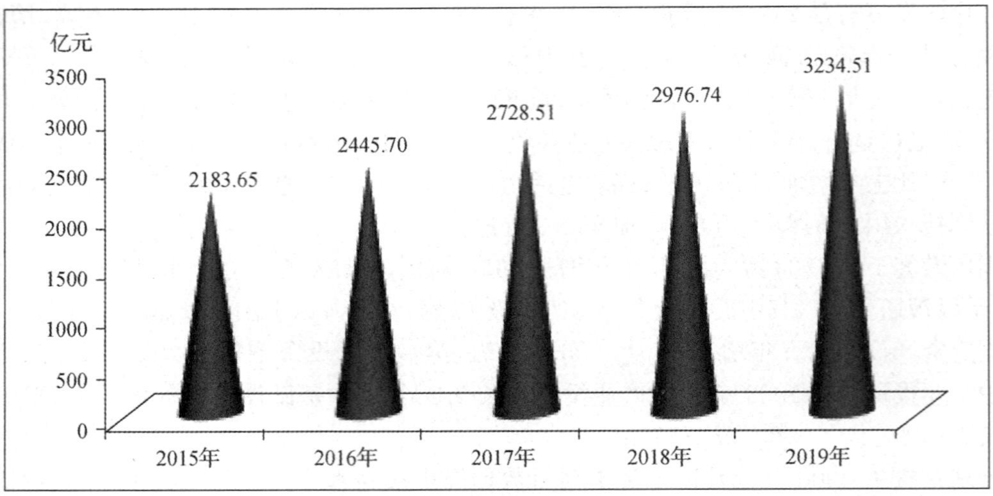

图 10　2015—2019 年合肥市社会消费品零售总额

年末，全市限额以上批发零售和住宿餐饮企业(单位)3563 户，比上年增加 805 户，其中累计零售额超亿元企业(单位)285 户。限额以上商品零售额中，粮油、食品类增长 18.7%，日用品类增长 15.9%，家用电器和音像器材类增长 9.3%，通讯器材类增长 14.5%，体育、娱乐用品类增长 26.3%，化妆品类增长 10.2%，石油及制品类增长 38.7%。

全年进出口总额 322.10 亿美元，比上年增长 4.6%。其中，出口 201.99 亿美元，增长 10.7%；进口 120.11 亿美元，下降 4.3%。从出口商品看，机电产品出口额 145.36 亿美元，增长 10.1%；高新技术产品出口额 88.41 亿美元，增长 9.7%。

全年新备案外商投资企业 123 户。实际利用外商直接投资 33.92 亿美元，比上年增长 5.0%；其中服务业投资 21.8 亿美元，增长 12.4%。劳务合作年末在外人员 8134 人，增长 21.9%。年末，境外世界 500 强企业共 48 家，在合肥投资设立 66 家外资企业，新增 2 家。

全年财政收入 1432.38 亿元，比上年增长 3.9%，其中地方财政收入 745.99 亿元，增长 4.7%。财政支出 1122.67 亿元，比上年增长 11.7%，其中民生支出 960.82 亿元，占全部支出的 85.6%，增长 11.8%。从重点支出项目看，科学技术支出增长 41.7%，教育支出增长 18.7%，住房保障支出 60.8%。

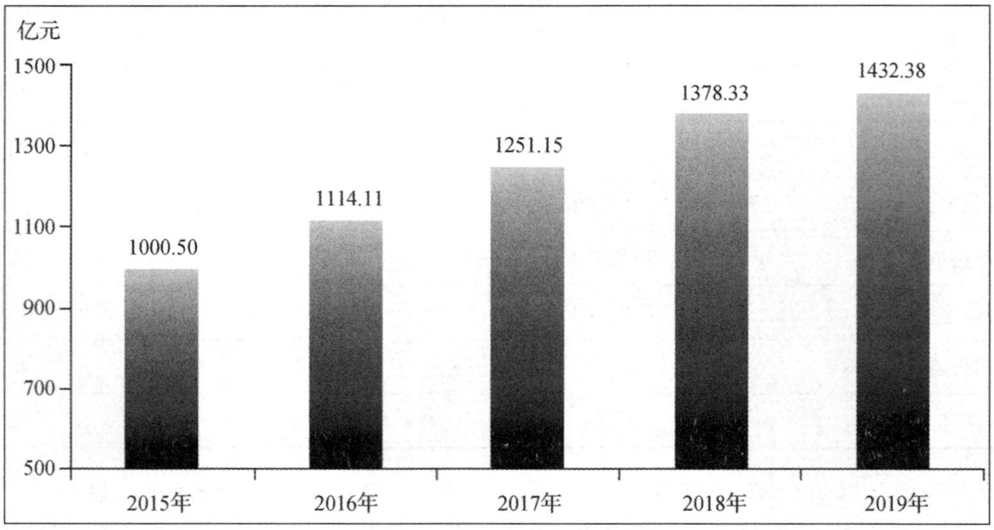

图 11　2015—2019 年合肥市财政收入

全年社会融资规模增量累计 2040.3 亿元。年末，全市金融机构本外币各项存款余额 16417.25 亿元，比上年末增加 739.98 亿元，增长 4.7%。其中，住户存款 4712.40 亿元，增长 16.4%；非金融企业存款 6412.38 亿元，下降 0.2%；机关团体存款 4079.21 亿元，增长 3.6%；财政性存款 603.61 亿元，增长 0.3%。年末，金融机构本外币各项贷款余额 15854.83 亿元，比上年末增加 1658.29 亿元，增长 11.7%。其中，住户贷款 5792.59 亿元，增长 12.3%；非金融企业及机关团体贷款 9823.53 亿元，增长 11.9%。

表 17　2019 年末合肥市金融机构本外币存贷款余额及增速

指标	年末数(亿元)	比上年末增长(%)
各项存款余额	16417.25	4.7
其中：住户存款	4712.40	16.4
非金融企业存款	6412.38	−0.2
机关团体存款	4079.21	3.6
财政性存款	603.61	0.3
非银行业金融机构存款	596.20	−8.9
各项贷款余额	15854.83	11.7
其中：住户贷款	5792.59	12.3
非金融企业及机关团体贷款	9823.53	11.9

全年新增上市公司 3 家，融资 44.66 亿元。年末，全市共有境内外上市公司 51 家(其中境外上市 5 家)。全年债券融资 3086.75 亿元。科大国盾通过上交所审核，即将登陆科创板；新东方教育香港上市融资，创我市民营企业首发上市募资额新高。

全年保险公司保费收入 351.5 亿元，比上年增长 15.5%。其中，财产险保费收入 130.9 亿元，增长 23.6%；人身险保费收入 220.6 亿元，增长 11.1%。赔款和给付 95.9 亿元，比上年增长 2.4%。其中，财产险赔款与给付 65.3 亿元，增长 13.6%；人身险赔款与给付 30.6 亿元，下降 15.3%。

科技创新策源地提速建设。综合性国家科学中心框架体系初步形成，滨湖科学城实质性运转，安徽创新馆建成运行，量子信息科学国家实验室创建取得关键性进展，能源研究院、人工智能研究院揭牌成立，细胞活化调控、高清视频编码等 8 项成果获国家科学技术奖，合肥跻身世界区域创新集群百强。

新动能支撑经济高质量发展。规模以上工业中，高技术制造业增加值比上年增长 20.7%，占规模以上工业的比重为 29.5%，比上年提高 2.0 个百分点；战略性新兴产业增加值增长 15.2%，其中新一代信息技术、节能环保、新能源和生物产业分别增长 22.9%、15.9%、14.3%和 11.4%。规模以上服务业中，科技服务业营业收入增长 12.7%，战略性新兴服务业营业收入增长 11.1%。全市限额以上批发零售企业实现网上零售额 276.56 亿元，增长 27.4%。全年新登记各类市场主体 23.74 万户，增长 18.7%；年末实有市场主体总数突破百万户，达 100.2 万户。

“芯屏器合”集聚领跑优势。新型显示器件、集成电路、人工智能入选首批国家战略性新兴产业集群，入选数位居全国城市第四、省会城市第二，成功获批国家新一代人工智能创新发展试验区。习近平总书记向世界制造业大会发来贺信，从国家层面赋予大会重要定位。

区域综合实力不断攀升。地区生产总值位居省会城市第九、大中城市第二十一。高新区全国综合排名升至第六，经开区获批国家绿色园区，新站高新区引领全国新型显示产业发展，安巢经开区发展提速。肥西、肥东、长丰全国百强县位次前移，巢湖、庐江全国投资潜力百强县(市)地位巩固，四城区在全国百强区综合实力进一步提升。

三大攻坚战取得关键进展。脱贫质量持续提高，县域结对帮扶做法全省推广。重点领域风险防控有力，守住了不发生系统性风险底线。PM2.5、PM10 浓度连续六年“双下降”。巢湖水质好转为Ⅳ类，十五里河水质达到Ⅲ类，南淝河国考断面连续多月实现稳定达标，水质改善迎来历史性突破。

民生新福祉持续增强。实施 31 项民生工程，菜市场改造、既有住宅加装电梯等 20 项为民办实事深受群众欢迎。全年民生支出占财政支出的85.6%。新增城镇就业27.8万人,完成省下达任务的2.95倍。在园幼儿公办率和普惠率分别达45.5%和78%,提高17个和18.9个百分点。

年末,全市从业人员545.7万人,比上年增加2.9万人。其中,第一产业60.5万人,减少9.9万人;第二产业194.9万人,增加5.5万人;第三产业290.3万人,增加7.3万人。全年城镇实名制新增就业27.76万人,失业人员再就业3.74万人,转移农村劳动力7.2万人。年末城镇登记失业率为2.8%。

全年居民消费价格比上年上涨2.9%,其中食品烟酒价格上涨7.3%。工业生产者出厂价格上涨0.6%,工业生产者购进价格下降0.1%。

表18　2019年合肥市居民消费价格比上年涨跌幅度

指标	涨跌幅度%
居民消费价格	2.9
其中:食品烟酒	7.3
衣着	2.6
居住	1.2
生活用品及服务	1.2
交通和通信	−4.0
教育文化和娱乐	4.1
医疗保健	2.2
其他用品和服务	4.0

二、合肥市2019年社会发展

全年常住居民人均可支配收入38806元,比上年增长10.3%;人均消费支出23433元,比上年增长8.7%。

全年城镇常住居民人均可支配收入45404元,比上年增长9.5%;人均消费支出27319元,增长7.8%,其中食品烟酒支出增长4.4%、衣着增长2.0%、居住增长8.0%、生活用品及服务增长8.2%、医疗保健增长2.0%、交通通信增长12.8%、教育文化娱乐增长15.3%。城镇居民恩格尔系数为28.9%,比上年下降1.0个百分点。年末城镇居民人均住房建筑面积34.7平方米。

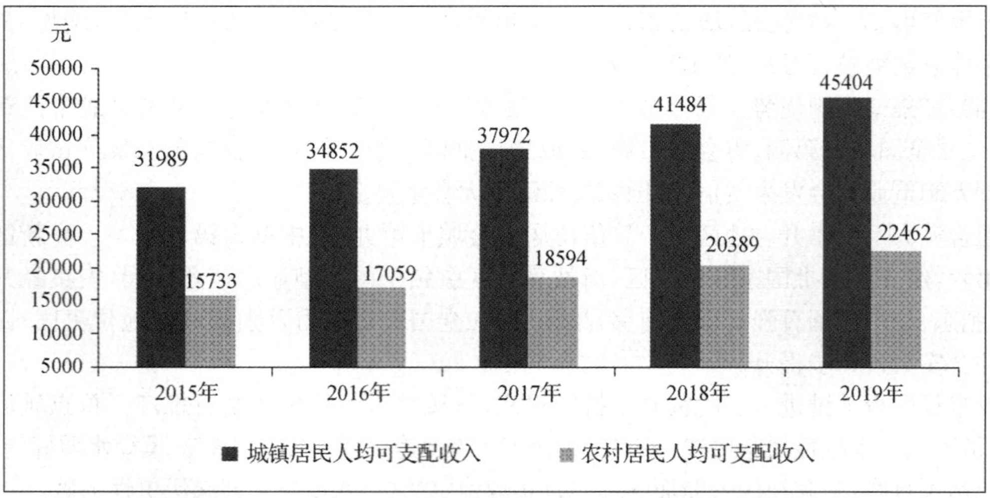

图12　2015—2019年合肥市城乡居民人均可支配收入

全年农村常住居民人均可支配收入 22462 元，比上年增长 10.2%；人均消费支出 13804 元，增长 9.0%，其中食品烟酒支出增长 6.6%、衣着增长 4.7%、居住增长 8.5%、生活用品及服务增长 14.1%、医疗保健增长 16.3%、交通通信增长 5.3%、教育文化娱乐增长 17.8%。农村居民恩格尔系数为 33.9%，比上年下降 0.8 个百分点。年末农村居民人均住房建筑面积 45.1 平方米，比上年增加 2.3 平方米。

市区最低月工资标准为 1550 元。年末参加城镇职工养老、医疗(生育)、失业、工伤保险人数分别为 265.8 万人、216.03 万人、174.64 万人、182.39 万人。城乡居民养老保险参(续)保人数 301.15 万人。城乡居民基本医疗保险参保人数 563.49 万人，参保率达 99.8%。

全年享受政府最低生活保障的居民为 224.69 万人次，其中城市 33.44 万人次、农村 191.25 万人次；累计发放低保金 10.28 亿元，其中城市 1.8 亿元、农村 8.48 亿元。全市特困供养人员集中供养率达 61.61%，城市“三无”人员全部纳入特困供养范围。全年临时救助 9592 人次，支出救助金 2945.5 万元。全年实施城乡医疗救助资助参保 34.41 万人，直接救助 50.54 万人次；支出医疗救助资金 4 亿元，其中资助参保支出 0.67 亿元、直接救助支出 3.32 亿元。

全市各类高等院校 61 所，在校生 70.13 万人(学生数未含部队院校)。其中，普通高校 55 所，在校生 68.48 万人；成人高校 4 所，在校生 1.65 万人。中等职业教育学校(不含技工学校)53 所，在校生 11.34 万人；特殊教育学校 6 所，在校生 1727 人。普通高中 102 所，在校生 16.1 万人，高中阶段毛入学率为 136.25%。普通初中 238 所，在校生 25.74 万人，初中阶段毛入学率为 111.48%。小学 510 所，在校生 54.87 万人，小学毛入学率为 108.32%。幼儿园 1195 所，在园幼儿 30.26 万人。各类专任教师 11.04 万人，其中普通高校 2.8 万人、中等职业学校 0.39 万人、普通中学 3.2 万人、小学 3.04 万人、幼儿园 1.59 万人。全市义务教育经费保障机制改革惠及学生 80.96 万人，其中城市 32.15 万人、农村 48.81 万人。

表 19　2019 年合肥市各类教育发展情况

指标	招生数(人)	在校生数(人)	毕业生数(人)
研究生	18287	51594	13300
普通高等教育	238334	633160	171388
成人高等教育	7037	16503	3927
中等职业教育	48105	113405	38248
普通高中	55084	161000	50271
普通初中	94829	257363	76843
小学	100913	548744	89689
学前教育	125523	302552	101500
特殊教育	290	1727	223

全市有院士工作站 59 个，两院院士 127 人；国家级(重点)实验室 10 个，部属(重点)实验室 36 个，省级(重点)实验室 130 个；省级以上工程技术研究中心 139 个，其中国家级(含分中心)7 个；省级以上工程研究中心 61 个，其中国家级 17 个；省级以上工程实验室 52 个，其中国家级 8 个。省级以上企业技术中心 347 个，其中国家级 50 个。市级以上科技企业孵化器 68 个，其中国家级 16 个。市级以上众创空间 90 个，其中国家级 18 个。

全年有 8 项科技成果获国家科技奖，其中国家自然科学奖二等奖 1 项、国家科学技术进步奖二等奖 6 项、国家技术发明奖二等奖 1 项。全年受理专利申请 61205 件，其中发明专利 25453 件；授权专利 30245 件，其中发明专利 5981 件，比上年增长 6.9%。全年签订输出技术合同 14962 项，成交金额 222.4

亿元，增长15.9%；签订吸纳技术合同9581项，成交金额252.56亿元，增长52.5%。

年末，全市有文化馆10个，公共图书馆9个，博物馆36个(其中国有博物馆15个、非国有博物馆21个)，各级国家综合档案馆10个，专业档案馆(城建馆)1个，乡镇街道综合文化站130个。全国重点文物保护单位10处，省级重点文物保护单位41处，市级重点文物保护单位82处。国家级非物质文化遗产项目4项，省级非物质文化遗产项目28项，市级非物质文化遗产项目89项。图书馆总藏量721.74万册(件)(不含电子图书)，比上年增长11.6%，其中图书634.82万册，比上年增长15.0%。各级国家档案馆馆藏档案资料543.87万卷(件、册)，专业档案馆(城建馆)馆藏档案31.5万卷。电影院108家，比上年增加17家；全年票房收入6.55亿元，增长6.7%。全年共举办各类展览活动102场。年末，广播综合人口覆盖率为99.62%，电视综合人口覆盖率为99.74%。

年末拥有医疗卫生机构(含村卫生室)3232个，其中医院200个、卫生院103个、妇幼保健院(所、站)12个、疾控中心和专科疾病防治机构17个、社区卫生服务机构217个。卫生机构床位数5.90万张，其中医院、卫生院床位5.66万张。卫生技术人员7.19万人，其中执业(助理)医师2.67万人、注册护士3.47万人。每千人常住人口拥有床位数7.2张，拥有医院卫生院床位数6.91张；每千人常住人口拥有卫生技术人员8.77人，拥有医生3.27人，拥有注册护士4.24人。婴儿死亡率为2.41‰，孕产妇死亡率为7.62/10万。

全年成功组织9项大型赛事和108项市级体育赛事。成功举办2019合肥国际马拉松赛，吸引来自21个国家和港澳台地区以及31个省市自治区的3万名选手参赛。成功举办2019环巢湖全国自行车公开赛，吸引国内外近千名自行车运动好手参加。全市完成2个体育特色小镇、3个体育公园、150个全民健身苑工程、16个笼式多功能健身场和7个乡镇全民健身广场、10个三人制篮球场和一个篮球体育公园建设。全年共举办全民健身活动534次，参加活动总人数70.33万人次。全年销售体育彩票25.47亿元。

年末，全市有各类提供住宿的社会服务机构177个，床位3.2万张，收养各类人员1.5万人；不提供住宿的社会服务机构873个，其中社区服务中心211个，社区服务站557个。全年销售社会福利彩票18.96亿元，筹集公益金5.33亿元。全市共接收社会捐款5732.05万元、捐赠物资价值18.69万元。

年末，全市共有市、县(区)级环境监测站21个。区域噪声等效声级54.6分贝，道路交通噪声等效声级68.1分贝，保持稳定。可吸入颗粒物(PM10)、细颗粒物(PM2.5)年均浓度分别为67.6微克/立方米和43.8微克/立方米，分别比上年下降0.6%和4.3%，均完成年度目标任务。二氧化硫、二氧化氮年均浓度分别为6微克/立方米、42微克/立方米，一氧化碳日均浓度0.8毫克/立方米，臭氧日最大8小时平均浓度值100微克/立方米。全年空气质量达到优的天数为47天，良好207天，优良率为70.4%。巢湖湖区整体水质保持稳定。饮用水源地水质达标率为100%。辐射环境质量良好。

新增城区绿化面积444万平方米，绿化覆盖率为46%。建成区绿地率达40.3%。生活垃圾无害化处理率为100%。

全年能源消费量2409.39万吨标煤，比上年增长4.3%；电力消费增长8.9%；单位GDP能耗比上年下降3.01%。

全年亿元GDP生产安全事故死亡人数为0.039人，比上年下降17.0%；道路交通万车死亡人数为1.83人，下降8.1%；工矿商贸企业就业人员十万人生产安全事故死亡人数为2.143人，上升5.5%。全年发生一般程序道路交通事故1826起，造成471人死亡，1808人受伤。

三、合肥市2019年重点工作

(一) 聚焦创新引领，科学中心建设迈出新步伐

创新平台加速汇集，类脑智能技术及应用国家工程实验室基本建成，量子创新研究院、离子医学中心主体工程竣工，聚变堆主机及大科学装置集中区加快建设，与大院大所合作共建平台达26家。创新

效应加速释放，全社会研发投入占 GDP 比重、每万人有效发明专利拥有量、吸纳技术合同成交额等位居省会城市前列，新增国家高新技术企业 429 户、总数突破 2500 户。国盾量子、皖仪科技即将登陆科创板，中科院合肥物质院成果转化模式在全国推广。人才强磁场加速显现，新增"两院"院士 5 人、在合肥服务院士达 127 人，建立首批外国专家工作室、引才引智示范基地，汇集国内外高端人才 400 多人，创新崛起的合肥越来越吸引世界目光。

（二）聚焦产业高端，转型升级取得新成绩

战略性新兴产业增加值增长 15.2%，占规上工业比重达 52.6%，创历史新高。新型显示器件整体规模国内第一，京东方 10.5 代线满产满销，视涯硅基 OLED 微显示器正式投产，维信诺第六代柔性显示生产线主体结构封顶。长鑫存储首颗自主研发的 19 纳米存储芯片实现量产，总投资 2200 亿元的集成电路制造基地加快建设。"中国声谷"营收突破 800 亿元，"中国安全谷"获批建设。联宝笔记本电脑、华米智能可穿戴设备、阳光电源光伏逆变设备全球市场占有率继续领跑。启动 26 家智能工厂、250 个数字化车间智能化改造，建成合力叉车、安泰科技等一批有影响力的工业互联网平台。培育省级服务业集聚区、示范园区 39 家，滨湖卓越城文华园一期、唯品会安徽物流园等重点项目建成运营，邮政快递高位增长。成功举办家博会、首届世界显示产业大会，获批承办第十四届中国国际园林博览会，入选"中国最具竞争力会展城市"。一年来，我们全力推进"科创＋产业"深度融合，产业硬核挺起合肥脊梁。

（三）聚焦品质提升，城市建设展现新形象

突出规划引领，合肥滨湖科学城、空港经济示范区、东部新中心、骆岗中央公园总体规划编制基本完成。新建续建大建设工程 1370 项，完成投资 570 亿元。商合杭高铁合肥以北段开通运营，高铁南站南广场建成启用，新合肥西站开工建设，引江济淮累计完成投资 300 多亿元。完成合宁、合芜、合安高速"四改八"，开工建设明巢高速合肥段，新建续建国省干线 360 千米。地铁 3 号线开通运营，轨道交通迈入"线网时代"。裕溪路高架东延、集贤路跨派河桥等建成使用，公交都市创建通过国家验收。长江路景观改造、天鹅湖亮化工程、合柴 1972 文创园等一批城市更新项目建成。生活垃圾分类试点扎实推进，数字城管二期投入使用，建成 5G 基站超 1300 个，整治 23 处拥堵点，新增停车泊位和新能源充电设施均超过 1 万个。

（四）聚焦改革开放，区域发展增添新活力

商事制度改革深入推进，企业开办实现"零成本""一日办结"，市场主体总量突破 100 万户。深入开展创优营商环境再提升行动，劳动力市场监管、获得信贷两项指标在全国营商环境评价中位居前十。出台支持民营经济高质量发展"10 条"，全年新增减税降费 254 亿元，上市公司达 52 家。农村集体产权制度改革村（居）达 89%，"三变"改革村（居）达 67%。开放水平全面提升，合肥中欧班列发运 368 列、居全国第八，合肥水运港集装箱吞吐量 37 万标箱。出口加工区整合优化为综合保税区，庐州海关正式开关。落实落细长三角一体化发展战略，G60 物联网、生物医药、环境产业等合作示范园区挂牌运作，实现九城市地铁"一码通行"、十八城市 51 个事项"一网通办"、四十一城市医保"一卡通用"。成功举办长江中游城市群省会城市会商会，发布"合肥行动方案"。合肥都市圈扩容升级，合淮产业走廊、合六经济走廊建设加快推进。扎实开展与皖北结对合作，积极做好援疆援藏工作。

（五）聚焦乡村振兴，"三农"发展再上新台阶

脱贫攻坚精准发力，全年投入扶贫资金 16.5 亿元，建成特色产业扶贫园区 112 个、带动 2.8 万贫困户增收。新型农业经营主体突破 1.4 万家，虾稻综合种养面积达 54.7 万亩，休闲农业接待游客突破 3700 万人次。南艳湖机器人小镇、长临河文旅小镇入选省级特色小镇，三瓜公社电商小镇典型经验在全

国推广。美丽乡村建设纵深开展，建成 89 个中心村，完成 8.3 万户改厕任务，实现乡镇污水设施全覆盖，农村生活污水治理工作成为全国典型。新建农村道路畅通工程 1300 公里，实现全市乡镇通公交、建制村通客车。新增耕地 5.9 万亩，建成高标准农田 21.6 万亩。面对 40 年来最严重的伏秋冬连旱，强化水资源供应和调度，确保了城乡居民饮水安全和农业生产需要。

(六) 聚焦生态文明，环境治理实现新突破

纵深推进“三大一强”污染防治专项行动，认真抓好中央和省环保督察问题整改，一批突出环境问题得到有效解决。系统攻坚巢湖治理，十五里河四期、小仓房三期、陶冲二期污水处理厂通水运行。新建雨污管网 758 公里，整改雨污混接点 4541 处。投资百亿元启动建设 100 平方千米环巢湖“十大湿地”。南淝河、十五里河、双桥河、派河水质明显改善，杭埠河、裕溪河、柘皋河、兆河水质稳定在Ⅲ类以上。全面推行林长制，植树造林 10 万亩，城镇绿化 1000 多万平方米，建成绿道 130 多公里，森林覆盖率达 28.3%，生态绿色成为合肥鲜明底色。

(七) 聚焦共建共享，人民生活获得新提升

新建改扩建中小学 44 所、幼儿园 71 所，城区中小学午餐服务全覆盖、153 所小学实施“三点半课后服务”。合职院汇心湖校区、黄麓师范一期、清华附中合肥学校建成招生，中德青年学生创业孵化中心投入使用。提高社会保障标准，开展按疾病诊断分组付费国家试点，居家和社区养老获评全国优秀试点地区。新开工棚户区改造项目 23 个，综合整治老旧小区 122 个。建立房地产市场平稳健康发展长效机制，住房租赁试点获中央财政支持。成功举办中国上海国际艺术节合肥分会场、第十三届合肥文博会，市中心图书馆、科技馆新馆等开工建设。举办首届全民健身运动会，合肥国际马拉松赛入列国际金标赛事，成功申办 2023 年第五届全国智力运动会。荣获全国“质量魅力城市”，食品药品安全满意度进一步提升。强化应急管理和安全生产监管，事故起数和死亡人数实现“双下降”。“扫黑除恶”专项斗争成效显著，进京到省信访量明显下降。成功创建全国社会信用体系建设示范城市。国防动员、人民防空、双拥共建、退役军人事务工作取得新业绩。民族宗教、防震减灾、统计、科普、气象、保密、仲裁等工作有了新提升。工会、共青团、妇女儿童、红十字会、老年人、残疾人和关心下一代等工作实现新进步。一年来，我们坚持在发展中补齐民生短板，人民群众获得感、幸福感、安全感在家门口升级。

第二节　芜湖市 2019 年经济社会发展报告

2019 年，面对复杂严峻的宏观经济环境，全市人民在市委、市政府的坚强领导下，以习近平新时代中国特色社会主义思想为指导，坚持稳中求进工作总基调，坚持新发展理念，以创新引领推动高质量发展，全市经济社会保持平稳健康发展，经济结构不断优化，发展质量稳步提升，人民生活持续改善，社会事业繁荣发展，全面建成小康社会取得新的重大进展。

年末，全市常住人口 377.8 万人，比上年增加 3.0 万人。城镇化率为 66.41%，比上年提高 0.87 个百分点。公安户籍人口 389.84 万人，比上年增加 0.99 万人。人口中，男性人口 200.87 万人，女性人口 188.97 万人。全年人口出生率为 9.37‰，死亡率为 4.81‰，自然增长率为 4.56‰。

一、芜湖市 2019 年经济发展

以服务稳就业。制定了高校人才工作站建设、人才安居保障等就业创业扶持政策。启用皖江人力资源公共训练基地，建设人力资源产业园，试点“用工周转池”调剂制度，保障了高校毕业生、就业困难人员、退役军人等各类群体就业。

全年实现地区生产总值 3618.26 亿元，比上年增长 8.2%。其中，第一产业增加值 146.57 亿元，增

长3.1%；第二产业增加值1756.87亿元，增长9.6%；第三产业增加值1714.82亿元，增长7.1%。按常住人口计算，人均生产总值96154元，按年均汇率折算为13938美元。三次产业增加值比重由上年的4.0∶52.2∶43.8调整为4.0∶48.6∶47.4。

全年粮食种植面积220.81千公顷，油料种植面积31.70千公顷。粮食产量139.19万吨，比上年下降0.4%；油料产量8.96万吨，增长2.4%；棉花产量9622吨，下降26.1%；蔬菜产量155.53万吨，增长4.7%。肉类产量16.54万吨，下降6.3%；水产品产量16.98万吨，增长3.3%。当年完成造林面积2497公顷。年末，全市绿色食品认证249个，有机食品认证10个，农产品地理标志8个。年末拥有省级及以上农业产业化龙头企业56家。

农业生产条件和基础设施。年末，拥有农业机械总动力219.26万千瓦，农用拖拉机53495台。全年农用化肥施用量(折纯)16.75万吨，农村用电量15.36亿千瓦时。2019年，农村人口饮水安全工程改善17.7万农村居民，农村自来水普及率达到99%，农村饮水安全集中供水率达到99.2%。

全年主营业务收入2000万元及以上工业企业(以下简称规模以上工业)实现增加值比上年增长8.9%。其中，国有及国有控股企业占规模以上工业比重为11.1%(以下简称占比)，增加值增长8.1%；股份制企业占比75.8%，增加值增长10.0%；外商及港澳台商投资企业占比12.9%，增加值增长3.6%。工业产品销售率达到98.2%。

规模以上工业主要工业产品产量为水泥1627.68万吨，增长7.1%；钢材561.07万吨，增长7.1%；铜材25.26万吨，增长21.6%；平板玻璃2317.78万重量箱，增长17.4%；汽车44.75万辆，增长22.9%；新能源汽车4.69万辆，增长5.3%；电动机204.68万千瓦，增长14.3%；空调1894.56万台，增长6.2%；家用热水器952.90万台，增长4.3%；光电子器件1677.56亿只(片、套)，增长24.0%；发电量217.98亿千瓦时，增长19.2%。

工业效益。全年规模以上工业实现营业收入比上年增长4.9%；利润总额增长0.3%。工业经济效益综合指数达309.3%。

全年完成总产值692.22亿元，比上年增长14.5%。全年房屋建筑施工面积2729.57万平方米，比上年增加157.49万平方米；房屋建筑竣工面积1296.59万平方米，比上年增加14.67万平方米。

全年实现财政收入621.18亿元，比上年增长3%，其中地方财政收入321.79亿元，增长1.2%。在地方财政收入中，增值税118.81亿元，增长2.1%；企业所得税30.34亿元，增长12.4%；个人所得税4.90亿元，下降27.2%；城市建设维护税18.32亿元，下降7.4%；契税14.27亿元，下降10.7%。全年完成财政支出502.47亿元，比上年增长9.9%，其中教育支出78.07亿元，增长4.9%；社会保障和就业支出56.54亿元，增长11.8%；卫生健康支出42.12亿元，增长5.5%；节能环保支出33.69亿元，增长145.5%；城乡社区支出113.6亿元，增长15.6%；交通运输支出9亿元，增长41.4%。

全年实现社会消费品零售总额1149.61亿元，比上年增长11.8%。分区域看，城镇零售额1037.26亿元，增长11.6%；乡村零售额112.35亿元，增长13.3%。分行业看，批发和零售业零售额1020.35亿元，增长12.0%；住宿和餐饮业零售额129.26亿元，增长10.7%。

全年接待国内外各类游客6653.94万人次，其中接待国内游客6594.52万人次。实现旅游业总收入872.87亿元，其中旅游外汇收入33858.02万美元。年末共有旅行社90家；星级饭店28家，其中三星级及以上27家；A级及以上旅游景点(区)33处，其中4A级及以上11处，5A级景区1处。

全年交通运输、仓储和邮政业实现增加值183.59亿元，比上年增长5.6%。

全年公路客运量2061万人，下降16.1%；公路货运量8400万吨，增长5.0%。铁路旅客发送量1167万人，增长10.3%；铁路货运发送量228.52万吨，下降7.2%。水路货运量2.3亿吨，增长10.9%。港口货物吞吐量1.3亿吨，增长6.3%，其中外贸货物吞吐量318.44万吨，同比增长4.5%；港口集装箱吞吐量100.63万标准箱，增长25.3%。年末，民用汽车拥有量58.25万辆，比上年增长8.6%，其中私人汽车拥有量54.12万辆，增长9.3%。公路里程10933公里，其中等级公路10846公里。在等级公路中，高速公路292公里,一级公路351公里,二级公路642公里。

全年邮政业务总量完成46.37亿元,比上年增长35.4%;电信业务总量265.90亿元,比上年增长63.5%。全年快递业务量1.84亿件,增长32.91%。年末本地固定电话用户37.65万户,比上年减少0.91万户;移动电话用户363.46万户,新增1.24万户。年末计算机互联网用户136.34万户,新增12.41万户。

全年直接融资新增563.9亿元。三只松鼠、信义能源首发上市。上市公司总数达20家,总市值6600亿元,居全省第一。获批深化民营和小微企业金融服务综合改革试点城市。新增"税融通、政银担、续贷过桥"业务162.5亿元。成功发行全国首只战略性新兴产业专项债券。

年末,金融机构本外币存款余额4160.04亿元,比年初增加415.78亿元,其中非金融企业存款1674.40亿元,比年初增加149.11亿元;住户存款1979.41亿元,比年初增加229.15亿元。金融机构本外币贷款余额3767.87亿元,比年初增加350.95亿元,其中短期贷款809.60亿元,比年初增加19.83亿元;中长期贷款2397.88亿元,比年初增加256.75亿元。年末外汇存款余额5.58亿美元,比年初减少1.96亿美元;外汇贷款余额1.73亿美元,比年初增加0.94亿美元。全市完成直接融资564.85亿元。

全年实现保费收入78.41亿元,比上年增长14.7%。其中,财产险30.45亿元,增长5.3%;人身险47.96亿元,增长21.7%。赔款及给付支出24.88亿元。其中,财产险16.80亿元,人身险8.08亿元。

以企业稳外贸。新增进出口实绩企业125家。中国(芜湖)跨境电子商务综合试验区获批。复制推广自贸区改革经验,全面推广电子化出口退税,全面推进"单一窗口"建设。完成进出口总额72亿美元。全年实现进出口总额72.04亿美元,比上年增长4.8%。其中,进口总额26.85亿美元,增长9.0%;出口总额45.19亿美元,增长2.4%。从出口产品类别看,机电产品出口额36.2亿美元,占出口总额的80.0%。从产品出口地区看,对欧洲出口8.86亿美元,占出口总额的19.6%;对亚洲出口16.79亿美元,占出口总额的37.2%;对北美洲出口11.86亿美元,占出口总额的26.3%。

推进"放管服"改革,全面推行准入前国民待遇和负面清单管理模式。华电芜湖电厂二期、格力商用热水器、酷哇智能机器人、杰锋汽车发动机动力系统等一批重点项目竣工投入使用;姚家岭锌金多金属矿采集工程、苏立智能制造基地、三只松鼠无为产业综合体项目、华电火力发电清洁生产技术改造等一批重点项目加快推进;忠旺铝板带材项目、美芝精密空调旋转式压缩机智能化生产线、比亚迪跨座式单轨钢结构产业基地、大陆汽车电子智能化高端显示器等一批重点项目开工建设。

中梁皖江壹号院、碧桂园翡翠华府、妇幼保健院建设项目、枫尚奥特莱斯购物中心等一批重点项目竣工投入使用;碧桂园镜湖世家、枫丹壹号、汀海壹品、北航芜湖通航创新园、松鼠城娱乐综合体等一批重点项目加快推进;中御公馆项目、伟星雍景台、高速东方御府、芜湖古城二期、芜湖红星美凯龙全球家居艺术博览中心、春谷3D打印产业园等一批重点项目开工建设。

当年新批外商投资企业22家,合同利用外资1.39亿美元。全年实际利用外资29.20亿美元,比上年增长0.1%,其中外商直接投资29.20亿美元,增长0.1%。实际利用亿元以上省外资金1289.91亿元,增长0.7%。截至年底,全市共有41家境外世界500强企业在芜湖投资项目53个。

芜湖经济技术开发区全年实际利用省外境内资金270.36亿元,实际利用外商直接投资7.87亿美元;进出口总额39.22亿美元。

亿元以上项目新开工361个、竣工291个;谋划项目1270个,总投资超万亿元。固定资产投资增长9.6%。本年项目建成投产率为33.4%,固定资产投资资产交付使用率为55.9%。固定资产投资中,第一产业投资增长8.5%;第二产业投资增长15.9%,其中工业投资增长15.9%;第三产业投资增长4.4%,其中房地产开发投资下降1.8%。

出台了扶持产业发展政策、创优"四最"营商环境等政策措施。新增减税降费82亿元。建立芜湖市企业服务中心,打响"易企网+"企业服务品牌。

全年城市居民消费价格比上年上涨2.8%,其中,消费品价格上涨3.7%,服务价格上涨1.5%;食品价格上涨10.3%，非食品价格上涨1.1%。工业生产者出厂价格比上年上涨0.9%，工业生产者购进价格与上年持平。

全年省级及以上开发区完成固定资产投资1026.31亿元，其中基础设施投资51.03亿元；实际利用亿元以上省外资金1200.83亿元，实际利用外商直接投资23.37亿美元；区内规模以上工业实现总产值比上年增长10.6%。

芜湖轨道交通、商合杭高架接线及长江南路高架工程、芜湖宣州民用机场、裕溪河治理工程、青弋江治理工程、芜湖东互通改扩建工程G4211等一批重点项目加快推进；三峡水环境芜湖市城区污水系统提质增效项目、赤铸山路快速化改造、峨山路东延、芜湖北站北广场枢纽工程等重大项目开工建设；无城防洪除涝治理工程、G329一级公路改造工程项目、S354青弋江桥及接线PPP项目、银湖公园景观提升工程等投入使用。

二、芜湖市2019年社会发展

着力发展民生事业。把人民对美好生活的向往作为奋斗目标，投入130亿元，完成33项民生工程。入选国家优质普惠学前教育资源扩容试点城市。新建、改(扩)建26所公办幼儿园、13所市区义务教育学校，完成143个农村中小学校舍维修改造项目。芜湖职业技术学院成为全国首批、安徽省首所“中国特色高水平高职学校”。市妇幼保健院整体搬迁改造完成。推行智慧医院、自助平台、就医一卡通、就诊智能化等便民措施。建立市级个人电子健康档案公共库。法律援助等公共法律服务覆盖城乡。推进“扫黑除恶”专项斗争，狠打“五霸”“九黑”，成效满意度居全省第二。维稳安保、安全生产形势平稳。推进“平安芜湖”建设，获评全国“雪亮工程十大创新案例”。退休职工人均养老金提高5%，城乡低保标准提高4%。城乡居民医保实现同城同待遇。获批全国首个第三代社会保障卡惠民服务一卡通试点城市，实现“多卡融合、一卡通用”。出台《芜湖市居家养老服务条例》，建成居家养老服务“三级中心”166个。稳定市场供需，增加猪肉投储。新增分配公租房2815套，发放住房租赁补贴4730户。文化场馆全部免费开放。为市民提供“体育＋公园”休闲健身场所。

全年城镇常住居民人均可支配收入42064元，增长9.6%；人均消费支出24392元，增长7.8%；人均住房建筑面积37.5平方米。农村常住居民人均可支配收入22745元，增长10.2%；人均消费支出13944元，增长9.7%；人均住房建筑面积44.6平方米。城镇居民的恩格尔系数为33.6%；农村居民的恩格尔系数为34.8%。

就业和社会保障。年末，共有人力资源服务机构66个。全年新增城镇就业人员9.58万人，其中失业人员再就业0.65万人。企业新录用员工岗前培训1.69万人。城镇登记失业率为2.51%。年末，企业职工基本养老保险(含离退休)参保人数92.42万人，比上年增加4.45万人；城镇职工基本医疗保险参保人数78.11万人，增加0.25万人；失业保险参保人数47.49万人，增加2.62万人；工伤保险参保人数46.79万人，增加2.58万人；生育保险参保人数48.30万人，增加2.64万人。城乡居民参加基本医疗保险参保人数304.30万人。城乡居民养老保险参保人数157.89万人。有3.64万名城镇居民、6.49万名农村居民享受最低生活保障。市区最低工资标准达1380元/月，失业保险金标准达1242元/月，企业离退休人员人均养老金水平2120元/月，提高89元/月。

全市拥有各类福利机构118个，床位1.76万张，收养各类人员0.6万人。

全力建设美好城乡。芜湖长江三桥合龙，中江桥建成通车。芜广铁路电气化全线开通，天然气江北支线长江穿越工程、“第二气源”川气东送芜湖门站建成运行。轨道交通加快建设，芜宣机场航站楼主体完工。芜合高速“四改八”二坝至林头段、芜湖东高速出入口改建、峨山路东延伸、九华南路大茆立交、下九连圩保安泵站等工程开工。农村公路扩面延伸793公里，在全省率先实现所有建制村通客车。网约车订单合规率居全国前列。深化“贴近群众六走进”行动。棚户区改造基本建成7459套，整治改造老旧小区47个，既有住宅加装电梯11台。违法建设实现零增长。全面启动居民小区生活垃圾分类。农村改厕6.6万户，市区新增、改造公厕140座。完成造林5.6万亩，新增、改造提升绿地398.6万平方米。无为县撤县设市。芜湖县入选国家水系连通及农村水系综合整治试点县。新认定33个省级美丽乡村中心村，南陵县霭里村获评全国美丽休闲乡村。开展“我和我的祖国”主题活动300场。《渡江第一船暨芜湖解放七十周年主题展》入选国家文物局百项集中宣传推介展览。举办重大会议、活动30余场，充分展示芜湖千湖点丘山水之城的生态之美、浪漫风情欢乐之城的时尚之风、历史丰碑文脉之城的底蕴之深、写意含情雕塑之城的艺术之魂。

大力推动互联网＋政务服务。个人事项80％全程网办“零原件、不见面”。探索周末开展便民政务服务直通车。推进市县镇村四级政务服务体系和基层综合服务平台建设。完成国家级“社会管理和公共服务”综合标准化试点。成为电信行业5G首发城市之一，完成首批5G基站、旷视人工智能超算中心等设施建设。

年末，拥有普通高等院校10所，专任教师0.71万人，在校学生18.17万人，招生6.2万人，毕业生4.96万人；普通中学217所，专任教师1.33万人，在校学生15.94万人；中等职业学校22所，在校学生5.50万人；小学283所，专任教师1.22万人，在校学生19.74万人；幼儿园545所，在园儿童10.11万人。小学学龄儿童入学率为100％，初中阶段适龄人口入学率为100％。

年末，全市拥有国有艺术表演团体1个，文化馆8个；公共图书馆10个，馆藏图书299.86万册，其中市区藏书120.39万册。广播电台5座，电视台5座，广播综合人口覆盖率和电视综合人口覆盖率均达99.98％。全国重点文物保护单位13处，省级重点文物保护单位32处。列入国家级非物质文化遗产名录2项，省级名录22项。全年举办大型文化活动15场次；大型群众性文化活动25场次；文艺团体演出1305场次，其中送文化下乡(含送戏进万村)1130场次。

年末，全市拥有各类医疗卫生机构734个(不含村卫生室)，其中医院79所，基层医疗卫生机构618所，专业公共卫生机构35所。基层医疗卫生机构中，社区卫生服务中心(站)131所，乡镇卫生院52所，门诊部71所，诊所、卫生所和医务室364所。专业公共卫生机构中，疾病预防控制中心9所，卫生监督机构9所，妇幼保健机构9所，专科防治机构6所，急救中心1所，采供血机构1所。卫生机构拥有床位21700张，其中医院18611张。卫生技术人员22864人，其中执业(助理)医生9052人，注册护士10532人。

当年，芜湖市运动员在省级以上国内外重要赛事中共获得奖牌456枚，其中金牌142枚。向省级优秀运动队、省体校输送运动员24人。审批二级运动员118名、二级社会体育指导员140名。全市举办全民健身活动249次，参加活动人员20.1万人次。全市共有体育场地8310个，场地面积638.21万平方米，人均体育场地面积1.7平方米。体育社团组织223个。体育产业总规模70.23亿元。销售体育彩票4.74亿元。

全年市区建成区面积扩大到182.91平方千米。全市公交运营线路网长度3489公里，拥有公交车2084辆；拥有出租车5149辆，其中市区3700辆；公共自行车投放1.2万辆。全年居民用电量27.51亿千瓦时。全年市区城市日供水综合能力75万吨；天然气供气总量34361万立方米，液化气家庭用量4656万吨，城市气化率为100％；新增绿地283万平方米。

全年销售社会福利彩票5.12亿元，筹集市级公益金5 515.16万元。直接接收慈善捐款1114.3万元。

三、芜湖市2019年重点工作

在科创引领中扩增量。全社会研发投入占地区生产总值比重约为3％。高新技术企业达804家。设立产业创新专项资金10亿元，扶持重点研发创新平台。经开区获批国家知识产权示范园区。楚江科技新材料公司获批国家技术创新示范企业。与哈工大、安理工、保利国防科技共建研究院，中科大智慧城市研究院(芜湖)正式运行。新招引高层次科技人才团队53个，集聚各类高端人才200余人，新增技能人才 2.5 万人。发放创业担保贷款 9.8 亿元。新增国家级科技企业孵化器 1 家、国家企业技术中心 2 家，大砻坊青年创业园荣获国家级创业孵化示范基地。成功举办第九届科博会。万人有效发明专利拥有量 36 件，连续九年位居全省第一。

年末，全市拥有省级及以上工程技术研究中心 101 个；省级及以上企业技术中心 188 个，其中国家级 13 个，新增省级 18 个。省级及以上重点（工程）实验室 21 个；安徽省技术创新中心 2 个；省级新型研发机构 14 个；省级及以上质检中心 5 个，其中国家级 3 个。院士工作站 38 个。拥有高新技术企业 804 家，其中当年新认定 146 家；拥有国家科技型中小企业 805 家；拥有省级高新技术产品 1127 个，其中当年新认定 389 个。国家知识产权示范企业 10 家、优势企业 31 家，省级知识产权示范培育企业 8 家、优势企业 38 家。全市有省级以上科技企业孵化器 18 家，孵化面积 46 万平方米，其中国家级孵化器 3 家；省级以上众创空间 24 家，其中国家级 5 家。全年组织实施各类科技计划项目 552 项，其中国家、省级项目 453 个；全年获省级以上科技奖 34 项。当年专利申请量 17455 件，其中发明专利 6987 件；专利授权量 9975 件，其中发明专利 2555 件。万人有效发明专利拥有量 35.4 件。拥有中国驰名商标 42 件，当年新认定 3 件；拥有安徽省政府质量奖 2 家。

在产业引领中提质量。规模工业增加值增长 8.9%，工业技改投资增长 45.2%，在全省率先实现国家绿色园区、绿色工厂、绿色设计、绿色供应链管理项目全覆盖。奇瑞完成增资扩股。海螺集团水泥销量、型材产能均跃居世界第一，跻身世界 500 强。新增智能工厂 7 家、登云企业 720 家。战略性新兴产业产值增长 14.8%。机器人产业在国内率先实现全产业链协同发展。钻石航空发动机获得国内第一张生产许可证。大数据产业园暨“芜湖数谷”挂牌启用。无人驾驶环卫车在全国率先投入商业运营。相控阵系统、智能物流装备、流体物料高端储运装备制造、高端再制造入选第四批省级重大工程、专项。服务业比重首次突破 47%。新增 4 个省级服务业集聚区、示范园区，获批国家检验检测高技术服务业集聚区。快递业务量增长 32.9%，获批中国快递示范城市。接待游客增长 15.7%。十里江湾人民公园昼夜精彩，鸠兹古镇全面开园。社会消费品零售总额增长 11.8%。新增高标准农田 12.5 万亩、家庭农场 759 家、农民专业合作社 152 家。

在改革引领中求变量。压减行政审批事项，推进“证照分离”“减证便民”“容缺受理”，在全省率先出台“首次轻微违法违规经营行为免罚清单”。推进工程建设项目审批制度改革，推开企业投资项目承诺制改革，项目开工审批最快压缩为 40 天。成为国家社会信用体系建设示范城市，在全国地级市中信用监测排名前三，发放中小企业信用贷款 29.6 亿元。创新开发区管理体制机制和人事制度。启动新一轮公共资源交易改革，在全国首创打击围串标大数据模型。统筹推进市场监管、生态环境保护、文化市场、交通运输、农业 5 个领域综合行政执法改革，积极探索实行跨领域跨部门综合执法。建成了市、县、镇三级农村产权交易市场。523 个村实施了“三变”改革。全面启动城市医联体和县域医共体试点。

四、铆住坚中之坚，坚持聚焦三大攻坚战有势头。

分类施策，打好防范化解重大风险攻坚战。政府债务余额控制在限额以内。申报发行新增债券 111.8 亿元。防范非法集资及互联网金融风险，完善投资类市场主体注册前联合评估制度，建立商务楼宇“红黄牌”警告机制。防范重点企业风险，化解电线电缆行业互保联保风险。探索传统商贸业兼并重组模式。

精准施策，打好脱贫攻坚战。实现 2945 户 6742 人脱贫。贫困发生率下降至 0.07%。产业、就业等“九大工程”持续推进，“两不愁三保障”及饮水安全突出问题全面解决。建立专项资金池，防止返贫致贫，结对帮扶投入 7075 万元。脱贫攻坚取得了重大的决定性进展。

综合施策，打好污染防治攻坚战。痛定思建促“水清”。坚持为国护江、为民治江、为城建江、为港兴江，强化环保督察整改，开展“三大一强”专项行动，打造美丽长江（芜湖）经济带。推进与三峡集团合作的污水系统治理项目，实施小区雨污分流改造 76 个，开工建设 52 条污水主次管网，新建、扩建和提标改造污水处理厂5座。入围全国黑臭水体治理示范城市。对扬子鳄、淡水豚两个国家级自然保护区实行最严格的保护。全力以赴保"天蓝"。严控大气污染源头,开展"控煤、控气、控车、控尘、控烧"行动。持续发力增"岸绿"。坚持还江于民、还岸于民、还绿于民、还景于民,完成江岸造林1.2万亩。严格监管护"净土"。确立固废源头管理、生态补偿、综合监管体制。完成18个废弃矿山治理修复。

全市拥有国家三级及以上环境监测站5个,其中二级站1个。市区环境空气质量达优良天数为260天,空气质量优良率为71.8%。饮用水源水质符合国家标准。长江和青弋江干流芜湖段水质均达标。

五、抓住轮值机遇,坚持一体化战略有担当。

细化长三角一体化顶层设计。紧扣"一体化"和"高质量"两个关键,创新一体化发展体制机制。出台推动长三角更高质量一体化发展的实施方案和"5910"行动计划。芜湖LNG内河接收(转运)站、江海联运枢纽、中德企业合作区、商合杭高铁等工程纳入《长江三角洲区域一体化发展规划纲要》。

深化长三角地区协同创新。当好G60科创走廊轮值主席城市,增强机器人产业联盟、通航产业联盟的行业引领力。推进科技创新券G60区域内通用通兑。发起成立长三角区域技术市场联盟。

优化长三角区域资源共享。省港口运营集团在芜湖设立,开通芜湖至上海洋山港的"点对点"直达航线,芜湖港年吞吐量突破100万标箱。与上海普陀、苏州、嘉兴建立教育联盟。开设长三角政务服务"一网通办"专栏和专窗,实现省内"异地打照""全市通办"以及上海23家医院住院、门诊直接结算。与上海知名医院合作筹建皖南肿瘤防治中心。入选长三角养老一体化试点城市。

第三节　蚌埠市2019年经济社会发展报告

2019年是蚌埠改革发展进程中极不寻常的一年,迎来了中华人民共和国成立70周年华诞,经受了中美贸易争端带来的重大挑战,经历了50年一遇特大干旱严峻考验。全市人民在市委的坚强领导下,坚持以习近平新时代中国特色社会主义思想为指导,深入开展"不忘初心、牢记使命"主题教育,紧盯"两个中心"目标,迎难而上、负重前行,保持了经济运行稳中有进、社会大局和谐稳定的良好态势,基本完成市十六届人大二次会议确定的预期目标。

2019年,全市户籍人口386.3万人,比上年增加2.36万人;其中男性200.09万人,占总人口的51.8%;女性186.21万人,占总人口的48.2%。性别比(以女性人口为100)为107.5。全年户籍人口出生率为12.5‰,死亡率为4.3‰,自然增长率为8.7‰。常住人口341.2万人,比上年增加2万人。城镇化率为58.6%,比上年提高1.4个百分点。

表20　2019年末蚌埠市人口数及其构成

指标	年末数(万人)	比重(%)
年末常住人口	341.20	—
年末户籍人口	386.30	—
其中:城镇	143.14	37.1
乡村	243.16	62.9
其中:0—17岁	90.51	23.4
18—34岁	95.99	24.9
35—59岁	137.84	35.7
60岁及以上	61.96	16.0

一、蚌埠市 2019 年经济发展

全市地区生产总值同比增长 8%左右，总量首次突破 2000 亿元大关。分产业看，第一产业增加值 234.32 亿元，增长 3.6%；第二产业增加值 845.87 亿元，增长 3.5%；第三产业增加值 976.98 亿元，增长 7.2%。三次产业结构由上年的 10.9∶42.5∶46.6 调整为 11.4∶41.1∶47.5。人均 GDP 为 60469 元（折合 8766 美元），比上年增加 4136 元。

表 21　2019 年蚌埠市地区生产总值及其增长速度

指标	绝对数(亿元)	比上年增长%
地区生产总值	2057.17	5.1
其中：第一产业	234.32	3.6
第二产业	845.87	3.5
第三产业	976.98	7.2
其中：农林牧渔业	240.89	3.7
工业	688.77	5.1
建筑业	157.70	－4.1
批发和零售业	168.00	3.7
交通运输、仓储和邮政业	119.84	5.5
住宿和餐饮业	49.67	5.3
金融业	108.00	9.2
房地产业	154.91	6.5
营利性服务业	159.97	17.0
非营利性服务业	209.42	3.4

全年粮食作物种植面积 51.49 万公顷，其中小麦面积 25.21 万公顷，稻谷面积 10.61 万公顷。油料种植面积 5.09 万公顷，棉花种植面积 85 公顷，蔬菜种植面积 5.26 万公顷。

全年粮食产量 282.13 万吨，增长 1.8%。油料产量 33.09 万吨，下降 1.3%。棉花产量 72 吨，下降 62%。蔬菜产量 242.95 万吨，增长 4.4%。水果产量 57.82 万吨，增长 3.7%。

年末，全市生猪存栏 71.3 万头，比上年下降 23.3%；全年生猪出栏 166.02 万头，下降 17.6%。肉类总产量 39.4 万吨，下降 1.1%。禽蛋产量 8.04 万吨，下降 4.8%。水产品产量 12.4 万吨，增长 2.9%。

表 22　2019 年蚌埠市主要农产品产量及其增长速度

产品名称	绝对数(万吨)	比上年增长%
粮食	282.13	1.8
夏粮	146.52	5.2
小麦	146.52	5.2
秋粮	135.61	－1.5
油料	33.09	－1.3

续表

产品名称	绝对数(万吨)	比上年增长%
棉花	0.01	−62.0
蔬菜	242.95	4.4
水果	57.82	3.7
肉类	39.40	−1.1
禽蛋	8.04	−4.8
水产品	12.40	2.9

全年化肥施用量(折纯)29万吨,下降3.7%。农用薄膜使用量0.94万吨,增长2.1%。农药使用量0.52万吨,下降8.6%。

年末,全市规模以上工业企业达1105户,全年规模以上工业增加值增长4.9%,其中国有企业增长5%,外商及港澳台投资企业增长13.4%。

全市主要工业行业增加值有增有降,其中医药制造业增长60.5%,烟草制品业增长8.4%,化学原料及制品制造业增长5.1%,汽车制造业下降9.8%,非金属矿物制品业下降7.9%,农副食品加工业下降5%,食品制造业下降4.1%,酒、饮料和精制茶制造业下降2.1%。高新技术产业增加值增长10.8%,战略性新兴产业产值增长21.8%。

表23 2019年蚌埠市规模以上工业增加值增长速度

指标	比上年增长(%)
规模以上工业	4.9
其中:国有企业	5.0
集体企业	−1.4
股份合作企业	−22.9
股份制企业	0.0
外商及港澳台投资企业	13.4
其他企业	1.7
其中:国有及国有控股企业	13.4
大中型工业企业	18.1
其中:农副食品加工业	−5.0
食品制造业	−4.1
酒、饮料和精制茶制造业	−2.1
烟草制品业	8.4
纺织业	−19.3
化学原料及制品制造业	5.1
医药制造业	60.5
非金属矿物制品业	−7.9
汽车制造业	−9.8

主要工业产品产量中,水泥、钢材、罐头分别增长47.9%、17.2%、16.1%,日用玻璃制品、盐酸、饲料分别下降54.8%、27.9%、7%。

表 24　2019 年蚌埠市规模以上工业主要产品产量及其增长速度

产品名称	单位	产量	比上年增长(%)
饲料	万吨	69.78	−7.0
鲜冷藏冻肉	万吨	5.56	13.9
罐头	万吨	0.49	16.1
发酵酒精(折 96 度、商品量)	亿升	0.31	15.1
饮料酒	亿升	0.88	6.6
卷烟	亿支	315.45	5.4
机制纸及纸板	万吨	5.08	−0.5
盐酸(氯化氢含 31%)	万吨	3.16	−27.9
烧碱(折 100%)	万吨	10.14	−23.6
水泥	万吨	426.85	47.9
商品混凝土	万立方米	571.41	−11.4
日用玻璃制品	万吨	2.22	−54.8
钢材	万吨	2.09	17.2
气体压缩机	台	3598	11.9

全市规模以上工业经济效益综合指数为 438.8%。规模以上工业实现主营业务收入 2073.23 亿元，下降 4.3%；实现利税总额 178.34 亿元，增长 2.4%，其中利润总额 74.74 亿元，下降 5.3%。

表 25　2019 年蚌埠市规模以上工业企业主要经济效益指标

指标名称	单位	数值	比上年增长(%)
综合效益指数	%	438.8	59.1
总资产贡献率	%	11.7	0.1
资本保值增值率	%	100.7	−19.1
资产负债率	%	52.5	−2.5
流动资金周转次数	次	2.5	−0.1
成本费用利润率	%	4.0	0.4
全员劳动生产率(按增加值计算)	元/人	558342	22.2
产品销售率	%	97.9	0.1

全年全社会建筑业增加值 157.7 亿元，比上年下降 4.1%。具有资质等级建筑企业完成产值 599.85 亿元，下降 4.3%。房屋建筑施工面积 3437.22 万平方米，增长 1.5%；房屋竣工面积 985.3 万平方米，增长 4.8%。

全年实现旅游总收入 355.78 亿元，比上年增长 19.6%，接待国内游客 5110.98 万人次，接待入境游客 11.08 万人次。全市共有星级饭店(宾馆)10 个；旅行社 57 家，分社 20 家。拥有 A 级旅游景区 30 个，其中 4A 级旅游景区 5 个，3A 级旅游景区 13 个，2A 级旅游景区 12 个。

全年交通运输、仓储和邮政业增加值 119.84 亿元，比上年增长 5.5%。

全年公路客运量 2058 万人，比上年增长 0.4%；公路货运量 24965 万吨，增长 4.8%。

年末，全市汽车拥有量 44.39 万辆，比上年增长 13%，其中个人汽车 36.5 万辆，增长 15.4%。小型、微型载客汽车拥有量 34.64 万辆，增长 14.4%，其中个人小型、微型载客汽车 33.12 万辆，增长 14.9%。

全年邮政业务总量22.4亿元,增长26.8%。电信业务总量(收入)169.59亿元。年末,全市固定电话用户数30.09万户;移动电话用户数308.54万户,比上年增长3.9%。

年末,全市金融机构各项存款余额(人民币口径,下同)2263.8亿元,比年初增加149.52亿元,增长7.1%,其中住户存款余额为1176.17亿元,增长14.1%。金融机构各项贷款余额2082.74亿元,比年初增加272.54亿元,增长15.6%。其中,短期贷款余额596.56亿元,增长12.5%;中长期贷款余额1399.48亿元,增长18%。

表26 2019年末蚌埠市金融机构人民币各项存贷款余额及其增长速度

指 标	年末数(亿元)	比上年末增长(%)
各项存款余额	2263.80	7.1
其中:住户存款	1176.17	14.1
非金融企业存款	650.30	-9.9
各项贷款余额	2082.74	15.6
其中:短期贷款	596.56	12.5
中长期贷款	1399.48	18.0

全年实现保费收入38.61亿元,比上年增长14.9%。其中,财险保费收入23.93亿元,增长5.4%;寿险保费收入38.61亿元,增长14.9%。年末,全市保险公司已达50家。

全年财政收入317.01亿元,增长7.6%,其中地方财政收入163.28亿元,增长7%。在地方财政收入中,增值税增长6.2%,企业所得税增长6.6%,个人所得税下降19.9%。财政支出337.52亿元,增长14.1%。全年33项民生工程累计投入76亿元,惠及100%城乡居民。

全年固定资产投资增长10%,比上年增长6.8%,其中技术改造投资增长27.1%,民间投资增长12.1%。分产业看,第一产业投资下降27.6%,第二产业投资增长3.1%,第三产业投资增长9.3%。

全年房地产开发投资653.21亿元,比上年增长13.3%;房屋销售面积818.29万平方米,下降8.5%;房屋销售额489.78亿元,下降6.3%。

全年亿元以上续建和计划开工项目完成投资1091.09亿元,总量居全省第6位,完成率居全省第5位。台玻电子级玻璃纤维、卷烟厂异地技改等76个项目建成投用,车辆电子系统集成产业化、绿色建筑产业园等165个项目开工建设。

全年社会消费品零售总额908.35亿元,比上年增长10.3%。按经营单位所在地分,城镇消费品零售额835.05亿元,增长10.2%;乡村消费品零售额73.3亿元,增长11.3%。按消费形态分,商品零售823.89亿元,增长10.2%;餐饮收入84.46亿元,增长11.4%。按单位规模分,限额以上企业(单位)零售额347.9亿元,增长9.3%;限额以下企业(单位)零售额560.45亿元,增长11.6%。

在限额以上企业(单位)零售额中,批发、零售、住宿、餐饮四大行业比上年分别增长0.6%、10.5%、7.2%、10.6%。电子出版物及音像制品类增长17.4%,化妆品类增长16.3%,体育、娱乐用品类增长9.3%,石油及制品类下降2.7%,中西药品类增长3.6%,家用电器和音像器材类增长8.9%,汽车类增长13.9%,金银珠宝类增长35.1%,文化办公用品类增长22.3%,日用品类增长13.7%。网上商品零售额20.42亿元,增长26.5%。

二、蚌埠市2019年社会发展

城镇、农村常住居民人均可支配收入均增长9.5%,全年城镇居民人均可支配收入37028元,比上年增长9.4%。人均消费支出19980元,增长8.6%。其中,食品支出增长8%,医疗保健支出增长6%,交通和通信支出下降6%,教育文化娱乐服务支出增长17%。城镇居民家庭恩格尔系数为36%。城镇居民人均住房建筑面积 41 平方米。

全年农村人均可支配收入 16666 元，比上年增长 10.3%。农民人均消费支出 8658 元，增长 8.9%。其中，食品支出增长 8.5%，居住支出增长 6.7%，医疗保健支出增长 11.5%。农村居民家庭恩格尔系数为 34%。农村居民人均住房面积 57 平方米。

年末，全市职工基本养老、失业、医疗、工伤、生育五项社会保险参保人数分别为 43.57 万人、24.86 万人、53.07 万人、27.56 万人、32.85 万人，城乡居民医疗保险参保 304.83 万人，城乡居民养老保险参保 114.29 万人。企业退休人员养老金和失业人员失业金 100%按时足额发放。

居民消费价格涨幅为 2%，涨幅与上年持平；商品零售价格上涨 1.3%。

表 27　2019 年蚌埠市居民消费价格比上年涨跌幅度

类别	涨跌幅度(%)
居民消费价格	2.2
食品烟酒	5.9
粮食	0.9
食用油	1.3
菜类	−0.1
畜肉类	29.7
禽肉类	6.7
水产品	−6.4
蛋类	6.5
烟酒	1.8
衣着	2.7
居住	0.4
生活用品及服务	1.5
交通和通信	−2.6
教育文化和娱乐	1.4
医疗保健	0.2
其他用品和服务	2.8

全年城镇新增就业 7.15 万人，失业人员再就业 1.12 万人，新增农村劳动力转移 2.87 万人。年末城镇登记失业率为 2.3%，比上年下降 0.88 个百分点。

全社会研发经费投入增长 24.22%、投入强度 2.68%；万人发明专利拥有量 13 件。

全国首片完全自主知识产权 8.5 代 TFT-LCD 玻璃基板在蚌埠市成功下线。彭寿当选中国工程院院士、荣获省政府质量奖。全面打通聚乳酸生产全产业链。430 毫米类石墨烯高导热膜刷新世界纪录。CIGS 薄膜太阳能电池、EMCCD 微光探测器、PLA 纺织品荣获世界制造业大会创新产品金奖。浮法玻璃退火窑、电熔氧化锆获评国家制造业单项冠军产品。固镇"农粮驿站"入选全球减贫最佳案例、南南合作减贫知识分享案例、全国电商精准扶贫典型案例。蚌埠的创新能力持续跃升，产业生态不断优化。

城市建设与管理能力不断提升，万元地区生产总值能耗下降 5%以上；PM2.5 平均浓度 50.9 微克/立方米，空气质量优良天数比例为 71.2%。583 个省"大新专"重点项目完成投资 1091.1 亿元，投资完成率、竣工率均居全省前列。京台高速东海大道出入口、蚌埠站提升改造工程竣工，中环线基本贯通，水蚌线外迁、蚌五高速等加快推进,蚌埠民用机场等前期工作进展顺利。完成汤和路、华光大道等7条道路"白改黑",打通兴和路、学翰路南段等8条"断头路"。二中禹会实验学校、新城翰林分校投用。蚌医二附院新院区建成投用,市一、二、三、四院专科医疗项目开工建设。扎实开展"两治三改"工作,改造棚户区(城中村)23316户,建设安置房17798套、回迁安置14015户。

全市共有普通高等教育学校5所;中等职业教育学校17所,其中普通中专14所,成人中等专业学校3所;普通教育学校1564所,其中普通中学182所(高中39所,初中143所),小学629所,幼儿园747所,特殊教育学校5所,工读学校1所。

全市中等职业学校专任教师1721人,普通中学专任教师13510人,其中高中4088人,初中9422人。

全市中等职业教育学校在校学生4.94万人;普通教育学校在校学生63.42万人,其中普通中学在校学生17.93万人(高中在校学生5.54万人,初中在校学生12.39万人),小学在校学生31.46万人。幼儿园在园幼儿13.96万人,特殊教育学生2333人(特殊教育学校在校生672人)。

全市小学适龄儿童入学率为100%,初中学龄人口入学率为100%,高中阶段毛入学率为97.6%。

表28　2019年蚌埠市各级各类教育发展情况

指标	单位	招生数	在校学生数	毕业生数
各类中等职业学校	人	18299	49422	19693
普通中学	人	63501	179328	53981
高中	人	19077	55420	19054
初中	人	44424	123908	34927
小学	人	54537	314566	44148

全年新认定高新技术企业66家,高新技术企业总数达310家。高新技术产业增加值同比增长10.8%。全市有国家重点(工程)实验室3个,省级重点(工程)实验室18个。有省级以上工程(技术)研究中心59家,其中国家级2家。有国家级高新技术产业开发区1个。

全年发明专利申请量2516件,发明专利授权量537件。共签订各类技术合同1663项。技术市场合同交易30.5亿元,比上年增长29.2%。万人发明专利拥有量达15.9件。全年共新建省级以上研发平台4家。

全市公共文化服务水平不断提升。全年送戏下乡4027场,完成公益电影有效放映12639场。全市建成19个共享书屋和21个共享阅读点;开展"我们的节日"文艺汇演290余场;开展"温馨蚌埠·欢乐珠城"系列群众文化展演;开展全市广场舞展演,2支广场舞代表队入围全省广场舞展演并获奖。加快推进基层公共文化场馆开通免费无线上网服务,全市乡镇(街道)、村(社区)公共文化场馆无线网覆盖率达100%。中国(蚌埠)花鼓灯艺术交流展演周推出"艺术家走基层""精品节目展演"等7个板块的活动。

年末,全市有医疗卫生机构1415个,其中医院88个、基层医疗卫生机构1279个、专业公共卫生机构44个,其他卫生机构4个。全市卫生技术人员21346人,其中执业(助理)医师7818人,注册护士10311人。医疗卫生机构床位2.26万张,其中医院床位1.81万张。每万人拥有床位数66张,每万人拥有卫生技术人员数53人。

组织承办CFA中国之队蚌埠国际足球赛、国际篮球明星争霸赛、"一带一路"国际龙舟赛、中国羽毛球超级联赛、中国乒乓球超级联赛、全国射击邀请赛等高水平赛事12项次,各类比赛场次近300场,参与者超过30万人次。参加全省青少年锦标赛获得金牌93块。女子手球队在全国U系列比赛中获得全国冠军,男子手球队取得全国第二。参加全国第二届青年运动会,获得金牌3块、银牌4块、铜牌10块。举办全市足球、篮球、乒乓球、羽毛球、广场舞三级联赛,共有120支队伍超过3000人参加。举办全民健身活动 200 场次以上。全年新增健身气功站点 15 个，培训二级社会体育指导员 235 名，完成 5800 人体质监测任务。涂山登山健身步道并被授予“国家登山健身步道”称号。建设社会足球场地 7 块、社区多功能运动场 3 个、健身路径 15 条。全市人均体育场地面积 2.08 平方米。完成体育彩票销售 3.54 亿元。

全年环境空气质量达二级标准以上天数为 73%，区域噪声平均值小于 54.8 分贝。

全市共发生各类生产安全事故 86 起，死亡 91 人。其中，道路运输事故 70 起、死亡 69 人，工矿商贸事故 15 起、死亡 21 人，铁路交通事故 1 起、死亡 1 人。较大生产安全事故 2 起。农机、水上交通等领域没有发生生产安全死亡事故。

建成启用淮河流域安徽段首个二类水运口岸，开辟淮河干流首条外贸航线。开通“蚌西欧”班列，货运贯穿德国汉堡、意大利米兰等“一带一路”沿线国家 17 个城市。整体纳入长江三角洲一体化、合肥都市圈规划范围，跻身长三角城市经济协调会。发起设立淮河生态经济带水利专业委员会，加入卫生健康、文化旅游联盟。太湖世界文化论坛世界文化技艺交流中心揭牌。蚌埠的“朋友圈”越拉越大，开放之路越走越宽。全年进出口总额 15.83 亿美元，比上年增长 7.2%。其中，出口 7.14 亿美元，增长 0.7%；进口 8.7 亿美元，增长 13.1%。

全年外商直接投资 14 亿美元，增长 0.1%。实际到位内资 1100 亿元，增长 7.1%，其中省外资金 1060.16 亿元，增长 6%。

重大改革深入推进，全国率先实现税务系统与市级政务审批平台数据直连互通。全省率先实现企业开办“一日办结”和行政审批容缺承诺。政务服务事项网上可办率、公共服务事项一日办结率、“最多跑一次”事项占比均居全省第一。市高新区入选国家文化和科技融合示范基地。农业产业化“12345”工程成效获省委、省政府肯定。“深化商事制度改革落实事中事后监管”获国务院激励支持。落实双创政策措施连续 3 年获省政府表扬激励。“四最”一张网平台入选中国政府信息化管理创新奖。跻身“2019 年度中国经济营商环境十大标杆城市”。改革使营商环境持续优化、市场活力不断迸发。

对外开放与合作取得重大进展，圆满举办太湖世界文化论坛中外文化交流高级别会议、淮河古代文明研究蚌埠双墩陶塑人头像与史前雕塑学术研讨会，“小陶人”被认定为世界已发现最早人物雕塑美术作品。连续 6 届承办安徽工业设计大赛。中国国际化纤会议、MEMS 智能传感器产业发展大会、生物基材料产业发展大会、硅基新材料产业发展大会、区域中心城市全域旅游创新发展研讨会、淮河生态经济带城市与“一带一路”国家经贸合作交流活动、淮河生态经济带协同发展论坛、创新创业与产教融合高峰论坛暨皖北（蚌埠）人才合作对接会等盛大开幕，前世界政要、驻外大使及国内外权威专家、文化大咖、企业精英云集，聚焦了世界目光、展示了蚌埠形象。

第四节　淮南市 2019 年经济社会发展报告

2019 年，面对多重矛盾叠加、风险挑战明显上升的复杂局面，淮南市人民在市委、市政府的坚强领导下，以习近平新时代中国特色社会主义思想为指导，坚持稳中求进工作总基调，坚决落实新发展理念和高质量发展要求，统筹稳增长、促改革、调结构、惠民生、防风险、保稳定，全市经济社会保持平稳健康发展，经济结构不断优化，发展质量稳步提升，人民生活持续改善，社会事业繁荣发展，全面建成小康社会取得了新的重大进展。

2019 年，全市户籍人口 390.8 万人，比上年增加 1.2 万人；户籍人口城镇化率为 45.62%，比上年提高 2.23 个百分点。常住人口 349.0 万人，与上年持平；常住人口城镇化率为 65.04%，提高 0.93 个百分点。全年人口出生率为 11.47‰，比上年下降 0.34 个千分点；死亡率为 7.05‰，上升 0.15 个千分点；自然增长率为 4.42‰，下降 0.49 个千分点。

表 29　2019 年淮南市常住人口及构成

指标	2019 年数(万人)	比重(%)
常住人口	349.0	—
其中:城镇	227.0	65.04
乡村	122.0	34.96
其中:0—14 岁	64.5	18.49
15—64 岁	228.6	65.51
65 岁及以上	55.9	16.00

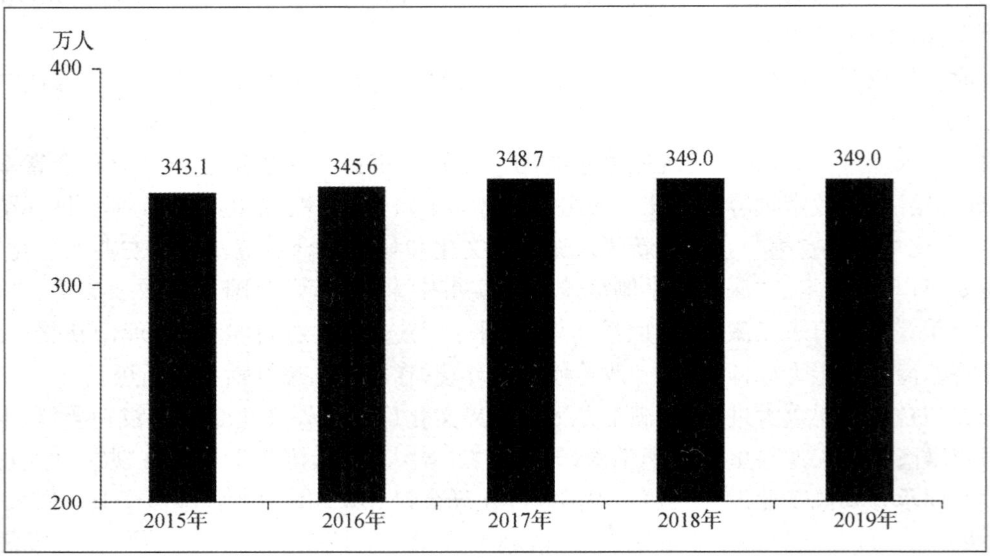

图 13　2015—2019 年淮南市常住人口变化

一、淮南市 2019 年经济发展

全市地区生产总值 1290 亿元,增长 5%以上,总量在全省较上年提升 1 个位次,提前一年完成“十三五”规划确定的经济总量确保目标。按可比价格计算,比上年增长 5.2%,居全省第 13 位。分产业看,第一产业增加值 130.1 亿元,增长 1.0%;第二产业增加值 527.6 亿元,增长 6.5%,其中工业增加值 462.1 亿元,增长 5.8%;第三产业增加值 638.5 亿元,增长 5.0%。三次产业结构由上年的 10.3∶40.3∶49.4 调整为 10∶40.7∶49.3,其中工业增加值占 GDP 比重为 35.6%。人均 GDP 为 37140 元(折合 5384 美元),比上年增加 2824 元。

全年粮食种植面积 52.69 万公顷,比上年下降 0.95%;小麦种植面积 21.60 万公顷,下降 6.11%;水稻种植面积 27.73 万公顷,增长 0.44%;油料种植面积 1.03 万公顷,增长 16.09%;蔬菜种植面积 2.37 万公顷,增长 3.23%。

全年粮食产量 318.86 万吨,比上年减产 1.36 万吨,下降 0.42%。其中,夏粮 117.33 万吨,增产 0.14 万吨,增长 0.12%;秋粮 192.96 万吨,减产 4.39 万吨,下降 2.30%。油料产量 3.01 万吨,增长 12.54%。蔬菜产量 81.17 万吨,增长 2.81%。

表 30　2019 年淮南市主要农产品产量及增速

产品名称	绝对数(万吨)	比上年增长(%)
粮食	318.86	−0.42
油料	3.01	12.54
花生	0.95	0.18
油菜籽	2.03	19.23
蔬菜	81.17	2.81
水果	9.04	3.48

全市生猪存栏 49.7 万头,比上年下降 7.4%;全年生猪出栏 101.8 万头,下降 13.7%。肉类总产量 17.1 万吨,下降 6.1%,其中猪牛羊肉产量 10.4 万吨,下降 11.5%。禽蛋产量 8.5 万吨,增长 5.1%。牛奶产量 1.5 万吨,下降 30.1%。

全市农业机械总动力 454.4 万千瓦,比上年增长 0.6%。各式拖拉机 22.2 万台,下降 0.4%;联合收割机 19894 台,增长 3.2%。全年化肥施用量(折纯)26.8 万吨,下降 10%。农村用电量 15.4 亿千瓦时,增长 11.1%。有效灌溉面积 283.3 千公顷。

全市规模以上工业企业 722 户。全年规模以上工业增加值比上年增长 5.7%。其中,国有及国有控股企业增加值增长 4.9%,股份制企业增长 6.4%,外商及港澳台商投资企业增长 1.2%。分门类看,采矿业增长 1.9%,制造业增长 14.5%,电力、热力、燃气及水生产和供应业增长 3.6%。

规模以上工业中,34 个工业大类行业有 21 个增加值保持增长。其中,煤炭开采和洗选业增长 2.4%,黑色金属冶炼和压延加工业增长 58.6%,电力、热力生产和供应业增长 3.6%,非金属矿物制品业增长 10.3%,化学原料和化学制品制造业增长 163.4%,汽车制造业增长 43.0%,通用设备制造业增长 27.0%,电气机械和器材制造业增长 8.0%,计算机、通信和其他电子设备制造业增长 55.4%。

规模以上工业统计的主要产品产量中,原煤下降 3.6%,洗煤增长 39.9%,发电量增长 0.6%,合成氨增长 394.5%,化肥增长 383.5%,水泥增长 7.0%,矿山专用设备下降 4.7%。

表 31　2019 年淮南市规模以上工业主要产品产量及增速

产品名称	单位	绝对数	比上年增长(%)
原煤	万吨	5563.0	−3.6
洗煤	万吨	962.6	39.9
发电量	亿千瓦小时	704.1	0.6
纯碱	万吨	47.3	369.2
合成氨	万吨	15.2	394.5
化肥	万吨	14.9	383.5
乳制品	万吨	1.1	−23.5
服装	万件	3343.7	8.7
初级形态塑料	万吨	21.3	2979.1
多晶硅	吨	548.0	−0.1

续表

产品名称	单位	绝对数	比上年增长(%)
水泥	万吨	995.9	7.0
日用玻璃制品	万吨	12.4	57.7
汽车(含专用车)	辆	16591.0	23.2
粗钢	万吨	49.2	46.8
钢材	万吨	29.8	1411.5
矿山专用设备	万吨	7.0	−4.7
电力电缆	千米	89346.0	0.9

全年规模以上工业企业实现主营业务收入 1257.5 亿元,增长 7.3%;利润总额 89.4 亿元,增长 82.5%,增幅均居全省第 1 位。全市 34 个规上工业行业大类中,29 个行业实现盈利,19 个行业利润总额实现增长。分经济类型看,国有控股企业增长 176.5%,股份制企业增长 114.1%,私营企业增长 18.6%。分门类看,采矿业 43.1 亿元,增长 395.6%;制造业 18.3 亿元,增长 27.4%;电力、热力、燃气及水生产和供应业 27.9 亿元,增长 7.9%。

规模以上工业中,高新技术产业、装备制造业增加值比上年分别增长 23.5%和 17.7%,增幅高于全省 9.8 个和 7.6 个百分点。战略性新兴产业产值增长 12.1%,其中新一代信息技术产业、高端装备制造产业、新材料产业、新能源汽车产业、新能源产业、节能环保产业分别增长 13.1%、15.4%、16.9%、17.6%、9.1%和 7.2%。全年邮政企业和快递服务企业业务收入完成 7.3 亿元,同比增长 14.1%;业务总量完成 10.3 亿元,同比增长 37.8%。全年限额以上网上零售企业 32 家,比上 2019 年增加 8 家,共实现网上零售额 4.8 亿元,同比增长 27.6%,占限额以上零售额的比重提高 1.0 个百分点。

全年煤炭产能 6480 万吨。全市火力发电装机容量 1434.3 万千瓦,可再生能源 166.2 万千瓦。

全年建筑业增加值 66.8 亿元,比上年增长 12.3%。全年具有资质等级的总承包和专业承包建筑业企业 126 家,比上年增加 22 家。全年房屋建筑施工面积 490.4 万平方米,比上年增加 23.8 万平方米;房屋竣工面积 184.5 万平方米,减少 66.5 万平方米。

全年批发和零售业增加值 127.8 亿元,比上年增长 6.3%;交通运输、仓储和邮政业增加值 76.0 亿元,增长 5.2%;住宿和餐饮业增加值 34.6 亿元,增长 7.6%;金融业增加值 88.6 亿元,增长 4.3%;房地产业增加值 91.1 亿元,增长 2.7%;其他服务业增加值 216.0 亿元,增长 4.7%。以互联网信息技术、商务服务等新兴行业为代表的规模以上其他营利性服务业营业收入增长 14.9%,其中互联网和相关服务业、软件和信息技术服务业、商务服务业分别增长 9.1%、10.6%、32.2%,文化体育和娱乐业营业收入下降 20.3%。

全年旅客运输量 3111.6 万人,比上年下降 8.0%;货物运输量 23528 万吨,比上年增长 5.7%。公路客运周转量 19.6 亿人千米,下降 7.1%;公路货运周转量 60 亿吨千米,增长 5.7%;水路货运周转量 446.1 亿吨千米,增长 8.2%;港口吞吐量 832.1 万吨,增长 109.3%。

表 32　2019 年淮南市各种运输方式完成旅客与货物运输量及增速

指标	单位	绝对数	比上年增长(%)
旅客运输量	万人	3111.6	−8.0
其中:铁路	万人	422.6	−9.0
公路	万人	2689.0	−7.9

续表

指标	单位	绝对数	比上年增长(%)
水路	万人	—	—
货物运输量	万吨	23528.0	5.7
其中:铁路	万吨	2220.0	1.7
公路	万吨	13419.0	5.2
水运	万吨	7889.0	7.8

全市拥有民用汽车37.2万辆,增长10.1%。载客车32.4万辆,增长10.6%;载货车4.5万辆,增长8.2%;私人汽车32.6万辆,增长11.3%。全市公共汽车1193辆,较上年下降4.8%;出租汽车3434辆,与上年基本持平。全年新增一级公路19.8公里。年末,全市公路里程达1015.1公里,其中,高速公路达109.7公里、一级公路达160.7公里、二级公路446.9公里。

全年电信业务总量169.2亿元,比上年增长87.4%;邮政行业业务总量10.3亿元,增长37.8%。全市有《快递业务经营许可证》的企业19家。快递与邮政快递包裹业务量3525.2万件,快递与邮政快递包裹累计业务收入3.4亿元,比上年分别增长48.6%和21.2%。固定电话用户21.8万户,下降7.1%;移动电话用户284.1万户,增长6.5%,其中3G移动电话用户5.3万户,4G移动电话用户222.2万户。城镇家庭每百户拥有固定电话9部,同比下降35.7%;移动电话241部,同比增长3.0%。农村家庭每百户拥有固定电话3部,移动电话214部,同比分别下降76.9%、8.5%。计算机互联网用户87.2万户,增长9.5%。

全年接待国内外游客3114.9万人次,增长11.6%。其中,接待入境国际游客7.6万人次,增长23.4%。旅游总收入216.4亿元,比上年增长15.3%。其中,国际旅游收入5366.8万美元,增长34.6%;国内旅游收入212.7亿元,增长15.0%。全市有星级饭店28家,星级饭店客房2754间,与上年持平。全市共有8个4A级旅游景区。

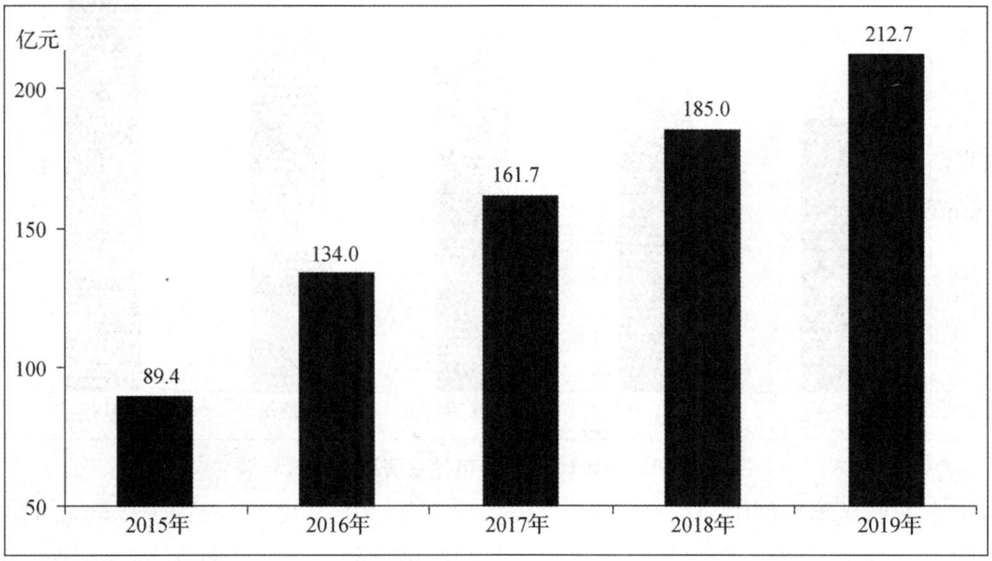

图14 2015—2019年淮南市国内旅游收入

全年财政收入176.7亿元,比上年增长1.6%,其中地方财政收入109.4亿元,增长3.8%。全部财政收入中,税收收入136.2亿元,下降3.3%,其中增值税下降4.1%,企业所得税增长10.0%。财政支出262.1亿元,增长6.9%。重点支出项目中,教育支出增长5.4%;城乡社区事务支出增长8.3%;卫生健康支出增长16.0%;科学技术支出增长22.4%;文化旅游体育与传媒支出下降12.3%;交通运输支出下降 48.5%。全年 33 项民生工程实际拨付资金 50.2 亿元,同比增长 5.0%。

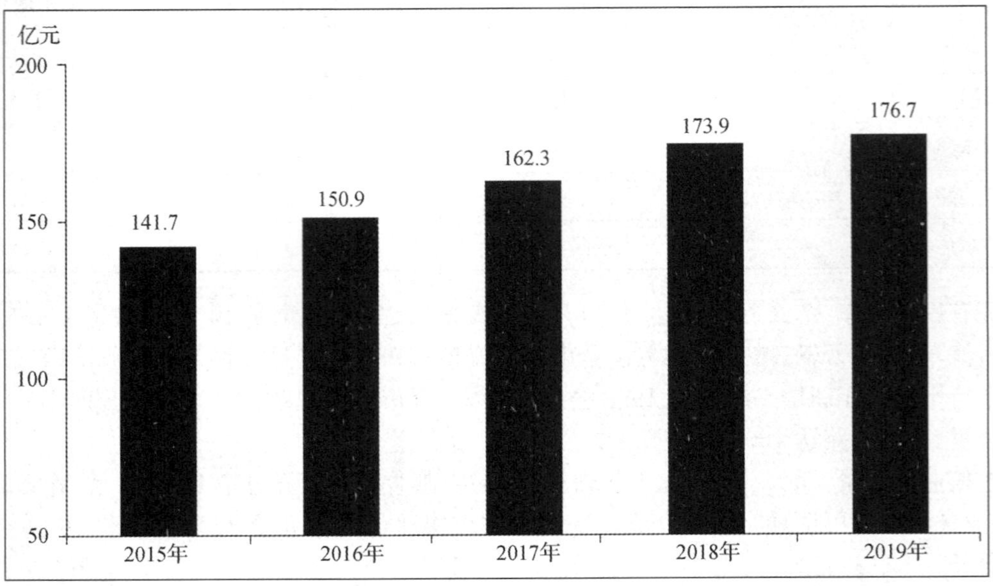

图 15　2015—2019 年淮南市财政收入

全年社会消费品零售总额 667.8 亿元,比上年增长 9.6%。按经营地统计,城镇消费品零售额 518.5 亿元,增长 8.6%;乡村消费品零售额 149.3 亿元,增长 13.5%。按消费类型统计,商品零售额 566.6 亿元,增长 9.8%;餐饮收入 101.2 亿元,增长 9.1%。

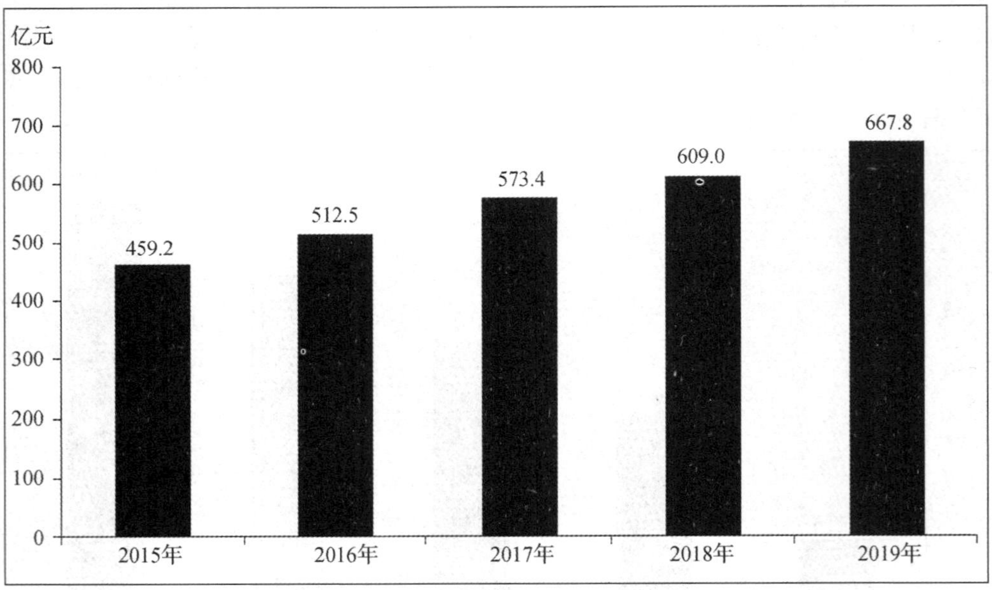

图 16　2015—2019 年淮南市社会消费品零售总额

限额以上企业商品零售额中,吃、穿、用类零售额比上年分别增长 6.7%、1.4%和 6.4%,粮油类下降 0.5%,肉禽蛋类增长 2.9%,服装类增长 3.9%,日用品类下降 1.0%,中西药品类下降 7.0%,家用电器和音像器材类下降 6.7%,家具类增长 3.6%,通讯器材类增长 3.1%,建筑及装潢材料类增长 5.3%,汽车类下降 1.3%,石油及制品类增长 16.9%。

全年进出口总额 59844.4 万美元,比上年增长 23.9%,其中出口 56731.8 万美元,增长 29.7%;进口 3112.7 万美元,下降 31.8%。从出口商品看,机电产品、高新技术产品出口分别增长 9.0%和 73.1%。

表 33　2019 年淮南市出口主要分类及其增长速度

指标	绝对数(万美元)	比上年增长(%)
出口额	56731.8	29.7
其中:机电产品	16547.4	9.0
高新技术产品	1011.9	73.1
一般贸易	53185.8	59.1

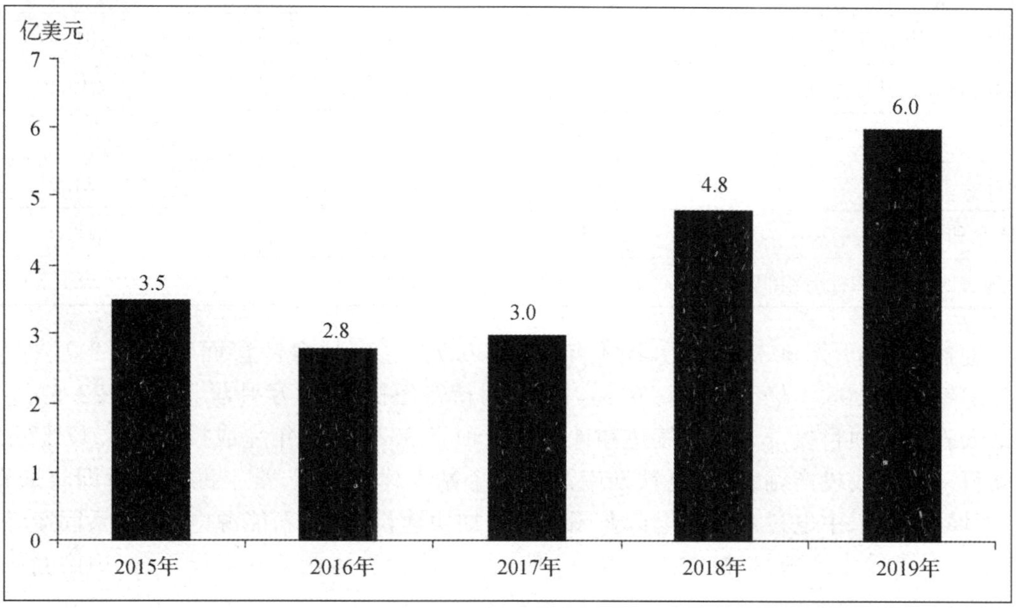

图 17　2015—2019 年淮南市进出口总额

全年新批外商投资企业 7 家,比上年下降 46.2%;实际吸收外商直接投资额 31120 万美元,增长 9.1%。全年对外工程承包新签合同额 89 万美元,比上年下降 99.7%;完成营业额 57 万美元,下降 99.9%。当年外派劳务人员 3500 人,增长 5.6%。

全年固定资产投资比上年增长 3.3%。其中,技术改造投资下降 17.7%,基础设施投资增长 35.4%,民间投资增长 1.1%。分产业看,第一产业投资下降 32.6%,第二产业投资下降 20.1%,第三产业投资增长 21.2%。工业投资下降 19.7%,其中制造业投资下降 25.0%。

表 34　2019 年淮南市分行业固定资产投资增速

行业	占比(%)	比上年增长(%)
农、林、牧、渔业	4.9	－26.9
采矿业	2.1	－15.2
制造业	20.5	－25.0
电力、热力、燃气及水生产和供应业	4.9	9.9
建筑业	0.0	－100.0
批发和零售业	0.6	－10.0
交通运输、仓储和邮政业	3.2	26.1
住宿和餐饮业	0.1	－70.7

续表

行业	占比(%)	比上年增长(%)
信息传输、软件和信息技术服务业	1.1	−28.4
金融业	0.0	—
房地产业(包含房地产开发)	40.6	27.7
租赁和商务服务业	1.6	−22.0
科学研究和技术服务业	0.2	−26.3
水利、环境和公共设施管理业	15.4	31.4
居民服务、修理和其他服务业	0.2	218.2
教育	2.6	26.7
卫生和社会工作	1.4	34.9
文化、体育和娱乐业	0.5	17.9
公共管理、社会保障和社会组织	0.2	−84.3

全年房地产开发投资303.8亿元,比上年增长36.7%。商品房销售面积336.2万平方米,下降9.9%;商品房销售额206.1亿元,下降16.8%;商品房待售面积59.6万平方米,下降22.5%。

全市纳入省重点项目投资计划的续建和计划开工项目302个,当年完成投资378.17亿元。中安煤化一体化项目一期建成投产,商合杭高铁淮南段及三个站点建成投运,淮上淮河大桥即将通车,引江济淮淮南段、瓦埠湖大桥、中电科八所光电产业园等项目加快建设,恒大新能源电池、煤系固废综合利用产业园60万立方米陶粒生产项目、恒大高科农业、淮干正峡段行洪区调整和建设工程、山南新区综合医院等一批重大项目开工建设。

全年授权发明专利319件。新增"四上"企业243户。非煤电规上工业增加值、战略性新兴产业产值、高新技术产业增加值继续保持两位数的增长态势。规上工业企业新增107户、净增75户,净增数居全省第3位,总数达722户,创历史新高。

34个工业行业大类中,31个行业实现盈利,20个行业利润总额实现增长。规上工业企业实现利润总额97.7亿元、增长122.8%,增幅居全省第1位,高质量发展的效益正在显现。

全年全市金融机构人民币各项存款余额2153.1亿元,比年初增加78.6亿元,增长3.8%。其中,非金融企业存款447.6亿元,比年初减少64.6亿元,下降12.6%;住户存款余额1319.1亿元,比年初增加159.1亿元,增长13.7%。人民币各项贷款余额为1565.1亿元,比年初增加126.4亿元,增长8.8%。其中,境内短期贷款506.0亿元,比年初增加51.0亿元,增长11.2%;境内中长期贷款973.9亿元,比年初增加62.8亿元,增长6.9%,中长期贷款中住户贷款405.9亿元,增长12.7%。

全年直接融资总额达156.6亿元,比上年减少98.6亿元,下降38.6%。当年101家企业在省股权托管交易中心成功挂牌。全市有1家公司在主板上市,1家公司在创业板上市,4家公司在新三板挂牌,284家公司在省股权托管交易中心挂牌。

表35 2019年淮南市金融机构人民币各项存贷款余额及增速

指标	2019年数(亿元)	比年初增长(%)
各项存款余额	2153.1	3.8
其中:非金融企业	447.6	−12.6
住户	1319.1	13.7

续表

指标	2019年数(亿元)	比年初增长(%)
广义政府	375.9	−3.1
各项贷款余额	1565.1	8.8
其中:住户	537.2	14.4
非金融企业及机关团体	1027.9	6.1
其中:境内短期	506.0	11.2
境内中长期	973.9	6.9

全年保险行业协会会员单位36家,保险业原保险保费收入59.7亿元,比上年增长4.8%。其中,财产险业务原保险保费收入18.6亿元,增长7.3%;人身险业务原保险保费收入41.2亿元,增长3.7%。赔款和给付16.8亿元,下降4.8%。其中,财产险业务赔款支出10.8亿元,增长7.3%;人身险业务赔款和给付支出6.0亿元,下降20.9%。

全年债券市场融资余额478.6亿元,同比增长7.3%,其中中期票据余额210亿元,企业债余额102亿元。

全年证券交易额2165.7亿元,增长24.0%。

二、淮南市2019年社会发展

全年城镇常住居民人均可支配收入35825.6元,比上年增长9.1%,扣除价格因素,实际增长6.3%。人均消费性支出21834.6元,增长9.3%,其中食品烟酒支出增长6.0%,居住支出增长17.6%。城镇常住居民恩格尔系数为31.3%,比上年下降0.9个百分点。城镇居民人均住房面积35.2平方米,比上年减少0.4平方米。

全年农村常住居民人均可支配收入14250.4元,增长10.3%,扣除价格因素,实际增长7.5%;农民人均生活消费支出11760.4元,增长11.3%。农村常住居民恩格尔系数为32.9%,比上年下降0.8个百分点。农村居民人均住房面积44.1平方米,比上年增加2.2平方米。

提前一年实现全面建成小康社会"翻一番"目标。

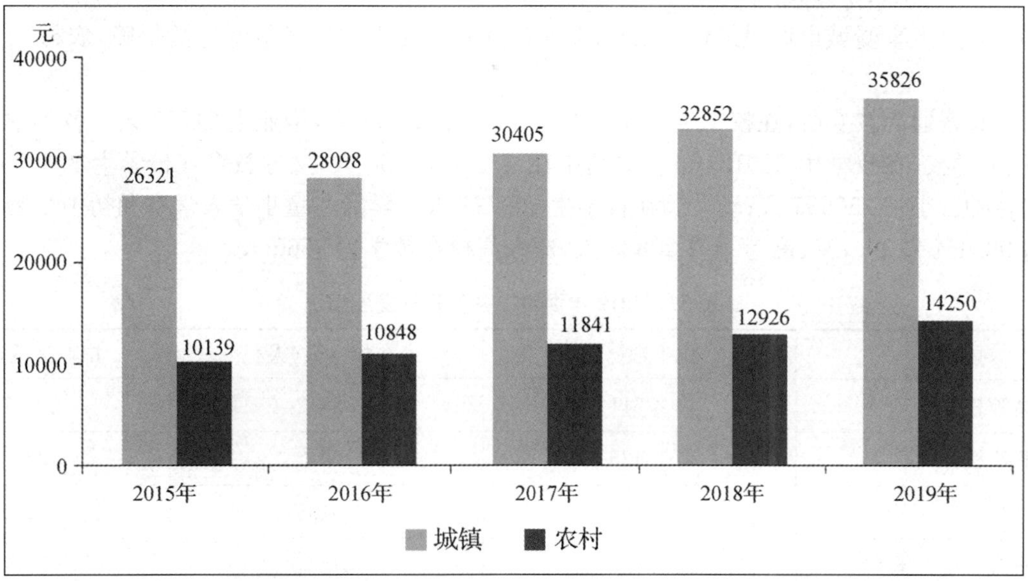

图18　2015—2019年淮南市城乡居民人均可支配收入

全年城镇新增就业5万人,农村转移劳动力3.87万人。城镇登记失业率控制在4.5%以内。在财力十分紧张的情况下,城乡低保、特困人员供养等连续4年全面提标,提前一年实现城乡低保统筹。在全市上下的共同努力下,162个贫困村已全部出列,国家级贫困县寿县成功"摘帽"。

全年共安排各级各类扶贫资金4.2亿元,其中省级以上资金2.3亿元,市级扶贫专项资金0.5亿元,县级扶贫资金1.4亿元。当年贫困人口脱贫1.6万人,贫困村出列11个;全市贫困人口0.4万人,贫困村0个。贫困发生率降至0.16%。

全年城镇实名制新增就业6.0万人,失业人员再就业率为78.0%,农村转移劳动力4.2万人。城镇登记失业率为3.2%,比上年提高0.04个百分点。全年居民消费价格同比上涨2.8%,其中食品烟酒价格上涨6.6%,工业品价格上涨0.7%,服务项目价格上涨1.6%。商品零售价格上涨2.4%。工业生产者出厂价格同比上涨3.5%。工业生产者购进价格同比下降1.4%。

表36　2019年淮南市居民消费价格比上年涨跌幅度

类别	涨跌幅度(%)
城市居民消费价格指数	2.8
其中:食品烟酒	6.6
衣着	2.9
居住	1.0
生活用品及服务	2.3
交通和通信	-1.5
教育文化和娱乐	2.2
医疗保健	1.8
其他用品和服务	1.9

全市参加城镇职工基本养老保险人数为37.8万人。城乡居民养老保险参保人数为153.8万人。参加失业保险人数为29.0万人,全年为1.0万名失业人员发放了不同期限的失业保险金。全年参加工伤、生育保险人数分别为33.7万人和30.2万人。全年参加城镇职工基本医疗保险60.0万人,城镇居民基本医疗保险人数70.4万人。

全年2.5万人享受城市居民最低生活保障,8.2万人享受农村居民最低生活保障,农村"五保"供养2.3万人。

全市共有普通高校6所,在校学生75842人,招收学生27511人,毕业生21797人。各类中等职业教育(不含技工学校)在校学生36012人;普通高中在校学生50188人;义务教育在校学生370055人,其中初中119390人,小学250665人;幼儿园在校学生100721人。学龄儿童小学入学率和初中学龄人口入学率分别为99.4%和96.7%;高考录取20825人,成人高校在校学生9560人。

表37　2019年淮南市各类教育发展情况

指标	招生数(人)	在校生数(人)	毕业生数(人)
普通高等教育	27511	75842	21797
中等职业教育	13428	36012	13702
普通高中	16986	50188	17219
义务教育	82869	370055	75573

续表

指标	招生数(人)	在校生数(人)	毕业生数(人)
普通初中	41866	119390	33515
小学	41003	250665	42058
幼儿园	38627	100721	39829

全市共有高新技术企业117家,实现总收入82.8亿元。有科研机构145个,科技人员18120人。全年专利申请量5892件,专利授权量2365件,比上年分别增长7.9%和2.3%。全年共取得省部级以上科技成果12项,其中获得省科技进步奖一等奖2项,二等奖3项,三等奖7项。

全市拥有国家级研究院1家,国家级工程技术中心1家,国家级重点实验室2个,国家级工程实验室1家,国家级企业技术中心2家;省级工程技术研究中心28个,省级实验室3家;市级工程技术研究中心100个,市级重点实验室2个;国家级、省、市创新型(试点)企业143家。

全市科技孵化器共有10家,众创空间21家,"淮南50·科技之星"创新团队57家。当年,新增省级众创空间2家,市级众创空间2家,"淮南50·科技之星"创新团队10家。

全市有县以上产品质量检验机构5个,其中质监系统内4个,国家质量监督检验中心1个;法定计量技术机构6个,全年强制检定计量器具10.1万台(件)。全年制定、修订地方标准3项。全市有国家地理标志产品8个、安徽名牌产品61个。

全市有文化馆9个,博物馆4个,公共图书馆10个,文化站73个,村(社区)建成综合性文化服务中心867个。开展送戏进万村文艺演出922场。各级综合档案馆8个,档案馆藏档案、资料分别为110.2万卷、33.3万件。广播覆盖率和电视覆盖率均为100%。《淮南日报》《淮河早报》全年共发行5.1万份,增长0.8%。

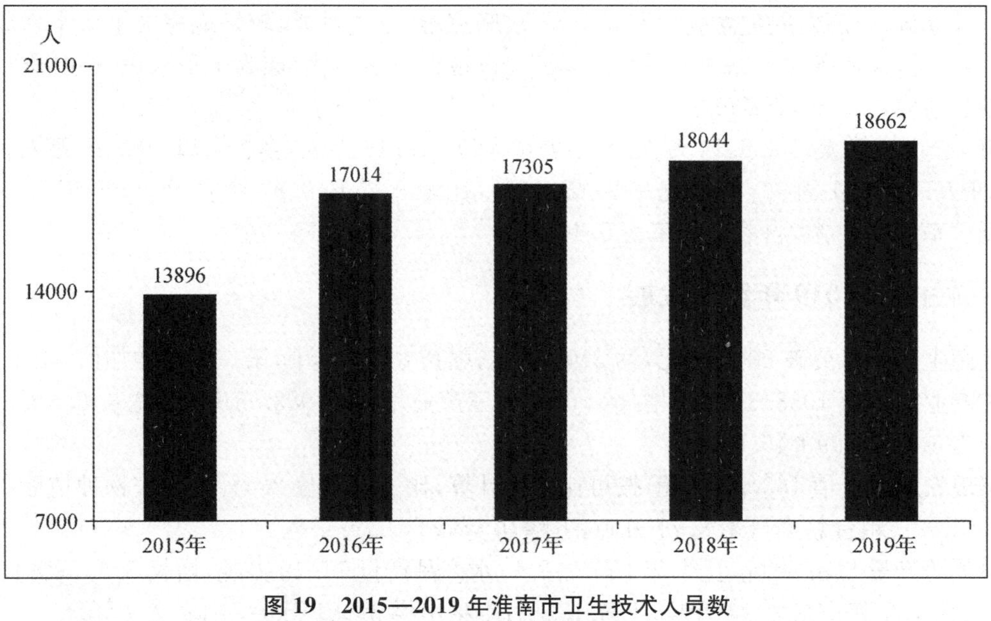

图19　2015—2019年淮南市卫生技术人员数

全市有医疗卫生机构1393个,其中医院79个、基层医疗卫生机构1273个、专业公共卫生机构37个,其他卫生机构4个。基层医疗卫生机构中,卫生院79个,社区卫生服务中心(站)165个,村卫生室831个;专业公共卫生机构中,疾病预防控制中心9个,专科疾病防治院(所、站)2个,妇幼保健院(所、站)10个,卫生监督所(中心)8个。全市有卫生技术人员18662人,其中执业(助理)医师6458人,注册护士8856人,乡村医生和卫生员1565人。医疗卫生机构床位19165张,其中医院、卫生院床位17804

张。中心血站1个,全年共有2.3万人次参加了无偿献血。全年医疗卫生机构共诊疗1315.7万人次。

全年在省级各项比赛中,淮南市运动健儿获金牌36枚,银牌29枚,铜牌41枚。举办"2019淮南国际马拉松赛"、"中国体育彩票"杯第六届新年登高活动、舜耕山越野挑战赛等26项次重大活动。

全市有各类提供住宿的社会服务机构103个,床位10063张,收养各类人员5380人。不提供住宿的社会服务机构510个,其中社区服务中心139个,社区服务站227个,社区日间照料床位122张。全年销售社会福利彩票19990万元,筹集社会福利资金3854.6万元。

全市国有建设用地供应总量1639.5公顷,比上年增长60.7%。其中,工矿仓储用地344.6公顷,增长121.5%;房地产用地341.2公顷,增长10.7%;基础设施等其他用地953.7公顷,增长71.4%。

全市供水总量20.8亿立方米,其中地表水供水量19.7亿立方米,地下水供水量0.9亿立方米。全年总用水量20.8亿立方米,其中农业用水量10.6亿立方米,工业用水量6.9亿立方米,生活用水量2.2亿立方米。

全市人工造林面积997.4公顷。森林面积87.2千公顷,森林覆盖率15.8%,较上年提高0.1个百分点。活立木总蓄积量564.5万立方米,森林蓄积量465.0万立方米。

全市有市、县级环境监测站3个。全市空气质量平均优良天数为226天,占全年比例为61.9%。全市PM10年均浓度为91微克/立方米,PM2.5年均浓度为53微克/立方米。淮河干流淮河段总体水质良好,主要支流总体水质良好。全市县级以上饮用水源地水质达标率为100%。

全年规模以上工业综合能源消费量比上年增长10.5%,单位工业增加值能耗增长4.6%。

第五节　马鞍山市2019年经济社会发展报告

2019年是中华人民共和国成立70周年,也是马鞍山发展史上具有重要意义的一年。一年来,全市人民在省委、省政府和市委的坚强领导下,认真贯彻落实习近平新时代中国特色社会主义思想,坚持稳中求进工作总基调,以新发展理念统领发展全局,攻坚克难、奋力拼搏,较好地完成了市十六届人大二次会议确定的主要目标任务,"生态福地、智造名城"建设迈出坚实步伐,成为中华人民共和国成立70年来经济社会发展最成功的70个城市之一。

2019年,全市户籍人口229.14万人,其中城镇人口119.16万人,乡村人口109.98万人。据抽样调查,全市常住人口236.1万人;城镇化率为69.12%,比上年提升0.87个百分点;全年人口出生率为11.38‰,死亡率为5.98‰,自然增长率为5.40‰。

一、马鞍山市2019年经济发展

全市地区生产总值突破2000亿元,达2100亿元,增长8%。其中,第一产业增加值94.1亿元,增长3.2%;第二产业增加值1033.3亿元,增长9.6%;第三产业增加值983. 6亿元,增长6.6%。三次产业增加值比重为4.5∶48.9∶46.6。

全年实现农业总产值163.28亿元,按可比价格计算,比上年增长2.4%。农作物种植面积23.06万公顷,增长0.4%。粮食总产量108.71万吨,下降0.3%。

全年肉类总产量8.89万吨,比上年下降9.2%;水产品产量11.49万吨,增长3.5%;禽蛋产量2.62万吨,增长7.8%;牛奶产量4.28万吨,下降1.4%;生猪出栏39.21万头,下降23.2%。

按可比价格计算,全年规模以上工业增加值比上年增长9.1%。全市36个工业大类行业中,有31个行业实现增长,行业增长面为86.1%,比上年提升8.3个百分点。

全年战略性新兴产业产值比上年增长17.0%;八大战新产业"六增二降"。其中,节能环保产业增长33.0%,高端装备制造产业增长17.1%,新材料产业增长15.5%,新能源汽车产业增长14.3%,新一代信息技术产业增长4.9%,新能源产业增长1.9%;生物产业下降6.7%,数字创意产业下降33.6%。

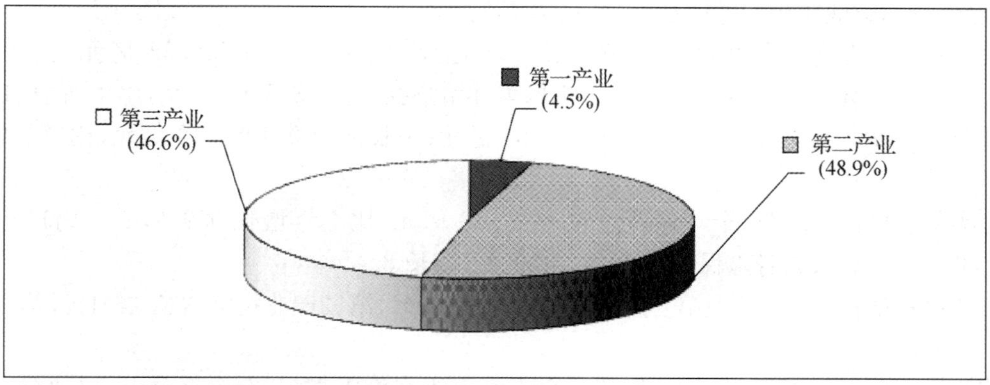

图 20　2019 年马鞍山市三次产业增加值比重

全年规模以上工业企业产品销售率为 98.2%。多数主要工业产品产量保持增长。

表 38　2019 年马鞍山市主要工业产品产量

产品名称	单位	产量	比上年增长(%)
生铁	万吨	1821.99	0.7
粗钢	万吨	1983.53	1.0
钢材	万吨	1902.83	0.7
水泥	万吨	1613.42	8.6
改装汽车	万辆	0.99	3.1
汽车及底盘	万辆	1.56	−10.7
机制纸及纸板	万吨	206.18	4.5
啤酒	万升	10863.6	31.7
纱	万吨	0.52	0.7
服装	万件	5393	−0.1
泵	万台	5.30	34.1
阀门	万吨	8.18	7.9

全年实现建筑业增加值 190.71 亿元，按可比价格计算，比上年增长 12.7%。房屋建筑施工面积 1494.67 万平方米，房屋竣工面积 332.89 万平方米。

全年铁路客运量 951.2 万人，铁路货运量 287 万吨；公路客运量 1737 万人，公路货运量 7757 万吨；港口货物吞吐量 10092.9 万吨，集装箱吞吐量 15.4 万标箱。商合杭高铁含山段、郑蒲港铁路基本完工，巢马高铁开工建设，宁马高速"四改八"启动建设。

全年邮电业务收入 22.1 亿元，比上年增长 2.1%。年末固定电话用户 21.5 万户，其中城市电话用户 16.4 万户，乡村电话用户 5.1 万户。年末移动电话用户 224.2 万户，其中 3G、4G 用户 193.3 万户。年末宽带用户 75.1 万户。

全年旅游业总收入 365.73 亿元，比上年增长 18.2%，其中国际旅游外汇收入 1.55 亿美元，增长 9.1%。接待海外旅游者 19.75 万人次，增长 5.1%。星级饭店 11 家，其中五星级 2 家，四星级 5 家，三星级 3 家。现有 A 级景区 30 处，其中 4A 级景区 7 处。采石矶景区入列创建 5A 级景区预备名单，洞阳东吴墓被评为第八批全国重点文物保护单位。

全年实现财政收入 284.62 亿元，比上年增长 5.2%。税收收入 239.45 亿元，增长 3.8%；税收收入占财政收入比重为 84.1%。财政支出 253.33 亿元，增长 11.8%，其中民生支出 216.74 亿元，增长

12.5%;社会保障和就业支出33.08亿元,增长7.7%。

年末,全市金融机构本外币存款余额2467.92亿元,比年初增加230.32亿元,其中单位存款1095.72亿元,比年初增加97.54亿元。金融机构本外币贷款余额1845.68亿元,比年初增加211.97亿元,其中短期贷款493.70亿元,比年初增加101.80亿元;中长期贷款1080.15亿元,比年初增加58.96亿元。

全市各类保险机构28家。全年保费总收入46.23亿元,比上年增长9.9%,其中财产险保费收入18.59亿元,增长12.2%;人身险保费收入27.64亿元,增长8.4%。

固定资产投资增长10%,其中第一产业投资下降25.9%,第二产业投资增长14.4%,第三产业投资下降0.2%。

全年技改投资比上年增长24.5%,增速比全市固定资产投资高18.6个百分点,拉动全市投资增长5.8个百分点。

全年实施重点项目694个,完成投资1226.6亿元。省亿元以上重点项目完成投资1173.7亿元,万石中欧智能产业园等205个重点项目开工建设,华旺高端装饰等193个重大项目加快推进,奥克斯智能家电产业园一期等102个项目竣工投产。

全年实现社会消费品零售总额658.90亿元,比上年增长11.7%。分城乡看,城镇社会消费品零售总额600.88亿元,增长11.6%;乡村社会消费品零售总额58.02亿元,增长12.5%。分消费形态看,商品零售总额573.47亿元,增长11.8%;餐饮收入总额85.43亿元,增长11.0%。

全年居民消费价格指数(CPI)比上年上涨2.4%。八大类消费品及服务价格指数呈"七涨一跌"态势。其中,食品烟酒类(6.3%)涨幅靠前;衣着类(2.6%)、教育文化和娱乐类(2.6%)、其他用品和服务类(2.4%)、医疗保健类(2.2%)、生活用品及服务类(1.6%)、居住类(0.8%)均有不同程度的上涨;交通和通信类(-3.6%)价格下跌。工业生产者出厂价格指数(PPI)比上年下跌0.5%。

全年实现外贸进出口总额52.1亿美元,比上年增长16.3%。其中,进口总额26.7亿美元,增长5.4%;出口总额25.4亿美元,增长30.4%。中小企业进出口总额31.0亿美元,增长31.3%。

全年实现实际利用外商直接投资26.59亿美元,比上年增长7.0%。实际利用省外亿元以上项目到位资金1039.9亿元,增长9.2%。月兔智能家居、汉神机电等11个20亿元以上重大项目签约落地。

二、马鞍山市2019年社会发展

加快市容市貌建设。全年城市建成区面积100.3平方公里。新开工建设城乡基础设施项目168个。市体育会展中心和综合客运中心全面竣工。十七冶医院新晋三级甲等综合医院,秀山医院一期建成,市妇幼保健院综合楼主体完工。沿江大道改造等11条道路竣工通车。完成老旧小区整治改造19个,城镇棚户区和"城中村"改造3039户。

全年新增绿地面积175.13公顷,城区人均公园绿地面积15.3平方米,建成区绿化覆盖率为45.28%。

扎实有序推进国家创新型城市建设。全年高新技术产业增加值比上年增长18.9%,高新技术企业489家。承担实施省级以上科技计划项目41项,建成省级以上科技企业孵化器、众创空间19家。成功举办第五届全球创客(马鞍山)大赛。

全年城乡居民人均可支配收入39783元,比上年增长9.0%。其中,城镇居民人均可支配收入49010元,增长8.7%;农村居民人均可支配收入23473元,增长10.4%。

年末,全市金融机构本外币住户存款余额1308.06亿元,比年初增加144.13亿元。其中,活期存款323.96亿元,比年初增加42.73亿元;定期及其他存款984.10亿元,比年初增加101.39亿元。

全年新增就业6.38万人,下岗失业人员再就业0.81万人,"4050"人员等困难群体再就业3692人,城镇登记失业率为2.34%。城镇职工养老保险参保人数63.09万人,失业保险参保人数27.17万人,医疗保险参保人数51.25万人，工伤保险参保人数31.21万人，生育保险参保人数60.02万人。城镇居民医疗保险参保人数44.34万人。新型农村社会养老保险参保人数94.02万人，参保率达96.0%。被征地农民养老保障实现即征即保，参保人数16.87万人。

全年城乡最低生活保障救助82万人次，支付低保金3.92亿元。新增养老机构项目8个、养老床位1383张。社会收养性福利床位数2.10万张；接受社会捐赠787.75万元；城镇拥有各种社区服务设施540处；便民利民服务网点779个。福利彩票销售2.44亿元，筹集福利彩票公益金0.75亿元。实施脱贫攻坚"八大工程"和"百企帮百村"专项行动，发展农业特色产业扶贫园区基地28个，全市290户845人顺利脱贫。

全年财政用于教育的支出37.38亿元。全市有高等院校6所；中小学及其他各类学校632所，其中幼儿园297所，小学218所，特殊教育学校3所，普通中学105所。省一类幼儿园10所，省示范高中11所，省特色初中1所，省特色小学2所，国家重点职业学校5所。中小学及其他各类学校在校学生30.00万人、教职工2.48万人。高中阶段在校学生6.71万人，高中阶段教育毛入学率为110.5%。

启动开展首届市学术技术带头人选拔工作，兑现人才政策资金546万元。新增省学术技术带头人6人，1人入选国家"百千万人才工程"。王运敏当选中国工程院院士。新建省级以上博士后和院士工作站7家。招引培育市级高层次人才团队20个、省"115"产业创新团队3个，引进"龙马""骏马"人才2243人。评选第四批技能大师工作室12个、第二批"名师"22人。

成功举办第三十一届马鞍山中国李白诗歌节、第三十四届"江南之花"等群众活动。年末拥有公共图书馆7家，藏书258万册；专业艺术表演团体30个；文化馆6家；综合档案馆7家，总建筑面积2.06万平方米，档案资料210.31万卷(件)。广播人口覆盖率、电视人口覆盖率均为100%。

全市卫生机构1022个，其中医院、卫生院102个，社区卫生服务机构96个。标准化村卫生室434所，病床1.04万张，卫生技术人员1.39万人。以乡镇为单位，四苗、五苗接种率达99.71%，乙肝疫苗首针接种率达99.93%。

成功举办市第十二届运动会。全年参加省常规项目比赛获得奖牌322枚，其中金牌96枚、银牌90枚、铜牌136枚。

全市已发现40种矿种，其中金属矿产9种，非金属矿产29种，水汽矿产2种。查明资源储量的矿种共计27种，其中金属矿产3种，非金属矿产24种。

全年新建街头游园绿地11个。PM2.5平均浓度42.8微克/立方米，空气质量优良率达70.7%。5个国控断面水质全部达标。清理疏浚雨污管网超900公里，城区33条水体消除黑臭。实施23公里长江东岸综合整治，长江东岸秀丽巨变，长江经济带生态环境突出问题整改现场会暨推动长江经济带发展领导小组全体会议在我市成功举办。

全年亿元GDP生产安全事故死亡人数0.03人，没有发生较大及以上生产安全事故。

三、马鞍山市2019年重点工作

(一) 坚持转型升级，发展质量持续提高

推进智造名城建设。出台主导产业优化升级意见，大力推进"三重一创"建设，智能装备(机器人)、轨道交通装备、高端数控机床三大战新基地加快建设，冶金资源综合利用、电池负极材料、生物医药等省级重大新兴产业工程和专项扎实推进。马钢轨道交通关键零部件国地联合中心获批，华菱汽车工业设计中心跻身国家级。大力推动传统产业优化升级，技改投资增长30%，占工业投资的57%。建成省级智能工厂和数字化车间26个，新增省级"专精特新"企业28家、省级以上绿色工厂3家。单位GDP能耗下降4%。市经开区获评国家绿色园区。花山区获批省老工业区整体搬迁改造试点。推进项目提速提效。深入开展重点项目集中开工和集中攻坚活动，全市679个重点项目完成投资1068亿元、完成率达130%，万

石中欧智能产业园等205个项目开工建设,华旺高端装饰材料等193个项目加快推进,奥克斯智能家电产业园一期等102个项目竣工投产。投资结构优化,民间投资增长10.5%、工业投资增长23%,分别占固定资产投资的70%和51%。推进现代服务业发展。第三产业增加值达966亿元,占GDP的46%、再创新高。农产品电子商务产业园等建成运营,花山互联网小镇获批省级特色小镇,我市连续5年入围全国电商百佳城市。省级现代服务业集聚区实现载体全覆盖。房地产市场平稳健康发展。

(二)坚持精准施策,"三大攻坚战"持续推进

打好防范化解重大风险攻坚战。出台"1+8+3"专项方案。深入开展互联网金融、非法集资等专项整治,打掉"套路贷"犯罪团伙11个。实施政府债务总量和成本"双控",建立健全政府隐性债务风险应急处置防控体系,申报非标专项债60亿元。打好精准脱贫攻坚战。扎实开展"讲看齐、强整改、促提升"集中行动,192个巡视、考核反馈问题基本完成整改,185个"两不愁三保障"及饮水安全突出问题全部解决。产业扶贫等"八大工程"深入实施,贫困户获贷率达69%、全省第一。全市845人顺利脱贫。打好污染防治攻坚战。深入开展"三大一强"专项攻坚行动,85个长江经济带生态环境突出问题、989个中央和省环保督察交办问题年度整改任务全面完成;试行"环保管家",加强对企业废水、废气、废渣排放监管。全面打好蓝天、碧水、净土"三大保卫战",持续推进建筑施工、道路扬尘治理等8个专项行动,PM2.5平均浓度42.8微克/立方米、居全省第五;坚持综合治理、系统治理、源头治理,扎实推进全国黑臭水体治理示范市建设,城区33条水体消除黑臭,在全国率先实现长江干流及重要水域常年禁捕、1.1万名渔民退捕转产,在全省率先推动长江干支流入河排污口排查,5个国控断面水质均值达标率为100%;开展"清废2019"专项行动,实施固体废物全过程管控,一般工业固体废物处置中心基本建成,获批国家大宗固体废弃物综合利用基地。和县跻身国家园林县城,当涂县、含山县分别入列国家和省级生态文明建设示范县。

(三)坚持改革创新,发展动能持续转换

扎实开展"三比一增"专项行动。加快推进国家创新型城市、质量强市和知识产权示范城市建设,深化与清华大学、中科院过程所、省院士专家联谊会等合作,新建省级以上博士后和院士工作站7家;招引培育市级高层次人才团队20个、省"115"产业创新团队3个,引进"龙马""骏马"人才2243人,建成省级以上科技企业孵化器、众创空间19家。新增全国驰名商标3件、总数达18件。新增主板上市在审企业2家、新三板挂牌企业3家,直接融资165亿元。开展首届优秀企业家、首批学术和技术带头人评选表彰。山鹰公司居全省民营企业制造业综合百强首位。深化重点领域改革。市级政府权力事项压减46项。实施基本公共服务领域共同财政事权和支出责任划分改革。完成驻马省企央企"三供一业"资产划转和管理服务职能移交。农村集体产权制度和"三变"改革在全省率先完成。入选全国城市医联体建设试点市。郑蒲港新区法定机构改革稳步推进。目录内公共资源项目进场交易全覆盖。大力优化营商环境。落实市委优化营商环境1号文件精神,常态化推进"四送一服",组织要素对接项目2520个,兑现产业扶持政策资金5.5亿元。新增"四上"企业195家,增长41.6%;新增私营企业9772户、个体工商户20660户。深化"放管服"改革,在全国率先实现电子营业执照办理银行开户、公众聚集场所营业前消防安全检查网上申报,纳入"皖事通"便民事项数量居全省前列,"减证便民"申请材料精简67.2%,政务服务事项网上可办率和一网通办率达100%,"双随机、一公开"监管全覆盖。

(四)坚持开放联动,竞争优势持续增强

集成式接轨南京。落实市委加快推进长三角更高质量一体化发展实施意见,研究制订具体实施方案,深入推进交通先行、毗邻突破等6个方面重点工作。宁扬宁马城际铁路、宁和城际铁路二期等重大项目前期工作扎实推进;和县与浦口区、慈湖高新区与江宁滨江经开区等毗邻区域合作稳步推进。教育、医疗、文化旅游等领域对接合作全面深化,市人民医院成为江苏省人民医院战略合作医院并挂牌运

行。高质量做强园区。郑蒲港新区、市经开区、当涂经开区综合考核获省政府表彰。9 个省级以上开发区实现财政收入 102.2 亿元，占全市的 35.9%、提升 5.5 个百分点；战略性新兴产业产值、高新技术产业增加值分别占全市的 72.7%、65.8%。大力度对外开放。强化产业思维，设立半导体、通信通讯等 4 个专业招商小组，11 个 20 亿元以上重大项目签约落地，省外亿元以上项目到位资金 1030 亿元、增长 8%。积极应对中美贸易摩擦影响，拓展“一带一路”经贸交往，深化对外合作，实现外经营业额 3.4 亿美元，外商直接投资增长 7%、达 26.6 亿美元，总量均居全省第三。大力发展口岸经济，出口通关时间压缩 93%，港口货物吞吐量 1.1 亿吨、居全省第二，汽车整车进口口岸报国务院待批。与韩国高灵郡结为友好交往城市，与上海长宁区合作掀开新篇章。

(五) 坚持统筹协调，城乡建设持续发力

提升城市形象。推进城市主要出入口、主次干道及背街小巷综合整治，完善停车场等公共服务设施，实施中心城区“六化”改造提升，新建街头游园绿地 11 个，拆除违法建筑 2.1 万平方米，清理垃圾和渣土堆场 34 处、1.7 万吨。特别是把生态环保点位问题整改与回应市民关切、增强群众获得感相结合，启动实施 23 公里长江东岸综合整治，打造城市生态客厅，切实解决了长期以来“滨江不见江、临水不亲水”问题，薛家洼、杨树林等成为网红打卡地。完善城市功能。市体育会展中心和综合客运中心全面竣工。十七冶医院新晋三级甲等综合医院，秀山医院一期建成、市人民医院搬迁加快推进，市妇幼保健院综合楼主体完工。沿江大道改造等 11 条道路竣工通车。清理疏浚雨污管网超 900 公里，5 公里市政主管网和 13 个居民小区管网实现雨污分流，6 个污水处理厂完成提标扩建。加强城乡管理。文明创建步入法治化、常态化、长效化轨道，新时代文明实践站所实现全覆盖。实施垃圾分类试点，餐厨垃圾处置特许经营项目投入运营。加强户外广告规范管理。深入实施文明养犬管理，大力推进电动车、违法违规殡葬设施、主城区封建迷信祭祀用品等专项整治。补充耕地 8283 亩，土地例行督察反馈问题基本完成整改。推进乡村振兴。有效应对“二十年一遇”极端旱情，农业增加值增长 3%。新增新型农业经营主体 453 家、农村电商经营主体 215 个，和县国家现代农业产业园成功创建。集体经济年经营性收入 2 万元以下的村全部消除，50 万元以上的村占 18.6%、居全省前列。持续加快美丽乡村建设，全面推进“三大革命”“三大行动”，实现行政村“五清一改”、垃圾无害化处理全覆盖。完成“四好农村路”扩面延伸工程 472.9 公里，当涂县获评省级示范县。

(六) 坚持共建共享，民生福祉持续改善

强化民生保障。33 项民生工程和 6 件民生实事完成，民生支出 217.3 亿元、增长 12.8%，占财政支出的 85.6%。新增城镇就业 6.1 万人，城镇登记失业率为 2.3%。建立城乡居民基本养老保险待遇和基础养老金正常调整机制，居民基本医疗保险和大病保险实现城乡统一。建成公租房 1241 套，完成城镇棚户区和“城中村”改造 3039 户、老旧小区改造 19 个。发展社会事业。城镇小区配套幼儿园建设治理、消除义务教育大班额取得新成效，幼儿园监控覆盖率为 100%，义务教育学校课后服务为基本实现全覆盖；秀山九年一贯制学校正式招生，红星中学新校区开工，安工大工商学院转设为马鞍山学院。入选第四批全国居家和社区养老服务改革试点，江东颐养中心建成运营。第三十一届李白诗歌节、市第十二届运动会成功举办。采石矶景区入列创建 5A 级景区预备名单，洞阳东吴墓被评为第八批国保单位。获省“五个一工程奖”作品数量居全省第三。含山县成为省级卫生县城。推进社会治理。“迎大庆、保安全、保稳定”各项工作圆满完成，40 件信访重点问题全部化解，上湖安置房等历史遗留烂尾楼问题涉及的 1.1 万户群众合法权益得到维护，铁路沿线 298 处隐患有效整治，安全生产形势总体平稳，“扫黑除恶”专项斗争取得显著成果，平安马鞍山建设扎实推进。退役军人服务保障工作得到强化，消防救援、边防检查队伍顺利转隶，国防动员、人民防空工作取得新成效，全国双拥模范城创建工作扎实推进。同时，民族宗教、档案史志、广播电视、邮政、气象、对台、供销、公积金等工作实现新进步，社科联、文联、侨联、科协

等工作取得新成绩,工会、共青团、妇女儿童、老龄、慈善、残疾人、红十字等事业得到新发展。

(七)坚持政治引领,履职能力持续提升

着力增强政治能力。全市政府系统始终把党的政治建设摆在首位,认真学习宣传贯彻党的创新理论和党的十九届四中全会精神,扎实开展“不忘初心、牢记使命”主题教育,深入推进“三个以案”警示教育,把党的全面领导落实到政府工作各方面各环节,“四个意识”更加牢固、“四个自信”更加坚定、“两个维护”更加自觉。着力建设法治政府。全面落实依法治市要求,大力推进政务公开,自觉接受人大法律监督、工作监督和政协民主监督,办理市人大议案建议 190 件、市政协提案 313 件,办复率达 100%。全面推行行政执法“三项制度”和行政规范性文件合法性审核机制,出台政府规章 2 件,办理行政复议案件 82 件。着力提效能转作风。建立综合调度机制,优化决策程序,精简工作流程,狠抓难题化解,变“议题等会”为“会等议题”,努力实现“日清日结”;落实“基层减负年”要求,市政府系统召开的全市性会议、制发的文件、开展的督查检查考核数量分别减少 42.1%、42%、73%。坚持全面从严治党,严格落实中央八项规定精神,认真抓好省委巡视反馈问题整改。坚持过“紧日子”,一般性支出压减 20%;审计监督促进增收节支 1.1 亿元。

第六节　淮北市 2019 年经济社会发展报告

2019 年是中华人民共和国成立 70 周年,全市上下在市委、市政府的坚强领导下,以习近平新时代中国特色社会主义思想为指导,全面贯彻党的十九大和十九届二中、三中、四中全会精神,坚持稳中求进工作总基调,全面落实“六稳”工作要求,紧紧围绕中国碳谷·绿金淮北战略和“一二三四五”总体发展思路,坚持高质量转型发展不动摇,奋力攻坚克难,补齐短板弱项,厚植发展优势,推动重点工作实现新突破,全市经济呈现平稳健康的运行态势,朝着全面建成小康社会的目标迈出坚实步伐。

年末,全市户籍人口 218.7 万人,比上年增加 8630 人,增长 0.4%;常住人口 227.0 万人,比上年增加 1.6 万人,增长 0.7%。户籍人口城镇化率为 54.9%,比上年提高 1.5 个百分点;常住人口城镇化率为 65.9%,比上年提高 0.8 个百分点。全年人口出生率为 11.69‰,比上年下降 0.75 个千分点;人口死亡率为 4.47‰,比上年下降 0.33 个千分点;人口自然增长率为 7.22‰,比上年下降 0.42 个千分点。

表 39　2019 年末淮北市户籍人口及构成

指标	年末数(人)	比重(%)
全市户籍人口	2187249	—
其中:城镇人口	1200478	54.89
乡村人口	986771	45.11
其中:男性	1122523	51.32
女性	1064726	48.68
其中:0—17 岁	472090	21.58
18—34 岁	548670	25.08
35—59 岁	814582	37.24
60 岁以上	351907	16.09

一、淮北市 2019 年经济发展

全年全市实现地区生产总值(GDP)1077.9 亿元,按可比价格计算,比上年增长 3%。其中第一产业

增加值72.8亿元，增长3.2%；第二产业增加值460.6亿元，下降2.9%；第三产业增加值544.5亿元，增长9.3%。三次产业结构为6.8∶42.7∶50.5，与上年相比，第一产业比重提高0.3个百分点，第二产业比重下降3.1个百分点，第三产业比重提高2.8个百分点。人均生产总值47654元，按可比价格计算，增长2%；按年均汇率折算为6908美元。

表40　2019年淮北市生产总值(GDP)

指标	完成数(亿元)	比上年增长(%)
地区生产总值	1077.9	3.0
农林牧渔业	74.8	3.3
工业	420.5	−4.1
建筑业	40.6	13.5
批发和零售业	93.0	5.4
交通运输、仓储和邮政业	73.9	7.6
住宿和餐饮业	20.0	7.8
金融业	57.9	5.8
房地产业	86.8	12.1
其他服务业	210.4	12.6
营利性服务业	62.6	17.4
非营利性服务业	147.8	10.2
第一产业	72.8	3.2
第二产业	460.6	−2.9
第三产业	544.5	9.3

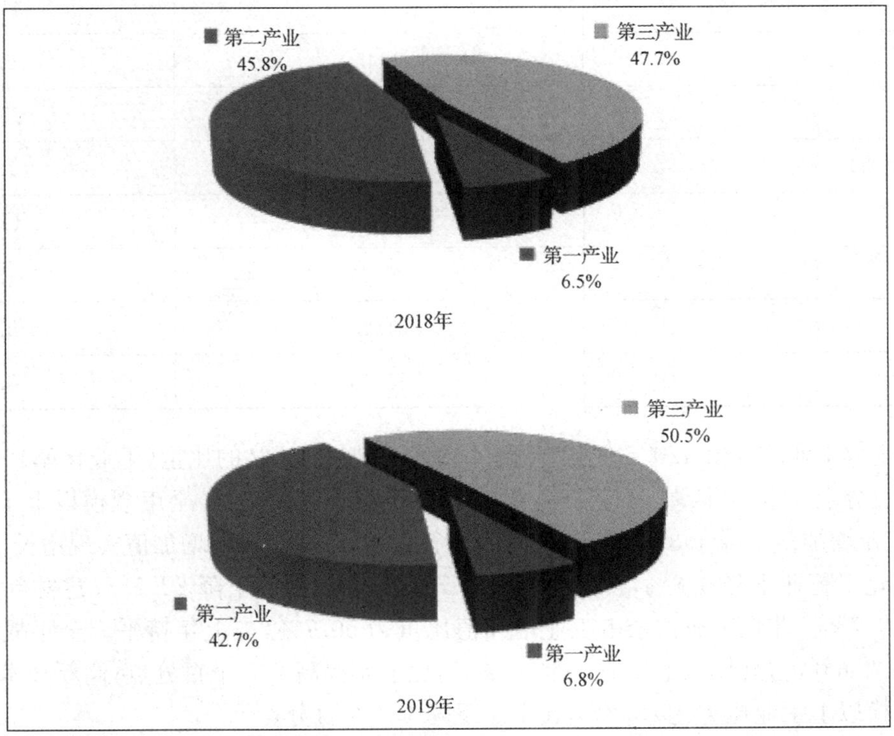

图21　2018—2019年淮北市三次产业结构比例

全年实现农林牧渔业总产值(现价)120.3亿元,按可比价格计算,比上年增长2.6%。其中农业总产值65.5亿元,增长4.6%;林业总产值4.1亿元,增长4.2%;牧业总产值42.6亿元,下降1.5%;渔业总产值4.9亿元,增长2.8%;农林牧渔服务业总产值3.2亿元,增长10.4%。全年粮食播种面积412.6万亩;粮食生产实现"十六连丰",全年粮食总产量达149.2万吨,增长3.4%,其中小麦产量100.9万吨,首次突破百万吨大关,单产492.3公斤;玉米产量39.5万吨,大豆产量8.5万吨。油料产量4537吨,增长24.8%;水果产量33.2万吨,增长11%;蔬菜(含食用菌)产量38.8万吨,增长5%。全市营造林累计完成3.3万亩,完成森林长廊示范段74.8公里,折合面积395.0公顷。年末林木蓄积量361.1万立方米,林木绿化率达29.4%。2019年荣获第十届中华环境优秀奖和"国家森林城市"称号。全年出栏肉猪48.9万头,下降16.3%;出栏牛2.0万头,增长9.3%;出栏羊36.2万只,下降8.3%;出栏家禽1864.4万只,增长11.6%;肉类总产量8.6万吨,下降5.1%;禽蛋产量6.2万吨,增长5.1%。水产品产量2.5万吨,增长3.2%。年末,全市生猪存栏29.2万头、牛存栏2.0万头、羊存栏20.6万只、家禽存栏743.9万只。

年末,全市农业机械总动力269.0万千瓦,比上年增长0.5%;农用拖拉机11.6万台,下降0.7%。全年完成机耕作业面积214.1千公顷,机播面积274.2千公顷,机收面积264.8千公顷。全年农药使用量2444吨,化肥使用量(折纯量)10万吨,农村用电量4.1亿千瓦时。

表41　2019年淮北市主要农产品产量

产品名称	完成数(吨)	比上年增长(%)
粮食	1491511	3.4
夏粮	1009125	4.4
秋粮	482386	1.5
油料	4537	24.8
花生	2535	41.5
油菜籽	1445	6.9
棉花	55	−53.0
蔬菜(含食用菌)	388076	5.0
水果	332027	11.0
肉类	86134	−5.1
禽蛋	61953	5.1
水产品	25463	3.2

全年完成全部工业增加值420.5亿元,下降4.1%,工业占GDP的比重(工业化率)为39%,下拉全市GDP1.9个百分点。全年"四基一高"产业助推经济转型升级。年末,全市规模以上工业企业达738家,规模以上工业增加值下降4.3%;全市36个工业行业中有13个行业增加值实现增长,其中电力行业增长6.1%,煤化工行业下降0.8%,食品工业下降7.3%,纺织服装下降22.7%;建材行业增长6.9%,煤炭行业下降2.7%。非煤工业占全市工业增加值比重为50.7%,与上年持平。全年战略性新兴产业产值同比增长22.6%,占规模以上工业比重达18%,比上年提高2.3个百分点;高新技术产业增加值下降4.8%,占规模以上工业比重达23.2%,比上年下降1.6个百分点。

在重点统计的11种工业产品中,产品产量"四升七降"。其中,发电量213.4亿千瓦时,下降2.5%;

小麦粉116.2万吨，增长2.7%；服装5877.5万件，增长2.4%；焦炭410.9万吨，下降3.3%；白酒34712千升，下降18.5%；原煤产量3804.6万吨，下降3.9%；洗精煤产量1292.7万吨，下降4.6%；饲料76.3万吨，下降9.5%；纱5.5万吨，下降13.6%；日用玻璃制品50634吨，增长27.6%；水泥664.1万吨，增长6.3%。

全年规模以上工业企业实现营业收入1349.2亿元，比上年下降8.9%；实现利润总额119.7亿元，增长11.8%。工业经济效益综合指数为298.9%，比上年提高43.3个百分点；产品产销率为95.5%，比上年下降2.6个百分点。

表42　2019年淮北市规模以上工业增加值增长速度

指标	比上年增长(%)
工业增加值	－4.3
其中：煤炭行业	－2.7
电力行业	6.1
煤化工业	－0.8
机械制造	－10.3
食品工业	－7.3
其中：农副食品加工	－2.4
食品制造	－39.2
饮料制造业	－3.2
纺织服装	－22.7
建材行业	6.9

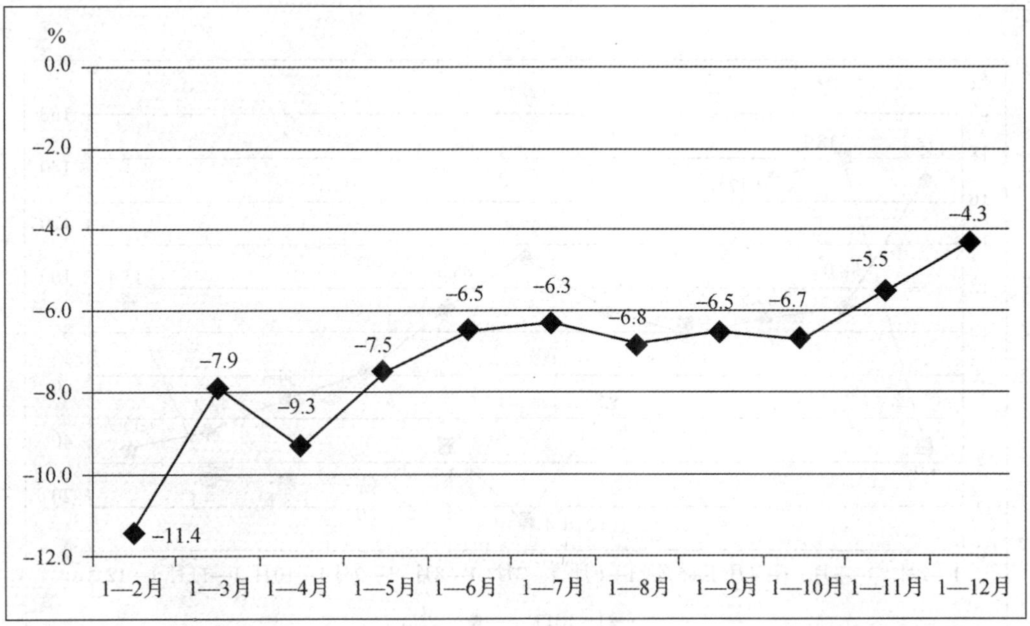

图22　2019年淮北市规模以上工业增加值月度累计增长速度

表 43　2019 年淮北市工业主要产品产量及增长速度

产品名称	计量单位	完成数	比上年增长(%)
原煤	万吨	3804.6	−3.9
洗精煤	万吨	1292.7	−4.6
发电量	亿千瓦时	213.4	−2.5
小麦粉	万吨	1162187	2.7
饲料	万吨	763023	−9.5
饮料酒	千升	35389	−20.0
白酒(折 65 度商品量)	千升	34712	−18.5
纱	吨	54716	−13.6
服装	万件	5877.5	2.4
焦炭	万吨	410.9	−3.3
水泥	万吨	664.1	6.3
日用玻璃制品	吨	50634	27.6

年末，全市资质内总承包和专业承包建筑业企业 50 家；全年完成建筑业总产值 65.8 亿元，增长 19.9%；竣工产值 17.2 亿元，下降 3.9%。全年房屋建筑施工面积 293.2 万平方米，增长 12.3%。

全市有相山风景区、隋唐大运河博物馆、隋唐运河古镇风景区、南湖风景区、双堆集烈士陵园、临涣文昌宫淮海战役总前委旧址及南山风景区 15 处 A 级景区，其中 4A 级景区 3 处，3A 级景区 10 处，2A 级景区 2 处；拥有口子国际大酒店等星级宾馆 3 家，其中五星级 1 家，三星级 2 家；旅行社 35 家；省级旅游农家乐 18 家；旅游商品定点企业 13 家；旅游从业人员 5000 多人。全年共接待海外游客 23509 人次，比上年增长 7.1%；接待国内游客 1852.2 万人次，增长 11.2%。旅游外汇收入 1098.4 万美元，增长 0.3%；国内旅游收入 126.1 亿元，增长 15.2%。成功举办葡萄采摘节、黄里杏花节、石榴文化旅游节等节庆活动。

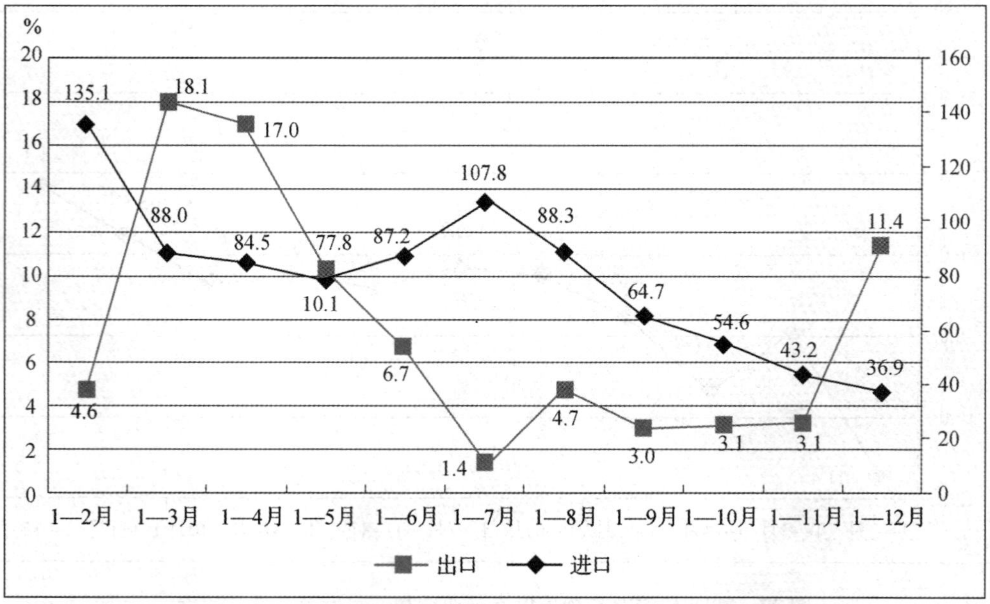

图 23　2019 年淮北市外贸进、出口额月度累计增长速度

全年公路客运量994万人，旅客周转量9.3亿人公里，公路货运量1.5亿吨，货运周转量231.4亿吨公里。年末，全市公路里程4308公里(包括村道和专用公路)。其中国道155公里，省道272.2公里，县道416.0公里，乡道604.7公里，村道2777.5公里。全市民用汽车拥有量31.3万辆，比上年增长11.8%，其中私人汽车拥有量28.2万辆，增长12.7%。

全年邮政行业完成业务总量7.8亿元，比上年增长32%；实现业务收入4.3亿元，比上年增长17.7%。其中快递业务量达到2186.3万件，比上年增长27%；快递业务收入1.9亿元，比上年增长29.3%。年末，全市邮政营业网点56个，机要通信网点2个，村邮站13个，信箱(筒)58处；共有快递企业23家，其中邮政速递物流公司(EMS)1家，民营快递企业22家，快递网点265个，各类车辆795辆，从业人员2600人。

全年电信业务收入12.5亿元，比上年下降2.7%。年末固定电话用户15.6万户，比上年增加2849户。年末移动电话用户203.4万户，比上年增加8.9万户。年末国际互联网宽带接入用户67.1万户，比上年增加4.2万户。

年末，全市金融机构人民币各项存款余额1570.9亿元，比年初增加95.2亿元，比上年增长6.5%；其中住户存款余额885.2亿元，比年初增加85亿元，增长10.7%；金融机构人民币各项贷款余额1079.9亿元，比年初增加136.5亿元，增长15.2%。金融存贷比为68.7%，比上年提高5.2个百分点。

表44　2019年末淮北市金融机构人民币各项存贷款余额及增长速度

指标	年末数(亿元)	比年初增加(亿元)	比上年末增长(%)
金融机构人民币各项存款余额	1570.9	95.2	6.5
住户存款	885.2	85.0	10.7
非金融企业存款	333.6	76.3	29.7
机关团体存款	293.4	−19.3	−6.2
财政性存款	20.8	−0.1	−0.5
非银行金融机构存款	37.1	−47.3	−56.0
金融机构人民币各项贷款余额	1079.9	136.5	15.2
住户贷款	292.8	48.3	22.9
非金融企业及机关团体贷款	787.1	88.2	12.6
短期贷款	345.9	53.6	18.4
中长期贷款	403.9	26.0	6.9

全年保费总收入40.6亿元，比上年增长6.4%。其中，人身险业务保费收入25.7亿元，增长6.5%；财产险业务保费收入14.9亿元，增长6.2%。全年赔付支出12.1亿元，下降5.7%。其中，人身险业务赔付支出4.0亿元，下降22.4%；财产险业务赔付支出8亿元，增长5.8%。

全市5家证券机构证券账户(沪深合计)数量16.4万户，证券代理交易额1652.1亿元，分别比上年增长7.0%和32.8%。全年1家企业成功登陆“新三板”，50家企业在省区域四板市场挂牌。

全年完成财政收入140.5亿元，比上年增长9%。其中地方一般预算收入75.5亿元，增长7.3%；上划中央收入58.1亿元，增长5.3%；出口货物退增值税1.4亿元，下降40.8%。分级次看，市级财政收入98.7亿元，增长10.6%；濉溪县财政收入41.8亿元，增长5.4%。全市完成财政支出188.8亿元，增长13.2%。其中一般公共服务支出18.4亿元，增长8.5%；社会保障和就业支出19.6亿元，下降3.1%；卫生健康支出18.3亿元，增长11.6%；农林水事务支出15.5亿元，增长17.1%；教育支出33亿元，增长12%；节能环保支出3.7亿元，增长21.9%；文化体育与传媒支出1.8亿元，增长37.3%；交通运输支出5.1亿元，增长43.7%。

表45　2019年淮北市财政收支情况

项目	完成数(万元)	比上年增长(%)
财政收入	1404934	9.0
上划中央收入	581422	5.3
税收收入	574001	5.1
地方一般预算收入	754910	7.3
税收收入	547583	4.8
出口货物退增值税	14181	－40.8
国有资本经营预算收入	54421	460.8
财政支出合计	1887658	13.2
一般公共服务支出	183526	8.5
公共安全支出	90670	6.0
教育支出	330248	12.0
科学技术支出	8315	－22.1
文化体育与传媒支出	17854	37.3
社会保障和就业支出	195800	－3.1
卫生健康支出	183352	11.6
节能环保支出	36915	21.9
城乡社区事务支出	438794	69.5
农林水事务支出	154937	17.1
交通运输支出	50537	43.7

全年新增城镇就业岗位4.9万个,10193名下岗失业人员实现再就业,城镇登记失业率控制在2.56%。年末,全市从业人员123.1万人,比上年增加0.8万人。其中,第一产业从业人员39.4万人,比上年增加1.5万人;第二产业从业人员35.1万人,比上年减少2.7万人;第三产业从业人员48.6万人,比上年增加2万人。全年新增私营企业7689户,新增注册资金418.9亿元;新增个体工商户2.1万户,新增个体从业人员4.7万人。年末,全市实有个体工商户13万户,个体从业人员36万人;实有私营企业3.2万家,注册资金2102.8亿元。

全市累计完成固定资产投资增长10.8%。其中,房地产投资增长31.6%;项目投资增长1.6%。从三次产业看,第一产业完成投资下降19.3%;第二产业完成投资增长11.1%;第三产业完成投资增长11.8%。从工业投资看,全市工业完成投资增长11.4%。其中,采矿业投资增长7.9%;电力、燃气和水的生产供应业投资增长42.4%;制造业投资同比增长3.8%。全市累计完成工业技改投资增长42.6%,技改投资占工业投资比重达48.3%,比上年提高10.6个百分点。

全年房地产开发完成投资增长31.6%,其中住宅投资增长44.1%。商品房销售建筑面积229.2万平方米,增长32.4%,其中住宅销售建筑面积206.8万平方米,增长42%;房屋施工面积1227.7万平方米,下降19.4%;房屋竣工面积149.7万平方米,增长250.5%。

全年十大工程推进有力。淮宿蚌高铁先行配套工程、50万吨焦炉煤气综合利用、市科创中心开工建设,平山电厂二期、完美生物主体工程基本建成,铝箔系列项目、城区雨污分流工程加快推进,陶铝新材料一期全部投产,旺能生活垃圾焚烧发电一期并网发电,市高新区50万平方米标准化厂房全部建成。

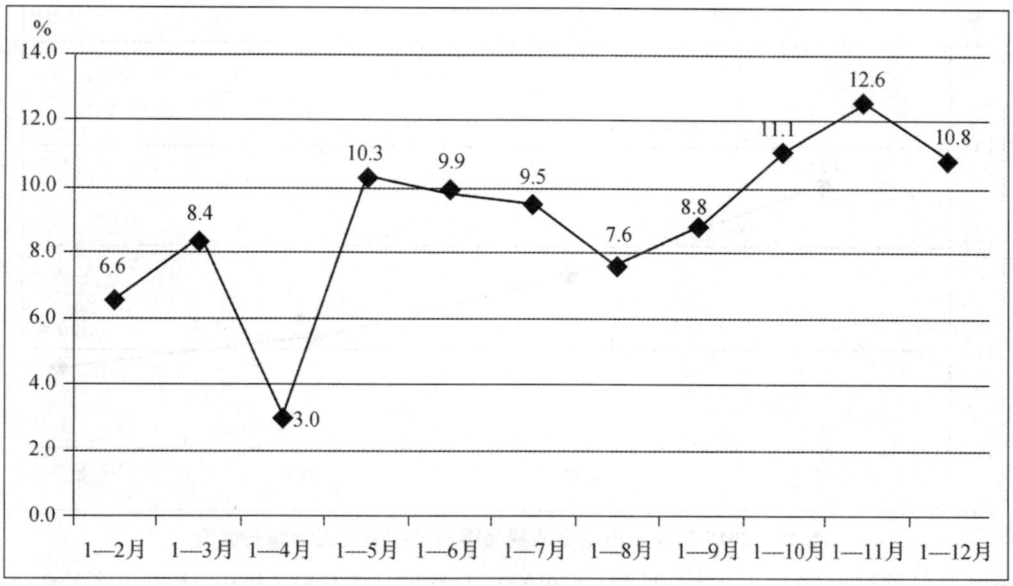

图 24　2019 年淮北市固定资产投资月度累计增长速度

表 46　2019 年淮北市分行业固定资产投资增长速度

行业	比上年增长(%)
固定资产投资	10.8
第一产业	−19.3
第二产业	11.1
工业投资	11.4
采矿业	7.9
制造业	3.8
电力行业	42.4
第三产业	11.8

全年实现社会消费品零售总额 359.4 亿元，比上年增长 10.8%。按经营地统计，城镇消费品零售额 284.1 亿元，增长 10.2%；乡村消费品零售额 75.3 亿元，增长 12.9%。按消费类型统计，实现商品零售 341 亿元，增长 10.7%；餐饮收入 18.4 亿元，增长 12.6%。从限额以上单位商品零售类值看，全市粮油、食品类商品零售额 14.2 亿元，增长 11.3%；饮料类商品零售额 2.1 亿元，增长 3.3%；烟酒类商品零售额 5.9 亿元，增长 20.1%；服装鞋帽、针、纺织品类商品零售额 5.3 亿元，增长 7.5%；日用品类商品零售额 4.6 亿元，增长 4.7%；家用电器和音像器材类商品零售额 4.8 亿元，增长 15.2%；中西药品类商品零售额 3.6 亿元，增长 14%；石油及制品类商品零售额 17.3 亿元，增长 15.7%；汽车类商品零售额 37.8 亿元，增长 2.8%。全市纳入统计的 12 家开展网络零售业务的限额以上批发零售企业，实现网上零售额 1.6 亿元，增长 10.5%。

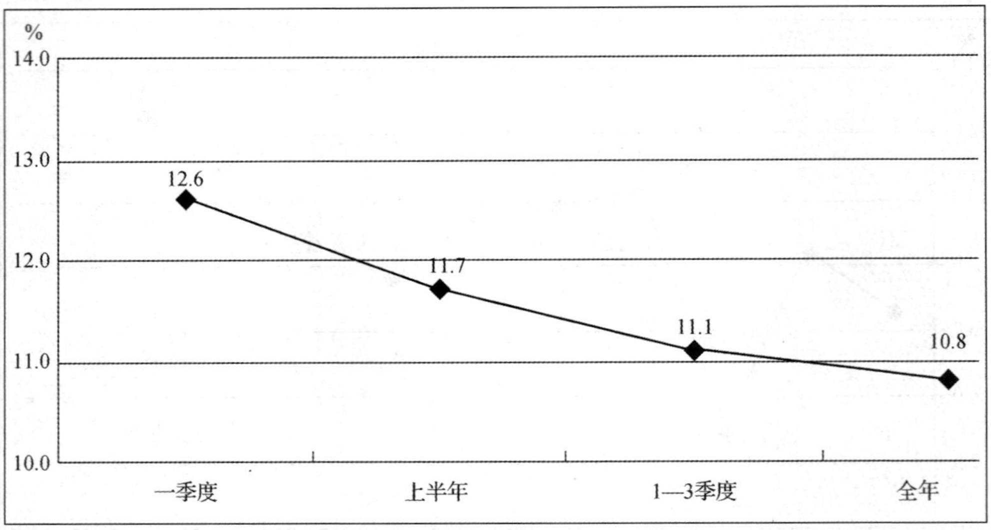

图 25　2019 年淮北市社会消费品零售总额季度累计增长速度

全年居民消费价格上涨 2.6%，构成居民消费的八大类商品中价格“七升一降”。其中食品烟酒类价格上涨 6.9%，衣着类上涨 2.2%，居住类上涨 0.5%，生活用品及服务类上涨 1%，教育文化和娱乐类上涨 1.8%，医疗保健类上涨 1.7%，其他用品和服务类上涨 2.4%，交通和通信类下降 2.5%。工业生产者出厂价格上涨 0.9%；工业生产者购进价格下降 0.9%，其中燃料动力类价格下降 0.4%。

表 47　2019 年淮北市价格指数

指标名称	指数(以上年为 100)
居民消费价格指数(CPI)	102.6
食品烟酒	106.9
粮食	101.1
鲜菜	103.2
畜肉	135.0
水产品	99.2
蛋	105.7
鲜果	109.5
衣着	102.2
居住	100.5
生活用品及服务	101.0
交通和通信	97.5
教育文化和娱乐	101.8
医疗保健	101.7
其他用品和服务	102.4
商品零售价格指数	102.0
工业生产者出厂价格指数	100.9
工业生产者购进价格指数	99.1
燃料、动力类购进价格指数	99.6

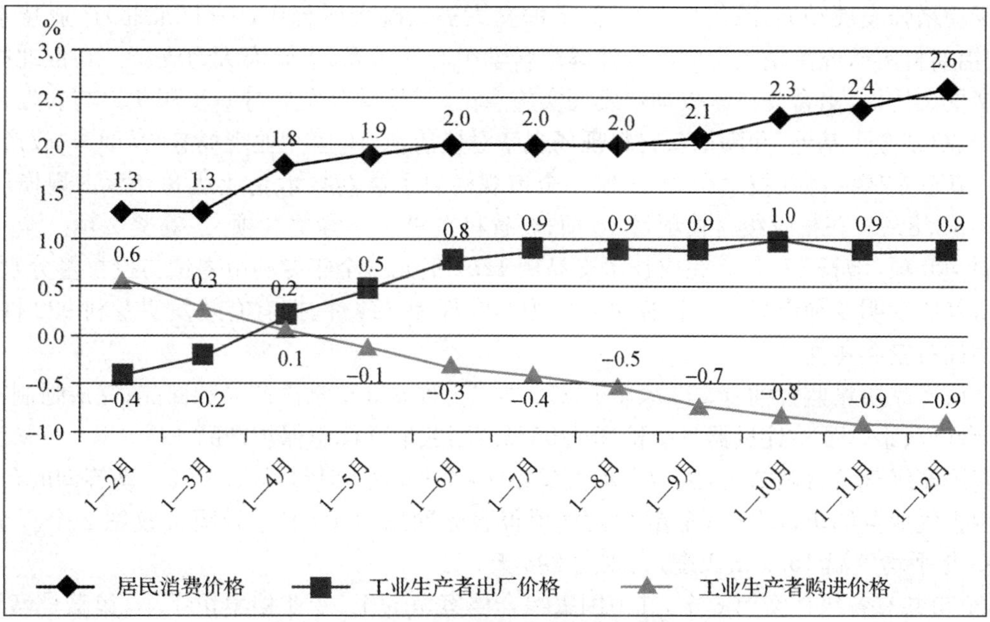

图 26　2019 全市物价月度累计上涨幅度

全年实现外贸进出口总额 81457 万美元，比上年增长 13.4%。其中出口 73746 万美元，增长 11.4%；进口 7710 万美元，增长 36.9%。全年新批外商投资企业 12 家，实际利用外商直接投资 28781 万美元，增长 12%。全年引进并开工规模以上项目 219 个，其中 5000 万元—1 亿元项目 71 个，1 亿元—3 亿元项目 64 个，3 亿元—5 亿元项目 13 个，5 亿元以上项目 29 个。

二、淮北市 2019 年社会发展

年末，全市共有普通高等院校 2 所，当年招生 13106 人，在校学生 35785 人，当年毕业学生 9081 人。全市共有各类中等职业技术学校 8 所，其中普通中专学校 6 所，成人中专学校 1 所，职业高中 1 所；当年招生 7908 人，在校学生 23646 人，当年毕业学生 5392 人。普通中学 124 所，当年招生 38706 人，在校学生 110491 人。其中，高中 21 所，当年招生 13367 人，在校学生 39970 人；初中 103 所，当年招生 25339 人，在校学生 70521 人。小学 295 所，当年招生 29202 人，在校学生 161591 人；幼儿园 331 所，入园儿童 30290 人。小学适龄儿童入学率为 100%，初中学龄人口入学率为 100%；小学毕业生升学率为 103.69%，初中毕业生升学率为 96.51%。年末，全市中小学共有教职工 18444 人，其中专任教师 17200 人。全市各级各类学校（不包括高校）校舍建筑总面积 387.7 万平方米；普通高中生均占有校舍建筑面积 19.3 平方米，普通初中生均占有校舍建筑面积 16.8 平方米，小学生均占有校舍建筑面积 5.6 平方米，中职生均占有校舍建筑面积 24 平方米。

表 48　2019 年淮北市各类学校基本情况

指标	学校数(所)	招生数(人)	在校生数(人)	毕业生数(人)
普通高等教育	2	13106	35785	9081
中等职业教育	8	7908	23646	5392
高中	21	13367	39970	12655
初中	103	25339	70521	21265
小学	295	29202	161591	24437

创新驱动增强发展动能，深化与中科院、上海交大等大院大所合作，中科(淮北)产业技术研究院正式揭牌，陶铝新材料研究院纳入合肥综合性国家科学中心获省委、省政府大力支持。与淮北师范大学签订合作发展框架协议，出台支持学校加快发展实施意见，市校融合发展进一步深化。与省发改委联合举办新材料产业“基金+基地”和陶铝新材料现场观摩对接活动，16家企业现场签约，助力“政产学研用金”深度融合。新认定国家高新技术企业63家。全市规模以上高新技术企业达82家，占规模以上工业企业的比重为13.8%。获批省级科技项目14项；获省科技进步一等奖3项、二等奖2项。全年共签订各类技术合同700项，增长27.4%，完成技术交易额12.1亿元。全年专利申请量与授权量分别为3995件和1616件，其中发明专利申请量与授权量分别为903件和224件，拥有有效发明专利982件，每万人有效发明专利拥有量4.4件。

全年全市产品质量监督抽查253家企业253类101种573个批次产品和商品；完成强制检定计量器具28.7万台(件、组)，强检计量器具受检率达95%。国家地理标志保护产品4个。

全市有国家级气象台站2个，区域自动气象站40个；开展96121电话天气自动答询的台站1个；开展人工影响天气业务的单位2个；全市有天气预报服务网站1个，卫星云图接收站2个。全年降水量698.4毫米，年平均气温15.9摄氏度，无霜期296天。

年末，全市共有各级档案馆6个，其中国家综合档案馆5个，专业档案馆1个，馆藏档案资料130.2万卷(件、册)，库馆总建筑面积7910平方米。年末，全市有广播电视台2座，广播电台3座，中波发射台1座，电视转播台4座，有线电视和有线数字电视户数分别14万户和6.7万户，全市广播综合人口覆盖率为99.95%，电视综合人口覆盖率为99.85%。全市共有11家数字影院，76块影幕。全市有文艺表演团体39家(其中国有艺术院团2家)，国有博物馆5家，公共图书馆和文化馆各5家，歌舞娱乐场所59家，网吧90家，电子游戏场所14家。全年共举办大型文化活动3场，群众性文化活动1147次，专业文艺团体演出616场，各类表演团体送文化下乡330场，创作剧(节)目25个。全年全市报纸出版发行268.2万份，销售收入859万元。

年末，全市共有卫生机构811个(含村卫生室)，床位12922张，卫生技术人员12599人。其中，医院82个，床位10406张，卫生技术人员8045人，执业医师及助理医师2846人；乡镇及街道卫生院28个，床位1364张，卫生技术人员1390人，执业医师及助理医师671人；妇幼保健院(所、站)5所，床位330张，卫生技术人员406人，执业医师及助理医师180人；疾病预防控制中心5所，卫生技术人员154人，执业医师及助理医师100人；诊所、卫生所、医务室204个，执业医师及助理医师248人；村卫生室315所，执业医师及助理医师130人。

全年举办全民健身活动133次，其中1000人以上活动112次，参加活动总人数35.5万人次。组织开展淮北市元旦长跑暨徒步活动、淮北国际半程马拉松赛、淮北市纪念“发展体育运动，增强人民体质”题词67周年暨百城千村健身气功展示活动、省市县三级联赛淮北市系列选拔赛、淮北市庆祝第11个“全民健身日”活动、安徽省中老年广场舞大赛、安徽省第四届职工运动会广播体操比赛、安徽省环江淮万人骑行大赛淮北美丽烈山站、安徽省全民健身徒步大会淮北相山站等大型群体活动。我市运动员在省级以上比赛中获金牌43枚、银牌44枚、铜牌50枚。

全年居民人均可支配收入26576元，比上年增加2433元，增长10.1%。城镇居民人均可支配收入34727元，比上年增加2768元，增长8.7%。全年城镇居民人均消费支出20458元，增长7.1%。其中，食品烟酒支出5964元，增长8.8%；衣着支出1584元，下降5.1%；居住支出4154元，增长53.3%；生活用品及服务支出2067元，增长74.2%；交通通信支出2439元，下降26.5%；教育文化娱乐支出2079元，下降24.6%；医疗保健支出1740元，增长18.1%。年末城镇居民人均住房建筑面积35.4平方米，比上年增加2.1平方米。每百户城镇家庭拥有家用汽车25.9部，电冰箱101.2台，洗衣机104.0台，热水器105.5台，空调143.4台，彩色电视机104.7台，计算机68.2台，移动电话253.5部。农村居民人均可支配收入14052元，比上年增加1308元，增长10.3%。全年农村居民人均消费支出11090元，增长

19.0%。其中，食品烟酒支出3755元，增长24.9%；衣着支出890元，增长70.8%；居住支出2511元，增长36.3%；生活用品及服务支出694元，增长5.6%；交通通信支出870元，下降10.6%；教育文化娱乐支出1240元，增长23.7%；医疗保健支出858元，下降27.7%。年末农村居民人均住房建筑面积53.2平方米，比上年增加7.1平方米。每百户农村家庭拥有家用汽车11.1部，电冰箱99.8台，洗衣机102.1台，热水器85.1台，空调94.2台，彩色电视机120.7台，计算机24.9台，移动电话256.1部。

表49　2019年淮北市居民人均可支配收入、消费支出及增长速度

指标名称	全体居民		城镇居民		农村居民	
	指标值（元）	比上年增长（%）	指标值（元）	比上年增长（%）	指标值（元）	比上年增长（%）
可支配收入	26576	10.1	34727	8.7	14052	10.3
工资性收入	14985	10.7	21124	9.0	5551	10.5
经营净收入	4896	6.9	4829	7.9	5000	5.6
财产净收入	1461	11.1	2221	7.9	294	25.5
转移净收入	5234	11.2	6553	8.4	3207	16.6
消费支出	16765	10.9	20458	7.1	11090	19.0
食品烟酒支出	5093	13.8	5964	8.8	3755	24.9
衣着支出	1310	9.0	1584	−5.1	890	70.8
居住支出	3506	48.7	4154	53.3	2511	36.3
生活用品及服务支出	1526	57.1	2067	74.2	694	5.6
交通通信支出	1820	−23.0	2439	−26.5	870	−10.6
教育文化娱乐支出	1748	−14.5	2079	−24.6	1240	23.7
医疗保健支出	1392	2.6	1740	18.1	858	−27.7
其他用品和服务支出	369	4.5	432	−14.5	273	106.8

年末，全市参加企业职工基本养老(在职)、机关事业单位养老(在职)、工伤保险人数分别为37.1万人、3.7万人、32.5万人，分别比上年末增加1.6万人、674人、和3840人；失业保险人数为25.0万人，比上年末减少1.1万人(减少原因为调整统计口径，实际增加4280人)。年末参加城乡居民养老保险人数75.5万人，其中农村居民参保人数63.5万人，参加城乡居民养老保险人数比上年末增加1770人。

全市享受城市居民最低生活保障的人数为18892人，享受农村居民最低生活保障的人数为33480人。发放家庭经济困难学生补助金15万元。年末共有各类收养性单位2家，床位192张，收养各类人员35人。建立各种社区服务机构1826个，其中社区服务中心165个，网点1661个。全年销售社会福利彩票13221万元，筹集社会福利资金3812.1万元。

推动棚户区改造与老旧小区整治、公共设施完善相结合，实施棚改项目1个、开工棚户区改造项目100套，基本建成棚户区改造项目8904套。加大县区货币化安置力度，年末开工建设棚改房100套为实物安置。开工建设率为100%、基本建成率为100%。

全年培训残疾人639人次，356名残疾人实现就业再就业。投入138.4万元，帮扶救助9956名贫困重度残疾人和1313名贫困残疾学生、贫困残疾人家庭子女。为残疾人免费配发辅助器具1389件；2619人次残疾人得到康复服务。

脱贫攻坚成效显著。按照每人每年2300元(2010年不变价)的农村贫困标准计算，全年脱贫人口数

3044 人;贫困发生率为 0.1%,比上年下降 0.21 个百分点。

稳步推进《淮北市城市总体规划(2016—2035 年)》修编工作。加强城乡基础设施建设,S101 合相路二期、S254 古毛路二期主体完工,100 公里城市大外环基本形成。S202 改(扩)建、泉山北路上跨立交、龙山南路顺延段、龙山北路建成通车,民生东路、方安路正式贯通。全年新建交通干线、城市道路 36.9 公里,G3 京台高速淮北收费站东迁工程开工建设,城市路网不断完善。进一步推进老城区雨污分流,完善污水主干管网 23 公里。新增供水管网 107 公里,燃气管网 269.8 公里。

年末,全市 PM10 平均浓度降至 84 微克/立方米,同比下降 6 微克/立方米,完成省控目标。新建污水处理厂 2 座,新建污水管网 86.2 公里。全年空气质量优良天数 214 天,优良率达 58.6%;集中式饮用水源地水质达标率为 100%;声环境质量符合功能区划标准,昼间年平均值 53.8 分贝;危险废弃物安全处置率为 100%。全年 COD 减排 753.3 吨、氨氮减排 121.6 吨、氮氧化物减排 2679.8 吨,污染物排放削减率分别为化学需氧量 2.91%,氨氮 4.01%,氮氧化物 6.99%。年末,全市拥有环境空气监测点 9 个。空气主要污染物二氧化硫、二氧化氮、PM2.5 平均浓度分别为 11、29、54 微克/立方米,臭氧日最大 8 小时滑动平均第 90 百分位数为 185 微克/立方米,一氧化碳日均值第 95 百分位数为 1.3 毫克/立方米。

全年新增城建绿地 45.6 平方米,改造提升绿地 1.6 平方米,新增街头绿地(游园)3 个,建成城市绿道 18 千米。年末城市人均道路面积 20.2 平方米,建成区绿化覆盖率为 45.4%,人均公园绿地面积 18.1 方米,城市用水普及率为 99.24%,燃气普及率为 98.70%。

全年全市共发生各类安全生产事故 33 起,死亡 35 人,与上年相比,事故起数减少 19 起,下降 37%;死亡人数减少 7 人,下降 17%;发生 3 人以上较大事故 1 起。其中,工矿商贸共发生安全生产死亡事故 20 起,死亡 20 人;建筑行业发生事故 10 起,死亡 10 人;工商贸其他行业发生事故 3 起,死亡 3 人。道路交通共发生死亡事故 12 起,死亡 14 人,与上年相比,事故起数减少 17 起,下降 59%;死亡人数减少 3 人,下降 17.7%。亿元 GDP 生产安全事故死亡人数为 0.033 人,下降 23.3%。

三、淮北市 2019 年重点工作

(一)聚焦经济健康发展,精准施策稳增长

全面落实更大规模减税降费政策,减轻企业负担、激发市场活力,确保所有行业税负只减不增。全年累计新增减税 15 亿元、降费 7.8 亿元。安排扶持产业发展资金 2 亿元,下调非居民用气价格,降低一般工商业电价,新增电力直接交易企业 67 家,落实建设用地 115 宗 20081 亩,有力支持实体经济发展。九天测绘成功挂牌"新三板",50 家企业在省区域四板挂牌,实现直接融资 163.9 亿元。常态化推进"四送一服"集中行动,扎实开展"三比一增"专项行动,成立服务企业专家团队。1—11 月,全市各级干部共走访调研企业 9871 家次,促进要素对接 4051 项,为企业协调解决问题 926 个。

打好工业经济止滑企稳攻坚战,加强工业经济运行监测,建立市高新区、新型煤化工合成材料基地重大项目月调度机制,出台标准化厂房专项奖补政策,市本级兑现新型工业化奖补资金 5066 万元,扶持工业项目 208 个。集中精力抢开工、抓在建、促投产,口子东山产业园、英科医疗、阜邦生物、中冶淮海、中煤远大、宁丰 OSB、优耐德一期等项目建成投产,理士新能源、韩森云豆智能电动车、瑞柏醋酸酯、欧勒奋含氟新材料、松菱电器、华智生物科技、小牛动力等项目开工建设。淮北矿业、皖北煤电稳居中国企业 500 强,淮海实业跻身中国制造业 500 强。1—11 月,全市工业投资和技改投资分别增长 9.7%、44%,居全省第 9 位和第 2 位。

发挥投资对经济增长的关键作用,统筹抓好"六稳"工作。全年组织实施重点项目 386 个,争取中央和省预算内资金项目 80 个、地方政府专项债券支持项目 9 个。分四批集中开工"六稳"重大项目 30 个、总投资超 150 亿元。稳步推进去产能,朔里煤矿按时关井,退出产能 165 万吨。"三供一业"分离移交工作走在全省前列。处置"僵尸企业"43 家,盘活土地 3689 亩。

（二）聚焦产业转型升级，创新驱动强动能

深化与中科院、上海交大等大院大所合作，中科(淮北)产业技术研究院正式揭牌，陶铝新材料研究院纳入合肥综合性国家科学中心获省委、省政府大力支持。市政府与淮北师范大学签订合作发展框架协议，出台支持学校加快发展实施意见，市校融合发展进一步深化。全年新增高新技术企业65家，增幅居全省首位。获省科技进步一等奖3项，居全省第2位。源创客创建国家级科技企业孵化器积极推进，全市"双创"平台达到11个。发挥市级产业扶持基金引导作用，引入省高新投、省中小企业基金等优质资本，产业基金总规模突破百亿元。市政府与省发改委联合举办新材料产业"基金＋基地"和陶铝新材料现场观摩对接活动，16家企业现场签约，助力"政产学研用金"深度融合。

坚持传统产业升级与新兴产业培育同步推进，预计战略性新兴产业产值同比增长19%，"四基一高"产业产值占规模以上工业比重达36.5%。安徽矿机、金冠玻璃等项目完成技改，华润金蟾成为国家级绿色工厂，科宝生物上榜工信部第一批专精特新"小巨人"企业名单。新增省级数字化车间3个，口子酒业、临涣焦化入选安徽省制造业综合实力50强，新型煤化工合成材料基地荣获2019中国化工潜力园区10强。加快发展现代服务业，全市累计获批省级服务业集聚区9个、示范园区2个、综合改革试点区1个，杜集区吾悦广场商业综合体开业运营，烈山区中农联物流园一期基本建成，相山区南翔云集文化特色街开工建设。

大力支持民营经济发展，深化新型政银担合作，发挥续贷过桥资金作用，持续推进"税融通"业务，着力解决融资难、融资贵。1—11月，全市新增担保15.6亿元，在保4684笔、余额26.1亿元，为235户企业提供转贷资金16.1亿元，发放"税融通"贷款6.4亿元。全年新登记私营企业7689户、个体工商户20940户，分别增长9.8%和19.2%。清理拖欠民营企业中小企业账款5587.9万元，营商环境进一步改善。

（三）聚焦补齐发展短板，坚决打好三大攻坚战

依法打击非法集资，清除非法集资滋生土壤。排查整治各类非法金融活动，防范化解网络借贷行业风险。全市银行业不良贷款率为1.53%，资产质量居全省第4位。强化预算执行管理和刚性约束，建立预警通报制度，优化市本级政府投资项目和资金保障，政府债务风险管控机制进一步完善。支持设立全省首家金融法庭，实现金融商事案件一体化服务。

强力推进脱贫攻坚专项巡视整改，开展"打基础、补短板、强弱项"专项行动，全面排查"两不愁三保障"及饮水安全突出问题。全年投入产业扶贫资金4216.9万元，实施项目326个。开展农业特色产业扶贫服务月活动，建成就业扶贫驿站9个。教育扶贫惠及建档立卡学生14562人次，贫困人口家庭医生签约33814人。开工建设南坪水厂和临涣水厂，加快推进氟病区改水工程，着力解决农村饮水安全突出问题。

强力推进中央和省环保督察反馈问题整改，严格落实河(湖)长制、林长制，坚决打好蓝天、碧水、净土保卫战。PM2.5平均浓度比上年同期下降3.1%。饮用水源地水质达标率为100%。7条黑臭水体经过整治达"初见成效"标准。濉溪县、相山区获批全国第二批节水型社会建设达标县(区)。全面完成固体废物专项检查与整治工作，基本形成全过程管理体系。

（四）聚焦城乡协调发展，提质提效促融合

加强城乡基础设施建设，S101合相路二期、S254古毛路二期主体完工，100公里城市大外环基本形成。S202改扩建、泉山北路上跨立交、龙山南路顺延段、龙山北路建成通车，民生东路、方安路正式贯通，G3京台高速淮北收费站东迁工程开工建设，城市路网不断完善。"两治三改"稳步推进，拆除违法建设5万平方米，棚改住房基本建成8904套，改造老旧小区5个，453户农村危房改造全部竣工，城区雨污分流

工程完成小区改造36个。建成海绵城市15平方公里,新增城市绿地54万平方米、绿道21公里。城区新增停车泊位1000个,210个居民小区布点设置充电桩,有效缓解市民停车难、充电难。城市生活垃圾分类试点加快推进。"无线城市"实现主城区WIFI全覆盖。市人民医院新院区主体封顶、淮北一中东校区部分单体封顶。我市荣获中国智慧品牌创新城市。成功举办部分省市矿山生态修复暨采煤沉陷区治理座谈会,我市矿山生态修复和采煤沉陷区治理成为全国亮点。绿金湖、南湖、碳谷湖、乾隆湖成为城市最美"生态绿心"。

大力推进乡村振兴,建设优质专用小麦生产基地130万亩、高标准农田12.5万亩,粮食总产实现"十六连丰",小麦单产居全省首位。实施农产品品牌提升行动,认定"淮优"农产品公共品牌134个。凤凰山农村产业融合发展示范园成为首批国家示范园。实施"互联网+"农产品出村进城工程,全年农村电子商务交易额超20亿元。实施休闲农业和乡村旅游精品工程,培育规模经营主体150多家。烈山区榴园村入选第九批全国"一村一品"示范村镇。落实稳定生猪生产政策,规模养殖比重居全省前列,非洲猪瘟防控严密有效。持续开展农村人居环境整治,19个年度省级美丽乡村中心村全部开工建设,25794户农村群众用上卫生厕所,百善、五沟、临涣、四铺污水处理厂(站)正式投用。秸秆综合利用率达91.8%。杜集区入选全国农村人居环境整治示范区。大力开展灾后水毁修复与水利薄弱环节建设,治理河道43.1公里,完成化家湖泄洪沟应急疏通。加快"四好农村路"建设,完成农村公路扩面延伸工程401.6公里、养护提升工程65公里。全面推进农村"三变"改革,全市316个村实现全覆盖,涉改农户总收益突破2000万元。96个"空壳村"全部完成转化,年经营性收入超50万元的集体经济强村达20个。

加快县区经济发展,濉溪县进入全省首批创新型县建设名单,县开发区跻身全省30强,铝基金属材料基地入选全省首批县域特色产业集群。濉溪县、杜集区重点采煤沉陷区综合治理和相山区老工业区搬迁改造获1.9亿元中央补助资金支持。相山区健康食品小镇获批全省第三批特色小镇。华东师范大学教育小镇落户烈山。

(五)聚焦深化改革开放,激发内生新动力

按时完成政府机构改革任务,优化设置33个政府工作部门,政府职能体系更加完备规范。深入推进"放管服"改革,动态调整市级权责清单、涉企收费清单。全面开展工程建设项目审批制度改革,工业建设项目审批时间压缩至40个工作日以内。全面落实"证照分离",实现"不见面审批",企业准入和退出更加便利,在全省率先实现企业开办一日办结。深化市以下财政事权和支出责任划分改革、基本公共服务领域共同财政事权和支出责任划分改革,支持三区加快重点区域建设,提高自我发展能力。深化市建投集团改革,企业总资产突破千亿元,主体信用评级调升至AA+,综合实力和竞争力显著增强。市高新区人事制度改革稳步推进。市传媒中心正式挂牌。我市以综合信用指数全国第4名的成绩,荣获全国第二批社会信用体系建设示范城市。

持之以恒推进招商引资,全年新签约项目213个,新开工项目219个,协议总投资631.2亿元。实际利用外资增长12%以上,居全省第3名。理士电源安徽总部、美欣达循环经济产业园、合派特种电动车、欧励隆特种炭黑、今麦郎、华状科技等一批项目成功落地。多层次、多领域搭建对外开放合作平台,与4省9市共同签署《淮海经济区协同发展战略合作框架协议》,与5省28市签订《淮河生态经济带城市合作协议》,成功举办第二届淮海经济区协同发展座谈会、2019淮北食品工业博览会。

(六)聚焦美好生活向往,共建共享惠民生

大力推进基本公共服务均等化,不断提升民生保障水平。完善学前教育布局规划,开展城镇居民小区配建幼儿园治理,新建、改(扩)建幼儿园8所,配建园移交29所。推动义务教育优质均衡发展,实施新一轮标准化建设项目2个,主城区3所学校完成扩容。大力发展职业教育,推进校企合作、产教融合,遴选3所职业院校进行重点支持。坚持创业带动就业,高度关注重点群体就业,城镇登记失业率控制在

2.5%。保障农民工工资支付工作考核连续两年获 A 级等次。全省紧密型县域医共体暨“智医助理”建设推进现场会在我市召开，市人民医院与中日友好医院签订医联体合作协议。开通长三角区域门诊就医费用直接结算业务，群众异地就医报销更加便捷。市妇幼保健院、濉溪县医院获批三级医院。市紧急医疗救援指挥中心建成投用。计划生育年度考核位居全省市级第 3 名。城乡居民基本医保、大病保险、低保正式并轨，实现同城同待遇、同病同保障。企业退休人员基本养老金实现“十五连涨”，机关事业单位退休人员养老金实现“四连涨”。积极开展居家和社区养老服务改革试点，推动医养融合发展。3 岁以下婴幼儿照护服务工作获国家卫健委肯定，并在全国现场会上作交流发言。扎实做好大运河文化保护传承利用工作，烈山窑址等 5 家单位入选第八批省级重点文物保护单位，隋堤景区、高岳现代农业示范园获批 3A 级旅游景区。成功举办第二届淮北国际半程马拉松赛。“中国好人”总数达 153 人，稳居全国前列。

加强社会治理创新，我市荣获安徽省卫生城市，连续十年获评全省平安建设(综治工作)先进市，省食品药品安全城市创建成果进一步巩固。认真落实“七五”普法规划，公共法律服务体系不断完善。基层司法所规范化建设位居全省前列。“一组一会、三治融合”入选《中国农村社区治理蓝皮书(2019)》，以党建引领信用村建设成为乡村治理新亮点。大力实施“雪亮工程”，完善社会治安防控体系，圆满完成中华人民共和国成立 70 周年大庆安保维稳任务。“扫黑除恶”专项斗争取得阶段性成效，摧毁了一批黑恶势力。深入开展“1＋6＋N”安全专项行动，推进重点领域安全专项整治，加强平安校园建设，安全生产形势总体平稳。相山区获批全国首批综合减灾示范区创建试点单位。巩固“深重促”专项行动成果，做实做细群众工作，依法依规保障群众合法权益，社会保持和谐稳定。建立市处理房地产项目办证遗留问题联席会议制度，持续加大攻坚力度，累计为 36 个项目办理总产权、涉及住房 12584 套。第四次经济普查顺利完成。老年人、妇女儿童、青少年、残疾人、红十字等事业持续推进，民族宗教、外事侨务、港澳、对台等工作取得新进展，编制、档案方志、保密、气象、公积金、供销、机关事务等服务发展能力不断增强。退役军人服务管理、国防教育、双拥共建、优抚褒扬工作进一步加强。

准确把握新时代党的建设总要求，深入开展“不忘初心，牢记使命”主题教育，扎实开展“三个以案”警示教育，坚决整治形式主义、官僚主义突出问题，激励新时代新担当新作为。持续推进省委巡视反馈问题整改，全面加强法治政府建设，依法行政水平不断提升。办理市人大代表议案、建议 228 件，市政协委员提案 262 件。严格落实“基层减负年”要求，文件和会议数量、督查考核次数同比减少三分之一以上，实现减量提质、减负提劲、减压提神，推动中央和省、市委各项决策部署全面贯彻、政策落地见效。深入开展党风廉政建设和反腐败斗争，强化审计监督，狠抓作风建设，一般性支出压减 10%以上。组织开展医保基金督察联合执法，集中开展严厉打击招投标领域违法违规行为专项行动，坚决整治群众身边的不正之风和腐败问题，营造风清气正、干事创业的浓厚氛围。

第七节　铜陵市 2019 年经济社会发展报告

2019 年，面对国内外风险挑战明显上升的复杂局面，全市人民坚持以习近平新时代中国特色社会主义思想为指导，认真贯彻落实党的十九大和十九届二中、三中、四中全会精神，在省委、省政府和市委的坚强领导下，坚持稳中求进工作总基调，负重前行、砥砺奋进，高质量推进五大发展行动计划，资源型城市转型迈出坚实步伐，全面建成小康社会取得新的进展。

年末，全市户籍人口 170.6 万人，比上年末减少 0.2 万人。常住人口 164.1 万人，增加 1.2 万人；常住人口城镇化率为 57.2%，提高 1.2 个百分点。全年户籍人口出生率为 9.0‰，比上年下降 1.8 个千分点；死亡率为 5.6‰，下降 2.4 个千分点；自然增长率为 3.4‰，上升 0.6 个千分点。

一、铜陵市2019年经济发展

全年地区生产总值(GDP)960.2亿元,按可比价格计算,比上年下降1.7%。分产业看,第一产业增加值52.7亿元,增长1.9%;第二产业增加值444.8亿元,下降7.1%;第三产业增加值462.7亿元,增长5.0%。三次产业结构为5.5∶46.3∶48.2,其中工业增加值占GDP比重为39%。全员劳动生产率82601元/人,比上年增加824元/人。人均地区生产总值58726元(折合8513美元)。

全年粮食种植面积10.07万公顷,比上年减少0.04万公顷;棉花种植面积0.23万公顷,减少0.1万公顷;油料种植面积2.22万公顷,增加0.07万公顷;蔬菜种植面积1.14万公顷,增加0.02万公顷。

全年粮食产量57.99万吨,比上年下降0.3%;油料产量5.15万吨,与上年持平;棉花产量0.21万吨,下降37.3%;蔬菜产量29.9万吨,增长1.1%。

全年肉类总产量4.94万吨,比上年下降18.5%。禽蛋产量3.89万吨,下降2.6%。水产品产量10.4万吨,增长3.8%。

年末,全市农业机械总动力84万千瓦,比上年增长0.1%。全年化肥施用量(折纯)5.49万吨,下降1.3%。农村用电量7亿千瓦时,下降1.4%。

全年工业增加值374.7亿元,比上年下降7.7%。规模以上工业增加值下降8%。在规模以上工业中,国有及国有控股企业增长3.7%;股份制企业下降23.4%;外商及港澳台商投资企业增长71.9%。分门类看,采矿业下降37.6%,制造业下降8.5%,电力、热力、燃气及水生产和供应业下降1%。

规模以上工业中,六大主导行业增加值"两升四降":有色金属冶炼和压延加工业增加值增长11.5%;黑色金属冶炼和压延加工业增加值增长9.4%;非金属矿物制品业增加值下降11.1%;化学原料和化学制品制造业增加值下降5.3%;电力生产和供应业增加值下降2.4%;电气机械和器材制造业增加值下降26.6%。战略性新兴产业产值增长2%,占规模以上工业产值的比重为39.6%。

全年规模以上工业企业利润总额89.4亿元,比上年增长11.1%。其中,国有及国有控股企业增长81.0%;股份制企业增长1.6%;外商及港澳台商投资企业增长136.7%。

全年建筑业增加值70.3亿元,比上年下降3.4%。全年房屋建筑施工面积964.5万平方米,下降8.3%;房屋竣工面积278.4万平方米,下降32.9%。

全年批发和零售业增加值77亿元,比上年增长3.1%;交通运输、仓储和邮政业增加值61.7亿元,增长5.1%;住宿和餐饮业增加值20.1亿元,增长5.4%;金融业增加值48.9亿元,增长4.9%;房地产业增加值66亿元,增长4.8%;其他服务业增加值187.2亿元,增长5.8%。

全年铁路旅客运输量353.6万人次,比上年增长11.8%;货物运输量86.55万吨,增长2.6%。公路旅客运输量1076万人,下降20.8%;货物运输量3995万吨,增长5.4%。全年港口货物吞吐量9620.82万吨,下降3.9%。

年末机动车保有量24.6万辆,比上年增长7.4%,其中汽车保有量20.0万辆,增长8.7%。

全年邮政电信业务收入11.7亿元,比上年下降2.5%。其中,邮政业务收入增长3.3%;电信(含电信公司、移动公司、联通公司)业务收入下降4%。年末本地固定电话用户16.68万户,比上年增加1.1万户;移动电话用户131.62万户,增加7.45万户;宽带接入户43.18万户,比上年增加2.98万户。

全年入境旅游人数4.78万人次,比上年增长8.7%;国内游客2535.09万人次,增长12.1%。旅游总收入212.36亿元,增长16.7%,其中旅游外汇收入0.14亿美元,增长15.1%;国内旅游收入211.38亿元,增长16.6%。年末,全市有A级及以上旅游景点(区)17处,其中4A级景区9处。星级旅游饭店5个,房间数556间;旅行社39家,其中国际旅行社2家。

全年固定资产投资比上年下降16.1%,其中民间投资下降21.1%。分产业看,第一产业投资下降48.6%;第二产业投资下降24.2%,其中工业投资下降24.1%;第三产业投资下降8.6%。

全年房地产开发投资169.2亿元,比上年增长7.4%。商品房销售面积250.3万平方米,增长2.3%。

全年社会消费品零售总额393.5亿元，比上年增长7.8%。按经营地统计，城镇消费品零售额336.1亿元，增长7.5%；乡村消费品零售额57.4亿元，增长9.9%。按消费类型统计，商品零售额310.7亿元，增长7.8%；餐饮收入82.8亿元，增长8.1%。全年居民消费价格比上年上涨2.4%，其中食品烟酒价格上涨6.3%。工业生产者出厂价格下降2.5%，工业生产者购进价格下降1.4%。

限额以上企业(单位)商品零售额中，粮油食品类下降9.7%，饮料类下降10.6%，烟酒类下降4.5%，服装、鞋帽、针纺织品类下降7.1%，日用品类增长25.1%，家用电器和音像器材类下降9.6%，金银珠宝类下降8.7%，中西药品类下降6.2%，石油及制品类下降0.2%，汽车类下降12.4%。

全年进出口总额71.6亿美元，比上年增长16.7%。其中，出口8.6亿美元，增长87.3%；进口63.0亿美元，增长11.0%。

全年实际利用外商直接投资4.0亿美元，比上年增长21.9%。实际到位亿元以上省外投资项目内资631亿元，增长9.1%。

全年全部财政收入181.1亿元，比上年增长0.3%，其中地方财政收入77.6亿元，增长5.2%。财政支出168.9亿元，增长9.4%，其中民生类支出136.4亿元。

年末金融机构人民币各项存款余额1436.3亿元，比上年末下降0.9%。其中，住户存款余额866.9亿元，增长12.1%；非金融企业存款345.5亿元，下降12.8%。年末金融机构人民币各项贷款余额1211.3亿元，增长9.7%。其中，住户贷款281.5亿元，增长16.8%；非金融企业及机关团体贷款929.8亿元，增长7.7%。

年末全市上市公司6家，流通股市价总值373.45亿元。

全年保险业保费收入29.4亿元，比上年增长2.4%。其中，财产险保费收入9.6亿元；人身险保费收入19.8亿元。全年赔款与给付10.1亿元。

二、铜陵市2019年社会发展

全年全市常住居民人均可支配收入27794元，比上年增长9.2%。城镇常住居民人均可支配收入39256元，增长9.1%；人均消费支出25821元，增长8.7%，其中食品烟酒支出增长7.8%，衣着支出增长7.8%，居住支出增长8.9%，生活用品及服务支出增长17.1%，交通和通信支出下降5.4%，教育文化娱乐支出增长13.5%，医疗保健支出增长29.8%。城镇常住居民恩格尔系数为30.9%，比上年下降0.3个百分点。年末城镇常住居民人均住房建筑面积38.32平方米，比上年减少0.92平方米。

全年农村常住居民人均可支配收入15791元，比上年增长10.2%。人均消费支出10346元，增长9.9%。其中，食品烟酒支出增长8.1%，衣着支出增长10%，居住支出增长8.5%，生活用品及服务支出增长6.4%，交通和通信支出增长12.7%，教育文化娱乐支出增长20.7%，医疗保健支出增长3.2%。农村常住居民恩格尔系数为32.9%，比上年下降0.6个百分点。年末农村常住居民人均住房建筑面积53.53平方米，比上年增加5.59平方米。

年末，全市参加城镇职工基本养老保险人数32.05万人；城乡居民养老保险参保人数76.22万人；失业保险参保人数16.6万人；工伤保险参保人数24.74万人；城镇职工基本医疗保险参保人数36.18万人，城乡居民医疗保险参保人数128.94万人。全年城镇实名制新增就业3.05万人，失业人员再就业0.94万人。年末城镇登记失业率为2.65%，比上年下降0.12个百分点。全市农民工总量42.73万人，其中外出农民工33.62万人。

年末，全市共有2.53万人享受城镇居民最低生活保障，2.20万人享受农村居民最低生活保障。

年末，全市普通高校在校生34314人，毕业生10931人；中等职业教育学校在校生8375人，毕业生3168人；普通中学在校生68145人，毕业生24733人，其中高中在校生27456人，毕业生9657人；小学在校生68843人，毕业生13298人。成人高等学校在校生和毕业生分别为6372人和2145人。全年社会考生报名参加高等教育自学考试2782人次，其中本科2423人次；全年自学考试毕业生数359人，其中本科350人。

年末,全市拥有国家高新技术企业215家,其中当年新认定85家。

年末拥有4个国家级企业技术中心,2个国家级检测中心,4个国家级博士后科研工作站,6个省级工程研究中心,2个省级重点实验室,30个省级工程技术研究中心,40个省级企业技术中心,12个省级工业设计中心,7个省院士工作站,1个省新型研发机构,11个省级博士后科研工作站。年末拥有2个国家级科技企业孵化器,5个省级科技企业孵化器,3个国家级众创空间,6个省级众创空间,1个国家级生产力促进中心,1个省级生产力促进中心。全年获批省级以上各类科技计划项目55项,获得上级资助资金5614.7万元,5项科技成果获安徽省科学技术进步奖,企业吸纳技术合同成交额14.42亿元。

全市申请专利3213件,其中申请发明专利945件、实用新型1901件、外观设计367件;授权专利1942件,其中授权发明专利301件、实用新型1294件、外观设计347件。

年末,全市拥有登记注册的艺术表演团体5个;文化馆(站)42个;公共图书馆6个,公共图书馆藏书量236.59万册;档案馆6个,馆藏档案69.61万卷册,馆藏资料4.54万册。年末,全市有广播电台2座,电视台3座,广播人口覆盖率、电视人口覆盖率和有线电视入户率均达100%。

年末,全市拥有各类卫生机构616个,其中医院30个、卫生院34个、疾病预防控制中心3个。各类卫生机构拥有病床9351张,其中医院7761张、卫生院病床770张。全市卫生技术人员9478人,其中执业(助理)医师3548人,注册护师、护士4306人。

年末各种社会福利收养单位63个,拥有床位总数达8938张,在院人数4300人。全年销售福利彩票1.70亿元。

全年举办大中型全民健身展示活动和体育赛事10场次以上,县区和协会举办各类全民健身赛事活动280余场次,参加人数35余万人次,建设79条全民健身路径。成功举办铜陵首届国际半程马拉松、安徽省环江淮自行车赛等重大体育赛事,在举重世界杯选拔赛、亚洲少年田径锦标赛、全国青年运动会等国际国内比赛中摘金夺银。年末拥有国家级青少年体育俱乐部5所,国家级体育传统项目学校1所,省级青少年体育俱乐部8所,省级体育传统项目学校、体育专项特色学校15所。全年体育彩票发行额达2.55亿元。

全市空气质量优良天数比例为80.8%,比上年同期下降5.2个百分点。空气主要污染物二氧化硫、二氧化氮、可吸入颗粒物(PM10)、细颗粒物(PM2.5)、臭氧8小时年均浓度分别为15微克/立方米、37微克/立方米、75微克/立方米、47微克/立方米、92微克/立方米,一氧化碳年均浓度为0.9毫克/立方米。

全市城市集中式饮用水水源地水质达标率为100%。枞阳县境内菜子湖、白荡湖水质均为良好。

全年生产安全事故死亡人数39人,亿元GDP生产安全事故死亡人数为0.04人,与上年持平。全年发生道路交通事故17619起,发生火灾事故264起。

三、铜陵市2019年重点工作

(一)面对下行压力,坚持创新驱动不松劲,发展基底更加坚实

"四个铜陵"建设稳健开局。聚焦数字铜陵建设,强化顶层设计,发布全省首个数字城市建设发展规划。大力发展工业互联网,组建安徽长江工业大数据公司,成立长江工业互联网产业联盟,112家企业上网入云。市大数据产业园集聚效应逐步显现。在全省率先完成市电子政务外网IPV6升级,"城市超脑"上线运行,数字让城市治理更"聪明"。聚焦智造铜陵建设,推动制造业数字化转型,建成省级以上智能工厂、数字化车间22家,新增国家、省"两化"融合贯标企业28家。省级铜基新材料制造业创新中心获批建设,新增省级工业设计中心、企业技术中心5家。聚焦线上铜陵建设,加快发展电子商务,铜官数谷成为省级跨境电商产业园,汐有电商产业园上线跨境购买业务,获评省级电商示范园区和企业7家。全市网上零售额增长42.9%,跨境电商交易额增长35%。聚焦知识铜陵建设,积极构筑知识产权"护城

河”，新增国家知识产权优势企业 7 家、国际和国家等各类标准 14 项，新认定中国驰名商标 2 个，铜陵有色入列全省发明专利百强榜。

“四大中心”建设起势发力。科技创新力持续增强。充分发挥企业创新主体作用，净增国家高新技术企业 44 家，新认定国家科技型中小企业 178 家、增长 71%。新增省“专精特新”企业 16 家，圣奥化学入围全国首批专精特新“小巨人”企业。建成吉林大学、武汉理工大学铜陵技术转移中心等一批高能级创新平台，泰祥科创园跻身国家级科技企业孵化器，铜陵农业科技园成为国家农村创新创业园区。招引高层次科技人才团队 15 个，晋级省级团队数全省第三。金融支撑力持续增强。畅通金融血脉，普惠型小微企业贷款余额增长 16.1%，“科技贷”发放量增长 3.9 倍，光大银行铜陵分行揭牌开业。积极对接多层次资本市场，蓝盾光电子 IPO 报会在审，铜都流体、铜冠矿建进入省证监局备案辅导，省区域性股权交易市场挂牌企业 72 家。设立、招引各类基金 23 支，总规模超 180 亿元。铜陵有色主体信用通过 AAA 评级，实现了 AAA 企业零的突破。商贸物流带动力持续增强。完善服务业发展政策，新增限上商贸企业 101 家，规上物流企业主营业务收入增长 11.2%，货物运输量、集装箱吞吐量、快递业务量分别增长 19.8%、22.8%、22.7%。大健康产业辐射力持续增强。优化健康医疗服务体系，获批国家智慧健康养老示范基地，成为癌症筛查和早诊早治体系化建设省级试点，获评全省医养结合综合示范区，入列首批长三角卒中联盟签约城市，市人民医院成为省立医院铜陵分院。

县区园区发展砥砺前行。铜陵经开区勇担“长子”责任，经济规模、发展质量不断提升，在全省开发区综合考核中排名第 12 位。枞阳县迈入区划调整后的发展新通道，省内首条万华无醛生态秸秆板生产线全面投产，获批省级铝基新材料特色产业集群（基地），入列全国营商环境百强县、国家电子商务进农村综合示范县。铜官区彰显中心城区新作为，全面承接铜陵经开区社会事务，国家服务业综合改革试点不断深化，狮子山高新区科创园二期开工建设，成为省级园区循环化改造试点。义安区加快东向发展步伐，长江半导体产业园蓄势待发，成为全省农村电商巩固提升示范区、农业绿色发展先行区。郊区勇当跨江发展排头兵，“圈区管理”园区转型步伐加快，进境水果指定口岸运营态势良好，社会工作创新发展园建成运行。

（二）面对转型阵痛，坚持产业立市不动摇，动能转换步伐加快

支撑动能转换的优势产业发展壮大。加快发展战略性新兴产业，铜基新材料产业集聚基地连续 3 年获评省级 A 类，集成电路封测设备、智能流体控制关键部件、半导体关键材料获批省重大工程（专项）。促进文旅产业融合发展，西湖铜艺小镇成为省级特色小镇，北斗铜街入围省级特色街区，梧桐花谷成功创建 4A 级景区。推动现代农业提质增效，新增新型农业经营主体 303 家，义安区创成第二批国家农产品质量安全县，枞阳县入选第二批安徽特色农产品优势区。

承接动能转换的重大项目落地建设。开展重点项目“百日攻坚”行动，常态化举行项目集中开工活动，省重点工程开工率全省第一。华洋通信 5G 射频无源器件、长河新材料高性能助剂等一批 10 亿元以上重大项目开工建设，旭创光模块产业园一期、瑞嘉聚苯硫醚等项目建成投产。央地合作结出硕果，与中节能共育长江经济带污染治理主体平台，与中航发开展“石墨烯研究院＋基金”合作，中建材环保装备产业园快速推进，高纯金属铼顺利投产。

引领动能转换的活力厚积迸发。抢抓长三角一体化发展国家战略机遇，与浦东新区、松江区开展务实合作，加入长三角航运创新发展联盟，成立长三角产业创新城市联盟资本服务中心。加快发展外向型经济，利用省外内资 631 亿元、外商直接投资 4 亿美元；新引进亿元以上项目 237 个，其中 10 亿元以上项目 19 个。全省海外最大资源类投资项目——铜陵有色厄瓜多尔米拉多铜矿竣工投产，皖中南 B 型保税物流中心获批建设。坚持以改革增活力、强动力，市委深改委确定的 47 项年度改革任务有效落实。新一轮政府机构改革全面完成。经营性国有资产集中统一监管改革高效实施，铜化集团完成增资扩股，市属投融资法人主体市场化转型步伐加快，经营能力和企业效益大幅提升。工业项目“承诺即开工”全面

推开,开发园区绩效管理成效初显。完成市区义务教育管理体制改革,组建全省首家现代职业教育集团——安徽大江教育集团。社区治理改革十项重点任务顺利推进。紧密型医联体试点改革案例获全国“创新建设城市医联体”主题金奖。

服务动能转换的环境明显优化。深化“一网、一门、一次”改革,市本级政务服务事项全部进驻实体大厅,政务服务“最多跑一次”事项占比达100%,“一次不用跑”事项占比达93%,政务服务标准化试点高分通过国家终期评估。工程建设项目审批制度改革领跑全省,“告知承诺制”试点推行。在全省率先推出民营经济突出贡献人才VIP服务卡制度,开通民营经济110服务热线,企业反映问题解决率达98%,民营和中小企业账款清偿率达88%以上。全面落实各项惠企政策,减税降费为企业送上超25亿元的“大红包”。铜陵市“四送一服”双千工程工作考核获全省优秀等次。

(三)面对风险挑战,坚持守住底线不犹豫,“三大攻坚战”战果丰硕

脱贫攻坚愈难愈进。推动脱贫攻坚战场前移,成立高规格的江北现场推进指挥部,真正让“听得见炮声”的人指挥“炮火”。中央脱贫攻坚巡视反馈64个问题、国家和省脱贫攻坚考核反馈48个问题整改清零。精准实施“五大提升工程”,建成特色产业扶贫园80个,发展“一村一品”42个。全面实施贫困地区农村自来水厂并网工程,升级改造电网项目95个,基础设施短板加快补齐。

污染治理稳扎稳打。扎实开展“三大一强”专项行动,长江铜陵段“23+107+N”突出环境问题整改完成率达86%,市循环经济工业试验园区域限批正式解除。多力齐发推进大气污染防治,开展柴油货车污染治理专项攻坚,深化超限超载治理,秋冬季PM2.5平均浓度降幅全省第一。推进“三水共治”,秀水河、黑砂河、翠湖等城市黑臭水体得到基本治理。完善林长制、矿山山长制,完成营造林8.4万亩,全国绿色矿山现场交流会在铜陵召开。

重大风险严防严控。始终把政府债务管理摆在本届政府工作的突出位置,压减存量、严控增量、稳降总量,全口径债务规模较2017年底压减110亿元,综合债务率下降63个百分点以上。全面完成年度隐性债务化解任务,发行首批非标债13亿元,占全省40%以上,政府债务管理考核居全省第一方阵。积极防范化解金融风险,对个别重点民营企业精准排雷,稳妥处置个别持牌金融机构流动性风险、上市公司大股东股权质押风险,化解核销银行不良资产24.8亿元。P2P网贷机构专项整治有序推进,处置非法集资工作保持全省领先。

(四)面对城乡短板,坚持提升品质不停步,一江两岸加速融合

布局更加科学。城市总体规划修改获省政府批复,国土空间规划编制稳步实施。谋划启动澄英高科技园区建设,完成园区总体发展规划编制。发布全省首个氢能产业发展规划。区划调整和社会事务移交遗留问题有效解决,义安区政府驻地顺利迁址,县区园区框架逐步拉开,呈现出空间拓展、竞相发展的新格局。

交通更加顺畅。江北路网加快构建,池州长江公路大桥及北接线建成通车,省道335麒麟至白湖段完工,江北港铁路专用线开工建设。江南路网提质升级,省道221横港至大通段建成通车,滨江大道全线贯通,几代铜陵人的“小心愿”终于实现;国道236高速出入口至顺安段、省道217白杨坡至新桥段全面建成,青通河大桥改建工程启动建设。两岸通道谋划推进有力,G3铜陵长江公铁大桥、开发区过江通道纳入国家长江干线过江通道布局规划。

城市更加宜居。深入推进城市更新,入选全省城市“双修”试点市。提升城市主次干道49条,整治微循环道路5条,成为省级优先发展公共交通示范城市。二冶铁路专用线及政府北路顺利通车,困扰群众多年的“断头路”终于变通途。滨江生态岸线南延伸工程基本完工,新增和提升绿化面积158.6万平方米。管网建设力度空前,新改建供水管网30公里、雨污水管网74公里。新区建设持续升温,十五中西湖校区、师范附小新校区主体完工,人民幼儿园西湖园区、西湖南邻里中心、吾悦广场开工建设。改造

老旧小区9个，完成棚改“清零”项目46个。特别值得欣慰的是，经过持续攻坚，我们夺取了宝山区域整治的全面胜利，1930户整治任务如期完成，昔日“脏乱差”的宝山变成真正的“宝地”。

乡村更加靓丽。坚持两岸联动，构建“比翼齐飞”的乡村建设新格局。建成美丽乡村省级中心村22个、农村人居环境整治示范村40个。一体化推进农村“三大革命”，改造卫生厕所1.97万户，43个乡镇政府驻地建成区和中心村污水处理设施建成运行，农村生活垃圾治理实现全覆盖。改造农村危房2246户，建设“四好农村路”扩面延伸工程829公里，实施水利薄弱环节治理项目41个，乡村面貌发生可喜变化。

（五）面对群众期待，坚持牢守初心不懈怠，惠民实效不断增强

幸福民生普惠共享。多措并举稳就业，新增城镇就业3.05万人，登记失业率为2.65%，为历年新低。新农合和城镇居民医保“并轨运行”，城乡居民基本医保和大病保险实现“同城同待遇”。部分退役士兵“两保”接续工作全省第一。城乡养老服务三级中心覆盖率达63%。率先实现低保标准城乡统筹。

社会事业协调共进。深入实施“四名工程”，北京师范大学铜陵学校签约落地，大国工匠基地正式开办，新建、改（扩）建幼儿园17所。以中部第二的成绩创成第三批国家公共文化服务体系示范区，中国数字铜博物馆、智慧图书馆建成运行。明代“铁骨御史”左光斗纪念馆开馆，首批30个“铜都书巢”上演图书“漂流记”。

和谐社会全民共治。深入推进文明创建，入选“中国好人榜”9人，荣获国家卫生城市“三连冠”。安全生产形势总体平稳，事故起数、死亡人数分别下降20.5%、7%。食品药品安全监管扎实有效，非洲猪瘟疫情防控有力。圆满完成中华人民共和国成立70周年大庆安保维稳任务。推进“四重”信访问题攻坚，81件信访积案得到有效化解。“扫黑除恶”专项斗争取得重大战果，摧毁涉黑涉恶犯罪团伙13个，打出气势声威，打出朗朗晴空。开展守护平安“雷霆”“利剑”行动，铜都铁骑“飒爽”上线，公安“50条”反响强烈，人民群众安全感进一步增强。全国双拥模范城创建取得积极进展，成功重新命名“铜陵舰”。社会科学、文学艺术、供销、地方志、地震、气象、人防等工作取得新成绩，外事、侨务、对台、港澳、民族宗教、妇女儿童、残疾人、红十字等事业实现新进步。

第八节　安庆市2019年经济社会发展报告

2019年，在市委、市政府的坚强领导下，全市上下坚持以习近平新时代中国特色社会主义思想为指导，深入贯彻党的十九大和十九届二中、三中、四中全会精神，坚持稳中求进工作总基调，认真落实新发展理念，稳步推动高质量发展，扎实做好“六稳”工作，深化重点领域改革，全面推进工业化、城市化、区域化进程，保持全市经济、社会平稳健康发展，持续释放发展活力。

年末，全市户籍人口528.58万人，比上年增加0.14万人。常住人口472.3万人，比上年增加3.2万人；城镇化率为49.98%，比上年提高0.76个百分点。人口出生率为11.54‰；死亡率为5.30‰；自然增长率为6.24‰。

一、安庆市2019年经济发展

全年地区生产总值(GDP)2380.5亿元，按可比价格计算，比上年同比增长7%。其中，第一产业增加值216.1亿元，同比增长2.7%；第二产业增加值1069.7亿元，同比增长8.0%；第三产业增加值1094.8亿元，同比增长6.8%。第二、第三产业对地区生产总值增长的贡献率分别为56%和40%，第二产业比上年提高7.1个百分点。地区生产总值中，三次产业比例为9.1：44.9：46.0。人均生产总值为50574元。

全年粮食种植面积34.4万公顷。其中，稻谷种植面积24.0万公顷，小麦种植面积4.7万公顷。棉

花种植面积2.4万公顷,油料种植面积11.4万公顷,蔬菜种植面积6.0万公顷。

全年粮食总产量194.6万吨,产量下降0.4%。其中,稻谷154.3万吨,下降7.1%;小麦18.1万吨,增长2.5%;全年油料产量26.8万吨,增长8.1%;棉花产量2.3万吨,下降37.3%;蔬菜产量143.9万吨,增长4.3%。

表50 2019年安庆市主要农产品产量

产品名称	单位	绝对值	比上年增长(%)
粮 食	吨	1945963	−0.4
棉 花	吨	22839	−37.3
油 料	吨	268024	8.1
生 麻	吨	30	50.0
中草药材	吨	13802	44.6
蔬 菜	吨	1439031	4.3
瓜果类	吨	49714	27.1
茶 叶	吨	13949	6.6
水 果	吨	104621	43.2

全年肉类总产量30.3万吨,比上年下降2.9%,其中猪羊牛肉产量17.4万吨,下降16.1%。禽蛋产量19.4万吨,增加24.9%。水产品产量30.6万吨,增长3.4%。

全市农业机械总动力337.7万千瓦,比上年增长3.2%;农用拖拉机9.8万台,下降1.2%。全年化肥施用量(折纯)18.6万吨,下降4.7%。农村用电量145226万千瓦小时,下降1.9%。

年末,全市规模以上工业企业数1758户,比上年净增10户。全年规模以上工业实现增加值增长6.9%。其中,国有及国有控股企业增加值下降1.8%;集体企业下降37.0%;股份制企业增长6.4%;外商及港澳台投资企业增长10.3%。分门类看,采矿业下降15.4%,制造业增长7.6%,电力、热力、燃气及水生产和供应业增长3.1%。

规模以上工业中,37个工业大类行业有30个行业的增加值保持增长。计算机、通信和其他电子设备制造业增长57.5%,黑色金属矿采选业下降46.7%,有色金属冶炼和压延加工业增长33.0%,汽车制造业增长8.3%,通用设备制造业下降3.0%,黑色金属冶炼和压延加工业增长43.3%,纺织服装、服饰业增长7.8%,化学原料和化学制品制造业增长6.3%,非金属矿物制品业增长13.8%,电气机械和器材制造业增长21.3%,电力、热力生产和供应业增长2.8%,农副食品加工业增长6.1%。三大工业主导产业增加值增长4.6%,其中装备制造业增长12.6%,纺织服装业增长9.6%,石油化工业下降1.1%。战略性新兴产业产值增长10.9%。高新技术产业增加值增长18.5%。

规模以上工业统计的主要产品产量中,发电量减少2.4%,汽油、柴油、液化石油气分别减少7.6%、1.0%、14.0%,水泥增长14.0%,大米增长11.4%,印染布增长24.0%,电力电缆增长27.6%。

表51 2019年安庆市规模以上工业企业主要产品产量

产品名称	单位	绝对值	比上年增长(%)
纱	万吨	23.4	27.0
印染布	万米	9214.2	24.0
针织服装	百万件	109.8	3.0

续表

产品名称	单位	绝对值	比上年增长(%)
白　酒	千升	13386.9	6.7
发电量	亿千瓦小时	161.4	−2.4
家　具	万件	107.9	37.7
汽　油	万吨	249.1	−7.6
柴　油	万吨	181.6	−1.0
电力电缆	万米	2709.5	27.6
水　泥	万吨	888.4	14.0
塑料制品	万吨	110.2	18.8
合成洗涤剂	万吨	2.6	0.9

全社会实现建筑业增加值209.8亿元(按现行价格计算),同比增长12.5%。

全年接待海外游客30.16万人次,同比增长8.2%;接待国内游客7723.9万人次,增长11.9%;旅游总收入818.4亿元,增长15.9%。其中,旅游外汇收入19137.31万美元,增长9%;国内旅游收入805.2亿元,增长15.9%。

全年公路运输客运量为3521万人次,同比下降8.31%;完成旅客周转量为29.77亿人公里,同比下降7.48%。完成公路货运量15179万吨,同比上涨4.83%;完成货物周转量为227.46亿吨公里,同比上涨5.33%。全年水路共完成旅客运输2万人次;旅客周转量27万人公里;货运量3619万吨,同比下降0.14%;货物周转量243.2亿吨公里,同比增长3.17%。安庆港2019年完成货物吞吐量2511.16万吨,同比减少16%。全市民航机场旅客吞吐量59.29万人次,同比增长24.14%。

表52　2019年安庆市各种运输方式运输量及增速

指标	单位	绝对数	同比增长(%)
公路旅客运输量	万人	3521	−8.31
公路旅客运输周转量	亿人公里	29.77	−7.48
货物运输量	万吨	—	—
其中:公路		15179	4.83
水运		3619	−0.14
货物运输周转量	亿吨公里	—	—
其中:公路		227.46	5.33
水运		243.2	3.17

年末,全市高速公路达405公里,一级公路达243公里。

全年邮电业务总量58.1亿元,增长20.1%。其中,邮政业务总量33.1亿元,增长39.8%;电信业务总量25.1亿元,增长1.2%。年末本地固定电话用户38.3万户;移动电话用户400.2万户;互联网宽带接入用户125.9万户。

年末民用汽车57.8万辆,增长8.2%;民用轿车49.1万辆,增长5.6%。

全市金融机构本外币存款年末余额为3377.1亿元,比上年末增加218.2亿元,增长6.9%。其中,住户存款余额2181.3亿元,增长12.1%。全市金融机构本外币贷款年末余额为2237.5亿元,比上年末增加266.1亿元,增长13.5%。

全年全市实现保费收入100.2亿元,同比增长16.4%。其中财产保险30.27亿元,同比增长9.7%;人寿保险69.9亿元,同比增长19.5%。行业累计支付赔(给)付款24.9亿元,同比增长3%,其中财险业赔付17.7亿元,同比增长31.6%;寿险业给付7.04亿元,同比下降33.7%。

全年全社会固定资产投资同比增长11.0%。全年第一产业投资比上年下降22.9%;第二产业投资增长11.0%,其中工业投资增长11.3%,技改投资增长18.3%,制造业投资增长12.9%;第三产业投资增长13.6%。

全年房地产开发投资228.47亿元,同比增长21.4%。全年商品房销售面积392.18万平方米,同比下降23.1%;销售额264.86亿元,同比下降17.3%。房屋施工面积2131.96万平方米,同比增长6.5%;房屋竣工面积200.87万平方米,同比下降15.8%。

重点项目建设扎实推进。全年计划总投资5000万元及以上项目1139个,同比增长5.7%。安庆高新区山口片综合开发PPP项目、引江济淮工程安庆段项目、秦潭湖环境综合治理工程等一批重大项目加速推进。

全年社会消费品零售总额900.1亿元,增长10.5%。分城乡看,全年城镇消费品零售额713.3亿元,增长10.2%;乡村消费品零售额186.8亿元,增长11.3%。分行业看,批发零售业零售额798.1亿元,增长10.4%;住宿餐饮业零售额102.0亿元,增长11.0%。

从限额以上单位商品零售类别看,粮油、食品类增长10%;饮料类、烟酒类分别增长7.7%、8%;服装、鞋帽、针纺织品类下降6.0%;日用品类增长2.8%;家用电器和音像器材类增长7.8%;文化办公用品类增长52.3%;建筑及装潢材料类、家具类、通讯器材类、汽车类分别增长7.9%、16.3%、15.9%和3.7%。

全年居民消费价格比上年上涨2.9%。其中,食品烟酒类价格上涨7.6%;衣着类价格上涨2.6%;居住类价格上涨0.8%;生活用品及服务类价格上涨2.1%;交通和通信类价格下跌2.2%;教育文化和娱乐类价格上涨1.6%;医疗保健类价格上涨0.6%;其他用品和服务类价格上涨2.1%。全年商品零售价格上涨2.3%。

工业生产者出厂价格比上年上涨0.4%。其中,生产资料价格同比下跌0.5%;生活资料价格同比上涨2.4%。

表53 2019年安庆市各类价格指数

类别	指数(上年=100)
居民消费价格指数	102.9
其中:食品烟酒	107.6
衣着	102.6
居住	100.8
生活用品及服务	102.1
交通和通信	97.8
教育文化和娱乐	101.6
医疗保健	100.6
其他用品和服务	102.1
工业生产者出厂价格指数	100.4
其中:生产资料	99.5
生活资料	102.4

全年进出口总额16.6亿美元，比上年增长14.7%。其中，出口12.4亿美元，增长16.7%；进口4.2亿美元，增长9.1%。在出口中，机电产品、高新技术产品出口额占全部出口的23.9%。

表54　2019年安庆市出口主要地区分布

指标	绝对值(亿美元)	比上年增长(%)
出口总额	12.4	16.7
其中：机电产品	2.6	4.7
其中：高新技术产品	0.4	46.4
其中：一般贸易	10.9	20.0
加工贸易	1.5	−3.1
其中：对亚洲	5.9	25.0
对欧洲	2.6	10.0
北美洲	1.9	1.7
对非洲	0.5	6.3
对拉丁美洲	1.0	23.5
对大洋洲	0.2	−1.8

全年利用实际外资31000万美元，增长21.6%；新增项目17个，合同外资20865万美元。

当年外派劳务人员120人，下降13.0%。

全年全市财政一般预算收入为321.5亿元，比上年增收12.5亿元，增长4.1%。地方财政一般预算收入137.0亿元，增长2.9%。全年地方财政一般预算支出463.5亿元，增长10.3%。其中，一般公共服务支出增长6.2%，文教科卫事业费支出增长10.5%，交通运输支出增长9.8%，城乡社区事务支出增长8.8%，社会保障补助和就业支出增长14.2%。

二、安庆市2019年社会发展

年末，全市有普通高校5所，当年招生17964人，在校学生47289人，毕业生12223人。其中，硕士研究生当年招生246人，在校生611人，毕业生171人。各类中等职业教育(含技工学校)当年招生1.15万人，在校生3.2442万人，毕业生1.58万人。普通高中招生2.9万人，在校生8.7万人，毕业生3.2万人。初中招生4.55万人，在校生13.55万人，毕业生4.52万人。普通小学招生4.35万人，在校生26.07万人，毕业生4.48万人。初中阶段适龄人口入学率为100%，小学学龄儿童入学率为100%。

表55　2019年安庆市各类教育招生和毕业生情况

指标	单位	招生数	毕业生数
普通高等学校	人	17964	12223
硕士研究生	人	246	171
各类中等职业学校(不含技工学校)	万人	0.94	1.24
普通中学	万人	7.45	7.72
高中	万人	2.90	3.20
初中	万人	4.55	4.52

全年获省级科技项目76项,市级科技项目20项。全年认定高新技术企业108家。全年受理专利申请量8605件,专利授权量3171件,已实施的专利授权量2167件。全年签订各类技术合同212项,技术合同成交金额48028万元。

全市共有县以上产品质量检验机构103个,其中系统内12个,国家检测中心2个。完成产品认证的企业3785家。法定计量技术机构8个,强制检定计量器具20.84万台件,报省级修订地方标准数4项。

年末,全市共有艺术表演团体152个,文化馆11个,文化站148个,公共图书馆12个,博物馆17个。全市广播电视台8座,中短波转播发射台1座,调频电视转播发射台10座。全市有线电视用户91.2万户,其中数字电视用户74.7万户,全市广播电视农村直播卫星用户32.9万户。年末,广播综合人口覆盖率为99.8%,电视综合人口覆盖率为99.8%。全年出版报纸4种,总印数2192.7万份;期刊(杂志)4种,总印数3.5万册。年末,全市共有各级档案馆11个,馆藏档案资料15.1万册,库馆总建筑面积43614平方米。

年末,全市共有卫生机构(含诊所、卫生室)2074个。其中,医院、卫生院215个,卫生防疫机构9个,妇幼保健院(所、站)9个。医院、卫生院床位21378张。全市卫生人员数30442人,其中卫生技术人员23657人,执业医师和执业助理医师9414人,注册护士9993人。乡村卫生院130个,乡村医生和卫生员2930人。全市农村有医疗点的村占总村数的比重达100%。

全年安庆市运动健儿在国际和国内的重大比赛中,共获得金牌1枚,银牌5枚,铜牌6枚。全年运动健将发展数1人,一级运动员发展数12人,二级动员发展数163人,发展社会体育指导员1335人。全民健身运动蓬勃发展,全年共举办百人以上的体育健身活动246次,参加体育健身活动人数19.6万人。

全年城镇新增就业8.48万人,比预期目标多4.08万人。全年有1.12万人实现了再就业。年末城镇人口登记失业率为2.32%。

全年城镇常住居民人均可支配收入34041元,比上年增长9.2%,扣除价格因素,实际增长6.1%;城镇常住居民人均消费性支出19278元,增长9.0%,其中食品支出增长3.4%,交通与通讯支出增长6.5%,衣着支出增长8.5%,娱乐教育文化支出增长7.2%。城镇居民恩格尔系数为32.8%,比上年下降1.8个百分点。

全年农村常住居民人均可支配收入14347元,比上年增长10.5%。农村常住居民人均生活消费13778元,增长13.2%,其中食品支出增长7.5%,交通和通讯支出增长10.9%。农村居民恩格尔系数为33.0%。

年末,全市参加城镇职工基本养老保险人数为62.9万人,比去年增加2.7万人,其中参保职工43.6万人;参保的离退休人员19.3万人;参加城乡居民社会养老保险人数为286.8万人,其中领取养老金人数76.8万人;参加失业保险的人数为27.1万人,领取失业保险金人数为0.6万人;参加城镇职工基本医疗保险人数为45.5万人,比上年增加0.5万人,其中参保职工29.9万人,参保的离退休人员15.6万人;参加城镇居民基本医疗保险人数52.9万人,领取待遇6.3万人次;参加工伤保险人数38.7万人,领取待遇0.3万人次;参加生育保险人数29.1万人,领取待遇0.78万人次。年末,全市享受城市居民最低生活保障的人数为2.33万人,享受农村最低生活保障的人数为13.6万人。

年末,全市有各类收养性单位213个,拥有床位数43646张,收养各类人员8147人。其中,农村五保供养服务机构158个,拥有床位数26019张,收养6257人。全市建立各类社区服务设施298个,其中社区服务中心45个,社区服务站253个。全年销售社会福利彩票4.97亿元,筹集社会福利资金1.36亿元。

当年全市审批的建设项目环保投资总额为21.2亿元。年末,全市省、市、县环境监测站8个。全年环境检测站检测到的县(市)、区中,空气质量达二级以上的天数为274天。全市已建成自然保护区7个,其中国家级2个、省级3个、市级2个。

全市发生火灾事故362起,造成直接经济损失1991.4万元;发生适用一般程序处理的交通事故1314起,死亡202人,造成直接经济损失778.3万元。

三、安庆市2019年重点工作

（一）强化经济运行调度，保持平稳健康发展

积极应对复杂多变的外部环境和经济下行压力，完善分管市长勤调度、书记市长月调度、市委常委扩大会季调度机制，坚持目标导向，加强综合研判，实施闭环管理。认真落实减税降费政策，充分激发市场活力，全年减税降费33亿元，新增各类市场主体5万多户、“四上企业”379家。不断深化“双四”行动，服务企业发展、推进项目建设、着重稳定投资，计走访企业1300多家、调度项目1590个、解决问题230多件，清理拖欠民营企业账款3.3亿元、清欠率达75%。

（二）加快产业结构调整，培育新的发展动能

加快发展新兴产业，战略性新兴产业产值占规模以上工业比重提高了5个百分点，桐城医用检查检验仪器及服务入选省重大新兴产业专项，潜山源潭荣获“中国刷业之都”称号，太湖功能膜、怀宁和岳西汽车零部件等入选省级县域特色产业集群，安庆48号电商园、望江童装城等成为省级现代服务业集聚区。着力培育高新企业，新认定高新技术企业106家，高新技术产业增加值增长18%以上，市高新区成为国家化工新材料高新技术产业化基地，环新、华茂、申洲等一批智能化改造项目建成投产，红爱服饰、汇通汽车成为国家第一批专精特新“小巨人”企业。积极提升开放水平，汽车整车进口口岸通过验收，综合保税区获批在即。深入推进招商引资，坚持领导带头，再造业务流程，提高招商实效，新签约亿元以上项目383个、到位资金275亿元，其中首位产业项目231个，实际利用外资3.1亿美元、增长20%，日本爱信变速箱壳体、荷兰IGM光固化材料等一批项目落户，华璟超细线路板、中建材高效单晶电池等一批项目建成投产。

（三）加强城乡工作统筹，促进区域协调发展

着力提升中心城市能级，滨江CBD及滨江大道启动建设，高铁新站区站房及站前广场挂网招标，长风港疏港铁路专用线开工建设，高新区山口片“一桥一路、一片一点”全面推进，中兴大道高架、天柱山机场新航站楼建设进展顺利，菱湖南路、振风大道等改（扩）建完成，中山大道东段、水产路等建成通车，人民路以南历史文化街区L型街投入运营，秦潭湖、神灵潭、免锣巷公园等建成开放，城区黑臭水体整治任务完成，污水主管网基本贯通，安庆一中龙山校区如期招生，市一院龙山院区、中医院北院区建成运营，新增公共停车位1万个，安庆港集装箱吞吐量增长24.4%。扎实推进乡村振兴战略，新增1家国家级、6家省级产业化龙头企业和21家省级示范合作社、28家家庭农场，培育新型职业农民5066人，农产品电商交易额增长12.5%，新（改）建国省干线公路400公里，建设“四好农村路”3400公里，治理中小河流12条、加固改建大中型涵闸泵站5座、除险加固小水库26座，新建美丽乡村中心村128个，改造农村危房4188户、农户厕所5.1万户，城乡环卫一体化全面实施，太湖梅河、岳西黄尾、潜山茶庄入选第一批全国乡村旅游重点村。

（四）深化重点领域改革，持续释放发展活力

深化“放管服”改革，大力推进“互联网＋政务服务”，政务服务事项实现“应进全进”“一网通办”“最多跑一次”，企业开办时间从3个工作日压缩至1个，工程建设项目审批时间从240个工作日压缩至100个以内；深化职业教育改革，出台市职教集团“1＋7”改革方案，职业院校招生规模增长54%；深化医药卫生体制改革，推行乡村医生“县管乡用、乡聘村用”管理机制，推进潜山、太湖、宿松紧密型医共体和岳西等3个智医助理试点县建设，完成9个乡镇二级医院创建任务，贫困村卫生室标准化建设达标率达100%；深化农村综合改革，实施1083个村“三变”改革和924个村集体产权制度改革，土地使用权流转

率达55%;深化土地管理制度改革,处理闲置和低效用地7200亩,土地增减挂钩结余指标交易34亿元;深化开发园区体制机制改革,深入实施园区"十个一"工程,制订并落实《安庆市实施长江三角洲区域一体化发展规划纲要行动方案》,大力推动12个省级以上开发区与沪苏浙地区开展合作共建。

(五)聚力三大攻坚战役,推动取得积极进展

深入推进精准脱贫,中央脱贫攻坚专项巡视反馈问题整改全部完成,整合各类财政资金22.3亿元投入产业扶贫、基础设施和公共服务,"两不愁三保障一安全"突出问题有效解决,完成4.5万名贫困人口脱贫、21个贫困村出列,潜山、宿松顺利摘帽。深入推进污染防治,全力推进"六大工程"建设,扎实开展"三大一强"专项行动,中央、省环保督察和长江经济带警示片反馈问题整改全部达到序时要求,空气质量综合指数全省第四,地表水国控考核断面达到考核要求,城区标准化屠宰厂建成,静脉产业园一期和皖能垃圾焚烧发电二期投用,全市35蒸吨以下工业燃煤锅炉得到全面取缔,河(湖)长制不断推深做实,林长制改革走在全省全国前列,桐城抽水蓄能电站宣布开工,潜山成为国家生态文明建设示范县,岳西获评全国"绿水青山就是金山银山"实践创新基地,安庆入选绿色发展示范城市。深入推进风险防范,建立健全风险排查化解机制,完善"1+8+3"应急处置体系,把防范化解金融风险摆在突出位置,金融机构不良贷款率下降明显,安庆入选全国社会信用体系建设示范城市。

(六)紧扣群众重大关切,扎实保障改善民生

扎实做好就业工作,细化技能培训、援企稳岗、就业帮扶措施,建立"企业用工周转池"制度,新建12个农民工返乡创业园,新增城镇就业6.9万人,失业人员再就业率达79%。大力发展教体事业,推进基层教育优质公平发展,全市新改扩建幼儿园33所,适龄幼儿毛入园率达92%,妥善解决64所农村学校"一师一生"问题,成功举办省第三届全民体育休闲大会暨市第五届全民健身运动会,新建社会足球场40个,全市已建成的公共文化场馆全部免费开放。努力提高保障水平,完成棚户区改造320万平方米、老旧小区改造202万平方米,建成保障性住房1.6万套,全市基本养老保险参保率达95%,统一并提高了城乡医保和大病保险待遇,提高了城乡低保、特困人员保障标准,退役军人服务保障体系基本建立。牢牢守住安全底线,圆满完成中华人民共和国70周年大庆的信访维稳安保工作,深入推进全国社会治安综合治理优秀市创建,扎实开展"扫黑除恶"专项斗争,全面加强食品药品监管,应急管理资源和应急救援力量完成整合,"8828"石化老管廊带安全拆除,安庆高新区化工园区实现封闭化管理,全市安全事故起数和死亡人数分别下降7.6%和16.1%,非洲猪瘟疫情有效防控。奋力夺取抗旱救灾胜利,面对历史少见的严重旱情,建立起"抗救保"工作机制,保障群众生活用水安全,完成300万亩秋种任务,最大限度地降低灾害损失。

(七)全面加强自身建设,提升政府治理能力

坚持把学习习近平新时代中国特色社会主义思想作为首要政治任务,扎实开展"不忘初心、牢记使命"主题教育,增强"四个意识",坚定"四个自信",做到"两个维护"。完成新一轮政府机构改革,机构设置和职能配置更加优化。扎实推进"七五"普法,行政机关负责人出庭应诉制度有效落实,全面推行"双随机、一公开"监管,政务公开更加规范。自觉接受人大法律监督和政协民主监督,市人大代表议案建议、市政协委员提案办复率均为100%。加强财政资金使用监管,健全审计整改长效机制。落实管党治党要求,加强党风廉政建设,严格执行中央八项规定精神,扎实开展"三个以案"警示教育,大力整治形式主义、官僚主义,干部作风、政务环境进一步好转。完成第四次经济普查任务。率先在全省开展基层武装工作规范化建设,国防动员和后备力量建设进入全省第一方阵。妇女、儿童、老年人、残疾人权益得到保障,民族宗教、外事侨务、国家安全、人防、地震、气象、涉台、保密、档案、地方志、红十字、关心下一代等工作都取得了新的进展。

第九节　黄山市 2019 年经济社会发展报告

2019 年是全面建成小康社会、实现第一个百年奋斗目标的关键之年。面对复杂严峻的外部环境和经济下行压力，全市上下在省委、省政府和市委的坚强领导下，坚持以习近平新时代中国特色社会主义思想为指导，全面贯彻落实党的十九大和十九届二中、三中、四中全会精神，坚持稳中求进工作总基调，坚持以新发展理念为引领，按照高质量发展要求，深入推进供给侧结构性改革，全面做好“六稳”工作，大力实施五大发展行动计划，全力以赴稳增长、促改革、调结构、惠民生、防风险、保稳定，保持了经济持续健康发展和社会大局稳定。全市生产总值增长 7.5%，财政收入增长 5.5%，固定资产投资增长 9%，社会消费品零售总额增长 11%左右，外贸进出口总额增长 15%左右，城镇和农村常住居民人均可支配收入分别增长 8.7%、9.5%，较好地完成了市七届人大二次会议确定的目标任务，打牢了全面建成小康社会的坚实基础。

2019 年，全市户籍人口 148.92 万人，比上年末增加 0.34 万人；户籍人口城镇化率为 35.76%，比上年末提高 1.38 个百分点。常住人口 142.1 万人，增加 1.4 万人；常住人口城镇化率为 52.49%，提高 1.03 百分点。全年人口出生率为 11.03‰，比上年下降 0.76 个千分点；死亡率为 6.29‰，下降 0.10 个千分点；自然增长率为 4.74‰，下降 0.66 千分点。

表 56　2019 年末黄山市常住人口及构成

指标	年末数(万人)	比重(%)
年末常住人口	142.1	
其中:城镇	74.6	52.49
乡村	67.5	47.51
其中:0—14 岁	20.3	14.31
15—59 岁	89.3	62.83
60 周岁及以上	32.5	22.86
其中:65 周岁及以上	21.8	15.36

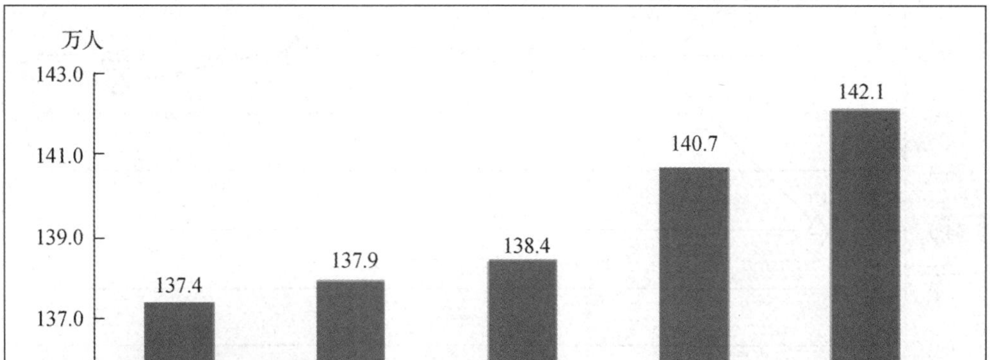

图 27　2015—2019 年末黄山市常住人口

一、黄山市2019年经济发展

全年实现地区生产总值(GDP)818.0亿元,按可比价格计算,比上年增长7.7%。分产业看,第一产业增加值61.8亿元,增长3.0%;第二产业增加值283.3亿元,增长10.0%;第三产业增加值472.9亿元,增长6.9%。人均GDP为57853元(折合8386美元),比上年增加4906元。

三次产业结构由上年的7.7∶34.1∶58.2调整为7.6∶34.6∶57.8,其中工业增加值占GDP比重为23.4%,比上年降低0.5个百分点。三次产业对经济增长的贡献率分别为3.4%、48.7%和47.9%,其中工业对经济增长的贡献率为29.2%。

全年农林牧渔业增加值63.2亿元,比上年增长3.0%。

全年农作物总播种面积97.34千公顷,比上年增加1.36千公顷。粮食作物播种面积50.69千公顷,与上年基本持平;经济作物播种面积46.65千公顷,增加1.39千公顷。经济作物中,油菜籽种植面积20.99千公顷、增加0.83千公顷,蔬菜种植面积16.11千公顷、增加1.21千公顷。

全年粮食产量29.15万吨,比上年略降0.4%。油菜籽3.3万吨,增长5.7%。蔬菜28.0万吨,增长4.9%。园林水果4.2万吨,增长5.6%。年末,全市生猪存栏27.1万头,比上年下降7.2%;生猪出栏49.1万头,下降7.4%。羊存栏1.74万只,增长10.7%;羊出栏1.5万只,增长9.9%。家禽出栏525.1万只,增长3.9%。肉类总产量5.3万吨,下降6.1%。禽蛋产量2.3万吨,增长21.9%。蚕茧2042吨,下降18.0%。淡水产品产量1.37万吨,下降3.0%。

年末,全市农业机械总动力82.5万千瓦,比上年略降0.2%。机耕作业面积67.41千公顷,机播作业面积19.89千公顷,机收作业面积51.86千公顷。全年农用化肥施用量(折纯)3.3万吨,下降5.0%;农药使用量2545吨,下降5.1%。农村用电量3.25亿千瓦时,增长8.1%。耕地有效灌溉面积58.06千公顷,新增节水灌溉面积1.71千公顷。

年末,全市规模以上农产品加工企业179家,全年农产品加工产值下降1.8%。市级以上龙头企业193家,其中国家级、省级龙头企业41家。年末,各类特色产业基地243万亩(其中茶园面积达80万亩)。已建成高效生态茶园32万亩,茶叶产量3.88万吨,一产产值36.51亿元,分别增长3.8%和6.5%。

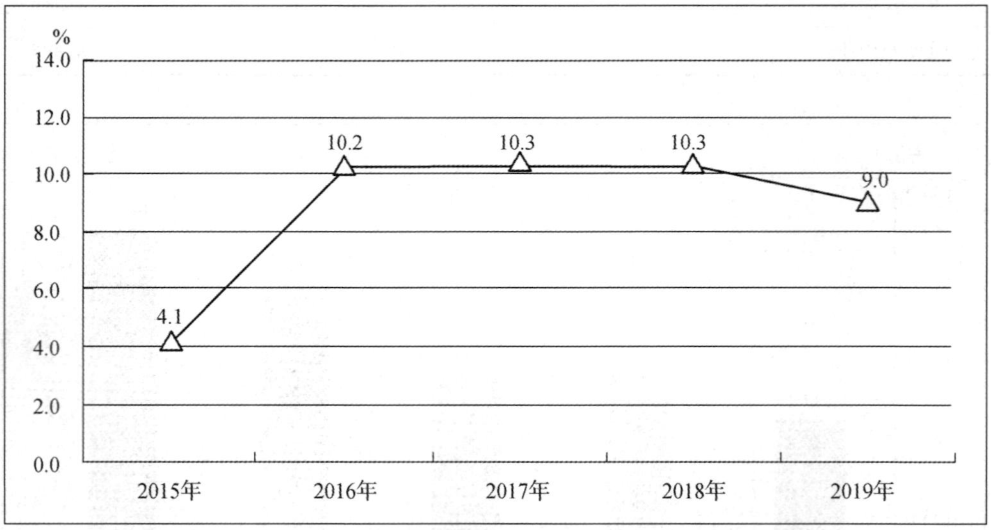

图28　2015—2019年黄山市规模以上工业增加值速度

全年全部工业增加值191.1亿元,比上年增长8.2%。年末,全市规模以上工业企业548户,比上年减少6户。规模以上工业增加值增长9.0%。分经济类型看,国有企业增长10.2%,集体企业增长18.3%,股份合作企业增长3.6%,股份制企业增长9.3%,外商及港澳台商投资企业增长14.6%,其他经济类型企业下降26.6%。

规模以上工业中，全市34个工业大类行业有21个增加值保持增长。其中，有色金属冶炼和压延加工业增长91.3%，计算机通信和其他电子设备制造业增长36.4%，印刷和记录媒介复制业增长33.1%，纺织业增长23.9%，化学原料和化学制品制造业增长13.6%，金属制品业增长11.4%，非金属矿物制品业增长4.8%。

绿色食品、绿色软包装、汽车电子、精细化工等四大主导产业实现产值占全部规模以上工业的51.2%，同比增长11.0%，拉动全市工业增长5.5个百分点。战略性新兴产业产值增长15.8%，占规模以上工业比重达42.9%。全市规模以上高新技术产业产值比上年增长12.5%，增加值增长13.9%。

规模以上工业统计的主要产品产量中，罐头增长10.5%，精制茶增长7.7%，丝织品下降16.0%，服装下降28.1%，涂料、初级形态塑料分别增长14.6%和24.1%，塑料制品增长15.1%，水泥增长2.7%，铜材下降10.5%，金属切削机床下降11.8%，阀门增长90.8%。

全市规模以上工业企业累计完成营业收入473.5亿元，比上年增长4.1%；实现利润22.4亿元，增长16.0%。34个工业大类行业有32个实现盈利，其中21个行业利润增长。化学原料和化学制品制造业、印刷和记录媒介复制业、酒饮料和精制茶制造业、计算机通信和其他电子设备制造业、非金属矿物制品业、通用设备制造业等6个利润超亿元的行业，合计实现利润15.0亿元，增长12.2%，利润额占全部规模以上工业的67.1%。全年规模以上工业企业每百元营业收入中的成本为84.92元，比上年下降0.85元；营业收入利润率为4.72%，提高0.48个百分点。

全年建筑业增加值92.4亿元，比上年增长15.1%。年末具有资质等级的总承包和专业承包建筑业企业78家，比上年增加7家。资质内建筑企业完成总产值86.53亿元，增长26.2%。全年房屋建筑施工面积607.7万平方米，比上年增加63.1万平方米；房屋竣工面积269.17万平方米，增加39.15万平方米。

全年批发和零售业增加值87.0亿元，比上年增长6.3%；交通运输、仓储和邮政业增加值38.4亿元，增长5.8%；住宿和餐饮业增加值27.9亿元，增长5.8%；金融业增加值47.5亿元，增长7.8%；房地产业增加值73.8亿元，增长4.0%；其他营利性服务业增加值86.6亿元，增长13.0%；其他非营利性服务业增加值110.1亿元，增长3.7%。

全年各类运输方式完成货运总量5796.6万吨，比上年增长4.8%。其中，公路5787万吨，增长4.7%；水运0万吨，下降100%；铁路9.40万吨，增长41.9%；民航货邮吞吐量0.20万吨，下降11.0%。完成旅客运输总量3629.3万人，比上年增长7.4%。其中，公路2972万人，增长3.6%；水运111万人，下降11.2%；铁路（含高铁）459.38万人，增长47.6%；民航旅客吞吐量86.96万人，增长14.2%。年末，全市公路线路里程7364公里，其中高速公路353公里。

表57　2019年黄山市各种运输方式完成货物运输量和旅客运输量

指标	单位	绝对数	比上年增长(%)	指标	单位	绝对数	比上年增长(%)
货物运输量	万吨	5796.6	4.8	旅客运输量	万人	3629.3	7.4
铁　路	万吨	9.40	41.9	铁路(含高铁)	万人	459.38	47.6
公　路	万吨	5787	4.7	公 路	万人	2972	3.6
水　运	万吨	0	−100.0	水 运	万人	111	−11.2
民　航	万吨	0.20	−11.0	民 航	万人	86.96	14.2

年末，全市民用汽车拥有量21.48万辆，比上年增长6.5%，其中私人汽车19.27万辆，增长8.5%。民用轿车拥有量13.10万辆，增长8.6%，其中私人轿车12.44万辆，增长8.6%。

全年接待海内外旅游者 7402.21 万人次,比上年增长 14.1%。其中,接待国内游客 7115.27 万人次,增长 14.3%;接待入境旅游者 286.94 万人次,增长 9.2%。在入境旅游者中,外国人 163.72 万人次,增长 2.8%;港澳台同胞 123.22 万人次,增长 19.1%。旅游总收入 659.45 亿元,增长 15.1%。其中,旅游外汇收入 9.30 亿美元,增长 10.5%;国内旅游收入 595.19 亿元,增长 15.1%。年末全市有 A 级及以上旅游景点(区)48 家 53 处,其中 5A 级景区 3 家 8 处;星级饭店 33 家,其中四星级及以上饭店 24 家;旅行社 212 家。

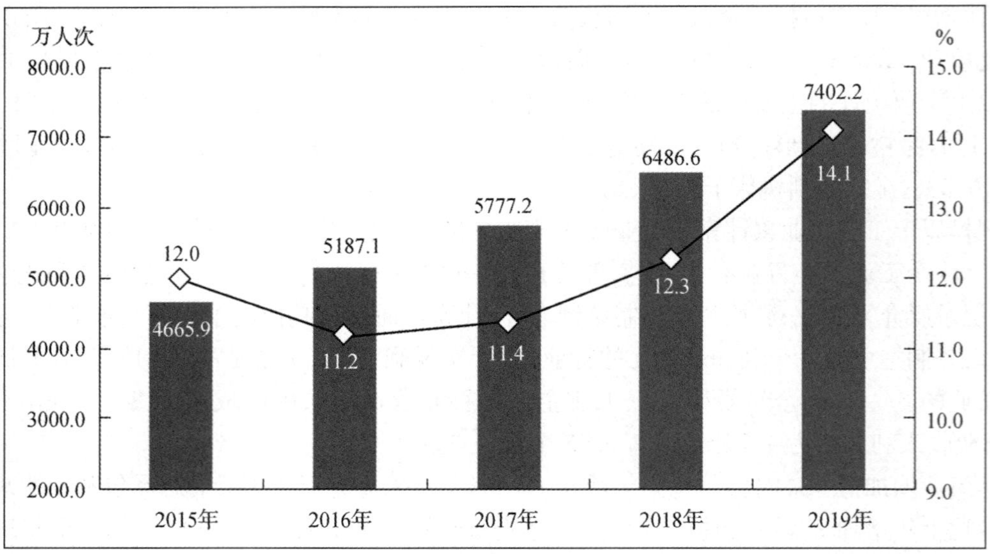

图 29　2015—2019 年黄山市旅游接待量及其增速

全年邮政业务总量 9.34 亿元,增长 28.6%。快递业务量 2621 万件,快递业务收入 2.97 亿元,比上年分别增长 13.2%和 19.1%。全年电信业务总量 72.23 亿元,比上年增长 74.9%。年末本地固定电话用户 18.58 万户,比上年末减少 2.92 万户;移动电话用户 144.86 万户,比上年末增加 6.32 万户,其中 4G 移动电话用户 109.93 万户,增加 8.97 万户。年末基础电信运营企业计算机互联网宽带接入用户 52.26 万户,增加 7.13 万户。

全年固定资产投资比上年增长 9.3%,其中工业技术改造投资下降 6.7%,基础设施投资增长 8.8%,民间投资增长 8.4%。分产业看,第一产业投资下降 17.7%,第二产业投资下降 3.9%,第三产业投资增长 13.5%。分行业看,工业投资下降 2.9%,其中制造业投资增长 3.7%。

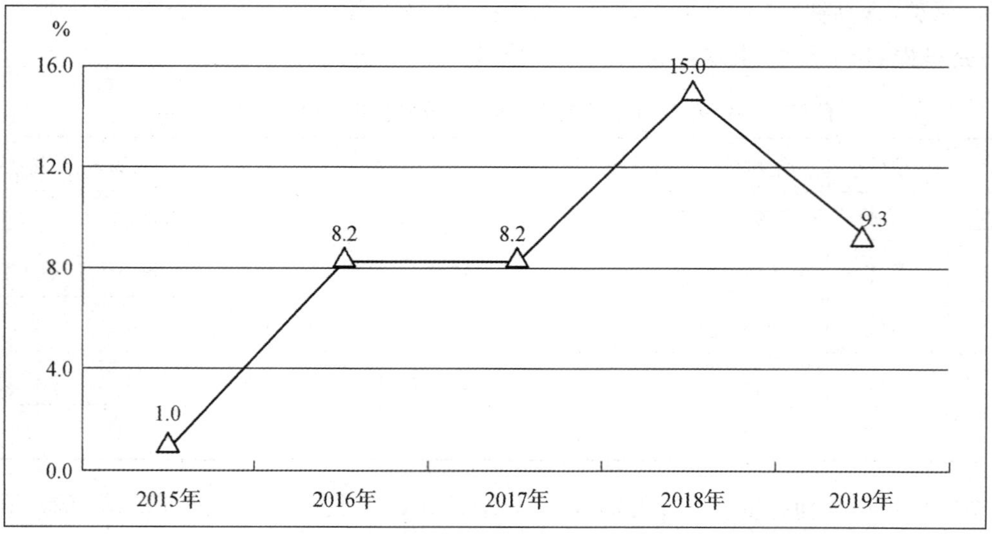

图 30　2015—2019 年黄山市固定资产投资速度

表 58　2019 年黄山市分行业固定资产投资增速

行业	比上年增长(%)
农、林、牧、渔业	−17.7
采矿业	−39.3
制造业	3.7
电力、热力、燃气及水生产和供应业	−19.8
建筑业	−100.0
批发和零售业	19.0
交通运输、仓储和邮政业	14.6
住宿和餐饮业	59.4
信息传输、软件和信息技术服务业	20.5
金融业	全增
房地产业	8.6
租赁和商务服务业	71.8
科学研究和技术服务业	69.6
水利、环境和公共设施管理业	7.1
居民服务、修理和其他服务业	−18.2
教育	27.1
卫生和社会工作	1.8
文化、体育和娱乐业	22.5
公共管理、社会保障和社会组织	−26.4

全年房地产开发投资 161.1 亿元，比上年增长 6.6%，其中住宅 105.2 亿元，增长 0.7%。商品房销售面积 195.15 万平方米，下降 8.3%，其中住宅 166.30 万平方米，下降 8.9%。商品房销售额 130.7 亿元，增长 1.8%，其中住宅 111.1 亿元，下降 1.6%。年末商品房待售面积 101.81 万平方米，增长 6.7%，其中住宅 47.72 万平方米，增长 16.5%。

245 个省级重点项目完成投资 230 亿元，366 个市级重点项目完成投资 350 亿元。池黄高铁、黄山电器新型功率器件迁建工程、歙县智能制造产业园等 130 个项目开工建设，年产 1.5 亿平方米 PVC 彩膜、浦溪河综合治理、昌仁医养综合体等 90 个项目建成投产或投入运营。屯溪国际机场迁建、市域旅游铁路等一批重大项目前期工作取得积极进展，全市新增谋划重大项目 167 个、总投资 794 亿元。

全年社会消费品零售总额 419.0 亿元，比上年增长 11.0%。按经营地统计，城镇消费品零售额 349.5 亿元，增长 10.9%；乡村消费品零售额 69.6 亿元，增长 11.7%。按消费类型统计，商品零售额 333.8 亿元，增长 10.9%；餐饮收入额 85.3 亿元，增长 11.3%。按单位规模统计，限额以上单位零售额 113.0 亿元，增长 10.8%；限额以下单位零售额 306.1 亿元，增长 10.9%。全市纳入统计的 34 家开展网络零售业务的限额以上批发零售企业实现网上零售额 5.75 亿元，增长 2.4%。

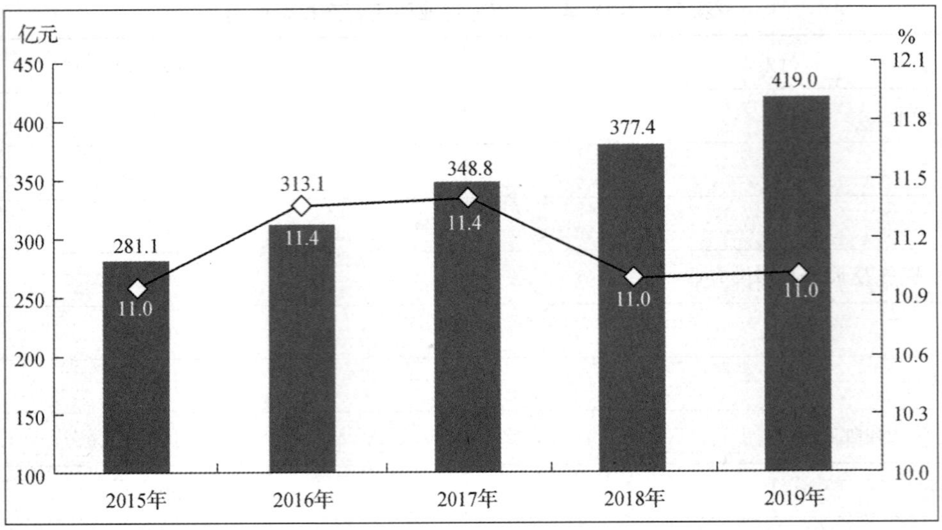

图31　2015—2019年黄山市社会消费品零售总额及其增速

限额以上企业商品零售额中，吃、穿、用类商品零售额分别比上年增长9.9%、1.2%和11.1%。其中，粮油食品类增长10.0%，服装鞋帽针纺织品类增长1.2%，饮料类增长8.9%，家用电器和音像器材类下降1.1%，中西药品类增长7.1%，家具类下降23.4%，汽车类增长8.0%，石油及制品类增长20.0%。

全年居民消费价格(CPI)比上年上涨2.7%，其中食品烟酒价格上涨7.4%。商品零售价格上涨2.2%。工业生产者出厂价格下降0.9%，工业生产者购进价格下降3.4%。

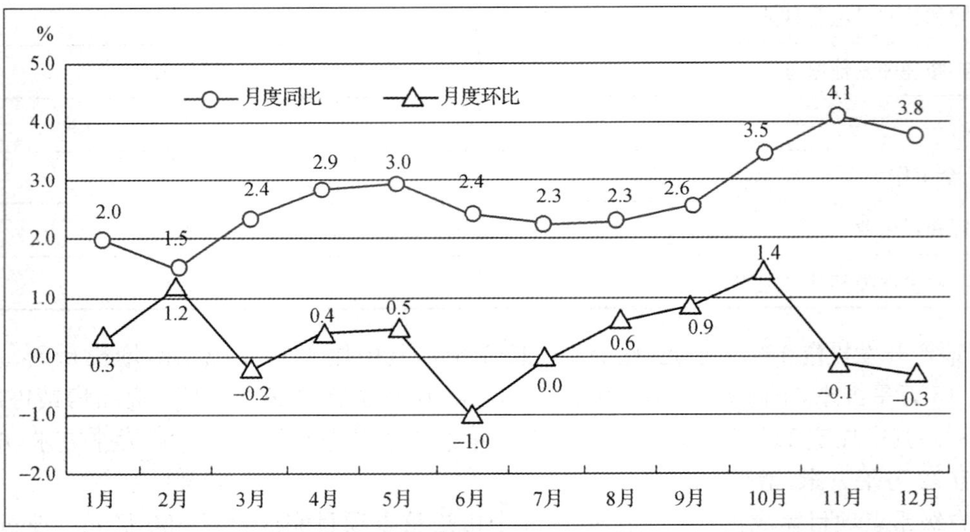

图32　2019年黄山市居民消费价格月度涨跌幅度

表59　2019年黄山市居民消费价格比上年涨跌幅度

类别	涨跌幅度(%)
居民消费价格总指数	2.7
其中:食品烟酒	7.4
衣着	2.3
居住	1.0
生活用品及服务	0.4
交通和通信	-2.8

续表

类别	涨跌幅度(%)
教育文化和娱乐	1.6
医疗保健	0.8
其他用品和服务	4.8

全年进出口总额 11.58 亿美元，比上年增长 21.7%。其中，出口 9.89 亿美元，增长 29.1%；进口 1.69 亿美元，下降 8.8%。从贸易方式看，一般贸易进出口 11.01 亿美元，增长 22.4%；进料加工贸易 0.56 亿美元，增长 9.8%。

表 60　2019 年黄山市出口主要分类及地区分布

指标	绝对数(万美元)	比上年增长(%)
出口额	98930	29.1
其中：化工产品	22841	7.9
机电产品	16665	59.0
纺织服装	6678	8.4
农产品	25242	3.6
其中：对亚洲	42224	45.5
对非洲	21969	8.9
对欧洲	15787	22.1
对拉丁美洲	5277	23.8
对北美洲	12214	32.3
对大洋洲	1451	43.4

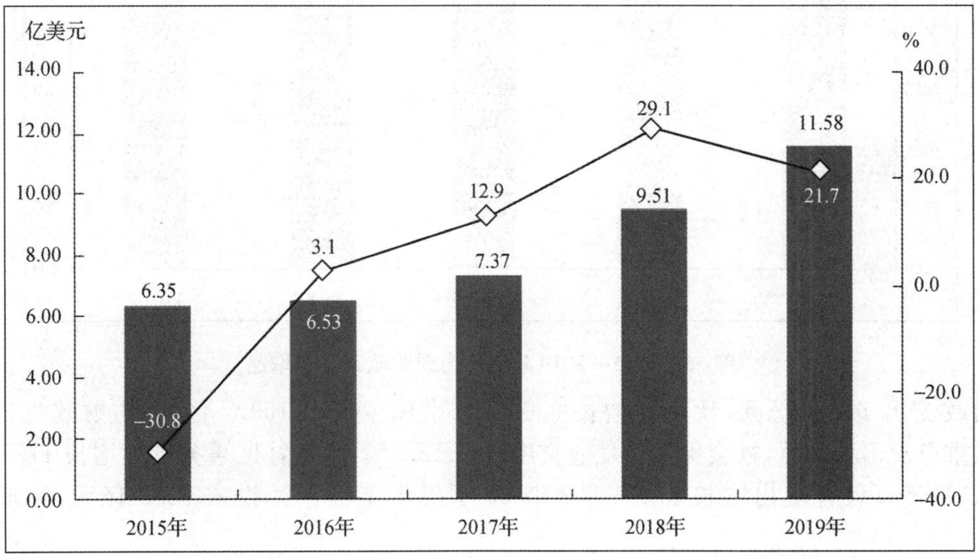

图 33　2015—2019 年黄山市进出口总额及其增速

与中国中铁、首农集团、携程集团、北京第二外国语学院等签订战略合作协议，中茶集团、华润集团、海通恒信等 5 家中外 500 强企业入驻黄山，市域旅游铁路、中建材二期等重大项目成功签约，中国银联

(黄山园区)成功落地。全年新签内资项目520个,其中亿元以上项目142个;协议投资额766.3亿元,实际到位资金280.3亿元,增长15.8%。全年新批外商投资项目11个,实际利用外商直接投资2.14亿美元,增长7.0%。

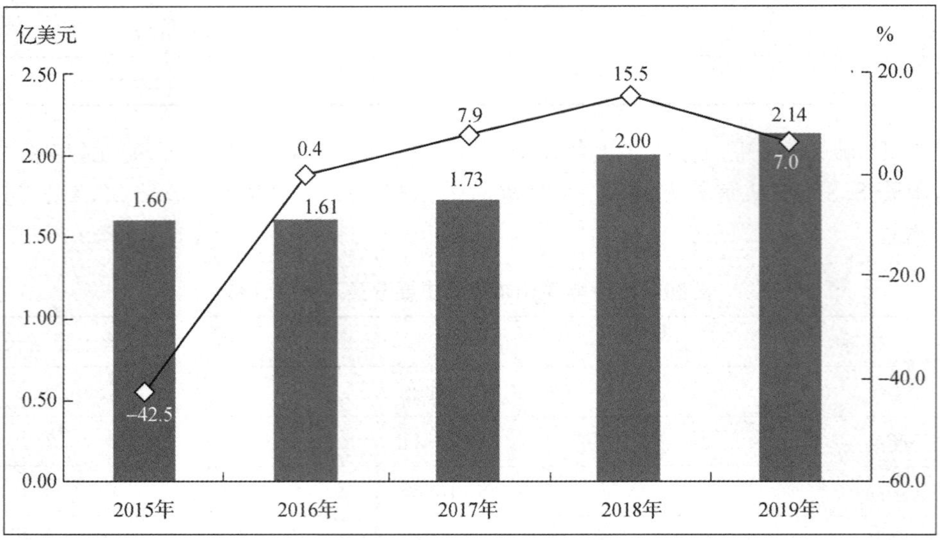

图34 2015—2019年黄山市外商直接投资及其增速

全年财政收入120.1亿元,比上年增长5.5%,其中地方财政收入81.1亿元,增长4.4%。全部财政收入中,税收收入79.0亿元,增长3.5%,其中增值税、企业所得税分别增长5.8%和13.1%,个人所得税下降29.2%。税收收入占全部财政收入的比重为65.8%,同比回落1.2个百分点。

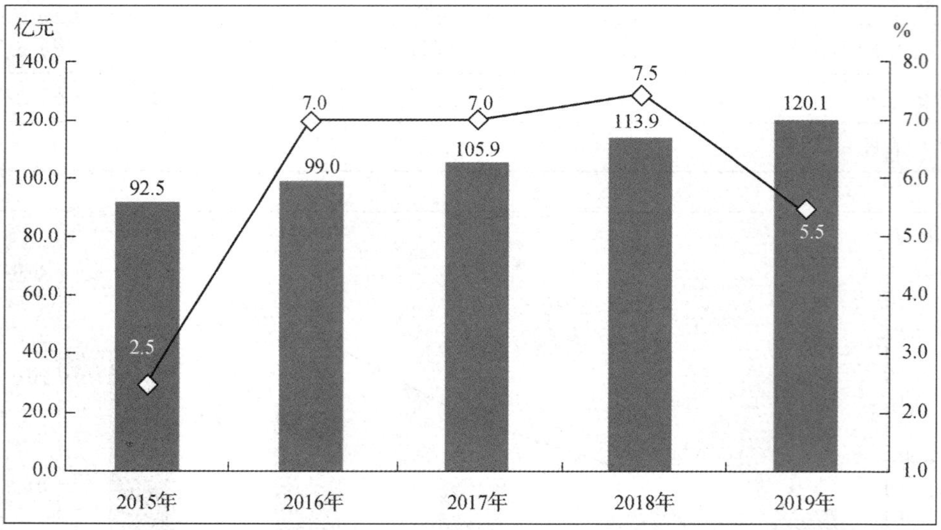

图35 2015—2019年黄山市财政收入及其增速

全年财政支出196.7亿元,比上年增长6.0%,其中民生支出159.7亿元,占财政支出的比重为81.2%。从重点支出项目看,社会保障与就业支出增长12.4%,城乡社区事务支出增长17.5%,科学技术支出增长4.5%,教育支出增长8.0%。全市33项民生工程累计投入65.5亿元,完成年度计划的132%。

年末,全市金融机构人民币各项存款余额1339.45亿元,比上年末增长5.7%。其中,住户存款余额833.34亿元,增长12.9%。年末金融机构人民币各项贷款余额952.45亿元,增长14.9%。其中,短期贷款334.78亿元,增长12.4%;中长期贷款581.41亿元,增长14.5%。

表 61　2019 年末黄山市金融机构人民币存贷款余额及其新增额

指标	年末数(亿元)	比年初增减(亿元)
各项存款余额	1339.45	72.38
其中:住户	833.34	94.71
非金融企业	277.97	−19.44
广义政府	224.37	4.73
各项贷款余额	952.45	116.95
其中:住户	427.12	55.95
非金融企业及机关团体	525.32	61.01
其中:境内短期	334.78	35.52
境内中长期	581.41	68.88

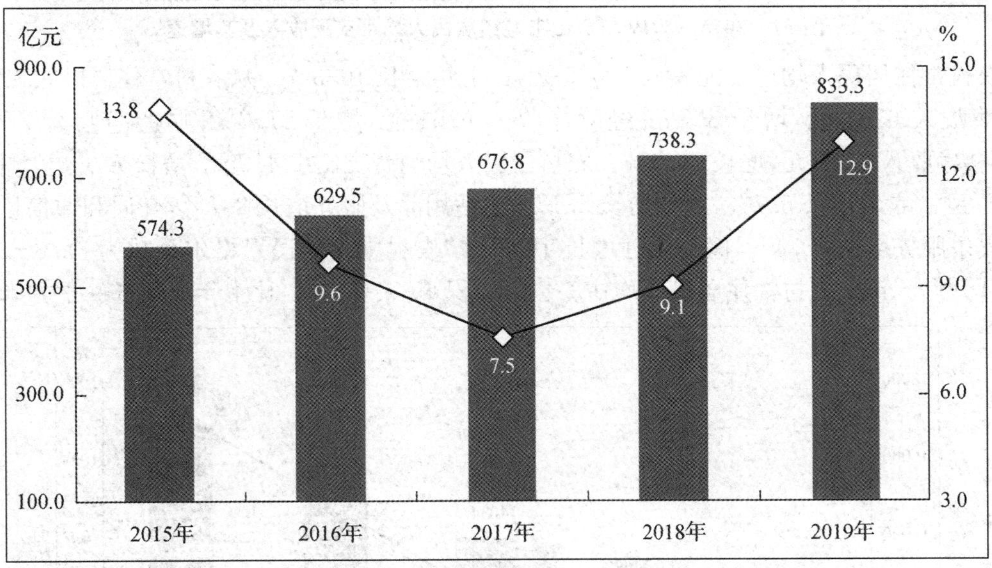

图 36　2015—2019 年末黄山市住户存款余额及其增速

年末银行业金融机构不良贷款余额 24.96 亿元,比年初增加 1.33 亿元;不良贷款率为 2.63%,比年初下降 0.23 个百分点。

全年保险业保费收入 30.48 亿元,比上年增长 7.4%。其中,财产险业务保费收入 10.84 亿元,增长 1.8%;人身险业务保费收入 19.64 亿元,增长 10.7%。赔款和给付 10.33 亿元,下降 7.1%。其中,财产险业务赔款支出 6.29 亿元,增长 14.9%;人身险业务赔款和给付支出 4.04 亿元,下降 28.4%。

二、黄山市 2019 年社会发展

全年全市常住居民人均可支配收入 26148 元,比上年增长 9.8%。城镇常住居民人均可支配收入 36658 元,比上年增长 9.3%。从城镇居民收入结构来看,人均工资性收入 20865 元,增长 9.1%;经营净收入 6362 元,增长 11.1%;财产净收入 2700 元,增长 17.9%;转移净收入 6731 元,增长 5.0%。城镇常住居民人均消费支出 21011 元,增长 9.2%,其中食品烟酒支出增长 6.4%,衣着增长 6.6%,居住增长 8.6%,生活用品及服务增长 11.0%,交通和通信增长 14.1%,教育文化娱乐服务增长 13.5%,医疗保健增长 11.0%。城镇常住居民恩格尔系数为 31.4%,比上年下降 0.9 个百分点。年末城镇常住居民人均住房建筑面积 49.8 平方米,比上年增加 0.5 平方米。

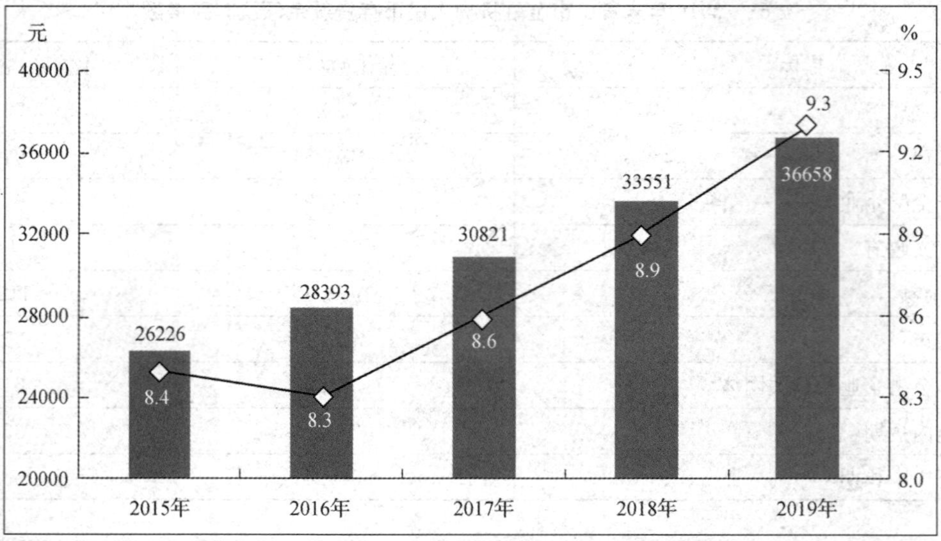

图 37　2015—2019 年黄山市城镇居民人均可支配收入及其增速

全年农村常住居民人均可支配收入 16970 元，比上年增长 10.3%。从农村常住居民收入结构来看，人均工资性收入 6561 元，增长 8.7%；经营净收入 6764 元，增长 11.2%；财产净收入 276 元，增长 15.7%；转移净收入 3369 元，增长 11.1%。农村居民人均消费支出 13412 元，增长 7.6%，其中食品烟酒支出增长 8.8%，衣着增长 6.7%，居住增长 5.1%，生活用品及服务增长 2.7%，交通和通信增长 0.1%，教育文化娱乐服务增长 20.4%，医疗保健增长 16.2%。农村常住居民恩格尔系数为 32.8%，比上年上升 0.4 个百分点。年末农村常住居民人均住房建筑面积 69.4 平方米，比上年增加 3.9 平方米。

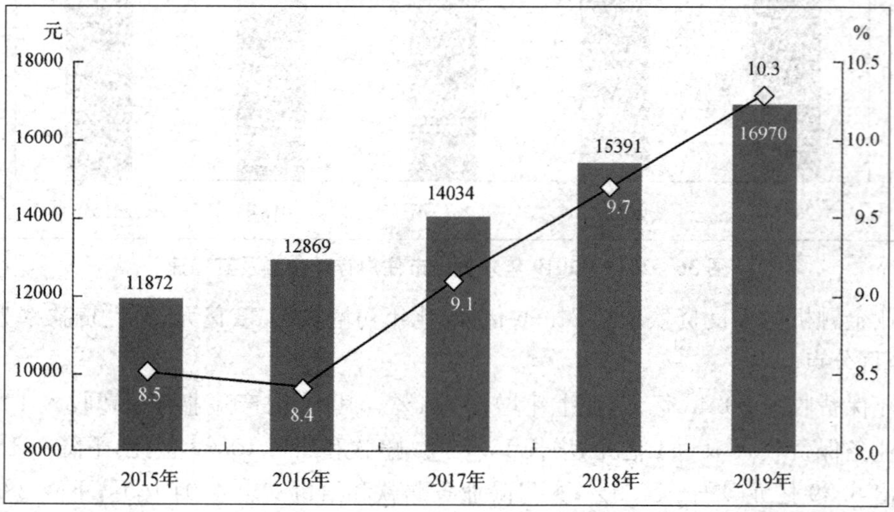

图 38　2015—2019 年黄山市农村居民人均可支配收入及其增速

年末，全市参加城镇职工养老保险人数为 21.81 万人。参加城乡居民基本养老保险人数为 77.41 万人。参加失业保险人数为 11.77 万人，全年为 2944 名失业人员发放了不同期限的失业保险金。参加工伤保险人数为 13.88 万人，其中参加工伤保险的农民工 3.79 万人。参加生育保险人数为 13.63 万人。参加基本医疗保险人数为 144.38 万人，其中参加职工基本医疗保险人数 22.68 万人，参加城乡居民基本医疗保险人数 121.70 万人。

年末，全市有各类提供住宿的社会服务机构 40 个，增加 14 个；床位数 3860 张，增长 38.0%；收养各类人员 1339 人，增长 77.8%。不提供住宿的社会服务机构 809 个，其中社区服务中心 367 个，社区服务站 85 个。年末 0.93 万名城镇居民得到政府最低生活保障，发放最低生活保障金 5385 万元；3.23 万名农村居民得到政府最低生活保障，发放最低生活保障金 14645 万元；农村居民得到政府五保救济 7718 人，农村低保覆盖率达 3.30%。全年销售社会福利彩票 16097 万元，筹集社会福利资金 1764 万元。

年末，全市有普通高校 2 所，普通本专科在校生 22604 人。高考文理本科达线率为 63.6%。各类中等职业教育(不含技工学校)15 所，在校生 16413 人。普通高中 20 所，在校生 19550 人，高中阶段毛入学率为 107.96%。普通初中 94 所，在校生 35372 人，初中阶段适龄人口入学率为 100%。小学 131 所，在校生 71646 人，小学学龄儿童入学率为 100%。幼儿园 199 所，在校生 37844 人，学前三年毛入园率为 107.33%。特殊教育学校 2 所，在校生 139 人。

表 62　2019 年黄山市各级各类教育发展情况

指标	招生数(人)	在校生数(人)	毕业生数(人)
普通本专科	6427	22604	6289
中等职业教育	5755	16413	4722
普通高中	6544	19550	6586
初中阶段	11970	35372	11975
小学	12552	71646	11954

年末拥有高新技术企业 137 家，其中当年新认定 21 家。拥有省民营科技企业 298 家，新认定 12 户。签订技术合同 62 项，技术合同成交额 3867 万元。取得各类科技成果 182 项，其中黄山市向荣新材料有限公司、黄山华惠科技有限公司、安徽省屯溪高压阀门有限公司分别获得安徽省科技进步三等奖。

全年共申请专利 1857 件，授予专利权 1187 件。其中，发明专利申请 537 件，授权 94 件。企业专利申请 1268 件，授权 902 件。截至年底，拥有有效发明专利 883 件，每万人口发明专利拥有量 6.3 件。

年末拥有国家地理标志产品 13 个；完成强制性产品认证的企业 17 个；法定计量技术机构 6 个(不含授权检定机构)，强制检定计量器具 1.68 万台(件)，新制定、修订地方标准 4 项。

年末，全市拥有文化馆 8 个，公共图书馆 11 个，博物馆 52 个(含民办博物馆 33 个)，乡镇综合文化站 101 个。全国重点文物保护单位 49 处，省级重点文物保护单位 117 处。国家级非物质文化遗产名录 21 项，省级名录 63 项。广播电台 5 座，中、短波发射台和转播台 6 座，广播节目综合人口覆盖率为 99.40%。电视台 5 座，有线电视用户 28.6 万户，电视节目综合人口覆盖率为 99.45%。

全市公共文化场馆免费开放服务 394 万人次，完成“送戏进万村”演出 805 场，更新农家书屋出版物 4.26 万册，放映农村公益电影 8480 场、观众逾 90 万人次。成功举办第四届中国非物质文化遗产传统技艺大展和第十六届皖浙赣闽四省四市民间艺术节。黄梅戏《远去的差距》、歌曲《徽州味》入选省“五个一工程奖”，徽剧《三停杯》被评为全省优秀现代小戏。徽州文化生态保护实验区获批国家级文化生态保护区，歙县、黟县获评中国地名文化遗产“千年古县”。

年末，全市有医疗卫生机构 1102 个，其中医院 33 个、基层医疗卫生机构 1038 个、专业公共卫生机构 27 个、其他卫生机构 4 个。基层医疗卫生机构中，乡镇卫生院 101 个，社区卫生服务中心(站)31 个，村卫生室 668 个；专业公共卫生机构中，疾病预防控制中心 8 个，专科疾病防治院(所、站)1 个，妇幼保健院(所、站)7 个，卫生监督所(中心)8 个。年末卫生技术人员 9659 人，其中执业医师和执业助理医师 3663 人，注册护士 4370 人。乡村医生和卫生员 521 人。医疗卫生机构床位 8858 张，其中医院、卫生院床位 8524 张。全年医疗卫生机构共诊疗 666.83 万人次。

年末，全市拥有体育场地 25 个，其中体育场 9 个、体育馆 6 座、运动场(田径场)10 个。广泛组织开展全民健身活动，全年举办各级各类全民健身项目 299 项次，参与健身群众人数达 38 万人次。在市级以上竞赛中，我市运动健儿共夺得金牌 18 枚、银牌 21 枚、铜牌 32 枚。成功举办全国竞走大奖赛暨世锦赛 50 公里选拔赛、中国黄山(黟县)国际山地车公开赛、黄山·歙县新安江山水画廊国际马拉松赛、第四届黄山论剑·国际武术大赛等20余项国内外颇具影响的品牌赛事活动。全年电脑体育彩票销售额达2.17亿元。

全年空气质量平均优良天数比例为95.9%,达到国家二级标准。全市可吸入颗粒物(PM10)年均浓度39微克/立方米,细颗粒物(PM2.5)平均浓度24微克/立方米。已建成自然保护区69个,其中国家级2个,省级7个。当年造林面积6972公顷,其中人工造林面积906公顷,封山育林面积6066公顷。年末森林面积802.6千公顷,森林覆盖率为82.9%,活立木总蓄积量4490万立方米。

全市地表水总体水质状况优良,其中新安江流域河流总体水质状况优,8个监测断面水质均达到Ⅱ类;长江流域河流总体水质优,7个监测断面水质为Ⅰ—Ⅲ类。太平湖水质优,水质类别为Ⅰ类;丰乐湖水质优,水质类别为Ⅱ类;奇墅湖水质良,水质类别为Ⅲ类。全市城镇集中式饮用水源地全年水质达标率为100%。城区环境噪声昼间平均等效声级53.0分贝,城区道路交通噪声昼间平均等效声级为64.3分贝。

全年发生生产安全事故29起,比上年减少3起;死亡30人,减少1人。发生道路交通事故603起,死亡90人,造成直接经济损失172万元。发生火灾事故478起,死亡1人,造成直接经济损失444万元。

三、黄山市2019年重点工作

(一)深入落实"六稳"工作要求,经济保持平稳增长

认真落实党中央、国务院实施更大规模减税降费措施的决策部署,全面落实省、市促进经济高质量发展政策措施,严格执行市级领导联系重点企业、重点项目制度,加强经济运行监测和重点工作调度,精准实施"四送一服"双千工程,扎实开展"三比一增"专项行动,全力创优"四最"营商环境。全年安排扶持实体经济资金6.55亿元,减税降费额达13.8亿元,落实银企对接资金184.5亿元,解决企业过桥贷款40亿元,新型政银担业务贷款余额50亿元;年末,全市人民币贷款余额950亿元、增长14.68%,新增贷款121亿元。严格落实重点项目"四督四保"和"五项机制"要求,制订出台"五未"土地处置专项行动实施方案,国家重大水利工程月潭水库即将蓄水,市铁路枢纽总体规划成功获批,昌景黄高铁和芜黄、黄千、德上高速有序推进,池黄高铁开工建设,杭临绩(黄)、黄(衢)金高铁和屯溪国际机场迁建前期工作扎实推进,新安江流域生态保护和绿色发展项目获亚行批准,东远新材料、国药健康等一批产业类项目建成投产,全市重点项目完成投资350亿元,争取各类上级补助资金和转移支付资金89亿元、地方专项债额度22.8亿元。

(二)着力推进转型升级,产业发展步伐加快

深入实施乡村振兴战略,大力发展精致农业,预计全年农业增加值增长3%;茶叶一产产值36.5亿元、增长6.5%,茶叶自营出口创汇超2亿美元,分别占全省、全国的80%、10%,9家茶企入选中国茶企百强;农产品网络零售额18亿元、增长25%;新增家庭农场168家、农业产业化联合体10家;休宁县跻身国家农业绿色发展先行区,黄山区太平猴魁中国特色农产品优势区获批。深入实施新型工业化"5542"行动计划,预计规上工业增加值增长8.5%,工业入库税收增长13.9%,战新产业产值增长16%,高新产业增加值增长12.8%。新增国家高新技术企业23家。昌辉汽车电器(黄山)股份公司获评国家级绿色工厂,黄山精工凹印获评工信部专精特新"小巨人"企业,富田精工成为2019世界制造业大会唯一获得"双奖"的参展企业。全市开发区工业增加值增长16%、税收增长18%,黄山高新技术产业开发区入选省级高新区,在2018年度全省126家省级以上开发区综合考核评价中居第15位。黄山现代服务业产业园核心区完成投资10.4亿元、增长4%;全市服务业增加值增长7%左右,新增省级服务业集聚区(示范园区)3家。深入推进皖南国际文化旅游示范区建设,大力实施旅游品质革命,全面加快黄山东部开发,承办第十二届安徽国际文化旅游节,举办第一届互联网与中国摄影旅游大会,全年游客接待量7400万人次、旅游总收入660亿元,分别增长14%和15%,其中入境游客286万人次、增长9%,过夜登

记游客突破1000万人。黟县获批首批国家全域旅游示范区，黄山风景区位居“2019中国最受欢迎景区”百强榜首位，黄山旅游集团蝉联中国旅游集团20强。

（三）全面深化改革扩大开放，发展活力显著增强

全面完成政府机构改革任务。持续深化“放管服”改革，大力推进工程建设项目审批制度改革，推出59个“办好一件事”集成套餐式服务，实现670项个人事项“全程网办”、39项法人事项和7项个人事项长三角地区“一网通办”，“皖事通”黄山分站上线服务事项190个，在全省率先实现市本级不动产登记“全自助申请、全自动办理”。持续深化商事制度改革，实现企业开办“一日办结”，新增市场主体2.1万户、增长16.42%。稳步推进医药卫生体制改革，县域医共体实现全覆盖。持续深化农村综合改革，累计703个村(社区)完成集体产权制度改革、603个村开展“三变”改革，市、县、乡三级农村产权交易市场全面建成。5家市属企业公司制改革成效初显，交投集团挂牌运营。全年新增“新三板”挂牌企业2家、省股权托管交易中心科创板和专精特新板挂牌企业58家。依法严厉打击非法集资和“套路贷”等违法犯罪活动，多措并举化解政府债务。深化与“一带一路”沿线国家和地区合作，与日本东京都千代田区、波兰耶莱尼亚古拉市建立友好交流城市关系，黄山风景区与美国阿迪朗达克、波兰克尔科诺谢山、南非桌山、肯尼亚山4个国家公园建立友好景区关系；我市作为国内唯一受邀的地市参加“中国驻美大使馆开放日”活动，成功举办黄山旅游联合国总部推介会。黄山口岸出入境10.25万人次，进境水果口岸通过国家海关验收并正式运营。组团参加第二届中国国际进口博览会、世界制造业大会。与中国中铁、首农集团、携程集团、北京第二外国语学院等签订战略合作协议，中茶集团、华润集团、海通恒信等5家中外500强企业入驻黄山，市域旅游铁路、中建材二期等重大项目成功签约，中国银联(黄山园区)成功落地，全年新签内资项目480个，其中亿元以上项目142个；实际到位内资280亿元，增长15.8%；外商直接投资2.2亿美元，增长6%。

（四）持续优化人居环境，城乡面貌明显提升

深入开展全国文明城市、国家卫生城市等“六城联创”，积极推进全国“城市双修”试点和“两治三改”三年行动。全面加快中心城区“一环三片”建设，黎阳桥建成通车，八一桥竣工验收，23条道路完成改造提升，6个公共停车场建成使用；新改建排水管渠67公里、污水管网166公里，改造提升绿地四十五万平方米；加快打造三江口核心商圈，“徽州坊”一期、滨江西路改造有序推进。全市完成棚改4339套、老旧小区整治101个；实施既有住宅加装电梯试点。启动生活垃圾分类管理试点工作，中心城区餐厨垃圾处置项目、城市管网安全运行监测信息系统建成运行。区县城改造提质提速，屯溪区、徽州区、歙县三地主干线公交实现互联互通。加快推进首批12个市级特色小镇建设，全面启动第二批市级特色小镇建设，完成投资超50亿元，新增省级特色小镇4个，宏村艺术小镇、齐云旅游小镇、西溪南创意小镇入选中国特色小镇50强。实施“百千工程”，推进农村人居环境整治、农村“三大革命”和“五清一改”，完成农村改厕2.4万户，“四好农村路”扩面延伸339公里，呈灵潜旅游公路入选“2019全国美丽乡村路”，创建省级美丽乡村示范村52个、重点示范村19个，完成210个自然村整治，美丽乡村建设继续走在全省前列。

（五）切实加强生态环境保护，绿色成为发展最亮底色

省政府专门出台《关于进一步推深做实新安江流域生态补偿机制的实施意见》，作出了实施“十大工程”的重大部署。严格落实河湖长制，制定出台《关于全面推广新安江流域生态补偿机制试点经验的实施意见》，“生态美超市”在全省推广，全市新增“生态美超市”30家。突出抓好新安江和太平湖、阊江流域水环境综合治理，规划建设新安江生态文明实践中心，成功举办第四届中国流域水质目标精细化管理暨新安江生态补偿实践研讨会。启动国家生态文明建设示范市创建，全力打好蓝天保卫战、碧水攻坚战、净土持久战，抓好中央环保督察及“回头看”反馈问题、省生态环保督察交办信访件整改，深入实施“三大一强”专项攻坚行动，深化禁新建、减存量、关污源、进园区、建新绿、纳统管、强机制七项举措。加快国家

低碳试点城市建设。黄山区浦溪河(城区段)综合治理项目获2019年“亚洲都市景观奖”。农村生活垃圾治理PPP项目全域运行,农村污水治理PPP项目加快推进,农药集中配送体系实现乡镇全覆盖。经过全市上下共同努力,高质量完成新安江水质保护任务,连续8年优于考核要求。推深做实林长制改革,深入开展松材线虫病治理专项行动,累计执法4200余人次,全力打好黄山松保卫战。

(六)强化共建共治共享,社会大局和谐稳定

精心组织实施33项民生工程,完成投资65.5亿元,占年计划的132%。居民人均储蓄存款余额约6万元,继续位居全省前列。城镇新增就业2.49万人。城镇企业职工养老保险、工伤保险、失业保险参保人数分别达21.69万人、13.69万人、11.74万人,城乡居民养老保险参保77.45万人,城乡居民基本医保整合全面完成。企业退休人员退休费人均月增133.41元,城市特困人员救助供养和农村特困人员集中供养、分散供养补助标准分别提高17.3%、9%、11%。发放城乡医疗救助资金5673万元、困难残疾人生活补贴1329万元、重度残疾人护理补贴1123万元、高龄津贴2865万元。启动社会救助和保障标准与物价上涨挂钩联动机制,全市42万人次受益。农民工工资支付保障工作连续两年获省政府通报表扬。治理地质灾害隐患点41处,262户947人消除地质灾害威胁。认真抓好省脱贫攻坚考核反馈问题和“两不愁三保障”及饮水安全突出问题整改,中央和省委巡视反馈问题全部整改到位;扎实推进“十大工程”,整合帮扶资金12亿元,完成项目建设693个,贫困地区生产生活条件持续改善。新增院士工作站1家、省级博士后工作站2家。我市选手在第四十五届世界技能大赛上勇夺建筑石雕项目金牌,实现我省在世界技能大赛上金牌零的突破。积极推进城镇小区配套幼儿园治理,全市新改扩建幼儿园9所,义务教育巩固率达100%,普通高中和职业院校办学条件进一步改善。徽州文化生态保护实验区获批国家级文化生态保护区,成功举办第四届中国非物质文化遗产传统技艺大展和第十六届皖浙赣闽四省四市民间艺术节;实施徽州古建筑保护利用工程项目159个,新增全国重点文物保护单位18处、中国传统村落179个,歙县、黟县获评中国地名文化遗产“千年古县”。黄山元素精彩亮相中华人民共和国成立70周年庆祝大会。推进健康黄山建设,在市人民医院开展改善医疗服务“两个一”试点,基本公共卫生服务项目“两卡制”实现全覆盖。在全省率先实现血吸虫病消除工作全面达标。城乡养老服务“三级中心”加快建设。我市运动健儿在全国第二届青年运动会、全国第十届残疾人运动会、省第三届健身休闲大会上取得佳绩。纵深推进“扫黑除恶”专项斗争,深入实施“铸安”行动,强化食品药品安全监管,加强矛盾纠纷排查调处,社会大局保持稳定,黟县入选全国乡村治理体系建设试点单位,宏村派出所荣获全国首批“枫桥式公安派出所”称号。军民融合深度发展,国防动员、国防教育、军事设施保护、后备力量建设、双拥工作和退役军人事务管理、人民防空工作持续加强。哲学社会科学、新闻出版、广播电视、文学艺术、档案方志、统计等工作继续加强,民族宗教、外事侨务、台湾事务、妇女儿童、老龄、残疾人、红十字事业实现新发展,气象、地震、防灾减灾、应急管理等工作取得新进步。

(七)扎实开展“不忘初心、牢记使命”主题教育,自身建设不断加强

全面加强政府系统党的建设,聚焦“十二字”总要求和“五句话”目标,把学习教育、调查研究、检视问题、整改落实贯穿主题教育全过程,深入开展“严强转”专项行动、“三个以案”警示教育,持续深化“三查三问”,全面加强意识形态工作,增强“四个意识”、坚定“四个自信”、做到“两个维护”。启动法治政府建设示范创建,制定实施《黄山市餐厨垃圾管理办法》《黄山市林长制规定》,黟县旅游市场管理行政执法体制改革作为单项示范创建候选项目推荐上报中央依法治国办。自觉接受市人大及其常委会法律监督、工作监督,主动接受市政协民主监督,163件人大代表建议、226件政协提案全部办结。深入推进机关效能建设,实施数字政府建设推进工程,“12345”统一呼叫中心受理有效诉求20.28万件,按期办结率达99.92%。严格执行中央八项规定及实施细则和省委、市委有关规定,全市“三公”经费支出下降7%。认真落实政府系统全面从严治党主体责任,持之以恒抓好党风廉政建设,力戒形式主义、官僚主义,切实加强重点领域和关键环节监管,强化审计监督和财政资金监管,推进政务公开和政府信息公开,确保权力始终在阳光下运行。

第十节　滁州市 2019 年经济社会发展报告

2019 年，面对复杂多变的外部环境，全市上下在市委、市政府的坚强领导下，以习近平新时代中国特色社会主义思想为指导，全面贯彻党的十九大和十九届二中、三中、四中全会精神，坚持稳中求进工作总基调，统筹推进"五位一体"总体布局和协调推进"四个全面"战略布局，扎实推动高质量发展，全市经济保持稳步增长，人民生活福祉持续增进，各项社会事业繁荣发展，GDP 总量跃居全省第三。

一、滁州市 2019 年经济发展

(一) 综合

全年实现生产总值(GDP)2909.1 亿元，按可比价格计算，同比增长 9.7%，高于全省 2.2 个百分点，总量居全省第 3 位，增速居全省第 1 位。其中，第一产业增加值 249.4 亿元，增长 3.6%；第二产业增加值 1427.6 亿元，增长 11.7%；第三产业增加值 1232.1 亿元，增长 8.4%。三次产业结构调整为 8.6∶49.1∶42.3，其中工业增加值占 GDP 的比重为 39.8%。人均 GDP 达 70429 元(折合 10209 美元)。

表 63　2019 年滁州市生产总值构成及增长速度

指标	绝对数(亿元)	比上年增长(%)
生产总值	2909.1	9.7
其中：第一产业	249.4	3.6
第二产业	1427.6	11.7
第三产业	1232.1	8.4
其中：农林牧渔业	271.1	4.1
工业	1158.0	10.8
建筑业	270.2	16.8
批发和零售业	194.5	6.8
交通运输、仓储和邮政业	136.2	5.3
住宿和餐饮业	48.2	7.5
金融业	130.7	13.1
房地产业	214.9	2.5
营利性服务业	215.9	13.4
非营利性服务业	269.4	8.1

年末，全市户籍人口 455.3 万人，比上年增加 1.6 万人；常住人口 414.7 万人，比上年增加 3.3 万人。城镇化率为 54.54%，比上年提高 1.12 个百分点。按常住人口计算，全年人口出生率为 10.65‰，比上年下降 0.66 个千分点；死亡率为 5.38‰，下降 0.19 个千分点；自然增长率为 5.29‰，下降 0.47 个千分点。

城镇登记失业率为 2.67%，比上年下降 0.09 个百分点。

全年居民消费价格累计上涨 2.8%，涨幅高于上年 0.8 个百分点。从构成类别看，八大类商品和服务价格同比呈现"六涨两跌"态势。按涨幅由高到低排列，食品烟酒价格上涨 7.5%，衣着价格上涨 3.0%，其他用品及服务价格上涨 2.3%，教育文化和娱乐价格上涨 2.1%，医疗保健价格上涨 2.0%，居住价格上涨 0.6%,生活用品及服务价格下降 1.2%,交通和通信价格下降 2.5%。

全年滁州市工业生产者出厂价格同比上涨 0.3%,上年同期为上涨 4.5%;工业生产者购进价格同比下降 2.4%,上年同期为上涨 3.9%。

表 64　2019 年滁州市城镇居民消费价格变动情况

指标及分类	涨跌幅度(%)
居民消费价格	2.8
其中:食品烟酒	7.5
其中:粮食	−1.7
鲜菜	−3.4
畜肉	31.9
水产品	5.4
蛋	1.0
鲜果	27.9
衣着	3.0
居住	0.6
生活用品及服务	−1.2
交通和通讯	−2.5
教育文化和娱乐	2.1
医疗保健	2.0
其他用品和服务	2.3

(二)农业

全年农作物播种面积 90.5 万公顷,比上年减少 1736 公顷,减少 0.2%。其中,粮食作物播种面积 83.0 万公顷,比上年减少 0.5%;油料作物播种面积 3.4 万公顷,比上年减少 1.5%;蔬菜播种面积 2.8 万公顷,比上年增长 3.6%。

全年粮食总产量 464.5 万吨,比上年增产 1.0%。经济作物增长平稳,其中棉花产量 1783 吨,比上年减产 37.3%;蔬菜产量 95.2 万吨,比上年增产 4.0%;水果产量 24.0 万吨,比上年增产 10.5%;油料产量 11.1 万吨,比上年下降 1.1%。

全年肉类总产量 38.7 万吨,比上年增长 0.3%;禽蛋产量 12.4 万吨,比上年增长 9.0%;牛奶产量 6280 吨,比上年增长 186.4%;水产品产量 36.4 万吨,比上年增长 4.4%。

年末,全市农业机械总动力 723.7 万千瓦,比上年增长 0.7%;拖拉机 41.3 万台,其中大中型 2.9 万台;全年化肥施用量(折纯)32.3 万吨,比上年下降 6.4%。农村用电量 12.3 亿千瓦时,比上年增长 10.4%。年末农田有效灌溉面积达 491.02 千公顷,全年完成重点水利工程 57 项,基建工程当年完成投资(包括国家投资基建项目和市县立项自主投资项目)13.59 亿元。

表 65　2019 年滁州市主要农产品产量

名称	绝对数(吨)	比上年增长(%)
粮食	4645114	1.0
其中:稻谷	2617559	−2.3
小麦	1737834	2.5
玉米	210713	38.5
大豆	61124	11.9
油料	110929	−1.1
其中:花生	84735	−3.0
油菜籽	25775	5.6
棉花	1783	−37.3
水果	240127	10.5
茶叶	292	−4.9
蔬菜	951975	4.0
肉类	387308	0.3
禽蛋	123669	9.0
牛奶	6280	186.4
水产品	363899	4.4

(三)工业和建筑业

全年全部工业实现增加值 1158.0 亿元,比上年增长 10.8%。规模以上工业比上年增长 11.6%。在规模以上工业中,集体企业、其他类型企业和股份合作企业增长较快。

表 66　2019 年滁州市规模以上工业增加值增长速度

指标及分类	比上年增长(%)
规模以上工业	11.6
其中:国有企业	5.7
集体企业	31.2
股份合作企业	16.3
股份制企业	13.1
外商及港澳台商投资企业	5.4
其他类型企业	19.0
其中:大中型工业企业	5.6

规模以上工业中,36 个工业行业大类的 29 个行业增加值同比增长。其中:纺织业增长 35.2%,文教、工美、体育和娱乐用品制造业增长 21.2%,化学原料和化学制品制造业增长 19.0%,计算机、通信和其他电子设备制造业增长 17.4%,电气机械和器材制造业增长 15.0%,非金属矿物制品业增长 15.0%,化学纤维制造业增长 13.8%,金属制品业增长 10.4%,橡胶和塑料制品业增长 6.8%,通用设备制造业增长 6.6%,电力、热力生产和供应业增长 5.4%,食品制造业增长 3.3%。

年末,全市共有 764 家企业列入高新技术产业行业目录,占全市规模以上工业企业单位数的

43.6%,增加值占全市规模以上工业的43.5%;年末,战略性新兴产业的企业数为349家,产值累计增长23.2%,占全市规模以上工业的33.3%。年末,全市规模以上工业企业研发费用支出51.7亿元。

年末,亿元以上工业企业达569家,工业总产值累计增长18.0%,比全市平均增速高7.5个百分点,对规模工业的贡献率为133.4%,拉动全市规模工业增长14.0个百分点。

年末,全市六大支柱产业规模以上工业企业1292家,企业数占全市规模以上工业的73.8%,增加值占全市规模以上工业的71.5%,增加值同比增长9.8%,对规模以上工业增长的贡献率达61.8%,拉动规模工业增长7.2个百分点。

表67　2019年滁州市六大支柱产业生产情况

	企业数(个)	增加值			
		累计占比(%)	增速(%)	对规模工业贡献率(%)	拉动规模工业增长百分点
合计	1292	100.0	9.8	61.8	7.2
硅基材料产业	97	8.3	9.7	5.1	0.6
先进装备产业	563	32.3	6	12.8	1.5
智能家电产业	193	23.9	7.9	12.2	1.4
农副产品深加工产业	236	15.4	0.9	1.0	0.1
新能源产业	53	4.6	92.4	15.2	1.8
新型化工产业	150	15.5	16.9	15.5	1.8

主要工业产品产量方面,卷烟134.6亿支,增长5.4%;水泥1314.8万吨,增长6.2%;家用电冰箱537.5万台,增长17.0%;房间空气调节器240.9万台,增长2.6%;彩色电视机531.9万台,增长5.9%。

表68　2019年滁州市主要工业产品产量情况

名称	单位	绝对数	比上年增长(%)
原盐	万吨	149.3	7.4
大米	万吨	235.8	−4.0
白酒	万升	797.8	3.2
卷烟	亿支	134.6	5.4
人造板	万立方米	70.9	6.0
农用化肥	万吨	11.8	−10.4
水泥	万吨	1314.8	6.2
钢材	万吨	54.7	−9.7
单晶硅	吨	96.4	−35.6
发动机	万千瓦	2018.2	8.7
光缆	芯千米	23659	−21.5
家用电冰箱	万台	537.5	17.0
房间空调器	万台	240.9	2.6
彩色电视机	万台	531.9	5.9

全年规模以上工业企业经济效益综合指数为300.95%，规模以上工业实现主营业务收入3017.1亿元，比上年增长7.0%；实现利税总额418.2亿元，比上年下降14.5%，其中利润300.7亿元，比上年下降14.2%。

全年建筑业完成增加值270.2亿元，同比增长16.8%。年末，资质以上建筑企业295户，全年共完成建筑业总产值532.3亿元，比上年增长19.5%；实现利润总额13.7亿元，比上年增长18.1%；完成房屋建筑施工面积2215.7万平方米，比上年增长5.7%，其中当年新开工面积1425.0万平方米，比上年增长2.4%；房屋竣工面积1374.1万平方米，比上年增长6.7%。

（四）固定资产投资

全年固定资产投资比上年增长14.7%。其中，500万元以上项目投资比上年增长19.9%；按产业分，第一产业投资下降44.3%；第二产业投资增长26.5%；第三产业投资增长8.4%。分行业看，制造业投资增长29.7%；批发零售业投资下降5.0%；房地产业投资增长12.6%；水利、环境和公共设施管理业投资下降12.4%；教育投资下降13%。

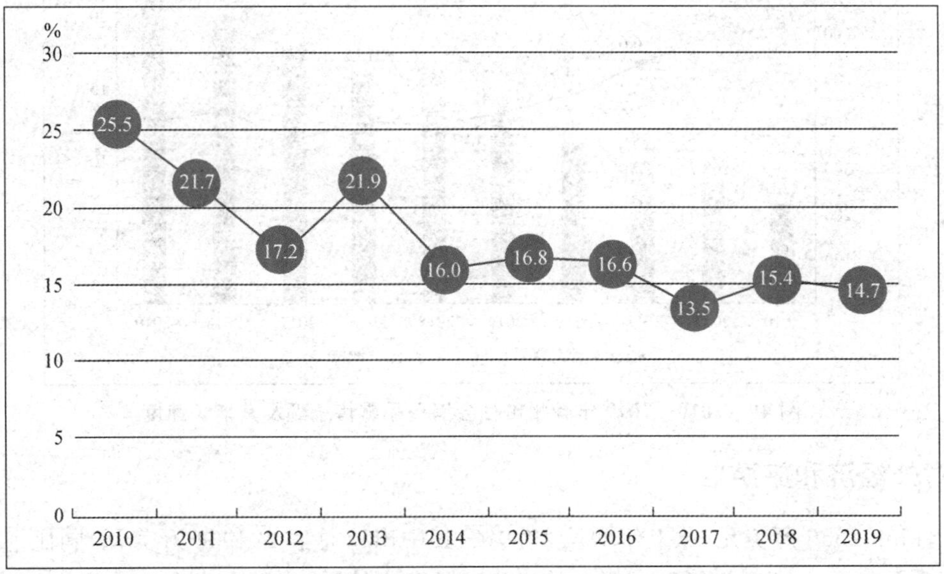

图39　2010—2019年滁州市固定资产投资增长速度

全年500万元以上固定资产投资施工项目1528个。其中，当年新开工项目706个，增长2.6%；亿元以上项目550个，同比增长12.9%；当年已投产项目533个。

全年完成房地产开发投资469.8亿元，增长6.4%；房屋施工面积3660.9平方米，增长10.0%，其中新开工面积890.2万平方米，下降9.4%；房屋竣工面积519.6万平方米，增长75.6%。商品住宅销售面积957.2万平方米，下降3.7%；商品住宅销售额604.8亿元，增长2.3%。

全年谋划储备重大项目1069个。478个项目列入省重点项目投资计划，当年完成投资1143.65亿元，居全省第5位，投资完成率达132.1%，居全省第1位。其中，续建项目228个，完成投资649.8亿元；新开工项目279个，开工数居全省第3位，完成投资493.8亿元；竣工项目135个，居全省第2位；储备项目341个，提前开工51个，提前开工数居全省第3位。

总投资100亿元的福莱特二期、110亿元的晶科能源、35亿元的隆基乐业二期、50亿元的亚玛顿一期等一批项目开工建设；总投资140亿元的康佳智能家电产业园、50亿元的创维智能家电等一批项目快速推进；总投资240亿元的惠科光电、50亿元的利维能一期、100亿元的星恒一期等一批项目竣工投产。重大基础建设设施取得突破。北沿江高铁在滁州站并站、全椒设大墅站获国家铁路集团支持，宁淮铁路、合新铁路开工建设，滁宁城际铁路全线开工。

(五) 国内贸易

全年实现社会消费品零售总额 720.1 亿元，比上年增长 12.7%。分区域看，城镇实现消费品零售额 603.2 亿元，乡村实现消费品零售额 117.0 亿元，分别比上年增长 12.5%、13.6%。分构成看，商品零售额 561.2 亿元，增长 12.6%；餐饮收入 158.9 亿元，增长 13.1%。分经营规模看，限上单位零售额 339.3 亿元，增长 12.8%；限下单位零售额 380.8 亿元，增长 13.1%。

从限额以上单位商品零售分类完成情况看，食品类商品零售额 59.7 亿元，增长 12.6%；穿着类商品零售额 19.7 亿元，增长 12.4%；用品类商品零售额 229.7 亿元，增长 12.7%，其中金银珠宝类增长 9.9%，五金电料类增长 16.5%，家用电器和音像器材类下降 1.9%，中西药品类增长 20.2%，家具类增长 8.9%，建筑及装潢材料类增长 18.7%。

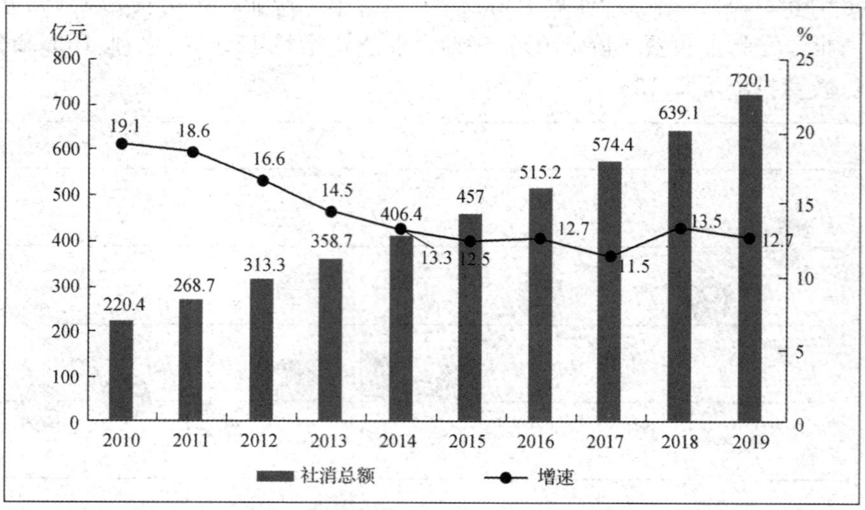

图 40　2010—2019 年滁州市社会消费品零售总额及其增长速度

(六) 对外经济和旅游业

全年进出口 402656 万美元，比上年增长 29.9%，其中出口总额 224904 万美元，同比下降 2.6%；进口总额 177752 万美元，同比增长 124.8%。从进出口经营主体看，内资生产企业完成 326480 万美元，增长 33.3%；外商投资企业完成 76176 万美元，增长 16.6%。出口国别及地区达 178 个。

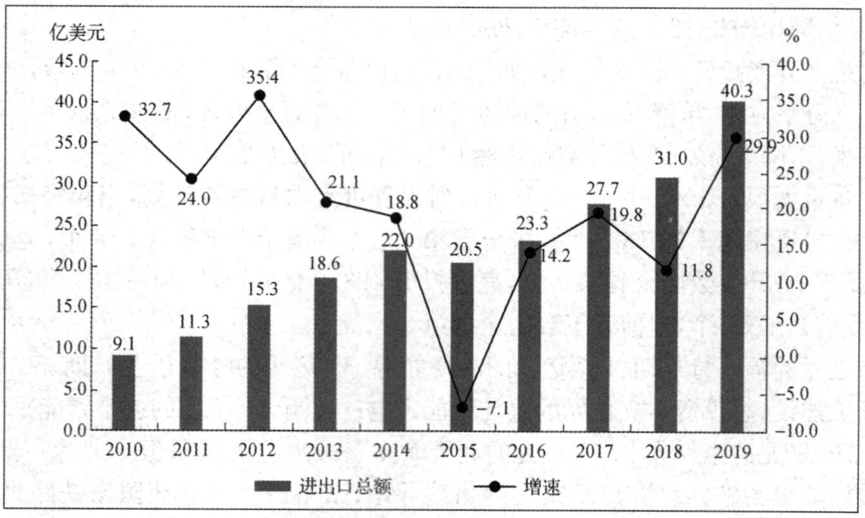

图 41　2010—2019 年滁州市进出口总额及其增长速度

表 69　2019 年滁州市出口额主要分类及地区分布

指标及分类	绝对数(万美元)	比上年增长(%)
出口额	224904	−2.6
其中:一般贸易	196365	−1.2
加工贸易	28539	−11.0
其中:对亚洲	93578	−15.9
对欧洲	50143	26.2
对北美洲	45136	−2.7
对非洲	12435	22.8
对拉丁美洲	15316	−0.9
对大洋洲	6552	−6.1

全年招商引资 1146.5 亿元,增长 17.6%,来自长三角区域资金 714.1 亿元,占引资总量的 62.3%。

全年共接待国内外游客 3152.54 万人次、实现旅游业总收入 287.12 亿元,同比分别增长 14.3%、19.2%,全市旅游业发展指标连续多年保持两位数增长。年末,全市共有 A 级旅游景区 36 个、星级饭店 11 家、星级旅游餐馆 17 家、星级农家乐 188 家、旅行社 66 家、旅行社分社 21 个、旅行社服务网点 174 个。

(七) 交通和邮电

全年货物运输周转量 475 亿吨公里。其中公路货物运输周转量 412.9 亿吨公里;水运货物运输周转量 62.1 亿吨公里。全年旅客周转量 20.7 亿人公里。

年末,全市民用汽车拥有量 47.95 万辆,比上年增长 13.4%,其中私人汽车拥有量 41.34 万辆,增长 14.2%;私人轿车拥有量 37.79 万辆,增长 15.2%。

全年邮政行业业务收入累计完成 10.84 亿元,同比增长 20.0%。全行业业务总量累计完成 21.08 亿元,同比增长 33.8%。邮政寄递服务业务量为 8033.93 万件,同比增长 12.3%,其中快递包裹为 2816.07 万件,同比增长 59.5%;快递业务量累计完成 5581.17 万件,同比增长 28.5%。全年电信业务总量 221.3 亿元。年末,全市拥有电话 403.9 万户,同比下降 7.2%,其中固定电话用户数 40.6 万户,同比增长 16.0%;移动电话用户数 363.4 万户,同比下降 9.2%。年末国际互联网用户 117.7 万户,同比增长 9.5%。

图 42　2010—2019 年滁州市固定、移动电话数

(八)财政、金融和保险业

全年实现财政总收入357.1亿元,比上年增长10.1%,其中地方财政收入214.6亿元,增长7.7%。从收入来源结构看,各项税收完成282.3亿元,比上年增长11.4%,占财政总收入的79%,同比提高0.9个百分点。从实现主体看,市本级财政收入114.9亿元,增长9.6%;县级财政收入242.2亿元,增长10.2%。全年财政支出455.1亿元,比上年增长12.6%。其中,教育支出75.9亿元,增长6.0%;城乡社区事务支出103.6亿元,增长29.6%;农林水事务支出39.7亿元,下降7.1%;社会保障和就业支出53.6亿元,增长12.4%;卫生健康支出53.4亿元,增长13.9%;交通运输支出14.0亿元,增长23.4%;住房保障支出12.3亿元,增长6.1%。用于民生方面支出388.1亿元,比上年增长12.4%,占总支出的85.3%。支持普惠性、基础性、兜底性民生建设,投入资金126.1亿元,保障33项民生工程顺利实施,建设类、培训类项目完工率达100%,有效解决群众关心的重点民生需求。

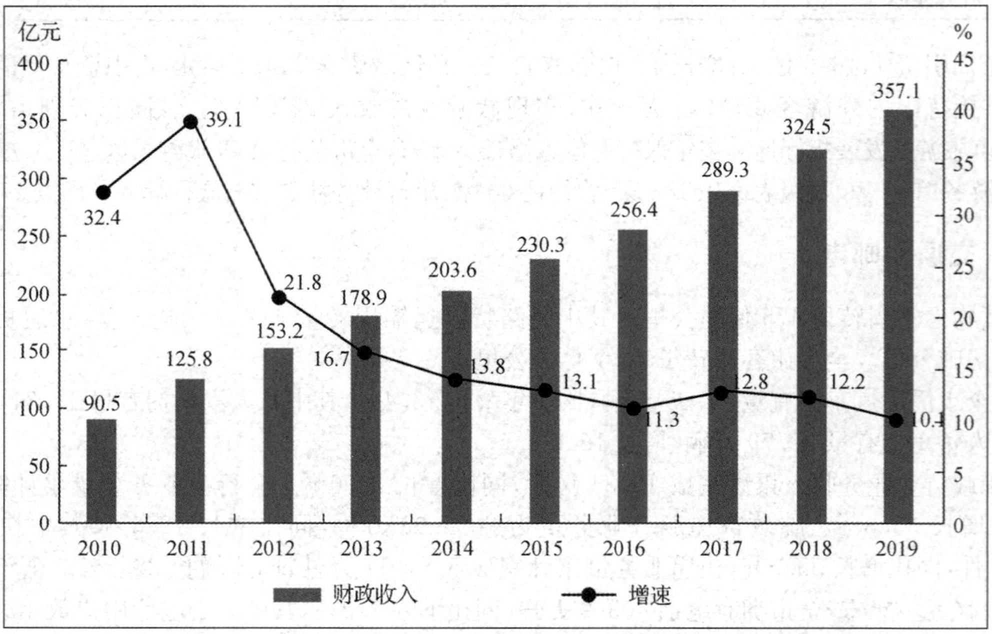

图43　2010—2019年滁州财政总收入及其增长速度

金融业务快速发展。年末,全市金融机构人民币各项存款余额2795亿元,比年初增加290.3亿元,增长9.3%。其中,境内单位存款余额670.3亿元,比年初增加31.6亿元;境内个人存款余额1533.6亿元,比年初增加190.1亿元。年末,金融机构各项贷款余额2421.1亿元,比年初增加367.7亿元,增长18.4%。从贷款期限看,短期贷款余额801亿元,比年初增加72.7亿元;中长期贷款余额1518.7亿元,比年初增加266.4亿元。

全年新增境内上市公司1家,“新三板”挂牌企业1家,省区域股权交易中心挂牌企业150家。年末,全市有境内外上市公司6家,“新三板”挂牌企业19家,省区域股权交易中心挂牌企业255家。

年末,全市共有产险、寿险市级公司37家,其中财产险公司18家、人身险公司19家;全年保费收入64.68亿元,同比增长11.9%。财产保险保费收入28.24亿元,同比增长13.1%。其中,机动车险保费收入18.17亿元,同比增长5.9%;意外健康险保费收入4.44亿元,同比增长55.2%;农业险保费收入2.68亿元,同比下降3.0%。人身保险保费收入36.44亿元,同比增长11.0%。其中,个人代理保费收入5.61亿元,同比下降7.5%;银邮代理业务8.23亿元,同比增长12.0%;续期业务21.41亿元,同比增长16.8%。支付赔款(给付)19.84亿元,同比增长17.1%。其中,财产险赔款17.06亿元,同比增长25.9%;人身险支付赔款(给付)2.78亿元,同比下降21.9%。缴纳各项税款1.04亿元;代扣代缴各项税款1.64亿元；保险消费者保单借款9.50亿元，同比增长35.0%。

二、滁州市2019年社会发展

（一）科学技术和教育

全市拥有省级以上研发平台159家（其中国家级研发平台3家）、国家级高新技术企业437家，比上年增加96家；国家级科技孵化器2家、国家级众创空间3家、省级孵化器4家、省级众创空间9家、市级众创空间14家、省级院士工作站30家。全年高新技术产业增加值同比增长13.1%。全年获省级科技成果登记628项、省级科技进步奖14项。

年末，全市各级各类学校（不含高等教育）共有1045所，在校生58.1万人，教职工4.2万人，专任教师3.7万人，其中幼儿园535所，在园幼儿数10.9万人，教职工0.8万人，专任教师0.5万人；小学225所，在校生24.0万人，教职工1.45万人，专任教师1.41万人；普通中学270所，在校生18.8万人，教职工1.8万人，专任教师1.6万人；中等职业教育学校10所，在校生4.35万人，教职工0.18万人，专任教师0.17万人。

（二）文化、卫生和体育

年末，全市公共图书馆藏书量220.38万册，电子图书476.88万册。全市广播电视台8个，网络分公司6家。全市广播综合覆盖率达99.83%，电视综合覆盖率达99.72%。广播全年播放时间4.26万小时，其中自办栏目播放时间2.99万小时；电视全年播放时间5.52万小时，其中自办栏目播放时间1.73万小时。广播电视综合覆盖人口453.73万人。

年末，全市共有卫生机构1726个。其中，医院、卫生院182个，疾病控制中心8个，妇幼保健机构9个。全市卫生机构拥有床位21633张，比上年增长12.9%。其中，医院、卫生院拥有床位20825张，比上年增加2455张。卫生机构从业人员2.8万人。其中，医院、卫生院技术人员1.9万人，执业医生8289人，注册护士10691人，防疫人员170人。

全年全市组织开展各类群众体育活动718场次，组织千人以上群体活动21场次。共有文体广场22个，晨晚练点83个，新建和改（扩）建体育公园12个，为26个安置小区增配了全民健身器材。新成立体育社团7个，目前共有体育协会数171个、俱乐部45个，总数216个。全年新增社会体育指导员978个，目前共有社会体育指导员10478人，其中国家级66人，一级1112人，二级1067人，三级8233人。

全年全市共有国家级体育传统学校2所，省级体育传统项目学校17所；国家级特色学校52所，省级体育特色学校5所，市级特色学校128所；国家级青少年体育俱乐部12所，省级青少年体育俱乐部24所。全年输送后备人才78人。举办中小学体育比赛13个项目17次比赛。全年省锦标赛共获得金牌61.5枚、银牌27枚、铜牌45枚。全市体育彩票销售3.84亿元。顺利举办了第三十二届夏季奥林匹克运动会女子手球亚洲区资格赛，承接省传统项目学校篮球比赛和省锦标赛古典跤比赛，并获得“优秀赛区”称号。

（三）城市建设与环境保护

重点工程建设方面，全年市本级共承建重点项目123个，投资58.82亿元；续建项目56个，其中市政道桥19个，园林景观、环境治理19个，房建、公建项目18个，投资50.86亿元。滁州市图书馆、紫薇北路北延（西涧路一明光路）、老城区东大街道路桥梁工程、滁南二小（永乐小学）、滁州市第二人民医院扩建项目一期工程等10个项目建成。新建项目67个，其中市政道桥26个，园林景观、市容卫生、环境治理22个，房建、公建项目19个，投资7.96亿元。滁州市城区环卫一体化PPP项目、城区公园和绿地提升工程、26个老旧小区整治改造等11个项目已完工。

市政建设方面，全年市本级完成第三污水处理厂一期和清流污水处理厂三期新建，第四污水处理厂开工建设，新增污水处理能力10万立方米/天。开工建设清流污水处理厂水质提升湿地、红庙一站和二站、菱溪河站，基本完成会峰路渠和来安路出水口黑臭水体整治和内城河闸站工程。北湖景观改造、拱极门、南谯北路桥、境园、琅琊阁、G104国道改造、滁州大道市本级段和苏滁高新区段、G328洪武大道西延伸段、明湖大道东段、滨湖东路建成，总投资18亿元的明湖文化旅游项目、醉翁路城南绿廊、中都大道北延伸段、定远路改造、菱溪路二期改造、南谯南路、滁阳路等明湖片区4条道路、金陵路等城南片区8条道路开工建设。

年末，市辖区建成区面积92.32平方千米，比上年末增加2.53平方千米。年末，全市排水管总长度5711.57公里，比上年末增加382.31公里，其中市辖区2284.30公里，比上年末增加114.92公里。年末，自来水日生产能力达93.13万立方米，用水人口162.87万人，比去年增加3.79万人；全年天然气供气总量47512.56万立方米，比去年增加2991.24万立方米，用气人口152.27万人，比上年增加10.41万人，其中市辖区用气人口51.45万人，增加4.25万人。

年末，全市公路通车里程18396.12公里。

全市公交运营线路185条，比上年增加78条；实有公交车辆1633辆，比上年增加279辆。全年公共汽车客运量14241万人次。全市出租汽车3252辆。

年末，全市共有自然保护区2个，自然保护区面积22403公顷。当年人工造林面积6581公顷。全市森林面积48.5万公顷，活立木总蓄积量2060万立方米，森林覆盖率达35.9%。全市共有环境监测站和监察大(支)队17个，环保专项资金1.45亿元。年末，共有污水处理厂43座。城市污水处理率达97.23%。全市年单位生产总值耗能比上年下降6.16%。

全年市区环境空气质量总体上属于良好水平，全市环境空气质量符合《环境空气质量标准》(GB3095—2012)一级标准的天数为48天，符合二级标准的天数为206天，一、二级标准的天数总计为254天，占比达69.6%。全年轻度污染92天，中度污染17天，重度污染2天。

(四) 人民生活及其他

全年城镇居民人均可支配收入34091元，比上年增长9.2%；人均消费性支出22408元，比上年增长7.1%。其中，食品支出6350元，下降1.6%；衣着支出1655元，增长9.4%；居住支出5574元，增长8.3%；生活用品及服务支出1441元，下降5.8%；交通通信支出2695元，增长14.1%；教育文化娱乐支出2226元，下降3.7%；医疗保健支出2091元，增长81.5%；其他用品和服务支出376元，下降16.5%。城镇居民恩格尔系数为28.3%。

年末，每百户城市居民家庭拥有家用汽车52.5辆，摩托车25.6辆，电冰箱108.3台，洗衣机97.1台，热水器105.4台，空调246.5台，彩电190.3台，照相机20.8台，计算机87.2台，中高档乐器1.0架，固定电话8.2部，移动电话293.9部。城市居民人均住房建筑面积37.4平方米。

全年农村居民人均可支配收入14487元，比上年增长10.4%；农村居民人均生活消费支出10852元，比上年增长4.8%。其中，食品烟酒支出4080元，增长12.0%；衣着支出506元，增长20.8%；居住支出2294元，增长16.2%；生活用品及服务支出470元，下降30.9%；交通通信支出1459元，增长3.0%；教育文化娱乐支出838元，增长4.6%；医疗保健支出1055元，下降18.3%；其他用品和服务支出150元，增长11.9%。农村居民恩格尔系数为37.6%。

年末，每百户农村居民家庭拥有家用汽车14.4辆，摩托车50.5辆，电冰箱117.4台，洗衣机90.5台，热水器83.9台，空调79.9台，彩电117.9台，照相机1.2台，计算机12.9台，固定电话17.6部，移动电话256.0部。农村居民人均住房面积40.5平方米。

年末，全市城乡居民基本养老保险(含城镇职工养老保险、机关事业养老保险、城乡居民养老保险)参保人数313.13万人。其中，城镇职工养老保险参保人数49.93万人，机关事业养老保险参保人数

12.38万人，城乡居民养老保险参保人数250.82万人。失业保险参保人数24.73万人，工伤保险参保人数35.37万人。职工基本医疗保险48.68万人，城乡居民基本医疗保险373.67万人，生育保险参保人数33.38万人。

全年城市低保人数2.86万人，累计救助35.78万人，发放救助金1.8亿元，人均救助502元；农村低保人数10.9万人，累计救助132.25万人，发放救助金5.1亿元，人均救助387元。

年末，全市已建工会组织数4957个，发展会员326565人。“两节”期间，全市工会筹集送温暖资金985.15万元，共帮扶慰问困难职工3077户，发放款物416.57万元；帮扶慰问困难农民工1117户，发放款物80.98万元；帮扶慰问困难劳模118人，发放款物20.56万元；慰问一线职工494人，发放款物70.14万元。全年全市收到中央财政专项帮扶资金272万元、省财政帮扶资金115万元，其他各项资金帮扶资金55万元(其中省财政送温暖资金20万元、省总工会经费15万元、解困脱困工作经费20万元)。截至年底，全市累计发放帮扶资金534.26万元，共帮扶市级以上建档在册困难职工897人。其中使用中央和省财政专项帮扶资金387万元，其他各项资金147.26万元。全年完成504户困难职工帮扶工程目标任务，实际帮扶救助897人，完成率为177.9%，其中困难职工生活救助实际救助351人(任务数为200人)，完成率为175.5%；实际子女助学救助280人(任务数为146人)，完成率为191.8%；实际医疗救助266人(任务数为158人)，完成率为168.4%。全年帮扶慰问困难全国劳模19人，发放慰问款70万元(国家财政)；帮扶困难省部级劳模155人，发放慰问款120万元(省财政)。

年末，县级以上妇联组织9个，县级以上春蕾计划筹资100.2万元，资助大学、大专和中小学生600余人。

年末，全市共有养老服务机构151个，床位22097张。农村“五保”供养人数2.35万人，比上年末下降6.7%。年末，城镇社区各种服务设施1042个。全年福利彩票销售总额达4.94亿元，销售总量位居全省第五。其中，传统型电脑彩票同比增量位居全省第三，同比增幅全省第一；视频彩票销售总量全省第四；即开型彩票销量全省第四；福彩市场份额为56.26%，全省排名第三。

全年全市发生火灾事故423起，直接经济损失367.05万元；发生适用一般程序处理的道路交通事故278起，交通事故死亡人数166人。

三、滁州市2019年重点工作

全年地区生产总值增长9%以上；规模以上工业增加值增长11.6%；固定资产投资增长13%以上；实现财政收入357.1亿元，增长10.1%；社会消费品零售总额720亿元，增长12.5%；外贸进出口38.6亿美元，增长24%；实际利用外商直接投资14.9亿美元，增长7%；城镇、农村居民人均可支配收入分别达34228元、14439元，分别增长9.6%、10%。动态指标上，规模以上工业增加值、社会消费品零售总额居全省第一；地区生产总值、固定资产投资、财政收入居全省第二；城镇居民人均可支配收入居全省第三。总量指标上，财政收入居全省第三，外贸进出口、实际利用外商直接投资稳居全省前五；GDP跃居全省第三，实现历史性突破。

(一)突出抓主抓重，项目建设成果丰硕

产业项目加快推进。亿元以上项目新签约429个、新开工330个、新投产247个、新达产168个，居全省前列；列入省重点投资计划项目458个，居全省第三。一批重点项目签约落户，总投资30亿元的陶瓷贴片、50亿元的5G基站天线和圣泉化工等一批项目相继落户，全年招商引资到位资金超1000亿元。一批重点项目开工建设，总投资35亿元的隆基乐叶二期、50亿元的亚玛顿一期、100亿元的福莱特二期、110亿元的晶科能源等一批项目开工建设；总投资50亿元的创维智能家电、140亿元的康佳智能家电产业园等一批项目快速推进。全省贯彻落实“六稳”重大项目11月集中开工活动在滁州市举行。一批重点项目竣工投产，总投资50亿元的利维能一期、100亿元的星恒一期、240亿元的惠科光电等一批

项目竣工投产。重大基础设施建设取得突破。北沿江高铁在滁州站并站、全椒设大墅站获国家铁路集团支持，宁淮铁路、合新铁路开工建设，滁宁城际铁路全线开工。滁天、来六、明巢、滁西环等高速加快推进，合宁高速改(扩)建工程竣工。G328滁州绕城段、G345凤阳段、G104明光绕城线等建成通车。改造提升“四好农村路”2780公里。江巷水库具备下闸蓄水条件，白塔河航道疏浚工程加快推进，襄河航道维护疏浚工程竣工。滁州机场选址报告编制完成。要素保障成效明显。获批国家专项债项目40个，额度113亿元、占全省比重超20%；争取国家拨付安徽长三角中央预算内投资5.1亿元；惠科项目获批省补助资金4.98亿元。争取各类建设用地指标0.45万公顷、供应土地0.34万公顷，均居全省第一。

(二)顶住下行压力，实体经济破难奋进

工业经济量质齐升。新增规模以上企业210户，总数达1726户；新增亿元以上企业30户，总数达513户。扎实开展质量提升行动，战略性新兴产业产值增长20%以上。康佳电子和全柴动力的3个项目获国家双创平台试点示范，企业数和项目数均居全省第二。全椒海螺建成全国首个智能水泥工厂。天康智能化仪器仪表项目获批省级重大工程。全省智能制造现场会在滁州市召开。服务业发展势头良好。全域旅游扎实推进，全年接待游客3100万人次，实现旅游总收入280亿元，分别增长15%、16%。江淮分水岭风景道项目启动建设。金牛湖童世界加快建设，来安兴茂一期试运营，南谯荣盛龙湾湖湿地度假区部分建成开放。纳入市级调度的16个文旅项目新增投资90亿元，7个文旅项目入选首批旅游强省重点项目库。凤阳小岗、天长龙岗入选首批全国乡村旅游重点村。电子商务加速发展，网上零售额突破105亿元，居全省第三；省网商大会在滁州市举办，跨境电商工作获省政府表彰。农村电商发展迅猛，获批省级农村电商示范县1个、示范镇9个、示范村21个，云伙计、网萌等一批电商企业蓬勃发展。金融业稳健运行，新增贷款365亿元，增长18.4%，增量居全省第三；完成直接融资148亿元；贷款余额突破2400亿元。嘉美股份A股上市，新增挂牌科创企业129家。广发银行滁州分行获批筹建。房地产市场平稳发展，房地产开发投资、施工面积等6项主要指标居全省第一方阵。现代农业加快发展。粮食生产实现“十六连丰”。新增稻虾共作面积2.2万公顷，总面积4.3万公顷、居全省第二。实施高标准农田和农田水利“最后一公里”建设6.9万公顷，“三品一标”农产品总数达952个，分别居全省第一、第二。新增1个国家级、3个省级龙头企业。小岗国家农业科技园加快建设，天长获批创建国家级现代农业产业园。南谯、琅琊成功创建国家级滁菊特色农产品优势区，全椒大墅龙山获批创建国家产业融合示范园。有效防控非洲猪瘟疫情。县域经济实力提升，统筹推进大江北协同发展区和西部大工业基地建设，大江北沿线多点发力，大工业基地建设全面推进，获批4个省级县域特色产业集群(基地)。民营经济发展步伐加快。新增私营企业1.4万户、个体工商户3.4万户。省级“专精特新”中小企业总数达166户，居全省第四。16家企业入选全省民企百强。天长缸盖获批国家首批“专精特新”“小巨人”企业。清理拖欠民营企业账款3.1亿元。

(三)抢抓战略机遇，改革开放迈出重要步伐

扩大开放方面，顶山—汊河、浦口—南谯两个示范区建设和苏滁高新区发展列入《长江三角洲区域一体化发展规划纲要》；出台市《行动方案》，确定八个方面重点任务、120项具体工作。与南京签订“1+2”战略合作框架协议，建立工作推进机制；与苏州签订《中新苏滁高新区合作共建框架协议》，开展扩区前期工作。市经开区、苏滁高新区、来安经开区在全省开发区综合考核中位居前列。全市新增进出口实绩企业180家，新批外商投资企业27家，开润股份、开开视界、天康医疗在境外投资兴业。深化改革方面，全国农村集体产权制度改革整市试点全面完成，天长获批改革试点典型单位；“三变”改革试点村占全市的90%；国家级农村改革试验区上报待批，国有林场改革通过国家验收。综合医改深入推进，医共体中心药房、慢性病免费发药等经验获国家卫健委肯定，获批国家医保智能监控示范点、医保信息业务编码测试点。“放管服”改革持续深化，减税降费39亿元；与长三角18个城市实现首批51个政务服务事

项“一网通办”。审批服务事项“一站式”办理率达 92.8%、“一窗”办理率达 96.2%。完成市县机构改革。“企业用工周转池”创新举措获人社部、审计署表扬。创新驱动方面，新增高新技术企业 85 家，总数达 420 家，分别居全省第三、第四；高新技术产业增加值居全省第三；新增省级工业设计中心 3 个、企业技术中心 14 个，分别居全省第二、第三。研发投入占 GDP 比重首次超全省平均水平，增速居全省第一。中国轻工产业高端服务产业园开工建设，国家电子元器件质检中心通过验收，中关村协同发展创新中心、上海工程技术大学产业园稳健运营。新引进院士 10 名、国家级领军人才 20 名、博士等高层次人才(团队)235 名。获省科学技术奖 14 项，创历史新高。

(四) 注重精准发力，三大攻坚战取得关键进展

精准脱贫取得新成效。完成中央脱贫攻坚专项巡视和国家、省考核反馈问题整改，1.5 万名贫困人口实现脱贫，贫困发生率降至 0.1%。定远县成功摘帽。新发放扶贫小额信贷 3.6 亿元，居全省第二。全省产业扶贫现场会在滁州市召开。生态环境有了新改善。水清岸绿产业优美丽长江(安徽)经济带、淮河生态经济带加快建设，中央和省环保督察反馈问题年度整改任务全部完成。空气质量持续改善，PM2.5、PM10 完成省下达年度任务。全面推行河(湖)长制，7 个国控考核断面水质全部达标；落实长江流域横向生态保护补偿机制，滁河陈浅跨省断面获生态补偿金 4700 万元。推深做实林长制，完成造林 24 万亩、森林抚育 62 万亩；明光创成国家园林城市，来安县林桥村获评全国生态文化村。风险防控得到新的加强。持续开展“套路贷”、非法集资等专项整治行动，成功化解陈案积案 13 起，居全省第二。严格政府债务预算管理和投资项目审批，政府债务率、市级投融资平台资产负债率均低于控制线。稳步推进问题楼盘处置，风险总体可控。

(五) 坚持建管并重，城乡面貌发生明显变化

文明创建力度持续加大。围绕创建全国文明城市，加快滁城大改造、大整治、大提升，巩固达标项、补齐欠账项、攻坚薄弱项、提升管理项，国检省检反映良好，市民获得感、幸福感进一步提升。滁城功能持续完善。聚焦“四个一”工程，实施重点城建项目 265 个，完成投资 204 亿元。紫薇北路北延工程加快推进，滁州大道滁城段竣工，明湖大道部分建成通车，新建改造城市道路 32.5 公里。紫薇路跨清流河桥、奥体中心加快建设，遵阳街改造有序推进，琅琊山南天门提升改造、东大街桥和文德桥加固修缮、章益和吴棠故居保护等工程完工，琅琊阁建成开放、太仆寺试运营、明湖预开园。

清流河四期部分完工，丰收渠、会峰路渠等整治工程完工，内城河闸站建成投入使用。成功创建省级节水型城市、历史文化名城。县城和镇村建设步伐持续加快。同步推进老城改造、新区拓展和园区提升，实施重点项目 222 个，完成投资 120 多亿元。全市完成房屋征收面积超 340 万平方米。2018 年度 66 个省级美丽乡村中心村建设任务全面完成，2019 年度 50 个省级中心村加快建设。改造农村危房 3582 户、改厕 3.5 万户，在全省率先完成 42 个建制村环境综合整治任务。

(六) 聚力共建共享，群众获得感不断增强

社会保障力度加大。城镇新增就业 8.9 万人，登记失业率为 2.73%。全国“春风行动”启动仪式在滁州市举行。全市基本医疗保险参保率达 99%以上。低保标准实现城乡统筹。发放养老服务补贴和高龄津贴 8750 万元、惠及 17 万人。累计发放各类救助金 10 亿元，24 万名困难群众受益。公共服务有效提升。新建改扩建公办幼儿园 33 所、新增普惠性民办幼儿园 15 所。中等职业教育质量提升工程考核连续两年居全省第一。新建村级综合文化服务中心 409 个，覆盖率达 89%。琅琊山无梁殿、池河太平桥、小岗村旧址获批全国重点文物保护单位。市图书馆新馆开馆。文化产业产值居全省第二。高教科创城文体中心投入使用，成功承办东京奥运会女子手球亚洲区资格赛和第二届全国青年手球联赛。抗旱救灾取得实效。面对重大旱灾，全市上下积极应对，科学施策，全力抗大旱、促大干、保大局，加强蓄水

保水节水，人工增雨成效显著，"引江入滁"取得历史性突破，城乡居民饮水得到保障，最大限度降低了灾害损失。十件实事全面完成。滁城完成棚户区改造6500户；改造老旧小区21个；改造背街小巷59条；新建改造公厕43座；新建改造农贸市场14个；完成23个社区公共服务用房达标工程；新建公共停车场3个、临时停车场10个；建设改造公共体育公园12个、为26个安置小区增配全民健身器材；重建改造危桥4座；开工建设餐厨和厨余垃圾处理项目。社会治理不断加强。"扫黑除恶"专项斗争取得阶段性成果，中央督导组反馈的23个共性、12个个性问题全面完成整改。圆满完成中华人民共和国成立70周年大庆安保工作，全市信访维稳形势向好，社会大局和谐稳定。创成全国禁毒示范城市。小岗村被命名为第二批全国法治宣传教育基地。定远二龙回族乡入选全国乡村治理示范镇。狠抓重点领域安全生产，事故起数和死亡人数同比"双下降"；率先探索推行道路交通安全"路长制"，全省现场会在滁州市召开；消防工作在全省考核中连续6年获优秀等次。市妇联荣获全国维护妇女儿童权益先进集体。市残联获评全国残疾人体育先进单位。高质量完成第四次经济普查任务。退役军人服务管理、国防动员、人民防空、民兵预备役、双拥等工作取得新成绩，红十字会、慈善、老龄等事业进一步加强，工会、共青团、文联、科协等群团组织作用进一步发挥，外事、供销社、防震减灾、关心下一代等工作全面进步。

（七）狠抓从严治政，自身建设得到加强

始终坚持党的领导，认真开展"不忘初心、牢记使命"主题教育，不断增强"四个意识"、坚定"四个自信"、做到"两个维护"，确保中央大政方针、省委省政府决策部署和市委工作要求落地落实。扎实推进依法行政，自觉接受市人大法律监督、工作监督和市政协民主监督。提请市人大常委会审议地方性法规草案6件；办理市人大议案3件、建议205件，满意率达95.6%；办理市政协提案341件，满意率达98.2%。一批议案、提案转化为推动工作的务实举措。持续改进工作作风，深入开展"三个以案"警示教育，力戒形式主义、官僚主义。严格落实"基层减负年"工作举措，市政府文件、会议和督查检查考核比上年均减少三分之一以上，政府一般性支出比上年压减5%以上，"三公"经费同比下降11.8%。不断强化廉政建设，聚焦脱贫攻坚、环境保护、工程建设和招投标等重点领域，深化廉政风险防控，强化审计监督，坚决惩治各类腐败行为，营造清正廉洁的政务环境。

第十一节　阜阳市2019年经济社会发展报告

面对艰巨繁重的改革发展稳定任务，全市人民在省委、省政府和市委的坚强领导下，坚持以习近平新时代中国特色社会主义思想为指导，认真贯彻党的十九大和十九届二中、三中、四中全会精神，抢抓融入长三角、高铁全覆盖机遇，高质量推进省五大发展行动计划，统筹做好稳增长、促改革、调结构、惠民生、防风险、保稳定各项工作，团结拼搏、扎实苦干、负重前行，顺利完成了市五届人大三次会议确定的目标任务，实力阜阳、大美阜阳建设迈出了坚实的步伐。

2019年，全市户籍人口1077.3万人，比上年增加6.5万人。据抽样调查，全市常住人口825.9万人，比上年增加5.2万人；城镇化率为44.62%，比上年提高1.33个百分点。全年常住人口出生率为14.63‰，死亡率为5.96‰，自然增长率为8.67‰。

一、阜阳市2019年经济发展

主要经济指标继续保持了总量稳中有升、增速持续领先的良好态势

全年生产总值(GDP)2705.0亿元，按可比价格计算，比上年增长9.0%。其中，第一产业增加值350.4亿元，增长3.5%；第二产业增加值1033.2亿元，增长10.3%；第三产业增加值1321.3亿元，增长9.6%。三次产业结构由上年的12.9∶38.4∶48.7调整为13.0∶38.2∶48.8。人均生产总值32855元，比上年增加3317元。

全年粮食作物种植面积969.9千公顷，比上年减少3.3千公顷。油料种植面积20.3千公顷，扩大0.3千公顷。棉花种植面积1.6千公顷，减少0.7千公顷。蔬菜种植面积99.3千公顷，扩大4.9千公顷。粮经面积比由上年的87.2∶12.8调整为86.7∶13.3。

全年粮食总产量524.2万吨，比上年增产10.8万吨。其中，夏粮产量318.2万吨，增长3.0%；秋粮产量206.0万吨，增长0.7%。油料产量5.1万吨，增长2.2%。棉花产量0.1万吨，下降37.2%。蔬菜产量406.6万吨，增长4.9%。

全年肉类总产量54.9万吨，比上年下降2.6%。其中，猪牛羊肉产量54.6万吨，下降2.6%。禽蛋产量17.5万吨，增长6.9%。水产品产量10.7万吨，增长3.0%。

表70　2019年阜阳市主要农产品产量及增速

产品名称	产量(万吨)	比上年增长(%)
粮食	524.2	2.1
夏粮	318.2	3.0
秋粮	206.0	0.7
油料	5.1	2.2
棉花	0.1	−37.2
药材	12.5	3.7
蔬菜	406.6	4.9
瓜果类	80.9	8.9

全年全市农业机械总动力(不含农用运输车)713.0万千瓦，比上年增长1.7%。农用拖拉机15.8万台，增长1.0%。其中，大中型拖拉机4.4万台，增长4.0%；小型拖拉机11.4万台，与上年持平。全年化肥施用量(折纯)33.4万吨，下降4.7%。农村用电量22.8亿千瓦时，增长8.4%。

全市规模以上工业企业1893户。全年规模以上工业增加值比上年增长10.4%，增幅比全省高3.1个百分点，居全省第4位。分经济类型看，国有企业增长8.1%，集体企业下降21.7%，股份制企业增长10.4%，外商及港澳台投资企业增长16.9%。分门类看，采矿业增长10.7%，制造业增长10.3%，电力、热力、燃气及水生产和供应业增长11.3%。

规模以上工业中，35个工业行业大类有28个行业增加值保持增长。其中，电气机械和器材制造业增长23.7%，化学原料和化学制品制造业增长22.7%，煤炭开采和洗选业增长10.4%，非金属矿物制品业增长21.5%，烟草制造业增长7.9%，电力、热力生产和供应业增长7.8%，有色金属冶炼和压延加工业增长31.5%，橡胶和塑料制品业增长9.6%，金属制品业增长33.8%，金属制品、机械和设备修理业增长17.9%。高新技术产业增加值增长15.2%，战略性新兴产业产值增长19.5%。

规模以上工业统计的主要产品产量中，塑料制品、卷烟、家具、复合木地板、水泥、饲料分别比上年增长9.1%、5.4%、10.3%、4.7%、29.3%、15.3%。

表71　2019年阜阳市规模以上工业企业主要产品产量及增长速度

产品名称	单位	产量	比上年增长(%)
鲜、冷藏肉	吨	133540	−12.3
饲料	吨	792456	15.3
方便面	吨	112220	12.1
饮料酒	千升	181866	−1.7
白酒(折65度)	千升	53517	−3.8

续表

产品名称	单位	产量	比上年增长(%)
啤酒	千升	127736	1.6
卷烟	万支	1222593	5.4
纱	吨	281561	19.2
蚕丝及交织机织物	万米	234	—14.1
服装	万件	13937	2.7
轻革	平方米	1428882	—20.0
人造板	立方米	1373292	5.1
复合木地板	平方米	4814101	4.7
家具	件	2257091	10.3
多色印刷品	对开色令	385203	—24.3
合成氨	吨	1313978	21.4
化肥(折纯)	吨	796710	26.4
精甲醇	吨	668470	—6.6
中成药	吨	10863	—18.3
塑料制品	吨	765950	9.1
水泥	吨	3896519	29.3
滚动轴承	万套	1752	—68.3
改装汽车	辆	10471	—2.0
电力电缆	千米	76449	—11.0

全年规模以上工业企业实现营业收入2479.2亿元,比上年增长4.1%。实现利润148.5亿元,比上年下降2.2%。其中,国有企业增长36.7%,集体企业增长35.9%,股份制企业下降3.3%,外商及港澳台商投资企业增长27.5%。规模以上工业企业经济效益综合指数为351.4%。

全年全社会建筑业增加值201.9亿元,按可比价格计算,比上年增长12.9%。全年具有资质等级的总承包和专业承包建筑业企业218家,比上年增加35家。全年房屋建筑施工面积2126.8万平方米,增长2.0%;房屋竣工面积648.0万平方米,增长11.6%。

全年固定资产投资比上年增长13.9%,增幅高于全省4.7个百分点,居全省第3位。其中,技术改造投资增长11.0%,基础设施投资增长9.3%,民间投资增长24.8%。分产业看,第一产业投资下降33.8%,第二产业投资增长3.4%,第三产业投资增长18.9%。

全年房地产开发投资772.1亿元,比上年增长30.9%。商品房销售面积1144.0万平方米,增长9.3%;商品房销售额761.0亿元,增长11.1%;商品房待售面积41.9万平方米,下降3.4%;商品房施工面积5239.2万平方米,增长17.9%;竣工面积441.4万平方米,增长106.7%。

全年在建项目1241个(不含房地产开发项目),比上年增加114个,项目单体规模由上年的2.8亿元提升至2.9亿元。其中,5000万元以上在建项目736个,比上年增加43个,完成投资增长2.8%;亿元以上项目552个,增加23个,完成投资增长3.0%。

全年社会消费品零售总额1082.0亿元,比上年增长12.4%。按经营地统计,城镇消费品零售额922.7亿元,增长12.4%;乡村消费品零售额159.3亿元,增长12.9%。按消费类型统计,商品零售额927.5亿元,增长12.5%;餐饮收入154.4亿元,增长12.1%。

限额以上企业商品零售额中，粮油食品类 100.3 亿元，比上年增长 13.6%；烟酒类 24.7 亿元，增长 8.3%；服装鞋帽针纺织品类 45.1 亿元，增长 12.3%；化妆品类 6.4 亿元，增长 15.7%；金银珠宝类 10.5 亿元，下降 7.2%；五金电料类 7.0 亿元，增长 32.3%；家用电器和音像器材类 30.0 亿元，增长 9.4%；中西药品类 111.8 亿元，增长 11.8%；石油及制品类 65.2 亿元，增长 13.5%；汽车类 107.8 亿元，增长 7.9%；机电产品及设备类 6.8 亿元，增长 17.3%。

全年居民消费价格比上年上涨 2.8%。其中，食品烟酒类价格上涨 6.6%，衣着类上涨 2.5%，居住类上涨 0.5%。商品零售价格上涨 2.0%。

表 72 2019 年阜阳市居民消费价格比上年涨跌幅度

指标	涨跌幅度(%)
居民消费价格	2.8
其中：食品烟酒	6.6
衣着	2.5
居住	0.5
生活用品及服务	1.9
交通和通信	−1.9
教育文化和娱乐	2.0
医疗保健	1.7
其他用品和服务	3.7

全年进出口总额 15.7 亿美元，比上年增长 14.2%。其中，出口 13.3 亿美元，增长 11.6%；进口 2.5 亿美元，增长 30.3%。从出口贸易方式看，一般贸易出口 11.6 亿美元，增长 13.2%；加工贸易出口 1.7 亿美元，增长 1.7%。全年实际利用外商直接投资 4.5 亿美元，比上年增长 10.0%。外贸队伍持续壮大，新增备案企业 196 家，新增实绩企业 98 家。进出口超 1000 万美元的实绩企业 40 家，占全部实绩企业数的 9.2%，实现进出口额 8.5 亿美元。

全年公路货物运输总量 5.2 亿吨，比上年增长 4.8%；旅客运输总量 0.5 亿人次，下降 17.2%。公路货物运输周转量 1322.8 亿吨公里，增长 5.3%；旅客运输周转量 37.3 亿人公里，下降 16.8%。水路运输货运量 1.8 亿吨，下降 0.08%；货运周转量 966.4 亿吨公里，增长 0.2%。港口货物吞吐量 703.9 万吨，比上年增长 24.9%。阜阳机场航线 11 条，覆盖 16 个城市，通达 17 个航点，民航旅客吞吐量 92.2 万人次，增长 15.3%。

全年邮电业务总量 74.9 亿元，比上年增长 23.2%。其中，电信业务总量 45.2 亿元，增长 13.7%；邮政业务总量 29.7 亿元，增长 41.0%。快递服务企业业务量 8351.3 万件，增长 55.5%；快递业务收入 8.0 亿元，增长 36.3%。全市固定电话用户 35.7 万户，比上年减少 2.9 万户；移动电话用户 707.9 万户，比上年增加 55.7 万户。全市计算机互联网宽带接入用户 194.6 万户，比上年增加 21.9 万户。

全年旅游总收入 240.0 亿元，比上年增长 19.0%。其中，旅游外汇收入 1077.2 万美元，增长 13.3%；国内旅游收入 239.3 亿元，增长 19.0%。全年接待游客 3163.9 万人，增长 14.5%。其中，入境游客 2.5 万人，增长 27.6%。

全年财政收入 352.3 亿元，比上年增长 8.5%。其中，地方财政收入 200.6 亿元，增长 7.2%。全年财政支出 655.1 亿元，增长 14.0%。其中，民生类支出 559.3 亿元，增长 13.4%。重点支出项目中，城乡社区支出 79.7 亿元，增长 29.7%；教育支出 118.1 亿元，增长 10.6%；社会保障和就业支出 109.3 亿元，增长 28.6%；节能环保支出 20.0 亿元，增长 68.9%。

全年全市金融机构人民币存款余额4342.3亿元,比年初增加287.8亿元,增长7.1%。其中,住户存款余额2693.6亿元,增长13.0%;非金融企业存款余额727.8亿元,增长6.1%。全年金融机构人民币贷款余额3195.2亿元,比年初增加542.2亿元,增长20.9%。其中,住户贷款余额1663.6亿元,增长21.9%;非金融企业及机关团体贷款余额1531.6亿元,增长19.8%。

全年保险业保费收入148.1亿元,比上年增长10.7%。其中,财产险45.7亿元,增长7.0%;寿险72.3亿元,增长6.7%;意外伤害险3.1亿元,增长25.4%;健康险27.0亿元,增长29.8%。

二、阜阳市2019年社会发展

全年全市常住居民人均可支配收入20700元,比上年增长10.9%。城镇常住居民人均可支配收入32844元,增长9.1%;人均消费支出21463元,增长9.6%。其中,食品烟酒支出增长7.9%,衣着支出增长3.5%,居住支出增长9.2%,生活用品及服务支出增长6.5%,交通和通信支出增长12.6%,教育文化娱乐支出增长18.9%,医疗保健支出增长19.7%。城镇常住居民恩格尔系数为31.4%,比上年下降0.5个百分点。

全年农村常住居民人均可支配收入13079元,比上年增长10.6%。人均消费支出10439元,增长10.5%。其中,食品烟酒支出增长8.7%,衣着支出增长14.1%,居住支出增长17.5%,生活用品及服务支出增长2.0%,交通和通信支出增长10.9%,教育文化娱乐支出增长14.3%,医疗保健支出增长2.1%。农村常住居民恩格尔系数为32.5%,比上年下降0.5个百分点。

全年城镇职工养老保险参保61.8万人,失业保险参保29.5万人,医疗保险参保47.3万人,工伤保险参保41.5万人,生育保险参保30.4万人。

全年享受城市居民最低生活保障3.6万人,享受农村居民最低生活保障28.9万人,特困人员供养5.4万人。全市城乡救助资助参保126.8万人,直接救助95.9万人次。

全年城镇新增就业75380人,失业人员再就业11505人,就业困难人员再就业5087人。全年城镇登记失业率为2.04%。

全市有普通高校5所,当年招生1.9万人,在校生5.2万人,毕业生1.3万人。各类中等职业教育学校39所,在校生12.8万人。普通中学433所,在校生53.8万人,其中高中54所,在校生14.9万人;初中379所,在校生38.9万人。小学1354所,在校生80.5万人。幼儿园1390所,在园儿童34.4万人。初中学龄人口入学率为100.0%,初中毕业生升学率为79.2%,小学适龄儿童入学率为100.0%。

表73　2019年阜阳市各级各类教育发展情况

指标	学校数(所)	招生数(万人)	在校生数(万人)	毕业生数(万人)	专任教师数(万人)
高等教育	5	1.9	5.2	1.3	0.2
中等职业教育	39	5.0	12.8	3.7	0.4
普通高中	54	5.4	14.9	5.0	0.9
初中阶段	379	13.5	38.9	12.2	2.3
小学	1354	14.1	80.5	13.1	3.9
幼儿园	1390	11.7	34.4	13.0	1.4

全市有高新技术企业297家,高新技术产业总产值比上年增长13.4%。全年专利申请9537件,比上年下降27.0%。其中,发明专利3449件,实用新型专利4869件,外观设计专利1219件。全年专利授权量5209件。其中,发明专利704件,实用新型专利3624件,外观设计专利881件。有效发明专利拥有量2889件,每万人口有效发明专利拥有量3.5件。全年组织实施省级以上科技计划项目192项,有9项科技成果获省科学技术奖,其中一等奖1项,二等奖3项,三等奖5项。

全市有艺术表演团体589个，其中民营院团585个，国有院团4个。有文化馆9个，公共图书馆9个，博物馆7个，美术馆1个，文化站172个。公共图书馆藏书量171.2万册，广播人口覆盖率达100%，电视人口覆盖率达100%。

全市共有医疗卫生机构2983个。其中，医院120个，基层医疗卫生机构2818个，专业公共卫生机构36个，其他卫生机构9个。基层医疗卫生机构中，卫生院167个，社区卫生服务中心(站)150个，村卫生室1773个；专业公共卫生机构中，疾病预防控制中心9个，专科疾病防治院(所、站)2个，妇幼保健院(所、站)9个，卫生监督所(中心)9个。

全市有医疗卫生机构卫生人员56070人，其中卫生技术人员42679人，管理人员1863人，工勤技能人员3115人，其他技术人员1918人。卫生技术人员中，执业(助理)医师16217人，注册护士18666人。医疗卫生机构实有床位46694张，其中医院、卫生院床位45157张。全年医疗卫生机构共诊疗4097万人次，出院139.6万人。

全市有体育场馆12个，乡镇全民健身中心77个，乡镇多功能运动场71个，乡镇级全民健身广场157个，农民体育健身工程1819个，全民健身苑2208个，各类足球场地69个，全民健身晨晚练点1099个。全年举办大型全民健身活动204次，其中千人以上活动40次，参加活动人数约24万人。全年获得国际赛事金牌1枚、铜牌2枚；国家级体育赛事金牌8枚、银牌8枚、铜牌7枚；省级体育赛事金牌88枚、银牌88枚、铜牌90枚。全市等级运动员156人，其中一级运动员23人、二级运动员133人。全年体育彩票销售额4.94亿元，公益金3880万元。

全年累计探明资源储量50.6亿吨，集中分布在颍上县北部和颍东区东部，大部分为大型矿床。已探明铁矿3处，探明资源储量2286.4万吨。其中，颍上县陶坝铁矿探明资源储量2065.6万吨，颍上县王台子铁矿探明资源储量145.9万吨，颍上县汪坝铁矿探明资源储量74.9万吨。

全市有环境监测站6个，其中市级站1个，县级站5个。阜阳城区空气质量达到国家Ⅱ级标准208天，空气质量优良率达57.1%。有自然保护区2个，面积2.6万公顷。当年造林面积7115公顷，其中用材林1064公顷，经济林3594公顷，防护林2412公顷。

三、阜阳市2019年重点工作

(一)突出产业支撑，大力发展实体经济

围绕产业兴城、工业强市，组织开展产业项目建设年和优良作风建设年活动，制订实施《阜阳市产业发展五年行动计划》，修订完善产业发展、招商引资、招才引智扶持奖补政策。认真落实减税降费政策，全年累计新增减税降费36亿元以上。扎实开展“四送一服双联”活动，深入实施“三比一增”专项行动，帮助企业解决实际问题578件，清偿拖欠民营企业中小企业账款7.2亿元，发放企业稳岗资金1.3亿元。工业经济提质增效，新增省级“专精特新”企业37家，规模以上工业企业达到1893家、居全省第二，全市规模以上工业增加值增长10.4%、居全省第4位。现代生态农业产业化成效明显，粮食总产524.3万吨、增长2.1%，非洲猪瘟等重大疫情有效防控。经济作物种植面积达到410万亩，新增花卉面积15万亩。规模以上农产品加工业产值占全省的11.8%，居全省首位。现代服务业蓬勃发展，新增限额以上商贸企业220家，社会消费品零售总额1082亿元，增长12.4%，总量首次突破千亿元大关、居全省第3位，增速居全省第2位。快递业务收入达8亿元，增长36.3%，增速居全省首位。对外贸易结构进一步优化，实现进出口总额15.7亿美元，增长14.2%。全年旅游总收入230亿元，增长18%。金融机构人民币贷款余额增长20.9%，居全省第2位。

(二)聚焦精准精细，全面打好三大攻坚战

坚持把脱贫攻坚作为重大政治任务和第一民生工程，制定落实“两清单”“一意见”，深入推进“两查

两补”,组织实施“四季攻势”。开展贫困群众“两不愁三保障”及饮水安全突出问题大排查,解决突出问题5077个。中央专项巡视反馈市级68个问题整改完成,建立长效机制62条,国家和省考核巡查反馈的市级37个问题完成整改。扎实推进“十大工程”,基层基本公共服务均等化2607个项目全部开工,竣工2577个。全力打好污染防治攻坚战,深入实施大气污染防治“颍淮蓝天工程”,严格落实“五控”“六全”措施,全面开展“清洁阜阳”专项行动,空气质量明显改善。整治入河排污口195个,水功能区水质达标率为82%,市县乡村四级“河(湖)长制”实现全覆盖。中央和省环保督察反馈问题整改完成序时进度,单位GDP能耗和能耗增量指标完成控制目标。坚决守住不发生系统性风险底线,认真落实“1+8+N”工作方案,持续打击非法金融活动。坚持“一城一策、因城施策”,严格房价备案管理,房地产供需实现总量平衡、结构优化。

(三)强化阜城带动,加快推进城乡建设

围绕建设“区域重点城市”,精细化推进阜城规划建设管理,城市规模进一步扩大,功能进一步完善。《阜阳市城市总体规划(2012—2030年)(2018年修改)》获批实施,国土空间规划启动编制,西湖新区等片区详规编制完成。调整优化2019年阜城城建投资计划,完成投资400.3亿元。霞光大道泉河桥竣工,西湖大道、复兴大道、骆家沟路基本完工,合肥大道、霞光大道高架建设及阜裕大桥拆除重建工程加快推进。颍东污水处理厂扩建项目有序实施,城区19条黑臭水体治理初见成效。深入开展全国文明城市创建工作,改造提升老旧小区、无人管理小区和居民棚户区375个、背街小巷145个,建设改造标准化农贸市场8个,完成18个社区办公场所配备。阜城绿地覆盖率达40%,人均公园绿地面积达18.9平方米。五县市规划建设管理水平进一步提高。创建省级森林城市1个、森林城镇9个,林长制“五个一”服务实现全覆盖。完成“四好农村路”扩面延伸工程建设任务。198个年度省级中心村建设进展顺利。农村人居环境整治“三大革命”和“三大行动”有序推进,市场化保洁实现县域全覆盖。

(四)持续扩大投资,切实增强发展后劲

完善项目推进“四项机制”,投资规模不断扩大,在建亿元以上项目509个,完成投资1223.7亿元、居全省第二。5000万元以上工业项目完成投资353亿元,占重点项目投资总额的28.8%。民间投资增长25%左右,居全省前列。高度重视招商引资工作,建立招商引资项目对接、决策、督评工作机制,实际到位市外资金1067.8亿元、增长15.9%,直接利用外资4.5亿美元、增长10%。成功举办“融入长三角·高铁全覆盖”市情推介暨招商恳谈会,签约产业类项目79个、投资额1005亿元。

(五)深化对外开放,扎实推进改革创新

开展“融入长三角、高铁全覆盖、我们怎么办”系列活动,强化与长三角等地区对接合作,签订政府园区合作类项目9个、产学研类项目20个,与上海市徐汇区、松江区建立战略合作关系。安徽中印(太和)国际医药合作先行示范产业园获省批复。深化商事制度改革,新登记各类市场主体10.1万户,总量居全省第二。扎实推进“一网、一门、一次”改革,打造“慧办事、慧审批、慧监管”政务新模式,市县两级“最多跑一次”事项达14.2万个,工程建设项目审批时限压缩至120个工作日以内。完成市、县政府机构改革任务,建立阜阳经济开发区毗邻园区“四个统一”机制。完成14家市属国有外贸企业改制。加快农村综合改革,村级集体经营性资产股份合作制改革、“三变”改革村覆盖率分别达99%、93%。深入推进省级创新型城市建设,高新技术企业发展到270家,11个项目获省科技重大专项支持、立项数居全省第二,全省首个市级电子创业券在阜阳市上线运营。阜阳市磁性功能材料、界首新型化学纤维及功能纺织材料获批省第四批重大新兴产业专项,界首科技企业孵化器获批国家级科技企业孵化器,颍上“双创”基地被评为国家级示范基地。

(六)着力改善民生,全力维护和谐稳定

坚持以人民为中心的发展思想,大力推进基本公共服务均等化。33项民生工程全面完成,民生类资金投入559.3亿元、增长13.4%。组织开展"接您回家"系列活动,城镇新增就业7.5万人,为省下达目标任务的1.8倍,培养技能人才1.9万人。争取中央、省级棚改专项补助资金22.6亿元,新增基本建成保障性住房19306套,棚户区改造工作获得国务院办公厅表彰奖励。新建、改(扩)建公办幼儿园91所,建成农村中小学智慧学校510所,基础教育教学质量进一步提升。全市医疗机构每千人床位数增加到5.4张,县级医院均通过三级医院设置批准。乡镇(街道)养老服务中心、社区养老服务站覆盖率分别达84%、63%。精神文明建设成效显著,2人获评全国道德模范提名奖、5人获评全省道德模范奖,21人被评为"中国好人""安徽好人"。临泉杂技、太和清音入选第五批国家级非遗代表性项目推荐申报名单,阜南县台家寺遗址获批第八批全国重点文物保护单位。阜阳市运动员在全国第二届青年运动会上取得14金5银6铜的好成绩。持续深化"平安阜阳"建设,全力做好"保大庆、护稳定"工作,纵深推进"扫黑除恶"专项斗争,创新多元矛盾纠纷预防化解机制,社会治理体系进一步完善。不断健全应急救援体系,建立安全生产和应急管理新机制,改革完善食品药品监管体制,安全生产形势持续向好。国防、人防建设和军民融合深入推进,退役军人市县乡村四级服务保障体系实现全覆盖。高质量完成第四次全国经济普查工作。残疾人就业服务中心获全国"残疾人之家"称号。妇女儿童、老龄、红十字、慈善、气象、地震、外事、住房公积金管理等工作也都取得了新的成绩。

(七)切实加强政府自身建设,认真开展"不忘初心、牢记使命"主题教育,深入开展"遍访贫困对象""三联四建""阜阳夜话""四送一服双联"四项活动

组织开展"为民服务解难题"集中攻坚工作,突出解决农民、市民、企业反映强烈的15个热点难点问题。结合做好中央脱贫攻坚专项巡视和中央通报问题整改,深入开展"三个以案"警示教育和"严规矩、强监督、转作风"集中整治形式主义官僚主义专项行动。切实加强政治建设,落实意识形态工作责任,坚定政治定力。严格执行中央八项规定精神和省、市相关要求,强化审计监督,深化廉政风险防控。坚持科学、民主、依法决策,贯彻落实《重大行政决策程序暂行条例》,健全完善重大决策合法性审查机制。自觉接受市人大及其常委会法律监督和工作监督,坚决执行市人大及其常委会决议、决定,办理人大审议意见9件、代表建议254件。主动接受市政协民主监督,办理政协建议案1件、政协委员提案264件。深入推进政府系统机关作风效能建设,扎实开展政风行风评议,认真做好市长热线和网络问政工作。加强和改进政务督查,优化政府目标管理绩效考核评价体系。认真开展"基层减负年"活动,全面推行"四不两直"调研方式,切实改进文风会风,市政府文件、会议和督查检查考核均比上年减少三分之一以上,决策执行力进一步提升。

第十二节 宿州市2019年经济社会发展报告

2019年,面对复杂严峻的外部环境,全市上下在市委、市政府的坚强领导下,坚持以习近平新时代中国特色社会主义思想为指导,按照高质量发展要求,深入实施五大发展行动计划,扎实做好"六稳"工作,全市经济社会保持平稳健康发展,经济结构不断优化,人民生活持续改善,社会事业繁荣发展,现代化五大发展美好宿州建设迈出新的步伐。

2019年,全市户籍人口658.27万人,比上年增加1.71万人,户籍人口城镇化率为24.3%,比上年提高1.6个百分点。其中,出生人口7.87万人,出生率为11.96‰,比上年下降2.56个千分点;死亡人口3.40万人,死亡率为5.16‰,比上年下降0.6个千分点;人口自然增长率为6.80‰,上升1.01个千分点。全市常住人口570.05万人,比上年增加1.91万人,城镇化率为43.96%,比上年提高1.22个百分点。

表 74　2019 年宿州市人口及构成

指标	人口数(万人)	比重(%)
户籍人口	658.27	—
常住人口	570.05	—
其中:城镇	250.62	43.96
乡村	319.43	56.04
其中:0—14 岁	129.76	22.76
15—59 岁	337.25	59.16
60 岁及以上	103.04	18.08
其中:65 岁及以上	80.83	14.18

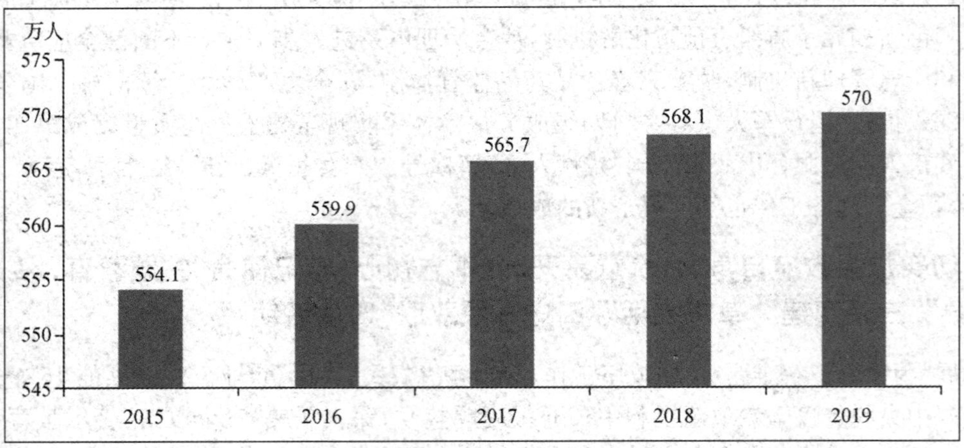

图 44　2015—2019 年末宿州市全市常住人口

一、宿州市 2019 年经济发展

全年地区生产总值(GDP)1978.75 亿元,按可比价格计算,增长 8.7%。其中:第一产业增加值 287.51 亿元,增长 3.4%;第二产业增加值 710.34 亿元,增长 10.7%;第三产业增加值 980.90 亿元,增长 8.8%。三次产业结构比为 14.5∶35.9∶49.6。人均生产总值 34773 元(折合 5041 美元),比上年增加 3765 元。全员劳动生产率 51204 元/人,比上年增加 5416 元/人。

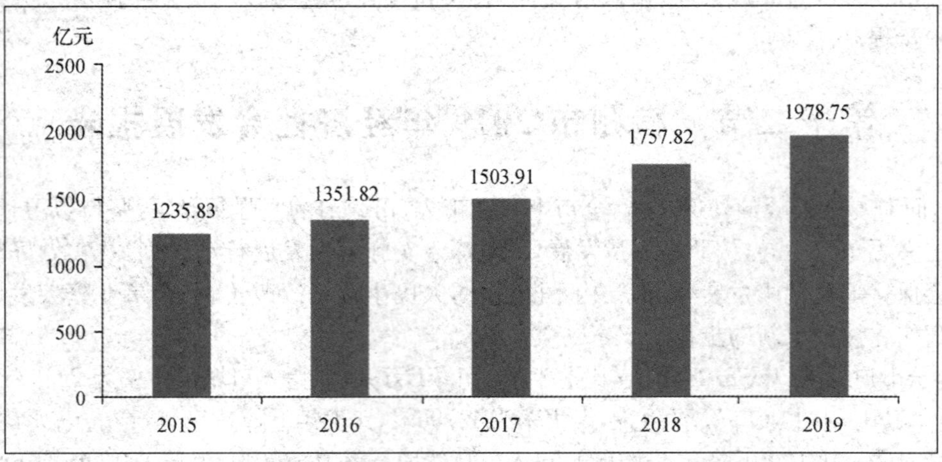

图 45　2015—2019 年宿州市地区生产总值

表 75　2019 年宿州市生产总值及增长速度

指标	绝对数(亿元)	比上年增长(%)
地区生产总值	1978.75	8.7
其中:第一产业	287.51	3.4
第二产业	710.34	10.7
第三产业	980.90	8.8
其中:农林牧渔业	330.37	4.0
工业	513.58	9.9
建筑业	196.98	13.1
批发和零售业	165.38	6.3
交通运输、仓储和邮政业	103.98	7.1
住宿和餐饮业	40.65	8.7
金融业	112.19	13.4
房地产业	160.67	4.4
其他营利性服务业	138.31	15.1
其他非营利性服务业	216.64	7.5

全年粮食作物种植面积 93.95 万公顷,比上年下降 0.3%;粮食产量 443.51 万吨,比上年增产 13.59 万吨,增长 3.2%。其中,夏粮 268.83 万吨,增产 12.52 万吨,增长 4.9%;秋粮 174.68 万吨,增产 1.07 万吨,增长 0.6%。油料产量 12.67 万吨,下降 0.8%;棉花产量 0.06 万吨,下降 37.3%;蔬菜及食用菌产量 212.14 万吨,增长 5.1%。

表 76　2019 年宿州市主要农产品产量及增长速度

产品名称	绝对数(万吨)	比上年增长(%)
粮食	443.51	3.2
油料	12.67	−0.8
花生	11.89	−1.3
油菜籽	0.76	5.0
棉花	0.06	−37.3
糖料	0.28	−8.29
药材	0.21	−1.7
蔬菜及食用菌	212.14	5.1
瓜果	70.19	6.5

全年肉类总产量 45.59 万吨,下降 1.1%;牛奶产量 0.28 万吨,增长 14.8%;水产品产量 4.5 万吨,增长 2.6%;禽蛋产量 28.19 万吨,增长 2.6%。

全年全市农业机械总动力 777.45 万千瓦,增长 2.5%。大中型拖拉机保有量 3.58 万台,联合收割机保有量 2.94 万台,增长 4.3%;大中型拖拉机配套比 1∶2.5,耕种收综合机械化水平达 89.3%。全年农用化肥施用量(折纯)30.08 万吨,下降 4.6%。农药使用量 1.82 万吨,下降 6.9%。灌溉面积 48.26

万公顷,增长0.9%,新增耕地灌溉面积0.44万公顷;节水灌溉面积11.47万公顷,增长2.1%,新增节水灌溉面积0.25万公顷。

全年规模以上工业企业1144家,规模以上工业增加值增长10.0%。其中,33个工业大类行业中有26个增加值保持增长,农副食品加工业增长0.4%,食品制造业增长27.2%,纺织业增长8.2%,木材加工和木竹藤棕草制品业增长3.5%,电力、热力生产和供应业增长12.3%,煤炭开采和洗选业下降16%,皮革羽毛制品和制鞋业增长0.4%。全年战略性新兴产业产值增长16.1%,高新技术产业增加值增长31.6%,农产品加工业产值增长4.1%。

规模以上工业统计的主要产品产量中,小麦粉下降6.7%,饲料增长26.3%,罐头增长22.2%,机制纸及纸板增长36.8%,商品混凝土增长37.6%,食品添加剂增长73.4%。

表77　2019年宿州市规模以上工业主要产品产量增长速度

指标	比上年增长(%)
食品添加剂	73.4
鲜、冷藏肉	41.1
商品混凝土	37.6
机制纸及纸板	36.8
饮料	35.4
饲料	26.3
罐头	22.2
糖果	11.3
化学试剂	7.3
服装	−6.3
小麦粉	−6.7

全年规模以上工业企业实现利润总额增长1.4%,实现主营业务收入增长1.6%。

全年建筑业总产值437.06亿元,增长18.1%。建筑企业房屋建筑施工面积1580.37万平方米,增长20.5%。房屋建筑竣工面积686.34万平方米,增长10.0%。

全年批发和零售业增加值165.4亿元,比上年增长6.3%;交通运输、仓储和邮政业增加值104.0亿元,增长7.1%;住宿和餐饮业增加值40.7亿元,增长8.7%;金融业增加值112.2亿元,增长13.4%;房地产业增加值160.7亿元,增长4.4%;其他服务业增加值355.0亿元,增长10.7%。

全年固定资产投资比上年增长13.4%。其中,一产投资增长10.1%,二产投资增长9.5%,三产投资增长15.5%。全年工业投资增长9.7%。民间投资增长11.6%,占全市固定资产投资的比重为68.8%,比上年下降1.2个百分点。全年房地产开发投资349.6亿元,增长17.6%。

表78　2019年宿州市分行业固定资产投资额及增长速度

行业	比上年增长(%)
农、林、牧、渔业	10.1
采矿业	−93.6
制造业	15.5
电力、热力、燃气及水生产和供应业	−18.1

续表

行业	比上年增长(%)
建筑业	－100
交通运输、仓储和邮政业	12.4
信息传输、软件和信息技术服务业	497.6
批发和零售业	－31.3
住宿和餐饮业	33.0
房地产业	24.6
租赁和商务服务业	－35.8
科学研究和技术服务业	289.3
水利、环境和公共设施管理业	18.2
居民服务、修理和其他服务业	723.6
教育	16.6
卫生和社会工作	105.4
文化、体育和娱乐业	118.6
公共管理和社会组织	－74.6

全年棚户区改造住房开工建设25820套，基本建成5732套。

列入省亿元以上重点项目636个，累计完成投资696亿元。新开工项目169个，竣工项目84个。高新区智能终端及配套产品生产、萧县垃圾发电二期、灵璧县和埇桥区生物质热电联产等项目开工建设；泰盛纸业、绿色家居产业园、银河一路东延西延、新汴河航道整治工程等项目加快推进；万达CBD、丰大国际会展中心、高新区赛诚高性能云渲染平台一期、砀山县悦得机器人生产等项目建成运营。京沪铁路宿州站综合改造获国铁集团和省政府正式批复，正在积极筹备开工，合新高铁泗县段、宿州机场等项目前期工作不断加快。

全年社会消费品零售总额621.09亿元，比上年增长12.0%，其中限额以上消费品零售额261.92亿元，增长11.0%。分城乡看，城镇零售额505.61亿元，增长12.0%；乡村零售额115.48亿元，增长12.4%。

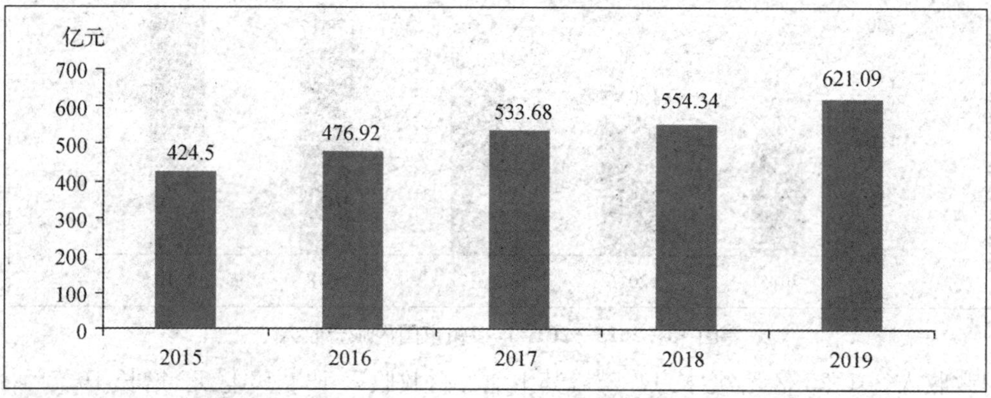

图46　2015—2019年宿州市社会消费品零售总额

限额以上企业商品零售额中，书报杂志、日用品、家具、汽车、中西药品类、服装类等零售额分别增长50.1%、31.4%、39.7%、4.0%、5.1%、24.5%。

全年进出口总额9.09亿美元,比上年增长23.2%。其中,进口总额0.29亿美元,下降69.2%;出口总额8.81亿美元,增长36.5%。

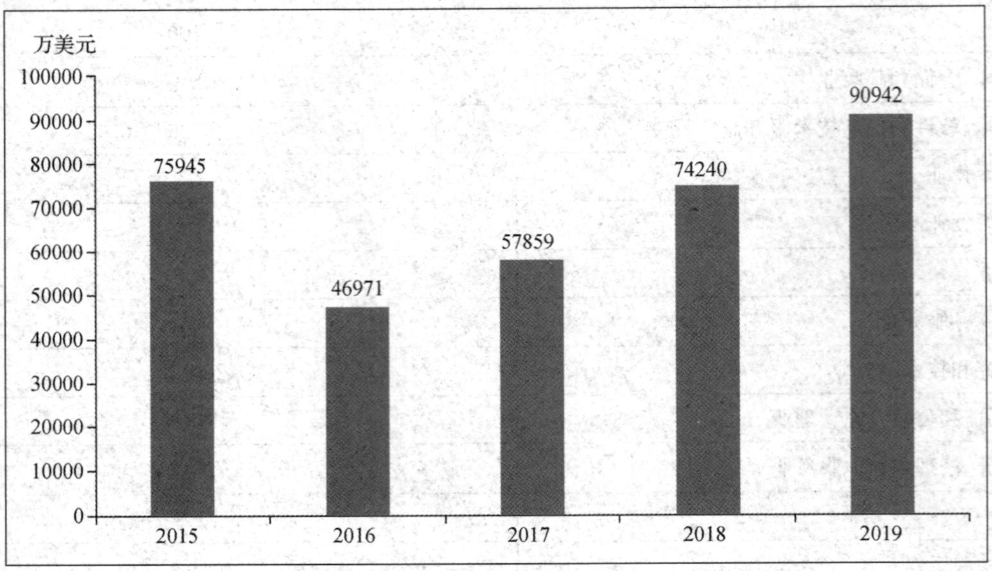

图47 2015—2019年宿州市进出口总额

全年引进外资项目7个;合同利用外资0.62亿美元,下降64.4%;外商直接投资9.82亿美元,增长7.0%。

全年公路客运量0.28亿人,下降15.1%;旅客周转量17.33亿人公里,下降14.6%。公路货物运输量2.67亿吨,增长4.8%;货物周转量546.38亿吨公里,增长5.3%。

全年汽车保有量73.82万辆,比上年增长13.6%,其中个人汽车保有量66.75万辆,增长14.7%。

全年邮电业务总量49.93亿元,其中电信业务总量28.41亿元,邮政业务总量21.52亿元。全年移动电话用户585.55万户,移动电话普及率达85.2部/百人;互联网宽带用户达144.33万户。

全年入境旅游人数5.40万人次,比上年增长5.3%;国内旅游人数2989.93万人次,增长14.4%。国际旅游外汇收入2398.24万美元,增长2.9%;国内旅游收入212.37亿元,增长19.2%;旅游总收入214.02亿元,增长19.1%。

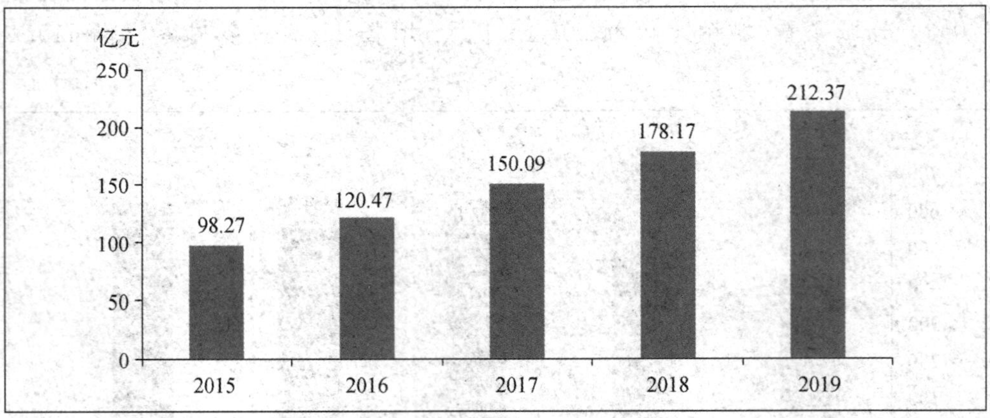

图48 2015—2019年宿州市国内旅游收入

全年财政收入201.25亿元,增长14.5%,其中地方财政收入130.17亿元,增长16.7%。全部财政收入中,税收收入147.85亿元,增长10.3%;非税收入53.4亿元,增长28.1%。财政支出449.86亿元,增长13.4%,其中民生支出386.95亿元,增长11.5%,占财政支出的86.0%。从重点支出项目看,教育支出增长10.6%,城乡社区事务支出增长49.3%,社会保障和就业支出增长7.4%。

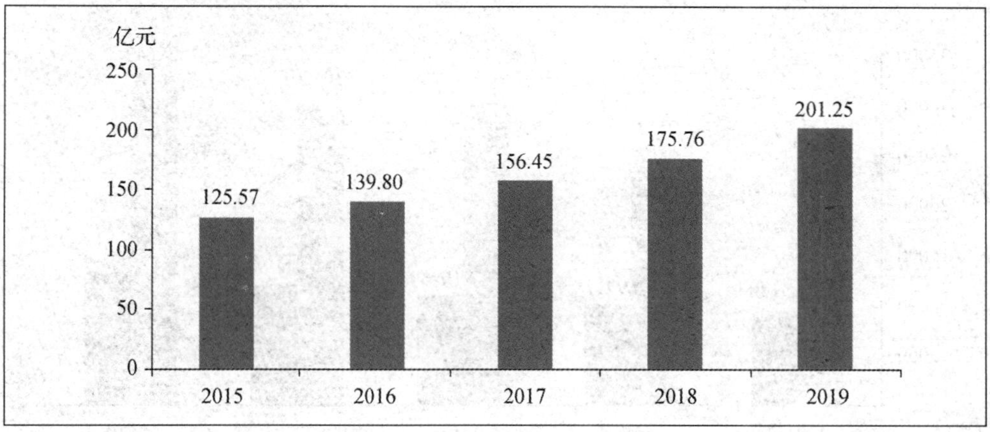

图 49　2015—2019 年宿州市财政收入

全年全市金融机构人民币各项存款余额 2499.61 亿元，增长 9.1%。其中，住户存款余额 1597.65 亿元，增长 12.7%。金融机构各项贷款余额 1895.87 亿元，增长 22.1%。全市金融机构存贷比为 75.9%，比上年提高 8.1 个百分点。

表 79　2019 年宿州市金融机构人民币各项存贷款

指标	2019 年数(亿元)	比上年增长(%)
各项存款余额	2499.61	9.1
其中:住户存款	1597.65	12.7
非金融企业存款	502.10	3.8
财政性存款	77.42	13.9
各项贷款余额	1895.87	22.1
其中:短期贷款	570.69	14.8
中长期贷款	1279.33	23.7

全年保险业保费收入 101.92 亿元，增长 14.3%。其中，财产险保费收入 33.41 亿元，增长 19.1%；人寿险保费收入 68.51 亿元，增长 12.0%。赔款和给付支出 25.49 亿元，下降 7.6%。其中，财产险赔款 17.36 亿元，增长 1.5%；人寿险赔款和给付 8.13 亿元，下降 22.3%。

二、宿州市 2019 年社会发展

全年城镇常住居民人均可支配收入 32643 元，增长 8.5%。城镇常住居民恩格尔系数为 31.0%。城镇居民人均住房建筑面积 50.27 平方米，比上年增加 3.81 平方米。

农村常住居民人均可支配收入 13213 元，增长 10.7%。农村常住居民恩格尔系数为 32.5%。农村居民人均拥有住房面积 49.63 平方米，比上年增加 7.18 平方米。

全年人均住户存款 24270 元，比上年增加 2668 元，增长 12.4%。

全年参加城乡居民养老保险人数 356.28 万人。其中，城镇居民参保 7.50 万人，农村居民参保 348.78 万人。城乡居民社会养老保险金领取人数 90.54 万人，下降 1.9%。全年城镇职工参保 33.76 万人，城乡居民基本医疗保险参保人数 549.45 万人。

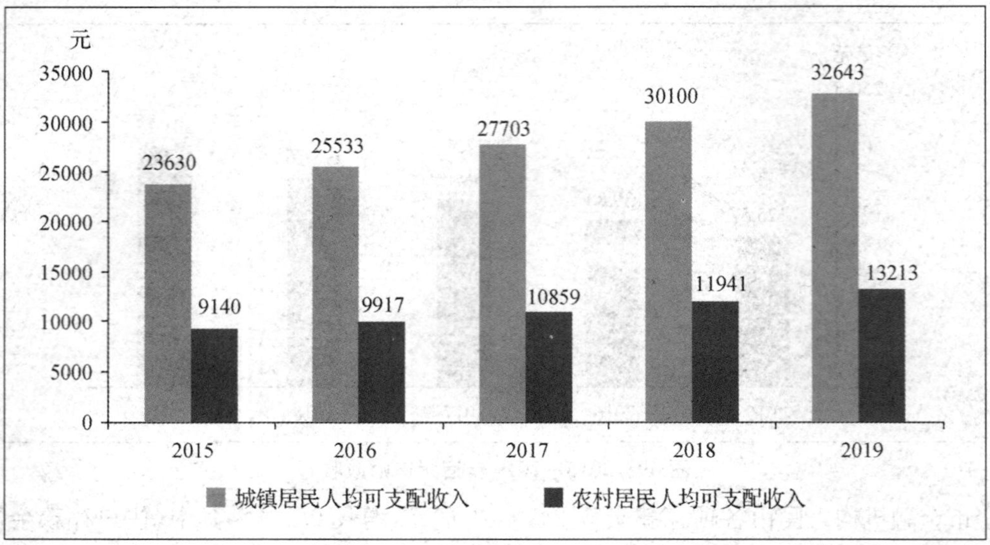

图 50　2015—2019 年宿州市城乡居民人均可支配收入

教育科技文化事业持续发展。全年普通高等学校招生 1.18 万人,在校生 2.98 万人,毕业生 0.68 万人。高中阶段招生 2.94 万人,在校生 8.31 万人,毕业生 2.94 万人。高中阶段毛入学率为 93.8%。中等职业学校招生 2.67 万人,在校生 5.57 万人,毕业生 2.77 万人。初中阶段招生 7.51 万人,在校生 20.06 万人,毕业生 5.69 万人。初中学龄人口入学率为 100%。小学招生 9.12 万人,在校生 51.60 万人,毕业生 7.53 万人。小学学龄儿童入学率为 100%。幼儿园在园幼儿 23.94 万人。特殊教育在校学生 0.30 万人。各类民办学校在校学生 25.60 万人。

表 80　2019 年宿州市各级各类教育发展情况

指标	招生数(万人)	在校学生数(万人)	毕业生数(万人)
中等职业学校	2.67	5.57	2.77
高中阶段	2.94	8.31	2.94
初中阶段	7.51	20.06	5.69
小学阶段	9.12	51.60	7.53
幼儿园	8.79	23.94	9.19
民办学校	8.50	25.60	8.01

全年高新技术企业 134 家,其中当年新增企业 39 家。全年专利申请量 5484 件,其中发明专利申请量 1779 件。市级以上科技计划项目 67 个。省科技成果登记 684 项。全市省级以上研发平台 15 个,其中省级工程技术研究中心 7 个,省级院士工作站 8 个。

全市共有公共图书馆 6 个,图书馆藏书量 159.3 万册。全年有线电视入户 40 万户,广播节目综合人口覆盖率达 99.8%;电视节目综合人口覆盖率达 99.8%。全年组织文艺活动 5996 次。

全市体育社团组织机构数 186 个,青少年体育俱乐部 33 个。全市社会体育指导员 5671 人。全年共开展各项全民健身活动 146 次。省及省级以上比赛共获得金牌 34 枚,银牌 37 枚,铜牌 48 枚。

全市拥有卫生机构 1839 个。其中,基层医疗卫生机构 1726 个,专业公共卫生机构 21 个,其他卫生机构 3 个。医院、卫生院 197 个,社区卫生服务中心(站)99 个。全市实有床位 2.55 万张,其中医院 1.77 万张,乡镇卫生院 0.72 万张。全市有卫生技术人员 2.44 万人,其中执业(助理)医师 0.98 万人,注册护士 1.03 万人。

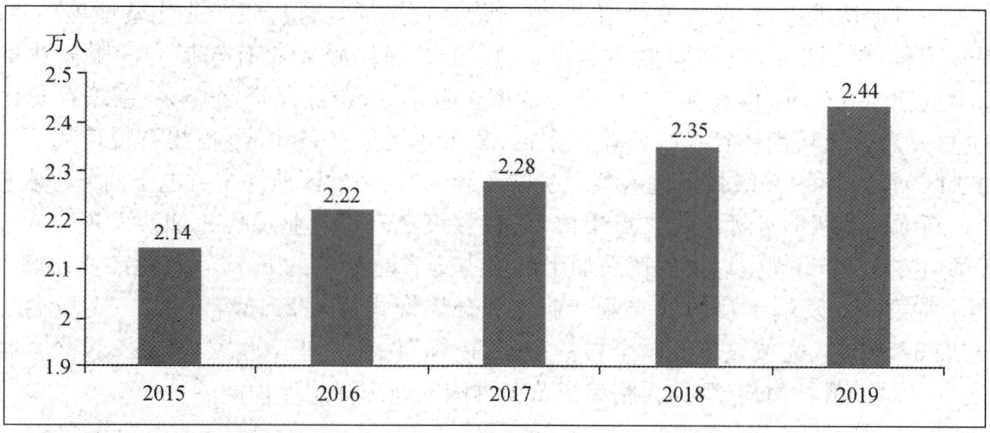

图 51　2015—2019 年宿州市卫生技术人员数

全市有各类社会福利收养性单位 176 个，床位 2.15 万张。社区服务中心 77 个，城市社区综合服务设施覆盖率达 100%。全市共救助医疗救助对象 33.99 万人次，支出医疗救助金 1.56 亿元。农村"五保"供养对象 3.08 万人。

全年销售社会福利彩票 4.04 亿元，筹集福利彩票公益金 1.12 亿元。

全年降水量 606.9 毫米。全年平均气温 15.5 ℃。极端气温最高 38.7 ℃，极端气温最低－8.1 ℃。全年日照时数 2141.1 小时。

全市有林地面积 31.37 万公顷，四旁（零星）植树 34245 公顷。森林覆盖率达 32.31%，林木绿化率达 36.42%，活立木总蓄积量达 1947.21 万立方米。

城市集中式饮用水源地水质、水量达标率均为 100%。环境空气质量二级。城区空气质量优良率为 61.2%。城市区域声环境等效声级均值和城市道路交通噪声等效声级均值分别为 55.5 dB(A)和 67.7 dB(A)。全市污水处理厂集中处理率达 95.04%，建成区绿地率达 34.2%。

全年全社会综合能源消费量（等价值）735.24 万吨标准煤，增长 4.67%，单位 GDP 能耗 0.4237 吨标准煤/万元，下降 3.7%。

三、宿州市 2019 年重点工作

（一）突出创新驱动，产业结构持续优化

新型工业化持续推进。坚持工业强市战略不动摇，贯彻落实省促进经济高质量发展"30 条"、促进民营经济发展"30 条"等系列政策，工业总量加速扩张、质量明显提升。深入实施"全创改""三重一创"，全力建设战略性新兴产业基地，规模以上工业增加值增长 10.1%；战略性新兴产业产值、高新技术产业增加值分别增长 20.1%、27.6%，占规模以上工业比重显著提升。实施"3111"工程和重点技改"1525"行动计划，县区、园区首位产业产值增长 19.4%，技改投资增长 44.8%，产业发展的体量更大、成色更足。区域发展齐头并进。宿州经开区生物医药科技园原料药制造项目入选省重大新兴产业工程。绿地科技产业园项目落户宿马园区。市高新区、砀山经开区去筹转正，市高新区数字小镇获批省级特色小镇。鞋城在中国轻工业产业集聚区综合评比中名列前茅。萧县获评全国县域经济投资潜力百强县，埇桥区获评全国投资潜力百强区、连续 5 年被授予全省"发展民营经济先进县区"称号。张江萧县高科技园创建沪皖合作示范园区被列入长三角地区合作要点。泗涂现代产业园在全省县域南北合作共建园区年度考核中排名首位。符离镇获评全国综合实力千强镇。宿州百丽鞋业荣登 2018 安徽省民营企业纳税百强、营收百强。项目建设提速提效。高质量落实"四督四保"制度，开展重点项目推进"百日会战"，607 个省亿元以上重点项目完成投资 680 亿元，泰盛纸业、宿州会展中心等项目开工建设，新亚电子、绿色家居产业

园家居生产等项目加快推进,钱营孜低热值煤电厂、紫金石墨烯复合薄膜产业化基地等项目竣工投产。质量品牌提升工程成效明显,新增安徽名牌产品16个。现代服务业有效提升。服务业增加值增长10.3%。新增贷款300亿元、增长25%,任务完成率全省第一;余额存贷比68%;新增存贷比110%,高于全省28个百分点。成功创建省级服务业集聚区、集聚示范园区各1家,宿州吾悦广场等项目开工建设。新汴河景区创建国家4A级景区进入公示阶段。砀山县、埇桥区获评全省电子商务进农村全覆盖工作先进县区。新增国家级服务标准化试点单位1家、省级3家。农业现代化加快发展。农业产业化水平稳居全省第一方阵,全市规模以上农产品加工产值占全省总产值的9.7%,农业产业化联合体发展到283家、位居全省第一。发端于宿州的农业产业化联合体模式写入2018年中央"一号文件"。农村"三变"改革已开展375个村、完成改革300个村。"三品一标"认证企业200家、产品289个。埇桥区荣获"中国烧鸡之乡"称号,萧县葡萄、泗县大路口山芋获批国家地理标志保护产品。

(二)突出精准扶贫,脱贫攻坚成绩斐然

脱贫攻坚考核跃居全省第一方阵前列,打赢了翻身仗。围绕"1234+N"工作思路,全市统筹用于扶贫的财政资金达30.56亿元,"春夏秋冬"四季攻势全面收官,顺利完成115个贫困村出列、9.33万名贫困人口脱贫的年度目标,全市贫困发生率降至1.22%,三县一区退出有望,脱贫攻坚取得决定性进展。扎实开展"重精准、补短板、促攻坚"专项整改行动、"七个不落、一个不少"大排查。创造性实施"四带一自"产业扶贫、"三有一网"点位扶贫等模式,到村产业项目覆盖率达100%,实施特色种养业扶贫到户项目22.37万个,经营主体带动贫困户17.59万户。拓展实现所有学段、公办民办学校、家庭经济困难学生资助全覆盖。全面落实"351""180"健康脱贫政策,拓展实施"两类人群"保障政策,创新实施"三类人员"集中供养,全市贫困人口家庭医生签约实现全覆盖。易地扶贫搬迁工程圆满收官,6576人全部搬迁入住,完成四类重点对象和边缘户危房改造31873户。新(改)建农村公路10451.6公里,全市基本实现自然村通硬化路。安全饮水工程自来水到户率实现贫困村全覆盖,非贫困村覆盖率达90%以上。农网供电全面升级,行政村实现光纤接入全覆盖。基层基本公共服务八大领域19项指标均达到或高于全省平均水平。宿州市在全国驻村帮扶工作座谈会上作经验介绍,荣获2018年度全国脱贫攻坚组织创新奖,涌现出曾翙翔等一批先进典型。创新实施"一自三合"扶贫小额信贷模式,全国金融扶贫现场培训在灵璧县举办。泗县健康脱贫工作受到国家卫健委和国务院扶贫办通报表彰。全省贫困县高质量退出现场推进会在泗县召开。

(三)突出污染防治,环境保护克难奋进

面对污染防治的严峻形势,全市上下痛下决心、勠力同心,全面打响蓝天、碧水、净土"三大保卫战",中央、省环保督察反馈问题整改有效推进,污染防治攻坚战取得阶段性成效。围绕"五控"工作,扎实开展大气污染防治百日攻坚行动,PM2.5平均浓度57.8微克/立方米、下降17.1%,下降率全省第四;空气优良天数比例达60.3%、提高9.5个百分点。开展"洁净宿州"行动,划定高污染燃料禁燃区,城区全面禁售禁放烟花爆竹,加大重点区域机动车、非道路移动机械污染治理力度,全面落实建筑工地扬尘防治"六个百分百"。主城区重点区域煤改气全面完成,"散乱污"企业排查整治有效推进,282台燃煤小锅炉有279台完成清洁能源替代,192家砖瓦窑厂关闭淘汰并拆除到位,完成156个关停矿山生态修复。精准实施水污染治理,河长制、湖长制全面推行,4个国控考核断面水质达到或优于水质控制目标。启动主城区污水治理三年攻坚战,改造完成主城区6条道路污水管网、291处雨污合流管网截污点,11条黑臭水体治理初见成效,建成生活污水集中处理厂6座、工业园区集中污水处理厂11座,汴北污水处理厂投入运营,成功争获全国首批黑臭水体治理示范城市。全面落实"土十条",扎实推进土壤污染治理与修复。深入开展"清废行动",290余个固体废物污染问题得到解决,遗患多年的灵璧闵庄垃圾场变身为惠民利民的休闲公园。市县乡村四级林长制工作体系逐步健全。持续推进农村环境综合整治,禁养区内

养殖场实施了关闭或搬迁，规模养殖场粪污处理设施装备配套率达 90.2%，秸秆综合利用率、畜禽养殖废弃物资源化利用率分别达 91.4%、81%。单位 GDP 能耗下降超额完成省下达目标任务。

（四）突出统筹联动，城乡面貌显著改观

高度重视规划引领，新一轮城市总体规划修编完成，土地利用总体规划加快修编，专项规划进一步完善。中心城区实施四大类 120 项重点工程，完成投资 150 亿元。银河一路东西延伸工程、宿州火车站综合改造、宿州民航机场等项目前期工作加快推进，新汴河航道整治工程开工建设，符离大道、宿淮快速通道、G206 北段等正在建设，西外环部分路段、拂晓大道北延建成通车，6 条市政道路白改黑工程全面完成，市汽车客运中心站投入运营，智慧交通建设取得显著成效。“五馆一中心”部分竣工验收，春节前可投入使用。埇桥独立工矿区入列国家独立工矿区改造搬迁试点。全力推动全国文明城市创建，扎实开展“十项提升行动”，长期困扰市民日常生活的区域供水紧张、管线私拉乱接、车辆乱停乱放、交通混乱拥堵等一批身边难题正逐步得到解决。大力推进“两治三改”，中心城区完成征迁 228 万平方米、总量创出新高，安置房建设新开工 43577 套、基本建成 11730 套，开工率、基本建成率居全省前列。“555”工程加快实施，四个县建设重点工程 100 项，完成投资 180.5 亿元。乡村振兴战略开局良好，美丽乡村建设走在皖北前列，泗县彭铺村获得“中国十大最美乡村”“全国百佳乡村旅游目的地”称号。在全省率先实施的城乡建设用地增减挂三年提升行动开局顺利，完成拆迁 3.68 万亩、复垦 3.3 万亩、节余指标交易 3956 亩，探索出了生态型增减挂的“宿州路径”。“四好农村路”建设深入实施。农村环境整治“三大革命”扎实推进，农村垃圾治理基本实现市场化，完成改厕 13.4 万户，建成乡镇政府驻地污水处理设施 45 个，泗县入列全省农村人居环境整治三年行动示范县。砀山县入选全省唯一的全国经济林产业区域特色品牌建设试点。萧县龙城镇、埇桥区闵祠村等 1 镇 5 村入选省第六批千年古镇、古村落。宿州市作为全省唯一国家级建设用地二级市场试点市，高质量通过自然资源部验收。顺利通过国家节水型城市创建验收、国家园林城市复核。

（五）突出深化改革，开放发展更具活力

“破、立、降”全面发力，清理“僵尸企业”53 家，非住宅商品房库存去化周期低于全省平均水平。“放管服”改革纵深推进，“两难两多一长”有效整治，政务服务“一网、一门、一次”改革扎实推进，在政务服务分办秒办、帮办代办等多项便民利企举措上采取“一招鲜”，推动开办企业“一窗办”，企业开办时间压缩至 3 个工作日以内，民营企业获得感明显增强。“四送一服”双千工程深入开展，“四最”营商环境持续优化，城市信用排名迈入全国第一方阵，全年新登记各类市场主体 5.7 万户、增长 24.4%。国企改革扎实有序，市属国有企业完成产权划转重组 34 家、公司制改制 17 家。户籍制度改革深入实施，农业转移人口落户城镇 10 万余人。全面完成存量政府债务置换、减少政府债务利息支出 13 亿元，政府债务余额低于省政府核定限额，宿州农商行不良贷款率下降 10 个百分点，风险总体可控。金融改革稳步推进，“新三板”和省股权交易中心挂牌企业新增 72 家，全市投资基金规模达 205 亿元，发放续贷过桥资金等创新业务贷款 110 亿元。深化商事制度、财税体制、投融资体制、公共资源交易管理体制等重点领域和关键环节改革，127 项改革任务高效落实。宿州是全省唯一被国务院评为“推广 PPP 模式工作有力、社会资本参与度较高的市”。创新能力进一步提升，发明专利授权量增长 140.9%，研发经费投入增长 27.9%，高新技术企业增至 90 家，建成省级孵化器 1 家、省级众创空间 5 家，埇桥区被评为全国科技创新百强区。首次成功举办全省青少年科技创新大赛。落实招商引资“1＋5”配套文件，实际到位内资、利用外资分别增长 10.7%、16.9%。加快推进与徐州等地互联互通，积极参加中国国际进口博览会、2018 中国国际徽商大会、世界制造业大会等经贸活动，外贸进出口总额增长 28.3%，对外开放的大门越开越大。

(六)突出落细落实,民生福祉保障有力

坚持共享发展理念,民生保障力度持续加大,财政民生支出347.1亿元、占财政总支出的87.5%,33项民生工程全面完成。深化教育改革,落实教师待遇。推进义务教育均衡发展,新建、改扩建公办幼儿园64所,实施"全面改薄"项目建设校舍、维修改造农村中小学校舍共75.5万平方米,农村义务教育学生营养改善计划惠及学生30万人,新汴河景区被教育部命名为"全国中小学生研学实践教育基地"。组织参加安徽省第十四届运动会,金牌总数全省第八、获竞技体育贡献奖,在省第七届残疾人运动会上奖牌总数全省第四,在省第八届少数民族传统体育运动会上金牌数并列全省第二,王春雨勇夺2018雅加达亚运会田径女子800米金牌。深入开展全民健身活动,城市社区15分钟健身圈逐步形成。加快完善医疗卫生服务体系,持续深化综合医改,实施"四型医院"建设,4家二级医院开展三级医院创建;持续实施医疗卫生服务体系"411"计划,3家县级医院投入使用,新建、扩建乡镇卫生院20个,提前两年完成新建400个村卫生室的目标任务;启动卫生健康人才和专科建设"511"计划,创建省级重点专科10个;重大疾病防控成效显著,成功承办皖苏鲁豫四省联防联控合作机制会议暨突发公共卫生事件联合应急演练。实施更加积极的就业创业政策,全市城镇新增就业5.3万人,城镇登记失业率为2.63%。完善社会保障体系,深入推进全民参保计划,五险参保人数190万人,新增养老床位2000张。主城区菜市场改造初见成效。困难群众社会救助工作受到民政部、财政部通报表扬,培育发展养老健康产业特色优势明显并获得省政府通报表彰。积极开展"宿州好人""道德模范"系列评选活动,获评"中国好人"10人、"安徽好人"15人,砀山李娟荣获全国"五四"青年奖章。宿州荣获"文学之乡"称号。完善社会治安防控体系,强力开展"扫黑除恶"专项斗争,摧毁涉黑、涉恶犯罪团伙75个,"平安宿州"建设扎实推进。实施"深重促"专项行动,省交办宿州市的"2+3+X"信访件基本化解到位。食品药品安全工作持续加强,荣获"安徽省食品药品安全城市"称号。应急管理体系不断完善,安全生产形势持续向好,社会大局和谐稳定。"七五"普法活动扎实开展。第四次全国经济普查深入推进。双拥共建、人民防空成绩显著。民族宗教、防震减灾、外事侨务、物价、对台、气象、档案、地方志、妇女儿童、残疾人等事业不断进步。

在聚力经济社会发展的同时,宿州市始终高度重视政府自身建设。深入推进"两学一做"学习教育常态化、制度化,系统开展学习贯彻习近平新时代中国特色社会主义思想"五大一新"活动,扎实开展"讲忠诚、严纪律、立政德"专题警示教育。大力推进法治政府建设,依法全面履行政府职能,修订完善市政府工作规则,严格实施政府权力运行监管、重大事项合法性审查、政府法律顾问等制度。自觉接受人大及其常委会监督、政协民主监督和社会各界监督,全年办理人大代表议案和建议173件、政协委员提案298件。畅通群众联系渠道,12345政府热线服务平台受理群众诉求近13万件,办结率达99%以上。灵璧县在全国基层政务公开标准化规范化试点推进会上作经验介绍。着力推进政府系统党风廉政建设,严管公共资金、强化审计监督、规范资源交易,锲而不舍加强作风建设,全面落实中央八项规定精神和省市实施细则,开展形式主义官僚主义问题大排查大调研,加强对侵害群众利益的不正之风和腐败问题专项整治,营造风清气正的良好环境,凝聚干事创业的磅礴力量。

第十三节　六安市2019年经济社会发展报告

2019年是六安绿色振兴进程中不同寻常的一年。面对风险挑战明显上升、老问题和新矛盾叠加交织的复杂局面，全市人民坚持以习近平新时代中国特色社会主义思想为指导，全面贯彻党的十九大和十九届二中、三中、四中全会精神，认真落实中央及省委、省政府和市委决策部署，坚持稳中求进工作总基调，坚持新发展理念，坚持以供给侧结构性改革为主线，全面落实"六稳"工作要求，深入实施绿色振兴战略，负重奋进，砥砺前行，高质量发展成效明显，社会大局和谐稳定，新时代幸福六安建设迈出崭新步伐。

2019年，全市户籍人口591.1万人，比上年增加2.5万人；户籍人口城镇化率为23.33%，比上年提高1.4个百分点。据全省人口变动抽样调查统计，全市常住人口487.3万人，城镇化率为47.09%，比上年提高1.01个百分点。常住人口出生率为12.28‰，比上年上升0.3个千分点；死亡率为6.23‰，比上年下降0.5个千分点；人口自然增长率为6.05‰，比上年上升0.8个千分点。

一、六安市2019年经济发展

全年实现地区生产总值(GDP)1620.1亿元，按可比价格计算，比上年增长8.4%。分产业看，第一产业增加值217.1亿元，增长3.3%；第二产业增加值585.4亿元，增长9.2%；第三产业增加值817.6亿元，增长9.5%。三次产业结构由上年的13.6∶36.2∶50.2调整为13.4∶36.1∶50.5。按常住人口计算，人均生产总值33370元，比上年增加3309元。

表81　2019年六安市地区生产总值及增长速度

指标	绝对数(亿元)	比上年增长(%)
全市生产总值	1620.1	8.4
第一产业	217.1	3.3
第二产业	585.4	9.2
工业	412.1	7.8
建筑业	173.5	13.2
第三产业	817.7	9.5
农林牧渔服务业	5.1	8.0
交通运输、仓储和邮政业	90.1	6.5
批发和零售业	148.7	5.7
住宿和餐饮业	31.6	8.1
金融业	108.7	11.9
房地产业	142.0	3.0
营利性服务业	127.3	24.0
非营利性服务业	163.9	6.8

全年粮食种植面积607615.1公顷，比上年减少2708.4公顷；油料种植面积52678公顷，比上年减少851公顷；棉花种植面积4733公顷，比上年减少2041公顷；蔬菜种植面积53776公顷，比上年增加2828公顷。全年粮食产量347.1万吨，下降0.2%；油料产量12万吨，增长1.5%；棉花产量4145吨，下降37.3%。蔬菜、水果在品种优化的基础上平稳发展。

表 82　2019 年六安市主要农产品产量

产品名称	单位	绝对数	比上年增长(%)
粮食	万吨	347.1	－0.2
油料	万吨	12.0	1.5
棉花	吨	4145	－37.3
蚕茧	吨	5236	－31.2
茶叶	吨	27988	10.3
蔬菜	万吨	121.8	5.4
园林水果	吨	192152	55.8

全年肉类总产量 37.5 万吨,比上年下降 1.3%,其中猪牛羊肉产量 23.7 万吨,下降 9.1%。禽蛋产量 9.8 万吨,增长 4.8%。牛奶产量 4340 吨,下降 9.6%。水产品产量 23.2 万吨,增长 4.4%。

全年人工造林面积 3.9 万亩。全市农业机械总动力 597.2 万千瓦,比上年增长 2.11%。农用拖拉机 17.4 万台,下降 0.06%;谷物联合收获机 11784 台,增长 1.96%。全年化肥施用量(折纯)16.6 万吨,下降 4.7%。农村用电量 13.9 亿千瓦小时,增长 11.6%。

全市规模以上工业企业 936 户,比上年增加 6 户。全年规模以上工业增加值同比增长 8.3%。分经济类型看,外商及港澳台投资企业、其他经济类型企业和股份制企业增长较快,分别增长 21.6%、9.4%和 7.8%。分行业看,统计的 34 个行业大类中有 27 个行业增加值实现增长;在十大主要行业(累计增加值居前 10 位)中,酒、饮料和精制茶制造业,计算机、通信和其他电子设备制造业,金属制品业增长较快,增幅分别达 16.6%、13.8%和 12.8%。

规模以上工业全年实现营业收入 1153.9 亿元,增长 0.8%,实现利税 109.9 亿元,增长 24.7%。经济效益综合指数为 240.34%,比上年提高 15.22 个百分点。规模以上工业统计的产品产量中,铁矿石原矿量增长 4.4%,精制茶下降 4.3%,服装增长 0.5%,水泥增长 18.4%,钢材增长 17.1%,家用电冰箱增长 33.6%,白酒下降 1.1%,发电量下降 6.2%。

表 83　2019 年六安市规模以上工业增加值

指标	绝对数占比(%)	比上年增长(%)
规模以上工业增加值	100.0	8.3
其中:国有企业	3.2	3.4
集体企业	0.1	2.3
股份制企业	90.7	7.8
外商及港澳台商投资企业	5.5	21.6
其他经济类型企业	0.5	9.4

全年建筑业企业实现总产值 231.9 亿元,同比增长 17.3%。建筑企业当年房屋建筑施工面积 1331 万平方米,同比增长 7.0%。房屋竣工面积 680.4 万平方米,同比下降 2.9%。

全年完成固定资产投资比上年增长 14.4%。分产业看,第一产业投资下降 49.3%;第二产业投资增长 18.0%;第三产业投资增长 14.8%。

从行业看,全年完成工业项目投资增长 20.0%,其中制造业投资增长 23.7%,水利、环境和公共设施管理业投资增长 4.4%,交通运输、仓储和邮政业增长 5.4%,居民服务业投资增长 634.3%。全年完成房地产企业开发投资额 385.9 亿元,增长 17%。当年商品房屋新开工面积 1036.6 万平方米,增长

42.6%；施工面积3450.0万平方米，增长16.4%；竣工面积333.2万平方米，增长73.6%；商品房屋销售面积652.1平方米，下降4.1%；销售额404.9亿元，增长0.4%。全年新开工项目581个，比上年净增30个。

表84　2019年六安市分行业固定资产投资额及增长速度

行业	投资额	比上年增长(%)
总计		14.4
农、林、牧、渔业		−49.3
采矿业		96.5
制造业		23.7
电力、热力、燃气及水生产和供应业		−15.9
建筑业		—
批发和零售业		−11.1
交通运输、仓储和邮政业		5.4
住宿和餐饮业		26.5
信息传输、软件和信息技术服务业		−73.5
房地产业		24.6
租赁和商务服务业		−13.1
科学研究和技术服务业		−86.8
水利、环境和公共设施管理业		4.4
居民服务、修理和其他服务业		634.3
教育		39.7
卫生和社会工作		−9.6
文化、体育和娱乐业		65.9
公共管理、社会保障和社会组织		−82.7

全年实现社会消费品零售总额742.4亿元，同比增长11.1%。按经营地统计，城镇消费品零售额407.3亿元，增长10.3%；乡村消费品零售额335.1亿元，增长12.0%。按销售类型统计，批发零售业零售额652.4亿元，增长11.1%；住宿餐饮业零售额90.0亿元，增长11.0%；粮油、食品、饮料、烟酒类限上法人企业实现零售额4.9亿元，增长18.8%；服装、鞋帽、针纺织品类零售法人企业实现零售额11.3亿元，增长6.5%；日用品类、化妆品类、书报杂志类分别实现零售额5.2亿元、2.8亿元、5.0亿元，分别增长26.8%、12.6%和4.9%；金银珠宝类法人企业实现零售额3.1亿元，增长7.4%。按规模分，限额以上商业实现零售额259.8亿元，增长9.0%；限额以下商业实现零售额482.6亿元，增长11.3%。

全市限额以上商业单位623家，比上年增加100家。

全年居民消费价格指数为102.9%，居民消费价格比上年上涨2.9%。其中，医疗保健类价格上涨3.2%，食品类价格上涨9.9%，居住类价格上涨0.5%。工业生产者购进价格指数为97.6%；工业生产者出厂价格指数为103.5%。

表 85　2019 年六安市居民消费价格指数

指标	指数(上年=100)
居民消费价格指数	102.9
其中:食品烟酒	107.2
其中:食品	109.9
烟酒	101.2
衣着	101.4
居住	100.5
生活用品及服务	101.7
交通和通信	97.2
教育文化娱乐服务	102.7
医疗保健	103.2
其他用品及服务	102.3
其中:金饰品	113.4

全年全市实现进出口总额 87874.4 万美元,比上年增长 8.1%。其中,出口 78991.1 万美元,增长 9.7%;进口 8885 万美元,下降 4.4%。

全市利用外商直接投资 54870 万美元,同比增长 9.1%,完成全年目标数的 101.9%;新批外资项目 21 个,同比增长 61.5%,合同外资 29547.9 万美元(其中增资 6232.5 万美元),同比增长 68.4%。

表 86　2019 年六安市外贸出口主要分类及地区分布

指标	绝对数(万美元)	比上年增长(%)
外贸出口额	78991	9.7
其中:机电产品	19076	42.3
其中:一般贸易	76419	8.4
加工贸易	2571	69.8
其中:对亚洲	35141	16.6
对欧洲	21365	28.2
对北美洲	14125	−14.5
对非洲	2173	−26
对拉丁美洲	5354	12
对大洋洲	61895	−14.1

全年接待海外游客 156407 人次,增长 11.0%;接待国内游客 5992.92 万人次,增长 11.1%。旅游总收入 475.53 亿元,增长 11.9%。其中,旅游外汇收入 8149.02 万美元,增长 0.1%;国内旅游收入 469.92 亿元,增长 12.4%。年末全市共有 2A 级旅游景点(区) 12 处,3A 级旅游景点(区) 16 处,4A 级旅游景点(区) 24 处,5A 级旅游景点(区) 2 处。

全年交通运输、仓储及邮政业平稳增长,实现增加值 90.1 亿元,比上年增长 6.5%。完成公路货运量 24971 万吨、增长 4.91%,货运周转量 456.4 亿吨、增长 5.39%;客运量 3653 万人次、下降 14.68%,

客运周转量31.1亿人、下降14.04%。水上货运量9655万吨、同比上升8.5%，水上货运周转量605.8亿吨、上升8.9%；水上客运量46.15万人次、上升12.6%，水上客运周转量586.5万人公里、同比下降2.9%。

全市各种机动车辆(不含拖拉机)85.2万辆，同比增长7.9%。汽车拥有量59.0万辆，增长9.3%。其中，载客汽车48.2万辆，增长9.9%；载货汽车10.5万辆，增长6%。载客汽车中，小型载客汽车47.4万辆，增长10.0%。

全年完成邮电业务总量35.62亿元。其中，邮政部门完成邮政业务量11.37亿元，电信部门完成业务量24.25亿元。全市快递业务量完成6788.89万件，同比增长31.9%；业务收入完成5.6亿元，同比增长27.55%。

年末电信部门拥有本地固定电话用户27.4万户，同比增加1.1万户；移动电话用户404.1万户，同比减少3.8万户。互联网用户260.6万户，同比增加174.2万户。

全年实现财政收入220.2亿元，增长7.3%。其中，地方财政收入126.2亿元，增长3.1%；完成中央级收入85.3亿元，增长11.2%。在地方税收收入中，国内增值税42.3亿元，增长14.3%；企业所得税9.9亿元，增长21.0%；个人所得税1.5亿元，下降28.6%。财政支出结构进一步优化。全年财政支出474.1亿元，增长14.9%。其中，教育支出增长9.1%，科学技术支出增长5.1%，卫生健康支出增长13.6%，农林水事务支出增长24.5%，社会保障和就业支出增长15.8%。全年民生工程累计投入财政资金403.5亿元，比上年增长17.1%。

年末，全市金融机构各项存款余额(人民币口径)2944.2亿元，增长9.8%，比年初增加262.9亿元，增加额比上年多10.2亿元。其中，住户存款余额1687.5亿元，增长14.0%，比年初增加206.6亿元，增加额比上年多39.8亿元。金融机构各项贷款余额2200.1亿元，增长19.1%，比年初增加350.3亿元，增长13.2%。其中，境内短期贷款505.1亿元，增长7.8%；境内中长期贷款1583.9亿元，增长22.2%。

年末，全市证券营业机构8家，其中1家分公司，10个营业部。全年证券交易额达881.39亿元。累计开户数13.79万户，当年新增1.06万户。

年末，全市共有保险公司分支机构86家，其中产险公司16家，寿险公司24家，中介46家。全年保险业保费总收入82.54亿元，比上年增长13.87%，其中产险公司保费收入30.45亿元，增长10.33%；寿险公司保费收入52.09亿元，增长16.06%。

二、六安市2019年社会发展

全市有普通高校4所，当年招生19516人，增长58.8%；在校生46695人，增长16.7%；毕业生11559人，下降10.6%。各类中等职业教育学校28所(不含技工学校)，当年招生22555人。普通高中52所，招生33167人，高中阶段毛入学率为115.8%。普通初中288所，招生61319人，初中学龄人口入学率为100%。小学568所，招生52458人，小学入学率为100%。

表87　2019年六安市各类教育发展情况

指标	招生数(人)	在校生数(人)	毕业生数(人)
普通高等教育	19516	46695	11559
中等职业教育	22555	56791	23082
普通高中	33167	94364	29585
普通初中	61319	177186	55038
小学	52458	323874	57093

全市有省级工程技术研究中心19家,全年登记科技成果2670项,获得省科技奖2项。全年申请专利7462件,比上年下降16.9%;授权专利3302件,下降16.3%。科技兴农力度加大,全年选派科技特派员1240人,创建专家大院43家。

全市产品质量市级及以上监督抽查合格率达92.4%(较2018年下降1.8个百分点)。全年累计参与国家标准制定5项,参与行业标准制定1项,主导和参与团体标准制定1项,参与地方标准制定16项,推进在建的1家国家级和1家省级农业标准化示范区建设。全年新获得强制认证证书140张,涉及40户企业。法定计量技术机构(含授权)20家,强制检定计量器具231333台件。

全市有文化馆8个;乡镇(街道)综合文化站140个;公共图书馆8个,年末馆藏书籍总藏量1389543册,电子图书2592938册;文物保护管理机构8个;博物馆(纪念馆)13个(含民办3家),年末馆藏文物16668件。有广播电视台5家,中波发射台1座,调频、电视转播发射台9座,有线广播电视用户19.26万户,广播综合人口覆盖率达99.91%;电视综合人口覆盖率达99.86%。

全市共有卫生机构(含诊所、卫生所室)2697个,其中医院60个,乡镇卫生院133个,疾控中心8个,妇幼保健所(院)8个,社区卫生服务中心(站)157个;床位22963张,各类专业技术人员23001人,注册医师11697人,护士9056人。

当年成功举办"毅行六安"群众性体育活动、第八届龙舟赛、第二届六安马拉松和2019六安徒步大会等重大体育活动。舒城县、金安区等县区也顺利承办、举办了第十四届省机关万佛湖健身走、环万佛湖国际马拉松赛、ITF国际网球精英赛和金安国际马拉松赛等重大体育赛事。武术、游泳等6个市级单项体育协会举办了年度联赛。

全年共向省运动队输送优秀运动员17人、长期试训24人、省体校34人,被授予2019年度安徽省优秀后备人才输送奖。积极组织参加各级各类体育竞赛,在国际级比赛中,亚洲赛艇锦标赛获得1枚金牌、龙舟世界杯获得2枚金牌;在国家级比赛中,全国第二届青年运动会获得1枚金牌、5枚银牌、7枚铜牌;参加了17个项目省锦标赛、1项冠军赛,新增击剑队和游泳队,获得59个第一,34个第二和65个第三;被省体育局授予2019年度体育创新奖。全年体育营业收入总规模达70亿元以上,自2016年以来年均平稳增速约20%。全市体育产业法人及产业活动单位461家,规模以上体育用品制造企业40余家,从业人员近万余人,体育产业核心指标位列全省第4位。

全市新增六安兴茂南山体育生态公园、六安南湖体育生态公园2个省级体育生态公园;新增省级体育旅游产业基地2家;新增全国汽车自驾运动营地2处。参加2019中国体育文化·体育旅游博览会,六安南山运动休闲小镇等5个精品项目参展。六安南山运动休闲特色小镇荣获"2019年体育旅游精品景区"称号,万佛湖景区荣获"2019年体育旅游精品线路"称号,充分展现了六安市体育文化、体育旅游融合发展的新局面、新成效。体育彩票销售态势良好,全年体育彩票年度销售额完成3.76亿元,完成率为108.92%。

全年城镇常住居民人均可支配收入31788元,比上年增长9.4%。城镇居民人均消费性支出20637元,增长8.9%,其中食品烟酒支出6807元、增长8.2%,衣着支出增长2.3%,交通通信支出增长9.7%,教育文化娱乐支出增长13.2%。城镇居民家庭恩格尔系数为33.0%,比上年下降0.2个百分点。城镇居民人均居住面积44平方米,比上年增加1平方米。

全年农村常住居民人均可支配收入13244元,比上年增长10.8%。农村居民人均生活消费支出11089元,增长10.5%,其中食品烟酒支出增长10.1%,交通通信支出增长9.2%,居住支出增长8.5%。农村居民人均住房面积45平方米,比上年增加1平方米。

社会保障体系不断完善。养老、失业、基本医疗、工伤和生育五项社会保险制度深入开展,全市参加城镇企业职工基本养老保险37.22万人、失业保险22.8万人、基本医疗保险27.75万人、工伤保险

30.89万人、生育保险25.49万人；合计征缴五项保险基金42.36亿元，比上年增长6.38%；发放城乡居民养老保险人数89.34万人；参加城乡居民基本医疗保险人数517.55万人；发放失业保险金人数23413人次。全年开展创业培训2081人次，就业技能培训33456人次。

全市共有通过标准化认证环境监测站5个，监测的城区空气质量优良率为80.8%，全市集中式饮用水源地水质达标率为100%。

金寨县被命名为国家级生态文明建设示范县，霍山县被命名为省级生态文明建设示范县。已建成自然保护区4个，其中国家级自然保护区1个、省级自然保护区3个。

安全事故明显下降。全年共发生各类生产安全事故72起、死亡88人，同比分别下降28%、20.7%。其中，生产经营性道路交通事故28起、死亡40人，同比分别下降48.15%、28.57%；工矿商贸及其他类事故43起、死亡48人，同比分别下降6.52%、12.73%。

三、六安市2019年重点工作

（一）在抓重点补短板强弱项上发力，三大攻坚战取得关键进展

坚持尽锐出战、精准施策，在全国率先探索建立健全扶贫项目“全生命周期”管理机制和全过程绩效管理体系，荣获全国脱贫攻坚组织创新奖，舒城县五显镇梅山村村民纪道明荣获全国脱贫攻坚奋进奖。7.8万人脱贫、贫困村全部出列，金寨县、霍邱县有望高质量“摘帽”，贫困发生率由上年的1.79%降至0.23%。突出产业扶贫，累计建成特色产业扶贫园区445个，各类新型经营主体带动4.71万户贫困户参与发展特色种养业；提前完成“十三五”9751户易地扶贫搬迁任务；全面落实教育、健康等扶贫政策。老区脱贫攻坚决战在即、胜利在望，广大干部群众的心血汗水、牺牲奉献换来了老区摆脱绝对贫困的历史性成就、干群关系水乳交融。

强力推进中央、省环保督察问题整改，着力解决生态区域违法建设问题。空气质量持续改善，PM2.5平均浓度为41.3微克/立方米，空气质量优良天数比例达80.8%，分别居全省第二、第三。扎实推进水污染防治，六大水库水质优良率、11个地表水水质国考断面达标率、罗管闸生态补偿断面合格率均为100%。有效整治市城区13条黑臭水体，应用“三峡模式”推进城市污水厂网河系统治理。开展土壤污染检测与防治，建立疑似污染地块名录和涉重金属重点企业清单。

减控地方法人金融机构不良资产成效明显。重拳打击非法集资、“套路贷”等非法金融活动。地方政府全口径债务率处于合理区间，政府债券发行规模居全省前列。处访维稳温暖有序，舆情处置得法有效，信访总量持续下降。圆满完成中华人民共和国成立70周年大庆期间安保维稳任务。“守护平安”系列行动深入开展，市级综治平台投入应用，治安防控体系日趋完善。持续深化“铸安”行动，生产安全事故起数、死亡人数持续下降。强化食品药品、特种设备、产品质量安全管理。网络舆情监测预警处置联动机制不断完善。

（二）在建设现代化产业体系上发力，经济质量效益进一步提高

深入推进“一谷一带”“一岭一库”四大平台建设，投入114亿元，实施项目239个。推深做实农业特色产业“138+N”工程，新培育产业带头人1985人；土地流转面积330万亩；新增市级以上龙头企业40家、家庭农场1650家，新增综合性全程农事服务中心20个。八大特色产业产值达243.6亿元。六安瓜片品牌价值达473.8亿元，入选“中国特色农产品优势区”；舒城县、霍山县、裕安区跻身“中国茶业百强县”，霍山县荣获“中国黄茶之乡”称号。稻渔综合种养面积达84万亩，居全省第一，霍邱县荣获“中国生态稻虾第一县”称号。建成设施果园4.5万亩，水果年产值25.83亿元。与中国中医科学院合作建设中

医药健康产业基地，霍山石斛“药”“食”身份双突破，即将载入《中国药典》2020版。金寨县现代农业产业园成功创建国家现代农业产业园。

大力实施工业转型发展“十大行动”，加快发展先进制造业，预计规模以上工业增加值增长7.5%，装备制造业首位度达28%。获批省“三重一创”的“一基地、一工程、两专项”顺利推进。建设5000万元以上技改项目92个。帮扶125户困难企业恢复正常生产，处置“僵尸企业”81户，市本级圆满完成工业企业“退城进园”。开发区优化整合工作顺利完成，主导产业和首位产业加快培育。市开发区受省政府表彰，入选省十大创新型智慧园区试点。霍邱300万吨钢铁项目攻克道道难关，点火试产。

推进服务业高质量发展，社会消费品零售总额增长11%。大力发展电子商务和现代物流，限额线上零售额9.5亿元、增长40%，传化物流园一期建成投运，富春物流园建设进展良好，农村综合运输服务站点加快建设。实现旅游总收入475.5亿元，接待游客6000余万人次，分别增长12%、11%；成功举办第八届大别山(六安)山水文化旅游节暨第五届六安茶谷开茶节和第六届全省优质果品(加工品)展评活动；霍山县成功创建首批国家全域旅游示范区。康养产业加快发展，悠然蓝溪康养集聚区和旅游目的地建设加快推进，金寨县中医药大健康产业入选省级首批县域特色产业集群。天堂寨、大观街、仙人冲画家村成功创建省级现代服务业集聚区。

(三)在扩大有效投资上发力，发展后劲不断蓄积

建立和完善项目“谋划储备库”“前期工作库”“年度建设库”，强化项目督查调度、要素保障、台账管理。全年在建亿元以上项目455个，竣工138个。完成交通投资65.2亿元，建成国省干线公路84.6公里。总投资15亿元的环万佛湖旅游扶贫公路、9.4亿元的S310霍众路全线竣工，合肥至武汉高铁、六安至安庆铁路、合新六城际铁路、金寨支线机场、金安通用机场等重大项目前期工作加快推进。完成水利投资45.13亿元，淠河治理项目主体完工，史河治理、淮干临王段一般堤防加固工程竣工验收，淮河行蓄洪区及淮干滩区居民迁建工程全面开工。完成电力设施投资14.77亿元。74家企业在省股交中心挂牌，实现直接融资52.44亿元。加大招商引资力度，预计到位内资595.1亿元、增长10%；利用外资5.38亿美元、增长7%。

(四)在加强创新驱动上发力，动能转换提速增效

与中科院合肥物质院共建安徽工业技术创新研究院六安院和科技企业孵化平台。同中国中医科学院战略合作取得积极进展。六安高新区正式揭牌。霍山县入选全省首批创新型县建设名单。大学科技园新进入孵企业15家。新增科技创新服务平台3个、省级企业技术中心9家、省级博士后工作站3家、技能大师工作室4家。六安国家级农业科技园区通过科技部复评验收。新增授权发明专利314件。五粮泰获国家专利优秀奖，为六安市首例。颁布实施5G产业发展规划。对接国家区块链技术协会，推动区块链技术在六安市应用立于潮头。我们与妄自菲薄作斗争，不怕基础差、底子薄，“科创+产业”的路子越走越宽!

(五)在推进乡村振兴上发力，农业农村现代化建设步伐加快

全年粮食总产量69.43亿斤。农产品加工产值增长10%，居全省前列；金安区、裕安区、霍山县入选省农产品加工20强县。着力防控非洲猪瘟疫情，着力推进生猪复产保供。六安瓜片、霍山黄芽、霍山石斛、舒城小兰花入选中国地理标志产品区域品牌价值百强榜。发展农村电子商务，预计全市农村产品网销售额95亿元，增长30%。实施农村土地综合整治，补充耕地3.1万亩，新建高标准农田32万亩。扎实开展美丽乡村建设，持续改善农村人居环境，改厕8.49万户，生活垃圾无害化处理率达90.2%，完成

18个乡镇101个中心村污水处理设施建设。加快农村基础设施建设，完成饮水安全工程补缺投资4.68亿元、农村公路投资24.86亿元，新建网络基站1309个，金寨县被省命名为“四好农村路示范县”。县城及集镇建设加快推进，功能配套不断完善；涌现出一批特色产业强镇，金安南山运动休闲小镇、金寨大湾慢谷·幸福小镇成功获批省级特色小镇。积极应对40年来最严重的伏秋干旱，众志成城战旱魃，最大限度地减轻了灾害损失。

（六）在提升功能品质上发力，中心城市建设加快推进

推进国土空间规划及供水、排水等专项规划编制，开展重要区域、主要轴线、关键节点城市设计。寿春西路桥、龙河路桥、佛子岭西路等34个项目竣工并交付使用，西环路、市体育中心、市广播电视发射塔迁建等74个项目有序推进。不断完善城市功能，吾悦广场、六安环球港、六安皋街等大型综合体加快建设。系统谋划“畅强补”专项行动，成功申报省“城市双修”试点城市。全面启动实施城区标准地址和门楼牌号编码工作。重心在下、依靠基层、依靠群众的城管体制改革深入推进，精细化管理水平全面提升；创建全国文明城市机制不断完善，拿到创建国家卫生城市入场券，“我为创建文明城市作贡献”已经成为广大市民的自觉行动。

（七）在深化改革开放上发力，发展活力有效激发

市县机构改革任务顺利完成，事业单位改革稳步推进。“一网一门一次”改革、“减证便民”取得新成效。基本完成农村集体产权制度改革，全面推进“三变”改革。推深做实河（湖）长制、路长制、林长制改革。金安区水权确权登记改革试点通过省级验收，舒城县社会救助综合改革试点顺利推进。

加快融入长三角一体化发展，正式加入长三角城市经济协调会。《合六经济走廊发展规划（2019—2025年）》获省政府批准。拓展对外贸易，实现进出口总额8.6亿美元、增长6%。参加2019世界制造业大会共签约31个项目，总投资244.4亿元，获大会筹办工作优秀组织奖。参加第二届中国国际进口博览会，现场签约4114万美元。荣获“国际知名羽绒产地”“全国优秀羽绒产业集群”称号。原产地证签证点获中国贸促会批复，外贸出口便利化程度进一步提升。

（八）在统筹推进社会事业上发力，民生福祉持续改善

投入财政资金141.4亿元，高质量实施33项民生工程。开展常态化“2+N”就业招聘活动，城镇新增就业6.22万人、城镇登记失业率为2.45%。再次提高城乡低保标准和特困供养人员供养标准。农村失能半失能特困人员组织化集中养护试点工作取得积极进展。坚持教育优先发展，市城区13所义务段公办学校开工建设；金寨县成功创建国家级农村职业教育和成人教育示范县。医保支付方式改革成效明显，试点县区“智医助理”投入运行，基层公共卫生服务“两卡制”实现全覆盖。加快文化体育事业发展，成功举办中华人民共和国成立70周年六安重大成就展；市图书馆、科技馆顺利开馆；打造出《大别山之恋》《上将洪学智》等一批红色文艺精品，《纪念碑》入围全国群星奖，《人间天河淠史杭》等4部作品入选省精神文明建设“五个一工程奖”；建成新时代文明实践中心8个、所145个、站1940个；朱恒银当选第七届全国道德模范，3人入选“中国好人榜”；成功举办第二届六安国际马拉松赛、第八届龙舟赛、2019六安“红色之旅”国际徒步大会等活动。全域公交网络体系建设被交通运输部列为“六安模式”在全国推广。大力支持国防和军队现代化建设，扎实做好退役军人服务保障工作，积极争创新一轮全国双拥模范城。扎实推进“七五”普法。完成第四次全国经济普查。民族宗教、妇女儿童、老龄、残疾人、红十字、慈善、志愿服务等事业实现新进步，气象、人防、地震等工作取得新成效。

第十四节 亳州市2019年经济社会发展报告

2019年,面对复杂多变的外部环境和艰巨繁重的改革发展任务,全市上下在市委、市政府的坚强领导下,坚持以习近平新时代中国特色社会主义思想为指导,认真贯彻党中央和省委、省政府决策部署,按照高质量发展要求,深入实施五大发展行动计划,保持了经济社会平稳健康发展,现代化五大发展美好亳州建设迈上新的台阶。

2019年,全市户籍人口663.0万人,比上年增加6.2万人;常住人口526.3万人,比上年增加2.6万人;城镇化率为42.2%,较上年提高了1.2个百分点;全年出生人口9.0万人,人口出生率为13.6‰;死亡人口1.5万人,死亡率为2.3‰;人口自然增长率为10.3‰。

一、亳州市2019年经济发展

全年生产总值(GDP)1749.0亿元,按可比价格计算,比上年增长9.4%。分产业看,第一产业增加值238.2亿元,增长4.0%;第二产业增加值621.8亿元,增长10.5%;第三产业增加值889.0亿元,增长10.2%。三次产业结构由上年的13.6 ∶35.7∶50.7调整为13.6∶35.6∶50.8,其中工业增加值占GDP的比重为25.7%。人均GDP为33314元,比上年增加3498元。

表88 2019年亳州市生产总值及增长速度

指标	绝对数(亿元)	比上年增长(%)
生产总值	1749.0	9.4
第一产业	238.2	4.0
第二产业	621.8	10.5
工业	448.8	10.5
建筑业	173.4	10.7
第三产业	889.0	10.2
交通运输、仓储和邮政业	83.4	5.7
批发和零售业	144.6	7.9
住宿和餐饮业	37.2	9.3
金融业	124.6	14.4
房地产业	146.8	5.7
营利性服务业	148.5	21.8
非营利性服务业	196.4	5.2

全年粮食作物种植面积871.9千公顷,比上年减少3.6千公顷;小麦种植面积436.6千公顷,新增高标准农田28.7千公顷。油料种植面积7.7千公顷,扩大0.3千公顷。棉花种植面积1.7千公顷,扩大0.1千公顷。蔬菜种植面积73.2千公顷,扩大4.9千公顷。中药材种植面积57.3千公顷,扩大0.7千公顷。

全年粮食产量499.7万吨,比上年增长2.4%。其中,夏粮315.8万吨,增长3.7%;秋粮163.5万吨,增长1.8%。油料产量4.1万吨,增长4.1%。棉花产量0.2万吨,增长8.0%。蔬菜产量283.0万吨,增长4.9%。

表 89　2019 年亳州市主要农产品产量

产品名称	绝对数(万吨)	比上年增长(%)
粮食	499.7	2.4
油料	4.1	4.1
花生	3.6	4.6
油菜籽	0.3	−0.2
棉花	0.2	8.0
烤烟	0.02	−4.9
药材	27.6	12.0
蔬菜	283.0	4.9
瓜果	52.5	38.1

全年生猪存栏 111.1 万头,比上年下降 9.9%;生猪出栏 249.8 万头,下降 4.2%。肉类总产量 30.1 万吨,增长 0.4%,其中猪牛羊肉产量 23.5 万吨,下降 3.2%。禽蛋产量 7.6 万吨,增长 2.7%。牛奶产量 0.7 万吨,下降 25.3%。水产品产量 5.3 万吨,增长 4.2%。共有畜禽规模养殖场 2878 家,共创建部级、省级、市级畜禽养殖示范场 12 家、22 家、416 家。

全年农业机械总动力 795.3 万千瓦,比上年增长 1.9%。农田有效灌溉面积 496.6 千公顷,新增节水灌溉面积 6.8 千公顷。新增 3 个浩翔、曹操贡、店小二 3 个"三品一标"品牌,认证总数达 573 个,新增涡阳坛闷蒜、涡阳槐花地理标志商标 2 件,农产品地理标志产品(商标)达 12 件。

全年市级以上农业龙头企业达 560 家,较上年新增 11 家,其中国家级 5 家,省级 60 家。全市新建农民专业合作社省级示范点(社)15 个,较上年新增 4 家,拥有农民专业合作组织 21481 个,合作组织成员 112.7 万人。新建、改造农家店 160 家,农村综合服务中心 24 家。新培育市级一村一品村镇 50 个。全市已创建农业产业化联合体 102 个,其中省级示范联合体 43 个。

全年规模以上工业企业达 826 户。规模以上工业企业实现增加值比上年增长 11.4%。大中型工业企业和股份制企业生产增长较快,增幅分别比规模工业高了 9.4 个和 0.7 个百分点。

表 90　2019 年亳州市规模以上工业增加值

指标	比上年增长(%)
规模工业增加值	11.4
其中:国有企业	6.6
集体企业	7.1
股份合作企业	4.9
股份制企业	12.1
外商及港澳台商投资企业	−2.9
其他企业	−26.5
其中:国有及国有控股企业	15.6
其中:大中型工业企业	20.8

全市31个工业行业中,19个保持增长,增长面达61.3%,增速超全市平均水平的11个。煤炭开采和洗选业增长26.2%,农副食品加工业增长4.2%,酒、饮料和精制茶制造业增长12.6%,医药制造业增长5.9%,电气机械和器材制造业增长8.2%,五大主导行业对全市规模以上工业增长贡献率达60.2%。高新技术产业增加值增长14.7%。战略性新兴产业产值增长25.4%;高新技术产业产值增长12.0%。

规模以上工业统计的主要产品产量中,小麦粉增长13.4%,精制茶增长897.4%,白酒增长4.8%,服装下降10.8%,塑料制品下降5.0%,水泥增长10.4%。

表91　2019年亳州市主要工业产品产量

产品名称	单位	绝对数	比上年增长(%)
小麦粉	万吨	204.6	13.4
精制茶	吨	227.7	897.4
白酒	千升	131433.4	4.8
方便面	吨	1230.7	11.1
饮料	万吨	5.1	−15.9
速冻食品	吨	4586.7	232.2
饲料	万吨	73.1	25.1
塑料制品	万吨	9.3	−5.0
水泥	万吨	308.8	10.4
商品混凝土	万立方米	686.0	−35.9
砖	万块	194774.2	2.0
石墨及碳素制品	吨	1867.9	−17.6
服装	万件	5147.1	−10.8
布	万米	6255.0	−4.0
光电子器件	万只	358.4	9.7
电光源	万只	12.4	−4.0

全市规模以上工业企业经济效益综合指数为287.5%。企业营业收入增长2.1%;营业利润增长1.5%;利润总额增长3.2%。农副食品加工业,食品制造业,酒、饮料和精茶制造业,医药制造业,金属制品业,非金属矿物制品业,木材加工和木、竹、藤、棕、草制品业,计算机、通信和其他电子设备制造,电力、热力生产和供应业,煤炭开采和洗选业,燃气生产和供应业等11个行业利润均超亿元。

全年全社会建筑业增加值173.4亿元,比上年增长10.7%。房屋建筑施工面积559.0万平方米,比上年减少102.5万平方米;房屋竣工面积285.3万平方米,比上年减少120.1万平方米。

全年固定资产投资比上年增长13.0%。其中,工业技术改造投资增长56.8%;民间投资增长1.4%。分产业看,第一产业投资下降42.9%,第二产业投资增长9.3%,第三产业投资16.5%。分行业看,工业投资增长9.3%,其中制造业投资下降7.3%。

表 92　2019 年亳州市行业固定资产投资增长速度

行业	比上年增长(%)
农、林、牧、渔业	－42.9
采矿业	41.3
制造业	－7.3
农副食品加工业	－52.0
酒、饮料和精制茶制造业	－66.4
医药制造业	－17.8
非金属矿物制品业	83.5
汽车制造业	129.6
电力、燃气及水的生产和供应业	114.4
交通运输、仓储和邮政业	84.0
信息传输、软件和信息技术服务业	－86.5
批发和零售业	－80.0
住宿和餐饮业	－75.8
房地产业	15.7
教育	92.3
卫生和社会工作	－40.4
文化、体育和娱乐业	33.1

全年房地产开发投资 415.3 亿元，比上年增长 13.8%。商品房销售面积 672.4 万平方米，增长 7.1%；商品房销售额 419.3 亿元，增长 6.9%。

全年 849 个市重点项目投资完成率为 117.4%，超额完成年度目标。其中，369 个续建项目投资完成率为 115%，480 个年度计划新开工项目开工 480 个（含计划外新增开工 10 个），投资完成率为 120.9%。444 个省重点项目（含补录项目 22 个）投资完成率为 137.7%，215 个计划新开工项目开工 258 个（含储备项目开工 61 个），开工率为 120%；竣工项目 90 个，竣工率为 123.3%，投资完成率、开工率、竣工率均位居全省前列。涡阳县鸿路建材绿色钢结构生产基地三期，蒙城县垃圾焚烧发电，利辛县宝业绿色建筑产业园，谯城区盛海堂现代中药生产，亳州高新区太康医药医疗器械生产，亳芜现代产业园区华创生物科技等亿元以上项目建成投产或主体完工；亳州市垃圾发电二期，涡阳县金沙河生产基地，蒙城县比太新能源年产 1GW 黑硅片和 1GWN－HIT 太阳能电池片生产，利辛县金凤凰纺织产业园，谯城区万达广场，亳州高新区绿地城际空间站，亳芜现代产业园区航升汽车配件生产等亿元以上项目加快建设。

全年社会消费品零售总额 662.7 亿元，比上年增长 12.3%。按经营地统计，城镇消费品零售额 494.6 亿元，增长 12.3%；乡村消费品零售额 168.1 亿元，增长 12.4%。按消费形态统计，商品零售额 575.7 亿元，增长 11.0%；餐饮收入 87.0 亿元，增长 21.9%。其中，限额以上单位零售额 219.1 亿元，增长 11.5%。

限额以上企业商品零售额中，吃、穿、用类商品零售额分别比上年增长 14.6%、17.6%和 11.2%。其中，粮油类增长 15.1%，肉禽蛋类增长 17.3%，服装类增长 14.8%，化妆品类增长 17.0%，日用品类增长 10.7%，中西药品类增长 21.1%，家用电器和音像器材类增长 5.5%，石油及制品类增长 15.2%，汽车类增长3.6%。

全市建成4个县级电子商务服务中心和4个县级物流配送中心,优化提升电商服务网点783个,其中综合服务点104个、便民网点679个。培育申报电商示范镇12个,电商示范村43个,电商示范点46个。新建社区菜店5家,改造农贸市场5家。

全年居民消费价格比上年上涨2.7%,其中食品价格上涨9.1%。商品零售价格上涨1.7%。工业生产者出厂价格上涨2.9%,工业生产者购进价格上涨3.0%。

表93 2019年亳州市居民消费价格比上年涨跌幅度

指标	涨跌幅度(%)
居民消费价格	2.7
其中:食品	9.1
居住	0.8
衣着	2.9
医疗保健	1.9
交通和通信	−3.0
教育文化和娱乐	2.0
生活用品及服务	1.4

全年进出口总额10.4亿美元,比上年增长24.8%。其中,出口8.4亿美元,增长17.0%;进口2.0亿美元,增长72.3%。从出口经营主体看,生产型企业出口增长9.5%,贸易型企业出口增长70.8%。从出口商品看,机电产品出口增长32.0%,中药材和高新技术产品分别下降13.2%和18.1%。全市新增进出口实绩企业83家,全市超千万美元企业40家。全市新签约各类项目525个,其中新签约亿元以上工业项目236个,新落地工业项目258个。

表94 2019年亳州市出口主要分类及地区分布

指标	绝对数(万美元)	比上年增长(%)
出口额	83970	17.0
其中:中药材	17467	−13.2
其中:机电产品	4285	32.0
其中:高新技术产品	1806	−18.1
其中:一般贸易	74515	15.0
加工贸易	7031	1.3
其中:对亚洲	51087	4.9
对欧洲	13662	161.3
对北美洲	8424	−10.7
对非洲	3660	−16.1
对拉丁美洲	2681	−0.6
对大洋洲	1012	−2.3

全年新批外商投资企业4家;实际利用外商直接投资9.6亿美元,比上年增长7.0%。组织参加

2019世界制造业大会等重大活动，举办亳州市举办投资环境说明会，签约项目35个，总投资408.6亿元。全年实现对外直接投资100万美元。

全年入境旅游人数10.6万人次，比上年增长2.1%；国内游客3129.9万人次，增长16.0%。旅游总收入248.3亿元，增长20.6%。其中，旅游外汇收入2266.1万美元，增长0.5%；国内旅游收入246.8亿元，增长20.8%。全市共有4A级旅游景点(区)7处，星级酒店16家，旅行社34家，成功创建10家旅游示范村。已创建省级休闲农业与乡村旅游示范县3个，国家级休闲农业与乡村旅游示范点1个，省级示范点7个。"亳·千古一亳系列"商品荣获2019中国旅游商品大赛金奖，填补了全省空白。亳州文石玲珑熏香炉荣获2019中国特色旅游商品大赛银奖；曹操运兵道智慧迷宫、一芍佐料罐荣获大赛铜奖。

全年交通运输、仓储和邮政业增加值83.4亿元，比上年增长5.7%。

全年公路旅客运输量3194万人，比上年下降8.6%，公路和水运货物运输量37046万吨，增长5.5%；公路旅客运输周转量27.7亿人公里，下降7.8%，公路和水运货物运输周转量1042.2亿吨公里，增长6.0%。全年港口货物吞吐量96.9万吨，下降62.5%。亳州公路客运高铁枢纽站、亳州北公交客运枢纽站投入使用。商合杭高铁北段正式通车，亳州机场获批建设，淮蒙阜城际铁路完成可研编制，涡河高等级航道整治工程全面开工。

全市民用汽车拥有量63.9万辆，比上年增长10.5%，其中私人汽车55.6万辆，增长10.9%。轿车拥有量27.8万辆，增长13.7%，其中私人轿车27.0万辆，增长13.8%。全市城区公交营运车辆746辆，出租车营运车辆3005辆。

全年邮电业务总量335.8亿元。其中，电信业务总量309.5亿元；邮政业务总量26.3亿元。全年本地固定电话交换机总容量171.4万门，比上年增加49.2万门。本地固定电话用户26.8万户；移动电话用户420.9万户。全年基础电信运营企业计算机互联网宽带接入用户124.8万户，增加10.9万户。

全年财政收入214.3亿元，比上年增长7.1%，其中地方财政收入126.1亿元，增长12.6%。全部财政收入中，增值税增长9.8%，企业所得税增长4.4%。财政支出373.4亿元，增长8.7%，科学技术、教育、卫生健康、社会保障和就业分别增长10.9%、19.5%、8.7%、11.4%。不断加大财政民生投入，全市民生支出307.2亿元，占总支出的82.3%。深入实施33项民生工程，累计投入195.5亿元，比上年增长15.2%。

全年全市金融机构各项存款余额(人民币口径，下同)2288.2亿元，比上年增加175.4亿元，增长8.3%。其中，非金融企业存款余额420.5亿元，下降4.5%；住户存款余额1465.7亿元，增长14.7%。金融机构各项贷款余额1990.0亿元，比上年增加327.1亿元，增长19.7%。其中，短期贷款823.1亿元，增长16.7%；中长期贷款1128.8亿元，增长20.6%，中长期贷款中个人消费贷款551.5亿元，增长33.1%。

表95　2019年亳州市金融机构人民币各项存贷款余额

指标	2019年数(亿元)	比上2019年增长(%)
各项存款余额	2288.2	8.3
其中：单位存款余额	762.5	−2.8
住户存款余额	1465.7	14.7
各项贷款余额	1990.0	19.7
其中：短期贷款余额	823.1	16.7
中长期贷款余额	1128.8	20.6
#个人消费贷款	551.5	33.1

全市共有9家证券公司营业部,开户股民(含基金)总数8.8万个,比上年增长10.2%。全市共有保险公司36家,其中财产保险公司18家,人寿保险公司18家。全年保险业保费总收入85.7亿元,增长3.7%。其中,财产险业务保费收入35.7亿元,增长12.3%;人身险业务保费收入50.0亿元,下降1.7%。赔款和给付26.5亿元,增长3.2%。其中,财产险业务赔款和给付支出19.3亿元,增长17.4%;人身险业务赔款和给付支出7.2亿元,下降21.9%。

二、亳州市2019年社会发展

全市有普通高校2所,在校生1.9万人。各类中等职业学校(不含技工学校)14所,在校生5.9万人。普通高中28所,在校生9.0万人,高中阶段毛入学率为93.5%。普通初中274所,在校生24.7万人,初中阶段适龄人口入学率为100%。小学1106所,在校生52.8万人,小学学龄儿童入学率为100%。各级各类成人学校毕业生1.1万人。新建、改(扩)建公办幼儿园68所。其中,市中心城区新建、改(扩)建公办幼儿园22所。全面实施免费义务教育,受益学生77.7万人。发放各类资助资金2.0亿元,资助学生17.5万人次,其中发放建档立卡贫困家庭学生资助资金6519.4万元,资助建档立卡贫困家庭学生7.3万人次。381所农村学校(含教学点)、12.4万名义务教育阶段学生享受营养餐。

表96　2019年亳州市各类教育发展情况

指标	招生数(万人)	在校生数(万人)	毕业生数(万人)
普通高等教育	0.9	1.9	0.3
中等职业教育	3.0	5.9	2.1
普通高中	3.4	9.0	2.7
普通初中	8.8	24.7	7.2
小学	8.6	52.8	8.9
特殊教育	0.07	0.4	0.02

全市有各类专业技术人员5.6万人,比上年增长5.0%。全市新认定高新技术企业51家,总数达120家。各类科技成果319项,其中省部级以上科技成果49项。主要科技成果有:安徽东方帝维生物制品股份有限公司“羊口疮灭活疫苗(AH—GY13株)的研发”、安徽邵氏华艾生物医疗电子科技有限公司“麻醉深度监护的关键技术研究与系统实现”、安徽济人药业有限公司“亳州主产药材品质提升关键技术研究与示范”等。加速推进科技成果转化,申请安徽省科技成果登记发布234项。华佗国药股份有限公司的“华佗牌救心丸工艺研究及质量标准提升”项目获得省级科学技术奖二等奖。安徽邵氏华艾生物医疗电子科技有限公司的“高压超短脉冲肿瘤治疗装置(纳米刀肿瘤消融系统)”项目获得第八届中国创新创业安徽赛区二等奖,在第八届中国创新创业大赛先进制造行业总决赛中获优秀企业奖。

全年认定“安徽老字号”企业10家,获评国家钻级酒家5家,中国绿色饭店8家。全市拥有地理标志保护产品4个,驰名商标13件,商标注册总量40730件。亳州市科技馆已建成并开展试运行。

全市共有专业艺术表演团体367个,文化馆5个,公共图书馆5个,博物馆5个,乡镇综合文化站86个,建成村级综合文化服务中心1178个,建设农家书屋1299个。全市免费送戏下乡2530场,推出“人人有艺”全民艺术普及免费公益培训品牌活动,惠及学员8800余人次。全国重点文物保护单位8处,省级重点文物保护单位44处,市级重点文物保护单位143处。国家级非物质文化遗产名录3项,省级名录38项,市级名录143项。广播电台4座,中波发射台和转播台2座,广播人口覆盖率为100%。电视台4座,有线电视用户24万户,电视综合人口覆盖率为100%。全年出版报纸1种,总印数870万份。

全市共有卫生机构2103个,其中医院89个,卫生院92个,社区卫生服务中心(站)122个,妇幼保健院(所、站)5个,疾病预防控制中心5个。卫生技术人员22587人,其中执业(助理)医师8278人,注册护士 9875 人。医院、卫生院实有床位数 23444 张。全年诊疗 2379.8 万人次。村卫生室 1322 个，乡村医生和卫生员 5165 人，农村有医疗点的村占总村数的 100%。

全市共有体育场地 1490 个，其中体育场 17 个，体育馆 2 座。全年在国际和国内的重大比赛中，亳州市运动健儿获 49 枚金牌、38 枚银牌和 19 枚铜牌。"全民健身"系列主题活动蓬勃开展，全年共举办百人以上群众体育活动 179 次，其中现代体育项目群众活动 139 次，民间传统体育群众活动 40 次。成功举办 2019 亳州国际马拉松、2019 年中国亳州三国男子篮球邀请、2018－2019 全国跳绳联赛亳州站，2019 年全国跳绳教练员、跳绳世界冠军进校园、2019 年安徽省第二届青少年健身操舞大赛、安徽省青少年"未来之星"阳光体育大会暨 2019 年全国青少年体育冬夏令营安徽站启动仪式、2019 年环江淮万人骑行大赛亳州站、全国象棋甲级联赛、MMA 综合格斗等活动。

全年市中心城区共投入城市建设维护资金 16.5 亿元。市主城区新修主干路网 14.5 公里，配套设施正在完善。完成新增(改造)绿化 492 万平方米、新建成街头游园 15 个、建成绿道 42.5 公里，实施绿化精品示范工程 10 个。城市日供水综合能力 13.9 万吨，自来水普及率达 99.5%。液化气年家庭用量 0.3 万吨，城市气化率达 99.6%。全年园林绿地面积 3842.4 公顷，建成区绿化覆盖率为 37.3%，人均公共绿地面积 16.6 平方米。全市完成 2019 年城镇公厕整治提升任务；对城区道路开展精细化保洁，提高机械化清扫率；加强餐饮油烟监管，整治工作取得明显成效；城管数字化水平显著提升，视频数据平台共上线摄像机 7.2 万台，市主城区补盲摄像机 197 台，数字城管区域拓展覆盖 163 平方千米。新城建设、老城改造齐头并进、持续提速，群众居住环境进一步改善，成功创建省级节水型城市，亳州市、涡阳县完成省级园林县城创建工作。

全年建成省级美丽乡村中心村 47 个，改造农村厕所 6.2 万户，农村垃圾无害化处理率达 88.9%。农村公路扩面延伸工程全部完工，1141 个建制村全部通客车。农村环境持续改善，建设农村人居环境整治示范村 66 个，获批省级特色小镇 3 个。村级红白理事会实现全覆盖。

全年城镇新增就业 6.5 万人，新增转移农村劳动力 11.8 万人，开发就业见习岗位 4574 个，公益性岗位 2690 个。城镇登记失业率为 2.68%，较上年下降 0.07 个百分点。

全年城镇常住居民人均可支配收入 32409 元，比上年增长 9.1%。人均消费性支出 21160 元，增长 9.1%。其中，食品支出增长 9.7%，衣着增长 29.8%，居住下降 20.5%，教育文化娱乐服务下降 15.2%。城镇常住居民恩格尔系数为 31.0%，比上年提升 0.1 个百分点。城镇常住居民人均住房建筑面积 50.8 平方米。

全年农村常住居民人均可支配收入 14102 元，比上年增长 10.6%。人均生活消费支出 11897 元，增长 10.5%。其中，食品支出增长 11.7%，衣着下降 6.9%，居住增长 90.0%，交通下降 17.0%。农村常住居民恩格尔系数为 34.6%，比上年提升 0.4 个百分点。农村常住居民人均住房建筑面积 58.0 平方米。

全市参加城镇职工基本养老保险 29.7 万人，比上年增长 11.0%；城镇职工基本医疗保险 27.6 万人，增长 10.2%；参加失业保险人数为 16.5 万人，增长 2.6%；全市参加工伤保险人数为 27.4 万人，增长 6.6%；参加新型农村养老保险 362.6 万人，增长 0.9%。被征地农民养老保险制度全面推进，全年被征地农民参保人数 17.3 万人，增长 9.4%。全市城乡低保水平进一步提升，全年发放低保金 7.3 亿元，城镇低保保障 1 万人，农村低保保障 19.4 万人。

全市有各类收养性社会福利单位床位 3.3 万张，收养各类人员 1.0 万人。城镇建立各种社区服务设施 609 个，乡镇、街道及县(市、区)级社区服务中心 94 个，综合性社区服务站 116 个。全年销售社会福利彩票 2.6 亿元，筹集公益金 3790 万元。全年网上办事大厅共受理群众各类办事申请 414.2 万件，办结 399.2 万件，群众满意率达 99.9%。

全年批准建设占用耕地 1133.1 公顷，落实基本农田保护面积 51.3 万公顷，出让国有土地使用权 1468.7 公顷。补充耕地 2556.6 公顷，人工造林 6266.7 公顷，完成森林长廊示范段建设 110 公里。成功创建省级森林城镇4个,省级森林村庄36个。

全市已发现各类矿产8种,已探明储量的矿产4种,煤炭储量达50.6亿吨。

全市用水总量10.7亿立方米。年平均气温16.3℃;年日照总时数1991.4小时;年平均降水量625.7毫米。市科普公园和防灾减灾科普教育中心对外开放。

全市有各类气象台站5个,自动观测点159个,市、县级环境监测站4个。全市有3个国家级生态乡镇、26个省级生态镇、56个省级生态村、12个市级生态镇、94个市级生态村。

在涡河设置的义门大桥、岳坊大桥、龙亢3个监测断面,水质类别均为Ⅳ类,较上年基本持平。西淝河断面水质为Ⅲ类,较上年基本持平。

全年市区环境空气质量优良天数为207天,空气质量达标率为56.5%。PM2.5平均浓度为52.9微克/立方米,比上年下降3.1%。集中式饮用水水源地水质达标率为100%。区域环境噪声平均值为54.0分贝,交通噪声平均值为64.8分贝。建成烟尘控制区1个,面积为169.0平方千米,建成环境噪声污染达标区面积43.9平方千米。

三、亳州市2019年重点工作

(一)全面落实"六稳"要求,稳中有进势头进一步向好

面对持续加大的经济下行压力,严格执行经济运行"双调度"制度,深入开展"四送一服"集中活动,办结企业反映的突出难点痛点问题216个,促成生产要素项目成功对接2716个。大力支持民营经济发展,积极落实减税降费政策,为企业减负38亿元;清理拖欠民营企业、中小企业逾期欠款8533.4万元,清偿率为82.4%。加大援企稳岗和重点群体就业扶持力度,常态化开展"2+N"招聘活动,新增城镇就业6.5万人、农村转移劳动力11.8万人、高技能人才5098人。推动金融精准服务实体经济,新增贷款323.3亿元,贷款余额增长19.7%、连续6年居全省前3位,普惠小微贷款增长17.3%;实现直接融资220亿元、居全省第3位,新增各类挂牌企业72家,域外银行向亳州市直接贷款165.2亿元。着力稳外贸稳外资,亳州海关正式挂牌运行,利用外商直接投资9.6亿美元,新增进出口实绩企业83家,进出口总额增长24.8%、居全省第2位。大力发展新能源产业,累计并网装机规模115万千瓦。全面激发消费潜力,新增驰名商标3件,限上商贸流通企业突破1000家、达1016家,社会消费品零售总额增长12.3%、居全省第3位;来亳州旅游人数增速居全省第1位,国内旅游收入、旅游总收入增速均居全省第2位;邮政业务总量26.3亿元,增速居全省第1位。强力推进招商引资、招才引智,新签约亿元以上工业项目224个,其中5亿元以上项目49个、10亿元以上项目27个;实际到位省外资金830.9亿元,增长15%、居全省第2位;引进高层次人才、急需紧缺人才290人。849个省市重点项目投资完成率为117.4%,47个投资10亿元以上重大项目开工建设,在省对市重点项目推进工作年度考核中居第2位。

(二)奋力打好三大攻坚战,全面小康短板进一步补齐

全力巩固脱贫攻坚成果。严格落实"四个不摘"要求,全面整改"两不愁三保障"及饮水安全突出问题,为3.4万户、8万名贫困群众落实个性化帮扶措施,脱贫3.8万人,贫困发生率降至0.21%,顺利完成脱贫攻坚年度任务。铁腕抓好污染防治。严格落实"五控"措施,狠抓秋冬季大气污染联防联控,PM2.5年均浓度下降3.1%,完成省下达目标任务。全面实施河(湖)长制,整改河湖"四乱"问题399个,完成320个入河排污口整治并通过省级验收,36个城市黑臭水体已消除35个,生活污水日处理能力达61万吨,在全省率先实现乡镇政府驻地污水处理设施全覆盖,境内地表水断面考核获省级生态补偿资金2150万元、居全省第3位。利辛县创建全国水生态文明城市建设试点通过验收。强力防范化解重大风险。扎实开展金融机构不良资产压降、互联网金融风险、"套路贷"等专项整治,银行业贷款质量居全省第3位,完成省下达非法集资陈案化解任务。加强政府隐性债务动态监测,政府债务风险继续下降。坚持房

子是用来住的、不是用来炒的定位，增加有效供给，强化商品房预售资金监管等防控措施，累计化解房地产遗留问题22个，房地产市场平稳健康运行。

（三）扎实做好“三农”工作，乡村振兴基础进一步夯实

粮食总产499.7万吨、居全省第2位，一等麦占比达92.4%、高于全省21.8个百分点。中药材种植面积120.4万亩，其中标准化种植面积36万亩。设施蔬菜种植面积发展到80万亩。实施生猪稳产保供措施，非洲猪瘟得到有效防控。新增规模以上农产品加工企业12家，规模以上农产品加工业产值增长8.4%，农产品网络销售额51.7亿元。新建改造农家店160家、农村综合服务社（中心）24家。新培育“三品一标”农产品51个，涡阳县获评国家级农产品质量安全县，蒙城县成为全省首个上海市外蔬菜主供应基地，谯城区荣获全国“平安农机”示范区称号。新增高标准农田43万亩，完成城乡建设用地增减挂钩项目2.6万亩、工矿废弃地复垦利用项目1万亩，建成谯城区油河上段、涡阳县北淝河上段、蒙城县茨河治理项目主体工程，涡河蒙城枢纽工程快速推进。农村综合改革成效突显，96.8%的村完成集体产权制度改革，75%的村完成“三变”改革，土地流转451万亩。新增农民合作社1881家、家庭农场2180家，培训新型职业农民5574人。农村环境持续改善，蒙城县立仓农旅小镇获批省级特色小镇，建成省级美丽乡村中心村47个，改造农村厕所6.2万户，清理整治“大棚房”问题41个。完成农村饮水安全巩固提升工程77处、饮水型氟超标改水工程33处，受益人口分别达72万人、33.2万人。人工造林9.4万亩。1431公里农村公路扩面延伸工程全部完工，1141个建制村基本通客车，利辛县获评全国“四好农村路”示范县。

（四）持续深化改革创新，发展内生动力进一步迸发

纵深推进“放管服”改革，扎实推进“一网、一门、一次”改革，新登记各类市场主体7.7万户，增长10.5%、居全省第4位。市级综合服务大厅完成整合升级，695个市本级公共服务事项实现一日办结，“最多上一次”事项占比超96%。在全省率先实现工程建设项目审批改革“一窗受理、全程代办”，审批时限压缩至90个工作日以内。国有资本运营持续优化，古井集团实现营业收入120.7亿元、利税总额60.9亿元，分别增长15.2%、9.5%；建安、文旅、交控、城建集团融资取得较大突破，市机场开发投资公司、融资担保公司、信息产业公司组建运营。扎实开展“亳州老乡，请您回家”和助力青年学子创业活动，返乡创业投资500万元以上项目179个、总投资49.8亿元。着力推动开发区高质量发展，6个省级开发区经营（销售）收入增长18%，规模以上工业增加值增长15%，亳州高新区、谯城经济开发区位居全省开发区综合考核评价前30强，亳州高新区创建国家高新区通过专家论证，亳芜现代产业园区实现稳健发展。新兴动能快速成长，新认定高新技术企业51家、总数达120家，高新技术产业增加值增长14.7%，战略性新兴产业产值增长25.4%，万人发明专利拥有量增长27.5%，全社会研发经费增长32.6%、居全省第4位，企业吸纳技术成交额增长240%。安徽亳州国家农业科技园区通过科技部验收，华佗牌救心丸项目获省科学技术奖二等奖。扎实推进现代中医药产业高质量发展，《世界中医药之都（安徽亳州）建设发展规划（2020—2030年）》获省政府批复实施，省政府工作报告明确提出支持亳州建设世界中医药之都。现代中医药产业规模达1150亿元，现代中药产业集聚发展基地产值增长15.2%，完成药品技术转让12个，协议引进仿制药一致性评价品种131个，安徽济人药业有限公司的中药配方颗粒进入德国药房销售。推动传统制造业加快升级，新增规模工业企业101家，工业投资增长9.3%，工业技改投资增长56.8%、居全省第1位，获批国家级“专精特新”“小巨人”企业、工业设计中心、中小企业公共服务平台5家，新增省级智能工厂2个、数字化车间2个，新认定省级新产品36个、企业技术中心11家、制造业创新中心1家。“古井贡酒·年份原浆”传统酿造区获批为国家工业遗产，古井贡酒股份有限公司获批为国家级绿色工厂。浪潮大数据产业园1号楼投入使用。

(五) 协同推进建设管理，城市发展能级进一步增强

城市功能不断完善。市城市控制性详细规划通则修编正式启动，中心城区教育、卫生、排水等7个专项规划编制及水系贯通、新能源充电设施布点、供热工程等专项规划修编全面完成。中心城区120个城建项目完成投资38.8亿元。6个商合杭高铁下穿工程全部建成，亳州公路客运高铁枢纽站、北公交客运枢纽站投入使用。商合杭高铁合肥以北段正式通车，实现了全市人民期盼多年的高铁梦。亳州机场获批建设，淮蒙阜城际铁路完成可研编制，涡河高等级航道整治工程全面开工，亳蒙高速、亳蚌城际铁路前期工作顺利推进，新改建国省干线公路224.8公里。引江济淮亳州段工程加快推进，城南地表水厂完成建设。开通5G基站171个，中心城区和三县县城核心区实现基本覆盖。报批各类建设用地4.2万亩，低效闲置用地处置率达67%。城市管理水平稳步提升。"两治三改"专项行动顺利推进，新开工棚户区改造项目2.9万套、基本建成1.8万套，改造老旧小区6个，22条道路雨污分流改造和24处易涝点整治全面完成，数字化城管水平进一步提高。全面启动全国文明城市创建，蝉联省文明城市，荣获省"节水型城市"称号，谯城区入选全国第二批新时代文明实践中心建设试点。扎实推进园林城市创建，新增一批公园、街头游园，城市绿地率达31.5%。

(六) 切实保障改善民生，人民幸福指数进一步提升

推进农民工工资实名制登记和工资支付监管信息化平台应用，欠薪人数和欠薪金额较上年分别下降21%和24.6%。33项民生工程支出资金195.5亿元。改造农村危房3832户。在全省率先实现低保城乡统筹。建成养老服务中心31所、养老服务站65所。132家公办乡镇敬老院由乡镇卫生院托管并挂牌运营，1723名失能、半失能"五保"老人实现老有所养、病有所医、兜底有保障目标。解救关锁精神病人56人。全面实施"2376"工程，新建成投用公办中小学及幼儿园83所、增加学位5.8万个，推进城镇小区配套幼儿园治理工作，开展中心城区公办幼儿园午餐供应、午休服务和延时接送，缓解了"上学难""上学贵""接送难"等问题。亳州学院获批本科专业7个、荣获国家级学科技能大赛奖项8项，亳州职业技术学院中药学专业获评为国家级骨干专业、中药制药综合实训基地获评为国家级实训基地，亳州中药科技学校入选国家首批"1+X"证书制度试点。市妇幼保健计生服务中心建成，市第二人民医院、市儿童医院开工建设，市中医院成立运营，县域内就诊率达88.1%，公立医院药占比达26.9%，涡阳县、蒙城县获批全国紧密型医共体建设试点县。医保按病种付费执行率达60.1%，亳州市与长三角40个市实现异地就医住院医保费用直接结算。建成社区文体中心12个、村级综合文化服务中心1178个。市文化馆对外开放，市体育运动学校建成。薛阁塔获批为全国重点文物保护单位。"五禽戏群众文化普及活动"获评为国家公共文化服务体系示范项目。深入开展2019亳州文化旅游年活动，国际马拉松等7项品牌赛事精彩纷呈。"中国好人""安徽好人"上榜人数居全省第1位。市长热线共受理群众各类诉求38.3万件。整改挂牌督办重大安全隐患518处，在全省首创乡镇(街道)派驻消防文员闭合落实消防末端责任，安全生产事故起数、受伤人数连续3年实现"双下降"。食品药品、产品质量、特种设备安全形势稳中趋好。按照"三到位一处理"原则，扎实做好重点人群维稳工作，全市信访形势持续向好。扎实推进十大重点行业领域"扫黑除恶"专项斗争，侦办黑社会性质组织案件12件，打掉涉恶犯罪集团29个，摧毁恶势力犯罪团伙66个，人民群众的安全感达97.95%、实现五连升。

大力弘扬爱国主义精神，精心组织庆祝中华人民共和国成立70周年活动，凝聚起奋进新时代的磅礴力量。退役军人事务服务水平和能力全面提升，国防教育、国防动员、双拥优抚安置工作成效显著，第四次经济普查圆满完成，《亳州年鉴(2018)》荣获全国地市级综合年鉴二等奖。积极稳妥推进民族宗教工作规范化建设。网信、工会、妇女儿童、老龄、残疾人、红十字、关心下一代、公积金管理、无线电管理等事业健康发展，外事、侨务、对台、气象、地震、档案等工作取得新进步。

（七）自觉践行初心使命，政府自身建设进一步加强

增强“四个意识”、坚定“四个自信”、做到“两个维护”，坚决落实全面从严治党主体责任，深入开展“不忘初心、牢记使命”主题教育和“三个以案”警示教育，力戒形式主义、官僚主义，全面提升施政本领，政府系统党的建设得到进一步强化。严格实行清单管理、对账销号，全力推进中央、省巡视督导督察等反馈问题整改，完成整改1512项，一大批群众关心关注的问题得到有效解决。市县政府机构改革如期完成，执法管理体制改革扎实推进，办理行政复议案件130件、行政应诉案件34件，法治政府建设成效显著。自觉接受人大法律监督和工作监督，认真执行人大决议决定，提请市人大常委会审议地方性法规1件，备案审查规范性文件28件，高质量办理市人大代表议案建议223件。主动接受政协民主监督，参加各类民主协商59项，高质量办理市政协建议（案）、提案420件。深化廉政风险防控，坚决惩治各类腐败行为，强力整改审计发现问题，有效整治侵害群众利益的突出问题，率先在全省建成小额工程和中介服务类网上商城，不敢腐、不能腐、不想腐的机制进一步健全。坚持“三严三实”“马上就办、真抓实干”，严格落实“基层减负年”工作举措，完成政府系统年度岗位责任目标任务812项，整改政府工作问题清单事项285项，市政府文件、会议、督查检查考核较上年分别减少36%、35%和92.1%，政府系统风清气正、干事创业的氛围更加浓厚。

第十五节　池州市2019年经济社会发展报告

2019年，池州市坚持以习近平新时代中国特色社会主义思想为指导，全面贯彻党的十九大和十九届二中、三中、四中全会精神，在省委、省政府和市委的坚强领导下，坚持稳中求进工作总基调，坚持新发展理念，以供给侧结构性改革为主线，扎实做好稳增长、促改革、调结构、惠民生、防风险、保稳定各项工作，全市经济运行稳中有进、进中向好，市四届人大二次会议确定的目标任务较好完成，如期实现2017—2019年经济发展三年计划目标，社会大局和谐稳定。

2019年，全市户籍人口162.3万人，比上年增加0.1万人。其中，男性83.0万人，占51.1%；女性79.3万人，占48.9%。常住人口148.5万人，比上年增加1.1万人。全年人口出生率为9.16‰，比上年下降0.87个千分点；死亡率为5.86‰，下降1.01个千分点；自然增长率为3.3‰，上升0.14个千分点。全市常住人口城镇化率为54.9%，比上年提高0.8个百分点。

表97　2019年池州市常住人口及构成

指标	人口数（万人）	比重（%）
2019年常住人口	148.5	100.0
其中：城镇	81.6	54.9
乡村	66.9	45.1
其中：0—14岁	22.6	15.2
15—59岁	94.5	63.6
60岁及以上	31.4	21.2

一、池州市2019年经济发展

全年地区生产总值831.7亿元，按可比价格计算，比上年增长7.9%。分产业看，第一产业增加值83.9亿元，增长3.3%；第二产业增加值367.3亿元，增长9.7%，其中全部工业增加值303.5亿元，增长10.4%；第三产业增加值380.5亿元，增长7.1%。三次产业结构比例由上年的9.9∶44.2∶45.9调整

为10.1∶44.2∶45.7,其中工业增加值占GDP比重为36.5%。人均GDP为56217元(折合8150美元),比上年增加4631元。

表98 2019年池州市生产总值及增长速度

指标	绝对数(亿元)	比上年增长(%)
地区生产总值	831.7	7.9
其中:第一产业	83.9	3.3
第二产业	367.3	9.7
第三产业	380.5	7.1
其中:农林牧渔业	87.7	3.5
工业	303.5	10.4
建筑业	64.1	5.9
批发和零售业	76.0	7.8
交通运输、仓储和邮政业	43.6	5.2
住宿和餐饮业	25.6	8.8
金融业	36.2	7.3
房地产业	50.4	4.9
其他营利性服务业	56.5	12.9
其他非营利性服务业	88.2	3.5

全年粮食作物种植面积117.6千公顷,比上年下降0.3%;油料种植面积30.6千公顷,增长3.1%;棉花种植面积4.2千公顷,下降30.1%;蔬菜及食用菌种植面积9.6千公顷,增长2.9%。

全年粮食产量64.8万吨,与上年基本持平;油料产量7.5万吨,增长6.1%;棉花产量0.4万吨,下降37.3%;蔬菜及食用菌产量26.7万吨,增长4.3%;茶叶产量1.2万吨,增长7.3%。

全年肉类总产量8.8万吨,与上年基本持平;禽蛋产量4.0万吨,增长7.3%;水产品产量13.8万吨,增长3.0%。

全年全市农业机械总动力140.1万千瓦,比上年增长4.0%;农用拖拉机3.23万台,比上年减少0.55万台。全年化肥施用量(折纯)5.4万吨,下降4.7%;农村用电量4.0亿千瓦时,与上年基本持平。

表99 2019年池州市主要农产品产量及增长速度

产品名称	绝对数(万吨)	比上年增长(%)
粮食	64.8	0.0
油料	7.5	6.1
花生	0.1	1.5
油菜籽	7.3	6.4
棉花	0.4	−37.3
烤烟	0.1	31.3
蚕茧	0.1	−0.1
茶叶	1.2	7.3
蔬菜及食用菌	26.7	4.3
水果	2.2	2.4

全市规模以上工业企业625户。全年规模以上工业增加值比上年增长11.0%,其中国有企业增长8.7%,股份制企业增长11.6%。分门类看,采矿业增长14.7%,制造业增长11.2%,电力、热力、燃气及水生产和供应业增长5.2%。

规模以上工业中,34个工业大类行业中有19个行业增加值保持增长。其中,有色金属冶炼和压延加工业增长20.2%,非金属矿物制品业增长9.0%,化学原料和化学制品制造业增长17.2%,黑色金属冶炼和压延加工业增长16.6%,电气机械和器材制造业增长52.9%,非金属矿采选业增长22.8%,电力热力生产和供应业增长4.3%,计算机通信和其他电子设备制造业增长8.8%,装备制造业增加值增长24.4%。战略性新兴产业产值增长32.5%,电子信息产业产值增长30.2%。

规模以上工业统计的主要产品产量中,铜合金、石灰石、粗钢、水泥、硫酸分别增长47.4%、2.2%、7.7%、6.9%、4.0%,合成氨、铅分别下降3.1%、4.8%。

表100　2019年池州市规模以上工业企业主要产品产量及增长速度

产品名称	单位	绝对数	比上年增长(%)
石灰	万吨	2363.5	2.2
服装	万件	1821.4	−32.8
精制茶	万吨	2.1	−5.9
硫酸(折纯)	万吨	74.5	4.0
浓硝酸(折纯)	万吨	28.0	−1.3
合成氨	万吨	17.0	−3.1
农用化肥(折纯)	万吨	3.0	20.6
化学农药(折纯)	万吨	1.9	−18.1
水泥熟料	万吨	1192.0	2.7
水泥	万吨	381.9	6.9
粗钢	万吨	269.1	7.7
铜材	万吨	1.5	−4.0
铜合金	万吨	12.1	47.4
铅	万吨	6.1	−4.8
轴承	万套	93.9	21.0
太阳能热水器	万平方米	1.2	4.8

全年规模以上工业企业实现利润总额56.4亿元。非金属矿物制品业、非金属矿采选业、化学原料和化学制品制造业、黑色金属冶炼和压延加工业、专用设备制造业、计算机通信和其他电子设备制造业、纺织服装服饰业、有色金属冶炼和压延加工业、电气机械和器材制造业9个行业利润总额超亿元,合计利润51.8亿元,占全部工业利润的91.8%。

全年全社会建筑业增加值64.1亿元,按可比价格计算,比上年增长5.9%。全市资质内建筑企业198个,比上年增加34个。全年资质内建筑企业主营业务收入86.9亿元,比上年下降11.2%;主营业务成本77.3亿元,下降9.5%;实现利润3.6亿元,下降34.5%。

全年固定资产投资比上年增长10.7%。其中,工业技改投资增长10.4%;基础设施投资增长

18.9%;民间投资增长3.5%。分产业看,第一产业投资下降62.6%;第二产业增长29%;第三产业增长4.6%。分行业看,工业投资增长29.6%,其中制造业增长33.7%。

表101　2019年池州市分行业固定资产投资额及增长速度

行业	比上年增长(%)
农、林、牧、渔业	−62.6
采矿业	3.2
制造业	33.7
电力、热力、燃气及水生产和供应业	21.5
建筑业	−56.1
批发和零售业	−38.9
交通运输、仓储和邮政业	36.5
住宿和餐饮业	−18.5
信息传输、软件和信息技术服务业	−87.5
金融业	−56.6
房地产业	6.9
租赁和商务服务业	−22.9
科学研究和技术服务业	−51.6
水利、环境和公共设施管理业	13.1
居民服务、修理和其他服务业	100.2
教育	119.9
卫生和社会工作	−40.1
文化、体育和娱乐业	−76.4
公共管理、社会保障和社会组织	−47.1

全年房地产开发投资79.9亿元,增长7%。商品房销售面积180.2万平方米,下降0.6%;商品房销售额112.8亿元,增长6.5%。商品房待售面积69.6万平方米,下降13.2%。全市棚户区改造开工1438套,改造老旧小区17个。

全年实施市重点项目556个,实施企业技改提升示范项目100个,53个项目列入省稳投资重大工程包。池州长江公路大桥建成通车,池黄高铁正式开工,德上高速池州段、G318池州至殷汇段、贝腾智能装备制造等180个亿元以上项目开工建设,长九一期、长智建工一期等85个项目竣工投产。

全年社会消费品零售总额283亿元,比上年增长10.8%。按经营地统计,城镇消费品零售额217.1亿元,增长10.7%;乡村消费品零售额65.9亿元,增长11.0%。按消费类型统计,商品零售240亿元,增长10.6%;餐饮收入43亿元,增长11.8%。

全年限额以上消费品零售额103.8亿元,比上年增长8.7%。其中,吃、穿、用类商品零售额分别增长9.0%、14.3%、8.5%,粮油类增长9.3%,肉禽蛋类增长14.2%,服装类增长15.6%,日用品类增长7.4%,文化办公用品类增长13.0%,中西药品类增长13.6%,建筑及装潢材料类增长11.5%,石油及制品类增长15.1%,汽车类下降1.6%。

全年限额以上批发零售业实现网上商品零售额4.0亿元,比上年增长12.4%。

全年居民消费价格比上年上涨2.6%。其中,食品烟酒、衣着、居住、生活用品及服务、教育文化和娱乐、医疗保健、其他用品和服务等价格分别上涨7.7%、1.4%、0.6%、0.5%、0.7%、1.4%、1.9%,交通和通信价格下跌2%。工业生产者出厂价格比上年上涨0.1%,工业生产者购进价格上涨1.7%。

表102　2019年池州市居民消费价格比上年涨跌幅度

指标	涨跌幅度(%)
居民消费价格指数	2.6
其中:食品烟酒	7.7
衣着	1.4
居住	0.6
生活用品及服务	0.5
交通和通信	−2.0
教育文化和娱乐	0.7
医疗保健	1.4
其他用品和服务	1.9

全年进出口总额8.4亿美元,比上年增长10.2%。其中,出口2.1亿美元,下降1.1%;进口6.3亿美元,增长14.5%。从主要商品看,铜精矿进口4.2亿美元,增长27.3%;铅精矿进口0.7亿美元,增长197.5%;化工产品进出口0.5亿美元,下降28.1%;机电产品进出口0.6亿美元,增长0.6%;高新技术产品进出口0.3亿美元,增长5.5%。全市进出口超千万美元企业10家,实现进出口6.5亿美元,占全市进出口总额的77.4%。

全市亿元以上在建省外投资项目384个,当年实际到位资金556.4亿元,增长11.0%。全年新批外商直接投资企业10个,利用外商直接投资4.0亿美元,增长1.6%。

全年旅客运输量1236万人,比上年下降14.1%;货物运输量11718万吨,增长9.8%。旅客运输周转量(不包括铁路)94661万人公里,下降17.5%;货物运输周转量(不包括铁路)3349085万吨公里,增长16.8%。全年港口货物吞吐量9751万吨,增长45.0%,其中外贸货物吞吐量49.1万吨,增长14.1%。港口集装箱吞吐量18138标准箱(TEU),增长5.8%。全年九华山机场旅客吞吐量52.4万人次,同比增长16.3%;货邮吞吐量934吨,增长11.7%。

表103　2019年池州市各种运输方式完成旅客运输量

指标	单位	绝对数	比上年增长(%)
旅客运输量	万人	1236	−14.1
其中:铁路	万人	255	5.4
公路	万人	981	−18.1
旅客运输周转量(不包括铁路)	万人公里	94661	−17.5
其中:公路	万人公里	94661	−17.5

表 104　2019 年池州市各种运输方式完成货物运输量

指标	单位	绝对数	比上年增长(%)
货物运输量	万吨	11718	9.8
其中:铁路	万吨	8	33.3
公路	万吨	4335	5.5
水运	万吨	7375	12.5
货物运输周转量(不包括铁路)	万吨公里	3349085	16.8
其中:公路	万吨公里	391899	5.9
水运	万吨公里	2957186	18.4

全市机动车辆拥有量 32.3 万辆,比上年增长 7.0%,其中汽车 18.7 万辆,增长 10.6%。轿车拥有量 11 万辆,增长 10.0%,其中私人轿车 10.6 万辆,增长 10.4%。

全市公路里程 9168 公里,比上年增加 419 公里,其中高速公路 280 公里。铁路营业里程 196.1 公里,其中高铁营业里程 57.1 公里。

全年电信业务收入 9.2 亿元,比上年下降 1.8%;邮政行业业务总量 7.3 亿元,增长 31.8%。快递业务量(出港)1472.3 万件,快递业务收入 1.8 亿元,比上年分别增长 24.7%和 19.2%。

全年本地固定电话用户 13.5 万户,比上年减少 3.8 万户;移动电话用户 144.1 万户,增加 10.0 万户;基础电信运营企业计算机互联网宽带接入用户 49.4 万户,增加 6.5 万户。

全年共接待国内外游客 7043.2 万人次,比上年增长 10.2%,其中入境游客 120.1 万人次,增长 6.3%。旅游总收入 776.5 亿元,增长 12.2%,其中外汇收入 6.7 亿美元。全市共有 A 级及以上旅游景点(区)39 个,其中 5A 景区 1 个,4A 景区 17 个,3A 景区 18 个。九华山风景区共接待国内外游客 1131.2 万人次,增长 4.5%;旅游总收入 137.3 亿元,增长 5.0%。

全年财政收入 112.6 亿元,比上年增长 5.0%,其中地方财政收入 63.6 亿元,下降 1.4%。全部财政收入中,税收收入 91.0 亿元,增长 11.6%。其中,增值税 48.9 亿元,增长 12.9%;企业所得税 15.1 亿元,增长 23.6%;个人所得税 2.4 亿元,下降 14.7%;消费税 3.1 亿元,增长 36.6%。财政支出 164.5 亿元,增长 6.5%。从重点支出项目看,医疗卫生与计划生育支出增长 7.9%,城乡社区事务支出增长 30.2%,教育支出增长 7.5%。全年 33 项民生工程资金到位 41.9 亿元。

全市金融机构人民币各项存款余额 1089.4 亿元,比上年增长 8.0%,比年初增加 80.5 亿元。其中,住户存款余额 740.3 亿元,增长 11.8%;非金融企业存款余额 203.1 亿元,增长 16.0%。金融机构人民币各项贷款余额 685.7 亿元,增长 12.5%,比年初增加 67.7 亿元;短期贷款余额 193.7 亿元、增长 3.0%,中长期贷款余额 456.4 亿元、增长 16.1%。

全市金融机构外汇存款余额 5859 万美元,比上年增长 167.9%,比年初增加 3669 万美元;外汇贷款余额 4196 万美元,比上年增长 310.2%,比年初增加 3169 万美元。

全年直接融资额 41.8 亿元。全市新增上市待发企业 1 家(艾可蓝),辅导备案企业 1 家(华尔泰)。新增 36 家企业在省股交中心科创板挂牌、7 家企业在专精特新板挂牌。

表 105　2019 年池州市金融机构人民币各项存贷款余额及增长速度

指标	2019 年数(亿元)	比上年增长(%)
各项存款余额	1089.4	8.0
其中:住户	740.3	11.8
非金融企业	203.1	16.0

续表

指标	2019 年数(亿元)	比上年增长(%)
机关团体	121.9	—0.9
财政性	23.8	22.5
各项贷款余额	685.7	12.5
其中:住户	348.6	13.7
非金融企业及机关团体	337.1	11.2
其中:短期	193.7	3.0
中长期	456.4	16.1

全年保险业原保险保费收入 31.3 亿元,比上年增长 6.6%。其中,财产险业务原保险保费收入 9.7 亿元,增长 5.8%;人身险业务原保险保费收入 21.6 亿元,增长 6.9%。

二、池州市 2019 年社会发展

全年常住居民人均可支配收入 24786 元,比上年增长 9.4%。

城镇居民人均可支配收入 33747 元,增长 9.3%。人均消费支出 20594 元,增长 10.0%。其中,食品烟酒支出增长 10.1%,衣着支出增长 4.0%,居住支出增长 10.2%,生活用品及服务支出增长 7.7%,交通和通信支出增长 11.2%,教育文化娱乐支出增长 15.1%,医疗保健支出增长 11.0%。城镇常住居民恩格尔系数为 33.0%。

农村居民人均可支配收入 16099 元,增长 9.5%。人均消费支出 13268 元,增长 8.0%。其中,食品烟酒支出增长 8.5%,衣着支出增长 6.1%,居住支出增长 8.7%,生活用品及服务支出增长 3.5%,交通和通信支出增长 7.9%,教育文化娱乐支出增长 12.5%,医疗保健支出增长 2.0%。农村常住居民恩格尔系数为 28.0%。

全市城镇职工基本养老、基本医疗保险参保人数分别为 12.88 万人、16.07 万人,比上年分别增加 0.72 万人、1.02 万人;失业保险、工伤保险、生育保险参保人数分别为 9.36 万人、11.48 万人、10.13 万人;城乡居民养老保险参保 86.8 万人;城乡居民基本医疗保险参保 138.8 万人,参保率为 98.7%。

全年城镇实名制新增就业 2.47 万人,下岗失业人员再就业 0.41 万人。城镇登记失业率为 2.01%,比上年下降 0.67 百分点。

全市共有 0.81 万人享受城市居民最低生活保障;4.74 万人享受农村最低生活保障。全年抚恤补助各类优抚对象 0.89 万人次。

全市共有普通高等教育学校 3 所,普通本专科在校学生 29989 人,成人在校学生 3371 人。中等职业教育学校 7 所,在校学生 11253 人。普通中学 98 所,在校学生 77976 人。其中,高中在校学生 32119 人,高中阶段毛入学率为 98.7%;初中在校学生数 45857 人,初中学龄人口入学率为 100%。小学 189 所,在校学生 82233 人,小学入学率为 100%。

表 106 2019 年池州市各级各类教育发展情况

指标	招生数(人)	在校生数(人)	毕业生数(人)
普通本专科	10722	29989	7467
中等职业教育	4508	11253	4439

续表

指标	招生数(人)	在校生数(人)	毕业生数(人)
普通高中	11072	32119	10047
初中阶段	14945	45857	14853
小　学	13402	82233	14734
幼儿园	14156	36744	13485

全市高新技术企业113户。全年高新技术产业产值和增加值分别比上年增长17.2%、19.6%。全年申请专利2971件,其中发明637件;授权专利1844件,其中发明70件。全年登记科技成果526项,增长289.6%。全年吸纳技术合同成交额13.7亿元,增长199.6%;输出技术合同成交额4.6亿元,增长463.4%。新增省级企业技术研发机构10个,文香信息智慧黑板获2019世界制造业大会创新产品金奖。

全市共有文化馆6个,公共图书馆5个,国有博物馆4个,乡镇街道综合文化站53个。全国重点文物保护单位9处,省级重点文物保护单位59处。国家级非物质文化遗产名录4项,省级非物质文化遗产名录27项。广播综合人口覆盖率为98.88%,电视综合人口覆盖率为99.83%。

全市共有医疗卫生机构1043个,其中医院37个、基层医疗卫生机构984个、专业公共卫生机构21个、其他卫生机构1个。基层医疗卫生机构中,卫生院59个,社区卫生服务中心(站)24个,村卫生室613个;专业公共卫生机构中,疾病预防控制中心6个,专科疾病防治院(所、站)3个,妇幼保健院(所、站)3个,卫生监督所(中心)6个。全市卫生技术人员8214人,其中执业(助理)医师3073人,注册护士3566人。医疗卫生机构实有床位7862张,其中医院6550张、卫生院1083张。

成功举办2019池州国际马拉松、国际体育舞蹈邀请赛。广泛开展全民健身运动,成功举办"健康中国行"主题宣传暨庆祝第11个"全民健身日"全民健身展示活动、2019年青少年"未来之星"阳光体育大会等110项群众赛事活动,参与人数42万余人。

全市共有各类养老服务机构84个、床位11104张。其中,社会福利院2个、床位80张,特困人员供养机构65个、床位8515张,养老公寓等各类养老机构17个、床位2509张。

全市实有自然保护区6个,面积61.4千公顷,占国土面积的7.4%,其中国家级自然保护区面积36.7千公顷,占保护区面积的60.0%。当年人工造林面积1.9千公顷,退化林修复面积5.0千公顷,森林抚育24.7千公顷。活立木蓄积量3055万立方米,比上年增加63万立方米;森林覆盖率为60.2%,比上年提高0.3个百分点。

全年平均降水量1328.4毫米,平均气温为17.2℃。

全年能源消费总量509.54万吨标准煤,比上年增长3.4%,全社会电力消费量76.0亿千瓦时,增长14.0%,其中工业用电量58.0亿千瓦时,增长14.3%。万元GDP能耗下降4.18%。

全市共有环境监测站6个。全市PM10年均浓度为61微克/立方米,PM2.5年均浓度为42微克/立方米,空气质量继续保持优良。城市区域环境噪声平均为56.0分贝,达到三级标准(一般)。尧渡河、黄湓河、秋浦河、白洋河、九华河、青通河、长江池州段水质均达到Ⅱ—Ⅲ类,总体水质优良。

全年城市污水处理厂处理能力达15万立方米/日,污水处理总量达4856万立方米,集中处理率为95.6%。生活垃圾无害化处理率为100%。建成区绿化覆盖率为43.5%。

全年共发生各类生产安全事故68起、死亡63人、受伤38人,比上年分别下降20.9%、3.1%、34.5%。其中,采矿业事故2起;商贸制造业事故9起;建筑业事故3起;交通运输业事故53起;其他行业事故1起。

三、池州市2019年重点工作

（一）深入落实“六稳”工作要求，实体经济持续健康发展

扩大有效投资。组建装配式建筑产业基地等8个重大项目工作专班，实施556个市重点项目，贝腾智能装备制造等180个亿元以上项目开工建设，长九一期等85个项目竣工投产，53个项目列入省稳投资重大工程包。工业投资增长30%，增速居全省前列。强化金融支持。新增信贷投放68亿元，直接融资41.8亿元。390户小微企业获得无还本续贷12.6亿元，新增“税融通”贷款6.7亿元，普惠型小微企业贷款增长13.8%。1家企业IPO成功过会。着力稳外贸稳外资。新增国家级外贸转型升级基地1个，建成第5家保税仓库，在第二届进口博览会上成功签订全省最大进口订单，第5次入选“中国外贸百强城市”，进出口总额7.7亿美元。实际利用外资3.9亿美元。稳定和扩大就业。常态化开展“2＋N”就业招聘活动，发放稳岗补贴0.9亿元、创业担保贷款1.1亿元，新增城镇就业2.2万人、技能人才1万人。优化营商环境。实施“营商环境提升年”九大行动，常态化开展“四送一服”双千工程，帮助企业解决资金、用工、土地等实际问题1405个。全面落实减税降费政策，减轻企业负担18.1亿元。兑现市级政策奖补资金1.7亿元。新登记注册企业5387户、增长26%。

（二）着力夯实产业基础，发展新动能加快积聚

持续强化科技创新。实施新时代英才计划、高新技术企业三年倍增计划，引进高层次人才团队3个，入选省“115”产业创新团队4个，新增省级企业技术研发机构10个，设立池州学院半导体产业学院，新增发明专利67件，净增高新技术企业26家，技术合同交易额增长36%，战略性新兴产业产值、高新技术产业增加值分别增长31.3%、19.4%。大力发展先进制造业。扎实开展“三比一增”专项行动，实施省级半导体战新基地新三年建设计划，实现产值65亿元、增长20.4%，文香信息智慧黑板获2019世界制造业大会创新产品金奖。成功举办装配式建筑产业发展峰会，全省最大的PC构件工厂长智建工一期建成投产。实施100个企业技改提升示范项目，完成技改投资62亿元。新增国家专精特新“小巨人”企业1家、省专精特新企业13家。贵池区入列全省制造业发展增速10快区。青阳县获批省级机电装备特色产业集群（基地）。培育发展旅游大健康产业。九华山入选世界地质公园，新增1家4A级旅游景区，开工建设牯牛降旅游度假村等7个亿元以上项目，开展10个乡村旅游示范村创建，牵头举办“美好大皖南、迎客长三角”系列推介活动，打造“花开四季·诗韵池州”文旅品牌，接待游客量、旅游总收入分别增长10.2%、12.3%，过夜游客380万人次。青阳县入选2019年中国县域旅游竞争力百强县。创成省级医养结合综合示范区。新增省级特色小镇1个、试验小镇3个。成功举办国际马拉松、国际徒步大会、国际体育舞蹈大赛和第五届省老年人运动会，“池马”入选中国体育旅游精品项目。加快发展现代农业。建成高标准农田7.6万亩，粮食总产64.8万吨。发展稻渔综合种养面积6万亩，改造无性系茶园1万亩，九华黄精种植面积扩大到1.5万亩。创建省示范合作社6个、家庭农场8个，规模以上农产品加工企业达111家。富硒食品销售收入达10亿元。新增百万元农村产品网销企业10家。

（三）加大基础设施补短板力度，城乡融合发展深入推进

加强城市规划建设管理。启动市县国土空间总体规划编制。在全国首批海绵城市试点建设终期考核中位居前列，平天湖（西部）生态湿地建成开放，老港区长江岸线及秋浦河故道一期生态修复工程完工，清溪塔周边和3个城市出入口环境整治成效明显。牧之路互通立交建成通车，沿江路全线贯通，城市路网格局进一步优化。新开通城市公交线路3条。完成城市排水防涝三年行动目标任务，内涝防治标准达到中等以上城市水平。文明城市创建深入推进，市县两级数字化城市管理平台全面建成，城市生活垃圾分类试点稳步推进，生活垃圾焚烧发电项目一期投入运行，整治背街后巷11条，城市管理效能考

核居全省首位。强化交通等基础设施建设。池州长江公路大桥建成通车,池黄高铁正式开工,德上高速池州段22座隧道全面施工,G318池州至殷汇段等4条国省干线一级公路、东至经开区铁水联运项目开工建设。完成青通河航道市域内整治工程,秋浦河航道整治工程开工建设,江口港区三期、长九码头一期建成运营。平天湖三站基本建成,6处中小河流治理、19座小型水库除险加固、2座泵站工程全面完工。灯塔220千伏等5个骨干电网工程竣工投运,总装机240兆瓦的2个渔光互补光伏项目、1个风电项目并网发电。持续改善农村人居环境。33个乡镇政府驻地、71个中心村污水处理设施基本建成,农村改厕2.3万户,危房改造861户,农村生活垃圾无害化处理率为95%。建成美丽乡村省级中心村68个和省级示范村35个、重点示范村9个,农村自来水普及率为93.5%。复垦整理土地6600亩,"四好农村路"扩面延伸1373公里。

(四)聚焦解决突出问题,三大攻坚战取得关键进展

坚决有力防范化解重大风险。持续开展非法集资排查处置、互联网金融专项整治、不合规交易场所清理整治等行动,实行政府债务限额和利息支出占比"双控",政府债务风险总体可控,守住不发生系统性风险的底线。尽锐出战精准脱贫。扎实开展"重精准、补短板、促攻坚"专项行动,全力打好"四季攻势",133个驻村工作队、1.8万帮扶责任人聚力攻坚,投入财政专项扶贫资金2.8亿元,实施扶贫项目1430个,建成扶贫车间49个,全面完成中央专项巡视和国家、省考核评估反馈问题整改,1.42万贫困人口稳定脱贫,贫困发生率降至0.12%,石台县脱贫摘帽各项指标均已达标。强力推进污染防治攻坚。扎实开展"三大一强"专项攻坚行动,"3+N"突出生态环境问题整改深入推进。严格落实"五控"措施,在全省率先开展柴油车及非道路移动源尾气排放治理,创新推行"以票管源"治超模式,6家矿山入选国家级绿色矿山,环境空气质量保持全省前列。开展新一轮长江入河排污口排查,基本完成长江池州段"三无"采砂船舶拆解,提前一年实施长江池州段全面禁捕,完成县级饮用水备用水源地保护区划定,地表水国控断面水质优良率为100%,秋浦河获评长江经济带美丽河流。完成122家重点行业企业用地土壤污染状况调查。畜禽养殖废弃物资源化利用率、秸秆综合利用率分别达85%、90%。造林绿化3万亩。荣获"2019中国最具生态竞争力城市"称号。

(五)强化体制机制创新,改革开放迈出重要步伐

重点领域改革取得新成效。"一网一门一次"改革扎实推进,新政务服务大厅正式启用,事项办理实现"最多跑一次",企业开办、不动产登记办理时限分别压缩至3个、5个工作日,工程建设项目审批制度改革基本完成,长三角政务服务"一网通办"开通运行。实施市经开区、池州高新区体制改革与机制创新。完成市直经营性国有资产清查,市交通投资集团组建挂牌。基本完成农村集体产权制度改革,489个村完成"三变"改革,年收入50万元以上集体经济强村达到40个。开放合作取得新进展。列入长三角27个中心区城市,制订实施融入长三角一体化发展行动方案,6个开发区与沪苏浙开发区建立战略合作关系,入选长三角区域养老一体化首批试点城市。引进省外亿元项目160个、到位资金520亿元,2019世界制造业大会签约的21个项目全部完成工商注册登记、资金到位进度快于全省平均水平。

(六)优化公共服务供给,民生和社会建设不断加强

33项民生工程全面完成,民生类支出137.5亿元,占财政总支出的85.2%。退休人员养老金人均月增加139元,低保标准城乡统筹实现县区全覆盖,孤儿和残疾儿童康复救助提标扩面。建立统一的城乡居民基本医保制度,异地就医门诊费用实现长三角地区直接结算。全市棚户区改造开工1438套、1772户群众搬进新居,改造老旧小区17个。完成主城区农贸市场改造8个。新建改建公办幼儿园14所,建设智慧学校29所,月亮湖学校建成投用,主城区全面实行义务教育阳光招生。市人民医院现代医院管理制度试点扎实推进,东至县入选国家级紧密型县域医共体建设试点;2家医院与上海市4家医院

开展院科合作，5 家乡镇卫生院达到二级综合医院标准，新建改建中医馆 14 个。新增全国重点文物保护单位 3 处，入选国家工业遗产、中国 20 世纪建筑遗产各 1 处，7 个村列入中国传统村落。跻身第四批全国居家和社区养老服务改革试点，所有农村特困供养机构完成消防改造，市老年公寓投入运营。1 人获得全国道德模范提名奖，11 人入选"中国好人""安徽好人"。

成功举办庆祝中华人民共和国成立 70 周年池州发展成就展等系列活动，激发广大干部群众奋进新时代的强大动力。深化"平安池州"建设，安全生产、食品药品安全、信访形势持续稳定，"扫黑除恶"专项斗争纵深推进，人民群众安全感稳居全省前列。有效应对近 40 年来最严重的伏秋连旱，保障重旱区 16 万农村人口饮水安全、73.3 万亩农作物秋播秋种。佛教商业化治理取得明显成效，民族、妇女儿童、红十字等事业实现新发展，外事、对台、供销、气象、地震、援疆援藏等工作取得新成绩。完成第四次经济普查任务。全力支持新时代改革强军，退役军人事务管理、国防教育、国防动员、人民防空、双拥创建工作进一步加强。

坚持把政治建设放在首位，扎实开展"不忘初心、牢记使命"主题教育，政府自身建设全面加强。市县政府机构改革任务基本完成，市场监管等 5 个领域综合执法改革全面启动。深入推进"七五"普法，贯彻落实政府信息公开条例，修订重大决策程序规定。依法接受人大及其常委会监督，提请审议《海绵城市建设和管理条例》，办理人大代表议案建议 156 件。自觉接受政协民主监督，开展重点民主协商 11 项，办理政协委员提案 251 件。严格落实"基层减负年"工作举措，形式主义、官僚主义问题得到有效整治。坚持不懈推进党风廉政建设和反腐败工作，认真抓好省委巡视反馈问题整改，加强审计监督，开展"评议机关、评比窗口、考评科长"活动，政务环境持续改善，行政效能不断提升。

第十六节　宣城市 2019 年经济社会发展报告

2019 年，面对更加复杂严峻的外部经济环境，在市委、市政府的坚强领导下，全市上下坚持以习近平新时代中国特色社会主义思想为指导，认真贯彻落实中央、省委和市委决策部署，坚持稳中求进的工作总基调，坚持新发展理念，紧抓长三角一体化发展战略机遇，着力"对标沪苏浙、争当排头兵"，积极推动高质量发展，全市经济社会保持平稳健康发展，经济结构不断优化，发展质效稳步提升，人民生活明显改善，全面建成小康社会取得新的进展。

2019 年，全市户籍人口 278.8 万人，比上年减少 0.1 万人。常住人口 266.1 万人，比上年增加 1.3 万人；常住人口城镇化率为 56.33%，比上年提高 1.12 个百分点。全年人口出生率为 11.07‰，比上年降低 0.47 个千分点；死亡率为 7.96‰，上升 0.57 个千分点；自然增长率为 3.11‰，降低 1.04 个千分点。

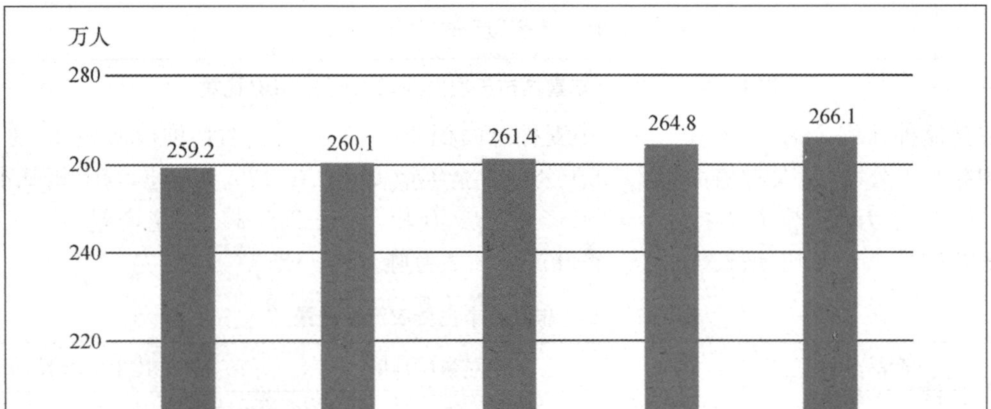

图 52　2015—2019 年宣城市常住人口变化

一、宣城市 2019 年经济发展

全年全市生产总值(GDP)1561.3 亿元,按可比价格计算,比上年增长 7.8%,比全省高 0.3 个百分点。分产业看,第一产业增加值 149.8 亿元,增长 3.2%;第二产业增加值 738.3 亿元,增长 9.9%,其中工业增加值 576.5 亿元,增长 9.8%;第三产业增加值 673.2 亿元,增长 6.3%。一、二、三次产业结构比例为 9.6∶47.3∶43.1,其中工业增加值占 GDP 比重为 36.9%。按年均常住人口计算,人均 GDP 为 58819 元(折合 8527 美元),比上年增加 4889 元。

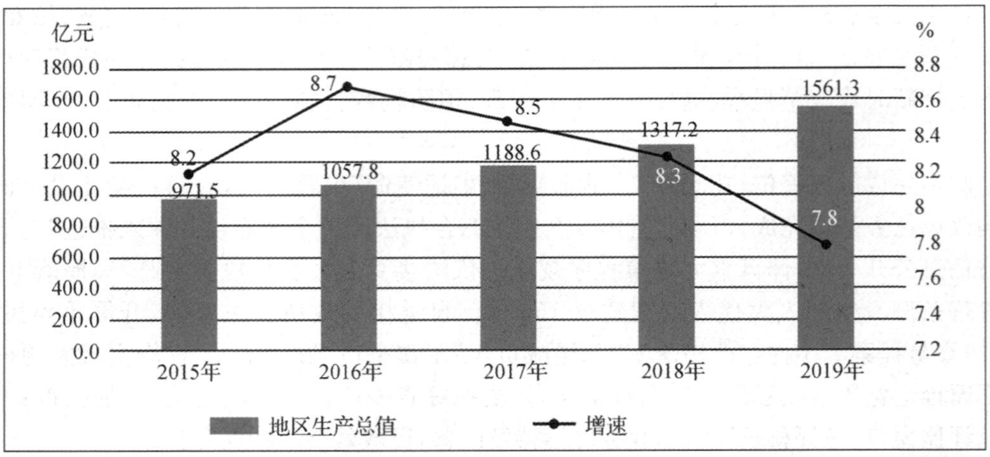

图 53　2015—2019 年宣城市生产总值及增速

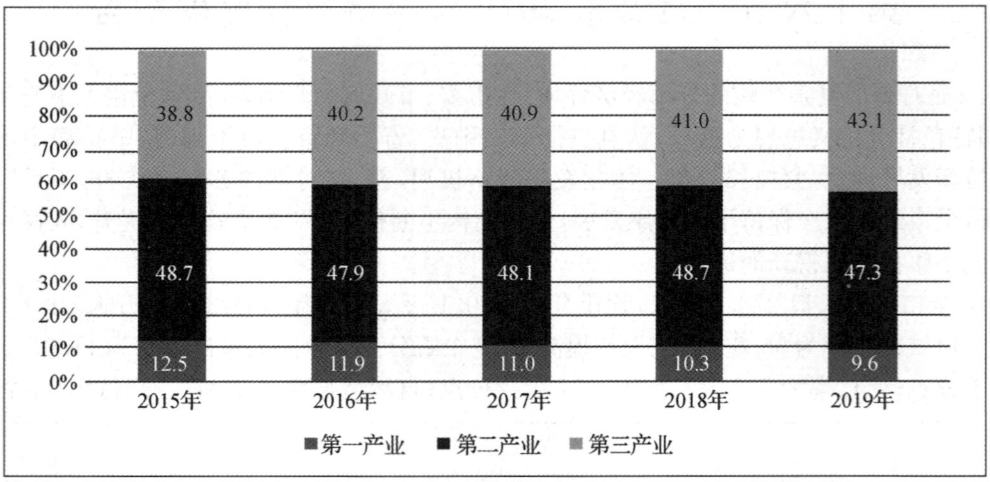

图 54　2015—2019 年宣城市三次产业增加值占 GDP 比重

全市粮食播种面积 217.7 千公顷,其中小麦种植面积 43.7 千公顷。油料种植面积 26.3 千公顷,棉花种植面积 0.5 千公顷,蔬菜种植面积 23.9 千公顷。全年粮食总产量 129.1 万吨,与上年基本持平。其中,夏粮产量 20.5 万吨,与上年持平。油料产量 6.5 万吨,增长 2.5%。棉花产量 0.03 万吨,下降 37.3%。烟叶产量 1.4 万吨,增长 4.2%。茶叶产量 3.3 万吨,增长 12.3%。

表 107　2019 年宣城市主要农产品产量

产品名称	绝对数(万吨)	比上年增长(%)
粮食	129.1	−0.03
其中:夏粮	20.5	0.08

续表

产品名称	绝对数(万吨)	比上年增长(%)
油料	6.5	2.5
其中:花生	0.5	0.3
油菜籽	5.9	2.3
棉花	0.03	−37.3
烟叶	1.4	4.2
蚕茧	0.5	−3.3
茶叶	3.3	12.3
蔬菜	53.0	4.3
水果	7.2	18.0

全年生猪存栏 31.2 万头,比上年下降 42.3%;生猪出栏 80.4 万头,下降 22.2%。全年肉类总产量 27.7 万吨,增长 0.9%,其中猪肉产量 7.6 万吨,下降 18.2%;禽肉产量 19.8 万吨,增长 10.7%。蛋禽产量 5.9 万吨,增长 9.3%。水产品产量 11.7 万吨,增长 4.5%。

全年省级龙头企业 92 家,国家级龙头企业 7 家,全国绿色原料标准化生产基地 7 个,省级以上标准化畜禽养殖小区 55 个,无公害农产品有效论证企业 117 家。全市现有无公害农产品、绿色食品、有机食品认证产品数分别为 165 个、189 个和 130 个。

全市农业机械总动力 240.3 万千瓦,比上年增长 2.6%。农用拖拉机 5.8 万台,减少 0.8%。联合收割机 5103 台,增加 120 台。全年化肥施用量(折纯)11 万吨,下降 4.4%。有效灌溉面积 207.9 千公顷,新增 2.3 千公顷。节水灌溉面积 34 千公顷,新增 3.3 千公顷。

全年规模以上工业企业 1462 户。规模以上工业增加值比上年增长 10%,其中国有企业增长 2.4%,股份制企业增长 9.3%,外商及港澳台商投资企业增长 33.5%。分行业看,全市 35 个大类行业中有 19 个行业增加值保持同比增长。其中,非金属矿物制品业增长 13.7%,橡胶和塑料制品业增长 15.5%,化学原料和化学制品制造业增长 14.9%,电气机械和器材制造业增长 25.5%,黑色金属冶炼和压延加工业增长 24.8%,计算机、通信和其他电子设备制造业增长 15.7%。高新技术产业增加值增长 16.7%,对规模以上工业增长的贡献率达 83.7%。战略性新兴产业产值增长 20.5%,占全市规模以上工业总产值的比重为 48.5%。

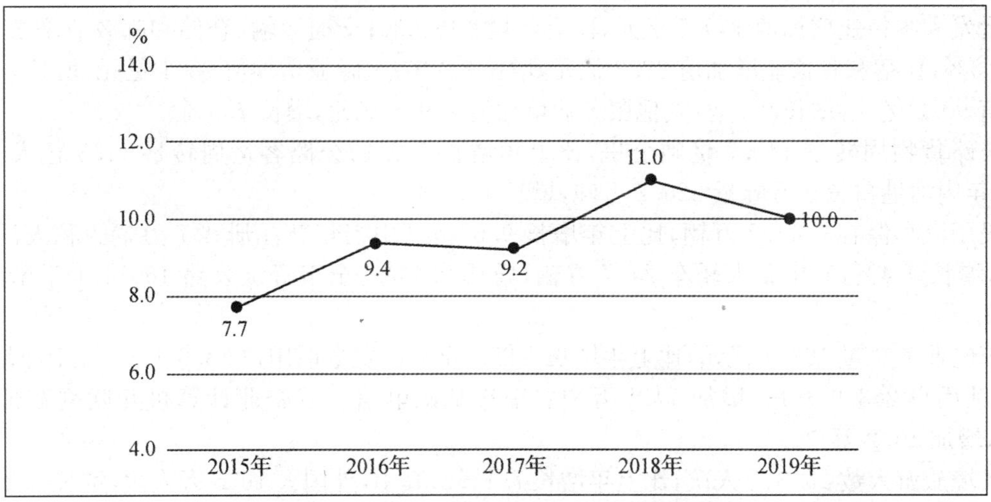

图 55　2015—2019 年宣城市规模以上工业增加值增速

表108　2019年宣城市主要工业产品产量

产品名称	计量单位	绝对数	比上年增长(%)
饮料酒	万升	4740.8	−28.9
服装	万件	1861.8	−17.1
人造板	万立方米	49.2	25.6
机制纸及纸板	万吨	11.3	0
复合木地板	万平方米	252.4	60.7
磷酸一铵(实物量)	万吨	77.8	−9.4
耐火材料制品	万吨	4.1	36.3
塑料制品	万吨	36.0	−4.1
水泥	万吨	1079.1	24.7
玻璃纤维布	万米	8515.6	−0.2
工商用制冷、空调设备	万台(套)	6.4	−1.9
液压元件	万件	14.3	−6.7
印制电路板	万平方米	901.1	22.3
锂离子电池	万只	9494.0	42.3
金属紧固件	万吨	11.0	16.8
电动机	万千瓦	1457.2	0.6
电子元件	万只	749759.4	16.1

全年规模以上工业企业利润130.5亿元,比上年增长2.5%。分经济类型看,国有控股企业利润29.4亿元,增长18.5%;股份制企业利润121.7亿元,增长2%;外商及港澳台商投资企业利润6.7亿元,增长21%。分行业看,非金属矿物制品业利润30.3亿元,增长12.6%;橡胶和塑料制品业利润19亿元,增长24.8%;化学原料和化学制品制造业利润14.7亿元,下降14.2%;汽车制造业利润6.8亿元,下降8.2%。全年规模以上工业企业每百元营业收入中的成本为84.76元,比上年增加0.34元;营业收入利润率为7.67%。

全年建筑业增加值162.1亿元,比上年增长10.5%。全市具有资质等级的总承包和专业承包建筑业企业203家,比上年增加24家。全年房屋建筑施工面积1822.9万平方米,比上年增长11%;房屋竣工面积253.4万平方米,增长37.1%。

全年批发和零售业增加值139.5亿元,比上年增长5.0%;交通运输、仓储和邮政业增加值90.2亿元,增长6.0%;住宿和餐饮业增加值32.3亿元,增长8.2%;金融业增加值85.1亿元,增长8.9%;房地产业增加值90.2亿元,增长0.2%;其他服务业增加值229.8亿元,增长7.6%。

全年公路货物周转量140.7亿吨公里,比上年增长5.3%;公路客运周转量11.3亿人公里,下降0.1%。全年内河港口货物吞吐量326.2万吨,增长15.7%。

全市民用汽车保有量44.2万辆,比上年增长9.6%,其中当年新注册4.7万辆。私人汽车保有量40.1万辆,增长9.4%,其中私人轿车24.7万辆,增长9.4%。全市等级公路16014.1千米,高速公路429.9千米。

全年邮电业务总量167.4亿元,比上年增长1倍。全年固定电话用户28.6万户,比上年增加3.5万户;移动电话用户263.9万户,增加14.1万户。全年基础电信运营企业计算机互联网宽带接入用户85.6万户,增加10.2万户。

全年入境旅游人数25.8万人次,比上年增长7.1%。其中,外国人16.5万人次,增长7.2%;港澳台同胞9.3万人次,增长6.9%。国内游客4257.4万人次,增长15.7%。旅游总收入389.9亿元,增长

21.2%。其中,旅游外汇收入1.4亿美元,增长22.2%;国内旅游收入380.1亿元,增长21.2%。全市拥有国家5A级景区1处,4A级景区22处,A级及以上旅游景区52处。

全年固定资产投资比上年增长10.3%,其中技术改造投资下降4.2%,基础设施投资增长10.1%,民间投资增长12%。分产业看,第一产业投资下降17.1%,第二产业投资增长5.8%,第三产业投资增长15.7%。工业投资增长6%,其中制造业投资增长9.7%。

表109　2019年宣城市分行业固定资产投资增速

行业	比上年增长(%)
农林牧渔业	−17.1
采矿业	−1.2
制造业	9.7
电力热力燃气及水的生产和供应业	−7.8
建筑业	0
批发和零售业	72.8
交通运输仓储和邮政业	−2.8
住宿和餐饮业	−20.7
信息传输软件和信息技术服务业	−30.2
金融业	0
房地产业	14.3
租赁和商务服务业	221.3
科学研究和技术服务业	185.4
水利环境和公共设施管理业	15.3
居民服务修理和其他服务业	2772.9
教育	142.7
卫生和社会工作	−64.5
文化体育和娱乐业	96.8
公共管理社会保障和社会组织	−56.9

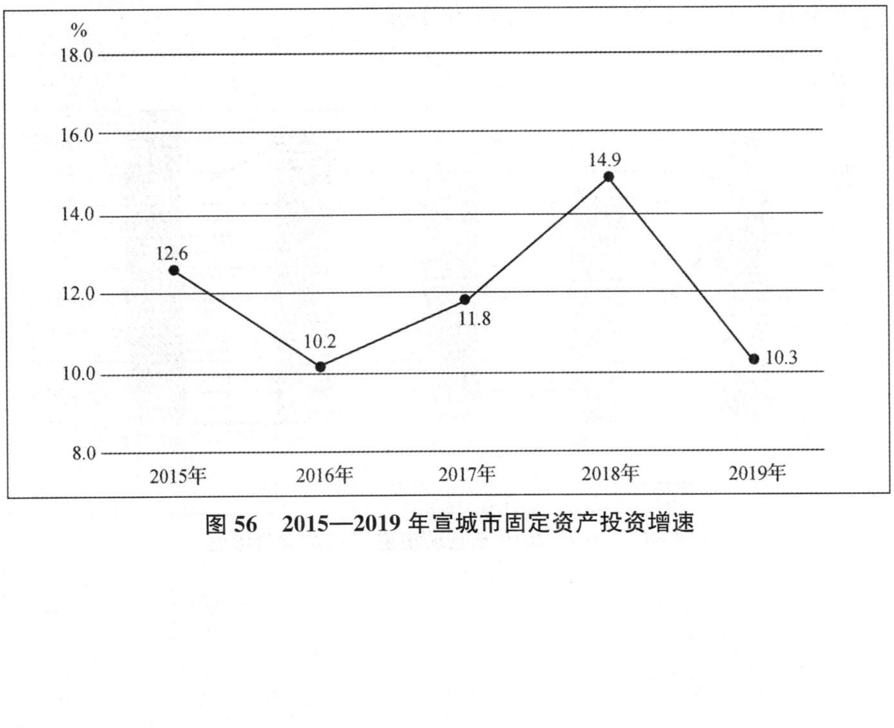

图56　2015—2019年宣城市固定资产投资增速

全年房地产开发完成投资226.5亿元,比上年增长14.5%。本年房屋新开工面积518.6万平方米,增长26.2%;商品房销售面积425.1万平方米,下降24.5%;商品房销售额257.7亿元,下降23.5%。

全市5000万元及以上项目完成投资额比上年增长12.8%。港口湾水库灌区工程、承接东部地区产业转移基地基础设施示范项目、宣城经济技术开发区百万平方标准化厂房项目等开工建设,准东至华东(皖南)1100千伏特高压直流工程换流站项目、广德S215宣徽公路皖苏省界至广德凤桥段改建工程项目等竣工投产。

全年社会消费品零售总额575.1亿元,比上年增长10.3%。按经营单位所在地分,城镇社会消费品零售额364.4亿元,增长10.1%;乡村社会消费品零售额210.7亿元,增长10.8%。按消费类型分,餐饮收入65.7亿元,增长17.5%;商品零售509.4亿元,增长9.5%。

限额以上批发零售业中,粮油食品增长4.2%,烟酒类增长8.2%,日用品类增长12.7%,石油及制品类增长17.3%,汽车类增长3%。全年实现网上零售额8.3亿元,增长51.8%,占限额以上消费品零售额比重由上年的3.5%提高到4.9%。

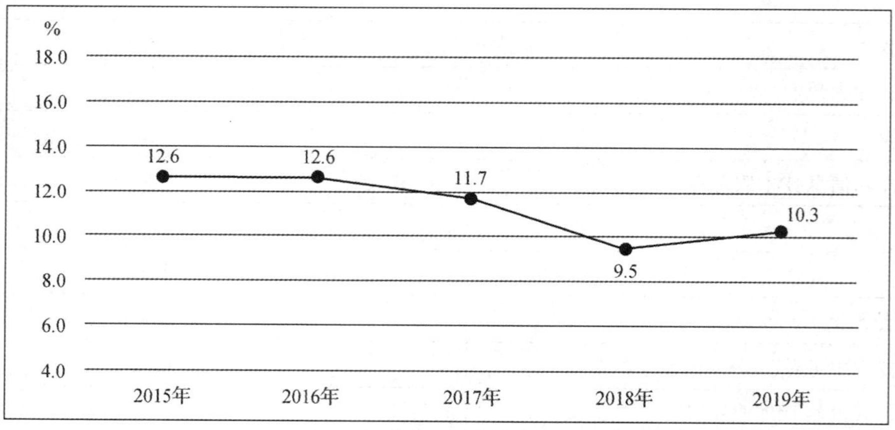

图57　2015—2019年宣城市社会消费品零售总额增速

全年进出口总额18.7亿美元,比上年增长0.87%。其中,出口17.4亿美元,增长2.31%;进口1.3亿美元,下降15.61%。从出口经营主体看,生产型企业出口增长2.5%,贸易型企业出口下降12.7%。从出口商品看,机电产品出口增长2.7%,汽车零部件出口下降17.4%,塑料及橡胶件出口增长2.9%,纺织品出口增长7.4%,广义农产品出口增长5.4%,卫浴产品出口增长4.4%。

全年新批外商投资企业19家,合同外资额0.96亿美元;实际使用外资金额12亿美元,比上年增长7%。新增境外投资企业3家,实际对外投资0.74亿美元。

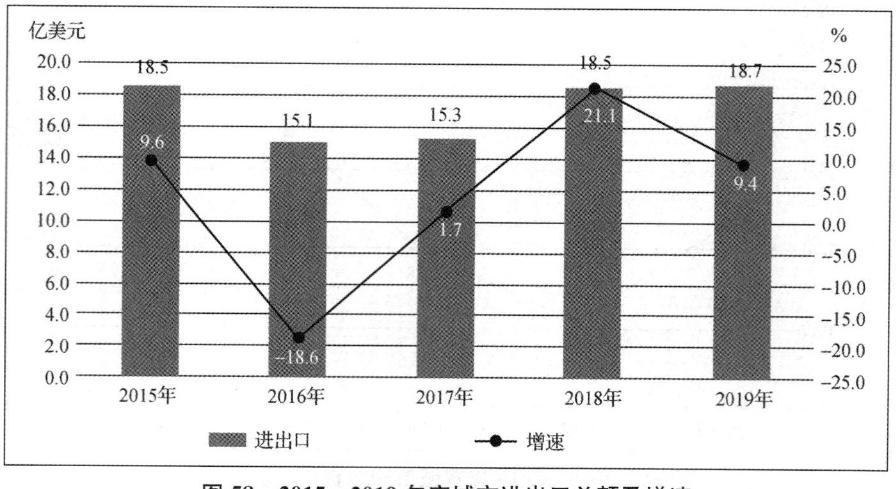

图58　2015—2019年宣城市进出口总额及增速

全年财政收入254.7亿元，增长6.1%，其中地方财政收入165.1亿元，增长7.8%。全部财政收入中，税收收入191.5亿元，增长1.7%，其中增值税下降0.6%，企业所得税增长24.5%，个人所得税增长13.8%。财政支出325.6亿元，比上年增支36.3亿元，增长12.5%。重点支出项目中，社会保障和就业支出增长9.3%，城乡社区事务支出增长24.3%，医疗卫生支出增长10.1%，科学技术支出增长12.6%，教育支出增长7.8%。全年33项民生工程支出278.6亿元，增长13%。

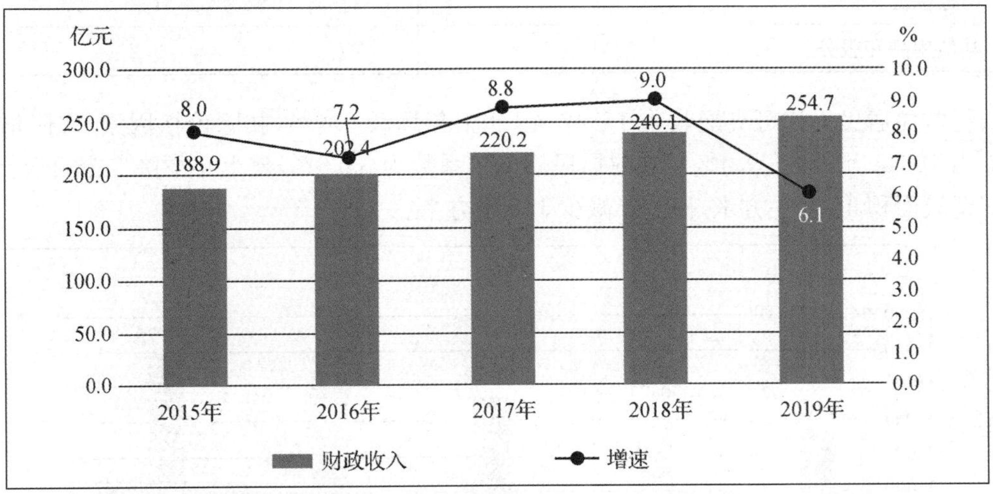

图59 2015—2019年宣城市财政收入及增速

全年全市金融机构人民币各项存款余额1942.2亿元，比上年增加140.7亿元，增长7.8%，其中住户存款余额1139.2亿元，增长13.6%。人民币各项贷款余额1504.4亿元，比上年增加118.7亿元，增长8.9%，其中中长期贷款余额566.3亿元，增长13.4%。

全年保险业保费收入55亿元，比上年增长12.6%。其中，财产险保费收入22亿元，增长8.4%；人身险保费收入33亿元，增长15.8%。赔款和给付支出17.3亿元，下降10.9%。其中，财产险支出13亿元，增长22.2%；人身险支出4.3亿元，下降13.7%。

二、宣城市2019年社会发展

全年全市常住居民人均可支配收入28834元，比上年增长10.4%，扣除价格因素，实际增长7.6%。城镇常住居民人均可支配收入39975元，增长9.4%，扣除价格因素，实际增长6.6%；人均消费支出22781元，增长8%。城镇居民恩格尔系数为33.1%，比上年下降0.7个百分点。城镇居民人均住房建筑面积38.1平方米，比上年减少0.6平方米。

全年城镇新增就业岗位5.8万个，失业人员再就业6527人，困难人员再就业2567人。城镇登记失业率为2.72%，比上年降低0.36个百分点。全年居民消费价格上涨2.6%，涨幅比上年高0.6个百分点。商品零售价格上涨2.5%。工业生产者出厂价格上涨1.7%，工业生产者购进价格下降1.4%。

表110 2019年宣城市居民消费价格比上年涨跌幅度

类别	涨跌幅度(%)
居民消费价格指数	2.6
其中:食品烟酒	7.0
衣着	2.1
居住	1.0
生活用品及服务	2.0

续表

类别	涨跌幅度(%)
交通和通信	-2.1
教育文化和娱乐	0.1
医疗保健	1.7
其他用品和服务	3.2

全年农村常住居民人均可支配收入17542元,比上年增长9.6%,扣除价格因素,实际增长6.8%。人均消费支出16644元,增长9.4%。农村居民恩格尔系数为33.6%,比上年下降2个百分点。农村居民人均住房建筑面积40.3平方米,比上年减少1.6平方米。

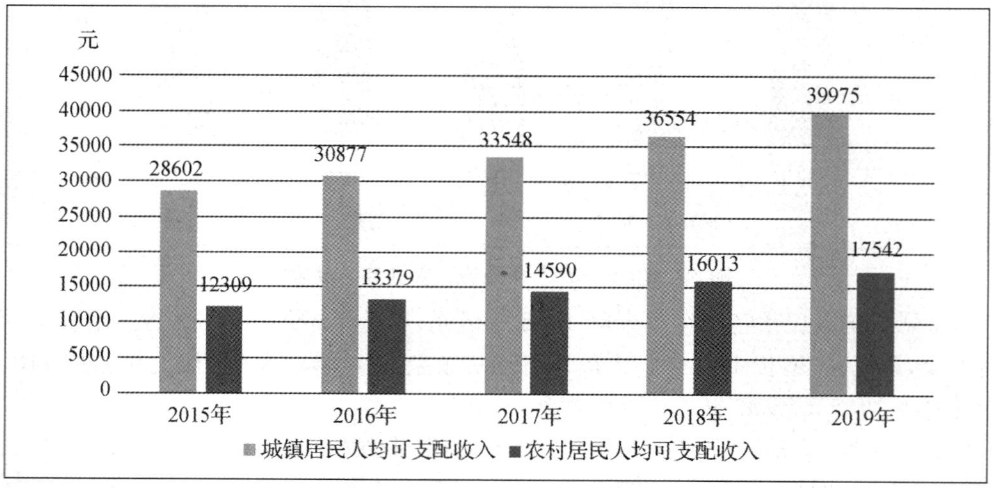

图60　2015—2019年宣城市城乡居民人均可支配收入

全市参加城镇职工基本养老保险人数为62.6万人,比上年增长8.6%。城乡居民基本养老保险参保人数为148.6万人。全年参加失业、工伤、生育保险人数分别为20.1万人、32.5万人和24.1万人。参加基本医疗保险人数为233万人。

全市有各种社会福利收养单位床位1.9万张,收养各类人员5967人。全年有1.2万人享受城镇居民最低生活保障,6.5万人享受农村居民最低生活保障。城市社区综合服务设施覆盖率达100%。

全市共有各类学校742所,在校学生33.2万人,专任教师2.3万人。中职学校13所,在校学生2.9万人。普通高中21所,在校学生3.4万人,高中毛入学率为97.7%。初中130所,在校学生6.8万人,初中学龄儿童入学率为100%。小学147所,在校学生13.3万人,小学学龄儿童入学率为100%。幼儿园426所,在园儿童数6.7万人。高等教育稳步发展。合肥工业大学宣城校区招生人数2468人,在校学生8964人,毕业生2950人,专任教师120人。宣城市职业技术学院招生人数2498人,在校学生7354人,毕业生2000人,专任教师356人。

全市有高新技术企业302家,新通过认定122家。全市共申请专利5310项,获授权专利2978项,其中发明专利542项。每万人有效发明专利拥有量11.85件,增长24.7%。全年组织申报各类科技计划项目420项,其中列入国家和省科技计划22项,获省级科学技术奖4项。

全市共有县以上产品质量检验机构44个,其中系统内5个,累计完成强制性产品认证的企业89个;法定计量技术机构7个,全年强制检定计量器具12.2万台(件);制定、修订地方标准25项。全市共有中国驰名商标21个,国家地理标志产品6个,安徽省商标品牌示范企业268个。

全市拥有公共图书馆8个、文化馆8个、博物馆12个,免费开放乡镇综合文化站95个。全国重点文物保护单位19处，省级重点文物保护单位99处；国家非物质文化遗产名录7项，省级名录67项。拥有广播电台7座，广播综合人口覆盖率达99.94%；电视台7座，有线电视用户42.5万户，数字电视用户32.2万户，电视人口覆盖率达99.95%。全市有国家综合档案馆8个，向社会开放档案18万卷。

全市有卫生机构448个(不含村卫生室)，其中医院50个，卫生院82个，社区卫生服务中心(站)22个，妇幼保健院(所、站)8个，疾病预防控制中心8个。全市卫生技术人员14645人，其中执业医师4750人、执业助理医生909人，注册护士6435人。卫生机构床位14533张，其中医院、卫生院床位1395张。

在全省青少年单项锦标赛中，宣城市运动健儿获得26枚金牌、32枚银牌、35枚铜牌；在全国第二届青年运动会中，获得1枚金牌、3枚银牌、2枚铜牌。全年全市有6名运动员入选安徽省“菁英运动员”。全市青少年体育后备人才输送位列全省第5位，被省体育局授予“2019年度安徽省优秀后备人才输送奖”。

全年全市地表水国省控水质监测断面Ⅰ—Ⅲ类水质占87.5%，其中国控断面水质为75%，县级以上城市饮用水源地水源达标率达100%。空气质量优良率为90.1%(其中优级94天)，比上年提高4.1个百分点。全市PM2.5平均浓度41微克/立方米，比上年下降1.2%。全市有国家级自然保护区2个，省级自然保护区2个；国家森林公园5个，省级森林公园8个。全年能源消费量675.15万吨标准煤，单位GDP能耗下降3.05%。

全年发生各类安全事故82起，死亡68人，各类安全事故损失额2646.7万元。全年亿元GDP生产安全事故死亡人数为0.044人，比上年下降44.3%。全年发生道路交通事故344起，造成损失额120.1万元；火灾事故703起，损失额1592.9万元。

三、宣城市2019年重点工作

(一)精准施策稳增长，实体经济保持向好态势

全面落实中央“六稳”工作要求，完善支持实体经济发展政策，扎实开展“四送一服”双千工程和“千名干部联系千家企业”活动，全力帮助企业解难题、增信心、添动力，民营经济考核居全省第5位。深化“一网一门一次”改革，政务服务中心进驻事项全部实现“最多跑一次”，网上平台全网通办率达95.3%。工程建设项目审批制度改革扎实推进。城市信用监测排名居全国地级市第69位。广德撤县设市。宁国、广德、宣州跻身全国综合实力百强县(市、区)，总数居全省第2位。落实更大规模减税降费政策，全年减税降费超30亿元。加大金融支持实体经济力度，新增贷款125亿元，其中小微企业贷款62亿元。实现直接融资58亿元，新增上市辅导备案企业1户、“新三板”挂牌企业2户、省股权托管交易中心挂牌企业109户。有效防范金融风险，不良贷款实现“双降”，降幅居全省首位。常态化开展“2+N”就业招聘活动，全年达832场次。探索建设共享厂房，实施“标准地”试点，处置“僵尸企业”87户，盘活土地4735亩。投资百亿的绩溪抽水蓄能电站首台机组并网发电，牛岭水库主坝体等重大项目开工建设。在建亿元以上项目696个，完成投资680亿元。省亿元以上重点项目投资完成率、开工率、竣工率均居全省前列。

(二)全力以赴抓工业，制造强市建设扎实推进

“新春第一会”聚焦工业强市和招商引资，表彰功勋企业家20名、明星工业企业50户，大力营造工业发展浓厚氛围。规模以上工业增加值总量居全省第9位，比上年前移3位；实现利润达120亿元，主营业务收入利润率居全省第6位。强化政策支持，加大企业培育，新增规模以上工业企业151户。强化工业投入，实施“千企升级”和“双百”项目473个，完成投资315亿元。定期举办重点工业项目集中开竣工活动，工业投资增长6%。强化转型升级，新认定高新技术企业125户，总数突破300户，高新技术产业增加值、战略性新兴产业产值分别增长16.7%和20.5%。获批建设省级创新型城市。企业吸纳技术合

同成交额增幅居全省第1位。强化绿色智造,获评国家绿色工厂4家、绿色设计产品8个,均居全省第1位。新增省级智能工厂、数字化车间13个,居全省第4位。皖南电机技术中心成功认定国家企业技术中心。富凯特材高端轴承钢及润滑脂项目入选国家强基工程。强化质量品牌建设,新增中国驰名商标1件、地理标志证明商标4件,马德里国际商标注册14件。晶瑞新材料主导和参与2项国际标准制定。国家宣纸及文房用品质量监督检验中心通过验收。宣城高新区和绩溪、旌德获批开展国家知识产权试点示范,获批数占全省的50%。

(三)抢抓机遇促开放,实施长三角一体化发展战略开局有力

在全省率先出台《实施长江三角洲区域一体化发展规划纲要宣城行动计划》。深化平台共建,扎实推进G60科创走廊、苏皖合作示范区建设,谋划"一岭六县"长三角产业合作发展试验区建设,强化与长三角经济协调会、南京都市圈成员城市合作发展。深化协同创新,宛陵科创城列入G60协同创新平台,牵头组建G60新能源产业技术创新联盟。宁国经开区被授予长三角G60科创走廊产业合作示范园区。深化产业合作,宣城新塘羽绒产业园被誉为"传统产业转型的典范、浙皖区域合作的样板"。深化互联互通,宣绩高铁开工建设,商合杭高铁、芜宣机场加快推进,芜申运河郎溪定埠港开港运营,综合交通枢纽地位凸显。积极主动对接,争取打通省际"断头路",宁宣杭高速高淳段、临安段和溧宁高速溧阳段开工建设。临安至绩溪首条浙皖省际公交线路开通。深化服务共享,全域推行长三角"一网通办",办理异地营业执照35户。实现长三角地区异地就医门诊费用直接结算。签订南京都市圈人社领域一体化发展合作协议和深化G60科创走廊九城市人才交流合作协议。

以实施长三角一体化发展战略为契机,大力推进招商引资、招才引智。新建亿元以上省外投资项目400个,居全省第1位,实际到位省外资金、利用外资分别增长5%和7%,82%以上的省外投资项目来自长三角区域。在2019世界制造业大会上签约项目34个。招引落户高层次人才团队14个,引进高层次科技人才52人;8个团队入选省级扶持团队,居全省第2位。

(四)坚持不懈打基础,中心城区加快建设

扎实开展"城市建设攻坚年"活动,新建、续建项目183个,完成投资156亿元。推进全国城市设计试点和全省城市"双修"试点,编制水阳江城区段城市设计,开展彩金湖片区规划建设前期研究。启动实施清溪河、解放河等城市水环境治理项目,城市活水工程加快推进,城市防洪、排涝分别50年、20年一遇标准。完成市政道路项目32个,中心城区"二环"闭合,"四环八射"框架基本形成。宛陵湖东湖等一批重点项目竣工,城市功能不断完善。提升城市治理水平,全面启动市区住宅小区管理水平提升专项行动。持续开展餐饮油烟、市容秩序等专项整治。强化征迁保障,开展"清零"行动15次,市区完成征迁拆违53.9万平方米。

推进产城融合,做大做强城市经济。宣城经开区发展提速提质,顺利实现"5个100"攻坚目标,规模以上工业企业达103户,实现工业总产值104亿元,新开工项目102个,亿元以上项目到位省外资金103亿元,启动100万平方米标准化厂房建设,天时产业园、华威铜箔等重大项目投产。宣城现代服务业产业园"五个百亿"稳步推进,实现农批交易额120亿元、建材交易额80亿元,钢材物流交易中心投入运营,建材交易中心开工建设。宣城高新区持续推进"以升促建",美诺华药业等32个项目投产,精方药业生物医药产业化项目入选省重大新兴产业专项。

(五)多措并举补短板,现代服务业稳步发展

全力实施流通转型和消费升级行动,积极推进特色商业街建设,新增限上商贸流通企业115户。持续举办皖东南名品展销会走进长三角活动。加快电子商务发展,农村电商交易额增长26%,快递业务量突破5000万件,泾县荣获国家2019年电商进农村综合示范县。扎实推进全域旅游示范区创建,开展景

区质量整治提升行动，规范农家乐、民宿经营管理，接待游客4300万人次，旅游总收入387亿元，分别增长16.1%和20.2%，增幅居全省前列。第九届文房四宝文化旅游节与第四届皖赣鄂湘四省非遗联展、全球华人少年书法大会成功联办。旌德宣砚小镇等3个小镇入选省级特色小镇创建和试验名单，中国宣纸小镇开工建设。全力打造最优通关便利化城市，本地报关率提高4倍以上，启动宣城综合保税区申创工作，二类水运开放口岸申报加快推进。皖东南保税物流中心正式封关运营，实现进出口额6400万美元。新增进出口实绩企业94户。宣州区卫浴出口基地入选国家外贸转型升级基地。

（六）持之以恒惠三农，乡村振兴全面推进

坚持农业农村优先发展，实施乡村振兴"十大行动"，开展"十镇百村"示范创建。着力保障优质农产品供给，粮食总产129.1万吨，茶产业综合产值44亿元。积极抓好生猪稳产保供和非洲猪瘟疫情防控工作。新增"三品一标"农产品50个，宁国获评国家农产品质量安全县。着力壮大农产品加工业，实现农产品加工产值930亿元，增长10%，新增国家级农业产业化龙头企业1户和省级农民专业合作社11家、家庭农场21家。宣州区洪林现代农业示范区入选首批国家农村产业融合发展示范园。着力深化农村改革，全国农村集体产权制度改革整市试点通过验收，822个村全面实施"三变"改革，105个村实现股份分红，惠及23万村民，人均分红110.3元。86个村集体经济收入超50万元，占比达11%。着力推进美丽乡村建设，56个省级中心村启动建设，新增46个市级中心村。全面整治农村人居环境，778个村开展村庄清洁行动，农村垃圾无害化处理率达98.6%，完成乡镇政府驻地污水设施59个、农村改厕35850户。完成水利建设投资18.3亿元，港口湾水库灌区、青弋江治理、水利薄弱环节治理加快推进。积极应对持续旱情，有力保障全市工农业生产用水和偏远地区群众生活用水。完成农村公路扩面延伸575.6公里、大中修养护345公里。新建续建110千伏及以上电网工程18个，竣工输变电工程5项。

（七）坚定不移抓保护，生态文明建设力度加大

扎实开展"三大一强"专项攻坚行动，强力推进"1+N"突出生态环境问题整改。扬子鳄自然保护区问题整改工作取得阶段性成效。从严从实狠抓中央、省环保督察及"回头看"反馈问题整改，切实抓好违建别墅清查整治及"大棚房"问题专项清理整治工作。蓝天、碧水、净土保卫战取得实效。PM2.5平均浓度为41微克/立方米，优良天数达90.1%，均居全省第2位。县级以上饮用水水源地水质达标率为100%。秸秆综合利用率、畜禽养殖废弃物综合利用率达90%以上。加强敬亭山区域生态保护，实施南漪湖流域综合治理。推深做实河（湖）长制、林长制，启动全国林长制改革示范区创建行动。创成国家节水型城市。宣州区入选国家生态文明建设示范区，绩溪入选中国2019年"美丽山水城市"，泾县获评国家园林城市，旌德获"全国绿化模范单位"称号。

（八）用心用情办实事，民生福祉持续改善

聚焦脱贫攻坚核心指标和工作质量，强化"四季攻势"，完成中央脱贫攻坚专项巡视反馈意见、"两不愁三保障"及饮水安全突出问题整改，投入财政专项资金2.3亿元，加大产业就业扶贫力度，全面完成年度脱贫任务。全力抗击雨情超预报、汛情超历史、灾情超预期的"利奇马"台风，扎实做好抢险救灾、灾后生产自救和恢复重建工作，涌现出"时代楷模"李夏等一批先进典型。省定民生工程、市政府民生实事顺利完成，民生支出占比达85.5%。城镇新增就业5.8万人，超额完成年度任务。棚户区改造开工5375套，基本建成911套。改造老旧小区42个、农村危房2574户。建成农村饮水安全巩固提升工程91处。社保覆盖面和待遇水平稳步提高。城乡低保和特困供养人员基本生活等救助保障得到加强，高龄津贴等老年人福利政策实现全覆盖，市救助站新站建成使用。统一城乡居民基本医疗保险和大病保险保障待遇，落实高血压、糖尿病门诊用药保障和抗癌药降价惠民等政策。实施健康城市建设"10+1"行动，市妇幼保健院、皖南医药卫生学校新校区加快建设，市公共卫生检验检测中心投入使用。持续深化综合医

改,加快提升基本医疗保障服务水平,完成省级紧密型县域医共体建设试点任务。新建、改(扩)建公办幼儿园19所,北师大宣城学校、市体育运动学校顺利开学,郎溪县校车改革走在全省前列。全力支持合工大宣城校区建设发展。顺利举办市第二届运动会。深入开展文化惠民工程,加强基层综合文化服务中心建设。妇女儿童、青年、老龄、残疾人、红十字等事业进一步发展,民族宗教、外事、侨务、对台、档案、地方志、地震、科普、机关事务、住房公积金管理等工作得到加强。

全力"防风险、保安全、迎大庆",确保中华人民共和国成立70周年大庆期间全市社会安全稳定。加强和创新社会治理,深入推进法治宣城、平安宣城建设,获评全国"七五"普法中期先进城市。巩固运用矛盾纠纷"七大调解法",推进"1+4+N"大调解工作机制建设。城乡社区治理体系不断完善。深入开展群众来访接待场所"人民满意窗口"创建,信访工作继续保持全省前列。纵深推进"扫黑除恶"专项斗争,被推荐为全省唯一的全国"扫黑除恶"专项斗争排头兵培育市。加强安全生产和应急管理工作,推进"1+6+N"安全生产隐患集中排查治理专项行动,安全生产形势持续平稳,事故起数和死亡人数实现"双下降"。巩固食品药品安全城市创建成果。高质量完成第四次全国经济普查工作。退役军人服务保障全面加强,全国双拥模范城创建有力,军民融合发展持续深化,国防动员、民兵预备役、人民防空工作取得新成效。

(九)驰而不息转作风,政府自身建设全面加强

全面深入学习贯彻习近平新时代中国特色社会主义思想,扎实开展"不忘初心、牢记使命"主题教育,增强"四个意识",坚定"四个自信",做到"两个维护"。依法全面履行政府职能,严格实施政府权力运行监管、重大事项合法合规性审查、政府法律顾问等制度。政务公开有力推进,"12345"政府服务热线成为群众的"暖心线"。自觉接受人大法律监督、工作监督,依法执行重大决定,认真办理审议意见,办理市人代会议案1件、人大代表建议122件。主动接受政协民主监督,认真办理协商建议,办理市政协委员提案230件。纵深推进政府系统全面从严治党,深入开展"三个以案"警示教育,集中整治形式主义官僚主义。严格落实中央八项规定及实施细则精神和省、市委有关规定,落实精文减会"十条",规范督查考核,切实为基层减负。市县政府机构改革全面完成。积极推进市属国有企业市场化转型。强化审计监督,审计(调查)项目1193个,增收节支5.8亿元。加强财政资金、公共资源交易监管,"三公"经费等一般性支出进一步压缩。大力支持纪检监察机关监督执纪问责,党风廉政建设进一步加强。

第五篇

长三角地区经济社会发展专题报告

扫码阅读

第一章　长三角地区三次产业发展情况

从2019年我国三次产业的产值来看，目前我国的产业结构已经是“三、二、一”格局。根据国家统计局的最终核实，2019年我国国内生产总值为986515亿元，其中第一产业产值为70474亿元，占比为7.1%；第二产业产值为380671亿元，占比为38.6%；第三产业产值为535371亿元，占比为54.3%。

从我国的产业结构来看，第一产业占比已经不足10%，农业虽然是我国的根本，但是其产值占比已经较低。第二产业和第三产业产值相加，占比达92.9%，占据绝对地位，其中第三产业占比超过50%，成为第一大产业。我国目前虽然被称为“世界工厂”，但是工业在国民经济中的占比已经退居第二，第三产业已经成为我国产值最高、从业人员最多的产业，将来我国大中院校的毕业生主要的就业方向也都将是第三产业。

一、总体情况

（一）产业结构稳步升级，地区差异不断缩小

2019年，长三角地区产业结构继续呈现稳步优化发展态势，总体表现为地区经济结构中第一产业比重小幅下降，第二产业比重较明显下降，第三产业比重较明显上升。2019年长三角地区生产总值构成中，第一产业增加值约占4.0%，较上年比重下降0.2个百分点；第二产业增加值约占38.8%，较上年比重下降3.0个百分点；第三产业增加值比重约占57.2%，较上年比重上升3.2个百分点。

但是，省际之间产业结构及其变化情况存在较大差异。上海以服务经济为主的产业结构特征鲜明，工业增加值占地区生产总值的比重降至25.3%，较上年比重降低1.3个百分点。江苏的情况与上海相似，浙江的第二产业占比出现小幅上升，第三产业占比小幅下降。值得注意的是，安徽的第三产业比重首次超过第二产业，这意味着长三角地区三省一市均已形成“三、二、一”型产业结构，第三产业增加值在地区生产总值中的比重超过50%。

表1　2018—2019年长三角三省一市地区生产总值结构及全国比较

地区	2018年(%)			2019年(%)		
	第一产业	第二产业	第三产业	第一产业	第二产业	第三产业
上海	0.3	29.8	69.9	0.27	26.99	72.74
江苏	4.5	44.5	51.0	4.31	44.43	51.25
浙江	3.5	41.8	54.7	3.36	42.61	54.03
安徽	8.8	46.1	45.1	7.86	41.33	50.82
长三角	4.2	41.8	54.0	3.95	38.84	57.21
全国	7.2	40.6	52.2	7.1	39.0	53.9

数据来源：全国及各省市统计公报

（二）服务业领跑区域经济，战略性新兴产业快速发展

2019年，长三角地区服务业继续呈现较快的增长势头。全年长三角地区第三产业增加值平均增长7.5%，较上年增速略有下降，但仍较同期地区经济增速高近1个百分点。除安徽外，2019年长三角各省市第三产业增速均快于第一产业和第二产业，是拉动地区经济增长的重要产业动力。

分行业来看,2019 年长三角地区服务业几大传统主要行业(批发和零售业,交通运输、仓储和邮政业,住宿和餐饮业,金融业,房地产业)增速普遍低于服务业总体增速,尤其是浙江出现两位数下降。但与此同时,以数字经济、互联网信息技术等为代表的信息传输、软件和信息技术服务业普遍呈现高速增长态势。上海、江苏、浙江、安徽的信息传输、软件和信息技术服务业比上年分别增长 14.8%、18.8%、22.0%和 22.7%。

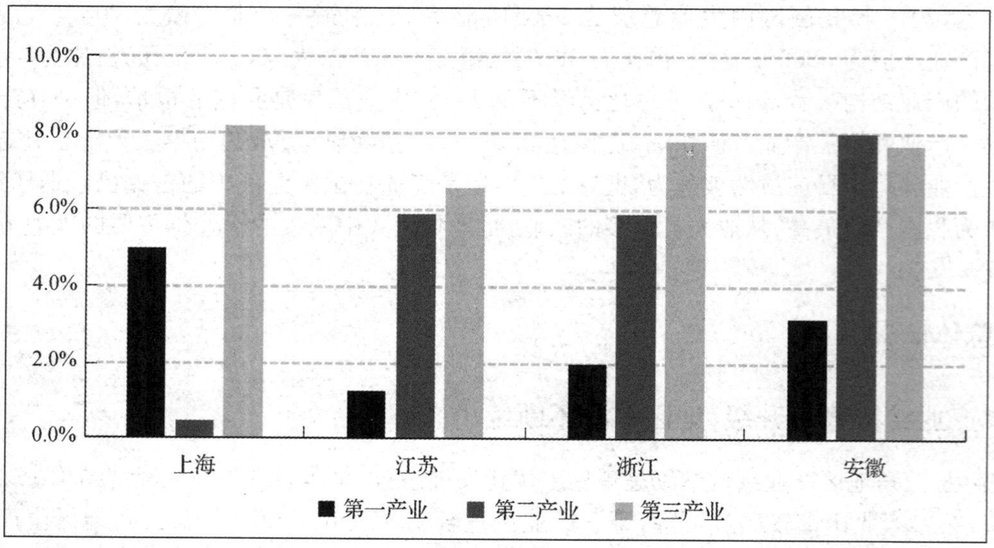

图 1　2018 年长三角各省市三次产业增速比较

(三)工业增长地区差异较大,新兴产业驱动力增强

2019 年,长三角地区工业增加值为 8.2 万亿元,比去年增加了 5.1%,其中上海 9671 亿元,增长 0.4%;江苏 3.8 万亿,增长 6.2%;浙江 2.3 万亿,增长 6.6%;安徽 1.1 万亿,增长 7.3%。2019 年,沪、苏、浙、皖三省一市的工业增加值占 GDP 比重分别为 25.3%、38.5%、36.8%、30.9%。近 5 年来,安徽的工业增加值平均增速最高(8.6%),其次分别是江苏(7.0%)、浙江(6.6%)和上海(2.0%)。与全国比较,2019 年长三角地区工业增加值占全国的 26.0%,增速比全国低 0.6 个百分点,工业增加值占 GDP 比重高于全国 2.7 个百分点。

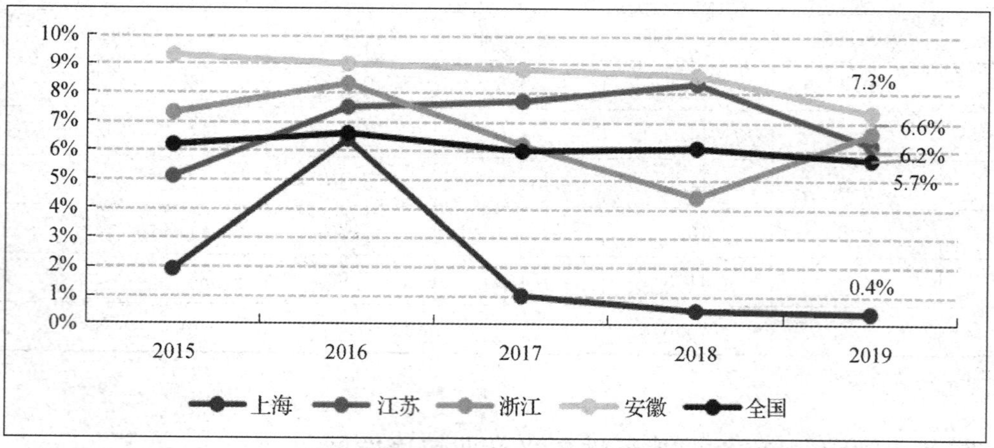

图 2　2015—2019 年长三角地区工业增加值增长率情况

注:增加值增长率为扣除价格因素的实际增长率

长三角地区三省一市的产业优势各异,新动能发展的所选行业类型和统计口径不一,但各地战略性新兴产业增速都快于工业平均增速,表明工业新动能正在加速形成且不断壮大。

2015—2019 年上海战略性新兴产业平均增速为 3.6%，高于工业平均增速 1.6 个百分点，2019 年上海战略性新兴产业增加值 6133.22 亿元，比上年增长 8.5%，其中工业增加值 2710.43 亿元，增长 3.3%，战略性新兴产业增加值占上海生产总值的比重为 16.1%，比上年提高 0.4 个百分点；2015—2019 年江苏战略性新兴产业增速为 10.2%，高于工业平均增速 3.2 个百分点，2019 年江苏战略性新兴产业产值比上年增长 7.6%，占工业总产值比重达 32.8%，比上年提高 0.8 个百分点；2015—2019 年浙江战略性新兴产业增速为 9.8%，高于工业平均增速 3.0 个百分点，2019 年浙江以新产业、新业态、新模式为主要特征的"三新"经济增加值占 GDP 的 25.7%，其中数字经济核心产业增加值 6229 亿元，按可比价计算比上年增长 14.5%，战略性新兴产业增加值增长 9.8%，其中人工智能产业增长 21.3%；2015—2019 年安徽战略性新兴产业增速为 17.3%，高于工业平均增速 9.1 个百分点，2019 年安徽战略性新兴产业产值增长 14.9%，其中生物产业、新能源产业、节能环保产业分别增长 21.4%、17.7%和 18.1%。

表 2　长三角地区战略性新兴产业发展情况

地区	指标	2015 年	2016 年	2017 年	2018 年	2019 年
上海	工业增加值(亿元)	1673	1808	2263	2378	2710
	增加值增速(%)	−0.1	2.7	8.1	4.2	3.3
江苏	工业产值占比(%)	29.4	30.2	31.0	32.0	32.8
	产值增速(%)	10.4	10.5	13.6	8.8	7.6
浙江	工业增加值(亿元)	3367	3206	3851	4351	5024
	增加值增速(%)	6.9	8.6	12.2	11.5	9.8
安徽	工业产值(亿元)	8922	10616	12888	14963	17192
	产值增速(%)	17.6	16.4	21.4	16.1	14.9

注：上海战略性新兴产业主要包括新一代信息技术、生物、高端装备、新能源、新能源汽车、新材料；江苏战略性新兴产业主要包括高端装备、数字创意、节能环保、新一代信息技术、生物医药、新能源、新能源汽车、新材料；浙江战略性新兴产业主要包括新一代信息技术和物联网、新能源、新能源汽车、新材料、生物、海洋新兴产业；安徽战略性新兴产业主要包括新一代信息技术、高端装备、新能源、新能源汽车、新材料、生物、节能环保、数字创意

二、上海市三次产业发展情况

2019 年，上海市产业园区和结构调整工作牢牢把握高质量发展主旋律，坚持稳中求进的工作总基调，积极推动产业园区提质增效，持续推进落后产能调整淘汰，着力提升产业创新浓度和经济密度，各项工作取得明显成效。

(一) 坚持以进固稳，更大力度推进产业统筹发展

1. 强化规划引领，推动实体经济聚力增能

发布新版上海产业地图(投资促进导引)，进一步加强统筹联动，推动实体经济高质量发展。集成电路、生物医药、人工智能三大产业上海方案获国家批复，承接国家战略，打造产业创新高地。对接"上海 2035"，编制上海市产业用地空间布局专项规划，划示产业发展底线空间，加强产业发展资源保障。围绕集群长三角、智慧长三角，推动园区联盟建设和产业链协同，联合打造工业互联网一体化发展示范区。

2. 加强投资促进，推进重点项目建设投产

发布《关于进一步加强投资促进工作推动经济高质量发展的若干意见》，设立市投资促进工作领导小组和市领导联系重大产业项目制度，探索建立重大产业项目"首谈"报备和市级主谈制度，建设全市招商引资重点项目信息库和载体资源库。强化服务企业市区协同工作机制，聚焦重点项目建设，特斯拉、大众 MEB、ABB 超级工厂等项目抓紧建设；华为青浦研发中心、英威达、达闼、精测电子、华领药业、臻格

生物等项目落地。发布《规划产业区块外企业"零增地"技术改造正面和负面清单》,明确区块外现状产业存量项目技术改造路径,稳定企业发展预期,截至2020年5月底,市区两级认定区块外优质项目共计247个,其中战略预留区范围内项目157个。

3. 深化政策创新,支持产业高质量发展

市规划资源局推出标准地提前公告、项目带方案出让政策,让市场更为充分地获取供地信息,实现"地等项目";实施工业研发用地容积率上限管理调整为下限管理、提高混合用地比例等创新举措,为园区和企业"纵向发展"创造了条件。市生态环境局积极推出区域环评与项目环评的改革举措,简化项目落地环评程序。市绿化市容局提出园区绿地率统筹优化配置的实施方案,提高产业项目单地块绿地率管控弹性。

(二)坚持"四个论英雄",更实举措提高经济密度

1. 建立工作机制,启动资源利用效率评价工作

市级十部门联合发布《关于开展资源利用效率评价工作的指导意见》,奉贤、金山、青浦、嘉定、宝山、闵行、杨浦、虹口等区完成了区级资源利用效率评价实施细则的制定发布,全市启动年度评价工作试点。市级层面加强部门联动和数据对接,全市资源利用效率评价第一轮工作报告正在归集数据抓紧编制。建立资源要素差别化配置政策,强化产业准入绩效引导,推动产业绩效与土地供应相挂钩,实施技术改造、环境评价等差别化政策,完成差别化电价政策意见征询,启动差别化水价政策研究。

2. 聚焦重点区域,推动"5+X"区域整体转型升级

五大区域陆续启动搬迁调整、规划编制和开发建设工作。吴淞地区,特钢、不锈钢先行启动区首发地块完成了控详规划编制,加快推进开发建设。南大地区,临港南大智慧城市首发项目开工。桃浦地区,中以创新园开园。吴泾地区,实施吴泾工业区综合整治绿化工程,加强区域环境监测,启动污染土壤修复前期工作。高桥地区,高化化工板块已全部停产,高桥港以南已先行启动土地收储。13个X区域加大规划定位、运营机制、存量盘活等方面的探索。金山二工区加大"二转二"转型升级力度,同步推进淘汰落后产能与环境整治工作,花王、三井等优质项目增资扩产;马桥人工智能创新试验区建设工作方案获市政府批复;嘉定环同济片区"氢能港"正式启动建设;星火开发区转型升级方案已完成编制并提交市政府专题会议审议。

3. 坚持存量盘活,深化"腾笼换鸟"相关工作

发布《上海产业用地指南(2019版)》《上海市低效工业用地标准指南(2019版)》《本市低效产业用地处置工作的实施意见》等工作标准和指导政策,完善低效产业用地盘活引导机制。深化"腾笼换鸟"政策引导,创建"政策工具箱+案例示范"模式,结合技术改造、提高容积率、节余土地分割转让、增减挂钩等实践案例,总结提炼"腾笼换鸟十九法"。各区实践亮点频出:闵行区统筹部署存量资源转型发展三年行动计划,明确"18+2+X"转型地块工作路线图,并出台工业用地地价与绩效联动的实施细则等政策;松江区出台区产业结构调整专项资金和存量工业用地二次开发专项资金政策;嘉定区积极发挥国资平台作用,通过"承租一批、回购一批、转型一批"多措并举,加快园区二次开发;宝山区创新工业用地"带建筑收储""园区平台定向受让""平台物业先租后让"等一揽子存量盘活模式;奉贤区提出存量产业用地流转税费区级收入转移支付政策,鼓励存量用地改造提升并降低开发成本。

(三)坚持巩固提升,更高标准实施产业结构调整

1. 锚固年度任务,全面完成产业结构调整工作目标

2019年,推进实施市级调整项目1081项、重点区域(专项)8个,超额完成年初1070项计划,协同推进园区转型升级、生态环境整治、建设用地减量化等工作。嘉定区安亭镇同济周边区域、宝山区富锦工业园区、宝山区顾村机器人产业园专项实施方案已启动,青浦徐泾镇崧泽大道以北区域、奉贤区工业综

合开发区、金山区张堰镇工业区三个专项已予以市级资金支持。2019年，共拨付产业结构调整扶持资金2.36亿元。据统计，2019年度市级产业结构调整项目共涉及土地1.3万亩，年减少能耗量15万吨标准煤，减排COD超1800吨，减排SO_2近1100吨，减少低技能岗位2.8万个。

2. 突出重点难点，按时完成各类专项调整任务

一是实施优“化”专项。积极落实《上海市优“化”行动实施方案》，按照“专业化工基地提升、规划保留工业区外化工企业调整关停、合规园区内化工行业空间布局优化”的工作路线，制定优“化”调整名单。将浦东、松江、奉贤等8个区涉及的100家化工企业列入2019—2020年的产业结构调整升级计划，其中45家企业已完成调整提升目标任务。

二是实施危化品生产企业调整专项。对照《国务院办公厅关于推进城镇人口密集区危险化学品生产企业搬迁改造的指导意见》，巩固前期调整成果，着力提升合规园区内危化品企业生产工艺和安全能级，加快推进合规园区外危化品生产企业调整提升及搬迁改造。

三是实施涉重金属企业调整专项。根据市政府《贯彻落实中央环保督察反馈意见整改方案》的工作要求，完成6家涉重金属污染企业的关闭调整工作。

3. 坚持标准引领，多措并举深化落后产能淘汰工作

更新并发布《上海市产业结构调整指导目录限制和淘汰类(2020年版)》，适度提高执行标准，推动资源要素正向流动，腾挪发展空间。按照工信部等相关部门《关于利用综合标准依法依规推动落后产能退出的指导意见》总体要求，严格执行能耗、环保、质量、安全、技术等综合标准，运用法律、经济、行政等多种方式，推进落后产能淘汰工作。研究修订《上海市促进产业结构调整差别电价实施管理办法》，扩大执行范围、提高加价标准、优化执行程序，依法依规推动落后产能退出。

（四）坚持特色品牌发展，更高品质打造产业园区

1. 强化园区平台载体功能，提升园区运营服务水平

发挥重点区域牵引推动作用，落实推进临港新片区创新型产业规划和长三角生态绿色发展一体化示范区产业发展规划、产业发展指导目录、先行启动区产业准入标准等工作。加强品牌园区建设，深入推进“区区合作、品牌联动”，推动“镇园区管”统筹发展模式。2019年，上海市产业园区完成规上工业产值近2.8万亿元，规模以上工业企业利润总额约2340亿元，占全市规模以上工业企业产值和利润的80%以上(快报数)，地均工业总产值达到75.3亿元/平方千米(工业总产值/已供工业用地)。张江高科技园区、上海化工区、漕河泾新兴技术开发区、国际汽车城、临港产业区等知名园区发挥“头雁”作用，推动优势产业集群培育发展。漕河泾、奉贤、松江、金桥、青浦等综合保税区年内陆续通过验收并揭牌运营，打造开放型经济发展新高地。

2. 强化园区产业高地功能，推动特色产业园区建设

聚焦特定产业方向、特优园区主体、特强产业生态，集中推出建设集成电路设计园、智能传感器产业园、马桥AI创新试验区等26个特色产业园区，主要分布在浦东、青浦、闵行、奉贤、金山、嘉定、宝山、松江、徐汇、普陀10个区。重点围绕集成电路、人工智能、生物医药、航空航天、新材料、智能制造等战略性新兴产业关键核心环节，强化源头创新，增强策源能力，积极抢占产业制高点。发布《关于加快特色产业园区建设促进产业投资的若干政策措施》，聚焦打造特色产业园区和培育经济新动能，加大政策组合集成创新力度，着力发挥产业投资带动作用，进一步提高投资强度和经济密度。

3. 强化园区产业生态建设功能，培育先进制造业集群

实施先进制造业集群培育行动，推动园区成网产业成链，着力构建集群创新体系。生物医药、集成电路和绿色化工三大集群在全国集群竞赛中胜出，纳入国家首批先进制造业集群培育试点。国家新型工业化产业示范基地达20家，占全国示范基地比重为5%；张江高科技园区、临港装备产业区、漕河泾经济技术开发区、嘉定汽车产业园区、嘉定工业区、上海莘庄工业区、上海宝山区(新材料)、上海闵行区(军

民结合)8家示范基地获得国家工信部五星级评价,占全国五星级示范基地比重为26%,在产业实力、质量效益、创新驱动、绿色集约安全、融合发展等方面绩效显著。

三、江苏省三次产业发展情况

2019年,面对国内外风险挑战明显上升的复杂局面,江苏全省上下深入贯彻党的十九大和十九届二中、三中、四中全会精神以及习近平总书记重要指示要求,全面落实党中央、国务院和省委、省政府各项决策部署,坚持稳中求进工作总基调,深入贯彻新发展理念,以供给侧结构性改革为主线,认真落实"六稳"工作要求,经济运行总体平稳、稳中有进,产业发展基础稳固,需求动力基本稳定,结构调整稳步推进,民生福祉继续改善,新旧动能持续转换,高质量发展取得积极进展。国家统计局按照2020年1月开始实施的地区生产总值统一核算新方法和第四次全国经济普查结果,核定江苏省2019年全年地区生产总值为99631.52亿元,增长6.1%。

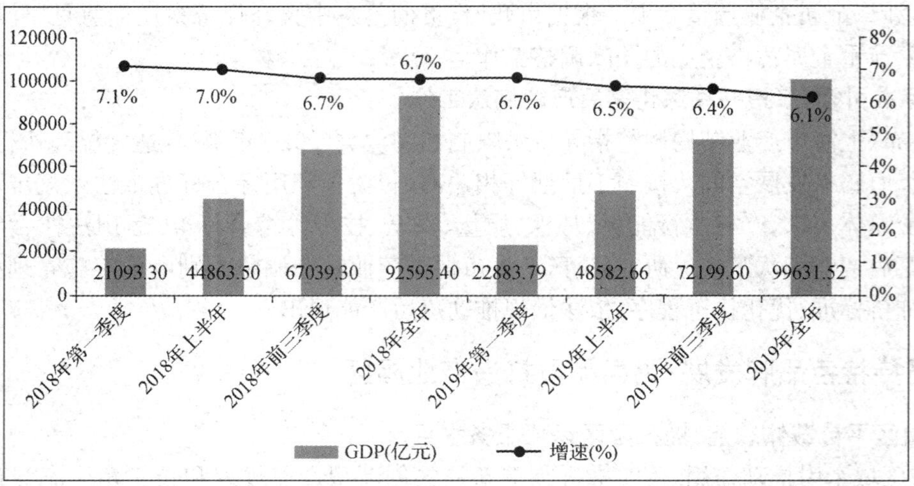

图3 2018—2019年江苏省GDP及增速变化趋势图

数据来源:江苏统计局、中商产业研究院整理

分产业看,第一产业增加值4296.28亿元,增长1.3%;第二产业增加值44270.51亿元,增长5.9%;第三产业增加值51064.73亿元,增长6.6%。2019年,全省一般公共预算收入完成8802.36亿元,增长2.0%;考虑到国家实施的减税降费政策因素,同口径增长12.6%。

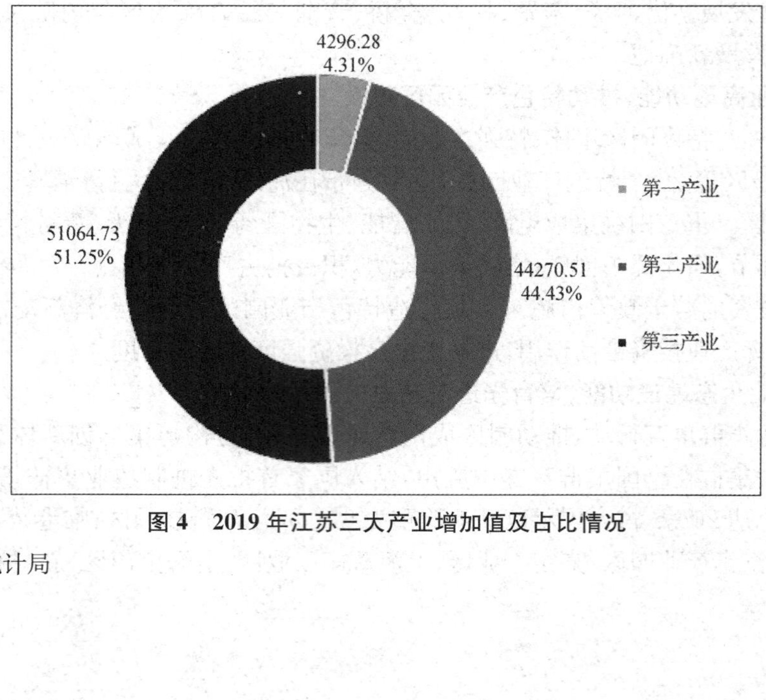

图4 2019年江苏三大产业增加值及占比情况

数据来源:江苏统计局

第一，农业生产总体稳定，粮食总产再创新高

全年粮食总产量 741.24 亿斤，比上年增长 1.3%，夏粮秋粮双丰收，创历史最高水平。粮食亩产 459.1 千克，比上年增加 13.5 千克，增长 3%。全年油菜种植面积 260.3 万亩，比上年增长 9.1%；油菜总产量 50.5 万吨，增长 10.4%。生猪出栏 1921.8 万头，同比下降 28.3%；猪肉产量 146.2 万吨，下降 28.9%。全年家禽出栏 7.0 亿只，同比增长 9.0%；禽肉产量 115.2 万吨，增长 9.0%；禽蛋产量 212.3 万吨，增长 19.3%。农业结构持续优化，高标准农田占比达 65%，农业综合机械化水平达 86%，农业科技进步贡献率提高到 69.1%。

第二，工业运行稳中提质，高技术制造业增势较快

全省规模以上工业增加值比上年增长 6.2%。分经济类型看，国有企业增加值增长 18.2%，股份制企业增加值增长 8.5%，私营企业增加值增长 10.1%。分行业看，列统的 40 个工业行业大类中有 31 个行业增加值比上年有所增长，24 个行业增加值增速比上年加快。其中，医药、交通运输设备、电气机械和专用设备等先进制造业增加值分别增长 19.0%、17.3%、16.9%、8.2%。全年高技术制造业增加值增长 6.8%，增速比规模以上工业高 0.6 个百分点，占规模以上工业比重达 21.8%，比上年提高 1.3 个百分点。全年战略性新兴产业、高新技术产业产值分别增长 7.6% 和 6.0%，占规模以上工业总产值比重分别达 32.8% 和 44.4%。民营工业活力增强。全年规模以上民营工业增加值增长 9.5%，比规模以上工业快 3.3 个百分点，对规模以上工业增长的贡献率达 69.7%。全年规模以上工业企业产销率达 98.5%。工业企业利润降幅收窄。1—11 月，全省规模以上工业企业实现利润总额 6032.2 亿元，同比下降 3.6%，降幅比前三季度收窄 0.9 个百分点。

第三，服务业保持较快增长，新兴服务业发展良好

全省服务业增加值比上年增长 6.6%。全省规模以上服务业（不含批零住餐、金融及房地产业）实现营业收入 13596.9 亿元，同比增长 8%，比上年同期加快 0.9 个百分点。调查的 31 个行业大类和 4 个中类中，有 28 个行业营业收入保持正增长，增长面达 80%。新兴服务业快速成长。软件和信息技术服务业、互联网和相关服务业营业收入分别增长 18.8%、23.4%；快递业务量同比增长 31.4%，带动邮政业营业收入同比增长 13.5%。全年铁路运输总周转量增长 6.3%，公路运输总周转量增长 5.1%，机场旅客吞吐量、货邮吞吐量分别增长 13.2%、7.5%。规模以上服务业企业营业利润 1139.5 亿元，同比增长 7.5%，比上年同期提高 2.9 个百分点。

四、浙江省三次产业发展情况

2019 年，面对国内外风险挑战明显上升的复杂局面，浙江省坚持稳中求进工作总基调，坚持以供给侧结构性改革为主线，坚持“八八战略”再深化、改革开放再出发，深入实施富民强省十大行动计划，突出稳企业、增动能、保平安，聚焦聚力高质量发展、竞争力提升、现代化建设，全力做好“六稳”工作，扎实开展“三服务”活动，全省经济社会发展再上新台阶，“两个高水平”建设取得新进展。

第一，经济主要指标走势好于全国

2019 年，浙江省生产总值（GDP）为 62352 亿元（合 9039 亿美元），按可比价格计算，比上年增长 6.8%，增速好于年初确定的预期目标（6.5%左右），高于全国。其中，第一产业增加值 2097 亿元，增长 2.0%；第二产业增加值 26567 亿元，增长 5.9%；第三产业增加值 33688 亿元，增长 7.8%。三次产业增加值结构调整为 3.4∶42.6∶54.0，第三产业比重比上年提高 1.0 个百分点。人均 GDP 为 107625 元，合 1.56 万美元。

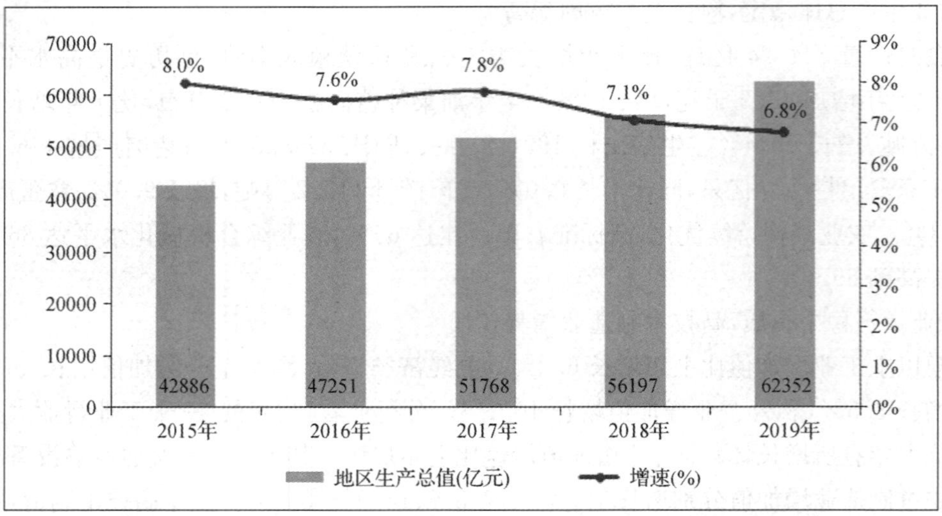

图 5　2015—2019 年浙江省地区生产总值及增速情况

数据来源：浙江省统计局、中商产业研究院整理

1. 生产稳中有升。工业增速回升。2019 年，规模以上工业增加值 16157 亿元，比上年增长 6.6%，增速高于全国(5.7%)，高于前三季度(5.8%)。规模以上工业销售产值、内销产值和出口交货值分别增长 3.7%、4.2%和 1.3%。农业基本稳定。农林牧渔业增加值比上年增长 2.2%。粮食生产基本稳定。预计中药材、花卉苗木、蔬菜播种面积分别增长 6.3%、2.1%、0.9%，肉类产量下降 9.8%，水产品产量增长 2.7%。服务业增速高于 GDP。服务业增加值增速高于生产总值 1.0 个百分点，其中批发零售、交通运输仓储邮政、住宿餐饮、金融、房地产业增加值分别增长 6.3%、6.0%、6.2%、10.2%和 5.0%，信息传输软件和信息技术等其他营利性服务业增加值增长 10.1%。1—11 月，规模以上服务业企业营业收入同比增长 16.0%，高于全国同期 6.6 个百分点。

2. 需求保持韧性。投资增速加快。深入实施投资新政，全年固定资产投资比上年增长 10.1%，增速高于上年 3.0 个百分点，高于全国 4.7 个百分点。消费稳步增长。社会消费品零售总额 27176 亿元，增长 8.7%，增速高于全国的 8.0%。餐饮收入增长 9.4%。出口份额继续提高。主动应对经贸摩擦，出台实施稳外贸 20 条政策措施，全年货物贸易进出口总额突破 3 万亿元(30832 亿元)，比上年增长 8.1%，其中出口 23070 亿元，增长 9.0%；进口 7762 亿元，增长 5.8%。出口增速高于全国(5.0%)，占全国的份额为 13.3%，比上年提高 0.4 个百分点。引进外资有序发展。全年实际使用外资 135.6 亿美元，增长 8.7%，占全国的 9.8%。

3. 价格总体可控。CPI 涨幅扩大。2019 年，CPI(居民消费价格指数)比上年上涨 2.9%，涨幅与全国持平，比前三季度扩大 0.3 个百分点。八大类消费品和服务项目价格同比“七涨一跌”，上涨的为食品烟酒(6.2%)、医疗保健(4.8%)、教育文化娱乐(3.7%)、其他用品和服务(3.2%)、生活用品及服务(1.8%)、衣着(1.8%)和居住(0.6%)，下跌的为交通通信(−1.0%)。12 月，CPI 同比上涨 3.9%，涨幅与上月持平，低于全国 0.6 个百分点，环比下降 0.1%。PPI 降幅扩大。2019 年，PPI(工业生产者出厂价格指数)比上年下降 1.1%，降幅比前三季度扩大 0.4 个百分点；工业生产者购进价格指数比上年下降 2.9%，降幅比前三季度扩大 0.6 个百分点。12 月，PPI 同比下降 1.8%，降幅比上月缩小 0.7 个百分点，环比下降 0.1%；购进价格同比下降 3.5%，降幅比上月缩小 1.4 个百分点，环比上涨 0.1%。

4. 预期性指标向好。四季度，企业景气指数、企业家信心指数分别为 128.0 和 128.5，比三季度分别上升 1.9 个和 2.4 个百分点。分行业看，工业、建筑业、批发零售、房地产、服务业景气指数和信心指数均比三季度上升。消费者信心指数为 135.2，比三季度上升 6.1 个百分点，其中消费者就业信心、收入信心、消费意愿指数分别为 144.6、131.0 和 118.5，比三季度上升 6.6 个、5.4 个和 6.4 个百分点。

第二，新动能不断增强，结构调整稳步推进

数字经济"一号工程"深入实施，新产业拉动作用明显。"城市大脑"、数字大湾区等标志性项目建设有序推进。首个国家新型互联网交换中心试点落户浙江，获批国家数字经济创新发展试验区。2019年，数字经济核心产业增加值占GDP的10%左右，健康、文化、金融产业增加值均增长10%以上。规模以上工业中，人工智能产业增加值增长21.3%，高技术、高新技术、装备制造、战略性新兴产业增加值分别增长14.3%、8.0%、7.8%和9.8%，增速均高于规模以上工业。装备制造业中，计算机通信电子(19.0%)、仪器仪表(18.2%)、电气机械(10.1%)等较快增长；战略性新兴产业中，新一代信息技术(18.4%)、新能源(11.9%)、生物(11.6%)、新材料(8.8%)等产业较快增长。新产品生产增长较快。2019年，新产品产值比上年增长11.2%，新产品产值率为38.2%，比上年提高2.4个百分点。城市轨道车辆(69.0%)、光纤(153.2%)、太阳能电池(26.7%)等产品产量快速增长，生产工业机器人10822套，增长8.7%。

传统产业改造提升。2019年，17个传统制造业增加值比上年增长6.4%，化纤(14.2%)、非金属矿物制品(15.6%)、化工(11.0%)等行业增加值较快增长，其中10个重点传统制造业增加值增长7.1%。1—11月，10个重点传统制造业研发费用支出增长26.3%，劳动生产率增长10.2%，增速均高于规模以上工业。

实体经济和重点领域投资力度加大。2019年，项目投资比上年增长12.2%，对投资增长的贡献率达67.8%；房地产投资增长7.4%。工业、制造业、服务业投资保持较快增速，分别为9.7%、12.9%和10.4%；工业技改投资增长6.3%，其中皮革、食品制造、专用设备、化学原料、通用设备、医药等行业投资分别增长55.5%、40.8%、30.5%、29.7%、28.6%和26.2%。交通投资、高新技术产业投资、民间项目投资分别增长16.3%、21.8%和13.7%，生态环保和公共设施投资增长4.1%。

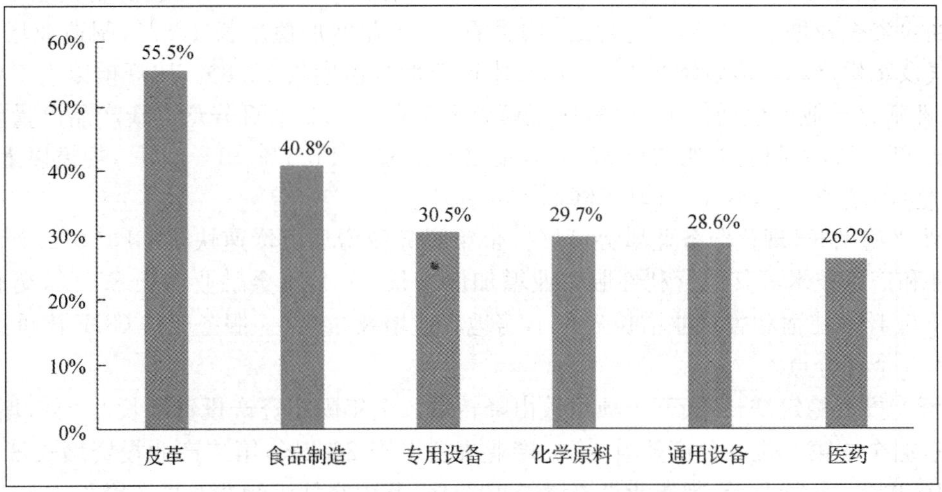

图6　2019年浙江省主要行业投资增速情况

数据来源：浙江省统计局、中商产业研究院整理

消费在线上线下融合中升级。从2019年限额以上批零单位分类商品零售额看，体育娱乐用品、书报杂志、通讯器材、日用品、家具类分别比上年增长54.0%、32.1%、23.6%、21.1%和17.5%。智能手机、可穿戴智能设备、新能源汽车、智能家用电器和音像器材类等新型消费商品零售额分别增长124.0%、85.1%、57.2%和42.6%。限额以上批零单位通过公共网络实现的商品零售额增长25.6%。据省商务厅资料，网络零售额19773亿元，增长18.4%；省内居民网络消费9984亿元，增长18.5%。跨境网络零售增长35.3%，杭州、宁波、义乌跨境电商网络零售出口分别增长45.3%、41.6%、28.3%。网络零售带动快递快速增长，据省邮政管理局资料，快递业务量(发件量)达132.6亿件，比上年增长31.2%。

出口商品结构进一步优化。2019 年,机电产品、高新技术产品出口分别比上年增长 10.0%和 14.0%,占全省出口的 43.9%和 7.0%,比重同比提高 0.4 个和 0.3 个百分点,其中太阳能电池出口增长 45.8%。出口市场多元化。2019 年,对“一带一路”沿线国家出口增长 16.8%,占全省出口的 34.5%,对欧盟、东盟、拉美和非洲等新兴市场出口额分别增长 7.5%、24.7%、6.8%和 18.0%,占全省出口的 21.7%、10.9%、9.2%和 8.5%。

五、安徽省三次产业发展情况

2019 年,面对更加复杂严峻的外部经济环境,全省上下在省委、省政府的坚强领导下,认真贯彻落实党中央、国务院决策部署,坚持新发展理念,坚持推动高质量发展,坚持以供给侧结构性改革为主线,全面落实“六稳”工作要求,经济运行保持总体平稳、稳中有进、进中向好的态势,高质量发展取得新成效。据初步核算,全年全省生产总值 37114 亿元,按可比价格计算,比上年增长 7.5%。其中,第一产业增加值 2915.7 亿元,增长 3.2%;第二产业增加值 15337.9 亿元,增长 8%;第三产业增加值 18860.4 亿元,增长 7.7%。人均 GDP 达 58496 元,折合 8480 美元。

1. 种植结构优化,粮食实现“十六连丰”。粮食播种面积小幅调减,经济作物面积增加。全年粮食产量 4054 万吨、居全国第 4 位,增长 1.2%;油料产量 161.3 万吨,增长 2%;蔬菜产量 2213.6 万吨,增长 4.5%。新增稻渔综合种养面积 157 万亩,累计达 317 万亩,居全国前列;新培育“三品一标”产品 1542 个,累计达 7262 个。全年主要肉类产量 400.7 万吨、下降 4.7%,牛奶产量 33.8 万吨、增长 9.6%,禽蛋产量 168.7 万吨、增长 6.6%。

2. 工业生产较快增长,新兴产业快速增长。全年规模以上工业增加值增长 7.3%,增幅比全国高 1.6 个百分点,居全国第 10 位。分经济类型看,国有企业增加值增长 8.9%,股份制企业增长 6.6%,外商及港澳台商投资企业增长 14.6%。分三大门类看,采矿业增加值增长 1.6%,制造业增长 7.7%,电力、热力、燃气及水生产和供应业增长 8%。高技术产业增加值增长 18.8%,比规模以上工业高 11.5 个百分点;战略性新兴产业产值增长 14.9%,比规模以上工业高 8.2 个百分点。新产品产量较快增长,电子计算机增长 11.3%,太阳能电池增长 37.5%,集成电路增长 14.6%。1—11 月,规模以上工业企业利润总额 1942 亿元,增长 2%,好于全国(下降 2.1%)水平。

3. 服务业平稳增长,现代服务业增势良好。全年服务业增加值增速快于 GDP 0.2 个百分点,其中信息传输软件和信息技术等其他营利性服务业增加值增长 15.4%,金融业增长 8.7%,交通运输、仓储和邮政业增长 6.4%,住宿和餐饮业增长 7.6%,房地产业增长 3.9%。服务业占 GDP 比重达 50.8%,高于第二产业 9.5 个百分点。

4. 固定资产投资稳定增长,新开工项目数由降转增。全年固定资产投资增长 9.2%,增幅比全国高 3.8 个百分点,居全国第 8 位。分产业看,第一产业投资下降 26.2%,第二产业投资增长 8.3%,第三产业投资增长 10.9%。分行业看,制造业投资增长 10.1%,其中高技术制造业投资增长 13.4%;技改投资增长 14.4%;民间投资增长 10.2%。社会领域投资继续加强,教育投资增长 28.7%,卫生和社会工作投资增长 19.6%。新开工项目数扭转持续下降态势,由上年下降 28.2%转为增长 0.4%。

全年房地产开发投资增长 11.7%,比上年加快 5.3 个百分点。商品房销售面积 9229.4 万平方米,下降 8.1%;商品房销售额 6823.5 亿元,下降 3.6%。年末商品房待售面积 1531.7 万平方米,下降 9%。

5. 消费保持两位数增长,网上零售额占比上升。全年社会消费品零售总额 13377.7 亿元,增长 10.6%,增幅比全国高 2.6 个百分点,居全国第 2 位。按经营单位所在地分,城镇零售额 10748.1 亿元,增长 10.2%;乡村零售额 2629.5 亿元,增长 12.2%。按消费类型分,餐饮收入 1476.9 亿元,增长 11.9%;商品零售 11900.7 亿元,增长 10.4%。限额以上单位商品零售额中,化妆品类增长 16.2%,体育、娱乐用品类增长 21.6%,石油及制品类增长 14.3%,中西药品类增长 12.3%,家用电器和音像器材类增长 8.9%,汽车类下降 0.2%;网上商品零售额 641.9 亿元,增长 28.3%,占限额以上消费品零售额比重由上年的9%提高到10.9%。

总的来看，2019年在经济下行压力加大、风险挑战明显上升的背景下，全省经济经受住了考验，主要指标增长保持在较快区间，经济结构优化、发展质效提升、人民群众获得感幸福感提高，成绩来之不易。同时也要看到，当前宏观经济形势依然复杂严峻，"三期叠加"影响持续深化，实体经济困难较多。下阶段，要以习近平新时代中国特色社会主义思想为指导，全面贯彻落实中央及省委经济工作会议精神、省"两会"精神，牢牢把握长三角一体化、中部崛起等重要战略机遇，坚定不移推动高质量发展，坚决打赢三大攻坚战，切实抓好"六稳"工作，集中力量办好自己的事，坚定信心、真抓实干，努力保持经济持续健康发展，确保全面建成小康社会和"十三五"规划圆满收官。

表3　2019年安徽省主要指标数据

指标	单位	绝对量	比上年增长(%)
一、地区生产总值	亿元	37114.0	7.5
第一产业	亿元	2915.7	3.2
第二产业	亿元	15337.9	8.0
第三产业	亿元	18860.4	7.7
二、规模以上工业增加值	亿元		7.3
其中:国有企业	亿元		8.9
集体企业	亿元		−14.2
股份合作企业	亿元		10.5
股份制企业	亿元		6.6
外商及港澳台商企业	亿元		14.6
其他经济类型企业	亿元		−3.9
其中:大中型工业企业	亿元		9.6
主要工业产品产量	—	—	—
大米	万吨	1477.9	1.2
化肥	万吨	269.4	15.2
水泥	万吨	13988.1	10.3
生铁	万吨	2530.0	4.5
钢材	万吨	3158.4	5.5
十种有色金属	万吨	202.2	11.3
汽车	万辆	92.1	8.7
橡胶轮胎外胎	万条	2935.4	−10.6
家用洗衣机	万台	2328.3	11.0
家用电冰箱	万台	2505.9	6.9
房间空气调节器	万台	3366.5	9.1
彩色电视机	万部	1941.9	−14.7

续表

指标	单位	绝对量	比上年增长(%)
三、社会消费品零售总额	亿元	13377.7	10.6
其中:限额以上消费品零售额	亿元	5884.5	8.2
按经营单位所在地分	—	—	—
城镇	亿元	10748.1	10.2
乡村	亿元	2629.5	12.2
按消费形态分	—	—	—
商品零售	亿元	11900.7	10.4
餐饮收入	亿元	1476.9	11.9
限额以上商品零售类值	—	—	—
其中:粮油、食品类	亿元	851.8	16.9
服装、鞋帽、针纺织品类	亿元	361.6	6.5
日用品类	亿元	183.5	11.2
家用电器和音像器材类	亿元	525.8	8.9
中西药品类	亿元	260.8	12.3
石油及制品类	亿元	846.9	14.3
汽车类	亿元	1374.0	—0.2
四、财政收入	亿元	5710	6.5
财政支出	亿元	7391	12.5
五、进出口总额	亿美元	687.3	9.3
出口	亿美元	404.0	11.5
进口	亿美元	283.3	6.3
六、固定资产投资额	亿元		9.2
第一产业	亿元		—26.2
第二产业	亿元		8.3
第三产业	亿元		10.9
其中:房地产开发	亿元		11.7
七、年末金融机构本外币各项存款余额	亿元	54786.8	7.0
年末金融机构本外币各项贷款余额	亿元	44940.7	13.9
八、居民消费价格指数	%	102.7	2.7
工业生产者出厂价格指数	%	100.3	0.3
工业生产者购进价格指数	%	99.9	—0.1
九、城镇常住居民人均可支配收入	元	37540	9.1
农村常住居民人均可支配收入	元	15416	10.1
十、全社会用电量	亿千瓦时	2300.7	7.8
其中:工业用电量	亿千瓦时	1459.6	6.4

注:地区生产总值、规模以上工业增加值及其分类项目增长速度均按可比价格计算

第二章　长三角地区农业

2019年，长三角地区的农业增加值占全国的比重为14.5%左右。从产业结构来看，长三角以种植业为主，渔牧业并重，渔业和服务业对全国农业经济的贡献度相对较高；从产出效率来看，长三角地区的谷物和油菜籽的土地产出率明显高于全国平均水平，长三角劳动生产率高于全国平均水平，主要得益于江浙两省；从农业现代化水平来看，长三角地区的机械化和设施化程度相对较高，基本实现机械化，八成以上的耕地为可灌溉地，上海和江苏表现突出。

一、上海市农业发展

（一）上海市农业现状

1. 基本概况

农业作为乡村振兴的经济基础及核心动力，上海市农业生产效率处于较高水平，且总体发展呈现波动性上升的趋势。随着上海农业产业结构的继续调整，农业发展环境、发展质量有所提高，虽然耕地面积逐年减少，但上海农业总产值在多年下降后呈现趋稳态势。

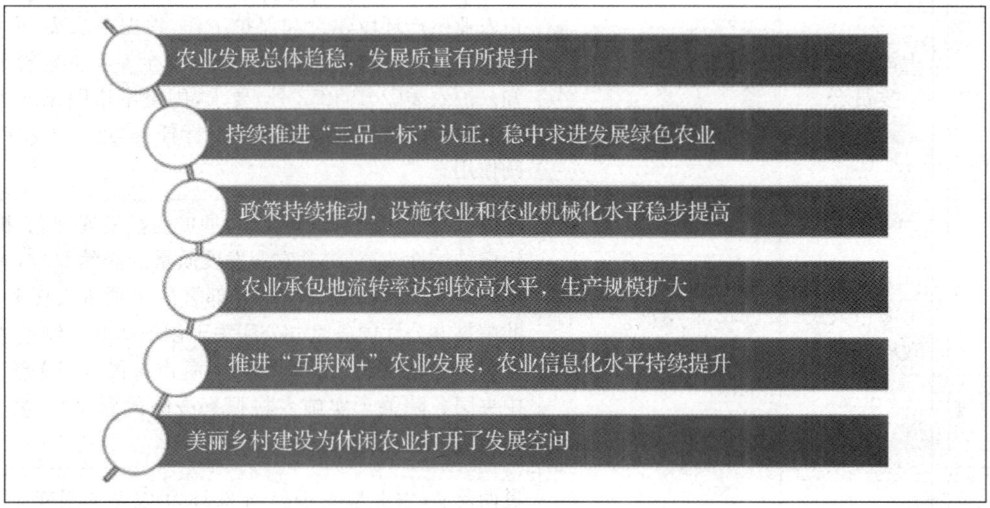

图1　上海农业发展概况和特点

十九大报告提出了实施乡村振兴战略，乡村振兴已成为新时代我国农业加速发展的强大动力。为贯彻中央的乡村振兴战略，2018年上海制定了19个推进乡村振兴工作的配套政策文件。其中，结合上海现代农业发展长远目标，提出《上海市都市现代绿色农业发展三年行动计划（2018—2020年）》等多项贯彻中央精神、振兴上海农业的政策指导文，为支撑上海现代农业发展提供了前所未有的发展政策环境。

表 1　上海市农业相关政策

时间	颁布部门	政策	概述
2015 年	上海市国土资源部	《关于支持本市休闲农业和乡村旅游产业发展的规划土地政策实施意见》	鼓励本市休闲农业和乡村旅游产业发展，开发农业多种功能，优化设施规划布局，规范用地管理，加强耕地和基本农田保护，按照《国务院关于促进旅游业改革发展的若干意见》(国发〔2014〕31 号)、《国务院办公厅关于加快转变农业发展方式的意见》(国办发〔2015〕59 号)以及《关于支持旅游业发展用地政策的意见》(国土资规〔2015〕10 号)、《国土资源部关于推进土地节约集约利用的指导意见》(国土资发〔2014〕119 号)、市政府《关于进一步提高本市土地节约集约利用水平的若干意见》(沪府发〔2014〕14 号)等有关规定，依据有关法律法规，结合本市实际，制定本实施意见。
2016 年	上海市农业委员会	《关于下达 2016 年农业支持保护和农业生态专项资金的通知》	根据财政部《关于加强 2016 年农业支持保护补贴资金管理的通知》(财农〔2016〕27 号)精神，按照本市《关于印发〈上海市市级财政农业综合补贴资金管理办法〉的通知》(沪农委〔2014〕492 号)要求和 2016 年本市农业生态专项实施方案(沪农委〔2016〕62 号)，现将中央和市级财政 2016 年农业支持保护(粮棉油生产补贴)、农业生态专项(绿肥、商品有机肥、耕地保育)以及补贴发放工作经费等资金(含清算资金)下达给你们。请按照相关资金管理办法要求，抓紧拨付。
2017 年	上海市农业委员会	《关于完善本市耕地质量保护与提升补贴相关政策的通知》	上海市为加强保护耕地资源，有效提升耕地质量，扎实推进本市农业生产环境建设和保护工作，根据市农委、市财政局《关于印发上海市农业生态和农产品安全专项资金管理办法的通知》(沪农委〔2015〕252 号)要求，围绕本市国家现代农业示范区建设和化肥农药减量工作目标任务，进一步发挥政策的激励作用
2018 年	上海市人民政府办公厅	《上海市都市现代绿色农业发展三年行动计划(2018—2020 年)》	推进都市现代绿色农业发展，是贯彻新发展理念、推进农业供给侧结构性改革、提升农业发展质量的必然要求，更是积极响应中央关于乡村振兴战略总部署的一项重大任务。根据《中共中央办公厅国务院办公厅关于创新体制机制推进农业绿色发展的意见》《中共上海市委上海市人民政府关于贯彻〈中共中央国务院关于实施乡村振兴战略的意见〉的实施意见》精神，制订本行动计划。
2018 年	上海市农业委员会	《关于印发上海市 2018 年农业质量年实施方案的通知》	贯彻落实《农业部关于启动 2018 年农业质量年工作的通知》(农计发〔2018〕7 号)精神，扎实推进本市 2018 年农业质量年工作，市农委制订了《上海市 2018 年农业质量年实施方案》，现印发你们，请抓好工作落实，6 月 30 日前报送上半年工作总结，11 月 30 日前报送全年工作总结。
2019 年	上海市农业农村委员会、上海市财政局	《关于开展 2019 年农业综合补贴政策试点改革的通知》	为深入贯彻实施乡村振兴战略，提高农业补贴资金使用效率，推动本市都市现代绿色农业发展，按照《财政部、农业部关于印发〈建立以绿色生态为导向的农业补贴制度改革方案〉的通知》的要求，我市拟在嘉定区全区、松江区全区，及崇明区中兴镇和新村乡，开展农业综合补贴政策试点改革。

2. 农业总产值

2019 年，上海市实现生产总值（GDP）38155.32 亿元，同比增长 6.0%。其中，第一产业增加值 103.88 亿元，下降 5.0%；第二产业增加值 10299.16 亿元，增长 0.5%；第三产业增加值 27752.28 亿元，增长 8.2%。第三产业增加值占上海市生产总值的比重为 72.7%，比上年提高 1.8 个百分点。按常住人口计算的上海市人均生产总值为 15.73 万元。

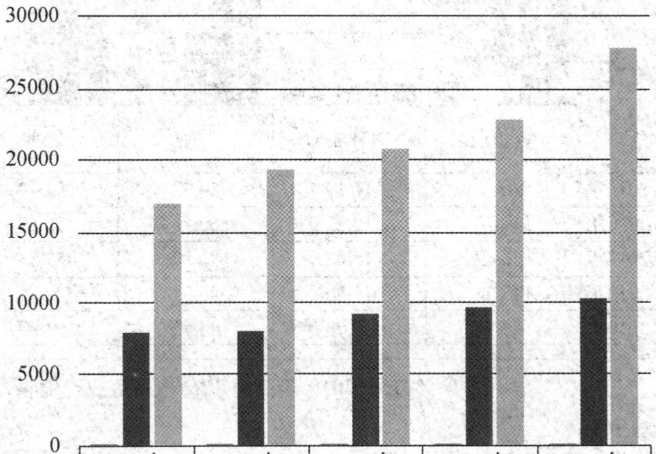

	2015年	2016年	2017年	2018年	2019年
第一产业增加值(亿元)	109.78	109.47	98.99	104.37	103.88
第二产业增加值(亿元)	7940.69	7994.34	9251.4	9732.54	10299.16
第三产业增加值(亿元)	16914.52	19362.34	20783.47	22842.96	27752.28

图 2　2015—2019 年上海市各产业增加值情况

数据来源：上海统计局

2019 年，上海市实现农业总产值 280.74 亿元，同比下降 4.8%。其中，种植业 143.48 亿元，下降 4.9%；林业 18.06 亿元，增长 17.1%；牧业 48.42 亿元，下降 17.5%；渔业 53.89 亿元，下降 0.2%；农林牧渔专业及辅助性活动 16.90 亿元，增长 9.6%。

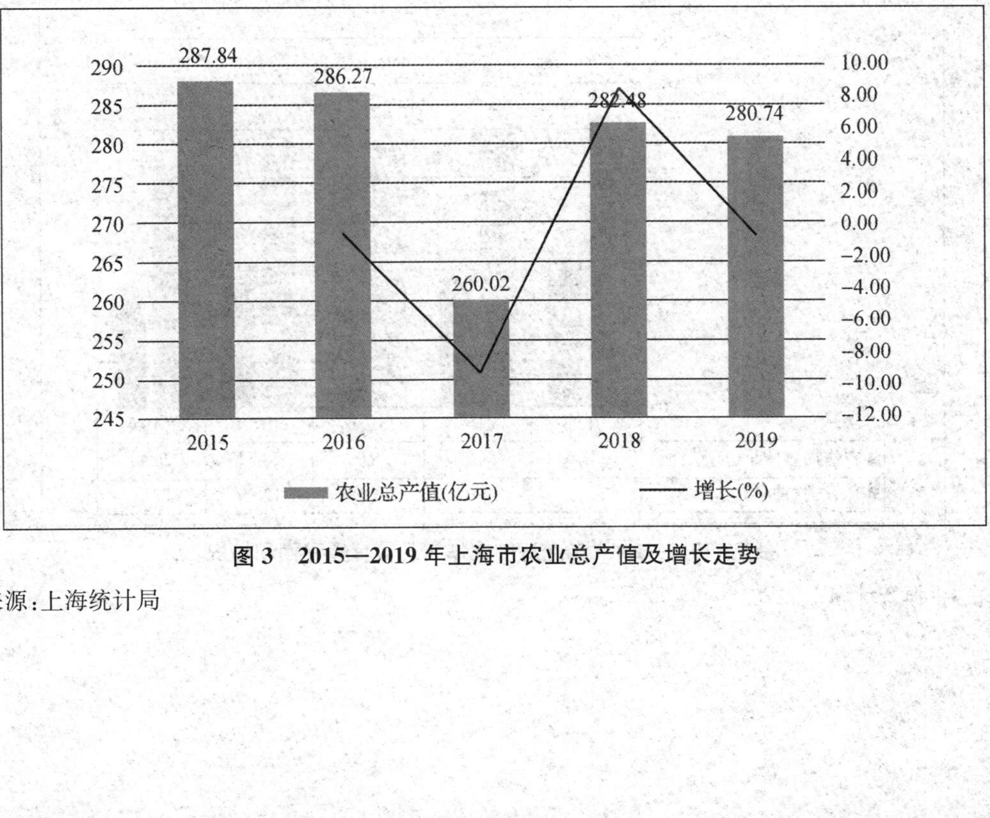

图 3　2015—2019 年上海市农业总产值及增长走势

数据来源：上海统计局

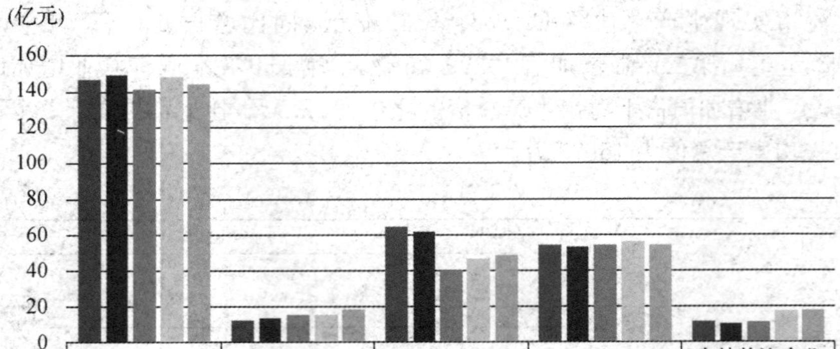

	种植业	林业	牧业	渔业	农林牧渔专业及辅助性活动
2015年	145.9	12.19	64.23	54.49	11.04
2016年	149.14	13.27	60.71	52.57	10.59
2017年	140.42	15.02	39.87	53.53	11.18
2018年	147.54	15.26	46.34	55.9	17.44
2019年	143.48	18.06	48.42	53.89	16.9

图 4　2015—2019 年上海市农林牧渔业产值情况

数据来源：上海统计局

3. 农作物

近年来，根据中央关于做好粮食生产功能区和重要农产品生产保护区划定工作的通知要求，上海市积极推进、扎实落实。

在农业种植结构调整中，上海市实施增稻减麦措施，扩大绿肥和冬季深耕面积，改善耕地土壤环境，从而使种植业综合效益得以提高，种植业产值总体趋稳；此外，虽然粮食总播种面积有所减少，但由于水稻种植品种不断优化，优质早中熟水稻品种种植面积扩大，水稻的单产和总产有所提高。

2018 年上海市农作物播种面积 28.53 万公顷，2019 年，上海市农作物播种面积 26.43 万公顷，比上年减少 7.4%。其中，粮食播种面积 11.74 万公顷，减少 9.6%。

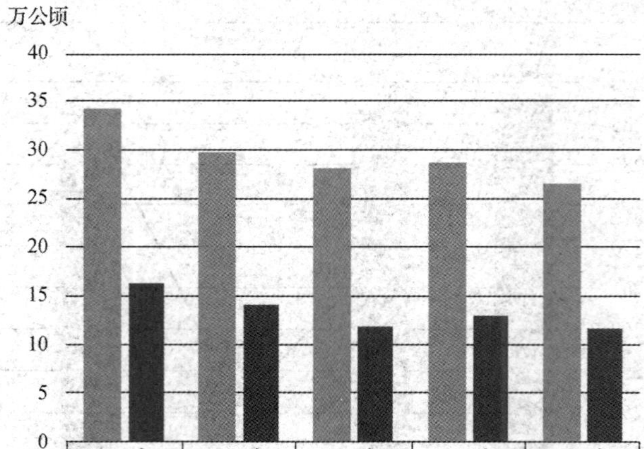

	2015年	2016年	2017年	2018年	2019年
农作物播种面积(万公顷)	34.16	29.63	28.09	28.53	26.43
粮食播种面积(万公顷)	16.19	14.01	11.87	12.99	11.74

图 5　2015—2019 年上海市农作物及粮食播种面积情况

数据来源：上海统计局

上海市粮食产量波动起伏。2015 年上海市粮食产量高达 112.08 万吨;2016 年、2017 年逐渐下降,只有 99.55 万吨、89.16 万吨,到 2018 年上海市粮食产量上升到 103.77 万吨,同比增长 16.39%;2019 年上海市粮食产量又有所下降,只有 95.90 万吨,同比下降 7.6%。

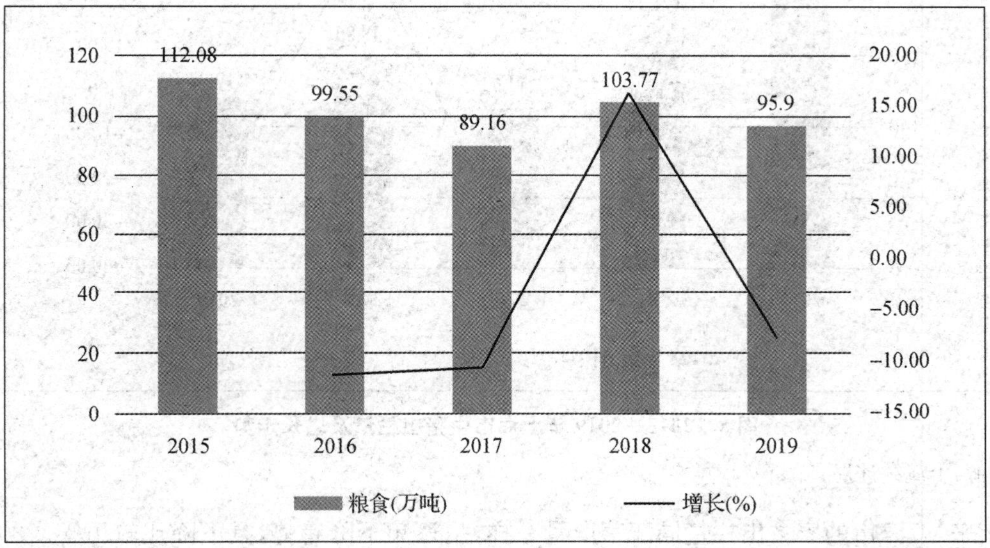

图 6　2015—2019 年上海市粮食产量及增长走势

数据来源:上海统计局

近几年来,上海市的蔬菜产量呈逐年下降趋势。2018 年上海市的蔬菜产量 284.73 万吨,同比下降 8.38%;2019 年上海市的蔬菜产量 310.76 万吨,同比下降 3.42%。

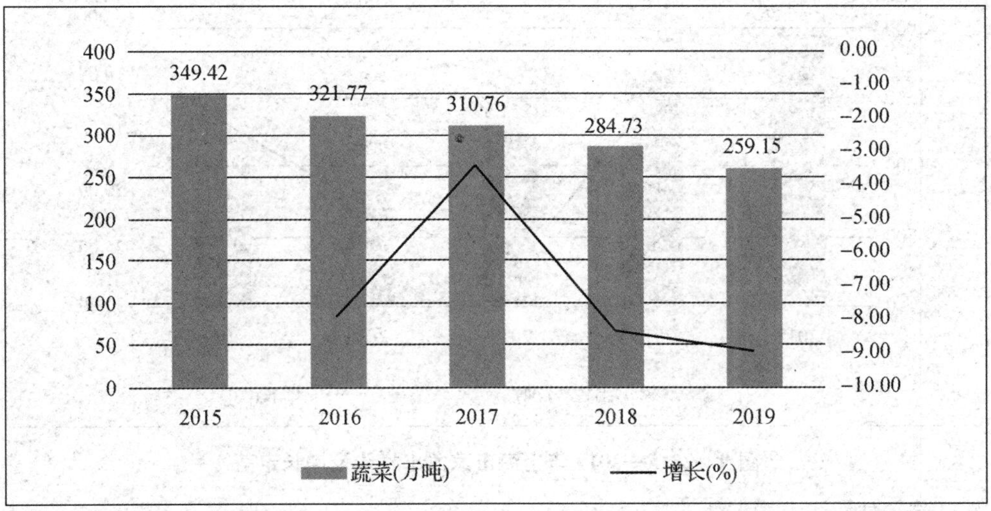

图 7　2015—2019 年上海市蔬菜产量及增长走势

数据来源:上海统计局

2018 年上海市的生猪出栏量 148.86 万头,同比增长 33.24%;2019 年上海市的生猪出栏 117.82 万头,同比下降 20.85%。

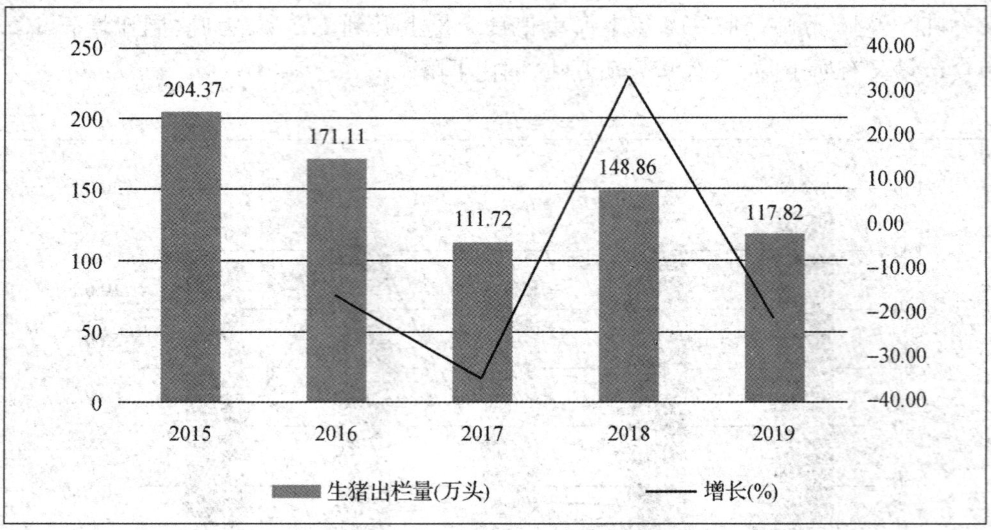

图8　2015—2019年上海市生猪出栏量及增长走势

数据来源:上海统计局

近几年来,上海市的家禽出栏量同蔬菜产量一样,呈逐年下降趋势,且下降比较厉害。2015年上海市的家禽出栏量近2000万羽;到2018年上海市的家禽出栏量只有983.95万羽,不到2015年家禽出栏量的一半;2019年上海市的家禽出栏量844.46万羽,同比下降14.18%。

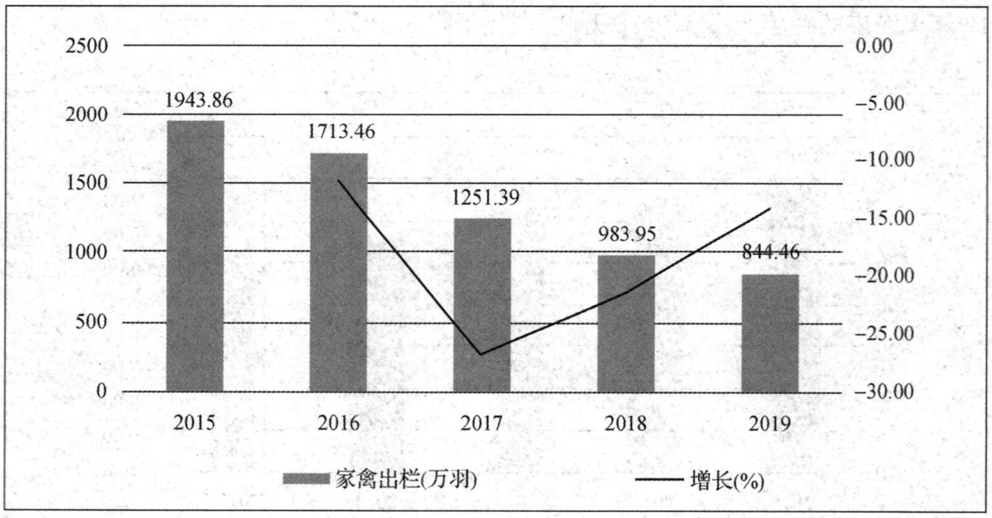

图9　2015—2019年上海市家禽出栏量及增长走势

数据来源:上海统计局

2018年上海市生牛奶产量33.44万吨,增长7.00%;2019年上海市生牛奶产量29.74万吨,下降11.06%。

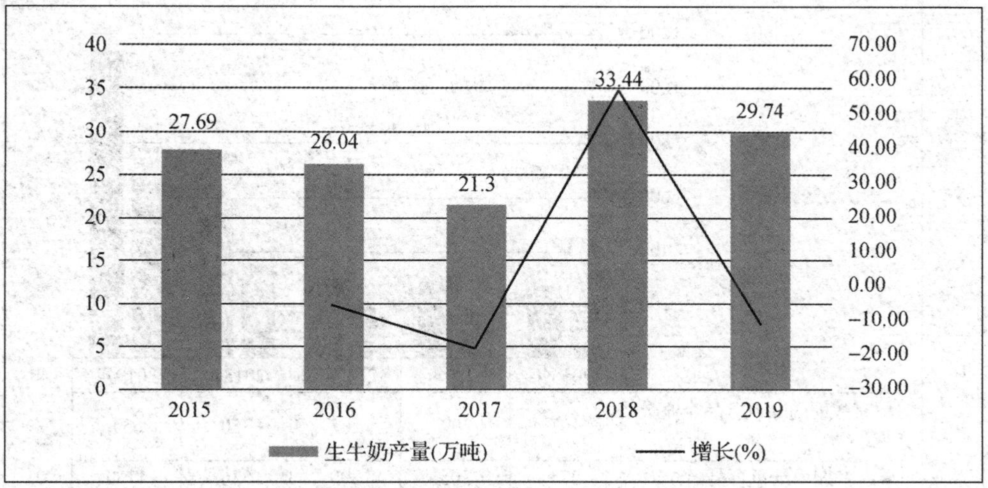

图 10　2015—2019 年上海市家禽出栏量及增长走势

数据来源:上海统计局

2018 年上海市水产品产量 30.85 万吨,增长 19.85%;2019 年上海市水产品产量 32.47 万吨,增长 5.25%。

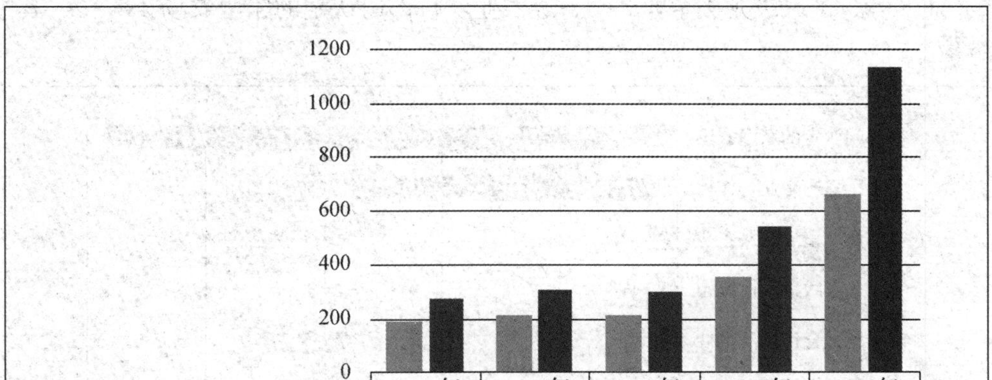

	2015年	2016年	2017年	2018年	2019年
■ 有效期内绿色食品企业数(家)	191	209	207	350	654
■ 有效期内绿色食品(个)	275	305	299	536	1132

图 11　2019 年上海市有效期内绿色食品企业数量情况

数据来源:上海统计局

4. 绿色食品

农业是乡村经济发展的重要支柱产业,而乡村振兴为上海农业发展带来了新机遇。新时期上海市加快绿色生态技术集成,运用现代信息、智能技术,加大政策扶持力度,助力上海农业加速向绿色生态方向转变等,从而做大做强上海农业。

上海市以绿色发展理念为引领,以农产品品牌建设和质量安全为抓手,以提质增效为目标,农业生产从重产量向重品质的绿色发展方式转变。2019 年,上海市有效期内绿色食品企业数共 654 家,产品 1132 个,获证产量 104.78 万吨,地产农产品绿色食品认证率达 20%;农产品地理标志 14 个。

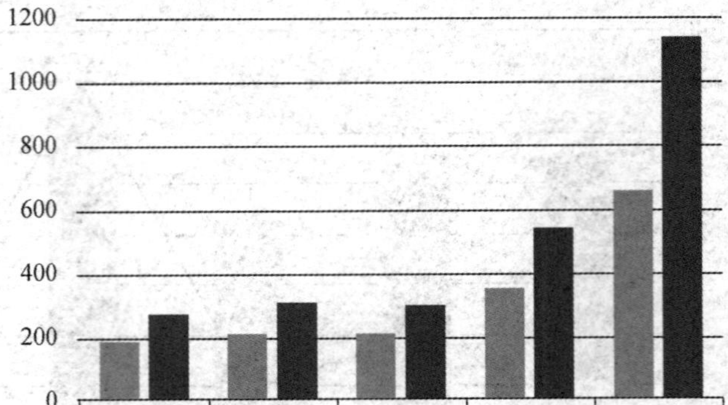

	2015年	2016年	2017年	2018年	2019年
■ 有效期内绿色食品企业数(家)	191	209	207	350	654
■ 有效期内绿色食品(个)	275	305	299	536	1132

图 12　2019 年上海市有效期内绿色食品企业数量情况

数据来源:上海统计局

2019 年,上海市累计建成市级蔬菜标准园 198 家;纳入统计范围的农民专业合作社 2757 家,其中市级农民合作社示范社 124 家,国家级农民合作社示范社 86 家;农业产业化重点龙头企业 269 家,其中市级以上龙头企业 88 家,国家级龙头企业 24 家;经农业农村部门认定的家庭农场 4347 家,其中市级示范家庭农场 76 家。

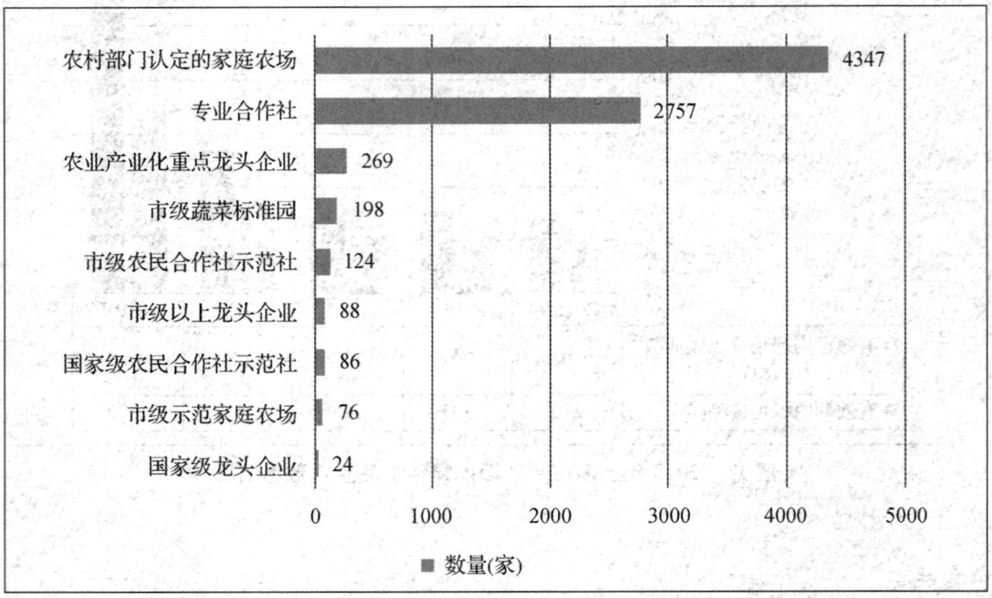

图 13　2019 年上海市农业企业发展规模情况

数据来源:上海统计局

二、江苏省农业发展

(一) 2019 年,江苏省农业得到了较好的发展

一是农业生产能力增强。全年粮食总产量 3706.2 万吨,比上年增产 45.9 万吨,增长 1.3%。其中,夏粮 1356.6 万吨,增长 2.3%;秋粮 2349.6 万吨,增长 0.7%。粮食亩产 459.1 公斤,比上年增加 13.5

公斤，增长 3.0%。种植业结构不断调整。全年粮食播种面积 538.1 万公顷，比上年减少 9.4 万公顷；棉花种植面积 1.2 万公顷，减少 0.5 万公顷；油料种植面积 28.3 万公顷，增加 2.0 万公顷；蔬菜种植面积 142.4 万公顷，减少 0.1 万公顷。

二是林牧渔业生产总体平稳。全年造林面积 4.4 万公顷，比上年增长 7.0%。全年猪牛羊禽肉产量 270.8 万吨，比上年下降 15.9%；禽蛋产量 212.3 万吨，增长 19.3%；牛奶总产量 62.4 万吨，增长 24.6%。水产品总产量 484.8 万吨(不含远洋捕捞)，下降 1.7%，其中淡水产品 348.5 万吨、海水产品 136.3 万吨，分别下降 1.6%、2.2%。

三是现代农业深入推进。全省新建高标准农田 350 万亩，农业机械化水平达 86%，农业科技进步贡献率达 69.1%。全省高效设施农业面积占比达 20.3%；有效灌溉面积 419.7 万公顷，新增有效灌溉面积 1.7 万公顷，新增节水灌溉面积 5.2 万公顷；新增设施农业面积 4.5 万公顷。年末，农业机械总动力 5114.0 万千瓦，比上年增长 1.4%。

表 2　江苏省主要农产品产量情况

产品名称	产量(万吨)	比上年增长(%)
粮食	3706.2	1.3
棉花	1.6	−24
油料	94.3	9.6
其中：油菜籽	50.5	10.4
花生	42.7	8.6
蔬菜	5643.0	0.3
蚕茧	3.8	−0.2
茶叶	1.4	2.1
水果(含瓜果类)	977.5	4.6
猪牛羊禽肉	270.8	−15.9
水产品(不含远洋捕捞)	484.8	−1.7

(二) 农业及农村发展

2019 年，全省各地对标对表高水平全面建成小康社会目标，倾力推进乡村振兴战略实施，“三农”各项重点任务扎实推进，争创了一批“国”字号荣誉，培育了一批凝结江苏智慧的特色典型，乡村振兴正展现出鼓舞人心的现实模样。

泰兴市祁巷村以乡村旅游产业为抓手，2019 年实现村级经营性收入 278 万元，农村居民人均可支配收入达 24893 元，先后获得“中国美丽乡村”“全国一村一品示范村”“全国生态文明村”“首批江苏省特色田园乡村建设试点村”等荣誉称号。产业兴旺、美丽宜居、乡风文明、治理有效、生活富裕，这是我省乡村振兴现实模样的缩影。

各地在积极抓好粮食绿色增产工程和规模化生猪饲养的同时，大力发展特色水产、绿色果蔬、花卉等高效设施农业，培育出“宿有千香”“连天下”“淮味千年”“苏州水八仙”“响水西兰花”等一批知名农产品区域公共品牌。南京市以农高园、农创园等 4 个国家级农业园区建设为引领，加快推进全市 41 个市级以上农业园区提档升级；农业科技进步贡献率达 70.2%，居全省第一。徐州市大力推进集“种养、吃住行、游购娱、教科研”于一体的乡村产业深度融合发展示范区建设。无锡市持续深入推广“百企建百园”工程经验，全市农业园区面积比重达 52%。扬州市打造华东地区“中央厨房”重量级品牌，扬子江淮扬菜点产业化联合体被农业农村部评为“特色产品型中央厨房产销模式案例”。

美丽宜居建设亮点纷呈。苏州市建成全国首个农村垃圾分类四级管理平台,农村地区市场化收运保洁行政村覆盖率达56.4%,行政村生活垃圾分类覆盖率达95%。南京市统筹推进特色田园乡村、美丽乡村示范村、宜居村、田园综合体和民俗村“五村并进”建设,全市建成市级以上美丽乡村862个。泰州市出台“健康长江泰州行动”污染治理专项行动方案,畜禽粪污综合利用率达96%。扬州市年度投入农村环境长效管护经费约1.6亿元,聘请各类管护人员1.5万人,大力巩固整治成果。常州市聘请第三方机构开展明察暗访,建立问题线索交办机制,对标对表,查漏补缺。

从农村居民最基本的需求出发,淮安市投资2.77亿元开展全市农村饮水安全专项整治,推进城乡区域供水“同水源、同管道、同水质、同服务”,确保群众喝上安全干净放心饮用水。南通市在国内首次实现对沿海100平方千米范围内覆盖,提前完成实现行政村百兆光纤宽带入户全覆盖。各市通行政村双车道四级公路覆盖率达99%基础上,苏州、盐城、扬州等市镇村交通开通率达100%。盐城市实施“免疫规划便民惠民放心工程”,将适龄儿童水痘疫苗纳入免疫规划。南京市实施城乡居民医保市级统筹,实现城乡居民基本养老保险、医疗保险和最低生活保障“三条保障线”的同标并轨。

乡村善治焕发文明新气象。徐州市农村精神文明建设“马庄经验”、乡村公共空间治理“邳州探索”有益做法,为乡村善治积累了经验,作出了示范。无锡市加快构建以村党组织领导为核心,以村民民主自治、乡村管理服务、集体经济发展、农村文明涵养为主要内容的“14”乡村治理新体系,全市村级网格化管理服务覆盖率、县乡村人民调解委员会规范化建成率均达100%。镇江市对村党组织书记明确需要“清理退出”和“约谈提醒”的20种具体情形,从严从实抓好队伍建设。淮安市制定在农房改善工作中加强党组织建设指导意见,探索成立乡村振兴中心村党委,698名党员村干部兼任858个“红网格”党支部书记。

各地把深化农村改革作为新形势下推进乡村振兴的助推器,农村集体产权制度改革的“苏州模式”、农村“三块地”改革的“武进做法”,扎实推进农村承包地“三权分置”改革,都为新修订《中华人民共和国土地管理法》提供了有益借鉴和有力支撑。各市县以放活土地经营权为核心,深入实施农村集体产权制度改革,在巩固清产核资的基础上,全省量化村集体资产946亿元,确认农村集体经济组织成员3300万人,累计分红超过148亿元。无锡市推动全市14家银行机构与江苏农担无锡分公司签订涉农贷款合作计划,市级财政对担保费用给予专项补助

三、浙江省农业发展

2019年,浙江省全省上下深入贯彻党中央关于实施乡村振兴战略决策部署,全面落实农业农村优先发展总方针,以部省共建乡村振兴示范省为统领,以高质量发展、竞争力提升、现代化建设为主线,放眼国际一流、紧盯全国标杆、对标两个高水平,补短强基、托底压舱、聚力赋能、示范引领,乡村振兴纵深推进,“三农”发展磅礴转型,战略后院强势支撑,为加快实现农业农村现代化积蓄雄浑力量,为高水平全面建成小康社会补齐关键短板,为确保全省做好“六稳”工作、实现经济发展和社会稳定赢得战略主动。

浙江省坚守保供促稳,下重拳整治大棚房,出实招恢复生猪产能,多举措保障米袋子、菜篮子,有效发挥压舱石和稳定器作用;发力补短攻坚,紧盯十大民生实事,抓重点、补短板、强弱项,不断提升高水平全面小康成色;聚焦增收惠民,农民收入35年省区第一,集体经济薄弱村攻坚收官,基本公共服务加速并轨提标同质,更好满足农民美好生活新需求;顺势定标跃迁,数字乡村全面启动,现代乡村产业体系加快构建,新时代美丽乡村迭代升级,乡村未来社区率先破题,解决相对贫困先行探索,率先开启“三农”高质量发展新篇章;勇立改革潮头,两进两回行动启动实施,亩均论英雄改革加速拓展,全域土地综合整治全国推广,“四治结合”乡村治理纵深推进,持续增强乡村发展新动能;谋求融合共生,主动对接一带一路,全面接轨长三角,有机融入“四大建设”,系统推进城乡融合,全面打开新时代农业农村发展新空间。

（一）坚持战略后院定位，应对挑战固基促稳，在迎考攻坚中实现新突破

应对宏观形势变化和“三农”发展不确定性因素，紧绷重农弦、聚焦基本盘，全力以赴保供给、保能力、保增收、保内需，主要指标稳中有进、稳中向好，“三农”发展夯基固本、坚定转型，战略后院稳盘定神、强劲支撑，为做好全面工作增添了底气、赢得了主动。

1. 主要农产品有效供给

千方百计稳产保供、稳价提质，农林牧渔服业增加值平稳增长，较好地满足了城乡居民优质化、多样化消费需求。全省农林牧渔业增加值 2135.3 亿元、增长 2.0%。

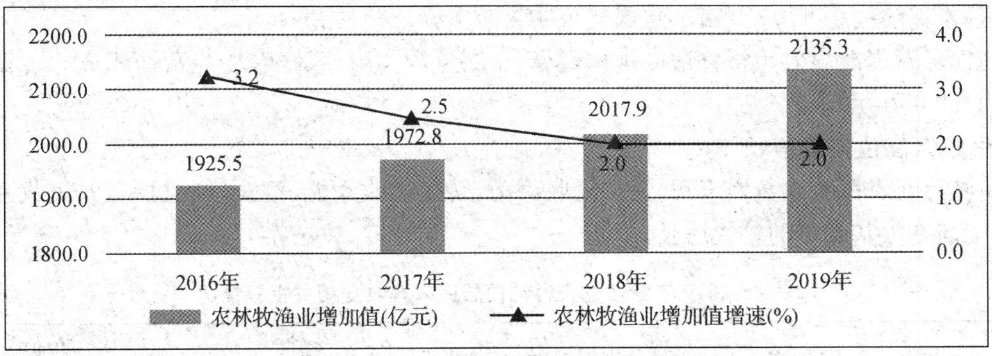

图 14　2016—2019 年浙江省农林牧渔业增加值变化情况

粮食生产总体稳定。早籼稻、中晚籼稻和粳稻最低收购价均比国家高 3 元/50 千克。全省粮食种植面积 977 千公顷、增长 0.2%，单产 404 公斤/亩，总产 592.2 万吨。

生猪生产企稳转型。全年生猪出栏 756.1 万头、下降 17.1%；年末存栏 427.3 万头。生猪养殖规模化率提高到 85%。节水、节粮、减药、减臭等技术广泛应用，畜禽粪污综合利用率达 89%。

主要产品供应充足。全省蔬菜产量 1878 万吨、增长 0.9%，猪牛羊禽肉总产量 93.6 万吨、下降 9.9%，水果产量 744 万吨、增长 0.1%，水产品产量 600.4 万吨、增长 0.8%。

2. 农业生产能力稳步提升

深入实施“藏粮于地、藏粮于技”战略，从物质、技术、装备入手，系统推进农业生产方式转变，农业生产能力和可持续发展能力切实增强。

表 3　2019 年浙江省农业生产能力相关指标情况

指标	单位	数值	指标	单位	数值
农田水利建设	—	—	全国全程机械化示范县	个	16
高标准农田建设新建面积	万亩	144.8	省级农业“机器换人”示范县	个	26
累计面积	万亩	1900.4	农田灌溉水有效利用系数	—	0.6
高等级耕地(一二三等田)占比	%	49.3	农田有效灌溉面积	万亩	2161.2
粮食生产功能区面积	万亩	810	适度规模经营	—	—
科技支撑	—	—	农村土地经营权流转率	%	60.7
农业科技进步贡献率	%	63	粮食适度规模经营比重	%	77.5
水稻耕种收综合机械化率	%	81.1	家庭农场经营面积	万亩	335
主要农作物良种覆盖率	%	98	农业劳动生产率	万元	3.86

大棚房整治全面完成。以高度的政治责任感全域开展“大棚房”问题专项清理整治，共排查各类农业大棚 98.5 万个。整改各类违法违规问题 6873 个。

高标准农田保量提质。新建高标准农田144.8万亩,累计建成1900.4万亩。严格保护810万亩粮食生产功能区,提标改造粮食生产功能区50万亩。

农田水利设施高效节约。新增高效节水灌溉面积26.3万亩,农田有效灌溉面积2161.2万亩,农田灌溉水有效利用系数提高到0.6。

农业科技支撑明显增强。深入实施现代种业提升工程,建成7个种质资源圃(库),主要农作物良种覆盖率达98%。农业“机器换人”示范省扎实推进,新建全国主要农作物全程机械化示范县16个、省级农业“机器换人”示范县26个,水稻耕种收综合机械化率达81.1%。

减灾防灾体系深度保障。农业政策性保险增品提质扩面,保险险种89个,渔业互助保险险种16个,政策性林木保险面积4703万亩。建成气象防灾减灾标准化村2966个。

适度规模经营提能增效。粮食适度规模经营比重达77.5%;家庭农场经营面积335万亩。农业劳动生产率为3.86万元/人。

3. 农民收入高位持续增长

深入实施万元农民收入新增工程,挖掘增收潜力、转换增收动能、健全增收机制,农民收入克服多重困难,实现了高基数基础上的较快增长。

表4 2019年浙江省农村常住居民人均收支相关指标情况

指标	单位	数值	指标	单位	数值
农村居民人均可支配收入	元	29876	低收入农户人均可支配收入	元	12546
增幅	%	9.4	增幅	%	13.1
工资性收入增幅	%	9.4	农村居民人均消费支出	元	21352
经营性收入增幅	%	9.3	增幅	%	8.3
转移性收入增幅	%	10.4	城乡消费支出比	—	1.76∶1
城乡居民收入比	—	2.01∶1	乡村消费品零售额	亿元	4744

收入水平连续35年居省区第一。全省农村居民人均可支配收入29876元,增长9.4%。全省农民收入超过30000元的设区市从6个增加到8个,所有市均跨上20000元台阶。最低县农民收入18805元。

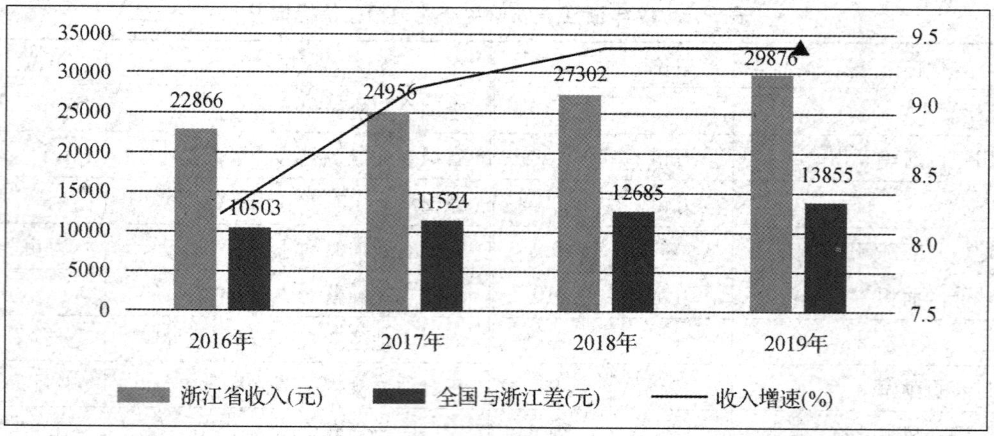

图15 2016—2019年浙江省农村居民人均可支配收入情况

收入增速连续4年保持回升。全省农村常住居民人均可支配收入增长9.4%,延续“十三五”以来的回升态势。分季度看,增速稳定在9.2%以上,保持“十三五”以来高位。工资性收入、经营性收入增速均比上年提高0.1个百分点,分别为9.4%、9.3%。

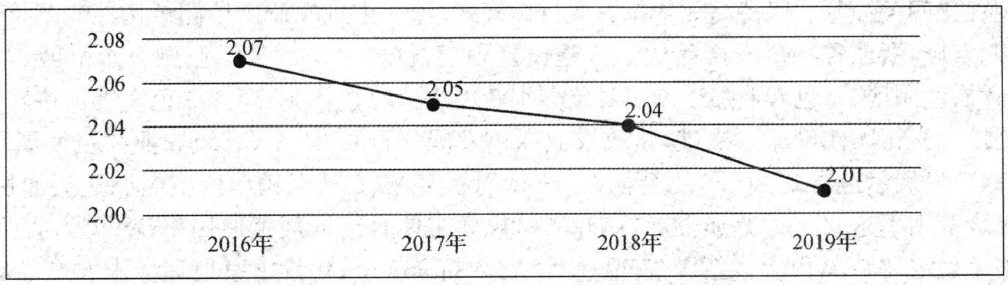

图 16　2016—2019 年浙江省城乡居民收入比

收入差距连续 7 年持续缩小。农民人均可支配收入增速连续 13 年快于城镇居民，城乡居民收入比缩小至 2.01∶1，各省区最小。低收入农户人均可支配收入 12546 元，增长 13.1%，比全省农民收入增速高 3.7 个百分点。

4. 农村消费需求旺盛

随着农民收入增长、社保水平提高、消费环境改善，农民消费观念转变，消费意愿增强，消费潜力释放。

消费支出稳步增长。全省农村居民消费支出增速保持“十三五”高位，增长 8.3%，续居各省（区）第一。城乡消费支出比为 1.76∶1，为各省区最小。

消费结构加快转型。农村居民恩格尔系数为 30.6%。八大类消费支出呈“七增一降”，农村教育文化娱乐消费支出增速最快，为 24.5%，比城镇高 6.6 个百分点，增速排名前三位的类项由生活用品及服务、医疗保健、其他用品和服务变为教育文化娱乐、其他用品和服务、衣着支出。

表 5　2019 年浙江省居民消费支出结构

指标	全体居民		城镇常住居民		农村常住居民	
	支出(元)	增幅(%)	支出(元)	增幅(%)	支出(元)	增幅(%)
人均消费支出	32026	8.7	37508	8.4	21352	8.3
食品烟酒	8929	8.9	10162	8.4	6529	9.4
衣着	1877	3.5	2259	1.2	1134	11.4
居住	8403	8.8	9977	9.0	5339	6.9
生活用品及服务	1716	3.8	2075	5.5	1016	−3.5
交通通信	4553	5.8	5368.0	7.1	2965.0	0.4
教育文化娱乐	3624	19.6	4342	17.9	2226	24.5
医疗保健	2123	3.1	2300	0.6	1777	9.2
其他用品和服务	801	15.7	1024	14.7	367	18.3

（二）坚持勇立潮头方位，应势而动迭代升级，在高质量发展中开启新篇章

顺应“三农”发展阶段演进的新形势和全国引领示范的新方位，坚持高质量、打造排头兵，千方百计谋转型、强内功、促跃迁、求长效，“三农”发展在转型升级中取得新突破，在先行探索中树立新标杆，为持续走在前列铆足了后劲、厚植了优势。

1. 乡村产业加快构建新体系

把握市场变化、结构转型、三产融合新趋势，制定《关于推进乡村产业高质量发展的若干意见》，召开全省乡村产业高质量发展推进会，十大现代乡村产业孕育壮大，现代乡村产业体系加速构建。

农业现代化闯关冲刺。坚持高效生态农业目标模式,深入推进农业供给侧结构性改革,产业平台优化布局,编制实施《浙江省特色农产品优势区建设规划》。创建一、二、三产业融合示范园10个。国家级、省级现代农业园区、特色农业强镇创建对象分别新增1个、11个、35个。绿色发展加快转型,国家农业绿色发展试点先行区建设深入推进,建成农业绿色发展先行县21个、省级农业绿色发展示范区231个,畜牧业绿色发展示范县27个。"肥药两制"改革创新实施,农药经销门店实名制购买加快推行。农作物秸秆综合利用率达95%。品质发展打响品牌,规模主体合格证规范使用率超90%,省级农产品质量抽检合格率稳定在98%以上。新增"三品一标"农产品931个,建设国家地理标志农产品保护工程5个,主要食用农产品中"三品"比率为55.6%。

新兴产业异彩纷呈。乡村休闲旅游业提档升级,全省乡村休闲农业总产值442.7亿元,接待游客2.5亿人次。农家乐经营户总数2.12万户,累计创建高星级(四星级、五星级)农家乐经营户(点)944家。乡村特色产业深入挖掘,"百县千碗"品牌市场认可度不断提高,"妈妈的味道"民间美食桥女秀等活动大力开展,农家小吃、乡村非遗产品、文创等具有地方特色、蕴含乡愁记忆的新产业新业态蓬勃发展,培育代表性农家特色小吃50个。缙云烧饼营业收入22亿元。生产性服务业和生活性服务业渐成体系,建成省级农村放心农贸市场440家,乡村星级农贸市场覆盖率达75%。

农合联为农服务全面提升。建成区域性现代农业服务中心187家,有服务平台的产业农合联128家。建成城乡商贸服务中心143家、消费品和农副产品连锁经营门店2.2万个,培育运营区域公共品牌26个。向2.1万个农合联会员授信161亿元,增长43.8%。

2. 美丽乡村率先步入新时代

把握美丽乡村由环境整治向全面发展提升、由单村点上发展向片区联合发展转变新趋势,印发《关于深化"千万工程"高水平建设新时代美丽乡村实施意见》,高规格召开深化"千万工程"建设新时代美丽乡村现场会,积极探索乡村未来社区图景,新时代美丽乡村建设全面推进。

标准化创建。率先发布《新时代美丽乡村建设规范》(DB33/T 912—2019)省级地方标准。启动创建新时代美丽乡村6155个。农村生活垃圾分类处理行政村覆盖率达76%,无害化卫生厕所普及率达99.1%,新增2019个日处理能力30吨以上农村生活污水处理设施标准化运维设施。启动第八批43个重点村、217个一般村历史文化(传统)村落保护利用项目。新增中国历史文化名镇7个、名村16个。

全域化推进。串村成线、连线成片,乡村振兴示范带连线成片。沿海岸线、钱塘江、瓯江和浙北平原、金衢盆地,系统勾勒海洋风情、钱江山水、生态绿谷、江南水乡、和美金衢"5朵金花"美丽乡村组团。五美联创打底增色。新创建美丽乡村示范县11个、美丽乡村示范乡镇100个、美丽乡村特色精品村300个、美丽庭院60多万户。累计开展美丽宜居示范村创建1275个。新时代美丽城镇连城带乡。小城镇环境综合整治三年行动全面收官,1191个小城镇完成整治任务,接续启动实施"百镇样板、千镇美丽"工程。美丽山水生动呈现,省级以上公益林4549万亩,森林覆盖率达61.2%,建成"一村万树"示范村786个、推进村6847个,认定国家森林乡村447个,新建美丽河湖146条(个)、1700公里。

经营化转型。全面拓宽"两山"转化通道,加速营造村集体、乡村创客、职业经理人、农民群众合作联合的乡村发展经营新生态。全面实施万个景区村庄创建工程,建成A级景区村庄7236个。

3. 扶贫开发全面进入新阶段

把握扶贫开发由解决绝对贫困向相对贫困转变、促进收入增长向全面发展转变新趋势,全面实施低收入农户高水平全面小康计划,启动新一轮集体经济薄弱村攻坚提升行动、山海协作工程和结对帮扶,全力打造解决相对贫困先行省,率先初步构建解决相对贫困体制机制。低收入农户加快迈向高水平全面小康。

低收入农户人均可支配收入12546元,增长13.1%。扶贫异地搬迁省级补助标准1.5万元/人,搬迁2.1万人。"雨露计划"惠及低收入农户子女6024人。发放扶贫小额贷款2.1亿元。紧盯"两不愁三保障"突出问题,实现低收入农户医疗保险、大病保险、医疗救助全覆盖,自然灾害救助、教育救助、住房救助、就业救助和临时救助全覆盖，启动实行医疗政策性补充保险，低保标准全省平均 814 元/月。累计完成农村困难群众危房改造 32 万户。

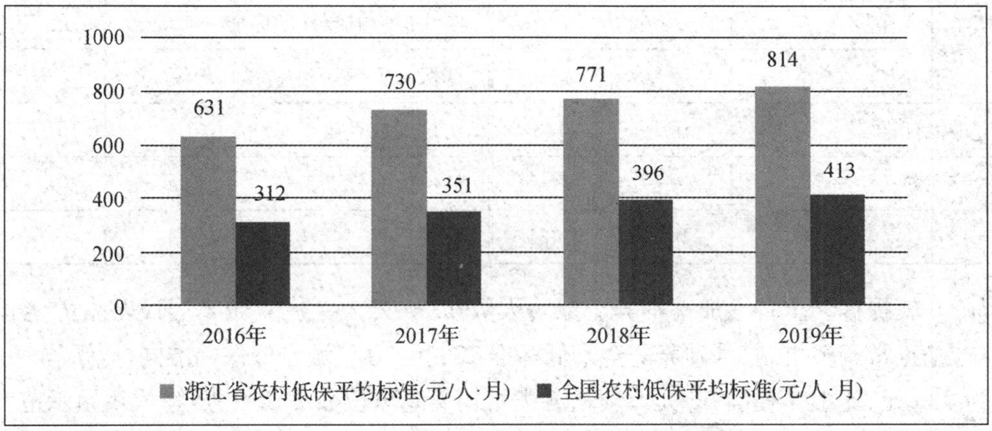

图 17　2016—2019 年浙江省低保标准调整情况

集体经济薄弱村基本消除。集体经济薄弱村三年行动收官，6920 个省定集体经济薄弱村基本消除，村集体经济收入达 10 万元以上，其中经营性收入达 5 万元以上。第三轮重点帮扶村结对帮扶工作全面启动。省市县三级结对帮扶 2856 个重点帮扶村，其中 309 个省级单位结对 306 个省级重点帮扶村，共派出驻村工作组 252 个，扶村帮户、联乡带县。

26 县加快发展成为增长新亮点。城市化加速推进，农民异地搬迁有序开展，人口和产业集聚度明显提高。丽水市、衢州市城镇化率分别提高 1.5 个、2 个百分点，分别为 63%、60%。民生保障水平全面提升，26 县均通过国家义务教育发展基本均衡县评估。每县均有一所二甲以上医院。铁路里程数、高等级公路里程数分别达到 401 公里、1340 公里，除泰顺县外均通高速公路。山海协作升级版全力打造，新设立 17 个山海协作生态旅游文化产业园，启动建设山海协作“消薄飞地”9 个。

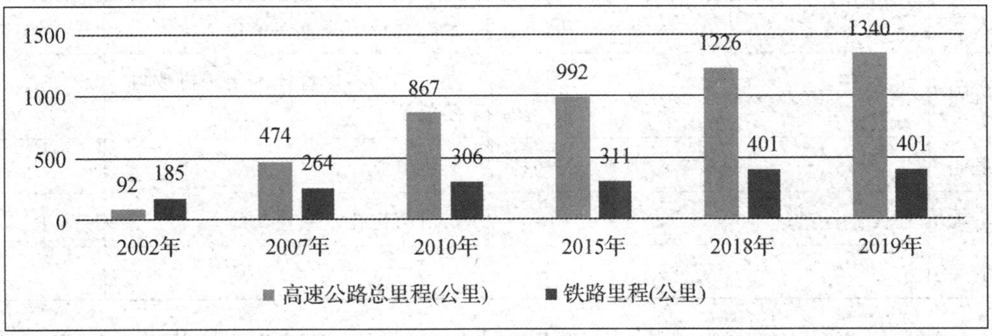

图 18　2002—2019 年 26 县高速公路和铁路建设里程情况

(三) 坚持融合发展主线，聚焦矛盾打通堵点，在城乡一体化中构建新格局

直面城乡二元结构根本性问题和深层次堵点，强化一盘棋、推进一体化，蹄疾步稳破藩篱、讲均衡、盘资源、促共享，工农城乡关系在破旧立新中建立新体制，在系统集成中进入新阶段，为“三农”发展重构了格局、释放了动能。

1. 城乡公共资源，均衡配置体制加快完善

深入实施基本公共服务均等化行动，推进从种类上的城多乡少、标准上的城高乡低、质量上的城优乡劣向城乡同类、同标、同质提升。

表6 2019年浙江省农村社会保障主要指标情况

指标	单位	数值	指标	单位	数值
城乡居民基本养老保险	—	—	医疗保险财政补助标准	元/年	540
参保人数	万人	4230	低保对象	—	—
基础养老金最低标准	元/月	155	农村人数	万人	54.9
城乡基本医疗保险	—	—	低保标准	元/人·月	814
参保人数	万人	5461			

社会保障并轨提标。全省参加基本养老保险人数4230万人。建立城乡居民基本养老保险待遇确定和基础养老金正常调整机制,基础养老金最低标准155元/月。城乡低保标准同标,平均每人每月814元,最低县为720元、比上年提高55元。新增各类机构养老床位数2.9万张,建成乡镇示范型居家养老中心387个。完成1089家"残疾人之家"规范化建设。

参加基本医疗保险人数5461万人,年人均实际筹资标准1274元;政策范围内住院报销比例为70%。高血压、糖尿病、肺结核等12种常见慢性病纳入城乡居民门诊规定病种。

社会事业扩面提质。实施农村社会事业补短板工程,加速城市优质服务资源向农村辐射,农村社会事业服务网络更加健全。

表7 2019年浙江省农村社会事业主要指标情况

指标	单位	数值	指标	单位	数值
教育事业	—	—	省级卫生乡镇占比	%	99
普惠性幼儿园比例	%	90	建成小康体育村升级工程	个	4254
义务教育入学率	%	99.9	全民健身中心乡镇覆盖率	%	44
义务教育巩固率	%	100	健身广场和体育休闲公园行政村覆盖率	%	100
卫生健康事业	—	—	文化事业	—	—
村级卫生室规范化率	%	56	农村文化礼堂数量	个	14341
国家级卫生乡镇占比	%	48			

优质教育资源加速向农村覆盖。普惠性幼儿园比例达90%,农村等级幼儿园比例达96.6%。乡村小规模学校和乡镇寄宿制学校全部达到基本办学条件,义务教育入学率、巩固率分别为99.9%、100%,义务教育标准化学校比例为96.8%。开展"互联网+义务教育"中小学校结对帮扶民生实事工作,首次实现乡村小规模学校受援全覆盖。

优质医疗卫生资源加速向农村覆盖。村级卫生室规范化率达56%。208家县级医院和1063家乡镇卫生院组建成161家医共体。国家级卫生乡镇390个,覆盖率达48%。建成小康体育村升级工程4254个,全民健身中心乡镇覆盖率达44%、村级健身广场和体育休闲公园行政村覆盖率达100%,农民运动会、农村体育赛事广泛开展,县乡两级体育组织体系进一步健全,全民健身活动日益丰富。

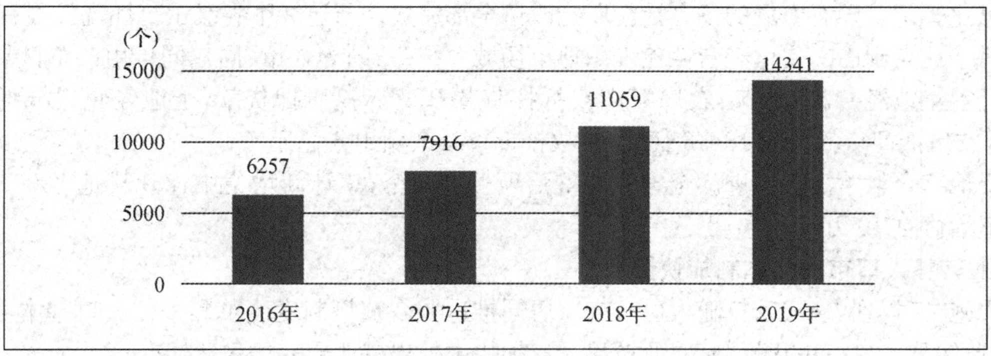

图 19　2016—2019 年浙江省农村文化礼堂建设情况

优质文化资源加速向农村覆盖。深入实施万家文化礼堂引领工程，建成农村文化礼堂 14341 家。乡镇综合文化站、村级文化活动室全覆盖。全年送戏下乡 2.5 万余场，送书下乡 345.2 万册，送讲座展览 1.5 万余场次，农村电影放映 28 万场。

表 8　2019 年浙江省乡村文化服务供给情况

乡镇综合文化站覆盖率（%）	村级文化活动室覆盖率（%）	送戏下乡（万场）	送书下乡（万册次）	送讲座展览（场次）	开展“文化走亲”活动（场次）	农村电影放映（万场）
100	100	2.5	345.2	15000	2045	28

基础设施互联互通。加快推动基础设施提档升级，着力构建城乡基础设施一体设计、一体规划、一体管护体制机制。县级以上集中式饮用水水源水质达标率为 96.7%。新增 522 万农村居民饮用水达标提标、达标人口覆盖率提高至 92.9%。全面实施高水平建设“四好农村路”行动，率先制定实施《四好农村路》(DB33/T 2209—2019)省级地方标准，新建和改造提升农村公路 12000 公里。深入实施“邮政在乡”和“快递下乡”工程，建设(提升)村级农村物流服务点 9300 个，行政村直接通邮全覆盖、快递乡镇网点全覆盖不断深化提升。扎实推进“通网同速”，新增宽带接入端口 37.8 万人，基站 5000 个，农村地区宽带网络接入能力和速率基本达到城市同等水平。

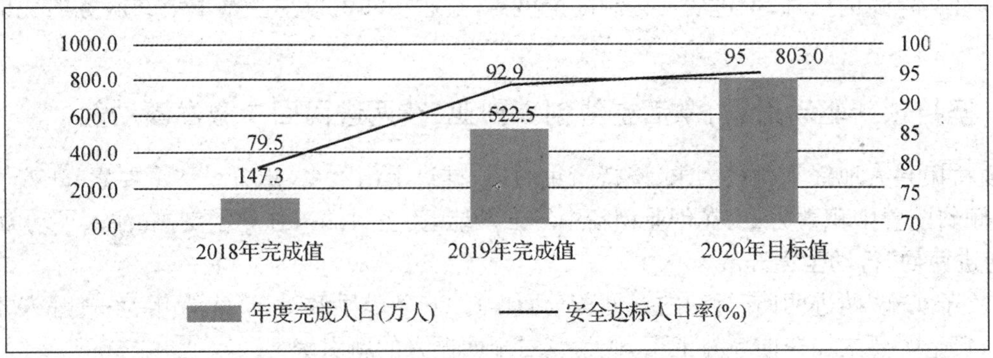

图 20　浙江省农民饮用水达标提质工程实施情况

2. 城乡生产要素，平等交换体制加快构建

着力破除妨碍城乡要素自由流动和平等交换的体制机制壁垒，统筹推进农村产权制度等改革的深化集成，放活权能、盘活资源、激活要素，促进各类要素在城乡间自由流动。

确权登记基本完成。全省 94 个县级单位均通过承包经营权确权登记颁证综合验收，承包经营权证颁证率达 97.4%。开展农房确权登记攻坚行动，累计完成农房确权登记 574.7 万户。制定《关于协同推进全省林权统一登记的通知》，实现林权统一登记。率先完成农村集体资产确权工作，全面加强农村集体资产信息化管理。国有农场的场办社会职能改革全部完成。新建2个省级示范性现代国有农场。

权能赋予从点到面。集体经营性建设用地市场城乡统一、同等入市、同权同价由改革试点逐步向面上推开。开展土地经营权、林权、农房财产权抵押贷款和商标权质押贷款，土地经营权抵押贷款余额25.7亿元，农房抵押贷款余额184.6亿元，林权抵押贷款余额106亿元。

全域土地综合整治深入推进。全省开展整治项目260个，累计新增集中连片耕地2000多处，开展生态系统整治修复19万亩。

3. 农业转移人口市民化体制加快健全

深入实施“三权到人(户)、权随人(户)走”，协同推进城乡户籍制度改革和常住人口基本公共服务覆盖，健全农业转移人口市民化机制，农业转移人口加快由外出就业向安居乐业转变。

户籍制度改革积极推进。深化户籍制度改革，全面放开放宽城镇落户限制，基本建立以合法稳定住所或合法稳定就业为基本条件、按经常居住地登记的户口迁移制度。

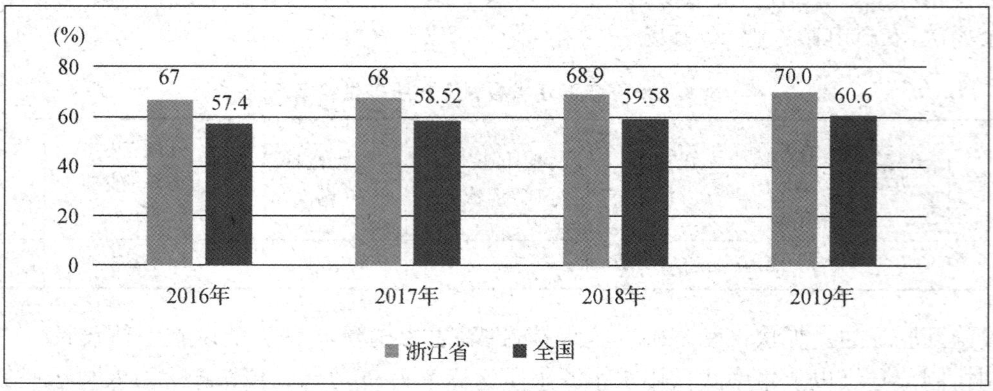

图21 2016—2019年全国、浙江省常住人口城镇化率

农业转移人口市民化机制不断完善。切实保障进城农民在农村的经济权益和在城镇的同等公共服务权力，探索建立进城落户农民集体经济组织成员备案证制度。以人的城镇化为核心、以城镇吸纳农业转移人口落户数量为依据的“人地”挂钩、“人钱”挂钩机制不断完善。全省常住人口城镇化率达70%。

城镇常住人口基本公共服务加速覆盖。实施新型居住证制度，稳步集成推进租住房屋、务工就业、公共服务和社会保障的信息，推进居住证制度全覆盖，农业转移人口享受基本公共服务的凭证功能不断强化。

(四)坚持创新驱动引领，激活主体创新创业，在两进两回中激发新动能

聚焦乡村振兴人地钱和科技需求，坚持筑巢引凤、推进上山下乡，想方设法聚要素、旺人气、促创新、强驱动，在倾斜配置中积蓄力量，在创业创新中增强动能，为乡村振兴强化了支撑、注入了动力。

1. “两进两回”行动全面开展

印发《关于实施“两进两回”行动的意见》，全面推行20条鼓励政策，广大青年、乡贤等人才纷纷返乡兴业，科技、资金等要素加速向乡村汇聚，成为乡村全面振兴的新引擎。

资金加速进入乡村。深入推进“大专项+任务清单”改革，整合设立乡村振兴绩效提升奖补政策资金100亿元。制定《浙江省乡村振兴投资基金管理办法》。金融助力乡村振兴战略框架初步构建，省农业农村厅先后与中国农业银行浙江省分公司等3家金融机构签订战略合作协议。以省农业信贷担保公司为龙头、涉农担保公司为支撑、村级互助担保组织为补充的农信担保体系不断完善。工商资本加速撬动，优美的自然环境和优良的经营环境，吸引越来越多的优秀企业入驻美丽乡村、扎根美丽沃土、投身乡村振兴。

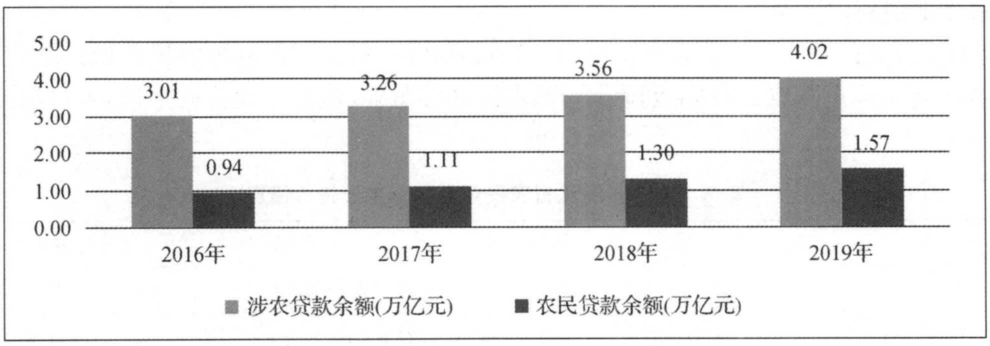

图 22　2016—2019 年浙江省涉农贷款余额

科技送达田间地头。全面推进科技创新驱动乡村振兴行动，落实“三农六方”科技项目 31 项、产业技术项目 163 项、农业重大技术协同推广计划试点项目 75 项，累计创建高品质绿色科技示范基地 353 个、省级农业科技园区 42 家。

人才加快上山下乡。深化科技特派员制度和农村工作指导员制度，省派科技特派员 356 名、团队科技特派员 150 个，农村工作指导员 252 名。积极组织大学生志愿者到山区、海岛、边远地区服务，补助到村任职大学生 881 人。落实基层农技人员定向培养 86 人，开展基层农技人员知识更新培训 5000 人。

2. 数字乡村战略启动实施

印发《数字乡村建设实施方案》，开展数字乡村示范县创建，高质量推进“数字经济一号”工程在乡村落地，移动支付、数字工厂等一批数字产业、数字技术加速在乡村布局，数字乡村从概念设计走进寻常百姓，乡村生产生活方式正掀起数字变革。

数字农业初显成效。建成农业物联网基地 614 个、增加 112 个，开展建设数字农业工厂 72 个。农业资源、园区平台加快“上图入库”，德清县等 20 个县（市、区）获评 2018 年度全国县域数字农业农村发展水平评价先进县。

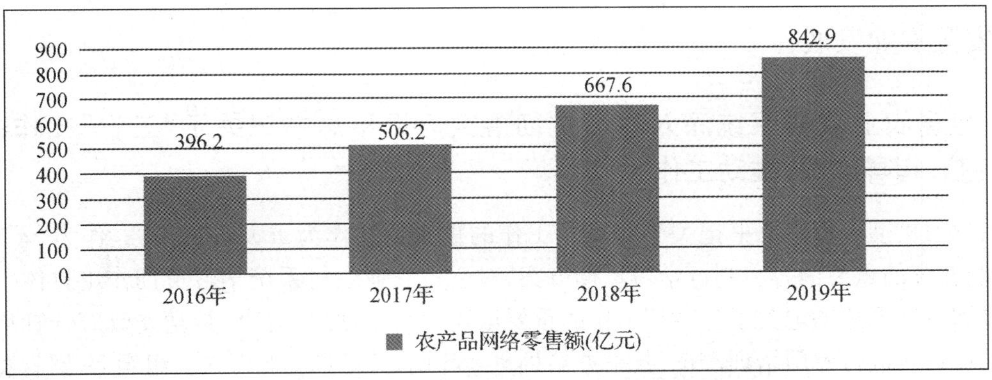

图 23　2016—2019 年浙江农产品网络零售额

数字经济增强强劲。新增农村电子商务专业村 467 个、累计 1720 个，新增电商专业镇 126 个、累计 256 个，数量均居全国前列。拥有活跃涉农网店 2.2 万家，实现农产品网络零售额 842.9 亿元。益农信息社行政村全覆盖。

数字服务缩小鸿沟。“互联网＋政务服务”实现全覆盖。全省适宜网办的农业事项网上可办比例达 100％。“互联网＋义务教育”同步课堂开课量 2.9 万堂。“互联网＋医疗健康”示范省创建全面推进，浙江省互联网医院平台启动上线。“互联网＋公共文化”加速普及，“公共文化云”国家试点深入推进，“浙江智慧文化云”加快搭建，乡村数字文化馆、数字图书馆完成布局。“互联网＋金融服务”全面提升，首创开展银行卡助农服务，银行卡助农服务点达 1.9 万个。

3. 农民创业创新广泛推进

深入实施千万农民素质提升等系列工程,有知识、有技能、有梦想的新型农民队伍持续壮大,家庭农场、农民合作社等主体茁壮成长,自主创业、合作创业、转移就业、就地就业协同推进,乡村创业创新热潮遍及田间地头。

表9　2019年浙江省农民创业创新主要指标情况

指标	单位	数值	指标	单位	数值
农民培训	—	—	农民专业合作社	万家	4.7
培训农民数量	万人次	56	家庭农场	万家	4.1
培训农村实用人才	万人	13	青年“农创客”	名	5073
培训高素质农民	万人	2.4	省级示范性“青创农场”	家	100
新型经营主体(累计数)	—	—	农民创业创新	—	—
省级农业龙头企业	家	494	省级星创天地	家	107

农民培训体系日益完善。设立省级实训基地29个,农民大学、农民学院、农民学校和田间学校为主阵地的培训体系更加健全。全省培训农民56万人次,培训农村实用人才13万人、高素质农民2.4万人,高职扩招共录取农民和高素质农民3625人。

新型经营主体不断壮大。深入实施万家新型农业经营主体提升工程,有省级农业龙头企业494家、农民专业合作社4.7万家、家庭农场4.1万家,规范化合作社5271家。评定新型职业农民高级职称50人、累计154人。12人被评为全国农村青年致富带头人。

乡村创业创新焕发活力。创建省级星创天地36家、累计107家,农村青年创业贷款132.7亿元、增长15.8%。宁波市象山半岛农业星创天地、杭州市临安区、嘉兴市桐乡崇福农创园等一批创业创新基地走向全国。台州温岭市吉园果蔬专业合作社辛宏权等5人成为全国农村创新创业优秀带头人。

四、安徽农业发展

(一)全省农业农村系统深入学习贯彻落实习近平总书记关于“三农”工作的重要论述,武装头脑、指导实践、推动工作

把深入学习贯彻习近平总书记关于“三农”工作的重要论述作为重大政治任务,作为“不忘初心、牢记使命”主题教育的重要内容。制订学习贯彻方案,对全省农业农村系统学习贯彻作出具体安排。举办全省学习贯彻习近平总书记关于“三农”工作的重要论述专题培训班,对市、县党委政府分管负责人和省直相关部门负责人进行专门培训。市、县举办培训班256期,共培训1.8万人。组织29家省直单位赴各地开展宣讲调研活动,撰写学习贯彻《习近平关于“三农”工作论述摘编》理论文章。

(二)2019年安徽省农民收入增速创近五年最好水平

2019年,安徽省全面实施乡村振兴战略,深入推进农村改革,加快脱贫攻坚步伐,促进农业高质量发展,农民收入增长再度取得提速进位的好成绩。据国家统计局公布的数据,2019年安徽省农村居民人均可支配收入增长10.1%,比全国高0.5个百分点,居第6位,是自2015年以来再度实现两位数增长,增速创近5年最好水平。农村居民人均可支配收入15416元,居全国第12位,比2018年提升1位。

(三)长三角绿色农产品生产加工供应联盟成立

2019年12月19日,由安徽省农业农村厅会同沪苏浙农业农村部门发起的长三角绿色农产品生产

加工供应联盟在上海揭牌成立，这标志着长三角地区农业合作和一体化发展步入新阶段。截至目前，联盟拥有成员单位142家。其中，联盟理事长单位由“一市三省”农业农村部门轮流担任，安徽省农业农村厅担任2020年轮值理事长单位；联盟理事和成员均由“一市三省”农科院以及实力强、规模大、层次高的省级以上龙头企业、行业协会、大型批发市场、新型经营主体等担任。联盟聚焦“长三角高质量一体化发展”主题，创设和完善各项活动制度，定期召开联席会议，加强政策沟通、推动要素流通、促进人才互通、保障市场畅通，充分发挥合作交流平台作用，推动长三角绿色农产品生产加工供应基地建设，促进“一市三省”农业深度融合、一体化发展。

为加强长三角绿色农产品生产加工供应基地建设，安徽省将启动实施“158”行动计划。即全省围绕粮油、畜禽、水产、果蔬、茶叶、中药材、油茶、土特产等优势特色产业，开展“一县一业(特)”全产业链创建，力争到2025年，每个县(市、区)至少重点培育1个优势主导产业全产业链发展；全省建立长三角绿色农产品生产类、加工类、供应类示范基地500个；面向沪苏浙地区的农副产品和农产品加工品年销售额达到8000亿元。

(四)“四带一自”产业扶贫工程扎实推进，带贫增收成效明显

2019年，安徽省政府首次将“四带一自”产业扶贫纳入民生工程。全省各级农业农村部门认真贯彻习近平总书记关于扶贫工作的重要论述和视察安徽重要讲话精神，全面落实党中央、国务院和省委、省政府关于打赢脱贫攻坚战三年行动决策部署，坚持以实施到村到户产业扶贫项目为抓手，扎实推进“四带一自”产业扶贫工程，取得显著成效。

2019年，全省共实施到村项目12107个、到户项目109.5万个，到户项目覆盖80.6万户具备条件贫困户，覆盖率达84.7%。全省建设完善产业扶贫园区3141个，新型农业经营主体带动贫困户48.6万户，全省发展自种自养且达标的贫困户49万户，分别完成年度民生工程任务数的103%、130%和117%。贫困地区蔬菜、茶叶、林特、水果、中药材、畜禽养殖、水产、休闲农业等特色产业蓬勃发展，农业产业结构明显优化。全年农业特色产业扶贫带动扶贫对象人均直接增收2335元。

(五) 农业绿色发展深入人心，“三品一标”在全国实现争先进位

2019年，安徽省强化农业绿色发展理念，围绕增加绿色优质农产品供给，加强政策扶持，推进体系建设，强化监督管理，提升质量安全，深入实施“三品一标”民生工程项目，大力发展农产品“三品一标”，取得显著成效。

2019年，安徽省新培育“三品一标”1390个，总量7262个，居全国第6位(其中绿色食品位于全国第2位)，比2015年前进15位，比2018年前进3位。“三品一标”产品种类涵盖了粮油、茶叶、蔬菜、水果、食用菌、蜂产品、畜禽蛋类和水产品等57种类别。全省“三品一标”检测合格率达99.16%。“三品一标”产品获证单位基本实现“带证上网、带码上线、带标上市”，实现可追溯。霍山黄芽、砀山酥梨、芜湖大米、旌德灵芝、黟县香榧等成功入选国家地理标志农产品保护工程。

(六) 农村人居环境整治“三大革命”“三大行动”全面推开，徽风皖韵美丽乡村建设步伐加快

2019年，安徽省全面推开以农村厕所、垃圾、污水“三大革命”和“五清一改”村庄清洁、畜禽粪污资源化利用、村庄规划建设提升“三大行动”为重点的农村人居环境整治工作，全省乡村人居环境和基础设施条件明显改善，公共服务能力明显提高，广大农民群众的环境卫生意识和获得感、幸福感、安全感明显提升。全省新增无害化卫生厕所92万座；农村生活垃圾无害化处理率达68.2%，完成27个非正规垃圾堆放点整治任务；建成乡镇政府驻地生活污水处理设施264个，省级和市、县(市、区)中心村污水处理设施1333个；全省15000多个行政村均开展了村庄清洁行动，清理村内塘沟28万余个、农业生产废弃物426

万余吨、乱搭乱建64万余处、废旧广告牌108万余个、无功能建筑1012万余平方米、创建"美丽庭院"7.31万户;全省畜禽粪污综合利用率达80%,比全国高6个百分点;61个县(市、区)编制了县域村庄布点规划,7749个村庄编制了村庄规划;建成美丽乡村省级中心村812个,开工建设971个,以行政村为单位,认定美丽乡村示范村828个、美丽乡村重点示范村248个。如今漫步江淮大地,处处彰显徽风皖韵的"美丽乡村"已成为广阔田野上最美丽的风景线。

(七)安徽农村集体产权制度改革国家级整省试点扎实推进

2019年,中央农办和农业农村部正式确定安徽列入全国农村集体产权制度改革整省试点。省委、省政府高度重视,书记李锦斌、省长李国英多次批示,亲自谋划部署,全省上下勠力同心,聚焦重点,严格程序,精准施策,农村集体产权制度改革整省试点工作取得显著成效。农村集体资产清产核资工作在全国率先完成,共查实集体资产1203.4亿元,集体土地总面积1.7亿亩。农村集体产权制度改革步伐加快,完成改革的村达93.7%,实现分红的村村均累计分红40.9万元。全面开展以资源变资产、资金变股金、农民变股东为主要内容的"三变"改革,积极探索集体经济发展新路径,完成"三变"改革的村达52.8%,新增集体经济强村400多个。通过改革,全省逐步构建了归属清晰、权能完整、流转顺畅、保护严格的农村集体产权制度,对维护农民权益、促进农民增收、壮大集体经济、完善农村基本经营制度、巩固社会主义公有制、推动乡村振兴战略在安徽落地生根具有重大而深远的影响。

(八)安徽省家庭农场农民合作社双破十万

2019年,安徽省认真贯彻落实习近平总书记关于"三农"工作的重要论述精神,坚持"政策扶持、指导服务、示范引领、规范提升、探索创新"思路,通过推进党建引领,示范创建,能力提升,对"空壳社"进行了清理,推进合作社质量提升整县试点、内部信用合作试点、土地股份合作试点,以及促进不同农业经营主体间融合发展等举措,大力推进家庭农场和农民合作社高质量发展。截至年底,全省家庭农场、农民合作社数量双双突破10万个,在市场监督管理部门登记注册数达115072个和105149个,分别居全国第1位和第8位。其中,各级示范家庭农场12123个、各级示范合作社12929个。开展农业社会化服务的农民合作社突破1万个。加入农业产业化联合体的家庭农场、农民合作社达2.5万个。450万小农户加入农民合作社,抱团发展,开拓市场。家庭农场、农民合作社等新型经营主体在全省农村"三变"改革、促进耕地有序流转、畜禽粪污资源化和秸秆综合利用、粮食增产和农业绿色发展等方面发挥了主力军作用,为乡村振兴注入了新动能。

(九)安徽高标准农田建设获国务院督查激励

安徽是全国13个粮食主产省和5个粮食净调出省之一,省委、省政府一直高度重视农田建设工作,截至2018年底,全省累计建成高标准农田4018万亩,为安徽省粮食生产"十五连丰"作出了突出贡献。特别是2018年机构改革、农田建设职能整合以来,农业农村部门及时承接高标准农田建设管理职责,主动会商自然资源、发展改革、财政等部门,建立会商、调度等机制;加强统筹协调和部门协作,理顺职责关系,健全管理机制,强化队伍建设;加强调度指导、监督评价,有序高效推进各项工作落实,高质量完成年度建设任务。2019年5月7日,国务院办公厅印发《关于对2018年落实有关重大政策措施真抓实干成效明显地方予以督查激励的通报》(国办发〔2019〕20号),安徽省被列为全国4个高标准农田建设成效明显的激励省份之一,获得中央财政资金2亿元的奖励。

(十)畜禽粪污资源化利用和秸秆综合利用水平居全国前列,安徽农业正走出"变废为宝、循环利用、绿色发展、农民增收"的新路径

2019年,在国家畜禽粪污资源化利用专项评估中,安徽省喜获全国第2名,蝉联优秀等次,比上年前进6个位次。始终坚持"四推动、四创新",制定扶持激励政策,召开专题现场会,举办产业博览会。推广

"截污建池、发酵还田，一场一策、制肥还田，区域收纳、集中处理"的"3＋N"路径模式，2万多家规模场户"一场一策"全覆盖。实施整县推进项目，推广应用有机肥，培育专业化龙头企业，构建产业新体系，"变废为宝""资源变商品"已成共识。畜禽粪污综合利用率、规模场处理设施装备配套率分别比全国高出6个、16个百分点，总体水平全国领先。

2019年，全省农作物秸秆综合利用率超过90%，超出全国平均5个百分点，位居全国前列。成功举办2019年秸秆综合利用产业博览会，重点签约项目100个，签约金额224.06亿元。全省秸秆综合利用规模企业1860个，总产值216.12亿元，总产值同比增长96.4%。总销售收入173.155亿元，年利税13.52亿元，带动34214人就业。同以往的秸秆直接还田、高温堆肥、饲料等初级加工方式不同，规模化、工业化、流水线生产让秸秆产业变得丰富多彩，一批重点企业通过技术攻关，突破了对纤维的利用，进入到开发工业糖浆等化工产品阶段。

第三章　长三角地区工业

2019 年,长三角地区的经济发展总体呈现了平稳向好的形势。虽然中美贸易摩擦对外向度较高的工业经济产生了一定的不利影响,但在国家积极有效的宏观把控下,在各地政府和企业的积极应对下,长三角地区工业经济实现了稳增长、稳投资、稳出口、稳就业和提质增效目标。

一、工业总体情况

(一) 三省一市工业运行状况

沪苏浙皖三省一市工业运行总体平稳,并且与国民经济整体保持了同步,实现了中高速增长。江苏、浙江、安徽三省工业增加值增长相对较快,上海的工业效益和投资增速相对较高。长三角地区工业增加值增长情况与全国相似,工业出口则受到较大冲击,但工业效益和投资情况都好于全国。

1. 工业增速情况

2019 年,长三角地区工业增加值为 8.2 万亿元,比去年增加了 5.1%,其中上海 9671 亿元,增长 0.4%;江苏 3.8 万亿元,增长 6.2%;浙江 2.3 万亿元,增长 6.6%;安徽 1.1 万亿元,增长 7.3%。2019 年,沪苏浙皖工业增加值占 GDP 比重分别为 25.3%、38.5%、36.8%、30.9%。近 5 年来,安徽的工业增加值平均增速最高(8.6%),其次分别是江苏(7.0%)、浙江(6.6%)和上海(2.0%)。与全国比较,2019 年长三角地区工业增加值占全国的 26.0%,增速比全国低 0.6 个百分点,工业增加值占 GDP 比重高于全国 2.7 个百分点。

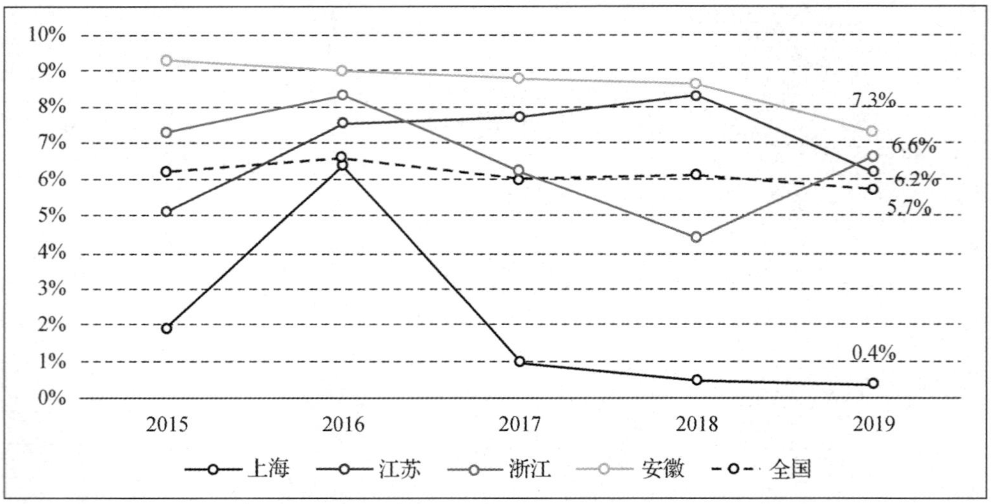

图 1　2015—2019 年长三角地区工业增加值增长率情况

数据来源:2015—2019 年城市统计公报、2015—2019 年中国统计公报、2019 年三省一市统计年鉴;增加值增长率为扣除价格因素的实际增长率

2. 工业效益情况

2019 年,长三角地区平均工业利润率为 7.0%,其中沪苏浙皖的工业利润率分别为 7.4%、6.8%、6.4%、7.2%。此外,2019 年沪苏浙皖的工业增加值率分别为 27.3%、23%、22.3%、20.0%。上海的工业利润率和增加值率最高,与近年来低端加工制造业外迁,新兴产业不断发展密不可分。但与发达国家 35%—40%的工业增加值率相比,仍有不小的差距,表明长三角地区虽然工业基础雄厚,但工业生产的

增值环节较少，总体而言还处在全球产业价值链的中低端。与全国相比，长三角地区工业利润率高于全国 1.1 个百分点，工业增加值率与全国水平相当。

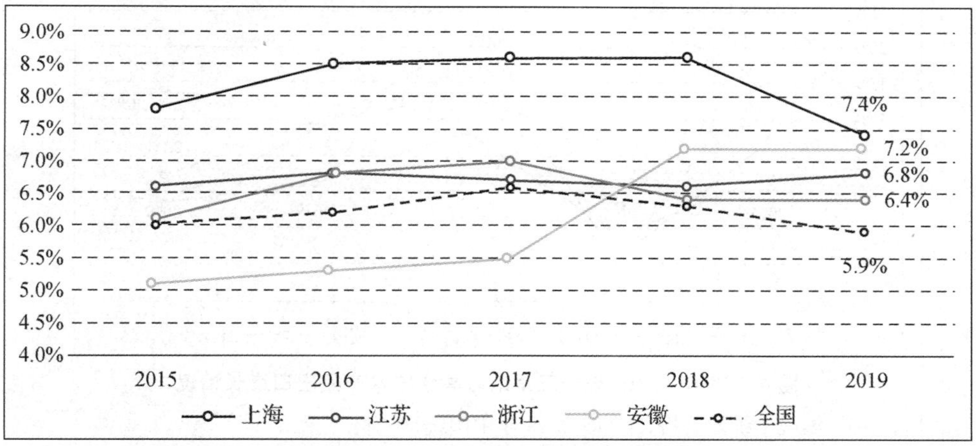

图 2　2015—2019 年长三角地区工业利润率情况

注：工业利润率＝利润总额/营业收入；全国工业增加值率来源于中国工业经济联合会会长李毅中在 2019 中国工业经济年会的发言，其他数据来源于 2015—2019 年城市统计公报、2015—2019 年中国统计公报、2019 年三省一市统计年鉴

3. 工业投资情况

2019 年，长三角地区工业固定资产投资总额为 5.9 万亿元，其中上海 1208 亿元，增速 11.3%；江苏 2.9 万亿元，增速 3.9%；浙江 1.0 万亿元，增速 9.7%；安徽 1.8 万亿元，增速 8.7%。上海的增速最快，江苏的投资额最高，占长三角地区的近 50%。近年来，上海工业有下滑趋势，为了维持工业平稳发展，在投资上加大力度，投资增速不断提升。从近 5 年平均增速看，安徽(14.7%)远高于上海(6.0%)、江苏(6.6%)、浙江(3.7%)。与全国相比，2019 年长三角地区工业固定资产投资增长率达 8.4%，接近全国水平的 2 倍。

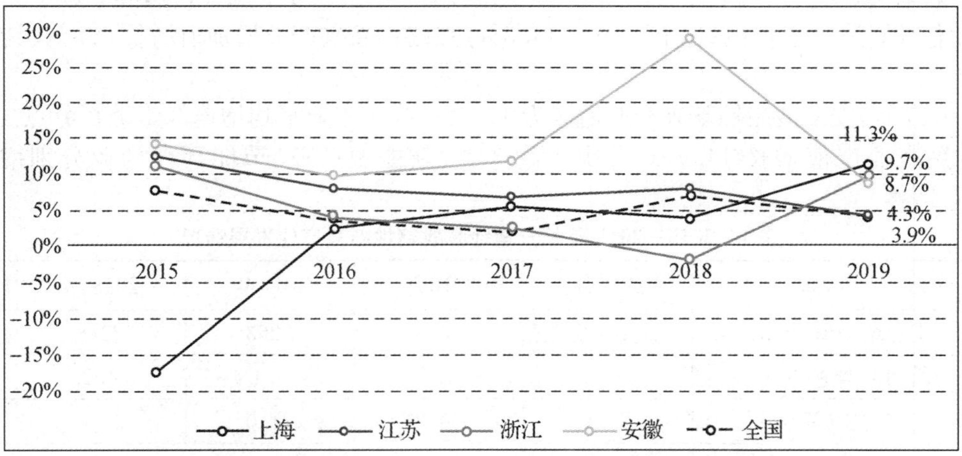

图 3　2015—2019 年长三角地区工业固定资产投资情况

数据来源：2015—2019 年城市统计公报、2015—2019 年中国统计公报、2019 年三省一市统计年鉴

4. 工业出口情况

2019 年，长三角地区高新技术产品出口总额与去年基本持平，为 1.8 万亿元。其中，上海 5647 亿元，增速－1.7%；江苏 9947 亿元，增速－1.8%；浙江 1605 亿元，增速 14.0%；安徽 738 亿元，增速 11.8%。上海、江苏的出口总量大，占长三角地区的 87%，但增速有所放缓，浙江、安徽的增速较高，近年来保持在 10%以上。与全国相比，长三角地区在 2019 年和近 5 年来分别低于全国水平 2.1 个百分点和 1.9 个百分点。

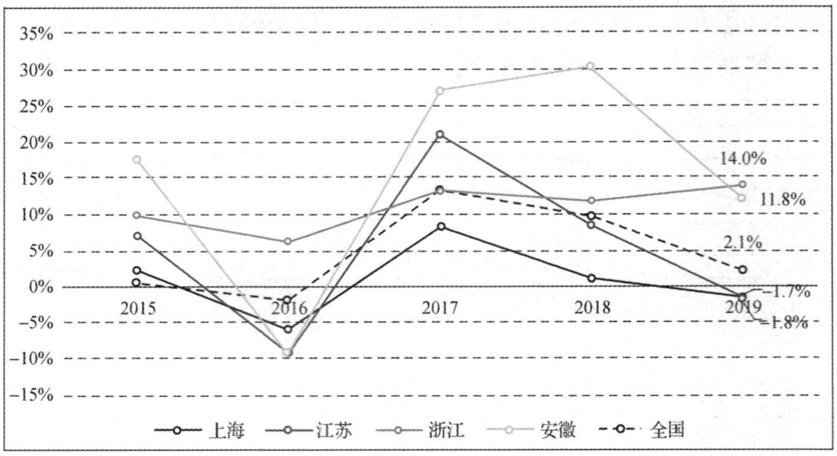

图 4　2015—2019 年长三角地区高新技术产品出口增长情况

数据来源:2015—2019 年城市统计公报、2015—2019 年中国统计公报

(二)三省一市战略性新兴产业发展情况

长三角地区三省一市的产业优势各异,新动能发展的所选行业类型和统计口径不一,但各地战略性新兴产业增速都快于工业平均增速,表明工业新动能正在加速形成且不断壮大。

2015—2019 年,上海战略性新兴产业平均增速为 3.6%,高于工业平均增速 1.6 个百分点。2019 年,上海战略性新兴产业增加值 6133.22 亿元,比上年增长 8.5%,其中工业增加值 2710.43 亿元,增长 3.3%;战略性新兴产业增加值占上海生产总值的比重为 16.1%,比上年提高 0.4 个百分点。

2015—2019 年,江苏战略性新兴产业增速为 10.2%,高于工业平均增速 3.2 个百分点。2019 年,江苏战略性新兴产业产值比上年增长 7.6%,占工业总产值比重达 32.8%,比上年提高 0.8 个百分点。

2015—2019 年,浙江战略性新兴产业增速为 9.8%,高于工业平均增速 3.0 个百分点。2019 年,浙江以新产业、新业态、新模式为主要特征的"三新"经济增加值占 GDP 的 25.7%,其中数字经济核心产业增加值 6229 亿元,按可比价计算比上年增长 14.5%;战略性新兴产业增加值增长 9.8%,其中人工智能产业增长 21.3%。

2015—2019 年,安徽战略性新兴产业增速为 17.3%,高于工业平均增速 9.1 个百分点。2019 年,安徽战略性新兴产业产值增长 14.9%,其中生物产业、新能源产业、节能环保产业分别增长 21.4%、17.7%和 18.1%。

表 1　2015—2019 年长三角地区战略性新兴产业发展情况

地区	指标	2015 年	2016 年	2017 年	2018 年	2019 年
上海	工业增加值(亿元)	1673	1808	2263	2378	2710
	增加值增速(%)	−0.1	2.7	8.1	4.2	3.3
江苏	产值占比(%)	29.4	30.2	31.0	32.0	32.8
	产值增速(%)	10.4	10.5	13.6	8.8	7.6
浙江	增加值(亿元)	3367	3206	3851	4351	5024
	增加值增速(%)	6.9	8.6	12.2	11.5	9.8
安徽	产值(亿元)	8922	10616	12888	14963	17192
	产值增速(%)	17.6	16.4	21.4	16.1	14.9

注:上海战略性新兴产业主要包括新一代信息技术、生物、高端装备、新能源、新能源汽车、新材料;江苏战略性新兴产业主要包括高端装备、数字创意、节能环保、新一代信息技术、生物医药、新能源、新能源汽车、新材料;浙江战略性新兴产业主要包括新一代信息技术和物联网、新能源、新能源汽车、新材料、生物、海洋新兴产业;安徽战略性新兴产业主要包括新一代信息技术、高端装备、新能源、新能源汽车、新材料、生物、节能环保、数字创意

（三）主要城市工业运行状况

从工业增加值看，排名前10位的城市是上海、苏州、宁波、南通、无锡、杭州、常州、泰州、南京、嘉兴。其中，上海和苏州处于绝对领先地位，2019年工业增加值分别达到9671亿元和7592亿元，另外浦东新区工业产值约占上海的1/3，工业增加值增速比上海全市高2个百分点，工业增加值可排在长三角地区第13位。宁波、南通、无锡、杭州、常州、泰州、南京的工业增加值都超过3000亿元。

从工业增加值增速看，排名前10位的城市是舟山、丽水、滁州、亳州、池州、阜阳、宿州、宣城、连云港、常州。工业增加值较低城市的工业增加值增长率普遍较高，个别城市的增速异常高，如舟山的增速达43.2%。目前，舟山已经形成了第四代化工集聚区，浙石化炼油装置和化工装置持续投产运作中，产量稳步上升，已达成4000万吨的炼油能力，石油化工业对舟山工业生产增长拉动作用明显，这将进一步带动上海金山和镇江化工的振兴。

表2 2019年长三角地区41个城市工业增加值及增长情况

城市/地区	工业增加值（亿元）	工业增加值增长率（%）	城市/地区	工业增加值（亿元）	工业增加值增长率（%）
上海	9671	0.4	金华	855	6.6
浦东新区	2370	2.5	衢州	411	6.4
南京	3092	7.0	舟山	294	43.2
无锡	3753	7.8	台州	1145	1.3
徐州	2522	8.2	丽水	506	11.9
常州	3558	9.1	合肥	2118	8.6
苏州	7592	2.8	芜湖	1405	8.9
南通	3831	7.2	蚌埠	764	4.9
连云港	756	9.5	淮南	515	5.7
淮安	1363	7.5	马鞍山	826	9.1
盐城	1893	1.6	淮北	552	−4.3
扬州	2459	7.6	铜陵	458	−8.0
镇江	1891	4.9	安庆	843	6.9
泰州	3250	6.4	黄山	140	9.0
宿迁	769	7.7	滁州	936	11.6
杭州	3590	5.1	阜阳	833	10.4
宁波	3992	6.4	宿州	522	10.0
温州	1066	7.5	六安	406	8.3
嘉兴	2576	6.9	亳州	365	11.4
湖州	889	8.4	池州	245	11.0
绍兴	2422	8.4	宣城	544	10.0

数据来源：2019年城市统计公报、城市统计网站公布的2019年工业运行报告等官方数据

根据数据，从工业增加值前10位及上海大都市圈城市中选取主要城市对工业发展情况进行比较分析。在2019年工业投资规模看，南通投资规模最大，达2539亿元；其次是常州，达2277亿元；第三是南京，达2135亿元。从工业投资增速看，嘉兴、上海、宁波、南京的增速较快，都在10%以上。在高科技产

品出口方面，苏州、上海的体量较大，但受国际经济环境影响出现小幅下滑，而宁波、常州和南京则出现较快增长。在工业利润方面，常州的增速最快，部分城市出现下降。在战略性新兴产业增速方面，南京、杭州、苏州、常州都达到两位数增长。

表3　2019年长三角地区主要城市工业发展情况

城市	投资额(亿元)	投资增长(%)	高科技产品出口(亿元)	高科技产品出口增长(%)	利润总额增长(%)	战略性新兴产业(高新技术)增长(%)
上海	1208	11.3	5647	−1.7	−13.7	3.3
南京	2135	10.2	665	21.8	17.6	19.1
杭州	807	5.6	569	9.7	10.7	13.1
苏州	1199	8.8	7441	−1.1	−5.3	13.1
宁波	1494	10.5	455	28.0	4.7	8.7
南通	2539	5.9	246	9.9	−2.6	4.1
常州	2277	2.2	402	26.2	19.1	11.3
嘉兴	793	13.8	171	15.3	3.5	8.7

数据来源：2019年城市统计公报、城市统计网站公布的2019年工业运行报告等官方数据；苏州出口为2018年数据，出口增长为2019年一般贸易数据；南京利润总额增长为2018年数据；南京、苏州和南通为高新技术产业增长，其他城市为战略性新兴产业增长

二、上海市工业发展

(一) 生产总值

2019年，上海市实现生产总值(GDP)38155.32亿元，同比增长6.0%。其中，第一产业增加值103.88亿元，下降5.0%；第二产业增加值10299.16亿元，增长0.5%；第三产业增加值27752.28亿元，增长8.2%。第三产业增加值占上海市生产总值的比重为72.7%，比上年提高1.8个百分点。按常住人口计算的上海市人均生产总值为15.73万元。

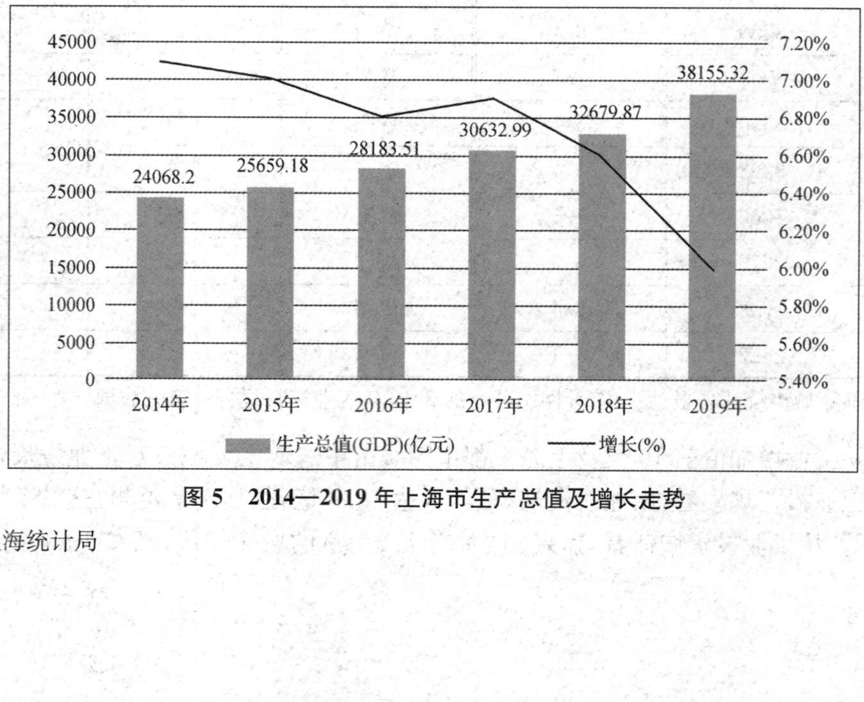

图5　2014—2019年上海市生产总值及增长走势

数据来源：上海统计局

（二）工业相关政策

上海作为中国现代工业和中国工人阶级的摇篮，早在1861年就有了引进国外先进设备的电机缫丝厂。1919年前后，上海已经是全国工人人数最多、工人比例最高的城市。近代上海作为中国最大的工业城市，集中了约50%的民族资本企业、约40%的资本额、约50%的年产值。占据全国九成造船吨位数的江南造船厂，整体规模和单位造船能力均居世界首位。

上海市出台了一系列政策对上海工业进行大力扶持，针对产业发展的政策规划不断出炉，为上海工业持续发展提供了良好的政策环境。

表4　上海市工业相关政策

日期	颁布部门	政策	概述
2015年	上海市人民政府	关于贯彻《国务院关于加快发展生产性服务业促进产业结构调整升级的指导意见》的实施意见	贯彻《国务院关于加快发展生产性服务业促进产业结构调整升级的指导意见》(国发〔2014〕26号)。
2016年	上海市经济和信息化委员会	关于印发《上海市工业区转型升级“十三五”规划》的通知	为贯彻落实《上海市国民经济和社会发展第十三个五年规划纲要》《上海市制造业转型升级“十三五”规划》，按照创新驱动发展、经济转型升级的总体要求，围绕上海城市功能定位和产业发展战略，进一步发挥工业区产业发展载体和创新平台作用，大力推进工业区转型升级提质增效，组织编制了《上海市工业区转型升级“十三五”规划》，经上海市工业区发展联席会议审议通过。
2017年	上海市经济和信息化委员会	关于印发《上海市推进信息化与工业化深度融合“十三五”发展规划》的通知	贯彻落实工业和信息化部《信息化和工业化深度融合“十三五”规划》《上海市制造业转型升级“十三五”规划》《上海市加快制造业与互联网融合创新发展实施意见》《上海市推进智慧城市建设“十三五”规划》，大力推进上海信息化与工业化深度融合，深入实施新一轮创新驱动和转型发展战略，组织编制了《上海市推进信息化与工业化深度融合“十三五”发展规划》。
2017年	海市经济和信息化委员会	关于印发《上海市工业绿色发展“十三五”规划》的通知	为贯彻落实《上海市国民经济和社会发展第十三个五年规划纲要》《上海市制造业转型升级“十三五”规划》，按照创新驱动发展、经济转型升级的总体要求，围绕上海城市功能定位和产业发展战略，进一步推进本市工业绿色、低碳、循环发展，大力促进制造业绿色转型升级，组织编制了《上海市工业绿色发展“十三五”规划》。
2018年	上海市环境保护局	关于推进2018年工业污染源全面达标排放评估工作的通知	根据原环保部《关于实施工业污染源全面达标排放计划的通知》(环环监〔2016〕172号)和上海市环境保护局《工业污染源全面达标排放计划实施方案》(沪环保总〔2017〕83号)要求，2018年上海市继续推进工业污染源全面达标排放评估及整改工作。
2019年	上海市经济和信息化委员会	于印发《上海市智能制造行动计划(2019—2021年)》的通知	为贯彻落实党的十九大“加快建设制造强国，加快发展先进制造业，推动互联网、大数据、人工智能和实体经济深度融合”的战略部署，以及市委市政府“推动制造业高质量发展”的工作部署，进一步推动全市智能制造发展，加快制造业智能化转型，实现高质量发展，研究制订了《上海市智能制造行动计划(2019—2021年)》。
2020年	国家税务总局办公厅	关于《国家税务总局关于小型微利企业和个体工商户延缓缴纳2020年所得税有关事项的公告》	为贯彻落实党中央、国务院决策部署，进一步鼓励小型微利企业和个体工商户复工复产，缓解其经营资金压力，更大力度帮助企业渡难关，税务总局制发《公告》，明确小型微利企业和个体工商户可延缓缴纳所得税。

数据来源：智研咨询整理

(三)工业增加值

2019年,上海市实现工业增加值9670.68亿元,同比增长0.4%。

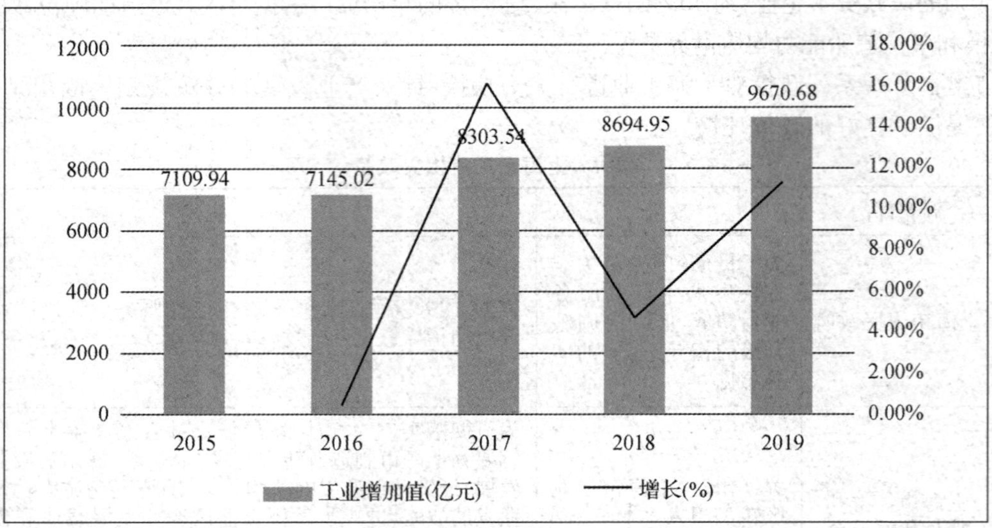

图6　2015—2019年上海市工业增加值及增长走势

数据来源:上海统计局

(四)工业总产值

2019年,上海市完成工业总产值35487.05亿元,下降0.3%。其中,规模以上工业总产值34427.17亿元,下降0.3%。在规模以上工业总产值中,国有控股企业总产值13501.66亿元,增长1.3%。

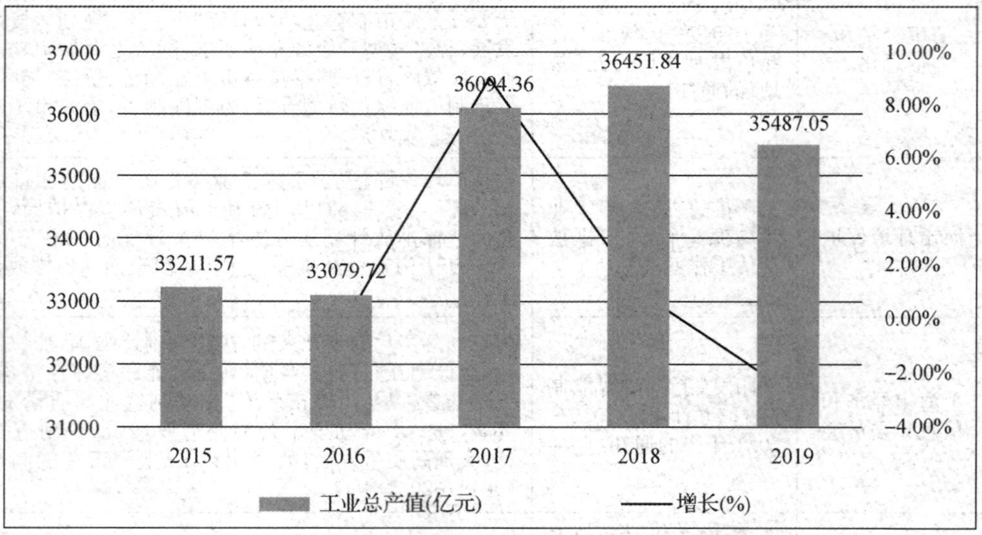

图7　2015—2019年上海市完成工业总产值及增长走势

数据来源:上海统计局

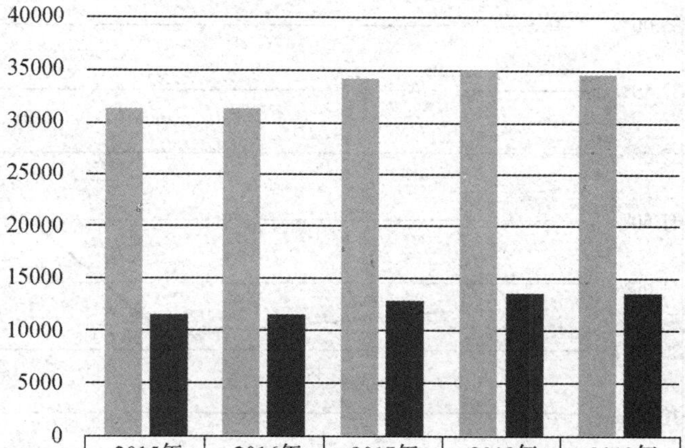

	2015年	2016年	2017年	2018年	2019年
■ 规模以上工业总产值(亿元)	31049.57	31082.72	33989.36	34841.84	34427.17
■ 国有控股企业总产值(亿元)	11528.27	11498.09	12902.8	13588.42	13501.66

图 8　2015—2019 年上海市国有控股企业及规模以上工业总产值情况

数据来源：上海统计局

2019 年，上海市节能环保、新一代信息技术、生物、高端装备、新能源、新能源汽车、新材料等工业战略性新兴产业完成工业总产值 11163.86 亿元，同比增长 3.3%，占全市规模以上工业总产值比重达 32.4%。

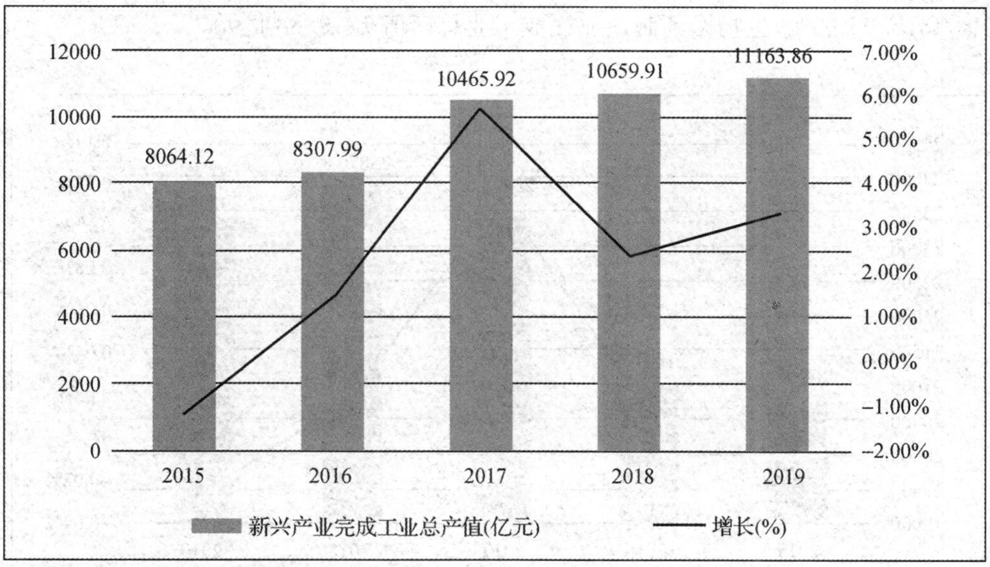

图 9　2015—2019 年上海市新兴产业完成工业总产值及增长走势

数据来源：上海统计局

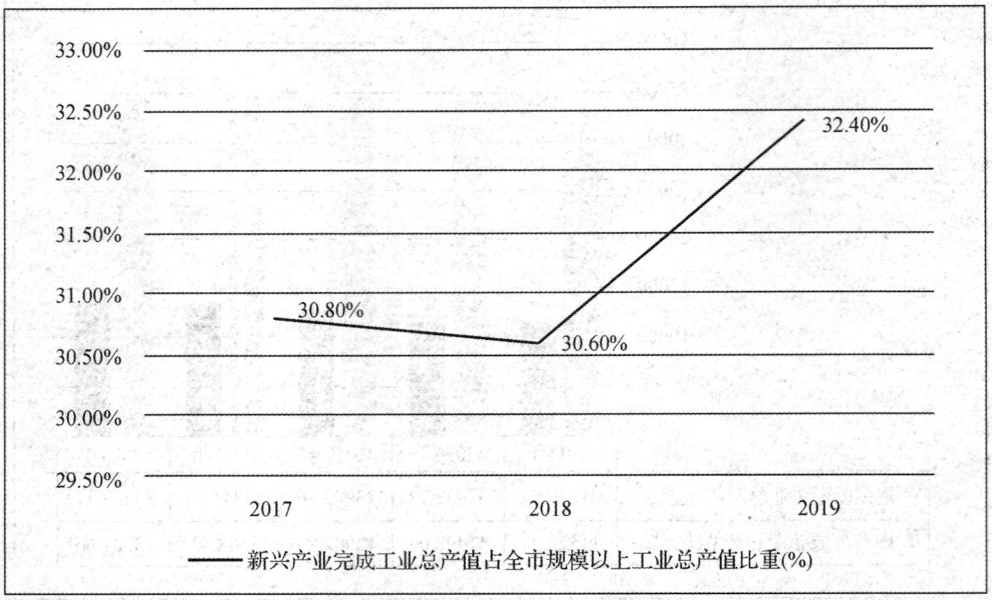

图 10　2017—2019 年上海市新兴产业完成工业总产值占全市规模以上工业总产值比重走势

数据来源:上海统计局

电子信息产品制造业、汽车制造业、石油化工及精细化工制造业、精品钢材制造业、成套设备制造业和生物医药制造业是上海六个重点工业行业。2019 年,上海市六个重点工业行业完成工业总产值 23279.15 亿元,同比增长 0.1%,占全市规模以上工业总产值的比重为 67.6%。其中,电子信息产品制造业完成工业总产值 6140.93 亿元,汽车制造业完成工业总产值 6409.57 亿元,石油化工及精细化工制造业完成工业总产值 3923.83 亿元,精品钢材制造业完成工业总产值 1169.87 亿元,成套设备制造业完成工业总产值 4315.06 亿元,生物医药制造业完成工业总产值 1319.88 亿元。

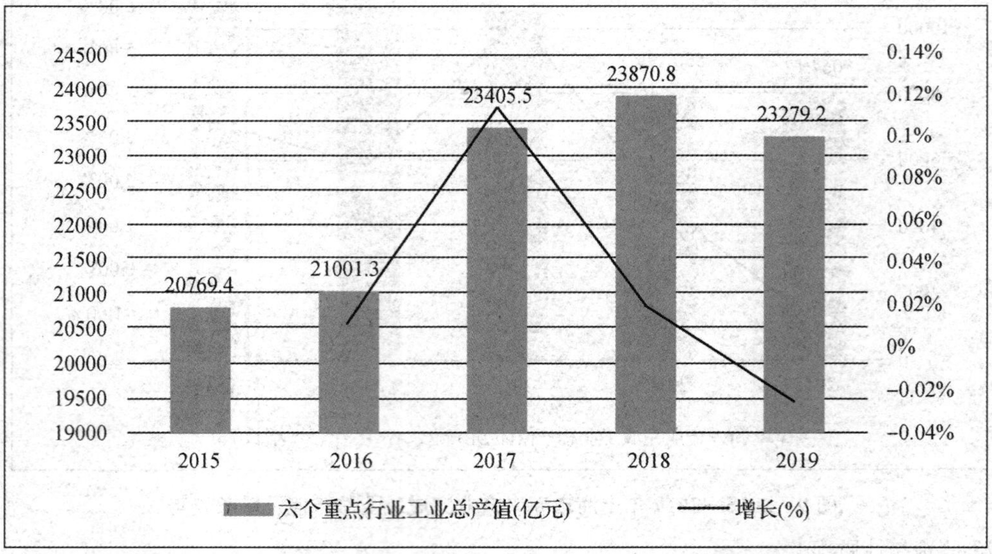

图 11　2015—2019 年上海市六个重点行业工业总产值及增长情况

数据来源:上海统计局

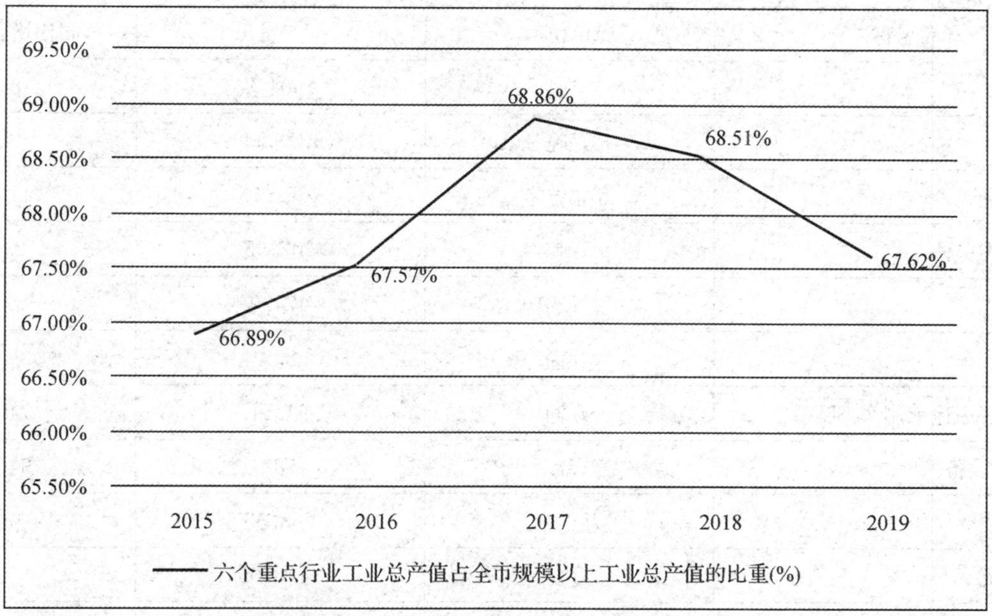

图 12　2015—2019 年上海市六个重点行业工业总产值占全市规模以上工业总产值的比重走势

数据来源：上海统计局

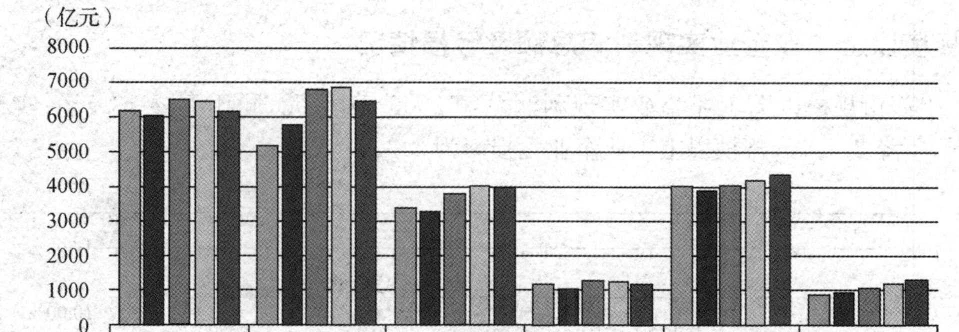

	电子信息产品制造业	汽车制造业	石油化工及精细化工制造业	精品钢材制造业	成套设备制造业	生物医药制造业
2015年	6159.55	5168.22	3375.31	1159.53	4001.94	904.89
2016年	6045.08	5781.58	3259.33	1060.17	3896.48	958.63
2017年	6505.04	6774.33	3798.68	1281.4	3978.73	1067.32
2018年	6450.23	6832.07	4006.76	1233.42	4171.7	1176.6
2019年	6140.93	6409.57	3923.83	1169.87	4315.06	1319.88

图 13　2015—2019 年上海市六个重点行业工业总产值情况

数据来源：上海统计局

（五）上海市主要工业产品产量

2019 年，上海市规模以上工业产品销售率为 99.9%。全年燃料油产量 360448 吨，同比增长 84.0%；新能源汽车产量 8.30 万辆，增长 29.6%；3D 打印设备产量 780 台，增长 34.9%。

表 5　2019 年上海市主要工业产品产量及其增长速度

产品名称	单位	产量	同比增长(%)
燃料油	吨	360448	84
钢材	万吨	1819.69	—4.3
商品混凝土	万立方米	4651.35	11.7
合成纤维单体	万吨	207.95	2.1
汽车	万辆	274.9	—7.7
新能源汽车	万辆	8.3	29.6
运动型多用途乘用车 SUV	万辆	94.51	14.2
3D 打印设备	台	780	34.9
电力电缆	万千米	268.55	—3.4
智能手机	万台	4173.06	—11.4
服务器	万台	19.93	4.9
智能电视	万台	134.09	—2.6

数据来源:上海统计局、智研咨询整理

(六)规模以上工业企业实现利润总额及亏损情况

2019 年,上海市规模以上工业企业实现利润总额 2906.25 亿元,同比下降 13.7%;实现税金总额 2253.73 亿元,下降 8.1%。规模以上工业企业亏损面为 21.1%。

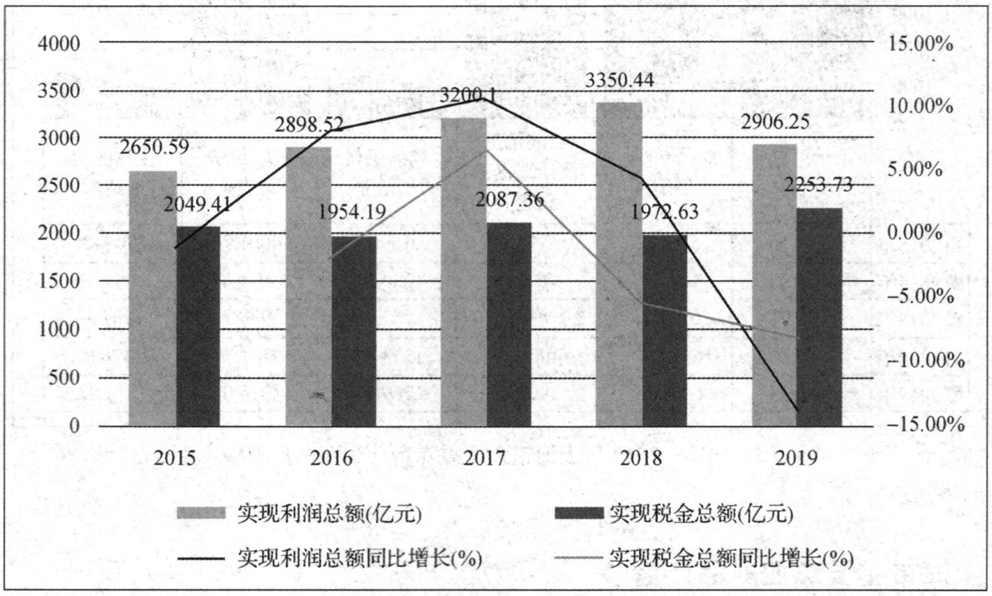

图 14　2015—2019 年上海市规模以上工业企业实现利润及亏损情况

数据来源:上海统计局

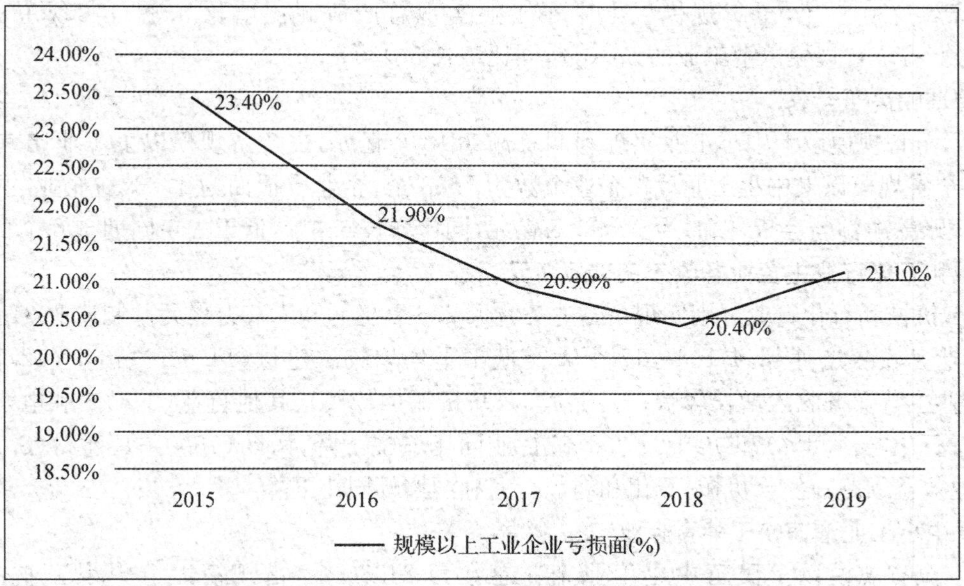

图 15 2015—2019 年上海市规模以上工业企业亏损面情况

数据来源:上海统计局

三、江苏省工业发展

(一)工业发展总体情况

面对国内外风险挑战明显上升的复杂局面,江苏省工业战线统筹做好稳增长、调结构、促转型的各项工作,实现了 2019 年工业经济总体平稳增长。

1. 八大行业总体平稳

2019 年,全省规模以上工业实现增加值同比增长 6.2%,高于年度增长 5%的目标任务。值得一提的是,全年工业增幅逐步企稳走高,12 月当月增幅达 9.3%,为年度最高水平。主要工业行业总体基本平稳,建材、医药等行业持续产销两旺;冶金、轻工、机械、电子等行业总体平稳;受市场需求、原材料价格下降、环保安全约束等因素影响,纺织行业、石化行业增速略有回落。重点监测的行业中,工程机械、船舶等传统行业及轨道交通、光伏等新兴产业增长较快。全省 13 个设区市中有 10 个市上工业增速高于全省平均,对全省工业支撑作用明显。

2. 大项目进展超时序

2019 年,全省工业投资增长 3.9%,其中工业技改投资增长 8.6%;列入年度省重点工业投资计划的 402 个项目已完成投资超过计划的 120.7%;全省先进制造业集群 863 个项目完成年度计划的 111.4%。其中,新型显示、集成电路、物联网、汽车及零部件等集群进展较快。

3. 单位地区生产总值能耗下降 3%

根据数据显示,2019 年全省工业高质量发展取得新进展,单位地区生产总值能耗下降 3%以上,单位工业增加值能耗下降 5%左右。

(二)中小企业发展情况

2019 年,全省规模以上中小工业企业经济总体保持平稳运行态势,苏南地区增速领跑全省,行业分化明显,下行压力加大。

1. 产销增长平稳

至 12 月底,全省规模以上中小工业企业数为 44422 个,比上年底减少 108 个,占全省规模以上工业数量的 97.7%。2019 年,全省规模以上中小工业实现总产值同比增长 5.3%,实现主营业务收入 68913.3 亿元,占全省规模以上工业的 58.0%,同比增长 3.4%。

2. 效益增幅高于全省

2019 年,全省规模以上中小工业实现利润总额 3818.0 亿元,占全省规模以上工业比重的 56.7%。至 12 月底,全省规模以上中小工业亏损企业个数为 7683 个,企业亏损面为 17.3%;企业"两项资金"占用总额(应收账款净额与存货之和)为 20590.5 亿元,同比增长 6.3%,低于去年同期 1.6 个百分点。

3. 机械和石化行业主营业务收入突破万亿元

2019 年,机械和石化行业分别实现主营业务收入 2.6 万亿元和 1.0 万亿元。制造业 31 个大类中,8 个大类主营业务收入增速超过 10%,17 个大类低于平均增幅。建材(14.6%)、冶金(12.7%)和医药(11.3%)行业主营业务收入增长较快;轻工(4.9%)、机械(4.2%)、其他行业(3.8%)和电子(1.0%)行业低位增长;石化(−1.8%)和纺织(−2.3%)行业同比增幅下降;医药(16.0%)、建材(8.1%)和电子(7.2%)行业效益领跑;轻工、机械、石化和纺织行业利润增幅同比下降。

4. 民营中小工业增速快于外资企业

2019 年,全省规模以上民营中小工业企业总数为 34986 个,占规模以上中小工业企业总数的 78.8%,占比高于去年底 0.9 个百分点。完成主营业务收入和利润总额分别占规模以上中小工业的 61.6%和 54.0%,同比增长分别为 4.5%和 1.0%,分别高于外资中小工业企业主营业务收入和利润总额增幅 4.5 个和 3.7 个百分点。

5. 苏南地区增速领跑全省

2019 年,苏南地区规模以上中小工业实现主营业务收入同比增长 4.1%,分别高于全省、苏中和苏北地区主营业务收入增幅 0.7 个、3.3 个和 0.6 个百分点;苏南地区规模以上中小工业实现利润总额同比增长 3.0%,分别高于全省、苏中和苏北地区主营业务收入增幅 3.6 个、11.7 个和 13.1 个百分点。

(三) 工业百强县中的江苏元素

1. 中国百强工业县市概况

苏鲁浙为百强重地,三省占据 62 席。从数量看,2019 年工业百强县(市)分布于 16 个省(区、市)。东部 74 个,中部 17 个,西部 9 个。江苏入围县(市)数量占据首位,达到 25 个;山东、浙江紧随其后,分别为 19 个和 18 个。

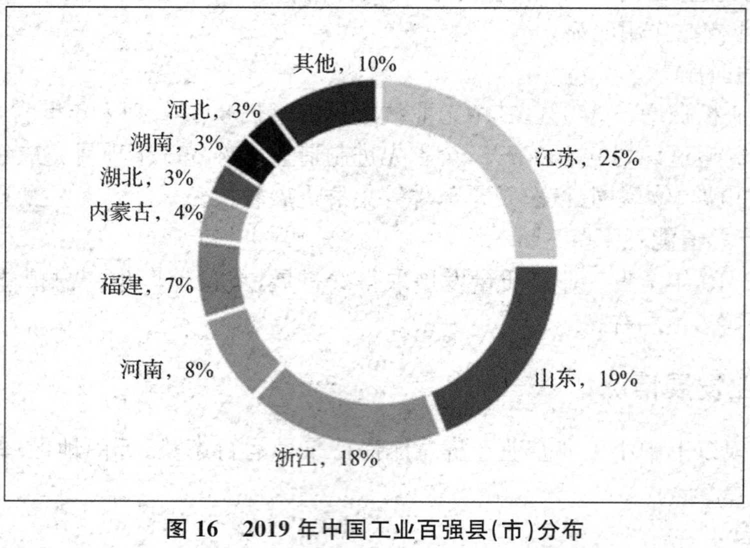

图 16 2019 年中国工业百强县(市)分布

数据来源:公开资料整理

2. 中国百强工业县市详情

2019 年，江苏省上榜百强工业县(市)的 25 个县(市)中，江阴市排名省内第一，同时也是全国第一；烟台市是山东省上榜的 19 个县(市)中的第一名，但全国排名较低，位列 12 名；浙江省上榜的 18 个县(市)中，慈溪市排名全省第一，全国第六。

表 6　2019 年中国工业百强县(市)各省份第一名

排名	地区	地级市	县(市)
1	江苏	无锡市	江阴市
5	福建	泉州市	晋江市
6	浙江	宁波市	慈溪市
8	湖南	长沙	长沙县
9	陕西	榆林市	神木市
12	山东	烟台市	龙口市
15	内蒙古	鄂尔多斯市	准格尔旗
26	河北	唐山市	迁安市
32	河南	郑州市	新郑市
42	贵州	遵义市	仁怀市
51	江西	南昌市	南昌县
59	宁夏	银川市	灵武市
75	安徽	合肥市	肥西县
77	广东	惠州市	博罗县
84	湖北	仙桃市	仙桃市
93	新疆	巴音郭楞蒙古自治州	库尔勒市

数据来源：公开资料整理

2018 年中国工业百强县(市)GDP 合计达到 89363 亿元，占全国 GDP 的比重为 9.9%。

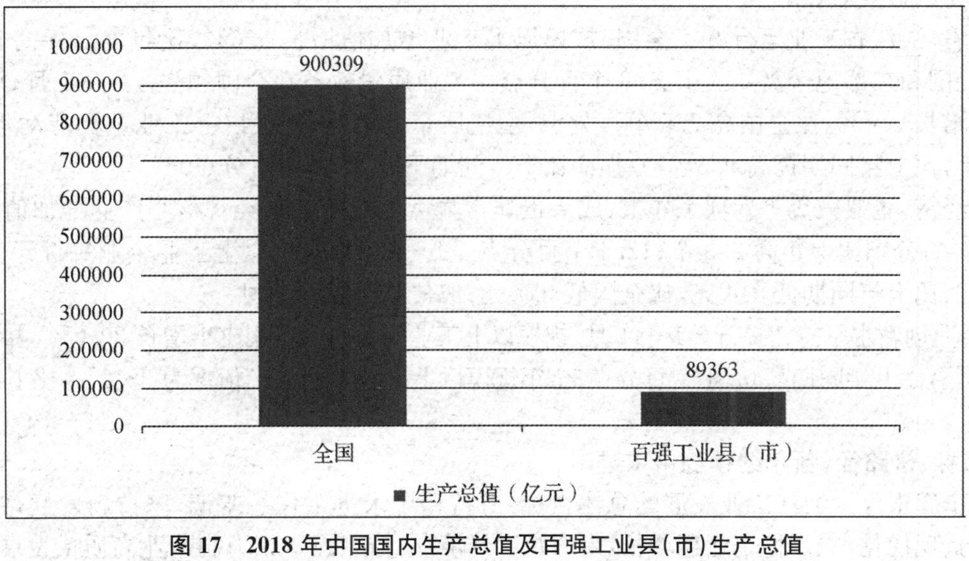

图 17　2018 年中国国内生产总值及百强工业县(市)生产总值

数据来源：公开资料整理

对县域工业竞争力评价指标及竞争力指数按照系统聚类法测算,2019 年工业百强县(市)可分为四个梯队。第一梯队全部位于苏浙闽,江苏占据六强中的四席。第一梯队实力显著,共 6 个县(市)。前四名江阴市、昆山市、张家港市、常熟市均位于江苏,第五名晋江市位于福建,第六名慈溪市位于浙江。

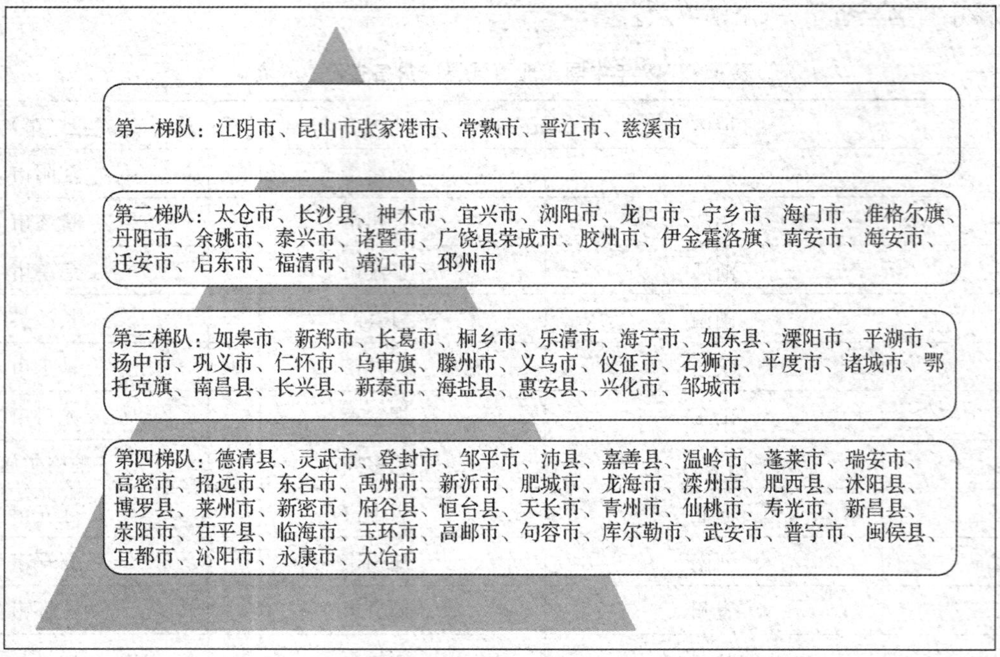

图 18　2019 年中国工业百强县(市)梯队分布

数据来源:公开资料整理

四、浙江省工业发展

(一) 工业发展总体情况

1. 增长快、效益好,工业运行好于全国

2019 年,浙江省突出稳企业防风险,统筹推进数字经济“一号工程”和制造业高质量发展,经济和信息化工作取得明显成效。

总体来看,浙江省工业运行好于全国,规模以上工业增加值增长 6.6%,比年度目标高 0.1 个百分点,分别比全国和东部地区高 0.9 个、1.8 个百分点。工业质量效益在全国领先。1—11 月,规模以上工业企业利润增长 5.4%,比全国高 7.5 个百分点,增速居全国第三;规模以上工业全员劳动生产率 24.2 万元/人·年,比上年同期提高 9.3%;亏损面比上年同期下降 0.44 个百分点。

在数字经济、企业减负等专项工作上,成果也非常显著。全年数字经济核心产业增加值增长 15%、利润增长 16%,分别比上年高 2.3 个、12.4 个百分点。1—11 月,规模以上工业企业每百元营业收入的成本 83.5 元,比上年同期低 0.4 元,比全国低 0.7 元;清欠工作领跑全国。

此外,企业创新水平持续提升。1—11 月,规模以上工业企业研发费用支出增长 20.0%,占营业收入的比重达 2.16%,比上年同期高 0.31 个百分点;全年规模以上工业新产品产值率为 38.2%,比上年高 2.4 个百分点。

2. 定目标、讲路径,新年继续稳中求进

浙江省步履未停。浙江工业发展的总体目标:坚持稳中求进工作总基调,坚持新发展理念,聚焦高质量、竞争力、现代化,立足稳企业稳增长,聚力数字经济“一号工程”,聚力制造业高质量发展,突出重大项目、重大平台、重点产业链,推进重大改革,落实重大政策,加快建设制造强省和数字浙江。

要实现规模以上工业增加值增长 6%，力争达到 6.5%；力争数字经济核心产业增加值增长 15%，规模以上工业劳动生产率提高 7%，规模以上工业亩均增加值增长 7%。

为了实现这些目标，浙江省将实施防范化解企业风险攻坚、重大制造业项目攻坚、"百网万品"拓市场三大行动，全力稳企业稳投资稳市场；围绕国家数字经济创新发展试验区建设，深入实施数字经济"一号工程"；打好产业基础高级化、产业链现代化攻坚战，提升制造业竞争力；聚焦工业大市大县，着力培育现代产业集群；全面深化"雄鹰行动""雏鹰行动""小升规"，实施冠军企业培育工程，推动大中小企业融通发展；以"最多跑一次"改革为牵引，为制造强省打造最佳营商环境。

（二）浙江互联网工业十件大事

工业互联网作为新基建的重要组成部分，推动着我国经济的转型升级。浙江率先布局工业互联网建设，逐渐探索出了一条具有浙江特色的产业数字化转型之路。浙江省经信厅产业数字化推进处整理了 2019 年度浙江探索工业互联网创新发展的十件大事。

1. 数字化指数全国第一，走出了一条具有浙江特色的产业数字化转型之路

2019 年 5 月 6 日，国家网信办在第二届数字中国峰会上发布了《数字中国建设发展报告（2018 年）》。《报告》中，浙江省产业数字化指数由 2017 年的全国第四跃居全国第一。近年来，浙江省深入实施数字经济"一号工程"，大力推进产业数字化转型，从机器换人、机器联网、集成应用、企业上云到工业互联网梯度推进、层层深化，取得了良好成效，逐步探索出一条具有浙江特色的产业数字化转型之路。

2. 省政府与工信部联合主办第六届世界互联网大会"工业互联网的创新与突破"论坛，引发全球关注

2019 年 10 月 21 日，第六届世界互联网大会"工业互联网的创新与突破"论坛召开，作为本届大会规模最大的论坛，受到国内外各界人士的高度关注，中美法俄日等 12 个国家和地区的政府部门、科研机构和企业代表等共 1500 余人参加了本次论坛。论坛上，大家深入探讨数字经济发展趋势，研究产业数字化转型路径，向世界深刻表明工业互联网蕴含的发展潜力与创新活力。

3. 省政府和工信部召开第三次部省合作，推进工业互联网发展联席会议，取得了六大成果

2019 年 10 月 19 日，浙江省政府和工信部在乌镇召开部省合作推进工业互联网发展联席会议，总结通报部省合作进展和成效，研究部署在更广领域、更高层次上进一步推动双方合作。此次会议取得了六大成果，包括双方将共同开展国家（杭州）新型互联网交换中心试点工作、共同建设中国工业互联网研究院浙江分院分中心、共同创建宁波特色型中国软件名城、共同举办首届中国工业互联网大赛，共同开展工业互联网及软件融合创新战略合作、共同打造 5G（杭州）应用创新服务平台。

4. 首届中国工业互联网大赛，合力打造全国"工业互联网大赛"第一品牌

首届中国工业互联网大赛由工信部、浙江省政府联合指导，浙江省经信厅、国家工信安全中心等共同举办，吸引了众多知名企业和专业团队的广泛参与，初赛报名人数达 5400 人，参赛团队近 900 个，提交方案逾 1000 个，呈现出专业化程度高、参赛单位覆盖面广、权威性高、资源丰富等特点。此次大赛得到了社会各界的广泛关注，大赛作品投票量达 635 万票次，大赛微博热门话题阅读量更是达 1081.2 万人次。大赛不仅加速了工业互联网解决方案的规模化推广，而且各项宣传工作成果均创下工业互联网领域赛事新高，一举引爆工业互联网的时代风口。

5. 长三角工业互联网一体化发展示范区建设正式获批，浙江加快推进和融入长三角一体化发展

2019 年 10 月，工信部批复同意开展长三角工业互联网一体化发展示范区建设。根据《长三角工业互联网一体化发展示范区建设规划》，长三角一市三省将充分发挥长三角地区科技、产业、资本、人才、区位以及国际合作等比较优势，构建长三角工业互联网一体化推进和差异化发展的新格局，着力将示范区打造成为创新驱动、融合应用的"生态区"，技术牵引、机制创新的"试验区"，聚焦痛点、精准发力的"攻坚区"，协同共促、先行先试的"样板区"。

6. 浙江省政府召开全省"1+N"工业互联网平台体系发展推进会,加快构建具有浙江特色的工业互联网生态体系

2019年12月3日,浙江省"1+N"工业互联网平台体系建设发展推进会在余杭区召开,参加会议的有省政府和11个地市的分管领导、省级相关部门、各地经信局主要领导以及110家省级工业互联网平台负责人。近几年,浙江工业互联网快速发展,累计培育110家省级工业互联网平台,基本实现17个重点传统制造业行业和主要块状经济产业集聚区全覆盖;到2020年底,计划引进100家服务商,提供更丰富、更专业的工业互联网平台服务内容。

7. supET平台入选全国十大跨行业、跨领域工业互联网平台,核心基础服务能力持续提升

2019年8月26日,工信部公布2019年十大跨行业跨领域工业互联网平台名单,supET工业互联网平台成功入选。目前,supET平台接入工业设备约50万台(套),开发集成工业App1.3万余款,与多个地方政府、高端科研院所以及数十家行业级平台、200多家服务商建立了合作,聚集了570家生态伙伴,拥有3.5万名开发者。平台还先后入选国家工业互联网创新发展工程和工业互联网试点示范项目,并在第五届世界互联网大会上作为唯一的工业互联网平台获评世界互联网领先科技成果。

8. 中国工业互联网研究院浙江分院和国家工业互联网大数据浙江分中心落地,布局工业互联网战略性新型基础设施

中国工业互联网研究院是以全面推动我国工业互联网创新发展为主要职责的科研机构,计划在全国首批布局建设分院分中心不超过5个。杭州市余杭区凭借深厚的制造业基础和良好的产业生态,成为中国工业互联网研究院浙江分院和国家工业互联网大数据浙江分中心落地区域,目前已签署相关合作协议。浙江分院、分中心重点面向政府提供实时监测和安全预警等支撑服务,面向行业提供定制化开发、应用推广和检验测试等赋能服务,面向中小企业提供资源共享、在线研发和成果转化等公共服务,全力打造成为世界知名重要智库、技术创新重要源泉、政府监管重要支撑、企业赋能重要动力、拔尖人才重要基地、国际合作重要平台。

9. 举办系列工业互联网交流推广活动,进一步营造良好发展氛围

2019年5月7日,2019(第四届)中国工业大数据大会·钱塘峰会,以"数据互联、智能未来"为主题成功举办。省内外相关企业、政府部门、媒体代表共1200余人参加大会,有力推动了优秀工业互联网企业"引进来、走出去"。8月14日,2019中国(杭州)工业互联网大会邀请国内知名专家学者、企业精英,共话工业互联新生态。同时,2019年还举办了全省工业互联网平台系列推广活动,省、市、县三级联动,结合各地产业特点、行业发展现状、企业实际需求,组织开展平台相关推广活动60余场,推动平台进集群、进园区、进企业,引导企业上云上平台用平台,累计上云企业超过30万家。

10. 建设省级工业互联网安全态势感知平台,提升工业互联网安全保障技术支撑能力

五、安徽省工业发展

2019年,安徽省工业收获满满,多项经济指标居全国"第一"。19户企业入选首批国家级专精特新"小巨人"企业,居全国第1位;争取国家小微企业融资担保奖补资金3.02亿元,居全国第1位;工业数字化指数居全国第1位。

另外,四大工程项目也实现了重大突破——动态随机存储芯片首次实现量产;全国首块8.5代超薄浮法玻璃基板成功国产;全球最大功率光伏逆变器实现国产;海螺集团、铜陵有色首次跻身世界500强。

2019年,中小企业表现"突出"。据悉,中小企业(专精特新)发展基金募资45亿元以上、完成投资超25亿元,新增"专精特新板"挂牌企业158家。截至2019年11月,全省新增民营企业29.3万户,总数达132万户。为了解决中小企业融资难题,安徽省正着手建立健全融资白名单企业信息库,引导更多金融活水注入实体经济。

2020年,安徽省还将围绕"数字产业化、产业数字化"双向发力,搭好"皖企登云"大平台,筑牢"工业互联网＋5G”新地基，实现“顶天立地”。

2019 年 1—11 月，全省规模以上工业企业实现利润总额 1942 亿元，同比增长 2%，居全国第 13 位、中部第 4 位。

全省规模以上工业企业中，国有控股企业实现利润总额 613.7 亿元，同比增长 10.2%；集体企业实现利润总额 1.6 亿元，增长 39.5%；股份制企业实现利润总额 1717.4 亿元，增长 2.9%；外商及港澳台商投资企业实现利润总额 185.3 亿元，下降 1.6%；私营企业实现利润总额 557.6 亿元，下降 5.7%。

近年来，安徽省工业经济发展态势强劲，工业增加值增速连续 12 年保持全国第一方阵。根据中国信息通信研究院研究报告，2019 年安徽制造业高质量发展指数居全国第 9 位、中部第 1 位。2019 年，全省数字经济增加值首次超过 1 万亿元，同比增长 19%以上，总量居第 11 位。

安徽省发布的“5G＋工业互联网”十大创新应用，海螺集团，宝武马钢等十个“5G＋工业互联网”创新应用案例上榜。近年来，安徽省企业数字素养明显提升，全省累计已有超过 1000 家企业通过国家两化融合管理体系标准评定，数量稳居全国第 4 位。

2019 年，安徽省推动产业集群专业镇发展再提速。全省产业集群围绕做强首位优势产业，着重发挥龙头企业辐射带动作用，不断延伸拓宽产业链条，通过提升基地园区建设水平，持续优化营商环境，加大招商引资力度，产业集群专业镇集聚效应不断增强。

2019 年，安徽省 208 个产业集群专业镇实现营业收入 7242.93 亿元，同比增长 6%；上缴税金 334 亿元，同比增长 10.5%。一批产业特色鲜明、集聚程度较高的产业集群专业镇已成为县域经济发展的重要引擎，为乡村产业振兴提供了有力支撑。

2019 年底，全省产业集群专业镇营业收入 10 亿元至 50 亿元的有 94 个，50 亿元至 100 亿元的有 24 个，100 亿元至 200 亿元的有 14 个，超 200 亿元以上的有 3 个，集群规模得到新提升。截至 2019 年底，全省产业集群专业镇集聚企业 4.21 万家，带动就业 199.4 万人，其中规模以上工业企业 5253 家，占全省规模以上工业企业 1/4 以上。

第四章　长三角地区服务业

2019 年 6 月 21 日上午，2019 长三角产业电商与高端生产性服务业创新峰会暨上海市产业电商“双推”工程启动仪式在上海浦东举行。

面对长三角一体化发展新机遇、新要求，长三角三省一市经济和信息化主管部门将共同努力，加强体制机制研究，千方百计激发市场主体创新活力，加快探索实践，在长三角更大范围内为助推产业互联网、高端生产性服务业的创新创业及其与传统产业、实体经济的有效对接、共赢发展营造更好市场环境，把国家规划纲要转化为一项项具体工作，凝心聚力抓好落实。相信依托长三角深厚的制造产业基础、共享开放合作的机制优势以及广大市场主体的创新活力，长三角生产性服务业特别是以产业互联网应用等为代表的高端生产性服务业态定能加快形成领先发展优势，更好服务长三角乃至全国，并参与全球合作竞争。

数字经济时代，企业实现效率提升、转型升级需要应用产业互联网、平台经济这一新动能。生产性服务业作为“面向生产或者说是面向企业的服务业”，也是为产业链变革提供支持的服务业，蕴含着巨大的发展空间。不仅自身亟需通过数字化、互联网化改造加快提升服务能级，创新服务模式，同时需要加快发展产业电商、供应链服务、企业级 SAAS 应用等产业互联网领域新兴生产性服务业态，为推动企业服务市场的快速崛起，赋能传统产业在数字经济时代的价值提升与产业链融合创新提供更大支撑。同时也是上海打响“上海服务”品牌，支撑“上海制造”品牌发展的重要内容。

一、上海市服务业发展

第三产业保持较快增长，金融业、信息服务业、商务服务业、科研服务业等领先增长，服务业“独角兽”企业营业收入增势强劲。2019 年，全市第三产业增加值占全市 GDP 比重达 72.7%，同比提高 1.8 个百分点。

(一) 服务业基本情况及主要企业

2019 年以来，在经济增长总体放缓的大背景下，上海市规模以上服务业(下同)的总量及效益持续保持较快增长。1—9 月，规模以上服务业完成营业收入 452.80 亿元，比上年同期增长 9.7%；实现营业利润 18.95 亿元，增长 86.0%。其中，营利性服务业完成营业收入 205.44 亿元，增长 18.2%；实现营业利润 5.67 亿元，增长 1.6 倍。

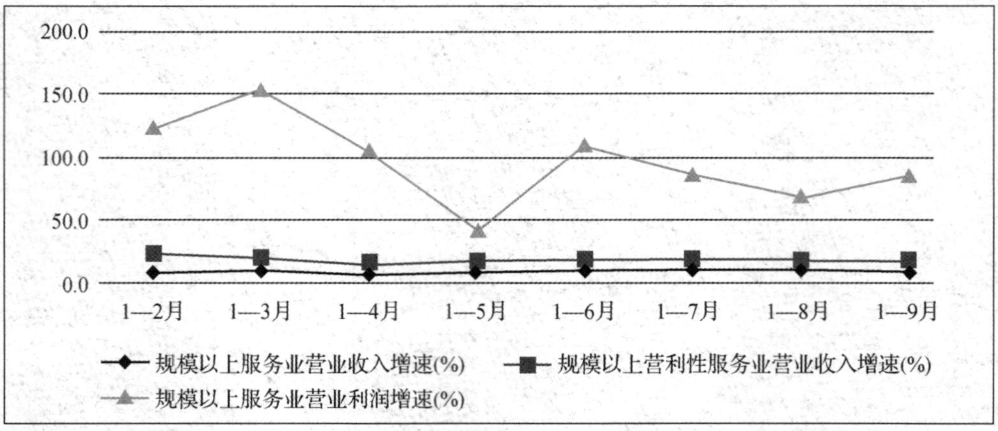

图 1　2019 年 1—9 月上海市规模以上服务业增长情况

1. 服务业增长领先其他行业，主要指标高于全市平均水平

1—9月，服务业实现地区生产总值321.07亿元，占全市比重达29.9%，可比增长11.4%，高于全区平均增速5.3个百分点，除金融业外，增速为全行业最高。

1—9月，规模以上服务业企业676家，实现营业收入452.80亿元，增长9.7%，自年初以来持续保持快速增长，且自下半年以来增速快于全市。

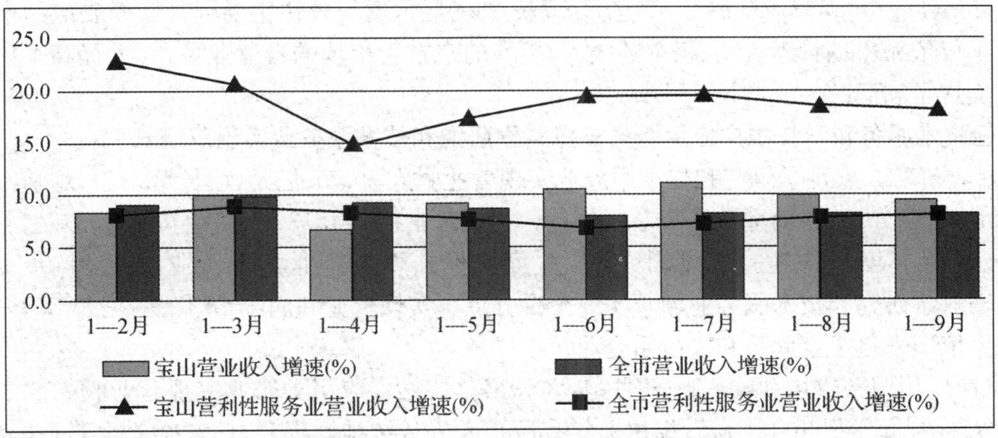

图2　2019年1—9月宝山区与上海市增速情况

2. 服务业十大行业表现不一，但整体向好

从服务业10个行业门类看，主要呈现以下特点：一是营业收入呈现"六升四降"的态势，其中拉动服务业增长较快的行业有租赁和商务服务业、科学研究和技术服务业和房地产服务。二是行业效益差异较大，实现营业利润增长较快的有文化体育娱乐业、水利环境和公共设施管理业、科学研究和技术服务业；但是，交通运输仓储邮政业和卫生社会工作的企业效益下滑较大，营业利润分别下降69.1%和61.3%，信息传输软件和信息技术服务业仍处于亏损状态。

表1　2019年1—9月上海市规模以上服务业各行业情况

行业门类	营业收入（亿元）	比上年同期增长（%）	拉动力（百分点）	营业利润（万元）	比上年同期增长（%）
总计	452.80	9.7	—	189479	86.0
交通运输仓储和邮政业	111.23	−5.3	−1.5	8517	−69.1
信传软件和信息技术服务业	39.07	11.0	0.9	−5172	—
房地产服务业	32.60	20.5	1.3	46886	58.0
租赁和商务服务业	146.82	23.5	6.8	48023	81.1
科学研究和技术服务业	75.57	10.1	1.7	41300	2.8倍
水利环境和公共设施管理业	20.24	13.2	0.6	31492	4.4倍
居民服务修理和其他服务业	19.61	4.1	0.2	15214	15.9
教育	0.82	−12.0	0.0	1038	−7.8
卫生和社会工作	4.64	−4.4	−0.1	1082	−61.3
文化体育娱乐业	2.19	−30.1	−0.2	1099	4.9倍

3. 租赁和商务服务业拉动力最大，规模和效益双增长

1—9月，全市143家租赁和商务服务业实现营业收入146.82亿元，增长23.5%，增速高于规模以上服务业13.8个百分点，拉动增长6.8个百分点。实现营业利润4.80亿元，增长81.1%。

互联网广告服务拉动显著。随着近年来"互联网+"因素不断渗入各个经济领域,互联网广告也增长较快。1—9月,上海市互联网广告服务业在上海盟聚信息科技有限公司的拉动下实现营业收入29.41亿元,增长1.1倍,拉动租赁和商务服务业增长13.0个百分点。实现营业利润31.8万元,扭转了改行业上年亏损的状态,呈现较好的向好态势。

市场管理服务业规模持续壮大。据统计,1—9月,14家市场管理服务业企业实现营业收入31.19亿元,增长46.4%。实现营业利润3.67亿元,增长13.9%。增长较快主要因为江杨农产品市场经营模式的拓展,不仅依靠市场管理费用、租金的收入,更多的来自于市场的自营业务,大大提高了该企业的营业收入,也实现了利润的大幅增长。

4. 质检技术服务和科技推广应用服务支撑科学研究和技术服务业实现双增长

1—9月,全区72家科学研究和技术服务业实现营业收入75.57亿元,增长10.1%,增速高于规模以上服务业0.4个百分点,拉动增长1.7个百分点。实现营业利润4.13亿元,增长2.8倍。

质检技术服务增长快速。1—9月,全区9家质检技术类企业实现营业收入24.98亿元,增长14.2%,拉动科学研究和技术服务业增长4.5个百分点。实现营业利润1.18亿元,增长8.3%。从企业看,增长活力依旧来自于宝武系和宝冶系企业。

科技推广应用服务收增利减。1—9月,全区7家科技推广应用类企业实现营业收入3.39亿元,增长16.9%,营业利润亏损4085万,亏损比上年有所扩大。从统计数据看,此类企业主要是生物技术、节能技术、环保技术等高新技术类企业,研发成本投入较大,1—9月比上年同期增长51.4%,快于营业收入34.5个百分点,从一定程度上,为今后企业的技术开发奠定基石。

工程设计服务需求不断增加。1—9月,8家工程设计类企业实现营业收入7.29亿元,增长56.1%,实现营业收入4467万元,增长21.1%。如上海梅山工业民用工程设计研究院有限公司、上海开艺建筑设计有限公司等专业工程类设计企业,今年以来业务量均有大幅增长,带动营业收入的快速增长。

5. 交通运输仓储业加速转型,新业态增长较快

1—9月,全区规模以上交通运输仓储邮政业实现营业收入111.23亿元,下降5.3%,降幅较上月扩大2.9个百分点。

新业态物流服务注入活力。"互联网+"新业态物流企业1—9月实现营业收入8.79亿元,增长3.6倍。其中,上海优邮商务信息咨询有限公司抓住跨境电商的契机,开展跨国物流业务,实现营业收入快速增长;上海鸭嘴兽供应链管理有限公司通过互联网模式,整合车队资源,实现网上配单,发展迅速。

邮轮旅游业持续低迷。由于1—9月,邮轮靠泊次数为183次,比上年同期下降39.2%。受此影响,与邮轮旅游业相关的多家企业如上海吴淞口国际邮轮港发展有限公司、上海港中免免税品有限公司等营业收入均有不同程度的下降。

传统仓储交运行业继续下滑。随着环保拆违、环境综合整治的不断深入,占地面积较大、产出较低的仓储业企业逐步外迁,传统的道路运输企业也形势低迷。1—9月,仓储业实现营业收入16.38亿元,下降0.2%。道路运输实现营业收入44.25亿元,下降10.0%。

综上所述,我区服务业规模总量不断扩大,发展态势良好,传统服务业不断转型升级,新业态增长迅速,以租赁商务和专业技术为代表的现代服务业快速增长。但是,部分传统行业仍然面临转型的瓶颈期,后续发展仍需重点关注。

2019年6月,上海服务业企业100强名单正式发布。2018年上海服务业百强企业的营业收入总额达到37242亿元,增长5008亿元,增长率为15.54%。其中,超过1000亿元的有10家,100—1000亿元的有37家,其余53家低于100亿元。在净利润方面,服务业百强合计净利3124亿元,增长177.2亿元,增长率6.02%,其中银行和地产企业是净利润最高的企业,前三名的净利润达到1857.9亿元,占服务业百强净利润的比重将近六成。

本次榜单排名前十的企业分别是交通银行股份有限公司、中国太平洋保险(集团)股份有限公司、绿地控股集团股份有限公司、上海浦东发展银行股份有限公司、上海万科企业有限公司、东浩兰生（集团）有限公司、太平人寿保险有限公司、中国东方航空集团有限公司、东方国际（集团）有限公司、上海均和集团有限公司。其中，交通银行、太平洋保险、绿地控股位列榜单前三。

表 2　2019 年上海服务业企业 100 强

排名	区域	企业名称
1	浦东	交通银行股份有限公司
2	浦东	中国太平洋保险（集团）股份有限公司
3	黄埔	绿地控股集团股份有限公司
4	黄埔	上海浦东发展银行股份有限公司
5	闵行	上海万科企业有限公司
6	浦东	东浩兰生（集团）有限公司
7	浦东	太平人寿保险有限公司
8	闵行	中国东方航空集团有限公司
9	长宁	东方国际（集团）有限公司
10	浦东	上海均和集团有限公司
11	宝山	上海钢联电子商务股份有限公司
12	浦东	国网上海市电力公司
13	浦东	上海银行股份有限公司
14	浦东	上海永达控股（集团）有限公司
15	长宁	互诚信息技术（上海）有限公司
16	黄埔	百联集团有限公司
17	徐汇	中智上海经济技术合作有限公司
18	浦东	上海新增鼎资产管理有限公司
19	闵行	电能（集团）有限公司
20	浦东	中国大地财产保险股份有限公司
21	虹口	上海国际港务（集团）股份有限公司
22	浦东	上海农村商业银行股份有限公司
23	静安	国泰君安证券股份有限公司
24	徐汇	上海均瑶（集团）有限公司
25	普陀	上海中梁企业发展有限公司
26	青浦	圆通快递股份有限公司
27	浦东	月星集团有限公司
28	黄埔	海通证券股份有限公司
29	浦东	上海闽路润贸易有限公司
30	青浦	德邦物流股份有限公司
31	浦东	中国万向控股有限公司
32	徐汇	上海广微投资有限公司
33	松江	上海三盛宏业投资（集团）有限责任公司

续表

排名	区域	企业名称
34	青浦	中通快递股份有限公司
35	加大	上海协通(集团)有限公司
36	青浦	申通快递有限公司
37	浦东	上海机场(集团)有限公司
38	长宁	上海春秋国际旅行社(集团)有限公司
39	浦东	上海龙宇燃油股份有限公司
40	宝山	大华(集团)有限公司
41	闵行	上海大名城企业股份有限公司
42	徐汇	上海龙旗科技股份有限公司
43	嘉定	上海景域文化传播股份有限公司
44	静安	上海博尔捷企业集团有限公司
45	浦东	中兵(上海)有限责任公司
46	普陀	中国建材国际工程集团有限公司
47	浦东	上海交运(集团)公司
48	浦东	上海百润企业发展有限公司
49	浦东	上海临港经济发展(集团)有限公司
50	长宁	中锐控股集团有限公司
51	黄埔	亿达中国控股有限公司
52	黄埔	上海申华控股股份有限公司
53	杨浦	上海东方电视购物有限公司
54	嘉定	网宿科技股份有限公司
55	普陀	东渡国际集团有限公司
56	虹口	上海中通瑞德投资集团有限公司
57	静安	龙盛集团控股(上海)有限公司
58	宝山	福然德股份有限公司
59	宝山	上海汉滨实业发展有限公司
60	浦东	上海浦原对外经贸有限公司
61	徐汇	中国海诚工程科技股份有限公司
62	浦东	上海大众公用事业(集团)股份有限公司
63	黄埔	上海金开利集团有限公司
64	浦东	上海金桥(集团)有限公司
65	虹口	上海苏宁易购销售有限公司
66	浦东	盛跃网络科技(上海)有限公司
67	浦东	上海丝绸集团股份有限公司
68	浦东	上海添赫实业发展有限公司
69	松江	上海来伊份股份有限公司

续表

排名	区域	企业名称
70	徐汇	上海二三四五网络控股集团股份有限公司
71	长宁	金鹏航空股份有限公司
72	宝山	上海钢宇实业集团有限公司
73	虹口	上海中晨电子商务股份有限公司
74	徐汇	大众交通(集团)股份有限公司
75	嘉定	东方财富信息股份有限公司
76	宝山	上海江杰荣泰置业(集团)有限公司
77	黄埔	中铁物资集团华东有限公司
78	浦东	中钢银通电子商务股份有限公司
79	闵行	上海吉电电子技术有限公司
80	普陀	上海九州通医药有限公司
81	黄埔	上海淮海商业(集团)有限公司
82	虹口	上海鹏盾电子商务股份有限公司
83	普陀	永乐(中国)电器销售有限公司
84	浦东	上海康耐特旗计智能科技集团股份有限公司
85	浦东	上海怡亚通供应链有限公司
86	杨浦	上海三湘(集团)有限公司
87	浦东	上海雅仕投资发展股份有限公司
88	奉贤	东奉集团有限公司
89	静安	上海风语筑展示股份有限公司
90	徐汇	上海润欣科技股份有限公司
91	徐汇	上海格派新能源技术有限公司
92	长宁	上海厂长经理人才有限公司
93	徐汇	上海复医天健医疗服务产业股份有限公司
94	普陀	劲霸男装(上海)有限公司
95	浦东	卫宁健康科技集团股份有限公司
96	松江	上海龙韵传媒集团股份有限公司
97	杨浦	优刻得科技股份有限公司
98	普陀	上海延华智能科技(集团)股份有限公司
99	杨浦	达疆网络科技(上海)有限公司
100	长宁	上海兰卫医学检验所股份有限公司

(二)服务业十件大事

1. 加强顶层设计,促进生产性服务业高质量发展

2019 年 11 月 9 日,国家发改委、工信部等 15 个部委联合印发《关于推动先进制造业和现代服务业深度融合发展的实施意见》。12 月 3 日,全市服务业大会召开,李强书记强调,要在更高起点上谋划和推动上海服务业高质量发展。12 月 19 日,市委常委、副市长吴清调研上海生产性服务业发展。座谈会上,

吴清副市长指出,生产性服务业与制造业密切相关,发展生产性服务业意义重大,生产性服务业是制造业高端化、智能化的重要支撑。上海将大力支持生产性服务业发展,从打造“四大品牌”、发挥“四大功能”、建设“五个中心”的高度,研究支持生产性服务业发展的针对性政策,不断改善营商环境,全力以赴做好对生产性服务业企业的服务,力争培育若干个生产性服务业领军企业。

2. 完善统计体系,生产性服务业发展保持较快增长

上海市生产性服务业统计工作经过多年探索和实践,已经建立了一套完善的统计体系。2019 年,市经信委联合市统计局对现有样本库进行更新调整,把关、停、并、转的样本企业从库中去掉,同时补充一批典型的具有代表性的生产性服务业企业。据统计,2019 年前三季度,本市第三产业实现增加值 18318.31 亿元,增长 8.9%;第三产业增加值占 GDP 的比重为 72.2%。全市生产性服务业营业收入总额达 21593.3 亿元,增速达 8.6%;生产性服务业增加值达 12059.09 亿元,同比增长 11%;生产性服务业占服务业比重达 65.8%,占本市 GDP 比重达 47.5%。2019 年,全年生产性服务业重点领域实现营业收入 30819 亿元,同比增长 9%左右。

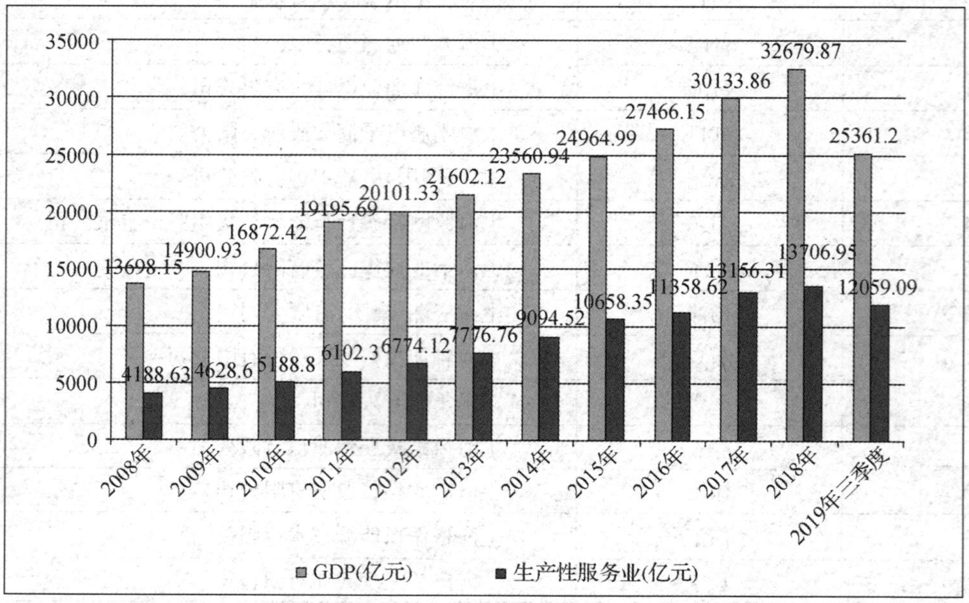

图 3 2008—2019 年三季度上海市 GDP 与上海生产性服务业增加值表

3. 深化“双推”工程,举办 2019 长三角产业电商与高端生产性服务业创新峰会暨上海市产业电商“双推”工程启动仪式

2019 年 6 月 21 日,围绕“赋能数字化转型、重塑供应链价值”主题,举行 2019 长三角产业电商与高端生产性服务业创新峰会暨上海市产业电商“双推”工程启动仪式。市经信委张英副主任出席峰会并致辞,长三角三省一市经济信息化主管部门、国家工业信息安全发展研究中心有关领导共同启动 2019 上海市产业电商“双推”工程,并为 27 家“双推”工程服务平台企业授牌。依托“上海企业服务云”构建“双推”工程服务宣传与信息发布平台,“双推”平台“走出去”实现新突破,2019 年“双推”平台新增企业客户 1227 家,其中全国企业(不包含上海)占比超过 60%,首次超过上海本地,长三角企业占全国数超过 74%,“双推”平台辐射服务长三角乃至全国趋势明显。

4. 树立发展标杆,开展“上海市生产性服务业示范企业”评选

为进一步展现上海生产性服务业发展的综合实力,打响新时代“上海服务”“上海制造”品牌,2019 年上半年开展“上海市生产性服务业示范企业”评选。经过专家评审、市相关部门会审、网上公示等流程,评选出上海工业自动化仪表研究院有限公司等 20 家单位为“上海市生产性服务业优秀示范企业”,评选出 30 家单位为“上海市生产性服务业先进示范企业”。示范企业典型事迹编辑成《上海市生产性服务业优秀示范企业荟萃》，一批致力于创新变革、最具影响力和品牌效应的典型示范企业发挥出宣传示范引领效应，树立了新时代上海生产性服务业发展标杆。

5. 推进服务型制造，开展本市服务型制造示范企业遴选

2019年，根据"注重创新、鼓励融合"原则，开展首批市级服务型制造示范企业、示范项目和示范平台遴选，经各区和主管集团推荐、专家评审会评议，最终入选服务型制造示范单位48个，其中服务型制造示范企业27个、服务型制造示范项目14个、服务型制造示范平台7个，涵盖产品服务系统、个性化定制、创新设计、信息增值和科技创新创业等服务型制造重点模式。2019年，首次将"服务型制造"纳入上海市生产性服务业和服务型制造发展专项资金支持范围，共支持服务型制造项目7个，支持制造企业向服务端延伸，在制造过程中加大交互式服务投入。

6. 聚焦载体建设，生产性服务业功能区各项经济指标再创新高

2019年2月，新认定智能制造生产性服务业功能区、产业互联网生产性服务业功能区、移动智地生产性服务业功能区、张江云立方生产性服务业功能区4家生产性服务业功能区，予以授牌，全市生产性服务业功能区数量达40家。2019年，生产性服务业功能区复审数据显示，参加复审的35家生产性服务业功能区2018年吸引企业近23600家，单位土地面积年营业收入达到302.55亿元/平方公里，上缴税收14.41亿元/平方公里，利润总额33.04亿元/平方公里，共实现营业收入9462.05亿元，比2017年增长12.81%，功能区土地集约利用效应进一步显现。

7. 配合市人大立法，推进外卖快递包装减量化和循环利用

2019年，结合全市贯彻落实《上海市生活垃圾管理条例》，市经信委会同市市场监管局、市质量监督检验技术研究院、市食品接触材料协会等部门，通过实地调研和召开相关座谈会等，探索研究外卖快递包装垃圾源头减量化方案，指导饿了么、美团等主要外卖平台和顺丰等重点快递企业从商业模式创新、环保型包装材料应用推广等角度，探索外卖快递包装减量化；深入挖掘外卖快递包装循环利用途径，指导、支持上海灰度环保科技有限公司、"爱回收"等企业、平台，积极参与外卖快递包装回收循环再利用，推动节能环保服务领域创新发展。

8. 产业援疆新突破，上海民企入驻喀什呼叫产业生产性服务业功能区

9. 加强供应链创新，推动顺丰集团项目落沪

2019年，通过深入开展《制造供应链高效协同与服务化转型发展研究》，聚焦重点产业领域，分析本市制造供应链发展现状趋势及问题，深入研究发展对策建议，协同相关部门加强供应链创新应用拓展。支持顺丰集团在长三角生态绿色一体化发展示范区内成立上海方案家供应链有限公司，打造顺丰"方案+供应链"及智慧物流供应链总部，并落地子品牌——顺丰同城华东总部；推动顺丰集团成立上海顺如丰来技术有限公司，打造集团科技研发总部，并落地子品牌——顺丰快运华东总部。

10. 打响"四大品牌"，多方合作共同举办多项大型活动

为持续打响"四大品牌"，2019年市经济信息化委继续指导、支持市电商协会联合工经联、现代服务业联合会等组织，共同主办2019上海品牌微视频大赛，共有257家企业参赛，参与范围涵盖国企、民企和外企，辐射长三角企业，有效引导推动上海企业积极利用创新方式加强品牌建设与传播，助推上海"四大品牌"建设。此外，积极推动市电商协会借助工博会、进博会平台，举办工业品电商与数字化供应链、工业品跨国采购数字化高峰论坛暨进博会工业品参展商对接会等大型活动。

二、江苏省服务业发展

（一）服务业发展的基本情况

2019年，江苏省地区生产总值为99631.52亿元，增长6.1%。分产业看，第一产业增加值4296.28亿元，增长1.3%；第二产业增加值44270.51亿元，增长5.9%；第三产业增加值51064.73亿元，增长6.6%。

表 3　2010—2019 年江苏省各产业增加值统计表　(单位:亿元)

年份	江苏省第一产业增加值	江苏省第二产业增加值	江苏省第三产业增加值
2010	2540.1	21753.9	17131.5
2011	3064.8	25203.3	20842.2
2012	3418.3	27122.0	23518.0
2013	3469.9	29086.1	27197.4
2014	3634.3	30854.5	30599.5
2015	3986.1	32044.5	34085.9
2016	4077.2	34619.5	38691.6
2017	4045.2	38654.9	43169.7
2018	4141.7	41248.5	47205.2
2019	4296.3	44270.5	51064.7

数据来源:国家统计局、江苏省统计局

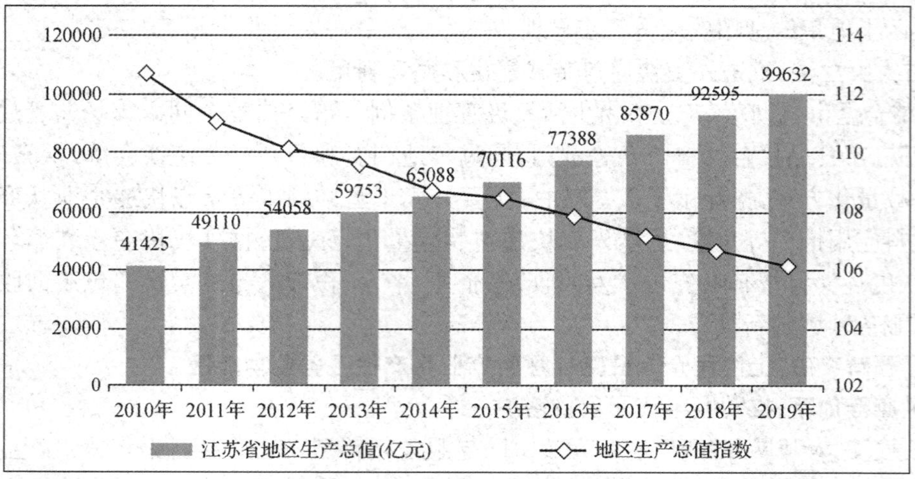

图 4　2010—2019 年江苏省地区生产总值统计图

数据来源:国家统计局、江苏省统计局

分产业来看,2019 年江苏省第一产业增加值占 GDP 比重为 4.31%,第二产业增加值占 GDP 比重为 44.43%,第三产业增加值占 GDP 比重为 51.25%。

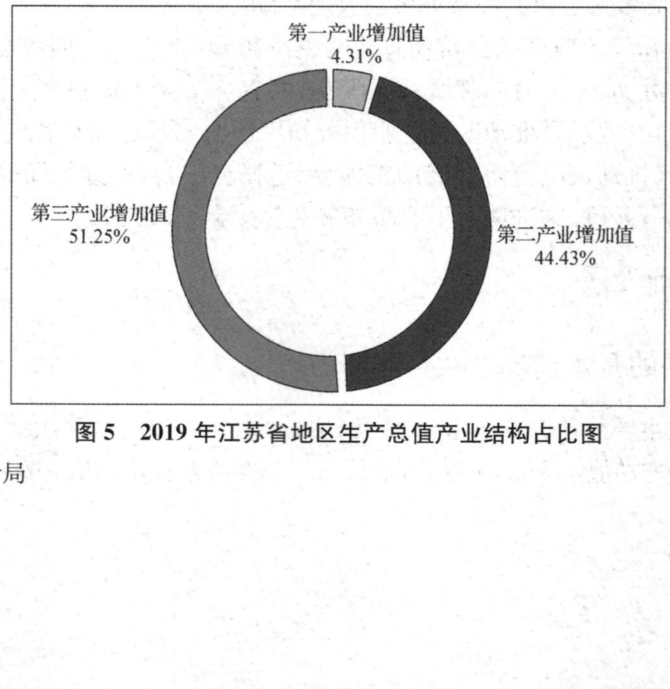

图 5　2019 年江苏省地区生产总值产业结构占比图

数据来源:江苏省统计局

(二)服务业发展的主要特征

2019年以来,全省服务业系统认真贯彻落实省委、省政府关于构建现代化产业体系、推动经济发展高质量的要求,把现代服务业作为当前产业升级的重要着力点和发力点,坚持以发展生产性服务业为主攻方向,为江苏制造业高端攀升提供有力支撑,以满足群众高品质生活需求为重要导向,努力提升生活性服务业供给水平。前三季度,全省服务业发展指标总体向好,服务业市场发展环境保持稳健态势,全省服务业景气度有所回升,服务业增加值占GDP比重稳步提升,规模以上服务业企业营业收入持续增长,重点行业增长势头良好。

1. 主要指标“稳”态持续,服务业成经济增长强引擎

服务业总体市场环境良好,江苏省服务业景气度回升。三季度,中国非制造业商务活动指数比上半年略有回落。上半年,中国非制造业商务活动指数稳定在54%以上;7月该指数下降到53.7%,8月该指数上升到53.8%,9月该指数为53.7%。前三季度,江苏省服务业景气度有所回升。9月,全省非制造业采购经理指数(PMI)为49.8%,环比上升0.6个百分点,连续第二个月上升。分行业来看,批发和零售业PMI为49.5%,上升1.1个百分点;信息传输、计算机服务和软件业PMI为53.2%,上升1.1个百分点;租赁和商务服务业PMI为48.7%,上升1.1个百分点;金融业PMI为56.2%,上升1.0个百分点;水利、环境和公共设施管理业PMI为51.3%,上升0.6个百分点;旅游业PMI为51.6%,上升1.8个百分点,时隔六个月重回扩张区;房地产业PMI为46.6%,上升0.8个百分点。

服务业增加值持续扩张,服务业占比稳步提升。前三季度,全省实现服务业增加值36996.9亿元,同比增长6.6%,高于地区生产总值增速0.2个百分点。全省服务业增加值占GDP比重达51.2%,高于第二产业增加值占比5.6个百分点,产业结构更趋优化。其中,金融业实现增加值6136.4亿元,同比增长9.7%;交通运输、仓储和邮政业实现2690.7亿元,同比增长7.1%;营利性服务业发展较快,前三季度实现增加值9183.9亿元,同比增长8.1%,高于服务业增速1.5个百分点。

服务业用电量增速继续高于全社会用电总量增速,公共设施管理服务增长加快。前三季度,全省服务业用电量为712.5亿千瓦时,同比增长6.4%,高于全社会用电量增速4.9个百分点。分行业看,水利、环境和公共设施管理业同比增长12.0%,租赁和商务服务业同比增长11.6%,科学研究和技术服务业同比增长7.5%,批发和零售业同比增长6.6%,交通运输、仓储和邮政业同比增长5.7%。

服务业税收增速大幅回落,减税降费效应凸显。前三季度,全省实现服务业税收5693.4亿元,同比增长1.2%,高于全部税收增速0.7个百分点。全省服务业税收增速受“减费降税”等一系列政策影响,比去年同期大幅下降19.3个百分点,各行业税收增速均出现不同程度的回落。金融业税收增势相对较好,税收收入同比增长7.1%;交通运输、仓储和邮政业税收同比下降0.9%,租赁和商务服务业同比下降1.9%,信息传输、软件和信息技术服务业同比下降5.9%,住宿和餐饮业降幅最大,同比下降15.2%。

服务业贷款投放力度加大,高于同期制造业增速。9月末,全省投向服务业的人民币贷款余额为5.4万亿元,同比增长13.5%,比6月末提高0.5个百分点,比去年9月末提高3.0个百分点,比同期制造业贷款增速高9.3个百分点。服务业贷款占比前三位的租赁和商务服务业增速提升,水利环境和公共设施管理业、房地产业增速平稳。租赁和商务服务业贷款同比增长11.6%,比6月末提高0.8个百分点;水利、环境和公共设施管理业贷款同比增长9.5%,比6月末提高0.4个百分点;房地产业贷款同比增长18.3%,比6月末下降1.5个百分点。

2. 规上服务业营收持续增长,新兴行业跑出“加速度”

前三季度,从营业收入总额来看,全省规模以上服务业企业完成营业收入11180.7亿元,同比增长9.1%。

生产性服务业带动作用明显,新兴行业增长速度领先。从行业大类看,增速最快的是信息传输、软件和信息技术服务业,同比增长12.7%;交通运输仓储和邮政业、租赁和商务服务业、科学研究和技术服务业均呈现平稳较快增长,同比增速分别为 8.9%、8.8%和 9.4%;以上四个领域营业收入合计达 9770.5 亿元,占全省总量的 87.4%。新兴行业增长劲头足、速度快,以南京淘宝软件、南瑞信息等为代表的互联网和相关服务业完成营业收入 470.4 亿元,同比增长 22.8%,增速居各大行业之首,对全省规上服务业营业收入增长的贡献率为 9.3%。

企业盈利水平快速提升,服务业减税政策效应显现。全省规模以上服务业企业实现营业利润 915 亿元,同比增长 15.2%,比去年同期提高 16.5 个百分点。道路运输业、商务服务业、装卸搬运仓储业和邮政业营业利润分别达 66.1%、38.1%、31.3%、19.3%的高速增长。与此同时,税金总额占营业收入的比重有所降低,税金总额占营业收入比重为 3.9%,比一季度降低 0.3 个百分点。自 2019 年 4 月 1 日起,伴随降低增值税税率、生产和生活性服务业加计抵减、旅客运输纳入抵扣、农产品加计扣除、不动产一次性抵扣、新增留抵税款退税等深化增值税改革政策正式实施,我省面向服务业企业的减税政策效应已逐步显现。

研发费用增长迅速,新兴行业成研发投入主力军。前三季度全省规上服务业研发费用总额为 162.5 亿元,增速达 39.5%,占营业收入总额的 1.5%,较上年同期增长 0.4 个百分点。排名前十的行业分别是软件和信息技术服务业、专业技术服务业、互联网和相关服务、科技推广和应用服务业、研究和试验发展、商务服务业、道路运输业、电信、广播电视和卫星传输服务、新闻出版业和租赁业,前三季度这些行业研发投入总额为 161.1 亿元,占总体研发投入的 99.1%。其中,研发费用投入最高的行业为软件和信息技术服务业,研发费用为 90.2 元,占总研发费用的 55.5%;增速最快的行业为互联网和相关服务,增速高达 104.4%。

苏南地区总量支撑强,增速领跑全省。前三季度,苏南五市规上服务业完成营业 7880.6 亿元,占全省总量的 70.4%,同比增长 11.1%,增速快于全省平均增速,且呈现加速增长态势。相较而言,苏北五市规模以上服务业完成营业收入 2020.2 亿元,占全省总量的 18.1%;苏中三市规模以上服务业完成营业收入 1279.8 亿元,占全省总量的 11.5%。苏南五市规模以上服务业企业数量相对集中,创新开放步伐相对较快,在运行中表现出总量支撑强、拉动动能足的鲜明特征。

3. 重点行业稳健向好,亮点纷呈惠及民生

前三季度,全省金融行业运行总体良好,其中人民币存贷款保持增长态势。9 月末,全省金融机构人民币存款余额为 15.4 万亿元,同比增长 9.4%,比去年 9 月末提高 2.0 个百分点。人民币存款余额比年初增加 13963.4 亿元,同比增加 3445.5 亿元。全省人民币贷款余额为 13.1 万亿元,比年初增加 14657.3 亿元,同比增加 3578.3 亿元,同比增长 15.4%。全省保险业稳中有升,保费收入增速有所提升。前三季度,全省实现保费收入 3086.7 亿元,同比增长 14.7%,比去年同期提高 23.4 个百分点。其中,财产险收入 698.9 亿元,增长 9.1%,比去年同期提高 2.6 个百分点;人身险收入 2387.8 亿元,增长 16.5%,比去年同期提高 29.2 个百分点。

全省软件和信息技术服务业增长趋势稳定。9 月末,全省共有软件企业 7201 家,同比增长 3.4%。前三季度,全省实现软件业务收入 7204.9 亿元,同比增长 14.8%,比上半年提高 3.6 个百分点。从业务类型看,信息技术服务收入 3932.8 亿元,同比增长 17.9%;嵌入式系统软件收入 1494.5 亿元,增长 12.8%,比上半年提高 0.4 个百分点;软件产品收入 1737.3 亿元,增长 9.9%;信息安全收入 40.29 亿元,增长 8.5%。全省实现软件外包服务收入 203.7 亿元,增长 7.0%;全省实现软件业务出口 55.4 亿美元,增长 3.6%。

全省邮政快递业快速增长。前三季度,在电商经济迅速发展、网购高速增长的带动下,全省快递业主要指标增速回升,全省实现快递业务量 39.6 亿件,增长 33.3%,比去年同期提高 11.2 个百分点;全省实现快递业务收入 435.5 亿元,增长 28.0%,比去年同期提高 5.5 个百分点,比上半年提高 0.5 个百分点。全省实现邮政业务总量 984.1 亿元,同比增长 36.7%,比去年同期提高 17.1 个百分点,比上半年提高 1.2 个百分点;全省实现邮政业务收入 584.4 亿元,增长 24.5%,比去年同期提高 6.1 个百分点,比上半年提高 1.7 个百分点。

前三季度，全省实现电信业务总量5573.6亿元，同比增长75.5%；全省实现电信业务收入739.6亿元，增长1.2%，比上半年回落0.3个百分点。全省电话用户数增速回落，电话用户数为11375.7万户，增长2.2%，比上半年回落2.4个百分点。其中，移动电话用户10029.4万户，增长3.1%；固定电话用户1346.4万户，下降4.0%。全省互联网宽带接入用户数3570.9万户，增长7.1%。

在交通运输方面，全省公路总周转量增速略有放缓，货运增长趋势平稳，客运增长有所下降。前三季度，全省实现公路总周转量2008.3亿吨公里，同比增长4.3%，比去年同期回落1.8个百分点。客货运主要指标分别呈现"一升一降"趋势，基于高铁分流、私家车保有量较高等因素影响，公路客运量继续小幅下降3.7%，降幅比上半年扩大2.2个百分点；旅客周转量下降2.9%，降幅比上半年扩大2.2个百分点。前三季度，公路货运量增长4.7%，比上半年提高0.5个百分点；货物周转量增长4.5%，比上半年提高0.5个百分点。铁路运输增长趋势平稳，货运增长加快，客运增速略有回落。前三季度，全省实现铁路总周转量887.7亿吨公里，同比增长5.7%，比上半年提高0.6个百分点，比去年同期回落0.9个百分点。具体分客货运看，同样是客运增速略有回落，货运增速提升。全省铁路客运量17331.2万人，增长8.6%，比上半年小幅回落0.1个百分点；全省铁路旅客周转量653.4亿人公里，增长6.0%，比上半年回落0.2个百分点。全省铁路货运量4475.4万吨，同比增长0.3%，比上半年提高4.0个百分点；全省铁路货物周转量234.3亿吨公里，同比增长5.1%，比上半年加快3.0个百分点。前三季度，全省实现水运总周转量4669.2亿吨公里，同比增长4.8%，比上半年加快1.9个百分点。水运客运量依然呈下降态势，同比下降14.4%，水运旅客周转量增长8.3%；全省水运货运量65020万吨，增长3.8%，比上半年回落1.5个百分点；全省水运货物周转量4667.7亿吨公里，增长4.8%，比上半年加快1.9个百分点。民航旅客吞吐量持续增长，苏中苏北地区机场均呈两位数增长。前三季度，全省实现民航旅客吞吐量4390.1万人次，同比增长13.8%，比上半年提高0.2个百分点。其中，南京机场实现旅客吞吐量2311.1万人次，列全国第11位；无锡机场实现旅客吞吐量596.7万人次，增长11.0%；淮安机场增长64.2%，增速全省第一。

人民美好生活向往引领旅游业优质发展。前三季度，全省实现旅游总收入10576.3亿元，增长10.6%，增速与上半年持平。其中，旅游外汇收入34.1亿美元，下降0.4%，降幅比上半年收窄1.0个百分点。全省接待境内外游客6.26亿人次，增长7.5%。其中，入境过夜游客289.3万人次，下降3.0%，降幅比上半年收窄1.3个百分点。全省4A级以上景区接待游客4.8亿人次，增长4.2%，比上半年小幅回落0.1个百分点。

4. 主攻生产性服务业发展，从"高质量"实现"高效益"

下一阶段，全省服务业工作将坚持以提升生产性服务业发展质量与效益为主攻方向，突出推进"两业"深度融合和总部经济高质量发展两大工作重心，完善政策引领，强化服务业重大项目投资、生产性服务业集聚示范区建设、生产性服务业领军企业和互联网平台经济重点企业培育等关键抓手，保障服务业综合改革试点取得阶段性成效，积极优化营商环境，促进现代服务业提质增效、升级发展。

探索培育服务业新增长点的路径手段。积极开展"两业"深度融合试点。组织实施《江苏省先进制造业和现代服务业深度融合试点工作方案》，以百企示范为引领，稳步推进我省龙头企业试点、产业集群试点和区域集聚发展试点。着力打通先进制造业和现代服务业良性融合、互动促进的关键节点，以大数据、云计算、人工智能等高智力服务要素赋能先进制造业的创新能力，推动产业链条相融相长、耦合共生。同时，大力发展总部经济。此外，积极提升服务业质量品牌优势。推进现代服务业质量提升行动，深入推进生产性服务业标准化试点，提升标准化服务能力，加快江苏服务品牌培育，全方位提高服务效率、服务品质和服务内涵。

持续放大服务业重点工程的示范效应。深化落实省生产性服务业"双百"工程和互联网平台经济"百千万"工程年度实施计划，组织开展主题为"送政策、抓落实、促融合"的现场推进活动，为推动现代服务业高质量发展、"两业"深度融合发展鼓劲造势、提振信心。发布对全省现代服务业集聚区和生产性服务业集聚示范区的综合评价意见,倒逼集聚区优化自身运营发展模式,加快提档升级。着力增强微观市场主体活力,支持领军企业做优做强,引领行业质态提升。扩大互联网平台经济优势,培育一批特色鲜明、竞争力强的平台经济重点企业,打造一批具有国际或区域影响力的平台型交易中心。发挥省级养老服务业综合发展示范基地、养老创新示范企业的示范作用,推动养老服务业市场化进程继续加快,规模和产值不断扩大,质量标准进一步提升,不断满足人民群众多样化生活服务需求。

三、浙江省服务业发展

(一)服务业基本情况

2019年,浙江省生产总值为62352亿元,按可比价格计算,比上年增长6.8%,高于全国。其中,第一产业增加值2097亿元,增长2.0%;第二产业增加值26567亿元,增长5.9%;第三产业增加值33688亿元,增长7.8%。

表4 2010—2019年浙江省各产业增加值统计表 (单位:亿元)

年份	浙江省第一产业增加值	浙江省第二产业增加值	浙江省第三产业增加值
2010	1360.6	14297.9	12063.8
2011	1583.0	16555.6	14180.2
2012	1667.9	17316.3	15681.1
2013	1760.3	18047.5	17948.7
2014	1777.2	19175.1	19220.8
2015	1832.9	19711.7	21341.9
2016	1965.2	21194.6	24091.6
2017	1933.9	22232.1	27602.3
2018	1972.1	24709.3	31321.6
2019	2097.0	26567.0	33688.0

数据来源:国家统计局、浙江省统计局,华经产业研究院整理

图6 2010—2019年浙江省地区生产总值统计图

数据来源:国家统计局、浙江省统计局

分产业来看,2019 年浙江省第一产业增加值占 GDP 比重的 3.36%,第二产业增加值占 GDP 比重的 42.61%,第三产业增加值占 GDP 比重的 54.03%。

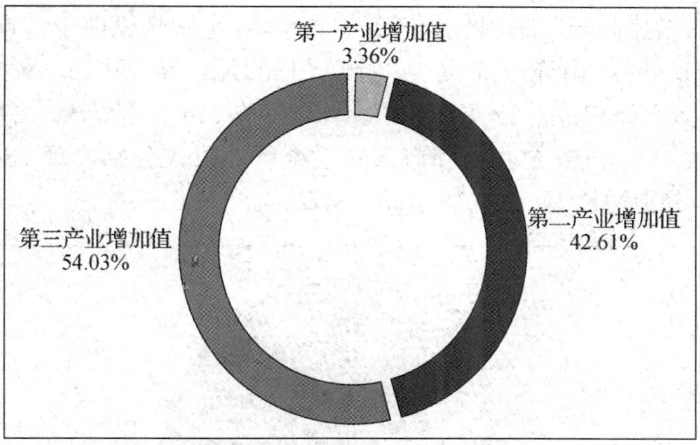

图 7　2019 年浙江省地区生产总值产业结构占比图

数据来源:浙江省统计局

(二)数字经济发展情况

2019 年,浙江省数字经济核心产业实现增加值 6228.94 亿元,同比增长 14.5%。农业、制造业、服务业等行业数字化对于经济发展的倍增作用不断释放,数字经济成为浙江高质量发展的重要引擎。

2019 年,浙江省规模以上电子信息制造业完成增加值 2073.6 亿元,同比增长 14.3%,增速继续领跑八大万亿产业;软件业务收入 6101.8 亿元,同比增长 17.6%。

2019 年,浙江省加快完善信息基础设施建设,网络覆盖和保障能力不断提升。截至 2019 年底,浙江省网民规模达 4729.8 万人,互联网普及率为 80.9%,均高于全国平均水平。

在新型基础设施部署方面,5G 网络规模部署有序推进,杭州、宁波、温州、嘉兴主城区及县市城区和乌镇实现连续覆盖。浙江省正加快推动人工智能、5G、物联网、区块链、量子计算、柔性电子等前沿热点信息技术实现迭代式创新突破。

浙江省全力推进省域治理现代化,推进政府数字化转型。全面推进"网上办""跑零次""掌上办"等特色平台和"一证通办""一网通办"建设。截至 2019 年底,"浙里办"实名注册用户超过 3000 万人。

浙江省以数字化助推信息便民惠民。互联网在扶贫、医疗健康、教育、文化旅游、养老等各领域实现更加深入应用。在"互联网+医疗"方面,浙江省已有 110 万名群众领取电子"健康医保卡",真正实现用一个码解决群众就医"一件事"。

(三)软件与信息服务业

2019 年 1—6 月,围绕数字经济"一号工程"建设,浙江省软件和信息服务业以产业融合发展为主线,不断推动创新鼓励创业,云计算、大数据、区块链、人工智能、物联网、移动互联网等新模式新业态加速迭代,全省软件产业呈现高质量发展态势。1—6 月,全省实现软件业务收入 2871.5 亿元,同比增长 16.3%;实现利税 1110.1 亿元、同比增长 34.3%,利润总额 732.0 亿元、同比增长 18.3%,占全国利润总额的 17.9%。

1. 运行情况及主要特点

(1) 产业规模平稳增长

1—6 月,全省实现软件业务收入 2871.5 亿元,同比增长 16.3%,高出全国软件增速 1.3 个百分点。产业规模全国排名第四,增速高于广东、北京、江苏等省市,在全国规模前十省市中并列第三位,前十省市增速分别为湖北(21.8%)、山东(16.5%)、浙江(16.3%)、陕西(16.3%)、北京(15.5%)、福建(15.5%)、江苏(15.2%)、上海(13.8%)、四川(12.9%)、广东(10.3%)。从软件业务类型来看,软件产品收入、信息技术服务收入、信息安全收入和嵌入式系统软件收入分别实现 786.4 亿元、1754.5 亿元、5.6 亿元和 325.0 亿元,分别增长 14.6%、19.3%、-47.4%和 7.8%。

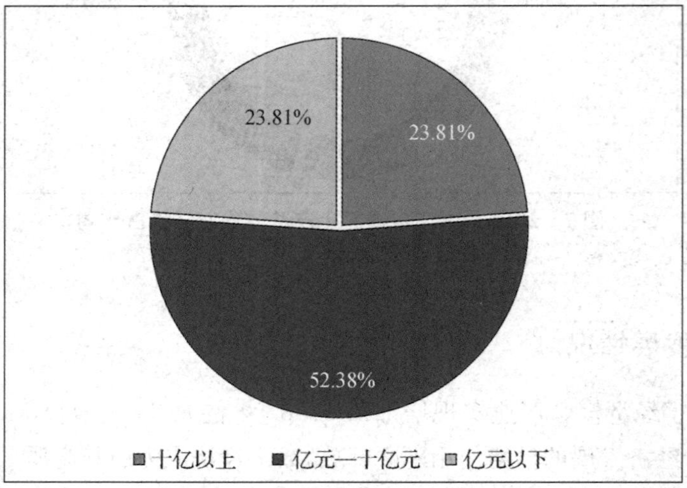

图 8　2019 年 1—6 月浙江省软件业务收入增长情况

(2) 信息技术服务引领增长

上半年,信息技术加速与各行业领域的渗透融合,电子商务、智慧物流、智慧健康、数字内容等新业态、新模式蓬勃发展,催生了分享经济、平台经济等新经济形态,促进了软件和信息技术服务的快速增长。1—6 月,全省实现信息技术服务收入 1754.5 亿元,同比增长 19.3%,高出全行业增速 3 个百分点,其中电子商务平台技术服务(包括在线交易平台服务、在线交易支撑服务在内的信息技术支持服务)收入 923.2 亿元,占全部信息服务收入的 52.6%。软件服务收入占比继续提升,占比达 61.1%,较去年同期上升 1.5 个百分点;对全省软件业务收入的贡献率达 70.5%,拉动全行业增长 11.5 个百分点。

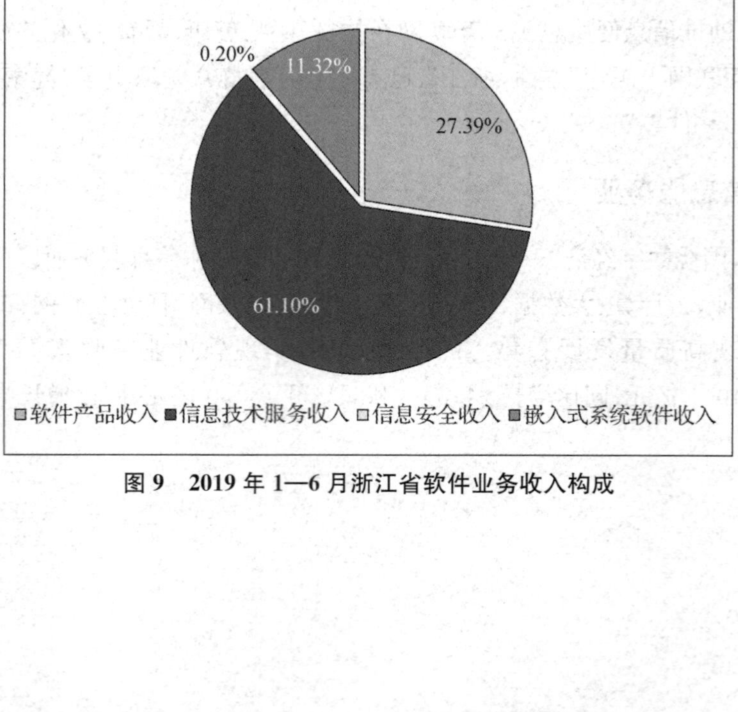

图 9　2019 年 1—6 月浙江省软件业务收入构成

(3) 产业效益增速稳中有升

1—6 月，全省软件产业实现利税 1110.1 亿元，同比增长 34.3%，其中利润总额 732.0 亿元，同比增长 18.3%，高于全国 8.4 个百分点，占全国利润总额的 17.9%，盈利能力持续提升。其中，龙头企业带动作用明显，阿里巴巴集团、网易在高基数的基础上持续快速稳定盈利，拉动了互联网企业的发展；中控、和利时等工业软件企业保持良好发展态势，盈利较去年大幅提升。

(4) 软件出口有所下滑

1—6 月，全省完成软件业务出口 5.7 亿美元，同比下降 4.7%，部分软件业务出口骨干企业出口额同比均有所下滑。软件产品出口依然是全省软件出口的主要引擎，占全部出口总量的 51.3%，外包服务出口同比增长 15.2%，实现 1.9 亿美元，占出口总量的 33.6%；嵌入式系统软件出口实现 0.9 亿美元，占出口总量的 15.1%。

2. 地市软件和信息服务业运行情况及特点

(1) 从产业规模看，地市产业规模差距较大，产业集聚现象明显。根据全省 11 个地市 1—6 月产业数据，除台州、丽水、衢州、舟山外，都达到 5 亿元以上。杭州作为全省软件产业主要集聚区，1—6 月软件产业规模为 2397.6 亿元，同比增长 15.2%，占全省产业规模比重达 83.5%；宁波排名第二，实现软件业务收入 373.4 亿元，同比增长 21.9%，占全省产业规模比重达 13.0%；嘉兴、金华位列第三、第四，分别实现软件业务收入 29.7 亿元、26.5 亿元，分别同比增长 21.2%、34.8%；温州排名第五，产业规模达 15.6 亿元，同比增长 4.0%；绍兴、湖州产业规模相近，均在 5 亿元以上梯队，分别实现软件业务收入 8.3 亿元、6.1 亿元。

表 5　2019 年 1—6 月浙江省各地市软件业务收入及增长情况表

地市	软件业务收入(万元)	同比增长(%)
杭州	23975582	15.2
宁波	3734377	21.9
温州	156464	4.0
嘉兴	297103	21.2
湖州	61159	50.3
绍兴	83422	60.1
衢州	33332	114.2
金华	265018	34.8
丽水	47743	11.3
台州	49757	−22.5
舟山	11303	36.1

(2) 从产业结构看，随着云计算、大数据、人工智能等新一代信息技术加速渗透经济和社会生活各个领域，软件产业向服务化、平台化、融合化发展，各地市产业结构均衡发展态势显现。除温州、嘉兴、绍兴、台州外，其余 7 个地市均以信息技术服务收入为主，产值规模排名靠前的杭州、宁波的信息技术服务收入占比分别达 64.1%、46.4%；温州、嘉兴、台州软件技术加速向制造业跨界融合，在龙头企业的引领下，产业结构以嵌入式系统软件为主；绍兴以软件产品收入为主，嵌入式系统软件成为重要的增长引擎。

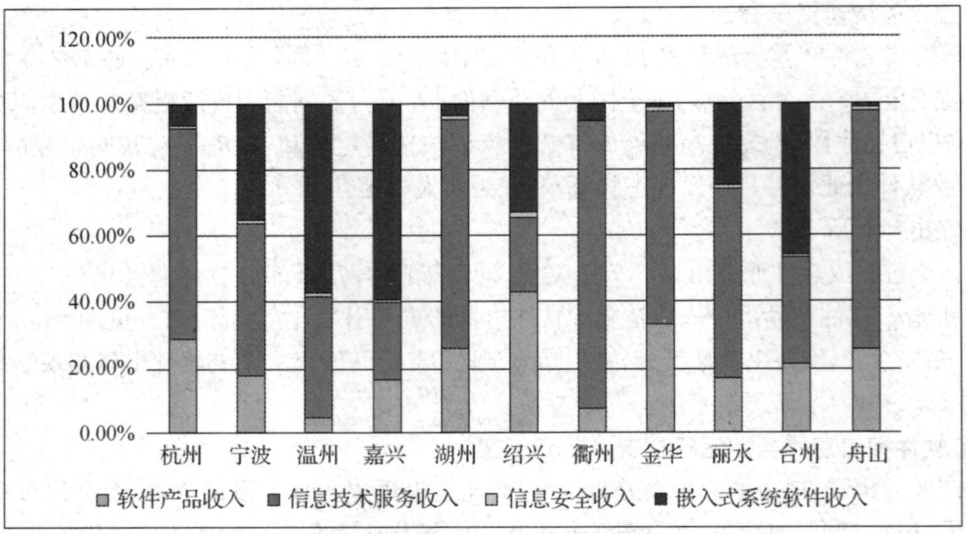

图10　2019年1—6月各地市分类软件收入分布图

表6　2019年1—6月各地市分类软件收入占比情况

地市	软件产品收入占比(%)	信息技术服务收入占比(%)	信息安全收入占比(%)	嵌入式系统软件收入占比(%)
杭州	29.07	64.11	0.16	6.65
宁波	17.99	46.40	0.32	35.30
温州	5.24	36.74	0.63	57.38
嘉兴	16.56	23.56	0.38	59.50
湖州	26.20	69.40	0.52	3.88
绍兴	43.22	22.62	0.91	33.25
衢州	7.98	86.81	0.00	5.21
金华	33.26	65.01	0.50	1.23
丽水	17.24	56.80	1.32	24.65
台州	21.64	31.90	0.58	45.88
舟山	26.11	72.03	0.35	1.51

(3)从产业效益看,嘉兴、湖州、绍兴、衢州、丽水、舟山等地同比出现负增长,其余地市保持不同程度增长。杭州在基数大的情况下,仍然保持快速增长,利润总额655.3亿元,同比增长20.1%。宁波实现利润总额65.5亿元,同比增长12.7%,位列全省第二。温州、台州两地虽然产业营收增速放缓,但效益不断向好,企业盈利能力较强,利润总额较去年同期大幅增长,增长率分别达45.7%、61.9%。

表7　2019年1—6月浙江省各地市软件产业利润总额及增长情况表

地市	利润总额(万元)	同比增长(%)
杭州	6552807	20.07
宁波	655376	12.72
温州	32456	45.67

续表

地市	利润总额(万元)	同比增长(%)
嘉兴	34180	−53.77
湖州	−1633	−2492
绍兴	23909	−11.89
衢州	−3322	−398.74
金华	17954	4.47
丽水	−4564	−119.11
台州	14307	61.94
舟山	−1478	−21.55

(4) 从就业人员看,人才分布不均问题依然存在。1—6 月,全省从业人员平均人数为 34.9 万人,同比增长 6.9%;与此同时,全省从业人员工资总额达 453.5 亿元,同比增长 14.8%,增幅高于从业人数;薪酬的增长加速了人才流入,但另一方面也增长了企业用工成本,人才向大城市集聚,中小企业留人用人压力倍显。全省软件产业从业人员主要集中在杭州,占全省的 59.2%,其次为宁波 24.3%、嘉兴 5.4%。从人均工资来看,杭州市从业人员收入最高,1—6 月人均工资实现 18.4 万元,宁波人均工资达 5.8 万元,其余地市人均工资均在 5 万元以下。

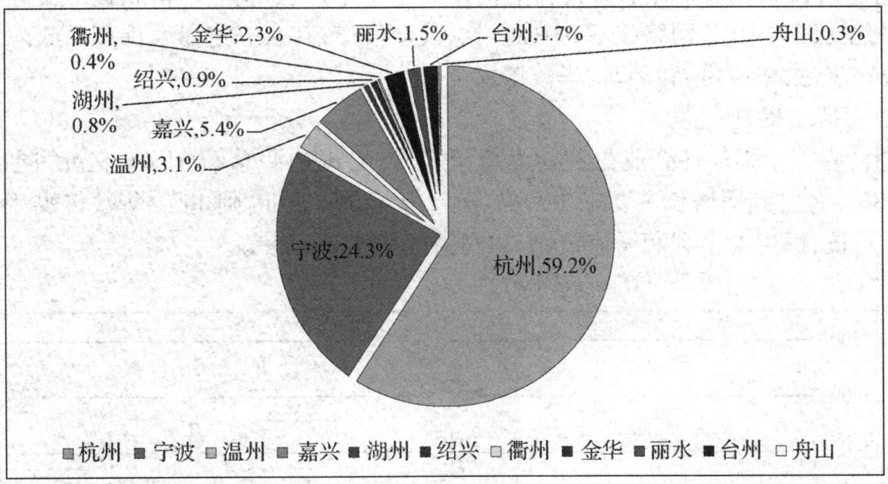

图 11　2019 年 1—6 月浙江省各地市软件产业从业人员分布情况

(5) 从龙头企业运行情况看,杭州龙头企业带动效应显著,全省软件二十强企业均在杭州,仅从二十强企业来看,杭州实现软件业务收入 1434.3 亿元,利润 618.6 亿元,占杭州软件行业(701 家)的 59.8% 和 94.4%。金华市总体以信息技术服务、软件产品企业为主,红狮物流、农信互联等龙头企业平稳增长,除龙头企业外多家企业发展迅速,逐渐缩小与龙头企业的差距。嘉兴形成了以闻泰通讯、海利普电子、中国电子科技集团第 36 研究所等龙头企业为代表的嵌入式系统软件产业,嵌入式系统软件收入占比过半。温州在金卡智能集团、正泰电器、正泰仪器仪表、德力西等嵌入式企业的带动下,产业保持稳定增长。

表8　2019年1—6月浙江省各地市纳入统计的主要企业情况表

地市	代表性龙头企业	占当地软件产业比重(%)
杭州	软件二十强	59.8
温州	金卡智能集团、正泰电器、正泰仪器仪表、德力西	32.5
嘉兴	闻泰通讯、海利普电子、中国电子科技集团第36研究所	46.1
湖州	恒翔信息、千寻位置网络、九州云信息	30.0
绍兴	九翎网络、捷昌线性驱动	51.1
衢州	智网科技、中国联通衢州分公司	42.6
金华	红狮物流、亿博网络、齐聚科技、农信互联、就约我吧	43.5
丽水	中广电器、浩腾电子、龙谷信息、邑扬网络	32.9
台州	拓卡奔马、琦星智能、百泰网络	40.3
舟山	英特讯信息、中船(浙江)海洋科技、舟山市智慧城市运营有限公司、百胜安科、海上通卫星通信	39.3

3. 二十强软件和信息服务业企业运行情况及特点

(1) 软件业务收入总体增长势头良好

1—6月,浙江省二十强软件和信息服务业企业持续保持良好的增长态势,实现软件业务收入1434.3亿元,同比增长20.9%。增长速度排名前十的企业中,五家企业以信息技术服务收入为主,分别是天猫、网易、阿里巴巴(中国)网络技术、中控科技、公众信产;其余五家以软件产品收入为主,分别是阿里云、海康威视数字、大华股份、和利时、华数传媒。

(2) 盈利能力持续提升

1—6月,浙江省二十强软件企业盈利能力持续提升,实现利润总额618.6亿元,同比增长24.9%,占全省总量的84.5%。利润增长主要来自天猫、淘宝等互联网企业,阿里云、华数传媒、阿里巴巴(中国)网络技术、中控科技、恒生电子利润增速较快,利润呈现翻倍增长态势。

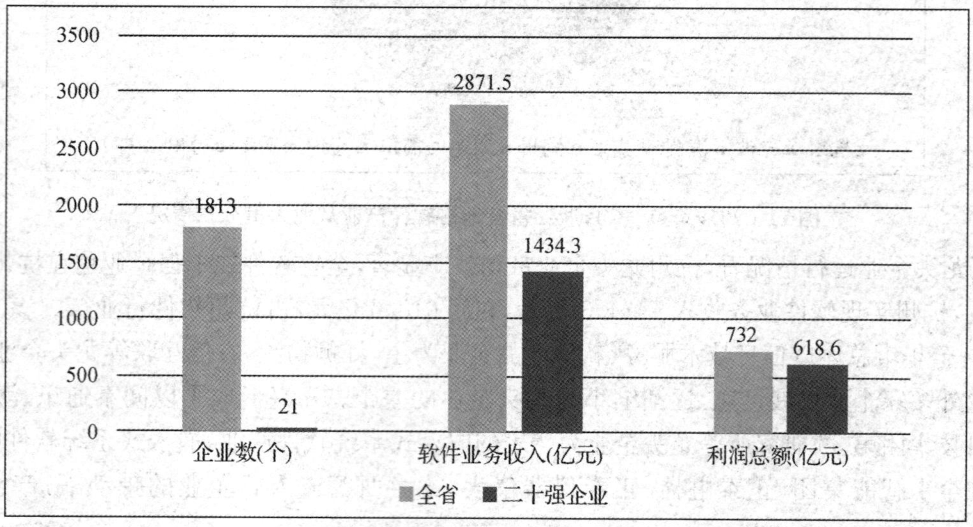

图12　2019年1—6月浙江省二十强软件企业数据与全省比较

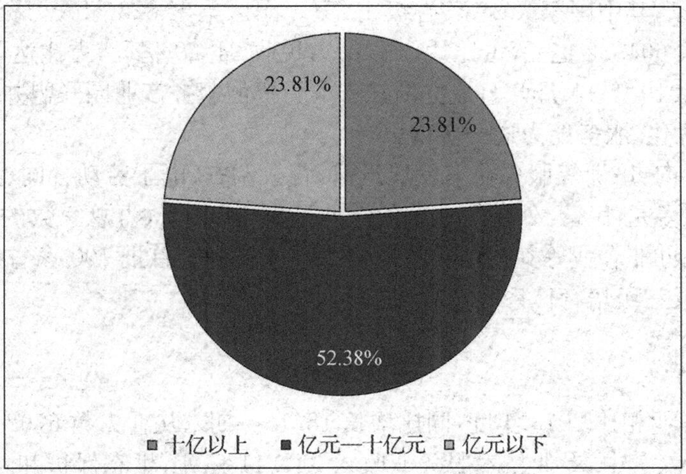

图 13　2019 年 1—6 月浙江省二十强软件企业利润总额分布情况

(3) 特色领域发展优势突出

根据软件和信息技术服务业 1—6 月统计月报企业开展业务情况分类看，浙江省二十强软件企业主要应用或服务领域集中在通信、安全、金融、电子商务、工业控制、娱乐、医疗等。1—6 月，以阿里云为代表的云计算领域，以阿里巴巴集团为代表的电子商务领域，以中控、和利时为代表的工业控制领域发展势头良好，软件业务收入大都有不同程度的增长。部分通信领域企业软件业务略有下降。云计算、大数据、互联网、人工智能等新技术的不断发展和融合，倒逼传统软件企业加快转型升级步伐，以适应新一轮的产业变革。

（四）人力资源服务业

2019 年底，浙江省共有人力资源服务机构 4133 家，全年营业收入 1852.65 亿元，从业人员 8.4 万人。全年纳税 74.83 亿元，帮助实现就业和流动 1052.61 万人次。

1. 人力资源高效配置，社会效益进一步显现

通过高效的市场机制，在人力资源配置、促就业稳就业上成效显著。2019 年，全省人力资源服务机构共举办各类现场招聘会 1.38 万场次，猎头成功推荐 3.53 万人，为 226.37 万家单位提供服务，帮助实现就业和流动 1052.61 万人次，进一步促进了全省人力资源有效开发和优化配置。另外，在助力脱贫攻坚中，通过人力资源服务机构解决建档立卡人员就业的有 47.2 万人，为打好打赢脱贫攻坚战贡献了力量。

2. 产业融合加快推进，协同效率进一步提高

创新对接服务平台，成功举办中国(浙江)人力资源服务博览会暨全省重点产业人力资源需求发布会，指导办好中国(宁波)人力资源服务创新创业大赛、中国杭州国际人力资源峰会、中国五金产业人力资源峰会、杭州人力资源服务和产品创新路演等系列活动。围绕八大万亿产业、之江实验室等重点项目、重大平台，举办各类人力资源供需对接活动 1.5 万场次，有力服务经济社会发展。

3. 各项经营指标趋好，经济贡献进一步提升

按照有人力资源服务许可证、人力资源服务备案凭证和劳务派遣证的统计范围，截至 2019 年底，浙江省共有人力资源服务机构 4133 家，同比增加 1436 家；营业收入 1852.65 亿元，所占 GDP 比例由 1.78%提高到 2.97%，同比增长 85.49%，位列全省各类服务业增速前列；纳税 74.83 亿元。

4. 产业园区示范发展，集聚效应进一步凸显

推动宁波跻身国家级人力资源服务产业园，国家级园区数量位列全国第一，批准温州、湖州建立省级园区。人力资源服务产业园"集聚、培育、交易、服务"作用得到明显发挥。截至 2019 年底，已建成人力资源服务产业园 27 家,其中国家级 2 家、省级 10 家。园区集聚 823 家人力资源服务企业,占企业总数的 19.92%;营业收入 694.32 亿元,占比达 37.48%;税收 24.29 亿元,占比达 32.46%,税收超 1 亿元的产业园 6 家。另外,2019 年 11 月 5 日成立浙江省人力资源服务产业园联盟并正式运作。

5. 产业结构不断优化,服务能力进一步增强

劳务派遣、招聘、咨询、培训等服务业态发展迅速,背景调查、电子劳动合同、共享用工等服务产品不断涌现。企业构成更加多元,民营、外资等性质的企业达到 3407 家,占总家数的 82.43%,其中港、澳和外资性质企业 22 家,民办非企业等其他性质的机构 224 家。确定首批 100 家省级重点培育人力资源服务企业,推动建立省市县三级培育体系。

(五) 环境服务业

2019 年度环境服务业相比 2018 年度,同比增长 18.1%;期末从业人数 67024 人,同比增加 23.9%;营业收入约 968.17 亿元(其中,专业技术服务业收入 351.11 亿元,生态保护和环境治理业收入 617.06 亿元),同比增长 30.3%。

浙江省环境服务业仍以小微型企业为主体,行业呈现分散状态。从统计结果看,2019 年大型企业(以营业收入划分)共 19 家,占从业企业数量的 2%;中型企业共 237 家,占从业企业数量的 23%;小型和微型企业占比达 75%。从地域分布来看,企业具有较高的区域集中度,其中 81.6%的企业营业收入来自于杭州和绍兴,仅 18.4%来自其余城市。

四、安徽省服务业发展

2019 年,安徽省多措并举,大力促进服务业发展,取得了良好成效,服务业增加值增速快于 GDP 0.2 个百分点。其中,信息传输软件和信息技术等其他营利性服务业增加值同比增长 15.4%,金融业增长 8.7%,交通运输、仓储和邮政业增长 6.4%,住宿和餐饮业增长 7.6%,房地产业增长 3.9%。服务业占 GDP 比重达 50.8%,高于第二产业 9.5 个百分点。

(一) 服务业基本情况及服务业百强企业

2019 年,安徽省生产总值 37114 亿元,按可比价格计算,比上年增长 7.5%。其中,第一产业增加值 2915.7 亿元,增长 3.2%;第二产业增加值 15337.9 亿元,增长 8%;第三产业增加值 18860.4 亿元,增长 7.7%。

表 9 2010—2019 年安徽省各产业增加值统计表

(单位:亿元)

年份	安徽省第一产业增加值(亿元)	安徽省第二产业增加值(亿元)	安徽省第三产业增加值(亿元)
2010	1729.02	6436.62	4193.69
2011	2015.31	8309.38	4975.96
2012	2178.73	9404.84	5628.48
2013	2267.15	10390.04	6572.14
2014	2392.39	11077.67	7378.68
2015	2456.69	10946.83	8602.11
2016	2567.72	11821.58	10018.32
2017	2582.27	12838.28	11597.45

续表

年份	安徽省第一产业增加值（亿元）	安徽省第二产业增加值（亿元）	安徽省第三产业增加值（亿元）
2018	2638.01	13842.09	13526.72
2019	2915.7	15337.9	18860.4

数据来源：国家统计局、安徽省统计局，华经产业研究院整理

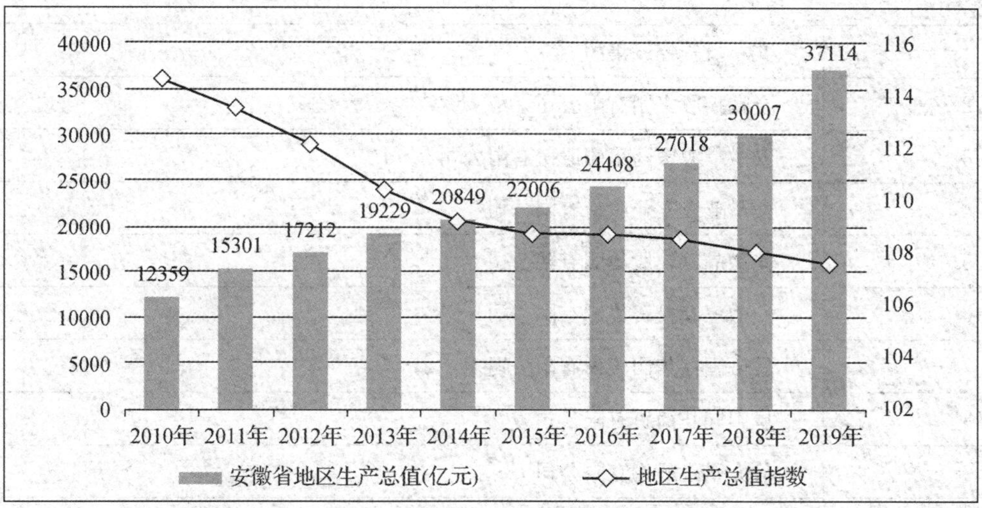

图 14　2010—2019 年安徽省地区生产总值统计图

数据来源：国家统计局、安徽省统计局

分产业来看，2019 年安徽省第一产业增加值占 GDP 比重的 7.86%，第二产业增加值占 GDP 比重的 41.33%，第三产业增加值占 GDP 比重的 50.82%。

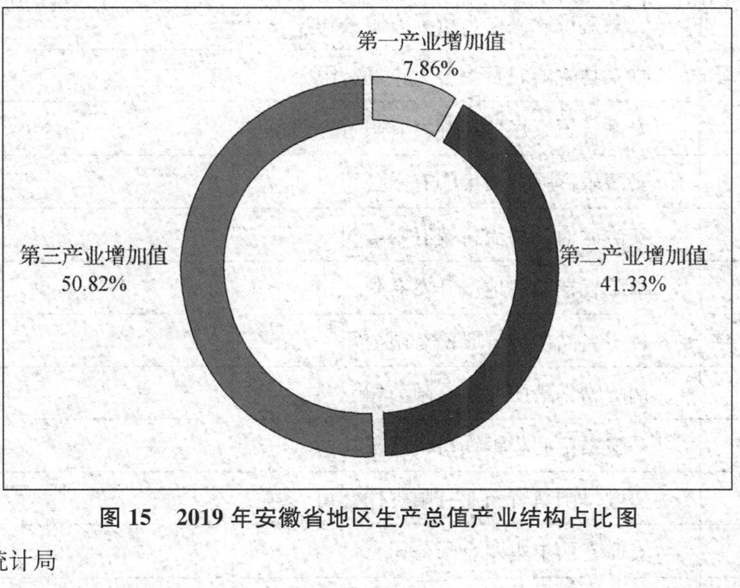

图 15　2019 年安徽省地区生产总值产业结构占比图

数据来源：安徽省统计局

2019 年 8 月，公布了安徽省民营企业百强榜单，榜单由营收百强、制造业综合百强和服务业百强三个分榜单组成。

安徽省上规模民营企业经营情况调研及百强排序活动迄今已连续开展了 21 年，产生了较大的社会影响。2019 年 3 月以来，省工商联、省经信厅、省市场监管局联合开展了“2018 年度安徽省上规模民营

企业经营情况调研及百强排序活动”。按照企业自愿参与原则,经过审核、评议等环节,依据企业2018年度主要经济指标,确定了2019安徽省民营企业营收百强、制造业综合百强和服务业百强。

2019安徽省服务业百强榜单显示:文一投资控股集团、金鹏控股集团有限公司、安徽华源医药集团股份有限公司、安徽亚夏实业股份有限公司、安徽晶宫控股集团有限公司进入榜单前五。其中,文一投资控股集团位居榜首。

表10 2019年安徽省服务业百强排行榜

排名	企业名称
1	文一投资控股集团
2	金鹏控股集团有限公司
3	安徽华源医药集团股份有限公司
4	安徽亚夏实业股份有限公司
5	安徽晶宫控股集团有限公司
6	安徽三巽投资集团有限公司
7	安徽国祯集团股份有限公司
8	阜阳同旺商贸有限公司
9	科大讯飞股份有限公司
10	阜阳佳海产业新城发展有限公司
11	芜湖三七互娱网络科技集团股份有限公司
12	三只松鼠股份有限公司
13	安徽置地投资有限公司
14	安徽盛世欣兴格力贸易有限公司
15	临泉县皖浙农贸综合大市场有限公司
16	安徽省恒泰房地产开发有限责任公司
17	安徽乐富强控股集团有限公司
18	安徽运通达物流科技有限公司
19	阜阳碧桂园房地产开发有限公司
20	百川名品供应链股份有限公司
21	铜陵物华集团股份有限公司
22	马鞍山市润华钢铁材料有限公司
23	安徽阜阳新特药业有限责任公司
24	安徽省丽丰集团有限公司
25	安徽通海置业有限公司
26	安徽伟星置业有限公司
27	安徽省大名实业(集团)有限公司

续表

排名	企业名称
28	安徽祯之信国际贸易有限公司
29	荣盛(蚌埠)置业有限公司
30	安徽华亿工贸集团有限责任公司
31	安徽徽创地产集团有限公司
32	六安华邦新华房地产有限公司
33	绿地集团合肥万峰置业有限公司
34	合肥亿帆生物医药有限公司
35	安徽三和汽贸有限公司
36	正奇金融控股股份有限公司
37	安徽皖信人力资源管理有限公司
38	芜湖市慕晨电子商务有限公司
39	合肥鼎笙通讯设备有限公司
40	安徽省南翔贸易(集团)有限公司
41	安徽省阜阳商厦股份有限公司
42	安徽盛晟投资开发(集团)有限公司
43	滁州城房置业有限公司
44	安徽顺丰速运有限公司
45	安徽明珠格力电器销售有限公司
46	安徽泽华钢铁材料有限公司
47	安徽亚美亚进出口贸易有限公司
48	安徽鸣华投资集团
49	安徽凯华钢铁材料有限公司
50	苏宁帮客科技服务有限公司
51	安徽安德利百货股份有限公司
52	安徽鸿坤国建置业有限公司
53	同庆楼餐饮股份有限公司
54	安徽富力城房地产开发有限公司
55	安徽斌锋控股集团有限公司
56	安徽万瑞地产集团有限公司
57	北海果业砀山惠丰市场有限公司
58	安徽五星电器有限公司
59	黄山市佳信工贸有限公司
60	马鞍山市三和仓储配送有限公司
61	安徽阜阳医药集团有限公司
62	安徽淮商商业管理集团股份有限公司
63	黄山置地投资有限公司

续表

排名	企业名称
64	安徽祥源文化旅游城投资有限公司
65	安徽华松实业集团有限责任公司
66	合肥宝勋体育用品商贸有限公司
67	芜湖安奇汽车股份有限公司
68	安徽欧尚超市有限公司
69	安徽同昇地产集团有限公司
70	安徽老乡鸡餐饮有限公司
71	安徽天洋集团
72	蚌埠市奥立汽车销售服务有限公司
73	安徽中恒商业发展有限公司
74	安徽华人健康医药股份有限公司
75	安徽新天地商业管理有限公司
76	安徽之星汽车销售服务有限公司
77	安徽运昌置业发展有限公司
78	芜湖市华强旅游城投资开发有限公司
79	安徽坤瑞投资有限公司
80	蚌埠聚本电子商务产业园有限公司
81	芜湖南京新百大厦有限公司
82	安徽环球文化旅游集团有限公司
83	安徽奥祥汽车销售服务有限公司
84	安徽鑫九源酒业有限公司
85	临泉县泰辉商贸有限公司
86	安徽安迪汽车有限公司
87	安徽童联孩子王儿童用品有限公司
88	星光珠宝集团股份有限公司
89	舒城远大华鸣房地产有限公司
90	安徽益力商贸集团有限责任公司
91	阜南县名邦置业有限公司
92	安徽省华安进出口有限公司
93	安徽工艺贸易进出口有限公司
94	安徽鑫钜华科技有限责任公司
95	安徽省宣城市医药有限公司
96	马鞍山百助网络科技有限公司
97	安庆置地投资有限公司
98	安徽鑫顺宇酒业有限公司
99	安徽金龙汽车销售有限责任公司
100	安徽长江科技股份有限公司

第五章　长三角地区财政

一、上海市财政情况

2019 年，面对国内外风险挑战明显上升的复杂局面，按照当好全国改革开放排头兵、创新发展先行者的要求，坚持稳中求进工作总基调，坚持新发展理念，坚持以供给侧结构性改革为主线，坚定不移推动高质量发展，全力以赴实施三项新的重大战略任务，继续打好三大攻坚战，把稳增长放在突出位置，以稳增长的硬任务实现高质量发展的硬道理，以自身发展的确定性有效应对外部环境的不确定性，扎实做好“六稳”工作，加快推进“四大品牌”建设，着力提升城市能级和核心竞争力，以实干实效庆祝新中国成立70 周年，完成市十五届人大二次会议确定的主要目标任务。在此基础上，政府“四本预算”执行情况总体良好。

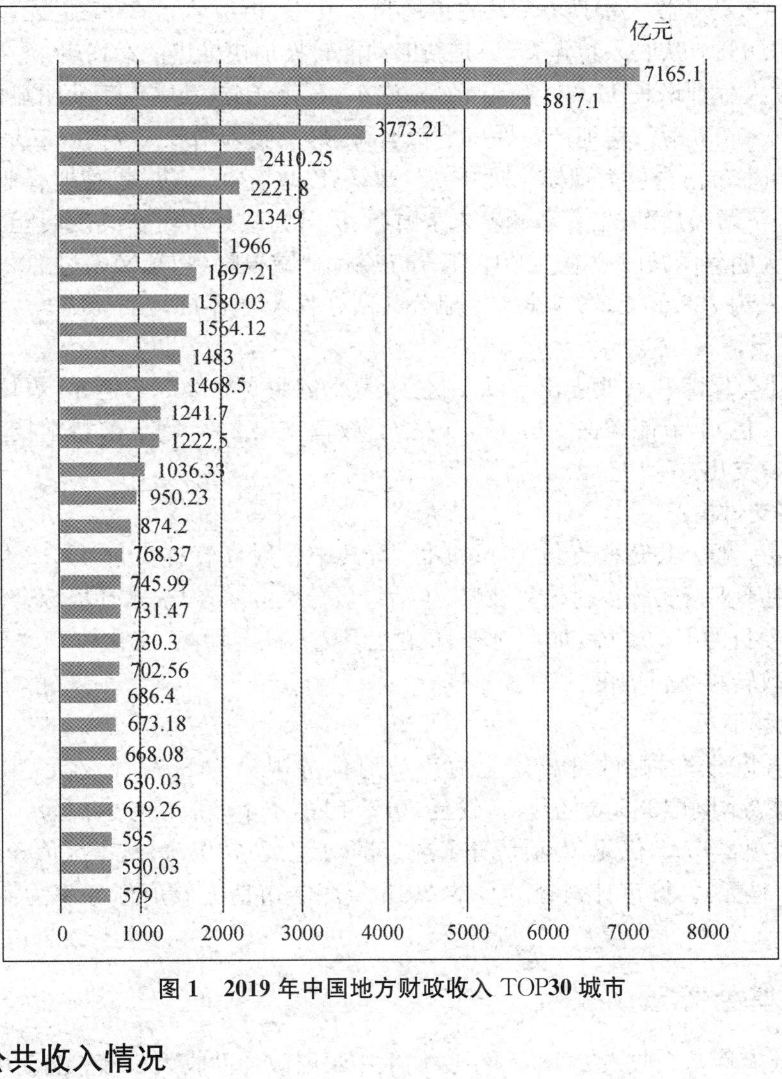

图 1　2019 年中国地方财政收入 TOP30 城市

（一）一般公共收入情况

2019 年，全市一般公共收入 7165.1 亿元，比 2018 年（下同）增长 0.8%。加上中央财政税收返还和补助收入 899.8 亿元，上年结转收入、调入资金、动用预算稳定调节基金等 885 亿元以及地方政府一般债务收入461.7亿元，收入总量为9411.6亿元。全市一般公共支出8179.3亿元，下降2.1%。加上上解中央财政支出277.2亿元、地方政府一般债务还本支出304.7亿元、补充稳定调节基金426.5亿元、结转下年支出223.9亿元，支出总量为9411.6亿元。全市一般公共收支执行基本平衡。市级一般公共收入3397亿元，增长1%。加上中央财政税收返还和补助收入899.8亿元，上年结转收入、区级上解收入、调入资金等407.8亿元以及地方政府一般债务收入461.7亿元，收入总量为5166.3亿元。市级一般公共支出2629.3亿元，下降5.8%。加上上解中央财政支出277.2亿元、市对区税收返还和转移支付支出1719.3亿元、地方政府一般债务还本支出72.5亿元、地方政府一般债务转贷支出323.8亿元、补充稳定调节基金23.3亿元、结转下年支出120.9亿元，支出总量为5166.3亿元。市级一般公共收支执行基本平衡。

2019年，地方政府新增一般债券242亿元，其中市级使用137.9亿元、转贷区级104.1亿元，用于基础设施建设等重大公益性项目支出；核定本市发行2019年再融资一般债券219.7亿元，全部转贷区级，用于偿还当年到期的一般债券本金。

1. 财政收入情况

2019年，全市一般公共收入实现0.8%的正增长。其中，市级收入3397亿元，增长1%；区级收入3768.1亿元，增长0.6%。从收入特点看，一是新旧动能转换加快推进。2019年，金融、信息等现代服务业发展良好，财政收入分别增长12.9%和10.3%；汽车、石化、钢铁等重点工业明显回落，财政收入分别下降19.2%、25.5%和33.8%；房地产业保持平稳运行，财政收入增长1.7%。二是“减税降费”效应明显。2019年，国家和本市出台更大规模“减税降费”政策，以政府收入的“减”换取企业效益的“加”。从长期看，有利于增强经济增长后劲、培育和涵养未来财源、提升财政经济可持续发展能力，但在短期内也对财政收入产生了较为明显的减收效应。2019年，全市新增“减税降费”总额超过2022亿元，相应减少地方一般公共预算收入约788亿元，影响全市一般公共预算收入增幅11个百分点。

2. 市级主要支出情况

2019年，市级社会保障和就业支出420.1亿元，卫生健康支出205.7亿元，农林水支出87.4亿元，公共安全支出168.5亿元，节能环保支出112.1亿元，教育支出283.4亿元，科学技术支出206.4亿元，文化旅游体育与传媒支出97.2亿元。

3. 市对区转移支付情况

2019年，市对区一般公共转移支付1042.9亿元，其中一般性转移支付650.2亿元，专项转移支付392.7亿元。主要用于支持实施乡村振兴战略、生活垃圾分类和减量化、水环境综合治理、基础设施建设等重大战略和重大项目的财力保障，加大对教育、医疗卫生、社会保障、文化体育、“三农”和公共安全等重要民生领域的财政转移支付力度。

4. 政府债务余额情况

2019年，经国务院批准，财政部核定上海市政府债务限额为8577.1亿元(其中，一般债务限额4191.5亿元，专项债务限额4385.6亿元)。截至2019年底，本市政府债务余额为5722.1亿元(其中，按类型分，一般债务余额2787.7亿元，专项债务余额2934.4亿元；按级次分，市级债务余额854.7亿元，区级债务余额4867.4亿元)。按审计口径计算的2019年底本市地方政府债务率为46.1%，债务规模适度，风险总体可控。

(二)政府性基金情况

2019年，全市政府性基金收入2418.1亿元，加上中央财政补助收入22亿元、动用上年结转收入161亿元、地方政府专项债务收入805.8亿元、调入资金18.3亿元，收入总量为3425.2亿元。全市政府性基金支出2580亿元、增长9.7%，加上地方政府专项债务还本支出233.4亿元、调出资金217.7亿元、结转下年支出394.1亿元，支出总量为3425.2亿元。市级政府性基金收入668.3亿元、增长9.1%，加上中央财政补助收入22亿元、动用上年结转收入88.2亿元、区级上解收入0.6亿元、地方政府专项债务收入805.8亿元，收入总量为1584.9亿元。市级政府性基金支出629.8亿元、增长16.9%，加上市对区转移支付支出140.9亿元、地方政府专项债务还本支出53亿元、地方政府专项债务转贷支出645.8亿元、调出资金23.3亿元、结转下年支出92.1亿元，支出总量为1584.9亿元。其中，市级国有土地使用权出让收入590.3亿元；市级国有土地使用权出让支出549.8亿元，主要用于中心城区旧区改造、轨道交通和重点区域土地收储及配套基础设施建设等方面支出。

2019年，地方政府新增专项债券675亿元，其中市级使用160亿元、转贷区级515亿元，用于旧区改造、土地储备等具有一定收益的公益性项目支出；核定本市发行2019年再融资专项债券130.8亿元，全部转贷区级，用于偿还当年到期的专项债券本金。

(三) 国有资本经营情况

2019年，全市国有资本经营收入166.6亿元、增长12.5%，加上上年结转收入14.8亿元，收入总量为181.4亿元。全市国有资本经营支出112.6亿元、下降7.5%，加上调出资金50.7亿元、结转下年支出18.1亿元，支出总量为181.4亿元。市级国有资本经营收入128.4亿元、增长8.8%，加上上年结转收入9.8亿元，收入总量为138.2亿元。市级国有资本经营支出84.8亿元、下降12.7%，加上调出资金40.8亿元、结转下年支出12.6亿元，支出总量为138.2亿元。

(四) 社会保险基金情况

2019年，全市社会保险基金收入4598.4亿元，增长6.6%。其中，保险费收入4062.1亿元，财政补贴收入363.2亿元，利息等其他社会保险收入173.1亿元。加上中央调剂资金收入324亿元，收入总量为4922.4亿元。全市社会保险基金支出4003.1亿元，加上中央调剂资金支出430亿元，支出总量为4433.1亿元。本年收支结余489.3亿元，年末滚存结余5450亿元。

(五) 落实市十五届人大二次会议决议情况

2019年，本市各级财政部门按照市人大预算决议和市人大财政经济委员会的审查意见，认真落实中央《关于人大预算审查监督重点向支出预算和政策拓展的指导意见》，从支出预算的总量和结构、重点支出与重大投资项目、部门预算、转移支付和政府债务等方面入手，结合落实审计整改，聚焦热点难点问题，持续深化重点领域和关键环节的财税改革攻坚，着力提高支出预算和政策的科学性、针对性、有效性，强化财政逆周期调节，“加力提效”实施积极的财政政策，有力有效地促进了上海经济社会持续健康发展。

1. 围绕全力实施“三大任务、一大平台”国家战略，聚焦支持改革开放向纵深发展。一是贯彻落实国家《临港新片区总体方案》和本市“特殊支持政策50条”，积极探索、统筹设计形成“产业＋投资＋贸易＋人才”四位一体、与新片区作为特殊经济功能区战略定位相适应的税制框架体系；研究设立“新片区专项发展资金”，优先支持临港新片区符合条件的重大项目建设；发挥财政专项资金的示范引领作用，支持深化自贸实验区“三区一堡”建设，促进贸易和投资自由化、便利化。二是围绕增强科创新优势、提升经济创新力和竞争力，结合实施促进科创企业发展的“浦江之光”行动，从2019年1月1日起的两年内，对纳入本市高新技术企业培育库的科技型企业，给予20万元—200万元不等的一次性技术创新培育资金支持；将科技创新券使用范围从测试检测、技术研发扩大到战略规划、技术转移、人才培养等方面，并将每家企业每年可申请的最高额度从10万元提高到30万元；新增安排本市天使引导基金、创业投资引导基金10亿元，引导社会资本加大对民营科技型企业创新发展的支持力度；将“上海市中小微企业政策性融资担保基金”的总量扩大至100亿元，制订实施“科创企业专项融资担保实施方案”，进一步向有优势、有潜力的科创企业聚焦发力，2019年完成担保贷款219.8亿元，初步建立起国家、市、区三级融资担保协同推进机制。三是聚焦事关长三角区域一体化发展的公共基础设施等领域重大项目,通过安排市级建设财力资金,支持轨道交通机场联络线等铁路路网和省际道路对接项目如期开工建设,加快推进长三角生态绿色一体化发展示范区建设,并积极推动国家绿色发展基金落户上海。四是落实国家"进博会"税收支持政策,精细精准做好财政投入保障和政策服务;将虹桥商务区专项资金总量扩大到20亿元,进一步拓展政策覆盖范围。五是安排落实对口支援与合作交流专项资金69.2亿元,加大对东西部扶贫协作和对口支援地区的投入保障力度,助力推进精准扶贫、精准脱贫。

2. 围绕全面提升"五个中心"功能,聚焦支持经济高质量发展。一是安排落实金融发展资金11亿元,支持金融业务创新、高端人才集聚、融资租赁业头部企业发展,促进提升上海金融中心的全球金融资源配置功能。二是安排落实外经贸专项资金8亿元,促进构建开放型经济新体制、培育国际经济合作和竞争新优势;通过无偿资助和政府购买服务等方式,重点支持"老字号"文化和品牌的保护、提升,促进加强传承创新,大力发展品牌经济;率先引入境外旅客购物离境退税现场"即买即退"服务方式,并在百联奥特莱斯等7家企业先行实施;安排落实航空枢纽和航运中心建设专项资金2.8亿元,支持航空枢纽建设和调整优化现代航运集疏运结构,促进功能性机构集聚发展。三是对标国家重大科技战略,安排落实专项经费16亿元,加大对前沿基础研究和"卡脖子"关键核心技术攻关投入力度,支持国家实验室筹建、新建大数据试验场和北斗导航等研发与转化功能型平台,加大对从事战略性前沿技术、颠覆性技术等领域各具特色新型研发机构的培育支持力度;安排落实科技创新计划专项资金等34亿元,重点支持原创新药、高端医疗器械等重大产品研发和"上海脑科学与类脑研究中心"科研能力建设。四是安排落实战略性新兴产业、集成电路产业、产业转型升级发展、信息化发展等领域财政专项资金112.7亿元,重点支持关键领域重大项目落实,支持集成电路、人工智能、生物医药和高端智能装备首台套、新材料、工业互联网等领域技术攻关和新兴产业发展,支持5G关键技术、新型城域物联专网等新一代信息技术基础设施建设。五是落实高端医疗器械、新能源汽车等创新产品政府首购政策,对纳入本市创新产品推荐目录的42件创新产品实行政府首购,聚集助力支持产业技术创新。六是落实"科改25条",加大简政放权力度,在科研项目预算编制调整、劳务费发放标准、国际合作与交流、差旅和会议费等方面,赋予科研机构和科研人员更大的经费管理自主权;对市级主管部门和事业单位下放科技成果转化等审批管理权限。七是发挥各类人才支持政策的激励引导功能,加大对科技人才的支持力度,提高科学技术奖励标准,着力支持打造近悦远来的国际化人才集聚新高地。

3. 围绕创造高品质生活,聚焦支持民生领域补短板、强弱项。一是统筹安排落实失业保险基金、市级促进就业专项资金等各类资金97.3亿元,支持实施援企稳岗"护航行动"、落实鼓励创业带动就业专项行动计划,做好高校毕业生、农民、退役军人、长期失业青年等重点群体就业创业服务,支持实施职业技能提升行动。二是安排落实农业保险保费补贴资金;实施猪肉等农产品保供稳价财政政策,落实相关资金,增加冻肉储备,降低流通环节交易成本,并及时发放价格临时补贴。三是通过财政转移支付和床位建设补贴等方式,引导各区加强养老床位、社区嵌入式养老设施、老年人日间服务中心、社区综合为老服务中心和社区长者食堂建设;进一步支持建立健全失智老人照护体系;筹集安排长期护理保险资金106.5亿元,支持扩大长期护理保险试点,对符合条件的市民社区医疗互助帮困计划对象增设照护补助。四是安排高等教育经费158亿元,用于落实地方公办高校基本办学经费,支持上海大学等13所高水平大学建设,大力发展一流高等职业教育;制定学前教育生均经费基本标准,建立学前教育财政经费稳定保障机制;安排落实基础教育综合改革经费30.5亿元,支持义务教育均衡发展,推动公办高中特色多样发展,探索职业教育中高职贯通,促进托幼一体化发展。五是大力推进旧区改造,统筹安排落实市级财力和地方政府专项债券资金,聚力支持中心城区成片二级旧里以下房屋改造、旧住房综合改造、风貌保护区域内里弄房屋修缮保护以及配套设施建设,继续支持各类保障性住房建设。六是围绕深入实施乡村振兴战略,健全财政支农政策体系,安排落实财政资金83亿元,重点支持乡村振兴示范村创建、农民相对集中居住、农村人居环境整治、农村综合帮扶等,促进城乡融合发展。七是安排落实公共卫生资金

11.2亿元，支持120急救车辆设备更新、疫苗采购和冷链管理，完善疾病预防控制体系；安排落实公立医院资金77.2亿元，支持公立医院大型医疗设备购置、临床重点专科建设，提升医疗卫生综合服务能力；支持推进医疗联合体建设，引导优质医疗资源下沉。八是提高低保等救助标准，支持建立本市残疾儿童康复救助制度，促进提高残疾儿童保障水平。九是安排落实财政资金35亿元，重点保障重大公共文化和体育设施建设和修缮，促进提升公共文化设施服务能级；支持举办第十二届中国艺术节。

4. 围绕提高城市治理的科学化、精细化和智能化水平，聚焦支持社会治理创新和生态文明建设。一是安排落实城市维护和架空线入地资金49.5亿元，保障市管城市道路、市容环卫等设施维护和管理，以及电力线、信息通信线等入地和监控杆、通信杆、电线杆等多杆合一；支持完成黄浦江45公里岸线的景观灯光提升改造。二是加大财政转移支付力度，安排落实市对区“美丽街区”提升改造建设补助资金16.2亿元，聚焦主要道路、主要河道及两侧、市民主要休闲服务和市民集中居住等重点区域，支持和促进提升街区公共空间的内涵特质和市政市容环境水平。三是结合加快推进城市运行“一网统管”，安排落实社会治理智能化经费8.8亿元，支持“智慧公安”等建设；加大对开展扫黑除恶专项斗争、城市应急管理体系建设财政经费保障力度，促进城市运行更有序、更安全。四是安排落实市对区垃圾分类示范街镇补助资金2.1亿元，支持创建生活垃圾分类示范街镇和生活垃圾可回收物“点、站、场”体系建设，不断巩固生活垃圾分类源头减量成效。五是安排落实林业建设和管理专项资金16.7亿元，重点支持各区公益林造林、生态廊道建设等。六是安排落实市对区二级水源地保护企业关闭清拆补助资金4.9亿元，支持全市二级水源地现存工业企业清拆整治；安排落实财政资金131.8亿元，重点推进苏州河环境综合整治四期工程周边水系治理、劣Ⅴ类水体治理、雨污混接改造等，进一步建立河道养护长效机制，保障全市城镇公共污水处理正常运转。

5. 围绕增强市场活力和经济内生动力，聚焦支持打造国际一流营商环境。一是不折不扣落实国家更大规模“减税降费”政策，加强对政策落实情况的动态跟踪、监督检查和综合评价，认真查找、及时解决在政策落实过程中遇到的各种问题，在减轻实体经济负担、激发企业活力、稳定市场预期、促进企业加强研发、增加投资和扩大就业等方面发挥了重要促进作用，支持了实体经济特别是制造业的高质量发展。随着各项政策的落地实施，“减税降费”效应逐步显现，受益最多的是制造业和小微企业。制造业税负明显降低，合计减税约360亿元；小微企业享受普惠性税收优惠政策，合计减税约94亿元；民营企业成为本次“减税降费”受益面最大的群体，仅深化增值税改革政策，受益对象中约90%为民营企业。同时，全市共有1643.58万个自然人享受了个人所得税基本减除费用标准提高、增加六项专项附加扣除等两步叠加改革红利，减税约523亿元，约占全市减税总量的三分之一，人均减税约3182元。二是按照推进政府业务流程再造的要求，聚焦政务服务“一网通办”，着力支持全市统一的数据共享交换平台建设，支持数据整合共享应用和政府部门信息系统迁移上云。三是按照优化完善公共支付平台服务功能的要求，对已纳入平台实现微信、支付宝等移动支付的39项个人非税业务缴款事项，全部实现财政电子票据应用。四是进一步发挥政府采购政策的导向功能，市级部门年度政府采购项目预算总额中专门面向中小微民营企业的采购份额达50%以上，其中小微企业的合同金额占比达60%以上。五是深化“证照分离”改革，对会计师事务所及分支机构设立审批、境外会计师事务所在沪临时执业许可、中介机构从事代理记账业务，实行提交材料与审批时限“双减半”，着力优化会计行业准入服务。

6. 围绕优化财政资源配置，聚力深化重点领域的财政制度和管理改革创新。一是出台实施《基本公共服务领域市与区财政事权和支出责任划分改革方案》，进一步明确市与区财政事权与支出责任划分，规范支出责任分担方式。二是深入贯彻落实市委有关本市做好当前财政收支预算管理支持落实“减税降费”政策的实施意见，在落实一般性支出压减5%的基础上，各部门进一步加大压减力度，全年压减幅度达10%以上；进一步优化支出结构，突出保障重点，将压减一般性支出节省下来的资金，优先用于保障民生支出，加大产业发展支持力度；完善预算评审制度，强化财政评审结果运用，将评审核减资金收回财政统筹安排。三是建立健全国有资产报告工作推进机制，扎实做好2018年度国有资产综合报告和企业国有资产(不含金融企业)专项报告工作;逐步将行政事业单位的长期低效运转、闲置和超标配置资产,以及经批准组建的临时机构、召开重大会议、举办大型活动购置的资产,统一纳入市级行政事业单位公物仓集中管理、统筹调剂。四是认真贯彻落实市委关于本市全面实施预算绩效管理的意见,出台预算绩效管理相关配套制度,从全方位、全过程、全覆盖入手,多维度地推动预算绩效管理改革全面实施,全市的预算绩效管理制度体系得到进一步完善。五是选择8个市级部门和徐汇、金山2个区共33家预算单位先行开展预算单位差旅电子凭证网上报销改革试点。六是从2019年1月1日起,在全市各级各类行政事业单位推进实施新的政府会计准则制度,并加强与部门预决算管理、资产管理、内控机制建设和绩效管理的统筹协调,促进本市行政事业单位财务会计人员从"核算型"向"管理型"转变。七是将项目预算公开的市级部门范围从2018年的31个扩大到2019年的全覆盖,将市级部门公开绩效目标和评价报告的项目总量从2018年的331个增加到2019年的498个;新增公开行政事业单位国有资产管理情况的《资产负债情况表》;首次披露地方政府债券存续期信息。

二、江苏省财政情况

(一)一般公共财政收支情况

2019年,全省一般公共财政收入8802.36亿元,增长2.0%(考虑到年中国家出台更大规模减税降费政策因素,同口径增长12.6%)。其中,税收收入7339.59亿元,增长1.0%;非税收入1462.77亿元,增长7.0%。税收占比为83.4%。一般公共预算支出12573.31亿元,增长7.9%。

表1 2019年江苏省财政收入分地区简况

地区	1—12月	
	2019年	增幅(%)
全省合计	8802	2.0
南京市	1580	7.5
无锡市	1036	2.4
徐州市	468	−11.0
常州市	590	5.3
苏州市	2222	4.8
南通市	619	2.2
连云港市	242	3.5
淮安市	257	4.1
盐城市	383	0.5
扬州市	329	−3.3
镇江市	307	1.8
泰州市	366	2.4
宿迁市	213	3.1

全省一般公共财政收入8802.36亿元,加上中央税收返还及转移支付收入、地方政府一般债务收入、上年结转收入、动用预算稳定调节基金等6139.69亿元后,收入总计14942.05亿元。一般公共财政

支出12573.31亿元，加上上解中央支出、地方政府一般债务还本支出、补充预算稳定调节基金等1800亿元后，支出总计14373.31亿元。收支相抵，结转下年支出568.74亿元。

省级一般公共财政收入189.93亿元，加上中央税收返还和转移支付收入、地方政府一般债务收入、市县上解收入、上年结转收入、动用预算稳定调节基金等5294.35亿元后，收入总计5484.28亿元。一般公共财政支出1096.61亿元，加上上解中央支出、对市县税收返还及转移支付支出、地方政府一般债务还本及转贷市县支出、补充预算稳定调节基金等4306.13亿元后，支出总计5402.74亿元。收支相抵，结转下年支出81.54亿元。

（二）政府性基金情况

2019年，全省政府性基金收入9249.59亿元，加上中央补助收入、地方政府专项债务收入、上年结转收入等3288.71亿元后，收入总计12538.30亿元。政府性基金支出9896.02亿元，加上上解中央支出、地方政府专项债务还本支出、调出资金等1249.23亿元后，支出总计11145.25亿元。收支相抵，结转下年支出1393.05亿元。

2019年，省级政府性基金收入110.79亿元，加上中央补助收入、地方政府专项债务收入、上年结转收入等2232.13亿元后，收入总计2342.92亿元。政府性基金支出102.13亿元，加上上解中央支出、地方政府专项债务转贷支出、调出资金等2217.49亿元后，支出总计2319.62亿元。收支相抵，结转下年支出23.30亿元。

（三）国有资本经营情况

2019年，全省国有资本经营收入235.39亿元，加上上年结转收入15.67亿元后，收入总计251.06亿元。国有资本经营预算支出167.06亿元，加上调出资金71.13亿元后，支出总计238.19亿元。收支相抵，结转下年支出12.87亿元。

2019年，省级国有资本经营收入33.66亿元，加上上年结转收入4.85亿元后，收入总计38.51亿元。国有资本经营预算支出25.40亿元，加上调出资金9.26亿元后，支出总计34.66亿元。收支相抵，结转下年支出3.85亿元。

（四）社会保险基金情况

2019年，全省社会保险基金收入5813.18亿元，加上中央补助收入、转移收入532.92亿元后，收入总计6346.10亿元。社会保险基金支出5368.74亿元，加上上解中央支出、转移支出664.20亿元后，支出总计6032.94亿元。收支相抵，当年结余313.16亿元；加上上年结余7698.20亿元，本年滚存结余8011.36亿元。

2019年，省级社会保险基金收入273.34亿元，加上中央补助和市县上解收入、转移收入1039.44亿元后，收入总计1312.78亿元。社会保险基金支出307.08亿元，加上上解中央和补助市县支出、转移支出1039.35亿元后，支出总计1346.43亿元。收支相抵，当年缺口33.65亿元；加上上年结余636.46亿元，本年滚存结余602.81亿元。

（五）地方政府债务情况

1. 地方政府债务限额及余额情况

财政部核定江苏省2019年政府债务限额16525.13亿元（其中新增限额2000亿元，全部为政府债券），年末政府债务余额预计为14878.38亿元，在核定限额之内；债务率为59.7%，低于警戒线，风险总体可控。省级政府债务限额863.58亿元，年末债务余额为523.04亿元。

2. 地方政府债券发行及使用情况

2019年,全省发行政府债券2852.3亿元。其中,新增债券2000亿元,再融资债券702.3亿元,置换债券150亿元。

全省新增债券2000亿元主要用于交通运输201.57亿元、市政建设320.21亿元、土地储备574.3亿元、保障性住房472.68亿元、生态和环境保护51.03亿元、农林水97亿元、教育125.08亿元、卫生健康50.95亿元、科学等社会事业107.18亿元。省级新增债券110.8亿元主要用于交通运输36亿元、农林水40亿元、教育及卫生健康34.8亿元。

3. 地方政府债券还本付息情况

2019年,全省政府债券还本支出978.09亿元,付息和发行费支出453.74亿元。省级政府债券还本支出116.97亿元,付息和发行费支出18.71亿元。

(六) 财政支出与政策执行

2019年,在省委、省政府正确领导和省人大、省政协关心支持下,全省各级财政部门坚持以新思想引领财政工作,以新思想破解财政难题,在支撑"强富美高"新江苏建设取得新成果、努力克服减税降费政策影响的同时,支持经济总体平稳运行,多措并举实现财政收支平衡,成绩来之不易。全省和省级预算执行与管理着力做好了以下重点工作:

1. 坚持算政治账、长远账,落实落细各项减税降费政策

一是把实施更大规模减税降费作为全省财政部门2019年头等大事,统筹谋划、精准发力,各项政策迅速落地见效。预计全年新增减税降费超过2200亿元,惠及超过350万家企业和2700万人,有效激发了各类市场主体创新和发展活力,为我省制造业固本升级、服务业加快发展、消费市场培育壮大创造了良好条件。二是开源、节流、挖潜多措并举,积极应对减税降费带来的财政收支平衡压力。盘活财政存量资金资产用于弥补减收缺口,相关做法获国务院主要领导批示肯定并印发各地学习借鉴。按轻重缓急合理安排支出优先次序,严控预算追加,新增支出事项主要通过调结构解决;省级及各市县财政一般性支出均压减10%以上,真正做到用政府的紧日子换老百姓的好日子。启动建立县级"三保"(保工资、保运转、保基本民生)预算审查、监测预警和风险评估机制,相关工作走在全国前列。三是经省人大常委会批准,调整财政收支预算,适度降低收入预期目标,引导市县依法依规组织收入,量力而行安排支出,确保减税降费政策取得实效。

2. 积极的财政政策加力提效,确保省委、省政府重大决策部署实施

一是统筹运用财政政策工具,着力支持打赢三大攻坚战。持续加大精准脱贫财政投入,健全财政扶贫资金动态监控机制,落实政府采购支持脱贫攻坚政策,脱贫攻坚取得关键进展。全省农林水支出超过1000亿元,涉农专项资金通过"大专项+任务清单"方式统筹使用。注重财政政策和环境经济政策协同发力,继续完善与污染物排放挂钩、排污权有偿使用和交易、"环保贷"、差别电价等政策,支持成立环保投资集团,推动生态环境由局部好转向整体好转迈进。牢牢守住不发生区域性系统性风险底线,构建政府债务管理闭环机制,完善制度体系,推动化债方案稳步落实,存量债务周转接续有序进行。二是提高财政资金和政策的有效性,推动经济社会平稳发展。强化绩效管理,将省委省政府确定的产业结构优化提升、发展动能转换、乡村振兴、区域协调发展等年度重点工作目标任务细化为财政资金和政策绩效目标,确保事事有落实,件件有保障。严格预算约束,采取若干措施加快预算执行进度,推动各部门进一步规范专项资金使用管理,提高效益。优化政府一般债券使用结构,用足用好新增专项债券限额政策,支持交通、水利等重大项目有力推进。支持解决中小企业融资难、融资贵问题,"小微创业贷"累计投放960亿元。三是大力调整支出结构,扎实保障和改善民生。通过压缩非重点非刚性支出和加大资金统筹力度,及时兑现普惠性支出提标政策,就业、教育、卫生健康、社会保障等财政投入持续增加,推动全面完成十项民生实事。完善省级补助资金使用管理,支持加快改善苏北农村住房条件。加大省对市、县转移支付力度，支持经济薄弱地区提高基本公共服务保障能力。全省一般公共预算支出75%、省级80%以上用于民生，充分发挥财政兜底保障作用。

3. 立柱架梁、夯基垒台，加快建立现代财政制度

一是深化预算管理改革。认真落实人大预算审查监督要求，出台进一步加强省级财政专项资金管理的实施方案，清理整合现有专项资金，实行清单管理，并按规定向社会公开。出台全面实施预算绩效管理的实施意见，建立预算绩效管理成果应用机制。率先实施省级党政机关和事业单位经营性国有资产集中统一监管改革，组建省国金资本运营集团有限公司。率先出台省级国有金融资本管理办法，实行省级国有金融资本集中统一管理。开展政府采购领域妨碍公平竞争规定和做法的专项清理。完善省政府投资基金管理办法。二是加快推进事权和支出责任划分改革。出台我省基本公共服务领域省与市县财政事权和支出责任划分改革方案，积极推进医疗卫生、科技、教育、交通运输领域改革。调整完善转移支付制度，设立共同财政事权转移支付，根据市县财政综合保障能力实行分类分档管理并动态调整。三是全面落实国家税制改革部署。切实做好增值税降低税率、期末留抵税额退税、提高个人所得税基本减除费用标准和专项附加扣除等政策落实工作。根据地方税立法授权，提出我省耕地占用税具体税额标准。

三、浙江省财政情况

（一）一般公共财政收入情况

2019年，全省一般公共财政收入7048.00亿元，比上年增长（以下简称"增长"）6.8%。其中，税收收入5898.17亿元，增长5.6%；非税收入1149.83亿元，增长13.7%。

(1) 增值税2374.54亿元，比上年下降（以下简称"下降"）1.2%，主要是落实增值税减税政策。

(2) 企业所得税1115.55亿元，增长14.7%，主要是浙江省经济持续健康发展，市场主体持续升级，部分重点企业和房地产企业效益增速较快。

(3) 个人所得税412.94亿元，下降11.4%，主要是2018年提高起征点、调整税率的政策翘尾和2019年增加6项专项附加扣除的减税效应叠加释放。

(4) 资源税12.10亿元，下降5.7%，主要是实施小微企业普惠性税收减免政策，对增值税小规模纳税人按50%幅度减征资源税。

(5) 城市维护建设税363.26亿元，下降2.0%，主要是增值税收入下降，城市维护建设税收入相应减少，以及实施小微企业普惠性税收减免政策，对增值税小规模纳税人按50%幅度减征城市维护建设税。

(6) 房产税207.25亿元，下降11.2%，主要是2019年房产税征期调整，以及实施小微企业普惠性税收减免政策，对增值税小规模纳税人按50%幅度减征房产税。

(7) 印花税93.48亿元，增长3.6%，主要是实施小微企业普惠性税收减免政策，对增值税小规模纳税人按50%幅度减征印花税。

(8) 城镇土地使用税92.44亿元，下降27.6%，主要是2019年城镇土地使用税征期调整，以及实施小微企业普惠性税收减免政策，对增值税小规模纳税人按50%幅度减征城镇土地使用税。

(9) 土地增值税467.69亿元，增长36.7%，主要是杭州、金华等地一次性清缴入库较多。

(10) 车船税59.38亿元，增长7.9%。

(11) 耕地占用税121.85亿元，增长167.1%，主要是《耕地占用税法》实施，规范了纳税义务发生时间和纳税期限，部分地区一次性清缴入库较多。

(12) 契税571.34亿元，增长24.4%，主要是湖州、嘉兴等地一次性清缴入库较多。

(13) 环境保护税3.51亿元，增长33.1%，主要是2018年环境保护税于4月1日开征，征期仅为3

个季度,收入较少。

(14) 其他税收收入2.84亿元,下降45.4%,主要是营业税补缴入库数少于上年度。

(15) 专项收入528.87亿元,下降0.2%。

(16) 行政事业性收费收入144.84亿元,增长49.7%,主要是部分政府性基金收入转列一般公共预算,以及部分地区收入一次性清缴入库。

(17) 罚没收入199.44亿元,增长15.7%,主要是台州、宁波、嘉兴等地罚没收入一次性清缴入库。

(18) 国有企业计划亏损补贴－50.54亿元,下降7.8%,主要是杭州、宁波等地对公用事业企业政策性亏损补助减少。

(19) 国有资源(资产)有偿使用收入277.35亿元,增长22.7%,主要是利息收入增加较多,以及舟山、台州、宁波等地盘活国有资产,处置非经营性国有资产一次性收入。

(20) 政府住房基金收入28.37亿元,增长8.5%,主要是加快推进公租房建设,进一步提高公租房租金收入,以及住房公积金增值收益增长较多。

(21) 其他收入21.13亿元,增长39.5%,主要是宁波等地其他收入一次性清缴入库。

(二) 一般公共财政支出情况

2019年,全省一般公共预算支出10052.99亿元,首次突破万亿,增长16.5%。

支出分项目完成情况如下:

(1) 一般公共服务支出1009.96亿元,增长13.6%,主要是杭州市人才专项和信息化建设资金增加较多。

(2) 公共安全支出662.70亿元,增长11.3%,主要是部分地区公安信息化建设资金增加较多,用于人脸识别及城市大脑相关系统建设。

(3) 教育支出1764.69亿元,增长12.2%,主要是杭州市、宁波市等地加大教育基础设施建设投入力度,其中滨江区安排奥体单元小学及幼儿园建设1.85亿元、江南单元小学及幼儿园建设1.5亿元、彩虹城西小学及公共配套设施项目0.8亿元,宁波市拨付鄞州职业教育中心学校1亿元、浙大五位一体校区2亿元。

(4) 科学技术支出516.06亿元,增长35.9%,主要是杭州市补助青山湖科技城—城西科创大走廊建设3亿元,安排滨江区重点企业研发资助5亿元,中小企业研发投入资助2.8亿元;宁波市加大甬江实验室重大科技战略平台建设等投入力度,安排工投集团创投引导基金3.7亿元、中科院材料所专项经费2亿元。

(5) 文化旅游体育与传媒支出203.26亿元,增长4.5%,主要是杭州市、绍兴市等地加大对亚运会建设投入,其中滨江区拨付奥体场馆及附属设施建设1.64亿元。

(6) 社会保障和就业支出1073.94亿元,增长17.3%,主要是各地按规定补充社保风险准备金,以及加大养老方面的投入。

(7) 卫生健康支出735.61亿元,增长20.6%,主要是杭州等地加大医院基础设施建设投入力度。

(8) 节能环保支出269.55亿元,增长38.4%,主要是工业企业结构调整专项中央奖补资金增加较多,以及宁波等地加大环保投入力度,补助吉利新能源车19.5亿元。

(9) 城乡社区支出1627.80亿元,增长40.5%,主要是新增地方政府一般债务安排用于城市基础设施建设增加较多,其中萧山区安排国有企业注册资本金16.2亿元(其中交投集团11.2亿元,环境集团5亿元)、湘湖景区运行补贴4亿元、铁路杭州南站枢纽配套彩虹快速路项目资金3.5亿元;宁波市安排城建项目资金17亿元、中山路整治工程化债资金14亿元、轨道交通资本金11.9亿元、机场快速路项目9.8亿元。

(10) 农林水支出744.24亿元,增长2.7%。

(11) 交通运输支出 444.59 亿元，增长 13.6%，主要是新增地方政府一般债务安排用于交通基础设施建设增加较多。

(12) 资源勘探信息等支出 196.32 亿元，下降 3.0%。

(13) 商业服务业等支出 104.37 亿元，下降 22.5%。

(14) 金融支出 40.70 亿元，下降 36.7%，主要是 2018 年同期省本级安排省担保集团增资款 50 亿元，拉高了基数。

(15) 自然资源海洋气象等支出 105.87 亿元，主要是上年中央重点生态保护修复治理专项资金结转至 2019 年安排支出。

(16) 住房保障支出 200.40 亿元，增长 8.1%。

(17) 粮油物资储备支出 22.85 亿元，增长 1.0%。

(18) 灾害防治及应急管理支出 54.04 亿元，增长 59.0%，主要是新增安排"利奇马"等台风救灾资金。

(三) 全省政府性基金收支执行基本情况

2019 年，全省政府性基金收入 10607.82 亿元，增长 21.4%，其中国有土地使用权出让收入 8259.54 亿元，增长 35.5%。

2019 年，全省政府性基金预算支出 10388.89 亿元，增长 15.2%，其中国有土地使用权出让收入安排的支出 7008.80 亿元，下降 12.1%。

(四) 财政支出和政策执行情况

1. 稳企业稳增长，推进经济平稳健康运行

一是落实更大规模减税降费政策。第一时间按照"顶格优惠＋叠加享受"的原则，落实好各项减税降费政策，全省累计新增减税降费 2076 亿元。取消政府采购投标保证金、鼓励减免履约保证金和推行保函替代现金，为供应商减少资金占用 80 亿元以上，有效提振市场主体信心。

二是助推民营经济健康发展。积极发挥融资担保作用，制定担保风险补偿办法，2019 年省担保集团累计担保额达 225 亿元。出台促进企业融资财政激励办法。组建首期规模 100 亿元的省上市公司稳健发展支持基金。统筹安排省中小企业发展(竞争力提升工程)专项资金 5 亿元，重点支持小微企业园、中小企业公共服务体系、中小企业融资服务体系建设，以及中小微企业高质量发展培育等。

三是有效撬动社会投资。整合设立总规模 251 亿元的省转型升级产业基金，引导社会资本加大对省市县长工程等重大产业项目及创业创新领域的投资。支持省金控公司与中国联合实业公司共同组建 100 亿元的未来社区建设投资基金。全年发行新增地方政府债券 1538 亿元，切实发挥支持稳投资、扩内需、补短板等工作。

四是支持稳外贸促消费。安排 7.24 亿元支持外经贸发展，重点促进境外外经贸服务体建设、电子商务创新发展等，引导跨境电子商务、外贸综合服务企业等外贸新业态发展。加大对国际性展会、出口信用保险补助、贸易摩擦诉讼支持力度，推动外贸平稳增长。支持传统批发零售业改造提升。

2. 防风险促发展，助力打赢三大攻坚战

一是支持打好防范化解重大风险攻坚战。深入实施防范化解地方政府性债务风险专项行动，稳妥有序化解债务风险，超额完成化债目标任务。

按照融资平台公司转型"四条标准"，推进融资平台公司实体化、市场化转型，依法依规开展市场化融资，支持社会事业发展。建立全口径债务动态监测机制，对行政事业单位、国有控股企业等全口径债务进行动态监测，切实防范债务风险。

二是支持打好脱贫攻坚战。全省筹措资金 61.01 亿元支持东西部扶贫协作和对口支援。落实"两

山(一类)”建设财政专项激励政策,安排消除集体经济薄弱村及财政专项扶贫资金10.18亿元,促进加快发展地区农民收入增长、民生水平提升和内生功能增强,全面消除集体经济年收入不足10万元的薄弱村。安排3.85亿元重点支持9个省级山海协作产业园提升工程和16个山海协作生态旅游文化产业园建设。搭建政采云农业(扶贫)馆,助力消费扶贫。

三是支持高质量建设美丽浙江。大力支持实施生态文明新政,安排绿色发展财政奖补资金116.43亿元。争取中央资金10亿元支持钱塘江源头区域山水林田湖草生态保护修复工程国家级试点工作。实施涵盖全省八大水系干流的省内流域上下游横向生态补偿机制。

3. 强创新增动能,助推制造业高质量发展

一是支持科技新政和人才新政。安排11亿元支持之江实验室重大基础研究项目实施、大科学装置建设等,支持其建设成为平台型、开放型、枢纽型一体的科技创新平台。安排7.95亿元支持两批25个市县创建省级产业创新服务综合体,省市县联动助推块状经济和现代产业集群高质量发展。落实重点人才项目资金保障,支持“千人计划”“万人计划”“绩励计划”。

二是推动加快制造业转型升级。安排18亿元实施振兴实体经济(传统产业改造)财政专项激励政策,支持18个县(市)推进传统制造业数字化改造和新兴产业发展。安排2.35亿元支持实施“品字标”品牌建设、标准化战略、知识产权管理等专项政策。在政采云平台上线制造(精品)馆,鼓励优先采购创新产品。

三是助力数字经济发展。助力获批国家数字经济创新发展试验区,筹措数字经济财政专项激励资金10亿元,推进数字经济核心产业、制造业数字化改造等。安排9.51亿元重大科技专项经费,着力解决制约全省新兴产业发展和公共领域的重大关键核心技术与应用示范问题。省转型升级产业基金出资30亿元组建数字经济产业投资基金,支持集成电路、5G、大数据、物联网、人工智能等重大产业项目建设。

4. 强统筹促发展,支持国家战略举措和“四大”建设

一是积极保障长三角一体化发展战略实施。建立长三角一体化发展激励政策,引导市县高质量推动长三角一体化发展。浙皖两省分别安排2亿元,开展第三轮新安江流域上下游生态补偿。深化海洋经济示范区建设,支持中国(浙江)自由贸易试验区绿色石化产业发展。加大绿色保险保费补贴力度,推动湖州、衢州绿色金融改革创新试验区建设。

二是支持“四大”建设。争取蓝色海湾整治行动项目中央补助资金5.26亿元。安排诗画浙江建设资金5亿元支持诗路文化带建设。争取中央补助152.49亿元,省级安排96.95亿元,支持交通基础设施建设和养护。增加省交通集团资本金30亿元,支持大通道建设。争取中央基建投资71.54亿元,省级安排55.51亿元,支持政府投资基础设施建设。安排46.97亿元支持城镇保障性安居工程建设。

5. 强产业优环境,保障乡村振兴战略实施

一是助力深化农村改革。按进度落实财政出资7.52亿元,推进省乡村振兴投资基金有效运转。安排8亿元支持20个县开展省级乡村振兴产业发展示范建设。安排3.53亿元落实生猪产业等畜牧业转型升级和防疫体系建设。增加省农业融资担保有限公司资本金2亿元,创新“浙里担”模式,为超1.5万户农业主体提供近40亿元的融资担保服务。安排村级公益事业建设一事一议财政奖补资金10.13亿元。安排村主职干部基本报酬补助12.97亿元,落实村干部报酬正常增长机制。安排村级运转经费补助2.60亿元,安排社区工作经费1.38亿元,安排1.49亿元支持各地开展村级组织活动场所(党群服务中心)建设提升行动。

二是推动美丽乡村建设。安排11.12亿元支持深化“千村示范、万村整治”工程。安排2.21亿元支持全省实施美丽宜居示范村试点。安排“百项千亿防洪排涝工程”省级补助资金37.53亿元,实施项目66个。安排9.92亿元支持各地按时完成全年新增410万农村居民饮用水达标提标任务。安排省级造地改田资金38.21亿元用于土地整治、基本农田保护、垦造耕地等。

6. 补短板增成色，支持文化浙江建设和民生事业发展

一是支持文化浙江建设。安排3.47亿元支持重大文化体育设施建设。安排文化产业发展专项资金2亿元，支持文化产业繁荣发展。安排省文化产业投资集团资本金6.10亿元，构建文化产业发展投融资平台。组建规模20亿元的省文化产业投资基金，引导社会资本投资文化产业、参与文化企业创新发展。支持实施世界级文化遗产培育申报，助力良渚古城遗址申遗成功。安排基本公共文化服务专项资金6.77亿元，推进基本公共文化服务标准化均等化。

二是加大教育投入力度。安排30.86亿元支持省重点高校、省一流学科和省重点暨优质高职院校等建设，提高省属高校生均拨款定额标准至11500元/生·年。安排民办教育发展资金3.41亿元。落实义务教育教师基本工资增支政策，统筹安排义务教育经费保障机制补助34.86亿元。落实学生资助经费5.72亿元。安排7.52亿元支持各地改善基础教育办学条件。

三是推进公共服务水平提升。安排基本公共卫生服务补助资金15.69亿元，提高财政补助标准至年人均69元。安排城市优质医疗资源下沉奖补资金2.47亿元，新增安排医共体建设奖补资金2.02亿元，支持全省70个县(市、区)组建161家县域医共体。安排10.49亿元支持就业创业促进工作。全省统筹安排86.90亿元，支持实施职业技能提升行动计划(2019—2021年)。安排城乡居民基本养老保险补助资金51.94亿元，出台城乡居民基本养老保险待遇确定和基础养老金正常调整机制。安排城乡居民基本医疗保险补助资金52.89亿元，提高财政补助标准至年人均540元，提高城乡居民大病保险筹资标准至人均55元。安排困难群众生活救助资金25.11亿元，全省城乡居民人均低保标准达到814元/月，位列全国前列。启动困难群众基本生活价格补贴机制，确保困难群众生活水平不因物价上涨而降低。加强退役军人服务保障体系建设，提高部分优抚对象等人员抚恤和生活补助标准。争取中央资金并筹集省级救灾资金25.01亿元支持“利奇马”等重大自然灾害灾后重建。

7. 强改革优绩效，加快建立现代财政制度

一是加强财政收支管理。强化收支形势分析研判，确保财政收支在合理区间平稳健康运行。加强市县财政收支运行监测和分析，建立县级“三保”预算编制事前审核机制。加强市县财政困难程度和财政保障能力综合评价。坚持政府带头过紧日子，大力压减一般性支出，2019年全省压减非刚性、非重点项目支出6.9%。

二是加快建设预算绩效管理体系。全省各市县均已构建本地区集中财力办大事财政政策体系，形成政策合力、资金合力和工作合力。制订浙江省全面落实预算绩效管理三年行动计划(2019—2021年)，出台《浙江省事前绩效评估管理暂行办法》《省级预算绩效指标库管理办法》，建立覆盖114个部门的12260条绩效指标库。开展政府性基金绩效评价和下级政府财政运行综合绩效评价试点。深化部门整体绩效预算改革，积极探索建立政府预算绩效管理体系。

三是持续推进财政数字化转型。政采云平台推广到九省三市496个市县区，交易规模达5143.89亿元。统一公共支付平台累计受理业务1.17亿笔，资金超过6157亿元，90%以上的缴款业务在网上“零见面”办理。推出全国首个区块链电子票据平台，全省共507家公立医疗机构实行医疗电子票据改革，累计开票1.5亿张、565亿元。开发地方政府性债务风险预警与处置系统，对国有独资或控股企业融资情况进行监控。

四、安徽省财政情况

(一) 财政基本情况

2019年，全省财政系统深入学习贯彻习近平新时代中国特色社会主义思想，认真落实省委、省政府部署要求，加力实施积极财政政策，持续推进财税体制改革，全力支持五大发展行动计划，切实保障民生等重点支出需要。全年财政运行总体平稳、符合预期,为推动经济社会平稳健康发展提供了有力支撑。

2019年,全省财政总收入完成5710亿元,较上年增长6.5%。2019年以来,全省严格落实中央降低增值税税率、个人所得税起征点提高和专项附加扣除等减税降费政策,并在省级权限内组织实施了按50%顶格减征增值税小规模纳税人"六税两费"、契税适用税率由4%降至3%、重点群体创业就业税收优惠等政策,全年预计新增减税642亿元,有效减轻了企业负担,激发了市场活力。

2019年,全省财政支出完成7391亿元,较上年增长12.5%。各级财政积极落实"过紧日子"要求,坚持开源节流与精打细算并重,在压减一般性支出的同时,通过统筹财力、盘活存量、提高绩效等方式,进一步加力实施积极的财政政策,全省社会保障和就业、科学技术、节能环保、交通运输等重点支出增长较快,切实保障了省委、省政府确定的脱贫攻坚、创新发展、环境保护、重大工程、重点民生以及补足基础设施短板等支出需要。

(二)财政支出与政策执行

一是促进经济高质量发展精准有效

2019年,省财政聚焦深化供给侧结构性改革,安排专项资金支持钢铁、煤炭行业化解过剩产能、人员安置等。会同有关部门组织指导合肥市参与竞争并成功入选首批中央财政支持住房租赁市场发展试点城市,争取中央财政奖补资金支持。

2019年,省财政下达制造强省建设资金,支持提升产业基础能力和产业链水平。统筹支持推进"中国声谷"、数字经济与人工智能发展,推动制造业做大做强和提质增效。围绕推进创新驱动发展战略,采取奖补、股权投资基金等方式,全力支持合肥综合性国家科学中心等"四个一"创新主平台、"一室一中心"分平台、"三重一创"、创新型省份、新时代江淮英才、技工大省建设等。

同时,设立民营经济发展专项资金,支持"专精特新"发展和融资服务体系等建设。安排省级融资担保风险补偿资金,支持推进"4321"新型政银担业务,缓解中小微企业融资难、融资贵。落实专项债券发行及项目配套融资有关政策,发行政府债券1628亿元,集中资金支持重大在建工程建设和补短板。

二是支持打好三大攻坚战成效明显

2019年,全省投入财政专项扶贫资金142亿元,增长17%,推动贫困县整合涉农资金127亿元,省级新增财政专项扶贫资金全部用于贫困革命老区、深度贫困县,突出解决"两不愁三保障"及饮水安全问题,完善扶贫资金动态监控系统,在财政部、国务院扶贫办2018年度财政专项扶贫资金绩效评价中再次位居"优秀"等次。

强化政府债务预算管理和限额管理,制定贯彻落实做好地方政府专项债券发行及项目配套融资工作实施意见,合理扩大专项债券使用范围,加强隐性债务动态监控、风险评估,坚决防范化解债务风险,我省债务规模基本适度,风险总体可控、呈下降趋势。

统筹专项资金支持大气污染防治、秸秆禁烧和综合利用等,省级安排水清岸绿产业优美丽长江(安徽)经济带专项引导资金、争取中央财政资金,并统筹财政转移支付、专项债券以及PPP政策,聚力支持"三大一强"专项攻坚行动等。健全大别山区水环境生态补偿和全省地表水断面补偿机制,启动实施皖苏滁河流域生态补偿,拨付林业转移支付资金支持创建全国林长制改革示范区。

三是推进城乡区域协调持续发力

2019年,全省安排资金支持农业产业化强县和示范园区建设,推进农业信贷担保体系建设。统筹资金,支持"四好农村路"建设养护、完善水利防灾减灾体系、加强高标准农田建设、推进农村环境"三大革命"建设、美丽乡村建设、淮河行蓄洪区居民迁建工程建设。完善推动"一圈五区"、长三角一体化发展的财税政策,下达重点生态功能区、资源枯竭城市、革命老区转移支付资金,加大转移支付力度,支持提升皖江城市带承接产业转移能力建设、皖北工业园区基础设施建设和重大项目贷款贴息。

四是基本民生保障更加有力

2019年，出台民生保障支出预期管理暂行办法和民生保障支出考核办法，保障教育、就业、社保、医疗、文化、公共安全等重点民生支出需要。印发精准实施、精细管理指导性意见，拨付民生工程资金1215亿元，推动33项民生工程圆满完成。支持推进基层基本公共服务功能建设。支持推进城乡义务教育一体化改革发展，落实学生补助资助政策，支持学前教育发展，统筹支持高等教育、现代职业教育、特殊教育加快发展。

此外，筹措资金推进实施就业优先战略和更加积极的就业政策，支持推进全省多层次养老服务体系建设和智慧养老试点，全面落实城镇职工、城乡居民养老保险财政补助提标、残疾人2项补贴、公益性岗位补助及社保补贴等政策。安排专项资金支持建立优抚对象专项解困机制，全力服务保障“扫黑除恶”专项斗争工作。

第六章 长三角地区交通运输业

长三角地区一体联通的综合交通网络初步成型，区域内12个沿海内河主要港口，大小共22个民用机场，上百条高等级公路和10多条铁路干线，形成了以高速铁路、高速公路和长江黄金水道为主的多向联通对外运输大通道和城际综合交通网络，高速铁路、高速公路和民用机场覆盖率显著高于全国平均水平。2018年底，区域干线铁路、高速铁路网面积密度分别是全国平均水平的2倍以上，高铁客运规模和频次处于较高水平，铁路客运密度是全国平均水平的2.1倍，其中高铁客运量约占75%。区域干线公路网便捷高效，高速公路覆盖97%以上的县级行政区，路网面积密度是全国平均水平的2.8倍。地区拥有全国最发达的内河航道网，等级航道里程约占全国的30%。

一、交通运输业总体情况

（一）交通运输能力

长三角一体化运输服务能力逐步提升，2019年长三角区域包括连淮扬镇铁路、沪通铁路等工程接连取得突破，长三角七城地铁扫码互联互通，上海往返长三角多城增开列车，上海虹桥、南京南站、杭州东站、合肥南站等综合客运枢纽以及一批现代化货运枢纽，"航空＋高铁"旅客联运服务、多式联运工程不仅成为我国综合交通枢纽规划建设的典范，也提升了区域交通运输能级。

与经济增长趋势趋同，2019年长三角地区交通运输生产运行总体平稳，货运量稳定增长，客运量较去年略有下降。全年实现全社会货物运输量达到105.98亿吨，客运量达到30.82亿人。

表1　2019年长三角地区各种运输方式完成运输量

地区	客运量（万人）	货运量（万吨）	旅客周转量（亿人公里）	货物周转量（亿吨公里）
上海	22238	109609	—	—
江苏	120803	258659	1737	10095
浙江	105259	288550	1129	12391
安徽	60000	403000	1212	10217
长三角	308300	1059818	—	—
全国	1760000	4706000	35349	199290
长三角占全国(%)	17.51	22.52	—	—

数据来源：2019年各地区统计公报

上海市交通运输业发展稳中向好。2019年，全市启动重大交通工程共计52项70个，包括重点加强与长三角地区交通规划的对接，推进沪通、沪苏湖等铁路项目、S7、G228、G320等公路项目建设。全年实现交通运输、仓储和邮政业增加值1650.44亿元，比上年增长3.6%。全年各种运输方式完成货物运输量109608.51万吨，比上年增长2.1%；旅客发送量22237.84万人次，增长3.4%。全年上海港口货物吞吐量达到72031.32万吨，比上年下降1.4%；集装箱吞吐量4330.26万国际标准箱，增长3.1%。集装箱水水中转比例达48.3%，其中国际中转比例达10.8%，分别比上年提高1.5和2.0个百分点。上海浦东、虹桥两大国际机场全年共起降航班78.5万架次，增长1.7%；进出港旅客达到12179.14万人次，增长3.5%。其中，国内航线进出港旅客7985.70万人次，增长4.2%；国际及地区航线进出港旅客

4193.44万人次，增长2.3%。全年上海港接待国际邮轮靠泊259艘次。其中，以上海为母港的邮轮226艘次。邮轮旅客吞吐量189.35万人次，比上年下降31.2%。邮轮母港旅客吞吐量占比达95.6%。

江苏省交通运输业高质量发展迈上新台阶。随着投资的增加，江苏综合交通网络更加完善。高铁建设实现历史性突破，建成徐宿淮盐高铁、连淮高铁，全省铁路总里程达到3550公里，其中高铁1561公里，同比分别增长13.6%、37.3%。2019年，江苏省全年货物运输量为258659.1万吨，比2018年增长4.6%。2011—2019年，货物周转量呈波动趋势。2019年货物周转量为10095.4万吨，比2018年增长4.3%。交通运输基本平稳。全年货物运输量比上年增长4.6%，旅客运输量下降0.9%；货物周转量比上年增长4.3%，旅客周转量比上年增长2.6%。全省机场飞机起降56.1万架次，比上年增长8.7%；旅客吞吐量5844.0万人次，增长13.2%；货邮吞吐量64.2万吨，增长7.5%。规模以上港口货物吞吐量26.3亿吨，比上年增长12.8%。其中外贸货物吞吐量5.2亿吨，增长7.0%；集装箱吞吐量1872.6万标准集装箱，增长4.1%。年末，全省高速公路里程4865.0公里。铁路营业里程3539.0公里，铁路正线延展长度6252.9公里。年末，民用汽车保有量1919.2万辆，增长7.6%；净增136.0万辆。年末，私人汽车保有量1646.2万辆，增长7.1%；净增108.5万辆。其中，私人轿车保有量1131.3万辆，增长6.0%；净增64.5万辆。

浙江省交通运输业缓和增长。全年交通运输、仓储和邮政业增加值1962亿元，比上年增长6.0%。全省公路总里程12万公里，其中高速公路4643公里。共有民航机场7个，全年旅客吞吐量7015万人，其中发送量3600万人。铁路、公路和水运完成货物周转量12391亿吨公里，比上年增长7.4%；旅客周转量1129亿人公里，增长2.3%。全省规模以上港口完成货物吞吐量17.2亿吨，增长11.0%，其中沿海港口完成13.5亿吨，增长8.3%。宁波一舟山港完成货物吞吐量11.2亿吨，增长7.9%，集装箱吞吐量稳居全球第三，达2753万标箱，增长4.5%。

安徽省交通运输业持续快速发展。全年货物运输量36.8亿吨，货物运输周转量10217.4亿吨公里。全年港口货物吞吐量5.5亿吨，增长8.5%。全年旅客运输量6亿人次，比上年下降6.4%。旅客运输周转量1212.1亿人公里，增长0.5%。全省民航机场旅客吞吐量1367.7万人次，增长11%，其中合肥新桥机场旅客吞吐量1228.2万人次，增长10.6%。2019年，全省各种运输方式旅客运输量及增速年末全省民用汽车拥有量912.8万辆，比上年增长11.3%，其中私人汽车798.3万辆，增长12.1%。民用轿车拥有量514.7万辆，增长11.7%，其中私人轿车487.6万辆，增长12%。全年新增高速公路41公里、一级公路513公里、铁路营业里程517.7公里。年末，全省高速公路4877公里、一级公路5377公里、铁路营业里程4716.2公里，其中高速铁路营业里程1852公里。

（二）交通运输结构

交通运输一体化是长三角区域一体化的根本前提。近年来，随着交通基础设施的改善，互联互通建设的推进，长三角地区交通运输结构也在不断优化。2020年5月，国家发展改革委和交通运输部联合发布《长江三角洲地区交通运输更高质量一体化发展规划》，提出到2025年，一体化交通基础设施网络总体形成，基本建成"轨道上的长三角"，中心城市之间享受1—1.5小时客运服务；上海大都市圈以及南京、杭州、合肥、苏锡常、宁波都市圈内，1小时公交化通勤。到2035年，全面建成供需能力精准匹配、服务品质国际一流、资源集约高效利用的长三角地区现代化综合交通运输体系。

2019年，长三角地区全年货运运行总体主要指标保持较为平稳的增长趋势，其中，公路运输不管是货运还是客运，均呈现下降的趋势。铁路货物运输量首次实现增幅，港口生产降幅有所收窄。

1. 货物运输结构

从货物运输的方式看，公路运输仍然占据着我国货物运输行业的主导地位。2019年，各种货运运输量中公路运输量占比最大，达72.99%；其次为水运，占比为15.87%；铁路运输量占比为9.18%，位居第三。

在长三角,货物运输结构加快调整,从公路货运量仍然占主导地位。2019年,长三角地区公路运输量为598480万吨,占全国的14.38%,占比较往年有所下降;铁路运输量为18577.49万吨,占全国的5.04%;水运运输量为392511万吨,占全国的52.53%,比上年增长6.74%。其中,上海市水路货运量完成7亿吨,比上年增长4.6%;江苏省水路货运量完成9.07亿吨,比上年增长3.35%;浙江省水路货运量完成10.69亿吨,比上年增长8.82%;安徽省水路货运量完成12.5亿吨,比上年增长8.8%。长三角地区水系发达,水路密度高,水路运输货运量占全国一半的货运量,在全国占有绝对优势。2019年,长三角水路建设成绩显著,以织密航道网络为目标,长三角地区港航管理部门协同推进内河高等级航道网建设,加快港口一体化建设和江海联运发展,推进内河船型标准化,这一系列的积极措施,不仅提高了水运效率,也提高了长三角区域的连接度。

表2 2019年长三角地区主要交通方式货运量结构 (单位:万吨)

地区	公路	铁路	水运
上海	38750	471.79	69981
江苏	147047	6169.70	90670
浙江	177683	3936	106878
安徽	235000	8000	124982
长三角合计	598480	18577.49	392511
全国总计	4160640	368865	747225
长三角占全国(%)	14.38	5.04	52.53

数据来源:国家交通运输部网站,2019年快报数据

从货运周转量看,2019年长三角公路货运周转量为8324.41亿吨公里,占全国的11.12%,总量和占比均较往年有所下降;铁路货运周转量为6308.8,占全国的23.4%,铁路货运总量和全国占比均较往年有所上升;水运货运周转量为5214.89亿吨公里,占全国的50.16%,占比持续增长。

表3 2019年长三角地区主要交通方式货运周转量结构 (单位:万吨公里)

地区	公路	铁路	水运
上海	2967910	100000	294711195
江苏	26779178	32240000	63794937
浙江	20821052	23500000	100737050
安徽	32676000	7248000	62246781
长三角合计	83244140	63088000	521489963
全国总计	748360663	269622000	1039630352
长三角占全国(%)	11.12	23.40	50.16

数据来源:国家交通运输部网站,2019年快报数据

2. 旅客运输结构

从客运量看,2019年长三角地区公路客运量为216085万人,占全国的16.61%;铁路客运量为72787.55万人,占全国的19.89%;水运客运量为7532.1万人,占全国的27.62%。长三角地区高速公路网、高等级国省干线网已基本成型,而由于近年来高铁网络不断完善,铁路客运量相对其他运输方式,占比不断增长。沪苏浙皖三省一市中,34个地级市开通了高铁,动车组开行实现公交化,各大中心城市之间的时空距离大大缩短,推动形成高效便捷的"1小时、2小时生活圈",成为区域经济快速发展的新动脉。

表4　2019年长三角地区主要交通方式客运量结构　　(单位:万人)

地区	公路	铁路	水运
上海	3168	12833.85	441
江苏	94475	22879.70	2084
浙江	72799	24074	4785
安徽	45643	13000	222.10
长三角合计	216085	72787.55	7532.10
全国总计	1301173	366002	27267
长三角占全国(%)	16.61	19.89	27.62

数据来源:国家交通运输部网站,2019年快报数据

从旅客周转量看,2019年长三角各省市共完成公路客运周转量1525.23亿人公里,占全国的17.22%;完成铁路客运周转量为2509.63亿人公里,占全国的17.06%;完成水路客运周转量为11.69亿人公里,占全国的14.58%。

表5　2019年长三角地区主要交通方式旅客周转量结构　　(单位:万人公里)

地区	公路	铁路	水运
上海	1084865	987300	7689
江苏	6981857	8468000	36718
浙江	3783883	7430000	69486
安徽	3401726	8211000	3039
长三角合计	15252331	25096300	116932
全国总计	88570794	147066400	802202
长三角占全国(%)	17.22	17.06	14.58

数据来源:国家交通运输部网站,2019年快报数据

(三)交通固定资产投资

2019年,全国完成铁路公路水路固定资产投资23452.33亿元,比上年增长3.8%。近年来,长三角交通基础设施投资规模保持高位运行。2018年,长三角一体化上升为国家战略以来,交通运输部联合长三角四省市人民政府以及铁路局、民航局、邮政局、国铁集团等,成立了推进长三角地区交通运输更高质量一体化发展领导小组,并公布《长江三角洲地区交通运输更高质量一体化发展规划》,从加大规划政策支持力度、构建现代化高质量综合立体交通网络、推动运输服务一体化、完善协同管理机制等方面持续深入推进长三角交通一体化,以交通一体化助力长三角的区域一体化。2019年,长三角地区累计完成公路水路交通固定资产投资3705.23亿元,占全国的15.8%,其中上海市完成公路水路交通固定资产投资202.3亿元,较2018年减少了3.3%;江苏省完成874.4亿元,较2018年增长15.6%;浙江省完成1842.4,较2018年增长6.4%;和上海一样,安徽省2019年公路水路交通固定资产投资也出现了负增长,完成786.11亿元,下降幅度较大,较2018年下降了15.6%。从区域投资结构比较看,2019年浙江省公路水路交通固定资产投资占比最多,占整个长三角地区的44%。

表6 2019年长三角地区公路水路交通固定资产投资完成情况

		全国	长三角	长三角占全国	上海	江苏	浙江	安徽
合计	2019年(万元)	234523346	37052375	15.80	2023026	8743953	18424264	7861132
	较去年(%)	103.8	—	—	96.7	115.6	106.4	84.4
公路建设	2019年(万元)	218950415	32044599	14.64	1625768	7329241	16303622	6785968
	较去年(%)	102.6	—	—	105.5	117.8	106.4	82
内河建设	2019年(万元)	6136376	3032685	49.42	266969	847436	843760	1074520
	较去年(%)	97.7	—	—	109.4	112.2	93.7	103.9
沿海建设	2019年(万元)	5238070	1760294	33.61	0	529800	1230494	0
	较去年(%)	93.2	—	—	0	92.5	113.6	0
其他建设	2019年(万元)	4198486	214798	5.12	130289	37476	46388	645
	较去年(%)	—	—	—	109.2	252.7	—	22.4

数据来源:国家交通运输部网站,2019年快报数据

上海市2019年在推进长三角交通一体化、国际航运中心建设和城际轨道交通建设等重大项目上稳步推进。一是基础设施互联互通。沪通铁路安亭站站改基本完成,沪苏湖铁路环评公示完成;长湖申线航道13公里护岸、大治河西枢纽船闸工程完工;在建省界断头路项目稳步推进。二是服务功能提质创新。全力推动取消高速公路省界收费站工作,基本完成道口ETC门架吊装,抓紧建设ETC车道与入口治超设施等;同时,交通部标准公交卡已实现在本市公交消费使用。三是推进重大项目规划建设有序开展。轨道交通方面:机场联络线浦西段抓紧推进建设,浦东段专项规划和设计方案正在公示;轨交崇明线完成专项规划公示和工可预评审。城市路网方面:北横通道中山公园至筛网厂段盾构基本完成。重要枢纽方面:浦东机场三期扩建工程卫星厅、捷运系统工程9月16日正式启用,长时停车库及匝道工程基本完工;浦东综合交通枢纽规划不断深化。

江苏省基础设施投资总量再创新高。2019年,江苏完成交通建设投资1396.5亿元,同比增长16.6%,再创历史新高。其中,铁路、机场建设投资增长迅速,完成投资分别达501亿元、33.1亿元。江苏综合交通网络更加完善。高铁建设实现历史性突破,建成徐宿淮盐高铁、连淮高铁,全省铁路总里程达3550公里,其中高铁1561公里,同比分别增长13.6%、37.3%;苏北五市迈入高铁时代,进入"高铁俱乐部"的设区市由8个增加至10个,设区市通动车全覆盖。机场改扩建快速推进,南京禄口机场T1航站楼改扩建主体工程基本完工,无锡硕放机场航站楼和机坪改造工程、南通兴东机场航站区扩建工程完工。

浙江省综合交通投资2019年完成3040亿元,首破3000亿元,同比增长12%。其中,公路水运投资1745亿元,居全国前列、华东首位。建成舟山绿色石化基地等14个万吨级以上码头泊位,穿山港区支线29公里铁路,龙丽温文瑞段等6项225公里高速公路、350公里普通国省道和宁波机场三期新航站楼工程。开工金甬、杭温、湖杭等5项铁路,申嘉湖安吉孝源至唐舍段等5项高速公路,湖嘉申航道嘉兴段二期、萧山国际机场三期、台州机场改扩建等项目。推进梅山集装箱码头、杭绍台铁路、宁波舟山港主通道、京杭运河浙江段等项目建设。全省综合交通骨干网络更趋完善,沿海万吨级以上泊位达254个、铁路里程2877公里、高速公路里程4646公里、内河高等级航道里程1595公里、机场航站楼面积75万平方米。同时浙江省全力服务重大战略。围绕长三角交通高质量一体化发展,先行谋划沪甬、沪舟等战略通道并成功纳入国家规划;开工临金高速临建段,建成杭州湾跨海大桥北接线二期等省际"断头路";沪浙小洋山北侧合作开发取得突破,完成规划编制并具备报批条件,开工配套围垦工程;开通13条省际毗邻公交线路,深化联合治超等专项行动。

安徽省提出要加快交通重大项目建设步伐，完善交通运输基础设施网络。2019 年计划完成公路、水运等交通建设投资 700 亿元，实际完成交通建设投资 786.1 亿元，交通投资保持高位运行态势。全年完成合肥—六安—大顾店高速公路改扩建项目社会投资人招标工作，完成合宁、合安、合芜高速 190 公里八车道改扩建，取得合肥—周口高速公路寿县—颍上初步设计批复。2.5 万公里农村公路扩面延伸工程全面完工。G206 曹村至符离北项目全面建成通车；建成沱浍河航道临涣至南坪段整治工程；在水运建设方面，淮河干流航道、涡河航道、新汴河航道整治工程分别完成疏浚工程量的 80%、35%、41%；推进引江济淮航运工程实施，枞阳船闸开展上闸首灌注桩支护桩、船闸主体基坑开挖及加固水泥搅拌桩施工，蜀山船闸开展下游引航道土石方开挖、完成上下闸首底板浇筑，东淝河船闸开展上、下闸首及船闸主体工程施工。

（四）交通运输里程

近年来，长三角交通运输里程总量基本没有变化。截至 2018 年，长三角地区公路总里程达 48.47 万公里，其中高速公路总里程为 1.48 万公里，约占全国高速公路总里程的 10.38%，比重较前几年有所下降；铁路总里程不变，达 10665 公里，占全国铁路总里程的 8.10%；内河航道里程基本不变为 4.06 万公里，占全国内河航道里程的 31.09%。

表 7　2018 年长三角地区主要交通里程　（单位：公里）

	公路里程	高速公路里程	铁路里程	内河航道里程
上海	13106	836	466	2091
江苏	158729	4711	3062	24380
浙江	120339	4421	2813	9761
安徽	208826	4836	4324	4324
长三角	501000	14804	10665	40556
全国	4846532	142593	131651	127126
长三角占全国(%)	10.34	10.38	8.10	31.90

数据来源：2019 年中国统计年鉴

二、上海市交通运输业

（一）城市发展与交通需求

全市常住人口 2428.14 万人，同比增长 0.2%。中心城区人员工作日日均出行总量 3274 万人次/日，同比增长了 0.2%。

人员出行时选择的交通工具以公共交通为主，占比达 33.1%；其次是步行方式和小客车，分别占比为 24.0%和 20.5%；非机动车占比为 16.0%，出租车占比为 6.4%。

全市注册机动车 443.8 万辆，同比增加 22.4 万辆，增长 5.3%；全市机动车周转量约为 23490 万 PCU 公里/日，同比增加 994 万 PCU 公里/日，增长 4.4%。

（二）道路交通

全市道路总长 18539 公里，其中公路 13045 公里（高速公路 845 公里，含 S20 外环高速、S5 沪嘉高速），同比下降 0.5%；城市道路 5494 公里，同比增长 3.3%。

中心城道路设施总厂 3666 公里，同比增长 1.8%，其中城市道路 2981 公里（快速路 179 公里，主干路402公里,次干路693公里,支路1706公里),公路685公里。

在停车设施方面,经营性停车场(库)泊位84.11万个,在上海市道路运输管理局备案登记的经营性停车场(库)2941个,泊位数同比增长14.8%;截至2019年底,全市共创建停车资源共享项目492个,泊位2.24万个。

中心城越江桥隧机动车日均交通量达123.0万辆/日,同比增长4.4%。2019年,中心城越江通道(含外环)达到"4桥14隧"101条车道。

(三)城市客运交通

轨道交通全年日均客运量1064.2万乘次,同比增长4.7%。截至2019年底,全市运营轨道交通线路(含磁浮线)共17条,运营线路长度704.9公里。

公共汽(电)车日均客运量571.2万乘次,同比下降0.8%。2019年,公共汽(电)车线路数增加了32条,线路数达到1575条,公交汽(电)车线网长度8997公里。

巡游出租车日均客运量154万乘次,同比下降11.9%。巡游出租车运营车辆数4.0万辆,同比下降4.5%。

截至2019年底,全市互联网预约出租车监管平台日均在线车辆数为7.9万辆,日均客运量为170万乘次,同比增长51.8%。2018年底,上海市互联网租赁自行车监管平台日均在线车辆数为30.5万辆,日均骑行量为100万次。

(四)对外客运

对外旅客年到发量4.2亿天人次,同比增长3.1%。其中,铁路(不含金山铁路)占比为55.3%,同比提高5.0%;航空占比为29.1%,同比提高3.5%;公路长途客运占比为15.1%,同比下降0.5%;港口占比为0.5%,同比下降27.6%。

全年港口对外旅客到发量为228.1万人次,同比下降27.6%;全年航空旅客到发量12179万人次,同比增长3.5%。上海铁路(不含金山铁路)对外旅客到发量23147万人次,同比增长5.0%。

全市主要对外道口机动车日均交通量约60.6万辆次/日,同比增长3.7%。

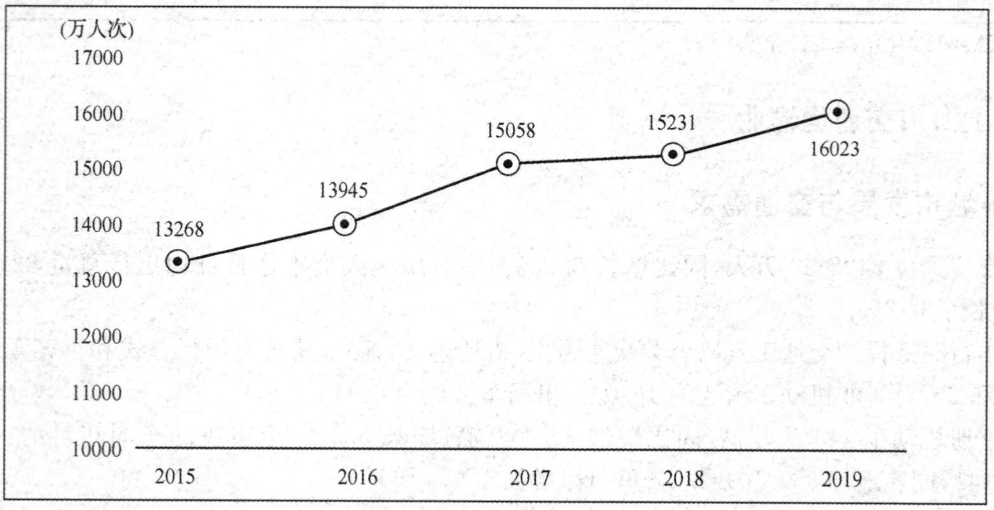

注:根据社会客车(包括私人客车、单位客车和摩托车)进出道口量推算。

图1　2015—2019年对外客运量图

(五)对外货运

全市对外货物年运输量12.4亿吨,同比增长8.8%,其中港航占比为58.0%,同比下1.4%;公路占比为40.8%,同比提高28%;航空占比为0.3%,铁路占比为0.8%。全市规模以上快递服务企业业务量共计31.3亿件。

港口货物年吞吐量7.20亿吨,同比下降1.4%;港口集装箱年吞吐量4330万TEU,同比增长3.1%;航空货邮年到发量405.7万吨,同比下降2.8%。公路货物年运输量5.07亿吨,同比增长28.0%;铁路货物年到发量1054万吨,同比下降2.7%。

(六)交通环境与能源

环境空气质量优良率为84.7%。全市环境空气质量优良天数309天,中心城主要干线昼间和夜间的交通噪声平均等效声级分别为68.3分贝(A)和63.9分贝(A),较去年有所减小。

交通行业能源消费量2669.68万吨标准煤,同比上升3.9%,其中全市城市客运交通能源消费量159.5万吨标准煤,同比下降2.2%;社会客车能源消费量746万吨标准煤,同比增长6.3%。

(七)交通管理

全市发生道路交通事故共计43.3万次,万车死亡率增加到1.84人/万车。共处理机动车交通违法2204.0万件,同比增长23.5%。

全市可供正常使用的可变信息标志设施(包括大型图形、图形文字和文字信息标志)1337块,同比增加4.0%;交通摄像监控设施5315台。

(八)上海市收费公路基本情况

1. 上海市收费公路总体建设情况

2019年,上海收费公路里程682.9公里,占上海市公路总里程13044.6公里的5.2%。收费公路为高速公路和独立桥隧,无一、二级公路。其中,政府还贷公路196.7公里,经营性公路486.2公里(包括独立桥隧25.5公里),分别占上海收费公路里程的28.8%和71.2%。

2. 上海市收费公路总体投资情况

2019年,上海市收费公路累计建设投资总额为777.7亿元,与2018年相比无变化。其中,财政性资本金投入为119.7亿元,非财政性资本金投入185.8亿元,举借银行贷款本金384.7亿元,举借其他债务本金87.6亿元,分别占收费公路累计建设投资总额的15.4%、23.9%、49.5%和11.3%。

3. 上海市收费公路投资构成情况

收费公路的建设投入资金主要来源于两个方面,一是资本金投入,二是债务性资金投入,两类资金投入约四六开比例结构。在债务性资金投入中,考虑到融资成本,公路建设贷款主要依靠银行贷款,举借银行贷款占收费公路建设总投资的49.5%;除银行贷款外,保险资金在内的多种融资渠道拓宽了收费公路投资范围,举借其他债务占投资总额达11.3%。

4. 上海市收费公路债务余额情况

2019年,上海市收费公路年末债务余额为208.6亿元,较2018年底减少2.1亿元,减少1%。其中,年末银行贷款余额115.8亿元,年末其他债务余额92.7亿元,分别占收费公路债务余额的55.5%和44.5%。

5. 上海市收费公路通行费收支情况

2019年,上海市收费公路通行费收入为76.8亿元,较2018年底增加2.8亿元,增长3.8%。支出总额为58.9亿元,较2018年底减少3.4亿元,下降5.4%。通行费收支盈余17.9亿元,较2018年底增加6.1亿元。

6. 上海市收费公路通行费减免情况

2019年,上海市收费公路共减免车辆通行费12.2亿元。其中,鲜活农产品运输车辆减免1.4亿元,重大节假日小型客车免费通行减免4.5亿元，其他政策性减免(如军警、抢险救灾车辆、部分路段集装箱运输车辆等)6.4亿元，分别占通行费减免总额的11.6%、36.4%和52%。

7. 上海收费公路收费标准的确定

上海收费公路收费标准是根据沪建交联〔2011〕确定收费标准，客货车辆采用的均是按车型每车公里单价乘以计费里程的模式。

表8 上海市收费公路收费标准表 (单位:元/公里)

序号	车辆类别	车型	客车	货车
1	第一类	≤7座	0.6	—
		≤2吨	—	0.6
2	第二类	8座—19座	0.6	—
		2吨—5吨(含)	—	0.9
3	第三类	20座—39座	0.9	—
		5吨—10吨(含)	—	1.02
4	第四类	≥40座	0.9	—
		10吨—15吨(含)	—	1.315
		装载20英尺集装箱	—	1.02
5	第五类	≥15吨	—	1.428
		装载40英尺集装箱	—	(G1503上海绕城高速内)1.428
			—	(G1503上海绕城高速外)1.02

表9 上海市长江隧桥车辆通行费车型分类收费标准表 (单位:元)

序号	车辆类别	车型	长江隧道	长江大桥	隧桥合计
1	第一类	7座及7座以下客车	20	30	50
		载重2吨及2吨以下货车	25	35	60
2	第二类	8座至19座客车	20	30	50
		载重2吨至5吨(含5吨)货车	40	55	95
3	第三类	20座至39座客车	30	45	75
		载重5吨至10吨(含10吨)货车	45	60	105
4	第四类	40座及40座以上客车	30	45	75
		载重10吨至15吨(含15吨)货车	55	75	130
		装载20英尺集装箱车	45	60	105
5	第五类	载重15吨以上货车	60	85	145
		装载40英尺集装箱车	45	60	105

三、江苏省交通运输业情况

（一）交通建设投入

2019年，全省公铁水空交通基础设施建设完成投资1396.5亿元，同比增长16.6%，超额完成年度投资目标，交通行业对全社会固定资产投资增速回升发挥了积极作用。分方式看，投资结构持续优化，交通建设投资进一步向铁路、航空等短板领域倾斜。铁路建设完成投资501亿元，同比增长18.5%；机场建设完成投资33.1亿元，同比增长30.8%；公路建设完成投资733.4亿元，同比增长18.1%（其中，高速公路及通道228.7亿元，普通国省干线公路206.6亿元，集疏散和连接公路103.5亿元，农村公路91.6亿元，客货场站103.2亿元）；水运建设完成投资129.0亿元，同比增长0.6%。全省交通重点工程建设取得突破性进展。徐宿淮盐铁路、连淮铁路开通运营，全省铁路营业里程达3539公里，其中高铁1561公里；海启高速公路、锡通过江通道南北接线工程建成通车，新建成高速公路162.8公里，高速公路通车里程达4865公里；共新改建国省干线公路400公里，农村公路5887公里，改造桥梁2208座；长江南京以下12.5米深水航道通过竣工验收；新增沿江沿海万吨级以上泊位12个；完成三级航道整治26.2公里，建成跨航桥梁15座。

（二）交通建设成绩

1. 公路

截至2019年底，全省公路总里程达159937公里。按行政等级分，国道8360公里、省道8776公里、县道25402公里、乡道53565公里、村道63798公里、专用公路36公里。按技术等级分，高速公路4865公里、一级公路15260公里、二级公路23878公里、三级公路16286公里、四级公路97665公里、等外公路1983公里。共有公路桥梁71282座，3764727延米，其中国道6454座、省道5166座、县道11229座、乡道25436座、村道22976座、专用公路21座。

高速公路：海启高速公路、锡通过江通道南北接线工程建成通车，新增高速公路162.8公里，高速公路通车里程达4865公里。京沪高速公路新沂至淮安段扩建工程先导段、射阳至盐城高速公路有序推进；沪通长江大桥、五峰山过江通道合龙，龙潭、常泰过江通道开工建设，过江通道在建项目达到8个。

普通国省干线公路：2019年，列入省级交通投资计划的普通国省干线公路建设完成投资186.3亿元，建成18个项目，通车里程334.5公里；列入省级交通投资计划的普通国省干线公路建设完成投资186亿元，建成项目23个，通车里程403公里。加强质量考核和通病治理，全省干线公路建设质量稳定可控，主要指标单点合格率超过99%，钢筋保护层指标达90%以上。积极开展双院制技术咨询专家咨询，提高施工图设计质量。施工质量监管过程、申报验收项目和竣工前检查实现全覆盖。积极推广基于物联网的公路工程施工质量管控技术，在建项目覆盖率达90%以上。在普通国省干线公路建设工程中提出“智慧工地”理念，积极打造“智慧工地”标准体系，420省道金湖段建设工程、344国道淮河大桥改造工程、126省道南京段成为“一路、一桥、一隧”智慧工地试点工程。积极推广运用BIM、钢结构、全预制装配化施工、绿色建设等新技术、新工艺、新材料、新装备和新标准。312国道南京绕越高速公路至仙隐北路段改扩建工程等全省第二批“品质工程”示范项目全面启动。加强日常精细化和预防性养护，完成养护大中修项目79个计566公里，开展危桥改造和桥梁中修工程40座，对418座桥梁进行支座、伸缩缝、桥头跳车等病害专项维修，当年水毁修复率、危桥处置率达100%，建成普通国省道桥梁成健康监测系统15座。普通国省道MQI值达94.36、优良路率达90.33%，一、二类桥梁比例超过95%，在交通运输部路况现场检测中，以95.8的高分继续保持全国领先。

农村公路：农村公路提档升级加快推进。完成投资96亿元，新改建农村公路5887公里、改造桥梁2208座，行政村通双车道四级公路覆盖率超过95%，超额完成省政府和省厅年度目标任务。全力服务支撑脱贫攻坚，在全省重点扶贫片区、革命老区和帮扶县完成投资23.6亿元，建设农村公路1853公里、桥梁503座。制定《江苏省农村公路建设工程质量检查实施细则》，开展农村公路建设质量检查和特大桥梁专项检查，挂牌创建2批省级农村公路“品质工程”示范项目。出台《江苏省农村公路特色桥梁图例》，农村公路创意设计大赛成果在苏州、泰州等市推广应用。农村公路管养水平不断提升。完成农村公路桥梁养护实用性技术研究，出台《江苏省农村公路桥梁养护技术指南》，组织开展省级农村公路养护管理质量检查和技术状况评定，全省县道MQI值达89.95、优良率达90.33%，乡道MQI值达85.8、优良路率达84.18%，村道MQI值达84.53、优良路率达82.3%。优化升级全省农村公路桥梁管理系统，基本建成并试运行智慧农路信息化管理平台，农村公路信息化水平不断提升。农村公路品牌创建成效显著。提请省厅召开全省四好农村路高质量攻坚推进会，发布2018年度省级示范县34个、示范市3个，南京高淳区、无锡宜兴市、盐城盐都区获“四好农村路”全国示范县，全国示范县总数达9个。完成全省涉农县(市、区)“一县一品牌”创建，发布常州溧阳市“1号公路”、南京江宁区“宁径织美”等三批82个县域农村公路品牌。成功举办部“我家门口那条路”江苏展示周活动，网络点击量超1.4亿次，取得很好的社会效应。金坛“乐道金坛之绿野仙踪”、溧阳“1号公路”深官线分获全国“最有诗意的路”第1名和第4名，溧阳瓦屋山风情道、连云港大桅尖路获2019年全国“美丽乡村路”，溧阳“1号公路”151县道吕庄水库段、江宁区丹向线、宜兴市张灵慕线包揽全国“养护最好的路”前三名。

公路服务：服务设施建设有力推进。出台《江苏省普通国省道公路服务设施建设指导意见》《江苏省普通国省道公路服务设施设计指南》，建成普通国省道服务设施30处。印发《江苏省普通国省道公路服务设施公路驿站品牌创建工作实施方案》，首批命名盐城349省道盐东服务区、徐州104国道王集服务区等5个“公路驿站”品牌。起草《江苏省普通国省道服务设施运营管理办法》，开展全省普通国省道公路服务设施运营情况检查，为过往驾乘人员提供更好服务。路网服务水平进一步提升。新建路网视频监测设备658套，新改建交通量调查站点178个，改造市级路网中心4个，新建县级路网中心16个，基本实现国省普通干线公路重要节点、长大桥梁和重要路段的视频全覆盖。在全国率先实现国省干线公路路网视频全上云并向社会公众开放，高速、普通公路“一张网”对外服务，进一步丰富了公众获取出行信息方式。起草《江苏省公路网运行管理办法》，加强与多家电子导航公司的合作，加强数据挖掘应用，及时发布重大节假日公路出行服务指南。在省路网中心设立新闻发布厅和新闻直播室，建立重大节假日整点路况播报机制，及时发布路网运行和出行预警信息。做深做细做实重大节假日和恶劣天气“两保一强”专项行动，人民群众公路出行获得感进一步增强。“平安公路”建设全面推进。实施普通国省道安防工程2057公里、农村公路安防工程7990公里。全面完成省安委会挂牌督办的10处普通国省道事故多发路段隐患处治。会同有关部门组织对全省农村地区事故多发路口、无防护设施临水路段、年久失修的桥梁涵洞等开展排查，督促落实好隐患整治。组织开展全省安全生产专项大检查，突出抓好独柱墩桥梁技术状况核查评估、农村公路桥梁限载标志设置完善等。扎实推进提升公路桥梁安全防护和连续长陡下坡路段安全通行能力专项行动，组织完成全省普通公路116座跨铁路、干线公路桥梁防抛(落)网整治。开展全省农村公路“千灯万带”示范工程，全面完成399个农村公路平交口减速带设置，有效保障群众出行安全。

2. 铁路

2019年，全省铁路运营里程达3550千米。其中，高速铁路达到1561千米，占总里程的43.97%；电气化铁路2596千米，占73.1%。全年完成铁路投资501亿元，较上年增长18.6%，在国铁上海局集团所辖三省一市中居第一位。

铁路项目建设：2019年，沪苏湖铁路初步设计批复前置要件全部办理完成，北沿江高铁可研报告完成审查；宁启铁路二期、徐宿淮盐铁路和连淮扬镇铁路连淮段顺利建成，在通过检测验收、联调联试后投入运营；宁淮城际铁路江苏段、沪通铁路二期先导段开工建设；五峰山、沪通长江大桥实现合龙，连淮扬镇铁路淮镇段、沪通铁路一期、连徐高铁、盐通铁路等在建项目均达到或超过序时进度。全省铁路建设续建里程 1480.2 千米，新开工项目建设里程 146.2 千米，铁路建设总投资接近 2700 亿元。

续建里程按照往年统计方式，包含了 2019 年通车的宁启铁路二期、连淮扬镇铁路连淮段和徐宿淮盐铁路；新开工项目为宁淮城际铁路、沪通铁路二期。

表 10

序号	项目名称	境内里程（公里）	境内投资（亿元）	建设年限
续建项目				
1	宁启铁路二期	93	64.73	2014.10—2019.01
2	连淮扬镇铁路连淮段	108	161.77	2014.11—2019.12
3	徐宿淮盐铁路	316	408.90	2015.11—2019.12
4	沪通铁路一期	120	313.95	2013.09—2020.06
5	连淮扬镇铁路淮镇段	197	295.07	2014.11—2020.12
6	连徐高铁	180	260.99	2016.11—2020.12
7	盐通铁路	156.60	262.80	2018.01—2020.12
8	通苏嘉甬铁路南通至张家港段	31.30	42.70	2018.01—2020.12
9	南沿江城际铁路	278.33	517.90	2018.10—2021
合计		1480.23	2328.81	
新开工项目				
1	宁淮城际铁路	139.17	337.68	2019.09—2022
2	沪通铁路二期	7	20.99	2019.12—2022
合计		146.17	358.67	
总计		1626.40	2687.48	

3. 航空

截至 2019 年底，江苏共有南京禄口国际机场、苏南硕放机场、常州奔牛国际机场、南通兴东国际机场、徐州观音国际机场、扬州泰州国际机场、盐城南洋机场、连云港白塔埠机场、淮安涟水机场 9 家民用运输机场，年客货保障能力超 7000 万人次、160 万吨。全省机场全年共保障运输起降 46.3 万架次，完成旅客吞吐量、货邮吞吐量 5843.8 万人次、64.2 万吨，同比分别增长 12.1%、13.2%、7.5%，200 万级以上机场已达 8 家。全省机场工程建设年内累计完成投资 33.1 亿元，其中南京禄口机场 T1 航站楼改扩建工程加快实施。连云港民用机场迁建工程全面开工建设。无锡硕放机场航站楼和机坪改造工程、南通兴东机场航站区扩建工程建成投运。新沂通用机场建成并通过验收。溧阳通用机场建设加快推进，金湖、宜兴通用机场开工建设。

4. 港口

2019 年，全省完成港口建设投资 93.4 亿元。新增沿江沿海万吨级以上泊位 12 个。至 2019 年底，全省累计拥有各类生产性泊位 5563 个，其中万吨级以上泊位 509 个、5 万吨级以上泊位 173 个，综合通过能力达 21 亿吨。长江南京以下 12.5 米深水航道和福南水道 12.5 米进港航道治理工程通过竣工验收。连云港港 30 万吨级航道二期工程、连云港港盛虹炼化一体化项目配套码头工程、苏州港太仓港区四期工程等续建工程有序推进。南京港“江海联运一体化全程物流供应链港口智慧物流示范工程”建设通过部省级验收。

港口生产：2019 年，全省港口完成货物吞吐量 28.3 亿吨，同比增长 9.5%，增幅位列长三角前列；完成外贸吞吐量 5.2 亿吨,同比增长 7%;完成集装箱吞吐量 1877.2 万标箱,同比增长 4.3%,其中内河港口完成集装箱吞吐量 48.1 万标箱,同比增长 39%。在全国集装箱吞吐量百万标箱以上港口中,南通港以 59.3%增幅位居前列,全省 7 个港口吞吐量超过 2 亿吨,苏州港吞吐量位居全国第 6 位。全省港口新开辟近洋航线 5 条,总数达 69 条。

绿色港口:印发《江苏省绿色港口评价指标体系》。新建、改造岸电覆盖泊位数 545 个,累计覆盖泊位数 1799 个(沿海 46 个,沿江 424 个,内河 1329 个),全省主要港口基本具备岸电供应能力。原油成品油装船泊位安装油气回收设施完成 15 个泊位覆盖,累计覆盖泊位 53 个,占装船总泊位数(60 个)88.3%。沿江 74 个大型煤炭矿石码头堆场全部完成防风抑尘设施建设,沿江 153 家从事易起尘货种作业企业完成粉尘在线监测系统建设并接入省级监管平台。全省 732 个内河干线航道沿线非法码头整治完成 645 个(拆除 571 个,规范提升 161 个),新增绿化面积 2936 亩;内河三级以上航道 384 家码头企业完成船舶污染物接收设施建设,完成率达 82.9%;904 个沿江泊位完善水污染防治设施建设,污水纳管或自处理率达 88.2%,散货码头中水回收利用率达 50.5%。

南京港:截至 2019 年底,南京港有生产性码头泊位 202 个,其中万吨级以上码头泊位 63 个。码头总延长 26598 米,综合通过能力货物 19383 万吨,其中集装箱 183 万标箱。全年完成货物吞吐量 25688.65 万吨(其中外贸 3312.26 吨),完成集装箱吞吐量 330.54 万标箱。

无锡(江阴)港:截至 2019 年底,无锡(江阴)港有生产性码头泊位 108 个,其中万吨级以上码头泊位 39 个。码头总延长 16721 米,综合通过能力货物 9969 万吨,其中集装箱 23 万标箱。全年完成货物吞吐量 22392.59 万吨(其中外贸 5217.4 万吨),完成集装箱吞吐量 52.93 标箱。

常州港:截至 2019 年底,常州港有生产性码头泊位 32 个,其中万吨级以上码头泊位 9 个。码头总延长 4134 米,综合通过能力货物 3278 万吨,其中集装箱 23 万标箱。全年完成货物吞吐量 5353.03 万吨(其中外贸 1199.46 万吨),完成集装箱吞吐量 32.05 标箱。

苏州港:截至 2019 年底,苏州港有生产性码头泊位 296 个,其中万吨级以上码头泊位 127 个。码头总延长 45543 米,综合通过能力货物 34786 万吨,其中集装箱 556 万标箱。全年完成货物吞吐量 52274.71 万吨(其中外贸 14652.65 万吨),完成集装箱吞吐量 626.74 万标箱。

南通港:截至 2019 年底,南通港有生产性码头泊位 121 个,其中万吨级以上码头泊位 50 个。码头总延长米 20186 米,综合通过能力货物 11531 万吨,其中集装箱 42.5 万标箱。全年完成货物吞吐量 33620.35 万吨(其中外贸 5005.49 万吨),完成集装箱吞吐量 154.16 万标箱。

连云港港:截至 2019 年底,连云港港有生产性码头泊位 71 个,其中万吨级以上码头泊位 59 个。码头总延长 16337 米,综合通过能力货物 14497 万吨,其中集装箱 341 万标箱。全年完成货物吞吐量 23455.59 万吨(其中外贸 12904.15 万吨),完成集装箱吞吐量 478.11 万标箱。

盐城港:截至 2019 年底,盐城港有生产性码头泊位 84 个,其中万吨级以上码头泊位 22 个。码头总延长 10227 米,综合通过能力货物 10366 万吨,其中集装箱 10.7 万标箱。全年完成货物吞吐量 8118.96 万吨(其中外贸 1995.31 万吨),完成集装箱吞吐量 26.45 万标箱。

扬州港:截至 2019 年底,扬州港有生产性码头泊位 42 个,其中万吨级以上码头泊位 23 个。码头总延长 7446 米,综合通过能力货物 6220 万吨,其中集装箱 28 万标箱。全年完成货物吞吐量 9474.52 万吨(其中外贸 1038.98 万吨),完成集装箱吞吐量 50.64 万标箱。

镇江港:截至 2019 年底,镇江港有生产性码头泊位 213 个,其中万吨级以上码头泊位 46 个。码头总延长 23426 米,综合通过能力货物 13243 万吨,其中集装箱 176 万标箱。全年完成货物吞吐量 32916.48 万吨(其中外贸 4300.28 万吨),完成集装箱吞吐量 41.52 万标箱。

泰州港:截至 2019 年底,泰州港有生产性码头泊位 161 个,其中万吨级以上码头泊位 61 个。码头总延长 20989 米,综合通过能力货物 14309 万吨,其中集装箱 10 万标箱。全年完成货物吞吐量 28243.22 万吨(其中外贸 2779.55 万吨),完成集装箱吞吐量 35.08 万标箱。

内河港口：截至2019年底，全省内河港口共有生产性码头泊位4246个，码头总延长256760米，综合通过能力货物68891万吨，其中集装箱98万标箱。全年完成货物吞吐量41575.03万吨(其中外贸42.43万吨)，完成集装箱吞吐量47.98万标箱。从分市情况看：南京内河港完成214.02万吨；无锡港完成6353.21万吨；徐州港完成4011.4万吨；常州内河港完成2246.15万吨；苏州内河港完成9763.19万吨；南通内河港完成2822.13万吨；连云港内河港完成557.86万吨；淮安港完成7808.69万吨；盐城内河港完成2221.50万吨；扬州内河港完成597.86万吨；镇江内河港完成1095.65万吨；泰州内河港完成2372.12万吨；宿迁港完成1511.18万吨。

5. 航道

江苏地处江淮下游，黄海之滨，河湖众多，水网密布，素有"水乡江苏"之称。全省大部分地区水系相当发达，共有大小河流和人工河道2900多条，陆域水面面积达1.73万平方公里，水面所占比例之大，在全国各省中居首位，其中长江与京杭大运河呈十字形贯穿全省，航运功能显著，水运比较优势突出，在江苏省综合交通运输体系中占有重要地位，为江苏降本增效、提升制造业竞争优势发挥重大作用。截至2019年底，共有内河航道总里程24354.41公里，里程和密度均居全国之首。其中，等级航道8739.58公里，分别为一级航道369.90公里，二级航道514.45公里，三级航道1500.35公里，四级航道778.3公里，五级航道1004.37公里，六级航道2097.10公里，七级航道2475.11公里；另有等外级航道15614.83公里。全省设有通航船闸111座，属于交通部门管理的有52座，其余由水利部门管理。

航道建设：全年累计完成航道建设投资35.57亿元。完成三级航道26.2公里，完成护岸整治57.4公里(单侧)，建成桥梁15座。列入江苏省交通强国十大样板工程京杭运河绿色现代航运示范工程的京杭运河施桥船闸至长江口门段、苏南运河苏州白洋湾至石湖景区段，列入省政府集中开工项目的通扬线南通市区段和申张线青阳港段以及列入2020年全省重点工程建设计划的魏村枢纽扩容工程等项目如期开工；沪宁铁路跨青阳港大桥及沪宁高速公路跨青阳港大桥等关键节点开工建设。续建项目通扬线、秦淮河、前黄枢纽等项目按照序时进度推进。苏南运河、芜申线、杨林塘、锡澄运河等扫尾项目进展顺利。通扬线海安段三级航道、通扬线九圩港复线船闸通江连接段交工通航，全省干线航道第一座改建的铁路桥沪宁铁路跨锡澄运河151号铁路桥建成通车。苏南运河无锡段等9个项目完成竣工验收。邵伯三线船闸工程、30万吨级航道一期工程和徐圩港区防波堤工程获得2018—2019年度国家优质工程奖，徐圩港区防波堤工程获得中国建设工程鲁班奖。

航道管理：出台《江苏省内河航道突发事件应急预案》。对30个航道船闸安全工作开展专项检查，每月开展一次覆盖重点港口公用基础设施、重点航道以及重要船闸枢纽的明查暗访，深入分析港航领域安全风险，开展在建桥梁、船闸工作桥等安全隐患大排查大整改，督促各市整改隐患风险125处。全面加强危险品船舶过闸管理，推动危险品船舶按指定位置停靠，实现远程申报、线上缴费、无线调度、单独放行、优先过闸。开展安全标准化工作，研究制定安全生产标准化考评细则、方法和流程，树立省级示范船闸标准，全年全省港航安全形势总体保持稳定。

航道养护：全年完成养护投资8.1亿元，安排养护工程88项，淮安三线船闸、扬州运西船闸等8个船闸大修工程高质量完成，已完工程优良率达100%，全省内河干线航道通航保证率和船闸通航保证率均保持在98%以上。编制"2020—2022年三年航闸养护项目库"，形成项目立项评估及滚动发展等工作机制，向纵深推进采用多波束等技术实现对浅水区的探测、水下障碍物的智能识别和航道扫床与测量等应用，全省航道管养科学化、系统化水平进一步提升。落实交通干线沿线环境综合整治"五项行动"要求，修复损毁补植缺口累计完成1377处，提升干线航道绿化里程累计完成1839.71公里，新增绿化面积累计完成2521.31平方米，包括京杭运河在内的损毁补植修复、干线航道绿化提升等工作全面达标。

航道服务：落实过闸费减免政策，全年减免2.75亿元，有效降低水运成本。提升船闸运行调度信息化水平，航道过闸费、赔补偿费电子票据系统正式上线，实现船舶过闸登记、缴费、取票全流程"不见面办理"。苏北运河低水位与待闸船舶较多期间，协调省有关部门建立信息联享、调度联合、应对联动的工作机制，积极推动各船闸开展真情服务，帮助苏北运河安全通行，得到船民点赞。全省25个水上服务区保持正常运营，累计23个水上服务区、22船闸待闸区可提供过往船舶岸电接入服务。内河三级以上干线航道20个水上服务区和37个船闸管理所基本具备靠港船舶污染物接收能力。在全国率先实现内河航道岸电互联互通联网运营，并依托国家电网智能车联网公司实现统一运营。开展京杭运河苏北段养护管理现代化关键技术、内河航道整治中既有桥梁整体顶升关键技术研究等课题研究。QC活动在交通行业保持领先，70个QC小组活动成果43个获得省级优秀QC小组称号，占比达61%，其中14个获得部级优秀QC小组称号。进一步加强标准化建设，加快推进3项省地方标准的制定和1个标准化综合示范项目。

（三）交通综合执法监督

2019年，全省各级道路执法机构累计出动执法人员32.31万人次，组织开展2.84万次路面执法活动。推进信用管理在道路运输执法中的应用，吊销道路运输许可证件11个、从业资格证6个，实施信用手段对企业违法行为累积记分14228条，将违法违规从事道路运输的车辆纳入黑名单，禁止行驶省内高速公路。全省交通干线沿线环境综合整治“五项行动”圆满收官，建成绿色廊道2万公里。完成省政府下达的超限运输治理目标任务，全省干线公路平均超限率压降至2.12%，在全国率先全面实施高速公路入口拒超管理，全面加强货物装载源头超限超载治理工作，基本剿灭“百吨王”超限运输车辆，中重型货车交通安全事故数、死亡人数双下降。开展全省道路旅客运输安全严管严控，全省道路运输事故起数和死亡人数同比下降15.65%和21.7%。高质量完成取消高速公路省界收费站工作，改造19个主线自由流车道、2489条ETC车道，建设入口称重设施834个，完成ETC发行745.9万辆，ETC使用率居全国前列。聚焦国庆70周年，完成“防风险保安全迎大庆”各项部署，和“江苏彩车”转场进京交通保障任务。推进道路执法领域“扫黑除恶”“扫黄打非”专项斗争，开展道路运输领域“治乱”专项行动，全系统摸排线索490条并联处联动到位，实现线索清零目标。

1. 水上执法监督

完成沿江非法码头专项整治行动，江苏省纳入专项整治的117个非法码头已全部拆除取缔并失去码头功能。完成120家企业港口船舶污染物接收设施建设的年度建设任务，江苏省沿江153家有易起尘作业货种的港口企业已经全部完成建设并确保数据接入监测平台。对全省28家长江汽渡单位进行了安全管理专项检查，发现的问题隐患大部分现场完成整改。开展乡镇渡口渡船达标活动，2019年共撤销渡口83个，占年初渡口总数的39%，截至2019年底实有渡口128个，其中营运渡口75个，停运渡口53个，营运渡口达标率为88%，实现了达标率80%以上的年度目标。严格消除港口危险货物安全隐患，对全省57家港口重大危险源企业开展巡查。深化船员24小时自助服务试点工作，编制江苏省24小时自助服务站点建设标准，全年共328人次使用自助服务。积极做好全省辖区水上应急搜救工作，及时处置水上各类突发事件，2019年共受理接处警2324次，遇险人员1064人，获救人员561人，挽回直接经济损失1154万元，水上搜救成功率达98.42%，有力保障了人民群众生命和财产安全。

2. 工程质量执法监督

编制完成《江苏省公路水运建设工程安全风险辨识手册》《江苏省公路水运工程安全风险分级标准》《江苏省公路水运工程安全风险管控措施目录清单》《江苏省公路水运工程平安工地建设考核评价标准(试行)》。完成《江苏省地方铁路工程质量监督标准和程序》《江苏省地方铁路建设工程质量监督指南》课题研究。在苏锡常南部通道项目上开展了“防台防汛”综合应急演练，在全省交通工程建设领域内首次举行安全生产知识竞赛。2019年，直接监督高速公路、过江通道项目15个，直接监督重点水运工程23个，组织全省交通建设市场联合检查7次，检查了53个项目、108个标段，组织省管重点交通项目专项检查5次，检查了30个项目、57个标段。全省重点公路水运工程质量优良率达100%，海启高速等20个项目被评为2019年度省级“示范工程”，南京长江大桥A1标等142个施工标段被评为2019年度省级“示范工地”。

（四）城市公共交通——轨道交通

2019年，部署指导各地做好交通运输部一系列规范文件的落实，重点指导无锡、徐州、常州、苏州四市做好新线路初期运营前安全评估有关工作，把好城市轨道交通新线路投入运营的第一道安全关。2019年，全省新增常州地铁1号线、徐州地铁1号线、无锡地铁1号线南延线和苏州地铁3号线4条城市轨道交通线路，新增运营里程106.438公里。全省共有南京、苏州、无锡、徐州、常州、淮安、昆山7个城市开通运营城市轨道交通线路（其中6个城市开通地铁），成为全国拥有地铁城市最多的省份。全省共开通运营城市轨道交通线路25条（含5条有轨电车线路），运营里程达747.066公里（其中地铁运营里程666.066公里，有轨电车运营里程81公里），里程跃居全国第二；共设置车站482个，配备列车3647辆，年客运量达到16.8亿人次，日均客流量约461万人次。截至2019年底，江苏累计8个城市获批建设轨道交通（含有轨电车），拥有规划或在建轨道交通线路18条，线路里程431.662千米。

1. 南京市轨道交通建设运营情况

南京市已建成投运轨道交通线路12条，具体为地铁1号线、2号线、3号线、4号线、10号线、S1号线（宁高城际一期）、S3号线（宁和城际）、S7号线（宁溧城际）、S8号线（宁天城际一期）、S9号线（宁高城际二期），河西新城有轨电车1号线、麒麟科技创新园现代有轨电车1号线，总里程393.628千米。

2. 苏州市轨道交通建设运营情况

苏州市建成投运轨道交通线路7条，具体为地铁1号线、2号线、3号线、4号线及支线（7号线一期），有轨电车1号线、有轨电车2号线，运营总里程210.407千米。其中，2019年新开通地铁3号线45.2千米。

3. 无锡市轨道交通建设运营情况

无锡市建成投运轨道交通线路2条，具体为地铁1号线、2号线，运营总里程60.908千米。其中，2019年新开通地铁1号线南延线5.187千米。

4. 徐州市轨道交通建设运营情况

徐州市为江苏省城市轨道交通新开通城市，2019年建成投运轨道交通线路1条，具体为地铁1号线一期工程，运营总里程21.814千米。

5. 常州市轨道交通建设运营情况

常州市为江苏省城市轨道交通新开通城市，2019年建成投运轨道交通线路1条，具体为地铁1号线一期工程，运营总里程34.237千米。

6. 淮安市轨道交通建设运营情况

淮安市建成投运有轨电车线路1条，具体为现代有轨电车一期工程，运营里程20.07千米。

7. 昆山市轨道交通建设运营情况

昆山市建成投运轨道交通线路1条，具体为上海轨道交通11号线北段工程，运营总里程6.002千米。

（五）城市公交

2019年，全省共有公交线路4549条，运营里程8.7万公里，重点围绕地铁开通、高铁枢纽场站的投入运营新辟优化公交线路438条，公交线网进一步优化；全省城市公交车辆4.9万辆，折合5.8万标台，其中2019年新增及更新新能源公交车超过3000辆，公交运力进一步加强；常规公交年客运量44亿人次，日均客流量1199万人次，单线平均日发班次达80班以上，平均发车间隔约10分钟，百姓出行得到有力保障。南京、徐州、常州、苏州等市围绕轨道交通线路的开通，优化配置常规公交衔接线路超过50条，促进常规公交与轨道交通互相补充、共同发展，进一步提高公共交通快速可达性。南京、常州、苏州、淮安等地大力实施公共交通换乘优惠政策，换乘优惠涵盖常规公交、轨道交通、有轨电车等公共交通方式，进一步提升公共交通吸引力，百姓出行满意度持续提升。

(六) 出租汽车

研究推进新一轮出租汽车行业改革，省出租汽车深化改革领导小组办公室印发《关于进一步深化改革 加快推进江苏省出租汽车行业健康发展的指导意见》(苏出改办〔2019〕2号)，指导各地对已出台的出租车有关实施意见进行评估，加快巡游车转型升级，规范网约车管理，推进出租汽车深化改革和健康、融合发展。率先建立全省出租汽车运行预警处置机制，制定《江苏省出租汽车运行预警处置工作机制(试行)》。

1. 巡游出租车

推动巡游车"动互联网"转型升级。鼓励传统巡游车"型互联网"转型升级，南京、泰州、盐城等地部分巡游车企业与网约车平台合作，实现线上线下联动。泰州、江阴、沭阳等地巡游车企业积极使用区域性打车平台，推动巡游车转型升级。指导各地加快巡游车运价改革，南京、常州、南通、连云港、淮安、盐城、泰州等7个城市市区巡游车运价已由政府定价调整为政府指导价。

截至2019年底，全省共有巡游车企业362家，个体经营者5716户，巡游车5.7万辆，驾驶员9万人。全省巡游车年客运量约11.6亿人次，日均服务317万人出行。

2. 网约出租车

提请省政府建立江苏省交通运输新业态协同监管厅际联席会议制度。会同省内主要网约车平台公司建立政企沟通机制，定期交流网约车发展动态，做好涉稳信息的及时反馈报送。会同省深化出租汽车行业改革领导小组成员单位联合开展滴滴、美团等主要网约车平台公司座谈会，进一步规范网约车平台运营管理。

截至2019年底，全省取得网络预约出租汽车经营许可的平台公司共有39家(含滴滴、美团、曹操、万顺、神州、首约、T3等全国性平台)，涉及21个城市(含13个设区市和昆山等8个县(市、区))全省已办理网约车运输证的车辆8.3万辆，15.9万人取得网约车驾驶员资格证，分别较2018年底增长48.2%、88.4%。网约车辆和人员合规率排在全国前列，占比分别达10.7%和9.6%。全省在营网约车年客运量约9.1亿人次，日均服务约250万人出行。省内累计共有15家平台公司取得线上服务能力认定。目前，滴滴公司正在与省内13个设区市对接，现已在8个设区市设立服务机构，其中南京、无锡、徐州、常州、苏州、南通6个设区市注册了分公司，淮安、宿迁2个设区市设立办事处。

(七) 站场枢纽

2019年，全省共有86个客货运场站项目开工建设，全年累计完成投资103亿元。综合客运枢纽建设持续推进，建成淮安东站等5个综合客运枢纽，全省拥有综合客运枢纽25个。建成黄桥汽车客运站1个普通枢纽客运站及徐州市丰县西城停保场、苏州市通园路公交停保场等8个城市公交枢纽场站。

(八) 客货运输

客运结构不断优化，铁路、民航等高品质出行保持较快增长。2019年，全省公铁水空四种运输方式完成综合客运量12.1亿人次，同比小幅下降0.9%；其中，铁路客运量2.3亿人次，同比增长7.9%。全省完成综合旅客周转量1737亿人公里，同比增长2.7%；其中，铁路、民航和水路旅客周转量延续较快增长态势，公路旅客周转量继续小幅下降。综合货运量继续增长，货运结构有序调整，对全省打赢蓝天保卫战、打好污染防治攻坚战提供了有力支撑。2019年，全省公铁水空四种运输方式预计完成综合货运量24.4亿吨，同比增长4.7%。其中，铁路货运量6170万吨，同比增长3.3%；水路货运量9.1亿吨，同比增长3.3%。全省完成综合货物周转量9381亿吨公里，同比增长4.7%；其中，铁路货物周转量较快增长，公路、水路稳定增长，民航小幅增长。

1. 运输工具

全省拥有公路客运车辆5.3万辆、162.7万座，同比分别增长1.0%和下降2.9%。其中，班线客运车辆1.6万辆、66.5万座，同比分别下降8.6%、9.1%。全省拥有营业性货运车辆78.9万辆、905.6万吨，同比分别下降7.8%、增长8.2%；同期，牵引车14.6万辆，挂车15.5万辆，拖挂比为1∶1.046。2019年，全省营业性公路客车平均客位数达到30.6座/辆，同比下降3.8%；营业性公路货车单车吨位数达到14.1吨/辆，同比增长22.2%。全省拥有营业性运输船舶3.0万艘、3903.9万吨(净载重量，下同)，同比分别下降7.0%和2.9%。其中，内河运输船舶2.9万艘、2491.1万吨，同比分别下降7.5%、7.7%；沿海运输船舶1388艘、936.5万吨，同比分别增长2.5%、8.2%；远洋运输船舶123艘、476.2万吨，同比分别增长7.9%、4.5%。

2. 城乡客运

2019年，各地按照推进城乡基本公共服务均等化、实施乡村振兴等战略要求，加速推进镇村公交发展，累计开通1038个乡镇，开通率达95.8%，其中苏南和六大贫困片区率先实现了镇村公交全覆盖。全省镇村公交年客运量超过1亿人次，比2018年增长超过9%。全省城乡客运一体化发展水平升至5A级标准。随着长三角城市群的快速融合发展和区域经济一体化进程的不断深入，毗邻地区群众公共服务一体化的出行需求越来越多，镇村公交逐渐走出“家门”，实现区域互通。2019年，新增常州至丹阳吕城镇、金坛儒林镇至宜兴新建镇、洪泽区至淮阴区赵集镇等14条毗邻镇村公交，方便沿线数十个行政村群众出行。同时，镇村公交发展已不再单纯聚焦自身系统的建设，而是更加关注与交通、产业、区域的融合发展，逐渐开启生态共建、品牌树造的发展之路，2019年新增镇村公交线路中，15条为旅游关联线路，通达近30个景点；15条为特色产业关联线路，促进了现代农业科技等相关领域大力发展；太仓、海安、东海、洪泽、盐都等县区探索开展镇村公交小件捎带业务，实现客货资源共享。

3. 城际客运

2019年印发了《关于做好取消经营期限届满的800公里以上省际客运班线经营权有关工作的通知》；与省卫建委、省公安厅等六部门联合印发了《关于开展非急救转运服务的指导意见》；与省公安厅联合印发了《关于加强全省长途客车停靠站点上下客安全管理工作的通知》。2019年，全省21个汽车客运站完成“爱心母婴候车室”建设、改造工作。推动长三角区域开行了苏州至青浦、嘉兴至金山、马鞍山至南京等21条毗邻公交客运衔接线路。巴士管家下载量超过1亿人次，覆盖23个省、260个地级市，共开通定制线路293条，投入车辆900余辆，进一步优化定制快车、城际拼车服务流程，完善“巴士管家”APP电子发票、拼车业务、快线服务等功能，拓展城市公共交通出行服务功能。

4. 货运物流

加快建设农村物流服务网络，创新农村物流组织模式，丰县、如皋市、盐都区获得“江苏省农村物流示范县”称号；启动第二批农村物流示范县创建活动，7个县(市、区)入选第二批全省农村物流示范县创建名单。会同省公安厅、省商务厅督促苏州市完成2019年度创建工作目标任务；组织开展第二批绿色货运配送示范工程创建申报工作，南京、无锡、徐州、南通等四市被确定为第二批绿色货运配送示范工程创建城市，江苏省成为开展创建城市最多的两个省份之一；承办全国城市绿色货运配送示范工程交流研讨会，江苏省南京市、苏州市在会上作经验交流。继续开展无车承运人试点工作，全省确定无车承运试点项目77个(含25个原试点项目通过审核和52个新的试点项目)。试点企业累计完成货运量约2.2亿吨，整合车辆122万多辆，整合车辆数居全国第一，车辆空驶率和司机等货时间不断降低。会同发改委制订并上报《江苏发展智慧物流促进降本增效改革试点工作方案》，被国家发展改革委和交通运输部确定为物流降本增效综合改革试点省(市)之一(全国仅6个)。

5. 公交优先发展

2019年，根据省统计局、发改委、研究室发布的《关于发布2018年全省基本公共服务体系建设监测统计报告的通知》(苏统〔2019〕32号)，全省包含基本公共交通在内的11项基本公共服务满意度调查中，基本公共交通(包括城市公交和镇村公交)位列全省第一;《交通运输部领导同志批示通知》(第3期),杨传堂书记对江苏省基本公共交通服务专题批示肯定并转全国学习;江苏省金湖县“全域公交”发展经验成功入选交通运输部编纂的《农村客运发展典型案例集》(全国共22个县区案例),向全国推广。2019年,完成南通、淮安、连云港等全省第三批公交优先示范城市责任状签订和批复,除南京、苏州荣获国家“公交都市”称号外,全省其他设区市和昆山均列入省公交优先示范城市创建名单,其中常州、扬州、昆山列入第三批国家“公交都市”创建名单。同时积极拓展省公交优先示范城市创建向县级市覆盖,常熟市研究制订相关实施方案并完成申报工作。

6. 贯彻绿色出行行动计划

省交通运输厅会同省委宣传部等部门联合印发《省交通运输厅等十二部门和单位关于转发〈绿色出行行动计划(2019—2022年)〉的通知》(苏交运〔2019〕84号),在换乘“零距离”、优化城市道路路网结构、坚持公交优先、加强慢行交通系统建设和治理、积极推广新能源车辆等方面提出具体要求。省交通运输厅会同省公安厅、省机关事务管理局、省总工会组织开展2019年绿色出行宣传月和公交出行宣传周活动,围绕“公交优先、绿色出行”主题,在全省范围内组织开展了多样化、富有公众参与性的宣传和体验活动,广大市民积极参与,取得了良好的宣传效果。活动期间,各地将推进绿色出行和优化提升城市公共交通基本公共服务相结合,针对群众反映较多、较集中的问题,坚持以群众的立场和角度为出发点,组织实地考察、面对面交流,共商整改措施。同时长效贯彻“不忘初心,牢记使命”主题教育要求,推动城市公交服务品质高质量发展、推进镇村公交“再优化、再提升”活动,收集市民反映的问题和建议,并及时处理和反馈,期间全省各地共发放调查问卷近2万份、回收1.5万多份;采纳群众建议近500条。

7. 汽修驾培

2019年,全省共有机动车驾驶员培训机构1115家,较去年新增23家,增长2.1%。全年共招收机动车驾驶培训学员192万人,结业人数181万人,较去年略有下降。印发《省交通运输厅省公安厅关于进一步加强机动车驾驶人培训和考试管理工作的通知》和《江苏省公安厅 江苏省交通运输厅关于认真贯彻落实公安交管“放管服”10项便民利民服务措施的通知》,建立全省交通运输部门和公安部门会商和联合督查机制,推动培训和考试信息互通,推行省内机动车驾驶员异地培训和驾驶证异地考试便民服务举措。全省有447家驾培机构被评定为3A信用等级。

在全省营运驾驶员中开展安全文明驾驶教育培训专项行动,省交通运输厅自筹49000元为全省营运驾驶员配发4940套安全文明驾驶口袋书。截至12月底,共有20万驶员完成了专项行动规定的学习任务。1月,公开了道路普通货物运输驾驶员从业资格考试题库,实现了省内普通货物运输驾驶员异地考试。在徐州、苏州、南通、宿迁等四市开展道路运输从业人员信息服务试点工作,累计推送服务信息近30万条。印发《省交通运输厅 省教育厅 省财政厅 省人力资源和社会保障厅 省总会关于组织开展道路运输重点领域驾驶员职业化培训考试试点工作的通知》,明确开展“两客一危”驾驶员职业化培训考试试点工作相关制度设计和工作目标、保障措施等。

2019年,全省有一类汽车维修企业1594家,二类汽车维修企业4117家,三类专项维修企业14538家,危险品车辆维修企业89家,快修企业376家。机动车维修从业人员15.86万人。2019年,机动车维修总辆次达3564.8万辆次,机动车维修总产值达273.2亿元,同比减少6.8%。2019年,全省96520/96196平台共受理救援请求29104次,成功施救27933次。目前,全省已运行汽车排气超标治理维护站508家,治理尾气超标车辆6万多辆。截至2019年底,全省共199家综合性能检测站,比上年增加45家,同比增加22.6%;在职检测行业从业人员3950人,2019年检测车辆357.8万辆次,总产值2.9亿元。

(九)交通科技

2019年,全省交通运输科技与信息化工作紧紧围绕全省交通运输工作重点,以“交通强国”示范建设试点和高质量发展为目标,以科技创新为主线,大力推进信息化建设和绿色交通发展。“自动驾驶测试评估及车路协同关键技术”“水下隧道智能设计、建造与养护技术与装备”2个行业研发中心通过交通运输部认定并授牌；自动驾驶封闭测试基地（泰兴）顺利通过交通运输部和工业和信息化部联合评审和认定，成为江苏省首个自动驾驶封闭测试基地。2019年，全省交通运输行业（不含省内高校）共获得江苏省科学技术奖5项，部级学会协会奖项22项以上，中国公路学会科学技术奖一等奖以上4项。获奖数量和等次在全国各省市交通运输系统处于领先地位，反映了江苏省交通科技综合实力和自主创新能力。

1. 创新驱动发展样板实施方案

围绕推动行业发展质量变革、效率变革和动力变革，重点在高新技术应用、重大技术攻关、绿色智慧交通产业发展三个方向，梳理明确了建设新一代国家交通控制网、打造智慧交通基础设施、推广高分遥感等新技术在行业中的应用、大数据驱动行业治理、推进新一代电子识别技术的研发与应用、研究建立高可靠性公路货运系统、开展基础设施科技攻关、推动绿色智慧交通产业发展等8项重点任务，并结合意见征求、专题论证进行了修改完善和细化。

2. 产学研用协同创新和科技平台建设

智能交通技术和设备行业研发中心被交通运输部评估为“优秀”，综合得分第一；“自动驾驶测试评估及车路协同关键技术”“水下隧道智能设计、建造与养护技术与装备”2个行业研发中心通过交通运输部认定并授牌；落实省厅与在宁重点高校和院所签署的创新发展战略合作协议，组织大院大所深度参与了江苏智慧高速公路研究等重点科技项目，并向大院大所同步征集和凝练2020年科技需求。推动苏交科集团、中设设计集团等单位参与国家重点专项相关子课题“道路设施状态智能联网监测预警”“内河航道设施智能化监测预警与信息服务”研究。

3. 科技攻关和成果转化

统筹推进科技项目与成果应用转化工作。推进重大科技专项研究工作。下达2019年交通运输科技与成果转化项目计划，集中组织实施7个重大科技专项、16个部省科技示范工程（1项部级示范工程）以及一批省级科技项目，突破一批关键技术瓶颈，促进科技成果转化和应用推广。京杭运河苏北段养护管理现代化、高速公路路面结构长期保存技术等3个重大专项年内完成研究工作，具备验收条件。依托徐工集团和公路建设与养护技术、材料及装备交通运输行业研发中心，完成就地热再生热风加热机、路沿石水泥滑模摊铺机、超粘磨耗层封层机、绿化综合养护车、就地冷再生机等新装备的研发，累计已有5套设备实现替代进口。“沪宁高速公路超大流量路段通行保障关键技术研究与工程示范”将研发的应急车道主动管控、连续式港湾车道和匝道管控等新技术，在无锡段进行了成功应用，并经过了“五一”“国庆”小长假考验。

4. 新一代国家交通控制网试点

新一代国家交通控制网试点工程完成半开放测试区的场地、路侧设备和5G网络、车路协同驾驶的应用场景建设，并在半开放、开放测试区场地开展首届国际（常州）自动驾驶技术创新大赛。国家智能商用车质量监督检验中心通过国家市场监督管理总局检验检测机构资质认定，是交通运输行业在智能商用车领域唯一一家国家级检测中心；自动驾驶封闭测试基地（泰兴）顺利通过交通运输部和工业和信息化部联合评审和认定，成为江苏省首个自动驾驶封闭测试基地（交通运输部共累计批复6个）。

5. 智慧基础设施建设

依托2条国省干线（S342无锡段、G524常熟段）开展智慧公路试点，围绕保障安全、提升效率、优化服务的目标，建立新型智慧公路感知系统，完善智慧公路运行管理体系，目前项目已全面实施；苏州港太仓港区四期工程堆场自动化科技示范工程已完成堆场自动化系统研发，正在开展工程建设。启动京杭运河智能航运及关键技术研究、江苏智慧高速公路应用技术研究及工程示范2个重大专项研究以及淮安有轨电车自动驾驶科技示范工程建设。

四、浙江省交通运输业情况

(一)基本情况

2019年,交通运输、仓储和邮政业增加值1962亿元,比上年增长6.0%。

全省公路总里程12万公里,其中高速公路4643公里。共有民航机场7个,全年旅客吞吐量7015万人,其中发送量3600万人。铁路、公路和水运完成货物周转量12391亿吨公里,比上年增长7.4%;旅客周转量1129亿人公里,增长2.3%。全省规模以上港口完成货物吞吐量17.2亿吨,增长11.0%,其中沿海港口完成13.5亿吨,增长8.3%。宁波—舟山港完成货物吞吐量11.2亿吨,增长7.9%;集装箱吞吐量稳居全球第三,达2753万标箱,增长4.5%。

表11　2019年浙江省交通客货运输量

指标	单位	绝对数	比上年增长(%)
货物周转量	亿吨公里	12391	7.4
其中:铁路	亿吨公里	235	6.4
公路	亿吨公里	2082	6.0
水运	亿吨公里	10074	7.7
旅客周转量	亿人公里	1129	2.3
其中:铁路	亿人公里	743	7.0
公路	亿人公里	378	−6.1
水运	亿人公里	7	10.3
民航旅客吞吐量	万人	7015	7.3

截至2019年底,全省小型载客汽车保有量1486万辆,其中私家车(个人小型、微型载客汽车)保有量为1367万辆。

(二)四大领域亮点纷呈

交通建筑业方面,全省共有交通建筑企业(含设计、施工和监理等)6921家(注册资本1000万元以上,下同),拥有浙江交工、杭州市政、宁波市政等特级资质企业,宏润建设、腾达建设、东南网架等上市公司,浙建集团、浙江交工、东阳三建再次入围ENR全球最大国际承包商250强榜单。

交通装备制造业方面,吉利集团连续8年进入世界500强,万丰奥特成为亚洲最大的铝轮生产基地之一,宁波杭州湾新区智能汽车等4个产业平台入选浙江省首批“万亩千亿”平台。

交通运输业方面,宁波舟山港货物吞吐量稳居世界首位,集装箱吞吐量保持全球第三,“义新欧”中欧班列辐射欧亚大陆37个国家和地区,杭州萧山国际机场旅客吞吐量突破4000万人次,快递业务量占全国的五分之一。

交通关联服务业方面,海康威视、浙江大华入选“2019中国智能交通三十强企业”,中国首条民营控股高铁杭绍台铁路顺利完成全线首孔梁架设,杭州城西综合交通枢纽开工建设。

(三)区域发展各具特色

杭州、宁波产业发展优势突出,领跑全省发展。杭州在交通建筑、轨道交通、航空产业、智慧交通等方面走在创新前沿,形成综合交通产业领军型企业总部中心;宁波港口物流和港航服务发展处于领先水平,交通建筑、轨道交通、新能源汽车等具备优势。

温州、嘉兴、湖州、绍兴、金华产业整体基础扎实，成为综合交通产业发展主力军。温州“四港联动”优势突出，交通建筑工业化、临港物流发展不断提速；嘉兴在海河联运、船舶制造等方面占据优势地位，上线省内首辆5G无人车；湖州列入全国唯一内河水运转型发展示范区，新能源汽车、通航产业发展形成亮点；绍兴成为国家首批通用航空产业综合示范区，交通建筑发展走在前列；金华交通建筑业发展突出，新能源汽车制造发展势头良好。

台州、舟山、衢州、丽水等地依托各地特色，分别在新能源汽车、港航物流、轨道交通、交通旅游融合等领域取得突破。

（四）培育工作卓有成效

一是高水平举办第二届浙江国际智慧交通产业博览会。总体规模、参展企业质量、前沿技术成果、高重大项目合作、论坛规格层次、展会人气、社会影响力等创下新高。展览总面积超7万平方米，吸引800余家企业参与，成功签约重大项目23个，总投资达374亿元，集中展示一批全国乃至全球领先的先进技术和产品；论坛邀请致辞、演讲和出席嘉宾488位，参展人数达5.1万人次，60余家媒体约110名记者对博览会开展全方位宣传报道。

二是首次发布浙江省综合交通产业地图平台。作为全国首个综合交通产业领域的数字地图，较为全面地、系统地展现了近年来浙江省综合交通产业发展总体情况。产业地图平台拥有15万多家综合交通产业相关企业，2万多条招投标数据及全省和各地市产业规划布局、上百个重点园区、平台和项目，致力于打造汇聚综合交通产业海量信息的数据仓。

三是建立完善综合交通产业培育政策机制。建立省、市、县三级联动的工作推进机制，由省综交办发挥牵头协调作用，各厅局、市县政府积极落实主体责任，建立工作领导小组，配合推进综合交通产业培育工作。同步出台系列政策支撑培育综合交通产业发展。

五、安徽省交通运输业情况

2019年以来，面对错综复杂的内外发展环境和不断加大的下行压力，全省交通运输系统紧扣稳中求进总基调，实施了一批针对性强、收效良好的重大举措，有效地增强了交通发展动力。全年交通运输行业经济运行呈现稳中承压、稳中有进的态势，主要宏观调控指标进度符合预期，投资规模、结构调整、区域协调、质量效益等方面呈现了诸多积极变化，交通运输经济运行保持健康持续发展。

（一）公路水路固定资产投资放缓，但仍处投资高位

全年完成公路水路固定资产投资788亿元，同比下降15.7%，但超额完成年度计划任务。从投资时序来看，呈现前高后低态势，四个季度的固定资产投资同比增幅分别为12.8%、1.6%、－1.2%、－48.0%。从投资类型来看，续建项目投资进展较好，新开工项目进展较慢，其中高速公路基本全部是续建项目，普通国省干线公路续建项目和新开工项目投资额比例约为6∶1，续建项目是拉动投资的主力。从投资结构来看，呈现“三增二降”特点，即农村公路、站场建设和水运建设同比增长，普通国省干线、高速公路同比下降。公路建设投资是交通固定资产投资的主体，占总体的86.1%。

（1）高速公路下降较快，投资规模低于预期。全年高速公路完成投资85.2亿元，同比下降63.3%，完成年度建设投资计划的47.3%。高速公路投资规模降幅逐季扩大，第一、二、三、四季度同比增幅分别为28.5%、33.9%、－67.5%、－82.0%。合六叶合肥至大顾店改扩建、芜合高速芜湖至林头改（扩）建2个PPP项目开工建设，池州长江公路大桥41公里已建成通车，合宁、合安、合芜高速改（扩）建191公里实现正式通车。新增高速公路41公里，通车里程达到4877公里。

（2）普通国省干线稍有回落，路网结构优化升级。全年普通国省干线完成投资307.8亿元，连续多年保持高位运行。投资总额同比下降14.5%，完成全年目标任务。第一、二、三、四季度分别下降6.2%、15.4%、11.3%、22.0%。新增一级公路通车里程513公里，一级公路里程达到5377公里。合

肥、阜阳、宿州等八市全面实现市县通达一级公路,全省 44 个县实现市县一级公路连接,区域内外互联互通进一步加强。

(3) 农村公路增长较快,超额完成目标任务。全年农村公路完成投资 273.0 亿元,比去年同期增长 48.8 亿元,同比增长 21.8%,完成年度建设投资计划的 227.5%。第一、二、三、四季度分别增长 37.7%、70.7%、222.1%、-60.0%。全省建成农村公路扩面延伸工程 2.5 万公里。

(4) 场站建设平稳增长,超额完成目标任务。全年站场建设完成投资 12.7 亿元,比去年同期增加 1.2 亿元,同比上升 10.7%,完成年度建设投资计划的 126.7%。其中客运站场完成投资 9.1 亿元,货运站场完成投资 2.8 亿元。当涂综合客运枢纽站等 14 个客货站场项目全部时序推进,10 个乡镇客运综合服务站建设项目全部开工。

(5) 水运建设大幅增长,重点工程稳步推进。全年水运建设完成投资 109.5 亿元,比去年同期增加 2.3 亿元,同比上升 2.1%,完成年度建设投资计划的 121.7%。第一、二、三、四季度分别增长 203.2%、-43.8%、20.8%、4.0%。其中引江济淮工程全面开工,完成投资 64.3 亿元,占总数的 58.7%。淮河干支流等航道整治工程进展顺利,沱浍河航道临涣至南坪段整治工程全面完成,淮河临淮岗复线船闸工程开工建设。

(二) 公路水路旅客运输双降,铁路民航旅客运输双升

2019 年,全省旅客运输生产基本平稳,结构持续调整优化,呈现"双升双降"特点,铁路和民航客运量同比增长,公路和水路客运量同比下降。

(1) 公路客运持续下滑。全年完成公路客运量 4.6 亿人次,旅客周转量 340.2 亿人公里,同比分别下降 10.1%和 9.7%。平均运距 74.5 公里。公路旅客周转量第一、二、三、四季度分别下降 12.0%、9.2%、14.4%、2.8%。公路客运量下降主要有两个方面的原因:一是安徽省高铁网络逐步完善,16 个市全部通达高铁,对公路客运影响较大;二是安徽省大力推进城乡客运一体化工作,部分农村客运转为公交经营方式,不纳入公路客运统计范畴。

(2) 公路客运站发送量下降。全年 101 个重点联系客运站累计发送旅客 5916.3 万人次,完成客票收入 21.5 亿元,同比分别下降 12.0%和 10.5%。

(3) 公路旅游客运基本平稳。全年 44 家旅游客运企业发送旅客 1208 万人次,同比下降 4.3%。在公路客运整体萎缩的大背景下,旅游客运基本保持平稳,其中合肥、芜湖等省辖市旅游客运同比增长。

(4) 水路客运量低位运行。全年完成水路运输客运量 222 万人次、旅客周转量 3039 万人公里,同比分别下降 7.5%、22.3%。水路旅客周转量第一、二、三、四季度分别下降 26.6%、27.4%、5.5%、31.3%,降幅波动较大。

(5) 铁路客运量增长较快。全年完成铁路客运量 1.3 亿人次、旅客周转量 821.1 亿人公里,同比分别增长 8.6%和 4.8%。铁路客运持续增长,得益于日趋完善的高铁网络。

(6) 民航机场吞吐量快速增长。全年各机场旅客吞吐量 1519.2 万人次,同比增长 11.7%,增长速度明显高于其他运输方式。

(三) 公路水路民航货物运输增长,铁路货物运输下降

2019 年,全省货物运输生产整体向好,除铁路货运量小幅下降外,其他运输方式两项生产指标均为增长。

(1) 公路货物运输增速平稳。全年完成公路货运量 29.8 亿吨、货物周转量 5742.5 亿吨公里,同比分别增长 4.9%和 5.3%。平均运距 192 公里。公路货物周转量第一、二、三、四季度分别增长 2.6%、5.3%、6.4%、6.4%。

(2) 水路货物运输量增长较快。全年完成水路货运量和货物周转量分别为 12.5 亿吨和 6224.7 亿吨公里,同比分别增长 8.8%、10.5%。平均运距 498 公里。水路货物周转量第一、二、三、四季度分别增

长 7.9%、13.8%、10.1%、10.6%。

(3) 港口生产增长较快。全年完成港口吞吐量 5.5 亿吨，其中出港 3.0 亿吨，同比分别增长 8.5% 和 12.4%；完成集装箱吞吐量 179.4 万 TEU，同比增长 20.6%。煤炭及制品、石油、天然气及其制品等七种货类共完成吞吐量 5.2 亿吨，较去年同期增长 9.6%。

(4) 铁路货物运输平稳。全年完成铁路货运量 7825 万吨、货物周转量 7247565 万吨公里，同比增长 -1.3%和 3.4%。平均运距 926.2 公里，比去年同期增加 42.5 公里。

(5) 民航货邮吞吐量快速增长。全年各机场货邮吞吐量 9.3 万吨，同比增长 23.9%，民航货邮吞吐量明显高于其他运输方式。

（四）交通运输通道整体运行平稳有序，交通量稳步上升，交通供给整体满足通行需求

1. 高速公路通行情况

(1) 交通拥挤度。全省高速公路拥挤度指数(通行量/适应通行量)为 0.95，整体上满足高速通行的需求。合宁、界阜蚌等高速公路受扩容改造影响，拥挤度较高。

(2) 货运量情况。全省高速公路完成货运量 17.1 亿吨，约占全省货物运输量的 57.3%，占比超过一半，是安徽省货车通行的主要方式。从车型来看，15 吨以上重型型货车是安徽省高速公路通行的主流车型，车流量占货车总数的 54.8%，完成的货运量占高速货运量总数的 81.6%。从通行距离来看，安徽省货车高速公路平均通行距离为 130 公里，其中 15 吨以上重型货车高速公路平均通行距离为 134 公里。

从时序来看，第一季度共完成货运量 3.4 亿吨，第二季度共完成货运量 4.4 亿吨，三季度共完成货运量 4.5 亿吨，四季度共完成货运量 4.8 亿吨。

(3) 分车型通行情况。全省 217 个统计在册收费站数据显示，收费站日均通行 78.4 万辆车辆，其中客车通行量 59.3 万辆，货车 19.1 万辆。7 座以下小汽车 57.2 万辆，占客车总数的 96.4%，7 座以下小汽车是高速公路客车通行的绝对主体。

2. 普通国省干线通行情况

(1) 交通拥挤度。根据全省交调数据显示，全年全省普通国省干线交通拥挤度(交通量/适应交通量)为 0.84，整体上满足通行需求。

(2) 交通量月度波动情况。全省普通国省干线全年共完成当量交通量为 446.1 万辆，其中第一、二、三、四季度分别为 83.7 万辆、106.9 万辆、107.3 万辆、148.2 万辆。

(3) 分车型情况。普通国省干线机动车日均交通量为 14551 辆，同比增长 12.0%。其中，客车日平均交通量为 5560 辆，同比增长 7.7%；货车日平均交通量为 7770 辆，同比增长 16.4%；摩托车、拖拉机等日均交通量为 1221 辆，同比增长 6.7%。

3. 水运船闸运行情况

(1) 船闸通行情况。省港航投资建设集团管理 14 座船闸全年通行量为 27701 万吨，其中第一、二、三、四季度船闸通行量分别为 6787 万吨、8022 万吨、7946 万吨、4946 万吨。裕溪船闸和巢湖船闸通行量 16809 万吨，占 14 个船闸通行量的 60.6%。

(2) 船闸通行收入情况。由省港航投资建设集团管理船船闸企业完成收入 16817 万元，完成年度计划的 131.2%；较上年同期增加 3624 万元，增长 27.5%。

(3) 船闸货物种类通行情况。黄沙，水泥、熟料类，集装箱是安徽省船闸通行的主要货类。根据裕溪船闸和巢湖船闸数据显示，黄沙类，水泥、熟料类，集装箱类三者占总通行量的 45.1%。

第七章　长三角地区金融服务业

伴随着长三角区域经济的飞速发展，金融业也呈现蓬勃发展态势。从金融业对 GDP 贡献看，2000—2019 年，沪、苏、浙、皖各地区金融业增加值均表现出一路扩张的态势，分别增长 12.8 倍、24.7 倍、24.9 倍、31.1 倍。上海作为区域龙头城市，伴随产业结构不断优化调整，金融服务业对地区生产总值贡献比例显著高于其他地区，浙江金融业对地区生产总值拉动明显，江苏、安徽金融业对地区生产总值贡献比例基本保持向上走势。从金融机构发展状况看，2019 年，上海银行类金融机构数量为 4072 家，资产规模占区域总额的 28.1%。浙江、江苏和安徽金融机构数量、资产和从业人员规模近年来也呈现明显增长趋势。从金融市场融资现状看，2019 年，长三角"一市三省"以贷款为代表的间接融资仍占据主要成分，均超过 50%。尽管长三角地区目前仍以银行贷款等间接融资为主，但随着金融发展和深化，股票、债券等直接融资的比例会愈来愈高，融资结构亦日益呈现出多元化的发展趋势。

一、上海市金融服务业发展

(一) 金融服务业基本情况

全年实现金融业增加值 6600.60 亿元，比上年增长 11.6%。

金融中心开放创新深入推进。全年持牌金融机构新增 54 家，"沪伦通"、沪深 300ETF 期权及股指期权、长三角一体化 ETF、天然橡胶期权等金融创新产品成功推出。

至年末，全市中外资金融机构本外币各项存款余额 132820.27 亿元，比年初增加 11679.94 亿元；贷款余额 79843.01 亿元，比年初增加 5609.84 亿元。

全年金融市场交易总额达 1934.31 万亿元，比上年增长 16.6%。上海证券交易所总成交额 283.48 万亿元，增长 7.1%。其中，股票成交额 54.38 万亿元，增长 35.3%；债券成交额 6.41 万亿元，增长 25.0%。全年通过上海证券市场股票筹资 5145.33 亿元，比上年减少 15.8%；发行公司债 34986.49 亿元，增长 37.9%。至年末，上海证券市场上市证券 17623 只，比上年末增加 3554 只。其中，股票 1615 只，增加 121 只。

全年上海期货交易所总成交金额 112.52 万亿元，比上年增长 19.3%。中国金融期货交易所总成交金额 69.62 万亿元，增长 1.7 倍。银行间市场总成交金额 1454.31 万亿元，增长 15.2%。上海黄金交易所总成交金额 14.38 万亿元，增长 33.2%。

全年保险公司原保险保费收入 1720.01 亿元，比上年增长 22.4%。其中，财产险公司原保险保费收入 643.39 亿元，增长 10.5%；人身险公司原保险保费收入 1076.62 亿元，增长 30.7%。全年保险赔付支出 654.90 亿元，增长 12.6%。其中，财产险业务原保险赔款支出 306.12 亿元，增长 12.7%；寿险业务原保险给付 225.15 亿元，增长 8.3%；健康险业务原保险赔款给付 100.77 亿元，增长 22.6%；意外险业务原保险赔款支出 22.87 亿元，增长 15.5%。

分行业来看：

第一，银行业

2019 年，上海市银行业金融机构资产总额为 165110 亿元，其中大型商业银行资产总额为 54908 亿元，占比为 33.26%；股份制商业银行资产总额为 37439 亿元，占比为 22.68%；城市商业银行资产总额为 24642 亿元，占比为 14.92%。

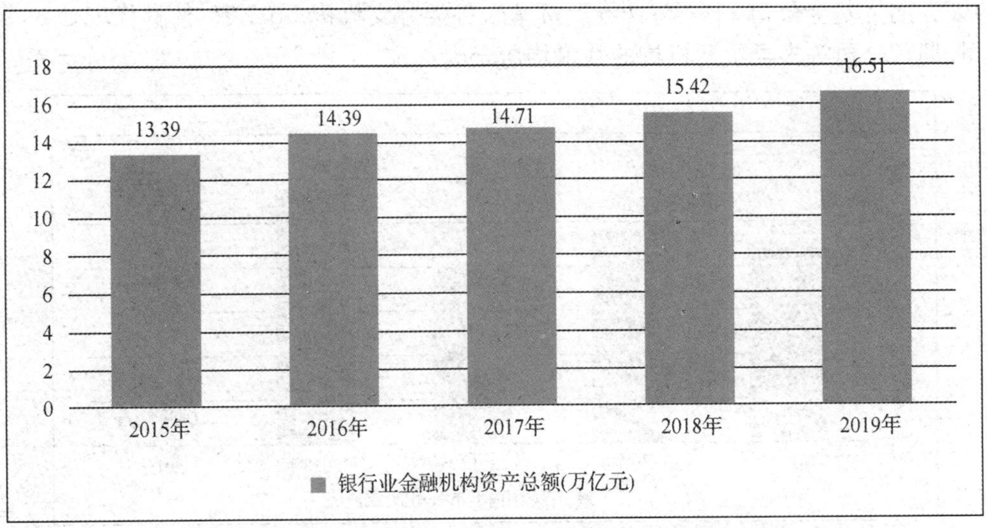

图 1　2015—2019 年上海市银行业金融机构资产总额

数据来源:中国人民银行

2019 年,上海市共有中资银行法人 5 家,外资银行法人 18 家,新型农村金融机构 139 家,银行业金融机构总数 4224 个,从业人员总计 124886 人。

表 1　2019 年上海市银行业金融机构情况

机构类别	营业网点			法人机构（个）
	机构个数（个）	从业人数（人）	资产总额（亿元）	
大型商业银行	1648	47216	54908	1
国家开发银行和政策性银行	15	811	4539	0
股份制商业银行	829	27258	37439	1
城市商业银行	465	14786	24642	1
小型农村金融机构	361	6919	8909	1
财务公司	24	1829	6886	22
信托公司	7	2436	753	7
邮政储蓄	482	2954	2230	0
外资银行	211	12549	14478	18
新型农村机构	160	2203	301	139
其他	22	5925	10025	21
合计	4224	124886	165110	211

数据来源:中国人民银行

2019 年,上海市各项存款、贷款余额分别为 13.3 万亿元和 8 万亿元,同比分别增长 9.7%和 9%,增速比上年末分别上升 2 个、下降 0.1 个百分点。上海市金融机构实现净利润 1599.35 亿元,同比下降 7.88%。

第二,证券业

2019 年,上海市资本市场各类市场主体共计 7035 家,其中上市公司 308 家,较 2018 年增加 21 家,占全国的 8.15%;科创板上市公司 13 家,占全国的 18.58%,总市值 2418 亿元,占全国的 27.68%;总部设在辖内的证券期货基金公司 118 家;证券期货基金各类分支机构 1107 家;外资代表处 39 家。证券公司、基金公司、期货公司等多类主要机构的数量均居全国首位。

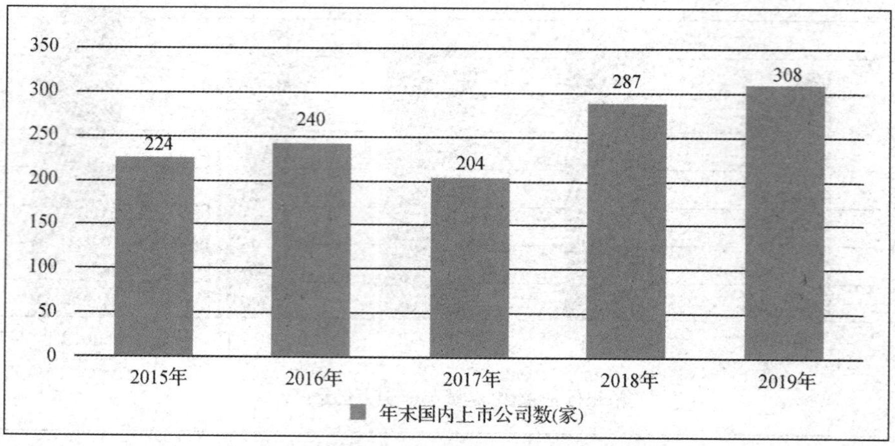

图 2　2015—2019 年上海市年末国内上市公司数

数据来源:中国人民银行

2019 年,上海市当年股票(A 股)筹资额为 391 亿元,国内债券筹资额为 2726 亿元。

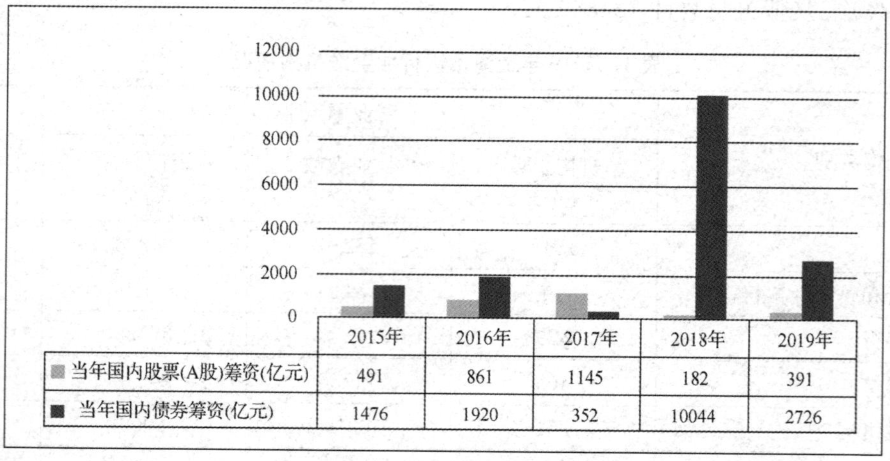

图 3　2015—2019 年上海市资本市场筹资情况

数据来源:中国人民银行

表 2　2019 年上海市证券业基本情况

项目	数量
总部设在辖内的证券公司数(家)	27
总部设在辖内的基金公司数(家)	57
总部设在辖内的期货公司数(家)	34
年末国内上市公司数(家)	308
当年国内股票(A 股)筹资(亿元)	391
当年发行 H 股筹资(亿元)	9
当年国内债券筹资(亿元)	2726
其中:短期融资券筹资额(亿元)	233
中期票据筹资额(亿元)	68

数据来源:上海市证监局

第三，保险业

2019 年，上海市保费收入总计 1720 亿元，其中财产险保费收入为 525 亿元，占比为 30.52%；人身险保费收入为 1195 亿元，占比为 69.48%。中、外资保险公司原保险保费收入比例为 78：22，外资保险公司占比同比上升 2 个百分点。

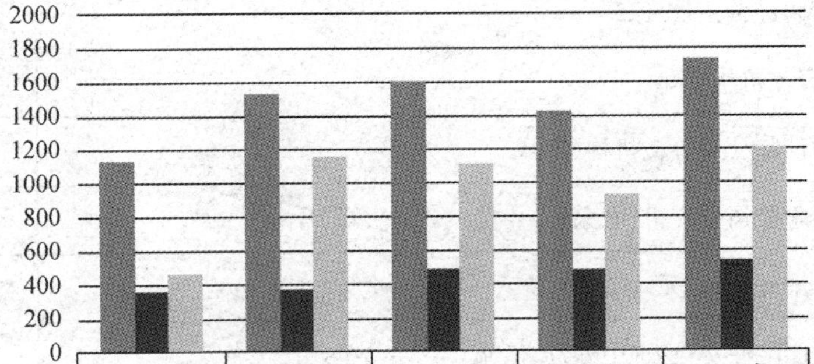

	2015年	2016年	2017年	2018年	2019年
保费收入(亿元)	1125	1529	1587.1	1406	1720
财产险保费收入(亿元)	355	371	482.7	485	525
人身险保费收入(亿元)	608	1158	1104.4	921	1195

图 4　2015—2019 年上海市保费统计

数据来源：中国人民银行

截至 2019 年末，上海市共有 57 家法人保险机构，较上年提高 4 家。其中，财产险公司 20 家，人身险公司 22 家，共有 108 家省级保险分支机构，同比增加 3 家。

上海市保险密度自 2015 年的 4659 元/人增长到 2019 年的 7084 元/人，2019 年上海市保险密度为 5%。上海市保险业赔付支出累计 655 亿元，同比上升 12.6%，同比增速提高 6.7 个百分点，保障民生功能提升。

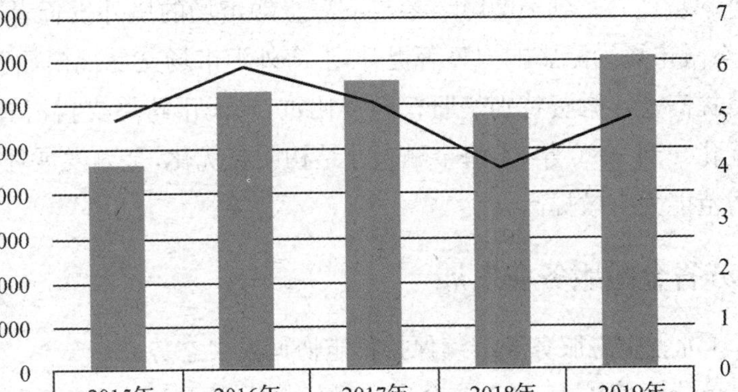

	2015年	2016年	2017年	2018年	2019年
保险密度(元/人)	4659	6320	6562.8	5802	7084
保险深度(%)	5%	6%	5.30%	4%	5%

图 5　2015—2019 年上海市保险深度、密度情况

数据来源：中国人民银行

表3　2019年上海市保险业基本情况

项目	数量
总部设在辖内的保险公司数(家)	57
其中:财产险经营主体(家)	20
寿险经营主体(家)	22
保险公司分支机构(家)	108
其中:财产险公司分支机构(家)	53
寿险公司分支机构(家)	52
保费收入(中外资,亿元)	1720
其中:财产险保费收入(中外资,亿元)	525
人身险保费收入(中外资,亿元)	1195
各类赔款给付(中外资,亿元)	655
保险密度(元/人)	7084
保险深度(%)	5

数据来源:上海市证监局

2019年1月22日,经国务院同意,中国人民银行等八部门联合印发《上海国际金融中心建设行动计划(2018—2020年)》,提出要深化长三角地区金融合作,提出上海国际金融中心建设的总目标是"到2020年,上海基本确立以人民币产品为主导、具有较强金融资源配置能力和辐射能力的全球性金融市场地位,基本形成公平法治、创新高效、透明开放的金融服务体系,基本建成与我国经济实力以及人民币国际地位相适应的国际金融中心,迈入全球金融中心前列"。具体包括三个方面的预期性指标:一是金融国际化程度进一步提升。到2020年,参与上海金融市场的境外投资者规模显著扩大,国际债券规模显著增加,上海金融市场国际影响力显著提升,上海外汇市场交易规模显著扩大。二是金融服务功能进一步完善。显著提高直接融资特别是股权融资比重,人民币跨境支付清算安排更加完善。三是金融发展环境进一步优化。到2020年,上海金融人才结构明显优化,金融发展环境的国际竞争力明显增强,金融监管和风险防范能力有效提高。

二、江苏省金融服务业发展

2019年,江苏省金融服务业继续保持稳定协调发展态势。

一是金融信贷规模扩大。年末,全省金融机构人民币存款余额152837.3亿元,比年初增长9.4%,增加13089.6亿元。其中,住户存款比年初增加6967.3亿元,非金融企业存款比年初增加5167.0亿元。年末金融机构人民币贷款余额133329.9亿元,比年初增长15.2%,增加17346.8亿元。其中,中长期贷款比年初增加9076.1亿元,短期贷款比年初增加6484.1亿元。

表 4　2019 年末江苏省金融机构人民币存贷款情况

指标	绝对数(亿元)	比年初增加(亿元)	比上年末增长(%)
各项存款余额	152837.3	13089.6	9.4
住户存款	57759.2	6967.3	13.8
非金融企业存款	55032.8	5167.0	10.3
各项贷款余额	133329.9	17346.8	15.2
短期贷款	42377.5	6484.1	18.4
中长期贷款	82185.90	9076.1	12.7
消费贷款	39396.2	6117.2	19.3
住房贷款	33056.1	4531.0	15.9

二是证券交易市场保持稳定。年末，全省境内上市公司 428 家，省内上市公司通过首发、配股、增发、可转债、公司债在上海、深圳证券交易所筹集资金 3385.2 亿元。企业境内上市公司总股本 3857.9 亿股，比上年增长 6.0%；总市值 42987.7 亿元，比上年增长 34.4%。年末，全省共有证券公司 7 家，证券营业部 947 家；期货公司 9 家，期货营业部 177 家；证券投资咨询机构 3 家。全年证券市场完成交易额 32.1 万亿元。分类型看，证券经营机构股票交易额 18.7 万亿元，比上年增长 38.9%；期货经营机构代理交易额 13.5 万亿元，比上年下降 11.9%。

三是保险行业较快发展。全年保费收入 3750.2 亿元，比上年增长 13.1%。分类型看，财产险收入 940.9 亿元，增长 9.6%；寿险收入 2215.3 亿元，增长 11.6%；健康险收入 508.8 亿元，增长 28.8%；意外伤害险 85.2 亿元，增长 9.1%。全年赔付额 998.6 亿元，比上年增长 0.2%。其中，财产险赔付 534.5 亿元，增长 4.3%；寿险赔付 294.4 亿元，下降 17.3%；健康险赔付 144.8 亿元，增长 38.7%；意外伤害险赔付 25.0 亿元，增长 4.7%。

分行业来看：

第一，江苏省银行业

2019 年，江苏省银行业贯彻落实稳健的货币政策，围绕江苏自贸区和泰州金改试验区建设深化区域金融改革创新，金融基础服务和金融生态环境进一步优化。全年江苏省银行业实现资产总额 19.25 万亿元，同比增长 8.63%；实现净利润 2219 亿元，同比增长 10.5%。

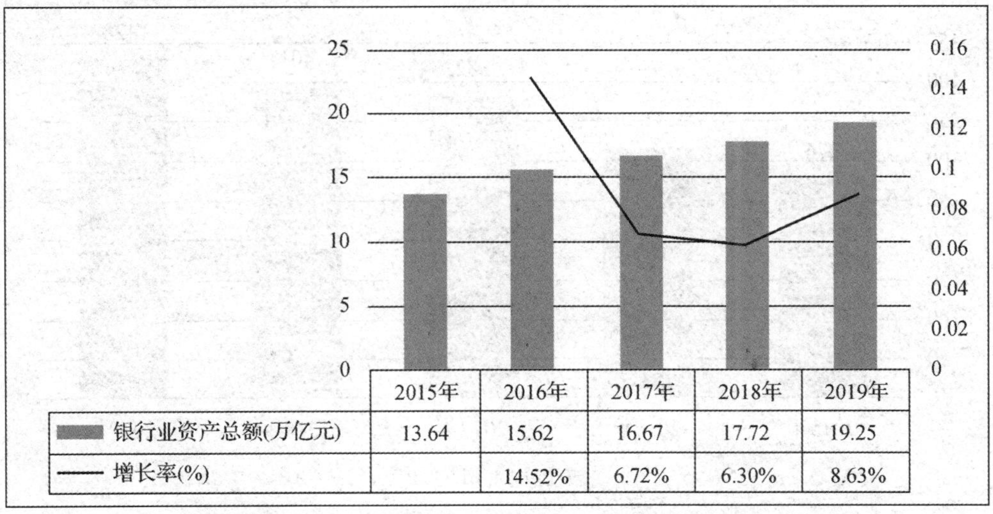

图 6　2015—2019 年江苏省银行业金融机构资产总额统计

数据来源：中国人民银行

2019 年，江苏省银行业金融机构网点总数为 13528 个，从业人数为 261653 人，法人机构为 169 个。大型商业银行实现资产总额 64756 亿元，资产占比为 33.63%；城市商业银行实现资产总额 39723 亿元，资产占比为 20.63%；小型农村金融机构实现资产总额 29945 亿元，资产占比为 15.55%。

表 5　2019 年江苏省银行业金融机构情况

机构类别	营业网点			法人机构(个)
	机构个数(个)	从业人数(人)	资产总额(亿元)	
大型商业银行	4992	106670	64756	0
国家开发银行和政策性银行	95	2433	10366	0
股份制商业银行	1182	33752	32816	0
城市商业银行	987	33098	39723	4
城市信用社	0	0	0	0
小型农村金融机构	3384	50285	29945	63
财务公司	16	472	1513	14
信托公司	4	679	389	4
邮政储蓄	2512	25480	8155	0
外资银行	78	2484	1674	3
新型农村金融机构	267	4861	896	74
其他	11	1439	2300	7
合计	13528	261653	192533	169

数据来源：中国人民银行

第二，江苏省证券业

2019 年，江苏省年末国内上市公司共 428 家，数量位居全国第三。新增境内上市公司 31 家，在科创板上市公司 12 家，数量均位居全国第二。新三板挂牌公司总数 1070 家，位居全国第三，其中创新层 66 家，占全国的比例为 10%。新三板公司实施定向增发 78 家 88 次，募集资金 54.94 亿元。

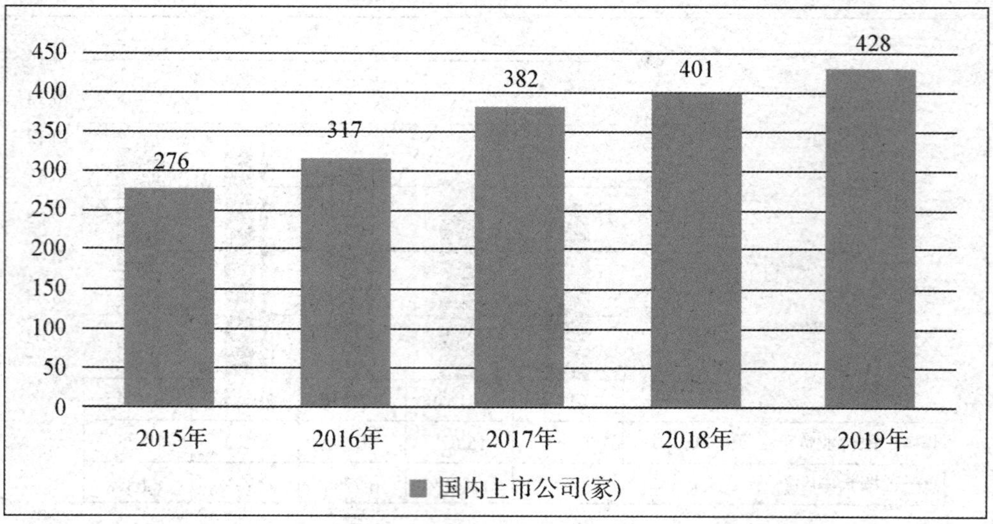

图 7　2015—2019 年江苏省年末国内上市公司统计

数据来源：江苏保监局

2019 年，江苏省省内企业 IPO 融资 248.7 亿元，同比增长 31.8%，国内股票（A 股）筹资 520 亿元，债券筹资 2865 亿元。

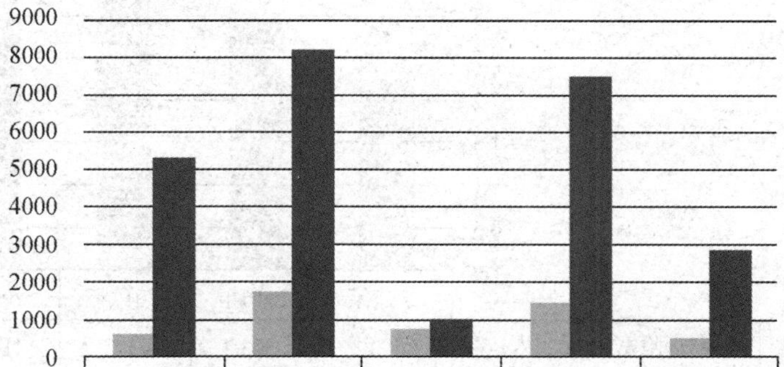

	2015年	2016年	2017年	2018年	2019年
当年国内股票(A股)筹资(亿元)	618.1	1703	762	1450.7	520
当年国内债券筹资	5294.8	8157	1000	7495	2865

图 8　2015—2019 年江苏省证券筹资情况

数据来源：江苏保监局

第三，江苏省保险业

2019 年，江苏省实现保费收入 3750 亿元，位居全国第二，同比增长 13.1%，高于全国平均增速 0.9 个百分点。其中，财产险保费收入 940.9 亿元，同比增长 9.6%；人身险保费收入 2809.3 亿元，同比增长 14.3%。

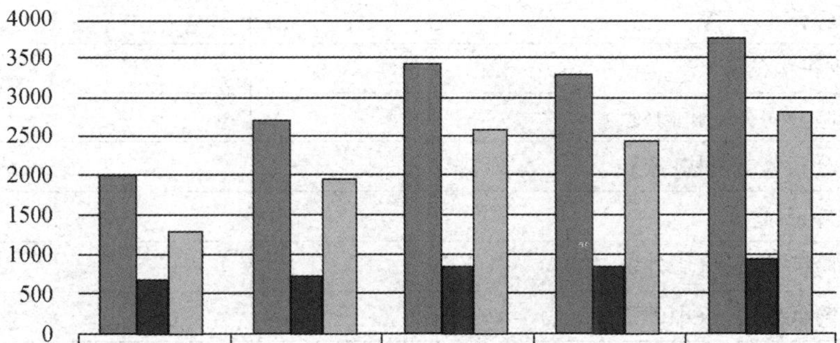

	2015年	2016年	2017年	2018年	2019年
保费收入(亿元)	1989.9	2690.2	3450	3317.3	3750
财产险(亿元)	672.2	733.4	856	858.8	941
人身险(亿元)	1317.7	1956.8	2593	2458.5	2809

图 9　2015—2019 年江苏省保费收入统计

数据来源：江苏保监局

江苏省保险业规模实现较快增长，机构经营质量持续向好。2019 年，江苏省保险密度为 4647 元/人，保险深度为 4%。

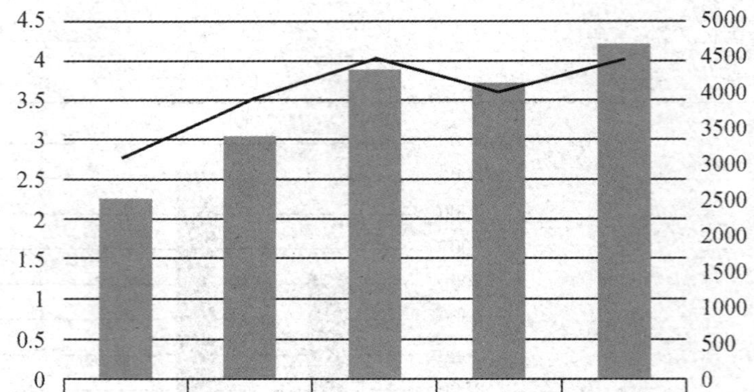

	2015年	2016年	2017年	2018年	2019年
保险密度(元、人)	2494.8	3363.4	4312	4120.5	4647
保险深度(%)	2.8	3.5	4	3.6	4

图 10　2015—2019 年江苏省保险深度、密度统计

数据来源:江苏保监局

2019 年,江苏省落实首台(套)技术装备等科技保险政策,在全国率先提出保费补贴前置的工作模式,减轻投保企业的资金占用,保险业累计为首台(套)重大技术装备提供 48.23 亿元风险保障,为新材料首批次应用企业提供 5.88 亿元风险保障。

表 6　2019 年江苏省保险业基本情况

项目	数量
总部设在辖内的保险公司数(家)	5
其中:财产险经营主体(家)	2
寿险经营主体(家)	3
保险公司分支机构(家)	5722
其中:财产险公司分支机构(家)	2350
寿险公司分支机构(家)	3372
保费收入(中外资,亿元)	3750
其中:财产险保费收入(中外资,亿元)	941
人身险保费收入(中外资,亿元)	2809
各类赔款给付(中外资,亿元)	999
保险密度(元/人)	4647
保险深度(%)	4

数据来源:江苏省银保监局

第四,江苏省社会融资

2019 年,江苏省社会融资规模增量为 2.4 万亿元,同比多增 5955 亿元,位居全国第 2 位。从融资结构看,本外币各项贷款增量为 1.7 万亿元,同比多增 3531.6 亿元,占社会融资规模增量的 70.8%,仍是社会融资主要渠道;直接融资增量为 3428.1 亿元,同比多增 527.8 亿元,其中企业债券融资净额同比多增 710.9 亿元,非金融企业境内股票融资同比少增 183.2 亿元;金融机构表外融资(委托贷款、信托贷款和银行承兑汇票净额)增量为 507.4 亿元,比上年多增 1788.3 亿元,其中委托贷款同比少降 1054.3 亿元,未贴现的银行承兑汇票同比少增 90.5 亿元,信托贷款同比多增 824.5 亿元。

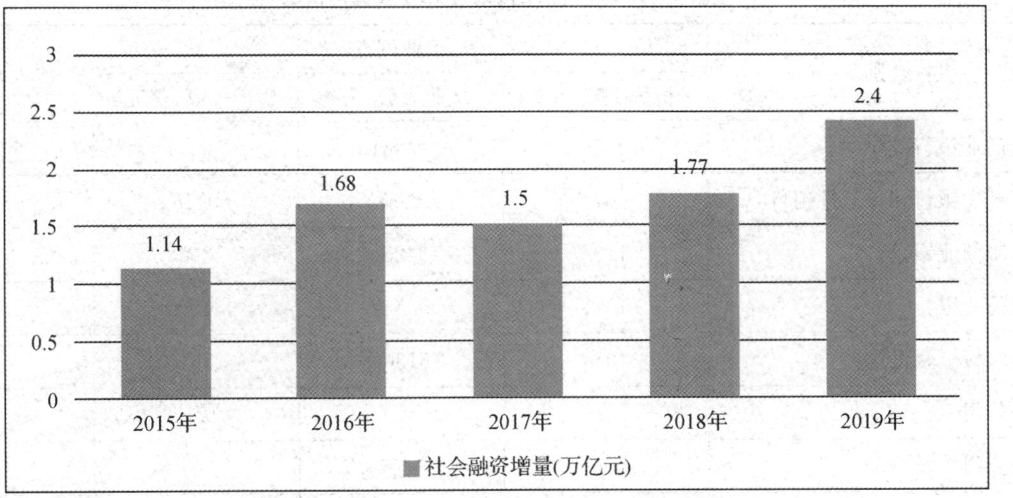

图 11 2015—2019 年江苏省社会融资增量统计

数据来源：中国人民银行

三、浙江省金融服务业

2019 年，浙江省围绕供给侧结构性改革和经济转型升级，切实加大金融服务实体经济力度，证券和保险业稳健发展，金融风险防范化解工作成效明显，金融改革持续深化。

第一，浙江省银行业基本情况

2019 年，浙江省银行业金融机构总计为 12990 个，从业人数为 25.21 万人，银行业金融机构资产总额为 16.82 万亿元，同比增长 10.37%。

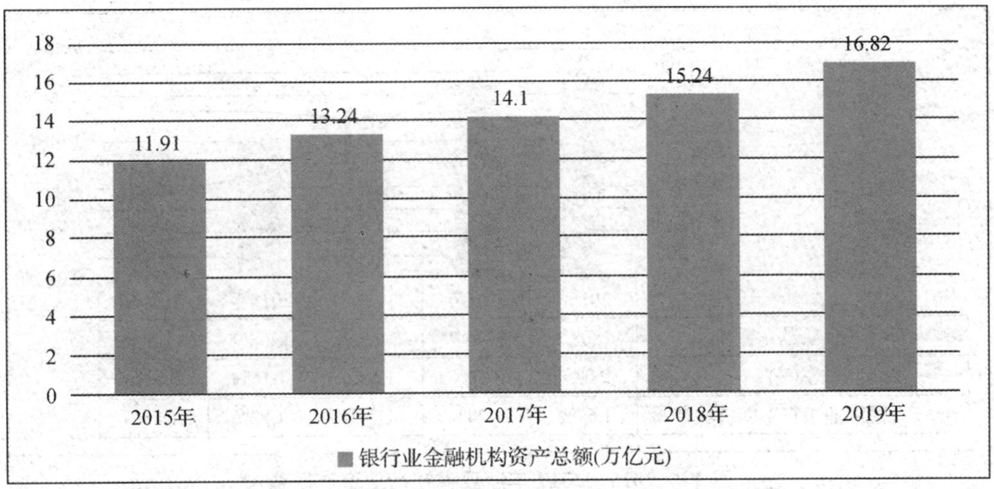

图 12 2015—2019 年浙江省银行业金融机械资产总额

数据来源：浙江银保监局

浙江省大型商业银行共 3759 个，资产总额为 5.64 万亿元，占银行业金融机构资产总额的 33.53%；城市商业银行共 1891 个，资产总额为 3.4 万亿元，占银行业金融机构资产总额的 20.21%；股份制商业银行共 1137 个，资产总额为 2.89 万亿元，占银行业金融机构资产总额的 17.18%；小型农村金融机构共 4054 个，资产总额为 2.88 万亿元，占银行业金融机构资产总额的 17.12%。

表 7　2019 年浙江省银行业金融机构情况

机构类别	营业网点			法人机构(个)
	机构个数(个)	从业人数(人)	资产总额(亿元)	
大型商业银行	3759	91261	56351	0
国家开发银行和政策性银行	61	1987	9416	0
股份制商业银行	1137	34251	28907	0
城市商业银行	1891	53449	34023	13
小型农村金融机构	4054	51308	28816	—
财务公司	11	470	1715	10
信托公司	5	1407	361	5
邮政储蓄	1727	9371	4668	0
外资银行	29	823	553	0
新型农村机构	308	6440	1039	81
其他	8	1364	2326	6
合计	12990	252131	168172	197

数据来源:浙江银保监局

近年来,浙江省银行业不良贷款及不良贷款持续下降,2019 年末不良贷款余额 1109.8 亿元,比年初减少 99.1 亿元;不良贷款率为 0.91%,比年初下降 0.24 个百分点,已达 2012 年以来新低。

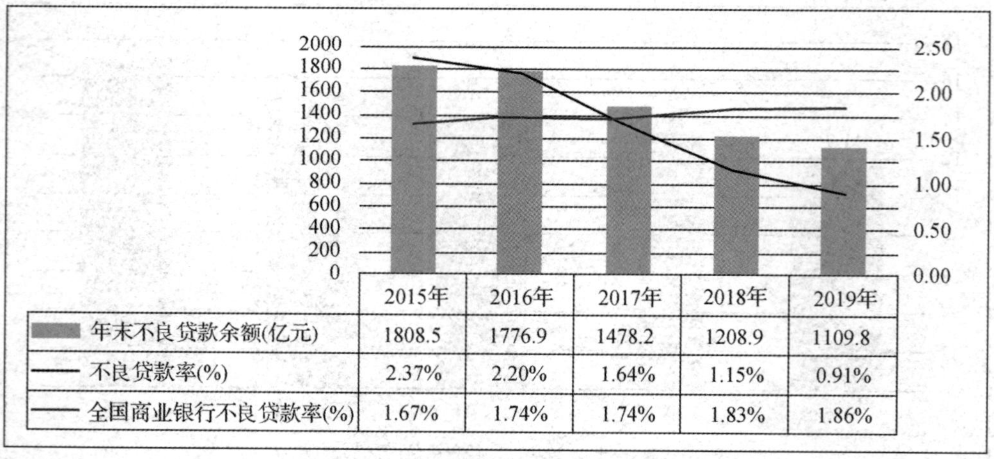

图 13　2015—2019 年浙江省银行业资产质量

数据来源:浙江银保监局、中国人民银行

2019 年,浙江省共处置不良贷款 1350.6 亿元,同比减少 203.4 亿元。浙江省小企业不良贷款压降效果显著,不良贷款额比年初下降 120.9 亿元,对总体企业不良率下降的贡献达 76.3%。

浙江省政策性银行和国有大型商业银行改革创新持续深化,地方法人金融机构改革取得积极成效,杭州银行和宁波银行理财子公司获批筹建。农村金融机构改革稳步推进,浙江省 81 家农信社中共有 79 家改制为农村商业银行,村镇银行基本实现县域全覆盖。浙江网商银行、温州民商银行两家民营银行运行总体稳健。

第二，浙江省证券业基本情况

2019 年，浙江省共有法人证券公司 3 家，证券资产管理公司 2 家，公募基金管理公司 3 家，证券公司分公司 102 家，证券营业部 1021 家，证券投资咨询机构 3 家。

2019 年末，上市公司数量达 458 家，上市企业数量在全国处于领先地位。

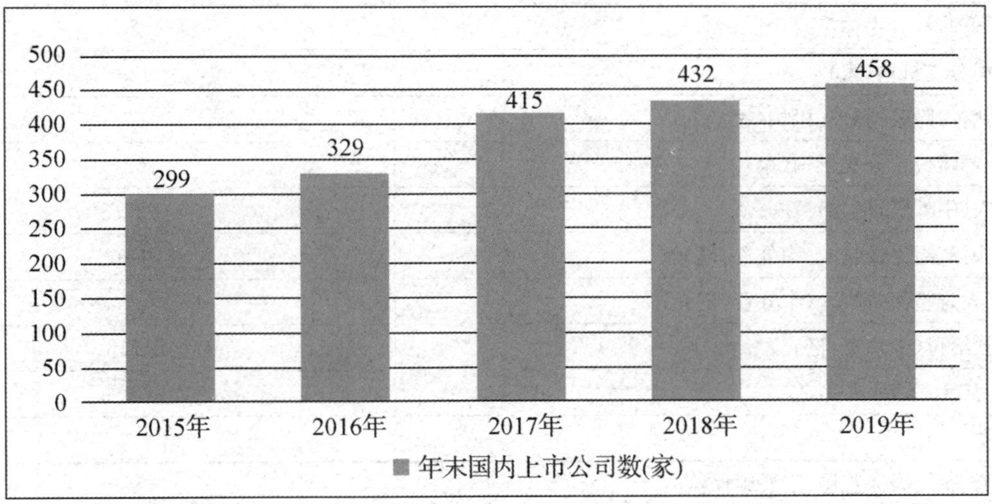

图 14　2015—2019 年浙江省年末国内上市公司数

数据来源：中国人民银行杭州中心支行、浙江证监局

根据浙江省政府实施推进企业上市和并购重组的“凤凰行动”计划：到 2020 年，浙江力争境内外上市公司达到 700 家、重点拟上市企业 300 家，同时 60% 以上上市公司开展并购重组，年均并购重组金额达到 800 亿元以上，进一步巩固提升浙江在资本市场上的全国领先地位，建设金融强省。

表 8　2019 年浙江省证券业基本情况

项目	数量
总部设在辖内的证券公司数(家)	5
总部设在辖内的基金公司数(家)	3
总部设在辖内的期货公司数(家)	12
年末国内上市公司数(家)	458
当年国内股票(A 股)筹资(亿元)	1296
当年发行 H 股筹资(亿元)	—
当年国内债券筹资(亿元)	—
其中：短期融资券筹资额(亿元)	—
中期票据筹资额(亿元)	—

数据来源：中国人民银行杭州中心支行、浙江证监局

第三，浙江省保险业基本情况

2019 年，浙江省总部设在辖内的保险公司数共 6 家，其中财产险经营主体共 4 家，寿险经营主体共 2 家。保险公司分支机构共 129 家，实现保费收入 2627.3 亿元，其中财产险保费收入为 900 亿元，占比为 34.26%；人身险保费收入为 1727.3 亿元，占比为 65.74%。

表 9　2019 年浙江省保险业基本情况

项目	数量
总部设在辖内的保险公司数(家)	6
其中:财产险经营主体(家)	4
寿险经营主体(家)	2
保险公司分支机构(家)	129
其中:财产险公司分支机构(家)	67
寿险公司分支机构(家)	62
保费收入(中外资,亿元)	2627.3
其中:财产险保费收入(中外资,亿元)	900
人身险保费收入(中外资,亿元)	1727.3
各类赔款给付(中外资,亿元)	877.6
保险密度(元/人)	4490.6
保险深度(%)	4.2

数据来源:浙江银保监局、宁波银保监局

2019 年,浙江省保险深度为 4490.6 元/人,保险密度为 4.2%,保险深度及保险密度呈现增长态势。

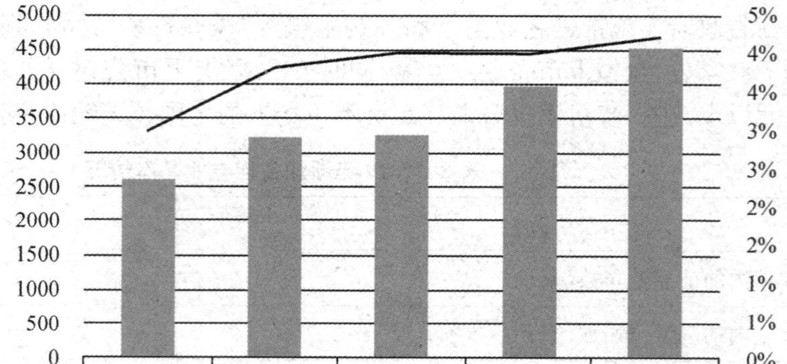

	2015年	2016年	2017年	2018年	2019年
保险密度(元/人)	2604	3207.6	3260	3962	4490.6
保险深度(%)	3%	3.80%	4%	4%	4.20%

图 15　2015—2019 年浙江省保险深度、密度情况

数据来源:浙江银保监局、宁波银保监局

2019 年,浙江省政策性小额贷款保证保险共支持 12253 家次小微企业获得银行贷款 30 亿元,赔付 219 家次,支付赔款 3202 万元。浙江省内大病保险项目涵盖省内 65 个县(市、区)的 3411.6 万名参(投)保人,已赔付或报销总额 9.8 亿元,赔付人次 80.9 万人次,赔付人数 20.3 万人。

四、安徽省金融服务业

第一,金融服务业基本情况

2019 年,全年社会融资规模增量 7255.4 亿元,比上年增加 1157.5 亿元。年末,全省金融机构人民币各项存款余额 54377.9 亿元,比上年末增加 3689.2 亿元,增长 7.3%;人民币各项贷款余额 44289.3 亿元,比上年末增加 5301.9 亿元,增长 14.1%。

表10　2019年末安徽省金融机构人民币各项存贷款余额及增速

指标	年末数(亿元)	比上年末增长(%)
各项存款余额	54377.9	7.3
其中:非金融企业	15071.4	1.0
住户	26113.8	13.6
广义政府	10784.2	2.7
各项贷款余额	44289.3	14.1
其中:住户	18288.6	16.5
非金融企业及机关团体	25968.8	12.5
其中:境内短期	11724.6	11.3
境内中长期	29261.7	13.6

全年上市公司通过境内市场累计筹资446.3亿元,比上年减少88.8亿元。其中,首次公开发行A股3只,筹资12.1亿元;A股再筹资(包括配股、公开增发、非公开增发、认股权证)276.6亿元;上市公司通过发行可转债、可分离债、公司债筹资157.6亿元。到2019年末,全省上市公司105家,上市公司市价总值12809.3亿元,比上年增长63.5%。

全年保险业原保险保费收入1348.7亿元,比上年增长11.5%。其中,财产险业务原保险保费收入452.7亿元,增长10.7%;人身险业务原保险保费收入896亿元,增长11.9%。赔款和给付419亿元,下降0.1%。其中,财产险业务赔款支出240亿元,增长7.7%;人身险业务赔款和给付支出179亿元,下降8.9%。

第二,金融服务实体经济绩效评价

2019年,面对国内外风险挑战明显上升的复杂局面,全省金融机构在习近平新时代中国特色社会主义思想科学指引下,深入贯彻落实党中央、国务院及省委、省政府决策部署,以金融供给侧结构性改革为主线,统筹推进金融服务实体经济、防控金融风险、深化金融改革,扎实做好稳金融工作,防范化解重大金融风险攻坚战取得关键进展,全省金融行业继续保持健康较快发展,为现代化五大发展美好安徽建设提供了有力金融支撑。省地方金融监管局会同有关部门对2019年各金融机构服务地方实体经济发展进行了分类评价,评价结果如下:

一是农业银行安徽省分行、省农信社、徽商银行、中国银行安徽省分行、光大银行合肥分行、工商银行安徽省分行、交通银行安徽省分行、招商银行合肥分行、邮政储蓄银行安徽省分行、广发银行合肥分行、农业发展银行安徽省分行、国元信托、华安证券、国元证券、省股权托管交易中心、人民财产保险安徽省分公司、国元农业保险公司、平安财产保险安徽分公司、平安养老保险安徽分公司、平安人寿保险安徽分公司、中国人寿保险安徽省分公司、阳光人寿保险安徽分公司、大地财产保险安徽分公司、出口信用保险安徽分公司、人寿财产保险安徽省分公司、皖投融资担保公司等26家金融机构服务地方实体经济发展评价等次为“优秀”。

二是中信银行合肥分行、民生银行合肥分行、新安银行、浙商银行合肥分行、建设银行安徽省分行、兴业银行合肥分行、杭州银行合肥分行、太平洋人寿保险安徽分公司、太平人寿保险安徽分公司、华安财产保险安徽分公司、太平洋财产保险安徽分公司、泰康人寿保险安徽分公司、太平财产保险安徽分公司、中银保险安徽分公司、省农业信贷融资担保公司、省信用担保集团等16家金融机构服务地方实体经济发展评价等次为“良好”。

第八章 长三角地区旅游业

2019 年以来,随着长三角一体化进程不断加速,长三角三省一市的旅游交往也日益密切,旅游资源加速融合,长三角旅游业也迎来新的发展"风口"。

2019 年 10 月,可畅游长三角地区多处文旅特色景点的"长三角 PASS"旅游年卡也首次亮相,并正式对外销售。"长三角 PASS"旅游年卡的推出,是长三角三省一市旅游资源加速集聚、沟通、串联的惠民"成果"。

近年来,长三角地区旅游业运用各类跨界的资源与形式,不断融合生态、文化、体育、康养等资源,逐步形成一条独具特色的"旅游+"发展路径。

长三角地区丰富的产品类型和其特有的江南园林文化、水乡古镇文化、生态农业文化,都成为长三角文旅产品高品质发展的重要支撑。可以预见,未来长三角地区的旅游业将享受长三角区域一体化发展的红利,实现更高质量的发展。

一、上海市旅游业情况

上海是全球第三大金融中心、中国最大经济中心,旅游虽然不是上海主打品牌,但是上海旅游实力非常强大。

上海是中国最现代化城市,也是中国近代历史文化代表,2019 年上海机场接待海内外旅客突破 1.2 亿人次,还不包含高铁、汽车来上海的旅客,每年来上海的旅客预计高达 2 亿人次。

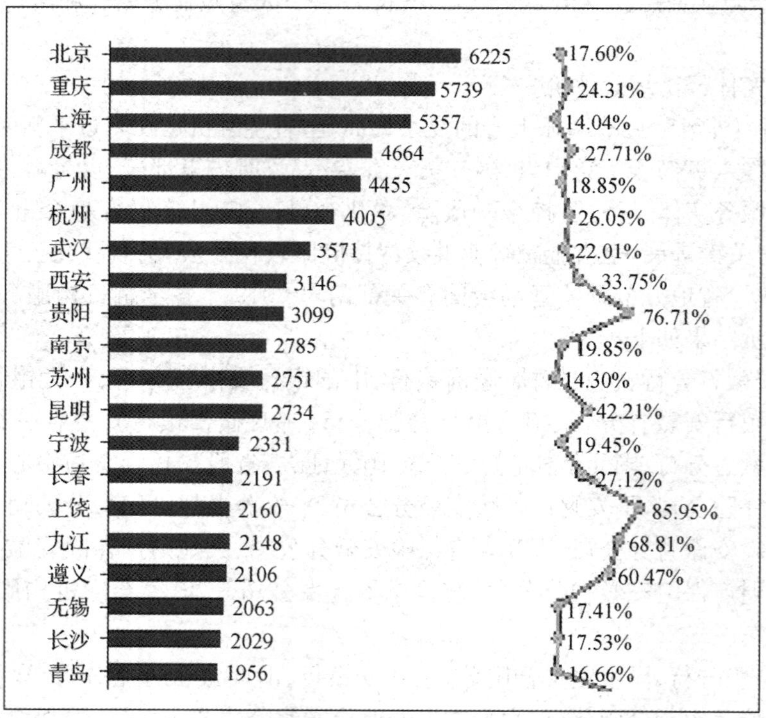

图 1 2019 年中国城市旅游收入 TOP50

2019 年,上海以 5357 亿元旅游收入位居中国第三、长三角第一,超过网红城市杭州 1300 多亿元,比苏州高出 2600 多亿元,苏杭的旅游资源非常丰富,但是旅游收入均远远低于上海,足见上海旅游实力强悍。上海的商业非常发达,现代和近代建筑非常壮观,同时上海陆空交通世界一流,推动上海旅游市场繁荣。

（一）收入及人数

上海是中华人民共和国省级行政区、直辖市、国家中心城市、超大城市，中国国际经济、金融、贸易、航运、科技创新中心。近年来，上海凭借深厚的产业经济基础、突出的经营管理手段和独特的海派文化魅力，已逐步形成了现代都市风貌、历史街区、文化创意、商业娱乐、郊野休闲、水上岸线、城市公园等多种多样、丰富多彩的旅游产品，不仅树立了独特的产品形象、鲜明的品牌形象和优质的服务形象，在国内外享有广泛的知名度和美誉度，也成为广受世界旅游者认可的旅游目的地。

2014—2019 年，上海市生产总值持续上升，2018 年上海市生产总值为 32679.87 亿元，同比增长 6.68%；2019 年上海市生产总值达 38155.32 亿元，较 2018 年增长了 5475.45 亿元，同比增长 16.75%。

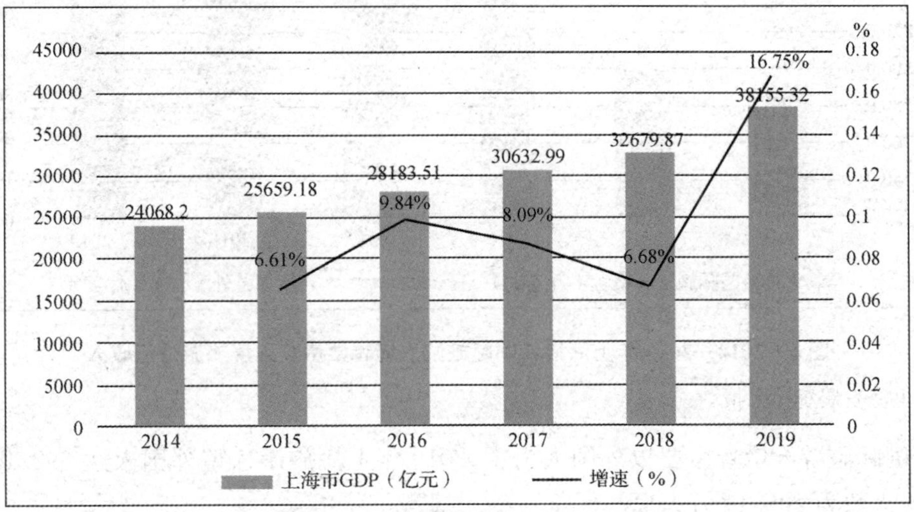

图 2　2014—2019 年上海市 GDP 走势

数据来源：上海发展统计公报

上海的市辖区分为 16 个，分别为黄浦区、徐汇区、长宁区、静安区、普陀区、虹口区、杨浦区、宝山区、闵行区、嘉定区、浦东新区、松江区、金山区、青浦区、奉贤区、崇明区。

2019 年，杨浦区、徐汇区、黄浦区、松江区、嘉定区、青浦区、宝山区及崇明区的旅游收入分别为 856.4 亿元、133.17 亿元、129.19 亿元、124.83 亿元、93.1 亿元、81.67 亿元、75.75 亿元、14.7 亿元。

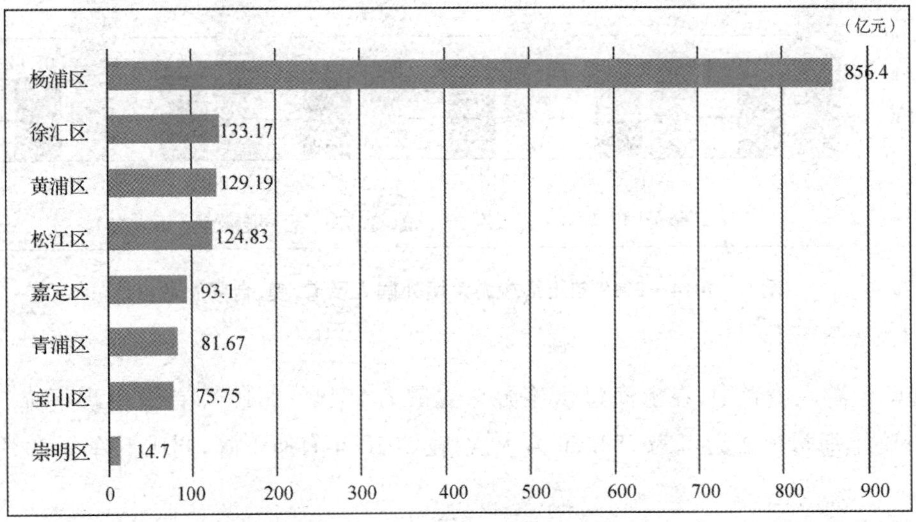

图 3　2019 年上海市各区旅游总收入

数据来源：上海发展统计公报

上海市接待国际旅游入境者数量不断上升,2018 年上海市接待国际旅游入境者数量为 893.7 万人次,入境旅游外汇收入为 73.71 万美元;2019 年上海市接待国际旅游入境者数量为 897.2 万人次,入境旅游外汇收入为 83.76 亿美元。

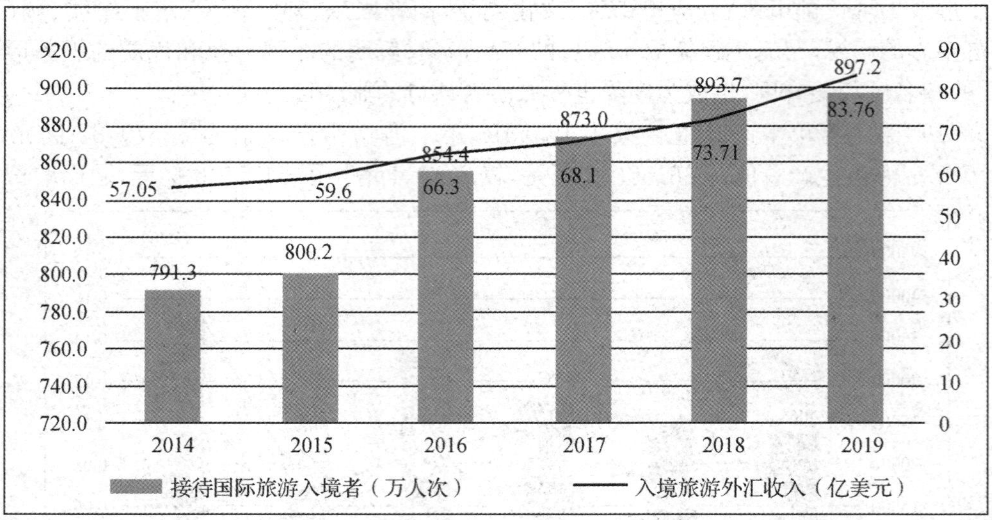

图 4　2014—2019 年上海接待国际旅游入境者数量及入境旅游外汇收入

数据来源:上海发展统计公报

上海接待国际旅游入境者主要以外国人为主,2019 年上海旅游入境外国人达 692.12 万人次,港、澳、台同胞旅游人数为 205.11 万人次。

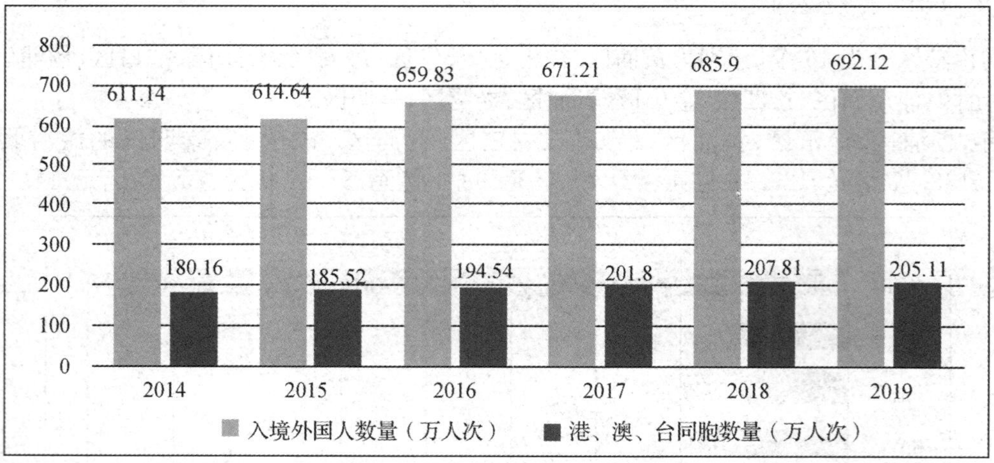

图 5　2014—2019 年上海旅游入境外国人及港、澳、台同胞数量

数据来源:上海发展统计公报

2019 年国际旅游入境者中,在上海过夜旅游者数量为 2014—2018 年首次出现下降。2019 年国际旅游入境者中,在上海过夜旅游者为 734.69 万人次,较 2018 年有所下降,同比下降 0.99%。

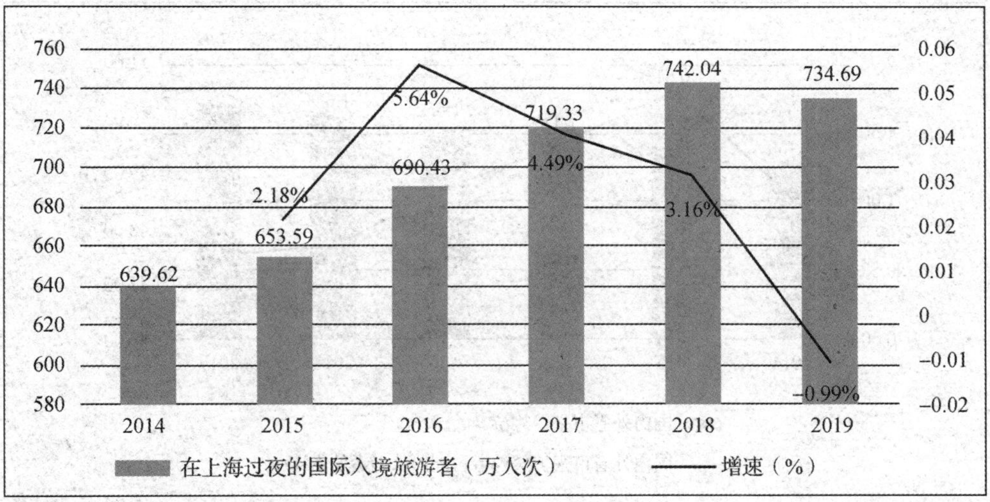

图 6 2014—2019 年在上海过夜的入境旅游者数量

数据来源:上海发展统计公报

上海接待国内旅游数量占比较大,2018 年上海接待国内旅游数量为 3.4 亿人次,国内旅游收入为 4477.15 亿元;2019 年上海接待国内旅游数量较 2018 年上升 0.2 亿人次,达 2.6 亿人次,国内旅游收入达 4789.3 亿元。

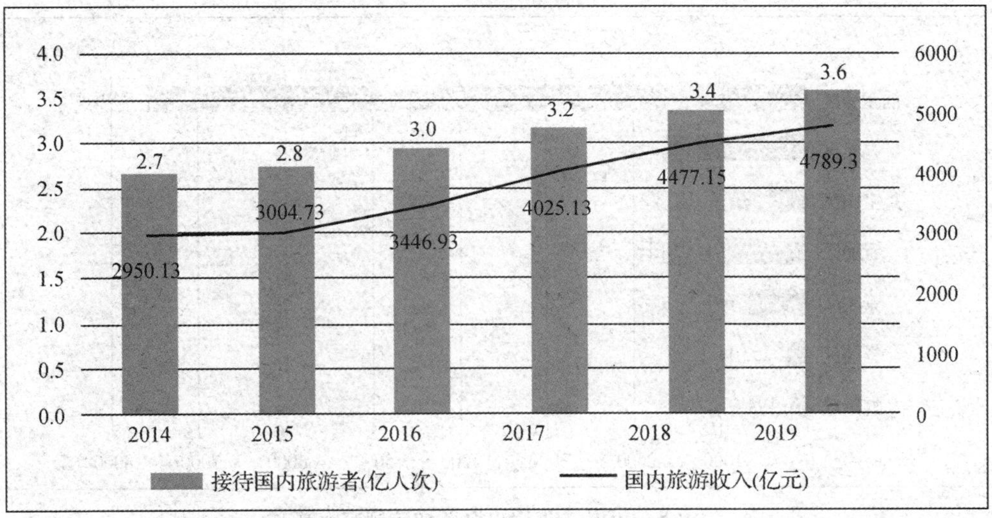

图 7 2014—2019 年上海接待国内旅游数量及国内旅游收入

2018 年国内外省市来上海旅游者数量 1.62 亿人次,同比增加 4.42%,占国内来上海旅游者的比重为 47.71%;2019 年达 1.72 亿人次,较 2018 年同比增长 1.72%,占国内来上海旅游者的比重为 47.55%。

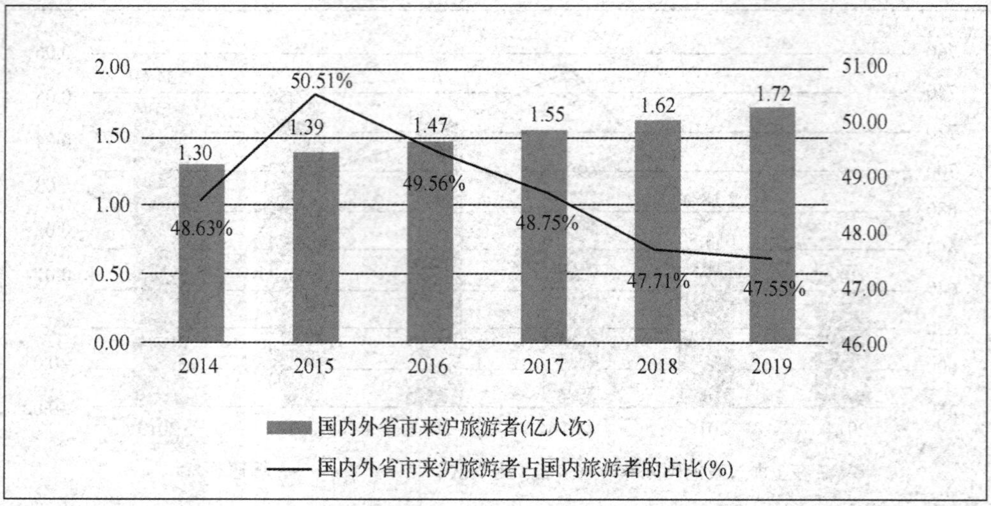

图 8　2014—2019 年国内外省市来上海旅游者数量及占比

数据来源:上海发展统计公报

随着我国国民经济的快速发展和国民收入水平的逐步提高,游客对旅游目的地所提供旅游产品的需求日益多元化,消费升级趋势显现。2019 年,上海市浦东新区、嘉定区、宝山区、青浦区、崇明区、杨浦区及虹口区接待旅游人数分别为 7591.4 万人次、1681 万人次、1118.2 万人次、1058.16 万人次、691.5 万人次、253.1 万人次、198.59 万人次。

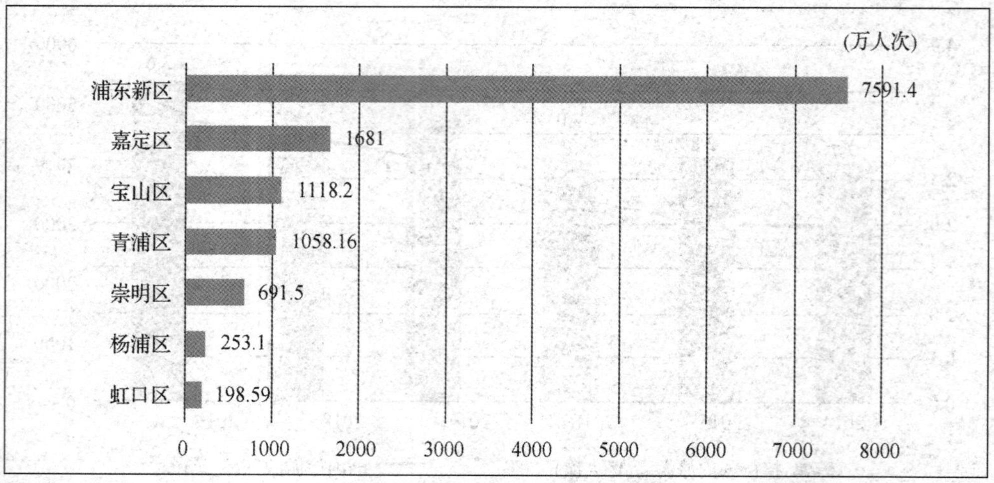

图 9　2019 年上海市各区接待旅游人数

数据来源:上海发展统计公报

(二) 存在问题

标准、规范的制度体系是推动旅游有序、健康、高质量发展的重要保障,目前上海都市旅游发展还存在一些制度上的瓶颈。主要表现在为都市旅游传统业态的吸引力下降、旅游发展制度有待完善及文化旅游资源开发深度有待加强。

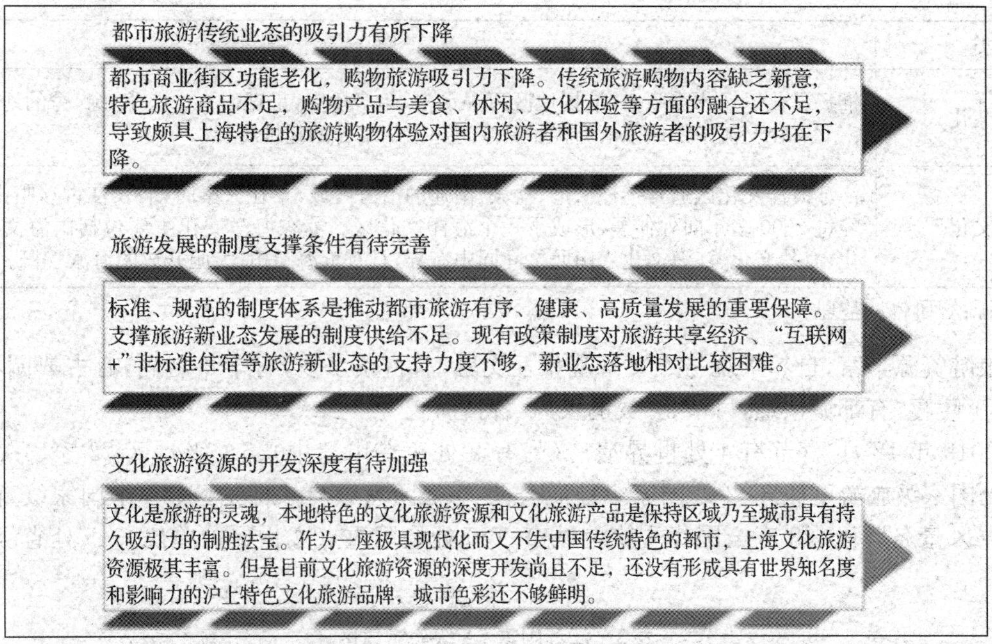

图 10　上海旅游行业发展存在问题

二、江苏省旅游业情况

江苏省域经济综合竞争力居全国前列，是中国经济最活跃的省份之一，与上海、浙江、安徽共同构成的长江三角洲城市群成为国际六大世界级城市群之一。

江苏省总面积 10.72 万平方公里，辖 13 个地级市。截至 2019 年末，江苏省常住人口 8070 万人，是中国人口密度第一大省。实现地区生产总值 99631.52 亿元，人均地区生产总值 123607 元。

（一）旅游业发展概况

江苏共拥有国家历史文化名城 13 座和江苏省历史文化名城 3 座，中国历史文化名镇和江苏省历史文化名镇 32 座，中国历史文化街区 5 处，拥有的国家历史文化名城、中国历史文化名镇和中国历史文化街区的数量均列全国首位。

江苏省非物质文化遗产众多，江苏已有联合国教科文组织“人类非物质文化遗产代表作”10 项、国家级非遗代表性项目 125 个、国家级代表性传承人 132 名、国家级非遗生产性保护示范基地 5 个；省级非遗代表性项目 611 个、省级非遗代表性传承人 532 名，省级非遗传承示范基地 21 个、非遗生产性保护示范基地 25 个、非遗研究基地 14 个、文化生态保护实验区 10 个。

表 1　江苏地域文化

分类	简介
楚汉文化	楚汉文化是以国家历史文化名城徐州为中心的区域性文化，它以 6000 年前的青莲岗文化、大墩子文化乃至更早的下草湾新人文化为渊源。它的显性特征是刚强雄浑。
吴文化	吴文化的地域通常指靠近太湖的苏、锡、常地区，其具有清新气息、柔美风格、鲜活灵性，形成了聪颖灵慧、细腻柔和而又视野开阔、乐于创新等显性特征。
金陵文化	金陵文化以古都南京为中心，其显性特征是南北交汇、兼容并蓄、开放包容，可谓独树一帜。金陵文化主要包括六朝文化、明文化和民国文化，这三大块历史文化又可统属于“都城文化”。

续表

分类	简介
淮扬文化	淮扬文化以扬州为中心,淮扬地区河多水多,船多桥多,呈现出古、文、水、绿、秀的地域风貌,在南北文化交流中形成了清新优雅与豪迈超俊相结合的显性特征。
海洋文化	江苏海洋文化区通常指连云港、盐城、南通的沿海区域,早在先秦时期,长江古沙咀由扬州向东经过2000多年向外伸展,形成了一个海洋文化区。苏东海洋文化主要包括山海文化、西游文化、海盐文化、江海文化。南北之间同中有异,具有沧海桑田、大胆开放的海派气概。

数据来源:智研咨询整理

江苏旅游资源丰富,自然景观与人文景观相互交融,有古镇水乡,有千年名刹,有古典园林,有湖光山色,有帝王陵寝,有都城遗址,可谓是"吴韵汉风,各擅所长"。

截至2019年12月,江苏有4处世界遗产(另有3处正在申遗中)、5A级景区22家、4A级景区超100家、2处国家级旅游度假区、2处国家级地质公园、3处国家级自然保护区、16个国家级森林公园、5处国家重点风景名胜区、28座全国优秀旅游城市、120处全国重点文物保护单位、645处省级文物保护单位。

表2 江苏国家5A级旅游景区

城市	景区
南京	钟山风景名胜区、夫子庙秦淮风光带景区
无锡	无锡中视影视基地景区、灵山大佛景区、太湖鼋头渚风景区
徐州	徐州云龙湖风景区
常州	环球恐龙城、天目湖旅游度假区
苏州	周庄古镇、同里古镇、苏州园林、金鸡湖景区、苏州吴中太湖旅游区、沙家浜·虞山尚湖旅游区
南通	濠河风景区
连云港	连云港花果山景区
淮安	周恩来故里旅游景区
盐城	大丰中华麋鹿园景区
扬州	瘦西湖风景区
镇江	三山景区、句容茅山景区
泰州	溱湖国家湿地公园

资料来源:智研咨询整理

(二)旅游业收入情况

2019年,江苏省居民人均可支配收入41400元,比上年增长8.7%。其中,工资性收入23836元,增长8.6%;经营净收入5636元,增长4.6%;财产净收入4372元,增长16.7%;转移净收入7556元,增长7.7%。按常住地分,城镇居民人均可支配收入51056元,增长8.2%;农村居民人均可支配收入22675元,增长8.8%。城乡居民收入差距进一步缩小,城乡居民收入比由上年的2.26∶1缩小为2.25∶1。全省居民人均生活消费支出26697元,比上年增长6.8%。按常住地分,城镇居民人均生活消费支出31329元,增长6.3%;农村居民人均生活消费支出17716元,增长6.9%。

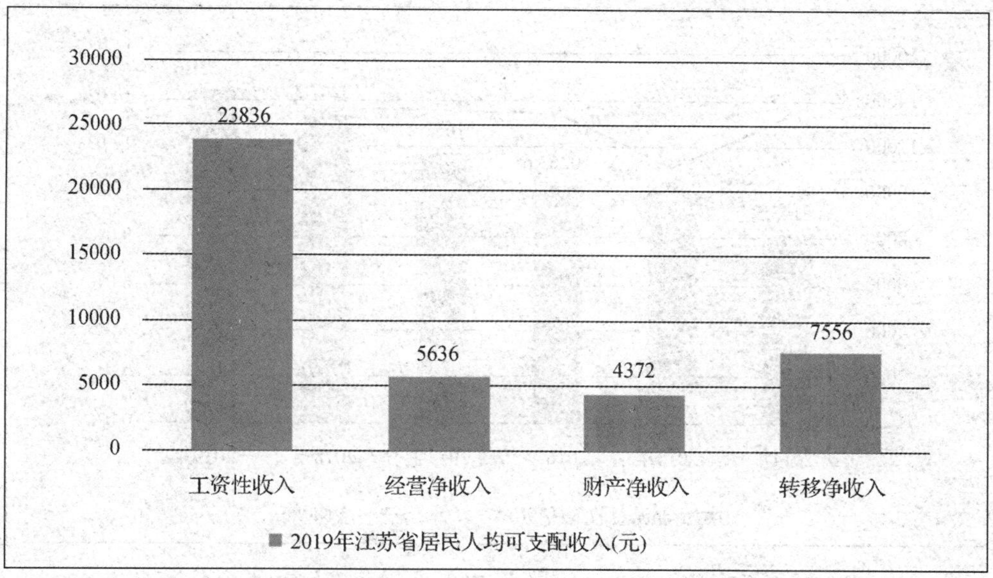

图11　2019年江苏省居民人均可支配收入

数据来源:江苏省统计局

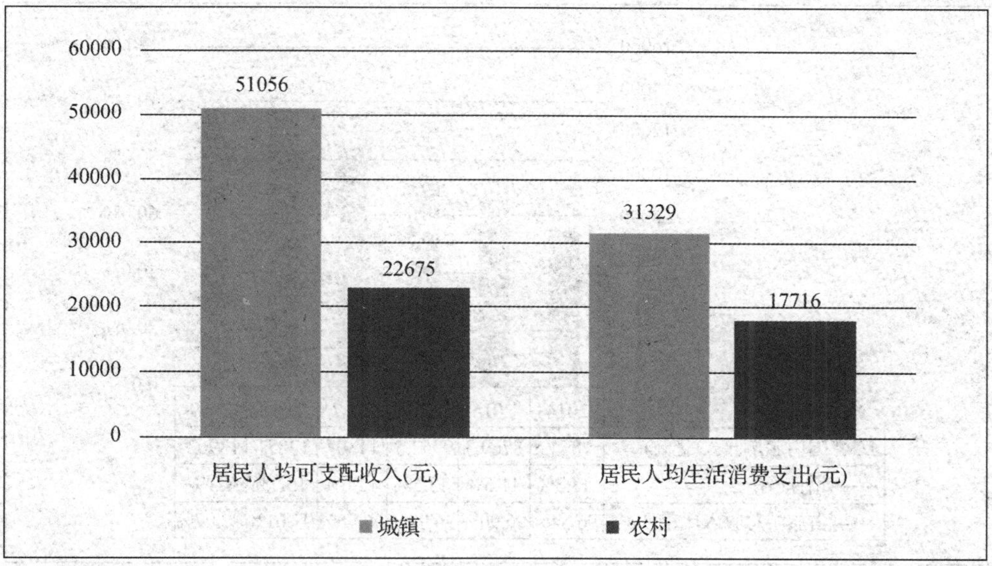

图12　2019年江苏省居民人均可支配收入及支出

数据来源:江苏省统计局

(三)旅游产业发展分析

江苏省是我国七大重点旅游省市之一,也是我国经济、文化、科技和对外开放最发达的省份之一。2014—2019年,江苏省旅游总收入呈不断上升趋势,2019年旅游总收入为14321.6亿元,增长8.1%;2019年江苏省国内旅游收入为13902亿元,增长8.2%,占旅游总收入的97.07%。

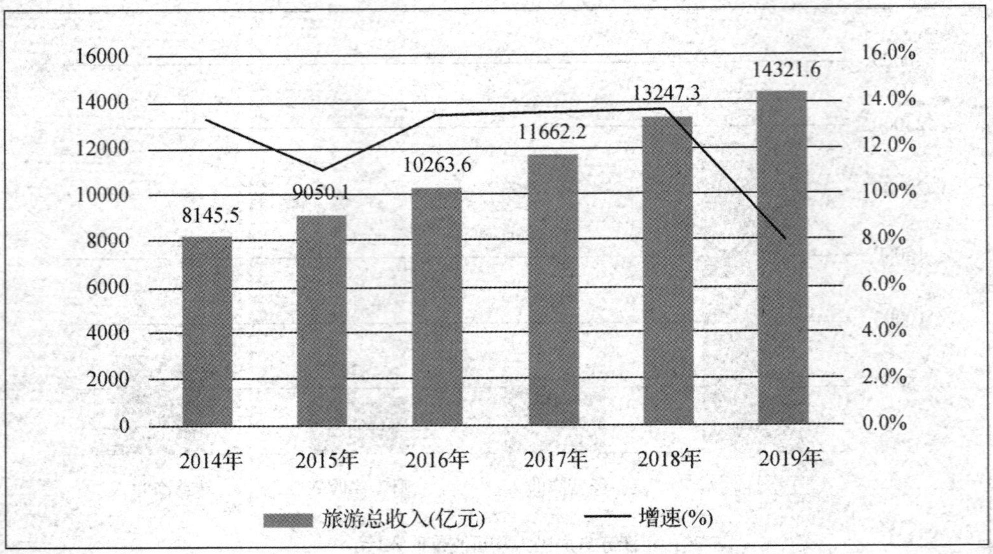

图 13　2014—2019 年江苏省旅游总收入及增速

数据来源:江苏省经济发展公报

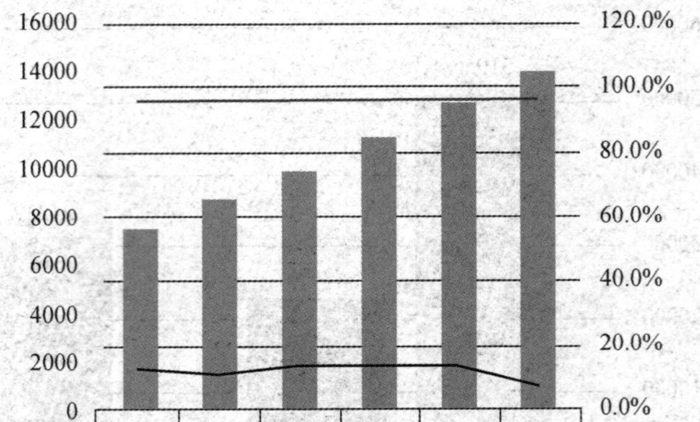

	2014	2015	2016	2017	2018	2019
国内旅游收入(亿元)	7863.5	8769.3	9952.5	11307	12851	13902
增速(%)	13.3%	11.5%	13.5%	13.6%	13.7%	8.2%
占旅游总收入比重(%)	96.54%	96.90%	96.97%	96.95%	97.01%	97.07%

图 14　2014—2019 年江苏省国内旅游收入及占比

数据来源:江苏省经济发展公报

2018 年,江苏省旅游外汇收入为 46.5 亿美元,增长 10.8%;2019 年,江苏省旅游外汇收入为 47.4 亿美元,增长 2.0%。

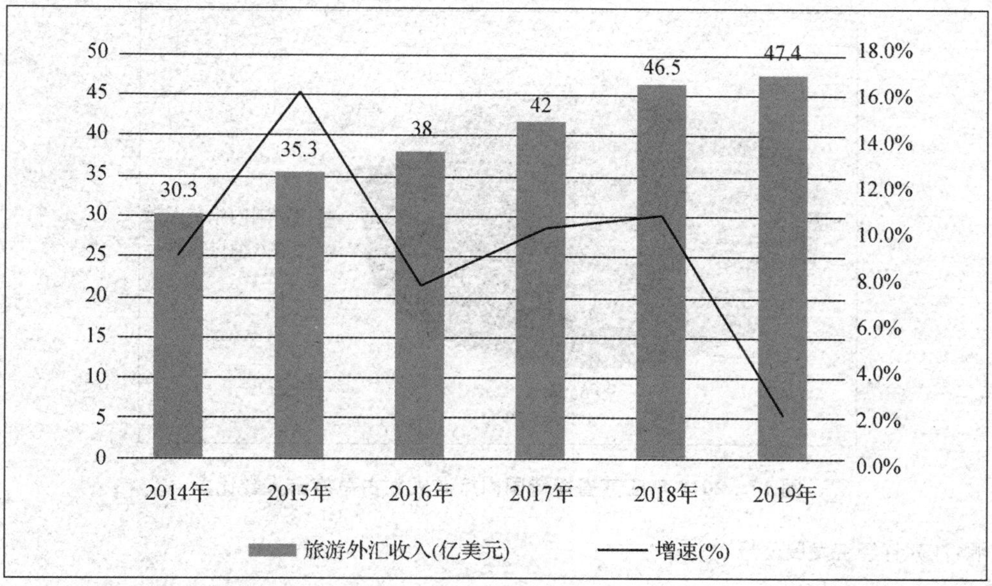

图 15　2014—2019 年江苏省旅游外汇收入及增速

数据来源:江苏省经济发展公报

江苏省接待国内旅游人数的数量要远超于入境过夜游客数量,2018 年国内旅游人数为 81422.8 万人,入境过夜游客为 400.9 万人;2019 年国内旅游人数为 88000 万人,入境过夜游客为 399.5 万人;2019 年江苏省接待国内旅游人数占总旅游人数的 99.55%。

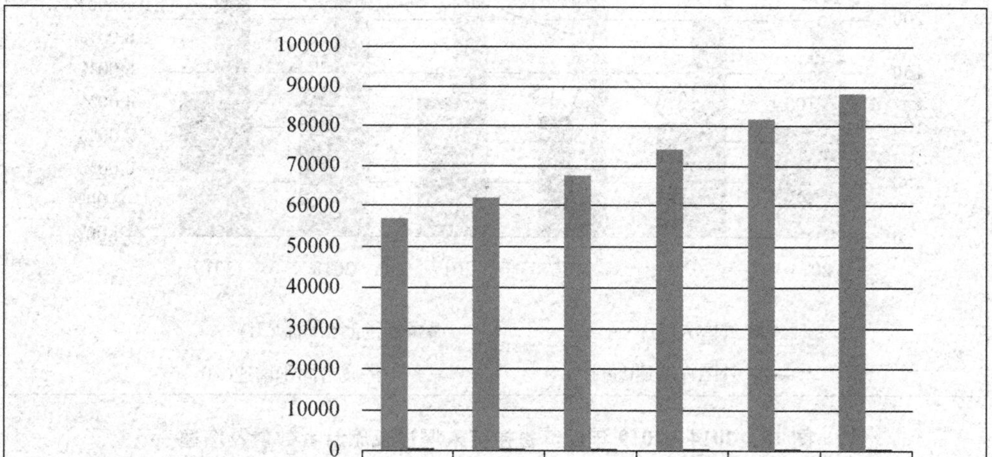

	2014	2015	2016	2017	2018	2019
接待国内旅游人数(万人)	57000	61933.7	67780	74287.3	81422.8	88000
接待入境过夜游客(万人)	297.1	305	329.8	370.1	400.9	399.5

图 16　2014—2019 年江苏省接待境内外游客数量

数据来源:江苏省经济发展公报

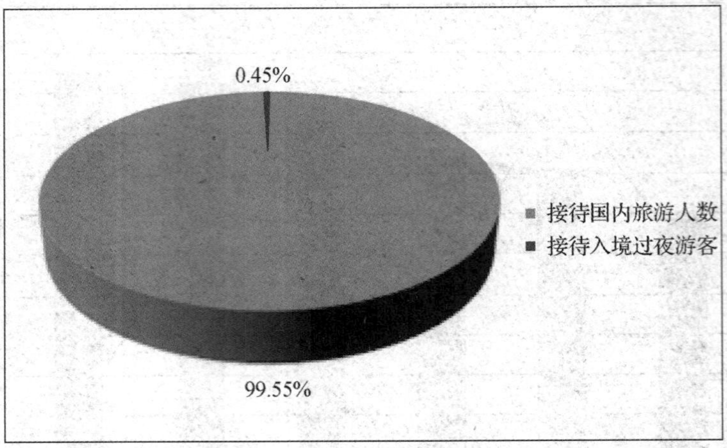

图 17　2019 年江苏省接待国内旅游人数占总旅游人数比重

数据来源:江苏省经济发展公报

2019 年江苏省入境过夜旅游者 399.5 万人次,下降 0.3%。其中,外国人 266.5 万人次,增长 0.7%;港澳台同胞 133.0 万人次,下降 2.3%。

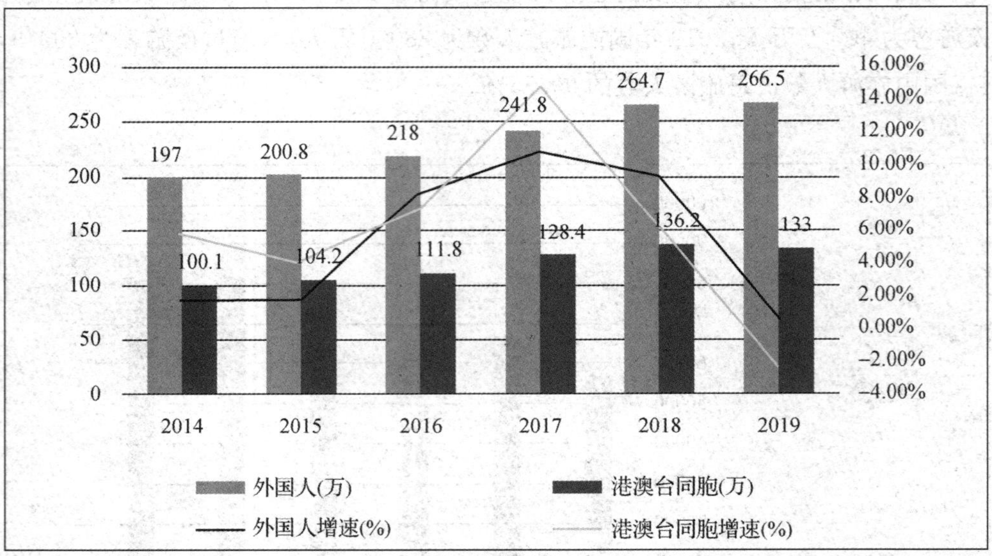

图 18　2014—2019 年江苏省接待入境过夜旅游者数量及增速

数据来源:江苏省经济发展公报

随着旅游产业的蓬勃发展,旅游经济在我国地区生产总值中的占比越来越高。对旅游景区评级是中国旅游资源标准化管理的重要手段,A 级景区则是中国特有的景区质量评级准。

2019 年,江苏省 5A、4A 级景区接待旅游游客人数 64271.7 万人,同比增长 4.45%;其次,南京、苏州接待游客人数分别是 12868.49 万人、10462.54 万人,同比分别增长 9.9%、4.5%。

表 3　2019 年各市 5A、4A 级景区接待情况

城市	人数(万人次)	同比增长(%)
全省	64271.7	4.4
南京	12868.49	9.9
无锡	9558.84	1.6
徐州	5436.13	0.6
常州	7557.94	5
苏州	10462.54	4.5
南通	2253.18	8.5
连云港	2075.05	5.4
淮安	1789.99	0.7
盐城	2916.17	1.1
扬州	4400.23	4.5
镇江	2398.12	−2.3
泰州	1572.77	1.6
宿迁	982.26	4.6

数据来源:江苏省文化和旅游厅

2019 年江苏省接待入境过夜旅游者人数 3994629 人,下降 0.3%;2019 年在江苏省接待的外国人中,前三位国家分别为日本、韩国、美国,接待人数分别为 458077 人、442470 人、273196 人;接待的中国同胞分别是香港、澳门、台湾同胞,接待人数分别是 218569 人、15282 人、1096164 人。

表 4　2019 年江苏省旅游接待情况

指标	人数(人)	增长速度(%)
接待入境过夜旅游者人数	3994629	−0.3
外国人	2664614	0.7
香港同胞	218569	4.1
澳门同胞	15282	13.9
台湾同胞	1096164	−3.7
日本	458077	−5.56
韩国	442470	0.86
美国	273196	−3.63
马来西亚	135295	22.73
德国	108998	−4.62
澳大利亚	106873	14.15
新加坡	85004	5.94
印度	82272	0.72
加拿大	75041	−22.01
英国	63941	−0.02
印度尼西亚	61982	22.97
法国	52375	−0.26

数据来源:江苏省文化和旅游厅

为了促进旅游业的发展,保护旅游者的利益,便于饭店之间有所比较,星级越高,表示旅游饭店的档次越高。2019 年,江苏省星级饭店出租率合计达 57.2%,其中五星级饭店的出租率最高,出租率为 59%;江苏省星级饭店平均房价是二星级 189.5 元/间・天,三星级 198.2 元/间・天,四星级 318.6 元/间・天,五星级 514 元/间・天。

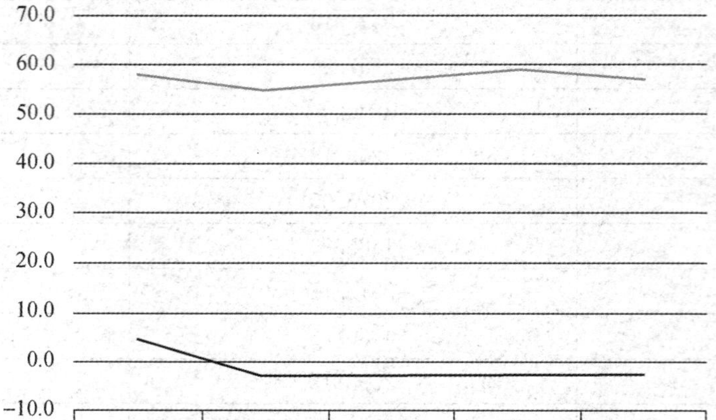

	二星	三星	四星	五星	合计
出租率(%)	58.1	54.8	57.1	59	57.2
同比(%)	4.3	−3	−2.8	−2.9	−2.6

图 19　2019 年江苏省星级饭店出租率及同比

数据来源:江苏省文化和旅游厅

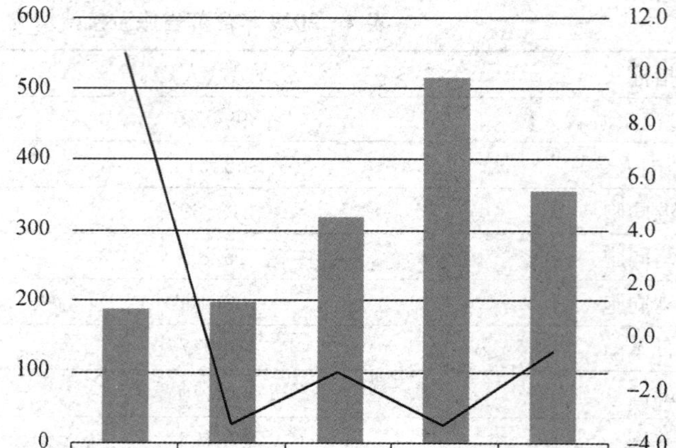

	二星	三星	四星	五星	合计
平均房价(元/间·天)	189.5	198.2	318.6	514	357.5
同比(%)	10.6	−3.3	−1.3	−3.3	−0.6

图 20　2019 年江苏省星级饭店平均房价及同比

数据来源:江苏省文化和旅游厅

(四)旅游发展优劣势分析

江苏也是沿海、沿江、新欧亚大陆桥等人口、经济密集带的结合部及长江文化和黄河文化的结合部。江苏地缘上的优势使其成为中国对外商务经济和旅游经济的直接腹地,从而有能力成为国际旅游的门户和国内旅游的核心。

表 5　江苏省旅游发展优劣势

发展优势
• 包括区位优越、可进入性强、区域需求优势、旅游资源丰富、行业先发优势、关联产业优势、战略性政策优势
发展劣势
• 包括市场占有规模不足、观念与机制比较落后、产品结构比较单一、空间布局不尽合理、产品创新不足、旅游资源持续利用和旅游可持续发展受到威胁、旅游投入不足

数据来源:智研咨询整理

(五) 江苏省游客满意度解读

2019 年是文旅融合发展的开局之年,今年满意度调查在原有的五大要素的基础上增加文旅融合内容,形成以游客综合满意度为一级指标,“旅游大环境、旅游公共服务、旅游景区服务、旅游相关要素、文旅融合情况、总体感知”六大要素为二级指标及其下设的 41 个细分要素为三级指标的江苏省满意度指标体系,调查结果除了计算综合满意度指数外,同时计算去除文旅融合的综合满意度指数(以下简称“同口径满意度指数”)并进行对比分析。

1. 2019 年游客满意度调查结果

2019 年,江苏省同口径满意度指数为 83.95 分,同比提升 0.36 分,实现稳步增长,游客满意度综合指数为 83.81 分。南京、无锡、苏州、扬州、常州五个设区市同口径满意度达到“满意度高”水平,在加入新计算指标后,全省设区市综合满意度指数均保持在“满意”水平。同口径满意度指数同比增幅排名前三的设区市有常州(↑1.04 分)、扬州(↑0.58 分)、南京(↑0.57 分)、苏州(↑0.57 分)。

2. 2019 年各项指标游客满意度具体表现

(1) 全域旅游大环境表现良好,城市旅游公厕便利性和进入城市交通的便利性同比提升明显

2019 年,全省旅游大环境的满意度得分为 85.46 分,持续保持在 85 分以上的“满意度高”水平,省内全域旅游环境持续优化。全省旅游大环境的游客满意度得分排名前五的设区市依次是无锡(87.38 分)、苏州(87.17 分)、扬州(86.93 分)、南京(86.85 分)、常州(86.76 分)。

旅游大环境的 10 项指标中,城市的旅游氛围(86.83 分)、安全感(86.49 分)以及品牌形象(86.25 分)三方面居全省首位,城市旅游公厕便利性(↑1.22 分)和进入城市交通的便利性(↑1.13 分)同比提升幅度相对较大。

(2) 旅游公共服务稳定增长,便民设施及休憩设施满意度增幅较大,南京、苏州、无锡达到“满意度高”水平

2019 年,全省旅游公共服务的满意度得分为 83 分,处于“满意”水平,其中南京(85.37 分)、苏州(85.23 分)以及无锡(85.04 分)三个市达到“满意度高”水平。

旅游公共服务的 8 个指标中,信息发布(84.86 分)、咨询服务(83.87 分)与智慧旅游(83.84 分)三项表现较好,便民设施(79.73 分)的满意度相对较低,但涨幅最大,为 0.8 分。苏州智慧旅游(89.45 分)、信息发布(88.92 分)两项领先全省。

(3) 宁、苏、扬、锡、常、连、宿、泰、淮、通旅游景区服务满意度均达 80 分以上,景区公厕和仪表态度同比增幅大

2019 年,全省旅游景区服务的游客满意度得分为 82.49 分,排名前五的设区市依次是南京(84.84

分)、扬州(84.32分)、无锡(83.98分)、苏州(83.92分)、常州(82.51分)。

旅游景区服务的11个细分指标中,安全保障满意度(84.33分)最高,客流管理(80.48分)、标识牌分布及清晰(80.2分)以及门票合理性(80.11分)的满意度相对较低,景区公厕(↑0.96分)和仪表态度(↑1.11分)同比增幅大。

(4) 旅游相关要素满意度提升幅度最高,旅游餐饮和旅游交通提升最快,南京、苏州达到"满意度高"水平

2019年,全省旅游相关要素满意度为82.13分,是五大要素中增幅最大,为1.8分,排名前五的设区市依次是南京(85.39分)、苏州(85.35分)、无锡(84.06分)、扬州(83.70分)和常州(82.9分)。

旅游相关要素6项细分指标中,旅游餐饮和旅游交通提升最快,分别为1.54分与1.26分。

(5) 文旅融合10个设区市达到"满意"以上水平,公共文化服务设施和文化旅游活动推动力度较大

江苏省的文旅融合情况满意度得分为81.37分,处于"满意"水平。全省宁、锡、苏、常、扬、镇、泰、连、通、淮10个设区市文旅融合均达到"满意"以上水平,文旅融合发展成果初显。

在文旅融合的3个细分指标中,公共文化服务设施(81.65分)和文化旅游活动(81.54分)得分较高。

(6) 旅游总体感知满意度稳步提升,游客忠诚度与推荐度双提升

全省的旅游总体感知综合满意度84.45分,接近"满意度高"水平。全省旅游总体感受游客满意度排名前五的设区市是南京(85.25分)、无锡(85.06分)、苏州(84.74分)、常州(83.1分)、扬州(82.78分)。

在总体感受的各项细分指标中,苏州在总体满足感方面(85.02分)居于全省之首,常州在重游意愿方面(87.65分)领先其他设区市,无锡在推荐意愿方面(85.34分)排名第一。

三、浙江省旅游业情况

浙江省位于中国东南沿海、长江三角洲南部,下辖杭州市、宁波市、温州市、绍兴市、嘉兴市、湖州市、衢州市、金华市、丽水市、台州市、舟山市11个市级行政区域。东临东海,南接福建省,西连江西、安徽两省,北邻上海市、江苏省。其中陆域面积10.55万平方公里,素有"七山一水两分田"之称:山地占74.63%,水面占5.05%,平地占20.32%,自然风光与人文景观交相辉映,旅游资源丰富。

2019年,全省旅游经济稳中有进,发展态势持续向好。根据抽样调查测算,全省共接待游客7.3亿人次,比上年增长5.5%,实现旅游总收入10911亿元,比上年增长9%。接待入境过夜游客467.1万人次,比上年增长1.9%,实现国际旅游(外汇)收入26.7亿美元,比上年增长2.9%(按同口径比);接待国内游客7.2亿人次,比上年增长5.5%,实现国内旅游收入10726.7亿元,比上年增长9.1%。全省旅行社组织出境游客306.5万人次,比上年增长6.4%。

(一) 入境旅游市场情况

1. 接待和收入

2019年,全省累计接待入境过夜游客467.1万人次,比上年增长1.9%,实现国际旅游(外汇)收入26.7亿美元,比上年增长2.9%。其中,接待外国人329.8万人次,比上年增长2.8%;香港同胞37.2万人次,下降4.9%;澳门同胞9.7万人次,下降8.8%;台湾同胞90.3万人次,增长2.8%。接待入境过夜游客人均花费571.2美元,入境过夜游客平均停留时间2.48天。

2. 主要客源市场情况

2019年,浙江省接待外国过夜游客按各大洲的分布情况是:亚洲游客157.3万人次,比上年增长7.1%;欧洲游客68.5万人次,增长0.9%;美洲游客53.2万人次,下降1%;非洲游客13.5万人次,增长24.1%;大洋洲游客11.2万人次,增长5%。

表6　2019年浙江省接待外国过夜游客主要客源国情况

国别	来浙人数（万人次）	比上年增长（%）	国别	来浙人数（万人次）	比上年增长（%）
韩国	47.8	22.6	印度尼西亚	4.4	5.2
美国	34.8	3.3	荷兰	4.2	−7.2
日本	27.8	−8.8	西班牙	3.6	−6.0
马来西亚	15.1	25.0	瑞典	3.5	−0.4
印度	12.8	16.1	菲律宾	3.1	8.7
德国	11.1	−1.5	伊朗	2.6	11.4
英国	9.3	6.0	巴西	2.6	10.7
澳大利亚	7.8	7.2	埃及	2.1	−1.4
新加坡	7.5	−3.3	波兰	2.0	14.4
法国	7.4	13.8	南非	1.8	12.3
加拿大	7.4	−3.1	巴基斯坦	1.8	5.0
意大利	6.3	−7.0	墨西哥	1.6	3.9
泰国	6.1	25.4	新西兰	1.4	20.3
越南	6.0	−10.7	土耳其	1.3	16.0
俄罗斯	5.3	7.0	约旦	1.3	−9.3

（二）出境旅游市场情况

2019年，全省旅行社组织出境游客306.5万人次，比上年增长6.4%。其中，出国游累计组团人数287.7万人次，比上年增长6.9%；港澳游累计组团人数14.3万人次，下降10.2%；台湾游累计组团人数4.2万人次，比上年增长62.7%。

表7　2019年浙江省旅行社组织出境旅游情况

目的地	人数（万人次）	比上年增长（%）	目的地	人数（万人次）	比上年增长（%）
日本	68.5	4.6	中国台湾	4.2	62.7
越南	60.3	−13.2	法国	4.1	8.3
泰国	54.9	−2.1	意大利	3.4	13.4
新加坡	16.1	−5.2	德国	3.0	9.7
印度尼西亚	15.4	−0.8	瑞士	2.6	1.3
马来西亚	13.6	3.4	英国	2.4	−10.7
菲律宾	12.3	62.6	阿拉伯联合酋长国	2.3	0.2
韩国	11.8	180.8	新西兰	2.2	−11.8

续表

目的地	人数 (万人次)	比上年 增长(%)	目的地	人数 (万人次)	比上年 增长(%)
中国香港	9.2	-19.8	斯里兰卡	1.2	-40.9
柬埔寨	7.6	-9.6	马尔代夫	1.0	28.5
俄罗斯	7.0	39.1	土耳其	1.0	-3.6
美国	6.7	-12.4	荷兰	0.9	65.7
中国澳门	6.5	3.4	西班牙	0.9	-9.2
缅甸	6.0	1072.2	捷克	0.7	-5.1
澳大利亚	5.1	-7.7	瑞典	0.7	63.8

(三)国内旅游市场情况

根据抽样调查测算,2019年全省接待国内游客7.2亿人次,比上年增长5.5%;实现国内旅游收入10726.7亿元,比上年增长9.1%。国内游客人均花费1486元。国内过夜游客平均停留时间2.13天。

表8 2019年浙江省国内旅游接待统计体系主要指标

指标名称	单位	绝对值
接待国内过夜游客人数	万人次	37234.5
住宿单位接待国内过夜游客人数	万人次	28838.1
住宿单位接待人数占国内游客人数比重	%	40.0
住宿单位接待国内过夜游客平均停留时间	天	2.0
常住居民人均接待住宿单位国内过夜游客数	人次	4.98
旅行社接待人数占国内游客人数比重	%	2.47

(四)旅游企业经营情况

1. 旅行社接待情况

2019年,浙江省旅行社接待入境游客64.1万人次,比上年增长1.1%;旅行社外联入境游客38.7万人次,比上年下降17.2%。

2019年,浙江省旅行社接待国内游客1780万人次,比上年增长3.4%;组织国内游客1679.9万人次,比上年增长1.1%。

2. 住宿单位客房出租率及房价

2019年,浙江省住宿单位平均客房出租率为57.85%,比上年下降3.04个百分点;平均床位出租率为56.86%,比上年下降2.79个百分点;平均房价为332.9元/间·天,比上年增长2.1%。其中,星级饭店平均客房出租率为54.96%,比上年下降4.07个百分点;平均床位出租率为53.29%,比上年下降4.1个百分点;平均房价为359.2元/间·天,比上年增长0.3%。

3. 旅游景区接待情况

2019 年，全省纳入统计范围的旅游景区累计接待游客 15.6 亿人次，比上年增长 10.4%；实现门票收入 140.5 亿元，比上年下降 1.9%。其中，A 级景区接待游客 6.8 亿人次，比上年增长 11.9%；实现门票收入 101.4 亿元，比上年下降 1.5%。

（五）旅游业主要指标分析

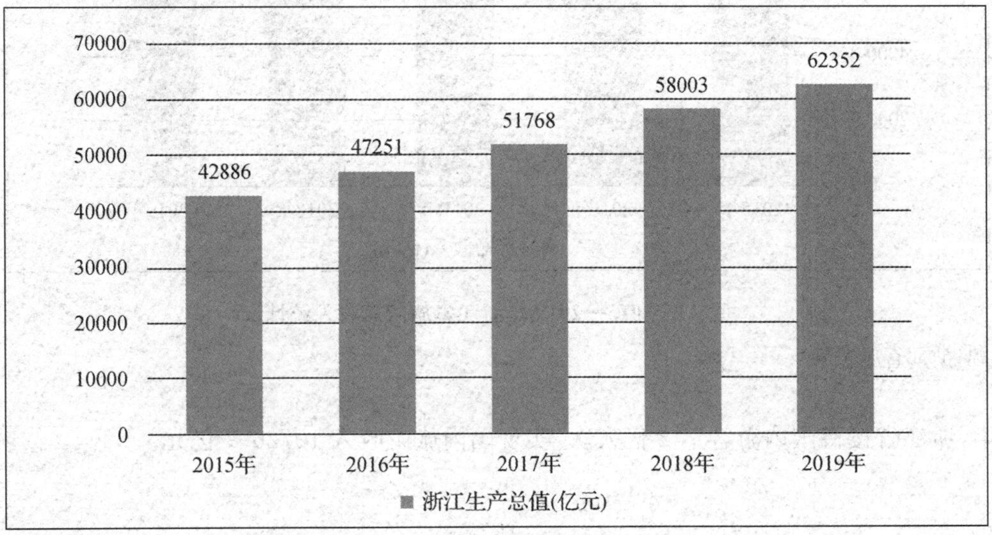

图 21　2015—2019 年浙江省生产总值统计

数据来源：浙江省统计局

2019 年，浙江省旅游经济稳中有进，发展态势持续向好。根据抽样调查测算，浙江省共接待游客 7.3 亿人次，实现旅游总收入 10911 亿元。

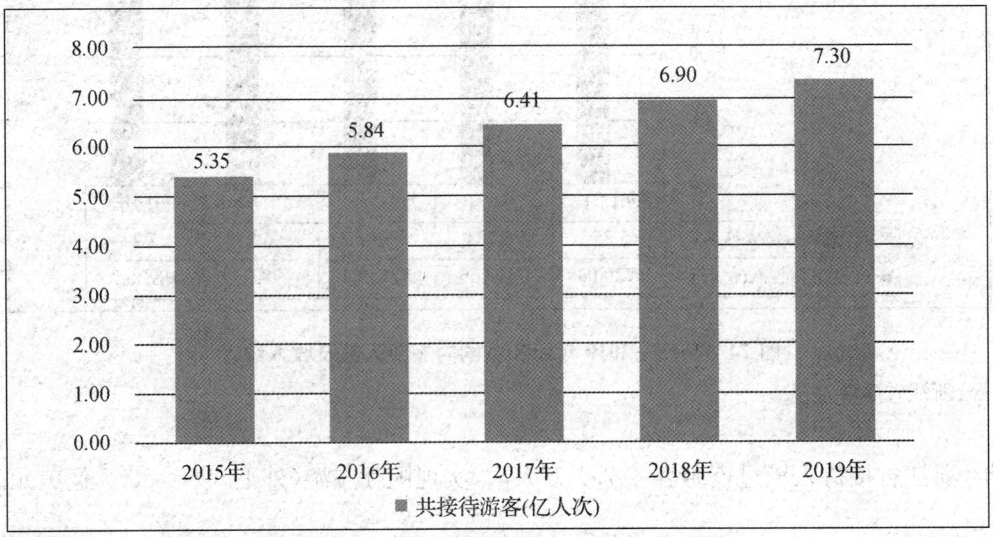

图 22　2015—2019 年浙江省旅游接待人数统计

数据来源：浙江省旅游局

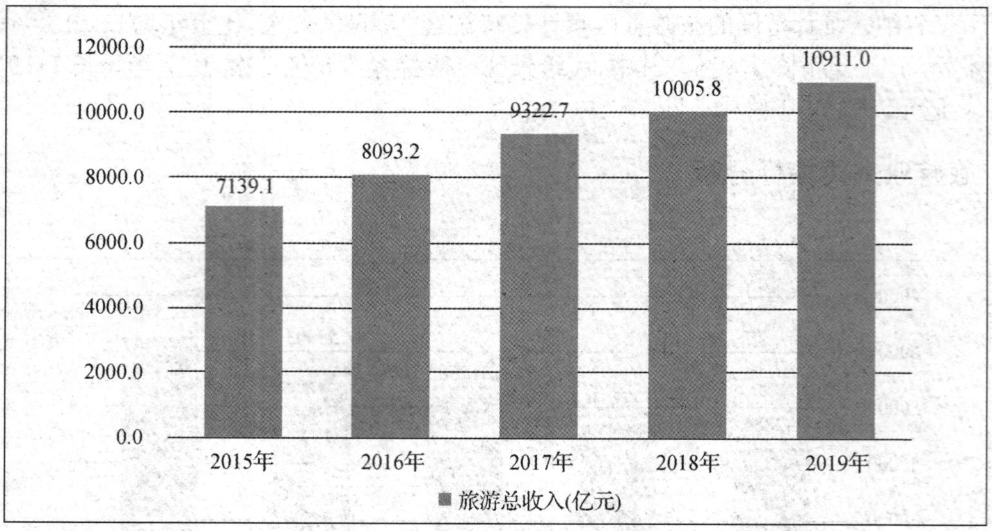

图 23　2015—2019 年浙江省旅游总收入统计

数据来源:浙江省旅游局

2019 年,浙江省接待国内游客 7.2 亿人次,实现国内旅游收入 10726.7 亿元。

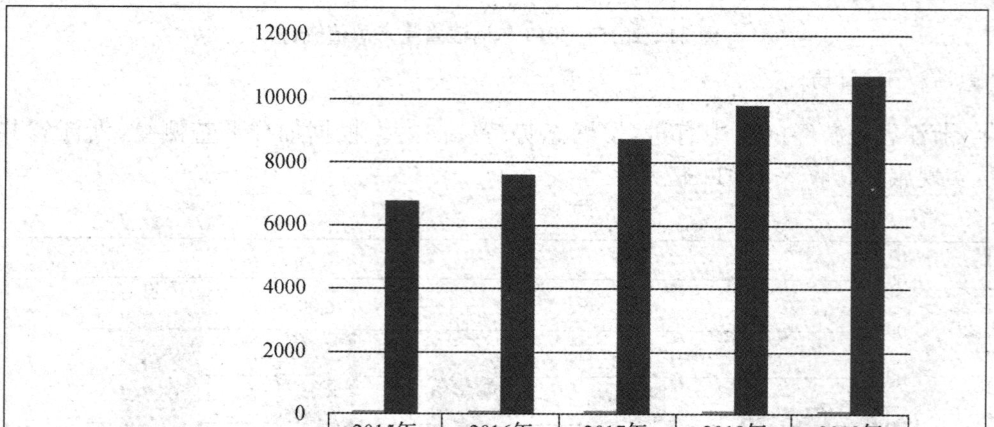

	2015年	2016年	2017年	2018年	2019年
国内游客(亿人次)	5.25	5.73	6.29	6.8	7.2
国内旅游收入(亿元)	6720.04	7599.66	8763.89	9834	10726.7

图 24　2015—2019 年浙江省国内旅游人数及收入统计

数据来源:浙江省旅游局

2019 年,浙江省接待入境过夜游客 467.1 万人次,实现国际旅游(外汇)收入 26.7 亿美元。

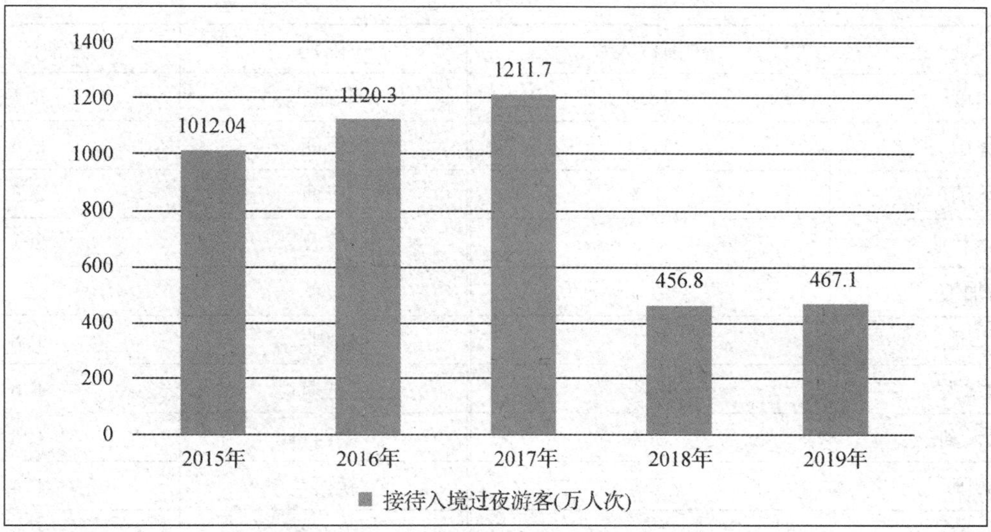

图 25　2015—2019 年浙江省入境游客数量统计

数据来源:浙江省旅游局

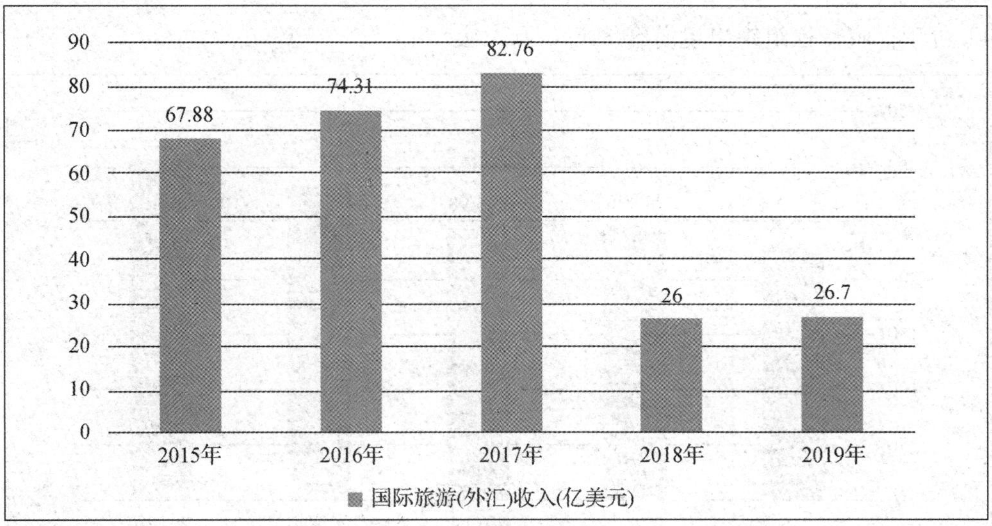

图 26　2015—2019 年浙江省国际旅游外汇收入统计

数据来源:浙江省旅游局

其中,接待外国人 329.8 万人次,香港同胞 37.2 万人次,澳门同胞 9.7 万人次,台湾同胞 90.3 万人次。

表 9　2019 年浙江省接待外国过夜游客主要客源国情况　(单位:万人次)

国别	来浙江人数	国别	来浙江人数
韩国	47.8	印度尼西亚	4.4
美国	34.8	荷兰	4.2
日本	27.8	西班牙	3.6
马来西亚	15.1	瑞典	3.5

续表

国别	来浙江人数	国别	来浙江人数
印度	12.8	菲律宾	3.1
德国	11.1	伊朗	2.6
英国	9.3	巴西	2.6
澳大利亚	7.8	埃及	2.1
新加坡	7.5	波兰	2
法国	7.4	南非	1.8
加拿大	7.4	巴基斯坦	1.8
意大利	6.3	墨西哥	1.6
泰国	6.1	新西兰	1.4
越南	6	土耳其	1.3
俄罗斯	5.3	约旦	1.3

数据来源:浙江省旅游局

2019 年,浙江省旅行社组织出境游客 306.5 万人次。

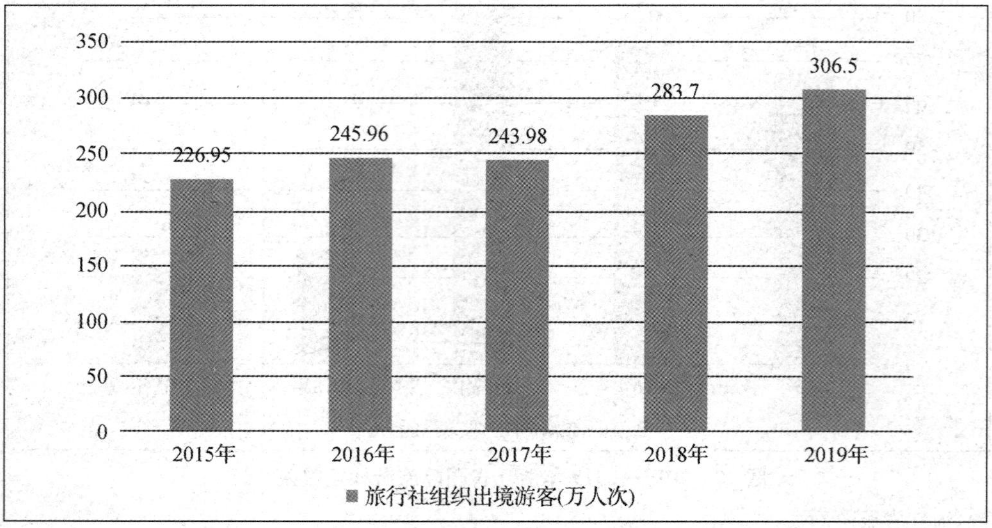

图 27　2019 年浙江省出境游客数量图

数据来源:浙江省旅游局

浙江省历来重视旅游资源的开发、利用、保护。从面向全省全行业的“八八战略”到《浙江省旅游业发展“十三五”规划》,“诗画浙江”旅游品牌的推出与完善建设,新时代“全域旅游”被提上日程,政府政策法规在宏观层面对旅游产业的引导指示直接或间接影响旅游资源特别是传统旅游资源的保护开发利用。

四、安徽省旅游业情况

2019 年,全省吸引国内游客 8.2 亿人次,增长 13.6%。

全年入境旅游人数 655.8 万人次,比上年增长 8%。其中,外国人 377.7 万人次,增长 6.7%;港澳台同胞 278.1 万人次,增长 9.9%。

收入方面，2019 年安徽省旅游总收入 8525.6 亿元，增长 17.7%。其中，旅游外汇收入 33.9 亿美元，增长 6.3%；国内旅游收入 8291.5 亿元，增长 17.9%。皖南国际旅游文化示范区旅游收入 4436.5 亿元，增长 17.2%。

截至 2019 年末，安徽省共有 A 级及以上旅游景点(区)607 处。

2019 年以来，安徽省建立了旅游重点项目申报、调度、监测和管理等全流程工作机制，组织遴选 129 个首批“512”旅游重点项目，投资总额 2440 亿元，全年计划投资 271.7 亿元，完成约 280 亿元。30 个项目入选国家文化和旅游投融资优选项目，总数居全国第二。皖南国际文化旅游示范区建设有序推进，新安江百里大画廊等重大项目建设顺利，芜湖鸠兹古镇等项目建成开放。黟县、霍山县荣获首批国家全域旅游示范区。采石矶景区通过国家 5A 级景区景观价值评估。12 个乡村入选“全国乡村旅游重点村”名录(数量居全国第三)。安排乡村旅游扶贫资金 3690 万元，支持创建 A 级旅游村。旅游民宿发展势头强劲，已达 3266 家。省旅游集团、黄山旅游集团、祥源集团连续跻身中国旅游集团 20 强。

“十三五”以来，安徽省旅游业快速发展，旅游景区建设加速推进，游客接待量持续增长，旅游总收入不断攀升，从旅游大省加快向旅游强省迈进。安徽全省接待入境游客由 2016 年 485.4 万人次增长到 2019 年 655.8 万人次，国内游客由 2016 年 5.22 亿人次增长到 2019 年 8.2 亿人次，旅游总收入由 2016 年 4932.4 亿元增长到 2019 年 8525.6 亿元。

“十三五”以来，旅游业在全省国民经济中的重要地位不断提升。2017 年，省委、省政府印发《意见》，提出将旅游业培育成为重要支柱产业；2019 年，省政府公布《关于促进全域旅游发展 加快旅游强省建设的实施意见》，提出以旅游强省“五个一批”建设为抓手，按照“一体两翼”工作思路，推进旅游供给侧结构性改革，大力发展全域旅游，将旅游业培育成为人民群众更加满意的现代服务业、经济发展的重要增长极和国民经济战略性支柱产业。目前，全省 15 个市将旅游业作为支柱产业，1 个市将旅游业作为高成长性产业，形成党政统筹、强力推进旅游发展的良好局面。

“十三五”以来，安徽省不断增加旅游产品新供给，积极打造精品旅游景区，大力推进旅游重点项目建设，提升多业态融合发展水平。2016 年以来，全省 A 级及以上旅游景区增加到 600 余家，其中 5A 级景区增加到 11 家。34 个村入选全国乡村旅游重点村。旅游民宿达 3000 余家。黄山市黟县、六安市霍山县成为首批国家全域旅游示范区。皖南国际旅游文化示范区旅游收入从 2016 年 2594 亿元增长到 2019 年 4436.5 亿元。

“十三五”以来，安徽省乡村旅游市场主体不断壮大，成为农民创业就业、脱贫致富的重要渠道。目前，乡村旅游类 A 级景区已达 380 家，占全省 A 级旅游景区数量的 63%；去年，乡村旅游接待游客 4.2 亿人次，占全省游客接待量的 51.8%。2016 年以来，安徽省相继实施乡村旅游扶贫“3451”工程、“八个一”工程，开展 A 级旅游村创建，不断打造乡村旅游扶贫“升级版”，累计带动 40 万人摘掉“贫困帽”，333 个全国乡村旅游扶贫重点村全部脱贫出列。霍山县陡沙河村、堆谷山村和金寨县小南京村、渔潭村旅游扶贫模式入选“世界旅游联盟旅游减贫案例”。

表 10　2019 年安徽省各市旅游总收入及增长率

合肥	2036.43	18.3%
芜湖	872.87	19.9%
安庆	818.4	15.9%
池州	776.5	12.2%
黄山	659.45	15.1%
六安	475.53	11.9%
宣城	389.87	21.21%

续表

马鞍山	365.73	18.2%
蚌埠	355.78	19.6%
滁州	287.12	19.2%
亳州	248.3	20.6%
阜阳	240	19%
淮南	216.4	15.3%
宿州	214.02	19.1%
铜陵	212.36	16.7%
淮北	126.1	15.2%

第九章　长三角地区社会消费品零售业

2019 年，全国社会消费品零售总额 411649 亿元，比上年名义增长 8.0%(扣除价格因素实际增长 6.0%，以下除特殊说明外均为名义增长)。其中，除汽车以外的消费品零售额 372260 亿元，增长 9.0%。

2019 年 12 月，社会消费品零售总额 38777 亿元，同比增长 8.0%。其中，除汽车以外的消费品零售额 34349 亿元，增长 8.9%。

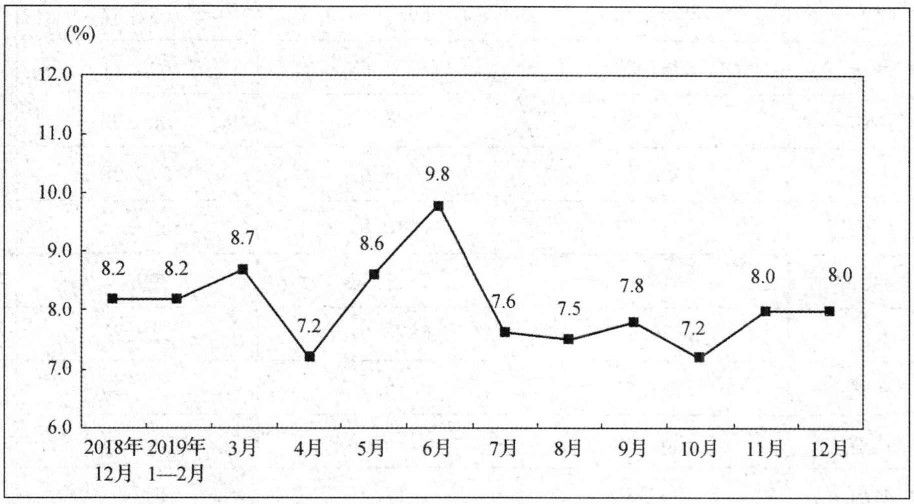

图 1　2018 年 12 月—2019 年 12 月社会消费品零售总额分月同比增长速度

按经营单位所在地分，2019 年城镇消费品零售额 351317 亿元，比上年增长 7.9%；乡村消费品零售额 60332 亿元，增长 9.0%。其中，12 月城镇消费品零售额 32704 亿元，同比增长 7.8%；乡村消费品零售额 6073 亿元，增长 9.1%。

表 1　2019 年部分省市区消费总额排名

序号	地区	2019 年社会消费品零售总额(亿元)	2018 年社会消费品零售总额(亿元)	增量(亿元)	增长(%)
1	全国	411649.00	381156.48	30492.52	8.00
2	广东	42664.46	39504.13	3160.33	8.00
3	山东	35770.60	33618.98	2151.62	6.40
4	江苏	35290.63	33230.35	2060.28	6.20
5	浙江	27176.41	25001.30	2175.11	8.70
6	河南	22733.02	20591.50	2141.52	10.40
7	湖北	20224.23	18335.66	1888.57	10.30
8	四川	20114.30	18219.47	1894.83	10.40
9	河北	17934.20	16544.46	1389.74	8.40
10	湖南	17239.54	15643.87	1595.67	10.20

续表

序号	地区	2019年社会消费品零售总额(亿元)	2018年社会消费品零售总额(亿元)	增量(亿元)	增长(%)
11	福建	15749.70	14317.91	1431.79	10.00
12	上海	13497.21	12673.44	823.77	6.50
13	安徽	13377.70	12095.57	1282.13	10.60
14	北京	12270.10	11752.97	517.13	4.40
15	陕西	9598.73	8937.36	661.37	7.40
16	重庆	8667.34	7973.63	693.71	8.70
17	江西	8421.60	7566.58	855.02	11.30
18	山西	7909.20	7336.92	572.28	7.80
19	广西	7747.67	7240.81	506.86	7.00
20	内蒙古	7610.85	7311.10	299.75	4.10
21	云南	7539.18	6828.97	710.21	10.40
22	新疆	3361.61	3186.36	175.25	5.50
23	甘肃	3356.00	3116.06	239.94	7.70
24	海南	1808.31	1717.29	91.02	5.30
25	宁夏	984.42	935.76	48.66	5.20
26	青海	880.75	835.63	45.12	5.40
27	西藏	649.33	597.36	51.97	8.70

按消费类型分,2019年餐饮收入46721亿元,比上年增长9.4%;商品零售364928亿元,增长7.9%。其中,12月餐饮收入4825亿元,同比增长9.1%;商品零售33952亿元,增长7.9%。

按零售业态分,2019年限额以上零售业单位中的超市、百货店、专业店和专卖店零售额比上年分别增长6.5%、1.4%、3.2%和1.5%。

2019年,全国网上零售额106324亿元,比上年增长16.5%。其中,实物商品网上零售额85239亿元,增长19.5%,占社会消费品零售总额的比重为20.7%;在实物商品网上零售额中,吃、穿和用类商品分别增长30.9%、15.4%和19.8%。

表2 2019年社会消费品零售总额主要数据

指标	12月		1—12月	
	绝对量(亿元)	同比增长(%)	绝对量(亿元)	同比增长(%)
社会消费品零售总额	38777	8.0	411649	8.0
其中:除汽车以外的消费品零售额	34349	8.9	372260	9.0
其中:限额以上单位消费品零售额	15338	4.4	148010	3.9
其中:实物商品网上零售额	—	—	85239	19.5

续表

指标	12月		1—12月	
	绝对量（亿元）	同比增长（%）	绝对量（亿元）	同比增长（%）
按经营地分	—	—	—	—
城镇	32704	7.8	351317	7.9
乡村	6073	9.1	60332	9.0
按消费类型分	—	—	—	—
餐饮收入	4825	9.1	46721	9.4
其中:限额以上单位餐饮收入	914	6.1	9445	7.1
商品零售	33952	7.9	364928	7.9
其中:限额以上单位商品零售	14424	4.3	138565	3.7
粮油、食品类	1465	9.7	14525	10.2
饮料类	198	13.9	2099	10.4
烟酒类	411	12.5	3913	7.4
服装鞋帽、针纺织品类	1490	1.9	13517	2.9
化妆品类	280	11.9	2992	12.6
金银珠宝类	268	3.7	2606	0.4
日用品类	616	13.9	6111	13.9
家用电器和音像器材类	930	2.7	9139	5.6
中西药品类	581	8.2	5907	9.0
文化办公用品类	333	−11.5	3228	3.3
家具类	212	1.8	1970	5.1
通讯器材类	447	8.8	4839	8.5
石油及制品类	1815	4.0	20042	1.2
汽车类	4428	1.8	39389	−0.8
建筑及装潢材料类	227	0.6	2061	2.8

注:1. 此表速度均为未扣除价格因素的名义增速

2. 此表中部分数据因四舍五入,存在总计与分项合计不等的情况

一、上海市社会消费品零售业

(一)上海市社会消费零售业基本情况

2019年,上海市社会消费零售业总额1.35万亿元,增长6.5%,实到外资190.48亿美元,创下历史新高,规模稳居全国城市首位,对全市经济增长贡献居各行业前列。对外贸易规模稳定,口岸货物进出口8.4万亿元,增长0.1%,继续保持全球最大货物贸易口岸城市地位。利用外资增势良好,新设外资项目、合同外资、实到外资分别增长21.5%、7.1%和10.1%,实到外资规模达190.48亿美元,创历史新高。对外投资结构优化,对外直接投资中方投资额140亿美元,居全国第二。展览业能级稳步提升,展馆面积、展览面积、百强展数量均居全球会展城市之首。

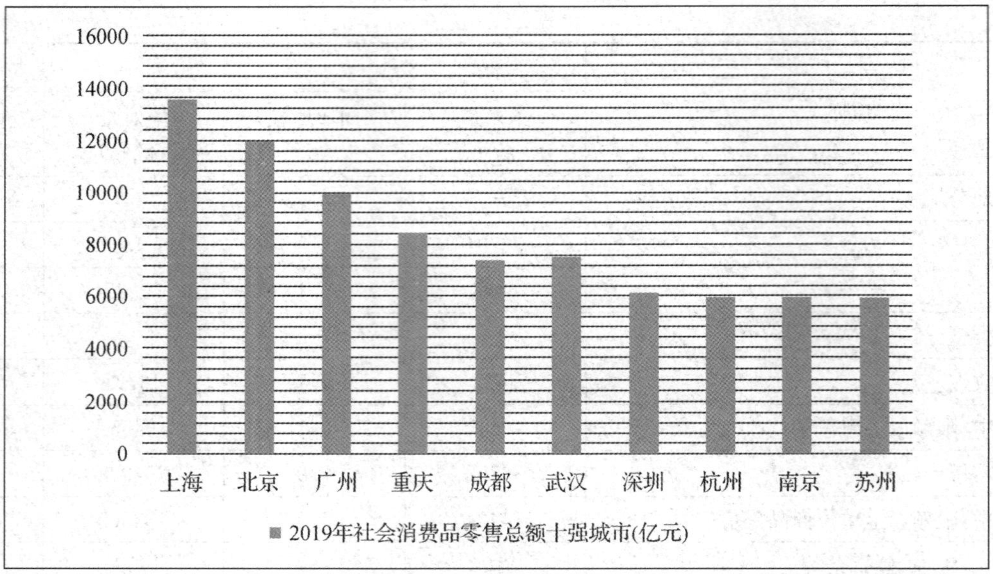

图2　2019 年全国社会消费品总额十强城市图

数据来源:统计局(SYL)

2019 年上半年,全国居民人均消费支出达 10330 元。随着各省市上半年经济数据的发布,上海的人均消费支出排在众多城市之首。

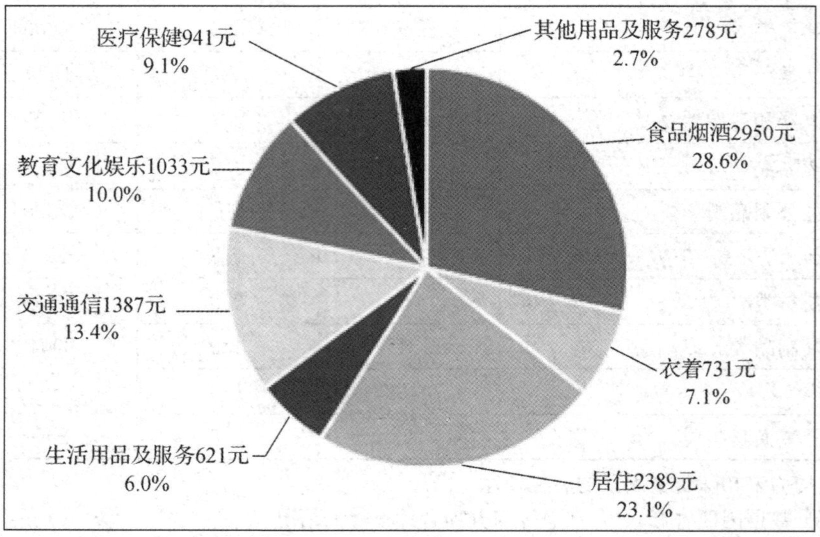

图3　2019 年上半年居民人均消费支出及构成

数据来源:国家统计局官网

根据国家统计局数据显示,从贡献率的角度来看,上半年中国消费增长对经济增长的贡献率超过 60%,达 60.1%。消费对于经济的驱动作用已经十分明显。

2019 年上半年,全国居民人均消费支出 10330 元,比上年同期名义增长 7.5%,扣除价格因素,实际增长 5.2%。31 个省份中,有 9 个省份超过全国平均水平,11 个省份突破 1 万元。排在前三位的上海、北京和天津,2019 年 1—6 月居民人均消费支出分别达 22513 元、21134 元和 15967 元,上海人无疑最能"买买买"。

根据上海市统计局发布的数据显示,2019 年上半年,上海实现社会消费品零售总额 6661.44 亿元,比 2018 年同期增长 8.4%,增幅高出一季度 2.1 个百分点。其中,网上商店零售额比 2018 年同期增长

25.3%，拉动全市社会消费品零售总额3.1个百分点。

从消费品市场结构特征来看，升级类消费持续旺盛。2019上半年，服装类零售额比2018年同期增长4.2%，拉动全市社会消费品零售总额增长0.7个百分点；通讯器材类零售额比2018年同期增长18.1%，拉动全市社会消费品零售额总额增长0.9个百分点；化妆品类零售额比2018年同期增长24.6%，拉动全市社会消费品零售额总额增长1.3个百分点。

受政策影响，汽车消费在上半年出现阶段性增长。2019年5月，上海发布自7月1日起实施"国六"汽车排放标准的通告。汽车经销商对"国五"车型降价清库存，带动汽车消费快速回升。5月，汽车类零售额扭转自2018年下半年以来的低迷态势，同比转为正增长，6月当月增速达到39.4%。2019年上半年，汽车类零售额比2018年同期增长2.1%，拉动全市社会消费品零售总额0.3个百分点。

大型零售企业发挥中坚作用。根据数据显示，大型零售企业零售额占到全市社会消费品零售总额的三分之一。2019年上半年，大型零售企业零售额比2018年同期增长7.7%，拉动全市社会消费品零售总额增长2.5个百分点。

2019年以来，"上海购物"所独有的"首店经济"继续一枝独秀。根据中商数据最新发布的统计数据显示，2019年上半年，上海共开出各类首店498家，而2018年同期是256家，同比猛增94.5%。其中"全国首店"达136家，约占首店总数的三分之一，其中包括国际品牌的13家全球首店和亚洲首店。进入2019下半年，随着一批新的购物中心进入，"首店经济"进一步在上海集聚动能。

2019年4月，上海正式下发《关于进一步优化供给促进消费增长的实施方案》，为"推动市内免税店尽快开业，推进机场免税店尽快扩容"明确了时间表。

上海人的"买买买"，从一个侧面显示出中国经济，从高速增长转向高质量发展，从资本驱动为主到消费驱动为主。据测算，从2018年起的15年内中国预计进口24万亿美元商品，这或让中国从生产供应全球变成消费供应全球，特别是进博会的举办标志着新时代中国与世界共享未来的新起点。我们可以期待进博会搭建国际化、高品质消费平台，合理扩大高品质消费品和服务的进口，让老百姓不出家门、不出国门就能买到更称心的商品。

在上海虹桥商务区主功能区物流片区，一座总建筑面积5.1万平方米B型保税仓库正在紧锣密鼓施工建设中，未来将为消费者提供更便利的进口商品消费通道。其中，保税仓库项目将于今年8月底建成，争取在第二届进博会开幕之前局部投入使用。展示交易中心则预计于2022年建成使用。

（二）消费品市场结构特征

1. 升级类消费持续旺盛

居民消费升级趋势明显，对服饰、化妆品及手机等商品保持旺盛需求。前三季度，服装、鞋帽、针纺织品类零售额比2018年同期增长7.5%，拉动全市社会消费品零售总额增长1.6个百分点；化妆品类零售额比2018年同期增长25.4%，拉动全市社会消费品零售额总额增长1.3个百分点；通讯器材类零售额比2018年同期增长16.9%，拉动全市社会消费品零售额总额增长0.8个百分点。

2. 汽车消费波动较大

受中美贸易摩擦以及国内汽车消费政策变化等综合因素影响，2019年一季度，上海市汽车类零售额比2018年同期下降8.6%。2019年二季度，经销商对"国五"车型降价清库存，汽车消费出现井喷，汽车类零售额6月当月增速达39.4%。三季度，汽车市场进入调整期，汽车类零售额下降12.4%。

前三季度，汽车类零售额比2018年同期下降2.3%，影响全市社会消费品零售总额下降0.4个百分点。

3. 大型零售企业发挥中坚作用

现阶段，大型零售企业对全市社会消费品零售总额起到重要的支撑作用。前三季度，大型零售企业零售额比去年同期增长8.2%，拉动全市社会消费品零售总额增长3.3个百分点。

(三) 上海市零售行业发展趋势

1. 宏观背景下上海零售行业发展有序

根据上海统计局的数据显示,2015—2019 年上海市居民人均可支配收入呈现逐年上升趋势,增速一直保持在 8%—9%之间。

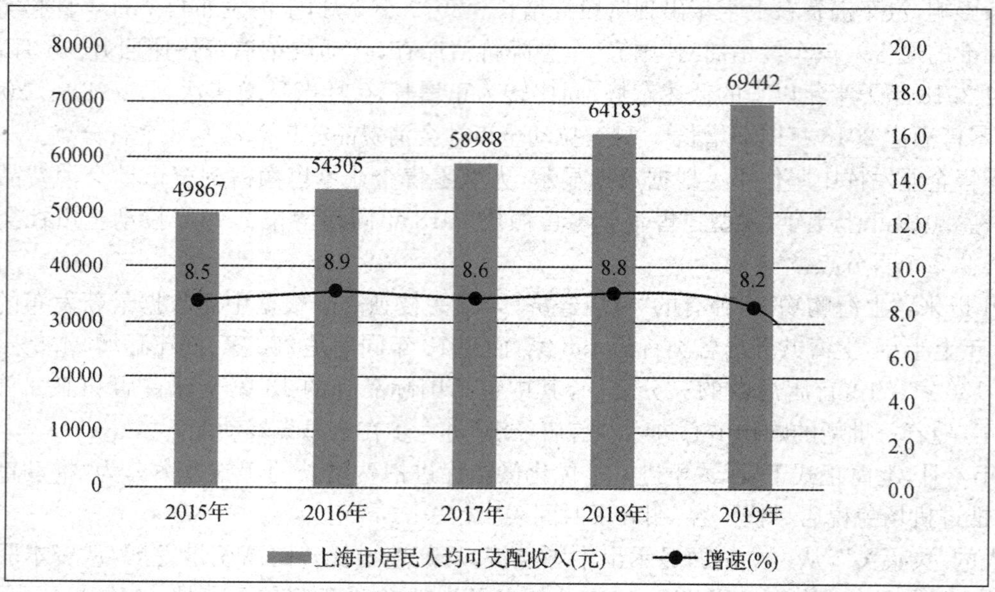

图 4　2015—2019 年上海市居民人均可支配收入和增速情况

数据来源:上海统计局

根据上海统计局的数据显示,2015—2019 年上海市社会消费品零售总额呈现逐年上升趋势,增速一直保持在 6.5%—8%之间。

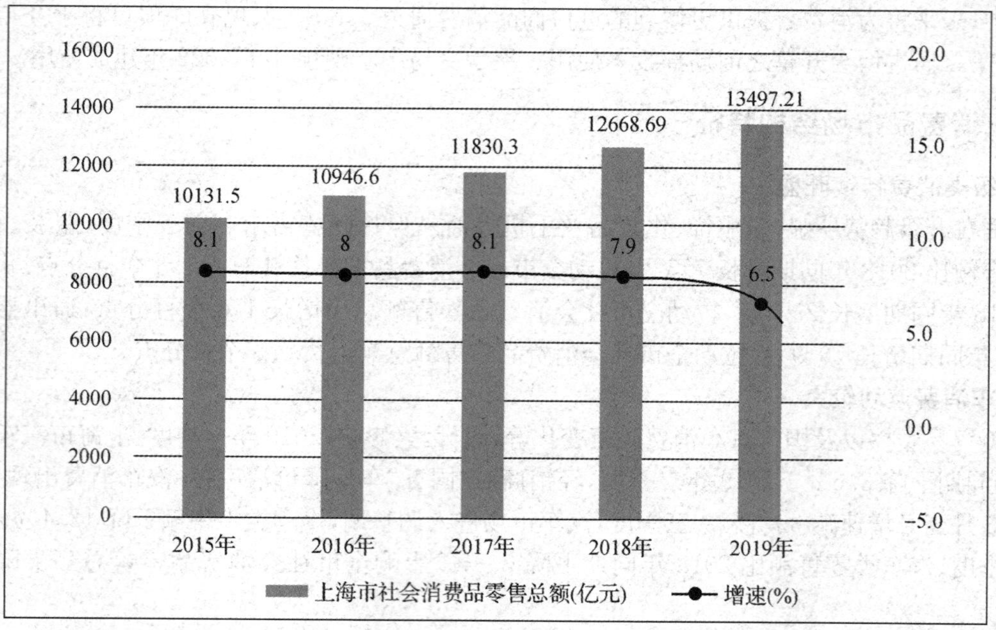

图 5　2015—2019 年上海市社会消费品零售总额和增速情况

数据来源:上海统计局

2. 上海近年来保持着中国零售商指数城市 TOP1 的位置

根据 Savills 发布的《2020 中国零售 20 城》报告显示，由于中国疫情控制良好、经济稳步复苏，中国成为全球第一大消费市场的时代似乎即将加速到来。此外，根据 eMarketer 预测，2020 年中国零售市场的规模将达 5.2 万亿美元。根据 Savills 的数据显示，上海一直保持着中国零售商指数城市 TOP1 的位置。值得注意的是，在过去数年，品牌在北京和上海开店的频率基本一致，但新冠肺炎疫情的出现使这个差距瞬间拉大。截至 2020 年上半年，8 个品类品牌在上海的平均增速为 7.6%，高于北京的 1.9%。

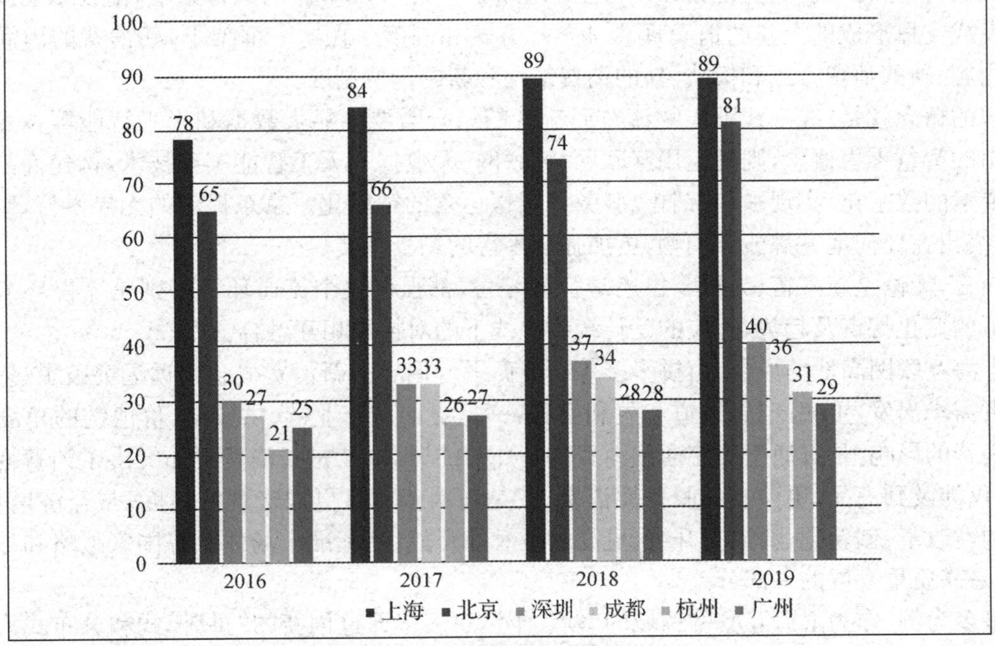

图 6　2016—2019 年中国零售商指数城市 TOP6

数据来源：Savills

3. 2019 年度中国零售百强榜上海企业销售规模占比达 15.31%

2020 年 9 月 16 日，中国商业联合会和中华全国商业信息中心联合发布"2019 年度中国零售百强名单"。上海市有 9 家企业上榜，拼多多一马当先，2019 年度实现了 10066 亿元的销售规模，并一直保持着榜单第三的位置。整体来看，上海市占 2019 年度中国零售百强名单总销售规模的 15.31%。

表 3　2019 年度中国零售百强榜上海市上榜企业名单

序号	排名	公司名称	销售规模(亿元)
1	3	拼多多	10066.00
2	7	高鑫零售有限公司	1018.68
3	15	联华超市股份有限公司	546.30
4	20	上海盒马网络科技有限公司(盒马鲜生)	400.00
5	28	家乐福(中国)管理咨询服务有限公司	312.84
6	31	月星集团有限公司	291.06
7	35	上海豫园旅游商场(集团)股份有限公司	253.75
8	39	锦江麦德龙现购自运有限公司	230.00
9	81	罗森(中国)投资有限公司	59.64

数据来源：2019 年度中国零售百强榜

(四)上海正在成为新消费的策源地

在新一轮技术革命和经济全球化背景下,我国消费已进入新一轮变革的窗口期,新消费的兴起,成为本轮消费变革的重要特征和发展趋势。在新华社瞭望智库发布的《2019 长三角新消费发展报告》(下称《报告》)中显示,上海市已成为互联网新消费的策源地和新高地,辐射长三角地区,推动产业经济与城市功能的转型升级,进一步提升了我国对于消费资源的整合配置能力。

《报告》认为,"新消费"主要是指在经济全球化和新一轮技术革命的大背景下,由技术创新和新技术应用所引发或支撑形成的全新的消费理念、内容、方式和制度。在这一框架下,新消费的内涵主要包括新的消费内容、新的消费方式和模式、新的消费结构和新的消费制度。

新零售的概念就是"线上线下+物流",而三者的结合需要依靠大数据和人工智能等技术手段。江苏苏宁提出的智慧零售概念,则是运用互联网、物联网、大数据和人工智能等新技术,构建商品、用户、支付等零售要素的数字化,实现采购、销售、服务等零售运营的智能化。京东提出的无界零售,则强调打破行业边界,突出在任何地方都能够购物,更加强调零售的场景拓展。

整体而言,无论是新零售、无界零售还是智慧零售,都强调整个流通环节特别是零售环节在新技术应用背景下的变化特点及趋势,对应的是传统线上线下的对接和相互融合。

作为上海互联网高地的成员,由拼多多等新电商平台倡导的新消费概念则远远突破了这一范畴,倡导从消费者需求出发,重塑产品、渠道和盈利模式:一是更加从产业链、供应链、价值链的角度来分析技术变革对消费的影响,是打通生产流通和消费各个环节的概念;二是新消费更加突出了消费变革的结构性趋势,不仅涉及到商品,更涉及到服务性消费;三是新消费能从更加宏观的角度,与经济增长驱动力、供给侧结构性改革、创新创业、消费升级、更高水平对外开放、高标准市场体系等国家战略和导向有机结合,本身就是高质量发展的一部分。

以拼多多为例,作为上海互联网领域的"领头羊",拼多多通过创新的"拼"模式和分布式人工智能技术,推动零售的渠道变革和制造业的研发生产进入"以人为先"的新时代。

通过"多多农园""新品牌计划"等战略,拼多多持续发挥平台型经济的效应,带动农业、制造业转型升级,成为需求侧创新带动供给侧改革的标杆。

截至 2019 年 9 月,拼多多年度活跃买家数已突破 5.36 亿,年成交总额达 8402 亿元。全国每 10 个快递中,就有 3 个来自拼多多。按用户规模计算,成立仅 4 年的拼多多,已经迅速成长为中国第二大电商平台。

《报告》认为,上海市基于互联网企业发展、零售业基础、对外开放水平等要素,迅速成长为长三角乃至全国的新消费策源地与新高地,特别是在市场发展水平、消费聚集带动能力和增长潜力等方面,都处于全国领先水平。

近年来,深圳和杭州等城市曾在互联网经济发展中拔得头筹,上海一度受到"为什么出不了 BAT"的质疑。但凭借强大的市场和创新优势,上海近年来在互联网平台经济发展上后劲十足,大有后来居上之势。工信部《2019 年 1—10 月互联网和相关服务业运行情况》显示,在 2019 年 1—10 月,全国互联网行业规模以上企业共完成营业收入 9902 亿元,同比增长 21%,其中上海互联网行业实现营业收入 2390 亿元,占全国的 23.3%,居全国第 2 位。在增速方面,上海互联网行业收入以同比增长 37.1%的增速领跑东部,浙江(36.5%)、北京(19.4%)、广东(10.9%)和江苏(7.2%)分列第 2 至 5 位。

上海互联网快速发展的背后,"以消费者为中心"的新消费浪潮迅速崛起,在此推动下,拼多多、哔哩哔哩、小红书等互联网新阵营方阵已然形成。

在这样的发展态势下,阿里巴巴、腾讯、百度、华为、小米、商汤等知名企业也开始进驻上海,亚马逊、微软、苹果等也在上海设立了研发型功能机构,从人工智能、云计算,到区块链、大数据,上海在全国乃至世界互联网领域的地位不断提升。一大批互联网平台和高技术公司的崛起,不仅极大提升了上海市新经济发展的规模，优化了创新发展的环境，也对上海以及长三角新消费的培育和壮大，提供了全新的平台和载体。

相关研究显示，根据商务部等14部委发布的《关于培育建设国际消费中心城市的指导意见》，对消费综合实力排名靠前的20位的城市进行综合测评，上海在全国的综合排名位居第1位。在城市经济基础、国际消费影响力、国际消费便利度、优质消费聚集度和国际品牌渗透度五个一级指标方面，上海有4个指标稳居第一，1个指标名列第二，整体优势均十分突出。

二、江苏省社会消费品零售业

2019年，江苏省社会消费品零售总额比上年增长6.2%。按行业分，批发和零售业零售额增长5.9%；住宿和餐饮业零售额增长8.7%。全省限额以上社会消费品零售总额比上年下降1.2%。从消费品类值看，基本生活类消费增长平稳，限额以上饮料类、烟酒类、服装鞋帽针纺织品类和日用品类商品零售额分别增长3.4%、4.1%、1.6%和8.0%。部分消费升级类商品零售额增长较快，限额以上中西药品类、化妆品类、书报杂志类分别增长10.6%、8.2%、19.8%。汽车类下降1.6%；石油制品类下降1.9%。网上零售占比提升。全年限额以上批发和零售业通过公共网络实现零售额1391.7亿元，占比达10.4%，比上年提高0.8个百分点；限额以上住宿和餐饮业实现网络餐费收入16.2亿元，占比为2.0%，比上年提高0.1个百分点。按经营单位所在地分，城镇消费品零售额增长6.0%，农村消费品零售额增长7.7%。

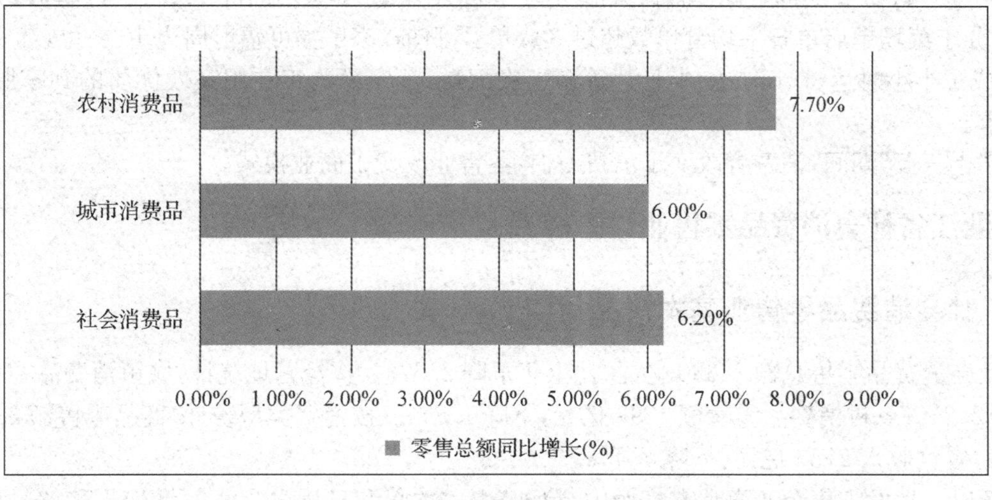

图7　2019年江苏省社会消费品零售总额增长情况分析

数据来源：公开资料整理

“十三五”期间，消费领域的新鲜事层出不穷，最显著的两大变化，一是消费升级带来的种种消费新潮流；二是网络零售的蓬勃发展。

根据江苏省统计局的数据显示：全省社会消费品零售总额由2015年的26710.13亿元增加至2019年的37672.51亿元，年均增长9.0%。随着居民生活水平的持续提升，消费升级类产品保持较快增长。同时，网络零售蓬勃发展。

消费升级，可以从家门口超市里的变化看出来：商品种类多了、进口商品多了、店里甚至能点餐吃饭了……拿南京南湖商圈来说，多年来缺少大型超市。据介绍，和五年前的大卖场不一样的是，如今的这种社区超市升级商品占比近50%。同时，为契合社区店“家庭厨房”的定位，新店生鲜、食品的经营面积占比达80%。

新街口商业步行街最近通过“中国著名商业街”复审评议。核心区面积不到0.3平方公里的南京新街口商圈,拥有4家年销售额超过40亿元的商场,其中德基广场2019年销售额122亿元,位列全国单体商场第二,整个商圈年销售额超过400亿元。南京新百引入NIKE最高级别店,开业当天实现销售额近百万元,成为新街口商圈新的"吸睛王牌"。东方福来德引入Adidas Originals FDD城市旗舰店,作为阿迪达斯三叶草系列最高级别的旗舰店,开业当日,销售额就位居全国第一。

消费升级,即使是疫情也无法阻挡。在江苏,消费升级趋势加快。2019年8月,汽车类单月零售额同比增长17.3%。全省限额以上化妆品类实现零售额同比增长24.2%;体育娱乐用品类同比增长12.6%;家用电器和音响器材类同比增长24.3%;通讯器材类同比增长31.7%。

网络零售、线上线下融合则是这几年来零售业的大事。"宅经济"和新兴消费需求快速扩张,线上线下的融合模式成为零售行业争夺流量首选,直播带货、社群电商等消费新业态新模式对促进消费作用明显。2019年1—7月,全省限额以上批零企业通过公共网络实现商品零售额963亿元,同比增长33.9%;全省限额以上住餐企业通过公共网络实现餐费收入同比增长37.2%。

"面对用户消费习惯改变,苏果持续投入资源培育壮大自有线上平台,优化三方合作平台,提升到家业务的响应能力。2019年年中购物节,5天拉动消费9亿元,线上销售同比增长超4倍。"苏果总经理陈兵分析,"同时依托2300个微社群和60万社群会员,我们还大力发展社群购,试水直播带货。2019年上半年,苏果携手宝洁、联合利华、立白等供应商开展直播带货30余场,单日最高销售达到400多万元。"

家乐福中国这一年的变化也让消费者称道。"家乐福中国过去7年都没有盈利,2018年被苏宁收购后,2019年上半年实现了盈利。"家乐福中国首席执行官田睿说,"我们已探索出较为成熟的到家服务商业模式,'8·18'购物节期间,家乐福到家服务订单量大幅攀升,环比增长280%,订单履约率维持在98%以上,苏宁菜场单店单日平均订单数超过325单。"目前,家乐福可辐射周边10公里,苏宁小店辐射3公里,形成了半小时达、1小时达、半日达等多层次配送,苏宁易购正在用高效优质的到家服务满足消费者的需求。

显然,"十三五"期间,消费者改变了消费习惯,零售业改变了商业模式。

三、浙江省社会消费品零售业

(一)社会消费品零售业基本情况

全年社会消费品零售总额26630亿元,比上年下降2.6%。按经营地统计,城镇消费品零售额22336亿元,下降2.8%;乡村消费品零售额4293亿元,下降1.8%。按消费类型统计,商品零售额23843亿元,下降1.9%;餐饮收入2787亿元,下降8.4%。

在限额以上批发零售企业商品零售额中,粮油食品、饮料和日用品零售额增速平稳,分别比上年增长9.2%、8.1%和4.8%;体育娱乐用品、烟酒、化妆品和文化办公用品类零售额增速较快,分别增长30.9%、15.5%、13.1%和12.6%。升级类商品消费需求持续释放,可穿戴智能设备、新能源汽车、计算机及其配套产品分别增长40.8%、23.9%和16.3%。批发零售企业通过公共网络实现的商品零售额增长19.2%。

全省各类商品市场3342个,全年交易额为2.12万亿元,比上年下降7.9%。其中,十亿级市场253个,百亿级市场34个,千亿级市场2个。

(二)网络零售基本情况

1. 网络零售总体概况

2019年1—12月,浙江省实现网络零售19773.0亿元,同比增长18.4%;省内居民网络消费9984.4亿元,同比增长18.5%;网络零售顺差达9788.6亿元。

表 4　2019 年 1—12 月浙江省各地市网络零售和居民网络消费基本情况

地市	网络零售(亿元)	占比(%)	同比增长(%)	居民网络消费(亿元)	占比(%)	同比增长(%)	顺差(亿元)
全省	19773.0	100.0	18.4	9984.4	100.0	18.5	9788.6
杭州	7277.7	36.8	16.0	2780.1	27.8	17.5	4497.6
宁波	1934.5	9.8	20.1	1478.0	14.8	18.4	456.6
温州	2152.2	10.9	18.5	1340.7	13.4	19.9	811.5
湖州	719.4	3.6	28.5	427.3	4.3	18.7	292.1
嘉兴	1999.7	10.1	21.0	779.9	7.8	18.3	1219.8
绍兴	637.9	3.2	20.0	695.3	7.0	17.2	−57.5
金华	3166.1	16.0	16.4	1042.7	10.4	19.3	2123.4
衢州	246.5	1.2	39.9	205.0	2.1	25.0	41.5
舟山	70.6	0.4	41.6	186.2	1.9	16.5	−115.6
台州	1224.0	6.2	17.4	795.4	8.0	17.9	428.6
丽水	344.3	1.7	28.5	253.6	2.5	20.7	90.7

2. 跨境网络零售基本情况

2019 年 1—12 月，浙江省跨境网络零售出口 777.1 亿元，同比增长 35.3%；其中，金华市、杭州市、宁波市等三地居全省前三名，占比分别为 51.7%、21.6%、9.9%，占全省跨境网络零售出口的 83.2%。

表 5　2019 年 1—12 月浙江省各地市跨境网络零售出口基本情况

地市	跨境网络零售出口(亿元)	占比(%)	同比增长(%)
全省	777.1	100.0	35.3
杭州	167.8	21.6	45.3
宁波	76.6	9.9	41.6
温州	73.2	9.4	39.5
湖州	3.6	0.5	39.8
嘉兴	13.3	1.7	36.6
绍兴	13.0	1.7	45.0
金华	402.1	51.7	29.6
衢州	4.6	0.6	25.7
舟山	1.2	0.2	22.8
台州	15.0	1.9	39.2
丽水	6.8	0.9	27.1

注：数据来源覆盖 AliExpress、Amazon、eBay、Wish 等一批国际性第三方跨境网络零售出口平台，也包括一批企业自建跨境网络零售出口平台

3. 各行业网络零售基本情况

2019 年 1—12 月，从分行业数据来看，服饰鞋包、家居家装、3C 数码等三大行业居全行业网络零售额前三名，占比分别为 37.5%、17.7%、13.1%，相当于全行业网络零售额的 68.4%。

表6　2019年1—12月浙江省各行业网络零售基本情况

行业	网络零售(亿元)	占比(%)
服饰鞋包	7419.6	37.5
家居家装	3501.4	17.7
3C数码	2595.3	13.1
母婴用品	1680.6	8.5
美装护肤	1554.5	7.9
食品保健	918.8	4.6
运动户外	774.5	3.9
生活服务	473.0	2.4
机车配件	361.9	1.8
文化娱乐	236.3	1.2
其他	257.0	1.3
汇总	19773.0	100.0

4. 各县(市、区)网络零售基本情况

2019年1—12月，从分县(市、区)数据来看，义乌市、江干区、西湖区等三地网络零售居全省前三名，余杭区、萧山区、永康市、滨江区、慈溪市、海宁市、拱墅区等地紧随其后，入围前十；前十县(市、区)累计实现网络零售9663.0亿元，占全省网络零售总额的48.9%。

表7　2019年1—12月浙江省各县(市、区)网络零售基本情况

排名	县(市、区)	网络零售(万元)	同比增速(%)	排名	县(市、区)	网络零售(万元)	同比增速(%)
1	义乌市	15849326.7	15.1	17	杭州上城区	3626295.0	11.7
2	杭州江干区	13188733.0	16.2	18	温州鹿城区	3388276.0	16.1
3	杭州西湖区	12446835.0	13.3	19	嘉兴南湖区	3312976.2	20.8
4	杭州余杭区	11372476.0	15.5	20	嘉兴秀洲区	3295532.4	20.7
5	杭州萧山区	10634719.2	14.4	21	温州瓯海区	2931073.2	17.4
6	永康市	8424511.8	15.5	22	温州龙湾区	2775219.7	15.6
7	杭州滨江区	7493809.9	16.7	23	乐清市	2321635.1	18.5
8	慈溪市	5818373.4	19.1	24	永嘉县	2270086.8	22.0
9	海宁市	5746634.9	19.8	25	苍南县	2079168.7	21.4
10	杭州拱墅区	5654328.5	19.8	26	诸暨市	2063335.3	16.9
11	宁波鄞州区	4850145.8	19.6	27	宁波海曙区	2053010.9	19.5
12	桐乡市	4426821.2	22.1	28	宁波北仑区	1812987.4	17.6
13	杭州下城区	4144593.5	19.9	29	台州黄岩区	1809245.4	16.5
14	天台县	3995618.1	14.3	30	平阳县	1715601.6	24.8
15	湖州吴兴区	3714327.9	26.8	31	余姚市	1620891.7	20.1
16	瑞安市	3665581.1	16.3	32	台州椒江区	1619264.2	17.3

续表

排名	县(市、区)	网络零售(万元)	同比增速(%)	排名	县(市、区)	网络零售(万元)	同比增速(%)
33	金华婺城区	1614423.1	19.3	62	丽水莲都区	538659.5	25.6
34	武义县	1507828.7	17.8	63	舟山定海区	528498.0	47.3
35	温岭市	1491963.0	17.2	64	龙游县	524227.4	41.3
36	平湖市	1481648.2	22.1	65	海盐县	522882.3	22.4
37	安吉县	1454141.4	22.2	66	兰溪市	510937.3	19.4
38	浦江县	1355027.2	16.1	67	青田县	473004.3	19.0
39	杭州富阳区	1352302.8	23.6	68	庆元县	397649.7	19.9
40	嵊州市	1299106.8	22.0	69	淳安县	388579.5	25.8
41	宁波江北区	1221773.5	22.1	70	新昌县	359891.7	23.2
42	嘉善县	1210177.1	22.0	71	龙泉市	340590.7	25.2
43	临海市	1206933.4	17.6	72	宁波镇海区	310425.9	21.6
44	金华金东区	1125411.6	36.3	73	仙居县	310119.8	23.6
45	东阳市	1085652.0	17.9	74	玉环市	295641.7	20.7
46	绍兴柯桥区	1053150.3	22.8	75	云和县	278627.1	23.9
47	建德市	1030583.5	19.3	76	松阳县	257508.8	65.0
48	台州路桥区	949685.2	16.3	77	衢州衢江区	251520.7	32.1
49	宁海县	919818.7	29.6	78	景宁县	209695.4	20.0
50	绍兴越城区	810021.5	18.2	79	开化县	194499.5	40.1
51	缙云县	795563.9	33.6	80	磐安县	187852.6	19.8
52	绍兴上虞区	793307.4	21.4	81	常山县	181865.2	47.1
53	杭州临安区	762585.5	21.0	82	文成县	170260.7	29.7
54	衢州柯城区	753918.8	35.8	83	象山县	163296.4	20.0
55	德清县	707346.4	24.5	84	泰顺县	153196.4	39.4
56	桐庐县	681442.9	39.7	85	遂昌县	151512.9	54.7
57	长兴县	680728.5	49.3	86	舟山普陀区	149367.0	26.7
58	湖州南浔区	637314.5	40.1	87	温州洞头区	52193.1	18.0
59	宁波奉化区	574720.5	25.3	88	岱山县	23492.6	28.7
60	三门县	561853.8	45.5	89	嵊泗县	4722.5	29.6
61	江山市	559388.7	45.9				

（三）药品流通行业分析

在《全国药品流通行业发展规划(2016—2020年)》《关于加快推进药品智慧监管的行动计划》等政策指导下，在大数据、云计算、智能化等新技术的引领下，浙江省药品流通业不断转型创新，加速格局重塑、降本增效，克服各种不利因素，寻找新的利润增长点，各项指标继续保持增长态势。

1. 药品流通行业规模

2019 年,浙江省药品流通行业发展规模呈现稳中向好的格局,药品流通企业七大类商品购进总额 1805.57 亿元,比上年增长 12.19%;实现销售总额 1731.99 亿元,比上年增长 7.51%,增幅比上年下降 3.49 个百分点。入商务部药品流通直报系统企业的主营业务收入 1403.81 亿元,比上年增长 13.50%,增幅比上年上升 7.51 个百分点。

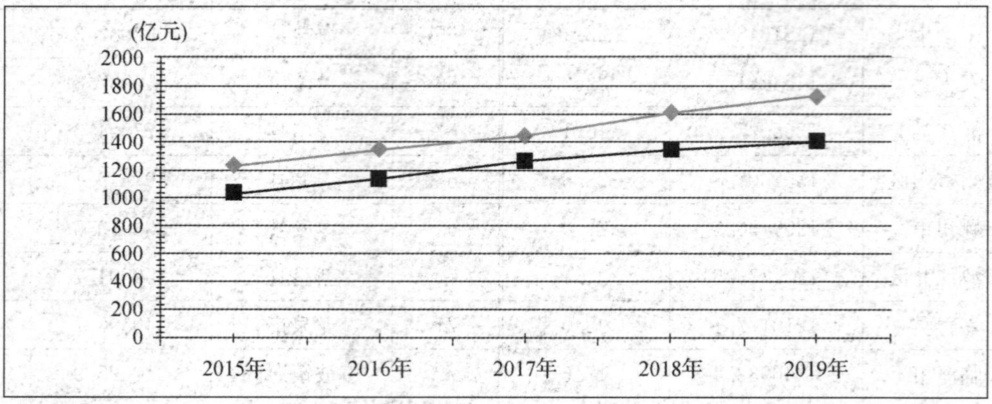

图 8　2015—2019 年浙江省药品流通行业销售额、主营业务收入趋势图

截至 2019 年,浙江省有药品批发企业 489 家,比上年增加 77 家;药品零售连锁公司 293 家,比上年增加 25 家;零售药店 20894 家,比上年增加 1002 家,其中连锁门店 11041 家,单体药店 9853 家,连锁率为 52.84%,比全国连锁率 55.8%低 2.96 个百分点,仍处于偏低水平。

2. 七大类医药商品销售品类和对象结构

2019 年七大类商品销售中,西药类占主导地位,销售额为 1333.59 亿元,占销售总额的 77%,比上年占比上升 6.48 个百分点;化学试剂类 7.05 亿元,占销售总额的 0.41%,比上年占比上升 0.32 个百分点;医疗器材类 64.36 亿元,占销售总额的 3.72%,比上年占比上升 0.14 个百分点;中成药类 232.92 亿元,占销售总额的 13.45%,比上年占比下降 1.66 个百分点;中药材类 57.40 亿元,占销售总额的 3.31%,比上年占比下降 0.97 个百分点;其他类 36.19 亿元,占销售总额的 2.09%,比上年占比下降 4.30 个百分点;玻璃仪器类 0.47 亿元,占销售总额的 0.03%,与上年基本持平。

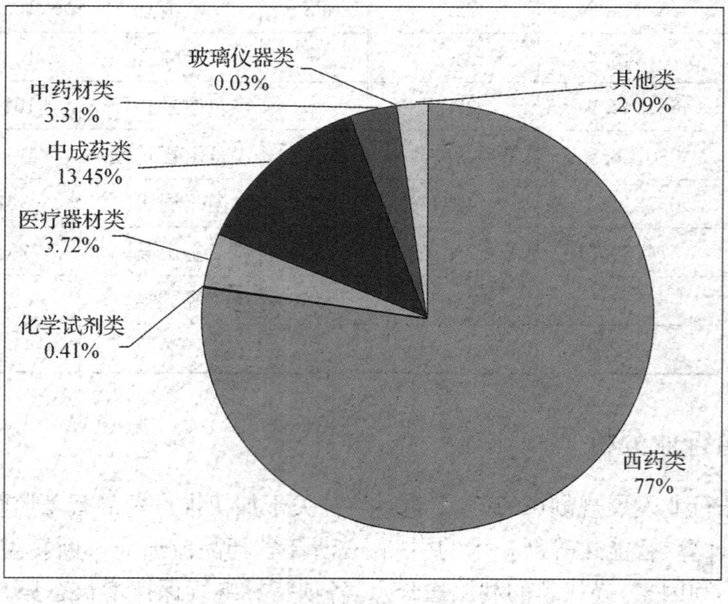

图 9　2019 年浙江省药品流通行业七大类商品销售比重

2019 年向批发市场销售 382.16 亿元，占销售总额的 22.06%，比上年占比下降 4.69 个百分点；向医疗终端的销售 999.13 亿元，占销售总额的 57.69%，比上年占比上升 4.88 个百分点；向零售终端销售 145.50 亿元，占销售总额的 8.40%，比上年占比下降 0.33 个百分点；向居民零售销售 186.85 亿元，占销售总额的 10.79%，比上年占比上升 0.41 个百分点；向生产企业销售 18.13 亿元，占销售总额的 1.05%，比上年占比下降 0.29 个百分点。

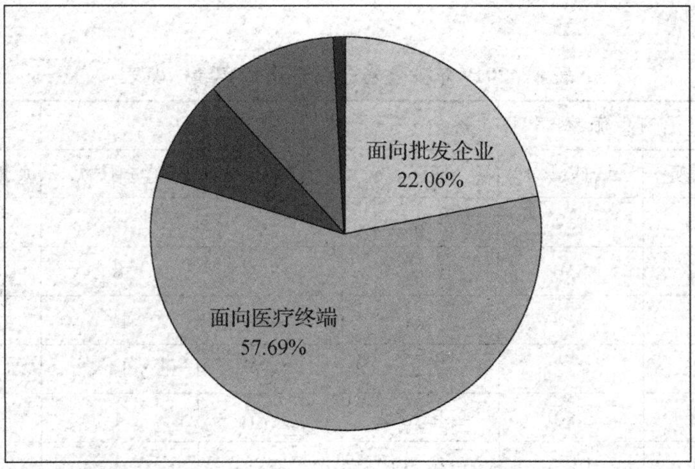

图 10　2019 年浙江省药品流通行业销售对象结构比重

3. 七大类医药商品购存结构

2019 年，七大类购进总额 1805.57 亿元，同比增长 12.19%，增幅比上年上升 8.96 个百分点。其中，直接进口 9.80 亿元，占购进总额的 0.54%，比上年占比下降 1.66 个百分点；从生产者购进 945.01 亿元，占购进总额的 52.34%，比上年占比上升 6.47 个百分点；向批发零售贸易业购进 850.75 亿元，占购进总额的 47.12%，比上年占比下降 4.81 个百分点。期末库存额为 288.48 亿元，比上年增加 14.61%；存货周转天数 48 天，比上年减少 4 天。

4. 行业集中度

2019 年主营业务收入（直报企业）1403.81 亿元，其中主营业务收入超 10 亿元有 24 家，比上年增加 1 家；1 亿元以下 56 家，比上年减少 4 家；前十家企业主营业务收入 909.83 亿元，占比达 64.01%，比上年占比增加 0.35 个百分点；前三十家企业主营业务收入 1187.17 亿元，占比达 83.52%，比上年占比上升 0.11 个百分点。

5. 行业综合实力和盈利水平

2019 年利润总额 61.82 亿元（直报企业），比上年增长 19.25%，增幅比上年上升 5.87 个百分点；其中排名前十家企业占利润总额的 85.42%，比上年占比下降 0.95 个百分点；前三十家企业占利润总额的 97.04%，比上年占比下降 0.72 个百分点。

2019 年销售利润率为 3.57%，比上年增长 0.4 个百分点；三项费用支出 145.97 亿元，比上年增长 20.37%。

全省药品流通行业资产总额（直报企业）为 764.94 亿元，比上年增长 8.47%，比上年增幅下降 0.6 个百分点。其中，固定资产 80.80 亿元，比上年增长 12.14%；流动资产 609.72 亿元，比上年增长 6.69%；所有者权益 291.69 亿元，比上年增长 16.27%。

四、安徽省社会消费品零售业

(一)社会消费品零售业基本情况

2019 年,安徽省社会消费品零售总额 17862.1 亿元,比上年增长 10.6%,高于全国 2.6 个百分点,仅低于江西(11.3%),居全国第二。其中,限额以上消费品零售额 5884.5 亿元,增长 8.2%,高于全国 4.3 个百分点。

表 8　2019 年安徽省分市进出口实绩一览表

地区	进出口总额		出口额			进口额	
	总量(亿美元)	增速(%)	总量(亿美元)	增速(%)	增幅位次	总量(亿美元)	增速(%)
全　省	687.33	9.4	403.99	11.6	—	283.34	6.3
合肥市	268.63	5.6	180.64	12.9	8	87.98	−6.8
芜湖市	72.04	4.8	45.19	2.4	12	26.85	9.0
蚌埠市	15.83	7.2	7.14	0.7	14	8.70	13.1
淮南市	5.98	23.9	5.67	29.7	4	0.31	−31.8
马鞍山市	52.08	16.3	25.39	30.4	3	26.70	5.4
淮北市	8.15	13.4	7.37	11.4	10	0.77	36.9
铜陵市	71.64	16.7	8.60	87.3	1	63.03	11.0
安庆市	16.60	14.7	12.41	16.7	7	4.19	9.1
黄山市	11.58	21.7	9.89	29.1	5	1.69	−8.8
阜阳市	15.72	14.2	13.27	11.6	9	2.45	30.3
亳州市	10.40	24.8	8.40	17.0	6	2.01	72.3
宿州市	9.09	23.2	8.81	36.5	2	0.29	−69.2
滁州市	40.27	29.9	22.49	−2.6	16	17.78	124.8
六安市	8.79	8.1	7.90	9.7	11	0.89	−4.4
宣城市	18.67	0.9	17.42	2.3	13	1.26	−15.6
池州市	8.39	10.2	2.06	−1.1	15	6.33	14.5

随着农村居民收入较快增长、农村消费市场环境持续优化以及新零售渠道在乡村市场扩大布局,乡村消费潜力进一步释放。2019 年,安徽省乡村市场实现消费品零售额 2629.5 亿元,增长 12.2%,高于城镇市场 2 个百分点,领先幅度比上年提高 0.4 个百分点。乡村消费市场活力显现。

2019 年,安徽省餐费收入 1476.9 亿元,增长 11.9%,高于商品零售增速 1.5 个百分点。其中,限上餐费收入 319.6 亿元,增长 13.9%,高于限上商品零售增速 6 个百分点。特别是以老乡鸡、蒸小碗、小菜园为代表、反映大众消费的连锁餐饮增势迅猛,全年增速达 48%,比上年加快 33.3 个百分点。餐饮市场保持较快增长。

受猪肉价格大幅上涨推动食品类零售价格走高影响,全省限上基本生活类商品零售额增长 11.4%,对全省限上消费品零售额增长的贡献达 40.8%,比上年提高 9.3 个百分点。其中,肉禽蛋类由增长 14.3%提高到 17.7%,粮油类由增长 6.8%提高到 8.4%。

2019 年,安徽省文化娱乐体育健康类增长较快,全年限上文化娱乐体育健康类商品零售额同比增长

10.3%，高于限上商品零售增幅2.4个百分点，其中体育娱乐用品类增长21.6%。绿色智能类产品销售火爆，全年限上智能家用电器零售额增长93.4%，新能源汽车增长78.3%，能效等级为1级和2级的家用电器增长26%。部分升级商品销售良好。

随着互联网特别是移动互联网普及率的提高，网购用户规模不断扩大，网上零售等新兴业态继续快速增长。全年限上批发零售企业中有877家开展网络零售业务，比上年增加91家；实现网上商品零售额641.9亿元，增长28.3%，网上零售额占限额以上消费品零售额比重由上年的9%提高至10.9%。

2019年，全省进出口超670亿美元、增长7%以上，增速居全国第四，提前完成"十三五"目标。实际吸收外商直接投资超175亿美元、增长3%以上，实际对外投资13.5亿美元左右，对外承包工程完成营业额33亿美元左右，总量均在全国提升1位，主要指标增幅好于预期、快于全国、位于前列。

表9　2019年安徽省分市进出口实绩一览表

地区	进出口总额		出口额			进口额	
	总量(亿美元)	增速(%)	总量(亿美元)	增速(%)	增幅位次	总量(亿美元)	增速(%)
全　省	687.33	9.4	403.99	11.6	—	283.34	6.3
合肥市	268.63	5.6	180.64	12.9	8	87.98	−6.8
芜湖市	72.04	4.8	45.19	2.4	12	26.85	9.0
蚌埠市	15.83	7.2	7.14	0.7	14	8.70	13.1
淮南市	5.98	23.9	5.67	29.7	4	0.31	−31.8
马鞍山市	52.08	16.3	25.39	30.4	3	26.70	5.4
淮北市	8.15	13.4	7.37	11.4	10	0.77	36.9
铜陵市	71.64	16.7	8.60	87.3	1	63.03	11.0
安庆市	16.60	14.7	12.41	16.7	7	4.19	9.1
黄山市	11.58	21.7	9.89	29.1	5	1.69	−8.8
阜阳市	15.72	14.2	13.27	11.6	9	2.45	30.3
亳州市	10.40	24.8	8.40	17.0	6	2.01	72.3
宿州市	9.09	23.2	8.81	36.5	2	0.29	−69.2
滁州市	40.27	29.9	22.49	−2.6	16	17.78	124.8
六安市	8.79	8.1	7.90	9.7	11	0.89	−4.4
宣城市	18.67	0.9	17.42	2.3	13	1.26	−15.6
池州市	8.39	10.2	2.06	−1.1	15	6.33	14.5

(二) 社会消费品零售业主要特点

1. 电子商务总量居全国第八

2019年，安徽全省农村产品网络销售额536亿元、增长32%，培育农村产品年网络销售额超1000万元农村电商企业140多家、超100万元农村电商品牌180个，认定省级农村电商示范镇82个、示范村325个，新增农村电商经营主题8100多个。

此外，新增中国(肥东)互联网生态产业园为国家电商示范基地，新增1家年销售额过百亿电商企业，1家企业被认定为全国首批线上线下融合发展数字商务企业。全年实现网络零售额2353亿元，总量居全国第八。

2. 跨境电商交易额超10亿美元

同时大力发展跨境电商，2019年出台跨境电商支持政策实施细则，合肥跨境电商综试区成效显现，芜湖国家级综试区获批建设，新认定2家省级产业园，合肥经开区综保区线上综合服务平台开通并稳定运行，全年跨境电商交易额超10亿美元。

3. 新引进4家世界500强企业

在推进重大项目方面，全年新引进4家世界500强，累计已有88家境外世界500强公司在安徽省投资设立164家企业。省内知名企业中国东方教育港股上市，一批外资大项目持续增资。统筹建立利用外资重点项目库，纳入备案项目351个，摸排3000万美元以上重点在谈外资项目60多个。加快推进150个开放发展行动重点项目，全年完成投资301亿元，为年度计划的117%。值得一提的是，全省正积极争创自贸试验区，目前合肥、芜湖经开区在国家级经开区综合考核中居全国前列。

在"一带一路"工作中，出台《参与"一带一路"建设经贸工作方案》。举办安徽"一带一路"投资贸易对接会。对外投资覆盖沿线16个国家，实际对外投资增长51%，占全省总量的21%，占比提升8个百分点。对外承包工程覆盖沿线28个国家，完成营业额增长32.4%，占全省总量的63%，占比提升7个百分点。

第十章　长三角地区利用外资

一、长三角利用外资总体情况

2019年,长三角实际利用外资总额达766.68亿美元,比上年下降2.4%;占全国实际利用外资总额的比重为55.5%,比上年下降2.7个百分点。其中,江苏省仍然是长三角的引资主力,实际利用外资261.24亿美元,比上年增长2.1%;占长三角实际利用外资总额的34.1%,所占比重比上年上升1.5个百分点。浙江省实际利用外资135.59亿美元,比上年下降27.3%;占长三角实际利用外资总额的17.7%,所占比重下降6.0个百分点。上海市实际利用外资190.48亿美元,比上年增长24.8%;占长三角实际利用外资总额的24.8%,所占比重上升2.8个百分点。安徽省实际利用外资179.37亿美元,比上年上升5.5%;占长三角实际利用外资总额的23.4%,所占比重上升1.8个百分点。

表1　2015—2019年长三角实际利用外资情况　（单位:亿美元）

指标	2015年	2016年	2017年	2018年	2019年
上海	184.59	185.14	170.08	173.00	190.48
江苏	242.75	245.43	251.35	255.92	261.24
浙江	169.60	175.77	179.02	186.39	135.59
安徽	136.19	147.67	158.97	170.02	179.37
长三角	733.13	754.02	759.42	785.33	766.68

数据来源:历年上海市、江苏省、浙江省、安徽省统计年鉴

二、上海市利用外资情况

2019年,上海市新设外商直接投资项目6800项,比上年增长21.5%;合同金额502.53亿美元,同比增长7.1%;全年外商直接投资实际到位金额190.48亿美元,同比增长10.1%。全年制造业外商直接投资实际到位金额17.12亿美元,下降2.0%,占全市实际利用外资的比重为9.0%;第三产业外商直接投资实际到位金额172.86亿美元,增长11.6%,占比为90.7%。"一带一路"沿线国家在沪投资合同金额占全市比重达8.2%。至年末,在上海投资的国家和地区达188个,在上海落户的跨国公司地区总部累计达720家。其中,亚太区总部116家;外资研发中心461家。年内新增跨国公司地区总部50家。其中,亚太区总部28家;外资研发中心20家。

表2　2015—2019年上海市按外商投资方式吸收外资情况

指标	2015年	2016年	2017年	2018年	2019年
签订合同项目(个)	6007	5153	3950	5597	6800
合资经营	1 391	989	847	1014	1241
合作经营	6	6	7	5	3
独资经营	4600	4 148	3084	4566	5538
签订合同金额(亿美元)	589.43	509.78	401.94	469.37	502.53
合资经营	101.76	68.73	63.67	91.87	75.18

续表

指标	2015年	2016年	2017年	2018年	2019年
合作经营	2.71	3.41	−2.04	−2.51	0.65
独资经营	457.41	425.27	333.28	377.19	415.78
实际吸收外资金额(亿美元)	184.59	185.14	170.08	173.00	190.48
合资经营	39.27	29.48	29.65	33.85	36.02
合作经营	5.37	0.28	1.58	0.10	0.20
独资经营	138.34	152.32	129.77	131.11	140.84

数据来源:历年上海市统计年鉴

表3　2015—2019年上海市按外商分产业投资情况

指标	2015年	2016年	2017年	2018年	2019年
签订合同项目(个)	6007	5153	3950	5597	6800
第一产业	4	0	3	8	8
第二产业	89	95	99	167	188
第三产业	5914	5058	3848	5422	6604
合同外商直接投资金额(亿美元)	589.43	509.78	401.94	469.37	502.53
第一产业	0.61	−0.07	0.42	0.39	0.09
第二产业	19.59	36.13	17.56	75.22	23.05
第三产业	545.00	473.72	383.96	393.76	479.39
实际外商直接投资金额(亿美元)	184.59	185.14	170.08	173.00	190.48
第一产业	0.21	0.25	0.06	0.14	0.18
第二产业	25.00	21.54	8.49	18.31	17.44
第三产业	159.38	163.35	161.53	154.55	172.86

数据来源:历年上海市统计年鉴

三、江苏省利用外资情况

2019年,江苏省吸引外资规模继续保持全国领先。新批外商投资企业3410家,比上年增长1.9%;新批协议注册外资626.03亿美元,比上年增长3.4%;实际使用外资261.24亿美元,比上年增长2.1%。新批及净增资9000万美元以上的外商投资项目377个,比上年增长6.8%。

表4　2015—2019年江苏省外商投资情况

指标	2015年	2016年	2017年	2018年	2019年
签订合同项目(个)	2580	2859	3254	3348	3410
合资经营	606	776	1128	1157	1215
合作经营	3	15	15	10	4
独资经营	1963	2062	2094	2162	2175
外商投资股份制企业	8	6	14	12	7

续表

指标	2015年	2016年	2017年	2018年	2019年
合同外商直接投资金额(万美元)	3936089	4313941	5542587	6052216	6260268
合资经营	610010	851874	1383933	1472813	1297774
合作经营	19050	95114	24854	48806	－1087
独资经营	3222822	3315933	4086719	4470612	4914544
外商投资股份制企业	84207	51020	47081	53648	46498
实际外商直接投资金额(万美元)	2427469	2454296	2513541	2559248	2612425
合资经营	460420	545032	791142	759623	723585
合作经营	14383	22837	13448	28181	9470
独资经营	1856173	1825448	1659310	1752963	1827388
外商投资股份制企业	96493	60979	49641	16619	49793

数据来源:历年江苏省统计年鉴

2019年,江苏省各市利用外资情况:

南京市吸收外商直接投资新设立企业557家,比上年增长26.9%。新增合同利用外资85.21亿美元。经商务部确认实际到账外资41.01亿美元、增长6.4%。第二产业使用外资17.29亿美元,其中制造业使用外资16.55亿美元、增长47.3%;第三产业使用外资23.72亿美元,其中科研技术服务增长9.8倍。

无锡市新设外资项目282个,新增协议注册外资53.5亿美元,比上年下降48.9%。实际使用外资36.2亿美元,比上年下降2.6%。战略性新兴产业实际使用外资占实际使用外资比重为77%。全年完成协议注册外资超3000万美元的重大外资项目50个。至2019年底,世界500强企业中有103家在无锡市投资兴办201家外资企业。

徐州市实际使用外资20.9亿美元,比上年增长10.1%。新批外商投资企业212个、新批协议外资54.16亿美元;新批及净增资3000万美元以上的项目104个,其中1亿美元以上的项目15个。期末,实有"三资"企业数857个,比上年增长10.9%。

常州市全年实际使用外资26.3亿美元,增长0.6%。全年新增总投资超亿美元项目41个、总投资超5亿美元项目8个,新增4个世界500强投资项目,新增省级跨国公司地区总部和功能性机构3家。十大产业链制造业项目新增协议外资额、实际利用外资额分别占全市制造业的84.7%、80.3%。

苏州市新设外商投资项目994个,新增注册外资113.4亿美元,比上年增长5.3%。实际使用外资46.2亿美元,比上年增长2.0%,其中战略性新兴产业实际使用外资占比达59.4%,较上年提升15.2个百分点;服务业实际利用外资占比达44.2%,较上年提升0.5个百分点。

南通市新批外商投资项目267个,下降9.18%,其中3000万美元以上项目120个,下降14.3%;新批协议注册外资74.3亿美元,增长6%;实际到账注册外资26.7亿美元,增长3.2%。

扬州市实际到账外资13.87亿美元,同比增长13.7%。新批外资项目155个,同比增长14.8%;新增协议外资35.09亿美元,同比增长39.6%。从行业分,服务业实际利用外资8.8亿美元,同比增长40.1%,占全市实际利用外资的63.4%;制造业实际利用外资5.07亿美元,同比下降13.9%,占全市实际利用外资的36.5%。以先进制造业为主的十大战略性新兴产业实际利用外资7.99亿美元,同比增长89.2%,占全市实际利用外资的57.6%,占比与去年同期提升23.0个百分点。

表 5　2015—2019 年江苏省各市实际利用外资情况　(单位:亿美元)

指标	2015 年	2016 年	2017 年	2018 年	2019 年
南京市	33.35	34.79	36.73	38.53	41.01
无锡市	32.02	34.13	36.65	36.91	36.20
徐州市	14.28	15.06	16.60	18.98	20.90
常州市	17.21	25.00	22.16	24.22	26.28
苏州市	60.00	60.03	44.83	45.25	46.15
南通市	23.16	23.87	24.23	25.81	26.65
连云港市	8.01	5.50	6.78	6.03	6.14
淮安市	12.14	11.61	11.78	11.82	10.49
盐城市	7.95	7.07	7.89	9.13	9.20
扬州市	8.48	12.04	10.87	12.20	13.88
镇江市	13.05	13.51	13.53	8.68	6.60
泰州市	10.66	13.44	16.18	15.07	14.86
宿迁市	2.98	4.50	3.64	3.77	4.46

数据来源:历年江苏省统计年鉴

四、浙江省利用外资情况

2019 年,浙江省新批外商直接投资项目 3580 个,比上年增加 51 个;合同外资 436.49 亿美元,比上年增长 1.4%;实际到位外资 135.59 亿美元,比上年下降 27.3%。第三产业合同利用外资 328.01 亿美元,比上年增长 6.6%;占合同外资总额的 75.1%,比上年上升 3.6 个百分点。第三产业实际利用外资 88.60 亿美元,比上年下降 26.2%;占实际利用外资总额的 65.3%,比上年上升 0.9 个百分点。第二产业合同利用外资 107.86 亿美元,实际利用外资 46.81 亿美元,分别比上年下降 11.7%和 29.3%。其中,制造业实际利用外资 43.71 亿美元,比上年下降 26.8%,占实际利用外资总额的 32.2%,所占比重比上年下降 3.3 个百分点。

表 6　2015—2019 年浙江省外商投资况状况

指标	2015 年	2016 年	2017 年	2018 年	2019 年
签订合同项目(个)	1778	2145	3030	3529	3580
第一产业	13	26	23	14	14
第二产业	399	401	569	575	564
第三产业	1366	1718	2438	2940	3002
合同外商直接投资金额(万美元)	2782198	2808140	3468697	4305661	4364885
第一产业	10657	41703	74577	6608	6202
第二产业	1025283	963426	1005653	1221338	1078626
第三产业	1745932	1803011	2388467	3077715	3280057
实际外商直接投资金额(万美元)	1696024	1757748	1790210	1863874	1355920
第一产业	9002	12886	8114	2212	1891
第二产业	719328	715602	614032	661864	468051
第三产业	967694	1029260	1168064	1199798	885978

数据来源:历年浙江省统计年鉴

2019 年，浙江省各市利用外资情况：

杭州市全年新引进外商投资企业 736 家，其中总投资 3000 万美元以上企业 118 家。实际利用外资 69.4 亿美元，增长 1.7%，其中第二产业 11.5 亿美元，下降 7.8%；第三产业 57.9 亿美元，增长 3.8%。至年末，126 家世界 500 强企业来杭州投资 219 个项目。

宁波市累计批准外商投资项目数 737 个，比上年增加 114 个；合同利用外资 77.4 亿美元，增长 48.1%；实际利用外资 23.6 亿美元，增长 19.7%，累计实际利用外资达 574.5 亿美元。第二产业新批项目 135 个，实际利用外资 12.1 亿美元，增长 48.9%。至年末，全市共有 63 家世界 500 强企业投资 141 个项目。

嘉兴市新批外商投资项目 339 个；合同利用外资 72.59 亿美元，比上年增长 13.7%；实际利用外资 41.25 亿美元，增长 31.4%(省口径)。全市制造业实际利用外资 21.72 亿美元，增长 19.6%，占全市实际利用外资总额的 52.7%；服务业实际利用外资 19.34 亿美元，增长 47.4%，占全市实际利用外资总额的 46.9%；高技术产业实际利用外资 13.59 亿美元，增长 205.6%，占全市实际利用外资总额的 32.9%。

湖州市新批准及增减资利用外资项目 295 个。其中，外商投资企业 191 家，增资项目 67 个；总投资千万美元以上项目 134 个。全年合同外资 48.3 亿美元，比上年增长 42.1%。全年实到外资 19.0 亿美元。其中，第一产业 0.1 亿美元，增长 112.3%；第二产业 7.7 亿美元，增长 12.1%；第三产业 11.2 亿美元，增长 92.8%。

表 7　2015—2019 年浙江省各市实际利用外资情况　（单位：万美元）

指标	2015 年	2016 年	2017 年	2018 年	2019 年
浙东北	1599187	1642667	1637952	1732701	1567413
杭州市	711253	720915	661001	682658	612818
宁波市	423375	451333	402995	432017	236341
嘉兴市	268427	269240	299452	313980	412541
湖州市	94188	100131	105320	127143	189881
绍兴市	94152	80031	128666	135141	65739
舟山市	7792	21017	40518	41762	50093
浙西南	97081	120581	152259	131176	179629
温州市	30123	24330	35822	52307	75842
金华市	27431	34329	43044	31854	21657
衢州市	6006	6109	7396	7431	7779
台州市	11635	33683	44332	28893	62272
丽水市	21886	22130	21665	10691	12079

数据来源：历年浙江省统计年鉴

五、安徽省利用外资情况

2019 年，安徽省新批外商投资项目 348 个，比上年减少 31 个。合同利用外资 235.98 亿美元，比上年增长 2.88 倍；实际利用外商直接投资 179.37 亿美元，同比增长 5.5%。到 2019 年末，来安徽省投资的境外世界 500 强企业增加到 88 家，其中当年新引进 4 家。

表8 2015—2019年安徽省外商投资状况

指标	2015年	2016年	2017年	2018年	2019年
新批项目(个)	289	267	338	379	348
合资经营	131	129	166	193	164
合作经营	5	2	2	1	1
独资经营	151	134	165	180	181
外商投资股份制	2	2	5	5	2
合同外资额(万美元)	393800	411413	905549	607542	2359777
合资经营	165755	122632	594278	157801	838917
合作经营	10827	5986	700	17184	—1406
独资经营	215805	285241	287915	425962	1498477
外商投资股份制	1414	—2446	22655	6595	18555
实际利用外商直接投资额(万美元)	1361945	1476712	1589652	1700160	1793674
合资经营	433218	492113	509571	529434	587620
合作经营	7181	5169	7074	18489	14231
独资经营	864674	970700	1019302	1076193	1145727
外商投资股份制	56871	8730	53404	76044	46096

数据来源:历年安徽省统计年鉴

2019年,安徽省各市利用外资情况:

合肥市全年新备案外商投资企业123户。实际利用外商直接投资33.92亿美元,比上年增长5.0%;其中服务业投资21.8亿美元,增长12.4%。年末,境外世界500强企业共48家,在合肥投资设立66家外资企业,新增2家。

淮北市新批外商投资企业12家,实际利用外商直接投资28781万美元,增长12%。全年引进并开工规模以上项目219个,其中5000万元—1亿元项目71个,1亿元—3亿元项目64个,3亿元—5亿元项目13个,5亿元以上项目29个。

亳州市新批外商投资企业4家;实际利用外商直接投资9.6亿美元,比上年增长7.0%。组织参加2019世界制造业大会等重大活动,举办亳州市举办投资环境说明会,签约项目35个,总投资达408.6亿元。

宿州市引进外资项目7个;合同利用外资0.62亿美元,下降64.4%;外商直接投资9.82亿美元,增长7.0%。

阜阳市全年实际利用外商直接投资4.5亿美元,比上年增长10.0%。外贸队伍持续壮大,新增备案企业196家,新增实绩企业98家。进出口超1000万美元的实绩企业40家,占全部实绩企业数的9.2%,实现进出口额8.5亿美元。

淮南市新批外商投资企业7家,比上年下降46.2%;实际吸收外商直接投资31120万美元,增长9.1%。

六安市利用外商直接投资54870万美元,同比增长9.1%,完成全年目标数的101.9%;新批外资项目21个,同比增长61.5%,合同外资29547.9万美元(其中增资6232.5万美元),同比增长68.4%。

马鞍山市全年实现实际利用外商直接投资26.59亿美元,比上年增长7.0%。

宣城市新批外商投资企业19家,合同外资0.96亿美元;实际使用外资金12亿美元,比上年增长7.0%。

蚌埠市全年实现外商直接投资 14.0 亿美元,增长 0.1%。

安庆市全年利用实际外资 31000 万美元,增长 21.6%;新增项目 17 个,合同外资 20865 万美元。

黄山市全年新批外商投资项目 11 个,实际利用外商直接投资 2.14 亿美元,增长 7.0%。

表 9　2015—2019 年安徽省各市利用外资情况　　（单位:万美元）

指标	2015 年	2016 年	2017 年	2018 年	2019 年
合肥市	250678	280843	302037	323000	339150
淮北市	59979	64780	66695	25697	28781
亳州市	65656	72279	78064	90108	96416
宿州市	67623	73033	78510	91805	98231
蚌埠市	139197	150383	160963	139845	140000
阜阳市	18463	20309	21934	41213	45335
淮南市	20797	22298	23859	28525	31120
滁州市	105886	114366	122355	139230	148985
六安市	38720	37209	43786	50306	54870
马鞍山市	194002	209531	227642	248490	265883
芜湖市	230062	251145	268730	291642	292000
宣城市	79606	85975	92386	112397	120265
铜陵市	22324	24303	27025	32806	40000
池州市	34703	36132	39006	39588	40223
安庆市	18253	18074	19339	25494	31000
黄山市	15996	16052	17321	20014	21415

数据来源:历年安徽省统计年鉴

第十一章　长三角地区对外经济

一、长三角对外经济总体情况

2019年,长三角对外承包工程及对外劳务合作完成营业额283.52亿美元,比上年上升7.2%;占全国总量的16.4%,比上年上升0.8个百分点。其中,上海市对外承包工程及对外劳务合作完成营业额94.01亿美元,比上年上升24.7%;占长三角总量的33.2%,所占比重上升4.6个百分点。江苏省对外承包工程及对外劳务合作完成营业额77.84亿美元,比上年下降6.5%;占长三角总量的27.5%,所占比重下降4.0个百分点。浙江省对外承包工程及对外劳务合作完成营业额78.22亿美元,比上年增长3.5%;占长三角总量的27.6%,所占比重下降1.0个百分点。安徽省对外承包工程及对外劳务合作完成营业额33.45亿美元,比上年上升11.8%;占长三角总量的11.7%,所占比重上升0.4个百分点。

表1　2015—2019年长三角地区对外承包工程与劳务合作完成营业额　(单位:亿美元)

指标	2015年	2016年	2017年	2018年	2019年
上海	74.55	66.56	99.30	75.41	94.01
江苏	95.07	91.11	95.29	83.27	77.84
浙江省	61.87	68.33	72.84	75.60	78.22
安徽	26.93	30.94	34.54	30.14	33.45
长三角	258.42	256.94	301.98	264.42	283.52

数据来源:历年上海、江苏、浙江、安徽统计年鉴

2019年,长三角对外投资额为362.09亿美元,比上年下降21.6%;占全国对外直接投资额的26.4%,所占比重比上年下降5.9个百分点。其中,上海市中方对外投资额为139.94亿美元,比上年下降17.1%;占长三角投资总量的38.6%,所占比重上升2.1个百分点。江苏省中方对外投资额为89.45亿美元,比上年下降5.7%;占长三角投资总量的24.7%,所占比重上升4.2个百分点。浙江省中方对外投资额为119.09亿美元,比上年下降35.2%;占长三角投资总量的32.9%,所占比重下降6.9个百分点。安徽省中方对外投资额为13.61亿美元,比上年下降6.1%;占长三角投资总量的3.8%,所占比重上升0.7个百分点。

表2　2015—2019年长三角地区中方对外投资额　(单位:亿美元)

指标	2015年	2016年	2017年	2018年	2019年
上海	573.25	366.50	110.83	168.72	139.94
江苏	103.05	142.24	92.71	94.84	89.45
浙江省	53.97	168.94	96.42	183.81	119.09
安徽	9.68	11.44	9.27	14.50	13.61
长三角	739.95	689.11	309.23	461.87	362.09

数据来源:历年上海、江苏、浙江、安徽统计年鉴

二、上海市对外经济总体情况

2019年，上海市备案和核准对外直接投资项目845项，比上年增长6.7%；对外直接投资中方投资额139.94亿美元，下降17.1%。签订对外承包工程合同金额125.44亿美元，增长5.4%；实际完成营业额94.01亿美元，增长24.7%；派出人员9226人次，增长5.3%。对外劳务合作派出人员19843人次，增长102.3%。

表3　2015—2019年上海市对外经济合作情况

指标	2015年	2016年	2017年	2018年	2019年
对外承包工程	—	—	—	—	—
签订合同金额(亿美元)	111.00	118.45	108.50	118.97	125.44
实际营业额(亿美元)	74.55	66.56	99.30	75.41	94.01
派出人员(人次)	5866	6497	13902	8764	9226
对外劳务合作	—	—	—	—	—
派出人员(人次)	14369	15290	18935	9808	19843

数据来源：历年上海市统计年鉴

表4　2015—2019年上海市对外直接投资情况

指标	2015年	2016年	2017年	2018年	2019年
企业数(个)	1338	1425	608	792	845
投资额(亿美元)	398.87	366.50	110.83	168.72	139.94

数据来源：历年上海市统计年鉴

三、江苏省对外经济总体情况

2019年，江苏省新批境外投资项目827个，比上年增加41个；中方协议投资89.45亿美元，同比下降5.7%。新签对外承包工程合同额68.04亿美元，比上年增长3.2%；实际完成营业额77.84亿美元，比上年减少6.5%；年末在外人数34053人，比上年减少3731人。新签劳务人员合同工资总额3.98亿美元，比上年下降26.6%；劳务人员实际收入总额8.69亿美元，同比增长9.1%；年末在外人数64860人，比上年减少4895人。协议投资由第三产业向第二产业倾斜，2019年江苏省对外第二产业协议投资51.11亿美元，比上年增长9.6%，占协议投资的比重为57.1%，比上年上升8.0个百分点。

表5　2015—2019年江苏省对外经济合作情况

指标		合同数(份)	合同金额(万美元)	实际额(万美元)	年末在外人数(人)
对外承包工程	2015年	875	779596	876128	37907
	2016年	1543	728708	911122	32403
	2017年	548	1082087	952857	31944
	2018年	645	659004	832664	37784
	2019年	1737	680364	778352	34053

续表

指标		合同数(份)	合同金额(万美元)	实际额(万美元)	年末在外人数(人)
对外劳务合作（工资额）	2015 年		51941	74550	63911
	2016 年		45319	69634	55371
	2017 年		44034	72179	59506
	2018 年		54217	79653	69755
	2019 年		39769	86889	64860

数据来源:历年江苏省统计年鉴

表 6　2015—2019 年江苏省境外投资情况

指标	2015 年	2016 年	2017 年	2018 年	2019 年
新批项目数(个)	880	1067	631	786	827
按项目类型	—	—	—	—	—
企业	851	1049	584	735	750
子公司	806	990	570	723	722
独资子公司	621	759	429	546	542
合资子公司	184	231	141	177	180
联营公司	45	59	14	12	28
机构	29	18	47	51	77
按主体类型	—	—	—	—	—
国有及国有控股企业	52	95	83	72	58
集体企业	3	6	6	6	3
民营企业	693	814	432	587	671
外资企业	132	152	110	121	95
按业务类型	—	—	—	—	—
参股并购类项目	170	220	137	156	134
风险投资类项目	7	2	1	1	3
贸易型项目	315	286	213	233	221
非贸易型项目	565	781	418	553	606
境外加工贸易项目	65	76	44	53	47
境外资源开发项目	18	7	2	1	1
中方协议金额(万美元)	1030460	1422365	927073	948424	894503
按项目类型	—	—	—	—	—
企业	1030123	1422194	904664	936117	873815
子公司	996893	1373375	885165	908721	843796
独资子公司	798599	1137147	689252	697944	653206
合资子公司	198294	236228	195913	210777	190590

续表

指标	2015年	2016年	2017年	2018年	2019年
联营公司	33230	48820	19499	27395	30020
机构	337	171	22409	12307	20688
按主体类型	—	—	—	—	—
国有及国有控股企业	59895	180317	138680	86905	47627
集体企业	38164	4641	27705	4673	12858
民营企业	795137	999928	631619	766479	762359
外资企业	137264	237479	129070	90366	71659
按业务类型	—	—	—	—	—
参股并购类项目	199902	306426	493901	399939	271062
风险投资类项目	7753	897	2655	500	2310
贸易型项目	225716	242426	106254	187761	185328
非贸易型项目	804744	1179940	820819	760663	709175
境外加工贸易项目	112433	150458	157283	152956	85751
境外资源开发项目	73734	30808	10000	—527	2000

数据来源:历年江苏省统计年鉴

2019年,江苏省各市对外经济情况:

南京市新增境外投资项目127个,中方协议投资额14.57亿美元。新签对外承包工程合同额31.60亿美元、增长15.3%,完成营业额34.50亿美元,其中在“一带一路”沿线国家完成营业额18.2亿美元,占全市总量的52.8%。全年服务外包执行额173.30亿美元。

无锡市备案投资项目116个,中方协议投资额达到14.5亿美元,比上年下降5.0%,其中1000万美元以上项目20个。服务外包产业接包合同总额129.68亿美元,比上年下降8.8%,执行金额107.41亿美元,比上年下降4.2%;离岸合同总额88.46亿美元,比上年下降14.4%,离岸执行金额74.21亿美元,比上年下降8.5%。

徐州市新签对外承包工程合同额、新签对外承包工程完成营业额分别为1.8亿美元和1.9亿美元;新批境外投资项目28个,比上年增加7个,境外投资中方协议投资额2.04亿美元,比上年增长1.8%。

常州市全年新增境外投资项目85个,中方协议投资额8.5亿美元。国际产能和装备制造合作项目46个,中方协议投资额7.3亿美元。“一带一路”投资项目29个,累计中方投资2.8亿美元,增长187.9%。

苏州市新批境外投资项目中方协议投资额30.15亿美元,比上年增长12.4%。实现海外高科技并购资金7.1亿美元,占中方境外投资额的比重提升至23.5%。新增11家境外研发中心,年末达93家。全年对“一带一路”沿线国家和地区新增投资项目79个,中方协议投资9.96亿美元。

南通市新批境外投资项目58家,中方协议投资9.4亿美元。新签对外承包劳务合同额17.1亿美元,下降1.1%;完成对外承包劳务营业额17.6亿美元,下降0.8%;新派劳务人员8050人次,下降9.7%;年末在外劳务人员1.9万人,下降18.0%。

扬州市对外投资总额5.35亿美元,其中对外承包工程企业完成营业额3.66亿美元,占全市比重为68.4%。新批境外投资项目39个,中方协议投资1.36亿美元,同比增长83%。“一带一路”沿线国家投资项目16个,中方协议投资6830万美元,占全市对外投资总量的50.1%。

镇江市全年累计批准252家企业在65个国家和地区,投资332个境外项目,中方协议投资15.56亿美元。全年新批及增资境外投资项目28个,与上年持平;中方协议投资1.56亿美元,增长12.5%;新签订对外承包工程合同额1.25亿美元,增长133.8%;完成营业额3.74亿美元,下降12.9%。

四、浙江省对外经济总体情况

2019年,浙江省经审批和核准的境外投资企业和机构共计763家,比上年增加26家。境外直接投资备案额为830.8亿元,同比下降34.1%。国外经济合作完成营业额545.7亿元,比上年增长5.2%。其中,对外承包工程完成营业额464.6亿元,同比下降2.7%;新签合同额363.5亿元,同比增长33.1%;共派出各类劳务人员17602人次,外派劳务人员实际收入13.7亿元。

表7 2015—2019年浙江省对外经济合作情况

项目	2015年	2016年	2017年	2018年	2019年
新签对外承包工程和劳务合作合同额(万美元)	587412	553693	516116	411499	538543
对外承包工程和劳务合作营业额(万美元)	618719	683295	728427	756048	782190
对外承包工程和劳务合作在年底在外人数(人)	32234	33921	27873	33594	32582
新批境外投资企业数(个)	760	803	527	737	763
境外企业中方投资额(万美元)	539701	1689363	964207	1838091	1190853

数据来源:历年浙江省统计年鉴

2019年,浙江省各市对外经济情况:

杭州市设立各类境外投资企业(机构)2237个,增长11.4%。对外承包工程和劳务合作营业额27.4亿美元,增长6.0%。离岸服务外包合同执行额71.9亿美元,增长3.9%。

宁波市全年新批境外投资企业和机构206家,增长19.8%;备案中方投资17.0亿美元,下降58.9%。全年完成境外承包工程劳务合作营业额17.5亿美元,增长4.0%。

温州市全年境外投资中方投资总额达7.5亿美元,新批境外投资项目38个,其中"一带一路"沿线国家投资6.9亿美元,占全部境外投资比重为92.2%。在"一带一路"沿线建成俄罗斯、越南、乌兹别克斯坦3个国家级境外经贸合作区,塞尔维亚、乌兹别克斯坦2个省级境外经贸合作区。

金华市全年新批核准境外投资项目39个,境外投资总额为26.66亿美元,其中中方投资11.64亿美元,增长606.3%。在"一带一路"沿线国家地区中方投资10.98亿美元,占全市总额的94.9%。全市完成对外承包工程劳务合作营业额3.76亿美元。全年设立境外营销网络项目37个,中方投资11.17亿美元。

台州市新批境外投资企业42家,中方投资3.46亿美元。全市累计境外投资项目702个,中方累计投资38.6亿美元。

五、安徽省对外经济总体情况

2019年,安徽省新批境外企业(机构)87个,比上年减少12个;协议对外投资12.69亿美元,比上年下降5.3%;实际对外投资13.61亿美元,同比下降6.1%,其中对"一带一路"沿线国家和地区投资2.70亿美元,同比增长45.3%。对外承包工程新签合同金额21.37亿美元,比上年下降57.7%;完成营业额33.45亿美元,同比增长11.0%;当年外派劳务人员10182人,比上年增加643人;年末在外人数为15790人,比上年减少3885人。

表 8 2015—2019 年安徽省对外经济合作情况

项目	2015 年	2016 年	2017 年	2018 年	2019 年
新签对外承包工程和劳务合作合同额(万美元)	307024	307609	525243	505342	213692
对外承包工程和劳务合作营业额(万美元)	269258	309408	345443	301379	334509
对外承包工程和劳务合作在年底在外人数(人)	23691	19197	20027	19675	15790
新批境外投资企业数(个)	133	121	75	99	87
协议对外投资额(万美元)	318197	382275	106033	134079	126913
境外企业中方实际投资额(万美元)	96846	114369	92712	145014	136136

数据来源:历年安徽省统计年鉴

2019 年,安徽省主要城市对外经济情况:

宣城市新增境外投资企业新增境外投资企业 3 家,实际对外投资 0.74 亿美元。

亳州市积极推动企业“走出去”,开展对外合作,实现对外直接投资 100 万美元。

安庆市当年外派劳务人员 120 人,下降 13.0%。

淮南市全年对外工程承包新签合同额 89 万美元,比上年下降 99.7%;完成营业额 57 万美元,下降 99.9%。当年外派劳务人员 3500 人,增长 5.6%。

第十二章　长三角地区对外贸易

一、长三角对外贸易总体情况

2019年,长三角(统计对象不含安徽省,下同)对外贸易进出口总值达108264.70亿元,比上年增长1.8%;占全国外贸的比重为34.3%,比上年下降0.6个百分点。其中,出口额64005.86亿元,比上年增长4.1%;占全国出口的比重为37.1%,同比下降0.4个百分点。

2019年,上海市对外贸易进出口总额占长三角进出口总额的比重为31.4%,比上年下降0.6个百分点;出口额占长三角出口总额的比重为21.4%,同比下降0.8个百分点。江苏省对外贸易进出口总额占长三角进出口总额的比重为40.1%,比上年下降1.1个百分点;出口额占长三角出口总额的比重为42.5%,同比下降0.8个百分点。浙江省对外贸易进出口总额占长三角进出口总额的比重为28.5%,比上年上升1.7个百分点;出口额占长三角出口总额的比重为36.1%,同比上升1.7个百分点。

表1　2015—2019年长三角地区对外贸易情况

指标	2015年		2016年		2017年		2018年		2019年	
	进出口额(亿元)	出口额(亿美元)	进出口额(亿元)	出口额(亿美元)	进出口额(亿元)	出口额(亿美元)	进出口额(亿元)	出口额(亿美元)	进出口额(亿元)	出口额(亿美元)
上海市	4517.33	1969.69	28664.37	12105.45	32237.82	13120.31	34009.93	13666.85	34046.82	13720.91
江苏省	5456.14	3386.68	33634.80	21063.20	38031.24	23487.27	43802.37	26657.68	43379.73	27208.63
浙江省	3467.84	2763.32	22202.08	17666.48	25605.32	19439.76	28511.56	21174.50	30838.15	23076.32
安徽省	488.08	331.14	2933.80	1882.50	3631.60	2065.20	—	—	—	—
长三角	13929.39	8450.83	87435.05	52717.63	99505.98	58112.54	106323.90	61499.03	108264.70	64005.86

注:2016年后(含)货币统计单位为人民币

数据来源:历年上海市、江苏省、浙江省、安徽省统计年鉴

二、上海市对外贸易情况

2019年,上海口岸货物进出口总额84267.90亿元,比上年下降1.2%,继续位居世界城市首位。其中,进口35453.00亿元,下降2.6%;出口48814.90亿元,下降0.2%。全年上海关区货物进出口总额63457.78亿元,比上年下降0.9%。其中,进口26221.24亿元,下降2.8%;出口37236.54亿元,增长0.4%。

2019年,上海市完成货物进出口总额34046.82亿元,比上年增长0.1%。其中,进口20325.91亿元,下降0.1%;出口13720.91亿元,增长0.4%。高新技术产品出口占全市的比重为41.2%。按市场分,对欧盟进口4905.14亿元、增长5.8%,出口2370.55亿元、下降2.6%;对美国进口1735.37亿元、下降10.3%,出口2793.71亿元、下降10.9%;对东盟进口2893.38亿元、增长14.5%,出口1808.00亿元、增长6.7%;对日本进口2351.38亿元、下降1.1%;出口1357.95亿元、下降4.2%。与"一带一路"沿线国家和重要节点城市货物贸易额占全市的比重达22.4%。

按企业性质分,2019年,上海市国有企业出口227.05亿美元,比上年下降2.5%;外商投资企业出口1236.72亿美元,下降8.0%。按产品分类,高新技术产品出口818.12亿美元,比上年下降5.9%;机电产品出口1375.49亿美元,下降4.3%。按贸易方式分,一般贸易出口928.15亿美元,比上年下降3.4%;加工贸易出口695.24亿美元,下降12.4%。

表2 2015—2019年上海市出口情况 (单位:亿美元)

指标	2015年	2016年	2017年	2018年	2019年
出口总额	1969.69	1834.67	1936.81	2071.70	1989.39
按企业性质分	—	—	—	—	—
国有企业	254.26	224.49	228.10	232.76	227.05
外商投资企业	1320.55	1236.16	1292.95	1344.15	1236.72
按贸易方式分	—	—	—	—	—
一般贸易	838.98	797.25	852.48	961.03	928.15
加工贸易	842.59	734.31	791.46	794.10	695.24
按产品类别分	—	—	—	—	—
机电产品	1380.30	1289.16	1371.58	1436.83	1375.49
高新技术产品	861.55	790.60	841.70	869.59	818.12

数据来源:历年上海市统计年鉴

2019年,上海市对香港特别行政区、台湾省分别出口204.73亿美元、101.39亿美元,比上年分别增长2.3%和31.5%。对美国、日本和俄罗斯分别出口404.95亿美元、197.08亿美元和27.17亿美元,分别下降14.8% 、8.4%和4.3%。对韩国出口70.52亿美元,比上年增长2.5%。

表3 2015—2019年上海市对主要国家和地区出口情况 (单位:亿美元)

指标	2015年	2016年	2017年	2018年	2019年
中国香港	193.43	181.40	179.64	200.12	204.73
中国台湾	61.23	64.41	69.24	77.08	101.39
日　本	213.22	192.07	193.49	215.09	197.08
韩　国	84.80	73.45	63.41	68.78	70.52
俄罗斯	17.08	16.47	23.98	28.40	27.17
美　国	455.79	449.16	464.57	475.10	404.95

数据来源: 历年上海市统计年鉴

三、江苏省对外贸易情况

2019年,江苏省外贸完成进出口总额43379.73亿元,比上年下降1.0%。其中,出口27208.63亿元,比上年增长2.1%;进口16171.10亿元,同比下降5.7%。从贸易方式看,一般贸易进出口总额22393.60亿元,增长4.9%;占进出口总额的比重达51.6%,超过加工贸易14.0个百分点。从出口主体看,国有企业、外资企业、私营企业出口额分别下降22.0%、增长0.4%、增长13.7%。从出口产品看,机电、高新技术产品出口额分别增长1.9%、下降1.8%。对"一带一路"沿线国家出口保持较快增长,出口额7284.20亿元,增长12.8%;占全省出口总额的比重为26.8%,对全省出口增长的贡献率为147.3%。

对俄罗斯出口额为51.50亿美元,比上年增长5.1%;对美国、日本、韩国出口额分别为788.61亿美元、294.90亿美元和259.69亿美元,分别增长-15.2%、-0.3%和15.7%;对香港特别行政区、台湾省出口额分别为266.05亿美元、117.73亿美元,分别增长-27.2%和2.2%;对欧盟、东盟、非洲、拉丁美洲出口额分别为766.54亿美元、511.39亿美元、112.68亿美元和226.86亿美元,分别增长1.8%、12.5%、13.4%和5.3%。

表 4　2016—2019 年江苏省进出口商品主要国家和地区

指标	2016 年		2017 年		2018 年		2019 年	
	进出口额（亿元）	出口额（亿美元）	进出口额（亿元）	出口额（亿美元）	进出口额（亿元）	出口额（亿美元）	进出口额（亿元）	出口额（亿美元）
中国香港	278.99	272.69	311.25	304.77	368.76	365.41	268.86	266.05
中国台湾	375.68	99.84	400.59	104.47	442.32	115.17	412.00	117.73
韩国	542.12	166.86	641.67	184.46	787.62	224.46	688.26	259.69
日本	500.67	259.80	560.89	273.01	599.08	295.73	590.36	294.90
俄罗斯	46.71	38.62	53.53	43.18	59.42	48.99	67.52	51.50
美国	840.07	717.29	1007.19	855.85	1075.40	929.91	907.43	788.61
东盟	586.74	351.06	681.60	391.39	783.34	454.60	840.73	511.39
欧盟	821.08	594.80	966.15	687.25	1062.53	753.32	1061.72	766.54
非洲	92.65	77.06	107.14	86.47	132.05	99.33	142.52	112.68
拉丁美洲	263.86	169.04	299.92	190.87	349.27	215.34	358.45	226.86

数据来源：历年江苏省统计年鉴

2019 年，江苏省各市对外贸易情况：

南京市实现进出口总额 4828.15 亿元，比上年增长 11.8%。其中，出口总额 3006.85 亿元、增长 20.2%，进口总额 1821.30 亿元、增长 0.3%。从市场结构看，全市对欧盟、美国、日本、韩国、东盟等传统市场进出口增长 7.2%，占全市的 65.2%，其中对美国进出口增长 10.3%；对拉美、非洲、中东等新兴市场进出口增长 21.0%，占全市的 16.0%，其中对非洲和东欧分别增长 24.3%和 32.8%；对“一带一路”市场进出口增长 23.5%，占全市的 25.5%。

无锡市实现对外贸易进出口总额 924.30 亿美元，比上年下降 1.1%。其中，进口总额 369.70 亿美元，比上年增长 0.8%；出口总额 554.60 亿美元，比上年下降 2.3%。一般贸易实现出口额 288.64 亿美元，占出口总额的比重为 52.0%。

徐州市实现进出口总额 931.88 亿元，比上年增长 20.4%，其中出口总额 777.88 亿元，增长 21.9%。按美元计价的进出口总额实现 135.2 亿美元，增长 15.1%，其中出口总额 112.9 亿美元，增长 16.3%。全市服务贸易进出口总额 18.65 亿美元，占对外贸易的比重为 12.1%。出口结构有所优化，一般贸易出口额 703.3 亿元，增长 22.2%，占出口总额的比重为 90.4%；加工贸易出口额 60.1 亿元，下降 0.5%。机电产品出口额 338.5 亿元，增长 22.5%；高新技术产品出口额 37.7 亿元，增长 104.0%。对“一带一路”沿线国家出口保持较快增长，出口额 367 亿元、增长 70.7%，占全市出口总额的比重为 47.2%。

常州市全年完成进出口总额 2330.8 亿元，增长 2.8%。其中，出口 1738.8 亿元，增长 5.2%；进口 592.1 亿元，下降 3.5%。从出口市场来看，对欧盟、东盟、拉美出口分别为 355.4 亿元、252.6 亿元、118.7 亿元，同比分别增长 16.6%、14.8%和 8.9%。一般贸易保持主导地位，全年一般贸易出口 1439.4 元，增长 7.1%，高于全市出口增幅 1.9 个百分点，占出口总值的比重达 82.8%。全年高新技术产品出口增长 26.2%，对“一带一路”出口增长 10.1%，机电产品出口增长 7%。新获评国家级外贸转型升级基地 1 家，获批省级公共海外仓 1 家，2 家企业获批商务部轨道交通进境维修资格。

苏州市全年实现进出口总额 3190.9 亿美元，比上年下降 9.9%，其中出口 1920.4 亿美元，下降 7.2%；进口 1270.5 亿美元，下降 13.7%。分注册类型看，外商投资企业实现进出口 2297.5 亿美元，占进出口总额的比重达 72%；民营企业实现进出口 724.9 亿美元，占进出口总额的比重达 22.7%。从出口市场看，对美国出口 473.6 亿美元，比上年下降 18.1%；对欧盟出口 396.6 亿美元，下降 3.6%；对东盟出口212.6亿美元，增长8.0%；对“一带一路”沿线国家和地区出口430.6亿美元，增长1.1%。

南通市全年进出口总值2519.9亿元，下降0.9%，其中出口总值1715.1亿元，增长2.3%；进口总值804.8亿元，下降7.1%。年末，与南通市建立进出口贸易关系的国家和地区有203个，比上年减少1个。全市有进出口业绩的企业6905家，增长5.9%。

扬州市实现进出口总额113.05亿美元，下降5.7%，其中出口83.6亿美元，下降2.1%；进口29.4亿美元，下降14.8%。从出口行业看，扬州市十大出口行业累计出口47.4亿美元，占全市出口总额的56.7%，其中化学化工实现出口11.42亿美元，同比下降3.6%；纺织制品实现出口7.54亿美元，同比下降5.5%；机动车辆与零配件实现出口4.99亿美元，同比增长4.8%；船舶出口4.51亿美元，同比增长29%。对“一带一路”沿线国家地区累计出口额为19亿美元，同比下降0.2%，占全市出口的比重为22.7%。

表5　2016—2019年江苏省各市进、出口情况　（单位：亿美元）

指标	2016年		2017年		2018年		2019年	
	进出口额	出口额	进出口额	出口额	进出口额	出口额	进出口额	出口额
南京市	502.14	295.94	611.87	344.15	654.91	378.79	699.60	435.33
无锡市	698.05	429.1	812.53	495.19	934.44	567.81	924.30	554.60
徐州市	62.42	52.48	78.01	63.34	117.44	97.08	135.19	112.88
常州市	275.84	208.6	312.66	229.39	343.86	250.72	338.35	252.41
苏州市	2737.58	1639.41	3160.79	1871.61	3541.14	2068.31	3190.90	1920.40
南通市	308.59	230.11	348.20	249.38	385.91	254.53	365.71	248.90
连云港市	70.40	36.84	82.11	39.07	95.47	41.59	93.22	38.89
淮安市	35.04	26.98	46.36	30.03	50.10	33.67	47.05	33.80
盐城市	79.51	47.38	86.53	58.41	95.49	60.31	96.12	64.12
扬州市	96.25	72.59	107.99	78.68	119.93	85.42	113.05	83.65
镇江市	103.17	69.52	105.36	69.85	118.39	79.80	112.03	78.67
泰州市	103.81	66.74	129.48	82.16	147.30	95.31	144.66	95.32
宿迁市	24.22	18.71	29.48	21.72	36.01	27.17	34.25	28.88

数据来源：历年江苏省统计年鉴

四、浙江省对外贸易情况

2019年，浙江省完成进出口总额30838.15亿元，比上年增长8.2%。其中，出口23076.32亿元，比上年增长9.0%，出口占全国的13.4%，份额比上年提高0.5个百分点；进口7761.82亿元，同比增长5.8%。民营经济出口18415.00亿元，比上年增长11.5%，占出口总额的79.8%，比重比上年提高1.8个百分点。一般贸易出口18251.34亿元，比上年增长7.6%；加工贸易出口1774.13亿元，同比下降5.3%。机电产品出口10131亿元，增长10.0%；高新技术产品出口1605亿元，增长14.0%。对“一带一路”沿线国家合计进出口10458亿元，增长16.7%，其中出口7961亿元，增长16.8%。中欧（义新欧）班列开行528列。推动中国（浙江）自由贸易试验区扩权，2019年自贸区固定资产投资461.8亿元，新增注册企业6927家，新增油品企业2917家。

对香港特别行政区、台湾省出口额分别为271.96亿元、248.76亿元，分别比上年增长9.3%和17.4%；对美国、日本、韩国和俄罗斯出口额分别为3948.43亿元、873.29亿元、608.21亿元和652.84

亿元,分别比上年增长－4.8%、4.3%、10.4%和10.7%;对亚太经济组织、东盟和欧盟出口额分别为10696.43亿元、2521.36亿元和5015.02亿元,分别比上年增长5.4%、24.7%和7.6%。

表6　2016—2019年浙江省对主要市场进出口情况　(单位:万元)

国别(地区)	2016年		2017年		2018年		2019年	
	进出口总额	出口额	进出口总额	出口额	进出口总额	出口额	进出口总额	出口额
总值	222020808	176664804	256053153	194397631	285115595	211745029	308381472	230763226
亚太经济合作组织	112250288	81498822	131947291	90994986	149903026	101451113	157091176	106964297
中国香港	2751601	2653602	2480158	2391753	2764547	2487052	3248314	2719569
日本	12442110	7473988	14629957	8044405	15815671	8374351	15960383	8732884
中国台湾	6218619	1770005	7214608	1929673	7836310	2118214	7840112	2487608
韩国	8503766	4454419	10352997	5021827	12064800	5511525	12760852	6082089
东南亚联盟	22007830	16144464	25790770	17419598	31589458	20220373	37987912	25213606
欧洲联盟	45316755	39473095	50927782	43262570	55675678	46622454	58870127	50150175
俄罗斯	5427461	4450017	6531019	5444714	7186853	5898578	8126389	6528402
美国	36309550	32496267	41959444	36980691	46186004	41485897	42677284	39484294

数据来源:历年浙江省统计年鉴

2019年,浙江省各市对外贸易情况:

杭州市完成货物进出口总额5597亿元,增长6.7%,其中出口3613亿元,增长5.7%;进口1984亿元,增长8.5%。高新技术产品出口569亿元,增长9.7%;机电产品出口1550亿元,增长6.1%。对"一带一路"沿线国家出口1177亿元,占出口总额的32.6%。服务贸易出口124.9亿美元,增长19.0%。全年跨境电商进出口总额952.1亿元,增长28.8%,其中出口658.8亿元,进口293.3亿元,分别增长26.4%和34.6%。

宁波市完成口岸进出口总额17086.4亿元,比上年增长6.7%。全年完成外贸自营进出口总额9170.3亿元,增长6.9%,其中出口5969.6亿元,增长7.6%;进口3200.6亿元,增长5.8%。外贸出口占全国的比重为3.46%,比上年提高0.08个百分点。全年新增对外贸易经营备案登记企业5310家,累计达47280家;全年有进出口实绩企业21413家。民营企业(包括私营企业和集体企业)出口额占全市出口总额的74.1%,出口额增长12.2%;进口额占全市进口总额的55.6%,进口额增长8.0%。全年完成对"一带一路"沿线65个国家进出口额2633.6亿元,增长17.0%,其中对中东欧17国进出口额284.8亿元,增长8.4%。

嘉兴市完成进出口总值2832.15亿元,比上年增长0.4%,其中出口总值2106.46亿元,增长4.4%;进口总值725.69亿元,下降9.7%。出口结构进一步优化。机电产品、高新技术产品出口分别比上年增长7.5%、15.3%,均快于全市出口平均增速;占全市出口总值比重分别为39.0%和8.1%,占比同比分别提高1.1个和0.8个百分点。

湖州市实现外贸进出口总额940.2亿元,比上年增长6.3%。其中,出口838.6亿元,增长8.8%;进口101.6亿元,下降10.7%。按贸易方式分,一般贸易出口796.8亿元,增长8.8%;加工贸易出口35.3亿元,下降8.1%。一带一路出口额248.4亿元,增长18.2%。

表 7 2015—2019 年浙江省各市进、出口情况

指标	2015 年		2016 年		2017 年		2018 年		2019 年	
	进出口额（亿元）	出口额（亿美元）	进出口额（亿元）	出口额（亿美元）	进出口额（亿元）	出口额（亿美元）	进出口额（亿元）	出口额（亿美元）	进出口额（亿元）	出口额（亿美元）
浙东北	632.85	1865.5	619.38	1807.05	805.29	1895.54	993.08	2116.72	6945.12	15019.71
杭州市	165.00	500.67	177.34	502.59	222.32	467.81	257.60	477.66	1839.40	3352.76
宁波市	290.00	713.73	288.27	660.97	386.63	735.34	459.37	841.68	3200.63	5969.63
嘉兴市	81.58	229.27	78.41	235.07	102.55	262.03	121.87	305.85	725.69	2106.46
湖州市	13.52	88.55	12.07	90.16	13.39	100.56	17.36	116.83	101.59	838.59
绍兴市	27.60	271.42	20.41	255.64	21.50	273.15	29.42	310.52	207.90	2251.07
舟山市	55.16	61.85	42.89	62.63	58.9	56.65	107.46	64.18	869.91	501.20
浙西南	74.26	900.54	67.43	871.69	86.39	931.23	100.37	1054.20	910.70	7790.12
温州市	23.63	171.15	20.05	160.77	25.04	170.81	31.28	197.24	216.89	1685.35
金华市	13.85	476.73	11.39	471.75	13.86	488.27	16.66	554.97	184.68	4033.83
衢州市	11.21	32.92	12.09	30.26	15.49	38.23	18.02	35.04	346.64	238.42
台州市	23.37	188.29	21.36	177.33	29.36	203.62	31.19	232.93	134.93	1565.15
丽水市	2.20	31.44	2.53	31.58	2.64	30.30	3.22	34.02	27.56	267.37

注:2019 年以人民币结算

数据来源:历年浙江省统计年鉴

五、安徽省对外贸易情况

2019 年,安徽省完成进出口总额 687.33 亿美元,比上年增长 9.1%。其中,出口 403.99 亿美元,比上年增长 11.6%;进口 283.34 亿美元,同比增长 5.9%。从出口商品看,机电产品、高新技术产品出口分别增长 10.5%和 6.7%。按贸易方式分,一般贸易出口额 288.57 亿美元,比上年增长 15.8%;加工贸易出口额 97.61 亿美元,同比增长 1.0%。

对香港特别行政区、台湾省出口 13.21 亿美元、7.82 亿美元,分别比上年增长−21.7%和 44.5%。对美国、日本、韩国分别出口 74.64 亿美元、22.30 亿美元、12.65 亿美元,分别增长−2.6%、25.4%和 30.8%。对德国、俄罗斯出口 12.62 亿美元、7.56 亿美元,分别增长 19.7%和 47.2%。

表 8 2015—2019 年安徽省进出口商品主要国家和地区 (单位:万美元)

指标	2015 年		2016 年		2017 年		2018 年		2019 年	
	进口额	出口额	进口额	出口额	出口额	出口额	进口额	出口额	进口额	出口额
中国香港	201320	198195	179423	175418	158064	151137	179478	168786	144931	132136
中国台湾	173549	43441	162028	38285	217427	45613	257650	54126	327316	78214
美国	710737	570066	699442	536757	784552	564478	978224	766513	917369	746359
日本	221474	141709	238587	135355	446329	145084	495879	177810	528640	223032
德国	163148	106672	151487	88859	179382	89643	189993	105459	214419	126188
韩国	207652	100588	167961	80532	277268	101201	309629	96718	336950	126510
俄罗斯	52480	43999	46327	35779	57304	47107	60416	51361	92891	75588

数据来源:历年安徽省统计年鉴

2019年,安徽省各市对外贸易情况:

合肥市实现进出口总额322.10亿美元,比上年增长4.6%。其中,出口201.99亿美元,增长10.7%;进口120.11亿美元,下降4.3%。从出口商品看,机电产品出口145.36亿美元,增长10.1%;高新技术产品出口88.41亿美元,增长9.7%。

淮北市实现外贸进出口总额81457万美元,比上年增长13.4%。其中,出口73746万美元,增长11.4%;进口7710万美元,增长36.9%。

亳州市完成进出口总额10.4亿美元,比上年增长24.8%。其中,出口8.4亿美元,增长17.0%;进口2.0亿美元,增长72.3%。从出口经营主体看,生产型企业出口增长9.5%,贸易型企业出口增长70.8%。从出口商品看,机电产品出口增长32.0%,中药材和高新技术产品分别下降13.2%和18.1%。全市新增进出口实绩企业83家,全市超千万美元企业40家。全市新签约各类项目525个,其中新签约亿元以上工业项目236个,新落地工业项目258个。

宿州市完成进出口总额9.09亿美元,比上年增长23.2%。其中,进口总额0.29亿美元,下降69.2%;出口总额8.81亿美元,增长36.5%。

蚌埠市完成进出口总额15.7亿美元,比上年增长14.2%。其中,出口13.3亿美元,增长11.6%;进口2.5亿美元,增长30.3%。从出口贸易方式看,一般贸易出口11.6亿美元,增长13.2%;加工贸易出口1.7亿美元,增长1.7%。

阜阳市完成货物进出口总额59844.4万美元,比上年增长23.9%。其中,出口56731.8万美元,增长29.7%;进口3112.7万美元,下降31.8%。从出口商品看,机电产品、高新技术产品出口分别增长9.0%和73.1%。

六安市完成实现进出口总额87874.4万美元,比上年增长8.1%。其中,出口78991.1万美元,增长9.7%;进口8885万美元,下降4.4%。

马鞍山市实现进出口总额52.1亿美元,比上年增长16.3%。其中,进口总额26.7亿美元,增长5.4%;出口总额25.4亿美元,增长30.4%。中小企业进出口总额31.0亿美元,增长31.3%。

宣城市实现进出口总额18.7亿美元,比上年增长0.87%。其中,出口17.4亿美元,增长2.31%;进口1.3亿美元,下降15.61%。从出口经营主体看,生产型企业出口增长2.5%,贸易型企业出口下降12.7%。从出口商品看,机电产品出口增长2.7%,汽车零部件出口下降17.4%,塑料及橡胶件出口增长2.9%,纺织品出口增长7.4%,广义农产品出口增长5.4%,卫浴产品出口增长4.4%。

安庆市实现进出口总额16.6亿美元,比上年增长14.7%。其中,出口12.4亿美元,增长16.7%;进口4.2亿美元,增长9.1%。在出口中,机电产品、高新技术产品出口额占全部出口的23.9%。

黄山市实现进出口总额11.58亿美元,比上年增长21.7%。其中,出口9.89亿美元,增长29.1%;进口1.69亿美元,下降8.8%。从贸易方式看,一般贸易进出口11.01亿美元,增长22.4%;进料加工贸易0.56亿美元,增长9.8%。

表9 2015—2019年安徽省各市进、出口情况 (单位:万美元)

指标	2015年		2016年		2017年		2018年		2019年	
	进口额	出口额	进口额	出口额	出口额	出口额	进口额	出口额	进口额	出口额
合肥市	2033125	1371202	1868699	1263549	2495869	1456590	3081266	1824608	3220976	2019895
淮北市	57687	54587	61321	57038	60809	55761	71844	66210	81457	73746
亳州市	50164	45022	51990	46149	66444	60233	83393	71751	104031	83970
宿州市	75945	66303	46971	38744	57859	50745	74240	64914	90942	88064
蚌埠市	234111	165171	176006	118961	177126	93974	148037	70904	158349	71381

续表

指标	2015 年		2016 年		2017 年		2018 年		2019 年	
	进口额	出口额	进口额	出口额	出口额	出口额	进口额	出口额	进口额	出口额
阜阳市	149578	135248	112334	100508	110960	96399	137723	118892	157204	132662
淮南市	33219	28573	27537	23916	29925	27294	48303	43740	59844	56732
滁州市	204621	144243	233376	168804	277479	189408	310254	231144	402656	224904
六安市	61718	53033	52716	49966	71890	60647	81305	72013	87869	78984
马鞍山市	295522	162653	318297	151267	380465	158896	448049	195132	520849	253877
芜湖市	681891	554223	570917	406746	637683	414397	687565	441644	720366	451903
宣城市	185163	175423	150710	138063	152958	140137	185125	170243	186715	174156
铜陵市	458106	64353	464299	66774	554566	57098	624145	45930	716356	86018
池州市	51979	20777	61879	18400	76844	20024	76346	20832	83888	20602
安庆市	244463	217731	175604	144566	138991	105549	144729	106344	165963	124075
黄山市	63516	52881	65332	54921	73740	61011	95100	76614	115785	98930

数据来源:历年安徽省统计年鉴

第十三章　长三角地区汽车产业

一、长三角的总体情况

2019年,长三角汽车制造业年末资产总额26350.80亿元,比上年增长8.0%;占全国汽车制造行业资产总额的比重为32.6%,同比上升1.8个百分点。负债合计15199.16亿元,比上年增长10.5%;占全国汽车制造行业负债总额的比重为31.3%,同比上升2.0个百分点。主营业务收入22546.73亿元,比上年下降2.5%;占全国汽车制造行业主营业务收入的比重为28.0%,同比上升0.3个百分点。创造利润总额1746.60亿元,比上年下降19.4%;占全国汽车制造行业利润的比重为34.2%,同比下降1.4个百分点。

表1　2015—2019年长三角汽车制造行业主要经济指标　(单位:亿元)

指标	2015年	2016年	2017年	2018年	2019年
年末资产总计	16950.40	19516.06	22830.65	24393.66	26350.80
负债合计	9255.06	11124.81	12939.72	13752.82	15199.16
主营业务收入	18840.71	21903.51	23576.62	23127.33	22546.73
利润总额	2060.85	2219.47	2360.35	2166.70	1746.60

数据来源:历年上海市、江苏省、浙江省统计年鉴

(一)长三角汽车生产情况

从总量上看,长三角汽车产业延续了前几年发展态势,汽车产量再上新高,但增速回落。2019年,长三角汽车产量达到550.04万辆,比上年下降12.4%;占全国汽车产量的21.4%,所占比重比上年下降1.1个百分点。

表2　2015—2019年长三角各省市及全国汽车产量情况　(单位:万辆)

指标	2015年	2016年	2017年	2018年	2019年
上海市	242.97	260.77	291.32	297.76	274.90
江苏省	121.75	144.89	125.52	118.96	83.82
浙江省	42.87	58.65	84.54	119.14	99.19
安徽省	125.77	159.67	133.51	91.98	92.13
长三角	533.36	623.98	634.89	627.84	550.04
全国	2450.35	2811.91	2901.81	2782.74	2567.67

数据来源:历年上海、江苏、浙江、安徽及中国统计年鉴

分地区看,2019年,上海、安徽汽车产量占长三角汽车总产量的比重上升,江苏、浙江汽车产量占比下降。上海汽车产量占长三角汽车总产量的比重为50.0%,比上年上升2.6个百分点;安徽汽车产量占的比重为16.7%,同比上升2.0个百分点;江苏汽车产量占的比重为15.2%,同比下降3.7个百分点;浙江汽车产量占的比重为18.0%,同比下降1.0个百分点。

(二) 长三角汽车行业资产运营情况

从资产运营情况来看，2019 年，长三角汽车制造业年末资产总额 26350.80 亿元，比上年增长 8.0%；负债合计 15199.16 亿元，比上年增长 10.5%。长三角汽车制造行业资产的增长速度慢于负债的增长速度，使得 2019 年长三角汽车制造行业资产负债率有所上升，达 57.68%，较上年上升 1.30 个百分点；低于同期全国汽车制造行业资产负债率 2.40 个百分点。

分地区来看，2019 年，上海市汽车制造行业资产负债率最低，上海市资产负债率为 49.38%，比上年上升 2.72 个百分点；江苏省规模以上汽车制造行业资产负债率为 58.95%，同比上升 1.44 个百分点；浙江省规模以上汽车制造行业资产负债率为 62.15%，保持不变；安徽省规模以上汽车制造行业资产负债率最高，为 66.29%，同比下降 0.08 个百分点。

二、上海市汽车产业基本情况

(一) 上海市汽车生产与销售情况

2019 年，上海市汽车产、销量分别为 274.90 万辆和 275.19 万辆，比上年分别下降 7.7%和 7.5%。其中，轿车的产、销量分别为 161.96 万辆和 161.74 万辆，比上年分别下降 16.8%和 16.9%。

表 3　2015—2019 年上海市汽车产、销量　　(单位：万辆)

指标		2015 年	2016 年	2017 年	2018 年	2019 年
产量	汽车	242.97	260.77	291.32	297.76	274.90
	轿车	203.91	207.39	195.94	194.77	161.96
销量	汽车	242.87	261.17	289.12	297.47	275.19
	轿车	204.19	207.72	196.19	194.74	161.74

数据来源：历年上海市统计年鉴

(二) 上海市汽车行业经济总量

汽车产业是上海市六大重点发展工业行业之一，也是上海市着力发展的优势产业。2019 年，上海市完成工业生产总值 6557.25 亿元，比上年下降 4.0%；年末资产总计 8417.93 亿元，同比增长 7.2 %；负债合计 4156.88 亿元，同比增长 13.5%；主营业务收入 8080.77 亿元，同比下降 3.3%；实现利润总额 795.31 亿元，同比下降 26.2%；实现税金总额 318.11 亿元，同比下降 22.6%。

表 4　2015—2019 年上海市汽车行业主要经济指标

指标	2015 年	2016 年	2017 年	2018 年	2019 年
工业总产值(亿元)	5223.80	5849.90	6831.04	6832.07	6557.25
工业销售产值(亿元)	5203.41	5821.11	6815.25	6834.89	—
年末资产总计(亿元)	6033.16	6666.50	7750.76	7849.76	8417.93
负债合计(亿元)	2644.70	3159.10	3746.14	3662.67	4156.88
主营业务收入(亿元)	6574.19	7213.54	8246.69	8334.23	8080.77
利润总额(亿元)	1078.11	1081.97	1106.02	1077.68	795.31
税金总额(亿元)	365.41	389.22	453.92	410.80	318.11

数据来源：历年上海市统计年鉴

(三) 上海市汽车产业基本情况

2019 年前三个季度,上海汽车产、销量分别为 189.7 万辆和 190.8 万辆(不含上汽外地产),同比分别下降 13.3%和 12.3%。按大类车型分,乘用车产、销量分别为 185.6 万辆和 186.7 万辆,同比分别下降 13.5%和 12.7%,商用车产、销量分别为 4.02 万辆和 4.11 万辆,同比分别上升 2.9%和 5.7%。

2019 年,在上海产乘用车销售结构上,基本型乘用车共销售 115.25 万辆,占乘用车销售的比重为 61.4%,比上年同期减少 4.9 个百分点,销量同比下降 32.7%;运动型多用途车(SUV)销售 63.59 万辆,同比下降 10.5%;多用途车(MPV)销售 7.85 万辆,同比下降 24.1%。按排量分析,受购置税优惠取消影响,1.0—1.6 L 销售 89.47 万辆,同比下降 20.7%;1.6—2.0 L 销售 25.04 万辆,同比下降 17.0%。

据对上汽外近 30 家企业的统计,显示经营运行状况与行业环境相关,2019 年三季度工业总产值同比下降 17.6%,主营业务收入同比上升 6.1%,利润总额同比下降 45.8%,降幅很大,但因绝对量小,故对整体形势影响不大。经济运行质量等其他指标情况如下:三项费用占主营收入的比重为 10.2%,比上年同期减少 3.0 个百分点;应收账款 30.51 亿元,同比上升 5.4%;存货 22.22 亿元,同比下降 9.4%,其中产成品存货 10.43 亿元,同比下降 7.3%;资产总计 162.39 亿元,同比上升 4.5%;负债 71.46 亿元,同比下降 7.1%。

三、江苏省汽车产业基本情况

(一) 江苏省汽车生产与销售情况

2019 年,江苏省汽车产量为 83.82 万辆,比上年下降 29.5%。轿车的产、销量分别为 39.60 万辆和 39.50 万辆,分别比上年下降 32.5%和 33.6%。载货汽车的产、销量分别为 3.60 万辆和 3.50 万辆,分别比上年下降 44.6%和 47.0%。运动型多用途车(SUV)的产、销量分别为 28.6 万辆和 28.6 万辆,分别比上年下降 33.5%和 33.6%。新能源汽车的产、销量分别为 4.9 万辆和 5.0 万辆,分别比上年下降 59.5%和 59.0%。

表 5 2015—2019 年江苏省汽车产、销量 (单位:万辆)

指标		2015 年	2016 年	2017 年	2018 年	2019 年
产量	汽车	121.75	144.89	125.52	118.96	83.82
	轿车	67.56	72.17	62.50	58.67	39.60
	载货汽车	13.90	9.59	9.90	6.50	3.60
销量	汽车	121.68	—	—	—	—
	轿车	67.48	72.75	62.20	59.50	39.50
	载货汽车	13.91	9.75	9.70	6.60	3.50

数据来源:历年江苏省统计年鉴

(二) 江苏省汽车行业经济总量

2019 年,江苏省共有规模以上汽车制造企业 2132 家,比上年增加 236 家;从业人员 47.16 万人,增加 0.26 万人;年末资产总计 7141.32 亿元,同比增长 7.6 %;负债合计 4209.92 亿元,同比增长 10.2%;主营业务收入 6842.15 亿元,同比减少 2.6%;实现利润总额 440.23 亿元,同比减少 12.4%。

表 6　2015—2019 年江苏省汽车行业主要经济指标

指标	2015 年	2016 年	2017 年	2018 年	2019 年
单位数(个)	1662	1742	1886	1896	2132
从业人员(万人)	43.05	45.69	48.79	46.90	47.16
工业总产值(亿元)	6948.74	7910.63	—	—	—
工业销售产值(亿元)	6811.93	7790.50	—	—	—
年末资产总计(亿元)	4749.25	5574.78	6221.17	6639.93	7141.32
负债合计(亿元)	2808.88	3343.00	3669.21	3818.68	4209.92
主营业务收入(亿元)	6487.01	7470.38	7504.69	7023.03	6842.15
利润总额(亿元)	595.43	589.94	611.83	502.79	440.23

数据来源:历年江苏省统计年鉴

(三) 江苏省汽车行业经济效益

2019 年,江苏省规模以上汽车制造行业企业亏损面为 22.56%,比上年上升 3.94 个百分点;资产负债率为 58.95%,同比上升 1.44 个百分点;成本费用利润率为 6.90%,同比下降 0.66 个百分点;流动资产周转次数为 1.61 次/年,同比下降 0.25 次/年;总资产贡献率为 9.80%,同比下降 2.92 个百分点。

表 7　2015—2019 年江苏省汽车行业主要经济效益指标

指标	2015 年	2016 年	2017 年	2018 年	2019 年
企业亏损面(%)	14.92	12.06	13.73	18.62	22.56
资产负债率(%)	59.14	59.97	58.98	57.51	58.95
流动资产周转次数(次/年)	2.36	2.30	2.06	1.86	1.61
成本费用利润率(%)	10.04	8.55	8.79	7.56	6.90
产品销售率(%)	98.03	98.48	99.48	98.79	—
总资产贡献率(%)	20.95	18.24	15.65	12.72	9.80

数据来源:历年江苏省统计年鉴

(四) 江苏省汽车产业的基本情况

截至 2019 年 5 月,江苏省共有 25 家新能源整车生产企业,生产纯电动乘用车、插电式混合动力乘用车、纯电动客车、插电式混合动力客车、纯电动货车、纯电动专用车等产品。汇聚了南汽集团、徐工汽车、苏州金龙、中航锂电、南京越博、苏州汇川、南京奥特佳等企业,前途、敏安、拜腾等新能源汽车造车新势力将总部设在江苏,上汽、长安、北汽、宁德时代等企业均在江苏省设立研发生产基地,丰田、宝马、博世、麦格纳等国际巨头在江苏投资设立区域性研发生产中心。

东风悦达起亚 2019 年累计销量达 289895 辆(海外市场销售 31190 辆),其中 12 月表现突出,共销售 31258 辆,环比劲增 42%,新一代智跑销量过万,环比增长 61.0%;新一代 KX5 环比增长 40.0%;全新一代 K3 环比增长 35.0%。除了销量逐渐回暖外,东风悦达起亚还在 2019 年底与 22 家退网和休眠经销商签署重启协议,重新激活销售体系,并且不断降低终端库存,以缓解经销商压力。

长安马自达有限公司由重庆长安汽车股份有限公司和日本马自达汽车株式会社组建成立,前身为长安福特马自达汽车有限公司南京公司,成立于 2005 年,于 2012 年 8 月经国家发改委核准成为具有独立法人资格的现代化合资汽车企业，一直是马自达品牌在中国市场的销量主力合资企业。根据官方数据显示，马自达2019年全年在中国的销量为227750辆，同比下滑16.4%。这个销量距其年初定下的27万的销量目标还有42250辆的差距。其中，一汽马自达销量为91416辆，长安马自达销量为136334辆。从具体车型来看，一汽马自达阿特兹2019年12月销量4724辆，全年累计销量41950辆；马自达CX－4在2019年12月售出5694辆，全年累计销量49419辆；马自达3昂克赛拉2019年12月销量为10956辆，全年累计销量98218辆；马自达CX－5在2019年12月售出新车2990辆，全年累计销量35620辆。

四、浙江省汽车产业基本情况

(一) 浙江省汽车生产情况

浙江省汽车产业受环境影响，汽车产量下降。2019年，浙江省汽车产量为99.19万辆，比上年下降16.7%，其中轿车产量为71.93万辆，比上年下降18.0%。

表8　2015—2019年浙江省汽车产量　(单位：万辆)

指标	2015年	2016年	2017年	2018年	2019年
汽车	42.87	58.65	84.54	119.14	99.19
轿车	32.69	52.77	61.88	87.72	71.93

数据来源：历年浙江省统计年鉴

(二) 浙江省汽车行业经济总量

2019年，浙江省共有汽车制造业单位2266个，比上年增加137家；从业人员44.67万人，减少2.16万人；完成工业生产总值5050.47亿元，同比下降3.4%；年末资产总计7770.50亿元，同比增长8.7%；负债合计4829.70亿元，同比增长8.7%；主营业务收入5176.23亿元，同比下降3.4%；实现利润总额452.75亿元，同比下降11.2%；实现利税总额635.34亿元，同比下降13.8%。

表9　2015—2019年浙江省汽车行业主要经济指标

指标	2015年	2016年	2017年	2018年	2019年
单位数(个)	1851	1902	2025	2129	2266
从业人员(万人)	38.83	41.25	45.00	46.83	44.67
工业总产值(亿元)	3681.84	4588.32	5006.24	5230.78	5050.47
年末资产总计(亿元)	3986.48	4654.81	6042.08	7148.08	7770.50
负债合计(亿元)	2375.41	2907.42	3704.91	4442.25	4829.70
主营业务收入(亿元)	3495.68	4420.38	4951.57	5360.91	5176.23
利润总额(亿元)	282.51	421.66	530.86	509.68	452.75
利税总额(亿元)	430.46	618.36	777.34	736.75	635.34

数据来源：历年浙江省统计年鉴

(三) 浙江省汽车行业经济效益

2019年，浙江省汽车制造行业每百元固定资产原值实现利税30.03元，比上年下降9.92元/百元；每百元主营业务收入实现利税12.27元，同比下降1.47元/百元；新产品产值率为60.37%，同比上升1.93个百分点。

表 10　2015—2019 年浙江省汽车行业主要经济效益指标

指标	2015 年	2016 年	2017 年	2018 年	2019 年
每百元固定资产原值实现利税(元)	30.37	42.56	50.49	39.95	30.03
每百元主营业务收入实现利税(元)	12.31	13.99	15.70	13.74	12.27
产品销售率(%)	96.23	96.94	98.02	98.34	—
出口交货值占工业销售(%)	11.70	9.90	9.43	9.93	—
新产品产值率(%)	53.96	59.98	55.64	58.44	60.37

数据来源:历年浙江省统计年鉴

(四) 浙江省汽车产业的基本情况

浙江省已经初步建成杭州、台州、金华、宁波四大整车基地,形成一批以吉利、众泰为代表的知名汽车品牌,新能源汽车发展尤为突出。

众泰汽车总部位于浙江永康,是一家以汽车整车及汽车关键零部件为核心业务的民营企业,旗下拥有众泰汽车、江南汽车两大自主品牌。2019 年,众泰汽车销量为 11.66 万辆,与去年同期相比腰斩近 50%。另外,众泰汽车(不包括君马)品牌 12 月新车产量为 3000 辆左右,全年新车生产总量仅为 11.48 万辆。众泰汽车公布了 2019 年前三季度业绩报告,报告显示报告期末公司总资产为 308.52 亿元,归属于上市公司股东的净资产 168.10 亿元,分别下跌 5.0%和 4.3%。同时其前三季度营业收入为 54.01 亿元,同比暴跌 59.6%;归属于上市公司股东的净利润为−7.60 亿元,同比暴跌 283.0%。

浙江吉利控股集团总部设在杭州,旗下拥有沃尔沃汽车、吉利汽车、领克汽车、Polestar、宝腾汽车、路特斯汽车、伦敦电动汽车、远程新能源商用车等汽车品牌。2019 年,吉利汽车公布了 12 月销量为 130036 辆,同比增长 39.3%。值得一提的是,12 月经销商终端销量约 17 万辆,创有史以来单月终端最高销量纪录。2019 年累计销量 1361560 辆,市场占有率稳健增长,位居中国品牌乘用车销量第一,超额完成全年 136 万辆销量目标,成为国内少数完成年度目标的汽车企业。自 2017 年以来,吉利汽车已连续三年夺得中国品牌乘用车销量第一,持续引领中国品牌自信向上。

五、安徽省汽车产业基本情况

(一) 安徽省汽车生产情况

2019 年,安徽省汽车行业产量趋于平稳,全年汽车产量为 92.13 万辆,比上年上升 0.2%。其中,载货汽车 18.47 万辆,比上年下降 8.2%;公路汽车 0.79 万辆,下降 50.0%。

表 11　2015—2019 年安徽省汽车产量　　(单位:万辆)

指标	2015 年	2016 年	2017 年	2018 年	2019 年
汽车	125.77	159.67	133.51	91.98	92.13
载货汽车	21.08	26.79	22.70	20.13	18.47
公路汽车	3.76	2.55	2.15	1.58	0.79

数据来源:历年安徽省统计年鉴

(二) 安徽省汽车行业经济总量

2019 年,安徽省共有汽车制造业单位 851 个,比上年减少 33 家;从业人员 18.49 万人,同比减少

0.77万人;年末资产总计3021.05亿元,同比增长9.6%;负债合计2002.66亿元,同比增长9.5%;主营业务收入2447.58亿元,同比上升1.6%;实现利润总额58.31亿元,同比减少23.8%。

表12　2015—2019年安徽省汽车行业主要经济指标

指标	2015年	2016年	2017年	2018年	2019年
单位数(个)	865	916	914	884	851
从业人员(万人)	19.84	21.20	21.18	19.26	18.49
工业总产值(亿元)	2483.68	3109.93	—	—	—
工业销售产值(亿元)	2428.94	3043.20	—	—	—
年末资产总计(亿元)	2181.51	2619.97	2816.64	2755.89	3021.05
负债合计(亿元)	1426.07	1715.29	1819.46	1829.22	2002.66
主营业务收入(亿元)	2283.83	2799.21	2873.67	2409.16	2447.58
利润总额(亿元)	104.80	125.90	111.64	76.55	58.31

数据来源:历年安徽省统计年鉴

(三)安徽省汽车行业经济效益

2019年,安徽省汽车行业总资产贡献率为5.00%,比上年下降1.10个百分点;资产负债率为66.29%,同比下降0.09个百分点;流动资产周转次数为1.44次/年,同比下降0.23次/年;工业成本费用利润率为2.41%,同比下降0.71个百分点。

表13　2015—2019年安徽省汽车行业主要经济效益指标

指标	2015年	2016年	2017年	2018年	2019年
总资产贡献率(%)	9.23	8.91	7.72	6.10	5.00
资产负债率(%)	65.37	65.47	64.60	66.38	66.29
流动资产周转次数(次/年)	2.07	2.00	1.92	1.67	1.44
工业成本费用利润率(%)	4.59	4.49	3.89	3.12	2.41
产品销售率(%)	97.80	97.85	98.97	98.02	—

数据来源:历年安徽省统计年鉴

(四)安徽省汽车产业的基本情况

安徽汽车产业拥有国家级工业设计中心(江淮汽车、奇瑞汽车)、国家级企业技术中心(江淮汽车、奇瑞汽车、华菱汽车、中鼎股份、全柴动力、国轩高科)、奇瑞汽车国家节能环保汽车工程技术研究中心、江淮汽车国家电动客车整车系统集成工程技术研究中心等,对行业发展形成有力支撑。2019年,安徽省汽车行业发展形势好于全国,全年实现汽车生产92.1万辆,同比增长8.7%。但总量规模偏小,龙头企业优势不足,行业赢利水平不高,汽车产量仅占全国比重的3.6%。新能源汽车起步早、发展基础好,目前在全国已形成一定先发优势,近年来产销规模占到全国10%以上,位居中部省份第一,且新能源汽车产业链较为完善。2019年,安徽省新能源汽车实现生产和销售12万辆,占全国的比重为10%。

2019年,奇瑞集团累计销量74.5万辆,其中自主品牌车型销量63.9万辆,同比增长6.9%,在国内整体车市大幅下滑的形势下实现了逆势增长。奇瑞通过战略转型,不仅升级管理体系,还打造了一个融合了包括奇瑞和合资企业在内的研发人才和技术并形成一体化的研发体系,覆盖芜湖总部、上海、欧洲、北美、中东以及巴西的全球研发基地布局，全球化研发团队人数达5500名以上。在体系的支撑下，奇瑞汽车在2019年实现了一系列核心技术突破，包括整车开发平台、动力总成技术、新能源技术、智能互联及自动驾驶等核心技术，稳居国内汽车技术首位。

安徽江淮汽车集团股份有限公司是一家集全系列商用车、乘用车及动力总成等研产销和服务于一体，“先进节能汽车、新能源汽车、智能网联汽车并举的综合型汽车企业集团”。2019年度，江淮汽车累计销量为42.12万辆，同比下降8.9％，其中纯电动乘用车销量为58026辆，同比下降8.9％。12月，江淮汽车销量34458辆，同比增长10.12％，其中纯电动乘用车销量为2863辆，同比下降74.40％。

第十四章　长三角地区城镇化

一、城市化基本情况

(一)一市三省城市化发展基本情况

表 1　2015—2019 年长三角地区一市三省城镇人口比重

地区	2015 年(%)	2016 年(%)	2017 年(%)	2018 年(%)	2019 年(%)
上海市	90.4	87.9	87.7	88.1	88.3
江苏省	66.5	67.7	68.8	69.6	70.61
浙江省	65.8	67.0	68.0	68.9	70.00
安徽省	50.5	52.0	53.5	54.7	55.81

(二)省辖市城市化发展

表 2　2015—2019 年长三角地区各省辖市城镇人口比重

地区	2015 年(%)	2016 年(%)	2017 年(%)	2018 年(%)	2019 年(%)
江苏省	—	—	—	—	—
南京市	81.4	82.0	82.29	82.5	83.2
无锡市	75.4	75.8	76.00	76.3	77.1
徐州市	61.1	62.4	63.76	65.1	66.7
常州市	70.0	71.0	71.80	72.5	73.3
苏州市	74.9	75.5	75.80	76.1	77.0
南通市	62.8	64.4	66.03	67.1	68.1
连云港市	58.7	60.2	61.70	62.6	63.6
淮安市	58.2	59.7	61.25	62.4	63.5
盐城市	60.1	61.6	62.90	64.0	64.9
扬州市	62.8	64.4	66.05	67.1	68.2
镇江市	67.9	69.2	70.50	71.2	72.2
泰州市	61.6	63.2	64.93	66.0	66.8
宿迁市	55.5	57.5	58.53	60.0	61.1
浙江省	—	—	—	—	—
杭州市	75.3	76.2	76.8	77.4	78.5
宁波市	71.1	71.9	72.4	72.9	73.6
温州市	68.0	69.0	69.7	70.0	70.5
嘉兴市	60.9	62.9	64.5	66.0	67.4

续表

地区	2015年(%)	2016年(%)	2017年(%)	2018年(%)	2019年(%)
湖州市	59.2	60.5	62.0	63.5	64.5
绍兴市	63.2	64.3	65.5	66.6	68.4
金华市	64.5	65.7	66.7	67.7	68.7
衢州市	50.2	53.7	55.7	58.0	60.0
舟山市	66.9	67.5	67.9	68.1	68.6
台州市	60.3	61.3	62.2	63.0	63.7
丽水市	56.4	58.0	59.7	61.5	63.0
安徽省	—	—	—	—	—
合肥市	70.40	72.05	73.75	74.97	76.33
淮北市	60.76	62.13	63.61	65.11	65.88
亳州市	36.96	38.28	39.77	41.01	42.22
宿州市	38.73	40.03	41.56	42.74	43.96
蚌埠市	52.22	53.74	55.31	57.22	58.58
阜阳市	38.81	40.24	41.75	43.29	44.62
淮南市	60.67	62.05	63.46	64.11	65.04
滁州市	49.02	50.40	51.89	53.42	54.54
六安市	42.81	43.99	45.41	46.08	47.09
马鞍山市	65.15	66.49	67.89	68.25	69.12
芜湖市	61.96	63.46	65.05	65.54	66.41
宣城市	50.64	52.14	53.69	55.21	56.33
铜陵市	52.73	54.14	55.79	55.99	57.16
池州市	51.11	52.30	53.67	54.10	54.92
安庆市	45.87	47.19	48.57	49.22	49.98
黄山市	48.28	49.56	50.90	51.46	52.49

(三)促进城镇化发展的措施与进展

近年来,我国城市建设发展成就举世瞩目。加快转变城市发展方式,城市承载力、宜居性和包容度不断增强,城市面貌发生巨大变化。

一是以人为核心的新型城镇化深入推进。常住人口城镇化率由2015年的56.1%提高到2019年的60.6%。2019年,城市数量达684个,建制镇数量达21013个,城市建成区面积达6.03万平方千米。

二是市政基础设施建设步伐加快。2019年底,全国城市道路长度、轨道交通建成里程分别达到45.92万公里、6059公里,分别比2015年增长25.8%和97.4%。供水普及率、燃气普及率、污水处理率、生活垃圾无害化处理率分别达98.8%、97.3%、96.8%、99.2%,分别比2015年提高0.7个、2.1个、4.9个、5个百分点。基于信息化、数字化、智能化的新型城市基础设施建设加快推进。

三是城市人居环境显著改善。2019年,城市建成区绿地面积和绿地率分别达228.5万公顷和37.6%,分别比2015年增加19.8%和1.27个百分点。46个重点城市生活垃圾分类覆盖居民7100万户,覆盖率超过80%。60个排水防涝补短板城市排查整治1116个易涝积水区段,地级以上城市建成区黑臭水体消除比例达90%以上。

四是城市历史文化保护工作进一步加强。全国已公布134个国家历史文化名城、312个中国历史文化名镇,共划定历史文化街区912片,确定历史建筑3.85万处,保护了大量城市历史文化遗产,延续了城市历史文脉。

五是城市规划建设管理水平不断提升。全面开展城市体检,深入查找和解决城市建设特别是在防范传染病方面存在的问题和短板。推进城市更新和品质提升,大力实施城市生态修复功能修补,修复城市生态系统,着力补齐城市基础设施和公共服务设施短板。加强城市治理中的风险防控,加快建设城市综合运行管理服务平台,城市管理科学化、精细化、智能化水平进一步提高。

2019年,全国城镇常住人口84843万人,占总人口的比重(常住人口城镇化率)为60.60%,城镇化率首次突破60%大关,比上年末提高1.02个百分点。

13省市常住人口城镇化率超全国平均水平,其中上海、北京、天津、广东、江苏、浙江常住人口城镇化率超70%。上海常住人口城镇化率最高达88.30%,北京位居第二,常住人口城镇化率达86.60%,天津以83.48%的城镇化率排名第三。值得注意的是,截至2019年,仍有18省份城镇化率低于全国平均水平。贵州、云南、甘肃、西藏常住人口城镇化率不足50%,西藏最低仅31.50%。

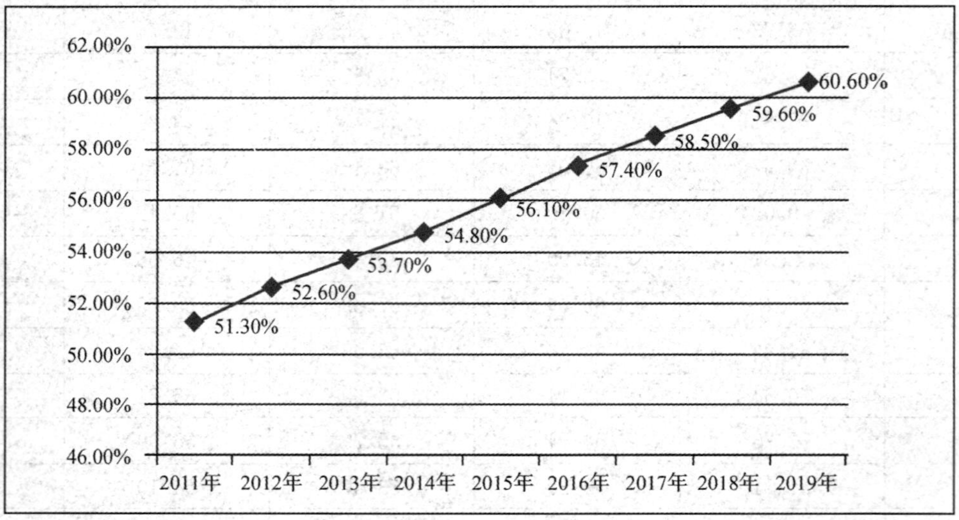

图1 中国城市化率情况

近年来,国家先后在政策层面上加强主要城市圈、城市群建设,长三角地区自古都是中国最富庶的地区,各种人文、自然条件优越,因此也成为推进一体化建设的重点。长三角的高铁逐渐在实现每个县市的互联,这大大缩短了乘车时间。长三角的主要城市到达其他任何一个县市的时间缩短为3—5小时,有的地方形成了"一小时交通圈",可到达的人增多,这些都促进了长三角偏远地区经济的发展。

表3 长三角三省一市与其他世界级城市群比较

城市群	中国长三角三省一市	美国东北部大西洋沿岸城市群	北美五大湖城市群	日本太平洋沿岸城市群	欧洲西北部城市群	英国中南部城市群
面积(万平方公里)	35.3	13.8	24.5	3.5	14.5	4.5
人口(万人)	22535	6500	5000	7000	4600	3650
GDP(亿美元)	31541	40320	33600	33820	21000	20186
人均GDP(美元/人)	13991	62030	67200	48315	45652	55305
地均GDP(万美元/平方公里)	894	2920	1370	9662	1448	4485

表 4 长三角城市群各城市规模等级

规模等级		划分标准(城区常住人口)	城市
超大城市		1000 万人以上	上海
特大城市		500 万—1000 万人	南京
大城市	Ⅰ型大城市	300 万—500 万人	杭州市、合肥市、苏州市
	Ⅱ型大城市	100 万—300 万人	无锡市、宁波市、南通市、常州市、绍兴市、芜湖市、盐城市、扬州市、泰州市、台州市
中等城市		50 万—100 万人	镇江市、湖州市、嘉兴市、马鞍山市、安庆市、金华市、舟山市、义乌市、慈溪市
小城市	Ⅰ型小城市	20 万—50 万人	铜陵市、滁州市、宣城市、池州市、宜兴市、余姚市、常熟市、昆山市、东阳市、张家港市、江阴市、丹阳市、诸暨市、奉化市、巢湖市、如皋市、东台市、临海市、海门市、嵊州市、温岭市、临安市、泰兴市、兰溪市、桐乡市、太仓市、靖江市、永康市、高邮市、海宁市、启东市、仪征市、兴化市、溧阳市
	Ⅱ型小城市	20 万人以下	天长市、宁国市、桐城市、平湖市、扬中市、句容市、明光市、建德市

二、上海市城镇化和城镇现代化进程与措施

(一) 上海城市现代化进程加快,精细化管理水平提升

2019 年,上海市围绕加快城市现代化进程,重点开展了智慧城市建设。

一是智慧城市发展水平稳步提升

2019 年,上海市智慧城市发展水平指数为 105.86,较上年提高 0.73,六年以来保持持续增长。其中,网络就绪度指数、智慧应用指数、发展环境指数均有提高。全市新一代信息基础设施建设全面加速,支撑城市能级提升;智慧政府建设稳步推进,打响"一网通办"服务品牌;智慧治理模式全面推广,带动城市管理走向"一网统管";数字经济发展进入快车道,促进上海产业经济转型升级;各类智慧服务应用加速普及,互联度、数字化程度显著提高,助力上海建设有温度的宜居城市;各区亮点纷呈,丰富了上海智慧城市建设内涵。

二是持续深化政务服务"一网通办"

以"高效办成一件事"为目标,对办理频度高、跨度大、环节多的 19 个领域、100 个事项,进行业务流程革命性再造,实现审批时限、提交材料"双减半",在浦东新区率先试点"一业一证"改革。截至 2019 年底,"一网通办"接入上海 16 个区的 53 个市级部门、220 个街镇社区、6025 个村委会;全年新增 177 项个人事项"全市通办",累计达 364 项;平台累计办件的总量达 3433.66 万笔,日均办理量达 77334 笔;在"一网通办"平台上,个人或企业通过支付宝、微信、银联的支付笔数达 1413.1 万笔,金额 17.51 亿元。同时,上海与苏浙皖合力打造长三角地区政务服务"一网通办",上线全国首个区域政务服务"一网通办"旗舰店。

三是加快推进城市运行"一网统管"

坚持高标准引领、高科技支撑、高效能处置,探索构建城市运行综合管理"一张网",努力实现"一屏观天下、一网管全城"。城市运行管理和应急联动处置系统初步建成,硬件、软件和数据基础逐步夯实,整合接入公共安全、绿化市容、住建、交通、应急、民防、规划资源、生态环境、卫生健康、气象、水、电、气、

网等领域22家单位33个专题应用,布设“神经元”84万多个,地理信息系统覆盖98%的建筑物,汇聚实有人口、房屋、企业单位等多源数据信息。

四是生活垃圾全程分类智能化精细管理

围绕推进上海市生活垃圾全程分类精细化管理的目标,充分利用物联网、大数据、人工智能等技术,构建垃圾分类全过程信息监管系统,通过市级管理部门在湿垃圾处理环节对各区“生活垃圾分类品质”的监控,实现源头追溯,将管理要求层层传导至区、街镇、收运企业、居住区等各个环节;建立“资源化利用全程监管体系”,对垃圾的流量、流向进行监控管理,最终实现城市垃圾“源头减量、全程分类、末端无害化处置和资源化利用”,打造绿色清洁城市。

五是卫生信息互联互通互认

为了促进合理有效利用卫生资源,减少重复检查,切实减轻患者负担,经过近一年时间努力,全市37家市级医院之间率先实现部分医学信息互联互通互认,主要包括35项医学检验项目、9项医学影像检查项目,并逐步向区级公立医疗机构扩展,最终实现市、区两级公立医疗机构间的互联互通互认。不同机构间检查检验质量的均等化,是推进结果互认的重要前提和基础。为此,市卫生健康委研究制定了本市医疗机构临床实验室质量管理规范与放射诊断质控标准,对检查检验科室的管理制度、岗位职责、操作规范、结果报告等全环节进行统一和规范,使检查检验结果均达到合格标准。

六是“互联网+监管”有效支撑“放管服”改革

为贯彻落实党中央、国务院创新监管理念和监管方式,做好“互联网+监管”工作要求,推进跨部门联合监管,实现从职能部门“单打独斗”转变为综合监管和“智慧监管”,市政府印发了《上海市“互联网+监管”工作实施方案》,并由市市场监管局牵头启动本市“互联网+监管”重大信息化项目建设。项目全面梳理形成监管事项目录清单,构建“互联网+监管”主题数据库,建设“双随机、一公开”监管子系统,加强风险研判和预测预警,全面支撑本市智慧监管、联合监管、精准监管、高效监管等突破创新。

七是全网切换完成,高速公路实现“一张网”

为进一步深化收费公路制度改革,取消全国高速公路省界收费站,实现不停车快捷收费,上海按照交通运输部的总体技术方案,实施了取消高速公路省界收费站工程。该工程新建市级联网中心,升级改造15个路段分中心、104座收费站、1098根收费车道,新建318套ETC门架系统、10GE收费系统光纤通信专网,拆除9座省界收费站。同时,通过工程建设,搭建市级联网中心云平台架构,建设全市路网统一的清分结算、数据处理、分析、存储的核心平台,为前端应用提供收费稽核、实时分析、辅助决策、交通拥堵预测、紧急调度、收费站点缴费分析及消费习惯分析、数据开放等能力。

2019年底,按照交通运输部的统一安排,上海市完成系统切换,高速公路省界正线取直自由流通行,实现全国高速路网“一张网”运行,由封闭式收费模式向分段计费、扣费的开放式收费模式的转变。

八是建立健全网络安全应急管理体系

2019年,上海市网络安全应急管理体系逐步建立。8月,市委网信办联合中国人民银行上海总部,按照《上海市网络安全事件应急预案》要求,在上海银行组织全市100多家区、行业主管监管部门和重点单位开展2019年上海市网络安全示范性应急演练。此次活动针对网络安全事件发生的规律与特点,采用模拟与现实相结合的方式,对事件的发现与报告、应急指挥与协调、资源调配与统筹、现场处置、事件调查和处理等流程进行了逐项推演。10月,全市网络安全应急管理工作会议召开,会议部署了全市网络安全应急管理工作,进一步明确了网络安全应急演练和日常保障工作要求,压实了网络安全应急管理工作责任,有效提升了上海市各单位突发网络安全事件的应急处置能力水平。

九是上海智慧城市建设“智慧工匠”选树、“领军先锋”评选活动品牌效应显现

由市总工会、市经信两委共同举办的上海智慧城市建设“智慧工匠”选树、“领军先锋”评选活动已成为上海科技发展趋势的风向标。2019年的活动与“加快科创中心建设主题立功竞赛”对接,在保持传统

项目的基础上，新增集成电路版图设计赛和人工智能编程赛，推动智慧城市建设领域职工在上海科创中心建设中体现主力军作用。2019年，共有747名选手报名参赛，报名人数再创新高，涵盖集成电路、人工智能、工业互联网、大数据、信息基础设施、智慧应用等重点领域。经过激烈角逐，最终选拔出20名在智慧城市建设行业各个领域水平最高的工匠标兵和创新先锋。

十是加强智慧城市交流宣传，营造良好发展生态

积极"走出去"，与先进国家与地区交流智慧城市建设经验。受巴塞罗那市政府邀请组团参展第九届全球智慧城市大会，向来自西班牙、以色列、法国、德国、瑞士、挪威等地的专业观众介绍上海智慧城市建设成效。赴香港参加国际资讯科技博览会以及上海一香港一东盟智慧城市合作对接会，共同推进智慧城市国际化发展。同时，加强智慧城市宣传，举办2019上海智慧城市体验周，以"智慧城市——重塑城市未来"为主题，在全市开展品牌互动4个，特色活动9个以及各区共同组织体验活动23个，充分体现"注重宣传引导、深化应用体验、充分感知互动、落实便民惠民"的特点，全面提高市民对智慧城市建设的感受度和获得感，增进民生福祉，促进全民普惠。

（二）奉贤探索推出部分宅基地"股权化"，用部分宅基地兑换商铺股权

2019年，上海南桥镇首批农民相对集中居住项目签约户可选择用部分宅基地兑换沿街商铺股权。这是奉贤探索宅基地股权化实践所迈出的第一步。

第一，给村民提供安全合理投资渠道

几天前，南桥镇吴塘村村民胡耀军接到村干部一通电话，说是签约集中居住的村民可自愿参股投资镇集体所有的物业项目，参股后预期保底收益能达到年化5%。考虑到这笔投资的收益率高于银行存款，同时项目又是镇政府主导的，风险比较小，胡耀军成为第一个吃螃蟹的人。

当天与胡耀军一起接到电话的还有其他八九户村民，最终，他们中的三户同意参股，并获得镇属上海南悦乡村经济发展有限公司颁发的股权证。不久，双方还将签署正式合同。

根据上海市政府印发的《上海市农村村民住房建设管理办法》测算，集中居住工作推进中选择"上楼"的村民，可按原有宅基地面积获得面积大约180—220平方米不等的住房。然而，吴塘村村民的宅基证上，平均面积达250平方米。也就是说，新房面积不足部分，需要靠货币来补偿。南桥镇的补偿水平每平方米可达1.71万元。这意味着，原本拥有223平方米宅基地的胡耀军，除了拿到一套近200平方米的房子外，至少还可以拿到30余万元的货币补偿。

这笔钱怎么用？"我们一家早已搬到镇上，父母的老宅置换'上楼'后，家里也没有比较紧迫需要花钱的地方，但投资又没有合理渠道。"这时候镇里开始试水"部分宅基地股权化"，相当于给村民提供了一个安全合理的投资渠道。

首个投资标的项目是一处由镇属企业江海置业公司开发的沿街商铺，大约700余平方米，分成70股。村民想要参与，只需符合两个条件：首先，必须是南桥镇农民相对集中居住项目的签约户；其次，每股30万元整，每户能且仅能参与其中一股。村民在拿到集中居住的货币补偿后，可直接选择参股，相当于将部分宅基地"股权化"处置。

第二，入股后遇资金急用可随时退股

给村民颁发股权证的上海南悦乡村经济发展有限公司，是南桥镇专为运营此次推出的沿街商铺这类资产新近成立的。南桥镇党委书记王震说，"这类资产"包括镇里一些优质物业项目原本由镇属企业运营，自负盈亏，如今拿来给集中居住后的村民作为投资增收渠道。参股后，每户每年至少可拿到5%的保底收益，如果不足，则由财政补贴，优先保障村民利益。如果超过，按当年收益情况返还村民。"站在村民角度，稳赚不赔。"律师介绍，对方表示一旦契约生效，村民权益是能得到保障的。

那么，镇里为什么要做这样的探索？王震表示，农民集中居住后，宅基地没有了，但农用地仍在，意

味着农民享受着城镇生活,却不能享受"镇保",只能拿到每月千余元的"农保",大致相当于"镇保"收入的一半。"这样的收入水平,无法支撑一个纯农家庭在城市的生活。而即便农民可以拿着货币补偿生活,但毕竟不可持续,依然是坐吃山空,探索尽快见到收益的农民增收路径迫在眉睫"。

此次推出的部分宅基地"股权化"方案,既不脱离政策实际,又契合了集中居住后村民的实际需求。大家算了一笔账,按照5%保底收益,一个农村家庭一年可增收1.5万元,平均每月增加1000余元,相当于达到"镇保"收入。而此次南悦乡村经济发展有限公司推出的首个标的,原本租金收入已达4%的收益率,如果再加以妥善经营,后续的税收、盈利跟上,给村民的收益完全有望超过5%。

村民入股后能否退股?王震说,入股村民如遇到资金急用,可以随时退股,并按当期收益予以结算。为定向保证集中居住签约村民的利益,股份不可私人转让,只可与南悦乡村经济发展有限公司进行交易。首批推出的70股交易完毕,后续有参股意愿的村民需排队轮候。

2019年,南桥镇已完成首批吴塘、灵芝、华严、江海4个村328户农户"集中居住"签约工作,村民全部选择"上楼+货币补偿"方案。未来,南桥镇还将陆续完成农民相对集中居住1000户的目标。届时,南悦乡村经济发展有限公司也将跟进推出更多优质物业资产,供集中居住签约村民参与投资,合理保障收益。

(三)切实加快旧区改造进度,市政协开展年末视察

2019年11月初,市政协围绕"进一步推进本市旧区改造工作"主题开展年末委员视察。

委员们实地察看虹口区17街坊基地、春阳里旧区改造情况,听取市住房城乡建设管理委员会、虹口区政府介绍,并座谈交流。截至10月底,中心城区已完成旧区改造46万平方米、受益居民2.46万户,分别达到年度目标的92%、98.4%。委员们认为,本市旧改工作坚持留改拆并举,探索推出"政企合作、市区联手、以区为主"新模式,工作力度大,推进速度快。座谈中,委员们还围绕加强风貌保护、旧区改造与大居建设、住房保障统筹推进,细化相关扶持政策,注重历史文化传承等提出意见建议。

市政协领导充分肯定2019年以来本市旧区改造取得的成绩。他说,旧区改造既是民生工程,也是民心工程,要充分认识其重要性、紧迫性和艰巨性,下更大决心、花更大力气,切实加快旧区改造工作进度,全面提升居民生活品质,用实际行动回应群众对美好生活的期盼。要聚焦涉及体制机制、法律法规和需要跨部门区域突破的瓶颈问题,研究制定含金量高的政策,形成务实管用的举措,总结可复制可推广的范例,奋力走出中心城区旧区改造和城市更新的新路子。要探索社会资本参与模式,加强政策统筹,落实主体责任,发挥党建引领和基层组织作用,强化联动、形成合力,营造全社会积极参与旧区改造工作的良好氛围。市政协要发挥优势,坚持双向发力,聚焦旧区改造难点,深入议政调研,开展好专项民主监督,协助做好宣传政策、解疑释惑、理顺情绪、化解矛盾工作,持续为扎实有力推进旧区改造、促进保障和改善民生献计出力。

三、江苏省城镇和城镇现代化进程与措施

(一)江苏省城镇化发展情况和最新进展

江苏是中国城镇化的缩影和先行军,为全国城镇化以点带面、全面推进当好开拓者。江苏是我国城镇发展较早、较快的地区,中华人民共和国成立后就跨出了一大步,从解放前的3个建制市到1957年增设为12个建制市。改革开放以来,江苏在全国城镇化转折、上升及鼎盛时期都走在前列,城镇人口从1978年的800.77万人猛增到2019年的5698.23万人,城镇化率由1978年的13.7%大幅提升到2019年的70.6%,比全国平均水平60.60%高出10个百分点。江苏发展到今天,一共拥有特大城市1个、大城市10个、中等城市6个、小城市40个。其中13个设区市的市辖区,就以全省1/5的面积创造了全省一半以上的GDP和财政收入。在改革开放过程中,全国各种改革开放试验、实验和综合试点,江苏城镇

都榜上有名，为全国改革开放和经济社会发展试点探索提供样本和经验。

江苏是小城镇在乡镇工业异军突起中大发展的发源地，为全国城镇化作出了历史性贡献。江苏视为"王牌"之一的乡镇企业，最早萌芽于20世纪50年代，起步于70年代，发展于80年代。特别是党的十一届三中全会以后，江苏乡镇企业连上几个大台阶，总产值从全省工业经济"三分天下有其一"，到1990年扩展为"半壁江山"，再到1994年"五分天下过其四"。乡镇企业的基地和大本营是大批涌现的小城镇和市县城郊，与中小城市特别是小城镇孪生共长、共同崛起，使江苏进入到以乡镇企业为推动、小城镇为主导、自下而上的快速城市化阶段。全省大中小城市迅速崛起，小城镇如雨后春笋般茁壮成长，平均密度为每51平方公里一个镇。全省建制镇从1978年的133个扩增到2001年的1202个。历史证明，江苏小城镇和乡镇工业共生共荣、比翼齐飞的发展模式一举多得，创造性地开辟了一条具有中国特色、江苏特征，农村集镇化、城乡一体化的发展新路子，并为党中央提出的"小城镇大战略"发挥了决策缘起和先行示范的重要作用。

江苏是开放型经济前沿阵地、各种开发区及合资企业密集地，为全国城镇在对外开放中跨越发展探路前行。江苏视为又一"王牌"的开放型经济，一直位居全国前列，全省外贸依存度最高时达90%以上，苏南更是高达135%以上。2019年，全省货物贸易进出口近4万亿元，全省实际利用外资261.24亿美元，占全国的14%以上，连续15年位列全国第二。目前，江苏共有国家级开发区46家、省级开发区85家，居全国首位。而这些开放型经济绝大部分都是依托城镇建设和发展，利用城镇增强吸引力，使城镇成为招商引资的"名片"，招揽人才的"梧桐树"，吸引项目、技术、资金、资源的"磁场"。同时，开放型经济也为城镇化输入了新动力、开辟了新天地。江苏在对外开放和城镇化上两手并抓、互促并进的做法和经验，为全国城镇在对外开放中跨越发展提供了成功范例。

2019年末，江苏省常住人口8070.0万人，比上年末增加19.3万人。其中，城镇人口5698.23万人，比上年增加94.13万人。城镇化率为70.6%，比上年提高了1个百分点。苏南城镇人口2621.38万人，城镇化率为77.6%。苏中城镇人口1118.29万人，城镇化率为67.8%。苏北城镇人口1958.53万人，城镇化率为64.4%。

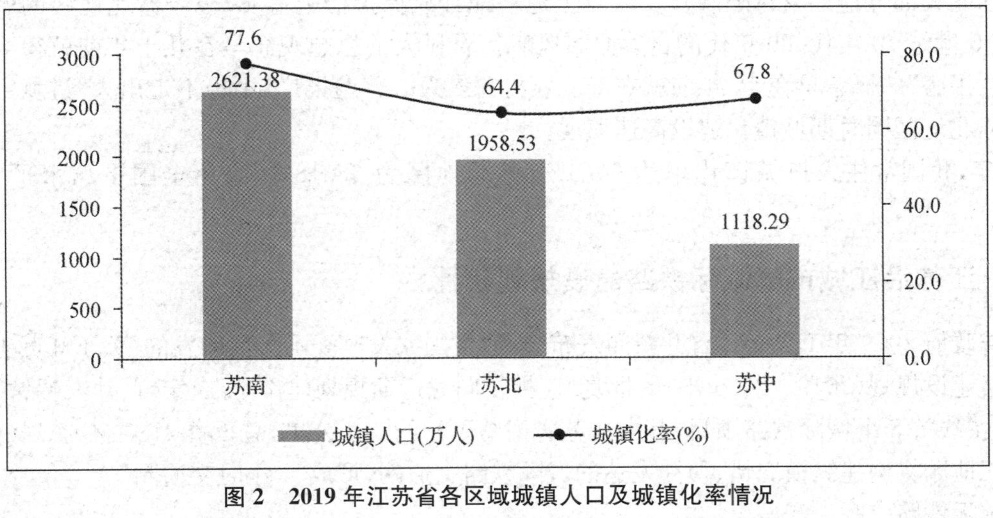

图2　2019年江苏省各区域城镇人口及城镇化率情况

苏州市城镇人口最多达827.74万人，南京市紧随其后，城镇人口707.2万人。此外，徐州市、无锡市城镇人口超500万人，镇江市城镇人口最少仅231.23万人。

南京市、无锡市、苏州市、常州市、镇江市城镇化率超全省平均水平，其中南京市城镇化率最高达83.2%，宿迁市城镇化率最低仅61.1%。与上年相比，各市城镇化率均有所提高，其中徐州市城镇化率提高1.6个百分点。

表 5　2019 年江苏省各市城镇化率排行榜

排名	地区	城镇人口(万人)	城镇化率(%)
—	江苏省	5698.23	70.6
1	南京市	707.20	83.2
2	无锡市	508.20	77.1
3	苏州市	827.74	77.0
4	常州市	347.01	73.3
5	镇江市	231.23	72.2
6	扬州市	310.24	68.2
7	南通市	498.36	68.1
8	泰州市	309.69	66.8
9	徐州市	588.84	66.7
10	盐城市	467.86	64.9
11	连云港市	286.90	63.6
12	淮安市	313.22	63.5
13	宿迁市	301.71	61.1

数据来源:江苏统计年鉴

2019 年,苏北地区常住人口城镇化率达 66.18%,相比 2018 年的 64.38%再次提高了 1.8%。

2017 年,苏南、苏中、苏北三个地区常住人口城镇化率分别达 76.39%、65.73%、61.99%。到了 2018 年,这一比例分别提高了 76.75%、66.5%、64.38%,其中苏北地区增长速度最快,仅仅 1 年时间就提升了 2.39%,城镇人口增加了 73.82 万人,增长速度快过江苏全省和苏南水平。

由于苏北大部分地区农村限制开发以及土地耕地红线保护措施落实,至今苏北地区的农房普遍依然保存着 20 世纪 70 年代、80 年代的自然原始风貌!农村人的思想观念早在几十年前就得到极大的转变,去县城"买房"的概念早在 15 年前就在苏北农村深入人心普遍推广,不得不走出去"进城入镇",或入市带动了苏北地区同时期城镇化建设高速发展。

2019 年,我国常住人口城镇化率达 60.6%,苏北地区为 66.18%,高于全国平均水平 5.58 个百分点。

(二)江苏沿江城市群城际铁路建设规划获批

江苏省政府 2019 年 1 月 9 日召开新闻发布会,通报国家发改委不久前印发的《关于江苏省沿江城市群城际铁路建设规划(2019—2025 年)的批复》。批复同意近期规划建设宁淮、宁宣、盐泰锡常宜、宁扬宁马、苏锡常快线等 8 个城际铁路项目,其中江苏省内总里程约 980 公里,总投资 2180 亿元。按照该规划,江苏省沿江地区将构建纵横交错、便捷发达的城际铁路交通网,形成"1 小时交通圈"。

一是城际铁路串联沿江城市

"江苏沿江城际铁路建设规划,是近年来国家批复的区域铁路规划中实施项目最多、设计标准最高、投资规模最大的地方铁路规划。"省发改委副主任赵建军介绍,该规划有利于优化完善我省沿江地区铁路网布局,构建现代综合交通运输体系,是我省"以我为主、系统谋划,推进全省铁路建设高质量发展"的战略部署。

江苏沿江城市群包括南京、镇江、常州、无锡、苏州、扬州、泰州、南通 8 个城市,在全省"经济版图"上可用“五六七八九”来概括：总面积约占全省的50%，常住人口占全省的62%，城镇化率为70%，地区生产总值约占全省的80%，外贸进出口额约占全省的90%，是我省建设现代化经济体系、实现高质量发展的先行区，也是加快发展城际铁路、市域(郊)铁路的理想区域。

“十二五”期间，以南京中心城区为核心的“放射状”城际轨道网络初步形成。但交通专家认为，江苏沿江城市群具有“三高一连绵”的特点：经济集聚程度高、开放程度高、城镇化程度高、社会文明程度高，城市连绵化发展趋势凸显，传统交通方式难以满足沿江城市群发展的新需求，亟需构建便捷、高效、大容量、多层次的城际铁路网络，促进产业合理集聚和分工，加速城市职能和人口调整，优化城镇结构体系，提高资源和土地集约利用。

二是4条城铁设计时速350公里

从苏中到苏南，规划的8条城铁如何布局？省铁路办副主任朱培德介绍，从区域功能来看，此次规划的城际铁路分四类：提升南京特大城市枢纽能级和城市首位度，规划建设宁淮、宁宣、宁滁等区域城际铁路；促进江苏沿江两岸跨江融合发展，规划盐泰锡常宜、如东—南通—苏州—吴江—湖州等跨江融合线路和铁路过江通道；支撑南京禄口、无锡硕放两大航空综合交通枢纽，形成“机场＋铁路”集疏运体系，布局宁扬宁马铁路、常州—无锡—硕放机场—苏州—太仓—上海铁路；对接长三角核心城市、承接上海经济辐射，推进苏州—淀山湖—上海铁路与上海市域(郊)铁路贯通运行，推动我省临沪地区与上海中心城区融合发展。

此次规划的980公里铁路中，时速250公里及以上的高速铁路718公里，占此次规划批复江苏总里程的四分之三。其中设计时速350公里线路4条，分别是宁淮、宁宣、盐城—泰州—无锡—常州—宜兴线，南京—滁州—蚌埠—亳州线江苏段里程8公里。设计时速250公里线路1条，为扬州—镇江—南京—马鞍山线镇江至马鞍山段。设计时速160—200公里的线路3条，分别是常州—无锡—苏州—上海线、苏州经淀山湖至上海线和如东—南通—苏州—湖州线。

省铁路办有关负责人说，这8条铁路建成后，我省沿江地区将形成区域城际铁路主骨架，南京都市圈和苏锡常都市圈将形成城际铁路网，我省城际交通圈将因此得以重构：南京至省内设区市1.5小时，沿江地区内1小时，沿江地区中心城市与毗邻城市0.5—1小时，基本实现对20万人口以上城市的覆盖。

三是铁路在建规模全国居前

“苏中苏北补短板、苏南完善提升、提升南京首位度——沿江城铁规划起到一石三鸟的作用。”赵建军介绍，铁路特别是高铁，曾是我省综合交通运输体系的一块“短板”。近年来，我省加快铁路建设，沪通、连淮扬镇、盐通、南沿江等铁路项目先后开工建设，去年青连、连盐等5条铁路建成通车，铁路通车营运里程超过3000公里，完成年度建设投资创历史新高，在建规模居全国前列。此次规划从战略高度系统谋划我省沿江城市城际轨道建设，补齐铁路发展短板，构筑更为完善的现代综合交通网络。

(三)促进要素资源快速流动，让“流动的中国”更有活力

“一个流动的中国，充满了繁荣发展的活力。”国家主席习近平在2019年新年贺词中这样描述新时代中国的新气象。

如何让“流动的中国”更有活力？江苏省政府工作报告提出一系列新举措，比如，取消高速公路省界收费站、持续推动网络提速降费、完善区域发展格局、着力优化营商环境、推动全方位对外开放等，将为中国高质量发展注入新活力。

一是率先成为无省界高速公路主线站省份

两年内基本取消全国高速公路省界收费站，实现不停车快捷收费，减少拥堵、便利群众。加大交通基础设施投资力度，取消或降低一批铁路、港口收费。

作为全国首批试点省份，2018年12月28日，江苏省取消高速公路苏鲁省界主线收费站和5座省内跨江大桥主线收费站。

"高速公路路网流量大、密度高,尤其是重大节假日,省界和跨江大桥主线收费站成为堵点。"全国人大代表、省交通厅厅长陆永泉算了一笔账,"过去,货车、客车、ETC车道平均通过时间分别为50秒、20秒、7秒;取消收费站后,时速80公里以内、120公里以内的单车通过时间分别为2秒、1秒"。

2019年元旦假期,京沪高速公路苏鲁收费站日均出、入口通行量分别增长29.4%、44.1%。再看京台高速,2018年元旦假期苏鲁省界收费站日均流量9100辆,高峰时段拥堵近4小时;取消收费站后,2019年元旦假期日均流量增至11000辆,未发生拥堵现象。节能环保效应同样明显,车辆快速通行,全程无中断,综合油耗、有害气体排放均降低60%。取消苏鲁省界收费站,每年还可节省700万张通行票据。

"效果立竿见影,群众仍有期待。"陆永泉表示,已梳理江苏省与沪浙皖的17个省界主线站基本情况,最快2019年11月底全部取消,江苏将成为首个无省界高速公路主线收费站的省份。同时,江苏省去年优惠减免货车通行费、船舶过闸费等31.66亿元,2019年将保持力度,让物流更顺畅。

既要快速通行,还要广泛通达。两会期间,上海青浦、苏州吴江、浙江嘉善跨省公交专线正式开行,吴江公交系统"一站直达"接入上海地铁网络,打破长期隔阂的省市管理断面。"2019年江苏省安排综合交通运输建设投资1370亿元,同比增长18%。"陆永泉介绍,项目安排向铁路、过江通道、省际交通等短板领域倾斜、向南京等核心枢纽城市倾斜,服务区域一体化发展和全省高质量发展。

二是让"信息高速公路"更快更稳

持续推动网络提速降费。推动移动网络基站扩容升级,让用户切实感受到网速更快更稳定。加强新一代信息基础设施建设。

"移动互联网发展,让互联网产业进入爆发式增长阶段,'互联网+'成为推动转型升级的重要路径。"全国人大代表、南京邮电大学校长杨震表示,3G、4G让人类进入移动互联网时代,5G的出现将开启万物互联、智慧世界时代。

中国5G技术选择独立组网方案,实现全地区超高速上网和下载,并支持低功耗、低时延、高可靠业务,是工业互联网、远程医疗、智能交通的关键支撑,优于欧美多数国家选择的非独立组网方案。"5G快速发展和应用,将推动我国信息基础设施走在世界前列。"杨震表示,江苏信息产业基础好,要超前谋划、系统推进,加快新一代信息技术应用,为高质量发展蓄势积能。

5G应用是一项系统工程,信息基础设施建设是前提。"2019年全省信息基础设施建设投资将达300亿元。"全国人大代表、省工信厅厅长谢志成介绍,《关于加快推进第五代移动通信网络建设发展的若干政策措施》将出台,争取在南京、苏州、无锡等地开展5G试点商用,全省建成3000个5G基站,在车联网等领域完成首批50个试点应用案例。

三是打造高质量发展经济带

落实和完善促进东北全面振兴、中部地区崛起、东部率先发展的改革创新举措,将长三角区域一体化发展上升为国家战略,编制实施发展规划纲要。长江经济带发展要坚持上中下游协同,打造高质量发展经济带。

凭借"一张券",昆山企业可直接购买上海科技服务资源,上海服务机构可直接在当地兑现昆山财政扶持资金,"沪昆通"实现高端科创资源共享;"嘉昆太"协同创新核心圈、G60科创走廊战略合作、环淀山湖战略协同区一体化发展等战略合作落地,江浙沪交界处将建设长三角区域一体化示范区……这些看得见、有前景的新合作,成为代表委员热议的话题。

全国两会期间,区域一体化特别是长江经济带建设、长三角区域一体化发展备受关注。衔接苏沪、沟通苏浙,苏州在长三角区域一体化发展中承担重要使命。"我们将围绕国际化大都市发展定位,加强与周边城市全方位合作,推动区域协同创新、特色产业协作共赢、基础设施互联互通、环境治理联防联控、民生工程共建共享,在更高层次、更大范围、更广领域扩大交流合作,努力把苏州建设成为长三角世界城市群的中心城市。"全国人大代表、苏州市市长李亚平表示,作为常住人口超过1200万人的城市,苏州对综合交通运输体系特别是高铁、航空需求巨大，将积极向上争取，着力打造长三角交通枢纽。

每到节假日，在徐州市中心商圈，地下停车场一半以上都是外地牌照车辆，主要购物中心 1/3 消费者来自山东枣庄、河南商丘、安徽宿州等距离徐州 1 小时车程的城市。徐州三甲医院年门诊量超过济南、合肥，形成辐射苏鲁豫皖四省、直接服务半径 150 公里的医疗服务圈。

放眼全国，在“苏满欧”“连新亚”等跨境班列快速发展的同时，中欧班列(徐州号)奋力加码，2019 年力争开行 200 列，将是前三年班次总和的两倍，以多式联运深度融入“一带一路”市场。“摆脱‘地级市思维’、破除传统‘苏北意识’，以大胸怀打破行政区划界限，主动吸纳对接各种资源要素，着力建设区域经济、商贸物流、金融服务、科教文化‘四个中心’。”全国人大代表、徐州市委书记周铁根表示，徐州将登高望远、脚踏实地，着力培育中心城市新优势、推动发展能力新提升，在服务大局中建好淮海经济区中心城市。

四是以高水平开放带动改革全面深化

深化“放管服”改革，下硬功夫打造好发展软环境。进一步拓展开放领域、优化开放布局，继续推动商品和要素流动型开放，更加注重规则等制度型开放，以高水平开放带动改革全面深化。

在福布斯 2018 年中国大陆最佳商业城市排名中，常州列设区市第 4 位，与常州大力优化营商环境密不可分。“把市场主体的活跃度保持住、提上去，是促进经济平稳增长的关键所在。”全国人大代表、常州市市长丁纯表示，常州将以简审批优服务便利投资兴业、以公正监管促进公平竞争、以改革推动降低涉企收费，努力打造国内贸易投资最便利、行政效率最高、服务管理最规范、法治体系最完善的城市之一。

聚焦“堵点”“痛点”，常州将按“政府少干预、市场多配置”原则，推动政务服务事项全面进驻市、区两级政务服务中心，实现企业和群众必须到现场办理的事项“只进一扇门”，推进同一事项无差别受理、同标准办理、“一窗通办”，为各类企业营造稳定透明可预期的发展环境。

江苏建设“一带一路”交汇点，连云港应充分发挥战略支点作用，在服务全省乃至全国发展中有更大作为。“围绕建设大港口、构建大交通、推动大开放、发展大产业、促进城市功能和品质大提升、实现连云港大发展，以人流、物流、资金流、信息流为核心，系统推进战略支点建设。”全国人大代表、连云港市委书记项雪龙表示，连云港将着力打造有影响的区域发展中心、重点产业中心、综合枢纽中心，以高质量发展成果彰显“一带一路”建设战略支点的新形象，为全省高质量发展走在前列和国家对外开放新格局作出更大贡献。

四、浙江省城镇和城镇现代化进程与措施

改革开放以来，浙江省率先在全国实施城市化战略，创造性地提出“新型城市化”命题，遵循“创新、协调、绿色、开放、共享”的新发展理念，走出了一条极具浙江特色的新型城市化道路。

(一) 浙江城市化的三个阶段

一是创新引领，城市化发展水平迅速提高

1978 年，浙江城市化率为 14%，低于全国平均水平近 4 个百分点；2019 年，浙江省城市化率达 70%，比全国早十年进入城市型社会。

第一阶段：发动阶段(1978—1997 年)

以“撤县设市”和“整县改市”的方式，城市数量从 3 个迅速增加到 33 个。通过乡镇的“撤扩并”，小城镇数量从 1983 年的 185 个迅速增加到 1997 年的 993 个。

第二阶段：快速发展阶段(1998—2005 年)

浙江省第十次党代会作出“不失时机地推进城市化进程”战略。在《浙江省城市化发展纲要》的引领下，1998—2005 年，城市化率从 36.8%提高到 56%，年均增长 2.8 个百分点，城市规模迅速扩大。

第三阶段:质量提升阶段(2006 年至今)

2006 年 8 月 8 日,时任浙江省委书记习近平同志主持召开全省城市工作会议,在全国首开先河提出"新型城市化"命题,明确要求"走资源节约、环境友好、经济高效、社会和谐、大中小城市和小城镇协调发展、城乡互促共进的新型城市化道路",标志着浙江城市化进入了以提升质量为主的发展阶段。

二是统筹协调,城市化空间格局不断优化

1999 年,国务院批准实施《浙江省城镇体系规划(1996—2010)》,浙江成为全国第一个实施城镇体系规划的省份,城市化空间布局不断优化,城乡统筹协调发展。

三是绿色发展,城市化自然人文生态保护良好

2005 年 8 月 15 日,时任浙江省委书记习近平同志在安吉天荒坪镇余村考察时,提出"绿水青山就是金山银山"的科学论断。

(二)浙江城市化总体水平

十多年来,浙江省相继实施"811"环境污染整治、循环经济"911"等行动计划,大力发展生态经济、改善生态环境、培育生态文化,在实践中将生态文明理念融入城市化的全过程。

2019 年末,浙江省常住人口为 5850 万人,同比增加 113 万人。城镇人口占总人口的比重(即城镇化率)突破 70.0%,与 2018 年相比,上升 1.1 个百分点。

浙江省各市常住人口城镇化率均超 60%,杭州市、宁波市、温州市城镇化率超全省平均水平,其中杭州城镇化率最高达 78.5%。

与 2018 年相比,衢州市、绍兴市、丽水市、嘉兴市、杭州市、金华市、湖州市七市城镇化率至少提高了 1 个百分点。衢州市城镇化进程较快,城镇化率较 2018 年提高了 2 个百分点。

2019 年浙江省 5‰人口变动抽样调查以全省为总体,以 11 个设区市为子总体,采取分层、整群、概率比例的抽样方法,共抽取 1293 个村级单位为调查样本,调查人口 30 余万人。根据 5‰人口变动抽样调查数据推算的全省 2019 年人口主要数据公布如下:

第一,城乡构成情况

2019 年末,全省常住人口中,城镇人口为 4095 万人,农村人口为 1755 万人。城镇人口占总人口的比重(即城镇化率)为 70.0%,与 2018 年相比,上升 1.1 个百分点。

第二,性别构成情况

2019 年末,全省常住人口中,男性为 3004.7 万人,占总人口的 51.4%;女性为 2845.3 万人,占总人口的 48.6%。性别比(以女性为 100,男性对女性的比例)为 105.6。

第三,年龄构成情况

2019 年,末全省常住人口中,0—15 岁的人口为 824.9 万人,占总人口的 14.1%,比上年下降 0.4 个百分点;16—59 岁的人口为 3820.0 万人,占总人口的 65.3%,比上年下降 0.6 个百分点;60 岁及以上的人口为 1205.1 万人,占总人口的 20.6%,比上年上升 1.0 个百分点。其中,65 岁及以上人口为 830.7 万人,占比为 14.2%,比上年上升 0.6 个百分点。

第四,自然增长状况

2019 年末,全省常住人口中,出生人口为 60.9 万人,死亡人口为 32.0 万人,自然增加人口为 28.9 万人。出生率为 10.51‰,死亡率为 5.52‰,自然增长率为 4.99‰。与 2018 年相比,出生率下降 0.51 个千分点,死亡率下降 0.06 个千分点,自然增长率下降 0.45 个千分点。

表 6　2019 年浙江省各市常住人口城镇化率排行榜

排名	地区	城镇化率(%)	变化(%)
—	浙江省	70.0	1.1
1	杭州市	78.5	1.1
2	宁波市	73.6	0.7
3	温州市	70.5	0.5
4	金华市	68.7	1.0
5	舟山市	68.6	0.5
6	绍兴市	68.4	1.8
7	嘉兴市	67.4	1.4
8	湖州市	64.5	1.0
9	台州市	63.7	0.7
10	丽水市	63.0	1.5
11	衢州市	60.0	2.0

数据来源:浙江省统计年鉴

(三)浙江省城市化的主要特点

一是杭州常住人口持续高增长,2019 年增量比 2018 年多了 21.6 万人。

2019 年 55.4 万人的人口增量,代表着杭州常住人口高速增长的态势已持续 5 年。

根据杭州市统计局数据显示,过去 5 年杭州常住人口增量分别是 12.6 万人、17 万人、28 万人、33.8 万人、55.4 万人,增量呈逐年递增之势,并在 2018 年突破了 30 万大关,使常住人口从 2017 年的 946.8 万人增至 980.6 万人。

2019 年,人口增量又突破了 50 万大关,比 2018 年 33.8 万人的增量还多了 21.6 万人,使杭州的常住人口从 2018 年末的 980.6 万人增加至 2019 年末的 1036 万人,正式成为常住人口千万级别的"特大城市"。

二是城市集聚效应将更加明显,杭州城市竞争力有望实现飞跃

在最新印发的《长江三角洲区域一体化发展规划纲要》中,明确杭州、南京两座城市为特大城市。这是对杭州城市发展现状的一种认可,而人口正是决定城市规模的关键因素。

人是生产力的第一要素,城市的发展离不开强大的生产力,更离不开作为生产力第一要素的人。从某种意义上来说,有了人,城市才能更好地发展;人力越强大,相应城市发展的动力才会越强大。

而城市的强大依靠的是一种集聚效应,人是集聚的基础,在形成了坚实的基础之后,才能拥有包括经济要素、科技要素在内的各种其他发展要素。

杭州目前的集聚效应已经非常强大,在全国各大城市纷纷推出各类优厚政策吸引人才的背景下,杭州在 2019 年一年内增加了 55.4 万人的常住人口,这正是杭州强大集聚效应的体现。

1000 万人口在城市发展学中被视为一个关键性的标志,在突破人口 1000 万的这个关口之后,杭州的集聚效应不但不会减弱,反而将变得更为明显,未来的人口增量或许会更多。

集聚效应的加强,将会对各类资源产生更加强大的吸引力,尤其是优质资源,更容易被吸引到集聚效应更强的城市。优质资源集中在杭州后,城市的竞争力有望经历质变般的飞跃,杭州也有希望在激烈的城市竞争中脱颖而出,成为中国城市发展过程中一颗亮眼的新星。

三是人口突破1000万的杭州更需要与发展趋势相符的高素质人口

在激烈的城市竞争中,杭州能够脱颖而出,受到全国乃至世界各地精英人才的认可,获得大量的人口增长,和我们这个城市独特的发展思路有很大的关系。

抓住信息经济新动能,主打智慧经济、智慧产业的杭州,在经济转型升级过程中,电子商务、云计算与大数据、数字内容、信息安全等数字经济优势产业竞争力持续提升,人工智能、区块链等未来产业蓬勃发展。这些符合当下经济发展新趋势的产业逐渐壮大,其背后是杭州敢为人先、与时俱进的独特发展思路,最终令杭州的城市辐射力和人才吸引力都得到飞跃。

目前,杭州的常住人口总量已突破1000万人,"超大城市"正成为杭州一个发展新目标。未来一个时期内,数字经济依然是杭州经济发展的大引擎,所以杭州更适合引进从事数字经济发展相关专业的人才,这不仅有利于城市的综合发展,人才自身也能获得更全面的提升。

(四)擘画大都市区建设新蓝图

全面实施大湾区大花园大通道大都市区建设,是浙江省委、省政府重大决策部署。其中,大都市区作为"大湾区的主引擎、大花园的主支撑、大通道的主枢纽",更是浙江现代化发展的引领极。2019年2月21日召开的浙江省大都市区建设新闻发布会上明确,浙江省将围绕高质量推进面向未来的大都市区建设,着力打造体现现代化特征、具备核心竞争力和强大发展能级的大都市区。

发布会上首次提出了浙江省大都市区建设的总目标——努力成为长三角世界级城市群一体化发展金南翼。在具体目标上,浙江要把大都市区打造为"参与全球竞争主阵地、长三角高质量发展示范区、浙江现代化发展引领极"。

从时间跨度上,大都市区建设要分"两步走":"第一步"是到2022年,全省大都市区的综合实力明显提高、特色优势更加鲜明、核心功能更加集聚、联系互动更为紧密、辐射带动更为显著。浙江省已经给"第一步"设立了具体明确的要求:大都市区核心区GDP总量全省占比78%以上,常住人口总量全省占比72%以上,第三产业增加值占GDP比重达60%,各类人才总量超过1000万人,城市轨道交通总里程达到850公里以上,城市智慧大脑服务面积覆盖率达到30%以上。"第二步"是到2035年,浙江省的四大都市区要全面建成"七个城",即充满活力的创新之城、闻名国际的开放之城、互联畅通的便捷之城、包容共享的宜居之城、绿色低碳的花园之城、安全高效的智慧之城、魅力幸福的人文之城。

同时,全省城乡实现高水平一体化发展,在长三角世界级城市群中的功能地位进一步提升,成为长三角最具影响力的战略资源配置中心、最具活力的新经济创新创业高地、最具吸引力的美丽城乡示范区,国际竞争力显著增强,达到世界创新型地区领先水平。

在空间格局上,将呈现"四核、四带、四圈",即以杭州、宁波、温州、金义四大都市区核心区为中心带动,以环杭州湾、甬台温、杭金衢、金丽温四大城市连绵带为轴线延伸,以四大都市经济圈为辐射拓展的"四核、四带、四圈"网络型城市群空间格局。其中,四大都市区核心区的"极核功能"将被强化,按照特色优势,打造差异化的功能布局。比如,杭州都市区,要以数字经济为特色,发挥其独特韵味、别样精彩世界名城的辐射作用;宁波都市区,定位在建设以开放创新为特色的国际港口名城;民营经济活跃的温州都市区,要建设以国际时尚智造为特色的中国民营经济之都;金义都市区,则建设以丝路开放为特色的世界小商品之都、国际影视文化之都。

"大都市区建设,从谋划到发布,到未来的建设,都充分体现以人为本。"省发改委副主任翁建荣说。

(五)杭州钱塘新区获批设立

2019年4月2日,浙江省政府批复同意设立杭州钱塘新区。这意味着,杭州大江东产业集聚区和杭州经济技术开发区(下沙)正式整合。整合之后,新设立的钱塘新区面积达531.7平方千米,托管管理范围包括江干区的下沙、白杨2个街道,萧山区的河庄、义蓬、新湾、临江、前进5个街道,以及大江东产业集聚区规划控制范围内的其他区域(不含党湾镇所辖接壤区域的行政村)。

大江东产业集聚区与杭州经济技术开发区位于杭州东隅、钱塘江下游要冲。大江东产业集聚区是浙江15个省级产业集聚区之一,2010年成立,先后获批国家级高新区、国家产城融合示范区等。杭州经济技术开发区成立于1990年,1993年经国务院批准成为国家级经济技术开发区。2018年末,杭州经济技术开发区在国家级经济技术开发区综合发展水平考核中位列全国第九,是全省唯一跻身全国“十强”的经开区。

根据浙江省政府的批复,新成立的钱塘新区将全面落实省委、省政府“四大”建设决策部署,高效发挥杭州经济技术开发区等国家级平台的带动作用,优化资源配置,强化科技创新,加快转型升级,着力打造世界级智能制造产业集群、长三角地区产城融合发展示范区、全省标志性战略性改革开放大平台、杭州湾数字经济与高端制造融合创新发展引领区。

浙江省政府批复文件要求,杭州钱塘新区要坚持以体制机制创新为突破,按照“一个平台、一个主体、一套班子、多块牌子”的体制架构,保持原有3个国家级牌子(杭州经济技术开发区、浙江杭州出口加工区、萧山临江高新技术产业开发区)不变,同步撤销区域内省级以下产业平台牌子。同时,杭州钱塘新区管理机构设置和人员编制要遵循精简、统一、高效的原则,严格控制总量,依法依规设置。

五、安徽省城镇和城镇现代化进程与措施

(一)安徽省城市化的基本情况

2019年,安徽省常住人口6365.9万人,增加42.3万人;城镇人口3552.8万人,比上年增加94.4万人。常住人口城镇化率为55.81%,比上年提高1.12个百分点。

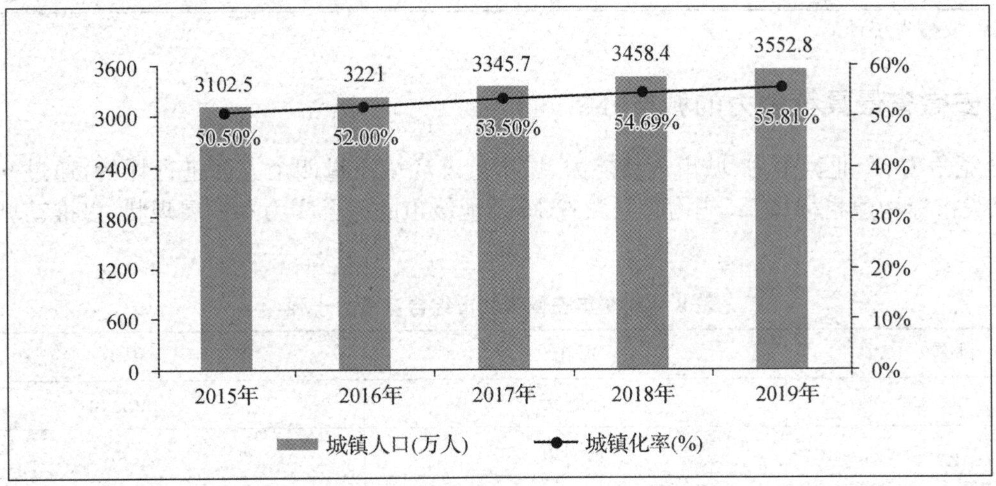

图3　安徽省城镇人品数量及城镇化率情况

数据来源:安徽省统计局

8个城市常住人口城镇化率超全省平均水平,其中合肥市常住人口城镇化率最高达76.33%,马鞍山市、芜湖市排名第二和第三,常住人口城镇化率分别为69.12%、66.41%。此外,淮北市、淮南市城镇化率超65%。安庆市、六安市、阜阳市、宿州市、亳州市城镇化率不足50%,乡村人口多于城镇人口。亳州市城镇化率最低,仅42.22%。

与上年相比,10个城市常住人口城镇化率提升幅度超1个百分点。合肥市城镇化进程加快,常住人口城镇化率较上年提高1.36个百分点。

表 7　2019 年安徽省各市常住人口城市化率排行榜

排名	地区	城镇化率(%)
—	安徽省	55.81
1	合肥市	76.33
2	马鞍山市	69.12
3	芜湖市	66.41
4	淮北市	65.88
5	淮南市	65.04
6	蚌埠市	58.58
7	铜陵市	57.16
8	宣城市	56.33
9	池州市	54.92
10	滁州市	54.54
11	黄山市	52.49
12	安庆市	49.98
13	六安市	47.09
14	阜阳市	44.62
15	宿州市	43.96
16	亳州市	42.22

数据来源:安徽省统计局

(二)安徽省最具竞争力的城市分析

从综合竞争力、产业竞争力、城市创新能力、城市生态环境质量四个方面进行评价,通过 9 个二级指标、82 个三级指标构建指标体系,建构起安徽省 16 个地级市的综合实力和发展现状,以推动城市高质量发展。

表 8　2019 年安徽省城市综合竞争力十强

排名	城市	得分
1	合肥市	0.8114
2	芜湖市	0.3865
3	马鞍山市	0.3466
4	滁州市	0.2904
5	蚌埠市	0.2594
6	铜陵市	0.2551
7	安庆市	0.2474
8	阜阳市	0.2419
9	六安市	0.2009
10	宿州市	0.1971

根据评价结果显示，合肥市、芜湖市、马鞍山市、滁州市、蚌埠市在安徽省城市综合竞争力排名中位居前五位。相比上年变化幅度较小，滁州市由第6名上升至第4名，铜陵市由第4名下降到第6名，其余4个城市排名保持不变。

总体来看，合肥市、芜湖市、马鞍山市经济发展情况好，综合竞争力位居省内前三，多个指标均位于全省前列。合肥市、芜湖市和马鞍山市地域优势明显，发展潜力巨大，为带动周边城市经济发展作出了贡献。

合肥市在城市生态环境质量排名中位居第二，在城市综合竞争力、城市产业竞争力和创新能力的排名中均位居第一，发展实力强劲，各项指标均排在前列。合肥市是全省政治、经济、文化、交通中心，聚集了全省的人力、资金和先进技术，其综合竞争力在省内领先。

与上年相比，滁州市由第6名上升到第4名，综合竞争力有所提升。滁州市位于南京都市圈的核心层，发展环境优越，发展潜力巨大，综合竞争力相对靠前。

值得关注的是，安庆市和宣城市排名上升较快。与上年相比，安庆市上升为第7名。

表9　2019年安徽省城市产业竞争力十强

排名	城市	得分
1	合肥市	0.0966
2	芜湖市	0.0541
3	铜陵市	0.0410
4	马鞍山市	0.0369
5	滁州市	0.0343
6	蚌埠市	0.0327
7	淮北市	0.0278
8	安庆市	0.0271
9	宿州市	0.0266
10	阜阳市	0.0230

产业是经济发展的核心。报告从产业结构高级化、产业结构合理化以及特色产业发展三个层面，构建综合指标体系。

安徽省城市产业竞争力排名前5名的分别为合肥市、芜湖市、铜陵市、马鞍山市和滁州市。与上年相比，排名前四位的城市没有变化，仅滁州市取代了亳州市第5名的位置，说明合肥市、芜湖市、铜陵市、马鞍山市的产业竞争力较强，滁州市产业竞争力有明显提升。

总体来看，安徽省各城市的产业竞争力差异较大。同时，2018年安徽省第二产业在地区生产总值中所占比重有所下降，第三产业占比提高，并且占据主导地位，这说明安徽省由工业主导型经济向服务主导型经济转变，城市产业结构有所优化。

表10　2019年安徽省城市创新能力十强

排名	城市	得分
1	合肥市	0.1428
2	芜湖市	0.0575
3	马鞍山市	0.0421
4	滁州市	0.0395

续表

排名	城市	得分
5	蚌埠市	0.0260
6	宣城市	0.0255
7	铜陵市	0.0226
8	阜阳市	0.0222
9	安庆市	0.0214
10	淮南市	0.0201

在经济高质量发展中,城市创新能力显得尤为重要。在安徽省城市创新能力排名中,排名前三位的分别是合肥市、芜湖市和马鞍山市,说明这三个城市在创新能力方面表现较好。

表 11　2019 年安徽省城市生态环境质量十强

排名	城市	得分
1	黄山市	0.0653
2	合肥市	0.0600
3	阜阳市	0.0570
4	蚌埠市	0.0569
5	六安市	0.0558
6	宣城市	0.0551
7	滁州市	0.0530
8	池州市	0.0522
9	安庆市	0.0491
10	芜湖市	0.0490

随着城市化进程加快,城市也正在经历一场生态变革。对城市生态环境质量排名得分结果分析,可以看出,排名前三位的城市分别为黄山市、合肥市和阜阳市,这些城市的生态环境质量相对较好,尤其是阜阳市排名上升较快,从上年的第 8 位升至第 3 位。

在生态文明建设中,黄山市以改善生态环境质量为核心,制定出台一系列制度性文件,污染防治攻坚战和生态文明建设取得显著成效。合肥市加强顶层设计,进一步完善生态环保工作的政策和制度框架体系。阜阳市坚持长效监管机制,坚持不懈推进生态文明建设和环境保护工作。

(三)积极抢抓国家战略机遇 奋力推动安徽高质量发展

2019 年 5 月 13 日下午,安徽省委书记李锦斌出席省政协十二届常委会第七次会议暨推进长三角更高质量一体化发展资政会开幕会并发表讲话。他强调,要深入学习贯彻中央政治局会议精神和习近平总书记重要指示批示精神,认真落实《长江三角洲区域一体化发展规划纲要》,抢抓机遇、主动作为、乘势而上,全面建设现代化五大发展美好安徽,为长三角一体化发展国家战略实施作出安徽贡献。省政协主席张昌尔主持会议。省委常委、常务副省长邓向阳,省委常委、省委秘书长陶明伦,省政协副主席肖超英、夏涛、韩军、孙丽芳、郑宏、李和平、郑永飞出席会议。

李锦斌在讲话中指出，这次资政会以“推进长三角更高质量一体化发展”为主题，指向精准、安排及时，形成了高质量的《建议案》、专题片和系列调研成果。省委、省政府及有关部门要认真研究吸纳这次资政会成果，共同推动长三角一体化发展各项工作走深走实。

李锦斌指出，把长三角一体化发展上升为国家战略是以习近平同志为核心的党中央着眼我国社会主义现代化建设全局作出的重大决策部署。安徽作为长三角一体化发展的重要方面军，要坚持以习近平新时代中国特色社会主义思想为指导，全面落实《长江三角洲区域一体化发展规划纲要》，坚持新发展理念，坚持推动高质量发展，坚持以供给侧结构性改革为主线，深入推进重点领域一体化建设，显著提升创新型现代产业体系建设水平、城乡区域融合发展水平、生态环境质量水平、经济对外开放水平、公共服务保障水平，推动全省综合实力和区域竞争力实现大的跃升。

李锦斌强调，要聚焦“协调共进”，发挥安徽创新活跃强劲、制造特色鲜明、生态资源良好、内陆腹地广阔等综合优势，统筹推进合肥都市圈、合芜蚌自主创新示范区、皖江城市带承接产业转移示范区、皖北承接产业转移集聚区、皖南国际文化旅游示范区建设，提升发展整体效能，全力打造长三角高质量发展重要增长极。要聚焦“创新共建”，依托“四个一”创新主平台和“一室一中心”分平台，加快构建科技创新平台体系、实施科技创新攻坚计划、建设科技成果转移转化中心、培育战略性新兴产业集群，高水平推动G60科创走廊建设，促进形成长三角科技创新共同体，全力打造长三角强劲活跃的科技创新策源地。要聚焦“绿色共保”，以开展“三大一强”专项攻坚行动为主抓手，突出生态廊道促联保，突出问题整改促联治，突出生态补偿促联管，全力打造长三角生态优先绿色发展样板区。要聚焦“开放共赢”，加密扩容基础通道，布局建设开放平台，推深做实“四送一服”，牵头办好世界制造业大会等国际展会，大力开展“三比一增”专项行动，全力打造长三角承东启西内陆开放新高地。要聚焦“民生共享”，扩大公共服务资源供给，推动公共服务制度接轨，促进社会治理共建共治，全力打造长三角幸福美好生活新家园。

李锦斌强调，长三角一体化发展国家战略即将进入全面实施阶段，这是安徽发展的头等大事，是全省人民的共同事业。全省政协组织和广大政协委员要发挥独特优势和作用，围绕服务推进长三角一体化发展大局，积极建言献策，贡献智慧力量，携手开创全面建成小康社会、加快建设现代化五大发展美好安徽新局面。

张昌尔在主持会议时指出，全省政协组织和广大政协委员要深入学习贯彻习近平总书记重要指示批示精神，按照李锦斌书记讲话要求，紧紧围绕贯彻实施长三角更高质量一体化发展国家战略的安徽任务，增强责任担当，发挥职能优势，深入调研论证，持续献计助力，把建言资政和凝聚共识双向发力的要求贯穿履职全过程，扎实做好建真言、谋良策、聚共识、增合力的各项工作，为推动长三角更高质量一体化发展作出政协贡献。

王有军、韩冰、陈怡、章晓军、李霞、刘明平等6位同志作了大会发言。省直有关单位负责同志，省辖市、部分县(市、区)政协主要负责同志，有关专家学者参加了会议。

(四)出台措施推进重大新兴产业基地高质量发展

2019年5月，安徽省政府正式印发《关于推进重大新兴产业基地高质量发展若干措施的通知》，进一步增强高质量发展支撑力，加快形成推进重大新兴产业基地建设的激励约束机制，全面提升产业链水平，加快打造全国重要的战略性新兴产业高地。

《若干措施》主要针对基地规模不大、配套不强、发展分化、后劲不足等突出矛盾，针对性提出相关措施，分为八个方面20条措施。在加强统筹谋划方面，《若干措施》提出加强规划引领，各设区市要按照高质量发展要求，研究制定《重大新兴产业基地新三年(2019—2021年)建设规划》；突出产业集聚；推进科学管理，全面推进基地建设“五个一”工作机制。在提升产业链水平方面，《若干措施》提出，对接科创资源，支持基地对接多源多点创新资源，推行“创新成果＋开发园区＋产业基金＋‘三重一创’政策”的科技创新成果转化"四融"模式。对接重大战略,积极衔接长三角一体化发展等国家战略。引导战略方向,率先在智能家电、新型显示、芯片、新能源汽车、工业机器人和人工智能等领域,打造一批具有重要影响力的新兴产业集群。在完善支持政策方面,《若干措施》提出扩大政策覆盖范围,将"三重一创"支持政策中新建战略性新兴产业制造类项目门槛由一般项目5亿元、产品技术水平国际领先或填补国内空白项目2亿元全部降低为1亿元。充实"一事一议"政策内容,拓展到实际总投资20亿元及以上,引领发展方向、具有先发优势、填补省内空白的战略性新兴产业制造类项目以及关键技术研发产业化和产业公共服务项目。强化基金保障,增加"三重一创"产业发展基金服务基地建设的考核权重,基金每年投资基地项目的比例不低于60%。

此外,在完善评估机制、实行动态管理、创新工作方式、加强管理监测、优化营商环境等方面,《若干措施》也提出了相关措施。

第十五章 长三角地区居民收入情况

一、居民收入基本情况

（一）一市三省居民收入情况

表 1 2015—2019 年长三角地区一市三省城镇居民人均可支配收入 （单位：元）

地区	2015 年	2016 年	2017 年	2018 年	2019 年
上海市	52962	57692	62596	68034	73615
江苏省	37173	40152	43622	47200	51056
浙江省	43714	47237	51261	55574	60182
安徽省	26936	29156	31640	34393	37540

表 2 2015—2019 年长三角地区一市三省农村居民人均可支配收入 （单位：元）

地区	2015 年	2016 年	2017 年	2018 年	2019 年
上海市	23205	25520	27825	30375	33195
江苏省	16257	17606	19158	20845	22675
浙江省	21125	22866	24956	27302	29876
安徽省	10821	11721	12758	13996	15416

（二）省辖市居民收入情况

表 3 2015—2019 年长三角地区各省辖市城镇居民人均可支配收入 （单位：元）

地区	2015 年	2016 年	2017 年	2018 年	2019 年
江苏省	—	—	—	—	—
南京市	46104	49997	54538	59308	64372
无锡市	45129	48628	52659	56989	61915
徐州市	26219	28421	30987	33586	36215
常州市	42710	46058	49955	54000	58345
苏州市	50390	54400	58806	63481	68629
南通市	36291	39247	42756	46321	50217
连云港市	25728	27853	30293	32749	35390
淮安市	28105	30335	32976	35828	38952
盐城市	28200	30496	33115	35896	38816

续表

地区	2015 年	2016 年	2017 年	2018 年	2019 年
扬州市	32946	35659	38828	41999	45550
镇江市	38666	41794	45386	48903	52713
泰州市	34092	36828	40059	43452	47216
宿迁市	22233	24086	26118	28281	30614
浙江省	—	—	—	—	—
杭州市	48316	52185	56276	61172	66068
宁波市	47852	51560	55656	60134	64886
温州市	44026	47785	51866	56097	60957
嘉兴市	45499	48926	53057	57437	61940
湖州市	42238	45794	49934	54393	59028
绍兴市	46747	50305	54445	59049	63935
金华市	43193	46554	50653	54883	59348
衢州市	33212	36188	39577	43126	46933
舟山市	44845	48423	52516	56622	61479
台州市	43266	47162	51374	55705	60351
丽水市	32875	35968	38996	42557	46437
安徽省	—	—	—	—	—
合肥市	31989	34852	37972	41484	45404
淮北市	25690	27248	29578	31959	34727
亳州市	23120	25053	27246	29711	32409
宿州市	23630	25533	27703	30100	32643
蚌埠市	26369	28653	31160	33855	37028
阜阳市	23496	25483	27713	30113	32844
淮南市	28106	28098	30405	32852	35826
滁州市	24168	26286	28612	31230	34091
六安市	22238	24728	26731	29070	31788
马鞍山市	35262	38142	41403	45108	49010
芜湖市	29766	32315	35175	38397	42064
宣城市	28602	30877	33548	36554	39975
铜陵市	31748	30633	33283	35995	39256
池州市	24278	26261	28394	30884	33747
安庆市	23966	26502	28675	31187	34041
黄山市	26226	28393	30821	33551	36658

表 4　2015—2019 年长三角地区各省辖市农村居民人均可支配收入　（单位:元）

地区	2015 年	2016 年	2017 年	2018 年	2019 年
江苏省	—	—	—	—	—
南京市	19483	21156	23133	25263	27636
无锡市	24155	26158	28358	30787	33574
徐州市	13982	15274	16697	18206	19873
常州市	21912	23780	25835	28014	30491
苏州市	25580	27750	29977	32420	35152
南通市	17267	18741	20472	22369	24303
连云港市	12778	13932	15273	16607	18061
淮安市	13128	14319	15601	17058	18567
盐城市	15748	17172	18711	20357	22258
扬州市	16619	18057	19694	21457	23333
镇江市	19214	20922	22724	24687	26785
泰州市	16410	17861	19494	21219	23116
宿迁市	12772	13929	15268	16639	18121
浙江省	—	—	—	—	—
杭州市	25719	27908	30397	33193	36255
宁波市	26469	28572	30871	33633	36632
温州市	21235	22985	25154	27478	30211
嘉兴市	26838	28997	31436	34279	37413
湖州市	24410	26508	28999	31767	34803
绍兴市	25648	27744	30331	33097	36120
金华市	20297	21896	23922	26218	28511
衢州市	16884	18421	20225	22255	24426
舟山市	25903	28308	30791	33812	36784
台州市	21225	23164	25369	27631	30221
丽水市	15000	16459	18072	19922	21931
安徽省	—	—	—	—	—
合肥市	15733	17059	18594	20389	22462
淮北市	9882	10653	11611	12745	14052
亳州市	9738	10576	11591	12756	14102
宿州市	9140	9917	10859	11941	13213
蚌埠市	11552	12591	13769	15114	16666
阜阳市	9001	9776	10748	11830	13079
淮南市	10139	10848	11841	12926	14250
滁州市	10070	10956	11947	13127	14487
六安市	9197	9960	10857	11959	13244

续表

地区	2015 年	2016 年	2017 年	2018 年	2019 年
马鞍山市	16331	17719	19358	21267	23473
芜湖市	15964	17307	18830	20649	22745
宣城市	12309	13379	14590	16013	17542
铜陵市	11169	12054	13145	14335	15791
池州市	11511	12409	13476	14709	16099
安庆市	9985	10814	11814	12990	14347
黄山市	11872	12869	14034	15391	16970

(三) 促进居民收入的措施与进展

2019 年,全国居民人均可支配收入 30733 元,比上年增长 8.9%,扣除价格因素,实际增长 5.8%。全国居民人均可支配收入 26523 元,增长 9.0%。按常住地分,城镇居民人均可支配收入 42359 元,比上年增长 7.9%,扣除价格因素,实际增长 5.0%。城镇居民人均可支配收入 39244 元,增长 7.8%。农村居民人均可支配收入 16021 元,比上年增长 9.6%,扣除价格因素,实际增长 6.2%。农村居民人均可支配收入 14389 元,增长 10.1%。按全国居民五等份收入分组,低收入组人均可支配收入 7380 元,中间偏下收入组人均可支配收入 15777 元,中间收入组人均可支配收入 25035 元,中间偏上收入组人均可支配收入 39230 元,高收入组人均可支配收入 76401 元。全国农民工人均月收入 3962 元,比上年增长 6.5%。

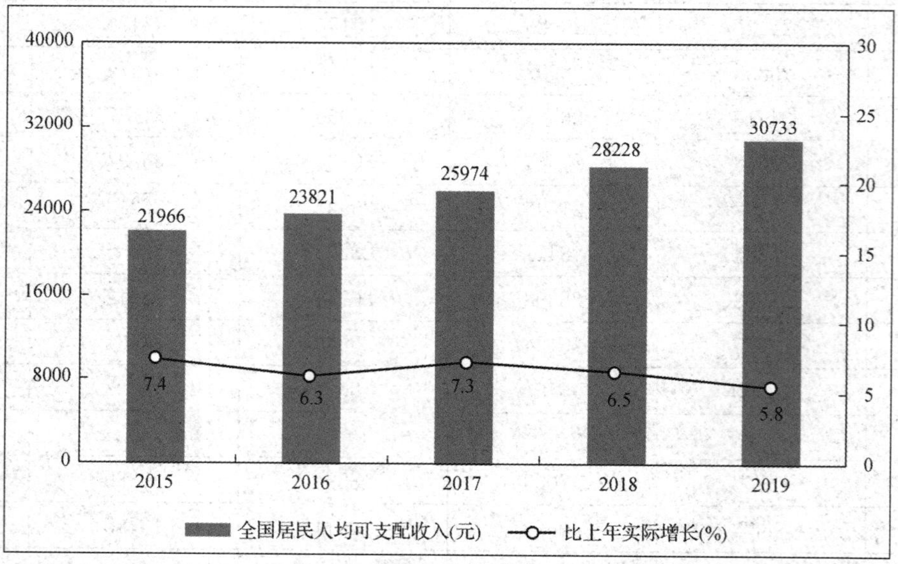

图 1　2015—2019 年全国居民人均可支配收入及其增长速度

表 5　2013 年和 2019 年全国大陆地区各省人均可支配收入排名

2013 年			2019 年		
收入排名	地区	人均可支配收入(元)	收入排名	地区	人均可支配收入(元)
1	上海	42173.64	1	上海	69442
2	北京	40830.04	2	北京	67756

续表

2013 年			2019 年		
收入排名	地区	人均可支配收入(元)	收入排名	地区	人均可支配收入(元)
3	浙江	29774.99	3	浙江	49899
4	天津	26359.20	4	天津	42404
5	江苏	24775.54	5	江苏	41400
6	广东	23420.75	6	广东	39014
7	福建	21217.95	7	福建	35616
8	辽宁	20817.84	8	辽宁	31820
9	山东	19008.26	9	山东	31597
10	内蒙古	18692.89	10	内蒙古	30555
11	重庆	16568.67	11	重庆	28920
12	湖北	16472.46	12	湖北	28319
13	湖南	16004.9	13	湖南	27680
14	吉林	15998.12	14	海南	26679
15	黑龙江	15903.45	15	安徽	26415
16	海南	15733.28	16	江西	26262
17	河北	15189.64	17	河北	25665
18	安徽	15154.31	18	四川	24703
19	山西	15119.72	19	陕西	24666
20	江西	15099.68	20	吉林	24563
21	宁夏	14565.78	21	宁夏	24412
22	陕西	14371.55	22	黑龙江	24254
23	四川	14230.99	23	河南	23903
24	河南	14203.71	24	山西	23828
25	广西	14082.30	25	广西	23328
26	新疆	13669.62	26	新疆	23103
27	青海	12947.84	27	青海	22618
28	云南	12577.87	28	云南	22082
29	贵州	11083.06	29	贵州	20397
30	甘肃	10954.40	30	西藏	19501
31	西藏	9740.43	31	甘肃	19139

二、上海市居民收入基本情况与措施

(一) 上海市城乡居民收入基本情况

2019 年，上海市居民人均可支配收入 69442 元，比上年增长 8.2%，扣除价格因素，实际增长 5.6%。分城乡看，城镇常住居民人均可支配收入 73615 元，比上年增长 8.2%，扣除价格因素，实际增长 5.6%；农村常住居民人均可支配收入 33195 元，增长 9.3%，扣除价格因素，实际增长 6.6%。

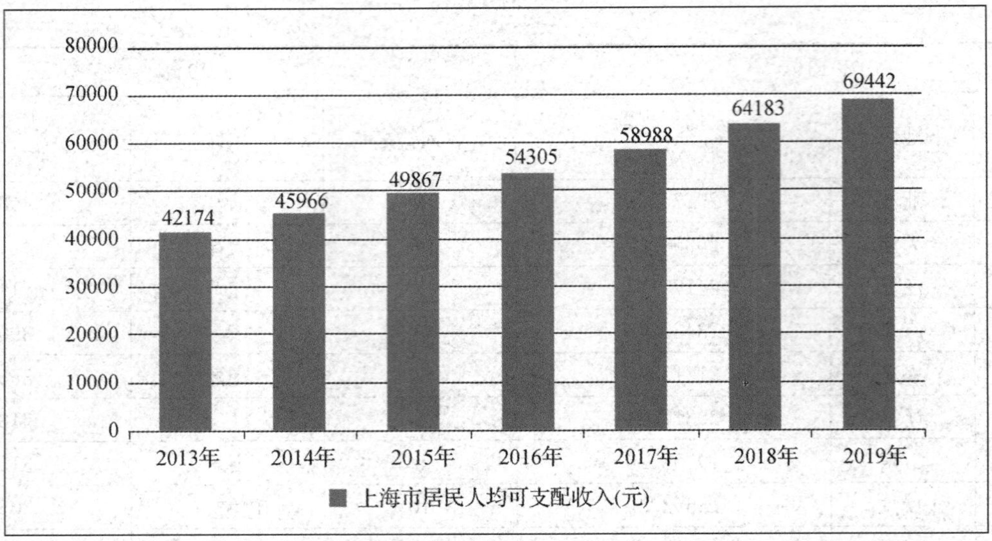

图2　2013—2019年上海市居民人均可支配收入

数据来源:上海市统计局

在上海市居民可支配收入快速增长的同时,城乡居民收入差距也在逐渐拉大。从绝对数来看,上海城乡居民收入差距从2013年的25670元增至2019年的40420元,城镇居民收入是农村居民收入的两倍多。

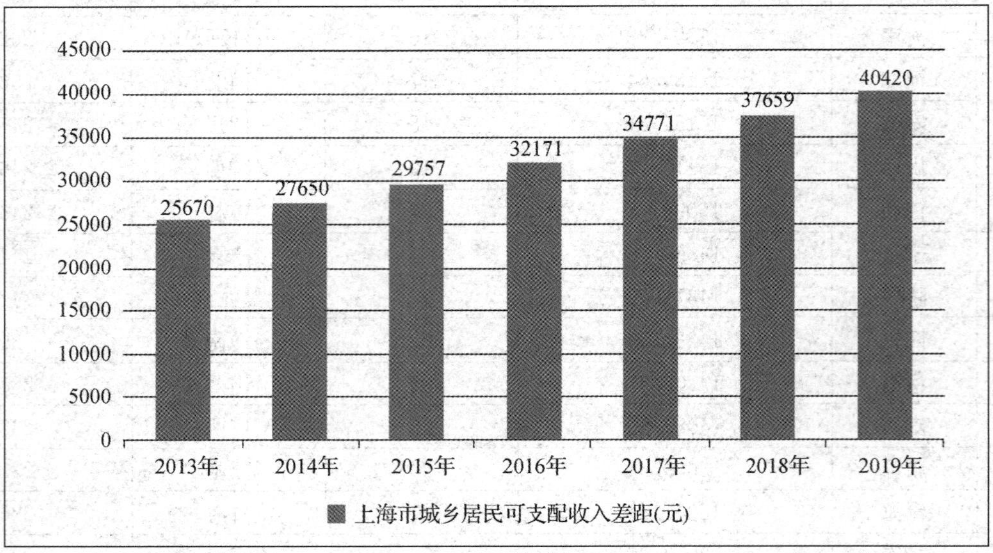

图3　2013—2019年上海市城乡居民可支配收入差距

数据来源:上海市统计局

上海市居民可支配性收入的来源主要包括工资性收入、经营性收入、财产性收入和转移性收入等。据相关数据显示,工资性收入仍是上海居民可支配性收入的主要来源,占居民可支配性收入的65%以上。

进入21世纪以后,上海城市居民家庭人均可支配收入的构成呈现出工资性收入为主、转移性收入为辅、经营净收入和财产性收入的比例持续上升的特点。

居民收入最后大部分用在储蓄和消费上,消费方面,2019年,上海市居民人均消费支出45605元,比上年增长5.2%。其中,城镇常住居民人均消费支出48272元,增长4.9%;农村常住居民人均消费支出22449元,增长12.4%。

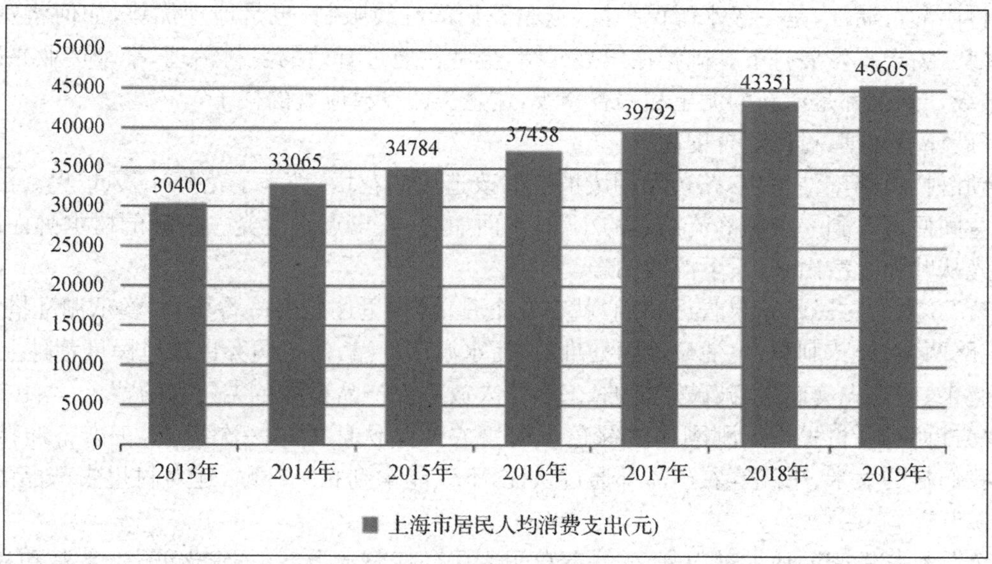

图4 2013—2019年上海市居民人均消费支出

数据来源:上海市统计局

储蓄方面,随着上海市居民工资水平的上涨,经济发展保持高速增长的势头,近年来上海市城乡居民储蓄存款年底余额也在逐年增长。据国家统计局数据显示,2018年上海市城乡居民储蓄存款年底余额达27071.7亿元,同比增长11.2%。

(二)2019年上半年新增减税降费931.3亿元,减负效应加速显现

截至2019年8月8日,上海市上半年已累计新增减税降费931.3亿元,减负措施成效显著。上海财税部门表示,2019年以来,随着国家各项减税降费政策措施的贯彻落实,减负效应加速显现,各类市场主体获得感明显增强。

深化增值税改革为企业发展注入新动能、新活力。2019年4月1日起,国家将原16%的增值税税率降为13%,原10%的增值税税率降为9%,同时在部分生产性、生活性服务业实行进项税额加计扣除,对符合条件的企业实施增值税留抵退税。本次增值税改革大幅度降低了上海各行业的增值税税负水平。

个人所得税改革红利全面释放。2019年1月1日起,新个人所得税法正式实施,同时个人所得税分两步走改革顺利推进落实到位,在去年10月提高起征点、调整税率结构等政策基础上,2019年进一步推进落实六项专项附加扣除政策。新政实施后,上海中低收入者个税负担降幅最为明显,月收入在2万元以下的纳税人税负可降低50%以上。

在落实小微企业普惠性减税政策措施时,在地方权限内按照50%幅度顶格减征小规模纳税人涉及的“六税两费”;按照财政部《关于调整部分政府性基金有关政策的通知》等文件要求,顶格减按50%征收地方文化事业建设费。

上海市财政局局长过剑飞表示,“从总体看,随着时间的推移,减税降费作为积极财政政策工具的效应正在加速放大显现,发挥了助力经济增长、稳定市场预期的重要作用,正逐渐将市场主体减轻的税费负担转化为经济利润和富余现金流量,形成推动企业加强研发、增加投资和扩大就业的有效动能和发展后劲”。

(三)用绿色引领产业升级,村民收入蒸蒸日上

金秋十月,距离黄浦江上游不远处的松江石湖荡镇金胜村,湖波荡漾,稻浪翻涌,稻子逐渐泛出了金黄色,一块块平整的田间阡陌黄绿相间,宛如一幅美丽的油画。金胜村村书记徐纪兴向我们分享着丰收的喜悦:“2019年村里的大米卖得很好,从过去的卖稻谷到现在的卖大米,村民的收入也蒸蒸日上。”

“金胜村南濒黄浦江,是二级水源保护区,这是我们的红线限制,也是地理优势,如何将资源优势转化为经济优势,为未来发展打下基础?”徐纪兴介绍,金胜村通过有效的乡村治理,推动产业兴旺,用绿色引领产业升级,“到处都是清新的泥土和稻谷飘香,这是美丽乡村应有的样子”。

一是开展环境治理,村民配合度高

走进金胜村,道路整洁平坦,路边是用废旧轮胎改造成的花坛,种满了花草,随风摇曳。沿着道路往前走,不经意间便可看到一条静静流淌着的小河,水面如碧,泛出点点波光。桥畔的树木鲜而绿,像是水洗一般,阳光从叶隙里散出来,投下湿润的影。

2019 年,73 岁的村民顾新泉告诉我们,就在几个月前,这里还是另一番场景:丝瓜棚乱搭乱建,家禽窝盖在了道路两旁,异味刺鼻;生活垃圾随处堆放,污水淤堵外溢,河道两旁也被村民垦荒种上了蔬菜。

“想绿起来,就得先美起来,破破烂烂的,怎么让人放心农产品是绿色无公害的?”

徐纪兴告诉我们,村里最近刚刚通过绿色无公害农产品认证的第一次检查,正准备迎接第二次检查。“一旦我们村的大米、果蔬等农产品都通过认证,不仅能拿到相关补贴,还对村里农产品的品牌价值有巨大提升。”

于是,金胜村紧锣密鼓地推进起来,先是起草了人居环境整治方案,征求老党员、乡贤和村民代表的意见,反复推敲,再派代表到其他村学习经验。一系列的措施也随即展开:开展垃圾分类治理,更换干湿分类垃圾桶,对垃圾分类房进行提级改造,每个垃圾房配备志愿者检查指导,并请第三方组织专业清运队伍及时装运;实施农村生活污水处理,对污水纳管进行全面检修,清退散养家禽户;清理宅前屋后乱堆物,拆除违章搭建,村庄环境基本干净整洁有序。

在金胜村吴桥队区域有一个小池塘,因为长期不与外河连通,内部养了家禽,导致水质恶化,臭气熏天,严重影响了周边居民的生活。驻村技术指导员吴松,曾是上海市堤防(泵闸)设施管理处的一名科长,2019 年 6 月在松江区组织部和农委的安排下,成了金胜村的驻村指导员。他请来了专业的水利设计单位对这个池塘“把脉会诊”,计划通过清淤治理、绿化改造、小品设置,将这里变成鱼游浅底、花草环绕的小公园。目前,施工单位已经进场作业。

村民沈浩英告诉我们,开展人居环境治理,村民配合度很高,大伙儿都明白要生产绿色无公害农产品,打造金胜村的“松江大米”品牌,就得先把村宅环境整治好。

如何让“一时美”迈向“久久美”,形成长效机制?

为此,金胜村专门引入评比奖补机制,与村民签订“门前三包”协议,定期开展清洁活动考核,得分高者会有每年 500 至 1000 元不等的奖励。

此外,石湖荡镇将金胜村分为 6 个网格,成立了网格议事会。2019 年 8 月,金胜村还开通了微信公众号,在宣传的同时利用评论功能收集村民意见。这让很多在外打工的年轻人感到亲切,经常在公众号文章下面留言给村子发展提出建议。

二是家庭农场主带领村民致富

金胜村能人不少,家庭农场主就是村里最体面、最让人羡慕的职业。目前,金胜村拥有永久基本农田 1618 亩,承包给了 8 户家庭农场主,沈万英是其中的佼佼者。

从 2007 年起,沈万英就成为了松江区的第一批家庭农场主。女性、外企白领、回乡种田,这些“标签”让沈万英自起步之时,就显得有些“另类”。与那些都是 50 岁左右的田间叔伯相比,沈万英也走出了一条“不同寻常路”——将生产与营销结合,走品牌化、精品化路子。

如果全部种植普通的水稻,产品没有特色,价格也很难卖上去。要是能够通过自产自销、打造精品化的包装大米,收入就可能翻倍。2012 年,沈万英注册了上海源江专业合作社,使农产品可以进行对外销售,并购买了加工和包装设备,提高了产品的附加值。

作为“鱼米之乡”,农业是金胜村的支柱产业。而自从金胜村推进家庭农场制度后,村民种田的收入从每亩 1800 元左右到现在的近 4000 元,大米的销路也不用愁。

除了种植水稻，沈万英请村里的村民帮忙加工青团、米糕等，并同样以“万英”品牌命名，延伸售卖“松江大米”的产业链。

重阳时节，沈万英家庭农场内米糕正值销售旺季。浸米、舂粉、搓粉，再把米粉填入方格模具上，加上红豆沙、枣泥等馅料，送入蒸箱半小时后，热气腾腾的米糕就出炉了，口感松软香糯有嚼劲。

依靠“松江大米”品牌积攒下的口碑，沈万英做出的米糕也不愁销路。她现在足不出户，守在家里就可以收到来自全国各地的订单。

三、江苏省居民收入基本情况与措施

（一）江苏居民收入基本情况

2019 年，江苏省居民人均可支配收入达 41400 元，同比增长 8.7%，其中工资性收入 23836 元，同比增长 8.6%。江苏省居民人均生活消费支出 26697 元，同比增长 6.8%，其中城镇居民人均生活消费支出 31329 元，同比增长 6.3%；农村居民人均生活消费支出 17716 元，同比增长 6.9%。

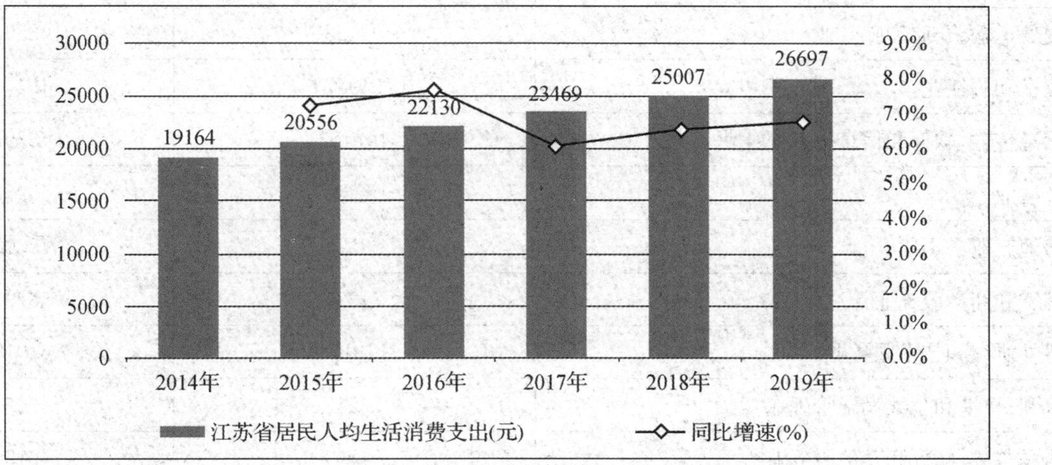

图 5　2014—2019 年江苏省居民人均生活消费支出

数据来源：江苏省统计局

对比近年来江苏省城镇及农村居民人均可支配收入水平，城乡居民收入差距进一步缩小，农村居民人均可支配收入增速持续高于城镇居民。按常住地分，2019 年江苏省城镇居民人均可支配收入 51056 元，同比增长 8.2%；农村居民人均可支配收入 22675 元，同比增长 8.8%。

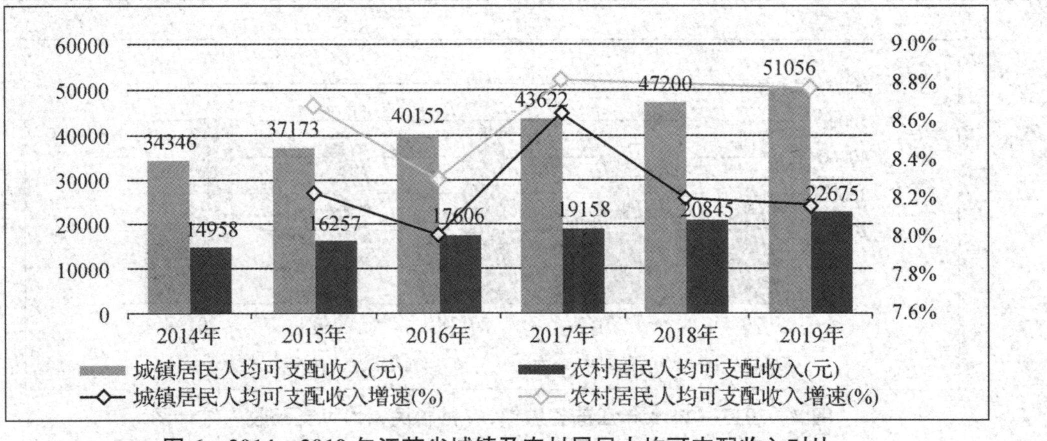

图 6　2014—2019 年江苏省城镇及农村居民人均可支配收入对比

数据来源：江苏省统计局

2019年,江苏省城镇非私营单位就业人员年平均工资为96527元,其中城镇非私营单位在岗职工年平均工资为98669元。2019年,城镇私营单位就业人员年平均工资为58322元。

表6　2019年江苏省城镇非私营单位、城镇私营单位分行业就业人员年平均工资　(单位:元)

指标	城镇非私营单位	城镇私营单位
总计	96527	58322
农、林、牧、渔业	51095	41772
采矿业	94090	55786
制造业	86366	59317
电力、热力、燃气及水生产和供应业	142745	55960
建筑业	69783	58541
批发和零售业	88790	55569
交通运输、仓储和邮政业	98468	62596
住宿和餐饮业	51977	49447
信息传输、软件和信息技术服务业	147409	68791
金融业	162687	58955
房地产业	83674	48000
租赁和商务服务业	71335	56207
科学研究和技术服务业	128141	61918
水利、环境和公共设施管理业	78242	40631
居民服务、修理和其他服务业	64189	46156
教育	124443	53670
卫生和社会工作	128624	68748
文化、体育和娱乐业	108370	54362
公共管理、社会保障和社会组织	140128	

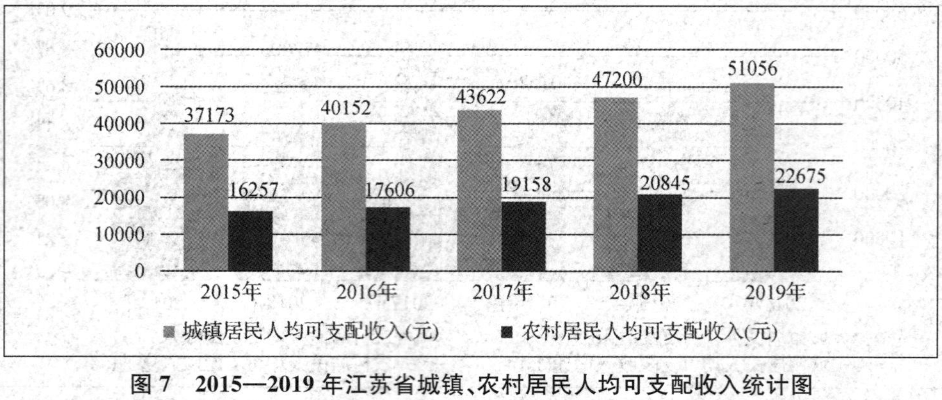

图7　2015—2019年江苏省城镇、农村居民人均可支配收入统计图

数据来源:国家统计局

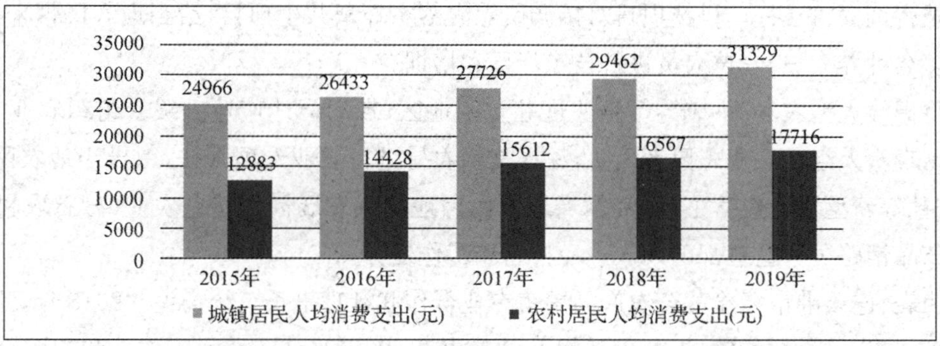

图 8　2015—2019 年江苏省城镇、农村居民人均消费支出统计图

数据来源:国家统计局

(二) 代表委员热议打赢打好脱贫攻坚战,到村到户到人确保精准脱贫

在决胜高水平全面建成小康社会的关键之年,深入推进精准脱贫意义重大。

2019 年政府工作报告在部署当年主要任务时提出,认真落实打赢打好脱贫攻坚战三年行动实施意见,聚焦低收入人口、经济薄弱村和重点片区,强化到村到户到人的精准帮扶措施,完成 60 万左右建档立卡低收入人口脱贫任务,现有 97 个省定经济薄弱村全部实现达标,12 个省级重点帮扶县(区)全部达到"摘帽"标准。

一是多管齐下补短板

2018 年,江苏省有 67.5 万名建档立卡低收入人口增收脱贫,244 个省定经济薄弱村实现达标,低收入人口占比下降到 1%以下。

地处苏北的成子湖片区,是全省"十三五"六个扶贫开发重点片区之一,也是我省脱贫攻坚战的"主战场"。省人大代表、宿迁市宿城区区长、运河宿迁港产业园党工委书记张辉亮出 2018 年成绩单:大力开展产业扶贫、项目扶贫,投入专项扶贫资金 4760 万元实施帮扶项目 23 个,7 个省定经济薄弱村实现"新八有",2.2 万名低收入人口如期脱贫。

江苏脱贫攻坚成效显著,但也正如省人大代表、泰州市姜堰区沈高镇河横村家庭农场主孙飞所说:"行百里者半九十,脱贫攻坚战越到'收官'阶段难度越大,剩下的都是'硬骨头',必须进一步'集中火力'精准突破。"

孙飞说,新一轮扶贫开发工作启动以来,按照"六个精准"的工作要求,姜堰强化因村因户因人施策,取得明显效果,但同时发现,基层农经队伍人员偏少、业务素质不高、人员变动频次高。他建议,进一步加强基层专职扶贫力量配备,特别是村级扶贫专干队伍建设,出台相关激励政策,比如发放扶贫岗位津贴等,充分调动积极性、保持稳定性,让扶贫人员安下心、有奔头。

张辉说,2019 年宿城区将开展"精准脱贫冲刺年"活动,实施村集体经济振兴工程。产业扶贫、"股权"扶贫、创业扶贫、"志智双扶"……多管齐下,确保年内剩余的 2 个省定经济薄弱村、1.6 万名低收入人口基本脱贫,"不落一户、不漏一人"。

二是"手把手"精准扶贫

扶贫要有好路子,路子对了,事半功倍。省政协委员、太仓市浮桥镇丁泾村党委书记兼村委会主任陈超说:"作为苏南相对较发达的村部,2018 年,我村联合镇政府有关部门赴连云港市南新集镇结对帮扶,以交流指导水稻综合种养的方式带动当地农民致富。我们还到灌云县小伊乡举办送科技下乡活动,开展农业科技咨询、科技讲座、科技项目对接调研等。落实虾藕共生项目，给当地农民带来经济效益，还对灌云200多名种养大户、农技人员进行技术指导和培训。”

丁泾村将倡导大型农场、供应链等企业进驻贫困地区，带动当地产业升级。组织农业专家、种田能手和农村致富带头人组成农业志愿者团队，深入贫困农村进行农业专项帮扶，引导当地农民成立家庭农场、农民合作社等新型农业经营主体，带领当地农民因地制宜发展创新特色农业，号召农村青年通过互联网拓宽农产品销路……这些都已列入丁泾村新年工作任务。

省人大代表、连云港市赣榆苏合农产品销售专业合作联社理事长王统扬说：“2018年，我们积极参与实施乡村振兴战略，以科技引领，不断创新提升已从事20多年的水产技术工作。我们配合厦门水产技术开发团队，从南美洲引进优质南美虾苗；聘请高校水产专家团队送技术到塘头，为苏北地区的水产养殖户送去好品种、好技术、好经验。目前，我们村一些水产养殖户户均年纯收入已达到10万元至30万元。”

他们还依靠传承“老海边”煎饼制作技艺，帮助低收入家庭成员、残疾人快速掌握煎饼生产技能，仅2018年就免费培训200多人，帮助他们到北京、上海、南京等地开店创业，并计划用5年时间帮扶500个贫困家庭加入创业队伍。王统扬说，2019年，合作社将继续利用科学技术、信息服务、电子商务、传承激励等手段，细化掌握低收入家庭情况，手把手精准扶贫，带领农户共同富裕。

三是动态管理防返贫

“脱贫攻坚的首要任务是扶智。”省政协委员、盐城师范学院江苏滩涂生物资源与环境保护重点实验室主任唐伯平认为，只有提高贫困人口的素质，才能让他们从根本上摆脱贫困。这需要以政策引导，促进教育资源特别是人才资源向贫困地区流动；需要培育“造血”功能，加强实用技能培训，让贫困人口掌握一技之长。

“脱贫是一个动态过程。”唐伯平说，要建立返贫预警监测体系，提前进行研判，精确掌握动态，真正做到脱贫路上“一个都不能少”。

省政协委员、扬州市民政局局长王振祥说，扬州的低保标准高于脱贫标准，农村贫困户基本进入低保范围，进行“兜底”保障到位。关键是要动态跟踪管理，防止有些家庭特别是处于边缘线上的家庭，因病、因灾、因祸返贫。

要打赢精准脱贫攻坚战，当举全社会之力帮扶低收入人口、经济薄弱村和重点片区尽早脱贫“摘帽”。省人大代表、南京市六合区竹镇镇金磁社区党委书记吴知梅是一名来自农村的大学生村官，她深知全面脱贫的任务之艰巨、意义之重大。

“小时候的农村，是我努力学习、想要‘鱼跃龙门’离开的地方；8年前的农村，是我心怀忐忑、想去找寻出路的地方；现在的农村，是我怀抱梦想、要实现人生价值的地方。”1月14日，代表们在审议政府工作报告时，吴知梅的这番话引起一片掌声。这掌声，是为打赢脱贫攻坚战鼓劲，更是对美丽农村共同富裕的期待。

（三）26条新政助推开放型经济，开放发展，江苏打出特色组合拳

2019年1月3日召开的江苏省对外开放大会上，江苏省委、省政府出台了《关于推动开放型经济高质量发展若干政策措施的意见》。1月10日，省政府召开新闻发布会，邀请省商务厅等相关部门负责人就此进行解读。

意见分七个方面26条，包括进一步扩大开放领域，大力推进“一带一路”交汇点建设，着力增创外贸竞争新优势，加快培育开放发展新动能，建设更高能级的开放载体平台，打造法治化、国际化、便利化营商环境，强化财税和金融支持等。省商务厅副厅长孙津说，这些政策举措突出落实中央的新要求、新部署，突出高质量发展，突出走在前列，突出精准务实，体现了江苏特色。

比如，扩大开放领域方面，提出落实准入前国民待遇加负面清单管理制度，负面清单之外的领域，按照内外资一致原则实施管理。清理并停止实施针对外商投资准入的限制措施。大幅放宽市场准入，积极争取对江苏增值电信业务开放政策，依托江苏特色平台加快推进金融业扩大开放等措施。推进“一带一路”交汇点建设方面，加大对境外园区建设支持，促进中欧班列健康有序发展，成立省级国际货运班列公司，加强全省中欧班列线路整合优化，推动海外金融平台建设，支持我省企业在香港发展海外金融控股平台、在国际产能合作重点国别成立银行等金融机构。加快培育开放发展新动能方面，包括创新引资引智引技相结合的招商机制，支持外资参与我省全球产业科技创新中心建设，实施高层次人才激励政策，加大本土跨国公司培育力度。

省相关部门表示，将按照意见要求，明确责任，细化措施，强化督查，以“钉钉子”精神抓好工作落实。省财政厅副巡视员徐洪林说，将更好发挥财政资金的引导作用，加快培育开放发展新动能，健全科技成果转移转化激励机制，加大引才奖补力度，鼓励外国投资者人民币利润再投资，推进存量外商投资企业技术改造。对信用良好、符合产业导向、暂时遇到困难的外资企业，依法在一定期限内缓收税费。奖励作出突出贡献的外资企业，允许其为高管合理节税。对在“一带一路”沿线国家和地区承接的境外投资大项目、对外承包工程大项目等，给予重点支持。

江苏省有21个海关特殊监管区域，占全国总数的七分之一强。南京海关副关长顾华丰表示，江苏是加工贸易大省，综合保税区进一步优化和政策优惠对促进开放型经济高质量发展至关重要。将把相关优惠政策推广到省内20个综合保税区，让全省2000余家区内企业更加便利地对接和利用国际国内两个市场、两种资源，进一步释放闲置产能。

（四）《南通市2019年富民增收工作要点》出台

《南通市2019年富民增收工作要点》日前出台，2019年南通市将继续实施富民增收“五大行动”计划，力争城镇居民人均可支配收入达到5万元，农村居民人均可支配收入达到2.4万元。

近年来，南通市大力实施创业富民、产业富民、农民增收、人才集聚、脱贫攻坚“五大行动”计划，富民增收工作取得明显成效。去年，全市居民可支配收入达到37071元，同比增长9.3%，增幅列全省第二；城镇、农村居民可支配收入分别达46321元、22369元，同比增长8.3%和9.3%，增幅均列全省前列。尤为可喜的是，在此过程中，城乡居民收入比正在逐年收窄。

2019年，南通市将持续加大政策扶持力度，进一步完善配套政策，推动创业富民工作落地落实。该市将持续提升载体支撑强度、持续强化创业基地打造、持续巩固创业型城市创建成果、持续挖掘创业培训深度，从而激发创业富民的活力和潜力。

四、浙江省居民收入基本情况与措施

（一）浙江省城乡居民收入基本情况

2019年，浙江省居民收入总体保持平稳增长，城镇居民人均可支配收入60182元，农村居民人均可支配收入 29876 元,分别连续 19 年和 35 年荣膺全国各省区第一。同时,2019 年浙江城乡居民收入比为 2.01∶1,比上年缩小 0.03,连续 7 年呈缩小态势。

浙江经济稳定增长是老百姓持续增收的根本保证。2019 年,浙江 GDP 预计站上 6 万亿元新台阶,为老百姓增收致富打下了坚实的基础。2019 年,浙江城镇、农村居民人均可支配收入分别比上年增加 4608 元和 2574 元。同期浙江一般公共预算支出 10053 亿元,同比增长 16.5%,增速远高于财政收入和一般公共预算收入增速。

2019 年,浙江城镇居民人均工资性收入 33663 元,占城镇居民收入的近 56%;农村居民人均工资性收入 18480 元,占农村居民收入的近 62%。据数据显示,2019 年浙江城镇新增就业 125.7 万人,城镇失业人员再就业 45.4 万人,城镇调查失业率为 4.3%。稳定的就业形势,让城镇与农村居民的工资性收入依然保持较高增速,分别同比增长 8.1%和 9.4%。

(二) 浙江省城乡居民收入的主要特点

一是居民收入平稳增长

2019 年,浙江省居民人均可支配收入 49899 元,比上年增加 4059 元,同比名义增长 8.9%,比上年略降 0.1 个百分点;由于全年 CPI 涨幅较上年扩大,扣除价格上涨因素后,实际增长 5.8%,比上年降低 0.7 个百分点。从收入构成看,人均工资性收入 28511 元,同比增长(以下如无特别说明,均为名义增长)8.6%;人均经营净收入 8498 元,同比增长 9.6%;人均财产净收入 5708 元,同比增长 8.8%;人均转移净收入 7182 元,同比增长 8.8%。

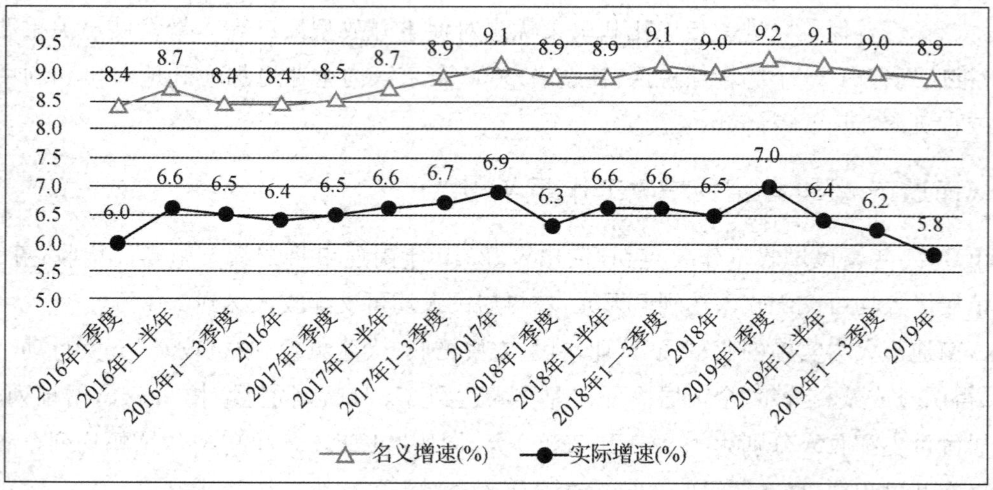

图 9　2016—2019 年浙江省居民收入分季度增长走势

按常住地分,2019 年浙江省城镇居民人均可支配收入 60182 元,比上年增加 4608 元,同比名义增长 8.3%,比上年低 0.1 个百分点;扣除价格上涨因素后,实际增长 5.4%,比上年降低 0.6 个百分点。从收入构成看,人均工资性收入 33663 元,同比增长 8.1%;人均经营净收入 9115 元,同比增长 9.6%;人均财产净收入 8202 元,同比增长 8.1%;人均转移净收入 9202 元,同比增长 8.0%。

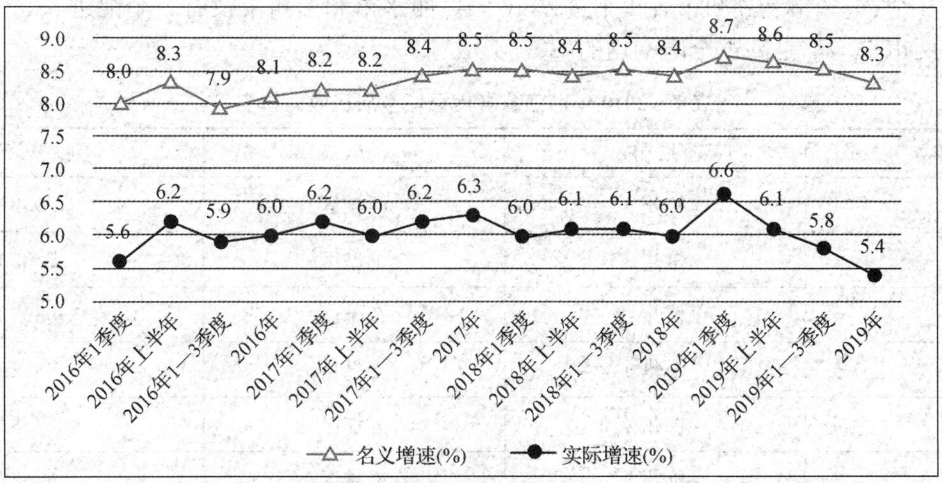

图10　2016—2019年浙江省城镇居民收入分季度增长趋势

全年农村居民人均可支配收入29876元，比上年增加2574元，同比名义增长9.4%，增速与上年持平；扣除价格上涨因素后，实际增长6.0%，比上年降低1.0个百分点。从收入构成看，人均工资性收入18480元，同比增长9.4%；人均经营净收入7296元，同比增长9.3%；人均财产净收入852元，同比增长8.6%；人均转移净收入3248元，同比增长10.4%。

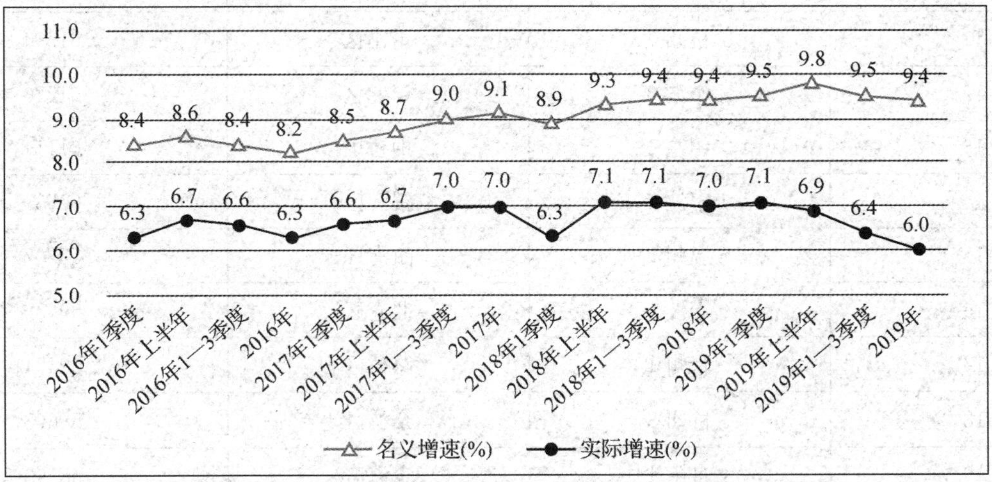

图11　2016—2019年浙江省农村居民收入分季度增长趋势

2019年，浙江城乡居民收入比为2.01，比上年同期缩小0.03，比全国平均低0.63，仅高于天津，并连续7年呈缩小态势，城乡一体化统筹发展取得积极成效。

二是收入水平居全国第3位、省区第1位

2019年，浙江居民人均可支配收入比全国平均水平(30733元)高19166元，居全国31个省(区、市)第3位、省(区)第1位。人均可支配收入水平位于全国前两位的分别是上海和北京。

按常住地分，城镇居民人均可支配收入比全国平均水平(42359元)高17823元，居全国31个省(区、市)第3位、省(区)第1位。农村居民人均可支配收入比全国平均水平(16021元)高13855元，居全国31个省(区、市)第2位、省(区)第1位。

三是各市存在较大差距

浙江省一共有89个区县(苍南还是算一个)，有40个区县高于省平均，参考福建84个区县只有17个高于全省，算是比较均衡发展的。

杭州市有9个、宁波市8个区县进入40强，嘉兴市有6个、温州市有5个、绍兴市和台州市各有4个区县,舟山市2个、金华市和湖州市各1个进入40强。丽水市和衢州市没有一个能进入,在省内还是相对落后的,但两市平均都是高于全国平均的(30733元)。

表7　2019年浙江省各区县城乡居民收入排名

排名	城市	区县(市)	收入(元)
1	杭州1	西湖区	70839
2	杭州2	下城区	70330
3	杭州3	江干区	68392
4	金华1	义乌市	68121
5	杭州4	滨江区	67684
6	杭州5	上城区	67527
7	杭州6	拱墅区	66178
8	温州1	鹿城区	65502
9	宁波1	鄞州区	63386
10	宁波2	海曙区	61746
11	杭州7	萧山区	61594
12	宁波3	江北区	61220
13	绍兴1	柯桥区	61111
14	宁波4	镇海区	60535
15	温州2	瓯海区	59807
16	宁波5	北仑区	59656
17	台州1	路桥区	59551
18	杭州8	余杭区	58668
19	舟山1	定海区	58193
20	台州2	玉环市	57691
21	宁波6	慈溪市	56653
22	温州3	龙湾区	56476
23	绍兴2	诸暨市	55793
24	温州4	乐清市	54774
25	温州5	瑞安市	54667
26	台州3	椒江区	54663
27	宁波7	余姚市	54502
28	嘉兴1	南湖区	54317

续表

排名	城市	区县(市)	收入(元)
29	绍兴 3	越城区	53154
30	嘉兴 2	海宁市	52783
31	湖州 1	吴兴区	52754
32	嘉兴 3	海盐县	52736
33	舟山 2	普陀区	52196
34	嘉兴 4	平湖市	51592
35	绍兴 4	上虞区	51529
36	嘉兴 5	嘉善县	50979
37	杭州 9	富阳区	50833
38	台州 4	温岭市	50745
39	嘉兴 6	桐乡市	50519
40	宁波 8	宁海县	50420
浙江省平均			49899

数据来源:浙江省各市统计局

衢州市最高的区是柯城区,43401 元排在 59 位,丽水市最高的莲都区 43248 元排在 60 位。

浙江省内区县悬殊最大的应该是杭州市,最高的西湖区(70839 元)是淳安县(30194 元)的 2.35 倍。金华市其次,最高的义乌市 68121 元是最低的磐安县 29306 元的 2.32 倍。温州市第三,鹿城区 65502 元是泰顺县 28292 元的 3.315 倍。其他各市相对均衡。

表 8　2019 年浙江省各区县城乡居民收入排名

排名	城市	区县(市)	收入(元)	排名	城市	区县(市)	收入(元)
1	杭州 1	西湖区	70839	16	宁波 5	北仑区	59656
2	杭州 2	下城区	70330	17	台州 1	路桥区	59551
3	杭州 3	江干区	68392	18	杭州 8	余杭区	58668
4	金华 1	义乌市	68121	19	舟山 1	定海区	58193
5	杭州 4	滨江区	67684	20	台州 2	玉环市	57691
6	杭州 5	上城区	67527	21	宁波 6	慈溪市	56653
7	杭州 6	拱墅区	66178	22	温州 3	龙湾区	56476
8	温州 1	鹿城区	65502	23	绍兴 2	诸暨市	55793
9	宁波 1	鄞州区	63386	24	温州 4	乐清市	54774
10	宁波 2	海曙区	61746	25	温州 5	瑞安市	54667
11	杭州 7	萧山区	61594	26	台州 3	椒江区	54663
12	宁波 3	江北区	61220	27	宁波 7	余姚市	54502
13	绍兴 1	柯桥区	61111	28	嘉兴 1	南湖区	54317
14	宁波 4	镇海区	60535	29	绍兴 3	越城区	53154
15	温州 2	瓯海区	59807	30	嘉兴 2	海宁市	52783

续表

排名	城市	区县(市)	收入(元)	排名	城市	区县(市)	收入(元)
31	湖州 1	吴兴区	52754	60	丽水 1	莲都区	43248
32	嘉兴 3	海盐县	52736	61	温州 6	老苍南	41268
33	舟山 2	普陀区	52196	62	温州 7	洞头区	40616
34	嘉兴 4	平湖市	51592	63	温州 8	平阳县	40029
35	绍兴 4	上虞区	51529	64	杭州 12	建德市	39694
36	嘉兴 5	嘉善县	50979	65	金华 5	金东区	39357
37	杭州 9	富阳区	50833	66	温州 9	永嘉县	39348
38	台州 4	温岭市	50745	67	金华 6	浦江县	38018
39	嘉兴 6	桐乡市	50519	68	台州 7	天台县	37710
40	宁波 8	宁海县	50420	69	衢州 2	江山市	37634
浙江省平均			49899	70	丽水 2	龙泉市	37489
41	宁波 9	象山县	49386	71	台州 8	三门县	36607
42	湖州 2	德清县	49008	72	丽水 3	青田县	36398
43	金华 2	婺城区	48826	73	丽水 4	云和县	35240
44	台州 5	黄岩区	48673	74	衢州 3	龙游县	34741
45	绍兴 5	嵊州市	48544	75	台州 9	仙居县	34483
46	嘉兴 7	秀洲区	48492	76	金华 7	武义县	34476
47	舟山 3	岱山县	48434	77	丽水 5	缙云县	33312
48	湖州 3	长兴县	48341	78	丽水 6	遂昌县	33062
49	舟山 4	嵊泗县	48294	79	金华 8	兰溪市	32310
50	绍兴 6	新昌县	47704	80	杭州 13	淳安县	30194
51	金华 3	永康市	47210	81	衢州 4	常山县	29740
52	金华 4	东阳市	46634	82	丽水 7	景宁县	29424
53	湖州 4	南浔区	46043	83	金华 9	磐安县	29306
54	湖州 5	安吉县	45785	84	温州 10	庆元县	29171
55	杭州 10	临安区	45582	85	丽水 8	文成县	29014
56	杭州 11	桐庐县	45178	86	丽水 9	松阳县	28483
57	宁波 10	奉化区	44767	87	衢州 5	衢江区	28353
58	台州 6	临海市	43762	88	温州 11	泰顺县	28292
59	衢州 1	柯城区	43401	89	衢州 6	开化县	26857

数据来源:浙江省各市统计局

(三)浙江发布新政,2019 年为企业减负 2000 亿元

2019 年 5 月,浙江省人民政府办公厅印发了《浙江省企业减负降本政策(2019 年第一批)》,从五个方面入手,通过 20 条减负措施力图减轻企业运营负担。

在5月14日召开的浙江省企业减负降本政策新闻发布会上，省减负办测算，加上前四批减负政策仍然有效的部分，该政策实施后预计2019年全年将为全省企业减负超过2000亿元，可确保完成省政府工作报告中提出的“全年减负1500亿元以上”的目标任务。

具体而言，6条落实国家减税降费政策全年可为企业减负847.5亿元，6条实施省级减税降费政策可为企业减负365.5亿元，4条降低企业用能用地成本可降低企业成本90亿元以及3条破解企业融资难题措施和1条减少制度性交易成本的深化“放管服”制度改革措施。这20条措施2019年可为全省企业减负1303亿元，其中落实国家政策部分897.5亿元，省级政策部分405.5亿元。

此次出台的减负降本政策，是浙江省自2016年以来出台的第五批企业减负降本政策。与前四批企业减负降本政策相比，此次出台的减负政策主要有以下几个特点和亮点：

聚焦减税负。2019年国家在减税方面下了大力气，与往年相比，力度可谓空前。一是全面深化增值税改革。将制造业等行业增值税税率下调3个点，交通运输业、建筑业等行业增值税税率下调1个点，并出台了一系列配套措施，确保所有行业税负只减不增。二是实施小微企业普惠性税收减免政策。进一步放宽小型微利企业条件，进一步提高小规模纳税人增值税免税标准，进一步扩大小微企业优惠税种，以及在小微企业所得税上引入超额累进计税办法。三是加大对创业创新的税收支持。免征创业创新平台部分税收，对退役士兵和重点群体创业就业给予优惠。

聚焦降社保。社保缴费是近年来企业最为关心的减负问题之一。从5月1日起，城镇职工基本养老保险单位缴费比例高于16%的省份可降至16%，浙江省执行14%的缴费比例，已低于全国平均水平。为进一步增强企业获得感，浙江省自加压力，打出了一套政策组合拳：一是对制造业、交通运输业、建筑业等行业的企业实施阶段性降低社会保险缴费，额度相当于2个月单位应缴纳的社会保险费。二是加大企业稳岗支持力度，从失业保险基金拿出一部分资金，对困难企业进行一次性返还。三是稳定社保缴费方式，明确各地不得采取任何增加小微企业实际缴费负担的做法，不得自行对历史欠费进行集中清缴。四是延续阶段性降低失业保险和工伤保险费率政策，将政策执行时间延长至2020年4月30日。

聚焦小企业。浙江省在制定出台减负政策时充分向民营企业中小企业倾斜。一是税费方面，对于增值税小规模纳税人的6项地方税种和2项附加，直接按应纳税额50%的最高幅度予以减征。二是电价方面，一般工商业平均电价在去年降低10%的基础上再降低10%。三是融资方面，运用央行再贷款资金发放的民营企业和小微企业贷款利率与再贷款利差较上年降低1个百分点，银行要按照保本微利原则确定小微企业贷款利率，国有大型商业银行要努力控制在5%以下。四是清欠方面，组织实施清理政府部门和大型国有企业拖欠民营企业中小企业账款专项行动，目前浙江省已组织三轮全面排查清理，偿还拖欠账款20多亿元。

五、安徽省居民收入基本情况与措施

（一）安徽省城乡居民收入基本情况

2019年，安徽城镇居民收入稳步增长，城镇居民人均可支配收入37540元，比全国低4819元，与全国差距比上年缩小了39元，此项指标是近八年首次缩小，增幅9.1%，比全国高1.2个百分点，增幅同比上升0.4个百分点。

一是收入稳步增长

“十三五”以来，安徽省经济保持稳定健康发展，供给侧结构性改革的成效不断显现，经济高质量发展的新动能日益增强，城镇居民收入实现稳步提升。

从收入总量看，2016—2019年，城镇居民收入由29156元增长到37540元，年均增长2096元；从收入增幅看，由增长8.2%提升至9.1%，年均增长8.7%，高出全国0.8个百分点。

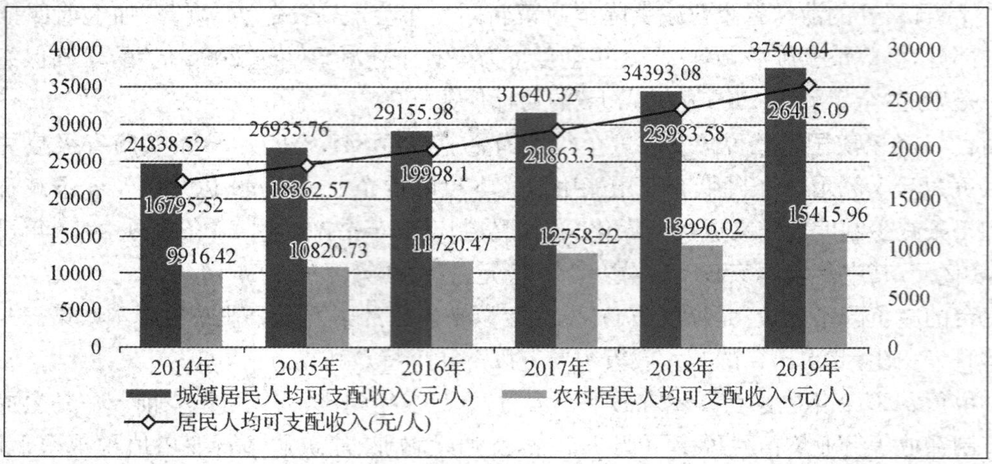

图 12　2014—2019 年安徽省人均可支配收入统计图

数据来源：国家统计局

二是收入结构进一步优化

随着经济发展，增收渠道不断拓宽，城镇收入不断提高，从收入构成看，四项收入均呈增长态势，收入结构进一步优化，其中工资性收入对城镇收入贡献最大，财产净收入增速最快。

工资性收入拉动可支配收入的增长的贡献最大。2019 年，人均工资性收入 22548 元，增长 7.5%，占可支配收入的比重为 60.1%，比去年提高 0.1 个百分点，对可支配收入增长的贡献率达 50.0%。

经营净收入稳步增长。2019 年，人均经营净收入 5983 元，增长 7.8%，占可支配收入的比重为 15.9%，对城镇居民收入增长贡献率达 13.8%。从产业类型看，一、二、三产业均有所增长，分别增长 12.7%、0.7%、9.1%。

财产净收入增长最快。2019 年，人均财产净收入 3192 元，同比增长 17.9%，占可支配收入的比重为 8.5%，比去年同期提高 0.6 个百分点。从现金财产性收入看，出租房屋财产性净收入、利息收入和储蓄性保险收益是现金财产性收入的重要组成部分，三项收入占现金财产性收入的 89.2%，分别为 55.8%、21.5%和 11.9%。

转移净收入快速增长。2019 年，人均转移净收入 5817 元，同比增长 12.7%，对城镇居民可支配收入增长贡献率为 20.8%。从转移性收入来源看，养老金和离退休金是城镇居民转移性收入的主要来源，占转移性收入的 44.9%，其次是家庭外出从业人员寄回带回收入，占转移性收入的 31.4%。

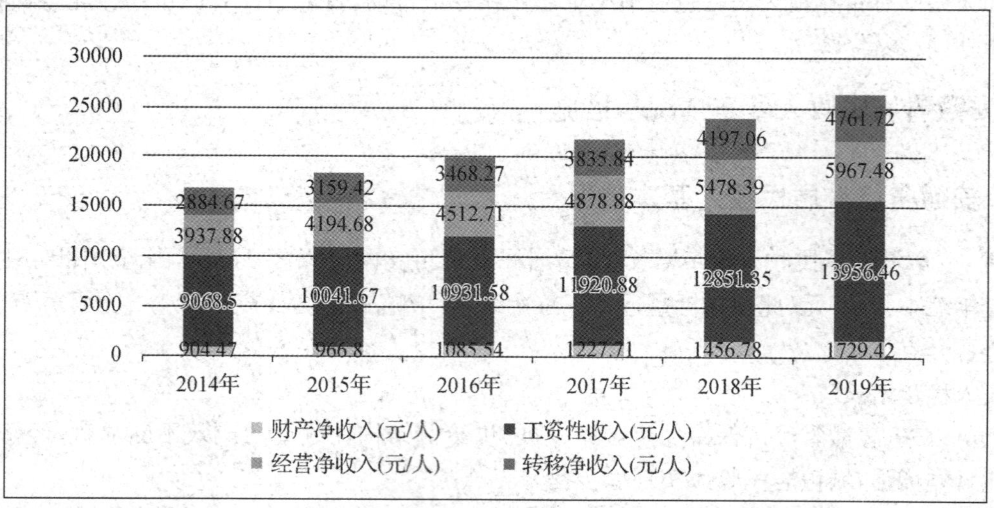

图 13　2014—2019 年安徽省居民人均可支配收入组成结构

数据来源：国家统计局

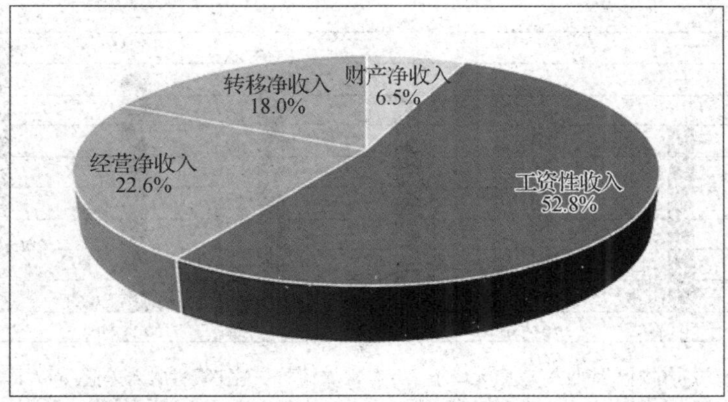

图 14　2019 年安徽省居民人均可支配收入结构占比

数据来源:国家统计局

三是城镇收入居全国前列

从全国位次看,近几年,安徽省城镇居民可支配收入增速均高于全国水平,位次也再度提速进位,并居全国前列。

从中部六省看,2019 年,安徽省城乡居民收入再度提速进位。其中,城镇居民人均可支配收入 37540 元,居全国第 14 位、中部第 3 位。增速同比增长 9.1%,居全国第 2 位,比去年前进 1 位;中部六省中和湖北并列第一,增速超第 3 位湖南 0.5 个百分点。

四是城乡收入倍差逐渐缩小

城乡居民人均可支配收入倍差用来衡量城乡收入差距,是区域协调发展的一个重要指标。2019 年以来,全省上下着力加强结构性改革,着力增强发展整体性、平衡性,构建区域协调发展新机制,推进乡村振兴战略和区域发展重大战略实施,努力缩小城乡间、区域间发展差异,安徽省城乡居民人均可支配收入稳步增长,城乡居民收入倍差再度缩小。

2019 年,安徽省城乡收入倍差为 2.44,同比下降 0.02,比全国低 0.2。从“十三五”以来看,安徽省城乡居民收入倍差逐渐缩小,由 2016 年的 2.49 下降到 2.44,下降了 0.05。从中部六省看,安徽省城乡居民收入倍差居第 4 位,其他省份依次为河南 2.26、湖北 2.29、江西 2.31、湖南 2.59、山西 2.58。

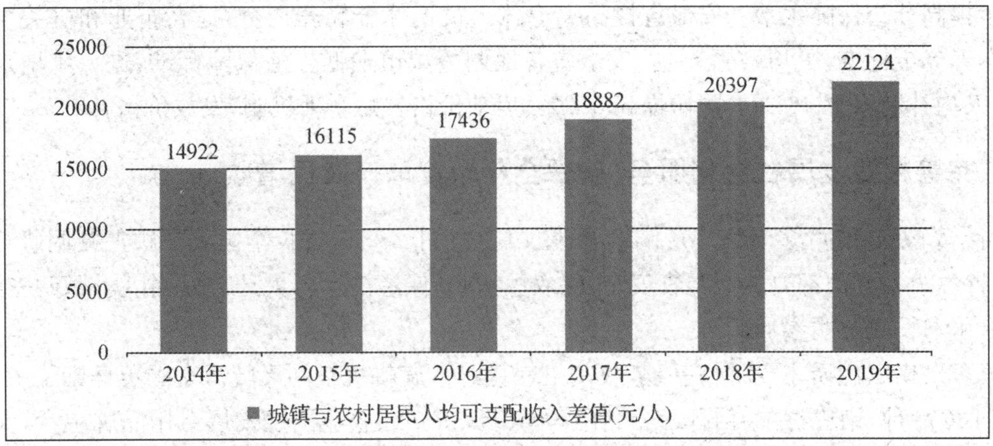

图 15　2014—2019 年安徽省城镇与农村居民人均可支配收入差值

数据来源:国家统计局

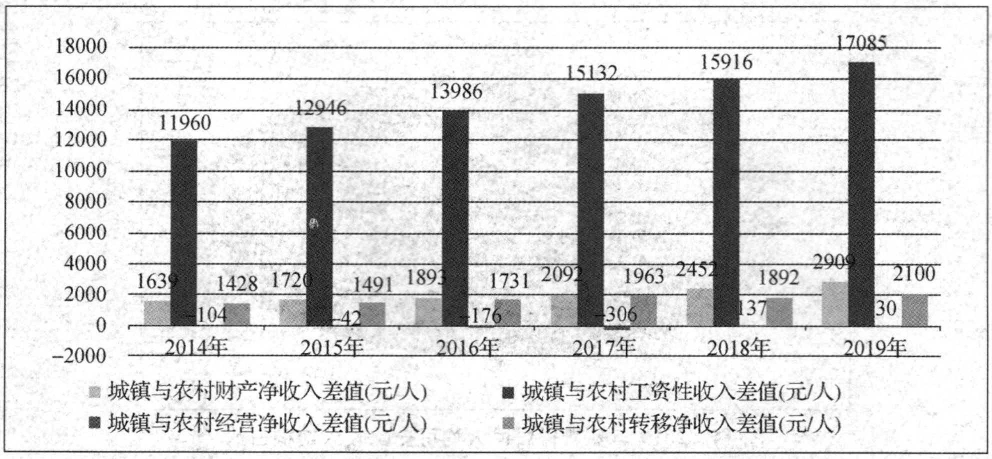

图 16　2014—2019 年安徽省城镇与农村各收入指标差值

数据来源:国家统计局

五是城镇居民收入增长因素分析

首先,经济发展奠定增收基础。全省经济运行总体平稳、稳中有进,主要经济指标平稳增长,高质量发展迈出新步伐,为城镇居民收入水平稳步增长奠定基础。2019 年,安徽 GDP 增长 7.5%;全部财政收入 5710 亿元,增长 6.5%;规模以上工业增加值同比增长 7.3%;全省固定资产投资增长 9.2%;粮食实现"十六连丰",全年粮食产量 4054 万吨,增长 1.2%。

政策性调资推动工资收入增长。安徽省基本工资标准提高,完成机关事业单位工资调整,人均增长 300 元。安徽省提高最低工资标准,自 2018 年 11 月 1 日起,调整全省最低工资标准,调后月最低工资标准分 1180 元、1280 元、1380 元、1550 元四个档次。此外,就业人口稳中有升,1—11 月全省城镇新增就业 71 万人,帮扶失业人员再就业 15.7 万人,帮扶困难人员再就业 4.8 万人。

创新及供给侧改革促进经营净收入增长。安徽省大力推进大众创业、万众创新,带动城镇居民增收。各地实施创客逐梦、创业领航、创业筑巢、鼓励青年创业、高端人才创业、返乡农民工创业、大学生村官创业,积极打造创业服务云平台,为居民创业保驾护航。1—11 月,全省共新登记各类市场主体 89.02 万户,同比增长 19.3%。其中,新登记注册企业 30.6 万户,同比增长 18.75%。

进一步提高社会保障水平。安徽省提高离退休人员退休金和养老金,提高企业和机关事业单位退休人员基本养老金标准,平均增幅 5%。安徽省各地调整城镇最低生活保障标准,进一步增加低收入群体收入,月人均补助水平 467 元,同比提高 5.6%,启动价格补贴联动机制,发放价格补贴。

(二)完善粮食发展社会化服务,确保全年粮食增产农民增收

2019 年,安徽省 4000 多万亩小麦陆续开镰收割。5 月 28 日,省长李国英在颍上县调研"三夏"工作时强调,全省各级各方面都要从保粮食安全、保农民增收、保经济运行大局出发,扎实做好"三夏"各项工作。省政府秘书长白金明参加调研。

夏桥镇海泉集团优质小麦种植基地,收割机、打捆机、旋耕机一同飞转。李国英详细了解农机服务、收获进度、小麦品种、销售订单、秸秆综合利用等情况。得知该企业围绕发展专用品牌粮食,大力推进秸秆肥料化利用,停止使用化学肥料和农药,创出小麦有机品牌,李国英高度赞赏这一探索,鼓励企业进一步扩大种植面积,示范带动更多农户走优质优价发展路子。

八里河镇和十八里铺镇麦收工作已全部就绪,李国英从走访农户到考察农机专业合作社、粮食收储点,深入了解收割、晾晒、储存、销售等情况。在八里河镇利民农机专业合作社,李国英高度关注烘干机

械使用和服务情况，要求进一步完善烘干服务体系，确保粮食及时高质量入库。到十八里铺镇粮油管理站检查时，李国英一一询问库容准备、智慧粮库建设、安全管理等情况，强调要做好抢收抢储、落实托底收购政策，切实保障粮农利益。

调研中，李国英主持召开座谈会，研究部署做好"三夏"工作。他强调，2019年小麦增产有望，要扎实做好夏收工作，做到工作部署到位、政策扶持到位、农机服务到位，把"丰收在望"变成"丰收在手"。要认真组织夏粮收购，严格执行收购政策，维护收购市场秩序，及时做到敞开收购，努力让粮食卖得畅、农民赚得多。要认真准备夏种夏管，推动粮经饲统筹、农牧渔结合，生态循环发展。要推进秸秆综合利用和禁烧，提升秸秆综合利用产业化水平。要提高服务保障水平，全面落实粮食安全和食品安全责任制，确保"三夏"工作有力有序开展，实现农业丰收、农民增收。

（三）六安市运用信息化手段保障农民工工资顺利支付

2019年，六安市建设领域农民工实名制及工资监管平台正式投入运行。该平台对农民工工资支付关键环节实时监控，运用大数据智能分析预警，变被动治欠为主动防欠。

实行实名制、统一考勤制和银行一卡通制，将农民工的务工信息全部完整记录，并实时传输至监管平台，施工企业据此核实编制农民工工资表并通过监管银行发放工资，有效解决"发给谁、发多少、怎么发"的问题，同时也是工资支付、劳资纠纷、工伤处理的重要依据。截至目前，平台注册中心城区在建监管项目共94个，实名制登记农民工1.15万人。

建立建设资金监管账户和项目工程款监管账户，要求建设单位向建设资金监管专户缴存一定数额的预储金；同时要求施工单位设立项目工程款监管账户。此外，实行房产预售监管资金与工资专户联动，建设单位需按比例划分出重点监管资金，用于农民工工资发放，商品房预售资金优先支付农民工工资。截至目前，开设工程款及农民工工资专户50个，工程款累计入账3.8亿元，累计出账3.3亿元，通过银行卡发放农民工工资8230万元，涉及5462人，农民工工资投诉率显著下降。

与人社、信访、公安等部门实施信息共享、联合惩戒，建立企业和个人诚信档案。2018年，将4家拖欠农民工工资施工单位列入"黑名单"，具体工程项目的项目经理被记不良行为，3家施工单位被"黄牌"警示，并对7家施工单位给予通报批评，对其劳动用工情况进行重点监察，自通报之日起一年内不得进入六安市建筑市场承接工程项目。

（四）马鞍山市调整2019年职工住房公积金缴存基数

2019年4月，马鞍山市住房公积金管理中心根据国务院住房公积金管理条例和市住房公积金归集管理办法规定，对2019年的全市职工住房公积金缴存基数进行了调整，本次调整对象为2019年1月起单位新录入人员、已建缴各类企业、社会团体及个人缴存户。机关事业单位工作人员不在此次公积金缴存基数调整之列。

本次调整的内容为：住房公积金缴存基数按照职工本人2018年度月平均工资确定，各单位应在核定当年职工住房公积金月缴存额后，将核定情况向职工公示；个体工商户和自由职业者等个人缴存户，遵循自愿原则，根据个人收入来源和稳定性情况综合确定，已经办理公积金贷款的，其缴存额原则上只调高不调低。

据了解，2019年全市职工住房公积金缴存比例仍为5%—12%，由缴存单位开户时，根据单位自身情况确定。马鞍山市目前执行职工住房公积金缴存基数最高限额为19087元，单位和个人月缴存额不得高于本规定的最高缴存封顶额4582元（19087×12%×2）。缴存基数最低标准，单位职工原则上不低于目前本市最低工资基数1380元，最低月缴存额为138元(1380×5%×2)；个体工商户和自由职业者等个人缴存户，也按照此标准执行。

另外，2019年1月1日起新参加工作(以单位人事部门认定的录用时间为准)人员的住房公积金缴存基数，按照本人实际发放的工资总额计算，转正定级后，重新以核定发放的工资总额计算。

据介绍，调整后的职工住房公积金缴存基数从2019年元月起执行，各单位应合理安排职工个人负担部分扣缴工作。各类企业及自由职业等个人缴存者可在全年任一时间申报，但全年只能申报调整一次。为提高办事效率，公积金缴存基数调整将采取缴存单位网上自主申报模式，并同时完成公积金年度审核网上审核工作。

(五)把握新机遇打造新动能，加快皖北经济高质量发展

2019年5月14—15日，省长李国英就抓好当前皖北地区经济社会发展工作开展调研。他强调，皖北地区要进一步增强发展意识和机遇意识，立足自身优势，主攻突出短板，促进经济持续健康较快发展。省政府秘书长白金明参加调研。

发挥人力资源优势、激发创业活力是皖北发展的重要路径。李国英首先来到涡阳县，深入考察盛鸿科技、德运粮油、三志制动器等劳动密集型产业企业，详细了解企业生产经营、吸纳就业等情况。在该县中小企业加速器，李国英仔细询问农民工返乡创业情况，要求当地进一步做实创业平台，完善创业支持政策，加快把人力资源优势转化为经济发展优势。

加强科技创新、培育战略性新兴产业是增强皖北发展动能的关键所在。在亳州市谯城区，李国英考察了济人药业医药产业园、华佗国药新厂、亳州中药材商品交易中心等企业，对亳州现代中药产业基地建设取得的进展给予充分肯定。他强调，战新产业发展必须坚持创新引领，注重久久为功，突出抓好项目谋划、企业招引、科技研发、成果转化，推动产业基地高端化、集群式发展。在谯城区，李国英还考察了龙凤新河黑臭水体治理工程。

调研中，李国英主持召开座谈会，听取皖北六市工作汇报。他指出，当前皖北各市经济运行总体平稳，质量效益稳步提升，但经济下行的压力仍然很大，必须准确研判形势，增强发展信心。要坚持稳中求进，深化改革创新，保持定力、增强耐力，进一步在困难中发掘积极因素，在挑战中抢抓发展机遇，更好地统筹推进稳增长、促改革、调结构、惠民生、防风险、保稳定各项工作，全力推进皖北高质量发展。

李国英强调，抓好稳定经济增长工作，必须聚焦问题，加强调度，远近结合，精准施策。要着力稳定扩大有效投资，抢抓国家政策机遇，加快谋划实施一批补短板项目。要着力培育发展新动能，全面加强科技创新、产业创新、企业创新、产品创新和市场创新，提升战略性新兴产业产业链水平，推动传统产业和新兴产业融合发展。要加快建设现代农业，大力发展特色农业、循环农业和农产品加工业。要着力提升开放型经济水平，突出抓好招商引资和跨境电商发展，积极承接长三角制造业转移。要积极探索县域经济发展的有效路径，努力在发展特色经济、嫁接科技成果、推行现代招商、发展互联网经济等方面取得更大进展。要着力优化营商环境，深化“放管服”改革，狠抓各项政策落地。要坚持底线思维，坚决打好防范化解重大风险、精准脱贫和污染防治攻坚战，确保皖北与全省同步全面建成小康社会。

第十六章　长三角地区劳动就业情况

一、一市三省劳动就业情况

表 1　2015—2019 年长三角地区一市三省从业人员数　（单位:万人）

地区	2015 年	2016 年	2017 年	2018 年	2019 年
上海市	1361.51	1365.24	1372.65	1375.66	1376.20
江苏省	4758.5	4756.22	4757.80	4750.90	4745.20
浙江省	3733.65	3760.00	3796.00	3836.00	3875.11
安徽省	4342.10	4361.60	4377.90	4385.30	4384.00

（一）省辖市劳动就业情况

表 2　2015—2019 年长三角地区各省辖市就业人员数　（单位:万人）

地区	2015 年	2016 年	2017 年	2018 年	2019 年
江苏省	—	—	—	—	—
南京市	455.0	456.0	457.6	462.6	502.6
无锡市	390.0	387.0	388.3	388.2	387.0
徐州市	482.1	483.4	482.7	483.1	483.4
常州市	281.0	281.4	281.7	282.2	282.7
苏州市	691.4	691.3	691.6	692.3	692.6
南通市	460.0	458.0	456.0	455.0	452.0
连云港市	250.3	250.5	250.6	250.5	249.5
淮安市	282.5	283.6	284.5	285.1	284.7
盐城市	445.7	446.0	441.6	431.8	430.0
扬州市	264.5	263.4	265.0	267.1	268.0
镇江市	193.1	194.3	194.5	194.8	194.9
泰州市	281.3	278.1	278.7	275.5	275.0
宿迁市	281.6	283.2	285.0	282.7	281.4
浙江省	—	—	—	—	—
杭州市	663.03	676.95	681.06	696.10	720.00
宁波市	509.50	520.00	532.00	540.62	589.09
温州市	573.98	574.00	575.26	575.81	575.90
嘉兴市	328.91	329.73	332.45	335.50	336.00
湖州市	184.48	187.11	188.93	191.50	193.90

续表

地区	2015年	2016年	2017年	2018年	2019年
浙江省	—	—	—	—	—
绍兴市	346.80	348.07	348.00	346.60	348.00
金华市	346.01	347.31	349.30	353.50	354.50
衢州市	130.58	132.02	133.42	134.83	135.00
舟山市	74.50	74.70	75.00	75.10	75.60
台州市	407.32	404.36	406.65	407.79	408.30
丽水市	141.15	142.69	144.02	144.21	144.30
安徽省	—	—	—	—	—
合肥市	523.8	530.3	538.1	542.8	545.7
淮北市	116.3	118.5	120.8	122.3	123.1
亳州市	361.3	355.7	360.9	367.6	363.1
宿州市	375.9	377.6	380.4	389.2	390.2
蚌埠市	226.6	231.8	236.1	262.2	241.1
阜阳市	632.9	660.2	673.6	692.2	694.9
淮南市	220.7	226.4	223.7	219.5	214.6
滁州市	288.7	298.1	291.6	310.4	315.9
六安市	385.3	395.8	403.7	407.8	412.1
马鞍山市	140.0	140.4	141.2	144.3	145.3
芜湖市	207.1	219.1	221.2	221.8	222.1
宣城市	202.9	203.1	203.7	204.0	204.4
铜陵市	119.0	117.4	117.0	116.5	115.5
池州市	114.8	114.5	114.5	114.6	114.3
安庆市	346.0	339.8	334.1	334.2	336.9
黄山市	98.0	98.1	98.4	99.6	100.6

（二）促进劳动就业的措施与进展

2019年是中华人民共和国成立70周年，也是决胜全面建成小康社会关键之年。各级人力资源社会保障部门在以习近平同志为核心的党中央坚强领导下，认真贯彻党中央、国务院决策部署，坚持稳中求进工作总基调，坚持民生为本、人才优先，扎实推动人力资源和社会保障事业改革发展，各项工作取得新的积极成效。

2019年末，全国就业人员77471万人，其中城镇就业人员44247万人。全国就业人员中，第一产业就业人员占25.1%；第二产业就业人员占27.5%；第三产业就业人员占47.4%。2019年，全国农民工总量 29077 万人，其中本地农民工 11652 万人，比上年增加 82 万人，增长 0.7%；外出农民工 17425 万人，比上年增加 159 万人，增长 0.9%。

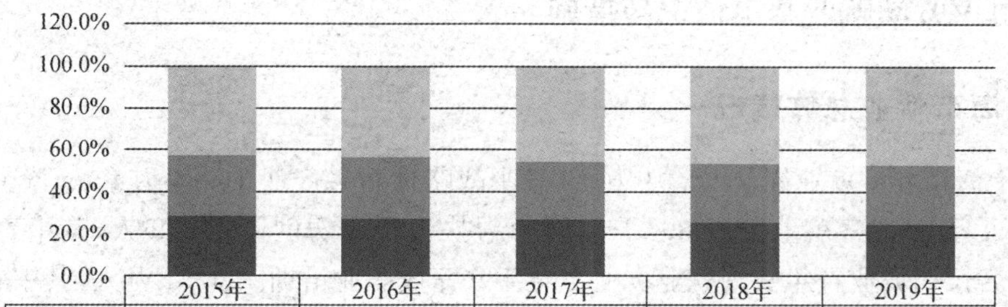

	2015年	2016年	2017年	2018年	2019年
第三产业	42.4%	43.5%	44.9%	46.3%	47.4%
第二产业	29.3%	28.8%	28.1%	27.6%	27.5%
第一产业	28.3%	27.7%	27.0%	26.1%	25.1%

图 1　2015—2019 年全国就业人员产业构成情况

数据来源：人社部

全年城镇新增就业 1352 万人，有 546 万名城镇失业人员实现再就业，就业困难人员就业 179 万人。年末城镇登记失业人员 945 万人，城镇登记失业率为 3.62%。年末全国城镇调查失业率为 5.2%。全年全国共帮助 5.1 万户零就业家庭实现每户至少一人就业。选派 3.1 万名高校毕业生到基层从事“三支一扶”服务。年末累计帮扶 1213 万名农村建档立卡贫困劳动力实现就业。2019 年第四季度，岗位空缺与求职人数的比率约为 1.27，全国人力资源市场需求略大于供给，供求总体保持平衡。

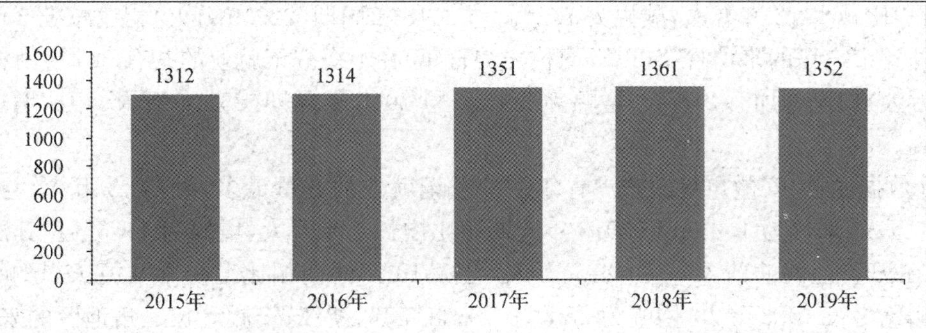

图 2　2015—2019 年全国城镇新增就业人数变化趋势图

数据来源：人社部

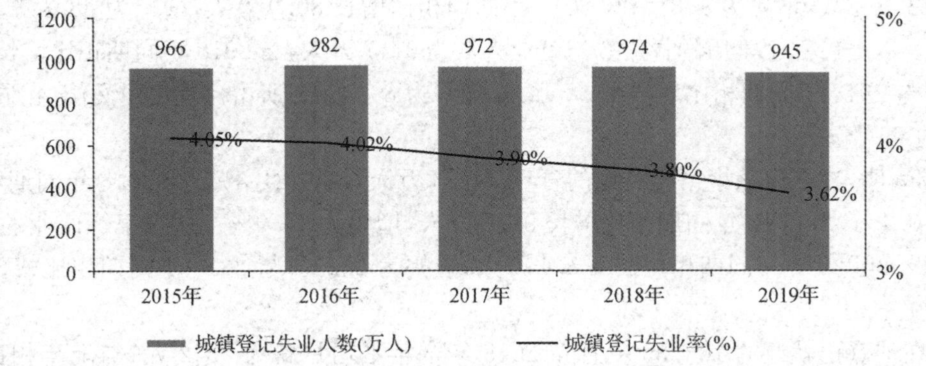

图 3　2015—2019 年全国城镇登记失业情况

数据来源：人社部

年末,全行业共有人力资源服务机构3.96万家,从业人员67.48万人。全年共为4211万家次用人单位提供人力资源服务,帮助2.55亿人次劳动者实现就业、择业和流动服务。

二、上海市劳动就业基本情况与措施

(一)上海市就业总体情况

2019年,上海市新增就业岗位58.91万个(其中战略性新兴产业16.84万个)。全年新安置就业困难人员53579人,新消除零就业家庭391户。全年帮扶引领成功创业11339人,其中青年大学生6966人;帮助8698名长期失业青年实现就业创业。全年共完成职业培训106.64万人,其中农民工职业培训44.67万人。高技能人才占技能劳动者比例达34.18%。至年末,全市城镇登记失业人员19.34万人,城镇登记失业率为3.6%,城镇调查失业率稳定在4.3%以内。

(二)上海市青年就业状况

根据上海市就业登记信息系统的统计数据显示,当前在上海登记就业的16—35岁青年共有493.8万人,与2018年同期(500.6万人)相比减少6.8万人,减幅为1.4%;与2013年同期(481.3万人)相比增加12.5万人,增幅为2.6%。从所占的比重来看,16—35岁的青年约占全市登记就业人数的48.7%。近年来,在上海登记就业的16—35岁青年人数,持续稳定在500万人左右的规模;因季节性变化引起的波动幅度基本上保持在5%以内,且呈逐年下降的趋势,2018年仅为2.9%。

按户籍分类的统计数据显示,当前在上海登记就业的上海户籍青年179.1万人,与2018年同期(193.1万人)相比减少13.9万人,减幅为7.2%;与2013年同期(229.9万人)相比减少50.8万人,减幅为22.1%。外省市户籍的来沪青年(以下简称来沪青年)在上海登记就业的共有314.6万人,与2018年同期(307.5万人)相比增加7.2万人,增幅为2.3%;与2013年同期(251.4万人)相比增加63.2万人,增幅为25.2%。

根据统计数据显示,安徽户籍的来沪青年在沪登记就业的数量最多,为66.3万人,与2018年同期相比增长0.8万人,增幅为1.2%;与2013年同期相比增长8.4万人,增幅为14.6%。其次是江苏户籍的来沪青年,在沪登记就业的人数为51.7万人,与2018年同期相比增长0.9万人,增幅为1.8%;与2013年同期相比增长10.3万人,增幅为25.0%。来自江苏、浙江、安徽等长三角地区的来沪青年,在沪登记就业人数共131.7万人,约占在沪登记就业的来沪青年总人数的41.9%,与2018年同期相比增长2.2万人,增幅为1.7%;与2013年同期相比增长23.7万人,增幅为21.9%。

从登记就业的青年人的学历结构来看,具有大专以上学历的291.9万人,约占59.1%,与2018年同期相比增长12.0万人,增幅为4.3%;与2013年同期相比增长80.9万人,增幅为38.4%。值得关注的是,具有硕士及以上研究生学历的青年登记就业人数为37.7万人,与2018年同期相比增长4.6万人,增幅为13.8%;与2013年同期相比增长17.8万人,增幅为89.4%。所占比重也由2013年同期的4.2%,增长到当前的7.7%。

统计数据表明,在上海从事第三产业的青年397.7万人,约占81.4%,与2018年同期相比增长1.8万人,增幅为0.4%;与2013年同期相比增长51.7万人,增幅为14.9%。从事第二产业的青年90.7万人,约占18.6%,与2018年同期相比减少8.1万人,减幅为8.2%;与2013年同期相比减少35.7万人,减幅为28.2%。

据了解,在沪登记就业的16—35岁青年2018年全年平均月薪为7342元,与上年相比增长了743元,增长幅度为11.3%。2013年以来,上海青年登记就业人员的平均月薪整体呈现稳步上升趋势,年均增长11.6%。

就业满意度是劳动者基于工作内容、工作环境、劳动强度以及薪资收入、晋升空间等相关因素的主观认识和情感体验，对其本人当前就业岗位作出的综合性评价，是衡量就业质量的重要指标之一。上海市人社局就业促进中心组织开展的专项调查结果显示，16—35岁青年的就业满意度指数为145.8，与上年度调查结果相比上升了1.1点，高于总体就业满意度(144.6)1.2点，处于"比较满意"区间。调查对象中，表示对当前就业岗位"非常满意"的约占23.8%，表示"比较满意"的约占68.8%，两者合计约占92.6%，与上年度相比提高1.7个百分点；对当前就业岗位"不太满意"或"非常不满意"的约占1.8%，与上年度相比下降0.4个百分点。

(三) 关于促进就业的相关规定

积极应对外部因素对本市就业的影响，确保就业局势保持稳定，经市政府同意，现就做好本市稳就业工作的有关事项通知如下：

1. 加强职业技能培训

(1) 2019年经认定有培训需求的困难企业按本市地方教育附加专项资金支持企业职工培训的有关规定开展职工在岗培训，并在企业职工教育经费中列支培训费的，对培训合格人员按实际培训费用100%给予培训费补贴。其中，对纳入本市职业技能培训补贴目录的培训项目，补贴额度最高不超过公布的补贴标准。

困难企业应当是面临暂时性生产经营困难且恢复有望、坚持不裁员或少裁员的参保企业，由其税收征管所在区人力资源社会保障部门综合考量区域产业发展情况、企业亏损状况和裁员情况(可参考企业年度财务报表、社保缴费记录等)、企业职工培训需求和地方教育附加缴纳等情况(可参考企业职工教育经费提取使用凭证、地方教育附加缴纳凭证等)，明确认定条件，确定认定范围，认定条件和认定结果报市人力资源社会保障部门备案。

(2) 2019—2020年，各区对本市户籍就业困难人员和零就业家庭成员参加社会化职业技能培训的，在培训期间按本市当年度城乡居民最低生活保障标准再给予生活费补贴，补贴期限最长不超过3个月，所需资金从各区就业补助资金中列支。生活费补贴政策原则上每人每年只享受一次，且不可同时领取失业保险金。

2. 加大就业服务力度

(1) 建立企业跟踪联络机制。各区要针对受外部市场因素影响的企业(以下简称"受影响企业")建立日常联络制度，摸清底数，及时掌握企业的生产经营情况、裁员意向和服务需求，密切关注苗头性、倾向性问题。对于可能存在的失业风险要及时上报区委区政府和市人力资源社会保障部门，并提前做好应急处置预案。

(2) 加大政策宣传落实力度。各区要结合调查排摸工作，对"受影响企业"普遍开展一次就业创业、职业培训等人社领域的政策宣传，帮助企业熟悉了解政策，指导其对照享受政策，提高企业对政策措施的获得感。要做好劳动法律法规的宣传，对有裁员考虑的企业，指导其做好裁员方案，避免引发劳动关系矛盾。

(3) 建立职工实名信息库。各区要对"受影响企业"及其职工登记造册，建立实名制信息库，加强动态管理。要主动排摸企业分流职工的求职需求，分类做好职业指导、转岗培训、就业见习、岗位推荐、就业援助等工作，帮助其尽快再就业。

(4) 加大岗位供给力度。各区要广泛搜集区域内的岗位招聘信息，做好岗位资源的储备工作。对于行业相近、岗位相似的企业，探索开展企业间用工调剂。发动社会各方力量，整合资源，适时在受影响集中的区域分片区集中组织专场招聘会，方便有转岗需要的职工就近求职面试。

(5) 做好常住失业人员就业服务。对于持有本市居住证、处于法定劳动年龄内、有一定劳动能力和就业要求的非本市户籍常住人员，失业后可到本市就近的街道、乡镇就业服务机构进行失业登记。其中，在本市失业登记满6个月、因自身就业条件差而难以实现市场化就业的非本市户籍大龄人员（男性年满45周岁、女性年满40周岁）、残疾人和享受城乡居民最低生活保障家庭成员，可到常住地的街道、乡镇就业服务机构提出就业困难人员认定申请。

对于认定为就业困难人员的非本市户籍人员，各区要加大公共就业服务力度，加强实名制管理，提供精准服务，切实做好职业指导、职业介绍、创业指导、职业培训等就业援助服务工作，促进其实现就业创业。

（6）落实失业保险待遇。对符合条件的失业人员，及时做好失业保险待遇的发放工作。本市各项失业保险待遇的计发条件等规定按《上海市失业保险实施细则》及相关规定执行。

3. 其他方面

（1）根据人力资源社会保障部、财政部、国家发展改革委、工业和信息化部《关于失业保险支持企业稳定就业岗位的通知》（人社部发〔2019〕23号）规定，本市暂不执行对经营困难且恢复有望企业的失业保险返还政策。

（2）根据人力资源社会保障部、财政部、国家发展改革委、工业和信息化部《关于失业保险支持企业稳定就业岗位的通知》（人社部发〔2019〕23号）规定，申请享受稳岗补贴政策的本市用人单位，应参加本市失业保险并足额缴纳失业保险费12个月以上。各区人力资源社会保障部门要加大政策宣传力度，进一步扩大政策受益面；加强跟踪问效，指导用人单位按规定用途用好补贴资金。

（四）上海前11个月新增岗位58.86万个，超额完成年初制定目标

就业是最大的民生。2019年以来，上海市就业形势保持稳定，就业规模不断扩大，失业状况进一步改善，劳动力市场运行平稳，各项就业指标进展顺利。1—11月，上海市新增就业岗位58.86万个，超额完成年初制定的50万个的目标。中国社会科学院最新发布的《社会蓝皮书：2020年中国社会形势分析与预测》中显示，上海居民拥有稳定就业状况的比例达90.23%，在报告调查的5个特大城市中居首位（上海、天津、广州、武汉、重庆）。

上海市通过积极开展高校毕业生就业促进计划、长期失业青年启航计划、离土农民就业促进计划、创业带动就业行动计划等计划及专项措施，促进重点群体就业。为鼓励企业吸纳就业困难人员，上海市规定吸纳就业困难人员的用人单位可申请岗位补贴和社会保险费补贴，并设置公益性岗位，对困难群体进行托底安置。在梯度化、分层次、有衔接的就业援助政策体系下，“零就业家庭”在确认后一个月内将有至少一人实现就业，“就业困难人员”在认定后三个月内可实现就业。

据统计，2019年前11个月，上海市已累计帮扶约4.6万名新认定的就业困难人员实现就业，8669名失业半年以上的长期失业青年实现就业创业，13400名建档立卡的农民接受了技能培训等就业服务，其中8020人实现就业，创业带动就业计划已累计帮扶11184人实现创业。

一大批看得见、实打实的政策也相继出台，加大了稳岗位、防风险、兜底线和便民服务的力度。如大幅降低社保费率、继续实施失业保险稳岗返还政策、加大各类资金补贴投入等，为企业轻装上阵、稳定岗位减轻了压力，从不同角度鼓励企业吸纳就业、促进失业人员就业。截至11月底，已有8.87万家单位享受失业保险稳岗返还政策，金额约21.37亿元。

同时，本市不断完善就业监测机制，通过网上监测、定点监测、社区监测相结合的劳动用工监测机制，对整体就业状况、样本企业用工变化、失业人员动态和农民工流动情况开展监测，密切关注就业形势变化，及时防范化解失业风险，及时对有转岗和求职需求的人员进行职业指导、岗位推荐。

“就业直接关系到老百姓的‘饭碗’，以及千家万户的获得感。”市人力资源社会保障局相关工作负责人表示，接下来，人社部门将以更大力度做好稳就业工作，以更全视角做好就业监测预警工作，继续大力推进创业带动就业，提升特定群体的就业保障水平，切实做好民生保障工作。

（五）集聚和培养一批站在各领域科技前沿领军人才，上海领军人才选拔启动

2019年7月底，上海市委组织部和市人力资源社会保障局共同发布《关于开展2019年上海领军人才选拔工作的通知》，要求开展科技、教育、卫生、企业创新、金融、文化、现代农业和创业八大类领军人才的选拔培养工作。

选拔工作紧紧围绕贯彻落实中央交给上海的"三项新的重大任务"和加快推进"五个中心"建设、打响上海"四大品牌"的要求，集聚和培养一批站在各领域科技前沿、具有国际视野和产业化能力的领军人才，选拔规模基本与去年持平。

此次选拔要求注重发现和选拔优秀青年专业技术人才，以提高人才的创新创业能力为核心，以聚焦重点、服务发展，突出一线、团队优先、公开平等、竞争择优为原则，聚焦本市人才高峰工程重点领域，聚焦科技创新和创业、科技成果转化、战略性新兴产业及高新技术产业化，以在科研、生产等专业技术一线岗位上创造优异成绩的创新创业团队带头人为选拔重点。在本市企事业单位工作和创业，品德素质优秀、专业贡献重大、团队效应突出、引领作用显著、发展潜力较大的高层次专业技术人才，可通过单位推荐、专家或社会团体举荐、个人自荐等途径参与选拔。

推荐举荐及审核等工作于8月1日正式启动，相关人员和单位可登录"上海国际人才网"查询政策和进行申报。选拔工作将健全评价机制、改进评价方式，发挥政府、市场、专业组织、用人单位等多元评价作用，创造条件通过"打擂台"、答辩、现场演示、引入国际同行评价、大数据测评等方式，实现评审专家与申报者"面对面"交流。经市人才工作协调小组审议通过后，市委组织部、市人社局将公布2019年领军人才"地方队"培养计划名单，对入选培养计划的领军人才颁发证书、开展资助服务工作。

三、江苏省劳动就业基本情况与措施

（一）江苏省劳动就业基本情况

2019年末，江苏全省就业人口4745.2万人，其中第一产业就业人口734.5万人，第二产业就业人口2012.0万人，第三产业就业人口1998.7万人。城镇就业人口3282.7万人，城镇新增就业148.3万人。失业保持较低水平，年末全省城镇登记失业率为3.03%，比上年提高0.06个百分点。全年新增转移农村劳动力22.0万人，转移率达76.1%，比上年末提高0.9个百分点。城镇失业人员再就业94.8万人，比上年增长6.0%。

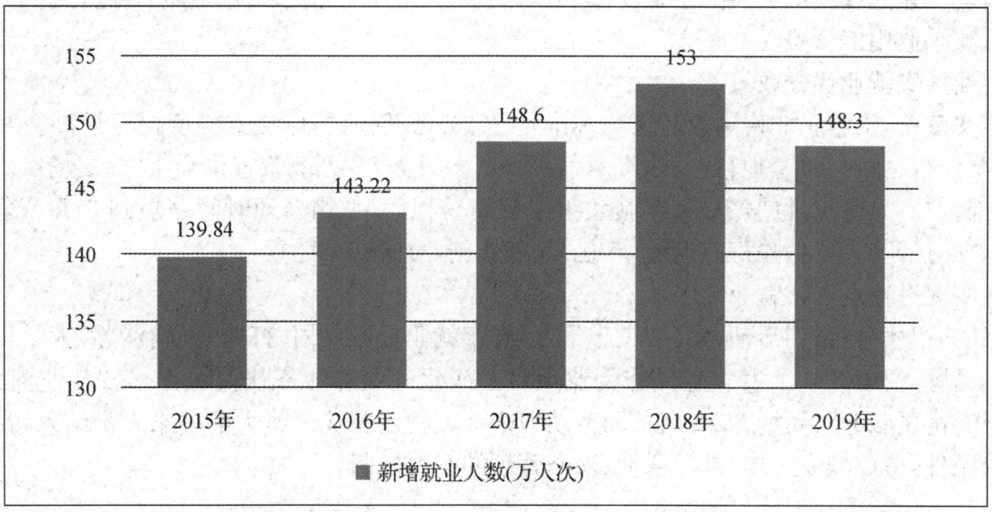

图4　2015—2019年江苏省城镇新增就业人数

在失业率方面，纵观2015—2019年江苏省城镇就业情况，2019年末城镇登记失业率为3.03%，对比2018年上升0.06个百分点。

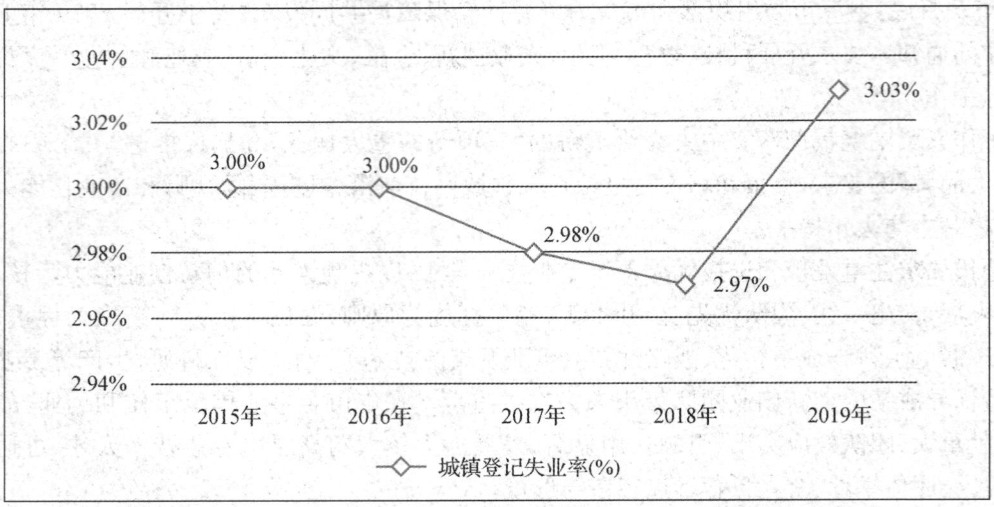

图5　2015—2019年江苏省城镇登记失业率变化曲线

(二)推动就业创业工作再上新台阶

2019年，江苏省全面落实党中央、国务院决策部署，积极有效应对宏观形势变化，全年城镇新增就业148.32万人，城镇登记失业率、调查失业率分别控制在3.03%和4.5%，高校毕业生总体就业率达95.9%，农村劳动力转移就业率超过76%，保持了就业局势总体稳定。

一是严格履行促进就业责任

省委、省政府专题研究部署就业工作，将就业作为省委年度改革重点任务和省政府十大重点工作百项重点任务，进行专项督察。调整充实各级就业工作领导小组，适应经济发展新趋势，增补成员单位。量化考核稳就业成效，开展表扬激励。全省各级预算安排就业资金达53亿元，在财政支出压力加大的情况下，实现了稳中有增。

二是积极防范化解就业风险

省、市、县均成立就业应急工作领导小组，印发工作预案，实行省、市、县、街镇分级防控。建立外贸企业信息监测平台及会商制度，将监测对象扩大到全部参保企业，监测内容拓展到订单、出口、税收、用工等变化情况。建立规模裁员风险企业清单制度，实时掌握并动态更新企业名单，优先给予政策扶持，稳定了高风险企业用工形势。

三是全面落实就业优先政策

顶格落实政策，困难企业稳岗返还人均标准达7529元，创业担保贷款额度提至最高。开展就业政策企业行、高校行、乡村行、基地行，发送提示信息200多万条，举办政策宣讲会1000多场次。优化经办流程，全面推行“不见面审批(服务)”，实施政策申领简易程序，平均办理时间缩短到3天。全年发放创业担保贷款35亿元、失业保险稳岗返还25亿元、就业创业补贴51亿元。

四是扎实促进重点群体就业

举办“江苏招才月”系列活动，实施“三年十万”青年就业见习计划，打造“创响江苏”大学生创业大赛暨风采展示品牌，资助500个大学生优秀创业项目。深化东西部劳务扶贫协作，送“就业岗位、创业项目、培训合作、优质服务”，新增6572名贫困劳动力来江苏稳定就业。将大龄外来人员纳入帮扶范围，明确9种退出条件，形成城乡一体、部门联动、动态管理的有效机制。

五是创新就业创业服务机制

将职业介绍、劳务派遣等17项服务纳入政府购买服务目录，制定基层平台建设标准和服务规范，标准化平台建成率超过97%。首次发布《江苏省就业质量蓝皮书》，公布全省就业质量指数。全年建成创业载体3145个，公共创业服务平台超5000个，扶持32万名城乡劳动者创业，带动就业128万人。

（三）江苏高校毕业生就业情况

2019年，江苏省高校毕业生总数为56.2万人，同比上年持平。其中，毕业研究生5.2万人，同比增加0.1万人；本科毕业生27.9万人，同比增加0.7万人；专科毕业生23.1万人，同比减少0.8万人。

从专业规模来看，毕业研究生人数列前三的专业有机械工程、会计、电子与通信工程；本科毕业生人数列前五的专业有会计、计算机科学与技术、电气工程及其自动化、土木工程、英语；专科毕业生人数列前五的专业有会计、机电一体化技术、护理、学前教育、电子商务。

据目前覆盖全省158所高校的“91job智慧就业”大数据监测分析平台显示，2019年9—10月，共有1.05万家用人单位在线发布了112.3万个毕业生招聘岗位需求，同比增加3.8%。其中，需求博士生0.57万人，占比达0.51%；硕士生5.74万人，占比达5.12%；本科生45.2万人，占比达40.26%；专科生60.79万人，占比达54.11%。

科学研究和技术服务业岗位需求涨势迅猛，与去年同期相比，增幅达5.2%，行业排名由去年的第14名上升至第11名。信息传输、软件和信息技术服务业再次跃居招聘需求行业首位，两个月来累计发布岗位需求9.54万个，同比增长4.22%。

以新零售为代表的新业态的发展，带动批发和零售业、租赁和商务服务业以及交通运输、仓储和邮政业等行业用人需求的增长，较去年同期分别增加4.6%、4.1%和5.2%。

房地产行业的招聘需求总量有所下降，与去年同期相比，降幅为1.7%，减少量大的主要是市场营销类岗位；其他岗位如建筑、设备安装类的需求仍有一定量的增长。金融行业的岗位需求较去年同期下降2.3%。

以国有四大银行为首的银行业校园招聘仍然受到毕业生热捧，虽“互联网＋金融”服务模式的普及和智能化技术的应用取代了一般服务类岗位，但金融产品和安全技术研发、客户细分服务等岗位需求增长迅速，且应聘准入门槛较高，促使毕业生应聘金融行业高质量岗位竞争日趋激烈。

此外，相对于理工科招聘需求的火爆，工商管理类、新闻传播学类、法学类等专业毕业生供应量仍超出社会招聘需求量，各学历层次都不同程度地存在着专业培养与社会需求的结构性矛盾。

另一方面，江苏岗位需求和吸引力逐年增加，依然是吸纳本省高校毕业生就业的第一大户，两个月来，0.89万家江苏用人单位累计发布了96.9万岗位需求，占比达86.2%。据全省毕业生调查数据显示，留在江苏工作的2017届高校毕业生的就业满意度为82.9%，工作与专业的相关度为72.3%，均高于到其他地方就业的毕业生。

（四）江苏各市就业人口平均工资情况

2019年，江苏省各市就业人口平均工资（城镇非私营单位）出炉，南京、苏州、无锡、常州排前四名，平均工资分别为118906元、105357元、102549元、102561元。其中，常州表现不错的，同比增长13.12元，几乎持平无锡，说明常州经济发展水平高，企业效益好，是一座富裕及工资收入非常高的城市。

南通、镇江位列第五和第六，平均工资分别为86070元、85150元。镇江作为苏南城市，理应工资收入水平要高于南通，说明镇江经济发展水平不够好，尚需进一步加强。

另外，盐城、扬州、连云港的平均工资分别为80214元、81266元、80738元。盐城表现不错，说明盐城经济发展快，企业水平在不断提升，工资收入上涨快，人民资本越来越雄厚。

剩下的城市中，泰州为77963元、徐州为76681元、淮安为74113元、宿迁为71011元。

(五)聚力三大群体打造"人才高峰"

从2019年2月28日召开的全省人社系统人才工作座谈会上获悉,江苏省2019年将加强高端前沿人才布局,突出抓好青年人才、技能人才和乡土人才等三大群体,打造"人才高峰",持续提升引才聚才质量。

省人力资源和社会保障厅厅长戴元湖说,人社部门主要负责专业技术人才和技能人才的整体开发和综合管理,这两支队伍与经济社会发展关系紧密。江苏省以人才发展高质量引领经济发展高质量,聚焦国家和省重大战略、聚焦产才融合、聚焦"高精尖缺",促进人才工作与现代化经济体系深度融合。同时,针对人才发展面临的一些深层次矛盾和问题,同步开展人才工作解放思想大讨论活动,着力破除人才发展体制机制障碍。

为打造青年人才高峰,江苏省将把博士后、留学回国人员等青年人才培养引进作为重要战略任务,创新更具竞争力的海内外博士后人才引进机制,加大博士后人才培养集成支持力度,面向全球集聚一批掌握关键核心技术的博士后和留学回国人员,启动实施省留学人员回国创业示范工程;集中优势资源对重点留学人员创业企业进行资金资助、人才支持、投融资对接等全方位扶持;开展"江苏留学回国先进个人奖"评选工作,加强典型选树。通过人才政策资源和服务资源的叠加,2019年新增留学回国人员8000人,厚植创新引领力,加快形成青年人才高峰。

为打造技能人才高峰,江苏省将以工程计划为牵引,以待遇激励为保障,加快打造一支掌握绝技绝活、处于国际国内技能领域前沿的高技能领军人才队伍。重点推进出台江苏省提高技术工人待遇的实施意见,切实提高高技能领军人才政治待遇、经济待遇和社会待遇。深入实施产业技能大师培育计划,在重点产业领域培养100名掌握关键技术的产业技能大师。

为打造乡土人才高峰,江苏省将把优秀乡土人才纳入高技能领军人才范围,参照高层次人才标准落实相应待遇;对符合条件的乡土人才按规定给予培训补贴;组织开展首次乡土人才高级职称评审;加强乡土人才职业技能标准建设,将乡土人才纳入技能人才评价体系;支持各地各行业举办乡土人才传统技艺技能大赛,符合条件的列入全省技能竞赛目录。此外,还将建设50个乡土人才技能大师工作室,开设一批历史经典产业特色班,开展乡土人才"师徒结对"、技艺传承活动。

省人力资源和社会保障厅副厅长朱从明表示,改革是激发人才活力的关键一招,是赢得人才竞争的制胜法宝。2019年,江苏省将加快重点领域人才评价机制改革,积极构建具有江苏特色的人才评价制度体系。同时适应新兴职业领域人才发展需求,组织开展新兴职业领域人才评价标准开发。建立职称评审绿色通道,组织开展高层次和急需紧缺人才高级职称考核认定。促进评价结果共享互认,制定发布全省专业技术类职业资格和职称比照认定目录,有效衔接职称与职业资格。

江苏省将积极配合文艺院团、地矿、华东有色等行业体制改革以及从事生产经营活动事业单位改革,做好改革中人员分流安置工作;积极探索公办幼儿园人员编制备案制管理和高校人员总量管理,研究制定公立医院实施人员备案制管理政策措施,加快建立符合公办幼儿园、高校、公立医院特点的人事管理制度。

为鼓励支持社会各界特别是企业举办技工教育,江苏省着力构建与高质量发展相适应的现代技工教育体系。2019年还要取缔一批办学水平低下、社会影响恶劣、长期不招生的技工学校。要围绕解决技工院校"招生难"的问题,制定出台企业职工弹性学制教育实施意见。到2020年,全省技工院校推行一体化教学的专业面要超过80%,主干专业一体化课程比例达50%以上。要围绕解决校企合作"一头冷、一头热"的问题,制定出台我省推行企业新型学徒制的实施意见,年度培养企业新型学徒1万人以上。

四、浙江省劳动就业基本情况与措施

（一）浙江省劳动就业基本情况

1. 就业创业

2019 年，浙江省城镇新增就业人数 125.7 万人，失业人员再就业 45.39 万人，年末城镇登记失业率为 2.52%，城镇调查失业率为 4.3%。全年组织见习 1.97 万人，帮扶困难人员实现再就业 15.31 万人；发放创业担保贷款 32.25 亿元，扶持创业 5.12 万人；结对四省建档立卡人员在浙江稳定就业新增 3.18 万人。

2. 人才建设

全年引进各类人才 98 万人；遴选省“万人计划”青年拔尖人才 98 名和高技能领军人才 20 名。

年末，全省有两院院士 55 人，享受政府特殊津贴专家 2331 人，省突出贡献中青年专家 598 人，国家“百千万人才工程”入选者 167 人，省“151 人才工程”培养人员 9270 人。全年参加专业技术人才知识更新工程培训人数 220 万人。

全省技能人才总量 982 万人，新增高技能人才 22.2 万人，高技能人才总量达 292 万人，占技能人才总量的 29.7%，比上年提高 0.6 个百分点。职业技能鉴定人数（含统考）55.47 万人，职业技能鉴定取证人数（含统考）44.38 万人。

浙江省选手在第四十五届世界技能大赛上获得 1 枚金牌、2 枚银牌和 1 个优胜奖，居全国第二。

浙江省共有技工院校 78 所，在校学生 162770 人，当年招生 53695 人，毕业生 35166 人。

2019 年，浙江省举办人力资源供需对接活动 1.5 万场次，服务市场主体 200 万家次。

3. 工资分配

2019 年，浙江省全社会单位就业人员年平均工资为 71523 元，比上年增加 5625 元，增长 8.5%，扣除价格因素增长 5.4%。其中，在岗职工年平均工资为 72078 元，比上年增加 5646 元，增长 8.5%。

2019 年，全省非私营单位就业人员年平均工资为 99654 元，比上年增加 10771 元，增长 12.1%，扣除价格因素增长 8.9%；私营单位就业人员年平均工资为 56383 元，比上年增加 3819 元，增长 7.3%，扣除价格因素增长 4.3%。

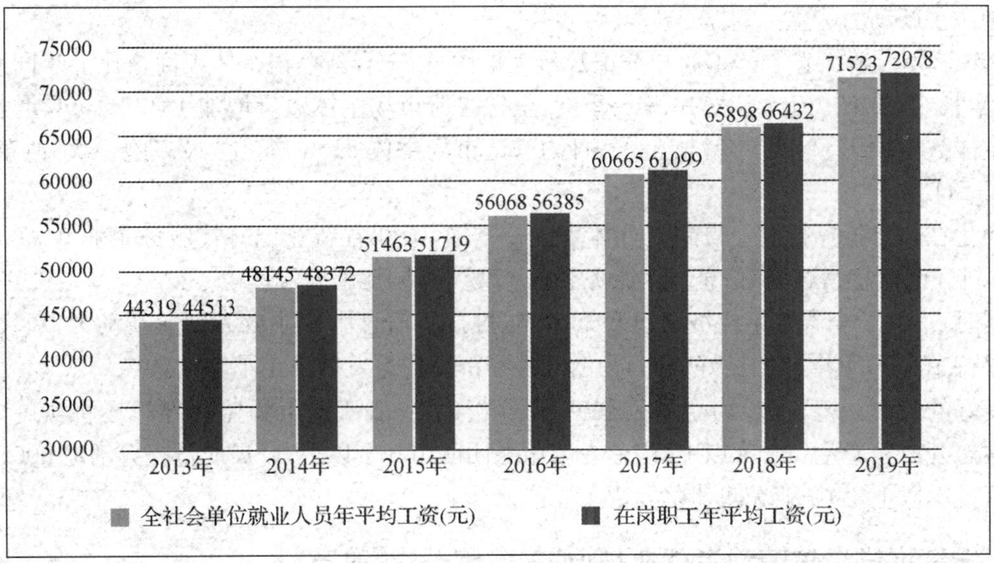

图 6　2013—2019 年浙江省全社会单位就业人员年平均工资

(二)出台稳就业新政，百亿元“红包”促就业

2018年底浙江省出台了《关于做好当前和今后一个时期促进就业工作的实施意见》(以下简称“新政”)。

新政规定，2019年1月1日至12月31日，对裁员率不高且符合浙江产业结构调整方向的特定困难工业企业，可按一定比例返还部分社会保险费用。据测算，2019年，仅这一项针对困难企业的“特惠”政策可为企业减负百余亿元。同时，新政对裁员率不高且已参加失业保险的企业也制定了相应的优惠政策，预计在2019年还可为企业减负30亿元。

新政还在创业政策方面进行了完善。对符合一定条件的自主创业人员提高了贷款额度，着力解决初次创业人员的融资难题，对入驻实体数量多、孵化效果好、带动就业的省级创业孵化示范基地将给予一定数额的一次性奖补。

广大普通劳动者也可享受到新政带来的“红利”。在劳动者提升技能方面，新政从稳就业角度，重点规定了特定困难企业和失业人员的培训政策。例如对困难企业保留岗位、组织职工培训的，政府给予适当资金支持；对参加培训的就业困难人员和零就业家庭成员，除了培训补贴，还可按当地最低生活保障标准再给予培训期间生活费补贴。在促进失业人员、就业困难人员等群体就业方面，新政加强了“兜底”，如劳动者失业后可在常住地办理失业登记，申请享受当地就业创业服务和就业扶持政策。

(三)浙江“双创”热潮涌动

营造创业创新生态环境，激活创业创新主体，浙江硕果累累。据省市场监管局发布的市场主体数据分析显示，截至2019年3月底，浙江省共有各类市场主体675.2万户，同比增长12.7%；每万人市场主体拥有量为1162户，位居全国榜首，平均9个人就有1户市场主体、25个人就有1家企业。

“双创”热潮涌动的背后，离不开以“最多跑一次”为目标的商事制度改革。2019年一季度，全省新登记市场主体34万户，同比增长39.6%。其中，新登记企业10万户，同比增长4.4%；新登记个体工商户24万户，同比增长62.4%；新登记农民专业合作社507户，同比增长9.7%。省市场监管局企业注册处相关负责人表示，随着“多证合一”“证照分离”“证照联办”改革的深入推进，“网上办”“掌上办”“银行代办”等便利化登记服务的不断推出，“企业开办全流程‘一件事’一日办结”等举措的创新实施，为浙江省创业投资增添了新动力。

2019年一季度，浙江省个体工商户登记数量大幅增长，全省新登记个体工商户比上年同期增加9.2万户，同比增长62.4%。相较于2016年一季度，全省在册市场主体数量增加184.7万户，增长38.3%；新设市场主体数增加15.9万户，增长88%；日均登记市场主体5153户，比“最多跑一次”改革前日均登记量增加了2413户。

产业变化在热点投资行业上得到充分体现。一季度，浙江省新登记科技服务企业9437户，同比增长18.4%；新登记信息、软件和信息技术服务企业7712户，同比增长15.5%。

与此同时，得益于全省数字经济建设政策影响，科技和信息服务业成为创业新动力，新设企业数量近年来均保持10%以上增幅的良好势头，为浙江省经济高质量发展奠定了基础。

营造良好的营商环境，已成为全省发展共识。2019年，浙江省市场监管部门还将实施“11551”行动——年常态开放实验室100家以上，组建专家服务团队100个以上，开展质量提升活动500个以上，服务企业5万批次以上，为企业减负1亿元以上。

(四)继续推进个体劳动者就业创业“最多跑一次”改革

2019年10月8日，个体经营者林亚妮来到三门县行政审批服务中心办事大厅的“就业一件事”综合

受理窗口，不到30分钟就办完了参保登记、就业登记、档案接收等个体劳动者就业创业事项。“只填一张表就能把这些事情这么快办好，超出我的预料。”办完业务，林亚妮如释重负，“把就业创业当作‘一件事’打包办理，真是便利。”

林亚妮办理的事项原先分别由人力社保、医保、税务等多个部门办理，办事者需要跑4个窗口、排4次队、填4张表。不只是三门县，如今，全省都在进行个体劳动者就业创业“一件事”全流程“最多跑一次”改革，通过改变业务办理模式，提升群众的办事体验。

和以往的各个机构部门之间单独办理模式不同，个体劳动者就业创业“一件事”改革推行申请材料统一提交、申请信息归集共享、不同事项联动办理、办理结果实时反馈的跨机构、跨部门一体化经办模式。申请人只需向市、县(市、区)行政服务中心或人力社保经办机构窗口现场提出申请并提交相关申请材料，或通过浙江政务服务网、“浙里办”APP提出网上(掌上)申请，即可在受理申请之日起一个工作日内，完成个体劳动者就业创业“一件事”全流程办理。

个体劳动者就业创业“一件事”包括哪些内容？据浙江省委改革办(省跑改办)、省人力社保厅、省大数据发展管理局、省医保局和国家税务总局浙江省税务局五部门联合下发的《关于推进个体劳动者就业创业“一件事”全流程“最多跑一次”改革的通知》，根据公民生命周期特定阶段办事需求和部门间政务办事关联度，个体劳动者就业创业“一件事”联办包括四个办事事项，分别是人力社保部门和医保部门的个体劳动者(灵活就业人员)参保登记、人力社保部门的灵活就业登记、流动人员人事档案接收及税务部门的灵活就业人员社会保险费缴费信息确认。改革后，申请人在办理这四个事项时，可选择按照“一件事”申请，也可选择“一件事”中的多个办事事项申请。

省委改革办相关负责人介绍，截至2019年10月，浙江省11个设区市已全部编制并公布了个体劳动者就业创业“一件事”办事指南，并提供现场窗口联办服务。同时，作为牵头单位，人力社保部门正抓紧建设联审联办平台，并积极做好与浙江政务服务网的对接联通，力争10月20日前，市、县(市、区)两级全部实现个体劳动者就业创业“一件事”网上办、掌上办。

(五)打造更有温度的人才高地

当人才引领发展的共识逐步形成，一个城市的吸引力更多体现在看不见的人才生态环境上。优化人才服务永无止境，5月16日，浙江就此召开专题发布会，介绍了近期出台的一系列新政策和新举措。如何做好服务人才这“后半篇”文章？怎样适应人才需求结构从“有没有”向“好不好”转变？

一是更准：数字化转型

当天，“浙江省人才服务平台”网站正式上线，让人眼前一亮。该网站分人才政策、人才资源库、公共服务、人才工程、项目展示和大学生实习六大板块。网站内容和功能无论是对人才还是对企业来说，都可谓“想其所想，急其所急”。

网站汇总了省、市、县三级主要的人才政策360项，“捞”出1万多条“干货”，提升了信息对称的精准度。用户可快速搜索需要的政策，还可对不同区域的人才政策进行比较。而企业也可通过专业、学历、工作年限等条件设定，精确找到所需人才。同时，网站展示的120余项国内外优质人才项目和创业项目，为人才、项目和资本打造了一个对接平台。

这还是人才领域“最多跑一次”改革的一次深化。该平台可实现在线办理省部属单位高层次人才同城待遇认定、高级职称电子证书查验打印、留学人员小客车指标申请等14项省级人才服务事项，以及省“万人计划”等人才项目的在线申报、在线抽选专家和在线评审等。

从人才最关心的事情抓起、从人才最不满意的地方改起。省委人才办相关负责人介绍，该平台已初步实现人才政策网上看、个人事项网上办、人才项目网上展、人才需求网上找、人才评审网上报。接下来，还将以用户需求为主导，聚焦服务人才的“痛点”和“堵点”，不断完善平台的各项功能。

二是更广:全省“一盘棋”

在浙江,一种被称为“人才飞地”的异地搭建众创空间正成为各地谋划产业转型升级的另一个“战场”。

“这是跳出区域限制、放眼全省的‘一盘棋’。”省委人才办相关负责人认为,在更为宽广的人才视野下,省内人才服务的一体化已初尝甜头,“比如,2016 年落户杭州未来科技城的衢州海创园,不仅实现入驻企业的‘同城同待遇’,还将入驻企业、个人所缴纳的税收,全额返还衢州。”

拆掉围墙满眼春。目前,杭州、宁波已出台服务全省人才发展的相关意见。杭州将在未来科技城等交通便利、配套齐全的区域建设浙江人才大厦,宁波将在甬江科创大走廊规划布局浙江创新中心,用于省内各市在此引进建设企业研发总部、创新中心等,同时开放优质公共服务资源。

如果说杭甬两市的举措加速了两地依托城市综合能级服务全省的布局,那么嘉兴全国首创的长三角科创路演中心,则是布局长三角人才一体化发展的关键一着。目前,该中心已在首届长三角全球科创项目集中路演活动上正式启用,并通过全球联动的方式发布了路演中心全球 IP。未来三年,这里将打造 300 场高水平路演,实现 1 万+人次参与线下活动、100 万+线上观看、1 万+优质项目资源入库、200+投资机构签约入库等,为人才服务注入更多活力。

三是更全:“做大”小细节

“环境好,则人才聚、事业兴”。把这句话聚焦到浙江优化人才服务的政策举措上,是大平台、广阔事业空间的吸引,更是新型政商关系和细致入微服务的满满诚意。

“我们始终把服务作为核心竞争力来做,着力在全员、全面、全程上下功夫。”省委人才办相关负责人介绍,近年来,着力解决人才最关心的“房子、车子、孩子、本子、票子”等暖心小事,省、市、县三级普遍建立的党政领导联系服务专家制度等政策释放的红利已逐渐显现:2018 年新引进大学生人数比上年增长 35%、杭州和宁波中高端人才净流入率分别位居全国第一和第二……

浙江省将继续在“服务链条从引进人才向成就人才延伸”上做文章。在激发市场主体积极性创造性方面,浙江省将发挥民营经济发达的优势,组建浙江省人才企业上市服务联盟,整合银行、券商、基金、交易市场等各方力量,根据企业上市条件成熟度,每年遴选一批人才企业作为重点服务对象,导入政府政策资源和市场要素资源,推动更多人才企业与多层次资本市场深度对接、加快发展。

围绕人才干事创业全周期配置要素资源,浙江省将从方方面面落到实处。比如,推出“人才服务银行 2.0 版”,形成“人才卡”“人才贷”“人才惠”等产品系列,完善人力资源服务产业园公共服务功能;建立一批具有学术休假、交流研讨、项目对接等功能的“院士之家”,并积极开展“青年才俊浙江行”活动。

而针对海外人才加速回流的趋势,浙江省将围绕海外人才出入境便利程度、国际人才生活服务舒适度、外国人才来华工作许可流程等方面,着力构建“类海外”生活环境。

五、安徽省劳动就业基本情况与措施

(一)安徽省劳动就业基本情况

2019 年末,安徽省就业人员 4384 万人,比上年减少 1.3 万人。其中,第一产业 1346.9 万人,减少 6.7 万人;第二产业 1261 万人,减少 2.3 万人;第三产业 1776.1 万人,增加 7.7 万人。城乡私营企业从业人员和个体劳动者 1571.14 万人,增加 161.12 万人。全年城镇实名制新增就业 71.03 万人,失业人员再就业 20.93 万人。年末城镇登记失业率为 2.6%。全省农民工总量 1977.4 万人,其中外出农民工 1399.2 万人。

2019 年,全省新增专业技术人才 38 万人,其中高层次人才 4 万人。新增取得专业技术人员职业资格证书 13 万人,新招收博士后 792 人。全省新增技能人才 33.15 万人,其中新增高技能人才 9.04 万人。新增高技能人才中,技师和高级技师培养完成 0.65 万人,高级工培训完成 8.39 万人。

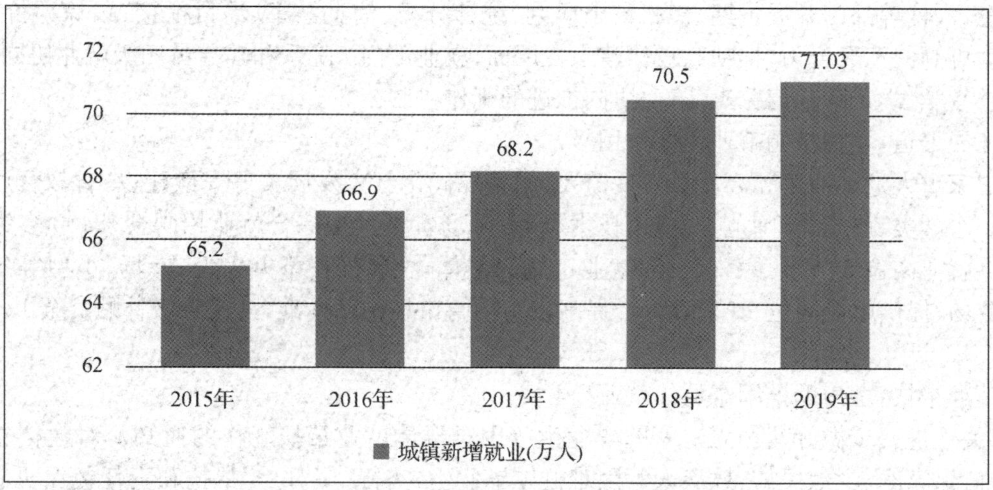

图 7　2015—2019 年安徽省城镇新增就业人数图

图 8　2015—2019 年安徽省城镇登记失业率

(二)高校毕业生就业工作主要举措及成效

就业是民生之本,高校毕业生就业更是重中之重。安徽省高校毕业生就业工作坚持以习近平新时代中国特色社会主义思想为指引,在省委、省政府坚强领导下,贯彻落实稳就业决策和就业优先政策,创新思路,聚焦重点,精准施策,压实责任,狠抓落实,高校毕业生就业态势保持总体平稳。2019 年,全省高校毕业生 33.92 万人(其中研究生 1.65 万人、本科生 16.0 万人、高职专科生 16.27 万人),截至 2019 年 8 月 31 日,初次就业率为 90.41%(其中研究生为 86.10%、本科生为 90.39%、高职专科生为 90.86%),略高于上年水平,实现稳中有进。

一是压实责任,强化工作督导激励

深入实施就业“一把手工程”,完善工作奖惩考核制度,将就业工作纳入高校领导班子和事业发展考核内容,层层压实工作责任,做到机构、人员、经费、场地四落实。完善“普通高校毕业生就业工作动态监测指标”体系,强化教育系统内部就业工作调研调度,分片分类督查指导,通过后进约谈、“四不两直”实地检查及网络监测巡查等方式,推进就业工作走深走实。

二是完善政策,强化就业工作联动

在提高就业补贴、创建基地、打造示范、轮训师资、强化激励等方面联合出台激励措施,强化政策效应。省教育、人社等部门开展定期会商、集中研判、统计分析、信息共享、项目衔接、跟踪评价等工作，完善协同联动机制。汇聚合力，推动高校构建学校层面、就业部门、院系和辅导员四级就业协同机制，健全招生、就业、教学、学工等部门分工负责、协同推进的工作机制。

三是拓展渠道，发挥校园就业主体作用

服务国家重大发展战略和高质量发展需要，服务现代化五大发展美好安徽建设，省教育厅举办工科类、农学类、医学类、旅游类、师范类、应用技术类等11场省级大型综合就业招聘会，3400多家省内外用人单位提供就业岗位5万多个。以校园就业市场为主体，全省高校举办大型、专场、小型等各类招聘活动1.4万余场，提供就业岗位90多万个。提高校园招聘市场补贴标准，落实省级补贴资金1367万元，增幅超过40%。

四是精准帮扶，全力助推困难群体就业

印发《关于进一步做好建档立卡家庭毕业生等困难群体就业帮扶工作的通知》，对建档立卡贫困户家庭、城乡低保家庭、少数民族、残疾人等困难群体毕业生，实行"一对一"帮扶和责任包保机制。通过专场招聘、个性化辅导、职业培训、岗位推送和发放求职补贴等措施，促进困难群体毕业生就业。为全省33666名困难毕业生发放求职补贴3366.6万元。全省建档立卡贫困户家庭毕业生23444人，初次就业率为95.10%(年末就业率为98.80%)，有就业意愿的毕业生全部实现就业。

五是注重引导，鼓励毕业生到边远基层一线就业

举办基层招聘专场，畅通基层、小微企业进校招聘通道，激励引导毕业生到基层一线建功立业，为基层和小微企业做好服务。实施"三支一扶""特岗教师""西部计划""选调生"等基层项目，落实基层就业项目计划5000余个。落实高等学校毕业生到艰苦边远地区基层单位就业学费补偿，向1500名基层就业毕业生补偿学费2404.74万元。全省高校毕业生到企业就业的约有80%在中小微企业。

六是内涵发展，提升高校人才培养质量

开展本科高校专业评估，优化学科专业结构，强化专业建设，提升人才培养质量。2019年，全省高校新增本科专业76个。持续深化高校创新创业教育改革，开展学科技能竞赛。全省3207项国家级大学生创新创业训练计划项目获得立项，再次蝉联全国第一。安徽省在全国"互联网+"大赛中，取得金奖4项、银奖8项、铜奖34项的好成绩；在全国职业院校技能大赛中，奖牌总数连续3年居全国前三。全省高校毕业生自主创业1168人，带动就业3600人。安徽师范大学成功入选全国创新创业教育典型经验高校。

七是加强指导，提升就业服务水平

加强高校就业指导课程建设，改革教学方式方法，强化就业指导，引导毕业生树立正确的就业观、择业观。加强就业指导师资队伍建设，注重就业指导教师培训，支持到行业企业挂职锻炼，丰富指导教师阅历。发挥就业指导教师在学生成长成才及就业过程中的指导服务作用，引导毕业生先就业、再择业、敢创业。举办全省高校教师就业指导课程教学大赛、大学生职业规划设计大赛暨大学生创业大赛等实践活动，提升教师指导服务水平及学生就业创业实践能力。

八是心系国防，做实大学生入伍工作

密切配合兵役机关，从组织领导、宣传发动、精细服务、政策激励、工作调度等方面完善大学生征兵工作机制。开辟大学生入伍"绿色通道"，完善"互联网+征兵"服务。落实退役大学生入学资格或学籍保留、复学和专业调整、升学深造、学费资助和补偿等政策。率先推开新入伍士兵"入伍即入籍、退役即入学"人才培养试点。全省大学生及毕业生入伍占比均比上年度较大幅度提升，实现大学生入伍和高校毕业生入伍规模"双增长"和结构"双优化"。作为大学生征兵工作成效突出的省市，应邀参加中央军委国防动员部、教育部深入贯彻习主席回信精神暨大学生征兵工作座谈会。

表3　2019年安徽省高校毕业生省内就业地区分布

地区	就业人数(人)	比率(%)
合肥市	91899	50.42
芜湖市	14748	8.09
阜阳市	10343	5.67
滁州市	8191	4.49
六安市	6862	3.77
亳州市	5951	3.27
蚌埠市	5881	3.23
安庆市	5855	3.21
宿州市	5599	3.07
淮南市	5147	2.82
马鞍山市	5130	2.81
宣城市	4280	2.35
淮北市	4095	2.25
黄山市	2925	1.61
铜陵市	2835	1.56
池州市	2519	1.38

(三)芜湖市提升就业创业"含金量"

创新驱动,人才为本。2019年6月,芜湖市人社局、科技局、财政局联合印发《芜湖市强化创新驱动进一步做好就业创业工作若干政策实施细则》,从稳定就业到鼓励创业,多种"真金白银"补贴为芜湖市人才主战略"升温"。

一是稳定就业有"定心丸"

涉及到促进就业的补贴和奖励面向学生和学校。其中,在芜院校引导毕业生稳定就业补贴面向的是在芜湖市各高校、中职学校、技工院校。当年留芜湖就业(含自主创业)毕业生比例与上年度持平的,按500元/人给予学校补贴;超过上一年度比例20%的,按700元/人给予学校补贴;超过上一年度比例50%的,按1000元/人给予学校补贴。

申请学校毕业生在芜湖市用人单位就业的,须与用人单位签订6个月以上劳动合同且在芜湖缴纳五项职工社会保险满6个月。在该市自主创业的,须在该市参加城镇职工基本养老保险和基本医疗保险满6个月。

优秀就业见习基地奖励适用于当年度参加芜湖市就业见习的各类用人单位,按2万元/家标准给予优秀就业见习单位奖励,每年不超过10家。申请的见习单位需有较完善的见习管理、教育制度,配备专门的指导人员;招收见习学员不少于10名且留用率不低于50%;见习期间能规范使用银行卡或第三方支付平台按时足额为见习学员发放补贴。

高校毕业生稳定就业补贴面向的是2018年以后毕业,在芜湖市企业稳定就业6个月以上,签订劳动合同且参加社会保险的本科及以上学历高校毕业生。按每人每年5000元标准给予补贴,补贴限期为2年。申请人须与芜湖市纳税企业签订劳动合同且实际工作岗位在该市,或在芜湖市创办企业(不含各级财政经费供给人员)。其中,就业人员须参加企业职工五项社会保险,创办企业人员须参加芜湖市城镇职工基本养老保险和基本医疗保险。

二是激励创业的“大红包”

涉及创业的奖励和补助分层别类,适用于不同层次、规模的创业载体和创业企业。

对青年创业社区,被认定为市级的,给予50万元奖励;被评定为市级示范性青年创业社区的,给予200万元奖励。

对众创空间,被认定为市级众创空间的,给予50万元奖励;被评定为市级示范性众创空间的,给予200万元奖励。众创空间还有“提升奖”,新认定备案为省级、国家级众创空间的市级众创空间的,分别给予50万元和100万元的一次性奖励。

对被评定为市级创业孵化示范基地的,给予50万元奖励。

经认定的市级众创空间,举办活动还可给予补贴。按照其举办活动年度实际支出的50%给予活动后补贴,每个众创空间每年最高补贴20万元。

被评为优秀等次的市级众创空间,给予运营补贴。按当年实际运营费用的50%给予运营补贴,每年最高不超过25万元。

被评为省级以上优秀等次的市级众创空间,经年度考核被评为优秀等次的,给予30万元运营补贴。该政策与市级优秀众创空间运营补贴不得重复享受。

市级众创空间通过孵化服务将创客项目成功转化为创业实体,符合成功相关标准,经审核认定后,按每户2万元给予众创空间孵化奖补。

入驻经认定的市级众创空间、创业孵化示范基地的创业实体可根据情况给予租金、水电费补贴。

入驻经认定的市级创业孵化示范基地、众创空间、青年创业社区的创业企业,其项目被评定为优秀、良好等次的,由创业扶持资金分别给予10万元、5万元的一次性创业补贴,每年不超过50个。

参加市级及以上政府部门举办的创业大赛、获得相应等次并在芜湖落地转化的创业企业,获得省部级及以上一等次、二等次、其他等次项目的,分别给予10万元、5万元、2万元奖励;获得市厅级一等次、二等次、其他等次项目的,分别给予5万元、2万元、1万元奖励。

在芜湖市创业的毕业两年以内的高校毕业生、就业困难人员、返乡农民工、建档立卡贫困劳动者,可按每户5000元标准申请一次性创业补贴。

初创企业吸纳高校毕业生也给予补贴,按企业实际招用人数给予1500元/人的岗位补贴,单个企业累计补贴金额最高不超过2万元,分三年到位,每年不超过7000元。

此外,芜湖市还对人才工作站补贴、安家补贴、免担保创业贷款等出台实施细则,通过一波波红利“刺激”,为创新创业输送源源不断的动力。

(四)黄山市多措并举推进技能人才培养

近年来,黄山市相继出台《关于加强引进高层次人才工作的若干意见》《加强技能人才队伍建设若干政策》《名师带高徒实施方案》《技能大师工作室管理暂行办法》等高技能人才培养配套政策,对新形势下职业技能培训和高技能人才培养、引进等进行全面规划。每年拿出财政资金2500余万元,专项用于技能人才的培养使用和激励,近三年引进高层次人才达196人。

黄山市创新人才培养思路,落实人才激励政策,持续实施技能人才梯次培养发展工程。对就业人员和企业员工群体,通过以奖代补方式,支持企业开展新录用人员岗前技能培训和岗位技能提升培训,鼓励普通劳动者参加就业技能培训,对贫困劳动者、退役士兵、就业援助对象等重点群体实行免费技能培训,近两年来组织各类职业技能培训3.6万人次,有效缓解企业“用工难”“培训难”和群众“就业难”。对高技能人才,选择具有绝技绝活的技能大师作为领军人,建立技能大师工作室,实行动态退出机制,每年评选市级技能大师工作室10个,每个补助5万元;每两年开展市级技能大师工作室工作成果评鉴活动,对获技术创新成果奖、人才培养成果奖的工作室奖励5万元。目前，黄山市建成技能大师工作室45家，其中国家级大师工作室9家、省级2家，成为高技能人才培养的“孵化器”、技术攻关“先锋队”和技能展示“大擂台”。

黄山市制定实施“技能人才15条”，每两年开展一次市级技术能手、技能大师和杰出工匠评选，依托建成的5家市级技能人才培训基地，连续多年举办职工职业技能大赛和创业大赛，开展群众性岗位练兵比武活动，其中仅“徽州百工”技能大赛就吸引了3万余名职工参赛，涉及51个职业(工种)，共有254人获得市级“‘五一’劳动奖章”和“技术能手”称号。同时，黄山市借力世界技能大赛平台，建立世界技能大赛3个国家级基地和1个综合赛训中心，将徽州传统技艺大胆创新运用到项目训练以及大赛实践中，探索徽州技艺传承和“徽州工匠”成才新路径，让徽州传统技艺登上世界技能的最高殿堂。

据市人社局负责人介绍，至2019年6月，黄山市技能人才总量达8.8万人，其中高级工以上技能人才1.5万人，拥有省级以上非遗传承人187人、省级以上技术能手7人，有14人享受国务院和省政府津贴。

随着传统产业的转型升级和新兴产业的迅速发展，大批低技能就业岗位正日益转化为高技术含量的岗位，急需造就一大批适应新要求的高素质技能人才。黄山市出台技能人才培养规划，以政策吸引人、留住人，以培训提素质、练技能，以“大师工作室”传承传统技艺，以“徽州百工”等各类技能竞赛带动岗位练兵，形成技能就业、岗位成才的社会新风尚。

第十七章 长三角地区社会保障情况

一、社会保障基本情况

(一) 一市三省社会保障情况

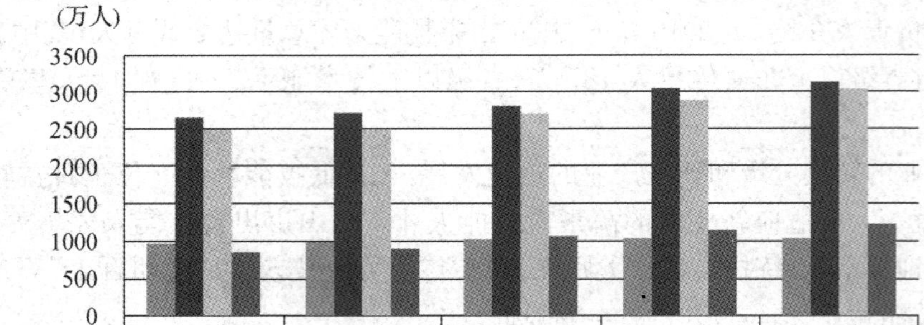

	2015年	2016年	2017年	2018年	2019年
上海市	961.05	983.9	1020.68	1032.08	1036.49
江苏省	2653.58	2725.94	2818.2	3043.79	3144.89
浙江省	2504.28	2506.94	2712.37	2883.41	3031.72
安徽省	857.5	892.2	1076.9	1141.7	1217.06

图 1 2015—2019 年城镇职工基本养老参保人数

(二) 促进社会保障的措施与进展

2019 年，长三角地区一市三省人力资源社会保障部门全面贯彻落实《长江三角洲区域一体化发展规划纲要》和长三角地区主要领导座谈会精神，不断提高政治站位，坚持以新发展理念为统领，紧扣“一体化”和“高质量”两个关键，以开展就业创业合作、加强人才服务交流、推进社会保险服务一体化、构建和谐劳动关系为着力点，深入开展沟通合作，不断完善合作机制，切实拓展合作领域，长三角地区人力资源社会保障一体化发展取得了良好成效，区域间合作基础日益夯实，合作事项稳步推进，合作范围有效拓展，有力地推动了人社领域各项工作融入长三角一体化发展大局。

当前，长三角人力资源社会保障一体化发展还存在着一些困难和问题，主要是区域间全方位对接举措不够健全，一体化政策壁垒仍然存在，公共服务标准和水平存在差距，需要一市三省人力资源社会保障部门共同研究并谋划解决。

2019 年 11 月 22 日，长三角地区人力资源社会保障一体化发展联席会议在合肥市召开。会议明确，长三角地区一市三省人力资源社会保障部门将坚持以习近平新时代中国特色社会主义思想为指导，坚决贯彻党的十九大和十九届二中、三中、四中全会精神，全面落实国家规划纲要，继续以实施好合作计划、落实好已签合作协议为主要抓手，重点在加强就业创业服务协作、提升社会保险公共服务一体化水平、创新人才交流合作机制、加强劳动监察与仲裁协同等方面，进一步加强常态化沟通合作，推动长三角人力资源社会保障工作更高质量一体化发展，为长三角地区经济社会领先发展作出应有的贡献。

会议草签了达成的《促进长三角地区就业创业工作合作协议(2019 年)》《长三角地区合作与发展工伤保险和劳动能力鉴定合作组现场经验交流会会议纪要》《长三角地区劳动人事争议调解仲裁工作要点(2019—2020)》《长三角地区劳动人事争议疑难问题指导意见》《长三角地区劳动人事争议仲裁案件异地

委托调查送达制度》等合作文件。

二、上海市社会保障情况与措施

（一）上海市社会保障基本情况

1. 企业职工基本养老保险

2019 年 1 月 1 日起，本市对 2018 年底前已按企业职工基本养老保险规定办理退休手续并按相应办法计发基本养老金的人员，增加基本养老金。另外，对 2019 年办理申领基本养老金手续的人员按相关规定增发基本养老金。

2019 年 1 月，对 2018 年底前已按企业职工基本养老保险规定办理离退休手续的人员发放一次性节日补助费。

2019 年 5 月 1 日起，本市企业职工基本养老保险的单位缴费比例降低 4 个百分点，由 20%降至 16%；个人缴费比例不作调整，仍为 8%。

根据国务院关于降低社会保险费率综合方案要求，社保缴费基数上下限核定适用全口径城镇单位就业人员平均工资。2019 年 5 月 1 日起，本市以 8211 元/月作为计算社保缴费基数上下限的参考水平，上下限分别调整为 24633 元/月和 4927 元/月。

财政部、人力资源社会保障部《关于印发 2019 年企业职工基本养老保险基金中央调剂预拨计划的通知》规定，2019 年上解比例递增至 3.5%。

截至 2019 年末，本市企业职工基本养老保险参保人数达 1470.37 万人，比上年末增加 14.22 万人。其中，参保职工 1011.83 万人（含农民工 376.27 万人），离退休人员 458.54 万人。

2019 年，本市企业职工基本养老保险基金收入 2464.32 亿元（含财政补贴收入 13.73 亿元），比上年增加 95.26 亿元，其中征缴收入 2361.75 亿元。加上中央调剂资金收入 324 亿元，收入合计 2788.32 亿元，比上年增加 305.26 亿元。基金支出 2311.15 亿元，比上年增加 193.04 亿元。加上中央调剂资金支出 430 亿元，支出合计 2741.15 亿元，比上年增加 457.84 亿元。年末基金累计结存 2276.26 亿元。

2019 年，本市企业退休人员人均月养老金 4080 元。

2019 年，本市跨省市转移基本养老保险关系 16.82 万人次，其中转入 3.70 万人次，转出 13.12 万人次；转移基金 74.21 亿元，其中转入 16.56 亿元，转出 57.65 亿元。

2. 城乡居民基本养老保险

2019 年 1 月 1 日起，本市对 2018 年底前已按本市城乡居民基本养老保险办法规定办理按月领取养老金手续的人员，增加基础养老金，每人每月增加 80 元。调整后，本市城乡居民基本养老保险基础养老金标准统一为每人每月 1010 元。

2019 年 1 月，对 2018 年底前已按规定办理按月领取养老金手续的人员发放一次性节日补助费。

2019 年 5 月 1 日起，本市实施修订后的《上海市城乡居民基本养老保险办法》。

截至 2019 年末，本市城乡居民基本养老保险参保人数达 77.10 万人，其中缴费人员 25.21 万人，领取养老金人数为 51.89 万人。

2019 年，本市城乡居民基本养老保险基金收入 75.86 亿元（含财政补贴收入 69.37 亿元），比上年增加 0.54 亿元。基金支出 76.85 亿元，比上年增加 6.45 亿元。年末基金累计结存 80.47 亿元，其中个人账户基金累计积累 57.59 亿元。

2019 年，本市城乡居民基本养老保险领取养老金人员人均月养老金 1223 元。

2019 年，本市城乡养老保险关系转移 4.02 万人次，其中转入 0.91 万人次，转出 3.11 万人次；转移基金 3.29 亿元，其中转入 1.57 亿元，转出 1.72 亿元。

3. 失业保险

2019 年 4 月 1 日起，本市调整失业保险金发放标准、相关就业扶持政策的补贴标准。

从 2019 年 5 月 1 日至 2020 年 4 月 30 日，本市失业保险继续执行 1%的缴费比例，其中单位缴费比例为 0.5%，个人缴费比例为 0.5%。

2019 年 7 月 30 日，上海市人力资源和社会保障局、上海市农业农村委员会、上海市民政局、上海市财政局印发《关于进一步做好本市农民就业创业工作的通知》(沪人社规〔2019〕35 号)。政策规定符合条件的低收入农户家庭人员可以享受最长 24 个月、每人每月 210 元的市级补贴；符合条件的跨区就业本市郊区农民可以享受最长 36 个月、每人每月 210 元的市级补贴。

2019 年，本市继续执行失业保险稳岗补贴政策，对裁员率低于本市城镇登记失业率，并符合相关条件的单位给予上年度实际失业保险费总额 1/2 的补贴。

截至 2019 年末，本市失业保险参保人数达 984.86 万人(含农民工 366.52 万人)，比上年末增加 7.66 万人。

2019 年，本市失业保险基金收入 105.09 亿元，比上年增加 8.32 亿元。基金支出 127.10 亿元，比上年增加 3.68 亿元。2019 年 7 月 30 日，从失业保险基金历年结余中提取职业技能提升行动资金 28.60 亿元。年末基金累计结存 92.61 亿元。

2019 年末，本市领取失业保险金人数为 10.60 万人，比上年末减少 0.19 万人。全年领取失业保险金人员人均月领取失业保险金 1647 元。全年共有 2.05 万名农民合同制工人领取失业补助金。

4. 工伤保险

从 2019 年 5 月 1 日至 2020 年 4 月 30 日，本市一类至八类行业用人单位工伤保险基准费率在国家规定的基准费率基础上下调 20%。

2019 年 1 月 1 日起，根据国家和本市的相关规定，本市调整了因工死亡人员供养亲属抚恤金标准、因工致残 1—4 级工伤人员的伤残津贴标准和生活不能自理工伤人员的生活护理费标准。

本市根据国家相关规定制定《上海市工伤保险辅助器具配置管理实施办法》，从 2019 年 11 月 30 日起施行。

截至 2019 年末，本市工伤保险参保人数达 1084.13 万人(含农民工 361.82 万人和按项目参保 104.93 万人)，比上年末增加 111.24 万人(含按项目参保 104.93 万人)。

2019 年，本市工伤保险基金收入 33.62 亿元，比上年增加 1.96 亿元。基金支出 37.09 亿元，比上年增加 2.51 亿元。年末基金累计结存 61.84 亿元，其中储备金结存 11.10 亿元。

2019 年，本市作出工伤认定结论 4.46 万件；作出工伤劳动能力鉴定结论 3.69 万件，其中作出达到伤残等级结论 3.40 万件。

2019 年，本市享受工伤保险待遇人数为 6.36 万人，比上年减少 0.13 万人，人均享受工伤保险待遇 57776 元。伤残职工月人均伤残津贴(含退休伤残职工补差金额)4060 元，月人均生活护理费 3267 元，供养亲属月人均抚恤金 1823 元。

2019 年，本市工伤预防费用支出 0.08 亿元。

5. 生育保险

截至 2019 年末，本市生育保险参保人数达 989.63 万人，比上年末增加 4.71 万人。

2019 年，本市生育保险基金收入 101.69 亿元，比上年增加 12.81 亿元。基金支出 72.89 亿元，比上年增加 8.02 亿元。年末基金累计结存 94.87 亿元。

2019 年，本市享受生育保险待遇的从业妇女人数为 17.15 万人次(另享受生育保险待遇的失业妇女 0.59 万人次)，比上年增加 0.15 万人次，人均享受生育保险待遇 4.17 万元。

(二)社会保险基金监督管理

上海市社会保险基金预决算情况已纳入市人大审议的范围,并接受上海市审计部门对社会保险基金预算执行情况的审计。同时,继续加强社会保险基金网上监管,不断完善风险防控机制,确保社会保险基金安全运行。

2019年末,上海市企业职工基本养老、城乡居民基本养老、失业、工伤和生育五项社会保险基金资产总额2620.99亿元。其中,财政专户存款1742.07亿元,各社保经办机构支出户存款258.07亿元,暂付款2.26亿元,委托投资618.59亿元。

表1　上海市各类社会保险基金基本情况　(单位:亿元)

资产项目	企业职工基本养老保险	城乡居民基本养老保险	失业保险	工伤保险	生育保险	合计
财政专户存款	1495.42	20.07	77.86	53.98	94.74	1742.07
支出户存款	227.55	9.90	14.37	6.25	—	258.07
暂付款	—	—	0.38	1.75	0.13	2.26
委托投资	568.08	50.51	—	—	—	618.59
基金资产总额	2291.05	80.48	92.61	61.98	94.87	2620.99

注:1. 暂付款反映尚未收回的社会保险基金暂付款项;
2. 截至2019年末,本市委托全国社会保险基金理事会投资运营的基本养老保险基金合计618.59亿元,其中2018年度委托投资收益合计9.95亿元;
3. 本市生育保险和职工医疗保险从2020年1月1日起合并实施。

2019年,上海市通过社会保险专项审计、专案核查和风险管理专项检查等方式,加强基金监督管理,提升基金风险防控能力。

一是抓紧抓实风险防控。着力构建"防、控、查、纠"全覆盖的社保经办风险管理体系,健全优化"业务+廉政"惩防并举的社保风控系统建设;委托第三方专业机构,建立全面覆盖行政、业务管理的专业化内审机制;探索聘请专业律师团队,为经办管理服务提供全方位的法律支撑。

二是全面加强稽核管理。截至2019年末,共受理稽核投诉、举报件3393件(含上年度未结案案件219件),累计结案3050件,结案率为89.9%,累计追缴社会保险费3819万余元,追回社会保险待遇16万余元;落实专项审计整改工作,完成整改59户,追缴社会保险费417万余元。

三是继续推进社保诚信建设。2019年全年向市公共信用信息平台报送单位欠费失信信息2408条。

(三)社会保险经办管理服务

上海市社保部门不断提升经办服务效能,大力推进经办智能化,持续打造网上、掌上、社区、柜面"四位一体"的社保经办服务新格局。

一是加快推进社保"一网通办"改革。对标"双减半""双100"目标,实现2项社保行政审批事项当场办结,对50项延伸社区的"一网通办"事项实施减证便民;率先推行了"业务容缺办理制"和"证明事项告知承诺制"试点,将管理服务重心从前台审核转移到事中审核、事后监管,进一步提升服务效率,方便服务对象"一次办成,一次办好"。

二是着力优化网上办事功能。依托部门间数据共享,加大跨部门业务协作,加速提升企业办事便捷度。实现企业工商、社保登记注销"一口申报""一次办成";联动更新登记变更信息,依托共享信息同步完成社保登记信息的申请调整,实现工商登记信息变更"源头申报""共享更新";深度融合职工就业参保登记,在合并职工就业、参保网上办理入口的基础上,做到"一个入口、一次申报、一步操作、全部完成";

依托公安死亡注销信息共享比对，在精简窗口办事申办材料的同时，推行企业养老人员待遇终止的网上办理。

三是不断提升经办服务效能。依托“上海人社”APP，进一步方便参保人员获取个人权益信息，推出电子权益记录单；通过人脸识别认证方式，平稳推进社会保险待遇资格静默化认证工作；开通个人社保待遇查询功能，参保人员随时随地可以查询一年内各项社保待遇的发放情况，满足个性化需求。

(四) 社会保险经办机构建设

上海市市级社会保险经办机构为上海市社会保险事业管理中心和上海市就业促进中心。全市分别设置16个区级社保分中心、16个区级城乡居保经办机构和16个区级失业保险经办机构。

(五) 2019年起降低职工社保费率，方案实施后企业社保缴费负担明显下降

根据国家降低社保费率的统一部署，上海市降低职工社保费率，减轻企业负担。从2019年5月1日起，上海市将降低城镇职工基本养老保险单位缴费比例4个百分点，即单位缴费比例由现行的20%降至16%。

上海市将继续阶段性降低失业保险费率，从2019年5月1日至2020年4月30日，执行1%的失业保险缴费费率(其中单位0.5%，个人0.5%)；将继续阶段性降低工伤保险费率，从2019年5月1日至2020年4月30日，一类至八类行业用人单位工伤保险基准费率下调20%，调整为0.16%—1.52%；将继续暂停征收企业欠薪保障费。

同时，按照国家要求，上海市将以城镇非私营单位就业人员平均工资和城镇私营单位就业人员平均工资加权计算全口径城镇单位就业人员平均工资，并以此核定社保个人缴费基数上下限。

上述方案实施后，企业社保缴费负担明显下降，并将确保参保人员的社保待遇不受影响，按时足额支付。

涉及城镇单位就业人员平均工资的社保待遇和其他相关政策事项，也将有序平稳衔接。

三、江苏省社会保障情况与措施

(一) 江苏省社会保障基本情况

2019年，江苏省基本养老、失业、工伤保险基金总收入4154.36亿元，比上年增加172.43亿元，增长4.3%。基金总支出3745.67亿元，比上年增加349.38亿元，增长10.3%。

1. 养老保险

(1) 企业职工基本养老保险

2019年末，全省企业职工基本养老保险参保人数3144.89万人，比上年末增加101.1万人，其中在职职工2329.44万人，离退休人员815.44万人，分别比上年末增加60.74万人和40.36万人。参保农民工509.97万人，比上年末增加14.85万人。企业退休人员基本养老金平均增幅5.5%左右，年末纳入社区管理企业退休人员781.18万人，第六轮免费健康体检率为67.34%。

企业职工基本养老保险基金收入2868.9亿元，比上年增长6.7%，其中征缴收入2622.44亿元，比上年增长5.1%。基金支出2464.23亿元，比上年增长10.1%，其中基本养老金支出(含丧葬抚恤补助)2418.2亿元，比上年增长10.2%。净上解中央调剂金140亿元，基金累计结余4820.4亿元。

(2) 机关事业单位基本养老保险

年末，全省机关事业单位基本养老保险参保人数273.47万人，比上年末增加4.4万人，其中在职职工170.23万人，退休人员103.24万人，分别比上年末增加1.33万人和3.07万人。

机关事业单位基本养老保险基金收入741.51亿元，比上年下降2.9%，其中征缴收入421.89亿元，

比上年下降12.8%。基金支出785.74亿元，比上年增长10.2%。基金累计结余117.65亿元。

(3) 城乡居民基本养老保险

年末，全省城乡居民基本养老保险参保人数1238.69万人，比上年末增加6.84万人；领取基础养老金人数1098.17万人，比上年末增加1.13万人。全省城乡居民基本养老保险基础养老金最低标准调整为每人每月148元，比上年增加13元。

城乡居民基本养老保险基金收入357.33亿元，比上年增长2.5%，其中个人缴费70.85亿元，比上年增长2.9%。基金支出305.53亿元，比上年增长10.4%。基金累计结余689.76亿元。

(4) 企业年金和职业年金

年末，全省企业年金建立企业账户数3324个，职工账户数59.25万个，比上年末分别增长17.2%和11.2%。基金资产金额477.61亿元。

2019年启动全省职业年金投资运营，职业年金累计实账缴费511.93亿元，资产增值10.24亿元，待遇支出0.03亿元，基金实账积累部分余额522.15亿元。

2. 失业保险

年末，全省失业保险参保人数1794.2万人，比上年末增加42.41万人，其中参保农民工502.26万人，比上年末增加24.29万人。年末领取失业保险金人数30.55万人，比上年末增加0.14万人。

失业保险基金收入114.55亿元，比上年增长14.6%，其中征缴收入100.87亿元，比上年增长12.9%。基金支出115.75亿元，比上年增长13.4%。基金累计结余349.6亿元。

3. 工伤保险

年末，全省工伤保险参保人数2016.31万人，比上年末增加157.79万人，其中参保农民工592.94万人，比上年末增加35.66万人。认定(视同)工伤12.4万件，比上年增加0.27万件。劳动能力鉴定9.48万件，达到伤残等级8.29万人，分别比上年增加0.95万件和0.66万人。享受工伤保险待遇15.14万人，比上年增加0.16万人。

工伤保险基金收入72.07亿元，比上年下降11%，其中征缴收入67.19亿元，比上年下降13.7%。基金支出74.42亿元，比上年增长11.2%。基金累计结余161.42亿元。

(二) 劳动关系基本情况

2019年末，江苏省规模以上企业劳动合同签订率、已建工会企业集体合同签订率分别保持在98%和95%以上。审查企业集体合同13.92万份、企业工资集体合同10.57万份，分别覆盖职工1037.61万人和632.52万人。

各级劳动人事争议仲裁机构接处劳动人事争议13.83万件，其中立案受理8.55万件，结案率为98.59%。各类调解组织调处案件9.44万件，占案件总数的40.6%。

各级劳动保障监察机构主动监察用人单位9.03万户，书面审查用人单位31.76万户，立案查处违法案件1.89万件。通过劳动保障监察执法，为2.4万名劳动者补签劳动合同，为6.9万名劳动者追发工资等待遇4.26亿元，其中为2.89万名农民工追发工资1.83亿元。督促1326户用人单位办理社会保险登记、4977户用人单位申报缴纳社会保险费0.94亿元，取缔非法职业中介机构2154户，责令用人单位清退各种风险抵押金28.75万元。

(三) 江苏省2020年建立统收统支模式，企业职工养老保险省级统筹

2019年1月4日，江苏省出台《关于进一步完善企业职工基本养老保险省级统筹的意见》，明确在统一企业职工基本养老保险制度、缴费政策、待遇政策、基金使用、基金预算和经办管理的基础上，加大调剂力度，到2020年建立统收统支模式的省级统筹。

截至2018年第三季度，全省企业职工基本养老保险参保人数达2896.33万人。江苏省2010年就开

始试行养老保险全省范围的“五统一”，即统一制度政策、统一缴费标准、统一支付项目、统一计发办法、统一管理规程。但养老保险基金管理主要还在各设区市甚至县级市。省级层面仅在每年年初按各地上年度用人单位和参保人员的缴费工资总额的1.5%提取统筹调剂金。

实行统收统支式省级统筹，将省级以下政府部门收取的基本养老保险基金归结至省级层面，由省级主管部门统一调度使用，一方面可以更好发挥基金统筹共济功能、实现养老保险制度可持续发展，另一方面也为最终实现养老保险全国统筹做好准备。

在实现省级统筹过程中，江苏省将分步推进。2019年1月开始，江苏省要求各地首先做到各设区市将市辖区企业职工基本养老保险纳入市区统筹，实行基金统收统支；将苏州工业园区纳入省级统筹实施范围，参保人数和基金收支纳入全省统一管理，实现省级统筹全覆盖。

稳步推进社会保险费征收体制改革，《意见》要求税务部门切实履行依法征收企业职工基本养老保险费的职责，加强数据共享和比对，夯实缴费基数。严格执行全省统一的企业职工基本养老保险单位缴费比例政策，各地不得自行调整缴费比例，不得自行出台企业职工基本养老保险待遇政策，不得将统筹外项目纳入基金支付范围，不得擅自提高退休人员基本养老金水平。对违规设立最低养老金标准的，要坚决予以取消。按照国家和省有关规定，严格控制特殊工种提前退休政策实施范围，各地不得自行扩大。

（四）出台降低社会保险费率实施方案，养老保险缴费比例降至16%

江苏省政府办公厅4月30日印发《江苏省降低社会保险费率实施方案》。经省政府同意，自2019年5月1日起，将全省企业职工基本养老保险和机关事业单位基本养老保险单位缴费比例统一降至16%。个体工商户和灵活就业人员参加企业职工基本养老保险缴费比例不变。经测算，降费后2019年可给企业减负230亿元。

继续阶段性降低职工基本医疗保险、失业保险、工伤保险费率。职工基本医疗保险统筹基金累计结余可支付月数超过15个月的统筹地区，可阶段性降低职工基本医疗保险单位缴费比例0.5—1个百分点，执行期限至2019年11月30日。自2019年5月1日起，继续执行用人单位和职工失业保险缴费比例总和阶段性降至1%的现行政策，执行期限至2020年4月30日。自2019年5月1日起，延长阶段性降低工伤保险费率的期限至2020年4月30日，工伤保险基金累计结余可支付月数在18—23个月的统筹地区，可继续在规定费率基础上下调20%；累计结余可支付月数在24个月及以上的统筹地区，可继续在规定费率基础上下调50%；下调费率期间，统筹地区工伤保险基金累计结余可支付月数下降到18个月以下的可停止下调。

完善社会保险缴费基数上下限确定机制，自2019年7月1日起，统一按全省上年度城镇非私营单位就业人员平均工资和城镇私营单位就业人员平均工资加权计算的全口径城镇单位就业人员平均工资，核定社会保险缴费基数上下限，其中缴费基数上限、下限分别为全省全口径城镇单位就业人员平均工资的300%、60%。个体工商户和灵活就业人员参加企业职工基本养老保险，可在全省全口径城镇单位就业人员平均工资的60%至300%之间选择适当的缴费基数。根据国家统一部署，研究制定就业人员平均工资计算口径调整后的基本养老金计发办法过渡措施，确保退休人员待遇水平平稳衔接。

加快推进企业职工基本养老保险基金省级统收统支。进一步完善企业职工基本养老保险省级统筹，规范统一全省政策，完善基金收支管理，加快信息系统建设，强化目标考核和激励约束，压实各级政府责任，2020年底前实现基金省级统收统支的省级统筹。加大基金统筹力度，确保按时足额上解中央调剂金，确保按时足额发放退休人员养老金。

稳步推进社会保险费征收体制改革。企业职工基本养老保险和企业职工其他险种缴费，暂按现行征收体制继续征收，稳定缴费方式，按照国家部署稳妥做好征管职责移交工作。机关事业单位社会保险费和城乡居民基本养老、基本医疗保险费征管职责如期划转，并同步实现机关事业单位职业年金由税务部门代征。人社、税务、财政、医保部门要强化协作配合，稳步推进信息共享平台建设，切实加强信息共享，确保征收工作有序衔接。妥善处理好企业历史欠费问题，在征收体制改革过程中不得自行对企业历史欠费进行集中清缴，不得采取任何增加小微企业实际缴费负担的做法，避免造成企业生产经营困难。合理调整2019年社会保险基金收入预算。

降低社会保险费率是党中央、国务院作出的重大决策部署，省委、省政府高度重视，统筹降低社会保险费率、完善社会保险制度、稳步推进社会保险费征收体制改革，确保企业特别是小微企业社会保险缴费负担有实质性下降，确保职工各项社会保险待遇不受影响、按时足额支付。

（五）试点推行长期护理保险制度

家住南通市通州区西亭镇的陈锡英老人已经88岁高龄，年事已高的她生活无法自理且不能与人正常交流，三个子女轮流将陈锡英接到家中照料。随着老人身体状况一天天变差，没有护理经验的子女们虽竭尽所能，但还是让母亲身上长了褥疮。经商议，家人想将母亲送到专业护理院，然而一个月近5000元的住院费吓退了并不富裕的他们。

随着老龄社会的加速到来，越来越多的家庭遭遇陈锡英子女那样的烦恼。据调查显示，江苏有175万名失能老人，他们的实际护理绝大部分由配偶、子女或亲戚提供。

2019年政府工作报告提出，扩大长期护理保险制度试点，让老年人拥有幸福的晚年。长期护理险主要是为被保险人在丧失日常生活能力、年老患病或身故时，侧重于提供护理保障和经济补偿的制度安排，被称为老龄化社会中除了传统的养老、医疗、工伤、生育、失业五项保险外不可或缺的“第六险”。

南通作为省内唯一一个国家试点城市，3年前开始在城区试点长期护理保险。南通市医保局副局长顾忠贤说，为解决长期失能人员的护理和日常照料难题，该市采取个人缴费、财政补助、基金划转、社会捐赠等多渠道筹资方式推行长期护理险。筹资标准暂定为每人每年100元，其中个人缴纳30元，医保统筹基金筹集30元，财政补助40元。城镇职工可以从其医保个人账户中直接划拨，城乡居民在每年缴纳医疗保险费时，同步缴纳护理保险费，其中困难群体及未成年人由财政全额补助。

失能人员在经过评定后，可选择在定点医疗机构或养老服务机构的照护床位接受第三方照护服务，长期护理保险给予每人每月2100元的照护补贴；居家失能人员除每月享受450元的照护津贴外（中度失能300元），还可获得专业照护公司每周2至3小时的护理服务，包括10项左右的生活照料服务和至少5项的基础护理服务，服务费用按照套餐每月1000元左右，由长期护理保险基金支付。

此外，南通还探索开展辅助器具租赁服务，为重度失能和中度失能的居家照护人员按每年4000元至6000元标准提供家用护理床、轮椅等辅具的租赁补贴。长期护理保险的试点和推广也拉动了社会服务业的发展，目前，南通长期护理保险共有9家定点医疗机构、14家定点养老服务机构、9家上门服务机构、2家定点照护器具服务公司。

经过三年的试点推动，南通市区120.2万名参保人员中，先后有9800位重度、中度失能人员享受长期护理险保障，其中7000人居家接受服务，2800人在机构接受服务，居家和机构接受服务比为71∶29。

2019年，80岁的朱桂英患有高血压和糖尿病，两年前又因脑梗不能自理，女儿杨阿姨将母亲送到南通市北阁护理院。杨阿姨说，护理院里都是专业人员，母亲经过护理后血压稳定，健康状况明显改善，家人很满意。“幸亏有护理险，不然靠我打零工根本没法承担这个护理费用”。

家住南通市八一花园的王健江老人患有帕金森症多年，严重时会引发癫痫，日常起居都靠76岁的老伴龚女士照顾。以前，王健江癫痫发作时，龚女士要紧急托人把老伴送到医院。2019年初，长期护理险的签约服务机构太美健康养老护理公司送来了电动护理床。龚女士说，电动床能上能下，照顾老伴方便多了。老伴癫痫发作时，有时也可以让服务人员直接在家挂水控制病情。

作为应对人口老龄化的一项积极制度安排，南通已将长期护理保险作为2019年市政府为民办实事项目，明确年底前实现城乡全面覆盖。

江苏省目前正在推动全省统一的长期护理保险制度试点,在总结评估先行地区试点经验基础上,统筹推进长期护理保险制度实施。

四、浙江省社会保障情况与措施

(一)浙江省社会保障基本情况

2019年,浙江省基本养老保险、失业保险、工伤保险三项社会保险基金收入合计3918.00亿元,比上年增加350.09亿元,增长9.81%。基金支出合计4199.92亿元,比上年增加753.18亿元,增长21.85%。累计结余4051.52亿元,比上年减少370.81亿元,下降8.38%。

1. 基本养老保险

年末,全省参加基本养老保险人数为4231.15万人,比上年末增加149.9万人。全年基本养老保险基金总收入3766.10亿元,基金总支出3945.18亿元。年末基本养老保险基金累计结余3702.48亿元。

年末,全省参加企业职工基本养老保险人数为2807.34万人,比上年末增加142.66万人。全年企业职工基本养老保险基金收入2982.88亿元,基金支出3175.25亿元。年末企业职工基本养老保险基金累计结余3458.87亿元。

年末,全省参加城乡居民基本养老保险人数为1199.43万人,比上年末增加1.59万人。全年城乡居民基本养老保险基金收入176.40亿元,基金支出178.87亿元。年末城乡居民基本养老保险基金累计结余154.47亿元。

年末,全省参加机关事业单位基本养老保险人数为224.38万人,比上年末增加5.65万人。全年机关事业单位基本养老保险基金收入606.82亿元,基金支出591.06亿元。年末机关事业单位基本养老保险基金累计结余89.14亿元。

2. 失业保险

年末,全省参加失业保险人数为1561.69万人,比上年末增加83.33万人。失业保险金月人均水平1502.87元,与上年基本持平。全年失业保险基金收入91.83亿元,基金支出191.01亿元。年末失业保险基金累计结余248.40亿元。

3. 工伤保险

年末,全省参加工伤保险人数为2257.44万人,比上年末增加169.6万人。全年工伤保险基金收入60.07亿元,基金支出63.73亿元。年末工伤保险基金累计结余100.64亿元。

(二)权益维护及其他

2019年,浙江省成功创建"无欠薪"县(市、区)51个,全省立案结案欠薪案件数量487件,同比下降67.4%;涉案人数0.75万人,下降56%;涉案金额0.79亿元,下降58.6%。

全省企业劳动合同签订率达97.1%。

全省劳动人事争议仲裁机构和调解组织共处理劳动人事争议案件12.33万件,涉及劳动者144152人。劳动人事争议案件仲裁结案率达93.81%、调解结案率达78.99%。

全省户籍法定人员基本养老保险参保率达96.68%。

全省社会保障卡持卡人数达5367.28万人,持卡人数覆盖常住人口的91.75%。

(三)浙江省人均低保标准全国省区第一

2019年,浙江省积极推进各项社会救助事业发展,基本民生保障取得新突破。截至2018年底,浙江省人均月低保标准达到771元,位居全国第四、省区第一。

截至2018年底,浙江省在册城乡低保对象72.7万人,新增低保对象9.2万人,通过动态管理累计退出低保对象 17.8 万人，在册低保边缘对象 36.4 万人，累计支出低保资金 44 亿元。

“目前，我省已率先在全国实现县(市、区)城乡低保标准一体化，丽水、衢州、嘉兴等 6 个设区市实现区域统筹。”省民政厅社会救助处相关负责人介绍道，截至 2018 年底，全省城乡人均月低保标准达到 771 元，其中最高为杭州主城区每人每月 955 元。此外，浙江省全面开展“救急难”工作，在乡镇(街道)全面建立了备用金制度，确立 24 小时内保证救助措施到位的应急救助机制。2018 年，全省临时救助困难群众共计 26.97 万人次，发放临时救助金 2.8 亿元。

下一步，浙江省将确保 2019 年各设区市最低生活保障标准达到每人每年 7600 元以上，2022 年低保标准达到每人每年 9000 元以上。

(四) 5 月底前实现退役军人服务保障体系全覆盖

2019 年 5 月底前，浙江省将实现退役军人服务保障体系全覆盖，打通政策落实、服务保障的“最后一公里”。

全面建立退役军人服务保障体系是做好退役军人工作的基础。近年来，浙江省积极探索各级退役军人服务中心(站)机构建设和服务工作，取得了积极成效。下一步，浙江省将加强省、市、县(市、区)、乡镇(街道)、村(社区)五级退役军人服务中心(站)建设，做到乡镇以上的退役军人服务机构“有机构、有编制、有人员、有经费、有保障”，全力打造以政府专业服务机构为支撑、专业化社会组织服务为依托、志愿者服务为补充的退役军人服务保障体系。此外，各地将全面梳理退役军人及其他优抚对象生活诉求，分类制定服务项目，全面做好就业创业扶持、帮扶解困、权益保障等服务工作，积极搭建全省退役军人服务管理大数据平台，确保服务管理精准细致、便捷高效，将党和政府的关怀温暖送给每一个退役军人。

(五) 改在民生关键处，改出治理新高度

以“最多跑一次”改革为牵引，改革在浙江再次汇聚磅礴伟力。在这一轮改革热潮中，承担了近 1/3 办事业务量的浙江人社，初心不忘、使命在肩，勇立潮头、砥砺奋进。在 2017 年全面启动浙江人社系统“最多跑一次”改革、2018 年绍兴柯桥试点深化“最多跑一次”改革的基础上，2019 年 7 月开始，又在金华市全面开展深化“最多跑一次”改革“领跑者”综合试点。

一是迭代升级服务标准，打造全国首个“无证明人社”

方锡春是金华一家企业的操作工，9 月 30 日在工作时被梯子砸伤右脚，10 月 10 日单位在网上申请预审通过后将材料寄至工伤经办机构。他以为至少要等 1 个月时间才能完成认定，没想到当月 12 日下午经办人和他本人手机上就收到了结论已出的短信，登录系统直接下载结论书打印，工伤认定就完成了。“从法定的 60 天之内完成，到后来的基本上 1 个月左右，再到现在的 10 天内完成，工伤认定的时限越来越短。”金华人社局相关负责人说。

打造审批事项最少、办事效率最高、政务环境最优、群众和企业获得感最强省份……四个“最”字，使命千钧。

全力推进“无证明人社”建设。通过直接取消、申报承诺、数据共享等方式，在完成人社部要求取消 73 项证明基础上，先后取消在校就读、无经济收入等 19 项证明，金华全市人社部门累计减少 1.2 万份证明，实现企业群众到人社部门办事无需提供证明，到其他部门办事也无需到人社部门开具证明。

全面打造 3.0 版“八统一”办事标准。截至 2019 年 11 月，金华人社 134 个服务事项，合计申请材料从 466 份减少到 174 份，项均申请材料从 3.5 份降到 1.3 份，比原标准精简 63%；合计办理时限从 2309 个工作日缩减到 319 个工作日，项均时限从 17.2 个工作日降到 2.4 个工作日，比原标准缩减 81%；即办件数量从 29 项提高到 114 项，比原标准增加 293%。如企业吸纳就业创业担保贷款贴息核定，申请材料从原来的 11 份直减到 1 份；经营劳务派遣许可等行政许可事项，办理时限从 20 日到当日办结，实现即时办。

二是“五办便民”“零跑直享” 实现“立体化”窗口服务

走进金华市行政服务中心，人社窗口似乎是一个“另类”，往日的长队和喧嚣被静谧和安详取代。变化的秘密，隐藏在“领跑者”的改革试点中。

为提升群众办事便捷度，金华市推出“五办”模式，即“网上办”“掌上办”“一证通办”“就近能办”“全市通办”。截至2019年11月，金华试点已实现5个100%目标：134个服务事项“网上办”“掌上办”实现率均达100%；48个民生事项“一证通办”实现率达100%；“社银合作”“邮政代办”网点乡镇(街道)覆盖达100%；91个事项实现100%“全市通办”。全市人社服务大厅日均人流量从最多时超2000人次下降到目前的600人次。

2019年10月21日，金华市区一企业的方经理想为自己单位的工作人员申请综合计算工时制。方经理在金华市政务服务网的综合计算工时制审批中提交了电子版申请表，半小时后就收到了一条短信通知，提示申请已通过，可通过扫描办件进度查询的二维码下载审批决定书。

在全面推行“全科受理、一窗通办”的同时，金华市探索推行“机器换窗、人机联办”服务，让工作人员从柜台走向大厅、从服务走向引导。目前，金华人社服务大厅已划分为自助经办区、自助网办区和复杂件VIP专区三个区，服务窗口从原来的37个减少到10个，铺设自助服务终端12台，自助网办终端8台，自助终端已承担大厅2/3的业务办理量，办件时间从20分钟/件降到5分钟/件，除高峰期窗口办理需等候5至10分钟外，其余时间均已实现即来即办、即办即走。通过试点，金华已在全市范围打造了“两个10分钟”人社服务圈，即10分钟内有人社服务网点、10分钟内事项办结。

10月17日，金华市区的曹光荣在单位办理辞职手续后来到人社大厅。咨询服务区“导服员”将其引导至自助机前，在“人社助跑员”的协助下，曹光荣凭身份证在自助机上完成了个人续缴养老保险费及领取失业保险金业务。

金华市还在全市147个乡镇(街道)全部建立人社服务专区，设立银行、邮政代办网点368个，80%以上办事事项可在基层网点办理，所有事项实现“八统一”标准，开展大厅工作人员下沉经办指导，投放247台综合自助终端，确保基层网点“一窗通办”落得下、接得牢。金华市区乡镇(街道)和银行邮政代办网点日均办件量达1200件左右。

9月10日，新狮街道的章贤香把社保卡交给村里的劳动保障协理员，让他为自己办理个体劳动者(灵活就业人员)参保登记。很快，村劳动保障协理员就帮她把事情办好。

三是“一件事”改革，构建“5+3+2”“一条龙”人社服务新模式

如何深化“最多跑一次”改革？浙江人社在试点中将人民本位、问题导向、服务体验作为深化的“重头戏”——把视角转向群众的体验和需求，改革的天地豁然开朗。

推行“一件事”关联办理“最多跑一次”。部门办理“一件事”与群众眼里的“一件事”是不一样的。以退休为例，既涉及到人社部门的退休审批、待遇发放等事项，还涉及到医保、公积金和乡镇(街道)等部门的事项，即使每个部门每个事项只跑一次，仍然非常繁琐。因此，积极开展群众眼中“一件事”关联办理“最多跑一次”改革，在省定退休、失业、社保关系转移接续、个体劳动者就业创业、企业员工招聘等5个“一件事”基础上，创新开展工伤、集体合同备案、技能提升等其他3个“一件事”改革。以退休“一件事”为例，建立“零跑直享”机制。人社部门提前6个月与其他部门做好衔接、审核工作，让职工在退休时“无感自办”。在对信息没有异议的前提下，职工不用作任何操作即可直接享受养老、医保、公积金等各项退休待遇。目前，金华市已有1.3万人享受退休“零跑直享”服务。同样，工伤“一件事”也建立了“智联快办”机制，受伤职工可在医院直接申报工伤、直接享受待遇。退休和工伤“一件事”成为本轮试点中最受百姓点赞的两件事，给群众带去“真金白银”的获得感，提升了群众的满意度。

打造“多件事”组合套餐。围绕优化营商环境，在8个“一件事”基础上，金华市试点创新打造面向新办企业和高层次人才2个“套餐”，即“新办企业”服务套餐和“高层次人才”服务套餐。其中，“新办企业”服务套餐在企业社保参保登记页面，设立新办企业人社服务套餐勾选平台。企业点单勾选，便可享受社保参保、创业贷款、引才招工、职工培训等方面“一条龙”套餐服务。

张某是金华职业技术学院大三学生，新开了一家“线上＋线下”的铁皮石斛销售企业。他在企业参保登记页面发现了“新办企业人社套餐点单服务”平台，在勾选创业贷款选项并提交后，第二天就接到了工作人员电话。最终，他通过“社银联通一卡贷”项目，获得银行10万元的创业贷款。

四是“114”综合治理机制让“矛盾不出企”“纠纷不出镇”“案件不出县”

“最多跑一次”改革是一项系统工程，它改变的不仅仅是办事流程。理念的飞跃，写进了改革试点的每一步探索。

治理欠薪向根治欠薪转变，探索建立“一治一管四办”综合治理机制，打出根治欠薪改革组合拳。

“一治”，即强化基层在纠纷源头治理中的主体作用，建立乡镇劳动纠纷化解中心，将人社、司法、信访、工会、公安等部门资源集中整合，落实日常监管、隐患处置、纠纷化解、群体性事件处置等职责。

“一管”，即建立企业劳动监察“ABC”分类信用监管，根据信用等级、所处行业、其他部门处罚信息等，将用人单位分为ABC三类监管对象，对A类诚信企业以服务指导为主，对B类较诚信企业以日常监察为主，对C类失信企业重点予以提醒警示。

“四办”，即在乡镇劳动纠纷化解中心全面推行“一窗办”“上门办”“调解办”“依法办”。

2019年前三季度，金华市劳动纠纷案件总量同比下降16.9%，基层劳动纠纷调解成功率为92.3%，较好地实现“矛盾不出企”“纠纷不出镇”“案件不出县”。

五是人工监管向智慧监管转变，全力打造“互联网＋信用”监管体系

强化执法监管，大力实施“互联网＋监管”，积极开展“浙政钉 · 掌上执法”＋“双随机一公开”检查，提高监管精准性。

强化基金监管，开发社保风险防控系统，依托大数据平台加强工商注册、死亡火化、判决服刑等跨部门数据比对，形成多部门联动、数字化监管防控体系，有力提升社保基金安全保障。

强化欠薪监管，全面实施“安心工资卡”工程，在建项目农民工工资全部在社保卡发放，借助社保卡后台数据，实行在线监管、实时预警、及时处置。

截至2019年11月，金华市已在21个新建工程项目推行“安心工资卡”工程，共计919名农民工1565万元工资全部通过社保卡发放。同时，浙江省人社厅开发了全省欠薪联合预警指挥平台，协同对接14个部门451项1076万条数据，监管企业200多万家、在建工程项目7000多个，有效提升人社系统的预警能力。

“现在发工资都直接打到我们社保卡上，不经过‘包工头’，感觉安心多了！”金东区农产品物流中心管理用房项目工人张一健说。

六是“美好人社”核心指数，全力提升人社现代化治理能力

改革行进到深水区，牵一发而动全身。如何发挥“最多跑一次”改革对全局的牵引作用？以政府数字化转型提升现代化治理能力是改革新命题。

依托在服务群众服务企业中形成的海量数据，金华市试点围绕提升科学参谋决策、公共服务和内部管理水平，以海量人社业务数据为基础，运用统计指数方法，参照本地经济和社会发展水平，打造“美好人社”核心指数分析与决策指挥平台，形成公共服务质量、就业创业景气、人才队伍发展、劳动关系和谐、社会保障水平、网络信息安全6个专项指数评价指标、24个一级业务指标、63个二级业务指标和153个三级业务指标，发挥实时监测、大屏展示、分析演绎、运行预警、决策指挥作用。目前，这套指数体系已经在社保基金支付能力精准预测等方面展现深度应用的前景，为党委政府决策提供了有力支撑。

五、安徽省社会保障情况与措施

（一）安徽省社会保障基本情况

2019年末，安徽省参加城镇职工养老保险人数为1217.06万人；城乡居民养老保险参保人数为

3501.72万人;参加失业保险人数为518.79万人,全年为14.49万名失业人员发放了不同期限的失业保险金;参加工伤、生育保险人数分别为639.96万人和622.28万人;参加基本医疗保险人数为6732.17万人。

2019年末,全省36.7万人享受城市居民最低生活保障,178.3万人享受农村居民最低生活保障,农村"五保"供养36.2万人。全年民政部门临时救助10.8万人次。

(二)人力资源社会保障工作

全省各级人力资源社会保障部门以习近平新时代中国特色社会主义思想为指导,认真贯彻省委、省政府和人社部的决策部署,锐意改革、砥砺奋进,圆满完成年度目标任务,全省人力资源社会保障工作取得新的成绩,为促进经济社会发展作出了积极贡献。

一是把稳就业作为头等大事。完善就业优先政策体系,防范化解规模性失业风险,2019年城镇新增就业71.03万人。出台引导农民工返乡创业16条措施,举办创业特训营10期,发行电子创业金币2亿个,新认定青年创业园5个,新建省级农民工返乡创业示范园50个。认真落实降低社会保险费率等政策,全年减负166亿元;向1023户企业发放稳岗返还28.3亿元,向2.04万户企业返还失业保险费33.42亿元。推动长三角一体化发展,促成沪苏浙皖四省市人社部门签署6个合作文件。推进共享发展行动计划,持续增加城镇居民收入,前三季度全省城镇居民人均可支配收入28025元,同比增长9.2%。持续推进合肥国家综合性科学中心建设,成功举办首届"长三角一体化博士后学术论坛",获批国家级博士后科研流动站8家。组织修订10个重点行业职称评审标准,举办70多期国家和省级高研班,新增省学术和技术带头人及后备人选240名。新增专业技术人才38万人,同比增长10.8%。印发《安徽省职业技能提升行动实施方案(2019—2021年)》,召开技工大省建设工作推进会暨高技能人才表彰会,新认定国家级和省级高技能人才培训基地11个、技能大师工作室45个。开展补贴性技能培训69万人次,全年新增技能人才33.15万人,其中高技能人才9.04万人。全省技工院校招生6.28万人。成功举办全省农民工职业技能竞赛。组织全省事业单位公开招聘3.5万人。切实保障中小学教师工资待遇。建成国家级专家服务基地1个,组织225名高层次专家服务基层,培训各类人员1.4万人(次)。

二是保障和改善民生成效显著。突出抓好高校毕业生就业,为119所高校发放校园招聘会补贴1367.8万元,为8.9万名毕业生发放求职创业补贴1.2亿元。实施三年六万青年见习计划,为2.3万人提供见习岗位。持续推进"2+N"招聘活动,组织招聘会1.3万场,达成就业意向64万人。开展2019年"接您回家"活动,接送返乡人员4.5万人。组织实施就业政策就业服务"舒心领、畅通办"专项行动。扎实推进就业创业促进民生工程,开发就业困难人员公益性岗位5.46万个,确保零就业家庭动态清零。建成国家级中国合肥人力资源服务产业园。进一步规范企业职工基本养老保险省级统筹制度,实施机关事业单位养老保险制度改革后退休人员待遇重新核算工作,建立城乡居民养老保险待遇确定和基础养老金正常调整机制。全省职工基本养老、城乡居民养老、失业、工伤保险参保人数分别达1217.06万人、3501.72万人、518.79万人、639.96万人,全部超额完成年度任务。调整全省退休人员基本养老金。下拨工伤保险省级调剂金1.16亿元,全省完成工伤认定3.7万人、劳动能力鉴定2.7万人。促成省政府与全国社会保障基金理事会签订城乡居民养老保险基金委托投资合同。开展全省社保基金管理风险防控专项检查,推进社保基金监管系统应用。

三是维护社会和谐作用切实彰显。出台改革国有企业工资决定机制实施意见,督促出资人职责机构及各市制定配套政策措施,全省91家省级以上开发区开展和谐劳动关系园区创建活动,连续开展集体协商"春季要约行动",签订集体合同2.4万家。加强基层调解组织规范化和调解仲裁管理监测系统建设,开展"仲裁开放月"活动,推进"互联网+调解"工作,全省共受理劳动人事争议案件仲裁结案率达97.91%。扎实开展根治欠薪攻坚行动,共检查各类用人单位3.57万户,公布拖欠劳动报酬典型案件30

起和拖欠农民工工资“黑名单”信息40条。全省查处欠薪案件数、涉及人数、涉及金额同比分别下降30.05%、25.53%、29.39%，未发生重大群体性事件。安全完成81项国家和省级人事考试任务，服务考生85万人次。深入开展“扫黑除恶”专项斗争，积极防范化解重大风险，加强平安安徽建设。

（三）安庆市长期护理保险试点将实现政策全覆盖

2019年，安庆市长期护理保险试点工作实现政策全覆盖，细化护理标准，提高待遇水平，开展标准化培训，推动医、养、护产业深度融合，培育新业态。

开展长期护理保险试点，是积极应对人口老龄化和新型社保兜底民生的迫切需求，旨在提升失能人员生存质量，减轻失能人员家庭高昂的护理费用负担和精神压力，拓宽就业渠道。

2015年，十八届五中全会将“探索建立长期护理保险制度，开展长期护理保险试点”纳入“十三五”规划。2016年，安庆市被列为国家长期护理保险试点城市，2017年启动长期护理保险试点工作。2019年，安庆市进一步扩大受益人群，由“市区范围内的职工基本医疗保险参保人员”，向全市新农合、居民医保参保人员延伸，实现政策全覆盖；凡因年老、疾病、伤残等导致失能，经过不少于6个月治疗，符合《日常生活活动能力评定量表》重度失能标准的参保人员，经评定后次月即可开始享受长期护理保险待遇。

同时，安庆市配套制定出台护理标准，依托专业机构对从业人员开展标准化培训，持证上岗，提高长护保险待遇水平。在养老机构享受护理的，长护保险基金按40元/日标准结算；在医疗机构享受护理的，按50元/日标准结算；接受协议护理服务机构提供上门服务的，按每月750元限额支付；对居家接受非协议护理服务机构护理服务的，按15元/日发放护理补助，按季发放。

2018年，安庆市长期护理保险参保职工25万人，当年筹集基金685.4万元，其中个人缴费228.47万元，占基金总额的33.33%；医疗保险统筹基金划转456.93万元，占基金总额的66.67%。基金支付229.11万元，其中养老机构114.78万元，上门护理7.06万元，居家护理102.48万元，医疗护理机构4.79万元。截至2019年1月底，申请长护保险待遇的有300人，享受待遇的有182人，占60.67%。目前，全市已有长期护理保险定点机构12家，其中养老服务机构7家、医疗护理机构4家、上门护理服务机构1家。

（四）滁州市社保卡“装进”手机，服务更便捷

忘带社保卡，不能在医院即时医保结算怎么办？电子社保卡扫码结算可以帮您解决问题。即日起，市民在手机上下载相关APP软件，进行注册并申领电子社保卡后，到试点医院就诊时只需携带手机即可进行医保结算；还可提前预约，免去排队挂号、缴费等一系列麻烦。2019年3月，滁州市人力资源和社会保障信息中心透露，该市电子社保卡日前已上线试运行，标志着该市社会保障卡迈入线上电子时代。

一是多渠道申领，实现快速签发

截至2019年3月，全市已发行社保卡累计370万张，覆盖率达92.7%。在此基础上，滁州市人力资源和社会保障信息中心进一步推进社保卡向电子社保卡的升级应用，助力群众便捷智慧生活。

滁州市目前已实现皖事通、惠滁州、工商银行融E联、支付宝、建行手机银行等多种渠道签发。同时，实体卡持有者在成功申领电子社保卡后，即可在相关渠道APP上查询个人社保参保信息。信息中心与滁州市医保中心共同研发的电子社保卡医保结算支撑平台，已在滁州市中西医结合医院、百姓缘药店成功试点上线，在全省率先实现个人在医保结算时无需携带实体社保卡，即可用手机出示电子社保卡二维码并扫码结算，此举极大地方便了群众就医购药。

二是服务便捷，助力智慧城市建设

据悉，电子社保卡是社保卡线上应用的有效电子凭证，与实体社保卡一一对应、唯一映射，全国统一、全国通用，具有身份凭证、自助查询、医药结算、扫码支付等功能，且使用更加安全、高效、便捷。以惠

滁州 APP 为例,持卡人下载注册登录后进入社保卡页面,按照申领界面提示,有序完成认证,即可申领。信息中心相关负责人说:"社保卡'装进'了手机里,能让持卡群众享受到更便捷的服务,比如查询个人参保信息、社保医保缴费和个人账户。"

下一步,滁州市将在试点的基础上,全面推广使用电子社保卡,进一步拓展公共服务领域应用,持续推进社保卡实现线上线下的衔接并用,让更多持卡群众获得更广泛、细致、便捷的服务,同时也为促进民生服务和智慧城市建设贡献积极力量。

(五)合肥市出台健康脱贫兜底保障实施办法

为建立基本医保、大病保险、医疗救助及政府兜底保障相互衔接的贫困人口综合医疗保障体系,减轻农村贫困人口医疗支出负担,《2019 年合肥市健康脱贫兜底保障实施办法》于 2019 年 5 月底出台。

本办法的保障对象为农村建档立卡贫困人口(以下简称"贫困人口"),主要针对的是保障对象的两种情况,其中之一就是"351"兜底保障,是指一个年度内贫困人口在县域医院、市级医院、省级医院就医发生的住院、特殊慢性病门诊及限额内门诊费合规医疗费用,在基本医保、大病保险、医疗救助补偿后,个人承担分别不超过 0.3 万元、0.5 万元、1 万元,超过部分由政府兜底保障。个人承担限额按照年度内就诊最高级别医疗机构确定。

另外一种情况为"180"慢性病补充保障,是指贫困人口在"351"兜底保障后,一个年度内个人门诊慢性病合规医疗费用再按 80%予以报销。具体病种按照《安徽省农村贫困人口慢性病及重大疾病保障指导目录》确定。

保障资金如何筹集?办法明确,县(市)政府设立健康脱贫医疗专项补助资金和贫困慢性病患者补充医疗保障补助资金承担"351""180"兜底保障责任。资金运行中出现缺口的,由同级财政及时弥补,省、市财政统筹资金给予补助。

贫困人口在联网定点医疗机构就医产生的合规医疗费用通过医保信息系统实行"一站式"结算,贫困人口只需交纳个人自付费用部分;在非联网定点医疗机构就诊合规医药费用,回参保地医保经办机构报销。

第十八章　长三角地区教育、科技发展情况

一、上海市教育、科技发展情况与措施

（一）上海市教育事业发展情况

2019年，全市共有幼儿园、普通中小学、特殊教育学校及工读学校3253所，其中幼儿园1670所，比上年增加43所；小学698所，比上年减少23所；普通中学842所，比上年增加9所；特殊教育学校31所，工读学校12所。共有在校学生201.34万人，其中幼儿园57.13万人，比上年减少0.02%；小学82.63万人，比上年增加3.26%；普通初中45.10万人，比上年增加4.28%；普通高中15.94万人，比上年增加0.76%；特殊教育学生0.48万人，比上年增加9.09%；工读学校学生0.06万人。共有教职工22.43万人，专任教师16.62万人，其中幼儿园专任教师4.32万人，小学专任教师5.95万人，普通初中专任教师4.31万人，普通高中专任教师1.86万人，特殊教育专任教师0.14万人，工读学校专任教师0.04万人。

全市共有普通中等职业学校80所，其中职业高中23所，中等专业学校50所，中等技工学校7所。普通中等职业学校全日制在校生8.66万人，比上年减少2.26%，其中职业高中1.97万人，中等专业学校5.70万人，中等技工学校0.99万人。普通中等职业学校教职工1.14万人，专任教师0.80万人，其中职业高中专任教师0.28万人，中等专业学校专任教师0.47万人，中等技工专任教师0.05万人。另有成人中等专业学校10所，在校生1.34万人，教职工0.02万人，专任教师0.01万人。

全市共有普通高等学校64所，独立设置成人高校14所。普通高校本、专科在校学生52.66万人，比上年增加1.66%，其中普通本科在校生39.13万人，比上年增加2.03%；普通高职高专在校生13.53万人，比上年增加0.74%；成人高校在校生12.81万人，成人网络本、专科在校生14.18万人。全市共有研究生培养机构49家（不包括中科院在上海分院和煤炭院上海分院），共有研究生在校生19.63万人（含全日制和非全日制），其中博士生3.81万人，硕士生15.82万人。全市2019年普通本、专科招生14.83万人，比上年增加3.42%，其中本科生9.83万人，比上年增加0.10%；专科生5.00万人，比上年增加10.38%；本专科毕业生13.17万人。研究生招生6.75万人（含全日制和非全日制），其中博士生1.00万人，硕士生5.75万人，研究生毕业4.61万人。成人本、专科招生4.58万人，比上年增加0.22%，其中本科生3.30万人，比上年减少3.51%；专科生1.27万人，比上年增加11.40%，毕业4.01万人；网络本、专科招生5.36万人，比上年减少3.60%，毕业4.62万人。全市普通高校教职工总数7.72万人，专任教师4.63万人，其中本科院校专任教师4.13万人，高职高专院校专任教师0.49万人。

全市共有成人职业技术培训机构726所，结业生173万人。民办非学历高等教育机构213所。全市共有校外教育机构23所，其中青少年活动中心（少年宫）19所，少年科技站3所，少年之家1所；教职工总数1359人。

全市共有中外合作办学机构和项目177个，其中机构27个，项目150个。开展学历教育的机构和项目158个，非学历教育19个。全市共有外籍人员子女学校37所，在读学生31768名。2019年，本市各普通高校来华留学生64480人，学位生总数23830人，比上年提高7.7%。2019年，全市在校港澳台学生总人数为15439人，其中高校2259人，中小学幼儿园8127人。

2019年，上海教育经费继续稳步增长。全市教育部门财政预算内教育事业预算总额为1064.8亿元，比上年增长5.75%。其中，市级教育事业预算总额257亿元，比上年增长1.90%；区级教育事业预算总额807.8亿元，比上年增长7.04%。

(二) 召开上海市教育大会,努力当好全国教育改革探路者

2019 年 3 月 22 日召开上海市教育大会,大会深入学习贯彻习近平总书记关于教育的重要论述和全国教育大会精神,全面部署实施国家和上海的教育现代化 2035,动员全市上下为加快推进上海教育现代化、办好人民满意的教育而努力。大会总结了改革开放以来特别是党的十八大以来上海教育发展取得的经验成效。党的十八大以来,上海教育坚持优先发展战略,坚持"为了每一个学生的终身发展"理念,全面深化教育综合改革,实现了先一步、高一层发展,教育现代化总体水平位居全国前列,教育国际影响力不断提升,在国家和上海城市发展全局中的地位作用进一步凸显。上海教育发展坚持"六个始终",即始终坚持党对教育事业的全面领导,始终把立德树人作为根本任务,始终不断增强人民群众的教育获得感,始终把教师队伍建设作为基础工作,始终坚持改革创新,始终持续扩大教育开放。

出台《上海教育现代化 2035》和《上海市面向 2020 年加快推进教育现代化实施方案》。到 2020 年,要完成教育综合改革国家试点任务和"十三五"发展目标,率先达成《中国教育现代化 2035》确定的主要发展预期指标,率先总体实现教育现代化,教育和人力资源发展水平迈入世界先进行列。在此基础上,再经过 15 年努力,到 2035 年,实现更高水平、更高质量的教育现代化,建成与时代发展相适应、同具有世界影响力的社会主义现代化国际大都市相匹配的一流教育,教育事业发展和人力资源开发主要指标达到全球城市先进水平,成为各类人才向往的学习体验之地、事业发展之地、价值实现之地,在我国教育现代化和教育强国建设中当好排头兵、先行者,为国家和上海经济社会发展作出更大贡献。制定上海教育现代化监测指标体系,研究"一市三省"教育现代化指标体系,强化教育改革发展过程监测。全市 16 个区均召开区教育大会。

(三) 加强教师队伍建设

加强教师师德师风建设。建立新入职教师思想品德核查和涉性侵害违法犯罪人员从业限制长效机制。贯彻落实教师职业行为十项准则。加大师德荣誉体系研究的力度,探索通过"一网通办"及大数据共享的方式开展个人征信,建立健全师德建设的制度和机制。教师资格认定工作纳入全市"一网通办",通过流程优化和部门间数据调用,实现材料递交,办理时间"双减半"。推进兼职教师试点工作,有 86 人通过培训考核。

加大学前教育教师队伍建设力度。推进落实本市 3 岁以下幼儿托育机构从业人员与幼儿园师资队伍建设三年行动计划,扩大学前教育专业人才培养规模。针对教育现代化指标进行监测,推进落实教师的学历等指标的达成度。调研公办幼儿园保育员、营养员、卫生保健人员等的配置和待遇情况,指导各区足额配置幼儿园教职员工。

加强校长及教师培养培训。深入推进实施第四期"双名工程",完成"高峰计划""攻关计划""种子计划"三个计划的团队组建、方案制订、课题申报,助力"强校工程"学校教师专业发展,市区两级搭建平台展示交流,扩大优质师资辐射示范。优化见习教师规范化培训和展示交流,更加关注课堂教学。加强研究 2—5 年教龄青年教师培养机制,推进职初教师专业发展。开展新一轮长三角名校长联合培训工作,遴选第 10 期培训班参训学员和基地,开展师范院校教师智慧教学大赛和师范生教学基本功比赛,推进长三角地区教育协调发展。借助科协和高校的专业力量,加强英语、数学、化学、生物、美术、学前教育等学科教师了解前沿知识,更新提升本体知识。加强信息技术应用能力培训,启动中小学教师信息技术应用能力提升工程 2.0。加强教师和校长国际视野,开展 17 名校长和教师赴英国研修,15 所中小学(幼儿园)教师团队开展外籍人员子女学校伙伴研修。全年完成 2 万余人次市级培训,6 万余人次线上培训。开展对口支援地区师资培训培养工作。第一批"援藏援疆万名教师支教计划"185 名教师在受援地充分发挥课堂教学示范引领作用,着力培养培训当地教师,圆满完成支教任务。轮换选派第四批"组团式"援

藏教师30名赴日喀则上海实验学校。首次选派15名教师赴四川省凉山州一市四县支教。接受对口地区校长和校长来上海跟岗学习,全年完成25个培训班,共计1062人次。

健全高校教师全过程培养体系。建立健全高校教师职前培养、招聘录用、职初培训、专业发展、平台支撑、荣誉称号等全过程的生态链和培养体系。开展高校新教师、专职辅导员岗前培训工作,根据需求改为一年两次,上半年培训137人次,下半年培训465人次。高校中青年教师培训培养资助确定重点推荐人选146名,一般推荐人选573名。高校教师国外访学进修、国内访问学者、产学研践习、实验技术队伍建设计划分别有299人、101人、274人、61人入选。继续实施高校师资博士后制度和本科教学教师激励计划。

(四)推进基础教育优质均衡发展

促进义务教育提质增效。研制本市贯彻《中共中央国务院关于深化教育教学改革全面提高义务教育质量的意见》的实施意见。联合相关八个部门出台《本市落实义务教育阶段学生减负增效工作实施意见》,出台《上海市加强义务教育学校作业管理措施》以及相关作业设计与实施指导意见。

推进义务教育优质均衡发展。出台《关于推进本市紧密型学区和集团建设的实施意见》,启动本市紧密型学区和集团首批创建工作。探索新优质学校认证机制,激发学校办学活力。完成城乡学校携手共进计划中期评估,中期目标达成率达97.36%。实施公办初中强校工程,127所强校工程实验校均已制订并实施三年规划,各项工作稳步推进。联合五部门出台《关于全面加强本市乡村小规模学校和乡镇寄宿制学校建设的实施意见》,促进两类学校"小而优"发展。

推进特色普通高中建设。研制特色普通高中创建第二轮三年行动计划。命名第三批5所特色普通高中学校(华东师范大学附属东昌中学、上海戏剧学院附属高级中学、同济大学第二附属中学、上海理工大学附属中学、上海市嘉定区第二中学),举行5次特色普通高中展示活动,1场分组交流,有序推进相关创建工作。

(五)上海科技创新指数同比增长10.51%

上海市科委2020年初发布《2019上海科技进步报告》(下简称《报告》),上海2019年全社会研发经费支出预计占全市生产总值(GDP)的4%左右,提前完成《上海市科技创新"十三五"规划》提出的到2020年,全社会研发经费支出占GDP的比重达4%左右的目标。2019年1—11月,PCT国际专利申请数量达2469件,同比增长23.2%;有13家企业登上科创板,占比居全国第一;上海科技创新中心指数达281.9,同比增长10.51%。

《报告》表示,2019年上海科技以增强创新策源能力为主线,在原创性的科研成果、大科学设施、新型研发机构、研发与转化功能型平台等方面表现亮眼。在原始创新方面,涌现出世界首例生物节律紊乱体细胞克隆猴模型、引力诱导量子纠缠退相干实验,稳固钙钛矿半导体等一批重量级成果。全年上海科研人员在国际顶级学术期刊《科学》《自然》《细胞》发表论文共计87篇,约占全国总数的28.4%;其中,入选《自然》年度十大优秀论文的2篇中国论文均出自上海。

张江实验室自2017年9月揭牌成立以来,持续聚焦生命科学、光子科学与微纳电子、人工智能等重点领域,开展重大科研任务布局和攻关,为承接国家实验室建设任务夯实了基础。以张江科学城为主要承载区布局建设了一批国家重大科技基础设施,涵盖光子、生命、海洋、能源等领域。其中,全球规模最大、种类最全、综合能力最强的光子大科学设施集聚地在张江科学城初步成型。海底科学观测网、高效低碳燃气轮机试验装置启动建设,软X射线装置顺利出光,超强超短激光装置投入试运行,硬X射线装置实现核心部件突破和国产替代,活细胞结构与功能成像、上海光源二期、转化医学设施等大科学设施加快建设,已建大科学设施服务功能持续提升。

随着科改“25 条”及相关细则落地，一批新型研发机构不断涌现，形成各类研究机构优势互补、合作共赢的发展格局。上海量子科学研究中心、上海清华国际创新中心成立，在体制机制上试点“三不一综合”，即不定行政级别、不定编制、不受岗位设施和工资总额限制，实行综合预算管理。

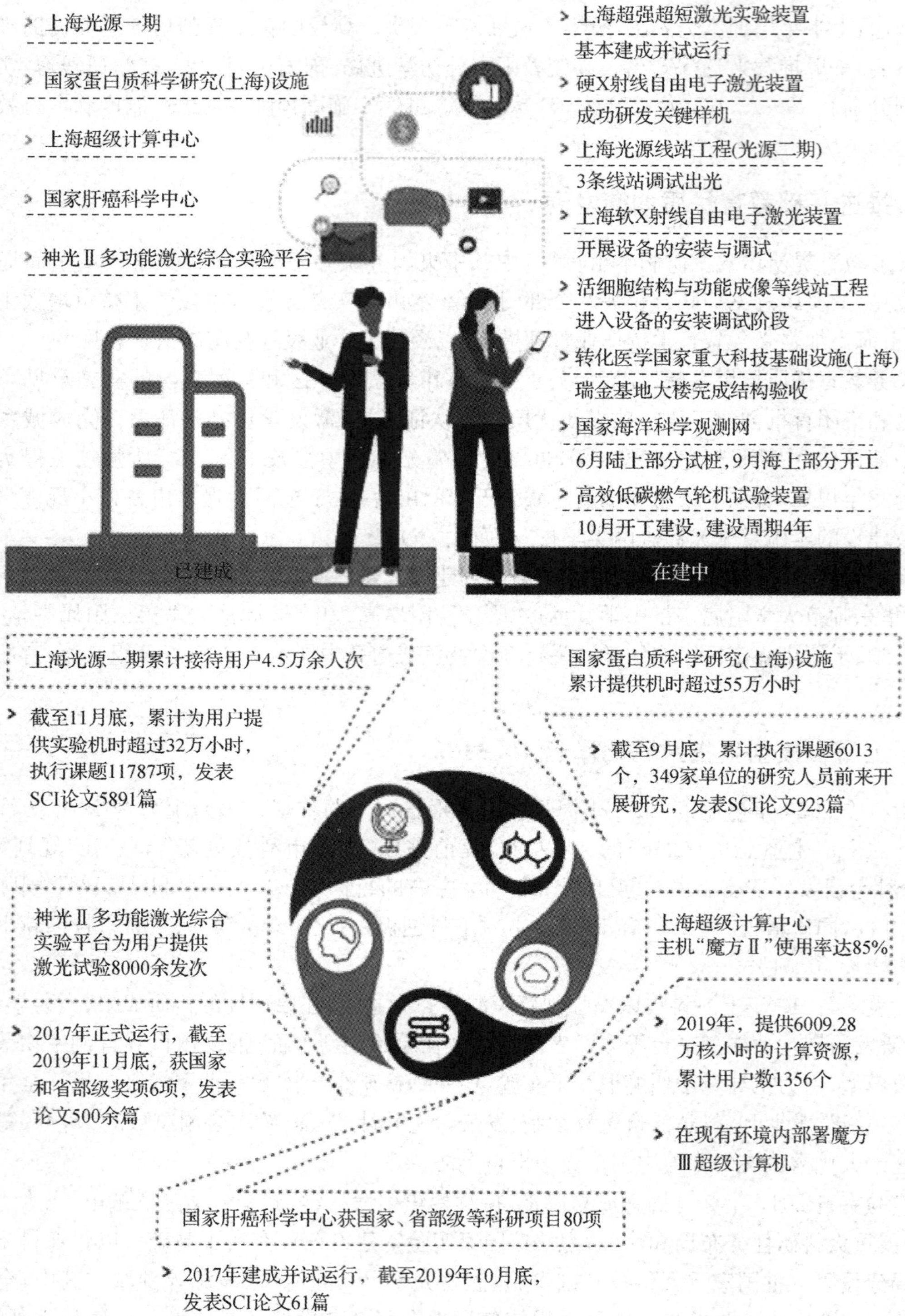

图 1　上海市新型科研机构图

2019 年，上海还启动了国际人类表型组(一期)、硅光子、量子信息技术等 9 个市级重大专项。其中，国际人类表型组、硅光子、硬 X 射线自由电子激光技术研发与集成测试首批市级重大专项开展中期评估，脑与类脑智能基础转化应用研究、全脑神经联接图谱与克隆猴模型计划2个市级重大专项加快实施，凝练形成超限制造、糖类药物、人工智能基础理论与关键技术等3个新一批布局方向。

另外，全市已建或培育各类研发与转化功能型平台近20家，聚集和培育人才全队1200余人，产学研合作单位超过1600家，在孵企业和团队近150家，撬动社会投资约60亿元，带动和培育产业规模近百亿元。

同时，企业技术创新主体培育步伐加快。全市经国家认定的高新技术企业超过5900家，总数突破1.2万家，在科创板上市的上海企业达13家，占总数的18.57%，居全国第一。全市众创空间总数达500余家，其中49家通过国家级科技企业孵化器认定。

二、江苏省教育、科技发展情况与措施

（一）江苏省教育、科技发展有关数据

2019年，江苏省共有普通高校142所。普通高等教育招生58.5万人，在校生187.4万人，毕业生48.9万人；研究生教育招生7.4万人，在校生21.5万人，毕业生5.0万人。高等教育毛入学率达60.2%，比上年提高3.3个百分点；高中阶段教育毛入学率达99%以上。全省中等职业教育在校生62.2万人（不含技工学校）。特殊教育学校招生0.3万人，在校生1.9万人。全省共有幼儿园7608所，比上年增加386所；在园幼儿253.9万人，比上年减少1.7万人。学前三年教育毛入园率达98%以上。

表1　2019年江苏省各阶段教育学生情况

指标	招生数		在校生数		毕业生数	
	绝对数（万人）	比上年增长（%）	绝对数（万人）	比上年增长（%）	绝对数（万人）	比上年增长（%）
普通高等教育	65.9	5.0	208.9	4.4	53.9	−0.0
研究生	7.4	6.4	21.5	10.2	5.0	5.7
普通高中教育	38.8	10.1	105.0	7.1	31.4	0.5
普通初中教育	86.2	7.5	242.5	7.4	69.3	11.2
小学教育	100.1	−2.1	572.6	2.2	87.6	7.4

科技创新能力增强。全省专利申请量、授权量分别达59.4万件、31.4万件，其中发明专利申请量17.2万件；发明专利授权量4.0万件；PCT专利申请量6635件，增长20.6%。万人发明专利拥有量30.2件，比上年增加3.7件；科技进步贡献率为64%，比上年提高1个百分点。全省企业共申请专利47.2万件。全年共签订各类技术合同5.0万项，技术合同成交额达1675.6亿元，比上年增长45.4%。省级以上众创空间790家。全年共有55个项目获国家科技奖，获奖总数位列全国各省第一。

高新技术产业加快发展。组织实施省重大科技成果转化专项资金项目102项，省资助资金投入9.4亿元，新增总投入86.0亿元。公示高新技术企业数10689家，企业研发经费投入占主营业务收入比重提高至1.6%；国家级企业技术中心达117个，位居全国前列。全省已建国家级高新技术特色产业基地162个。

科研投入力度加大。全社会研究与试验发展（R&D）活动经费占地区生产总值比重达2.72%，研究与试验发展（R&D）人员58.0万人。全省拥有中国科学院和中国工程院院士102人。各类科学研究与技术开发机构中，政府部门属独立研究与开发机构达474个。建设国家和省级重点实验室183个，科技服务平台275个，工程技术研究中心3679个，企业院士工作站349个。

(二)江苏省新一轮高考综合改革全面实施

江苏高考新方案终于落定。《江苏省深化普通高校考试招生制度综合改革实施方案》于 2019 年 4 月 23 日发布,标志着江苏省新一轮高考综合改革全面实施。新方案从 2018 年秋季入学的高一学生开始实施。

“这次高考综合改革,各省都要在国家顶层设计的框架体系内,结合本省实际,提出改革的具体举措。”在 23 日举行的江苏省深化普通高校考试招生制度综合改革实施方案新闻发布会上,教育厅厅长葛道凯说,江苏省的改革方案贯彻了党中央、国务院决策部署,符合江苏实际。

1. 考试科目由“3+2”变为“3+1+2”

与现行方案相比,新方案高考模式在考试科目、分值、试卷、选科组合等方面存在一些变化。

考试科目方面,江苏省现行方案是“3+2”,新方案确定是“3+1+2”。“3”是指统一高考的语文、数学、外语 3 个科目,“1”是指考生在物理、历史两门选择性考试科目中所选择的 1 个科目,“2”是指考生在思想政治、地理、化学、生物 4 门选择性考试科目中所选择的 2 个科目。2021 年起,语文、数学、外语 3 门统考科目采用全国统一命题试卷;根据教育部规定,选择性考试科目由各省自行组织命题。

葛道凯说,分值方面,现行方案中语、数、外三门计入总分,另外两门以等级形式呈现,总分值 480 分;新方案中,六门科目均以分数形式呈现,均计入总分,总分值 750 分。语文、数学、外语三门每门 150 分,其中外语科目含听力考试 30 分。三门选择性考试科目每门 100 分。其中,物理、历史以原始分计入总分;其余科目(思想政治、地理、化学、生物)以等级分计入总分。试卷方面,现行方案中的语文、数学两门,按选考历史、物理考生,分别加试语文和数学附加题。新方案中语文、数学、外语三门,不分文理,使用全国卷。选科组合方面,江苏省现行方案的选科组合为 8 种,实行新方案后,选科组合将会上升到 12 种,学生的选择更多。

录取环节也有较大变化。“新方案实行以‘院校专业组’的方式,按平行志愿投档录取。”“院校专业组”指的是某高校对考生选择性考试科目要求相同的专业(类)的组合。一所院校可设置一个或多个“院校专业组”,每个“院校专业组”内可包含数量不等的专业(类)。同一“院校专业组”内各专业(类)对考生的选考科目要求相同。“院校专业组”是志愿填报与投档录取的基本单位,与现行方案按院校+专业(类)进行志愿填报和录取不同,新方案是按“院校专业组+专业(类)”进行志愿填报和录取。

采用这样的投档录取方式,进一步提高考生志愿满意度。一个“院校专业组”内可能是一个专业(类),也可能是多个专业(类),按“院校专业组”投档,符合条件的考生,院校可在该专业组内进行专业(类)调剂,提升考生志愿和最终所录专业(类)的契合度,也进一步提高高校人才选拔和培养的满意度。

2. 综合素质评价将成重要参考

深化统一高考考试科目改革和改革统一高考招生录取模式是江苏省高考综合改革主要内容之一。此外,还包括完善普通高中学业水平考试制度、建立健全综合素质评价制度、推进高等职业院校分类考试招生等。

这轮高考综合改革打破文理分科,学生根据兴趣爱好和高校招生专业的科目要求,自主选择考试科目,将高校专业培养与高中教育教学有机衔接起来,增加人才素质结构的多元化和考试方式的多样性。同时,开展综合素质评价,改变以考试成绩作为唯一标准评价学生的做法,把考试成绩和综合素质评价结合起来选拔人才,扭转唯分数、唯升学的评价导向。

“高考综合改革的一项重要内容是将高中学业水平考试纳入普通高校招生选拔体系,目的是引导学生认真学习每一门课程,避免严重偏科,同时也为高校科学选拔人才创造条件。”从 2018 年秋季入学的高一年级学生开始,学业水平考试分为合格性考试和选择性考试。合格性考试成绩是高中学生毕业、高中同等学力认定的重要依据;选择性考试成绩是普通高校招生录取的组成部分,其成绩纳入统一高考总分。“合格性考试定在每年1月，考生可以在高二下学期末首次参加；选择性考试安排在每年6月，与统一高考科目同期进行。”

今后，普通高中学生综合素质评价也将成为学生毕业和升学的重要参考。江苏省将建立全省高中学生综合素质评价电子化管理平台，确保客观、真实、准确、可行。学生高中毕业时，个人综合素质评价档案将以统一格式提供给高校，高校也将制定科学规范的综合素质评价使用办法，在招生简章中提前公布。

加快推进高等职业院校分类考试招生改革是这次高考综合改革的一个重大举措，面向普通高中毕业生、中等职业学校毕业生、社会人员三类人群分别实施相应的考试招生办法。葛道凯说，在高等职业院校考试招生中按照因材施教、多次选择、面向人人的原则，建立高等职业院校分类考试制度，逐步建立“职教高考”，突出职业教育人才选拔和培养规律，为学生接受高等职业教育提供多种入学渠道。

3. “高考综合改革50问”解答细节问题

4月23日的新闻发布会上，还发布了《江苏省高考综合改革50问》，解答广大考生家长关心的问题。

譬如，考生确定选择性考试科目时，为什么要先在物理或历史中选一门，再在其余四门中选两门？《江苏省高考综合改革50问》指出，高校、普通高中和学科专家普遍认为，在高校人才培养中，物理是自然科学类专业的基础性学科，历史是人文社会科学类专业的基础性学科。高中阶段学习物理或历史科目是大学阶段学习自然科学类专业或人文社科类专业以及其他交叉学科专业的重要基础。

思想政治、地理、化学、生物这四门再选科目的考试成绩将采用等级分计入高考总分。“为什么要用等级赋分的方式呢？”林伟说，主要考虑是这四门科目的原始分之间不具备可比性和可加性，无法直接以原始分计入高考总分。因此，将不同再选科目原始分按照统一规则转换，形成等级分，较好地解决了不同再选科目成绩之间可比性的问题，也解决了不同再选科目成绩之间可加性的问题。第三批高考综合改革省市使用相同的分数转换办法。

本次高考综合改革还将合并本一本二批次。《江苏省高考综合改革50问》指出，合并本一本二批次，首先是体现了国家改革的总体方向。大多数高考综合改革省市都明确合并本一本二批次。通过合并批次，可以进一步增加考生的选择范围和空间，同时也有利于高校毕业生平等就业，促进高等教育公平发展。

（三）扬州市加快推进智慧教育建设工作

2019年3月27日上午，扬州举行2019年全市智慧教育建设工作推进会。江苏省电化教育馆馆长姚志化、扬州市教育局局长周应华、副局长卫刚等领导出席会议。姚志化馆长对扬州市智慧教育建设工作进行了现场指导。周应华局长对全市2019年全市智慧教育工作进行了部署。

会议指出：要回顾成绩，正视问题，提振智慧教育扬州路的精气神，大力推进教育现代化建设，努力促进智慧教育扬州路在新的起点上迈上新的台阶；要提高认识，突出重点，彰显智慧教育扬州路的正能量，重点建好“四个智慧”，即智慧环境、智慧校园、智慧课堂以及智慧学堂，推进融合创新，提升应用效能，扎实推进智慧教育“三项工程”建设，加快推进“扬州智慧学堂”建设应用，以融合创新提升智慧教育的应用效能；要健全机制，强化落实，跑出智慧教育扬州路的加速度，提高保障水平，尽快执行和落实，早谋划、早启动、早实施、早完成。

会上开通了“扬州智慧学堂”平台，公布了第二批全面完成教育信息化、教育装备“三类示范”创建任务学校名单，高邮市教育体育局等5家单位作了“三类示范”创建的经验介绍和工作交流；23家单位进行了书面交流。

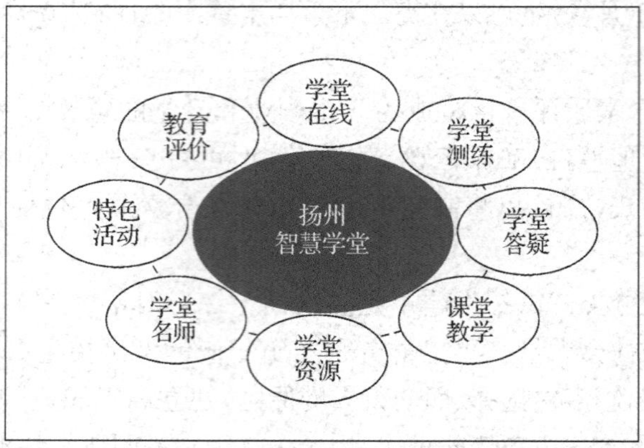

图 2 扬州智慧学堂组织图

会议由市电教馆馆长刘荣主持。各县(市、区)教育局分管教育信息化、教育装备工作的局领导和职能部门负责人,全市 2019 年申报智慧教育"三项工程"创建学校校长,第二批全面完成教育信息化、教育装备"三类示范"创建任务学校分管教育信息化工作的校级领导,市直各学校分管教育信息化工作的校级领导,市教育局相关处室负责人等近 280 人参加了会议。

(四)南京市推进职业教育发展,接轨现代产业升级新趋势

6 月 16 日,2019 年全国职业院校技能大赛落幕,南京学子代表江苏队参赛,斩获 27 金 5 银 5 铜(含高职 1 金 1 银)。南京 13 年的大赛历程实现了 13 个"最",参赛人数最多、覆盖项目最广、金牌总数最多、奖牌总量最多、团体总分最高、同类城市最棒、研训机制最好、教学团队最强、实训基地最新、校企合作最密、服务产业最紧、内涵质量最优、助力民生最大。南京职业教育服务产业经济发展需求,接轨现代产业升级新趋势。

德技并修,服务立德树人根本任务。南京职业教育始终坚持聚焦学生"德智体美劳"全面健康发展,培育传承工匠精神,将思想政治教育和文化基础教育、专业知识教育、专业技能教育紧密结合,以学生行为习惯训练、实践技能训练为抓手,加强对学生的养成教育,全面提高学生"知、情、意、行"有机统一,促进学生养成良好生活和学习习惯。技能大赛贯彻"四覆盖、六促进"主旨,构建"人人都参与、专业全覆盖、层层有选拔"的竞赛机制,让技能大赛成为学生高尚道德情操、精湛专业技艺,过硬心理素质,优秀职业素养的展示窗和助推器。

创新创优,服务产业经济发展需求。对接南京"4+4+1"主导产业体系,专业设置紧贴产业布局调整专业结构,新开设移动互联应用技术、工业机器人技术、无人机技术应用等专业,重点建设现代化专业群、产教融合实训平台、"专业学院",评选"产教融合型企业",引导学校一校一特色。产教融合载体建设从自觉走向自信,校企"双元"育人体制机制不断创新。在技能大赛中,积极贯彻新发展理念,发展创意,用先进理念、技术创优服务师生竞赛工作质量,推动职业教育和行业企业形成命运共同体。

"双师结构+双师素质",全方位提升教师专业素养。根据职业教育发展规律,南京职教坚持"以赛促教,以赛促学,以赛促练,以赛促改"的总体要求,探索"研、训、赛、培、考、评"一体化教研模式,建成南京市级名师工作室 36 个,省级名师工作室 18 个,以常规教研活动开展为平台、以各项竞赛组织实施为抓手、以"双师型"队伍建设为引领、以质量监控与评价为核心,鼓励教师将大赛任务纳入教学内容,将行业企业前沿技术和规范标准引入课堂。

精益求精,服务大赛高标准高品质开展。为进一步提升职教师生专业水平,南京市将专业精神、职业精神和工匠精神潜移默化地融汇到竞赛工作的全程之中。从竞赛组委会,到竞赛承办校,到参赛师生、教练和裁判人员,都严于律己、履职尽责,一丝不苟、严谨细致,按规操作、精益求精,于细微之处见精神,在细节之间显水平,缔造了"公正、公平、公开"的竞赛平台,缔造了"精彩、专业、安全、廉洁"的竞赛文

化，切实提升了大赛的整体质量和水平，以及大赛成果对教育教学改革的反哺促进。

（五）江苏省政府关于2019年度江苏省科学技术奖励的决定

为深入实施创新驱动发展战略，充分调动和激发科技人员创新创业积极性，根据《江苏省科学技术奖励办法》的规定和《中共江苏省委江苏省人民政府印发〈关于深化科技体制机制改革推动高质量发展若干政策〉的通知》（苏发〔2018〕18号）要求，经省科学技术奖励评审委员会组织评审，并报省人民政府批准，决定授予中国科学院院士、南京航空航天大学教授宣益民和中国科学院院士、南京大学教授祝世宁2019年度江苏省基础研究重大贡献奖；授予“超高分辨率光矢量分析技术及应用”等273个项目2019年度江苏省科学技术奖，其中一等奖45项，二等奖81项，三等奖147项；授予陈伟等10人2019年度江苏省青年科技杰出贡献奖；授予南瑞集团有限公司等8家企业2019年度江苏省企业技术创新奖；授予罗伯特·郭士顿·吉尔伯特（Robert Goulston Gilbert）等7人2019年度江苏省国际科学技术合作奖。

当前，全省上下正以习近平新时代中国特色社会主义思想为指导，深入贯彻党的十九大和十九届二中、三中、四中全会精神以及习近平总书记对江苏工作的重要指示要求，认真落实党中央、国务院和省委、省政府决策部署，坚持新发展理念，紧扣高水平全面建成小康社会目标，着力构建自主可控的现代产业体系，加快推进创新型省份建设。希望获奖单位和个人珍惜荣誉、再接再厉，锐意进取、接续奋斗，努力在新起点上展现新作为、创造新业绩。全省广大科技工作者要以获奖人员为榜样，不忘初心、牢记使命，继续发扬追求真理、勇攀高峰的科学精神，以科技创新探路者的锐气和智慧，大力推动原始创新、集成创新和引进消化吸收再创新，着力在攻克关键核心技术、提高自主创新能力、加速科技成果转化、促进科技与经济深度融合等方面不断取得新突破，更好发挥科技创新支撑引领作用，为奋力推动高质量发展走在前列、加快建设“强富美高”新江苏作出新的更大贡献。

三、浙江省教育、科技发展情况与措施

（一）浙江省教育、科技发展有关数据

2019年末，浙江省共有小学3310所，招生65.6万人；在校生367.1万人，比上年增长1.8%，小学学龄儿童入学率为99.99%。小学生均校舍建筑面积9.9平方米，生均图书32.5册；每百名学生拥有计算机21.1台；小学体育运动场（馆）面积达标的学校比例为99.8%。共有初中1744所，招生55.0万人；在校生163.7万人，比上年增长1.4%，初中入学率为99.99%。初中生均校舍建筑面积20.8平方米；生均图书52.8册；每百名学生拥有计算机33.5台；初中体育运动场（馆）面积达标的学校比例为99.7%。全省各类中等职业教育学校245所（不含技工学校），招生19.9万人，在校生54.2万人；普通高中601所，招生27.3万人，在校生78.4万人，毕业生25.4万人。

全省共有普通高校109所（含独立学院及筹建院校）。研究生（含非全日制）、本科、专科招生比例为1∶5.3∶5.7；高等教育毛入学率为61.3%。全年研究生（含非全日制）招生31771人，其中博士生4032人，硕士生27739人。

义务教育中小学专任教师34.7万人，比上年增长2.6%。中等职业教育（不含技工学校）专任教师3.6万人，生师比15.2∶1；专任教师学历合格率为97.7%。双师型教师占专任教师和专业课教师的比例分别为45.9%和84.8%。普通高等学校专任教师中，副高及以上职称教师所占比例为45.3%，具有硕士及以上学位教师比例为85.5%。

全省共有幼儿园8261所，在园幼儿193.7万人，比上年增长0.2%。幼儿园专任教师13.5万人，比上年增加0.6万人；幼儿教师学历合格率为99.99%。

全年全社会研究和试验发展（R&D）经费支出占生产总值的2.6%，比上年提高0.1个百分点。财政一般公共预算支出中，科技支出516.1亿元，比上年增长35.9%。

有国家认定的企业技术中心121家(含分中心)。新认定高新技术企业4806家,累计有效高新技术企业16316家。新培育科技型中小企业12779家,累计63677家。全年专利申请量43.6万件;授权量28.5万件,其中发明专利授权量3.4万件,比上年增长4.3%。科技进步贡献率为63.5%。新增"浙江制造"标准565个。

(二)乡村小规模学校结对帮扶全覆盖

2019年3月下旬,浙江省政府公布2019年民生实事项目,提出全面推进"互联网+义务教育"。全省所有县(市、区)均参与结对帮扶工作,城乡义务教育学校结对帮扶1000所以上,乡村小规模学校结对帮扶实现全覆盖。

本次结对由县(市、区)教育局统筹,县域内的城区优质学校与乡村小规模小学、乡村薄弱初中建立紧密型的城乡结对学校。此类型结对形式占各设区市结对帮扶任务总数的80%左右。设区市教育局统筹一批城区优质学校与本地区相对薄弱的乡村中小学建立跨县域结对学校。而在省域层面,杭州、宁波等地选择一批城区优质学校,与26个加快发展县的乡村学校进行结对。

结对方式共设4个"套餐"。"城乡同步课堂"由优质学校授课教师同时对本校学生和结对帮扶学校学生开展视频直播互动教学,实现学生同步上课、同步作业、同步辅导,教师共同备课、共同上课、共同批改作业和辅导学生,共同质量检测。"远程专递课堂"由优质学校针对薄弱学校的薄弱学科系统地提供以视频点播为主的网络课程,还有基于网络平台的"教师网络研修"和"名师网络课堂"。各结对学校根据实际情况和需求,应明确至少两种形式开展结对帮扶。

(三)浙江省教育厅解读《浙江省教育督导条例》,为教育改革保驾护航

9月16日,浙江省教育厅召开新闻发布会,相关负责人就2019年9月1日施行的《浙江省教育督导条例》(下称《条例》)进行了解读。

《条例》的立法,既是浙江省新时代教育发展的必然选择,也是衡量浙江教育管理水平的重要标志,更是推进浙江省教育改革发展的重要手段之一。《条例》的颁布,是浙江省教育制度改革的重大举措,填补了浙江省教育督导的地方性法规空白,标志着浙江省教育督导工作已全面进入法治轨道,为推进教育改革发展保驾护航。

根据《条例》,教育督导机构对本级人民政府相关职能部门和下级人民政府实施教育督导,包括贯彻执行国家教育方针政策,落实教育法律法规情况;制定和实施教育发展规划情况;统筹推进教育公平、区域义务教育优质均衡发展、教育现代化和各级各类教育协调发展情况;教育经费的投入、管理与使用情况,办学条件的保障与改善情况;校长队伍建设、教师配备及待遇保障情况;协调推进学校教育、社会教育、家庭教育的情况;社会关注的教育热点难点问题解决情况;法律法规和国家教育政策规定的其他事项。

教育督导机构对学校实施教育督导,包括学校党建和依法依规办学情况;坚持立德树人,实施素质教育,促进学生德、智、体、美、劳全面发展情况;幼儿园、中小学现代化学校建设情况,高等学校学科、专业发展情况以及教学、科研发展情况;师德师风等教师队伍建设情况;教育教学和生活设施设备配备、管理与使用情况;学校招生、校园安全、卫生、师生身心健康和权益保护等制度建立和执行情况;教育收费、教育经费管理和使用情况;法律法规和国家教育政策规定的其他事项。教育督导机构应当根据各级各类学校的教育特点,实施分级、分类督导。

同时,教育督导机构每年将结合社会关注的教育热点难点问题,制订专项督导工作计划,对学生减负、教师违规补课等情况,民办学校招生、收费、教学管理等情况,校外培训机构的审批、管理、规范办学等情况以及需要开展专项督导的其他社会关注的教育热点难点事项,组织开展专项督导。

据了解,《条例》强化了对地方政府履行教育职责和各级各类学校教育教学的监督,强化了对区域教

育发展水平及各级各类教育的发展状况的监测评估，有助于推动浙江省教育现代化战略实施。

同时，《条例》完善了督政、督学、评估监测三位一体的教育督导体系，对教育督导的职责、范围、内容、实施、结果运用和督学管理等作出细化规定，进一步提升了教育督导地位，提高了督导的权威性。教育督导机构的督导报告以及评估监测结果应当通过政府网站、新闻媒体等向社会公开。公众对督导报告有异议的，可以向教育督导机构反映。教育督导机构应当进行调查核实，并及时反馈核实情况。

(四) 浙江大学发挥多学科优势，推进新文科建设

浙江大学认真贯彻落实国家关于加快构建中国特色哲学社会科学的决策部署，充分发挥多学科综合优势，通过文理交融、古今会通、东西互鉴、科技赋能，大力推进新文科建设，努力构建世界一流、中国特色、浙大风格的哲学社会科学体系。

文理交融，推动学科会聚融合发展。设立学科交叉预研专项项目，鼓励开展跨一级学科尤其是文理大交叉的研究。推进"多学科交叉博士研究生培养专项计划"，着力培养一批具有交叉专业背景的优秀人才。培育支持13个"大数据+人文社会科学"创新团队，积极拓展数据和数据挖掘技术在人文社科领域的应用。启动实施"面向2030的学科会聚研究计划"，聚焦"脑科学与人工智能会聚研究计划"，凝练"脑与决策""脑与认知""人工智能与应用""意识与伦理"四大方向，组建15个人文社科"双脑计划"交叉创新团队，通过项目引领，论坛凝聚，形成了良好的学科交叉氛围和学术生态。

古今会通，弘扬中华优秀传统文化。实施"中华优秀传统文化传承与创新"专项，组织重大文化典籍编纂与研究。"中国历代绘画大系"项目被列入国家重大出版工程，拟以战国至清末存世绘画为基础编纂出版62卷200余册，现已出版《宋画全集》《元画全集》等57册。"礼学文献整理与中华礼仪重建"项目开展礼学文献的分类整理，已出版《中华礼藏》13册。以"龙泉司法档案整理与研究"项目为核心开展"地方文书整理编纂"项目，已出版《龙泉司法档案》76册。"'东亚汉典'编纂与研究"项目致力于整理研究东亚地区采用汉文书写的重要文献，已编纂《东亚笔谈文献研究丛书》七卷本。推进"敦煌与丝路文明研究"项目，出版"浙江学者丝路敦煌学术书系"18种等。成立艺术与考古学院，进一步推动中华优秀传统文化的发掘、整理、研究与传播。

东西互鉴，打造文史数据国际平台。通过国际合作等方式积极学习借鉴国际顶尖高校在文史资料数据库搭建方面的经验与模式，建立"艺术图像和中华优秀文化大数据平台""中国历代墓志数据库""浙江历代进士录数据库"等数据平台，积极推进古籍文献、碑拓书画等文史资料的数字化保存利用。与哈佛大学、国际文献保护基金会合作共建"佛教通用数字档案馆(BUDA)"，致力于保存和共享承载佛教思想与文化的多语种文献与多形态文物，打造大型综合性佛教专业数据库。与哈佛大学地理分析中心合作共建"学术地图发布平台"，致力打造中国最大的文史地理信息和学术地图发布平台，平台自2017年上线以来已发布400余幅数据地图，共800余个图层、40余万条条目、300余万字数据。

科技赋能，助力文化遗产保护创新。推进数字技术应用到文化遗产的抢救性保护、开拓性研究、创新性传承等领域。与敦煌研究院开展合作20余年，探索出一条永久保存敦煌石窟艺术信息的数字化技术路径。发挥文化遗产研究院作用，在中国的文物高保真数字化保护领域取得了"利用3D打印技术原比例复制云冈第三窟""高精度全息数字化采集阿里地区托林寺白殿壁画"等系列重要成果。与哈佛大学携手开展了埃及考古学课程的VR教学实践探索，并合作进行了文物数字化技术研究。连续两年在世界互联网大会上承办"互联网+中华文明"数字展览，借助科技力量生动展示了中华文明的演变与发展。围绕"一带一路"国家战略，与新疆文物局、浙江文物局、塔里木大学联合成立"新疆文化遗产保护研究战略合作四方联盟"，共同开展新疆地区文物资源数字化采集和遗址环境监测工作；参与中国援尼泊尔加德满都杜巴广场九层神庙修复项目，开展境外数字化考古调查记录工作。

(五)浙江数字经济项目表现亮眼

2019年5月23日,第一届长三角一体化创新成果展在安徽芜湖开幕。上海、江苏、浙江、安徽共带来318个最新重大科技创新成果,其中来自浙江的展品达104个,数量最多。

一大批代表了长三角地区乃至我国自主创新最高水平的大国重器和最新科技成果亮相。来自上海的天马望远镜、国家海底科学观测网,来自浙江的类脑计算芯片、超重力离心模拟与实验装置,来自江苏的中国南极天文台、高效低碳燃气轮机试验装置,来自安徽的同步辐射加速器、超导托卡马克装置等项目,无一不体现出“共享创新资源,协同创新驱动,推动长三角更高质量一体化发展”的展会主题。

在原始创新展区的展厅中央,西湖大学和之江实验室展位引人关注。“我们展示的是深渊科学技术流动实验室,这正是长三角科创协同的产物,实验室由西湖大学、上海海洋大学和上海彩虹鱼公司发起成立,如今在科考船、全海深着陆器、无人潜水器和载人潜水器等多个领域已有显著进展。”西湖大学相关负责人现场讲解道。

之江实验室带来的是类脑计算芯片和超高灵敏量子测量科学装置。“这是一种以生物大脑为模型的神经拟态芯片。别看芯片不大,但上面可以构建百万级神经元系统,主要面向脑科学仿真、高性能目标识别等应用。”之江实验室副主任袁继新介绍。

城市治理和政务管理方面的科技成果,浙江元素同样耀眼。在产业创新展区,杭州“城市大脑”和浙江“浙政钉”分列入口两侧,两块不断更新数据的大屏幕格外醒目。“我们这次展示的是杭州城市大脑2.0,从原先的城市交通向消防、综治、安监等领域拓展。”杭州“城市大脑”相关负责人介绍,这套系统目前囊括了旅游系统“多游1小时”、卫健系统“舒心就医”、城管系统“便捷泊车”、交通系统“畅快出行”等,通过数据融通,产生协同效应,为城市治理和百姓生活提供服务。

展会特别设置了共享合作区,展示的65项科技成果都是由长三角三省一市协力完成,惠及整个长三角区域。如长三角区域大型科学仪器共享平台、长三角食品安全风险评估与检测技术平台、长江内河危险品船舶一体化协同安全监控平台等。此外,长三角G60科创走廊也展出了新能源、高端装备、先进制造业、人工智能等产业集群全景图。

“浙江带来的104项科技成果中,杭州‘城市大脑’、以‘最多跑一次’改革为牵引的数字政府建设、之江实验室的类脑计算芯片、海康威视的数字安防系统等涉及数字经济的项目占比达59.3%,较好地体现了我省数字经济‘一号工程’相关产业的科研实力和发展水平。”省科技厅相关负责人说,随着长三角区域不断加大创新合作,共建创新服务,共享创新资源,基本形成了全方位、立体化的长三角创新协同体系,为长三角更高质量一体化发展提供了强有力支撑。

四、安徽省教育、科技发展情况与措施

(一)安徽省教育、科技发展有关数据

2019年,安徽省培养研究生单位21个,全省研究生在校生数70317人。

全省共有普通高校112所(另有独立学院8所),普通本、专科在校生124.1万人。全省普通高校校均在校生规模为1.04万人,其中省属高校校均在校生规模为1.03万人。

全省共有普通高中667所,在校生108.8万人;中职学校328所,在校生75.1万人。全省高中阶段招生职普比为4.4:5.6,在校生职普比为4.1∶5.9。

全省共有初中2846所,在校生218.8万人,初中校均在校生规模为769人。

全省共有独立设置小学7792所,小学教学点4220个,小学在校生462.1万人,小学校均在校生规模为593人。

表 2　2019 年安徽省各级各类教育学生情况　（单位：万人）

指标	招生数	在校生数	毕业生数
研究生	2.6	7.0	1.8
普通本专科	43.2	124.1	32.2
中等职业教育	30.2	75.1	26.8
普通高中	37.9	108.8	36.3
初中阶段	76.9	218.8	67.6
小学	79.6	462.1	75.4

2019 年末，安徽省有各类专业技术人员 236.9 万人，比上年增长 2.7%。科研机构 6181 个，其中大中型工业企业办机构 1284 个。从事研发活动人员 23.2 万人。

全省有国家大科学装置 4 个；有省级以上重点实验室 185 个，其中国家重点实验室 11 个；有省级以上工程技术研究中心 599 家，其中国家级 9 家；有省级以上工程实验室 103 个，其中国家级 15 个；有省级以上工程研究中心 157 个，其中国家级 35 个；有省级以上高新技术产业开发区 20 个，其中国家级 6 个。有高新技术企业 6636 家，比上年净增 1233 家。

全年登记科技成果 16294 项，其中财政资金支持形成的科技成果 952 项。获得国家科技奖的科技成果 8 项，包括炎症巨噬细胞的活化、调控及效应机制，移动高清视频编码适配关键技术，工业园区有毒有害气体光学监测技术及应用等。全年申请专利 16.7 万件，授权专利 8.25 万件。年末，全省有效发明专利 7.48 万件。全年输出技术合同成交额 452.72 亿元，增长 40.9%；吸纳技术合同成交额 610.01 亿元，增长 72.1%。

（二）2019 年教育系统重点工作完成情况

1. 深入学习贯彻习近平新时代中国特色社会主义思想，全面加强教育系统党的领导

一是坚持以党的政治建设为统领。把深入学习贯彻习近平新时代中国特色社会主义思想作为首要政治任务，确保党中央决策部署和省委工作要求不折不扣贯彻落实。扎实开展第一批“不忘初心、牢记使命”主题教育，精心组织 61 所高校、5478 个党组织、9.08 万名党员开展第二批主题教育。举办学习贯彻习近平总书记关于教育的重要论述专题培训班。全覆盖组织高校党委书记、校长参加党的十九届四中全会精神中央宣讲团报告会，推动全会精神进学校。认真履行省委教育工作领导小组秘书组职责，制定《需要有关单位研究支持的教育工作事项清单》，建立成员单位履行教育职责工作情况年度报告制度。

二是严格落实全面从严治党主体责任。召开工委会 37 次，研究有关议题 53 个，召开教育系统全面从严治党工作视频会议，分解落实 20 项任务，强化管党治党主体责任。自觉接受省委巡视监督，主动认领问题，做到立行立改。组织 70 余人现场旁听阜阳市教育局杨某某严重违纪违法案件庭审并开展专题警示教育，针对厅属中专学校违规招聘问题召开警示教育座谈会。扎实开展“严强转”专项行动，工委查摆问题 13 个、落实整改措施 41 条，省属高校党委查摆问题 154 个、落实整改措施约 200 条。深化“三个以案”警示教育，梳理形式主义官僚主义问题 10 个方面 36 项具体表现，落实整改措施 39 条。落实中央和省委整治形式主义官僚主义为基层减负要求，发文、会议数比上年分别减少 57%、46%，督查考核事项精简至 2 项。

2. 全面落实立德树人根本任务

一是深化学校德育工作。召开全省学校思想政治理论课教师座谈会，推进“三全育人”综合改革试点省建设，遴选建设试点高校 20 个、试点院系 30 个。举办“英模 · 大师”示范思政课活动 13 场，开展“六进校园”活动，参与师生 1000 余万人次。安徽省路丙辉、吕松分别被教育部确定为全国 7 位重点宣传的

思政课教师和10位“最美大学生”之一。出台《关于贯彻落实中小学德育工作指南的通知》，把德育教育落实到具体行动。印发《关于中小学生研学旅行的实施意见》，评审认定红色传统教育研学旅行基地17家。

二是加强意识形态工作。在全国率先挂牌成立省级高校网络思想政治工作中心。安徽师范大学马克思主义学院被批准为全国重点马院，实现零的突破。运用智慧思政大数据平台，开展舆情监测分析，建设3个省级大学生思想动态分析研究中心。

三是深入推进素质教育。实施“学生体魄强健工程”，全省新建150所全国校园足球特色学校、1个全国校园足球试点县(区)、1个全国校园足球“满天星”训练营和129所足球特色幼儿园。安徽师范大学、滁州学院分别入选教育部体育美育浸润行动计划、全国普通高校中华优秀传统文化传承基地名单。推动全省中小学利用校内外资源，积极开展学校劳动、家务劳动、社会劳动，将劳动教育纳入学生综合素质评价体系。

3. 大力推进各类教育提质增效

一是夯实基础教育发展基础。研制安徽省深化基础教育改革、全面提高育人质量行动计划及学前、义务和高中教育三个实施方案，召开全省基础教育工作会议，全面部署基础教育改革发展。推进学前教育普及普惠发展，新建、改(扩)建公办幼儿园537个，完成城镇小区配套园治理643所，普惠性学前教育资源进一步扩大。启动新一轮义务教育学校标准化建设，基本消除义务教育大班额。加大控辍保学工作力度，攻坚“义务教育有保障”薄弱环节，因贫失学辍学现象零发生。推进高中阶段普及攻坚计划，编制消除普通高中大班额专项规划。出台安徽省综合防控儿童青少年近视实施方案，推进儿童青少年近视防控工作。

二是深化职业教育改革发展。出台安徽省职教改革实施方案，建立部门联席会议制度，与教育部签订落实国家职教20条备忘录，深化职业教育改革发展。加强技能型高水平大学建设，5所高职院校跻身国家“双高计划”第一轮建设单位。稳步推进1+X证书制度试点。推进产教融合校企协同育人，遴选培育10个省级示范职教集团建设单位，指导合肥市申报国家产教融合型试点城市。超额完成高职扩招任务，招录人数居全国第一。全省职业院校共面向各类群体开展职业技能培训65万人次。举办全民终身学习活动周系列活动。

三是推进高等教育内涵发展。统筹高等教育布局，申报设置的3所高校全部获批。实施本科教育“十大工程”，推进一流本科专业建设“双万计划”。统筹推进“551”工程，重点支持5所博士、硕士学位授权单位建设，启动新一轮博士、硕士学位授权单位立项建设工作；聚焦国家和安徽省重大战略需求，组建全省高校协同创新联盟，立项建设51个协同创新项目；发挥高校“智库”优势，遴选推进200项科技成果转化，为区域经济经济发展提供有力支撑；组织实施高峰学科建设计划，立项建设高峰学科11个。督促指导安徽大学加强世界一流学科建设。

四是推进民办教育健康发展。制定《安徽省民办学校分类登记管理办法》，印发《关于加强民办教育监督管理规范民办学校办学行为的若干意见(试行)》。开展民办学校规范办学防范化解风险专项行动。严肃查处违规招生等不规范办学行为，对安徽旅游职业学院作出暂停招生的行政处罚，对合肥财经职业学院作出暂停五年一贯制招生资格的处罚。根据教育部第三方评估结果，安徽省民办教育发展水平居全国前五位。

4. 努力提升教育发展生机活力

一是加强统筹规划。以省委、省政府名义召开全省教育大会，出台《安徽教育现代化2035》和《加快推进安徽教育现代化实施方案(2018—2022年)》。制订长三角教育一体化发展实施方案，启动区域攻坚行动。召开全省教育法治工作会议，全面部署推进教育法治各项工作。深化教育对外开放，推进“留学安徽”项目，加强孔子学院师资培训基地建设。

二是深化教育改革。全面深化督政综合改革，调整省级政府评价体系，精简市级政府评价内容，压实县(市、区)党政领导干部履行教育职责责任,进一步完善"全领域、全口径、全支撑、全保障"的教育督导新体系。全面推进教育评价改革,推动建立长三角地区基础教育质量评价体系,形成发展素质教育为导向的科学评价体系,发挥好教育评价"指挥棒"作用。

三是加强教师管理。在省属高校开展编制周转池制度试点,23 所高校引进高层次人才 639 人。加强高层次人才队伍建设,省属高校中 3 人入选国家级人才项目,169 名个人和 16 个团队获得省级各类人才项目和奖补平台支持。推进中小学教师"县管校聘"改革,开展中小学首席教师岗位试点,改革中小学新任教师招聘制度和中小学教师职称制度。

5. 切实增强群众幸福感获得感

一是持续推进教育精准扶贫。精准资助建档立卡贫困家庭学生 120.67 万人次,发放资金 14.18 亿元。各类教育建设项目资金先切块 10%安排贫困革命老区和其他贫困地区,大力支持改善办学条件。国家、高校、地方专项招生计划录取 7745 人,高职(高专)院校招收革命老区建档立卡贫困家庭学生专项计划录取 5709 人,拓宽贫困家庭子女上升通道。省属高校面向贫困地区采购农副产品 2774 万公斤,总金额 12618 万元。

二是强化中小学生减负措施。出台《安徽省减轻中小学生过重学业负担实施方案》,定期组织暗访,及时通报问题,推进减负工作落地落实。以省政府办公厅名义印发《关于规范校外培训机构发展的实施意见》,促进校外培训机构常态化规范管理。拓展协同育人,全省中小学家委会、家长学校覆盖比例均超过 85%,开展课后服务学校达 924 所、参加学生 69 万人。

三是做好高校毕业生就业工作。牵头举办 11 场大型就业市场,指导高校举办校园招聘 1.4 万多场,累计提供岗位 90 万多个。高校毕业生初次就业率达 90.41%,在全国就业压力持续增加的背景下,同比提高 0.15%,高于全国平均水平 12.21 个百分点。两所高职院校在第五届中国"互联网+"大学生创新创业大赛中获金奖,实现零的突破。国务院对安徽省就业创业给予督查激励资金专项奖补。

四是确保教育系统安全稳定。狠抓最高人民检察院"一号检察建议",推进校园法治建设。召开 3 次全省学校安全工作电视电话会议,完善校园安全风险管控"六项机制",编印《安徽省高校安全风险点查找指导手册》《中小学安全风险点查找指导手册》。加强警校联动,印发高校警务室建设标准,设立 65 个高校警务室(站),实现全省高校和高校集中区域警务室建设全覆盖。深入开展"防风险、除隐患、促稳定、保大庆"行动,确保国庆期间教育系统和谐稳定。

(三)安徽科技学院依托"四个基地"建设,构建专业学位硕士培养新模式

为充分发挥研究生联合培养基地在研究生人才培养中的作用,强化学生的实践、科研和职业等能力的培养与锻炼,提高研究生的培养质量,安徽科技学院高度重视并加强与行业、企业、地方政府及相关高校和科研院所的合作与交流,共建农业硕士专业学位研究生联合培养基地,从而为专业硕士研究生的培养提供更多实践锻炼平台。

与企业共建"农业硕士专业学位研究生联合培养基地"。安徽科技学院先后遴选 11 家农业科技型、创新型或市级以上龙头企业共建了农业硕士专业学位研究生联合培养基地。如养殖领域与合肥东升牧业有限公司、安徽浩翔农牧有限公司、江苏优仕生物科技有限公司,作物与种业领域与安徽省皖垦集团、安徽省隆平高科种业有限公司,园艺领域与蚌埠绿雨种业有限公司,食品安全与加工领域等单位签署了长期联合培养研究生协议。签署协议的企业涵盖安徽科技学院招生农业硕士专业的所有领域,从而使每位研究生都有机会到校外联合培养基地进行学习和锻炼。如该院研究生唐中涛在合肥东升牧业有限公司养猪场实习 9 个多月,全程参与了种猪、母猪和仔猪的饲养与管理,掌握了养猪生产的各技术环节,在高质量完成硕士论文的基础上,实践能力和管理能力得到很大提升,在校期间在二类和三类期刊上发表论文 2 篇,并被评为年度研究生国家奖学金。毕业后,该同学进入大北农集团有限公司工作,由于表现突出其很快被企业提拔为东北区技术部经理;程金龙研究生在江苏优仕生物科技有限公司开展实践

研究期间，因表现优异，毕业后直接被公司留下就业并任公司技术部经理，负责公司新产品开发、技术服务、项目申报、产品质量控制等工作，其就业后协助公司申报并完成国家科技部企业创新基金、江苏省双创人才、宿迁市创业人才、宿迁市科技支撑计划课题4项，公开发表文章2篇，申请国家发明专利9项、实用新型专利8项。

与地方政府共建"县域农业经济发展研究工作室"。针对现代农业和地方区域经济发展对高层次人才培养的特殊需求，结合农村区域发展领域人才培养目标，充分发挥安徽科技学院在农村区域经济发展领域的研究优势，紧紧围绕凤阳县现代农业和循环经济发展及旅游资源开发利用等领域需求，先后与凤阳县发改委、凤阳县农业局、凤阳县经信委、凤阳县旅游局等政府部门共建了"县域农业经济发展研究工作室"，将研究生培养与服务地方农业经济发展紧密结合起来。依托研究工作室，指导教师将科研课题、研究生培养与地方经济发展进行有机对接；在校内外导师共同指导下，学生利用所学知识积极开展调查研究、方案设计、数据整理、可行性论证和调研报告撰写等工作，为地方农业区域经济建设建言献策。如农村区域发展领域的4名同学依托工作室，积极融入到凤阳县相关项目的实施和智库建设之中，参与凤阳县农业循环经济示范县项目的调研论证和申报工作；农业资源利用领域研究生孔琴同学在导师指导下，依托工作室积极为蚌埠市、滁州市和凤阳县政府及相关农业管理部门与企业起草的可行性研究报告或工程咨询类规划项目17个，完成美好乡村建设、农业园区规划类项目12个。

与地方行政村共建"新农村科技服务工作站"。针对新农村建设对农业科技人才培养提出的新需求，发挥学院农学学科优势在促进新农村建设中的作用，拓宽农业推广硕士研究生实践与就业渠道，加强与凤阳县政府、农委及相关行政村联系与合作，共建"新农村科技服务工作站"，从而将硕士专业学位研究生培养、指导教师科研课题与地方新农村建设有效结合起来。目前，安徽科技学院已与凤阳县东陵村等行政村共建了"新农村科技服务工作站"。2013级研究生孙晟、李莉、崔保田等同学依托科技服务工作站，积极参与到当地新农村建设之中，利用所学知识为新农村美好乡村规划、技术培训、咨询答疑、农民培训等做好技术服务工作，其中孙晟同学毕业后以东陵村新农村科技服务工作站为依托，自主创业成立"凤阳县东陵村新农村建设资金互助合作社"，从而将高校专业学位研究生培养与社会服务、地方政府与现代农业需求及研究生自主创业有机结合起来。实践证明，通过共建"新农村科技服务工作站"，可帮助行政村因地制宜地制定经济发展规划，为新农村大力发展特色农业和生态农业，建立作物新品种推广等提供强有力的技术支撑，初步探索出了一条农科教结合服务新农村建设的新路子。

加强与中国农业大学等高校合作，共建"现代农业科技小院"。"现代农业科技小院"简称"科技小院"，由农业部全国测土配方技术专家组组长、中国农业大学资源与粮食安全中心主任张福锁教授于2009年发起，为建设在农村生产一线，集农业科技创新、示范推广和人才培养于一体的基层科技服务平台。其以研究生与科技人员驻地工作，以"四零"(零距离、零门槛、零时差和零费用)服务于农户及生产组织为特色，以实现作物高产和资源高效利用为目标，引导农民进行高产高效生产，探索现代农业可持续发展之路。为引进并充分发挥"科技小院"在农业硕士专业学位研究生培养中的作用，安徽科技学院主动与中国农业大学资源与环境学院联系，积极创造条件，邀请相关专家和教授来校考察指导，在学院和马鞍山市当涂县政府的共同努力下，该院于2013年在马鞍山盛农农业科技有限公司和中国农业大学创建了安徽省首家"科技小院"，从而将安徽科技学院的农业硕士专业学位研究生培养真正融入到全国科技小院研究生培养体系之中。目前，该院已有近10名专业学位研究生在"当涂科技小院"开展实践研究工作，其中农业资源利用领域研究生查海涅同学在科技学院开展实践研究一年多以来，利用所学专业领域知识很好地为企业和当地农民提供了技术支持与服务，个人各方面能力得到了明显提升，以主要参加人参与国家"星火计划"项目1项，在CSCD核心期刊上发表科研论文1篇，获授权计算机软件著作权1件、授权实用新型专利1项等。

第十九章　长三角地区文化事业发展情况

一、上海市文化发展情况与措施

（一）上海市文化发展有关数据

2019 年，上海成功举办第十二届中国艺术节、第二十二届国际电影节等重大文化活动。第二十一届中国上海国际艺术节推出七大板块 350 余项活动，42 台 96 场参演剧目中全球首演 7 台、亚洲首演 6 台、上海原创 8 台；500 余个演艺项目达成交易意向。

现代公共文化服务体系率先基本建成。“文化进地铁”推出 19 列地铁文化列车、20 余场文化长廊、100 场音乐角演出；“文化进机场”在浦东和虹桥机场艺术馆推出 4 场展览。深化“建筑可阅读”等品牌，黄浦、静安等 6 个中心城区开放历史建筑 1237 处，设置建筑二维码 1827 处，推出 327 种建筑可阅读文创产品和 87 条建筑微旅行线路，全年接待游客 1830 万人次。建成程十发美术馆、上音歌剧院等文化设施，完成隧道调频广播工程、市级广播电视发射塔基础设施运维工程。全年共出版报纸 7.84 亿份、各类期刊 0.74 亿册、图书 5.33 亿册；摄制完成 102 部影片。

（二）上海市文化产业发展特点

对于上海市文化产业发展而言，落实上海市委、市政府《关于加快本市文化创意产业创新发展的若干意见》（“上海文创 50 条”）显得格外重要。结合上海文化产业发展的相关实际，《2019 年上海文化产业发展报告》明确围绕推动全球影视创制中心、艺术品交易中心、亚洲演艺之都、全球电竞之都“两中心两之都”建设目标，以推动长三角一体化更高质量发展和自贸试验区改革开放全面深化为契机，充分发挥“源头”和“码头”优势，促进文化和科技深度融合，积极培育新型业态，为全面打响“上海文化”品牌、加快建设国际文化大都市提供坚实基础和有力保障。

从“文化资源优势转化为产业优势”到“提升产业能级和核心竞争力”，足见与《2018 年上海文化产业发展报告》相比，上海市文化产业已经迈入了提质增速的关键阶段。

1. 产业结构持续优化，“点亮”经济新增长点

近年来，上海市文化产业发展总体规模呈现平稳发展态势，2018 年度、2019 年度报告之间相关数据虽有波动但相对持稳。

表 1　上海市文化产业发展总体情况表

指标	2017 年	2018 年
产业实现增加值（亿元）	2081.42	2193.08
占地区生产总值的比重（%）	6.80	6.09
占国内文化及相关产业总增加值（亿元）	34722	41171
比重（%）	5.99	5.33
文化制造业增加值（亿元）	261.18	243.29
占全市文化产业的比重（%）	12.55	11.09
文化批发零售业（亿元）	189.35	296.47
占比（%）	9.10	13.52

续表

指标	2017年	2018年
文化服务业增加值(亿元)	1630.89	1653.32
占比(%)	78.35	75.39
文化核心领域创造的增加值(亿元)	1558.53	1594.54
占全市文化产业的比重(%)	74.88	72.71
文化相关领域创造的增加值(亿元)	522.88	598.54
占比(%)	25.12	27.29

由表格数据可明显看出,2018年文化产业实现增加值呈现上升趋势,但占地区生产总值的比重却下降了0.71%。上海市占国内文化及相关产业总增加值实现6449亿元的增长,但比重却呈现下降趋势。文化产业领域各行业增加值均出现增减波动,比重变化不大,但可以观察到上海文化产业正处于产业结构调整优化的进程中。作为上海国民经济发展支柱性产业之一,上海市文化产业的优势发展还助力着相关领域产业的加快升级。

表2　上海市新兴文化产业发展情况表

指标	2017年	2018年
内容创作生产类实现增加值(亿元)	520.05	579.73
占文化产业增加值(%)	24.99	26.43
新闻信息服务类实现增加值(亿元)	197.1	184.37
占文化产业增加值(%)	9.47	8.41

近年来,以数字技术为载体的新兴文化产业形态迅速崛起,文化产业呈现内容化、移动化、智能化、深融合的特点,文化内容创作生产成为产业发展的核心竞争力之一。2018年,上海市内容创作生产类实现增加值相较2017年增长59.68亿元,内容创作生产能力显著提升。

表3　上海市文化创意产业发展情况表

指标	2017年	2018年
创意设计类实现增加值(亿元)	454.45	549.27
占文化产业增加值(%)	21.83	25.05
文化传播渠道类实现增加值(亿元)	184.74	183.23
占文化产业增加值(%)	8.88	8.35%

2018年由于“互联网+文化”融合的带动效应,数字经济、网络化和智能化技术的迅猛发展催生了全新的文化生产体系,互联网文化娱乐平台等新型传播渠道和文化内容平台正推动文化产业加速融合,逐渐成为产业发展的新趋势和新动能。

2019年,以创意设计、时尚产业为代表的新兴文化领呈现出域创新、融合、开放的产业特征,而互联网文化娱乐平台等新型传播渠道和文化内容平台也为上海市新兴产业发展提供了重要载体和窗口。随着文化创意设计与相关产业加快融合,上海文化新兴领域产业空间布局不断优化。

表 4　上海市休闲文化产业发展情况表

指标	2017 年	2018 年
文化休闲娱乐服务类实现增加值(亿元)	61.49	53.27
占文化产业增加值(%)	2.95	2.43

在市场供给能力日益增强带动国内文化消费持续增长的背景下，上海市加快文旅融合步伐，以娱乐服务、景区游览服务和休闲观光游览服务为主的文化休闲娱乐服务类文化细分领域建设仍在全市文化产业发展当中占有一席之地。

表 5　上海市文化类投资与消费情况表

指标	2017 年	2018 年
文化投资运营类实现增加值(亿元)	140.69	—
占文化产业增加值(%)	6.76	—
文化消费终端生产类实现增加值(亿元)	—	136.5
占文化产业增加值(%)	—	6.22

2017 年，随着一大批文化项目和产业园区在上海涌现，文化投资运营成为上海市文化产业重要增长点。相对不同的是 2019 年的产业报告中，2018 年上海市文化产业在文化相关领域中的文化消费终端生产类实现增长。

《2019 年上海文化产业发展报告》明确随着民众生活水平提升，市民对文化艺术等文化消费的需求日益高涨，虚拟现实、可穿戴智能设备等技术的蓬勃发展也催生了一批数字化的新兴文化消费终端成为市民文化消费的新选择。上海市围绕优化文化消费的目标，大力支持文化消费新业态发展，推动文化元素融入商业业态，积极推动展览、演出、节庆等文化项目与商圈、商街、商场联手，形成一批品牌化文商联动项目，不断扩大“上海艺术商圈”等合作模式，进一步激发“夜间经济”活力，在增添文化风景线的同时为市民文化消费提供了崭新空间。

表 6　上海市辅助类文化产业发展情况表

指标	2017 年	2018 年
文化装备生产增加值(亿元)	79.04	188.97
占文化产业增加值(%)	3.8	8.62
文化辅助生产和中介服务增加值(亿元)	310.89	273.07
占文化产业增加值(%)	14.94	12.45
文化用品的生产增加值(亿元)	132.95	—
占文化产业增加值(%)	6.39	—

2018 年，上海市文化装备生产增加值为 188.97 亿元，占文化产业增加值的 8.62%，较 2017 年有了较大幅度增长。上海在文化装备领域的优势凸显，这得益于近年来上海市加快实施文化装备产业链布局，推动文化装备产业发展专项金融支持体系建设等举措的提速增质作用。

表7 上海市文化产品进出口情况表

指标	2017年	2018年
文化产品和服务进出口总额(亿美元)	91.1	101.7
同比增长(%)	3.6	11.6%↑
文化贸易进口额(亿美元)	43.0	49.5
比上年增长(亿美元)	3.7	6.5
同比增长(%)	9.4	15.1
文化贸易出口额(亿美元)	48.1	52.2
比上年增长(%)	−0.6	4.1

2017年,上海市音像制品及电子出版物、文化用品等文化产品进出口均实现同比增长,文化与娱乐服务、广告服务等文化服务进口增势明显,进口增幅均超过30%。在出口方面,图书、报纸、期刊等传统出版物,工艺美术品及收藏品、文化与娱乐服务等文化产品和服务均出现不同程度的出口萎缩,而文化专用设备则实现出口额大幅增长,增幅达45.7%,文化产品出口的技术含量有所提升,出口结构趋于优化。

2018年,上海加大文化领域对外开放力度,充分利用中国国际进口博览会举办以及自贸试验区建设的战略机遇加快发展文化贸易,大力支持"一带一路"沿线企业发展,积极培育对外文化贸易示范基地和交易平台,打造国际艺术品交易中心。图书、报纸、期刊、音像制品及电子出版物、工艺美术品及收藏品、文化用品、印刷专用设备等文化产品进出口均实现同比增长。文化服务贸易实现高速增长,视听和相关服务、广告服务、展会服务进出口增势明显。出口结构持续优化,核心层出版物以及广告、展会等文化服务出口金额稳步提升。进口增势保持良好,工艺美术品及收藏品进口额大幅提升,增幅达63.5%。

2. 产业业态发展多元,细分领域发展强势

在文化产业宏观定位引领下,上海市文化产业的细分领域发展如火如荼,整体上呈现七大产业齐进,优势核心产业+重点产业并重的态势。

从全国范围来看,上海市的优势核心产业集中在影视、演艺、艺术品、电子竞技四大产业,这四大产业也是上海市"两中心两之都"目标产业。

影视方面,2019年,上海共有169部电影完成立项备案,出品完成片102部,比2018年增长19%,其中包括《飞驰人生》《攀登者》等33部"上海出品"进入院线上映,年度累计票房约52亿元,在2019年的国产片总票房中占比达12.7%。全市影院数量增至400家,银幕数增至2505块,影院数量与银幕数继续位列全国城市第一位。

演艺方面,上海市各文艺院团推出舞剧《永不消逝的电波》、杂技剧《战上海》、纪录片《大上海》、歌曲《一路走来》等作品,其中《永不消逝的电波》《一路走来》入选"五个一工程奖"优秀作品奖。据统计,2019年上海49家剧院的67个剧场共计完成演出活动8820场,较2018年增长12.6%;其中主(合)办演出4080场,占比达46.3%,观众631.64万人次,较2018年增长15.3%。剧场售出票房10.98亿元,租场收入2.42亿元,共计13.4亿元,同比上升38%。

艺术品方面,2019年上海共举办各类专业型艺术博览会8场,较2018年增加2场。"上海国际艺术品交易中心""上海国际艺术品交易服务平台"等国际艺术品交易平台成立启动。画廊数量稳步增长至450家,包括马凌画廊、大田秀则画廊、艾可画廊等知名品牌入驻。文物拍卖企业约70家,2019年成交额超过45亿元,较2018年同比增长59%。

电子竞技方面,上海已经集中了全国80%以上的电竞企业、俱乐部、战队和直播平台。电子竞技场馆数量约为35家,上海电竞公司、俱乐部、明星团队数量约占全国的80%,全国每年500多项具有一定影响力的电竞赛事中，超过40%在上海举办。同时上海市出台或落实了《促进上海电子竞技产业健康发展若干意见》《电竞场馆建设规范》《电竞场馆运营服务规范》《电竞网络直播标准》等一系列政策规范，产业扶持体系不断完善。

在重点文化产业领域，上海市相关产业发展同样瞩目。出版方面，国家重点出版物规划实施成效显著，上海有28家出版社的54个项目获2019年度国家出版基金资助，全国占比为7.1%；8家出版社的25个项目获2019年度国家古籍整理出版专项经费资助，全国占比为28.74%；入选"十三五"国家重点图书出版规划第三次增补项目15个，总入选数达338个，全国占比为9.89%。积极打造国际童书品牌，第七届上海国际童书展共吸引来自32个国家和地区的418家展商及102位嘉宾。绿色印刷继续高质量发展，《长三角区域印刷业一体化发展升级指南》正式发布。实体书店迎来新一轮发展期，2019年上海新开近30家实体书店，整体呈现高颜值、高体验感、高附加值，融合式复合经营等特点。

动漫游戏方面，2018年上海网络游戏销售收入达712.6亿元，移动游戏销售收入达393.2亿元，增长率为17.6%，高于中国移动游戏市场实际销售收入15.4%的增长率。在新三板挂牌游戏企业中，上海共有17家，占全国比重达19%，仅次于北京。上海3家企业入选通过认证动漫企业。

网络文化方面，在网络视听领域，上海网络影视内容出品数量位居全国第二，仅次于北京，以哔哩哔哩为代表的市场主体进一步壮大，喜马拉雅、蜻蜓FM、阿基米德三家沪上音频网站占据全国音频行业超过80%的市场份额。克顿传媒、耀客传媒、柠萌影业、慈文传媒等传统影视公司纷纷投入网络自制剧市场，腾讯影业、企鹅影视、时悦、兴格等影视内容制作机构生产的网络剧数量和质量不断提升。以为2019上海网络视听产业周为主的视听产业平台逐步搭建。

（三）公共文化产品供给更加精准

上海市区各文化成员单位坚持需求导向、坚持资源下沉、坚持倾斜远郊，推动公共文化产品供给呈现总量上升、质量提升、精准对应需求的趋势。

一是2019年市区两级计划公共文化内容配送总金额约2亿元；上半年配送文艺演出、文化讲座、艺术教育活动共计21534场，总场次量较去年同比增加50%；文艺指导40869课时，较去年同比增加7.4%。

二是呼应市民文化旅游需求，加大公共文化旅游的信息服务，集中配送"文化上海全景地图"，集中发布全域旅游信息，方便市民及游客更精准、更便捷地享受公共文化资源。

三是公共文化产品持续向基层居村和3个远郊地区倾斜。上半年，市、区两级向居村配送额度分别占配送总量的40%、60%，向居村配送的场次数占总配送场次的78%；继续向3个远郊地区倾斜配送资源，额度占全市配送总量的20.3%。

二、江苏省文化发展情况与措施

（一）江苏省文化发展有关数据

公共文化服务水平提升。城乡公共文化服务体系不断完善。全省共有综合档案馆113个，向社会开放档案98.9万件。共有广播电台8座，中短波广播发射台和转播台21座，电视台8座，广播综合人口覆盖率和电视综合人口覆盖率均达100%。全省有线电视用户1543.2万户。全年生产故事电影院片48部；出版报纸20.2亿份，杂志1.1亿册，图书7.4亿册。

（二）2019年江苏省艺术创作工作会议在南京召开

2019年2月26日，江苏省艺术创作工作会议在南京召开。省文化和旅游厅党组书记、厅长杨志纯，省委宣传部副部长徐宁出席会议并讲话。省文化和旅游厅党组成员、副厅长方标军主持会议。

南京艺术学院副院长张承志、省国画院院长周京新、省演艺集团副总经理苏启大、省委宣传部文艺处处长张红军出席会议。

杨志纯在讲话中就如何抓好2019年艺术创作工作强调五个关键词：

引领，就是坚持用习近平新时代中国特色社会主义思想特别是总书记关于文艺工作的重要论述领航定向，引领艺术创作。要突出把握三条：一是坚持把以人民为中心的创作导向贯穿艺术创作全过程；二是坚持把弘扬社会主义核心价值观融入艺术创作各方面；三是坚持把提高质量体现到艺术创作各环节。

主线，就是聚焦和突出中华人民共和国成立70周年这条主线，广泛开展主题创作和展演展示活动。一方面，要抓好主题艺术创作。重点组织好重大历史题材、革命题材和现实题材创作，同时要围绕2020年全面建成小康社会、2021年建党100周年等重要时间节点和重大事件，及早谋划和规划主题创作；另一方面，要组织开展系列艺术活动。围绕庆祝中华人民共和国成立70周年，继续办好戏曲百戏(昆山)盛典、紫金文化艺术节，精心组织戏剧、音乐、舞蹈、曲艺、杂技等优秀剧(节)目展演活动，推出优秀美术作品展、老中青油画作品展等主题美术展览。

质量，就是坚持把提高质量作为文艺作品的生命线，催生更多思想性、艺术性、观赏性相统一的艺术作品。重点要抓好几个环节：一是抓好源头工程。要常态化组织深入生活、扎根人民活动，引导广大艺术工作者走到生活深处、走进人民中间，书写和记录人民的伟大实践、时代的进步要求。二是抓好打磨提升。凡是艺术精品，都是倾注心血的作品，也必然是精雕细刻、反复打磨的结果。三是抓好项目扶持。要持续加大艺术创作投入，发挥好各类艺术创作扶持资金的导向和杠杆作用，从注重“面”上铺开转变为更加关注“点”上用力，从注重扩大影响转变为更加关注打造精品。四是抓好队伍建设。要高度重视艺术人才的培养和引进，通过搭建平台创造各类艺术人才脱颖而出的机会，通过创新政策打造各类艺术人才集聚的高地。五是抓好环境营造。要把“三个尊重”落实到具体行动中，善于团结艺术家，引导他们发挥好积极性、主动性和创造性。

创新，就是坚持把创新精神贯穿文艺创作全过程，重点抓好理念创新、手段创新、基层工作创新。一是创新理念。在新时代，我们要构筑江苏文艺精品创作高地，必须大力弘扬“笔墨当随时代”的艺术精神，推动艺术创作在继承中创新、在创新中发展。二是创新手段。要认真研究了解人民群众生产生活的新情况、新变化、新需求，广泛运用和提炼人们喜欢的语言、风格、样式，推出更多老百姓喜闻乐见的优秀作品。三是创新基层工作。要把深化基层院团改革作为创新基层工作的重要方面来抓，重点是引导基层院团强化精品意识。

融合，就是坚持宜融则融、能融尽融的原则，推动艺术创作领域实现文旅融合。各地要立足特色文化资源，规划建设一批小剧场，创作推出一批实景版的旅游演艺，为游客提供“白天观景、晚上看戏”的全天候旅游体验。要打造项目载体，创造性利用地方戏曲、民间音乐、民间舞蹈、美术等艺术资源，打造艺术和旅游融合的平台载体，以此带动艺术高效能传播、旅游高质量发展。

徐宁就构筑文艺精品创作高地的现实意义、内涵要求和思路举措三个方面提出要求。她表示，构筑文艺精品创作高地是贯彻落实习近平新时代中国特色社会主义思想的创新之举；是加大高质量文化供给、增强人们文化获得感幸福感的必然要求；是落实新发展理念、提升江苏文化强省目标内涵的逻辑体现；是提升江苏文化影响力、讲好江苏故事展现江苏形象的重要举措。文艺精品创作高地的内涵包括五个方面：精神引领有新高度新格局，精品创作有高原出高峰，品牌建设有特色有影响，人才队伍展形象展风采，体制机制有创新有突破。根据构筑文艺精品创作高地的内涵要求，我们将文艺精品创作生态系统分为五大体系：创作生产体系、品牌平台体系、人才队伍体系、传播推广体系和扶持激励体系。要按照守正创新实践要求，狠抓各体系各重点环节，努力实现突破。加强组织管理，提升精品原创力；强化品牌建设，提升平台影响力；优化顶层设计，提升人才支撑力；注重宣传推广，提升精品传播力；完善扶持激励，提升创作保障力。

方标军回顾总结了2018年艺术创作工作并对2019年工作作出具体部署。他表示,2018年江苏省的艺术创作工作主要体现出五个方面的特色和亮点:重大艺术活动形成广泛影响,优秀剧目精彩亮相国家级平台,艺术创作取得丰硕成果,现实题材创作更加出彩,国有文艺院团改革深入推进。抓好2019年的艺术创作工作有着特殊的意义,一要提高政治站位,更加深入贯彻落实习近平新时代中国特色社会主义思想。始终以习总书记关于文艺工作的重要论述指导艺术创作工作,始终坚持党对文艺工作的全面领导,始终全面落实意识形态责任制。二要持续打造精品,把提高质量作为文艺作品的生命线。聚焦重大题材组织艺术精品创作,瞄准重大艺术活动推动艺术精品创作,加大资金投入扶持艺术精品创作。三要提高组织程度,全力以赴办好艺术交流展示活动。隆重举办庆祝中华人民共和国成立70周年系列活动,努力打造具有重大影响力的艺术品牌活动,不断扩大艺术活动的社会效益和社会影响。四要切实抓好落实,努力推动艺术创作工作再上新台阶。尽早规划,加强管理,确保安全。

会议通报了2018年度全省艺术创作工作先进单位并颁发奖牌,苏州市文化广电和旅游局等35家单位获奖。省演艺集团、省国画院、苏州市文化广电和旅游局、盐城市文化广电和旅游局在会议上作交流发言。

全省各设区市文化广电和旅游局主要领导、分管领导、艺术处、剧目工作室、文艺院团、美术馆、画院负责人,省管县文化广电和旅游局领导,省演艺集团有关部门和所属院团负责人,厅机关相关处室、厅直艺术口单位主要负责人参加了会议。

(三)江苏文化市场“158”改革实现预期目标

2019年4月初,全球第七大交响乐团美国克利夫兰管弦乐团在南京保利大剧院举行音乐会。早在2019年元旦前后,保利大剧院就开始宣传推广并售票。“向省文化和旅游厅提交演出申请后,不到一周就获得批准,比以往时间缩短一半以上。”南京保利大剧院总经理巩升林介绍,越早获得演出批准,就能越早开展宣传推广,提升票房。

保利大剧院的获得感源自江苏省正在推进的文化市场“放管服”改革。2018年11月,省委编办与省文化和旅游厅联合出台《关于深化文化市场“放管服”改革的意见》,以“158”为核心,在法定办结时限基础上进一步提高行政许可事项审批效率,最大限度便利市场主体。“158”,即文化市场行政备案类审批时间由5个工作日缩短至1个工作日,变更、延续、注销、补证类审批时间由10个工作日缩短至5个工作日,其他审批时间由20个工作日缩短至8个工作日。

目前,江苏省共有文化市场行政许可事项31项,涵盖演出、网络文化、歌舞娱乐、游戏游艺、艺术品、社会艺术水平考级等多种业态。“通过梳理、编制省市县三级文化行政许可‘不见面审批(服务)’标准化事项清单及办事指南,既可深入推动系统内部改革,又让市场主体和群众办事更明白。”省文化和旅游厅厅长杨志纯介绍,到2019年2月底,全省129个文化市场行政审批部门“158”改革全部到位,行政审批效率大幅提升,其中备案类审批时间压缩80%,变更、延续、注销、补证类审批时间压缩50%,其他类审批时间压缩60%。

材料也在精简。按照审批权限,外省演出经纪机构到江苏举办涉外演出活动,由省文化和旅游厅审批。国内知名的演出经纪机构聚橙网经常在江苏举办演出活动,去年11月以来,已举办和报批20多场活动。“最明显的感受就是提交材料更方便了、审批速度更快了。”聚橙网华东大区总监曹一鸣介绍,网上提交申请材料,有的当天就能批复,时限最长也在一周以内。

作为江苏省省级机构改革后出台的首个深化“放管服”改革意见,文化市场“158”改革为进一步优化全省营商环境起到很好的示范引领作用。“满足人民群众美好精神文化生活新期待,需要有更多文化市场主体提供高品质文化产品,这对营商环境提出更高要求。”省委编办主任俞军介绍,市场配置资源是最有效率的形式,以高效审批优化服务、以公正监管管出活力,让文化企业多用时间跑市场、少费功夫跑审批。

江苏文化市场“158”改革得到文化和旅游部高度肯定，在全国分享改革经验。“‘158’改革实现预期目标，标志着此轮江苏省文化市场‘放管服’改革取得突破性进展，成为全国文化市场行政审批办结时限最短的省份。”杨志纯表示，江苏省将持续发力，打造“便捷、高效、优质”审批品牌，推动江苏文化市场高质量发展走在前列。

（四）“全国美术高峰论坛・扬州”开幕

2019 年 10 月 16 日上午，“全国美术高峰论坛扬州”在中国文化历史名城扬州开幕。

江苏有着崇文重教的传统，美术事业发展底蕴深厚，在中国美术史上占有重要的地位，近现代更是涌现出享誉中外的丹青巨匠徐悲鸿、刘海粟、李可染、吴冠中、傅抱石等，为江苏美术事业的繁荣发展发挥了举足轻重的作用。江苏设置艺术专业的高校达 60 所，高校的教师和学生组成了庞大的美术创作研究梯队，加上江苏省国画院、江苏省美术馆、江苏省书画院、十三个设区市的画院和美术馆等专业单位，共同奠定了江苏美术创作研究坚实的基础。

江苏一直高度重视美术事业的发展，积极为美术家创造良好的研究条件和环境，推出了名师带徒计划、紫金文化英才、紫金文化优青等系列人才培养措施，设立江苏文艺大奖美术奖，支持和鼓励美术人才的发展和提高。江苏与中国美协紧密合作，持续举办“中国百家金陵画展”十五年，同时近几年合作举办“江海门户通天下”“邮驿路 运河情”等一系列全国性展览。遵循美术规律，坚守艺术标准，江苏成功推出了一批优秀的美术创作人才和精品力作，在最近的十三届全国美展中，江苏入选 281 件，比第十二届有了明显的增长，巩固提升了江苏在全国第一方阵的地位。

美术事业需要文艺批评指导创作，推出精品，提高审美，引领风尚。这次“全国美术高峰论坛”着重于探讨美术创作和美术理论的关系，主题鲜明，引导性强。全国美术理论家汇聚江苏，把脉中国美术学术建设现状，探讨新时代中国的美术创作方向，对于加强当代美术理论建设及美术批评对艺术创作的指导、挖掘培养美术理论和美术批评人才具有重要的现实意义。通过美术高峰论坛的不断努力，一定能极大地激发美术理论家的研究热情，深入探索，不断推出有深度、有高度的学术著作。

来自中国美术家协会各艺术委员会、各省市美协的领导，各大美术院校、画院、艺术研究所等单位从事美术领域研究的著名专家、学者、教授，全国美术高峰论坛全国征稿评选产生的优秀及入选作者等出席开幕式。

三、浙江省文化发展情况与措施

（一）浙江省文化发展情况

2019 年末，浙江省共有公共图书馆 103 个，文化馆 101 个，文化站 1375 个，博物馆 360 个，隶属文化部门艺术表演团体 58 个。广播人口覆盖率为 99.73%，电视人口覆盖率为 99.82%。影视制作机构 3291 家，其中上市公司 26 家。电视剧制作 45 部 1928 集，动画片制作 70 部 23405 分钟，制作影片 87 部，电影票房收入 50.2 亿元，比上年增长 2.5%。图书出版社 15 家；公开发行报纸 107 种，出版期刊 235 种。

（二）文化产业发展势头强劲，综合竞争力持续提高

浙江省文化产业增加值占 GDP 的比重，自 2013 年突破 5%以来，保持着持续稳步增长的态势，至 2018 年文化产业增加值突破 4000 亿元，占 GDP 的比重高达 7.5%，远高于全国水平 3.2 个百分点。文化产业已然成为浙江省国民经济重要支柱性产业。

在 2019 年全国省市文化产业发展综合指数的排名中，浙江省再次位居全国第二，与第一名的北京仅有细微差距。

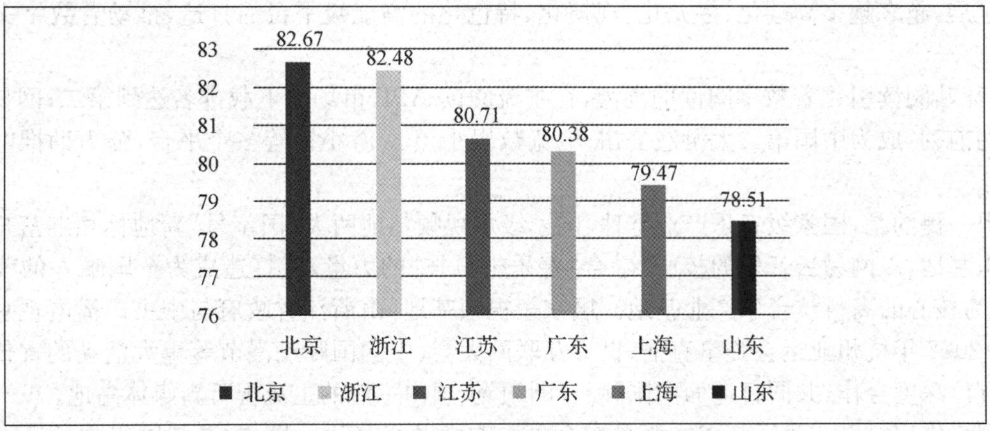

图 1　2019 年全国省市文化产业发展综合指数排名

根据 2019 年前三季度的统计结果，全省 5699 家规模以上文化及相关特色产业企业实现营业收入 8095 亿元，同比增长了 14.1%。其中，文化产业核心领域和相关领域企业营业收入同比增长速度均超过了 17%。文化产业整体发展势头稳中见好。

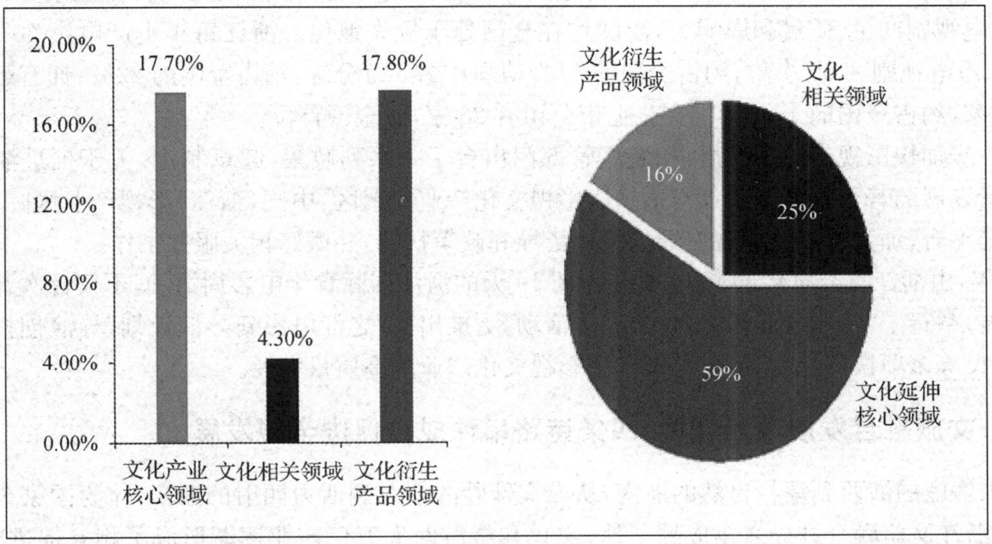

图 2　2019 年前三季度浙江省文化及相关特色产业规模以上企业营业收入与增长情况

（三）龙头企业引领效应持续彰显，推动文化企业做大做强

在 2019 年深圳文博会上发布的“全国文化企业 30 强”名单中，浙江省有浙报传媒、浙江出版联合集团、宋城演艺、华策影视 4 家企业入选，入选数量排名全国第二，仅次于北京。

在美国纽约揭晓的 2019 年度“世界媒体 500 强”排行榜中，浙江日报报业集团连续 7 年入选，位列第 245 名，整体实力位居国内报业品牌第一。值得一提的是，浙报集团下属上市公司——浙报数字文化集团股份有限公司作为互联网新媒体行业品牌首次入选，位列第 340 名。

此外，在 A 股上市的浙江文化企业已上升至 41 家，包括浙数文化、华数传媒、宋城演艺、横店影视、华策影视、思美传媒、华谊兄弟、海伦钢琴等。越来越多的龙头企业不断走向集约化、规模化和国际化，大大地推动了全省文化产业竞争力的提升。

（四）数字文化产业版图不断延展，高能级平台提升浙江影响力

从网络文学、网络阅读、网络游戏、网络动漫、网络音乐、网络视频到电竞产业，浙江省数字文化产业

版图不断延展，越来越多高端化、多元化、规模化、特色化的高能级平台的打造，推动着数字文化产业蓬勃发展。

比如，咪咕阅读引领着数字阅读的潮流，在主流阅读APP市场中下载排名达到第二；网易走在网络游戏行业的前列，成为中国第二大游戏公司；电竞数娱小镇、e游小镇等多个平台，强力助推电竞行业的快速发展。

更值得一提的是，国家级音乐产业基地、国家级短视频基地两大“国字号”新地标相继落户浙江。浙江国家音乐基地，以网易云音乐的核心，融合“音乐＋科技”的力量，将打造成为全国唯一的线上线下结合、以版权为核心的高科技音乐产业基地。国家短视频基地，由浙江省政府与中央广播电视总台合力共建，将围绕2022年杭州亚运会赛事直播、世界互联网大会、中国国际动漫节等重大活动的宣传报道等领域开展全方位深度合作，共同打造面向国际、亚洲领先、国内一流的主流视听新媒体高地。

中国网络作家村已成为浙江省一张具有全国影响力的金名片。目前，浙江网络文学已占据中国网络文学的半壁江山，由此形成的“浙江模式”为全国同行提供着方向与经验。

（五）着眼打造“全国影视产业副中心”，影视文化产业走在全国前列

浙江是全国影视制作生产、宣推发行、传播交流的重要基地之一。不管是影视企业数量、规模，还是浙产电影、电视剧产量、质量和影响力，浙江均在全国处于领先地位。浙江每年生产电影60多部，约占全国的1/12；电视剧3000多集，约占全国的1/4；动画片2.5万分钟，约占全国的22％；拥有影视制作机构3000多家，约占全国的1/4；影视文化上市公司有26家，居全国首位。

为进一步加快影视产业的发展，相关主管部门出台了一系列政策，起草制定《关于推进浙江省影视产业高质量发展的若干意见》，重点打造横店影视文化产业集聚区、中国（浙江）影视产业国际合作区、象山影视城等平台，加强对浙江影视发展的行业指导和政策扶持，并做好相关服务工作。

2019年，由浙江省委宣传部牵头，举办为期19天的浙江国际青年电影周活动，不仅首次开展了国际青年电影展，举行了“中国电影新力量论坛”等活动，更推出了“之江电影新导演计划”导演创投、“三十而立”编剧创投等多项扶持计划，多措并举推进影视文化产业的高质量发展。

（六）文旅融合发展渐入佳境，四条诗路串珠成链促进全域发展

从山水旖旎的浙西到淳朴自然的浙南，从人文殊胜的浙北到活力四射的浙东，作为国家全域旅游示范省，诗画浙江文旅融合开局之年成绩斐然，文化和旅游两大万亿产业逐渐形成了相互促进、优势互补的发展态势，稳步迈向深度融合、高质量发展的新阶段。

2019年10月，浙江省人民政府印发实施《浙江省诗路文化带发展规划》，在全国率先提出打造诗路文化带、推进文旅全域融合发展的创新工程。以浙东唐诗之路、大运河诗路、钱塘江诗路、欧江山水诗路“四条诗路”，串联起浙江的文化精华、诗画山水，构建省域文化旅游大景区。为推进浙江诗路从文化概念向文化品牌转变，2019年举行了一系列诗路文化产业发展主题活动：发布首批10个诗路文化旅游目的地、5条诗路黄金旅游线等，举办数字诗路e站签约、诗路IP文创产品大赛等活动以及各类主题研讨会和论坛。

随着文旅融合发展的推进，太湖龙之梦乐园、宁波方特东方神画、宋城演艺、良渚古城等一批大型文旅融合综合体项目不断涌现，“文旅＋休闲”“文旅＋体育”等融合模式创新发展，积极探索着浙江文旅融合的新路径。

与此同时，农村文化礼堂、精品民宿、田园综合体等一系列地标性项目的建设，兴起了一批美丽乡村网红打卡地，“农文旅”融合发展蹚出了乡村振兴的新路径。

(七) 文化产业平台建设持续推进,形成立体式、网络化的布局体系

省委、省政府重点谋划的之江文化带,成为引领全省数字文化产业发展的主要引擎。近期将通过实施32个重大项目,来推进数字文化产业基地、影视产业基地、艺术创作产业基地和动漫游戏产业基地四大产业基地的建设。

西溪创意产业园、运河天地文创园、宁波国家广告产业园、绍兴金德隆文创园等一大批文创园区的建设,为孵化培育文化产业新业态,实现文化产业集聚化、规模化发展提供了重要的平台。

湖州湖笔小镇、丽水青瓷小镇、绍兴越剧小镇、台州和合小镇等一系列各具文化内涵的特色小镇,推动"产、城、人、文"创新融合,为推进新型城镇化和乡村振兴提供了有力的抓手。

全省各地文化创意街区的打造,如杭州桥西历史文化街区、湖州小西街文创街区、绍兴兰亭文创街区、泰顺石文化创意街区等等,促进了传统文化与现代产业的有机融合,使人民群众得以共创共享文化产业发展的丰硕成果。

(八) 文化科技融合激活创新动力,赋能产业高质量发展

科技创新对推进文化产业高质量发展的驱动力逐步显现,在征求各地各部门意见基础上,浙江省起草了《浙江省关于促进文化和科技深度融合的实施意见》,并就相关重点任务,提出了责任分工方案,全力推动文化与科技的融合的纵深发展。

目前,浙江省已有杭州、宁波、横店、浙报传媒、咪咕数媒、大丰实业6个国家级文化与科技融合示范基地相继获批,文化科技融合发展的平台不断提升扩大。作为单体类文化与科技融合示范基地的浙江大丰实业,被认定为国家制造业单项冠军示范企业,为文化科技融合赋能制造业发展创新了路径。

(九) 文化产业投融资体系基本成型,文化金融合作迈上新台阶

自2013年浙江省设立国内首家文创金融专营机构——杭州银行文创支行以来,全省已成立了16家文创银行。2019年12月10日,宁波作为仅有的2个城市之一,又获批创建国家文化与金融合作示范区。在文化金融合作平台建设不断强化的同时,浙江省文化产业投资也十分活跃,各类基金纷纷设立。浙江省文化产业投资集团与三家银行战略合作,获得920亿元授信。"长三角数字文化产业基金"项目完成签约,总规模达100亿元。浙江省文化产业投资基金正式成立,首期规模为20亿元。横店影视文化产业股权投资基金正式组建,基金募集总规模为10亿元。浙江省已迈出"文化+金融"的融合与创新之路,探索着金融赋能文化产业的"浙江模式"。

(十) 文化产业"走出去"规模扩大,文化服务国际竞争力显著提升

据统计,浙江省2018年文化服务进出口达16.64亿元,同比增长10%。其中,出口1.43亿元,同比增长24.4%;进口15.21亿元,同比增长8.8%。文化服务贸易规模进一步扩大,文化服务出口呈现高速增长。

2019年,中国(浙江)影视产业国际合作区正式启用,以中国电视剧(网络剧)出口联盟为平台,众多国内龙头影视企业不断加入,形成了影视产业内外联动、开放共享的局面,以浙江影视为引领,推动着中国影视作品以更开放的姿态走向世界舞台。

影视产品的海外输出渠道不断地拓宽。目前,华策影视海外发行已覆盖180多个国家和地区;欢娱影视出品的《延禧攻略》版权已被90多个国家和地区买下,创我国出口海外电视剧的榜首。

文化产业海外本土化战略也在不断推进。浙江出版联合集团在俄罗斯、澳大利亚、美国等地建立了10多家博库书城连锁店,与日本、法国、俄罗斯、英国、美国多个国家形成合作,建立了海外分社和主题书店,对加强中国文化海外影响力作出了突出贡献。

(十一)组织开展各类文化展示活动,助力搭建文化产品交易平台

2019年,浙江省组织参加了第十五届深圳文博会,与上海、江苏、安徽共同发起举办了第二届长三角国际文博会。在这两场文博会上,浙江展团成果丰硕,现场签约投资额分别达35亿元、95.7亿元。

浙江省内五大重点文化会展,中国(杭州)国际动漫节、中国(义乌)特色文化产品交易会、杭州文化创意产业博览会、中国(宁波)特色文化产业博览会和温州国际时尚文化产业博览会,各会展的规模不断扩大,各项指标不断创新高,有力地推动了浙江文化产业的对外展示与交流合作。

(十二)文化产业保障体系逐步健全,为全国文化改革贡献浙江经验

浙江省政府印发了《浙江省文化产业发展专项资金管理办法》。2019—2021年,每年安排补助专项资金1000万元,支持20个省级文化产业重点扶持县(市、区)加快发展。

全省各县(市、区)相继印发《关于进一步加快文化产业发展的若干政策意见》,设立文化产业发展专项资金,用于重点文化项目建设、产业园区和基地建设,扶持重点文化企业的发展。全省各地都在为营造优越的文化产业发展政策环境而发力。

(十三)国有文化企业改革创新,勇当转型升级"排头兵"

为贯彻落实"坚持把社会效益放在首位、实现社会效益与经济效益相统一"的要求,浙江国有文化企业加快公司制、股份制改造,法人治理结构、现代企业制度不断完善,力争成为业内守正创新的示范者、改革发展的领头羊。浙报集团推出以短视频为呈现方式的天目新闻客户端,推动媒体融合纵深发展;浙江广电集团推出以短视频为主打的"蓝媒视频"新媒体产品,全力打造优质视频内容聚合平台。浙版传媒上市获得中宣部批复同意。浙江省文化产业投资集团有限公司挂牌成立,成为浙江省文化产业发展的重要投资主体和投融资平台。新远集团和古建研究院转隶。浙江歌舞剧团、浙江曲杂团和浙江话剧团三家省属文艺院团,经整合组建成立省演艺集团。

(十四)加强文化产业组织建设,为助推文化产业发展构建多元化服务平台

文化产业组织在指导产业发展、加强管理服务、促进交流合作、强化行业自律等方面发挥着重要作用。2019年5月,浙江省文化产业创新发展研究院揭牌成立,并被授予"浙江省重点培育智库",为全面提升浙江省文化产业的内容竞争力和科技竞争力提供智力支撑。浙江省音乐产业联盟和浙江省影视景库发展联盟两个专业性行业组织正式成立,为助推全省音乐、影视产业实现高质量发展,搭建了服务平台。

浙江省文化产业促进会则充分发挥了联络服务的作用,组织开展了文化产业交流会、专家咨询会、文化产业管理研修班、文化企业培训班等一系列活动。

四、安徽省文化发展情况与措施

(一)安徽省文化发展有关数据

2019年末,安徽省有文化馆124个,公共图书馆125个,博物馆204个(含民营博物馆),乡镇街道综合文化站1438个。全国重点文物保护单位175处、合并国保项目4处,省级重点文物保护单位915处。国家级非物质文化遗产名录72项,省级名录479项。年末,全省有广播电视台78座,中波发射台和转播台25座。广播节目综合人口覆盖率为99.87%,电视节目综合人口覆盖率为99.87%。有线电视用户794.46万户。全年出版报纸98种,总印数6.07亿份;期刊(杂志)180种,总印数0.4亿册;图书10532种,总印数3.29亿册。有各级国家综合档案馆124个,馆藏档案资料4507万卷(件、册),库馆总建筑面积64万平方米。

（二）安徽文旅系统重点做好五件大事

2019年，在省委、省政府的坚强领导下，在省委宣传部的直接领导下，全省文化和旅游系统深入学习贯彻习近平总书记关于文化和旅游工作重要论述，以高质量发展为目标，以融合发展为主线，以改革创新为动力，以全面从严治党为保障，牢牢守住政治底线和安全底线，年度目标任务全面完成，全省文化建设和旅游发展迈上新台阶。

2019年，重点抓了五件大事：

一是举办庆祝中华人民共和国成立70周年系列活动。精心制作的具有徽风皖韵特色的安徽彩车，满载着安徽人民对中华人民共和国七十华诞的深情祝福，在天安门广场精彩亮相，获得各方好评；彩车工作写入省委十届十次全会工作报告。组织开展各类展演展览展示活动1万多场（次）、观众1000多万人次，其中，《安徽革命史陈列》、《“我”与安徽改革开放四十年》（获全国十大精品陈列特别奖）等近百个红色题材展览，成为爱国主义教育、主题教育的生动课堂。

二是深入推进机构改革。按照省委、省政府决策部署，到2019年3月底，省、市、县文化和旅游机构合并改革全部到位，各项工作有序推进，实现了机构整合、职能融合、人员聚合。积极推进文化和旅游资源、产业、市场、活动融合，一批民俗表演、非遗展示走进旅游景区，一批博物馆、图书馆、纪念馆成为旅游景点，文化和旅游“1＋1＞2”的融合效应开始显现。

三是召开全省旅游业发展大会。李锦斌书记作重要批示，李国英省长作重要讲话。会议进一步明确了全省旅游业发展的目标任务，提出了“一体两翼”的工作总思路，确定了实施“精品打造、项目建设、四级联建、两翼协同”四大工程，出台了《关于促进全域旅游发展加快旅游强省建设的实施意见》及《若干政策》。会后，各地纷纷行动，5个市召开旅游业发展大会，6个市出台政策文件，15个市将旅游业作为支柱产业、1个市作为高成长性产业，形成了党政统筹、强力推进文旅融合发展的良好局面。

四是推动长三角文旅高质量一体化发展。主动与沪苏浙对接，围绕“产品共建、线路共推、品牌共塑、市场共育”的合作思路，签订了合作协议。安徽省牵头召开了长三角区域名城名镇等“七名”国际旅游精品线路发布会，推出系列产品。组织到上海、杭州、南京，开展“美好大皖南迎客长三角”旅游推介，200余家媒体（平台）参与报道。在铜陵召开第二届长三角国家公共文化服务体系示范区（项目）合作机制大会，长三角文旅一体化发展迈出了新步伐。

五是成功举办第十二届安徽国际文化旅游节。经过积极争取，中央批准安徽省举办国际文化旅游节，2019年11月在黄山市隆重开幕。这次国际文化旅游节，突出了国际化、文化性、大旅游，邀请了23个国家和地区近300位旅行商参加开幕式联线、洽谈签约，举办了世界旅游组织旅游可持续发展中国观测点年会、国际乡村摄影大展、国际登山节等活动，从全国30个省（区、市）选调200个左右各具特色的国家级非遗项目，组织展览展销；开展了优秀剧目展演、惠民巡演等系列活动，推进旅游＋体育、＋摄影、＋互联网，联动开展长三角百家媒体宣传推介、自驾游等活动。

（三）安徽省文化产业发展呈现五大特点

第一，核心领域发展较快，文化产业“聚焦主业”初有成效。2019年一季度，新闻服务、内容创作、创意设计、文化传播、文化投资和文化娱乐休闲六大文化核心领域行业实现营业收入241.2亿元，增长17.4%，比全省和全国分别高7个和5.4个百分点，比文化相关领域行业高11.4个百分点，改变去年以来一直低于文化相关领域的发展态势。其中，创意设计和文化传播增长较快，分别实现营业收入61.8和62.3亿元，分别增长41.4%和29.9%，对核心领域增长贡献率为50.6%和40.1%。

第二，融合发展步伐加快，文化新业态崭露头角。根据数据显示，2019年一季度，安徽省文化新产业新业态新商业模式企业（单位）数达755家，占规模以上文化单位的33.7%；实现营业收入230.8亿元，增长23.7%，比全省高13.3个百分点，对文化产业营业收入增长的贡献率达79.9%；实现营业利润12

亿元,占全省的43.2%,增长14.6%,比全省高7.8个百分点,对文化产业营业利润增长的贡献率达86%。特别是"文化+互联网"的游戏动漫、网上音乐等新业态发展迅速,从事互联网游戏、文化娱乐平台、数字内容等领域的218家单位实现营业收入65.7亿元,增长61.8%,比全省高51.4个百分点,对文化产业营业收入增长的贡献率为45.3个百分点;实现营业利润3.9亿元,增长13.8%,比全省高7个百分点;户均营业利润176.7万元,比全省高52.3万元。

第三,政策红利持续释放,小微型企业蓬勃发展。随着小微型企业各项减税降成本政策的落地,小微型文化企业活力不断释放,经济效益持续向好。一季度,规模以上小微型文化单位1933家,实现营业收入299.8亿元,增长11.9%,比全省高1.6个百分点;实现营业利润19亿元,增长31.1%,比全省高24.3个百分点;营业利润率(营业利润比营业收入)为6.3%,比全省高1.5个百分点。

第四,文化服务业拉动明显,就业蓄水池作用显现。一季度,规模以上文化单位从业人员22.4万人,增长7.8%,比全省规模以上企业从业人员高5个百分点。其中,文化服务业吸纳就业人员7.2万人,增长15.6%,拉动文化就业增长4.7个百分点,作用突出。文化制造业、文化批发和零售业就业人员分别增长3.9%和9.8%,分别拉动2.5和0.7个百分点。

第五,供给侧改革不断深入,文化消费快速增长。各地不断深入推进文化供给侧结构性改革,有力促进了文化消费。一季度,居民人均教育文化娱乐消费支出482元,增长20.6%,比同期居民人均消费支出高9.7个百分点;占人均消费支出的比重为9.2%,比去年同期提高0.7个百分点。其中,农村人均教育文化娱乐消费支出405元,增长28.2%,比农村人均消费支出高17.9个百分点;占农村人均消费支出9.6%,比重提高1.3个百分点。限额以上文化娱乐体育健康类消费103.9亿元,增长13.2%,提高5.4个百分点,比限额以上消费品零售额高1.9个百分点。

(四)"安徽文化云"公共文化服务管理平台正式上线

2019年7月18日,"安徽文化云"公共文化服务管理平台在合肥正式上线运行,安徽省文化和旅游厅党组书记、厅长袁华启动上线,厅党组成员、副厅长张健就"安徽文化云"运行工作进行了部署。

"安徽文化云"是安徽省公共文化服务领域第一个覆盖全省的综合性信息化建设项目,目前已完成省级监控中心、公共文化数字专网以及301家公共文化服务场馆监控节点建设,可实时调阅各场馆视频监控画面和客流计数数据。"安徽文化云"采用"1+2+4"运行模式,通过一个技术支撑平台和公众服务、绩效管理两个系统,实现信息发布、资源共享、服务互动、绩效评价四大功能。

"安徽文化云"上线后,用户只需在微信公众号、网站等渠道,通过热点推荐、兴趣分类、附近搜索等功能便能快速找到并预约戏曲、讲座、展览等大量免费、公益的公共文化活动,可预约进入全省360个公共文化场馆参加活动。可以通过"安徽文化云"在线直达文化场馆,免费预订和使用全省公共文化场馆开放的各类场地设施,并通过互动评价多维度对公共文化场所的服务进行评价。

(五)宣城市多举措推动文化遗产保护

6月中旬,2019年"文化和自然遗产日"宣城市主场活动暨宣城市非遗进校园成果展示展演系列活动拉开序幕。

活动现场为4名第五批国家级非遗传承人及绩溪草龙舞、溪口堆木画、姚村闷酱制作技艺等17项第五批省级非遗项目授牌,并宣布"我与非遗"征文比赛结果。来自宣城各地的学生们还表演了姚村云舞、徽剧、皖南花鼓戏等11个非遗节目。此次系列活动还包括鉴宝江淮行、紫砂壶收藏展、非遗进公益性文化场所展示展演等,集中展示了宣城市的非遗传承和非遗保护成果。

近年来,宣城市新增国家级代表性传承人4名、省级非遗项目名录17个、省级代表性传承人25名。目前,宣城市共有联合国人类非物质文化遗产代表作项目名录1个,国家级非物质文化遗产代表性项目名录6个,国家级非物质文化遗产项目代表性传承人10人;省级非物质文化遗产代表性项目名录67个,省级非物质文化遗产项目代表性传承人 88 人。

（六）安徽省加快打造超高清视频产业集群

2019 年 5 月底出台的《安徽省超高清视频产业发展行动方案(2019—2022 年)》提出，按照“4K 先行、兼顾 8K”的总体技术路线，大力发展超高清视频产业和行业应用，加快推进超高清视频产业集群和示范省建设。到 2022 年，全省超高清视频产业体系总体规模超过 3000 亿元，4K 产业生态基本完善，8K 显示器件、集成电路、应用终端等关键技术产品研发和产业化取得突破，在国内外市场占据重要市场份额。

安徽省明确，紧紧把握全球超高清视频产业发展和变革机遇，深入实施创新驱动发展战略，着力推进供给侧结构性改革，以深化“屏(新型显示)—芯(集成电路)—端(智能终端)”联动发展为关键带动，充分发挥“人工智能＋文化创意＋特色应用”融合发展的比较优势，市场主导、企业主体、创新驱动、应用牵引，加速引进和培育上下游关联企业，强化“双创”平台及公共支撑服务体系建设，提升信息基础设施传输保障能力，支持产业链各环节软硬一体化发展，着力构建超高清视频产业集聚基地，以超高清为核心链条融合创新高质量发展 4K/8K 与 AI、5G、AR/VR 等新兴领域，打造具有全球影响力的超高清视频产业集群和应用示范省。

根据方案，安徽省将统筹现有招商引资、创新支持、金融投资、财政税收、用电用地等政策措施，发挥制造强省、数字经济、集成电路、中国声谷等专项政策引导作用，结合实际不断优化支持超高清视频产业发展政策环境，推动全省超高清视频产业加快发展。支持省内相关单位从事超高清视频创新能力、产业化、内容供给、制播、监测监管、配套服务体系建设等，积极向上对接国家支持超高清视频产业发展各项政策措施以及工业强基、集成电路、工业转型升级等资金。

第二十章　长三角地区体育事业发展情况

2019年7月20日，长三角体育产业一体化发展研讨会在上海举行。长三角地区体育产业协作可追溯到2012年，目前已经形成"三省一市一院"的合作机制，共同打造长三角体育产业带。未来，以建设具有全球影响力的世界级城市群为目标，从联动共享到均衡发展，长三角一体化正在打造体育产业新高地。

一是求同存异一体化发展

长三角地区是我国经济增长最快、开放程度最高、发展活力最强的地区之一。长三角地区体育产业发展起步较早，发展速度较快，已成为我国体育产业最为发达的区域，体育产业总量占全国的30%左右。长三角一体化上升为国家战略，为长三角的体育产业发展带来机遇和红利。

浙江、江苏、安徽、上海三省一市，区域资源禀赋和体育产业发展基础不同，决定了长三角体育产业要在求同存异中实现一体化发展的资源联动共享。"同"是长三角体育产业一体化合作的共识，"异"是各自的长板。上海是著名的体育城市，体育竞赛表演业发达，国际体育品牌云集，体育市场是"码头"和"源头"；江苏县域体育产业发达，体育市场空间广阔，人口众多，集聚效应突出；浙江民办体育、运动休闲以及高端装备制造量都很大；安徽体育旅游资源非常丰富，后发优势很足。长三角地区体育产业协作在成为"全国模板"的同时，自身也有提升合作质量和效应的需求。

二是赛事引领"核心竞争力"

体育赛事是体育产业和现代服务业的重要组成部分，也是城市软实力和综合竞争力的重要体现，将成为长三角地区城市群能级和核心竞争力的重要载体。从最初的概念化到全方位均衡发展，以赛事"核心竞争力"推动长三角体育产业一体化，由此产生了新的内涵。

打造赛事新硬核，用"长三角"一体化的思维建立一个范围更广、规模更大的大型体育赛事观赏、消费市场将是长三角地区体育赛事发展的方向。未来，发挥体育基础设施建设等优势，可以申办引进与长三角地区世界级城市群相匹配的世界顶级综合性运动会或单项体育赛事。国际雪联中国城市越野滑雪积分大奖赛将设上海站和浙江黄龙站，是一次有益的尝试。

从观赏性赛事到体验性赛事，长三角地区市民有望实现共享赛事一体化红利。目前，长三角地区马拉松包括杭州马拉松、上海国际马拉松、南京马拉松和合肥国际马拉松四大赛事。通过共享赛事名额，有助于提高四大马拉松在长三角地区的曝光度，实现赛事资源的共享互补。

三是以上海为龙头做好顶层设计

体育产业在长三角整个区域中，尤其是一体化的战略中，扮演了越来越重要的角色。除了三省一市的体育部门，上海体育学院发挥学院优势，完善协作顶层设计，目前长三角地区体育产业联盟正在酝酿成立。

长三角地区经济领先、文化相近的区位优势及体制、机制优势，与国际接轨的服务业和便捷的交通基础，打造了全国最具吸引力、最具发展潜力的经济圈，为长三角体育产业发展奠定了经济文化基础。上海提出2025年初步实现全球著名体育城市的目标，打造长三角体育产业一体化新高地，上海需要发挥龙头作用，扮演好新角色。

除了赛事一体化，政策层面的标准一体化将成为长三角体育产业一体化2.0版本的"操作手册"。除了赛事资源，体育产业人才培训、体育资源交易、青训体系项目等众多体育产业相关领域，都需要政府在战略规划引导、重大产业布局、公共服务供给、体制机制保障等方面给予引导，发挥市场在资源配置中的作用，建立规则统一开放、标准互认、要素自由流动的市场环境。

一、上海市体育发展情况与措施

（一）上海市体育发展情况

《2019年上海市全民健身发展报告》（简称“300指数”）发布。根据数据显示，2019年上海市全民健身事业总体发展状况令人满意，市民对健身环境的满意度高，经常参与体育锻炼人口比例稳步上升，市民体质健康状况良好。

2019年的300指数总分为256.3分，较上一年度有所提升。“健身环境”“运动参与”以及“体质健康”三项组成单项指标均处于“满意”区域。

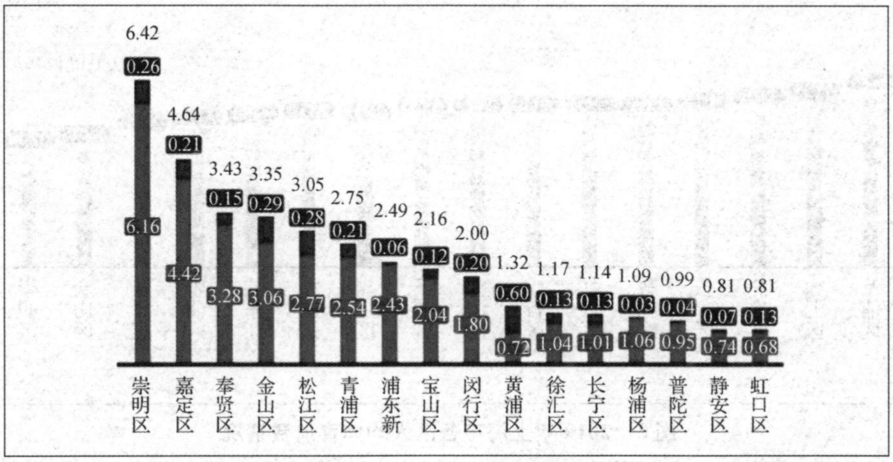

图1　上海市民健身环境与体质健康图

2019年，上海市新建成市民健身步道（绿道）239条，市民对上海体育场地满意度较高，达83.1分。近年来，上海市相关体育管理部门强调建设市民身边的社区体育场地，上海市社区体育设施管理服务平台逐步完善，公共体育设施附属空间以及学校体育场馆开放持续推进。全市经营体育场地与社区体育场地形成结构性互补，作为上海市全民健身场所的有机组成部分，满足了市民不同层次的多样化健身需求。

在上海市体育治理体系改革的不断探索下，“运动参与”指数升至85.7分。2019年，上海市经常参加体育锻炼的人数占常住人口比例达43.7%。与2018年相比，19—39岁、50—59岁等年龄段市民经常参加体育锻炼人口比例显著增长，成为市民经常参加体育锻炼人口比例增长的主要推动力。市民参加体育锻炼的最主要目的为改善体质、增进健康，其次为调节情绪减轻压力、减肥塑身和增加体力活动等。据统计，跑步、快走（健步走）、游泳是经常参加体育锻炼的市民最常采用的锻炼项目。

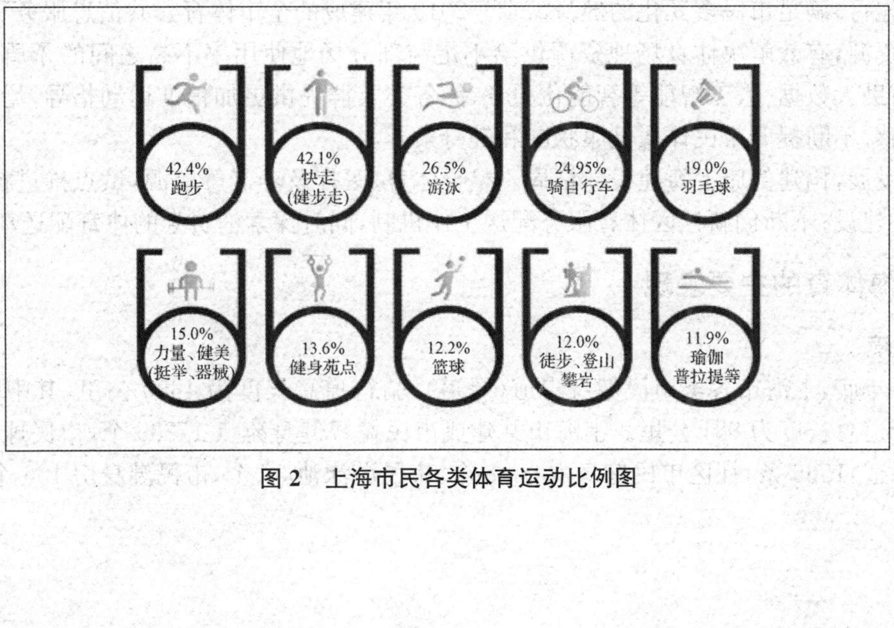

图2　上海市民各类体育运动比例图

近年来,上海市体育行政管理部门通过消除市场开放壁垒,海纳百川开门办赛,积极调动社会主体参与赛事的主观能动性。作为上海全民健身代表性赛事,城市业余联赛品牌溢出效应明显,赛事库不断扩容,2019 年共计开展赛事活动近 6000 场,参赛人数达 330 万余人次。值得一提的是,城市业余联赛创办三年来坚持社会化办赛,打造开放平台,广泛吸纳符合办赛标准的赛事项目,开展专业培训,不断提高办赛主体专业水平,吸引共计 160 家企业和社会团体参与办赛,同比增长约三成。

在拥有较强健身意识的基础上,上海市民的体育消费水平也有所提升。根据数据显示,2019 年上海有体育消费人群占比为 80.3%,居民人均体育消费为 2849 元。其中,消费水平最高的是 18—59 岁人群,人均体育消费为 3722 元;其次为 6—17 岁的青少年,人均体育消费为 3619 元,体育消费能力同样不容忽视。

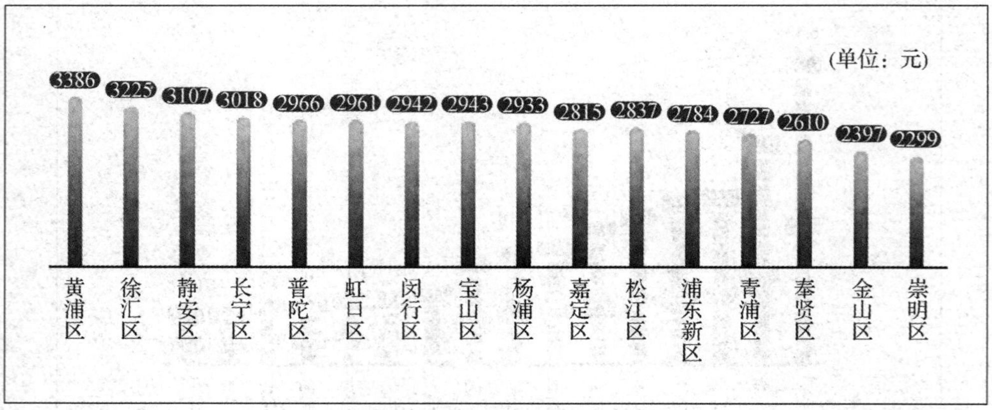

图 3　2019 年上海市各区人均体育消费情况

根据报告显示,"体质健康"指数为 86.9 分,总体发展令人满意。上海市青少年学生体质健康状况稳步提升,2019 年上海市青少年体质达标率为 97.4%,优良率为 51.5%,优良率较 2018 年上升 5.1 个百分点。

值得注意的是,50 岁及以上的市民健身素养得分显著低于 50 岁以下市民。此外,与 2018 年相比,上海市民运动干预得分增长最快但仍较低,市民对相关知识的理解和掌握依然有待提升。

《2019 年上海市全民健身发展报告》由上海市体育局委托第三方上海体育学院公共体育服务研究中心承担评估工作。报告最后也提出了引领体育公共服务提档升级的发展对策:

一是优化布局,丰富市民身边的健身设施。为集中破解市民"健身难"问题,对全市体育健身场地进行标准化布局,推进上海多家一体化综合性健身场馆建设,积极打造 15 分钟体育生活圈;持续推动街镇集中设置或分散设置综合性、多功能的社区市民健身中心,为社区居民提供公益性服务。

二是智慧先行,满足市民多元化的健身需求。2019 年建成的全市体育公共信息服务平台,应为市民提供优质体育资源,有效解决体育场地资源供给不足与部分场地使用率不高之间的矛盾。同时结合智慧场馆建设,借助大数据、人工智能等智能化服务,为各类人群提供更加精准运动指导,增强全民健身的体验感和获得感,不断提升市民体质健康状况和健身素养。

三是融合发展,构建健康上海建设新格局。整合体育、医疗及养老等资源,试点推进社区老年人"体医养融合"中心建设;不断创新社区体育服务配送工作机制,同时探索消费券的体育配送新模式。

(二) 上海体育的主要表现

1. 健身环境

截至 2019 年底,上海市各类市民健身步道(绿道)、骑行道总长度为 1680 公里,其中骑行道总长度为 247 公里,绿道总长度为 881 公里。上海市共建成市民益智健身苑点 17235 个,市民球场 2694 片,市民健身步道(绿道)1565 条,社区市民健身中心 98 个,市民游泳池 37 个,市民健身房 186 个,体育健身设施实现城乡社区全覆盖。

2. 运动参与

截至2019年底，全市共有体育社会组织1246个，较2018年增长了5.1%，其中体育类社团408个、体育基金会4个、体育类民非组织834个。

全市共有在册体育健身团队53888个。2019年，上海市平均每千人拥有固定健身团队数量为2.22个。根据调查显示，会员俱乐部、体育协会、企事业单位健身团队是参与度最高的体育社会组织。

3. 体质健康

2019年，全市共有60932名社会体育指导员，占常住人口的比例达2.5‰。社会体育指导员主要活跃在健身团队日常科学指导、社区体育设施管理、赛事活动组织以及健身培训指导等各领域中。

"社区体育服务配送"全年共为211个街镇社区配送体育服务6992场，其中健身技能培训6024场，科学健身讲座489场，青少年体育技能培训479场，覆盖全市16个区，街镇覆盖率达98.1%。

（三）上海体育赛事影响力不断扩大

1. 借体育杠杆撬动经济巨石，赛事凸显"城市会客厅"功能

借助体育杠杆撬动经济市场巨石，已经成为赛事发展的新动源。上海举办的体育赛事释放出巨大的产业潜能，特别是重大体育赛事对经济发展的拉动效应十分明显。在2019年举办的12项具有代表性的重大体育赛事中，上海ATP1000大师赛、F1中国大奖赛、上海国际马拉松赛三项赛事直接经济效益的贡献占比超过70%。

在产业拉动方面，赛事对第三产业的影响尤为显著。体育赛事举办期间，往往会在举办地形成大量餐饮、娱乐、交通、住宿、旅游等方面的消费需求，这将有效撬动市场，拉动城市GDP攀升。12项具有代表性的重大体育赛事对第三产业的拉动效应达61.08亿元，占比达59.9%。其中，赛事与旅游产业的联动效应特别突出，共吸引国内外超50万人汇聚上海，"吃住行游购娱"旅游六要素拉动效应达40.60亿元。

除了经济效益，这些赛事也让上海"城市会客厅"功能得以充分发挥。世界高尔夫锦标赛一汇丰冠军赛、上海ATP1000大师赛、上海环球马术冠军赛期间，多位世界500强企业总裁及高管专程从世界各地来上海观赛。F1中国大奖赛第1000站落户上海，F1赛车首次驶入上海市中心商业街区，引爆全球关注。

此外，各区纷纷以体育赛事为媒介，集聚发展体育产业。浦东新区借助区域场馆优势，积极打造以马术、电竞、冰雪运动等为特色的赛事集聚区，构建特色鲜明的体育产业生态圈；闵行区以上海ATP1000大师赛为基础，打造融体育赛事、运动休闲、培训健身、商务娱乐、度假为一体的旗忠国际化体育休闲集聚区；奉贤区以世界摩托车越野锦标赛为契机，整合全区优势产业资源，加速了奉贤区打造"汽车未来空间"的步伐。

由此可见，体育赛事给上海带来的效益是多重的，既开发了市场价值、社会价值，又激发了资源活力，随着赛事产业链布局的不断完善，体育产业也将逐步融入城市经济，助推上海全面发展。

2. 深挖"眼球经济"，体育成推介上海城市形象重要窗口

除了贡献度，重大体育赛事所带来的关注度也不容小觑。体育赛事一定程度上也是一种"眼球经济"，好的关注度和辐射效应往往能推动赛事价值实现最大化。2019年，上海举办的163项国际国内体育赛事引发广泛关注，现场受众高达209万人次，共吸引17万人次参赛，192万人次现场观赛，赛事现场受众规模空前。

163项赛事共产生35万篇次媒体报道，包括传统媒体报道8万篇次、社交媒体报道27万篇次。此外，一些重大赛事还吸引了全球媒体关注的目光。2019年，12项具有代表性的重大体育赛事媒体报道数量达8万篇次，占总报道篇次的23.4%。其中，F1中国大奖赛和上海ATP 1000大师赛在国外主流社交媒体的浏览量分别达 8700 万人次和 5080 万人次。

以上海 ATP1000 大师赛为例,2019 年,该赛事转播覆盖全球 175 个国家和地区,社交媒体受众规模增长迅速,赛事全球播放时长 6411 小时,在欧洲地区的播放时长高达 4174 小时,占比超过 65%。

赛事关注度不仅指媒体价值和现场受众规模,还包括对上海这座城市的曝光度,这也是衡量国际体育赛事之都的重要指标。在 2019 年各项赛事产生的 35 万篇次媒体报道中,对"上海"城市的媒体报道高达 33 万篇次,如此庞大的曝光度背后正是世界对上海这座城市关注度的不断提高。这说明重大赛事不仅代表体育本身,更成为向世界推介上海城市形象的一个重要窗口。

3. 打造"上海服务"新名片,立法促进体育赛事规范有序发展

上海为体育赛事培育提供了沃土,在迈向国际体育赛事之都的征途上,数量只是高速发展的一个缩影,还需不断提升专业度,办好品牌赛事。从评估结果来看,上海体育赛事的组织运营水平已位居全国前列,不仅赛事阵容逐步扩大、国际化水平不断提高,赛事本身的专业化、科学性以及上海的营商环境也在不断优化,一流的赛事体验更为"上海服务"品牌打上了新的标签。

2019 年上海举办的 163 项赛事中,国际性赛事共 87 项,占比高达 53.4%。同时,38.9%的赛事吸引世界排名前五十的选手参赛,53.5%的赛事采用国际级裁判执裁,26.8%的赛事开闭幕式邀请了国际单项体育组织官员出席,赛事的国际化程度不断提升。

此外,还有 70%以上的赛事联合专业公司运营推广,20%以上的赛事赞助商数量超过 10 个,40%以上的赛事赞助商中包括世界 500 强企业或上市公司,20%以上的赛事总收入超过 300 万元。这些赛事已经实现了从赛事运营、赛事保障到商业开发的市场化运作,并从各个方面展现出上海体育服务水平的领先度。

为进一步引领和规范上海体育赛事发展,鼓励和促进更多市场主体和社会力量依法办赛,2019 年,上海市政府颁布实施《上海市体育赛事管理办法》。"这部规章突出了体育赛事领域服务保障与监督管理相结合,'寓管理于服务'的理念。"市体育局副局长罗文桦介绍说,"为解决办赛主体的痛点,规章提出建设'一平台一机制',通过在一网通办上搭建平台,为办赛主体提供服务,引导办赛主体主动登录平台填报赛事信息,同时依托平台,体育部门与公安、应急管理等职能部门共享赛事信息,通报赛事举办情况,建立体育赛事综合服务机制,也为加强事中事后监管提供便利。应该说,《上海市体育赛事管理办法》为加快建设国际体育赛事之都提供了法治保障。"

上海专业的赛事组织也在助力竞技体育高质量发展。2019 年举办的 163 项国际国内赛事中,奥运项目赛事共 78 项,占比为 47.9%,为中国运动员提供了更多参赛机会,也加强了奥运备战的质量和效益。第十五届世界武术锦标赛的成功举办,为武术项目进入青奥会作出了巨大贡献。

据不完全统计,2019 年上海举办的 163 项国际国内体育赛事中,51 项赛事的举办时间超过 7 年,占比为 31.3%。赛事组织运营日益成熟,办赛品质稳步提升,这些变化预示着上海体育赛事已步入稳定发展期。

办赛主体在赛事举办过程中所展现出的体育服务水平领先度、服务功能辐射度、服务对象感受度、服务品牌美誉度,在无形中强化了体育消费者对"上海服务"的满意度和获得感,让体育赛事成为"上海服务"消费升级的新名片。

二、江苏省体育发展情况与措施

(一) 江苏省体育发展情况

2019 年,江苏省体育事业蓬勃发展。在重大国际比赛(世界杯、世锦赛)中获得世界冠军 14 人次(13 项次),亚军 12 人次(8 项次),季军 2 人次(2 项次),新增世界冠军 6 人;在国内一类赛事中获得金牌 143 人次(37 项次),银牌 51 人次(25 项次),铜牌 91 人次(29 项次)。

经核算，2019 年江苏省体育产业实现总产出 4620.42 亿元，同比增长 13.6%；创造增加值 1570.94 亿元，同比增长 13.2%，占全省地区生产总值的比重为 1.58%，增长 0.08 个百分点，对全省经济贡献程度日益提高。

根据统计数据显示，江苏省体育产业发展呈现三大特点：

一是体育服务业快速发展。江苏体育产业继续保持较好发展态势，从全省体育产业内部结构来看，体育服务业继续保持快速发展势头。2019 年，体育服务业实现总产出 2466.11 亿元，占体育产业总产出的比重为 53.4%，同比增长 1.5 个百分点；创造增加值 1074.79 亿元，占体育产业总增加值的比重为 68.4%，同比增长 2.0 个百分点。

二是体育用品及相关产品制造稳居首位。2019 年，江苏省体育用品及相关产品制造的总产出和增加值尽管增速放缓，但规模体量仍是所有门类当中最大的。2019 年，实现总产出 2059.97 亿元，占全省体育产业总产出的 44.6%；创造增加值 474.39 亿元，占全省体育产业总增加值的 30.2%。

三是体育场地设施建设平稳发展。2019 年，江苏省体育场地设施建设实现总产出 94.34 亿元，占体育产业总产出的 2.0%；创造增加值 21.76 亿元，占体育产业增加值的 1.4%。占比与 2018 年基本持平。

（二）江苏省群众体育情况

江苏省积极贯彻全民健身国家战略，加快落实江苏省政府和省体育局年度群众体育事项，群众体育发展取得新突破。

1. “大体育”工作格局初步形成

江苏省以全地域覆盖、全周期服务、全社会参与、全球化合作、全人群共享为要求，不断深化改革创新，加快完善“政府主导、部门协同、全社会参与”的“大群体”发展格局，“大体育”工作格局初步形成。

2018 年是江苏省运会年，作为首次增设 15 个大项 76 个小项的群众比赛项目的第十九届江苏省运会，在运动员参赛资格的设置上充分体现覆盖全人群、开放发展的特点。比赛从 5 月开始到 9 月结束，时间跨度长，直接参加到决赛的运动员近 2000 人。整个省运会群众项目比赛期间，没有出现一例严重赛风赛纪问题，各参赛队均获得体育道德风尚奖。同时在比赛中，有非洲留学生参加了舞龙、龙舟项目，在苏州生活的美国人参加了航模项目，充分体现了国际交流。

2. 公共体育服务体系进一步完善

江苏各地充分利用老旧街区、闲置厂房、立交桥下等改建增建公共体育设施，不断提升城市社区“10 分钟体育健身圈”服务内涵。继续实施农民体育健身工程提档升级，乡镇（街道）绝大多数都建有小型全民健身中心和 2000 平方米的多功能运动场。制定体育公园建设标准，下发《江苏省公共体育设施基本标准》，新建 500 公里健身步道，建成 700 个体育公园。

江苏省各地积极承办国际、国家群众体育赛事和活动，广泛开展群众喜闻乐见的体育赛事和活动，全省每年有组织参加体育活动的达 5000 万人次。“长江经济带”全民健身大联动、全民健身日活动、新年登高活动等定期举办，省、市、县联动，品牌效应不断彰显。“迈进新时代　幸福舞起来”全省广场舞大赛，关注参与的群众超百万人。

3. 公共体育服务水平进一步提高

贯彻《健康江苏 2030 规划纲要》，建成江苏省国民体质监测与科学健身指导平台，指导江苏省体育系统完成 30 万人次的国民体质检测与运动健身指导。在全国率先实现县（市、区）国民体质监测中心全覆盖，建成省级以上体质测定与运动健身指导站 108 个，每年为 30 多万名群众免费进行体质测定、运动能力评估、科学健身指导等服务。建成全省全民健身电子地图，为城乡居民提供各类便捷的资讯服务。大力发展全民健身志愿者队伍，江苏省社体指导员突破 30 万人。

与此同时，江苏省抓好社会体育指导员升等升级培训，2018 年，江苏省培训一线社体指导员 23 个项目 60 期 6000 余人，培训一级社体指导员 14 个项目 14 期 1148 人，国家级社会体育指导员 4 期 28 个项目336人全部合格。此外,对4000名常年服务在全民健身志愿服务一线的社体指导员进行技能再培训,江苏省社体指导员人数突破30万人。

(三)江苏居民体育消费情况

根据江苏省体育局发布的《2019年江苏省城乡居民体育消费统计》显示:

江苏省体育消费规模继续扩大。2019年,江苏城乡居民人均体育消费支出达2442元,相比2018年的人均2382元增长了2.5%。按照江苏省常住人口规模计算,江苏省2019年体育消费总规模为1971亿元,相比2018年总规模1918亿元增长了2.8%。

江苏省体育消费结构稳中有变。2019年,江苏省人均体育消费支出前四位的分别为体育用品类、体育培训类、体育彩票费用和俱乐部会员费。参加体育比赛的报名费最低,人均45.69元。购买体育直播录播节目的人均消费支出47.49元,占总消费均值的1.9%,比2018年增长了22.5%。电子竞技及体育动漫游戏类产品人均消费支出149.36元,占总消费均值的6.1%,比2018年增长了41.5%。数字体育消费在体育消费规模总规模和规模增长中的作用呈强劲上升趋势。

2019年,江苏省体育消费人均支出男性大于女性;26—40岁居民是体育消费的主力军。体育消费支出水平随着学历和收入水平的上升而上升。在职业上,城市专业技术人才的人均体育消费均值最高,达2960元。

体育消费基础不断夯实。2019年,徒步、路跑及马拉松、羽毛球、棋牌类和跳绳成为体育消费参与人数前五位的体育项目;参与人数排名后5位的体育项目是汽摩运动、帆船、马术、摩托艇类和定向越野。非现场观看排名前三位的体育比赛项目分别为NBA联赛、国外足球联赛、CBA联赛;排名后三位的为马拉松及跑步类、棒垒球、游泳跳水花游类。现场观看排名前三位的体育比赛项目分别为马拉松及跑步类、CBA联赛、中超及亚冠;排名后三位的是游泳跳水花游类、F1及其他赛车比赛和高尔夫赛事。

(四)江苏体育彩票情况

2019年,省级体育彩票公益金共安排支出65242.44万元,其中实施群众体育工作47321.90万元,占72.53%;实施竞技体育工作17920.54万元,占27.47%。

2019年,实施群众体育工作具体包括四个方面:援建与维护公共体育场地、设施和捐赠体育健身器材7059万元,资助群众体育组织和队伍建设8565.10万元,资助或组织开展全民健身活动27207.40万元,组织开展全民健身科学研究与宣传4490.40万元。2019年,实施竞技体育工作同样也包括四个方面:举办或承办区县级以上体育赛事2677万元,改善训练比赛场地设施条件1600万元,支持运动队参加国际国内比赛9605.24万元,补充运动员保障支出4038.30万元。

2019年,体育彩票公益金的投入,对江苏省体育事业起到了很大的推动作用;体育彩票公益金的使用,也产生了一系列的经济和社会效益。

1. 完善群众身边体育设施

据公告显示,2019年度省级体彩公益金用于笼式足球场建设、二代智能健身路径建设、大型体育场馆免费低收费开放补助等工作。其中,推动建设50个笼式足球场、6个拼装式游泳池、13个板网球场、100套二代智能健身路径,推动123个大型体育场馆免费或低收费开放,支持溧水打造“健康中国”溧水样本和“健康江苏”实践示范区,扶持建设2020年世界田径锦标赛赛事主场馆。

2. 广泛开展群众身边的赛事活动

2019年,江苏积极举办全省全民健身大联动、全民健身日、新年登高等大型活动和“魅力江苏 最美体育”系列品牌赛事活动。成功举办全省首届智力运动会,全省13个代表队运动员、教练员和裁判员共2180人参加了9个大项、91个小项的比赛。此外,江苏还通过发放5000万元体育消费券,激励群众参与体育健身活动。现如今，在江苏越来越多的老百姓从旁观者变为参与者。

3. 推进全民健身科学指导

随着百姓生活水平提高、多元化需求的增长，科学健身指导服务需求愈发强烈。2019年，江苏审批一级社会体育指导员1704人，开展1303人次一级社会体育指导员的晋级培训，组织5025人次一线社会体育指导员技能再培训。

4. 多方面加强青少年体育工作

2019年，江苏继续加强青少年体育活动组织建设，推动高水平后备人才培养，扶持26个国家级高水平体育后备人才基地等。积极组织青少年体育活动，开展9个项目青少年体育训练营和2个冰上项目活动，举办青少年阳光体育运动联赛等。深入推进校园足球工作，积极开展“省长杯”青少年校园足球联赛，创建62片青少年校园笼式足球场地，举办“一带一路”国际青少年足球邀请赛和海门国际青少年足球邀请赛等青少年校园足球赛事。

5. 支持竞技体育事业发展

2019年，在省级体彩公益金的助力下，江苏支持运动队奥运会和全运会备战，出色完成十四届冬运会和年度比赛备战参赛任务，大力发展体育赛事等。

近年来，体彩公益金为社会公益事业和体育事业作出的贡献日益凸显，体育彩票公益金的使用方向更加聚焦于提供基本公共服务，满足人民对美好生活的需求，为全民健身和健康中国战略的开展提供“强援”。

（五）召开2019年体育产业大会

3月29日，2019江苏体育产业大会在南京举办。来自国家体育总局、全省体育系统、相关企事业单位和社会组织以及部分外省市体育局、省有关部门、高等学校及专家学者代表共1000余人参加会议。

本次大会的主题是“建体育强省、促跨界融合”。建设新时代体育强省，是深入贯彻落实习近平新时代中国特色社会主义思想、践行“两个维护”的重要举措和生动实践，是回应人民群众对美好生活向往的历史使命与责任担当，也是每一个江苏体育人恒久不变的追求和梦想。必须以建设新时代体育强省为统领，坚持高质量发展要求，加快推进跨界融合，提炼江苏特色，推广江苏优势，确保2020年底前完成新时代体育强省共建任务。

体育产业是衡量体育强省的重要指标、推进创建工作的关键环节。近年来，江苏体育产业以新时代体育强省建设为引领，坚持高起点站位、高质量发展，焕发出新的蓬勃生机与活力：时尚体育运动井喷发展，成为社会消费新热点；竞赛表演产业释放红利，焕发经济发展新生机；产业结构布局优化见效，构筑区域经济新风景。预计2018年全省体育产业总规模4000亿元左右，增加值1340亿元左右，占全省GDP比重达1.45％；全省城乡居民人均体育消费近2300元，体育消费总规模将达到1800亿元。

发展高质量体育产业、建设新时代体育强省，是时代赋予我们的课题使命，要以促进跨界融合为主要手段，让产业结构布局更加优化完善，产业发展动力更加活跃多元，产业发展生态更加绿色健康，产业引领支撑作用更加突显成效，更好满足人民群众的体育需求。要进一步强化市场主导与政府引导协同发力，促进体育产业多维融合；进一步强化供给和需求侧同频共振，促进体育产业提质增效；进一步强化载体和平台建设有序推进，促进体育产业健康发展；进一步强化改革创新和“放管服”双管齐下，努力推动江苏体育产业高质量发展走在前列。

会上，发布江苏省第三批共建体育健康特色小镇名单，7家小镇所在县（市、区）政府在会上递交共建协议。发布江苏省第二批13家体育服务综合体名单，并分别向第一、第二批体育服务综合体授牌。省体育产业集团、南京市体育产业集团、江宁区政府、南京万德体育产业集团、南通铁人运动用品有限公司等有关单位和企业，围绕各自行业领域和方向发表了主题演讲。同时，举办江苏省首届体育文化创意设计大赛颁奖及第二届启动仪式，该项赛事旨在汇聚创意设计资源，提升体育设计水平，促进创意成果转化，更好推动体育文化融合发展。

大会共设主旨演讲、政策巡礼、赛事聚焦、品牌引领和精品发布五大板块，并同步举办江苏体育产业发展巡礼展。这次大会是江苏省举办的第四次高规格主题体育产业盛会，对于谋划江苏体育产业发展蓝图，展示江苏体育产业发展成果，促进体育行业领域交流合作，更好推动江苏体育产业高质量发展，助力新时代体育强省和“强富美高”新江苏建设具有重要意义。

三、浙江省体育发展情况与措施

（一）浙江省体育发展有关数据

2019年，浙江运动员在各类国际性、洲际性、全国性比赛中共获得世界冠军13个，世界杯分站赛、系列赛冠军33个，世界青年锦标赛冠军7个，亚洲冠军15个，亚洲青年锦标赛冠军13个，全国一类比赛冠军100个、二类比赛冠军119个。全国青年运动会冠军98个。

2019年末，全省人均体育场地面积2.34平方米，经常参加体育锻炼（含学生）人数占总人口的41.8%，城乡居民国民体质合格率保持在93.4%以上。有省级全民健身中心7个、中心村全民健身广场（体育休闲公园）61个、社区多功能运动场296个；国家级体育后备人才基地18个，省级体育后备人才基地50个；国家级体育传统项目学校17个；省级青少年体育俱乐部413所；国家体育产业示范基地（运动休闲示范区）7个，体育旅游示范基地2个，国家级运动休闲特色小镇3个；省级运动休闲基地20个，运动休闲旅游示范基地30个。

2019年，销售体育彩票156.2亿元，比上年下降24.3%。

（二）全省体育场地设施状况

1. 体育场地设施数量与面积

根据调查数据显示，截至2019年底，全省共有各类体育场地设施183472个，与2018年相比增加10322个，增幅达6%。体育场地设施总面积13702.65万平方米，与2018年相比增加729.61万平方米，增幅达5.6%。人均体育场地面积2.34平方米，与2018年相比增幅为3.5%。平均每万人拥有体育场地设施31.36个，与2018年相比增加1.18个。其中杭州市体育场地设施数量最多、面积最大，分别为27955个、2176.9352万平方米，占全省体育场地总量的15.24%、体育场地面积总量的15.89%。湖州市人均拥有体育场地面积最多，为2.73平方米。

2. 不同类型场地数量状况

不同类型场地数量列前三位的是全民健身路径53206个、篮球场地42907个、乒乓球场地31351个，其中杭州市的全民健身路径和乒乓球的场地数量最多，分别为8548个和4553个；金华市篮球场地数量最多，为6547个。

3. 不同类型场地面积状况

健身步道类场地面积占比最大，为3684.56万平方米，占全省体育场地总面积的26.89%。其中，温州市的健身步道类场地面积最大，为746.24万平方米。其次为篮球类场地面积，为2617.24万平方米，占比为19.10%，其中金华市的篮球类场地面积最大，为367.65万平方米。

表 1　2019 年浙江省各市体育场地设施主要数据

地市	人均场地面积（平方米）	体育场地数量（个）	体育场地面积（万平方米）
杭　州	2.10	27955	2176.9352
宁　波	2.43	24410	2074.8179
温　州	2.20	25266	2046.5225
嘉　兴	2.37	15816	1139.6136
湖　州	2.73	8038	834.7292
绍　兴	2.51	17693	1271.6843
金　华	2.53	21154	1422.2031
衢　州	2.28	8452	506.3005
舟　山	2.53	2976	298.0271
台　州	2.20	20309	1351.2808
丽　水	2.62	11403	580.5315

（三）浙江省参加体育锻炼人数规模

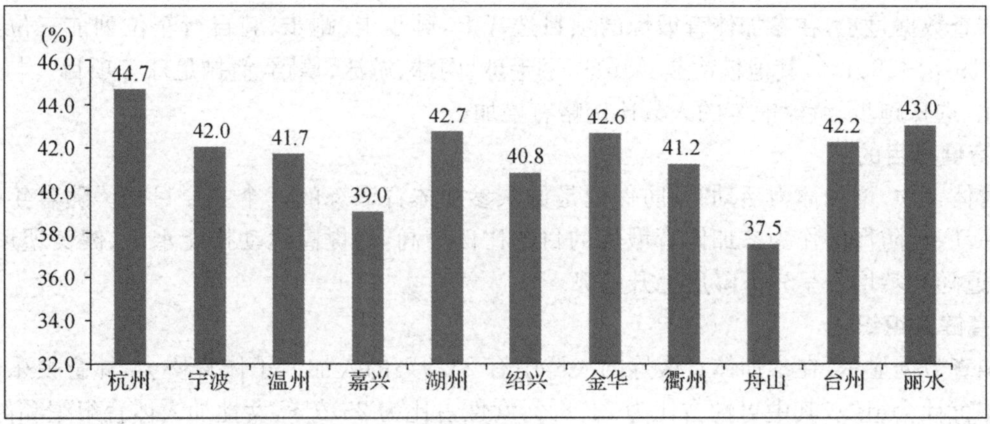

图 4　2019 年浙江省各市经常参加体育锻炼的人数比例

根据调查数据显示，截至 2019 年底，浙江省城乡居民每周参加 1 次及以上体育锻炼的人数为 3147 万人，经常参加体育锻炼的人数（含在校学生）比例为 41.8%，与 2018 年相比，增长 0.5 个百分点，其中 20 岁及以上的人群经常参加体育锻炼的人数比例为 28.5%，与 2018 年相比，增长 0.4 个百分点。男性是 28.7%，女性是 28.2%，分别比 2018 年增长 0.1 个和 0.7 个百分点。城镇居民为 32.2%，乡村居民为 24.7%，分别比 2018 年增长 0.2 个和 0.9 个百分点，乡村居民经常参加体育锻炼的人数百分比的增长幅度高于城镇。从全省来看，杭州市经常参加体育锻炼的人数比例最高，为 44.7%。

（四）浙江省城乡居民体质水平

对比《国民体质测定标准》“合格”等级条件，2019 年浙江省城乡居民达到“合格”等级以上的人数比例为 93.4%，相比 2018 年，提高 0.5 个百分点。按年龄排序：3—6 岁幼儿为 93.8%，20—39 岁成年人为

93.5%,40—59岁成年人为93.2%,60—69岁老年人为92.5%。各个年龄组分别比2018年提高0.3个、0.4个、0.7个、0.7个百分点。按男女性别排序:男性比例为93.2%,女性比例为93.5%,相比2018年,分别提高0.6个、0.3个百分点。按城乡人群排序:城镇为93.8%,乡村为92.8%,分别比2018年提高0.4个和0.6个百分点。各地市达到"合格"等级以上的人数总体比例在93.1%—94.2%之间,其中宁波市体质合格率最高,为94.2%。

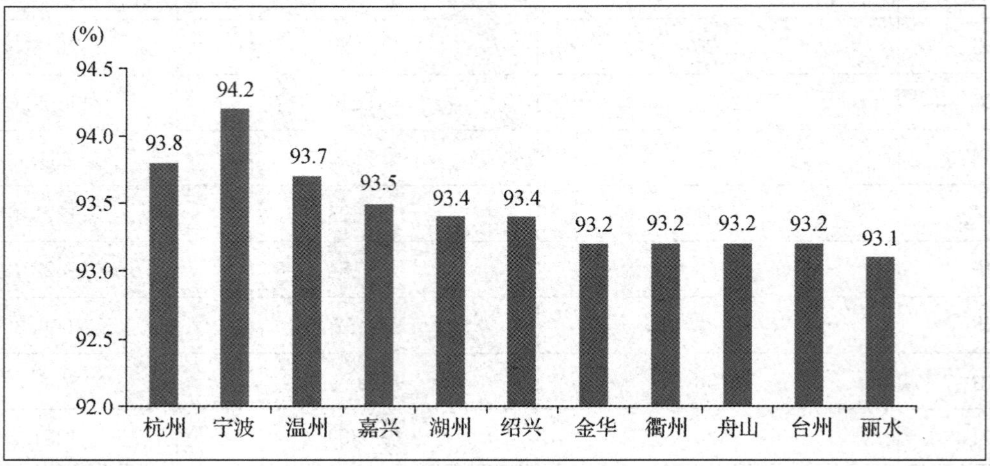

图5 2019年浙江省各地市城乡居民体质合格率

(五)浙江省城乡居民参与体育健身活动特征

1. 体育健身项目

根据调查数据显示,在参加体育锻炼的项目选择上,健步走、跑步、骑自行车位列前三位,占比分别是32.2%、19.8%、8.1%,其他依次是乒乓球、羽毛球、网球、游泳、舞蹈、篮排足球等项目。与2018年调查数据相比,选择跑步、游泳锻炼的人数比例略有增加。

2. 体育健身目的

提升身体素质、增加体力活动、预防保健是群众参加体育锻炼的三个主要目的。随着年龄的增长,增加体力活动、预防保健作为参加体育锻炼的目的比例增高,而提高运动技能水平、健美塑形的比例下降,休闲消遣随年龄增长呈先下降后上升趋势。

3. 体育健身组织

根据调查数据显示,在参加体育锻炼的人群中有23.9%的人加入了体育协会、体育俱乐部、自发健身团队等体育社会组织,其中男性占比为21.8%,女性占比为25.9%,女性加入体育组织和健身团队的比例高于男性,并随着年龄增长,结伴健身的需求越高,加入体育健身团队的比例也越高。

4. 体育健身指导

学习健身技能和接受锻炼指导主要来源于模仿练习、交流学习、观看健身视频,比例分别是26.2%、22.7%、17.5%,接受社会体育指导员指导的比例为10.4%,相比2018年增长2.4个百分点。

5. 体育健身场所

根据调查数据显示,有60.1%的人选择在公园、广场、住宅社区、单位内和公路、街道边的空地进行体育锻炼,选择去公共体育场馆锻炼的比例为16.6%,较2018年增长4.1个百分点,选择在小区和村镇的健身路径进行体育锻炼的比例较2018年降低1.2个百分点。

6. 体育健身消费

根据调查数据显示,59.7%的人有体育消费,消费项目主要是购买运动服装、体育器材、参加和观看体育比赛以及教练课时费等,与2018年相比,消费结构顺序有所变化,消费水平明显提高。

7. 体育健身知识

根据调查数据显示，对体育健身知识理解水平达到优秀占比为 4.1%，达到良好水平的占比为 29.4%，达到一般水平的占比为 37.3%；对体育健身知识不了解的占比为 29.1%。城镇居民对体育健身知识理解程度高于乡村。

（六）2019 年体育十大新闻

1. 致敬中华人民共和国成立 70 周年，12 位浙籍奥运冠军首次大团圆

2019 年 4 月 3—4 日，为庆祝中华人民共和国成立 70 周年、浙江省"体坛十佳"举办 20 周年，12 位浙籍奥运冠军吴小旋、楼云、吕林、占旭刚、朱启南、罗雪娟、孟关良、周苏红、江钰源、孙杨、叶诗文、石智勇首次大团聚，拍下第一张"全家福"，同时组织开展"植奥运林 · 孕星希望"、与阿里巴巴青年精英对话等主题活动，引起社会与媒体的极大关注。

2. 省级体育现代化县(市、区)创建正式启动

7 月 16 日，浙江省体育现代化创建工作正式启动。截至目前，已有 25 个县(市、区)提交了申报意愿。以三年为一个创建周期，即在 2019—2020 年间，浙江将开展第一批省级体育现代化县(市、区)的创建工作。浙江是在全国率先提出"体育现代化县(市、区)"创建的省份。

3. 全国冬运会史上，浙江实现金牌零突破

第十四届全国冬季运动会期间，在率先举行的女子钢架雪车比赛项目上，浙江自主培养、来自宁波的小将林回央勇夺金牌。这也是浙江运动员历史上首次在全国冬运会上摘金，创造了新的历史。

4. 衢州成功举办第四届全国智力运动会，浙江军团创造历史最佳战绩

第四届全国智力运动会 2019 年 11 月 8—18 日在衢州举行。来自全国 47 个参赛单位的 2874 名运动员参与 6 个大项 57 个小项的角逐，参赛运动员总数创历史新高。浙江代表团 138 名运动员参与 6 个大项的角逐，拼得 9 金 9 银 8 铜，创造历届智运会以来的最好成绩。

5. 女排世俱杯连续两年落户绍兴，"排球名城"打造再添重磅力量

2019 年 12 月 3—8 日，继 2018 年后女排世俱杯再次来到绍兴。8 支代表世界最高水平的俱乐部队伍以及包括国际名将朱婷等云集古城。20 场比赛，接近一半由中央电视台转播。同时，高水平赛事也吸引全国的女排球迷蜂拥而至。

6. 国际雪联城市越野滑雪中国巡回赛，首次跨过长江来到杭州

12 月 17 日，2019 国际雪联城市越野滑雪中国巡回赛，首次跨过长江来到杭州。赏冰乐雪、快乐共享，浙江成为南方省份唯一举办过这项赛事的省份，成为"北雪南移、西扩东进"的举措，也是"让三亿人上冰雪"的重要载体，更是表达了浙江期盼 2022 年北京冬奥会的热切心情。

7. 体育数字化转型结出重要成果，"浙江省体育公共服务平台"正式上线

"最多跑一次"是浙江省深化改革的一张金名片。浙江省加快数字体育建设，开发完成浙江省体育公共服务平台并接入"浙里办"，实现公共体育场地设施 100%纳入全民健身地图，90%以上提供导航、查询功能，数字化转型工作年度综合评估达到良好水平。

8. 国际网坛巨星费德勒引爆杭州网球热潮

2019 年 12 月 28—29 日，杭州天猫杯国际网球邀请赛如约而至。国际网坛巨星费德勒在杭州奥体中心"小莲花"挥拍，并与青少年互动、为杭州亚运会拍宣传片，引爆了杭州的网球热潮。

9. 浙籍运动员屡屡实现重大突破，世界赛场展示浙江力量

光州游泳世锦赛上，孙杨夺得两金，浙江运动员包揽中国泳军所有金银牌；举重运动员在亚锦赛、世界杯、世锦赛上无一失手，6 次打破世界纪录；谢震业跑出 19 秒 88 的亚洲纪录，成为第一个跑进 20 秒的黄种人；郑思维、黄雅琼组合成功卫冕羽球混双冠军，陈雨菲首夺世界羽毛球巡回赛总决赛女单冠军。

10. 温州社会力量办体育改革试点,工作经验在全国引起较大反响

温州作为社会力量办体育全国唯一的试点城市,探索、实践两年多来,在实行体育领域举国体制与市场机制有机结合方面,积累初步的有益经验。同时,以温州为起点,社会力量办体育逐步在全省复制、推广。在12月底召开的全国体育局长会议上,以"温州社会力量办体育改革全国试点为动力,探索举国体制与市场机制有机结合的体育发展新路子"为主题作大会交流发言,受到广泛关注。

四、安徽省体育发展情况与措施

(一)安徽省体育发展情况

2019年在国际国内重大比赛中,安徽省运动健儿共获得65枚金牌、59枚银牌、106枚铜牌。全年共举办百人以上的群众体育健身活动4262次,参加活动总人数达414万人次。人均体育场地面积约为1.78平方米。全年销售体育彩票82.3亿元。

2019年,全省建成公共体育场馆34个,其中公共体育场8个,体育馆7个,全民健身活动中心12个。截至2019年底,全省建成"三个一"(室内全民健身中心、乡镇全民健身广场、多功能运动场或笼式足球场)403个,全民健身苑538个。

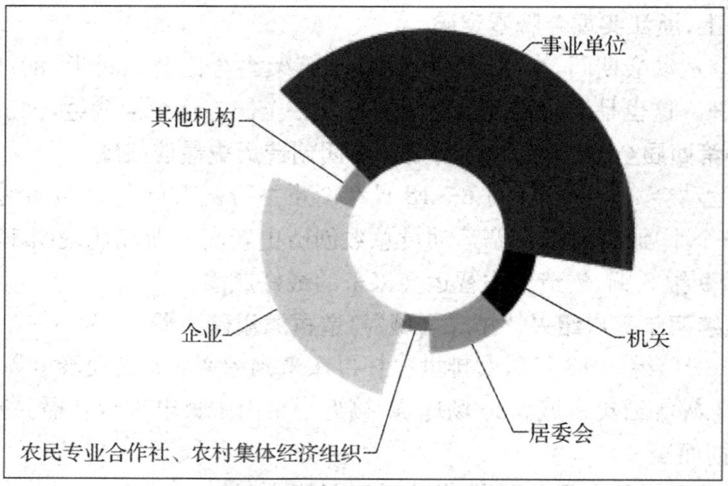

图6　2019年安徽省体育场地面积情况(分机构类型)

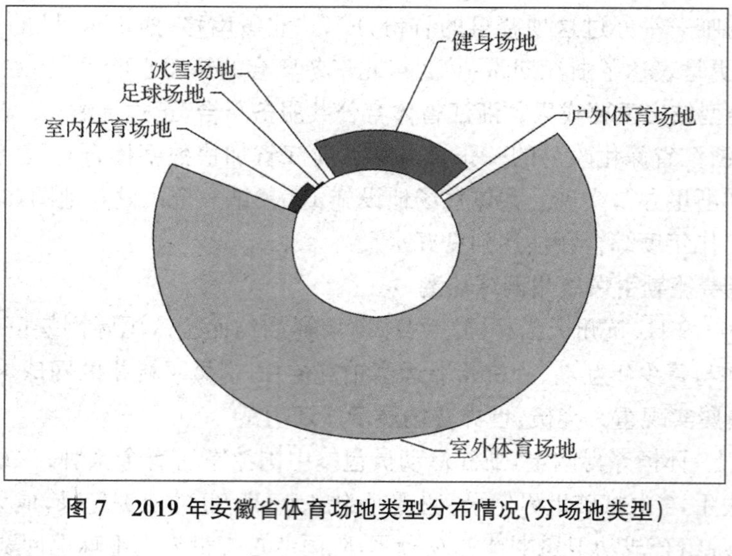

图7　2019年安徽省体育场地类型分布情况(分场地类型)

表2　2019年安徽省体育场地主要数据表

指标名称	计算单位	数量
一、综合指标	—	—
人均体育场地面积	平方米	1.78
体育场地数量	万个	15.25
二、基础大项场地	—	—
田径场地	万个	0.88
游泳场地	万个	0.06
三、球类运动场地	—	—
足球场地	万个	0.51
篮球场地	万个	3.77
排球场地	万个	0.28
乒乓球场地	万个	4.46
羽毛球场地	万个	1.13
四、冰雪运动场地	—	—
滑冰场地	个	7
滑雪场地	个	4
五、体育健身场地	—	—
全民健身路径	万个	2.78
健身房	万个	0.40
健身步道	万个/万公里	0.25/0.6

(二)2019年安徽省群众体育活动

1. 安徽省第三届健身休闲大会

2019年6月29日—10月26日,安徽省第三届健身休闲大会暨安庆市第五届全民健身运动会在安庆举行。大会由省体育局、省体育总会、安庆市政府主办,以"健身融入生活、运动促进健康"为主题,开展22个日常健身项目,参赛人数1万多人,间接参与人数超过5万人。省直机关体育联合会等17个单位获安徽省第三届健身休闲大会体育道德风尚奖,安庆市、合肥市、宿州市、蚌埠市、阜阳市、芜湖市、宣城市、铜陵市获优秀组织奖。安庆市教体局获突出贡献奖,宿松县和迎江区获最佳赛区奖。

2. 第十二届省直机关万佛湖环湖健身走活动

2019年4月20日,由省直机关工委、省体育局联合主办的第十二届省直机关万佛湖环湖健身走活动在舒城县万佛湖畔举行。99个省直单位的101支队伍近1500人参加。整个行程在封闭景区内完成,全程约6.5公里。

3. 环巢湖全国自行车公开赛

2019年5月12日,中国自行车运动协会和省体育局共同主办,合肥市体育局、巢湖市政府和合肥报业传媒集团共同承办的2019环巢湖全国自行车公开赛在巢湖开赛。全国各地1000余名专业自行车运动爱好者参加,美利达挑战者、诺飞客、耀骑单车等国内一流自行车俱乐部均组队参赛。此次赛事共设公路精英组、山地综合组、山地老年组和山地女子组四个组别,各组别前30名均颁发奖金或奖品,其中公路精英组最高奖金15000元。

4. 纪念毛泽东体育题词67周年全民健身主题活动

1952年6月10日,毛泽东为新中国体育工作题写"发展体育运动,增强人民体质"12个大字。2019年6月9日,安徽省毛泽东题词纪念活动主会场暨亳州市社会体育指导员风采展示活动在亳州市举行。纪念活动由省体育局、亳州市政府主办,亳州市文化旅游体育局承办。亳州市1000多名社会体育指导员为现场观众表演了舞龙舞狮、武术、健身气功、花样跳绳、华佗五禽戏、晰扬掌、太极拳等节目。

5. "金种子杯"篮球省市县三级联赛

由省体育局主办、省篮球协会和各市、县篮球协会联合承办的"金种子杯"2019年安徽省篮球省市县三级联赛从5月开始,持续到11月结束,参赛队伍1500支以上,直接参赛人数2万人,从各市、县逐级选拔。男子组比赛时间是5—11月,女子组是10—11月。联赛组委会采取多种赛制混编。男子组:每市选拔组织一支代表队参加省级联赛,联赛分为常规赛、季后赛、总决赛三个阶段。女子组:每市选拔组织一支代表队参加省级联赛,比赛采用赛会制,采用分组循环赛制,小组一、二名交叉赛,三、四名交叉赛,决出最后名次。

6. "晟淮杯"乒乓球省市县三级业余联赛总决赛

乒乓球省市县三级业余联赛总决赛于2019年11月21—25日在蚌埠市举行。比赛设4个组别16小项:18—35岁组(男女团体和男女单打);36—49岁组(男女团体和男女单打);50—59岁组(男女团体和男女单打);60—70岁组(男女团体和男女单打)。全省近800名乒乓球业余运动员参加。

7. 安徽省健美健身锦标赛

2019年5月12日,省健美健身运动协会、宣城市教体局、宁国市政府主办,宁国市教体局承办的2019年安徽省健美健身锦标赛暨全国健美健身锦标赛选拔赛经过两天角逐在宁国市闭幕。比赛分女子形体决赛、男子健体全场冠军赛、健身比基尼全场冠军赛、健美全场冠军赛,对获得名次的参赛者及参赛团体颁发奖杯、证书及奖金,分设优秀组织奖、精神文明奖和突出贡献奖。

8. 第六届"鑫泰杯"中国·万佛湖库钓大奖赛

2019年9月3—5日,由省体育局、六安市政府主办的第六届"鑫泰杯"中国·万佛湖库钓大奖赛在万佛湖举行。全国各地87支钓鱼队400多人参赛。比赛采取团体钓混合鱼重量积分赛制,分团体混合鱼种总重成绩和单尾最重成绩两项评比,奖金总额31万元,其中奖励团体混合鱼种总重冠军10万元、单尾最重冠军1万元。

9. 群众冬季雪上项目普及推广

2019年1月,由省体育局主办,安庆市教体局、岳西县政府承办的安徽省雪上运动普及推广培训班在岳西大别山滑雪场乐园开班。全省16个市的运动员、体育教师和健身爱好者共计120余人参加培训。这是安徽省第二次举行此类培训,内容包括滑雪场安全注意事项、各种防护装备的穿戴等理论知识和练习犁式滑雪站姿、滑降、转弯、制动、爬坡的运动技能培训。

(三)重要赛事和重大活动

1. 省体育局和安徽新华学院签约共建省冰球(轮滑冰球)队

2019年1月23日,省体育局、安徽新华学院签约合作共建省冰球(轮滑冰球)队。此次合作共建是响应习近平总书记在党的十九大报告中提出的"筹办好北京冬奥会"和"三亿人上冰雪"目标要求,推动冰球和轮滑冰球项目在安徽省普及和开展。省冰球队、轮滑冰球队按照"以我为主、打好基础,逐步培养、力争突破"的思路,以选拔省内已有冰球(轮滑冰球)优秀运动员为主,适时补充优秀苗子和引进外省青年队员的方式组建。其中第一批组建三支队伍,分别为男子冰球队(运动员22人)、男子轮滑冰球队(运动员16人)、女子冰球队(运动员20人,兼轮滑冰球运动员)、领队1名、主教练1名、教练2名、体能教练1名、队医1名。

2. 全省青少年举重、摔跤、柔道项目教练员培训

2019 年 1 月 25 日，由省体育局主办的安徽省青少年举重、摔跤、柔道项目教练员培训班在合肥举行，全省 90 余名重竞技项目教练员参加培训。培训分为公共课和专业课，8 名省内外知名训练专家受邀讲解项目规则、科学训练、选材方法、反兴奋剂及科学使用营养品等方面的知识，针对青少年不同阶段的训练方法与训练计划，从全新角度进行详细解读，安排实战技术交流、训练动作分解示范等授课内容。

3. 奥运冠军霍邱助学公益行

2019 年 3 月 2 日，北京星能公益基金会邀请百名奥运冠军、世界冠军合作开展的"星能冠军助学项目"走进霍邱县青少年业余体校。奥运冠军高敏(跳水)、杨秀丽(柔道)和张小平(拳击)与中华少年儿童慈善救助基金会以及水滴公益代表，为热爱体育的困难家庭孩子们送去慰问，3 位奥运冠军共同为体校的小运动员上了一堂训练课，为青少年体育梦想助力。

4. 省体育局与东北师范大学签约合作共建省速度滑冰队

2019 年 3 月 7 日，省体育局、东北师范大学在吉林长春签约合作共建省速度滑冰队。东北师范大学体育学院是国家体育总局冬季项目发展的重要基地，承担国家冬季项目训练、科研、选材等。省体育局和东北师范大学合作共建省速度滑冰队，利用各自优势和资源，开展交流合作，提高共建队伍的竞技水平，推进安徽省冬季项目的发展。

5. 全国青少年体育俱乐部管理人员培训

2019 年 4 月 9 日，由国家体育总局青少司主办，国家体育总局体育科学研究所和省体育局共同承办的 2019 年第一期全国青少年体育俱乐部管理人员培训班在六安开班，全国各地青少年体育俱乐部管理人员共计 78 人参加培训。培训以青少年体育俱乐部"课程体系开发和科学化训练"为主题，以授课和互动交流的方式进行培训。内容包括青少年体育俱乐部课程设置理念与开发，青少年品牌赛事打造与运营，青少年科学训练与营养支撑以及青少年运动员选材与培养。

6. 安徽代表队参加全国青少年体育俱乐部联赛攀岩赛

2019 年 4 月 30 日—5 月 1 日，2019 全国青少年体育俱乐部联赛攀岩赛(总决赛)在重庆开赛。全国 89 支代表队 336 名青少年运动员参赛，安徽参加角逐的是合肥岩道青少攀岩队和芜湖 DD 攀岩点代表队。合肥岩道青少年代表队张懿霆以攀石赛第 1 名、难度赛第 3 名、速度赛第 4 名的成绩获得 U15 女子全能亚军；芜湖 DD 攀岩点代表队徐露程以难度赛第 3 名、攀石赛第 2 名、速度赛第 3 名的成绩获得 U13 男子全能季军。

7. 安徽省第十届传统武术比赛

2019 年 7 月 11—14 日，安徽省第十届传统武术比赛在阜阳举行。比赛由安徽省武术拳击运动管理中心、安徽省武术协会、阜阳市文化旅游体育局、阜阳市教育局联合主办。全省 155 支代表队 2000 余名运动员、教练员参加。比赛设拳击、器械、对练、集体四大类 60 多个大项 400 多个小项，分男、女 A、B、C、D、E 五个年龄组别，比赛产生一等奖 718 个、二等奖 736 个、三等奖 1098 个，阜阳、合肥、芜湖、六安 4 个市的武术协会被评为一级团体会员单位。

8. 安徽运动员首获全国冬运会金牌

2019 年 8 月 3 日，在内蒙古举行的第十四届全国冬季运动会滑轮比赛中，安徽省运动员孟红莲与黑龙江、解放军选手合作，获得女子 4×5 公里接力比赛冠军。这是安徽省参加全国冬运会历史上夺得的首枚金牌。根据国家体育总局的成绩带入政策，这也是安徽省在第十四届全国冬运会中夺得的首枚金牌。安徽省队运动员李雪获得接力第 6 名，省水上中心跨界跨项选手也参加了此届比赛。

9. 安徽省体育代表团参加全国第二届青年运动会

2019 年 8 月 18 日，全国第二届青年运动会在山西太原闭幕。安徽省体育代表团获得金牌 45 枚、银牌 41 枚、铜牌 78 枚和 206 个优胜名次，打破 1 项全国青少年纪录，创造 2 项安徽省成年纪录。安徽体育代表团参赛的 121 支代表队由全省 20 所青少年体校和 48 个社会俱乐部组成，参加 32 个夏季项目、3 个冬季项目和4个全能项目共648个小项比赛,首次参加滑雪、滑冰、冰球等冬季项目以及马术、冲浪、高尔夫、自由式小轮车等社会化项目。17岁的李玉婷获得田径4枚金牌(100米、200米、4×100米接力、4×200米),打破女子100米安徽省成年记录;17岁的杜志强获得田径400米、异程接力冠军,打破男子400米全国少年纪录,刷新安徽省成年纪录。

10. 安徽籍运动员参加第七届世界军人运动会

2019年10月18—27日,在武汉举行的第七届世界军人运动会上,安徽省王晓菁、谭强、王娟、兰明豪、陈婷、张子贤、王春雨7名运动员参赛,获得3枚金牌(王晓菁女子飞碟多向团体、谭强羽毛球男子团体和男子双打)、2枚银牌(王娟女子自由跤76公斤级、谭强羽毛球混合双打)以及5个优胜名次的成绩。

11. 安徽省代表队参加全国击剑锦标赛

2019年10月28日,全国击剑锦标赛在西安开赛。安徽省男子重剑队和男子花剑队取得2枚金牌、1枚铜牌和1个第8名的成绩。其中,江晨阳获得男子重剑个人冠军;俞乐凡获得男子重剑个人第3名;江晨阳、兰明豪、俞乐凡和许乔飞获得男子重剑团体冠军;曹博获得男子花剑个人第8名。

12. 长三角一体化足球工作座谈会

2019年11月27日,上海市体育局召集江苏、浙江、安徽三省体育局及足协代表召开座谈会,商讨长三角一体化足球工作。会议围绕长三角区域足球工作的决策议事机制、赛事运行、经费组成、市场运作以及"久事杯"首届长三角超级足球赛等议题进行交流讨论,探索和尝试长三角一体化发展与足球改革相结合。

(四)体育产业发展情况

2019年,全省有国家级运动休闲小镇创建单位2个,省级体育类特色小镇3个,省体育局与县(区)政府共建小镇14个。全省有国家体育产业示范基地1个,国家体育产业示范单位2个,国家体育产业示范项目3个;省体育产业基地10个,省级体育产业示范单位5个、体育产业示范项目6个,省级体育旅游产业基地29个,省级体育生态公园25个。全省有体育旅游"十佳"项目(景区、线路、赛事、目的地等)22个,精品项目50个。全省有五星级汽车自驾运动营地4个,四星级汽车营地3个,三星级汽车营地1个,授牌营地56个(均为中国汽车摩托车联合会认定)。

1. 2019环江淮万人骑行大赛宣州站

2019年5月19日,"徽商银行杯　健康安徽"2019环江淮万人骑行大赛在宣州区狸桥镇昆山湖旅游度假区开赛。5个国家及国内16个省共530多名山地自行车越野车手参加,比赛分为男子甲组、男子乙组、男子丙组、女子综合组4个组别的20公里山地竞速赛。

2. 长三角体育产业一体化发展研讨会

2019年7月20日,长三角体育产业一体化发展研讨会在上海召开。长三角体育产业协作历经8年,三省一市在体制机制创新、项目实施引领、服务平台搭建、产学研合作推进、人才培养等方面形成有效合作成果。此次研讨会对接《长江三角洲区域一体化发展规划纲要》,形成对长三角体育产业一体化发展的建议与对策,为有关部门提供参考。

3. 第四届黄山论剑·国际武术大赛

2019年7月27日,由国家体育总局武术运动管理中心、中国武术协会、省体育局、黄山市政府共同主办的第四届黄山论剑·国际武术大赛在黄山开幕。美国、法国、中国香港等25个国家和地区共101支队伍的选手参加,最小的运动员年仅5岁,最年长的达88岁。大赛以"以武会友·论剑黄山"为主题,赛程3日,分设122个小项,各录取个人项目、对练项目、集体项目一、二、三等奖和团体项目前六名,颁发寿星奖、童星奖和武德风尚奖。

4. 第六届中国汽车(房车)露营大会

2019年8月19日,由中国汽车摩托车运动联合会、天津市体育局等联合主办的第六届中国汽车(房车)露营大会在天津东疆湾景区落幕。大会举行全国露营产业重点项目签约仪式,共有28个单位及企业在现场完成签约,安徽省6个营地参与签约,分别为宣城市宁国梅林汽车自驾运动营地,安庆巨石山营地,九华山朝山沐野木屋旅居度假营、青峰岭自驾运动车露营地,滁州市来安兴茂房车露营拓展基地,阜阳市王家坝冰雪世界汽车自驾运动营地。

5. 第六届长三角运动休闲体验季黄山站

10月12—13日,由长三角三省一市体育局共同主办的2019第六届长三角运动休闲体验季黄山站,在国家体育产业示范项目、全国五星级汽车自驾运动营地奇瑞黄山露营地举办,三省一市200多名运动休闲爱好者参加此次活动。参加者观赏非遗民俗表演,体验房车露营、户外拓展、篝火晚会、多人自行车等健身休闲项目。在太平湖朝阳半岛玄铁基地体验浆板、皮划艇等健身项目,在黄山杨家寨体验龙舟竞渡、高空漂流、网红摇摆桥、真人CS等休闲运动。

第二十一章　长三角地区医疗卫生发展情况

2019年5月，上海市、江苏省、浙江省和安徽省卫生健康委共同签署三省一市卫生健康合作备忘录，共同推进长三角地区卫生健康事业高质量发展。

根据备忘录，三省一市将促进医疗服务均质发展，包括推动大中城市高端优质医疗卫生资源统筹布局，加强资源和品牌输出；推进长三角专科联盟建设，开展医疗、教育、科研合作，探索实践高层次医疗卫生人才柔性流动机制，实现疾病诊断标准、治疗方案、质量控制、数据归集和疗效分析“五个统一”；推进健康老龄化，加强资源共享和服务联动，共同应对人口老龄化。

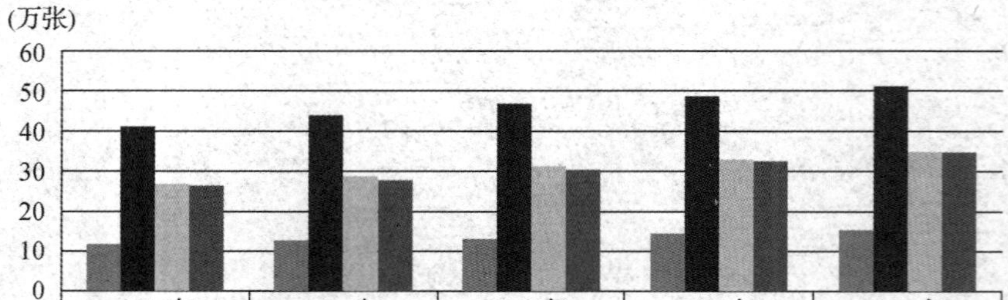

	2015年	2016年	2017年	2018年	2019年
上海市	12.28	12.92	13.46	14.72	15.46
江苏省	41.36	44.31	46.98	49.15	51.6
浙江省	27.25	29.04	31.4	33.21	35
安徽省	26.74	28.22	30.56	32.81	34.9

图1　2015—2019年长三角地区三省一市医疗卫生机构床位数

在推进公共卫生一体化方面，三省一市将深化联防联控机制，加强重大传染病疫情信息通报和卫生应急联动，建立严重精神障碍重点患者信息交换机制，完善跨省市食品安全事故流行病学调查协作机制；加强重特大突发公共卫生事件应急联动，推进区域医疗急救体系建设，加强水上、航空救援合作，推进院前、院内急救信息和资源共享。

三省一市将在中医流派传承、医疗、教育等领域建立协作机制，共同挖掘、整理、传承地方特色学术流派，建设中医专科联盟和区域中医专科平台。

根据备忘录，三省一市将协同推进健康科技创新，打造国家或国际领先的优势学科群；推进科研基础设施共享，建设长三角罕见病实验诊断协作中心；推进健康信息互联互通，包括建立居民电子健康档案交换机制，推进居民电子健康档案、电子病历的互联互通；开展公共卫生数据共享联动试点，实现数据实时共享、互通交换。

此外，三省一市卫生健康委还将建立综合执法监督联动协调机制；联合开展卫生健康执法监督队伍演练和培训，共同研究制定执法裁量基准，互相支持和配合调查取证、线索共享，联合查处跨省市重大违法违规案件，交流侦查经验，互通案件查处情况。

一、上海市医疗卫生发展情况与措施

(一) 上海市医疗卫生发展情况

2019年末，上海市共有医疗卫生机构5610所，卫生技术人员21.33万人。全年全市医疗机构共完成诊疗人次2.82亿人次；上海地区婴儿死亡率为3.06‰；上海地区孕产妇死亡率为3.51/10万，其中户籍人口孕产妇死亡率为2.25/10万。

表1　2019年上海市卫生机构基本情况

指标	单位	绝对值
卫生机构数	所	5610
医院	所	387
门诊部	所	1067
社区卫生服务中心(不含分支机构)	所	246
疾病预防控制中心	所	19
卫生监督所	所	17
卫生技术人员数	万人	21.33
执业(助理)医师	万人	7.77
医院执业(助理)医师	万人	4.88
注册护士	万人	9.71

注:卫生机构数中含部队医院、医疗卫生机构的分支机构

"量质并举"推进家庭医生"1+1+1"签约服务,签约居民756万人,常住居民签约率超过30%,签约居民年内门诊就诊70%在签约医疗机构组合内,55%在社区卫生服务中心内,签约社区就诊率达46%,比上年提高1个百分点。

儿科医疗服务能力进一步增强。全市提供儿科诊疗服务的医疗机构增加到276家,其中提供儿童常见病、多发病诊疗服务的社区卫生服务中心增加到125家。首批28家综合医院儿科门急诊建设基本完成。上海儿童医学中心新增500张儿科床位投入使用。全年累计抢救危重孕产妇652例、危重新生儿4638例,抢救成功率分别为99.2%和90.3%。

顺利完成市政府实事项目"新建10个医疗急救分站"。全市急救分站增至174个,急救平均反应时间缩短至12.4分钟。超额完成市政府实事项目,建成85家智慧健康驿站。大力推动医疗机构间医学影像检查资料和医学检验结果互联互通互认,37家市级医院之间率先实现35项医学检验和9项医学影像检查项目互联互通互认,并逐步向区级公立医疗机构扩展。医保异地门诊费用直接结算覆盖三省一市主要医疗机构,长三角全部41个城市实现医保"一卡通",覆盖医疗机构超过5000家。

(二)按照"大卫生、大健康"理念,全力深化医改

2019年3月,上海市政府召开上海市卫生健康工作会议,按照"大卫生、大健康"理念,全力深化医改,加快推进健康上海建设,全方位、全生命周期维护保障市民健康,努力满足市民日益增长的高品质健康服务需求。

会议指出,上海市要努力在分级诊疗、现代医院管理、全民医保、药品供应保障、综合监管5项基本医疗卫生制度建设上取得突破。要支持社会办医,发展健康产业,推进医养结合,加快老龄事业和产业发展。2019年,要围绕优化医疗服务体系、深化"三医联动"改革、聚焦民生和产业发展,抓好8项重点工作:

一是进一步增强基层服务能力,不断提升群众获得感和满意度。抓好市政府《关于加强本市社区健康服务促进健康城市发展的意见》的落实,向全市居民发布社区健康服务项目清单,完成80家智慧健康小屋市政府实事项目,全力推广面向居民的健康账户,让健康理念深入社区、健康资源汇集社区,健康服务融入社区。深化社区卫生服务综合改革,研究制定新一轮建设标准,完善社区卫生服务中心(分中心)、服务站建设。在乡村振兴战略实施中,把村卫生室建设纳入社区卫生服务机构网络。做实家庭医生签约服务,将家庭医生签约服务效果与激励直接挂钩,不断提高签约居民获得感、满意度。

二是进一步优化分级诊疗制度，努力破解群众看病就医困难。推进“1+1+1”组合签约，畅通双向转诊通道，推动就医下沉，提高签约服务质量。推进区域及专科医联体建设，总结儿科医疗体、新华一崇明医联体、瑞金一卢湾医联体等经验，形成可复制可推广的成果。新推出一批布局合理、标准统一、功能匹配的区域医疗中心。根据国务院部署，对口支持相关省区，通过输出人才、管理和技术，用3—5年时间建成一批区域医疗中心，满足当地群众就近享有高水平医疗服务需求。依托全市58个医疗服务圈，加快建设本市层面的区域医疗中心，提供一般常见病和多发病的诊疗服务，就近解决大多数患者的大多数就医需求。

三是进一步深化公立医院改革，构建现代医院管理制度。全面落实党委领导下的院长负责制，充分发挥医院党委把方向、管大局、作决策、促改革、保落实的作用。围绕建立现代医院管理制度，要进一步加强制度建设，完善医院章程，规范内部治理结构和权力运行规则，做好与外部治理的有效衔接。要进一步加强绩效管理和考核，不断健全以公益性为导向的公立医院绩效考核指标体系，完善符合卫生行业特点的医院内部绩效考核制度。

四是进一步完善药品价格形成机制，确保阳光公开。通过“质量保证、量价挂钩、招采合一”的药品招标采购改革，挤掉药品流通领域虚高水分，优化供应链管理。公立医疗机构要切实保证用量，降低群众药费负担，确保群众用上质优价廉的药品。落实好国家基本药物制度，保障人民群众基本用药需求。

五是进一步深化医保支付方式改革，提高医保基金安全和使用效率。把按病种支付作为深化医保支付改革的重点推进，深化专题研究，加强方案论证，分类组织实施。实现需方、供方和支付方的共治共享，推进“三医”联动改革。

六是进一步完善公共卫生防控体系，守牢安全底线、优化公共服务。加强疾控体系建设，加强对疾病尤其是传染病的监测、分析、预警和健康教育。完善疾控中心与公卫中心联动协同合作机制，加强居民健康管理，保障城市公共卫生安全。制订新一轮公共卫生三年行动计划，抓好慢病综合防治，为公众提供多层次、多维度的疾病防治服务。聚焦孕产妇和新生儿、儿童、老年人等重点人群，认真组织实施好重大和基本公共卫生服务项目。调整优化精神卫生管理服务体系。

七是进一步深化医养结合，完善老龄健康服务和长护险试点工作。深化医养结合工作，努力构建机构护理、社区护理、居家护理相结合的老年医疗护理服务体系。老年护理院要增强长期护理服务能力；养老机构附设医疗机构要抓好医疗护理指导及规范管理；社区老年人日间照护中心要提供康复等护理服务；为居家护理服务提供支持。通过四个层面，为处于不同护理需求层次的老年人，分类提供护理服务。推进长护险试点工作，多部门合作，加强统筹协调。

八是进一步优化营商环境，促进健康服务业加快发展。研究制定“健康服务业50条”配套实施细则。深入研究医疗健康服务业准入门槛，形成更为开放的市场准入环境，同时严格行业监管。重点支持新虹桥国际医学园区等健康服务业集聚区建设发展，构建医师多点执业制度，支持健康保险交易平台建设，发展高端医疗服务，打造若干健康旅游示范基地，培育一批高品质医疗服务领域龙头企业。

大力推动长三角卫生健康一体化发展，完善一体化发展体制机制，牵头建立省际卫生健康协作平台，形成定期会商协商机制。探索一体化发展机制，支持本市优势专科牵头建立长三角专科医联体，探索诊断标准化、治疗一体化、质控同质化。推进应急救援合作，深化公共卫生联防联控机制，推进示范区卫生健康工作。

促进中医药事业发展，推进中医药参与康复护理、健康管理、养老服务融合发展。抓好中医人才队伍建设，培养一批名医大师和青年后起之秀。加快传承创新基地建设，建好国家和市级中医诊疗中心，推进中医综合治疗和多学科联合诊疗服务。推进海派中医传承创新，发挥上海中医药国际化人才、标准化建设、服务贸易优势，提高中医药国际化水平，让海派中医走向世界。

会议还对卫生健康系统重大风险防范工作进行部署，要求建立动态评估机制，定期开展风险隐患排查，及时整改解决各种隐患问题。

（三）创新社区药品安全智能化监管，努力打通百姓用药“最后一公里”

2019 年 6 月 12 日，上海市市场监管局领导带队赴第十人民医院调研药品智能监管工作。

医院外配处方赋码追溯是配合深入推进医药卫生体制改革、加强市民用药安全智能化治理的重要内容。上海市第十人民医院作为全市率先开展外配处方赋码追溯试点的公立医院之一，具有重要的经验示范作用。调研组一行参观了医院慢病门诊外配处方服务工作现场流程，了解医院在服务市民便利化、智能化诊疗体验等方面开展的工作。在随后进行的座谈交流会上，上海市药监局介绍了“加强社区药品安全智能化治理研究”整体课题工作进展，第十人民医院、同仁医院、上海医药大健康云商股份有限公司、华氏大药房连锁有限公司分别就临床诊疗和药学服务创新、处方赋码追溯管理和智能化药店建设工作进行了汇报和交流。

会议提出三点要求：一是要落实智慧药房建设的品牌化、标准化建设。二是要围绕机制创新，用“互联网＋”开拓外配处方的服务渠道。三是要加强部门间沟通协调，必要时引入三方评估机制，在关键政策上形成突破点，推广试点成果。药品安全智能化治理是实实在在造福于民，提升公众寻医用药可及性、安全性和便利性的重要举措，需要政府部门、医药企业、医疗机构各方协同，推进药品安全全程管理，打造可复制、可推广的标准化模式。

据悉，为创新社区药品安全智能化监管，建立政府牵头、各方参与、社会共治共享的监管和用药服务系统，更好地服务群众安全用药“最后一公里”，提高市民的获得感和满意度，上海市药监局积极组织开展加强社区药品安全智能化治理研究。上海市药品监管局局长闻大翔充分肯定了试点的阶段性成果，提出要从根本上分析原因，化解、解决和调解瓶颈问题，不折不扣按节点完成课题工作，要齐抓共管、形成合力，构建长效合作机制。

（四）上海家庭医生签约居民超 700 万人，分级诊疗秩序初步形成

2019 年 7 月 22 日召开的上海市医改工作推进大会传出消息，上海市构建卫生健康“15 分钟服务圈”，家庭医生签约居民超 700 万人，二、三级医院平均每月为家庭医生优先预留 13.8 万个门诊号源，“1＋1＋1”(1 家市级医院、1 家区级医院、1 家社区卫生服务中心)组合内就诊率高达 71％，基层网底不断夯实，分级诊疗秩序初步形成。

上海坚持规划引领，不断优化医疗资源布局。稳步实施卫生改革和发展“十三五”规划及 16 个专项规划，15 分钟内到达最近医疗点的家庭比例达 100％。加强老年护理、康复、儿科等短缺医疗资源建设，引导优质医疗资源城郊均衡布局。积极发展社会办医，出台实施“健康服务业 50 条”，在优化营商环境、培育社会办医品牌、建设“5＋X”集聚区、打造全国首个健康保险交易中心等方面取得了突破性进展。

上海市大力推动区域医疗能力提升工程，不断改善人民群众就医感受。持续推进区域医联体、专科医联体建设，不断优化网格化建设布局，“新华—崇明”医联体、儿科医联体等已形成可复制可推广的经验。全市建立了“1＋1＋16”(市级、申康医联和 16 个区)的市区两级卫生健康信息平台，初步实现医疗机构间信息互联互通，逐步减少患者不必要的重复检查检验，提升了患者就医便捷度和体验度。

此外，上海市推进“1＋1＋1”组合签约，逐步完善居民自愿与医疗机构组合签约机制，实现全科、专科之间的有序衔接，推动三级医院优质资源、居民就医“双下沉”，进一步提高组合签约内就诊率、转诊率，逐步扭转了长期以来看病就医往大医院扎堆的不合理就医秩序，让优质医疗资源更多地用于群众的必需急需。

破解患者“看病难、看病贵”，全市 6 家医院已纳入建立健全现代医院管理制度国家试点，充分运用大数据分析，构建较为成熟的医疗服务评价体系，引导公立医院优化结构、合理控费，控制医疗费用不合理增长取得成效。全市完善医药采购“阳光平台”，加强对药品和医疗器械采购、配送、使用的全流程监管，探索部分高价药品谈判采购机制，开展抗癌药品专项集中采购，稳步实施药品带量采购，牵头推进国家组织药品集中采购和使用试点。

二、江苏省医疗卫生发展情况与措施

(一)江苏省医疗卫生发展情况

2019年末,江苏省医疗卫生机构总数34796个,比上年增加1543个。其中,医院1941个,基层医疗卫生机构31821个,专业公共卫生机构685个。与上年比较,医院增加88个,基层医疗卫生机构增加1527个,专业公共卫生机构减少123个。

全省有医疗机构34055个,其中非营利性医疗机构24327个,占医疗机构总数的71.43%;营利性医疗机构9728个,占医疗机构总数的28.57%。医疗机构按经济类型分,国有3804个,占比为11.17%;集体16860个,占比为49.51%;联营592个,占比为1.74%;私营医疗机构10213个,占比为29.99%;其他机构2586个,占比为7.59%。医疗机构中,公立医疗机构20664个,较上年减少220个,占比为60.68%;非公医疗机构13391个,较上年增加1853个,占比为39.32%。医疗机构中,三级医疗机构184个(其中医院176个),二级医疗机构465个(其中医院452个),一级医疗机构721个。

表2　2018—2019年江苏省医疗卫生机构数　(单位:个)

指标	2019年	2018年
总计	34796	33253
医院	1941	1853
公立医院	458	467
民营医院	1483	1386
基层医疗卫生机构	31821	30294
社区卫生服务中心(站)	2706	2769
乡镇卫生院	1028	1053
门诊部	2279	1932
村卫生室	15169	15311
诊所、卫生所、医务室	10626	9225
专业公共卫生机构	685	808
疾病预防控制中心	118	117
专科疾病防治院(所、站)	42	41
妇幼保健院(所、站)	115	114
卫生监督所(中心)	105	104
计划生育技术服务机构	216	348
其他卫生机构	349	298

2019年末,江苏省有医疗机构床位515915张,其中医院床位407248张(公立医院255309张,民营医院床位数151939张),占床位总数的78.94%;基层医疗卫生机构床位98411张,占床位总数的19.08%。

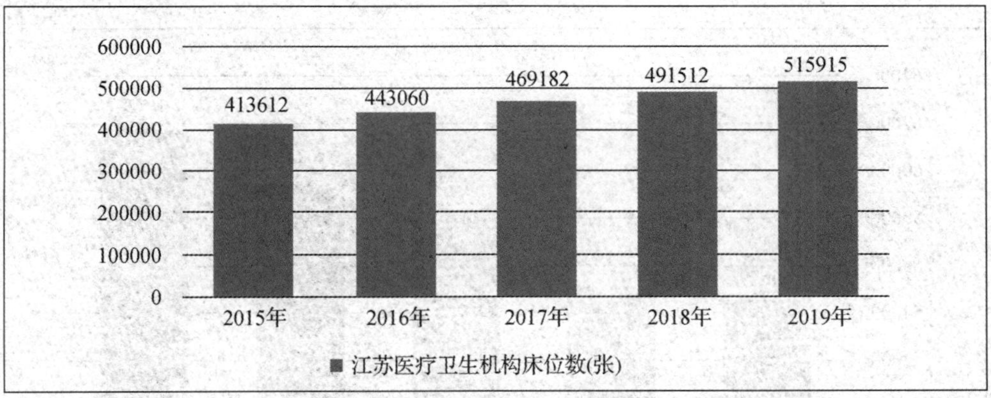

图 2　2015—2019 年江苏省医疗卫生机构床位数统计图

2019 年，江苏省医疗卫生机构卫生人员数 786380 人，其中执业(助理)医生 254685 人。

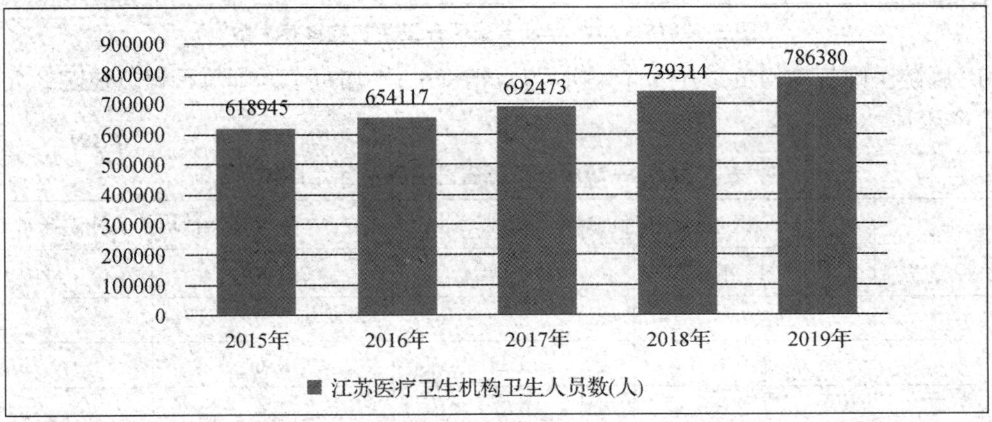

图 3　2015—2019 年江苏省医疗卫生机构卫生人员数统计图

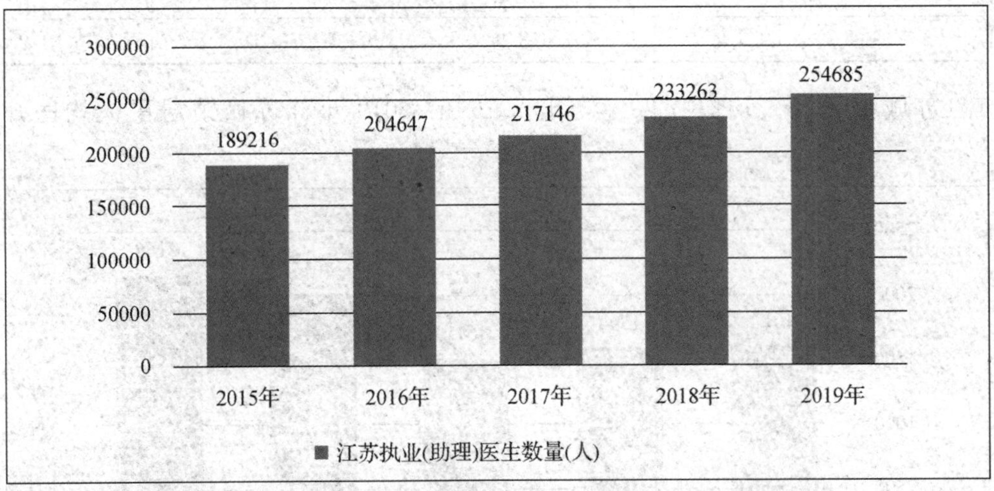

图 4　2015—2019 年江苏省执行(助理)医生数量统计图

2019 年，全省医疗卫生机构总诊疗人次达 61721.74 万人次，比上年增加 2273.64 万人次，增长 3.84%。2019 年，居民到医疗卫生机构平均就诊 7.65 次。

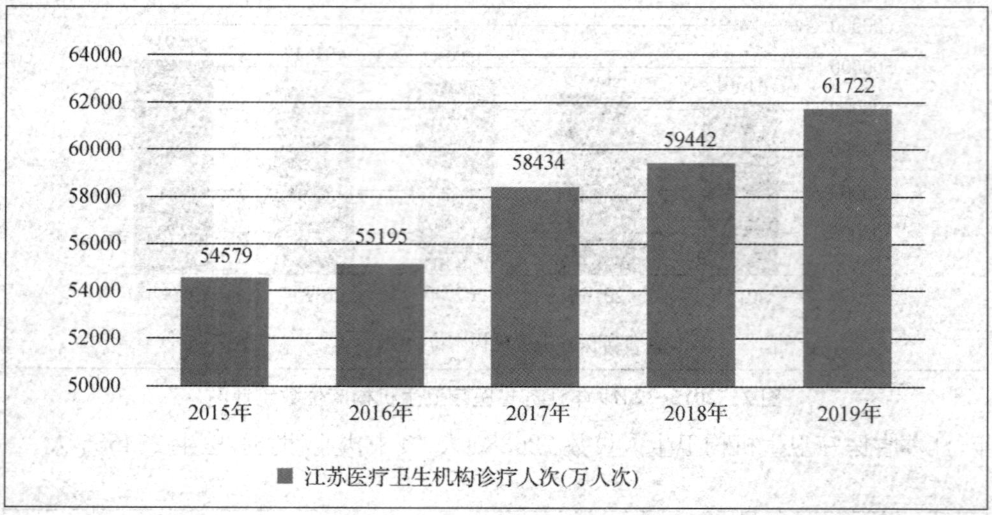

图 5　2015—2019 年江苏省医疗卫生机构诊疗人数

2019 年,医院医师日均担负诊疗 8.5 人次,与上年持平;平均每个医师每天担负住院 2.5 床日,比上年减少 0.1 个床日。

表 3　2018—2019 年江苏省医院医生担负工作量　(单位:人)

	医生日均担负诊疗人次		医生日均担负住院床日	
	2018 年	2019 年	2018 年	2019 年
医院	8.5	8.5	2.6	2.5
公立	9.0	9.2	2.6	2.5
民营	7.2	6.7	2.6	2.4
三级医院	9.4	9.4	2.6	2.5
二级医院	7.4	7.3	2.4	2.3
一级医院	9.4	8.9	2.3	2.2

2018 年江苏城镇居民人均医疗保健支出 2016 元,2019 年江苏城镇居民人均医疗保健支出 2166 元。

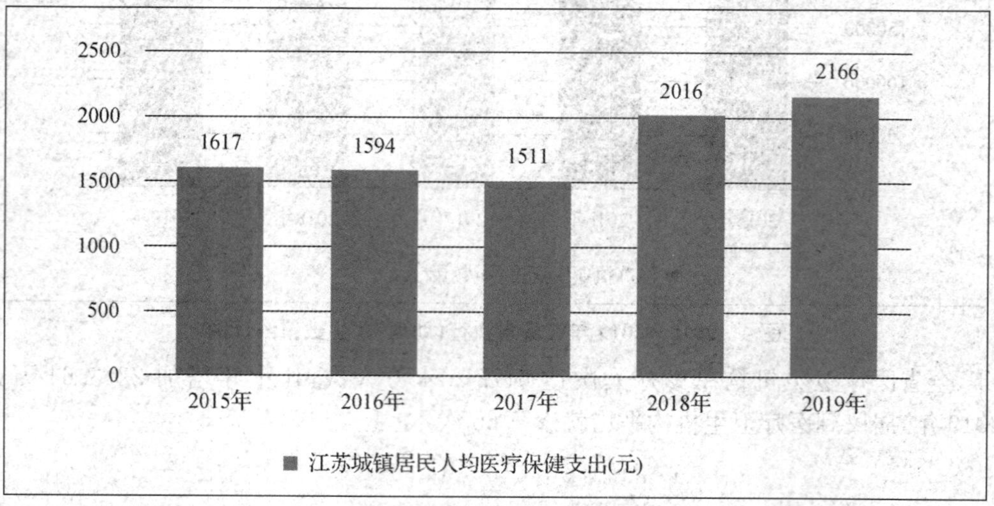

图 6　2015—2019 年江苏省城镇居民人均医疗保健支出

（二）2019年江苏全面提升卫生健康服务水平和质量

2019年，江苏将以健康江苏建设为统领，持续推进医改，同时积极应对人口老龄化，不断增强群众获得感、满意度。

强化“三医”联动是深化医药卫生体制改革的关键一招。2019年，江苏将加快分级诊疗制度建设，深化公立医院改革，强化药品供应保障，协同推动医保支付方式改革，新增省级胸痛、卒中、创伤救治中心各2个，推动医改向纵深发展。此外，对于重点人群继续加强健康服务。对患有儿童白血病、先心病等30种大病的低收入人口进行专项救治，落实先诊疗后付费政策，确保所有患病低收入人口得到及时救治。推动医疗卫生机构落实0—6岁儿童眼保健和视力检查任务，为100万名幼儿园儿童建立视力健康电子档案，为600万名65岁以上老年人免费提供一次基本健康体检。

加强医疗卫生服务能力和质量，人才是关键。2019年，江苏引进一个以上卫生创新团队、10名左右江苏特聘医学专家、20名左右世界名校博士。为弥补基层医疗卫生资源的不足，新一年全省农村订单定向医学生计划数达2000名、新培养1000名左右全科医生，完成5700名基层医师和乡村医生实训、进修和培训计划。

（三）聚焦看病贵问题，江苏治理高值医用耗材打响第一炮

2019年7月31日，江苏省首次高值医用耗材部分品种组团联盟集中采购谈判工作在省公共资源交易中心进行。此次联盟采购谈判的品种为雷帕霉素及其衍生物支架和双腔起搏器。支架按单个品种谈判，中选品种平均降幅51.01％，最高降幅66.07％；起搏器按生产企业谈判，中选企业涉及品种平均降幅15.86％，最高降幅38.13％。从中选情况看，既有进口品种，也有国产品种；既有高价品种，也有低价品种，能够较好地满足临床应用需求。

当前，高值医用耗材价格虚高、使用过度，是导致群众反映“看病贵”问题的主要原因之一。血管介入类和起搏器类高值医用耗材是临床用量大、采购金额高、使用范围广，在医疗费用中占比比较高，群众密切关注。此次江苏省开展的组团联盟集中采购是根据中央深改委关于治理高值医用耗材的决策部署和省高值医用耗材专项整治要求，在省医保局《关于推进医用耗材阳光采购的实施意见（试行）》印发后，全面构建新时代医用耗材阳光采购机制、积极推进组团联盟集中采购之后的首次联盟采购。通过“省级组织、联盟采购、平台操作、结果共享”的方式，组成全省阳光采购联盟，发挥集体谈判、联合议价、集中采购的规模优势，降低医用耗材价格，减轻群众医疗负担。

为组织好此次组团联盟集中采购工作，前期省和南京市医保局组织成立由全省157家三级公立医疗机构组成的省阳光采购联盟，设立联盟办公室，具体负责采购工作。建立了全省范围的医用耗材评审专家库，从中抽取此次联盟采购的谈判专家和临床专家。根据遴选品种特点，此次联盟采购确定了55家三级公立医疗机构参加，并分别参与了品种遴选、数据上报、谈判监督等工作。省纪检部门全程监督了此次联盟采购谈判工作。

此次组团联盟集中采购，积极探索联盟采购机制和采购方式的创新：一是坚持带量采购。联盟拿出参加公立医疗机构全年采购量的70％用于此次联盟采购，以“量”换价，真正实现带量采购、招采合一、量价挂钩，实现了价格较大幅度降低，将切实减轻群众医疗负担。二是坚持临床使用和质量优先。始终把群众的医疗安全作为联盟采购的第一需求，坚持质量优先，多企业和多品种中选，确保临床使用。三是坚持医保支付协同。采取预付总采购金额30％、不调整医保预算总额等措施，最大限度调动医疗机构积极性。四是坚持保障供应。尊重群众多样化需求，确保谈判品种保质保量，医疗机构规范使用。

目前，联盟谈判结果已经公示，落实联盟带量、签订购销合同、医保基金预付等后续工作将陆续开展。

(四)江苏省首个全科医学研究中心成立

南京医科大学全科医学研究中心于2019年4月24日揭牌成立,这也是江苏省首个全科医学研究中心,附属江宁医院全科医学研究基地同日揭牌,首届全科医学发展论坛也于当日举行。

发展全科医学,对有效落实"分级诊疗、家庭医生签约服务"等健康中国建设具有重大推动作用,是提高基层医疗卫生服务水平的必由之路。南京医科大学早在1998年就建立了全国第一个全科医学本科专业,已累计招收15届2750名全科医学生。新成立的全科医学研究中心,将大力加强全科医学研究和建设,为全省相关机构全面提升全科医生培养水平提供专业支持。

据了解,江苏每万人口全科医师数为3.43人,在全国排名第4位,距离江苏2030年每万人口全科医师数5人的目标还有较大差距。今后,凡认定为住院医师规范化培训基地的综合医院必须承担全科医生培养工作任务,2019年底前各地住院医师规范化培训基地(综合医院)均应独立设置全科医学科。

(五)在守正创新中推动中医药高质量发展

2019年12月17日,省长吴政隆主持召开省政府常务会议,深入贯彻中央经济工作会议精神,认真学习领会习近平总书记对中医药工作的重要指示和全国中医药大会精神,研究贯彻落实工作。

会议指出,习近平总书记对中医药工作的重要指示,从党和国家事业发展全局的战略高度,充分肯定了中医药事业取得的历史性成就,深刻阐明了发展中医药的重大意义,对新时代中医药传承创新发展提出了殷切希望,为我们做好新时代中医药工作提供了根本遵循和行动指南。李克强总理的重要批示、孙春兰副总理的重要讲话,对中医药工作提出了明确要求、作出了安排部署。要认真学习领会,进一步把思想和行动统一到习近平总书记重要指示精神和党中央、国务院决策部署上来,坚定文化自信,遵循中医药发展规律,充分发挥中医药独特优势和江苏特点,坚持中西医并重,在传承精华、守正创新中推动江苏省中医药高质量发展,为推动高质量发展走在前列、加快建设"强富美高"新江苏作出新贡献。要坚持以人民为中心的发展思想,围绕群众所需所急所盼,在完善中医药服务体系、加强中医药人才培养、严格中医药质量监管、推进中医药科学研究和技术创新、加强中医药系统队伍建设等方面下更大功夫,发挥好中医药在健康江苏建设中的重要作用。要强化组织领导,狠抓落实、压实责任,加强宣传、形成合力,确保习近平总书记重要指示和党中央、国务院决策部署落地见效,不断满足群众对美好生活的向往。

会议审议了关于养老服务发展的实施意见,指出,江苏省是全国人口老龄化程度较高的省份,发展养老服务事业和养老产业既是我们推动高质量发展的增长点,也是为人民群众创造高品质生活的着力点。要认真学习贯彻习近平总书记关于老龄事业和养老服务的重要论述以及中央经济工作会议精神,坚持问题导向、需求导向,加快完善供给体系,着力提升供给质量,有效推进医养康养结合,充分发挥政府和市场作用,不断满足多元化、多层次养老需求,提升老年人及其子女的获得感幸福感安全感。要切实抓好养老等社会服务机构安全专项排查整治,加强老年人消费权益保护和养老服务领域非法集资整治工作,坚决守好安全底线。

会议强调,要坚持以习近平新时代中国特色社会主义思想为指导,抓好中央经济工作会议的贯彻落实工作,按照省委部署要求,坚持稳中求进工作总基调,坚定不移贯彻新发展理念,全面做好"六稳"工作,统筹推进稳增长、促改革、调结构、惠民生、防风险、保稳定,扎实开展安全生产专项整治和危化品安全综合治理,谋划好明年工作,编制好"十四五"规划,确保经济持续健康发展,确保社会大局安全稳定。

(六)"健康江苏"智慧医疗服务云平台正式上线

2019年12月18日,由江苏省卫健委指导、江苏有线承建的"健康江苏"智慧医疗服务云平台正式上线。

"健康江苏"智慧医疗服务云平台是政府部门与主流媒体携手合作、认真落实党中央、国务院和省委、省政府加快健康中国、健康江苏建设决策部署的重要举措。依托“健康江苏”，江苏有线将积极探索“广电网络＋互联网＋医疗健康”新路径，持续完善平台建设，通过广泛吸纳、合理推荐、积极引导、有效管理的方式，协助党委、政府及有关部门孵化和发展健康产业，推动健康产业布局优化和健康产品供给丰富，提供全方位全周期健康服务、促进医疗资源均衡化、推进医疗健康信息化建设，助力开创江苏省医疗健康创新发展的新局面。

当前，信息技术正深刻改变着我们的理念、发展方式和发展模式，人工智能、云计算、大数据、5G 等新技术成为创新驱动医疗事业发展的先导力量。江苏有线开发基于广电网络的智慧医疗服务云平台，在行政管理部门、医疗机构、社区居民之间架起桥梁，是为“大健康”产业增效的一大创新举措。希望省卫健委与江苏有线能在加强健康教育、优化医疗服务等方面深化合作，携手为提高群众健康水平，增强百姓健康获得感，建设强富美高新江苏作出新的更大的贡献。

“健康江苏”在解决医疗健康公平和效率问题上进行了有益探索，通过广电网络和互联网技术，承载预约挂号、远程医疗等服务，弥补了基层医疗服务能力不足和资源紧缺的短板，让高水平医疗服务更加公平可及。希望在省卫健委的指导下，江苏有线能在“广电网络＋互联网＋医疗健康”领域进行更深入的探索和创新，更大力度、更深层次、更广范围推进医疗健康服务与人工智能、互联网、物联网、大数据的全面对接、深度融合，为江苏省医疗健康数字化、智能化发展作出更多贡献。

三、浙江省医疗卫生发展情况与措施

（一）浙江省医疗卫生发展情况

2019 年末，浙江省有卫生机构 3.4 万个（含村卫生室），其中医院 1374 个，卫生院 1092 个，社区卫生服务中心（站）4922 个，诊所（卫生室、医务室）12312 个，村卫生室 11593 个，疾病预防控制中心 100 个，卫生监督所（中心）102 个。有卫生技术人员 52.1 万人，比上年末增长 7.0％，其中执业（助理）医师 20.6 万人，注册护士 22.0 万人，分别增长 7.8％和 9.1％。有医疗卫生机构床位 35.0 万张，增长 5.5％，其中医院 30.7 万张，卫生院 2.1 万张。医院全年总诊疗 29985 万人次，增长 6.0％。

全省预约诊疗服务平台预约请求量 1087 万人次，预约成功量 734 万人次，比上年分别增长 22.3％和 21.1％，日均预约成功量 2.0 万人次；新增注册用户 212 万人，增长 19.6％，日均注册量为 0.6 万人次。全年新接入医院 351 家，累计接入医院 850 家。

（二）2019 年卫生健康重点工作

健康是人民群众最直接、最关心的利益问题之一，1 月 14 日，2019 年浙江省卫生健康工作会议在杭召开。会议总结了 2018 年浙江卫生健康工作成效，部署 2019 年卫生健康重点工作。

1. 浙江医改稳固推进　省市级医院排队时间缩短一半

回顾 2018 年，浙江省卫生健康委党委书记、主任张平表示，2018 年浙江卫生健康事业取得了医疗卫生服务领域“最多跑一次”改革十项举措全面推进，群众看病就医的痛点难点堵点得到疏解。

据悉，浙江省市级医院高峰排队平均时间从 8 分钟缩短到 4 分钟，门诊和病区智慧结算率分别达 79.85％、72.71％，95％的三甲医院开展了日间手术。县域医共体建设从试点转向全面推进，11 个试点县（市、区）工作持续深化，试点地区县域就诊率提高 4 个百分点，基层就诊率提高 6.1 个百分点。

此外，在基层卫生健康服务方面，家庭医生签约服务由重数量向数量质量并重转变，签约覆盖率提高到 36％，其中重点人群覆盖率超过 73％，基本公共卫生服务项目经费人均标准提高到 55 元，高血压和糖尿病规范管理率均达 60％以上。

“接下来的改革，像全员岗位管理、医保支付方式、人事薪酬制度和医疗服务价格等改革，既是改革的重点，也是改革的难点，更是影响全局的关键点。”张平说。

2. 推动"1+5"攻坚战提档升级　构筑卫生健康发展新高地

据了解,2019年,浙江省卫健委将从全面推进县域医共体建设、启动"医学高峰"计划、持续深化公立医院综合改革等方面聚力,抓重点、补短板、强弱项,加强健康浙江建设。

在深化医疗卫生服务领域"最多跑一次"改革方面,2019年,浙江在省、市级医院全面推开的基础上,还要把工作触角和服务关口进一步前移、下移,结合县域医共体建设,全面覆盖到县域、延伸到乡村。重点针对去年开展相对薄弱的项目,如"住院更省心""急救更快速""转诊更顺畅"等做好提质扩面工作,进一步提高门诊和病区智慧结算比例。

据张平介绍,2019年还要启动实施"就诊一卡通""线上可问诊""刷脸进医院""预约打疫苗""医养更称心""健康大管家"等一批新的项目。

此外,全面推进县域医共体建设也是2019年浙江卫生健康的重点工作之一。

在县域医共体建设上,要赋予县域医共体统管区域卫生健康、统筹医疗和基本公共卫生、统抓县乡一体发展的责任和权力,真正做到县乡机构"一家人"、人员使用"一盘棋"、财务管理"一本账"。还要鼓励实施成员单位负责人年薪制,加强县域医共体内干部的交流轮岗力度,让表现优异、成绩突出的干部得到更多成长机会。支持符合条件的县级医院争创三乙、三甲医院,力争90%的牵头医院达到县级强院标准。

"2019年我们要启动实施'医学高峰'计划。"张平表示,实施"医学高峰"三年行动计划,要完善配套政策,设立专项资金,瞄准国际医学前沿,真正打造一批具有核心创新力、技术竞争力和辐射带动力的医院、团队和平台,拔高"金字塔"的塔尖。

在加快促进卫生健康数字化转型上,浙江要深化"互联网+"医疗服务,启用浙江省互联网医院平台,抢占医疗人工智能制高点。

在持续深化公立医院综合改革方面,浙江会继续严格控制医疗费用的不合理增长,充分运用DRG工具开展医疗费用和绩效的监测评价,重点建立针对辅助性、营养性药品和高值医用耗材等的使用监控机制。

此外,还要大力提升健康浙江共建共享水平,用好健康浙江考核指挥棒。围绕11项国民健康行动和"1+5"改革攻坚战,建立完善健康浙江建设"四大体系"。坚持以基层为重点、预防为主、中西医并重,落实好全方位、全周期健康服务。

(三) 浙江医院推进"两卡融合、一网通办"只需一个码　看病不用卡

在浙江,医院之间的信息壁垒正在逐渐消除。2019年7月15日,省卫生健康委透露,在杭省、市医院已经正式上线"健康医保卡",老百姓只需用一个二维码,即可实现不同医院之间的信息互通,并能轻松完成所有就医流程。

"健康医保卡"为电子健康卡和电子社保卡互绑互认、融合而成。其中,电子健康卡由卫生健康部门发行,它如同一份健康档案,串联起老百姓在不同医院的就诊情况;电子社保卡则由社会保障部门发行,主要承担医保结算、金融支付等功能。2019年,由省卫生健康委牵头,会同省医疗保障局、省人力社保厅、省大数据局共同建设"两卡融合、一网通办"项目,这是浙江省"最多跑一次"改革向公共服务领域延伸、推进政府数字化转型的重要举措。

"电子健康卡和电子社保卡都是群众看病就医的重要载体,以往,由于它们分属不同的信息系统,容易形成卡卡不通的难题。"省卫生健康委相关负责人介绍道,部分自费的、外地的患者为了顺利就医还需要办理医院的就诊卡。

"健康医保卡"能带来哪些便利?两卡融合将逐步取消医院自发实体就诊卡,实现预约挂号、检验检查报告查询、医保结算、移动付费等功能的"一网通办"。在省人民医院门诊大厅内,杭州市民赵先生完成了一次无卡就医流程。赵先生打开浙里办APP里的"健康医保卡",选择自己的健康二维码,在自助

结算机上扫描之后，便获取了挂号单。

随后赵先生来到诊间，全科医学科主任陈曦用终端扫了扫二维码后，赵先生半年内的健康信息便出现在电脑上。这些互联互通的信息中，其他在杭省级医院的检验检查记录也能轻松调取；就诊之后，赵先生继续用二维码完成抽血化验、取药、换取电子发票等就医流程，他的检验检查结果信息也在一天之内同步到“健康医保卡”中。

目前，就诊者可在13家在杭省级医院、11家杭州市级医院使用“健康医保卡”方便就医。2019年10月底前，该服务以市为单位实现全省全覆盖。

（四）聚焦打造“医学高峰”　聚力推进“六医统筹”

8月22日，省委、省政府召开健康浙江建设领导小组暨医改联席会议，审议健康浙江建设工作要点等文件。省委副书记、省长袁家军强调，没有高水平的健康，就没有高水平的小康。健康是促进人的全面发展的必然要求，是“两个高水平”建设的基础条件，必须坚持把人民健康放在优先发展的战略地位，把健康融入所有政策。各地各部门要深入贯彻习近平总书记关于推进健康中国建设和深化医药卫生体制改革的重要论述，聚焦打造“医学高峰”，聚力推进医保、医疗、医药、医院、中医、医生“六医统筹”，全面落实预防为主方针，全方位全周期保障人民健康，努力实现健康服务高质量，努力提高健康产业竞争力，努力推进健康事业现代化。

袁家军指出，健康浙江建设既是系统工程，又是长期任务。要强化前列意识，聚焦打造长三角地区“医学高峰”，深入贯彻新时代卫生与健康工作方针，以提高人民健康水平为核心，以基层为重点，以“六医统筹”改革为动力，以健康中国省域示范区和全国综合医改试点省建设为主抓手，着力普及健康生活、优化健康服务、完善健康保障、建设健康环境、发展健康产业，建设人民满意的高水平健康浙江。

袁家军强调，要按照“四个体系”要求，进一步健全医改和健康浙江建设推进保障机制，重点抓好六方面工作：一要深化医保制度改革。完善统一的城乡居民医疗保险制度和大病保险制度，加强重大疾病、慢性病、罕见病用药以及儿童药、低价药保障，实施医保支付方式改革，强化医保兜底和基金统筹监管。二要提升医疗健康服务水平。深化医疗健康服务“最多跑一次”改革，推进“互联网＋医疗健康”示范省建设，年底前县县建成县域医共体。三要推进“六医统筹”改革。扩大“六医统筹”改革试点，支持有条件的市县加大联动改革力度，努力破解制约卫生与健康事业发展的重大体制机制问题。四要打造生命健康科技创新高地。扎实启动建设国家区域医疗中心，加快中科院肿瘤与基础医学研究所实体化运作，支持浙江大学打造高水平医学中心、全球诊疗中心和智能创新药物研究院，做强杭州医学院优势学科，全方位推动重大医学创新成果转化。五要打造万亿健康产业。引导更多社会资本进入医疗健康领域，加快健康与传统产业、数字产业深度融合，联动推进一批健康特色小镇、重点园区、骨干企业和重大健康产业项目，做大做强中医药产业。六要防范化解重大健康风险。加强食品药品安全监管，切实解决有害垃圾等突出环境问题，着力完善突发事件卫生应急体系和医疗急救体系。

（五）打造整合型医疗服务体系 为百姓提供全方位健康服务

“基于浙江省这些年改革的基础，我们对‘整合型医疗服务体系’有了更加明晰的认识，目前已经上升到了政策层面，由全省来推进这项工作向深入发展。”浙江省卫生健康委员会巡视员马伟杭介绍说，这就要求形成分级诊疗的制度，包括医疗、健康管理和预防相结合的医疗团队。同时，在医疗资源上面，要确保横向和纵向层面进行有机的整合，此外，还需要建设完整的电子病历和电子健康档案系统，需要信息的互联互通。“把这些相关的全部集成在一起，就构成了整合型医疗服务体系，这是集医疗、健康维护于一体，能够为老百姓提供全方位的、全周期的健康服务。”

在“整合型医疗服务体系”建设当中，以往讲的整合大多是上级医院对下级医院医疗能力上的支持，在省市级的大医院和县级医院间建立紧密的办医关系，但随着工作的进一步深入，光是提升县级医院的能力还不够,需要做的是提升整个县域的医疗服务能力。这就要按照"整合型医疗服务体系"进行构建,打通县级医院、乡镇卫生院甚至到村卫生室不同机构之间的鸿沟,做到一家人、一本账,实现一体化的服务。

在这个一体化的服务中,需要把医疗、医保和医药有机地整合在一起。这些年,特别是在浙江省医保局建立以后,已经将医保的相关制度建设和整体医疗服务体系的制度建设融合在了一起。通过改革,浙江省的医疗、医保和医药已经形成了联动机制。

随着医疗服务水平的提高,百姓对于自身健康也有了更大的追求,而"整合型医疗服务体系"就是其中一个非常重要的内容。这是以健康为主体的,以人为本的医疗健康服务体系。未来,"整合型医疗服务体系"将更加注重老百姓的基本健康问题,通过签约,让大家享受到更多的基本公共卫生和健康服务,让百姓少生病,或是生了病之后能够得到早期的诊断、治疗和管理。

"此外,我们的体系还要提升医院的整体服务能力水平。"马伟杭表示,浙江省要打造自己的医学高峰,使医疗服务能力能够和国际接轨,让疑难病在浙江也能够得到很好的解决,保证百姓在健康层面能有更多的获得感、安全感。

四、安徽省医疗卫生发展情况与措施

(一)安徽省医疗卫生有关数据

2019 年末,安徽省有医疗卫生机构 26436 个,其中医院 1241 个、基层医疗卫生机构 24558 个、专业公共卫生机构 545 个、其他卫生机构 92 个。基层医疗卫生机构中,卫生院 1381 个,社区卫生服务中心(站)1858 个,村卫生室 15549 个;专业公共卫生机构中,疾病预防控制中心 119 个,专科疾病防治院(所、站)42 个,妇幼保健院(所、站)121 个,卫生监督所(中心)113 个。医疗卫生机构床位 34.7 万张,其中医院、卫生院床位 33.1 万张。全年医疗卫生机构共诊疗 3.4 亿人次。

表 4　2018—2019 年安徽省医疗卫生机构及床位数

机构类别	机构数(个)		床位数(张)	
	2018 年	2019 年	2018 年	2019 年
总计	24926	26436	328123	347395
医院	1140	1241	253595	272085
公立医院	353	359	180942	189679
民营医院	787	882	72653	82407
医院中:三级医院	68	82	87330	103943
二级医院	374	416	125422	124536
一级医院	463	485	24693	25359
基层医疗卫生机构	23076	24558	67023	68671
社区卫生服务中心	394	380	8290	8188
政府办	248	232	4912	5002
乡镇卫生院	1365	1381	58458	60278
政府办	1364	1361	58417	60021

续表

机构类别	机构数(个)		床位数(张)	
	2018 年	2019 年	2018 年	2019 年
社区卫生服务站	1497	1478		
村卫生室	15317	15549		
诊所(医务室)	4070	4944		
专业公共卫生机构	605	545	7045	6208
疾病预防控制中心	120	119		
卫生监督机构	112	113		
妇幼保健机构	120	121	4499	4801
专科疾病防治机构	45	42	2542	1407
其他机构	105	92	460	430

2019 年末，卫生人员总数中，有卫生技术人员 36.1 万人，乡村医生和卫生员 3.5 万人，其他技术人员 1.8 万人，管理人员 1.7 万人，工勤技能人员 2.4 万人。卫生技术人员中，有执业(助理)医师 13.8 万人，注册护士 16.3 万人。与上年比较，卫生技术人员增加 2.8 万人，增长 8.3%。

2019 年末，卫生人员机构分布为：医院 28.2 万人(占 62.1%)，基层医疗卫生机构 14.7 万人(占 32.4%)，专业公共卫生机构 2.2 万人(占 4.8%)。

2019 年，每千人口执业(助理)医师 2.17 人，每千人口注册护士 2.57 人；每万人口全科医生 2.31 人，每万人口专业公共卫生机构人员 3.44 人，均低于同期全国平均水平。

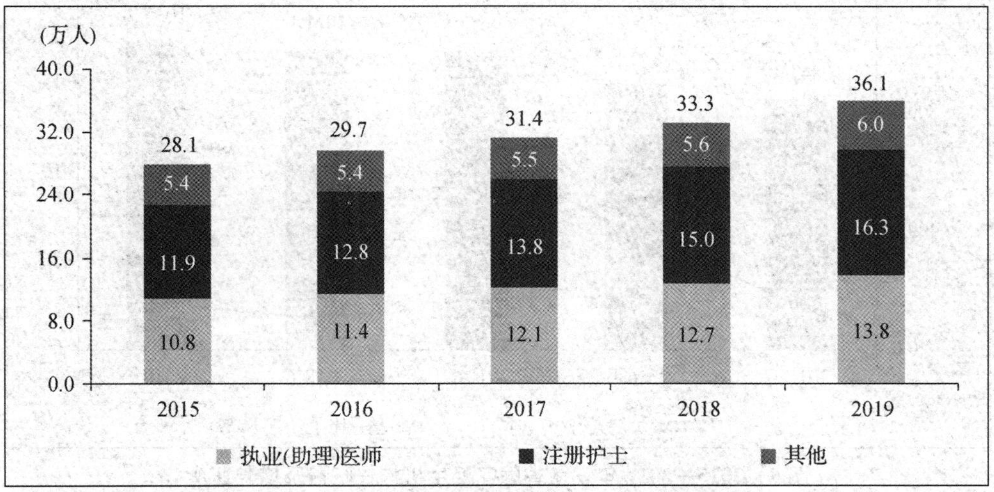

图 7　2015—2019 年安徽省卫生技术人员数

2019 年，全省医疗卫生机构总诊疗人次(含村卫生室)达 33295.4 万人次，比上年增加 3530.7 万人次，增长 11.9%。全省居民到医疗卫生机构平均就诊 5.2 次。

2019 年总诊疗人次中，医院 13065.8 万人次(占 39.2%)，基层医疗卫生机构 19499.8 万人次(占 58.6%)，其他医疗机构 729.8 万人次(占 2.2%)。与上年比较，医院诊疗人次增加 1243.1 万人次，增长 10.5%；基层医疗卫生机构诊疗人次增加 2261.4 万人次，增长 13.1%。

2019 年，公立医院诊疗人次 10535.0 万人次，占医院总数的 80.6%；民营医院诊疗人数 2530.7 万人次，占医院总数的 19.4%。

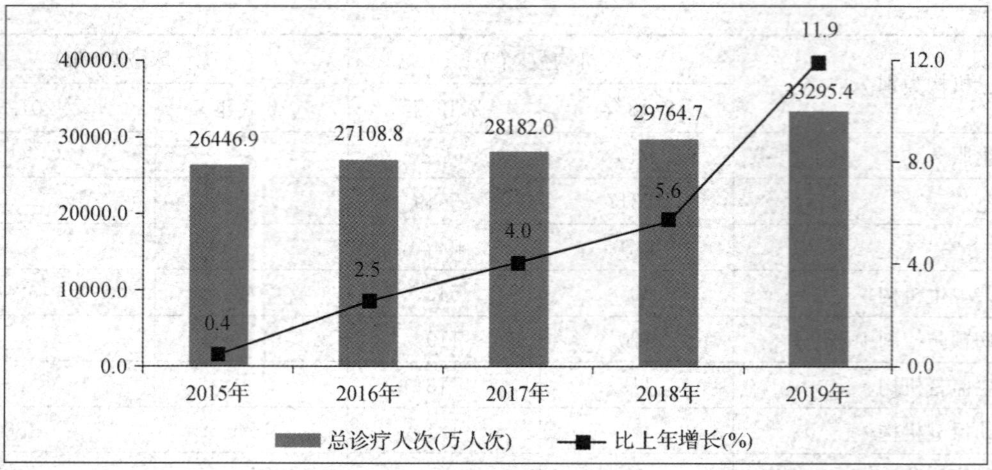

图 8　2015—2019 年安徽省医疗卫生机构门诊量及增长速度

2019 年,全省医疗卫生机构入院人数 1035.9 万人,比上年增加 24.8 万人,增长 2.5%,年住院率为 16.25%。

2019 年入院人数中,医院 879.4 万人(占 84.9%),基层医疗卫生机构 135.3 万人(占 13.1%),其他医疗机构 21.2 万人(占 2.0%)。与上年比较,医院入院增加 54.6 万人,基层医疗卫生机构入院减少 31.0 万人,其他医疗机构入院增加 1.2 万人。

2019 年,公立医院入院人数 682.8 万人,占医院总数的 77.6%;民营医院入院人数 196.6 万人,占医院总数的 22.4%。

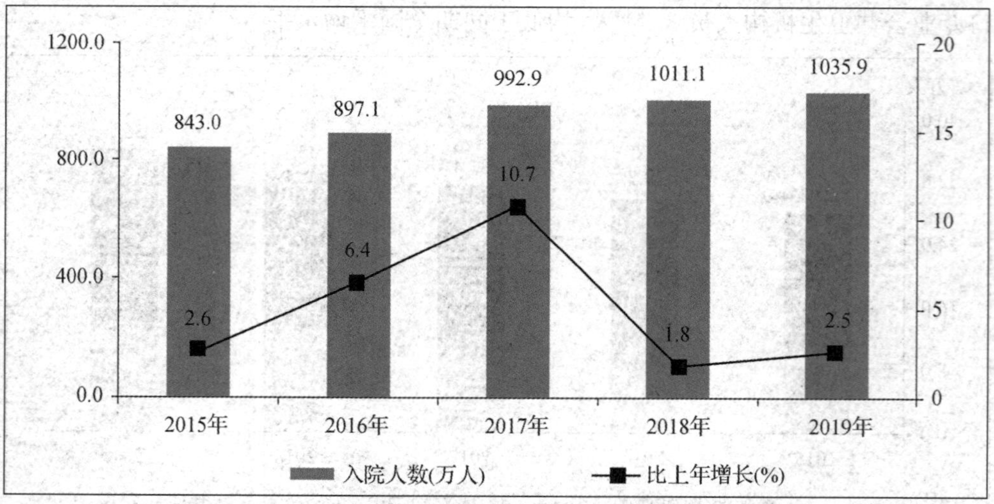

图 9　2015—2019 年安徽省医疗卫生机构住院量及增长速度

(二)出台 13 项措施加强和改进医院急诊急救工作

2019 年 9 月,安徽省就加强和改进医院急诊急救工作出台 13 项具体措施,有效解决当前医院急诊急救工作存在的问题,维护群众健康权益,促进急诊学科发展,保障医疗质量与安全。

据悉,省卫生健康委近日在调研中发现,安徽省医院急诊急救工作还存在首诊负责制落实不到位、急诊病床周转不及时、转院机制不健全、值班制度落实不到位、急诊急救能力不足等问题。

针对这些问题,安徽省卫生健康委印发《关于进一步加强和改进医院急诊急救工作的通知》,重点从落实首诊负责制、急诊病床周转、转院接续管理、医疗值班、急诊急救能力建设和质量管控等六个方面提出13条具体措施，其中进一步明确要求：急诊急救实行首诊医院、首诊医生负责制；急危重症患者实行“先诊疗后付费”；首诊医师有组织相关人员会诊和收住科室等决定权；急诊科及相关科室预留2—3张床位（可以是加床）用于夜间急危重症患者救治，不得以没有病床为由推诿需要住院治疗的急诊患者；急诊科病床不得收治非急诊病人；确需转院的急危重症患者，由医院总值班与接收医院联系，评估患者病情并对转院途中风险及注意事项、护送等做好交代和妥善安排；有救治能力的医院不得以任何理由推诿、拒收需要转入的急危重症患者；建立全院性医疗值班体系，明确各值班岗位职责、值班人员资质和人数；各级值班人员及科室负责人必须确保通讯畅通。

加强急诊急救能力建设，建立健全急危重症患者快速救治机制；加快推进“五大中心”建设；完善医院内部管理制度和激励机制，提升急诊科岗位吸引力；加强对急诊急救工作的质量管控，对违反规定的医院和人员，特别是造成严重后果或不良社会影响的，按照有关规定严肃查处问责。

通过上述举措，切实提升全省急诊急救能力，改善群众急诊就医感受。

（三）多措并举探索血液管理新路径

近年来，安徽省按照“促供应、保安全、提增量、调结构、建机制”的工作思路开展血液管理工作。2019年1—8月，全省采集血液56.09万单位，同比增长5.6%；机采血小板采集2.8万治疗量，同比增长10.9%；手术患者自体输血比例为7.6%。通过“开源节流”综合管控，有效缓解血液供应压力。根据“组团式”援藏工作安排，2019年安徽省还支援西藏自治区红细胞1042单位，血浆485单位。

一是利用“互联网+”服务，简化血费报销程序。2018年安徽省下发《关于对无偿献血者临床用血费用实行网络报销工作的通知》，在全国率先开展献血者临床用血费用微信网络直报工作。开通“安徽血液管理”微信公众号，献血者通过关注微信公众号，上传有关资料照片后，一趟路也不用跑就可以完成献血者及其亲属血费报销工作，切实解决了献血者反映的“献血容易用血难”的问题。

二是全省血液管理信息“一盘棋”，血液调配网络化。2018年以来，安徽省通过“互联网+”形式完成全省血液管理信息系统管理网络平台建设，全面实现国家血站9.0信息系统和单采血浆站信息系统应用。目前，全省医疗机构输血科软件正在建设中。升级改造后的血液管理信息系统，更加强化了对全省血液供应的监测和调度，以及对采供血液（浆）质量全过程监管功能。通过血液管理信息系统开展省内血液资源的监测和调度工作，平衡全省血液资源。2018年全省共调配血液723批次，105683.9单位，有效缓解区域内血液供应压力，确保中心城市血液供应。

三是突出血液安全底线意识，强化采供血机构监管力度。以日常采供血机构全面技术核查和“双随机、一公开”暗访检查为抓手，坚持明查暗访相结合，强化采供血机构监管。2018年，完成12户次血站，4户次浆站技术核查，共提出不合格项296条，整改意见29条。2019年上半年，完成全省16所血站、13所浆站的暗访抽查工作，共提出整改意见201条次，对问题突出的采供血机构进行“回头看”。

四是持续开展评价工作，强化临床合理用血。多年来，安徽省血液管理坚持“十分制双专家独立评价法”，长期开展临床输血病历专项评价，不断提高临床合理用血水平。通过抽取三级医院归档输血病历的集中处理，隐去医院名称，由全省血液内科和麻醉科专家对临床输血病历输血合理性和病历记录质量进行评价。每份病历经过2个专家分别采取10分制方法进行独立评价，综合打分考评。对院方血液管理问题下发书面整改意见，限期完成。2018年，共评价1042份输血病历3145次输血，血液制品输注合理及趋向合理比例为75.4%，同比2017年增长2.5个百分点。通过持续开展评价工作，安徽省血液制品使用合理性每年呈递增态势，2019年纳入三级公立医院绩效考评工作之中。

（四）安徽卫健委开出“十条药方” 着力营造全行业清风正气

严禁滥发津补贴、严禁收受“回扣”、各级卫生健康委直属事业单位领导人员同一岗位连续任职一般不超过十年……日前,结合“不忘初心、牢记使命”主题教育,安徽省卫健委对系统内近年来发生的违纪违法案件进行分析和总结,制定印发《加强新时代全省卫生健康系统党风廉政建设十条要求》(以下简称《十条要求》),要求全省各级卫生健康行政部门和各级各类医疗卫生机构做到“五个严格”和“五个严禁”,推动形成风清气正的行业生态。

安徽省卫健委通过认真梳理分析十八大以来全省卫生健康系统4200多起违纪违法案例,分析出存在违纪违法范围广、违纪违法主体突出表现为“关键少数”、靠医吃医现象突出、违规招标采购非常严重、重点领域腐败问题十分明显、违纪违法手段隐蔽且持续时间长六大特点。

根据找出的病灶病因,结合党纪党规和有关法律法规要求和卫生健康系统行业实际,起草了《十条要求》,着力从预防着手,抓早抓小、防微杜渐,减存量、遏增量。

在《十条要求》中,一方面提出“五严格”,列出五条正面清单,从落实“两个责任”、执行民主集中制度、医德医风教育、交流任职制度、学会协会监督五个方面提出严格要求;另一方面提出“五个严禁”,列出五条负面清单,结合全省卫生健康领域腐败问题主要特点和规律,对违规招标采购、收受“回扣”、违规接收社会捐赠、收受“红包”和吃拿卡要、滥发津补贴五个方面作出禁止性规定。

为保证《十条要求》的权威性和实效性,安徽省卫建委要求一是加强学习教育。各级党组织要对《十条要求》组织专题学习,深化“不忘初心、牢记使命”主题教育和“以案示警、以案为戒、以案促改”警示教育,同时根据《十条要求》健全完善本单位有关规章制度,筑牢拒腐防变的思想防线和制度防线。

二要推进专项活动。省卫建委机关及直属单位,要通过学习贯彻《十条要求》,不断推进“严明纪律规矩,净化政治生态”专项活动取得扎实成效;各市卫生健康、高等医学院校附属医院等系统内其他单位要根据《十条要求》,深化自查自纠工作。

三是加强监督检查。各市卫生健康委、高等医学院校附属医院、委直属单位要以正视问题的自觉和刀刃向内的勇气,把《十条要求》观察落实到位,不定期进行抽查,从2019年12月开始,每年6月、12月上报一次贯彻落实情况。

(五)国内首家临床研究医院在安徽合肥揭牌

2019年10月16日,中国科学院临床研究医院(合肥)、中国科学技术大学离子医学研究所在中国科大附一院(安徽省立医院)揭牌。据悉,这是国内首家融医学基础研究、临床试验和医疗服务为一体的临床研究医院。

“我国重大疾病防治正面临重大挑战。”中国科大临床医学院执行院长翁建平介绍说,“例如恶性肿瘤年新发病为430万人,年死亡人数为280万人,心脑血管疾病年死亡385万人,高血压患者高达2.7亿人,糖尿病患者已经超过1亿人。重大疾病是造成我国人力资源丧失和经济损失的主要原因,是全面建成小康社会迫切需要解决的问题。”为推动生命科学与医学科技发展,适应国家卫生健康领域重大战略需求,服务国家及区域经济主战场,助力健康中国建设,中国科学院成立中国科学院临床研究医院(合肥)。中国科学院前沿科学与教育局局长、中国科学院大学副校长、中国科学院院士徐涛介绍说,该临床研究医院由中国科学院前沿局主管,依托中国科学技术大学建设,主体设在中国科大附一院,以临床研究为主要目的,医疗业务服务于临床研究。

据了解,中国科学院临床研究医院(合肥)是国内首家临床研究医院,旨在充分发挥中国科学院的科研与人才优势、安徽省创新资源与政策优势,依托中国科大理工结合的学科优势和“所系结合”的办学优势、附属第一医院辐射全省的规模优势和技术全面的临床优势,构建新型“医—教—研—产”融合的创新基地。同时也是中国科大围绕“双一流”目标,以推进“理工医交叉融合,医教研协同创新,生命科学与医学一体化发展”的“科大新医学”创新实践的重要举措之一。核科学是中国科大在国内的A+学科,也是学校大力发展的方向。核医学是核科学的重要分支领域，揭牌成立中国科大离子医学研究所，正是中国科大探索核医学和离子治疗相结合的创新举措。该研究所未来将专注于核医学的临床研究和人才培养，力争早日实现自主成果转化，造福百姓健康。

当天同期召开的中国科学院第一届临床研究前沿会议上，国家卫生健康委科教司领导作题为《我国临床研究政策与布局》的专题报告，中国科大副校长、中国科学院院士杜江峰，中国科学院院士刘允怡作医学临床研究的主题报告。会议当天，来自中国科学院体系内30余家研究院(所)的专家学者重点围绕中科院如何发挥医学科技创新国家队作用，推动临床研究更好地服务中国百姓、助力健康中国建设等主题，开展相关学术报告和交流研讨。

第二十二章　长三角地区环境保护情况

2019 年 12 月,中共中央、国务院印发《长江三角洲区域一体化发展规划纲要》,明确了坚持生态保护优先,把保护和修复生态环境摆在重要位置,加强生态空间共保,推动生态环境协同治理,夯实绿色发展生态环境本底,努力建设美丽绿色长三角。

一、上海市环境保护的情况与措施

(一) 上海市生态环境保护与治理

2019 年是打好污染防治攻坚战的关键年。上海市坚持以习近平新时代中国特色社会主义思想为引领,深入学习贯彻习近平总书记考察上海重要讲话精神和习近平生态文明思想,协同推进经济高质量发展、污染防治攻坚战和长三角一体化发展创新示范,圆满完成第二届中国国际进口博览会环境保障工作,各项工作进展顺利,生态环境质量持续改善。

1. 全市生态环境质量明显改善,主要污染物浓度进一步下降

环境空气质量持续改善,但臭氧污染仍较突出。2019 年,上海市环境空气质量指数(AQI)优良天数为 309 天,AQI 优良率为 84.7%。细颗粒物(PM2.5)年均浓度为 35 微克/立方米,可吸入颗粒物(PM10)年均浓度为 45 微克/立方米,均达到国家环境空气质量二级标准;二氧化硫(SO_2)年均浓度为 7 微克/立方米,达到国家环境空气质量一级标准;二氧化氮(NO_2)年均浓度为 42 微克/立方米,超出国家二级标准 2 微克/立方米。臭氧在污染日中首要污染物占比达 46.4%,污染仍较为突出。

在空间分布上,由于上海市主导风向为东南风,PM2.5 和 PM10 受区域输送和二次生成影响,总体呈西高东低的分布态势;SO_2 全面达标,浓度总体较低;NO_2 总体呈市中心向周边区域递减的趋势,浦西地区浓度总体高于浦东地区,与机动车聚集度基本一致。

地表水环境质量持续改善,氮磷污染问题虽有所缓解,但仍为主要污染指标。2019 年,上海市地表水环境质量较 2018 年进一步改善。全市主要河流的 259 个考核断面中,Ⅱ—Ⅲ类水质断面占 48.3%,Ⅳ类断面占 47.5%,Ⅴ类断面占 3.1%,劣Ⅴ类断面占 1.1%,主要污染指标为总磷和氨氮。与 2018 年相比,考核断面中劣Ⅴ类比例下降 5.9 个百分点,氨氮、总磷平均浓度分别下降 35.1%和 7.3%。上海市 4 个在用集中式饮用水水源地水质全部达标(达到或优于Ⅲ类标准)。上海市近年来不断加大截污治污力度,地表水环境质量持续改善,但氮磷仍为影响全市地表水环境质量状况的主要污染指标。

地下水环境质量总体保持稳定。2019 年,市规划资源局开展的地下水水质监测结果显示,上海市 13 个国家级地下水监测点中,水质为Ⅲ类、Ⅳ类、Ⅴ类的数量分别为 2 个、10 个和 1 个,分别占 15.4%、76.9%、7.7%。上海地区地下水水质总体保持稳定。

海洋环境质量总体保持稳定。2019 年,上海市海域符合第一类、第二类海水水质标准的监测点位占 20.5%,符合第三类、第四类标准的监测点位占 10.3%,劣于第四类标准的监测点位占 69.2%,主要污染指标为无机氮和活性磷酸盐。长江河口水域水质优良且总体稳定,但由于海水水质标准与地表水水质标准存在较大差异,上海市海域劣于第四类海水水质标准的现象较为普遍。

农用地土壤环境质量总体较好。2017—2019 年,上海市国家土壤环境监测网基础点位的例行监测结果表明,农用地土壤环境质量总体较好。

声环境质量基本保持稳定。2019 年,上海市区域环境噪声基本保持稳定,道路交通噪声有所改善。

辐射环境质量总体情况良好。2019 年,上海市辐射环境背景值和辐射设施周边的辐射强度均处于正常水平。

生态环境状况良好。2018 年上海市生态环境状况指数(EI)为 62.40,生态环境状况评价等级为“良”,植被覆盖度较高,生物多样性较丰富。

2. 打好污染防治攻坚战,持续推进生态文明体制改革,顺利完成各项年度生态环境保护目标任务

2019 年是上海市第七轮环保三年行动计划实施关键年。依托本市生态环境保护和建设工作领导小组协调推进平台,第七轮计划总体进展顺利。以大气、水和土壤污染治理为重点,上海市继续推进落实《上海市清洁空气行动计划(2018—2022 年)》《上海市水污染防治行动计划实施方案》《上海市土壤污染防治行动计划实施方案》。同时,编制印发了《上海市地下水污染防治实施方案》《上海市农业农村污染治理攻坚战行动计划实施方案》,加快推进各项污染防治任务。

2019 年,上海市稳步推进近年出台的各项改革任务,研究制定新的改革措施,集聚改革集成效应,不断加强环境治理体系建设。大力推进生活垃圾全程分类,全市垃圾分类准确率达 90%以上,在住建部对全国 46 个重点城市生活垃圾分类专项考核中,上海继续位列第一。制定建筑垃圾再生利用标准规范,推动污染第三方治理。建立完善河湖长制管理数据库,实施“一河一策”。全力做好第二轮中央环境保护督察配合工作,实现第一轮市级环境保护督察全覆盖。加快推进生态环境损害赔偿试点改革。持续开展领导干部自然资源资产离任审计。全面启动环评审批制度改革。建立流域横向生态补偿机制,制定《上海市湿地名录管理办法(暂行)》,基本完成自然保护区综合管理职能划转工作。

2019 年,上海市各项重点工作顺利推进并完成年度任务目标。按期完成排污许可证核发任务,持续推进总量减排工作,提前完成国家下达给上海市的“十三五”主要污染物削减目标;持续加强固体废物管理、辐射安全管理、海洋环境保护、自然保护地监督管理、重点区域环境综合整治、应对气候变化、污染源普查;进一步加强与长三角一体化发展合作机制的联动,推动长三角区域生态环境共保联治。

(二) 稳步推进机构改革,持续加强环境执法

2018 年 11 月,市委新组建市生态环境局,新设立市生态环境局党组。2019 年 2 月,市委正式批复市生态环境局职能配置、内设机构和人员编制规定,完成生态环境、农业、自然资源、发展改革、水务(海洋)等多部门生态环境保护职能的划转调整。2019 年 3 月底,上海市各区也基本完成区生态环境局的机构改革工作。

完成上海市生态环境综合执法改革,报请市委办公厅印发了《关于深化我市生态环境保护综合行政执法改革的实施方案》,完成市生态环境局执法总队组建等工作。根据市委编办印发的《关于推进区级综合行政执法改革有关机构编制问题的通知》要求,指导各区完成区级生态环境保护综合执法队伍组建工作。

在持续加大环保投入、完善法律法规的同时,进一步丰富多种执法手段的有效运用。2019 年,全市生态环境系统查处案件 2427 件,处罚金额近 3.4 亿元,作出按日计罚 2 件,处罚金额共 122.7 万元;实施查封扣押 121 件,限制生产、停产整治 11 件,移交公安部门行政拘留 13 件,移交公安部门涉嫌环境污染犯罪 28 件。

(三) 把生态环境保护摆在突出位置,连续 3 年环保投入占 GDP 比重高于 3%

2018 年夏天,特斯拉超级工厂落户上海临港地区,成为上海有史以来最大的外资制造业项目,2019 年全速推进建设。特斯拉汽车创始人埃隆·马斯克连发“推特”,对上海各方的快速高效不吝赞美之辞。

除了对营商环境的肯定,特斯拉落户上海其实还有一项“水到渠成”的原因——上海近年来把生态环境保护摆在突出位置。2017 年以来,全社会环保投入累计超过 2300 亿元,占 GDP 比重始终不低于 3%。这座热爱生态环境的城市,与新能源汽车这一产业的精神气质完美契合。

上海 27.45 万辆的新能源汽车保有量,位列全国城市首位;此外还有一系列差异化补贴、免费专用牌照、完善充电桩等扶持政策配套。新能源汽车生产和使用规模扩大,是上海全力推进生态之城建设的

一个缩影,更是上海坚信高质量生态必然能支撑高质量发展的生动写照。

探索一条符合超大城市特点和规律的生态治理新路,上海始终不忘初心、砥砺奋进。

1. 坚定信念,环保与发展相辅相成

瞄准世界级生态岛的崇明总有一股定力,始终把保护好、修复好、建设好崇明的生态作为重中之重,坚决不搞大开发。尤其是对三方面加强管控:其一,控制人口规模,不突破现有70万人口的规模;其二,控制建筑密度,建设用地实现零增长;其三,控制建筑高度,新建建筑原则上不超过18米,实现"房在林中""路在林中"的美好愿景。

2019年,崇明全年环境空气质量优良率、地表水环境功能区达标率均达80%以上,森林覆盖率超过26%,为上海提供了约40%的生态资源和50%的生态服务功能,并荣获2021年第十届中国花博会举办资格。

有了优厚的生态环境,崇明的发展之路越走越宽,以都市现代绿色农业、生态休闲旅游业、海洋装备制造业等新兴产业为重点的生态产业风生水起。

崇明在全区范围内选取了1万亩土地,开展无化肥、无化学农药的"两无化"水稻生产,去年第一批新米上市,种植农户增收数千万元。

在长宁区的美天诸安浜菜市场,每天刚开始营业,就有不少阿婆阿公来抢购崇明种植基地直接配送来的蔬菜。"只要是正宗的崇明本地菜,就比其他产地的好卖!"上海静捷蔬菜专业合作社负责人王庭峰坦言,"崇明"两字已经成为上海人心中品质的保证。正是这种品牌效应,吸引着无数市民在节假日涌入崇明。

生态环境保护和经济发展相辅相成,牺牲眼前暂时的快速增长,换来更强大的发展潜能。崇明目光长远,整个上海亦是如此。

规划面积约187.7公顷的世博文化公园便是上海近年来的最大手笔——其所在的世博后滩地区是上海45公里滨江岸线中最具景观优势的"凸岸"。有专家估算,其土地价值可达上千亿元,在此建设世博文化公园就相当于放弃了一个"陆家嘴"。

按照"百年大计、世纪精品"的要求,统一规划、统筹运营、协同建设、精雕细琢,世博文化公园将努力建成经得起历史和人民检验、代表国际文化大都市形象、市民欢聚共享的世界一流城市中心公园。良好生态环境是实现城市永续发展的内在要求,现在看似的舍弃换来的将是百姓满满的获得感和未来更大的收获。

2. 不破不立,换来生态环境软实力

与全国其他省市相比,上海较早遇到生态环境问题的严峻挑战,也更早地直面日趋严重的"城市病"和日益趋紧的土地人口环境硬约束。

历届上海市委、市政府先后提出减少"四个依赖"、坚持"三个导向"发展思路,坚持质量、效益和结构优化导向,坚持保障和改善民生优先导向,坚持保护和改善生态环境导向,加快结构调整、经济转型,逐步减少对重化工业、房地产业、劳动密集型产业和投资拉动的依赖。

位于上海南端的奉贤,去年的成绩单十分惊艳:规模以上工业产值首次突破1700亿元,同比增长9.7%,增速创2012年以来新高,在上海各区中位列第二。

这份成绩,是长期坚守生态环境底线结出的硕果。奉贤区从2014年实施产业结构调整三年行动计划以来,截至2019年上半年,共调整关停钢铁、印染、电镀、化工、石材、家具、建材等行业的"三高一低"重点企业247户,腾出土地面积17451亩,降低能耗合计标准煤近30万吨。这些产业结构调整腾出的宝贵空间,成为奉贤区未来发展的策源地。目前,一大批新材料、生物医药、高端装备、新能源等未来产业纷至沓来,奉贤区已引入企业95家,消化利用土地面积4209亩,其中72家企业已经投产,亩均产值、亩均税收分别达300万元、35万元。

2018年上半年,上海百雀羚日用化学有限公司投入150万元的废水处理设施验收投运,将废水中化学需氧量的浓度从四五百毫克/升削减到300毫克/升。为控制生产废水的排放总量，该公司2019年底还对部分洗护产品的生产工艺进行自动化改造，将废水排放量从八九十吨/天减少至五六十吨/天。

一个区域的产业结构调整尚且不易，把黄浦江45公里岸线全线贯通，还江于民、还岸于民，更曾是一个“不可能完成的任务”。

有关方面做过调查，黄浦江两岸空间的土地权属复杂。2002年黄浦江两岸综合开发便正式启动，但截至“十二五”末，两岸45公里实际贯通率仍不足50%。

在创新、协调、绿色、开放和共享五大发展理念的引领下，一批央企、国企、驻沪部队、公共管理部门全力支持两岸贯通，齐心将两岸打造为开放共享的城市核心公共空间。陆家嘴集团拆除了沿江第一层面的8家餐厅，拆除面积超过3000平方米。地产集团拆除浦明路1888号高桩平台上近2000平方米建筑。百联集团积极让出紧邻杨浦大桥的物流仓库，还把3栋保留完好的老建筑一并让出，向公众开放。

2017年12月31日，黄浦江45公里岸线公共空间贯通，沿岸区域的产业也得以进一步集聚、优化。在虹口区国航中心段滨江，黄浦江水被引进商务办公楼区，形成别具一格的游艇港池。在浦东滨江，沉寂多年的旧码头仓库正生长出一片黄浦江沿岸45公里范围内最大的文化产业创意集聚园区。曾是亚洲最大散装粮仓的八万吨筒仓改造成为上海城市空间艺术季主展场后，人流不断、活力重现。

通过“断舍离”而显著改善的城市生态环境，已成为上海扩大开放的重要软实力，成为各方投资选择上海、各类外资青睐上海的重要原因。

2019年上半年，上海新设外资项目数、合同外资、实到外资实现同步上升势头，分别同比增长49.2%、6.3%、13.9%。截至2019年6月底，上海累计引进跨国公司地区总部近700家、外资研发中心400多家，有超过20万名外国人在上海工作，约占全国的1/4。

3. 联手齐心，长三角共谋发展蓝图

水是流域性的、气是区域性的，单靠“一城一池”“单打独斗”的环境保护与治理模式，难以从根本上解决问题，也不可持续。2018年11月，长三角一体化上升为国家战略后，上海主动协调江苏、浙江、安徽，紧扣“联”字做文章，共同按下共商共建共享的“快进键”，同步跑出区域生态环境协作的“加速度”。

打开青浦区环境监测站副站长徐萍的微信，一个名为“太浦河水资源保护省际协作”的工作群被置顶在最醒目位置。徐萍说，太浦河的锑监测报告每月会在群里共享。各地环境监测单位还设立了对照点，以控制监测误差。去年10月，以长三角地区跨界环境污染事故应急演练为契机，青浦、吴江、嘉善又统一了检测步骤，进一步缩小了数据误差。

在三地一体化发展的设想中，数据共享只是基础一步，如何用好这些数据，深化区域污染减排共治，更为关键。

“长三角区域空气质量预测预报中心”设在上海市环境监测中心，为长三角各省市提供区域性预测预报服务，自建成以来，该中心已开展50多次区域可视化预报会商，成功为南京青奥会、APEC会议、G20峰会、进博会、上海国际马拉松等重大赛事和活动提供了重要技术支撑。

确保大气污染监测数据的客观全面，设在一线的“鼻子”必须又多又灵敏，长三角各地为此不惜投入大量人力物力。截至目前，上海、江苏、安徽、浙江的空气质量自动监测国控点、省(市)控点总量达到400多个。

更多的数据共享碰擦出了“火花”。2018年底，长三角区域的空气质量预报水平又迈上一个台阶。上海市环境监测中心大气室副主任王茜指着长三角区域空气质量预测预报系统平台的屏幕说，上海、江苏、浙江、安徽和江西未来5天空气质量指数的精确预报及未来7天污染潜势的预报已成为现实。

知道雾霾何时来，更要知道其为何而来，方能对症下药，从源头遏制污染。近年来，长三角区域陆续出台了落实大气污染防治行动计划实施细则、大气污染深化治理方案以及高污染车辆和船舶联防联控专项方案。这些“治霾之道”的出炉，设在上海市环科院的“国家环境保护城市大气复合污染成因与防治重点实验室”功不可没。

“简单来说，我们找到了各类大气污染源，摸清了它们排放的污染物以及排放污染的时间和污染物的量，并做了一个‘排行榜’。”上海市环科院大气环境研究所副所长王红丽表示，熟读这份大气污染源排放清单，长三角各地就能清楚自己区域的污染“家底”，并研判这些污染源的轻重缓急，量身定制治理方案。

以此为基础，该实验室研究提出的“加强长三角区域臭氧协同治理的对策建议”“开展长三角多城市大气污染协同控制的建议”等建言均被长三角地区采纳并付诸实施。

从2013年长三角区域大气污染防治协作小组成立，到2017年国家验收《大气污染防治行动计划》成果，上海、江苏、浙江25座城市PM2.5平均浓度下降了34.3%，超额完成国家“下降20%”的要求。2018年，上海、江苏、浙江、安徽41座城市再接再厉，PM2.5浓度同比又下降10.2%，降至44微克/立方米。

随着长三角污染防治协作的日益紧密，区域更高质量一体化发展也进入“深水区”。“一些大的污染源的治理基本上完成了，每个省的减排潜力已经不像原来那么大了。”上海市生态环境局综合规划处黄蕾说，下一步做什么？这是长三角要一起研究的课题。

就在2018年10月，长三角生态智库宣布升级扩容。“长三角区域生态环境联合研究中心”在上海市环境科学研究院揭牌，江苏、浙江、安徽的环科院作为联合研究分中心，三省一市凝聚科研力量，未来的生态环境保护“蓝图”正徐徐展开，将有力助推长三角高质量一体化发展。

二、江苏省环境保护的情况与措施

(一) 江苏生态环境保护与治理

2019年，是打好污染防治攻坚战、决胜全面建成小康社会的关键之年，也是全省生态环境新机构和垂管新机制全面运转的第一年。江苏省生态环境系统深入贯彻习近平生态文明思想，认真落实省委、省政府和生态环境部决策部署，始终保持昂扬的状态、团结的精神、实干的作风，有力推动环境质量改善，成为江苏高质量发展的鲜明印证。全省PM2.5浓度降至43微克/立方米，同比下降8.5%；国考断面优Ⅲ比例达77.9%，同比上升8.7个百分点，国省考断面和主要入江支流消除了劣Ⅴ类；近岸海域优良海水面积比例89.7%，同比上升41.2个百分点。全省生态环境保护工作实现了“两最两超一提前”：大气和水环境质量为近5年来最好，总体改善幅度为长三角地区最大；超额完成环境质量考核目标，超额完成污染减排序时目标；提前一年完成“十三五”碳减排目标。具体工作成效主要表现为七个方面：

一是治理修复力度持续加大。落实“1＋3＋7”治污攻坚作战体系，出台柴油货车污染治理、太湖治理、长江保护修复、农业农村污染治理等实施方案。建立空气质量排名、末位约谈、专家帮扶等机制，每季度公布问题断面和责任人名单，针对不达标断面向地方党政主要领导发出预警函，定时定向传导压力。全面完成入江、入海排污口排查，太湖治理连续12年实现“两个确保”。中央环保督察“回头看”、长江经济带警示片反映问题按时序整改销号。推进山水林田湖草一体化保护和修复，印发《江苏省生态空间区域管控规划》，新建国家生态文明建设示范区7个、“两山”实践创新基地1个，总数位居全国前列。

二是规范精准水平明显提升。推行生态环境执法“543”工作法和现场执法“八步法”，强力推进移动执法系统升级，在全国率先实现执法记录仪全覆盖、全联网、全使用。出台行政案件处理程序规定、败诉案件过错责任追究办法。开展“水平衡”“废平衡”专项执法、“锦囊式”暗访执法，累计下达处罚决定书1.4万件、罚款12.46亿元，严肃查处了常州滨江化工园污水排江、南京澄扬科技违规堆存大量危废等一批典型违法案件，南京胜科水务5.2亿元环保罚单成为国内之最。完善大气应急管控停限产豁免机制，豁免企业增加到1278家，这一做法已在全国推广。获得全国环境监测大比武综合团体一等奖，涌现出以全国“人民满意的公务员”王利华为代表的一大批先进典型，全国“最美基层环保人”评选连续三年上榜。

三是生态环境安全有力维护。扎实做好“3·21”事故环境应急监测和污染物处置工作,累计处置废水超过150万立方、转移处置危废1万多吨,没有发生次生环境灾害。开展化工企业环境安全隐患排查整治专项行动,累计排查5755家次,推动消除了一大批环境风险隐患。在全国率先建立核安全工作协调机制,密切监测田湾核电站外围辐射环境,守好守牢生态环境安全底线。规范加强生态环境信访举报办理,全省信访举报总量、越级信访量同比分别下降15.6%、15.1%,有力促进了社会和谐稳定。

四是治理能力短板逐步拉长。省政府与生态环境部签订共建现代化试点省合作协议,为全国唯一。扎实推进三个“基础性工程”建设,安排资金10.3亿元,建成由4331个测点组成的PM2.5网格化监测系统,形成了覆盖全省的3×3公里大气监测热点网络;561个重点乡镇建成了空气站,机动车遥测点增加到115个。沿江八市工业园区自动监控系统全部联网,对6913家企业开展用电监控。日益完善的监测监控系统在预报预警、成因分析、监管执法、管控评估等方面为治污攻坚提供了强有力的技术支撑。全省危废处置能力提升到208.2万吨/年,较3年前增长了近5倍。颁布《江苏省生态环境监测条例》,是该领域第一个地方性法规。发布及在研环保标准79项,为历年最多。

五是环保制度改革稳步推进。基本完成环保“垂管”改革和生态环境机构改革,新机制运行平稳。“湾(滩)长制”实现全覆盖。完成全省“三线一单”编制。提前一年实现重点行业排污许可证核发全覆盖,发证数量全国第一。注重发挥市场机制和经济杠杆作用,环保信用参评企业增加到5.1万家,累计对红色、黑色等级企业征收差别电价超过2亿元。与省检察院成立公益诉讼(环境损害)司法鉴定联合实验室,累计启动生态环境损害赔偿案件144件,赔偿金总额5.32亿元。

六是服务高质量发展成效突出。会同省工商联、省台办制定服务企业高质量发展若干措施。对102个涉生态红线的线性工程提出解决方案,推动宁淮铁路、常州合全药业等重大项目落地。深化“企业环保接待日”制度,累计帮助1580家企业解决1728项治理难题。加大绿色金融政策扶持力度,召开“金环”对话会,推动“环保贷”升级,累计为168个项目发放低息贷款81.52亿元;出台绿色债券贴息等四个实施细则,为1160家企业安排奖补资金1817.82万元。落实环保信任保护机制,对432家环境守法企业减少检查频次,简化环评程序,优先安排补助资金。

七是齐抓共管格局加快形成。配合省纪委监委建成污染防治综合监管平台,进一步压紧压实责任,依托省攻坚办推动各地各部门主动作为。主动与各相关部门加强对接,增强工作合力。省生态环境厅荣获全省新闻发布工作第一名,一批宣传产品受到系统内外广泛关注。“美丽江苏·七彩约定”得到行业协会和地方积极响应。全省环保社会组织和高校环保公益社团联盟成员增加到81家。40多个国外代表团到访省厅或到我省生态环境治理现场参观交流,环保国际朋友圈不断扩大。

(二)出台农村河道管护办法,分级分段设立河长

江苏省政府办公厅1月20日印发《江苏省农村河道管护办法》,明确农村河道全面落实河长制,县(市、区)、乡镇(街道)设立农村河道总河长,农村河道分级分段设立河长。总河长、河长名单向社会公布。

《办法》规定,县级人民政府是本行政区域内农村河道长效管护的责任主体,县级人民政府水行政主管部门是本行政区域内农村河道管护的行业主管部门。农村河道管理范围内堤防护岸林木不得擅自砍伐。县级人民政府应当加强农村河道环境整治,限期消除黑、臭、脏河道,定期组织水生植物清理、漂浮物打捞、河道保洁等;积极推行河道、道路、绿化、垃圾、公共设施“五位一体”综合管护模式,努力实现农村河道“五位一体”综合管护及社会化管护全覆盖。

县级人民政府水行政主管部门应当建立农村河道巡查、督查制度,定期开展监督检查,查处违法行为。河道管理单位应当开展日常管护巡查,向水行政主管部门报告巡查中发现的重大问题。农村河道管护范围内禁止倾倒、排放、堆放、填埋矿渣、石渣、煤灰、泥土、泥浆、垃圾等废弃物;禁止倾倒、排放油

类、酸液、碱液等有害物质;禁止损坏堤防、护岸、闸坝等各类水利工程建筑物及防汛、水文、通讯、供电、观测、自动控制等设施;禁止在行洪、排涝、输水河道内设置影响行水的建筑物、构筑物、障碍物、种植阻碍行洪的林木或者高秆作物等;禁止在堤防和堤防地建房、垦种、开渠、打井、挖窑、葬坟、存放物料、开采地下资源、进行考古发掘以及开展集市贸易活动;禁止其他侵占农村河道、危害防洪安全、影响河势稳定和破坏河道水环境的活动。

(三)出台环保信任保护原则

江苏省生态环境厅2019年1月印发《江苏省企业环保信任保护原则实施意见(试行)》,为打好污染防治攻坚战、助推生态环境高质量发展提供有力执法保障。

信任保护原则是指各级生态环境部门对能够严格落实生态环境法律、法规、规章要求,认真执行生态环境政策标准规定,环境管理处于行业领先水平、能够积极配合生态环境部门日常监督管理的企业给予守法信任并予以保护的原则。《意见》规定,对环保信任企业减少现场检查频次,降低企业迎检次数。环保信任企业项目环评审批需要总量平衡的,其所在地生态环境部门应当优先调剂总量;需要通过排污权交易的,优先统筹考虑。各级生态环境部门对环保信任企业应优先安排环保补助资金、优先办理环保行政许可,并认真执行《江苏省秋冬季错峰生产及重污染天气应急管控停限产豁免管理办法(试行)》相关规定;省生态环境厅水环境、固体废物、核与辐射管理部门参照以上大气豁免管理办法制定相应对环保信任企业停限产豁免管理规定。

环保信任企业按年度申请,每年1月起开始申报,1月31日前完成。环保信任企业应当清洁生产达到一级(国际先进)水平,企业环保信用评价等级为“绿色”,已申领排污许可证且能规范执行许可证日常管理要求,污染物稳定达标排放、在线监测符合规范,近一年无被查实的环境信访投诉举报。

(四)对标找差,对症下药,江苏省扎实推进全年大气污染防治工作

2019年3月13日,江苏省举行大气污染防治工作会议,通报了近期空气质量状况,部署下一阶段重点工作,在秋冬季大气污染攻坚的同时,也对照年度目标任务,从早从严从紧推进2019年大气污染防治。

省领导费高云要求重点抓好三件事情:一是建立健全责任体系。各地主要领导对市域空气质量负总责,对照秋冬季大气攻坚目标,结合当地实际,分解PM2.5改善目标。健全以空气质量改善为核心的考核体系,对空气质量恶化或不达标的区县实行通报、约谈、环评限批等惩戒措施。二是精准实施管控措施。组织工信、发改、住建、生态环境等部门,对区、县错峰生产方案和重污染天气应急减排项目清单进行审查,力求杜绝“遗漏”企业、措施不合理甚至弄虚作假等问题。结合当地实际,适时提高重污染天气应急管控级别。三是持续加强监督管理。以落实错峰生产和应急管控措施为重点,完善监督机制,各地全面排查环境隐患和薄弱环节,持续开展面上巡查,对重点企业要驻厂监管,核实企业减排措施落实情况,对超标排放等环境违法行为“零容忍”。

下一阶段,江苏省将坚持应急管控和长效治理并重,正视问题、综合施策。主要措施有五项:

一是深入治理工业污染,启动沿江地区燃煤电厂除湿脱白工程,推动电力、钢铁、水泥、焦化、玻璃、炭素、锅炉、窑炉等重点行业全面实施超低排放改造,基本完成全省钢铁企业烧结机超低排放改造,水泥、焦化、玻璃、炭素行业达到省定排放限值要求。

二是严格管控各类扬尘,实现周边围挡、物料堆放覆盖、土方开挖湿法作业、路面硬化、出入车辆清洗、渣土车辆密闭运输“六个百分之百”,并安装在线监测和视频监控设备。住建部门将扬尘管理工作不到位的不良信息纳入建筑市场信用管理体系,情节严重的列入建筑市场主体“黑名单”。

三是综合防治交通污染,提前实施机动车国六排放标准,在用柴油车监督抽测排放合格率达95%以

上，沿江地区和徐州市基本实现新能源或清洁能源电动公交“全覆盖”。

四是加强面源污染治理，夏收和秋收阶段开展秸秆禁烧专项巡查，农业部门全面加强秸秆综合利用；加强餐饮油烟污染防治，推广集中式餐饮企业集约化管理，开展规模以上餐饮企业污染物排放自动监测试点；城市主次干道两侧、居民居住区禁止露天烧烤。

五是完善工作推进机制，每半个月在主流媒体上公开通报各设区市空气质量排名情况，对连续排名靠后的城市要进行约谈问责；将打赢蓝天保卫战目标任务完成情况纳入污染防治攻坚战成效考核，考核不合格的设区市要向省委、省政府作出检查，实行区域环评限批；成立大气污染防治专家组，邀请行业专家指导重点区域制定“一厂一策”方案，实施可操作、可考核的管控措施。

（五）政企研三方齐聚无锡，大数据助力长江保护

2019年5月20日，国家长江生态环境保护修复联合中心、无锡市发改委、无锡市生态环境局、无锡市大数据局共同举办“基于大数据分析，凝练总结绿色发展模式，助力长江经济带保护与修复”研讨会。

中国环境科学研究院副院长宋永会，国家长江生态环境保护修复联合研究专家组专家、中国环境科学研究院原副院长夏青，无锡市人大常委会副主任吴峰枫，无锡市政府副秘书长张建春，各市（县）区政府以及市发改委、工信局、生态环境局、大数据局、科技局等部门分管领导，微软、埃睿迪、联通等部分大数据分析研究机构专家参加了会议。会议由无锡驻点跟踪工作组组长许秋瑾研究员主持。

会议指出，无锡高度重视生态环境建设工作，认真对标长江经济带五大关系，准确把握流域水生态的文明建设发展方向。按照生态优先，绿色发展的要求，加快构建水生态文明和河湖健康安全体系，初步形成了经济发展和环境保护的协调共发展的良好态势，生态环境质量改善、经济增长有效提升的双赢局面已基本形成。无锡将以此次研讨会为契机，继续深入推进无锡生态环境建设和智慧城市建设。

会上，代表们分享了长江生态环境保护修复联合中心无锡驻点工作计划、水资源环境承载力预警调控系统的建设和应用、无锡生态与经济协调发展的做法经验、大数据分析支撑水系调度应用等内容。代表们提出，要将“两山道路”与环保物联网相结合，开展大数据分析工作，在现有基础上建立自然承载力预警系统，为长江大保护工作提供技术支撑。

代表们充分肯定了此次研讨的成果和意义，并指出会议突显三个特色：一是站位高。研讨活动是学习领会和贯彻落实习近平总书记“共抓大保护、不搞大开发”的要求，切实做好长江生态环境保护修复工作总要求，特别是在总书记生态文明思想形成一周年之际，召开有高度、专业化，务实的会议，体现了驻点联合研究工作组和无锡政府高度的政治站位、行动自觉和思想自觉。二是主题明。此次研讨会，认真总结和探讨了无锡10多年来坚持抓环境建设、经济转型的发展实践、工作成就和成功经验，坚定无锡走好生态优先、绿色发展的信心。希望无锡在治湖治水方面的经验做法不仅在长江流域无锡段的治理中得到迅速推广和应用，更要在长江中心的指导和各位专家的参与下，借助大数据精准的分析，提供保护和修复长江生态环境的无锡示范和无锡标杆。三是组织好。会议组织形式多元化，既有政府部门，又有专家，还有企业。强调“三个注重”，即注重无锡实际，有的放矢；注重大数据的分析和定量的分析，结论更精准、决策更科学；注重结合政府职能部门、科研院所。

代表们还对无锡长江生态保护修复工作提出了三点建议：一是处理好点源治理与流域治理的关系，且要以流域治理为重点；二是处理好沿江企业就地关闭、搬迁与转型升级的关系；三是对沿江企业管理要一视同仁，加快推进化工产业的转型，减总量，提质量，既要有近期目标，也要有长远的保护计划。

三、浙江省环境保护的情况与措施

(一)2019年浙江省生态环保进展情况

2019年3月25日,浙江省十三届人大常委会第十九次会议听取了省政府关于2019年全省环境状况和环境保护目标完成情况的报告。2019年,浙江省政府深入贯彻习近平生态文明思想,坚定践行"两山"理念,聚焦高标准打好污染防治攻坚战、高质量建设美丽浙江,环境保护各项目标全部完成,生态环境质量在较高水平上持续改善。根据省统计局民意调查显示,全省生态环境公众满意度连续8年提升。

副省长陈奕君作《关于2019年全省环境状况和环境保护目标完成情况的报告》:2019年,浙江全省地表水总体水质为优;11个设区城市细颗粒物(PM2.5)平均浓度比2018年下降3.1%;已建成危险废物利用处置项目206个,利用处置能力达934万吨/年;11个设区城市区域环境噪声平均值为54.4分贝;生态环境状况指数连续多年保持全国前列。

1. 水环境质量方面

浙江221个省控断面Ⅰ—Ⅲ类水质比例为91.4%,比2018年上升6.8个百分点;无劣Ⅴ类水质断面。满足水环境功能区目标水质要求断面占95.9%,比2018年上升6.3个百分点。

大花园核心区和重点生态功能县29个出境断面水质全部达到功能要求。

县以上城市集中式饮用水水源个数达标率为96.7%,比2018年上升2.2个百分点。近岸海域一、二类海水面积比例为41.4%,比2018年上升1.8个百分点。

2. 空气环境质量方面

11个设区城市细颗粒物(PM2.5)平均浓度比2018年下降3.1%,69个县级以上城市PM2.5平均浓度与2018年持平。2019年,全省69个县级以上城市日空气质量优良天数比例为93.1%。

3. 固体废物方面

到2019年底,浙江省已建成危险废物利用处置项目206个,利用处置能力达934万吨/年,主要种类危险废物基本实现各设区市自我平衡。

已建成生活垃圾处置设施149座,总处置能力达9万吨/日,焚烧、填埋、餐厨处理能力分别占68.2%、23.5%、8.3%,填埋比例较2017年底下降4个百分点,处理结构持续优化,城镇生活垃圾无害化处理率达100%。

4. 声环境方面

浙江11个设区城市区域环境噪声平均值为54.4分贝,城市道路交通噪声平均值为67.6分贝,与上年度基本持平。生活噪声源和交通噪声源仍为影响城市声环境质量的主要来源。

浙江生态环境状况指数已连续多年保持全国前列。在长江经济带国家级自然保护区管理评估中,浙江以100%优良率名列第一。2019年,全省生态环境公众满意度得分84.09分,比2018年提高1.24分,连续8年提升。浙江生态省建设在全国16个试点省份中首个通过验收。经过国内外权威机构的总结评估和专家论证,浙江省提前完成生态省建设目标任务,达到国内生态文明建设先进水平、国际可持续发展先进水平。

浙江在全国率先部署开展生态保护红线勘界定标工作。新增国家生态文明建设示范县(市、区)8个、全国"绿水青山就是金山银山"实践创新基地2个,两项数量均位居全国第一。

浙江在全国率先开展农用地土壤超标点位"对账销号",完成重点污染地块治理修复工程25个。重金属减排提前超额完成"十三五"目标。统筹推进农业农村污染治理,全面推行化肥、农药"实名制、定额制"改革,在全国率先完成畜禽禁养区划定排查任务。

浙江在全国率先建成应用生态环境保护综合协同管理平台,并实现省、市、县全贯通。完成浙江环境地图浙政钉移动端升级,实现用户所在区域空气环境质量推送功能。

2019 年，浙江省将锚定高质量建设美丽浙江战略目标，聚焦打赢污染防治攻坚战，加快生态环境数字化转型，以生态环境治理助推经济高质量发展。

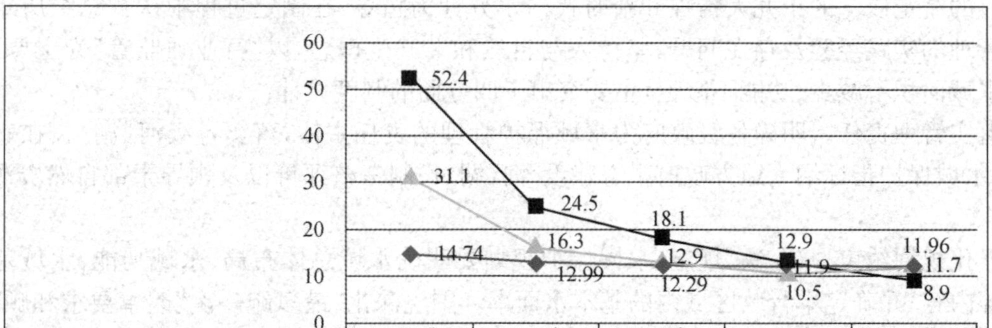

	2015年	2016年	2017年	2018年	2019年
工业废水排放量(亿吨)	14.74	12.99	12.29	11.99	11.96
二氧化硫排放量(万吨)	52.4	24.5	18.1	12.9	8.9
烟(粉)尘排放量(万吨)	31.1	16.3	12.9	10.5	11.7

图 1　2015—2019 年浙江省主要污染物排放情况

(二) 出台生态环境保护工作责任规定

2019 年 5 月，为进一步严格落实生态环境保护工作责任，浙江省委办公厅、省政府办公厅下发了《浙江省生态环境保护工作责任规定》(以下简称《规定》)，随着 18 条规定和责任“清单”的出炉，今后碰到环境问题“该找谁”“谁监管”等问题将全面厘清解决。

《规定》明确，生态环境保护工作坚持党政同责和一岗双责。党委、政府对本行政区域生态环境保护工作及环境质量负总责。党委、政府主要负责同志是生态环境保护工作的第一责任人，负主要领导责任；其他有关负责同志在职责范围内承担相应责任。

在《规定》中，超过四分之三的篇幅详述各级各界的生态环境保护工作职责，不仅各级人大、政协、纪委监委、法院、检察院的职责一目了然，而且省直 37 个党委、政府职能部门也是权责明晰。

同时，《规定》中指出各级党委和政府应当加强生态环境保护工作责任的落实，建立并实施年度目标责任制和考核评价制度，将生态环境保护工作纳入督促检查范围，推动生态环境保护工作责任和各项决策部署落到实处。

其中，县级以上党委要完善生态环境保护工作考核评价机制，加大生态环境保护工作责任追究力度。县级以上政府要对保护和改善环境有显著成绩的单位和个人，按照相关规定给予激励；对工作不力、造成环境损害和发生突发环境事件的，依法严格责任追究。

对于未能正确履行生态环保责任的，《规定》明确，要依据相关法律法规和《党政领导干部生态环境损害责任追究办法(试行)》《浙江省党政领导干部生态环境损害责任追究实施细则(试行)》等追究责任。

此外，《规定》还在各级人大、政协、纪委监委、法院、检察院和省委组织部中加入了“监督”职能，督促各级各部门生态环境保护工作责任的落实。

《规定》严格的责任追究制度，无疑将促使各级党委、政府及相关部门做好生态环境的守护者，看好各自的“责任田”，让上下同欲、齐抓共管真正体现在生态环境保护的成果上，真正满足人民日益增长的对优美生态环境的需求。

(三)《浙江省水域保护办法》5 月 1 日正式实施

2019 年 1 月 11 日召开的浙江省政府常务会议审议通过了《浙江省水域保护办法》(以下简称《办法》)，对原有的《浙江省建设项目占用水域管理办法》(2006 年 5 月 1 日施行)进行了全面修订和完善，于

2019年5月1日正式实施。《办法》对水域保护和管理方面存在的新情况新问题、进一步适应发展的需要和生态文明建设的要求，作出重大的调整。

《办法》的制定以党的十九大精神和新时代治水方针为指导，在制定过程中认真总结历年来浙江省水域保护管理的实践经验及存在问题，坚持人与自然和谐共生理念，以“行业强监管”为主要目标，确保河湖库塘水域面积不减少、功能不减退，主要突出了四方面的制度设计：

一是落实管理责任。明确各级政府为水域保护管理的责任主体，落实各级河(湖)长在水域保护中的职责，将水域保护指标纳入地方政府生态建设、河(湖)长制考核评价以及领导干部自然资源资产离任审计范围。

二是强化规划约束。《办法》规定，水域保护规划要明确水域总体布局、水域功能、水域范围和水域保护措施等内容，并确定本行政区域内的基本水面率。围绕深化“最多跑一次”改革要求和顺应“多规合一”的改革趋势，强调水域保护规划与区域发展规划的衔接，规定编制或者修改城乡建设、交通设施、土地利用等专项规划，涉及水域的，应当与水域保护规划相衔接。规定城市建成区改造和经济技术开发区等各类园区建设，确需调整水域的，应当编制区域水域调整方案，并征得有关水行政主管部门同意。

三是建立多部门联合的监管体系。规定实行以属地为主的分级监管机制，水行政主管部门要建立统一的水域管理系统，会同有关部门定期对水域状况进行健康评估，提出保护措施。

四是完善水域占用制度。规定非基础设施建设项目一律不得占用重要水域，建设项目占用水域的，要符合水域保护规划和有关技术标准规范，不得危害工程安全、影响河势稳定、妨碍行洪通畅、损害生态环境，要按照“水域面积不减少、功能不减退”的原则，采取功能补救措施或者建设等效替代水域工程，并实施“同步实施、同步验收、同步运行”。

(四)全国首个环境保护智能治理系统在浙江上线

2019年11月10日，由浙江高院指导，湖州中院筹建，生态环境等主管部门、司法机关协同参与的全国首个生态环境司法保护一体化平台——“绿源智治”协同系统在浙江高院正式上线启用，创造性地开启生态环境执法司法协同保护e时代。

“绿源智治”协同系统以生态环境协同治理为目标，结合环境资源行政执法和司法职能特点，区分六大展示板块构，建起环境资源纠纷诉前调解、在线诉讼、司法令状、评估鉴定、专家意见、生态修复、司法建议等十大功能区。依托两大阵地畅通环境资源行政执法、司法协作的“小循环”与社会公众参与环境治理的“大循环”，形成既具差异化、又迅捷高效的环境协同治理机制，努力打造生态环境现代化协同治理的“浙江e模式”。

“绿源智治”系统将线下传统的环境资源执法与司法业务衔接流程迁移至线上。行政机关可通过浙政钉在线提起非诉执行申请、生态赔偿协议司法确认和环境资源诉讼。对于适宜调解的案件，系统已对接浙江ODR平台，可一键完成分流引调。在行政执法和诉讼过程中，行政机关发现环境破坏行为仍在持续等情况的，还可以在线申请法院对行为人发出禁止令、修复令等司法令状，防止环境损害扩大。案件审理和执行过程中，人民法院可以在线委托行政机关协助确定修复方案，共同执行、监督生态修复。至此，从环境执法到司法诉讼乃至执行修复的全流程业务均可实现网上办理。

包括法院、检察、公安以及生态环境、自然资源、农业农村等环境资源行政主管部门，均作为成员单位入驻“绿源智治”系统。成员单位可将各自收到的环境资源案件线索和材料移送、同步推送至相关机关，并可针对疑难复杂问题进行在线会商。系统还引入了环境资源咨询专家、鉴定评估机构等第三方服务资源，成员单位可在线发起咨询、委托评估鉴定，为专业治理生态环境提供了极大便利。同时，在浙江法院网实时更新生态修复、公告通知、案件数量等环境资源保护相关工作情况，为人民群众监督生态环境治理开辟渠道。

“绿源智治”系统通过对接浙江法院网、浙江省统一行政执法办案平台，实现环境资源行政执法和司法案件信息在线实时共享，同时能够对流通系统的各类数据进行同步大数据分析，将涉及各环境资源保护领域的线索、信息分别推送至相应行政主管部门和司法机关，对生态环境问题的易发领域、地域分布、数量变化等进行实时动态数据分析，有力服务生态环境科学治理和立法顶层设计。

作为“绿水青山就是金山银山”理念发源地，湖州地区于 2019 年 8 月开始试行“绿源智治”协同系统，由湖州中院牵头，联合当地公安、检察、生态环境等部门共同建设、使用。系统运行一年多来，成效良好，已有 47 家前期入驻单位依托系统进行积极的在线协作，开展网上线索移送、磋商、调解、联席会议等工作，共享案件办理、司法建议、通知公告等信息。

截至 10 月底，已通过平台移送环境资源案件线索 240 次，流转司法案件 300 件，共享投诉举报、行政处罚等信息 1800 余条，生态环境等部门依托平台获取线索，作出处罚 500 余次，湖州法院据此跟踪履行情况，及时依申请发出禁止令状 156 份，有效防止环境损害扩大。司法机关在线发送司法建议、检察建议 24 个，在线化解环境资源纠纷 35 件，市生态环境局依托平台完成全市首例生态环境损害赔偿案，入选长三角司法协作典型案例。

此前，在 9 月 9 日召开的全国法院深入贯彻“两山”理念全面加强生态环境司法保护工作座谈会上，湖州中院作为全国六家法院之一、全省唯一代表，以工作宣传片形式展示湖州法院环境资源审判工作，其中生态环境治理协同系统得到了周强院长的肯定、点赞。

下一步，湖州中院将充分发挥先行先试的独特优势，进一步拓展协同治理、公众参与的宽度和广度，努力构建立法、执法、司法、守法全过程、立体化的智能治理体系，不断提升协同治理能力和水平，继续为完善生态环境协同治理体系贡献湖州智慧。

（五）浙江长江入河排污口现场排查工作全面启动

2019 年 9 月 17 日，生态环境部召开长江入河排污口现场排查（第一批）启动会，部署江苏、浙江、重庆、贵州、云南 5 个省市长江干支流及太湖沿岸排污口排查工作。至此，浙江省长江入河排污口现场排查工作全面启动。

据了解，本次浙江长江入河排污口现场排查工作的战场在湖州。湖州，地处浙江北部，北濒太湖，与长江“湖”水相连。保护好太湖的生态环境就是保护好长江。而入湖排污口一头连着太湖、一头连着陆地污染源，是污染物进入太湖的最后一道“闸口”。“闸口”管理好坏，直接关系到太湖水环境质量和生态环境安全。

2019 年 2 月，生态环境部决定用两年时间，在长江经济带 11 省市内，以长江干流、主要支流及太湖为重点，以“水陆统筹、以水定岸”为原则，通过实施“排查、监测、溯源、整治”4 项重点任务，实现“有口皆查、应查尽查”的目标，夯实长江生态保护修复攻坚战的基础。

此次排查工作将重点排查湖州近 64 公里太湖岸线，覆盖沿岸 2 公里范围约 131 平方公里区域，涉及吴兴区、长兴县、南太湖新区三个县区沿线 8 个乡镇、69 个行政村、1 个工业园区、38 条入湖河流（沟渠）。由生态环境部统一部署，来自生态环境部环境规划院、环境科学研究院、天津生态环境部门等多个单位的 25 名排查人员将分成 12 个小组，用 7—10 天时间完成排查工作。

整个太湖入湖排污口排查工作共分为 3 个阶段。第一阶段排查是通过卫星遥感、无人机航测，按照“全覆盖”的要求开展技术排查，分析辨别疑似入河排污口，此前该阶段工作已基本完成。目前将要开展的是第二阶段排查和第三阶段排查，主要采取人工徒步形式，组织工作人员对排查范围内汇入河流、河涌、溪流、沟渠、滩涂、湿地、潮间带、岛屿、码头、工业聚集区、城镇、暗管、渗坑、裂缝等开展“全口径”现场走访排查，核实确定入湖排污口信息，并对疑难点进行重点攻坚，进一步完善入湖排污口名录。

四、安徽省环境保护的情况与措施

(一) 2019年安徽省环保工作完成情况

2019年,安徽全省平均细颗粒物(PM2.5)和可吸入颗粒物(PM10)平均浓度均为有监测记录以来最好水平,在全省罕见干旱、气象条件比往年明显下降的情况下,PM2.5年均浓度46微克/立方米,二氧化硫(SO_2)、二氧化氮(NO_2)和一氧化碳(CO)浓度均达到一级标准。全省国考断面水质优良比例为77.4%,其中长江流域水质优良比例为85%,达近年来最好水平。值得一提的是,与上年同期相比,2019年巢湖全湖水质由Ⅴ类好转为Ⅳ类。"十三五"以来,巢湖水质总体稳定,主要污染指标浓度呈下降趋势,氨氮、总磷、总氮浓度分别较2016年下降37.0%、14.3%和28.5%。

持续攻坚蓝天保卫战。2019年,全省空气质量优良天数比例为71.8%,重污染天数同比减少52天。在打好碧水保卫战中,安徽省采用"无人机航测+人工核查"的方式,对长江干流安徽段沿岸2329平方公里进行航拍,解译疑似入河排污口4281个,并组建93个工作组进行全面摸底排查。据统计,长江流域水质优良比例为85%,好于年度考核目标5个百分点,达近年来最好水平。

长江流域总体水质状况由良好转为优。长江干流总体水质状况持续为优,支流总体水质状况为良好。监测的46条支流中,32条水质状况为优、9条为良好、2条为轻度污染、1条为中度污染、2条为重度污染。

16个设区市中,黄山、池州、宣城、安庆和六安市生态环境状况为优,铜陵、芜湖、马鞍山、滁州、淮南、合肥、蚌埠、淮北、宿州、亳州和阜阳市生态环境状况为良好。

2019年,省生态环境厅把长江经济带生态环境警示片反映问题和中央、省生态环保督察反馈问题整改作为重中之重,组织开展生态环境问题"大起底",印发4批清单1303个问题,完成整改1174个,占比达90.1%。其中,长江经济带警示片反映的23个问题完成整改15个,第一轮中央环保督察反馈的144个问题完成整改122个,中央"回头看"督察反馈的68个问题完成整改35个。

2019年,安徽省完成农用地土壤污染状况详查,获得有效检测数据244091个,基本查明安徽省农用地土壤主要污染物种类、空间分布特点和土壤污染面积,为开展农用地土壤环境质量类别划分、实施分类管理,提供了科学依据。94个县(区、市)建立了239个疑似污染地块名单,11个市发布了36个污染地块名录。"清废行动2019"核实问题、工业固废堆场问题整改完成97%以上。

(二) 安徽启动农田灌溉水质监测

按照生态环境部《2019年国家生态环境监测方案》和安徽省生态环境厅统一安排,安徽省2019年农田灌溉水质监测工作于4月初启动。

据悉,2019年安徽全省农田灌溉水质监测范围为10万亩及以上的农田灌区,灌溉水水质检测项目按照《农田灌溉水质标准》(GB5084—2005)执行,包括农田灌溉水水质检测基本控制项目和选择性控制项目。基本控制项目包括五日生化需氧量、化学需氧量、悬浮物等16项,选择性控制项目包括铜、锌、硒等11项。县级以上生态环境主管部门,可根据本地区农业水源水质特点和环境、农产品管理的需要,选择性控制项目开展监测,作为基本控制项目的补充指标。

据安徽省生态环境厅有关负责人介绍,开展农田灌溉水质监测是《水污染防治法》《土壤污染防治法》的要求。农田灌溉水质监测为地方事权,由地方环境监测机构开展监测。各地根据当地主要灌溉作物的用水时间,每半年监测1次,全年监测2次。安徽省环境监测中心站对监测任务承担单位报送的监测结果进行审核。

目前,安徽省各市生态环境主管部门正在开展10万亩及以上农田灌区调查,将按期上报省生态环境厅《农田灌溉水基本信息调查表》,内容包括农田灌区名称、经度、纬度、灌区规模、灌溉季节、灌溉水类等。各市每年分两次将审核后的本市监测数据及监测报告报送省环境监测中心站，年底将正式报送农田灌溉水质监测年度报告。此项工作的开展，将为加强全省农田灌溉水质管理，防止土壤、地下水和农产品污染，对保障人体健康、推进生态文明建设具有重要意义。

（三）安徽省首家环境司法鉴定机构揭牌成立

2019年1月11日，安徽首家环境损害司法鉴定机构——安徽省环境科学研究院司法鉴定中心揭牌成立，填补了安徽省环境损害司法鉴定机构的空白，标志着安徽省推进生态环境损害赔偿制度改革迈出坚实一步。省生态环境厅厅长徐恒秋、省司法厅厅长姜明参加揭牌仪式。

生态环境损害赔偿是践行习近平生态文明思想的具体体现，是生态文明制度体系的重要组成部分，是打好污染防治攻坚战，依法严惩重罚生态环境违法行为的法律保障。省首家生态环境损害司法鉴定中心的成立，标志着安徽省环境损害司法鉴定力量正式投入到污染防治攻坚战、加强生态文明建设中，对维护环境公平正义、依法从严从快打击环境违法犯罪行为具有重要证据支撑作用。

省生态环境厅厅长徐恒秋指出：安徽省环境科学研究院司法鉴定中心正式挂牌，这是安徽省司法鉴定领域、生态环境系统的一件大事。希望省环境科学研究院司法鉴定中心以此次挂牌成立为契机，不断提升鉴定技术和能力水平，努力打造“专业、规范、公正”的环境损害司法鉴定机构，为安徽省生态环境法制建设提供优质高效的司法鉴定服务，为助力污染防治攻坚战和生态文明建设提供强有力的技术支撑。

省司法厅厅长姜明指出：司法鉴定人所肩负的责任重大使命光荣。希望安徽省环境科学研究院司法鉴定中心注重社会效益和行业影响，努力打造一支崇尚法治、尊重科学、严谨规范、诚信敬业的司法鉴定人队伍，不断提高司法鉴定质量和公信力，为诉讼活动提供客观公正、科学规范的专业技术服务。要勇创一流，努力在环境损害司法鉴定领域内打造成具有影响力的品牌鉴定机构。

省生态环境厅副厅长罗宏，省司法厅副厅长沙奇志以及省检察院、省公安厅、合肥市司法局、新闻媒体等50余人参加了揭牌仪式。

（四）自然生态保护工作会议在合肥召开

2019年7月31日，省生态环境厅在合肥召开全省自然生态保护工作会议。罗宏副厅长出席会议并讲话。罗宏副厅长强调，认真贯彻落实全国自然生态保护工作和绿盾2019自然保护地强化监督工作会议精神，切实担负起自然生态保护监管的使命与职责，突出重点，创新方法，确保安徽省自然生态保护工作取得优秀成绩。

据悉，省生态环境厅是在2019年会议文件大幅精简压缩的情况下，召开的这次全省性的自然生态保护工作会议，愈发凸显了对自然生态保护工作的高度重视。会议的召开旨在深入学习践行习近平生态文明思想，贯彻落实全国自然生态保护工作会议和绿盾2019自然保护地强化监督工作视频会议精神，总结交流生态文明建设示范创建、自然生态监管经验，分析当前自然生态保护工作所面临的形势，研究全面推进安徽省自然生态保护工作。与会代表围绕自然生态保护工作的重点领域，进行了讨论和交流，加强了沟通，启迪开拓了工作思路。

会议传达了全国自然生态保护工作会议精神，充分肯定全省自然生态保护工作取得的成绩。积极开展生物多样性保护工作，认真做好生态保护红线评估和强化监管工作，切实加强对自然保护地的监督管理，初步形成以遥感监测为技术手段的自然保护区监督核查制度，“绿盾”行动的连续开展有效遏制了自然保护区的破坏活动。生态文明建设试点示范工作成效显著，省生态环境厅先后分两批命名表彰了19个省级生态文明建设示范县（市、区）。宣城、金寨、绩溪、岳西、芜湖等市”县被授予、国家级生态文明建设示范市县”称号，旌德被授予为“绿水青山就是金山银山”实践创新基地。

会上，宣城、安庆、铜陵市三个生态环境局的负责同志分别从生态文明建设示范创建、自然保护地监管、生态保护红线勘界定标试点工作开展方面作了交流发言。

罗宏副厅长在讲话中深刻阐述了新形势下自然生态保护工作的重要地位。他指出,自然生态保护工作是习近平生态文明思想的重要内容,是生态环境部门的重要任务,是污染防治攻坚战的重要构成。他强调,要切实担负起自然生态保护监管的使命与职责,突出重点,创新方法,确保安徽省自然生态保护工作取得优秀成绩。在具体工作中,注重夯实工作基础,摸清自然保护地的底数,省级层面要确定遥感监测问题核查标准,积极构建生态保护管控平台,加快提升生态监管信息化水平。

罗宏副厅长指出,今后一段时期要以强化生态监管,建立制度规范、监测评估、监督执法、督察问责为主线,突出抓好三大重点工作,科学严谨地做好生态保护红线的评估完善工作;扎实开展绿盾 2019 自然保护地专项行动,切实做好自然保护地监管;大力推进生态文明示范创建活动,为打赢污染防治攻坚战提供坚实保障。

来自全省各市生态环境局分管负责同志、生态科长及工作人员,省厅相关处室和单位的主要负责同志共计 60 多人参加了本次会议。

(五)安徽浙江两省新安江流域综合治理再创新举措

2020 年 1 月 1 日,新安江歙县段全面禁捕暨皖浙跨省渔业联合执法行动启动仪式在歙县深渡码头举行。这是歙县继新安江段渔民退捕工作后,对新安江保护工作的又一有力举措,同时也是安徽浙江两省在新安江流域综合治理上的再度创新。

一条新安江,连着皖浙两地情。歙县县委、县政府和淳安县有关领导,歙县境内新安江沿江 9 个乡镇主要负责同志,歙县和淳安县两地农业综合执法、渔政执法、公安、渔政协管员、村级护渔员等共同参加了启动仪式。

启动仪式上,歙县渔政执法队员代表程俊发言说:“将依法行政,绝不徇私,坚决打击各种破坏渔业资源行为,做新安江渔业资源保护工作的坚定捍卫者。”歙县武阳乡党委书记徐赛美作为沿江 9 个乡镇代表发言表示:作为新安江沿江乡镇,将牢固树立生态优先,绿色发展理念,加强禁渔政策法规宣传,全力推进禁捕措施落实;巩固拓展退耕还湿、渔民退捕中积累的经验做法,完善村规民约,增强群众遵守禁捕规定的自觉性;充分发挥乡、村两级“河长”、渔政协管员、村级护渔员作用,紧盯重点河段、重点时段,加密巡河频次,扎实管控好辖区河段;积极配合渔政执法,确保新安江歙县段全面禁捕目标顺利实现,有力保护新安江水生生物资源和水生态环境。

近年来,歙县积极践行“两山理念”,出实招,投巨资,强监管,重实效,先后实施网箱退养、化工企业关停并转、水面垃圾打捞、垃圾集中处理、农药集中配送、农村污水治理、畜禽污染整治、船舶污水上岸、城区沿江排污口整治、106.5 米水位线以下土地退耕还湿还林、渔民退捕、新安江全面禁捕等行动,全县实施新安江生态补偿试点项目 106 个,完成投资 41.1 亿元。自 2012 年安徽浙江两省新安江生态补偿机制建立以来,断面水质监测年年达到两省协议考核要求,为下游的千岛湖输送优质水源。

第二十三章　长三角地区社会稳定情况

一、上海市促进社会稳定工作情况与措施

（一）非诉解决中心背后的上海“大调解”格局

2019年11月底之前，上海16个区人民调解中心都将增挂非诉讼争议解决中心标识。这意味着，上海“大调解”格局终于敲定落地。

近年来，市场监管部门接到的消费投诉数量持续上涨、高位运行。2018年，徐汇区的消费类投诉近3万件。当年3月，徐汇区司法局联合徐汇区市场监管局，在投诉量较大的徐家汇街道成立徐家汇（商圈）消费纠纷联合调解工作站，探索行政调解、人民调解联合调解模式。

工作站试运行一年内，共调解784件纠纷，调解成功612件，调解成功率近80%，比原先市场监管部门的行政调解成功率增长了20%。

2019年3月，徐汇区司法局巩固扩大试点成果，联合徐汇区市场监管局、徐汇区消保委，揭牌成立徐汇区消费（商事）纠纷联合调解中心（以下简称“联调中心”），覆盖徐家汇、田林、虹梅、漕河泾四个街道，推进行政调解和人民调解在消费纠纷领域的衔接。

徐汇区联调中心设在钦州路766号，共计约300平方米，有独立的办公室、调解室、档案室、会议室，所有的调解室都配备了录音、录像设备，以保障现场调解情况有据可查。同时，案件信息全部录入上海市司法局基层司法行政平台。

目前，联调中心工作人员共有16位，其中联调中心主要负责人1位、司法局派驻负责人1位、正式人民调解员5位、人民调解员志愿者2位、正式调解秘书1位、司法局派驻轮岗调解秘书3位、市场监管局轮训干部1位、律师志愿者22位、专职文员1位（前台）、后勤保障人员2位。

从2019年3月13日正式揭牌到10月底，徐汇区联调中心共计受理消费调解案4178件，办结3951件，其中调解成功3660件，调解成功率达92.63%，合计挽回消费者损失937万余元，最大单个案例挽回消费者损失金额为25.9万元。

人民调解与行政调解联合背后，是上海“大调解”的布局。

2019年5月，司法部在海口举行全国调解工作会议。会议提出，到2022年，基本形成以人民调解为基础，人民调解、行政调解、行业性专业性调解、司法调解优势互补、有机衔接、协调联动的大调解工作格局。

上海此前已布局“大调解”格局，司法行政部门与市场监管局、法院、公安局、妇联、银保监局等部门已经建立了合作机制，而挂牌的非诉讼争议解决中心将解决各机构的协调问题。

普陀区公共法律服务中心即将挂牌“普陀区非诉讼争议解决中心”。成立非诉讼争议解决中心之后，核心团队将由各专调委的中心主任组成，每天轮班，一旦有调解需求就及时联系，指引当事人到最近的地方调解。挂牌后，相当于促进了原来设想的工作。

普陀区物调委主任接正萍指出，由于物业管理方面的顶层制度设计尚不完善，出现业委会难做、物业交接难、业主诉求难以实现三大难题，而且物业纠纷往往涉及群体，是社区治理中最难啃的“硬骨头”之一。

2019年1—10月，普陀区物调委共受理125件案件，其中调解成功56件，制作书面协议书38件，涉及金额100619.11元。

“我们现在感受到今后物业纠纷将是个大矛盾，有上升趋势，而且物业纠纷涉及群体，不是简单的纠

纷。"梁云判断,"如果都起诉到法院,法院也调解不过来,物业纠纷要引起重视。"

11 月 25 日当天,上海市调解工作会议发布了上海市高级人民法院和上海市司法局联合印发的《关于进一步加强诉调对接工作的若干意见》(以下简称《若干意见》)。《若干意见》明确,家事、邻里、劳动争议、交通事故赔偿、医疗、物业、消费者权益、供水电气、小额债务、行政赔偿等 12 项纠纷,法院应当引导当事人选择立案前委派调解。

同时,依托大数据、云计算、人工智能等信息技术,人民法院与司法行政部门通过各自线上平台对接,为当事人提供线上"一站式"多元化纠纷解决服务。当事人起诉到人民法院的案件,符合委派或委托调解规定的,法院可以通过非诉讼争议解决中心在线委派或委托非诉讼调解组织进行调解。

据上海高院相关负责人介绍,2019 年第三季度,上海高院在对全市法院和部分调解组织进行调研的基础上,升级开发了"上海法院一站式多元解纷平台",并与上海市司法局"智慧调解平台"实现联通对接。

升级后,多元调解平台对内将与法院现有立案、审判、执行、信访等系统实现全面对接,对外将与司法局智慧调解平台和行业性专业性调解组织平台实现全面对接,实现案件信息、调解员信息等数据实时交互和共享,同时通过平台也可以进行在线调解和在线司法确认。

此外,当天的全市调解工作会议还公布了《关于促进本市调解组织发展的若干意见》(以下简称《促进意见》)、《关于规范本市调解组织发展的规定》(以下简称《规范意见》)以及《关于政府购买人民调解服务的实施细则》(以下简称《政府购买细则》)三个文件,以规范、保障、促进调解组织的发展。

《促进意见》在全国首次提出,鼓励探索设立个人独资企业、合伙企业、公司等新型调解组织,探索建立营利性调解组织登记制度。

国家工商总局的企业登记目录中没有调解公司这类,但是法律并没有禁止调解公司的设立。司法局基层处和市场监管局商量,可以鼓励探索设立调解公司,利用市场规律来化解矛盾。

《促进意见》明确,司法行政部门是调处类社会组织的监管部门;《政府购买细则》则明确,鼓励将符合条件的人民调解服务承接主体纳入承接政府购买服务社会组织推荐目录,意即政府资金保障将扩大到所有调处类社会组织。

商忠强指出,《规范意见》对调处类社会组织的定义、设立进行了制度设计,将使调处类社会组织更专业、更规范,能够在多元解纷机制中真正发挥作用。上海正在构建"大调解"的格局,加强非诉讼多元解纷机制的指导、规范和保障,使多元解纷机构形成合力。

(二) 以"数字法治"擦亮法治上海名片

为了更好地以信息化工作支撑全面依法治市的各项重要职责,3 月 11 日上午,上海市司法局召开"数字法治　智慧司法"信息化建设工作部署会。

培训会用 NBA 球员詹姆斯在职业生涯得分的大数据分析为示例,阐述大数据分析应用对业务和管理工作的重要意义,指出"法治上海"信息化的理想和愿景是"全景展示、无缝链接、远程交互、无限触达、深度挖掘、精准研判",要充分运用大数据、人工智能等现代科学技术,推动行政立法、行政执法监督、行政复议应诉、律师公证仲裁管理、公共法律服务、监狱戒毒社区矫正、刑事执行等工作的信息化与智能化。

当前的信息化工作存在"业务与技术人员隔阂、有效需求表述不清、无效需求实现过度"等问题,必须由各业务处室主要负责人亲自表达需求、参与数据治理和标准确立,并遵循"硬件服务于软件,软件服务于功能,功能服务于需求,需求服务于价值"的建设思路,推动业务与技术相融合,坚持数据标准规范先行,急用先行动态优化,形成设计开发培训反馈优化等信息化建设应用闭环,以全面支撑司法行政工作的"四梁"(办公、办文、办会、办案)和"八柱"("八类"法治上海工作)。

会议要求局属各单位和各部门根据"数字法治　智慧司法"实施方案及"任务清单",切实落实责任,不折不扣按时间节点推进落实好各项工作任务。会议对"数字法治　智慧司法"信息化演示汇报作部署安排，明确 4 月初进行局系统信息化建设“大比武”，通过“以用促建”，推进“数字法治　智慧司法”信息化体系建设取得实效。

（三）上海公安新推出十项便民利民措施

2019 年 1 月 3 日上午，上海市公安局披露了近期推出的“十项便民利民措施”，涉及市民群众办事办证、简化企业单位申请行政许可手续等方面。这是上海公安机关围绕深化“放管服”改革，通过整合内部数据资源推出的新措施，从而实现“让数据多跑路、让群众少跑腿”的目标。

“十项便民利民措施”具体为：

一是异地换、补领居民身份证实行全市通办。

境内来沪人员按《上海市实有人口服务管理若干规定》要求，在完成实有人口信息采集后（包括已申领《上海市居住证》、已办理居住登记、已由社区综合协管队员上门采集信息），可在本市任一派出所（原仅能在属地派出所办理）申请异地换领、补领居民身份证。公安派出所应通过上海市实有人口信息管理系统核查实有人口信息后予以受理。

二是进一步缩短居民身份证、港澳台居民居住证制发证周期。

在本市办理居民身份证、港澳台居民居住证人员，可在 15 个工作日内（原为 20 个工作日）领取证件。

三是办理户籍业务和居住证业务支持移动支付功能。

四是可申请恢复《上海市居住证》有效期限连续计算。

五是正式开通上海互联网安全综合服务网，缩短备案时间拓展管理覆盖。

六是正式推出网吧“电子身份认证”服务。

七是缩短申请办理印章刻制业许可周期。

八是简化申办典当业许可证材料。

九是简化金融机构申办营业场所、金库安防设施合格证材料。

十是简化企业办理保安服务许可证、保安培训许可证材料。

（四）优化法治化营商环境工作研讨会在上海举办

11 月 29 日，为深入学习贯彻习近平总书记“法治是最好的营商环境”的重要论断，由司法部、上海市政府联合主办，上海市司法局、上海市优化营商环境法治保障共同体承办的优化法治化营商环境工作研讨会在上海举办。

研讨会以“对标最高标准　打造国际一流法治化营商环境”为主题，安排了主题报告和五场专题研讨，对标世界银行营商评估报告相关涉法指标，围绕“开办企业”“获得信贷”“保护中小投资者”“执行合同”和“办理破产”指标，聚焦问题，研究对策，相关与会人员分别开展了深入的探讨交流，进一步凝聚了共识，提出了修法修规需求和提高指标得分的建议举措。

中央有关单位部门负责同志、上海市有关市级机关负责同志、各区政府负责同志和相关部门负责同志、外省市代表、有关专家学者和世行受访法律专家等参加会议。

（五）盗窃发案“断崖式”下降，破案率达历史最高水平

截至 2019 年 11 月底，上海市入室盗窃案件数同比下降 58.8%、入民宅盗窃案件数同比下降近 60%。在发案大幅下降的态势下，全市入室盗窃案件破案率达 66.5%、入民宅盗窃案件破案率达 68.8%，破案率均达到历史最高水平。

2019 年以来，全市公安机关依托智慧公安赋能，持续开展“严打击、扫顽疾、净环境、保平安”专项行动，严厉打击和严密防范盗窃案件，取得了发案大幅下降、破案大幅上升的显著成效。

9月29日，浦东新区博山路200弄某号发生一起盗窃保险箱内财物案件，被盗财物价值37万余元。案发后，专案组立即展开破案攻坚，综合运用多种侦查手段，迅速锁定犯罪嫌疑人金某，并于10月1日凌晨将其抓获，当场缴获作案工具及大量纪念币、外币，又在其租借的银行保管箱内查获200余件玉器、首饰等赃物。

11月18日凌晨，长宁区宣化路上的一家奶茶铺员工黄先生到派出所报案，称其iPhoneX手机在店内被盗。接报后，民警通过调取店内及周边监控，发现11月17日近23时，该奶茶铺卷帘门已向下拉至一半，有一名身着蓝色上衣、黑色长裤的男子钻过卷帘门进入店内。随后，民警循线追踪到犯罪嫌疑人的落脚点将其抓获，此时距接到报警仅仅10个小时。

打击扒窃拎包案件方面：截至目前，全市接报扒窃拎包案件同比下降62.6%，刑事立案同比下降58.1%，破案数同比上升31.5%。其中，本市轨道交通区域在日均客流突破1100万人次的情况下，扒窃案件发案数同比下降近70%，10月底至11月初连续10天全路网"零发案"。

11月7日晚22时30分许，一名乘客在人民广场站换乘大厅自动扶梯处被窃一部价值人民币8000元的手机。市公安局轨交总队反扒支队连夜开展侦查，并迅速锁定一个外省市扒窃犯罪团伙。11月9日晚，反扒民警将4名团伙成员全部抓获。经审讯，该犯罪团伙成员分别于11月5日、11月8日从山西太原、广东珠海等地来上海，想在进博会期间"捞一票"，没想到到上海没几天就被警方一网打尽。目前，4名犯罪嫌疑人已被刑事拘留，在本市扒窃得手的7部手机均已全部追回。

打击盗窃电动自行车案件方面：截至目前，全市接报盗窃电动自行车案件同比下降56.3%，其中刑事立案数同比下降61.4%；破案数同比上升22%。虽然此类案件往往涉案金额不高，但却实实在在地影响着群众的安全感和生活的便捷度。为此，公安机关对此类案件不断加大严打力度，力求打团伙、毁链条，切实保护群众的财产安全。

2019年，长宁区华阳、仙霞等地区曾一度连续发生多起电动自行车电瓶被盗案件。长宁分局在市局刑侦总队的大力指导下成立专案组，成功摧毁两个在普陀、嘉定、静安、虹口、杨浦等地的盗销电瓶的一条龙犯罪团伙，抓获犯罪嫌疑人18名，缴获大量作案工具，当场扣押被盗电瓶60组，侦破全市被盗电瓶案100余起。

"从以上三个方面的情况可以看出，2019年以来本市盗窃类案件出现了前所未有的大幅下降，有的领域可以说出现了'断崖式'的下降。"市公安局新闻发言人办公室朱亮警官表示，影响群众安全感的因素有很多，其中盗窃类案件由于具有易发多发的特点，并且严重侵害群众财产安全，往往成为群众评判城市安全度的最重要因素之一。

2019年以来，上海警方全面加强打击盗窃案件力度。在保持全市命案、抢案全破的基础上，上海市公安局首次提出"盗案必破"的目标。以打击入室盗窃案件为例，3月初开始，全市就组织开展了严打严防入室盗窃专项行动；9月初，针对年内尚未侦破的入室盗窃案件又组织开展攻坚会战。持续不断的严厉打击，极大压缩了犯罪分子的作案空间。

盗窃案的大幅下降，也体现了智能安防建设赋能社会治理和警务实战的效能。据统计，截至目前，全市已有6400余个封闭式住宅小区、2300余个开放式社区、1600余栋商务办公楼宇、1000余个人员密集重点场所完成了智能安防建设。其中，已建成智能安防系统的住宅小区，均实现了入民宅盗窃等可防性案件"零发案"或大幅下降，群租、高空抛物、车辆乱停放、电动自行车违规充电引发火灾隐患等社会治理领域问题也得到了有效解决，初步实现了"防患未然、快处即然、妥处已然"的效果。

二、江苏省促进社会稳定工作情况与措施

(一) 加强和创新社会治理

2019年，江苏省进一步健全基层社会治理体系，积极开展平安社区创建，实现社会治理常态化，形成

“一网(多元融合共治网)、一台(大数据智能平台)、一终端(全要素网格采集终端)、一中心(网格化服务管理中心)”的江苏模式。

及时调整省安全生产委员会组织架构,成立多个省级安全生产专业委员会,实体化运作省安委办。理顺防汛防旱工作机制,明确省防汛防旱指挥部及其办公室职责,水利厅侧重于“防”,应急厅侧重于“救”,新的体制在2019年防汛抗旱抗台中得到了实践检验。建立自然灾害防治工作省级联席会议制度,指导自然灾害防治,协调解决灾害防治重点工程项目论证实施的重大问题,严格落实自然灾害防治责任。调整成立省森林防灭火指挥部,发挥指挥部办公室牵头抓总、督促检查作用。修订《江苏省较大生产安全事故查处挂牌督办办法》,对较大生产安全事故调查处理实行挂牌督办。做好事故责任追究落实情况评估工作,跟踪督促事故责任追究,落实整改措施,联合惩戒安全生产失信行为。

扫黑除恶、打击通讯网络诈骗、黄赌毒等取得重大成果,立体化、现代化治安防控体系建设进一步加强。公安机关与市场监管、税务、生态环境、人力资源社会保障、金融、应急管理等部门建立联合执法整治工作机制和信息数据共享机制,实行跨领域跨部门的联合执法,打击非法金融、假劣农资、肉制品、日化产品、非法处置危险废物、“洋垃圾”和长江流域污染环境等。

(二)健全完善依法行政制度体系

一是完善行政立法制规机制。以提高政府立法质量为抓手,制发《立法项目征集和论证办法》,进一步完善地方立法项目征集的工作机制,扩大地方立法的公众参与度。印发《关于进一步提高行政立法质量的若干措施》,从统揽立法需求、统领立法流程、统筹立法力量入手,提出具体措施,着力解决行政立法工作中的痛点、堵点问题,进一步提高行政立法质量。创新建立政府立法项目主办制度和“谁立法谁普法”工作机制,促进社会力量有效参与立法过程,提升立法工作民主化、科学化水平。印发《关于全面推行行政规范性文件合法性审核机制的实施意见》,从审核范围、审核主体、审核程序、审核标准以及审核责任五个方面,对行政规范性文件合法性审核工作提出要求。

二是加强重要领域行政立法。围绕抓好全面深化改革、促进产业转型升级、推进生态文明建设、保障改善民生、实施乡村振兴战略、维护社会和谐稳定、加强政府自身建设等方面,制订《省政府2019年立法工作计划》,有针对性地开展行政立法,使立法主动适应改革和经济社会发展需要。省政府共审议并向省人大常委会提交《江苏省电动自行车管理条例》《江苏省中医药条例》《江苏省种子条例》《江苏省燃气管理条例》《江苏省生态环境监测条例》《江苏省电力条例》《江苏省农村公路条例》《江苏省促进政务服务便利化条例》等地方性法规议案,出台《江苏省租赁住房治安管理规定》《江苏省人民防空工程建设使用规定》《江苏省缺陷消费品召回管理办法》《江苏省内部审计规定》等省政府规章。

三是开展地方性法规、规章和规范性文件清理工作。按照国家和省委、省人大统一部署,开展优化营商环境的地方性法规规章和规范性文件清理工作,及时废止或者修订与现行开放政策、《中华人民共和国外商投资法》不符的法规、规章和规范性文件。开展省级地方立法涉及机构改革、行政裁决有关规定清理工作,梳理现行有效的地方性法规、省政府规章,增强法规规章的系统性、及时性、有效性。强化规范性文件备案审查工作,委托政府法律顾问对备案文件进行审查,邀请省委办公厅、省人大常委会法工委、省法院及高校学者对问题文件进行论证。严格规范性文件监督管理,组织对2018年报备规章和规范性文件进行全面审查。

(三)严格规范公正文明执法

一是全面推行行政执法“三项制度”。提出贯彻落实《国务院办公厅关于全面推行行政执法公示制度执法全过程记录制度重大执法决定法制审核制度的指导意见》的具体措施,印发《江苏省全面推行行政执法公示制度执法全过程记录制度重大执法决定法制审核制度实施方案》。聚焦行政执法的源头、过程、结果等关键环节,出台行政执法公示办法、行政执法全过程记录办法、重大行政执法决定法制审核办法,对行政执法公示、执法全过程记录、重大执法决定法制审核等制度执行中基本问题进行统一规范。统一市场监管行政处罚文书,出台全国首个以监管领域分类、体系全面的省级市场监管领域免罚规定。出台《江苏省城市管理执法规范化建设标准》《江苏省城市管理执法全过程记录实施办法》等标准规定,规范城市管理领域行政执法。

二是切实提高制度执行力度。围绕深化供给侧结构性改革、继续打好"三大攻坚战"、持续保障和改善民生、不断优化营商环境等中心工作,加强对提高经济质量以及安全生产、食品安全、生态环保等重点领域执法监督,不断提高政府执行力。组织对全省部分安全生产领域、环保领域和司法行政领域行政执法案卷进行抽查,开展2019年度全省市场监管系统行政执法监督检查,切实发挥行政执法案卷在反映行政执法活动、规范行政执法程序、提高行政执法水平中的作用。开展食品药品安全、文化市场综合执法改革、"放管服"改革落实情况督查。做好机构改革过渡期间执法证件管理工作,组织部署全省行政执法主体资格确认和行政执法证件核发工作,组织省级行政执法人员资格考试,严格审查确认省级执法主体资格。

三是纵深推进"两法衔接"工作。深化行政执法体制改革,加强基层综合执法改革,不断夯实"两法衔接"行政执法基础。批准泰兴市、南京市玄武区等县(市、区)开展跨领域相对集中行政处罚权工作;批准昆山市、金湖县、常州市武进区等县(市、区)在镇域(街道)、开发区开展相对集中行政处罚权工作;批准高邮市送桥镇、泗洪县双沟镇、涟水县高沟镇等经济发达镇开展相对集中行政处罚权工作。在全国率先实现省市县三级城市管理机构全覆盖,推进城市管理领域"乡镇行政综合执法"机构改革试点。健全完善"两法衔接"制度保障,规范移送程序和执法要求。省水利系统、公安系统联合开展"两法衔接",打击涉水刑事犯罪工作,受到公安部和国务院办公厅表扬。

(四)强化行政权力制约监督

一是严格执行行政决策程序制度。认真贯彻落实国务院《重大行政决策程序暂行条例》,研究制定《江苏省重大行政决策程序实施办法》,细化决策启动、公众参与、专家论证、风险评估、合法性审查、集体讨论以及公布、执行、调整程序。在全国率先深入推进重大行政决策规范管理试点工作,在重大行政决策全过程记录、网上运行、目录化管理等方面加强实践,努力形成一批可复制、可借鉴的成功经验和创新成果。苏州市全面推进重大行政决策网上运行,实现县级政府及所属镇(街道)、部门的重大行政决策项目的目录管理、法定环节规范运行、全程监督管理以及系统接口与整合等功能,在省内率先实现市县镇三级重大行政决策网上运行全覆盖。省发展改革委会同省交通运输厅组织召开江苏省深化公路收费制度改革调整货车通行费计费方式听证会,对调整方案公开听取社会意见。大力开展公职律师工作,4000余名公职人员担任公职律师,为所在单位讨论决定重大事项提供法律意见、参与办理行政处罚、行政裁决、行政复议等案件3万余件,有效促进了依法行政、依法决策。

二是强化行政权力多元化监督。将人大政协监督、纪检监察专门监督、司法监督、审计监督、社会舆论和群众监督有效结合,建立内外结合的行政权力监督体系。全面梳理近年来各地各部门贯彻执行《江苏省贯彻落实〈法治政府建设实施纲要(2015—2020年)〉实施方案》的情况,向省人大常委会作专题报告,并根据省人大常委会的审议意见提出改进措施。省政府自觉接受人大法律监督和政协民主监督,全年办理省人大代表建议和省政协提案460件。依法推进审计监督,促进增收节支和挽回损失。对全省多名领导干部进行了经济责任审计,在审计中前移监督关口,加大对省管领导干部任中审计。全省对多名领导干部开展了自然资源资产离任审计,有效强化了自然资源资产管理。

三是积极推进政务公开。全省各级政府和部门坚持以公开为常态、不公开为例外原则,不断推进决策、执行、管理、服务和结果公开,通过政务服务平台、公报、门户网站等途径主动向社会公开政府信息内容和范围，切实保障人民群众知情权、监督权。落实新闻发言人制度，规范突发事件信息发布行为，有效实行政务公开，扩大人民群众的知情权，自觉接受社会各界的监督。加强政策解读和新闻发布工作，全年通过省政府门户网站开展36次政策解读，举办24场新闻发布会。南京市印发《新闻发布工作制度》，把新闻发布及政策解读工作纳入市级机关绩效考核范围。昆山市组织对各区镇、部门政务公开工作人员进行专题培训，全面提升政务公开工作人员业务素质。

（五）依法有效化解社会矛盾纠纷

一是加强和改进行政复议、行政应诉工作。针对2018年行政败诉案件进行专题调研，明确提出不断提升政府工作法治化和规范化水平、努力促进行政诉讼案件数和败诉数“双下降”、加快形成法治政府建设的强大合力等任务要求。各地各部门组织行政执法人员旁听庭审，以案学法，进一步规范行政应诉答辩、证据提交等工作，准确把握人民法院在行政诉讼中对行政行为的审查标准。省自然资源厅积极推进自然资源公益诉讼平稳运行，在全国率先联合省检察院出台共同推进行政公益诉讼文件，建立与检察机关的联席会议机制，得到最高人民检察院、自然资源部的肯定。

二是完善多元化矛盾纠纷解决机制。制订出台《坚持发展“枫桥经验”努力实现矛盾不上交三年行动实施方案（2019—2021年）》，明确重要节点矛盾纠纷排查调处重点、安全隐患防范重点以及相应工作举措。全省人民调解组织共排查纠纷70万余次，调解矛盾纠纷155万余件，其中行业性专业性调解组织、乡镇（街道）以下调解委员会调解纠纷占全省人民调解组织调解纠纷总数的95%以上。贯彻落实全国仲裁工作会议精神，出台江苏省《关于完善仲裁制度提高仲裁公信力的实施意见》，规范仲裁委员会换届复核工作，开展仲裁行业发展秩序清理整顿专项行动。出台《关于健全行政裁决制度加强行政裁决工作的实施意见》，部署各级行政裁决机关梳理行政裁决事项清单，形成行政裁决事项清单，涉及市场监管、卫生健康、自然资源、财政、发展改革、住房城乡建设、通信管理、水利、交通运输、知识产权10个部门。加强信访专业化标准化信息化建设，打造高水平的阳光信访、责任信访、法治信访，大力推行群众合理诉求“最多访一次”机制，着力化解信访积案和重点矛盾，解决信访突出问题。

三是积极构建非诉讼纠纷解决综合平台。按照“把非诉讼纠纷解决机制挺在前面”的要求，着力加强非诉讼纠纷解决综合平台建设，综合运用人民调解、行政调解、律师调解、公证、行政裁决、行政复议、仲裁等多种手段，构建非诉讼纠纷多元化解综合体系。大力推进非诉讼纠纷化解综合平台试点工作，在前期连云港试点基础上，将试点范围拓展至全省34个县（市、区），并在全省范围内全面推开非诉讼纠纷解决机制建设。目前，全省共建非诉讼纠纷化解平台131个，非诉讼方式化解矛盾数量明显上升，江宁、锡山、邳州、溧阳等试点地区增幅超50%，全省有近50个基层法院新收一审民事案件诉前分流比超30%。

（六）2018—2019年度江苏基层社会治理创新成果奖和提名奖揭晓

为进一步总结、交流和推广江苏省基层社会治理创新优秀成果，激发基层党委政府和社会各界创新动力，2019年12月，江苏省民政厅启动了2018—2019年度江苏基层社会治理创新成果申报评选工作。参评的社区治理创新体制机制和方式方法须具有较强的创新性、示范性，可复制、可推广，且至少经过两年以上周期的实践检验，得到所在地社区居民的广泛认可。

经各地踊跃申报、设区市民政部门初步推荐、全省基层政权和社区建设专家委员会专家评选、厅机关审核等工作环节，2020年4月，省民政厅正式公布2018—2019年度江苏基层社会治理创新成果奖和提名奖名单。

表 1　2018—2019 年度江苏基层社会治理创新成果奖

序号	成果名称	成果实施范围
1	锻造职业化社区工作者队伍	南京市鼓楼区
2	建设"发展型"幸福社区	太仓市
3	"社区天天乐"开创多元共治新模式	常州市钟楼区
4	"互联网＋全科社工"社区服务模式	无锡市梁溪区
5	"234"融汇共治小区治理模式	淮安市清江浦区
6	区块链赋能社区"智"理新家园	靖江市新桥镇
7	"四联七建"社区网格协商工作法	扬州市江都区
8	契约式社会治理工作法	扬中市八桥镇
9	"广场夜谈"质询会	沭阳县桑墟镇
10	"三治合力"开辟马庄乡村治理新路径	徐州市贾汪区

表 2　2018—2019 年度江苏基层社会治理创新成果提名奖

序号	成果名称	成果实施范围
1	探索"邻里＋"新机制 实现"邻里"新赋能	南通市崇川区
2	健全村务监督机制 提升乡村治理水平	盐城市大丰区
3	居民自治与网格化服务管理"1521"社区治理体系	连云港市连云区
4	"五化融合"突破治理"瓶颈"	南京市栖霞区尧化街道
5	"五化五买"街道购买社会服务工作机制	南京市江宁区
6	以协商之"制"推动基层之"治"	无锡市新吴区江溪街道
7	民生微实事——"短平快"解决群众身边的"小急难"事	张家港市
8	打造"睦邻议事坊"构建农村社区治理共同体	盱眙县
9	"3433"参与式治理模式	镇江市京口区
10	拆迁安置社区"一核三层"社区治理模式	扬州市邗江区

省民政厅要求获奖地区再接再厉、再创佳绩，进一步发挥获奖成果的示范引领作用，带动全省各地以推动基层社会治理服务高质量发展为目标，努力创造更多破解发展难题、共建共治共享、广受群众欢迎的基层社会治理创新成果。

（七）率先出台综合行政执法人员管理办法

2019 年 4 月起，《江苏省文化市场综合行政执法人员管理办法》(以下简称《管理办法》)正式施行。这是全国开展综合行政执法改革以来，文化、交通、农业、环保和市场监管五大领域率先出台的《管理办法》。《管理办法》围绕证件管理、教育培训、行为规范、岗位管理、考核监督等制定了一系列创新举措，着力打造忠诚、干净、担当的高素质执法队伍。

文化市场综合行政执法人员是指依法取得行政执法资格，持有行政执法证件，在文化市场综合行政执法机构直接从事行政检查、行政处罚、行政强制等执法活动的人员。《管理办法》明确，各级执法机构要以公正监管促公平竞争，做到"对违法者依法严惩、对守法者无事不扰"，持续优化营商环境。执法人员相关信息要在本机构或文化和旅游行政管理部门网站公示，接受社会监督。

《管理办法》要求，执法人员应按法定职责和权限实施行政执法行为，不得滥用职权、超越职权执法，不得推诿或拒绝履行法定职责，不得以权谋私。执法人员从事执法活动，必须2人以上共同进行，与案件有利害关系或可能影响案件公正处理的应当回避。执法人员不得以不正当手段收集证据，不得伪造、隐匿证据。实施行政检查时，如发现当事人存在违法行为，除制作检查笔录外，还应责令当事人立即停止或改正违法行为。除涉密外，执法机构应按规定将执法信息录入全国文化市场技术监管与服务平台，为信息化监管提供有力支撑。

执法人员实行定期轮岗制度，在同一执法岗位连续工作时间原则上不超过5年。江苏省明确，各级执法机构要建立主办协办制度和执法机构负责人办案制度，推进执法机构负责人办案常态化、规范化，带头办理重大复杂敏感、新类型和在法律适用方面具有普遍指导意义的案件。依托全国文化市场技术监管与服务平台，江苏省将探索建立执法机构和执法人员电子化信息档案，"一队一档""一人一档"。《管理办法》明确，各级文化和旅游行政管理部门必须确保执法人员在编在岗从事执法工作。

三、浙江省促进社会稳定工作情况与措施

（一）2019年浙江省群众安全感满意率达97.14%

新冠肺炎疫情发生以来，湖州首趟对口帮扶返岗专列搭载着460名外来务工人员，历经12小时抵达湖州高铁站。站外，南浔区公安分局的民警们默默守候，用警车为他们顺利复工保驾护航。

每到关键时刻，总有政法铁军冲锋在前。正是依靠"三个地"的政治优势、"八个排头兵"建设打下的坚实基础、广大人民群众的大力支持，浙江省政法战线在疫情防控阻击战和经济社会发展总体战中，经受住了重大考验。

在浙江，社会越来越安全，群众越来越放心。纵观2019年，全省刑事案件总量同比下降10.17%，新发命案连续3年全破，法院新收诉讼案件同比下降4.6%，道路交通事故同比下降12.2%，人民群众安全感满意率达97.14%，比2018年上升了0.3%。

民心所向就是行动的方向。

2019年底，涉及66名被告人、5个被告单位的虞关荣特大涉黑案开庭审理，3名首要分子一审被判处无期徒刑，63名被告人、26名"保护伞"均被判刑。黑恶势力被一网打尽，老百姓无不拍手称快。

从群众最恨最怨最烦的问题入手，浙江省以"扫黑除恶"专项斗争为重点，开展15个平安建设专项整治：在全国率先全面部署防范打击"套路贷"违法犯罪，实现传统"套路贷"基本扫除、注册地在浙江的"套路贷"公司基本打掉、新增"套路贷"案件断崖式下降；推动反欺诈体系建设向县（市、区）延伸，破获电信网络新型犯罪案件4.28万起，打掉一批网络赌博违法犯罪；整治公共安全领域突出问题，加强工程运输车、电动自行车、消防安全综合治理，查处交通违法行为5782万余起，火灾事故数同比下降25%……

亮眼的成绩单提振人心，也推动政法领域改革持续深入。提质增效就是改革的目的。

"没想到不用去法院就把问题解决了。"2019年11月，余杭人邓明来到区社会矛盾纠纷调解处化解中心，在人民调解员、律师、劳动仲裁部门工作人员等调解下，一个小时后就拿到了被人拖欠的2万元工程款。

遇到矛盾纠纷跑一个地方就能解决。2019年初，浙江省率先在社会治理领域探索"最多跑一地"改革，坚持发展新时代"枫桥经验"，全面推开县级社会矛盾纠纷调解处化解中心建设，构建"一中心四平台一网格"县域社会治理新模式，从源头上减少了诉讼增量。

受12年来法院收案量首次负增长的鼓舞，各地"枫桥式"派出所、人民法庭、平安类社会组织等不断壮大，全科网格规范提升，共建共治共享格局进一步巩固。

面对复杂严峻的经济形势，政法机关一手抓打击，严厉惩处经济领域各类违法犯罪活动；一手抓保护，依法平等保护市场主体合法权益，大力营造法治化营商环境。

面对日新月异的互联网时代挑战，政法系统深入实施"智能政法"工程，政法工作智能化水平不断提

升:公安系统推广“云上公安、智能警务”;检察系统推开智慧公诉办案辅助系统;法院系统首创异步审理;司法行政系统完善法律援助、司法鉴定等应用系统……

2019年中旬,乌镇一名居民想写一张交通事故民事起诉书,但对法律一窍不通,不知道怎么请律师,也不知道要准备哪些材料。在别人的建议下,他走进当地24小时“法超市”,在法律服务智能机上查到相关流程和材料,计算出赔偿金额,扫码下载起诉书,视频连线法律援助律师,没花多少时间和精力,也没花钱,就办好了打官司要做的准备工作。

安全的政治环境、稳定的社会环境、公正的法治环境、优质的服务环境——一年接一年的努力奋进,更高质量、更高水平的平安浙江、法治浙江离我们越来越近。

(二)台州市中级人民法院建设司法风险防控系统,搭建智能化监督管理平台

台州市中级人民法院贯彻落实中央关于防范化解重大风险部署要求,自主研发与司法责任制改革相适应的台州法院清廉司法风险防控系统(以下简称清廉司法系统),不断完善审判权运行监督机制,有效织密科技“护廉网”。清廉司法系统正式运行两年以来,台州中院各部门触发廉政风险节点每季度均有大幅下降。截至2019年4月,共计触发248个风险节点,较上期(2019年1月)654个下降62.1%。

1. 打造全方位综合监督管理平台

一是合理设置风险节点。清廉司法系统试设置了七大类60个审判、执行和综合风险点指标,其中审判风险24项,包括审判期限、审判事务、审判质量;执行风险26项,包括执行期限、执行措施、执行不力;综合风险节点10项。

二是实现数据自动分析。清廉司法系统通过对接审判信息系统和执行管理系统,实现数据自动采集和同步更新,并自动筛选触发风险节点案件,分别提示承办法官、院庭长、纪检监察部门关注、处理。

三是强化“三位一体”监督。着力推动监督工作全覆盖,院庭长通过系统风险自动预警、动态监控、提醒督促等功能对审执质效实施组织化、公开化、标准化监督管理;纪检监察部门借助系统的廉政数据库集成功能,建立干警廉政档案与全市法院廉政数据库;当事人可在线查看审判执行的节点推送情况,及时掌握案件公开信息。

2. 筑牢全程监督信息化防线

一是创设“三色”预警模式,实现分类预警监督。该院充分研判案件风险类别和特征,根据不同风险等级,在清廉司法系统中设置红、黄、蓝三色预警模式:设置蓝色初级预警,由清廉司法系统自动向承办法官或直接相关人员推送信息,提示其自行纠正;设置黄色二级预警,风险等级介于高风险和低风险之间,由清廉司法系统提示院庭长关注,实时监控案件进展情况;设置红色三级预警,为高风险等级,预警后及时提醒院庭长、纪检部门履行监督职责。

二是构建即时处理机制,确保实时监控管理。触发黄色、红色预警时,由院庭长、纪检监察部门通过短信、法务通、邮件等途径向承办法官或直接相关人员进行警示提醒,督促及时纠正。院庭长和纪检监察部门可根据系统自动触发的案件风险点,将风险节点提示的案件作为重点关注对象,实现跟踪审查。2018年以来,清廉司法系统显示院庭长“已阅”193次、“谈话”16次、“提醒”50次、“定期处理报告”3次,推动实现监督管理常态化。

三是落实事后查究,提升风险防控效果。全市两级法院纪检监察部门对触发风险节点案件定期分析、通报,提出整改意见建议。同时不定期抽取触发风险节点案件进行廉政回访。对红色预警案件,由全市两级法院案件质量评查部门列为重点评查对象,将发现可能存在廉政风险的案件移送本院纪检监察部门调查。

3. 健全清廉司法系统应用管理机制

一是明确平台强制使用规则。该院制定印发《台州市中级人民法院清廉司法清廉司法系统管理使用办法》,规范承办法官、院庭长、纪检监察部门平台使用方式。对不按规定处理清廉司法系统警示风险

提示、通报后仍整改不力的责任人员，以及对管理监督对象的廉政风险节点不提醒、不处置的院庭长、纪检监察人员，根据情节和后果分别采取约谈、批评等手段督促改正。

二是建立专人专题数据分析制度。强化庭室主体责任，每庭室设一名廉政监察员，对平台运营使用和廉情动态变化进行梳理分析，确保建成“情况明、数据准、可监控”的数据库，切实发挥风险防控作用。

三是注重建章立制，推进风险防控成果转化。梳理分析清廉司法系统运行中反映出的风险点类别，形成风险点台账，并制定完善有针对性的监督管理制度机制。

（三）全面推进“枫桥式公安派出所”创建活动

2000 多家商业体、年均 5000 余万人次的游客、实时最高人流量超 14 万人……面对繁重复杂的治安任务，杭州市公安局上城区分局湖滨派出所用行动作出了漂亮的回应：将“群众无小事”落实到对一个个街角巷落的严密守护中、一起起矛盾纠纷的有效化解中、一次次服务管理的创新改革中。

矛盾不上交、平安不出事、服务不缺位——2019 年以来，浙江省公安机关大力实施“百所示范、千所提升”工程，在全国率先开展党建统领、民意引领，多元化化解矛盾、全时空守护平安、零距离服务群众的“枫桥式公安派出所”创建活动，不断创新基层社会治理，全面推动新时代浙江公安工作提档升级。

如这个西湖边的基层派出所一般，全省 1178 个公安派出所在坚持和发展新时代“枫桥经验”中，结出一个又一个善治之果。日前，公安部命名全国首批“枫桥式公安派出所”，浙江省诸暨市公安局枫桥派出所、杭州市公安局下城区分局长庆派出所、岱山县公安局罗家岙派出所、德清县公安局阜溪派出所、义乌市公安局上溪派出所获此殊荣。一座座警民“连心桥”涌现眼前，一幅幅祥和平安“画卷”印入心间。

和谐画面，民意是底色。在绍兴市越城区，府山派出所每个月都会在警务站召开“五议一创”会，向居民群众代表和社区干部通报社区治安情况并征求意见。在岱山县，罗家岙派出所民警人人都能说一口流利的舟山方言，该所先后总结出人口熟悉五法、图像标示法、录音走访法等 30 余个群众工作方法。

省公安厅委托第三方对诸暨枫桥派出所和各地推荐的 45 个重点培育派出所进行民意测评，结果显示，辖区群众总体安全感达 99%，满意度达 98.6%。

在“枫桥经验”发源地，“红枫义警”已成为一道亮丽的“枫”景线，这支由枫桥派出所民警“走”出来的志愿队伍，通过协助开展治安巡逻、安防教育、纠纷调解等辅助性警务活动，在枫桥镇的各个角落持续发光发热。

警力有限，民力无穷。“武林大妈”“公民警校”“乌镇管家”“老兵驿站”……在浙江，2.7 万余支、17.8 万余人的专（兼）职巡防队伍，3.5 万余支、231 万余人的平安志愿者队伍，在公安机关的引领下形成强大合力，为共建共治共享的社会治理新格局注入新动能。

同时，信息化、智能化也激发了新格局的活力。在长庆派出所，已延续 15 年的“长假照看”因多了高科技的“加持”实现再升级，通过派出所上门安装的高清摄像头，民警、居民都能查看房子的最新情况并随时沟通。近年来，浙江省全面推进“无案村居”“无案岛”“智安小区”建设。据统计，截至目前，全省已建成“智安小区”4237 个，其中 1363 个实现“零发案”，普遍实现发案下降，惠及全省 1008 万余人。

把群众的安危顶在头上，把群众的冷暖挂在心头。在“最多跑一次”改革中，全省公安机关勇当领跑者，从每一个户口、每一张证件、每一个案件、每一起警情等入手，为老百姓提供优质高效的便捷服务。

在景宁、泰顺、嵊泗等山区、海岛，公安机关推出“警务集市”“背包警务”，不断把服务延伸到群众家门口；温州、丽水等地的侨乡公安机关搭建“警侨在线”平台，让海外侨胞在国外就能办证办事；杭州、宁波等地全面推进电子化证照，推出“互联网＋可信身份认证”服务，推广使用“居民身份证网上功能凭证”，持续推进公安办事窗口全业务刷脸可办。

社会治理，创新在基层，活力在基层。随着创建活动如火如荼开展，浙江省各地公安机关与时俱进坚持好、发展好新时代“枫桥经验”，因地制宜地想办法、出实招，为推进省域治理现代化、建设高水平平安浙江再谱新篇章。

(四)打造法治化营商环境新高地,沪苏浙皖携手在行动

为携手打造长三角法治化营商环境新高地,11月13日,沪苏浙皖司法厅(局)构建长三角法治化营商环境建设区域协同机制座谈会在嘉善举行。

会上,沪苏浙皖司法厅(局)共同发布《进一步优化长三角法治化营商环境宣言》。四地司法部门将在全面合作、共享发展、求同存异的基础上,以务实举措,建立健全机制,加强沟通协作,竭尽全力为市场主体提供平等法律保护,推进严格规范公正文明执法,提供优质高效的公共法律服务,携手打造法治化营商环境新高地,为推动长三角区域更高质量一体化发展发挥更大的作用。

浙江省人民政府副省长王双全代表浙江省政府向参会代表表示热烈欢迎。他强调:全省各地要大力推进法治化营商环境理论创新、制度创新、实践创新,为法治长三角建设和长三角一体化建设作出新贡献。要加快推进长三角制度供给一体化,共同研究谋划重点立法项目,加快制定长三角生态绿色一体化建设示范区、知识产权保护和促进办法、水域环境卫生管理等重点领域的规章制度;加快推进长三角行政执法建设一体化,统一行政执法标准,搭建行政执法合作平台,建立"信息互通、矛盾共管、人员联控、事件同处"的跨区域风险防控协作机制,提升长三角社会治理法治化现代化水平;加快推进长三角政法信息数据资源一体化,加强长三角政法信息系统共建共享,促进技术融合、业务融合、数据融合,逐步实现政法信息数据资源一站式一体化;加快推进长三角法律服务一体化,统一法律服务行业管理规范和标准,建立法律服务工作者执业权利联合保障和违规行为联合惩戒机制,提高长三角地区法律服务整体竞争力。

司法部副部长刘振宇指出,法治是高质量发展与优化营商环境最根本和最稳定的保障,过去一年多,长三角三省一市在构建长三角法治化营商环境方面也进行了积极的探索,各地各有特色并取得了阶段性成效。关于做好长三角三省一市优化法治化营商环境工作,他希望,三省一市司法厅(局)继续深入落实各项要求,在充分履行职能方面发挥积极作用;要结合学习党的十九届四中全会精神推动工作,要围绕服务中心工作选好合作项目,要贯彻落实好《优化营商环境条例》各项规定,要解放思想、边探索、边实践、边总结。

随后,沪苏浙皖司法厅(局)长围绕长三角法治化营商环境建设进行了交流发言。

现场,沪苏浙皖司法厅(局)还共同签署《沪苏浙皖司法厅(局)2019—2020轮值年度区域合作重点项目》,确定了包括联合举办"法治长三角"系列论坛活动之基层依法治理论坛、联合建设长三角律师信息查询平台、研究起草《长三角水域环境卫生管理规定》等在内的12个重点项目。据了解,这些重点项目将由四地司法厅(局)分别研究制订推进落实的具体工作计划。

上海市发展和改革委员会副主任、长三角生态绿色一体化发展示范区执委会副主任张忠伟介绍了示范区建设相关情况。

上海市青浦区、江苏省苏州市吴江区、浙江省嘉兴市嘉善县的司法局局长也共同签署《长三角生态绿色一体化示范区司法行政普法与依法治理区域合作框架协议》《长三角生态绿色一体化示范区联合调解机制建设合作框架协议》。据介绍,各地将通过加强组织领导、健全工作制度,推动形成串连法治文化阵地、联合举办长三角法治文化节、成立长三角法治研究会、共建共享普法资源等方面的合力。

据了解,一年前,沪苏浙皖四地司法厅(局)经友好协商,在上海签署了《沪苏浙皖司法厅(局)关于共同推进更高质量平安长三角法治长三角建设的合作协议》。一年来,沪苏浙皖司法行政系统扎实落实协议精神,不断深化务实合作,合作机制不断健全、合作领域不断拓展、合作成果不断涌现,为国家重大战略、重大活动等提供了坚强有力的法治保障。

会议期间,司法部副部长刘振宇一行还参观了嘉善县公共法律服务中心、县法治宣传教育中心暨青少年法治教育实践基地、县社区矫正中心、县司法局姚庄司法所和天凝镇洪溪村。

四、安徽省促进社会稳定工作情况与措施

（一）深入推进“扫黑除恶”专项斗争

2019年4月12日，安徽省扫黑办、省政府新闻办举办的“扫黑除恶”专项斗争新闻发布会上，介绍了全省“扫黑除恶”专项斗争开展以来，省委、省政府深入学习贯彻习近平新时代中国特色社会主义思想特别是关于“扫黑除恶”专项斗争的重要论述，全面贯彻总书记视察安徽重要讲话精神，坚决落实中央“扫黑除恶”专项斗争部署要求，增强“四个意识”，坚定“四个自信”，做到“两个维护”，紧紧围绕为期三年的工作目标，把“扫黑除恶”专项斗争作为重大政治任务，科学谋划、精心组织、扎实推进，取得阶段性明显成效。

安徽省坚持把“扫黑除恶”专项斗争作为凝聚党心民心的重要工程，主动依靠群众、深入发动群众。以大发动汇聚群众力量，发布《关于进一步敦促涉黑涉恶违法犯罪人员投案自首的通告》，专设举报热线、网站、邮箱，共接受群众举报4187件，全省投案自首的涉黑涉恶违法犯罪嫌疑人达2011人。以大宣传凝聚社会共识，持续45天对全省16个市专项斗争成效展开“扫描式”宣传，开展“宣传质效提升月”活动，召开“扫黑除恶”专项斗争新闻发布会近百场，形成全社会扫黑除恶的浓厚氛围。以大公开展示斗争成效，组织涉黑涉恶成员公开指认现场759次，公开庭审381场，集中宣判17次，进一步打消群众疑虑、增强群众信心；两次开展第三方民意测评，群众知晓度、参与度分别达88.06%和78.23%。

坚持把“扫黑除恶”专项斗争作为平安安徽建设的重要牵引，保持凌厉攻势、依法严惩处置。紧扣专案引领，做到精准打击，对32起涉黑涉恶案件实行重点督办。截至2019年3月31日，全省共打掉涉黑涉恶团伙1182个，破获刑事案件6765起，刑拘犯罪嫌疑人8135名，查封、冻结、扣押涉案资产20.33亿元。紧扣规范引领，做到依法打击，将法治思维贯穿专项斗争始终，明确政策法律界限，确保每一起案件都办成铁案。截至2019年3月31日，全省提起公诉495件3298人，一审判决325件2472人，二审判决169件1514人。紧扣问题引领，做到延伸打击，推动打击整治触角延伸到“套路贷”、黄赌毒等社会治安乱点，深入开展“守护平安”系列行动，加强犯罪输出地挂牌整治，先后打掉“套路贷”黑恶犯罪团伙21个，涉黄涉赌黑恶团伙28个。

坚持把“扫黑除恶”专项斗争作为全面从严治党向基层延伸的重要战场，净化政治生态、夯实执政根基。紧盯惩腐“打伞”不放松，对1145件涉黑涉恶案件开展逐案过筛，排查问题线索2202条，查处568件647人。

紧盯基层“拍蝇”不放松，将打击锋芒对准“村霸”“宗族势力”等农村涉黑恶犯罪，打掉涉黑组织21个、涉恶犯罪集团133个，查处涉嫌黑恶犯罪及充当“保护伞”的村干部113人。紧盯组织建设不放松，2018年共排查整顿1080个软弱涣散基层党组织。严格村和社区“两委”换届候选人标准，建立县乡联审、省市把关制度，审查取消3772名村和社区“两委”候选人资格；组织开展换届“回头看”，将155名受过刑事处罚、涉黑涉恶的村干部清理出去。

坚持把“扫黑除恶”专项斗争作为创新社会治理的重要抓手，边扫边治边建，形成长效机制。围绕重点地区抓整改，将“扫黑除恶”专项斗争与社会治安重点地区排查整治相结合，先后挂牌整治省级重点地区33个、市级53个、县级121个，有效解决一大批社会治安突出问题。围绕重点行业促履职，针对“套路贷”、“校园贷”、交通运输、非法占地等问题，累计发出司法建议162条，向12个省直单位进行预警通报；部署发起“蓝盾2019”、“清江清河”行动等重点整治行动，依法办理“1·26”“10·12”重大跨省污染长江环境案，打掉涉及矿产砂石领域涉黑组织12个。围绕特殊人群强服务，加强对社区服刑、刑满释放等人员排查登记、日常监管和救助帮扶，促进矫正和刑释人员回归社会；强化重点青少年群体教育帮扶、服务管理工作，预防减少青少年违法犯罪。

“扫黑除恶”专项斗争开展一年多来，带动了社会治安形势持续好转，为全省经济社会发展营造了良好环境。

（二）合肥市将深入推进打击欺诈骗取医保基金专项治理工作

2019年4月2日，省暨合肥市打击欺诈骗保集中宣传月活动启动仪式启动，合肥市将深入推进打击欺诈骗取医保基金专项治理工作，围绕“打击欺诈骗保维护基金安全”主题，重点开展医保监督管理政策“六进”（进医院、进科室、进病房、进药店、进乡村、进社区）宣传活动。

按照国家医保局统一部署，合肥市自2018年9月至2019年1月，在合肥市范围内开展了打击欺诈骗取医疗保障基金专项行动及“回头看”，取得了良好的社会效益。根据《合肥市打击欺诈骗保集中宣传月活动方案》，4月，合肥市将集中宣传解读医疗保障基金监管法律法规与政策规定，强化定点医药机构和参保人员法制意识，自觉维护医疗保障基金安全。

合肥市将建立健全打击欺诈骗保长效机制，进一步完善医疗保险定点服务机构准入机制，严格医疗保险定点服务机构资格审查；提高医保基金智能监管运用水平，全面启用医保智能监控平台；全面推进医疗费用智能审核，实现医保费用结算从部分审核向全面审核转变，从事后纠正向事前提示、事中监控预警转变。

此外，合肥市还将加快医疗保险定点服务机构诚信建设。建立定点医药机构及其法定代表人、医保医师（药师）、参保人员信用黑名单制度，加大对欺诈骗保定点医药机构、医保医师及参保人员违规失信行为的惩戒和打击力度。加强部门协作，实施联动惩戒，有效维护医保基金运行安全。

（三）打造统一戒毒模式“首发省”样板

安徽省司法行政戒毒系统全方位对接司法部提出的统一戒毒基本模式，先行先试，边实践边总结，锻造了“五大标准体系”，构建了“六大运转系统”，实现了基本模式框架下的流程再造，打造出戒毒基本模式“首发省”实施样板。

据了解，2018年以来，安徽省司法行政戒毒系统全方位对接司法部提出的统一戒毒基本模式（即以分期分区为基础、以专业中心为支撑、以科学戒治为核心、以衔接帮扶为延伸），先行先试，边实践边总结，锻造了“五大标准体系”，即规范运行体系、科学流转体系、专业戒治体系、诊断评估体系、社会延伸体系，构建了“六大运转系统”，即规范管理系统、综合戒治系统、智慧戒毒系统、科技科研系统、队伍管理系统、亮点特色系统，实现了基本模式框架下的流程再造，打造出戒毒基本模式“首发省”实施样板。

智慧戒毒是今后戒毒工作的主阵地、主战场。据介绍，全省司法行政戒毒系统将加强戒毒科研攻关，针对场所吸食新型毒品人员大幅攀升，吸食传统毒品、合成毒品和新精神活性物质叠加滥用等新特点，积极主动与科研机构、高校、企业等开展课题攻关和科研合作，不断提高戒毒科研质量和水平，为戒毒工作科学发展提供丰富智库。

（四）构建现代化智慧型社会治理体系，打造共建共治共享社会治理格局

2019年10月9—10日，省委书记李锦斌深入铜陵、芜湖市调研加强和创新社会治理工作。他强调，要认真学习贯彻习近平总书记在庆祝中华人民共和国成立70周年大会、中央政治局第17次集体学习和视察安徽重要讲话精神，增强制度意识，提升社会治理水平，加快建设平安安徽，构建现代化智慧型社会治理体系，打造共建共治共享的社会治理格局。省委常委、省委秘书长陶明伦陪同。

9日上午，李锦斌来到铜陵市天井湖社区，详细了解社区综合体制改革情况。他说，要坚持以党建为引领、以自治为基础、以法治为保障，建设人人尽责、人人享有的社会治理共同体。在天井湖社区天桥卫生服务站，李锦斌听取紧密型城市医联体建设情况介绍，要求加大基层公共服务供给，推动优质医疗卫生资源下沉，更好地满足人民健康需求。来到铜陵市政务服务中心，李锦斌察看了城市超脑平台和工业互联网云计算中心，他强调，大数据运用前提是“大”、关键在“用”、基础在“管”，要促进大数据、人工智能与城市管理深度融合，建设智慧城市。

10 日上午，李锦斌考察了芜湖市鸠江区官陡市场监管所，对推进综合监管分类执法改革给予了肯定，强调要完善市场监管体制，促进智能监管、精准监管、规范监管。芜湖金融巡回法庭是全省首家，李锦斌饶有兴致地了解法庭运行机制等情况，他指出，要充分运用“互联网＋金融审判”，破解传统诉讼难题，着力防范化解金融风险。随后，李锦斌来到芜湖市智慧城市协同创新中心，听取“智慧政法”“不见面服务”等情况介绍，强调要深化“放管服”改革，更好地便民、利民、为民。在芜湖传媒中心，李锦斌要求增强“融”的深度和广度，提高新闻舆论的传播力、引导力、影响力、公信力。

10 日下午，李锦斌在芜湖市主持召开座谈会。在认真听取部分省辖市及有关县区发言后，李锦斌说，近年来，全省各地各部门认真贯彻以习近平同志为核心的党中央决策部署，突出问题导向建机制，突出需求导向谋创新，突出服务导向惠民生，突出发展导向促融合，促进了社会治理能力全面提升。但也存在一些问题和挑战，必须采取有效措施加以解决。

李锦斌指出，要聚焦“共建”织密组织网，进一步拉长板、完善社会治理体制，强化党委领导、政府负责、社会协同、公众参与、法治保障，充分发挥各级党委在社会治理中总揽全局、协调各方的领导核心作用，确保社会治理过程人民参与、成效人民评判、成果人民共享。要聚焦“共治”织密治理网，进一步固底板、增强社会治理能力，推深做实系统治理、综合治理、依法治理、源头治理，坚持发展新时代“枫桥经验”，持续推进“扫黑除恶”专项斗争，深化“铸安”行动，完善社会治安防控体系。要聚焦“共享”织密保障网，进一步补短板、提升社会治理水平，切实把环境“美起来”、把服务“优起来”、把文化“强起来”，全面加强城乡生态环境治理，强化就业、医疗、教育等公共服务供给，完善城乡公共文化服务体系，不断增进人民群众获得感幸福感安全感。

李锦斌强调，要深入实施长三角一体化发展国家《规划纲要》和安徽省《行动计划》，扎实做好“六稳”工作，坚决打好三大攻坚战，确保全年目标任务完成。要认真开展第二批主题教育，切实解决“十重十轻”等形式主义官僚主义问题，纵深推进全面从严治党。

调研中，李锦斌还采取“四不两直”方式，随机察看了枞阳县横埠污水处理厂、繁昌县安定河黑臭水体治理、芜湖市新兴铸管老厂区环境问题排查等情况，督导长江安徽段生态环境问题整治。他指出，要扎实推进“三大一强”专项行动，推进智慧长江、智慧河道、智慧环保，加强长江干流和主要支流管线、排污口在线监测，加大城镇污水收集处理力度，打好蓝天碧水净土保卫战，加快建设绿色江淮美好家园。

(五) 合肥市将启动律师参与城市管理执法工作

2019 年 11 月底，合肥市司法局联合市城市管理局、市律师协会印发《关于开展律师参与城市管理执法工作的实施意见》(以下简称《实施意见》)，启动律师参与城市管理执法工作。

根据《实施意见》，合肥市将采取“律师驻队”模式为城市管理执法队伍提供法律服务，促进规范文明执法，引导城市管理相对人依法理性表达诉求，充分发挥律师在预防和化解执法纠纷、维护社会和谐稳定中的重要作用，不断完善城市管理运行机制，提高城市管理工作水平。

“律师驻队”将在城市管理中担任“监督员”“咨询员”“宣传员”“调解员”等多种角色，起到“智囊团”和“缓冲带”作用。

据了解，“律师驻队”将提供法律咨询职责，从执法程序、法律依据、案件证据、文书案卷等环节为城管执法部门的日常执法工作提供综合咨询服务，为重大决策、重大行政行为、相关政策文件制定提供法律意见，对执法过程中遇到法律疑难点提供专业意见；将参与处置疑难复杂城市管理执法事项，对接受调查处理或者行政处罚的执法相对人进行说服沟通，出具律师告知函对相对人履行法律义务进行催告；将发挥第三方监督作用，督促城市管理执法人员履行职责，依法规范执法程序；还将为处置涉法涉诉案件和重大突发事件等提供法律服务，代理妨碍城市管理执法和暴力抗法行为的诉讼。

第二十四章　长三角地区城市化进展

近年来，国家先后在政策层面上加强主要城市圈、城市群建设，长三角地区自古都是中国最富庶的地区，各种人文、自然条件优越，因此也成为推进一体化建设的重点。长三角的高铁逐渐在实现每个县市的互联，这大大缩短了乘车时间，长三角的主要城市到达其他任何一个县市的时间缩短为3—5小时，有的地方形成了“一小时交通圈”，可到达的人增多，这些都促进了长三角偏远地区经济的发展。

一、全国城市化基本情况

2019年，全国城镇常住人口84843万人，占总人口的比重(常住人口城镇化率)为60.60%，城镇化率首次突破60%大关，比上年末提高1.02个百分点。

13个省市常住人口城镇化率超全国平均水平，其中上海、北京、天津、广东、江苏、浙江常住人口城镇化率超70%。上海常住人口城镇化率最高达88.10%；北京位居第二，常住人口城镇化率达86.60%；天津以83.48%的城镇化率排名第三。值得注意的是，截至2019年，仍有18个省份城镇化率低于全国平均水平。贵州、云南、甘肃、西藏常住人口城镇化率不足50%，西藏最低，仅为31.50%。

二、上海城市现代化进程加快，精细化管理水平提升

2019年，上海市围绕加快城市现代化进程，重点开展了智慧城市建设。

一是智慧城市发展水平稳步提升

2019年，上海市智慧城市发展水平指数为105.86，较上一年提高0.73，六年以来保持持续增长。其中，网络就绪度指数、智慧应用指数、发展环境指数均有提高。全市新一代信息基础设施建设全面加速，支撑城市能级提升；智慧政府建设稳步推进，打响“一网通办”服务品牌；智慧治理模式全面推广，带动城市管理走向“一网统管”；数字经济发展进入快车道，促进了上海产业经济转型升级；各类智慧服务应用加速普及，互联度、数字化程度显著提高，助力上海建设有温度的宜居城市；各区亮点纷呈，丰富了上海智慧城市建设内涵。

二是持续深化政务服务“一网通办”

以“高效办成一件事”为目标，对办理频度高、跨度大、环节多的19个领域100个事项，进行业务流程革命性再造，实现审批时限、提交材料“双减半”，在浦东新区率先试点“一业一证”改革。截至2019年底，“一网通办”接入上海16个区的53个市级部门、220个街镇社区、6025个村委会；全年新增177项个人事项“全市通办”，累计达364项；平台累计办件的总量达3433.66万笔，日均办理量77334笔；在“一网通办”平台上，个人或企业通过支付宝、微信、银联的支付笔数达1413.1万笔，金额达17.51亿元。同时，上海与苏浙皖合力打造长三角地区政务服务“一网通办”，上线全国首个区域政务服务“一网通办”旗舰店。

三是加快推进城市运行“一网统管”

坚持高标准引领、高科技支撑、高效能处置，探索构建城市运行综合管理“一张网”，努力实现“一屏观天下、一网管全城”。城市运行管理和应急联动处置系统初步建成，硬件、软件和数据基础逐步夯实，整合接入公共安全、绿化市容、住建、交通、应急、民防、规划资源、生态环境、卫生健康、气象、水、电、气、网等领域22家单位的33个专题应用，布设“神经元”84万多个，地理信息系统覆盖98%的建筑物，汇聚实有人口、房屋、企业单位等多源数据信息。

四是生活垃圾全程分类智能化精细管理

围绕推进上海市生活垃圾全程分类精细化管理的目标，充分利用物联网、大数据、人工智能等技术，构建垃圾分类全过程信息监管系统，通过市级管理部门在湿垃圾处理环节对各区"生活垃圾分类品质"的监控，实现源头追溯，将管理要求层层传导至区、街镇、收运企业、居住区等各个环节；建立"资源化利用全程监管体系"，对垃圾的流量、流向进行监控管理，最终实现城市垃圾"源头减量、全程分类、末端无害化处置和资源化利用"，打造绿色清洁城市。

五是卫生信息互联互通互认

为了促进合理有效利用卫生资源，减少重复检查，切实减轻患者负担，经过近一年时间努力，全市37家市级医院之间率先实现部分医学信息互联互通互认，主要包括35项医学检验项目、9项医学影像检查项目，并逐步向区级公立医疗机构扩展，最终实现市、区两级公立医疗机构间的互联互通互认。不同机构间检查检验质量的均等化，是推进结果互认的重要前提和基础。为此，市卫生健康委研究制定了本市医疗机构临床实验室质量管理规范与放射诊断质控标准，对检查检验科室的管理制度、岗位职责、操作规范、结果报告等全环节进行统一和规范，使检查检验结果均达到合格标准。

六是"互联网＋监管"有效支撑"放管服"改革

为贯彻落实党中央、国务院创新监管理念和监管方式，做好"互联网＋监管"工作要求，推进跨部门联合监管，实现从职能部门"单打独斗"转变为综合监管和"智慧监管"，市政府印发了《上海市"互联网＋监管"工作实施方案》，并由市市场监管局牵头启动本市"互联网＋监管"重大信息化项目建设。项目全面梳理形成监管事项目录清单，构建"互联网＋监管"主题数据库，建设"双随机、一公开"监管子系统，加强风险研判和预测预警，全面支撑本市智慧监管、联合监管、精准监管、高效监管等突破创新。

七是全网切换完成，高速公路实现"一张网"

为进一步深化收费公路制度改革，取消全国高速公路省界收费站，实现不停车快捷收费，上海按照交通运输部的总体技术方案，实施了取消高速公路省界收费站工程。该工程新建了市级联网中心，升级改造了15个路段分中心、104座收费站、1098根收费车道，新建了318套ETC门架系统、10GE收费系统光纤通信专网，拆除了9座省界收费站。同时，通过工程建设，搭建了市级联网中心云平台架构，建设了全市路网统一的清分结算、数据处理、分析、存储的核心平台，为前端应用提供收费稽核、实时分析、辅助决策、交通拥堵预测、紧急调度、收费站点缴费分析及消费习惯分析、数据开放等能力。

2019年底，按照交通运输部的统一安排，本市完成系统切换，高速公路省界正线取直自由流通行，实现全国高速路网"一张网"运行，由封闭式收费模式向分段计费、扣费的开放式收费模式的转变。

八是建立健全网络安全应急管理体系

2019年，上海市网络安全应急管理体系逐步建立。8月，市委网信办联合中国人民银行上海总部，按照《上海市网络安全事件应急预案》要求，在上海银行组织全市100多家区、行业主管监管部门和重点单位开展了2019年上海市网络安全示范性应急演练。此次活动针对网络安全事件发生的规律与特点，采用模拟与现实相结合的方式，对事件的发现与报告、应急指挥与协调、资源调配与统筹、现场处置、事件调查和处理等流程进行了逐项推演。10月，全市网络安全应急管理工作会议召开，会议部署了全市网络安全应急管理工作，进一步明确了网络安全应急演练和日常保障工作要求，压实了网络安全应急管理工作责任，有效提升了我市各单位突发网络安全事件的应急处置能力水平。

九是上海智慧城市建设"智慧工匠"选树、"领军先锋"评选活动品牌效应显现

由市总工会、市经信两委共同举办的上海智慧城市建设"智慧工匠"选树、"领军先锋"评选活动已成为上海科技发展趋势的风向标。2019年的活动与"加快科创中心建设主题立功竞赛"对接，在保持传统项目的基础上，新增集成电路版图设计赛和人工智能编程赛，推动智慧城市建设领域职工在上海科创中心建设中体现主力军作用。2019年共有747名选手报名参赛，报名人数再创新高，涵盖集成电路、人工智能、工业互联网、大数据、信息基础设施、智慧应用等重点领域。经过激烈角逐，最终选拔出了20名在智慧城市建设行业各个领域水平最高的工匠标兵和创新先锋。

十是加强智慧城市交流宣传，营造良好发展生态

积极“走出去”，与先进国家与地区交流智慧城市建设经验。受巴塞罗那市政府邀请组团参展第九届全球智慧城市大会，向来自西班牙、以色列、法国、德国、瑞士、挪威等地的专业观众介绍上海智慧城市建设成效。赴香港参加国际资讯科技博览会以及上海—香港—东盟智慧城市合作对接会，共同推进智慧城市国际化发展。同时，加强智慧城市宣传，举办2019上海智慧城市体验周，以“智慧城市——重塑城市未来”为主题，在全市开展品牌互动4个，特色活动9个以及各区共同组织体验活动23个，充分体现“注重宣传引导、深化应用体验、充分感知互动、落实便民惠民”的特点，全面提高市民对智慧城市建设的感受度和获得感，增进民生福祉，促进全民普惠。

三、江苏省城市化进程

江苏是中国城镇化的缩影和先行军，为全国城镇化以点带面、全面推进当好开拓者。江苏是我国城镇发展较早、较快的地区，中华人民共和国成立后就跨出了一大步，从解放前的3个建制市到1957年增设为12个建制市。改革开放以来，江苏在全国城镇化转折、上升及鼎盛时期都走在前列，城镇人口从1978年的800.77万人猛增到2018年的5538.88万人，城镇化率由1978年的13.7%大幅提升到2018年的68.8%，比全国平均水平59.58%高出9.22个百分点。江苏发展到现在，一共拥有特大城市1个、大城市10个、中等城市6个、小城市40个。其中13个设区市的市辖区，就以全省1/5的面积创造了全省一半以上的GDP和财政收入。在改革开放过程中，全国各种改革开放试验、实验和综合试点，江苏城镇都榜上有名，为全国改革开放和经济社会发展试点探索提供样本和经验。

江苏是小城镇在乡镇工业异军突起中大发展的发源地，为全国城镇化作出了历史性贡献。江苏视为“王牌”之一的乡镇企业，最早萌芽于20世纪50年代，起步于70年代，发展于80年代。特别是党的十一届三中全会以后，江苏乡镇企业连上几个大台阶，总产值从全省工业经济“三分天下有其一”，到1990年扩展为“半壁江山”，再到1994年“五分天下过其四”。乡镇企业的基地和大本营是大批涌现的小城镇和市县城郊，与中小城市特别是小城镇孪生共长、共同崛起，使江苏进入到以乡镇企业为推动、小城镇为主导、自下而上的快速城市化阶段。全省大中小城市迅速崛起，小城镇如雨后春笋般茁壮成长，平均密度为每51平方公里一个镇。全省建制镇从1978年的133个扩增到2001年的峰值1202个。历史证明，江苏小城镇和乡镇工业共生共荣、比翼齐飞的发展模式一举多得，创造性地开辟了一条具有中国特色、江苏特征，农村集镇化、城乡一体化的发展新路子，并为党中央提出的“小城镇大战略”发挥了决策缘起和先行示范的重要作用。

江苏是开放型经济前沿阵地、各种开发区及合资企业密集地，为全国城镇在对外开放中跨越发展探路前行。江苏视为又一“王牌”的开放型经济，一直位居全国前列，全省外贸依存度最高时达90%以上，苏南更是高达135%以上。2018年，全省货物贸易进出口突破4万亿元，全省实际利用外资251.4亿美元，占全国的14%以上，连续15年位列全国第二。目前，江苏共有国家级开发区46家、省级开发区85家，居全国首位。而这些开放型经济绝大部分都是依托城镇建设和发展，利用城镇增强吸引力，使城镇成为招商引资的“名片”，招揽人才的“梧桐树”，吸引项目、技术、资金、资源的“磁场”。同时，开放型经济也为城镇化输入了新动力、开辟了新天地。江苏在对外开放和城镇化上两手并抓、互促并进的做法和经验，为全国城镇在对外开放中跨越发展提供了成功范例。

2019年末，江苏省常住人口8070.0万人，比上年末增加19.3万人。其中，城镇人口5698.23万人，比上年增加94.13万人。城镇化率为70.6%，比上年提高了1个百分点。苏南城镇人口2621.38万人，城镇化率为77.6%。苏中城镇人口1118.29万人，城镇化率为67.8%。苏北城镇人口1958.53万人，城镇化率为64.4%。

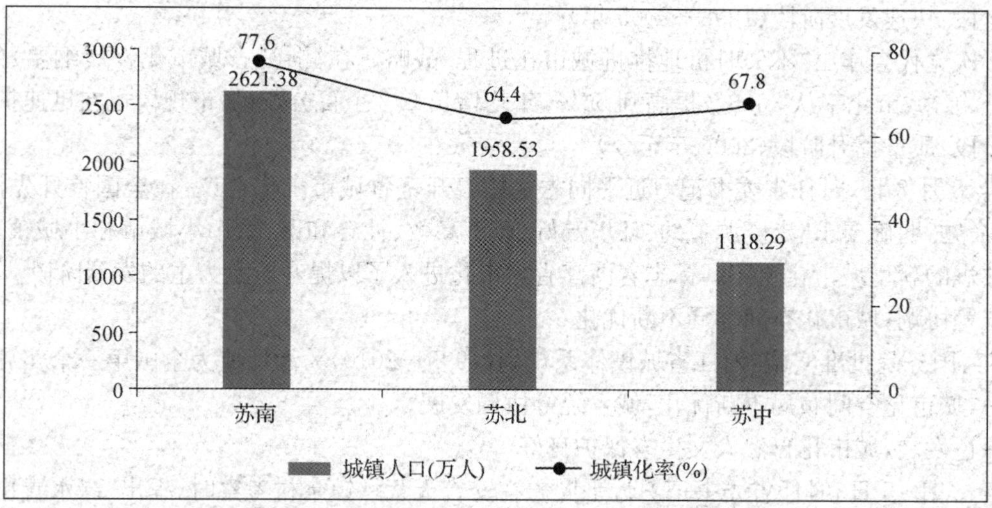

图 1 2019 年江苏省各区域城镇人口及城镇化率情况

数据来源:江苏统计年鉴

苏州市城镇人口最多达 827.74 万人,南京市紧随其后,城镇人口 707.2 万人。此外,徐州市、无锡市城镇人口超 500 万人,镇江市城镇人口最少,仅 231.23 万人。

南京市、无锡市、苏州市、常州市、镇江市城镇化率超全省平均水平,其中南京市城镇化率最高,达 83.2%;宿迁市城镇化率最低,仅 61.1%。与上年相比,各市城镇化率均有所提高,其中徐州市城镇化率提高 1.6 个百分点。

2019 年,苏北地区常住人口城镇化率达 66.18%,相比 2018 年的 64.38%再次提高了 1.8%。

2017 年,苏南、苏中、苏北三个地区常住人口城镇化率分别达到 76.39%、65.73%、61.99%。到 2018 年,这一比例分别提高了 76.75%、66.5%、64.38%。其中,苏北地区增长速度最快,仅仅一年时间就提升了 2.39%,城镇人口增加了 73.82 万人,增长速度快过江苏全省和苏南水平。

由于苏北大部分地区农村限制开发以及土地耕地红线保护措施落实,至今苏北地区的农房普遍依然保存着 20 世纪 70 年代、80 年代的自然原始风貌。农村人的思想观念早在几十年前就得到了极大的转变,去县城"买房"的思想早在 15 年前就在苏北农村深入人心普遍推广,或走出去"进城入镇",或入市,带动了苏北地区同时期城镇化建设高速发展。

2019 年,我国常住人口城镇化率达 60.6%,苏北地区为 66.18%,高于全国平均水平 5.58 个百分点。

四、浙江省城市化进程

改革开放以来,浙江省率先在全国实施城市化战略,创造性地提出"新型城市化"命题,遵循"创新、协调、绿色、开放、共享"的新发展理念,走出了一条极具浙江特色的新型城市化道路。

(一)浙江城市化的三个阶段

一是创新引领,城市化发展水平迅速提高

1978 年,浙江省城市化率为 14%,低于全国平均水平近 4 个百分点;2017 年,浙江城市化率达 68%,比全国早十年进入城市型社会。

第一阶段:发动阶段(1978—1997 年)

以"撤县设市"和"整县改市"的方式,城市数量从 3 个迅速增加到 33 个。通过乡镇的"撤扩并",小城镇数量从 1983 年的 185 个迅速增加到 1997 年的 993 个。

第二阶段:快速发展阶段(1998—2005年)

省第十次党代会作出“不失时机地推进城市化进程”战略。在《浙江省城市化发展纲要》的引领下,1998—2005年,城市化率从36.8%提高到56%,年均增长2.8个百分点,城市规模也在迅速扩大。

第三阶段:质量提升阶段(2006年至今)

2006年8月8日,时任省委书记习近平同志主持召开全省城市工作会议,在全国首开先河提出“新型城市化”命题,明确要求“走资源节约、环境友好、经济高效、社会和谐、大中小城市和小城镇协调发展、城乡互促共进的新型城市化道路”,标志着浙江省城市化进入了以提升质量为主的发展阶段。

二是统筹协调,城市化空间格局不断优化

1999年,国务院批准实施《浙江省城镇体系规划(1996—2010)》,浙江成为全国第一个实施城镇体系规划的省份,城市化空间布局不断优化,城乡统筹协调发展。

三是绿色发展,城市化自然人文生态保护良好

2005年8月15日,时任省委书记习近平同志在安吉天荒坪镇余村考察时,提出“绿水青山就是金山银山”的科学论断。

(二)浙江城市化总体水平

10多年来,浙江省相继实施“811”环境污染整治、循环经济“911”等行动计划,大力发展生态经济、改善生态环境、培育生态文化,在实践中将生态文明理念融入城市化的全过程。

2019年末,浙江省常住人口为5850万人,同比增加113万人。其中,城镇人口为4095万人,农村人口为1755万人。城镇人口占总人口的比重(即城镇化率)突破70.0%,与2018年相比,上升1.1个百分点。

浙江省各市常住人口城镇化率均超60%,杭州市、宁波市、温州市城镇化率超全省平均水平,其中杭州城镇化率最高达78.5%。

与2018年相比,衢州市、绍兴市、丽水市、嘉兴市、杭州市、金华市、湖州市七市城镇化率至少提高了1个百分点。衢州市城镇化进程较快,城镇化率较2018年提高了2个百分点。

2019年,浙江省5‰人口变动抽样调查以全省为总体,以11个设区市为子总体,采取分层、整群、概率比例的抽样方法,共抽取1293个村级单位为调查样本,调查人口30余万人。根据5‰人口变动抽样调查数据推算的全省2019年人口主要数据如下:

1. 城乡构成情况

2019年末,全省常住人口中,城镇人口为4095万人,农村人口为1755万人。城镇人口占总人口的比重(即城镇化率)为70.0%,与2018年相比,上升1.1个百分点。

2. 性别构成情况

2019年末,全省常住人口中,男性为3004.7万人,占总人口的51.4%;女性为2845.3万人,占总人口的48.6%。性别比(以女性为100,男性对女性的比例)为105.6。

3. 年龄构成情况

2019年末,全省常住人口中,0—15岁的人口为824.9万人,占总人口的14.1%,比上年下降0.4个百分点;16—59岁的人口为3820.0万人,占总人口的65.3%,比上年下降0.6个百分点;60岁及以上的人口为1205.1万人,占总人口的20.6%,比上年上升1.0个百分点。其中,65岁及以上人口为830.7万人,占比为14.2%,比上年上升0.6个百分点。

4. 自然增长状况

2019年末,全省常住人口中,出生人口为60.9万人,死亡人口为32.0万人,自然增加人口为28.9万人。出生率为10.51‰,死亡率为5.52‰,自然增长率为4.99‰。与2018年相比,出生率下降0.51个千分点,死亡率下降0.06个千分点,自然增长率下降0.45个千分点。

（三）浙江城市化的主要特点

一是杭州常住人口持续高增长，2019 年增量比 2018 年多了 21.6 万人

2019 年 55.4 万的人口增量，代表着杭州常住人口高速增长的态势已持续 5 年。

根据杭州市统计局数据显示，过去 5 年，杭州市常住人口增量分别是 12.6 万人、17 万人、28 万人、33.8 万人、55.4 万人，增量呈逐年递增之势，并在 2018 年突破了 30 万大关，使常住人口从 2017 年的 946.8 万人增至 980.6 万人。

2019 年，人口增量又突破了 50 万大关，比 2018 年 33.8 万的增量还多了 21.6 万，使杭州的常住人口从 2018 年末的 980.6 万人增加至 2019 年末的 1036 万人，正式成为常住人口千万级别的“特大城市”。

二是城市集聚效应将更加明显，杭州城市竞争力有望实现飞跃

在最新印发的《长江三角洲区域一体化发展规划纲要》中，明确杭州、南京两座城市为特大城市。这是对杭州城市发展现状的一种认可，而人口正是决定城市规模的关键因素。

人是生产力的第一要素，城市的发展离不开强大的生产力，更离不开作为生产力第一要素的人。从某种意义上来说，有了人，城市才能更好地发展，人力越强大，相应城市发展的动力才会越强大。

而城市的强大依靠的是一种集聚效应，人是集聚的基础，在形成了坚实的基础之后，才能拥有包括经济要素、科技要素在内的各种其他发展要素。

杭州目前的集聚效应已经非常强大，在全国各大城市纷纷推出各类优厚政策吸引人才的背景下，杭州在 2019 年一年内增加了 55.4 万的常住人口，这正是杭州强大集聚效应的体现。

1000 万人口在城市发展学中被视为一个关键性的标志，在突破人口 1000 万的这个关口之后，杭州的集聚效应不但不会减弱，反而将变得更为明显，未来的人口增量或许会更多。

集聚效应的加强，将会对各类资源产生更加强大的吸引力，尤其是优质资源，更容易被吸引到集聚效应更强的城市。优质资源集中在杭州后，城市的竞争力有望经历质变般的飞跃，杭州也有希望在激烈的城市竞争中脱颖而出，成为中国城市发展过程中一颗亮眼的新星。

三是人口突破 1000 万的杭州，更需要与发展趋势相符的高素质人口

在激烈的城市竞争中，杭州能够脱颖而出，受到全国乃至世界各地精英人才的认可，获得大量的人口增长，和我们这个城市独特的发展思路有很大的关系。

抓住信息经济新动能，主打智慧经济、智慧产业的杭州，在经济转型升级过程中，电子商务、云计算与大数据、数字内容、信息安全等数字经济优势产业竞争力持续提升，人工智能、区块链等未来产业蓬勃发展。这些符合当下经济发展新趋势的产业逐渐壮大，其背后是杭州敢为人先、与时俱进的独特发展思路，最终令杭州的城市辐射力和人才吸引力都得到飞跃。

目前，杭州的常住人口总量已突破 1000 万，“超大城市”正成为杭州一个发展新目标。未来一个时期内，数字经济依然是杭州经济发展的大引擎，所以杭州更适合引进从事数字经济发展相关专业的人才，这不仅有利于城市的综合发展，人才自身也能获得更全面的提升。

五、安徽省城市化进程

（一）安徽省城市化的基本情况

2019 年，安徽省常住人口 6365.9 万人，比上年增加 42.3 万人；城镇人口 3552.8 万人，比上年增加 94.4 万人。常住人口城镇化率为 55.81％，提高 1.12 个百分点。

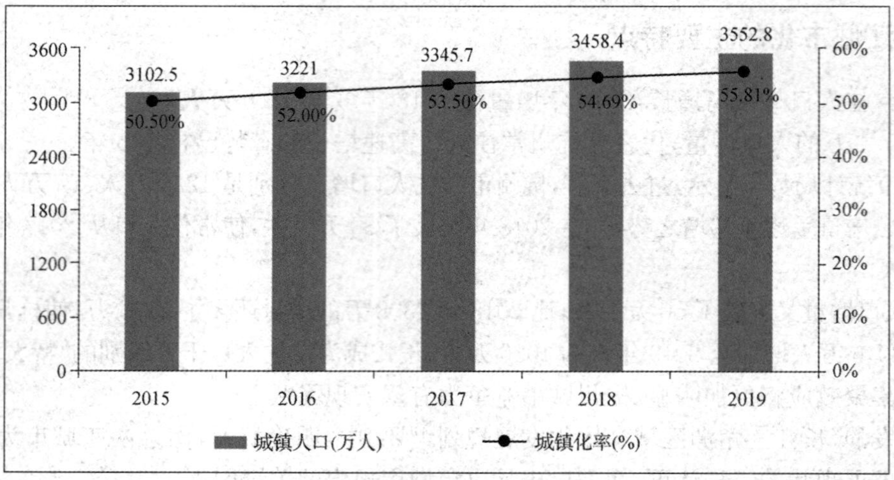

图 2　安徽省城镇人口数量及城镇化率情况

数据来源:安徽省统计局

8 个城市常住人口城镇化率超全省平均水平,其中合肥市常住人口城镇化率最高达 76.33%;马鞍山市、芜湖市排名第二和第三,常住人口城镇化率分别为 69.12%、66.41%。此外,淮北市、淮南市城镇化率超 65%。安庆市、六安市、阜阳市、宿州市、亳州市城镇化率不足 50%,乡村人口多于城镇人口。亳州市城镇化率最低,仅 42.22%。

与上年相比,10 个城市常住人口城镇化率提升幅度超 1 个百分点。合肥市城镇化进程加快,常住人口城镇化率较上年提高 1.36 个百分点。

(二)安徽省最具竞争力的城市分析

从综合竞争力、产业竞争力、城市创新能力、城市生态环境质量四个方面进行评价,通过 9 个二级指标、82 个三级指标构建指标体系,建构起安徽 16 个地级市的综合实力和发展现状,以推动城市高质量发展。

表 1　2019 年安徽城市综合竞争力十强

排名	城市	得分
1	合肥市	0.8114
2	芜湖市	0.3865
3	马鞍山市	0.3466
4	滁州市	0.2904
5	蚌埠市	0.2594
6	铜陵市	0.2551
7	安庆市	0.2474
8	阜阳市	0.2419
9	六安市	0.2009
10	宿州市	0.1971

根据评价结果显示,合肥、芜湖、马鞍山、滁州、蚌埠在安徽城市综合竞争力排名中位居前五位。相比上年,变化幅度较小,滁州由第 6 名上升至第 4 名,铜陵由第 4 名下降到第 6 名,其余 4 个城市排名保

持不变。

总体来看，合肥、芜湖、马鞍山经济发展情况好，综合竞争力位居省内前三，多个指标均位于全省前列。合肥、芜湖和马鞍山地域优势明显，发展潜力巨大，为带动周边城市经济发展作出了贡献。

合肥在城市生态环境质量排名中位居第二，在城市综合竞争力、城市产业竞争力和创新能力的排名中均位居第一，发展实力强劲，各项指标均排在前列。合肥是全省政治、经济、文化、交通中心，聚集了全省的人力、资金和先进技术，其综合竞争力在省内领先。

与上年相比，滁州由第6名上升到第4名，综合竞争力有所提升。滁州位于南京都市圈的核心层，发展环境优越，发展潜力巨大，综合竞争力相对靠前。

值得关注的是，安庆和宣城排名上升较快。与上年相比，安庆上升为第7名。

表2　2019年安徽城市产业竞争力十强

排名	城市	得分
1	合肥市	0.0966
2	芜湖市	0.0541
3	铜陵市	0.0410
4	马鞍山市	0.0369
5	滁州市	0.0343
6	蚌埠市	0.0327
7	淮北市	0.0278
8	安庆市	0.0271
9	宿州市	0.0266
10	阜阳市	0.0230

产业是经济发展的核心。报告从产业结构高级化、产业结构合理化以及特色产业发展三个层面构建综合指标体系。

安徽城市产业竞争力排名前五名的分别为合肥、芜湖、铜陵、马鞍山和滁州。与上年相比，排名前四位的城市没有变化，仅滁州取代了亳州第5名的位置，说明合肥、芜湖、铜陵、马鞍山的产业竞争力较强，滁州的产业竞争力有明显提升。

总体来看，安徽各城市的产业竞争力差异较大。同时，2018年安徽省第二产业在地区生产总值中所占比重有所下降，第三产业占比提高，并且占据主导地位，这说明安徽省由工业主导型经济向服务主导型经济转变，城市产业结构有所优化。

表3　2019年安徽城市创新能力十强

排名	城　市	得分
1	合肥市	0.1428
2	芜湖市	0.0575
3	马鞍山市	0.0421
4	滁州市	0.0395
5	蚌埠市	0.0260

续表

排名	城　市	得分
6	宣城市	0.0255
7	铜陵市	0.0226
8	阜阳市	0.0222
9	安庆市	0.0214
10	淮南市	0.0201

在经济高质量发展中，城市创新能力显得尤为重要。在安徽城市创新能力排名中，排名前三位的分别是合肥、芜湖和马鞍山，说明这三个城市在创新能力方面表现较好。

表 4　2019 年安徽城市生态环境质量十强

排名	城市	得分
1	黄山市	0.0653
2	合肥市	0.0600
3	阜阳市	0.0570
4	蚌埠市	0.0569
5	六安市	0.0558
6	宣城市	0.0551
7	滁州市	0.0530
8	池州市	0.0522
9	安庆市	0.0491
10	芜湖市	0.0490

随着城市化进程加快，城市也正在经历一场生态变革。对城市生态环境质量排名得分结果分析，可以看出，排名前三位的城市分别为黄山、合肥和阜阳，这些城市的生态环境质量相对较好，尤其是阜阳排名上升较快，从上年的第 8 位升至第 3 位。

在生态文明建设中，黄山以改善生态环境质量为核心，制定出台一系列制度性文件，污染防治攻坚战和生态文明建设取得显著成效。合肥加强顶层设计，进一步完善生态环保工作的政策和制度框架体系。阜阳坚持长效监管机制，坚持不懈推进生态文明建设和环境保护工作。

第六篇

长三角地区经济社会发展重要指标

扫码阅读

表1　长三角地区国民经济和社会发展问题与速度指标(2019年)

指标	长三角	上海市	江苏省	浙江省	安徽省
人口与就业					
人口(万人)					
年末常住人口	22714.04	2428.14	8070.0	5850.00	6365.9
就业(万人)					
从业人数	14380.51	1376.20	4745.20	3875.11	4384.0
宏观经济					
国民核算(亿元)					
地区生产总值	237252.56	38155.32	99631.52	62351.74	37113.98
第一产业	9413.24	103.88	4296.28	2097.38	2915.7
第二产业	96474.17	10299.16	44270.51	26566.60	15337.9
第三产业	131365.15	27752.28	51064.73	33687.76	18860.38
地区生产总值比上年增长(%)	—	6.0	6.1	6.8	7.5
固定资产投资(亿元)					
全社会固定资产投资总额					
财政(亿元)					
地方财政收入	26198.74	7165.10	8802.36	7048.58	3182.7
地方财政支出	38198.06	8179.28	12573.55	10053.03	7392.2
物价(上年=100)					
居民消费价格指数	—	102.5	103.1	102.9	102.7
国内商业					
社会消费品零售总额(亿元)	98725.97	15847.55	37672.51	27343.81	17862.1
对外经济贸易和旅游					
进出口总额(亿美元)	16392.38	4938.03	6294.70	4472.32	687.33
出口	9687.13	1989.39	3947.84	3345.91	403.99
教育、科技、文化					
教育					
高等学校本专科在校学生(万人)	486.58	58.35	187.41	116.7	124.12
普通中学在校学生(万人)	978.27	61.04	347.49	242.1	327.64
小学在校学生(万人)	1484.47	82.63	572.64	367.1	462.10
文化					
图书出版量(亿册)	20.09	5.33	7.39	4.49	2.88
杂志出版量(万册)	28988	7400	10836	7010	3742
报纸出版量(亿份)	54.32	7.84	20.29	20.02	6.17

续表

指标	长三角	上海市	江苏省	浙江省	安徽省
家庭、生活、环境					
全体居民人均可支配收入(元)	—	69442	41400	49899	26415
城镇常住居民人均可支配收入(元)	—	73615	51056	60182	37540
农村常住居民人均可支配收入(元)	—	33195	22675	29876	15416
全体居民人均消费支出(元)	—	45605	26697	32026	19137
城镇常住居民人均消费支出(元)	—	48272	31329	37508	23782
农村常住居民人均消费支出(元)	—	22449	17716	21352	14546

表 2　长三角地区国民经济和社会发展结构指标(2019 年)

指标	上海市	江苏省	浙江省	安徽省
人口与就业				
人口				
城乡结构				
城镇	90.28	70.6	70.0	55.8
乡村	9.72	29.4	30.0	44.2
性别结构				
男	49.5	50.30	51.4	51.9
女	50.5	49.70	48.6	48.1
就业				
产业结构				
第一产业	2.96	15.5	10.5	30.7
第二产业	24.39	42.4	45.5	28.8
第三产业	72.64	42.1	44.0	40.5
宏观经济				
国民核算				
地区生产总值产业结构				
第一产业	0.3	4.3	3.4	7.9
第二产业	27.0	44.4	42.6	41.3
第三产业	72.7	51.3	54.0	50.8　产业经济
工业				
工业产值按轻重分				
轻工业	—	24.5	35.3	—
重工业	—	75.5	64.7	—

续表

指标	上海市	江苏省	浙江省	安徽省
运输业				
货运量结构				
铁路	0.4	2.2	1.4	2.1
公路	35.4	58.6	61.6	63.9
水运	63.8	34.0	37.0	34.0
民用航空	0.4	—	—	—
对外经济贸易和国际旅游				
海外旅游人数结构				
外国人	77.14	66.7	70.6	57.6
港澳台同胞	22.86	33.3	29.4	42.4
教育、科技、文化				
教育				
在校学生结构				
大学生	25.7	17.6	16.1	10.5
中学生	34.0	34.1	33.4	28.6
小学生	40.3	48.3	50.5	39.1
专任教师结构				
大学生	28.95	15.5	13.7	8.0
中学生	38.59	43.7	41.7	31.6
小学生	37.21	40.7	44.5	32.7
生活、环境				
生活				
城镇居民消费结构				
食品	23.3	25.5	27.1	31.2
衣着	4.5	6.2	6.0	7.4
居住	33.7	28.0	26.6	22.1
其他	38.5	40.3	40.3	39.3
农村居民消费结构				
食品	—	26.2	30.6	32.7
衣着	—	5.0	5.3	5.8
居住	—	24.1	25.0	22.8
其他	—	44.7	39.1	38.7

表3 长三角地区主要年份地区生产总值

(单位:亿元)

年份	长三角	上海市	江苏省	浙江省	安徽省
1989	3484.08	696.54	1321.85	849.44	616.25
1990	3760.85	781.66	1416.50	904.69	658.00
1991	4247.98	893.77	1601.38	1089.33	663.50
1992	5427.24	1114.32	2136.02	1375.70	801.20
1993	7480.44	1519.23	2998.16	1925.91	1037.14
1994	10057.96	1990.86	4057.39	2689.28	1320.43
1995	13047.89	2518.08	5155.25	3563.90	1810.66
1996	15274.02	2980.75	6004.21	4195.76	2093.30
1997	17188.87	3465.28	6680.34	4695.93	2347.32
1998	18639.41	3831.00	7199.95	5065.50	2542.96
1999	20093.73	4222.30	7697.82	5461.27	2712.34
2000	22655.96	4812.15	8553.69	6164.79	3125.33
2001	25144.98	5257.66	9456.84	6927.70	3502.78
2002	28270.19	5795.02	10606.85	8040.66	3827.66
2003	33266.39	6762.38	12442.87	9753.37	4307.77
2004	39913.39	8165.38	15136.78	11482.11	5129.12
2005	46839.04	9365.54	18769.32	13028.33	5675.85
2006	54486.64	10718.04	21965.61	15302.68	6500.31
2007	65566.40	12668.89	26296.15	18639.95	7941.61
2008	76436.05	14276.79	31357.00	21284.58	9517.68
2009	83891.96	15287.56	34905.98	22833.74	10864.68
2010	100048.66	17436.85	41962.18	27399.85	13249.78
2011	117466.99	19539.07	49788.20	31854.80	16284.92
2012	128153.95	20558.98	54870.91	34382.39	18341.67
2013	140873.18	22264.06	60690.44	37334.64	20584.04
2014	152735.04	24068.20	66123.71	40023.48	22519.65
2015	164254.01	25659.18	71255.93	43507.72	23831.18
2016	179096.10	28183.51	77350.85	47254.04	26307.70
2017	198582.10	30632.99	85869.76	52403.13	29676.22
2018	221233.12	36011.82	93207.55	58002.84	34010.91
2019	237252.56	38155.32	99631.52	62351.74	37113.98

注:按当年价格计算

表4　长三角地区主要年份第一产业生产总值　　(单位:亿元)

年份	长三角	上海市	江苏省	浙江省	安徽省
1990	—	34.24	355.17	225.04	—
1991	—	34.06	345.14	245.22	—
1992	—	34.16	393.82	262.67	—
1993	—	37.82	490.59	315.97	—
1994	—	47.61	683.98	438.65	—
1995	—	59.82	866.24	549.95	—
1996	—	68.72	989.18	594.93	—
1997	—	72.03	1035.8	618.90	—
1998	—	73.84	1047.16	609.30	—
1999	—	74.49	1037.37	606.32	—
2000	2497.76	76.68	1048.34	630.97	741.77
2001	2593.03	78.00	1094.48	659.78	760.77
2002	2658.98	79.68	1110.44	685.20	783.66
2003	2710.72	81.02	1162.45	717.85	749.40
2004	3205.36	83.45	1367.58	803.83	950.50
2005	3399.74	90.26	1461.51	881.47	966.50
2006	3563.05	93.81	1545.05	913.16	1011.03
2007	4002.06	101.84	1814.63	969.27	1116.32
2008	4594.65	111.80	2096.47	1073.30	1313.08
2009	4887.02	113.82	2255.84	1134.68	1382.68
2010	5568.51	114.15	2530.94	1322.85	1600.57
2011	6579.51	124.94	3051.38	1535.20	1867.99
2012	7157.54	127.80	3400.36	1610.81	2018.57
2013	7464.28	124.89	3447.49	1718.74	2173.16
2014	7753.18	124.26	3607.40	1726.57	2294.95
2015	8209.70	109.82	3952.47	1771.36	2376.05
2016	8534.28	114.34	4039.75	1890.43	2489.76
2017	8672.13	110.78	4045.16	1933.92	2582.27
2018	8860.39	104.78	4141.71	1975.89	2638.01
2019	9413.24	103.88	4296.28	2097.38	2915.70

注:按当年价格计算

表5　长三角地区主要年份第二产业生产总值

(单位:亿元)

年份	长三角	上海市	江苏省	浙江省	安徽省
1989	—	466.18	657.06	386.25	—
1990	—	505.60	692.59	408.18	—
1991	—	550.64	793.92	494.11	—
1992	—	677.39	1119.26	652.26	—
1993	—	902.38	1598.05	982.19	—
1994	—	1148.45	2186.77	1395.61	—
1995	—	1430.37	2715.26	1856.32	—
1996	—	1610.47	3074.12	2233.98	—
1997	—	1789.72	3411.86	2557.87	—
1998	—	1889.63	3640.10	2772.28	—
1999	—	2004.55	3920.15	2983.27	—
2000	11017.15	2231.93	4435.89	3287.10	1062.23
2001	12187.11	2431.38	4907.46	3590.07	1258.20
2002	13719.09	2654.47	5604.49	4112.87	1347.26
2003	16720.42	3249.43	6787.11	5126.27	1557.61
2004	20285.52	3947.01	8331.90	6160.40	1846.21
2005	23842.59	4451.11	10240.41	6953.67	2197.40
2006	28003.34	5056.43	11998.09	8295.66	2653.16
2007	33673.51	5674.34	14504.63	10122.74	3371.80
2008	38973.64	6207.97	17058.54	11512.68	4194.45
2009	41619.41	6143.59	18674.81	11882.36	4918.65
2010	49775.18	7376.81	21861.48	14140.90	6395.99
2011	57827.79	8128.44	25239.22	16271.04	8189.09
2012	61511.13	8063.93	27158.78	17040.53	9247.89
2013	65692.79	8147.16	29149.42	18162.78	10233.43
2014	70047.12	8434.97	31048.84	19580.72	10982.59
2015	73075.69	8259.03	33371.77	20606.55	10838.34
2016	76536.54	8406.28	35041.53	21571.25	11517.48
2017	84382.74	9330.67	39124.11	23246.72	12681.24
2018	91892.72	10360.78	42129.37	25308.13	14094.44
2019	96474.17	10299.16	44270.51	26566.60	15337.90

注:按当年价格计算

表6　长三角地区主要年份第三产业生产总值　（单位:亿元）

年份	长三角	上海市	江苏省	浙江省	安徽省
1989	—	200.73	340.61	252.24	—
1990	—	241.82	368.74	271.47	—
1991	—	309.07	462.32	350.00	—
1992	—	402.77	622.94	460.77	—
1993	—	579.03	909.52	627.75	—
1994	—	794.80	1186.64	855.02	—
1995	—	1027.79	1573.75	1157.63	—
1996	—	1301.56	1940.91	1366.85	—
1997	—	1603.53	2232.68	1519.16	—
1998	—	1867.53	2512.69	1683.92	—
1999	—	2143.26	2740.30	1871.68	—
2000	9141.05	2503.54	3069.46	2246.72	1321.33
2001	10364.84	2748.28	3454.90	2677.85	1483.81
2002	11892.12	3060.87	3891.92	3242.59	1696.74
2003	13835.25	3431.93	4493.31	3909.25	2000.76
2004	16108.84	4134.92	5123.65	4517.87	2332.40
2005	19848.72	4824.17	6419.41	5193.19	2511.95
2006	22195.43	5567.80	7697.65	6093.87	2836.11
2007	27562.47	6891.94	9669.10	7547.94	3453.49
2008	32455.21	7956.03	11790.44	8698.60	4010.14
2009	36949.24	9028.17	13541.02	9816.70	4563.35
2010	44123.03	9942.25	16991.45	11936.10	5253.23
2011	52105.46	11280.46	20548.61	14048.56	6227.83
2012	58310.84	12361.79	23142.78	15731.05	7075.22
2013	66368.67	13985.61	26752.50	17453.12	8177.44
2014	73634.21	15501.64	30174.27	18716.19	9242.11
2015	82952.90	17274.62	33931.69	21129.81	10616.78
2016	94025.28	19662.89	38269.57	23792.36	12300.46
2017	105527.22	21191.54	42700.49	27222.48	14412.71
2018	120480.03	25546.26	46936.47	30718.83	17278.47
2019	131365.15	27752.28	51064.73	33687.76	18860.38

注:按当年价格计算

表7　长三角地区主要年份工业生产总值

(单位:亿元)

年份	长三角	上海市	江苏省	浙江省	安徽省
1990	—	469.83	634.13	363.74	—
1991	—	514.79	725.83	438.36	—
1992	—	636.68	1017.94	581.73	—
1993	—	846.71	1451.97	876.26	—
1994	—	1074.37	2002.22	1243.37	—
1995	—	1318.93	2467.63	1650.60	—
1996	—	1466.12	2754.80	1989.68	—
1997	—	1614.13	3016.44	2293.10	—
1998	—	1687.39	3157.69	2495.25	—
1999	—	1807.29	3387.99	2693.52	—
2000	9677.22	2022.53	3848.52	2964.69	841.48
2001	10677.72	2194.09	4270.90	3205.39	1007.34
2002	12004.81	2399.07	4880.09	3670.38	1055.27
2003	14672.39	2980.43	6004.65	4501.61	1185.70
2004	17861.08	3646.47	7407.76	5428.69	1378.16
2005	21101.85	4104.65	9154.98	6177.64	1664.58
2006	24912.40	4659.17	10812.04	7418.99	2031.20
2007	30091.35	5254.57	13137.87	9093.98	2604.93
2008	34586.74	5695.23	15336.03	10317.04	3238.44
2009	36351.50	5546.27	16570.31	10491.27	3743.65
2010	43453.28	6689.90	19382.18	12432.05	4949.15
2011	50419.02	7403.07	22313.47	14277.77	6424.71
2012	53376.27	7301.05	23942.24	14853.27	7279.71
2013	56813.75	7368.20	25564.39	15835.77	8045.39
2014	60324.81	7619.88	27154.52	16955.25	8595.16
2015	62397.85	7431.36	28802.63	17803.30	8360.56
2016	65417.57	7555.34	30291.36	18661.48	8909.39
2017	72538.55	8977.41	33782.61	20038.67	9739.86
2018	78137.73	9763.48	36113.22	21621.19	10639.84
2019	81791.38	9670.68	37825.32	22840.53	11454.85

注:按当年价格计算

表 8　长三角地区主要年份建筑业生产总值　（单位:亿元）

年份	长三角	上海市	江苏省	浙江省	安徽省
1990	—	35.77	58.46	44.44	—
1991	—	35.85	68.09	55.75	—
1992	—	40.71	101.32	71.70	—
1993	—	55.67	146.08	107.70	—
1994	—	74.08	184.55	154.75	—
1995	—	111.54	247.63	209.01	—
1996	—	144.35	319.32	248.27	—
1997	—	175.59	395.42	269.33	—
1998	—	202.24	482.41	281.97	—
1999	—	197.26	532.16	295.06	—
2000	1345.75	209.40	587.37	328.23	220.75
2001	1515.65	237.29	636.56	390.94	250.86
2002	1721.43	255.40	724.40	449.64	291.99
2003	2056.79	269.00	782.46	633.42	371.91
2004	2451.77	300.54	924.14	759.05	468.04
2005	2781.53	346.46	1085.44	816.81	532.82
2006	3124.27	397.26	1186.05	919.00	621.96
2007	3606.21	419.77	1366.76	1052.80	766.88
2008	4429.96	512.74	1722.50	1238.70	956.02
2009	5296.20	597.32	2104.50	1419.38	1175.00
2010	6323.29	686.91	2479.30	1710.25	1446.83
2011	7376.28	725.37	2925.75	1960.78	1764.38
2012	8045.45	762.88	3216.54	2097.86	1968.17
2013	8842.11	802.13	3593.22	2243.01	2203.75
2014	9831.48	843.02	3902.52	2680.88	2405.06
2015	10811.26	855.22	4607.04	2853.74	2495.26
2016	11255.95	879.81	4790.04	2959.38	2626.72
2017	12244.44	634.42	5385.97	3262.31	2961.74
2018	13963.80	685.70	6063.69	3737.56	3476.85
2019	14894.96	716.16	6493.54	3779.55	3905.71

注:按当年价格计算

表9　长三角地区主要年份地区生产总值中第一产业比重(%)

年份	上海市	江苏省	浙江省	安徽省
1990	4.4	25.1	24.9	—
1991	3.8	21.5	22.5	—
1992	3.1	18.4	19.1	—
1993	2.5	16.4	16.4	—
1994	2.4	16.9	16.3	—
1995	2.4	16.8	15.5	—
1996	2.3	16.5	14.2	—
1997	2.1	15.5	13.2	—
1998	1.9	14.5	12.1	—
1999	1.8	13.5	11.1	—
2000	1.6	12.3	10.3	23.7
2001	1.5	11.6	9.6	21.7
2002	1.4	10.5	8.6	20.5
2003	1.2	9.3	7.4	17.4
2004	1.0	9.2	7.0	18.5
2005	1.0	8.1	6.7	17.0
2006	0.9	7.3	5.9	15.6
2007	0.8	7.0	5.3	14.0
2008	0.8	6.8	5.1	13.8
2009	0.7	6.5	5.1	12.7
2010	0.7	6.1	4.9	12.1
2011	0.7	6.2	4.9	11.5
2012	0.6	6.3	4.8	11.0
2013	0.6	5.8	4.7	10.6
2014	0.5	5.6	4.4	10.2
2015	0.5	5.5	4.3	10.0
2016	0.4	5.2	4.2	9.5
2017	0.4	4.7	3.7	8.7
2018	0.3	4.4	3.5	7.8
2019	0.3	4.3	3.4	7.9

注:按当年价格计算

表10 长三角地区主要年份地区生产总值中第二产业比重(%)

年份	上海市	江苏省	浙江省	安徽省
1990	64.7	48.9	45.1	—
1991	61.6	49.6	45.4	—
1992	60.8	52.4	47.5	—
1993	59.4	53.3	51.1	—
1994	57.7	53.9	52.0	—
1995	56.8	52.7	52.1	—
1996	54.0	51.2	53.3	—
1997	51.6	51.1	54.5	—
1998	49.3	50.6	54.8	—
1999	47.5	50.9	54.6	—
2000	46.4	51.9	53.3	34.0
2001	46.2	51.9	51.8	35.9
2002	45.8	52.8	51.1	35.2
2003	48.1	54.5	52.5	36.2
2004	48.4	56.2	53.6	36.0
2005	47.5	56.5	53.4	38.7
2006	47.2	56.5	54.1	40.8
2007	44.8	55.8	54.1	42.5
2008	43.5	55.1	53.9	44.1
2009	40.2	54.2	51.6	45.3
2010	42.3	52.8	51.1	48.3
2011	41.6	51.7	50.5	50.3
2012	39.2	50.6	48.9	50.4
2013	36.6	49.1	47.8	49.7
2014	35.0	47.9	47.7	48.8
2015	32.2	46.8	45.9	45.5
2016	29.8	45.3	44.8	43.8
2017	30.5	45.6	43.0	42.7
2018	28.8	45.2	41.8	41.4
2019	27.0	44.4	42.6	41.3

注:按当年价格计算

表 11　长三角地区主要年份地区生产总值中第三产业比重(%)

年份	上海市	江苏省	浙江省	安徽省
1990	30.9	26.0	30.0	—
1991	34.6	28.9	32.1	—
1992	36.1	29.2	33.4	—
1993	38.1	30.3	32.5	—
1994	39.9	29.2	31.7	—
1995	40.8	30.5	32.4	—
1996	43.7	32.3	32.5	—
1997	46.3	33.4	32.3	—
1998	48.8	34.9	33.2	—
1999	50.7	35.6	34.2	—
2000	52.0	35.9	36.4	42.3
2001	52.3	36.5	38.6	42.4
2002	52.8	36.7	40.3	44.3
2003	50.7	36.1	40.1	46.4
2004	50.6	34.6	39.4	45.5
2005	51.5	35.4	39.9	44.3
2006	51.9	36.2	40.0	43.6
2007	54.4	37.2	40.6	43.5
2008	55.7	38.1	41.0	42.1
2009	59.1	39.3	43.4	42.0
2010	57.0	41.1	44.0	39.6
2011	57.7	42.1	44.6	38.2
2012	60.1	43.1	46.3	38.6
2013	62.8	45.1	47.5	39.7
2014	64.4	46.5	47.9	41.0
2015	67.3	47.6	49.8	44.5
2016	69.8	49.5	51.0	46.7
2017	69.2	49.7	53.3	48.6
2018	70.9	50.4	54.7	50.8
2019	72.7	51.3	54.0	50.8

注:按当年价格计算

表 12　长三角地区主要年份地区生产总值构成中工业比重(%)

年份	上海市	江苏省	浙江省	安徽省
1989	62.1	45.4	40.8	—
1990	60.1	44.8	40.2	—
1991	57.6	45.3	40.2	—
1992	57.1	47.7	42.3	—
1993	55.7	48.4	45.5	—
1994	54.0	49.3	46.2	—
1995	52.4	47.9	46.3	—
1996	49.2	45.9	47.4	—
1997	46.6	45.2	48.8	—
1998	44.0	43.9	49.2	—
1999	42.8	44.0	49.2	—
2000	42.0	45.0	48.0	26.9
2001	41.7	45.2	46.1	28.8
2002	41.4	46.0	45.5	27.6
2003	44.1	48.3	46.0	27.5
2004	44.7	50.0	47.1	26.9
2005	43.8	50.5	47.3	29.3
2006	43.5	50.9	48.3	31.2
2007	41.5	50.6	48.5	32.8
2008	39.9	49.6	48.1	34.0
2009	36.3	48.1	45.4	34.5
2010	38.4	46.8	45.0	37.4
2011	37.9	45.7	44.4	39.5
2012	35.5	44.6	42.9	39.7
2013	33.1	43.1	41.9	39.1
2014	31.7	41.9	41.7	38.2
2015	29.0	40.4	40.1	35.1
2016	26.8	39.2	39.5	33.9
2017	27.4	39.3	37.6	32.8
2018	26.6	38.7	36.5	31.3
2019	25.3	38.0	36.6	30.9

注:按当年价格计算

表13 长三角地区主要年份地区生产总值构成中建筑业比重(%)

年份	上海市	江苏省	浙江省	安徽省
1989	4.8	4.3	4.7	—
1990	4.6	4.1	4.9	—
1991	4.0	4.3	5.1	—
1992	3.7	4.7	5.2	—
1993	3.7	4.9	5.6	—
1994	3.7	4.5	5.8	—
1995	4.4	4.8	5.9	—
1996	4.8	5.3	5.9	—
1997	5.1	5.9	5.7	—
1998	5.3	6.7	5.6	—
1999	4.7	6.9	5.4	—
2000	4.4	6.9	5.3	7.1
2001	4.5	6.7	5.7	7.2
2002	4.4	6.8	5.6	7.6
2003	4.0	6.3	6.5	8.6
2004	3.7	6.2	6.5	9.1
2005	3.7	6.0	6.1	9.4
2006	3.7	5.6	5.8	9.6
2007	3.3	5.3	5.6	9.7
2008	3.6	5.6	5.8	10.0
2009	3.9	6.1	6.2	10.8
2010	3.9	6.0	6.2	10.9
2011	3.7	6.0	6.1	10.8
2012	3.7	6.0	6.0	10.7
2013	3.6	6.1	5.9	10.7
2014	3.5	6.0	6.1	10.7
2015	3.3	6.5	6.0	10.5
2016	3.1	6.2	5.5	10.0
2017	1.9	6.3	5.5	10.0
2018	1.9	6.5	5.5	10.2
2019	1.9	6.5	6.1	10.5

注:按当年价格计算

表 14　长三角地区生产总值项目结构(增加值)(2019 年)

(单位:亿元)

指标	长三角	上海市	江苏省	浙江省	安徽省
地区生产总值	237252.56	38155.32	99631.52	62351.74	37113.98
第一产业	9413.24	103.88	4296.28	2097.38	2915.70
第二产业	96474.17	10299.16	44270.51	26566.6	15337.90
工业	81791.38	9670.68	37825.32	22840.53	11454.85
建筑业	14894.96	716.16	6493.54	3779.55	3905.71
第三产业	131365.15	27752.28	51064.73	33687.76	18860.38
交通运输、仓储和邮政业	—	—	3157.21	1962.13	1973.87
信息传输、软件和信息技术服务业	—	—	2593.53	—	—
批发和零售业	—	—	10901.27	7470.08	3429.23
住宿和餐饮业	—	—	1540.21	1092.28	759.36
金融业	—	—	7529.61	5004.37	2345.64
房地产业	—	—	8057.76	4356.88	2870.49
租赁和商务服务业	—	—	2980.91	—	—
科学研究和技术服务业	—	—	2212.91	—	—
水利、环境和公共设施管理业	—	—	646.01	—	—
居民服务、修理和其他服务业	—	—	1121.06	—	—
教育	—	—	2908.01	—	—
卫生和社会福利业	—	—	1842.58	—	—
文化、体育和娱乐业	—	—	594.23	—	—
公共管理、社会保障和社会组织	—	—	4616.52	—	—

表 15　长三角地区总人口基本情况

(单位:万人)

年份	长三角	上海市	江苏省	浙江省	安徽省
2000	19708.75	1608.60	7327.24	4679.91	6093.0
2001	18880.05	1668.33	7358.52	4728.80	5128.0
2002	20014.34	1712.97	7405.50	4776.40	6144.0
2003	20191.46	1765.84	7457.70	4856.80	6163.0
2004	20420.68	1834.98	7522.95	4925.20	6228.0
2005	20475.66	1890.26	7588.24	4990.90	6120.0
2006	20695.41	1964.11	7655.66	5071.80	6110.0
2007	20960.98	2063.58	7723.13	5154.90	6118.0
2008	21164.55	2140.65	7762.48	5212.40	6135.0
2009	21341.28	2210.28	7810.27	5275.50	6131.0
2010	21575.51	2302.66	7869.34	5446.51	5957.0
2011	21677.26	2347.46	7898.80	5463.00	5968.0
2012	21765.41	2380.43	7919.98	5477.00	5988.0
2013	21882.64	2415.15	7939.49	5498.00	6030.0
2014	21976.74	2425.68	7960.06	5508.00	6083.0
2015	22074.57	2415.27	7976.30	5539.00	6144.0
2016	22204.30	2419.70	7998.60	5590.00	6196.0
2017	22359.63	2418.33	8029.30	5657.00	6255.0
2018	22535.08	2423.78	8050.70	5737.00	6323.6
2019	22714.04	2428.14	8070.00	5850.00	6365.9

表 16　长三角地区劳动就业基本情况(2019 年)

(单位:万人)

指标	长三角	上海市	江苏省	浙江省	安徽省
从业人员合计	14380.5	1376.20	4745.20	3875.10	4384.0
第一产业	2529.10	40.80	734.51	406.89	1346.9
第二产业	5371.80	335.67	2011.96	1763.17	1261.0
第三产业	6479.60	999.73	1998.73	1705.04	1776.1
年末城镇登记失业人数	—	19.34	35.09	—	26.8
年末城镇登记失业率(%)	—	3.60	3.0	2.52	2.6

表 17　长三角地区从业人员基本情况　　(单位:万人)

年份	长三角	上海市	江苏省	浙江省	安徽省
2000	15778.94	745.24	4418.14	2726.09	7889.47
2004	16677.23	836.87	4537.07	2991.95	8311.34
2005	17017.03	863.32	4578.75	3100.76	8474.2
2006	17309.49	885.51	4628.95	3172.38	8622.65
2007	17924.20	909.08	4677.88	3405.01	8932.23
2008	18429.39	1053.24	4700.96	3486.53	9188.66
2009	18713.98	1064.42	4726.54	3591.98	9331.04
2010	13531.46	1090.76	4754.68	3636.02	4050.0
2011	13657.57	1104.33	4758.23	3674.11	4120.9
2012	13773.07	1115.50	4759.53	3691.24	4206.8
2013	14113.43	1368.91	4759.89	3708.73	4275.9
2014	14151.61	1365.63	4760.83	3714.15	4311.0
2015	14195.76	1361.51	4758.50	3733.65	4342.1
2016	14243.06	1365.24	4756.22	3760.00	4361.6
2017	14304.35	1372.65	4757.80	3796.00	4377.9
2018	14347.86	1375.66	4750.90	3836.00	4385.3
2019	14380.50	1376.20	4745.20	3875.10	4384.0

表 18　长三角地区年末尚有失业人员　　(单位:万人)

年份	长三角	上海市	江苏省	浙江省	安徽省
2000	—	20.08	30.36	21.82	—
2004	—	27.43	42.90	30.14	—
2005	—	27.50	41.63	28.97	—
2006	—	27.82	40.40	29.1	—
2007	—	26.78	39.26	28.6	—
2008	—	26.60	41.09	31.08	—
2009	—	27.87	40.74	30.68	—
2010	128.01	27.73	40.65	31.13	28.5
2011	137.35	27.33	41.45	31.67	36.9
2012	137.33	27.05	40.47	33.41	36.4
2013	138.41	26.37	37.61	34.93	39.5
2014	134.64	25.63	36.57	33.14	39.3
2015	125.40	24.81	36.01	33.69	30.9
2016	123.72	24.26	35.21	33.85	30.4
2017	—	22.06	34.69	—	29.0
2018	—	19.41	34.37	—	28.1
2019	—	19.34	35.09	—	26.8

表19　长三角地区人民生活水平情况(2019年)

指标	上海市	江苏省	浙江省	安徽省
就业				
城镇居民家庭每户就业人口(人)	1.17	1.60	1.53	—
每一城镇就业者负担人数(人)	2.19	1.86	1.86	1.86
城镇登记失业率(%)	3.60	3.03	2.52	2.63
收入与支出				
城镇居民人均可支配收入(元)	73615	51056	60182	37540.04
城镇居民生活消费支出(元)	48272	31329	37508	23781.54
农村居民人均可支配收入(元)	33195	22675	29876	15416
农村居民生活消费支出(元)	22449	17716	21352	14546
职工年平均工资(元)	114962	98669	99654	79037
人均储蓄存款余额(元)	137123	—	90825	—
生活质量				
居民家庭恩格尔系数(%)	—	25.6	—	—
城镇居民	—	25.5	—	31.20
人均住房面积(平方米)	37.0	52.4	—	—
农村人均住房面积	—	61.7	67.31	53.52
城市公用事业				
用水普及率(%)	99.99	100	100.00	99.36
人均公共绿地面积(平方米)	8.40	15.0	14.03	14.80
文化、教育和卫生				
文化				
城镇每百户拥有彩色电视机(台)	178	174.2	175	137.21
农村每百户拥有彩色电视机(台)	170	149.9	176	133.59
农村每百户家用电脑拥有量(台)	40	31.9	46.10	25.6
城镇每百户家用电脑拥有量(台)	113	78.3	85.20	65.3
居民家庭文教娱乐支出比重(%)	12.1	11.0	11.31	—
城市	12.4	11.5	11.58	11.8
教育				
每万人口在校学生数(人)				
大学生数	217	258.8	199.50	245
中学生数	251	430.6	531.12	637
小学生数	340	709.6	627.53	731
平均每一教师负担学生(人)				
大学	11	17.3	17.49	19.2
中学	10	11.9	12.59	13.5
小学	14	17.2	16.99	18.1
卫生				
每万人拥有医生数(人)	32	31.6	35.10	21.74
居民家庭医疗保健支出比重(%)	7.0	8.1	6.63	—
城市	6.9	7.7	6.13	7.0

表 20　长三角地区农村居民人均可支配收入基本情况　　（单位:元）

年份	上海市	江苏省	浙江省	安徽省
2000	5565	3591	4254	1935
2001	5850	3778	4582	2020
2002	6212	3972	4940	2118
2003	6658	4229	5431	2127
2004	7337	4740	6096	2499
2005	8342	5258	6660	2641
2006	9213	5791	7335	2969
2007	10222	6533	8265	3556
2008	11385	7322	9258	4202
2009	12324	7962	10007	4504
2010	13746	9067	11303	5285
2011	15644	10744	13071	6232
2012	17401	12133	14552	7160
2013	19208	13521	17494	8098
2014	21192	14958	19373	9916
2015	23205	16257	21125	10821
2016	25520	17606	22866	11720
2017	27825	19158	24956	12758
2018	30375	20845	27302	13996
2019	33195	22675	29876	15416

表 21　长三角地区城镇居民家庭人均可支配收入基本情况　　（单位:元）

年份	上海市	江苏省	浙江省	安徽省
2000	11718	6756	9279	5294
2001	12883	7311	10465	5669
2002	13250	8088	11716	6032
2003	14867	9140	13180	6778
2004	16683	10319	14546	7511
2005	18645	12098	16294	8471
2006	20668	13799	18265	9771
2007	23623	16009	20574	11474
2008	26675	18215	22727	12990
2009	28838	19996	24611	14086
2010	31838	22273	27359	15788

续表

年份	上海市	江苏省	浙江省	安徽省
2011	36230	25570	30971	18606
2012	40188	28808	34550	21024
2013	43851	31585	37080	23114
2014	47710	34346	40393	24839
2015	52962	37173	43714	26936
2016	57692	40152	47237	29156
2017	62596	43622	51261	31640
2018	68034	47200	55574	34393
2019	73615	51056	60182	37540

表 22 长三角地区城镇居民家庭恩格尔系数(%)

年份	上海市	江苏省	浙江省	安徽省
2000	44.5	41.1	39.2	45.7
2001	43.4	39.7	36.3	44.2
2002	39.4	40.4	37.9	43.2
2003	37.2	38.3	36.6	44.2
2004	36.4	40.0	36.2	43.9
2005	35.9	37.2	33.8	43.7
2006	35.6	36.0	32.9	42.4
2007	35.5	36.7	34.7	39.7
2008	36.6	37.9	36.4	41.0
2009	35.0	36.3	33.6	39.6
2010	33.5	36.5	34.3	38.0
2011	35.5	36.1	34.6	39.8
2012	36.8	35.4	35.1	38.7
2013	34.9	34.7	34.4	39.1
2014	35.0	28.5	—	33.3
2015	—	28.1	—	33.7
2016	—	28.0	—	32.5
2017	—	27.5	—	32.1
2018	—	26.1	—	31.0
2019	—	25.5	—	31.2

表23　长三角地区城镇居民家庭基本情况(2019年)

指标	上海市	江苏省	浙江省	安徽省
基本情况				
调查户数(户)	—	4630	—	—
平均每户家庭人口(人)	2.57	3.0	2.85	3.0
平均每户就业人口(人)	1.17	1.6	1.53	—
平均每一就业人口负担人数(人)	2.19	1.9	1.86	1.86
平均每户就业面(%)	—	53.7	53.79	—
人均家庭总收入(元)				
人均可支配收入(元)	73615	51056	60182	37540.04
人均家庭总支出(元)				
人均消费性支出(元)	48272	31329	37508	23781.54
食品(元)	11273	7981	10162	7420.99
衣着(元)	2162	1931	2259	1763.46
家庭设备用品及服务(元)	2215	1711	2075	1465.80
医疗保健(元)	3332	2420	2300	1658.22
交通通讯(元)	5626	4052	5368	2870.46
娱乐教育文化服务(元)	5966	3606	4342	2802.45
居住(元)	16253	8787	9977	5262.32

表24　长三角地区农村居民家庭基本情况(2019年)

指标	上海市	江苏省	浙江省	安徽省
基本情况				
调查户数(户)	—	1970	—	—
平均每户家庭人口(人)	2.45	2.9	2.98	3.10
平均每户就业人口(人)	1.31	1.7	1.84	—
平均每一就业人口负担人数(人)	1.87	1.6	1.62	1.82
人均家庭总收入(元)				
人均可支配收入(元)	33195	22675	29876	15416
人均家庭总支出(元)				
人均消费性支出(元)	22449	17716	21352	14546
食品(元)	—	4647	6529	4756
衣着(元)	—	881	1134	843
家庭设备用品及服务(元)	—	1080	1016	846
医疗保健(元)	—	1675	1777	1323
交通通讯(元)	—	3113	2965	1709
娱乐教育文化服务(元)	—	1668	2226	1471
居住(元)	—	4261	5339	3311

表 25　长三角地区房地产投资主要指标(2019 年)

指标	上海市	江苏省	浙江省	安徽省
房屋建筑面积(万平方米)				
施工面积	14802.97	65686.75	49604.61	43591.20
住宅	7446.43	49010.85	31175.94	31953.70
竣工面积	2669.67	9369.08	5738.82	5673.90
住宅	1453.28	6968.89	3551.11	4250.80
商品房销售情况				
房屋销售面积(万平方米)	1696.34	13972.85	9378.31	9229.40
商品房销售额(亿元)	5203.82	—	14352.11	6823.52

表 26　长三角地区商品零售价格指数

(上年=100)

年份	上海市	江苏省	浙江省	安徽省
2000	96.4	98.6	99.0	98.0
2001	98.6	98.9	98.1	99.6
2002	98.7	98.4	98.7	99.2
2003	99.0	99.8	99.6	101.3
2004	100.9	102.2	102.7	102.7
2005	99.4	100.3	100.9	100.6
2006	100.2	100.8	100.8	100.8
2007	102.4	102.9	103.8	104.5
2008	105.3	104.9	106.3	106.3
2009	99.4	98.9	98.8	99.0
2010	101.7	103.2	103.9	103.2
2011	104.1	104.6	105.5	105.3
2012	101.2	102.1	101.9	102.1
2013	100.2	101.4	101.0	101.2
2014	100.9	101.6	100.9	100.4
2015	101.1	100.6	99.9	99.7
2016	100.8	100.8	101.0	100.8
2017	100.9	101.9	101.4	101.7
2018	101.6	102.6	102.1	101.9
2019	100.4	102.6	102.5	101.9

表 27　长三角地区居民消费价格指数

（上年＝100）

年份	上海市	江苏省	浙江省	安徽省
2000	102.5	100.1	101.0	100.7
2001	100.0	100.8	99.8	100.5
2002	100.5	99.2	99.1	99.0
2003	100.1	101.0	101.9	101.7
2004	102.2	104.1	103.9	104.5
2005	101.0	102.1	101.3	101.4
2006	101.2	101.6	101.1	101.2
2007	103.2	104.1	104.2	105.3
2008	105.8	105.2	105.0	106.2
2009	99.6	99.6	98.5	99.1
2010	103.1	103.8	103.8	103.1
2011	105.2	105.1	105.4	105.6
2012	102.8	102.6	102.2	102.3
2013	102.3	102.3	102.3	102.4
2014	102.7	102.2	102.1	101.6
2015	102.4	101.7	101.4	101.3
2016	103.2	102.3	101.9	101.8
2017	101.7	101.7	102.1	101.2
2018	101.6	102.3	102.3	102.0
2019	102.5	103.1	102.9	102.7

表 28　长三角地区主要年份农业总产值

（单位：亿元）

年份	长三角	上海市	江苏省	浙江省	安徽省
2000	—	89.81	1096.02	521.31	—
2001	—	95.53	1142.66	488.59	—
2002	—	97.21	1165.49	511.42	—
2003	—	98.17	981.25	529.44	—
2004	—	109.32	1242.41	592.59	—
2005	2875.60	111.25	1291.06	654.81	818.48
2006	3128.43	119.99	1416.91	684.00	907.53
2007	3458.49	128.17	1540.39	735.92	1054.01
2008	3892.27	139.29	1741.99	813.10	1197.89
2009	4217.13	151.00	1940.10	879.05	1246.98
2010	4935.57	159.98	2256.99	1041.30	1477.30

续表

年份	长三角	上海市	江苏省	浙江省	安徽省
2011	5584.83	169.82	2622.67	1152.04	1640.30
2012	6134.73	176.80	2942.11	1229.36	1786.46
2013	6568.05	177.93	3137.14	1336.79	1916.19
2014	6914.18	175.46	3325.67	1385.96	2027.09
2015	7358.52	167.86	3675.87	1434.71	2080.08
2016	7402.32	146.58	3663.42	1455.29	2137.03
2017	7647.04	146.40	3764.73	1494.49	2241.42
2018	7656.73	150.09	3735.02	1517.96	2253.66
2019	7934.76	145.81	3828.60	1594.96	2365.39

注:1. 按当年价格计算;2. 2007—2018年,农林牧渔业产值及其中项农业与牧业已根据第三次全国农业普查核定数据进行了修订

表29 长三角地区主要年份林业总产值

(单位:亿元)

年份	长三角	上海市	江苏省	浙江省	安徽省
2000	—	1.41	30.17	54.48	—
2001	—	3.52	30.76	60.20	—
2002	—	7.75	36.29	60.84	—
2003	—	13.05	31.49	65.67	—
2004	—	13.14	40.16	78.36	—
2005	218.30	11.11	45.27	83.51	78.41
2006	239.11	10.43	54.26	86.04	88.38
2007	264.91	10.06	58.88	95.47	100.50
2008	295.46	9.13	64.92	106.95	114.46
2009	308.70	9.02	70.79	117.64	111.25
2010	340.33	7.58	78.12	119.35	135.28
2011	416.68	7.73	92.81	134.07	182.07
2012	461.16	9.77	99.75	142.14	209.50
2013	491.71	9.80	107.30	141.54	233.07
2014	557.08	8.83	118.18	147.00	283.07
2015	583.13	12.30	129.09	151.63	290.11
2016	591.77	13.21	129.33	158.15	291.08
2017	641.28	15.31	136.73	170.16	319.08
2018	673.00	15.80	147.25	177.01	332.94
2019	717.03	18.27	162.00	185.48	351.28

注:按当年价格计算

表 30　长三角地区主要年份渔业总产值　（单位:亿元）

年份	长三角	上海市	江苏省	浙江省	安徽省
2000	—	37.92	313.01	297.36	—
2001	—	40.13	334.17	308.84	—
2002	—	45.13	353.68	324.51	—
2003	—	49.21	371.56	337.11	—
2004	—	49.90	449.47	361.99	—
2005	1109.93	51.64	511.86	380.81	165.62
2006	1120.67	55.25	543.39	347.53	174.50
2007	1198.38	54.46	579.00	369.90	195.02
2008	1363.38	57.48	665.75	407.82	232.33
2009	1443.25	54.54	719.25	435.48	233.98
2010	1649.47	54.25	805.25	522.18	267.79
2011	2087.82	57.14	1060.44	655.75	314.49
2012	2332.48	60.84	1235.40	687.05	349.19
2013	2571.25	63.35	1351.11	757.97	398.82
2014	2689.68	66.02	1426.74	779.36	417.56
2015	2860.56	55.67	1517.51	855.86	431.52
2016	3037.37	50.31	1621.88	899.07	466.11
2017	3137.31	58.39	1623.43	979.28	476.21
2018	3313.00	56.21	1707.87	1043.27	505.65
2019	3398.18	54.95	1740.99	1080.93	521.31

注:按当年价格计算

表 31　长三角地区主要年份畜牧业总产值　（单位:亿元）

年份	长三角	上海市	江苏省	浙江省	安徽省
2000	—	87.35	430.53	183.94	—
2001	—	88.43	448.51	195.94	—
2002	—	83.48	456.02	205.09	—
2003	—	81.13	458.87	233.01	—
2004	—	70.77	563.44	277.89	—
2005	1492.99	54.34	599.14	285.95	553.56
2006	1360.94	46.29	544.48	279.01	491.16
2007	1767.15	58.07	704.12	367.60	637.36
2008	2210.05	68.52	915.78	418.86	806.89
2009	2106.07	64.72	873.01	404.88	763.46
2010	2265.84	65.72	921.90	448.42	829.80

续表

年份	长三角	上海市	江苏省	浙江省	安徽省
2011	2857.95	83.82	1188.32	546.33	1039.48
2012	2926.46	79.75	1223.48	549.04	1074.19
2013	2968.52	79.52	1219.09	546.18	1123.73
2014	2867.42	81.96	1179.22	472.23	1134.01
2015	2972.73	80.84	1257.92	426.18	1207.79
2016	3182.18	80.17	1326.67	455.60	1319.74
2017	2912.13	61.17	1157.98	371.29	1321.69
2018	2787.27	48.32	1091.31	331.80	1315.84
2019	3285.32	48.24	1213.02	395.16	1628.90

注:按当年价格计算

表 32　长三角地区粮食产量　(单位:万吨)

年份	长三角	上海市	江苏省	浙江省	安徽省
2000	6969.64	174.00	3106.63	1217.00	2472.01
2001	6669.38	151.42	2942.05	1075.61	2500.30
2002	6761.92	130.46	2907.05	959.41	2765.00
2003	5594.63	98.75	2471.85	809.23	2214.80
2004	6528.52	106.29	2829.06	850.17	2743.00
2005	6375.68	105.36	2834.59	830.42	2605.31
2006	6853.58	111.30	3096.03	785.50	2860.75
2007	6856.35	109.20	3122.27	723.48	2901.40
2008	7062.79	115.67	3192.23	731.54	3023.35
2009	7175.51	121.68	3260.87	723.09	3069.87
2010	7311.06	132.12	3284.99	686.24	3207.71
2011	7290.96	121.95	3357.10	676.41	3135.50
2012	7491.26	122.39	3431.55	648.22	3289.10
2013	7435.74	114.15	3440.82	601.17	3279.60
2014	7655.37	112.89	3523.04	603.61	3415.83
2015	8367.99	112.08	3594.71	583.97	4077.23
2016	7624.23	99.55	3542.44	564.84	3417.40
2017	8310.43	99.78	3610.80	580.14	4019.71
2018	8370.41	103.74	3660.28	599.14	4007.25
2019	8448.25	95.90	3706.20	592.15	4054.00

表 33　长三角地区棉花产量

（单位:万吨）

年份	长三角	上海市	江苏省	浙江省	安徽省
1980	—	7.62	41.81	8.29	—
1990	—	1.22	46.42	6.42	—
2000	62.99	0.12	31.45	2.92	28.50
2001	86.36	0.14	46.05	3.16	37.01
2002	73.91	0.09	36.28	2.24	35.30
2003	60.83	0.11	29.10	2.10	29.52
2004	91.97	0.18	50.28	2.28	39.23
2005	65.71	0.18	32.27	2.16	31.10
2006	75.22	0.20	35.52	2.38	37.12
2007	74.79	0.25	34.75	2.37	37.42
2008	72.25	0.32	32.60	2.45	36.88
2009	62.65	0.26	25.55	2.28	34.56
2010	54.43	0.36	26.08	2.23	25.76
2011	65.05	0.48	24.68	2.29	37.60
2012	53.79	0.38	22.04	1.97	29.40
2013	48.15	0.39	20.93	1.72	25.11
2014	43.83	0.12	15.95	1.43	26.33
2015	27.55	0.04	11.69	1.07	14.75
2016	23.01	0.03	3.69	0.83	18.46
2017	11.79	0.02	2.57	0.60	8.6
2018	11.73	0.01	2.06	0.81	8.85
2019	7.94	0.01	1.57	0.81	5.55

表 34　长三角地区油料产量

（单位:万吨）

年份	长三角	上海市	江苏省	浙江省	安徽省
1980	—	9.60	38.64	28.86	—
1990	—	18.20	112.39	48.35	—
2000	584.96	16.37	225.65	57.88	285.06
2001	602.37	12.81	232.53	58.22	298.81
2002	555.60	9.28	217.03	46.97	282.32
2003	480.58	5.92	199.45	43.77	231.44
2004	594.20	7.39	238.38	48.77	299.66
2005	543.74	6.94	215.99	50.14	270.67
2006	479.04	5.31	176.47	35.61	261.65

续表

年份	长三角	上海市	江苏省	浙江省	安徽省
2007	374.64	3.62	138.87	32.95	199.20
2008	410.62	3.60	137.72	41.27	228.03
2009	429.29	3.39	142.31	43.24	240.35
2010	345.83	2.45	127.78	39.47	176.13
2011	371.90	1.86	116.44	39.85	213.75
2012	381.30	1.73	113.58	38.30	227.69
2013	375.81	1.50	111.10	37.78	225.43
2014	364.86	1.28	104.12	30.66	228.80
2015	302.02	1.18	98.04	31.35	171.45
2016	330.38	0.90	88.67	25.98	214.83
2017	267.68	0.76	85.36	26.90	154.66
2018	274.22	0.71	86.04	29.43	158.04
2019	288.44	0.81	94.32	31.93	161.38

表 35　长三角地区农业现代化情况(2019 年)

指标	长三角	上海市	江苏省	浙江省	安徽省
农业机械化情况					
机耕面积(千公顷)	15043.59	261.4	5874.01	1338.14	7570.04
机械收获面积(千公顷)	13247.85	112.4	5026.81	758.25	7350.39
农村电气化情况					
农村用电量(亿千瓦小时)	—	—	1949.11	1026.73	189.15
农用物资使用情况					
化肥施用量(折纯量)(万吨)	664.26	7.53	286.21	72.50	298.02
农用塑料薄膜使用量(万吨)	29.78	1.32	11.42	6.67	10.37
农药使用量(万吨)	19.71	0.28	6.74	3.86	8.83

表 36　长三角地区规模以上工业企业单位数(2019 年)　　(单位:个)

项目	长三角	上海市	江苏省	浙江省	安徽省
总　计	—	—	46090	45695	17761
按轻重工业分					
轻工业	—	—	16731	22434	7551
重工业	—	—	29359	23261	10210

续表

项　目	长三角	上海市	江苏省	浙江省	安徽省
按行业分					
制造业	—	—	45281	44821	17019
农副食品加工业	—	—	1162	676	1441
食品制造业	—	—	427	339	414
酒、饮料和精制茶制造业	—	—	130	204	315
烟草制品业	—	—	6	1	4
纺织业	—	—	4160	4915	627
纺织服装、服饰业	—	—	1681	2539	813
皮革、毛皮、羽毛及其制品和制鞋业	—	—	400	1737	315
木材加工和木、竹、藤、棕、草制品业	—	—	866	775	528
家具制造业	—	—	334	995	287
造纸和纸制品业	—	—	524	962	230
印刷和记录媒介复制业	—	—	629	723	305
文教、工美、体育和娱乐用品制造业	—	—	1207	1336	490
石油加工、炼焦和核燃料加工业	—	—	121	79	49
化学原料和化学制品制造业	—	—	2480	1661	935
医药制造业	—	—	658	456	459
化学纤维制造业	—	—	732	631	40
橡胶和塑料制品业	—	—	2532	2817	1037
非金属矿物制品业	—	—	2813	1991	2061
黑色金属冶炼和压延加工业	—	—	829	599	125
有色金属冶炼和压延加工业	—	—	1048	736	235
金属制品业	—	—	3615	3234	1059
通用设备制造业	—	—	4605	5124	1108
专用设备制造业	—	—	3484	2147	838
汽车制造业	—	—	2132	2266	851
铁路、船舶、航空航天和其他运输设备制造业	—	—	798	565	135
电气机械和器材制造业	—	—	4044	4428	1188
计算机、通信和其他电子设备制造业	—	—	2658	1630	660
仪器仪表制造业	—	—	918	680	152
其他制造业	—	—	108	395	116
废弃资源综合利用业	—	—	164	136	192
金属制品、机械和设备修理业	—	—	16	44	10
电力、燃气及水的生产和供应业	—	—	770	729	453
电力、热力的生产和供应业	—	—	457	439	263
燃气生产和供应	—	—	133	111	103
水的生产和供应业	—	—	180	179	87

表 37　长三角地区规模以上工业企业主营业务收入(2019 年)　(单位:亿元)

项目	长三角	上海市	江苏省	浙江省	安徽省
总　计	271801.71	39937.39	118485.22	76020.21	37358.89
按登记注册类型分					
内资企业	—	17776.05	76803.80	—	32943.39
港、澳、台商投资企业	27989.42	4980.63	13540.91	7236.80	2231.08
外商投资企业	55714.71	17180.71	28140.51	8209.06	2184.43
按行业分					
制造业	253079.56	38039.71	111744.97	69486.63	33808.25
农副食品加工业	6122.87	415.99	2680.93	918.92	2107.03
食品制造业	2716.48	834.80	779.72	536.94	565.02
酒、饮料和精制茶制造业	1872.76	151.41	656.00	491.19	574.16
烟草制品业	3189.89	1030.90	844.11	916.68	398.20
纺织业	9778.65	203.53	4503.21	4428.87	643.04
纺织服装、服饰业	5123.61	351.01	1920.90	2153.79	697.91
皮革、毛皮、羽毛及其制品和制鞋业	1898.66	152.14	300.72	1078.83	366.97
木材加工和木、竹、藤、棕、草制品业	1700.17	48.78	696.24	462.91	492.24
家具制造业	1927.15	320.34	349.79	984.22	272.80
造纸和纸制品业	3458.41	303.24	1338.63	1468.21	348.33
印刷和记录媒介复制业	1744.71	224.25	660.05	500.57	359.84
文教、工美、体育和娱乐用品制造业	3535.20	651.72	1257.70	1251.52	374.26
石油加工、炼焦和核燃料加工业	5749.82	1379.87	1894.69	1824.23	651.03
化学原料和化学制品制造业	20887.23	3355.83	9391.20	6011.54	2128.66
医药制造业	6557.36	970.55	3237.66	1547.57	801.58
化学纤维制造业	6135.03	25.70	2683.15	3307.69	118.49
橡胶和塑料制品业	8178.72	1009.40	3122.26	2727.31	1319.75
非金属矿物制品业	11224.91	806.51	4077.71	3369.52	2971.17
黑色金属冶炼和压延加工业	14753.22	1676.07	9321.71	1901.35	1854.09
有色金属冶炼和压延加工业	10623.74	563.24	4207.68	2762.25	3090.57
金属制品业	11046.93	1133.15	5356.30	3199.29	1358.19
通用设备制造业	17492.76	3374.66	7461.86	5078.31	1577.93
专用设备制造业	9747.94	1457.32	5198.70	2040.57	1051.35
汽车制造业	22546.73	8080.77	6842.15	5176.23	2447.58
铁路、船舶、航空航天和其他运输设备制造业	4190.53	857.55	2468.46	729.95	134.57
电气机械和器材制造业	26115.45	2468.41	12072.17	7896.89	3677.98
计算机、通信和其他电子设备制造业	29584.17	5363.72	16434.93	4998.41	2787.11

续表

项目	长三角	上海市	江苏省	浙江省	安徽省
仪器仪表制造业	3265.78	443.38	1592.16	1087.51	142.73
其他制造业	539.87	52.92	130.15	247.46	109.34
废弃资源综合利用业	943.47	50.37	244.76	312.14	336.20
金属制品、机械和设备修理业	427.34	282.18	19.27	75.76	50.13
电力、燃气及水的生产和供应业	17039.51	1874.83	6433.68	6356.38	2374.62
电力、热力的生产和供应业	14105.62	1231.29	5459.08	5365.00	2050.25
燃气生产和供应	2205.08	508.86	714.99	743.46	237.77
水的生产和供应业	728.82	134.69	259.61	247.92	86.60

表 38　长三角地区规模以上工业企业利润总额(2019 年)　(单位:亿元)

项目	长三角	上海市	江苏省	浙江省	安徽省
总　计	17039.44	2927.07	6855.03	5003.04	2254.30
按登记注册类型分					
内资企业	—	1317.35	4193.54	—	2020.78
港、澳、台商投资企业	1844.21	247.78	1006.97	506.68	82.78
外商投资企业	3718.72	1361.95	1654.51	551.52	150.74
按行业分					
制造业	15873.30	2898.53	6417.20	4604.84	1952.73
农副食品加工业	212.01	17.24	68.67	30.12	95.98
食品制造业	223.99	74.72	64.91	51.20	33.16
酒、饮料和精制茶制造业	335.10	8.80	182.89	53.68	89.73
烟草制品业	397.46	241.19	95.94	52.58	7.75
纺织业	379.74	10.58	143.97	190.00	35.19
纺织服装、服饰业	217.93	5.01	80.41	103.46	29.05
皮革、毛皮、羽毛及其制品和制鞋业	75.77	10.02	11.90	32.32	21.53
木材加工和木、竹、藤、棕、草制品业	91.69	3.50	32.30	30.55	25.34
家具制造业	126.90	36.95	16.64	55.15	18.16
造纸和纸制品业	204.77	18.06	90.40	74.15	22.16
印刷和记录媒介复制业	121.66	18.83	47.09	30.19	25.55
文教、工美、体育和娱乐用品制造业	204.60	49.42	60.53	69.37	25.28
石油加工、炼焦和核燃料加工业	250.31	53.22	69.61	109.96	17.52
化学原料和化学制品制造业	1769.25	343.26	644.93	639.82	141.24
医药制造业	910.13	148.71	460.70	231.32	69.40
化学纤维制造业	242.21	0.19	110.42	121.00	10.60

续表

项目	长三角	上海市	江苏省	浙江省	安徽省
橡胶和塑料制品业	466.60	72.04	159.19	142.78	92.59
非金属矿物制品业	1008.84	47.90	281.77	278.50	400.67
黑色金属冶炼和压延加工业	617.40	82.85	400.47	67.24	66.84
有色金属冶炼和压延加工业	217.59	12.82	124.15	46.39	34.23
金属制品业	547.33	52.11	283.43	146.39	65.40
通用设备制造业	1246.50	220.50	551.15	367.25	107.60
专用设备制造业	805.57	139.61	428.10	164.91	72.95
汽车制造业	1746.60	795.31	440.23	452.75	58.31
铁路、船舶、航空航天和其他运输设备制造业	207.52	28.86	168.86	5.40	4.40
电气机械和器材制造业	1477.31	150.11	635.31	465.21	226.68
计算机、通信和其他电子设备制造业	1286.39	177.09	600.87	392.47	115.96
仪器仪表制造业	365.94	52.93	140.91	157.76	14.34
其他制造业	33.18	4.62	7.37	12.53	8.66
废弃资源综合利用业	54.90	6.50	12.49	23.80	12.11
金属制品、机械和设备修理业	28.13	15.60	1.59	6.59	4.35
电力、燃气及水的生产和供应业	977.45	39.24	428.46	365.37	144.38
电力、热力的生产和供应业	758.51	36.84	308.93	303.05	109.69
燃气生产和供应	142.65	－12.25	86.76	46.90	21.24
水的生产和供应业	76.29	14.65	32.77	15.42	13.45

表 39　长三角地区规模以上工业企业利税总额(2019 年)　　(单位:亿元)

项目	长三角	上海市	江苏省	浙江省	安徽省
总　计	—	4743.99	—	7860.71	—
按登记注册类型分					
内资企业	—	2466.17	—	—	—
港、澳、台商投资企业	—	435.46	—	708.72	—
外商投资企业	—	1842.36	—	751.98	—
按行业分					
制造业	—	4653.45	—	7251.29	—
农副食品加工业	—	21.7	—	44.53	—
食品制造业	—	108.0	—	71.95	—
酒、饮料和精制茶制造业	—	16.7	—	79.86	—
烟草制品业	—	957.36	—	454.49	—
纺织业	—	14.34	—	337.74	—

续表

项目	长三角	上海市	江苏省	浙江省	安徽省
纺织服装、服饰业	—	9.43	—	178.59	—
皮革、毛皮、羽毛及其制品和制鞋业	—	12.44	—	72.22	—
木材加工和木、竹、藤、棕、草制品业	—	5.23	—	46.67	—
家具制造业	—	44.76	—	94.50	—
造纸和纸制品业	—	27.18	—	138.63	—
印刷和记录媒介复制业	—	26.39	—	46.07	—
文教、工美、体育和娱乐用品制造业	—	52.41	—	110.11	—
石油加工、炼焦和核燃料加工业	—	291.41	—	329.04	—
化学原料和化学制品制造业	—	417.57	—	794.32	—
医药制造业	—	196.9	—	322.65	—
化学纤维制造业	—	0.62	—	168.54	—
橡胶和塑料制品业	—	94.83	—	222.72	—
非金属矿物制品业	—	68.56	—	415.05	—
黑色金属冶炼和压延加工业	—	92.02	—	93.67	—
有色金属冶炼和压延加工业	—	14.71	—	95.51	—
金属制品业	—	78.04	—	240.32	—
通用设备制造业	—	299.35	—	536.26	—
专用设备制造业	—	171.96	—	239.34	—
汽车制造业	—	1113.42	—	635.34	—
铁路、船舶、航空航天和其他运输设备制造业	—	32.43	—	29.63	—
电气机械和器材制造业	—	193.38	—	669.64	—
计算机、通信和其他电子设备制造业	—	191.49	—	511.55	—
仪器仪表制造业	—	61.69	—	197.85	—
其他制造业	—	6.49	—	21.25	—
废弃资源综合利用业	—	9.17	—	44.37	—
金属制品、机械和设备修理业	—	23.49	—	8.88	—
电力、燃气及水的生产和供应业	—	98.88	—	564.07	—
电力、热力的生产和供应业	—	85.69	—	482.66	—
燃气生产和供应	—	−6.42	—	55.93	—
水的生产和供应业	—	19.61	—	25.48	—

表 40　长三角地区建筑业总产值

(单位:亿元)

年份	长三角	上海市	江苏省	浙江省	安徽省
2000	3864.43	631.64	1546.17	1383.80	302.82
2001	4779.79	730.33	1859.41	1768.50	421.55
2002	5833.01	822.27	2199.52	2283.00	528.22
2003	7741.08	1195.80	2794.94	3127.30	623.04
2004	10080.92	1724.40	3656.66	3911.30	788.56
2005	11924.58	1889.25	4368.95	4743.30	923.08
2006	14579.47	2285.38	5424.85	5701.00	1168.24
2007	18088.53	2524.18	7010.57	7036.80	1516.98
2008	21506.71	3071.76	8547.94	8268.60	1857.89
2009	26081.58	3830.53	10264.92	9746.20	2239.93
2010	31781.95	4300.19	12405.90	12210.90	2864.96
2011	38480.44	4586.28	15122.74	15171.80	3599.62
2012	45153.43	4843.44	18423.55	17656.00	4230.44
2013	52716.03	5102.84	21990.84	20658.80	4963.55
2014	58746.70	5499.94	24592.93	23170.90	5482.93
2015	60675.62	5652.47	24785.81	24541.40	5695.94
2016	63538.96	6046.19	25791.76	25653.90	6047.11
2017	69211.97	6426.42	27956.71	27999.17	6829.67
2018	66626.46	7112.32	30954.69	20671.00	7888.45
2019	69809.55	7812.65	33103.64	20390.00	8503.26

表 41　长三角地区交通运输基本情况(2019 年)

指标	长三角	上海市	江苏省	浙江省	安徽省
运输线路长度(公里)					
铁路营业里程	11527	467	3539.00	2805	4716
公路通车里程	513090	13045	159937	121813	218295
高速公路	15230	845	4865	4643	4877
内河航道里程	41774	1910	24354	9772	5738
客运量总计(万人)	307887	22238	120802	105259	59588
铁路	73152	12834	22880	24074	13364
公路	216085	3168	94475	72799	45643
水运	7205	115	2083	4785	222
民用航空	11445	6121	1364	3600	360
旅客周转量(亿人公里)	6638.75	2561.11	1736.98	1128.60	1212.06

续表

指标	长三角	上海市	江苏省	浙江省	安徽省
货物运输量总计(万吨)	1047297	109609	281060	288550	368078
铁路	18403	472	6170	3936	7825
公路	616279	38750	164577	177683	235269
水运	397381.8	69981	95541	106878	124981.8
货物周转量(亿吨公里)	63524.09	29801	11114.57	12391.21	10217.31
民用车辆拥有量(万辆)	5836.76	442.55	2111.42	1877.89	1404.90
民用汽车拥有量	4907.92	413.86	1919.22	1661.99	912.85
载客汽车	4446.55	378.50	1777.89	1508.30	781.86
载货汽车	428.08	33.07	126.02	147.47	121.52
私人汽车	4225.54	321.29	1646.03	1459.91	798.31
港口货物吞吐量(万吨)	585675.07	72031	283111	175045	55488.07

表 42　长三角地区客运量基本情况　(单位:万人)

年份	长三角	上海市	江苏省	浙江省	安徽省
1980	—	2369	34002	28454	—
1990	—	3835	48339	60347	—
2000	300303	6893	107244	124133	62033
2001	311791	6324	110713	132881	61873
2002	324933	7326	115889	135995	65723
2003	334115	7212	123462	140699	62742
2004	356981	8968	128516	150254	69243
2005	388231	9487	145204	160669	72871
2006	424815	9619	161425	174626	79145
2007	474421	10371	187241	189658	87151
2008	565861	10927	208237	217209	129488
2009	576022	11136	201262	222130	141494
2010	627697	13456	226627	228017	159597
2011	678613	13519	247405	231900	185789
2012	730955	14547	268371	234366	213671
2013	431870	15933	152172	136790	126975
2014	444885	17560	156016	131486	139823
2015	372936	18571	153943	113315	87107
2016	342972	19564	134605	107377	81426
2017	325529	20855	127952	107293	69429
2018	308556	21497	121884	101516	63659
2019	307887	22238	120802	105259	59588

表 43　长三角地区铁路客运量基本情况

（单位:万人）

年份	长三角	上海市	江苏省	浙江省	安徽省
1980	—	1692	3364	2421	—
1990	—	2476	4788	3018	—
2000	14774	2980	4891	3909	2994
2001	15469	3231	5029	4193	3016
2002	16383	3518	5297	4511	3057
2003	15706	3391	5104	4338	2873
2004	18891	4076	5997	5195	3623
2005	19731	4313	6658	5274	3486
2006	21339	4458	7293	5588	4000
2007	22626	4795	7658	5931	4242
2008	25299	5343	8846	6448	4662
2009	25967	5161	9167	6508	5131
2010	28992	6095	9711	7634	5552
2011	31215	6198	10598	8439	5980
2012	33625	6758	11757	8725	6385
2013	39196	7972	13435	10579	7210
2014	45361	9194	15374	12821	7972
2015	49167	9692	16116	14806	8553
2016	56538	10609	17814	17766	10349
2017	62743	11617	19786	19870	11470
2018	67407	12267	21204	21630	12306

表 44　长三角地区公路客运量基本情况

（单位:万人）

年份	长三角	上海市	江苏省	浙江省	安徽省
1980	—	200	26463	19326	—
1990	—	605	41850	51083	—
2000	279217	2482	101713	116996	58026
2001	290866	1508	105105	126008	58245
2002	303252	2046	110139	128980	62087
2003	313610	2052	118046	133968	59544
2004	331935	2465	122218	142177	65075
2005	361904	2468	138287	152222	68927
2006	396717	2784	153824	165441	74668
2007	443826	2872	179206	179501	82247

续表

年份	长三角	上海市	江苏省	浙江省	安徽省
2008	532479	2934	199008	206111	124426
2009	540564	2995	191001	210584	135984
2010	588889	3634	215850	215708	153697
2011	637005	3477	235673	218415	179440
2012	686511	3748	255358	220517	206888
2013	379893	3720	135555	121185	119433
2014	385342	3754	137270	112915	131403
2015	308695	3766	134553	92304	78072
2016	270451	3402	113493	83033	70523
2017	245449	3419	104566	80099	57365
2018	222959	3151	97025	72013	50770
2019	216085	3168	94475	72799	45643

表 45　长三角地区水运客运量基本情况　（单位:万人）

年份	长三角	上海市	江苏省	浙江省	安徽省
1980	—	446	4175	6702	—
1990	—	555	1701	6214	—
2000	4851	539	514	2938	860
2005	3417	626	37	2510	244
2006	—	68	27	2792	—
2007	—	95	27	3164	—
2008	—	89	32	3494	—
2009	—	90	686	3680	—
2010	3969	85	590	3155	139
2011	4278	78	579	3466	155
2012	4273	66	594	3454	159
2013	5701	68	2454	3111	68
2014	6412	90	2563	3581	178
2015	6531	113	2392	3841	185
2016	6607	172	2272	3950	213
2017	7144	176	2431	4284	253
2018	7278	158	2383	4497	240
2019	7205	115	2083	4785	222

表 46　长三角地区民用航空客运量基本情况

（单位:万人）

年份	长三角	上海市	江苏省	浙江省	安徽省
1995	—	567	48	235	—
2000	1461	892	126	290	153
2005	3179	2080	222	663	214
2006	—	2309	280	805	—
2007	—	2609	350	1062	—
2008	—	2565	351	1156	—
2009	—	2890	408	1358	—
2010	5846	3642	476	1520	208
2011	6115	3766	555	1580	214
2012	6545	3974	662	1670	239
2013	7080	4173	728	1915	264
2014	7770	4522	809	2169	270
2015	8543	5000	882	2364	297
2016	9375	5381	1025	2628	341
2017	10194	5644	1169	3040	341
2018	10911	5921	1272	3375	343
2019	11445	6121	1364	3600	360

表 47　长三角地区货运量基本情况

（单位:万吨）

年份	长三角	上海市	江苏省	浙江省	安徽省
1980	—	20037	16527	9577	—
1990	—	22848	49399	33474	—
2000	257810	47954	90436	74884	44536
2005	374970	68741	112909	126192	67128
2006	—	72617	125114	140110	—
2007	—	78108	143805	153334	—
2008	—	84347	166322	146654	—
2009	—	76967	160967	151258	—
2010	668250	81023	188558	170563	228106
2011	760045	93318	212594	185717	268416
2012	829197	94376	231295	191084	312442
2013	869890	91535	194048	187915	396392
2014	928182	90341	208623	194918	434300
2015	849354	91239	211648	200711	345756
2016	883907	88689	215651	215018	364549
2017	976763	97257	234092	241993	403421
2018	1029933	107387	247388	268530	406628
2019	1047297	109609	281060	288550	368078

表 48　长三角地区铁路货运量基本情况　　（单位:万吨）

年份	长三角	上海市	江苏省	浙江省	安徽省
1980	—	4484	3420	1523	—
1990	—	1257	4235	1691	—
2000	13560	1055	4077	1955	6473
2005	19714	1278	5090	2960	10386
2006	—	1223	5169	3231	—
2007	—	1143	5177	3447	—
2008	—	1012	5118	3398	—
2009	—	941	6137	3435	—
2010	23312	959	6374	3888	12091
2011	24843	888	7282	4166	12507
2012	24158	825	7223	3847	12263
2013	23103	694	6806	4037	11566
2014	20675	549	6090	3548	10488
2015	19027	471	5066	3332	10158
2016	18372	461	5335	3332	9244
2017	18637	472	5720	3513	8932
2018	18099	468	5971	3728	7932
2019	18403	472	6170	3936	7825

表 49　长三角地区公路货运量基本情况　　（单位:万吨）

年份	长三角	上海市	江苏省	浙江省	安徽省
1980	—	7284	4427	3012	—
1990	—	8714	27904	22879	—
2000	175173	28369	59056	55008	32740
2005	240047	32684	76301	81448	49614
2006	—	33799	84319	89342	—
2007	—	35634	97473	98742	—
2008	—	40328	110302	91625	—
2009	—	37745	104002	95802	—
2010	451442	40890	123500	103394	183658
2011	511609	42685	140803	108654	219467
2012	569461	42911	153696	113393	259461
2013	554797	43809	103709	107186	300093
2014	589530	42848	114449	117010	315223

续表

年份	长三角	上海市	江苏省	浙江省	安徽省
2015	507174	40627	113351	122547	230649
2016	534746	39055	117166	133999	244526
2017	601049	39743	128915	151920	280471
2018	629196	39595	139251	166533	283817
2019	616279	38750	164577	177683	235269

表 50　长三角地区水运货运量基本情况　(单位:万吨)

年份	长三角	上海市	江苏省	浙江省	安徽省
1980	—	8267	6482	5042	—
1990	—	12864	15908	8904	—
2000	67585	18442	25902	17921	5320
2005	112727	34557	29277	41768	7125
2006	—	37342	32862	47522	—
2007	—	41041	37858	51129	—
2008	—	42729	42799	51614	—
2009	—	37983	42016	52002	—
2010	183118	38803	48702	63258	32355
2011	212712	49389	54012	72872	36439
2012	223474	50302	58639	73817	40716
2013	239318	46697	70909	76662	45050
2014	304765	46583	75328	74267	108587
2015	309857	49770	80343	74797	104947
2016	316523	48787	79314	77646	110776
2017	342815	56619	85668	86513	114015
2018	367737	66906	87735	98219	114877
2019	397382	69981	95541	106878	124982

表 51　长三角地区民用航空货运量基本情况(2019 年)　(单位:万辆)

指标	长三角	上海市	江苏省	浙江省	安徽省
合　计	5846.76	442.55	2111.42	1887.89	1404.90
汽车	4907.92	413.86	1919.22	1661.99	912.85
载客汽车	4446.55	378.50	1777.89	1508.30	781.86
轿车	—	241.96	1242.61	—	514.67
载货汽车	428.08	33.07	126.02	147.47	121.52
摩托车	636.03	19.17	175.60	195.05	246.21
拖拉机	320.69	1.00	78.99	11.77	228.93

表 52　长三角地区私人车辆拥有量(2019 年)　　(单位:万辆)

指标	长三角	上海市	江苏省	浙江省	安徽省
民用汽车	4470.81	321.29	1646.03	1459.91	1043.58
载客汽车	3998.62	320.27	1579.66	1368.07	730.62
轿车	—	215.53	1131.30	—	487.64
载货汽车	209.66	0.74	57.35	89.72	61.85
摩托车	626.69	18.58	171.19	192.22	244.70

表 53　长三角地区邮电业务基本情况(2019 年)

指标	长三角	上海市	江苏省	浙江省	安徽省
邮电业务总量(亿元)	26325.26	3010.47	8973.55	9894.11	4447.13
函件(亿件)	8.90	4.57	2.10	1.82	0.41
特快专递(亿件)	236.81	31.33	57.41	132.63	15.45
报刊期发数(万份)	—	—	830.16	—	462
年末固定电话(万户)	3853.17	643.41	1329.11	1309.75	570.9
年末移动电话用户(万户)	28754.00	4007.89	10165.91	8736	5844.20
固定互联网用户(万户)	9122.58	890.15	3585.74	2782	1864.69
邮路及农村投递路线总长度(万公里)	713.03	5.76	49.09	627.86	30.32
邮电通信工具拥有量					
长途光缆线路长度(公里)	—	11577	39107	26585	—

表 54　长三角地区社会消费品零售总额　　(单位:亿元)

年份	长三角	上海市	江苏省	浙江省	安徽省
1980	—	80.43	122.56	74.87	—
1990	—	333.86	515.43	353.75	—
1995	—	1069.67	1749.02	1463.91	—
2000	—	1955.17	2940.16	2513.31	—
2005	15662.40	3230.66	5863.45	4547.59	2020.70
2006	—	3681.66	6865.75	5234.70	—
2007	—	4250.23	8187.58	6115.27	—
2008	—	5053.35	10171.21	7332.87	—
2009	—	5786.83	11807.16	8415.17	—
2010	35248.80	6901.39	13990.35	10056.56	4300.50
2011	41557.06	8052.21	16511.02	12093.23	4900.60
2012	47132.80	8833.20	18946.41	13667.59	5685.60
2013	53577.90	9693.15	21504.90	15335.15	7044.70

续表

年份	长三角	上海市	江苏省	浙江省	安徽省
2014	59803.92	10592.68	24176.13	17078.11	7957.00
2015	68411.47	11605.70	26710.13	18910.74	8908.00
2016	73117.64	12588.21	29612.50	20916.73	10000.20
2017	80831.68	13699.52	32818.24	23121.32	11192.60
2018	91665.59	14874.76	35472.62	25162.01	16156.20
2019	98725.97	15847.55	37672.51	27343.81	17862.10

注:根据全国第四次经济普查数据,按国家统计局有关规定,对1993—2018年的社会消费品零售总额及相应分组进行修订。

表55 长三角地区批发和零售总额

(单位:亿元)

年份	长三角	上海市	江苏省	浙江省	安徽省
1980	—	70.28	114.35	69.62	—
1990	—	265.67	472.72	321.45	—
1995	—	879.39	1579.42	1351.93	—
2000	—	1565.09	2611.34	2199.76	—
2005	—	2859.60	5164.39	3948.01	—
2006	—	3258.80	6039.14	4579.76	—
2007	—	3762.07	7200.86	5351.86	—
2008	—	4472.95	9129.14	6500.68	—
2009	—	5118.19	10599.58	7478.78	—
2010	31391.39	6129.56	12551.70	8937.53	3772.60
2011	—	7223.86	14724.60	—	4321.40
2012	—	7930.50	16927.08	—	5005.50
2013	—	8739.35	19256.02	—	6225.50
2014	—	9580.86	21879.40	—	7032.90
2015	—	10443.51	24168.35	—	7912.10
2016	—	11354.96	26715.96	—	8914.20
2017	—	12359.08	29584.58	—	9781.75
2018	—	13469.24	31812.29	—	10577.50
2019	—	14381.34	34662.72	—	15794.30

注:根据全国第四次经济普查数据,按国家统计局有关规定,对1993—2018年的社会消费品零售总额及相应分组进行修订。

表 56　长三角地区住宿和餐饮业总额　　（单位:亿元）

年份	长三角	上海市	江苏省	浙江省	安徽省
1980	—	3.41	4.72	2.86	—
1990	—	17.08	24.17	15.90	—
2000	—	140.58	272.53	233.92	—
2005	—	371.06	646.97	523.54	—
2006	—	422.86	764.27	599.51	—
2007	—	488.16	915.59	706.02	—
2008	—	580.40	950.77	782.70	—
2009	—	668.64	1094.49	879.51	—
2010	3649.20	771.83	1311.13	1038.34	527.90
2011	—	828.35	1564.10	—	579.20
2012	—	902.70	1817.86	—	680.10
2013	—	953.80	2020.55	—	819.20
2014	—	1011.82	2296.73	—	924.10
2015	—	1162.19	2541.78	—	995.87
2016	—	1233.25	2896.54	—	1086.06
2017	—	1340.44	3233.66	—	1410.87
2018	—	1405.52	3660.33	—	1522.50
2019	—	1466.21	3009.79	—	2067.75

表 57　长三角地区限额以上批发和零售业法人企业数(2019 年)　　（单位:个）

项目	长三角	上海市	江苏省	浙江省	安徽省
总　计	65666	11418	23676	22841	7731
国有及国有控股	—	—	960	998	335
批发业	43689	8822	15524	16545	2798
国有及国有控股	—	—	700	533	215
按登记注册类型分					
内资企业	40043	6165	14998	16104	2776
国有企业	249	29	160	27	33
集体企业	44	6	27	8	3
股份制企业	27	1	4	21	1
私营企业	32756	4498	12275	14235	1748
港、澳、台商投资企业	1227	838	217	162	10
外商投资企业	2419	1819	309	279	12

续表

项目	长三角	上海市	江苏省	浙江省	安徽省
按行业分					
农、林、牧产品批发	—	119	597	—	—
食品、饮料及烟草制品批发	—	737	996	888	—
纺织、服装及家庭用品批发	—	1197	2309	4704	—
文化、体育用品及器材批发	—	320	404	691	—
医药及医疗器材批发	—	492	634	558	—
矿产品、建材及化工产品批发	—	3309	7631	6797	—
机械设备、五金交电及电子产品批发	—	2274	2385	2243	—
贸易经纪与代理	—	196	182	97	—
其他批发	—	178	386	394	—
零售业	21977	2596	8152	6296	4933
国有及国有控股	—	—	260	465	120
按登记注册类型分					
内资企业	21030	2199	7908	6045	4878
国有企业	98	35	32	21	10
集体企业	129	15	69	29	16
股份制企业	81	10	9	55	7
私营企业	15457	1298	6060	4729	3370
港、澳、台商投资企业	527	231	147	102	47
外商投资企业	420	166	97	149	8
按行业分					
综合零售	—	267	685	506	—
食品、饮料及烟草制品专门零售	—	191	802	389	—
纺织、服装及日用品专门零售	—	432	470	289	—
文化、体育用品及器材专门零售	—	154	546	254	—
医药及医疗器材专门零售	—	154	435	331	—
汽车、摩托车、燃料及零配件专门零售	—	809	3067	2623	—
家用电器及电子产品专门零售	—	212	1005	581	—
五金、家具及室内装修材料专门零售	—	132	527	228	—
货摊、无店铺及其他零售业	—	245	615	1095	—

表 58　长三角地区限额以上批发和零售业产业活动单位(2019 年)　　(单位:个)

项目	长三角	上海市	江苏省	浙江省	安徽省
总　计	—	42826	48175	—	—
国有及国有控股	—	—	4826	—	—
批发业	—	18028	18898	—	—
国有及国有控股	—	—	1584	—	—
按登记注册类型分					
内资企业	—	9507	17664	—	—
国有企业	—	50	539	—	—
集体企业	—	9	55	—	—
股份制企业	—	1	4	—	—
私营企业	—	6044	13452	—	—
港、澳、台商投资企业	—	3538	817	—	—
外商投资企业	—	4983	417	—	—
按行业分					
农、林、牧产品批发	—	170	710	—	—
食品、饮料及烟草制品批发	—	1969	1328	—	—
纺织、服装及日用品批发	—	4648	2806	—	—
文化、体育用品及器材批发	—	911	500	—	—
医药及医疗器材批发	—	907	1085	—	—
矿产品、建材及化工产品批发	—	4503	8855	—	—
机械设备、五金交电及电子产品批发	—	4360	2948	—	—
贸易经纪与代理	—	283	186	—	—
其他批发	—	277	480	—	—
零售业	—	24798	29277	—	—
国有及国有控股	—	—	3242	—	—
按登记注册类型分					
内资企业	—	15250	26661	—	—
国有企业	—	84	92	—	—
集体企业	—	110	169	—	—
股份制企业	—	58	9	—	—
私营企业	—	6883	15092	—	—
港、澳、台商投资企业	—	4498	677	—	—
外商投资企业	—	5050	1939	—	—
按行业分					
综合零售	—	6864	4998	—	—

续表

项目	长三角	上海市	江苏省	浙江省	安徽省
食品、饮料及烟草制品专门零售	—	3223	3497	—	—
纺织、服装及日用品专门零售	—	9035	1272	—	—
文化、体育用品及器材专门零售	—	1091	904	—	—
医药及医疗器材专门零售	—	1933	9014	—	—
汽车、摩托车、燃料及零配件专门零售	—	1200	5951	—	—
家用电器及电子产品专门零售	—	704	2115	—	—
五金、家具及室内装修材料专门零售	—	282	592	—	—
无店铺及其他零售	—	466	934	—	—

表 59　长三角地区限额以上批发和零售业从业人员(2019 年)　(单位:人)

项目	长三角	上海市	江苏省	浙江省	安徽省
总　计	3182238	1006550	967767	837933	369988
国有及国有控股	—	—	96130	81160	52551
批发业	1679459	613335	486470	463805	115849
国有及国有控股	—	—	61862	47429	29672
按登记注册类型分					
内资企业	1197654	246506	410126	431600	109422
国有企业	36869	1446	15895	9694	9834
集体企业	1269	162	529	347	231
股份制企业	732	15	237	430	50
私营企业	712307	126705	227025	310118	48459
港、澳、台商投资企业	169896	124459	29521	13271	2645
外商投资企业	311909	242370	46823	18934	3782
按行业分					
农、林、牧产品批发	—	3562	20048	—	—
食品、饮料及烟草制品批发	—	71013	63618	69409	—
纺织、服装及日用品批发	—	156339	112467	148779	—
文化、体育用品及器材批发	—	21806	15818	19540	—
医药及医疗器材批发	—	80242	77733	39623	—
矿产品、建材及化工产品批发	—	89483	108926	102573	—
机械设备、五金交电及电子产品批发	—	174750	75492	69134	—
贸易经纪与代理	—	5431	3252	1794	—
其他批发	—	10709	9116	8416	—
零售业	1502779	393215	481297	374128	254139
国有及国有控股	—	—	34268	33731	22879

续表

项目	长三角	上海市	江苏省	浙江省	安徽省
按登记注册类型分					
内资企业	1145286	195052	390005	325678	234551
国有企业	6204	1493	2300	699	1712
集体企业	4670	1030	2093	1174	373
股份制企业	1736	192	169	1186	189
私营企业	663742	84882	223084	228765	127011
港、澳、台商投资企业	189747	95846	55398	22035	16468
外商投资企业	167746	102317	35894	26415	3120
按行业分					
综合零售	—	99566	157053	98665	—
食品、饮料及烟草制品专门零售	—	24563	29405	14174	—
纺织、服装及日用品专门零售	—	156171	34593	31636	—
文化、体育用品及器材专门零售	—	16363	21576	12479	—
医药及医疗器材专门零售	—	13874	45572	30821	—
汽车、摩托车、燃料及零配件专门零售	—	43160	122580	115420	—
家用电器及电子产品专门零售	—	12701	39819	25556	—
五金、家具及室内装修材料专门零售	—	6458	11373	4757	—
无店铺及其他零售	—	20359	19326	40620	—

表60　长三角地区对外经济主要指标(2019年)　　(单位:亿美元)

指标	长三角	上海市	江苏省	浙江省	安徽省
进出口总额	—	4938.03	6294.70	30838.15(亿元)	687.33
进口总额	—	2948.64	2346.85	7661.82(亿元)	283.34
初级产品	—	—	328.38	3035.81(亿元)	135.63
工业制成品	—	—	1888.62	4726.01(亿元)	147.71
出口总额	—	1989.39	3947.84	23076.32(亿元)	403.99
初级产品	—	—	53.48	665.96(亿元)	21.88
工业制成品	—	—	3693.36	22410.37(亿元)	382.11
合同外商直接投资项目(个)	14138	6800	3410	3580	348
合同外商直接投资	1801.03	502.53	626.03	436.49	235.98
实际外商直接投资	766.68	190.48	261.24	135.59	179.37
接待海外旅游者(万人次)	2419.58	897.23	399.46	467.11	655.78
外国人	1666.13	692.12	266.46	329.83	377.72
港澳台同胞	753.46	205.11	133.00	137.29	278.06
旅游外汇收入(亿美元)	191.76	83.76	47.44	26.68	33.88

表 61　长三角地区合同利用外商直接投资项目(2019 年)

(单位:个)

指标	长三角	上海市	江苏省	浙江省	安徽省
合计	14138	6800	3410	3580	348
合资经营企业	3601	1241	1215	981	164
合作经营企业	—	3	4	—	1
独资经营企业	10453	5538	2175	2559	181

表 62　长三角地区合同外商直接投资金额(2019 年)

(单位:亿美元)

指标	长三角	上海市	江苏省	浙江省	安徽省
合计	1801.03	502.53	626.03	436.49	235.98
合资经营企业	435.74	75.18	129.78	146.89	83.89
合作经营企业	—	0.65	—0.11	—	—0.14
独资经营企业	1343.35	415.78	491.45	286.27	149.85

表 63　长三角地区实际外商直接投资金额(2019 年)

(单位:亿美元)

指标	长三角	上海市	江苏省	浙江省	安徽省
合计	766.68	190.48	261.24	135.59	179.37
合资经营企业	198.48	36.02	72.36	31.34	58.76
合作经营企业	—	0.20	0.95	—	1.42
独资经营企业	539.02	140.84	182.74	100.87	114.57

表 64　长三角地区接待海外旅游者人数和收入(2019 年)

项目	长三角	上海市	江苏省	浙江省	安徽省
接待人数(人次)	24195871	8972300	3994629	4671137	6557805
外国人	16661261	6921200	2664614	3298281	3777166
日本	2132793	1124500	458077	277727	272489
新加坡	570220	250900	85004	74636	159680
美国	1908712	933100	273196	348388	354028
加拿大	—	185500	75041	74080	—
英国	554372	241400	63941	93204	155827
法国	485001	218200	52375	74229	140197
德国	701445	318200	108998	111215	163032
意大利	—	126900	46105	63223	—
澳大利亚	—	259200	106873	77905	—
港澳台同胞	7534609	2051100	1330015	1372855	2780639
旅游外汇收入(亿美元)	191.76	83.76	47.44	26.68	33.88

表 65 长三角地区国内旅游者人数

(单位:万人次)

年份	长三角	上海市	江苏省	浙江省	安徽省
2003	—	7603.00	11423.82	8429.00	—
2005	43688.26	9012.00	17234.26	12758.00	4684.0
2007	60357.60	10210.00	23198.60	19100.00	7849.0
2009	78765.60	12361.00	29726.60	24410.00	12268.0
2010	101830.60	21463.00	35518.60	29500.00	15349.0
2011	121058.81	23079.00	41150.01	34295.00	22534.8
2012	139884.51	25094.00	46437.41	39124.00	29229.1
2013	154570.30	25991.00	51539.20	43439.00	33601.1
2014	169705.12	26818.00	57113.32	47875.00	37898.8
2015	186438.35	27569.00	61933.65	52532.00	44403.7
2016	206942.19	29621.00	67779.99	57300.00	52241.2
2017	231627.31	31845.00	74287.31	62868.00	62627.0
2018	258633.04	33977.00	81422.84	68386.00	72147.2
2019	277887.40	36141.00	87611.70	72180.00	81954.7

表 66 长三角地区保险业务主要指标(2019 年)

(单位:亿元)

指标	长三角	上海市	江苏省	浙江省	安徽省
保费收入	9446.15	1720.01	3750.21	2627.28	1348.65
财产险	2818.46	524.90	940.88	900.02	452.66
机动车辆保险	—	—	685.04	649.06	350.68
人身险	6627.68	1195.12	2809.32	1727.26	895.98
人身意外伤害险	—	—	85.23	74.81	30.68
健康险	—	—	508.77	329.28	207.44
寿险	—	—	2215.32	1323.17	657.87
各项赔款和给付	2950.06	654.90	998.60	877.56	419.00
财产险	1660.16	306.12	534.45	579.61	239.98
机动车辆保险	—	—	416.43	420.12	190.26
人身险	1289.90	348.78	464.15	297.95	179.02
人身意外伤害险	—	—	25.02	19.71	6.64
健康险	—	—	144.77	101.91	92.18
寿险	—	—	294.36	176.33	80.19

表 67　长三角地区科研机构数(2019 年)

(单位:个)

指标	长三角	上海市	江苏省	浙江省	安徽省
科技机构数(个)	59884	3633	26087	18090	7074
科研单位	412	110	128	90	84
大中型工业企业	36598	3261	24387	3076	5874
高等院校	—	124	1369	973	—

表 68　长三角地区三种专利申请受理量(2019 年)

(单位:件)

项目	长三角	上海市	江苏省	浙江省	安徽省
申请受理量合计	1370698	173586	594249	435824	167039
发明	419686	71398	172409	112974	62905
实用新型	—	—	373495	218590	90661
外观设计	—	—	48345	104260	13473

表 69　长三角地区三种专利授权量(2019 年)

(单位:件)

项目	长三角	上海市	江苏省	浙江省	安徽省
授权量合计	782831	100587	314395	285325	82524
发明	111337	22735	39681	33963	14958
实用新型	—	—	233114	168331	57511
外观设计	—	—	41600	83031	10055

表 70　长三角地区文化艺术和文物事业机构情况(2019 年)

(单位:个)

项目	长三角	上海市	江苏省	浙江省	安徽省
艺术业	—	376	961	—	—
艺术表演团体	5107	311	627	1541	2628
图书馆业	370	23	117	103	127
群众文化服务业	4638	242	1372	1464	1560
文化馆、站	4298	241	1257	1363	1437
文化馆	362	23	115	101	123
艺术教育业	26	1	14	7	4
文艺科研	27	2	7	7	11
文物业	1461	127	453	557	324
博物馆	1028	98	345	366	219

表 71 长三角地区教育事业基本情况(2019 年)

指标	长三角	上海市	江苏省	浙江省	安徽省
学校数(所)					
普通高等学校	452	64	167	109	112
普通中学	9504	842	2804	2345	3513
小学	15941	698	4151	3300	7792
特殊教育	294	31	104	86	73
专任教师(万人)					
普通高等学校	29.60	4.63	12.06	6.67	6.24
普通中学	80.72	6.17	30.03	20.25	24.27
小学	86.31	5.95	33.21	21.61	25.54
特殊教育	0.96	0.14	0.37	0.29	0.19
招生数(万人)					
普通高等教育	171.47	21.58	65.89	38.22	45.79
研究生	19.85	6.75	7.35	3.18	2.57
本专科生	151.63	14.83	58.54	35.04	43.22
普通中学	340.79	18.71	124.98	82.35	114.75
小学	263.71	18.44	100.12	65.57	79.58
特殊教育	1.26	0.08	0.29	0.35	0.54
在校学生(万人)					
普通高等教育	529.00	72.28	208.86	116.71	131.15
研究生	57.35	19.63	21.45	9.24	7.03
本专科生	471.65	52.65	187.41	107.47	124.12
普通中学	978.29	61.04	347.49	242.12	327.64
小学	1484.48	82.63	572.64	367.11	462.10
特殊教育	8.11	0.48	1.85	2.09	3.69
毕业生数(万人)					
普通高等教育	136.03	17.77	53.86	30.43	33.97
研究生	13.51	4.60	5.01	2.09	1.81
本专科生	122.52	13.17	48.85	28.34	32.16
普通中学	295.15	13.82	100.73	76.62	103.98
小学	234.89	14.54	87.64	57.32	75.39
特殊教育	0.87	0.07	0.23	0.29	0.28

表 72　长三角地区卫生事业机构数(2019 年)

(单位:个)

项目	长三角	上海市	江苏省	浙江省	安徽省
总计	100968	5610	34796	34126	26436
医院	4943	387	1941	1374	1241
综合医院	2521	179	995	577	770
中医院	476	21	151	179	125
中西结合医院	116	10	40	38	28
专科医院	1443	125	509	511	298
疗养院	31	4	12	12	3
社区卫生服务中心	10552	1066	2706	4922	1858
卫生院	4693	1179	1041	1092	1381
门诊部	6401	1067	2279	2229	826
专科疾病防治院(所、站)	114	15	42	15	42
疾病预防控制中心(防疫站)	356	19	118	100	119
卫生监督所	337	17	105	102	113
医学科学研究机构	33	9	9	5	10

第七篇

重要文献

扫码阅读

关于推进健康上海行动的实施意见

为贯彻落实健康中国战略，推进健康上海行动，根据《"健康中国 2030"规划纲要》《国务院关于实施健康中国行动的意见》《长江三角洲区域一体化发展规划纲要》和《"健康上海 2030"规划纲要》，现提出推进健康上海行动的实施意见如下：

一、总体目标

到 2022 年，建立与上海经济社会发展水平相适应、与城市功能定位相匹配、以市民健康为中心的整合型健康服务体系，全面普及健康生活，促进健康资源科学、均衡、合理分布，基本健康服务更加优质均衡，多层次健康保障体系进一步完善，绿色安全的健康环境基本形成，健康产业规模和发展质量显著提升，居民主要健康指标持续居世界发达国家和地区领先水平，巩固亚洲医学中心城市建设成果，建成亚洲一流的健康城市。

到 2030 年，形成比较完善的全民健康服务体系、制度体系和治理体系，健康与经济社会协调发展，健康公平持续改善，人人享有高质量的健康服务和高水平的健康保障，健康环境不断优化，健康产业成为城市支柱产业，居民主要健康指标达到世界发达国家和地区前沿水平，率先实现可持续健康发展目标，成为具有全球影响力的健康科技创新中心和全球健康城市典范，为促进国家参与全球健康治理，履行第九届全球健康促进大会发布的《上海宣言》，实现联合国可持续发展目标作出贡献。

二、重大行动

（一）健康知识普及行动

推进全民健康生活方式行动，实施居民健康素养和中医药健康文化素养提升工程，倡导健康文化。开展"健康中国行""中医中药中国行"等宣传教育活动。建立开放共享的健康科普专家库和资源库，推进健康促进智库建设。打造权威的健康教育平台，推动"互联网＋精准健康科普"，培育健康科普品牌，推出"健康上海"建设示范案例。完善全媒体健康科普知识发布和传播审核机制。强化医疗机构健康促进功能，开展市级医院"患者体验日"和"市民健康科普活动周"活动，发挥医务人员等的专业引领示范作用。推进居民健康自我管理小组建设，继续向本市居民家庭发放健康知识读本和工具。到 2022 年和 2030 年，居民健康素养水平分别达 32％和 40％。

（二）合理膳食行动

贯彻实施《国民营养计划（2017—2030 年）》。持续开展居民营养与健康状况和食物成分监测，建立智能化人群营养评估系统。开展营养与健康宣传教育，发布营养健康科普知识，鼓励全社会参与减盐、减油、减糖，引导市民减少食用高盐高糖高脂食品。开展限酒科普宣传和行为干预。开展"健康食堂""健康餐厅"建设，推动营养支持型社区建设。到 2022 年和 2030 年，成人肥胖增长率持续减缓。

（三）全民健身行动

完善全民健身活动体系，推广体育健身项目。推进"体医结合"，探索开展慢性病运动干预，鼓励将国民体质测定纳入健康体检项目。完善市民身边的全民健身场地设施。建设一批重大体育设施。加强"体绿结合"，在公园、绿地、林带等建设嵌入式体育设施。扩大公共体育场馆、学校运动场馆等体育设施的开放和利用。办好市民运动会、城市业余联赛等群众性品牌赛事，加强全民健身与重大国际体育赛事有效联接。把高校学生体质健康状况纳入对高校的考核评价。到2022年和2030年,城乡居民达到《国民体质测定标准》合格以上人数比例分别不低于96%和96.5%,经常参加体育锻炼的人数比例分别达45%左右和46%。

(四) 控烟行动

贯彻落实《上海市公共场所控制吸烟条例》,加强公共场所控烟监督执法,切实做好室内公共场所、室内工作场所和公共交通工具内的控烟。加强控烟宣传教育,加强对未成年人控烟的宣传引导。鼓励领导干部、医务人员和教师等发挥控烟引领作用。开展无烟示范场所建设,积极推进无烟环境建设。加大烟草广告监督执法力度,严厉查处违法发布烟草广告行为。依法规范烟草促销、赞助等行为。禁止向未成年人销售烟草制品。建立和完善戒烟服务体系。定期开展烟草流行调查。到2022年和2030年,成人吸烟率分别下降到20%以下和18%以下。

(五) 心理健康促进行动

加强心理健康服务体系建设,完善心理健康服务机构及其功能。推动心理健康服务行业规范化建设,鼓励社会力量参与心理健康服务和精神障碍康复,规范发展社会心理服务机构。加强心理健康服务人才的培养和使用,发展志愿者队伍和相关社会组织。推进心理应急干预体系建设,建立"全人群、多部门、综合化"的心理应急干预机制。广泛开展心理健康科普宣传,推进心理健康教育和促进。深化严重精神障碍患者全程服务管理,加大患者救治救助力度,建立健全精神障碍社区康复服务体系。到2022年和2030年,居民心理健康素养水平提升到20%和30%。

(六) 人群健康促进行动

1. 加强妇幼健康。加强妇幼卫生资源配置,提高综合医院和基层医院产科、儿科服务能力。实施母婴安全行动计划,进一步完善危重孕产妇、新生儿会诊抢救网络。建成50个综合医院标准化示范儿科门急诊。加强出生缺陷预防干预,完善产前诊断(筛查)、新生儿疾病筛查网络,建立儿童脑瘫早期筛查、转诊和康复体系。推进遗传咨询技术服务和管理,建成具有全国示范效应的儿童罕见病诊治中心。落实儿童健康行动计划,建设18个儿童早期发展基地。建立完善支持家庭生育的相关政策和公共服务。到2022年和2030年,婴儿死亡率、5岁以下儿童死亡率、孕产妇死亡率继续保持发达国家水平。

2. 加强中小学健康促进。进一步健全学校体育卫生工作体系,开展生命教育,开展健康学校建设。巩固提升学校传染病防控工作。完善学生健康体检制度和学生体质健康监测制度。实施儿童青少年近视综合防治行动,开展分级分类视力健康服务与管理。实施儿童口腔健康服务与管理。开展儿童青少年常见病和健康影响因素监测与干预。深化学校体育、健康教育教学改革,严格落实国家体育与健康课程标准,构建健康教育课程体系,广泛开展青少年体育活动,把学生体质健康状况纳入对学校的绩效考核。加强中小学卫生保健机构建设,建立基层医疗卫生机构包片联系中小学校制度。到2022年和2030年,学生体质健康标准优良率分别达50%以上和60%以上;儿童青少年总体近视率在2018年的基础上,力争每年降低0.5到1个百分点以上。

3. 加强职业健康保护。修订《上海市职业病防治条例》。研发、推广有利于保护劳动者健康的新技术、新设备和新材料。完善职业病防治技术支撑体系,全市至少有8家医疗卫生机构承担职业病诊断工作;每个区至少有1家医疗卫生机构承担职业健康检查工作。完善职业健康管理体系,加强重点职业病监测和重点行业职业病危害专项治理。建立统一、高效的监督执法信息管理机制。推进健康企业建设。到2022年和2030年,接尘工龄不足5年的劳动者新发尘肺病报告例数占年度报告总例数比例持续保持在4%以下。

4. 加强老年健康。完善家庭养老政策体系,支持老旧小区和老年人居家适老化改造和适老环境建设,加强社区综合为老服务中心、社区托养机构等养老服务设施建设。大力发展专业化的老年人长期照护服务体系,提高老年人照护服务水平。完善老年健康服务体系,优化老年医疗卫生资源配置。发展老年医学和护理学科,建成上海市老年医学中心。完善医养结合政策,推进医疗卫生与养老服务融合发展。加快推进长期护理保险制度。依托医学高等教育学校,加强老年医学学科体系建设。到2022年和2030年,65—74岁老年人失能发生率有所下降,65岁以上人群老年期痴呆患病率增速下降。

5. 强化残疾预防与康复。实施国家残疾预防和残疾人康复条例,落实国家残疾预防行动计划,开展全人群、全生命周期的残疾预防。推进社区康复,合理配置残疾人康复资源。实施精准康复,完善残疾儿童康复救助制度,健全辅助器具服务体系。加强残疾人康复和托养设施建设,建立医疗机构与残疾人专业康复机构双向转诊机制。支持社会力量投资康复机构建设。到2022年和2030年,残疾预防和康复体系持续完善。

6. 深化健康扶贫。整合上海优质医疗卫生资源,在学科建设、人才培养、科学研究、远程服务等方面,采取精准有效的对口健康扶贫措施,助力受援地打赢脱贫攻坚战,逐步改善地区医疗卫生事业发展不平衡问题。到2022年和2030年,受援地医疗卫生事业持续发展。

(七) 慢性病防治行动

1. 强化心脑血管病防治。开展慢性病危险因素检测,落实心脑血管急性事件登记报告制度,向居民提供心脑血管疾病风险评估、健康教育以及综合干预等相关服务,推进“三高”(高血压、高血糖、高血脂)共管。巩固“医防融合”脑卒中预防与救治体系。规范胸痛中心建设与管理,加强市、区两级救治能力建设,动态更新发布脑卒中、胸痛“急救地图”。鼓励、支持红十字会等社会组织和急救中心、医疗机构开展群众性应急救护培训,完善公共场所急救设施设备配备标准。到2022年和2030年,心脑血管疾病死亡率持续稳定在160/10万及以下。

2. 强化癌症防治。提高癌症防治核心知识知晓率,倡导积极预防癌症,推进早筛查、早诊断、早治疗。完善癌症登记报告制度。优化社区居民大肠癌筛查策略。推动胃癌、肺癌等重点癌症社区筛查试点和评估;制定筛查与早诊早治指南,加强重点癌症临床机会性筛查。落实常见癌症诊疗规范和临床路径,促进癌症规范化诊疗。完善康复指导、疼痛管理、长期护理、营养和心理支持,推进安宁疗护。完善癌症防治医保和救助政策,提高抗癌药物可及性。到2022年和2030年,常见癌症诊断时早期比例分别不低于32%和40%。

3. 强化慢性呼吸系统疾病防治。引导重点人群早期发现慢性呼吸系统疾病,控制危险因素,预防疾病发生发展。推动将肺功能检查纳入40岁以上人群常规体检,推行高危人群首诊测量肺功能。遴选慢阻肺筛查适宜技术,建立慢阻肺高危人群风险评估和筛查流程与规范。建立慢阻肺分级诊疗、双向转诊制度。加强社区慢阻肺健康管理标准化服务能力建设,向居民提供慢阻肺全程健康管理服务。到2022年和2030年,70岁及以下人群慢性呼吸系统疾病死亡率持续稳定在6.2/10万及以下。

4. 强化糖尿病防治。完善糖尿病预防与诊治服务体系,加强区域诊治中心建设。开展人群糖尿病防治健康教育和高危人群筛查干预。加强糖尿病患者的随访管理、并发症筛查、规范诊治和有序转诊。强化社区糖尿病相关检测能力标准化建设。推进实施糖尿病运动干预和自我管理。到2022年和2030年,糖尿病患者规范管理率分别达82%和90%。

5. 强化慢性病健康综合管理。加强慢性病风险综合评估与管理,建立高血压、糖尿病、心脑血管疾病、肿瘤、慢阻肺等重点慢性病风险多因素综合评估方法。建设慢性病风险多来源数据综合管理平台。推进社区慢性病健康管理标准化建设。推进健康骨骼行动,构建“医防融合”的骨健康综合管理服务模式。强化视觉健康服务,建设上海市视觉健康中心(上海市儿童青少年近视防治中心)。探索开展生命早期1000天口腔健康管理模式的构建与应用,实施全人群全生命周期口腔健康服务管理。到2022年和2030年,慢性病综合管理水平持续提升。

(八) 传染病及地方病防控行动

提升病原微生物甄检能力,打造病原体测序技术平台和生物信息分析平台,健全病原微生物网络实验室体系。完善本市传染病监测和报告体系,强化以传染病症状为主的综合监测,建设应用基于医院电子病历的传染病网络直报系统,加强监测大数据的挖掘和应用。构建"平战结合、分层分类、定位明确、高效协作"的传染病救治体系,提升综合性医院和传染病专科医院的救治能力。充分认识疫苗对预防疾病的重要作用,落实疫苗全过程可追溯管理,建立疫苗免疫效果评价体系,完善免疫策略调整机制。完善艾滋病、结核病和病毒性肝炎等慢性传染病患者和感染者的社区规范管理。维持无脊灰状态、消除疟疾状态和血吸虫病消除状态。巩固消除碘缺乏危害工作。切实预防控制病媒生物。到 2022 年和 2030 年,适龄儿童免疫规划疫苗接种率持续保持在 98%以上。

(九) 公共卫生体系提升行动

推进市疾控中心二期项目建设,组织开展区疾控中心达标建设和能力提升工程。加强精神卫生机构能力建设,推进相关区精神卫生中心新建、迁建和改扩建工程。推进航空医疗救援体系建设,开展航空医疗救援基地医院建设。推进饮用水卫生和医疗废物安全智能化监管。实施卫生监督执法机构规范化建设,组织开展队伍执法能力提升工程和重大活动公共卫生监督保障能力建设工程,建设公共卫生监督技术服务质控平台。做好中国国际进口博览会等重大活动的公共卫生保障。到 2022 年和 2030 年,公共卫生机构、能力和服务能级持续提升。

(十) 医疗服务体系优化行动

推进现代医院管理制度建设。加强区域医疗中心建设,形成较完备的区域医疗中心布局和临床服务体系。推进临床重点专科建设,推进"腾飞计划"实施,打造高质量临床重点专科体系。建设医学协同创新集群,推进研究型医院建设,争取在若干医学领域突破一批领先的关键技术。建设开放、共享的临床研究平台,促进临床科研与生物医药产业进一步融合。做实家庭医生制度,建立完善以家庭医生制度为基础的分级诊疗体系。发展实验室自建检测方法(LDT)。到 2022 年和 2030 年,医疗服务体系持续完善,医疗服务质量持续提升。

(十一) 社区健康服务促进行动

依托各类社区健康服务机构,融合各方资源,构建社区健康服务体系,逐步实现"六个一":一张社区健康服务清单,一个人人拥有的居民健康账户,一套多层次社区健康宣教体系,一套多元参与的供给机制,一个统一的社区健康智慧平台,一套社区健康评估监测机制。重点推进社区卫生服务机构新一轮标准化建设,全面做实家庭医生签约服务,开展社区智慧健康小屋建设,延伸功能社区医疗健康服务,畅通居民自我健康检测与获得健康指导渠道。全面推广安宁疗护服务。到 2022 年和 2030 年,家庭医生签约服务效果持续提升。

(十二) 中医药促进健康行动

提升各级医疗卫生机构中医药服务能力,建设覆盖城乡、分工明确、功能互补、密切协作的中医医疗服务网络,促进中医药资源均衡布局。进一步强化中医内涵建设,深化中医药特色技术方法在常见病、多发病和慢性病防治以及重点人群中的推广应用,推进中医临床专科(专病)高质量发展和重大疑难疾病中西医临床协同攻关。加快海派中医药传承,提高中医药健康服务协同创新水平。推动创新中药研究开发和临床应用。大力发展"互联网+中医药",打造智慧中医。到 2022 年和 2030 年,中医药服务网络持续完善,中医药服务能力持续提升。

（十三）健康保障完善行动

深化医保支付方式改革，提高医保基金管理的科学化、精细化水平。全面推行以按病种付费为主的多元复合式医保支付方式，鼓励完善按人头、按床日等多种付费方式，开展住院费用按大数据病组分值付费、按疾病诊断相关分组（DRGs）付费试点。探索医保梯度支付方法。积极落实国家基本药物目录，探索优化医疗机构药品供应保障和监管目录。不断调整完善本市医保药品目录。完善药品价格形成机制，发挥带量采购、阳光平台采购等政策协同联动“放大”效应。开展仿制药质量和疗效一致性评价。推进健康保险交易平台建设。到2022年和2030年，医疗保障体系持续完善。

（十四）健康环境促进行动

广泛开展爱国卫生运动，巩固提升国家卫生城镇创建，开展健康城市、健康镇村建设。深入开展大气、水、土壤污染防治，实施最严格的生态环境保护制度。大力推进城乡生活垃圾分类处理。建立环境与健康调查、监测与风险评估制度，开展环境污染与疾病关系、健康风险预警及防护干预研究。推进世博文化公园等重大生态建设项目和市级重点生态廊道、崇明世界级生态岛等重点造林地块建设。构建安全的食品环境。实施交通安全生命防护工程，加强交通安全隐患治理，推进慢行线、无障碍环境建设，倡导正确使用安全带和安全座椅，促进道路交通安全。维护室（车）内环境健康安全。到2022年和2030年，环境空气质量优良天数比例持续提升，居民饮用水水质持续改善。

（十五）健康服务业发展行动

加快推进“健康服务业50条”落地，推进“5＋X”健康服务业集聚区建设。培育社会办医品牌。有序发展前沿医疗服务。发展中医药健康服务业，鼓励中医养生保健服务集聚发展，提升中医药在本市生物医药产业中的贡献度。加快生物医药科技研发，加强临床医疗对生物医药产业发展的支持，加强生物医药科技成果转化与应用。发展健康金融。到2022年和2030年，健康服务业增加值占全市生产总值比重分别达6％以上和7.5％。

（十六）推进健康信息化行动

加强健康服务信息互联互通互认，推进医疗卫生机构信息的开放共享，促进健康医疗大数据深度挖掘、广泛应用，并更好服务社会。完善“上海健康云”平台。建立和完善全民健康信息平台，推进健康大数据开发应用，开展基于健康医疗大数据研究平台的示范性研究。推进“互联网＋”模式下的个性化健康惠民便捷服务模式。开展“智慧卫监”信息化项目建设，提升卫生监督执法信息化水平。研发医学人工智能技术，支撑智慧医疗发展。到2022年和2030年，市民对健康信息化服务的感受度持续提升。

（十七）深化长三角健康一体化行动

加快长三角健康一体化发展，建立更加有效的联动发展体制机制，促进医疗服务均质发展，率先实现基本健康公共服务均等化。推进长三角公共卫生一体化，深化公共卫生联防联控机制建设。推进区域医疗急救体系建设。深化长三角中医药创新合作。推进长三角健康科技创新。建立长三角卫生健康综合执法监督联动协调机制。推进长三角健康信息互联互通。到2022年和2030年，长三角医疗、公共卫生、急救、中医药服务等领域一体化持续加强。

（十八）发展健康国际化行动

推进落实《上海服务国家“一带一路”建设发挥桥头堡作用行动方案》，围绕国家打造“健康丝绸之路”部署，加强与“一带一路”国家在卫生健康领域的交流合作。建设海外中医中心和太极健康中心，传播推广中医药,发展中医药服务贸易。深化国际卫生健康科技创新合作。发展高端医疗旅游,建设有竞争力的国际健康旅游目的地。加强与世界卫生组织等国际组织的交流合作,积极参与卫生健康领域国际标准、规范、指南的研制和谈判,提升上海在全球卫生健康治理领域内的影响力。到2022年和2030年,本市健康国际化水平持续提升。

三、保障措施

(一)加强组织领导

在市委、市政府领导下,由市健康促进委员会统筹推进健康上海行动,负责组织实施《健康上海行动(2019—2030年)》,组织开展行动监测评估和考核评价,指导各区编制实施具体行动方案。各区要组建或明确推进行动实施的议事协调机构,加强健康促进队伍建设,研究制定具体行动方案。各部门要围绕健康上海行动,通力合作、各负其责,制定具体实施方案并有序推进。建立监测评价机制,完善考核机制和问责制度,把健康上海行动执行情况纳入各级党委和政府考核内容。

(二)动员各方参与

凝聚全社会力量,形成健康促进的强大合力。鼓励个人和家庭积极参与健康上海行动,落实个人健康责任,养成健康生活方式。各单位特别是学校、企业、居(村)委等要充分挖掘和利用自身资源,积极开展健康细胞工程建设,创造健康支持性环境。鼓励社会捐资,依托社会力量成立健康上海行动相关基金。卫生健康相关行业学会、协会和群团组织以及其他社会组织要充分发挥作用,参与组织健康促进和健康科普工作。

(三)健全支撑体系

成立健康上海行动专家咨询委员会,为行动实施提供智力和技术支撑。落实健康优先发展战略,建立重大项目、重要政策健康影响评估机制,切实推进健康融入所有政策。把健康上海建设作为贯彻习近平新时代中国特色社会主义思想的重要载体,将"健康融入所有政策"和健康中国战略纳入领导干部专题培训内容。各级政府要调整优化财政支出结构,落实好卫生健康投入政策,加大政府投入力度,强化支持引导。完善政府主导的多元化卫生健康筹资机制,引导、鼓励社会和企业投资健康领域。鼓励金融机构创新产品和服务。针对关键技术,结合科技重大专项、重点研发计划给予支持。完善相关法规体系,以法治保障任务落实。

(四)加强队伍建设

持续实施医学人才培养工程,大力培养和集聚高端医学人才,重点培养一批医学领军人才和学科带头人,加快优秀青年医学人才、公共卫生人才、健康促进人才、国际化卫生管理人才和专业技术双语人才培养。加大对基层和偏远地区扶持力度,充实和稳定郊区基层卫生人才队伍。加强全科、儿科、康复等专业急需紧缺人才培养。贯彻落实上海"科改25条""人才30条",激发卫生健康领域科技创新活力,提升健康科技创新策源能力。

(五)加强宣传引导

加强健康上海行动的宣传推广、舆论监督、科学引导和典型报道,提高全社会对健康上海建设的认识,营造良好的舆论氛围和健康文化,形成"健康上海、人人行动、人人受益"的社会共识。推进健康教育和健康科普,践行健康生活方式。弘扬"敬佑生命、救死扶伤、甘于奉献、大爱无疆"的崇高职业精神,增进社会各界对医学事业、医务工作的理解、尊重与支持。

江苏省关于进一步推进养老服务高质量发展的实施意见

（苏政发〔2019〕85号）

各市、县（市、区）人民政府，省各委办厅局，省各直属单位：

为深入贯彻党的十九届四中全会精神，落实《国务院办公厅关于推进养老服务发展的意见》（国办发〔2019〕5号）要求，现就进一步推进全省养老服务高质量发展提出如下实施意见。

一、加大养老服务多元投入

（一）提升政府财政资金投入精准度

梳理由财政资金保障的各类养老服务发展支出事项，结合养老服务实际需求予以重点保障，制订并严格执行中长期养老服务财政资金支持计划。到2022年，省本级和地方各级政府用于社会福利事业的彩票公益金，55%以上必须用于支持发展养老服务。制定省、市级政府购买养老服务目录和标准，建立与本地经济社会发展水平相适应的动态调整机制。〔省财政厅、省民政厅分工负责，各市、县（市、区）人民政府负责。以下均需各市、县（市、区）人民政府落实，不再列出〕

（二）引导养老服务多元化投入

鼓励社会资本通过PPP模式，参与养老服务机构、社区养老服务骨干网的建设运营。支持商业保险机构兴办养老服务机构及各类养老服务设施。鼓励通过慈善捐赠等方式投入养老服务。促进省养老产业投资基金规范发展。引导境外资本在省内通过直接投资、公建民营、合作经营等方式参与发展养老服务，享受同等政策待遇。（省财政厅、省民政厅、省发展改革委、省商务厅、省外办、江苏银保监局分工负责）

（三）拓展养老服务融资渠道

对符合授信条件但暂时遇到经营困难的民办养老机构，可采取续贷等方式予以支持。养老服务机构融资过程中，金融机构不得违规收取手续费、评估费、承诺费、资金管理费等。鼓励融资担保机构为养老机构提供担保服务，缓解“融资难、融资贵”现象。扩大养老服务产业企业债券发行规模，鼓励企业发行可续期债券，用于投资回收期较长的养老设施项目建设。（省发展改革委、省财政厅、省地方金融监管局、人民银行南京分行、江苏银保监局分工负责）

二、完善养老服务基本保障

（四）建立基本养老服务指导性目录

科学界定基本养老服务对象和内容，优先将经济困难的高龄、空巢独居、失能（失智）、计划生育特殊家庭等老年人纳入基本养老服务保障重点。省级制定基本养老服务指导性目录，各地应于2020年上半年发布本地区基本养老服务指导性目录。（省民政厅、省卫生健康委、省财政厅分工负责）

（五）健全长期照护服务体系

扩大老年人能力综合评估范围，到2022年全省80周岁以上老年人能力综合评估实现全覆盖。将失能(失智)老年人家庭成员照护培训纳入基本养老服务指导性目录。探索由养老服务人员为长期失能老年人提供短期的专业化照护服务,纾解家庭照护压力。探索建立子女带薪陪护假制度。全面落实养老服务补贴和护理补贴制度,有条件的地区可适度提高补贴标准,扩大补贴范围。按照国家统一部署,推进长期护理保险试点,支持发展长期照护商业保险。建立健全长期照护项目清单、服务标准以及质量评价等行业规范。(省民政厅、省财政厅、省卫生健康委、省医保局、江苏银保监局、省残联分工负责)

(六)提升特困供养保障水平

实施特困人员供养服务设施(敬老院)改造提升工程,改造升级照护型床位,开辟失能(失智)老年人照护单元。到2022年底,全省特困人员供养服务机构护理型床位占比达50%以上;每个县(市、区)至少建有1所以失能(失智)、部分失能特困人员专业照护为主的县级特困人员供养服务机构;全省所有特困人员供养服务机构符合二级以上养老机构等级标准。(省民政厅、省发展改革委、省财政厅分工负责)

(七)完善老年人关爱服务体系

在全省建立养老服务顾问制度,发挥供需对接、服务引导等作用。全面建立居家探访制度,通过政府购买服务等方式,支持基层组织、社会组织等面向居家的独居、空巢、留守、失能(失智)、计划生育特殊家庭等特殊困难老年人开展探访与帮扶服务。到2022年,特殊困难老年人月探访率达100%。(省民政厅、省财政厅、省卫生健康委分工负责)

(八)推进居家和社区适老化改造

2020年底前,采取政府补贴等方式,对所有纳入特困供养、建档立卡范围的高龄、失能、残疾老年人家庭实施适老化改造。2020—2022年,全省每年安排不少于3万户经济困难的高龄、失能、重度残疾老年人家庭进行适老化改造,由各级财政按照一定标准给予补贴。开展老年友好型社区建设,通过开展住区无障碍改造、增设为老服务设施、有条件的加装电梯等措施,为老年人提供安全、舒适、便利的社区养老环境。(省住房城乡建设厅、省民政厅、省财政厅、省卫生健康委、省残联分工负责)

三、加强养老服务能力建设

(九)促进机构养老服务提质增效

持续开展养老院服务质量建设专项行动,2020年底前,全省所有养老机构质量隐患整治到位。落实国家养老服务等级评定与认证制度,评定结果作为养老机构补贴等政策的重要依据。支持建设失能(失智)老年人照护机构和床位,到2022年,各设区市养老机构护理型床位占比不低于60%。(省民政厅、省应急厅、省卫生健康委、省财政厅、省市场监管局分工负责)

(十)加强养老服务队伍建设

鼓励养老服务行业协会、培训机构和第三方评价机构在人力资源社会保障部门备案后,开展养老护理员职业技能等级认定,认定结果作为养老护理员享受相关补贴政策的重要依据。将养老护理员培训纳入职业技能提升行动,所需资金按规定从失业保险基金支持职业技能提升行动资金中列支。开展养老服务人才培训提升工程,到2022年底,全省培养培训养老护理员13万名、专兼职老年社会工作者1万名,所有养老机构负责人轮训一遍。推进养老服务实训基地建设,2020年底前,各设区市均建有2个以上养老服务实训基地。建立依据职业技能等级、工作年限与入职补贴和服务价格挂钩制度,增强养老护理员职业吸引力。(省人力资源社会保障厅、省教育厅、省财政厅、省民政厅、省卫生健康委分工负责)

（十一）建立养老服务褒扬机制

将养老护理员技能大赛纳入全省职业技能大赛，对获奖选手按规定授予“江苏省技术能手”称号，并晋升相应职业技能等级。加强养老护理员关爱，广泛宣传养老护理员先进事迹和奉献精神，让其劳动创造和社会价值在全社会得到尊重。（省人力资源社会保障厅、省民政厅、省卫生健康委、省广电局分工负责）

（十二）推进养老服务标准化建设

健全养老服务地方标准体系，推出一批养老服务地方标准。开展养老服务标准化试点示范建设工作，省财政在养老服务体系建设专项资金分配中，对试点地区予以倾斜。（省民政厅、省卫生健康委、省财政厅、省市场监管局分工负责）

（十三）提升医养结合服务能力

全面开展以老年人为重点人群的家庭医生签约服务，到2022年，家庭医生签约服务覆盖80％以上失能（失智）老年人。鼓励以城市二级医院转型、新建等多种方式，积极发展老年医院、康复医院、护理院等老年健康服务机构，对社会举办康复医院、护理院等医疗机构区域总量和空间布局不作限制。到2022年，所有医疗机构开设为老年人提供挂号、就医等便利服务的绿色通道；养老机构与协议合作的医疗卫生机构普遍开通转诊绿色服务，所有养老机构能够以不同形式为入住老年人提供医疗卫生服务。（省卫生健康委、省民政厅、省医保局按职责分工负责）

（十四）推动居家、社区和机构养老融合发展

2021年底前，所有城市街道建有1所以上具备全托、日托、上门服务等功能的综合性养老服务设施（机构）；城市社区嵌入式养老服务机构或日间照料中心覆盖率达90％以上。加大对专业化、连锁化、品牌化养老服务机构的扶持力度，鼓励支持养老机构运营居家社区养老服务设施。落实财政部、税务总局等六部门《关于养老、托育、家政等社区家庭服务业税费优惠的公告》，切实降低养老服务税费。各地应探索设置“家庭养老床位”，完善相关服务、管理、技术等规范以及建设和运营政策。鼓励各地探索建立养老服务“时间银行”，引导更多志愿者参与为老服务。探索推广农村老年人睦邻点建设，推进农村互助式养老发展。（省民政厅、省发展改革委、省财政厅、省自然资源厅、省住房城乡建设厅、省税务局分工负责）

四、强化养老服务综合监管

（十五）加快养老服务信用体系建设

建立覆盖养老服务企业（机构）法人、从业人员和服务对象的行业信用体系，加强信用监管和信息公开。建立养老服务失信联合惩戒机制，对被纳入养老服务市场失信联合惩戒对象名单的养老机构及服务企业实行重点监管，并按照有关规定依法予以惩戒。（省发展改革委、省市场监管局、省民政厅分工负责）

（十六）健全养老服务联合监管机制

建立健全养老服务领域“双随机、一公开”和联合执法工作机制，加大对违规养老服务行为的查处惩戒力度。建立养老服务投诉举报受理平台，拓宽公众参与社会监督的渠道和方式。建立完善养老服务安全监管约谈制度。加大“互联网＋监管”在养老服务领域的应用。（省养老服务联席会议成员单位按各自分工负责）

五、打通养老服务发展制约瓶颈

(十七) 破解养老服务设施消防审验瓶颈

对因未办理不动产登记、土地规划等手续问题未能通过消防审验的农村敬老院及利用闲置设施举办的符合消防安全要求的养老机构进行摸底排查,2019年12月底前由省民政厅汇总后提请省政府集中研究处置。具备消防安全技术条件的养老机构,由相关主管部门出具意见,享受相应扶持政策。实施民办养老机构消防安全达标工程,采取以奖代补等方式,引导和帮助存量民办养老机构按照国家工程建设消防技术标准配置消防设施、器材,整改重大火灾隐患。2021年底,所有存量民办养老机构消防设施、器材按照标准要求配置到位。(省应急厅、省住房城乡建设厅、省自然资源厅、省民政厅、省消防救援总队分工负责)

(十八) 加强养老服务设施供地保障

将各类养老服务设施建设用地纳入国土空间规划和年度用地计划,确保用地计划落实。养老服务设施用地涉及新增建设用地的,在土地利用年度计划指标中优先予以安排。举办非营利性养老服务机构,可凭社会服务机构登记证书和其他法定材料申请划拨供地。营利性养老服务机构利用存量建设用地建设养老服务设施,涉及划拨建设用地使用权出让(租赁)或转让的,在原土地用途符合规划的前提下,允许补缴土地出让金(租金),办理协议出让或租赁手续。(省自然资源厅、省住房城乡建设厅、省民政厅分工负责)

(十九) 落实养老服务设施规划建设要求

加强养老服务配套设施落实情况督导,确保新建小区按每百户20—30平方米配建居家社区养老服务用房;已建成的住宅区可采取政府回购、租赁等形式,按每百户15—20平方米的标准调剂解决到位。公共配建的养老服务设施符合划拨用地目录的,可以划拨方式供地;设施竣工验收后,应及时办理不动产权证,同步移交给属地的县(市、区)人民政府,由民政部门履行监管职责,确保养老服务用途。乡镇(街道)规划的养老服务设施用房以及政府闲置房产资源用于养老服务的,可交由承担本辖区养老服务的企业或社会组织低偿或无偿使用。对养老服务设施总量不足或规划滞后的,应在编制或修改国土空间利用总体规划时予以完善。2022年底前,有条件的县(市、区)完成养老服务设施专项规划编制工作。(省自然资源厅、省住房城乡建设厅、省民政厅、省卫生健康委分工负责)

六、提升养老服务消费能力

(二十) 扩大优质老年用品产品供给

加快发展老年功能代偿产品,鼓励依法开发助行、助浴、助餐等特制辅具产品。出台老年人康复辅助器具配置、租赁、回收和融资租赁办法,推进在养老机构、城乡社区设立康复辅助器具配置服务(租赁)站点。鼓励支持企业研发生产智能养老设备以及适合老年人的优质产品。做优做强江苏国际养老服务博览会。(省发展改革委、省民政厅、省商务厅、省工业和信息化厅、省市场监管局、省残联、省贸促会分工负责)

(二十一) 推动智慧养老服务发展

推动智慧养老服务产业化发展,力争通过3年时间认定30家省级智慧养老领域重点企业。推动《江苏省智慧养老建设规范》贯标工作,试点建设一批示范性“智慧养老服务机构”和“智慧养老服务社区”。鼓励企业运用物联网、云计算、大数据、移动互联网、人工智能等技术，建立远程智能安防监控系统，降低老年人意外风险；开发形式多样的智慧养老服务应用，培育养老服务新业态、新模式。（省工业和信息化厅、省民政厅、省卫生健康委分工负责）

（二十二）优化养老服务消费环境

强化养老服务消费市场监管，开展养老服务质量监测，加大联合执法力度，严厉查处侵害老年人权益的非法集资、传销、欺诈销售，以及打着养生名义进行欺诈等违法行为。建立健全养老产品和服务消费后评价体系，畅通消费者反馈渠道，营造安全放心的养老服务消费环境。（省市场监管局、省公安厅、省地方金融监管局、省民政厅、省卫生健康委分工负责）

各地各部门要健全党委领导、政府主导、部门负责、社会参与的养老服务工作机制。要将养老服务政策落实情况纳入政府年度绩效考核范围，省政府将对养老服务体系建设成效明显的，给予相关政策倾斜和表彰奖励。要切实完善政策制度，创新体制机制，统筹各方资源，加强能力建设，推动养老服务高质量发展，提升广大老年人的获得感、幸福感、满意度。

江苏省人民政府
2019 年 12 月 23 日

江苏省关于进一步加大基础设施领域补短板力度的实施意见

(苏政办发〔2019〕24号)

各市、县(市、区)人民政府,省各委办厅局,省各直属单位:

为认真贯彻党中央、国务院部署要求,深入落实《国务院办公厅关于保持基础设施领域补短板力度的指导意见》(国办发〔2018〕101号)精神,进一步增强基础设施对推动全省城乡和区域协调发展、保障和改善民生等方面的支撑作用,不断深化供给侧结构性改革,经省政府同意,现就进一步加大我省基础设施领域补短板力度提出如下实施意见。

一、总体要求

(一)指导思想

以习近平新时代中国特色社会主义思想为指导,全面贯彻党的十九大和十九届二中、三中全会精神,认真落实省委十三届三次、四次、五次全会精神,坚持稳中求进工作总基调,坚持以供给侧结构性改革为主线,围绕高质量发展走在前列要求,聚焦关键领域和薄弱环节,更大力度推进基础设施领域补短板,更高水平提升基础设施和公共服务供给能力,充分发挥投资对优化供给结构的关键性作用,推动全省经济平稳健康发展,为建设"强富美高"新江苏提供有力支撑。

(二)基本原则

——聚焦短板,提升功能。围绕落实"一带一路"建设、长江经济带发展、长三角区域一体化发展以及乡村振兴等重大战略,坚持问题导向,回应群众关切,坚决打好精准脱贫、污染防治攻坚战,着力推动苏北等经济薄弱地区加快发展,着力补齐铁路、机场、过江通道、公路水运、能源、水利、农业农村、城镇建设、生态环保、社会民生等重点领域短板,加快推进已纳入规划的重大项目。

——统筹谋划,协同发力。充分发挥市场配置资源的决定性作用,鼓励支持民间资本参与补短板项目建设,调动各类市场主体的积极性、创造性。更好发挥政府作用,加强补短板重大项目储备,加快项目审核进度,充分发挥政府投资引导作用和放大效应,为市场主体创造良好的投资环境。注重统筹协调,多方联动,加强沟通,抓好落实。

——分类指导,精准施策。注重对不同类型、不同进度的重大项目予以分类指导,实施更有针对性的对策措施。对在建和新开工项目,在依法合规前提下统筹保障项目资金等要素合理需求,狠抓序时进度和质量安全,确保如期建成、发挥效益,避免形成"半拉子"工程。对储备项目,加大协调力度,加快推进前期工作,抓紧落实建设条件,推动尽早开工建设。

——科学决策,防范风险。坚持尽力而为、量力而行,切实加强政府投资项目必要性、可行性及财政承受能力论证。严格项目建设条件审核,强化事中事后监管,提升工程建设进度安排的科学性和合理性,避免盲目投资、重复建设。有效规范政府举债融资,严禁新增政府隐性债务,管控新增项目融资"闸门",金融机构审慎合规经营,牢牢守住不发生系统性风险的底线。

二、重点任务

(一)坚决打赢脱贫攻坚战,增强经济薄弱地区发展能力

进一步加大苏北经济薄弱地区特别是丰县湖西地区、涟沭结合部、西南岗地区、成子湖周边地区、石

梁河库区、灌溉总渠以北地区等 6 个重点片区的交通、水利、农业、电力、信息等基础设施建设力度，落实和实施一批带动片区整体发展的重点项目，补齐基础设施和公共服务短板，增强经济薄弱地区造血功能和发展动力。实施黄桥茅山革命老区强村富民巩固提升政策措施，对 12 个重点帮扶县（区）继续实施“五方挂钩”帮扶，推进经济薄弱村和低收入人口如期脱贫。（省扶贫办牵头负责）

（二）加快推进高快速铁路建设，打造“轨道上的江苏”

加快苏北、苏中高铁和沿江地区城际铁路建设，积极推进市域（郊）铁路规划建设，抓好连淮扬镇、徐宿淮盐、沪通一期、盐通、连徐、南沿江铁路等在建项目序时进度，力争 2019 年开工宁淮铁路、北沿江高铁、沪苏湖铁路，加快推进《江苏沿江城市群城际轨道交通建设规划（2018—2025）》明确的宁宣铁路、扬马铁路、盐泰锡常宜铁路、苏锡常城际快线等重点项目前期工作。加强铁路过江通道和综合枢纽建设，重点实施上元门、龙潭、七乡河、常泰、江阴第三过江通道及南京北站等关键性工程。大力发展沿江沿海港口铁路专（支）线，抓紧实施太仓港疏港铁路项目，加快启动南通港通海港区铁路专用线一期工程等项目。（省发展改革委、省交通运输厅、省铁路办、省铁路集团按职责分工负责）

（三）积极打造重点航空枢纽，加快实施机场升级改造

着力打造南京禄口机场国际枢纽、苏南硕放机场区域枢纽和淮安淮河生态经济带航空货运枢纽。加快南京禄口国际机场 T1 航站楼改扩建、苏南硕放机场航站楼改造、南通兴东机场扩建等工程建设进度，2019 年全面开工建设连云港民用机场迁建和苏南硕放机场停机坪扩建项目，推进徐州观音机场 T1 航站楼改造工程前期工作及南通新机场规划建设。发挥东部机场集团作用，推动全省民航机场特色发展。优化通用机场布局，继续推进新沂、溧阳等地通用机场建设，新开工金湖和无锡丁蜀通用机场项目。（省发展改革委、省交通运输厅、民航江苏监管局、东部机场集团按职责分工负责）

（四）持续完善广覆盖公路网，构建水运绿色通道

强化省际高速公路衔接互通，着力推进京沪高速公路扩建、溧阳至宁德、宜兴至长兴等高速公路建设。进一步加快普通国省干线公路规划路网建设，重点推进普通国省干线公路瓶颈路和城镇路段改造，继续实施农村公路提档升级工程，完善经济薄弱地区公路网体系。进一步完善“两纵五横”干线航道网，加快推进通扬线、苏申内港、苏申外港、芜申线、长湖申线等航道整治工程。深化沿江沿海港口一体化改革，推进全省港口资源整合，加快完善“一区三港”港口基础设施建设，高质量打造集装箱新出海口。（省发展改革委、省交通运输厅、省水利厅、江苏交通控股公司、省港口集团按职责分工负责）

（五）不断加强能源基础设施建设，构建清洁低碳安全高效能源体系

以电力、天然气等基础设施建设为重点，统筹优化各类能源输储设施，着力提升能源安全保障能力。安全发展核电，加快推进田湾核电三期工程建设和四期工程前期工作。加快推进特高压输电项目，推进淮南—南京—上海 1000 千伏特高压交流输电工程过江通道建设，尽快形成华东特高压 1000 千伏交流环网。加强电网建设，优化完善电网主干网架，积极实施配电网建设改造工作。以天然气产供储销体系建设为重点，推进中俄东线江苏段、青宁线及沿海输气管道等主干管网建设，积极推动中海油滨海 LNG 接收站建设，抓紧推进华电赣榆、协鑫如东 LNG 接收站前期工作。（省能源局牵头负责）

（六）加快完善水利基础设施网络，不断提升保障能力

完善流域防洪排涝工程体系，加快实施环太湖大堤江苏段后续建设、长江镇扬河段整治三期、长江干流江苏段崩岸应急治理、长江南京河段八卦洲汊道整治等工程，启动实施淮河流域重点平原洼地近期治理工程，推进淮河入海水道二期、吴淞江整治、望虞河拓浚等工程前期工作。加大区域水利治理力度，

加快实施沿海水利基础设施建设、黄河故道水利建设后续工程。持续改善区域减灾兴利条件,加快水闸、泵站、水库等水利工程除险加固步伐,继续推进农村水利重点工程建设,加快大中型灌区骨干工程标准化,稳步推进中小河流治理重点县综合整治等项目建设。优化完善流域区域调配水工程体系,全面完成新沟河、新孟河延伸拓浚,加快实施郑集河输水扩大等南水北调一期配套工程,推进临海引江供水等工程前期工作。(省水利厅牵头负责)

(七)大力实施乡村振兴战略,打造美丽宜居农村

加强田间道路、桥梁等农田基础设施配套完善,加快高标准农田建设。推动规模畜禽养殖场合理布局,推广农牧结合、生态循环模式,实现种养平衡、资源综合利用。持续推进农村电商、特色农产品加工、品牌农业、家庭农场、休闲观光农业等产业融合发展,增强产业带动增收能力。扎实推进农村人居环境整治三年行动,实施美丽宜居村庄建设,加快农村改厕工作,推进农村生活垃圾分类及资源化利用和污水处理设施建设。加强农村绿化工作,建设绿美村庄。推进农村生态河道治理,建设"水美乡镇"和"水美村庄"。继续实施农村饮水安全巩固提升工程建设,加快城乡建设统筹区域供水管网向农村延伸。继续推进全省农村危房改造,抓好特色田园乡村建设。大力改善苏北农民住房条件,同步配建公共服务设施。(省农业农村厅、省住房城乡建设厅、省卫生健康委、省生态环境厅、省水利厅、省林业局按职责分工牵头负责)

(八)集约建设城镇基础设施,促进新型城镇化发展

完善城市交通设施,进一步优化城市路网格局,提高城市道路通达性,改善出行环境。加快城镇棚户区(城中村)改造,有序推进城市老旧小区改造升级,以完善配套设施为切入点,提升住房保障水平和居住环境质量。加快供水设施改造与建设,提升安全供水保障能力。大力推进城市建成区黑臭水体整治,科学实施海绵城市建设。加快构建较为完善的城市排涝体系,着力提升城市排水防涝能力。加快建设城市公共停车场,有效缓解停车难问题。加快推进"最后一公里"水电气路邮建设,进一步完善城镇生产生活保障体系。(省住房城乡建设厅、省邮政管理局牵头负责)

(九)全面提升污染防治能力,显著改善生态环境质量

坚持生态优先、绿色发展,加大长江经济带专项整治工作力度。大力实施长江和沿海防护林等生态屏障工程,加快长江岸线清理和生态修复,持续改善重点流域水环境质量,加快水土流失治理步伐,因地制宜打造生态清洁型小流域。全面开展环境基础设施建设,实施城镇生活污水垃圾专项整治。推进城镇生活污水处理提质增效,加大污泥处理处置设施建设力度。加快城镇生活垃圾分类收集、转运及处理处置设施建设,扎实推进餐厨废弃物处理和建筑垃圾资源化利用项目建设。支持工业园区(集聚区)配套建设专业废水处理厂,促进工业废水"清污分流、雨污分流"。推进危险废物处理处置设施建设,加快实现设区市和重点地区危险废物处置能力与产生量相适应。完善生态环境监测监控网络,有效提升全省生态环境监测监控能力。大力发展绿色经济,支持煤炭减量替代等重大节能工程建设和节能环保产业发展,完成钢铁、电力、水泥等行业大气污染治理设施超低排放改造。推进绿色建筑发展、园区循环化改造、资源循环化利用基地建设。(省生态环境厅、省发展改革委、省住房城乡建设厅、省水利厅、省林业局按职责分工牵头负责)

(十)着力补齐结构性民生短板,推进基本公共服务均等化

大力推进学前教育普惠健康发展,不断扩大公办幼儿园和普惠民办幼儿园覆盖面;持续推进义务教育优质均衡发展,着力加强基础教育阶段优质教育资源供给。加快推进"健康江苏"建设,加强基层公共卫生服务投入,进一步完善城乡基层"15 分钟健康服务圈",推进城市社区和城乡一体化程度较高的基层

医疗卫生机构转设社区医院，在中心乡镇加快建设农村区域性医疗卫生中心，加快省、市和县级妇幼保健院标准化建设，提升社区综合服务设施建设水平。实施全民健身计划，加强体育运动设施和网络建设，推动“10分钟体育健身圈”向城乡一体化发展。加快实施行政村（社区）综合文化服务中心标准化建设。加快推进镇、村应急广播站（室）建设，提升镇、村突发应急、国防动员、综合治理和精神文明宣传能力。全面加强养老设施建设，建设一批具有知名品牌和较强竞争力的社会养老服务机构和社区养老服务设施；提升农村特困供养机构服务质量，推进向区域性养老服务中心转型。加强乡镇公益性骨灰安放设施等基本殡葬服务设施建设，完善惠民殡葬政策。（省教育厅、省卫生健康委、省文化和旅游厅、省体育局、省广播电视局、省民政厅按职责分工牵头负责）

三、保障措施

（一）建立健全补短板工作协调推进机制

省发展改革委会同财政、住房城乡建设、自然资源、生态环境、金融监管和相关行业主管部门，建立省级推进基础设施领域补短板工作协调机制，加强会商会办，协同推进问题解决；各地要同步建立相应工作协调机制。各级项目审批、要素保障和行业管理等部门要密切配合、形成合力，共同做好加强项目储备、加快前期工作、落实建设条件、推进开工建设、防范化解风险等补短板各项工作，形成基础设施领域补短板工作的长效机制。（省各有关部门按职责分工负责，各市、县人民政府负责）

（二）保障在建项目顺利实施

坚决贯彻打好防范化解重大风险攻坚战要求，对确有必要、关系国计民生的在建项目，在不新增政府隐性债务的前提下，统筹采取有效措施保障合理融资需求，推动项目顺利建成，避免资金断供、工程烂尾，防止形成“半拉子”工程，防止造成重大经济损失、影响社会稳定，有效防范“处置风险的风险”。在抓好工程进度的同时，狠抓工程质量，确保项目按期高质量建成，充分发挥投资效益。（各市、县人民政府负责）。

（三）加快推进新上项目开工建设

加强沟通协调，强化督促调度，对纳入规划、符合条件的计划新开工项目，按照办理时限规定，在依法合规前提下加快规划选址、用地、用海、环评、水土保持等方面前期工作，加大征地拆迁、市政配套、水电接入、资金落实等推进力度，推动项目尽早开工建设。对遇到问题影响正常开工的项目，按照职责分工明确相应牵头单位和具体责任单位，主动为项目单位提供服务，研究落实解决问题的时间表、路线图、责任人，确保项目如期开工建设。（省各有关部门按职责分工负责，各市、县人民政府负责）

（四）抓好重大项目储备滚动接续

根据国家重大战略部署、国民经济和社会发展规划纲要、重大建设规划以及财政承受能力和政府投资能力，对接经济发展和民生需求，依托国家重大建设项目库，分近期、中期、长期三类，梳理储备一批基础设施等重点领域补短板重大项目。进一步完善重大项目储备制度，明确储备范围、工作程序和推进机制，不断提高重大项目储备的制度化常态化信息化水平。按月动态更新项目进展情况，及时补充新项目储备入库，形成项目储备和滚动接续机制。（省发展改革委牵头负责，省工业和信息化厅、省生态环境厅、省住房城乡建设厅、省交通运输厅、省水利厅、省农业农村厅、省能源局、省林业局、省铁路办、省铁路集团、江苏交通控股公司、省沿海开发集团、省港口集团、东部机场集团等按职责分工负责，各市、县人民政府负责）

(五)切实加强政府专项债券资金和项目管理

财政部门进一步完善地方政府专项债券制度,优化申报发行程序,合理安排发行进度。提出专项债券需求及安排专项债券分配规模时,既要充分考虑各级政府基金和专项收入情况、债务水平及风险等因素,也要统筹考虑在建项目和补短板重大项目资金需求,以及国家重大建设项目库项目储备情况。允许有条件的地方在专项债券发行完成前,对预算已安排的专项债券资金项目通过先行调度库款的办法,加快项目建设进度,债券发行后及时归垫。建立健全专项债券项目安排协调机制,各级财政、发展改革及相关行业主管部门要加强工作衔接和信息互通,协同做好相关工作。按照省财政厅依据规定程序确定的专项债券额度,以在建项目和补短板重大项目为重点,提出科学合理的专项债券项目安排意见,确保专项债券发行收入可以迅速使用。行业主管部门及项目单位对列入储备、符合发行条件的项目,要加快推进前期工作,积极落实建设条件。加大财政性资金支持力度,有效盘活各级财政存量资金,积极利用以往年度财政结余资金保障必要项目。财政、发展改革及行业主管部门要协力推进本地区专项债券及财政性资金支持的重大项目建设,切实发挥投资效益。(省财政厅、省发展改革委、省住房城乡建设厅、省交通运输厅等按职责分工负责,各市、县人民政府负责)

(六)加大对补短板重大项目的金融支持力度

对已签订借款合同的必要在建项目,金融机构可在依法合规和切实有效防范风险的前提下继续保障融资、按合同约定发放贷款,对有一定收益或稳定盈利模式的在建项目优先给予信贷支持。鼓励通过发行公司信用类债券、转为合规的政府和社会资本合作(PPP)等市场化方式开展后续融资。在不增加政府隐性债务规模的前提下,引导商业银行按照风险可控、商业可持续的原则加大对资本金到位、运作规范的必要在建项目和补短板重大项目的信贷投放力度,支持开发性金融机构、政策性银行结合各自职能定位和业务范围加大支持力度。发挥保险资金长期投资优势,通过债权、股权、股债结合、基金等多种形式,积极为在建项目和补短板重大项目提供融资。(江苏银保监局牵头负责,省财政厅、省发展改革委、省地方金融监管局、人民银行南京分行、江苏证监局按职责分工负责,各市、县人民政府负责)

(七)合理保障融资平台公司正常融资需求

金融机构要在采取必要风险缓释措施的基础上,按照市场化原则保障融资平台公司合理融资需求,不得随意抽贷、压贷或停贷,防范存量隐性债务资金链断裂风险。在严格依法解除违法违规担保关系的基础上,对必要的在建项目,允许融资平台公司在不扩大建设规模、不增加隐性债务、积极防范风险的前提下与金融机构协商继续融资,避免出现工程烂尾。按照一般企业标准对被划分为“退出为一般公司类”的融资平台公司审核放贷。在不增加政府隐性债务规模的前提下,对存量隐性债务难以偿还的,允许融资平台公司在与金融机构协商的基础上采取适当展期、债务重组等方式维持资金周转。支持转型中的融资平台公司和转型后市场化运作的国有企业,依法合规承接政府公益性项目,实行市场化经营、自负盈亏,政府以出资额为限承担责任。(江苏银保监局、江苏证监局、省地方金融监管局、省财政厅按职责分工牵头负责)

(八)充分调动民间投资积极性

坚决落实中央民营企业座谈会精神,大力支持民营经济发展壮大。狠抓鼓励民间投资各项政策措施贯彻落实,坚决破除民间资本进入重点领域的隐性障碍,持续激发民间投资活力。重点在交通、能源、生态环保等基础设施补短板领域,常态化向民间资本推介投资回报机制明确、具有吸引力的项目。引导社会力量依法合规参与民生、扶贫等领域基础设施建设。加强金融机构和全国信息共享平台、“信用中国(江苏)”网站合作,充分运用民营企业纳税等数据,推动开展“银税互动”,对纳税记录良好的民营企业，提供低费率担保增信服务。支持省级再担保公司开展业务，推动符合条件的民营企业参与补短板重大项目。（省发展改革委、省财政厅、省税务局、省地方金融监管局、江苏银保监局、江苏证监局按职责分工牵头负责）

（九）规范有序推进政府和社会资本合作（PPP）项目

鼓励各地依法合规采用政府和社会资本合作（PPP）等方式，撬动社会资本特别是民间资本投入补短板重大项目。对经核查符合规定的政府和社会资本合作（PPP）项目加大推进力度，严格兑现合法合规的政策承诺，尽快落实建设条件，推动项目顺利实施。严格遵守投资管理程序，加强政府和社会资本合作（PPP）项目可行性论证，合理确定项目的建设内容、投资规模等。进一步规范政府和社会资本合作（PPP）操作，构建合理、清晰的权责利关系，发挥社会资本管理、运营优势，提高项目实施效率。持续加大运用政府和社会资本合作（PPP）盘活存量资产工作力度，鼓励采取转让—运营—移交（TOT）、改建—运营—移交（ROT）等方式，将回收资金用于在建项目和补短板重大项目建设。积极推动符合条件的政府和社会资本合作（PPP）项目发行债券，充分利用资产证券化等方式，盘活存量，优化结构。（省财政厅、省发展改革委按职责分工牵头负责）

（十）持续深化投资领域“放管服”改革

加快推进各级各部门既有项目审批系统与投资项目在线审批监管平台对接，实现信息共享。加大在线平台应用力度，完善项目代码制度，加强项目代码管理和应用，推动投资管理向服务引导转型，优化投资环境。大力推进“不见面审批”改革，全面推进“网上办、集中批、联合审、区域评、代办制、不见面”办理模式，进一步简化审批流程，提高审批效率，推动更多项目实现“3550”目标。加快投资项目综合性咨询和工程全过程咨询改革，切实压减审批前的评价评估环节。规范审批中介行为，充分引入市场机制，提高中介服务效率。推进工程建设项目审批制度改革，聚焦工程设计管理体制、施工许可环节等，精简取消部分审批前置条件，推动将消防设计审核、人防设计审核等纳入施工图联审，进一步压减报建审批时间。（省发展改革委、省住房城乡建设厅、省政务办等按职责分工负责）

（十一）努力降低建设运营成本减轻企业负担

贯彻落实增值税改革等系列减税政策，对涉企收费只减不增、能减尽减。编制公布全省清费降本减负政策文件清单、收费减免与优惠政策清单，确保国家和省各项清费减负政策落到实处。不断优化营商环境，努力降低制度性交易成本。按照国家统一部署，利用扩大省内、省际间电力直接交易规模等空间，积极推进降低企业用能成本。完善并发挥好政府性融资担保再担保体系作用，鼓励各地加快建立“政银担”合作模式，合理降低担保费率。（省工业和信息化厅、省财政厅、省发展改革委、省税务局、省政务办、省地方金融监管局、省能源局、省电力公司、江苏银保监局按职责分工牵头负责，各市、县人民政府负责）

（十二）探索建立较为完善的投资回报机制

深化基础设施领域价格改革，合理确定基础设施价格和收费标准，依法依规为准经营性、非经营性项目配置土地、物业、广告等经营资源，提高投资综合回报，增强项目吸引力。充分挖掘基础设施领域项目商业价值，鼓励社会资本创新管理模式，提高运营效率和项目收益。充分发挥价格机制在政府和社会资本合作（PPP）项目中的关键作用，明确回报预期，保障社会投资者合理权益。针对政府付费、使用者付费和可行性缺口补贴类项目等不同支付方式，建立健全动态可调整的投资回报机制，根据条件、环境等变化及时调整完善，既要使社会资本获得合理的投资回报，也要有效防止政府和使用者负担过重。（省发展改革委、省财政厅按职责分工负责，各市、县人民政府负责）

(十三)强化补短板项目用地保障力度

对基础设施领域补短板重大项目用地给予重点支持,对省级立项的重点基础设施项目按照核销制优先保障用地计划。各地要加大内涵挖潜,更大力度盘活存量土地,增加基础设施补短板领域土地供给。加大补充耕地指标省级统筹力度,力争更多的统筹指标用于基础设施领域补短板项目。(省自然资源厅牵头负责,各市、县人民政府负责)

(十四)防范化解政府隐性债务风险和金融风险

各地政府建设投资应当量力而行,加大财政约束力度,严格项目建设条件审核,区分轻重缓急,科学有序推进。审批或开工建设需要政府出资的建设项目时,在可行性研究阶段充分论证资金筹措方案、财政承受能力和政府投资能力,切实防范化解政府隐性债务风险和金融风险。严禁将各类财政资金作为国有企业(含融资平台公司)、事业单位及其他任何经济组织融资的偿还资金来源,严禁违法违规融资担保行为,严禁以政府投资基金、政府和社会资本合作(PPP)、政府购买服务等名义变相举债。金融机构要审慎合规经营,尽职调查、严格把关,按照市场化原则评估借款人财务能力和还款来源,综合考虑项目现金流、抵质押物等审慎授信。(省财政厅、省地方金融监管局、人民银行南京分行、江苏银保监局、江苏证监局按职责分工负责,各市、县人民政府负责)

(十五)压实地方政府工作责任

根据各领域重点任务谋划实施补短板重大项目,必须强化各级地方政府的主体责任,分清轻重缓急,集中力量保重点,有序有力推进重大项目规划、建设。对于省市共建的铁路等领域重大项目,各级地方政府要履行应尽出资责任、落实保障措施,确保项目按计划推进实施。各地提出拟纳入省级及以上重大规划、重大战略推进的项目,应当根据地方年度预算和中期财政规划、招商引资等情况研究落实资金来源。对于规划期内无法落实资金来源渠道的项目,原则上暂缓纳入。要有计划推进补短板重大项目实施,加大列入规划项目和其他储备项目条件落实和前期工作推进力度,推动规划、储备项目适时转为实施项目;优先将补短板重大项目列入各级年度重大项目投资计划,着力保障项目推进建设。(各市、县人民政府负责)

(十六)营造推进补短板工作良好氛围

认真贯彻落实鼓励激励、容错纠错、能上能下"三项机制",充分发挥政策导向作用,鼓励各地各部门积极担当、勇于作为,采取有力措施,加大工作力度,加快推进重大项目建设,在全省上下形成抓项目促投资、稳增长促转型的浓厚氛围。(省各有关部门按职责分工负责,各市、县人民政府负责)

各地各部门要把基础设施领域补短板作为今后一个时期的重要工作,切实加强组织领导,层层压实责任,分解目标任务,细化工作举措,按照职责分工抓好贯彻落实,确保我省基础设施领域补短板工作顺利推进、取得实效,为推动高质量发展走在前列、加快"强富美高"新江苏建设提供坚强保障。

江苏省人民政府办公厅
2019 年 3 月 1 日

江苏省关于加强长江江苏段水生生物保护工作的实施意见

（苏政办发〔2019〕7号）

各市、县（市、区）人民政府，省各委办厅局，省各直属单位：

为贯彻落实《国务院办公厅关于加强长江水生生物保护工作的意见》（国办发〔2018〕95号），进一步强化长江江苏段水生生物资源保护工作，改善水生生物生存环境，维护生态系统的自然性和完整性，促进人与自然和谐发展，经省政府同意，现提出如下意见。

一、指导思想

坚持以习近平新时代中国特色社会主义思想为指导，深入贯彻党的十九大精神，全面落实党中央、国务院决策部署，持续深入践行新发展理念，坚持保护优先，着力系统修复，不断改善长江江苏段水域生态环境，切实维护水生生物多样性，全面提升保护工作水平，真正把“共抓大保护、不搞大开发”的要求落到实处，推动我省生态文明建设再上新台阶，为建设“强富美高”新江苏作出重要贡献。

二、基本原则

（一）坚持保护优先、自然修复

坚持尊重自然、顺应自然、保护自然的理念，切实把保护放在优先位置，彻底改变以牺牲环境、破坏资源为代价的粗放型增长模式。进一步强化涉水工程监管，严格执行生态赔偿机制，修复水生生物重要栖息地和关键生境的生态功能。

（二）坚持红线意识、底线思维

严守生态保护红线、环境质量底线和资源利用上线，从资源增殖、水生生物保护区设置、水域污染防治以及水工建设等方面着手，研究制定和组织实施水生生物保护和养护措施，实施最严格的保护管理。

（三）坚持全面布局、统筹协调

坚持全流域江河湖泊、干支流有机统一的空间布局，推动系统保护与重点修复相结合，统筹水生生物保护、社会事业发展和民生保障，在山水林田湖草生命共同体中，促进长江水生生物保护。

（四）坚持突出重点、协同保护

优先考虑生物多样性保护，调动社会各界力量，加强科研投入，对长江江豚等珍稀濒危水生物种实施拯救专项保护，对重要生态系统、水生生物种质资源实施全面保护，保障长江生态安全。

三、主要目标

到2020年，长江流域江苏境内重点水域实现常年禁捕，水生生物保护区建设和监管能力显著提升；重点水域生态环境逐步修复，水生生物资源恢复性增长，水域生态环境恶化和水生生物多样性下降的趋势基本遏制。到2035年，长江水域生态环境明显改善，水生生物多样性得到有效保护，水生生态系统处于整体良好状态，基本实现水生生物资源丰富、水域生态环境优良的目标。

四、重点任务

(一)开展资源保护与增殖

1. 不断完善禁渔制度

健全江河湖泊休养生息制度。在长江干流及其支流的湖泊、水库、通江河流等重点水域,科学评估水生生物资源现状,结合水生生物繁殖习性和种群增长规律,科学合理地完善重点水域“禁渔期”设立和“禁渔区”划定。推进重点水域常年禁捕,率先在水生生物保护区实现全面禁捕,对繁殖亲本和幼体实行重点保护,使水生生物种群能够得到延续和恢复。

2. 科学开展增殖放流

加强增殖放流管理,根据水域生态需求,确定放流种类、数量、规格和放流时间,规范增殖放流行为。逐步建立放流苗种管理追溯体系,强化苗种质量管理。开展放流效果评估技术研究,完善增殖放流效果评价工作。加强社会公众和宗教团体参与增殖放流活动的科学引导和规范管理,严禁向天然开放水域放流外来物种、人工杂交或有转基因成分的物种。

3. 规范渔业捕捞行为

严格执行捕捞许可管理制度,适时制定或修订重点保护水生生物物种名录和最小可捕标准,实施最小网目尺寸制度。制定捕捞渔具准入目录,取缔对水生生物资源破坏较大的渔具渔法。根据捕捞量低于资源增长量的原则,探索配额管理技术。严格控制捕捞许可证发放数量,加强对渔船、渔具的有效监管,强化渔船检验和报废制度,加强渔船安全管理。

4. 推动捕捞渔民转产转业

依法建立长江流域重点水域禁捕补偿制度,加快渔业产业结构调整,积极引导捕捞渔民向生态增殖业、水产加工流通业、休闲渔业及其他产业转移。加强对转产转业渔民的专业技能培训,为其提供相关的技术和信息服务。各级政府应统筹推进渔民上岸安居、精准扶贫等方面政策的落实,解决退捕渔民后顾之忧。对符合享受最低生活保障的退捕渔民,应纳入当地最低生活保障范围。妥善安排好退捕渔民的就业和生活,确保渔民长远生计有保障。

(二)拯救珍稀物种

1. 加强水生生物保护区建设

强化已有水生生物保护区的建设与管理。开展保护区水生生物资源本底调查,重点保护长江江豚、中华鲟栖息地和洄游通道、长江刀鲚以及长江重要经济鱼类种质资源及其生境。依法落实各类保护地管理机构和人员,加强保护区管理能力建设,配套完善保护区管理设施,注重保护区人员业务知识和技能培训,强化各项监管措施,加强水生生物资源监测和水域生态监控,促进保护区科学化管理。结合长江流域生态保护红线划定,在水生生物重要栖息地和关键生境,依据科学论证,逐步依法建立自然保护区、水产种质资源保护区或其他保护地,不断提高保护地覆盖范围。

2. 开展珍稀物种专项救护工作

认真组织实施《江苏省长江江豚保护行动计划(2014—2023)》。针对珍稀特有水生生物资源,加快实施珍稀物种拯救行动,确保珍稀物种资源保护得到长期稳定的资金支持。实施以长江江豚、中华鲟等重要珍稀濒危水生动物为主的自然资源监测、关键栖息地保护及修复、人工繁育和迁地保护等措施,根据水生野生动物珍稀濒危程度和生物学特点,实施专项救护行动,逐步降低珍稀物种的濒危程度,促进种群恢复,提升水生生物多样性保护效果。

3. 完善珍稀濒危物种驯养繁殖工作

开展濒危亲本放归和幼鱼规模化放流,扩大珍稀濒危物种放归和放流幼鱼的种类、数量、范围,补充野生资源。依法建设珍稀濒危水生野生动物驯养繁殖基地，加强驯养繁殖管理，开展珍稀濒危物种驯养繁育核心技术攻关，加大对水生生物遗传资源、特别是珍稀水生生物遗传资源的保护与利用研究，促进种群恢复。

（三）加快生境保护与修复

1. 严格控制重点水域开发

切实加强对长江干支流重点水域的保护工作，强化国土空间规划对各专项规划的指导约束作用，增强水电、航道、港口、采砂、取水、排污、岸线利用等各类规划的协同性，严格各类涉水开发利用项目的规范管理，努力降低和消除不利影响。涉及水生生物栖息地的规划和项目，应依法开展环境影响评价，科学制定并实施生态修复措施，统筹处理好开发建设与水生生物保护的关系。

2. 推进生态损害赔偿制度的落实

加快推进《江苏省生态环境损害赔偿制度改革实施方案》的落实，开展工程项目影响水生生物生态补偿工作，保障遭受破坏的水生生物资源和生态得到相应的补偿和修复。在对长江流域各类涉水工程项目的环境评估中，要把对水生生物资源和环境、原有长江捕捞渔民生计的影响作为重要内容，对水生生物资源及水域生态环境造成破坏的工程项目，建设单位应依法采取相应的保护和修复措施，切实降低工程建设的负面影响。要按照破坏程度，设立专项补偿资金，制定补偿方案或修复措施，确保遭受破坏的资源和生态得到相应补偿和有效修复。

3. 科学实施生态修复

开展长江流域江河湖库生态现状及安全性评估，充分考虑水域生态和水生生物的需求，科学确定长江流域江河湖库生态库容和调度长江干支流湖、库群水资源。加快修复因水域污染、工程建设、河道（航道）整治、采砂等人为活动遭到破坏或退化的重要水生生物产卵场、索饵场、越冬场和洄游通道等重要生态功能区。采取建设过鱼设施和实施灌江纳苗等措施，有效恢复江河湖海生命通道，满足水生生物洄游习性和种质交换需求，维护江河湖海水域生态的完整性。通过合理放流水生生物、修复水生植被、建设人工鱼巢和生态浮岛等生态修复措施，对富营养化严重的湖泊、河口等水域进行综合治理。

4. 推进水产健康养殖

优化水产养殖空间布局，依法科学划定禁止养殖区、限制养殖区和养殖区，禁养区内的养殖行为依法逐步转移和退出。推进水产生态健康养殖，加强水产养殖科学技术研究与创新，积极发展大水面生态增养殖、工厂化循环水养殖、池塘工程化循环水养殖、连片池塘尾水集中处理模式等健康养殖方式，推进稻渔综合种养等生态循环农业。严控河流、湖泊、近岸海域投饵网箱养殖，加强全价人工配合饲料推广，逐步减少冰鲜鱼直接投喂，发展不投饵滤食性、草食性鱼类养殖，实现以鱼控草、以鱼抑藻、以鱼净水，修复水生生态环境。加强水产养殖环境管理和风险防控，减少鱼病发生与传播，防止外来物种养殖逃逸造成开放水域种质资源污染。

（四）加强执法监管

1. 提升执法监管水平

加大渔政执法能力建设，提高渔政执法队伍的专业水平与监管能力。引导群众积极参与巡查监督工作，逐步形成与生态保护新形势相适应的管理体系。加强对捕捞、养殖、废污水排放、涉水工程建设等涉水行为的监管力度，完善行政执法与刑事司法衔接机制，建立完善联席会议、信息共享、案件移送、执法联动等机制，依法严厉打击严重破坏水生生物资源的犯罪行为。规范执法行为，健全执法检查和执法督察制度，严肃追究失职渎职责任。

2. 强化重点水域执法

健全部门协作、水域联合、交叉检查等合作执法和联合执法机制。在长江、太湖等重点水域，严格落实河长制湖长制,定期组织开展环保督察等各类专项行动,及时查处和有效防止水生生物保护地违法开发利用,坚决取缔涉渔"三无"船舶和"绝户网",组织打击"电毒炸"等非法捕捞行为,禁止各种非法利用和破坏水生生物资源及其生境的行为,发现一起、查处一起、整改一起。

五、保障措施

(一)加强组织领导

进一步落实地方各级政府在长江水生生物保护方面的主体责任,把水生生物保护工作纳入地方政府绩效和河长制、湖长制考核体系,围绕长江水生生物保护的总体目标,对照任务清单,抓住时间节点,严格督查考核,及时通报情况,表彰成绩突出的单位和个人,对工作推进不力的,依法依规予以追责。不断完善以地方政府为主体,各相关部门和单位共同参与的水生生物保护管理体系,建立统筹协调治理机制,着力形成共抓长江大保护的强大合力。

(二)完善投入机制

各级财政要在用足用好现有相关专项资金的基础上,适应长江大保护需要,按照存量科学调整、增量重点倾斜的原则,加大水生生物保护资金的投入力度,建立长期、稳定的资金投入机制,提高资金使用效率。完善多元化资金筹机制,推动设立长江流域水生生物多样性保护基金。充分发挥市场机制作用,引导社会资本投入。逐步建立水生生物资源有偿使用制度、水生生物多样性损害赔偿机制和生态补偿机制。

(三)提升监测能力

加强对长江流域水生生物资源环境的监测,运用现代科技手段,按照相关技术规范要求,开展长江流域水生生物资源与环境调查,跟踪监测重点水生生物特别是濒危动物的资源变动情况及其生境特征,及时掌握重点水生生物资源动态变化情况和栖息地状况。加强大数据集成分析和综合应用,建立水生生物资源环境监测信息系统,提高数据和信息共享水平。

(四)强化科技支撑

完善水生生物保护科技支撑体系,加强珍稀濒危水生生物驯养、繁育技术研究,大力推动水生生物多样性保护与修复关键技术的研发和推广应用。建设长江水生生物资源保护与研究支撑平台,开展水生生物多样性、栖息地、水域环境等标准与技术规范、水生生物种质资源保护、珍稀濒危物种遗传生物学等研究,强化水生生态系统修复集成示范,不断提升物种资源保护、保存和恢复水平。

(五)营造良好氛围

加强水生生物保护工作的宣传教育,普及水生生物资源养护知识,提升公众对水生生物保护的认知度和参与度。定期向社会公众发布长江水生生物和水域生态环境状况,强化公众知情权、参与权、监督权。充分挖掘长江流域特有水生生物及其栖息地的文化内涵,不断提升长江江苏渔文化的生态价值,着力营造全社会关心支持长江大保护的良好氛围。建立奖惩机制,鼓励开展水生生物保护和救助,激发全社会保护水生生物的积极性。

江苏省人民政府办公厅
2019 年 1 月 17 日

浙江省关于全面加强基础科学研究的实施意见

各市、县（市、区）人民政府，省政府直属各单位：

为贯彻落实国务院决策部署，进一步加强基础科学研究，提升原始创新能力，夯实创新强省基础，现提出以下意见。

一、总体要求

（一）指导思想

以习近平新时代中国特色社会主义思想为指导，全面贯彻党的十九大精神，紧密结合我省经济社会发展的重大战略需求，瞄准世界科技前沿，以深入实施尖峰基础研究行动计划为重要抓手，坚持基础研究、应用研究与产业技术创新融通发展，着力实现前瞻性基础研究、引领性原创成果重大突破，全面提升创新能力，加快推进创新强省建设，为高质量发展、竞争力提升、现代化建设提供强大支撑。

（二）总体目标

到2022年，基本形成具有特色的探索创新、开放合作、合理高效的基础科学研究格局，高能级基础科学研究平台和设施体系建设取得突破性进展，承接国家基础科学研究任务和解决产业目标导向科学问题的能力、基础科学研究人才数量和质量、获得国家自然科学奖项数量和质量明显提高，符合基础科学研究规律的知识产权创造、运用和保护机制更加完善，在数字经济、生命健康、新材料等重点领域攻克一批重大科学问题，取得一批世界领跑或并跑的重大原创成果，若干重点领域科学研究能力和水平进入国际第一方阵。力争建成大科学装置2个以上，国家级科技创新基地达到40个以上，创建浙江省实验室10个，培育新型研发机构100家；基础研究人员全时当量达到1.5万人年以上，培养和引进一批国际顶尖人才和高层次人才，集聚一批高水平科学家；基础研究经费投入占研发经费投入比重提高一倍以上；获国家自然科学基金资助总额保持全国前列。

到2035年，实现数字经济、生命健康、新材料等优势领域原始创新能力全国领先，整体水平和国际影响力大幅提升，全社会基础研究经费投入占研发经费投入比重超过发达国家平均水平，涌现获得国际标志性奖项的科学家，建成一批具有世界一流水平的大学和科研机构，取得大批具有重要影响力的原创性科学成果，基本实现重点领域关键核心技术自主可控。

二、完善基础研究布局

（一）强化基础研究系统设计

完善学科布局，推动基础学科与应用学科均衡协调发展，鼓励开展交叉学科研究，对数学、物理等基础学科给予更多倾斜。加强基础前沿科学研究，围绕信息科学、生命科学、材料科学等重大科学问题进行超前部署。加强应用基础研究，突出关键共性技术、前沿引领技术、现代工程技术、颠覆性技术创新，在人工智能、集成电路、现代医疗、生物医药、机器人、新能源、现代农业等领域和行业集中力量攻克一批重大科技问题。围绕改善民生和可持续发展的迫切需求，进一步加强资源环境、人口健康、新型城镇化、公共安全等领域基础研究。在网络空间安全主动防御、大数据计算、脑认知与脑机交互研究、干细胞与再生医学研究、传感材料与器件等领域取得一批重大原始创新成果，抢占基础研究和前沿技术发展的制高点。

(二)优化基础研究支持体系

每年实施5个以上目标导向类重大基础研究专项,持续稳定支持基础研究与应用基础研究重大项目。发挥省自然科学基金支持原始创新的重要作用,加大对具有创新性的“非共识”项目支持力度,进一步加强“从0到1”的原创性研究。与国家自然科学基金委员会共同设立区域创新发展联合基金,着力解决“互联网+”、生命健康、新材料等领域的关键科学问题。实施省重点研发计划,从基础前沿、重大关键共性技术到应用示范全链条创新设计、一体化组织实施。

(三)优化基础研究区域布局

发挥科创走廊、国家自主创新示范区、国家高新区等平台作用,坚持产业导向、需求牵引,聚焦产业特色,明确主攻方向,开展应用基础研究,构建各具特色的区域创新发展格局。支持杭州国家自主创新示范区和城西科创大走廊聚焦网络信息和人工智能领域原始创新,积极创建国家先进系统芯片产业创新中心,建设国家级重大科研基础设施集群和全球有影响力的数字经济、生命健康创新中心。支持宁波温州国家自主创新示范区加强新材料、眼视光等优势领域基础研究和应用基础研究,打造国际一流的新材料、生命健康和智能制造创新中心。

(四)谋划建设重大科技基础设施(装置)

加快推进超重力离心模拟与实验装置建设,谋划实施新一代工业控制系统、智能计算、人工智能、重离子等肿瘤精准治疗装置、量子精密测量与传感等重大科技基础设施(装置)项目。对特别重大的科技基础设施(装置)建设项目,采取“一事一议”方式给予支持。

三、建立基础研究体系

(一)完善实验室体系

构建由国家实验室、国家重点实验室、浙江省实验室、省级重点实验室等共同组成、特色优势明显的实验室体系。支持之江实验室以国家战略需求为导向,以打造国家未来战略科技力量为目标,围绕智能感知、智能计算、智能网络和智能系统等方向开展前沿基础研究,建成具有世界一流水平的人工智能国家实验室。聚焦前沿性、前瞻性、专业性,服务国家重大战略需求,以提升原始创新能力为目标,培育和提升各类国家重点实验室。聚焦平台性、综合性、交叉性,以培育创建国家科技创新基地“预备队”为目标,打造若干突破引领、学科交叉、综合集成、国际一流的高水平浙江省实验室(以下称省实验室),使之成为基础研究与应用基础研究、产业化对接融通的引领阵地和源头支撑。通过主动设计布局,择优整合原始创新能力、开放共享水平等处于国内领先地位的相关国家和省级重点实验室(工程技术研究中心)创建;鼓励研究领域、方向相近或者基础研究、应用基础研究、成果转化、产业化融通的省级及以上重点实验室联合组建;支持地方根据当地产业发展需要引进或依托国内外具备较强科研优势的高校、科研院所等机构在浙新建。聚焦引领性、区域性、应用性,优化调整省级重点实验室,加强评估和动态管理,推进提质增效。推进组建联合实验室和实验室联盟,加强协同创新。

(二)引育基础研究类新型研发机构

引进境内外一流高校和科研机构、知名企业、高层次人才团队来浙依法设立独立法人的新型研发机构。符合条件的新型研发机构,纳入省属科研院所管理序列,在承担各类科技计划、科技成果转化收入分配、研发费用加计扣除、进口科教用品免税方面享受企事业单位同等待遇和扶持政策。

（三）发挥高校和科研院所知识创新主力军作用

鼓励高校组建世界一流创新团队、建设世界领先科研平台、实施抢占制高点科技项目、持续产出引领性原创成果。支持浙江大学围绕脑科学与人工智能、生命调控与医药健康等重点领域，打造享有世界声誉的顶尖科技创新中心和杰出人才培养基地。支持西湖大学开展体制机制创新先行先试，聚焦生命健康领域建设世界一流的新型研究型大学。推进合作共建中国科学院肿瘤与基础医学研究所，开展肿瘤诊断、精准治疗、药物研发的基础研究与应用基础研究，建设国家级临床生物样本中心和肿瘤数据中心，打造国际一流的肿瘤基础研究和临床转化平台。引进建设一批高水平、国际化的大院名校，实施省重点高校建设计划和创新能力提升工程，力争若干优势特色学科进入世界一流行列。发挥在浙部属科研院所的引领示范作用，深化省属科研院所分类改革，鼓励科研院所联合行业龙头企业、高校、地方政府建设中试转化基地，探索建立联合开发、优势互补、成果共享、风险共担的新型研发合作机制，提升科研院所知识创新与核心技术有效供给能力。

（四）支持企业开展基础研究

围绕“卡脖子”重大技术需求，建立产业目标导向的科学问题库。鼓励企业加大基础研究投入，各级财政根据企业投入情况，视财力状况给予相应支持。引导企业积极参与高校院所的前瞻性基础研究，开展目标导向的产学研用协同创新，提升企业基础研究能力。支持企业联合高校、科研院所，承担或参与重大基础研究专项和基础公益研究计划项目，提高原始创新能力。支持有条件的行业龙头企业为主或牵头设立创新载体，布局海外研发机构，开展基础研究和竞争前共性技术研究。

四、壮大基础研究人才队伍

（一）着力培育中青年科研人才

大力支持各类人才计划与工程中从事基础科学研究的中青年人才。支持基础研究成效突出的科研人员自主选择研究方向，培养一批有望进入世界科技前沿的优秀学术骨干，每年支持100名杰出青年基础研究人才、1000名青年科研人才。

（二）引进培育高层次基础研究人才团队

依托重大科研平台，引进培养一批具有前瞻性国际眼光的战略科学家群体，组建跨学科、综合交叉的科研团队。对国际顶尖的基础研究团队，实行“一事一议”的支持方式。鼓励科研人员将科研兴趣与国家战略目标、我省重大需求相结合，开展应用导向的基础研究。对符合条件的科研团队实施长周期持续滚动的支持方式，一经立项持续支持5年，免除中期检查；经评估优秀的再滚动支持5年。

五、促进基础研究和应用研究融通

（一）推动基础研究成果应用转化

建立基础公益和重点研发计划等科技计划的联动机制，加强与国家自然科学基金委员会在成果应用贯通上的深度合作。促进科学家、企业家、科技中介服务机构、投资人的早期对接，探索在省创新引领基金中设立支持原创科技成果转化的天使基金。推动国家医学中心、区域医疗中心、国家和省临床医学研究中心的融合发展，促进基础医学和临床医学的融通融合。

（二）加强军民科技协同创新能力建设

鼓励高校、科研院所、企业联合军口单位开展基础前沿和关键共用技术研究，在数字经济、生命健康、人工智能、航空航天、高端装备制造和海洋工程等重点领域推动军民基础研究成果的双向转化。支持龙头骨干企业联合军口科研院所共建军民融合创新载体，支持浙江大学争创国家级军民融合协同创新平台。

六、提高基础研究开放合作水平

（一）深化基础研究全球精准合作

主动融入全球科技创新体系，支持我省单位参与国际大科学计划与大科学工程。鼓励高校、科研院所申请开放型国际科学基金项目，承担单位可按获得资助金额的适当比例提供协同资金支持。实施全球科技精准合作行动，加强与创新大国关键小国的精准对接合作。实施省自然科学基金国际合作重大基础研究计划，主动对接全球排名前100位的知名高校和科研机构，联合开展科学前沿问题研究，共建国际联合实验室。

（二）促进长三角地区科技合作与交流

探索建立长三角创新资源统筹布局、关键核心技术联合攻关、科技成果协作转化、创新要素共享流动等机制。加快重大科研基础设施、大型科研仪器、科技文献、科学数据等创新资源合理流动与开放共享，共同培育高质量创新成果、孵化高新技术产业、集聚高端科技人才。围绕人工智能、生命健康、新一代信息技术、高端装备制造、新能源、智能交通等领域加强科技创新前瞻布局，合力攻克一批“卡脖子”关键核心技术。

七、优化基础研究发展机制和环境

（一）加强统筹协调

加强支持基础研究的法制保障。建立跨区域、跨部门、跨行业的基础研究工作统筹协调机制，发挥省部省院省校合作机制、国际科技合作机制协同作用，强化科教融合、产学研深度融合和军民融合。完善基础研究投入统计工作体系，提高数据质量。

（二）加大多元投入

县级以上政府要加大对基础研究长期稳定支持力度，鼓励企业或行业组织等与省自然科学基金建立联合基金，对投入5000万元以上的联合资助方可给予基金冠名权。全面落实企业等对基础科学研究的捐赠支出依法依规税前扣除政策，引导带动社会各方面加大基础研究投入。对省实验室实行省市县联动、专题研究给予支持。鼓励各地加大对新型研发机构的支持力度，2020—2022年，省财政对第三方绩效评价优秀的新型研发机构，根据上年度非财政经费支持的研发经费支出给予适当补助支持，已有专门支持政策的不再享受。支持企业设立基础研究基金会，通过接受社会捐赠、设立联合基金等方式筹集基础研究经费。

（三）完善激励政策

支持符合条件的实验室设立博士工作站、博士后科研工作站，与高校、科研院所联合培养硕士、博士研究生。对考核评估为优秀的国家重点实验室，在重大基础研究项目立项时优先给予支持。赋予省实验室研究方向选择、科研立项、技术路线调整、人才引进培养、职称评审、科研成果处置和经费使用等方面的自主权，实行首席科学家负责制。省实验室开放课题等自主立项项目择优视同省级科技计划项目。赋予符合条件的省实验室正高级职称评审权。优先支持企业牵头与高校、科研院所等共建联合实验室。实行严格的知识产权保护和以增加知识价值为导向的分配政策，提高基础科学研究投入回报。

（四）健全评价机制

突出原始创新导向，以同行评价为主，注重个人评价和团队评价相结合，探索建立非常规评审机制和“小同行评议”制度，建立重大研究任务定向委托制度。对自由探索类基础研究项目和实施周期3年以下的目标导向类基础研究项目不作过程检查。健全科技人才分类评价机制，对主要从事基础研究的人才实行代表作评价，着重评价其提出和解决重大科学问题的原创能力、成果的科学价值、学术水平和影响等。探索省级基础研究项目间接费用比例动态调整机制，扩大经费使用自主权。

（五）强化科研诚信

以“零容忍”的态度严肃查处科研不端行为。建立健全科研诚信审核、科研伦理审查、科研领域守信激励失信惩戒等制度，推进“绿色通道”改革试点。大力弘扬科学家精神，加强作风和学风建设，营造全社会尊重知识、崇尚创新、尊重人才、热爱科学、献身科学的良好氛围。

浙江省人民政府

2019年10月14日

浙江省关于推进创新创业高质量发展打造“双创”升级版的实施意见

各市、县(市、区)人民政府,省政府直属各单位:

为深入实施创新驱动发展战略,进一步激发市场活力和社会创造力,根据《国务院关于推动创新创业高质量发展打造“双创”升级版的意见》(国发〔2018〕32号)文件要求,现提出以下意见。

一、推动“双创”生态升级

(一)持续深化“最多跑一次”改革

优化再造商事登记流程,推进工商登记全程电子化,加快企业简易注销登记改革。迭代升级投资项目在线审批监管平台3.0版。推进公共信用平台建设应用,构建全流程信用监管机制。(责任单位:省发展改革委、省经信厅、省商务厅、省市场监管局、省大数据局。列首位者为牵头单位,下同。)

(二)优化服务便利创新创业

完善以负面清单为主的产业准入制度,探索企业承诺登记与随机抽查监管相结合的行政审批监管模式。加快全省创新创业相关政务事项开通网上办理、掌上办理,加强知识产权咨询、维权、援助体系建设。发挥大众创业万众创新省级联席会议统筹作用,建立高效协同机制。完善新产业新业态新模式统计指标体系。(责任单位:省发展改革委、省经信厅、省科技厅、省市场监管局、省统计局、省大数据局)

(三)完善人力资本服务

培育专业化、国际化人力资源服务机构,发展人力资源服务外包和管理咨询、高级人才寻访等业态,完善人才测评和技能鉴定等服务。加快建设人力资源服务产业园,到2022年,建成3家国家级人力资源服务产业园。(责任单位:省人力社保厅、省公安厅、省外办、省国资委)

(四)推进科技成果转移转化

提升发展“互联网+”浙江科技大市场,加快浙江知识产权交易中心建设。培育社会化技术转移机构,在数字经济等重点领域开展专利导航试点。完善中小企业知识产权公共服务体系。到2022年,每年推动2000项授权发明专利产业化。(责任单位:省科技厅、省市场监管局)

(五)构建数据资源应用体系

建设数据统一开放平台,编制数据资源共享开放目录,推动省大数据交易中心建设。构建数据资源开发应用体系,建设行业大数据平台、特色大数据平台、数据大脑等。到2022年,建立10个以上行业大数据中心,开展20个大数据智能示范应用。(责任单位:省大数据局、省委网信办、省经信厅、省科技厅)

(六)完善普惠性科技创新券制度

拓宽创新券支持范围,推进长三角地区通用通兑,促进科研平台、科学实验仪器设备等科技资源开放共享。到2022年,累计新增发放创新券15亿元,服务企业5万家次。(责任单位:省科技厅)

（七）推进首台(套)重大技术装备示范应用

制定创新产品推荐目录，完善政府采购促进中小企业创新发展的相关措施。探索科技应用示范项目与政府首购相结合的模式，建立首台(套)示范应用基地和示范应用联盟。对符合国家首台(套)重大技术装备推广应用指导目录的工业企业产品，在实现首台(套)销售后，市县可视情给予奖励。（责任单位：省经信厅、省财政厅、省科技厅）

（八）强化“双创”氛围营造

全力争取在杭州举办2019年全国大众创业万众创新活动周主会场活动，积极参与“创响中国”“创客中国”，高质量办好“浙江好项目·创新创业大赛”等系列活动。定期举办各类“双创”政策解读和培训活动。（责任单位：省发展改革委、省经信厅、省教育厅、省科技厅、省商务厅、省市场监管局、省科协）

二、推动“双创”主体升级

（九）建设国际先进科研设施

推进之江实验室、浙江大学杭州国际创新中心等建设，积极争创国家实验室。支持创新型领军企业打造先进科研机构，争取组建国家数据智能技术创新中心，加快建设大科学装置及试验基础设施。（责任单位：省科技厅、省发展改革委、省财政厅，有关设区市政府）

（十）推进名校大院建设

支持浙江大学、宁波大学等加快“双一流”建设，推进西湖大学、清华长三角研究院等院校高水平发展。深化科研院所分类改革，提升科研绩效。到2022年，力争新引进20所左右国内外著名高校，新增10家世界一流科研院所。（责任单位：省教育厅、省发展改革委、省科技厅、省财政厅、省国资委，有关设区市政府）

（十一）打造高端创新载体

实施院士智力集聚工程，推进院士工作站、“浙江院士之家”等建设，加快省级工程实验室、企业研究院等提质增效。到2022年，力争建成1个国家产业创新中心、1个国家制造业创新中心，以及40家左右其他国家级重大创新载体。（责任单位：省发展改革委、省委人才办、省经信厅、省科技厅、省财政厅、省人力社保厅、省科协）

（十二）建设国际合作平台

深度参与“一带一路”建设科技合作，探索建立二十国集团(G20)国际技术转移中心。加强国际产业科技合作基地建设，鼓励建设海外创新孵化中心、创业投资孵化机构等载体。到2022年，力争建成40家国际科技合作创新载体，100家海外研发中心和海外创新孵化中心。（责任单位：省科技厅、省商务厅）

（十三）培育创新型企业

深入实施“凤凰行动”“雄鹰行动”“雏鹰行动”，持续推进“小微企业三年成长计划”和市场主体升级工作，实施“品字标”企业培育计划，培育一批“隐形冠军”企业、高成长科技型企业和“品字标”企业。到2022年，重点支持100家骨干高新技术企业成为创新型领军企业，上市的高新技术企业数量占全省上市公司的比重达60%。（责任单位：省经信厅、省科技厅、省商务厅、省市场监管局、省地方金融监管局）

(十四)提升民营经济创新能力

支持民营企业建设高水平研发机构,联合科研院所攻克关键核心技术。到2022年,省市县联动建成300个产业创新服务综合体,加快小微企业园建设提升、中小微企业梯度培育,实现研发活动、研发机构、发明专利规模以上工业企业全覆盖。(责任单位:省经信厅、省科技厅、省市场监管局)

三、推进创业带动就业能力升级

(十五)加大科研人员科技创业激励力度

完善事业单位科研人员离岗创新创业政策,出台高校科研人员离岗创业相关实施细则,建立完善科研人员校企、院企共建双聘机制。改进科研人员评价方式,提高科技成果转化的成绩在职称评审、绩效考核等方面的比重。对承担国家和省重大项目的高端科研人员,探索实行年薪制、协议工资制等激励政策。(责任单位:省人力社保厅、省教育厅、省科技厅)

(十六)大力引进海外高层次人才

健全人才项目选择和评价办法,建立不以人事关系、学历条件、户籍条件为基础的人才引进和资助机制。完善海外高层次人才居住证制度,落实外国人来浙工作、出入境、居留等便利措施,建立安居保障、子女入学和医疗保健服务通道。推进国家海外人才离岸创新创业基地、海智计划浙江工作基地建设,吸引更多科技人才落户和优质项目转化。(责任单位:省委人才办、省科技厅、省公安厅、省人力社保厅、省外办、省科协)

(十七)强化大学生创新创业教育

推进示范性创业学院建设,把创新创业教育纳入高校教育教学体系,提升创业导师培育工程质量,允许大学生用创业成果申请学位论文答辩。支持本科高校、职业院校深化产教融合,设立大学生创新创业基金,加快创新创业教育培训基地、实践基地建设。(责任单位:省教育厅、省人力社保厅)

(十八)健全返乡人员创业服务体系

优化基层就业等公共服务保障平台,鼓励各县(市、区)开设"绿色通道",为返乡人员创新创业提供便利服务。加快农村"双创"示范基地建设,引导金融机构加大农村"双创"金融支持力度,盘活土地等要素资源,专项支持农村新产业新业态和农业融合发展。(责任单位:省农业农村厅、省科技厅、省人力社保厅,有关设区市政府)

(十九)健全退役军人自主创业服务体系

完善退役军人就业创业服务信息平台,加大退役军人就业创业培训力度,引导社会资本设立退役军人创业基金,鼓励有条件的地区建立退役军人创业孵化基地、众创空间和创业园区。(责任单位:省退役军人事务厅、省财政厅、省人力社保厅,有关设区市政府)

四、推动"双创"动能升级

(二十)培育发展新经济

坚持数字经济"一号工程",发展新一代人工智能、数字文化等产业,壮大生物经济、绿色低碳经济,培育柔性电子等未来产业。完善新产品、新技术、新服务管理体系,建立适应新经济技术迭代的标准动态调整和快速响应机制。到2022年,新经济增加值达2.5万亿元。(责任单位:省经信厅、省委宣传部、省委网信办、省发展改革委、省科技厅、省市场监管局)

(二十一)推广应用新模式

开展"互联网+"重大专项,推进新一代信息技术在各领域应用试点。升级信息消费、体验消费、创意消费,推广线上线下融合发展的新零售模式,促进共享经济平台向研发检测、制造服务等领域延伸。到2022年,培育20个以上"互联网+"示范园区。(责任单位:省发展改革委、省委网信办、省经信厅、省科技厅、省商务厅)

(二十二)攻坚突破新技术

加强前沿基础研究,实施重大基础研究专项,力争在人工智能、先进制造等领域实现原创成果突破。实施产业关键核心技术攻坚工程,组织启动数字经济和生命健康等重大科技专项。(责任单位:省科技厅,有关设区市政府)

五、推进"双创"平台升级

(二十三)推进科创大平台建设

加快杭州城西科创大走廊等重点平台建设,打造"万亩千亿"等新产业平台,丰富之江文化产业带等高能级创新载体。发挥杭州、宁波温州国家自主创新示范区带动作用,引导各类科技城和产业园区扩能升级,建设跨区域协同创新平台。(责任单位:省发展改革委、省科技厅,有关设区市政府)

(二十四)推进"双创"示范基地建设

加快小微企业"双创"示范基地建设,引导各类开发区建设资本集聚型、大中小企业融通型、科技资源支撑型、高端人才引领型等特色载体,积极为"双创"示范基地内的项目开通规划环评等绿色通道。发挥长三角示范基地联盟作用,促进各类基地融通发展。到2022年,累计形成"双创"示范基地80家以上。(责任单位:省发展改革委、省财政厅、省经信厅、省科技厅、省生态环境厅、省农业农村厅)

(二十五)推进众创空间、孵化器等高品质发展

鼓励龙头企业、高校和科研院所建设一批平台型众创空间,引导众创空间专业化、精细化升级。支持盘活闲置和存量资源,改造建设创业孵化基地。鼓励海外孵化器建设,引导企业开拓海外业务。建设创投孵化器等新型孵化器,探索纳入科技企业孵化器管理服务体系。(责任单位:省科技厅、省发展改革委、省委人才办、省财政厅、省人力社保厅、省科协)

六、推动"双创"投融资服务升级

(二十六)引导商业银行精准服务创新创业融资需求

推动城市商业银行围绕服务中小微企业和实体经济本源,完善差异化金融服务,丰富投贷联动、知识产权质押融资等金融产品。实施融资担保机构、小额贷款保证保险等风险补偿,支持银行业金融机构稳妥开展并购贷款业务。(责任单位:省地方金融监管局、人行杭州中心支行)

(二十七)拓宽创新创业直接融资渠道

发挥好省"凤凰行动"投资基金作用,支持创新型企业在主板、创业板、中小板及科创板上市或新三

板、浙江股权交易中心挂牌。推进民营企业债券融资，优化债务融资机制，支持符合条件的企业发行“双创债”。促进政策性融资担保体系建设，支持政府性融资担保机构为优质企业发债提供担保。（责任单位：浙江证监局、人行杭州中心支行、省发展改革委、省科技厅、省财政厅）

（二十八）有效发挥创业投资支持创新创业作用

改革财政资金、国有资本参与创业投资的投入管理、退出标准和规则，鼓励相关机构、个人参与创新创业投资，引导知名创投企业将总部或核心管理团队落户。充分发挥各类创业投资引导基金作用，加快发展天使投资。设立省再担保有限公司，支持小微企业融资担保和再担保，落实商标权、专利权质押贷款，实施小微企业应收账款融资专项行动，营造公正、透明、可预期的创新创业环境。（责任单位：省发展改革委、省财政厅、省国资委、省市场监管局、省地方金融监管局、人行杭州中心支行、浙江证监局）

本实施意见自 2019 年 5 月 1 日起施行。

浙江省人民政府

2019 年 3 月 22 日

安徽省关于进一步加强城市精细化管理工作的指导意见

各市人民政府，省政府各部门、各直属机构：

为进一步提升我省城市精细化管理水平，增强城市综合服务功能，推动城市高质量发展，现提出如下指导意见。

一、总体要求

（一）指导思想

以习近平新时代中国特色社会主义思想为指导，深入贯彻党的十九大精神，全面贯彻落实习近平总书记关于住房城乡建设工作重要指示批示精神，认真落实中央城市工作会议要求，坚持以人民为中心的发展思想，牢固树立高质量发展理念，以建设高效便捷、整洁有序、美丽宜居城市为目标，着力改善城市功能品质，提高城市治理能力，提升城市管理水平，不断增强广大人民群众的获得感、幸福感和安全感，促进现代化五大发展美好安徽建设。

（二）基本原则

以人为本，惠民利民。坚持把人民满意作为城市管理工作的出发点和落脚点，强化宗旨意识、服务意识，切实解决人民群众最关心、最直接、最现实的问题，加强各种“城市病”治理。

因地制宜、有序推进。尊重城市发展规律，结合本地经济社会发展水平，科学谋划、对标先进、试点先行，尽力而为、量力而行，推进城市治理、生态修复、功能修补和街区整治提升，防止生搬硬套、大拆大建，杜绝政绩工程、形象工程，力戒形式主义、官僚主义。

综合施策、系统治理。将五大发展理念融入城市建设管理全过程，注重城市内涵发展，坚持远近结合、标本兼治、源头治理。加强规划和建设统筹、地上和地下统筹、管理和服务统筹，增强城市规划建设管理的整体性、系统性、协调性和可持续性。

创新发展、共建共享。积极推动城市建设管理体制机制和模式创新，构建权责明晰、服务为先、管理优化、执法规范、安全有序的城市精细化管理体系。遵循群众意愿，动员群众参与，共谋共建共治共享宜居宜业城市。

（三）工作目标

通过“补短板、强弱项、提品质、抓长效”，完善城市功能，优化管理服务，改善人居环境，提升治理能力。到2021年底，城市功能与品质进一步提升，城市环境与秩序进一步改善，城市形象与魅力进一步彰显。长期坚持，久久为功，持续完善城市建设管理长效机制，推进城市治理体系和治理能力现代化。

二、补短板，完善城市功能

（四）优化城市道路交通体系

完善主次路网级配，打通各类“断头路”，畅通“微循环”，治理一批道路交通堵点，到2020年底，城市建成区平均道路面积率达15%。加快构建步行和自行车等慢行网络体系，支持有条件的城市建设健身步道和自行车专用道。建设一批城市公共停车场，鼓励开放单位停车泊位，重点解决老城区、老旧小区停车难问题。

(五)完善市政公用基础设施

统筹推动城市道路、供水、供气、供热等市政公用基础设施向城中村、棚户区、老旧小区、近郊区延伸覆盖,消除市政设施空白点,着力解决发展不平衡不充分问题。加快对城市危旧桥梁和漏损严重的老旧供水、燃气等管网的更新改造,消除公共安全隐患。因地制宜推进地下综合管廊建设,积极推进共同管沟建设。

(六)加强城市污水处理设施建设

实施城市污水处理提质增效三年行动,基本完成城市污水处理厂提标改造,基本实现建成区无生活污水直排口,基本完成市政雨污错接混接点治理及破旧管网修复改造,持续推进雨污分流改造,三年改造城市污水管网 2600 公里以上。坚决打好城市黑臭水体治理标志性战役,到 2020 年底,基本消除设区的市建成区黑臭水体。

(七)推进城市生活垃圾处理设施建设

加快建立垃圾分类处理系统,加强生活垃圾处理设施规划建设,满足分类处理需求。分类后的有害垃圾,属于危险废物的,要委托具有相应危险废物经营许可证的企业进行无害化处理。可回收物要有序纳入再生资源回收利用网络体系进行资源化处理,促进循环利用。加快餐厨垃圾处理设施建设,力争到 2021 年底,所有设区的市建成餐厨垃圾处理设施。推进以焚烧方式处理其他垃圾,加快生活垃圾焚烧处理设施建设,不断提高焚烧比例,到 2020 年底,实现城市生活垃圾焚烧处理能力占总处理能力 60%以上,县城焚烧处理能力占比大幅度提高。加强对生活垃圾处理设施运行实时监控,确保达标排放,规范处置飞灰、渗滤液等污染物。加强建筑垃圾运输全过程监管,积极推进建筑垃圾有序处置及资源化利用。

(八)加快推进城镇老旧小区改造

持续推进"两治三改"专项行动,开展老旧小区基础设施和公共设施改造、房屋整修、消防安防和小区环境治理。按照"先地下、后地上"的要求,开展排水管网雨污分流改造和供水、燃气、供热等管道改造,实施空中弱电线缆下地工程。推进房屋建筑节能、光纤化改造、"适老化"改造,有条件的可加装电梯,加快推进充电设施建设。

(九)加快城市各类专业市场配套

加快城市物流、建材、废品收购、二手车、蔬果批发、水产、花卉等专业市场的规划建设。完善城市农贸市场布局,加快老旧农贸市场升级改造。合理设置商业网点和社区便利店。规范设置便民早餐点、夜市等流动摊贩疏导点,引导入室、入点规范经营。

三、强弱项,优化管理服务

(十)推进城市生活垃圾分类

加快建立各级政府高位推动、城市社区具体实施、公共机构示范带头、专业公司提供服务、社会公众广泛参与的工作机制,有序推进城市生活垃圾分类。2019 年底前,设区的市全面启动生活垃圾分类工作。2020 年底前,合肥、铜陵市基本建成分类投放、分类收集、分类运输、分类处置的生活垃圾分类处理系统,其他设区的市公共机构普遍实行生活垃圾分类,全省生活垃圾分类覆盖率明显提高。加快推进垃圾收运网络与再生资源回收利用网络"两网融合"。

（十一）加强城市环境卫生治理

大力推进城市道路清扫保洁工作市场化、专业化、标准化。加大道路清扫保洁机械化作业推进力度，到2020年底，设区的市建成区机械化清扫率达80%以上，县城达65%以上。城市重点区域全面实施道路湿扫、吸扫作业。严格落实建筑施工扬尘防治措施，强化混凝土搅拌站环境综合整治。持续推进城镇公厕提升行动，力争到2020年底，城镇公厕达到每平方公里3至5座，人流集中场所女厕位与男厕位比例不小于2∶1。

（十二）遏制违法用地和违法建设行为

积极开展"无违建县（市、区）"创建活动，依法治理存量违法建设，预防和控制新增违法建设和违法用地行为，建立防违控违长效机制。到2020年底，全省城乡违法建设、违法用地得到全面治理，治违长效机制基本建立。

（十三）开展人行道净化行动

净化人行道，清除各类废弃杆桩、线缆等障碍，改造配电箱、变压器、信号柜等设施设备，探索实施路灯杆与其他各类杆线并杆减量、多杆合一，提高道路平整度和通畅性。清理和取缔违规接坡、占道经营、出店经营等违法违规行为，严禁擅自占用、损毁无障碍通道，清理非机动车道、人行道不符合设置要求的停车泊位，整治私设地锁、路锥等路障行为，加强车辆停放秩序管控。

（十四）加强城市立面安全整治

规范建筑物的晾衣架、遮阳棚、卷帘门等设施，建筑外立面不宜设置防盗网、防盗格栅、花架、花台等设施，确需设置的应当采用内置方式。对各类架空管线进行整治，统一纳入综合管廊或地下共同管沟，暂时不具备纳入条件的应当进行统一规整。规范户外广告，集中查处和拆除违法违规设置或存在安全隐患的户外广告设施。

（十五）加强住宅小区物业管理

建立和完善社区党组织、社区居民委员会、业主委员会和物业服务企业"四位一体"的议事协调机制。建立物业管理与综合执法工作衔接机制，依法查处住宅小区内违规排污、乱搭乱建、毁绿种菜、违规装修、侵占公共空间等违法违规行为及物业服务企业违规经营行为。鼓励采取第三方评估等方式，督促物业服务企业规范服务行为，提升服务水平。

四、提品质，改善人居环境

（十六）完善公共配套服务

以社区为中心，在步行15分钟范围内，完善基层公共管理与公共服务设施、商业服务设施、市政公用设施、交通场站及社区服务设施、便民服务设施，着力打造一批便利群众生活的"15分钟生活圈"。逐步将绿道建设与城市慢行系统建设相结合，完善城市绿道支路网，形成绿道网络体系。

（十七）提升城市水环境及绿化品质

全面推进城市水环境治理，统筹推进海绵城市建设和城市排水防涝工程，实现水清、岸绿、景美。进一步完善城市绿色开放空间体系，按照市民出行300米见绿、500米见园的要求，打造街头绿地游园。因地制宜推进城市山体、水系、湿地、绿地的生态修复，系统开展小微生态功能空间建设，合理划定城镇蓝线、绿线,完善城市生态网络体系,切实保护古树名木。坚持适地适树原则,严控“大树进城”。

(十八)展现城市文化风貌

加强城市规划和城市设计,充分体现城市地域文化、特色、底蕴、特质和时代风貌,提升城市景观品质。创新历史文化街区保护模式,整治提升街区历史风貌特色,加强不同时期的历史建筑普查、测绘、建档、挂牌保护工作。注重采用“绣花”“织补”等微改造方式,从品质、环境、文化、创新、公共服务等方面持续增强城市历史文化街区宜居性。

五、抓长效,提升治理能力

(十九)推进城市管理法治化

加强城市管理和执法制度建设,规范执法职责。城市管理相关部门要严格履行行政监管责任,加强事前、事中、事后监管。根据国家组建综合执法队伍、深化行政执法体制改革统一要求,适时调整和明确城市管理、自然资源、生态环境、市场监管等部门在城市管理相关领域的执法职责。加强城市管理执法队伍规范化建设,推进严格规范公正文明执法。强化行政执法与司法衔接,依法打击妨碍城市管理执法和暴力抗法行为。

(二十)推进城市管理智能化

统筹推进全省智慧城管建设,到2019年底,建成省级智慧城管平台,加快推进市、县数字城管平台智慧化升级改造。到2020年底,实现省市县三级平台互联互通,逐步实现对城市黑臭水体水质、生活垃圾和污水处理排放指标等关键数据的实时监测和互联共享。加快城市地下管网地理信息系统和安全运行监测系统建设,到2019年底,设区的市基本建成城市地下管网安全运行监测系统。

(二十一)推进城市管理专业化

加强专业化队伍建设,加快培养一批懂城市、会管理的城市管理干部和专业人才。提升专业化服务水平,鼓励采用政府购买服务、与社会资本合作等模式,引入专业化城市管理和服务运营商,提供专业化服务。完善精细化管理标准规范。

(二十二)推进城市管理社会化

深入推进“美好环境与幸福生活共同缔造”活动,探索群众公议等矛盾化解、权益保障新模式。搭建“城管服务超市”、城管岗亭、社区工作站、便民窗口等便民服务平台,完善城市管理12319服务热线、微信公众服务号功能,引导社会公众自觉维护和监督城市环境秩序,形成多元共治、良性互动的城市治理模式。

六、健全保障制度,完善政策措施

(二十三)加强组织领导

各市、县人民政府要切实加强对城市精细化管理工作的组织领导,坚持问题、目标、效果导向,细化工作要求,量化工作指标,压实工作责任,落实保障措施。健全由主要负责同志牵头的城市管理协调机制,加强城市管理效能综合评价机制、网格化责任机制、社会公众参与机制等工作推进机制建设。省有关部门要按职责分工主动履职,加强沟通协调,积极支持指导各地开展工作。

（二十四）拓宽融资渠道

各市、县人民政府要加大投入力度，省有关部门要统筹相关资金，积极推进城市精细化管理工作。鼓励社会资本参与老旧小区改造、城市管网、停车场、特色街区等基础设施建设及维护管理，全面开放环卫保洁、园林绿化养护、市政设施维护等市场，推行政府向社会企业、公共机构购买服务和PPP模式。

（二十五）开展试点示范

各市、县人民政府要聚焦城市主要道路、主要河道及两侧，市民主要休闲服务和市民集中居住等重点区域，对照标准要求，每年推进一批“示范道路”“示范街区”“示范小区”试点，发挥典型示范引领作用，不断优化城市整体环境。合肥市作为长三角副中心城市，要主动对标一流，全面提升城市品质和精细化管理水平，着力塑造城市风貌，充分展示城市魅力，为促进全省城市管理水平上台阶作表率。

（二十六）强化督促指导

省住房城乡建设部门要制定城市管理效能评价标准，健全第三方评估机制，组织实施科学客观评价，评价结果纳入省政府对各市城市建设管理考核指标体系。各市、县人民政府要建立定期调度、定期通报和评价机制，督促各项工作落地见效，切实提升城市精细化管理水平。

安徽省人民政府

2019年8月1日

安徽省关于推进重大新兴产业基地高质量发展若干措施的通知

各市、县人民政府，省政府各部门、各直属机构：

为深入贯彻“巩固、增强、提升、畅通”八字方针，进一步增强高质量发展支撑力，加快形成推进重大新兴产业基地(以下简称“基地”)建设的激励约束机制，全面提升产业链水平，加快打造全国重要的战略性新兴产业高地，现通知如下：

一、加强统筹谋划

(一) 加强规划引领

各设区市要按照高质量发展要求，研究制定《重大新兴产业基地新三年(2019—2021年)建设规划》，明确总体思路、建设目标、重点任务、重点项目及保障措施，与省推进“三重一创”建设工作领导小组办公室(以下简称“省领导小组办公室”)衔接后印发实施。

(二) 突出产业集聚

各基地要聚焦基地建设重点和突出短板，围绕平台、企业、项目等关键支撑和延伸补齐壮大产业链条，制订具体实施方案，全面提升平台创新能力、企业竞争能力和项目接续保障能力，全力推进基地主导产业加快集聚。

(三) 推进科学管理

坚持问题导向，把握发展规律，不断提高基地建设管理工作的系统性、前瞻性、精准性和有效性。全面推行基地建设“一个建设规划引领、一个实施方案推进、一个专家智库支撑、一个协同机制保障、一个评价激励办法”的“五个一”工作机制。

二、提升创新能力

(四) 链接科创资源

支持基地对接多源多点创新资源，与合肥综合性国家科学中心、合芜蚌国家自主创新示范区等创新平台及省内外高校院所建立长期稳定的合作关系。推行“创新成果＋开发园区＋产业基金＋‘三重一创’政策”的科技创新成果转化“四融”模式，打通科技链、产业链、资金链和政策链。基地内企业、平台等获批省“一室一中心”和省级及以上重点实验室、工程研究中心、企业技术中心等创新平台，以及获得相关领域省级及以上科技成果奖励，可在基地年度评估等激励措施评定中予以加分。

(五) 对接重大战略

积极衔接长三角一体化发展、京津冀协同发展和粤港澳大湾区建设等国家战略，推动知名高校院所、行业领军企业、创业投资企业等在基地设立分支机构，吸引更多高端要素资源集聚。符合条件的项目，纳入“三重一创”政策支持范围。

(六) 引导战略方向

依托基地在技术创新、品牌创响、融合创智、集群创建、绿色创先、环境创优方面，瞄准国内外一流标准，率先在智能家电、新型显示、芯片、新能源汽车、工业机器人和人工智能等领域，打造一批具有重要影响力的新兴产业集群，成为全省高质量发展的引领区和示范园。

三、完善支持政策

（七）扩大政策覆盖范围

支持符合年度重点支持方向，且总投资1亿元及以上（不含土地价款，下同）的战略性新兴产业制造类项目，补助比例为项目核定关键设备投资的5%，单个项目补助最高可达3000万元。

（八）充实"一事一议"政策内容

对实际总投资20亿元及以上、引领发展方向、具有先发优势、填补省内空白的战略性新兴产业制造类项目，以及关键技术研发产业化和产业公共服务项目，省、市（设区市，下同）联合采取"一事一议"方式给予支持。

（九）强化基金保障

增加"三重一创"产业发展基金（以下简称"基金"）服务基地建设的考核权重，基金每年投资基地项目的比例不低于60%。在依法依规的前提下，简化基金投资项目决策程序，加快投资进度。建立基金与基地常态化对接机制，对接情况纳入基金的季度报告，并报省领导小组办公室。

四、完善评估机制

（十）优化评估内容

突出分类指导，体现差异特色，将年度统一评估指标调整为"共性＋个性"指标。共性指标主要根据产值、税收、投资和工作等方面情况，由省领导小组办公室统一制定，权重为60%；个性指标由各市政府根据产业发展特点和目标任务，按照突出高质量发展、突出生态文明建设、突出产业链构建、突出行业地位、突出国际国内影响力"五个突出"和高于全国同行业平均水平、高于全省工业或服务业平均水平"两个高于"的要求设计，权重为40%。

（十一）划定评估底线

凡年度未新增规模以上企业且未新开工亿元以上项目的，发生重大及以上安全生产事故、Ⅱ级及以上重大环境事件的，被列为省级以上挂牌督办或限批园区的基地，年度评估结果认定为不合格（60分及以下）。

五、实行动态管理

（十二）建立退出机制

对年度评估不合格或者后三名的基地，第一年予以通报，并由省领导小组约谈所在市政府主要负责同志，评估后三名的支持资金减少30%，不合格的不予支持；累计两年的予以摘牌。

对位于皖北三市、国家和省扶贫开发工作重点县（区），年度评估不合格或者后三名的基地，累计两年的予以警告，评估后三名的支持资金减少50%，不合格的不予支持；累计三年的予以摘牌。

（十三）支持升级扩容

按照"成熟一个、认定一个"原则，开展基地申报认定工作，原则上依托省重大新兴产业工程和市级重大新兴产业基地遴选认定新的基地。对连续两年评估得分80分及以上的试验基地，按程序升级为正式基地。

(十四) 鼓励融合创新

支持基地跟踪全球科技革命和产业变革新趋势,积极推进产业融合创新,加快催生新技术、新业态、新模式。对连续两年评估得分 80 分及以上的基地,支持设置融合创新平台,丰富产业发展内涵,所在市政府可申请变更基地名称。

六、创新工作方式

(十五) 实施竞赛计划

在年度评估得分 80 分及以上的基地中,以培育具有重要影响力的产业集群为导向,开展基地建设竞赛,对质量、效益、动力指标获得全省单项冠军的基地,年度基地奖励资金上浮 10%。

(十六) 搭建交流平台

支持基地牵头成立优势产业省级及以上行业协会、产业联盟、技术创新联盟、产业公共服务中心等组织,构建有效的交流和协同机制。各市对运行成效显著的,依规予以支持。支持基地组织举办高水平学术交流或高层次产业峰会,以及科技成果交易转化、新技术新产品发布、供需对接等活动。省领导小组办公室根据需要开展基地建设业务培训,总结推广先进经验。

七、加强管理监测

(十七) 强化协调调度

适当提高基地建设相关指标在省政府对各市政府目标管理绩效考核中的权重。省领导小组每半年召开基地建设专题调度会,通报基地建设情况,协调解决重大问题。省领导小组办公室要进一步创新工作方式,建立常态化的协调调度机制。

(十八) 完善监测体系

依照《中华人民共和国统计法》和相关规定,构建适应基地高质量建设的统计体系。加强基地统计工作,提高质量和效率,增强统计的科学性、准确性、时效性。省领导小组办公室会同统计部门修订完善基地统计监测方案,全面准确反映基地建设实际。

八、优化营商环境

(十九) 加强省市协同

各市要加强政策兑现的审核把关,及时研究解决基地建设过程中的突出问题。需省级层面协调解决的问题,及时汇总上报省领导小组办公室。省领导小组办公室区分不同情况,交由省有关单位直接办理或征求省有关单位意见后予以答复,重大问题提请省领导小组协调。

(二十) 健全服务体系

各市要建立专业精干高效的基地管理队伍,配齐配强基地建设工作人员。鼓励基地组建选聘高水平运营团队,建立专业孵化器。完善信息、咨询、物流等配套服务,不断提升综合服务水平,持续优化有利于创新创业创造的发展氛围。

本通知由省发展改革委负责解释,有关文件规定与本通知不一致的以本通知为准。

安徽省人民政府

2019 年 4 月 22 日

第八篇

大事记

扫码阅读

大事记

一月

1月1日 江苏出入境边防检查总站揭牌。

上海市元旦假期三天共发生消费134.97亿元，同比增长10.6%。

上海启动人民调解与"110"非警务警情对接分流机制。

浙江省委启动"服务企业服务群众服务基层"活动。

安徽省实施技能脱贫三年行动。

1月2日 江苏省举办第四次全国经济普查登记启动仪式。

上海G60科创走廊六个百亿级项目动工。

2018浙江非遗十件大事发布。

浙江宁波105个重大项目集中开工。

安徽省启动干细胞库建设。

1月3日 南京打造百亿级"中国智谷"。

上海、江苏、浙江、安徽三省一市在上海签署长三角地区市场体系一体化建设合作备忘录。

2018世界浙商上海论坛暨上海市浙江商会第十次会员代表大会在上海举行。

安徽省政府残工委会议在合肥召开。

1月4日 江苏省大运河文化旅游发展基金成立。

上海建筑最深地下基坑完成筑底后开始"向上施工"。

浙江医疗援疆"三大两远程"工作推进暨浙阿跨省医疗联合体成立仪式在新疆举行。

1月5日 全国政协农业和农村委员会工作研讨会在苏州召开。

上海一年一度的"温暖送三岛"慈善活动举行。

九三学社浙江省委会八届三次全会在杭州召开。

1月6日 上海市公安局召开局处长会议，总结2018年全市公安工作，部署2019年工作任务。

2018年度浙江考古重要发现在杭州揭晓。

1月7日 江苏省法院举行党外人士情况通报会。

特斯拉上海超级工厂开工建设。

2019年中国(杭州)大运河国际钢琴艺术节召开新闻发布会。

2019年安徽省春运电视电话会议在合肥召开。

1月8日 江苏省十三届人大常委会第七次会议开幕。

上海市委书记李强会见瑞士瑞银集团董事会主席魏柏昂一行。

浙南职业教育集团在温州成立。

安徽省军区党委全体(扩大)会议在合肥召开。

1月9日 纪念淮海战役胜利70周年暨向革命烈士敬献花篮仪式在徐州举行。

江苏省举行加快推进过江通道建设动员会。

"上海110"开通微信报警。

浙江省文化科技卫生"三下乡"启动。

安徽旅游行业风采展在合肥举办。

1月10日 江苏无锡和东南大学共建微电子学院。
民建浙江省第九届委员会第三次全体(扩大)会议在杭州召开。
安徽省关工委工作会议在合肥召开。

1月11日 江苏省暨淮安市“三下乡”活动在盱眙举行。
2019年上海市慰问高层次人才暨在沪外国专家新年文艺晚会举行。
浙北最大铁路货场启用。
最高法院确定宁波两级法院为全国法院唯一的移动电子诉讼试点。
全国林业和草原工作会议在合肥召开。

1月12日 江苏省“见义勇为”工作座谈会在盐城召开。
世界最大3D打印混凝土桥落户上海宝山。
全国首个保险博物馆——中国保险博物馆在宁波建成开馆。
安徽省发布重污染天气橙色预警。

1月13日 江苏省政协十二届二次会议开幕。
浙江命名首批森林特色小镇。
安徽省政协十二届二次会议开幕。

1月14日 江苏省十三届人大二次会议开幕。
韩军舰艇访沪。
宁波舟山港国际联运首进德国。
安徽省第十三届人民代表大会第二次会议在合肥开幕。

1月15日 “江苏省‘金环’对话会——环保项目银企对接会”在南京举行。
上海浦东新区与微软(中国)有限公司签署战略合作备忘录。
浙江在上海举行省情介绍会。

1月16日 江苏省出台太湖治理攻坚方案。
超百亿项目集中签约上海张江科学城。
浙江省全面推进基层工会改革。

1月17日 2019港商新春交流会在南京举行。
上海颁发首批个人网店执照。

1月18日 江苏省工商联十一届三次执委会议在南京举行。
江苏综合考核信息化平台上线运行。
第十六届风云浙商颁奖典礼在杭州举行。
安徽省第十届纪律检查委员会第四次全体会议在合肥举行。

1月19日 南京秦淮区打造军民融合创新示范区。
无人驾驶半开放示范区落户上海。
浙江省侨商会2019年迎春联谊会在杭州举行。

1月20日 上海地区2019年春运拉开帷幕。
浙江大学人工智能协同创新中心主办的“人工智能论坛”在北京召开。

1月21日 江苏省公开征集全面依法治省意见建议。
2019年上海市宣传思想文化工作会议召开。
浙江省侨联九届八次全委会在杭州召开。

1月22日 江苏省组织部长会议在南京召开。

全国首个机器人分拨中心在南京启用。
由中国最高人民法院举办的世界执行大会在上海开幕。
浙江省国企营收利润2018年再创新高。
安徽省政府新闻办召开2018年全省经济运行情况新闻发布会。

1月23日 江苏团省委十五届三次全会召开。
江苏省金融形势分析会在南京召开。
全球最大的天文馆——上海天文馆主体结构建成。
首届中国国际进口博览会总结表扬活动在杭州举行。
安徽省宣传部长会议在合肥召开。

1月24日 江苏省科技工作会议在南京召开。
新版《上海产业能效指南》发布。
杭州2019年度将安排重点建设项目539个,计划投资2067亿元。
浙江省文化产业投资集团与中国工商银行浙江省分行、中信银行杭州分行、杭州银行签约。
全国农村生活污水治理工作推进现场会在安徽省巢湖市召开。
安徽省农村人居环境整治会议在合肥召开。

1月25日 江苏省侨联七届四次全委会在南京召开。
上海政协通、政协头条开通仪式举行。
“浙江政协·掌上履职”平台启用。
安徽省委农村工作会议在合肥召开。

1月26日 中国人民政治协商会议上海市第十三届委员会第二次会议开幕。
浙江省政协十二届二次会议开幕。

1月27日 加快建设“长三角创新圈”座谈会在南京召开。
上海宋庆龄故居纪念馆恢复开放。
上海市十五届人大二次会议开幕。
浙江省十三届人大二次会议在杭州开幕。

1月28日 江苏省科协九届六次全委(扩大)会议在南京召开。
浙江15家老字号进故宫参展。

1月29日 江苏省农村工作会议在南京召开。
瞿秋白同志革命精神研讨会在常州举行。
中国共产党中国宝武钢铁集团有限公司第一次党员代表大会开幕。
浙江省杭州市余杭区政府基础设施项目289个,总投资723.46亿元。
安徽省2019年在肥高层次人才迎春茶话会在合肥举行。

1月30日 盛大游戏全国IP运营中心子公司落户无锡市。
春运浦东机场首试夜航。
第一届浙版传媒好书评选结果在杭州揭晓。
安徽省统战部长会议在合肥召开。
安徽省暨合肥市党政军负责同志座谈会在合肥举行。

1月31日 南京市江北新区启动脑科学与类脑研究产业技术创新计划。
上海2019新春游乐会开锣。

二月

2月1日 江苏省民营企业家迎春座谈会在南京召开。
上海市财税工作会议举行。
上海法院的专门破产审判机构——上海破产法庭成立。
浙江省公安厅通报2018年扫黑除恶专项斗争战果。
安徽省委军民融合发展委员会办公室揭牌。
2019年安徽省民族宗教界迎春茶话会在合肥举行。

2月2日 南京首列全景式消防地铁启动。
上海交响乐团音乐会举行。
浙产柴油输出欧洲。
安徽省委省政府举行2019年春节团拜会。

2月3日 杭州萧山国际机场迎来春运以来客流高峰。

2月10日 南京市鼓楼区对铁北片区改造开展专题研究。
上海市召开进一步优化营商环境工作会议。
浙江省临海市10个项目集中签约。
安徽省春节假日期间接待游客3348.07万人次,旅游收入218.61亿元。

2月11日 春节期间江苏出入境流量创新高。
春节7天假期里,长三角铁路发送旅客首次突破1000万人次,达到1030万人次。
浙江省慈溪市44个项目集中开工。

2月12日 江苏省重大交通项目集中开工仪式南通市分会场在通州举行。
崇明区启动建设74个重大生态项目。
浙江省温州市设立民企维权服务中心。
安徽省在滁州市举行春风行动启动仪式暨“2+N”招聘活动。

2月13日 江苏省高校党的建设工作会议在南京召开。
南京市南部新城基础设施开建。
上海市召开市住房城乡建设管理工作会议,划定今年重大工程投资超1360亿元。
浙江省宗教界人士新春座谈会在杭州举行。

2月14日 乐坛最受瞩目女指挥来到上海。

2月15日 江苏省对口帮扶对口支援对口合作工作电视电话会议召开。
上海全力打造统一服务平台和管理平台。
浙江省文艺界“2019年新春联欢会”举行。

2月16日 江苏省徐州市铜山区农业双创服务中心开放。
2019中国·南京国际梅花节开幕。
上海花灯亮相台北灯节。
浙江省宁波市为垃圾分类立法。
十届省委第六轮巡视整改任务交办会在合肥召开。

2月17日 上海证券交易所赴沪京深蓉四地听取市场主体意见建议。
杭港牵手打造高端服务业示范区。

2月18日 江苏省举行交流任职干部座谈会。
上海虹桥打造全国首个5G火车站。
浙江省统战部长会议在杭州召开。

住皖全国政协委员提案素材对接会在合肥召开。
安徽省公安厅在合肥召开全省公安局处长会议。

2月19日　江苏省信访工作会议在南京召开。
上海全市法院院长会议召开。
浙江省政府举行全体会议，确保完成全年目标任务。
安徽省组织部长会议暨干部教育培训工作会议在合肥召开。

2月20日　江苏省检察工作会议召开。
上海市政协召开界别工作推进会。
浙江省体育局与省国资委签署《2018—2022周期战略合作协议》。
安徽省打造紧密型医疗联合体。

2月21日　江苏省地方志工作会议在南京召开。
江苏省总工会十四届三次全委会在南京召开。
全国城市生活垃圾分类工作现场会在上海举行。
我国首条公里级高温超导电缆示范工程启动大会在上海举行。
浙江省监委聘任首届24名特约监察员。
安徽省政协十二届二次会议提案交办会召开。

2月22日　全国政策咨询工作会议在南京召开。
江苏省政府与中国长江三峡集团在南京签署战略合作框架协议。
上海证券交易所加速推进科创板。
浙江省人大常委会组织省全国人大代表开展会前集中视察。
九三学社华东片区培训班在合肥开班。

2月23日　“感知中国·江苏文化周”在柬埔寨、泰国成功举办。
浙江“泰顺廊桥”在台湾南投落成。
安徽省贷款余额首次突破4万亿元。

2月24日　江苏省实施取消企业账户开户许可。
上海市政府召开常务会议，进一步加大政务公开工作力度。
浙江大学发布启动“量子计划”“生态文明计划”“设计育种计划”三个专项计划。

2月25日　江苏省新版《政风热线》首期开播。
第七届上海市“平安英雄”颁奖典礼举行。
全国首家政务服务标准化培训基地落户浙江台州。
安徽省十三届人大二次会议代表建议交办会在合肥举行。

2月26日　2019江苏省贸促会（国际商会）与境外机构新春交流会在南京举行。
江苏省部共建林产化学与材料国际创新高地启动。
上海中医药法执法检查启动。
浙江省委农村工作会议在杭州召开。
浙江临海开工21个重大产业项目，总投资129.5亿元。
2019年安徽省大气污染防治联席会议第一次全体（扩大）会议召开。

2月27日　江苏省统战部长会议在南京召开。
2018年度中国科学十大进展揭晓，上海科研成果位列前两名。
浙江省维护国家政治安全工作会议召开。
安徽省商会人民调解委员会揭牌仪式在合肥举行。

2月28日　江苏省对台工作会议在南京召开。
江苏省妇女儿童福利基金会挂牌成立。

上海市食药安办发布《2018年上海市食品安全状况报告》。
浙江600个重大项目集中开工，总投资7539亿元。
杭州市政府与浙江大学签署合作协议。

三月

3月1日 江苏省社会科学普及工作联席会议第二次会议在南京召开。
第46届世界技能大赛组织委员会第一次全体会议在上海举行。
浙江省政府与中国工程院签署合作协议。
2019年春运期间，安徽铁路客发量占长三角20%以上。

3月2日 江苏省政府与商务部在北京签署部省合作框架协议。
"品质浙货"走进第二十九届中国华东进出口商品交易会。
合肥机场春运旅客吞吐量达156.5万人次，增长15.3%。

3月3日 2019年江苏省暨南京市学雷锋志愿服务集中活动在南京启幕。
上海新一轮100公里架空线整治启动。

3月4日 江苏省城市社区工作者职业体系建设推进会在镇江召开。
上海市人大代表提出代表建议906件、市政协委员提出提案805件。
浙江省委党校（省行政学院）举行春季班开学典礼。

3月5日 江苏省启动农民工学法活动周。
上海市总工会召开"稳就业促发展，加快农民工队伍建设"推进会。
浙江德清推出基层统战工作规范。
安徽省推动综合医改工作再上新台阶。

3月6日 扬州首批农业农村定向生推荐就业。
上海市市级机关党的工作暨纪检工作会议召开。
浙江省首个民营经济司法服务保障中心成立。

3月7日 由江苏、上海、浙江、安徽三省一市联合组建的"长三角乡村振兴研究院"在南京成立。
2019"城市之声"国剧论坛在南京落幕。
上海证券交易所明确科创板投资门槛认定条件。
浙江省女性互联网司法数据解读发布。
安徽省部署开展铁路沿线外部环境综合整治专项行动。

3月8日 联合国粮农组织与江苏省农科院联合举办乡村振兴和城乡统筹发展论坛。
上海外滩18号艺术空间对外开放。
浙江省举行"三八"节纪念活动。
安徽省电子社保卡首发仪式在合肥举行。

3月9日 徐州首条跨省城际公交开通运行。

3月10日 "雪龙"号第22次远征南极返回上海。

3月11日 南京创新周云平台正式上线。
上海长寿路街道24街坊征收成功。

3月12日 江苏省暨南京市各界人士在中山陵举行谒陵仪式。
上海纪念孙中山先生逝世94周年纪念活动。
全国首个互联网公益大脑"云上公益大脑"在杭州上线。

3月13日 上海办理房屋交易登记，可以提前网上预约。
浙江省开展消防产品质量监督检查。

3 月 14 日　南京艺术学院举行马克思塑像揭幕仪式。
世界技能大赛新增项目全国选拔赛在上海启动。
浙江省知识产权生态优化行动启动。
23 家安徽企业签署放心消费自律公约。

3 月 15 日　江苏省关工委工作会议在南京召开。
上海市委、市政府在北京召开加快推进上海国际金融中心建设座谈会。
杭州集中开工 25 个重大项目，总投资逾 400 亿元。
2019 年世界环境日主场活动落户杭州。
安徽省"见义勇为"表彰大会在"合肥"召开。

3 月 16 日　南京大学苏州校区落户苏州高新区。
上海证券交易所发布两份文件，细化科创板配套规则。
2019 年"浙江政协·崇学讲坛"第一讲在杭州召开。
安徽省脱贫攻坚民主监督工作经验交流会在合肥召开。

3 月 17 日　民盟江苏省十二届八次常委(扩大)会议在南京召开。
2019F1 中国大奖赛官方路演活动在上海举行。
中国科技大学第十二次党代会在合肥召开。

3 月 18 日　江苏省首届紫金文化创意人才开始选拔。
上海市食品药品安全工作会议举行。
温州市监系统 2018 年度"十佳"公布。

3 月 19 日　江苏泰兴 28 个重大项目集中开工。
2019—2020 年上海市及长三角地区公共文化和旅游产品采购大会举行。
浙江省科协十届三次全委会在杭州举行。
安徽省政协召开"推进长三角更高质量一体化发展"情况通报会。

3 月 20 日　江苏省与外国驻沪领馆圆桌会议在南京举行。
江苏省产业工人队伍建设改革第一次联席会议暨工作推进会在南京召开。
上海市及长三角文采会成交金额破 1 亿元。
浙江交通技师学院设电商分院。

3 月 21 日　江苏靖江举行重大产业项目集中开工仪式。
上海证券交易所科创板上市委咨询委候选名单揭晓。
第十届中国(杭州)国际社会公共安全产品与技术博览会召开。
安徽省百家媒体旅游推介活动启动。

3 月 22 日　江苏省第十五次社会主义学院院长会议在南京召开。
宁波文博会在上海举行推介会。
"浙江政协·网上议政厅"上线。
浙江乡村文化创意街区高峰论坛召开。
安徽省金融工作座谈会在合肥召开。

3 月 23 日　嘉定与上海证券交易所开展战略合作。
上海金融科技园区揭牌。
"2019 浙江·香港现代服务业高端人才招聘会"在香港举行。
安徽省印发若干推进措施。

3 月 24 日　江苏省泰州医药高新区 26 个重大产业项目集中开工。
长三角联合师资招聘专场在上海举行。
长三角地区春季人才交流洽谈会在上海举行。

浙江省启动全省国土空间规划编制。
安徽省春季农业生产现场会在濉溪召开。

3月25日 第二届江苏省紫峰奖表彰典礼在南京举行。
上海市政协部署2019年大调研。
浙江省部署开展危化品安全生产大检查。
首届国际划联龙舟世界杯落户宁波。
安徽省人大常委会召开立法工作会议。

3月26日 两岸企业家峰会(大陆)永久会址落户南京。
德国弗劳恩霍夫应用研究促进协会与上海交通大学签署正式合约。
浙江生态省建设总结评估调研工作座谈会在杭州召开。
安徽省勘查技术院院士工作站在合肥揭牌。

3月27日 江苏省十三届人大常委会第八次会议在南京开幕。
上海证券交易所公布科创板第二批上市申请受理企业名单。
全国人民调解师资培训班开班式在上海举行。
"我们的价值观"主题教育活动在杭州启动。
中央统战部考察服务团来安徽开展考察服务活动。

3月28日 全国仲裁工作会议在上海召开。
九三学社中央调研组来上海调研。
浙江立法管理无人驾驶航空器。
中国政府透明度指数发布,安徽位居省级政府第一。

3月29日 江苏省社科界第十二届学术大会高层论坛在南京举行。
浦东新区重点工程实事立功竞赛总结暨2019年度重大工程建设动员大会召开。
杭州扩大有效投资暨"5433"工程推进大会召开。
安徽省发行逾500亿元专项债券。

3月30日 南京都市圈第二届文化人才专场招聘会暨南京市第八届文化人才专场招聘会举办。
上海成全国首个移动5G试用城市。
浙江省病理专科联盟(共享平台)成立。
安徽省公安厅召开"扫黑除恶"专项斗争领导小组扩大会议。

3月31日 国内首条工业化超薄带生产线在江苏启用。
上海证券交易所网站披露科创板上市申请受理企业已达28家。
"全国乡村振兴与扶贫协作(宁波)论坛"召开。
安徽省全面推进气象现代化暨省部合作联席会议在合肥举行。

四月

4月1日 长三角的六市"宁杭生态经济带"讨论会在南京举办。
浙江省嘉善市举行"智能时代・传感未来"产业论坛暨招商推介大会,设立总规模100亿元产业专项基金。
安徽省亳州市2018年重点项目累计完成投资1150亿元。

4月2日 第十九届国际液化天然气会议在上海开幕。
江苏省南通一季度将集中开工项目283个,总投资达1286.2亿元。

4月3日 全国"自由贸易试验区党的建设研究"课题协调会在上海召开。
江苏省南京市六合区召开创新发展暨招商大会,总投资达165.3亿元。

4月4日 上海市奉贤区首批"东方美谷"园中园产业首批项目日前开工建设,总投资达

213.8 亿元。

安徽省滁州市南谯区外向型民营企业实现进出口总额为 6756 万美元。

安徽省鸿路钢结构有限公司累计新签销售合同额人民币约 34.65 亿元。

4 月 5 日 江苏省建湖县丰力豪石油机械项目由上海客商投资建设，总投资 2.5 亿元。

4 月 6 日 以“创意与遗产”为主题的第三届“一带一路”青年创意与遗产论坛在南京举办。

4 月 7 日 浙江省对口援疆在新疆阿克苏集中开工，年度投入资金 17.31 亿元。

4 月 8 日 浙江省衢州市斯凯孚中国小圆锥滚子轴承生产基地正式投产，产值将达 5 亿元。

4 月 9 日 江苏省电力公司 2019 年投资 130 亿元建设现代化农网。

安徽省九三学社界围绕“推进长三角区域公路设施建设一体化”主题在宣城市开展界别调研。

4 月 10 日 江苏省海门市经贸投资洽谈会开幕，有 21 个重大项目现场签约，总投资超过 350 亿元。

安徽省怀宁县作为长三角最大的蓝莓种植区，有机蓝莓产值将超过 10 亿元。

安徽省黄山市屯溪区产业招商推介会在上海市普陀区举办，签署了金额为 49.48 亿元投资协议。

4 月 11 日 以“走进自贸区，创新长三角”为主题的首届长三角城市群“青年人才创新论坛”在上海举行。

4 月 12 日 浙江省鑫柔科技与桐乡市签下总投资 125 亿元的项目，研发和生产新一代柔性金属网格触控传感器。

安徽省合肥市举行招商推介会暨首批入驻企业签约仪式，实现营业收入 60 亿元。

4 月 13 日 由浙江财经大学承办的“首届中国行为与实验经济学论坛”在杭州召开。

以“创新桥梁技术，助力交通强国”为主题的中国高速铁路桥梁工程创新技术论坛在南通举行。

安徽省属企业经济运行开局良好，一季度累计实现营业收入 2086.7 亿元。

4 月 14 日 由浙江省宁波市政府主办的 2019 中国(宁波)特色文化产业博览会成功落下帷幕，总签约金额达 97.25 亿元。

4 月 15 日 由外交部、教育部和上海市政府共同主办的第二届“中国—阿拉伯国家改革发展论坛”在上海举行。

4 月 16 日 以“融合·创新”为主题的长三角工商峰会在南京召开。

2019 宿迁(深圳)投资环境说明会上现场签约 28 个项目，协议总投资 205 亿元。

4 月 17 日 “甘肃绿色生态产业招商推介会”在杭州举行，有多个省合作项目签约，投资总额达 157.57 亿元。

江苏省宝应市举行重大项目开工仪式，共签约 25 个项目，计划总投资 65.55 亿元。

江苏省扬州市举行“京杭之心”活动，现场签约项目 50 个，总投资 200 多亿元。

4 月 18 日 2019 年长三角地区跨省异地就医门诊费用直接结算工作推进会在上海举行。

首届“一带一路”商协会圆桌会议盐城召开，集中签订 22 个项目合作协议，总投资 314.1 亿元。

4 月 19 日 浙江省创新引领基金启动仪式暨 2019 浙江基金创新峰会在杭州举行，基金总规模为 20 亿元。

江苏省无锡 SK 海力士二工厂项目竣工，项目总投资 86 亿美元。

长三角三省一市的知识产权部门在南京签署《长三角地区共同优化知识产权营商环境合作意向书》，在建立保护协作机制等方面达成一致意见。

4月20日 以“长三角一体化:理论与对策”为主题的中国城市百人论坛2019春夏研讨会在上海举行。

4月21日 首届中国国际进口博览会的成功举办进一步推动了上海与“一带一路”沿线国家和地区的经贸往来,累计意向成交578.3亿美元。

安徽省合肥市经开区新签约康佳半导体产业园等重点项目,总投资412亿元。

4月22日 江苏省首季交通建设完成投资254亿元。

4月23日 2019上海5G创新发展峰会暨中国联通全球产业链合作伙伴大会在上海开幕。

第二届江苏发展大会暨首届全球苏商大会专题工作会在南京召开。

4月24日 美国硅谷最负盛名的创业孵化器在中国长三角区域的总部正式落户上海张江科学城。

长三角新能源和网联汽车产业联盟成立大会暨创新成果发布会在合肥举行。

4月25日 在“2019南京市浦口区投资环境推介会”上,21个产业合作项目现场签约,总投资近百亿元。

安徽省芜合高速公路芜湖至林头段改、扩建工程初步设计项目总投资56.3亿元。

4月26日 浙江省杭绍台铁路是我国首批社会资本投资铁路示范项目之一,也是国内第一条民营控股的高速铁路,计划完成投资130亿元。

4月27日 浙江省宁波杭州湾新区成立后累计引进上海“沪商”项目投资总额超1100亿元。

江苏省建湖开发区推进产业强区,新开工超亿元工业项目9个,签约亿元以上工业项目13个。

4月28日 2019中国·扬州第二届人工智能产业发展应用峰会在江都召开,总投资55亿元。

安徽省旅游业发展大会在合肥举行。

4月29日 2018年江苏省海洋生产总值达7618.8亿元。

4月30日 上海市政府召开二季度工作会议,把更多心力精力放在谋发展稳增长上。

五月

5月1日 江苏省首季重大项目建设240个,年度计划投资5330亿元。

5月2日 长三角地区党校(行政学院)智库联盟第一届学术交流会在安徽省委党校(安徽行学院)举办。

5月3日 上海市科委与德国西门子企业第一次签署科技合作备忘录,助力上海科创中心建设。

5月4日 以“融合·创新·共享”为主题的首届大运河文化旅游博览会在扬州举办。

5月5日 安徽省涡阳县举行重大项目开工仪式,总投资达133.76亿元。

5月6日 “老牌新品首发地”在上海揭牌,同时长三角老字号企业联盟、长三角老品牌振兴基地宣布成立。

江苏省淮安市举行农民群众住房条件改善项目集中开工,总投资148.4亿元。

5月7日 浙江省金华市投资额最大的集聚区民生建设项目,概算总投资28亿元。

2019江苏省无锡市现代服务业高层次人才论坛在无锡市梁溪区召开,超亿元项目2个,总投资50亿元。

安徽省铜陵市重点项目在义安经济开发区集中开工建设,项目总投资31.38亿元。

5月8日 以“提升城市功能品质,建设长三角一体化发展示范城市”为主题的2019年青浦区招商推介会在上海青浦区举办。

5月9日 第二届中国国际进口博览会参展商联盟座谈会齐聚上海国家会展中心。

2019中国长三角青商高峰论坛新闻通气会在安徽省合肥市政务服务中心举行。

5月10日 第五届中国品牌经济(上海)论坛在上海举行,累计项目246个,带动社会资本投资

17.2 亿元。

安徽省铜陵市产学研合作助推区域创新，近三年累计为企业新增产值 400 多亿元，实现利税 40 多亿元。

5 月 11 日 以“健康长三角：聚合・共识・行动”为主题的 2019 首届健康长三角峰会在上海举行。

浙江省杭州湾新区智能汽车制造产业基地扩建项目签约，建设“246”万千亿级产业集群。

江苏省南京市秦淮区召开秦淮硅巷创新发展大会，投资额为 149 亿元。

2019 年长三角地区主要领导座谈会在合肥召开。

安徽省马鞍山市当涂县奥克斯家电产业园项目总投资 100 亿元。

5 月 12 日 以“新时代・新格局・新发展”为主题的第四届丝绸之路国际博览会上，江苏省洽谈项目 20 个，总金额达 275.35 亿元。

安徽省一季度货物贸易进出口总值达 1098.6 亿元。

5 月 13 日 上海市大力支持民营经济，2018 年度营业收入超过 10 亿元人民币。

2019 中国锂电池材料创新发展峰会在徐州举行，总投资 100 亿元的锂电储能系统项目正式签约。

2019 中国长三角青商高峰论坛在合肥开幕。

5 月 14 日 由长三角三省一市共同举办的第一届长三角一体化创新成果展在芜湖举行。

安徽滁州至江苏南京城际铁路是国内首条采用 PPP 模式建设的跨省城际铁路，项目总投资约 165 亿元。

5 月 15 日 长三角 G60 科创走廊人工智能产业联盟在上海市松江区成立。

5 月 16 日 江苏省举行 2019 南京・高淳医疗器械产业推介会上，总投资超过 50 亿元的产业项目现场签约。

5 月 17 日 浙江省绍兴市举行 2019 年重大项目集中开工暨重大招商项目集中签约仪式，计划总投资 816.6 亿元。

“长三角一体化”循环经济现场会在安徽省界首市召开，2018 年实现资源循环产值 615 亿元。

5 月 18 日 浙江省“5・18 国际博物馆日”主场活动在浙江省绍兴市柯桥区博物馆举行。

浙江省嘉兴港区首个百亿项目——中国航天瑞华泰高分子新材料项目总投资 115 亿元。

5 月 19 日 以“科技创新 推动先进制造业和现代服务业融合发展”为主题的“上海民建浦江论坛”在上海闵行区紫竹科学园区举行。

在安徽省投资环境推介会暨项目签约仪式上，项目投资总额达 88.5 亿元。

5 月 20 日 长三角广播“一体化”圆桌会议在上海召开。

第十五届中国（深圳）国际文化产业博览交易会落下帷幕，浙江省现场成交额达 1300 余万元，现场签约投资额达 35 亿元。

第二届江苏发展大会暨首届全球苏商大会在南京开幕。

2019 年长三角地区主要领导座谈会在芜湖举行。

5 月 21 日 长三角经济发展中，江苏生产总值突破 2.2 万亿元，上海金融市场成交额达 455.65 万亿元。

总投资超百亿元的金东高档纤维基材料智能制造项目在江苏省镇江市新区签约。

5 月 22 日 以“长三角：共筑强劲活跃增长极”为主题的第一届长三角一体化发展高层论坛在芜湖举行。

5月23日 浙江省绍兴市上虞区举行重大项目集中开工仪式,共有19个项目集中开工,计划总投资186.92亿元。

以“创新驱动发展、科技引领未来”为主题的第一届长三角一体化创新成果展、第九届中国科普产品博览交易会在芜湖开幕。

5月24日 江苏省启东国际经贸洽谈会开幕,现场签约278亿元项目大单。

5月25日 以“全球变局中的亚洲:挑战、发展和新范式”为主题的“上海论坛2019”年会在上海开幕。

第五届全球私募基金西湖峰会在杭州召开,总规模600亿元人民币,首期规模300亿元。

安徽省淮北市优化产业结构度融入长三角,在建沪苏浙亿元以上项目45个,总投资239.64亿元。

5月26日 首次长三角城市老年人体育协会联盟工作交流会在安徽省宣城市举行,标志着长三角城市老体协联盟正式成立。

5月27日 2019上海浦江创新论坛会在上海举行。

5月28日 浙江省文化产业创新发展研究院正式成立,产业总产出力争达1.6万亿元。

美国康宁公司在安徽省合肥市新站高新区的环境科技新工厂正式投产,投资金额近30亿美元。

5月29日 第四届“汇创青春”上海大学生文化创意作品展示活动在上海国际时尚中心开幕。

5月30日 上海吸引外商投资,已有38个外资项目在上海集中签约,投资总金额达71.2亿美元。

办理“推动惠台政策落地落实,促进沪台经济文化交流”提案专题,上海目前有台资企业13436家,吸引合同台资达413亿美元。

浙江省宁波市海曙数字经济发展大会开幕,23个数字经济产业项目集中签约,总投资63.92亿元。

安徽省民营经济整体提质扩量,健康向上,实现进出口269.8亿美元。

5月31日 以“活力长三角,奋进新时代”为主题的长三角企业文化建设合作交流论坛在上海举行并签署了《长三角企业文化建设合作交流框架协议》。

以“长三角区域一体化发展:打造高质量发展样板区”为主题的第26期“江海论坛”,三省一市的专家在南京进行了研讨交流。

六月

6月1日 以“喜迎七十华诞　讲好中国故事”为主题,“长三角少儿阅读联盟”在上海正式揭牌。

以“重塑竞争力　竞逐新风口”为主题的2019浙商(投融资)大会宁波峰会在宁波东部新城举行。

6月2日 中国水产科学研究院淡水渔业研究中心发布《盱眙龙虾白皮书》,江苏省盱眙龙虾产业经济总产值达139.41亿元。

6月3日 中国社会科学院考古所华东基地落户无锡阖闾城考古遗址公园。

在第十五届中国(深圳)国际文化产业博览交易会上,安徽省共有24个文化投资项目签约,投资总额达84.39亿元,引进资金78.99亿元。

6月4日 长三角物业管理服务联盟在2019年上海国际建筑业与物业管理产业展览会上成立。

2019年1—4月,安徽省利用省外资金保持平稳增长,在建省外投资项目2641个,实际到位资金3450亿元。

6月5日 总投资1.2亿元海洋工程的高性能无机复合材料项目、总投资1.05亿元海域用撬冰式破冰拖轮项目在江苏镇江集中签约。

6月6日 江苏省无锡市合资设立华虹半导体(无锡)有限公司，一期项目投资25亿美元。

第二届中国(淮安)大运河文化带城市非遗展暨2019年“文化和自然遗产日”江苏省主场活动在淮安开幕。

6月7日 上海《2019年上海生产性服务业发展报告》显示，2019年一季度，全市服务业重点领域企业实现营业收入7723.8亿元。

6月8日 江苏省重大项目建设取得“快于以往、好于历史、超于预期”的良好成效，220个实施项目1—5月完成投资2100亿元。

6月9日 江苏省泰州市举行高层次人才“爱国·奋斗·奉献”精神主题学习会，顶尖人才可获亿元项目资助。

6月10日 浙江省产业援疆对接会暨合作项目签约仪式在宁波举行，总签约金额达61.84亿元。

浙江省宁波石化经济技术开发区4个项目顺利签约，总投资超50亿元。

6月11日 上海复旦大学承担的“国家集成电路产教融合创新平台”项目可研报告显示，项目建设总经费4.7亿元。

安徽省广德县参与长三角产业分工协作，1—4月，协议资金17.88亿元。

6月12日 江苏省泰兴市举行二季度重大项目集中开工仪式，计划总投资85亿元。

2019年安徽省重大前期工作项目合计103个，总投资5125.79亿元。

6月13日 以“加快国际金融中心建设，推动经济高质量发展”为主题的第十一届陆家嘴论坛在上海开幕。

安徽省池州市有33项民生工程，计划投资40.85亿元。

安徽省重点项目开工1523个，集中开工项目931个，总投资近3923亿元。

6月14日 国家发展计划委员会批准投资86.5亿元的上海苏州河整治一期工程在上海正式启动。

以“强化公益属性 激发创新活力”为主题的首届中国事业单位创新发展研讨峰会在苏州举行。

安徽省扶持壮大村级集体经济工作领导小组第一次会议召开。

6月15日 以“文创赋能——城市的可持续发展”为主题的2019上海国际创意城市设计创新论坛在上海长宁区举行。

6月16日 长三角影视拍摄基地合作在上海国际电影节启动，意味着长三角影视一体化进入新阶段。

以“新时代·新徽学”为主题的首届徽学学术大会在合肥开幕。

6月17日 江苏省泰州市举行隆基乐叶泰州5GW组件项目签约仪式，总投资32亿元。

安徽省民间投资参与补短板项目建设，项目总投资90亿元。

6月18日 以“数字产业化、产业数字化”为主线的首届“浙江数字经济创业创新峰会”在杭州启幕。

协议投资额约835亿元的智能装备在安徽省合肥市经开区科技园集中签约。

6月19日 以“聚焦精准扶贫、筑梦美好生活”为主题的2019长三角一体化发展·钟山慈善行动暨首届江苏慈善论坛在南京举行。

6月20日 长三角地区人大监察和司法工作协作会议在上海青浦区召开。

在浙江省嘉兴举行的经济技术开发区第五届招商大会上，37个项目签约落户，总投资293亿元。

6月21日 由意大利莱奥纳多集团与上海正阳投资集团有限公司共同投资128亿元建设的中意

直升机生产项目落户浙江省张江长三角科技园。

安徽省与“一带一路”沿线国家投资合作持续推进,对外承包工程4.1亿美元,完成营业额7.7亿美元。

6月22日 2019年长三角地区主要领导座谈会在芜湖举行,同时举办首届长三角一体化发展高层论坛。

6月23日 长三角“一季报”显示,沪苏浙皖、形成了高质量发展的区域集群,江苏省生产总值则突破2.2万亿元。

安徽省寿县蜀山入驻企业130余家,累计完成固定资产投资突破100亿元。

6月24日 2019长三角G60科创走廊联席会议在芜湖召开,共签署86项区域一体化重大合作项目,总投资约2192亿元。

安徽省颍上等县,通过实施农网升级改造工程,累计安排农网投资232亿元。

6月25日 江苏省南京市江北新区是长三角第三个国家级新区,生产总值增长2528亿元。

安徽省六安市举办的2019安徽秸秆综合利用产业博览会上,签约项目金额约15.21亿元。

6月26日 上海青浦区举行“聚焦长三角一体化,推动更高质量发展——2019青浦区重大项目启航”活动,共涉及128个项目,投资总额达1458亿元。

安徽省黄山等市制定茶产业发展规划后,茶叶总产值由8.44亿元增长到77.2亿元。

6月27日 2019年两岸(昆山)产业合作论坛在昆山举行,同时举行了淮昆台资经济协同发展签约仪式。

6月28日 中国(上海)自由贸易试验区项目签约仪式在上海世博宝武大厦举行,涉及资金总额逾200亿元。

国内首个立足长三角、定位于氢能基础设施产业联盟在上海成立。

安徽省长九(神山)项目投产会在安徽省池州市贵池区神山矿区举行,总投资近100亿元,产值总规模超千亿元。

6月29日 上海市静安区市北高新园区举行长三角软件园协同创新发展高峰论坛。

安徽省怀柔科学城的核心区为世界一流的生物医学成像设施,项目总投资超17亿元。

6月30日 浙江省宁波文创港正式开工建设,项目总投资约38.8亿元。

七月

7月1日 《上海市生活垃圾管理条例》实施。

浙江省台州市成立垃圾分类公众教育学院。

连云港市首家县级融媒体中心挂牌成立。

7月2日 浙江省开化县成立钱江源国家公园管理局。

7月3日 上海市政府与国家电网签署协议,共同推进“三型两网”建设助力长三角一体化发展。

淮海人力资源服务产业园在徐州开园。

7月4日 2019上海—台北城市论坛在上海举行。

东南大学文化发展战略规划研究中心成立。

首趟合肥至德国杜塞尔多夫的中欧班列开行。

7月5日 德国文化使者乘坐2019汉堡—上海文化使者跨越欧亚新丝路的大巴车抵达上海。

浙江旅游职业学院成立。

杭州互联网仲裁院成立。

盐城黄海湿地申遗成功。
安徽省宿州市签约7亿多元投资项目。

7月6日　傅雷主题图书馆在上海开馆。
第二届海峡两岸青年发展论坛在浙江开幕。
杭州的良渚古城遗址被列入《世界遗产名录》。
淮海工学院更名为江苏海洋大学。
2019中国·肥西第二届荷花文化节开幕。

7月7日　“良渚文明”丛书在杭州首发。
纪念全民族抗战爆发82周年活动在侵华日军南京大屠杀遇难同胞纪念馆公祭广场举行。

7月8日　2019年“世界戏剧研究联盟大会”在上海开幕。
长三角国际智能制造精准对接活动暨第四十届MATADOR智能制造与设计国际会议在杭州开幕。
2019年首届海峡两岸航海文化节在南京开幕。

7月9日　中国质量认证中心、上海市市场监管局、上海自贸试验区管委会签署《共同推进上海自贸试验区“一带一路”国际合作暨汽车产业发展质量认证服务工作备忘录》。
中国·杭州湘湖国际生命健康产业协同项目建设启动。
长三角地区政协联合调研组来安徽调研。

7月10日　世界技能博物馆首批展品交接仪式在上海举行。
杭州香港两地机构共同打造的“杭港驿站”揭牌。
金光纸业一期投资百亿项目在江苏如东开建。
中国妇女手工创业创新大赛东部赛区选拔赛在合肥举行。
长三角消保委联盟发布《2019年上半年长三角地区消费投诉热点领域分析报告》。

7月11日　中央第一生态环境保护督察组进驻上海。
江苏省委宣传部、苏州市委宣传部与苏州大学共建传媒学院揭牌。
以“长三角区域一体化发展与江苏作为”为主题的江苏发展高层论坛在南京大学举行。

7月12日　中欧“城市文化与科技创新”三方会议在上海举行。
浙江省第十四届美术作品展览在浙江美术馆开幕。

7月13日　22卷1000万字《草婴译著全集》在上海首发。
浙江省绍兴市在上海启动“海创人才”国际创业大赛暨上海城市分站赛活动。
中国新教育实验第十九届研讨会在泰州举行。
安徽省黄山市举办首届黄山发展大会，签订总投资近600亿元的项目。

7月14日　杭州市钱塘新区管委会与浙江工商大学联合建立“中国(杭州)跨境电商学院”。
《桐城派大辞典》在合肥首发。

7月15日　上海市、江苏省、浙江省、安徽省食品(药品)安全委员会办公室制订《2019年长三角食品安全区域合作工作计划》。
国际法制计量组织(OIML)、亚太法制计量论坛(APLMF)和国家市场监管总局在杭州共同举办OIML证书互认制度国际研讨会。
《安徽省实施长江三角洲区域一体化发展规划纲要行动计划》通过。

7月16日　上海闵行南虹桥32个重大项目签约，预计投资总额294亿元。
《浙江省优化营商环境企业不动产登记“一件事”便利化行动方案》出台。
江苏省教育考试研究中心揭牌成立。

合肥工业大学、华为技术有限公司建立5G联合创新实验室。

7月17日 《跨越太平洋的交流与合作——上海纪念中美建交40周年》图片展在美国开幕。

建设平安浙江15周年余杭论坛召开。

南京市栖霞区、南京经济技术开发区、仙林大学城重大项目集中开工183个,投资总额达324亿元。

7月18日 “2019上海国际友好城市青少年夏令营”在上海长宁区开营。

江苏省首座人才主题公园在扬州开园。

安徽淮北海关揭牌成立。

安徽省宣城市二季度集中开工竣工投产项目总投资499.4亿元。

7月19日 上海宣布申能集团与上海电缆所实施联合重组。

第十五届中国(南京)国际软件产品和信息服务交易博览会在南京开幕。

7月20日 “中国哲学社会科学话语体系建设·浦东论坛——文学理论话语体系建设·2019”在上海举行。

2019杭州国际音乐节闭幕。

世界级超跑赛车制造基地落户江苏如皋。

首届“乡村旅游”国际微电影盛典在安徽天长启动。

7月21日 2019年戏曲百戏(昆山)盛典在江苏昆山开幕。

7月22日 上海证券交易所科创板首批25家公司上市交易。

杭州市与湖州市签订《杭州市—湖州市长三角一体化战略背景下共建都市区合作框架协议》。

第十五届中国(南京)国际软件产品和信息服务交易博览会在南京落幕。

安徽海螺集团和铜陵有色跻身“世界500强”。

7月23日 长三角“五市一区”政协理论研讨会在上海举行。

无锡举行梅里遗址考古学术研讨成果发布会。

位于宣城市的国家宣纸及文房用品质检中心通过安徽省市场监管总局验收。

7月24日 杭州市与嘉兴市签订《杭州市—嘉兴市长三角一体化战略背景下共建都市区合作框架协议》。

合肥—香港定期货运航线首航。

7月25日 阿里云峰会在上海揭幕。

浙江省与中国气象局在杭州签署《共同推进高水平气象现代化和防灾减灾救灾“第一道防线”示范省建设合作协议》。

2019两岸青年实习就业创业研讨会在江苏昆山开幕。

江淮汽车与潍柴集团在合肥签署战略合作协议。

7月26日 远洋集团、宝冶集团、中科传媒三家国企分别与上海奉贤签约,计划投资3个大项目,投资或预计产出均超过10亿元。

沪深港交易所就科创板A+H公司纳入沪深港通范围达成共识。

江苏省“自主工业品牌五十强”发布会在南京举行。

7月27日 第七届浙江国际养老服务业博览会上,三省一市专家围绕“长三角养老一体化”议题进行了深入探讨。

第二届“吴承恩长篇小说奖”颁奖典礼在淮安举行。

中国并购公会安徽分会在合肥成立。

7月28日 上海市人民政府与中国船舶重工集团有限公司在上海签署战略合作框架协议。

2019年绍兴市上虞区重大文旅项目集中签约11个,总投资达111亿元。

由中国科学院大学与泰州医药高新区共同规划建设的中国科学院大学泰州创新医疗产业平台项目举办签约仪式。

7月29日 中国内河航运高质量发展现场推进会在苏州召开。

长三角乡村振兴战略研究院在南京成立。

7月30日 沪苏浙皖签订长三角区域一体化发展协议。长三角人防一体化建设启动。

杭州市公布了落实长三角区域一体化发展国家战略行动计划征求意见稿，开展服务借力上海十大行动，做强做实都市圈。

2019年台州湾集聚区首批六大项目、协议总投资额75.6亿元签约。

7月31日 上海浦东新区举行"一业一证"改革发布会，并颁发首批行业"综合许可证"。

浙江省首个金砖国家新开发银行贷款项目签约和启动仪式在嵊州举行。

2019年苏陕教育协作现场推进会在南京举行。

安徽省公开招标发行240.2亿元政府债券。

八月

8月1日 第十七届中国国际数字娱乐产业大会在上海开幕。

首届青年才俊浙江行暨"百名清华博士浙江行"活动开展。

恩来干部学院智库成立仪式在江苏恩来干部学院举行。

8月2日 绍兴杭州宁波三大科创走廊签约一体化发展。

江苏省政府与中国进出口银行在南京签署战略合作协议。

2019中国黄山书会在合肥开幕。

8月3日 南通市通州湾总投资122亿元项目集中开工签约。

8月4日 "初心·前行——庆祝新中国成立70周年上海书法名家特展"亮相苏州美术馆。

8月5日 沪苏浙皖签约共建"满意消费长三角"。

金华市政府与龙芯中科签署投资协议，建设浙江省龙芯智慧产业园项目。项目总用地面积1300亩、总投资150亿元以上。

安徽省撤销广德县，设立县级广德市。

8月6日 国务院发布《中国(上海)自由贸易试验区临港新片区总体方案》。

沪苏浙皖在黄山市发布《长三角地区共同开展"满意消费长三角"行动实施方案(2019—2022年)》。

8月7日 无锡国家传感网创新示范区10年实施国家重大工程21个。

江苏省—莫斯科州投资贸易交流会在南京举行。

安徽省发布《关于推进安徽省实验室安徽省技术创新中心建设的实施意见》。

8月8日 浙江远景数字经济产业股权投资基金项目落户杭州，初始规模20亿元。

华为人工智能创新中心落户苏州。

中科(徐州)人工智能研究院、中科水滴智能科技(徐州)有限公司在徐州成立。

长三角G60科创走廊生物医药产业合作示范园区在合肥揭牌。

8月9日 国际邮轮母港落户南京栖霞，总投资约150亿元。

福特汽车产品研发中心(南京)和福特汽车中国运营中心落户南京。

安徽省与中国人民大学在合肥签署省校战略合作框架协议。

8月10日 2019年中国光学学会学术大会暨成立40周年庆典活动在安徽合肥中国科学技术大学举行。

8月12日 第七届"上海文学艺术奖"评选活动开幕。

网络人士红色基地行在南京启动。

第七届“创业江苏”科技创业大赛先进制造行业赛在常州开赛。

8 月 13 日 浙江省委省政府表彰第六届浙江省道德模范。

8 月 14 日 2019 上海书展暨“书香中国”上海周开幕。

2019 中国(杭州)工业互联网大会在杭州市余杭区开幕。

江苏 9 家企业跻身第十八届全国质量奖榜单。

“镇江味道　金山巧工”镇江非物质文化遗产展在香港开幕。

中国机械工业集团“国机集团驻安徽代表处”在合肥成立。

8 月 15 日 2019 上海市民文化节舞蹈大赛拉开帷幕。

扬州市广陵区向首批 117 位双创人才颁发“广陵英才卡”。

第十届江苏工艺美术精品博览会在南京开幕。

8 月 16 日 上海金山区 21 个先进制造业项目集中开工,总投资 46 亿元。

上海市科委与奉贤区政府签署《推动奉贤区生物医药产业高质量发展战略合作框架协议》。

甬舟一体化推进会在宁波举行。

江苏省政协督办长江江苏段生态保护与管理重点提案。

第十四届中国研究生电子设计竞赛总决赛在南京举行。

8 月 17 日 宁波市举行长三角一体化重大项目集中开工仪式。集中开工的 84 个重大项目单体投资都超过 3 亿元,总投资 1000 亿元。

8 月 18 日 “我眼中的家乡——2019 美术报少儿现场书画大赛”在杭州举行。

安徽省马鞍山市八大重点项目集中签约,计划投资 50 亿元。

8 月 19 日 中国第十五届精神文明建设“五个一工程”表彰座谈会在北京举行,上海六部文艺作品、浙江四部文艺作品、江苏五部作品、安徽四部作品获奖。

2019 上海企业 100 强榜单揭晓。

总投资 40 亿元的恒科众创城工业综合体项目在江苏海安签约。

8 月 20 日 中国(上海)自由贸易试验区临港新片区揭牌。

在广州召开的第三届世界路桥商人大会上,浙江省台州市 36 个项目现场签约,总投资 343.4 亿元。

2018 年度江苏人大新闻奖揭晓。

安徽省公开招标发行 530.3 亿元政府债券。

8 月 21 日 第十四届国际放射性药物治疗大会在南京开幕。

8 月 22 日 2019 宁波招商引资推介会在上海举行,现场 39 个项目集中签约,总投资超 511 亿元。

镇江在深圳搭起“招商擂台”,20 个项目集中签约,总投资超百亿元。

国际开源技术与产业生态创新应用展示暨中国峰会在苏州开幕。

合肥市 5G 智能网联汽车产业联盟在合肥成立。

8 月 23 日 “2019 国是论坛”在上海举行。

第十四届台商论坛在淮安启幕,淮安新签约台资项目 41 个,总投资 36.2 亿美元。

安徽省六安市图书馆开馆。

8 月 24 日 2019 世界顶尖科学家论坛新闻通气会在上海举行。

长三角经济社会发展论坛在南京举行。

合肥高新区举办产业转型升级集中签约仪式,共有 25 个项目签约,协议投资额达 202 亿元。

8月25日 2019世界人工智能大会(WAIC)全体志愿者培训大会在世博展览馆召开。
由浙江大学牵头研发的脉冲神经网络类脑芯片"达尔文2"在杭州发布。
2019年第三十六届中国医药工业信息年会在连云港开幕。

8月26日 西湖大学理学院化学教授邓力获得2020年"亚瑟·科普学者奖"。
中国(江苏)自由贸易试验区获批。

8月27日 第三届"仁心医者·上海市仁心医师奖"颁奖。
浙江浙大国际联合创新中心揭牌。
2019年戏曲百戏(昆山)盛典在江苏昆山闭幕。

8月28日 《健康上海行动(2019—2030年)》经上海市委常委会、市政府审议通过。
2019年浙江省—吉林省跨区域科技创新精准合作推进会在杭州举行。
新华日报社连云港分社成立。
2019安徽省民营企业"百强榜"发布。

8月29日 2019世界人工智能大会在上海开幕。
2019国际海岛旅游大会在"千岛之城"浙江舟山开幕。
首届长三角一体化创新创业大赛在南京启动。

8月30日 经国务院批准,同意撤销苍南县龙港镇,设立县级龙港市。
浙江省兰溪市2019年第二批47个项目集中开工,总投资135.73亿元。
中国(江苏)自由贸易试验区揭牌仪式在南京江北新区举行。
安徽省企业注销"一网通"服务平台在安徽政务服务网上线。

8月31日 2019世界人工智能大会落幕,33个人工智能重磅项目签约。
红十字国际学院在苏州大学挂牌成立。
长三角检测认证行业联盟成立。

九月

9月1日 2019年全国"质量月"苏浙皖赣沪共同行动启动仪式在南京举行。

9月2日 《关于促进中国(上海)自由贸易试验区临港新片区高质量发展实施特殊支持政策的若干意见》颁布。
浙江省舟山市的普陀国际健康产业中心开园。
安徽蚌埠至江苏太仓直达航线"港航巴士"首航。

9月3日 第二届全球IC企业家大会暨第十七届中国国际半导体博览会在上海开幕。
2019第七届江苏互联网大会在南京开幕。

9月4日 沪苏浙皖档案部门在上海签署《长三角地区档案部门重点协同项目备忘录》,民生档案可异地线上查询。
2019中国国际清洁能源博览会在杭州国际博览中心开幕。

9月5日 国务院国资委与上海市政府在上海签署《深化合作共同推进落实国家战略合作框架协议》。一批中央企业在沪重大项目集中签约,一批研发创新机构进行揭牌。
以"杭州联通世界"为主题,2019杭州国际日开幕式在钱江新城举行。
第十六届长三角科技论坛暨江苏科技论坛在南京举行。
新华日报社盐城分社挂牌成立。
国际马铃薯中心亚太中心安徽工作站在安徽省农科院成立。

9月6日 东航集团与均瑶集团在上海签署战略合作协议,开启"股权+业务"全面合作,交易规模逾130亿元。

2019 中国新能源高峰论坛在盐城开幕。
江苏文化嘉年华在澳门金光会展中心开幕。
中国第一艘极地探险邮轮在江苏海门命名交付。
安徽奇瑞控股集团有限公司与德国斯图歌特有限公司在北京签订合作备忘录。计划合资生产销售电动轻型商用车并进军物流产业链。

9 月 7 日 第二届“上海远见文化高峰会”在上海金山举行。
杭州授予马云“功勋杭州人”荣誉称号。
长三角研究型大学联盟项目发布暨“数字长三角战略”论坛在浙江大学举行。
2019 世界物联网博览会在无锡开幕。
无锡国际生命科学创新园开园。
“中国Ⅰ型糖尿病智能化管理与大数据中心”在安徽中国科大附一院成立。

9 月 8 日 中船邮轮科技发展有限公司与宝山区政府签订合作协议，共同开发建设上海中船国际邮轮产业园。
浙江大学艺术与考古博物馆开馆。

9 月 9 日 由中国科学技术交流中心、以中创新联盟、以色列创新署等共同主办的中以创新合作周开幕。
嘉兴市政府与上海城建公司签订战略合作框架协议。
浙江清华长三角研究院与上海城建签订战略合作框架协议。
嘉兴市交通投资集团有限责任公司与上海基础设施建设发展有限公司合资成立浙江长三角城建有限公司。
首届江南运河文化论坛在苏州召开。
2019 年国际(亳州)中医药博览会暨第三十五届全国(亳州)中药材交易会开幕。

9 月 10 日 第八届世界中国学论坛在上海开幕。
国际工业与能源物联网创新发展大会在浙江温州召开。
安徽理工大学环境友好材料与职业健康研究院在芜湖揭牌。

9 月 11 日 浦东新区人民政府和上海市商务委签署合作协议，21 家外贸重点企业项目落户上海浦东。
蓝绍敏同志任苏州市委书记。
“周恩来精神与新时代”学术论坛在南京举行。
第四届中国(亳州)国际健身气功博览会在安徽亳州举行。

9 月 12 日 中国(上海)自由贸易试验区临港新片区首批总投资超 110 亿元的重点项目集中签约和开工。
杭州湾北岸将崛起碳纤维产业集群，上海金山区发布 15 条政策打造碳纤维产业高地，15 个项目落户，总投资 70 亿元。
杭州与阿里巴巴全面深化战略合作，共建数字经济第一城。
2019 中国宿迁·骆马湖首届国际沙雕节开幕。
袁方当选马鞍山市人民政府市长。

9 月 13 日 第二十三届上海艺术博览会开幕。
2019 世界义乌人大会召开。

9 月 14 日 “图述时代——庆祝上海解放 70 周年主题摄影展”在上海图书馆开展。

9 月 15 日 沪苏共建保税展示交易平台，江苏国际商品博览会在南京开幕。

9 月 16 日 上海浦东国际机场全球最大单体卫星厅启用。
上海市举行外资项目集中签约仪式。此次签约 42 个项目，投资总额约 77 亿美元。
浙江省文投集团与杭州市萧山区政府签署战略合作协议。

安徽科大讯飞成为北京冬奥会语音转换与翻译供应商。

9月17日　第二十一届中国国际工业博览会开幕式暨颁奖仪式在国家会展中心(上海)举行。

2019浙江·台湾合作周在杭州开幕。

华虹无锡集成电路研发和制造基地一期在无锡正式投产。

2019中国·南京金秋经贸洽谈会开幕。

长三角(上海)医学专家支持"健康安徽"建设对接会在上海举行。

9月18日　浙江省政府与国家统计局在北京签署合作协议,共建统计大数据应用中心。

2019南京金洽会上,59个重大项目集中签约,总投资额达2425亿元。

首届"墨子量子奖"颁奖典礼在合肥举行。

9月19日　浙江省政府与国家卫生健康委签署协议,明确综合类别国家区域医疗中心、国家传染病医学中心等8个项目落户浙江。

2019中国设计智造大奖在杭州举行。

中国革命老区县发展史编纂工作交流会在南通举行。

中央企业助力安徽省实施长江三角洲区域一体化发展战略座谈会在合肥举行。央企签约项目164个,投资规模2290亿元;民企合作项目200个,投资总额2196.3亿元。

中国宝武与马钢集团重组实施协议签约仪式在合肥举行。

孙勇当选黄山市人民政府市长。

9月20日　"70年记忆　见证上海传奇档案展"在上海展出。

第十一届浙江·中国非物质文化遗产博览会在杭州举行。

第二十一届江苏农业国际合作洽谈会在连云港开幕。

2019世界制造业大会在合肥开幕。集中签约侨企项目120亿元;台资110个项目签约,总投资额达282亿元。对接洽谈跨国公司签约投资额达464亿元。

9月21日　中国(上海)自由贸易试验区上海主要媒体临港新片区记者站成立。

第七届世界军人运动会火炬传递在浙江舟山"和平方舟"号医院船举行。

第三届"中拉文明对话"国际研讨会在徐州举行。

总投资超过2200亿元的合肥长鑫集成电路制造基地项目在2019世界制造业大会上签约。

9月22日　在第二届世界丽水人大会主旨大会上,浙江丽水共签约项目202个,总投资1665.6亿元。

南京举行第三十二届高级人才交流洽谈会。

合肥综合性国家科学中心人工智能研究院启动建设。

9月23日　长三角工匠论坛在杭州举行。

江苏省一科阿韦拉州友好合作备忘录在南京签署。

英国德比郡推介会在合肥举行。

9月24日　中国(上海)自贸试验区版权服务中心和上海国际艺术品保税服务中心启用。

9月25日　长三角地区异地就医门诊费用直接结算工作阶段总结会在安徽举行。长三角地区41个城市实现医保"一卡通"。

浙江省龙港市举行成立大会。

浙江省表彰百名2019年"浙江工匠"。

江苏省重大项目建设观摩推进会在宿迁沭阳召开。

长三角研究型大学智库峰会在合肥举行。

9月26日　24个智能网联新能源汽车重点项目在上海自贸区临港新片区集中签约,总投资近80亿元。

2019金麦奖品质生活节在杭州举行。
沪苏浙皖48家企业参与长三角企业无理由退货承诺行动。
支付宝“蚂蚁森林”项目获联合国“地球卫士奖”。
第四届国际氢能与燃料电池汽车大会在江苏如皋开幕。

9月27日 “献礼祖国——浙江省‘百年追梦’美术书法创作精品展览”在浙江展览馆开幕。
2019年世界运河城市论坛暨世界运河大会在扬州开幕。
安徽省发布实施新一代人工智能产业基地建设实施方案。

9月28日 上海静安区举行10个投资总金额超百亿元的重点项目集中签约开工仪式。
浙江省临海市华强·熊出没文旅小镇(配套工程)12个重大项目集中开工,总投资245亿元。
2019“大运河文旅基金投资圆桌会议”在扬州举行。江苏省设立了首期2900亿元的大运河文旅基金。

9月29日 2019年上海市“白玉兰荣誉奖”授奖仪式举行。
浙江省政府同意设立淳安特别生态功能区。

9月30日 浙江省卫生健康委与浙江大学签署合作协议,与省内10家医院签署国家区域医疗中心、重点培育专科建设目标任务书。
江苏省庆祝中华人民共和国成立70周年诗歌朗诵音乐会暨2019紫金文化艺术节开幕式在南京举行。

十月

10月1日 江苏省暨南京市庆祝中华人民共和国成立70周年升国旗仪式在南京举行。
上海市庆祝中华人民共和国成立70周年升国旗仪式举行。
浙江省举行庆祝新中国成立70周年升国旗仪式。
安徽省举行庆祝中华人民共和国成立70周年升国旗仪式。

10月2日 京剧《谍战南京》在南京亮相。

10月3日 浙江省“葵颂——大型雕塑影像展演”拉开帷幕。

10月4日 安徽省安全生产工作电视电话会议召开。

10月5日 话剧《守望者》在南京上演。
首届浦江乡贤大会开幕,浦江签约23个重大项目。

10月6日 台越剧《乌衣巷》在南京上演。
上海旅游节圆满落幕。
2019第四届金网电影盛典入围单项作品提名结果揭晓,浙产电影获七项大奖提名。

10月7日 文化援疆舞剧《天山魂》在南京上演。

10月8日 江苏省社科理论界学习贯彻习近平重要讲话座谈会在南京召开。
“祖国礼赞”江苏美术作品展开幕。
2019年“上海工匠”揭晓。
中国宝武钢铁集团有限公司和上海期货交易所举行战略合作签约仪式。
杭州市余杭区召开全面实施“新制造业计划”推进大会。
合肥三产业入选国家战略性新兴产业集群名单。

10月9日 上海2020春夏时装周开幕。
扬子江药业获国际QC赛金奖。
台盟十届八次中常会在杭州召开。

国庆假期，合肥地铁运送乘客448.0782万乘次。
中央扫黑除恶督导反馈问题整改专题调度会在合肥召开。

10月10日 2019第十届环太湖国际公路自行车赛在无锡开幕。
上海邮轮文化旅游节举行。
首期55亿元，浦东科创母基金启动。
浙江省设立特色小镇基金。
2019年安徽省暨合肥市“敬老月”活动、老年健康促进行动启动仪式在合肥举行。

10月11日 江苏省政协举行第16期江苏政协讲坛。
首届长三角江南文化论坛在上海举行。
第十届民盟文化论坛在上海开幕。
浙江省举行纪念少先队建队70周年活动。
合肥46座桥梁配齐“心电监护仪”。
中国安徽名优农产品暨农业产业化交易会在合肥举行。

10月12日 江苏省召开青年工作联席会议第一次全体会议。
2019第五届上海街艺节开幕。
长三角机关党建研讨会在上海举办。
全国县域义务教育优质均衡发展督导评估认定启动现场会在浙江海盐召开。
以“主动安全·智慧驱动”为主题的2019合肥网络安全大会召开。

10月13日 江苏省侨联青年委员会第三次委员大会在南京召开。
南京市第七次少先队代表大会开幕。
上海市民文化节舞蹈大赛决赛举行。
上海市民舞蹈大赛落幕。
“建行杯”第五届中国“互联网＋”大学生创新创业大赛总决赛在浙江大学举行。
安徽首个零酒驾示范街区启动仪式在合肥举行。
第十一届合肥农交会落实投资项目687个，总投资1603亿元。

10月14日 中电国睿集团有限公司在南京揭牌。
2019长三角青少年体育挑战赛在上海举办。
全国供销合作社服务乡村振兴暨综合改革专项试点总结交流会在绍兴召开。
合肥市高架桥实现限高架全覆盖。
长三角城市经济协调会第十九次会议在芜湖召开。

10月15日 “世界旅游经济论坛·澳门2019”在南京举行。
首届上海“金榆奖”老年时尚生活才艺大赛决赛举行。
宁波两新红领学院在江北区揭牌成立。
浙江省妇女创业创新大赛开幕。

10月16日 国际水环境治理论坛在南京开幕。
第二届国际绿色能源发展大会在江苏扬中开幕。
2019年度上海市人大代表集中视察活动启动。
浙江省2019年世界粮食日和粮食安全宣传周主会场活动在温州启动。
合肥市数据资源局发布《合肥市数字经济产业创新试验区建设指南》。
中科院临床研究医院(合肥)在中国科大附一院(安徽省立医院)揭牌。

10月17日 制造业名城市长论坛在南京举行。
第十届江苏乡村旅游节在盐城开幕。
长三角三省一市纪念地方人大设立常委会40周年研讨会在上海召开。

第四届中国—阿拉伯国家广播电视合作论坛在杭州举行。
安徽省社会扶贫工作经验交流会议在合肥召开。
由中国红十字会主办、中国红十字基金会等单位承办的众筹扶贫大赛在合肥收官。
安医大一附院互联网医院启动上线试运行。
第八届安徽省职业技能大赛暨第四十六届世界技能大赛选拔赛开幕式在合肥举行。

10 月 18 日 2019 世界智能制造大会在南京开幕。
全国基层科协"三长"论坛在南京召开。
第四十五届世界技能大赛上海参赛总结表彰会举行。
第二届世界"宁波帮·帮宁波"发展大会开幕。
2019 浙江大学数字经济论坛暨新华三数字大脑计划中国行·杭州在浙江大学举行。

10 月 19 日 南通市举办江海国际旅游节。
第十五届世界武术锦标赛在上海举行。
上海国际自然保护周启动。
旨在服务长三角一体化发展国家战略的天目新闻客户端在浙江乌镇上线。
2019 中国·合肥苗木花卉交易大会在安徽肥西举行。

10 月 20 日 南京农业嘉年华开幕。
中国特色社会主义论坛在南京举行。
2019 年互联网+智能检测(上海)国际研讨会在上海召开。
中外部长高峰论坛在乌镇举行。
合肥轨道交通 6 至 9 号线前期设计全面启动。

10 月 21 日 医疗社会史研究与出版中心在南京成立。
第八十三届国际电工委员会大会开幕式在上海举行。
第十六届上海知识产权国际论坛举行。
浙江日报报业集团与萧山区签订战略合作协议。
第六届世界互联网大会媒体融合论坛在乌镇举行。
中宣部"推动高质量发展调研行"来安徽开展集中采访。

10 月 22 日 江苏省市、县(市、区)政协主席座谈会召开。
江苏省检察机关刑事检察工作会议召开。
电工电子领域国际标准首个中文版在上海发布。
浙江自然博物院安吉馆开馆。
合肥加入国家科学中心国际合作联盟。

10 月 23 日 第四届国际低碳(镇江)大会开幕。
第十七届上海软件贸易发展论坛开幕论坛举行。
18 个大健康类项目在合肥集中开工。
第十届"中国青年创业奖"颁奖仪式在杭州举行。

10 月 24 日 中国公共关系协会国家文化大数据产业联盟成立大会在南京召开。
"2019 苏州河论坛"在上海举行。
东盟经济研究院成立暨中国—东盟经贸投资报告发布论坛在绍兴举行。
第二届世界声博会在合肥举办。

10 月 25 日 江苏省清理规范面向基层创建示范活动在南京市江宁区召开。
2019 中国安全及应急技术装备博览会在徐州开幕。
盐城环博会签订近百亿元项目。

上海浦东新区人民政府与同济大学签署战略合作框架协议。
美术报少儿书画院首家校园分院落户杭州。
第十三届合肥国际文化博览会在合肥举行。

10 月 26 日　东盟与中日韩文化城市网络市长论坛在扬州举办。
首届长三角一体化创新创业大会在如皋举行。
第十三届中国菊花展览会在上海拉开帷幕。
2019 浙江民企“双对接”暨促进小微企业高质量发展活动在杭州举行。
2019 世界青年科学家峰会在温州召开。
首届长三角 G60 科创走廊城市大气联防联控协商会暨环境产业合作示范园区揭牌仪式在合肥举行。

10 月 27 日　“发现江苏”走进海门。
上海钻石交易所成立。
2019 太湖文化艺术季暨上海国际艺术节无锡分会拉开帷幕。
浙江省国际商会第六届会员代表大会在杭州召开，选举产生省国际商会第六届理事会。

10 月 28 日　江苏—南部非洲投资与发展高层论坛在南京举办。
全国机关党建理论研讨会在南京召开。
长三角职工疗休养协作在上海启动。
2019 电竞上海大师赛在静安体育中心体育馆拉开帷幕。
由原杭州医学院和浙江省医学科学院合并组建的新杭州医学院揭牌。

10 月 29 日　第二届江南文脉论坛在无锡开幕。
第五届苏台基础教育发展论坛在淮安举行。
上海金融科技产业联盟成立。
浙江省省直军转干部双向洽谈会在杭州举行。

10 月 30 日　2019 紫金文化艺术节落幕。
江苏省交通强国试点工作推进会在南京召开。
2019 世界城市日全球主场系列活动上海日在俄罗斯举行。
杭州市卫健委与浙江大学签订战略合作协议。
西气东输定远—合肥复线互联互通工程竣工投产。
安徽质量大会在合肥召开。

10 月 31 日　江苏省“五个一工程奖”表彰仪式在南京举行。
纪念新四军江南指挥部成立 80 周年研讨会在南京召开。
“5G+智慧地铁平台”在上海地铁站上线。
首届浙皖闽赣国家生态旅游协作区推进会在衢州召开。
浙江省事业单位改革启动。

十一月

11 月 1 日　长三角生态绿色一体化发展示范区建设推进大会在上海举行。
江苏与荷兰北布拉邦省结好 25 周年庆祝活动在南京举行。
江苏省人大工作研讨交流会在溧阳召开。
上海科创中心建设国际咨询结题评审会举行。
温州举行“民营企业家节”。
合肥“废旧立新”立法引导文明养犬。

11月2日 第二届苏港融合发展峰会在南京举行。
首届中国医师公益大会在无锡举行。
“一带一路”国别汇在上海浦东新区揭幕。
以“长三角一体化:金融、科技、产业的新使命”为主题的第三届钱塘江论坛在杭州开幕。

11月3日 2019南通新一代信息技术博览会举行。
上海标志性科创成果国家一类新药“九期一”上市。
2019国际划联龙舟世界杯在宁波开幕。
合肥消防发布重要预警“十二条”。

11月4日 2019两岸企业家紫金山峰会在南京举行。
第七届中国江苏产学研合作大会在南京开幕。
上海陆家嘴国际再保险大会开幕。
浙江立法研究院理事会成立。
合肥市消防救援支队举办“119”消防宣传月启动仪式。

11月5日 江苏省部署今冬明春安全生产重点工作。
2019杨浦国家创新型城区高层战略咨询会举行。
第二届中国国际进口博览会在上海拉开帷幕。
全国网络交易监测平台上线启动仪式在杭州举行。
合肥市全面启动社会保障卡即制卡服务。

11月6日 江苏省互联网行业联合会第一次会员大会暨成立大会在南京举行。
2019年产业互联与数字经济大会在苏州开幕。
2019南京(国际)动漫创投大会开幕。
2019上海城市推介大会举行。
第三届中新论坛在上海举行。
浙江省第十五届大学生运动会开幕式在杭州师范大学举行。

11月7日 2019第十八届中国(苏州)电子信息博览会开幕。
长三角公共机构节能工作交流会在无锡召开。
中国(南京)跨境电商进口商品采购洽谈会在上海举行。
2019紫金网络传播创新峰会在苏州举行。
2019江苏乡镇发展国际交流会在苏州举行。

11月8日 2019消费扶贫市长论坛在苏州召开。
“南京—卢森堡科技经济合作论坛”举行。
上海金桥跨境电商产业园开园。
第十一届上海国际魔术节开幕。
第十届“科技新浙商”颁奖晚会在杭州举行。
合肥完善住房保障信用体系。

11月9日 2019年全国青少年国防体育大赛在淮安市淮安区开赛。
第二届中新合作服务贸易创新论坛在苏州举行。
第二届中国国际进口博览会国际邮轮服务贸易高峰论坛在上海举行。
第九届文房四宝文化旅游节在安徽宣城开幕。
2019中国(浙江)全球科技精准合作交流会暨“一带一路”国际科学组织联盟青年科学家研讨会在杭州召开。
合肥南站电子客票启动。

11月10日　江苏5个医学转化创新基地在南京揭牌。

第二届中国江苏·扬子江作家周在南京开幕。

第五届"中国司法论坛"理论研讨会在南京召开。

复旦版中国医院综合排行榜及专科声誉榜发布，上海18家医院入选"百强"。

长三角民营经济协作大会暨2019第二届两湖论坛在杭州举行。

安徽省暨合肥市"敬老月"活动在合肥启动。

安徽名优农产品"塑品牌、建渠道"市长推介会在合肥举办。

11月11日　第四届紫金知识产权国际峰会在合南京召开。

2019—2020中英数学教师交流项目在上海师范大学启动。

由华为牵头发起成立的浙江鲲鹏计算产业联盟在杭州成立。

合肥深入推进"四送一服"活动。

中国安徽名优农产品暨农业产业化交易会在合肥举行。

第十二届安徽国际文化旅游节在黄山举办。

11月12日　2019中国南通江海英才创业周暨中央创新区人才发展大会开幕。

上海市职业技能大赛开幕。

港澳台青年企业家杭州发展论坛创客分享活动在杭州举行。

第十六届长三角法学论坛在浙江义乌举行。

宿州绿色家居产业园重点项目集中开工仪式在宿州市埇桥区举行。

11月13日　江苏省特色田园乡村建设现场推进会在溧阳召开。

江苏省发布就业质量蓝皮书。

江苏省非法金融活动专项治理工作汇报会在南京召开。

上海青年艺博会亮相。

上海临港航空飞行营地揭牌。

第五届世界浙商大会在杭州开幕。

长三角铁路合肥南站等45个车站启动电子客票。

11月14日　江苏射阳举办首届成长论坛。

上海(浦东)公共文化和旅游服务产品采购大会拉开帷幕。

"引领未来·科技创新"项目发布会在杭州举行。

安徽省轨道交通产业技术创新战略联盟在合肥成立。

第二届淮海经济区协同发展座谈会在淮北召开。

11月15日　中央扫黑除恶第三轮督导"回头看"情况反馈会在南京召开。

淮安与东部机场集团签署合作协议。

2019沪港合作与发展研讨会在上海召开。

浙江省文化创意产业协会旅游商品专委会在杭州成立。

长三角城市经济协调会第十九次会议在芜湖召开。

2019养老发展与中医药健康养生高峰论坛暨博览会在合肥开幕。

11月16日　2019中国(徐州)国际物流峰会举行。

第四届上海国际诗歌节揭开帷幕。

2019中国(绍兴)第二届集成电路产业峰会开幕。

2019安徽百强企业高峰论坛在合肥召开。

11月17日　国际旅交会最高大奖花落江苏。

"一带一路"博物馆管理高级研修班在上海博物馆开班。

第十二届金华·华东农交会开幕。
中科院临床研究医院(合肥)在中国科大附一院(安徽省立医院)揭牌。
安医大一附院互联网医院启动上线试运行。

11月18日 司法部在南京召开信息化建设应用推进会。
江苏省海外联谊会五届一次理事代表大会在南京召开。
上海首批油氢合建站试运行。
“中国治理的世界意义”国际论坛在浙江湖州开幕。
第八届全省职业技能大赛暨第四十六届世界技能大赛安徽省选拔赛开幕式在合肥举行。
2019安徽上市公司高质量发展论坛暨安徽上市公司发展报告发布会在合肥开幕。
2019年长三角民政论坛系列活动之安徽地市民政局局长媒体见面会召开。
第三届中华职业教育创新创业大赛总决赛在合肥落下帷幕。

11月19日 2019年全国新农民新技术创业创新博览会在南京举行。
首届长三角华商大会在南京开幕。
上海市公共数据开放平台开通。
上海首个钢铁电商标准发布。
2019年度浙江高新技术企业百强榜单发布。
长三角民政论坛在合肥举行。

11月20日 长三角地区政协主席第三次联席会议在合肥召开。
2019中国农业农村科技发展高峰论坛在南京举行。
第二届兵器工程大会在南京开幕。
上海中小企业发展论坛举行。
上海自贸区临港新片区管委会召开政策发布会。
浙江省“见义勇为”先进人物表彰暨“见义勇为”工作会议在杭州召开。
第二届安徽院士创新发展论坛在合肥举行。
“中国发展论坛·2019”在合肥举办。

11月21日 江苏省首批专项整治漠视侵害群众利益问题工作成果公布。
第二届长三角国际文化产业博览会在上海开幕。
2019宋庆龄儿童发展国际论坛在上海开幕。
2019中国义乌国际智能装备博览会开幕。
中国共产主义青年团合肥市第十五次代表大会开幕。

11月22日 “Hi　Jiangsu”外媒访苏活动在南京启动。
紫金奖·首届中国(南京)大学生设计展在南京开展。
2019信息消费江苏行活动在南京启动。
上海11位科学家当选两院新增院士。
浙江省“亮剑2019”保护知识产权综合执法行动收官。
首届世界显示产业大会在合肥举办。
第十三届中国(合肥)国际家用电器暨消费电子博览会在合肥开幕。

11月23日 第二届“淮海经济区人力资源高峰论坛”在徐州举行。
2019海安投资贸易合作洽谈会开幕。
“南京论坛2019”在南京大学举行。
NEC全国电竞精英挑战赛2019年度总决赛在上海拉开帷幕。

首届世界显示产业大会在合肥举办。
长三角地区人力资源一体化发展论坛暨2019年高校毕业生秋聘会在合肥举行。

11月24日 第二届中国AI+创新创业大赛总决赛在南京举行。
跨学科研讨系列“治理现代化:价值与技术”主题研讨会在杭州召开。
第三届西湖青年纪录片论坛在杭州闭幕。
商合杭高铁商合段开始运行试验。
安徽省蚌埠市正式加入合肥都市圈。

11月25日 江苏省出版工作座谈会在南京召开。
“2019百名海外博士江苏行”在南京启动。
上海市“一站式多元解纷平台”启动。
浙江省政协举行民生协商论坛。

11月26日 国务院江苏安全生产专项整治督导工作动员会在南京召开。
第十二届江苏省绿色建筑发展大会在南京召开。
第九届外滩金融法律论坛在上海黄浦区举办。
宁波鄞州重大工业项目集中开工总投资65亿元。
中国铁路上海局淮南站全面升级投入使用。

11月27日 民盟思想政治建设和宣传工作会议在常州召开。
扬子江网络文学获奖作品座谈会在南京召开。
华域汽车张江新建研发中心开工建设。
浙江省设立省转型升级产业基金规模达251亿元。

11月28日 江苏省干部监督工作会议在南京召开。
国家广告产业园区创新发展工作座谈会在南京召开。
长三角职工疗休养协作在上海启动。
2019电竞上海大师赛拉开帷幕。
浙报集团“天目云”落户江山。
合肥最长湖底隧道主体工程完工。

11月29日 “强富美高”新样本智库行动在南京启动。
江苏省率先出台大运河文化带建设地方性法规。
江苏乡村振兴高质量发展论坛举行。
全国生态环境形势政策规划工作会议在南京召开。
上海市科创板重组审核规则发布。
浙东经合区市长联席会议举行。
安徽省部门联合“双随机、一公开”抽查启动仪式在合肥举行。

11月30日 江苏省政府投资基金集聚区在南京启用。
中国专利周活动在上海启动。
2019上海体育文化节成功举办。
长三角一体化青年发展研讨会落幕。
安徽省政府在滁州召开全省道路交通安全工作现场会。
芜湖23个重大项目集中开工,总投资120亿元。

十二月

12月1日 《江苏省渔业重大行政执法决定法制审核办法》在全国率先实施。

上戏艺术家作品文献展开幕。
第六届中国幼教年会在杭州召开。
2019年安徽省暨合肥市122“全国交通安全日”主题活动举行。
合肥最长湖底隧道主体工程完工。

12月2日 中国邮政科技成果交流会在南京举行。
2019年宪法宣传周“宪法进乡村”主题日活动在上海奉贤区举行。
海宁杭州实现政务全自助异地通办。
商合杭高铁合肥以北段、郑阜高铁正式开通运营。
合肥发布智慧社区建设规划(2019—2021年)

12月3日 江苏省公布第二批专项整治漠视侵害群众利益问题工作成果。
2019“智造中国”峰会在苏州开幕。
第一届上海市中小学生戏剧节拉开帷幕。
南京大屠杀死难者家庭祭告活动启动。
长江中游城市群省会城市第七届会商会在合肥举行。

12月4日 苏州高新区24个市级重点项目全面开工。
沪东中华、沪东重机与金桥集团签署战略合作协议。
浙江社会大普法融媒体平台上线。
“宪法e路行”公众开放日活动在杭州举行。
合肥中欧班列开行突破700列。
第一届全国技工院校学生创业创新大赛决赛在合肥开幕。
长江中游城市群省会城市第七届会商会在合肥举行。

12月5日 江苏省政府举行宪法宣誓仪式。
第四届江苏智库峰会在南京举行。
全国新的社会阶层组织化理论研讨会在南京开幕。
中以(上海)创新园开园暨第三届中以创新创业大赛总决赛启动仪式举行。
世界互联网法治论坛在乌镇举行。

12月6日 第二届长三角综合交通发展大会在杭州召开。
上合组织国际圆桌会议在连云港召开。
超高清视音频国家重点实验室在上海启动。
全国小城镇建设工作现场会在杭州召开。
2019合肥农产品产销对接会开幕。
合肥轨道交通3号线工程竣工验收会召开。

12月7日 2019江海国际博览会暨船舶海工产业投资洽谈会在南通举行。
“一带一路”海员培养与发展国际合作协作组在南京成立。
首届长三角国际论坛在上海举行。
全国首个智慧交通馆在杭州开馆。
2019合肥农产品产销对接会举办。

12月8日 第七届中国江苏人才创新创业大赛在张家港举行。
首届临港新片区投资论坛在上海开幕。
2019年度浙江考古重要发现汇报会在浙江大学举行。
合肥立法保护环巢湖十大湿地。
芜湖举办旅游特色小镇发展大会。

12 月 9 日　江苏省公布第三批专项整治漠视侵害群众利益问题工作成果。
九本南京大屠杀史实图书在南京首发。
2019 年上海第二批市级生态环境保护督察启动。
第五届国家级新区发展论坛在舟山举办。
安徽省城方兴大道高架贯通。

12 月 10 日　民建中央调研组来江苏省调研精准帮扶困难企业。
2019 年上海市知识产权专家咨询会举行。
宁波创建国家文化与金融合作示范区。
浙江省关心下一代工作“双先”表彰大会在杭州召开。
中国长城自主安全(安徽)基地项目落户合肥。

12 月 11 日　江苏省加强乡村治理提升乡村文明水平现场推进会在徐州召开。
农工党江苏省十二届四次全体委员(扩大)会议在南京召开。
上海市建设新时代文明实践中心试点工作部署会召开。
“新锐浙商・创梦未来”新时代青年企业家发展论坛在杭州举行。
由中铁四局负责主要施工的商合杭铁路肥东站改造启动。

12 月 12 日　2019 上海网络视听产业周开幕。
首届中国国际城市安全发展研讨会在杭州举办。
合肥市建成养老助餐机构 220 个,城市社区养老助餐服务覆盖率达 72%。
全国失业保险工作座谈会在合肥召开。

12 月 13 日　江苏企业社保经办中心落户徐矿集团。
阿里巴巴上海研发中心启用。
长三角特色小镇产业联盟在杭州成立。
全国失业保险工作座谈会在合肥举行。

12 月 14 日　第二届紫金文化产业论坛暨中国文化产业管理专业委员会 2019 年年会在南京开幕。
第四届“世界考古论坛・上海”在上海大学开幕。
浙江省国土空间规划联席会议办公室在杭州召开专家研讨会。
合肥一批市政道路项目启动招标。
2019 中国医院院长改善医疗服务论坛在合肥启幕。

12 月 15 日　苏州启动建设生态涵养发展实验区。
《岛屿战争论》学术价值研讨会在南京举行。
沪通铁路太仓至四团段工程启动。
浙江省县域医共体急救体系建设工作推进会暨医共体急救能力提升培训班在磐安召开。
“人工智能与社会趋势”主题研讨会在杭州举行。
第九届中国检察基础理论论坛在合肥召开。

12 月 16 日　徐宿淮盐高铁、连淮高铁开通运营现场会在盐城举行。
2019 外交官与长三角民营企业家交流活动在苏州举行。
上海松浦大桥主桥面结构贯通。
商合杭芜湖长江公铁大桥公路主线桥全面贯通。
合肥建成全省首个 5G 网络商业街。
中国共产党安徽省第十届委员会第十次全体会议在合肥召开。
浙江红领巾公益基金“红暖一冬”专项行动 2020 年启动仪式在海宁举行。

12 月 17 日 民建江苏省第九届委员会第四次全体(扩大)会议在南京召开。
江苏省检验检测监管服务平台(苏检通)上线。
中国金融科技场景应用创新大会暨第一届银行间市场金融科技大会在上海召开。
第十一届"海外学子浙江行"活动暨"不忘初心,再启航"仪式在嘉兴举行。
合肥怀宁路下穿天鹅湖隧道顺利贯通。
合肥进一步完善养老助餐补贴制度。

12 月 18 日 江苏省红十字会第十次会员代表大会在南京召开。
江苏省七地入选首批乡村治理体系建设试点县。
民进江苏省第十届委员会第四次全体会议在南京召开。
2019 年长三角资本市场服务基地年会在上海证券交易所举行。
浙江省"三八"红旗手(集体)联盟在杭州成立。
2019 世界制造业大会工作总结暨签约项目推进会在合肥召开。
长三角教育一体化发展会议在合肥召开。
合肥进一步完善养老助餐补贴制度。

12 月 19 日 民革江苏省第十一届委员会第四次全体(扩大)会议在南京召开。
长三角绿色农产品生产加工供应联盟在上海成立。
浙江省哲学社科教研骨干研修班举行。
绍兴鉴湖酒坊入选国家工业遗产
2019 年中国(合肥)互联网大会暨"互联网+"院士合肥行活动举行。

12 月 20 日 江苏省委人大工作会议暨纪念省人大设立常委会 40 周年大会在南京召开。
2019 年浙江省暑期社会实践风采大赛决赛在浙江工业大学举行。
首届"合肥高新杯"心电人机智能大赛举行。

12 月 21 日 九三学社江苏省委八届四次全体(扩大)会议在南京开幕。
上海浦江游览首班班轮举办启动仪式。
浙商共建长三角电商中心。
合肥实施夜间消费载体建设改造三年计划。

12 月 22 日 2019 江苏乡村振兴百镇高峰论坛在南京举行。
长三角区域一体化紫金山论坛在南京举行。
合肥市摄影家协会青年摄影工作委员会成立。

12 月 23 日 上海市大数据普惠金融应用上线运行。
浙江省第二批"律师法律援助志愿服务行动"启动。
中国共产党安徽省军区第十三次代表大会在合肥召开。

12 月 24 日 SUPERFIRST 全国高校联赛在南京开赛。
上海市人民政府与中国建设银行股份有限公司签约揭牌。
上海市社会科学界第十七届学术年会大会举行。
构建中国特色哲学社会科学暨庆祝省社科联成立 35 周年座谈会在杭州举行。
安徽省首个江海联运中转业务在马鞍山港开启。
2019 年收获文学排行榜颁奖仪式在蚌埠举行。

12 月 25 日 江苏省政府与中国银行股份有限公司在南京签署战略合作协议。
上海久事国际马术中心项目开工。
上海自贸区临港新片区与上海建工集团股份有限公司签署战略合作协议。
民盟浙江省委会十二届四次全会在杭州召开。

致公党浙江省委会六届四次全会在杭州召开。

12 月 26 日　2019 江苏好青年分享活动在南京启动。

上海召开高校党建工作座谈会。

浙江省消防救援总队挂牌仪式在杭州举行。

合肥市住房租赁发展股份有限公司揭牌。

12 月 27 日　宣传贯彻省促进大运河文化带建设地方法规座谈会在南京举行。

C919 国产大型客机最后一架试飞飞机——106 架机在浦东机场首飞。

“省市共建”高校签约仪式在杭州进行。

全新改版的安徽省政府门户网站上线运行。

2019 年第二次长三角地区合作与发展联席会议在合肥召开。

12 月 28 日　长三角先进材料研究院在苏州揭牌。

上海轨道交通 15 号线全线区间贯通。

光荣浙商 2019 年会暨 2019 温暖者大会在杭州举行。

宁波栎社国际机场三期工程投运。

第三届皖西商品交易博览会暨 2020 年货节在六安举办。

12 月 29 日　江苏省首个产业创新投促会成立。

江苏省癌症中心成立。

浙江省社会风险评估促进会在杭州成立。

合肥市荣获全国“质量魅力城市”称号。

12 月 30 日　江苏省基础教育工作会议在南京召开。

浙江省公安派出所工作会议在杭州举行，30 个公安派出所获全省首批“枫桥式公安派出所”称号。

合肥市消防救援支队举行挂牌仪式。

12 月 31 日　2020 年江苏省暨徐州市文化科技卫生“三下乡”活动举行。

首批中国产特斯拉在上海交付。

上海海峡两岸研究会(海研会)成立。

浙江省行政争议调解中心揭牌仪式在杭州举行。

中国共产党浙江省互联网行业委员会揭牌成立。

合肥轨道交通线网客运量达 100.563 万乘次，首次突破百万乘次，创历史新高。

图书在版编目(CIP)数据

长三角年鉴. 2020 / 孙克强主编. —南京：江苏人民出版社，2021. 12

ISBN 978-7-214-26856-3

Ⅰ. ①长… Ⅱ. ①孙… Ⅲ. ①长江三角洲-经济发展-2020-年鉴 Ⅳ. ①F127. 5-54

中国版本图书馆 CIP 数据核字(2021)第 262017 号

书　　名	长三角年鉴(2020)
编　　者	孙克强
责任编辑	鲁从阳
出版发行	江苏人民出版社
地　　址	南京湖南路 1 号 A 楼　　邮编：210009
照　　排	南京东汉文化传播有限公司
印　　刷	南京文瑞印务有限责任公司
开　　本	889mm×1194mm　1/16
印　　张	70. 25
字　　数	1340 千字
版　　次	2021 年 12 月第 1 版
印　　次	2021 年 12 月第 1 次印刷
标准书号	ISBN 978-7-214-26856-3
定　　价	580. 00 元

(江苏人民出版社图书凡印装错误可向承印厂调换)